KB151886

說文解字

새로 엮은 설문해자

214부수순 단주 설문

段-注:說文

금하연
오채금
역음

許慎著
段玉裁注

허 신 저
단옥재 주

書房
www.shuowen.com

■ 머릿말

<설문해자>의 가장 큰 가치는 최초로 뜻을 몰라도 한자를 찾을 수 있는 방법을 발명했다는 것이다. 그런 의미에서는 “매우 혁신적인 일”이었다. 그러나 아이러니 하게도 유교를 2,000여 년간 지속 시켜온 보수의 아이콘으로서의 역할을 수행했다. <설문해자> 이전의 자전으로 <이아(爾雅)>라는 책이 있었는데 뜻이 같은 한자를 모아 놓은 것이었다.

예를 들면 아래와 같다. 죽 나열된 한자들의 뜻은 맨 끝에 나오는 ‘대야(大也:크다)’다. 이 한자들을 큰 자전에서 찾아보면 한쪽 구석에 큰 것과 관련된 뜻이 들어 있다.

“弘(넓을 홍)·廓(둘레 곽)·宏(클 굉)·溥(넓을 부)·介(끼일 개)·純(생사 순)·夏(여름 하)·幠(덮을 무)·厖(클 방)·墳(무덤 분)·嘏(클 하)·丕(클 비)·弈(바둑 혁)·洪(큰 물 홍)·誕(태어날 탄)·戎(되 융)·駿(준마 준)·假(거짓 가)·京(서울 경)·碩(클 석)·濯(씻을 탁)·訏(클 우)·宇(집 우)·穹(하늘 궁)·壬(아홉째 천간 임)·路(길 노)·淫(음란할 음)·甫(클 보)·景(볕 경)·廢(폐할 폐)·壯(씩씩할 장)·冢(무덤 총)·簡(대쪽 간)·箌(가리 조)·昄(클 판)·晊(클 질)·將(장차 장)·業(업 업)·席(자리 석), 大也.”

[弘、廓、宏、溥、介、純、夏、幠、厖、墳、嘏、丕、弈、洪、誕、戎、駿、假、京、碩、濯、訏、宇、穹、壬、路、淫、甫、景、廢、壯、塚、簡、箌、昄、晊、將、業、席, 大也.]

그런데 이렇게 정리해 놓으면 찾기가 어려워진다. 기본적인 뜻들을 잘 알고 있어야 한다. 한자에 대한 선행지식이 없으면 찾기가 어려운 것이다. 허신이 발명한 부수검색법은 이것을 근본적으로 타파했다. 뜻을 몰라도 외형(外形)-부수(部首)-을 기준으로 원하는 글자를 찾을 수 있게 된 것이다. 그래서 '천하제일종서(天下第一種書)'로 군림했던 것이다.

그러나 한자검색과 정리에 획기적인 공헌을 했지만 한자 전체의 관점에서 바라보면 한자를 어렵게 만든 장본이 되기도 한다. 즉, 한자의 90% 이상이 형성문자이고 형성문자는 대체로 [부수와 성부 글자]의 결합이므로 한자의 핵심은 성부글자들인데 부수와 성부 둘 중에서 부수를 기준으로 삼고 성부를 단순한 숫자로 치환해서 '목(木)부 5획' 같은 방식으로 칭하면서 감추어 버렸기 때문에 한자의 조자원리와 검색에서 대단히 번거로운 결과를 초래하게 된 것이다.

즉, 동(涷), 동(棟), 동(倲), 동(埬) 등 동(東)을 성부로 하는 글자들을 한 데 모으고 동(東)의 음을 활용하여 찾으면 국어사전보다 빠른 자전을 만들 수 있었던 길이 원천 봉쇄되어 대학을 졸업한 사람들도 성부(聲符)라는 명칭조차 모르게 만들어버린 장본이다. 성부를 기준으로 하면 가족을 단위로 해서 세대주만 찾으면 되지만 부수를 기준으로 하면 가족을 흐트려 놓고 주민번호로 검색하는 것과 비슷하다.

더구나 허신의 의도와는 달리 후대로 내려오면서 부수검색법 속에는 암암리에 검색을 어렵게 만들려는 시도들이 곳곳에서 발견되고 있다. 어떻게든 헷갈리게 하거나 시간이 걸리게 만들려는 노력들이 곳곳에서 엿보인다. 가끔 만나는 지뢰를 심어둔 것이다.

분명 당대 최고의 학자라는 사람들이 만들었을 것인데 이런 점을 몰랐다고 하기에는 이런 의도적 실수가 너무 많으므로 고의라고 판단하는 것이다. 그렇게 한 이유는 '어렵다'는 인식을 퍼뜨리기 위한 것으로 보인다. 그렇게 인식시키면 자기들은 그렇게도 어려운 것을 잘 아는 전문가가 되고, 문자를 계층간 진입장벽으로 활용하여 봉건체제의 기본이 되는 신분의 격차를 당연한 것으로 만들었다.

이런 것은 허신의 <자서(自序)>에서 '문자자 왕정지시 경예지본(文字者 王政之始 經藝之本:왕정의 시작, 경예의 근본)'라고 한 말 속에도 이미 그 단초가 드러나 있다. 이점은 중국의 문호인 로신(魯迅)이 한탄한 바도 있다.

> "魯迅(1881-1936)은 그의 <門外文談>이라는 글에서 중국문자의 유래와 특성을 이야기 하면서 한자가 특권층의 전유물이 되면서 尊嚴性(필자주 王의 한자)과 神秘性(필자주 神의 한자)이 부여돼 더욱 어렵고 모호해졌다고 지적하였다. 즉 문자로 누릴 수 있는 특권을 일반대중에게 제한하기 위해서 고의로 만들어낸 문턱이 어려움이라는 설명이다." 1)

이런 명백한 오류를 몇 천년 간 당대 최고의 학자들이 수정하거나 의견진술 없이 이어져왔다는 것은 시사하는 바가 크다고 하겠다. 이런 속내도 모르고 역사상에서 자전의 오류를 과감히 수정해서 바쳤던 사람이 있었는데 당연히 그 자신은 물론 그 가족들까지 모조리 죽임을 당했다.

> "이때 君은 시비를 초월한 文字의 주인으로서 定義를 내릴 수 있는 유일한 존재다. 일례로 清의 6대 제왕 건륭제가 늘 자랑스럽게 생각하던 할아버지였던 강희제의 命으로 완성된

1) 홍인표 著, 『중국의 언어 정책』, 고려대학교 중국학 총서 13, 고려원, 1994, p.82.

『강희자전』의 틀린 곳을 교정했던 왕석후 일가는 몰살당하고 그의 저작물은 모조리 태워졌다."[2)]

뜻이 맞든 틀리든 그것은 별로 중요하지 않았고, 천하의 지존인 왕명으로 이루어진 일에 가부(可否)를 논하는 것 자체가 이미 불경죄를 저지른 것이다.

부수 속에 숨겨진 음모

1. 헷갈리게 하기

- 가(渮)를 가(菏)로도 쓴다.
- 초(樵)를 초(𤏣)로도 쓴다.
- 훈(勳)을 훈(勲)으로도 쓴다.

2. 애매하게 만들기

책에 따라서 '받들 공(廾)부, 밑스물 입(廿,卄)부, 상 기(丌)부'로 부른다. 입(廿)은 입(卄)으로도 쓴다.

3. 획수를 지뢰로

- 늘리기 : 계(彑)는 3획이다. 시(豕)는 7획이다.

◆ 그런데 시(彖)는 11획에 실려 있다.

◆ 독(毒)은 무(毋)와 사(士), 철(屮)의 생획이다. 독(碡)은 석(石)부 9획으로 아래를 4획인 무(毋)가 아니라 5획인 모(母)로 본다.

---

2) 吳東平 著, 『漢字的故事』
[到了乾隆年間, 一位叫王錫侯的文字學家在他著的《字貫》一書中指出了《康熙字典》的不少錯誤之處, 乾隆爲了維護先帝康熙的威嚴, 居然將王錫侯全家殺害了, 並將《字貫》的書版和王錫侯的其他著作一齊銷毀.]

◆ 폐(㡀)는 천이 찢어지는 것으로 팔(八), 건(巾), 팔(八)의 결합인 7획이야 하는데 건(巾)부 5획, 8획이다. 이 두 글자는 문자학에 대한 기본 지식의 부족으로 보인다. 문자학을 소학(小學)으로 얕잡아 봤기 때문이다.

- **줄이기** : 지(止)는 4획, 비(匕)는 2획이니 차(此)는 6획이다.

◆ 그런데 시(柴), 자(紫), 채(砦) 등 부수와 결합했을 때는 모두 5획에서 찾아야 한다. 지(止)의 마지막 획을 ㄴ처럼 이어 써서 한 획을 줄였다고 우기는 것이다.

◆ 로(路)는 7획인 족(足)과 6획인 각(各)의 결합으로 13획이다. 그러나 로(鷺)는 '조(鳥)부 12'획, 로(露)는 우(雨)부 12획이다.

◆ 천(延)에서는 3획인데, 같은 성부인 연(莚)에서는 4획에 있다.

◆ 무(武)에서 지(止)는 4획, 무(碔)에서도 4획인데, 부(賦)에서는 3획이다.

◆ 서(犀)는 12획인데 지(遲)에서는 11획이다.

- **정자와 부수자** : '수(水)부 5획'은 몇 획일까? 9획 만이 아니다.

◆ 하(河)는 총 8획이다. [수(水)부 5획]

◆ 태(泰)는 총11획이다. [수(水)부 5획]

◆ 비(泍)는 총 9획이다. [수(水)부 4획]

여기에 해당하는 부수글자는 이외로 많다.

◆ 심(心, ⺗, 忄), 수(手, 扌), 알(歺, 歹), 견(犬, 犭), 옥(玉, 王), 망(网, 罒, 罓,) 육(肉, 月), 입(卄), 의(衣, 衤), 읍(邑, 阝), 부(阜, 阝), 입(卄,廿)

◆ 괄(昏)자는 모두 설(舌)자로 바꾸었다.

- 활(活), 화(話), 괄(括), 괄(刮)

◆ 순(𦎫), 곽(𩫖)자는 모두 향(享)자로 바꾸었다.

- 곽(郭), 곽(崞)
- 순(錞), 순(醇), 순(犉)

◆ 견(幵)은 6획

- 형(刑)에서는 정(井)의 변형이므로 4획이지만, 연(硏)에서는 6획이다.

◆ 병(幷)은 8획

4. 숨은 그림 찾기

- 채(采)는 나무의 싹을 따는 모습으로 조(爪)와 목(木)의 합자인데 엉뚱하게도 변(釆)에 집어 넣어 두었다.

5. 옆길로 빠지기

- 재(𢦏)를 성부로 하는 글자들. 재(載), 재(裁), 재(哉)인데 대(戴)에서 이(異)는 부수글자가 아니어서 대(戴)는 과(戈)가 부수다.
- 이런 현상들은 성부글자들끼리 결합한 한자에서 매우 황당하게 나타난다. 완(翫)의 부수는 우(羽)다. 창(暢)의 부수는 일(日)부 11획, 견(蠲)의 부수는 충(虫)부 17획이다.
- 형(𤇾)의 결합으로 만들어지는 글자들 중에서
  영(營), 경(煢)은 화(火)부, 영(榮)은 목(木), 형(螢)은 충(虫), 영(塋)은 토(土)부 등 다양하다.

이렇게 많은 오류들이 내재되어 있지만 아무도, 아무런 의심도 없이 맹신하고, 가르치며, 배우기를 강요하며, 질문은 금지한다. 지금도 <강희자전(康熙字典)>은 우리 사회에서 범접할 수 없는 절대권위로 군림하고 있다. 아마 천지가 개벽을 해도 원형보존에 온갖노고를 아끼지 않을 것이다. 이렇게 막연히 몇 천 년을 이어 온 것이다.

악화가 양화를 구축한다

세상에는 아래처럼 사실이 아닌 상식이 버젓이 건재한다. 어쩌면 '진짜 진짜보다 진짜 가짜가 더 진짜처럼 보일 수도 있다.' 진짜는 자신을 증명할 필요를 느끼지 않아서 본질에 대해 소홀 하지만 가짜는 진짜처럼 보여야 하므로 많은 노력을 기울이기 때문이다.

1. 꿀벌은 꿀을 만들지 못한다

꿀벌은 꽃이 만든 꿀을 모았을 뿐이다. 애초에 꿀을 만든 것은 꽃이다. 꽃은 스스로를 수정시킬 수가 없었기 때문에 꿀벌을 유혹하려고 만든 것이다. 꿀의 본질이 '유혹(誘惑)'이라는 것은 참 꿀다운 일이다.

2. 천사가 예쁠까, 악마가 예쁠까?

천사는 하느님의 명령을 100% 실행하는 존재이니 무자비해야 한다. 착하게만 행동한다면 그것은 그의 사심(私心)일 뿐이다. 악마는 사람들을 유혹해야 한다. 그러니 예쁘고, 부드럽고, 달콤하고, 섬세해야 한다. 악마처럼 예쁘다. 그래서 '뇌쇄(惱殺)'라고 한다.

3. 부수를 알면 한자가 보일까?

'부수를 알면 한자가 보인다'. 시중에는 이런 류의 책들이 범람하고 있다. 이러니 결국 한자는 영원히 어려운 것이 된다. 부수는 뜻을 나타내지 못한다. 심지어 엉터리로 정해진 부수들도 많이 있다. 채(采)자의 부수 자는 변(釆)이다. 이 둘 사이에는 비슷한 모양 외에는 아무런 관련이 없다. 이런 것이 한둘이 아니다. 최소한 부수가 뜻을 나타내려면 400여 개의 상형자가 모두 부수자로 되어야 한다. 받들 공(廾), 스물 입(廿), 상 기(丌)가 모두 하나의 부수다. 책에 따라서 셋 중 하나를 부수로 삼는다.

부수의 역할은 성부의 뜻을 좀 더 구체화하는 것, 성부의 뜻이 추상적인 개념이라면 그 개념이 적용되는 대상을 나타낸다.

[때린다]는 개념을 나타내는 글자가 ◎이라고 가정한다면

- 손으로 때리는 것은 수(手◎),
- 발로 차는 것은 족(足◎),
- 몽둥이로 치는 것은 목(木◎)이다.

[크다]는 개념을 나타내는 글자가 ◆이라고 가정한다면

- 나무가 큰 것은 목(木◆)
- 집이 큰 것은 면(宀◆)
- 돌이 큰 것은 석(石◆)
- 사람이 큰 것은 인(人◆)이다.

4. 한자는 상형문자일까?

전체 한자에서 상형문자는 대략 400-500자에 불과하고, 90% 이상의 한자는 형성문자다. 형성문자는 대체로 [부수(部首)+성부(聲符)]의 결합으로 이루어지고, 주요 성부(聲符)는 대략 700여 자에 불과하다. 상형자는 한자의 기본 알파벳에 해당할 뿐이므로 한자는 상형문자가 아니다. 어느 외국인이 말했다던데

"한자는 가장 합리적인 소리글자다."

만약 한자가 상형문자라면 발음기관의 모양을 본뜬 한글도 상형문자가 되어야 한다. 대부분의 한자인 형성자는 상형자의 결합들이

아니라 부수와 성부의 결합으로 만들어진다.

심지어는 이렇게 결합되어 만들어지는 공통점 때문에 한자를 표기하는 방법인 반절(半切)-번절(飜切)이라고도 한다-을 훈민정음이라고 부르기도 했다. 한글과 같은 결합성을 인정하면서도 상형문자라는 말을 버리지 못한다. 반절과 한글의 조합방법이 얼핏 비슷해 보이지만 근본적인 차이가 있다.

한 마디로 초성복용종성(初聲復用終聲)이다.

"첫 글자를 다시 받침으로 쓴다."는 이 한마디는 그야말로 신의 한 수 였는데 이로 인해 수 십자로 모든 음을 표기할 수 있게 되었지만, 반절은 받침, 종성이라는 개념이 없었기 때문에 천 여자 이상을 동원할 수 밖에 없었고, 이로 인해 마땅한 음의 순서를 정하지 못하여 음을 이용한 자전을 만들 수가 없었다.

그런데 한자를 부수가 아닌 성부를 중심으로 정리한다면 한자가 너무(?) 쉬워져 버린다. 문자를 진입장벽으로 활용하던 신분제 사회에서 문자가 쉬워지면 신분질서가 쉽게 교란된다. 세종대왕이 '한나절이면 배워서 써 먹는다'는 한글을 만든다고 했을 때 양반들이 난리를 쳤던 것도 이 때문이었다.

그래서 당대 최고의 학자들이란 자들이 고안해낸 것이 부수를 중심으로 정리하고 "목(木)부 10획"처럼 나머지 부분인 성부를 숫자로 치환해서 찾게 하여 아예 성부라는 개념조차 알 수 없게 만들었다.

5. 유교(儒敎)가 우리의 전통일까?

반만년 역사에서 유교는 1할도 안 되는 역사를 가졌을 뿐이다. 그것도 원시 유교가 변질된 주자(朱子)의 설일 뿐이다. 주자의 설이

처음 알려졌을 때 [위학(僞學) 판정(慶元僞學)]을 받은 것으로 이 때문에 주자 자신의 목숨이 위태로워졌던 설이었다.

단적인 예로 우리 고유의 전통은 남자가 여자의 집으로 "장가를 들었다." 여자가 시집을 오는 것이 아니라, 남자가 장가를 가는 것이었다. 그래서 우리 고유의 전통에서는 "시집살이"라는 말은 있을 수가 없었다.

이 두 전통의 차이는 두 여인이 대변한다. 신사임당[1504-1551]은 친정에서 율곡을 낳고 길렀다. 60여 년 후의 허난설헌[1563 ~ 1589]은 혹독한 시집살이를 하다가 한(恨)을 가득 품고 죽었다. 두 여인의 삶을 살펴보면 유교의 역사가 얕고, 우리 고유의 전통이 뿌리가 깊었음을 알 수 있다. 혼례에서 유교의 전통은 16세기 후반에 양반계층에 영향을 끼치기 시작하여 사대부들의 부단한 노력에도 17세기 말, 18세기 초가 되어서야 겨우 모든 계층에 이르게 된다.

우리나라 최고의 학자로 꼽히는 퇴계(退溪) 이황(李滉 1501~1570)도 부인과 며느리들이 자신들의 몫으로 물려받은 재산 등으로 6,000석이 넘는 거부(巨富)가 되었다고 하니 16세기 말까지도 우리가 생각하는 남존여비(男尊女卑)는 확립되지 못한 것이 분명하다. "고추, 당초 보다 맵다"는 시집살이의 역사가 별로 깊지 않았다는 말이다. 그래서 우리나라 여성들의 힘이 세계에 넘쳐나는 것이다. 남존여비(男尊女卑)를 고착화시키려던 혼례(婚禮)의 변화는 그것은 곧 20세기에는 의미가 없게 되므로 유교의 영향은 길어야 300년 짧으면 200년에 불과했다. 그리고 유교는 우리 고유의 전통이 아닐 뿐만 아니라 오히려 고유의 전통을 말살한 원흉임을 알아야 우리의 원형질을 발견할 수 있을 것이다.

유교의 본질은 억압이다. 특히나 자신의 감정은 거의 악(惡)의 온상으로 여겼다. 그래서 극기복례(克己復禮)라는 미명 하에 자신의 모든 것을 감추고 살며 정해진 상황에서는 정해진 의복과 행동거지를 되새기는, 복종의 소프트웨어가 입력된 로봇 같은 인간으로, 스펙이 몹시도 애매한 군자나 성인을 목표로 삼고 살아야 했다.

그러나 우리의 전통은 자연이다. 억압을 꺼린다. 집도, 정원도, 도자기도 굽은 것은 굽은 대로, 곧은 것은 곧은 대로 쓴다. 그래서 한국의 예술을 자연주의라고 한다. 그래서 한쪽이 찌르러져 비대칭으로 무심하게 빚어진 달항아리를 보고 있으면 마음이 편안해진다고 한다.

6. 옥편을 비롯한 자전들은 사전(辭典)일까?

자전류는 당대 최고의 학자들이 왕의 지시를 받고 편찬했다. 주목적은 새로운 창조가 아니라 "과거에 어떻게 사용되었는가?"를 밝히는 것으로 거의 유가(儒家) 경전(經典)들에만 집중했다.

한자는 소리가 비슷하면 다른 글자를 써서 같은 뜻을 나타내는 경우가 적지 않은데 이를 가차(假借)라고 한다. [是日害傷]을 "시일해상"으로 읽으면 무식한 놈이 된다. "시일갈상"으로 읽어야 한다는데 이것을 "害자로 曷자를 가차했다"고 한다. 분명한 글자가 있는 데도 왜 이런 꼼수를 쓰는지 알 수 없다. 이것들이 누적되면 그 글자의 또 다른 뜻으로 자리매김한다. 그 결과 한 글자는 수십 개의 뜻을 갖게 된다.

더욱 황당한 것은 처음에는 曷자가 없어서 害를 빌려 썼다고 치더라도 이미 曷자가 있음에도 계속해서 害를 쓰면서 "원형보존"운운 하는 것은 유자들의 희극이다. 공자도 "辭達已耳[뜻만 통하면 된다]"라고 단정을 했는데 말이다. 결국 자전류는 유가경전의 용례집으로 끝난다. 당대 최고의 학자들은 지금으로 말하면 공무원, 벼슬아치들에 불과했다. 그들에게 창조성은 최대의 적이었다.

더더욱 웃기는 것은 국어를 위해서는 한자를 포기해서는 안 된다면서, 국어의 70%가 한자라면서 자전류를 원형보존 정신에 입각하여 아무런 여과없이 100% 그대로 옮기는 일이다. 그것은 영어를 공부하면서 라틴어 사전을 사용하는 것과 같은 꼴이다.

<네이버 자전>을 보면 해(害)자의 대표 훈으로 **"해할 해, 어느 할, 어찌 아니할 갈"** 등을 들고 있는데 여기서 우리 국어에 필요한 음훈은 "해할 해" 하나 뿐이다. 나머지는 한자를 생업으로 하는 교수들이나 전문가들에게나 혹시 필요할 지도 모르는 뜻들이다. 국어를 위해서라면 군더더기에 불과하다. 한자를 가르치더라도 먼저 자전을 정리해야 한다는 말이다. 국어의 입장에서 본다면 <옥편>이나 <강희자전>은 <라틴어 사전>과 같다. 즉, 국어에는 그것들이 필요 없다는 말이다.

한자라는 명칭 또한 바뀌어야 한다. 네이버에 올라 온 국어사전에도 "중국어를 표기하는 문자"로 정의되어 있는데 우리가 왜 [중국어를 표기하는 문자]를 배워야 하는가?

라틴어에서 갈라진 영어, 독일어, 불어들은 각자의 사전이 따로 있다. 그들은 "전통운운" 하면서 라틴어 사전을 원형 그대로 보전하려들거나 번역하지는 않는다.

<단옥재주>의 세 곳에 이런 문장이 있는데 이를 연결하면 하나의 문장이 된다.

1. 討(칠 토)【1629】 皆謂理其不齊者而齊之也.

   모두 가지런하지 않은 것을 가지런하게 정리하는 것을 말한다.

2. 隓(폐할 휴)【9205】 習非成是。積習難反也。

잘못된 것도 익숙해지면 옳은 것이 된다.

오래도록 익숙해진 것은 돌이키기 어렵다.

3. 酖(짐새 짐)【9394】 所樂非其正、卽毒也。

그 옳은 것을 비난하기를 즐기는 것이니 해롭다.

1번에서 리(理)는 두 가지로 해석될 수 있다. 정말로 일이관지(一以貫之)하는 것일 수도 있고, 권위를 내세워 아전인수(我田引水), 견강부회(牽强附會)하는 억설일 수도 있다. 우리 사회에는 후자가 더 많다.

한자의 90% 이상은 형성문자이고, 형성문자의 핵심은 성부(聲符)이니 한자의 정리와 검색은 성부(聲符)가 기준이 되어야 하는 것이 명백하다. 그러나 한자교육의 첫 시간부터 막연하기 짝이 없는 6서를 가르치면서 로신이 한탄한 인위적인 장벽을 설치하기 시작하는 것이다. 실로 '積習難反也(오래도록 익숙해진 것은 돌이키기 어렵다)!'이다.

이상하게도 "단순한 기호체계"라는 생각 보다는 한자 속에는 "뭔가 근원적인, 심오한 진리가 담겨있다"는 믿음이 있는 것 같다. 이런 믿음이 생긴 주원인은 당대(當代) 석학들의 위와 같은 노력과 현대의 미숙한 전문가들의 찬양이다.

시골의 한 대학 중문과 박사과정 수업시간에 어떤 늙은이가 "설문해자의 540부수 속에는 우주의 온갖 삼라만상이 모두 들어있다"라고 해서 한참을 웃었는데 이제 그 장본인 <설문해자>를 누구나 읽을 수 있는 책으로 만들어 <설문해자>라는 말만 들었지 한 페이지도 읽어보지 않고 아는 체 하는데 이용되는, 이런 식으로 지나치게 끼어든 거품이 제거되는데 일조하고자 한다.

또한 그들이 내세우듯이 "전문적인 지식이나 음운론적 소양"이 없어도 "**누구나 볼 수 있는 책, 한낱 자전의 일종일 뿐**"이라는 생각이 자리잡기를 원한다. 540부수를 끼워 맞추려고 소속된 글자가 하나도 없이 부수글자 뿐인 부수가 36개나 있다. 거기에 무슨 우주의 온갖 삼라만상이 …. 우주가 540자로 표현될 만큼 단순한 것일까?

결론적으로 말하면 <설문해자>라는 책은 학습도구가 아니라 정책도구였다. 문자에 내재된 봉건 이데올로기를 활용하여 신분제에 따른 봉건질서의 정당성을 옹호하는 일등공신이었다. 지금으로 말하면 자전이라기 보다는 국민윤리 책이었다. 봉건이념의 수호자였던 것이다. 허신은 이것을 당당히 한 마디로 밝혀 놓았다.

> '문자자 왕정지시 경예지본
> 文字者 王政之始 經藝之本
> 왕정의 시작, 경예의 근본'

"설문해자의 부수법은 본래 문자의 검색을 안중에 두지 않았던, 아주 고차원적으로 구축된 철학의 소산이었다. …… 그것은 바로 문자코스몰로지였다." 3)

"허신이 그런 부수법에서 뜻한 바는 글자로 우주의 삼라만상을 구축하는 데 있었다. … 글자연구라는 형식을 빌린 철학서인 셈이다." 4)

3) 阿辻哲次 著, 沈慶昊 譯.『漢字學』, 이화문화사, 1996, p.174.
4) 阿辻哲次 著, 金彦鐘·朴在陽 譯, 『漢字의 역사』, p.152.

우선 이 점을 명확히 하여 쓸데없이 신비화하거나 미화하는 일이 없어야 하겠다. 당시의 사회상을 알 수 있는 윤리 책일 뿐 절대로 한자에 대한 오묘하거나 비밀스러운, 신비한 어떤 심오한 진리가 담긴 책이 아니라는 것이다. 그러한 거품을 덧씌우는 것은 오히려 <설문해자>의 본래 가치를 손상시키는 일이기도 하다.

"<설문해자>요? 그거 아무나 하는 게 아니예요!!!"

하면서 수 십분 기다려서야 겨우 얼굴을 내비친 교수님(?)의 첫 말이자 마지막 말이었다. 그리고 강의실로 팩 돌아가서 10분 넘게 비난의 말을 하던 일이 아직도 내 귀에 생생하다.

이 땅에서 <설문해자>가 갖는 실상이다.
그래서 아무나 볼 수 있게 만들려고 작심했었다.
<설문해자>의 가장 큰 단점!
찾기 어렵다는 것을 근본적으로 해결하려 한다.
214 현행 부수 순으로 바꾸고, 자음색인을 붙였다.
전서(篆書)를 이렇듯 깔끔하게 볼 수 있는 것은
중국, 일본에서도 어려울 것이라 자부한다.

"해군 보다 해적이 되라!"고 열변하던 스티브잡스가 어릴 때 읽었다는 책의 맨 뒷 페이지에 이런 구절이 있었다고 스텐포드 강연에서 말했었다. 참 대비되는 말이다.

"Stay hungry, Stay foolish."

■ 일러두기

1. 단옥재주 설문해자 전체를 재배열했다.

- 원본은 540로 현행 214부수와 달라서 찾기가 몹시 번거롭다.
- 현행 214부수를 기준으로 전체를 재배열했다.
- 동일부수, 획수일 경우 <명문한한대자전>의 순서를 따랐다.

2. 모든 표제자는 형성자와 성부자로 대별한다.

- 성부자는 사각바탕에 반전 태고딕 글씨체로 표시했다.
- 성부 글자 아래에는 해당 형성자들을 <설문해자>에 나오는 순서대로 모았다.

3. 모든 표제자는 전서/해서/한글음/병음/주음부호/훈/일련번호/설문본문 순으로 실었다.

> 歷 歷 력【lì ㄌㄧˋ】本[지나칠] 다닐, (차례를)매길, 어지러울, 두루
> 설문 1022 過也。傳也。《引伸爲治曆明時之曆。》从止。厤聲。《郎擊切。16部。》/68
> 형성 (3자+1) 력(櫪 櫪)3671 력(曆 曆)5185
> 력(瀝 瀝)7042 력(䍥)
>
> 埱 埱 (숙)【chù ㄔㄨˋ】이를(다다를)
> 설문 1023 至也。从止。叔聲。《昌六切。3部。》/68

- 성부자는 사각바탕에 반전 태고딕 글씨체로 표시했다.
- 병음은 서로 다른 경우가 많아서 다섯 권의 다른 책을 참고하여 <설문>과 다를 경우 모두 표기했다. 다섯 권은 아래와 같다.

> 哆 哆 (치)【duō ㄉㄨㄛ】 ㊤㊥⑨ chǐ ㉿ dǔo 입 떡벌릴 ■차:입술 처질 ■다:고기 입벌릴

[작] 作家出版社, 董蓮池著, <說文解字考正>

[9] 九州出版社, 柴劍虹著, <說文解字>

[ㄱ] 陝西人民出版社, , 蘇寶榮著, <說文解字 今注今譯>
[상] 上海古籍出版社, <說文解字注>
[중] 中華書局, 臧克和注, <說文解字新訂>

4. <단옥재 주>에는 많은 인용도서가 등장한다. 그 표기 방법은 대략 아래와 같다. 이외에도 많은 표기방법이 일정하지 않고 매우 다양하다. 아마 30여 년에 걸친 작업 탓도 있을 것이다.

- 『책제목』 『左氏傳』
- 『지은이-제목』 『釋玄應-衆經音義』
『大戴-禮』
- 『지은이-동작:제목』 『鄭-注:周禮』
『薛瓚-注:五行志』
- 『제목:편장』 『魏志:高堂隆傳』
- 여러 권이 걸릴 경우,로 연결 『鄭-注:周禮, 毛詩』
- 책을 지칭하는 대명사는 〖〗로 묶었다.
〖各本〗〖汲古閣毛氏-刊:鉉本〗〖鍇本〗〖宋-本〗
- 시대를 뜻하는 古, 今, 宋뒤, 唐 뒤에는 -를 붙였다.
〖宋-本〗〖今-本〗〖古-本〗『今-孝經』

※ 생각보다 복잡하고 어려운 작업이었다. 오로지 판독에 도움을 주기 위해 많은 시간을 투입한 것이니 불구심해(不求甚解), 대략 이렇다는 마음으로 읽어주기 바란다.

5. 전(傳)은 크게 두 가지 쓰임이 있다.
- 주석으로서의 전(傳), 앞에 :를 붙여 구분한다.
『齊風:傳』
『衛風:充耳琇瑩:傳』
- 인물의 평전으로서의 전(傳) 『王莽傳』

『穆天子傳』

6. 일자다음(一字多音)은 모두 나열식으로 배열했다.

> 敦 돈【dūn ㄉㄨㄣˉ】本[성냄] 도타울, 핍박할 ■퇴:다스릴, 곱송거릴 ■대:제기(祭器), 서직 담는 그릇 ■단:조롱조롱 달릴 ■조:그림 그린 활 ■도:덮을 ■주:같은 뜻 ■둔:진칠

7. [본]자 표기는 원래의 뜻과 현재의 현격히 다른 경우에 원래의 뜻을 실었다.

> 祖 조【zǔ ㄗㄨˇ】㉠ jiē 本[시조 사당] 할아버지, 할머니, 조상, 처음 시작한 사람 ■자:현 이름

8. 표제자 전체에 일련 번호를 붙였다. 알려진 것과는 달리 9,426자 였다. 이 중에는 중복되는 글자들이 다수 들어 있다.

- 전통적으로는 9,353자로 알려져 왔다.

9. 간단한 음훈을 붙였다.

10. 원본의 느낌을 최대한 살리기 위해 이체자, 본자와 정자를 함께 넣었다.

- 葢(蓋), 灋(法)

11. 허신의 원문과 단옥재의 주를 구분했다.

- 허신의 원문은 청색 큰 글씨
- 단옥재의 주는 작은 글씨

𠯑哆 (치)【duō ㄉㄨㄛ¯】 상㊥⑨ chǐ ㉴ dǔo 입 딱 벌릴 ■차:입술 처질 ■다:고기 입벌릴 설문 0754 張口也。《『小雅』。哆兮侈兮。毛曰。哆、大皃(貌)。》 从口。多聲。《釋玄應兩(兩)引『說文』矦可切。此本『音隱』。『唐韵(韻)』丁可切。17部。》 /54

12. 상형자 아래에 그 상형자가 포함된 성부글자를 모아 놓았다. 그러나 상형자가 부수자로서 사용될 경우에는 그 수효가 많아서 부록으로 따로 모아두었다.

𣥠 ⾎ 달【tà ㄊㄚˋ】 밟을 설문 1028 蹈也。从反止。讀若撻。《『廣韵』引『文字音義』同。他達切。15部。》 /68 유사 적을 소(少) 적을 절(𣥠) 성부 步보 賓빈 頻빈 𣥠발

13. 비슷한 글자들을 모아두었다. 유사자를 색인으로 활용할 수 있을 것이다.

- 달(𣥠)에서 소(少)나 절(𣥠)을 찾을 수 있다.

14. 주로 <慶韻樓 藏版本>을 사용하였다.

- 1984년부터 30여 년의 세월이 지나갔다. 그동안 여러 권의 책들이 참조되었다.
- 그때그때 필요할 때 마다 만들어 넣은 폰트가 12만자 쯤 된다. 글자를 찾는 것 보다 만드는 게 빨라서 중복되는 것들도 있다.

<설문해자> 읽기

- <설문해자>는 아주 공식적인 책이다. 그 형식이 아주 질서정연하다. 전체는 몇 가지 유형으로 구분할 수가 있다.

1. 표제자:뜻, 從A, B聲. CD切. 00부

[績] 緝也。… 从糸。責聲。<則歷切>。16部

- **뜻**:표제자의 뜻인데 소리가 같은 글자로 나타낸 것이 많다. 소위 "성훈법(聲訓法)"이라고 하는 것이다.
- **從A**:글자의 구성요소 중 주로 부수글자들.
- **B聲**:글자의 구성요소 중 주로 성부글자들.
- **CD切**:반절, 앞글자[C]의 초성과 뒷글자[D]의 중종성을 결합하는 것. 00切, 00反으로 표기한다.
- **00부**:전체 17부 중 하나. 단옥재가 음을 17개로 분류한 것.
- 형성자가 <설문>에서는 80% 가량이므로 이런 형식이 가장 많다.
- 중간의 군살들을 빼고 뜻과 **'從A, B聲.'** 만 살펴봐도 된다.
- 사실상 정확한 자원풀이는 없다. 확실 것은 '從A, B聲.' 뿐이다. 그것은 이 책을 보면 누구나 알 수 있는 것이다. 나머지는 어차피 모두가 소설(所說)일 뿐이다. 너와 나의 상상력일 뿐이며 권위는 쓸데없는 것이다.

2. 표제자:뜻, 從AB. CD切. 00부

[好] 媄也。… 从女子。會意。<呼晧切>。古音在3部。

3. 표제자:뜻, 從AB. CD切. 00부 讀若C.

[婐] 婐妮也。… 从女。果聲。<烏果切>。17部。… 讀若騧。

4. 나머지 회의 지사, 상형자들의 형식도 크게 다르지 않고 그 수가 적으므로 여기서는 형성 하나만 간략히 알아 봤다.

214 부수를 통째로 암기하면 좋은 점

맨 아랫 칸의 숫자는 페이지

1. 획수를 헤아리기 쉽다.

2. 한자의 구조가 빨리 파악된다.

- 한자는 무한한 글자들의 조합이 아니다.

- 90% 이상의 한자는 [부수+성부]로 만들어지는 형설자다

3. 자전을 찾기 쉽다.

214부수암기법	제 1 획

하나를 뚫고 점찍고 삐치면
새잡는 갈고리다.

一	丨	丶	丿	乙	亅
한일	뚫을곤	점 주	삐침 별	새 을	갈고리궐
3	7	8	9	12	13

214부수암기법	제 2 획-13

두 돼지해에 태어난 사람은 어진 사람인데
들어갈 때는 여덟 팔자로 멀리 경치 구경하더니
민갓머리 이수를 지날 때 안석과 입구 위를 터뜨리고
칼을 힘써 포장한 후 비수를 상자에 감추고
열 번 점을 치니 병부절 민음호엔 마늘이 또 있다.

二	亠	人(亻)	儿	入	八	冂
두 이	돼지 해	사람 인	어진사람 인	들 입	여덟 팔	멀 경
15	17	20	45	48	49	51

冖	冫	几	凵	刀(刂)	力	勹
덮을 멱	이수	안석 궤	입벌릴 감	칼 도	힘 력	쌀 포
53	55	56	58	66	73	69

匕	匚	匸	十	卜	卩(㔾)	厂
비수 비	상자 방	덮을 혜	열 십	점 복	병부 절	바위 엄
72	73	75	76	79	80	83

厶	又
사사 사	또 우
87	88

214부수암기법	제 3 획

세 입구의 에운 담에 흙쌓던 선비가
뒤쳐져서 천천히 걸어오니 저녁이라.
큰 계집 아들의 갓머리는 마디가 작아서
절름발이 시체의 좌측 산에 버렸다.
개미허리장인은 몸의 수건으로 방패를 닦다가
작은 요 엄호밑으로 민책받침을 만들었다.
스므개 주살을 활로 쏴서 가로왈을 터뜨리니
털난 두 사람 마음이여!

口	囗	土	士	夂	夊	夕
입 구	에울 위	흙 토	선비 사	뒤져올 치	천천히걸을 쇠	저녁 석
93	114	118	132	134	134	136

大	女	子	宀	寸	小	尢
큰 대	계집 녀	아들 자	집 면	마디촌	작을소	절름발이 왕
138	144	162	165	174	177	178

尸	屮	山	巛	工	己	巾
주검 시	풀 철	메 산	내 천	장인 공	몸 기	수건 건
179	184	185	191	193	194	196

干	幺	广	廴	廾	弋	弓
방패 간	작을 요	엄호	길게 걸을 인	밑스물 입	주살 익	활 궁
203	205	206	211	212	213	214

彑(彐)	彡	彳	心(忄)
돼지머리 계	터럭 삼	갈 척	마음 심
219	220	222	225

214부수암기법	제 4 획

사창으로 만든 지게를 손으로 지탱하고
글월문은 말이나 근으로 달아본다.
방법은 없으나 날마다 가로되 매달 나무가 하품하면 그쳐라.
죽도록해서 갖은 글월을 말다하면 비유컨데 털난 모각시가
기운나면 물불가리지 않고 손톱으로 지아비를 할퀼이니
사귀는 장수는 조각난 어금니로 소와 개를 잡는다.

戈	戶	手(扌)	支	攴(攵)	文	斗
창 과	지게 호	손 수	지탱할 지	둥글월 문	글월 문	말 두
245	250	251	273	273	280	280

斤	方	无(旡)	日	曰	月	木
날 근	모 방	이미 기	날 일	가로 왈	달 월	나무 목
2823	283	288	289	300	302	304

欠	止	歹(歺)	殳	毋	比	毛
하품 흠	그칠 지	죽을 사	칠 수	말 무	견줄 비	터럭 모
345	350	352	356	359	360	360

氏	气	水(氵)	火(灬)	爪(爫)	父	爻
각씨 씨	기운 기	물 수	불 화	손톱 조	아비 부	점괘 효
361	363	363	416	429	430	430

爿	片	牙	牛(牜)	犬(犭)
장수 장	조각 편	어금니 아	소 우	개 견
431	432	433	433	437

214부수암기법	제 5 획

검은 옥같은 오이는
기와에 갈아서 단맛을 낼 때 쓴다.
밭에서 빌빌하면 병이 발생하리라.
흰 가죽그릇으로 눈가리고
창과 화살을 들고 돌위에 서보니
짐승발자국이 벼구멍에 서 있다.

玄	玉(王)	瓜	瓦	甘	生	用
검을 현	구슬 옥	오이 과	기와 와	달 감	날 생	쓸 용
445	445	457	457	460	460	461

田	疋	疒	癶	白	皮	皿
밭 전	필 필	병질 안	필 발	흰 백	가죽 피	그릇 명
461	469	470	477	477	480	480

目	矛	矢	石	示(礻)	禸	禾
눈 목	창 모	화살 시	돌 석	보일 시	발자국 유	벼 화
483	494	495	497	502	510	511

穴	立
구멍 혈	설 립
521	526

214부수암기법	제 6 획

대나무에 쌀 넣고
실로 장군을 매단 그물을 쳐서 양을 잡았다.
깃단 늙을 이가 말을 이으니 쟁기 소리만 귀에 들린다.
오로지 고기 먹은 신하만 스스로 이르러 절구에
혀를 찧으니 어기면 배가 그친다.
색난 풀에 호랑벌레가 피를 흘리며 다니니
옷으로 덮어라.

竹(⺮)	米	糸	缶	网(罒)	羊(⺶)	羽
대 죽	쌀 미	실 사	장군 부	그물 망	양 양	깃 우
531	545	549	572	574	577	581

老(耂)	而	耒	耳	聿	肉(⺼)	臣
늙을 로	말이을 이	쟁기 뢰	귀 이	오직 율	고기 육	발 족
585	586	587	588	591	592	605

自	至	臼	舌	舛	舟	艮
몸 신	수레 차	매울 신	별 진	책받 침	고을 읍	닭 유
606	607	608	610	611	611	613

色	艸	虍	虫	血	行	衣
분별할 변	마을 리	매울 신	별 진	책받 침	고을 읍	닭 유
613	614	648	652	667	669	670

襾
닭 유
681

214부수암기법	제 7 획

보니 뿔날 말씀이라.
골짜기 콩을 돼지가 시식했고
조개가 붉을 때 달아나다
발몸을 수레에 치는 신고를 겪었다.
별진 책받침으로 고을의 닭소리를 분별하니 마을이라.

見	角	言	谷	豆	豕	豸
볼 견	뿔 각	말씀 언	골 곡	콩 두	돼지 시	갖은돼지 시
683	687	690	707	708	710	713

貝	赤	走	足	身	車	辛
조개 패	붉을 적	달아날 주	발 족	몸 신	수레 차	매울 신
715	721	722	727	733	733	774

辰	辵(辶)	邑(阝)	酉	釆(采)	里
별 진	책받 침	고을 읍	닭 유	분별할 변	마을 리
746	747	755	773	779	780

214부수암기법	제 8 획

쇠로 만든 긴 문은 언덕 밑이라
추새가 비올때는 푸르지 않다고 비난하더라.

金	長	門	阜(阝)	隶
쇠 금	길 장	문 문	언덕 부	미칠 이
783	798	798	804	982

隹	雨	靑	非
새추	비 우	푸를 청	아닐 비
813	817	822	822

214부수암기법	제 9 획

구면 얼굴가죽을 위로 드니
부추소리에 머리혈이 바람에 날리고
밥상 머리엔 향기난다.

面	革	韋	韭	音	頁	風
낯 면	가죽 혁	가죽 위	부추 구	소리 음	머리 혈	바람 풍
825	825	830	833	833	834	843

飛	食(飠)	首	香
날 비	밥 식	머리 수	향기 향
844	844	850	850

214부수암기법	제 10 획

열말 뼈다귀가
높이 터럭을 발발 거리니
싸우는 술창엔 오지병 귀신뿐.

馬	骨	高	髟	鬥	鬯	鬲	鬼
말 마	뼈 골	높을 고	터럭 발	싸울 투	술 창	솥 력	귀신 귀
853	863	866	867	871	872	873	875

214부수암기법	제 11 획

고기잡은 새는 소금밭으로
사슴은 보리삼.

魚	鳥	鹵	鹿	麥	麻
고기 어	새 조	소금밭 로	사슴 록	보리 맥	삼 마
8798	887	897	898	900	901

214부수암기법	제 12 획

이리〔12〕 누런 기장을
검게 바느질하다.

黃	黍	黑	黹
누를 황	기장 서	검을 흑	바느질할 치
903	903	904	907

214부수암기법	제 13 획

가둔 맹꽁이를 솥에 넣고
북을 치면 쥐가 달아난다.

黽	鼎	鼓	鼠
맹꽁이 맹	솥 정	북 고	쥐 서
909	910	911	913

214부수암기법	제 14 획

가린 코가 가지런하다.

鼻	齊
코 비	가지런할 제
915	915

214부수암기법	제 15-17 획

〔15〕 가면의 이빨

〔16〕 갑 용거북

〔17〕 갓쓰고 피리분다.

齒	龍	龜	龠
이 치	용 룡	거북 귀	피리 약
917	921	922	923

차 례

說文解字
새로 엮은 설문해자
214부수순
단주 설문
段-注:說文

제 1 획

一 一 弌 일 3 丨 丨 곤 7 丶 丶 주 8 丿 丿 별 9 乙 乙 乚 乙 을 12

亅 亅 궐 13

001 1-01 一 한 일

一 弌 일【yī ㄧ】[설문부수 1] 하나, 첫째, 만일, 오로지

설문 0001 惟初大(太)極。道立於一。造分天地。化成萬物。《『漢書』曰。元元本本。數始於一。》凡一之屬皆从一。《一之形。於六書爲指事。凡云凡某之屬皆从某者、『自序』所謂分別部居、不相襍廁也。『爾雅』、『方言』所以發明轉注假借。『倉頡』、『訓纂』、『滂(滂)熹』及『凡將』、『急就』、『元尙』、『飛龍』、『聖皇』諸篇。僅以四言七言成文。皆不言字形原委。以字形爲書。俾學者因形以考音與義。實始於許。功莫大焉。於悉切。古音第 12部。○ 凡注言 1部、2部、以至 17部者。謂古韵也。『玉裁-作:六書音均表』。識古韵凡 17部。自倉頡造字時至唐虞三代秦漢、以及『許叔重-造:說文』曰某聲、曰讀若某者。皆條理合一不紊。故旣用徐鉉切音矣。而又某字志之曰古音第幾部。又恐學者未見『六書音均』之【書】。不知其所謂。乃於『說文:十五篇』之後。附『六書音均表:五篇』。俾形聲相表裏。因耑(端)推究。於古形、古音、古義可互求焉。》弌古文一。《凡言古文者。謂倉頡所作古文也。【此書】法後王、尊漢制。以小篆爲質。而兼錄古文、籒文。所謂今敍篆文、合以古、籒也。小篆之於古、籒。或仍之。或省改之。仍者十之八九。省改者十之一二而已。仍則小篆皆古、籒也。故不更出古、籒。省改則古、籒非小篆也。故更出之。一二三之本古文明矣。何以更出弌弍弎也。葢(蓋)所謂卽古文而異者。當謂之古文奇字。》/1

성부 부록 색인 참조

형부 습(溼)

◀ 제 1 획 ▶

七 칠【qī ㄑㄧ】[설문부수 509] 일곱, 문체 이름

설문 9279 昜(陽)之正也。《『易』用九不用七。亦用變不用正也。然則凡『筮』陽不變者當爲七。但『左傳』、『國語』未之見。》从一。微侌(陰)從中衺出也。《謂𠃊也。親吉切。12部。》凡七之屬皆从七。/738

유사 비수 비(匕) 감출 혜(匸) 변할 화(匕) 상자 방(匚)

성부 切체 虍호

형성 (2자) 질(叱)869 츤(齔)1218

丁 정【dīng ㄉㄧㄥ】[설문부수 516] 네째천간(불, 남방)

설문 9297 夏時萬物皆丁實。《「丁實」【小徐本】作「丁壯成實」。『律書』曰。丁者、言萬物之丁壯也。『律曆志』曰。大盛於丁。『鄭-注:月令』曰。時萬物皆強(强)大。》象形。《當經切。11部。》丁承丙。象人心。《冢『大一經』。》凡丁之屬皆从丁。/740

성부 可가 考고 宁저 寧녕 成成성 亭정

형성 (10자+2) 정(玎)146 정(苧)447 정(訂)1436 정(靪)1715 정(朾)3648 정(頂)5353 정(汀)7021 정(町)8741 정(釘)8846 정(阝丁)9237 타(打) 정(酊)

● 丄 二 上-고문

● 丅 二 下-고문

丂 교【kǎo ㄎㄠˇ】[설문부수 154] 교(巧)의 옛글자

설문 2918 气欲舒出丂上礙於一也。《丂者、气欲舒出之象。一其上不能徑達。此釋字義而字形已見。故不別言形也。苦浩切。古音在 3部。》丂、古文㠯(以)爲亏(于)字。《亏與丂音不同而字形相似、字義相近。故古文或以丂爲亏。》又㠯爲巧字。《此則同音假借。》凡丂之屬皆从丂。/203

성부 考고 亏우 叵파 可하 兮혜 号호 亟극 甹간 粤월 𠧞함 寧녕 甹병

형부 정(甹)

형성 (3자+1) 고(攷)1948 후(殀)2430 교(巧)2895 후(朽)

可 하【hē ㄏㄜ】 기운 뻗칠

■가:꾸짖을 ※ 가(呵)의 본래 글자

설문 2921 反丂也。讀若阿。《虎何切。17部。》/203

성부 可가

◀ 제 2 획 ▶

丅 二 하【xià ㄒㄧㄚˋ】 아래, 내릴, 떨어질, 낮을

설문 0009 底也。《「底」當作「氐」。〔广部〕。底者、山凥也。

一日下也。『許氏-解字』多用轉注。轉注者、互訓也。底云下也。故下云底也。此之謂轉注。【全書】皆當以此求之。抑此「底」字當作「氐」。〔广部〕一日下也四字。疑後人所綴。何者。【許-書】無低字。〔日部:昏〕下日从氐省。氐者、下也。正與此下者氐也爲轉注。上、高也。下、氐也。高氐亦正相反相對。【今本】氐篆解云至也。亦當本作下也。如是正之。乃見許氏發揮轉注之指。有好學深思者。當能心知其意也。》从反二(上)爲二(下)。《有物在一之下也。此古文下本如此。如丙字從古文下是也。後人改二爲丅。謂之古文。則不得不改丅爲丆。謂之小篆文矣。胡雅胡駕二切。古音在第 5部。》丅篆文下。《【今-各本】篆文作丆。後人所改)。》/2

유사 두 이(二) 윗상(二上)

성부 拜배 鬲격 卞변 本본 眞진 丙진 憂혼 舌괄 敢감 卡롱 正정

丈 장【zhàng ㄓㄤˋ】장(길의 단위, 10자), 어른, 지팡이, 길이

설문 1388 十尺也。从又持十。《〔夫部〕日。周制八寸爲尺。十尺爲丈。人長八尺。故日丈夫。然則伸臂一尋。周之丈也。故从又持十。直兩(兩)切。10部。》/89

유사 더욱 우(尤) 큰 대(大) 절름발이 왕(尢允)

성부 吏리 更갱

형성 (1자) 장(杖 杖)3589

上 丄二상【shàng ㄕㄤˋ】[설문부수 2] 웃(높은 곳, 존귀, 하늘, 표면, 윗사람), 숭상할, 오를

설문 0006 高也。此古文丄(上)。《古文上作二。故帝下旁(旁)下示下皆云从古文上。可以證古文本作二。篆作丄。【各本】誤以丄爲古文。則不得不改篆文之上爲丄。而用上爲部首。使下文从二之字皆無所統。示次於二之指亦晦矣。今正丄爲二、丄爲丄。觀者勿疑怪可也。凡『說文』一【書】。以小篆爲質。必先擧(擧)小篆。後言古文作某。此獨先擧古文後言小篆作某。變例也。以其屬皆从古文上、不从小篆上。故出變例而別白言之。》指事也。《凡指事之文絕(絶)少。故顯白言之。不於一下言之者、一之爲指事不待言也。象形者實有其物。日月是也。指事者不泥其物而言其事。丄丅是也。天地爲形。天在上、地在下。地在上、天在下。則皆爲事。》凡二之屬皆从二。《時掌時亮二切。古音第 10部。》丄篆文上。《謂李斯小篆也。【今-各本】篆作丄。後人所改。》/1

유사 두 이(二) 아래 하(下하)

성부 ① 上 止지 未숙 卡잡 卡롱

② 丄 帝제 亥해 辛건 末말

③ 二 示시 云운 目인 辰진 旁방

三 삼【sān ㄙㄢ】[설문부수 4] 석, 세번, 자주

설문 0073 數名。天地人之道也。《陳煥日。數者、易數也。三兼陰陽之數言。一下日道立於一。二下日地之數。王下日三者、天地人也。『老子』日。一生二。二生三。三生萬物。此釋三之義。下釋三之形。故以於文二字別言之。》於文一耦二爲三。成數也。《此依『韵會』所引。『韵會』多據【鍇本】。【今-鍇本】又非舊矣。耦、【各本】作偶。今正。二下日从一耦一。以一儷一也。此日一耦二爲三。以一儷二也。今又皆脫一字。三畫而三才之道在焉。故謂之成數。又字下日。手之列多、略不過三。》凡三之屬皆从三。《穌甘切。古音在 7部。》弎古文三。/9

유사 자축거릴 척(彳) 자축거릴 촉(亍) 터럭 삼(彡)

성부 冓구 奏주 泰태 秦진 春춘 畺강 龍룡 丰봉 王왕 舂용 塞새 隹추 寒색 玉옥 寒한 奉봉 羊양 長장

丌 丌기【jī ㄐㄧ】[설문부수 145] (물건을 받치는)상

설문 2884 下基也。《字亦作「亓」。古多用爲今渠之切之其。『墨子書』其字多作亓。亓與丌同也。》荐物之丌。象形。《平而有足。可以薦物。》凡丌之屬皆从丌。讀若箕同。《居之切。1部。》/199

유사 양뿔 개(丫) 상 기(丌) 풀 초(艹) 쌍상투 관(丱) 스물 입(廿) 받들 공(廾)

성부 其기 畀비 巽둔 巺손 典전 奠전

형성 (1자) 기(䢋 𨛜)2885

● 万 일만 만 - 약자

◀ 제 3 획 ▶

与 与여【yǔ ㄩˇ】더불어 ※ 여(與)와 같은 글자

설문 9023 賜予也。《賜、予也。予、推予芔人也。》一勺爲与。《下从勺。一者、推而予之。余呂切。5部。》此與予同意。《大徐作「此与與同」。小徐作「此卽與同」。惟小徐祛妄內作「與予皆同」。近是。今正。以一推勺、猶以丨推𠙴也。故日同意。與、攩與也。从舁。義取共擧(共擧)。不同与也。今俗以與代与。與行而与廢矣。》/715

성부 與여

不 불【bù ㄅㄨˋ】[설문부수 432] ㉠ fòu ㉡ ㊥⑨㉢ fǒu 아니, 아니할, 아닌가

■부:성씨, 아니 그런가

설문 7340 鳥飛上翔不下來也。《凡云不然者、皆於此義引申叚(假)借。其音古在 1部。讀如德韵之北。音轉入尤、有韵。讀甫鳩、甫九切。與弗字音義皆殊。音之殊、則弗在 15部也。義之殊、則不輕弗重。如嘉肴弗食、不知其言(旨)、至道弗學、不知其善之類可見。『公羊傳』日。弗者、不之深也。【俗韵書】謂不同弗。非是。又『詩:鄂不韡韡:箋』云。不當作柎。柎、鄂足也。古聲不柎同。》从一。一猶天也。《他處云一地也。此以在上。知爲天。》象形。《爲𣎴也。象鳥飛去而見其翅尾形。音見上。》凡不之屬皆从不。/584

성부 否부 丕비 沓밀

형부 왜(歪)

형성 (6자+1) 부(芣 芣)476 배(肧 肧)2478

배(岯)3029 배(碩)5368 부(紑)8239
배(坏)8716 배(杯)

丏 면【miǎn ㄇㄧㄢˇ】(보이지 않게)가릴
설문 5443 不見也。象雝蔽之形。《「雝」【各本】作「壅」。今正。其實【許書】當作邕也。『禮經』。乏參侯道。居侯黨之一。西五步。鄭曰。容謂之乏。所以爲獲者御矢也。『周禮:鄭司農-注』云。容者、乏也。待獲者所蔽。按乏與丏篆文相似。義取蔽矢。豈『禮經』本作丏與。彌兗(兖)切。古音在 12部。以宵賓字知之。》凡丏之屬皆从丏。/423
유사 빌 갈(丐)
성부 宵면
형성 (4자) 면(眄)2097 면(麪)3210
면(沔)6680 면(蚵)8467

丑 축【chǒu ㄔㄡˇ】[설문부수 529] 둘째지지(오전 1시~3시), 북동, 소띠), 막손이 ■추:본음, 사람이름 (一부 3획)
설문 9340 紐也。《『律曆志』曰。紐牙於丑。『釋名』曰。丑、紐也。寒氣自屈紐也。『淮南:天文訓』、『廣雅:釋言』皆曰。丑、紐也。〔糸部〕曰。紐、系也。一曰結而可解。十二月陰氣之固結已漸解。故曰紐也。》十二月萬物動用事。《『後漢書:陳寵傳』曰。十二月陽氣上通。雉雊雞(鷄)乳。地以爲正。殷以爲春。》象手之形。《人於是擧(舉)手有爲。又者、手也。从又而聯綴其三指。象欲爲。而凓冽氣寒、未得爲也。敕九切。3部。》日加丑。亦擧手時也。《上言月。此言日。每日太陽加丑。亦是人擧手思奮之時。【各本】譌作「時加丑」。今改正。》凡丑之屬皆从丑。/744
유사 오른 손 우(又) 가질 장(爪)
성부 狃뉴
형성 (11자) 뉵(衄)3032 뉴(飷)3081
뉴(邔)3988 뉴(粈)4305 유(沑)7022
호(妞)7737 뉴(紐)8257 뉴(鈕)8900
뉴(杻)9068 뉴(朏)9341 수(羞)9342

● 弌 한 일-고자

● 㞢 갈 지-고자

◀ 제 4 획 ▶

丕 비【pī ㄆㄧ】클, 으뜸, 받들
설문 0004 大也。《見『釋詁』。》从一。不聲。《敷悲切。古音在第 1部。鋪怡切。丕與不音同。故古多用不爲丕。如不顯卽丕顯之類。於六書爲假借。凡假借必同部同音。○ 丕、隸書中直引長。故云丕之字不十。『漢石經』作平、可證。非與丕殊字也。》/1
형성 (8자) 비(邳)3966 비(秠)4222
비(伾)4792 비(駓)5860 비(魾)7254

且 차【qiě ㄑㄧㄝˇ】[설문부수 494] ㉪㊥㉨ jū 또, 만일, 구차스러울 ■저:수두룩할, 공순할
설문 9028 所目(以)薦也。《「所目」二字今補。「薦」當作「荐」。今不改者、存其舊以示人推究也。薦訓獸所食艸。荐訓薦席。薦席謂艸席也。艸席可謂藉謂之荐。故凡言藉當曰荐。而【經傳】薦荐不分。凡藉義皆多用薦。實非許義。且、古音俎。所以承藉進物者。引申之、凡有藉之䛐(詞)皆曰且。凡語助云且者、必其義有二。有藉而加之也。云嫭且、苟且者、謂僅有藉而無所加。粗略之䛐也。凡【經:注】言且字十有一。『鄉飮酒禮:注』。同姓則以伯仲別之。又同、則以且字別之。言同姓之中有伯仲同者、則呼某甫也。『少牢饋食禮:注』。伯某之某且字也。『士喪禮:父某甫:注』云。某甫、且字也。若言山甫、孔甫。『士虞禮:適爾皇祖某甫:注』云。某甫、且字也。若言尼甫。又『曲禮:有天王某甫:注』云。某甫、且字也。『檀弓:烏呼哀哉尼甫:注』云。因且字以爲之謚(諡)。『褋記:陽童某甫:注』云。某甫、且字也。『坊記-魯(魯)春秋』猶去夫人之姓曰吳、其死曰『孟子:卒:注』云。『孟子』之子、葢(蓋)其且字。又『公羊傳:宣:十五年』王札子殺召伯毛伯『注』云。札者、冠且字也。『桓:四年:天王使宰渠伯糾來聘:注』云。宰渠伯糾、天子下大夫。繫官氏且字。『定:四年:劉(劉)卷卒:注』云。劉卷氏采。不名且字。古言表德之字、謂之且字。往往可證者如是。葢古二十而冠。祇云某甫。五十而後以伯仲某甫者、所以藉伯仲也。故『鄭-注:禮』之某甫如是。『何-注:春秋』之札卷糾、皆爲且字。與鄭無不合。作『正義』者多不能憭。致轉寫多譌。而其不譌者、固可攷而知也。【經:注】之且字非【許書】則不憭矣。若『周頌:傳』曰。萋且、敬愼皃(貌)。且、此也。則『毛公:傳』於故訓者也。》从几。《句。》足有二橫。一、《逗。》其下地也。《橫音光。卽桄字。今俗語讀光去聲是也。合『鄭-閟宮:箋』、『明堂位:注』言之。有虞氏斮(斷)木爲四足而已。夏后氏中足爲橫距之象。周人足閒(間)有橫。橫下有跗。似乎堂後有房。故云大房。按跗、許作柎。闌足也。闌足者、週圍之足空其底之下也。造字之時。象其直者四。橫者二。置於地、故以一象地。子余切。又千也切。古音嫥在 15部。》凡且之屬皆从且。𠀃古文目爲且。又目爲几字。《上目爲二字衍文也。古文且字無二橫者。『鄭-注:明堂位』曰有虞氏以梡斷木爲四足而已、夏后氏始中足爲橫距是也。又以爲几字者、古文叚(假)借之法。几亦箸於地。故几且同字。古文字少。此字【大徐本】捝去。从【小徐本】補入。》/716
유사 귀 이(耳) 스스로 자(自) 눈 목(目) 달 감(甘)
성부 査사 宜의 沮저 助조 組조 祖조 租조 虘차 亶단
형부 조(齜)
형성 (28자) 조(珇)127 저(苴)584
저(咀)765 저(趄)996 조(退)1057
조(詛)1536 저(鴡)2345 조(殂)2421
저(胆)2613 저(柤)3513 처(郥)3854
조(粗)4288 저(疽)4534 저(罝)4634
저(伹)4895 저(袓)5095 저(岨)5602
저(庢)5686 저(豠)5797 장(駔)5938
저(狙)6072 저(怚)6503 자(抯)7611
저(姐)7760 조(組)8253 저(坥)8718

서(鉏 䣘)8913 조(阻 𨸏)9185

世 世 [세]【shì ㄕˋ】 本[세대(30년)] 대대로, 대 이을, 평생, 인간

설문 1397 三十年爲一世。《『論語』。如有王者。必世而後仁。孔子曰。三十年曰世。按父子相繼曰世。其引伸之義也。》从卅(卅)而曳長之。《曳長之、謂末筆也。》亦取其聲。《末筆曳長。卽爲十二篇之乁、从反厂。亦是抴引之義。世合卅乁會意。亦取乁聲爲聲。讀如曳也。【許書】言取其聲者二。禿取粟聲、世取曳聲也。曳从厂聲。厂乁一也。舒制切。15部。『毛詩』世在 15部。而枼葉以爲聲。又可證8部與 15部合韵之理義。》/89

성부 貰기 貰세 枼엽

형성 (8자) 예(呭 呭)814 체(迣 迣)1139 세(齛 齛)1253 예(跇 跇)1317 예(詍 詍)1547 설(泄 泄)6734 예(抴 抴)7703 설(紲 紲)8321

丙 丙 [병]【bǐng ㄅㄧㄥˇ】[설문부수 515] 세째천간(남쪽, 불을 상징), 세째

설문 9296 位南方。《句。》萬物成炳然。《句。》会(陰)气初起。昜(陽)气將虧(虧)。《『鄭-注:月令』曰。丙之言炳也。萬物皆炳然箸見。『律書』曰。丙者、言陽道箸明。『律曆志』曰。明炳於丙。》从一入冂。《合三字會意。陽入冂。伏臧將虧之象也。兵永切。古音在 10部。》一者、昜也。《釋篆體之一。》丙承乙。象人肩。《冡『大一經』。》凡丙之屬皆从丙。/740

유사 소금밭 로(鹵) 서녘 서의 옛 글자(㢴卤) 술통 유(卣) 초목의 열매 늘어질 초(卤) 놀래는 소리 잉(卤)

성부 㔷㔷루 更㪅경

형성 (7자) 병(柄 柄)3595 병(邴 邴)3944 병(寎 寎)4487 병(病 病)4493 병(炳 炳)6188 병(怲 怲)6604 병(鈵 鈵)7307

北 丘 [구]【qiū ㄑㄧㄡ】[설문부수 293] 언덕, 뫼, 마을, 무덤, 모을, 클, 공자의 이름

설문 4996 土之高也。《『大司徒:注』曰。土高曰丘。》非人所爲也。《『釋丘』曰。非人爲之丘。謂非人力所爲也。》从北。从一。《會意。去鳩切。古音在 1部。讀如欺。漢時讀入今之尤韵。故『禮記:嫌名:注』曰。宇與禹、丘與區之類。漢時區亦去鳩切也。》一、地也。《釋从一之意。》人凥(居)在北(丘)南。故从北。《釋从北之意。》中邦之凥在昆侖東南。《昆侖下當有「丘」字。嫌人居不必在丘南。故言倉頡造字之初取意於此。》一曰四方高、中央下爲丘。《『淮南:墬形訓:注』曰。四方而高曰丘。》象形。《與上會意別。》凡北之屬皆从北。𡴯古文从土。《从土猶从一。》/386

유사 물리칠 척(斥)

성부 虛허 岳악 兵병

형부 니(泥 𡲞)

형성 (1자) 구(邱 邱)3986 구(坵)

◀ 제 5 획 ▶

㐁 㐁 [첨]【tiàn ㄊㄧㄢˋ】 ① 핥을(🔲2) ② 핥을 ※ 첨(㐁)의 옛 글자(🔲2193)

설문 1372 舌皃(貌)。《『魯(魯)靈光殿賦』。玄熊䑛舕以齗齗。善曰。䑛舕、吐舌皃。吐玷吐暫二切。按䑛菼(菼)卽㐁之俗也。》从谷省。象形。《象形者、謂㐁象吐舌也。从谷省者、謂人也。舌出於谷外。故㐁谷外舌。他念切。7部。》㐁古文㐁。讀若三年導服之導。《『士虞禮:注』曰。古文禫或爲導。『檀弓、喪大記(記):注』皆曰。禫或作道。是『今文-禮』作禫。『古文-禮』作導。鄭从今文。故見古文於『注』。許从古文。故此及〔木、穴部〕皆云三年導服。而〔示部〕無禫。今有者後人增也。導服者、導凶之吉也。棪突(㴱)㐁讀若導服。皆 7, 8部與 3部合韵之理。不於上文㐁下言之者、以舌皃之讀別下文竹上皮之讀。使人易了也。不云讀若導而云三年導服之導者、三年導服之導古語葢讀如澹。故今文變爲禫字。是其音不與凡導同也。》一曰竹上皮。《此別一義。竹上青皮。『顧命』、『禮器』、『聘義』皆謂之筍。筍箹古今字。》讀若沾。《沾古之添字。他兼切。》一曰讀若誓。《讀沾又讀誓。此 7, 8部與 15部合韵之理。》弻字。从此。《謂弻字从㐁(㐁)爲聲也。〔弜部〕作弻。然則从西者小篆。从㐁作弻者古文也。》/87

유사 서녘 서(西) 서녘 서(㢴卤) 열매 달릴 초(卤) 천간 병(丙)

성부 㑞숙

형성 (4자) 체(莤 莤)579 첨(䉦 䉦)6222 념(悿 悿)6424필(弻 弻)8112

丞 丞 [승]【chéng ㄔㄥˊ】 도울, 벼슬 이름, 정승, 이을 ※ 승(承)과 통한다

설문 1664 翊也。《「翊」當作「翼」。【俗書】以翊爲翼。翼猶輔也。『哀:十八年:左傳』曰。使帥師而行。請承。杜曰。承、佐也。承者丞之假借。『文王世子』引『記』曰。虞夏商周有師保、有疑丞。『百官公卿表』丞相。應劭曰。丞者、承也。相者、助也。按漢凡官多有丞者皆以輔之。》从廾。从卩。从山。《四字當作從𡵂二字。〔山部〕曰。𡵂、高山之節。》山高、《逗、山高謂𡵂也。》奉承之義。《「義」當作「意」。字之誤也。凡高者在上。竦手以承之。丞承疊(疊)韵。署陵切。6部。》/104

유사 받들 승(承)

성부 飛비 承승 烝증

형성 (4자) 증(脀 脀)2539 증(拯 拯)7590 증(巹 巹)9125 증(㽀 㽀)9301

◀ 제 6 획 ▶

● 丣 酉-고문

◀ 제 7 획 ▶

● 丽 麗-고자

◀ 제 10 획 ▶

鎠 두【dòu ㄉㄡˋ】 투 [연향 술잔] 구기(술 푸는 기구) (金부 11획)(一부 10획)
설문 8873 酒器也。《未聞。或曰卽行葦之大斗。非是。『毛傳』大斗長三尺。謂勺柄長三尺也。》从金豐。象器形。《大口切。4部。》豐鎠或省金。《斵字用爲聲。》/704
유사 버금 아(亞)
성부 斲착
형성 (1자) 두(䜊)5267

◀ 제 15 획 ▶

● 𠀤 대궐안길 곤-속자

002	丨
1-02	뚫을 곤

丨 곤【gǔn ㄍㄨㄣˇ】[설문부수 10] 위 아래로 통할
설문 0210 下上通也。《依『玉篇』》引而上行、讀若囟(囟)。《囟之言進也。》引而下行、讀若逷(退)。《可上可下。故曰下上通。〔竹部〕曰。篆、引書也。凡字之直。有引而上、引而下之不同。若至字當引而下、不字當引而上、又若在中木生字皆當引而上之類是也。分用之則音讀各異。讀若囟在 13部。讀若逷在 15部。今音思二切。囟之雙聲也。又音古本切。》凡丨之屬皆从丨。/20
유사 갈고리 궐(亅) 갈고리 궐(乚)
성부 부록 색인 참조
형부 丨을 부수로 하는 대부분의 글자들

◀ 제 1 획 ▶

丩 구【jiū ㄐㄧㄡ】[설문부수 52] 넝쿨 뻗을, 감을
설문 1382 相糾繚也。《丩糾疊韵。糾繚亦疊韵字也。『毛傳』曰。糾糾猶繚繚也。繚、纏也。》一曰瓜瓠結丩起(起)。《謂瓜瓠之縢緣物纏結而上。如『詩』言南有樛木。葛藟纍(累)之。》象形。《象交結之形。居虯切。3部。『眞誥』一卷爲一弓。弓當卽弓字。一丩猶言一縛。丩卷雙聲。故謂卷爲丩也。》凡丩之屬皆从丩。/88
유사 큰 도랑 괴(巜) 칼 도(刀刂)
성부 句勾구 收수
형성 (10자) 규(叫)886 규(赳)937 교(㗂)1362 규(糾)1383 규(糾)1384 규(訆)1576 구(觓)2708 규(朻)3439 교(疝)4501 규(虯)8492

◀ 제 2 획 ▶

● 个 낱 개-약자

丯 과【kuā ㄎㄨㄚ】 상中⑨작 huǎ 가리장이(兩股間) 벌려 걸을 (夊부 0획)
설문 3259 跨步也。《「跨」當作「夸」。夸步謂大張其网(兩)股也。》从反夊。《苦瓦切。17部。》𨈖从此。《以丯爲聲。》/237
성부 𨈖과 韋위 夬쾌 年년 舛천 夅강

◀ 제 3 획 ▶

中 중【zhōng ㄓㄨㄥ】 가운데, 안(속), 중(과불급의 없음), 맞을
설문 0211 內也。《『俗本』「和也」。非是。當作內也。【宋-麻沙本】作肉也。【一本】作而也。正皆內之譌。〔入部〕曰。內者、入也。入者、內也。然則中者、別於外之辭也。別於偏之辭也。亦合宜之辭也。作內、則此字平聲去聲之義無不賅矣。許以和爲唱和字。龢爲諧龢字。龢和皆非中之訓也。『周禮』中失卽得失。》从口丨。下上通也。《按中字會意之指、必當从口。音圍。衞(衛)宏說。用(用)字从卜用(中)。則中之不从口明矣。俗皆从口。失之。云下上通者、謂中直或引而上或引而下皆入其內也。陟弓切。9部。》𠁧古文中。《此字可疑。豈淺人誤以屈中之虫入此歟。》/20
성부 貴귀 䍙𦋺기 婁루 史叟사 禹우 啻억 橐탁 㒷곤 菫堇𡋳근 莫난 𦒱𦑫𩙿침 用용 兔토 虫훼 束속 革혁 串관 免면 㯻혼 象상
형성 (7자) 중(芇)330 충(盅)3018 중(仲)4750 충(衷)5093 충(忠)6398 충(忡)6616 충(沖)6831

丰 봉【fēng ㄈㄥ】 (풀이)우거질, (얼굴이)어여쁠
설문 3713 艸盛丰丰也。《引伸爲凡豐(豊)盛之偁(稱)。『鄭風』。子之丰兮。毛曰。丰、豐滿也。鄭曰。面皃(貌)丰丰然豐滿。『方言』。好或謂之妦。妦卽丰字也。》从生(生)。上下達(達)也。《上盛者根必深。敷容切。9部。》/274
유사 풀날 개(丯) 날 생(生) 임금 왕(王)
성부 豐례 彗혜 競競긍 夆봉 奉봉 丰丰봉
형성 (3자) 방(玤)151 방(邦)3832 방(蚌)8498

丯 개【jiè ㄐㄧㄝˋ】[설문부수 140] 풀이 어지럽게 난 모양 (丨부 3획)
설문 2690 艸(草)蔡也。《〔艸部〕曰。蔡、艸丯(丯)也。疊(疊)韵互訓。『孟子』曰君之視臣如土芥。趙云。芥、草芥也。『左傳』以民爲土芥。『杜-注』同。『方言』。蘇芥草也。江淮南楚之閒(間)曰蘇。自關而西或曰「草」。或曰「芥」。南楚江湘之間謂之「莽」。按凡言艸芥皆丯之假借也。芥行而丯廢矣。》象艸生之散亂也。《「散」當作「㪔」。『外傳』曰。道茀不可行。中直象道。彡象茀。》凡丯之屬皆从丯。讀若介。《古拜切。15部。》/183
유사 풀 무성할 봉(丰)
성부 耒뢰 㓞해 害害해 憲헌 㓞갈 競긍
형부 격(挌)

丮 극【jǐ ㄐㄧˇ】[설문부수 74] 상中⑨ jí 가질, 잡을

설문 1786 持也。《持握也。》象手有所丮(𠃨)據也。《外象拳握形。》凡丮之屬皆从丮。讀若戟(戟)。《几劇切。按『毛詩』戟與澤作韵。丮古音當在 5部。》/113
형성 𢀜라 埶예 鬥투 𡙇화 𠖊국 夙숙 孰숙 執집 巩공
형부 착(𤓯) 갹(谻) 재(𢦏)

◀ 제 4 획 ▶

● 𦍌 𦍌 쌍상투-관

𦍌 개【guǎi 《ㄨㄞˇ】[설문부수 112] ㊉ guǎ 양의 뿔이 갈라진 모양 ■과:같은 뜻
설문 2214 羊角也。《『玉篇』曰。𦍌𦍌、网(兩)角皃(貌)。『廣韵(韻)』曰。𦍌𦍌、羊角開皃》象形。《知爲羊角者、於芊字知之也。》凡𦍌之屬皆从𦍌。讀若乖。《工瓦切。『篇』、『韵(韻)』又乖買切。古音在16、17部。》/144
유사 상 기(丌) 풀 초(艹艹) 쌍상투 관(丱丱) 스물 입(廿廿) 받들 공(廾)
성부 虞거 乖괴 夔기 芈미 𥝌화 苟극 𦍌면 雈환 𦍌말 羊양

乖 괴【guāi 《ㄨㄞ】어그러질, 거스를, 떨어질
설문 2215 戾也。《〔犬部〕曰。戾、曲也。曲則不伸。故爲睽離。》从𦍌 八。《〔八部〕曰。八、分也。八𨽸(隸)作兆。乖从𦍌。从兆。皆取分背之意。【各本】此下有「八古文別」。此淺人所妄增。說詳〔八部〕、〔卜部〕。凡『許-自注』云某古文某者皆見於【許書】。〔刀部:別〕下未嘗有 八古文別之云也。𠦬𨽸从北。以兆與北形相似也。古懷切。古音葢在 16部。》/144
성부 乘승

◀ 제 6 획 ▶

● 串 꿸 관

◀ 제 7 획 ▶

● 𣶒 淵-고자

◀ 제 9 획 ▶

丵 착【zhuó ㄓㄨㄛˊ】[설문부수 60] 풀 성할 (丨부 9획)
설문 1655 叢生艸也。象丵嶽相竝(並=並)出也。《謂此象形字也。丵嶽疊(疊)韵字。或作「嵳嶽」。『吳語』不經見者謂「丵嶽」。》凡丵之屬皆从丵。讀若浞。《士角切。3部。》/103
성부 對대 黹치 業복 鑿착 業업 叢총

◀ 제 9 획 ▶

● 龜 龜-고자

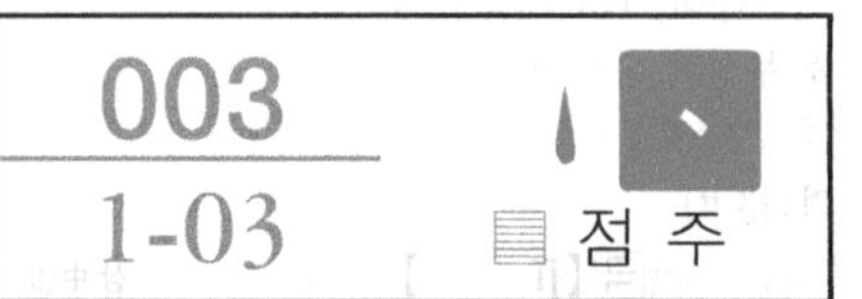
003
1-03
점 주

丶 주【zhǔ ㄓㄨˇ】[설문부수 174] 귀절 찍을, 불똥
설문 3042 有所絕(絶)止。丶而識之也。《按此於六書爲指事。凡物有分別、事有可不、意所存主、心識其處者皆是。非專謂讀書止、輒乙其處也。知庾切。古音在 4部。》凡丶之屬皆从丶。/214
성부 부록 색인 참조
형부 丶를 부수로 하는 대부분의 글자들

◀ 제 2 획 ▶

丸 환【wán ㄨㄢˊ】[설문부수 355] 알(작고 둥근 것), 탄환, 자루, 둥글게 할
설문 5718 圜也。《「也」字各本無。今依『韵會』補。以疊(疊)韵爲訓也。今丸藥其一耑(端)也。『商頌』。松栢丸丸。『傳』曰。丸丸、易直也。按謂其滑易而調直也。丸義之引伸也。『大雅』松柏斯兌。『傳』亦云。兌、易直也。兌與丸、古葢(蓋)音同而義同矣。》傾側而轉者。从反仄。《圜則不能平立。故从反仄以象之。仄而反復、是爲丸也。胡官切。14部。》凡丸之屬皆从丸。/448
※ 잡을 극(丮、𠃨)자가 대부분 환(丸)이나 범(凡)자로 바뀐다.
유사 아홉 구(九) 잡을 극(𠃨丮𠃨) 빠를 신(卂) 칼날 인(刃) 다칠 창(办刅)
성부 𢀜𢀜𢀜라 埶埶예 孰孰숙 𠃨번 執執執執집 巩巩공
형부 위(㚏) 이(𡚁)
형성 (4자+1) 환(芄)269 위(骫)2474 환(肒)2544 환(紈)8195 환(汍)

◀ 제 3 획 ▶

丹 단【dān ㄉㄢ】[설문부수 175] 주사(파촉지방에서 나는 광물), 붉을 ■란: 모란〈韓〉
설문 3045 巴越之赤石也。《巴郡、南越皆出丹沙。『蜀都賦』。丹沙赩熾出其坂。謂巴也。『吳都賦』。赬丹明璣謂越也。丹者、石之精。故凡藥物之精者曰丹。》象采丹井。《謂冂也。采丹之井、『史記』所謂丹穴也。『蜀、吳:二都賦:注』皆云。出山中、有穴。》丶象丹形。《都寒切。14部。》凡丹之屬皆从丹。 𠁿古文丹。 彬亦古文丹。《按此似是古文形。》/215
유사 배 주(舟) 엔 엔(円) 달 월(月) 수염 염(冉冄) 마칠 종(夂夂终)
성부 彤동 青青청
형부 확(臒)
형성 (1자) 전(旃)4100

◀ 제 4 획 ▶

主 주【zhǔ ㄓㄨˇ】등불, 주인, 신주, 주로 할, 주장할
설문 3043 鐙中火主也。《『釋器』。瓦豆謂之登。郭曰。卽

膏鐙也。膏鐙、『說文:金部』之鐙錠二字也。其形如豆。今之鐙盞是也。上爲盌盛膏而爇火是爲主。其形甚微而明照一室。引伸假借爲臣主、賓(賓)主之主。》 象形。《謂象鐙形。》从丶。《謂火主。》 丶亦聲。《之庾切。古音在 4部。按丶主古今字。主炷亦古今字。凡主人、主意字本當作丶。今假主爲丶而丶廢矣。假主爲丶、則不得不別造鐙炷字。正如假左爲𠂇、不得不別造佐爲左也。》/214

성부 素소 表표 害해 毒독 責책 堇근 羊양 往왕 青청

형성 (9자) 투(䞣)2293 주(柱)3475 주(宔)4423 주(罜)4623 주(駐)5926 주(麈)5978 주(狌)6008 주(注)6944 주(姓)7796

● 丼 우물 정-고자

◀ 제 5 획 ▶

● 宍 冉 丹 終-고자

◀ 제 7 획 ▶

● 麗-고자

004	丿
1-04	삐칠 별

별【piě ㄆㄧㄝˇ】[설문부수 446] ㊤㊥⑨㉠ piě 삐칠

설문 7969 又(右)戾也。象𠂇(左)引之形。《又𠂇、【各本】作右左。今正。戾者、曲也。右戾者、自右而曲於左也。故其字象自左方引之丿。音義略同。擎、書家八法謂之掠。房密切。又匹蔑切。15部。》凡丿之屬皆从丿。/627

유사 끌 예(𠂆) 흐를 이(乀) 삐칠 불(乀) 이를 급(㇆)

성부 부록 색인 참조

형부 丿을 부수로 하는 대부분의 글자들

◀ 제 0 획 ▶

불【fú ㄈㄨˊ】삐칠

설문 7972 𠂇(左)戾也。从反丿。讀與弗同。《自左、而曲於右。故其字象自右方引之。乀音義略同拂。書家八法謂之磔。分勿切。15部。或問乀篆何以不次乂弗之前也。曰此以丿爲部首。故必从丿字列畢而後列反背之形。乂弗皆系之从丿也。》/627

유사 끌 예(𠂆) 흐를 이(乀) 삐칠 별(丿) 이를 급(㇆)

성부 久구 乂예 衣의 乀이 表표 艮간 民민 弗불 𠔁절 良량 丈장 匆총 瓜과 夜야 曳예 臾유 弋익 八팔 必필

예【yì ㄧˋ】[설문부수 447] 끌, 밝을 (丿부 0획)

설문 7973 抴也。《抴者、捈也。捈者、臥引也。臥引者、橫引之。》明(明)也。《此義未聞。》象抴引之形。《依此則明也。當爲衍文。余制切。16部。》凡𠂆之屬皆从𠂆。虒字从此。《按虒字从虎、而以爲聲。又若系从糸、𠂆聲。寫者短之。乃與右戾之丿相溷。曳字从申(申)、𠂆聲。寫者亦不察。皆當攷正者也。》/627

유사 흐를 이(乀) 언덕 한(厂) 미칠 급(㇆)

성부 系계 曳예 乀이 虒치 乎호 弋익 罒권 𦣝신 延연 𠨎은 犮발 爭쟁 瓜과 𠂢비 爪조 卮치 后후 盾순 𠨎은

형성 (1자) 이(𠂆)5340

이【yí ㄧˊ】[설문부수 448] 흐를 (丿부 0획)

설문 7975 流也。从反𠂆。讀若移。《移从多聲。在 17部。亦用於 16部。乀與𠂆古音同在 16部也。弋支切。》凡乀之屬皆从乀。/627

유사 끌 예(𠂆) 미칠 급(㇆) 언덕 한(厂)

성부 氏씨 也야 丮丮극 卂신 爪장

● ㇆ 이를 급-고자

◀ 제 1 획 ▶

내【nǎi ㄋㄞˇ】[설문부수 153] 本[어조사] 이에, 그(것) ■애:노 젓는 소리

설문 2915 曳䛐(詞)之難也。《『玉篇』「䛐」作「離」、非也。上當有「者」字。曳有矯拂之意。曳其言而轉之。若而、若乃皆是也。乃則其曳之難者也。『春秋:宣:八年』。日中而克葬。『定:十五年』。日下昃乃克葬。『公羊傳』曰。而者何。難也。乃者何。難也。曷爲或言而、或言乃。乃難乎而也。『何-注』。言乃者內而深(深)。言而者外而淺。按乃然而汝若、一語之轉。故乃又訓汝也。》象气之出難也。《气出不能直遂。象形。奴亥切。1部。》凡乃(乃)之屬皆从乃。𠄎古文乃。𠄔籀文乃。《三之以見其意。》/203

【他本說文解字】曰:《臣鉉等曰。今隸書作乃。》

유사 아홉 구(九) 칼 도(刀) 새깃 짧을 수(儿) 어진 사람 인(儿) 힘 력(力)

성부 及及고 秀수 卣卤鹵유 隽준 孕잉 仍잉 𠧪잉 朶타 及급 盈영

형성 (5자) 잉(艿)635 잉(訒)1444 잉(杒)3340 내(鼐)4177 잉(扔)7646

예【yì ㄧˋ】(풀을)깎을, 벨, (나라를)다스릴

설문 7970 芟艸也。《〔艸部〕曰。芟、乂艸也。二篆爲轉注。『周南』曰。是刈是濩。『周頌』曰。奄觀銍艾。艾者、乂之叚(假)借字。銍者、所以乂也。〔禾部〕曰。穫、乂穀也。是則芟艸穫穀總謂之乂。『鄭-箋:詩』云。芟末曰艾。〔刀部〕有刉。〔金部〕有鎌、有鍥。所以芟艸也。銍則穫禾短鎌也。引申之、乂訓治也。見【諸經傳】。〔許-辟部〕云。嬖、治也。引『唐書』有能俾嬖。則嬖爲正字。》从丿乀相交。《象左右去之會意也。魚廢切。15部。》刈乂或从刀。《乂者、必用刉鎌之屬也。》/627

성부 艾애 杀찰 凶흉 交교 父부 卤서 爻효 鬲격 文문 网망 丈장 囪창

형부 예(嬖)

형성 (3자) 예(㓗)2987 예(𤖢)5536 애(忞)6648

ナ 좌【zuǒ ㄗㄨㄛˇ】[설문부수 77] 왼, 왼손
설문 1832 左手也。《[鉉本]作「ナ手也」。非。「左」今之「佐」字。〔左部〕曰。左、ナ手相左也。是也。又手得ナ手則不孤。故曰左助之手。》象形。《反又爲ナ。故相戾曰ナ。臧可切。17部。俗以「左右」爲「ナ又」字。乃以「佐佑」爲「左右」字。》凡ナ之屬皆从ナ。/116
유사 열 십(十) 싹날 철(屮) 언덕 한(厂)
성부 부록 색인 참조
형부 ナ를 부수로 하는 대부분의 글자들

◀ 제 2 획 ▶

久 구【jiǔ ㄐㄧㄡˇ】[설문부수 204] 本[뒤에서 막을] 오랠, 오래 기다릴
설문 3260 從後灸之也。《「也」字今補。久灸曡(疊)韵。〔火部〕曰。灸、灼也。灼、灸也。灸有迫箸(着)之義。故以灸訓久。『士喪禮』。鬲幎、用疏布久之。鄭曰。久讀爲灸。謂以葢(蓋)塞鬲口也。『既夕』。苞筲罋甒皆木桁久之。鄭曰。久讀爲灸。謂以葢案塞其口。[此經]二久字、本不必改讀。葢久本義訓從後歫之。引伸之則凡歫塞皆曰久。鄭以久多訓長久。故易爲灸以釋其義。『考工記』。灸諸牆以眡其橈之均。鄭曰。灸猶柱也。以柱网(兩)牆之閒(間)。許所偁(稱)作久、與『禮經』用字正同。許葢因[經]義以推造字之意。因造字之意以推[經]義。無不合也。相歫則其俟(侯)必遲。故又引伸爲遲久。遲久之義行而本義廢矣。》象人网(兩)脛後有歫也。《「歫」[各本]作「距」。今正。歫、止也。距、雞(鷄)距也。擧(擧)友切。古音在 1部。》『周禮』曰。久諸牆以觀其橈。凡久之屬皆从久。/237
유사 천천히 걸을 쇠(夊) 뒤져올 치(夂) 칠 복(攵攴) 저녁 석(夕)
성부 匛구 羑유
형부 묘{畝畒畮}
형성 (4자) 구(玖)156 구(疚)4412 구(灸)6166 구(夂)7797

乇 탁【zhé ㄓㄜˊ】[설문부수 216] 붙일, 부탁할 ■책:붙일
설문 3718 艸葉也。《當作「艸華皃(貌)」。下云垂𠂹、上貫一。華則有𠂹。葉不當言𠂹也。》𠂹𠂹。《直者、莖也。斜垂者、華之𠂹也。禾篆亦以下垂象其𠂹。》上毌一。下有根。《在一之下者、根也。一者、地也。》象形字。《謂雖中从一。而於六書爲象形字也。陟格切。5部。凡乇聲字皆在5部。用以會意者。古文𠂹字ナ㫄(左旁)从此。》凡乇之屬皆从乇。/274
유사 터럭 모(毛)
성부 秅차 託탁 庀택 宅택
형성 (5자+1) 타(吒)871 박(亳)3177 독(㞘)5349 탁(飥)7263 타(奼)7739 책(虴)

● 么逆마/요
● ナ 左-고자

◀ 제 3 획 ▶

之 지【zhī ㄓ】[설문부수 211] (다른 곳으로)갈, 이(것)
설문 3697 出也。《引伸之義爲往。『釋詁』曰之往是也。按之有訓爲此者。如之人也。之德也。之條條。之刀刀。『左傳』。鄭人醢之、三人也。『召南:毛傳』曰。之事、祭事也。『周南』曰。之者、嫁子也。此等之字皆訓爲是。之有訓爲上出者。『戴先生-釋:梓人』曰。頰側上出者曰之。下垂者曰而。須鬣是也。》象艸過屮。《過於屮也。》枝莖漸益大。有所之也。《莖漸大、枝亦漸大。勢有日新不已者然。》一者地也。凡出(之)之屬皆从㞢。《止而切。1部。》/272
형성 (2자) 지(芝)223 희(㰻)5298

𠂔 제【zǐ ㄗˇ】그칠 제(丨부 3획 ▣2194)
설문 3710 止也。从㞷盛而一橫止之也。《會意。即里切。古音當在 15部。『詩』萬億及秭(秭)。與醴妣禮皆韵、可證也。而肖、仕聲。楊雄作胏(胏)。又疑𠂔(㫃)在 1部。》/274
유사 저자 시(市) 삼 빈(𣎳) 무성할 발(米𣎵)
슬갑 불(巿) 두를 잡(帀)
형성 (11자) 자(趀)948 자(笫)2781 시(柹)3271 자(秭)4265 제(𥥍)4341 자(疿)4575 자(䀿)5239 제(泲)6699 자(姊)7764 제(鉓)9019 자(胏)2606:1

◀ 제 4 획 ▶

乎 호【hū ㄏㄨ】㉮ hú 그런가, 오홉다 할(감탄사), 어조사
설문 2929 語之餘也。《乎餘曡(疊)韵。意不盡、故言乎以永之。[班史]多假虖爲乎。》从兮。象聲上越揚之形也。《謂首筆也。象聲乞(气)上升越揚之狀。戶吳切。5部。》/204
유사 평평할 평(平)
성부 虖호
형성 (3자) 호(呼)788 호(評)1496 로(桴)3333

乍 사【zhà ㄓㄚˋ】언듯(졸지에, 갑자기), 잠깐, 차라리
설문 8020 止亡詈(詞)也。《[各本]作「止也一曰亡也」六字。今正。乍無亡義。淺人離析所改耳。補詈字者、如毋下云止詈也。亦本有詈而後人刪(刪)之。乍與毋同意。毋者、有人姦女而一止之。其言曰毋。乍(乍)者、有人逃亡而一止之。其言曰乍。皆咄咄逼人之語也。亡與止亡者皆必在倉猝。故引申爲倉猝之稱。『廣雅』曰。暫也。『孟子』。今人乍見孺

子將入於井。『左傳』。桓子乍謂林楚。文意正同。而『左傳-俗本』皆乍爲咋。》从亡一。《會意。鉏駕切。古音在 5部。》一、《逗。》有所礙也。《礙者、止也。說从一之意。毋字从一。亦是有所礙之之意。》/634

성부 作작 窄笮착

형성 (10자+1) 책(迮)1069 사(詐)1588 조(胙)2552 작(筰)3095 작(柞)3332 작(昨)4062 작(秨)4226 작(怍)6643 조(阼)9246 초(酢)9411 조(祚)

乏 핍【fá ㄈㄚˊ】(물자가 모두)떨어질, (인원이)빌, 모자랄, 살가림(화살이 맞는지를 확인하는 사람이 쓰는 물건)

설문 1039 『春秋傳』曰。反正爲乏。《『左傳:宣:十五年』文。此說字形而義在其中矣。不正則爲匱疋(乏)。二字相鄉(向)背也。禮受矢者曰正。拒矢者曰疋。以其禦矢謂之疋。以獲者所容身謂之容。房法切。古音在 7部。》/69

형성 (10자+1) 범(芝)539 핍(眨)2323 답(鉦)3151 폄(貶)3821 폄(窆)4476 봉(覂)4644 집(层)5166 폄(砭)5769 범(泛)6959 핍(姂)7839 잡(眨)

◀ 제 5 획 ▶

𠂢 비【pài ㄆㄞˋ】[설문부수 419] 물 굽어 흐를 ■파:갈라질 ※ 파(派)의 본래 글자 (厂부 4획)

설문 7141 水之衺流別也。《流別者、一水岐分之謂。『禹貢』曰。漾東流爲漢。沇東流爲泲(泲)。江東別爲沱。此言流別之始。『釋水』詳之。自河出爲灉、濟爲濋已下是也。流別則其勢必衺行。故曰衺流別。𠂢與〔水部:派〕音義皆同。派葢(蓋)後出耳。衺流別、則正流之長者。較短而埊理同也。故其字从反永。》从反永。《匹卦切。16部。》凡𠂢之屬皆从𠂢。讀若稗縣。《〔禾部〕曰。琅邪有稗縣。『今-地理志』作椑縣。誤也。【小徐本】作蜀稗縣。非。蜀祗有郫縣。音疲。》/570

성부 𧖴맥 覛멱

형성 (4자) 맥(脈)2045 맥(脈)7142 파(派)6917 패(紑)8188

㐆 은【yǐ ㄧˇ】[설문부수 299] ㉯㊥⑨㉶ yī 몸이 구를, 숨을 ■의:[돌아갈] 의지할

설문 5015 歸也。《㬪(疊)韵爲訓。》从反身。《此如反人爲匕、反从爲比。於機切。15部。》凡㐆之屬皆从㐆。/388

성부 殷은

𠂤 퇴【duī ㄉㄨㄟˉ】[설문부수 499] 작은 산, 흙무더기 ※ 퇴(堆)의 본래 글자

설문 9168 小𠂤(阜)也。《小𠂤、𠂤之小者也。『廣雅』本之。曰。𠂤、細阜也。今譌𡋯不可讀矣。小𠂤曰𠂤。『國語』叚(假)借魁字爲之。『周語』。夫高山而蕩以爲魁陵糞土。賈逵、韋昭皆曰。小阜曰魁。卽許之𠂤也。『賈逵-注』見『海賦』。其字俗作堆。堆行而𠂤廢矣。氏下云。山岸脅之堆、旁箸欲落墮者曰氏。小徐作堆。大徐則刪(刪)之。『士冠禮:注』。追猶堆也。是追卽𠂤之叚借字。『李善-注:七發』曰。追古堆字。『詩』。追琢其章。追亦同𠂤。葢(蓋)古治金玉突起(起)者爲𠂤。穿穴者爲琢。𠂤語之轉爲敦。如『爾雅』之敦丘。俗作墩。『詩』。敦彼獨宿。傳以敦敦然釋之。皆是也。》象形。《象小於𠂤。故𠂤三成、𠂤二成。都回切。15部。》凡𠂤之屬皆从𠂤。/730

유사 등뼈 려(呂) 하여금 이(𠂤) 꿸 관(串) 울부짖을 현(吅)

성부 歸귀 阜부 師사 帥수 追추 官관 㠯𡶜얼

◀ 제 7 획 ▶

乖 괴【guāi ㄍㄨㄞˉ】어그러질, 거스를, 떨어질

설문 2215 戾也。《〔犬部〕曰。戾、曲也。曲則不伸。故爲睽離。》从𦍌 𠈌。《〔八部〕曰。𠈌、分也。𠈌叕(隸)作兆。乖从𦍌。从兆。皆取分背之意。【各本】此下有「𠈌古文別」。此淺人所妄增。說詳〔八部〕、〔卜部〕。凡『許-自注』云某古文某者皆見於【許書】。〔刀部:別〕下未嘗有 𠈌古文別之云也。𠈌叕从北。以兆與北形相似也。古懷切。古音葢在 16部。》/144

성부 乘승

◀ 제 8 획 ▶

● 季 㚔-고자

◀ 제 9 획 ▶

𠂹 수【chuí ㄔㄨㄟˊ】[설문부수 217] 늘어질, 물 이름 ※ 수(垂)의 옛 글자 (丿부 9획)

설문 3719 艸木華葉𠂹。《引伸爲凡下𠂹之偁(稱)。今字垂(垂)行而𠂹廢矣。》象形。《象其莖枝華葉也、此篆各書中直。惟『廣韵:五,支』及『夢英-所:書』作𠂹。是爲切。古音在 17部。》凡𠂹之屬皆从𠂹。𠂹古文。《『地理志』曰。武功垂山。古文𠀉(以)爲敦物。豈古文𠂹與物字相似故與。》/274

유사 등뼈 척(𠂹)

성부 素소 垂수 差차 𠌶화

형성 (2자) 수(䅜)3147 뢰(隊)9189

椉 승【chéng ㄔㄥˊ】(거마를)탈, 업신여길, 곱할, 곱셈, 탈 것

설문 3263 覆也。《加其上曰椉(乘)。人乘(乘)車、是其一耑(端)也。》从入桀。《入者覆之意也。食陵切。6部。》桀、黠也。《說从桀之意。『方言』。黠、慧也。自關而東趙魏之閒(間)謂之黠、『史記』云。桀黠奴。凡黠者必強(强)。故桀訓黠。入桀者、謂籠罩桀黠。》軍法入桀曰椉(乘)。《【各本】奪「入桀」二字、則不可通。今依『韵會』補。此稱軍法說字形會意。猶引『易』艸木麗于地說蘼、引豐其屋說寷也。云軍法者、葢(蓋)出『漢志:兵書四種(種)』內。入桀者、以弱

勝強。『書:序』云。周人乘黎。『左傳』。車馳卒奔。乘晉軍。乘之證也。》 古文乘。从几。《凭几者亦覆其上。故从几。然則兖亦可以爲依憑字。》/237

유사 어그러질 괴(乖)

형성 (1자) 승(騬)5932

◀ 제 10 획 ▶

乖 척【guāi ㄍㄨㄞ】[설문부수 442] 本[등골뼈] 옥 ① 어그러질 ※ 괴(乖)의 옛글자 ② 손 ※ 수(手)의 옛글자(옥76)

설문 7724 背呂也。《呂下曰。脊骨也。脊兼骨肉言之。呂則其骨。析言之如是。渾言之、則統曰背呂。猶俗云背脊也。》象脅肋形。《脅者、兩(兩)膀也。肋者、脅骨也。此四字當作「象形从象脅肋也」。七字。象形謂「象背脊居中而直、一象人要、从則象背左右脅肋之形也。古懷切。『玉篇』云。俗作乖。按俗作乖、當在〔丫部〕(乖)字注中。》凡乖(脊)之屬皆从乖。讀若乖。《此三字大徐無。》/611

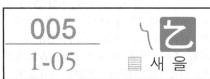

005	乙
1-05	새 을

乙 을【yǐ ㄧˇ】[설문부수 514] 둘째 천간〔남방, 木, 둘째〕

설문 9292 象春艸木冤(寃)曲而出。侌(陰)气尚彊。其出乙乙也。《冤之言鬱。曲之言詘也。乙乙、難出之皃(貌)。『史記』曰。乙者、言萬物生軋(軋)軋也。『漢書』曰。奮軋於乙。『文賦』曰。思軋軋其若抽。軋軋皆乙乙之叚(假)借。軋从乙聲。故同音相叚。『月令:鄭-注』云。乙之言軋也。時萬物皆抽軋而出。物之出土艱屯。如車之輾地澁滯。》與丨同意。《謂與自下通上之丨同意也。乙自下出上礙於陰其書之也宜倒行。於筆切。12部。按李善乙音軋。》乙承甲。象人頸。《以下皆冢『大一經』曰言之。》凡乙之屬皆从乙。/740

※ 을(乙)은 동물, 을(乙)은 식물, 전서(篆書)가 없을 경우 명확히 구분하기 어렵다.

유사 새 을(乙)

성부 부록 색인 참조

형부 乙을 부수로 하는 대부분의 글자들

형성 (2자) 억(肊)2498 알(軋)9136

◀ 제 1 획 ▶

乚 은【yǐn ㄧㄣˇ】[설문부수 456] 숨을 ※ 은(隱)의 옛 글자(옥2195)

설문 8017 匿也。《匿者、亡也。》象迟曲隱蔽形。《迟曲見〔辵部〕。隱蔽見〔自(阜)部〕。象逃亡者自藏之狀也。》凡乚之屬皆从乚。讀若隱。《於謹切。13部。》/634

성부 직계 직교 직루 비 세 유 해 혜 화 직 탁 진 왈 절 찰 칠 혈 감

心심 奄엄 耴첩 亡망 黽맹 匚방 尢왕 直잉

● 乙 굉-고문

乙 乚乙을【yà ㄧㄚˋ】[설문부수 431] 상中⑨ yǐ 제비, 나오기 어려울

설문 7337 燕燕。乙鳥也。《燕燕見『前篇』。玄鳥二字淺人所增。》齊魯(魯)謂之乙。取其鳴自謼(呼)。象形也。《舊作呼。今依『韵會』正。「也」字今依『韵會』補。謼者、評也。號也。『山海經』說鳥獸多云其名自號。燕之鳴如云乙、燕乙雙聲。『莊子』謂之鷾鴯。鷾亦雙聲也。既得其聲而象其形。則爲乙。燕篆像其籋口、布翄(翅)、枝尾、全體之形。乙篆像其于飛之形。故二篆皆曰像形也。乙象翅開首竦。橫看之乃得。本與甲乙字異。俗人恐與甲乙亂。加鳥旁爲鳦。則贅矣。本音烏拔反。15部。入於筆切者、非是。》凡乙之屬皆从乙。鳦乙或从鳥。《按此蓋(蓋)非古字。『今-爾雅、毛傳』皆如此作。》/584

※ 갑을(甲乙)의 을(乙)과는 다른 글자다. 갑을(甲乙)의 을(乙)은 아직 추운 이른 봄 새싹이 어렵게 돋아나는 모양을 본뜬 것이다. 즉, 동물과 식물의 차이이다.

성부 龜귀 飛비 乳유 孔공 黽맹

형성 (1자) 알(穵)4445

九 구【jiǔ ㄐㄧㄡˇ】[설문부수 510] 아홉, 아홉번 ■규:모을

설문 9280 昜之變也。《『列子』、『春秋緐露』、『白虎通』、『廣雅』皆云。九、究也。》象其屈曲究盡之形。《『許書』多作「詰詘」。此云「屈曲」。恐(恐)後人改之。舉(擧)有切。3部。》凡九之屬皆从九。/738

유사 안석 궤(几) 칼 도(刀) 새깃 짧을 수(九) 쌀 포(勹) 힘 력(力)

성부 尻고 馗규 軌궤 内厹유 旭욱 丸환 染염

형성 (11자+1) 구(芁)608 구(咎)866 구(戹)1640 구(鼽)2127 구(鳩)2264 구(肍)2577 효(虓)2989 귀(宄)4417 구(究)4468 구(仇)4955 구(訄)5543 규(馗)9281

◀ 제 2 획 ▶

● 乞 빌 걸

也 야【yě ㄧㄝˇ】本[여자의 음부] 어조사, (~라)이를, 또

설문 7976 女侌(陰)也。《此篆女陰是本義。假借爲語䛐。本無可疑者。而淺人妄疑之。許在當時必有所受之。不容以少見多怪之心測之也。》从乁。象形。乁亦聲。《按小徐有乁聲二字。無从乁二字。依例則當云从乁。故又補三字。从乁者、流也。乁亦聲、故其者在16、17部之閒(間)也。余者切。『玉篇』余爾切。》殹『秦刻石』也字。《『秦始皇本紀』。二世元年。皇帝曰。金石刻盡始皇帝所爲也。今襲號而【金石刻辭】不稱始皇帝。其於久遠也、如後嗣爲之者。不稱成功盛德。『顏氏-家訓』載開皇二年長安掘得秦鐵稱權。有

【鐫銘】。與『史記』合。其於久遠也、「也」字正作「乜」。【俗本】譌作「世」。『薛尚功-歷代鐘鼎款識』載秦權一、秦斤一。文與『家訓』大同。而「權」作「乜」、「斤」作「殹」。又知也殹通用。鄭樵謂秦以殹爲也之證也。殹蓋(蓋)與兮同。兮也古通。故『毛詩』兮也二字、【他書】所稱或互易。『石鼓(鼓)』。汧殹沔沔。汧殹卽汧兮。》/627

형성 (12자) 이(池)1107 시(敂)1905 치(杝)3519 이(貤)3798 치(馳)5913 사(灺)6171 지(池)6926 이(匜)8035 이(弛)8101 지(地)8604 치(阤)9204 이(酏)9412

◀ 제 3 획 ▶

● 乜 오랑캐 이

◀ 제 7 획 ▶

乳 유【rǔ ㄖㄨˇ】젖, 기를, 적먹일

설문 7339 人及鳥生子曰乳。獸曰產。《〔生部〕曰。生、進也。產、生也。渾言之。此復析言之。儒下曰。乳子也。按【古書】之文多通偁(稱)。》从孚乙。《會意。而主切。古音在 4部。》乙者、乙鳥。『明(明)堂:月令』。乙鳥至之日。祠于高禖㠯(以)請子。故乳从乙。《此說从孚乙會意之恉(指)。孚者、卵卽孚也。乙者、請子之候鳥也。》請子必以乙至之日者、乙春分來。秋分去。開生之候鳥。帝少昊(昊)司分之官也。《『左傳』曰。『玄鳥氏』、司分也。此說『月令』請子必以玄鳥至之日之恉。》/584

형성 (1자) 누(㲻)6794

◀ 제 10 획 ▶

乾 건【qián ㄑㄧㄢˊ】㉠ gān 本[위로 오를] 하늘, 괘 이름 ■간:마를

설문 9293 上出也。《此乾字之本義也。自有文字以後。乃用爲卦名。而孔子釋之曰。健也。健之義生於上出。上出爲乾。下注則爲溼。故乾與溼相對。俗別其音。古無是也。》从乙。乙、物之達(達)也。《釋从乙之恉。物達則上出矣。》倝(倝)聲。《倝者、日始出光倝倝也。然則形聲中有會意焉。渠焉切。又古寒切。14部。》𠦝籒文乾。《𠦝蓋(蓋)籒文倝。故籒文朝、籒文乾皆从之。》/740

형성 (1자) 간(𩏮)4002

◀ 제 12 획 ▶

亂 란【luàn ㄌㄨㄢˋ】어지러울, 얽힐, 난리

설문 9294 不治也。从乙𤔔。乙、治之也。《【各本】作「治也。从乙。乙治之也。从𤔔」。文理不可通。今更正。亂本訓不治。不治則欲其治。故其字从乙。乙以治之。謂詘者達(達)之也。轉注之法。乃訓亂爲治。如武王曰。予有亂十人是也。》〔𠬪部:𤔔〕、不治也。幺子相亂。𠬪治之也。文法正同。亦爲後人改竄不可讀。郎段切。14部。》/740

형성 (1자) 란(𦽍)400

006
1-06
亅 ▤ 갈고리 궐

亅 궐【jué ㄐㄩㄝˋ】[설문부수 454] ㉳㊥⑨㉠ jué 갈고리

설문 8013 鉤逆者謂之亅。《鉤者、曲金也。『司馬相如列傳』。猶時有銜橜之變。『集解』引徐廣云。鉤逆者謂之橜。『索隱』引『周遷-輿服志』云。鉤逆者爲橜。皆謂橜爲亅之叚(假)借字也。淸道而行。中路而馳。斵(斷)無枯木朽株之難。故知必謂鉤也。》象形。《象鉤自下逆上之形。『玉篇』引『說文』衢月切。大徐同。15部。》凡亅之屬皆从亅。讀若橜。/633

유사 뚫을 곤(丨) 갈고리 궐(𠄌)

성부 부록 색인 참조

형부 亅을 부수로 하는 대부분의 글자들

◀ 제 0 획 ▶

𠄌 궐【jué ㄐㄩㄝˋ】㉳㊥⑨㉠ jué 새 잡는 창애

설문 8014 鉤識也。《鉤識者、用鉤表識其處也。『褚先生-補:滑稽傳』。『東方朔上書』。凡用三千奏牘。人主從上方讀之。止、輒乙其處。二月乃盡。此非甲乙字。乃正𠄌字也。今人讀書有所鉤勒卽此。『內則』。魚去乙。鄭曰。乙、魚體中害人者名也。今東海鰫魚有骨名乙。在目。狀如篆乙。食之鯁人不可出。此亦非甲乙字。乃狀如篆𠄌也。魚腸名乙耳。不當別有乙也。戉斧之字从𠄌爲聲。》从反亅。讀若罬。《大徐作讀若捕鳥罬。『玉篇』引『說文』居月切。大徐同。15部。》/633

유사 뚫을 곤(丨) 갈고리 궐(亅)

성부 鼠서 氏씨 衣의 氐저 艮간 民민 戉월 良량

◀ 제 1 획 ▶

了 료【liǎo ㄌㄧㄠˇ】[설문부수 526] 本[다리 힘줄 약하여 다리 들지 못할] 걸을 때 종아리 엇갈릴, 깨달을, 끝날, 마침내, 어조사

설문 9331 尦也。《尦、行脛相交也。牛行腳(脚)相交爲尦。凡物二股或一股結糾紾縛不直伸者、曰了戾。『方言』。軫、戾也。『郭-注』。相了戾也。『淮南:原道訓:注』、『楊倞-荀卿:注』。『王砅-素問:注』、『段成式-酉陽雜組』及【諸書】皆有了戾字。而或妄改之。『方言』曰。佻、縣也。『郭-注』。了佻、縣物皃(貌)。丁小反。按【他書】引皆作了𠄏。亦卽許之了尦也。叚(假)借爲憭悟字。》从子無臂。象形。《象其足了戾之形。盧鳥切。2部。》凡了之屬皆从了。/743

유사 줄 여(予) 아들 자(子) 장구벌레 궐(孓) 외로울 혈(孑)

성부 孓궐 孑혈 亨형

◀ 제 3 획 ▶

予 여【yǔ ㄩˇ】[설문부수 127] (남에게)줄, 나(자신), 취할(取也) (亅부 3획)

설문 2392 推予也。《予與古今字。『釋詁』曰。台朕賚畀卜陽予也。按推予之予。假借爲予我之予。其爲予字一也。故台朕陽與賚畀卜皆爲予也。『爾雅』有此例。『廣雅』尙多用此例。予我之予『儀禮-古文』、『左氏傳』皆作「余」。鄭曰。余予古今字。》象相予之形。《象以手推物付之。余呂切。5部。古予我字亦讀上聲。》凡予之屬皆从予。/159

유사 마칠 료(了) 창 모(矛) 아들 자(子) 장구벌레 궐(孓) 외로울 혈(孑)

성부 野야 預예 幻환

형부 서(舒)

형성 (9자) 저(芧)283 저(柔)3327 저(杼)3575 여(仔)4754 서(屖)5186 서(序)5657 예(豫)5839 서(抒)7610 서(紓)8160

◀ 제 7 획 ▶

事 사【shì ㄕˋ】本[(사건, 행위, 임무)일] 섬길, 일 삼을

설문 1835 職也。《疊(疊)韵。職記微也。古假借爲士字。『鄭風』曰。子不我思。豈無他事。毛曰。事、士也。【今本】依『傳』改『經』。又依『經』改『傳』。而此『傳』不可通矣。》从史。㞢(之)省聲。《鉏史切。1部。》 古文事。《鍇曰。此則之不省。》/116

제 2 획

007
2-01
二 두 이

二 이【èr ㄦˋ】[설문부수 479] 두, 둘, 다음(버금), 두 마음

설문 8597 地之數也。《『易』日。天一地二。惟初大始。道立於一。有一而後有二。元气初分。輕清昜(陽)爲天。重濁侌(陰)爲地。》从耦一。《「耦」【各本】作「偶」。誤。今正。偶者、桐人也。凡云偶爾用之。耦者、二人竝耕之偁(稱)。故凡奇耦字用之。【古書】或不拘。許必從其朔也。【大徐本】無「一」字。非。耦一者、㒳(兩)其一也。㒳畫(畵)當均長。今人上短下長便是古文上字。三篆亦三畫均長。而至切。15部。》凡二之屬皆从二。弍古文二。/681

유사 아래 하(丅二) 윗 상(二丄)

성부 부록 색인 참조

형부 二를 부수로 하는 대부분의 글자들

◀ 제 1 획 ▶

亏 于 우【yú ㄩˊ】[설문부수 158] 어조사, 갈, 활활 걸을, 든든할 ■휴:〈네이버 자전〉이지러질

설문 2932 於也。《於者、古文烏也。烏下云。孔子日。烏亏呼也。取其助气。故以爲烏呼。然則以於釋亏、亦取其助气。『釋詁』、『毛傳』皆日。亏、於也。凡『詩』、『書』用亏字。凡『論語』用於字。葢(蓋)于於二字在周時爲古今字。故『釋詁』、『毛傳』以今字釋古字也。凡言於皆自此之彼之䛐(詞)。其气舒于。『檀弓』。易則易。于則于。『論語』。有是哉。子之于也。于皆廣大之義。『左傳』。于民生之不易。杜云。于、日也。此謂假于爲日。與『釋詁』于日也合。》象气之舒亏(于)。从丂。从一。一者、其气平也。《气出而平。則舒于矣。羽俱切。5部。按今音于、羽俱切。於、央居切。烏、哀都切。故無是分別也。自周時巳分別於爲屬辭之用。見於『羣(群)經:爾雅』。故許仍之。》凡亏之屬皆从亏。/204

유사 우(于) 우(亏) 우(丂) 자축거릴 척(彳) 자축거릴 촉(亍)

성부 夸과 丂교 余여 汚오 吁우 紆우 雩우 翻지 雽화 咢악 爰원 粵월 平평

형부 亏(虧虧虧虧)

형성 (15자) 우(玗)176 우(芋)250 우(迂)1153 우(訏)1589 우(䡤)1735 우(盱)2032 우(竽)2856 우(盂)2999 오(杅)3507 우(邘)3876 우(宇)4364 우(衧)5060 우(尪)6615 우(扜)7715 오(玗)8098

亍 촉【chù ㄔㄨˋ】멈출, 외발로 걸을 ■마:땅이름

설문 1197 步止也。《『魏都賦』日。澤馬亍阜。『赭白馬賦』日。秀騏齊亍。》从反彳。讀若畜。《丑玉切。3部。》/77

성부 行행

◀ 제 2 획 ▶

五 오【wǔ ㄨˇ】[설문부수 507] 다섯, 다섯번

설문 9277 五行也。《古之聖人知有水火木金土五者。而後造此字也。》从二。《像天地。》侌昜(陰陽)在天地閒(間)交午也。《此謂尅(剋)也。卽『釋古』文之意。水火木金土相尅相生。陰陽交午也。疑古切。5部。》凡五之屬皆从五。㐅古文五如此。《小篆益之以二耳。古文像陰陽午貫之形。『毛詩』。七月鳴鵙。王肅云。當爲五月。正爲古文五與七相近似。》/738

유사 기와 와(瓦) 서로 호(互) 만들 공(工) 뻗칠 긍(亙恆)

성부 吾오

형성 (1자) 오(伍)4850

互 호【hù ㄏㄨˋ】本[실패] 어긋매길, 번갈아들, 서로, 고기 시렁

설문 2829 可㠯(以)收繩者也。《「者」字今補。「收」當作「糾」。聲之誤也。糾、絞也。今絞繩者尙有此器。》从竹。象形。《謂其物像工字。》中象人手所推握也。《謂㇉像人手推之持之。胡誤切。5部。》互笪或省。《「或」字當作「古文」二字。故梐以爲聲。唐玄度云笪古文互、隸(隸)省。誤也。『周禮』。牛牲之互。『注』云縣肉格也。》/195

【他本說文解字】日:〈笪或省。差也。交互也。『周禮:天官』㠯參互考日成。〉

유사 다섯 오(五) 기와 와(瓦) 만들 공(工) 뻗칠 긍(亙恆)

형성 (2자) 호(梐)3623 호(罟)4633

● 云 구름 운(云)-고자

二 2 ②

井 井 정【jǐng ㄐㄧㄥˇ】우물, 우물난간, 정전법, 괘 이름

설문 3050 八家爲一井(丼)。《『穀梁傳』曰。古者公田爲居。井竈葱(蔥)韭盡取焉。『風俗通』曰。古者二十畝爲一井。因爲市交易。故稱市井。皆謂八家共(共)一井也。『孟子』曰。方里而井。井九百畝。其中爲公田。此古井田之制。因象井韓(韓)而命之也。》象構韓形。《謂卄也。韓、井上木闌也。其形四角或八角。又謂之「銀牀」。》丶、罋象也。《〔缶部〕曰。罋、汲缾也。井、自郢切。11部。》古者伯益初作井。《出『世本』。》凡井之屬皆从井。/216

유사 평평할 견(幵开) 되 승(升)

성부 丹단 㝅한 丼병 㐮양 刑荆형

형부 벽(䴙) 창(刱) 영(䇾)

형성 (5자) 정(𡪓)2410 경(耕)2693 정(阱)3052 형(邢)3892 정(妌)7838

◀ 제 3 획 ▶

● 弍 두 이(二)-고자

◀ 제 4 획 ▶

亙 亙 亘 恒 항【héng ㄏㄥˊ】(배를 타고 강을)건널, 뻗칠, 극진할 ■긍:시위, 두루

설문 8599 常也。《「常」當作「長」。古長久字衹作長。淺人稍稍分別。乃或借下帬之常爲之。故至『集韵』乃有一曰久也之訓。而『篇』、『韵』皆無之。此俗字之不可不正者也。時之長與尺寸之長、非有二義。》从心舟在二之閒(間)上下。《上下猶往復也。》心目(以)舟施。恆也。《謂往復遙遠。而心以舟運旋。歷久不變。恆(恒)之意也。宙下曰。舟車所極復也。此說會意之恉。胡登切。6部。【俗本】心上增一字。非。》𠄨古文恆。从月。《此篆轉寫譌舛。旣云从月。則左當作𠂊。不當作夕也。若『汗簡(簡)』則左作「舟」、而右亦同此。不可曉。又按〔門部〕之古文閒(間)作「閒」。蓋(蓋)古文月字略似外字。古文恆直是二中月耳。》『詩』曰。如月之恆。《『小雅:天保』文。此說从月之意。非謂『毛詩』作「𠄨」也。『傳』曰。恆、弦也。按『詩』之恆本亦作「緪」。謂張弦也。月上弦而就盈。於是有恆久之義故古文从月。》/681

유사 기와 와(瓦)、서로 호(互)、펼 선(亘回亘)

형성 (4자) 긍(椢)3666 긍(䱍)7228 긍(搄)7619 긍(緪)8323

亘 亘 亘 선【huán ㄏㄨㄢˊ】㊽㊥⑨㉲ xuān 베풀 ■환:씩씩할

설문 8600 求回也。《回、【各本】作「亘」。今正。以回釋亘。以雙聲爲訓也。回者、轉也。亘字【經典】不見。『易:屯卦』磐桓。磐亦作「盤」。亦作「槃」。義當作「般」。桓義當作「亘」。般者、辟也。亘者、回也。馬融云。槃桓、旋也。是二字皆叚(假)借也。凡舟之旋曰般。旌旗之指麾曰旋。車之運曰轉。瓠柄曰斡。皆其意也。》从二、从回。《會意。須緣切。按古音讀如桓。14部。》回、古文回。《見〔口部〕。》象亘回之形。《亘回雙聲。猶回轉也。》上下所求物也。《上下爲二。所求在上、則轉而上。所求在下、則轉而下。此說从回、从二之義。》/681

※ 지금은 긍(亙)의 약자로도 쓰인다.

유사 뻗칠 긍(亘亙)

성부 宣선

형성 (10자) 훤(咺)758 원(趄)1008 훤(䚬)2729 환(桓)3521 원(貆)5828 훤(狟)6047 환(査)6287 원(洹)6746 환(絙)8260 원(垣)8629

◀ 제 6 획 ▶

亞 亞 亞 아【yà ㄧㄚˋ】[설문부수 158] 本[추할] 곱사등이, 버금, 동서 ■악:발라 장식할 ■압:누를

설문 9275 醜也。《此亞之本義。亞與惡音義皆同。故『詛楚文』亞駝。『禮記』作惡池。『史記』盧綰孫他之奉惡谷。『漢書』作亞谷。宋時玉印曰周惡夫印。劉(劉)原甫以爲卽條侯亞夫。》象人局背之形。《像醜惡之狀也。衣駕切。古音在5部。》賈侍中說。目(以)爲次弟也。《別一義。『易:上數』。言天下之至嘖而不可惡也。荀爽惡作亞。云次也。『尚書:大傳』。王升舟入水。鼓(鼓)鐘惡。觀臺惡。將舟惡。『鄭-注』。惡讀爲亞。亞、次也。皆與賈說合。》凡亞之屬皆从亞。/738

유사 술그릇 두(豎)

성부 𩰪두 壼호 𡨄곤 𡨄곤 𨳿연

형성 (7자) 아(啞)810 오(誈)1593 악(惡)6564 악(蝁)8487 악(堊)8645 아(錏)8978 아(䂩)9276

◀ 제 7 획 ▶

亟 亟 극【jí ㄐㄧˊ】㉮㊥⑨㉲ qì 빠를, 급히, 성급할 ■기:창졸, 자주 ■혁:고칠

설문 8598 敏疾也。《〔攴部〕曰。敏字、疾也。疾者、本無其字、依聲託事之字也。後人以捷當之。今人亟分入聲去聲。入之訓急也。去之訓數也。古無是分別。數亦急也。非有二義。『詩』。亟其乘屋。『箋』云。亟、急也。『詩』多叚(假)棘爲亟。如棘人欒欒。『傳』曰。棘、急也。我是用棘。非棘其欲。皆同。『禮記』作匪革其猶。革亦亟之叚借字也。『釋言』曰。悈、急也。亦作「恆」。皆亟字之異者耳。》从人口又二。二、天地也。《徐鍇曰。乘天之時。因地之利。口謀之。手執之。時不可失。疾也。玉裁謂天地之道、恆(恒)久而不已。手病口病。夙夜匪懈。君子自強不息。人道之所以與天地參也。故从人、从二。紀力切。又去吏切。1部。》/681

유사 상자 함(函凾函)

형성 (4자) 극(鞕)1750 극(殛)2422 극(極)3474 극(慖)6495

㉲ 作家出版社〔董蓮池-說文解字考正〕 ⑨ 九州出版社〔柴劍虹-說文解字〕 ㉮ 陝西人民出版社〔蘇寶榮-說文解字今注今譯〕 ㊽ 上海古籍出版社〔說文解字注〕 ㊥ 中華書局〔臧克和-說文解字新訂〕

008
2-02
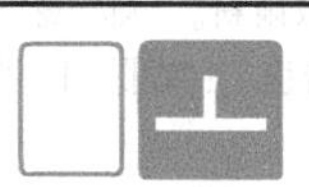
돼지머리 두

두【2획 부수】 뜻은 알수 없음 ※ 위 상의 옛 글자를 상(二)으로 썼는데 그 모양이 대부분 두(亠)로 바뀌었다.

◀ 제 1 획 ▶

亡 망【wáng ㄨㄤˊ】[설문부수 457] 本[달아날] 잃을, 멸할, 죽음 ■무:없을

설문 8019 逃也。《逃者、亡也。二篆爲轉注。亡之本義爲逃。今人但謂亡爲死。非也。引申之則謂失爲亡。亦謂死爲亡。孝子不忍死其親。但疑親之出亡耳。故喪篆从哭亡。亦叚(假)爲有無之無。雙聲相借也。》从入乚。《會意。謂入於迟曲隱蔽之處也。武方切。10部。》凡亡之屬皆从亡。/634

성부 贏라 無무 乍사 匃갈 良량 匄망 芒망 汒망 忘망 罔망 喪상 長장 巟황

형부 망(望)

형성 (11자) 무(攺)1933 맹(盲)2098 황(肓)2486 황(衁)3028 망(宋)3505 망(邙)3871 황(巟)4133 망(妄)7899 맹(氓)7968 맹(蝱)8551 맹(甿)8763

◀ 제 2 획 ▶

亣 대【dà ㄉㄚˋ】[설문부수 402] 큰, 처음, 일찍 ※ 대(大)의 주문(籒文)

설문 6351 籒文大。改古文。《謂古文作「大」。籒文乃作「亣」也。本是一字。而凡字偏旁或从古、或从籒。不一。許爲【字書】乃不得不析爲 2部。猶人儿本一字、必析爲二部也。『顧野王-玉篇』乃用隸法合 2部爲 1部。遂使古籒之分不可攷矣。》亦象人形。《亦者、亦古文也。大象人形。此亦象人形。其字同、則其音同也。而大徐云大徒蓋(蓋)切。亣他達切。分別殊誤。古去入不分。凡今去聲之字、古皆入聲。大讀入聲者、今惟有會稽大末縣。獨存古語耳。實則凡大皆可入。非古文去、籒文入之謂。》凡亣之屬皆从亣。/498

유사 구멍 혈(穴)

성부 부록 색인 참조

형부 亣를 부수로 하는 대부분의 글자들

亢 항【kàng ㄎㄤˋ】[설문부수 399] ㉠㉧㊥⑨ gāng 목(목덜미), 극진히 할, 올라갈

설문 6338 人頸也。《『史、漢:張耳列傳』。乃仰絕(絶)亢而死。韋昭曰。亢、咽也。蘇林云。肮、頸大脈也。俗所謂胡脈。『婁敬:傳』。搤其亢。張晏曰。亢、喉嚨也。按『釋鳥』曰。亢、鳥嚨。此以人頸之偁(稱)爲鳥頸之偁也。亢之引申爲高也、擧(擧)也。當也。》从大省。《上人。》象頸脈形。《下冂。蘇林說與此合。古郎切。10部。按亦胡郎切。亦下浪切。俗作「肮」、作「頏」。》凡亢之屬皆从亢。頏亢或从頁。《此字見於【經】者、『邶風』曰。燕燕于飛。頡之頏之。『毛傳』曰。飛而上曰頡。飛而下曰頏。解者不得其說。玉裁謂當作飛而下曰頡。飛而上曰頏。轉寫互譌久矣。頡與頁同音。頁古文䭫。飛而下如䭫首然。故曰頡之。【古本】當作頁之。頏卽亢字。亢之引申爲高也。故曰頏之。【古本】當作亢之。於音尋義。斷無飛而下曰頏者。若『楊雄-甘泉賦』。柴虒參差。魚頡而鳥䀏。李善曰。頡䀏、有頡頏也。師古曰。頡䀏、上下也。皆以『毛詩』頡頏爲訓。魚潛淵。鳥戾天。亦可證頡下頏上矣。『俗本:漢書』䀏譌从目、作盺。『集韵』入諸唐韵。謂卽燕燕之頏字。俗字之不可問有如此者。『楊雄-解嘲』。鄒衍以頡亢而取世資。『漢書』作「亢」。『文選(選)』作「頏」。正亢頏同字之證。〔頁部〕曰。頡者、直項也。亢者、人頸。然則頡亢正謂直項。『淮南:修務訓』。王公大人有嚴志頡頏之行者。無不憚悇癢心而悅其色矣。此正用直項之訓。『解嘲』之頡亢、亦正謂鄒衍强項傲物而世猶師資之也。亢用字之本義。『東方朔-畫(畫)贊』云。苟出不可以直道也。故頡頏以傲世。亦取直項之義。》/497

형성 (15자+1) 항(远)1158 강(笐)2765 강(邟)3903 갱(秔)4207 항(伉)4748 항(抗)5203 강(犺)6042 항(炕)6210 항(頏)6339 강(忼)6413 항(沆)6835 강(魧)7306 항(抗)7696 강(甿)8756 갱(阬)9208 항(閌)

◀ 제 4 획 ▶

亥 해【hài ㄏㄞˋ】[설문부수 540] 열두번째 지지(오후 9시~11시, 서북과 북사이, 음력 4월, 돼지띠)

설문 9426 荄也。十月微昜起(陽起)接盛侌(陰)。《『律曆志』曰。該閡於亥。『天文訓』曰。亥者、閡也。『釋名』曰。亥、核也。收藏萬物。核取其好惡眞僞也。許云荄也者。荄、根也。陽氣根於下也。十月於卦爲『坤(坤)』。微陽從地中起接盛陰。卽壬下所云陰極陽生。故『易』曰龍戰於野。戰者、接也。》从二。二古文上字也。《謂陰在上也。》一人男一人女也。《其下从二人。一人男一人女。像『乾』道成男、『坤』道成女。》从乚。象褢子咳咳之形也。《咳與亥音同。胡改切。1部。》『春秋傳』曰。亥有二首六身。《『左傳:襄:三十年』文。『孔氏-左傳:正義』曰。二畫(畫)爲首。六畫爲身。按今篆法身祇有五畫。蓋(蓋)周時首二畫、下作六畫。與今篆法不同也。》凡亥之屬皆从亥。𠀅古文亥。《【各本】篆體譌繆。今依【宋本-舊本】更正。希豙字皆與豕形略相似。》亥爲豕。《猶巳下云巳爲蛇也。》與豕同。《謂二篆之古文實一字也。豕之古文見〔九篇:豕部〕。與亥古文無二字。故『呂氏-春秋』曰。子夏之晉(晋)、過衞(衛)。有讀『史記』者曰。晉師三豕涉河。子夏曰。非也。是己亥也。夫己與三相近。豕與亥相似。至於晉而問之。則曰晉師己亥渡河也。》亥而生子。復從

ㅗ 2 ④

一起。《此言始一終亥。亥終則復始一也。一下以韵語起。此以韵語終。》/752

유사 돼지 시(豕) 짐승 치(豸) 말 물(勿)
나란히 설 임(㐺从豕)

형성 (20자+1) 해(荄)494 해(咳)763
해(該)1638 개(菚)1876 해(骸)2466
해(胲)2525 각(刻)2642 핵(核)3578
개(郂)3983 해(眩)4084 해(痎)4545
해(侅)4762 해(欬)5325 해(頦)5432
해(駭)5922 해(恔)6631 애(閡)7405
해(垓)8606 핵(劾)8818 해(陔)9248
해(孩)55

交 교【jiāo ㄐㄧㄠˉ】[설문부수 393] 本[정강이 엇갈릴] 사귈, 섞일, 오고 갈

설문 6310 交脛也。《交脛謂之交。引申之爲凡交之偁(稱)。故烄下曰。交也。烄下曰。交木然也。敎(教)下曰。交灼木也。楮下曰。木參交以枝炊籅者也。衿下曰。交衽也。凡网(兩)者相合曰交。皆此義之引申叚(假)借耳。『楚茨:傳』。東西曰交。邪行曰逪。逪遣字之叚借也。『小雅』。交交桑扈。『箋』云。交交猶佼佼。飛往來皃(貌)。而『黃鳥、小宛:傳』皆曰。交交、小皃。則與本義不同。葢(蓋)方語有謂小交交者。》从大。象交形。《謂从大而象其交脛之形也。古爻切。2部。》/494

성부 夋하

형부 위(㚇)

형성 (22자) 교(茭)590 교(这)1077
교(齩)1243 효(效)1902 교(駮)2335
교(骹)2464 교(筊)2823 교(校)3639
교(郊)3838 박(駁)4346 요(窔)4471
교(皎)4714 교(佼)4739 박(駮)5946
교(狡)6003 교(烄)6135 교(絞)6312
교(恔)6420 효(洨)6763 교(鮫)7292
교(姣)7810 교(蛟)8490

亦 大 역【yì ㄧˋ】[설문부수 390] 本[겨드랑이] 또한, 모두 ■혁:어조사

설문 6300 人之臂亦也。《『玉篇』今作掖。按〔手部:掖〕者、以手持人臂投地也。。一曰臂下也。一曰臂下之語、葢(蓋)淺人據俗字增之耳。徐鉉等曰。亦今別作腋。按『廣韵』肘腋作此字。俗用亦爲語䛐(詞)。乃別造此。〔肉部〕曰。胳、亦下也。胠、亦下也。『今-禮記:深衣』袼之高下『注』云。袼、衣袂當腋之縫。袼、腋乃皆俗字。人臂网(兩)垂。臂與身之閒(間)則謂之臂亦。臂與身有重疊(疊)之意。故引申爲重累之䛐。『公羊傳』。大火爲大辰。伐爲大辰。北辰亦爲大辰。『何-注』云。亦者、网相須之意。按【經傳】之亦、有上有所蒙者。有上無所蒙者。『論語』不亦說乎、亦可宗也、亦可以弗畔、亦可以爲成人矣、皆上無所蒙。皇侃曰。亦猶重也。此等皆申重贊美之䛐。亦之言猶大也、甚也。若『周頌』亦有高廩、亦服爾耕。『鄭-箋』云。亦、大也。是謂亦卽奕奕之叚(假)借也。〔巾部〕曰。奕大也。又或叚(假)爲射。或叚爲易。》从大。象网(兩)亦之形。《謂左右网直、所以象無形之形。羊益切。古音在 5部。》凡亦之屬皆从亦。/493

유사 붉을 적(赤)

성부 夜야 狄적 夾섬

형성 (3자+1) 적(迹)1044 혁(弈)1677
혁(奕)6352 역(帟)

◀ 제 5 획 ▶

● 享 누릴 형

亯 享 향【xiǎng ㄒㄧㄤˇ】[설문부수 191] 작 hēng pēng 드릴, 누릴, 흠향할, 제사, 잔치, 대접할, 받을

설문 3187 獻也。《下進上之䛐(詞)也。按『周禮』用字之例。凡祭亯(享)用亯字。凡饗燕用饗字。如『大宗伯:吉禮』下六言亯先王。『嘉禮』下言以饗燕之禮親四方賓客。尤其明證也。『禮經:十七篇』用字之例。『聘禮』內臣亯君字作亯。『士虞禮』、『少牢饋食禮』尙饗字作饗。『小戴-記』用字之例。凡祭亯、饗燕字皆作饗。無作亯者。『左傳』則皆作亯。無作饗者。『毛詩』之例。則獻於神曰亯。神食其所亯曰饗。如『楚茨』以亯以祀。下云神保是饗。『周頌』我將我亯。下云既右饗之。『魯(魯)頌』亯祀不忒、亯以騂犧。下云是饗是宜。『商頌』以假以亯。下云來假來饗。皆其明證也。鬼神來食曰饗、卽『禮經』尙饗之例也。獻於神曰亯、卽『周禮』祭亯作亯之例也。【各經】用字自各有例。『周禮』之饗燕、『左傳』作亯宴。此等葢(蓋)本書固尒。非由後人改竄。》从高省。《獻者必高奉之。『曲禮』曰。執天子之器則上衡。國君則平衡。後世亦以擧(擧)案齊眉爲敬。》⊖象孰物形。《『禮經』言饋食者、薦孰也。許网(兩)切。10部。亯象薦孰。因以爲飪物之偁(稱)。故又讀普庚切。亯之義訓薦神。誠意可通於神。故又讀許庚切。古音則皆在 10部。其形、薦神作亨、亦作享。飪物作亨、亦作烹。『易』之元亨、則皆作亨。皆今字也。》『孝經』曰。祭則鬼亯之。《『孝經:孝治章』文。》凡亯之屬皆从亯。亯 篆文亯。《後篆者、〔丄(上)部〕之例也。據『玄應書』則亯者籒文也。小篆作「亯」。故隸(隸)書作「亨」、作「享」。小篆之變也。》/229

※ 곽(㐭、𩫏)、순(𦎫、𦏧)의 자형이 모두 향(享)으로 단순화되었다.

성부 孠후 郭곽 孰숙 竺독 敦돈 𩫖순
享형

형부 순(䳜鶉) 곽(椁) 곽(崞) 순(犉) 돈(哼) 순{諄}
순(睶) 순(𩁬) 돈{焞} 퇴(𡍄墩) 돈(惇) 순{淳} 돈(弴) 준{埻墫} 순{醇} 준(稕) 순{錞}

형성 (1자) 용(𩫖)3190

京 경【jīng ㄐㄧㄥˉ】[설문부수 190] 本[높은 언덕] 클, 가지런할, 서울

설문 3185 人所爲絕(絶)高丘也。《『釋丘』曰。絕高爲之京。非人爲之丘。郭云。爲之者、人力所作也。按『釋詁』云。京、大也。其引伸之義也。凡高字必大。》从高省。丨象高形。《擧(舉)卿切。古音在 10部。》凡京之屬皆从京。/229

상부 就취 景경 臺당

형성 (11자+1) 량(倞)703 량(諒)1404 량(椋)3303 경(倞)4782 량(䣼)5344 경(黥)6262 량(涼)7058 량(飆)8566 경(勍)8795 량(輬)9074 량(醇)9419 략(掠)

름【lǐn ㄌㄧㄣˇ】[설문부수 194] 쌀곳간 ※ 름(廩)의 본래 글자

설문 3196 穀所振入也。《穀者、百穀總(總)名。『中庸:注』曰。振、猶收也。〔手部〕曰。振、擧(舉)也。『周禮:注』曰。米藏曰廩。》宗廟粢盛。《粢、【各本】作粢。今正。粢、稻餠之或字也。粢者、稷之或字也。『甸師』以共齍盛。『鄭-注』齍作粢。云粢、稷也。穀者稷爲長。是以名云。在器曰盛。按『小宗伯:注』云。齍讀爲粢。六粢爲六穀。黍稷稻粱麥苽。是則六穀稷爲長。故單擧粢也。許於〔皿部〕曰。齍、黍稷器也。盛、黍稷在器中也。字依『周禮』。此作粢盛者。齍粢古今字。『禮記』多用粢盛。故許從之。與鄭同也。》蒼黃㐭而取之。故謂之㐭。《蒼、舊作倉。今正。㐭而取之之㐭、當作懍。懍懍、寒也。凡戒愼曰「懍懍」。亦作「懔懔」。『漢書』通作「廩廩」。許云。懍而取之。故謂之㐭。懍㐭曡(疊)韵。如上文蒼黃取而藏故謂之倉。藏倉曡韵也。上文云穀所振入也者。『周禮』所謂『廩人』掌九穀之數。以待國之匪頒、賙賜、稍食也。此云宗廟粢盛、蒼黃懍而取之者。『穀梁傳』所謂甸粟而內之三宮。三宮米而藏之御廩。『周禮』所謂『廩人』大祭祀則共其接盛。擧其重者以釋㐭之音義也。鄭云大祭祀之穀、藉田之收藏於神倉者也。不以給小用。『釋言』。廩、廯也。臧氏鏞堂曰。「廯」、【古本】當作「鮮」。『舍人』云。廩、少鮮也。『公羊:羣(群)公廩:注』云。連新於上財令半相連耳。『襄:卄三年所傳聞:注』亦云。廩廩近升平。皆廩、鮮也之義。玉裁按。此與『漢書』廩廩庶幾、賈誼爲此、廩廩皆懍懍之假借也。》从入。《穀所入故从入。》从回。《回之訓轉也、而此从回之意則如下所云。》象屋形。《謂外囗。舍下云囗、象築。此云象屋者、屋在上者也。㐭之戶牖多在屋。》中有戶牖。《謂內囗。小徐曰。戶牖以防蒸熱也。力甚切。7部。》凡㐭之屬皆从㐭。廩㐭或从广稟。《會意也。稟亦聲。》/230

상부 啚비 嗇색 亶단 稟름 㐭름

◀ 제 7 획 ▶

정【tíng ㄊㄧㄥˊ】 주막집, 역말, 정자, 평평하게 할, 고를(조화), 곧을, (어느 시간에)이를, 머무를, 우뚝 솟을

설문 3176 民所安定也。《亭定曡(疊)韵。『周禮』。三十里有宿。鄭云。宿可止宿。若今亭有室矣。『百官公卿表』曰。縣道大率十里一亭。亭有長。十亭一鄕(鄉)。鄕有三老。有秩嗇夫。『後漢志』曰。亭有長以禁盜賊。『風俗通』曰。亭、畱(留)也。葢(蓋)行旅宿會之所館。『釋名』曰。亭、停也。人所停集。按云民所安定者、謂居民於是備(備)盜賊、行旅於是止宿也。亭定曡(疊)韵。亭之引伸爲亭止。俗乃製停渟字。依『釋名』則漢時已有停字。而許不收。徐氏鉉云。低債僨停僦侗六字皆後人所加。是也。》亭有樓。《故从高。》从高省。丁聲。《特丁切。11部。》/227

참고 정(停)

량【liàng ㄌㄧㄤˋ】 밝을, 알(깨달을), 믿을, 도울, 여막

설문 5210 朙(明)也。从儿。高省。《【各本】無。此依『六書故-所據:唐本』補。葢(蓋)卽晁是以道所見『唐本』也。古人名亮者字明。人處高則明。故其字从儿高。明者可以佐人。故『釋詁』曰。亮、相導也。【典謨】多用亮字。『大雅』涼彼武王。『傳』曰。涼、佐也。此假涼爲亮也。『韓詩』正作亮。『孟子』曰。君子不亮。惡乎執。此假亮爲諒也。力讓切。10部。》/405

● 亲 어버이 친-약자

◀ 제 8 획 ▶

(박)【bò ㄅㄛˋ】 ㊤㊥⑨㉠ **bó** 은나라 서울

설문 3177 京兆杜陵亭也。《『六國表』。湯起(起)于亳。徐廣曰。京兆杜縣有亳亭。『錢氏大昕-史記攷異』曰。『殷本紀』。湯始居亳。皇甫謐曰。梁國穀熟爲南亳。湯所都也。立政三亳。皆非京兆之亳亭。『秦本紀』。『寧公二年』遣兵伐蕩社。『三年』與亳戰。亳王奔戎。遂滅蕩社。徐廣云。蕩一作湯。社一作杜。皇甫謐以爲亳號湯。西夷之國。又云。周桓王時自有亳王號湯。非殷也。『封禪書』于杜亳有三杜主之祠。葢(蓋)京兆之亳。乃戎王號湯者之邑。徐廣以爲殷湯所起。其不然乎。然此篇稱作事者必於東南。收功實者常於西北。乃述禹興西羌、周始豐鎬、而及湯之起亳。則史公固以關中之亳系之湯矣。按許不言三亳、而獨言杜陵亳亭者。正爲其字从高。則以此亭當之也。然十里一亭者秦制。亳亭之名秦漢乃有之。亳之字固不起於亭也。以解字爲書。不得不有涉於皮傅者。》从高省。乇聲。《旁各切。5部。古亦借薄爲之。如『禮記』薄社北牖。》/227

◀ 제 11 획 ▶

亶 단【dǎn ㄉㄢˇ】 本[(곡식)많을] 믿을, 도타울, 진실로, 클 ■전·선:〈네이버 자전〉

설문 3198 多穀也。《亶之本義多穀。故其字从㐭。引伸之義爲厚也。信也。誠也。見『釋詁』、『毛傳』。》从㐭。旦聲。《多旱切。14部。》/230

형성 (17자+1) 전(趲)944 전(膻)2034 전(鸇)2347 전(膻)2530 전(饘)3074 단(檀)3378 천(儃)4843 전(氈)5151 전(顫)5424 단(驙)5929 전(澶)6748 전(鱣)7234 천(擅)7602 선(嬗)7868

선(蟺 𧕸)8503 단(壇 壇)8728 전(鐔 鐔)9005 **전**(羶 羶)

009	人
2-03	🔳 사람 인

人 **인**【rén ㄖㄣˊ】[설문부수 287] 사람

설문 4732 天地之性㝡(最)貴者也。《㝡本作最。性古文以爲生字。『左傳』。正德利用後生。『國語』作厚性是也。許偁(稱)古語不改其字。『禮運』曰。人者、其天地之德。陰陽之交。鬼神之會。五行之秀氣也。又曰。人者、天地之心也。五行之端也。食味別聲被色而生者也。按禽獸艸木皆天地所生。而不得爲天地之心。惟人爲天地之心。故天地之生此爲極貴。天地之心謂之人。能與天地合德。果實之心亦謂之人。能復生艸木而成果實。皆至微而具全體也。果人之字、自宋元以前【本艸方書】詩歌紀載無不作人字。自『明-成化-重刊:本艸』乃盡改爲仁字。於理不通。學者所當知也。○ 仁者、人之德也。不可謂人曰仁。其可謂果人曰果仁哉。【金泰和閒(間)-所刊:本艸】皆作人。藏袁廷檮所。》此籒文。《此對儿爲古文奇字人言之。如大之有古文籒文之別也。字多从籒文者。故先籒而後古文。》象臂脛之形。《人以從生。貴於橫生。故象其上臂下脛。如鄰(隣)切。12部。》凡人之屬皆从人。/365

유사 어진 사람 인(儿) 여덟 팔(八) 들 입(入)

성부 부록 색인 참조

형부 人을 부수로 하는 대부분의 글자들

휴(隓) 현(伭) 로(旅) 선(㫌) 선{旋}

◀ 제 1 획 ▶

亼 **집**【jí ㄐㄧˊ】[설문부수 181] ① 모일 ② 집(2)의 와자(譌字)

설문 3126 三合也。从入一。象三合之形。《『許書』通例。其成字者必曰从某。如此言从入一是也。从入一而非會意。則又足之曰。象三合之形。謂似會意而實象形也。》凡亼之屬皆从亼。讀若集。《秦入切。7部。》/222

성부 舍사 兪유 兮혜 會회 食식 龠약 侖륜 兼겸 今금 僉첨 合합 命령 倉창

◀ 제 2 획 ▶

仆 (부)【pū ㄆㄨ】㉠ fù 넘어질, 엎어질

설문 4939 頓也。《頓者、下首也。以首叩地謂之頓首。引伸爲前覆之辭。『左氏:音義』引孫炎曰。前覆曰仆。『玄應』三引『說文』。仆、頓也。謂前覆也。偃謂却偃。仆謂前覆。葢(蓋)演『說文』者語。若『論語:注』云。偃、仆也。則渾言不別矣。》从人。卜聲。《芳遇切。古音在 3部。》/381

介 **개**【jiè ㄐㄧㄝˋ】本[한계, 경계] 절개, 사이에 낄, 면회 안내하는 사람, 도울, 딱지 ■**갈**: 홀짐승, 외짝 짐승(人부 2획)

설문 0678 畫(畵)也。《〔畫部〕曰。畫、畍(界)也。按「畍也」當是本作「介也」。介與畫互訓。〔田部:畍〕字葢(蓋)後人增之耳。介畍古今字。分介則必有閒(間)。故介又訓閒。『禮』擯介、『左傳』介人之寵皆其引伸之義也。一則云介特。兩則云閒介。》从人。从八。《人各守其所分也。此依『韵會』所引。古拜切。15部。》/49

유사 낱 개(个)

성부 **界**계

형성 (16자+1) 개(玠 玠)111 개(芥 芥)610 개(齘 齘)1221 개(鴧 鴧)2359 개(疥 疥)4539 개(价 价)4889 개(衸 衸)5057 개(髤 髤)5493 개(馻 馻)5933 개(㚊 㚊)6294 개(尬 尬)6319 개(忦 忦)6526 개(怜 怜)6600 해(閉 閉)7382 갈(扴 扴)7558 개(妎 妎)7888 **개**(蚧)

仁 **인**【rén ㄖㄣˊ】어질, 착할, 씨, 사람, 거북할

설문 4735 親也。《〔見部〕曰。親者、密至也。》从人二。《會意。『中庸』曰。仁者、人也。『注』。人也讀如相人偶之人。以人意相存問之言。『大射儀』。揖以耦。『注』。言以者、耦之事成於此意相人耦也。『聘禮』。每曲揖。『注』。以相人耦爲敬也。『公食大夫禮』。賓入三揖。『注』。相人耦。『詩:匪風:箋』云。人偶能烹魚者。人偶能輔周道治民者。『正義』曰。人偶者、謂以人意尊偶之也。『論語:注』。人偶同位人偶之辭。『禮:注』云。人偶相與爲禮儀皆同也。按人耦猶言爾我親密之詞。獨則無耦。耦則相親。故其字从人二。『孟子』曰。仁也者、人也。謂能行仁恩者人也。又曰。仁、人心也。謂仁乃是人之所以爲心也。與『中庸』語意皆不同。如鄰切。12部。》忎古文仁。从千心作。《从心。千聲也。》𡰥古文仁。或从尸。《按古文夷亦如此。》/365

형성 (1자) 녕(佞 佞)7892

仍 **잉**【réng ㄖㄥˊ】인할(그대로 따를), 기댈, 오히려, 자주, 칠대손

설문 4831 因也。《『釋詁』曰。攘仍因也。『大雅:常武:傳』曰。仍、就也。就與因義一也。『周禮-故書』仍爲乃。》从人。乃聲。《如乘(乘)切。6部。》/372

仇 (구)【qiú ㄑㄧㄡˊ】원수, 짝, 해칠

설문 4955 讎(讐)也。《讎猶應也。『左傳』曰。嘉偶曰妃。怨偶曰仇。按仇與逑古通用。〔辵部〕怨匹曰逑。卽怨偶曰仇也。仇爲怨匹。亦爲嘉偶。如亂之爲治。苦之爲快也。『周南:君子好逑』與公侯好仇義同。》从人。九聲。《巨鳩切。3部。》/382

今 **금**【jīn ㄐㄧㄣ】이제, 곧

설문 3130 是時也。《今者對古之偁(稱)。古不一其時。今亦不一其時也。云是時者。如言目前。則目前爲今。目前已上皆古。如言趙宋。則趙宋爲今。趙宋已上爲古。如言魏晉。則魏晉爲今。魏晉已上爲古。『班固-作:古今人表』。漢人不與焉。而謂之古今人者、謂近乎漢者爲今人。

遠乎漢者爲古人也。作『古今人表』者所以補『漢書』之所無。存漢已傳之厓略也。亦謂三皇至漢以前迭爲古今人也。古今人用字不同、謂之古今字。『張揖-作:古今字詁』是也。自張揖已後。其爲古今字又不知幾更也。古今音之不同近世言之冣(最)詳。自商周至近世、不知凡幾古今也。故今者、無定之䛐(詞)。約之以是時則兼晐矣。『召南:傳』曰。今、急辭也。今急曡(疊)韵。》从亼乁。《會意。乁、逮也。乁亦聲。居音切。7部。》乁、古文及。《見〔又部〕。》/223

유사 하여금 령(令)

성부 金금 琴금 禽금 念념 酓염 侌음 岑잠 貪탐 含함

형성 (19자+1) 감(玪)152 금(芩)387
금(钤)732 음(吟)883 금(黔)1746
겸(雂)2189 침(棽)3689 금(衾)5089
함(欦)5294 함(䶃)6098 검(黔)6248
잠(魿)7300 감(龕)7325 금(聆)7452
금(妗)7835 감(戗)7997 함(玲)8080
금(紟)8262 검(鈐)8914
긍(矜)

从 종【cóng ㄘㄨㄥˊ】[설문부수 290] 좇을 ※ 종(從)의 본래 글자

설문 4989 相聽也。《聽者、聆也。引伸爲相許之偁(稱)。〔言部〕曰。許、聽也。按从者今之從字。從行而从廢矣。『周禮:司儀』。客从(从)拜辱於朝。【陸德明-本】如此。【許書】凡云从某。大徐作从。小徐作從。江氏聲曰。作从者是也。以類相與曰从。》从二人。《疾容切。9部。以今音言之。从亦可去聲。》凡从之屬皆从从。/386

유사 헤어질 별(仌) 얼음 빙(仌) 나란히 들어갈 량(从)

성부 來래 旅려 巫무 比비 乖수 蒜애 衣의 坐좌 卤초 亥해 嗇색 㕧석 傘산 卒졸 㐺임 𢦔첨 僉첨 夾협 幷병 桒상 喪상 從종 舞무 筭서 齒치 坙척

형부 잡(雜) 종(樅)

仄 측【zè ㄗㄜˋ】(한쪽으로)기울, 어렴풋할, 곁, 측운

설문 5713 側傾也。《傾下曰。仄也。此仄下云。傾也。是之謂轉注。古與側戾字相假借。》从人在厂下。《會意。阻力切。1部。》 𡆦籒文。从夨。夨亦聲。《夨、傾頭也。戾亦作㓁。當是籒文戾字。》/447

성부 丸환

형성 (1자) 측(戾)4048

什 (십)【shí ㄕˊ】열사람, 세간살이 ■습:속음 ■집:세간 집기

설문 4851 相什倸(保)也。《『族師職』曰。五家爲比。十家爲聯。五人爲伍。十人爲聯。使之相倸相受。鄭云。倸猶任也。『宮正:注』。五人爲伍。二伍爲什。『雅頌』以十篇爲一什。按後世曰什物、古曰任器。古今語也。任急言之曰什。如唐人詩十可讀如諶也。『周禮:牛人、司隸(隸)』皆有任器。鄭云。任猶用也。》从人十。《此舉(擧)會意包形聲。是執切。7部。》/373

● 仌 얼음 빙-고자

◀ 제 3 획 ▶

仔 (자)【zī ㄗ】(임무를)견딜, 자세할, 새기

설문 4890 克也。《『周頌』曰。佛時仔肩。克也。『箋』云。仔肩、任也。按克、勝也。勝與任義似異而同。許云仔、克也。『釋詁』云肩、克也。許云克、肩也。然則仔肩絫言之耳。》从人。子聲。《子之切。1部。》/377

仕 사【shì ㄕˋ】本[배울] 벼슬할

설문 4738 學也。《訓仕爲入官。此今義也。古義宦訓仕。仕訓學。故『毛詩:傳』五言士、事也。而『文王有聲:傳』亦言仕、事也。是仕與士皆事其事之謂。學者、覺悟也。事其事則日取於覺悟也。若『論語:子張篇』。子夏曰。仕而優則學。學而優則仕。『公冶長篇』。子使漆雕開仕。『注』云。仕、仕於朝也。以仕學分出處。起(起)於此時矣。許說其故訓。》从人。士聲。《鉏里切。1部。》/366

형성 (1자) 자(㚒)2606

付 부【fù ㄈㄨˋ】(남에게 넘겨)줄, 부탁할

설문 4840 予(與)也。《予者、推予也。『尙書』。天既孚命正厥德。『今文-尙書』作天既付命正厥德。》从寸持物㠯(以)對人。《寸者、手也。方遇切。古音在 4部。》/373

성부 府부

형성 (14자) 부(祔)0035 부(符)2770
부(柎)3612 부(府)4527 부(髯)5490
부(駙)5896 부(怤)6405 부(泭)6951
부(鮒)7248 부(拊)7520 부(紨)8341
부(坿)8676 부(軵)9152 부(附)9214

代 대【dài ㄉㄞˋ】本[바꿀] 번갈아 들, 대대로, 대신할

설문 4865 叓(更)也。《叓者、改也。『士衺(喪)禮』、『衺大記:注』同。凡以此易彼謂之代。次第相易謂之遞代。凡以異語相易謂之代語。假代字爲世字。起(起)於唐人避諱。世與代義不同也。唐諱言世。故有代宗。明既有世宗。又有代宗。斯失之矣。》从人。弋聲。《徒耐切。1部。》/375

유사 칠 벌(伐)

성부 貸대

형성 (2자+1) 대(岱)5584 특(忒)6502
대(㐲)

㠯 이【yǐ ㄧˇ】하여금 ※ 이(以)의 옛 글자 (己부 2획)

설문 9348 用也。《用者、可施行也。凡㠯(以)字皆此訓。》从反巳。《與巳篆形勢略相反也。巳主乎止。㠯主乎行。故形相反。二字古有通用者。羊止切。1部。又按今字皆作以。由隷變加人於右也。》賈侍中說。己意巳實也。象形《己【各本】作巳。今正。己者、我也。意者、志也。己意巳實、謂人意巳堅實見諸施行也。凡人意不實則不見諸施行。吾意

人 2 ③

巳堅實則或自行之。或用人行之。是以『春秋傳』曰。能左右之曰以。謂或ナ或又惟吾指撝也。賈與許無二義。云象形者、巳篆上實下虛。㠯篆上虛下實。由許而實、指事亦象形也。一說象㠯字之上而實其下。》/746
※ 이(㠯)는 이(以), 사(佀)는 사(似)로 변했다.
유사 등뼈 려(呂) 쌓을 퇴(𠂤) 뚫을 관(串) 울부짖을 현(吅)
성부 矣의 以이 台태 㠯견 官관 允윤 能능
형성 (3자) 이(苡苢 𦯭)319
사(异 𢀜)1669 사(枱 𣏾)3537

仞 (인)【rèn ㄖㄣˋ】길(팔척, 팔을 뻗은 높이)
설문 4737 伸臂一尋八尺。《按此解疑非許之舊。恐後人改竄爲之。〔尺部〕下云。周制寸尺咫尋常仞諸度量。皆以人之體爲法。假令尋仞同物。許不當㒳擧(兩擧)之矣。諸家之說仞也。王肅、趙岐、王逸、曹操、李筌、顔(顏)師古、房玄齡、鮑彪諸人並(竝)曰八尺。而『鄭-周禮:儀禮:注』、包咸『論語:注』、『高誘-注:呂氏-春秋』、『王逸-注:大招-招䰟(魂)』、『李謐-明堂制度論』、『郭璞-注:司馬相如賦』用司馬彪之說、『陸德明-莊子』釋文則皆謂七尺。『淮南子:原道訓:注』八尺。而『覽冥訓:注』則云七尺。百仞者七百尺。證以『呂氏-春秋:注』則『原道:注』可疑。近『歙程氏瑤田-通藝錄』有說曰。言七尺者是也。『楊雄-方言』云。度廣曰尋。『杜預-左傳:仞溝洫:注』。度深曰仞。【二書】皆言人伸㒳手以度物之名。而尋爲八尺、仞必七尺者、何也。同一伸手度物。而廣深用之。其勢自不得不異。人長八尺。伸㒳手亦八尺。用以度廣。其勢全伸而不屈。而用之以度深。則必上下其左右手而側其身焉。身側則胸與所度之物不能相摩。於是㒳手不能全伸而成弧之形。弧而求其弦以爲仞必不能八尺。故七尺曰仞。亦其勢然也。『說文』測下云。深所至也。『玉篇』云。度深曰測。測之爲言側也。余說與之合矣。玉裁謂。程說甚精。仞說可定矣。『考工記』。廣二尋、深二仞謂之澮。倘其度同八尺。何不皆曰二尋。如上文廣二尺、深二尺之例也。【許書】於尺下旣尋仞兼擧。尋者、八尺也。見〔寸部〕。則仞下必當云七尺。【今本】乃淺人所竄易耳。程氏又曰。『小:爾雅』云四尺。應劭云五尺六寸。此其繆易見也。》从人。刃聲。《而震切。12部。或借爲牣滿字。『孟子』。掘井九軔。借軔爲之。》/365

● 仙 신선 선

仚 헌【xiān ㄒㄧㄢ】나를 듯할, 가뿐할, 가벼울
설문 4971 人在山上皃(貌)。《引伸爲高擧(擧)皃。顔元孫引鮑明遠書勢云。鳥仚魚躍。》从人山。《山亦聲也。呼堅切。『廣韻』許延切。14部。》/383
유사 도울 음(㕦)

● 仝 한가지 소-고자
※ 온전할 전(仝) 자는 윗 부분이 들 입(入)이다.

令 령【lìng ㄌㄧㄥˋ】하여금, 부릴, 가령, 법, 명령, 영 내릴
설문 5515 發號也。《〔号部〕曰。號字、嘑也。〔口部〕曰。嘑字、號也。發號者、發其號嘑以使人也。是曰令。〔人部〕曰。使者、令也。義相轉注。引伸爲律令、爲時令。『詩:箋』曰。令、善也。按『詩』多言令。毛無『傳』。『古文-尙書』言靈。見『般庚』、『多士』、『多方』。『般庚:正義』引『釋詁』。靈、善也。葢(蓋)『今本-爾雅』作令、非古也。凡令訓善者、靈之假借字也。》从亼卪。《號嘑者招集之卪也。故从亼卪會意。力正切。古音在 12部。》/430
유사 이제 금(今)
성부 領령 命명
형성 (16자+2) 령(玲 琀)144 령(苓 䒢)344
령(笭 䒢)2840 령(柃 柃)3545 령(囹 囹)3762
령(伶 伶)4885 령(泠 泠)6715 랭(冷 冷)7161
령(零 零)7182 령(鈴 鈴)7302 령(聆 聆)7435
령(瓴 瓴)8070 령(蛉 蛉)8470 령(鈴 鈴)8945
린(矜 矜)9067 령(軨 軨)9095
령(齡 齡) 령(翎 翎)

仡 (흘)【yì ㄧˋ】날랠, 끌밋할, 높을 ■올:배 움직이는 모양(動舟貌)
설문 4784 勇壯也。《『秦誓』曰。仡仡勇夫。某氏曰。仡仡壯勇之夫。『公羊傳』。趙盾之車右祁彌明者。國之力士也。仡然從乎趙盾而入。何云。仡然壯勇皃(貌)。若『詩』崇墉仡仡。毛曰。高大也。引伸之義也。〔土部〕引作圪圪。》从人。气聲。《魚訖切。15部。今字作「仡」。》『周書』曰。仡仡勇夫。/369

仢 (작)【dí ㄉㄧˊ】외나무 다리, 별똥별 ■박:〈네 이버 자전〉
설문 4818 約也。《曡韵(疊韻)爲訓。『釋天』曰。奔星爲「仢約」。舊作「彴約」。『佩觿:辨證』曰。字从人。不从彳。或云【許本】作「仢約也。」三字爲句。》从人。勺聲。《徒歷(歷)切。古音在 2部。仢約讀如招搖。》/372

● 㐰 믿을 신-고자

仜 (홍)【hóng ㄏㄨㄥˊ】큰 배(사람의 배)
설문 4779 大腹(腹)也。《與㺬音義略同。『廣韵(韻)』曰。身肥大也。『廣雅』曰。仜、有也。》从人。工聲。讀若紅。《戸(户)工切。9部。》/369

㐱 진【zhěn ㄓㄣˇ】머리숱 많고 검을
설문 5456 稠髮也。《稠者、多也。禾稠曰穊。髮稠曰㐱。其意一也。》从彡。《謂髮。》人聲。《之忍切。12部。》『詩』曰。㐱髮如雲。《『鄘風:君子偕老』文。『今-詩』作鬒。葢(蓋)以或字改古字。『傳』曰。鬒、黑髮也。疑黑字亦非毛公之舊。許多襲毛。不應有異、『左傳』。昔有仍氏生女。鬒黑而甚美。鬒正謂稠髮。髮多且黑而皃(貌)甚美也。服、杜皆云美髮爲鬒。不言黑髮。》鬒㐱或从髟。眞聲。《鬒又其或體。》/424

[유사] 새깃 새로나서 팔딱 거릴 진(㐱)

[성부] [參][曑]참

◀ 제 4 획 ▶

仲 (중)【zhòng ㄓㄨㄥˋ】 버금(형제 중의 둘째), 가운데

[설문] [4750] 中也。《『白虎通』同。伯仲叔季爲長少之次。伯仲見於此。〔子部〕曰。季、少偁(稱)也。叔則少之假借字也。古者幼名、冠字。冠字者、爲之且字也。且字也者、若尼甫、嘉甫是也。五十以伯仲。乃偁伯某甫、仲某甫。以伯仲而後成字。伯仲之下一字爲且字。且者、薦也。爲伯仲之薦也。伯仲生而已定。故『士冠禮:字辭』曰。伯某甫。雖定此字。而五十以前但偁某甫也。女子笄而字。則曰伯姬、曰仲姬。『毛傳』於『大明』曰。仲、中女也。於『燕燕』曰。仲、字也。皆言婦人也。【二傳】其實一也。古中仲二字互通。》从人中。中亦聲。《直衆切。9部。》/367

仳 (비)【pǐ ㄆㄧˇ】 떠날, 못생긴 여자

[설문] [4958] 別也。《『王風:中谷有蓷:傳』云爾。》从人。比聲。《芳比切。15部。》『詩』曰。有女仳離。/382

伊 [이]【yī ㄧˉ】 저(것), 이(것), 어조사, 물 이름

[설문] [4751] 殷聖人阿衡也。《殷聖人之上當有「伊尹」二字。傳寫奪之。阿衡見『商頌』。『毛傳』曰。阿衡、伊尹也。『箋』云。阿倚、衡平也。伊尹、湯所依倚而取平。故以爲官名。伊與阿、尹與衡皆雙聲。然則一語之轉也。許云伊尹、殷聖人阿衡也。本毛說。不言伊尹爲姓名也。諸家或云伊氏尹字。或云名摯。皆所傳聞異辭耳。『禮記』所偁(稱)『古文-尙書』网(兩)言尹躬。則尹實其名。》尹治天下者。从人尹。《尹治猶言治平。此說从人尹之意也。言阿衡者、尹治天下者也。故又謂之伊尹。而伊字亦从尹。於脂切。15部。『釋詁:毛傳』皆曰。伊、維也。爲發語辭。『詩:雄雉、蒹葭、東山、白駒』之伊字『鄭-箋』云。當爲緊。緊、猶是也。》古文伊。從古文死。/367

[형성] (2자)　이(咿)880　이(蛜)8457

企 [기]【qì ㄑㄧˋ】 ㉠ qǐ [本][발 돋움하고 설] 바랄, 꾀할, 계획할

[설문] [4736] 擧(舉)歱也。《「歱」【各本】作「踵」。非。今正。歱者、跟也。「企」或作「跂」。『衛(衛)風』曰。跂予朢(望)之。『檀弓』曰。先王之制禮也。過之者俯而就之。不至焉者跂而及之。『方言』。跂、登也。梁益之閒(間)語。》从人止。《按此下本無聲字。有聲非也。今正。〔止部〕曰。止爲足。『說文』無趾。止卽趾也。从人止。取人延竦之意。渾言之則足偁(稱)止。析言則前止後歱。止鐏於前。則歱擧(舉)於後矣。企跂字自古皆在 16部。寘韵。用止在 1部。非聲也。去智切。》古文企。从足。《足止同物。》/365

● [从][㐺][众] 무리 중-본자

伍 (오)【wǔ ㄨˇ】 다섯사람, 다섯집 한통으로 짤, 항오(軍列)

[설문] [4850] 相參伍也。《參、三也。伍、五也。『周禮』曰。五人爲伍。凡言參伍者、皆謂錯綜以求之。『易:繫辭』曰。參伍以變。『荀卿』曰。窺敵制勝。欲伍以參。『韓非』曰。省同異之言。以知朋黨之分。偶參伍之驗。以責陳言之實。又曰。參之以比物。伍之以合參。『史記』曰。必參而伍之。『漢書』曰。參伍其價。以類相準。此皆引伸之義也。》从人五。《五亦聲也。疑古切。5部。》/373

伐 [벌]【fā ㄈㄚˉ】 [상]㊥⑨[작] fá 칠(정벌), 공(업적), 자랑할

[설문] [4949] 擊也。《『詩:勿翦勿伐:傳』、『鉦人伐鼓(鼓):傳』皆曰。伐、擊也。『禮記:郊特牲』。二日伐鼓何居。鄭曰。伐猶擊也。『尙書』。不愆于四伐五伐。鄭曰。一擊一刺曰伐。『詩:是伐是肆:箋』云。伐謂擊刺之。按此伐之本義也。引伸(伸)之乃爲征伐。『周禮:九伐:注』云。諸侯之於國。如樹木之有根。是以言伐云。》从人持戈。《戈爲句兵。亦曰毄(擊)兵。『左傳』擊之以戈是也。戍者、守也。故从人在戈下。入〔戈部〕。伐者、外擊也。故从人杖戈。入〔人部〕。房越切。15部。》一曰敗也。《此謂引伸之義。伐敗曡(疊)韵。『左傳』凡師有鐘鼓(鼓)曰伐。『穀梁傳』。斬樹木、壞宮室曰伐。〔攴部〕曰。敗者、毀也。『公羊傳』曰。春秋伐者爲客。伐者爲主。何云。伐人者爲客。讀伐、長言之。見伐者爲主、讀伐短言之。皆齊人語也。按今人讀房越切。此短言也。『劉(劉)昌宗-周禮:大司馬、大行人、輈人』皆房廢切。此長言也。劉係北音。『周顒、沈約-韵書』皆用南音。去入多強(强)爲分別。而不合於古矣。伐人者有功。故『左傳』諸侯言時記功。大夫稱伐。『史記』明其等曰伐。積日曰閱。又引伸之自功曰伐。》亦斫也。《大徐無此三字爲長。》/381

[유사] 대신 대(代)

[형성] (1자+1)　패(茷)536　벌(閥)

份 [斌][彬][빈]【bīn ㄅㄧㄣˉ】 ① **斌** 빛날, 아롱질 ② 份 빛날 ※ 빈(**彬**)의 옛글자 ③ **彬** 빛날, 성씨 ■**반**:곱고 밝을

[설문] [4765] 文質備也。《「備」當作「葡(葡)」。許訓葡曰具。訓備曰愼。說解內字多自亂其例。葢(蓋)許時所用固與古不同。許以後人又多竄改。二者皆有之矣。『論語:雍也篇』文質彬彬。然後君子。『包咸:注』曰。彬彬、文質上楳之皃(貌)也。『鄭-注』曰。彬彬、楳半皃也。按古謂集爲楳。集、聚也。》从人。分聲。《府巾切。古音在 13部。》『論語』曰。文質份份。古文份。《『今-論語』作「彬」。古文也。》从彡林。《彡者、毛飾畫(畫)文也。飾畫者拭而畫之也。从彡、與彫彰同意。》林者、从焚省聲。《猶彫从彡、周聲也。按彬份字古或借豳字爲之。如『上林』之玢豳文鱗是也。或借邠字爲之。如『太玄』斐如邠如是也。俗份作斌。取文武相半意。『潘岳-藉田賦』之「頒斌」。卽『上林賦』之「玢豳」。》/368

[작] 作家出版社〔董蓮池-說文解字考正〕 ⑨ 九州出版社〔柴劍虹-說文解字〕 ㉠ 陝西人民出版社〔蘇寶榮-說文解字今注今譯〕 [상] 上海古籍出版社〔說文解字注〕 ㊥ 中華書局〔臧克和-說文解字新訂〕

【焚】下『注』云:《份古文作彬。》/484
형성 (1자) 반(虨)2978

伉 (항)【kàng ㄎㄤˋ】本[사람 이름] 짝(배우자), 겨룰, 굳셀

설문 4748 人名。《非例也。『左傳』。施氏婦曰。不能庇其伉儷。『杜-注』曰。伉、敵也。儷、偶也。》从人。亢聲。《苦浪切。10部。》『論語』有陳伉。《按『論語』作「陳亢」。字子禽。與『爾雅』亢、鳥嚨故訓相合。作陳伉似非也。然『古今人表』陳亢陳子禽爲二人。》/367

伃 (여)【yú ㄩˊ】궁녀

설문 4754 婦官也。《『漢書:外戚傳。』婦官十四等。昭儀位視丞相。比諸侯王。倢伃視上卿。比列侯。韋昭曰。倢承、伃助也。『漢舊儀』云。皇后爲倢伃下輿。禮比丞相。按婦官上當有「倢伃」二字。淺人刪(删)之。倢之本訓佽也。見下。》从人。予聲。《以諸切。5部。亦作「妤」。》/367

仰 (앙)【yǎng ㄧㄤˇ】우러러볼, (독약)마실, 영(상관이 내리는 명령)

설문 4845 舉(擧)也。《與卬音同義近。古卬仰多互用。》从人卬。《此舉(擧)會意包形聲。魚兩切。十部。》/373

伎 (기)【jì ㄐㄧˋ】本[무리] 재주, 기생(妓生), 천천한 모양

설문 4914 與也。《〔舁部〕曰。與者、黨與也。此伎之本義也。『廣韵(韻)』曰。侣也。不違本義。俗用爲技巧之技。○『小弁』。鹿斯之奔。維足伎伎。『傳』云。伎伎、舒皃(貌)。按此伎伎葢(蓋)與徥徥音義皆同。》从人。支聲。《渠綺切。16部。》『詩』曰。鞫人伎忒。《『大雅:瞻卬』文。『今-詩』「伎」作「忮」。『傳』曰。忮、害也。許所據作伎。葢『毛詩』假伎爲忮。故『傳』與『雄雉』同。毛說其假借。許說其本義也。『今-詩』則學者所竄易也。》/379

休 휴【xiū ㄒㄧㄡˉ】쉴, 그칠, 편안할, 놓을, 검소할, 휴가, 말미, 기쁨 ■후:아파할

설문 3665 息止也。《『周南』曰。南有喬木。不可休思。》從人依木。《許尤切。3部。》庥 休或從广。《『釋詁』曰。休、戾也。又曰。庇、庥、廕也。此可證休庥同子。》/270
형성 (1자+2) 휴(髹)5881
휴(鵂) 휴(庥)

伏 복【fú ㄈㄨˊ】㉠ fá 本[굴복하여 섬길(服事也)] 엎드릴, 초복, 중복, 말복 ■부:새 알 품을, 새 알 안을 ■벽:의지할(禍兮福所伏, 福兮禍所伏. 憂喜聚門兮. 吉凶同域)

설문 4945 司也。《司者、臣司事於外者也。司今之伺字。凡有所司者必專守之。伏伺卽服事也。引伸之爲俯伏。又引伸之爲隱伏。》从人犬。犬司人也。《「犬司人也」四字【小徐本】有。犬司人謂犬伺人而吠之。說此字之會意也。不曰从犬人。而曰从人犬、入於〔人部〕者、尊人也。伏篆以明人事。非說犬也。房六切。古音在 1部。》/381

형성 (1자+2) 비(紼)8308
복(洑) 복(茯)

仿 (방)【fǎng ㄈㄤˇ】비슷할, 흐릴

설문 4802 仿佛、《逗。》相侣(似)。《句。》視不諟也。《仿佛、雙聲疊(疊)字也。【各本】皆改竄非舊。今依『甘泉賦』、『景福殿賦:李-注』所引訂。諟卽諦。〔言部〕曰。審也。『長門賦:注』、『海賦:注』亦作諟。古是聲帝聲同在16部。故以諟爲諦。「仿佛」或作「俩佛」。或作「髣髴」。或作「拂拐」。或作「放悲」。俗作「彷彿」。仿或又作「髣」。》从人。方聲。《妃罔(罔)切。10部。》 俩 籒文仿。从丙。《丙聲。古音丙聲在 10部。此與『周禮』柄亦作枋同。》/370

任 임【rén ㄖㄣˊ】맡길, 마음대로 할, 임소, 일(직책), 쓸, 애밸, 보따리

설문 4871 保也。《按上文云保、養也。此云任、保也。二篆不相屬者、保之本義『尚書』所謂保抱。任之訓保則保引伸之義。如今言保舉(擧)是也。『周禮』。五家爲比。使之相保。『注』云。保猶任也。又孝友睦婣任恤。『注』云。任、信於友道也。引伸之凡儋何曰任。『小雅』。我任我輦。我車我牛。『傳』云。任者、輦者、車者、牛者。四云者者皆謂人也。『邶風:傳』。任、大也。卽『釋詁』之壬、大也。》从人。壬聲。《如林切。7部。》/375
형성 (6자) 임(荏)237 임(栠)3426
임(賃)3823 임(恁)6501
빙(凭)9025 염(銛)9421

价 (개)【jiè ㄐㄧㄝˋ】착할, 클 ■가:〈네이버 자전〉

설문 4889 善也。《『大雅:板』曰。价人維藩。『釋詁:及傳』曰。价、善也。『箋』云。价、甲也。被甲之人、謂卿士掌軍事者。葢(蓋)鄭易价爲介也。『詩:正義』引『爾雅』作价。『今-爾雅』作介善也。葢非【善本】。》從人。介聲。《古拜切。16部。》『詩』曰。价人維藩。/377

伀 (종)【zhōng ㄓㄨㄥˉ】허겁지겁할, 두려워할

설문 4755 志及衆(衆)也。《與公同義。其音當同。引伸爲夫兄曰兄伀之字。或作「妐」。若『方言』、『廣雅』之征伀。卽今怔忪字也。》从人。公聲。《職茸切。9部。》/367

伋 (급)【jí ㄐㄧˊ】사람 이름, 생각할, 거짓 ■파:〈네이버 자전〉(변하여)움직이는 모양

설문 4747 人名。《以此爲解。亦非例也。古人名字相應。孔伋字子思。仲尼弟子燕伋字子思。然則伋字非無義矣。人名二字非【許書】之舊也。『荀卿』曰。空石之中有人焉。其名曰觙。其爲人也善射。以好思闢耳目之欲。遠蚊蝱(䖟)之聲。閑居靜思則通。思仁若是。可謂微乎。此葢(蓋)設言善思之人。名之以觙乎。觙與伋音義葢相近。》从人。及聲。《居立切。7部。》/366

伭 (현)【xián ㄒㄧㄢˊ】패려궂을 ■전:옛 제왕 이름

설문 4913 很也。《〔心部〕曰。慈、急也。義略同。》从人。

弦(弦)省聲。《胡田切。12部。》/379

◀ 제 5 획 ▶

从 㐺 㐺 **임** 음 【yín ㄧㄣˊ】 [설문부수 294] ① 나란히 모여 설, ② 여럿이 섰을 ③ ■중:무리 중:무리 ※ 중(衆)의 본래 글자

설문 4999 眾(衆)立也。《『玉篇』作眾也。》从三人。《會意。『國語』日。人三爲眾。》凡㐺(乑)之屬皆从㐺。讀若欽崟。《〔山部〕曰。崟、山之岑崟也。欽崟、荅(盖)卽岑崟。『公羊傳』及『上林賦』又皆有嶔巖字。㐺讀如崟。魚音切。7部。》/387

유사 물 수(水) 돼지 시(豕) 돼지 시(彖) 돼지 해(亥) 벌레 치(豸)

성부 臮臮기 聚취 眾眾중

형성 (1자) 잠(霂 霂)7193

伯 (백)【bó ㄅㄛˊ】 맏(형), 큰 아버지, 백작 ■맥:밭두둑길 ■파:속음 ■패:으뜸

설문 4749 長也。《『釋詁』、『正月:傳』同。『載芟:傳』云。伯、長子也。『伯兮:傳』云。伯、州伯也。一義之引伸也。凡爲長者皆日伯。古多假柏爲之。》从人。白聲。《博陌切。古音在 5部。》/367

伾 (비)【pī ㄆㄧˉ】 힘셀, 많을

설문 4792 有力也。《『魯(魯)頌:駉』日。以車伾伾。『傳』日。伾伾、有力也。俟下引『詩』伾伾俟俟。》从人。《本謂人有力。引伸謂馬。》丕聲。《敷悲切。古音在1部。》『詩』日。目(以)車伾伾。/370

似 (사)【sì ㄙˋ】 ~로써, 쓸, 할, 까닭, 더불, ~으로, 좇을, ~부터

설문 4868 像也。《【各本】作「象也」。小徐作「象肖也」。皆非。今正。像下日佀(以)也。與此互訓。是爲轉注。度【古本】二篆必相屬。不知何時轉寫遠隔。又皆改其說解耳。相像日相似。古今無異䛐(詞)。緣俗閒(間)用象爲像。乃致妄(妄)改【許書】。『廣雅』日。似、類也。又日。似、象也。又日。似、若也。皆似之本義也。『詩:斯干、裳裳者華、卷阿、江漢:傳』皆日。似、嗣也。此謂似爲嗣之假借字也。『斯干』似續妣祖『箋』云。似讀爲巳午之巳、巳續妣祖者、謂巳成其宮廟也。此謂似爲巳之假借字也。》从人。目聲。《詳里切。1部。隸(隸)作似。》/375

位 **위**【wèi ㄨㄟˋ】 本[품수자리] 지위, 벼슬, 자리, 위치, 곳, 정할

설문 4813 列中庭之左右。《當作「ナ又」。》謂之位。《庭當作廷。字之誤也。〔廴部〕日。廷、朝中也。『釋宮』日。中庭之左右謂之位。郭云。羣(群)臣之列位也。『周語:注』亦日。中廷之左右日位。按中廷猶言廷中。古者朝不屋。無堂階。故謂之朝廷。朝士掌外朝之位。左九棘。孤卿大夫位焉。右九棘。公侯伯子男位焉。面三槐。三公位焉。司士掌治朝之位。王南向。三公北面東上。孤東面北上。卿大夫西面北上。王族故虎士在路門之右。南面東上。大僕大右大僕從者在路門之左。南面西上。雖有北面南面之臣。皆以左右約擧(擧)之。『左傳』云有位于朝是也。引伸之凡人所處皆日位。》从人立。《會意。于備(備)切。15部。按『小宗伯』。掌神位。【故書】爲作立。『古文-春秋』「公卽位」爲「公卽立」。古者立位同字。葢(蓋)古音 15部。與8部多合韵。》/371

참고 리(莅)임할

余 **여**【yú ㄩˊ】 本[말 느릴] 나(자신), 나머지, 4월 (人부 5획)

설문 0682 語之舒也。《「語」、『匡謬正俗』引作「䛐(詞)」。『左氏-傳』。小白余敢貪天子之命。無下拜。此正䛐之舒。〔亏(于)部〕日。亏、於也。象气之舒亏。然則余亏異字而同音義。『釋詁』云。余、我也。余、身也。孫炎日。余舒遲之身也。然則余之引伸訓爲我。【詩書】用予不用余。『左傳』用余不用予。『曲禮:下篇』。朝諸矦(侯)分職授政任功。日予一人。『注』云。『覲禮』日伯父寔來。余一人嘉之。余予古今字。凡言古今字者、主謂同音、而古用彼今用此異字。若『禮經-古文』用余一人。『禮記』用予一人。余予本異字異義。非謂予余本卽一字也。『顏師古-匡謬正俗』不達斯恉。且又以予上聲余平聲爲分別。又不知古音平上不甚區分。重悂貤繆。『儀禮:漢讀攷』糾之詳矣。》从八。《象气之分散。》舍省聲。《以諸切。5部。》/49

성부 涂도 敘敍서 除제

형성 (17자) 다(荼)646 여(絫)0683 도(悇)705 서(徐)1176 도(筡)2749 여(餘)3105 사(賒)3805 도(郐)3959 도(稌)4204 서(俆)4892 도(畬)5635 도(駼)5955 여(悆)6505 도(捈)7702 여(畬)8745 사(斜)9055 도(酴)9363

作 **작**【zuò ㄗㄨㄛˋ】 本[일어날] 지을, 떨칠 ■주:지을, 만들 ■자:할, 일어날

설문 4857 起(起)也。《『秦風:無衣:傳』日。作、起也。『釋言』、『穀梁傳』日。作、爲也。『魯(魯)宋頌:駉:傳』日。作、始也。『周頌:天作:傳』日。作、生也。其義別而略同。別者所因之文不同。同者其字義一也。有一句中同字而別之者。如『小雅』作而作『詩:箋』云。上作、起也。下作、爲也。〔辵(辶)部〕日。迮迮、起也。然則作迮二篆音義同。古文假借乍爲作。》从人。乍聲。《則洛切。5部。》/374

형성 (2자+1) 자(詐)1520 작(筰)2824 작(莋)

伸 **신**【shēn ㄕㄣˉ】 펼, 다스릴, 기지개 켤, 성씨

설문 4894 屈伸(伸)。《屈者無尾也。伸之反也。屈伸、謠俗共知之語。故以爲訓。屈亦作詘。所謂隨體詰詘也。伸、【古-經傳】皆作信。『周易』。詘信相感而利生焉。又尺蠖之詘。以求信也。又引而信之。『韋昭-漢書:音義』云。信古伸字。謂古文假借字。【許書:冣(最)目】日。近而申之。以究萬原。【古本】申作信。又〔虫部〕。尺蠖、屈申(申)蟲也。『太平

人 2 ⑤

御覽』引作「曲信蟲」。》从人。申聲。《疑此字不古。古但作詘信。或用申爲之。本無伸字。以屈伸訓伸篆。亦非說解之體。宋毛晃曰。古惟申字。後加立人以別之。失人切。12部。》/377

형성 (1자) 진(倻)1916

伴 (반)【bàn ㄅㄢˋ】本[큰 모양] 짝, 모실

설문 4789 大皃(貌)。《『大雅』。伴奐爾游矣。『傳』曰。伴奐、廣大有文章也。『箋』云。伴奐、自縱弛之意。按〔廾部:奐(奐)〕下一曰大也。故伴奐皆有大義。『大學:注』。胖猶大也。胖不訓大。云猶者、正謂胖卽伴之假借也。『方言』、『廣雅』、『孟子:注』皆曰。般、大也。亦謂般卽伴。『廣韵(韻)』云。侶也。依也。今義也。〔夫部:扶〕下曰。讀若伴侶之伴。知漢時非無伴侶之語。許於俗語不之取耳。至『聲類』乃云伴侶。》从人。半聲。《薄滿切。14部。》/369

佃 (전)【diàn ㄉㄧㄢˋ】밭 갈

설문 4908 中也。《『廣韵(韻)』曰。營田。『玉篇』曰。作田。今義非古義也。〔許-攴部〕自有畋字。不必用佃爲之。許所說者、相傳古義。》从人。田聲。《堂練切。12部。》『春秋傳』曰。乘中佃。中佃、《二字今補。》一轅車也。《『左傳:哀公:十七年』。渾良夫乘衷甸兩牡。杜曰。衷甸、一轅卿車。許所據作「中佃」。引『傳』而釋之者。孔穎達曰。甸、乘(乘)也。四丘爲甸。出車一乘。故以甸爲名。葢(蓋)四馬爲上乘。二馬爲中乘。容許意同孔。一曰。一轅兩牡。則一轅在兩牡之中。是亦中也。故衆言之曰中佃。》/378

但 (단)【dàn ㄉㄢˋ】本[벗어 맬] 다만, 특히 그것만, 헛되이

설문 4951 裼也。《〔衣部〕曰。裼者、但也。二篆爲轉注。古「但裼」字如此。袒則訓衣縫解。今之綻裂字也。今之【經典】。凡「但裼」字皆改爲「袒裼」矣。〔衣部〕又曰。贏者、但也。裎者、但也。『釋訓』、『毛傳』皆曰。袒裼、肉袒也。肉袒者、肉外見無衣也。引伸爲徒也。凡曰但、曰徒、曰唐皆一聲之轉。空也。今人但謂爲語辭。而尟知其本義。因以袒爲其本義之字。古今字之不同類如此。》从人。旦聲。《徒旱切。14部。【唐人-詩】多用爲平聲。》/382

佋 (소)【shào ㄕㄠˋ】상中⑨작 zhāo 작 shāo 소목(佋穆)

설문 4968 廟佋穆。父爲佋南面。子爲穆北面。从人。召聲。《市招切。按此篆雖『經典:釋文』時偁(稱)之。然必晉人所竄入。晉人以凡昭字可易爲曜。而昭穆不可易也。乃讀爲上招切。且又製此篆竄入『說文』。使天下皆作此。是猶漢人改『蘭臺漆書』以合己也。且生曰父、曰母。死曰考(考)、曰妣。考妣則字當从鬼、从示也。从人何居。當刪(刪)去。》/383

何 하【hé ㄏㄜˊ】상 hè 本[짐질] 어찌, 무엇, 어느, 누구

설문 4807 儋也。《「何」俗作「荷」。猶佗之俗作駝。儋之俗作擔也。『商頌』。百祿是何。何天之休。何天之龍。『傳』曰。何、任也。『箋』云。謂擔負。『周易』。何天之衢。虞翻(飜)曰。何、當也。何校滅耳。王肅云。何、荷擔也。又『詩』。何戈與祋。何蓑何笠。『傳』皆云。揭也。揭者、擧(擧)也。戈祋手擧之。蓑立身擧之。皆擔義之引伸也。凡【經典】作荷者皆後人所竄改。》一曰誰也。《誰何孰三字皆問詈(詞)。》从人。可聲。《今音擔何則胡可切。餘義胡歌切。古音平上不甚分也。17部。按今義何者、辭也。問也。今義行而古義廢矣。亦借爲呵。》/371

【他本說文解字】曰:〔臣鉉等曰。儋何卽負何也。借爲誰何之何。今俗別作擔荷非是。〕

형성 (1자) 하(荷 䓀)412

佗 (타)【tuó ㄊㄨㄛˊ】本[멜(背負曰佗)] 다를 ※ 타(他)와 같은 글자 ■이:〈네이버 자전〉임할

설문 4806 負何也。《負字葢(蓋)淺人增之耳。『小雅』。舍彼有罪。予之佗矣。『傳』曰。佗、加也。此佗本義之見於【經】者也。佗之俗字爲「駝」、爲「馱」。隸(隸)變佗爲「他」。用爲彼之偁(稱)。古相問無它乎。祇作「它」。又『君子偕老』。委委佗佗。卽『羔羊』之委蛇委蛇也。『傳』云。委委者、行可委曲從迹也。佗佗者、德平易也。『羔羊:傳』云。委蛇者、行可從迹也。語詳略不同。》从人。它聲。《徒何切。17部。》/371

伶 (령)【líng ㄌㄧㄥˊ】악공, 하인, 영리할

설문 4885 弄也。《徐鍇曰。伶人者、弄臣也。『毛詩』寺人之令。釋文曰。「令」『韓詩』作「伶」。云使伶。古伶人字本作泠。泠人、樂官也。》从人。令聲。《郎(郎)丁切。11部。》益州有建伶縣。《『地理志』、『郡國志』益州郡皆有建伶縣。今雲南雲南府西北有建伶廢縣。》/376

佞 (녕)【nìng ㄋㄧㄥˋ】재주, 아첨할

설문 7892 巧讇高材也。《巧者、技也。讇者、諛也。》从女。仁聲。《小徐作「仁聲」。大徐作「从信省」。按今音佞乃定切。故徐鉉、張次立疑仁非聲。攷『晉語』。佞之見佞。果喪其田。詐之見詐。果喪其賂。古音佞與田韵(韻)。則仁聲是也。12部。音轉入 11部。》/622

佝 (구)【nòu ㄋㄡˋ】상 kèu 中⑨작 kòu 곱사등이 ■후:같은 뜻

설문 4920 佝瞀也。《【各本】作「也務」二字。小徐作「覆也」。皆誤。今正。「佝瞀也」三字爲句。佝音寇。瞀音茂。曡韵(曡韻)字。二字多有或體。〔子部:㝅〕下作「㝅瞀」。『荀卿:儒效』作「溝瞀」。『漢:五行志』作「區霿」。又作「傋霿」。『楚辭:九辨』作「怐愗」。『玉篇』引作「佝愗」。『應劭-注:漢書』作「㲄(瞀)霿」。『郭景純-注:山海經』作「穀霿」。其音同。其義皆謂愚蒙(蒙)也。『山海經:注』穀字葢(蓋)有誤。》从人。句聲。《苦候切。4部。》/379

佖 (필)【bì ㄅㄧˋ】점잖을, 가득할, 견줄

설문 4767 威儀也。《按此當作「威儀媟嫚也」。『小雅:賓之初筵』曰。威儀佖佖。『傳』曰。佖佖、媟嫚也。許所據作「佖佖」。自奪媟嫚字。『韵會(韻會)』、『廣韵(韻)』:

작 作家出版社〔董蓮池-說文解字考正〕 ⑨ 九州出版社〔柴劍虹-說文解字〕 ㉠ 陝西人民出版社〔蘇寶榮-說文解字今注今譯〕 상 上海古籍出版社〔說文解字注〕 中 中華書局〔臧克和-說文解字新訂〕

徑:注』云有威儀矣。》 从人。必聲。《毗必切。12部。『詩:音義』曰。『說文』作「佖」。平一反。》 『詩』曰。威儀佖佖。/368

佛 (불)【fú ㄈㄨˊ】 本[비슷할] 부처, 불교, 어그러질, 빛나고 선명할, 거슬릴 ■발:성하게 일어나는 모양 ■필:도울, 클

설문 4803 仿佛也。《依『玉篇』。與【全書】例合。按〔髟部〕有髴。解云。髴、若似也。卽佛之或字。》 从人。弗聲。《敷勿切。15部。》 /370

佚 (일)【yì ㄧˋ】 편할, 숨을, 허물, 예쁠 ■절:속음 ■질:방탕할, 문득, 항렬, 문득

설문 4926 佚民也。《三字句。『論語:微子篇』。『逸民』。伯夷、叔齊、虞仲、夷逸、朱張、柳(柳)下惠、少連。按許作「佚民」。正字也。作「逸民」者假借字。佚从人。故爲佚民字也。『孟子』曰。遺佚而不怨。又以爲勞逸字。如以佚道使民是也。古失佚逸泆字多通用。『石經:今文-尙書』毋逸字作「劮」。則許所不取。『廣雅』錄之。》 从人。失聲。《夷質切。12部。》 一曰佚、忽也。《〔心部〕曰。忽、忘也。按忘之言亡也。》 /380

佁 (이)【í ㄧˊ】 ㊤ ǎi ㊥⑨㉿ yǐ 막힐 ■애:미련스러울 ■치·시:〈네이버 자전〉

설문 4916 癡皃(貌)。《『大人賦』。沛艾赳螑仡以佁儗兮。張揖曰。佁儗、不前也。此癡意也。『吕(呂)氏-春秋』。出輿入輦。命曰佁蹷之機。高誘曰。佁、至也。此別一義也。》 从人。台聲。讀若騃。《夷在切。1部。》 /379

伿 이【yì ㄧˋ】 게으를

설문 4919 惰也。《惰者、不敬也。『醫經:解㑊』之㑊當作此字。》 从人。只聲。《以豉切。16部。》 /379

형성 (1자) 혜(㩗 㩗)1507

伹 (저)【qū ㄑㄩ】 용졸할

설문 4895 拙也。《『廣韵(韻)』作「拙人」。當是『說文-古本』。拙者、不巧也。『廣雅』曰。伹、鈍也。『玉篇』引之。『集韵』、『類篇』皆引之。云千余切。『今-廣雅』乃譌爲伹度滿切矣。按此字千余切。與粗同紐。卽今粗笨字也。『廣韵』衹有七余一切。『玉篇』七閭祥閭二切。》 从人。且聲。《似魚切。5部。》 /377

◀ 제 6 획 ▶

侗 (통)【tóng ㄊㄨㄥˊ】 ㊤㊥⑨㉿ tōng 本[키 멀쑥할] 미련할 ■동:지각 없을, 알지 못할

설문 4776 大皃(貌)。《此義未見其證。然同義近大。則侗得爲大皃(貌)矣。『論語』。侗而不愿。『孔-注』曰。侗、未成器之人。按此大義之引伸。猶言渾沌未鑿也。》 从人。同聲。《他紅切。9部。》 『詩』曰。信囧(冏)時侗。《『大雅:思齊』文。【今本】作「恫」。『傳』曰。恫、痛也。按痛者恫之本義。【許-所據:本】作「侗」。偁(稱)之以見『毛詩』假侗爲恫也。》 /369

供 (공)【gōng ㄍㄨㄥ】 ㊤㊥ gòng 이바지할, 갖추어질

설문 4809 設也。《設者、施陳也。『釋詁』。供(供)、峙、共(共)、具也。按峙卽儲偫字。共卽供之假借字。凡(凡)『周禮』皆以共爲供。『尙書:一經』訓奉訓待者皆作共。其恭敬字皆作恭。衞(衛)包乃盡改共爲恭。『毛詩』亦共恭分別。總之。【古經】用共爲供之假借。不用共爲恭之假借。惟『左傳:三命』茲益共、其共也如是、君命以共、則借共爲恭。『鄭君-箋:詩』所謂古之恭字或作共者乎。詳『古文-尙書:撰(撰)異』。》 从人。共聲。《俱容切。9部。》 一曰供給。《給者、相足也。設與給二義相足。〔共部〕曰。龔、給也。是龔與供音義同。『尙書』。「共行天罰」。漢人引皆作「龔行天罰」。謂奉行天罰也。》 /371

來 래【lái ㄌㄞˊ】【설문부수 196】 本[보리] (이쪽으로)올, 미래

설문 3202 周所受瑞麥來麰也。《「也」字今補。『詩:正義』此句作「周受來牟也」五字。『周頌』。詒我來麰。『箋』云。武王渡孟津。白魚躍入王舟。出涘以燎。後五日。火流爲烏。五至。以穀俱來。此謂遺我來牟。『書』說以穀俱來。云穀紀后稷之德。按『鄭-箋』見『尙書:大誓』、『尙書』旋機鈐合符后。『詩』云來牟、『書』云穀。其實一也。下文云。來麰、麥也。此云瑞麥來麰。然則來麰者、以二字爲名。『毛詩:傳』曰。牟、麥也。當是本作來牟、麥也。爲許麰下所本。後人刪(刪)來字耳。古無謂來小麥、麰大麥者。至『廣我』乃云麳小麥、麰大麥。非許說也。『劉(劉)向傳』作釐麰。『文選(選)典』引『注』引『韓詩:內傳』。貽我嘉麰。薛君曰。麰、大麥也。與『趙岐-孟子:注』同。然『韓傳』未嘗云來小麥。》 二麥一夆。象其芒朿之形。《「二麥一夆」【各本】作「一來二縫」。不可通。惟『思文:正義』作「一麥二夆」。今定爲「二麥一夆」。夆卽縫字之省。【許書】無夆。則山耑字可作夆。凡物之標末皆可偁(稱)夆。夆者、朿也。「二麥一夆」爲瑞麥。如二米一稃爲瑞黍。葢(蓋)同夆則亦同稃矣。『廣韵:十六,咍』引『埤蒼』曰。秾麰之麥。一麥二稃。周受此瑞麥。此一二㒳(兩)字亦是互譌。二麥一稃。亦猶異晦(畝)同穎、雙觡共柢之類。其字以从象二麥、以朩象一芒。故云象其芒朿之形。洛哀切。古音在 1部。》 天所來也。故爲行來之來。《自天而降之麥。謂之來麰。亦單謂之來。因而凡物之至者皆謂之來。許意如是。猶之相背韋之爲皮韋、朋鳥之爲朋攩、鳥西之爲東西之西、子月之爲人偁(稱)、烏之爲烏呼之烏。皆引伸之義行而本義廢矣。如許說、是至周初始有來字。未詳其恉(旨)。》 『詩』曰。詒我來麰。《『今-毛詩』「詒」作「貽」。俗字也。「麰」作「牟」。古文假借字也。》 凡來之屬皆从來。/231

성부 麥맥 嗇색 𢁺은

형부 사(竢 𥏼)

형성 (10자) 래(𨺟 𨺟)88 래(萊 萊)625
태(麳 麳)739 래(睞 睞)2091 뢰(賚 賚)3795

人 2 ⑥

래(秾)4214 래(覙)5236 래(騋)5877
래(淶)6776 래(勑)8785

侈 치【chǐ ㄔˇ】本[떠벌림] 사치할, 클, 넓은 것을 좋아할, 넓을
설문 4915 掩脅也。《掩者、掩葢(蓋)其上。脅者、脅制其旁。凡自多以陵人曰侈。此侈之本義也。『吳語』。夾溝而㕹我。其字則㕹也。其義則掩脅也。》从人。多聲。《尺是切。古音在 17部。》一曰奢泰也。《「泰」字依『韵會本』補。奢者、張也。泰者、滑也。【凡傳】云汰侈者卽【許書】之泰字。『小雅』曰。侈兮哆兮。此與上義別。今上義廢而此義獨行矣。【三禮】皆假移爲侈。》/379
형성 (1자) 치(㕹)5667

使 (사)【shǐ ㄕˇ】 부릴(일을 시킴), 하여금, 사신 갈(보낼) ■시:사신, 심부름꾼
설문 4883 令也。《大徐「令」作「伶」。誤。令者、發號也。『釋詁』。使、從也。其引伸之義也。按【許書】無駛駛字。『左傳』。「吏走問諸朝」。本作「使走問諸朝」。『古-注』。使、速疾之意也。又〔邑部:䢾〕、烈也。讀若迅。葢(蓋)此二字卽今之駛駛字乎。〔水部:㳄〕、水吏也。吏同使。謂水疾。》从人。吏聲。《疏士切。1部。》/376

佽 (차)【cì ㄘˋ】 젤(가볍고 빠름), 도울, 나란할
설문 4832 便利也。《『小雅:車攻』。決拾既佽。『傳』曰。佽、利也。按『百官公卿表』。更名左弋爲佽飛。葢取便利之意。》从人。次聲。《七四切。15部。》『詩』曰。決拾既佽。一曰遞也。《此與次音義同。『車攻:鄭-箋』云。謂手指相次比也。『唐風』。胡不佽焉。『傳』曰。佽、助也。『箋』云。何不相推次而助之。皆遞之意也。》/372

侍 (시)【shì ㄕˋ】 모실(옆에서 시중들)
설문 4835 承也。《承者、奉也。受也。凡言侍者皆敬恭承奉之義》从人。寺聲。《小徐作从人、从寺。時吏切。1部。》/373

依 의【yī ㄧ】 의지할, 기댈, 비길, 변치 않을
설문 4830 倚也。从人。衣聲。《於稀切。15部。》/372
형성 (1자) 의(偯)6592

例 (례)【lì ㄌㄧˋ】本[견줄] 같을, 법식, 전례, 본보기
설문 4947 比也。《此篆葢(蓋)晚出。漢人少言例者。杜氏說『左傳』乃云發凡言例。例之言迾也。迾者、遮迾以爲禁。【經】皆作「列」、作「厲」。不作「迾」。『周禮-司隸(隸):注』。厲、遮例也。釋文。「例」本作「列」。葢古比例字祇作列。》从人。㓠(列)聲。《力制切。15部。疑【許本】無此。》/381

佳 (가)【jiā ㄐㄧㄚ】 아름다울, 좋아할
설문 4761 善也。《『廣韵(韻)』曰。佳、善也。又曰。好也。又曰。大也。『老子』。佳兵者不祥。『淮南:說林訓』曰。佳人不同體。美人不同面。而皆說於目。》从人。圭聲。《古膎切。16部。按唐人入於下平九麻。》/368

侅 (해)【gāi ㄍㄞ】 이상할, 목멜
설문 4762 奇侅。《逗。》非常也。《『漢書:藝文志:五行家』有『五音奇胲用兵:二十三卷』。『五音奇胲刑(刑)德:二十一卷』。如淳曰。胲、音該。『史記:扁鵲倉公列傳』。臣意卽避席再拜謁。受其『脈書:上下經』。『五色診奇咳』。『集解』曰。奇、音羈。咳、音該。按據『張守節-正義』。則『史記』「奇咳」本亦作「奇胲」。〔肉部〕訓胲爲足指毛皮。然則侅正字。胲其假借字耳。『淮南:兵略訓』。明於星辰日月之運。刑德奇賌之數。背向左右之便。此戰之助也。『注』云。奇賌之數、奇祕(秘)之數。非常術。其字又作「賌」。亦假借也。葢(蓋)「奇侅」與今云「奇駭」音義皆同。是以『左氏-春秋』「無駭」。『穀梁-春秋』作「無侅」。若『莊子』侅溺於馮氣。據徐音乃是假侅爲礙。》从人。亥聲。《古哀切。1部。『篇』、『韵(韻)』皆又胡改切。》/368

侁 (신)【shēn ㄕㄣ】 떼지어 갈
설문 4844 行皃(貌)。《『招寬(魂)』曰。豺狼從目。往來侁侁。王逸曰。侁侁、往來聲也。『詩』曰。侁侁征夫。》从人。先聲。《所臻切。13部。》/373

侚 (순)【xùn ㄒㄩㄣˋ】 빠를, 조리돌릴, 따를, 두루 ※ 순(徇)과 같은 글자
설문 4758 疾也。《『五帝本紀』。黃帝幼而侚齊。裴駰曰。侚疾、齊速也。『素問:上古天眞論』。黃帝幼而侚齊。長而敦敏。『王-注』。侚、疾也。按侚【今本】譌作「徇」。司馬貞乃云未見所出矣。『釋言』。宣、徇、徧也。「徇」本又作「侚」。『墨子』。年踰五十。則聰明思慮不徇通矣。「徇」亦當作「侚」。『史記』「侚齊」、『大戴-禮』作「叡齊」。亦作「慧齊」。》从人。旬聲。《辭閏切。12部。》/367

侖 륜【lún ㄌㄨㄣˊ】本[생각할] 펼, 덩어리, 뭉치, 둥글
설문 3129 思也。《侖下曰。侖、理也。『大雅:毛傳』曰。論、思也。按論者、侖之假借。思與理義同也。思猶䚡也。凡人之思必依其理。倫論字皆以侖會意。》从亼冊(冊)。《聚集簡(简)冊(冊)必依其次第。求其文理。力屯切。13部。》籒文侖。《古文冊作「笧」。》/223
성부 龠 약
형성 (11자+1) 론(論)1434 곤(睔)2010 륜(棆)3290 륜(倫)4820 론(惀)6448 륜(淪)6846 륜(掄)7526 륜(綸)8258 륜(蜦)8493 륜(輪)9104 론(陯)9260 륜(崙崘)

侃 간【kǎn ㄎㄢˇ】 강직할
설문 7133 剛直也。《『論語:鄉黨』。與下大夫言。侃侃如也。孔曰。侃侃、和樂皃(貌)也。葢(蓋)謂卽衎衎之叚(假)借字。》从㐰。㐰、古文信也。《見〔言部〕。》从巛(川)。取其不舍晝夜。《信則可恆(恒)。會意。空旱切。14部。》『論語』曰。子路侃侃如也。《見『先進篇』。今作「子路行行如也」。冉有、子貢侃侃如也。葢許氏筆

誤。》/569

형성 (2자) 건(泥 𡐧)1142 건(讆 𧫍)1770

佻 (조)【tiáo ㄊㄧㄠˊ】 ㊤㊥⑨㉸ tiāo ㊍[경박할] 홀로 갈, 도둑질할 ▣요:늦출(緩也)

설문 4911 愉也。《【古本】皆作「愉」。汲古閣作「偷」。誤也。〔心部〕曰。愉、薄也。『小雅:鹿鳴』曰。視民不恌。許所據作佻。是。『毛傳』曰。恌、愉也。按『釋言』。佻、偷也。偷者愉之俗字。今人曰偷薄、曰偷盜皆从人作偷。他侯切。而愉字訓爲愉悅。羊朱切。此今義今音今形。非古義古音古形也。古無从人之偷。愉訓薄。音他侯切。愉愉者、和氣之薄發於色也。盜者、澆薄之至也。偷盜字古只作愉也。凡古字之末流鋠析。類如是矣。『周禮』曰。以俗教安。則民不愉。『注』曰。愉謂朝不謀夕。『服-注:左傳』視民不佻云。示民不愉薄。『唐風』。他人是愉。『傳』曰。愉、樂也。『箋』云。愉讀曰偷。猶取也。此同字而各擧(擧)一義釋之。愉讀曰偷。『如-注:周禮』主以利得民云讀如上思利民之利耳。然可見漢末已有从人之偷。許不之取。》从人。兆聲。《土彫切。2部。按佻訓苟且。苟且者必輕。故『離騷:注』曰。佻、輕也。『方言』曰。佻、疾也。『左傳』。『楚師』輕窕。窕正佻之假借字。》『詩』曰。視民不佻。/379

佺 (전)【quán ㄑㄩㄢˊ】 신선 이름

설문 4816 偓佺也。从人。全聲。《此緣切。14部。》/372

侉 (과)【kuǎ ㄎㄨㄚˇ】 ㊤㊥⑨㉸ kuā 자랑할 ※과(誇)와 같은 글자

설문 4942 憊詈(詞)也。《【古本】皆作「憊」。惟『類篇』誤作「備(俻)」耳。〔心部〕曰。憊者、憖也。憖者、憊也。憊今隸(隸)作𢠹(𢠹)。詈者、意內而言外也。按『爾雅』、『毛傳』皆曰。夸毗、體多柔。然則侉卽夸毗字乎。「夸毗」亦作「舿舭」。》从人。夸聲。《苦瓜切。5部。》/381

佼 (교)【jiǎo ㄐㄧㄠˇ】 ㊤㊥⑨㉸ jiāo ㉸ xiǎo 예쁠, 업신여길

설문 4739 交也。《佼見『管子:明法解』。曰。羣(群)臣皆怘(忘)主而趨私佼。又曰。養所與佼而不以官爲務。又曰。小臣持祿養佼。不以官爲事。其訓皆交也。而『韵(韻)會』引【小徐本】作好也。鍇引『史記』後有長姣美人。按〔小徐本-女部〕。姣、好也。引『史記』長姣美人。『韵(韻)會』移入此。甚誤。》从人。交聲。《下巧切。2部。按「交義」當依『廣韵(韻)』古肴切。》/366

侜 (주)【zhōu ㄓㄡ】 가릴, 속일

설문 4906 有廱蔽也。《廱今之壅字。『陳風:防有鵲巢』曰。誰侜予美。『爾雅』及『傳』曰。侜張、誑也。誑亦壅蔽之意耳。許不用『毛傳』者、許以「侜張」乃『尙書』「譸張」之假借字。非侜之本義。故易之。》从人。舟聲。《張流切。3部。》『詩』曰。誰侜予美。/378

侔 (모)【móu ㄇㄡˊ】 같을

설문 4821 齊等也。《『輪人:注』曰。侔、上下等。又曰。侔、等也。『弓人:注』曰。侔猶均也。又曰。侔猶等也。》从人。牟聲。《莫浮切。3部。》/372

● 侌 그늘 음(陰)-고자

佶 (길)【jí ㄐㄧˊ】 (언행이)바를, 헌걸찰

설문 4777 正也。《『小雅:六月:傳』曰。佶、正也。『箋』云。佶、壯健之皃(貌)。按鄭以言壯健乃可皃馬。但毛言正自可含壯健也。》从人。《本言人。引伸言馬。》吉聲。《巨乙切。12部。》『詩』曰。旣佶且閑。/369

佸 佸(활)【huó ㄏㄨㄛˊ】 이를(다달을)

설문 4853 會也。《『王風:君子于役』曰。曷其有佸。『傳』曰。佸、會也。此以疊韵(疊韻)爲訓。》从人。𠯑聲。《古活(涽活)切。15部。》『詩』曰。曷其有佸(佸)。一曰佸佸力皃(貌)。《【小徐本】無此六字。『篇』、『韵(韻)』亦皆無。》/374

佰 백【bó ㄅㄛˊ】 ㊤㊥⑨㉸ bǎi 백사람 어른, 일백 ▣맥:거리

설문 4852 相什佰也。《「佰」汲古閣作「伯」。誤。佰連什言者、猶伍連參言也。佰之言百也。『廣韵』一百爲一佰。『過秦論』曰。俛起(起)什佰之中。『漢書:音義』云。首出十長、百長之中。此謂十人之長爲什。百人之長爲佰也。『食貨志』無農夫之苦。有仟佰之得。師古云。仟、千錢也。佰、百錢也。佰莫白反。今俗猶謂百錢爲一佰。按仟字罕見。『廣韵』、『集韵』、『類篇』皆曰。千人之長曰仟。毛晃云出『文字音義』、『食貨志』語意謂兼十倍百倍之利耳。『顏-注』非。仟疑本作什。顏不音千可證。》从人百。《博陌切。古音在 5部。》/374

성부 宿𡪢숙

侂 (탁)【tuō ㄊㄨㄛ】 사람 이름

설문 4962 寄也。《此與託音義皆同。俗作托。非也。『玉篇』引『論語』。可以侂六尺之孤。》从人。㡯聲。《他各切。5部。》㡯、古文宅。《見〔宀部〕。》/382

侐 (혁)【xù ㄒㄩˋ】 고요

설문 4839 靜也。《靜者、審也。悉也。知審諦也。『魯(魯)頌』曰。閟宮有侐。『傳』曰。侐、淸淨也。淨乃靜之字誤。『周頌』。假以溢我。『傳』曰。溢、愼也。許作「誐以謐我」。謐靜語也。一曰無聲也。『左傳』作何以恤我。『尙書』。惟荆(刑)之恤。『伏生-尙書』作惟荆之謐。『史記』作惟荆之靜。『爾雅』。溢、愼、謐、靜也。溢者、恤之字誤。『莊子書』云。以言其老洫也。近死之心。莫使復陽也。老洫者、枯靜之意。『莊子』洫本亦作溢。『周頌』之恤、『莊子』之洫皆侐之假借。侐與謐古音同部。》从人。血聲。《況逼切。古音在12部。》『詩』曰。閟宮有侐。/373

佩 패【pèi ㄆㄟˋ】 노리개(띠에 차는 장식용 옥. 계급에 따라 옥이 다름)

설문 4742 大帶佩也。《大帶佩者、謂佩必系於大帶也。古者有大帶、有革帶。佩系於革帶。不在大帶。何以言大帶佩也。革帶統於大帶也。許於糸部之紳、〔革部〕之鞶皆曰大帶。

實則紳爲大帶、鞶爲革帶也。佩者、『內則』左右佩用是。》从人凡巾。《从人者、人所以利用也。从凡者、所謂無所不佩也。从巾者、其一耑也。蒲妹切。古音在 1部。俗作「珮」。》佩必有巾。故从巾。《「故」字依『韵會』補。〔巾部〕之帨帥也。說从巾之意。》巾謂之飾。《〔巾部〕曰。飾、㕞也。〔又部〕曰。㕞、飾也。飾拭古今字。巾以飾物。故謂之飾。『禮經』詳帨。『左氏』偁(稱)率巾者、㝡(最)切於用者也。故倉頡製佩帶二文皆箸巾。》/366

참고 패(珮)

佴 (이)【èr ㄦˋ】이을(계속함) ■내:성씨

설문 4833 佽也。《此冢遞訓言。『司馬遷傳』曰。僕又佴之蠶室。如淳曰。佴、次也。若人相次也。一本「佴」作「茸」。蘇林云。茸、次也。若人相俾次。蘇以謂「茸」當作「佴」耳。佴之蠶室、猶云副貳之以蠶室也。小顏(顏)乃欲讀爲搑。云推致蠶室中。殊非文義。》从人。耳聲。《仍吏切。1部。》/372

侊 (광)【guāng ㄍㄨㄤ】성찬(잘 차린 음식)

설문 4910 小皃。《「小」當作「大」。字之誤也。凡(凡)光聲之字多訓光大。無訓小者。『越語』。句踐曰。諺有之曰。觥飯不及壺(壺)飧。韋云。觥、大也。大飯謂盛饌(饌)。盛饌未具。不能以虛(虛)待之。不及壺飧之救飢疾也。言己欲滅吳。取快意得之而已。不能待有餘力。『韓詩』云。觥、廓也。『許-所據:國語』作「侊」。侊與觥音義同。『廣韵(韻):十一、唐』曰。侊、盛皃(貌)。用『韋-注』。『十二、庚』曰。侊、小皃。用『說文』。葢(蓋)『說文』之譌久矣。》从人。光聲。《古橫切。古音讀如光。10部。》『國語』曰。侊飯不及壺飧(壺餐)。《「壺飧」【各本】作「一食」。一由壺壹遞譌。食奪偏旁。今依『玉篇』、『廣韵』所引『說文』正。飧者、〔食部〕或餐字也。『集韵』正作餐。「壺飧」猶『左傳』趙衰之「壺飧」。『史記』。操一豚蹏。酒一壺。皆謂薄少。古壺有大小。此非大一石之壺也。○ 又按許所據竟作一食未可知。似不必改。》/378

佮 (갑)【gé ㄍㄜˊ】합쳐가질

설문 4854 合也。从人。合聲。《古沓切。7部。》/374

侒 (안)【ān ㄢ】편안할, 늦을

설문 4838 宴也。《〔宀部〕曰。宴、安也。侒與安音義同。》从人。安聲。《烏寒切。14部。》/373

侙 (칙)【chì ㄔˋ】두려워 할

설문 4827 惕也。《惕者、敬也。》从人。式聲。《恥力切。1部。》『春秋:國語』曰。於其心侙然是也。《『吳語』。申胥曰。夫越王之不忘敗吳。於其心也戚然。服士以司吾閒。『韋-注』曰。戚猶惕也。按【韋本】葢(蓋)亦作「侙」。轉寫譌之耳。許云惕、韋云猶惕者、韋擬此字本義不訓惕也。》/372

佌 (사)【cǐ ㄘˇ】(작) xǐ 작을

설문 4909 小皃(貌)。《『小雅:正月』曰。佌佌彼有屋。『傳』曰。佌佌、小也。許所據作「佌」。或作「㑢」。》从人。囟聲。《斯氏切。16部。按細字亦囟聲。葢(蓋)取雙聲。》『詩』曰佌佌彼有屋。/378

◀제 7 획▶

俚 (리)【lǐ ㄌㄧˇ】本[의리(의지)] 속될

설문 4788 賴也。《「賴」【各本】作「聊」。此用『方言』改【許書】也。今依『漢書:季布傳-晉灼:注』所引正。『方言』。俚、聊也。語之轉、字之假借耳。『漢書』曰。其畫(畫)無俚之至。「無俚」卽今所謂「無賴」。亦語之轉。古叚(假)理爲之。『孟子』。稽大不理於口。『趙-注』。理、賴也。大不賴人之口》从人。里聲。《良止切。1部。》/369

俑 (통)【tōng ㄊㄨㄥ】(상) yōng (중)(작) yǒng 本[아플] ■용:목우(木偶:순장에 사람 대신 쓰는 나무 인형)

설문 4944 痛也。《此與〔心部:恫〕音義同。『禮記』孟子之俑、偶人也。俑卽偶之假借字。如喁亦禺聲而讀魚容切也。假借之義行而本義廢矣。『廣韵(韻)』引『埤蒼』說。木人送葬。設關而能跳踊。故名之俑。乃不知音理者強(强)爲之說耳。》从人。甬聲。《他紅切。9部。按『玉篇』云。『說文』他紅切。此葢(蓋)出『音隱』。痛義之音如是。大徐云。又余隴切。則木偶之音也。》/381

俟 (사)【sì ㄙˋ】기다릴, (짐승)떼지어 갈 ■기:겹승, 万俟(複姓)

설문 4775 大也。《此俟之本義也。自【經傳】假爲竢字。而俟之本義廢矣。〔立部〕曰。竢、待也。廢竢而用俟。則竢俟爲古今字矣。》从人。矣聲。《牀史切。1部。》『詩』曰。伾伾俟俟。《『小雅:吉日』文。『今-毛詩』作「儦　儦俟俟」。『傳』曰。趨則儦儦。行則俟俟。按『西京賦:李善-注』、『馬融傳-太子賢注』皆引『韓詩』「駓駓騃騃」。善引『薛君-韓詩:章句』曰。趨曰「駓」。行曰「騃」。疑『今-毛傳』非舊。或用『韓』改『毛』也。『駉:傳』曰。伾伾、有力也。許從之。當是『吉日:傳』有俟俟大也之文。而許從之。》/369

俙 (희)【xī ㄒㄧ】송사할, 아첨할, 느낄, 비슷할

설문 4935 訟面相是也。《謂內爭而外順也。『皋(皐)陶謨』所謂「面從」。今俗閒俚語猶有之。『篇』、『韵(韻)』皆『注』云訟也。失之遠矣。》从人。希(希)聲。《喜皆切。15部。》/380

俘 (부)【fú ㄈㄨˊ】(구)(상)(중)(작) fū (산채로)사로 잡을, 빼앗을

설문 4950 軍所獲也。《『春秋:左氏經』。齊人來歸衛(衛)俘。『傳』作「衛寶」。『公羊、穀梁:經傳』皆作「衛寶」。杜曰。疑『左氏經』誤。按非誤也。俘、孚聲。寶、缶聲。古音同在〔尢幽部〕。【經】用假借字。【傳】用正字。又如【經】曰。莒人弒其君密州。『左氏傳』云。『書』曰莒人弒其君買朱鉏。買卽密。如濆水卽汨水。朱鉏卽州。如邾婁卽鄒。亦是字異實同。不得疑【經】誤。亦不得謂【傳】誤。》从人。孚聲。《芳無切。古音在 3部。》『春秋傳』曰。目(以)爲俘聝。《『成:三

年:左傳』文。》/382

俌 (보)【fǔ ㄈㄨˇ】도울 ※ 보(輔)와 같은 글자
설문 4828 輔也。《謂人之俌猶車之輔也。》从人。甫聲。讀若撫。《芳武切。5部。按俌見『釋詁』。弼棐輔比俌也。郭云。俌猶輔也。『廣韵(韻)』曰。俌出『埤蒼』。葢(蓋)輔專行而俌廢矣。》/372

侮 (모)【wǔ ㄨˇ】업신여길
설문 4932 傷也。《「傷」【各本】作「傷」。誤。今正。鍇曰。傷、慢易字也。鍇作『注』時未誤也。『小雅:常棣』假務爲侮。》从人。每聲。《5部。按每聲在 1部合音。》[seal]古文从母。《母聲猶每聲也。『漢書:五行志』。慢拇之心生。》/380

俁 (우)【yǔ ㄩˇ】형용 장대할(容貌大)
설문 4778 大也。《『邶風:簡(簡)兮』曰。碩人俁俁。『傳』曰。俁俁、容皃(貌)大也。》从人。吳聲。《魚禹切。5部。》『詩』曰。碩人俁俁。/369

係 (계)【xì ㄒㄧˋ】잡아 맬, 계(사무 분담의 맨 끝 직급)
설문 4948 絜束也。《絜者、麻一耑(端)也。絜束者、圍而束之。『左傳』。係輿人。又以朱絲係玉二穀。束之義也。束之則縷與物相連。故凡相聯屬謂之係。『周易』係遯、係丈夫、係小子。『釋詁』曰。係、繼也。》从人。系聲。《胡計切。15部。按俗通用繫。許謂繫纈、卽牽離惡絮之名。孝(考)【諸古-經】。若『周禮:司門、校人』字皆作轂。『周易:轂辭』、據釋文本作轂。『漢書:景帝紀』亦用轂。葢(蓋)古假轂爲係。後人盡改爲繫耳。》/381

信 신【xìn ㄒㄧㄣˋ】미쁠, 인(신표, 도장)
설문 1446 誠也。《『釋詁』。誠、信也。》从人言。《『序』說會意曰信武是也。人言則無不信者。故从人言。息晉切。12部。古多以爲屈伸之伸。》[seal]古文信省也。[seal]古文信。《言必由衷之意。》/92
【伸】下『注』云:《伸、【古-經傳】皆作信。『周易』。詘信相感而利生焉。又尺蠖之詘。以求信也。又引而信之。『韋昭-『漢書:音義』云。信古伸字。謂古文假借字。【許書】冣(最)目曰。近而申之。以究萬原。【古本】申作信。》/377

俊 준【jùn ㄐㄩㄣˋ】준걸, 준수할, 높을
설문 4744 材過千人也。《大徐本無「過」字。尹文子曰。千人才曰俊。萬人曰傑。『淮南:泰俗訓』曰。智過萬人者謂之英。千人者謂之俊。百人者謂之豪。十人者謂之傑。『春秋繁露』曰。萬人者曰英。千人者曰俊。百人字曰傑。十人者曰豪。『皋(皐)陶謨:鄭-注』曰。才德過千人爲俊。百人爲乂。『呂氏-春秋:孟秋紀:高-注』曰。才過萬人曰桀。千人曰俊。『王逸-注:懷沙』曰。千人才爲俊。一國高爲桀。諸家說俊皆同。惟『月令:義』引『蔡氏-辨名記』云。十人曰選(選)。倍選曰俊。萬人曰桀。其說不同。『方言』曰。孑、俊也。遵、俊也。○又按『月令:疏』蔡氏下奪引者。『辨名記』卽『白虎通』之『別名記』。『古文-記二百十四篇』之一也。『禮運』及『左傳:宣:十五年:疏』皆引『辨名記』云。倍人曰茂。十人曰選。倍選曰俊。千人曰英。倍英曰賢。萬人曰桀。倍桀曰聖。語較完。而『白虎通』引『別名記』。五人曰茂。十人曰選。百人曰俊。千人曰英。倍英曰賢。萬人曰傑。萬傑曰聖。又不同。乖異。》从人。夋聲。《子峻切。13部。按『尚書』以畯爲俊。『山海經』以俊爲舜。》/366
형성 (1자) 유(葰 [seal])268

便 便 편【pián ㄆㄧㄢˊ】편할, 소식, 쉴
■변:문득, 오줌 눌, 똥오줌
설문 4870 安也。《古與平辨通用。如『史記』便章百姓。『古文-尙書』作「平」。『今文-尙書』作「辨」。『毛詩』平平左右。『左傳』作便蕃左右。》人有不便(便)。更(更)之。故从人更。《此會意。房連切。亦去聲。古音葢(蓋)在 11部。》/375
형성 (4자) 편(鞭 [seal])1751 변(箯 [seal])2818
편(鯾 [seal])7242 변(緶 [seal])8354

俔 (견)【xiàn ㄒㄧㄢˋ】(상)㊥⑨(작) qiàn 本[비유할] ■현:엿볼, 염탐군
설문 4872 諭也。《【各本】作「譬諭」。今依『詩:正義』訂。〔言部〕曰。譬者、諭也。則言諭已足矣。『大雅:大明』曰。俔天之妹。『傳』曰。俔、磬也。此以今語釋古語。俔者古語。磬者今語。二字雙聲。是以『毛詩』作「俔」。『韓詩』作「磬」。如『十七篇』之有古今文。孔穎達云。如今俗語譬喻云磬作然。許不依『傳』云磬而云諭者。磬非正字。以六書言之。乃俔之假借耳。不得以假借字釋正字也。磬罄古通用。『爾雅』。罄、盡也。猶言竟是天之妹也。》一曰閒見。《「閒」【各本】作「聞」。今正。『釋言』曰。閒、俔也。正許所本。上訓用毛、韓說。此訓用『爾雅』說。『爾雅』亦釋『詩』也。閒音諫。若言不可多見而閒見之。『爾雅』無見字。許益見字者、以其篆从見也。容『爾雅』原文今有倒奪矣。郭景純以『左傳』謂之諜釋之。恐非。》从人。見聲。《此會(會)意包形聲。苦甸切。14部。》『詩』曰。俔天之妹。/375

保 보【bǎo ㄅㄠˇ】本[기를] 편안할, 보증 설, 보전할, 지킬, 머슴
설문 4734 養也。《『宣帝紀』。阿倸(保)之功。臣瓚曰。阿、倚、倸養也。賈誼說大師大傅大倸曰。倸者、倸其身體。按倸全、倸守皆其引伸之義。『南山有臺:傳』曰。倸、安也。》从人。采省聲。《博褒切。古音在 3部。孚聲亦在 3部也。》[seal]采、古文孚。《【各本】誤。今正。見爪部。》[seal]古文不省。[seal]古文。《案此葢(蓋)古文以孚爲倸也。》/365
【孟】下曰: [seal]古文孟如此。/743
형성 (4자) 보(葆 [seal])652 포(褒 [seal])5066
부(捊 [seal])7685 보(緥 [seal])8267

俄 (아)【é ㄜˊ】잠시, 아라사(俄羅斯:러시아)
설문 4927 頃也。《【各本】作「行頃」。乃妄加行耳。今正。『玉篇』曰。俄頃、須臾也。『廣韵(韻)』曰。俄頃、速也。此今義也。尋今義之所由。以俄頃皆偏側之意。小有偏側。

爲時幾何。故因謂倏忽爲俄頃。許說其本義。以晐今義。凡讀【許書】當心知其意矣。〔匕部〕曰。頃、頭不正也。『小雅:賓之初筵:箋』云。俄、傾皃(貌)。『廣雅』。俄、衺也。皆本義也。若『公羊傳』曰。俄而可以爲其有矣。何云。俄者、謂須臾之閒。制得之頃也。此今義也。有假蛾爲俄者。如『漢書』。始爲少使。蛾而大幸。如淳曰。蛾、無幾之頃也。單言之或曰俄、或曰頃。絫言之曰俄頃。》从人。我聲。《五何切。17部。》『詩』曰。仄弁之俄。《鄭云。俄、傾皃。古頃傾通用。皆謂仄也。『今-詩』「仄弁」作「側弁」。》/380

俜 (빙)【pīng ㄆㄧㄥˉ】 부릴, 쓸
설문 4841 俠也。《〔丂部〕曰。甹、俠也。三輔謂輕財者爲甹。然則俜甹音義皆同。》从人。甹聲。《普丁切。11部。『韵會(韻會)』作「从人甹、甹亦聲」。》/373

侹 (정)【tǐng ㄊㄧㄥˇ】 本[길] 평평할
설문 4795 長皃(貌)。《與挺音義略同。》一曰箸地。《箸直略切。》一曰代也。《『方言』。侹、代也。江淮陳楚之閒曰侹。》从人。廷聲。《他鼎切。11部。》/370

侵 侵 **침**【qīn ㄑㄧㄣˉ】 (빗자루로 쓸듯이)차츰 나갈, 침범할, 모침(貌寢:작고 못생길)할
설문 4860 漸進也。《「漸」當作「趣」。趣、進也。侵之言駸駸也。〔水部〕。浸淫、隨理也。「浸淫」亦作「侵淫」。又侵陵亦漸逼之意。『左傳』曰。無鐘鼓(鼓)曰侵。『穀梁傳』曰。苞人民、敺牛馬曰侵(僾)。『公羊傳』曰。觕者曰侵。精者曰伐。又『穀梁傳』曰。五穀不升謂之大侵。》从人又持帚。若埽之進。《釋持帚之意。》又、《逗。》手也。《七林切。7部。》/374

성부 㑴침

형성 (8자) 침(䙔𧝁)66 침(蓡𧁈)587 점(蔪𧁟)605 침(梫𣜬)3281 침(寑𡩋)4401 침(駸𩨪)5904 침(綅𦆀)8279 침(埐𡑞)8682

促 (촉)【cù ㄘㄨˋ】 절박할, 급할, 재촉할, 가까울, 빽빽할, 짧을
설문 4946 迫也。《與趣音義皆略同。》从人。足聲。《七玉切。3部。『玉篇』促催二文相屬。》/381

俗 (속)【sú ㄙㄨˊ】 本[풍속] 시속, 범속할, 속될, 속인(俗人)
설문 4879 習也。《以雙聲爲訓。習者、數飛也。引伸之凡相效謂之習。『周禮:大宰』。禮俗以馭其民。『注』云。禮俗、昏姻喪(喪)紀。舊所行也。『大司徒』。以俗教安。『注』。俗謂土地所生習也。『曲禮』。入國而問俗。『注』。俗謂常所行與所惡也。『漢:地理志』曰。凡民函五常之性。其剛柔緩急。音聲不同。繫水土之風氣。故謂之風。好惡取舍。動靜無常。隨君上之情欲。謂之俗。》从人。谷聲。《似足切。3部。》/376

俅 (구)【qiú ㄑㄧㄡˊ】 本[갓 꾸민 모양] 공순할
설문 4741 冠飾皃(貌)。《『周頌:絲衣』曰。載弁俅俅。『釋訓』曰。俅俅、服也。『傳』曰。俅俅、恭順(『玉篇』作「愼」)皃(貌)按許以上文綵屬衣言之。則俅俅亦當屬冠言之。故此用『爾雅』、『易:傳』義。而綵下不『易:傳』也。》从人。求聲。《巨鳩切。3部。》『詩』曰。戴弁俅俅。《『毛詩』「戴」作「載」。『鄭-箋』云。載猶戴也。按載戴【古書】多互譌者。》/366

俠 (협)【xiá ㄒㄧㄚˊ】 호협할, (옆구리에)낄
설문 4842 俜也。《『荀悅』曰。立氣齊、作威福、結私交、以立彊於世者、謂之游俠。如淳曰。相與信爲任、同是非爲俠。所謂權行州里、力折公侯者也。或曰。任、氣力也。俠、甹也。按俠之言夾也。夾者、持也。【經傳】多假俠爲夾。凡夾皆用俠。》从人。夾聲。《从二人之夾。非二入之夾也。胡頰切。8部。》/373

俒 (흔)【hùn ㄏㄨㄣˋ】 완전할
설문 4876 完也。《以曡韵(疊韻)爲訓。》『逸周書』曰。朕實不朙(明)。目(以)俒伯父。《『逸周書』者、謂『漢志:七十一篇』之『周書』也。『今-大戒解』有朕實不明句。『本典解』云。今朕不知明德所則。政教(教)所行。字民之道。禮樂所生。非不念而知。故問伯父。許所據未知卽此以不也。以俒伯父。俒當爲溷字之假借。『經史』亦作「慁」。『儒行』曰。不慁君王。『注』。慁猶辱也。『史記:酈陸傳』。無久慁公爲也。『范雎:蔡澤:傳』。是天以寡人慁先生。語意皆同。此引【經】說假借之例。》从人。从完。《胡困切。按此字本義。當讀如完。在14部。胡困切者、借爲溷字之音也。》/376

㑗 (신)【shēn ㄕㄣˉ】 귀신 이름, 아이밴 몸, 성씨
설문 4969 神也。《按「神」當作「身」。聲之誤也。『廣雅』曰。孕重妊娠身㑗傳也。『玉篇』曰。㑗、妊身也。『大雅』曰。大任有身。『傳』曰。身、重也。『箋』云。重謂懷孕也。身者古字。㑗者今字。一說許云神也。葢(蓋)許所據古義。今不可詳。》从人。身聲。《此舉(擧)形聲包會意。失人切。12部。》/383

侳 (좌)【cuò ㄘㄨㄛˋ】 ㉯㊥⑨㉮ zuò 욕보일
설문 4848 安也。从人。坐聲。《則臥切。17部。》/373

侸 (수)【shù ㄕㄨˋ】 바로 설 ■두:무척 피곤할
설문 4846 立也。《『十篇』曰。立、侸也。與此爲互訓。【今本】立下改爲住也。則不可通矣。侸讀若樹。與尌豎音義同。不當作住。今俗用住字。乃駐逗二字之俗。非侸字之俗也。》从人。豆聲。讀若樹。《常句切。古音在4部。按「侸」『玉篇』作「偳」。云今作樹。『廣韵(韻)』曰。偳同尌。葢(蓋)樹行而侸尌豎廢。幷偳亦廢矣。》/373

侊 (광)【kuǎng ㄎㄨㄤˇ】 ㉯㊥⑨㉮ guàng 本[멀리 갈] 허둥지둥할
설문 4975 遠行也。《『楚辭』曰。䰟(魂)侊侊而南征。『注』。侊侊、遑遽貌。按『王-注』是也。》从人。狌(狂)聲。《居況切。10部。按【許書】葢(蓋)本終於𠏉僥二篆。僘僙(侊)非

其次也。恐後人益之。倠訓遠行亦未確。此下大徐補件字。訓分也。按半下云物中分也。从八牛。件乃半之誤體。今仍刪(刪)。》/384

俎 조【zǔ ㄗㄨˇ】 제기, 도마
설문 4029 『禮』俎也。《謂『禮經』之俎也。》从半肉在且上。《仌爲半肉字。如酓谷有半水字。會意字也。『魯(魯)頌:傳』日。大房、半體之俎也。按半體之俎者、『少牢禮』上利升羊載右胖、下利升豕右胖載於俎是也。故日禮俎。〔半部〕日。胖、半體肉也。側呂切。5部。》/716
참고 저(葅)김치

徐 (서)【xú ㄒㄩˊ】 천천히, 한가할, 찬찬할
설문 4892 緩也。《與徐義略同。『齊:世家』。田常執簡(簡)公於俆州。『索隱』日。俆廣音舒。其字从人。『左氏』作「舒」。『說文』作「郐」。按『魯:世家』作「徐」。》从人。余聲。《似魚切。5部。》/377

倂 侯俟 잉【yìng ㄧㄥˋ】 시집가는 데 딸려 보낼
설문 4891 送也。《侯(倂俟)今之媵字。『釋言』日。媵、將送也。『周易』。媵口說也。虞日。媵、送也。『燕禮』。『大射』。媵觚于賓。『鄭-注』。媵、送也。『九歌』日。魚隣隣兮媵予。『王-注』。媵、送也。送爲媵之本義。以姪娣送女乃其一耑(端)耳。『公羊傳』日。媵者何。諸侯娶一國。則二國往媵之。以姪娣從。是也。今義則一耑行而全者廢矣。》从人。灷(弁)聲。《今形从女者、由一耑之義獨行故也。弁、【許書】無此字。而送侯朕皆用爲聲。此亦【許書】奪漏之一也。以證切。6部。朕送二字古音當亦在 6部也。》呂不韋日。有侁氏吕(以)伊尹侯女。《『呂氏-春秋:孝行覽:本味篇』日。湯於是請取婦爲婚。有侁氏喜。以伊尹爲媵送女。爲送二字。乃後人所妄(妄)增。許所據不如是。凡許引『呂氏-春秋』。皆直書呂不韋日。此與嫺下是也。惡其人也。》古文吕爲訓字。《訓與侯音部旣相距甚遠。字形又不相似。如疋足、屮艸、丂亐之比。今按訓當作揚。由揚譌詠。由詠復譌訓。始則聲誤。終則字誤耳。『檀弓』。杜蕢洗而揚觶。『注』云。舉(擧)爵於君也。『禮』揚作媵。揚、擧也。媵、送也。揚近得之。據此知『禮經』作「媵」。『記』作「揚」。媵爲古文揚字。『燕禮』。媵觚於賓。『注』云。讀或爲揚。葢(蓋)禮家舊讀媵爲揚。許亦用禮家舊讀說也。若『今文-禮』媵作騰。騰正如揚義協。》/377
【朕】下『注』云:《云从舟弁聲者、〔人部:倂〕字亦云弁聲。今『說文』雖無弁字。然論例當有之。凡勝騰滕賸縢皆以朕爲聲。則朕古音當在 6部矣。今音直禁切。6部與 7部合韵冣(最)近也。》/403
성부 送송

◀ 제 8 획 ▶

倭 (왜)【wēi ㄨㄟˉ】 유순할, 나라이름 ■위:本[수더분할] ■와:속음
설문 4772 順皃(貌)。《倭與委義略同。委、隨也。隨、從也。『廣韵(韻)』作慎皃。乃梁時避諱所改耳。》从人。委聲。《於爲切。16部。音轉則烏何切。》『詩』日。周道倭遲。《『小雅:四牡』文。『傳』日。「倭遲」、歷遠之皃。按「倭遲」合二字成語。『韓詩』作「威夷」。故與須訓不同。而亦無不合也。》/368

倚 (의)【yǐ ㄧˇ】 기댈, 기울, 맡길 ■기:기(畸), 기(奇)와 통용
설문 4829 依也。从人。奇聲。《於綺切。古音在 17部。》/372

俾 (비)【bì ㄅㄧˋ】 ㊤㊥⑨ bǐ 유익할, 도울, 하여금, 시킬, 좇을(복종할)
설문 4880 益也。《俾與埤朇裨音義皆同。今裨行而埤朇俾皆廢矣。【經傳】之俾皆訓使也。無異解。葢(蓋)卽益義之引伸。『釋詁』。俾、從也。『釋言』。俾、職也。亦皆引伸之義。〔手部:挾〕下日。俾持。〔亦部:夾〕下日。蔽人俾夾。古或假卑爲俾。》从人。卑聲。《幷弭切。16部。》一日俾、門侍人。《未聞。或日。如寢門之內豎。是閽寺之屬。近得陽湖莊氏述祖說。門侍人當是門持人之誤。挾下日。俾持也。正用此義。按此條得此挍正。可謂渙然冰(氷)釋矣。》/376

值 (치)【zhí ㄓˊ】 本[가질] 만날, 당할, 값(가치)
설문 4961 持也。《持【各本】作措。措者、置也。非其義。今依『韵(韻)會』所據正。『韵會』雖譌待。然轉刻之失耳。『陳風』。值其鷺羽。『傳』日。值、持也。引伸爲當也。凡彼此相遇、相當日值。亦持之意也。『史』、『漢』多用直爲之。姚察云。古字例以直爲值。是也。價值亦是相當意。》从人。直聲。《直吏切。1部。》一日逢遇也。《小徐有此五字。實則持義足晐之。疑淺人所增也。》/382

俱 (구)【jù ㄐㄩˋ】 ㊤㊥⑨㊅ jū 다, 함께
설문 4823 皆也。《「皆」【各本】作「偕」。字之誤也。今正。〔白部〕日。皆、俱詈(詞)也。與此爲互訓。『詩』有假具爲俱者。如『大叔于田』火烈具擧是也。》从人。具聲。《擧朱切。古音在 4部。》/372

傷 (이)【yì ㄧˋ】 가벼이 여길
설문 4933 輕也。《此依小徐。侮傷相屬。『蒼頡篇』日。傷、慢也。『廣韵(韻)』日。傷、相輕慢也。自易專行而傷廢矣。『禮記』。易慢之心入之矣。『注』。易、輕易也。『國語』。貴貨而易土。『注』。易、輕也。『國策:注』、『呂覽:注』、『漢書:注』皆同。凡皆傷之假借字也。》从人。易聲。《以豉切。16部。》一日交傷。《『周易:毄(繫)辭』日。交易而退。【經傳】亦止作易。『公羊:莊:十三年』冬。公會齊侯盟于柯。『傳』日。何以不日。易也。何云。易猶佼易也。相親信無後患之辭。按何用漢時俗語。佼同交。》/380

倨 (거)【jù ㄐㄩˋ】 거만할, 걸터앉을
설문 4785 不遜也。《「遜」當時本作「孫」。說詳〔辵部〕。孫者、逡循恭敬之意。『戰國策』日。何前倨而後恭。引伸之凡侈日倨。凡斂日句。〈音拘〉『大戴-禮』。與其倨也寧句。『樂記』。倨中矩。句中鉤。『左傳』。直而不倨。曲而不屈。『淮南子』。句爪倨牙。凡言侈斂之度謂之倨句。『孝(考)工

記』曰。倨句一矩有半。又曰。倨句磬折。卽謂一矩有半也。又曰。倨句外博。謂侈於一矩而不及一矩有半也。又曰。句於矩。謂斂於一矩也。『管子:弟子職』曰。倨句如矩。謂正方也。》从人。居聲。《居御切。5部。》/369

倪 (예)【ní ㄋㄧˊ】[本][도울] 어린 아이, 끝
[설문] [4881] 俾也。《然則倪亦訓益也。若『孟子』反其旄倪。借爲嫛婗之婗也。『爾雅』。左倪不類。右倪不若。『左傳:注』。城上僻倪。借倪爲睨也。『莊子』。不知端倪。借端爲耑(端)。借倪爲題也。題者、物初生之題也。》从人。兒聲。《五雞(鷄)切。16部。》/376

倍 (패)【bèi ㄅㄟˋ】[本][배반할] 어길, 배반할, 천하고 어길 ■배:곱, 갑절, 더할, 겸할
[설문] [4898] 反也。《此倍之本義。『中庸』。爲下不倍。『緇衣』。信以結之。則民不倍。『論語』。斯遠鄙倍。皆是也。引伸之爲倍文之倍。『大司樂:注』曰。倍文曰諷。不面其文而讀之也。又引伸之爲加倍之倍. 以反者覆之. 覆之則有二面. 故二之曰倍. 俗人鋠析。乃謂此專爲加倍字. 而倍上倍文則皆用背。餘義行而本義廢矣。「倍」之或體作「偝」。見『坊記』、『投壷(壺)』、『荀卿子』。》从人。咅聲。《薄亥切。1部。》/378

俳 (배)【pái ㄆㄞˊ】광대
[설문] [4923] 戱(戲)也。《以其戲言之謂之俳。以其音樂言之謂之倡。亦謂之優。其實一物也。》从人。非聲。《步皆切。15部。》/380

倌 (관)【guān ㄍㄨㄢ】수레 맡은 벼슬아치
[설문] [4888] 小臣也。《『鄘風』定之方中曰。命彼倌人。『傳』曰。『倌人』、主駕者。按許說異毛。小臣葢(蓋)謂『周禮:小臣』上士四人。大僕之佐也。一云『左傳』所謂巾車脂(脂)轄也。》从人。官聲。《古患切。14部。》『詩』曰。命彼倌人。/377

俴 (천)【jiǎn ㄐㄧㄢˇ】[상][中][9][작] jiàn 얕을, 엷을
[설문] [4907] 淺也。《『秦風』。小戎俴收。『釋言』、『毛傳』皆曰。俴、淺也。》从人。戔聲。《慈衍切。14部。》/378

倦 (권)【juàn ㄐㄩㄢˋ】질력날(싫증날), 게으를
[설문] [4964] 罷也。《罷者、遣有罪也。引伸爲休息之偁(稱)。倦與〔力部:劵〕義少別。鉉等於劵下『注』曰。今俗作倦、義同。葢(蓋)不檢〔人部〕固有倦耳。》从人。卷聲。《渠眷切。14部。》/383

倩 [천]【qiàn ㄑㄧㄢˋ】예쁘고 엄전할, 입매 예쁠 ■청:사위
[설문] [4753] 人美字也。《依『韵會』本訂。『朱邑:傳』。陳平雖賢。須魏倩而後進。師古曰。倩、士之美稱也。葢(蓋)本『說文』。而改人爲士。改字爲稱。其實可無改也。倩猶甫也。『穀梁傳』曰。父[illegible]猶傅也。男子之美稱也。男子之字有稱甫者。儀甫、嘉甫是。有偁(稱)倩者。蕭長倩、東方曼倩、韋昭云倩魏無知字也皆是。倩、好也。『毛傳』說倩曰。好口輔。以『詩』言巧笑。故知爲口輔好也。》从人。青聲。《倉見切。古音在 11部。》東齊壻謂之倩。《『方言』曰靑齊之閒(間)壻謂之倩。按此葢亦以美偁加之耳。郭云。言可借倩也。借倩讀七政七見二切。葢方俗語爲請人爲之。》/367
[참고] 천(蒨)풀이 더부룩한 모양

倀 (창)【chāng ㄔㄤ】[本][미칠] 갈팡질팡할, 창귀(범의 앞장을 서서 먹을 것을 찾아준다는 못된 귀신)
[설문] [4903] 狌(狂)也。《狌者、狾犬也。假借爲人狂之偁(稱)。『仲尼燕居』曰。譬猶瞽(瞽)之無相。倀倀乎其何之。『廣韵(韻):四十三, 映』曰。萠倀、失道皃(貌)。》从人。長聲。《楮羊切。10部。》一曰仆也。《仆【葉抄本】作什。俟攷。》/378

倫 (륜)【lún ㄌㄨㄣˊ】[작] dún [本][무리] 인륜, 결(살결, 나뭇결)
[설문] [4820] 輩也。《軍發車百兩爲輩。引伸之同類之次曰輩。『鄭-注:曲禮、樂記』曰。倫猶類也。『注:旣夕』曰。比也。『注:中庸』曰。猶比也。》从人。侖聲。《力屯切。13部。》一曰道也。《『小雅』。有倫有脊。『傳』曰。倫道、脊理也。『論語』。言中倫。『包-注』。倫、道也。理也。按粗言之曰道。精言之曰理。凡注家訓倫爲理者。皆與訓道者無二。》/372

偺 借(차)【jiè ㄐㄧㄝˋ】[작] jī (남에게서)빌, 빌릴
[설문] [4859] 假也。从人。昔聲。《資昔切。古音在 5部。按【小徐本】無此字。張次立乃依大徐增之。故曰資昔切。而不曰資昔反也。大徐依『注』義序例偏旁(旁)所有而補正文者十九字。借其一也。『序』曰。六書六曰假借。〔又部:叚〕下曰。借也。此處當有借篆可知矣。『爾雅:音義』。『釋鳥』唶唶下曰。『說文』云借字也。按云當作之。唶乃諎之或體。【今-許書】諎下無叚諎之訓。豈通作借而遂删(刪)之與。聞疑載疑。孰理而董之矣。古多用藉爲借。如言藉令卽假令也。》/374

倡 (창)【chàng ㄔㄤˋ】[ㄱ][상][中][9] chāng 여광대, 갈보, 미칠 ※ 창(猖)과 같은 글자
[설문] [4922] 樂也。《漢有黃門名倡、常從倡、秦倡。皆鄭聲也。『東方朔傳』。有幸倡郭舍人。則倡卽俳也。【經傳】皆用爲唱字。『周禮:樂師』。凡軍大獻。教(敎)愷歌遂倡之。【故書】倡爲昌。鄭司農云。『樂師』、主倡也。昌當爲倡。按當云昌當爲唱。》从人。昌聲。《尺亮切。10部。按當尺良切。》/379

倞 (경)【jìng ㄐㄧㄥˋ】굳셀, 멀 ■량:멀(遠也)
[설문] [4782] 彊也。《『廣雅』。倞、強(强)也。按『大雅:無競維人:傳』曰。無競、競也。『箋』云。競、彊也。『秉心無競:傳』曰。競、彊也。『周頌:無競維人:傳』曰。競、彊也。『執競武王:傳』曰。執競、競也。『箋』云。競、彊也。按『傳』、『箋』皆謂競爲倞之假借字也。『郊特牲』。祊之爲言倞也。『注』。倞猶索也。倞不訓索。而與〔水部〕之滰音同。滰者、浚乾漬米也。索求神似之。》从人。京聲。《渠竟切。古音在 10部。亦作「傹」。》/369

[작] 作家出版社〔董蓮池-說文解字考正〕 [9] 九州出版社〔柴劍虹-說文解字〕 [ㄱ] 陝西人民出版社〔蘇寶榮-說文解字今注今譯〕 [상] 上海古籍出版社〔說文解字注〕 [中] 中華書局〔臧克和-說文解字新訂〕

併 (병)【bìng ㄅㄧㄥˋ】 나란히 할, 다툴, 아우를, 물리칠, 겸할

설문 4825 竝也。《『十篇』曰。竝者、併也。與此爲互訓。並(竝)古音在 10部。讀如旁。併古音在 11部。讀如幷。竝併義有別。許互訓者、『禮經:注』曰古文並今文作併。是古二字同也。》 从人。幷聲。《此擧(擧)形聲包會意。卑正切。11部。》 /372

倓 (담)【tán ㄊㄢˊ】 本[편안할] 의심하지 않을, 안정할

설문 4757 安也。《『倉頡篇』曰。倓、恬也。『荀卿子』曰。桓公倓然見管仲之能足以託國也。『洞簫賦』。時恬倓以綏肆。按蠻夷贖罪貨曰倓。此夷語耳。字亦作「賧」。》 从人。炎聲。讀若談。《徒甘切。8部。》 倓或从剡。《剡亦炎聲。》 /367

俺 (암)【ǎn ㄢˇ】 ㉠㊤㊥⑨㉢ yàn ㉠ ǎn 本[클] ■엄:나(자신)

설문 4790 大也。《與奄義略同。奄大有餘也。其音當亦同。》 从人。奄(奄)聲。《於業切。〔八部〕。『廣韵(韻)』於驗切。》 /369

倏 (숙)【sù ㄙㄨˋ】 ㊥⑨㉢ shū 빨리 달릴, 갑자기 설문 6046 犬走(走)疾也。《依『韵(韻)會本』訂。引伸爲凡忽然之詞。或叚(假)儵字爲之。》 从犬。攸聲。讀若叔。《式竹切。3部。》 /475

倢 (첩)【jié ㄐㄧㄝˊ】 빠를

설문 4834 佽也。《按上解彖遞訓。此解彖便利之訓。『廣雅』曰。倢、疾也。『廣韵(韻)』曰。倢、斜出也。便也。利也。『玉篇』曰。『詩』云征夫倢倢。倢倢、樂事也。本亦作捷。按倢伃、婦官也。亦作「婕妤」。葢(蓋)言敏捷而又安舒與。》 从人。疌聲。《子葉切。8部。》 /372

俶 숙【chù ㄔㄨˋ】 本[착할] 비로소, (처음으)로)지을 ■척:기개 있을

설문 4799 善也。《按『釋詁』、『毛傳』皆曰。淑、善也。葢(蓋)假借之字。其正字則俶也。淑者、水之淸湛也。自淑行而俶之本義廢矣。》 从人。叔聲。《昌六切。3部。》 『詩』曰。令終有俶。《『大雅:旣醉』文。按許引此爲善訓之證。而『今本-毛傳』作俶、始也。『鄭-箋』易之云。俶猶厚也。豈許所據作善不作始與。》 一曰始也。《『釋詁』曰。俶、作也。『崧高:傳』曰。俶、作也。『大田:傳』曰。俶、始也。『聘禮:俶獻:注』。古文「俶」作「淑」。是此義亦得假淑爲之。》 /370

형성 (1자) 적(䓣 䓣)506

倬 (탁)【zhuó ㄓㄨㄛˊ】 ㊤㊥⑨㉢ zhuō 클, 환할

설문 4794 箸大也。《箸大者、箸明之大也。『小雅』。倬彼甫田。『傳』曰。倬、明皃(貌)。『大雅:棫樸』。倬彼雲漢。『傳』曰。倬、大也。許兼取之曰箸大。『韓詩』。菿彼甫田。音義同也。假菿爲倬也。》 从人。卓聲。《竹角切。2部。》 『詩』曰。倬彼雲漢。 /370

倉 창【cāng ㄘㄤ】 [설문부수 183] 곳집, 옥사, 푸를

설문 3135 穀藏也。《「藏」當作「臧」。臧、善也。引伸之義、善而存之亦曰臧。臧之之府亦曰臧。俗皆作「藏」。分平去二音。穀臧者、謂穀所臧之處也。〔广部〕曰。府、文書藏。庫、兵車藏。廥、芻稾藏。今音皆徂浪切。》 蒼黃取而臧(藏)之。《蒼、舊作倉。今正。蒼黃者、匆遽之意。刈穫貴速也。》 故謂之倉。《蒼倉曡(疊)。》 从㒶(食)省。口象倉形。《七岡切。10部。》 凡倉之屬皆从倉。仺奇字倉。《葢(蓋)从古文巨。》 /223

형성 (10자+1) 창(瑲)145 창(蒼)517 창(蹌)1281 창(鶬)2333 창(槍)3514 창(愴)6581 창(滄)7075 창(滄)7160 창(匯)8039 쟁(鎗)8955 창(創)

倃 (구)【jiù ㄐㄧㄡˋ】 훼방할

설문 4959 毀也。《疑咎字可以包之。但『廣韵(韻)』引已如此。》 从人。咎聲。《其久切。3部。》 /382

倗 (붕)【péng ㄆㄥˊ】 도울, 맡길

설문 4796 輔也。《『周禮:士師』。掌士之八成。七日爲邦朋。『注』曰。朋黨相阿。使政不平者。【故書】朋作「倗」。鄭司農讀爲朋友之朋。按『管子』亦曰。練之以散羣(群)倗署。皆卽倗字也。〔鳥部:朋〕下曰。鳳飛、羣鳥從以萬數。故以爲朋黨字。葢(蓋)朋黨字正作倗。而朋其假借字。然許云讀若陪。則似有別矣。》 从人。朋聲。《步崩切。6部。》 讀若陪位。《讀若陪位。讀若陪者、之蒸合韵冣(韻最)近也。》 /370

修 수【xiū ㄒㄧㄡ】 (심신수양, 깨끗이)닦을, 어진이, (길이가)길

설문 5457 飾也。《〔巾部〕曰。飾者、㕞也。〔又部〕曰。㕞者、飾也。二篆爲轉注。飾卽今之拭字。拂拭之則發其光采。故引伸爲文飾。〔女部〕曰。妝者、飾也。用飾引伸之義。此云修飾也者、合本義引伸義而兼擧(擧)之。不去其塵垢。不可謂之修。不加以縟采。不可謂之修。修之从彡者、洒㕞之也。藻繪之也。修者、治也。引伸爲凡治之偁(稱)。匡衡曰。治性之道。必審己之所有餘。而强其所不足。》 从彡。攸聲。《息流切。3部。【經典】多假〔肉部〕之脩。》 /424

참고 수(蓚)수산

候 (후)【hòu ㄏㄡˋ】 물을, 기다릴, 염탐할

설문 4862 司望也。《「司」【各本】作「伺」。非。今正。司者今之伺字也。『曹風:候人:傳』云。『候人』、道路送賓客者。『周禮:候人:注』云。候、候迎賓客之來者。按凡覰伺皆曰候。因之謂時爲候。》 从人。侯聲。《胡遘切。4部。》 /374

倄 (효)【yáo ㄧㄠˊ】 찌를, 아픈 소리

설문 4941 刺也。《刺者、戾也。盧達(達)切。》 从人。肴(肴)聲。《胡茅切。2部。》 一曰毒之。《鍇曰。謂疾害也。『顏(顏)氏家訓』曰。『蒼頡篇』有倄字。訓詁云。

人 2 ⑧

痛而謼也。羽罪反。今北人痛則呼之。『聲類』音于來反。今南人痛或呼之。按『廣韵(韻)』、『集韵』有羽罪一音。無後一音。○ 按『玄應-佛書:音義』曰。痏痏、【諸書】作侑。『通俗文』于罪切。痛聲曰痏。此條合之字義、俗語皆無不合。其云【諸書】作侑。葢(蓋)『蒼頡訓詁』亦在其中。借侑爲痏。皆有聲也。『顏氏家訓』之倄當是侑之誤。不必與『說文』牽合。『大徐-說文』改毒之爲痛聲。恐是竊取黃門語。○ 又『搜神記:卷十四』云。聞呻吟之聲曰。咍咍宜死。咍亦痏之俗字。》/381

倝 간【gàn ㄍㄢˋ】[설문부수 233] 해 처음 빛날

설문 4088 日始出《始式吏切。》光倝倝也。从旦。㫃(㫃)聲。《古案切。14部。》凡倝之屬皆从倝。/308

성부 朝朝朝조 幹간 乾건 翰한 韓환

형부 극(戟戟戟)

형성 (6자) 한(韓 䪻)2176 한(翰 䪻)2365 한(韓 䪻)3251 한(乾 䪻)5148 한(翰 䪻)5869 알(斡 䪻)9051

倠 휴【wēi ㄨㄟ】 상中⑨작 suī 추할

설문 4960 仳倠。《逗。》醜面。《『淮南』曰。粉白黛黑弗能爲美者。嫫母仳倠也。『廣雅』曰。仳倠、醜也。『四子講德論』作倭傀。》从人。隹聲。《許惟切。15部。按仳、頻脂切。二字皆平聲。高誘曰。仳讀人得風病之痱。倠讀近虺。「痱」舊作「靡」。今正。》/382

성부 雁안【143-2190】 雁응【142-2184】

◀ 제 9 획 ▶

偫 (치)【zhì ㄓˋ】 기다릴, 갖출, 쌓을

설문 4810 待也。《以疊韵(疊韻)爲訓。謂儲物以待用也。「偫」【經典】或作「峙」。或作「庤」。『周頌:臣工:傳』曰。庤、具也。庤、儲置屋下也。義本同。若『崧高』以峙其粻、『柴誓』峙乃糗糧、『某氏:傳』云儲峙、則假借峙躇不前字爲之。俗乃改从止爲从山、作「峙」。訓云山立、以附合之矣。『釋詁』云。供(供)、峙、共(共)、具也。峙在『說文』爲「偫」。》从人待。《此舉(擧)會意包形聲也。【小徐本】作「从人、待聲」。直里切。1部。》/371

偲 (시)【sāi ㄙㄞ】 상中⑨작 cāi 本[굳셀] 책선할, 수염 많을

설문 4793 彊力也。《『齊風:盧令』曰。其人美且偲。『傳』曰。偲、才也。『箋』云。才、多才也。許云彊力者、亦取才之義申之。才之本義、艸木之初也。故用其引伸之義。若『論語』朋友切切偲偲。馬曰。相切責之皃(貌)。『毛傳』作「切切節節」。》从人。思聲。《倉才切。1部。》『詩』曰。其人美且偲。/370

偉 (위)【wěi ㄨㄟˇ】 本[기이할] 클, 뛰어날

설문 4764 奇也。《『莊子』曰。偉哉夫造物者。》从人。韋聲。《于鬼切。15部。『玄應』曰。『埤蒼』作「瑋」。》/368

偃 (언)【yǎn ㄧㄢˇ】 쓰러질, (한쪽으로)쏠릴, 누울, 눕힐, 쉴

설문 4938 僵也。《『小雅』。或棲遲偃仰。『論語』。寢不尸。『苞-注』曰。不偃臥布展手足似死人。『左傳』。偃且射子鉏。『晉語』。籧篨不可使俛。『韋-注』。籧篨、偃人。『參同契』曰。男生而伏。女偃其軀。及其死也。乃復效之。『水經:注』曰。徐偃王生而偃。故以爲號。凡仰仆曰偃。引伸爲凡仰之偁(稱)。》从人。匽聲。《於幰切。14部。依『玉篇』先偃後仆。》/381

健 (건)【jiàn ㄐㄧㄢˋ】 굳셀, 튼튼할, 군사

설문 4781 伉也。《伉下曰人名。而不言其義。以此云伉也證之則知人名二字非【許書】之舊矣。『周易』曰。乾、健也。》从人。建聲。《渠建切。14部。》/369

偏 (편)【piān ㄆㄧㄢ】 치우칠, 곁(가)

설문 4902 頗也。《頗、頭偏也。引伸爲凡偏之偁(稱)。故以頗釋偏。二字雙聲。『尚書』。無偏無頗。絫言之也。『周易』翩翩。古文作偏偏。》从人。扁聲。《芳連切。12部。》/378

僝 (잔)【zhān ㄓㄢ】 상中⑨작 zhuàn 갖출

설문 4768 具也。《『馬-注:尚書』同。『五帝本紀』曰。旁聚布功。釋以布也。》从人。孱聲。《士戀切。14部。『玉篇』、『廣韵(韻)』作「僝」。》讀若汝南潺水。《汝南潺水未聞。〔水部〕無潺。》『虞書』曰。《『虞書』當作『唐書』。說詳〔禾部:稘〕下。》旁救僝功。《『堯典』文。作「方鳩」者、『古文-尚書』也。作「旁逑」者、『歐陽, 夏侯-尚書』也。〔辵(辶)部:逑〕下偁(稱)旁逑孱功。此作「救」。彼作「孱」。皆駁文。【小徐本】此作「方鳩」。》/368

偭 (면)【miǎn ㄇㄧㄢˇ】 향할(마주 대할), 어길

설문 4878 鄉也。《鄉(鄉)、今人所用之向字也。漢人無作向者。『少儀』。尊壺者面其鼻。『注』云。鼻在面中。言鄉人也。按許所據作「偭」。說與鄭同。偭訓鄉。亦訓背。此竆(窮)則變、變則通之理。如廢置、徂存、苦快之例。『離騷』。偭規矩而改錯。王逸曰。偭、背也。『賈誼-弔屈原』曰。偭蟂(蟂)獺以隱處。應劭曰。偭、背也。『項羽傳』。馬童面之。張晏曰。背之也。『張敞傳』。上具獄事不可郤(却)者。爲涕泣面而封之。師古曰。謂偝之也。『惠氏定宇-左傳:補注』曰。面縛之。謂反背而縛之。『孝(考)工記』。審曲面勢。先鄭釋以陰陽之面背。許言鄉不言背者、述其本義也。古通作面。》从人。面聲。《此與形聲包會意。彌箭切。14部。》『禮:少儀』曰。尊壺(壺)者偭其鼻。/376

偕 (해)【xié ㄒㄧㄝˊ】 작 jié 굳셀, 함께

설문 4822 彊也。《『小雅:北山』。偕偕士子。『傳』曰。偕偕、强壯皃(貌)。》從人。皆聲。《古諧切。15部。》一曰俱也。《『魏風』行役。夙夜必偕『傳』曰。偕、俱也。》『詩』曰。偕偕士子。/372

假 (가)【jiǎ ㄐㄧㄚˇ】 ⑨㉶ gé 거짓, 빌, 용서할 ■하:멀 ■격:이를(至也)

설문 4858 非眞也。《〔又部〕曰。叚、借也。然則假與叚義略同。六書六曰假借。謂本無其字。依聲託事也。》 从人。叚聲。《古雅切。古音在 5部。》 『虞書曰』。《『虞書』當作『唐書』。說見〔禾部〕。》 假于上下。《『堯典』文。此引【經】說假借也。〔彳部〕曰。徦、至也。【經典】多借假爲徦。故偁(稱)之。淺人不得其例。乃於『虞書』之上妄(妄)加一曰至也四字。又分非眞也爲古雅切。至也爲古頟切。而不知古音無此區別也。今刪正。學者苟於【全書】引【經】說假借之處皆憭然。則無所惑矣。○『毛詩:雲漢:傳』、『泮水:傳』假、至也。『烝民、玄鳥、長發:箋』同。此皆謂假爲徦之假借字也。其『楚茨:傳』格、來也。『抑:傳』格、至也。亦謂格爲徦之假借字也。又『那:傳』、『烈祖:傳』假、大也。此與『賓筵、卷阿:傳』之嘏、大也。同謂假爲嘏之假借字也。又『假樂:傳』、『維天之命:傳』假、嘉也。此謂假爲嘉之假借字也。》 /374

偁 (칭)【chēng ㄔㄥ¯】 들어 올릴

설문 4849 揚也。《揚者、飛擧(擧)也。『釋言』曰。偁、擧也。『郭-注』引『尙書』。偁爾戈。『玉篇』引『左傳』。禹偁善人。凡古偁擧、偁謂字皆如此作。『自-序』云。其偁『易-孟氏』、『書-孔氏』。子篆下云。人以爲偁。自稱行而偁廢矣。稱者今之秤字。》 从人。爯聲。《處陵切。6部。》 /373

偶 (우)【ǒu ㄡˇ】 本[허수아비] 짝, 짝수

설문 4966 桐人也。《偶者、寓也。寓於木之人也。字亦作「寓」。亦作「禺」。同音假借耳。按木偶之偶與二枱並(竝)耕之耦義迥別。凡言人耦、射耦、嘉耦、怨耦皆取耦耕之意。而無取桐人之意也。今皆作偶則失古意矣。又俗言偶然者、當是俄字之聲誤。》 从人。禺聲。《五口切。4部。》 /383

偰 (설)【xiè ㄒㄧㄝˋ】 ㉠ xiē 성씨, 맑을

설문 4752 高辛氏之子。爲堯司徒。殷之先也。《「爲」字依『玉篇』補。『左傳』曰。高辛氏有才子八人。伯奮、仲堪、叔獻、季仲、伯虎、仲熊、叔豹、季貍。舜臣堯。擧八元。使布五教(敎)於四方。父義、母慈、兄友、弟恭、子孝。內平外成。偰卽八元之一人也。『毛詩:傳』曰。玄王契也。【經傳】多作契。古亦假禼(卨)爲之。〔米部〕曰。禼古文偰。言古文假借字也。》 从人。契聲。《私列切。15部。》 /367

偓 (악)【wò ㄨㄛˋ】 악착할 ※ 악(齷)과 같은 글자 설문 4815 偓佺。《逗。》 古仙人名也。《偓佺見『上林賦』。韋昭、郭璞說略同。》 从人。屋聲。《於角切。郭璞音屋。3部。『篇』、『韵(韻)』曰偓促。今義也。》 /372

側 (측)【cè ㄘㄜˋ】 곁, 옆, (한쪽으로)기울

설문 4837 旁也。《不正曰仄。不中曰側。二義有別。而【經傳】多通用。如反側當爲反仄。仄者、未全反也。》 从人。則聲。《阻力切。1部。》 /373

偑 㑴(각)【jué ㄐㄩㄝˊ】 질, 잠시

설문 4929 徼㑴受屈也。《『子虛(虛)賦』曰。徼偑受詘。郭璞曰。偑疲極也。司馬彪云。徼、遮也。偑、倦也。謂遮其倦者。按長卿用假借字作「偑」。許用正字作「㑴」。『蘇林-注:漢』曰。偑音倦偑之偑。當作音倦㑴之㑴也。『方言』曰。㑴、傍也。偑同㑴。傍同倦。〔心部:㤕〕者、勞也。與㑴音義同。『史記:匈奴傳』、『漢書:趙充國傳』皆云徼極。與徼㑴音異義同。》 从人。卻聲。《其虐切。古音在 5部。》 /380

偄 (난)【nuàn ㄋㄨㄢˋ】 ㉺㊥⑨ ruǎn ㉶ nuǎn 약할 ■나·연:〈네이버 자전〉

설문 4897 弱也。《此與懦儒二字義略同而音形異。懦儒皆需聲。偄、耎聲也。二聲轉寫多淆。所當覈正矣。偄从人。亦或从心。『左傳』、『穀梁傳』皆曰。宮之奇之爲人也偄。『注』皆云。弱也。『左傳:音義』曰。「偄」本又作「耎」。乃亂反。又乃貨反。弱也。『字林』。愞音乃亂反。懦音讓夫反。云弱也。按『左傳』此音義【今本】譌甚。孝(考)正之如此。古者耎聲本在〔元寒部〕。而入〔歌戈部〕。需聲本在〔侯部〕。而入〔虞部〕。分別劃然。古假耎爲偄。『孝(考)工記』。馬不契耎。鄭云。耎讀爲畏偄之偄。自唐初耎已譌需。》 从人。从耎。《此擧(擧)會意包形聲也。〔夰部:耎〕、讀若畏偄。二字義近音同。奴亂切。14部。又奴貨切。音之轉也。○偄亦而沇切。俗作「輭」。譌作「軟」。王氏念孫曰。軟當輭之譌。》 /377

偆 (준)【chǔn ㄔㄨㄣˇ】 부(富)할, 두터울

설문 4875 富也。《『廣韵(韻)』曰。厚也。富也。若『白虎通』曰。春之爲言偆。偆、動也。『春秋繁露』曰。偆偆者、喜樂之貌也。葢(蓋)皆蠢之假借字。》 从人。萅(春)聲。《尺允切。13部。》 /376

㡓 (혼)【hún ㄏㄨㄣˊ】 ㉺㉶ wén 성씨

설문 4746 人姓。从人。軍聲。《吾昆切。13部。按此篆必淺人所增。許-書』自〔女部〕外。罕有言人姓者。且『廣韵(韻)』此字蒐(魂)韵网(兩)見。云女字。又姓。出『纂文』。此姓旣出【何氏之書】。安得云出【許書】乎。》 /366

倸 (계)【qì ㄑㄧˋ】 ㉺㊥㉶ kuí ⑨ kuì ㉶ jì 좌우로 볼

설문 4884 倸、《此複擧字之未刪僅存者。》 左右兩視。《「兩」葢(蓋)【古本】作「网」。〔目部〕曰。睽、目不相聽也。倸卽睽之或字耳。》 从人。癸(癸)聲。《其季切。15部。》 /376

◀ 제 10 획 ▶

傅 부【fù ㄈㄨˋ】 本[붙일] 스승, 붙일, 성씨, 가까울, 기울, 붙을

설문 4826 相也。《『左傳』。鄭伯傅王。『注』曰。傅、相也。賈子曰。傅、傅之德義。古假爲敷字。如禹敷土、亦作禹傅土是也。亦爲今之附近字。如凡言附箸是也。》 从人。尃聲。《方遇切。5部。》 /372

유사 전할 전(傳)

㉶ 作家出版社〔董蓮池-說文解字考正〕 ⑨ 九州出版社〔柴劍虹-說文解字〕 ㉠ 陝西人民出版社〔蘇寶榮-說文解字今注今譯〕 ㉺ 上海古籍出版社〔說文解字注〕 ㊥ 中華書局〔臧克和-說文解字新訂〕

人 2 ⑩

형성 (1자) 부(傳 𠐓)498

● 傘 우산-산(傘) 고자

傀 (괴)【guī ㄍㄨㄟ】 本[클] 허수아비

설문 4763 偉也。《『方言』。僓、盛也。『注』言瓌瑋也。『廣雅』。傀、盛也。『司馬-注:莊子』曰。傀、大也。『字林』。傀、偉也。》从人。鬼聲。《公回切。15部。》『周禮』曰。大傀異烖(災)。《『大司樂職』文。『周禮』作「烖」。篆文也。許作「災」。籒文也。『鄭-注』。傀猶怪也。大傀異烖、謂天地奇變。若星辰奔實及震裂爲害者。》瓌 傀或从玉。褱聲。/368

傞 (사)【suō ㄙㄨㄛ】 ㉮ cuō (술에 취하여)춤출

설문 4930 醉舞皃(貌)。《『小雅:賓之初筵』曰。婁舞傞傞。『傳』曰。傞傞、不止也。》从人。差(差)聲。《素何切。17部。》『詩』曰。屢舞傞傞。《「屢」當作「婁」。》/380

傍 (방)【páng ㄆㄤˊ】 ㊦㊥⑨㉮ bàng 곁, 방(한자의 오른쪽 부분)

설문 4867 近也。《古多假並(竝)爲之。如『史記:始皇紀』並河以東、『武帝紀』並海是也。亦假旁爲之。見『溝洫志』、『食貨志』。》从人。旁聲。《此擧(擧)形聲包會意也。『韵(韻)會』無聲。步光切。10部。按亦讀去聲。》/375

傑 (걸)【jié ㄐㄧㄝˊ】 준걸, 뛰어날 ■순:〈네이버 자전〉

설문 4745 埶也。《以曡韵(疊韻)爲訓。埶本種(種)埶字。引伸爲勢力字。傑者言其勢傑然也。『衞(衛)風:毛傳』曰。桀、特立也。》材過萬人也。《『辨名記』、尹文子、高誘、趙岐、王逸說同。以上七字大徐作傲也二字。非古義。且何不與傲篆相屬而廁之俊篆下乎。【二傳】相屬則義相近。【全書】之例也。》从人。桀聲。《渠列切。15部。》/366

傛 (용)【yǒng ㄩㄥˇ】 ㊦㊥⑨㉮ yǒng 本[병으로 편찮을] (한나라 때의)여관(女官) 이름

설문 4759 不安也。《與水波溶溶意義略同。皆動遙皃(貌)也。》从人。容聲。《余隴切。9部。》一曰華(華)。《按華上當本有傛字。淺者刪(刪)之。傛華亦婦官。『外戚傳:注』。婦官十四等。弟三等傛華。視眞二千石。比大上造。此義餘封切。》/367

備 (비)【bèi ㄅㄟˋ】 本[신중할] (고루, 미리)갖출, 비품, 예비, 발톱

설문 4812 愼也。《〔心部〕曰。愼者、謹也。〔言部〕曰。謹者、愼也。得備(備)而三字同訓。或疑備訓愼未盡其義。不知〔用部〕曰葡(𤰈)、具也。此今之備字。備行而葡廢矣。葡廢而備訓具。尟知其古訓愼者。今義行而古義廢矣。凡【許之書】所以存古形古音古義也。『方言』曰。備、咸也。此具之義也。又曰。蔵、敕、戒、備也。此愼之義也。》从人。葡(𤰈)聲。《平祕(秘)切。古音在 1部。》𠈍古文備。/371

참고 비(憊)고달플, (병으로)앓을

傆 (원)【yuàn ㄩㄢˋ】 약을, 꾀자기

설문 4856 黠(黠)也。《黠『史記』所謂桀黠也。傆嵆(嵇)謂鄕(鄉)原。》从人。原聲。《魚怨切。14部。》/374

嫉 (질)【jí ㄐㄧˊ】 투기할, 독할

설문 4934 妎也。《妎者、妬也。『離騷:注』。害賢曰嫉。害色曰妬。如曰女無美惡。入宮見妬。士無賢不肖。入朝見嫉是也。渾言則不別。古亦假疾。》从人。疾聲。《秦悉切。12部。》一曰毒也。《『廣雅』曰。嫉、惡也。》嫉 疾或从女。《妬也。故从女。》/380

傓 (선)【shàn ㄕㄢˋ】 성할

설문 4797 熾盛也。《『小雅:十月之交』曰。豔(艷)妻煽方處。『傳』曰。豔妻、褒姒。美色曰豔。煽、熾也。按『詩』本作「傓」。後人以訓熾之故肊造煽字耳。古通作「扇」。『魯(魯)詩』。閻妻扇方處。『方言』。扇、助也。『廣雅』。扇、疾也。》从人。扇聲。《式戰切。14部。》『詩』曰。豔(艷)妻傓方處。/370

傁 (소)【sāo ㄙㄠ】 거만할

설문 4917 傁、《此複擧(擧)字之未刪(刪)者。》驕也。《馬高六尺爲驕。借爲倨傲之偁(稱)。》从人。蚤聲。《穌遭切。古音在 3部。》/379

◀ 제 11 획 ▶

僊 (선)【xiān ㄒㄧㄢ】 ㉯ xiāo 신선, 훨훨 춤출

설문 4970 長生僊去。《「僊去」疑當爲「䙴去」。『莊子』曰。千歲猒世。去而上僊。『小雅』。婁舞僊僊。『傳』曰。婁、數也。數舞僊僊然。按僊僊、舞袖飛揚之意。正引伸假借之義也。》从人䙴(䙴)。《䙴、升高也。長生者䙴去。故从人䙴意。》䙴亦聲。《相然切。14部。按上文偓佺、仙人也。字作仙。葢(蓋)後人改之。『釋名』曰。老而不死曰仙。仙、遷也。遷入山也。故其制字人旁作山也。成國字體與許不同。用此知漢末字體不一。許擇善而從也。『漢-碑』或从䙴。或从山。『漢:郊祀志』。僊(僊)人羨門。師古曰。古以僊爲仙。『聲類』曰。仙今僊字。葢仙行而僊廢矣。》/383

僂 (루)【lóu ㄌㄡˊ】 ㉮ lǚ 굽을, 구부릴

설문 4953 厄也。《【大徐本】作「尪」也。非是。尪與僂異疾。【小徐本】作「厄也」。近是。科厄、木節也。厄與僂雙聲。人背之僂。有似木之科厄。『晉語:注』曰。戚施、僂人也。『左傳:昭:四年:注』。僂、肩傴也。『穀梁傳』跛僂並(竝)言。『管子』云。苦水所。多尪與傴人。然僂不得訓尪明矣。『公羊傳』。夫人不僂。不可使入。何云。僂、疾也。齊人語。夫人稽畱(留)。不肎疾順公。『荀卿書』亦兩言僂訓疾。按此爲婁之假借字。婁卽屢。與驟通。驟訓數。亦訓疾。○ 又按大徐作尪也。葢(蓋)尪是曲脛之名。引伸爲曲脊之名。所以尪必釋爲尬(尪)曲脛者。由其字作 尣。从大而偏曲其足。故二疾不妨同名。下文曰周公韈僂。葢尪者亦得謂之僂。周公之脛不無少曲。疑【大徐本】爲長。甲戌二月重訂》从人。婁聲。《力主切。古音在 4部。》周公韈僂。《韈者、足衣。韈僂者、由足背高隆然如背之僂也。未聞出【何書】。》或言背僂。《周公背僂見『荀卿』、『白虎通』、『論衡』諸書。『白虎

通』云。『傳』曰。周公背僂。是爲強(强)後。成就周道。輔於幼主。僂後主爲韵(韻)。》/382

傭 (용)【yóng ㄩㄥˊ】㊙ chōng ㊥⑨㉑ yōng 고용살이, 품팔이할, 품살, 품팔잇군, 품삯 ■충:가지런할, 고를, 품팔을

설문 4800 均也。直也。《【各本】少上「也」字。今補。『玉篇』、『廣韵(韻)』皆曰。均也。直也。所據【古本】也。均之義有未盡。故更言直也。直謂無枉曲也。『小雅』。昊天不傭。『釋言』、『毛傳』皆曰。傭、均也。『周禮:典』同。正聲緩。先鄭云。正者、不高不下。鐘形上下正傭。『考工』。搏身而鴻。『注』云。鴻傭也。此謂鴻卽傭之假借字也。若『廣雅』云。傭、役也。謂役力受直曰傭。此今義也。》从人。庸聲。《余封切。9部。依『廣韵(韻)』。『說文』當丑凶切。》/370

傴 (구)【yǔ ㄩˇ】구부릴, 곱사등이 ■우:속음

설문 4952 僂也。《『問喪(喪):注』曰。傴、背曲也。『通俗文』。曲脊謂之傴僂。引伸爲鞠躬。恭敬之意。又『莊子』。以下傴拊人之民。借爲煦嫗字。『左傳』曰。一命而僂。再命而傴。三命而俯。析言之實無二義。》从人。區聲。《於武切。古音在 4部。》/382

催 (최)【cuī ㄘㄨㄟ】재촉할, 닥쳐올

설문 4943 相擣也。《猶相迫也。『邶風:北門』曰。室人交徧摧我。『傳』曰。摧、沮也。『音義』曰。摧或作催。據許則催是也。不從『傳』者、『傳』取沮壞之義。與摧訓擠、訓折義同。葢(蓋)當時字作催。而毛釋爲摧之假借。許則釋其本義也。》从人。崔聲。《倉回切。15部。〔山部〕無崔。偶奪耳。大徐據摧催字補。》『詩』曰。室人交徧催我。/381

僅 (근)【jǐn ㄐㄧㄣˇ】겨우, 적을(소량)

설문 4864 材能也。《材今俗用之纔字也。『三蒼』及『漢書』作「纔」。『鄭-注:禮記:周禮』、『賈逵-注:國語』、『東觀漢記』及【諸史】並(竝)作「裁」。〔許書:水部〕、〔雨部〕、〔叀部〕作「財」。此作「材」。材能言僅能也。『公羊傳:僖:十六年』曰。是月者何。僅逮是月也。『何-注』。在月之幾盡。故曰劣及是月。『定:八年』曰。公斂處父帥師而至。慬然後得免。慬葢(蓋)僅之譌字。『射義』。葢斸有存者。言存者甚少。斸卽僅字。〔广部:廑〕下曰。少劣之居也。與僅義略同。唐人文字僅多訓庶幾之幾。如『杜詩』。山城僅百層。【韓文】。初守睢陽時。士卒僅萬人。又家累僅三十口。【栁(柳)文】。自古賢人才士被謗議不能自明者。僅以百數。『元微之文』。封章諫草。緜委箱笥。僅逾百軸。此等皆李涪所謂以僅爲近遠者。於多見少。於僅之本義未隔也。今人文字皆訓僅爲但。》从人。堇聲。《渠吝切。13部。》/374

僄 (표)【piào ㄆㄧㄠˋ】가벼울(경박할)

설문 4921 輕也。《『方言』曰。佻、僄、輕也。楚凡相輕薄或謂之佻。或謂之僄也。『班固賦』曰。雖輕迅與僄狡。按古或假剽爲之。「僄」亦作「嫖」。霍嫖姚是也。》从人。票聲。《匹妙切。2部。》/379

傲 (오)【ào ㄠˋ】거만할, 업신여길

설문 4783 倨也。《按此當與下倨不遜也連屬。伿篆當與健倞二篆相屬。葢(蓋)此部【經傳】寫既久失其舊者多矣。古多假敖爲傲。〔女部〕又出嫯字。侮傷也。》从人。敖聲。《五到切。2部。》/369

傳 (전)【zhuàn ㄓㄨㄢˋ】전할, 옮길, 경서의 주해, 전기(위인의 사적)

설문 4887 遽也。《〔辵(辶)部〕曰。遽、傳也。與此爲互訓。此二篆之本義也。『周禮:行夫』。掌邦國傳遽。『注』云。傳遽、若今時乘(乘)傳騎驛而使者也。『玉藻』。士曰傳遽之臣。『注』云。傳遽、以車馬給使者也。『左傳』、『國語』皆曰。以傳召伯宗。『注』皆云。傳、驛也。漢有置傳、馳傳、乘傳之不同。按傳者如今之驛馬。驛必有舍。故曰傳舍。又文書亦謂之傳。『司關:注』云。傳如今移過所文書是也。引伸傳遽之義。則凡展轉引伸之偁(稱)皆曰傳。而傳注、流傳皆是也。後儒分別爲知戀、直戀、直攣三切。實一語之轉。》从人。專聲。《直戀切。14部。按『廣韵(韻)』。傳注直戀切。郵馬知戀切。》/377

傾 (경)【qīng ㄑㄧㄥ】(한쪽으로)기울, 다툴, 다칠, 잠깐

설문 4836 仄也。《〔仄部〕曰。仄、傾也。二字互訓。古多用頃爲之。又按仄當作矢。矢下曰。傾頭也。引申謂凢(凡)矢皆曰傾。矢與仄義小異。》从人頃。頃亦聲。《去營切。11部。》/373

傷 常용 상【shāng ㄕㄤ】아플, 상할, 다칠, 상처입힐

설문 4940 創也。《〔刅部〕曰。刅、傷也。二字爲轉注。『山海經』謂木束爲傷。》从人。煬省聲。《【各本】作「殤省聲」。殤下又云傷省聲。二字孰(孰)先後乎。今更正曰煬省。與殤觴同。式羊切。10部。》/381

성부 煬창

형성 (3자) 상(殤)2420 상(觴)2727 상(慯)6607

僻 (병)【bìng ㄅㄧㄥˋ】궁벽할, 은벽할, 제할

설문 4893 僻寠也。《寠者、無禮之居也。『廣韵(韻)』曰。僻、隱僻也。無人處。引『字統』云。廁也。按僻與屛府義略同。》从人。屛聲。《毗正切。11部。》/377

僉 첨【qiān ㄑㄧㄢ】여러, 도리깨

설문 3128 皆也。《『釋詁』曰。僉咸胥皆也。》从亼。从吅。从从。《吅、驚嘑也。从、相聽也。七廉切。7部。》『虞書』曰。《「虞」當作「唐」。》僉曰伯夷。《『堯典』文。》/222

성부 斂렴

형성 (16자+2) 렴(薟)385 험(譣)1453 검(劒)2686 검(檢)3618 검(儉)4877 엄(顩)5369 감(厱)5700 험(驗)5879 렴(獫)6007 섬(憸)6489 첨(霰)7196

人 2 ⑪

참(黲)7355 렴(撿)7471 섬(嬐)7863
험(險)9183 엄(醶)9410
엄(噞) 검(瞼)

僇 (륙)【lù ㄌㄨˋ】㉔ liù 치욕, 죽일
설문 4954 癡行僇僇也。《未聞。『大學』借爲戮字。『荀卿書』同。》从人。翏聲。讀若雡。《力救切。3部。》一曰且也。《按此卽今所用聊字也。聊者、耳鳴。僇其正字。聊其假借字也。『詩』。聊與之謀。『傳』曰。聊、願也。》/382

偞 (설)【xī ㄒㄧˉ】㉓㊥⑨㉔ xiè 소리, 신음할 ■실:같은 뜻
설문 4804 聲也。《見『釋言』。謂聲之小者也。動作屑屑聲也。『廣韵(韻)』曰。動草聲。又鷙鳥之聲。又偞偞、呻吟也。》从人。悉聲。讀若屑(屑)。《私列切。『廣韵』先結切。13部。》/370

傿 (언)【yàn ㄧㄢˋ】本[값 정할] 에누리, 고을이름, 신선이름
설문 4899 引爲賈也。《引猶張大之。賈者今之價字。引爲價、所謂豫價也。『後漢書』。崔烈入錢五百萬。得爲司徒。及拜。靈帝顧謂親倖曰。悔不小傿。可至千萬。》从人。焉聲。《於建切。14部。》/378

傪 (참)【cān ㄘㄢˉ】아리따울
설문 4787 好皃(貌)。《未見其證。『方言』曰。傪、憎也。憎、惡也。此假傪爲慘也。》从人。參聲。《倉含切。7部。》/369

傜 (요)【yáo ㄧㄠˊ】기쁠, 물건 한결같이 않을, 비교할
설문 4928 喜也。《喜下曰。樂也。『王風』。君子陶陶。『傳』曰。陶陶、和樂皃(貌)也。陶陶卽傜傜之假借也。凡言遙遙、欿欿皆曡(疊)字。則知可作傜傜矣。『釋詁』曰。繇、喜也。繇亦卽傜。『郭-注』以『檀弓』咏斯猶釋繇。殊誤。鄭云。猶當爲搖。謂身動搖也。》从人。䍃聲。《余招切。2部。凡傜役字卽此字之隸(隸)變。》自關目(以)西物大小不同謂之傜。《此『方言』殊語也。『方言』曰。陂、傜、袤也。陳楚荆(荊)揚曰陂。自山而西凡物細大不純者謂之傜。『郭-注』言俄傜也。》/380

傮 (조)【zāo ㄗㄠˉ】마칠(끝낼)
설문 4965 終也。《『大雅』。似先公酋矣。『釋詁』、『毛詩:傳』皆曰。酋、終也。酋卽遒字。『正義』作遒。遒訓迫。亦訓終。如亂亦訓治也。傮之古音與遒同。亦訓終。葢(蓋)古遒傮通用。》从人。曹聲。《作曹切。『玉篇』又祀牢切。古音在 3部。》/383

𠌶 화【kuā ㄎㄨㄚˉ】[설문부수 218] ㉠㉓㊥⑨㉔ huā ㉔ xū 꽃 (人부 11획) 圖華本字。隸(隸)作華、俗作花。
설문 3720 艸木華也。《此與下文蕚音義皆同。蕚、榮也。『釋艸』曰。蕚、荂也。蕚、荂、榮也。今字花行而𠌶廢矣。》从𠂹。亏(于)聲。《況又切。5部。》凡𠌶之屬皆从𠌶。荂𠌶或从艸。从夸。《夸聲亦亏聲也。『釋艸』有此字。郭曰。今江東呼華爲荂。音敷。按今江蘇皆言花。呼瓜切。『方言』曰。華荂晠也。齊楚之閒(間)或謂之華。或謂之荂。『吳都賦』曰。異荂蓲蘛。李善曰。荂、枯瓜切。》/274
성부 華화 曄엽
형성 (2자) 위(韡)3721 화(䔢)5595

◀ 제 12 획 ▶

僮 (동)【tóng ㄊㄨㄥˊ】아이, 종(하인), 어리석을
설문 4733 未冠也。《〔辛部〕曰。男有辠曰奴。奴曰童。按『說文』僮童之訓與後人所用正相反。如穜種二篆之比。【今-經傳】「僮子」字皆作「童子」。非古也。『樸(雜)記:注』曰。童、未成人之稱。『學記:注』曰。成童、十五以上。引伸爲僮蒙(蒙)。『玉篇』引『詩』。狂僮之狂也且。『傳』曰。狂行、僮昏所化也。『廣雅』曰。僮、癡也。若『召南』僮僮、竦敬也。則又如愚之義也。》从人。童聲。《徒紅切。9部。》/365

僖 (희)【xī ㄒㄧˉ】기쁠 ※ 희(喜)와 같다
설문 4874 樂也。《此字之本義少用。其隸(隸)變爲嬉。『李-注:洞簫賦』引『說文』。嬉、樂也。卽謂此也。『謚法』有釐、有僖。『周書』二謚並(竝)出。而【春秋三傳】「僖公」。【史漢】皆作「釐公」。殆『史漢』假釐爲僖乎。『謚法』曰。小心畏忌曰僖。》从人。喜聲。《許其切。1部。》/376

僛 (기)【qī ㄑㄧˉ】술에 취하여 춤출
설문 4931 醉舞皃(貌)。《『賓之初筵』曰。婁舞僛僛。『傳』曰。僛僛、舞不能自止也。》从人。欺聲。《去其切。1部。》『詩』曰。屢舞僛僛。《「屢」當作「婁」。》/380

僓 (퇴)【tuǐ ㄊㄨㄟˇ】㉔ wèi (순종하여)좇을
설문 4773 嫺也。《嫺者、雅也》从人。貴聲。《吐猥切。又魚罪切。15部。》一曰長皃(貌)。《『廣韵(韻)』曰。長好皃。》/368

僞 (위)【wèi ㄨㄟˋ】㉠㉓㊥ wěi 거짓, 속일 ■와:사투리
설문 4918 詐也。《詐者、欺也。『釋詁』曰。詐、僞也。按【經傳】多假爲爲僞。如『詩』。人之爲言。卽僞言。『月令』。「作爲淫巧」。『今-月令』云「詐僞淫巧」。『古文-尙書』「南僞」。『史記』作「南爲」。『左傳』爲讀僞者不一。葢(蓋)字涉於作爲則曰僞。徐鍇曰。僞者、人爲之。非天眞也。故人爲爲僞是也。『荀卿』曰。桀紂、性也。堯舜、僞也。人之性惡。其善者僞也。不可學、不可事而在人者謂之性。可學而能、可事而成之在人者謂之僞。又曰。生之所以然者謂之性。心慮而能爲之動謂之僞。慮積焉、能習焉而後成謂之僞。『荀卿』之意謂堯舜不能無待於人爲耳。玉裁昔爲謝侍郎墉作『荀卿:補注』。曾言之。》从人。爲聲。《危睡切。古音在 17部。》/379

僎 僎(선)【zhuàn ㄓㄨㄢˋ】갖출, 가지런히 할, 가릴(골라낼) ■전:같은 뜻 ■준:향음주인

을 돕는 사람

설문 4740 具也。《具者。共置也。『論語』有公叔文子之臣大夫僎。『鄕飮酒禮』。遵者降席。『注』曰。今文遵爲僎。或爲全。『禮記』從今文禮作「僎」。》 从人。𢀩(巽)聲。《士勉切。13部。》/366

僨 (분)【fèn ㄈㄣˋ】 자빠뜨릴, 엎드러질

설문 4936 僵也。《引伸之爲凡倒敗之偁(稱)。『大學』曰。一人僨事。『注』云。僨猶覆敗也。『射義』假賁爲僨。『左傳』。象有齒以焚其身。假焚爲僨。》 从人。賁聲。《匹問切。13部。》/380

僤 (탄)【dàn ㄉㄢˋ】 빠를, 도타울 ■선:움직일 ■천:땅이름

설문 4780 疾也。《速疾。》 从人。單聲。《徒案切。14部。》『周禮』曰。句兵欲無僤。《『考(考)工記:廬人』文。【今本】作「欲無彈」。『注』曰。【故書】「彈」或作「但」。鄭司農云。但讀爲彈丸之彈。謂掉也。按【經】文彈字疑本作「僤」。彈乃先鄭所易字。許訓僤爲疾者、古說也。》/369

僔 (준)【zǔn ㄗㄨㄣˇ】 모일, 공경할

설문 4963 聚也。《『小雅:十月之交』曰。噂沓背憎。『傳』曰。噂猶噂噂。沓猶沓沓。『箋』云。噂噂沓沓、相對談語。許於〔口部〕旣引之云聚語矣。此復引『詩』。字从人。云聚也。謂聚人非聚語。葢(蓋)『三家詩』駁文。兼引之耳。『廣雅』。僔僔、衆也。叢艸亦曰蓴蓴。》 从人。尊聲。《慈損切。13部。》『詩』曰。僔沓背憎。/383

僴 (한)【xiàn ㄒㄧㄢˋ】 굳셀, 위엄스러울

설문 4791 武皃(貌)。《『衞(衛)風:淇澳:傳』。瑟、矜莊皃(貌)。僴、寬大也。許言僴、武皃。與毛異者、以『爾雅』及『大學』皆曰瑟兮僴兮者恂栗也。恂或作峻。讀如嚴峻之峻。言其容皃嚴栗。與寬大不相應。故易之。僴『左傳』、『方言』、『廣雅』皆作「撊」。『左傳』。撊然授兵登陴。『服-注』。撊然、猛皃也。『杜-注』。撊然、勁忿皃。『方言』。撊、猛也。晉魏之閒曰撊。『廣雅』亦曰。撊、猛也。而『荀卿子』塞者俄且通也。陋者俄且僴也。愚者俄且知也。則以陋陜與寬大反對。與毛合。葢(蓋)大毛公固受『詩』於『孫卿子』者。》 从人。閒聲。《下簡(简)切。14部。》『詩』曰。瑟兮僴兮。/369

僑 (교)【qiáo ㄑㄧㄠˊ】 本[높을] 우거할(남의 집에 붙어 삶)

설문 4774 高也。《僑與喬義略同。喬者、高而曲也。自用爲寄寓字。而僑之本義廢矣。『字林』始有寯字。云寄客爲寯。按『春秋』有叔孫僑。如有公孫僑。字子產。皆取高之義也。》 从人。喬聲。《巨嬌切。2部。》/368

僥 (요)【yáo ㄧㄠˊ】 요행, 난장이, 오랑캐 ■교:속음

설문 4973 南方有焦僥人長三尺。短之極也。《見『魯(鲁)語』。「焦」『魯語』作「僬」。以『說文』及『山海經』正之。則从人非是。「人」當作「民」。『魯語』作「氏」。民之誤也。據『郭-注:山海經』。兩引『魯語』。一作民。一作人。人皆唐避諱改耳。韋曰。僬僥、西南蠻之別名。『海外:南經』曰。焦僥國在三首東。『大荒(荒):南經』曰。有小人。名曰焦僥之國。許系之南方。葢(蓋)本『山海經』。》 从人。堯聲。《五聊切。2部。》/384

僚 (료)【liáo ㄌㄧㄠˊ】 ㉮㊥⑨㉧ liǎo ㉠ liǎo 本[예쁠] 벼슬아치, 동관

설문 4766 好皃(貌)。《『陳風』。皎人僚兮。『傳』曰。僚、好皃(貌)。此僚之本義也。自借爲同寮字而本義廢矣。》 从人。尞聲。《力小切。2部。》/368

像 (상)【xiàng ㄒㄧㄤˋ】 本[같을] 닮을, 꼴(모습), (부처의)상

설문 4869 佀(似)也。《【各本】作「象也」。今依『韵(韻)會-所據:本』正。象者、南越大獸之名。於義無取。雖『韓非』曰。人希見生象也。而案其圖以想其生。故諸人之所以意想者皆謂之象。然『韓非』以前或祇有象字。無像字。『韓非』以後小篆旣作「像」。則許斷(斷)不以象釋似。復以象釋像矣。『毄(繫)辭』曰。爻也者、效此者也。象也者、像此者也。又曰。象也者、像也。爻也者、效天下之動者也。葢(蓋)象爲古文。聖人以像釋之。雖【他本】像亦作象。然【鄭康成、王輔嗣本】非不可信也。凡形像、圖像、想像字皆當从人。而學者多作象。象行而像廢矣。【許書】二日象形。度許固必作像形。『招魂(魂)』云。像設君室。》 从人。象聲。《【鉉本】云从人、从象、象亦聲。此葢用『韓非』語竄改也。今依『韵會』所據【小徐本】。》 讀若養字之養。《古音如此。故今云式樣卽像之俗也。或又用樣爲之。今音徐兩切。10部。此篆原在後文僔篆下、倦篆上。今移廁此。》/375

僭 (참)【jiàn ㄐㄧㄢˋ】 참람할, 어그러질

설문 4900 儗也。《【各本】作「假也」。今依『玉篇』所引正。『廣韵(韻)』亦云「擬也」。以僭儗二篆相聯互訓。知作假之非矣。以下儗上。僭之本義也。引伸之則訓差。『大雅:不僭不賊:傳』是也。又訓不信。『小雅:覆謂我僭:箋』是也。其『小雅:巧言:傳』曰。僭、數也。則謂僭卽譖之假借也。『詩』亦假譖爲僭。如『大雅:桑柔、瞻卬:箋』是也。》 从人。朁聲。《子念切。7部。》/378

僕 복【pú ㄆㄨˊ】 시중군, 마부, 벼슬 이름, 무리, 황송할, 떼지어 나를

설문 1660 給事者。《『周禮:注』曰。僕、侍御於尊者之名。然則大僕、戎僕、以及『易』之童僕、『詩』之臣僕、『左傳』人有十等、僕第九、臺第十皆是。『大雅』。景命有僕。『毛傳』。僕、附也。是其引伸之義也。『大雅』。芃芃棫樸。毛曰。樸、枹木也。『考工記』樸屬。此皆取附箸(着)之義。字當作「僕」。『方言』作「樸」。》 从人菐。《人之供煩辱者也。》 菐亦聲。《蒲沃切。3部。》 古文从臣。/103

형부 반(菐)

형성 (3자) 복(樸)3343 복(濮)6738 복(纀)8264

僰 (북)【pěi ㄆㄟˇ】 ㊤㊥⑨㊧ bó 오랑캐 이름, 핍박할

설문 4972 犍爲蠻夷也。《犍【各本】作「犍」。今依『漢-碑』从木。『司馬相如傳』曰。唐蒙使略通夜郎西僰中。文穎曰。夜郎、僰中皆西南夷。後以爲牂柯、犍爲二郡。按犍爲郡有僰道縣。卽今四川敘州府治也。其人民曰僰。『王制』。屛之遠方。西方曰僰。東方曰寄。『鄭-注』。僰當爲棘。棘之言逼。使之逼寄於夷戎。按『記』文僰字、鄭不以爲西南夷。故易爲棘。【經傳】之棘多訓亟也。故曰棘之言逼。使與寄字一例。釋文云。棘又作「僰」。於此知『記』本作「僰」。鄭易爲棘也。『唐初-本』已誤。》从人。棘聲。《蒲北切。1部。》/383

僟 (기)【jī ㄐㄧˉ】 삼갈

설문 4805 精謹也。《僟謹雙聲。凜凜庶幾之意也。》从人。幾聲。《巨衣切。15部。『廣韵(韻)』居依切。》『明堂:月令』。數將僟終。《【宋本】及『集韵』作「數」。「篇」、『韵(韻)』作「歲」。『月令』。季冬之月。日窮于次。月窮于紀。星回于天。數將幾終。歲且更始。鄭、高皆訓幾爲近。許所據作「僟」。》/371

僐 (선)【shàn ㄕㄢˋ】 ㊧ diàn 모양낼

설문 4924 作姿也。《『廣雅』曰。僐、態也。》从人。譱(善)聲。《常演切。14部。隸(隸)作「僐」。》/380

僻 (연)【rǎn ㄖㄢˇ】 마음 약할, 황겁할

설문 4896 意膬也。《意者、志也。膬者、耎易破也。意膬謂有此意而不堅。『玉篇』云。意急而懼。葢(蓋)說『說文』之語也。或曰。當作「膬意」。○『通俗文』曰。痛聲曰痛。警聲曰僻。僻于簡(簡)切。》从人。然聲。《人善切。14部。》/377

儽 (뢰)【lěi ㄌㄟˇ】 피곤할, 패할, 속일

설문 4847 垂皃(貌)。《『老子』曰。儽儽兮若無所歸。【王弼、陸希聲本】同。今按此儽係之誤。【河上公本】作「乘乘(乘)」。係從積厽之厽。與乘義相近。『樂記』。纍纍乎端如貫珠。『音義』云。本又作累。卽厽字。儽儽爲垂皃。則與厽厽義同也。》从人。厽聲。《【各本】篆皆作「儽」。解皆作「纍」聲。今正。厽者、増也。从厽。从糸。厽亦聲。在古音 16部。纍者、綴得理也。亦大索也。从糸。畾聲。在古音15部。二字古形古音皆不同。而後人亂之。〔人部〕有係、有儡。形音義皆各殊也。『廣韵(韻):六脂』曰。儽亦作「傫」。傫是儽非。累卽厽也。『集韵』脂、『類篇』皆首列係。次列儽。知係爲正體矣。惟『玉篇』、『廣韵』、『集韵』力追力罪切。皆不若『集韵』入五寘力僞一切合於古。》一曰嬾解。《『廣雅』曰。儽係。疲也。是其義也。『今-廣雅』字尚从厽不誤。『史記』纍纍若喪(喪)家之狗。『韓詩:外傳』作羸乎若喪家之狗。然 則正當作「係」也。『集韵:五,寘』。病困謂之儽。字體亦誤。》/373

厽 (여)【yú ㄩˊ】 뻗칠, 남을 (人부 12획)

설문 0683 二余也。讀與余同。《5部。按『易:困,九四』來徐徐。子夏作「荼荼」。王肅作「余余」。皆舒意也。許言厽之形。未言其義。擧(擧)此以補之。》/49

◀ 제 13 획 ▶

儀 (의)【yí ㄧˊ】 本[헤아릴] 거동, 법도, 천문기계

설문 4866 度也。《度、法制也。『毛傳』曰。儀、善也。又曰。儀、宜也。又曰。儀、匹也。其義相引伸。『肆師職』曰。【古書】儀但爲義。今時所謂義、【古書】爲誼。按如『文王:傳』曰義、善也。此與『釋詁』及『我將:傳』儀、善也正同。謂此義爲儀之假借字也。》从人。義聲。《魚羈切。古音在 17部。》/375

儇 (현)【xuān ㄒㄩㄢˉ】 영리할, 빠를

설문 4756 慧也。《〔心部:慧〕下曰。儇也。是二字互訓也。『齊風』。揖我謂我儇兮。『傳』曰。儇、利也。此言慧者多便利也。『方言』。儇、慧也。『荀卿子』曰。鄉(鄉)曲之儇子。》从人。睘聲。《許緣切。14部。》/367

僾 僾(애)【ài ㄞˋ】 어렴풋할

설문 4801 仿佛也。《『祭義』曰。祭之日。入室僾然必有見乎其位。『正義』云。僾、髣髴見也。見、如見親之在神位也。按僾與『爾雅』之薆隱也、『烝民:傳』之愛隱也、〔竹部〕之篫蔽不見也、義相近。若『大雅』亦孔之僾。『釋言』及『傳』云僾、唈也。此謂僾爲㤅之假借字。㤅飮食屰(逆)气。不得息也。》从人。愛聲。《烏代切。古音在15部。》『詩』曰。僾而不見。《『邶風:城隅』文。『今-詩』作「愛」。非古也。僾而猶隱然。『離騷』之薆然也。》/370

儃 (선)【tǎn ㄊㄢˇ】 ㊤㊥⑨ chán ㊧ tán 머뭇거릴 ■단:찬찬할, 한가할 ■탄:한갓(어조사)

설문 4843 儃何也。《未聞。假令訓爲儋何。則又不當析廁於此。或當作「儃回」。『九章』曰。欲儃佪以干傺。又曰。入溆浦余「儃佪」。王逸曰。儃佪猶「低佪」也。洪興祖曰。儃知然切。》从人。亶聲。《徒干切。14部。》/373

儆 (경)【jǐng ㄐㄧㄥˇ】 경계할 ※ 경(警)과 같다

설문 4798 戒也。《與警音義同。『孟子』引『書』。洚水儆予。用儆字。『左傳』、『國語』亦用儆。『毛詩』。徒御不警。『周禮』。警戒羣(群)吏。皆用警。『鄭-注:周禮』曰。警、勅戒之言也。『韋-注:國語』曰。儆、戒也。》从人。敬聲。《居影切。11部。》『春秋傳』曰儆宮。《『左傳:襄公:九年』。令司宮巷伯儆宮(宮)。》/370

僵 (강)【jiāng ㄐㄧㄤˉ】 넘어질, 넘어뜨릴

설문 4937 偃也。《小徐及『爾雅』釋文皆作「偃」。大徐作「僨」。非是。『玄應』引僵、却偃也。仆、前覆也。按僵謂仰倒。如『莊子』推而僵之、『漢書』觸寶瑟僵皆是。今人語言乃謂不動不死爲僵。『廣韵(韻)』作「殭、死不死也」。》从人。畺聲。《居良切。10部。》/380

儋 (담)【dān ㄉㄢˉ】 짐질(負荷), 담, (간장 담는)독, 2섬

설문 4808 何也。《「儋」俗作「擔」。【古書】或假檐爲之。疑又擔之誤耳。『韋昭-齊語:注』曰。背曰負。肩曰儋。任、抱也。

何、揭也。按統言之則以肩以手以背以首皆得云儋也。》从人。詹聲。《都甘切。8部。》/371

儉 (검)【jiǎn ㄐㄧㄢˇ】 ⑨작 jiàn 검소할, 넉넉치 못할

설문 4877 約也。《約者、纏束也。儉者、不敢放侈之意。古假險爲儉。『易』。儉德辟難。或作險。》从人。僉聲。《巨險切。7部。》/376

僻 (벽)【pì ㄆㄧˋ】 후미질 ■피:피할 ■비:성가퀴

설문 4912 辟也。《「辟」【大徐本】作「避」。非是。辟者、法也。引伸爲辟人之辟。辟人而人避之亦曰辟。若『周禮:閽人』。凡外內命婦出入。則爲之辟。『孟子』。行辟人可也。『曲禮』。若主人拜。則客還辟辟拜。『郊特牲』。有由辟焉。『包咸-論語:注』。躩盤辟皃(貌)也。『投壷(壺)』。主人盤旋曰辟。賓盤旋曰辟。『大射儀』。賓辟。『注』曰。辟、逡遁不敢當盛。【他書】辟人、辟邪、辟寒、辟塵之類。語意大略相似。自屛之者言。則『閽人』、『離婁篇』、『郊特牲』是也。自退者言。則『曲禮』、『投壷』、『論語:注』所云是也。〔舟部:般〕、辟也。卽旋辟、盤辟之謂。辟之言邊也。屛於一邊也。僻之本義如是。『廣韵(韻)』曰。誤也。邪僻也。此引伸之義。今義行而古義廢矣。『詩』曰。民之多僻。》从人。辟聲。《普擊切。16部。》『詩』曰。宛如左僻。《『魏風:葛屨』文。此引『詩』證僻之本義也。『今-詩』作「辟」者。俗人不解。易字而音避。》一曰從旁牽也。《此義稍別異。》/379

億 (억)【yì ㄧˋ】 本[편안할] 수의 단위(1억)

설문 4882 安也。《『晉語:億寧百神:注』。億、安也。『吳語:億負晉衆庶:注』曰。億、安也。『左傳』曰不能供億。曰心億則樂。曰我盍姑億吾鬼神。而寧吾族姓。『杜-注』皆曰。安也。此億字之本義也。今則本義廢矣。或假爲萬意字。【諸經】所用皆是也。或假爲意字。如『論語』不億不信、億則屢中是也。億則屢中、『漢書:貨殖傳』作意。毋意毋必、諸家偁(稱)作億必。是可證矣。》从人。意聲。《於力切。1部。》/376

僷 (엽)【yè ㄧㄝˋ】 날씬할, 예쁠

설문 4760 宋衞(衛)之閒(間)謂華僷僷。《華、容華也。僷僷、好皃(貌)。『方言』曰。奕、僷、容也。凡美容謂之「奕」。或謂之「僷」。宋衞(衛)曰「僷」。陳楚汝潁之閒謂之「奕」。按僷亦作「偞」。『廣韵(韻)』曰。偞偞、輕薄美好皃。》从人。葉聲。《與涉切。8部。》/367

◀ 제 14 획 ▶

儗 (의)【nǐ ㄋㄧˇ】 ㊥⑨작 yǐ 참람할, 서로 의심할 ■이:꽉 막힐 ■해:어리석을

설문 4901 僭也。《以下僭上。此儗之本義。如『史記』說卓王孫田池射獵之樂儗於人君是也。與〔手部:擬〕訓度不同。『曲禮』。儗人必於其倫。『注』。儗猶比也。此引伸之義也。『漢書:食貨志』假疑爲儗。又假儗爲黍稷薿薿。》从人。疑聲。《依【小徐本】魚己切。1部。》一曰相疑。《此別一義。》/378

儒 (유)【rú ㄖㄨˊ】 선비, 유교

설문 4743 柔也。《以疊韵(疊韻)爲訓。『鄭目錄』云。『儒行』者、以其記有道德所行。儒之言優也、柔也。能安人。能服人。又儒者、濡也。以先王之道能濡其身。『玉藻:注』曰。舒儒者、所畏在前也。》術士之偁(稱)。《術、邑中也。因以爲道之偁(稱)。『周禮』。儒以道得民。『注』曰。儒有六藝以教(敎)民者。『大司徒』。以本俗六。安萬民。四曰聯師儒。『注』云。師儒、鄕(鄉)里教以道藝者。按六藝者、禮樂射御書數也。『周禮』謂六德六行六藝曰德行道藝。自眞儒不見。而以儒相詬病矣。》从人。需聲。《人朱切。古音在4部。》/366

儕 (제)【chái ㄔㄞˊ】 무리(동배), 함께

설문 4819 等輩也。《等、齊簡也。故凡齊皆曰等。『樂記』曰。先王之喜怒。皆得其儕焉。喜則天下和之。怒則暴亂者畏之。『注』。儕猶輩類。》从人。齊聲。《仕皆切。15部。》『春秋傳』曰。吾儕小人。《『左傳:宣:十一年、襄:十七年』文。》/372

儐 (빈)【bìn ㄅㄧㄣˋ】 (손님을)인도할, 대접할, 베풀

설문 4814 導也。《導者、導引也。『周禮:司儀:注』曰。出接賓曰擯。『聘禮』。卿爲上擯。大夫爲承擯。士爲紹擯。『注』曰。擯謂主國之君所使出接賓者也。『士冠禮』。擯者請期。『注』曰。擯者、有司佐禮者。在主人曰擯。按「擯」【經典】多作「擯」。『史記』作「賓」。『廉藺列:傳』。設九賓於廷是也。○『聘禮』。賓用束錦儐勞者。又儐之如初。又儐之兩馬束錦。又無儐。凡言儐者九。鄭曰。上於下曰禮。敵者曰儐。上於下曰禮、謂如主國之禮聘賓是也。敵者曰儐、謂如儐勞者、儐歸饔餼者等是也。『鄭-據:禮經』字作「儐」。是以『周禮:司儀』賓亦如之、賓使者如初之儀皆云賓當爲儐。易賓爲儐。取賓禮相待之義。非擯相之義也。然則合【二禮】訂之。擯相字當从手。賓禮字當从人。許儐擯合而一。云導也。與【二禮】及鄭說不合。『劉(劉)昌宗-說:聘禮』儐與擯同。雖本許。而令學者惑矣。『今-禮經:石本版本』於此九儐字內錯出擯字。非是。○又『毛詩:絲衣』繹賓尸也。『有司徹』賓尸。『經典:釋文-古本』皆作賓。又無必刃反之音。而『唐宋-石本版本』賓儐錯出。要之古無作「儐尸」者。此學者所當知也。○『小雅』。儐爾籩豆。『傳』曰。儐、陳也。》从人。賓聲。《必刃切。12部。》擯儐或从手。《【今-經典】作「擯相」字多從此。『莊子:徐無鬼-注』曰。擯、棄也。此義之窮則變也。擯之言屛也。》/371

儔 (도)【chóu ㄔㄡˊ】 ㊥㊥⑨ dào 本[가릴] ■주:무리, 누구

설문 4905 翳也。《翳者、華蓋(蓋)也。引伸爲凡覆蔽之偁(稱)。按『玉篇』儔直流切。侶也。又大到切。翳、隱蔽也。『廣韵(韻)』尤韵』。儔、侶也。直由切。号韵。儔、隱也。徒到切。是儔有隱蔽之訓。而其音與疇侶絕(絶)不同。與

人 2 ⑮

翿纛(纛)音同。由其義相近也。翳義廢而侶義獨行矣。然自唐以前用儔侶皆作「疇」。絕(絶)無作「儔」者。葢(蓋)由古者一井爲疇。並(竝)畔爲疇。是以『釋詁』曰。疇、誰也。『注:易』、『注:國策, 漢書』者曰。疇、類也。『注:國語』者曰。疇、匹也。下逮六朝辭賦皆不作「儔」。『玄應』之書曰。王逸云二人爲匹。四人爲疇。疇亦類也。今或作「儔」矣。然則用儔者起(起)唐初。以至於今。》 从人。壽聲。《直由切。3部。按大徐此音失之不攷。》 /378

儕 (대)【duì ㄉㄨㄟˋ】 저자
설문 4974 市也。《汲古閣及『集韵(韻)』、『類篇』皆作「市」。『宋刻-葉抄』及『廣韵』作「市」。今按市爲長。其字从對則無匚匝意。葢(蓋)卽今之兑換字也》 从人。對聲。《都隊切。15部。》 /384

◀ 제 15 획 ▶

償 (상)【chánɡ ㄔㄤˊ】 갚을, 배상, 대가(代價)
설문 4863 還也。《『廣雅』曰。復也。『左傳』。西鄰責言。不可償也。杜云。不可報償。》 从人。賞聲。《食章切。10部。亦市亮切。》 /374

儡 (뢰)【lěi ㄌㄟˇ】 ㉵㊥⑨㉶ léi 本[무너질] 허술할、꼭두각시、망칠
설문 4956 相敗也。《『西征賦:注』引作壞敗之皃(貌)。『寡婦賦:注』引作「敗也」。無相字。『道德經』傅奕本。儡儡兮其不足以無所歸。『陸氏-釋文』曰。儽一本作「儡」。敗也。欺也。『說文』音雷。『西征賦』曰。寮位儡其隆替。『寡婦賦』。容貌儡以頓顇。『注』引『禮記』喪(喪)容儡儡。『今-禮記』作「纍纍」。非也。》 从人。畾聲。讀若雷。《魯(魯)回切。15部。按李善引『說文』洛罪反。》 /382

儥 (육)【dí ㄉㄧˊ】 ㉵㊥⑨㉶ yù 살, 팔
설문 4861 見也。《〔貝部:賣〕下曰。衒也。衒者、行且賣也。賣卽『周禮』之儥字。今之鬻字。儥訓見。卽今之覿字也。『釋詁』曰。覿、見也。『公羊傳』、『穀梁傳』、『士昏禮』、『聘禮』、『論語:鄭-注』、『國語:韋-注』皆同。按【經傳】今皆作「覿」。覿行而儥廢矣。【許書】無覿字。獨存古形古義於此也。以他字例之。葢(蓋)『禮經-古文』作「儥」。今文作「覿」。許從古文。不從今文歟。【大徐本】竊取『周禮』。改見爲賣。非是。『周禮』儥訓買。『玉篇』作「儥、買也。」今又作「賣」。則誤之中又有誤焉。》 从人。賣(賣)聲。《余六切。按此音非也。今音徒歷切。古音徒谷切。3部。》 /374

儠 (렵)【liè ㄌㄧㄝˋ】 길고 장할
설문 4769 長壯儠儠也。《『左傳:昭:七年十七年』、『國語:楚語』皆云長鬣。鬣者、儠之假借字也。韋昭、杜預釋爲美須頷。誤。『廣雅』曰。儠、長也。按儠儠、長壯皃(貌)。辭賦家用獵獵字。葢(蓋)當作「儠儠」。》 从人。巤聲。《良涉切。8部。》 『春秋傳』曰。長儠者相之。《『左傳:昭:七年』曰。使長鬣者相。》 /368

儦 (표)【biāo ㄅㄧㄠˉ】 떼지어 다닐, 많을
설문 4770 行皃(貌)。《『齊風:載驅』曰。行人儦儦。『傳』曰。儦儦、衆皃。許曰行皃者、義得互相足也。『廣雅』亦曰。儦儦、行也。『玉篇』曰。儦儦、盛皃也。》 从人。麃(麃)聲。《甫嬌切。3部。》 『詩』曰。行人儦儦。 /368

優 (우)【yōu ㄧㄡˉ】 本[넉넉할] 도타울
설문 4873 饒也。《〔食部:饒〕下曰。飽也。引伸之凡有餘皆曰饒。『詩:瞻卬:傳』曰。優、渥也。『箋』云。寬也。『周語:注』曰。優、饒也。『魯語:注』曰。優、裕也。其義一也。引伸之爲優游、爲優柔、爲俳優。『商頌』。布政憂憂。『小雅』。既瀀既渥。【今本】皆假優爲之。》 从人。憂聲。《於求切。3部。》 一曰倡也。《倡者、樂也。謂作妓者。卽所謂俳優也。『左傳』。陳氏、鮑氏之圉人爲優。『晉語』。公之優曰施。》 /357

◀ 제 16 획 ▶

儲 (저)【chú ㄔㄨˊ】 ㉵㊥⑨㉶ chǔ 쌓을, 버금, 동궁
설문 4811 偫也。《『文選(選):注』引作「蓄也」。或作「具也」。或作「積也」。又引謂蓄積之以待無也。葢(蓋)兼擧(擧)演『說文』語。古者太子謂之儲君。》 从人。諸聲。《直魚切。5部。儲偫爲雙聲。》 /374

倝 (간)【gàn ㄍㄢˋ】 倝(乾籒文)(뭘 2204)
설문 4089 闕且。从三日在㫃中。《按此葢(蓋)倝籒文也。『汗簡(簡)』「朝」作「𣌨」。「翰」作「𩙪」。亦可證矣。闕且二字當作「籒文」二字。从三日在㫃中。則篆體冒下不當有一也。》 /308

◀ 제 17 획 ▶

儳 (참)【chàn ㄔㄢˋ】 ㉵㊥⑨㉶ chán 어지러울, 빠를
설문 4925 儳互。《逗。》 不齊也。《今人作「攙和」字當用此。『周語』。戎翟冒沒(沒)輕儳。『注』云。儳、進退上下無列也。『曲禮』曰。長者不及。毋儳言。『注』云。儳猶暫也。『左傳』。聲盛致志。鼓(鼓)儳可也。『注』云。儳巖未整陳。皆不齊之意。『表記』。儳焉如不終日。亦同。》 从人。毚聲。《士咸切。8部。『廣韵(韻)』入去聲。》 /380

儵 숙【shù ㄕㄨˋ】 ㉵㊥⑨㉶ shū 회색, 잿빛, 남해 임금, 만날
설문 6257 青黑繒發白色也。《古亦叚(假)爲倏忽字。又『釋訓』。儵(儵)儵、嘒嘒、罹禍毒也。釋『小弁』踧踧周道、鳴蜩嘒嘒也。》 从黑。攸聲。《式竹切。3部。》 /489
형성 (1자) 숙(黱 黱)2984

儚 儚 (횡)【hōnɡ ㄏㄨㄥˉ】 어둘
설문 4904 惛也。《惛者、不憭也。『釋訓』曰。儚儚、洄洄、惛也。「儚」當作「儚」。與夢夢、亂也義別。》 从人。瞢聲。《呼肱切。6部。》 /378

◀ 제 18 획 ▶

儮 (섭)【shè ㄕㄜˋ】 ㉵㊥⑨㉶ chè 믿을
설문 4817 心服也。《[心部:懾]下一日心服也。

㉶ 作家出版社〔董蓮池-說文解字考正〕 ⑨ 九州出版社〔柴劍虹-說文解字〕 ㉠ 陝西人民出版社〔蘇寶榮-說文解字今注今譯〕 ㉵ 上海古籍出版社〔說文解字注〕 ㊥ 中華書局〔臧克和-說文解字新訂〕

然則二字音義同。『廣韵(韻)』無儷。》从人。聶聲。《齒涉切。8部。》/372

◀ 제 19 획 ▶

儷 (려)【lì ㄌㄧˋ】 ㉭㊥⑨㉑ lí (어깨를)나란히 할
설문 4886 棽儷也。《〔林部:棽〕下曰。木枝條棽儷也。義已見彼。故此但云棽儷也。與同部偓下云偓佺、仙人也。佺下但云偓佺也例同。按『左傳』伉儷。杜云。儷、偶也。『士冠禮』、『聘禮』儷皮。鄭云。儷猶兩(兩)也。古文儷爲離。『月令』。宿離不貣。鄭云。離讀爲儷偶之儷。許但取枝條棽儷之訓。不及其他。於从人之意未合。於〖全書〗大例未符。恐非〖許書〗之舊。》从人。麗聲。《呂支切。16部。》/376

儹 (찬)【zǎn ㄗㄢˇ】 모을, 모일, 일 꾸밀
설문 4824 冣(最)也。《冣才句切。〖各本〗誤作「最」。今正。『廣韵(韻)』曰。儹、聚也。冣聚古通用。〔木部:欑〕、〔竹部:簮〕、義皆相近。李善引『楊雄-覈靈賦』曰。文王之始起。浸仁漸義。會賢儹智。儹音攢。》从人。贊聲。《作管切。14部。》/372

儺 (나)【nuó ㄋㄨㄛˊ】 本[절도있게 걸을] 구나(역귀를 쫓는 의식)
설문 4771 行有節也。《『衞(衛)風:竹竿』曰。佩玉之儺。『傳』曰。儺、行有節度。按此字之本義也。其毆疫字本作難。自假儺爲毆疫字。而儺之本義廢矣。其『曹風』之「猗儺」。則『說文』之「旖施」也。》从人。難聲。《諾何切。〖古本〗音荄(蓋)在 14部。》『詩』曰。佩玉之儺。/368

◀ 제 20 획 ▶

儼 (엄)【yǎn ㄧㄢˇ】 공근할, 근엄할
설문 4786 昂頭也。《「昂」當是本作「卬」。淺人所改也。卬者、望(望)欲有所庶及也。『陳風』。碩大且儼。『傳』曰。儼矜莊皃(貌)。『曲禮:注』同。古借嚴爲之。》从人。嚴聲。《魚儉切。8部。》一曰好皃。/369

010
2-04 儿 어진사람 인

儿 인【rén ㄖㄣˊ】 [설문부수 311] ㉠ ěr 사람 ■개:인인(仁人也)
설문 5204 古文奇字𠆢也。《此冡〔人部〕而言。𠆢者、天地之性冣(最)貴者也。此籒文象臂脛之形。其作儿者。則古文奇字之𠆢也。如大(大)下曰。天大地大人亦大。故大象人形。古文亦也。亦下曰。籒文大。則例正同。亦與儿之義已見於大與𠆢之下。故皆不必叓(更)言其義。今〖俗本〗古文奇字之相妄(妄)添仁人也三字。是爲蛇足。同字而必異部者、異其从之之字也。》象形。孔子曰。儿在下。故詰詘(屈)。《儿在〖各本〗作在人。今依『玉篇』。詘〖各本〗作屈。誤。今正。擧(擧)孔子說證象形也。籒文兼象臂脛。古文奇字則惟象股㕁(脚)。詰詘猶今云屈曲也。如鄰(隣)切。12部。》凡儿之屬皆从儿。/404
유사 아홉 구(九) 책상 궤(几) 이에 내(乃) 사람 인(人) 여덟 팔(八) 들 입(入)
성부 부록 색인 참조
형부 儿을 부수로 하는 대부분의 글자들

◀ 제 1 획 ▶

兀 올【wù ㄨˋ】 우뚝할, (산에 나무가 없어)민둥민둥할, 발뒤꿈치 벨
설문 5205 高而上平也。从一在儿上。《「儿」〖各本〗作「人」。今正。一在儿上。高而平之意也。凡从兀聲之字多取孤高之意。》讀若敻。《敻今韵在四十四諍。古音在元〔寒部〕。今韵十月者、元之入也。兀音同月。是以跀亦作趴。其平聲讀如涓。在 14部。今音五忽切。》茂陵有兀桑里。《『地理志』右扶風有茂陵縣。『郡國志』同。許多言鄉言亭。此言里者、葢(蓋)周秦舊名。》/405
유사 아홉 구(九) 더욱 우(尤) 미쁠 윤(允) 절름발이 왕(尢尣)
성부 敗미 西서 堯요 酉유 殼각 先록 麦복 先선 元원 匹필 光광 長長장
형성 (4자) 곤(髡 髡)5502 올(扤 扤)7669 훼(虺 虺)8396 올(阢 阢)9216

◀ 제 2 획 ▶

允 윤【yǔn ㄩㄣˇ】 미쁠, 진실로, 승낙할, 마땅할 ■운:같은 뜻 ■연:〈네이버 자전〉
설문 5207 信也。《『釋詁』、『毛傳』皆曰。允、信也。『詩:仲允、漢表』作中術。》从㠯儿。《大徐作从儿㠯聲。㠯非聲也。今依『韵會-所據:小徐本』。㠯、用也。任賢勿貳是曰允。此會意字。余準切。13部。》/405
유사 우뚝할 올(兀) 으뜸 원(元) 맏 형(兄)
성부 夋준
형성 (5자+1) 연(吮 吮)770 윤(狁 狁)6343 연(沇 沇)6698 윤(鈗 鈗)8966 윤(阭 阭)9188 윤(玧 玧)15-137:1

元 원【yuán ㄩㄢˊ】 으뜸, 근원, 덕, 하늘, 머리, 백성, 임금, 연호
설문 0002 始也。《見『爾雅:釋詁』。『九家易』曰。元者、氣之始也。》从一。兀聲。《徐氏鍇云。不當有聲字。以髡从兀聲、軏从元聲例之。徐說非。古音元兀相爲平入也。凡言从某某聲者。謂於六書爲形聲也。凡文字有義有形有音。『爾雅』巳下、義書也。『聲類』巳下、音書也。『說文』、形書也。凡篆一字、先訓其義。若始也、顚也是。次釋其形。若从某、某聲是。次釋其音。若某聲及讀若某是。合三者以完一篆。故曰形書也。愚袁切。古音第 14部。》/1
유사 미쁠 윤(允) 맏 형(兄)
성부 寇구 睆환
형성 (13자) 완(玩 玩)143 원(芫 芫)443

儿 2 ③

완(翫)2132 완(刓)2671 원(邧)3954 관(冠)4594 완(頑)5387 완(忨)6542 원(沅)6671 원(蚖)8400 원(黿)8587 월(軏)9116 완(阮)9233

先 잠【zān ㄗㄢ】【설문부수 313】 ㊙㊥⑨㊕ zēn 비녀 ※ 잠(簪)의 옛글자 (儿부 2획)

설문 5213 首笄也。《〔竹部〕曰。笄、簪也。二字爲轉注。古言笄。漢言先。此謂今之先即古之笄也。【古經】無簪字。惟『易:豫:九四』。朋盍(盇)簪。鄭云。速也。實寁之假借字。『張揖-古今字詁』、庬作撍。『埤蒼』云。撍、疾也。寁庬撍同字。京作撍。【經】文之簪、古無釋爲笄者。又『士喪禮』。復字一人。以爵弁服簪衣于裳。『注』云。簪、連也。然則此實鐕之假借字。〔金部〕曰。鐕可以衣箸物者。凡【經典】此二簪字外、無言簪者。》从儿。匸象形。《此非相與比敍之匕。乃象先之形也。先必有岐。故又曰叉。俗作釵。『釋名』曰。叉、枝也。因形名之也。篆右象其叉。左象其所抵。以固弁者。側岑切。7部。》凡先之屬皆从先。簪俗先。《今俗行而正廢矣。》从竹。从朁。《朁聲。》/405

유사 숨막힐 기(旡先) 없을 무(无) 지아비 부(夫) 어금니 아(牙) 가를 쾌(夬) 으뜸 원(元) 하늘 천(天)

성부 兟침

◀ 제 3 획 ▶

充 충【chōng ㄔㄨㄥ】 (가득)찰, 채울, 막을, 둘(놓을), 덮을

설문 5209 長也。高也。《『廣韻』曰。美也。塞也。行也。滿也。》从儿。育省聲。《 3部與 9部合音也。昌終切。9部。》/405

형성 (1자) 통(統)8145

兄 형【xiōng ㄒㄩㄥ】【설문부수 312】 맏형, 두려워할 ▣황:하물며

설문 5211 長也。《古長不分平上。其音義一也。長短、滋長、長幼皆無二義。兄之爲長。以曡(疊)韵爲訓也。『小雅』。兄也永歎。『傳』曰。兄、茲也。『大雅』。倉兄塡兮。『傳』曰。兄、滋也。職兄斯引。職兄斯弘。『傳』曰。兄、茲也。又『小雅』。僕夫兄瘁。『箋』云。兄、茲也。又『大雅』。亂兄斯削。『箋』云。而亂茲甚。茲與滋義同。茲者、草木多益也。滋者、益也。凡此等、『毛詩本』皆作兄。俗人乃改作从水之況。又譌作况。『陸氏-音義』不能諟正晝(畵)一。正僞錯出。且於『常棣』云作兄者非。由未知茲益乃兄之本義故耳。兄之本義訓益。許所謂長也。許不云茲者、許意言長則可晐長幼之義也。〔矢部:矤〕下曰。兄䛐(詞)也。謂加益之䛐。此滋長之義也。『無逸』。無皇曰。『今文-尙書』作毋兄曰。【王肅本】皇作況。『注』曰況滋。『韋昭-注:國語』云。況、益也。皆兄訓益之證。引伸之、則『爾雅』曰男子先生爲兄。後生爲弟。先生之年自多於後生者。故以兄名之。猶弟本義爲韋束之次弟、以之名男子後生者也。莫重於君父、故有正字。兄弟之字、則依聲託事。古兄長與兄益無二音也。淺人謂兄之本義爲男子先生。則主從倒置。豈弟之本義爲男子後生乎。世之言小學者、知此而後可與言『說文』。可與言【經】義。『顧希馮-玉篇』不知此。則直云男子先生爲兄、男子後生爲弟而已。以兄弟二部次於〔男部〕、〔女部〕閒(間)。觀其列部之次第。可以知其不識字義。》从儿。从口。《口之言無盡也。故以儿口爲滋長之意。今音許榮切。古音在 10部。讀如莣(荒)。轉爲去聲。許訪切。今人評兄爲況老。乃古語也。用況者、於古爲假借。貺况皆俗字。貺以意製。『左』、『國』多用之。况乃況之變。冣(最)爲後出。》凡兄之屬皆从兄。/405

성부 兌兊태 克극 祝축 侃간 競경 兢兢긍

형부 축(柷)

형성 (2자+1) 황(怳)6536 황(況)6830 황(貺)

◀ 제 4 획 ▶

兇 (흉)【xiōng ㄒㄩㄥ】 흉악할, 두려워할

설문 4326 擾恐也。《『杜-注:左』曰。兇、恐懼聲。》从儿在凶下。《會意。許拱切。9部。》『春秋傳』曰。曹人兇懼。《『僖:二十八年:左傳』文。》/334

先 선【xiān ㄒㄧㄢ】【설문부수 316】 本[앞서 나아갈] (시간, 공간, 순서)앞 설, 먼저, 앞

설문 5219 前進也。《「前」當作「歬」。不行而進曰歬。凡言歬者緩詞。凡言先者急詞也。其爲進一也。》从儿之。《之者、出也。引伸爲往也。穌前切。古音在 13部。讀若先聲之詵。》凡先之屬皆从先。/406

유사 버섯 록(先) 빛 광(光)

성부 兟찬 簒簒찬

형성 (8자) 선(跣)1331 선(詵)1405 신(侁)4844 선(毨)5149 신(駪)5945 세(洗)7082 신(姺)7735 선(銑)8838

光 광【guāng ㄍㄨㄤ】 빛, 빛날

설문 6203 朙(明)也。《『左傳:周內史』釋『易:觀』國之光曰。光〈逗〉遠而自他有燿者也。》从火在儿上。光朙意也。《說會意。目在儿上則爲見。气在儿上則爲欠。口在儿上則爲兄。皆同意。古皇切。10部。》𤆼古文。炗古文。《庶字从此會意。》/485

유사 버섯 록(尗光兴兴) 먼저 선(先)

성부 晃황

형성 (4자) 광(桄)3645 광(侊)4910 경(駫)5885 광(洸)6842

兆 조【zhaò ㄓㄠˋ】 (거북 껍질을 그슬러 나타나는 균열을 보고 판단하는)점

설문 1979 灼龜坼(坼)也。《『周禮:注』曰。兆者灼龜發於火。其形可占者。其象似玉瓦原之釁罅。是用名之焉。按凡曰朕兆者。朕者如舟之縫。兆者如龜之坼。皆引伸假借也。》从卜 兆(兆)。象形。《治少切。2部。》𠧞古文兆省。《按古文祇爲象形之字。小篆加卜。非古文減卜也。『廣韵』曰。兆灼龜坼。出『文字指歸』。兆治小切。引『說文』分也。

㉮ 作家出版社〔董蓮池-說文解字考正〕 ⑨ 九州出版社〔柴劍虹-說文解字〕 ㉧ 陝西人民出版社〔蘇寶榮-說文解字今注今譯〕 ㊙ 上海古籍出版社〔說文解字注〕 ㊥ 中華書局〔臧克和-說文解字新訂〕

分也之訓見〔八部:仌〕下。兆出『說文』、則不得云出『文字指歸』。葢(蓋)『古本-說文:卜部』無兆兆字。〔八部:仌〕字卽龜兆字。今仌音兵列切。〔卜部:兆〕中多一筆以殊於兆。皆非古也。『玉篇:卜部』之外。別爲〔兆部〕。云兆、事先見也。形也。兆同上。假令『顧氏-所據:說文』早同【今本】。何爲作此紛更乎。是必『說文』無兆而增此 1部。曉然。據『篇』、『韵』以正『說文』。可無疑矣。尋此字之原委。葢由虞翻(䎱)讀『尙書』分北三苗爲兆。云兆、古別字。由是信之者讀『說文:八部』之兆爲兵列切。又增竄八亦聲於說解中。而『說文』乃無龜兆字矣。『說文』無龜兆字。梁『顧氏-作:玉篇』乃增〔兆部〕於〔卜部〕之後。隨『曹憲-作:文字指歸』乃又收兆爲龜兆字。而改竄『說文』者乃於〔卜部〕增兆爲篆文、兆爲古文。又恐其形之溷於〔八部〕也。乃加增一筆以殊之。紕繆之由。歷歷可見。前注〔八部〕。未能了然。後之學者依此說而刪(删)定可也。○ 又按『集韵』、『類篇』皆引『說文』兆古省或作兆。臣光曰。按兆兵列切。重八也。兆古當作兆。是則勉強(强)區分。葢(蓋)由司馬公始。徐鍇、徐鉉、丁度等皆作兆。司馬公所襲者、【夏竦輩之書】也。》/127

【他本說文解字】曰:〔古文省。灼龜發於火氣形。可占者曰兆。又數名。十億曰兆。〕

유사 낱 개(个) 낄 개(介) 놓을 고(夰) 나아갈 토(夲夲) 헤어질 별(仌) 얼음 빙(仌)

성부 乖괴 逃도 庣조 窕조

형부 부(頫)

형성 (21자) 요(珧)188 도(咷)760 조(趒)1014 도(跳)1306 조(誂)1560 조(眺)2090 조(䍬)2227 조(脁)2551 도(桃)3277 조(旐)4093 조(朓)4126 조(窕)4466 조(佻)4911 조(覜)5263 조(洮)6674 조(鮡)7317 도(挑)7560 요(姚)7732 조(絩)8198 조(垗)8727 요(銚)8872 도(鞉)108-1717:1

兜 고【gǔ ㄍㄨˇ】[설문부수 315] 가릴 (儿부 4획)

설문 5217 廱蔽也。《「廱」當作「邕」。俗作壅。此字【經傳】罕見。音與蠱同。則亦蠱惑之意也。『晉語』曰。在列者獻詩。使勿兜疑。「兜」或當爲「兜」。韋曰。兜、惑也。》从儿。象左右皆蔽形。《「左右」當作「ナ又」。謂匸コ也。》凡兜之屬皆从兜。讀若瞽(瞽)。《公戶切。5部。》/406

성부 兜두

◀ 제5획 ▶

兌 태【duì ㄉㄨㄟˋ】기뻐할, 괘 이름, 통할, 모일, 곧을, 바꿀 ▣예:예(銳)와 통용

설문 5208 說(悅)也。《「說」字今之「悅」字。其義見『易』。『大雅』。行道兌矣。『傳』曰。兌、成蹊也。松柏斯兌。『傳』曰。兌、易直也。此引伸之義。『老子』。塞其兌。閉其門。借爲閱字。閱同穴。》从儿。㕣聲。《㕣與沇古同字同音。兌爲㕣聲者、古合音也。大外切 15部。》/405

유사 곤룡포 곤(衮袞) 연주 연(兗兖)

성부 祝축

형성 (16자) 설(說)1467 탈(敓)1929 열(⿰兌鳥)2292 탈(脫)2535 세(䬽)3123 절(梲)3592 세(稅)4254 탈(痥)4583 세(裞)5130 태(駾)5917 세(涗)7033 열(閱)7417 세(挩)7607 태(娧)7812 세(蛻)8484 예(銳)8932

免 면【miǎn ㄇㄧㄢˇ】㉯ miǎn 本[토끼 달아날] 벗어날, 놓을, 면할, 허락할

설문 5997 兔(兎)逸也。从免不見足。會意。《【許書】失此字。而形聲多用爲偏旁。不可闕也。今補。免免之異(異)、異於其足。能鹿㲋从比。鳥烏兔从匕。兔象其蹲居之形、有足有尾。其字當橫視之。兔之走最迅速。其足不可諟見。故免省一畫(畫)。兔不見獲於人則謂之免。『孫子』云。始如處女。敵人開戶。後如脫兔。敵不及拒是也。此二字之別也。引伸之、凡逃逸者皆謂之免。假借爲袒免、爲免薨。依『毛詩』如洒韵。古音在13部。轉入14部也。今音忙辨切。錢氏大昕云。兔免當是一字。漢人作隸(隸)誤分之。似未然。俛从免、自是會意。》/473

유사 토끼 토(兔)

형성 (10자) 만(鞔)1708 만(晩)2025 만(晚)4049 면(冕)4602 매(浼)7097 면(鮸)7276 반(嬎)7753 면(勉)8790 만(輓)9162 면(㝃)9318

克 극【kè ㄎㄜˋ】[설문부수 251] 本[(어깨에)멜] 참을, 승벽(지기 싫어함)

설문 4180 肩也。《『周頌:傳』曰。仔肩、克也。〔人部〕曰。仔、克也。此曰。克、肩也。然則『周頌』仔肩絫言之。毛謂二字皆訓克也。肩謂任。任事以肩。故任謂之肩。亦謂之克。『釋詁』云。肩、克也。又曰。肩、勝也。『鄭-箋』云。仔肩、任也。許云。勝、任也。任、保也。保、當也。凡物壓於上謂之克。今蘇常俗語如是。『釋言』曰。克、能也。其引伸之義。『左傳』曰。凡師得儁曰克。於鄭伯克段於鄢曰。如二君。故曰克。卽得儁之說也。『穀梁』曰。克者何。能也。何能也。能殺也。此『釋言』之說也。『公羊』曰。克之者何。殺之也。此以相勝爲義。『大雅:毛傳』云。掊克、自伐而好勝人也。俗作剋。》象屋下刻木之形。《上象屋。下象刻木彔彔形。木堅而安居屋下絜刻之。能事之意也。相勝之意也。苦得切。1部。刻克疊(疊)韵。》凡克之屬皆从克。㝹古文克。𠅵亦古文克。/320

형성 (1자) 극(剋)8806

◀ 제6획 ▶

兒 아【ér ㄦˊ】(어린)아이, 어조사 ▣예:성씨

설문 5206 孺子也。《〔子部〕曰。孺、乳子也。乳子、乳下

儿 2 ⑥

子也。『襍記』謂之「嬰兒」。〔女部〕謂之「嫛婗」。兒孺雙聲。引伸爲凡幼小之偁(稱)。》从儿。象小兒頭囟(囟)未合。《謂篆體𦥑也。囟者、頭會𡿺葢(蓋)也。小兒初生。𡿺葢未合。故象其形。汝移切。16部。》/405

성부 䦧혁

형성 (16자+2) 예(齯)1234 나(誽)1559 예(䝟)1965 예(睨)2027 역(鶂)2330 예(輗)2704 예(郳)3979 예(倪)4881 예(覞)5227 역(㕧)5706 예(麑)5979 예(霓)7210 예(鯢)7259 예(婗)7755 예(蜺)8464 예(輗)9154 예(猊) 미(䝟)

兟 찬【zhēn ㄓㄣ】 ㊤㊥⑨㊂ jīn 날카로울 ■찬:도울(囗40) (儿부 2획)

설문 5214 兟兟、《〖各本〗譌「朁朁」。今依『玉篇』、『集韵』正。》銳意也。《先主入。故兩先爲銳之義。兟兟、其言所謂意內而言外也。凡俗用鐵尖字卽兟字之俗。》从二先。《子林切。7部。》/406

유사 갈 반(扶) 나아갈 찬(兟)

성부 蠶심 朁잠

兔 토【tù ㄊㄨˋ】[설문부수 375] 토끼, 달(달 속에 토끼가, 태양 속에는 까마귀가 있다는 전설이 있음)

설문 5992 兔(兎)獸也。《〖各本〗作「獸名」。今正。三字句。》象兔踞。《兔字今補。踞俗字也。當作居。》後其尾形。《其字象兔之蹲。後露其尾之形也。湯故切。5部。俗作菟。》兔頭與㲋頭同。凡兔之屬皆从兔。/472

성부 免면 冤冤원 莧莧환 逸일 毚참

형부 반(㚘)

형성 (2자+1) 부(娩)5995 부(䨲)5996 도(䖘)

● 兕 兕 코뿔소 시/사

◀ 제 9 획 ▶

兜 두【dōu ㄉㄡ】 투구, 두건, 미혹할 ■도:속음

설문 5218 兜鍪、《逗。》首鎧也。《鎧者、甲也。鍑屬曰鍪。首鎧曰兜鍪。謂其形似鍪也。〔冃部〕曰。冑、兜鍪也。古謂之冑。漢謂之兜鍪。『長楊賦』。鞮鍪生蟣蝨。李善曰。鞮鍪卽兜鍪也。玉裁謂。鞮、屨也。鍪、兜鍪也。》从𠨷。从皃省。《會意。當侯切。4部。》皃象人頭形也。《說从皃省之意。皃之上體象人面。》/406

형성 (1자) 두(蔸)2832

◀ 제 10 획 ▶

兟 신【shēn ㄕㄣ】 나아갈, 총총 들어설

설문 5220 進也。《『五經文字:儿部』曰。兟色巾反。見『詩』。按此謂『大雅』甡甡其鹿也。『今-大雅』作甡。『傳』曰。甡甡、衆多也。但『玉篇』云。𧧑、多也。亦作「詵」。詵駪兟甡字同是衆多之義。可作兟。據『五經文字』、則『張參-所據:大雅』作兟。㚘㚘(蓋竝)先爲衆進之意。『今-石刻:五經文字』此字已泐。而『馬刻本』乃誤爲㲋。葢因宋榻模糊而譌耳。》从二先。贊从此。闕。《闕謂闕其讀若也。今所臻切。13部。》/407

성부 贊찬

◀ 제 12 획 ▶

兢 긍【qīng ㄑㄧㄥ】 ㊤㊥⑨㊂ jīng 힘 다툴, 조심할, 스스로 편안치 못할 (儿부 16획, 儿부 9획)

설문 5212 競也。《競者、彊語也。『小雅:無羊:傳』曰。矜矜兢兢、以言堅彊也。釋文此義其冰(氷)反。》从二兄。《會意。》二兄、競意。《說從二兄之意。》从丰聲。《丰讀若介。此取雙聲也。二丰皆聲也。》讀若矜。《居陵切。6部。漢時矜讀如今韵矣。》一曰兢。《此複擧(擧)兢字。〖各本〗誤作「競」。今依『葉抄-本』。『集韵』、『類篇』無此字。》敬也。《『小雅』。戰戰兢兢。『傳』曰。戰戰、恐也。兢兢、戒也。〖小徐本〗無此五字。『玉篇』引亦無。》/405

유사 다툴 경(競)

◀ 제 22 획 ▶

䨲 (부)【fù ㄈㄨˋ】 빠를

설문 5996 疾也。《『玉篇』、『廣韵(韻)』皆曰。急疾也。今作「趠」。『少儀』曰。毋拔來。毋報往。『注』云。報讀爲赴疾之赴。拔、赴皆疾也。按赴、趠皆卽䨲字。今字䨲、趠皆廢矣。》从三兔。《與三馬三鹿三犬三羊三魚取意同。兔(兎)善走。三之則更疾矣。芳遇切。古音葢(蓋)在 3部。》闕。《此闕謂闕其讀若也。然其音固傳矣。》/472

011	入
2-05	들 입

入 입【rù ㄖㄨˋ】[설문부수 184] 들어갈, 들일, 담글, 수입, 입성(入聲)

설문 3137 內也。《自外而中也。》象從上俱下也。《上下者、外中之象。人汁切。7部。》凡入之屬皆从入。/224

성부 부록 색인 참조

형부 入을 부수로 하는 대부분의 글자들

◀ 제 1 획 ▶

● 亾 망(亡) 본자

● 亼 亼 모일 집

◀ 제 2 획 ▶

內 내【nèi ㄋㄟˋ】 本[들일] (나라, 친족, 집안, 마음)안 ■납:들일, 받을 ■나:나인〈韓〉

설문 3138 入也。《今人謂所入之処(處)爲內。乃以其引伸之義爲本義也。互易之。故分別讀奴荅切。又多假納爲之矣。『周禮:注』云。職內、主入也。內府、主良貨賄藏在內者。然

則職內之內是本義。內府之內是引伸之義。》从冂入。《小徐曰。冂、音坰。按當音冟。許冂冂異篆。冂者、覆也。覆在外。【各本】無「入」字。今依『韵會』補。奴對切。15部。》自外而入也。《釋會意之恉。》/224

상부 芮예 商날 納납 丙병

형성 (4자+1) 눌(訥)1505 제(笍)2845 예(汭)6814 납(軜)9121 눌(肭)

从

량【liǎng ㄌㄧㄤˇ】 나란히 들어갈(42)

설문 3142 二入也。《以形爲義。》兩从此。《「网」【各本】作「兩」。今按兩从网。网从从也。》闕。《此闕亦謂音讀不傳也。大徐良奬切。乃因网字從此謂同网音。》/224

유사 헤어질 별(仌) 얼음 빙(仌) 따를 종(从从从)

상부 夾섬 网량

● 仝 온전할 전(仝)-동자

※ 같을 동(仝) 자는 윗 부분이 사람 인(人)이다.

◀ 제 3 획 ▶

仝

仝 全 전【quán ㄑㄩㄢˊ】 온전할, 온통, 온전히 할 ■동:같을

설문 3141 完也。《〔宀部〕曰。完、仝也。是爲轉注。》从入。从工。《从工者、如巧者之製造必完好也。疾緣切。14部。》全篆文仝(全)。从王(玉)。《按「篆」當是「籒」之誤。仝全皆从人(入)。不必先古後篆也。今字皆从籒。而以仝爲同字。》純玉曰全。《『考工記:玉人』云。天子用全。大鄭云。全、純色也。〔許-玉部〕云。全、純玉也。『後鄭-周禮:注』同許。按云純玉曰全者、引【經】說此字从玉之意。》𠓝古文仝。《按下體未宋(審)其所從。『汗簡(簡)』作「𠓝」。『古文四聲韵』載『王庶子碑』亦作「𠓝」。疑近是。》/224

유사 같을 동(仝)

형성 (9자) 전(荃)570 전(牷)718 전(跧)1285 전(詮)1465 전(佺)4816 전(恮)6433 전(絟)8346 전(銓)8936 전(輇)9153

◀ 제 5 획 ▶

㒳

량【liǎng ㄌㄧㄤˇ】【설문부수 278】둘 ※ 량(兩)의 옛 글자

설문 4606 再也。《〔冓部〕曰。再者、一擧(擧)而二也。凡物有二。其者作㒳不作兩。兩者、二十四銖之偁(稱)也。今字兩行而㒳廢矣。》从冂(一)。《覆其上也。》从从。《〔入部〕曰。从、二入也。㒳从此。與此正相印合。而【鉉本】此作从一、闕。其誤甚矣。》从丨。《二字、今補。葢(蓋)爲二入之介也。良奬切。10部。》『易』曰。參天㒳地。《『說卦傳』文。葢『孟氏-易』如此。》凡㒳之屬皆从㒳。/354

유사 그물 망(罔)

상부 㒼만 兩량

◀ 제 6 획 ▶

兩

량【liǎng ㄌㄧㄤˇ】 둘, 양(중량의 단위, 24수(銖)

설문 4607 二十四銖爲一兩。《一字衍、〔禾部〕曰。十二粟爲一分。十二分爲一銖。『律曆志』曰。衡權本起(起)於黃鍾之重。一龠容千二百黍。重十二銖。兩之爲兩。二十四銖爲兩。按兩者、㒳黃鍾之重。故从㒳也。》从一㒳。《會意。》㒳、平分也。《「㒳」小徐作「兩」。誤。今正。也字今增。此說从㒳之意。》㒳亦聲。《兩奬切。10部。》/354

유사 평평할 만(㒼)

형성 (3자) 량(裲)2570 량(緉)8357 량(蜽)8518

◀ 제 7 획 ▶

俞

俞 兪 유【yú ㄩˊ】 本[속 빈 나무로 만든 배] 그러할(승낙), 응답할, 더욱

설문 5190 空中木爲舟也。《『淮南:氾論訓』。古者爲窬木方版以爲舟航。高曰。窬、空也。方、並(竝)也。舟相連爲航也。按窬同俞。空中木者、舟之始。並板者、航之始。如椎輪爲大路之始。其始見本空之木用爲舟。其後因刳木以爲舟。凡穿窬、廁牏皆取義於俞。『中孚:傳』曰。利涉大川。乘木舟虛也。》从亼。从舟。从巜。《合三字會意。羊朱切。古音在 4部。》巜、水也。《巜下曰。水流澮澮也。說从巜之意。》/403

상부 渝유 榆유 愈유

형성 (23자) 유(瑜)86 유(逾)1066 유(踰)1277 유(諭)1424 유(羭)2231 유(鄃)3896 루(牏)4173 두(窬)4335 유(窬)4454 유(瘉)4590 유(愉)4677 유(褕)5021 유(覦)5255 유(貐)5822 유(愉)6508 유(揄)7598 유(婾)7900 유(匬)8043 투(緰)8351 유(蝓)8501 수(輸)9133 유(隃)9232 두(酳)9416 유(毹) 유(歈)

012	八
2-06	여덟 팔

八

팔【bā ㄅㄚ¯】【설문부수 16】여덟, 여덟번

설문 0671 別也。《此以雙聲疊(疊)韵說其義。今江浙俗語以物與人謂之八。與人則分別矣。》象分別相背之形。凡八之屬皆从八。《博拔切。古音在 11部。》/48

유사 사람 인(人) 들 입(入)

상부 부록 색인 참조

형부 八을 부수로 하는 대부분의 글자들

형성 (3자) 팔(𥬀)1661 팔(馱)5844 팔(汃)6654

◀ 제 2 획 ▶

公 공【gōng ㄍㄨㄥˉ】 공평할, 바를, 통할, 공작, 벼슬 이름, 정승

설문 0680 平分也。从八厶(私)。《八厶、背私也。【今本】从八从厶。凡此等从字皆淺人所增。》八猶背也。《『鄭-注:堯典』分北三苗云。北猶別也。證以『韋昭-吳語:注』云。北古之背字。然則許鄭之語正互相發明。分別之乃相倂背。其義相因相足。故許不云八、背也。而云猶背。鄭不云北、別也。而云猶別。凡古訓故之言猶者視此。古紅切。9部。》『韓非』曰。背厶爲公。《『五蠹篇』。倉頡之作書也。自環者謂之私。背私者謂之公。自環爲厶、六書之指事也。八厶爲公、六書之會意也。》/49

성부 衮袞곤 兗연 松송 翁옹

형성 (5자) 송(訟)1597 강(舩)2714 종(伀)4755 송(頌)5348 옹(瓮)8067 공(蚣)8458:1

六 륙【liù ㄌㄧㄡˋ】【설문부수 508】 여섯

설문 9278 『易』之數。侌(陰)變於六。正於八。《此謂六爲陰之變。八爲陰之正也。與下文言七九一例。八篆已見二篇。故類言之。六爲陰之變。九爲陽之變。聖人以九六繫爻。而不以七八。金氏榜曰。『乾鑿度』謂七八爲篆。九六爲變。故彖占七八。爻黜九六。一爻變者以變爻占。是爻占九六也。六爻皆不變及變兩爻以上者、占之彖辭。是爻占七八也。公子重耳『筮』得『貞屯悔豫』皆八。董因『筮』得『泰』之八。穆姜『筮』得『艮』之八。凡陰不變者爲八也。》从入八。《會意。力竹切。3部。》凡六之屬皆从六。/738

성부 交교 尭尞록 冥명

兮 兮兮혜【xī ㄒㄧˉ】【설문부수 156】 어조사, 말멈출

설문 2926 語所稽也。《兮稽疊(疊)韵。〔稽部〕曰。畱(留)止也。語於此少駐也。此與哉言之閒(間)也相似。有假猗爲兮者。如『詩』河水淸且漣猗是也。》从丂八。象气(气)越亏(于)也。《越亏皆揚也。八象气分而揚也。胡雞(鷄)切。16部。》凡兮之屬皆从兮。/204

【也】下『注』云:《『薛尙功-歷代鐘鼎款識』載秦權一、秦斤一。文與『家訓』大同。而權作乜、斤作殹。又知也殹通用。鄭樵謂秦以殹爲也之證也。殹葢(蓋)與兮同。兮也古通。故『毛詩』兮也二字、【他書】所稱或互易。石鼓(鼓)。汧殹沔沔。汧殹卽汧兮。》/627

성부 盒혜 乎호 羲희 㝇순

형성 (2자) 혜(盻)2078 휴(虧)2926

兆 仌별【zhào ㄓㄠˋ】 ㊤㊥⑨㊅ bié 이별 ※ 별(別)의 옛 글자

설문 0679 分也。《此卽今之兆字也。『廣韵』兆治小切。引『說文』分也。此可證孫愐以前𠦒卽兆矣。又云𠔁、灼龜坼(坼)也。出『文字指歸』。『文字指歸』者曹憲所作。此可證孫愐以前〔卜部〕無兆𠔁字矣。『顧野王-玉篇:八部』有仌。兵列切。〔卜部〕之後出〔兆部〕。又云𠔁同兆。此可證顧氏始不謂𠦒卽兆字矣。『虞翻(䎙)-說:尙書』分北三苗云。北、古別字。不知其所本。要與重八之𠦒無涉。豈希(希)馮始牽合而岐誤與。治『說文』者乃於〔卜部〕增𠔁爲小篆。兆爲古文。於𠦒下增之云。八別也、亦聲。兵列切。以證其非兆字。而『說文』之面目全非矣。𠦒从重八者、分之甚也。龜兆其一也。凡言朕兆者、如舟之縫。如龜之坼。》从重八。《此下刪(刪)「八別也亦聲」五字。會意。治小切。2部。楚金云。【或本】音兆。按此相承古說也。》『孝經』說曰。《『孝經』說者、『孝經:緯』也。『後鄭-注:經』引【緯】亦曰【某經】說。『鄭志』。荅張逸曰。當爲注時、時在文網(網)中。嫌引【祕(秘)書】。故諸所牽【圖讖】皆謂之說。》故上下有別。《此引【緯】說字形重八之意也。上別下別則二八矣。『集韵』改爲上下有仌。非也。》/49

유사 놓을 고(夰) 조짐 조(兆) 나아갈 토(夲夲) 나란히 들어갈 량(从) 얼음 빙(仌) 따를 종(从)

성부 別별

◀ 제 4 획 ▶

共 共공【gòng ㄍㄨㄥˋ】【설문부수 64】 함께, 함께할, 무리, 모을, 공경할 (八부 4획)

설문 1682 同也。从廿(廿)廾。《廿、二十幷也。二十人皆竦手是爲同也。渠用切。9部。『周禮』、『尙書』供給供奉字皆借共字爲之。衞(衛)包盡改『尙書』之共爲恭。非也。『釋詁』。供、峙、共、具也。郭云。皆爲備(備)具。此古以共爲供之理也。『尙書』、『毛詩』、『史記』恭敬字皆作恭。不作共。『漢-石經』之存者『無逸』一篇中徽柔懿共、惟正之共皆作共。嚴恭寅畏作恭。此可以知古之字例矣。『毛詩』溫溫恭人、敬恭明祀、溫恭朝夕皆不作共。『靖共-爾位:箋』云。共、具也。則非恭字也。『虔共-爾位:箋』云。古之恭字或作共。云或、則僅見之事也。『史記』恭敬字亦無作共者。》凡共之屬皆从共。𠔱古文共。《體從【小徐本】。按𠔱有順從之象。𠔱有睽異之象。『古文四聲韵』引『說文』誤以癸爲共。》/105

성부 虡虡거 異이 暴포 暴폭 巽손 展전 殿전 巷䢼항

형부 항(衖) 공(龔)

형성 (9자+1) 홍(閧)1796 공(供)4809 홍(烘)6150 공(恭)6426 공(供)6630 홍(洪)6804 공(拱)7470 공(拲)7711 국(𦽵)9159 공(珙)

● 关关 웃음 소(笑)-고자

◀ 제 5 획 ▶

兵 兵兵병【bīng ㄅㄧㄥˉ】 군사, 병장기, 싸움, (적을)칠

설문 1675 械也。《械者器之總(總)名。器曰兵。用器之人亦曰兵。下文云從廾持斤。則製字兵與戒同意也。》从廾持斤。幷力之皃(貌)。《補明切。古音在10部。》𠊵古文兵。从人廾干。《干與斤皆兵器。》𢍮籒文兵。/104

㊄ 作家出版社〔董蓮池-說文解字考正〕 ⑨ 九州出版社〔柴劍虹-說文解字〕 ㊅ 陝西人民出版社〔蘇寶榮-說文解字今注今譯〕 ㊤ 上海古籍出版社〔說文解字注〕 ㊥ 中華書局〔臧克和-說文解字新訂〕

참고 병(浜)선거(배를 매어 두는 곳)

◀ 제 6 획 ▶

● 其

具 구【jù ㄐㄩˋ】갖출, 차릴, 그릇, 이바지할 (八부 6획)

설문 1678 共置也。《共供古今字。當從〔人部:作供〕。》从廾。貝省。《會意。其遇切。古音在 4部。》古目(以)貝爲貨。《說從貝之意。》/104

유사 자개소리 솨(貨) 머리 수(首) 조개 패(貝) 틈 극(㝖㝖)

성부 算산

형성 (4자) 국(㫽)3570 구(俱)4823 국(𣊫)8173 국(𩕯)9115

典 전【diǎn ㄉㄧㄢˇ】법, 책(서적), 벼슬, 맡을, 옮을, 전당잡힐

설문 2886 五帝之書也。《三墳五典見『左傳』。》从冊(冊)在丌上。尊閣之也。《閣猶架也。以丌庋閣之也。多殄切。古音在 13部。》莊都說。典、大冊也。《此字形之別說也。莊都者、博訪通人之一也。謂典字上从冊、下从大。以大冊會意。與冊在丌上說異。不別爲篆者。許意下本不從大。故存其說而已。》𥫗古文典。从竹。《古文冊作𥳑。此从古文冊也。『漢-碑』多有从竹、从艸者。》/200

형성 (5자) 전(琠)81 전(敟)1907 전(腆)2557 전(倎)6639 전(錪)8866

◀ 제 7 획 ▶

㒸 수【suì ㄙㄨㄟˋ】本[따를] 드디어
※ 수(遂)와 같은 글자

설문 0676 从意也。《从、相聽也。㒸者、聽从之意。〔司部〕曰。䛐(詞)者、意內而言外也。凡【全書】說解。或言䛐。或言意義或錯見。言从意、則知㒸者从䛐也。言䛐之必然、則知尒者必然意也。隨从字當作㒸。後世皆以遂爲㒸矣。》从八。《有所从則有所背。故从八。》㒸聲。《豕在 16部。㒸遂在 15部。合韵冣(最)近也。徐醉切。》/49

성부 隊대 遂수

형성 (4자) 수(檖)3335 외(䫿)5386 대(隊)5737 수(㥞)6450

◀ 제 8 획 ▶

兼 兼 겸【jiān ㄐㄧㄢ】겸할, 쌓을

설문 4270 幷也。《幷、相從也。》从又持秝。《會意。古甜(甛)切。7部。》兼持二禾。秉持一禾。/329

성부 㾾력 兼兼겸

형성 (24자) 겸(蒹)399 겸(嗛)764 암(䅪)1223 겸(謙)1477 렴(鎌)3088 겸(槏)3500 렴(稴)4206 렴(帘)4671 겸(歉)5322 암(顩)5373 렴(鬑)5483 렴(磏)5731 험(獫)6016 험(鼸)6097 렴(熑)617 감(𪒠)6318 겸(慊)6546 렴(溓)7002 렴(霝)7190 겸(鰜)7239 혐(嫌)7905 겸(縑)8202 렴(蠊)8494 겸(鎌)8919 겸(隒)9217

◀ 제 12 획 ▶

𡕯 (반)【ān ㄢ】상中⑨작 bān 제일 천하게 여길

설문 1661 賦事也。《賦者、布也。『魯(魯)語』曰。社而賦事。蒸而獻功。》从𡕯八。《以煩辱之事分責者之人也。》八、《逗。》分之也。《釋從八之意。》八亦聲。讀若頒。《按八古音如必。平聲如賓(賓)。在 12部。音轉乃入 13部。讀如頒者、如頒首之頒也。再轉入 14部。讀布還切矣。》一曰讀若非。《『周禮』。匪頒之式。先鄭云。匪、分也。凡從非之字皆有分背之意。讀頒又讀非者、13、14部與 15部合韵(韻)之理。『玉篇』敷尾切。》/103

◀ 제 14 획 ▶

冀 冀 기【jì ㄐㄧˋ】本[기주(9주의 하나)] 바랄, 바라건대

설문 4995 北方州也。《『周禮』曰。河內曰冀州。『爾雅』曰。兩河間(間)曰冀州。據許說是北方名冀。而因以名其州也。叚(假)借爲望(望)也、幸也。葢以冀同覬也。覬者、饮幸也。》从北。異聲。《几利切。古音在 1部。》/386

유사 똥 분(糞)

형성 (1자) 기(驥)5872

013	冂
2-07	멀 경

冂 경【jiōng ㄐㄩㄥ】[설문부수 188] 먼 데, 멀 형:(텅)빌

설문 3178 邑外謂之郊。郊外謂之野。野外謂之林。林外謂之冂(冂)。《與『魯(魯)頌:毛傳』同。邑、國也。距國百里曰郊。野、郊外也。平土有叢木曰林。皆許說也。『爾雅:釋地』。邑外謂之郊。郊外謂之牧。牧外謂之野。野外謂之林。林外謂之坰。多「謂之牧牧外」五字。依『野有死麇燕燕干旄:傳』、『叔于田:箋』斷(斷)之。淺人妄增也。牧、李巡作田。『王砯-注:素問』作邑外謂之郊。郊外謂之甸。甸外謂之牧。牧外謂之林。林外謂之坰。坰外謂之野。所偁(稱)更繆。》象遠介也。《「介」【各本】作「界」。誤。今正。〔八部〕曰。介、畫(畫)也。八像遠所聯亙。一象各分介畫也。古熒切。11部。》凡冂之屬皆从冂。冋古文冂。从口。象國邑。《像國邑在介內也。》坰冋或从土。《『詩』、『爾雅』皆如此作。》/228

성부 부록 색인 참조

형부 冂을 부수로 하는 대부분의 글자들

형성 (1자) 멱(冪)4178

冃 2 ②

◀ 제 1 획 ▶

冃 모【mǎo ㄇㄠˇ】[설문부수 276] 거듭
■무:같은 뜻

설문 4597 重覆也。《下一覆也。上又加一。是爲重覆。》从冂(冖)一。《會意》凡冃之屬皆从冃。讀若艸苺苺。《汲古閣作「艸苺之苺」。之字誤賸。今依【宋本】。「苺」當作「毐」。〔屮部〕曰。毐、艸盛上出也。毐、隸書作「毒(每)」。『左傳:輿人誦』曰。原田毐毐。『杜-注』。晉君美盛。若原田之草毐毐然。『魏都賦』。蘭渚毐毐。每上加艸。非。按古音蓋(蓋)在之尤 2部閒(間)。今音莫佸(保)切。》/353

유사 덮을 모(冃) 멀 경(冂) 덮을 멱(冖)
성부 冒冒모 最最최 冃탑
형부 주(冑) 면(冕)

◀ 제 2 획 ▶

冃 모【mào ㄇㄠˋ】[설문부수 277] 복건
■무:덮을

설문 4601 小兒及蠻夷頭衣也。《謂此二種人之頭衣也。小兒未冠。夷狄未能言冠。故不冠而冃。『荀卿』日。古之王者有務而拘領者矣。『楊-注』。務讀爲冒。拘與勾同。『淮南書』日。古者有鍪而綣領以王天下者。『高-注』。古者、蓋(蓋)三皇以前也。鍪著兜鍪帽。言未知制冠。按『高-注』兜鍪二字蓋淺人所加。務與鍪皆讀爲冃。冃卽今之帽字也。後聖有作。因冃以制冠冕。而冃遂爲小兒蠻夷頭衣。》从冂(冖)。二其飾也。《古報切。古音在 3部。》凡冃之屬皆从冃。/353

유사 거듭 모(冃) 가로 왈(日)
성부 冒冒모 最最최 冃탑
형부 주(冑) 면(冕)

冄 염【rǎn ㄖㄢˇ】[설문부수 360] 다팔머리, 약할

설문 5779 毛冄冄也。《冄冄者、柔弱下垂之皃(貌)。〔須部〕之髥、取下垂意。〔女部〕之姌、取弱意。『離騷』。老冄冄其將至。此借冄冄爲冘冘。『詩』。荏染柔木。『傳』曰。荏染、柔意也。染卽冄之假借。凡言冄、言姌皆謂弱。》象形。《而琰(琰)切。7部。》凡冄之屬皆从冄。/454

유사 덮을 모(冃) 배 주(舟) 붉을 단(丹) 엔 엔(円) 달 월(月) 마칠 종(舟舟宊)
성부 冓구 那나 冉冄애 再재 靑청 爯칭
형성 (9자) 염(詌)1550 남(柟)3272 첨(痔)4558 염(頟)5451 담(聃)7427 탐(抩)7497 념(姌)7823 염(蚺)8383 염(髥)8581

◀ 제 3 획 ▶

冊 책【cè ㄘㄜˋ】[설문부수 44] 本[(천자의 칙명을 적은)칙서] 책(서적), 권(책 세는 단위)

설문 1356 符命也。諸侯進受於王者也。《「者」字依『韵會』補。『尙書』王命周公後作冊(冊)逸誥、『左傳』王命尹氏及王子虎內史叔興父策命晉(晋)侯爲侯伯、王使劉(劉)定公賜齊侯命及三王世家策文皆是也。後人多假策爲之。》象其札一長一短、《謂五直有長短。》中有二編《謂二橫。》之形。《『蔡邕-獨斷(斷)』日。策、簡(簡)也。其制。長者一尺。短者半之。其次一長一短。兩編下附。札、牒也。亦日簡。編、次簡也。次簡者、竹簡長短相閒(間)排比之。以繩橫聯之。上下各一道。一簡容字無多。故必比次編之。乃容多字。『聘禮記』云百名以上書於策是也。一簡可容書於簡。每簡一行而已。不及百名書於方。則合若干行書之。百名以上書於策。方卽牘也。牘、書版也。簡冊、竹爲之。牘、木爲之。一冊不容則衆冊爲之。『國史』冊書蓋(蓋)如是。『鄭-注:禮』云。策、簡也。此渾言之。不分別耳。冊字五直。象一長一短。象其意而已。其簡之若干未可臆定也。蔡氏云。長者一尺。短者半之。此漢法如是。鄭引『鉤命決』云。『易·詩·書·禮·樂·春秋策』皆長二尺四寸。『孝經』謙半之。一尺二寸。『論語』策八寸。尺二寸者三分居二。又謙焉。此古制也。見於『聘禮』、『左傳:序:正義』者乖異不同。今訂之如是。未知然否。『鄭-注:尙書』云。三十字一簡之文。『服-注:左氏』云。古文篆書一簡八字。『漢志』。劉(劉)向以中古文挍『今文-尙書』。『古文-簡』有二十五字者。有二十二字者。是簡之長短不同而字數不同也。楚革切。16部。》凡冊之屬皆从冊。笧古文冊。从竹。《『左傳』。備(備)物典筴。釋文。【筴本】又作冊。亦作策。或作笧。按筴者、策之俗也。冊者、正字也。策者、叚(假)借字也。笧者、冊之古文也。『左氏-述:春秋傳』以古文。然則笧其是歟。》/85

성부 叡괴 侖약 責책 侖륜 刪산 典전 扁편
형부 사(嗣) 산(珊珊) 산(柵) 산(姍姍)
형성 (3자) 책(曹)2909 책(柵柵)3518 섬(冊)6492

◀ 제 4 획 ▶

再 재【zài ㄗㄞˋ】둘, 두번(거듭), 두번째 할 (冂부 4획)

설문 2380 一擧(擧)而二也。《凡言二者、對偶之詞。凡言再者、重複之詞。一而又有加也。》从一。冓省。《冓者、架也。架高袛作「加」。作大切。1部。》/158

성부 冓구
형성 (1자) 재(洅)6988

冎 과【guǎ ㄍㄨㄚˇ】[설문부수 133] 살 바를 (살을 베어내고 뼈만 남김)

설문 2448 剮人肉置其骨也。《「剮」當作「髑」。解也。其『周禮』膊之、焚之、辜之之刑(刑)與。『列子』曰。炎人之國。其親戚死。冎其肉而棄之。〔刀部〕無剮字。「冎」俗作「剮」。》象形。頭隆骨也。《隆、豐(豊)大也。說此字爲象形者、謂上大下小象骨之隆起(起)也。古瓦切。17部。〔口部:咼〕以爲聲。》凡冎之屬皆从冎。/164

유사 달리할 패(另) 나누어 살 령(另)

성부 咼괘 骨골 別剮별 歹歺𣦵알 肯肎긍

형부 패(牌 [篆])

◀ 제5획 ▶

● 冏 빛날 경

◀ 제7획 ▶

冑 (주)【zhòu ㄓㄡˋ】투구

설문 4603 兜鍪也。《〔兜部:兜〕下曰。兜鍪、首鎧也。按古謂之「冑」。漢謂之「兜鍪」。今謂之「盔」。》从冃。由聲。《直又切。3部。》 䩜『司馬法』冑从革。《『荀卿子』、『鹽鐵論』、『大玄』皆作「軸」。》/354

冒 모【mào ㄇㄠˋ】(무릎쓰고)나갈, 가릴, (머리에)쓸 ■묵:선우 이름

설문 4604 冡而前也。《冡者、覆也。引伸之有所干犯而不顧亦曰冒。如假冒、如冒白刃、如貪冒是也。『邶風』。下土是冒。『傳』曰。冒、覆也。此假冒爲冃也。》从冃目。《會意。冃目者、若無所見也。冃亦聲。目報切。古音在 3部。》 𠕅古文冒。《『汗簡(簡)』同。》/354

성부 曼만

형성 (6자+1) 모(瑁)115 모(萺)644 모(䀤)2028 모(帽)3510 모(媢)7890 욱(勖勗)8792 봉(䂆)

◀ 제8획 ▶

冓 구【gòu ㄍㄡˋ】[설문부수 122] 재목 어긋매겨 쌓을, 대궐 으슥한 곳 (冂부 8획)

설문 2379 交積材也。《『高-注:淮南』曰。構、架也。材木相乘(乘)架也。按結冓當作此。今字構行而冓廢矣。〔木部〕曰。構、蓋也。義別。》象對交之形。《冓造必鉤心鬪(鬭)角也。古候切。4部。『廣韵』侯候二韵皆曰。冓、數也。此『古筭經』說也。而紙韵引『風俗通』作壤生溝。溝生澗(澗)。『五經筭(算)術』、『數術記遺』等書亦皆作「溝」矣。》凡冓之屬皆从冓。/158

성부 再재 爯승

형성 (10자) 구(遘)1080 강(講)1502 구(篝)2803 구(韝)3242 구(構)3470 구(購)3825 구(覯)5243 구(溝)6930 구(媾)7773 각(斠)9053

◀ 제9획 ▶

冕 (면)【miǎn ㄇㄧㄢˇ】면류관

설문 4602 大夫㠯(以)上冠也。《冠下曰。弁冕之摠名。渾言之也。此云冕者、大夫以上冠。析言之也。大夫㠯(以)上有冕則士無冕可知矣。『周禮』。王之五冕皆玄冕朱裏延紐。五采繅十有二就。皆五采玉十有二。玉笄朱紘。諸侯之繅斿九就。瑉玉三采。其餘如王之事。繅斿皆就。戴先生曰。實六冕而曰五冕者、陳采就玉之數止於五也。亦以見服自十二章至一章而六。冕璪自十二旒至三旒而五。其天子大裘之冕無旒也。槩擧(擧)諸侯又申之曰繅斿皆就者、明九旒至於三旒。其就數九。公侯伯子男無降差同也。》邃垂瑬紞纊。《邃、深遠也。延者、鄭云冕之覆。『周禮:弁師』。王之五冕。皆玄冕朱裏延紐。謂延上玄下朱。以表裏冕版也。古者以三十升布爲之。『故-尙書』、『論語』謂之麻冕。用三十升布。上玄下朱爲延。天子至大夫所同也。其字『左傳』作「綖」。垂瑬、詳〔玉部:瑬〕下。紞纊、〔糸部〕曰。紞者、冕冠塞耳者也。按紞所以懸瑱也。瑱亦謂之纊。詳〔糸部:紞〕下。據許紞系於延左右。據『周禮:注』。王后之祭服有衡垂於副之兩旁當耳。其下以紞懸瑱。是專謂后服也。然『左傳』。衡紞紘綖。昭其度也。似男子有衡簪於冕覆而系紞。》从冃。免聲。《亡辨切。按古音當在 13部。讀如問。[許書]無免字。而俛勉字皆免聲。盇(蓋)本有免篆而佚之。或曰古無免兔(兎)之分。俗強(强)分別者、非也。冕之義取前俛。則與低頭之俛關通。》古者黃帝初作冕。《『大平御覽』引『世本』曰。黃帝作「旃冕」。『宋衷-注』云。通帛曰旃。應邵曰。周始加旒。『周易:毄(繫)辭』曰。黃帝堯舜垂衣裳而天下治。盇取諸乾坤。》 絻 冕或从糸作。《从糸作者、謂冕延用三十升布也。『周禮』曰。玄冕朱裏。謂玄表朱裏。『注』云。冕延之覆在上。是以名焉。延之覆猶云延之表也。是以名焉者、釋經文玄冕之冕字也。以其冣(最)居上。故專得冕名也。『覲禮:注』云。今文冕皆作「絻」。許或之者、許意從古文也。亦見『管子』、『荀卿子』及『封禪書』。》/354

㒼 만【mán ㄇㄢˊ】평평할, 마땅할

설문 4608 平也。《『廣韵』曰。無穿孔狀。按『周禮:鼈人』。掌取互物。『注』云。互物謂有甲㒼胡。龜鼈之屬。》从廿。《二十併也。》五行之數。二十分爲一辰。《此說从廿之意。五行、每行得廿分。分之適平。其法未聞。》从㒳。《从字今補。》㒳、《[各本]作「㒼」。誤。今正。》平也。《此說从㒳之意。》讀若蠻。《母官切。14部。》/354

유사 두 량(兩)

성부 滿만

형성 (6자) 문(璊)137 만(瞞)2007 만(樠)3395 문(𦇎)5150 만(鬗)5472 만(㥼)6529

014
2-08
冖 덮을 멱

冖 멱【mì ㄇㄧˋ】[설문부수 275] 덮을

설문 4593 覆也。《覆者、盇(蓋)也。》从一下𠂹(垂)。《一者所以覆之也。覆之則四面下垂。『廣韵』引『文字音義』云。以巾覆。从一下垂。莫狄切。16部。按冥下曰冖聲。鼏亦冖聲。則亦在 11部。支耕之合也。》凡冖之屬皆从冖。/353

유사 덮을 모(冃𠔿) 집 면(宀) 멀 경(冂)

성부 부록 색인 참조

[형부] 冖을 부수로 하는 대부분의 글자들
관〔冠〕

[형성] (1자) 적(宜)3058

◀ 제 2 획 ▶

冘 [임] [영문]음【yín ㄧㄣˊ】다닐 ■유:망상거릴, 머뭇거릴

[설문] [3180] 冘冘、《逗。》行皃(貌)。《「冘冘」【各本】作「淫淫」。今依『玉篇』、『集韵』、『類篇』正。『玉篇』別立〔冘部〕。云冘冘、行皃(貌)。則之〔𠃊部〕有冘者、孫強(强)所增也。而引『說文』作淫淫。是【唐時-譌本】耳。『後漢書:盧植傳:注』所引不誤。『羽獵賦』。三軍芒然。窮(窮)冘閼與。孟曰。冘、行也。如曰。冘、僻怠也。【古籍】內「冘豫」、義同「猶豫」。巴同灩澦堆亦曰「猶豫」。『坤元錄』作「冘豫」。『樂府』作「淫豫」。然則冘是遲疑蹢躅之皃矣。》从儿出𠃊。《儿者、古文奇字人也。冘者、遠望人行若行若不行之皃。余箴切。7部。》/228

[유사] 더욱 우(尤) 절름발이 왕(尢尣)
번잡할 용(冗冗宂宂)

[성부] [沈]침 [眈]탐

[형부] 담(醓)

[형성] (14자) 침(芜)427 심(訦)1447
침(炈)1862 탐(眈)2030 짐(鴆)2367
침(枕)3528 침(煩)5366 담(黕)6249
침(忱)6445 탐(耽)7426 침(扰)7692
담(紞)8245 침(鈂)8908 담(酖)9394

◀ 제 7 획 ▶

宜 (적)【shì ㄕˋ】밥 알맞게 퍼질 ■석:〈네이버 자전〉

[설문] [3058] 飯剛柔不調相箸。《按『玉篇』作「飯堅柔調也」。無「不」字。非也。堅與柔不龢。謂不純堅、不純柔。柔者與堅者兩(兩)相附箸。飯之不美者也。米者謂之糵。則純有性者也。》从皀。冖聲。讀若適。《施隻切。16部。》/217

冠 (관)【guān ㄍㄨㄢˉ】관, 갓, 볏, 사내 스므살

[설문] [4594] 絭也。《疊韵(疊韻)爲訓。》所㠯(以)絭髮。《絭者、纕臂繩之名。所㠯約束褎者也。冠以約束髮。故曰絭髮。引伸爲凡覆葢(蓋)之偁(稱)。》弁冕之總名也。《析言之冕弁冠三者異制。渾言之則冕弁亦冠也。》从冖元。《會意。元猶首也。》元亦聲。《古丸切。14部。》冠有法制。《謂尊卑異服。》故从寸。《古凡法度之字多从寸者。》/353

◀ 제 8 획 ▶

冡 [몽]【zhǒng ㄓㄨㄥˇ】[상][中][9][작] méng 덮을, 속일

[설문] [4600] 覆也。《凡蒙覆、僮蒙之字今字皆作蒙。依古當作冡。蒙行而冡廢矣。〔艸部:蒙〕、艸名也。》从冃豕。《會意。莫紅切。9部。》/353

[유사] 집 가(家) 높은 무덤 총(冢)

[성부] [蒙]몽

[형성] (3자) 몽(幏)4689 몽(騼)5951
몽(醿)9358

冢 [冢] [총]【zhǒng ㄓㄨㄥˇ】높은 무덤, 산 뭉킬, 클, 산꼭대기, 터주

[설문] [5551] 高墳也。《〔土部〕曰。墳者、墓也。墓之高者曰冢。『周禮:冢人』掌公墓之地是也。按『釋山』云。山頂曰冢。『鄭-注:冢人』云。冢、封土爲丘壟。象冢而爲之。此從『爾雅』說也。許以冢爲高墳之正偁(稱)。則不用『爾雅』說。引伸之凡高大曰冢。『釋山』及『十月之交:傳』。山頂曰冢。乃借冢偁耳。『釋詁』曰。冢、大也。太子曰冢子。太宰曰冢宰。》从勹。《墓取勹義。》豖聲。《知隴切。9部。按豖聲本在 3部。此合音也。古音冢必可讀如獨矣。》/433

[유사] 집 가(家) 덮을 몽(冡)

[참고] 총(塚)

冤 [冤] [원]【yuān ㄩㄢˉ】원굴할, 원통할, 굽힐

[설문] [5994] 屈也。《屈不伸也。古亦叚(假)宛爲冤(寃)。》从冖兔(兎)。《冖音莫狄切。覆也。於袁切。14部。》兔(兎)在冖下不得走。益屈折也。《枉曲之意取此。》/472

[형성] (4자) 원(蒬)358 원(鞔)1718
울(黦)6244 원(婉)7856

冥 [명]【míng ㄇㄧㄥˊ】[설문부수 235] 어두울, 그윽할, 저승 ■멱:덮을 ■면:보아도 보이지 않을

[설문] [4114] 窈也。《「窈」【各本】作「幽」。唐玄應同。而『李善-思玄賦』、『歎逝賦』。『陶淵明-赴假還江陵詩:三注』皆作窈。【許書】多宗『爾雅』、『毛傳』。『釋言』曰。冥、窈也。孫炎云。深闇之窈也。【郭-本】作幼。釋云。幼稺(穉)者多冥昧。頗紆洄。『小雅:斯干:傳』曰。正、長也。冥、窈也。正謂宮室之寬長深窈處。【王肅-本】作幼。其說以人之長幼對文。與下君子攸寧不相屬。然則三者互相證。知皆當作窈。〔穴部〕曰。窈、深遠也。窈與杳音義同。故杳之訓曰冥也。茻(莫)之訓曰日且冥也。昏之訓曰日冥也。『鄭-箋:斯干』曰。正、晝也。冥、夜也。引伸爲凡闇昧之偁(稱)。》从日六。从冖。《从冖【各本】作冖聲。下文曰冖亦聲。則衹當云从冖矣。冖者、覆也。覆其上則窈冥。》日數十。十六日而月始虧(虧)。冥也。《「冥」【各本】作「幽」。今依『玄應本』。「冥也」二字當作「冥之意也」四字。此釋从日六之義也。日之數十。『昭:五年:左傳』文。謂甲至癸也。歷十日復加六日而月始虧。是冥之意。故从日六。》冖亦聲。《亦字舊奪。依小徐說補。冖今音莫狄切。鼎葢(蓋)之鼏用爲聲。〔蚰部:䵄〕又用鼏爲聲。冥在 11部。莫經切。以雙聲爲聲也。》凡冥之屬皆从冥。/312

[형부] 맹(鼆)

[형성] (9자+1) 명(蓂)434 명(瞑)2080
명(鄍)3879 멱(幎)4668 명(覭)5241
멱(汨)6706 명(溟)6972 맹(嫇)7826

명(螟)8402 멱(幎)

冣 (추)【jù ㄐㄩˋ】쌓을, 모을 ▣취:〈네이버 자전〉

설문 4595 積也。《冣與聚音義皆同。與〔冃部〕之最音義皆別。『公羊傳』曰。會猶冣也。何云。冣之爲言聚。『周禮:太宰:注』曰。凡【簿書】之【冣目】。【劉(劉)歆與楊雄書】索『方言』曰。欲得其【冣目】。又曰。頗願與其【冣目】。得使入錄。按凡言【冣目】者、猶今言【摠目】也。『史記:殷本紀』。大冣樂戲(戲)於沙丘。冣一作聚。『張釋之-馮唐列傳』。誅李牧。令顏聚代之。『漢書』「聚」作「冣」。『爾雅』。灌木、叢木也。『毛傳』「叢木」作「冣木」。『說文』凡字下曰冣栝也。儹字下曰冣也。『史記:周本紀』周冣。『文選(選):過秦論』周冣。【今-各書】此等冣字皆譌作最。讀祖會反。音義俱非。葢(蓋)『字林』固有冣字。音才句反。見『李善-選注』。至乎南北朝。冣最不分。是以周續之、劉(劉)昌宗、陸德明輩皆不能知『毛傳』之本作「冣木」。『顧野王-玉篇:一部』無冣。而〔冃部〕有最。云齊也。聚也。『廣韵(韻)』本『唐韵』。而『廣韵』十遇才句一切無冣字。然則『唐韵』葢亦本無冣字。學者知有最字不知有冣字久矣。『玉篇』云。最者、齊也。聚也。子會切。是以冣之義爲最之義。而『廣韵:十四, 泰』云。最(最)、極也。祖外切。亦是冣之義誤以爲最之義也。何以言之。古凡云殿冣者。皆當作从一字。項岱曰。殿、負也。冣、善也。韋昭曰。第上爲冣。極下爲殿。孫檢曰。上功曰冣。下功曰殿。『漢書:周勃傳』曰。冣從高帝云云。師古云。冣、凡也。摠言其攻戰克獲之數。又『衛(衛)青-霍去病傳』曰。冣大將軍青凡七出云云。文法正同。此皆與【冣目】之冣同。又『周勃傳』曰。攻槐里好畤。冣。又曰。擊趙賁內史保(保)於咸陽。冣。又曰。攻上邽。東守嶢關。擊項籍。攻曲遇。冣。『樊噲傳』曰。攻趙賁。下郿槐里栁(柳)中咸陽。灌廢丘。冣。此皆殿冣之冣。張晏曰。冣、功第一也。如淳曰。於將帥之中功爲冣也。此正如『葬書』所言。凡山顚可葬者名上聚之穴。『漢-蔡湛碑』。三載勳(勳)冣。其字正作「冣」。以許君訓積求之。積則必有其高處。今人最美、最惡之云。讀祖會切。葢於形、於音皆失之。古也作「冣」。讀才句切。》从一取。《一其上而取之。》取亦聲。《才句切。4部。》/353

◀ 제 10 획 ▶

託 (투)【dù ㄉㄨˋ】(술잔을 땅 위에)놓을 ▣차:속음 ▣타:같은 뜻·

설문 4596 奠酒爵也。《大徐作「奠爵酒」。今依『韵(韻)會』所據訂。『周書:顧命』曰。王三宿三祭三託。『某氏:注』曰。酌者實三爵於王。王三進爵。三祭酒。三奠爵。〔丌部〕曰。奠、置也。》从一。《禮器必有冪也。故从一。》託聲。《當故切。5部。》『周書』曰。王三宿三祭三託。/353

015
2-09
冫 ▤ 얼음 빙

仌 ▣ 빙【bīng ㄅㄧㄥˉ】[설문부수 421] 얼음, (얼음)얼

설문 7152 凍也。《仌凍二篆爲轉注。糸評之曰仌凍。如『月令』冰(氷)凍消釋是也。》象水冰之形。《「冰」『各本』作「凝」。今正。謂象水初凝之文理也。筆陵切。6部。》凡仌之屬皆从仌。/570

유사 낱 개(个) 낄 개(介) 놓을 고(夰) 헤어질 별(八) 얼음 빙(仌) 따를 종(从)

성부 부록 색인 참조

형부 仌을 부수로 하는 대부분의 글자들

형성 (1자) 빙(冰氷)7153

◀ 제 3 획 ▶

冬 동【dōng ㄉㄨㄥˉ】겨울, 겨울 지낼

설문 7158 四時盡也。《冬之爲言終也。『考工記』曰。水有時而凝。有時而釋。故冬从仌。》从仌。从夂。《會意。夂亦聲。都宗切。9部。》夂、古文終字。《見糸部。》𣅝古文冬。从日。/571

성부 𡯁뢰

형성 (3자) 동(苳)640 종(鼨)6093 종(終)8193

◀ 제 4 획 ▶

冰 氷(빙)【níng ㄋㄧㄥˊ】㉠ bīng 얼음, (물이)얼, 식힐

설문 7153 水堅也。《『易:象傳』。初六履霜。陰始凝也。馴致其道。至堅冰(氷)也。【古本】當作陰始冰也。至堅仌(氷)也。『釋器』。冰脂也。【孫本】冰作凝。按此可證『詩』膚如凝脂、本作冰脂。以冰代仌、乃別製凝字。【經典】凡凝字皆冰之變也。》从水仌。《會意。魚陵切。6部。》凝俗冰(氷)。从疑。《以雙聲爲聲。》/57

◀ 제 5 획 ▶

冶 (야)【yě ㄧㄝˇ】대장간, 대장장이, (쇠를)불릴

설문 7159 銷也。《銷者、鑠金也。仌之融如鑠金然。故鑪鑄亦曰冶。『易』。野容誨淫。【陸德明-本】作冶容。按野、冶皆蠱之叚(假)借也。『張衡賦』言「妖蠱」。今言「妖冶」。》从仌。台聲。《聲葢(蓋)衍。台者、悅也。仌台悅而化。會意。冶今音羊者切。古音讀如與。在5部。或曰台雙聲也。故以爲聲。》/571

冹 (불)【fú ㄈㄨˊ】(바람이)찰(차가울) ▣발:같은 뜻

설문 7166 滭冹也。《三字今正。》从仌。犮聲。《分勿切。15部。》/571

冷 (랭)【lěng ㄌㄥˇ】찰(추울), 쓸쓸할, 식힐

설문 7161 寒也。从仌。令聲。《魯(魯)打切。11部。》/571

◀ 제 6 획 ▶

冽 (렬)【liè ㄌㄧㄝˋ】(물이 매우)찰(차거울) ▣례:같은 뜻

설문 7168 凓冽也。《三字今正。古單用冽字者、如『詩:冽彼下泉:傳』曰冽、寒也。『有冽氿泉:傳』曰冽、寒意也。『素問』曰風寒冰(氷)冽。》从仌。㓹(列)聲。《【各本】篆作「瀨」解作「賴聲」。音洛帶切。今正。按瀨字卽『廣韵(韻)』、『玉篇』皆無之。而『孔沖遠-大東:正義』、『李善-注:高唐賦, 嘯賦』皆引『說文』、『字林』冽字。是【今本】冽譌爲瀨顯然也。良辥切。15部。》/571

◀ 제 8 획 ▶

凊 (정)【jìng ㄐㄧㄥˋ】 ㊀ qìng 서늘할 ▣청:속음

설문 7164 寒也。《『曲禮』曰。凡爲人子之禮。冬溫而夏凊。》从仌。青聲。《七正切。11部。凜凊二篆舊在凍篆之前。非其次也。今更正。凡【全書】內多有宜(宜)正者。學者依此求之。》/571

凋 (조)【diāo ㄉㄧㄠ】 시들, (힘이 빠져)느른할

설문 7157 半傷(傷)也。《傷、創也。半傷、未全傷也。》从仌。《仌霜者傷物之具。故从仌。》周聲。《都僚切。2部、3部。》/571

凍 (동)【dòng ㄉㄨㄥˋ】 얼, 얼음

설문 7154 仌也。《初凝曰仌。仌壯曰凍。又於水曰冰。於他物曰凍。故月令曰。水始冰。地始凍。》从仌。東聲。《多貢切。9部。》/571

◀ 제 10 획 ▶

滄 (창)【chuàng ㄔㄨㄤˋ】 ㊀㊥⑨ cāng 찰(한랭)

설문 7160 寒也。《此與〔水部:滄〕音義皆同。『枚乘-上書』曰。欲湯之滄。絕薪止火而已。按『方言』曰潚(潚)淨也、二字當从仌(氷)。潚卽滄字。淨卽凊字。》从仌。《仌者、寒之象也。故訓寒之字皆从仌。》倉聲。《初亮切。10部。》/571

縢 塍(릉)【dǐng ㄌㄧㄥˊ】 ㊀㊥⑨㉧ líng 얼음 곳간 ※ 릉(凌)과 같은 글자

설문 7155 仌出也。《仌出者、謂仌之出水文棱棱然。輕讀爲力膺切。重讀則里孕切。今俗語猶尒。『豳詩』。三之日納于凌陰。『傳』曰。凌陰、冰(氷)室也。此以冰釋凌、以室釋陰。非謂塍爲仌室也。『鄭-注:周禮』凌人徑云凌、冰室也。似失之。》从仌。朕(朕)聲。《6部。》『詩』曰。納于滕(塍塍)陰。《『七月』文。》 𠗊 滕或从夌。《夌聲也。》/571

凾 (함)【hán ㄏㄢˊ】 찰(차가울)

설문 7162 寒也。从仌。函聲。《胡男切。8部。》/571

凓 (률)【lì ㄌㄧˋ】 (몹시)찰

설문 7167 凓冽、《二字今補。》寒皃(貌)。《「皃」【各本】作「也」。今依『大東正義』及【小徐本】。『毛傳』曰。凓冽、寒氣也。古亦單用凓字。『春秋緐露』謂煉寒曰熏凓。》『詩』曰。二之日凓冽。《七字今補。亦『豳風:七月』文也。『今-詩』作「栗烈」。考『詩:冽彼下泉:疏』引七月二之日凓冽。是【孔-本】與許同。而陸釋文作栗烈、與許異。且云『說文』作「颲颲」。其實〔風部〕未嘗引『詩』也。『五經文字:仌(氷)部』有凓。知其所據『詩』作「凓」。》从仌。㮚(栗)聲。《力質切。12部。》/571

◀ 제 11 획 ▶

滭 (필)【bì ㄅㄧˋ】 (바람이)찰

설문 7165 滭冹、《二字今補。》風寒也。《『豳風:七月』。一之日觱發。『傳』曰。觱發、風寒也。按觱發皆叚(假)借字。滭冹乃本字。猶〔水部〕畢沸、『今-詩』作觱沸。或『許-所據:毛詩』不同【今本】。或許采『三家詩』。皆未可定也。》『詩』曰。一之日滭冹。《七字今補。》从仌。畢聲。《卑吉切。12部。》/571

◀ 제 12 획 ▶

澌 (시)【sī ㄙ】 석 얼음(물 위에 떠 있는 얼음)

설문 7156 流仌(氷)也。《謂仌初結及已釋時隨流而行也。》从仌。斯聲。《息移切。16部。》/571

◀ 제 16 획 ▶

凜 (름)【lǐn ㄌㄧㄣˇ】 찰(추울)(凛 2207)

설문 7163 凜凜、《依『文賦:注』補二字。》寒也。《引申爲敬畏之偁(稱)。俗字作「懍懍」。》从仌。㐭聲。《力稟切。7部。》/571

016	几
2-10	안석 궤

几 궤【jī ㄐㄧ】【설문부수 493】 ㊀㊥⑨㉧ jǐ 안석, 책상, 진득할

설문 9024 凥几也。《「凥」【各本】作「踞」。今正。凥几者、謂人所凥之几也。凥、処也。処、止也。古之「凥」今悉改爲「居」。乃改云居几。旣又改爲蹲踞俗字。古人坐而凭几。蹲則未有倚几者也。几俗作机。『左傳』設机而不倚。『周易』渙奔其机皆俗字。》象形。《象其高而上平可倚。有足。居履切。15部。》『周禮』五几。玉几、彫几、彤几、𩯭几、素几。《『周禮:司几筵職』文。𩯭几、『今-周禮』作漆几。葢許所居不同。𩯭者、桼也。》凡几之屬皆从几。/715

유사 아홉 구(九) 이에 내(乃) 칼 도(刀) 새깃 수(九)
힘 력(力) 어진사람 인(儿)

성부 부록 색인 참조

형부 几를 부수로 하는 대부분의 글자들

형성 (5자) 기(肌 𦙶)2480 기(飢 𩚁)3119 궤(机 𣏌)3399 기(卪 𨚍)3989 궤(𠘧 𠘧)5591

几 수【shū ㄕㄨ】【설문부수】 새 깃 짧을

설문 1879 鳥之短羽飛几几也。象形。凡几之屬皆从几。讀若殊。《市朱切。按以殳從几聲求之。古音在 4部。》/120

유사 아홉 구(九) 안석 궤(几) 이에 내(乃) 칼 도(刀) 어진 사람 인(儿) 힘 력(力)

성부 殳수 朵타 㐱진

형성 (1자) 부(鳧)1881

◀ 제 1 획 ▶

凡 범【fán ㄈㄢˊ】대강, 범상할, 범인(凡人), 속계(俗界), 무릇

설문 8602 最括(括)而言也。《「最」【各本】作「最(最)」。最者、犯而取也。非其義。今正。最者、積也。才句切。括者、絜也。絜者、束也。絜者、麻一耑(端)。束之成一耑也。最括者、總(總)聚而絜束之也。意內言外曰䛐(詞)。其意最括、其言凡也。『春秋緐露』曰。號凡而略。名目而詳。目者、徧辨其事也。凡者、獨擧(擧)其大也。享鬼神者號一曰祭。祭之散名。春曰祠、夏曰礿、秋曰嘗、冬曰烝。獵禽獸者號一曰田。田之散名。春苗、秋蒐、冬狩。按『周禮』多言凡。『六典』、凡也。治典、教典、禮典、政典、刑典、事典、目也。『鄭-注』。言最目者、謂其總數也。若其他言凡祭祀、凡賓客、凡禮事、凡邦之弔事。言師掌官成以治凡。亦皆聚括(括)之謂。擧其凡、則若网在綱。杜預之說『春秋』曰。傳之義例。總歸諸凡。凡之言氾也。包擧氾濫一切之稱也。》从二。二、耦也。《「耦」【各本】作「偶」。今正。一二者、天地之大數也。故从二。》从乁。乁、古文及字。《見〔又部〕。及、逮也。从及者、取括束之義。浮芝切。古音在 7部。讀扶音切。按篆體右像古文及之半。而左引筆下垂。內从一、非从二也。與說解不相應。夫許旣列之〔二部〕。明言从二。不宜(宜)乖異如是。葢(蓋)轉寫旣久。譌奪之由。尠有深思者。許以先篆後古籒爲經例。先古籒後篆爲變例。變例之興、起(起)於部首。部首爲二、則从二之凡當先列。从一之凡當後之。攷定其文。當作乁。最括而言也。从二、二耦也。从乁、乁古文及。此下又云凡篆文乁。李斯省改古文。漢人行之。故許立文必如是。妄人不知。一移一奪。乃使倉頡所造、千古方佚。許君凡例、委於艸莽矣。○ 江沅曰。右旁作乁。乃古文及之省也。𠂆乃二之形。而以上筆引長配右也。當云从古文及省。則得之矣。》/681

※ 잡을 극(丮)자가 대부분 환(丸)이나 범(凡)으로 바뀐다.

성부 贏贏贏라 佩패 夙㒨석 風풍

형성 (4자+1) 봉(芃)497 봉(鳳)2258 범(汎)6832 범(帆)9085 범(梵)

◀ 제 3 획 ▶

尻 거【jū ㄐㄩ】곳, 머무를

설문 9026 処也。《【各本】作「處」、今正。凡尸得几謂之尻。尸卽人也。引申之爲凡尻処之字。旣又以蹲居之字代尻。別製踞爲蹲居字。乃致居行而尻廢矣。『方言』、『廣雅』尻処字皆不作居。而或妄改之。【許書】如家尻也、宋尻也、寷尻之速也、寠無禮尻也、宭羣(群)尻也之類皆改爲居。而【許書】之𧗿(脈)絡不可知矣。》从尸几。《會意。九魚切。5部。》尸得几而止也。《釋會意之恉。較【舊本】增三字。》『孝經』曰。仲尼尻。《『孝經:首章首句』也。今作居。許君受魯(魯)國三老所獻、衞(衛)宏所校『古文-孝經』如是。釋文引【鄭本】亦作尻。『顔氏-家訓』云。仲尼居三字之中。『三倉』尼旁益丘。『說文』尸下施几。如此之類。何由可從。甚爲紕繆。鄭-所據者『古文-眞本』。尻字亦是孔子命名取字本義。何云不可從也。》尻、《逗。》謂閒尻如此。《此釋『孝經』之尻。卽小戴之『孔子閒居』也。『鄭目錄』曰。退朝而處曰燕居。退燕避人曰閒居。閒居而與曾子論孝。猶閒居而與子夏說愷弟君子。故『孝經』之尻謂閒處。閒處卽尻義之引申。但閒處之時、實凭几而坐。故直曰仲尼尻也。如此謂尸得几。》/715

유사 살 거(居) 꽁무니 고(尻)

処 처【chǔ ㄔㄨˇ】本[머물] ※ 처(處)와 같은 글자

설문 9027 止也。《人遇几而止。引申之爲凡尻処(居處)之字。俗分別其上去。》从夂几。《夂讀若黹。從後致也。人兩(兩)脛後有致之者。至乎几而止。故字从夂几。昌與切。5部。》夂得几而止也。《此釋會意之恉。以上八字與【舊本】不同。今更正如此。又以上三篆皆會意。而不入〔人部〕〔尸部〕〔夂部〕者、重几也。》處或从虍聲。《今或體獨行。轉謂処俗字。》/716

참고 처(處処處)

㐱 진【zhěn ㄓㄣˇ】새깃 새로나서 팔딱거릴, 새깃 처음 날

설문 1880 新生羽而飛。《此與〔彡部〕㐱音同形似而義殊。》从几。从彡。《從几而象其形也。之忍切。13部。》/120

【羽】2133 下『注』云:象形。《長毛必有耦。故竝彐。〔几部〕曰。㐱(㐱)新生羽而飛也。羽(羽)、竝㐱也。王矩切。5部。》/138

유사 머리 숱 많고 검을 진(㐱)

성부 翏료 羽우

형성 (14자) 진(珍)142 진(趁)6943 진(診)1625 진(眕)2036 진(殄)2434 진(胗)2540 철(飻)3111 진(袗)5023 진(䟴)5399 진(駗)5928 려(沴)6895 진(紾)8178 진(畛)8758 진(軫)9097

◀ 제 6 획 ▶

凭 (빙)【píng ㄆㄧㄥˊ】기댈

설문 9025 依几也。《依者、倚也。「凭几」亦作「馮几」。叚(假)借字。臥則隱几。》从任几。《三字今正。任几猶言倚几也。會意。皮冰(氷)切。6部。》『周書』曰。凭玉几。《『顧命』文。『今-尙書』作「憑」。衞(衛)包所改俗字也。古叚(假)借衹作「馮」。凡馮依皆用之。》讀若馮。《馮从馬、仌(氷)聲。故其讀同也。》/715

凵 2 ②

017 凵
2-11 입벌릴 감

凵 감【kǎn ㄎㄢˇ】[설문부수 23] 입벌릴
설문 0922 張口也。象形。《「也」『廣韵』作「皃(貌)」。口犯切。8部。》凡凵之屬皆从凵。/62
유사 도시락 거(凵) 비수 비(匕) 감출 혜(匸) 변할 화(匕) 덮을 멱(冖) 멀 경(冂) 상자 방(匚) 일곱 칠(七)
성부 부록 색인 참조
형부 凵을 부수로 하는 대부분의 글자들

凵 거【qū ㄑㄩ】[설문부수 171] 버들 도시락
설문 3023 凵盧、《疊韵(疊韻)爲名。》飯器。《凵盧詳〔皿部:盧〕下。按〔皿部〕不言凵者。單評日盧。絫評日凵盧也。》目桺(以柳)作之。象形。《下像上斂。去魚切。5部。》凡凵之屬皆从凵。笒凵或从竹。去聲。《按『士昏禮:注』作「筶籚」。『廣韵』日。筶、飯器。》/213
유사 감출 혜(匸) 덮을 멱(冖) 입벌릴 감(凵) 멀 경(冂) 상자 방(匚)
성부 去厺거 凷괴 䍃창

◀ 제 2 획 ▶

凶 흉【xiōng ㄒㄩㄥ】[설문부수 260] 本[악할] 죽을, 허물, 재앙, 요사할
설문 4325 惡也。《凶字、吉之反。》象地穿交陷其中也。《此爲指事。許容切。9部。》凡凶之屬皆从凶。/334
성부 离리 䡝운 匈흉 兇흉
형성 (1자) 흉(兇 兇)4326

◀ 제 3 획 ▶

凷 괴【kuì ㄎㄨㄟˋ】㉠㉯㊥⑨㉳ kuài 흙덩이
설문 8622 墣也。《是日轉注。『喪服傳』日。寢苫枕凷。》从土凵。凵屈象形。《『小徐本』如是。屈者、無尾也。凷之形略方。而體似無尾者。故从土而象其形。苦對切。15部》塊俗凷字。《依『爾雅』釋文。》/684
유사 말미암을 유(由) 대그릇 치(甾)
형성 (1자) 계(屆屆 届)5160

甾 甾甾치【zī ㄗ】[설문부수 461] 한해 된 밭, 대그릇, 동방꿩 ■재:재앙
설문 8053 東楚名缶日甾(甾)。《太史公日。自彭城以東。東海、吳、廣陵、此東楚也。缶下日。瓦器、所以盛酒漿。秦人鼓(鼓)之以節歌。象形。然則缶旣象形矣。甾復象形。實一物而語言不同。且實一字而書法少異耳。『玉篇』作甾近之。若『廣韵』謂卽〔艸部〕之菑字。風馬牛不相及也。甾上从一雝川。此象缶之頸少殺。安得云同字。今隸(隸)當作甾。》象形也。《口大而頸少殺。側詞切。1部。》凡甾之屬皆从甾。㽍古文甾。/637

【雉】下日:有十四種(種)。盧諸雉。鷂雉。卜雉。鷩雉。秩秩海雉。翟山雉。翰雉。卓雉。伊雒而南日「翬」。江淮而南日「搖」。南方日「𠷍」。東方日「甾」。北方日「稀」。西方日「蹲」。/141

【치(甾菑甾)】下日:甾菑或省艸。《此取巛諧聲。鄭所云利耜熾發地之意也》/41

※ 치(甾)는 상형문자로 치(甾)와 다르지만 현재는 통용된다.

※ 치(甾)는 치(菑)에서 초두(艹)를 생략한 것(不耕田也。从艸田。巛聲。甾、菑或省艸。/41)
유사 흙덩이 괴(凷) 묵 밭 치(菑)
성부 𠧴𠧴𠧴로 巢소 畁치
형부 로(𤮊) 저(䣊) 병(䍈) 분(畚) 잡(𤮚) 치(菑)
형성 (4자) 치(菑)543 치(緇)8235 치(錙)8940 치(輜)9071

● 凹 오목할 요
● 凸 볼록할 철

出 출【chū ㄔㄨ】[설문부수 213] 날(생산), 나갈, 뛰어날
설문 3701 進也。《本謂艸木。引伸爲凡生長之偁(稱)。又凡言外出爲內入之反。》象艸木益茲。上出達(達)也。《「茲」『各本』作「滋」。今正。茲、艸木多益也。艸木由才而屮而㞢(之)而出。日益大矣。尺律切。15部。》凡出之屬皆从出。/273
유사 막을 자(𠂔) 잡을 국(𢀜) 잡을 극(𠃨)
성부 祟祟수 敖敫오 暴포 㬥폭 屈굴 朏불
형부 매(賣) 얼(䞿)
형성 (18자) 절(茁)471 돌(咄)816 굴(趉)993 슬(齣)1236 굴(詘)1617 놜(柮)3656 굴(窋)4459 올(痆)4504 출(欪)5330 절(頔)5409 놜(貀)5826 절(炪)6120 출(黜)6254 출(泏)6884 왈(聉)7446 졸(拙)7655 줄(絀)8222 절(蚰)8408

◀ 제 4 획 ▶

甾 甾甾치【zī ㄗ】한해 된 밭, 대그릇, 동방꿩 ■재:재앙 〔8053〕

◀ 제 7 획 ▶

函 函函함【hán ㄏㄢˊ】① 함(函)과 같은 글자(51) ② 혀, 휜쌀, 넣을, 갑옷, 글월(편지), 상자에 넣을(51) ③ 혀, 담을, 갑옷, 아랫턱(凵부 7획 135)
설문 4153 舌也。《舌在口。所以言別味也。圅(函)之言含也。含於口中也。按『大雅:毛傳』日。膝者、函也。『通俗文』云。口上日臄。口下日函。毛、服之函皆卽『說文』之顄字。顄頤也。故服云口下。毛則渾言之。口上口下不分耳。『陸

氏-音義』引許凾舌也之云以釋『毛』。去之遠矣。許凾與顄各字各義。毛、服用凾爲顄。凾借爲含。如席閒凾丈、凾人爲甲是也。『周頌』。實凾斯活。『傳』曰。凾、含也。謂叚(假)借也。》舌體㔾㔾。从㔾。《舌有莖而如莟蕾。故从㔾。》象形。《二字【各本】誤在舌體上。今正。謂囲象舌輪郭及文理也。小徐云。『說文』篆如此。李陽冰(氷)非之。當作圅(函)。按如李說。易與㕚混。『今-廣韵』凾圅別爲二字。則更非矣。》㔾亦聲。《胡男切。7部。》 肣俗凾。从肉今。《『大雅:音義』引『說文』云。凾、舌也。又云。口裹肉也。按口裹肉也四字當在此下。釋从肉之意也。从今者、今聲也。》/316

유사 빠를 극(亟)

형성 (5자) 함(菡 𦵹)408 함(顄 𩓢)5362 함(涵 𣴨)6990 함(涵 𣴨)7162 함(霐 𩃯)7191

◀ 제 9 획 ▶

(곡)【qū ㄑㄩ¯】 뼈가 구불텅구불텅할 (凵부 9획)

설문 8051 骫曲也。《骫者、骨耑(端)骫奊也。「曲」當作「𠙶」。今人用委曲字、古用骫𠙶。其字从骨从玉。謂如骨玉之堅而柔之使橈也。『廣韵(韻)』作「匡匣也」。》从𠙴(曲)。玉聲。《區玉切。3部。》/637

018	刀
2-12	▤ 칼 도

Ⅱ 도【dāo ㄉㄠ¯】[설문부수 137] 칼, 거룻배, 돈

설문 2621 兵也。《刀者、兵之一也。『衞 (衛)風』假借爲舠字。》象形。《都牢切。2部。》凡刀之屬皆从刀。/178

유사 큰 도랑 괴(巜) 넝쿨 뻗을 구(丩) 이에 내(乃) 새깃 짧을 수(九) 힘 력(力)

성부 부록 색인 참조

형부 刀를 부수로 하는 대부분의 글자들 척(𩯷 𩯷) 괴(蒯) 초(艻 𦬸) 취(䎹)

형성 (1자+1) 초(艻 𦬸)406 도(叨 𠮦)

◀ 제 1 획 ▶

刃 인【rèn ㄖㄣˋ】[설문부수 138] 칼날, 칼, (칼로)벨

설문 2684 刀堅也。《「堅」【各本】作「堅」。今正。〔刀部〕曰。㓷(罰)、刀劍刃也。〔金部〕曰。鋻、㓷也。『郭璞-三倉解詁』曰。焠作刀堅也。》象刀有刃之形。《而振切。13部。》凡刃之屬皆从刃。/183

유사 잡을 극(丮𠁩丮) 빠를 신(卂) 둥글 환(丸) 다칠 창(办刅)

성부 忍인 𥿍삽 刅창

형부 창(㓟)

형성 (8자+1) 인(牣 𤙤)734 인(訒 𧥣)1504 인(杒 𣏕)3404 인(𣧄 𣧄)4652 인(仞 𠈁)4737 녀(汈 𣲍)6784 닌(紉 𥾄)8297 인(軔 𨋕)9145 인(韌 𩏊)

◀ 제 2 획 ▶

刅 창【chuāng ㄔㄨㄤ¯】 ㉠ chuàng 다칠, 상할 ※ 창(創)과 같은 글자

설문 2685 傷也。《凡殺傷必以刃。》从刃。从一。《按【鉉本】篆作𠚭。【鍇本】篆作刅。今按當是從刃。從一。一者、傷之象。㓷(罰)之所入也。刅省則作刅。【小徐本】〔井部:刱〕、〔米部:粱〕皆從刅。考『桐柏墓碑』粱字、『羊竇道碑』粱字、『五經文字』及『唐-石經』粱粱皆不作刅。今人作隸(隸)書梁粱皆從刅。非古法。不可從也。楚兩切。10部。》 𠚭(刅)或从倉。《從刀倉聲也。凡刀創及創瘍字皆作此。俗變作「刱」、作「瘡」。多用創爲刱字。》/183

유사 칼날 인(刃) 둥글 환(丸)

성부 粱량

형성 (1자) 창(刱 𠛙)3054

分 분【fēn ㄈㄣ¯】 나눌, 분명할, 분별할, 나누어 줄, 춘분, 추분 ■푼:단위〈韓〉(刀부 2획)

설문 0672 別也。从八刀。《會意。》刀㠯(以)分別物也。《此釋从刀之意也。甫文切。13部。》/48

유사 낄 개(介) 이제 금(今)

성부 𢍐이 頒반 芬분 粉분 份빈 𧯄흔

형성 (20자) 분(氛 𣱼)205 반(攽 𢻱)1912 반(盼 𥄉)2011 분(粉 𥹐)2229 분(鳻 𪀚)2371 분(盆 𥁑)3008 분(枌 𣏐)335 분(棼 𣝯)3392 빈(貧 𧵍)3822 빈(邠 𨚓)3848 분(帉 𢃇)4648 분(豳 𧰽)4731 분(魵 𩵦)5076 분(鼢 𪕃)6088 분(忿 𢗊)6556 분(汾 𣲧)6690 분(鳻 𩶡)7277 분(扮 𢪃)7593 분(紛 𥾐)8313 분(坋 𡉐)8709

切 체【qiè ㄑㄧㄝˋ】 ㉠㊤㊥⑨㉶ qiē 온통(전부) ■절:本[(칼로)벨] 절박할, 정성스러울

설문 2637 刌也。《二字雙聲同義。『古文-禮』刌肺。今文刌爲切。引伸爲迫切。又爲一切。俗讀七計切。師古曰。一切者、權時之事。如以刀切物。苟取整齊。不顧長短縱橫。故言一切。》从刀。七聲。《千結切。12部。》/179

형성 (+1) 체(砌 𥐡)섬돌

◀ 제 3 획 ▶

(기)【jī ㄐㄧ¯】 ㉶ guì 벨, 끊을, 찌를

刊 (간)【kān ㄎㄢ¯】 벨(끊을), 깎을, 새길

설문 2650 剟也。《『柞氏』。夏日至。令刊陽木而火之。『注』。刊謂斫去次地之皮也。按凡有所削去謂之刊。故刻石謂之刊石。此與〔木部:栞〕音同義異。唐衞(衛)包乃改栞爲刊。誤認爲一字也。》从刀。干聲。《苦寒切。14部。》/180

刀 2 ④

刌 (촌)【cǔn ㄘㄨㄣˇ】 저밀(잘게 썲)

설문 2638 切也。《『玉藻:瓜祭上環:注』曰。上環、頭刌也。『元帝紀』分刌節度。》 从刀。寸聲。《凡斷(斷)物必合法度。故從寸。『周禮』昌本切之四寸爲菹、陸續之母斷葱(斷蔥)以寸爲度是也。云寸聲。包會意。『詩』。他人有心。予寸度之。俗作「忖」。其實作「寸」作「刌」皆得如切物之度其長短也。倉本切。13部。》/179

◀ 제 4 획 ▶

刉 (기)【jī ㄐㄧˉ】 ㉆ guì 벨, 끊을, 찌를

설문 2640 劃傷也。《錐刀畫(畵)曰劃。『周禮:士師職』凡「刉珥」。『小子職』作「珥衈」。「衈」或爲「刉」。『肆師職』作「衈珥」。「衈」或作「幾」。按鄭讀「珥」皆爲「衈」。云作「刉衈」爲正字。刉衈者、釁禮之事。用牲、毛者曰「刉」。羽者曰「衈」。小子衈於社稷。刉於五祀。謂始成其宮兆時也。『襍(雜)記』。雍人擧(擧)羊升屋。中屋南面。刲羊。血流于前。門、夾室皆用雞(鷄)。其衈皆于屋下。割雞。門、當門。夾室、中室。是刉衈之事也。許云劃傷者正謂此。禮不主於殺之。但得其血涂祭而已。〔血部〕無衈字。葢(蓋)許依【經】作「珥」。『襍記:注』曰。衈謂將刲割牲以釁。先滅耳旁毛薦之。『周禮:注』引『公羊傳』。叩其鼻以衈社。『今-公羊』作血社。『山海經』。聃用魚。『傳』引叩其鼻以聃社。字又不同。聃葢從神省、從耳。》 从刀。气聲。《當九衈切。15部。》 一曰斷(斷)也。《此別一義。》 又讀若殪。《又者蒙上文乞聲言之。云乞聲則得其音矣。而斷(斷)之義讀如殺羊出其胎之殪。音稍不同也。今音五來切。》 一曰刀不利、於瓦石上刉之。《又別一義。刉與厲不同。厲者、厲於厲石。刉者、一切用瓦石磢之而已。與槩杚剴音義略同。今音當古愛切。》/179

荆 (형)【xíng ㄒㄧㄥˊ】 형벌 ※ 형(刑)의 본래 글자

설문 2678 剄也。《按荆(刑)者、五荆也。凡荆罰、典荆、儀荆皆用之。刑者、剄頸也。橫絕(絶)之也。此字本義少用。俗字乃用刑爲荆罰、典荆、儀荆字。不知造字之恉(旨)既殊。井聲、幵聲各部。凡井聲在 11部。凡幵聲在 12部也。》 从刀。幵(开)聲。《戸(戶)經切。按古音當與一先韵(韻)內幵聲諸字爲伍。》/182

荆 刑 형【xíng ㄒㄧㄥˊ】 형벌, 형벌할, 법, 본받을, 목벨, 제어할, 꼴

설문 3053 罰辠也。《假借爲典型(型)字。》 从刀井(井)。『易』曰。井者法也。《此引『易』說从井之意。井者法也。葢(蓋)出『易』說。『司馬彪-五行志』引『易』說同。『風俗通』亦云。井者、法也。節也。『春秋:元命包』曰。荆(刑)、刀守井也。飮水之人入井爭水。陷於泉。刀守之。割其情也。又曰。网言爲詈。刀守詈爲罰。罰之爲言內也。陷於害也。已上見『玄應-大唐衆經音義』、『徐堅-初學記』。夫井上爭水。不至用刀。至於詈罵當罰。五罰斷(斷)不用刀也。故許而罰入〔刀部〕。謂持刀罵詈則應罰。以荆入〔井部〕。謂有犯五荆之辠者則用刀法之。同一从刀。而一系諸受法者。一系諸執法者。且从井非爲入井爭水。視『元命包』之說。正如摧枯拉朽。安置妥帖矣。故【其書】百世師承可也。》 井亦聲。《戸經切。11部。按此荆罰正字也。今字改用「刑(刑)」。刑字、剄也。見〔刀部〕。其義其音皆殊異。》/216

형성 (3자) 형(荆)467 형(型)8662 형(鉶)8869

刓 (완)【wán ㄨㄢˊ】 깎을, 닳을

설문 2671 剸也。《「剸」當作「團」。團圜也。『通俗文』曰。斷(斷)截曰剸。非其訓也。且【許書】本無剸字。『韓信傳』。刻印刓忍不能予。蘇林曰。刓音刓角之刓。與摶同。手弄角訛。不忍授也。按正文當本是同『酈食其傳』作玩。故蘇以手弄角訛釋之。「訛」當作「訛」。見〔金部〕。刓、『齊物論』作「园」。》 从刀。元聲。《五丸切。14部。》 一曰齊也。/181

刖 월【yuè ㄩㄝˋ】 발 벨 ■올:같은 뜻 ■알:같은 뜻 ■왈:같은 뜻

설문 2667 絕(絶)也。《凡絕皆偁(稱)刖。故劓下云刖鼻(鼻)也。刖足則爲跀。『周禮』刖者使守囿。此是假刖爲跀。『困:九五』。「鼻刖」。『京房』作「劓劊」。『說文』劊與刖義同。》 从刀。月聲。《魚厥切。15部。》/181

형성 (1자) 올(朝)5195

列 𠛱 렬【liè ㄌㄧㄝˋ】 벌릴, 반렬, 항오, 항렬, 펼, 베풀

설문 2649 分解也。《列之本義爲分解。故其字從刀。齒分骨之䶛從列。引伸爲行列之義。古假借烈爲列。如『鄭風』火烈其擧(擧)。毛曰烈、列也是也。『羽獵賦』。擧烮烈火。烈亦與列同。》 从刀。𡿪聲。《良辥切、15部。》/180

성부 𡿪렬

형성 (13자) 렬(茢)407 렬(迾)1140 랄(䶛)1242 례(栵)3484 렬(�)4245 례(例)4947 렬(裂)5103 렬(鴷)5915 렬(烈)6119 렬(洌)6866 렬(冽)7168 렬(蛚)8468 렬(颲)8577

㓞 갈【kā ㄎㄚˉ】 [설문부수 139] ㉠㉧㊥⑨㉆ qìa 교묘하게 새길(B2208) ■계:계약할(契)

설문 2687 巧㓞也。《巧㓞葢(蓋)漢人語。》 从刀。丰聲。《恪八切。15部。》 凡㓞之屬皆从㓞。/183

성부 契계 絜결 㓞괄

형부 괄(契)

형성 (4자) 설(齧)1250 결(絜)2689 체(䂓)2705 설(挈)7487

◀ 제 5 획 ▶

刨 (구)【gōu ㄍㄡˉ】 낫(곡식 · 풀 베는 기구)

설문 2625 鎌也。《「刨」亦作「鉤」。『周禮:雉氏』夏日至而夷之。『注』云。以鉤鎌迫地芟之也。『方言』曰。刈鉤、江淮陳楚之閒(間)謂之「鉊」、音昭。或謂之「鐹」。音果。

㉆ 作家出版社〔董蓮池-說文解字考正〕 ⑨ 九州出版社〔柴劍虹-說文解字〕 ㉠ 陝西人民出版社〔蘇寶榮-說文解字今注今譯〕 ㉧ 上海古籍出版社〔說文解字注〕 ㊥ 中華書局〔臧克和-說文解字新訂〕

亦作「刬」。自關以西或謂之「鉤」。或謂之「鎌」。或謂之「鍥」。音結。按鎌之屬。見於〔金部〕。》从刀。句聲。《古矦(侯)切。4部。》/178

刜 (불)【fū ㄈㄨˉ】(상)(中)⑨(작) fú 本[칠] 가를(쪼갤)

설문 2668 擊也。《『左傳』。苑子刜林雍。斷(斷)其足。『齊語』。刜令支。》从刀。弗聲。《分勿切。15部。》/181

初 초【chū ㄔㄨˉ】처음(시초, 근본, 이전, 비로소)

설문 2631 始也。《見『釋詁』。》从刀衣。《會意。楚居切。5部。》裁衣之始也。《〔衣部〕曰。裁、製衣也。製衣以鍼。用刀則爲製之始。引伸爲凡始之偁(稱)。此說從刀衣之意。》/178

刪 刪 산【shān ㄕㄢˉ】깎을, 줄일

설문 2652 剟也。《凡言刪(刪)剟者、有所去卽有所取。如『史記:司馬相如傳』曰。故刪取其要。歸正道而論之。刪取猶節取也。謂去其侈靡過實。非義理所尙。取其天子芒然而思巳下也。旣錄其全賦矣。謂之刪取何也。言錄賦之意在此不在彼也。『藝文志』曰。今刪其要以備篇籍。刪其要謂取其要也。不然。豈『劉(劉)歆-七略』之要孟堅盡刪去之乎。詳言之則如『律曆志』曰刪其僞辭、取其義者箸於篇。約言之則如『相如傳』、『藝文志』。》从刀冊。冊、書也。《說從刀冊之意也。云冊書也者、謂凡簡(簡)牘非必受於王之符命也。箓氏爲削。鄭云今之書刀。凡艸刅(創)不定者、以削削之謂之刪。因之凡刊落不用者皆謂之刪。所姦切。14部。》/180

형성 (3자) 산(𥳑)2809 산(狦)6024 산(姍)7943

判 (판)【pàn ㄆㄢˋ】⑨ pòn 가를, 나누일, 판정될, 판단할, 짝(胖合其半以成夫婦)

설문 2646 分也。《媒氏掌萬民之判。『注』。判、半也。得耦爲合。主合其半成夫婦也。朝士有判書以治則聽。『注』。判、半分而合者。》从刀。半聲。《形聲包會(會)意。普半切。14部。》/180

別 別 별【bié ㄅㄧㄝˊ】本[가를] 다를, 나눌, 나누일, 떠날, 이별

설문 2449 分解也。《分別、離別皆是也。今人分別則彼列切。離別則憑列切。古無是也。俗謂〔八部:𠔁〕爲古別字。且或於〔丫部:乖〕字下益曰𠔁古文別。假令果尒。則於此何不載乎。》从冎。从刀。《冎者、分解之皃(貌)。刀者所以分解也。15部。》/164

형성 팔(捌)

𠛱 (점)【diàn ㄉㄧㄢˋ】칼 이 빠질

설문 2674 缺也。《『大雅:抑詩』。白圭之玷。毛曰。玷、缺也。『箋』云。玉之缺尙可磨鑢而平。按𠛱玷古今字。》从刀。《從刀者、待磨鑢也。》占聲。《丁念切。7部。》『詩』曰。白圭之𠛱。/182

利 리【lì ㄌㄧˋ】本[날카로울] 이로울, 길미리(이자)

설문 2629 銛(銛)也。《銛者、臿屬。引伸爲銛利字。銛利引伸爲凡利害之利。》刀和然後利。从刀。和省。《依『韵會』本。『毛傳』曰。鸞刀、刀有鸞者。言割中節也。『郊特牲』曰。割刀之用而鸞刀之貴。貴其義也。聲和而後斷(斷)也。許據此說會意。力至切。15部。》『易』曰。利者義之和也。《又引『易』說從和省之意。上云刀和然後利者、本義也。引『易』者、引伸之義也。》古文利。《𥁋(蓋)從刃禾。》/178

형성 (1자) 률(颲)8576

◀ 제 6 획 ▶

刮 (괄)【guā ㄍㄨㄚˉ】깎을, 닦을, (눈을)비빌

설문 2662 掊杷也。《「杷」、【各本】作「把」。誤。〔手部〕曰。掊、杷也。〔木部〕曰。杷、收麥器。凡掊地如杷麥然。故絫言之曰掊杷。『考工記-故書』捖摩之工。大鄭捖讀爲刮。》从刀。昏聲。《古八切。15部。今字作「刮」。》/181

到 도【dào ㄉㄠˋ】이를(닿을), 주밀할, 속일

설문 7343 至也。《『大雅』曰。靡國不到。『論語』雨言民到于今。『釋詁』曰。到、至也。》从至。刀聲。《都悼切。2部。》/585

형성 (1자) 도(菿)547 도〔倒〕

制 制 제【zhì ㄓˋ】本[(옷감, 재목)마를] 지을, 만들, 금지할

설문 2673 裁也。《〔衣部〕曰。裁、製衣也。製、裁衣也。此裁之本義。此云制、裁也。裁之引伸之義。古多假折爲制。『呂刑(刑)』。制以荆。『墨子』引作折則荆。『魯(魯)論』。片言可以制獄。古作「折獄」。『羽獵賦』。不制中以臬臺。制或爲折。又『呂荆』。折民惟荆。四八目引作制民。》从刀未。《會意。征例切。15部。》未、《逗。》物成有滋(滋)味可裁斷(斷)。《說從未之意。未下曰味也。有滋味可裁斷。故刀未爲剌(制)。》一曰止也。《前義可包此義。》古文制如此。《從彡者、裁斷之而有文也。》/182

형성 (1자) 제(製)5126

𠜊 (부)【fǒu ㄈㄡˇ】칼자루, 칼 손잡이

설문 2622 刀握也。《謂握持處也。『篇』、『韵(韻)』皆云。「𠜊」同「弣」。按弓把曰「弣」。『考工記』、『少儀』「弣」作「拊」。刀把曰「𠜊」。『少儀』亦作「拊」。刀卻(却)刃授穎。削授拊。『注』。穎、鐶也。拊謂把也。按穎近拊。拊近刃。故削外削內異其授。拊與𠜊音相近。》从刀。缶聲。《方九切。3部。『玉篇』孚主切。》/178

刱 (창)【chuàng ㄔㄨㄤˋ】처음, 시작할, 창업할

설문 3054 造法刱業也。《蒙上文井(丼)者法也而言。故云造法刱業。『國語』、『孟子』字皆作「創」。趙氏、韋氏皆曰。創、造也。假借字也。》从井。刅(办)聲。讀若創。《初亮切。10部。》/21

刀 2 ⑥

刲 (규)【kuī ㄎㄨㄟ ˉ】 벨, 찌를

설문 2664 刺也。《馬、虞說『易』同。》从刀。圭聲。《圭刲上、故從圭。形聲包會(會)意也。苦圭切。16部。》『易』曰。士刲羊。《『歸妹:上六:爻辭』。》/181

刳 (고)【kū ㄎㄨ ˉ】 가를, 쪼갤, 속 팔

설문 2648 判也。《『內則』云。刲之刳之。安刲謂刺殺之。刳謂空其腹。『觳(繫)辭』刳木爲舟。亦謂虛木之中。「刳木」一作「挎木」。『鄉飮酒禮』。相者二人。皆左何瑟。後首挎越內弦。賈公彥曰。瑟底有孔越。以指(指)深入而持之也。〔手部〕無挎。》从刀。夸聲。《苦孤切。5夫。》/180

刵 (이)【èr ㄦˋ】 귀 벨

설문 2676 斷(斷)耳也。《刵見『康誥』、『呂荆(呂刑)』。五荆之外有刵。軍戰則不服者殺而獻其左耳曰聝。『周禮』田獵取禽左耳以效功曰珥。》从刀耳。《會(會)意包形聲。仍吏切。1部。》/182

刷 (쇄)【shuā ㄕㄨㄚ ˉ】 닦을, 쓸(청소할), 씻을

설문 2661 㕞(刮)也。《刷與㕞別。〔又部〕曰。㕞、飾也。〔巾部〕曰。飾、㕞也。飾今拭字。拭用手用巾。故從又巾。刷者、掊杷也。掊杷必用除穢之器如刀然。故字從刀。〔艸部〕曰。蒒刷也是也。》从刀。㕞省聲。《其義亦略相近。所劣切。15部。》『禮』有刷巾。《有鉉譌布。【黃氏公紹-所據:鍇本】不誤。而宋張次立依鉉改爲布。『今-繫傳:本』乃張次立所更定。往往改之同鉉。而佳處時存『韵(韻)會』也。『禮』謂『禮經:十七篇』也。『鄉(鄕)飮酒禮』、『鄕射禮』、『燕禮』、『大射儀』、『公食大夫禮』、『有司徹』皆言「帨手」。『注』。帨、拭也。帨手者於帨。帨、佩巾。據『賈氏-鄕飮、公食:二疏』。知『經:注』皆作「帨」。絕(絶)無「挩」字也。帨之爲巾見於『士昏禮』及『內則』。『內則:盥卒授巾:注』云。巾以帨手。鄭卽用『禮經』帨手字也。此云刷巾。「刷」當作「㕞」。葢(蓋)『漢時-禮經』挩手有作刷手者。假刷爲㕞。說禮家所定字不同也。「刷巾」又見『服氏-左傳:注』。『左傳』藻率鞞鞛。服云。藻爲畫(畵)藻。率爲刷巾。『禮』有刷巾。服語正與許同。〔巾部〕云。帥、佩巾也。帨、帥或字。是帨與帥同字。『樂師-故書』帥爲率。『聘禮-古文』帥皆作率。『韓詩』帥時農夫、『毛詩』作率。是率與帥同音假借。『左氏傳』之率卽『說文』之帥。而『許、服-所見:禮經』皆作「刷手」。『鄭-禮經-今文』作「帨手」。古文作「說手」。是則帥帨率說刷㕞六字以同音通用。而『陸德明-本』作「挩手」者爲誤字。》/181

券 (권)【quàn ㄑㄩㄢˋ】 엄쪽(어음을 쪼갠 한쪽), 언약할

설문 2682 契也。《『小宰』。官府之八成。大鄭曰。稱責謂貣予。傅別謂「券書」。聽訟責者以券書決之。傅、傅箸約束於文書。別、別爲兩。兩家各得一也。書契、符書也。質劑謂市中平價、今月平是也。後鄭曰。傅別謂爲大手書於一札。中字別之。書契謂出予受入之凡要。凡簿書之冣(最)目、獄訟之要辭皆曰契。『春秋傳』曰。王叔氏不能擧(擧)其契。質劑謂兩書一札、同而別之。長曰質。短曰劑。質劑皆今之券書也。按云今之券書者、謂漢時名券書。其實券字自古有之也。〔大部〕曰。契、大約也。引『易:觳(繫)辭』書契。》从刀。舜(弄)聲。《去願切。14部。》券別之書曰(以)刀判栔其旁。《「栔」【各本】作「契」。今正。判、分也。栔、刻也。兩家各一之書牘。分刻其旁。使可兩合以爲信。『韓子』曰。宋人得遺契而數其齒是也。》故曰書契。《「書契」、鉉作「契券」。鍇無書。皆非也。今正。書契謂『易:觳辭』、『周禮:小宰』所云書契也。書而栔之是曰書契。栔契音同。此三句說從刀之意。》/182

刺 자【cì ㄘˋ】 本[찌를] 죽일 ■척:찌를 ■라:수라

설문 2683 君殺大夫曰刺。刺、直傷也。《刺篆疑非舊次。刺、直傷也。當爲『正義』。君殺大夫曰刺。當爲別一義。辭之先後今又倒亂矣。上文剽砭刺也、刲刺也皆直傷之義。然則刺篆當廁剽刲二篆下。『禮經』云刺草、『大雅』之刺訓責、『史』稱刺【六經】作『王制』、官稱刺史、鍼黹曰刺繡、用檣曰刺船、盜取國家密事爲刺探『尙書』事皆其引伸之義也。一曰君殺大夫曰刺者、『春秋:僖:二十八年』。公子買戍衞(衛)。不卒戍。刺之。『成:十六年』。刺公子偃。『公羊傳』曰。刺之者何。殺之也。內諱殺大夫。謂之刺之也。考諸『周禮:司刺』。掌三刺之法。壹刺曰訊羣(群)臣。再刺曰訊羣吏。三刺曰訊萬民。『注』。刺、殺也。訊而有罪則殺之。然則『春秋』於他國書殺其大夫。於魯(魯)國則兩書刺。諱魯之專殺而謂之刺。謂其當罪合於『周禮』。『公羊』內諱之說是矣。此云君殺大夫曰刺。『春秋』於他國不云爾也。》从刀朿。朿亦聲。《七賜切。16部。按又七迹切。古不分去入。》/182

형성 (1자) 자(莿 𧁞)380

刻 (각)【kē ㄎㄜˉ】 ㉠㊤㊥⑨㉠ kè 새길, 깎을, 해할(해칠)

설문 2642 鏤也。《〔金部〕曰。鏤、剛鐵可以刻鏤也。『釋器』曰。金謂之鏤。木謂之刻。此析言之。統言則刻亦鏤也。引伸爲刻覈、刻薄之刻。》从刀。亥聲。《苦得切。1部。》𠜱 古文刻。《【各本】無。此依『玉篇』增。【各本】則下有古文作劾。『篇』、『韵(韻)』皆不載。『汗簡』載之。云『說文』續添。則【古本】所無可知矣。葢(蓋)古文刻之譌而誤系也。》/179

◀ 제 7 획 ▶

剄 (경)【jǐng ㄐㄧㄥˇ】 ㉠ jǐng 목 벨

설문 2679 刑也。《〔耳部〕曰。小罪聅。中罪刵。大罪剄。剄謂斷(斷)頭也。『左傳』。越句踐使罪人三行。屬劒於頸而辭曰。臣不敢逃荆(刑)。敢歸死。遂自剄也。吳師屬之目。「剄」、『經典釋文-宋刻』作「頸」。非也。按許意剄謂斷頸。荆之至重者也。》从刀。巠聲。《古零切。11部。『廣韵(韻)』古挺切。》/182

【聅】下曰:司馬灋(法)曰。小辠聅之。中辠刵之。大辠剄之。/592

刀 2 ⑧

則 칙【zé ㄗㄜˊ】법칙, 곧, 본받을 ■즉:어조사(~하면)

설문 2633 等畫(畵)物也。《等畫物者、定其差等而各爲介畫也。今俗云科則是也。介畫之、故從刀。引伸之爲法則。假借之爲語詈(詞)。》从刀貝。貝、古之物貨也。《說從貝之意。物貨有貴賤之差。故從刀介畫之。子德切。1部。》古文則。《重貝者、定其等差之意。》籀文則。从鼎。《〔鼎部〕曰。籀文以鼎爲貝。故員作鼏。熉作𤎩。實作𪕹。則作鼎刂。》/179

형성 (8자) 측(萴)361 측(側)4837 측(廁)5663 측(惻)6588 측(測)6853 측(鰂)7288 적(賊)7990 측(塒)8688

肙刂 (연)【yuān ㄩㄢ】뽑을, 시루구멍, 아로새길

설문 2658 挑取也。《抉而取之也。挑、抉也。今俗云剜。【許書】無剜字。》从刀。肙聲。《烏玄切。14部。》一曰窒也。《〔穴部〕曰。窒、空也。窒與肙刂音義通。如圭𨭆之比。》/180

剉 (좌)【cuò ㄘㄨㄛˋ】꺾일, 저밀

설문 2665 折傷也。《剉與〔手部:挫〕音同義近。『考工記』。揉牙內不挫。『注』。挫、折也。是二字通用也。【經史】剉折字多作挫。按今俗謂鐦爲剉。乃錯之聲誤耳。『說文』作「厝」。》从刀。𡉚(坐)聲。《麤臥切。17部。》/181

削 삭【xuē ㄒㄩㄝ】깎을, 쪼갤, 지근댈, 없앨, 지울 ■소:속음 ■초:칼집

설문 2624 鞞也。《〔革部〕曰。鞞、刀室也。『少儀』曰。削授拊。『史、漢:貨殖傳』曰。洒削。『方言』。劒削、自河而北燕趙之閒(間)謂之「室」。自關而東或謂之「廓」。或謂之「削」。自關而西謂之「鞞」。廓卽郭。鞞卽鞞。今字作「鞘」。『玄應』曰。『小:爾雅』作「鞘」。》从刀。肖聲。《息約切。按當依『廣韵』私妙切。2部。》一曰析也。《〔木部〕曰。析、破木也。析從斤。削從刀。皆訓破木。凡侵削、削弱皆其引伸之義也。今音息約切。》/178

형성 (2자) 소(箾)2855 삭(㲖)7464

剌 랄【là ㄌㄚˋ】어그러질, 바람 부는 소리 ■라:〈네이버 자전〉수라

설문 3738 戾也。《戾者、韋背之意。凡言乖剌、剌謬字如此。『謚(諡)法』愎很遂過曰剌。》从束。从刀。刀束者,《「束」字今補。刀束如㝵下言寸臼。》剌之也。《旣束之則當藏弆之矣。而又以刀毁之。是乖剌也。盧逹(達)切。15部。》/276

유사 찌를 자(刺)

성부 賴뢰

형성 (4자) 랄(瑓)91 랄(楋)3351 랄(瘌)4586 랄(揦)4685

歬刂 前前 전【jiǎn ㄐㄧㄢˇ】本 가지런히 자를 (시간, 장소)앞

설문 2632 齊斷(斷)也。《『釋言』、『魯(魯)頌傳』皆曰。翦、齊也。『士喪禮』。馬不齊髦。『注』云。齊、翦也。二字互訓。許必云齊斷者、爲其從刀也。其始前爲刀名。因爲斷物之名。斷物必齊。因爲凡齊等之偁(稱)。如實始翦商謂周之氣象始與商齊等。語本甚明。〔戈部〕人此『詩』作「戩商」。字之假借。如竹箭之爲竹晉也。前古假借作翦。『召南:毛傳』曰翦去也是也。『禮經』蚤揃。假借揃爲之。又或爲「鬋」。今字作「剪」。俗。》从刀。歬聲。《子善切。12部。》/178

성부 湔전

형성 (8자) 전(莿)292 전(翦)2139 전(箭)2738 전(幩)4680 전(鬋)5482 전(煎)6153 전(揃)7531 전(媊)7780

◀ 제 8 획 ▶

剖 (부)【pǒu ㄆㄡˇ】㊤㊥⑨㉶ pōu (절반으로)가를, 갈라질

설문 2644 判也。《『史記』曰。騶衍稱引天地剖判以來。》从刀。杏(咅)聲。《浦后切。4部。》/179

栔 (괄)【guā ㄍㄨㄚ】㊤㊥⑨㉶ jiá 깎여 떨어질

설문 2688 𠜂栔。《逗。疊韵(疊韻)》刮也。《刮者、掊杷也。》从㓞。夬聲。《古黠切。15部。》一曰栔、《逗。》畫(畵)堅。《「畫」當作「劃」。劃堅曰栔。》/183

剛 (강)【gāng ㄍㄤ】굳셀, 억셀

설문 2634 彊斷(斷)也。《彊者、弓有力也。有力而斷(斷)之也。『周書』所謂剛剋。引伸凡有力曰剛。》从刀。岡聲。《古郎切。10部。》古文剛如此。《按從㐰。㐰、古文信。信者必剛也。從二者、仁從二之意。仁者必有勇也。侃、剛直也。亦從㐰。》/179

剝 (박)【bō ㄅㄛ】㉠ bāo (껍질을)벗길

설문 2654 裂也。《〔衣部〕曰。裂、繒餘也。謂殘破也。『夏小正』。二月剝鱓。以爲鼓(鼓)也。八月剝瓜。畜瓜之時也。剝棗。剝也者、取也。栗零。零也者、降也。零而後取之。故不言剝也。按剝鱓者、謂殘其皮。剝瓜棗者、謂殘其實。其用一也。〔皮部〕曰。剝取獸革。與剝鱓合。『孔子-易:傳』曰。致飾。然後通則盡矣。故受之以『剝』。剝者、剝也。物不可以終盡。剝竆(窮)上反下。故受之以『復』也。按此是剝訓盡。裂則將盡矣。『豳風』假剝爲攴。八月剝棗。毛曰。剝、擊也。『音義』云。普卜反。故知剝同攴也。『小正:傳』云「取」。『毛傳』云「擊」。此後人訓詁必密於前人也。》从刀彔。彔、刻也。《說從彔之意。彔下云。刻木彔彔也。破裂之意。》彔亦聲。《北角切。3部。》一曰彔、割也。《此別一義。與上義相通。按此篆解說、合【二徐本】及『尚書:泰誓:正義-宋刻本』參定。》剝或从卜。《卜聲也。》/180

剞 (기)【jī ㄐㄧ】새김칼

설문 2627 剞剧。《逗。》曲刀也。《『高-注:倣眞訓』曰。剞、巧工鉤刀。剧、規度刺墨邊箋也。〈箋字有誤〉所以刻鏤之具。『應劭-注:甘泉賦』曰。剞曲刀也。劂、曲鑿也。【二注】皆謂剞剧有二。『王逸-注:哀時命』。剞剧、刻鏤刀也。與許合。》从刀。奇聲。《居綺切。古音在 17部。》/178

剟 (철)【duó ㄉㄨㄛˊ】 ㊤㊥⑨㉯ zhuō 깎을, 벨, 찌를

설문 2651 刊也。《商子曰。有敢剟定法令者死。『賈誼傳』曰。盜者剟寢戸(戶)之簾。》从刀。叕聲。《陟劣切。15部。》/180

剧 (굴)【jué ㄐㄩㄝˊ】 새김칼

설문 2628 剞剧也。《二字雙聲。》从刀。屈(屈)聲。《九勿切。15部。亦作「剧」。》/178

剡 염【yǎn ㄧㄢˇ】 날카로울, 깎을, 벨(자를) ■섬:땅 이름

설문 2630 銳利也。《『釋詁』曰。剡、利也。『毛詩』假借覃爲之。『大田』曰。以我覃耜。毛曰。覃、利也。『釋詁』文也。按此二篆【古本】當作利剡也、剡利也。二字互訓。》从刀。炎聲。《以冉(丹)切。8部。》/178

성부 剡예

형성 (3자) 담(菼 䓛)401 잠(箌 䒹)2841 담(緂 綅)8237

◀ 제 9 획 ▶

剫 (탁)【duó ㄉㄨㄛˊ】 쪼갤, 다듬을, 건목칠(治其樸, 具未成器) ■두:닫을

설문 2647 判也。《『釋器』。木謂之剫。『郭-引:左傳』。山有木。工則剫之。》从刀。度聲。《徒洛切。5部。》/180

剬 (단)【zhuǎn ㄓㄨㄢˇ】 ㊤㊥⑨ duān ㉯ zhuān 단정할, 마련할, 어거할(제어할) ■전:같은 뜻

설문 2635 齺(繼)齊也。《齊字衍。》从刀。耑聲。《旨(旨)兖切。14部。按〔首部:䭏(䭏)〕、斷首也。亦截也。剸上同。考【鍇本】無剸上同之文。而『玄應書』云。剬、『聲類』作「剸」。『說文』。剬、斷首也。亦截也。然則〔許書:首部〕有剬無剸。〔刀部〕無剬。後人以『聲類』之剸。改〔首部〕之剬。又移剬入〔刀部〕。【二徐本】皆作古也。此篆宜刪。》/179

咢 㓵(악)【è ㄜˋ】 칼날

설문 2623 刀劒刃也。《『淮南:脩務訓』。摩其鋒㓵。『王子淵-聖主得賢臣頌』、『漢書』作越砥斂其咢。『文選(選)』作「鍔」。》从刀。咢(咢)聲。《五各切。5部。》

籒文㓵。从㓞各。《各聲與咢聲同部。『釋詁』。剡挈利也。【陸德明-本】作「挈」。顏(顏)籀、孔沖遠引作「略」。『周頌』。有略其耜。毛云。略、利也。『張揖-古今字詁』云。「略」古作「挈」。以『說文』折衷之。挈者古字。㓵者今字。㓵者正字。略者假借字。》/178

副 (부)【fù ㄈㄨˋ】 ㊤㊥⑨㉯ pì 쪼갤, 버금, 도울 ■복:찢을 ■벽:순산 안 될(難産, 析副)

설문 2643 判也。《『毛詩:大雅』曰。不坼(坼)不副。『曲禮』曰。爲天子削瓜者副之。『匡繆正俗』曰。副貳之字本爲福。從衣畐聲。俗呼一襲爲一福衣是也。【書史】假借。遂以副字代之。副本音普力反。義訓剖劈。學者不知有福字。以副貳爲正體。『詩』不坼不副。乃以朱點發副字。按顏(顏)說未盡然也。副之則一物成二。因仍謂之副。因之凡分而合者皆謂之副。訓詁中如此者致多。流俗語音如付。由 1部入 3部。【故韵(韻)書】在宥韵。俗語又轉入遇韵也。沿襲旣久。其義其音遂皆忘其本始。福字雖見於『龜策傳』、『東京賦』。然恐此字因副而製耳。『鄭仲師-注:周禮』云。貳、副也。〔貝部:貳〕下因之。『史記』曰。藏之名山。副在京師。『漢書』曰。臧諸宗廟。副在有司。周人言「貳」。漢人言「副」。古今語也。豈容廢副用福。》从刀。畐聲。《芳逼切。1部。》『周禮』曰。副辜祭。《『鄭-注:周禮』作「疈」。云疈、疈牲胷也。疈而磔之。謂磔禳及蜡祭。許所據作副。葢(蓋)副者古文、小篆所同也。鄭所據用籒文。》

籒文副。从畐畐。《當云重畐。重畐者、狀分析之聲。》/179

◀ 제 10 획 ▶

劓 (의)【yì ㄧˋ】 코 벨 ※ 의(劓)와 같은 글자

설문 2677 刖鼻也。《刖、絕(絶)也。『周禮:注』曰截鼻。》从刀。臬聲。《臬、法也。形聲包㑹(會)意。魚器切。15部。『易:音義』引『說文』牛列反。》『易』曰。天且劓。《『睽:六三:爻辭』。馬、虞皆云黥(黥)頟爲天。》

劓或从鼻。《刀鼻會意。【今-經典】如此作。》/182

割 (할)【gē ㄍㄜ】 가를(나눌), 빼앗을

설문 2655 剝也。《蒙剝之弟二義互訓。割謂殘破之。『釋言』曰。葢(蓋)割裂也。『尙書』多假借「割」爲「害」。古二字音同也。『釋言-舍人本』葢作害。明害與割同也。『鄭-注:緇衣』曰。割之言葢也。明葢與割同也。》从刀。害聲。《古達(達)切。15部。按古字亦從匃(匄)聲。故『宋次道、王仲至:家-所傳:古文-尙書』曰创申勸寧王之德。》/180

剴 (개)【kǎi ㄎㄞˇ】 ㊤ gāi ㉯ ái (풀 베는)큰 낫

설문 2626 大鐮也。《謂可切地芟刈也。〔金部〕曰。鉊、大鐮也。》一曰摩也。《下文云。刀不利於瓦石上刏之。剴刏音義皆同也。引伸之爲規諷之義。如『大司樂:注』曰導者言古以剴今、『雨無正:箋』巧言謂以事類風切剴微之言是也。『唐-魏徵傳』。二百餘奏。無不剴切當帝心。今人乃謂直言爲剴切。昧於字義甚矣。》从刀。豈聲。《五來切。古音在 15部。又古愛反。與枆槩音義皆同。》/178

◀ 제 11 획 ▶

㓶 (철)【qiè ㄑㄧㄝˋ】 ㊤㊥⑨㉯ chì 벨, 다칠

설문 2669 傷也。《柴下曰蹏皮可以割桼。桼疑㓶之誤。割㓶彖言之也。『廣雅』曰。㓶、割也。測紀切。》从刀。桼聲。《親結切。12部。》/181

剺 (리)【lí ㄌㄧˊ】 벗길, 다칠

설문 2656 剝也。《『方言』。劙、解也。劙與剺雙聲義近。》劃也。《此別一義。當言一曰。按『玄應書』引『三蒼』云。剺、劃也。〔文部〕曰。𠪚、微畫(畵)也。音同義近。》从刀。𠩺聲。《里之切。1部。》/180

剽 (표)【piào ㄆㄧㄠˋ】 표독할, 겁박할

설문 2663 砭刺也。《謂砭之、刺之皆曰剽也。砭者、以石刺病也。刺者、直傷也。砭刺必用其器之末。因之凡末謂之剽。『莊子』謂本末爲本剽。『素問』有『標本病傳

論』。標亦末也。》从刀。票聲。《匹妙切。2部。按當依『李軌-莊子』音怖遙反。陸甫小反。》一曰剽、劫也。《『史記:貨殖傳』。攻剽椎埋。劫人作姦。『漢:賈誼傳』。白晝大都之中。剽吏而奪之金。按此義當去聲。》/181

◀ 제 12 획 ▶

(존)【zǔn ㄗㄨㄣˇ】덜

설문 2680 減也。《劕撙古今字。萏(蓋)𥺦(蓋隷)變也。『曲禮』。恭敬撙節退讓以明禮。『注』。撙猶趨也。按趨同趣、疾也。當音促。非趨走之趨。『戰國策』。伏軾撙銜。『集韵(韻)』曰。撙、挫也。》从刀。尊(尊)聲。《茲損切。13部。》/182

(괄)【guā ㄍㄨㄚ】 작 jiá 곳은 살 파낼

설문 2659 刮(刮)去惡創肉也。《『瘍醫』。掌腫瘍、潰瘍、金瘍、𣂏(折)瘍之祝藥劀殺之齊。鄭云。劀、刮去膿血。殺謂以藥食其惡肉。與許異。刮劀爲疊韵(疊韻)。》从刀。矞聲。《古鎋切。15部。》『周禮』曰。劀殺之齊。/180

(획)【huà ㄏㄨㄚˋ】 상中9작 huá 쪼갤

설문 2657 錐刀畫曰劃。《「畫」字【各本】無。今補。謂錐刀之末所畫謂之劃也。上文云𠛬劃傷也、㔖劃也皆是也。》从刀畫。畫亦聲。《呼麥切。16部。當依『廣韵(韻)』胡麥切。》/180

● 㓵 칼날 악(㓵)-본자

◀ 제 13 획 ▶

(벽)【pī ㄆㄧ】 상中9 pì 작 pī 빼갤, (하늘을 찢는 듯한)천둥

설문 2653 破也。《此字義與副近而不同。今字用劈爲副。劈行而副廢矣。劈與副【古經】有相通者。『大宗伯:疈辜祭』。疈在 1部。【故書】疈爲罷。大鄭釋爲披磔牲以祭。罷披破同17部。劈在 16部。此其音義相通之證也。『考工記』假薜爲劈。『注』云。薜、破裂也。又或假擘爲之。張衡賦云分肌擘理是也。》从刀。辟聲。《普擊切。16部。》/180

劉 鎦 류【liú ㄌㄧㄡˊ】本[죽일] 도끼, 성씨

설문 9009 殺也。《『般庚』。重我民無盡劉(劉)。『君奭』。咸劉厥敵。『左傳:成:十三年』。虔劉我邊垂。『釋詁』。劉、殺也。『書:孔傳』、『左:杜-注』同。》从金刀。《此會意。从金、殺義未著(着)。必从金刀而後著。》丣聲。《丣者、古文酉也。力求切。3部。此篆二徐皆作「鐂」。別無劉篆。鐂、【古書】罕用。古未有姓鐂者。且與殺義不協。其義訓殺、則其文定當作劉。楚金疑脫劉篆、又疑劉之丣下本作刀。轉寫譌田。後說是也。〔竹部〕有篘、劉聲。〔水部〕有瀏(瀏)、劉聲。又劉劉、杙。又劉向、劉歆。以許訂許。此必作劉若無劉字。劉聲無本矣。今輒更正篆文。以截斷衆疑。至若此字丣聲、非丣(卯)聲。絕(絶)無可疑者。二徐固皆不誤。萏(蓋)凡丣聲之字皆取疊(疊)韵而又雙聲。丣丣皆在古音第 3部。而各有其雙聲。故二聲不可淆混。東漢一代持卯金刀之說。謂東卯西金。從東方王於西也。此乃讖緯鄙言。正馬頭人、人持十、屈中、止句一例。所謂不合孔氏古文、謬於史籒之野言。許之所以造『說文』者、正爲此等。矯而煣之。隱而栝之。使六書大明。以視何休之恃此說【經】。其相去何如也。正劉爲劉。許君之志也。或疑其有忌諱而隱之。夫改字以惑天下後世。君子不出於此。》/714

형성 (2자) 류(篘)2763 류(瀏)6824

(괴)【kuài ㄎㄨㄞˋ】 상中9작 guì 끊을, 절단할 ■괄:같은 뜻

설문 2636 斷(斷)也。《『易:困:九五』。劓刖。困于赤紱。【京房-本】作「劓劊」。按刖絕、劊斷(斷)。義正相同。今俗云劊子手。》从刀。會聲。《古外切。15部。》/179

(초)【jiǎo ㄐㄧㄠˇ】 끊을(절단할)

설문 2666 絕(絶)也。《『夏書:甘誓』。天用剿絕其命。【天寶已前-本】如是。釋文曰剿子六反。『玉篇』子小反。【馬本】作「剿」。【宋開寶已前-本】如是。『今-玉篇』剿子小切。絕也。剿同上。此顧希馮之舊也。自衞(衛)包改剿爲勦。以〔刀部〕訓絕之字。改爲〔力部〕訓勞之字。於是『五經文字』〔力部〕曰。勦見『禮記』。又見『夏書』。而〔刀部〕反無剿字。開寶中改釋文剿爲勦、剿爲巢。『羣(群)經音辨』、『集韵(韻)』等皆云勦、絕也。重紕貤繆。莫能諟正。萏(蓋)衞包當日改剿爲從刀之剿猶可說也。改爲從力之勦則不可說矣。『王莽傳』。郭欽封剿胡子。又詔曰。將遣大司空征伐剿絕之矣。此用『夏書』也。『外戚傳』。命櫟絕而不長。此假借字也。『說文:水部:灑』、讀若『夏書』天用勦絕。此必淺人以【衞包-本】改之也。『曲禮』。毋剿說。字從刀、不從力。》从刀。喿聲。《子小切。2部。》『周書』曰。《「周」者「夏」之誤。》天用剿絕其命。/181

(귀)【guì ㄍㄨㄟˋ】 상처낼, 사뿐히 찌를 ■궤:정음(正音)

설문 2641 利傷也。《『聘義』。廉而不劌。義也。『注』云。劌、傷也。按〔玉部〕作「廉而不忮」。毛公曰。忮、害也。是其義同也。利傷者、以芒刃傷物。》从刀。歲聲。《居衞(衛)切。15部。》/179

◀ 제 14 획 ▶

(제)【jì ㄐㄧˋ】 약재(약의 재료), 약제(약을 지음)

설문 2660 齊也。《『釋言』。劑、翦齊也。按『周禮』或言「質劑」。或言「約劑」。鄭訓劑爲券書。大鄭曰。質劑謂市中平價。今時月平是也。鄭云長券曰質。短券曰劑。是劑所以齊物也。『周禮』又多用齊字。『亨人:注』。齊多少之量。此與劑義不同。今人藥劑字乃『周禮』之齊字也。》从刀。《從刀者、齊之如用刀也。不必用刀而從刀。故不與前爲伍。餘倣此。》齊聲。《在詣切。15部。》/181

(검)【jiàn ㄐㄧㄢˋ】칼 ※ 검(劍)과 같다

설문 2686 人所帶兵也。《桃氏爲劒。有上制。有中制。有下制。『注』云。此今之匕首也。人各以其形皃(貌)大小帶之。》从刃。僉聲。《居欠切。8部。》劒 籒文

劒。从刀。/18

◀ 제 16 획 ▶

(설)【xuē ㄒㄩㄝ¯】 ㉺㊥⑨㉻ xiè 끊을 ■얼:같은 뜻

설문 2639 斷(斷)也。从刀。辥聲。《私列切。15部。》/179

◀ 제 17 획 ▶

(참)【chán ㄔㄢˊ】 끊을, 뚫을

설문 2670 斷(斷)也。《與〔金部:鑱〕義略近。》从刀。毚聲。《鉏銜切。8部。》一曰剽也。《砭刺也。》釗也。《刓也。『廣韵(韻)』引無此二字。》/181

019 2-13 力 뜻 힘 력

력【lì ㄌㄧˋ】〔설문부수 488〕 本[힘줄] 힘, 힘쓸

설문 8780 筋也。《筋下曰。肉之力也。二篆爲轉注。筋者其體。力者其用也。非有二物。引申之、凡精神所勝任者皆曰力》象人筋之形。《象其條理也。人之理曰力。故木之理曰朸。地之理曰阞。水之理曰泐。林直切。1部。》治功曰力。《『周禮:司勳』文。》能禦大災。《『國語』、『祭法』文。引以釋治功曰力也。》凡力之屬皆从力。/699

유사 아홉 구(九) 안석 궤(几) 이에 내(乃) 칼 도(刀) 새깃 짧을 수(九) 어진 사람 인(儿)

성부 부록 색인 참조

형부 止를 부수로 하는 대부분의 글자들 려(勴) 건(笏)

형성 (4자) 륵(忇)1393 륵(肋)2503 력(朸)3459 륵(扐)7652

◀ 제 3 획 ▶

(공)【gōng ㄍㄨㄥ¯】 공(공적), 보람, 공치사할

설문 8782 日(以)勞定國也。《『司勳(勳)』曰。國功曰功。鄭曰。係(保)全國家若伊尹。許則擧(擧)『祭法』文以釋之也。『詩』。以奏膚公。『傳』曰。膚、大也。公、功也。此謂叚(假)公爲功也。》从力。工聲。《古紅切。9部。》/699

가【jiā ㄐㄧㄚ¯】 더할, 거듭, 능가할, 합할

설문 8811 語相譜加也。《「譜」[各本]作「增」。今正。增者、益也。義不與此同。譜下曰。加也。誣下曰。加也。此云語相譜加也。知譜誣加三字同義矣。誣人曰譜。亦曰加。故加从力。『論語』曰。我不欲人之加諸我也。吾亦欲無加諸人。馬融曰。加、陵也。袁宏曰。加、不得理之謂也。『劉知幾-史通』曰。承其誣妄(妄)。重以加諸。『韓愈-爭身論』曰。吾聞君子不欲加諸人。而惡訐以爲直者。皆得加字本義。引申之、凡據其上曰加。故加巢(巢)卽架巢。》从力口。《譜有力之口也。會意。古牙切。17部。》/700

성부 枷가

형성 (7자+1) 가(茄)411 가(哿)2924 가(嘉)2944 하(賀)3783 가(痂)4540 가(駕)5891 아(娿)7771 가(珈)

◀ 제 4 획 ▶

렬【liè ㄌㄧㄝˋ】 못할(재능, 힘, 졸렬)

설문 8803 弱也。《弱者、橈也。》从力少。《會意。力輟切。15部。》/700

협【xié ㄒㄧㄝˊ】〔설문부수 489〕 (힘을)합할, 바쁠

설문 8820 同力也。《同力者、龢也。龢、調也。》从三力。《會意。胡頰切。按此字本音戾。力制切。15部。淺人妄(妄)謂與協勰協同音。而不知三字皆以劦會意。非以形聲也。惟不以劦爲聲。故三字皆在 8部。而劦聲之荔珕則皆力制切。在15部。》『山海經』曰。惟號之山。其風若劦。《『北山經』曰。母逢之山。北望雞(望鷄)號之山。其風如飈。『郭-傳』。飈、急風皃(貌)也。音戾。或云飄風也。按[郭本]與許所據不同。『郭-江賦』用飈字。許意蓋(蓋)謂其風如并力而起(起)也。》凡劦之屬皆从劦。/701

성부 脅협【169-2500】

형성 (6자) 려(珕)187 여(荔)626 랍(拹)7570 협(恊)8821 협(勰)8822 협(協)8823

◀ 제 5 획 ▶

조【zhù ㄓㄨˋ】 도울, 구실(정전법에서 가운데 밭의 수확을 바침)

설문 8783 左(佐)也。《「左」今之「佐」字。左下曰。手相左助也。二篆爲轉注。右下曰。手口相助也。『易:傳』曰。右者、助也。按左右皆爲助。左者、以ナ助叉。右者、以手助口。疑此解當云左右也。『傳』寫奪右字。『商頌』曰。實左右商王。『傳』云左右、助也。》从力。且聲。《牀倨切。5部。》/699

형성 (1자) 서(耡)2698

겁【jié ㄐㄧㄝˊ】 겁탈할, 위협할, 대궐 큰 층계, 먹을, 부지런할

설문 8816 人欲去日(以)力脅止曰劫。《脅猶迫也、俗作「愶」。古無其字。用脅而已、以力止人之去曰劫。不專謂盜。而盜禦人於國門之外亦劫也。太史公曰。劫人作姦。》或曰日力去曰劫。《用力而逃也。》从力去。《依『韵會』補此三字。二義皆力去也。此篆从力。而俗作「刦」、从刀。蓋(蓋)刀與力相淆之處固多矣。居怯切。8部。》/701

형성 (2자) 갑(厒)7364 겁(鉣)8989

(소)【shào ㄕㄠˋ】 힘쓸 ■교:권면할

설문 8791 勉也。《『釋詁』同。漢成帝詔曰。先帝劭農。蘇林曰。劭音翹。精異之意也。晉灼曰。劭、勸勉也。按〔卩部:卲〕、高也。卲與劭相似。轉寫容有互譌者。如應仲遠之名。當是卲字。此蘇林所說當亦是卲農。『爾雅』、『方

言』皆曰。釗、勉也。釗當是劭之叚(假)借字。》 从力。召聲。讀若舜樂韶。《『爾雅』釋文云。或上遙反。用許讀也。今皆寔照切。2部。》 /699

◀ 제 6 획 ▶

券 (권)【quàn ㄑㄩㄢˋ】 ㊤㊥⑨㉆ juàn 질력날(싫증날) ※ 권(倦)과 같은 글자

설문 8809 勞也。《『輈人』。終日馳騁。『左』不楗。『書』楗或作「券」。鄭云。券今倦字也。據此則漢時已倦行券廢矣。》 从力。𢍏聲。《今皆作倦。莶(蓋)由與契券从刀相似而避之也。渠眷切。14部。》 /700

劼 (할)【jí ㄐㄧˊ】 ㊤㊥⑨㉆ jié 삼갈 ■갈:속음

설문 8786 愼也。《愼者、謹也。『廣韵(韻)』曰。用力也。又固也。勤也。》 从力。吉聲。《巨乙切。12部。按『篇』、『韵』皆恪八切。巨乙、非也。》 『周書』曰。劼毖殷獻臣。《『酒誥』文。按此篆解【小徐本】譌舛不可讀。》 /699

劾 (핵)【hé ㄏㄜˊ】 (죄상을)캐물을

설문 8818 灋(法)有辠也。《法者、謂以法施之。『廣韵(韻)』曰。劾、推窮罪人也。》 从力。亥聲。《按此字俗作㓝、从刃。恐从刀則混於〔刀部〕之刻也。胡槩切。1部。亦入海韵(韻)、代韵。》 /701

◀ 제 7 획 ▶

勀 剋(극)【kè ㄎㄜˋ】 이길, 정할, 급할, 엄할, 새길

설문 8806 尤劇也。《「劇」大徐作「極」。小徐作「劇」。今正。勀(剋)又劇之尤者也。剋者、以力制勝之謂。故其事爲尤勞。【許書】勀與克義不同。克者、肩也。肩者、任也。以『春秋』所書言之。如辛巳雨。不克葬。戊午日下昃。乃克葬。如晉人納捷菑于邾。弗克納。此克之義也。如鄭伯克段于鄢。『傳』曰。得儁曰克。此勀之義也。勀之字譌而从刀作剋。猶劇之譌而从刀也。【經典】有克無剋。【百家之書】克剋不分。而勀乃廢矣。》 从刀。克聲。《苦得切。1部。》 /700

勁 (경)【jìng ㄐㄧㄥˋ】 (힘, 의지가)셀, 굳셀

설문 8796 彊也。《『廣韵(韻)』。勁、健也。》 从力。巠聲。《吉正切。11部。○ 按以上三篆移其舊次。》 /700

勃 발【bó ㄅㄛˊ】 本[물리칠] 우쩍 일어날, 발끈할, 갑자기, 성씨

설문 8814 排也。《排者、擠也。今俗語謂以力旋轉曰勃。當用此字。『論語』。色孛如也。許所引乃本字本義。謂孛孛、盛气也。今論叚(假)借勃字。殊失其恉。》 从力。孛聲。《浦沒(沒)切。15部。》 /701

참고 발(渤)나라 이름, 바다 이름

勇 勇 용【yǒng ㄩㄥˇ】 날랠, 용감할, 용감, 용사

설문 8813 气也。《气、雲气也。引申爲充體之气之偁(稱)。力者、筋也。勇者、气也。气之所至。力亦至焉。心之所至。气乃至焉。故古文勇从心。『左傳』曰。共(共)用之謂勇。》 从力。甬聲。《余隴切。9部。》 戒勇或从戈用。恿古文勇。从心。《『孟子』曰。志氣之帥也。》 /701

참고 용(湧)솟아날

勉 (면)【miǎn ㄇㄧㄢˇ】 힘쓸, 권면할

설문 8790 勥也。《『勥』舊作「彊」。非其義也。凡言勉者皆相迫之意。自勉者、自迫也。勉人者、迫人也。『毛詩』「黽勉」、『韓詩』作「蜜勿」。『爾雅』作「蠠沒」。『大雅:毛傳』曰。亹亹、勉也。『周易:鄭-注』。亹亹猶沒沒也。》 从力。免聲。《亡辨切。古音當在 13部。》 /699

◀ 제 8 획 ▶

勍 (경)【qíng ㄑㄧㄥˊ】 셀(강할)

설문 8795 彊也。『春秋傳』曰。勍敵之人。《彊者、弓有力也。引申爲凡有力之偁(稱)。『春秋傳』者、『僖:二十二年:左傳』文。杜亦曰。勍、強也。按勍與〔人部〕之倞字音義皆同。而勍獨見『左氏』。》 从力。京聲。《渠京切。古音讀如彊。在 10部。》 /700

勑 (래)【lài ㄌㄞˋ】 위로할 ■칙:신칙할

설문 8785 勞也。《此當云勞勑也。淺人刪(刪)一字耳。此勞依今法讀去聲。『孟子:放勳』曰。勞之來之。『詩:序』曰。萬民離散。不安其居。宣王能勞來還定安集之。來皆勑之省。俗作「徠」。》 从力。來聲。《洛代切。1部。俗誤用爲敕字。》 /699

◀ 제 9 획 ▶

勒 륵【lè ㄌㄜˋ】 굴레, 재갈, 억지로 할, 새길, 정돈할

설문 1743 馬頭落銜也。《落絡古今字。〔糸部:繯〕下云落也。知許之不作絡矣。『釋名』。勒、絡也。絡其頭而引之。按〔网部:羈〕、馬落頭也。〔金部:銜〕、馬勒口中。此云落銜者、謂落其頭而銜其口。可控制也。引伸之爲抑勒之義。又爲物勒工名之義。『廣韵』云。石虎諱勒。呼馬勒爲轡。此名之不正也。『爾雅』。轡首謂之革。革卽勒之省。馬絡頭者、轡所係也。故曰轡首。『毛詩』「鞗革」皆當依古金石作「攸勒」、「鋚勒」。『毛傳』曰。攸、轡首飾也。革、轡首也。自來上句奪首飾二字而莫得其解。》 从革。力聲。《盧則切。1部。》 /110

형성 (1자) 륵(塹 墊)153

動 동【dòng ㄉㄨㄥˋ】 本[지을] 움직일, 움직이게 할, 문득

설문 8801 作也。《作者、起(起)也。》 从力。重聲。《徒總(總)切。9部。》 𨔶古文動。从辵(辶)。 /700

형성 (+1) 동(慟 働)

勖 勗(욱)【xù ㄒㄩˋ】 힘쓸

설문 8792 勉也。《『釋詁』同。『邶風』。以勖寡人。『傳』曰。勖、勉也。『方言』。釗、薄、勉也。秦晉曰「釗」。或曰「薄」。南楚之外曰「薄努」。自關而東周鄭之閒(間)曰「勔釗」。齊魯曰「勖」。按勖古讀如茂。與懋音義皆同。故『般庚』懋建大命。予其懋簡相爾。『今文-尙書』「懋」皆作「勖」。見

力 2 ⑨

『隷-釋:石經殘碑』。〔心部〕曰。懋、勉也。》从力。冒聲。《許玉切。3部。按許玉、非也。古音同茂。俗寫此字形。尤譌踳不通。》『周書』曰。勖哉夫子。《『坶誓』文。》/699

務 무【wù ㄨˋ】힘 씀, (힘써서 하는)일, 직책 ■모:업신여길

설문 8787 趣也。《趣者、疾走也。務者、言其促疾於事也。》从力。敄聲。《亡遇切。古音在 3部。》/699

형성 (1자) 모(蓩)293

◀ 제 10 획 ▶

勝 (승)【shēng ㄕㄥ】本[맡길] 이길, 이김, (다른 것보다)나을, 견딜

설문 8797 任也。《任者、俖(保)也。俖者、當也。凡能擧(擧)之、能克之皆曰勝。本無二義二音。而俗強分平去。》从力。朕聲。《識蒸切。6部。亦去聲。》/700

勞 로【láo ㄌㄠˊ】本[수고할] 노곤할, 괴로워할, 위로할

설문 8804 勮也。《「勮」【各本】从刀。作「劇」。今訂从力。『文選(選):北征賦:注』引『說文』劇、甚也。恐是【許書】本作「勮」。用力甚也。後因以爲凡甚之詞。又譌其字从刀耳。以俟明者定之。》从力。熒省。焱火燒冂。用力者勞。《「焱」舊作「熒」。今正。此釋熒字而釋之。燒冂、謂燒屋也。斯時用力者冣(最)勞矣。或改冂作門者、誤。魯(魯)刀切。2部。》𢥒古文如此。《如此大徐作从悉。篆體作𢥒。今依『玉篇』、『汗簡(簡)』、『古文四聲韵』所據正。『汗簡』與『玉篇』中雖(雖)小異。下皆从力。竊謂古文乃从熒不省。未可知也。》/700

형성 (5자) 로(犖)706 초(嘮)867 로(癆)4587 로(澇)6683 료(膋)

◀ 제 11 획 ▶

募 (모)【mù ㄇㄨˋ】本[널리 구할] 뽑을。부를。부름

설문 8819 廣求之也。《依『光武紀:注』增之字。》从力。莫聲。《莫故切。5部。》/701

勠 (륙)【lù ㄌㄨˋ】같이 힘씀

설문 8799 勠力、并力也。《勠力二字依『後漢:劉虞傳:注』引補。『文賦:注』引『賈逵-國語:解詁』曰。勠力、并力也。許所本也。并者、相從也。併者、竝也。并併古通用矣。『左傳』、『國語』或云勠力同心。或云勠力一心。皆謂數人廾(共)致力。『僞-尙書:傳』訓云陳力。斯失之。【古書】多有誤作「戮」者。》从力。翏聲。《嵇康力幽反。『吕(呂)静-韵(韻)集』讀同飂。『尙書:音義』引『說文』力周反。按『文賦』匪予力之所勠、與流求爲韵。此相傳古音也。今音力竹切。『字林』音遼。》/700

勢 (호)【háo ㄏㄠˊ】㉶ áo 굳셀, 강할 ■오:같은 뜻

설문 8812 健也。《健者、伉也。此豪傑眞字。自叚(假)豪爲之、而勢廢矣。豪、豕巤如筆管者。》从力。敖聲。讀若豪。《五牢切。按當乎刀切。2部。》/701

勡 (표)【piào ㄆㄧㄠˋ】으를, 겁박할

설문 8815 劫也。《以力脅止人而取其物也。『賈誼傳』曰。盜者白晝大都之中。勡吏而奪之金。『貨殖傳』曰。攻剽椎埋。按此篆【諸書】多从刀。而〔許-刀部:剽〕下曰。一日剽劫人也。是在許時固从力从刀竝行。二形不必有是非矣。》从力。㶾(票)聲。《匹妙切。2部。》/701

勤 勤근【qín ㄑㄧㄣˊ】부지런히 할, 위로할, 괴로와 할, 근심할

설문 8810 勞也。《慰其勤亦曰勤。》从力。堇聲。《巨巾切。按巾當作斤。13部。》/700

참고 근(懃)은근할

勥 (강)【qiǎng ㄑㄧㄤˇ】㉶ qiáng 핍박할, 힘쓸

설문 8788 迫也。《迫者、近也。按所謂實偪處(處)此也。勥與彊義別。彊者、有力。勥者、以力相迫也。凡云勉勥者、當用此字。今則用強彊而勥彊廢矣。》从力。強聲。《巨良切。按此音非也。當依『廣韵(韻)』、『玉篇』其网(兩)切。10部。》𠣬古文从彊。《按以〔虫部:彊〕籒文強訂之。「古」當作「籒」。》/699

勦 (초)【jiǎo ㄐㄧㄠˇ】⑨㉶ chāo 노곤할, 괴로와 할

설문 8808 勞也。从力。巢聲。《子小切。又楚交切。2部。》『春秋傳』曰。安用勦民。《『昭:九年:左傳』。叔孫昭子曰。『詩』云經始勿亟。庶民子來。焉用速成。其以勦民也。許櫽栝其辭。按刀部剿字亦作剿。『禮記』。毋剿說。與此从力字絕(絶)不同。俗多淆之。》/700

◀ 제 12 획 ▶

勨 (양)【yǎng ㄧㄤˇ】㊤㊥ xiàng 느슨할, 힘씀, 움직일

설문 8800 繇緩也。《繇葢(蓋)今之傜字。言傜役緩也。與勠爲反對之詞。》从力。象聲。《佘网(兩)切。10部。》/700

勮 (궐)【jué ㄐㄩㄝˊ】핍박할

설문 8794 彊力也。《「彊力」【各本】作「勥力。」非。今依『玉篇』、『廣韵(韻)』正。俗語勮彊。彊讀去聲。》从力。厥聲。《瞿月切。15部。》/699

勩 (예)【yì ㄧˋ】수고로울 ■이:같은 뜻

설문 8807 勞也。《『毛詩:傳』同。按凡物久用而勞敝曰勩。明楊愼荅中官問。謂牙牌摩損。當用鉛字。今按非也。當用勩字。今人謂物消磨曰勩是也。蘇州謂衣久箸曰勩箸。》从力。貰聲。《余制切。15部。》『詩』曰。莫知我勩。《『小雅:雨無正』文。》/700

◀ 제 13 획 ▶

勮 (거)【jù ㄐㄩˋ】㊤㊥⑨㉶ jù 부지런히 일할

설문 8805 務也。《務者、趣也。用力尤甚者。》从力。豦聲。《其據切。5部。音轉爲渠力切。字譌从刀作「劇」。》/700

㉶ 作家出版社〔董蓮池-說文解字考正〕 ⑨ 九州出版社〔柴劍虹-說文解字〕 ㊀ 陝西人民出版社〔蘇寶榮-說文解字今注今譯〕 ㊤ 上海古籍出版社〔說文解字注〕 ㊥ 中華書局〔臧克和-說文解字新訂〕

勰 (협)【xié ㄒㄧㄝˊ】뜻 맞을 (力부 4획)
설문 8822 同思之龢也。《同思一如同力。》从劦思。《胡頰切。8部。》/701

勱 (매)【mài ㄇㄞˋ】(부지런히)힘쓸
설문 8789 勉力也。《勉者、彊也。亦作邁。『左傳』引『夏書』。皐陶邁種德。邁、勉也。》从力。萬聲。《莫話切。按古音當在 14部。》『周書』曰。用勱相我邦家。《『立政』文。【今書】邦作國。》讀與厲(厲厲曆)同。《厲亦萬聲也。漢時如此讀。》/699

◀ 제 14 획 ▶

勳 (훈)【xūn ㄒㄩㄣ】(국가에 세운)공
설문 8781 能成王功也。《『司勳(勳)』曰。王功曰勳。鄭云。輔成王業若周公。》从力。熏聲。《許云切。13部。》 勛古文勳。从員。《員聲也。『周禮-故書』「勳」作「勛」。鄭司農云。勛讀爲勳。勳、功也。按此先鄭以今字釋古文也。【故書】勛字、學者不識。故先鄭云此卽小篆之勳。》/699

◀ 제 15 획 ▶

㔣 (뢰)【lèi ㄌㄟˋ】밀, 품을, 힘 쓸
설문 8802 推也。《推依今音他回切。㔣者、以物磊磊自高推下也。古用兵下礧石。『李陵傳』作壘石。『晁錯傳』具藺石。『如淳-注』曰。城上雷石。『周禮:注』亦作「雷」。『唐書:李光弼傳』。擂石車。又作「擂」。其實用㔣爲正字也。故【許書】之字可用而不用者多矣。『子虛賦』曰。礧石相擊。硍硍礚礚跨(礚礚)。亦當作「㔣」。》从力。靁(雷)省聲。《舊作「畾聲」。今依小徐正。盧對切。15部。》/700

勶 (철)【chè ㄔㄜˋ】(떠나)갈, 필(發也)
설문 8798 發也。《發者、䠶(射)發也。引申爲凡發去之偁(稱)。勶與徹義別。徹者、通也。勶謂除去。若『禮』之『有司徹』、客徹重席、『詩』之徹我牆屋、其字皆當作「勶」。不訓通也。或作「撤」、乃勶之俗也。》从力徹。《會意。謂以力通之也。》徹亦聲。《丑列切。15部。》/700

◀ 제 18 획 ▶

勸 (권)【quàn ㄑㄩㄢˋ】권할, 권장할, 도울, 힘쓸
설문 8793 勉也。《『廣韵(韻)』曰。奬勉也。按勉之而悅從亦曰勸。》从力。雚聲。《去願切。14部。》/699

◀ 제 23 획 ▶

勴 (려)【lǜ ㄌㄩˋ】마음으로 도울 (力부 23획)
설문 8784 助也。从力非。《力去其非也》慮聲。《良倨切。5部。》/699

020
2-14

勹
▤ 쌀 포

勹 포【bāo ㄅㄠ】〔설문부수 343〕(보자기 따위에 물건을)쌀
설문 5537 裹也。《今字包行而勹廢矣。》象人曲形有所包裹。《「包」當作「勹」。淺人改也。布交切。以包苞匏字例之。古音在 3部。》凡勹之屬皆从勹。/432
유사 조두 조(刁) 구기 작(勺)
성부 부록 색인 참조
형부 勹를 부수로 하는 대부분의 글자들

◀ 제 1 획 ▶

勺 작【sháo ㄕㄠˊ】〔설문부수 492〕 상中⑨
작 zhuó 잔질할, 구기, 풍류 이름
설문 9022 枓也。《二字依『玄應書:卷四』補。〔木部:枓〕下云勺也。此云勺、枓也。是爲轉注。考老之例也。『考工記』。勺一升。『注』曰。勺、尊斗也。斗同枓。謂挹以注於尊之枓也。『士冠禮:注』亦云。尊斗、所以斞酒也。今皆譌尊升。不可通矣。『詩』。酌以大斗。毛云。長三尺。謂其柄。》所目(以)挹取也。《「所以」二字依『息夫躳(躬)傳-顏:注』補。顏之訓詁多取諸許也。挹者、抒也。勺是器名。挹取者、其用也。刪(刪)所以、則體用溷矣。》象形。中有實。與包同意。《外象其哆口、有柄之形。中一象有所盛也。與包同意、謂包象人褢子。勺象器盛酒漿。其意一也。李陽冰(氷)曰。勺从勹裹之。失之。勹象張口。豈同弇口哉。此字當依『考工記』上灼反、『中庸』市若反。『篇』、『韵』時灼市若切。大徐之若切。非也。今俗語猶時灼切。2部。俗作杓。》凡勺之屬皆从勺。/715
유사 구절 구(句) 구절 구(勾) 조두 조(刁) 고를 균(匀)
성부 与여 約약 豹표
형성 (18자+2) 약(礿)42 적(玓)184 작(芍)424 작(箹)2620 표(杓)3560 적(的)4028 초(杓)4216 작(仢)4818 적(馰)5863 표(䶂)6100 작(灼)6167 료(尥)6320 삭(汋)6863 조(扚)7681 작(妁)7741 약(勺系)8372 조(釣)8991 작(酌)9385 적(靮) 적(的)

◀ 제 2 획 ▶

匀 윤【yún ㄩㄣˊ】本[적을] 가지런할 ■균:고를, 두루 퍼질
설문 5542 少也。《「少」當作「帀」。字之誤也。帀者、匊也。匊者、帀徧也。徧者、帀也。是可以得匀之義矣。『廣韵』曰。匀、徧也。齊也。作少必譌。》从勹二。《羊倫切。12部。》/433
유사 구절 구(句) 구절 구(勾) 구기 작(勺) 열흘 순(旬) 눈짓할 현(旬)
성부 均균 鈞균 旬현 訇굉
형성 (4자) 경(赹)967 순(袀)1194 균(袀)5022 인(酳)9388

㉮ 作家出版社〔董蓮池-說文解字考正〕 ⑨ 九州出版社〔柴劍虹-說文解字〕 ㉠ 陝西人民出版社〔蘇寶榮-說文解字今注今譯〕 ㊀ 上海古籍出版社〔說文解字注〕 ㊥ 中華書局〔臧克和-說文解字新訂〕

匊 (구)【jiū ㄐㄧㄡˉ】모을

설문 5543 聚也。《『釋詁』曰。鳩、聚也。『左傳』作「鳩」。『古文-尚書』作「逑」。〔辵部〕曰。逑、斂聚也。『莊子』作「九」。今字則鳩行而匊廢矣。》从勹。九聲。《此當作「从勹九。九亦聲」。轉寫奪之。》讀若鳩。《居求切。3部。》/433

勹 문【bào ㄅㄠˋ】덮을 ■포:같은 뜻

설문 5545 覆也。《此當爲抱子、抱孫之正字。今俗作抱、乃或捊字也。〔衣部〕之褎、則訓褎也。》从勹人。《薄晧切。『廣韵』、薄報切。古音在3部。》/433

유사 빌 갈(匄匃匄)

勿 물【wù ㄨˋ】〔설문부수 359〕(옛날 일이 있을 적에 백성을 모으기 위해 내걸던)기 이름, 없을, 말(금지)■몰:먼지털이

설문 5777 州里所建旗。《九旗之一也。「州里」當作「大夫士」。『周禮:司常』。大夫士建物。帥都建旗。州里建旟。許於旗下旣偁(稱)州里建旗矣。則此偁大夫士建勿、必也。葢(蓋)亦一時筆誤耳。『大司馬』。鄕家載物。『注』云。鄕家、鄕大夫也。『鄕射禮』。旌各以其物。『注』。襍帛爲物。大夫士之所建也。『士喪禮』。爲銘各以其物。『注』。襍帛爲物。大夫之所建也。文弗切。15部。【經傳】多作物、而假借勿爲毋字。亦有借爲沒(沒)字者。『禮記』。勿勿乎其欲其饗之。勿勿卽沒沒、猶勉勉也。》象其柄。《謂右筆也。》有三游。《爲彡也。三游別於旂九游。旗七游。旟六游。旐四游。》襍(雜)帛。《句。》幅半異。《『司常』曰。通帛爲旜。襍帛爲物。『注』云。通帛爲大赤。從周正色。無飾。襍帛者、以帛素飾其側。白、殷之正色。凡九旗之帛皆用絳。按許云幅半異。直謂正幅半赤半白。鄭則云以素飾側。『釋名』則云以襍色綴其邊爲翅尾。說各不同。似許爲長。》所㠯(以)趣民。《趣者、疾也。色純則緩。色駁則急。故襍帛所以促民。》故遽偁(稱)勿勿。《遽『韵會』作「冗遽」二字偁(稱)舊作稱。今正。凡冗(冗)遽偁勿勿。此引伸假借。子下曰。十一月陽氣動。萬物滋。人以爲偁。亦是此例。》凡勿之屬皆从勿。 㫚 勿或从㫃。《【經傳】多作物。葢(蓋)㫚之訛也。》/453

유사 날카로울 리(剺物) 돼지 시(豕) 해태 치(豸) 돼지 해(亥) 나란히 설 임(㐺)

성부 㓡리 㧘수 易역 忽홀 曶홀 昜양 匆총

형성 (6자+2) 물(芴 芴)620 물(物 物)735 문(吻 吻)746 매(昒 昒)2035 몰(歾 歾)2416 홀(昒 昒)4020 문(刎 刎) 홀(笏 笏)

◀ 제 3 획 ▶

匃 匄 갈【gài ㄍㄞˋ】빌(구걸할) ■개:같은 뜻

설문 8023 气也。《气者、雲气也。用其聲叚(假)借爲气求、气與字。俗以气求爲入聲。以气與爲去聲。匄訓气、亦分二義二晋。『西域傳』。气匄亡所得。此气求之義也。當去聲。又曰。我匄若馬。此气與之義也。當入聲。要皆強(强)爲分別耳。『左傳』。公子棄疾不強匄。又子產曰。世有盟誓。毋或匄奪。皆言气求也。『通俗文』曰。求願曰匄。則是求之曰气匄。因而與之亦曰气匄也。今人以物與人曰給。其實當用匄字。『廣韵』古達切。其字俗作「丐」。與丏不同。『廣韵』曰。二字同。非是。》亡人爲匄(匃)。逯安說。《此稱逯安說、以說字形會意。逯安亦通人之一也。从亡人者、人有所無必求諸人。故字从亡。从人。古代切。按『廣韵』古太切。亦古達切。15部。》/634

유사 덮을 문(勹)

성부 曷갈

형성 (1자) 갈(駒 駒)5910

包 포【bāo ㄅㄠˉ】〔설문부수 344〕本[회임할](보자기로 물건을)쌀, 꾸러미 (풀)더부룩이 날

설문 5552 妊也。《二字【各本】無。今推文意補。下文十三字乃說字形、非說義。則必當有說義之文矣。〔女部〕曰。妊者、孕也。〔子部〕曰。孕者、褱子也。引伸之爲凡外褱之偁(稱)。亦作苞。皆假借字。凡【經傳】言苞苴者、褱之曰苞。藉之曰苴。》象人褱妊。㠯(巳)在中。象子未成形也。《勹象褱其中。巳字象未成之子也。勹亦聲。布交切。古音在3部。》元气起(起)於子。子、人所生也。《子下曰。十一月陽气動。萬物滋。人以爲偁。》男左行三十。女右行二十。俱立於巳爲夫婦。《「左右」當作「ナ又」。男自子左數次丑、次寅、次卯爲左行。順行凡三十得巳。女自子右數次亥、次戌次酉爲右行。逆行。凡二十亦得巳。至此會合。故『周禮』令男三十而娶。女二十而嫁。是爲夫婦也。》褱妊於巳巳爲子。《下巳字衍。〔巳部〕曰。巳者、巳也。四月陽气巳出。陰气巳藏。萬物見。成文章。故夫婦會合而褱妊。是爲子也。》十月而生。《十月上當有「子」字。『易:本命』曰。天一地二人三。三三而九。九九八十一。一主日。日數十。故人十月而生。》男起巳至寅。女起巳至申。故男年始寅。女年始申也。《『淮南:氾論』曰。『禮』三十而娶。高云。三十而娶者、陰陽未分時俱生於子。男從子數左行三十年立於巳。女從子數右行二十年亦立於巳。合夫婦。故聖人因是制禮。使男三十而娶。女二十而嫁。其男子自巳數左行十得寅。故人十月而生於寅。男子數從寅起。女自巳數右行十得申。亦十月而生於申。故女子數從申起。高說與許說同。『神仙:傳』王綱云。陽生立於寅。純木之精。陰生立於申。純金之精。夫以木投金。無往不傷。是以金不爲木屈。而木常畏於金。按今日者卜命。男命起寅。女命起申。此古法也。自元气至此、又詳說从巳之意。》凡包之屬皆从包。/434

성부 匋도 匔추 軍軍군

형부 포(匏 匏)5554

형성 (17자+2) 포(苞 苞)367 포(咆 咆)907 포(鞄 鞄)1701 포(皰 皰)1890 포(飽 飽)3102 부(枹 枹)3613 포(麭 麭)3734 포(郇 郇)3935

부(罦)4630 포(袍)5038 포(褒)5053
포〔胞)5553 포(庖)5653 포(炮)6155
포(泡)6743 박(雹)7179 포(鮑)7301
포〈抱〉 보(鞄)

◀ 제 4 획 ▶

匈 흉【xiōng ㄒㄩㄥˉ】가슴, 떠들썩할, 흉흉할
설문 5546 膺也。《〔肉部〕曰。膺、匈也。二篆爲轉注。膺自其外言之、無不當也。匈自其中言之、無不容也。無不容、故从勹。》从勹。凶聲。《許容切。9部。今字智行而匈廢矣。》胷匈或从肉。/433
형성 (2자) 흉(詾)1596 흉(洶)6859

◀ 제 6 획 ▶

𠣘 匊(주)【zhōu ㄓㄡˉ】두루 (둘러쌀)
설문 5547 帀徧也。《徧衍文。當刪(刪)。帀下曰。𠣘也。與此爲轉注。帀則無不徧者。不待言徧也。𠣘與周義別。〔口部〕曰。周者、密也。周自其中之密言之。𠣘自其外之極復言之。凡(凡)圜周、方周、周而復始、其字當作𠣘。謂其極而復也。凡圜冪、方冪、冪積謂之周。謂其至密無疏罅也。『左傳』以周疏對文、是其義。今字周行而𠣘廢。槩用周字。或又作週。殊爲乖舛。名之當正者也。有帀而不密者。有密而不帀者。故其字宜辨也。宙者、舟輿所極復。𠣘與宙音義皆相近。『易』曰。周流六虛(虛)。葢(蓋)自古段(假)周爲𠣘矣。》从勹。舟聲。《職流切。3部。》/433

匋 도【táo ㄊㄠˊ】질그릇 ■요:기와 가마 ※ 요(窯)와 같은 글자
설문 3145 作瓦器也。《「作」字【各本】無。今依『玉篇』補。『大雅』。陶復陶穴。『箋』云復穴皆如陶然。『正義』引『說文』。匋、瓦器竈也。按〔穴部〕云。窯、燒瓦竈也。〔瓦部〕云。甄、匋也。然則依『玉篇』爲長。作瓦器者。㲉之燒之。皆是其事。故匋之字次於㲉。今字作陶。陶行而匋廢矣。陶見〔𨸏(阜)部〕。再成丘也。》从缶。包省聲。《疑作「勹」聲。亦是。皆形成包會意也。徒刀切。古音在 3部。》古者昆吾作匋。《裴(裵)駰曰。出『世本』。『呂覽』。昆吾作陶。高云。昆吾、顓頊之後。吳回、黎之孫。陸終之子。己姓也。爲夏伯。制作陶冶。埏埴爲器。按顓頊産老童。老童産黎。『左傳』云顓頊氏有者曰黎爲祝融是也。帝嚳誅黎。而以其弟吳回爲黎後。奉黎之祀。故高云吳回、黎之孫。實則吳回之孫也。『國語』昆吾爲夏伯。韋云。昆吾、祝融之孫。陸終第二子。名樊。爲己姓。封於昆吾衞(衛)是也。其後夏衰。昆吾爲夏伯。遷於舊(舊)許。按『帝繫』、『世本』皆言昆吾者衞是也。昆吾始封在衞。故『哀:十七年:左傳』衞矦(侯)夢(夢)見人登昆吾之觀也。其後遷於舊許。故『昭:十二年:傳』楚靈王曰。昔我皇祖伯父昆吾。舊許是宅也。其後滅於湯。『商頌』云。韋顧既伐。昆吾夏桀。『楚:世家』曰。昆吾氏、夏之時嘗爲矦伯。桀之時湯滅之是也。據高說是始封之昆吾作匋。據『古史考』云夏時昆吾氏作瓦。『張華-博物志』云桀作瓦。尸子云夏桀臣昆吾作陶。是謂湯所滅之昆吾與桀作匋。以舜匋下瀕(濱)而有虞氏上匋斷(斷)之。則高說是而他說失之也。》案『史篇』讀與缶同。《【許書】言案者二條。疑後人所羼入。『史篇』者、史籒所作『大篆:十五篇』也。詳〔皕部〕。讀與缶同者、謂『史篇』以匋爲缶。古文假借也。匋與缶古音同在 3部。故得相假借。據此可知『史篇』四言成文。如後世『倉頡』、『爰歷』之體。》/224
형성 (4자) 도(萄)637 도(詢)1549 도(騊)5954 도(陶)9241

匊 국【jú ㄐㄩˊ】㊥⑨㉿ jū 움킬 ※ 국(掬)의 본래 글자
설문 5541 在手曰匊。《『唐風』。椒聊之實。蕃衍盈匊。『小雅』。從朝(朝)采綠。不盈一匊。毛皆云。兩手曰匊。此云在手。恐傳寫之誤。〔手部〕曰。持、握也。握、搤持也。搤、捉也。捉、搤也。把、握也。然則在手曰捉、曰搤、曰握、曰持、曰把。不曰匊也。據『篇』、『韵』所言則【許書】之譌久矣。『玉篇』曰。古文作臼。此語尤誤。臼者、叉手也。叉者、手指相錯也。『廣韵』以兩手奉物訓臼、誤矣。『方言』曰。掬、離也。燕之外郊朝鮮洌水之閒(間)曰掬此方俗殊語。不系乎本字也。》从勹米。《會意。米至椒(散)。兩手兜之而聚。居六切。3部。俗作「掬」。》/433
성부 鞠국
형성 (4자) 국(菊)253 국(趜)994 국(鵴)7282 국(蝌)8508

匌 (합)【hé ㄏㄜˊ】㊤㊥⑨ gé 옹울할(기가 통하지 않고 막힐)
설문 5548 帀也。《匌之言合也。帀而與朔合矣。『海賦』曰。磊匌匌而相豗。按『釋詁』曰。敆、郃、合也。郃乃地名。於義無取。當爲匌字之假借也。》从勹合。合亦聲。《侯閤切。7部。》/433

● 匍 군사 군(軍)본자

匍 포【pú ㄆㄨˊ】(엉금엉금)기어갈
설문 5539 手行也。《今人以手摸索。其語薄乎切。當作此字。》从勹。甫聲。《薄乎切。5部。》/433
참고 포(葡)포도

◀ 제 8 획 ▶

訇 순【sǔn ㄙㄨㄣˇ】깜짝 놀라게 하는 말 ■윤:같은 뜻 (勹부 8획)
설문 2927 驚䛐(詞)也。《「䛐」【各本】作「辭」。誤。今依『篇』、『韵』正。其意驚也。其言訇也。是爲意內言外。》从兮。旬聲。《思允切。12部。》恂訇或从心。《『大學』。瑟兮僩兮者、恂栗也。『注』曰。「恂」字或作「峻」。讀爲嚴峻之峻。言其容貌嚴栗也。按『大學』之恂、即『說文』之㤉。有驚懼之意。故恂栗爲容皃(貌)嚴栗。〔心部〕曰。恂、信心也。是其本義。『大學』則假恂爲㤉也。『莊子』。衆狙見之。恂然棄而走。亦是驚意。》/204
형성 (1자) 순(榫)3364

● 冢 무덤 총(冢)-본자

◀ 제 9 획 ▶

匏 (포)【páo ㄆㄠˊ】 박, 바가지, 악기의 일종, 별이름

설문 5554 瓠也。《瓠下曰。匏也。與此爲轉注。匏判之曰蠡、曰瓢、曰𧮢。『邶風:傳』曰。匏謂之瓠。謂異名同實也。『豳風:傳』曰。壺、瓠也。此謂壺卽瓠之假借字也。》从包。从瓠省。《「瓠省」舊作「瓠聲」。誤。『韵(韻)會』作「从夸、包聲」。亦誤。今正。从包瓠者、能包盛物之瓠也。不入〔瓠部〕者、重包也。包亦聲。薄交切。古音在 3部。》包、《逗。》取其可包藏物也。《說从包之意。「藏」當作「臧」。》/434

匐 복【fú ㄈㄨˊ】 (엉금엉금)기어갈, 엎드릴

설문 5540 伏地也。《匐伏疉(疊)韵。『釋名』曰匍匐、小兒時也。匍猶捕也。藉索可執取之言也。匐、伏也。伏地行也。人雖長大。及其求事盡力之勤、猶亦稱之。『詩』曰凡民有丧(喪)、匍匐救之是也。按二篆可合用、可析言。》从勹。畐聲。《蒲北切。1部。》/433

참고 복(葍)메(다년생 만초), 무

◀ 제 12 획 ▶

匓 (구)【jiù ㄐㄧㄡˋ】 ㉶ yù 배 부를, 물릴 ■어: 같은 뜻

설문 5549 飽也。从勹。《象腹。》𣪘聲。《己又切。又乙庶切。按己又是也。3部。》民祭。《句。》祝曰厭匓。《「祝」或作「祀」非。「厭」當作「猒」。飽也。求鬼神之猒飫也。》/433

復 (부)【fù ㄈㄨˋ】 거듭 ■복:엎드릴

설문 5550 重也。《今則復行而𠣬廢矣。》从勹。復聲。《扶富切。3部。『廣韵(韻)』匹北切。》或省彳。《『集韵(韻)』云。古作「复」。按【小徐本】有复無𠣬。云从勹、夏(复)聲。》/433

◀ 제 14 획 ▶

𥷚 (국)【jú ㄐㄩˊ】 ㊤㊥⑨㉶ jū 곱사등이

설문 5538 曲脊(脊)也。《此『論語:郷(鄕)黨』、『聘禮記』鞠躬之正字也。『聘禮』「鞠躬」亦作「鞠窮」。『史記:魯(魯):世家』作「匑匔」。徐廣云。見『三蒼』。謹敬皃(貌)也。音穹窮。『廣雅』亦曰。「匑匔」、謹敬也。『漢書:注』曰。鞠躬、謹敬也。葢(蓋)上字丘弓切、下字巨弓切、爲曡韵(疊韻)。如『左傳』鞠窮之卽「营藭」耳。上字亦讀丘六切。仍是聯緜字。『孔-注:論語』曰斂身。許曰曲脊。葢未有謹敬而不傴僂者也。許無匑匔字者、以𥷚躬爲正字。鞠則𥷚之假借字也。鞠躬行而𥷚廢矣。》从勹。簐省聲。《巨六切。3部。音轉入 9部。》/432

021

2-15

匕 비수 비

匕 비【bǐ ㄅㄧˇ】〔설문부수 289〕 本[서로 더불어 견줄] 숟가락, 비수

설문 4980 相與比敘也。《比者、密也。敘(敍)者、次弟也。以「妣」籒作「𠤦」、「𣬈」或作「𣬉」、「秕」或作「𥝢」等求之。則比亦可作𠤎也。此製字之本義。今則取飯器之義行而本義廢矣。》从反人。《相與比敘之意也。卑履(履)切。15部。》匕亦所吕(以)用比取飯。《吕者、用也。用字衍。「比」當作「匕」。漢人曰匕黍稷、匕牲體。凡用匕曰匕也。匕卽今之飯匙也。『小牢饋食禮:注』所謂飯橾也。『小牢饋食禮』。『廩人』摡甑獻匕與敦。『注』曰。匕所以匕黍稷者也。此亦當卽飯匙。按『禮經』匕有二。匕飯、匕黍稷之匕葢(蓋)小。【經】不多見。其所以別出牲體之匕。『十七篇』中屢見。丧(喪)用桑爲之。祭用棘爲之。又有名疏、名挑之別。葢大於飯匙。其形製略如飯匙。故亦名匕。鄭所云有淺斗。狀如飯橾者也。以之別出牲體謂之匕載。猶取黍稷謂之匕黍稷也。匕牲之匕。『易』、『詩』亦皆作「匕」。『大東:傳』、『震卦:王-注』皆云。匕所以在鼎(鼎)實是也。『禮記:襍記』乃作「朼」。本亦作「朼」。『鄭-注:特牲』引之。而曰朼畢同材曰朼載。葢【古經】作「匕」。漢人或作「朼」。非器名作「匕」。匕載作「朼」。以此分別也。若『士丧(喪)』、『士虞、特牲、有司:篇』匕載字皆作「朼」。乃是淺人竄改所爲。『鄭(鄭)-注:易』亦云匕牲體薦鬯。未嘗作朼牲體也。『注』中容有木旁之朼。『經』中必無。劉(劉)昌宗分別。非是。》一名柶。《〔木部〕曰。禮有柶。柶、匕也。所以取飯。》凡匕之屬皆从匕。/384

유사 감출 혜(匸) 변할 화(匕) 일곱 칠(七) 상자 방(匚)

성부 부록 색인 참조

형부 匕를 부수로 하는 대부분의 글자들

형성 (2자+1) 비(疕 𤕟)4512 비(帔 𢂃)4675 비(妣 𡚲)

匕 화【huà ㄏㄨㄚˋ】〔설문부수 288〕 될 ※ 화(化)의 옛 글자 (匕부 0획)

설문 4976 變也。《變者、叓(更)也。凡變匕當作匕。教(教)化當作化。許氏之字指也。今變匕字盡作化。化行而匕廢矣。『大宗伯』。以禮樂合天地化。百物之產。『注』曰。能生非類曰化。生其種曰產。按『虞、荀-注:易』。分別天變地化。陽變陰化。析言之也。許以匕釋變者、渾言之也。》从到人。《到者今之倒字。人而倒。變匕之意也。呼跨切。17部。》凡匕之屬皆从匕。/384

유사 비수 비(匕) 일곱 칠(七)

성부 老로 死사 㲋의 疑의 化화 辰진 眞진 卬앙 長장

형성 (1자) 화(䲸 䲸)7318

◀ 제 2 획 ▶

化 화【huà ㄏㄨㄚˋ】 (변)화할, 죽을, 덕화, 교화

설문 4979 教(教)行也。《教行於上。則化成於下。賈生曰。此五學者旣成於上。則百姓黎民化輯於下矣。『老子』曰。我無爲而民自化。》从匕人。《上匕之而下從匕謂之化。化篆

不入〔人部〕而入〔匕部〕者、不主謂匕於人者。主謂匕人者也。今以化爲變匕字矣。》匕亦聲。《呼跨切。17部。》/384

형성 (5자) 와(吪)892 와(囮)3769 화(貨)3776 화(傀)5569 와(訛)9014

보【bǎo ㄅㄠˇ】잇닿을 (匕부 2획)

설문 4982 相次也。从匕十。《十者、數之具也。比敘(敍)之則必有其次矣。博抱切。鴇亦作鮑。包聲。古音在 3部。則鴇古音亦在 3部也。》鴇从此。/385

형성 (1자) 보(鴇)2325

◀ 제 3 획 ▶

북【bò ㄅㄛˋ】〔설문부수 292〕㊉㊤㊥⑨ bèi ㊥ běi 북녘, 북녘으로 갈 ▣배:배반할, 달아날

설문 4994 乖(乖)也。《乖者、戾也。此於其形得其義也。軍奔曰北。其引伸之義也。謂背而走也。『韋昭-注:國語』曰。北者、古之背字。又引伸之爲北方。『尙書:大傳』、『白虎通』、『漢:律曆志』皆言北方、伏方也。陽氣在下。萬物伏藏。亦乖之義也。》从二人相背。《博墨切。1部。》凡北之屬皆从北。/386

유사 친할 비(比) 이 차(此)

성부 乖괴 丘구 冀기 背배 燕연 鷰연 乘승

형성 (1자) 패(邶)3875 비(棐)

◀ 제 6 획 ▶

● 䒑 卓 높을 탁(卓)-본자

◀ 제 7 획 ▶

의【yí ㄧˊ】정치 못할 (匕부 7획)

설문 4977 未定也。《按未、衍字也。『大雅』靡所止疑。『傳』云。疑、定也。『箋』云。止、息。『禮:十七篇』多云疑立。鄭於『士昏(婚)禮』云。疑、止。〈句、絶作正者誤。〉立、自定之皃(貌)。於『鄉飮酒禮』云。疑讀如〈作爲者誤〉仡然從於趙孟之仡。疑、止。〈句。〉立、自定之皃。於『鄉射禮』云。疑、止也。有矜莊之色。『釋言』。疑、休戾也。郭云。戾、止也。疑者亦止。按巳(已)上疑字卽『說文』之矨字。非『說文』訓惑之疑也。疑矨字相似。學者識疑不識矨。於是【經典】無矨。於【許書】定也之上增之未字矣。矨从矢聲。其字在古音 15部。故桑柔以與資維階爲韵。『鄭-注:禮』讀如仡。若疑字古音在 1部。其字从子、从止、从矨省。會意。非矢聲也。》从匕。《變匕(化)而後定也。》吴聲。《按大徐語期切。此音誤也。當同『儀禮』魚乙切。桑柔與資維階韵、則讀如尼。釋文音魚陟切。非也。15部。》吴、古文矢字。《矢篆下不載。》/384

성부 疑의

◀ 제 9 획 ▶

뇌【nǎo ㄋㄠˇ】머릿골 ▣노:속음

설문 4985 頭髓也。《髓者、骨中脂(脂)也。頭髓者、頭骨中脂也。『左傳』。晉侯夢與楚子搏。楚子伏己而盬其腦。『服-注』。如俗語相罵云唓汝腦矣。服語正謂吸其頭髓也。》从匕。《句。》匕、《逗。》相匕箸(着)也。《匕箸猶比箸。箸直略切。釋从匕之意。》巛曰(以)象髮。《巛卽鬊也。見𩠐(首)字下。》囟象囟形。《「囟形」【各本】作「腦形」。今依『韵會本』正。囟者、頭之會。腦之葢(蓋)也。頭髓在囟中。故囟曰腦葢。囟字上開。象小兒囟不合。故曰象形。頭髓不可象。故言其比箸於鬊與囟。以三字會意。奴晧切。古音當在 3部。『孝(考)工記』作「剉」。乃譌體。俗作「腦」。》/385

형성 (1자) 뇌(嫍)7960

(시)【chí ㄔˊ】㊉ shì ⑨ bǐ 숟가락, 열쇠

설문 4981 匕也。《『方言』曰。匕謂之匙。『蘇林-注:漢書』曰。北方人名匕曰匙。『玄應』曰。匕或謂之匙。今江蘇所謂檨匙、湯匙也。亦謂之調羹。實則古人取飯、載牲之具。其首葢(蓋)銳而薄。故『左傳』矢族曰匕。『昭:廿六年:傳』是也。劍曰匕首。『周禮:桃氏-注』是也。亦作「鍉」。『玄應』曰。『方言』作「提」。》从匕。是聲。《是支切。16部。『地理志』朱提縣讀如此字。》/385

022 匚 2-16 ▤ 상자 방

방【fāng ㄈㄤ】〔설문부수 459〕모진 그릇, 상자

설문 8031 受物之器。《此其器葢(蓋)正方。文如此作者、橫視之耳。直者其底。橫者其四圍。右其口也。『廣韵』曰。或曰受一斗曰匚。按〔口部〕云。囿、規也。今人皆作圜。作圓。方、本無正字。故自古叚(假)方爲之。依字、匚有榘形。固可叚作方也。》象形。凡匚之屬皆从匚。讀若方。《府良切。10部。》𠥓籒文匚。/635

유사 도시락 거(凵) 비수 비(匕) 감출 혜(匸) 변할 화(匕) 덮을 멱(冖) 입벌릴 감(凵) 멀 경(冂)

성부 부록 색인 참조

형부 匚을 부수로 하는 대부분의 글자들

◀ 제 3 획 ▶

구【jiù ㄐㄧㄡˋ】널(관)

설문 8048 棺也。《〔木部〕曰。棺者、關也。所以揜屍。此云棺也。二篆義同。『曲禮』曰。在牀曰屍。在棺曰柩。是棺柩義別。虛者爲棺。實者爲柩。析言之也。柩或可以評棺。棺不可以評柩。是以許於柩曰棺也。於棺下不云柩也。以立文不得用考老之例也。》从匚。久聲。《【各本】有柩無匛。今依『玉篇』補。『玉篇』曰。匛、棺也。亦作柩。葢(蓋)希馮在梁時所據『說文』如是。以後柩行匛廢。遂變【許書】之舊。而郭忠恕列匛爲古文。夏竦說匛爲孫强集。夏疑『玉篇』作匛、不出於希馮而出於孫强也。匛葢古文。而小篆仍之者。『檀弓』曰。有虞氏瓦棺。夏后氏堲周。殷人棺槨。周人牆置翣。瓦棺、堲周皆以土不以木。『易』曰。後世聖人

匚 2 ④

易之以棺椁。後世聖人謂黃帝堯舜。然則土棺始於黃帝。堯舜仍之。倉頡造字从匚从久。『白虎通』云。柩、久也。久不復變也。造字之初。𣃔(斷)不从木。許言久聲者、以形聲包會意也。巨救切。3部。》 𠥫匛或从木。《葢殷人用木以後乃有此字。》 𠥱籒文从舊。《从舊猶从久也。舊之言久也。『周禮』用匶字。》/637

형성 (1자) 구(柩 𠥫)637-8048-1

匜 (이)【yí 丨ˊ】 손대야

설문 8035 佀(似)羹魁。《〔斗部〕曰。魁、羹枓也。枓、勺也。匜之狀似羹勺。亦所以挹取也。》 柄中有道。可㠯(以)注水酒。《道者、路也。其器有勺。可以盛水盛酒。其柄空中。可使勺中水酒自柄中流出。注於盥槃及飲器也。『左傳』。奉匜沃盥。杜曰。匜、沃盥器也。此注水之匜也。『內則』。敦牟卮匜。非餕莫敢用。鄭曰。卮匜、酒漿器。此注酒之匜也。【今-大徐本】無「酒」字。小徐有之。『韵(韻)會』刪(删)酒。而以盥器二字冠於似羹魁之上。妄甚。若『左傳』釋文引『說文』無酒字、因【經:注】但言盥耳。》 从匚。《此器葢(蓋)亦正方。也聲。》 也聲。《此形聲中有會意。从也者、取其流也。移尒切。按『篇』、『韵(韻)』平聲。古音 16, 17 部皆可讀。》/636

◀ 제 4 획 ▶

匠 장【jiàng ㄐㄧㄤˋ】 장인, 궁리, 가르침

설문 8032 木工也。《工者、巧飾也。百工皆稱工、稱匠。獨舉(擧)木工者、其字从斤也。以木工之偁(稱)引申爲凡工之偁也。》 从匚斤。《會意。疾亮切。10部。》 斤、《逗。》 所㠯(以)作器也。《說从斤之意。匚者、榘也。》/635

형성 (1자) 장(𨓍 𨓍)953

匡 国 광【kuāng ㄎㄨㄤ】 바를, 바로잡을, 구원할, 비뚤, 두려워할

설문 8034 飯器。《句。小徐有「也」字。》 筥也。《謂卽筥也。〔竹部〕曰。筥、箱也。箱一曰飯器。容五升。箱有三義。而筥匡取此一義耳。匡不專於盛飯。故『詩:采卷耳』以頃匡。求桑以懿匡。匡之引申叚(假)借爲匡正。『小雅』。王于出征。以匡王國。『傳』曰。匡、正也。葢(蓋)正其不正爲匡。凡小不平曰匡剌。革其匡剌亦曰匡也。『詩』有頃匡。謂匡之半淺半深不平者。故謂之頃。所謂匡剌也。匡剌見『攷工記:注』。》 从匚。𡉚聲。《去王切。10部。》 筐匡(匡)或从竹。《今人亦分匡筐爲二義。》/636

형성 (4자) 광(邼 邼)3886 광(恇 恇)6621
광(洭 洭)6702 광(軭 軭)9144

◀ 제 5 획 ▶

匣 (갑)【xiá ㄒㄧㄚˊ】 갑(작은 상자) ■합:같은 뜻

설문 8046 匱也。《『廣韵(韻)』曰。箱、匣也。古亦借柙爲之。柙、檻也。》 从匚。甲聲。《按此不注古文甲字。則从小篆甲也。胡甲切。8部》/637

◀ 제 7 획 ▶

匜 (조)【tiáo ㄊㄧㄠˊ】 삼태기 ■조:같은 뜻

설문 8040 田器也。《〔艸部〕曰。莜、蓧田器也。𠥵與莜音義皆同。葢(蓋)一物也。》 从匚。攸聲。《徒聊切。古音在 3部。》/636

匧 협【qiè ㄑㄧㄝˋ】 감출, 궤맬, 옷장, 옷상자 ■겹:속음

설문 8033 椷臧也。《【小徐本】如是。大徐無椷字。〔木部:椷〕下曰。匧也。是二篆爲轉注。臧字似衍。『玉篇』作緘也。乃椷之誤。若『文選』應璩百一詩、『任昉-哭:范僕射:詩:李-注』皆引『說文』篋、笥也。此則【所據本】不同。自當以【小徐本】爲善耳。『戰國策』。乃夜發書。陳篋數十。》 从匚。夾聲。《苦叶切。8部。》 篋匧或从竹。《按『廣韵』曰匧、藏也。篋、箱篋也。分一字爲二而刪(删)去椷字之所繇也。》/636

형성 (1자) 협(愜 㥦)6403

◀ 제 8 획 ▶

匪 비【fěi ㄈㄟˇ】 本[대상자] 아닐, 담을, 넣을, 비적, 문채(빛날) ■분:나누어 줄

설문 8038 器佀(似)竹匧。《小徐祇云如篋。『小雅』。承筐是將。『傳』曰。筐、篚屬。所以行幣帛也。按此筐與飯器之筐。異名同實。故毛訓之曰。匪屬也。『小雅』言匡。『禹貢』、『禮記』言匪。『應劭-漢書:注』曰。『漢書』作棐。應劭曰。棐、竹器也。方曰箱。隋曰棐。隋者、方而長也。他果反。古盛幣帛必以匪。匪篚古今字。有借匪爲斐者。如『詩』有匪君子是也。有借爲分者。『周禮』匪朌、鄭司農云匪分也是也。有借爲非者。如『詩』我心匪鑒(鑑)、我心匪石是也。有借爲彼者。如『左傳』引『詩』如匪行邁謀杜曰匪彼也。『荀子』引匪交匪舒卽『詩』彼交匪紓是也。》 从匚。非聲。《非尾切。15部。按〔竹部〕曰。篚、車笭也。非匪之異體。故不錄於此。》『逸周書』曰。實玄黃于匪。《按此句今惟見『孟子:滕文公篇』引『書』。其上文云。綏厥士女。篚厥玄黃。昭我周王見休。惟臣附于大邑周。似必爲『周書』。趙氏亦云。從有攸以下道武王伐紂時。皆『尚書:逸篇』之文也。》/636

형성 (1자) 비(篚 篚)2839

䈇 匫(흘)【hǔ ㄏㄨˇ】 ㊤㊥⑨㉿ hū 헌 그릇

설문 8042 古器也。《畢『尚書』沅得匫鼎。豈其器卽匫與。》 从匚。曶聲。《呼骨切。15部。》/636

◀ 제 9 획 ▶

匬 (유)【tóu ㄊㄡˊ】 ㊤ yū ㊥⑨ yǔ (16말 들이)되

설문 8043 甌匬器也。《大徐無匬字。非是。甌者、小盆也。甌匬二字爲名、則非甌也。『玉篇』云。余主切。器受十六斗。按『玉篇』葢(蓋)謂卽『論語』與之庾之庾。『苞-注』。十六斗爲庾也。然『禮經』作十六斗爲籔。今文籔作逾。》 从匚。俞聲。《度侯切。4部。『廣韵(韻)』無此字。》/636

◀ 제 10 획 ▶

㉿ 作家出版社〔董蓮池-說文解字考正〕 ⑨ 九州出版社〔柴劍虹-說文解字〕 ㊀ 陝西人民出版社〔蘇寶榮-說文解字今注今譯〕 ㊤ 上海古籍出版社〔說文解字注〕 ㊥ 中華書局〔臧克和-說文解字新訂〕

匲 (창)【cāng ㄘㄤ】 헌 그릇
설문 8039 古器也。《古器有名匲者》 从匚。倉聲。《七岡切。10部。》 /636

◀ 제 11 획 ▶

匴 (익)【yì ㄧˋ】 농구(農具)、가마솥
설문 8041 田器也。《『玉篇』云。大鼎也。『廣韵(韻)』匴訓大鼎。》 从匚。異聲。《與職切。1部。》 /636

匯 (회)【huì ㄏㄨㄟˋ】 本[그릇] 물 돌아 모일
설문 8047 器也。《謂有器名匯也。『禹貢』曰。東匯澤爲彭蠡。又曰。北會于匯。舊說匯者、回也。此匯之別一義。依許圈莧杢之例、此亦可稱『禹貢』而釋之曰匯回也。今按匯之言圍也。大澤外必有陂圍之。如器之圍物。古人說淮水曰。淮、圍也。匯从淮、則亦圍也。『尙書』。東匯澤爲彭蠡。謂東有圍受衆水之彭蠡。非謂漢水回而成澤也。東爲北江。謂漢水合江、又東合彭蠡爲北江也。》 从匚。淮聲。《胡罪切。15部。》 /637

◀ 제 12 획 ▶

匰 (단)【dān ㄉㄢ】 주독(主櫝:신주 넣는 독)
설문 8049 宗廟盛主器也。《『周禮:司巫』。祭祀丼(共)匰主。杜子春云。匰、器名。主、木主也。許云宗廟盛主器。亦用杜說。》 从匚。單聲。《都寒切。14部。》 『周禮』曰。祭祀丼匰主。《匰主謂主之匰。鄭曰。大祝取主陳之器則退也。》 /637

匱 궤【kuì ㄎㄨㄟˋ】 ㊤㊥⑨㉧ guì 함, 삼태기, 다할
설문 8044 匣也。《匱之義引申爲竭。『大雅』。孝子不匱。永錫爾類。『傳』曰。匱、竭也。凡物淥藏之則有若無、實若虛。故匱之引申爲竭、爲乏。竭、水渴也。乏、反其正也。》 从匚。臾(貴)聲。《求位切。15部。俗作櫃。『史記』石室金鐀。字作「鐀」。》 /636
참고 궤(櫃)함

◀ 제 14 획 ▶

匴 (산)【suǎn ㄙㄨㄢˇ】 조리、관(冠)을 넣는 상자(갓집)
설문 8036 淥米籔也。《淥者、浚也。浚者、抒也。抒者、挹也。籔者、箅也。箅者、漉米籔也。然則匴與、箅二字一物也。謂淅米訖、則移於此器內浚乾之而待炊。所謂滰淅也。『士冠禮』。爵弁、皮弁、緇布冠各一匴。『注』。匴、竹器名。今之冠箱也。古文匴爲篹。按淥米之籔斷(斷)非可盛冠。此必異物同名。或別有正字。俟考。》 从匚。算聲。《穌管切。14部。》 /636

◀ 제 15 획 ▶

匵 (독)【dú ㄉㄨˊ】 손궤
설문 8045 匱也。《〔木部〕曰。匵、匱也。是則匵與櫝音義皆同。實一物也。『論語』曰。韞匵而藏諸。又曰。龜玉毁櫝中。其實一字也。引申之亦爲小棺。》 从匚。賣(賣)聲。《徒谷切。3部。》 /636

◀ 제 24 획 ▶

匶 㭫 (감)【gòng ㄍㄨㄥˋ】 상자, 머리쓰개, 뚜껑, 기다란 나무 ■공:작은 잔
설문 8037 小桮也。《〔木部〕曰。桮、匶也。二篆爲轉注。而桮下見渾言之義。此見析言之義。网(兩)處互相足而後義全。此許立文之例也。匶下亦可云桮也。桮下亦可云大匶也。是互相足之謂也。〔門部〕云。大桮爲閜。故小桮爲匶矣。『方言』曰。盌械盞㼝閜㿻盦桮也。自關而東趙魏之閒曰「械」。或曰「盞」。或曰「㼝」。按械卽許之「匶」。音同字異。許則械訓匧。各有本義也。》 从匚。贛聲。《古送切。按『廣韵(韻)』又音感。正音也。8部。『郭-注:方言』械讀如封緘。略有輕重耳。》 㭫 匶或从木。/636

023
2-17
匸 감출 혜

匸 혜【xì ㄒㄧˋ】〔설문부수 458〕감출, 덮을
설문 8024 衺徯有所夾臧(藏)也。《「夾」【各本】作「俠」。今正。衺者、㪅也。徯者、待也。夾者、盜竊褱物也。迆衺相待有所竊臧。故其字从乚(乚)。而上復有一覆之。》 从乚。上有一覆之。《會意。》 凡匸(匸)之屬皆从匸。讀若徯同。《「徯」【各本】譌「傒」。今正。胡禮切。16部。》 /635
유사 도시락 거(凵) 비수 비(匕) 변할 화(匕) 덮을 멱(冖) 입벌릴 감(凵) 멀 경(冂) 상자 방(匚)
성부 부록 색인 참조
형부 匸를 부수로 하는 대부분의 글자들

◀ 제 2 획 ▶

匹 필【pī ㄆㄧ】 ㉠㊤㊥⑨㉧ pǐ 필(옷감의 길이의 단위, 말같은 가축을 세는 단위), 짝
■목:거위, 따오기
설문 8030 四丈也。《按四丈之上當有「布帛」二字。『襍記』曰。納幣一束。束五兩。兩五尋。鄭曰。納幣爲昏禮納徵也。十箇爲束。貴成數。兩兩合其卷。是謂五兩。八尺曰尋。五兩、兩五尋(謂每兩五尋)則每卷二丈也。合之則四十尺。今謂之匹。猶匹偶之云與。『周禮』。凡嫁子、娶妻。入幣純帛無過五兩。鄭曰。五兩、十端也。每端二丈。按二丈爲一端。二端爲兩。每兩爲一匹。長四丈。五兩則五匹爲一束也。凡古言束帛者、皆此制。凡言匹敵、匹耦者、皆於二端成兩取意。凡言匹夫、匹婦者、於一兩成匹取意。兩而成匹。判合之理也。雖其半亦得云匹也。馬稱匹者、亦以一牝一牡離之而云匹。猶人言匹夫也。○ 按字之本義有難定者。如『襍記:注』今謂之匹、猶匹偶之云與。是以匹偶爲本義。而帛二兩爲引申之義也。與許說迥異。四丈爲匹之云。三代時【經傳】不見。其字从八。八者、別也。夫婦有別。故謂之匹。从匚。亦取別嫌明微意與。鄭意或當如是。》 从匚八。《爲八之數隱其中。

會意。》八揲一匹。《說从八之意。揲者、閱持也。閱持者、更迭持之而具數也。筮者揲之以四。此揲之以八。八尺者五而得四丈。故其字从八。所以揲之以八者、度人之兩臂爲尋。今人於布帛猶展兩臂度之也。》八亦聲。《古音八讀如必。普吉切。12部。》/635

유사 넉 사(四) 서녘 서(西)

성부 甚심

◀ 제 5 획 ▶

㔷 루【lòu ㄌㄡˋ】벗어날, 키(箕也)

설문 8027 側㔷也。《【各本】作「側逃」也。今依『玉篇』「逃」作「㔷」。『玉篇』曰。又作陋。是知側㔷卽『堯典』之側陋。謂隱藏不出者也。》从匸。丙聲。《按丙聲不可通。大徐云。當是从內會意。傳寫之誤。玉裁按或从〔谷部〕之㕲聲。〔艸(草)部:苪〕从㕲聲。而讀若陸。陸與漏音相近也。盧候切。4部。『廣韵』無此字。》一曰箕屬。《其器未詳。》/635

형성 (1자) 루(陋 䧿)9193

医 예【yī ㄧ】㉠㉡㊥⑨㉢ yì 동개(활과 화살을 넣어 매는 기구)

설문 8029 臧(藏)弓弩矢器也。《「臧」【各本】作「盛」。今依『廣韵』。此器可隱藏兵器也。》从匸矢。《會意。》矢亦聲。《小徐有此三字。於計切。15部。》『春秋:國語』曰。兵不解医。《『齊語』文。『今-國語』作翳。叚(假)借字。韋曰。翳所以蔽兵也。按古翳隱、翳薈字皆當於医義引申(伸)。不當借華蓋(蓋)字也。翳行而医廢矣。》/635

성부 殹예

◀ 제 7 획 ▶

匽 언【yǎn ㄧㄢˇ】숨길, 숨을, 한데 뒷간, 못, 방죽, 도랑, 눕힐, 쉴

설문 8028 匿也。《匽之言隱也。『周禮:宮人』。爲之井匽。鄭司農云。匽、路廁也。後鄭云。匽豬謂霤下之池畜水而流之者。按二說皆謂隱蔽之地也。》从匸。旻聲。《於蹇切。14部。》/635

형성 (6자+1) 언(鶠 䳑)2296 언(郾 䣉)3904 언(偃 䆓)4938 언(褗 䙶)5029 알(揠 䩶)7626 언(蝘 䗡)8398

◀ 제 9 획 ▶

匿 닉【nì ㄋㄧˋ】숨을, 숨길, 숨은 죄

설문 8026 亡也。《『廣韵』曰。藏也。微也。亡也。陰姦也。》从匸。若聲。《此取雙聲爲形聲也。》讀若羊騶箠(箠)。《此有譌奪。當云讀若羊箠蟄之蟄。〔金部〕曰。蟄者、羊箠耑(端)鐵也。說詳〔金部〕。蟄讀若至。至古音同質。匿讀若蟄、卽讀若質也。古亦讀尼質切。在 12部。不在 1部也。今音乃女力切。》/635

형성 (1자) 닐(暱 䁥)4080

區 구【qū ㄑㄩ】本[(물건을)숨긴 곳] (갈라 놓은)지역, 구구할

설문 8025 踦區、《逗。疊(疊)韵。》臧(藏)隱也。《踦區猶〔危部〕、〔自(阜)部〕之䧢䧢。彼言傾側不安也。此言委曲包蔽也。區之義內臧(藏)多品。故引申爲區域、爲區別。古或叚(假)丘字爲之。如區蓋亦作丘蓋、區宇亦作丘宇是也。或叚爲句曲字。如『樂記』區萌達。卽『月令』之句者畢出、萌者盡達也。》从品在匸中。《會意。豈俱切。古音在 4部。『鄭-注:禮記:嫌名』曰。若禹與雨、丘與區之類。是可證古音同邱也。》品、《逗。》衆也。《品下曰。衆庶(庶)也。》/635

성부 區구

형성 (18자+1) 구(謳 䛵)1493 구(毆 䝀)1866 구(軀 䠻)2327 추(樞 䉤)3499 구(傴 䆊)4952 구(軀 䠻)5014 구(褔 䙷)5121 구(歐 䬉)5305 추(貙 䝙)5818 구(驅 䮚)5912 구(漚 䕷)6995 구(鰸 䲴)7279 구(摳 䩹)7465 구(嫗 䥥)7757 구(甌 䋻)8066 구(彄 䩕)8090 구(嶇 䧢)9198 어(醧 䤛)9395 구(敺)

024	十 十
2-18	열 십

十 십【shí ㄕˊ】〔설문부수 54〕열, 열곱할(10배)

설문 1387 數之具也。《『漢志』。協於十。》一爲東西。丨爲南北。則四方中央備(備)矣。《是執切。7部。》凡十之屬皆从十。/88

유사 왼손 좌(ナナ屮𠂇)

성부 부록 색인 참조

형부 十을 부수로 하는 대부분의 글자들 묘{畝畞晦} 조(淖)

형성 (2자) 십(什 䒥)4851 즙(汁 䊡)7063

◀ 제 1 획 ▶

卂 신【xìn ㄒㄧㄣˋ】〔설문부수 430〕㉠㉡㊥⑨㉢ xùn 빨리 날을

설문 7335 疾飛也。《引伸爲凡疾之稱。故撞下曰卂擣也。〔辵部:迅〕、从卂。》从飛而羽不見。《飛而羽不見者、疾之甚也。此亦象形。息晉切。12部。》凡卂之屬皆从卂。/583

유사 잡을 극(丮丮丮) 둥글 환(丸)

형부 경(煢)

형성 (5자+1) 신(迅 䢕)1073 신(訊 䛊)1441 신(汛 䚹)7093 신(扟 䩛)7613 슬(蝨 䖸)8537 신(阠 䧢)

千 천【qiān ㄑㄧㄢ】1,000, 일천, 밭두둑

설문 1389 十百也。从十。人聲。《此先切。12部。》/89

유사 어조사 우(于) 방패 간(干)
성부 乖괴 丮수 𠦜척 年秊년 熏훈 舌설 臿臿삽 秉병 乘乘승 重중
형성 (2자+2) 천(汘)6797 천(秈)7150 천(芊) 천(阡)

廿 廿입【niàn ㄋㄧㄢˋ】스물, 20
설문 1394 二十幷(并)也。古文省多。《省多者、省作二十兩(兩)字爲一字也。『考工記』。桯長倍之。四尺者二。十分寸之一謂之枚。本於二字爲句絕(絶)。【故書】十與上二合爲廿。此可證周時凡言二十可作廿也。古文廿仍讀二十兩字。『秦-碑』小篆則有廿六年、維廿九年、卅有七年皆讀一字。以合四言。廿之讀如入。卅之讀如𢽈。皆自反也。至『唐-石經』二十皆作廿。三十皆作卅。則仍讀爲二十、三十矣。人汁切。7部。》/89
【疾】下曰: 𤼷籒文疾。《从廿者、古文疾也。从矢者、𤸷省也。》廿古文。《【各本】篆體作𤶇。是仍與小篆無異。今正。攷𥨂篆下曰。廿、古文疾。童篆下曰。廿、古文以爲疾、此廿爲古文疾之明證。而『集韵』、『類篇』皆曰。廿、古文疾。𤸷、籒文疾。此丁度所見不誤之明證也。其曰籒文作𤸷又作𤶇者、乃當其時已有誤本同【今本】。而因併入之、又譌古爲籒也。》/348
【𥨂】下曰:廿、古文疾。/333
유사 양뿔 개(丫丫) 상 기(丌) 풀 초(艹艹) 쌍상투 관(丱) 받들 공(廾)
성부 부록 색인 참조
형부 廿을 부수로 하는 대부분의 글자들

◀ 제 2 획 ▶

协 (륵)【lè ㄌㄜˋ】공 클(功大)
설문 1393 材十人也。《十倍於人也。十人爲协。千人爲俊。『王制』。祭用數之仂。『注』。仂、什一也。按一當十爲协。故十取一亦爲仂。葢(蓋)仂本作「协」也。》从十力。《十人之材也。》力亦聲。《「力亦」二字今補。盧則切。1部。》/89

卅 卅삽 圖입【sà ㄙㄚˋ】〔설문부수 55〕삼십, 서른(圖74)
설문 1396 三十幷也。古文省。《此亦當云省多。奪耳。古音當先立切。7部。今音蘇沓切。》凡卅(卅)之屬皆从卅。/89
성부 棄기 世세 革革혁

升 승【shēng ㄕㄥ】되(10홉), 새(직물의 80올), 오를, 올릴
설문 9062 十合也。《「十合」【各本】作「十龠」。誤。今正。『律曆志』曰。合龠爲合。十合爲升。十升爲斗。十斗爲斛。而五量嘉矣。作十龠則不可通。【古-經傳】登多作升。古文叚(假)借也。『禮經:注』曰。布八十縷爲升。升字當爲登。今之『禮』皆爲升。俗誤已行久矣。按今俗所用又作陞。【經】有言升不言登者、如『周易』是也。有言登不言升者、『左傳』是也。》从斗。象形。《斛左耳爲升。右耳爲合。ノ以象耳形也。【各本】作「亦象形」。非。識蒸切。6部。》合龠爲合。龠容千二百黍。《「十」字【各本】無。今補。不補則五量惟升斗斛見於【本書】。且失其相絫之數矣。絫下云。增也。一曰十黍之重。正爲銖字張本。鬲下云。鼎屬。實五㲄。又云。斗二升曰㲄。正爲〔角部:斛〕下無此義、故補之。〔亼部:合〕下無「一曰十龠爲合」之文。〔龠部〕下無「一曰龠容千二百黍」之文。此䖏之當補、正同鬲下。非沾足也。合龠爲合。見『律曆志』。而『尙書:正義』引作十龠。『月令:正義』引作合。『通典』引作十。【六典】說唐制作合。是『漢書-古本』不同。要以下文云合者合龠之量、躍於龠、合於合、『廣雅』二龠曰合、斵(斷)之。知十龠之非矣。古者一分一合謂之判合。叚(假)是十龠、則此量不得名合。不得云合於合、合二龠爲合。猶之十二銖兩(兩)之爲兩也。》/719
유사 평평할 견(幵开) 우물 정(井)
성부 阩승
형성 (+2) 승(昇) 승(抍)

午 午오【wǔ ㄨˇ】〔설문부수 534〕本[거슬릴] 7째지지(정오, 정남쪽, 말띠, 음력 5월, 11시~13시)(十부 2획)
설문 9349 啎也。《啎者、屰也。》五月侌(陰)气啎屰昜(逆陽)。冒地而出也。《啎屰【各本】作「午逆」。今正。『律書』曰。午者、陰陽交。故曰午。『律曆志』曰。咢布於午。『天文訓』曰。午、仵也。陰氣從下上。與陽相仵逆也。『廣雅:釋言』。午、仵也。按仵卽啎字。四月純陽。五月一陰屰陽。冒地而出。故製字以象其形。古者橫直交互謂之午。義之引申(伸)也。『儀禮』度而午。『注』云。一縱一橫曰午。》象形。《【各本】無此二字。今補。》此與矢同意。《矢之首與午相似。皆象貫之而出也。疑古切。5部。》凡午之屬皆从午。/746
유사 아(我)고자(手) 소 우(牛) 방패 간(干) 조금 심할 임(羊)
성부 卸사 杵저 許허 舂용 缶부 羊양
형성 (1자) 호(汻)6910

◀ 제 3 획 ▶

● 卉卉卉 훼【huì ㄏㄨㄟˋ】풀, 초목 ■입:30

半 半반【bàn ㄅㄢˋ】〔설문부수 18〕반(절반), 가운데
설문 0689 物中分也。从八牛。牛爲物大。可吕(以)分也。《故取牛會意。》凡半之屬皆从半。《博幔切。14部。》/50
유사 조금 심할 임(羊) 양 양(羊)
형성 (10자) 반(胖)690 반(叛)691 판(判)2646 반(伴)4789 번(袢)5097 반(泮)7112 반(姅)7956 반(絆)8316 반(畔)8754 반(料)9057

◀ 제 4 획 ▶

芔 芔芔 훼【huì ㄏㄨㄟˋ】풀, 초목 ■입:30

설문 0607 艸之緫(總)名也。《『方言』曰。卉、艸也。東越楊州之閒(間)曰卉。》从艸屮。《三屮卽三艸也。會意。許偉切。15部。》/44

유사 갈 거(去) 길할 길(吉)

성부 賁賁분 桒훌

형성 (2자) 분(轰)2947 분(奔)6309

● 卍 만자 문양

◀ 제 5 획 ▶

華 華필【bān ㄅㄢˉ】〔설문부수 121〕키, 거름주는 그릇 (十부 5획)

설문 2375 箕屬。所㠯(以)推糞之器也。《『糞』【各本】作「弃」。今依『篇』、『韵』正。推糞者、推而除之也。》象形。《此物有柄。中直象柄。上象其有所盛。持柄迫地推而前。可去穢。納於其中。箕則無柄。而受穢一也。故曰箕屬。北潘切。14部。按『篇』、『韵』皆音畢。此古今音不同也。》凡華之屬皆从華。官溥說。《官溥者、博採通人之一也。》/158

유사 늘어질 수(垂) 꽃 화(華) 마칠 필(畢)

성부 棄기 華화 單단 糞분 畢필

◀ 제 6 획 ▶

卑 卑비【bēi ㄅㄟˉ】(지위, 위치, 품질)낮을, 낮게 여길, 낮출 (十부 6획)

설문 1833 賤也。執事者。从ナ甲。《古者尊又(右)而卑ナ(左)。故從ナ在甲下。甲、象人頭。補移切。16部。》/116

성부 箄비 庳비

형성 (28자) 비(萆)582 병(鞞)1719
비(敉)1964 패(髀)2450 비(髀)2457
비(脾)2489 비(鼙)2948 비(錍)3133
비(椑)3562 비(郫)3928 패(稗)4211
비(䅬)4273 패(粺)4287 비(俾)4880
비(裨)5096 비(頼)5419 비(顊)5452
비(碑)5736 패(猈)6009 파(埤)6379
빈(鼙)7121 패(捭)7686 비(婢)7777
비(甈)8071 비(蠯)8546 비(埤)8675
비(錍)8903 비(陴)9254

卒 졸【zú ㄗㄨˊ】하인, 군사, 마을(300호 한 단위), 갑자기, 죽을 ■줄:다할, 이미, 드디어

설문 5124 隸(隸)人給事者爲卒。《【俗本】者下有「衣」字。【宋本】及『御覽』、『韵會』、『玉篇』皆無。此謂人也。非謂衣也。『方言』。楚東海之閒(間)亭父謂之亭公。卒謂之弩父。或謂之褚。『注』曰。卒者、主擔幔弩導幨。因名。》古㠯(以)染衣題識。故从衣一。《此十字依『韵會-所據:小徐本』。衣有題識。如『左傳』云。叔孫氏之甲有物。杜云。物、識也。徽字下云。若今救火衣。『周禮:司常:注』云。今亭長箸絳衣。此亭卒以染衣題識之證也。从一者、象題識也。臧没(沒)切。15部。》/397

성부 萃췌 翠취

형성 (18자+2) 최(啐)873 졸(齤)1241
졸(踤)1304 수(誶)1612 졸(殚)2417
수(粹)4308 솔(窣)4464 최(䃀)4730
췌(顇)5430 줄(崒)5606 쇄(碎)5758
졸(猝)6014 쉬(焠)6173 췌(悴)6612
쉬(淬)7077 졸(捽)7535 쇄(瓶)8081
취(醉)9399 수(睟) 쉬(倅)

協 (협)【xié ㄒㄧㄝˊ】맞을, 합할, 좇을

설문 同眾(衆)之龢也。《【各本】作「衆之和同」。非是。今正。同衆之和。一如同力。》从劦十。《十、衆也。胡頰切。8部。》叶古文協。从口十。《字見『周禮:大史協事:注』。曰【故書】協作叶。杜子春云。叶、協也。『書』亦或爲協。或爲汁。『大行人:協辭命:注』。【故書】作汁辭命。鄭司農云。汁當爲叶。『書』或爲「叶」。按十口所同。亦同衆之意。》叶或从日。《口日一也。》/701

卓 卓탁【zhuō ㄓㄨㄛˉ】높을, 뛰어날, (시간, 공간적으로)멀, 탁자

설문 4987 高也。《『論語』。如有所立。卓爾。凡言卓犖、謂殊絕(絶)也。亦作卓躒。按〔稽部:𥞤〕、特止也。〔辵部:逴〕、遠也。〔人部:倬〕、箸大也。皆一義之引伸。『覲禮』。匹馬卓上。九馬隨之。『注』。卓讀如卓王孫之卓。卓猶的也。以素的一馬爲上。素的一馬、謂白馬也。鄭意白馬出衆故謂之卓。『史記』多叚(假)逴爲卓。》早匕爲卓。《此上當有從匕早三字。匕同比。早比之、則高出於後比之者矣。》匕卪爲卬(卬)。皆同意。《「意」舊作「義」。今正。此與凡云某與某同、意同也。竹角切。古音在 2部。》古文卓(卓)。《漢隸及今隸从卜。用古文而小篆廢矣。又疑古文恐是篆文之誤。》/385

유사 풀 초(草)

형성 (13자+1) 탁(趠)985 탁(逴)1152
초(踔)1295 작(𥞤)3728 조(罩)4616
탁(倬)4794 작(焯)6189 도(悼)6625
뇨(淖)6899 조(鯙)7313 도(掉)7578
작(婥)7958 작(䮓)8374 작(綽)

◀ 제 7 획 ▶

南 남【nán ㄋㄢˊ】남녘, 남녘으로 갈, 임금(임금은 남쪽을 향해 앉는다)

설문 3711 艸木至南方有枝任也。《此亦脫誤。當云南任也。與東動也一例。下乃云艸木至南方有枝任也、發明从𣎵之意。『漢:律曆志』曰。大陽者南方。南任也。陽氣任養物。於時爲夏。云艸木至南方者、猶云艸木至夏也。有枝任者、謂夏時艸木暢楙丁壯、有所枝格任載也。故从𣎵。按古南男二字相假借。》从𣎵。羊聲。《那含切。古音在 7部。》古文。/274

형성 (1자) 남(湳)6778

◀ 제 9 획 ▶

甚 (집)【jí ㄐㄧˊ】많을, 모을
설문 1391 甚甚、《逗。》盛也。《小徐曰。『詩』宜爾子孫蟄蟄兮。毛曰。蟄蟄和集也。與甚甚義近。》从十。甚聲。《子入切。7部。按『廣韵(韻)』昌入切。『玉篇』又充入切。》汝南名蠶盛曰甚。《此汝南方言也。今江蘇俗語多云密甚。甚音如蟄。》/89

㚘 훌【hū ㄏㄨ】빠를 ■훼:같은 뜻 (十부 9획)
설문 6341 疾也。《『上林賦』。藰莅卉歙。又卉然興道而遷義。郭璞曰。卉猶勃也。『西京賦』。奮隼歸鳧。沸卉軿訇。薛綜曰。奮、迅聲也。卉皆㚘之叚(假)借。》从夲。卉聲。《呼骨切。15部。》𢫦(拜)从此。/497
성부 拜㨜𢫦배
형부 윤(𣗂)
형성 (1자) 분(饙)3065

𠦬 (집)【jí ㄐㄧˊ】말(언사) 모을
설문 1395 詞之集也。《此依『廣韵(韻)』、『玉篇』訂。「詞」當作「辭」。此下當有「詩曰辭之𠦬矣」六字。葢(蓋)『詩』作「𠦬」。許以集解之。『今-毛詩』作「輯」。『傳』作「輯」、和也。許所偁(稱)葢『三家詩』。》从十。咠聲。《秦入切。7部。按 10部當終於二十幷之廿。𠦬字或寫者奪之而綴於末。》/89

𠦒 척【guāi ㄍㄨㄞ】〔설문부수 442〕本[등골뼈] 옐 ① 어그러질 ※ 괴(乖)의 옛글자 ② 손 ※ 수(手)의 옛 글자(옐76)
설문 7724 背吕也。《吕下曰。脊骨也。脊兼骨肉言之。吕則其骨。析言之如是。渾言之、則統曰背吕。猶俗云背脊也。》象脅肋形。《脅者、网(兩)膀也。肋者、脅骨也。此四字當作「象形𠆢象脅肋也」。七字。象形謂「象背脊居中而直、一象人要、𠆢則象背左右脅肋之形也。古懷切。『玉篇』云。俗作乖。按俗作乖、當在〔𠂔部:𠦒(乖)〕字注中。》凡𠦒(脊)之屬皆从𠦒。讀若乖。《此三字大徐無。》/611
성부 脊𦟝척

◀ 제 10 획 ▶

博 박【bó ㄅㄛˊ】本[크게 통할] 넓을, 통할, 무역할, 장기, 고을 이름, 성씨
설문 1392 大通也。《凡取於人易爲力曰博。『陳風:鄭-箋』。交博好也。》从十博。《會意。》尃、布也。亦聲。《補各切。5部。》/89
형성 (1자) 박(簙)2873

025
2-19
卜 옐 점 복

卜 卜 복【bǔ ㄅㄨˇ】〔설문부수 94〕(거북의 등껍데기를 불에 그을려 길흉을 판단하는)점
■짐:(마소로 실어 나르는)짐바리〈韓〉
설문 1972 灼剝龜也。《〔火部:灼〕、灸也。〔刀部:剝〕、裂也。灼剝者。謂灸而裂之。灼雙聲。剝疊(疊)韵。》象灸龜之形。《直者象龜。橫者象楚焞之灼龜。》一曰象龜兆之縱衡也。《字形之別說也。博木切。3部。》凡卜之屬皆从卜。𠁦古文卜。/127
유사 칼 도(刂) 아래 하(丅二) 열 십(十) 윗 상(二丄)
성부 부록 색인 참조
형부 卜을 부수로 하는 대부분의 글자들
형성 (4자) 부(赴)933 부(𧾷)1276
박(朴)3422 부(仆)4939

◀ 제 2 획 ▶

● 𠁧𠁩 쌍상투 관
● 卞 조급할 변

◀ 제 3 획 ▶

卟 계【jī ㄐㄧ】점칠, 생각할, 물을
설문 1974 卜吕(以)問疑也。《『左傳』曰。卜以決疑。不疑何卜。問疑故從口。俗作乩。》从口卜。《當作「卜口」。卜而以口問也。凡若此等未能盡正。學者於此例之。可以三隅反矣。》讀與稽同。《古兮切。16部。按小徐曰。『尙書』曰明用卟疑、今文借稽字。徐語𦙶說耳。『尙書』無作卟疑者。卽有之、亦陸氏所謂穿鑿之徒務欲立異者也。大徐乃於同下沾書云卟疑四字。疑惑後生。其亦妄矣。》/127
유사 밖 외(外) 점칠 점(占)

占 점【zhàn ㄓㄢˋ】㉠㉡㊥⑨㉢ zhān 점칠, 점, 볼, 상고할, 물을, 차지할
설문 1977 視兆問也。《『周禮:占人:注』曰。占蓍龜之卦兆吉凶。又『占人掌占龜:注』曰。占人亦點簭(筮)。言掌占龜者。簭短龜長。主於長者。此云視兆問。亦專謂龜卜。》从卜口。《職廉切。7部。按上文卟字疑占之變體。後人所竄入。》/127
유사 상고할 계(卟) 예 고(古) 길할 길(吉)
성부 沾첨 𩅖첨
형성 (22자+3) 점(苫)565 첩(䩞)1741
점(𠜂)2674 점(笘)2849 념(鲇)3096
점(𥏫)3158 섬(枮)3400 점(黏)4274
점(痁)4544 첩(帖)4678 점(耇)5141
점(覘)5245 점(點)6241 점(鮎)7266
점(聑)7425 념(拈)7511 첩(姑)7833
염(蛅)8444 점(坫)8640 첨(黇)8775
점(鉆)8924 점(阽)9243
첩(貼) 침(砧) 점(颭)

◀ 제 5 획 ▶

卜 2 ⑦

(조)【zhào ㄓㄠˋ】 ㊤㊥⑨㉑ shào 무꾸리할 ■소:같은 뜻

설문 1978 卜問也。《疑此卽後人杯珓字。後人所增。》从卜。召聲。《市沼切。『廣韵(韻)』又音照。2部。》/127

◀ 제 6 획 ▶

괘【guà ㄍㄨㄚˋ】 점괘(주역의 64 점괘)

설문 1973 所㠯筞(以筮)也。《「所以」二字【各本】刪(刪)之。今補。》从卜。圭聲。《古壞切。按當從『廣韵』古賣切。16部。》/127

유사 봉할 봉(封)

잉【nǎi ㄋㄞˇ】 ㊤㊥⑨㉑ réng 놀래는 소리, 갈(往也)

설문 2916 驚聲也。从丂(乃)省。卤(西)聲。《「卤聲」【宋本】作「西聲」。不誤。趙鈔及俗刻作鹵聲。誤甚。从丂省者、从丂而未盡其曲折也。卤者籒文西字。以西爲聲也。【鍇本】作从乃、卤省聲。非是。驚聲者、驚訝之聲。與乃字音義俱別。【詩書史漢】發語多用此字作「迺」。而流俗改爲「乃」。按『釋詁』曰。仍迺侯乃也。以乃釋迺。則本非一字可知矣。西聲則古音當在 13部。古音西讀如詵。又讀如仙。》籒文卤不省。《按此五字疑有誤。當作「西籒文𠧧(西)」。『說文』之通例如此。》或曰卤、《逌、鍇作隨。非。》往也。《『玄應書:三』引『倉頡篇』迺、往也。》讀若仍。《與乘(乘)切。按此三字不在卤聲之下而系於此。是或說往義之音則然也。仍孕字皆乃聲。1部與 6部合音也。卤讀若仍。則謂从卤乃省聲。或說與前說迥異。今人迺讀乃。與或說相近。》古文卤。《卤本古文。此又古文之異者也。》/203

◀ 제 7 획 ▶

(회)【huì ㄏㄨㄟˋ】 뉘우칠 ※ 회(悔)의 옛글자

설문 1976 『易』卦之上體也。《『今-尙書、左傳』皆作「悔」。疑𠧪是『壁中-古文』。孔安國以今文讀之。『易』爲悔也。或曰據許則小篆有此字。玉裁謂不然。【許書】以先小篆後古文爲正例。以先古文後小篆爲變例。曷爲先古文也。於其所從系之也。如斅(斆)者古文。學者小篆。斅從敎則必先之。埶然也。然則𠧪本古文非小篆。因其從卜則系之〔卜部〕。亦埶然也。不曰篆文作悔。亦不於〔心部:悔〕下列𠧪云古文悔者。本非一字也。小篆無𠧪。而『壁中-古文』有𠧪。不可以不存之於〔卜部〕。凡(凡)其存『尙書-古文』之例如此。『鄭-注:尙書』云。悔之言晦。晦猶終也。》『商書』曰。《曰字今補。》曰貞曰𠧪。《謂『洪範』也。按『左傳』三引『洪範』。『說文』五引。皆云『商書』。【馬、鄭-本】皆不如是。葢(蓋)『今文-尙書』說與。許謂『堯典:唐書』、『咎繇謨:虞書』、『禹貢:夏書』皆今文說也。而三引微子。网(兩)云『周書』、一云『商書』。疑商系周誤。葢今文家以微子系『周書』、以『洪範』系『商書』。豈微子歸周故周之、箕子不臣故商之與。春秋時卿大夫所習『洪範』皆『商書』。則今文家說乃古說也。》从卜。每聲。《荒內切。古音在 1部。》/127

초【tiáo ㄊㄧㄠˊ】〔설문부수 246〕 ① 열매 주렁주렁 달릴 ② 중술통 ※ 유(卣)의 옛 글자(卜부 7획)

설문 4158 艸木實𠂹(垂)卤卤然。《卤卤、𠂹皃(垂貌)。『莊子』曰。之調調。之刀刀。之、此也。調調謂長者。刀刀謂短者。調調卽卤卤也。卤之隸(隸)變爲卣。『周書:雒誥』曰。秬鬯二卣。『大雅:江漢』曰。秬鬯一卣。毛云。卣、器也。『鄭-注:周禮』廟用修曰。修讀曰卣。卣中尊。凡彝(彝)爲上尊。卣爲中尊。罍爲下尊。中尊謂獻象之屬。按如許說則木實𠂹者其本義。叚(假)借爲中尊字也。》象形。凡卤之屬皆从卤。讀若調。《徒遼切。2部。按調本周聲。中尊之義羊久反。又音由。〔乃部〕之卤用卤爲聲。古 3部與 2部合音冣(最)近。》籒文从三卤作。《然則卤爲古文。小篆用之。》/317

유사 소금밭 로(鹵) 중술통 유(卣) 서녘 서의 옛글자 (卤卤) 혀 첨(西丙)

성부 卤유 栗속 粟률

유【yōu ㄧㄡ】 ㊤㊥⑨㉑ yóu 숨도는 모양, 바(所也) ※ 유(攸)의 옛글자

설문 2917 气行皃(貌)。《隸(隸)作「逌」。『禹貢』。陽鳥攸居、豐(豊)水攸同、九州攸同。『漢:地理志』「攸」皆作「逌」。逌之言于也。陽鳥于是南來得所也。與爰粤義同。【劉(劉)歆書】。逌人使者。謂行人之官也。》从乃(乃)。《按依上卤云从乃省。則此亦當有「省」字。》卤聲。讀若攸。《以周切。3部。》/203

유사 놀래는 소리 잉(卤)

성부 卣유

형성 (2자) 유(蓾)631 유(覷)5251

026	卩
2-20	병부 절

절【jié ㄐㄧㄝˊ】〔설문부수 338〕 병부 ※ 절(節)의 옛 글자

설문 5514 瑞信也。《瑞者、以玉爲信也。『周禮-典瑞:注』曰。瑞、節信也。『典瑞』若今符璽郞。『掌節:注』曰。節猶信也。行者所執之信。邦節者、珍圭、牙璋、穀圭、琬圭、琰圭也。按是五玉者皆王使之瑞卩。引伸之凡使所執以爲信、而非用玉者皆曰卩。下文是也。》守邦國者用玉卩。守都鄙者用角卩。《鄭云。謂諸侯於其國中。公卿大夫王子弟於其采邑。有所使亦自有節也。》使山邦者用虎卩。土邦者用人卩。澤邦者用龍卩。《鄭云。謂使卿大夫聘於天子諸侯行道所執之信也。是三卩者皆以金爲之。鑄虎人龍象焉。必自以其國所多者於以相別爲信。》門關者用符卩。貨賄用璽卩。道路用旌卩。《鄭云。門關、司門司關也。貨賄者、主通貨賄之官。謂司市也。道路者、主

治五涂之官。謂鄕遂大夫也。凡民遠出至於邦國、邦國之民若來入。由門者、司門爲之節。由關者、司關爲之節。其商、則司市爲之節。其以徵令及家徙、治鄕遂大夫之節。符節者、如今宮中諸官詔符也。璽節者、今之印章也。旌節、今使者所擁節是也。已上八句皆『周禮:掌節職』文。此三句許意葢(蓋)與『鄭-注』不同。云門關者者、蒙上文使字而言。謂使於門關者也。》象相合之形。《若卯篆則兩合矣。子結切。12部。》凡卩之屬皆从卩。/430

유사 여섯째 지지 사(巳) 그칠 이(已) 꽃봉오리 함(马) 이를 급(㔾) 활 궁(弓)

성부 부록 색인 참조

형부 卩을 부수로 하는 대부분의 글자들 절(卪) 취(䀹) 범(範)

형성 (1자) 술(卹)3037

卪 주【zòu ㄗㄡˋ】병부

설문 5526 卪也。闕。《按『玉篇』曰。『說文』云闕。葢(蓋)本祇有闕字。其形反卩。其義其音則葢闕。【今本】說其義云卩也。說其音云則候切。皆肊爲之。非許意。》/431

성부 卯란 卯경

◀ 제 2 획 ▶

卬 앙【ǎng ㄤˇ】㉠㉮ áng ㊤㊥⑨㉮ yǎng 바랄, 기다릴, 나(我也), 임금의 덕, 물가 오를, 격동할

설문 4986 望也。《鉉無也。非。卬與仰義別。仰訓擧(舉)。卬訓望。今則仰行而卬廢。且多改卬爲仰矣。『小雅:車舝』曰。高山卬止。『箋』云。卬慕。『過秦論』。常以十倍之地。百萬之衆。卬關而攻秦。【俗本】作叩、作仰。皆字誤、聲誤耳。『晉語』。如川然。有原。以御浦而後大。孔、晁本作卬浦。牛亮反。言川仰浦而大。人仰教(敎)而成。『廣雅』。仰、恃也。仰亦卬之誤。『大雅:傳』曰。顒顒卬卬、盛皃(貌)。引伸之義也。『釋詁』、『毛:傳』皆曰。卬、我也。語言之叚(假)借也。》欲有所庶及也。从匕卩。《匕同比。庶及意。庶及猶庶幾也。卩者、其欲庶及之所也。伍岡切。10部。亦讀去聲。》『詩』曰。高山卬止。/385

형성 (6자+1) 앙(茚)404 영(迎)1076 앙(鞙)1710 앙(枊)3629 앙(仰)4845 앙(馿)5887 앙(昂)

卯 경【jǐ ㄐㄧˇ】〔설문부수 341〕 ㉠㊤㊥⑨㉮ qīng 절주할

설문 5532 事之制也。从卩卪。《卩卪、今人讀節奏。合乎節奏。乃爲能制事者也。》凡卯(卯)之屬皆从卯。闕。《此闕謂闕其音也。其義其形旣憭矣。而讀若某則未聞也。『今-說文』去京切。『玉篇』、『廣韵』皆云。『說文』音卿。此葢(蓋)淺人肊以卿讀讀之。卿用卯(卯)爲義形。不爲聲形也。『玉篇』子兮切。取卩字平聲讀之。『廣韵』子禮切。取卩上聲讀之。葢其音必有所受之矣。》/432

유사 알 란(卵) 누워 뒹굴 원(夗) 거리 항(郒)卯(卯)

성부 卿경

𠨍 선【zhuàn ㄓㄨㄢˋ】절주할

설문 5525 二卩也。《義取於形。》巽(巽)从此。《見〔丌部〕。》闕。《謂其讀若未聞也。大徐云士戀切者、取饌僎(饌僎)僝等字之音爲之。『廣韵』亦云。𠨍、具也。士戀切》/431

유사 약할 약(弱) 강할 강(弜)

성부 巽巺巺손

◀ 제 3 획 ▶

卮 치【zhī ㄓ】〔설문부수 337〕 (둥근)술잔, 잇(연지의 원료 풀)

설문 5511 圜器也。《『內則:注』曰。卮匜、酒漿器。》一名觛。《〔角部〕曰。觛者、小卮也。『急就篇』亦卮觛並(竝)擧(舉)。此渾言析言之異也。『項羽本紀』。項王曰。賜之卮酒。則與斗卮酒。斗卮者、卮之大者也。與下文彘肩言生意同。》所目(以)節歈(飲)食。《飮食在是。節飮食亦在是也。故从卩。》象人。《謂上體𠂆似人字橫寫也。》卩在其下也。《卮从人卩、與后从人口同意。章移切。16部。》『易』曰。君子節歈食。《『頤:象傳』文。偁(稱)此說从卩之意。古多假節爲卩。》凡卮(卮)之屬皆从卮。/430

유사 임금 후(后) 재앙 액(厄) 좁을 액(戹)

형부 전(䏾)

형성 (2자) 치(梔)3403 와(姽)7832

卯 묘【mǎo ㄇㄠˇ】〔설문부수 531〕 네째지지(동쪽, 오전 6시, 토끼띠, 2월), 무성할 (卩부 3획)

설문 9344 冒也。二月萬物冒地而出。《『律書』曰。卯之爲言茂也。言萬物茂也。『律曆志』。冒茆於卯。『天文訓』曰。卯則茂茂然。『釋名』曰。卯、冒也。載冒土而出也。葢(蓋)陽氣至是始出地。》象開門之形。《字象開門也。莫飽切。古音在 3部。》故二月爲天門。《卯爲春門。萬物已出。》凡卯之屬皆从卯。𨚲古文卯。《按十干十二支之字皆古文也。非後人所能造者。而丣(卯)爲春門、丣(酉)爲秋門、尤㬎(顯)明。然則 𨚲 𩙿皆古文而異(異)者也。》/745

성부 留畱류 劉鐂劉류 貿貿무 丣유 卿경

형성 (1자+4) 묘(昴)4059 교(窌) 포(窌) 료(聊聊) 포(飽)

◀ 제 4 획 ▶

印 인【yìn ㄧㄣˋ】〔설문부수 339〕 인(도장), 인상(부처님 손가락으로 만드는 여러가지 모양)

설문 5527 執政所持信也。《凡有官守者皆曰執政。其所持之卩信曰印。古上下通曰璽。『周禮:璽節:注』曰。今之印章。按『周禮』。守邦國者用玉節。守都鄙者用角節。謂諸侯

於其國中、公卿大夫於其采邑用之。是卽用印之始也。季武子於『周禮』爲守都鄙者、而以璽書達於魯(魯)君。是古有印明矣。葢(蓋)以簡冊(簡冊)書之。而寓書於遠必用布帛檢之。以璽泥封之。至用縑素爲書、而印之用更廣。『漢官儀』。諸侯王黃金橐駝鈕、文曰璽。列侯黃金龜(龜)紐、文曰章。御史大夫金印紫綬、文曰章。中二千石銀印龜紐、文曰章。千石至四百石皆銅印、文曰印。》从爪卪。《會意。手所持之卪也。『左傳』司馬握節以死。於刃切。13部。》凡印之屬皆从印。/431

[형성] (1자) 억(归)5528

危 [위]【wéi ㄨㄟˊ】〔설문부수 356〕 [ㄱ][상][中][9][작] wēi 위태할, 위구할(두려움), 높을, 바를

[설문] [5722] 在高而懼也。《引伸爲凡可懼之偁(稱)。『喪大記:注』。危、棟上也。》从厃。人在厓上。自卪止之。《「人在厓上」四字依『韵會』補。魚爲切。16部。》凡危之屬皆从危。/448

[형부] 기(鼭)5723

[형성] (11자+1) 궤(祪)34 궤(跪)1268 궤(詭)1615 궤(觤)2718 위(頠)5392 궤(恑)6537 위(洈)6700 궤(姽)7829 궤(蛫)8514 궤(垝)8693 귀(⿰金危)8909 궤(桅)

𠨘 (필)【bì ㄅㄧˋ】 도울 ※ 필(弼)의 옛 글자

[설문] [5516] 輔信也。《相輔之信也。信者、卪也。从比、故以輔釋之。『周禮:掌節』。掌守邦節。而辨其用。以輔王命。》从卪。比聲。《當云从比卪、比亦聲。古音在15部。大徐毗必切。》『虞書』曰。𠨘成五服。《𠨘成五服。『咎(皐)陶謨』文。『今-尙書』作「弻(弼)」。》/430

◀ 제 5 획 ▶

卲 (소)【shào ㄕㄠˋ】 높을, 뛰어날

[설문] [5519] 高也。《『廣雅:釋詁』同。『法言』曰。公儀子、董仲舒之才之卲也。又曰。賢皆不足卲也。》从卪。召聲。《寔照切。2部。》/431

𠨲 (비)【bì ㄅㄧˋ】 고기 죽일

[설문] [5518] 宰之也。《未聞。葢(蓋)謂主宰之也。主宰之則制其必然、故从必。按『衞(衛)風』。有斐君子。釋文云。『韓詩』作「𠨲」、美皃(貌)。葢卽此字。而【今本】釋文及『廣韵(韻)』皆誤从邑、作「邲」。『廣韵:六、至』云。邲、好皃。『五、質』云。邲地名。在鄭。又美皃。其誤甚矣。》从卪。必聲。《兵媚切。古音在 12部。『玉篇』無此字。『廣韵』亦有邲無𠨲。》/431

● 卻 물리칠 각(却)-본자

卵 [卵]란【luǎn ㄌㄨㄢˇ】〔설문부수 478〕(새, 물고기의)알

[설문] [8595] 凡物無乳者卵生。《〔乙部〕曰。人及鳥生子曰乳。獸曰產。此云凡物無乳者卵生。按此乳字與〔乙部:乳〕字義少異。此乳謂乳汁也。惟人及四足之獸有之。故其子胎生。羽蟲、鱗蟲、介蟲及一切昆蟲皆無乳汁。其子卵生。故曰凡物無乳者卵生。然則何以言人及鳥生曰乳。獸曰產也。此乳猶抱也。嫗也。『方言』。北燕朝鮮洌水之閒(間)謂伏雞(鷄)曰抱。爵子及雞雛皆謂之鷇(鷇)。其卵伏而未孚、始化謂之涅。『鄭-注:樂記』曰。以體曰嫗。惟鳥於卵伏之抱之。旣孚而或生哺之。有似人之抱哺其子。凡獸之恩勤遜於是。故以鳥之將子與人竝言。乳實乳汁之義之引申。許泥乙爲鳥。故訓乳曰人及鳥也。〔子部〕曰。穀、乳也。此乳汁之乳。字及孺皆曰乳子也。此乳哺之乳。此云無乳者卵生、亦指謂乳汁也。》象形。《此家上黽象形言之。卵未生則腹大。卵陰陽所合。天地之襍也。故象其分合之形。盧管切。14部。〔糸部:綰〕下云。讀若雞卵。葢(蓋)古卵讀如管也。》凡卵之屬皆从卵。卝古文卵。《【各本】無。今依『五經文字』、『九經字樣』補。『五經文字』曰。卝古患反。見『詩風』。『字林』不見。又古猛反。見『周禮』。『說文』以爲古卵字。『九經字樣』曰。『說文』作卝。隸變作卵。是『唐本-說文』有此無疑。但張引『說文-古文』卵。刪(刪)去文字未安。張之意當云 卝 卵。上『說文』。下隸變。乃上字誤擧(擧)其重文之古文。非是。然正可以證『唐時-說文』之有卝。『汗簡(簡)』以卝爲古文卵字。與 凨 爲古文風、[illegible]爲古文龜皆據【本書】。『郭氏-所見:說文』尙完好也。卵之古音讀如管。引申之、『內則』濡魚卵醬。鄭曰。卵讀爲鯤。鯤、魚子也。或作𩻉。『韋-注:國語』亦云。鯤、魚子也。『內則』之魚子、言其未生者。『魯 (魯)語』之魚子、言其已生者。其意一也。又引申之、爲『詩』總角卝兮之卝。『毛傳』曰。卝、幼穉也。此謂出腹未久。故仍得此偁(稱)。如魚之未生已生皆得曰鯤也。又引申之、『周禮』有『卝人』。鄭曰。卝之言礦也。金玉未成器曰卝。此爲金玉錫石之樸韞於地中。而精神見於外。如卵之在腹中也。凡『漢-注』云之言者。皆謂其轉注假借之用。以礦釋卝。未嘗曰卝古文礦。亦未嘗曰卝讀爲礦也。自其雙聲而得其義而已。卝固讀如管、讀如關也。自劉(劉)昌宗、徐仙民讀侯猛虢猛反。謂卽礦字。遂失注意。而後有妄人敢於『說文』礦篆後益之曰。卝、古文礦。『周禮』有『卝人』。則不得不敢於卵篆後徑刪卝古文卵。是猶改『蘭臺桼書』以合其私。其誣【經】誣許、率天下而昧於六書。不當膺析言破律、亂名改作之誅哉。𢍳从卝聲。關从𢍳聲。許說形聲井井有條如是。》/680

[유사] 누워 딩굴 원(夗) 절주할 경(卯) 지지 묘(卯)

[참고] 란(卵)의 자형이 관(𢍳)아래는 란(夘) 부(孚)。 갑(甲)아래는 란(夘)으로 쓰였다.

[형부] 단(毈)

◀ 제 6 획 ▶

卶 (시)【chì ㄔˋ】 [상][中][9][작] chǐ 큰 경사(도량) 있을, 뱃보 클

[설문] [5517] 有大慶(度)也。《「慶」【各本】作「度」。今依『廣韵(韻)』正。慶者、行賀人也。大慶、謂大可賀之事也。凡从多之字訓大。『釋言』曰。庶、侈也。是其義。》从卪。多聲。讀若侈。《充豉切。古音在 17部。》/430

卷 卷弓 권【juàn ㄐㄩㄢˋ】 ㉠ quán ㊤㊥⑨㉯ juǎn 두루마리, 책, 권(책 세는 단위), (둘둘)말릴

설문 5522 膝曲也。《卷之本義也。引伸爲凡曲之偁(稱)。『大雅』。有卷者阿。『傳』曰。卷、曲也。又引伸爲舒卷。『論語』。邦無道。則可卷而懷之。卽〔手部〕之捲收字也。又『中庸』。一卷石之多。『注』曰。卷猶區也。又『陳風』。碩大且卷。『傳』曰。卷、好皃(貌)。此與『齊風:傳』鬈、好皃同。謂卽一字也。『檀弓』。女手卷然。亦謂好皃。》从卪。𢍏(失)聲。《14部。巨員切。大徐但云居轉切。》/431

형성 (6자+1) 권(圈)3756 권(桊)4312 권(倦)4964 권(鬈)5475 권(捲)7675 권(隓)9230 권(綣)

卸 사【xiè ㄒㄧㄝˋ】 (수레에 맨 말을)풀, 떨어질, (배에서 짐을)부릴

설문 5524 舍車解馬也。《舍、止也。馬以駕車。止車則解馬矣。一說解馬謂騎解鞌(鞍)。『方言』曰。發、舍車也。東齊解岱之閒(間)謂之「發」。宋趙陳魏之閒謂之「稅」。『郭-注』今通言「發寫」。按發寫卽發卸也。寫者、卸之假借字也。『曲禮』曰。器之漑者不寫。其餘皆寫。『義正』同卸。今卸爲通用俗語。》从卪止。《行止有節。》午聲。《依『韵會-所據:小徐本』。》讀若汝南人寫書之寫。《司夜切。古音在 5部。》/431

성부 御어

卹 (휼)【xù ㄒㄩˋ】 근심할, 걱정할, 불상할 ■술:속음 ■솔:먼지채

설문 3037 憂也。《「憂」當作「㥑」。㥑、愁也。『釋詁』曰。恤、憂也。卹與〔心部:恤〕音義皆同。【古書】多用卹字。後人多改爲恤。如〔比部〕引『周書』無毖于卹、『潘岳-藉田賦』惟穀之卹、『李-注』引『書』惟刑之卹、『今-尙書』卹皆作恤是也。》从血。卪聲。《辛聿切。古音在 12部。》一曰鮮少也。《此別一義。卹與惜雙聲。鮮少、可惜也。「鮮」當作「尟」。》/214

◀ 제 7 획 ▶

郤 却 각【què ㄑㄩㄝˋ】 물리칠, 그칠, 사양할, 우러를, 막을, 도리어

설문 5523 卪郤也。《【各本】作「節欲也」。誤。今依『玉篇』欲爲郤。又改節爲卪。卪郤者、節制而郤退之也。》从卪。谷聲。《去約切。古音在 5部。俗作「却」。》/431

유사 틈 극(郤)

형성 (5자) 각(脚)2519 핵(㭨)3465 갹(㑢)4929 갹(𢜩)6488 각(蝍)8447

卽 卽卽 즉【jí ㄐㄧˊ】 本[아껴 먹을] 곧(즉시), 가까이 할, 나아갈, 만약

설문 3056 卽食也。《「卽」當作「節」。『周易』所謂節飮食也。節食者、檢制之使不過。故凡止於是之䛐(詞)謂之卽。凡見於【經史】言卽皆是也。『鄭風:毛傳』曰。卽、就也。》从皀。卪聲。《此當云「从卪皀、卪亦聲」。其訓節食。故从卪皀。卪節古通也。今音子力切。古音在 12部。》/216

유사 이미 기(旣)

성부 節節節절

형성 (1자) 즉(𢪇)7534

◀ 제 10 획 ▶

卿 경【qīng ㄑㄧㄥ】 밝힐, 향할, 벼슬, 재상, 귀할, 성씨

설문 5533 章也。《以疊(疉)韵爲訓。『白虎通』曰。卿之爲言章也。章善明理也。》六卿。天官冢宰。地官司徒。春官宗伯。夏官司馬。秋官司寇。冬官司空。《『周禮』之六卿也。『周禮』曰。治官之屬。太宰卿一人。教(敎)官之屬。大司徒卿一人。禮官之屬。大宗伯卿一人。政官之屬。大司馬卿一人。荆(刑)官之屬。大司寇卿一人。其一則事官之屬。大司空卿一人也。天子六鄕。鄕老二。鄕則公一人。鄕大夫每鄕卿一人。卽此六卿也。》从卯(𩙿)。皀聲。《皀下曰。又讀若香。卿字正从此讀爲聲也。古音在10部。讀如羌。今音去京切。〔鳥部:鵖〕字皀聲、則在古音7部。》/432

유사 고향 향(鄕)

◀ 제 11 획 ▶

厀 슬【xī ㄒㄧ】 무릎, 종지뼈

설문 5521 脛頭卪也。《〔肉部〕曰。腳(脚)、脛也。脛、胻也。厀者在脛之首。股與腳閒(間)之卪也。故从卪。》从卪。桼聲。《息七切。12部。俗作「膝」。》/431

027 厂 2-21 바위 한

厂 한【hǎn ㄏㄢˇ】 〔설문부수 354〕 언덕, 낭떠러지, 석굴 ■엄:같은 뜻

설문 5691 山石之厓巖。人可凥(居)。《「凥」舊作「居」。今正。厓、山邊也。巖者、厓也。人可居者、謂其下可居也。屋其上則謂之广。》象形。《謂象嵌空可居之形。呼旱切。14部。》凡厂之屬皆从厂。𠩵籒文从干。《象形而从干聲。》/446

유사 주검 시(尸) 끌 예(厂) 흐를 이(乀)
왼손 좌(ナナナ𠂇屮) 집 엄(广) 닿을 급(乁)

성부 부록 색인 참조

형부 厂을 부수로 하는 대부분의 글자들

형성 (1자) 이(㕧)5340

◀ 제 2 획 ▶

𠂋 첨【wěi ㄨㄟˇ】 우러를 ■위:같은 뜻

설문 5717 仰也。从人在厂上。《會意。魚毁切。16部。危字从𠂋卪(㔾)會意。》一曰屋梠也。秦謂之楣。齊謂之𠂋。《「楣」各本作「梍」。今依〔木部〕訂。

〔木部〕曰。楣者、秦名「屋櫋聯(聯)」也。謂屋櫋聯、秦謂之楣也。〔木部〕又曰。齊謂之「檐」。楚謂之「梠」。此云齊謂之厃者、葢(蓋)齊人或云檐或云厃也。》/448

유사 물가 언덕 위에 나타날 약(屵屵)
언덕 높을 알(屵)

성부 危위 詹첨

厄 액【è ㄜˋ】㉮㊤㊥⑨㉯ ě 재앙 ■와:本[옹이] 열매, 해골

설문 5520 科厄。《疊(疊)韵字。》木卪也。《「卪」[各本]作「節」。誤。今正。凡可表識者皆曰卪。木之卪曰節。木之卪曰科厄。『易』曰。艮於木爲多節。科厄。肤起(起)之皃(貌)。》从卪。厂聲。《五果切。『玉篇』牛戈切。17部。按厂聲在 16部。合韵冣(最)近也。》賈侍中說。巳(以)爲厄、《逗。》裹也。《別一義。不連科字。》一曰厄、《逗。》葢(蓋)也。《又一義。不連科字。》/431

유사 술잔 치(卮卮卮)

참고 액(阨)막힐

형성 (1자) 칠(㯃)3384

◀ 제 3 획 ▶

屵 약【yuè ㄩㄝˋ】물가 언덕 위에 나타날 (厂부 3획)

설문 5711 岸上見也。《岸者、厓陖而高也。岸上見、故从厂屮會意。上見者、望(望)之而見於上也。》从厂。从屮(之)省。《按「之省」二字當作「屮」。〔弓部:弢〕下曰。屮垂(垂)飾。與鼓(鼓)同意。皆以屮象上見者。而壴(壴)下曰。陳樂立而上見也。从屮。尤爲明證。岸上見、故以屮象之。淺人乃改爲㞢省耳。『廣韵』云。『說文』作屵。亦誤。又按屮與㞢皆謂艸初生。故凡上出者、可以㞢象之。『周禮』。作其鱗之而。之謂上出、而謂下垂。此从㞢省與肯(青)从㞢皆是也。》讀若躍。《以灼切。2部。》/447

유사 언덕 높을 알(屵) 우러를 첨(厃)

◀ 제 4 획 ▶

𠂢 비【pài ㄆㄞˋ】[설문부수 419] 물 굽어 흐를 ■파:갈라질 ※ 파(派)의 본래 글자 (厂부 4획)

설문 7141 水之衺流別也。《流別者、一水岐分之謂。『禹貢』曰。漾東流爲漢。沇東流爲沛(泲)。江東別爲沱。此言流別之始。『釋水』詳之。自河出爲灉、濟爲濋已下是也。流別則其勢必衺行。故曰衺流別。𠂢與〔水部:派〕音義皆同。派葢(蓋)後出耳。衺流別、則正流之長者。較短而垔理同也。故其字从反永。》从反永。《匹卦切。16部。》凡𠂢之屬皆从𠂢。讀若稗縣。《〔禾部〕曰。琅邪有稗縣。『今-地理志』作椑縣。誤也。[小徐本]作蜀稗縣。非。蜀祗有郫縣。音疲。》/570

성부 𠛱맥 覛멱

형성 (4자) 맥(眽)2045 맥(脈)7142 파(派)6917 패(紙)8188

◀ 제 5 획 ▶

厎 (지)【zhǐ ㄓˇ】㊤㊥⑨㉯ dǐ ㉯ zhǐ 本[숫돌] (숫돌에)갈

설문 5697 柔石也。《柔石、石之精細者。『鄭-注:禹貢』曰。厲、摩刀刃石也。精者曰砥。『尙書:大傳』。其桷、天子斲其材而礱之。加密石焉。『注』曰。礱、厲之也。密石、砥之也。按厎者、砥之正字。後人乃謂砥爲正字。厎與砥異用。强爲分別之過也。厎之引伸之義爲致也、至也、平也。有假借者字爲之者。如『周頌:耆定爾功:傳』曰耆、致也是也。》从厂。氐聲。《職雉切。15部。按此字从氐聲。俗从氏、誤也。古音氏聲在 16部。氐聲在 15部。不容稍誤。唐以來知此者鮮矣。『五經文字-石刻』譌作厎。少一畫(畵)。不可從。『顧亭林-與:潘次耕書』。分別厎厎不同義。不知古無从氏之厎。厎與底爭首筆之有無。末筆則從同也。厎與底音義均別。〔广部〕詳之。》砥厎或从石。《今字用此而厎之本義廢矣。『毛詩:大東』。周道如砥。『孟子』作厎。》/446

(도)【hù ㄏㄨˋ】아름다운 돌 ■호:같은 뜻

설문 5703 美石也。从厂。古聲。《矦古切。5部。『廣韵』又當古切。》/447

(랍)【lā ㄌㄚˉ】돌소리 ■립:같은 뜻

설문 5705 石聲也。《謂石磞之聲。『吳都賦』曰。拉擸雷硠。崩巒弛岑。拉卽[illegible]字也。『玉篇』曰。[illegible]亦拉字。拉者、折也。柆、木折也。》从厂。立聲。《盧荅切。7部。》/447

국【jǐ ㄐㄧˇ】㊤㊥⑨㉯ jú 잡을(持也) ■곡:같은 뜻

설문 1793 亦持也。从反丮(丮)。《此亦謂ナ又(左右)手之別。》闕。《亦謂音讀不傳也。後人讀居玉切。此因『毛傳』云拮据、戟(戟)挶也。丮讀如戟。故反丮讀如挶。〔手部〕云。挶、戟持也。不云厈挶同字。然則寧從葢(蓋)闕。》/114

유사 물리칠 척(庴厈)

성부 鬥투

◀ 제 6 획 ▶

厓 애【ái ㄞˊ】㊤㊥⑨㉯ yá 언덕, 낭떠러지, 물가, 끝

설문 5692 山邊也。《高邊則曰崖。》从厂。圭聲。《五佳切。16部。》/446

형부 애(崖)

형성 (+2) 애(涯) 애(睚)

◀ 제 7 획 ▶

(이)【yí ㄧˊ】혹 들이 마실

설문 5340 歙也。从㳄。厂聲。《厂、抴也。明(明)也。見『十二篇』。》讀若移。《以支切。按凡厂聲之字、皆在古音 16部。》/414

厖 (방)【máng ㄇㄤˊ】本[큰 돌] 두터울, 클, 넉넉할, 섞일성씨 ■망:정음

설문 5710 石大也。《石大其本義也。引伸之爲凡大之偁(稱)。『釋詁』曰。厖、大也。『左傳』民生敦厖、『周語』敦厖純固是也。又引伸之爲厚也。『商頌』爲下國駿厖『毛傳』是也。或假此厖爲尨襍字。『荀卿』引『商頌』厖作蒙。》从厂。尨聲。《莫江切。9部。》/447

厗 (제)【tí ㄊㄧˊ】돌
설문 5704 唐厗石也。《四字句。唐厗雙聲字。石名也。『廣韵(韻):齊韵』、『唐韵』皆作「磄厗」。又曰。鎕銻、火齊也。『玉篇』曰。厗古銻字。》从厂。屖省聲。《杜兮切。15部。按屖固辛聲。然則厗亦辛聲也。莁(蓋)古辛亦讀如今西。》/447

㕇 (협)【xiá ㄒㄧㄚˊ】더러울 ■겹:같은 뜻
설문 5712 辟也。《㕇與陜音同義近。》从厂。夾聲。《胡甲切。8部。》/447

𠩞 (부)【fū ㄈㄨ】돌 죽 보일 ■포:돌에 무늬 나타날(石文見)
설문 5708 石閒(間)見也。《閒讀去聲。閒見、謂突兀忽見。〔人部:俔〕下云閒見是也。𠩞、『史』假逋字爲之。『魏書』、『北史:溫子昇傳』皆 云。子昇詣梁客館。不修容止。謂人曰。『詩』章易作。逋峭難爲。字當作「𠩞」。『廣韵(韻)』引『字林』云。峬峭、好形皃(貌)也。峬卽𠩞之隸(隸)變。凡【字書】因時而作。故『說文』𠩞、『字林』作「峬」。『說文』祇有殷、『字林』有甈 。近世波俏之語、又音字之遷移也》从厂。甫聲。讀若敷。《芳無切。5部。》/447

厚 후【hòu ㄏㄡˋ】두터울, 두께, 두터이 할
설문 3193 山陵之𣆪也。《「𣆪」【各本】作「厚」。今正。山陵之厚故其字从厂。今字凡𣆪薄字皆作此。》从厂。从㫗(𣆪)。《㫗亦聲。胡口切。4部。》垕古文厚。从后土。《从土、后聲也。》/229

◀ 제 8 획 ▶

厜 厜(수)【chuí ㄔㄨㄟˊ】㉳㊥⑨㉮ zuī ㉮ jī 산꼭대기
설문 5693 厜㕒、《逗。》山顚也。《顚者、頂也。俗造巓字。『唐風』作首陽之巓。謬甚。『釋山』曰。崒者厜㕒。又作「厓㕒」。又作「嵳峩(嵯峨)」。【許書】釋嵳峩曰山皃(貌)。釋厜㕒曰山頂。不曰同字也。》从厂。𠂹(垂)聲。《姊宜切。古音在 17部。》/446

厝 厝(조)【cuò ㄘㄨㄛˋ】⑨㉮ cù 둘 ※ 조(措)와 같은 글자 ■착:섞일、숫돌
설문 5709 厝石也。《各本作「厲石」。今正。『小雅:鶴鳴』曰。他山之石。可以爲錯。『傳』曰。錯、錯石也。〈【今本】少一錯字〉可以琢玉。擧(擧)賢用滯、則可以治國。【下章】曰。他山之石。可以攻玉。『傳』曰。攻、錯也。「錯」古作「厝」。厝石、謂石之可以攻玉者。『爾雅』。玉曰琢之。玉至堅。厝石如今之金剛鑽之類。非厲石也。假令是厲石。則當次厎厲二篆之下、而不當次此矣。〔金部:鑢〕下云。錯銅鐵也。「錯」亦當作「厝」。謂剗碶(碶)之。》从厂。昔聲。《蒼各切。又七互切。5部。按【許書】厝與措錯義皆別。而古多通用。如抱火厝之積薪之下。假厝爲措也。》『詩』曰。佗山之石。可㠯(以)爲厝。/447

𠪋 (금)【qīn ㄑㄧㄣ】㉳㊥⑨㉮ qín 돌땅 ■겸:같은 뜻
설문 5707 石地也。《𠪋者、堅閉之意》从厂。金聲。讀若紟。《巨今切。7部。》/447

𠩵 (역)【yì ㄧˋ】돌땅
설문 5706 石地惡也。《『集韵(韻)』、『類篇』皆曰。䃯𠩵、石地。按〔石部〕曰。䃯、石地惡也。二篆疊韵(疊韻)。》从厂。兒聲。《五歷切。16部。》/447

厞 (비)【fèi ㄈㄟˋ】궁벽한 곳、(집의)처마
설문 5715 隱也。《隱者、蔽也。『特牲:饋食禮』。佐食徹尸薦俎。敦于西北隅。几在南厞。『有司徹』。有司官徹饋。饌于室中西北隅。設右几厞。鄭云。厞、隱也。『喪大記』。甸人取所徹廟之西北厞薪用爨之。按室西北隅曰屋漏。厞者、又西北隅隱蔽之處也。『屈原賦』。隱思君兮陫側。陫莁(蓋)同厞。『禮-注』曰。古文厞作「茀」。》从厂。非聲。《扶沸切。15部。『詩:音義』引沈重云。許愼凡非反。『計沈-所見:說文』、當有讀若某之云矣。》/448

原 原原 원【yuán ㄩㄢˊ】本[샘물] 근원,(근본을)찾을,(넓고 평탄한)들
설문 7138 水本也。《【各本】作「水泉本也」。今刪(刪)正。『月令-百源:注』曰。衆水始所出爲百源。單評曰原。絫評曰原泉。『孟子』原泉混混是也。》从灥出厂下。《厂者、山石之厓巖。會意。愚袁切。14部。》原篆文从泉。《此亦先二後上之例。以小篆作厡(原)。知𠫐乃古文、籒文也。後人而厡代高平曰邍之邍。而別製源字爲本厡之厡。積非成是久矣。》/569

형성 (8자) 천(蒝)489 원(謜)1422 원(傆)4856 원(願)5379 원(獂)5798 원(愿)6417 원(嫄)7784 전(縓)8228

◀ 제 9 획 ▶

𠩺 리【lí ㄌㄧˊ】㉳㊥⑨㉮ xī 터질(厂부 9획)
설문 1954 坼(坼)也。从攵(攴)。《攴可剖物。故從攴。》从厂。厂之性坼。《山石之厓巖多坼裂。故從厂。》果孰有味亦坼。故从未。《【各本】故謂之𠩺、从未聲。衍四字。此說從未之意。非說形聲。未與𠩺不爲聲也。未下曰。味也。六月滋(滋)味也。制(制)下曰。從刀從未。未、物成有滋味可裁斷(斷)也。未卽味。此云果孰有味亦坼故從未。正同。果坼者、如『左思賦』云榛栗罅發、石榴(榴)競裂也。此合三字會意。許其切。1部。》/126

성부 氂모

형부 태(斄) 리(氂)

형성 (7자+1) 리(氂)738 리([illegible])1817 리(剺)2656 리([illegible])5468 리([illegible])6614 시(漦)6813 리(釐)8738 이(嫠)

㉮ 作家出版社〔董蓮池-說文解字考正〕 ⑨ 九州出版社〔柴劍虹-說文解字〕 ㉠ 陝西人民出版社〔蘇寶榮-說文解字今注今譯〕 ㉳ 上海古籍出版社〔說文解字注〕 ㊥ 中華書局〔臧克和-說文解字新訂〕

◀ 제 10 획 ▶

厤 [력]【lì ㄌㄧˋ】[本][다스릴] 책력 ※ 력(曆)의 옛글자

[설문] [5701] 治也。《〔甘部:㽷〕下云。从甘厤。厤者、調也。按調和卽治之義也。厤从秝。秝者、(稀)疏適秝也。》从厂。秝聲。《郎擊切。16部。》/447

[성부] [歷]력

[형성] (2자+2) 감(磿厤)2903 력(磿)5746 력(曆) 력(曆)

厥 [궐]【jué ㄐㄩㄝˊ】그(것), (땅을)팔, 상기(피가 머리로 모임)

[설문] [5699] 發石也。《發石、故从厂。引伸之凡有撅發皆曰厥。『山海經』曰。相栁(柳)之所抵厥。郭云。抵、觸。厥、掘也。『孟子』。若崩(崩)厥角稽首。趙云。厥角者、叩頭以額角犀撅地也。『晉灼-注:漢書』曰。厥猶豎(竪)也。叩頭則額角豎。按厥角者、謂額角如有所發。〔角部:觼〕下云角有所觸發是也。以上皆厥之本義。若『釋言』曰。厥、其也。此假借也。假借盛行而本義廢矣。》从厂。欮聲。《欮或瘚字。舉(擧)形聲該會意也。俱月切。15部。》/447

[형성] (11자) 궐(蕨)615 궐(蹶)941 궐(蹶)1305 궐(鷢)2344 궐(镢)2459 궐(臄)2711 궐(橜)3587 궐(鱖)7273 게(撅)7705 궐(蟨)8524 궐(劂)8794

◀ 제 12 획 ▶

厞 (시)【xǐ ㄒㄧˇ】돌서슬 ■이·의:같은 뜻

[설문] [5702] 石利也。《謂石銳也。『漢書:馮奉世傳』。噐(器)不犀利。如淳曰。今俗刀兵利爲犀。『後漢:張衡傳:犀舟:注』同。按石之利、如砮砭厎厲厝是也。犀與厞雙聲。假借石利之義。引伸之、凡利皆曰厞。「犀」『宋本-漢書』作「屖」。》从厂。異聲。讀若枲(枲)。《胥里切。1部。》/447

㕈 [嚴][음]【yín ㄧㄣˊ】멧부리바위 ■엄:험할, 돌모양 ■담·함:산 험할 ■감:같은 뜻

[설문] [5695] 崟也。《崟者、山之岑崟也。》一曰地名。《葢(蓋)『公羊傳』㪣之嶔巖是也。嶔葢卽㕈字。》从厂。㪣(敢)聲。《魚音切。古音在 8部。𨽸(隸)作㕈。》/446

[성부] [嚴]엄

厬 (궤)【guǐ ㄍㄨㄟˇ】[本][곁에서 나오는 샘]

[설문] [5696] 仄出泉也。《『小雅』洌氿泉。『釋水』曰。氿泉穴出。穴出、仄出也。『毛傳』側出曰。氿泉。按側出泉之字。『詩』、『爾雅』作「氿」。許作「厬」。水醮之字『今-爾雅』作「厬」。許作「氿」。正互相易。〔水部:氿〕篆下引『爾雅』水醮曰氿。則知許所據與【今本】絕(絶)異。水厓枯土爲氿字。側出泉當作「厬」字矣。》从厂。晷聲。讀若軌。《居洧切。古音在 3部。讀如九。氿亦讀如九。是以二字通用。》/446

厭 [厭][염]【yàn ㄧㄢˋ】㉠[상]㊥⑨[작] yā 좁을, 진압할, 나쁜 꿈꿀 ■염:족할, 아름다울, 배부를, 미워할, 싫어할, 물릴, 마음에 찰 ■압:눌릴 ■읍:축축할 ■암:빠질

[설문] [5716] 笮也。《〔竹部〕曰。笮者、迫也。此義今人字作「壓」。乃古今字之殊。〔土部:壓〕訓壞也、寋也。無笮義。凡『喪服』言尊之所厭、皆笮義。喪冠謂之厭冠。謂冠出武下也。『周禮:巾車』。王后厭翟。『注』云。次其羽使相迫也。『禮經』。推手曰揖。引手曰厭。厭卽『尙書:大傳』、『家語』之葉拱。『家語:注』云。兩手薄其心。『古文-禮』揖、厭分別。『今文-禮』厭皆爲揖。鄭不之從。而『禮經』有厭譌作撎者。『周禮:大祝:疏』。竟作引手曰撎。斷不可從。撎爲跪而舉(擧)頭下手、與厭爲立而引手箸胷不相涉也。『檀弓』。死而不弔者厭。『注』。行止危險之下。已上皆笮之義。其音於輒切。》从厂。猒聲。《於輒切。又一剡切。8部。按厭之本義笮也、合也。與壓義尙近。於猒飽也義則遠。而【各書】皆假厭爲猒足、猒憎字。猒足、猒憎失其正字、而厭之本義罕(罕)知之矣。》一曰合也。《『周語』。克厭天心。『韋-注』。厭、合也。『韋-注:漢書:敘傳』亦同。按『蒼頡篇』云。伏合人心曰厭。『字苑』云。厭、眠內不祥也。此合義之一耑(端)。㾜下云㾜而厭也是也。俗字作「魘」。徐鉉用爲新附字。誤矣。『山海經』。服之使人不厭。郭云。不厭、不厭夢也。此厭字之冣(最)古者也。其音一剡切。》/448

[형성] (6자+2) 염(檿)3382 염(黶)6232 염(懕)6480 엽(擪)7514 염(嬮)7808 압(壓)8701 엽(靨) 염(魘)

◀ 제 13 획 ▶

厜 (의)【wéi ㄨㄟˊ】[상]㊥⑨[작] weī 산마루(산꼭대기)

[설문] [5694] 厜(厜)㕒也。从厂。義聲。《魚爲切。古音在 17部。》/446

辟 (벽)【pì ㄆㄧˋ】궁벽할、기울 ■척:같은 뜻

[설문] [5714] 仄也。《「仄」【俗本】譌作「反」。今依『篇』、『韵(韻)』正。今人言偪仄、乃當作廦仄。》从厂。辟聲。《普擊切。16部。『廣韵』之石切。》/448

厱 (감)【lán ㄌㄢˊ】(텅)빌 ■람:옥 다듬을 ■엄:비탈 험할

[설문] [5700] 厱諸、《逗。》治玉石也。《『淮南:說山訓』。玉待礛諸而成噐(器)。『高-注』曰。礛諸、攻玉之石。礛卽厱字也。『廣韵(韻)』曰。礛礵、青礪。》从厂。僉聲。《魯(魯)甘切。7部。高誘曰。礛讀曰廉氏之廉。讀若籃。》讀若籃。/447

厲 [厲][厲][厝][려]【lì ㄌㄧˋ】[本][숫돌(에 갈)] 사나울, 미워할, 문둥병

[설문] [5698] 旱石也。《旱石者、剛於柔石者也。『禹貢』。厲砥砮丹。『大雅』。取厲取鍛。引伸之義爲作也。見『釋詁』。又危也。見『大雅:民勞:傳』、『虞-注:周易』。又烈也。見『招蒐(魂):王-注』。俗以義異、異其形。凡砥厲字作礪。凡勸勉

字作勵。惟嚴厲字作厲。而古引伸假借之法隱矣。凡【經傳】中有訓爲惡、訓爲病、訓爲鬼者、謂厲卽癘之假借也。訓爲遮列者、謂厲卽迾之假借也。『周禮』之厲禁是也。有訓爲涉水者、謂厲卽濿之假借。如『詩』深則厲是也。有訓爲帶之垂(垂)者、如『都人士』垂帶而厲。『傳』謂厲卽烈之假借也。烈、餘也。》从厂。蠆(蠆)省聲。《按『說文』𢌛與𢌛篆形絕(絶)異。厲从蠆省聲、則字當作「厲」。而隸(隸)體蠆作蠆、厲作厲。皆从萬。非也。後人以隸改篆、則又篆皆从萬矣。漢隸存者、作蠆作厲可考(考)也。今篆體及說解皆正。力制切。15部。》 厲或不省。《今各本篆从萬下虫。非是。漢人隸多作厲、不省。》/446

유사 일만 만(萬) 전갈 채(蠆蠆蠆)

형성 (1자+2) 래(犡) 704
려(礪) 려(濿)

028 2-22 厶 사사 사

厶 사【sī ㄙ】〔설문부수 348〕⑨ sì 사사(自營) ■모:갑옷

설문 5577 姦衺也。《衺者淺人所增。當刪(刪)。〔女部〕曰。姦者、厶也。二篆爲轉注。若衺者、䙴也。䙴者、衺也。亦二篆爲轉注。不與姦厶相淆也。公私字本如此。今字私行而厶廢矣。私者、禾名也。》『韓非』曰。蒼頡作字。自營爲厶。《見『五蠹篇』。『今本-韓非』營作環。二字雙聲語轉。營訓帀居。環訓旋繞。其義亦相通。自營爲厶。六書之指事也。八厶爲公。六書之會意也。息夷切。15部。》凡厶之屬皆从厶。/436

유사 작을 마(么幺) 작을 요(幺) 팔꿈치 굉(𠫓)

성부 부록 색인 참조

형부 厶를 부수로 하는 대부분의 글자들

형성 (1자) 사(厸) 175

◀ 제 1 획 ▶

厷 돌【tǔ ㄊㄨˇ】〔설문부수 528〕 상中⑨작 tū 해산할 때 아이 돌아나올, 불효자, 갑자기 (厶부 1획)

설문 9337 不順忽出也。《謂凡物之反其常。凡事之帀其理。突出至前者。皆是也。不專謂人子。》从到子。《「到」今「倒」字。倒子、會意也。他骨切。15部。》『易』曰。突如其來如。不孝子突出。不容於內也。《此引『易』而釋之。以明从倒子會意之恉也。『離:九四』曰。突如其來如。焚如死如棄如。『鄭-注』曰。『震』爲長子。爻失正。突如『震』之失正。不知其所如。不孝之罪 五荆(刑)莫大。故有焚如死如棄如之荆。『如淳-注:王莽傳』亦曰。焚如死如棄如謂不孝子也。皆與許合。許葢(蓋)出於孟氏矣。子之不順者、謂之突如。造文者引有𠫓字。施諸凡不順者。》𠫓卽『易』突字也。《倉頡之𠫓卽『易』之突字。非謂倉頡時已見爻辭。正爲『周易』之突卽倉頡之𠫓也。此爻辭之用段(假)借也。突之本義謂犬從穴中暫出。𠫓之本義謂不順故日用段借。按【小徐本】有此六字。【大徐本】刪(刪)之。由其不知許義也。若近『惠氏定宇-校:李鼎(鼎)祚-周易集解』改作㐬(㐬)如其來如。則爲紕繆矣。》凡𠫓之屬皆从𠫓。㐬或从到古文子。《孚古文子也。故㐬(㐬)爲倒古文子。大徐於此下安卽『易』突字四字。惠是之誤本此。》/744

※ 아이가 태어 날 때 머리부터 나오므로 자(子)자를 거꾸로 쓴 것이 돌(𠫓𠫓𠫓)이다. 고문에서는 머리털을 붙인 자(孚)였는데 이것을 거꾸로 쓴 것이 돌(㐬㐬㐬㐬)이다.

유사 검을 현(玄)

성부 育육 㐬㐬돌 充충

◀ 제 2 획 ▶

厷 굉【gōng ㄍㄨㄥ】 팔뚝, 둥글
※ 굉(肱)의 본래 글자(圖84)

설문 1806 臂上也。《臂、手上也。古假弓爲厷。二字古音同也。『傳:易』者江東馯臂子弓。馯姓。臂名、子弓字。名臂故字厷。『左』、『穀梁』郲「黑肱」。『公羊』作「黑弓」。鄭公孫黑肱字伯張。則肱卽弓也。》从又。从古文厷。《小篆以厶太古。故加又。古薨切。6部。》 𠫓古文厷。象形。《象曲肱。》肱左或从肉。《今皆作此。》/115

형성 (6자) 웅(雄) 2201 굉(宏) 4367 횡(竑) 7149 굉(閎) 7370 굉(紘) 8244 굉(肱) 115-1806:1

◀ 제 3 획 ▶

去 거【qù ㄑㄩˋ】〔설문부수 172〕 本[떠나갈] 떨어질, 버릴, 과거(過去)

설문 3024 人相違也。《違、離也。人離故从大。大者、人也。》从大。𠙴聲。《丘(ㅋ)據切。5部》凡去之屬皆从去。/213

유사 풀 훼(卉) 길할 길(吉)

성부 却卻각 劫겁 法灋법 盍합

형부 걸(朅) 릉(夌)

형성 (8자) 거(胠) 2508 감(𧈨) 2983 거(麮) 3213 거(枑) 3625 거(袪) 5049 겁(狯) 6043 거(魼) 7220 거(阹) 9256

厽 류【lěi ㄌㄟˇ】〔설문부수 502〕 담벽 ■참:같은 뜻

설문 9267 絫坺土爲牆壁。《絫者、今之累字。〔土部〕曰。一臿土謂之坺。臿者、今之鍫。以鍫取傳開(間)土塊。令方整不散。今里俗云坺頭是也。亦謂之阪光。累之爲牆壁。野外軍壁多如是。民家亦如是矣。軍壁則謂之壘。》象形。《像坺土積疊(疊)之形。其音力詭切。在古 16部。大徐力軌切。非也。凡古厽聲之字在 16部。畾聲之字在 15部。此必當辨者也。『玉篇』云。厽、『尙書』以爲參字。按此謂『西伯龕(龕)黎』乃罪多參在上。或作厽也。》凡厽之屬皆

又 2 ⓪

从厽。/737
형성 (1자) 루(垒)9269

◀ 제 6 획 ▶

叀 전【zhuān ㄓㄨㄢ】〔설문부수 125〕 오로지 ※ 전(專)과 같은 글자

설문 2387 小謹也。《[各本]小上有「專」字。此複擧(擧)字未刪(刪)。又誤加寸也。》从幺省。《小意。》从屮。《二字今補。》屮、財見也。《亦小意。》田象謹形。《四字[各本]無。今補。葢(蓋)李陽冰(氷)爲墨斗之說而有所刪也。上從屮。下從幺省。中象顓顓謹皃(貌)。》屮亦聲。《職緣切。14部。》凡叀之屬皆从叀。古文叀。亦古文叀。《〔斤部〕古文𢿱(斷)、〔殳部:𣪠〕皆從此。》/159

성부 疐疐疐치 惠혜 袁원 專전

◀ 제 9 획 ▶

羑 유【yǒu ㄧㄡˇ】㊄㊥⑨ yòu 서로 권할

설문 5579 相訹呼也。《「呼」當作「評」。評、召也。〔言部〕曰。訹者羑也。羑與訹二篆爲轉注。今人以手上招而口言羑。正當作此字。今則誘行而羑廢矣。》从厶羑。《〔羊部〕曰。羑者、進善也。訹之若進善然。故从羑。與久切。3部。》䛻或从言秀。《秀聲也。『召南』曰。有女懷春。吉士誘之。『傳』曰。誘、道也。按道卽導字。『大雅』。天之牖民。『傳』曰。牖、道也。是則『傳』謂牖誘同字。『大雅:牖民』。『韓詩:外傳』、『樂記』作誘民。古二字多通用。『釋詁』曰。誘、進也。『儀禮』誘射。鄭曰誘猶教(敎)也。『樂記』。知誘於外。鄭曰。誘猶道也、引也。葢(蓋)善惡皆得謂之誘。論二字之本義。牖訓啚明。誘訓相訹。固有不同。故羑必从厶。詸下曰。相評誘也。許意誘不必以正。似『板:傳』爲正字。『野有死麕:傳』爲假借字。惡無禮之『詩』、必非詸誘之誘也。》䛻或如此。《从盾者、盾下曰所以扞身蔽目。葢(蓋)取自隱藏以招人之意。宋玉曰。若姣姬揚袂鄣日而望(望)所思。》羑古文。《〔羊部〕有此。云進善也。此云羑之古文。說古文以羑爲羑也。古文本但有羑字。後乃有羑字。訓爲上訹評。則羑字專爲進善矣。》/436

曑 삼【shēn ㄕㄣ】本[별이름] ■참:섞일, 나란할, 참여할, 헤아릴

설문 4118 商星也。《「商」當作「晉」。許氏記憶之誤也。『左傳』。子産曰。后帝遷閼伯於商丘。主辰。商人是因。故辰爲商星。遷實沈於大夏。主參。唐人是因。以服事夏商。及成王滅唐而封叔虞。故參爲晉星。依此則商當爲晉明矣。或云此以篆文曑(參)連商句絕(絶)。釋爲星也。夫苟氾釋爲星。安用商字。參商之云。起(起)於漢時辭章。聯綴不倫。許君何取。此於曟擧(晨擧)『國語』農祥釋之。於參擧晉星釋之。一重民事。一中分野也。『召南:傳』曰。參、伐也。漢人參伐統評伐。故毛以伐釋參。》从晶。㐱聲。《㐱聲疑後人竄改。當作㐱象形。『唐風:傳』曰。三星、參也。『天官書』、『天文志』皆云。參爲白虎三星。直者是爲衡石。葢(蓋)彡者、象三星。其外則象其畛域與。今隸(隷)變爲參。用爲參兩、參差字。所今切。7部。》曑或省。《卽今用參兩、參差字也。凡槮篸驂字用爲聲。》/313

형성 (13자) 삼(槮)699 참(謲)1525 잠(篸)2754 삼(槮)3446 참(傪)4787 참(驂)5894 삼(㣧)6021 참(黲)6237 참(慘)6584 삼(滲)6873 삼(摻)7723 참(嵾)7935 삼(縿)8294

029	又
2-23	또 우

又 우【yòu ㄧㄡˋ】〔설문부수 76〕 또(다시, 재차, 거듭), 도울 ■역:다시

설문 1804 手也。象形。《此卽今之右字。不言又手者、本兼𠂇又而言。以屮別之。而又專謂右。猶有『古文-尙書』而後有『今文-尙書』之名、有『後漢書』而後有『前漢書』之名、有『下:曲禮』而後有『上:曲禮』之名也。又作右而又爲更然之詞。『穀梁傳』曰。又、有繼之辭也。》三指者、《三岐象三指(指)。》手之列多略不過三也。《以指記數者。或全用。或用三。略者言其大略。于救切。古音在 1部。》凡又之屬皆从又。/114

성부 부록 색인 참조

형부 又를 부수로 하는 대부분의 글자들

형성 (2자+1) 우(友)1830 우(㕛)4522 어(𠬪)

◀ 제 1 획 ▶

叉 차【chā ㄔㄚ】깍지 낄, 가닥질, 두 갈래, 두 갈래진 비녀 ■차:깍지낄, 손길 잡을

설문 1807 手指相錯也。《謂手指與物相錯也。凡布指錯物閒(間)而取之曰叉。因之凡岐頭皆曰叉。是以首笄曰叉。今作字「釵」。〔魚部:鯿〕下云。大如叉股。『譙周-異物志』曰。涪陵多大龜。其甲可以卜。其緣中叉似瑇瑁。俗名曰靈叉。『劉(劉)逵-注:蜀都賦』、『常璩-述:華陽國志』、『郭樸-注:爾雅』皆用其語。緣中叉、謂緣可爲釵也。『今-爾雅:注』譌作緣中文似瑇瑁、俗呼爲靈龜。自『賈公彥-周禮:疏』所引已然矣。》从又一。《此者今補。象指閒(間)物也。》象叉之形。《初牙切。古音在 16部。》/115

유사 손톱 조(叉)

형성 (1자+1) 차(杈)3419 채(釵)

◀ 제 2 획 ▶

反 반【fǎn ㄈㄢˇ】돌이킬, 뒤집을, 엎어질, 돌아올, 배반할

설문 1821 覆也。《覆、覂也。》从又《必有覆之者。》厂。《[各本]作「厂反形」。未允。『韵會』無「反形」字。然則當云「厂聲」而奪也。厂呼旱切。反府遠切。14部。》𠬸古文。/116

유사 벗 우(友) 가죽 피(皮) 이를 급(及)
형부 반〔叛〕
형성 (10자) 반(返)1092 판(眅)2013 반(飯)3080 판(販)3815 판(昄)4068 판(版)4167 변(汳)6735 판(坂)8082 반(軬)9089 판(阪)9180

叉 조【zǎo ㄗㄠˇ】㊥⑨㉧ zhǎo 손톱 ※ 조(爪)의 옛 글자
설문 1808 手足甲也。《叉爪古今字。古作「叉」。今用「爪」。『禮經』假借作「蚤」。『士喪禮』。蚤揃如如他日。『士虞禮』。浴沐櫛搔揃。搔或爲蚤。『曲禮』。大夫士去國不蚤鬋。蚤皆卽叉字也。『鄭-注』皆云。蚤讀爲爪。讀爲者、易其字也。不易爲叉而易爲爪。於此可見漢人固以爪爲手足甲之字矣。『釋名』曰。爪、紹也。筋極爲爪。紹續指端也。亦不作叉。》从又。象叉形。《側狡切。古音在 3部。》/115
유사 깍지 낄 차(叉)
성부 蚤蝨조

及 급【jí ㄐㄧˊ】미칠(뒤쫓아 가서, 일정한 시기에)
설문 1819 逮也。《〔辵部:逮〕、及也。》从又人。《及前人也。巨立切。7部。》乁古文及。秦刻石及如此。《今載『史記』者、『琅邪臺刻石』云。澤及牛馬。『碣石刻石』云。惠論功勞。賞及牛馬。按李斯作小篆。而【刻石】仍不廢古文也。》弓亦古文及。《按凡字從此。》𢓊亦古文及。《左從辵(辶)。右葢(蓋)從筆。》/115
유사 벗 우(友) 가죽 피(皮) 돌이킬 반(反)
성부 急급
형성 (14자) 급(芨)291 흡(吸)789 급(彶)1172 삽(跛)1313 삽(靸)1709 겁(极)3624 합(疲)4577 갑(帢)4699 급(伋)4747 삽(馺)5905 급(汲)7083 흡(扱)7676 급(級)8171 삽(鈒)8964

友 (우)【yǒu ㄧㄡˇ】벗, 친구
설문 1830 同志爲友。《『周禮:注』曰。同師曰朋。同志曰友。》从二又相交。《二又、二人也。善兄弟曰友。亦取二人而如左右手也。云久切。3部。》𠬛古文友。𦳑亦古文友。《未詳。》/116

叟 몰【mò ㄇㄛˋ】本[물에 들어가 취할] 빠질
설문 1826 入水有所取也。从又在回(回)下。《莫勃切。15部。》回古文回。回、淵水也。讀若沫。《「沫」【各本】作「沬」。沬荒(荒)內切。凡未聲近於 13部。凡末聲近於 14部。叟(叟)之平音在 13部。故知必讀若沫也。『檀弓』。瓦不成味。鄭曰。「味」當作「沬」。沬、靧也。此沬亦荒內切。洒免也。恐人不了。故又以古今字釋之云沬卽今『內則』之靧者。謂瓦器之光澤如洒面然。今俗所謂釉也。釋文作沬。亡葛反。與此沬作沬同誤。》/116

형성 (3자+1) 몰(玫)177 올(頞)5396 몰(沒)6966 몰(歿)

𠬝 복【fú ㄈㄨˊ】다스릴, 일할
설문 1822 治也。从又卪。《手持節以治之。》卪、事之節。《說从卪之意。房六切。古音在 1部。》/116
유사 부드러운 가죽 년(反)
성부 報보 服服服복

◀ 제 3 획 ▶

● 叏 夬 터놓을 쾌-본자

叜 도【tāo ㄊㄠ】미끄러울, 가질, 긁을
설문 1823 滑也。『詩』云。叜兮達(達)兮。《『今-鄭風』挑兮達兮。〔辵部〕引亦作「挑」。毛云。「挑達」、往來相見皃(貌)。按往來相見卽滑泰之意。達同泰。〔水部:泰〕、滑也。》从又屮。《土刀切。古音葢(蓋)在 3部。按從屮未詳其意。葢從又肯(青)省聲。肯、幬(幬)帳之象。從冃。㞢(之)其飾也。叜從肯省。而㪨鼓(鼓)字從之。云皆取垂飾意。則從叜亦卽從肯也。叜㪨皆以肯爲聲。則謂肯苦江切者非也。》一曰取也。《別一義。》/116
【鼓(鼓)】下『注』云:《从屮从又。非从叜滑之叜。》/206
유사 지탱할 지(支)
성부 鼓鼓고
형성 (1자) 도(牧)713 도(㪨)8102

◀ 제 4 획 ▶

叒 약【ruò ㄖㄨㄛˋ】〔설문부수 210〕동방 신나무, 순할
설문 3695 日初出東方湯谷。所登榑桑。《句。》叒木也。《按當云叒木、榑桑也、日初出東方湯曲所登也。榑桑已見〔木部〕。此處立文當如是。『宋本、葉本、宋刻:五音韵譜』、『集韵』、『類篇』皆作「湯」。【別刻】作「暘」。毛扆改湯爲暘。非也。『尙書』暘谷自說靑州嵎夷之地。非日出之地也。日出之地、豈羲仲所能到。『天問』曰。出自湯谷。次于蒙汜。『淮南:天文訓』曰。日出于湯谷。浴于咸池。拂于扶桑。是謂晨名。『墜形訓:注』曰。扶木、扶桑也。在湯谷之南。『海外:東經』曰。湯谷上有扶桑。十日所浴。『大荒:東經』曰。湯谷上有扶木。一日方至。一日方出。皆載於烏。按『今-天文訓』作暘谷。以『王逸-楚辭:注』、『史記:索隱』、『文選(選):注』所引正之。則暘亦淺人改耳。『離騷』。緫(總)余轡乎扶桑。折若木以拂日。二語相聯(聯)。葢(蓋)若木卽謂扶桑。扶若字、卽榑叒字也。》象形。《枝葉蔽翳。而灼切。5部。》凡叒之屬皆从叒。𦱷籒文。/272
유사 잇닿을 철(叕)
성부 桑상

● 叓 사기 사(史)-고자

𠬪 표【piǎo ㄆㄧㄠˇ】〔설문부수 129〕㊤㊥⑨㉧ biào 물건 떨어져 위 아래 서로 붙을
설문 2398 物落也。《「也」字依『韵會』補。草曰苓。木曰落。

引伸之凡物皆曰落。》上下相付也。《付、与(與)也。》从爪又。《以覆手与與之。以手受之。象上下相付。凡物陊落皆如是觀。》凡𠬪之屬皆从𠬪。讀若『詩』摽有梅。《見『周南』。毛曰。摽、落也。按摽、擊也。『毛詩』摽字正𠬪之假借。『孟子』。野有餓莩。趙曰。餓死者曰莩。『詩』云莩有梅。莩、零落也。丁公箸云。莩有梅、『韓詩』也。『食貨志』野有餓芆。鄭氏芆音蔈有梅之蔈。『孟子』作莩者、芆之字誤。『漢志』作芆者、又𠬪之俗字。『韓詩』作𠬪是正者。『毛詩』作摽是假借字。鄭德作蔈、亦假借也。『鄭風』。風其漂女。毛曰。漂猶吹也。毛意漂亦𠬪之假借。平小切。2部。》/160

성부 受수 𤔔란 爰원 㥯은 寽렬 寽률 敢감 爭쟁

◀ 제 6 획 ▶

叔 숙【shú ㄕㄨˊ】㉠㉡㉢⑨㉣ shū 本[(손으로) 주울] 아재비, 세째 동포(伯仲叔季)

설문 1825 拾也。《『豳風』。九月叔苴。毛曰。叔、拾也。按『釋名』仲父之弟曰叔父。叔、少也。於其雙聲曡(疊)韵假借之。假借旣久。而叔之本義鮮知之者。惟見於『毛詩』而已。》从又。《於此知拾爲本義也。》尗聲。《式竹切。3部。》汝南名收芌(芋)爲叔。《言此者、箸商周故言猶存於漢之汝南也。》𠭔叔或从寸。《又寸皆手也。故多互用。》/116

성부 俶숙

형성 (8자+1) 적(㕽)902 숙(埱)1023 척(踧)1270 독(督)2070 독(㲘)5073 녁(惄)6487 숙(淑)6867 숙(埱)8680 숙(琡)

㕞 솰 㕞설【shuā ㄕㄨㄚ】닦을, 쓸, 깨끗이 할 ■쇄:〈네이버 자전〉

설문 1818 飾也。《「飾」【各本】作「拭」。今依『五經文字』正。〔巾部〕曰。飾、㕞也。彼此互訓。〔手部〕無拭字。彡下云。毛飾畫(畵)文也。聿下云。聿、飾也。皆卽今之拭字。獨於㕞下改拭。與【全書】矛盾矣。按拭圭雖見『聘禮』。然必系俗改。古者拂拭字只用飾。以巾去其塵。故二字皆從巾。去塵而得光明。故引伸爲文飾之義。司尊彝(彛)涗酌。大鄭云。涗、拭勺而酌也。拭釋文作飾。㕞亦通用刷。〔刀部〕云。禮有刷巾。卽㕞巾也。》从又持巾在尸下。《屋字下云。尸象屋形。所劣切。15部。》/115

형성 (1자) 쇄(刷)2661

叕 철【zhuó ㄓㄨㄛˊ】〔설문부수 505〕연할(잇닿을)

설문 9273 綴聯也。《以綴釋叕、猶以絫釋厽也。聯者、連也。》象形。《陟劣切。15部。》凡叕之屬皆从叕。/738

유사 동방 신목 약(叒)

성부 㡘촬

형성 (15자) 철(啜)766 철(𨉖)1738 탈(𪁊)2307 철(腏)2605 철(剟)2651 체(餟)3122 철(棳)3299 철(罬)4628 철(歠)5337 철(惙)6606 철(掇)7617 달(娺)7911 철(畷)8757 철(輟)9146 철(綴)9274

取 취【qǔ ㄑㄩˇ】本[잡을] 취할, 장가들, 어조사

설문 1827 捕取也。《〔㚔(卒卒)部〕曰。執、捕罪人也。》从又耳。《七庾切。4部。》『周禮』。獲者取左耳。《『大司馬職』。》『司馬法』曰。載獻聝。聝者、耳也。《偁(稱)『周禮』、又偁『司馬法』釋之。以說從耳之意。》/116

※〔행부(㚔部)〕는 '종역종요(从屰从夭)'이니 아니고, 아마도 執자를 만드는 녑(卒卒)자일 것이다.

유사 귀 늘어질 첩(耴)

성부 最최 聚취 叢총

형성 (12자+1) 추(菆)659 취(趣)934 추(齱)1225 추(諏)1433 추(棷)3658 추(郰)3961 추(廢)4334 추(㝡)4595 추(鯫)7274 추(掫)7712 취(娶)7743 추(陬)9181 추(緅)

受 受수【shòu ㄕㄡˋ】받을(주는 것, 용납함, 계승함), 어조사

설문 2401 相付也。《𠬪者自此言。受者自彼言。其爲相付一也。》从𠬪。舟省聲。《舟省聲葢(蓋)許必有所受之。殖酉切。3部。『尚書』「紂」字『古文-尚書』作「受」。》/160

형성 (3자) 수(授)7541 수(綬)8252 사(辭)9310

◀ 제 7 획 ▶

叚 가【jiǎ ㄐㄧㄚˇ】本[빌릴] 거짓 ※ 가(假)와 같은 글자 ■단:〈네이버 자전〉

설문 1829 借也。《〔人部:假〕云。非眞也。此叚(假)云借也。然則凡云假借當作此字。古多借瑕爲叚。晉士文伯名匄字伯瑕。楚陽匄、鄭駟乞皆字子瑕。古名字相應。則瑕卽叚也。『禮記』公肩假、『古今人表』作公肩瑕。『左傳』瑕嘉平戎於王。『周禮:注』作叚嘉。皆同音叚借。》闕。《謂闕其形也。其從又可知。其餘則未解。故曰闕。古雅切。古音在 5部。》𠬋古文叚。𡰰譚長說叚如此。/116

유사 때릴 단(段)

성부 𧻚가

형성 (14자) 하(瑕)138 가(葭)624 가(徦)1186 하(蝦)1336 하(蝦)1386 가(椵)3336 가(暇)4063 하(瘕)4541 가(假)4858 하(騢)5851 가(麚)5962 하(鰕)7303 하(蝦)8509 하(鍜)8979

叛 (반)【pàn ㄆㄢˋ】배반할, 배반 (又부 7획)

설문 0691 半反也。《反、覆也。反者叛之全。叛者反之半。以半反釋叛。如以是少釋尟。》从半反。半亦聲。《按【各本】云。半也。从半反聲。轉寫者多奪字耳。薄半切。14部。古多假畔爲叛。》/50

叜 수【sǒu ㄙㄡˇ】 늙은이, 어른, 어르신네, 쌀 씻는 소리, 움직일

설문 1810 老也。《疊(疊)韵。『方言』曰。傁艾長老也。東齊魯衞(魯衛)之閒(間)凡尊老謂之傁。或謂之艾。》从又灾。《【鉉本】作「從又從灾」。闕。按此有義有音。則闕者謂從又灾之意不傳也。『玄應』曰。又音手。手灾者、衰惡也。言脈之大候在於寸口。老人寸口脈衰。故從又從灾也。此說葢(蓋)有所受之。『韵會』引『說文』從又灾。灾者、衰惡也。葢古有此五字。而學者釋之。穌后切。3部。今字作叟。亦未聞其說。》 籒文从寸。 叜或从人。《『今-左傳』如此作。》/115

성부 嫂수

형성 (7자+2) 수(瞍)2101 소(梭)3635 수(郰)3901 수(瘦)4565 수(狻)6001 수(溲)7040 수(搜)7720 소(謏) 수(颼)

◀ 제 8 획 ▶

● 叟 늙은이 수(叜)-동자

◀ 제 9 획 ▶

● 叡 敢 敢 감히 감(敢)-본자

叔 (정)【jìng ㄐㄧㄥˋ】 ㊤㊥⑨㉆ jìng 함정 ※ 정(穽)과 같은 글자

설문 2410 阬也。《〔𠂤(阜)部〕曰。阬、閬也。『釋詁』曰。叡阬虛也。叔與〔井部:阱(阱)穽〕音同義異。叔謂穿地使空也。》从奴(奴)井。井亦聲。《疾正切。11部。》/161

㬰 (신)【shēn ㄕㄣ】 펼 ※ 신(申)의 옛글자

설문 1813 伸也。《依【宋本】。》从又。昌聲。《失人切。12部。》 古文申。《按〔申部〕曰。古文申。 籒文申。然則此「古」當作「籒」。》/115

◀ 제 10 획 ▶

叕 체【zhuì ㄓㄨㄟˋ】 점칠

설문 1824 楚人謂卜問吉凶曰叕。《與祝𤰞聲。》从又持祟(祟)。讀若贅。《之芮切。15部。》/116

성부 𧴘𧴘레 叕최

형성 (3자) 최(蔱)374 취(𩮯)6466 최(𩮯)8390

◀ 제 11 획 ▶

叡 (사)【zhā ㄓㄚ】 취할 ■차:정음

설문 1816 叉卑也。《【各本】作「又取」。今依『類篇』作「叉」、【宋本】作「卑」正。叉卑者、用手自高取下也。今俗語讀如渣。若〔手部〕云𢶡者、以鉞(鉈)物刺而取之也。『方言』。担摣取也。南楚之閒凡取物溝泥中謂之担。或謂之摣。亦此字引伸之義。》从又。虘聲。《側加切。古音在 5部。》/115

嫠 (리)【lí ㄌㄧˊ】 이끌

설문 1817 引也。从又。𠩺聲。《里之切。1部。》/115

◀ 제 12 획 ▶

叡 학【huò ㄏㄨㄛˋ】 ㉠㊤㊥⑨㉆ hè 도랑 ※ 학(壑)과 같은 글자

설문 2408 溝也。《『大司徒:溝封』。鄭曰。溝、穿地爲阻固也。〔水部:溝〕、水瀆。廣四尺。深四尺。此單擧(擧)匠人文耳。凡穿地爲水瀆皆稱溝、稱叡。『毛詩』。實墉實壑。謂城池也。鄭伯有爲窟室飮酒。人謂之壑谷。》从㕡。从谷。《穿地而通谷也。『釋水』曰。注曲曰溝。》讀若郝。《呼各切。5部。》 叡或从土。《謂穿土。》/161

유사 깊고 굳을 개(𣦼) 밝을 예(叡)

성부 叡예

형성 (1자) 순(𧽤)

◀ 제 14 획 ▶

叡 예【ruì ㄖㄨㄟˋ】 밝을, 슬기로울, 천자에 관한 사물의 공식 명칭

설문 2411 深(深)明也。《【鉉本】此下有「通也」二字。雖合古訓。然恐俗增。『馬-注:尙書』、『鄭-注:尙書:大傳』皆曰。睿、通也。許則於叡曰深明也。於聖曰通也。叡從目、故曰明。聖從耳、故曰通。此許意也。『周書:謚(謚)法:解』曰。叡、聖也。『邶風:毛傳』曰。聖、叡也。『古文-尙書』「睿」作「聖」。故『周書』、『毛傳』叡聖互訓。『楚語』。謂之睿聖武公。韋曰。睿、明也。按韋但曰明、許曰深明者、許主解字。爲其字之從㕡也。》从㕡(㕡)。从目。《故曰深明。》从谷省。《谷以皃(貌)其深也。按叡實從叡省。從叡者、皃其能容也。能容而後能明。『古文-尙書』。思曰睿。『今文-尙書』。思心曰容。義實相成也。許不云從叡者、不立〔叡部〕也。『五經文字』曰。『易』作「叡」。是可證『尙書』作「睿」也。以芮切。15部。》 古文叡。《見『古文-尙書』。𣦵(歺)者、㕡之省。容下曰。𣦵、殘也。按殘者謂殘穿。》 籒文叡。从土。《此亦從叡省也。〔玉部〕籒文璿從此。》/161

유사 깊고 굳을 개(𣦼) 염교 해(䪥) 도랑 학(叡)

형성 (1자) 선(𧽤)954

◀ 제 16 획 ▶

叢 총【cóng ㄘㄨㄥˊ】 모일, 떨기, 성씨, 대 이름

설문 1657 聚也。《於疊(疊)韵得之。》从丵。取聲。《徂紅切。按古音在 4部。『左傳:僖:三十年』。取訾婁。『公羊』作鄹。亦作叢。》/103

형성 (1자) 총(藂)657

〔口部〕有此字、云助也。從口叉。主謂以口助手。不當入此謂手助口。宜刪(刪)。》/114
※ 58쪽에 또 있음。
성부 㕡유 若약 㖉괄
형부 구(㰲) 찰(䜭)
형성 (1자+1) 우(祐)21 우(佑)

叴 (구)【qiú ㄑㄧㄡˊ】本[높은 기운] 세모창, 나라 이름
설문 0866 高气也。从口。九聲。《巨鳩切。3部。『詩』叴矛、是此叴字。》臨淮有叴猶縣。《見『地理志』。按『韓子』智伯伐仇猶、非此縣地。》/59

● 㕭옳지 못할

号 호【hào ㄏㄠˋ】[설문부수 157] ㄱ상中⑨ háo 本[울부짖을] 부를 ※ 호(號)와 같은 글자
설문 2930 痛聲也。《号、嘑也。凡嘑號字古作号。〔口部〕曰。嘑、号也。今字則號行而号廢矣。》从口在丂上。《丂者气舒而礙。雖礙而必張口出其聲。故口在丂上。号咷之象也。胡到切。2部。按當讀平聲。》凡号之屬皆从号。/204
성부 號호
형성 (4자) 호(鴞)2277 호(號)2969 호(枵)3436 호(鄂)391

司 사【sī ㄙ】[설문부수 336] 本[벼슬아치] 받을, 벼슬, 마을(관아)
설문 5509 臣司事於外者。《外對君而言。君在內也。臣宣力四方在外。故从反后。『鄭風』。邦之司直。『傳』曰。司、主也。凡主其事必伺察恐後。故古別無伺字。司卽伺字。〔見部〕曰。䚄(覹)、司也。䙷、司人也。〔人部〕曰。伏、司也。候、司望(望)也。〔頁部〕曰。䫗、司人也。〔犬部〕曰。㺃、司也。豸下曰。欲有所司殺。皆卽今之伺字。『周禮:師氏、媒氏、禁殺戮之:注』皆云。司猶察也。俗又作覗。凡司其事者皆得曰有司。》从反后。《惟反后乃鄉后矣。息茲(玆)切。1部。》凡司之屬皆从司。/429
유사 가능할 가(可) 구절 구(句) 열흘 순(旬) 눈짓할 현(旬) 같을 동(同)
형성 (4자+1) 사(祠)41 사(嗣)1357 사(笥)2794 사(詞)5510 사(伺)

◀ 제 3 획 ▶

吁 우【xū ㄒㄩ】本[놀릴] 탄식할(탄식, 한탄, 근심), 의심하고 괴이하게 여길 ■후:속음
설문 2935 ① 驚也。从口。亏(于)聲。《況于切。5部。按此篆當刪(刪)。說見〔亏部〕。》/60
② 驚語也。《『吕荆(呂刑)』、王曰吁來。按亏有大義。故从亏之字多訓大者。芋下云。大葉實根駭人。吁(吁)訓驚語。故从亏口。亏者驚意。此篆重以亏會意。故不入〔口部〕。如句ㄐ屬字之例。後人又於〔口部〕增吁。解云驚也。宜刪。》从口亏。亏亦聲。《況于切。5部。》/204

참고 우(㽣)

吃 吃(흘)【chī ㄔ】상 jī 中 jí 말더듬을, 웃는 모양 ■글:속음
설문 0850 言蹇難也。从口。气聲。《居乙切。15部。》/59

各 각【gè ㄍㄜˋ】각각(따로따로) 북녘부락 ■락:부락
설문 0895 異詞(詞)也。《詞者意內而言外。異爲意。各爲言也。》从口夊。《陟侈切。》夊者、有行而止之不相聽意。《〔夊部〕曰。從後至也。象人兩(兩)脛後有致之者。致之止之、義相反而相成也。古洛切。5部。》/61
유사 입둘레 굽이 각(谷) 골짜기 곡(谷)
성부 咎구 路로 閣각 客객 洛락 略략
형성 (24자+2) 각(茖)281 액(詻)1428 락(鞈)1700 락(畧)2077 락(雒)2170 락(鴼)2298 격(骼)2472 각(胳)2507 격(挌)2691 격(觡)2720 락(箬)2804 격(格)3451 뢰(賂)3790 액(頟)5356 맥(貉)5835 락(駱)5853 학(貉)6087 락(零)7181 락(蛒)7230 격(挌)7710 락(絡)8331 핵(垎)8672 락(銘)9004 로(輅)9087 락(酪) 락(烙)

吅 현 훤【huān ㄏㄨㄢ】[설문부수 24] ㄱ상中⑨작 xuān 놀래 지르는 소리, 부르는 소리 ■선:같은 뜻
설문 0923 驚嘑也。《『玉篇』云。吅與讙通。按〔言部:讙譁〕二字互訓。與驚嘑義別。》从二口。凡吅之屬皆从吅。讀若讙。《況袁切。14部。》/62
유사 등뼈 려(呂) 하여금 이(㠯) 쌓일 퇴(𠂤) 꿸 관(串)
성부 㖾가 兜고 㖬두 𠷎유 兔토 巴파 㗊휴 哭곡 束속 咢악 串관 雚관 單단 免면 嚴엄 僉첨 喪상 象상 㗂양 中중 龜귀 卯묘 㽞무 㗌서 禹우 龠약 𠱠령 黽맹
형부 매(罵) 타(鼉) 축(㗊) 자(㗊)
형성 (1자) 환(患)514

合 합【hé ㄏㄜˊ】합할, 합칠, 모일 ■홉:용량의 단위
설문 3127 亼口也。《【各本】「亼」作「合」。誤。此以其形釋其義也。三口相同是爲合。十口相傳是爲古。引伸爲凡會合之偁(稱)。『釋詁』曰。敆郃盍翕仇偶妃匹會合也。妃合會對也。》从亼口。《候閤切。7部。》/222
성부 弇엄 㓣갑 荅답 拾습 翕흡
형성 (21자+2) 합(祫)44 합(造)1068 겁(跲)1316 합(詥)1470 협(鞈)1742 갑(敆)1925 합(鴿)2270 답(䓘)2952 합(梒)3533 합(郃)3858 갑(袷)4710 갑(佮)4854 겁(袷)5085 합(欱)5321 합(頜)5361 합(匌)5548 흡(洽)6999

口 3 ③

합(閤)7372 압(姶)7794 급(給)8190
합(蛤)8496 흡(恰) 감(龕)

吉 길【jí ㄐㄧˊ】本[착할] 길할, 복, 초하루, 혼인, 제사

설문 0838 善也。从士口。《居質切。12部。》/58

유사 예 고(古) 고할 고(告) 혀 설(舌) 점칠 점(占)

성부 臺대 壹일 黠할 頡힐

형성 (15자) 길(趌)973 할(齰)1245
힐(詰)1613 길(桔)3331 길(佶)4777
결(袺)5114 힐(欯)5274 갈(硈)5744
결(臭)6303 길(鮚)7308 힐(拮)7660
길(姞)7730 결(結)8181 길(蛣)8407
할(劼)8786 계(髻)

同 동【tóng ㄊㄨㄥˊ】本[모일] 한가지, 같이할, 모일, 화할, 무리

설문 4598 合會也。从冃口。《口皆在所覆之下。是同之意也。徒紅切。9部。》/353

유사 돌 회(回) 어두운 새벽 홀(囘回) 멀 경(冋) 향할 향(向)

성부 興흥

형성 (14자) 동(迵)1116 동(衕)1209
동(詷)1482 동(眮)2021 통(筒)2861
동(桐)3388 통(侗)4776 동(駧)5920
통(恫)6586 동(洞)6857 동(鮦)7236
동(挏)7548 동(䴀)7821 동(銅)8831

名 명【míng ㄇㄧㄥˊ】이름(부를, 지을, 날), 글자, 공(공적)

설문 0798 自命也。《『祭統』曰。夫鼎有銘。銘者、自名也。此許所本也。『周禮:小祝-故書』作銘。『今-書』或作名。『士喪禮-古文』作銘。【今文】皆爲名。按死者之銘。以緇長半幅。䞓末長終幅。廣三寸。書名于末曰。某氏某之柩。此正所謂自名。其作器刻銘。亦謂稱揚其先祖之德。著己名於下。皆祇云名已足。不必加金旁。故許君於〔金部〕不錄銘字。從『周官-今書』、『禮-今文』也。許意凡【經傳】「銘」字皆當作「名」矣。『鄭君-注:經』乃釋銘爲刻。劉(劉)熙乃云。銘、名也。記名其功也。呂忱乃云。銘、題勒也。不用許說。》从口夕。夕者冥也。冥不相見。《冥、幽也。》故㠯(以)口自名。《故从夕口會意。武幷切。10部。》/56

유사 각각 각(各)

형성 (+4) 명(銘) 명(酩) 명(茗) 명(洺)

后 후【hǒu ㄏㄡˇ】[설문부수 335] ㊀상㊥⑨작 hòu 임금(천자, 제후), 왕후, 뒤 ※ 후(後)와 통용

설문 5507 繼體君也。《『釋詁』、『毛傳』皆曰。后、君也。許知爲繼體君者、后之言後也。開刱(創)之君在先。繼體之君在後也。析言之如是。渾言之則不別矣。『易:象:下傳』曰。后以施命誥四方。虞云。后、繼體之君也。此許說也。葢(蓋)同用『孟-易』。【經傳】多假后爲後。『大射:注』引『孝經』說曰。后者、後也。此謂后卽後之假借。》象人之形。《謂上體厂也。厂葢𠆢(人)字橫寫。不曰从𠆢、而曰象人形者。以非立人也。下文卮解亦曰象人。》从口。《胡口切。4部。》『易』曰。后㠯(以)施令告四方。《此用遘『象:傳』說从口之意。『傳』曰。天下有風、遘。后以施命誥四方。鄭(鄭)作「詰」。許作「告」。按此條【各本】作象人之形、施令以告四方、故厂之从一口、發號者君后也。淺人所竄。不成文理。上體旣象人。又何得云从余制切之厂、且从一乎。今以下卮字解文法更定。則宜有『易』曰審矣。》凡后之屬皆从后。/429

유사 술잔 치(卮巵卮)

성부 司사

형성 (6자+2) 구(茩)393 후(詬)1636
항(䦊)3163 후(郈)3970 후(㖃)5508
구(垢)8714 후(逅) 구(姤)

吏 吏리【lì ㄌㄧˋ】벼슬아치, 벼슬 살이 할, 아전

설문 0005 治人者也。《治與吏同第在 1部。此亦以同部疊(疊)韵爲訓也。》从一。从史。《此亦會意也。天下曰从一大。此不曰从一史者。吏必以一爲體。以史爲用。一與史二事。故異其詞也。史者、記事者也。》史亦聲。《凡言亦聲者、會意兼形聲也。凡字有用六書之一者。有兼六書之二者。力置(置)切。1部。》/1

형성 (2자+1) 시(䏡)3063 사(使)4883
시(駛)

吐 (토)【tǔ ㄊㄨˇ】토할(게울)

설문 0846 寫也。从口。土聲。《他魯(魯)切。5部。》/59

向 㝵향【xiàng ㄒㄧㄤˋ】本[북창] 향할, 접때 ■상:성씨, 땅이름

설문 4359 北出牖也。《『豳風』。塞向墐戶。毛曰。向、北出牖也。按『士虞禮』。祝啓牖鄉。『注』云。鄉、牖一名。『明堂位-達鄉:注』云。鄉、牖屬。是渾言不別。毛公以在冬日可塞。故定爲北出者。引伸爲向背字。【經傳】皆假鄉爲之。》从宀。从囗。《「囗」舊作「口」。按亩下曰。从囗。中有戶牖。是皆从囗象形也。今正。許諒切。10部。》『詩』曰。塞向墐戶。/338

유사 돌 회(回) 어두운 새벽 홀(囘回) 같을 동(同)

성부 尙상 杏행

형성 (2자) 향(珦)90 향(餉)3091

吒 (타)【zhà ㄓㄚˋ】本[뿜을] 꾸짖을, 입맛 다실 ■차:속음 ■책:조롱할

설문 0871 噴也。叱怒也。《此三字明叱噴吒三字互訓也。『曲禮』曰。毋吒食。謂當食而叱怒他事。嫌於怒食。故『注』云嫌薄之。『淮陰矦傳』曰。項王喑噁叱吒。千人皆廢。》从

口。乇聲。《陟駕切。古音在 5部。亦作咤。》/60

◀제4획▶

呷 (이)【yī 丨ˉ】선웃음 칠 ■희:신음할

설문 0880 唸呷也。《『釋訓』。殿屎、呻也。『毛傳』。殿屎、呻吟也。『陸氏-詩』、『爾雅:音義』皆云。殿屎、『說文』作「唸呷」。》从口。伊省聲。《依『詩』、『爾雅:音義』。『五經文字』云。屎、『說文』作「呷」。然則『今本-說文』作吚者、俗人妄(妄)改也。以〔虫部:蛜〕字例之。亦爲伊省聲。馨伊切。15部。》/60

※ 많은 판본에서 희(吚)자로 나온다.

君 군【jūn ㄐㄩㄣˉ】임금, 부모, 남편, 스승, 귀신, 조상

설문 0801 尊也。《此羊祥也、門聞也、戶護也、髮拔也之例。》从尹口。《尹、治也。》口目(以)發號。《此依『韵會』。又補一口字。尹亦聲。擧(擧)云切。13部。》古文象君坐形。《『小徐本』作𠱰。》/57

성부 羣군

형성 (8자) 군(莙)316 군(郡)3833 군(宭)4391 군(窘)4465 군(帬)4662 윤(頵)5371 군(涒)7060 균(輑)9096

吝 린【lìn ㄌㄧㄣˋ】아낄, 한할, 인색할

설문 0894 恨惜也。《慳吝亦恨惜也。》从口。文聲。《按此字葢(蓋)从口文會意。凡恨惜者多文之以口。非文聲也。良刃切。12部。》『易』曰。目(以)往吝。《『蒙:初六爻辭』。按〔辵(辶)部〕引以往遴。不同者。許『易』偁(稱)孟氏。或兼偁他家。或『孟-易』有或本。皆未可知也。》古文吝。从彣(彣)。/61

형성 (1자) 린(麐)5969

吞 (탄)【tūn ㄊㄨㄣˉ】삼킬, 없어질, 멸할, 에워쌀 ■천:성씨, 삼킬

설문 0750 咽也。《今人以吞吐對擧(擧)。據此則咽喉本名吞。俗云喉吞是也。猶之喉本名咽。平聲。今人以爲下咽字。一見切。》从口。天聲。《土根切。古音在 12部。》/54

吟 (음)【yín 丨ㄣˊ】읊을, 끙끙거릴, 턱 끄덕거릴, 노래할, 탄식할

설문 0883 呻也。从口。今聲。《魚音切。7部。》訡吟或从音。/60

吠 폐【fèi ㄈㄟˋ】개 짖을, 개소리, 땅 이름

설문 0906 犬鳴。从口犬。《口犬者、動口之犬也。『字林』作吠。則爲形聲字。『太玄』曰。鴟鳩在林。吠彼衆經。『文選(選):注』引『戰國策』作「吠」。亦是形聲字。符廢切。15部。》/61

否 부【fǒu ㄈㄡˇ】아닐, 악할, 나쁠, 그렇지 않을 ■비:괘 이름, 비색할, 더러울, 악할

설문 7341 ① 不也。从口不。《按否字見〔不部〕。此誤增也。》/61 ② 不也。《不者、事之不然也。否者、說事之不然也。故音義皆同。『孟子:萬章』曰。然則舜僞喜者與。『孟子』曰。否。『注』、『孟子』言舜不詐喜也。又咸丘蒙問舜南面而立。瞽(瞽)瞍亦北面而朝之。孟子曰。否。『注』。言不然也。又萬章曰。堯以天下與舜、有諸。孟子曰。否。『注』。堯不與之。又萬章問曰。人有言。伊尹以割烹要湯。孟子曰。否然也。萬章又問。孔子於衞(衛)主癰疽。孟子曰。否然也。萬章又問。百里奚自鬻於秦養牲者。孟子曰。否然。『注』皆曰。否、不也。不如是也。『注』以不如是釋否然。【今本】正文皆譌作否不然。語贅而『注』不可通矣。否字引申之義訓爲不通。如『易』之『泰否』、『堯典』之否德、『小雅』之否難知也、『論語』之予所否者皆殊其音讀符鄙切。要之古音則同在弟1部。》从口不。《會意。》不亦聲。《方久切。古音在 1部。》/584

성부 音부 否밀

昏 괄【guā ㄍㄨㄚˉ】입막을(圖92)

설문 0904 塞口也。《『廣雅:釋詁』曰。昏、塞也。『易:巛(川), 六二』。括(括)囊无咎。括卽昏字也。》从口。氒省聲。《氒卽〔氏部:氒〕字。隸(隸)變或作𠂆。或作身。凡昏聲字隸變皆爲舌。如括刮之類。古活切。15部。》昏古文从甘。《戴先生曰。古文氒不省。誤爲从甘。按『汗簡(簡)』、『古文四聲韵』云。昏昏皆同厥。出『古-尙書』。昏卽昏字不省者也。》/61

※ 昏、昏、昏등의 자형이 모두 예서(隸書)에서 설(舌)자로 바뀌었다.

유사 예 고(古) 고할 고(告) 혀 설(舌) 삼킬 탄(呑) 길할 길(吉) 점칠 점(占)

성부 䛡괄 活활

형성 (16자) 활(䯏)57 괄(萿)377 괄(适)1074 괄(䯏)1256 화(話)1472 괄(鴰)2334 괄(髺)2462 괄(刮)2662 괄(栝)3602 활(秳)4237 활(佸)4853 활(頢)5390 괄(髺)5488 괄(聒)7437 괄(括)7647 활(婚)7842

吪 (와)【é ㄜˊ】움직일, 변화할, 그릇(틀림), 사투리 ※ 와(訛)와 같은 글자

설문 0892 動也。《見『釋詁』、『毛詩:傳』。》从口。化聲。《五禾切。17部。》『詩』曰。尙寐無吪。《『王風』。又『小雅』或寢或吪。【今-各本】作「訛」。非也。「訛」卽「譌」字。》/60

含 함【hán ㄏㄢˊ】머금을, 용납할, 옥으로 입 채울

설문 0777 嗛也。从口。今聲。《胡男切。古音在 7部。『禮樂志』。吟青黃。以吟爲含。》/55

형성 (2자) 함(琀)197 함(頷)5393

听 (은)【yǐn 丨ㄣˇ】㊀ yì 웃을 ■의:입벌린 모양

설문 0813 笑(笑)皃也。《『司馬相如賦』。亾(亡)是公听然而笑(笑)。》从口。斤聲。《宜引切。古音 13部。》/57

口 3 ④

吮 (연)【shǔn ㄕㄨㄣˇ】 기침할 ■전:(입으로)빨 ■순:핥을 ■천:같은 뜻

설문 0770 欶也。《[欠部]云。欶、吮也。》从口。允聲。《徂沇切。14部。》/55

启 계【qǐ ㄑㄧˇ】(닫힌 것을)열, 물을, 점칠, 생각할, (무릎)꿇을

설문 0832 開也。《按後人用啟(啓)字訓開。乃廢启不行矣。啟、教也。『玉篇』引『堯典』胤子朱启明。『釋天』。明星謂之启明。》从戶口。《會意。康禮切。15部。此字不入[戶部]者。以口戶爲開戶也。》/58

성부 啟啟계

呈 呈정【chéng ㄔㄥˊ】 나타날, (웃사람에게)드릴, 한정 ■령:통할

설문 0835 平也。《今義云。示也。見也。》从口。壬聲。《直貞切。11部。壬之言挺也。故訓平。》/58

성부 戜戜절 聖성

형성 (7자) 령(逞 逞)1147 정(程 程)1166 정(桯 桯)3525 영(郢 郢)3920 정(程 程)4263 정(裎 裎)5110 정(酲 酲)9403

吳 오【wú ㄨˊ】 本[큰 소리할(떠들)] 오나라, 땅 이름, 성씨 ■화:지꺼릴

설문 6305 大言也。《大言之上【各本】有「姓也亦郡也。一曰吳」八字。乃妄人所增。今刪(刪)正。檢『韵會本』正如是。『周頌:絲衣』。『魯(魯)頌:泮水』皆曰不吳。『傳箋』皆云吳、譁也。[言部]曰。譁者、讙也。然則大言卽謂譁也。『孔沖遠-詩:正義』作不娛。『史記:孝武本紀』作不虞。皆叚(假)借字。大言者、吳字之本義也。引伸之爲凡大之偁(稱)。『方言』曰。吳、大也。『九章』。齊吳榜以擊汰。『王-注』。齊擧(擧)大櫂。》从夨口。《大言非正理也。故从夨口。五乎切。5部。何承天改五作「吳」。音胡化反。其繆甚矣。》 𡗿 古文如此。《从大口。》/494

성부 虞우

형성 (3자) 오(誤 誤)1541 오(俁 俁)4778 오(娛 娛)7850

㕯 눌【nà ㄋㄚˋ】 [설문부수 50] ㉠㊤㊥⑨㉓ nè 말더듬을, 말 속으로 들어갈 ※ 눌(訥), 눌(吶)과 같은 글자

설문 1375 言之訥也。《『檀弓』作吶同。其言吶吶然。如不出諸其口。『注』。吶吶、舒小皃(貌)。此與[言部:訥]音義皆同。故以訥釋㕯。》从口内。《内、入也。會意。内亦聲。女滑切。15部。》凡㕯之屬皆从㕯。/88

유사 빛날 경(冏) 창 밝을 경(囧)

성부 矞휼 矞율 商상

형성 (1자) 예(裔 裔)5075

吸 (흡)【xī ㄒㄧ】 숨 들이 쉴, (단번에)마실

설문 0789 内息也。《内息、納其息也。》从口。及聲。《許及切。7部。》/56

吹 취【chuī ㄔㄨㄟ】 (입으로)불, 서로 도울, 부추길

설문 5275 ① 嘘也。从口欠。《口欠則气出。會意。昌垂切。古音在 17部。》/56 ② 出气也。从欠。从口。《昌垂(垂)切。古音在17部。按吹已見[口部]。宜刪(刪)此。》/410

성부 炊취

吺 (두)【dōu ㄉㄡ】 말 많을, 염치 없이 지꺼릴 ■유:말 머뭇거릴

설문 0858 讘吺、《逗。》多言也。《[言部]曰。讘、多言也。讘吺、『玉篇』作嗫吺。》从口。殳聲。《當侯切。4部。》/59

吻 (문)【wěn ㄨㄣˇ】 입가, 입술, 면할(免也), 없앨(取拔)

설문 0746 口邊也。《『曲禮:注』云。口旁曰咡。『廣雅』云。咡謂之吻。『考工記』。銳喙、決吻。鄭曰。吻、口腨也。『釋名』曰。吻、免也。扠也。卷也。》从口。勿聲。《武粉切。13部。勿聲在 15部。合韵(韻)也。》 𦙶 吻或从肉从昏。《昏聲也。凡昏、皆从氏。不从民。字亦作「脗」、作「脗」。皆脗之俗也。凡言脗合當用此。》/54

吾 오【wú ㄨˊ】 나(자신), 우리, 글 읽는 소리 ■어:친하지 않을 ■아:고울이름

설문 0799 我自偁(稱)也。《「偁」【各本】作「稱」。誤。『釋詁』曰。吾、我也。》从口。五聲。《五乎切。5部。》/56

형성 (15자) 오(菩 菩)633 아(衙 衙)1211 어(齬 齬)1228 어(語 語)1401 어(敔 敔)1957 오(梧 梧)3386 어(圄 圄)3763 오(郚 郚)3972 오(晤 晤)4027 오(寤 寤)4404 오(寤 寤)4483 사(魯 魯)5990 오(悟 悟)6461 오(浯 浯)6756 오(铻 铻)9350

告 告고【gào ㄍㄠˋ】 고할 ■곡:고할, 청할 ■호:쉴 ■국:국문할 ■학:쉴 (口부 4획)

설문 0740 牛觸人。角箸橫木。所㠯(以)告人也。从口。从牛。《如許說則告卽楅衡也。於牛之角寓人之口爲會意。然牛與人口非一體。牛口爲文。未見告義。且字形中無木。則告義未㬎(顯)。此如所云是未嘗用口。是告可不用口也。何以爲一切告字見義哉。愚謂此許因童牛之告而曲爲之說。非字意。故[木部:楅]下不與此爲轉注。此字當入[口部]。从口、牛聲。牛可入聲讀玉也。『廣韵』。告上曰告。發下曰誥。古沃切。3部。音轉古到切。》○ 又汪氏龍曰。此因嚳字。故立[告部]。愚謂誠然。嚳从斆(斅)省。斆亦教(教)也。教之故急急告之。告亦聲。然則當立[斆部]。嚳屬焉。不當有[告部]。》『易』曰。僮牛之告。《『大畜:爻辭』。僮牛、僮昏之牛也。告、九家同。王弼作牿。》凡告之屬皆从告。/53

유사 삼킬 탄(呑) 입 막을 괄(𠯑) 길할 길(吉) 혀 설(舌) 점칠 점(占)

성부 造조 晧호 晧호

형성 (14자+2) 고(祰)38 곡(牿)720 고(誥)1451 곡(鵠)2302 곡(梏)3670 고(郜)3950 교(窖)4453 고(告)5620 각(硞)5740 곡(焅)6213 호(浩)6834 고(靠)7333 곡(陪)9234 혹(酷)9379

참고 혹(酷) 곡(佶)

呂

려【lǚ ㄌㄩˇ】[설문부수 271] 등뼈, 풍류

설문 4427 脊(脊)骨也。象形。《呂象顆顆相承。中象其系聯也。『沈氏彤-釋骨』曰。項大椎之下二十一椎通曰脊(脊)骨、曰脊椎、曰膂骨。或以上七節曰背骨。第八節以下乃曰膂骨。力擧切。5部。》昔大嶽爲禹心呂之臣。故封呂矦。《『周語』。大子晉曰。伯禹念前之非度。釐改制量。象物天地。比類百則。儀之于民。而度之于羣(群)生。共之從孫四嶽佐之。高高下下。疏川道滯。鍾水豐物。封崇九山。決汨九川。陂障九澤。豐殖九藪。汨越九原。宅居九隩。合通四海。故天無伏陰。地無散陽。水無沈氣。火無災燀。神無閒行。民無淫心。時無逆數。物無害生。帥象禹之功。度之于軌儀。莫非嘉績。克厭帝心。皇天嘉之。胙以天下。賜姓曰姒。氏曰有夏。謂其能以嘉祉殷富生物也。胙四嶽國。命爲矦伯。賜姓曰姜。氏曰有呂。謂其能爲禹股肱心膂。以養物豐(豊)民人也。按曰共之從孫。賈逵、韋昭皆曰。共、共工也。『外傳』曰四嶽。『內傳』曰大嶽。一也。官名也。『外傳』以祉訓姒。以殷富訓夏。以膂訓呂。以養訓姜。韋解云。呂之爲言膂也。是呂膂各字。呂者、國名。以國爲氏。許云。大嶽爲禹心呂之臣。故封呂矦。膂爲小篆呂。是『許-所據:國語』股肱心膂作股肱心呂。本無二字。後之爲『國語』學者不得其解。乃以氏曰有呂作古文。股肱心膂作小篆。韋氏習而不察。乃云呂之爲言膂矣。以心呂之意名其地。而矦之。而氏之。『潛夫論』曰宛西三十里有呂。酈道元、徐廣、司馬貞說皆同。宛城今南陽府治附郭南陽縣是也。『許-自序』曰。大岳左夏。呂叔作藩。俾矦於許。世胙遺靈。大岳者、許之先也。故詳之。》凡呂之屬皆从呂。膂篆文呂。从肉。旅聲。《呂本古文。以古文爲部首者、因躳(躬)从呂也。此〔二部〕之例也。『秦誓』。旅力旣愆。『小雅』。旅力方剛。『古注』皆訓爲衆力。不敢日旅與膂同者、知【詩書】倘以心膂爲義。則其字當从呂矣。僞君牙襲『國語』云。股肱心膂。此未知古文無膂。秦文乃有膂也。『急就篇』。尻寬脊膂要背僂。股腳(脚)膝臏脛爲柱。云要背僂。曰脛爲柱。辭意相對。『皇象碑』本不誤。若【顏本】膂呂重出。師古不得不以脊內肉、脊骨分釋之。似史游早不識字矣。膂之譌或爲膐。『華陽國志』。孝子隗通爲母汲江膂水。天爲出平石至江中。江膂水、謂江心水也。》/343

유사 하여금 이(㠯) 쌍을 퇴(𠂤) 뚫을 관(串) 울부짖을 현(吅)

성부 閭려 宮궁 躳躬궁 營영

형성 (3자+1) 거(莒)251 거(筥)2793 려(梠)3492 려(侶)

◀ 제 5 획 ▶

● 𠀘 거칠 황(荒)-고자

● 呆 보전할 보(保)-동자

呃

(액)【è ㄜˋ】(새가)울, 닭소리 ■애:평평치 못한 소리

설문 0912 喔也。《呃喔雙聲。『射雉賦』。良遊呃喔。引之規裏。『廣韵(韻):卄一、麥』曰。呃喔、鳥聲。疑兩(兩)篆文下本皆云呃喔。後人亂之耳。》从口。厄聲。《烏格切。16部。》/61

呦

(유)【yōu ㄧㄡˉ】(사슴이)우는 소리 ■요:가르칠

설문 0917 鹿鳴聲也。《見『小雅』。》从口。幼聲。《伊虯切。3部。》𣢥呦或从欠。/62

呧

(저)【dǐ ㄉㄧˇ】꾸짖을 ■제:같은 뜻

설문 0859 苛(訶)也。《苛者、訶之假借字。漢人多用荷爲訶。亦用苛爲訶。》从口。氐聲。《都禮切。15部。按〔言部〕有詆字。云訶也。〔口部:呧〕似複出。『集韵(韻)』詆呧爲一字。》/59

周

周 주【zhōu ㄓㄡˉ】本[찬찬할] 두루(미칠), 지극할, 둘레, (한바퀴)돌, 굳힐, 진휼할, 주나라

설문 0839 密也。《密、〔山部〕曰山如堂者。引伸訓爲周緻也。『左傳』。晏子曰。淸濁小大。短長疾徐。哀樂剛柔。遲速高下。出入周疏。以相濟也。以周與疏反對。又『襄:二十七年』。春。胥梁帶使諸喪邑者。具車徒以受地。必周。杜皆云。周、密也。按忠信爲周。謂忠信之人無不周密者。》从用口。《善用其口則密。不密者皆由於口。職畱(留)切。3部。》𠁁古文周字。从古文及。《及之者、周至之意。》/58

형성 (19자+1) 도(禂)63 조(琱)140 조(啁)855 조(調)1471 조(雕)2183 주(椆)3295 조(稠)4192 주(裯)5045 조(鯛)5201 조(彫)5459 조(鬝)5478 추(惆)6577 조(淍)7157 조(鯛)7312 주(婤)7793 주(綢)8360 조(蜩)8462 도(錭)9017 주(輈)9134 척(倜)

呬

(희)【xì ㄒㄧˋ】쉴 ■령:와자할

설문 0786 東夷謂息爲呬。《『方言』。呬、息也。東齊曰呬。『釋詁:郭-注』亦云。今東齊謂息爲呬。疑許襲『方言』。「東夷」當作「東齊」。字之誤也。》从口。四聲。《虛器切。15部。按『大雅』。民之攸塈。毛曰。塈、息也。塈不訓息。此正謂塈卽呬之假借。『爾雅』。呬、息也。某氏引『詩』。民之攸呬。葢(蓋)『三家詩』作「呬」。『毛詩』作「塈」。『說文:尸部』有眉字。〔鼻部〕有𪖑字。皆臥息也。亦皆虛器切。凡古休息與鼻息同義。》『詩』曰。犬夷呬矣。《『大雅』。混夷駾矣。維其喙矣。合二句爲一句。與〔日部〕引東方昌矣相似。「混」作「犬」。「喙」作「呬」。葢亦用『三家詩』。〔馬部〕引昆夷駾矣。則『毛詩』也。毛云。喙、困也。『方言』饋、喙、呬、息也。按人之安寧與困極皆驗諸息。故假『樂』、『綿』之呬。不嫌異義同偁(稱)。喙與呬。不嫌異字同義。》/56

口 3 ⑤

呭 (예)【xiè ㄒㄧㄝˋ】㊥⑨㉿ **yì** (말이)수다할 ■설:즐거울

설문 0814 多言也。《『孟子』、『毛傳』皆曰。泄泄猶沓沓也。〔曰部〕云。沓、語多沓沓也。〔言部〕又云。詍、多言也。引『詩』無然詍詍。》从口。世聲。《余制切。15部。》『詩』曰。無然呭呭。《『大雅』今作「泄泄」。》/57

呰 (자)【zǐ ㄗˇ】흠, 헐뜯을 ※ 자(疵)와 통용 ■이:같은 뜻

설문 0860 苛也。《「苛」亦當作「訶」。『玄應』引作「訶」。凡言呰毁當用呰。『喪服:四制』。呰者莫不知禮之所生也。鄭云。口毁曰呰。『玄應』引如此。『今-禮記』作「訾」。按『少儀:注』兩(兩)云訾、思也。》从口。此聲。《將此切。16部。》/59

呱 (고)【gū ㄍㄨ】㋙ **guǎ** (갓난아이가)울 ■와:같은 뜻

설문 0755 小兒嗁聲。《『咎繇謨』啟(啓)呱呱而泣。》从口。瓜聲。《古乎切。5部。》『詩』曰。后稷呱矣。《『大雅』。》/54

味 미【wèi ㄨㄟˋ】맛(物之精液), 재미 ■매:음식맛, 그릇 광택 있을 ■말:물버큼(沫也)

설문 0779 滋味也。《滋言多也。》从口。未聲。《無沸切。15部。》/55

형성 (1자) 미(菋)435

呶 (뇨)【náo ㄋㄠˊ】지꺼릴 ■나:떠들썩할

설문 0868 讙聲也。从口。奴聲。《女交切。古音在 5部。》『詩』曰。載號載呶。《見『小雅』。毛曰。號呼、呶讙也。》/60

呷 (합)【xiá ㄒㄧㄚˊ】㊤㊥⑨㉿ **xiā** (오리가)울

설문 0821 吸呷也。《『司馬相如賦』曰。翕呷萃蔡張揖曰。翕呷、衣起(起)張也。『海賦』、猶尙呀呷。餘波獨湧。李善曰。呀呷、波相呑之皃(貌)。『吳都賦』曰。諠譁喤呷。『廣韵(韻)』。喤呷、衆聲也。》从口。甲聲。《呼甲切。8部。》/57

呻 (신)【shēn ㄕㄣ】끙끙거릴, 읊조릴

설문 0882 吟也。《按呻者吟之舒。吟者呻之急。渾言則不別也。》从口。申聲。《失人切。12部。》/60

呼 (호)【hū ㄏㄨ】숨 내쉴 ■효:부르짖을 ■하:소리지를

설문 0788 外息也。《外息、出其息也。》从口。乎聲。《荒烏切。5部。今人用此爲號嘑、評召字。非也。》/56

命 명【mìng ㄇㄧㄥˋ】목숨, 운수, 분부, (시키는)말, 가르침

설문 0802 使也。从口令。《令者、發號也。君事也。非君而口使之。是亦令也。故曰命者、天之令也。眉病切。古音在 12部。令亦聲。》/57

참고 명(椧)

咀 (저)【jǔ ㄐㄩˇ】㋙ **zuǐ** 씹을, 방자할(남이 잘못되기를 빎)

설문 0765 含味也。《含而味之。凡『湯酒膏藥舊方』皆云㕮咀。『廣韵(韻):九, 麌』云。㕮咀、嚼也。按㕮卽哺字。古父甫通用。後人不知爲一字矣。含味之上似當有哺咀二字。》从口。且聲。《玆呂(呂)切。5部。》/55

咄 (돌)【duò ㄉㄨㄛˋ】㊤㊥⑨㉿ **duō** 本[서로 말할] 괴이쩍어할, 혀차며 탄식할 ■탈:꾸짖을

설문 0816 相謂也。《謂欲相語而先驚之之詞(詞)。凡言咄嗟、咄唶、咄咄怪事者皆取猝乍相驚之意。『倉頡篇』曰。咄、啐也。『說文』。啐、驚也。『李善-注:曹植贈彪詩』引『說文』。咄、叱也。》从口。出聲。《當沒(沒)切。15部。》/57

杏 咅 부【tǒu ㄊㄡˇ】㊤㊥⑨㉿ **pǒu** (입속의)침 ■투:같은 뜻

설문 3044 相與語唾而不受也。《今俗有此。》从丶。从否。《〔不部〕曰。否、不也。从丶否者、主於不然也。》丶亦聲。《「丶」[各本]作「否」。非。今正。杏(音)、韵書皆入〔侯部〕。或字从豆聲。豆與丶同部。『周易』蔀斗主爲韵。蔀正杏聲也。天口切。4部。其形隸(隸)作「咅」。》𧯠 咅或从豆欠。《欠者、口乞(气)也。豆者、聲也。》/215

성부 陪배 部부

형성 (15자+1) 보(菩)303 복(䞳)1004 복(踣)1326 부(腤)2580 부(剖)2644 부(箁)2746 부(錇)3148 봉(棓)3591 배(倍)4898 부(髻)5480 부(涪)6658 부(掊)7521 부(瓿)8073 부(䋛)8334 배(培)8685 배(醅)9398 배(醅)

咆 (포)【páo ㄆㄠˊ】(짐승이)으르렁거릴

설문 0907 嗥(嘷)也。《『廣韵(韻)』曰。咆虓、熊虎聲。》从口。包聲。《薄交切。2部。》/61

咈 (불)【fú ㄈㄨˊ】어길 ■필:같은 뜻

설문 0848 違也。《違與韋同。相背也。》从口。弗聲。《符弗切。15部。》『周書』曰。《按『說文』引『微子篇』咈其耇長、我興受其退皆系『周書』。引予顚隮、則曰『商書』。未知孰是誤字。『洪範』一篇商、周說異。『微子』則必是『商書』也。》咈其耇長。《『玉篇』引『易』。咈經于丘。『今-易』作拂。葢(蓋)誤。》/59

和 화【hé ㄏㄜˊ】㋙㊤㊥⑨ **hè** 온화할, 화목할, 고를, 따뜻할, 순할, (바람)잘 (口부 5획)

설문 0808 相應也。从口。禾聲。《古唱和字不讀去聲。戶戈切。17部。》/57

성부 利 秎리

咎 咎 구【jiù ㄐㄧㄡˋ】허물, 재앙, 미움, 미워할 ■고:순임금 신하

설문 4957 災(災)也。《「災」當是本作「烖」。天火曰災。引伸之凡失意自天而至曰災。『釋詁』曰。咎、病也。『小雅:

㉿ 作家出版社〔董蓮池-說文解字考正〕⑨ 九州出版社〔柴劍虹-說文解字〕㋙ 陝西人民出版社〔蘇寶榮-說文解字今注今譯〕㊤ 上海古籍出版社〔說文解字注〕㊥ 中華書局〔臧克和-說文解字新訂〕

伐木:傳』曰。咎、過也。『北山:箋』云。咎猶罪過也。『西伯戡黎:鄭-注』。咎、惡也。『呂覽:移樂篇:注』。咎、殃也。『方言』。咎(咎)、謗也。》从人各。《會意。其久切。3部。》各者、相違也。《說从各之意。》/382

성부 晷구

형성 (10자) 고(鼛)2946 고(梏)3294 고(稽)3729 고(櫜)3742 구(倃)4959 유(欲)5328 구(麔)5972 구(慦)6597 구(綹)7305 류(綹)8141

◀ 제 6 획 ▶

咠 집【qì ㄑㄧˋ】귓속말 할, 참소할 ■입:같은 뜻

설문 0820 聶語也。《〔耳部〕曰。聶、附耳私小語也。按聶取兩(兩)耳附一耳。咠取口附耳也。》从口耳。《七入切。7部。》『詩』曰。咠咠幡幡。《『巷伯:三章』。緝緝翩翩。四章。捷捷幡幡。許引當云咠咠翩翩。而云咠咠幡幡者。誤合二章爲一耳。咠咠、『今-詩』作緝緝。毛云。緝緝口舌聲。》/57

형성 (10자) 즙(葺)563 집(咠)1395 첩(聶)2953 즙(楫)3637 집(湒)6976 읍(揖)7468 집(緝)8337 집(輯)9082

咢 咢 악【è ㄜˋ】놀랄 ※ 악(愕)과 같은 글자

설문 0926 譁訟也。《引伸爲徒擊鼓(鼓)曰咢。又『韋賢傳』。咢咢黃髮。》从吅屰。屰亦聲。《五各切。5部。》/62

형성 (3자) 악(遌)1082 악(剽)2623 악(鄂)3924

咥 (희)【xì ㄒㄧˋ】㊕ dié 웃는 모양 ■질:깨물 ■지:씹을 ■치:머무를 ■절:씹을

설문 0809 大笑(笑)也。《『衞(衛)風:毛傳』曰。咥咥然笑(笑)。『周易』。履(履)虎尾。不咥人。馬云。齕也。此別一義。》从口。至聲。《許旣切。又直結切。古音在 12部。》『詩』曰。咥其笑矣。/57

咦 (이)【yí ㄧˊ】웃는 모양 ■히·재:같은 뜻

설문 0785 南陽謂大呼曰咦。《呼、外息也。大呼、大息也。》从口。夷聲。《以之切。古音在六脂(脂)。》/56

咨 자【zī ㄗ】물을, 탄식할

설문 0803 謀事曰咨。《『左傳』曰。訪問於善爲咨。『毛傳』同。》从口。次聲。《卽夷切。15部。》/57

형성 (1자) 절(楶)3480

咫 (지)【zhǐ ㄓˇ】여덟치, 짧음

설문 5178 中婦人手長八寸謂之咫。《『賈逵, 韋昭-注:國語』、『杜預-注:左傳』說皆同。案咫之言猶近也。『晉語』。吾不能行也咫。『楚語』。是知天咫。『周書』大子晉。視道如咫。》周尺也。《『通典』引『白虎通』曰。『夏法』曰。日數十也。日無不照。尺所度無不極。故以十寸爲尺。『殷法』十二月。言一歲之中無所不成。故以十二寸爲尺。周據地而生。地者、陰也。以婦人爲法。婦人大率奄八寸。故以八寸爲尺。按奄字未詳。疑是手之誤字。上文曰十寸爲尺。此及夫字下云周制八寸爲尺。別周制之異乎古也。『王制』曰。古者以周尺八尺爲步。今以周尺六尺四寸爲步。『鄭-注』曰。周尺之數未之詳聞。案禮制。周猶以十寸爲尺。葢(蓋)六國時多變亂法度。或言周尺八寸。以步叓(更)爲八。八八六十四寸。鄭意八寸爲尺。周末始有之。與許說異。然許亦曰諸侯力政。分爲七國。田疇異畮(晦畝)。車涂異軌。律令異法。則其說亦未嘗不合也。『左傳』。天威不違顏(顏)咫尺。咫尺並(竝)言。不云二尺也。『國語』、『列子』皆言其長尺有咫。亦不言其長二尺也。是可證周未嘗八寸爲尺矣。》从尺。只聲。《諸氏切。16部。》/401

咮 (주)【zhōu ㄓㄡ】㊤㊥⑨ zhòu ㊕ zhū 부리(새 주둥이)

설문 0913 鳥口也。《今人噣咮啄三字同音通用。許分別甚明。人口不曰咮。》从口。朱聲。《章俱切。古音在 4部。按『廣韵(韻):十, 虞』曰。嚋咮、多言皃(貌)。『四十九, 宥』曰。咮、鳥口。然則大徐用章俱一切。誤也。》/61

听 (후)【hǒu ㄏㄡˇ】크게 성낸 소리, 토할

설문 5508 厚怒聲。《「厚」當作「𠷎」。𠷎與听曡韵(疊韻)。【諸書】用呴字、卽此字也。『聲類』曰。呴、嘷也。俗作「吼」。》从后口。《【各本】作口后。誤。今正。厚怒故从后。后之言厚也。聲出於口、故从口會意。不云从口后聲系之〔口部〕者、許定此爲后口會意。如古文厚之从后土也。》后亦聲。《呼后切。4部。》/429

咳 (해)【hái ㄏㄞˊ】㉠ kè 방긋 웃을, 기침 ■개:속음

설문 0763 小兒笑(笑)也。《『內則』云。孩而名之。爲作小兒笑(笑)而名之也。》从口。亥聲。《戶來切。1部。》孩 古文咳。从子。《『內則』、『孟子』皆作此字。按〔亥部〕有古文亥。則右當作古文亥。而亦从𠀅者、𠀅亦古文也。於史趙之言知之。》/55

咷 (도)【táo ㄊㄠˊ】(부르짖으며)울 ■조:같은 뜻 ■척:노래 불러 목 쉴

설문 0760 楚謂兒泣不止曰噭咷。《『方言』。楚謂之噭咷。按噭字見上。》从口。兆聲。《徒刀切。2部。》/54

咸 함【xián ㄒㄧㄢˊ】다, 같을, 두루, (가득)찰 ■감:속음, 덜 (口부 6획)

설문 0834 皆也。悉也。《咸、皆也。見『釋詁』。》从口。从戌。《會意。胡監切。古音在 7部。》戌、悉也。《此从戌之故。戌爲悉者、同音假借之理。》/58

유사 멸할 멸(威) 위엄 위(威)

성부 感감 箴잠 緘함 鹹함

형성 (9자) 침(葴)353 감(鹹)1238 함(諴)1463 겸(賺)2099 감(椷)3558 함(顑)5425 암(麙)5980 감(減)7109

함(揻 𢸤)7635 침(鍼 鍼)8897

咺 (훤)【xuǎn ㄒㄩㄢˇ】 本[서럽게 울며 그치지 않을] 두려워할, 의젓할

설문 0758 朝鮮謂兒泣不止曰咺。《『方言』。咺、痛也。凡哀泣而不止曰咺。朝鮮冽水之閒少兒泣而不止曰咺。》从口。亘(亘)聲。《此依『韵(韻)會』。況晚切。14部。》/54

咼 괘 와【kuāi ㄎㄨㄞ】 상中⑨작 kuā 입 비뚤어질 ■화:화(和)와 같은 글자 ■과:성씨

설문 0901 口戾不正也。《『通俗文』。斜戾曰咼。》从口。冎聲。《苦媧切。古音 17部。》/61

성부 過과 卨설

형성 (9자) 화(禍 禍)67 화(諣 諣)1573 화(檛 檛)3628 화(煱 煱)5343 위(媧 媧)5719 왜(騧 騧)5858 과(媧 媧)8254 왜(緺 緺)7781 와(蝸 蝸)8500

咽 (인)【yiè ㄧㄝˋ】 상中⑨작 yān 목구멍 ■연:삼킬, (목이)막힐 ■열:목 메일

설문 0751 嗌也。《咽者、因也。言食因於是以上下也。》从口。因聲。《烏前切。12部。》/54

哀 (애)【āi ㄞ】 서러울, 슬퍼할, 민망히 여길

설문 0898 閔也。《閔、弔者在門也。引伸之凡哀皆曰閔。》从口。衣聲。《烏開切。古音在 15部。》/61

品 품【pǐn ㄆㄧㄣˇ】[설문부수 42] 무리, 가지, 물건, 차례, 성질, 같을, 벼슬차례, 성씨

설문 1348 衆庶也。从三口。《人三爲衆。故從三口。會意。丕飲切。7部。》凡品之屬皆从品。/85

유사 떠들썩할 령(㗊)

성부 區구 喿조 龠약 臨림 嵒암

형성 (2자) 녑(嵒 嵒)1348 암(碞 碞)5753

哆 (치)【duō ㄉㄨㄛ】 상中⑨ chǐ 작 duǒ 입 딱 벌릴 ■차:입술 처질 ■다:고기 입벌릴

설문 0754 張口也。《『小雅』。哆兮侈兮。毛曰。哆、大皃(貌)。》从口。多聲。《釋玄應兩(兩)引『說文』殆可切。此本『音隱』。『唐韵(韻)』丁可切。17部。》/54

哇 (왜)【wā ㄨㄚ】 음란한 소리 ■와:어린아이 웃는 소리 ■회:목구멍이 막힐

설문 0856 諂聲也。《淫哇也。『王莽傳』又假攜爲哇。》从口。圭聲。《於佳切。古音 16部。》讀若醫。《醫在第 1部。相隔遠甚。疑是翳字。翳在 16部。》/59

哉 재【zāi ㄗㄞ】 本[어조사(단정, 탄미, 의문, 반어)] 비롯할

설문 0818 言之閒(間)也。《『釋詁』。孔魄(魄)哉延虛無之言閒也。許分別釋之曰。哉爲言之閒。鍇云。若『左傳』遠哉遙遙、『論語』君子哉若人是。哉爲閒隔之䛐(詞)。按如鍇說。則必句中乃爲言之閒。豈句末者非耶。句中哉字皆可斷(斷)句。凡兩(兩)者之際曰閒。一者之竟亦曰閒、一之竟卽兩之際也。言之閒歇多用哉字。若哉生明、初哉首基、則又訓哉爲始。凡竟卽爲始。》从口。𢦏(𢦏)聲。《將來切。1部。》/57

참고 재(㦲)

𧮣 알【niè ㄋㄧㄝˋ】 상中⑨작 è 말다툼 할, 경계할

설문 0857 語相訶歫也。《「歫」今之「拒」字。訶歫者、訶而拒之。》从口辛。《音愆。》辛、惡聲也。《口辛、以口拒惡聲也。》讀若櫱。《五葛切。15部。》/59

유사 쾌할 억(啻) 밑동 적(啇商)

◀제 7 획▶

員 원【yuán ㄩㄢˊ】[설문부수 227] 本[물건수] 인원, 관원, 둥글 ■운:〈네이버 자전〉 더할, 이를

설문 3770 物數也。《本爲物數。引伸爲人數。俗偁(稱)官員。『漢-百官公卿表』曰。吏員、自佐史至丞相十二萬二百八十五人是也。數木曰「枚」、曰「梃」。數竹曰「箇」。數絲曰「紽」。曰「總(總)」。數物曰「員」、『小雅』。員于爾輻。毛曰。員、益也。此引伸之義也。又假借爲云字。如『秦誓』若弗員來、『鄭風』聊(聊)樂我員、『商頌』景員維河。『箋』云。員、古文云。》从貝。《貝、古以爲貨物之重者也。》囗聲。《王權切。古音云在 13部。囗聲在 15部。合韵冣(最)近。》凡員之屬皆从員。鼏籒文。从鼎(鼎)。《鼎下曰。籒文以鼎爲貝字。故員作鼏、則作鼎劃。》/279

【雲】下『注』云:亦叚(假)員爲云。如『景員維河:箋』云員古文作云、昏姻孔云本又作員、聊(聊)樂我員本亦作云、『尚書』云來衞(衛)包以前作員來、小篆妘字籒文作鼏是。云員古通用。皆叚借風雲字耳。自小篆別爲雲而二形迥判矣。/574

형부 운(䞫 䞫)

형성 (14자+1) 손(賱 賱)2583 운(䅄 䅄)2697 원(圓 圓)3749 운(鄖 鄖)3926 운(䐣 䐣)4502 운(覞 覞)5232 운(頵 頵)5372 운(碩 碩)5738 운(愪 愪)6598 운(溳 溳)6725 운(霣 霣)7171 손(損 損)7605 운(緷 緷)8278 운(隕 隕)9202 운(韻 韻)

哤 (방)【máng ㄇㄤˊ】 (하는 말이)난잡할 ■망:정음(正音)

설문 0885 哤異之言。《『齊語』曰。四民者勿使襍(雜)處。襍處則其言哤。其事易。『韋-注』。哤、亂也。》从口。尨聲。《莫江切。9部。》一曰襍語。《漢人多用襍爲集字。集語猶聚語也。讀若尨。兩(兩)義讀同。》/60

哥 가【gē ㄍㄜ】 소리, 형, 노래

설문 2925 聲也。《此義未見用者。今呼兄爲哥。》从二可。《古俄切。17部。》古文㠯(以)爲歌字。《『漢書』多用哥爲歌。》/204

형성 (2자) 가(歌 歌)5289 가(滒 滒)7064

挌(격)【gé ㄍㄜˊ】 옆으로 뻗은 가지
설문 2691 枝挌也。《枝挌者、遮禦之意。『玉篇』曰。挌、枝柯也。『釋名』。戟、格也。旁有枝格也。『庾信賦』。草樹溷淆。枝格相交。格行而挌廢矣。》从丯。各聲。《古百切。古音在 5部。》/183

哨(초)【shào ㄕㄠˋ】 本[(아가리)비뚤어 물건 들어가기 어려울] 파수 볼 ■소:같은 뜻
설문 0891 不容也。《『鄭-注:考工記』曰。哨頃、小也。『記:投壺(壺)』曰。某有枉矢哨壺。》从口。肖聲。《才笑(笑)切。2部。》/60

哭[곡]【kū ㄎㄨ】 【설문부수 25】 (큰 소리로)울, (초상집에서)곡할 (口부 7획)
설문 0929 哀聲也。从吅。从獄省聲。《苦屋切。3部。按[許書]言省聲、多有可疑者。取一偏旁。不載全字。指爲某字之省。若家之爲豭省、哭之从獄省。皆不可信。獄固从犾。非从犬。而取犾之半。然則何不取豰獨倏狢之省乎。竊謂从犬之字、如狡獪狂默(黙)猝猥㜸狠獷狀獳狎狃犯猜猛犺狌狟戾獨狩臭獘獻類猶卅字皆从犬、而移以言人。安見非哭本謂犬嗥(嘷)、而移以言人也。凡造字之本意有不可得者、如禿之从禾。用字之本義亦有不可知者、如家之从豕、哭之从犬。愚以爲家入[豕部]从豕宀、哭入[犬部]从犬吅。皆會意、而移以言人。庶可正省聲之勉強(强)皮傅乎。[哭部]當廁[犬部]之後。》凡哭之屬皆从哭。/63
성부 喪 상

哮(효)【xiào ㄒㄧㄠˋ】 상中⑨작 xiāo (짐승이)으르렁 거릴
설문 0910 豕驚聲也。《按哮亦作『豞』。許角切。『吳都賦』曰。封豨蔻。李云。蔻、豨聲。呼學切。亦卽哮字。但字形有譌耳。》从口。孝聲。《許交切。亦許角切。古音在 3部。》/61

哯(현)【xiàn ㄒㄧㄢˋ】 느닷없이 토할
설문 0845 不歐而吐也。《[欠部]曰。歐、吐也。渾言之。此云不歐而吐也者、析言之。歐以匈喉言。吐以出口言也。有匈喉不作惡而已吐出者、謂之哯。『玉篇』、『廣韵(韻)』作不顧而唾。非也。》从口。見聲。《胡典切。古音在 14部。》/59

哲(철)【zhé ㄓㄜˊ】 (슬기 있고 사리에)밝을
설문 0800 知也。《『釋言』曰。哲、智也。『方言』曰。哲、知也。古智知通用。》从口。㪿(折)聲。《按凡从折之字皆當作斤斷(斷)艸。[各本]篆文皆作手旁。用隸(隸)改篆也。今悉正之。陟列切。15部。》悊 哲或从心。《『韵(韻)會』引『說文』古以此爲哲字。按[心部]云。悊、敬也。疑敬是本義。以爲哲是假借。》嚞 古文哲。从三吉。《或省之作喆。》/57

哺(포)【bǔ ㄅㄨˇ】 씹어 먹을, 밥 물고 씹을
설문 0778 哺咀也。《哺咀葢疊韵(蓋疊韻)字。釋玄應引『許-淮南:注』曰。哺、口中嚼食也。又引『字林』。哺咀、食也。凡含物以飼曰哺。『爾雅』。生哺鷇。》从口。甫聲。《薄故切。5部。》/55

哽(경)【gěng ㄍㄥˇ】 (음식이 걸려)목멜
설문 0853 語爲舌所介也。《哽介雙聲。『漢書』。祝哽在前。》从口。更聲。讀若井汲綆。《古杏切。11部。》/59

哿(가)【jiā ㄐㄧㄚ】 상 gě 옳을, 머리꾸미개
설문 2924 可也。《見『小雅:毛傳』。》从可。加聲。《古我切。17部。》『詩』曰。哿矣富人。/204

唁(언)【yàn ㄧㄢˋ】 (상제를)위문할
설문 0897 弔生也。《『鄘風』。歸唁衞(衛)矦。『春秋』。齊矦唁公于野井。『穀梁傳』、『毛傳』皆云。弔失國曰唁。此言弔生者。以弔生爲唁、別於弔死爲弔也。『何-注:公羊』云。弔亡國曰唁。弔死曰弔。與此相發明。『今本-公羊:注』弔死國曰弔。衍國字。》从口。言聲。《魚變切。14部。》『詩』曰。歸唁衞(衛)侯。/61

唇(진)【chún ㄔㄨㄣˊ】 상中⑨작 zhēn 놀랄
설문 0874 驚也。《後人以震字爲之。》从口。辰聲。《側鄰(隣)切。13部。》/60

唉(희)【āi ㄞ】 한탄할 ■의:대답하는 소리 ■애:범연히 대답할 ■해:탄식할
설문 0817 應也。《『方言』。欸、然也。南楚凡言然者曰欸。或曰譬。按『廣雅』欸譬然譍也。本『方言』。許以唉訓應。[欠部:欸]訓訾。與『方言』異。葢(蓋)唉欸古通用也。『玄應書』引作譍聲也。》从口。矣聲。讀若麈埃。《烏開切。1部。》/57

唊(겹)【jiá ㄐㄧㄚˊ】 망발할, 말 많을 ■협:같은 뜻
설문 0862 妄語也。《『廣韵(韻)』。唊唊、多言也。》从口。夾聲。讀若莢。《古叶切。8部。》/59

唌(연)【xián ㄒㄧㄢˊ】 서둘러 참소하는 모양 ■단:탄식할 ■선:같은 뜻
설문 0888 語唌嘆也。《『梁鴻傳』。競舉(擧)枉兮措直。咸先佞兮唌唌。『注』。唌音延。讒言捷急之皃。『郭-注:爾雅』。假爲次字。夕連切。》从口。延聲。《14部。》/60

唏(희)【xī ㄒㄧ】 本[웃을] 슬퍼느낄, 훌쩍훌쩍 울
설문 0812 笑(笑)也。《『廣雅』。唏唏、笑也。》从口。希(希)聲。《依『韵(韻)會』訂。虛豈切。15部。》一曰哀痛不泣曰唏。《『方言』。唏、痛也。凡哀而不泣曰唏。於方則楚言哀曰唏。『十二諸矦年表』曰。紂爲象箸而箕子唏。》/57

唐[당]【táng ㄊㄤˊ】 本[황당할] 별안간, 넓을, (텅)빌, 뜰 안 길
설문 0840 大言也。《引伸爲大也。如說『尙書』者云。唐之爲言蕩蕩也。見『論衡』。又爲空也。『如梵書』云。福不唐捐。凡陂塘字古皆作唐。取虛(虛)而多受之意。[自(阜)部]曰、

口 3 ⑦

陂、唐也。》从口。庚聲。《徒郎切。10部。》 古文唐。从口昜。《亦形聲。》/58

유사 7째 천간 경(庚)

형성 (1자+2) 당(鎕 鏽)9012
당(塘 墉) 당(糖 䊜)

書 견【qiǎn ㄑㄧㄢˇ】작은 덩어리 (口부 7획 1848)

설문 9224 𦥑(𦥑)啇、《此葢(蓋)古語。》小塊也。《塊俗凷字。》从𠂤(阜)。从臾。臾、古文蕢字。《見〔艸部〕。艸器也。謂一蕢之土而已。去衍切。14部。》/734

성부 遣견

◀제 8 획▶

唪 (봉)【fěng ㄈㄥˇ】상中⑨작 běng 껄껄 웃을

설문 0824 大笑(笑)也。《『玉篇』、『手鑑』皆作大聲。》从口。奉聲。讀若『詩』曰。瓜瓞菶菶。《方蠓切。9部。按『今-生民』作瓜瓞唪唪。而[玉、口 2部] 㒳(兩)引皆作菶菶。》/58

唫 (금)【yín ㄧㄣˊ】상中⑨작 jìn 本[입 빠를] 말더듬을, 입 담을 ■음:읊을

설문 0796 口急也。从口。金聲。《巨錦切。7部。》/56

唬 (효)【hǔ ㄏㄨˇ】상⑨작 xiāo 中 xià 작 xū 어흥(호랑이 울음소리) ■호·하·곽:같은 뜻

설문 0916 虎聲也。《【鍇本】不誤。【鉉本】改爲唬聲。誤甚。自吠篆已下。皆言鳥獸矣。『通俗文』曰。虎聲謂之哮。唬當讀呼去聲。亦讀如罅字。从虎口、虎亦聲也。5部。》从口虎。《與吠意同。主於說口。故不入〔犬、虎部〕。○ 此下鍇有一曰虎聲四字。【鉉本】此四字在从口之上。皆淺人誤增。》讀若暠。《『說文』無此字。鉉用『唐韵(韻)』呼訝切。『玉篇』呼交切。與此讀合。》/62

唯 유【wéi ㄨㄟˊ】상中⑨작 wěi 本[허락할] 오직, 다만, 대답할 (口부 8획)

설문 0806 諾也。《此渾言之。『玉藻』曰。父命呼。唯而不諾。析言之也。》从口。隹聲。《以水切。15部。》/57

형성 (3자) 유(蓶 蘶)246 요(鷕 鸙)2363
수(錐䨦 鑵)8395

啾 (적)【jí ㄐㄧˊ】상中⑨작 jì 고요할 ■축:탄식하는 소리 ■육:행하기 쉬울

설문 0902 啾嘆也。《三字一句。【俗本】刪啾字。非也。〔宀部〕曰。寂、無人聲也。》从口。叔聲。《前歷切。古音在 3部。》/61

唱 (창)【chàng ㄔㄤˋ】本[인도할] (노래를)부를, 노래

설문 0807 導也。《『鄭風』曰。唱予和女。》从口。昌聲。《尺亮切。10部。古多以倡字爲之。》/57

唴 (강)【qiàng ㄑㄧㄤˋ】어린아이 울음끝 길

설문 0759 秦晉謂兒泣不止曰唴。《『方言』。自關而西秦晉之閒(間)。凡大人少兒泣而不止謂之唴。哭極音絶亦謂之唴。平原謂啼極無聲謂之唴哴。》从口。羌聲。《丘尚切。10部。》/54

唸 (념)【niàn ㄋㄧㄢˋ】상中⑨작 diàn 신음할 ■전·점:같은 뜻

설문 0879 唸㕧、《逗。》呻也。《【今本】無「唸」者、淺人以爲複字而𠜂(刪)之。無呻者、淺人所改也。今依【全書】通例補正。》从口。念聲。《都見切。古音在 7部。郭音坫。今切都見者、因『詩』作殿也。》『詩』曰。民之方唸㕧。《『大雅』文。今作「殿屎」。》/60

唾 唾(타)【tuò ㄊㄨㄛˋ】침(뱉을)

설문 0784 口液也。《『曲禮』。讓食不唾。『內則』。不敢唾洟。》从口。𡍮(垂)聲。《湯臥切。17部。》涶唾或从水。/56

啁 (조)【zhōu ㄓㄡ】상中⑨작 zhāo (새나 벌레가)울, 비웃을 ■도:말 많을 ■주:새소리 ■추:새소리

설문 0855 啁、《此複擧(舉)字未𠜂(刪)者。》嘐也。《『楚語』。鵾雞(鷄)啁哳而悲鳴。啁、大聲。哳、小聲也。》从口。周聲。《陟交切。古音在 3部。『倉頡篇』。啁、調也。謂相戲(戲)調也。今人「啁」作「嘲」。》/59

啄 (탁)【zhuó ㄓㄨㄛˊ】(부리로)쪼을 ■착:속음 ■독:부리 ■주:주(咮, 噣)와 같은 글자

설문 0915 鳥食也。《鳥咮銳。食物似豥。『吳都賦』說水鳥曰。彫琢蔓藻。》从口。豖聲。《丁角切。3部。》/62

商 상【shāng ㄕㄤ】本[요량할] 상나라, 헤아릴, 장사, 떳떳할

설문 1377 從外知內也。从㕯。章省聲。《『漢:律曆志』云。商之爲言章也。物成孰可章度也。『白虎通』說商賈云。商之爲言章也。章其遠近。度其有亡。通四方之物。故謂之商也。按『粊誓』我商賚女。徐仙民音章。此古音也。從外知內、了了章箸曰商。今式陽切。10部。》 古文商。 亦古文商。 籀文商。/88

유사 괘할 억(啻) 밑동 적(啇商) 말다툼할 알(㕯)

형성 (1자) 상(賫 賣)3814

啻 商 적【chì ㄔˋ】① 商 本[지나치게 많을] 밑둥, 나무 뿌리, 과일 꼭지 ■석:화할 ② 啻 뿐(다만) ■제:높은 소리(110)

설문 0837 語時不啻(商)也。《『玄應』引『倉頡篇』曰。不啻、多也。按不啻者、多之詈(詞)也。『秦攈(誓)』曰。不啻若、自其口出。『世說新語』云。王文度弟阿智。惡乃不啻。『玉篇』云。買賣云不啻也。可知爲帀(市)井常談矣。不啻如楚人言夥頤。啻亦作翅。支聲帝聲同部也。〔疒部:疷〕下曰。病不翅。『孟子』曰。奚翅食重。》从口。帝聲。《施智切。16部。》一曰啻、諟也。《〔言部〕曰。諟、理也。亦用諟爲宷(審)諦字。》讀若鞮。《疑此謂後一義之讀。》/58

유사 괘할 억(啻) 말다툼할 알(㕯) 장사 상(商)

성부 適적

형성 (11자) 적(蹢)1302 적(謫)1607 적(敵)1927 적(鶮)2357 적(麶)3211 적(樀)3497 체(禘)5067 적(滴)6943 적(擿)7567 적(嫡)7854 적(鏑)8975

啍 (톤)【tūn ㄊㄨㄣˉ】 입기운, 입 마구 놀릴 ■돈:같은 뜻 ■준:속음 ■순:말 많을 ■퇴:기롱짓거리할

설문 0793 口气也。从口。𦎫聲。《他昆切。13部。》『詩』曰。大車啍啍。《『王風』。毛云。啍啍、重遲之皃(貌)。按啍言口气之緩。故引伸以爲重遲之皃。》/56

唔 (오)【wǔ ㄨˇ】 本[거스를] 만날

설문 9350 屰也。《「屰」【各本】作「逆」。今正。逆、迎也。屰、不順也。今則逆行而屰廢矣。相迎者必相屰。古亦通用逆爲屰。攷『儀禮』之「唔受」。『爾雅』、『釋名』之「唔丘」。『太史公書』之「魁唔」、「枝唔」。『漢書』之「抵唔」。皆是唔之譌字。唔、屰也。迎也。遻(遌)也。不識唔字、乃多妄改。『管子:七臣七主篇』。事無常而法令申。不唔。則失國勢。『戰國策』有樓唔。『吕(呂)覽:明理篇』。亂世之民長短頡唔百疾。『高-注』。唔、迎也。字皆左吾右午。唔之或體也。姚宏云。【字書】無之。過矣。》从午。吾聲。《五故切。5部。》/746

問 (문)【wèn ㄨㄣˋ】 물을, 문초할, 찾을(방문)

설문 0805 訊也。《〔言部〕曰。訊、問也。引伸爲禮之聘問。》从口。門聲。《亾(亡)運切。13部。》/57

啐 (쵀)【cuì ㄘㄨㄟˋ】 놀랄, 맛볼 ■줄:지껄일 ■쇄:술 보내는 소리

설문 0873 驚也。从口。卒聲。《七外切。15部。『儀禮-今文』以爲啐酒字。》/60

啟 啓 계【qǐ ㄑㄧˇ】 (문, 슬기, 지능 등을)열(깨우칠), 인도(引導)할

설문 1895 教(敎)也。从攴(攵)。启聲。《康禮切。15部。》『論語』曰。不憤不啟(啓)。《『述而篇』文。》/122

형부 조(肇)

형성 (4자+1) 계(晵)2059 계(棨)3620 계(啓)4034 계(綮)8208 계(䏌)

啖 (담)【dàn ㄉㄢˋ】 먹을, 먹일, 삼킬, 싱거울

설문 0852 噍啖也。《『荀子:王霸篇』。啖啖常欲人之有。『注』。啖啖并吞之皃(貌)。》从口。炎聲。《徒敢切。8部。》一曰噉。《『韵(韻)會』無此三字。「云」或作「噉」。按〔口部〕無噉字。『玉篇』、『廣韵』皆正作「噉」。云啖同。以譬字例之。葢(蓋)『說文』本作「噉」。》/59

啗 (담)【dàn ㄉㄢˋ】 씹을, 미끼, 먹을

설문 0774 食也。从口。臽聲。《徒濫切。8部。》讀與含同。《與今音異。》/55

呰 (자)【zǐ ㄗˇ】 本[구차할] 헐뜯을 ※ 자(呰)와 같은 글자

설문 1036 窳也。闕。《將此切。15、16部。按此非【許本】文。『史記:貨殖傳』云。呰窳偸生。無積聚。『漢:地理志』。呰窳媮生而無積聚。應劭曰。呰、弱也。晉灼曰。呰、病也。窳、惰也。徐廣曰。呰窳、苟且惰嬾之謂也。師古曰。呰、短也。窳、弱也。言短力弱才不能勤作。是皆呰窳爲雙字。不以窳釋呰。小顏(顔)云呰短者、本『方言』。『今-說文』以窳釋呰。非『史』、『漢』文義。又凡云闕者、或闕其義。或闕其音。或闕其形。旣釋爲窳。則義非闕也。其音則如淳音紫。其形則从此从吅、此亦聲。皆非葢(蓋)闕無可言者。許以訾入〔言部〕。以呰入〔口部〕。惟呰不入〔吅部〕、入〔此部〕許必審知其說。【今本】葢許說亡後淺人補之也。『釋詁』曰茲斯咨呰已此也。疑呰本作「呰」、訓此。故許類諸此止也、而入〔此部〕歟。》/68

啚 비【bǐ ㄅㄧˇ】 더러울 ※ 비(鄙)와 같은 글자

설문 3199 嗇也。《下文云。嗇、愛濇也。〔水部〕曰。濇、不滑也。凡鄙吝字當作此。鄙行而啚廢矣。『論語』鄙夫、『周書』鄙我周邦、皆當作此。》从囗。《『音韋。囗、猶聚也》从㐭。㐭、受也。《㐭所以受穀。引伸之凡受皆曰㐭。聚而受之、愛濇之意也。方美切。15部。》古文啚如此。/230

형성 (1자) 도(圖)3751 비(鄙)3837

啜 (철)【chuò ㄔㄨㄛˋ】 먹을, 마실 ■체:홀쩍홀쩍 울

설문 0766 嘗也。《『孟子』。徒餔啜也。》从口。叕聲。《昌說切。15部。》一曰喙也。《此別一義。》/55

啞 (아)【yǎ ㄧㄚˇ】 상中⑨작 è 本[웃으며 말하는 소리] 벙어리, 까마귀 소리 ■액:옴(껄게) ■악:오리, 기러기 우는 소리

설문 0810 笑(笑)也。《馬融曰。啞啞、笑(笑)聲。鄭(鄭)云。樂也。》从口。亞聲。《於革切。古音在 5部。按『字林』云。謚笑聲。呼益反。此由笑言啞啞字音形皆變而云然。啞俗訓爲瘖。幺下切。》『易』曰。笑言啞啞。《『震:卦辭』。》/57

◀ 제 9 획 ▶

啻 억【yì ㄧˋ】 쾌할 ■의:뜻 ※ 의(意)의 옛 글자

설문 1417 快也。《快、喜也。》从言中。《會意。中之言得也。言而得故快。於力切。1部。》/91

유사 밑동 적(啻商) 말더듬할 알(㕎)

형성 (4자) 의(薏)304 억(檍)3315 억(意)6452 억(澺)6727

喁 (옹)【yóng ㄩㄥˊ】 (물고기가 물 위에 입을 내놓고)입 벌름거릴 ■우:물고기 입오물거릴, 고기 입오무리고 모일

설문 0919 魚口上見。《師古、玄應皆作「衆口」。按魚是也。『淮南書』。水濁則魚噞喁。『劉(劉)逵-注:吳都賦』曰。噞喁、魚在水中羣(群)出動口皃(貌)。喁本狀魚。引伸他用。如

口 3 ⑨

『論語』素王受命讖莫不喁喁延頸歸德、『淮南書』羣生莫不喁喁然仰其德、『司馬相如傳』延頸擧(舉)踵喁喁然皆是也。》从口。禺聲。《魚容切。蓋(盖)古音在 4部。》/62

善 선【shàn ㄕㄢˋ】 本[좋을] 착할, 길할, 옳게 할, 옳게 여길, 잘할

설문 1643 吉也。《[口部]日。吉、譱(善)也。》从誩芉(羊)。此與義美同意。《[我部]日。義與善同意。[羊部]日。美與善同意。按羊、祥也。故此三字從羊。常衍切。14部。》 善篆文从言。《據此則譱爲古文可知矣。此亦上部之例。先古後篆也。譱字今惟見於『周禮』。他皆作善。》/102

형성 (6자) 선(膳)2554 선(鄯)3843 선(僐)4924 선(顓)5407 선(嫸)7910 선(繕)8288

喅 (육)【zhì ㄓˋ】 ㊤㊥⑨㉿ yù 소리 ■읍:시끄러울

설문 0828 音聲喅喅然。从口。昱聲。《余六切。古音在 7部。》/58

喈 (개)【jiē ㄐㄧㄝˉ】 새 소리, 종 소리

설문 0909 鳥鳴聲也。从口。皆聲。《古諧切。15部。》一曰鳳皇鳴聲喈喈。《按此八字蓋(盖)後人所增。鳳皇亦鳥耳。『詩:風雨』日。雞鳴喈喈。『卷阿』日。邕邕喈喈。》/61

喉 (후)【hóu ㄏㄡˊ】 목구멍, 목, 요해처

설문 0748 咽也。从口。侯聲。《乎鉤切。4部。》/54

喌 (축)【zhù ㄓㄨˋ】 ㊤㊥⑨㉿ zhōu 닭 부르는 소리 ■주:같은 뜻

설문 0928 呼雞(鷄)重言之。《當云喌喌、呼雞重言之也。淺人刪(删)之耳。『夏小正』。正月雞桴粥。粥也者、相粥之時也。案相粥之時也、一本作相粥粥呼也。粥喌古今字。雞聲喌喌。故人效其聲評之。『風俗通』日。呼雞朱朱。俗說雞本朱公化而爲之。今呼雞日朱朱也。謹按。『說文解字』喌从二口。二口爲讙。州其聲也。讀若祝。祝者、誘致禽畜和順之意。喌與朱音相似耳。今按應仲遠似當引『小正』爲原本。》从吅。从州聲。《之六切。3部。》讀若祝。《依『風俗通』則「祝」當「重」。謂喌喌讀若祝祝也。『左傳』州吁。『穀梁』作祝吁。『博物志』云。祝雞翁善養雞。故呼祝祝。》/63

喑 (암)【yīn ㄧㄣˉ】 소리 지를, 벙어리, 입 다물 ■음:훌쩍훌쩍 울

설문 0761 宋齊謂兒泣不止日喑。《『方言』。齊宋之閒謂之喑。或謂之惄。按喑之言瘖也。謂啼極無聲。》从口。音聲。《於今切。7部。》/55

喔 (악)【wò ㄨㄛˋ】 ㊤㊥⑨㉿ wō (새가)울, 선웃음칠 ■옥:꿩소리

설문 0911 雞(鷄)聲也。从口。屋聲。《於角切。3部。》/61

喗 (운)【yǔn ㄩㄣˇ】 입 크고 이 추한 모양 ■존:큰 입

설문 0753 大口也。从口。軍聲。《牛殞切。13部。》/54

喘 (천)【chuǎn ㄔㄨㄢˇ】 헐떡거릴, 역기가 나서 못 먹을, 속삭일

설문 0787 疾息也。《此分別言之。息下日。喘也。渾言之也。》从口。耑聲。《昌沇切。14部。》/56

喙 (훼)【huì ㄏㄨㄟˋ】 (새나 짐승의)부리, 성급할, 괴로와 할 ■취:같은 뜻■혜:같은 뜻

설문 0745 口也。《『說卦:傳』。爲黔喙。『左傳』。深(深)目而豭喙。叚(假)借爲困極之義。『廣韵(韻)』引昆夷瘃矣。『今-詩』作喙矣。『郭-注:方言』引『外傳』余病殔矣。『今-外傳』作余病喙。郭云。江東呼極爲瘃。亦作「瘃」。》从口。彖聲。《許穢切。15部。彖聲在 14部。合韵(韻)也。》/54

喜 희【xǐ ㄒㄧˇ】[설문부수 159] 기쁠, 기뻐할, 좋아할, 기쁨

설문 2937 樂也。《樂者、五聲八音總(總)名。『樂記』日。樂者、樂也。古音樂與喜樂無二字。亦無二音。》从壴。从口。《壴象陳樂立而上見。从口者、笑(笑)下日喜也。聞樂則笑。故从壴从口會意。虛理切。1部。》凡喜之屬皆从喜。 古文喜。从欠。《蓋(盖)古文作「歖」。轉寫誤耳。》與歡同。《同下當有「意」。謂皆从欠也。》/205

형부 비(嚭) 비(嚭)

형성 (11자+1) 희(禧)13 희(譆)1544 희(暿)2001 희(憙)2938 치(饎)3077 희(僖)4874 희(歖)5302 희(熹)6152

喝 (갈)【hē ㄏㄜˉ】 ㉠㊤㊥⑨㉿ yè 꾸짖을, (큰 소리로)부를, 큰 소리, 목멜 ■할:속음 ■애:목멜 ■개:소리

설문 0890 潵也。《疑當作「潵」音也。今脫音字耳。『莊子』庚桑楚。終日嘷而嗌不嗄。[崔譔本]作不喝。云啞也。『子虛賦』。榜人歌聲流喝。郭璞日。言悲嘶也。又[謝希逸]文。喝邊簫於松霧。》从口。曷聲。《於介切。15部。》/60

喟 (위)【kuì ㄎㄨㄟˋ】 한숨 쉴, 한숨 ■귀:속음 ■과:같은 뜻

설문 0792 大息也。《『論語』兩(兩)云喟然歎日。謂大息而吟歎也。何晏云。喟然、歎聲也。殊非是。》从口。胃聲。《丘貴切。15部。》 喟或从貴。《胃貴聲同部。》/56

𠷎 주【shòu ㄕㄡˋ】 ㊤㊥⑨㉿ chóu ① 꿩 이름 ② ■수:수(壽)의 옛 글자 ■니:같은 뜻 (口부 9획)

설문 0841 誰也。从口𠷎。又聲。𠷎、古文疇。《按此篆疑有誤。[白部]日。𠷎、詈(詞)也。从白、𠷎聲。引『唐書』帝日𠷎咨。與此音義大同。但其字从口𠷎聲足矣。不當兼从又聲。又在 1部。非聲也。[老部:耈]、[酉部:醻]、[巾部:幬]皆从𠷎聲。[竹部:籌]、[火部:燾]、[言部:譸]、[邑部:鄯]皆从𠷎聲。絕無从𠷎聲之字。可知此正當作𠷎。爲𠷎之聲。直由切。3部。》/58

㉿ 作家出版社[董蓮池-說文解字考正] ⑨ 九州出版社[柴劍虹-說文解字] ㉠ 陝西人民出版社[蘇寶榮-說文解字今注今譯] ㊤ 上海古籍出版社[說文解字注] ㊥ 中華書局[臧克和-說文解字新訂]

【壽】下『注』云:《𠃬見〔口部〕。今篆體作𠃬、誤》/398
【𠃬】下『注』云: 𠃬或省。《〔口部:𠃬〕、以𠃬爲聲。〔老部:耇(壽)〕。以𠃬爲聲也。》/695
성부 壽壽수
형성 (8자) 수(疇 疇)131 도(幬 幬)727 수(𣪷 𣪷)1960 도(檮 檮)3655 주(幬 幬)4670 도(擣 擣)7627 도(壔 壔)8684 수(醻 醻)9389

喤 (황)【huáng ㄏㄨㄤˊ】 울음소리 ■횡:같은 뜻
설문 0757 小兒聲。《啾謂小兒小聲。喤謂小兒大聲也。如『離騷』鳴玉鑾之啾啾、『詩』鍾鼓(鼓)喤喤、喤喤厥聲、則泛謂小聲大聲。》从口。皇聲。《乎光切。10部。》『詩』曰。其泣喤喤。/54

㗊 (녑)【niē ㄋㄧㄝ】 ㉮㊥⑨㉳ niè 말 많을
설문 1349 多言也。《此與[言部:讘]音義皆同。》从品相連。《會意。》『春秋傳』曰。次于嵒北。《『僖:元年:左傳』文。『今-左』作「聶」。聶北、邢地。杜氏說。》讀與聶同。《音同也。尼輒切。7部。》/85

甹 (형)【xīng ㄒㄧㄥ】 소리
설문 1374 聲也。《謂語聲也。晉宋人多用馨字。若冷如冷鬼手馨。强來捉人臂。何物老媼。生此寧馨兒。是也。馨行而甹(甹)廢矣。隨唐後則又無馨語。此古今之變也。》从只。甹聲。讀若馨。《呼形切。11部。》/87

喪 喪喪상【sāng ㄙㄤ】 ㉠㉮㊥⑨ sàng 망할, 잃을, 복(상복), 관(널), 복 입을 (口부 9획)
설문 0930 亡也。《〔亡部〕曰。亡、逃也。亡非死之謂。故『中庸』曰。事死如事生。事亡如事存。『尙書:大全』曰。王之於仁人也。死者封其墓。況於生者乎。王之於賢人也。亡者表其閭(閭)。況於在者乎。皆存亡與生死分別言之。凶禮謂之喪者、『鄭-禮經:目錄』云不忍言死而言喪。喪者、棄亡之辭。若全居於彼焉。己失之耳。是則死曰喪之義也。公子重耳自偁(稱)身喪、魯(魯)昭公自偁喪人。此喪字之本義也。凡喪失字本皆平聲。俗讀去聲、以別於死喪平聲。非古也。》从哭亡。亡亦聲。《此從『禮記:奔喪之禮』釋文所引。息郎切。10部。》/63

㗊 즙 ㊇집【jí ㄐㄧˊ】【설문부수 45】 뭇 입(㊇114)
설문 1359 衆(衆)口也。从四口。凡㗊之屬皆从㗊。讀若戢。《阻立切。7部。》一曰呶。《鍇曰。呶、讙也。【鉉本】作又讀若呶。『集韵:五, 肴』不載此字。》/86
성부 器器기 嚻嚻효 噩악
형부 교(嘂 嘂) 환(嚻 嚻) 은(嚚 嚚)

喬 교【qiáo ㄑㄧㄠˊ】 나무 가지 위 굽을, 높이 솟을, 창끝 갈구리
설문 6307 高而曲也。《『爾雅:釋詁』、『詩:伐木時邁:傳』皆曰。喬、高也。『釋木』曰。上句曰喬。句如羽喬。『漢廣:傳』曰。喬、上竦也。按喬不專謂木。淺人以說木則作「橋」。如『鄭風』山有橋松是也。以說山則作嶠。『釋山』銳而高嶠是也。皆俗字耳。許云高而曲、卽『爾雅』之上句如羽。木有如是者。他物亦有如是者。》从夭。从高省。《會意。以其曲、故从夭。巨嬌切。2部。依【小徐本】無「『詩』日南有喬木」六字。》/494
형성 (14자+2) 교(趫 趫)936 교(蹻 蹻)1279 교(敿 敿)1924 교(鷮 鷮)2362 교(矯 矯)3166 교(橋 橋)3633 교(僑 僑)4774 각(屩 屩)5187 교(驕 驕)5876 효(獢 獢)6006 교(撟 撟)7594 교(繑 繑)8266 교(蟜 蟜)8412 교(鐈 鐈)8859 교(嬌 嬌) 교(嶠 嶠)

單 단【dān ㄉㄢ】 홑(하나), 다할, 두루 ■선:㊊[글] 넓고 클, 오랑캐 임금, 고을 이름, 성씨
설문 0927 大也。《當爲「大言也」。淺人刪(删)言字。如誣加言也。淺人亦刪言字。『爾雅』、『廣雅』說大皆無單。引伸爲雙之反對。『大雅』。其軍三單。毛云。三單、相襲也。鄭云。丁夫適滿三軍之數。無羨卒也。》从吅甲(𠆢)。《大言故从吅。》吅亦聲。《都寒切。14部。》闕。《當云甲闕。謂甲形未聞也。》/63
성부 亶전 戰전
형성 (25자+1) 선(禪 禪)55 탄(嘽 嘽)783 탄(殫 殫)2436 치(觶 觶)2726 단(簞 簞)2795 전(樿 樿)3286 단(鄲 鄲)3894 단(癉 癉)4567 천(幝 幝)4688 단(僤 僤)4780 단(襌 襌)5086 단(獔 獔)5819 탄(驒 驒)5952 천(燀 燀)6148 차(奲 奲)6337 탄(憚 憚)6624 선(鱓 鱓)7275 천(闡 闡)7389 탄(撣 撣)7504 단(匰 匰)8049 탄(彈 彈)8107 천(繟 繟)8251 선(蟬 蟬)8463 타(鼉 鼉)8588 선(墠 墠)8690 선(嬋 嬋)

啾 (추)【jiū ㄐㄧㄡ】 ㊊[어린아이 소리] (새가) 울, 떠들썩할
설문 0756 小兒聲也。《『倉頡篇』。啾、衆聲也。三年問。啁噍之頃。此假噍爲啾也。》从口。秋聲。《卽由切。3部。》/54

𡜊 (위)【wěi ㄨㄟˇ】 정조가 조수를 먹고 토해낸 모피로 둥근 모양을 한 것 (口부 9획)
설문 5719 鷙鳥食已吐其皮毛如丸。《玉裁昔宰巫山縣。親見鴟鳥所吐皮毛如丸。》从丸。咼聲。讀若骫。《於跪切。17部。》/448

◀ 제 10 획 ▶

喿 조【saò ㄙㄠˋ】 ㉠㉮㊥⑨ zào (새가 떼지어) 떠들, 시끄러울 ■소:같은 뜻 (口부 10획)
설문 1350 鳥羣(群)鳴也。《此與雧(集)同意。俗作噪。『方言』假喿爲鍬臿字。》从品在木上。《穌到切。2部。》/85
성부 澡조
형성 (11자+1) 조(璪 璪)129 조(趮 趮)939

口 3 ⑩

조(譟)1575 조(臊)2585 초(剿)2666
수(橾)3627 조(燥)6211 조(懆)6580
소(鱢)7297 조(操)7491 소(繰)8234
조(幧)

口 3 ⑩

嗀 (학)【què ㄑㄩㄝˋ】 상中⑨작 hù 작 xuè 욕지기(구역질)할

설문 0900 歐皃(貌)。《今俗語如此。》从口。㱿聲。《許角切。3部。》『春秋傳』曰。君將嗀之。《『左:哀:廿五年』文。「之」『玉篇』作「焉」。》/61

嗁 (제)【tí ㄊㄧˊ】 울 ※ 제(啼)와 같은 글자

설문 0899 号也。《「号」【各本】作「號」。今正。号下曰。痛聲也。此可證嗁号與嘑號不同字也。号、痛聲。哭、哀聲。痛在內。哀形於外。此嗁與哭之別也。『喪大記』。始卒。主人啼。兄弟哭。婦人哭踊。『注』。悲哀有淺(深)淺也。若嬰兒中路失母。能勿啼乎。按鄭(鄭)用『襍(雜)記』語也。「嗁」俗作「啼」。『士喪禮』作「諦」。古多假諦爲嗁。》从口。虒聲。《杜兮切。16部。》/61

嗂 (요)【yáo ㄧㄠˊ】 기꺼워할, 즐거워할

설문 0831 喜也。从口。䍃聲。《余招切。2部。此字與䚻義相近。》/58

嗇 嗇 색【sè ㄙㄜˋ】[설문부수 195] 아낄, 인색할, 농부

설문 3200 愛濇也。《嗇濇曡(疊)韵。『廣韵』引作歰。歰與濇皆不滑也。『大雅』云。好是家嗇。力民代食。『箋』云。但好任用是居家之吝嗇、於聚斂作力之人。令代賢者處位食祿。又云家嗇維寶。代食維好。『箋』云。言王不尙賢。但貴吝嗇之人與愛代食者而巳。『老子』曰。治人事天莫若嗇。『詩:序』云。其君儉嗇褊急。》从來㐭。來者㐭而臧(藏)之。故田夫謂之嗇夫。《說从來㐭之意也。嗇者、多入而少出。如田夫之務葢(蓋)藏。故以來㐭會意。嗇夫見『左傳』所引『夏書』。漢制十亭一䣛(鄉)。䣛有三老、有秩嗇夫、游徼皆少吏之屬。許云。田夫謂之嗇夫者。若『郊特牲』先嗇、司嗇、報嗇、嗇皆謂農。古嗇穡互相假借。如稼穡多作稼嗇。『左傳』。小國爲蘇。大國省穡而用之。卽省嗇也。所力切。1部。》一曰棘省聲。《來㐭者、會意。棘省聲者、形聲。別一說也。棘省、謂省竝束爲單束。來亦象束。故云棘聲。然少迂矣。》凡嗇(嗇)之屬皆从嗇。 古文嗇。从田。/230

성부 牆장

형부 장(嫱)

형성 (5자) 장(薔)641 색(穡)4185
색(歙)5312 색(濇)6889 색(轖)9094

嗌 籀 애【yì ㄧˋ】목 멜, 목구멍 아플
■예:사슴 새김질할 ■악:빨리 웃을

설문 0752 咽也。《嗌者、扼也。扼要之處也。咽嗌雙聲。『漢書』。昌邑王嗌痛。『爾雅:注』云。江東名咽爲嗌。》从口。益聲。《伊昔切。16部。》 籀文嗌。上象口。下象脛脈理也。《此象形字。與亢略同。『漢:百官公卿表』曰。嗌作朕虞。應劭曰。嗌、伯益也。師古曰。嗌古益字也。按此假借籀文嗌爲益。如『九歌』假借古文番爲播也。『趙宋時-古文-尙書』益作嗌。此本諸『漢表』耳。○ 又按凡言項領頸亢胡者、自外言之。言嚨喉嗌吞咽嗌者、自內言之。故皆从口。自口而入也。》/54

【他本說文解字】曰:《【各本】譌作「㗯」。》

【衰】下曰:从衣。象形。《謂𠂹也。穌禾切。17部。》 古文衰。/397

형성 (1자) 애(䪰)9265

嗑 (합)【hé ㄏㄜˊ】 상 kè 말 많을, 입다물 ■갑:속음 뜻

설문 0863 多言也。从口。盍聲。讀若甲。《候(候)榼切。8部。》/59

嗔 (진)【chēn ㄔㄣ】 상中⑨작 tián 성낼 ■전:상기할

설문 0825 盛气也。《〔門部〕曰。闐、盛皃(貌)。聲義與此同。『今-毛詩』振旅闐闐。【許-所據】作嗔嗔。『玉藻』。盛氣顚實。『注』云。顚讀爲闐。盛身中之氣使之闐滿。『孟子』。塡然鼔(鼓)之。是則聲同得相假借也。古音陳。今俗以爲謓恚字。》从口。眞聲。《待年切。12部。》『詩』曰。振旅嗔嗔。《『小雅』。》/58

䏘 䏘(패)【pí ㄆㄧˊ】 상中⑨작 bēi 찢을, 째질
■피:나눌 (口부 10획)

설문 2450 別也。从冎。卑聲。讀若罷。《府移切。16部。罷聲古音在 17部。合韵(韻)也。䏘與氐𩩔字音義相近。》/164

嗙 (팽)【páng ㄆㄤˊ】 상中⑨작 bēng 노랫소리

설문 0864 訶聲。嗙喻也。从口。旁聲。《補旨 (盲)切。10部。》司馬相如說『淮南』宋蔡舞嗙喻也。《『上林賦』。巴渝宋蔡。『淮南』于遮。此所偁(稱)非賦文。葢(蓋)『凡將』之一句也。劉(劉)逵引黃潤纖美宜製襌。歐陽詢引鐘磬竽笙筑坎侯。知『凡將』七言爲句。》/59

嗼 (박)【bó ㄅㄛˊ】 씹는 모양

설문 0776 嗼皃(貌)。《按『釋玄應書:三』引『說文』皆云。嗼嘆嗼皃也。『廣韵(韻)』:十九, 鐸、廿六, 緝』皆云。嗼嘆、嗼皃。【釋行均-書】同。『說文-古本』當先嗼字。云嗼嘆、嗼皃也。次嘆字。云嗼嘆也。今嗼字嘆字廁兩(兩)處。無嗼嘆之語。葢(蓋)〔口部〕脫誤多矣。》从口。尃聲。《補各切。5部。》/55

嗛 (함)【xián ㄒㄧㄢˊ】 本[입에 물고 있을] 머금을 ■함:부족하게 여길, 볼(먹을 것을 저장하는 곳) ■협:족할

설문 0764 口有所銜也。《『夏小正』曰。田鼠者、嗛鼠也。『爾雅』鼸鼠。【古本】亦作「嗛」。故孫叔然云。嗛者、頰裏也。『廣韵(韻)』曰。嗛、蝯藏食處也。嗛鼠食積於頰。人食似之。故頰車或曰鼸車。假借爲銜字。如『佞幸傳』大后由此嗛韓嫣

是也。亦假借爲歉字。『商銘』嗛嗛之食、嗛嗛之德是也。亦假借爲謙字。如『子夏-周易』、『漢:藝文志:謙卦』作「嗛」是也。『志』云。合於『易』之嗛嗛。一嗛而四益。轉寫下句从言。遂滋異說。》从口。兼聲。《戶監切。古音葢(蓋)在 7部。》/55

嗜 (기)【shì ㄕˋ】즐길 ■시:속음
설문 0851 喜欲之也。《此依『韵(韻)會本』。「喜」當作「憙憙」、悅也。【經傳】多假「耆」爲「嗜」。》从口。

嗞 (자)【zī ㄗ】탄식할, 시름소리, 웃을, 울음끝길(啼不止)
설문 0884 嗟也。《嗟〔言部〕作𧫝。云𧫝、嗞也。與此爲互訓。〔今本-言部〕作咨也。淺人妄(妄)改耳。謀事曰咨。音義皆殊。『戰國策:秦策五』。平原令見諸公。必爲言之曰。嗟嗞乎。司空馬。『詩:綢繆』。子兮子兮。如此良人何。『毛傳』。子兮者、嗟茲也。「茲」當作「嗞」。古言「𧫝嗞」。今人作「嗟咨」。非也。『廣韵(韻)』。嗞嗟、憂聲也。》从口。茲聲。《子之切。1部。》/60

嗢 (올)【wà ㄨㄚˋ】㉶ wò 목 멜, 웃을 ■알:같은 뜻
설문 0844 咽也。《「咽」當作「噎」。聲之誤也。〔欠部〕曰。歖、咽中息不利也。與嗢音義同。笑(笑)云嗢噱者。嗢在喉中。噱在口也。》从口。昷聲。《烏沒(沒)切。昷聲在 13部。與 15部合音冣(最)近也。》/59

嗣 (사)【sì ㄙˋ】(뒤를)이을, 후사
설문 1357 諸侯嗣國也。《引伸爲凡繼嗣之偁(稱)。》从冊(冊)口。《小徐曰。冊(冊)必於廟。史讀其冊(冊)。故从口。按當是从囗、〈音圍〉。囗者、國象也。故曰諸侯嗣國。》司聲。《祥吏切。1部。》 孠古文嗣。从子。/86

嘷 嗥(호)【háo ㄏㄠˊ】부르짖을, 으르렁 거릴
설문 0908 咆也。《『廣韵』。嗥、熊虎聲。『左傳』曰。狐貍所居。豺狼所嗥。》从口。皋聲。《乎刀切。古音在 3部。》 獆譚長說嘷。从犬。《『公羊:春秋經』。趙盾弒其君夷獆。》/61

嗸 (오)【áo ㄠˊ】여럿이 근심할, (여럿이 떠들어)시끄러울, 새 지저귀는 소리, 슬피울
설문 0878 眾(衆)口愁也。《『董仲舒傳』。囂囂苦不足。『食貨志』。天下謷謷。『陳湯傳』。熬熬苦之。皆同音假借字也。》从口。敖聲。《五牢切。2部。按此字『五經文字』、『玉篇』、『廣韵(韻)』、『經典:釋文』皆下口上敖。本『說文』也。『今-說文』作「嗷」。後人所妄(妄)改。》『詩』曰。哀鳴嗸嗸。《『小雅』。》/60

嗻 (자)【zhē ㄓㄜ】㉯㊥⑨㉶ zhè 가릴, 말 많은 모양, 말 요긴치 않을 ■저:말 요긴치 않을 ■차:말 많을
설문 0861 遮也。《『廣韵(韻)』。嗻、多語之皃(貌)。然則遮者、謂多言遏遮人言也。》从口。庶聲。《之夜切。古音在 5部。》/59

嘆 (막)【mò ㄇㄛˋ】고요할, 편안할
설문 0903 啾嘆也。《按〔歺部〕云寂𡨦。義略同。『爾雅:釋詁』曰。嘆、定也。『吕(呂)覽:首時篇』嘆然。『高-注』。嘆然、無聲也。『今-毛詩』。求民之莫。毛曰。莫、定也。又貉其德音。『左傳』、『韓詩』「貉」皆作「莫」。韓云。莫、定也。》从口。莫聲。《莫各切。5部。『玉篇』亾(亡)格切。》/61

嗾 (주)【sǒu ㄙㄡˇ】本[개 부리는 소리] 부추길(선동할) ■수·족:같은 뜻
설문 0905 使犬聲。《見『左傳:宣:二年』。使犬者、作之噬也。『方言』曰。秦晉之西鄙自冀隴而西使犬曰哨。郭音騷。哨與嗾一聲之轉。『公羊:疏』云。今呼犬謂之屬。》从口。族聲。《穌奏切。3部。釋文素口反。》『春秋傳』曰。公嗾夫獒。《按「嗾」【服本】作「取」。云取嗾也。嗾夫獒。使之噬盾也。『今本-釋文、正義』皆譌亂。取誤爲哏。》/61

嗿 (탐)【tǎn ㄊㄢˇ】소리, 여럿이 있는 모양
설문 0833 聲也。《『周頌:傳』曰。嗿、衆皃(貌)。按許以字从口。故釋與毛異。》从口。貪聲。《他感切。古音在 7部。》『詩』曰。有嗿其饁。/58

啐 (설)【shuō ㄕㄨㄛ】㉯⑨ shuì ㊥㉶ shuā 조금 마실 ■률:울 ■술:소리 ■채:같은 뜻
설문 0771 小歙也。《『士冠禮:注』曰。古文啐爲呼。按呼與啐音義皆隔。必是誤字。當是古文啐爲啐之誤。如古文醋作「酌」。今禮酌皆誤酌也。》从口。率聲。讀若㕸。《所劣切。15部。》/55

嘂 (교)【jiào ㄐㄧㄠˋ】크게 부르짖을
설문 1362 高聲也。《此與〔口部:叫噭〕聲同義異。》一曰大嘑也。《「嘑」【各本】譌「呼」。今正。此與叫噭義略同。『小雅』。或不知嘂(嘂)號。『周禮』。禁嘂呼歎鳴于國中者。夜嘑但以嘂百官。》从㗊。丩聲。《古弔切。古音在 3部。》『春秋:公羊傳』曰。《言『公羊』者、以別於凡偁(稱)『左氏徑』云『春秋傳』也。『序』言其偁『春秋:左氏』。葢(蓋)主『左氏』而不廢『公羊』。》魯(魯)昭公嘂然而哭。《「嘂」【各本】作「叫」。譌。今正。『昭:廿五年傳』文。【今本】昭公於是噭然而哭。何云。噭然、哭聲皃(貌)。》/86

嘄 噪(규)【xiāo ㄒㄧㄠ】㉯㊥⑨㉶ jiāo 부르짖을 ※ 규(叫)와 같은 글자 ■교:같은 뜻
설문 0815 聲嘄(嘄)嘄也。《『周禮:大祝:注』。祈嘄也。謂爲有烖(災)變。號呼告神以求福。嘄、陸音叫。》从口。梟(梟)聲。《古堯切。2部。按『玉篇』有嘄無嘄。嘄(嘄)古弔反。聲也此以倒眥之県爲聲。卽嘄字也。『廣韵(韻)』引『漢:刑法志』県首。【今志】作「梟首」。『地理志』鉅鹿鄡(鄡)縣。『今-說文』作「鄡縣」。鄡與嘄疑皆淺人改作。非【許書】本字。》/57

嘅 (개)【kài ㄎㄞˋ】탄식할
설문 0887 嘆也。从口。既聲。《既聲。苦

口 3 ⑪

葢(蓋)切。15部。』『詩』曰。嘅其嘆矣。《『王風』。》/60

嘆 (탄)【tàn ㄊㄢˋ】탄식할, 한숨 쉴
설문 0889 吞歎也。《『九經字樣』作「吞聲也」。非。按嘆歎二字今人通用。『毛詩』中兩(兩)體錯出。依『說文』則義異。歎近於喜。嘆近於哀。故嘆訓吞歎。吞其歎而不能發。詳〔欠部〕。》从口。歎省聲。《他案切。14部。》一曰大息也。《此別一義。與喟義同。》/60

嘉 (가)【jiā ㄐㄧㄚˉ】아름다울, 칭찬할
설문 2944 美也。《見『釋詁』。又曰。嘉、善也。『周禮』。而嘉禮親萬民。鄭曰。嘉、善也。所以因人心所善者而爲之制。按〔誩部〕曰。譱(善)、吉也。〔羊部〕曰。美與善同意。【經】有假借爲嘉者。如『大雅』、『周頌:毛傳』皆曰假、嘉也是也。有借賀爲嘉者。『覲禮-古文』余一人嘉之、今文嘉作賀是也。》从壴。《壴者、陳樂也。故嘉从壴。》加聲。《古牙切。17部。》/205

嘌 (표)【piāo ㄆㄧㄠˉ】(수레가)빠를
설문 0826 疾也。《『檜風』。匪車嘌兮。毛曰。嘌嘌、無節度也。按無節度者、卽上章所云疾驅。非有道之車也。》从口。票聲。《撫招切。2部。》『詩』曰。匪車嘌兮。/58

嘏 (하)【gǔ ㄍㄨˇ】㊤㊥⑨㉿ jiǎ 本[아득할] 클, 복받을, 복(행복)(口부 11획) ■가:속음
설문 1386 大遠也。《『釋詁』、『小雅、大雅:傳』、『少牢禮:注』皆曰。嘏、大也。『少牢』祝嘏于主人。謂予主人以大福。許獨兼遠言之者、大則必遠。故『郊特牲』曰。嘏、長也。大也。此許所本也。【經傳】嘏字多謂祭祀致福。其本訓則謂大遠。『爾雅』、『毛傳』。假、大也。假蓋卽嘏之假借。》从古。叚聲。《古雅切。古音在5部。》/88

嘐 (효)【xiāo ㄒㄧㄠˉ】㊥ jiāo 本[자랑할] (뜻이)클 ■교:(닭)우는 소리 ■포:실속없이 큰 체 할 ■료:말 많을 ■표:소리 ■무:속음 ■류:미친놈의 망령된 말
설문 0854 誇語也。《『孟子』。何以謂之狂也。曰其志嘐嘐然。曰古之人。古之人。夷考其行而不掩焉者也。》从口。翏聲。《古肴切。古音在3部。》/59

嘑 (호)【hū ㄏㄨˉ】부르짖을, 꾸짖을
설문 0827 號也。《〔号部〕曰。號、嘑也。是爲轉注。『雞(鷄)人』夜嘑旦以叫(嘂)百官。此嘑字之僅存者也。若『銜枚氏』叫呼歎鳴、『大雅』式號式呼、以及【諸書】云叫呼者其字皆當作嘑。不當用外息之字。嘑或作謼。『崔靈恩-毛詩』。式號式謼。》从口。虖聲。《荒烏切。5部。》/58

嘒 (혜)【huì ㄏㄨㄟˋ】本[작은 소리] 소리 급할, 매미 소리
설문 0822 小聲也。《『小雅』。鳴蜩嘒嘒。毛曰。嘒嘒、聲也。按『商頌』。嘒嘒管聲。毛曰。嘒嘒、和也。》从口。彗聲。《呼惠切。15部。》『詩』曰。嘒彼小星。嚖嘒或从慧。/58

嘖 (색)【zé ㄗㄜˊ】크게 부르는 소리 ■책:(칭찬, 말다툼)들렐
설문 0877 大呼也。《「呼」當作「嘑」。『廣韵(韻)』。嘖嘖、叫也。『左傳:定:四年』。嘖有煩言。》从口。責聲。《士革切。16部。》 讀嘖或从言。《『百官公卿表』。『典客』、太初元年更名大鴻臚。應劭曰。郊廟行禮讚九賓。鴻聲臚傳之也。『今-漢書』譌讚。》/60

嘗 상【cháng ㄔㄤˊ】맛볼, 시험할, 일찍, 항상, 가을 제사
설문 2907 口味之也。《引伸凡經過者爲嘗。未經過爲未嘗。》从旨(旨)。尙聲。《市羊切。10部。》/202
형성 (1자) 상(鱨 鱨)7257

嘘 (허)【xū ㄒㄩˉ】(입김을)내불, 탄식할
설문 0790 吹也。从口。虛聲。《朽居切。5部。》/56

嗲 (차)【zhā ㄓㄚˉ】입술 두터운 모양(口部 11획)
설문 4148 厚脣皃(貌)。从多尙。《陟加切。按【鍇本】云尙聲。而『注』云从多尙會意。則聲字衍也。依今音則當云多亦聲。17部。》/316

◀ 제 12 획 ▶

嘫 (연)【rán ㄖㄢˊ】대답할, 말소리(語聲) ■난:말소리
설문 0823 語聲也。《『方言』。欸、然也。『廣雅』。欸 譻然膺也。按然卽嘫。應聲也。》从口。然聲。《如延切。14部。》/58

嘮 (조)【láo ㄌㄠˊ】㊤㊥⑨㉿ chāo 들렐 ■로:수다스러울 ■효:부르짖을
설문 0867 嘮呶、讙也。从口。勞聲。《敕交切。2部。》/60

嗺 (집)【jí ㄐㄧˊ】우물우물 씹을
설문 0767 噍也。《「也」當作「皃(貌)」。》从口。集聲。讀若集。《雧省作集。子入切。7部。》/55

嘯 (소)【xiǎo ㄒㄧㄠˇ】㊤㊥⑨㉿ xiào 휘파람 불, 부르짖을 ■질:질(叱)과 같은 뜻
설문 0829 吹聲也。《『召南:箋』曰。嘯、蹙口而出聲也。》从口。肅聲。《穌弔切。古音在3部。》 歗籀文嘯。从欠。《〔欠部〕重出歗字。引『詩』其歗也謌。『今-詩』惟條其歗矣作「歗」。》/58

嘰 (기)【jī ㄐㄧˉ】쪽잘거릴(조금씩 먹음)
설문 0775 小食也。《『大人賦』曰。嘰瓊華。按〔皀部〕有既字。云小食也。嘰與既音義皆同而各字。『玉藻-進禨』、『少儀:注』曰已沐飮曰禨皆當作此嘰。》从口。幾聲。《居衣切。15部。》/55

嘵 (효)【xiāo ㄒㄧㄠˉ】두려워 할
설문 0876 懼聲也。《『豳風:毛傳』曰。嘵嘵、懼也。》从口。堯聲。《許幺切。2部。》『詩』曰。予維音

之嘵嘵。《『玉篇』、『廣韵(韻)』作予維音之嘵嘵。本『說文』也。『今本-說文』作唯予音之嘵嘵。》/60

嘼 (휴)【xiù ㄒㄧㄡˋ】[설문부수 512] ㊤㊥⑨ chù 집짐승, 가축 ▣축:기를 ※ 축(畜)의 옛 글자

설문 9289 獸牲也。《『爾雅』釋文人『字林』嘼犍也。『說文』嘼牲也。『今本-說文』作犍也、乃後人以『字林』改『說文』耳。嘼牲二字連文。『禮記』、『左傳』皆云名子者不以畜牲是也。〔牛部:犍〕字下亦日。嘼牲也。圈下日。養嘼之閑。皞下日。讀若嘼牲之嘼。今俗語多云畜牲。嘼今多用畜者、【俗書】段(假)借而然。『爾雅:釋獸』釋嘼必異(異)其名者、陸德明日。嘼是嘼養之名。獸是毛蟲總號。故『釋嘼』惟論馬牛羊雞(鷄)犬。『釋獸』通說百獸之名。按『尙書:武成』歸嘼、今作歸獸。二字不分久矣。凡畜養古作嘼養。》象耳、頭、足厹(内)地之形。《象耳謂吅。象頭謂田。象足厹地謂𠀠也。許救切。3部。凡六畜當用此音。今專讀丑六切。非也。》古文嘼下从厹。《謂古文作𤾩也。言此者、謂古文本从厹。象足蹂地。小篆雖易其形。特取整齊【易書】耳。故以古文之形釋小篆。》凡嘼之屬皆从嘼。/739

상부 獸수

嘽 (탄)【tān ㄊㄢ】 헐떡거릴, 많을

설문 0783 喘息也。《『小雅:傳』日。嘽嘽、喘息也。馬勞則喘息。》一日喜也。《『樂記』。其樂心感者。其聲嘽以緩。『注』。嘽、寬綽皃(貌)。》从口。單聲。《他干切。14部。》『詩』日。嘽嘽駱馬。《證前一義。》/56

嘾 (담)【dǎn ㄉㄢˇ】 ㊤㊥⑨㉚ dàn 탐할, 꿀꺽 삼킬

설문 0842 含湥(深)也。《『莊子』日。大甘而嘾。》从口。覃聲。《徒感切。古音在 7部。》/59

噂 (준)【zǔn ㄗㄨㄣˇ】 이야기할

설문 0819 聚語也。《『小雅:傳』日。噂猶噂噂。沓猶沓沓。》从口。尊聲。《子損切。13部。》『詩』日。噂沓背憎。《〔人部〕又引『詩』僔沓背憎。『詩』釋文日。「噂」『說文』作「僔」。『五經文字』亦云。「僔」『詩:小雅』作「噂」。陸、張皆不云『說文』有「噂」。則知淺人依『詩』增也。》/57

噆 (참)【zǎn ㄗㄢˇ】 ㊤㊥⑨㉚ cǎn ㉚ zā 깨물 ▣잠·잡:같은 뜻

설문 0893 嗛也。《『玄應』引作銜也。嗛銜音義同。》从口。朁聲。《子荅切。7部。》/61

噊 (율)【yù ㄩˋ】 위태할, 새가 울 ▣술:위태할

설문 0872 危也。《見『釋詁』。》从口。矞聲。《余律切。15部。》/60

噍 (초)【jiào ㄐㄧㄠˋ】 ㉚ jiáo 씹을, 백성, 새소리

설문 0769 齧也。《『少儀』。侍食於君子。小飯而亟之。數噍。按數噍句絶。所謂亟之也。》从口。焦聲。《才肖切。2部。古讀平聲。如嚼復嚼、今年尙可後年饒是也。》

噍或从爵。《古焦爵同部同音。『唐韵(韻)』乃分噍切才笑(笑)、嚼切才爵矣。今北音去聲。南音入聲。》/55

噎 (열)【yē ㄧㄝ】 (음식이 목에 막혀)목 멜 ▣애·일·예:같은 뜻

설문 0843 飯窒也。《『王風』。中心如噎。毛日。謂噎憂不能息也。噎憂雙聲。憂卽終日號而不嗄之嗄。氣逆也。『今本-毛傳』譌脫。惟『玉篇』不誤。『鄭風:傳』。憂不能息。憂亦讀爲嗄。〔欠部〕日。歐、嗄也。歐嗄卽噎憂。劉(劉)氏台拱說。》从口。壹聲。《烏結切。12部。》/59

◀ 제 13 획 ▶

噣 (주)【zhuó ㄓㄨㄛˊ】 ㊤㊥⑨㉚ zhòu (새의)부리 ▣촉:새이름 ▣탁:쪼을 ▣독:별이름

설문 0744 喙也。《『曹風』。不濡其咮。毛日。咮、喙也。『玉篇』引不濡其噣。咮噣二同。朱聲蜀聲同部也。亦假借作「注」。『爾雅』咮星。『史記、考工記:注』作「注」是也。亦作「啄」。『詩:韓奕:傳』。厄、烏噣也。厄同軛。烏噣、『釋名』、『小:爾雅』作烏啄。》从口。蜀聲。《陟救切。3部。》/54

噤 (금)【jìn ㄐㄧㄣˋ】 입다물

설문 0797 口閉也。《『史:淮陰侯傳』。雖有舜禹之智。吟而不言。此假吟爲噤也。吟噤義相似。》从口。禁聲。《巨禁切。7部。》/56

噦 (얼)【yuè ㄩㄝˋ】 ㊤㊥⑨㉚ yuē 딸국질할 ▣홰:턱 아랫 수염 ▣홰:말방울 소리 느릴 ▣화:새 울

설문 0847 气牾也。《牾、逆也。『通俗文』日。氣逆日噦。『內則』日。不敢噦噫。『靈樞經』說六府氣。胃爲氣逆噦。》从口。歲聲。《於月切。15部。》/59

噧 (화)【huài ㄏㄨㄞˋ】 ㊤㊥⑨㉚ xiè 열이 나서 떠들 ▣달:같은 뜻 ▣희:숨소리

설문 0865 高气多言也。《『廣韵(韻)』日。高聲皃(貌)。又多言。》从口。蓳(蠆)省聲。《按篆文作蓳。此直云蓳聲可矣。不當云省。訶介切。15部。》『春秋傳』日。噧言。《未見所出。惟『公羊:襄:十四年經』鄭公孫囆。【二傳】作蠆。疑噧言二字有誤。當云鄭公孫囆。》/59

器 器 (기)【qì ㄑㄧˋ】 그릇(기구, 도량, 지능), 그릇으로 여길

설문 1364 皿也。《〔皿部〕日。皿、飯食之用器也。然則皿專謂食器。器乃凡器統偁(稱)。器下云皿也者、散文則不別也。〔木部〕日。有所盛日器。無所盛日械。『陸德明-本』如是。》象器之口。《謂㗊也。與上文从㗊字不同。》犬所㠯(以)守之。《會意。去冀切。「冀」當作「旣」。15部。》/86

噫 (애)【yī ㄧ】 ㊤⑨㉚ ǎi 本[트림할] ▣희:한숨 쉴

설문 0782 飽出息也。《【各本】作飽食。今依『玉篇』、『衆經音義』訂。息、鼻息也。『內則』。在父母舅姑之所。不敢噦噫。『莊子』。大塊噫氣。其名日風。『靈樞經』日。五藏氣心主噫。按噫字亦作「餩」。見『廣雅』。『玉篇』、『廣韵(韻)』於北烏克

口 3 ⑬

二反。『高-注:淮南書』曰。咳讀如人飲食太多、以思下咳之咳。以思下咳之咳、乃以息上餘之餘之誤。『高-注』多言心中滿該。亦謂此也。》从口。意聲。《於介切。古音在 1部。『論語』。子曰。噫、天喪予。『鄭氏-毛詩』。噫此皇父。噫厥哲(哲)婦。皆爲有所痛傷之聲。》/55

噬 (서)【shì ㄕˋ】 깨물。미칠(이를) ■예:씹을
설문 0773 啗也。喙也。《喙上當有一日二字。【各本】作噬。今正。『說文』有䈞無筮。則筮者隸(隸)變。不當用爲諧聲。『周禮:梓人』。攫殺(殺)援簭。正作「簭」。從箅聲而省卬也。又『周禮』卜筮字皆作「簭」。此則假借也。》从口。䈞(筮)聲。《時制切。15部。按『詩』噬肯適我。毛曰。噬、逮也。此謂噬爲逮之假借也。『釋言』作「遾」。『方言』亦作「噬」。》/55

噭 교【jiǎo ㄐㄧㄠˇ】 ㉦㊥⑨㉚ jiào 本[입] 고함지를, 부르짖는 소리, 심히 큰 소리 ■격:소리가 심할 ■끽:끽(喫)과 같은 뜻
설문 0743 口也。《「口」【俗本】譌「吼」。今正。『史、漢:貨殖傳』皆云。馬蹄噭千。徐廣曰。「噭」、馬八髎也。小顏云。「噭」、口也。蹄與口共(共)千則爲馬二百也。按以口釋「噭」。此必本『說文』。『說文』以口建首。下噭喝喙吻字皆與口字轉注相接。此【全書】之例也。『通俗文』、『埤倉』皆曰。尻骨謂之八髎。惟『史記』噭字從口。故徐以八髎釋之。尻亦得謂之口也。『各本-史記』作噭。乃誤字耳。噭與竅音義相同。『俗本-說文』作吼者、荍(蓋)或識孔字於口字之旁。因誤併爲一字。》从口。敫聲。《徐廣苦弔反。小顏江弔口釣二反。『唐韻』古弔切。2部。》一曰噭、呼也。《此別一義。「呼」當作「嘑」。字之誤也。嘑、號也。『曲禮』毋噭應。鄭曰。噭、號呼之聲也。「呼」亦當作「嘑」。俗寫通用耳。『昭:卄五年:公羊傳』曰。昭公於是噭然而哭。『注』。噭然、哭聲皃(貌)。釋文皆古弔反。》/54

형성 (1자) 교(歟 㪣)5311

啜 (촬)【duó ㄉㄨㄛˊ】 ㉦㊥⑨㉚ zhuó 입 속에 꽉 차게 먹을
설문 0781 口滿食。从口。竅聲。《丁滑切。15部。》/55

噱 (갹)【jué ㄐㄩㄝˊ】 껄껄 웃을, 입 벌릴
설문 0811 大笑也。从口。豦聲。《其虐切。5部。》/57

噲 (쾌)【kuài ㄎㄨㄞˋ】 목구멍, 시원할, 들이마실, 훤할(寬明貌)
설문 0749 咽也。《噲者、會也。聲氣所會也。》从口。會聲。或讀若快。《苦夬切。15部。『小雅』。噲噲其正。『箋』云。噲噲猶快快也。謂同音假借。『盧氏-文弨』云。『淮南:精神訓』。噲然得臥。『宋書:樂志』吳鼓(鼓)吹曲。我皇多噲事。皆與快同。》一曰噲、嚵也。《此別一義。噲亦複擧(擧)字也。凡一曰之下多複擧本字。【俗本】作「嚵噲」也。非。『集韵(韻)』作一曰嚵也。》/54

噳 (우)【yǔ ㄩˇ】 뭇 사슴의 입이 우물거릴, 여럿, 웃는 모양
설문 0918 麇鹿羣(群)口相聚皃(貌)。《『大雅』。麀鹿噳噳。毛曰。噳噳然衆也。『小雅』。麀鹿麌麌。毛曰。麌麌、衆多也。按毛意麌麌卽噳噳之假借也。『說文』無麌。》从口。虞聲。《魚矩切。5部。》『詩』曰麀鹿噳噳。/62

噴 (분)【pēn ㄆㄣˉ】 꾸짖을, 뿜을, 재체기할, 부는 소리, 숨 내불 (口부 13획)
설문 0870 吒也。从口。賁聲。《普魂(魂)切。13部。》一曰鼓(鼓)鼻。《此別一義。許釋嚏爲欠。以鼓(鼓)鼻繫之噴。》/60

◀ 제 14 획 ▶

嶷 (억)【yí ㄧˊ】 ㉦㊥⑨㉚ yì (어린 나이에 재주가 있어)총명할 ■의:소리
설문 0762 小兒有知也。《『大雅』。克岐克嶷。毛曰。岐、知意也。嶷、識也。按此由俗人不識嶷字。蒙上岐字改从山旁耳。『高-注:淮南』曰。軫軳之軳、讀如克岐克嶷之嶷。『太玄』作「儗」。釋文儗牛力切。又音擬。擬然有所識別也。》从口。疑聲。《魚力切。1部。》『詩』曰。克岐克嶷。/55

嚌 (제)【jì ㄐㄧˋ】 (음식을)맛 볼 ■개:뭇소리 ■재:웃는 모양
설문 0768 嘗也。《見『儀禮』。》从口。齊聲。《在詣切。15部。》『周書』曰。大保(保)受同祭嚌。《『顧命』文。『儀禮』多言嚌肺啐酒。據『周書』則酒至齒亦云嚌也。》/55

◀ 제 15 획 ▶

嚔 (질)【zhí ㄓˊ】 ㉦㊥⑨㉚ zhì 쌍사람 말, 천한 말
설문 0795 野人之言。《『論語』曰。質勝文則野。此字會意兼形聲。》从口。質聲。《之日切。12部。》/56

嚏 (체)【tì ㄊㄧˋ】 재채기, 재채기 할 ■치:엎드러질
설문 0794 悟解气也。《悟解气者、欠字下云張口气悟是也。悟、覺也。解、散也。『通俗文』曰。張口運气謂之欠㰦。『鄭-注:周易』百果艸木皆甲坼(坼)曰。皆、讀爲人倦解之解。『郭-注:方言:蛤』解曰。解、讀解悟聲之解。皆是許意。嚏與欠異音同義。玉裁按。許說嚏義非是。不必曲徇。嚏之見於『月令』、『內則』者各一。『鄭氏-終風:箋』曰。疐讀當爲不敢嚏咳之嚏。今俗人嚏云人道我。此古之遺語也。『月令』。民多鼽嚏。謂鼻塞而妨嚏。『說文』噴下一曰鼓(鼓)鼻。而釋嚏爲欠。直以其字从口不从鼻故耳。殊不思『內則』既云不敢嚏。又云不敢欠。其爲二事憭然。『素問』說五气所病。腎爲欠爲嚏。亦分二事。倘云嚏卽是欠。則『內則』、『素問』皆不可通矣。故嚏解當改云歕鼻也爲安。口與鼻同時气出。此字之所以从口也。至若『詩』願言則疐。『毛傳』云。疐、跲也。釋文「疐」作「疌」。「跲」作「劫」。自是古字通叚(假)。『觀狼跋傳』疐、跲也。而其「疐」本又作「疌」。可證。『崔靈恩-集注』乃改「劫」爲「㰦」。訓以今俗人體倦則伸。志倦則㰦。音

丘據反。是蓋(蓋)以附合許之嚏解。而不知許自解嚏。非解毛之疐也。改疐爲嚏。自鄭君始。許在鄭前。安得從鄭易毛。【各本】「有『詩』日願言則嚏」六字。休寧汪氏龍以爲後人妄增者。是也。今刪(刪)。學者可以知毛、許於『詩』本無敚說。『唐-石經』作「嚏」者、乃從鄭。非從毛。》从口。疐聲。《都計切。古音在 12部。》/56

嚘 (우)【yōu ㄧㄡˉ】 本[머뭇거릴] 한숨 쉴

설문 0849 語未定皃(貌)。《『東方朔傳』日。伊憂亞者、辭未定也。『集韵(韻)』云。「憂」或作「嚘」。又『老子』。終日號而不嚘。『玉篇』作不嚘。云嚘、氣逆也。『太玄』。柔兒于號。三日不嚘。傅奕抆定『老子』作歖。歖同嚘。》从口。憂聲。《於求切。3部。師古一疾反。》/59

嚚 (은)【yín ㄧㄣˊ】 本[말소리] 어리석을, 말다툼할

설문 1360 語聲也。《『左傳』日。口不道忠信之言爲嚚。引伸之義也。》从㗊。臣聲。《語巾切。12部。》 古文嚚。/86

嚛 (혹)【hù ㄏㄨˋ】 매울, 먹을, 시큼할 ■학·확:같은 뜻

설문 0780 食辛嚛也。《嚛謂辛螫。〔火部〕引『周書』。味辛而不熮。『吕(呂)覽:本味』。味辛而不烈。嚛與熮烈同義。『玉篇』云。『伊尹』日。酸而不嚛。此『古-伊尹書』之僅存者。「酸」疑當作「辛」。辛而不嚛。卽本味之辛而不烈也。》从口。樂聲。《火沃切。古音在 2部。》/55

◀ 제 16 획 ▶

嚨 (롱)【lóng ㄌㄨㄥˊ】 목구멍

설문 0747 喉也。《『釋鳥』日。亢、鳥嚨。郭日。謂喉嚨。》从口。龍聲。《盧紅切。9部。》/54

嚭 (비)【pǐ ㄆㄧˇ】 클, 크게 기뻐할

설문 2939 大也。从喜。否聲。《按訓大則當从丕。『集 韵(韻)』一作「噽」是也。匹鄙切。15部。》『春秋傳』吳有大宰嚭。《見『左傳』。》/205

◀ 제 17 획 ▶

嚳 (곡)【kù ㄎㄨˋ】 (급히)고할, 제왕 이름(口부 17획)

설문 0741 急告之甚也。《急告猶告急也。告急之甚、謂急而又急也。釋玄應說嚳與酷音義皆同。按『白虎通』云。謂之帝嚳者何也。嚳者、極也。教令窮(窮)極也。窮極、卽急告引伸之義。》从告。學省聲。《苦沃切。3部。》/53

嚴 嚴엄【yán ㄧㄢˊ】 本[교명 급할] 엄할, 굳셀, 혹독할, 경계할, 삼갈

설문 0925 教命急也。《嚴急疊(疊)韵。『趙-注:孟子』日。事嚴、喪事急。》从吅。《敦促之意。》厰聲。《語杴切。8部。》 古文嚴。/62

형성 (5자) 암(嚴)881 엄(巖)2876 엄(儼)4786 암(巖)5616 암(礹)5748

嚵 (참)【shuò ㄕㄨㄛˋ】 상中⑨작 chán 맛볼、(새의)부리

설문 0772 小啐也。从口。毚聲。《士或切。8部。》一曰喙也。《此別一義。》/55

嚶 (앵)【yīng ㄧㄥˉ】 새 우는 소리, 방울 소리(鳴玉鸞嚶嚶)

설문 0914 鳥鳴也。《『小雅』。鳥鳴嚶嚶。毛日。嚶嚶、驚懼也。『釋訓』日。丁丁嚶嚶、相切直也。鄭日。嚶嚶、兩(兩)鳥聲也。按『詩』。鳥鳴嚶嚶。出自幽谷。本不言何鳥。昔人因嚶嚶似離黃之聲。出谷遷喬亦似離黃出蟄土而登樹。故就嚶改鸎爲倉庚之名。唐試士以鸎出谷命題。本『毛詩』也。古者倉庚名離黃、名鵹黃、名楚雀、名黃栗留(留)、黃鸝留。不名黃鸎。亦無鸎字也。惟『高誘-注:吕(呂)覽』日。含桃、鸎桃。鸎鳥所含。『陸璣-詩:疏』云。黃鸝留、幽州人謂之黃鸎。鸎字始見。要因其聲製字耳。果名、依高誘作「鸎桃」爲是。『鄭-注:月令』作櫻桃者、乃俗人所改。『詩:交交桑扈』。有鶯其羽。毛公云。鶯然有文章也。鶯絶非鸎。唐人『耕韵(韻):鶯:注』。鳥羽文也。『鸎:注』。黃鸎也。一韵中可竝用。『舊本-唐詩』黃鸎字皆如此。元明以後淺人乃謂古無鸎字。盡改爲鶯。而鶯失其本義。而昔人因嚶製鸎之理晦矣。『玉篇』。鶯、鳥有文。鸎、黃鳥也。分別亦是。而謂倉庚爲黃鳥。失『詩』之訓。『毛詩』黃鳥、非倉庚也。至『集韵(韻)』、『類篇』乃皆合鶯鸎爲一字。斯謂不識字。》从口。嬰聲。《烏莖切。11部。》/61

◀ 제 18 획 ▶

囂 囂효【xiāo ㄒㄧㄠˉ】 시끄러울, 지껄일, 소리 ■오:같은 뜻

설문 1361 聲也。《『左傳』湫隘䚯(囂)塵。杜日。䚯、聲也。『廣韵』日。喧也。》气出頭上。《〔欠部〕日。歊歊、气上出皃(貌)。歊與䚯音同義近。『孟子』。人知之亦䚯䚯。人不知亦䚯䚯。言人自得無欲。如气上出悠閒也。》从㗊頁。《聲出而气隨之。故从㗊頁會意。許嬌切。2部。》頁亦首也。《〔頁部〕日。頁、頭也。》 䚯或省。/86

형성 (2자) 효(藃)270 효(鷚)1766

◀ 제 19 획 ▶

囊 (낭)【náng ㄋㄤˊ】 주머니(자루)

설문 3741 橐也。从橐省。𤳈聲。《「𤳈」【各本】作「襄省」二字。淺人改也。今正。奴郎(郎)切。10部。》/276

◀ 제 20 획 ▶

囐 (암)【yán ㄧㄢˊ】 신음할 ■엄:같은 뜻

설문 0881 呻也。从口。嚴聲。《五銜切。8部。『廣韵(韻)』作「嚴」。》/60

讙 (환)【huān ㄏㄨㄢˉ】 상中⑨ huàn (큰 소리로)부를 (口부 21획)

설문 1363 嘑也。《「嘑」【各本】作「呼」。今正。嘑、號也。『廣雅』。讙、鳴也。『玉篇』云。讙荒貫切。與喚同。『廣韵(韻)』

同。按『說文』無喚字。然則讙喚古今字也。》从吅。雚聲。讀若讙。《呼官切。14部。》/86

囗 3 ⓪

031
3-02 囗 에울 위

囗 위【wéi ㄨㄟˊ】[설문부수 226] 에울(둘러 쌀) ■국:나라

설문 3744 回也。《回、轉也。按圍繞、週圍、字當用此。圍行而囗廢矣。》象回帀之形。《帀、周也。羽非切。15部。》凡囗之屬皆从囗。/276

유사 입 구(口)

성부 부록 색인 참조

형부 囗를 부수로 하는 대부분의 글자들

◀ 제 2 획 ▶

囡 닉【nì ㄋㄧˋ】㊙㊥⑨㊂ nà 사사로 가질, 훔쳐 갈 ■납:같은 뜻

설문 3761 下取物縮臧之。《謂攝取也。今農人罱泥。罱卽囡之俗字。》从又。《下取故從又。》从囗。《縮藏之故從囗。》讀若聶。《女洽切。7部。聶、小徐作籋。》/278

囚 수【qiú ㄑㄧㄡˊ】죄인을 가둘, 죄수, 포로, 옥사(재판의 말)

설문 3764 繫也。从人在囗中。《似由切。3部。》/278

성부 盈盈온 鹵첨

형성 (1자) 수(泅 泅)556-6960:1

四 사【sì ㄙˋ】[설문부수 503] 넉, 네번, 사방

설문 9270 侌(陰)數也。《自一篇列一部。十三篇列二部。二篇列八部。三篇列十部。數未備(備)也。故於此類列之。》象四分之形。《謂囗像四方。八像分也。息利切。15部。》凡四之屬皆从四。𠁘古文四如此。《小篆略改之。》亖籒文四。《此筭法之二二如四也。二字兩畫(兩畫)均長、則亖字亦四畫均長。今人作篆多誤。『覲禮』四享。『鄭-注』曰。四當爲三。【書】作三四字或皆積畫。字相似。由此誤。『聘禮:注』云。朝貢禮純四只。『鄭志』。荅趙商問四當爲三。『周禮:內宰職:注』。天子巡守禮制幣丈八尺純四䊷。『鄭志』。荅趙商問亦云四當爲三。『左傳』。是四國者。專足畏也。劉(劉)炫謂四當爲三。皆由古字積畫之故。按『說文』之例。先籒文。次古文。此恐轉寫誤倒。》/737

유사 서녘 서(西) 짝지을 필(匹)

성부 賣육 四창

형성 (5자) 사(柶 柶)700 희(呬 呬)786 사(柶 柶)3552 사(駟 駟)5895 사(泗 泗)6745

◀ 제 3 획 ▶

回 회【huí ㄏㄨㄟˊ】(빙빙)돌, 돌아올, 어그러질, 둘레, 횟수

설문 3750 轉也。《淵、回水也。故顏回字子淵。『毛詩:傳』曰。回、邪也。言回爲褢之假借也。又曰。回、違也。亦謂假借也。褢、衺也。見〔交部〕。》从囗。中象回轉之形。《中當作口。外爲大囗。乃爲小口。皆回轉之形也。如天體在外左旋、日月五星在內右旋是也。戶恢切。15部。》𡆧古文。《古文象一气回轉之形。》/277

유사 어두운 새벽 홀(回) 들 경(冋) 밝을 경(冏) 같을 동(同) 향할 향(向)

성부 𩫖亶亶곽 㡣亘선 㬎夏몰 㐭亩름

형성 (1자) 회(洄 洄)6955

囟 신【xìn ㄒㄧㄣˋ】[설문부수 406] 정수리

설문 6383 頭會𡿺蓋(蓋)也。《首之會合處。頭髏之覆蓋。『玄應』引蓋下有頟空二字。頟空、謂頟腔也。『內則:注』曰。夾囟曰角。》象形。《『內則:正義』引此云。囟、其字象小兒腦不合也。按〔人部:兒〕下亦云从儿、上象小兒頭腦未合也。『九經字樣』曰。『說文』作「囟」。隸變作「囟」。𩕄腦等字从之。細思等字亦从之。攷『夢英書』偏傍【石刻】作「𠔾」。【宋刻-書本】皆作「囟」。今人楷字譌「囟」。又改篆體作「囟」。所謂象小兒腦不合者、不可見矣。息進切。12部。》凡囟(囟)之屬皆从囟。膟或从肉宰。《𡿺俗字。》𠙷古文囟字。《『內則:正義』所引『說文』疑在此字之下。》/501

유사 말미암을 유(由) 대그릇 치(甾由甾) 밭 전(田) 아홉째 지지 신(申) 갑옷 갑(甲) 창문 창(囪囪囱)

성부 𡿺노 𣬉비 𣶒비 思사 兒아 𤐫표 𪊻선 𡿺𨾁𨿅설 巤렵 農농

형부 문(𨶹) 농(盥)

형성 (3자) 사(伵 伵)4909 세(洒 洒)6728 세(細 細)8165

因 인【yīn ㄧㄣ】인할(종전대로), 말미암을, 인연, 까닭

설문 3760 就也。《就下曰。就、高也。爲高必因丘陵。爲大必就基阯。故因從囗大。就其區域而擴充之也。『中庸』曰。天之生物、必因其材而篤焉。『左傳』曰。植有禮。因重固。〔人部〕曰。仍、因也。『論語』因不失其親。謂所就者不失其親。》从囗大。《於眞切。12部。》/278

유사 어려울 곤(困) 곳집 균(囷)

형성 (8자+1) 인(茵 茵)588 인(咽 咽)751 의(欭 欭)5324 인(駰 駰)5854 은(恩 恩)6434 인(洇 洇)6790 인(捆 捆)7645 인(姻 姻)7745 연(烟 烟)

◀ 제 4 획 ▶

囧 경【jiǒng ㄐㄩㄥˇ】[설문부수 240] 창 밝을(囧134)

설문 4134 窗(窓)牖麗廔闓明(明)也。《麗廔雙聲。讀如離婁。謂交延玲瓏也。闓明謂開明也。》象形。《謂象窗牖玲瓏形。》凡囧之屬皆从囧。讀若獷。《獷古音如廣。囧音同也。𤇾讀若誑。𤇾聲之䜌爲古文囧字。可以證矣。

㊂ 作家出版社〔董蓮池-說文解字考正〕 ⑨ 九州出版社〔柴劍虹-說文解字〕 ㉠ 陝西人民出版社〔蘇寶榮-說文解字今注今譯〕 ㊤ 上海古籍出版社〔說文解字注〕 ㊥ 中華書局〔臧克和-說文解字新訂〕

古音在 10部。今音俱永切。》賈侍中說。讀與皿同。《賈侍中說讀若芒也。》/314
【直】下曰:古文直。或从木如此。《囧猶目也。从木者、木從繩則正。》/634
【賣】下曰:从貝。𧶠聲。𧶠、古文睦。《見〔目部〕。》讀若育。《余六切。3部。》/282
【明】下曰:从月囧。《从月者、月以日之光爲光也。从囧取窗牖麗廔闓明之意也。囧亦聲。不言者。舉(擧)會意包形聲也。武兵切。古音在 10部。》/314
【省】下曰 古文省。从少囧。《按 囧非也。古文目作 。此與𧶠皆從之。少目者、少用其目省之。用甚微也。》/136
【䍧】下曰:驚走也。一曰往來皃(貌)。从夰。𠂤聲。『周書』曰。伯䍧。古文𠂤古文囧字。《七字當作「古文以爲囧字」六字。轉寫譌舛也。》/498
【囪】下曰:古文。《黑字、𡆸字从此。黑从炎上出囪。故受之以囪部。》/490
성부 𧶠목 明명 𡆸경
형부 맹(盟)
형성 (1자) 맹(萌)433

(운)【yùn ㄩㄣˋ】 ㊤㊥⑨㉫ yún 둘릴, 밭열두이랑

설문 3748 回也。《二字疊韵(疊韻)。雲字下曰。象雲回轉形。沄字下曰。轉流也。凡從云之字皆有回轉之義。》从囗。云聲。《形聲包會意也。羽巾切。13部。》/277

囪 창【chuāng ㄔㄨㄤ】[설문부수 385] ㉠ cōng 창 ■총:굴뚝

설문 6265 在牆曰牖。《〔片部〕曰。牖、穿壁以木爲交窗也。》在屋曰囪(窗)。《屋在上者也。》象形。《此皆以交木爲之。故象其交木之形。外域之也。楚江切。古音在 9部。今竈突尙讀倉紅切。》凡囪之屬皆从囪。 古文。《黑字、𡆸字从此。黑从炎上出囪。故受之以〔囪部〕。》/490
유사 대그릇 치(甾甾甾) 굽을 곡(曲) 펼 신(申) 숫구멍 신(囟囟囟囟囟) 밭 전(田) 귀신머리 불(甶甶) 갑옷 갑(甲)
성부 𡆸서 黑흑 曾증 悤總총
형부 소(䫜)

(와)【ē ㄜ】 ㊤㊥⑨㉫ é 어리새(딴 새를 꾀기 위한 새), 매개, 낳을 ■유:같은 뜻

설문 3769 譯也。《「譯」、疑當作「誘」。一說『周禮:貉隸掌與獸』言。『夷隸:掌與鳥』言。是其事也。》从囗。化聲。《今〔小徐本〕有聲字。是。五禾切。17部。》率鳥者繫生鳥吕(以)來之名曰囮。《率、捕鳥畢也。將欲畢之。必先誘致之。潘安仁曰。暇而習媒翳之事。徐爰曰。媒者少養雉子。至長狎人。能招引野雉。因名曰媒。》讀若譌。《囮者、誤之也。故讀若譌。》 囮或从繇。《〔各本〕篆作「圝」、解作「繇」。今正。按或當作也。本二字。一化聲。一䌛聲。其義則同。『廣雅:釋言』曰。囮、圝也。是可證爲二字轉注矣。『潘岳-射雉賦』。恐吾游之晏起。又良游呃喔。引之規裏。『徐爰-注』。雉媒、江淮閒謂之游。唐吕(呂)溫有『由鹿賦』。游與由皆卽圝字也。從䌛當作從囗䌛聲。音由。3部。徐鉉云訛由二音。誤也。》/278

곤【kùn ㄎㄨㄣˋ】 本[오래된 농막] (생활, 위험)곤할, 괘 이름, 괴로움

설문 3767 故廬也。《廬者、三畝(畒)半。一家之居。居必有木。樹牆下以桑是也。故字從囗木。謂之困者、疎廣所謂自有舊田廬令子孫勤力其中也。困之本義爲止而不過。引伸之爲極盡。『論語』。四海困窮。謂君德充塞宇宙。與橫被四表之義略同。『苞-注』曰。言爲政信執其中、則能窮極四海。天祿所以長終也。凡言困勉、困苦皆極盡之義。》从木在囗中。《苦悶切。13部。》 古文困。《『廣雅』。橜機閫朱也。按稚讓用朱爲梱字。此可證四海困竆(窮)之義。》/278
유사 버섯 균(囷)
형성 (1자+1) 곤(梱)3511 곤(悃)

◀ 제 5 획 ▶

균【jūn ㄐㄩㄣ】 ㊤㊥⑨㉫ qūn 곳집, 꼬불꼬불할

설문 3755 廩之圜者。从禾在囗中。《去倫切。12部。》圜謂之囷。《見『詩:魏風:傳』、『考工記:注』、『吳語-韋:注』、『急就篇-顏:注』。》方謂之京。《『管子』曰。新成囷京。『史記:倉公傳』。見建家京下方石。『釋名』曰。京、矜也。寶物可矜惜者投之其中也。『急就篇』。門戶井竈廡囷京。『廣雅』曰。京庾廩鹿倉也。按『吳語:注』。員曰囷。方曰鹿。鹿卽京也。廘者鹿之俗。》/277
유사 곤할 곤(困)
성부 麇麏균
형성 (6자+1) 균(菌)456 균(趣)956 곤(䐃)1333 균(箘)2739 균(稛)4235 곤(頵)5416 균(𢇥)6415

(령)【líng ㄌㄧㄥˊ】 옥(감옥)

설문 3762 獄也。《獄上當有囹圄二字。〔㚔部〕曰。囹圄所吕(以)拘罪人。葢(蓋)許作囹圉。與〔他書〕囹圄不同也。『月令:鄭-注』曰。囹圄所以禁守繫者。若今別獄矣。蔡邕云。囹、牢也。圄、止也。所以止出入。皆罪人所舍也。『鄭志』。崇精問曰。囹圄、何代之獄。焦氏荅曰。『月令』、『秦書』。則秦獄名也。漢曰若盧。魏曰司空。》从囗。令聲。《錯曰。囹、檻也。檻檻之名。郎(郞)丁切。11部。》/278

고【gù ㄍㄨˋ】 本[물샐틈 없을] 굳을, 고집할, 진실로, 고질병

설문 3765 四塞也。《四塞者無罅漏之謂。『周禮:夏官:掌固:注』云。固、國所依阻者也。國曰固。野曰險。按凡堅牢曰固。又事之已然者曰「固」、卽故之假借字也。漢官「掌故」、唐官多作「掌固」。》从囗。古聲。《古慕切。5部。》/278

3 ⑥

성부 个箇개
형성 (7자+1) 고(菌) 323 개(箇) 2822 고(棝) 3630 고(痼) 4584 학(涸) 7009 호(婟) 7895 고(錮) 8847 개(個)

◀ 제 6 획 ▶

囿 유【yòu ㄧㄡˋ】 엔 담, 나랏 동산
설문 3757 苑有垣也。《『高-注:淮南』曰。有牆曰苑。無牆曰囿。與許互異。葢(蓋)有無互譌耳。『魏都賦』曰。篠垣開囿。篠垣、『西京賦』作篠互(亘)。篠互綿聯(聯)、卽『西都賦』之篠以周牆也。『周禮:注』曰。囿、今之苑。按古今異名。許析言之、鄭渾言之也。引伸之凡淵奧處曰囿。『夏小正』。正月囿有見韭。囿也者、園之燕者也。四月囿有見杏。囿也者、山之燕者也。又引伸之凡分別區域曰囿。常道將引『洛書』曰。人皇始出。分理九州爲九囿。九囿卽『毛詩』之九有、『韓詩』之九域也。域同或。古或與有與囿通用。》从囗。有聲《于救切。古音在 1部。》一曰所㠯(以)養禽獸曰囿。《養字依『御覽』補。所㠯二者今補。『大雅:靈臺:傳』曰。囿所以域養禽獸也。域養者、域而養之。『周禮:囿人』掌囿游之獸。禁牧百獸。按『韵會』無一曰二字。〔艸部〕云。苑所㠯養禽獸也。此云苑有垣、則養禽獸在其中矣。此句葢(蓋)淺人增之。》 籒文囿。《〔艸部:薗〕從此爲聲。》/278
형성 (1자) 유(薗) 334

◀ 제 7 획 ▶

圁 (선)【xuān ㄒㄩㄢˉ】 ㊤㊥⑨㉲ xuán 둥글 ■연·현:같은 뜻
설문 3747 規也。《規、有法度也。》从囗。肙聲。《似沿切。14部。》/277

圂 혼【hùn ㄏㄨㄣˋ】 뒷간, 가축, 기를, (가축을)칠 ■환:가축, 칠
설문 3768 豕廁也。《『少儀』、君子不食圂腴。『注』云。『周禮』圂作豢。謂犬豕之屬食米穀者也。腴有似於人穢。按云『周禮』圂作豢者、『槀人』掌豢祭祀之犬是也。豢從豕𢍏聲。圂從囗豕會意。據許說本非一字。豢以人之豢養而言。圂以牢中溷濁而言。『少儀』圂腴不煩改字。謂豕廁爲圂。因謂豕犬爲圂耳。引伸之義人廁或曰「圂」。俗作「溷」。或曰「清」。或作「圊」。或曰「軒」。皆見『釋名』。》从囗象豕在囗中也。會意。《象當作豕。字之誤也。胡困切。13部。》/278
성부 㮯혼
형성 (4자) 혼(棞) 3660 혼(慁) 6613 혼(溷) 6875 홀(掍) 7658

圃 (포)【pǔ ㄆㄨˇ】 남새(채소)밭
설문 3759 所㠯(以)種菜曰圃。《所㠯二字今補。『齊風:毛傳』曰。圃、菜園也。『馬融-論語:注』曰。樹菜蔬曰圃。『玄應』引『倉頡解詁』云。種樹曰園。種菜曰圃。》从囗。甫聲《博古切。5部。》/278

圄 (어)【yǔ ㄩˇ】 本[지킬] 감옥
설문 3763 守之也。从囗。吾聲。《魚擧(擧)切。5部。按『韵(韻)會』云。圄『說文』本作「圉」。葢(蓋)【小徐本】有「圉」無「圄」。『左傳』。圄伯嬴於轑陽而殺之。》/278

圅 函함【hán ㄏㄢˊ】 ① 함(函)과 같은 글자(51) ② 혀, 휩쌀, 넣을, 갑옷, 글월(편지), 상자에 넣을(51) ③ 혀, 담을, 갑옷, 아랫턱(凵부 7획 135)
설문 4153 舌也。《舌在口。所以言別味也。圅(函)之言含也。含於口中也。按『大雅:毛傳』曰。臄者、圅也。『通俗文』云。口上曰臄。口下曰圅。毛、服之圅皆卽『說文』之顄字。顄頤也。故服云口下。毛則渾言之。口上口下不分耳。『陸氏-音義』引許圅舌也之云以釋『毛』。去之遠矣。許圅與顄各字各義。毛、服用圅爲顄。圅借爲含。如席間圅丈、圅人爲甲是也。『周頌』。實圅斯活。『傳』曰。圅、含也。謂叚(假)借也。》舌體㔾㔾。从㔾。《舌有莖而如荂蘤。故从㔾。》象形。《二字【各本】誤在舌體上。今正。謂囮象舌輪郭及文理也。小徐云。『說文』篆如此。李陽冰(氷)非之。當作圅(函)。按如李說。易與㐭混。『今-廣韵』圅圅別爲二字。則更非矣。》㔾亦聲。《胡男切。7部。》肣俗圅。从肉今。《『大雅:音義』引『說文』云。圅、舌也。又云。口裏肉也。按口裏肉也四字當在此下。釋从肉之意也。从今者、今聲也。》/316
유사 빠를 극(亟)
형성 (5자) 함(菡) 408 함(顄) 5362 함(涵) 6990 함(涵) 7162 함(霻) 7191

◀ 제 8 획 ▶

圈 (권)【quān ㄑㄩㄢˉ】 ㊤㊥⑨㉲ juàn (짐승의) 우리
설문 3756 養畜之閑也。《「畜」當作「嘼(畜)」。轉寫改之耳。閑、闌也。〔牛部〕曰。牢、閑。養牛馬圈也。是牢與圈得通偁(稱)也。》从囗。卷聲《考『公羊傳:文:十一年』。楚子伐圈。音義云。圈、『說文』作圈。而『集韵(韻):廿五，願』云圈圈二同。養畜閑也。『類篇』圈圈分出。皆云養畜閑也。疑『說文』本作圈。後人改之耳。渠篆切。14部。》/277

圉 圄圄어【yú ㄩˊ】 ㊤㊥⑨ yǔ 本[감옥] 마부, 마굿간, 변방, (말을)기를
설문 6332 囹圄、《逗。》所㠯(以)拘辠人。《㚔爲罪人。囗爲拘之。故其字作圉。圉【他書】作囹圄者、同音相叚(假)也。圄者、守之也。其義別。『說文-宋本』作囹圄者、非是。『月令』。仲春命有司省囹圄。孟秋命有司繕囹圄。『注』曰。囹圄所以禁守繫者。若今別獄矣。蔡邕云。囹、牢也。圄、止也。所以止出入。皆罪人所舍也。崇精問曰。獄、周曰「圜土」。殷曰「羑里」。夏曰「均臺」。囹圄何代之獄。焦氏答曰。『月令:秦書』、則秦獄名也。漢曰「若盧」、魏曰「司空」是也。按蔡說囹圄皆罪人所舍。云皆則不必一地。是以〔囗部〕曰囹、獄也。不連圉言。此言囹圉、錯見以明之。》从囗㚔(卒)。《會意。魚擧(擧)切。5部。今隸作「圉」。》一曰圉、

㉲ 作家出版社〔董蓮池-說文解字考正〕 ⑨ 九州出版社〔柴劍虹-說文解字〕 ㉧ 陝西人民出版社〔蘇寶榮-說文解字今注今譯〕 ㊤ 上海古籍出版社〔說文解字注〕 ㊥ 中華書局〔臧克和-說文解字新訂〕

垂也。《義見『左傳』、『爾雅』、『毛傳』。》一曰圉人、掌馬者。《義見『左傳』、『周禮:注』、『禮記:注』。按【小徐本】無此十二字。當是【古本】如此。邊垂者、可守之地。養馬者、守視之事。疑皆圉字引申之義。【各書】段(假)圉爲之耳。》/496

國 국【guó ㄍㄨㄛˊ】나라, 나라 세울
설문 3753 邦(邦)也。《〔邑部〕曰。邦、國也。按邦國互訓渾言之也。『周禮:注』曰。大曰邦。小曰國。邦之所居亦曰國。析言之也。》从囗。从或。《〔戈部〕曰。或、邦也。古或國同用。邦封同用。古惑(惑)切。1部。》/277
형성 (1자+1) 귀(槶 𢸽)3582 괵(幗 幗)

◀ 제 9 획 ▶

圍 위【wéi ㄨㄟˊ】지킬, 둘릴, 에울, 에워쌀, 포위할, 둘레
설문 3766 守也。从囗。韋聲。《羽非切。15部。》/278
형성 (2자) 위(褘 𧝝)5069 위(潿 潿)6874

◀ 제 10 획 ▶

園 (원)【yuán ㄩㄢˊ】동산, 구역, 능(왕릉), 울(담)
설문 3758 所曰(以)樹果也。《『鄭風:傳』曰。園所以樹木也。按毛言木、許言果者。『毛詩』檀穀桃棘皆系諸園。木可以包果。故『周禮』云。園圃毓草木。許意凡云苑囿巳必有艸木。故以樹果系諸園。》从囗。袁聲。《羽元切。14部。》/278

圓 圓(원)【yuán ㄩㄢˊ】둥글, 동그라미, 둘레
설문 3749 圜全也。《「全」『集韵(韻)』、『類篇』作「合」。誤字也。圜者天體。天屈西北而不全。圜而全、則上下四旁如一。是爲渾圜之物。『商頌』。幅隕既長。毛曰。隕、均也。按『玄鳥:傳』亦曰。員、均也。是則毛謂員隕皆圓之假借字。渾圜則無不均之処(處)也。『箋』申之曰。「隕」當作「圓」。圓謂周也。此申毛、非易毛。》从囗。員聲。讀若員。《王問切。13部。按古音如云。》/277

壼 곤【kǔn ㄎㄨㄣˇ】궁중 길 ■균:같은 뜻
설문 3754 宮中道。《『釋宮』曰。宮中衖謂之壼(壼)。郭云。巷、閤門道也。按『大雅』。室家之壼。毛曰。壼、廣也。『箋』云。壼之言梱也。室家相梱致。皆引伸假借之義。》从囗。象宮垣。道上之形。《從囗、象宮垣也。餘象道。按上當是從束省。從束者、內言不出於閫之意與。『玉篇』此字入〔㯻部〕。苦本切。郭、呂竝邱屯反。古音在12部。》『詩』曰。室家之壼。/277
유사 투호 호(壺) 답답할 운(壼) 하나 일(壹壹)

◀ 제 11 획 ▶

圖 (도)【tú ㄊㄨˊ】本[픠(할)] 그림, 다스릴
설문 3751 畫(畫)計難也。《『左傳』曰。咨難爲謀。畫(畫)計難者、謀之而苦其難也。『國語』曰。夫謀必素見成事焉而後履之。謂先規畫其事之始終曲折。歷歷可見。出於萬全。而後行之也。故引伸之義謂繪畫爲圖。『聘禮』曰。君與卿圖事。『釋詁』曰。圖、謀也。『小雅:傳』曰。慮、圖皆謀也。》从囗。从啚。啚。《逗。》難意也。《說從啚之意。啚者、嗇也。嗇者、愛濇也。愼難之意。同都切。5部。》/277

團 (단)【tuán ㄊㄨㄢˊ】둥글, 모일, 모을, 모임
설문 3746 圜也。《『鄭風』霝露團兮。『周禮』假專爲團。『大司徒:注』曰。專、圜也。》从囗。專聲。《度官切。14部。》/277

◀ 제 13 획 ▶

圛 (역)【yì ㄧˋ】돌아다닐
설문 3752 回行也。《謂回曲而行。》从囗。睪(睪)聲。《羊益切。古音在 5部。》『商書』曰。《「商」【各本】譌「尙」。今依『廣韵(韻)』、『玉篇』正。「曰」字【各本】無。今補。》曰圛。《句絕.『商書』謂「洪範」。曰圛、唐衞(衛)包改爲曰驛。而『尙書:正義』、『詩:齊風:正義』皆作曰圛。此【天寶以前未改之本】也。自貞觀以前。『史記:宋:世家集解』云。『尙書』作圛。引『鄭-注』。圛、色澤而光明也。『周禮:大卜: 注』引『洪範』。曰雨曰濟、曰圛、曰蟊、曰剋。『齊風:鄭-箋』云。『古文-尙書』弟爲圛。皆『古文-尙書』作圛之明證也。『古文-尙書』弟爲圛者、謂夏矦歐陽作弟。『古文-尙書』則作圛也。言此者證『詩』之弟字亦當爲圛而訓明也。知『今文-尙書』作弟者、『宋:世家』作涕可證也。『今本:鄭-箋』作以弟爲圛、衍一字而不可通矣。》圛者、《「者」字依『廣韵(韻)』、『五經文字』補。舊讀圛圛升雲爲句。誤甚。》升雲半有半無。《此釋『書』曰圛之義。與本訓回行不同。故箸之。如莫席別於火不明、壁譏別於以土增大道。文法正同。升雲半有半無。正某氏氣落驛不連屬、王肅霍驛消滅如雲陰、所本。如許說則『商書』圛字正繹之假借。》讀若驛。/277

圜 (환)【huán ㄏㄨㄢˊ】㊤㊥⑨㉆ yuán 두를, 에울, 고을이름 ■원:온전할, 둥글
설문 3745 天體也。《圜、環也。『吕(呂)氏-春秋』曰。何以說天道之圜也。精氣一上一下。圜周復襍(雜)。〈高日襍猶帀〉無所稽畱(留)。故曰天道圜。何以說地道之方也。萬物殊類殊形。皆有分職。不能相爲。故曰地道方。按天體不渾圜如丸。故『大戴-禮』云。參嘗聞之夫子曰。天道曰圓。地道曰方。盧云。道曰方圓耳。非形也。『淮南子』曰。天之圓不中規。地之方不中矩。『白虎通』曰。天、鎭也。其道曰圓。地、諦也。其道曰方。許言天體、亦謂其體一氣循環。無終無始。非謂其形渾圜也。下文云。圓、圜全也。斯爲渾圜。【許書】圓圜圓三字不同。今字多作方圓、方員、方圜、而圓字廢矣。依許則言天當作「圜」。言平圓當作「圓」。言渾圓當作圓。》从囗。睘聲。《王權切。14部。》/277

土
3
①

032
3-03
土 土
훈 흙 토

土 土 토【tǔ ㄊㄨˇ】[설문부수 480] 흙, 땅, 살(거주할) ■두:뿌리 ■도:감옥의 담■차:두엄, 퇴비

설문 8603 地之吐生萬物者也。《吐土疊韵(疊韻)。『釋名』曰。土、吐也。吐萬物也。》二象地之上、地之中。《「上」【各本】作「下」。誤。今依『韵會』正。地之上、謂平土面者也。土二横當齊長。士字則上十下一。上横直之長相等。而下横可隨意。今俗以下長爲土字。下短爲士者。絕(絶)無理。》|、物出形也。《此所謂引而上行讀若囟(囟)也。合二字象形爲會意。它魯(魯)切。『廣韵』引『文字指歸』曰。無點。按『文字指歸』葢(蓋)以無點者它魯切。有點者徒古切。田地主也。【釋氏書】國土必讀如杜是也。5部。》凡土之屬皆从土。/682

유사 선비 사(士)

성부 부록 색인 참조

형부 土를 부수로 하는 대부분의 글자들
조(陞) 얼(隉) 승(陞) 지(墜隆) 폐(陛) 습(溼)

형성 (4자) 모(牡 牡)693 토(吐 吐)846
사(徒 徒)1050 두(杜 杜)3284

◀ 제 1 획 ▶

𡈼 𡈼 정【tǐng ㄊㄧㄥˇ】[설문부수 295] 本[평평할] 풀, 보일, 자랑할, 착할, 땅에서 삐져날, 줄기, 지붕 ■치:맑을 ■령:통할, 쾌할

설문 5003 善也。从人士。《會意。他鼎(鼎)切。11部。》士、《逗。》事也。《說从士之意。人各事其事、是善也。》一曰象物出地挺生也。《𡈼挺疊(疊)韵。此說象形。與前說別。上象挺出形。下當是土字也。古土與士不甚可分如此。》凡𡈼之屬皆从𡈼。/387

유사 천간 임(壬) 임금 왕(王)

성부 𡈼음 巠巠巠경 望望망 呈정 廷정 重중 徵징 聽청

형부 망〈望〉

◀ 제 2 획 ▶

圣 圣 골 屬굴【shēng ㄕㄥ】㊙ kū 힘을 다 하였으나 남길 공 없을

설문 8678 汝潁之閒(間)謂致力於地曰圣。《此方俗殊語也。致力必以手。故其字从又土會意。》从又土。讀若兔(兎)鹿窟。《按許有窟。無窟。此當作堀。苦骨切。15部。》/689

형성 (2자) 괴(蛏 蛏)4147 괴(怪 怪)6518

◀ 제 3 획 ▶

在 在 재【zài ㄗㄞˋ】本[(안부를 살피려고)찾을] 있을(지위, 장소, 생존), 곳

설문 8650 存也。《存、恤問也。『釋詁』。徂、在、存也。在、存、察也。按『虞夏書』在訓察。謂在與伺音同。卽存問之義也。在之義古訓爲存問。今義但訓爲存亾(亡)之存。》从土。才聲。《昨代切。1部。》/687

성부 存존

형성 (1자) 치(茬 茬)513

● 先先先兲버섯 륙/록

肯 肯 강【kāng ㄎㄤ】㊙㊥⑨㊕ què ㊕ qiāng 휘장 모양 ■각:같은 뜻(屬139)

설문 4599 幬(幬)帳之象。《〔巾部〕曰。幬、襌帳也。帳、張也。》从冂。《幬帳所以覆也。》㞢(之)其飾也。《帳必有飾。凡彀鼓(鼓)右皆像垂飾。苦江切。按古音在 3部。〔殳部:殸〕从殳、肯(青)聲。凡㲉(㲉)彀慤字从殸聲。》/353

성부 殸殸각

圭 圭 규【guī ㄍㄨㄟ】本[서옥] 홀, 용량 단위, 저울눈, 화합치 못할

설문 8732 瑞玉也。《瑞者、以玉爲信也。》上圜下方。《圭之制、上不正圜。以對下方言之、故曰上圜。上圜下方。法天地也。故應劭曰。圭自然之形。陰陽之始也。以圭爲陰陽之始、故六十四黍爲「圭」。四圭爲「撮」。十圭爲「一合」。量於此起焉。『方言』曰。鼁、始也。多不得其解。愚謂鼁從圭聲。與圭同音。鼁始也、卽圭始也。》公執桓圭九寸。《桓、〔玉部〕作瓛。此不改者、依『周禮』文也。鄭曰雙植謂之桓。桓圭以宮室之象爲瑑飾。》侯執信圭。伯執躬(躬)圭。皆七寸。《鄭曰。「信」當爲「身」。身圭、躬圭皆象以人形爲瑑飾。九寸、七寸謂其長也。》子執穀璧。男執蒲璧。皆五寸。《二玉以穀以蒲爲瑑飾。五寸謂其徑也。》㠯(以)封諸侯。《詳『周禮:大宗伯:典瑞、玉人』。天子以封諸侯。諸侯守之以主其土田山川。故字从重土。》从重土。《重土者、土其土也。古畦切。16部。》楚爵有執圭。《此說楚制之乖異也。其事㮣見【各書】。若『國策』之景翠、莊辛。『淮南』之荊佽非、子發。『說苑』之鄂君子晳。『呂覽』之能得五員者。皆楚執圭者也。『高-注:淮南』曰。楚爵功臣賜以圭。謂之執圭。比附庸之君。》珪古文圭。从王(玉)《古文从玉。謂頒玉以命諸侯、守此土田培敦也。小篆重土而省玉。葢李斯之失與。【今-經典】中圭珪錯見。O 圭珪移於部末者、許例當如此也。》/693

성부 卦괘 窐규 鼃규 厓애 恚에 洼와 烓경 封봉

형성 (24자+3) 규(茥 茥)315 왜(哇 哇)856
기(趌 趌)1002 가(街 街)1206 괘(詿 詿)1542
규(眭 眭)2114 규(刲 刲)2664 규(桂 桂)2696
화(觟 觟)2719 계(桂 桂)3282 규(邽 邽)3865
가(佳 佳)4761 애(崖 崖)5638 규(麈 麈)5982
규(奎 奎)6283 렬(奊 奊)6304 휴(聖 聖)7349
규(閨 閨)7371 계(挂 挂)7700 왜(娃 娃)7915
과(絓 絓)8133 와(畫 畫)8414 와(鼃 鼃)8583

휴(畦畦)8752 휴(畦畦) 규(珪) 휴(罣)

圮 (비)【pǐ ㄆㄧˇ】 무너질
설문 8694 毁也。《『廣韵(韻)』。岸毁。又覆也。》从土。己聲。《符鄙切。古音在 1部。》『虞書』曰。《「虞」當作「唐」。說在〔禾部〕。》方命圮族。《『堯典』文。》 𨹹圮或从手、配省。非聲。《大徐作「从手从非、配省聲」。未知孰是。此皆〔屵部〕之巃嵸字。其音義皆略同也。》/691

圯 (이)【yí ㄧˊ】 다리, 흙다리
설문 8730 東楚謂橋。《大史公曰。彭城以東。東海、吳、廣陵。此東楚也。『史』、『漢』。張良嘗閒從容步游下邳汜上。服虔(虔)曰。圯音頤。楚人謂橋爲圯。按字當作「圯」。『史』、『漢』叚(假)汜爲之。故服子愼讀如頤也。或云姚察見『史記』本有从土旁者。應劭曰。汜水之上、謂窮瀆無水之上也。則應說从水作「汜」爲合。與从土訓橋異。詳〔水部:汜〕下。》从土。巳聲。《與之切。1部。》。/693

地 (지)【dì ㄉㄧˋ】 땅, 지위, 어조사
설문 8604 元气初分。輕淸昜爲天。重濁侌爲地。《元者、始也。『陰陽大論』曰。黃帝問於岐伯曰。地之爲下否乎。岐伯曰。地爲人之下。大虛之中者也。黃帝曰。馮乎。岐伯曰。大氣擧(擧)之也。按地之重濁而包擧乎輕淸之氣中。是以不墜。》萬物所敶(陳)列也。《「敶」【各本】作「陳」。今正。〔攴部〕曰。敶者、列也。凡本無其字、依聲託事者。如萬蟲、終古叚(假)借爲千萬。雖唐人必用万字。不可從也。若本有其字。如叚陳國爲敶列。在【他書】可。而【許書】不可。地與敶以雙聲爲訓。》从土。《地以土生物。故从土。》也聲。《坤道成女。玄牝之門。爲天地根。故其字从也。或云从土乙力。其可笑有如此者。徒四切。古音在17部。『漢書』或叚爲第但也之第。》墬籒文地。从𨸏(阜)土。㒸聲。《從【小徐本】。惟「㒸」字小徐作「彖」。非其聲也。今正、作「㒸」。从𨸏(阜)、言其高者也。从土、言其平者也。㒸見〔㐆部〕。鐆隊墜皆以爲聲。在古音 16部。地字古音本閒於16、17网(兩)部也。若大徐作「从隊」。〔𨸏部:隊〕音徒玩切。其繆愈難糾矣。漢人多用墜字者。傳寫皆誤少一畫(畫)。》/682

◀ 제 4 획 ▶

坻 (지)【zhǐ ㄓˇ】 모래섬 ■저:언덕
설문 8652 箸也。《『韵(韻)會』作「箸止也」。箸直略切、者字之叚(假)借也。行之旣久。乃不可變矣。凡言者者、别事䛐(詞)也。有所箸之䛐也。故凡言箸、皆者引申之義。『左傳:昭:卄九年』。物乃坻伏。鬱湮不育。『杜-注』。坻、止也。此坻字見於【經】者。而『開成-石經』譌作「坘」。其義迥異。楚金所見『左傳』故未誤。尋其所由。葢(蓋)唐初已有誤坻者。故釋文曰。坻音旨。又音丁禮反。後一音則已譌爲坘。凡字切丁禮者、皆氐聲也。【今-版本】釋文及『左傳』及『廣韵(韻):四, 紙』皆作「坘」。坘行而坻廢矣。》从土。氏聲。《諸氏切。16部。與 15部之坘異義。》/687

坄 (역)【yì ㄧˋ】 굴뚝
설문 8627 匋竈囱也。《「匋」【各本】作「陶」。今正。〔缶部〕曰。匋者、瓦器竈也。〔穴部〕曰。囱(窓)者、通空也。燒瓦器之竈上必通孔。謂之坄者、其火熒然而出也。『士喪禮』。爲垼於西牆下。東鄉(鄕)。『注』云。垼、塊竈。『旣夕:記』云。坄用塊。『注』云。塊、塩也。葢(蓋)『士喪』之竈、土凷爲之。以煮沐浴者之潘水。不似人家廚竈。必令適爲之。且僅通孔可煮而已。故謂之坄。不謂之竈也。坄、『禮經』作「垼」。『古文-禮』作「役」。》从土。役省聲。《營隻切。16部。》/684

均 균【jūn ㄐㄩㄣˉ】 ㉠ yún 평평할, 고르게 할, 두루, (흐르는 물을)따라 갈 ■운:운(韻)
■연:따를
설문 8612 平徧也。《平者、語平舒也。引申(申)爲凡平舒之偁(稱)。徧者、帀也。平徧者、平而帀也。言無所不平也。『小雅:節南山:傳』曰。均、平也。古多叚(假)旬爲均。亦叚鈞爲均。》从土勻。《勻者、帀也。故以會意。》勻亦聲。《小徐無「勻亦」二字。居勻切。12部。》/683
형성 (1자+1) 운(蒟 䈴)495 균(筠 䈴)

坒 비【bì ㄅㄧˋ】 섬돌, 계단
설문 8655 地相次坒也。《依小徐及『玉篇』、『廣韵』作「次坒」。大徐作「次比」。》衞(衛)大夫貞子名坒。《句有誤。北宮貞子名喜。不名坒。又衞有褚師比諡(謚)聲子。不諡貞子》从土。比聲。《毗至切。15部。》/687
성부 陛폐
형부 폐(梐 梐)

圪 (을)【yì ㄧˋ】 담 높은 모양
설문 8630 牆高皃(貌)也。《『大雅:皇矣』曰。崇墉言言。『傳』曰。言言、高大也。又曰。崇墉仡仡。『傳』曰。仡仡猶言言也。依『說文本』作「圪圪」。》『詩』曰。崇墉圪圪。从土。气聲。《魚迄切。15部。》/685

坋 (분)【fèn ㄈㄣˋ】 티끌, 둔덕, 섞을
설문 8709 𪋻(塵)也。《凡爲細末糝物若被物者皆曰坋。如『左氏』芥其雞(鷄)。賈逵云。季氏擣芥爲末。播其雞翼。可以坌郈氏雞。『五行志』。棄灰於道者黥。孟康云。商鞅以棄灰於道必坋人。坋人必鬥。故設黥刑(刑)以絕(絶)其源。『貨殖傳』胃脯。晉灼云。㷅羊胃以末椒薑坋之。皆是也。其音則『後漢:東夷傳:注』引『說文』蒲頓反爲長。今俗語如蓬去聲。按坋之言被也。》从土。分聲。《房吻切。13部。》一曰坋、大防也。《『周南:傳』曰。墳、大防也。許釋墳爲墓。然則汝墳乃叚(假)借字也。此義音當平聲。》/691

坎 (감)【kǎn ㄎㄢˇ】 구덩이, 험할, 괘 이름, 구멍 파고 장사지낼
설문 8668 陷也。《陷者、高下也。高下者、高而入於下也。因謂阱謂坎。〔井部〕曰。阱者、大陷也。〔穴部〕曰。窞、坎中更有坎也。『易』曰。坎、陷也。習坎、重險也。『毛詩:傳』曰。

坎坎、擊鼓(鼓)聲。按此謂坎坎爲竷竷之叚(假)借字也。》从土。欠聲。《苦感切。8部。》/689

土 3 ④

生 生 황【huáng ㄏㄨㄤˊ】초목 무성할
▣ 봉:무덤 봉(封)의 옛글자
설문 3698 艸木妄生也。《生妄。疊韵(疊韻)妄生猶怒生也。》从㞢(之)在土上。讀若皇。《戶光切。10部。》
𡈼古文。《按从㞢(之)从壬、會意也。【鉉本】無此。然【宋本】文二之下有重一兩(兩)字。則知固有此篆。與【小徐本】同。〔辵(辶)部〕古文往作㞷、从此。》/272
성부 匡匡광 狂광 往왕
형성 (5자+1) 왕(㞷 𪍿)1953 황(䞡 䞡)3236 왕(枉 𣏌)3440 왕(汪 𣳮)6827 광(軖 軖)9163 왕(尪 尪 𡯁)

坏 坏 (배)【pēi ㄆㄟ】㉠㊤ pī ㉠ pěi 겹산, 날기와, 틈 막을
설문 8716 丘一成者也。《一【各本】作再。今正。『水經:注』曰。河水又東逕成皋(皇)大伾山下。『爾雅』。山一成謂之伾。許愼、呂(呂)忱等並(竝)以爲丘一成也。孔安國以爲再成曰伾。據此、是俗以『孔-傳』改易【許書】。【今本】非善長所見也。》一曰瓦未燒。《今俗謂土坏。古語也。瓦者、土器已燒之總(總)名。然則坏者、凡土器未燒之總名也。此與墼字異義同。但墼專謂墉耳。『國語』。趙簡(簡)子使尹鐸墮晉陽壘培。尹鐸增之。『韋-注』。壘墼曰培。此培字正坏之叚(假)借。『月令』。坏垣牆。坏城郭。『注』曰。坏、益也。是又叚坏爲培也。》从土。不聲。《芳桮切。古音在 1部。》/692

坐 坐 坐좌【zuò ㄗㄨㄛˋ】앉을, 무릎 꿇을, 연루(남의 죄에 걸려듦)
설문 8651 止也。《止、下基也。引申爲住止。凡言坐落、坐罪是也。引申爲席地而坐。『小雅』。不遑啓處。『傳』曰。啓、跪。處、居也。古謂跪爲啓。謂坐爲尻、爲處。尻俗作居。引申謂凡止箸爲坐。》从畱(留)省。从土。《會意。徂臥切。17部。》土、所止也。此與畱同意。《釋从土之意。从土不必土。猶畱从田不必田。皆謂所止也。故曰同意。》𡋬古文坐(坐)。《今古文行而小篆廢矣。止必非一人。故从二人。『左傳』鍼『莊子』爲坐。凡坐獄訟。必兩造也。》/687
형성 (10자) 좌(莝 𦸗)593 좌(趖 趖)957 좌(脞 脞)2103 좌(剉 剉)2665 좌(痤 痤)4533 좌(侳 侳)4848 좌(髽 髽)5506 좌(挫 挫)7483 사(娑 娑)7923 좌(銼 銼)8867

◀ 제 5 획 ▶

坡 坡 (파)【pō ㄆㄛ】비탈, 고개, 둑
설문 8610 阪也。《〔𨸏(阜)部〕曰。坡者曰阪。此二篆轉注也。又曰。陂、阪也。是坡陂二字音義皆同也。坡謂其陂陀。『毛詩』。隰(溼濕)則有泮。『傳』曰。泮、坡也。此釋叚(假)借之法。謂泮卽坡之雙聲叚借也。鄭不從其說。而易之曰讀爲畔。》从土。皮聲。《滂禾切。17部。》/683

坤 坤 坤(곤)【kūn ㄎㄨㄣ】땅, 괘 이름, 황후
설문 8605 地也。『易』之卦也。《『象傳』曰。地勢坤。君子以厚德載物。『說卦:傳』曰。坤、順也。按伏羲取天地之德爲卦。名曰乾坤。》从土申。《會意。苦昆切。13部。》土位在申也。《此說从申之意也。『說卦:傳』曰。『坤』也者、地也。萬物皆致養焉。故曰致役乎『坤』。『坤』正在申位。自倉頡造字已然。後儒乃臆造『乾』南『坤』北爲伏羲先天之學。『說卦:傳』所定之位爲文王後天之學。甚矣人之好怪也。或問伏羲畫(畵)八卦。卽有『乾坤震巽』等名與不。曰有之。伏羲三奇謂之『乾』。三耦謂之『坤』。而未有乾字坤字。『傳』至於倉頡乃後有其字。『坤』顨特造之。『乾震坎離艮兌』以音義相同之字爲之。故文字之始作也。有義而後有音。有音而後有形。音必先乎形。名之曰乾坤者、伏羲也。字之者、倉頡也。畫卦者、造字之先聲也。是以不得云☷卽『坤』字。》/682

坥 坥 (저)【qū ㄑㄩ】지렁이가 모인 땅
설문 8718 益州部謂蟥場曰坥。《『郡國志』。自漢中至犍爲屬國郡國十二。益州刺史部也。蟥、丘蚓也。「場」失羊切。俗作「塲」。古作「壤」。『穀梁傳』。吐者外壤。食者內壤。徐邈、麋信皆作「場」。音傷。是也。蟥場謂其外吐之土。『方言』曰。梁宋之閒蚍蜉犂鼠之場謂之坻。蟥場謂之坥。郭云。其糞曰坥。按【醫書】謂之蚓樓。今土面虛起者是也。許云〔益部〕、與梁宋之閒不合。疑『方言』「宋」當作「益」。》从土。且聲。《七余切。5部。又七豫切。》/692

坦 坦 (탄)【tǎn ㄊㄢˇ】本[너그러울] 평평할, 넓을, 사위
설문 8654 安也。《『論語』曰。君子坦蕩蕩。按魯讀爲坦湯湯。此如『陳風:子之湯兮:傳』曰。湯、蕩也。謂湯爲蕩之叚(假)借字也。『司馬相如賦』叚壇爲坦。》从土。旦聲。《他但切。14部。》/687

坪 坪 (평)【píng ㄆㄧㄥˊ】㉠ bìng 벌판, 들(평탄한 땅)
설문 8611 地平也。《舊鈔【小徐本】作坙。『廣韵(韻)』。坙、地名。今義也。》从土平。平亦聲。《小徐無平亦二字。皮命切。11部。亦平聲。》/683

坫 坫 (점)【diàn ㄉㄧㄢˋ】잔대, 경계
설문 8640 屛也。《『陳氏-禮書』曰。坫之別凡有四。『記』曰。反坫出尊。『論語』曰。邦君爲兩君之好有反坫。此反爵之坫也。『記』曰。崇坫康圭。此奠(奠)玉之坫也。『記』又曰。士於坫一。此庋食之坫也。『士冠禮』。爵弁、皮弁、緇布冠各一匴。執以待於西坫南。大射。將射。工遷於下。東坫之東南。『士喪禮』。牀第(笫)夷衾。饌(饌)於西坫南。『旣夕禮』。設棜於東堂下南順。齊於坫。此堂隅之坫也。『爾雅』曰。垝謂之坫。郭云。坫、堀也。在堂隅。按堀本作「墆」。高皃(貌)也。以土爲之。高可屛蔽。故許云屛也。其字俗作店。崔豹曰。店、置也。所以置貨鬻物也。》从土。占聲。《都念切。7部。》/686

坱 (앙)【yàng ㄧㄤˋ】[상]㊥⑨ yǎng 편할、먼지
[설문] [8706] 壒(塵)埃也。《塵者、鹿行土也。引申爲土飛揚之偁(稱)。坱者、塵埃廣大之皃(貌)也。『賈誼賦』曰。大鈞播物兮坱圠無垠。『王逸-楚辭:注』曰。坱、霧昧皃。》从土。央聲。《於亮切。10部。按『文選』烏黨切。『篇』、『韵(韻)』皆同。》/691

坴 [륙]【liòu ㄌㄧㄡˋ】㉠[상]㊥⑨[작] lù 흙덩이
[설문] [8619] 土凷(塊)坴坴也。《坴坴、大凷之皃(貌)。》从土。圥聲。《力竹切。3部。》讀若速。《【大徐本】「速」作「逐」。誤也。坴讀如速。與鼀讀七宿切意同。》一曰坴梁地。《『始皇本紀:三十三年』。發諸嘗逋亾(亡)人。贅壻、賈人略取陸梁地。爲桂林象郡南海。以適遣戍。字作陸。按坴梁葢(蓋)其地多土凷。而土性強(强)梁也。》/684
[유사] 높을 릉(夌)
[성부] [埶]예
[형부] 첨(棪) 규(逵)
[형성] (4자) 목(睦)2054 륙(鯥)2308 륙(稑)4189 륙(陸)9177

坶 (목)【mù ㄇㄨˋ】[本][땅이름] 기를, 살필, 다스릴
[설문] [8609] 朝歌南七十里地。『周書』曰。武王與紂戰于坶野。《此『書:序』文也。『今-書-序』「紂」作「受」。「坶」作「牧」。『詩:大明』。矢于牧野。『正義』引『鄭-書:序:注』云。「牧野」、紂南郊地名。『禮記』及『詩』作「坶野」。古字耳。此鄭所見『詩』、『禮記』作「坶」。『書:序』衹作「牧」也。【許-所據:序】則作「坶」。葢(蓋)所傳有不同。「坶」作「坶」者、字之增改也。每亦母聲也。》从土。母聲。《莫六切。3部。徐邈曰。牧一音茂》/683

坷 (가)【kě ㄎㄜˇ】험할, 고생할
[설문] [8703] 坎坷也。《坎坷雙聲。謂不平也。》从土。可聲。《康我切。17部。》梁國寧陵有坷亭。《『郡國志』。梁國寧陵。故屬陳畱(留)。》/691

坋 (분)【fèn ㄈㄣˋ】쓸어버릴(제거할)
[설문] [8648] 埽除也。《「坋」字『曲禮』作「糞」。『少儀』作「拚」。又皆作「擭」。糞卽〔華部〕之叁字。與坋音同義略同。拚其叚(假)借字也。『少儀』曰。汎埽曰埽。埽席前曰拚。此析言之也。許以埽除釋坋。以坋釋埽。渾言之也。『弟子職』。旣拚盥漱。謂埽席前也。汎拚正席。謂廣坋內外、不止席前也。『小雅:伐木:箋』。亦以灑擭釋洒埽。》从土。弁聲。讀若叁(糞)。《方問切。古音在 14部。》/687

坺 (발)【bó ㄅㄛˊ】[상]㊥⑨[작] bá (흙을)갈
[설문] [8626] 坺土也。《「坺」字【各本】無。今補。厸下曰。厼坺土爲牆壁。凡初出於田爲坺土。稍治之乃爲凷(塊)。》一臿土謂之坺。《一下【各本】有「曰」字。今依『玄應書:卷二十』、『廣韵(韻):十三, 末』正。〔木部〕曰。梠、臿也。鍫臿詳見〔木金 2部〕。一臿所起之土謂之坺。今人云坺頭是也。〔耒部〕曰。耕廣五寸爲伐。二伐爲耦。與『考工記』二耜爲耦。一耦之伐廣尺深尺謂之畎。稍不同。鄭云。畎土曰伐。伐卽坺。依『考工記』二耜之土爲伐。許云一梠之土爲伐。卽此云一臿土謂之坺也。惟臿與梠不同物耳。》从土。犮聲。《本在塵皃(貌)下。今移此。蒲撥切。15部。》『詩』曰。武王載坺。《『商頌:長發』文。『今-詩』作「旆」。『傳』曰。旆、旗也。按『毛詩』當本作「坺」。『傳』曰。坺、旗也。訓坺爲旗者、謂坺卽旆之同音叚(假)借也。此如『小宛』訓題爲視。謂題卽眡之叚借。『斯干』訓革爲翼。謂革爲翺之叚借。若此之類。不可枚數。淺學者少見多怪。乃改坺爲旆。以合旗訓。葢(蓋)亦久矣。許之引此『詩』則偁(稱)【經】說叚借之例。如引無有作「政(妞)」、說政卽好。引朕堲讒說、說堲卽疾。》一曰塵皃(貌)。《坺之言蓬勃也。》/684

坻 (지)【dǐ ㄉㄧˇ】[상]㊥⑨[작] chí 모래톱、섬、물가 ■저:언덕
[설문] [8670] 小渚也。《『爾雅』曰。小州曰渚。小渚曰沚。小沚曰坻。『毛詩:周南、秦傳』曰。水中可居者曰州。渚、小州也。坻、小渚也。小渚曰沚。今按『毛傳』不應坻沚同訓。若云坻、小沚也。小渚曰沚。則於『爾雅』合。〔許-水部:渚〕下引『爾雅』小州曰渚。沚下云小渚也。皆與『爾雅』、『毛傳』同。則此小渚亦當作小沚明矣。坻者、水中可居之冣(最)小者也。》从土。氐聲。《直尼切。15部。與 16部之坻迥別。》『詩』曰。宛在水中坻。《『秦風:蒹葭』文。》 坻或从水。从夊。《夊聲。》 坻或从水耆。《耆聲。》/689

㙊 坼圻垿(탁)【chè ㄔㄜˋ】터질, 싹틀
[설문] [8705] 裂也。《裂者、繒餘也。因以爲凡隙之偁(稱)。》从土。㡿(斥)聲。《丑格切。古音在 5部。讀如託。》『詩』曰。不㙊(坼)不䟚。《『大雅:生民』文。『今-詩』作「副」。許作䟚者、所據用籒文也。『毛傳』曰。不坼不副、言。易也。》/691

坿 (부)【fù ㄈㄨˋ】[本][더할] 흰 차돌, 흰 수정
[설문] [8676] 益也。《『呂(呂)氏-春秋』。『七月:紀』。坿牆垣。『高-注』。坿讀如符。坿猶培也。『十月紀』。坿城郭。『高-注』坿、益也。令高固也。按今多用附訓益。附乃附婁。讀步口切。非益義也。今附行而坿廢矣。》从土。付聲。《符遇切。古音在 4部。》/689

垂 [垂][수]【chuí ㄔㄨㄟˊ】[本][변방] (축)늘어질, (아래로)드리울, 가장자리
[설문] [8731] 遠邊也。《〔辵部〕曰。邊者、行垂(垂)崖也。垂者、遠邊也。崖者、高邊也。邊本謂行於垂崖。因之垂崖有遠邊高邊之偁(稱)。厓有山邊之偁矣。『逍遙游』。翼若垂天之雲。崔云。垂猶邊也。其大如天一面雲也。『漢書』。千金之子坐不垂堂。謂坐不於堂之邊也。垂本謂遠邊。引申之、凡邊皆曰垂。【俗書】邊垂字作「陲(陲)」。乃由用垂爲𠂹。不得不用陲爲垂矣。〔自(阜)部〕曰。陲、危也。則無邊義。》从土。𠂹聲。《是爲切。古音在 17部。》/693
[성부] [睡]추

형성 (14자+1) 타(唾)784 추(諈)1473 수(睡)2079 수(䍋)2186 추(腄)2541 추(箠)2843 우(郵)3841 수(陲)5693 타(涶)6780 추(捶)7687 추(娷)7959 타(埵)8681 추(錘)8941 추(陲)9257 추(硾)

◀ 제 6 획 ▶

型 型(형)【xíng ㄒㄧㄥˊ】거푸집, 본보기 설문 8662 鑄器之灋(法)也。《以木爲之曰「模」。以竹曰「笵」。以土曰「型」。引申之爲典型。叚(假)借荆(刑)字爲之。俗作刑。非是。『詩:毛傳』屢云荆、法也。又或叚形爲之。『左傳』引『詩:形民之力。而無醉飽之心』。謂程量其力之所能爲而不過也。》从土。荆聲。《戶經切。11部。》/688

垍 (계)【jì ㄐㄧˋ】굳은 흙, 석비레 ■기:정음(正音)
설문 8679 堅土也。《堅者、剛也。堅土、『周禮』所謂彊檃。鄭云彊堅者是也。按檃一作壏。『管子』。壚土之次曰五壏。五壏之狀、芬焉若糠以肥。說與鄭異。》讀若臮。《臮在1部。而用爲聲者取雙聲。》从土。自聲。《其臮切。按當曰几利切。15部。》/689

垎 (핵)【hé ㄏㄜˊ】㊤㊥⑨㉺ hè 물기 마를, 미칠(狂也)
설문 8672 水乾也。《乾音干。『玉篇』、『廣韵(韻)』皆作「土乾也」爲長。謂土中之水乾而無潤也。『王逸-九思』。冰(氷)凍兮垎澤。『自:注』。垎、竭也。寒而水澤竭成冰。按水澤竭所謂乾也。『今-楚辭』作「洛澤」。『廣韵(韻)』、『集韵:十九、鐸』皆引冬冰兮洛澤。誤甚。》从土。各聲。《胡格切。古音在5部。讀如貉。》一曰堅也。《按乾與堅義相成。水乾則土必堅。『齊民要術』曰。溼(濕)耕堅垎。數年不佳。謂耕溼田則土堅垎不佳也。『學記』曰。發然後禁。則扞格而不勝。『注』曰。格讀如凍垎之垎。扞格、堅不可入之皃(貌)。『正義』云。言格是堅彊。譬如地之凍則堅彊難入。故云如凍垎之垎。但今人謂地堅爲垎也。『正義本:注』是凍垎。【陸德明本】是凍垎。陸非孔是。『管子』。沙土之次曰五塥。塥葢(蓋)謂堅垎。》/689

垐 (자)【jì ㄐㄧˋ】㊤㊥⑨㉺ cí 흙으로 길 높일
설문 8673 目(以)土增大道上。《增、益也。此與茨同意。以艸次於屋上曰「茨」。以土次於道上曰「垐」。》从土。次聲。《疾資切。古音在12部。》堲古文垐。《見於【經】者、曰夏后氏堲周。『注』云。火熟曰堲。引『弟子職』右手折堲。是鄭與許異也。》从土即。《古次即同在15部。而次古讀如漆。故即聲後改爲次聲。而『唐書』叚(假)堲爲疾也。今音疾資切。》『虞書』曰。龍、朕堲讒說殄行。《『堯典』文。「虞」當作「唐」。說在〔禾部〕。》堲、疾惡也。《此釋『經』以說叚借。謂堲卽疾之叚借。如莫席爲竹蔑之叚借、作玻(妞)爲好之叚借也。古音讀如疾。『廣韵(韻)』子栗將七二切。是也。徐仙民讀在力反。乃失古義矣。》/689

垒 (루)【lěi ㄌㄟˇ】날 벽돌담, 흙담, 구덩이를 쌓아서 담칠
설문 9269 厽墼也。《墼者、令適未燒者也。已燒者爲令適。今俗謂之塼。古作專。未燒者謂之墼。今俗謂之土墼。垅土則又未成墼者。積垅土爲牆曰厽。積墼爲牆曰垒。此音同義異之字也。〔土部〕曰。軍壁曰壘。此又音義皆異之字也。『玉篇』之『注』甚誤。故辨之。『禮:喪服』。翦屛柱楣。『注』曰。於中門之外。垒墼爲之。【今本】垒皆譌壘。『急就篇』墼壘、亦當作「垒」。葢(蓋)俗字厽畾之不分者多矣。》从厽土。《會意。不入〔土部〕者、重厽也。》厽亦聲。《【各本】無此三字。今依上篆補。力軌切。古在16部。劣委反。》/737

垑 (치)【chǐ ㄔˇ】땅을 믿을, 흙 다룰
설문 8691 恃也。《『廣韵(韻)』曰。垑、恃土地也。疑所見是【完本】。恃土地者、自多其土地。故字从多土。『玉篇』。垑、治土地名。恐有錯誤矣。『釋詁』曰。恀、恃也。謂自多之意。一說『爾雅』葢(蓋)本作「垑」。故許同之。》从土。多聲。《尺氏切。古音在17部。》/690

垓 (해)【gāi ㄍㄞˉ】땅가장자리, 수비, 일해(수의 단위, 경의 10배)
설문 8606 兼晐八極地也。《「晐」【各本】作「垓」。今正。晐俗作該。〔日部:晐〕下曰。兼晐也。此用其義釋垓。以曡韵(疊韻)爲訓也。凡四方所至謂之四極。八到所至謂之八極。『淮南書』曰。八紘之外乃有八極。非此義也。兼備八極之地謂之垓。》从土。亥聲。《古哀切。1部。》『國語』曰。天子居九垓之田。《『鄭語』曰。王者居九畡之田。收經入以食兆民。韋云。九畡、九州之極數也。又『楚語』。天子之田九畡。以食兆民。韋云。九畡、九州之內有畡數也。食兆民、民耕而食其中也。天子曰兆民。按畡者、垓字之異也。韋云有垓數者、卽『風俗通』千生萬、萬生億、億生兆、兆生經、經生垓。》/682

垔 垔 인【yīn ㄧㄣˉ】막을 ■수 두:같은 뜻
설문 8695 塞(寒)也。《按此字【古書】多作「堙」、作「陻」。眞字乃廢矣。『左傳』井堙木刊『服-注』、『周語:墮高堙庳:韋-注』皆同此。》从土。𠧪(西)聲。《於眞切。古音在13部。》『商書』曰。《『大徐-尙書』曰、【小徐書】曰皆誤。》鯀垔洪水。《『周書』:鴻範』文。『左傳』與許例云『商書』。》𡋟垔或从自。𡋟古文垔如此。《上从古文西。》/691

상부 甄견

형성 (7자) 인(禋)29 예(㙪)2242 견(鄄)3951 연(煙)6182 인(湮)6964 인(闉)7378 인(𡏖)7980

垗 (조)【zhào ㄓㄠˋ】本[제터 언저리] 묏자리(장지) ■초:제사지낼
설문 8727 畔也。《畔者、田畍(界)也。畍者、竟也。垗畔雙(雙)聲。》爲四畔畍祭其中。《「畔」【各本】譌「時」。『集

韵(韻)』、『類篇』又譌「畤」。今正。四畔謂四面有埒也。『周禮:小宗伯』。兆五帝於四郊。鄭曰。兆爲壇之塋域。然則四面爲垠埒也。引申爲『孝經』之「宅兆」。『樂記』之「綴兆」。垗、古叚肇(假肇)爲之。『尙書:大傳』。兆十有二州。鄭云。兆、域也。爲塋域以祭十二州之分星也。而『古文-堯典』作「肇」。『大雅』。以歸肇祀。鄭云。肇、郊之神位也。是讀爲兆也。『商頌』。肇域彼四海。『箋』云。「肇」當作「兆」。畍祭其中。「畍」當作「介」。介、畫(畵)也。》从土。兆聲。《兆者、分也。形聲中有會意也。治小切。2部。》『周禮』曰。垗五帝於四郊。《『今-周禮』作「兆」。許作「垗」者、葢(蓋)【故書今書】之不同也。○此篆本在堋篆後。今移此。乃條理秩然。》/693

垚 요【yáo ㄧㄠˊ】【설문부수 481】 높은 모양 ※ 요(堯)와 같은 글자

설문 8733 土高皃(貌)。《依『韵會-所據:本』。與『廣韵』合。》从三土。《會意。吾聊(聊)切。2部。》凡垚之屬皆从垚。/694

성부 堯요

垛 (타)【duǒ ㄉㄨㄛˇ】 本[글방] 살받이(활 쏠 때 과녁 주위에 흙을 쌓아 올린 것), 장벽

설문 8639 門堂孰也。《門字孰字今補正。『攷工記』。門堂三之二。室三之一。鄭曰。門堂、門側之堂也。『釋宮(宮)』曰。門側之堂謂之塾。孫炎、郭樸皆曰。夾門堂也。堂無塾。門堂乃有塾。刪(删)去門字、於制不可通矣。孰、【經典】皆作塾。以孰加土、猶以孰加火耳。謂之孰者、『白虎通』云。所以必有塾何。欲以飾門因取其名。明臣下當見於君。必孰思其事。是知其字古作孰而已。後乃加之土也。謂之垛者何也。朶者、木下垂。門堂伸出於門之前後。略取其意。後代有朶殿。今俗謂門兩(兩)邊伸出小牆曰垛頭。其遺語也。孰之制。於正堂之脩廣得三之二。其室於正堂之脩廣得三之一。北向堂者爲孰。得堂脩廣三之一。南向者亦爲孰。亦得堂脩廣三之一。故曰門堂三之二也。室三之一者、北向南向兩孰之中廾(共)一室。室得堂脩廣亦三之一。與門之脩廣等。『顧命』曰。先路在左塾之前。次路在右塾之前。此謂北面之孰也。『士虞禮』。匕俎在西塾之西。『緇衣』。自堂徂基。『毛傳』云。基、門塾之基。此皆謂南面之孰也。『士冠禮』。筮與席所卦者具饌(饌)於西塾。此南面之塾也。擯者玄端負東塾。此北面之塾也。『尙書:大傳』曰。上老平明坐於右塾。庶老坐於左塾。餘子畢出然後歸。夕亦如之。葢(蓋)謂北面之塾也。『食貨志』。春將出民。里胥平旦坐於右塾。鄰(隣)長坐於左塾。葢謂南面之塾也。凡孰之可攷者如此。孰字依『白虎通』及『崔豹-古今:注』則正作「孰」、俗作「塾」皆可。近儒或曰當作「墪」。墪之音義皆與孰迥隔。若『後漢書:劉(劉)繢傳』。畫(畵)伯升像於塾。旦起射之。『東觀記』、『廣漢書』並(竝)作墪。此乃所傳之異。不得云墪卽塾字也。畫伯升於門牆之山頭而射之、故曰畫於塾。山頭者、俗語牆之冣(最)高處也。據李賢引『字林』曰。塾、門側堂也。是知漢後多用塾字。此『說文』、『字林』之分古今也。》从土。朶聲。《丁果切。17部。》/686

垝 (궤)【guǐ ㄍㄨㄟˇ】 무너질(허물어짐)

설문 8693 毁垣也。《當曰垝垣、毁垣也。『衛(衛)風:氓』曰。乘(乘)彼垝垣。『傳』曰。垝、毁也。下文云。毁、缺也。》从土。危聲。《過委切。16部。》『詩』曰。乘彼垝垣。陒垝或从𨸏(阜)。/691

垠 垠(은)【yín ㄧㄣˊ】 땅가장자리, 지경, 언덕, 하늘가장자리 ■간:땅경계

설문 8689 地垠咢(垠咢)也。《「咢」字【各本】無。今補。『玄應書:卷八』引圻、地圻咢也。『文選(選):七發:注』引圻、地圻堮也。堮者、後人增土。咢則【許書】本然。淺人以咢爲怪。因或改或刪耳。按古者邊畍(界)謂之「垠咢」。『周禮:典瑞、輈人』、『禮記:郊特牲、少儀、哀公問五:注』皆云「圻鄂」。「圻」或作「沂」。『張平子-西京賦』作「垠鍔」。『注』引『許氏-淮南子:注』曰。「垠鍔」、端厓也。『甘泉賦:李-注』曰。鄂、垠鄂也。按「垠」亦作「圻」。或作沂者叚(假)借字。『淮南書』亦作「壂」。『玉篇』曰。古文也。「咢」作「鄂」作「鍔」者、皆叚借字。或作「壏」作「墿」者、異體也。咢者、譁訟也。叚借之、『毛詩』鄂不韡韡。鄂葢(蓋)本作「咢」。『毛傳』曰。咢猶咢咢然。言外發也。『箋』云。承華者曰咢。不當作「柎」。柎、咢足也。毛意本謂花瓣外出者。『鄭-牋』則以『詩』上句爲華、不謂蒂。故謂咢爲下系於蒂、而上承華瓣者。毛云。咢咢猶今人云鬌鬌。毛、鄭皆謂其四出之狀。『長笛賦:注』、『字林』始有从卪之鄂。垠咢字之別體也。俗卪阝混殽。故作鄂不作鄂。物之邊畍有齊平者。有高起者。有捷業如鋸齒者。故統評之曰垠咢。有單言垠、單言咢者。如『甘泉賦』旣云亾(亡)鄂、又曰無垠是也。故許以地垠咢釋垠。『廣韵(韻)』曰。圻、圻堮。又岸也。『正本-說文』。》从土。㫐(艮)聲。《語斤切。13部。『廣韵』又語巾切。》一曰岸也。《岸者、水厓陖而高者也。亦曰垠。》圻垠或从斤。《斤聲也。古斤聲與幾聲合韵冣近。故『周禮-故書』畿爲近。〔田部〕曰。以遠近言之則言畿也。鄭曰。畿猶限也。是「王畿」可作「王圻」。「王圻」亦可作「王垠」也。》/690

垢 (구)【gòu ㄍㄡˋ】 때(묻을), 수치(부끄러움)

설문 8714 濁也。《濁、〔水部〕曰水名也。而濁穢字用之。》从土。后。《古厚切。4部。》/692

垣 (원)【yuán ㄩㄢˊ】 (낮은)담, 별 이름

설문 8629 牆也。《此云垣者。牆也。渾言之。牆下曰垣蔽也。析言之。垣蔽者、牆又爲垣之蔽也。垣自其大言之。牆自其高言之。》从土。亘聲。《雨元切。14部。》䲨籒文垣。从𩫖。/684

垤 (질)【diè ㄉㄧㄝˋ】 ㊤㊥⑨㉳ dié 개밋둑

설문 8717 螘封也。《螘封者、其土似封畍(界)之高。故謂之封。『周禮:注』。聚土曰封。此亦其意也。『詩:毛傳』曰。垤、螘冢也。按垤之言突也。》从土。至聲。《徒結切。12部。》『詩』曰。雚鳴于垤。《『豳風:東山』文。

土 3 ⑦

「隺」【各本】作「鶴」。今依〔隺部〕所引『詩』更正。》/692

◀ 제 7 획 ▶

垷 (현)【xiàn ㄒㄧㄢˋ】 칠할, 바를
설문 8642 涂也。《以下五涂字皆涂泥引申之義也。涂泥可以附物者也。故引伸之、用以附物亦曰涂。『詩:角弓』曰。如塗塗附。『傳』曰。塗、泥也。附、箸也。按上塗謂泥。下塗附連讀謂箸。『鄭-箋』則謂以塗塗木桴。涂附謂之垷。『廣雅』。搃、拭也。卽垷字之異也。》从土。見聲。《胡典切。14部。》/686

垸 (완)【wán ㄨㄢˊ】 ㊤㊥⑨㊀ huán (칠에 재를 섞어)바를 ■환:같은 뜻
설문 8661 㠯(以)桼和灰丸而𩏂也。《「和」【各本】作「和」。今正。「丸」大徐無。今依小徐。桼者、木汁可以𩏂物也。丸者、圜也。傾側而轉者。𩏂者、𩏂桼也。說詳〔桼部〕。灰者、燒骨爲灰也。『玄應-梵書:音義』曰。『通俗文』曰燒骨以桼曰垸。『倉頡訓詁』曰垸以桼和之。今中國言垸。江南言䳡。䳡音瑞。垸胡灌切。玉裁按許𩏂下云桼垸。『周禮:巾車』杜子春云。軑讀爲垸桼之桼。『輪人:注』。鄭云丸桼之。葢(蓋)以桼合和燒骨之灰。摶而丸之。以𩏂擦物。丸與垸曡韵(疊韻)爲訓。丸而𩏂之。旣乾如沙礫不光潤。乃摩之。鄭所云丸桼之乾、乃以石摩平之也。旣摩乃復桼之。許於𩏂下所云桼 垸已復桼之也。如此數四。乃後敷丹雘。今時桼工亦略同此。垸或叚(假)浣爲之。如『角人:注』骨入桼浣者受之以量也。或叚睆爲之。如『檀弓』華而睆。孫炎云。睆、桼也。叔然乃指其冣(最)後光潤者而言。》从土。完聲。《胡玩切。14部。》一曰補垣也。《此依【小徐本】。『月令』曰。脩宮室。坏垣牆。補城郭。『左傳』曰。繕完葺牆。以待賔(賓)客。》/688

垽 (은)【yìn ㄧㄣˋ】 찌기, 해감
설문 8713 澱也。《〔水部〕曰。澱、滓垽也。是二篆爲轉注。二字義同。音亦同部。》从土。沂聲。《魚僅切。13部。》/692

埂 埂(갱)【gěng ㄍㄥˇ】 구덩이 ■경:작은 구덩이
설문 8697 秦謂阬爲埂(埂)。《秦謂阬塹曰埂。二字音略同。此與『釋詁』阬壑隍濂虛也同義。若『廣韵(韻)』曰吳人謂堤封爲埂。今江東語謂畦埒爲埂。此又別一方語。非許所謂。》从土。叏(更)聲。讀若井汲綆(綆)。《古杏切。古音在 10部。》/691

埃 (애)【āi ㄞ】 티끌
설문 8711 䴢(塵)也。《『莊子』曰。野馬也。塵埃也。生物之以息相吹也。𣎆言之曰塵埃。》从土。矣聲。《烏開切。1部。》/691

埍 (현)【juàn ㄐㄩㄢˋ】 ㊤㊥⑨㊀ juǎn 하인청, 계집 가두는 감옥
설문 8719 徒隷所凥也。《徒隸、賤者偁(稱)。》一曰女牢。《陛牢所以拘罪者也。其拘女者曰埍。》一曰亭部。《葢(蓋)謂鄕(鄉)亭之繫也。『韓詩:宜犴宜獄』云。鄕亭之繫曰「犴」。朝廷曰「獄」。》从土。肙聲。《古泫切。14部。》/692

城 (성)【chéng ㄔㄥˊ】 재(내성)
설문 8665 㠯(以)盛民也。《言盛者、如黍稷之在器中也。》从土成。《『左傳』曰。聖王先成民而後致力於神。》成亦聲。《氏征切。11部。》𩫖 籒文城。从𩫏。/688

● 𡈼 坐-고자

埐 (침)【jīn ㄐㄧㄣ】 땅 이름
설문 8682 地也。《未詳。》从土。㑴(侵)省聲。《【各本】作「𡍷聲」。無此字。今正。籒文㑴亦省作𡍷也。子林切。7部。》/690

埒 (렬)【lè ㄌㄜˋ】 ㊤㊥⑨㊀ liè 낮은 담, 곳집, 산 위에 물 갇혀 있는 곳
설문 8635 庳垣也。《庳者、中伏舍也。引申之爲卑也。按『廣韵(韻)』引孟康云。等庳垣也。似孟氏所據爲長。等者、齊等也。卑垣延長而齊等若一。是之謂埒。引申之爲涯際之偁(稱)。如『淮南』道有形埒是也。爲回環之偁。如『爾雅』水潦所還埒丘、又馬埒是也。又爲相等之偁。如『史記』富埒天子之類是也。孟康語葢(蓋)出『漢書:音義』。今宜依以補「等」字。》从土。寽聲。《力輟切。15部。》/685

◀ 제 8 획 ▶

𡊴 비【fèi ㄈㄟˋ】 티끌
설문 8710 䴢(塵)也。《塵『玉篇』作塺。𡊴之言沸也。》从土。非聲。《房未切。15部。》/691
형성 (+1) 페(陛 𨹈)

埤 (비)【pí ㄆㄧˊ】 더할, 성가퀴
설문 8675 增也。《『詩:北門』曰。政事一埤益我。『傳』曰。埤、厚也。此與〔會部:𣝣〕、〔衣部:裨〕音義皆同。凡从曾之字皆取加高之意。〔會部〕曰。曾者、益也。是其意也。凡从卑之字皆取自卑加高之意。所謂天道虧盈益謙。君子捊多益寡也。凡形聲中有會意者例此》从土。卑聲。《符支切。16部。》/689

埩 (쟁)【jìng ㄐㄧㄥˋ】 ㊤ zhēng 다스릴, 못 이름 ■정:疑
설문 8686 治也。《治土曰埩。『廣韵(韻)』曰。埩、魯城北門池也。『公羊傳』作「爭」。〔許-水部〕作「淨」。》从土。爭聲。《疾郢切。11部。『廣韵』側莖切。其埩門字士耕切。》/690

埱 (숙)【cù ㄘㄨˋ】 ㊤㊥⑨㊀ chù 흙 품어낼, 비로소
설문 8680 气出土也。《气之出土滃然。故埱與歜音義皆略同。引申爲凡气出之偁(稱)。或叚(假)借椒爲埱。『周頌』曰。有飶其香。有椒其馨。『傳』曰。飶、芬香也。椒猶飶也。按椒沈作「俶」。尺叔反。沈說善矣。若作「埱」尤合。飶與埱皆謂香气突出觸鼻。非謂椒聊也。》一曰始也。《此與音義皆同。》从土。叔聲。《昌六切。3部。》/690

埴 (식)【zhí ㄓˊ】찰흙, 질그릇 ■직:같은 뜻 ■치:찰흙

설문 8618 黏土也。《『禹貢』。厥土赤埴墳。『周禮:草人』埴壚。『攷工記』。搏埴之工。『孔-傳』、『鄭-注』皆曰。埴、黏土也。『釋名』。土黃而細密曰埴。埴、膱也。黏昵如脂(脂)之膱也。按『禹貢』埴字、【鄭本】作「戠」而讀爲織。織、赤皃(貌)也。見『禹貢:音義』及『蜀都賦:丹沙赩熾:李-注』。又『太平御覽:三十七』引東晉會稽『謝沈-古文-尙書:注』。徐州土赤戠墳。戠音志。又『禹貢:正義』曰。戠埴音義同。埴爲黏土。故土黏曰戠。葢(蓋)【孔本】本亦作「戠」。惟孔釋戠爲黏土。鄭易戠爲熾。釋爲赤皃(貌)。見【經文】赤戠連讀爲異耳。據釋文則『韋昭-所注:漢:地理志』亦作「戠」。而『今-漢書』作「埴」。『晉書:成公綏天地賦』云。海岱赤墤。華梁青黎。何超音義墤尺志反。此又戠之加土旁(旁)者也。戠墤壁皆埴之異字。》从土。直聲。《常職切。1部。按『廣韵(韻)』常職昌志二切。今江浙俗語皆用昌志一切。》/683

垛 (타)【duǒ ㄉㄨㄛˇ】단단한 흙

설문 8681 堅土也。《『玉篇』云。硧也。》讀若朵。从土。𠂹(垂)聲。《丁果切。17部。》/690

𡖖 (괴)【guī ㄍㄨㄟˉ】(상)(中)⑨ guài (작) huī 클 (土부 8획)

설문 4147 大也。《與恢音義皆同。》从多。圣聲。《古回切。古音在 1部。》/316

埶 埶 예【yì ㄧˋ】심을 ※ 예(藝)와 같은 글자 ■세:권세 ※ 세(勢)와 같은 글자

설문 1787 穜(種)也。《『齊風:毛傳』曰蓺猶樹也。樹種義同。》从丮(丮)坴。《會意。〔土部〕曰。坴、土塊坴坴也。丮字今補。》丮持穜之。《說從丮之意。魚祭切。15部。唐人樹埶字作蓺。六埶字作藝。說見【經典】釋文。然蓺藝字皆不見於『說文』。周時六藝字葢(蓋)亦作埶。儒者之於禮樂射御書數、猶農者之樹埶也。又『說文』無勢字。葢古用埶爲之。如『禮運』在埶者去是也。》『詩』曰。我埶黍稷。《『小雅』文。》/113

유사 잡을 집(執)

성부 蓺예 褻熱열

형성 (8자+1) 예(槸)3452 설(暬)4081 세(⿱埶巾)4650 설(褻)5092 치(⿱埶鳥)5930 지(⿱埶女)7865 지(⿱埶金)8992 지(⿱埶車)9143 세(勢)

執 집【zhí ㄓˊ】(손으로)잡을, 막을, 아버지 친구

설문 6331 捕辠人也。《「辠」【各本】作「罪」。今依『廣韵』。〔手部〕曰。捕者、取也。引申之爲凡持守之偁(稱)。》从丮卒(㚔)。《會意。》卒亦聲。《之入切。7部。今隸作執。》/496

유사 심을 예(埶)

형성 (12자+3) 집(⿱艹執)499 접(⿱執言)1300 첩(⿱執言)1521 진(摯)2237 지(鷙)2349 점(⿱穴執)4421 접(褺)5080 접(慹)6634 점(⿱雨執)7211 지(摯)7490 칩(蟄)8506 점(墊)8669 세(⿱埶巾) 지(⿱埶鳥) 지(⿱埶女)

培 (배)【péi ㄆㄟˊ】(초목의 뿌리에 흙을 덮어)북돋울 ■부:(작은)언덕

설문 8685 培敦、《逗。》土田山川也。《『左傳』。祝鮀曰。分魯土田倍敦。釋文曰。「倍」本亦作「陪」。許所見作培爲是矣。杜云。倍、增也。敦厚也。『左氏』但言土田。而『魯頌』曰。錫之山川。土田附庸。『大雅』曰。告于文人。錫山土田。『毛傳』曰。諸侯有大功德。賜之名山土田附庸。『魯頌:箋』云。策命伯禽。使爲君於東。加賜之以山川土田及附庸。令專統之。『王制』曰。名山大川不以封。諸侯附庸則不得專臣也。按封建所加厚曰培敦。許合『詩』以釋『左』也。引申爲凡裨補之偁(稱)。》从土。咅(音)聲。《蒲回切。按古音在 1部。》/690

基 기【jī ㄐㄧˉ】本[담의 시작지점] 터, 근본, 기인할, 자리 잡을

설문 8628 牆始也。《〔自(阜)部〕曰。阯者、基也。此蒙基而釋之。牆始者、本義也。引申之爲凡始之偁(稱)。『釋詁』、『周語』、『毛詩:傳』皆曰。基、始也。『禮經-古文』借基爲期年字。》从土。其聲。《居之切。1部。》/684

형성 (+1) 기(璂)

⿰土𦎫 埻⿰土𦎫(준)【tǔn ㄊㄨㄣˇ】(상)(中)⑨(작) zhǔn 과녁

설문 8663 ⿰土𦎫(埻)的。《【各本】無此二字。今補。〔木部:臬〕下曰。躲⿰土𦎫(射埻)也。此與爲轉注。亦有單言⿰土𦎫者。的、明也。亦有單言的者。》躲(射)臬也。《『周禮:司裘:注』曰。以虎狼豹麋之皮飾侯側。又方制之以爲𦎫。謂之鵠。箸於侯中。𦎫卽⿰土𦎫之段(假)借字也。『詩:小雅』以勺爲的。『吕(呂)氏-春秋』曰。射而不中。反修于招。高云。于招、⿰土𦎫藝也。按「于」當作「干」。藝同臬。『戰國策』。以其類爲招。『春秋:後語』作以其頸爲招。『文選(選):詠懷詩:注』引作以其頸爲的。招卽的字。》从土。𦎫聲。讀若準(準)。《之允切。13部。》/688

埽 (소)【sǎo ㄙㄠˇ】쓸 ※ 소(掃)와 같은 글자

설문 8649 坴也。《坴【各本】譌棄。今正。此二篆爲轉注也。》从土帚。《會意。帚亦聲也。穌老切。古音在 3部。》/687

埾 (추)【jù ㄐㄩˋ】흙 쌓을

설문 8683 積土也。《捊下曰。引埾也。引申爲凡聚之偁(稱)。【各書】多借爲聚字。『白虎通』。琮之爲言埾也。象萬物之宗埾也。今乃譌爲聖。》从土。聚省聲。《擧(擧)形聲包會意也。才句切。古音在 4部。》/690

堀 堀(굴)【kū ㄎㄨˉ】本[굴뚝] 굴(토굴)팔

설문 8637 突也。《突爲犬從穴中暫出。因謂穴中可居曰「突」。亦曰「堀」。俗字作「窟」。【古書】中堀字多譌「掘」。如『秦國策』。窮巷堀門。『齊策』。堀穴窮巷。今皆譌

(작) 作家出版社〔董蓮池-說文解字考正〕 ⑨ 九州出版社〔柴劍虹-說文解字〕 ㉠ 陝西人民出版社〔蘇寶榮-說文解字今注今譯〕 (상) 上海古籍出版社〔說文解字注〕 ㊥ 中華書局〔臧克和-說文解字新訂〕

爲掘。『鄒陽書』。伏死堀穴。尙不誤也。『曹風』。蜉蝣堀穴。此葢(蓋)自來【古本】如是。毛云。堀閱、容閱也。『箋』云。堀地解閱。謂其始生時也。唐以後本盡改爲掘字。遂謂許所據爲【異本】矣。陸機云。蜉蝣陰雨時。從地中出。郭樸云。生糞土中。然則未嘗掘地也。堀閱、容閱皆聯緜(綿)字也。『箋』則云堀於地中解閱而出矣。『風賦』。堀堁揚塵。謂突起之堁。》从土。屈(屈)聲。《【各本】篆作堀。解作屈省聲。而別有堀篆綴於部末。解云。兔(兎)堀也。从土, 屈聲。此化一字爲二字。兔堀非有異義也。篆从「屈」、隸省作「屈」。此其常也。豈有篆文一省一不省分別其義者。今正此篆之形。而刪(删)彼篆。苦骨切。15部。》『詩』曰。蜉游堀(堀)閱。《『曹風:蜉蝣』文。堀閱、容閱也。容閱如『孟子』之容悅。》/685

堂

당【táng ㄊㄤˊ】(주거용. 관아, 사원 등 크고 높은)집, 당당할

설문 8638 殿也。《殿者、擊聲也。叚(假)借爲宮殿字者。『釋宮室』曰。殿有殿鄂也。殿鄂卽『禮記:注』之沂鄂。沂、『說文』作「垠」、作「圻」。『釋名』釋形體亦曰。臀、殿也。高厚有殿鄂也。古音屍聲、斤聲、㫃(艮)聲互通。合音作幾、作譏。是以『禮記』彫幾謂有沂鄂。堂之所以偁(稱)殿者、正謂前有陛四緣皆高起。沂鄂㬎(顯)然。故名之殿。許以殿釋堂者、以今釋古也。古曰堂。漢以後曰殿。古上下皆偁堂。漢上下皆偁殿。至唐以後、人臣無有偁殿者矣。『初學記』謂殿之名、起於『始皇紀』曰作前殿。『葉大慶-攷古質疑』。博引『說苑:諸書』以證古有殿名。要其所引皆【漢人-所作:書】也。卽『六韜』亦豈眞【周人-書】哉。》从土。尙聲。《徒郎切。10部。》古文堂如此。《葢(蓋)从尙省。》籒文堂。从尙。京省聲。《从尙不省。則異乎古文。〔邑部:䣘〕。地名。從籒文堂也。篆文以爲从尙、則聲在其中。故省其京省。》/685

성부 臺당 樘탱

형성 (3자+1) 탕(鼞)2951 탕(闛)7410 당(鏜)8958 당(螳)

堅

견【jiān ㄐㄧㄢˉ】굳을, 굳셀, 견실할, 중군, 갑옷

설문 1852 土剛也。《「土」字今補。『周禮:草人』。騂剛用牛。『九章筭術』穿地四。爲壤五。爲堅三。引伸爲凡物之剛。如云臤堅也是也。》从臤土。《按緊、堅不入〔糸、土部〕者。說見句〔ㄐ部〕下。古賢切。12部。》/118

형성 (1자) 경(掔)7691

참고 갱(鏗) 간(慳)

堇

근【jǐn ㄐㄧㄣˇ】㉠㊤㊥⑨㉬ qín 本[진흙] 때(시간), 겨우

설문 8735 黏土也。《『內則』。塗之以謹塗。鄭曰。「謹」當爲「墐」。聲之誤也。墐塗、塗有穰草也。按『鄭-注』「墐」當爲「堇」。轉寫者誤加土耳。『玉篇』引『禮』墐涂。是希(希)馮時不誤也。鄭謂土帶穰曰墐。許說不尒。葢(蓋)土性黏者。與埴異字同養也。》从黃省。从土。《从黃者、黃土多黏也。會意。巨斤切。13部。按徐仙民、『篇』、『韵』皆居隱切。》凡堇之屬皆从堇。古文堇。《古文从黃不省。》亦古文。《此篆【各本】皆譌。今依難字古所用形聲更正。》/694

성부 勤근 䕨난 難난

형성 (13자) 근(瑾)85 근(菫)618 근(謹)1443 근(殣)2427 근(饉)3116 은(鄞)3942 근(瘽)4497 근(僅)4864 근(覲)5262 근(廑)5684 근(墐)7544 근(蠸)8384 근(墐)8643

堊

(악)【è ㄜˋ】백토, (고운 빛의)색흙, 진흙벽 ■오:같은 뜻

설문 8645 白涂也。《以白物涂(塗)白之也。『周禮』曰。其祧則守祧幽堊之。『注』云。幽讀爲黝。黝、黑也。堊、白也。『爾雅』曰。地謂之黝。牆謂之堊。郭云。黑飾地、白飾牆也。『釋名』曰。堊、亞也。亞、次也。先泥之。次以白灰飾之也。按謂涂白爲堊。因謂白土爲堊。古用蜃灰。『周禮』。共白盛之蜃。『注』云。謂飾牆使白之蜃也。今東萊用蛤。謂之叉灰云。》从土。亞聲。《烏各切。5部。》/686

堋

(붕)【bèng ㄅㄥˋ】(시체를)묻을, 살받이터, 보(둑)

설문 8722 喪葬下土也。《謂葬時下棺於壙中也。是名曰堋。》从土。朋聲。《方鄧切。6部。》『春秋傳』曰朝而堋。《『昭:十二年:左傳』文。葬鄭簡(簡)公事也。》『禮』謂之封。《『禮』謂『禮經』。所謂『儀禮:十七篇』也。『旣夕禮』。乃窆。主人哭踊無算。『注』云。窆、下棺也。今文窆爲封。按許於『禮經』有從今文者。有從古文者。此云『禮』謂之封、則從今文也。『小戴-記:一書』於『禮經』多從今文。故此字皆作封無作窆者。『檀弓』。縣棺而封。鄭云。封當爲窆。鄭以封於義不親切。故欲依『禮-古文』及『周官』易其字也。》『周官』謂之窆。《『周官』者、『漢志』所謂『周官經』。漢人謂之『周禮』也。『遂人』。及窆陳役。鄭司農云。窆謂下棺時。『禮記』謂之「封」。『春秋』謂之「堋」。皆葬下棺也。聲相似。『鄕(鄉)師:注』略同。蒸侵東三韵(韻)相爲通轉。故三字音相近。大鄭云聲相似是也。語言之小異耳。此皆謂下棺。或以不封不樹亦改讀爲窆。則誤矣。窆見〔穴部〕。》『虞書』曰。堋淫于家。亦如是。《大徐無「亦如是」三字。遂致不可通。上偁(稱)『春秋傳』、『禮』、『周官』。說轉注也。堋封窆異字同義也。惟封略近叚(假)借。此偁『臯(皐)陶謨』說叚借也。謂叚堋爲朋。其義本不同。而形亦如是作也。堋淫于家卽朋淫于家。故孔安國以今文字讀之、定爲朋字。朋淫、卽羣居終日。言不及義。恆舞于宮。酣歌于室。徇于貨色也。不知此恉(指)、及或以楚王戊私姦服舍釋之。夫下棺之地、非持服之舍也。其說【書】之乖剌何如哉。故不知有偁【經】說叚借之例、不可與讀『說文』。》/692

◀ 제 9 획 ▶

䡣 (혼)【hún ㄏㄨㄣˊ】 흙, 마을 이름 ■환:같은 뜻

설문 8620 土也。《土葢(蓋)凷之誤。『集韵(韻)』「凷」字亦作「䡣」。『類篇』䡣亦苦會切。墣也。葢自坴至塩併重文六篆皆言凷。此「土也」二字淺人所改。》从土。軍聲。《戶(戸)昆切。13部。》雒陽有大䡣里。《「雒」作「洛」。非。今正。說詳〔水部:洛〕下。大䡣、雒陽里名。此擧(擧)爲䡣篆之證也。『漢:王子侯表』。土軍侯郢客。師古曰。土軍、西河之縣。說者以爲洛陽土軍里。非也。按土軍里乃大䡣里之誤。依此『注』疑「大」本作「土」。土䡣里或有作土軍里者。故說『漢書』者或偶用之。》/684

堛 (픽)【pì ㄆㄧˋ】 ㊤㊥⑨㉓ bì 흙덩이

설문 8623 凷也。《『釋言』。凷、堛也。郭引枕王以堛。堛卽墣之異文。『禮運:蕢桴:注』曰。蕢讀爲凷。聲之誤也。凷、堛也。》从土。畐聲。《芳逼切。1部。》/684

㕚 (측)【cè ㄘㄜˋ】 가로 막혀 떨어질, 막힐

설문 8688 遏遮也。《未聞。》从土。則聲。《初力切。1部。》/690

堣 (우)【yú ㄩˊ】 땅 이름

설문 8608 堣夷、《逗。》在冀州暘谷。《「暘」【各本】作「陽」。今正。〔日部〕曰。暘、日出也。引『虞書』曰暘谷。則此當作暘可知也。〔山部:崵〕下曰。首崵山在遼西。一曰嵎銕、崵谷也。嵎銕崵三字皆與此異。「嵎」當作「禺」。葢(蓋)堣夷暘谷者、孔氏古文如是。禺銕崵谷者、『今文-尙書』如是。『今-堯典』作宅嵎夷、曰暘谷。依古文而堣譌嵎。恐衞(衛)包所改耳。『玉篇』、『唐韵(韻)』皆作「堣」。可證。『堯典:音義』曰。『尙書:考靈曜』及『史記』作「禺銕」。『尙書:正義:卷二』曰。【夏侯等書-古文】「宅堣夷」〈堣作嵎者譌〉爲「宅嵎鐵」。嵎鐵卽禺銕之異字。凡『緯書』皆用今文。故知〔許-土部〕所偁(稱)爲古文。〔山部〕爲今文。『尙書』如昧谷爲古文。「柳穀」爲今文。正同。詳見『古文-尙書:撰異』。堣夷暘谷、許明云在冀州。〔山部〕曰。首崵山在遼西。一曰禺銕、崵谷。一曰猶一名。非有二物。遼西正在冀州。然則『堯典』之「堣夷」非『禹貢』靑州之「嵎夷」。『司馬貞-注:禹貢』云。『今文-尙書』及『帝命驗』竝作「禺鐵在遼西」。此謂『堯典』也。陸氏引馬云。嵎、海隅也。夷、萊夷也。馬釋『堯典』始以『禹貢』釋之。而『僞:孔傳』大意從之。羲和測日不必遠至海外也。『僞:孔』云。日出於谷而天下明。故稱暘谷。似以此暘谷與日初出東方湯谷合而一之。其謬不亦甚乎。》立春日。《句。》日值之而出。《日正當堣夷而出。乃許所聞『尙書』古義如此。》从土。禺聲。《噳俱切。5部。》『尙書』曰。宅堣夷。《許之例不云『尙書』。此當云『唐書』。改之者作『虞書』。其說見〔禾部〕。》/682

堤 (제)【tí ㄊㄧˊ】 ㊤㊥⑨㉓ dī 막을, 둑, 제방 ■시:이랑

설문 8656 滯也。《滯者、氷也。按此篆與坁篆音義皆同。『國語』曰。戾久將底。底箸滯淫。『左傳』曰。勿使有所壅閉湫底。杜云。底、滯也。『釋詁』底底皆訓止也。底字與坁堤字、音雖別而義略同。俗用堤爲隄、則非。》从土。是聲。《丁禮切。按本在紙韵。讀如氏。後乃轉入薺韵。16部。》/687

● 𡊅 화목할 목(睦)-고자

堨 (알)【è ㄜˋ】 ㊤㊥⑨㉓ yè 本[벽사이 틈] (물을 막은)보, 방죽 ■애:푸른 흙

설문 8634 壁閒(間)隙也。《隙者、壁際也。壁際者、壁之釁也。亦曰堨。此古義也。今義堰也。讀同壅遏。後人所用俗字也。》从土。曷聲。讀若謁。《此古音也。15部。大徐魚列切。『廣韵(韻)』烏曷切。》/685

堪 (감)【kān ㄎㄢˉ】 굴 가운데 내밀, 견딜(감당할、참을)、맑을

설문 8636 地突也。《突者、犬從穴中暫出也。因以爲坳突之偁(稱)。俗乃製凹凸字。地之突出者曰堪。『淮南書』曰。堪輿行雄以起雌。『許-注』曰。堪、天道。輿、地道也。見『文選(選):注』。『甘泉賦』。屬堪輿以壁壘。張晏曰。堪輿、天地總(總)名也。按張說未安。堪言地高處無不勝任也。所謂雄也。輿言地下處無不居納也。所謂雌也。引申之、凡勝任皆曰堪。古叚(假)戡戓爲之。》从土。甚聲。《口含切。古音在 7部。》/685

堫 (종)【zōng ㄗㄨㄥˉ】 심을, 그 속에 넣어둘

설문 8624 種也。《種者、埶也。堫者、以禾種入土也。『廣雅』曰。稯、種也。卽堫、種字之異體也。》从土。㚇聲。《子紅切。9部。》一曰內其中。《引申之義。謂以此入彼中皆得曰堫也。大鑿中木謂之鏓。杵臼謂之舂。亦此意。》/684

堯 요【yáo ㄧㄠˊ】 높을, 멀, 요임금

설문 8734 高也。《堯本謂高。陶唐氏以爲號。『白虎通』曰。堯猶嶢嶢。嶢嶢、至高之皃(貌)。按焦嶢、山高皃。見〔山部〕。堯之言至高也。舜、『山海經』作俊。俊之言至大也。皆生時臣民所偁(稱)之號。非謚(諡)也。》从垚在兀上。高遠也。《會意。兀者、高而上平也。高而上平之上又增益之以垚。是其高且遠可知也。吾聊(聊)切。2部。》䜴古文堯。《此从二土、而二人在其下。【小徐本】、『汗簡(簡)』、『古文四聲韵』尙不誤。汲古閣乃大誤。》/694

성부 曉효

형성 (24자) 요(蕘)599 효(嘵)876
교(趬)946 요(譊)1509 교(墽)1969
교(翹)2143 효(膮)2586 요(饒)3104
뇨(橈)3441 요(曉)4715 요(僥)4973
요(顤)5380 조(䫞)5573 요(嶢)5630
교(磽)5751 효(驍)5874 교(獟)6064
소(燒)6118 요(澆)7061 뇨(撓)7562
뇨(嬈)7941 요(繞)8177 요(蟯)8394
뇨(鐃)8947

報 報報 보【bào ㄅㄠˋ】 ⓐ[죄인 처벌할] 공초를 받아 올릴, 갚을, 대답할, 고할(土부 9획)

설문 6334 當辠人也。《『司馬彪-百官志』曰。廷尉掌平獄。奏當所應。凡郡國讞疑罪。皆𠙴(處)當以報。『史記:張釋之列傳』曰。廷尉奏當。一人犯蹕。當罰金。又曰。廷尉當。是也。又『路溫舒-上書』曰。奏當之成。司馬貞引崔浩云。當謂𠙴其罪也。按當者、漢人語。報、亦漢人語。『漢書:張湯傳』曰。訊鞫論報。『蘇林-注:蘇建傳』曰。報、論也。斷獄爲報。是則𠙴分其罪以上聞曰奏當。亦曰報也。引申(伸)爲報白、爲報復。又叚(假)爲赴疾之赴。見『少儀』、『喪服:小記』。今俗云急報是也。》从㚔(卒)。从𠬝(𠬝)。《會意。博号(號)切。古音在 3部。今隸作報。》𠬝、服辠也。《𠬝見〔又部〕。音服。治也。小徐作𠬝。音展。誤甚。此說从𠬝之意。以今字今言通之也。》/496

場 (장)【cháng ㄔㄤˊ】 마당, 장소

설문 8729 祭神道也。《「也」『廣韵(韻)』作「𠙴(處)」。『玉篇』引『國語』屏攝之位曰壇。〈今譌場〉壇之所除地曰場。》一曰山田不耕者。《〔田部〕云。畼、不生也。場與畼義相近。『方言』曰。坻、場也。李善曰。浮壤之名也。音傷。按不耕則浮壤起矣。是卽蚍蜉犂鼠螾場之字也。》一曰治穀田也。《『豳風:七月』曰。九月筑場圃。『傳』曰。春夏爲圃。秋冬爲場。『箋』云。場圃同地也。『周禮:場人:注』曰。場築地爲墠。季秋除圃中爲之。故許云治穀之田曰場。》从土。昜聲。《直良切。10部。》/693

堵 (도)【dǔ ㄉㄨˇ】 담장 ■자:고을이름 ■사:성문층대

설문 8631 垣也。《『儒行』曰。儒有一畝(畮)之宮(宮)。環堵之室。『注』云。宮謂牆垣也。堵、面一堵也。面一堵者、謂面各一堵也。依鄭說堵與垣別。大氐散文則通。對文則別也。》五版爲堵。《『詩:毛傳』曰。一丈爲板。五板爲堵。此『五經異義』所謂『古-周禮』、『古-春秋』說也。『異義』、『今-戴禮』及『韓詩』說。八尺爲板。五板爲堵。五堵爲雉。板廣二尺。積高五板爲一丈。五堵爲雉。雉長二十丈。『何休-注:公羊』取『韓詩』說。『古-周禮』及『古-春秋:左氏傳』說。一丈爲板。板廣二尺。五板爲堵。一堵之牆長丈、高丈。三堵爲雉。一雉之牆長三丈、高一丈。以度長者用其長。以度高者用其高也。諸說不同。鄭辨之云。『左氏傳』。鄭莊公弟段居京城。祭仲曰。都城過百雉。國之害也。先王之制。大都不過三國之一。中五之一。小九之一。今京不度。非制也。古之雉制、『書:傳』各不得其詳。今以『左氏』說鄭伯之城方五里。積千五百步也。大都三國之一。則五百步也。五百步爲百雉。則知雉五步。五步於度長三丈。則雉長三丈也。雉之度於是定可知矣。玉裁按『鄭-駁:異義』。取『古-周禮、春秋』說。一丈爲板。計之適合。未嘗自立說六尺爲板也。『迨-箋:詩』則主用古說。參以『公羊傳』五板而堵、五堵而雉、而定爲板長六尺。鄭意『公羊』五板而堵者、高一丈也。五堵而雉者、廣三丈也。『何-注:公羊』取『韓詩』說。八尺爲板。五板而堵爲四十尺。五堵而雉爲二百尺。說各乖異。似『古-周禮、春秋、毛詩』說爲善。高一丈、廣三丈爲雉。不必板定六尺也。『許君-異義』未詳其於古今孰從。此云五板爲堵。古今說所同也。葢(蓋)言板廣二尺。五板積高一丈爲堵而已。其長幾尺爲板、幾堵爲雉、皆於古今說未敢定。》从土。者聲。《當古切。5部》𩫖 籒文从𩫖。/685

◀ 제 10 획 ▶

[氵尨/土] (롱)【mèng ㄇㄥˋ】 ㊤㊥⑨㉿ lǒng (칠을)바를 ■몽:같은 뜻 ■롱:같은 뜻

설문 8641 涂也。《涂塗，泥涅皆古今字。〔水部:涂〕字下遺涂泥一解。則〔木部〕曰杇(杇)所以涂也，此部六言涂、〔金部〕曰錯金涂也、皆不得其轉注矣。『詩』。雨雪載涂。『毛傳』曰。涂、凍釋也。『小正:凍塗:傳』曰。凍下而澤上多也。『詩:角弓:傳』曰。塗者、泥也。『通俗文』曰。泥塗謂之[illegible]澒。泥塗必兼水土爲之。故字兼从水土。淺人又入之〔水部〕。非也。》从土。浝聲。《當作「从土水，尨聲」。力歱切。按此音非也。『玉篇』曰。『說文』木貢切。9部。》/564

[氵尨/土] (롱)【mèng ㄇㄥˋ】 (칠을)바를 ※ 8641과 중복

설문 7091 涂也。《謂涂(塗)墍也。『通俗文』曰。「泥塗」謂之「[illegible]澒」。》从水。从土。尨聲。讀若隴。《按隴字葢(蓋)誤。尨聲不得讀如隴也。[illegible]又見〔土部〕。『玉篇』亦在〔土部〕。引『說文』木貢切。『玄應』[illegible]澒。上莫董切。下胡動切。大徐亡江切。[illegible]之言蒙。不得讀若隴。葢〔水部〕本無此字。淺人增之。妄增此「讀若」也。》/564

塋 (영)【yíng ㄧㄥˊ】 무덤

설문 8723 墓地。《「地」【各本】作「也」。今正。『玉篇』及『文選(選):李-注』引皆作「地」。『漢書:音義』如淳曰。塋、冢(冢)田也。『詩』。蘞蔓于域。『毛傳』。域、塋也。按塋之言營也。營者、帀居也。經營其地而葬之。故其字从營。》从土。營省。《會意。》亦聲。《此從小徐也。余傾切。11部。》/692

垶 (성)【xīng ㄒㄧㄥ】 붉은 석비레

설문 8617 赤剛土也。《『草人』。凡糞種、騂剛用牛。【故書】騂爲挈。杜子春挈讀爲騂。謂地色赤而土剛强也。按〔馬部〕無騂字。子春易字作解。必壔然易爲垶字。而許用其說入『說文』也。然則相承作騂又譌作騂者、乃大繆耳。》从土。觲省聲。《息營切。11部。》/683

塍 (승)【chéng ㄔㄥˊ】 밭두둑

설문 8625 稻田中畦埒也。《『集韵(韻)』、『類篇』、【宋本】作稻中畦也。【今本】及『文選(選):注』作稻田畦也。『韵(韻)會』作稻中畦埒也。今合訂之如此。畦、五十畝(畮畝)之介也。埒者、庳垣。亦所以爲畍(界)。稻田中作介畫(畵)以蓄水。取義於此。謂之塍必言稻中者、禾黍不必爲此。惟稻必蓄水以養之。『周禮:稻人』。以遂均水。以列舍水。鄭曰。遂、田首受水小溝也。列、田之畦埒也。開遂舍水於列中。按列讀如遮迾之迾。非人所行之畛陌也。許、鄭說正同。今四川謂之田繩子。江浙謂之田塍。塍亦繩也。『西都

賦』。溝塍刻鏤。》 从土。 𦝫(朕)聲。《食陵切。6部。》 /684

塏 (개)【kài ㄎㄞˋ】 ㉡㊥⑨㉧ kǎi 높은 땅
설문 8699 高燥也。《燥者、乾也。『左傳』。請更諸爽塏者。杜日。爽、明也。塏、燥也。》 从土。 豈(豈)聲。《苦亥切。15部。》 /691

塒 (시)【shí ㄕˊ】 홰(닭이 앉는 곳)
설문 8664 雞(鷄)棲於垣爲塒。《『釋宮(宮)』。鑿垣而棲爲塒。『王風:傳』同。按許意與古異。連雞(鷄)棲於庳垣。不必鑿穴也。》 从土。 時聲。《市之切。1部。》 /688

塙 (각)【què ㄑㄩㄝˋ】 단단한 땅 ■교:정음(正音) ■고:돌땅
설문 8614 堅不可拔也。《堅者、剛土也。拔者、擢也。不可拔者、不可擢而起(起)之也。『易:文言』日。確乎其不可拔。潛龍也。虞翻日。確、剛皃(貌)也。鄭日。堅高之皃。按『今-易』皆作確。孜釋文日。『說文』云高至。『繫辭』。夫『乾』、確然示人易矣。釋文日。『說文』云高至。皆不言『說文』作「隺」。是則『陸-所據:易』二皆作「隺」。而【今本】俗誤也。許意隺訓高至。塙訓堅不可拔。『文言』字作隺而義从塙。『繫辭』乃義如其字。》 从土。 高聲。《苦角切。古音在 2部。今俗字作「確」。乃确字之變耳。》 /683

塞 𡫳 새【sè ㄙㄜˋ】 ㉠㉡㊥⑨㉧ sài 번방, 요새, 보루 ■색:本[막을] 막힐
설문 8677 隔也。《〔自(阜)部:隔〕下云塞也。是爲轉注。俗用爲窒𡫳字。而塞之義、𡫳之形俱廢矣。『廣韵』日。邊塞也。『明堂位』。四塞世告至。『注』云。四塞謂夷服、鎭服、蕃服、在四方爲蔽塞者。按『鄭-注』所謂天子守在四夷也。『戰國策』。齊有長城巨防。足以爲塞。『呂氏-春秋』。天下有九塞。所謂守在四竟也。『邶風、庸風:傳』日。塞、瘞也。塞、充實也。皆謂塞爲寋之叚(假)借字也。》 从土。 𡫳聲。《大徐作「从土从𡫳」。先代切。1部。按此切音葢(蓋)因俗通用此字、故以此切別於穌則切也。舊音本無不同。》 /689

유사 막을 색(𡨄𡫳𡫳) 바지 건(褰) 절뚝발이 건(蹇) 찰 한(寒)

형성 (1자+1) 새(簺)2872 새(賽)

塡 (전)【tián ㄊㄧㄢˊ】 ㉧ zhēn 메울, 박아 넣을, 채울 ■진:진정할, 편안할
설문 8653 𡫳(寘)也。《「𡫳」【各本】作「塞」。塞、隔也。非其義也。𡫳下云窒也。窒下云𡫳也。窴亦𡫳也。塡與窴音義同。𡫳之則堅固。其義引申爲久。『大雅』。倉兄塡兮。『傳』日。塡、久也。『常棣』。烝也無戎。『傳』日。烝、塡也。『東山』。烝在桑野。『傳』日。烝、塡也。而『爾雅:釋詁』則日塵、久也。是塡窴塵三字音同。故『鄭-箋:東山』云。古者聲塡窴塵同也。塵爲叚(假)借字。葢(蓋)【古經】有作塵者。今新陳字作陳。非古也。而古音之存者也。『詩』詞內作鎭、亦是此字。》 从土。 眞聲。《植鄰(隣)切。今待季切。10部。》 /687

● 堇 𡎸 逆 진흙 근-본자

◀ 제 11 획 ▶

塵 𪋻 진【chén ㄔㄣˊ】 本[사슴 흙먼지 일으킬] 티끌, 더럽힐, (오래)묵을, 유업, 때(시간)
설문 5987 鹿行揚土也。《羣(群)行則揚土甚。引伸爲凡揚土之偁(稱)。〔土部〕日。埃、塵也。𡋯、塵也。坋、塵也。『釋詁』。塵、久也。卽『桑柔:傳』之塡、久也。『東山:傳』。烝、窴也。『箋』云。古者聲窴塡塵同也。又『甫田:傳』日。尊者食新。農夫食陳。按窴塡塵陳四字同音。皆訓久。當是塡爲正子。塡者、寘也。寘則安定。窴鎭與塡同。塵陳皆叚(假)借字也。》 从麤土。《不入〔土部〕者、重麤也。直珍切。12部。》 𪋻 籒文。《揚土上散。故从二土在上。》 /472

성부 塵 진

堅 (예)【yī ㄧ】 티끌, 먼지
설문 8712 𪋻(塵)埃也。《埃當从『玉篇』作「堅」。堅之言翳也。》 从土。 殹聲。《烏雞(鷄)切。15部。》 /692

塹 (참)【qiàn ㄑㄧㄢˋ】 구덩이, 해자, (해자를)팔 ■첨:속음
설문 8696 阬也。《江沅日。阬、閬也。閬、門高大之皃(貌)。門之高大、阬之深廣相似也。故〔自(阜)部:阬〕閬也、卽『緜(綿):傳』之阬高貌。『古-毛詩』葢(蓋)作「皋(皐)」門有阬耳。塹則與阬之深廣同義。玉裁按江說是也。『左氏傳:注』。塹、溝塹也。『廣韵(韻)』日。遶城水也。『史記:李斯列傳』。陗塹之勢異。塹乃漸之叚(假)借。謂斗直者與陂陀者之勢不同也。》 从土。 斬聲。《依『韵會』如此。七豔切。8部。》 一日大也。《大下疑奪一字。今無攷。》 /691

𡑞 (마)【mǒ ㄇㄛˇ】 ㉡㊥⑨ méi 티끌 ■매:같은 뜻
설문 8707 𪋻也。《『楚辭』。愈氛霧其如𡑞。王逸日。𡑞塵也。按𡑞之言蒙也。》 从土。 厤聲。《亡果切。17部。『廣韵(韻)』去聲。》 /691

塿 (루)【lóu ㄌㄡˊ】 ㉡㊥⑨ lǒu (조그마한)언덕
설문 8708 𡑞土也。 从土。 婁聲。《洛侯切。4部。【俗書】「附婁」作「培塿」。》 /691

墀 (지)【chí ㄔˊ】 本[축대 위 뜰] 섬돌, 대궐 지대
설문 8646 涂地也。《〔巾部〕日。㠓、墀地以巾抪之也。凡涂(塗)地爲墀。今因謂地爲墀矣。》 从土。 犀聲。《直尼切。15部。》 『禮』。 天子赤墀。《葢(蓋)出『禮:緯:含文嘉』之文。『爾雅』。地謂之黝。然則惟天子以赤飾堂上而已。故漢未央殿靑瑣丹墀。後宮(宮)則玄墀而彤庭也。『漢典職儀』日。以丹漆地。故偁(稱)丹墀。『張載-注:魏都』日。丹墀以丹與蔣離合用塗地也。按蔣疑是將字。》 /686

墟 (하)【xià ㄒㄧㄚˋ】 틈
설문 8704 㘿(坼)也。《與〔缶部〕之罅音義皆同。》 从土。 虖聲。《評訝切。古音在 5部。》 𡓝 墟或

土 3 ⑪

从自(阜)。/691

墇 (장)【zhàng ㄓㄤˋ】(물을 둘러)막을
설문 8687 擁也。《擁者、褢也。褢、許之抱字。謂圍抱以擁水也。疑當作「邕」。邕俗作「雝」。『廣韵(韻)』。墇、壅也。壅又雍之俗。此與障音同義小異。『祭法』、『魯(魯)語』鮌鄣洪(洪)水當作此墇字。韋昭曰。防也。》从土。章聲。《之亮切。10部。『廣韵』亦平聲。》/690

墉 (용)【yóng ㄩㄥˊ】㉠㊀㊥⑨㉡ yōng (높은)담, 보루
설문 8666 城垣也。《『皇矣』。以伐崇墉。『傳』曰。墉、城也。『崧高』。以作爾庸。『傳』曰。庸、城也。庸墉古今字也。城者、言其中之盛受。墉者、言其外之牆垣具也。毛統言之。許析言之也。『周易』曰。乘(乘)其墉。又曰。公用射隼於高墉之上。》从土。庸聲。《余封切。9部。》𩫖古文墉。《『五篇』曰。𩫏、度也。民所度凥也。字音古博切。此云古文墉者、葢(蓋)古讀如庸。秦以後讀如郭。如豕亥同𧰨字、訓順訓慕同㒨字之比。》/688

墊 (점)【diàn ㄉㄧㄢˋ】나릴, (물에)빠질, 괴로와할 ■접:같은 뜻
설문 8669 下也。《謂地之下也。『皐陶謨』曰。下民昏墊。因以爲凡下之偁(稱)。『方言』曰。凡柱而下曰埕。屋而下曰墊。〔馬部〕云。騺、馬腹(腹)墊也。漢後用爲墊江縣字。》从土。執聲。《都念切。7部。》『春秋傳』曰。墊隘。《『左傳』文。『成:六年』、『襄:九年、卄五年』凡三見。》/689

墍 塈(기)【jì ㄐㄧˋ】㊀㊥⑨ xì 맥질할(흙을 벽에 바름) ■희:같은 뜻
설문 8644 卬涂(塗)也。《「卬」【各本】作「仰」。今正。卬涂、擧(擧)首而涂之。郢人施廣領大袖以仰塗是也。『周書:梓材』曰。既勤垣墉。惟其塗墍茨。按以艸葢(蓋)屋曰茨。塗墍茨者、涂其茨之下也。故必卬涂。『摽有梅:傳』。墍、取也。『假樂:傳』。墍、息也。皆叚(假)借字。》从土。既聲。《其冀切。按當云其既切。15部。》/686

墐 (근)【jǐn ㄐㄧㄣˇ】매흙질할(진흙을 바름), 파묻을
설문 8643 涂也。《『內則』曰。塗之以謹塗。『注』曰。「謹」當爲「墐」。聲之誤也。墐塗、塗有穰草也。按合和黍穰而塗之謂之墐塗。取乾則易擘也。》从土。堇聲。《渠吝切。13部。按『禮記:音義』音斤。》/686

墓 (묘)【mù ㄇㄨˋ】무덤
설문 8724 丘墓也。《「墓」字今補。丘謂之虛。故曰丘墓。亦曰虛墓。『檀弓』曰虛墓之間、未施哀於民而民哀是也。『周禮』有『冢人』、有『墓大夫』。鄭曰。冢(冢)、封土爲丘壠。象冢而爲之。墓、冢塋之地。孝子所思慕之處。然則丘自其高言。墓自其平言。渾言之則曰丘墓也。墓之言規模也。『方言』。凡葬而無墳謂之墓。所以墓謂之墲。『注』引『漢:劉(劉)向傳』初陵之墲。『今-漢書』作初陵之橅。》从土。莫聲。《莫故切。5部。》/692

◀ 제 12 획 ▶

增 (증)【zēng ㄗㄥ】불을, 늘릴, 더할, 거듭, 많을, 겹칠
설문 8674 益也。《益者、饒也。會下曰。曾、益也。是可叚(假)曾爲之》从土。曾聲。《作滕(滕)切。6部。》/689

墽 墽(료)【liǎo ㄌㄧㄠˇ】㊀㊥⑨ liáo 에워싼 담
설문 8633 匔垣也。《「匔」【各本】作「周」。今正。匔、帀也。周、密也。義異。匔垣謂垣之圍帀者也。『西都賦』曰。繚以周牆四百餘里。『西京賦』曰。繚亘綿聯。『薛-注』。繚亘猶繞了也。按『魏都賦』亦曰。繚亘開囿。【今-本】皆譌作繚垣。非也。繚亘雙聲字。》从土。尞聲。《力沼切。2部。『玉篇』平去二聲。》/685

墠 (선)【shàn ㄕㄢˋ】제사터 ■탄:너그러울
설문 8690 野土也。《野者、郊外也。野土者、於野治地除艸。『鄭風』。東門之墠。墠卽墠字。『傳』曰。除地町町者。町町、平意。『左傳』。楚公子圍逆女於鄭。鄭人請墠聽命。楚人曰。若野賜之。是委君況於草莽也。可見墠必在野也。鄭子產(產)草舍不爲壇。壇卽墠字。可見墠必除草也。『周書』。爲三壇同墠。此壇高、墠下之證也。『祭法』。王立七廟。二祧。一壇一墠。『注』曰。封土曰壇。除地曰墠。此壇、墠之別也。築土曰封。除地曰禪。凡言『封禪』、亦是壇墠而已。【經典】多用壇爲墠。古音略同也。》从土。單聲。《常衍切。14部。》/690

壇 壇(예)【yì ㄧˋ】흙먼지 일
설문 8715 天会(陰)塵起(塵起)也。《依『玉篇』補「起」字較完。》『詩』曰。壇壇其陰。《『邶風:終風』文。『今-詩』「壇」作「曀」。『毛傳』曰。如常陰曀曀然。許所據作「壇」。其訓曰天陰塵。葢(蓋)〔雨部〕所云天气下地不應曰霿。霿、晦也。》从土。壹聲。《於計切。12部。》/692

鮭 𩸙(규)【kuī ㄎㄨㄟ】방패잡이 (土부 12획)
설문 2114 盾握也。《人所握処也。其背脊隆処曰瓦。見『左傳』。》从盾。圭聲。《苦圭切。16部。》/136

墣 (박)【pò ㄆㄛˋ】㊀㊥⑨ pú 흙덩이 ■복:같은 뜻
설문 8621 凷也。《『吳語』曰。涓人疇枕王以墣。『淮南書』曰。土之勝水也。非以一墣塞江。》从土。菐聲。《匹角切。古音在 3部。》圤墣或从卜。《卜聲亦在 3部。》/684

墨 (묵)【mò ㄇㄛˋ】먹, 자자(오형의 한가지)
설문 8660 書墨也。《聿下曰。所以書也。楚謂之「聿」。吳謂之「不律」。燕謂之「弗」。秦謂之「筆」。此云墨、書墨也。葢(蓋)筆墨自古有之。不始於蒙恬也。箸於竹帛謂之書。竹木以桼。帛必以墨。用帛亦必不起於秦漢也。周人用璽書印章必施於帛。而不可施於竹木。然則古不專用竹木信矣。引申之爲晉於是始墨。肉食者無墨。爲貪以敗官爲墨。》从土黑。《小徐曰會意。大徐有黑亦聲三字。莫北切。1部。》/688

墳 (분)【fén ㄈㄣˊ】(높게 봉분한)무덤, 언덕
설문 8725 墓也。《此渾言之也。析言之則墓爲平處。墳爲高虗(處)。故『檀弓』孔子日。古者墓而不墳。『邯鄲-淳孝女:曹娥碑』日。丘墓起墳。『鄭-注:禮記』日。墓謂兆域。今之封塋也。土之高者日墳。此其別也。『方言』日。「冢 (𡌦)」、秦晉之閒謂之「墳」。或謂之「培」。或謂之「埝」。或謂之「埰」。或謂之「埌」。或謂之「壠」。自關而東謂之「丘」。小者謂之「塿」。大者謂之「丘」。此又別國方言之不同也。墳之義多引申叚(假)借用之。如厥土黑墳。公置之地、地墳。此引申之用也。如遵彼汝墳。借墳爲坋。『周禮』墳衍。借墳爲濆也。》从土。賁聲。《符分切。13部。》/693

◀ 제 13 획 ▶

墺 (오)【ào ㄠˋ】㊆ yù 물가 ■욱:같은 뜻
설문 8607 四方之土可定凥者也。《【各本】作「四方土可居也」。少三字。今依『李善-西都賦:注』正。『禹貢』。四墺既宅。今作「隩」者、衞(衛)包改也。『僞:孔傳』日。四方之土可居。『玉篇:土部』引『夏書』四墺既宅。『廣韵(韻):三十七, 号(號)墺字:注』日。四墺、四方土。『文選:西都賦』。天地之隩區。『李-注』引此『說文』。知『班賦』本从土。唐以後人乃改之。如『今本-尙書』釋文之作「隩」耳。『周語』。宅爲九隩。『注』云。隩、內也。其字从自(阜)。》从土。奥聲。《於六切。3部。按音轉多讀於報切。》 𡋽古文墺。《葢(蓋)『壁中-禹貢』如是與。》/682

墼 (격)【jì ㄐㄧˋ】㊈㊥⑨㊆ jī 本[암기와] (굽지 않은)벽돌
설문 8647 令適也。《〔瓦部:甓〕下日。令甓也。按「令甓」卽「令適」也。甓適墼三字同韵(韻)。『釋宮(宮)』日。瓴甋謂之甓。郭云。甗甎也。『陳風』。『中唐』有甓。『傳』日。甓、令適也。字作「令適」、「瓴甋」二音。加瓦者俗字也。甗甎亦皆俗字。甎古衹作專。如『斯干:傳』日。瓦、紡專也。〔寸部:專〕下日。一日紡專也。皆可證。陸德明云。『字林』作「塼」。此許、吕(呂)各因時作【字書】之例。許意在存古。吕意在宜今也。『韋-注:吳語』日。員日囷。方日鹿。然則鹿專者、言其方正也。亦日墼。》一日未燒者。《者【各本】作也。今依『玉篇』正。『韵(韻)會』作「未燒磚也」。燒謂入於匋。匋、瓦器竈也。上文一義謂已燒之專日墼。此一義謂和水土入模范中而成者日墼。別於甶而未經匋竈也。『喪服-杜楣:注』。屋下累墼爲之。此必未燒者也。枕甶則未墼者也。〔厽部:垒〕下日。墼也。葢(蓋)亦謂未燒者。今俗語謂未燒者日「土墼」。》从土。毄聲。《古歷(歷)切。16部。》/687

墽 (교)【qiāo ㄑㄧㄠˉ】평평하지 못한 땅, 우둘투둘한 땅 ■요:평평하지 못한 땅
설문 8615 磽也。《〔石部〕日。磽者、磐石也。磐者、堅也。墽之義同磽。則兼謂土石堅鞕(鞕)耳。其字亦作「墝」。『何-注:公羊』云。墝埆不生五穀日不毛。》从土。敫聲。《口交切。2部。》/683

壁 (벽)【bì ㄅㄧˋ】(바람)벽, 진, 나성(성루의 외곽), 낭떠러지
설문 8632 垣也。《『釋名』。壁、辟也。辟禦風寒也。按壁自其直立言之。》从土。辟聲。《比激切。16部。》/685

壜 (첩)【dié ㄉㄧㄝˊ】성가퀴 ※ 첩(堞)과 같은 글자
설문 8667 城上女垣也。《女之言小也。〔自(阜)部陴〕下日。城上俾倪女牆也。堞與陴異字而同義。『左傳』。堙之。環城傅於堞。杜日。堞、女牆也。古之城以土。不若今人以專也。土之上閒加以專牆。爲之射孔。以伺非常。日「俾倪」、日「陴」、亦日「堞」。『左傳』。盧蒲嫳攻崔氏。崔氏堞其宮而守之。弗克。此謂於宮牆之上。又加俾倪也。》从土。葉聲。《按从葉者、如葉之薄於城也。亦有會意焉。今字作「堞」。徒叶切。8部。》/688

壇 (단)【tán ㄊㄢˊ】단(흙을 쌓아 평평하게 하여 행사를 하는 곳) ■선:마당, 흙무더기
설문 8728 祭壇場也。《『祭法:注』。封土日壇。除地日墠。『楚語』。屛攝之位。壇場之所。『韋-注』。屛攝、爲祭祀之位也。除地日場。『漢:孝文帝紀』。其廣增諸祀壇場珪幣。師古日。築土爲壇。除地爲場。按墠卽場也。爲場而後壇之。壇之前又必除地爲場。以爲祭神道。故壇場必連言之。【宋本】作祭場也。無壇字。非是。若『祭法』壇與墠則異地。場有不壇者。壇則無不場也。》从土。亶聲。《徒干切。14部。》/693

𡐦 (할)【xiá ㄒㄧㄚˊ】㊈㊥⑨ kū ㊆ huá 갇힘에서 튀어 나올 (貝부 10획)
설문 8720 囚突出也。从土。䚗聲。《胡八切。15部。》/692

◀ 제 14 획 ▶

㙙 (칩)【zhì ㄓˋ】㊈㊥⑨㊆ zhí 더할, 흙 쌓을
설문 8671 下入也。《此與下溼(濕)日隰義略同。『吳都賦』日。墆㙙鱗接。『李-注』日。墆㙙、枝柯相重疊皃(疊貌)也。按太沖之「墆㙙」、卽【許書】之「屆㞒」。楚立除立二切。》从土。㬎聲。《敕立切。按當依『廣韵(韻)』直立切。7部。》/689

壎 (훈)【xūn ㄒㄩㄣˉ】질나팔 ※ 훈(塤)과 같다
설문 8657 樂器也。目(以)土作。《句。》六空。《「空」本作「孔」。今正。『詩』。伯氏吹壎。『毛傳』。土日壎。『周禮:小師』。掌教鼗(鼓)塤。大鄭云。塤、六孔。後鄭云。塤、燒土爲之。大如鴈卵。『爾雅』日。大塤謂之嘂(嚻)。『白虎通』日。『樂記』云。壎、坎音也。在十一月。》从土。熏聲。《況袁切。古音在13部。『白虎通』日。壎之爲言勳(勳)。》/687

璽 새【xí ㄒㄧˊ】㊈㊥⑨㊆ xǐ 本[옥새] 성씨, 사람 이름, 나라 이름
설문 8659 王者之印也。《印者、執政所持信也。王者所執則日璽。按『周禮:貨賄用璽節:注』云。璽節主以通貨賄。

璽節者、今之印章也。『左傳』。季武子璽書追而與公冶。皆非謂王者。荅(蓋)古者尊卑通偁(稱)。至秦漢而後爲至尊之偁。故『始皇本紀』。乃爲璽書賜公子扶蘇。中車府令趙高行符璽事。『蔡邕-獨斷(斷)』曰。皇帝六璽皆玉螭虎紐。許此語擧(擧)漢制也。》 目(以)主土。《以上八字依『玉篇』所引。此說从土之意也。》 从土。爾聲。《斯氏切。15、16部。》 籒文。从玉。《荅周人已刻玉爲之。曰籒从玉則知从土者古文也。》 /688

성부 爾미

형성 (2자) 선(獮 獮)6055 시(纚 纚)8206

壓 (압)【yā ㄧㄚ】 本[무너뜨릴] (내리)누를, 엎어질 ■녑:한손으로 문지를 ■엽:싫을, 괴로울 ■엽:엎드릴, 모일

설문 8701 壞也。《此與〔厂部:厭〕義絕(絶)不同。而學者多不能辨。『廣韵(韻)』壓下云。鎭也、降也、笮也。乃皆厭之訓也。》 一曰寱(寘)補也。从土。厭聲。《烏狎切。7部。》 /691

壔 (도)【dǎo ㄉㄠˇ】 보루(성채), 기둥(모양 입체)、뱁(빽빽할)

설문 8684 保也。《「保」『集韵(韻)』、『類篇』作「堡」。俗字也。『檀弓』。公叔禺人遇負杖入保者息。『月令』。四鄙入保。『注』皆云。都邑小城曰保。許云。保謂之壔。》 一曰高土也。《「一日」二字【今本】無。依小徐、『集韵(韻)』、『類篇』補。此別一義。》 讀若毒。《許時音讀如此。》 从土。𠷎聲。《今都晧切。古音在 3部。》 /690

◀ 제 15 획 ▶

壘 (류)【lěi ㄌㄟˇ】 진(작은 성), 포갤(겹칠)
※ 현재음은 「루」

설문 8692 軍壁也。《萬二千五百人爲軍。行軍所駐爲垣曰軍壁。壘之言厽也。壘與厽字音義皆別。『周禮:量人』。營軍之壘舍。鄭云。軍壁曰壘。『晉語』趙鞅使尹鐸墮晉陽壘培。韋曰壘壁曰培。》 从土。靁(雷)省聲。《【各本】作「畾聲」。無此字。今正。力委切。按力委、誤也。當依『廣韵』力軌切。15部。》 /691

형성 (2자) 류(灅 灅)6767 뢰(鑸 鑸)8997

壙 (광)【kuàng ㄎㄨㄤˋ】 광중(穿地中), 들 휑할

설문 8698 塹穴也。《謂塹地爲穴也。墓穴也。『周禮:方相氏』。及墓入壙。以戈擊四隅。鄭曰。壙、穿地中也。》 从土。廣聲。《苦謗切。10部。》 一曰大也。《『孟子』曰。水之就下。獸之走壙。》 /691

◀ 제 16 획 ▶

壚 (로)【lú ㄌㄨˊ】 검도석비례(검은 강토)
■려:같은 뜻

설문 8616 黑剛土也。《【各本】無「黑」字。依『韵(韻)會』則小徐有。『尙書:正義』所引同。今補。『釋名』曰。土黑曰壚。盧然解散也。『周禮:草人』。埴壚用豕。鄭云。埴壚、黏疏者。以黏釋埴。以疏釋壚。〔黑部〕曰。齊謂黑爲驢。古文作「旅」。許於驢得其義云黑而剛。則疏之義亦見矣。》 从土。盧聲。《洛乎切。5部。》 /683

壟 (롱)【lǒng ㄌㄨㄥˇ】 밭두둑, 무덤, 언덕

설문 8726 丘壟也。《高者曰丘壠。『周禮:注』曰。冢、封土爲丘壠也。『曲禮』。適墓不登壟。『注』曰。爲其不敬。壟、冢也。墓、塋域。是則壠非謂墓畍(界)也。『郭-注:方言』曰。有畍埒似耕壠以名之。此恐方語而非【經】義也。壟畝之偁(稱)、取高起之義引申之耳。》 从土。龍聲。《力踵切。9部。》 /693

壞 (괴)【huài ㄏㄨㄞˋ】 무너뜨릴 ■회:무너질

설문 8702 敗也。《敗者、毁也。》 从土。褱聲。《下怪切。15部。按毁壞字皆謂自毁、自壞。而人毁之、人壞之其義同也。不必有二音。》 籒文壞。从攴(攵)。 古文壞省。《褱省聲也。》 /691

◀ 제 17 획 ▶

壤 (양)【rǎng ㄖㄤˇ】 고운 흙, 땅, 상할

설문 8613 柔土也。《『大雅』。陶復陶穴。『毛傳』。陶其土而復之。陶其壤而穴之。『九章筭(算)術』。今有穿地積一萬尺。問爲堅壤各幾何。荅曰。爲堅七千五百尺。爲壤一萬二千五百尺。穿地四。爲壤五。爲堅三。爲墟四。『劉徽:注』。壤謂息土。堅謂築土。『周禮』。辨十有二壤之名物、而知其種。以教稼穡樹蓺。『注』。壤亦土也。以萬物自生言則言土。土猶吐也。以人所耕而樹蓺言則言壤。壤、和緩之皃(貌)。『某氏-注:尙書』曰。無塊曰壤。『周禮:草人』。墳壤用麋。勃壤用狐。鄭云。墳壤潤解。勃壤粉解。『釋名』曰。壤、瀼也。肥(肥)濡意也。按言物性之自然。壤異乎堅土。言人功、則凡土皆得而壤之。壤與柔弱雙聲。『穀梁』。日有食之。『傳』曰。吐者外壤。食者內壤。闕然不見其壤。有食之者也。麋信云。齊魯之閒謂鑿地出土、鼠作穴出土皆曰壤。按蟲鼠所出字亦作「場」、作「塲」。音失羊反。見『方言』。亦取柔意。今俗語謂弱曰壤。『漢書』。壤子王梁、代。壤謂肥(肥)䏰也。》 从土。襄(襄)聲。《如兩切。10部。》 /683

● 塵 티끌 진-본자

033	士
3-04	훈 선비 사

士 사【shì ㄕˋ】[설문부수 9] 本[섬길] 선비, 무사

설문 0206 事也。《『豳風、周頌:傳』凡三見。『大雅:武王豈不仕:傳』亦云。仕、事也。『鄭-注:表記』申之曰。仕之言事也。士事疊(疊)韻。引伸之、凡能事其事者偁(稱)士。『白虎通』曰。士者、事也。任事之稱也。故『傳』曰。通古今、辯然不、謂之士。》 數始於一。終於十。从一十。《『三字依『廣韻』。此說會意也。》 孔子曰。推十合一爲士。《『韻

會』、『玉篇』皆作推一合十。【鉉本】及『廣韻』皆作推十合一。似【鉉本】爲長。數始一從十。學者由博返約。故云推十合一。博學、審問、愼思、明辨、篤行、惟以求其至是也。若一以貫之。則聖人之極致矣。鉏里切。1部。》凡士之屬皆从士。/20

유사 흙 토(土)

성부 부록 색인 참조

형부 士를 부수로 하는 대부분의 글자들 매(䝨賣)

◀ 제 1 획 ▶

壬 임【rén ㄖㄣˊ】[설문부수 523] 아홉째 천간(물, 북방을 상징), 클

설문 9314 位北方也。会(陰)極昜(陽)生。《『月令:鄭-注』。壬之言任也。時萬物懷任於下。『律書』曰。壬之爲言任也。言陽气任養萬物於下也。『律曆志』曰。懷任於壬。『釋名』曰。壬、妊也。陰陽交。物懷妊。至子而萌也。》故『易』曰。龍戰于野。《『坤:上六,爻辭』。》戰者、接也。《釋『易』之戰字。引『易』者、證陰極陽生也。『乾鑿度』曰。陽始於亥。乾位在亥。『文言』曰。爲其兼於陽。故稱龍。許君以亥壬合德。亥壬包孕陽气。至子則滋生矣。》象人褢妊之形。《如林切。7部。》承亥壬吕(以)子生之敍也。《故擧(擧)『坤:上六,爻辭』。『坤:上六』在亥。》壬與巫同意。《巫像人兩袖舞。壬像人腹大也。》壬承辛。象人脛。脛任體也。《冢『大一經』。》凡壬之屬皆从壬。/742

유사 임금 왕(王) 착할 정(壬)

성부 𡈼음 任임

형성 (4자) 임(飪)3067 임(衽)5031 임(妊)7750 임(紝)8139

◀ 제 4 획 ▶

壯 장【zhuàng ㄓㄨㄤˋ】本[장대할] 씩씩할, 음력 팔월

설문 0208 大也。《『方言』曰。凡人之大謂之奘。或謂之壯。尋『說文』之例。當云大士也。故下云从士。此葢(蓋)淺人刪(刪)士字。》从士。爿聲。《側亮切。10部。》/20

성부 莊장

형성 (3자) 장(裝)5116 장(奘)6032 장(奘)6353

◀ 제 6 획 ▶

壴 㚅 주【zhù ㄓㄨˋ】[설문부수 160] 진나라 풍류

설문 2940 陳樂立而上見也。《謂凡樂器有虡者豎(竪)之。其顚上出可望見。如『詩禮』所謂崇牙、〔金部〕所謂鎛鱗也。〔厂部〕曰。屵、岸上見也。亦謂遠可望見。》从屮豆。《豆者、豎也。豎、堅立也。豆有骹而直立。故侸豎从豆。壴亦从豆。屮者、上見之狀也。艸木初生則見其顚。故从屮。中句切。4部。》凡壴之屬皆从壴。/205

유사 어찌 기(豈)

성부 鼓고 尌주 喜희 彭팽

형부 척(𧯷) 가(嘉)

형성 (2자) 고(鼓)1947 체(憶)6572

◀ 제 7 획 ▶

奊 (결)【jié ㄐㄧㄝˊ】머리 기울일 (口부 7획)

설문 6303 頭傾也。《『玉篇』引『蒼頡』云。仡仡也。》从夨。吉聲。讀若子。《古屑(屑)切。12部。》/494

◀ 제 9 획 ▶

壹 일【yī ㄧ】[설문부수 396] 한(하나), 전일할, 통일할, 순박할

설문 6327 嫥壹(壹)也。《嫥、【各本】作專。今正。嫥下云。壹也。與此爲轉注。》从壺(壺)吉。吉亦聲。《於悉切。12部。俗作壹。》凡壹之屬皆从壹。/496

유사 병 호(壺) 대궐 안길 곤(壼壺) 답답할 운(壼)

형부 의(懿)

형성 (8자) 열(噎)843 의(饐)2322 에(殪)2423 의(饐)3113 예(曀)4056 희(豷)5794 의(撎)7467 예(墳)8715 의(懿)

壺 호【hú ㄏㄨˊ】[설문부수 395] (물·술을 담는) 배가 불룩한 병, 투호

설문 6325 昆吾圜器也。《〔缶部〕曰。古者昆吾作匋。壺(壺)者、昆吾始爲之。『聘禮:注』曰。壺、酒尊也。『公羊傳:注』曰。壺、禮器。腹方口圓曰壺。反之曰方壺。有爵飾。又『喪大記』狄人出壺、『大,小戴-記』投壺、皆壺之屬也。》象形。《謂壺。》从大象其葢(蓋)也。《奄下曰。葢(蓋)也。大有餘也。戶姑切。5部。》凡壺之屬皆从壺。/495

유사 궁중 안 길 곤(壼壺) 답답할 운(壼) 한 일(壹)

성부 壹일 壼운

壼 운【yūn ㄩㄣ】답답할

설문 6326 壹壼也。从凶。从壺(壺)。壺不得渫也。《虞翻(飜)以否之閉塞釋絪縕。趙岐亦以閉塞釋志壹、氣壹。於云切。13部。》『易』曰。天地壹壼。《『繫(繫)辭傳』文。『今-周易』作「絪縕」。【他書】作「烟煴」、「氤氲」。『蔡邕-注:典』引曰。烟烟氳氳。陰陽和一相扶皃(貌)也。『張載-注:魯(魯)靈光殿賦』曰。烟煴、天地之蒸氣也。『思玄賦:舊注』曰。烟煴、和皃。『許-據:易-孟氏』作壹。乃其本字。他皆俗字也。許釋之曰不得渫也者、謂元氣渾然、吉凶未分。故其字从吉凶在壺中會意。合二字爲雙聲曡(疊)韵。實合二字爲一字。『文言:傳』曰。與鬼神合其吉凶。然則吉凶卽鬼神也。『擊辭』曰。三人行則損一人。一人行則得其友。言致一也。壹壼、構精皆釋致一之義。其轉於爲抑鬱。》/495

유사 병 호(壺) 대궐안 길 곤(壼壺) 한 일(壹)

● 壼 대궐 안길 곤

士 3 ⑩

壻 (서)【xù ㄒㄩˋ】 사위, 남편, 사내
설문 0207 夫也。《夫者丈夫也。然則壻爲男子之美稱。因以爲女夫之稱。『釋親』曰。女子之夫爲壻。》从士胥。《『鉉本』有聲字。誤。『周禮:注』、『詩:箋』皆曰。胥、有才知之稱。又曰。胥讀如諝。謂其有才知爲什長。『說文:言部』曰。諝、知也。然則从胥者、从諝之省。》『詩』曰。女也不爽。士貳其行。士者、夫也。《此引『衞(衛)風』而釋之。明从士之意》讀與細同。《穌計切。古音當在16部。》 婿 壻或从女。《以女配有才知者、爲會意。》/20

◀ 제 11 획 ▶

壽 壽 수【shòu ㄕㄡˋ】 수(나이, 목숨, 장수), 헌수(장수 축하 술)
설문 5143 久也。《久者、從後灸之也。引伸爲長久。此用長久之義也。》从老省。𠷎聲。《𠷎見〔口部〕。今篆體作「𠷎」。誤。殖酉切。3部。》/398
성부 疇주
형부 수(壽) 도(幬) 수(㪨) 도(擣) 도(檮) 주(疇) 도(燾) 수(醻) 주(疇𠷎) 도(翿)
형성 (6자+1) 도(禱)51 주(譸)1534 수(鄯)3929 주(儔)4905 도(燾)6214 주(鑄)8842 도(濤)

◀ 제 12 획 ▶

墫 (준)【zūn ㄗㄨㄣ】 ㊥⑨ cūn ㉿ zǔn 本[춤너풀거려 출] 기쁠
설문 0209 士舞也。《『各本』無「士」。依『詩』、『爾雅:音義』補。『周禮』。『大胥』、以學士合舞。『小胥』、巡學士舞列。故其字从士。「也」當爲「皃(貌)」。『毛傳』。墫墫、舞皃。『古書』也皃二字多互譌。》从士。尊(尊)聲。《慈損切。13部。》『詩』曰。墫墫舞我。《『詩:小雅』文。『爾雅』。坎坎、墫墫、喜也。『今-詩』作「蹲」。》/20

034
3-05
夂 뒤쳐져 올 치

夂 치【zhǐ ㄓˇ】 [설문부수 203] 뒤져올(뒤떨어져 올)
설문 3254 從後至也。《「至」當作「致」。》象人㒳(兩)脛後有致之者。《致、送詣(詣)也。》凡夂之屬皆从夂。讀若黹。《陟侈切。『玉篇』竹几切。15部。》/237
※ 천천히 걸을 쇠(夊)와 마칠 종(夂舟升)의 자형이 전부 치(夂)로 변한다.
성부 부록 색인 참조
형부 夂를 부수로 하는 대부분의 글자들

夅 과【kuā ㄎㄨㄚ】 ㊥⑨㉿ huǎ 가리장이(兩股間) 벌려 걸을 (夂부 0획)
설문 3259 跨步也。《「跨」當作「夸」。夸步謂大張其㒳(兩)股也。》从反夂。《苦瓦切。17部。》䢼从此。《以牛爲聲。》/237
성부 䢼과 韋위 夬쾌 年년 舛천 夅강

◀ 제 1 획 ▶

夃 고【gū ㄍㄨ】 ㊥⑨ gǔ 시장에서 물건 많이 살
설문 3258 秦人市買多得爲夃。《「爲」當作「謂之」二字。此秦人語也。『方言』不載。》从乃。从夂。益至也。《說从乃夂之意。「乃夂」者、徐徐而益至也。古乎切。5部。》『詩』曰。我夃酌彼金罍。《『周南』文。『今-毛詩』作「姑酌」。『傳』曰。姑、且也。許所據者『毛詩-古本』。今作姑者、後人以今字易之也。如『尙書-壁中-古文本』作無有作政、本作黎民俎飢之類。夃者、姑之假借字。如政俎者、好阻之假借字。『玉篇』曰。夃、今作「沽」。引『論語』求善價而夃諸。未審其所本之『論語』。》/237
성부 盈영

◀ 제 3 획 ▶

夅 강【xiáng ㄒㄧㄤˊ】 내릴, 공중에서 떨어질, 돌아갈 ※ 강(降)의 옛글자 ■항:本[굴복할]
설문 3257 服也。从夂牛(屮)。相承不敢竝也。《上从夂。下从反夂。相承不敢竝、夅(降)服之意也。凡降伏字當作此。降行而夅廢矣。下江切。9部。》/237
유사 어긋날 천(舛)
성부 贛감 降강
형성 (4자) 공(夅)2805 항(栙)3605 홍(洚)6805 강(絳)8223

◀ 제 4 획 ▶

夆 봉【féng ㄈㄥˊ】 ㊥⑨ fēng 서로 바둥거릴, 끌어당길, 만날 ■방:두터울, 성씨
설문 3256 啎也。《〔午部〕曰。啎、逆也。夆訓啎、猶逢迎逆遇遻(遌)互相爲訓。『釋訓』曰。甹夆、掣曳也。掣曳者、啎逆之意。夆、古亦借爲鏠夆字。》从夂。丰聲。讀若縫。《敷容切。9部。》/237
유사 중요한 곳을 가릴 해(夅)
성부 逢봉
형성 (2자+1) 봉(逢)1179 봉(捀)7584 봉(夆峰)

夆 해【hài ㄏㄞˋ】 중요한 곳을 가릴, 정자 이름
설문 3255 相遮要害也。《要害猶險隘也。》从夂。丰聲。《乎葢(蓋)切。15部。》南陽新野有夆亭。/237
유사 봉우리 봉(夆)

035
3-06
夊 천천히 걸을 쇠

夊 쇠【suī ㄙㄨㄟˉ】[설문부수 198] (작) cuī 천천히 걸을

설문 3217 行遲曳夊夊也。《「也」字今補。『曲禮』曰。行不擧(擧)足。車輪曳踵。『玉藻』曰。圈豚行不擧足。齊如流。『注』云。孔子執圭、足縮縮如有循是也。『玉篇』曰。『詩』云雄狐夊夊。今作綏。》象人两(兩)脛有所躧也。《『通俗文』。履不箸(着)跟曰屣。屣同躧。躧屣古今字也。行遲者、如有所拕曳然。故象之。楚危切。『玉篇』思隹切。15部。》凡夊之屬皆从夊。/232

※ 대부분의 경우 치(夂)자로 변형되어 사용되고 있다.

성부 부록 색인 참조

형부 夊를 부수로 하는 대부분의 글자들

◀ 제 4 획 ▶

夋 준【qūn ㄑㄩㄣˉ】(작) cūn 천천히 걷는 모양, (다른 곳으로)갈, 거만할

설문 3218 行夋夋也。《夋夋行皃(貌)。》一曰倨也。《〔亢部:踆〕下曰。夋、倨也。故竣踆字从夋。會意。》从夊。允聲。《七倫切。13、14部。》/232

성부 酸산 俊준 陖준

형성 (13+4자) 준(趁)1000 준(逡)1112 준(駿)2355 최(朘)2617 사(梭)3349 준(駿)5873 산(狻)6069 준(焌)6113 준(竣)6376 전(悛)6476 준(浚)7041 준(捘)7477 준(畯)8762 준(皴) 준(餕) 준(晙) 준(䞭)

夌 복【pù ㄆㄨˋ】(상)(中)(9)(작) pú 걷는 모양, 갈(行貌)

설문 3224 行夌夌也。从夊。闕。讀若僕。《【各本】篆作「𡕥」。今依『廣韵』作「夌」。與『小徐-注』合。此闕謂形。上體作圥不知其說也。讀若僕。則知夌夌、卽今俗語僕僕道途之謂。『趙-注:孟子』曰。僕僕、煩猥皃(貌)。皮卜切。3部。》/233

◀ 제 5 획 ▶

夌 릉【líng ㄌㄧㄥˊ】넘을, 높을, 큰 둔덕

설문 3220 越也。《凡夌越字當作此。今字或作「淩」、或作「凌」、而夌廢矣。『檀弓』。喪事雖遽。不陵節。鄭曰。陵、躐也。躐與越義同。『廣韵』陵下云。犯也。侮也。侵也。皆夌義之引伸。今字概作陵矣。》从夊𡴀(光=先)。《越之義也。力膺切。6部。》𡴀、高大也。《說从𡴀之意。》一曰夌徲也。《〔彳部〕曰。徲、久也。凡言陵遲、「陵夷」當作「夌徲」。今字陵遲、陵夷行而夌徲廢矣。『玉篇』云夌遲也。『廣韵』云。陵遲也。遲與徲同也。『匡謬正俗』釋陵遲曰。陵爲陵阜之陵。而遲者、遲遲微細削小之義。古遲夷通用。或言陵夷。其義一也。言陵阜漸平。喻王道弛替耳。玉裁謂。【許書】作夌。則知說陵爲陵阜、非也。夌徲爲邌之反語。古遲邌通用。夌徲言時久則弛替。遲古讀如夷。夌夷曡(疊)韵字耳。以『左傳』下陵上替說之。許前義於下陵近。後義於上替近。下陵與上替、其事常相因也。》/232

유사 흙덩이 륙(坴)

성부 陵릉 淩릉

형성 (5자+1) 릉(踜)3026 릉(餕)3124 릉(棱)3650 릉(掕)7673 릉(綾)8209 릉(庱)

㚅 범【fàn ㄈㄢˋ】(상)(中)(9)(작) wǎn 두개골 ▣맘:목걸이 (夊부 5획)

설문 3226 𡿺葢(蓋)也。《『司馬彪-輿服志』。乘(乘)輿金錽。劉(劉)昭-引『蔡邕-獨斷(斷)』曰。金錽者、馬冠也。高廣各五寸。上如五華形。在馬髦前。『薛綜-注:東京賦』同。按在馬髦前、則正在馬之𡿺葢。其字本作金㚅。或加金旁耳。『馬融-廣成頌』。揚金㚅而拖玉瓖。字正作㚅可證。『西京賦』。璿弁玉纓。薛曰。弁、馬冠叉髦也。徐廣說金錽云。金爲馬叉髦。然則弁也。叉髦也、㚅也、一也。「㚅」或誤作「㚇」。「錽」或誤作「鑁」。『玉篇』又誤作金鑁。皆音子公反。非也。𡿺葢者、人囟也。見〔囟部〕。》象皮包覆𡿺。《謂爫》下有两辟(兩臂)。《謂人。》而夊在下。《人足也。》讀若范。《亡范切。7部、8部。》/233

◀ 제 6 획 ▶

复 复 복【fú ㄈㄨˊ】㉠ fù 옛 길을 갈

설문 3219 行故道也。《〔彳部〕又有復。復(復)行而夏(复)廢矣。疑〔彳部〕之復乃後增也。》从夊。畐(畐)省聲。《房六切。3部。按畐聲在 1部。合音也。》/232

성부 復복

형성 (7자+3) 복(腹)2513 복(椱)3576 복(複)5070 복(鰒)7291 복(蝮)8381 복(鍑)8864 복(輹)9101 복(䪞) 복(馥) 퍅(愎)

㚇 종【zōng ㄗㄨㄥˉ】새 나를 때 발 오무릴, 새 쭉지 낄, 말굴레 치장

설문 3229 斂足也。鵲鵙醜。其飛也㚇。《二句見『釋鳥』。『今-爾雅』作「翪」。許所據異也。》从夊。《斂足故从夊。》兇聲。《子紅切。9部。》/233

형성 (7자+2) 종(葼)487 종(鬷)1759 종(椶)3310 종(稯)4264 종(艐)5196 종(㚇)5594 종(堫)8624 종(糉) 종(騣)

◀ 제 7 획 ▶

夏 하【xià ㄒㄧㄚˋ】本[중국인]여름, 중국, 하나라, 회조리 ▣가:나무이름

설문 3227 中國之人也。《以別於北方狄、東北貉、南方蠻閩、西方羌、西南焦僥、東方夷也。夏、引伸之義爲大也。》从夊。从頁。从臼。臼、两(兩)手。夊、两足也。《胡雅切。古音在 5部。》古文夏。/233

형성 (+1) 하(廈)

◀ 제 8 획 ▶

䡆 (항)【háng ㄏㄤˊ】 ㊖㊥⑨㉿ gǎng ㉿ hàng 목 꼿꼿한 모양 (夊부 8획)

설문 6339 直項莽䡆皃(貌)。《當作「莽䡆直項皃」。或曰『淮南書』有嚴志頡頏之行。頏卽䡆字也。〔頁部〕曰。頡、直項。》从亢。从夋。《會意。》夋、倨也。《說从夋之意。語見〔夊部〕。》亢亦聲。《岡朗切。又胡朗切。10部。按大徐篆左亢右夋。今依小徐、『玉篇』、『廣韵(韻)』左夋右亢。》/497

● 复复复 옛 길 갈 복(夏复)-고자

◀ 제 10 획 ▶

夌 (릉)【líng ㄌㄧㄥˊ】 (다른 곳으로)갈 (夊부 10획)

설문 3026 去也。从去。夌聲。讀若棘陵。《力膺切。6部。按大徐刪(删)棘字。今按『玉篇』曰居力切。又力膺切。『廣韵(韻)』、『集韵』皆兼入蒸、職二韵。一力膺切。一紀力切。葢(蓋)【許書本】作讀若棘。夌聲而讀同棘。1部與 6部之合也。或又讀若陵。註陵於旁。而小徐网(兩)存之。》/213

◀ 제 11 획 ▶

敻 형【xiòng ㄒㄩㄥˋ】 ㊖⑨ xuàn 멀(아득할), 길(長也) ■현:本[구할] (C.F. 夊攴부 11획)

설문 1991 營求也。《營求者、圜帀而求之也。帀而求之。則不遐遺矣。故引伸其義爲遠也。『韓詩』。于嗟敻兮。云遠也。『毛詩』作「洵」。異部假借字。》从旻人在穴。《依『韵會』訂。謂舉(擧)目使人之人臨穴也。合三字會意。朽正切。按古音在 14部。『招䰟(魂)』。挂曲瓊些。與寒湲蘭筵韵。觼字敻聲。〔角部:觼〕或作鐍。皆可證也。》『商書』曰。高宗夢得說。使百工營求。得之傅巖。《『書:序文』。》巖、穴也。《此引『書:序』釋之。以說从穴之意。營求而得諸穴。此字之所以从旻人在穴也。與引『易:先庚三日』、說庸从庚之意同。【鉉本】改「營求」爲「敻求」。誤甚。〔山部〕云。巖、岸也。此云穴也者、〔厂部〕曰山石之厓巖人可居也。》/129

※ 아래의 혈(旻)자의 아랫부분은 칠 복(攴)이다. 천천히 걸을 쇠(夊)가 아니다. 그런데 모든 자전에서 夊부 11획으로 처리하고 있다. 비슷한 경우로 착각하기 쉬운 변(變)자는 칠 복(攴) 19획으로 제대로 처리하고 있다.

성부 𥈠𥈠연 奐奐환

형성 (5자) 경(瓊 瓊)89 경(藑 藑)346 귤(趫 趫)984 현(讂 讂)1620 결(觼 觼)2731

◀ 제 12 획 ▶

● 𥈠𥈠𥈠𥈠阿사냥 때 입는 가죽바지 준

◀ 제 15 획 ▶

● 㛰婚 혼인할 혼(婚)-주자

夒 노【náo ㄋㄠˊ】 원숭이

설문 3230 貪獸也。一曰母猴。《謂夒一名母猴。〔犬部〕曰。猴、夒也。玃、大母猴也。〔由(甶)部〕曰。禺、母猴屬。〔爪部〕曰。爲、母猴也。單評猴。絫評母猴。其實一也。母猴與沐猴、獼猴、一語之轉。母非父母字。『詩:小雅』作「猱」。毛曰。猱、猨屬。『樂記』作「獶」。隸(隸)之變。鄭曰。獶、獼猴也。》佀(似)人。《似人面手足。》从頁。《旬。》巳止夊、其手足。《巳止象其似人手。夊象其足。奴刀切。古音在 3部。》/233

유사 짐승 이름 기(夔) 혼인할 혼(㛰)

형성 (4자+1) 유(瓇 瓇)82 요(𢥞 𢥞)723 노(獶 獶)6019 요(擾 擾)7563 논(㥏 㥏)

◀ 제 17 획 ▶

夔 기【kuí ㄎㄨㄟˊ】 짐승 이름, 외발짐승, 도깨비, 조심할

설문 3231 卽魖也。《「卽」鉉作「神」。疑神是。〔鬼部〕曰。魖、耗鬼也。神魖、謂鬼之神者也。『甘泉賦』曰。捎夔魖而抶獝狂。『東京賦』曰。殘夔魖與罔象。皆夔魖連文可證。『國語』。木石之怪夔罔(罔)兩。『韋-注』。或云。夔一足。越人謂之山繅。或作猱。富陽有之。人面猴身。能言。『廣韵』曰。山魈出汀州。獨足鬼也。神魖、謂山繅之尤靈異者。若『大荒東經』云。有獸狀如牛。蒼身而無角。一足。出入水則必風雨。其光如日月。其聲如雷。名曰夔。黃帝得其皮爲鼓(鼓)。聲聞五百里。此獸也。非鬼也。『薛-注:二京』合而一之。恐非是。》如龍。一足。从夊。《孟康曰。夔神如龍。有角。人面。薛綜曰。木石之怪。如龍有角。按从夊者、象其一足。》象有角手人面之形。《云如龍、則有角可知。故丅象有角。又止巳象其似人手。頁象其似人面。渠追切。15部。古假歸作夔。『樂緯』云。昔歸典協律。卽夔『典樂』也。『地理志』歸子國。卽夔子國也。》/233

유사 원숭이 노(夒) 혼인할 혼(㛰)

036 3-07 夕 저녁 석

夕 석【xī ㄒㄧˋ】【설문부수 241】 ㉠㊖㊥⑨㉿ xī 저녁, 밤, 저녁에 뵐

설문 4136 莫(莫)也。《莫者、日且冥也。日且冥而月且生矣。故字从月半見。旦者、日全見地上。莫者、日在茻中。夕者、月半見。皆會意象形也。》从月半見。《祥易切。古音在 5部。》凡夕之屬皆从夕。/315

유사 천천히 걸을 쇠(夊) 뒤져올 치(夂) 칠 복(攵) 글월 문(文) 달 월(月)

성부 부록 색인 참조

형부 夕을 부수로 하는 대부분의 글자들

형성 (1자) 석(穸 穸)4478

◀ 제 2 획 ▶

外 외【wài ㄨㄞˋ】 本[외댈(멀리함, 제외, 잊을)] 밖

[설문] [4142] 遠也。《此下當有「从夕卜」三字。》卜尚平旦。今若夕卜。於事外矣。《此說从夕卜之意。五會切。15部。》 外古文。《〔卜部〕日 卜古文卜。》/315

夗 [원]【yuǎn ㄩㄢˇ】[상][中][9][작] yuàn 누워 뒹굴
[설문] [4139] 轉臥也。《謂轉身臥也。『詩』曰。展轉反側。凡夗聲、宛聲字皆取委曲意。》从夕卪。《會意。》臥有卪也。《釋从卪之意。卪節古今字。於阮切。14部。》/315
[유사] 계란 란(卵) 절주할 경(卯 夘)
[성부] [宛]완 [怨]원
[형성] (10자) 원(苑)541 원(詋)1618
원(智)2050 원(鴛)2305 건(笎)2619
완(豋)2962 완(盌)3000 원(帵)4683
원(妴)7819 완(甇)8069

◀ 제 3 획 ▶

殂 [夙][숙]【sù ㄙㄨˋ】일찍, 일찍이, 일찍 일어날, 공경할
[설문] [4143] 早敬(敬)也。《『召南:毛傳』曰。夙、早也。此言早敬者、以字从丮。故晨下曰。臼辰爲晨。丮夕爲夙。皆同意。是也。『大雅』。載震載夙。毛云。夙、早也。『箋』云。夙之言肅也。惟夙有敬意。故鄭云爾。》从丮(丮)夕。《夕舊(舊)奪。今補。息逐切。3部。隸(隸)變作夙。》持事雖夕不休。早敬者也。《此說會意之指。謂日莫(莫)人倦。齋莊正齊而不敢懈惰。是乃完今日之早敬。基名日之早敬也。抑夕者夜之通偁(稱)。未旦而執事有恪。故字从丮夕歟。》 㐖古文。《〔谷部〕日。丙古文西。讀若三年導服之導。此从人、从丙聲也。》 㐖古文。《〔谷部:丙〕本亦古文。佤亦夙之古文。宿(宿)从佤聲。》/315

多 [다]【duō ㄉㄨㄛ】[설문부수 242] 많을, 뛰어날, 아름답다고 할, 싸움에 이긴 공, 넓을
[설문] [4145] 緟也。《緟者、增益也。故爲多。多者勝少者。故引伸爲勝之偁(稱)。戰功曰多。言勝於人也。》从緟夕。《會意。得何切。17部。》夕者、相繹也。故爲多。《相繹者、相引於無窮也。抽絲曰繹。夕繹疊(疊)韵。說从重夕之意。》緟夕爲多。緟日爲疊。凡多之屬皆从多。 𡖅古文。並(竝)夕。《有並與重別者、如棘棗是也。有並與重不別者、㚔多是也。》/316
[성부] [奓][移]다 [宜]의 [移]이 [侈]치
[형부] 과(錁夥) 신(㚕) 괴(𡖈)
[형성] (15자) 차(哆)754 추(趍)981
이(迻)1087 치(誃)1538 치(眵)2083
체(移)3366 다(痑)4582 시(郃)5517
치(烙)6192 이(黟)6264 제(姼)7774
치(垑)8691 치(鉹)8855 계(軫)9147
치(陊)9207

◀ 제 4 획 ▶

● [殂] 일찍 숙(夙)-고자

◀ 제 5 획 ▶

夜 [야]【yè ㄧㄝˋ】[本][놓을, 쉴] 밤, 새벽, 침실
[■]액:고을이름
[설문] [4137] 舍(捨)也。《以疊(疊)韵爲訓。》天下休舍。《休舍猶休息也。舍、止也。夜與夕渾言不別。析言則殊。『小雅』。莫肎(肯)夙夜。莫肎朝夕。朝夕猶夙夜也。『春秋經』夏四月辛卯夜。卽辛卯夕也。》从夕。亦省聲。《羊謝切。古音在5部。》/315
[형성] (2자) 액(液)7062 액(掖)7722

姓 (청)【qíng ㄑㄧㄥˊ】밤하늘 개일
[설문] [4141] 雨而夜除星見也。《『衞(衛)風』。靈雨旣零。命彼倌人。星言夙駕。『韓詩』曰。星者、精也。按精者今晴字。『史記』天精而見景星。『漢書』作天暒。孟康曰。暒者、精明也。『漢書』亦作「精」。韋昭曰。精者、淸朗也。『郭樸-注:三倉』云。暒者、雨止無雲也。古姓暒精皆今之「晴」。而『詩』作「星」。『韓非子』曰。荆(荊)伐陳。吳救之。軍閒三十里。雨十日。夜星。夜星卽夜姓也。雨夜止星見謂之「姓」。姓星疊韵(疊韻)。引伸爲晝晴之偁(稱)。故其字又作「暒」。O 按『漢書』亦作「精」。故孟康曰。精、暒明也。【今本】係後人所改。『史漢』之天精卽晶之叚借。》从夕。生聲。《疾盈切。11部。》/315

◀ 제 11 획 ▶

夢 [夣][몽]【mèng ㄇㄥˋ】[ㄱ][상][9][작] méng [本][희미할] 꿈, 꿈 꿀, 흐리멍덩할
[설문] [4138] 不明(明)也。《『小雅』。民今方殆。視天夢(夢)夢。『傳』曰。王者爲亂夢夢然。『釋訓』曰。夢夢、亂也。按故訓釋爲亂。許云不明者、由不明而亂也。以其字从夕。故釋爲不明也。夢之本義爲不明。今字叚(假)爲寢寐字。夢行而寢廢矣。》从夕。瞢(瞢)省聲。《莫忠切。又亡貢切。古音在6部。舉(擧)形聲包會意也。》/315
[형부] 훙(薨)
[형성] (3자) 몽(薎)342 몽(懜)6544
맹(甍)8061

募 (막)【mò ㄇㄛˋ】죽어 쓸쓸할, 고요할
[설문] [4144] 宗也。《當云宗募也。轉寫佚字耳。宗募者、夕之靜也。㗫嗼者。口之靜也。宗募者、死之靜也。》从夕。莫聲。《莫白切。古音在5部。讀如莫。》/316

夤 [인]【yín ㄧㄣˊ】공경할, 나아갈, 인연 맺을
[설문] [4140] 敬惕也。《此與十二辰之寅義各不同。『釋詁』云。寅、敬也。凡『尙書』寅字皆叚(假)寅爲夤也。『漢, 唐-碑』多作夤者。凡云夤緣者卽延緣。云八夤者卽八埏。皆雙聲叚借也。》从夕。寅聲。《翼眞切。12部。》『易』曰。夕惕若厲。《『乾:九三:爻辭』也。厲【各本】作夤。今正。凡漢人引『周易』夕惕若厲不暇枚擧(擧)。【許書】䁝字下亦作夕惕若厲。此引者、說从夕之意也。夕惕者、火滅修容之謂。凡【許書】。引『易:井』者法也。說荆(刑)从井之意。引『易』地可觀者莫可觀於木。說相从日木之意。引『易』先庚三日。說

庸从庚之意。引『易』豐其屋。說豐从宀豐之意。引『易』百穀艸木麗於地。說蘢从艸麗之意。引『易』突如其來如。不孝子突出不容於內也。說𠫓从倒子之意。皆偁(稱)『周易』以說字形之意。學者不憭。往往誤會。於是改屬爲㐬、改突爲𠫓。而惠氏定宇作『周易』述。竟作夕惕若夤厲无咎(㕣)、𠫓如其來如矣。』 籒文。/315

형성 (1자) 이(濥) 6808

夥 夥(과)【huǒ ㄏㄨㄛˇ】 많을, 한 패 ▣화:속음

설문 4146 齊謂多也。『『方言』日。大物盛多。齊宋之郊、楚魏之際日夥。許𦋊(䫋)字下日。讀若楚人名多夥。此云『齊語』。皆本『方言』也。『史記:陳勝:世家』日。楚人謂多爲夥。陳勝楚人。在楚言楚也。』 从多。果聲。『呼果切 17部。』/316

037
3-08
大 ▤ 큰 대

大 대【dà ㄉㄚˋ】[설문부수 389] ㉮ dài (부피, 높이, 세력)클

설문 6282 天大。地大。人亦大焉。『依『韵會』訂。』象人形。『『老子』日。道大。天大。地大。人亦大。人法地。地法天。天法道。按天之文从一大。則先造大字也。𠘧𡿨之文但象臂脛。大文則首手足皆具。而可以參天地。是爲大。徒葢(蓋)切。15部。』 古文亣(大)也。『𡗕下云古文亣。亣下云籒文𡗕。此以古文籒文互釋。明衹一字而體稍異。後來小篆偏旁或从古、或从籒。故不得不殊爲二部。亦有从𠘧、从𡿨必分系 2部也。然則小篆作何字。日。小篆作古文也。』凡大之屬皆从大。/492

유사 우뚝할 올(兀) 절름발이 왕(尢尣) 어른 장(丈)

성부 부록 색인 참조

형부 大를 부수로 하는 대부분의 글자들
분(奔𡗗) 형(衡)

형성 (6자+1) 체(杕) 3449 태(忕) 6473 대(汏) 7036 태(戾) 7360 체(釱) 8927 대(軑) 9111 태(駄)

◀ 제 1 획 ▶

夨 녈【zè ㄗㄜˋ】[설문부수 391] 머리 기울(𡗕 165)

설문 6302 傾頭也。『〔人部〕日。傾者、夨也。夨象頭傾。因以爲凡傾之偁(稱)。』 从大。象形。『象頭不直也。阻力切。11部。』 凡夨之屬皆从夨。/494

유사 지아비 부(夫) 일찍 죽을 요(夭) 클 태(太) 하늘 천(天) 가를 쾌(夬) 가운데 앙(央)

성부 吳오

형부 렬(奊) 결(奊)

天 천【tiān ㄊㄧㄢ】 하늘, 임금

설문 0003 顚也。『此以同部曡(疊)韵爲訓也。凡門聞也、戶護也、尾微也、髮拔也皆此例。凡言元始也、天顚也、丕大也、吏治人者也皆於六書爲轉注而微有差別。元始可互言之。天顚不可倒言之。葢(蓋)求義則轉移皆是。擧(擧)物則定名難假。然其爲訓詁則一也。顚者、人之頂也。以爲凡高之偁(稱)。始者、女之初也。以爲凡起(起)之偁。然則天亦可爲凡顚之偁。臣於君、子於父、妻於夫、民於食皆日天是也。』 至高無上。从一大。『至高無上。是其大無有二也。故从一大。於六書爲會意。凡會意合二字以成語。如一大、人言、止戈皆是。他前切。12部。』/1

유사 목메일 기(旡旡) 없을 무(无) 지아비 부(夫) 일찍 죽을 요(夭) 머리 기울 녈(夨)

성부 癸계 无무 关𥬇소 朕朕㸗䑣賸짐 忝첨

형부 간(栞)

형성 (1자+1) 탄(呑) 750 현(祆)

夫 부【fū ㄈㄨ】[설문부수 403] 사내, 지아비, 남편, 일만보(漢代 지적 단위), 어조사, 벼슬 이름

설문 6359 丈夫也 从亣(大)一。『从一大則爲天。从大一則爲夫。於此見人與天同也。天之一、冒大上。爲會意。夫之一、毌大首。爲象形。亦爲會意。』 一、㠯(以)象先(旡)。『旡、首笄也。俗作簪。依『御覽』宜補「冠而後簪、人二十而冠、成人也」。十二字。此說以一象簪之意。甫無切。5部。』 周制八寸爲尺。『〔尺部〕日。中婦人手長八寸謂之咫。周尺也。』 十尺爲丈。『〔十部〕日。丈、十尺也。从又持十。』 人長八尺。『見『考工記』。』 故日丈夫。『此說人偁(稱)丈夫之恉』 凡夫之屬皆从夫。/499

유사 비녀 잠(旡旡) 숨막힐 기(旡旡) 없을 무(无) 일찍 죽을 요(夭) 하늘 천(天) 잃을 실(失)

성부 規규 扶반 𡘜권 𦰩난

형성 (8자+1) 부(麩) 3209 부(枎) 3442 부(邞) 3976 부(祑) 5036 부(鈇) 7315 부(扶) 7484 부(蚨) 8507 부(鈇) 8990 부(芙)

夬 夬 쾌【guài ㄍㄨㄞˋ】㊀[터놓을] 괘 이름 ▣결:깍지

설문 1814 分決也。『『易:彖傳』日。夬、決也。剛決柔也。』 从又。𠃊象決形。『鍇日。彐、物也。丨所以決之。古賣切。15部。』/115

유사 젊고 예쁠 요(夭) 머리 기울 녈(夨) 가운데 앙(央)

성부 決決결 抉결

형성 (19자+1) 결(玦) 119 결(赽) 978 결(趹) 1340 결(映) 2085 결(鴂) 2278 결(肤) 2516 괄(契) 2688 결(缺) 3159 결(歃) 3184 열(突) 4439 혈(疾) 4518 메(袂) 5051 결(駃) 5947 결(㚇) 5991 쾌(快) 6401 열(妜) 7917 결(蚗) 8466 열(鈌) 9007 벽(闋) 9264 결(訣)

夭 요【yāo 丨ㄠˉ】[설문부수 392] ㉚ yǎo 本[굽힐] 일찍 죽을, (풀이)무성할, (나이가 젊고) 예쁠 ■오:어릴, 갓난아이

설문 6306 屈也。从大。象形。《象首夭屈之形也。『隰有萇楚:傳』曰。夭、少也。『桃夭:傳』曰。夭夭、桃之少壯也。『凱風:傳』曰。夭夭、盛皃(貌)也。『月令:注』曰。少長曰夭。此皆謂物初長可觀也。物初長者、尙屈而未申。叚(假)令成遂、則終於夭而已矣。故『左傳、國語:注』曰。短折曰夭。『國語:注』又曰。不終曰夭。又曰。夭、折也。『孟康-注:五行志』曰。用人不以次弟爲夭。皆其引申之義也。『論語』。子之燕居、申申如也。夭夭如也。上句謂其申。下句謂其屈。不屈不申之閒(間)、其斯爲聖人之容乎。於兆切。2部。按亦於喬切。古平上無異義。後人乃別之。》凡夭之屬皆从夭。/494

유사 이미 기(旡旡) 없을 무(无) 지아비 부(夫) 하늘 천(天) 비녀 잠(旡旡)

성부 喬교 笑 芺요 走丢주 奏주 吞탄 幸㚔행

형성 (1자) 요(枖 枖)3427

◀ 제 2 획 ▶

央 앙【yāng 丨九ˉ】가운데, 다할, 오랠, 멀, 넓을(大부 2획) ■영:선명할, 깃발 모양

설문 3181 央、《逗。》中也。《央、複舉(擧)字之未刪(删)者也。『月令』曰。中央土。『詩:箋』云。夜未渠央。『古-樂府』。調弦「未詎央」。『顏氏家訓』作「未遽央」。皆卽未渠央也。渠央者、中之謂也。『詩』言未央、謂未中也。『毛傳』。央、旦也。旦者、薦也。凡物薦之則有二。至於艾而爲三矣。下文夜未艾。艾者、久也。『箋』云。芟末曰艾。以言夜先雞(鷄)鳴時。合初昏與艾言之。是央爲中也。》从大(大)在冂之內。大、《逗。》人也。《人在冂內。正居其中。於兩切。10部。》央旁同意。《央取大之中居。旁取网(兩)旁外廓。故曰同意。》一曰久也。《此別一義。》/228

유사 가를 쾌(夬叏) 고개 숙일 녈(夨)

성부 盎앙 英영

형성 (12자+1) 앙(詇 詇)1423 앙(鞅)1752 앙(鴦 鴦)2306 앙(殃 殃)2432 영(柍 柍)3292 앙(秧 秧)4247 앙(怏 怏)6573 앙(泱 泱)6969 앙(抰 抰)7684 앙(姎 姎)7924 앙(紻 紻)8247 앙(坱 坱)8706 영(映 映)

夰 고【gǎo ㄍㄠˇ】[설문부수 401] 놓을 ■호:호(昊)와 같은 글자

설문 6346 放也。《放者、逐也。》从大八。《句。》八、《逗。》分也。《『各本』「从大而八分也」。今正。夰者、大分之意也。古老切。2部。》凡夰(夰)之屬皆从夰。/498

유사 낱 개(个) 낄 개(介) 놓을 토(夲) 헤어질 별(㕣) 얼음 빙(仌)

성부 昊昦호

형부 구(臩 臩) 광(臩 臩)

형성 (1자) 오(奡 奡)6349

失 실【shī ㄕˉ】잃을, 허물

설문 7606 縱也。《縱字、緩也。一曰捨也。在手而逸去爲失。〔兔(兎)部〕曰。逸、失也。古多叚(假)爲逸去之逸。亦叚爲淫泆之泆。》从手。乙聲。《以甲乙之乙爲聲。式質切。12部。》/604

유사 지아비 부(夫) 가를 쾌(夬叏) 고개 숙일 녈(夨)

형성 (19자+1) 절(苵 苵)446 질(迭 迭)1117 질(跌 跌)1321 질(詄 詄)1562 질(眣 眣)2094 일(鴃 鴃)2283 질(胅 胅)2546 질(秩 秩)4234 질(瓞 瓞)4347 질(帙 帙)4679 일(佚 佚)4926 치(魅 魅)5561 절(跌 跌)5776 일(駚 駚)5918 일(泆 泆)6893 질(抶 抶)7682 질(瓞 瓞)7981 질(紩 紩)8285 일(軼 軼)9141 질(昳 昳)

夲 토【tāo ㄊㄠˉ】[설문부수 400] 나아갈, 왔다 갔다 하며 보는 모양 ■본:근본 (大부 2획)

설문 6340 進趣也。《趣者、疾也。》从大十。《會意。》大十者、《者字依『廣韵』補。》猶兼十人也。《說从大十之意。言其進之疾、如兼十人之能也。》凡夲(夲)之屬皆从夲。讀若滔。《土刀切。2部。》/497

유사 놓을 고(夰)

성부 臯皐고 奏주 暴폭 𡘲홀

형부 윤(𡘲 𡘲)

◀ 제 3 획 ▶

夷 이【yí 丨ˊ】오랑캐, 평평할, 온화할, 기뻐할, 멸할, 상할

설문 6299 東方之人也。从大。从弓。《『各本』作平也。从大从弓。東方之人也。淺人所改耳。今正。『韵會』正如是。〔羊部〕曰南方蠻閩從虫。北方狄从犬。東方貉从豸。西方羌从羊。西南僰人、焦僥从人。葢(蓋)在坤地頗有順理之性。惟東夷从大。大、人也。夷俗仁。仁者壽。有君子不死之國。按天大、地大、人亦大。大象人形。而夷篆从大。則與夏不殊。夏者中國之人也。从弓者、肅愼氏貢楛矢石砮之類也。以脂切。15部。『出車、節南山、桑柔、召旻:傳』皆曰。夷、平也。此與『君子如夷、有夷之行、降福孔夷:傳』夷易也同意。夷卽易之叚(假)借也。易亦訓平。故叚夷爲易也。『節南山:一詩』中平易分釋者、各依其義所近也。『風雨:傳』曰夷悅也者、平之意也。『皇矣:傳』曰夷常也者、謂夷卽彝之叚借也。凡注家云夷傷也者、謂夷卽痍之假借也。『周禮:注』夷之言尸也者、謂夷卽尸之叚借也。尸、陳也。其他訓釋皆可以類求之。》/493

【仁】下『注』云:𡰥古文仁。从千心作。𡰥或从尸。《按古文夷亦如此。》/365

【羌】下曰:南方蠻閩从虫。北方狄从犬。東方貉从豸。西方羌从羊。此六種也。西南僰人、焦僥从人。葢(蓋)在坤地。頗有純理之性。唯東夷从大。大、人也。《天大地大人亦大。

大 3 ③

故大象人形。僰、焦、僥略有人性。故進之。字从人。東夷俗仁。故又進之。字从大。》夷俗仁。仁者壽。有君子不死之國。《『山海經』有君子之國。有不死民。『後漢書:東夷:傳』曰。仁而好生。天性柔順。易以道御。有君子不死之國焉。》孔子曰。道不行。欲之九夷。乘桴浮於海。《見『論語:公冶長篇、子罕篇』。》有目(以)也。《『漢:地理志』曰。東夷天性柔順。異於三方之外。故孔子悼道不行。設桴於海。欲居九夷。有以也夫。自南方蠻閩巳下。揔(摠)論四夷字各不同之意。》 𡗝古文光如此。《不得其說。》/146

형성 (8자+1) 이(咦)785 이(徲)1177 이(桋)2234 제(鵜)2331 이(桋)3308 이(痍)4560 이(洟)7101 이(姨)7770 제(荑)

과【kuā ㄎㄨㄚ】 허풍칠, 자랑할, 아첨할 ■후:사치할

설문 6286 奢也。《奢者、張也。曼(曼)韵同義。》从大。亏(于)聲。《苦瓜切。古音在 5部。》/492

상부 夸과 瓠호

형부 포(匏)

형성 (7자+1) 과(跨)1289 과(誇)1565 과(胯)2517 고(刳)2648 과(侉)4942 오(洿)7016 고(絝)8265 고(袴)

◀ 제 4 획 ▶

(운)【yǔn ㄩㄣˇ】 클, 높을

설문 6292 大也。《此謂楓物之大。》从大。云聲。讀若䡝。《「䡝」【鍇本】作「䡝」。無此字。蓋(蓋)由䡝作齳而又誤耳。魚吻切。13部。》/493

(순)【chún ㄔㄨㄣˊ】 클

설문 6297 大也。《此謂敦厚之大。》从大。屯聲。讀若鶉(皺)。《「鶉」當作「雜」。常倫切。音在 13部。》/493

협【jiá ㄐㄧㄚˊ】 ㉠㉦㊥⑨㉳ jiā 곁부축할, 가까울, 말 잘하여 설파하기 어려울

설문 6284 持也。《持字、握也。握者、搤也。搤者、捉也。捉物必以兩手。故凡持曰夾。『左傳』曰。夾輔成王。古多叚(假)俠爲夾。『公羊:注』曰。滕薛俠轂(轂)。》从大夾二人。《「夾」、【各本】作「俠」。俠者、俜也。非其義。今正。夾者、盜竊褱物也。从亦、有所持。夾褱物、故从二入。夾持人、故从二人。大者、人也。一人而二人居其亦。猶一人二亦閒褱物也。故曰从大夾二人。古狎切。8部。》/492

유사 도둑질한 물건 가질 섬(夾)

상부 麥맥 挾겹 匧협

형성 (17자+2) 협(莢)490 겹(唊)862 갑(鞅)1712 첩(䀹)1999 습(翜)2154 협(梜)3644 겹(郟)3905 협(俠)4842 협(頰)5359 협(陜)5712 협(悏)6622 협(婡)7940 협(綊)8310 겹(蛺)8451 협(鋏)8772 협(鋏)8850 협(陜)9194 협(挾) 협(浹)

(개)【jiè ㄐㄧㄝˋ】 클

설문 6294 大也。《此謂分畫之大。『方言』曰。乔、大也。東齊海岱之閒(間)曰乔。或曰幠。按【經傳】多叚(假)介爲之。『釋詁』曰。介、大也。『詩:生民、小明:傳』皆曰。介、大也。『士冠禮:注』、『易:晉-虞-注』、『左傳:貴介弟介麇:注』、『吳語-介福:注』、『孟子』不以三公易其介、『離騷:堯舜耿介:注』同。》从大。介聲。讀若蓋(蓋)。《古拜切。15部。》/493

섬【shǎn ㄕㄢˇ】 도둑질한 물건 가질 ■석:같은 뜻

설문 6301 盜竊褱(懷)物也。从亦。有所持。《网亦(兩腋)下有物。盜竊而褱之意。失冉(冄)切。7部。》俗謂蔽人俾夾是也。《蔽人俾夾。蓋(蓋)漢時有此語。蔽人者、人所不見。人部俾下曰。門持人也。〔手部:挾〕下曰。俾持也。曹大家用陝輸。『趙壹傳』作陝揄。疑陝卽夾字。》弘農陝字从此。《漢弘農陝縣、在今河南陝州。从夾之字。絕(絶)少。故著之。陝隘字从夾。》/493

유사 곁 부축할 협(夾)

성부 陜섬

형성 (1자) 협(挾)7499

※ ㉦⑨에서는 낄 협(夾)자와 바뀌어져 나온다.

◀ 제 5 획 ▶

(와)【wā ㄨㄚ】 ㉦㊥⑨ gū 클

설문 6288 夰大也。《此爲夰下之大也。》从大。瓜聲。《烏瓜切。古音在 5部。》/492

(저)【dī ㄉㄧ】 클

설문 6293 大也。《此謂根柢之大。》从大。氐聲。讀若氐。《都兮切。15部。》/493

엄【yǎn ㄧㄢˇ】 덮을, 클, 갑자기, 다(모두), 오래 볼

설문 6285 覆也。大有餘也。《『釋言』曰。荒(荒)奄也。弇、同也。弇、蓋(蓋)也。古奄弇同用。覆蓋同義。『詩:皇矣:傳』曰。奄、大也。『執競:傳』曰。奄、同也。『鄭-箋:詩』奄皆訓覆。許云覆也、大有餘也。二義實相因也。覆乎上者、往往大乎下。故字从大。『周官經』謂宦者爲奄。以精氣閉藏名之。覆蓋義之引申也。》又欠也。《三字未詳。『方言』曰。奄、息也。『李密-陳情表』曰。氣息奄奄。》从大申(申)。《會意。依檢切。8部。》申、展也。《說从申之意。申下曰神也。古屈伸多作詘信。不作伸、申。今則作申。俗又作伸。申本義不訓展也。故必特釋之。》/492

형성 (12자) 암(鞥)1737 엄(腌)2600 엄(郁)3963 암(晻)4052 엄(罨)4610 엄(俺)4790 엄(裺)5030 암(黤)6238 엄(淹)6672 엄(閹)7411 엄(掩)7663 엄(婳)7950

奅 (포)【liù ㄌㄧㄡˋ】 ㊤㊥⑨㉆ **pào** 클, 돌팔매 ※ 포(砲)와 같은 글자

설문 6291 大也。《此謂虛張之大。『廣韵(韻)』曰。起(起)釀也。》从大。卯聲。《【各本】作「卯聲」。今正。按『漢書』與窌通用。其字當力救切。古音在 3部。譌从卯。乃匹皃(貌)切矣。》/493

㚔 㚔 녑【jiè ㄐㄧㄝˋ】[설문부수 397] ㉠㊤㊥⑨㉆ **niè** 놀랠, 계속하여 도둑질할

설문 6329 所目(以)驚人也。从大。从屰。《【各本】作「从羊」。『五經文字』曰。『說文』从大从羊。羊音干。今依『漢-石經』作「㚔」。又曰。䂞(𡙇、執)者、『說文』。執者、【經典】相承。凡報之類同是。則『張氏-所據:說文』與【今本】逈異如是。『今-隸-用:石經』體。且改『說文』此部皆作幸。非也。今皆正。干者、犯也。其人有大干犯而觸罪。故其義曰所以驚人。其形从大干會意。》一曰大聲也。《此別一義。》凡㚔(㚔)之屬皆从㚔。一曰讀若瓠。《五字未詳。疑當作「一曰讀若執」。在讀若籋之下。》一曰俗語目(以)盜不止爲㚔。《又一義。按『玉篇』此義不系『說文』。『廣韵』引『說文』亦無此語。十字恐後人所沾。【大徐本】疊(疊)㚔字。》讀若籋。《尼輒切。7部。》/496

【屰】下曰:从干下凵。屰之也。《凵口犯切。凶下云。象地穿交陷其中也。方上干而下有陷之者、是爲不順。屰之也當作屰之意也。於戟(戟)切。古音在 5部。》/87

【羊】下曰:从干。入一爲干。入二爲羊。/87

※ 지금은 대부분 행(幸)자로 변형되어 쓰인다.

유사 새끼양 달(羍奎)

성부 報보 圉어 盩주 𥶄𥶄𥶄𥶄국 睪역 執執𡙇집

형성 (1자) 행(絆)

奰 (불)【bì ㄅㄧˋ】클

설문 6296 大也。《此謂矯拂之大。『周頌』。佛時仔肩。『傳』曰。佛、大也。此謂佛卽奰之叚(假)借也。『小雅』。廢爲殘賊。『毛傳:一本』廢、大也。『釋詁』云。廢、大也。此謂廢卽奰之叚借字也。》从大。弗聲。讀若予違汝弼(弼)。《『皐陶謨』文。謂讀若此弼也。房密切。古音在 15部。『玉篇』作「奰」、作「𣬛」。》/493

臭 고【gǎo ㄍㄠˇ】광택 ■석:같은 뜻 ■택:윤

설문 6354 大白也。《【各本】白下有「澤」字。其誤不知始於何時。獸名白澤。故非【經典】卽有此物。孰別其大小乎。【全書】之例、於形得義之字不可勝計。臭以白大會意。則訓之曰大白也。猶下文大在一上則爲立耳。淺人妄(妄)增。『玉篇』、『廣韵』仍之。說石皷(鼓)文者又引爲證。古來鄙書燕說類多如此。》从大白。《不入[白部]者、重大也。古老切。2部。凡曉皎皦皛皋(皐)縞杲訓白之字皆同音部。但臭字『廣韵』又昌石切。『集韵』又昌石施隻二切。皆訓白澤。未詳其由。》古文目(以)爲澤字。《此說古文叚(假)借也。叚借多取諸同音。亦有不必同音者。如用臭爲澤、用丂爲亐、用屮爲艸之類。又按「澤」當作「皐」。古澤睪皐三字相亂。皋者、气臭白之進也。皋臭義相近、音同。》/499

유사 높을 고(杲) 부르는 소리 고(皐皋) 개 노리고 볼 격(狊) 과녁 얼(臬)

㚘 반【bàn ㄅㄢˋ】本[나란히 갈] (다른 곳으로)갈, 짝

설문 6361 竝行也。从二夫。《會意。》輦字从此。讀若伴侶之伴。《伴侶、許無此義。侶字許無。當作「旅」。薄旱切。14部。》/499

유사 나아갈 찬(兟) 날카로울 침(兓) 많이 섰을 신(兟)

성부 替체 輦련 贊贊찬

奇 기【qí ㄑㄧˊ】本[이상할] 때 못 만날, 기수(홀수), 비밀히 ■의:〈네이버 자전〉의지할

설문 2923 異也。《不羣(群)之謂。》一曰不耦。《奇耦字當作此。今作偶、俗。按二義相因。》从大。从可。《會意。可亦聲。古音在 17部。今音前義渠羈(羈)切。後義居宜切。》/204

성부 羇기 旖의

형성 (19자) 기(徛)1193 의(齮)1235 기(猗)1260 기(踦)1267 기(攲)1837 기(殘)2443 기(剞)2627 기(觭)2707 의(椅)3311 기(寄)4409 의(倚)4829 기(騎)5890 의(猗)6010 기(掎)7637 기(綺)8199 기(畸)8747 기(錡)8894 의(輢)9092 기(陭)9231

● 어찌 내 柰

奉 봉【fèng ㄈㄥˋ】(두손으로, 계승, 웃사람)받들, 바칠, 녹봉

설문 1663 承也。《[手部]曰。承、奉也。受也。》从手廾。《從手𠂇又(左右)雙引也。》丰聲。《扶隴切。9部。》/103

형성 (3자) 봉(琫)122 봉(菶)484 봉(唪)824

奓 (쇄)【chǐ ㄔˇ】 ㊤㊥⑨㉆ **xiè** 성나 지르는 소리 ■차:같은 뜻

설문 6295 瞋大聲也。《【各本】無聲字。今依『玉篇』、『廣韵(韻)』補。瞋大聲者、謂張目而大聲。若言喑噁叱咤、千人皆廢也。疑瞋下奪目字。又按瞋、張目也。瞋大、『史』所謂目眥盡裂也。聲誤衍。》从大。此聲。《火戒切。15部。》/493

奊 (렬)【xié ㄒㄧㄝˊ】머리 비뚤어질 (大부 5획) ■혈:같은 뜻

설문 6304 頭衺骫奊態也。《頭衺者、頭不正。骫奊者、頭不正之皃(貌)也。『左傳』。齊有慶奊。卽慶繩。葢(蓋)以頭邪爲名。以繩直爲字。名字相應也。『賈誼傳』。奊詬無節。叚(假)奊爲謑。》从矢。圭聲。《胡結切。古音在 16部。》/494

◀ 제 6 획 ▶

大 3 ⑤

奆 (환)【huán ㄏㄨㄢˊ】 사치할, 큰 입모양 ■원:같은 뜻

설문 6287 奢奆也。《當是本作奆、奢也。奆字爲逗。轉寫倒之。【今-經傳】都無奆字。有桓字。『商頌:長發:傳』曰。桓、大也。撥、治也。『箋』云。廣大其政治。此可以證桓卽奆之叚(假)借字。『檀弓』桓楹。『注』亦云大楹。『周禮』桓圭同解。『周書:謚法』。辟土服遠日桓。辟土兼國日桓。皆是大義。『釋訓』曰。桓桓、威也。『泮水:傳』曰。桓桓、威武皃(貌)。『詩:序』曰。桓、講武類禡也。葢(蓋)此等桓字亦奆之叚(假)借字。大之義可以兼武也。桓之本義爲亭郵表。自【經傳】皆借爲奆字。乃致桓行奆廢矣。非【許書】尙存、孰能識其本始。非『長發:傳』尙存、何以觀其會通。淺人乃易『長發:傳』云。桓、武。撥、治。是謂桓必無訓大之理。而不知周公之六書有叚借也。又按『淇奧:傳』曰。咺、威儀容止宣著也。亦謂咺卽奆之叚借。宣著者、光大之意也。〔許書:口部:咺〕有本義。漢人作『傳注』不外轉注、叚借二者。必得其本字而後可說其叚借。欲得其本字、非【許書】莫由也。》 从大。亘聲。《胡官切。14部。》 /492

奎 (규)【kuí ㄎㄨㄟˊ】 本[꽁무니] 별 이름 ■궤:발자국 크게 뛰어 걷는 모양

설문 6283 兩(兩)髀之閒(間)也。《奎與胯雙聲。奎宿十六星以像似得名。》 从大。《兩髀之閒、人身寬(寬)闊處。故从大。首此篆者、冡(蒙)上人形言也。》 圭聲。《苦圭切。16部。》 /492

奏 주【zòu ㄗㄡˋ】 (임금에게)아뢸, 상소, (음악의)곡조

설문 6344 奏。《此複擧(擧)字之未刪(刪)者。》 進也。《『六月:傳』曰。奏、爲也。其引申之義也。》 从夲。从廾(廾)。《竦手也。進之意。》 从屮。《則候切。4部。》 屮、上進之義。《說斄、奏皆从屮之意。》 𡙸古文。𢍁亦古文。 /498

유사 편안할 태(泰) 진나라 진(秦) 봄 춘(春) 받들 봉(奉) 절구 용(舂)

형성 (1자) 주(湊)6962

奐 奂 환【huàn ㄏㄨㄢˋ】 빛날, 성대할

설문 1665 取奐也。《未聞。》 一曰大也。《『大雅』。伴奐爾游矣。毛曰。伴奐、廣大有文章也。『檀弓』。美哉輪焉。美哉奐焉。『注』。輪、輪囷。言高大。奐言衆多。》 从廾。夐省聲。《【鉉本】去聲字而爲之說。不知古音故也。呼貫切。14部。》 /104

형성 (3자+2) 환(寏)4366 환(渙)6817 환(換)7721 환(煥) 환(喚)

契 계【qì ㄑㄧˋ】 계약 맺을, 새길, 거북 등 지지는 기구 ■설:사람 이름 ■결:오래 만나지 못할 ■글:나라이름 ■길:희롱할

설문 6298 大約也。《約取纏束之義。『周禮』有『司約』。大約劑、書於宗彝。『小宰』。聽取予以書契。大鄭云。書契、符書也。後鄭云。書契謂出予受入之凡要。凡簿書之冣目。獄訟之要辭。皆日契。引『春秋傳』王叔氏不能擧(擧)其契。按今人但於買賣日文契。【經傳】或叚(假)契爲栔。如『爰契我龜(龜):傳』曰契、開也是也。又叚爲挈字。如『死生契闊:傳』曰契闊、勤苦也。又『契契寤嘆:傳』曰契契、憂苦也。皆取提挈勤苦之意也。》 从大。㓞聲。《苦計切。15部。》 『易』曰。後世聖人易之吕書契。《『世』【各本】作「代」。避唐諱也。今正。『易:毄(繫)辭:傳』文。》 /493

형성 (8자+2) 체(趩)988 결(齧)2314 설(楔)3517 계(鄭)3845 예(瘈)4378 설(偰)4752 혜(類)5420 계(鍥)8920 끽(喫) 알(猰)

奔 奔(분)【bēn ㄅㄣ】 급히 달아날, 분주할, 정식 혼인 않고 결혼할(嫁娶而禮不備), 야합할

설문 6309 𡗗(走)也。《𡗗者、趨也。『釋宮(宮)』曰。室中謂之「時」。堂上謂之「行」。堂下謂之「步」。門外謂之「趨」。中庭謂之「走」。大路謂之「奔」。此析言之耳。渾言之則奔走趨不別也。引申之、凡赴急日奔。凡出亡日奔。其字古或叚(假)賁、或叚本。『毛詩』予日有本走、【陸德明-本】如是。》 从夭。卉聲。《大徐作賁省聲。非。此 13部 15部合音。博昆切。13部。》 與𡗗同意。倶从夭。《此說从夭之意。𡗗者屈其足。故从夭止。奔之从夭意同也。凡行疾則屈腳疾。》 /494

奕 (혁)【yì ㄧˋ】 클, 아름다울, 근심할, 여러 대(累世), 가볍게 간들거릴

설문 6352 大也。《『大雅』。奕奕梁山。『傳』曰。奕奕、大也。『詩:周頌:箋』云。亦、大也。叚(假)亦爲奕。》 从大。亦聲。《羊益切。古音在 5部。》 『詩』曰。奕奕梁山。 /499

◀ 제 7 획 ▶

奘 (장)【zàng ㄗㄤˋ】 ㉠ zhuǎng 강대할, (몸집이)클, 중이름(玄奘, 唐代僧)

설문 6353 駔大也。《〔馬部:駔〕下日。壯馬也。〔士部:壯〕下日。大也。奘與壯音同。與駔義同。『釋言』曰。奘、駔也。此【許所-本】也。【孫、樊-本】作將且也。》 从大壯。壯亦聲。《徂朗切。10部。》 /499

奚 해【xī ㄒㄧ】 本[큰 배] 종(노복), 어찌, 어느 곳

설문 6355 大腹也。《〔豕部:豯〕下日。豚生三月、腹豯豯皃(貌)。古奚豯通用。『周禮:職方氏』豯養。杜子春讀豯爲奚。許〔艸部〕作奚養。》 从大。𦃃省聲。《胡雞(鷄)切。16部。》 𦃃、籒文系。《見十二篇系下。》 /499

형성 (12자) 혜(徯)1182 혜(謑)1635 혜(鞵)1714 계(雞)2179 해(豯)2569 혜(豯)5785 해(騱)5953 혜(鼷)6095 계(谿)7145 혜(媄)7776 혜(螇)8465 혜(鑋)8589

畚畚(분)【bǎn ㄅㄢˇ】 ㊤ bén ㊥⑨㉧ běn (곡식이나 흙을 담아 나르는)동구미, 삼태기

설문 8055 蒲器也。㽊屬。所目(以)盛糧。《「糧」【各本】作「穜(種)」。今正。『周禮:挈壺氏』。挈畚以令糧。大鄭云。縣畚(畚畚)於稟假之處。後鄭云。畚所以盛糧之器。故以畚表稟。『左傳:宣:二年:正義』引『說文』蒲器可以盛糧。『左傳』釋文、『詩:正義』引『艸器』所以盛種。種字葢(蓋)非。果爲種字。則當云穀種。不得但言種也。『何休-注:公羊』云。畚、草器。『杜-注:左傳』。以草索爲之。蒲與艸不相妨。糧者、穀也。》从甶(甾)。弁聲。《布忖切。古音在 14部。》/637

◀ 제 8 획 ▶

奞 수【suī ㄙㄨㄟ】 [설문부수 110] ㉠ xùn 새 날개 펼쳐 떨칠 ■순:같은 뜻

설문 2207 鳥張毛羽自奮奞也。《「奞」依『篇』、『韵』補。奮奞雙聲字。》从大隹。《大其隹也。張毛羽故从大。》凡奞之屬皆从奞。讀若睢。《息遺切。15部。按又先晉切。》/144

◀ 제 9 획 ▶

奠 奠전【diàn ㄉㄧㄢˋ】 전(재물) 올릴, 정할(결정) ■정:〈네이버 자전〉머무를

설문 2890 置祭也。《置祭者、置酒食而祭也。故从酋丌。丌者、所置物之質也。如置於席則席爲丌。引伸爲凡置之偁(稱)。又引伸爲奠(奠)高山大川之奠。定也。『大玄』天地㢳位。假㢳字爲之。》从酋。酋、酒也。《見酋下。置之物多矣。言酒者、擧(擧)其一耑(端)也。》丌其下也。《丌下【各本】互譌。今依箕篆下正。堂練切。古音在 11部。》禮有奠祭。《【各本】下有「者」字。『韵會』無。『說文』禮有刷巾、『禮』有柶、『禮』有縉緣、句法皆同。無者是也。『禮』謂『禮經』也。『士喪禮』、『旣夕禮』祭皆謂之奠。葬乃以虞易奠。又『文王世子』篇。釋奠于其先師。『注』云。釋奠、薦饌酌奠而已。無迎尸以下之事。『召南』。于以奠之。毛云。奠、置也。『箋』云。謂教成之祭也。『昏義:注』云。此告事耳。非正祭也。》/200

유사 받들 존(尊)

성부 鄭정

형성 (1자) 전(㢳)5155

奡 (오)【ào ㄠˋ】 거만할, 날쌔고 강할, 헌걸찰, 사람이름

설문 6348 嫚也。《嫚者、侮傷也。傲者、倨也。奡與傲音義皆同。引伸爲排奡。多力皃(貌)。》从百。从夰。《傲者昂頭。故从首。》夰亦聲。《古到切。2部。》『虞書』曰。若丹朱奡。《『皋(皐)陶謨』文。「朱」當作「絑」。》讀若傲。『論語』奡湯舟。《『憲問篇』文。依【宋本】及『集韵』、『類篇』作湯。今作盪。非。湯卽盪陳字。盪陳音湯。》/498

奢 사【shē ㄕㄜ】 [설문부수 398] 本[필] 사치할, 사람 이름, 분에 넘칠

설문 6336 張也。《張者、施弓弦也。引申爲凡充㡿(斥)之偁(稱)。侈下曰。一曰奢也。》从大。者聲。《式車切。古音在 5部。》凡奢之屬皆从奢。奓籒文。《按籒會意、篆形聲。『西京賦』有馮虛公子者。心奓體泰。『薛-注』。言公子生於貴戚。心志奓溢。體安驕泰也。未嘗云奓卽侈字。李善引『聲類』云。奓、侈字也。疑李登始爲此說。初非許意。平子文章用籒文奢也。『廣韵』讀陟加切。》/497

형부 차(奲)

형성 (1자) 차(譇)1519

◀ 제 10 획 ▶

奧 오【aò ㄠˋ】 그윽할(깊숙한 곳, 뜻, 이치), 아랫목 ■욱:따뜻할

설문 4362 宛也。《宛奧雙聲。宛者、委曲也。室之西南隅。宛然深藏。室之尊處也。》室之西南隅。从宀。𠔉(关)聲。《烏到切。古音在 3部。按〔𠔉部〕。𠔉讀若書卷。則奧宜讀若怨而古音不尒者、取雙聲爲聲也。》/338

유사 나라 이름 월(粵粵)

형성 (6자+1) 욱(薁)352 욱(篽)2788 욱(燠)6206 오(澳)6937 오(墺)8607 오(隩)9222 오(襖)

◀ 제 11 획 ▶

奪 탈【duó ㄉㄨㄛˊ】 (억지로, 침략하여)빼앗을, 잃게 할, 빼앗길

설문 2208 手持隹失之也。《引伸爲凡失去物之偁(稱)。凡手中遺落物當作此字。今乃用脫爲之。而用奪爲爭敓(敚)字。相承久矣。脫、消肉臞也。徒活切。『鄭康成-說:禮記』日編簡(簡)爛脫。脫音奪。》从又奞。《又、手也。持隹而奞。少縱卽逝也。徒活切。15部。》/144

戴 戴䥫 철【zhì ㄓˋ】 ① 철:검붉은 말(2249) ② 질:클 ③ 질:클, 성할(345) ■절:같은 뜻

※ 질(戜)과 같은 글자(171) 〔원래는 戈부 10획〕

설문 6290 大也。《此謂秩秩然之大也。『地理志』四驖作四戜(戴)。》从大。𢦔聲。讀若『詩』戜戜大猷。《『小雅:巧言』文。「戜戜」當作「秩秩」。『今-毛詩』正作秩秩。『傳』曰。秩秩、進知也。𢦔在 11部。秩在 12部。古合音爲冣(最)近。是以戜讀如秩。直質切。》/493

성부 戴䥫戴철

형성 (3자) 질(𧼑)960 철(驖)5861 철(鐵)8833

◀ 제 12 획 ▶

奭 석【shì ㄕˋ】 클, 성낼 ■혁:붉을, 화를 낼

설문 2130 盛也。《『釋詁』。赫赫躍躍。「赫赫」、『舍人:本』作「奭奭」。『常武:毛傳』云。赫赫然盛也。按奭是正字。赫是假借字。『小雅』。路車有奭。韎韐有奭。毛曰。奭、赤皃(貌)。此當作赫。〔赤部〕云。赫、火赤皃。奭是假借字。》从大。从皕。《皕與大皆盛意也。》皕亦聲。《詩亦切。古音讀若郝。在 5部。隸作「奭」。》北燕召公名。讀若

郝。《三字當在皕亦聲之下。》『史篇』名醜。《此爲召公名徵古說也。召公名奭。見『尙書』、『史記』。而『史篇』云名醜。『史篇』之作。去周初未遠。未審何以乖異。『敍目』云。及宣王大史籒箸『大篆:十五篇』。『漢志』。『史籒:十五篇』。周宣王大史作。又云。『史籒篇』者、周時史官教學童書也。按省言之曰『史篇』。『王莽傳』。徵天下『史篇』文字。孟康曰。『史籒-所作:十五篇』也。許三偁(稱)『史篇』。「姚」下云『史篇』以爲姚易也。「匋」下云『史篇』讀與缶同。此云『史篇』名醜。計度其【書】必四言成文。教學童誦之。『倉頡』、『爰歷』、『博學』實仿其體。》 古文奭。《古文百作 百。則知皕作 皕。》/137

형성 (1자) 석(襫)비옷, 우의(雨衣)

◀ 제 13 획 ▶

분【fèn ㄈㄣˋ】떨칠(세게 흔듦, 분발), (손에 잡고)휘두를

설문 2209 翬也。《疊(疊)韵。〔羽部〕曰。翬、大飛也。雉雞(鷄)羊絕(絶)有力皆曰奮。》 从奞在田上。《田猶野也。方問切。13部。》『詩』曰。不能奮飛。《『邶風』文。毛云奮翼。卽許云張毛羽自奮奞也。》/144

형성 (1자) 분(幩 幩)4697

(활)【huò ㄏㄨㄛˋ】훤할

설문 6289 空大也。《此謂空中之大。與豁義略同。『篇』、『韵(韻)』云。大目也。》 从大。歲聲。讀若『詩』施罛濊濊。《「濊濊」【各本】或作「濊濊」。或作「泧泧」。皆誤。說詳〔水部〕。呼括切。15部。》/493

언【yàn ㄧㄢˋ】큰 모양, 잘 치고 용력 있을(大부 13획)

설문 6357 大皃(貌)。从大。䍃聲。《䍃讀若書卷之卷。見『四篇』。》 或曰拳勇字。《「拳」當作「捲」。〔手部:倦〕、气勢也。引『國語』有捲勇。或說䍃卽捲勇字。許偁(稱)之也。隼下云一曰鶽字、是其例。》 讀若傿。《【鉉本】上有「一曰」二字。衍。乙獻切。14部。》/499

형성 (1자) 원(顯 顯)5351 연(嬛 嬛)7811

◀ 제 15 획 ▶

奰 비【xī ㄒㄧˉ】㊤㊥⑨㉺ bì 장대할, 핍박할, 성낼

설문 6358 壯大也。从三大三目。《會意。》 二目爲㚔。《「㚔」【各本】作「䀠」。誤。今正。》 三目爲奰。益大也。《說會意之指。張衡、『左思賦』皆用奰眉字。而譌作贔屓。【俗書】之不正如此。眉見〔尸部〕。臥息也。許器反。》 一曰迫也。《別一義。》 讀若『易』虙羲氏。《『今-易:毄(繫)辭』作「包犧氏」、孟氏、京氏作「伏戲(戲)」。許作「虙羲」。『鄭-大卜:注』、『應氏-『風俗通』同。虙古音讀如密。奰古音同。今音平祕(秘)切。》『詩』曰。不醉而怒謂之奰。《『大雅:蕩』曰。內奰于中國。『毛-傳』曰。不醉而怒謂之奰。於壯義。迫義皆近。不言『詩:傳』曰者、猶『書』曰仁覆閔下則偁(稱)旻天。不言『書:傳』。『易』曰地可觀者莫可觀於木、『易』曰井者法也。不言『易』說也。》/499

형성 (1자) 비(㵒 瀵 㵒)4526

◀ 제 21 획 ▶

(차)【duò ㄉㄨㄛˋ】㊤ duǒ 너글너글할、너그러울 ■다:너글너글한 모양 ■선:같은 뜻(大부 21획)

설문 6337 富奲奲皃(貌)。《當作「奲奲富皃」。按此字單聲而入 17部。丁可切。正如鼉、驒亦單聲也。『篇』、『韵(韻)』昌者一切殆非是。與朶同音、故小徐云謂重而垂也。『毛詩:桑扈、那(那):二傳』皆曰。那、多也。『釋詁』同。『國語』。富都那豎。『韋-注』。那、美也。那不知其本字。以【許書】折衷之、則奲爲本字。那爲叚(假)借字耳。俗用嚲字、訓垂(垂)下皃。亦疑奲之變也。》 从奢。單聲。《丁可切。14、17部合音也。》/497

038	女
3-09	계집 녀

녀【nǚ ㄋㄩˇ】[설문부수 443] 계집, 시집 보낼

설문 7726 婦人也。《男、丈夫也。女、婦人也。立文相對。『喪服經』每以丈夫婦人連文。渾言之女亦婦人。析言之適人乃言婦人也。『左傳』曰。君子謂宋共姬女而不婦。女待人。婦義事也。此可以知女道婦道之有不同者矣。言女子者對男子而言。子皆美偁(稱)也。曰女子子者、系父母而言也。『集韵』曰。吳人謂女爲娒。牛居切。青州呼女曰娒。五故切。楚人謂女曰女。奴解切。皆方語也。》 象形。王育說。《不得其居六書何等、而惟王育說是象形也。葢(蓋)象其揜斂自守之狀。尼呂切。5部。小徐「王育說」三字在从女下。》 凡女之屬皆从女。/612

유사 천천히 걸을 쇠(夊) 뒤져올 치(夂) 칠 복(攵攴) 글월 문(文)

성부 부록 색인 참조

형부 女를 부수로 하는 대부분의 글자들
반(嬔) 찬(奻姦) 반(嬎) 삽(霎)

형성 (3자) 어(寱 寱)4484 여(汝 汝)6688 여(籹 籹)

◀ 제 2 획 ▶

노【nú ㄋㄨˊ】(남자)종, 놈(남의 천칭)

설문 7778 奴婢皆古辠人。『周禮』曰。其奴男子入于辠隸。女子入于舂稾。《『秋官:司厲』文。鄭司農云。謂坐爲盜賊而爲奴者。輸於罪隸、『舂人』、『稾人』之官也。由是觀之。令之爲奴婢、古之罪人也。【故書】曰。予則奴戮汝。『論語』曰。箕子爲之奴。『春秋傳』曰。斐豹隸也。著於丹書。玄謂奴從坐而沒(沒)入縣官者、男女同名。按許用仲師說。入罪隸者奴。入舂稾者可呼婢。引伸之、凡水不流曰「奴」。木之類近根者「奴」。『毛傳』曰。帑、子也。

『左傳』鳥帑、鳥尾也。駑馬、下乘也。其字皆當作奴。皆引伸之義也。》从女又。《男女皆在言。故从女又。所以持事也。乃都切。5部。》 古文奴。/616

성부 拏나

형성 (10자) 노(呶)868 여(䋈)2193 노(笯)2819 노(帑)4702 나(袈)5104 노(砮)5728 노(怓)6549 노(怒)6561 노(弩)8103 녀(絮)8361

◀ 제 3 획 ▶

奸 (간)【jiān ㄐㄧㄢ】 간음할, 범할, 요구할

설문 7955 犯婬也。《此字謂犯姦婬之罪。非卽姦字也。今人用奸爲姦、失之。引申爲凡有所犯之偁(稱)。『左傳』多用此字。如二君有事、臣奸旗鼓(鼓)之類。》从女。干聲。《形聲中有會意。干、犯也。故字从干。古寒切。14部。》/625

姏 (구)【jiǔ ㄐㄧㄡˇ】 계집, 과부 수절할

설문 7797 女字也。从女。久聲。《擧友切。古音在 1部。【小徐本】作「奺」。『廣韵(韻)』曰。亦作「奺」。》/617

奻 난【nán ㄋㄢˊ】 ㊤㊥⑨㉓ nuán 말다툼할

설문 7962 訟也。从二女。《訟者、爭也。『周易:睽傳』曰。二女同居。其志不同行。『革傳』曰。二女同居。其志不相得。此奻从二女之義也。女還切。14部。》/626

성부 姦간

奼 (타)【chà ㄔㄚˋ】 소녀, 자랑할, 아리따울 ■차:속음 ■투:아름다운 계집

설문 7739 少女也。《『廣韵(韻)』曰。美女。》从女。乇聲。《坼下切。古音在 5部。丁故切是也。》/613

妀 (익)【yì ㄧˋ】 궁녀

설문 7779 婦官也。《『廣韵(韻)』曰。漢有鉤弋夫人。居鉤弋宮。『漢書』亦作「弋」。玉裁按如淳曰。姬音怡。衆妾之總稱也。引漢官姬妾數百。瓚曰。『漢祿秩令』及『茂陵書』。姬、內官也。位次婕妤下。瓚說、淳音皆是也。婦官字當作「妀」。漢時借姬爲之。音怡。如姒姓本作以。『春秋』亦用弋爲之。皆一聲之轉然也。音怡而用爲衆妾之偁(稱)、則又方俗語言如是。》从女。弋聲。《與職切。1部。》/616

好 호【hǎo ㄏㄠˇ】 아름다울, 좋을, 심히, 사랑할, 잘(자주)

설문 7806 媄也。《【各本】作「美也」。今正。與上文媄爲轉注也。好本爲女子。引伸爲凡美之偁(稱)。凡物之好惡、引伸爲人情之好惡。本無二音。而俗強(强)別其音。》从女子。《會意。呼晧切。古音在 3部。》/618

【他本說文解字】曰:〔徐鍇曰。子者、男子之美稱。〕

㚷 번【fàn ㄈㄢˋ】 계집 영오할(女之慧而員) ■환:같은 뜻

설문 5721 闕。《謂其義、其形、其音說皆闕也。『廣韵』入二十五願。芳万切。引『說文』。其義闕。其義二字、乃『廣韵』所增耳。『玉篇』同。○ 芳萬切。則與𡟫娩二字同音。『集韵』云。于願切。引李舟云『說文』闕。》/448

改 (기)【jǐ ㄐㄧˇ】 여자 이름자

설문 7795 女字也。《『玉篇』云。妲改。》从女。己聲。《居擬切。1部。》/617

妁 (작)【shuò ㄕㄨㄛˋ】 중매 ※ 작(酌)과 같은 글자

설문 7741 酌也。斟酌二姓者也。《斟者、酌也。酌者、盛酒行觴也。斟酌二姓者、如挹彼注茲欲其調適也。『孟子』曰。不待父母之命。媒妁之言。》从女。勺聲。《市勺切。2部。》/613

如 여【rú ㄖㄨˊ】 같을(같이 할), 어조사, 갈, 미칠(상당할), 여하

설문 7860 從隨也。《從隨卽隨從也。隨從必以口。从女者、女子從人者也。幼從父兄。嫁從夫。夫死子。故『白虎通』曰。女者、如也。引伸之、凡相似曰如。凡有所往曰如。皆從隨之引伸也。》从女。从口。《人諸切。5部。》/620

성부 拏나

형성 (5자) 여(茹)592 여(絮)3987 녀(帤)4654 서(恕)6428 서(絮)8330

妃 (비)【fēi ㄈㄟ】 本[짝] 왕비 ■이:이(姬)와 같다 ■배:배(配)와 같다

설문 7748 匹也。《匹者、四丈也。『禮記』。納幣一束。束五兩。兩五尋。『注』云。十箇爲束。兩兩合其卷、是謂五兩。八尺曰尋。按四丈而兩之、各得二丈。夫婦之片合如帛之判合矣。故帛四丈曰兩、曰匹。人之配耦亦曰匹。妃本上下通偁(稱)。後人以爲貴偁耳。『釋詁』曰。妃、媲也。引申爲凡相耦之偁。『左傳』曰。嘉耦曰妃、其字亦叚(假)配爲之。『太玄』作「嬰」。其云嬰𢽍者、卽『左傳』之嘉耦曰妃、怨耦曰仇也。》从女己。《【各本】下有「聲」字。今刪(刪)。此會意字。以女儷己也。芳非切。15部》/614

妄 (망)【wàng ㄨㄤˋ】 本[어지러울] 허망할, 거짓, 무릇

설문 7899 亂也。从女。亡聲。《巫放切。10部。》/623

◀ 제 4 획 ▶

妊 (임)【rén ㄖㄣˊ】 ㉠㊥⑨㉓ rèn 애밸 ※ 임(姙)과 같은 글자

설문 7750 孕也。《孕者、裹子也。》从女壬。壬亦聲。《如甚切。7部。按『廣韵(韻)』惟見去聲。》/614

妌 (정)【jìng ㄐㄧㄥˋ】 안존할, 계집 엄전할

설문 7838 靜也。从女。井聲。《疾正切。11部。》/619

妎 (해)【hài ㄏㄞˋ】 시기할 ■혜:덮어 가릴

설문 7888 妬也。《『字林』亦云。疾妎、妬也。按楚語彌其百苛。殄其讒慝。『韋-注』曰。彌、止也。殄、覆也。【明道本】不誤。謂解除之也。【今本】譌作妎其讒慝。文理不可通。》从女。介聲。《胡蓋(蓋)切。15部。》/622

姌 (염)【rǎn ㄖㄢˇ】날씬할, 가냘플
설문 7823 弱長皃(貌)。《『上林賦』。嫵媚姌嫋。郭樸曰。姌嫋、細弱也。小顏(顔)云。謂骨體。按『毛詩』曰。荏染、柔意也。荏染卽姌也。》从女。冄聲。《而剡切。7部。》/619

妓 (기)【jì ㄐㄧˋ】本[대싸리] 기생(妓生)
설문 7875 婦人小物也。《今俗用爲女伎字。》从女。支聲。讀若跂。《「蚑」[各本]作「跂」。今正。〔虫部〕曰。凡生之類。行皆曰蚑。渠綺切。16部。》/621

妗 (첨)【jìn ㄐㄧㄣˋ】㊤㊥⑨㉔ xiān 本[외숙모] 싱글벙글할 ■험:같은 뜻 ■함:아름다울 ■금:외숙모
설문 7835 㛤妗也。《疊韵(疊韻)字。》从女。今聲。《火占切。7部。》一曰善笑皃(笑貌)。《『玉篇』曰。㛤妗、善笑皃。按『集韵(韻)』俗謂舅母曰妗。巨禁切。舅之妻不偁(稱)母。云舅母亦里語也。》/619

妘 (운)【yún ㄩㄣˊ】성씨, 여자의 자
설문 7734 祝融之後姓也。《祝融者、顓頊之子黎也。『國語』曰。其後八姓。已、董、彭、禿、妘、曹、斟、芈也。妘姓鄔、鄶、路、偪陽是也。又『世本』曰。鄅、妘姓也。『大戴-禮』云鄶人。云卽妘字。》从女。云聲。《王分切。13部。》䡝籒文妘。从員。《「員」籒文作「鼎」。古音同云。[小徐本]篆作「㜏」。》/613

妜 (열)【yuè ㄩㄝˋ】눈썹과 눈 사이 모양 ■결:예쁜 모양
설문 7917 鼻(鼻)目閒皃(間貌)。《謂若眉語目成然也。》从女。夬聲。《於說切。15部。『廣韵(韻)』於決切。》讀若煙火炔炔。《〔火部〕無此字。葢(蓋)卽焆焆煙皃之或體也。焆音因悅切。》/623

妝 (장)【zhuāng ㄓㄨㄤˉ】단장할, 당장, 화장할
설문 7881 飾也。《此飾篆引伸之義也。『宋玉-賦』曰。體美容治。不待飾裝。『上林賦』。艶粧刻飾。粧者、俗字。裝者、叚(假)借字。》从女。爿(爿)聲。《側羊切。10部。》/622

敀 妞(호)【hào ㄏㄠˋ】本[성씨] 좋을 ※ 호(好)의 옛 글자
설문 7737 人姓也。《『廣韵(韻)』、『玉篇』皆曰。妞、姓也。》从女。丑聲。《呼到切。按古音在 3部。讀如狃。好之古音讀如朽。是以『尚書』叚(假)敀爲好也。》『商書』曰。無有作敀。《『鴻範』文。『今-尚書』敀作好。此引[經]說叚借也。敀本訓人姓。好惡自有眞字。而壁中古文叚敀爲好。此以見古之叚借不必本無其字。是爲同聲通用之肈耑(肇端)矣。此如朕聖讒說叚聖爲疾。尙狟狟叚狟作桓。布重莫席叚莫爲纖蒻之義。日圛叚圛爲升雲半有半無之義。皆偁(稱)[經]以明六書之叚借也。而淺人不得其解。或多異說。葢[許書]之湛晦久矣。》/613

晏 안【yàn ㄧㄢˋ】편안할 ※ 안(晏)과 같은 글자
설문 7867 安也。《安者、竫也。[今-經傳]無晏者。》从女。从日。《女系日下。陰統乎陽也。婦從夫則安。會意。烏諫切。14部。宴匽从以爲聲。》『詩』曰。昌(以)晏父母。《『今-毛詩』無此。葢(蓋)『周南:歸寧父母』之異(異)文也。『毛傳』曰。寧、安也。『尋:詩』上文言告言歸。歸謂嫁也。方嫁不當遽圖歸寧。則此歸字作以字爲善。謂可用以安父母之心。『草蟲』未見君子、『憂心沖沖:箋』云。在塗而憂。憂不當君子。無以寧父母。故心衝衝然。『葛覃:曷澣曷否二句:箋』云。言常自絜淸以事君子。正謂能事君子、則能寧父母心。二篆義互相足也。》/621
성부 匽언
형성 (1자) 연(宴 㝅)4379 언(鰋 鰋)7267

妣 (비)【bǐ ㄅㄧˇ】죽은 어미
설문 7763 歿(歿)母也。《「歿」正作「㱟」、終也。『曲禮』曰。生曰父、曰母、曰妻。死曰考、曰妣、曰嬪。析言之也。『釋親』曰。父曰考。母曰妣。渾言之也。》从女。比聲。《卑履(履)切。15部。》𡚲籒文妣省。/615

妥 妥 타【tuǒ ㄊㄨㄛˇ】편안할, 온당할
설문 7964 安也。从爪女。妥與安同意。《『說文』失此字。偏旁用之。今補。『釋詁』曰。妥、安、止也。又曰妥、安、坐也。此二條略同。以止也坐也爲句。坐者、止也。見〔土部〕。『毛詩』、『禮經』、『禮記』皆以安坐訓妥。『禮記』。詔妥尸。古者尸無事則立。有事而後坐。似『爾雅』安坐連讀。竊謂『爾雅』妥安坐止四字互訓。『士虞』、『特牲』、『少牢』妥尸。皆爲安之使之坐。故『士虞』、『少牢』安之而後坐。『特牲』先坐而後安之。若士相見妥而後傳言。固卽時然後言、易其心而後語之意。不必坐而後言也。今有理宜敷陳之言。豈能待君命席乎。故『士虞』、『少牢』兼安也坐也二義。『士相見』祇取安義。『毛詩:傳』。妥、安坐也。以義必兼坐。如肆、故今也。義得兼故與今。若『檀弓』退然如不勝衣。退或爲妥。則二字雙聲。妥與蛻脫毻聲義皆近。如花妥爲花落。凡物落必安止於地也。知妥與安同意者、安女居於室。妥女近於手。好女與子妃。皆以男女人之大欲存焉。故从之會意。他果切。17部。綏以爲聲。》/626
유사 미쁠 부(孚)
형성 (4자) 뇌(餒 餧)3118 유(桵 桵)3321
뇌(捼 捼)7633 수(綏 綏)8368

姝 (주)【shū ㄕㄨˉ】예쁠
설문 7809 好也。《此與姝音義皆同。》从女。殳聲。《昌朱切。古音在 4部。》『詩』曰。靜女其姝。《『邶風:靜女』文。『今-毛詩』作「姝」。『傳』云。姝、美色也。豈許所見『毛詩』異與。抑取諸三家與。》/618

妨 (방)【fáng ㄈㄤˊ】해로울, 방해될, 거리낄
설문 7898 害也。《害者、傷也。》从女。方聲。《敷方切。10部。亦去聲。》/623

◀ 제 5 획 ▶

妬 (투)【dù ㄉㄨˋ】 강새암할, 시새울(시기할)
설문 7889 婦妬夫也。从女。石聲。《〔各本〕作「戶聲」。篆亦作「妒」。今正。此如柘槖蠹等字皆以石爲聲。戶非聲也。當故切。5部。》/622

妭 (발)【bó ㄅㄛˊ】 ㊤㊥⑨㉗ bá 예쁜 계집, 오랑캐 계집
설문 7775 美婦也。《『廣韵(韻)』引婦人美皃(貌)。大徐作「婦人美也」。按『廣韵』曰妭、鬼婦。引『文字指歸』云。女妭、禿無髮。所居之處天不雨。此謂旱魃也。魃在〔鬼部〕。與此各字。而俗亂之。》从女。犮聲。《蒲撥切。15部。》/616

妯 (독)【zhóu ㄓㄡˊ】 ㊤㊥⑨ chōu ㉗ dí 움직일 ■록·주:같은 뜻 ■축:동서(형제의 아내들) ■적:사람 안정치 못할 ■추:마음 움직일
설문 7904 動也。《『小雅』。憂心且妯。『釋詁』、『毛傳』皆曰。妯、動也。『箋』云。妯之言悼也。『方言』。妯、擾也。人不靜曰妯。按〔心部〕引『詩』憂心且怞。》从女。由聲。《徒歷切。古音在 3部。『廣韵(韻)』丑鳩切。『方言』妯娌、度六切。》/623

夗 (원)【yuǎn ㄩㄢˇ】 ㊤㊥⑨㉗ wǎn 순할, 짐승 이름
설문 7819 婉也。从女。夗聲。《於阮切。14部。》/618

姓 (주)【tǒu ㄊㄡˇ】 좋은 모양, 사람 이름
설문 7796 女字也。《『昭:廿一年:左氏傳』。宋華妵居於公里。》从女。主聲。《天口切。4部。》/617

妸 (아)【ē ㄜˉ】 本[여자의 이름자] 아리따울, 머뭇거릴
설문 7786 女字也。从女。可聲。讀若阿。《烏何切。17部。》/617

妹 (매)【mèi ㄇㄟˋ】 (손아래)누이
설문 7765 女弟也。《『衞(衛)風』。東宮之妹。『傳』曰。女子後生曰妹。》从女。未聲。《莫佩切。15部。按『釋名』曰。姊(姉)、積也。妹、昧也。字當从未。『白虎通』曰。姊者、咨也。妹者、末也。又似从末。》/615

妻 처【qī ㄑㄧˉ】 아내, 시집보낼
설문 7746 婦與己齊者也。《妻齊以曡(疊)韵爲訓。此渾言之也。『曲禮』曰。庶人曰妻。析言之也。》从女。从屮。从又。《七稽切。15部。》又、《逗。》持事。妻職也。《釋从又之意。》屮聲。《說从屮之故。鉉等以不應旣云从屮、又云屮聲。刪(刪)此二者。》𡜊古文妻。从肖女。肖、古文貴(貴)字。《古文貴不見於〔貝部〕。恐有遺奪。》/614

형성 (7자+1) 처(萋)483 처(郪)3906 제(霽)4162 처(悽)6585 처(淒)6970 처(霋)7203 첩(緀)8214 서(棲)

殀 殀(찬)【càn ㄘㄢˋ】 아름다울, 세 계집 둘(三女爲殀。一妻。二妾。)(女부 6획)
설문 7877 三女爲殀。《『唐風:綢繆』曰。今夕何夕。見此粲者。『毛傳』。三女爲粲。大夫一妻二妾。》殀、《逗。》美也。《『周語』。有三女奔密康公。其母曰。夫獸三爲羣(群)。人三爲衆。女三爲粲。夫粲、美之物也。衆以美物歸女。而何德以堪之。》从女。歺聲。《大徐作「奴省聲」。按〔經傳〕作「粲」。叚(假)借字。陸德明曰。『字林』作「㛑」。漢晉字之變遷也。倉案切。14部。》/622

姑 (첨)【shān ㄕㄢˉ】 ㊤㊥⑨㉗ chān ㉗ chè 가냘플, 여자 경박하게 잘 내달을, 재주 많을
설문 7833 小弱也。从女。占聲。一曰女輕薄善走也。讀若占。一曰多技埶也。《齒懾切。7部。》/619

妾 첩【qiè ㄑㄧㄝˋ】 첩(작은 마누라, 여자의 겸칭) 시비(侍婢) 계집아이
설문 1654 有辠女子給事之得接於君者。《十二字一句。妾接曡韵(疊韻)。有罪女子給事若『周禮』女酒女漿女籩女醢女醯女鹽女冪女祝女史內司服女御縫人女御女工女舂抌女饎女槀各若干人、各有奚若干人是也。『鄭-注』女酒、女奴曉酒者。古者從坐男女沒(沒)入縣官爲奴。其少才知以爲奚。今之侍史官婢或曰奚宦女。云得接於君者、如內司服縫人皆有女御。鄭云有女御者以衣服進。或當於王。廣其禮使無色過。是也。奚、〔女部〕作㜎。》从䇂女。《䇂女者、有罪之女也。七接切。8部。》『春秋傳』云。女爲人妾。《「傳」字今補。『左傳:僖:十七年』。卜招父曰。男爲人臣。女爲人妾。越王句踐亦云。身請爲臣。妻請爲妾。》妾、不娉也。《此釋『左傳』妾字之義。別於上文有罪女子之得接者也。『內則』曰。聘則爲妻。奔則爲妾。不必有罪。故云爾。此與釋『尙書』莫席、曰圛一例。》/102

형성 (6자+1) 접(萎)441 삽(翜)2166 접(椄)3604 첩(淁)6786 첩(鯜)7280 접(接)7547 삽(霎)

妿 (아)【ē ㄜˉ】 여자를 가르치는 선생
설문 7771 女師也。《『詩』言告師氏。『毛傳』。師、女師也。古者女師教以婦德、婦言、婦容、婦功。李善引『漢書:音義』曰。婦人年五十無子者爲傳。》从女。加聲。《此說形聲。》杜林說。加教於女也。《杜說會意。》讀若阿。《烏何切。17部。按『烈女傳:華孟姬、楚昭伯嬴:傳』皆言保阿。『內則篇』、『喪服經:注』皆言可者。鄭云。可者、賤於諸母。謂傳姆之屬。葢(蓋)可者卽阿。阿卽妿也。》/616

姁 (후)【xǔ ㄒㄩˇ】 할미, 예쁠
설문 7759 嫗也。《然則「姁」亦母偁(稱)也。師古曰。呂后名「雉」。字「娥姁」。》从女。句聲。/615

姂 (핍)【fá ㄈㄚˊ】 얌전할, 어여쁠
설문 7839 婦人皃(貌)。从女。乏(乏)聲。《房法切。7部。》/619

姅 (반)【bàn ㄅㄢˋ】 월경할
설문 7956 婦人汚(汚)也。《謂月事及免身及

女 3 ⑤

傷孕皆是也。『廣韵(韻)』曰。姅、傷孕也。傷孕者、懷子傷也。》从女。半聲。《博幔切。『廣韵』又音判。14部。》『漢律』曰。見姅變不得侍祠。《按見姅變、如今俗忌入産婦房也。不可以侍祭祀。『內則』曰夫齋則不入側室之門、正此意。『漢律』與『周禮』相爲表裏。》/625

姊 姊姉(자)【jiě ㄐㄧㄝˇ】㉠㉡㊥⑨㉢ zǐ 맏누이
설문 7764 女兄也。《『釋親』曰。男子謂先生爲姊。後生爲妹。『邶:詩』。問我諸姑。遂及伯姊。『傳』曰。父之姊妹稱姑。先生曰姊。》从女。𠂔(㚘)聲。《將几切。15部。》/615

始 (시)【shǐ ㄕˇ】처음、비롯할
설문 7799 女之初也。《『釋詁』曰。初、始也。此與爲互訓。初、裁皆衣之始也。基者、牆之始也。凡言之者皆分別之䛐(詞)。有叚(假)殆爲始者。『七月:毛傳』云殆始也是也。》从女。台聲。《詩止切。1部。按凡始事有急緩之殊。不得云有二義。今人乃爲之二音。緩者讀去聲。『月令』紀節物用始字十餘。而蟬始鳴獨市志反。其亦庸人自擾也矣。》/617

姍 (산)【shān ㄕㄢˉ】예쁠, 비방할 ■반:추할 ■선:비척거릴 ■살:부인 옷이 잘잘 끌릴
설문 7943 誹也。《『漢書』。姍笑三代。說者謂卽訕字也。》从女。删(刪)省聲。《所晏切。14部。》一曰翼便(便)也。《未聞。》/625

姎 (앙)【àng ㄤˋ】㉡㊥⑨ yāng 여자가 자기를 일컫는 말
설문 7924 女人自偁(稱)姎我也。《【各本】我上奪姎。今補。『後漢書:西夷傳:注』、『廣韵(韻):三十三, 蕩』皆引女人自偁(稱)姎我。姎我聯文。如吳人自偁阿儂耳。》从女。央聲。《烏浪切。按『後漢書』胡朗反。『廣韵』烏朗切。10部。》/624

姐 (저)【jiě ㄐㄧㄝˇ】(손위)누이
설문 7760 蜀人謂母曰姐。《『方言』也。其字當蜀人所製。》『淮南』謂之社。《因類記之也。社與姐音近。》从女。且聲。讀若左。《左卽今𠂇字也。今茲也切。古音當在 5部。》/615

娍 (월)【yuè ㄩㄝˋ】가벼울
설문 7921 輕也。从女。戉聲。《王伐切。15部。》/624

姑 (고)【gū ㄍㄨˉ】시어미, 고모, 잠시
설문 7761 夫母也。《『釋親』曰。婦偁(稱)夫之父曰舅。稱夫之母曰姑。姑舅在則曰君舅。君姑。沒(沒)則曰先舅。先姑。按聖人正名之義。名有叚(假)借通用者。有不可叚借通用者。可叚借者舅姑是也。故母之𣠭弟爲舅。夫之父亦曰舅。妻之父曰外舅。夫之母曰姑。男子偁父之姊妹亦曰姑。偁妻之母曰外姑。葢(蓋)『白虎通』云。舅者、舊也。姑者、故也。舊故之者、老人之偁也。故其偁可氾用之。不可叚借者父母是也。故同姓有父母。異姓無父母。夫之父母未聞偁父母也。姑之夫未聞偁父也。故未聞偁母也。母之兄弟未聞偁父也。母之兄弟妻未聞偁母也。從母之夫未聞偁父也。惟外祖父外祖母則以父之父母例之而得偁。從母則以父之昆弟偁從父例之而得偁。從母之子亦以從父昆弟例之而得偁。凡同姓五服之外及異姓之親之偁兄弟。無偁昆弟者。古人偁謂之嚴也。今天下之名不正者多矣。盍反諸【經】乎。許於舅擧母之昆弟。於姑擧夫母。各擧男女所㝡(最)尊以發舅姑之例也。姑之者叚爲於䛐(詞)。『卷耳:傳』曰。姑、且也。》从女。古聲。《古胡切。5部。》/615

姓 (성)【xìng ㄒㄧㄥˋ】성씨, 겨레, (낳은)아들, 자손, 백성, 일가
설문 7727 人所生也。《『白虎通』曰。姓者、生也。人所稟天氣所以生者也。吹律定姓。故姓有百。按『詩:振振公姓:傳』曰。公姓、公生也。『不如我同姓:傳』曰。同姓、同祖也。『昭:四年:左傳』。問其姓。釋文云。女生曰姓。姓謂子也。『定:四年』蔡大夫公孫生、『公』、『穀』皆作公孫姓。》古之神聖人。母感天而生子。故偁(稱)天子。《『五經異義』。『詩:齊魯韓』、『春秋:公羊』說聖人皆無父感天而生。『左氏』說聖人皆有父。謹案『堯典』以親九族。卽堯母慶都感赤龍而生堯。安得九族而親之。『禮:讖』云唐五廟。知不感天而生。玄之聞也。『詩』言感生得無父。有父則不感生。此皆偏見之說也。『商頌』曰。天命玄鳥。降而生商。謂娀簡(簡)吞鳦子生契。是聖人感生見於【經】之明文。劉(劉)媼是漢大上皇之妻。感赤龍而生高祖。是非有父感神而生者也。〈同耶〉且夫蒲盧之氣、嫗煦桑蟲成爲己子。况乎天氣因人之精。就而神之。反不使子賢聖乎。是則然矣。又何多怪。按此鄭君調停之說。許作『異義』時、從『左氏』說聖人皆有父。造『說文』、則云神聖之母感天而生。不言聖人無父。則與鄭說同矣。》因生㠯(以)爲姓。从女生。《因生以爲姓、若下文神農母居姜水因以爲姓、黃帝母居姬水因以爲姓、舜母居姚虛因以爲姓是也。感天而生者母也。故姓从女生會意。其子孫復析爲衆姓。如黃帝子二十五宗十二姓、則皆因生以爲姓也。》生亦聲。《息正切。11部。按古平聲。》『春秋傳』曰。天子因生㠯賜姓。《【大小徐本】互異。由淺人不學以爲重複。故【大徐本】删(刪)因生以爲姓五字。小徐删(刪)『春秋傳』以下十一字。皆非也。『傳』者、『隱:八年:左傳』文。無駭卒。羽父請謚與族。公問族於衆仲。對曰。天子建德。因生以賜姓。胙之土而命之氏。杜曰。因其所由生以賜姓也。按人各有所由生之姓。其後氏別旣久而姓幾湮。有德者出。則天子立之令姓其正姓。若大宗然。如『周語』帝胙四岳國。賜姓曰姜。氏曰有吕(呂)。陳胡公不淫。故周賜之姓。〈謂嬀姓〉命氏曰陳。飂叔安裔子董父事帝舜。帝賜之姓曰董。氏曰豢龍。葢(蓋)此三者、本皆姜嬀董之子孫。故予之以其姓。又或特賜之姓。前無所承者。如『史記』、『白虎通』禹祖昌意。以薏苡生。賜姓姒氏。殷契以玄鳥子生。賜姓子氏。斯皆因生以賜姓也。必兼『春秋傳』之說而姓之義乃完。姒字不見於【許書】。葢古祗作以。【古書】亦有作似者。》/612

㉢ 作家出版社〔董蓮池-說文解字考正〕 ⑨ 九州出版社〔柴劍虹-說文解字〕 ㉠ 陝西人民出版社〔蘇寶榮-說文解字今注今譯〕 ㉡ 上海古籍出版社〔說文解字注〕 ㊥ 中華書局〔臧克和-說文解字新訂〕

委 [위]【wěi ㄨㄟˇ】맡길, 쌓을, (내다)버릴, (꼬불꼬불)굽을

[설문] [7830] 委、《逗。》隨也。《〔辵部〕曰。隨從也。『毛詩:羔羊:傳』曰。委蛇者、行可從迹也。『君子偕老:傳』曰。委委者、行可委曲從迹也。按隨其所如曰委。委之則聚。故曰委輸、曰委積。所輸之處亦稱委。故曰原委。》从女。禾聲。《16, 17部合音冣(最)近。故讀於詭切也。『詩』之委蛇、卽委隨。皆曡(疊)韵也。》/619

[성부] [魏]위

[형성] (12자+3) 위(萎)594 위(逶)1106 와(踒)1330 위(諉)1474 위(羧)2239 위(矮)2413 위(痿)4548 왜(倭)4772 위(覣)5226 외(巍)5581 유(緌)8248 녜(錗)9020 위(餧) 왜(矮) 뇌(捼)

姕 (자)【zī ㄗˉ】부인의 하찮은 물건

[설문] [7874] 婦人小物也。《小物謂用物之瑣屑者。今人用些字取散細之意。卽姕之俗體也。》从女。此聲。《卽移切。古音當在 16部。》『詩』曰。婁舞姕姕。《『小雅:賓之初筵』文。「婁」舊作「屢」。今正。「姕姕」、『詩』作「傞傞」。『傳』曰。傞傞、不止也。古此聲差聲冣(最)近。『庸風』。玼兮玼兮。或作瑳兮瑳兮。》/621

◀ 제 6 획 ▶

姚 (요)【yáo ㄧㄠˊ】예쁠, 멀, 성씨, 날랠 [도]:같은 뜻 [조]:같은 뜻

[설문] [7732] 虞舜凥姚虛。因㠯爲姓。《『帝王世紀』云。舜母名握登。生舜於姚墟。因姓姚氏也。『世本』。舜姓姚氏。》从女。兆聲。《余招切。2部。》或爲姚嬈也。《下文曰嬈者、苛也。》『史篇』㠯爲姚易也。《『王莽傳』。徵天下『史篇』文字。孟康曰。史籒所作十五篇也。許三偁(稱)『史篇』。皆說『史篇』者之辭。易葢(蓋)治也。『廣雅』。姚、娧皆好也。『荀卿子』。美麗姚冶。『楊-注』引『說文』姚、美好皃(貌)。『今-說文』無此語。》/612

姛 (동)【tǒng ㄊㄨㄥˇ】[상][中][9] dòng 목이 바를, 계집 성품 곧을

[설문] [7821] 直項皃(貌)。从女。同聲。《他孔切。『廣韵(韻)』徒揔切。9部。》/619

姜 (강)【jiāng ㄐㄧㄤˉ】성씨, 물 이름

[설문] [7728] 神農凥姜水。因㠯(以)爲姓。《『晉語』。司空季子曰。昔少典娶于有蟜氏。生黃帝、炎帝。黃帝以姬水成。炎帝以姜水成。成而異德。故黃帝爲姬。炎帝爲姜。『韋-注』。成、謂所生長以成功也。『渭水篇:注』曰。岐水又東逕姜氏城南爲姜水。引『帝王世紀』炎帝神農氏姜姓。母女登遊華陽。感神而生炎帝。長於姜水是其地。按姜姬字、葢(蓋)後所製。》从女。羊聲。《居良切。10部。》/612

[유사] 오랑캐 강(羌)

姝 (주)【shū ㄕㄨˉ】예쁠, 연약할, 꾸밀

[설문] [7805] 好也。《『邶風:傳』曰。姝、美色也。『衞(衛)風:傳』曰。姝、順皃(貌)。『齊風:傳』曰。姝、初昏之皃。各隨文爲訓也。》从女。朱聲。《昌朱切。古音在 4部。》/618

姞 (길)【jí ㄐㄧˊ】성씨

[설문] [7730] 黃帝之後伯鯈(儵)姓也。《『國語』。晉胥臣白季曰。黃帝之子、得姓者十四人爲十二姓。姞其一也。『詩:都人士』作吉。南燕、密須、姞姓國也。》后稷妃家。《『左傳』。鄭文公賤妾曰燕姞。夢天使與己蘭。曰余爲伯鯈。余而祖也。以是爲而子。旣而生穆公。名之曰蘭。文公卒。石癸曰。姞、吉人也。后稷之元妃也。今公子蘭、姞甥也。天或啓之。必將爲君。遂立之。『古今人表』云。姞人、棄妃。直以姞人爲姓名。》从女。吉聲。《巨乙切。12部。》/612

姣 (교)【jiāo ㄐㄧㄠˉ】[상][中][9][작] jiǎo [작] xiáo 아름다울, 슬기 있을, 아양부릴 [효]:음란할

[설문] [7810] 好也。《姣謂容體壯大之好也。『史記』長姣美人。按古多借佼爲姣。如『月令』養壯佼、『陳風:澤陂:箋』佼大皆姣字也。『小雅:白華:箋』云。姣大之人。『陳風』佼人字又作姣。『方言』云。自關以東河沛之閒(間)凡好謂之姣。》从女。交聲。《胡茅切。2部。按切非也。當依『廣韵(韻)』古巧切。》/618

姦 [간]【jiān ㄐㄧㄢˉ】간사할, 간음할

[설문] [7963] 厶(私)也。《厶下曰。姦衺也。二篆爲轉注。引申爲凡姦宄之偁(稱)。俗作「奸」。其後竟用「奸」字。》从三女。《三女爲姦、亦三女爲姦。是以君子遠色而貴德。古顔切。14部。》[古文]古文姦。从旱心。《大徐作从心、旱聲。》/626

[형성] (1자) 간(蕑)267

娱 姱(호)【hù ㄏㄨˋ】탐할 [오]:같은 뜻

[설문] [7901] 姱嫭、《逗。曡韵(疊韻)字。》貪也。《貪者、欲物也。》从女。污(汚、汙)聲。《胡古切。5部。》/623

姨 (이)【yí ㄧˊ】이모, 처형제

[설문] [7770] 妻之女弟同出爲姨。《『釋親』曰。妻之姊(姉)妹同出爲姨。孫曰。同出、俱已嫁也。此獨言女弟者、以弟姨曡韵(疊韻)也。『釋名』曰。妻之姊妹曰姨。姨、弟也。言與己妻相長弟也。按長弟謂次弟也。後世謂母之姊妹曰姨母。》从女。夷聲。《以脂切。15部。》/616

妶 (의)【yī ㄧˉ】여자 이름자

[설문] [7792] 女字也。《十四等中无依。依葢(蓋)可用此字。》从女。衣聲。讀若依。《於稀切。15部。》/617

姪 (질)【zhí ㄓˊ】[작] diē 조카

[설문] [7769] 女子謂兄弟之子也。《【各本】作「兄之女也」。不完。今依『爾雅』正。『釋親』曰。女子謂晜弟

之子爲姪。『喪服:大功章』曰。女子子適人者、爲衆昆弟姪丈夫婦人報。『傳』曰。姪者何也。謂吾姑者吾謂之姪。【經】言丈夫婦人同謂之姪。則非專謂女也。『公羊傳』曰。二國往媵。以姪娣從。謂婦人也。『左傳』曰。姪其從姑。謂丈夫也。不謂之猶子者、女外成別於男也。今世俗男子謂兄弟之子爲姪。是名之不正也。》从女。《此从女者、謂系乎姑之偁(稱)也。許誤會用『公羊』兄之女也爲訓。非是。》至聲。《从至者、謂雖適人而於母家情摯也。形聲中有會意也。徒結切。12部。》/616

姬 (희)【jī ㄐㄧˉ】아씨(여자의 미칭) ■기:속음 ■이:속음 ■거:거(居)와 같은 글자

[설문] 7729 黃帝凥姬水。因水爲姓。从女。𦣞聲。《居之切。1部。》/612

姰 (균)【jūn ㄐㄩㄣˉ】적합할, 남녀 같을 ■순:미칠(狂也), 여자 처음 올 ■현:여자 단장할

[설문] 7873 均適也。《「均」舊作「鈞」。今正。》男女併也。《併者、竝也。按『篇』、『韵(韻)』皆訓姰爲狂。相倫黃練二切。今義今音也。》从女。旬聲。讀若旬。《居勻切。12部。》/621

㛅 (이)【èr ㄦˋ】여자의 이름자

[설문] 7798 女字也。《「字」【各本】作「號」。今依『玉篇』、『廣韵(韻)』。》从女。耳聲。《仍吏切。1部。》/616

姶 (압)【é ㄜˊ】[상][中][9][작] è 여자의 이름자

[설문] 7794 女字也。从女。合聲。《烏合切。7部。》『春秋傳』曰。嬖人婤姶。《『昭公:七年:左氏傳』曰。衛(衞)襄公夫人姜氏無子。嬖人婤姶生孟縶。》一曰無聲。《別一義。》/617

姷 (유)【yòu ㄧㄡˋ】짝

[설문] 7872 耦也。《耕有耦者、取相助也。故引伸之、凡相助曰耦。姷之義取乎此。『周禮:宮正』。以樂侑食。鄭曰。侑猶勸也。按勸卽助。『左傳』。王享醴。命晉侯宥。杜云。既饗又命晉侯助以束帛。以助釋宥。【古經】多叚(假)宥爲侑。『毛詩』則叚右爲之。『傳』曰。右、勸也。》从女。有聲。讀若祐。《于救切。古音在 1部。》姷或从人。《今通用此體。》/621

姸 (연)【yán ㄧㄢˊ】고울(예쁠), 갈(연마할), 아첨할

[설문] 7914 技也。《技者、巧也。『釋名』曰。姸、研也。研精於事宜則無蚩繆也。蚩、癡也。按此爲今用姸媸字所本。『方言』。自關而西秦晉之故都謂好曰姸。》一曰不省錄事也。《省錄、謂檢點收錄也。『魏書』。劉(劉)祥言事蒙遜曰。劉裕入關。敢姸姸然也。斬之。此正謂其不曉事也。》从女。幵(开)聲。《五堅切。14部。》一曰難侵(侵)也。讀若研。一曰慧也。一曰安也。/623

姺 (신)【shēn ㄕㄣˉ】나라 이름 ■선:건듯건듯 걸을 ■세·손:옛 나라이름

[설문] 7735 殷諸侯爲亂。《『昭:元年:左傳』曰。王伯之令也。猶不可壹。於是乎虞有三苗。夏有觀、扈。商有姺、邳。周有徐、奄。皆謂當時作亂之諸侯也。》疑姓也。《嫌姺是國名、故曰疑。疑者不定之䛐(詞)也。姺从女、葢(蓋)以姓爲國名。》从女。先聲。《所臻切。古音在 13部。『廣韵(韻)』:入:二十七, 銑』。》『春秋傳』曰。商有姺邳。/613

姻 (인)【yīn ㄧㄣˉ】시집갈, (혼인으로 맺은(인척), 인연

[설문] 7745 壻家也。《『釋親』曰。壻之父爲姻。婦之父母、壻之父母相謂爲婚姻。壻之黨爲姻兄弟。『周禮』。六行、孝友睦婣任恤。『注』云。婣者、親於外親。引申之義也。》女之所因故曰姻。《因者、就也。》从女因。因亦聲。《於眞切。12部。》籒文姻。从𣶒。《𣶒聲也。『周禮』如此作。》/614

姼 (제)【chǐ ㄔˇ】예쁠 ■시:어버이 ■다:같은 뜻 ■치:예쁜 여자

[설문] 7774 美女也。《『廣韵(韻)』曰。姑姼、輕薄皃(貌)。此今義也。『方言』曰。謂父妣曰母姼。稱父考曰父姼。音多。此方俗里語也。》从女。多聲。《尺氏切。古音在 17部。》姼或从氏。《氏聲在 16部。合音冣(最)近 /616

姽 (궤)【guǐ ㄍㄨㄟˇ】얌전히 걸을

[설문] 7829 閒體行姽姽也。《「閒」【各本】作「閑」。今正。閒者、幽閒也。『神女賦』。志解泰而體閒。既姽嫿於幽靜。李引『說文』曰。姽、靖好皃(貌)。五累切。與【今本】異。》从女。危聲。《過委切。16部。》/619

姿 (자)【zī ㄗˉ】맵시, 풍치, 모양낼

[설문] 7896 態也。《態者、意也。姿謂意態也。》从女。次聲。《卽夷切。15部。》/623

娀 (융)【sōng ㄙㄨㄥˉ】나라 이름

[설문] 7782 帝高辛之妃。偰母號也。《偰見〔人部〕。高辛氏之子。堯司徒。殷之先也。『商頌』。天命玄鳥。降而生商。『傳』曰。春分玄鳥降。湯之先祖有娀氏女簡(簡)狄。配高辛氏帝。帝率與之祈於郊禖而生契。故本其爲天所命。以玄鳥至而生焉。按有娀、諸家說爲國名。『長發:鄭-箋』云。有娀氏之國亦始廣大。許氏偰母號者、以其國名爲之號。故『長發:傳』曰有娀、契母也。是亦以爲號也。》从女。戎聲。《息弓切。9部。》『詩』曰。有娀方將。/617

威 [위]【wēi ㄨㄟˉ】[本][시어머니] 위엄(권위), (예모 있는)거동, 두려워 할

[설문] 7762 姑也。《引伸爲有威可畏。》从女。戌聲。《按【小徐本】作「戌聲」。而復以會意釋之。於非切。15部。》『漢律』曰。婦告威姑。《惠氏定宇曰。『爾雅』君姑卽威姑也。古君威合音差近。》/615

[유사] 멸할 멸(烕)、다 함(咸)

[형성] (1자) 위(楲)3529

媠 (타)【duǒ ㄉㄨㄛˇ】 [상][中][9] duò [本][헤아릴] 여자 얼굴 꽃송이 같이 예쁠

[설문] [7903] 量也。《『廣韵(韻)』作「揣」。云稱量。》 从女。朵聲。《丁果切。17部。》 /623

娃 (왜)【wá ㄨㄚˊ】 [상][中][9][작] wā [本][둥글고 깊은 눈 모양] 예쁠 ■와:같은 뜻

[설문] [7915] 圜深目皃(貌)也。《洼、深池也。窐、甑空也。凡圭聲字義略相似。》 从女。圭聲。《於佳切。16部。》 或曰。吳楚之閒(間)謂好娃。《『方言』。娃、美也。吳楚衡淮之間(閒)曰娃。故吳有館娃之宮。》 /623

◀ 제 7 획 ▶

婐 婐(와)【ě ㄜˇ】 [상] nuò [中][9] nuǒ 예쁠, 약할 〈厄참고〉

[설문] [7832] 婐姬也。《疊韵(疊韻)字。》 一曰弱也。从女。厄(卮)聲。《五果切。17部。按當依『廣韵(韻)』奴果切。》 /619

娹 (혐)【xiǎn ㄒㄧㄢˇ】 [상][中][9] qiè [작] xiè 쉴, 젊은 기운

[설문] [7940] 得志娹娹也。《『篇』、『韵(韻)』皆云此義。邱協切。是與愜音義皆同也。》 从女。夾聲。《呼帖切。8部。》 一曰娹、息也。一曰少气也。《『篇』、『韵』皆云此義。呼牒切。『廣韵』「也」作「皃(貌)」。》 /624

娉 (빙)【pīng ㄆㄧㄥˉ】 [상][中][9][작] pìn 물을, 장가들, 예쁠

[설문] [7879] 問也。《凡娉女及聘問之禮古皆用此字。娉者、專詞也。聘者、氾詞也。〔耳部〕曰。聘者、訪也。〔言部〕曰。氾謀曰訪。故知聘爲氾詞也。若夫『禮經』大曰聘。小曰問。渾言之皆曰聘。此必有所專適。非氾詞也。至於聘則爲妻。則又造字所以从女之故。而【經傳】槩以聘代之。聘行而娉廢矣。》 从女。甹聲。《匹正切。11部。》 /622

娋 (소)【sháo ㄕㄠˊ】 [상][中][9] shào [작] xiāo 사람을 업신여기고 덤벼들

[설문] [7902] 小小侵(侵)也。《侵者、漸進也。凡用稍稍字、謂出物有漸。凡用娋娋字、謂以漸侵物也。『方言』。娋、姊(姉)也。方俗語也。》 从女。肖聲。《息約切。按當依『篇』、『韵(韻)』所敎切。》 /623

娎 (혈)【xiè ㄒㄧㄝˋ】 기쁠

[설문] [7939] 娎、娹也。《娎當是複擧(擧)字。『玉篇』云。娎、喜也。『廣韵(韻)』云。娎、喜皃(貌)。》 从女。㪿(折)聲。《許列切。8部。》 /624

娑 (사)【suō ㄙㄨㄛˉ】 춤 출, 옷 너풀거릴, 빠를

[설문] [7871] 舞也。《『陳風:東門之枌』曰。婆娑其下。市也婆娑。『爾雅』及『毛傳』皆曰。婆娑。舞也。『詩:音義』曰。婆步波反。『說文』作「媻」。『爾雅:音義』但云娑素何反。不爲婆字作音。葢(蓋)『陸-所據:爾雅』固作娑娑。『魯頌:傳』曰。犧尊有沙飾也。『鄭志』。張逸曰。犧讀爲沙。沙、鳳皇也。不解鳳皇何以爲沙。答曰。刻畫(畵)鳳皇之象於尊。其形娑娑然。按【今-經傳】「娑娑」字皆改作「婆娑」。『詩』、『爾雅』卽以媻娑連文。恐尙非古也。然【古書】中用婆娑字者不少。存愚說以俟攷訂可耳。》 从女。沙聲。《素何切。17部。》『詩』曰。市也媻娑。 /621

娒 (모)【mǔ ㄇㄨˇ】 여선생

[설문] [7772] 女師也。《『士昏禮:注』曰。娒、婦人年五十無子。出而不復嫁。能以婦道教人者。『左傳』。宋大災(災)。宋伯姬卒。待姆也。『何-注:公羊』曰。禮、后夫人必有傅母。所以輔正其行、衞(衛)其身也。選(選)老大夫爲傅。選(選)老大夫妻爲母。按母卽娒也。》 从女。每聲。讀若母同。《讀若母同。今音每。與母殊。古音同在 1部耳。故許作「娒」、『字林』及『禮記:音義』作「姆」也。莫后切。古音在 1部。》 /616

娓 (미)【wěi ㄨㄟˇ】 [本][순할] 예쁠

[설문] [7853] 順也。《順者、理也。尾主於順。故其字从尾。按此篆不見於【經傳】。『詩』、『易』用亹亹字。學者每不解其何以會意形聲。徐鉉等乃妄云當作「娓」。而近者惠定字氏從之。『挍:李氏-易:集解』及自爲『周易』述皆用娓娓。抑思『毛、鄭-釋:詩』皆云勉勉。『康成-注:易』亦言沒沒(沒)。亹之古音讀如門。勉、沒皆疊(疊)字。然則亹爲亹之譌體。亹爲勉之叚(假)借。古音古義於今未泯。不當以無知妄說、擅改【宣聖大經】。》 从女。尾聲。讀若媚。《無匪切。15部。》 /620

娕 (착)【sù ㄙㄨˋ】 [상][中][9][작] chuò 삼갈, 조심할, 군교(軍校)

[설문] [7862] 謹也。《謹者、愼也。按『史記:申屠嘉傳』。娖娖廉謹。說者多云娖卽娕字。『玉篇』、『廣韵(韻)』皆不謂一字也。》 从女。束聲。讀若謹敕數數。《未詳。錢氏大昕云。數數卽娖娖。小顏(顔)云。持整之皃(貌)。測角切。3部。》 /620

娗 (정)【dìng ㄉㄧㄥˋ】 [상][中][9][작] tǐng 여자 음부의 병, 속일 ■전:막힐, 매욱할, 속일

[설문] [7957] 女出病也。《按病下當有「容」字。『廣雅』曰。娗娗、容也。然則謂女出而病容娗娗然也。『廣韵(韻)』有娗無婷。唐喬知之、杜甫詩皆用娉婷字。娉婷皆讀平聲。疑娗婷同字。長好皃(貌)。》 从女。廷聲。《徒鼎切。11部。》 /626

娙 (경)【yíng ㄧㄥˊ】 [상][中][9] xíng 날씬할, 여관(女官) ■경:헌걸찰, 계집 키 클

[설문] [7816] 長好也。《體長之好也。故其字从巠。上文曰秦晉謂好爲娙娥。漢婦官十四等有娙娥。武帝邢夫人號娙娥。》 从女。巠聲。《五莖切。11部。》 /618

娛 (오)【yú ㄩˊ】 즐거워 할, 즐거움

[설문] [7850] 樂也。《古多借虞爲之。》 从女。吳聲。《虞俱切。5部。》 /620

娝 (부)【bǐ ㄅㄧˇ】 [상][中][9][작] pōu [本][어리석을] ■비:성씨

[작] 作家出版社〔董蓮池-說文解字考正〕 [9] 九州出版社〔柴劍虹-說文解字〕 ㉠ 陝西人民出版社〔蘇寶榮-說文解字今注今譯〕 [상] 上海古籍出版社〔說文解字注〕 [中] 中華書局〔臧克和-說文解字新訂〕

[설문] [7932] 不肖也。从女。否聲。讀若竹皮箁。《箁、竹箬也。見〔竹部〕。匹才切。1部。『篇』、『韵(韻)』布美切。》/624

娷 (차)【cuǒ ㄘㄨㄛˇ】[상]㊥⑨ qiē [작] zuō 빠를 ■사:여자의 이름 ■좌:같은 뜻 ■좌:젊을, 아름다울

[설문] [7923] 訬疾也。《訬者、訬擾也。『漢書逑』曰。江都輕訬。謂輕薄爲訬也。娷與訬雙聲。又女字也。『穆天子傳』。盛姬之喪。叔娷爲主。》从女。垩(坐)聲。《昨禾切。17部。『廣韵(韻)』醋伽切。》/624

娣 (제)【dì ㄉㄧˋ】[本][제수] 손아래 누이

[설문] [7766] 同夫之女弟也。《【小徐本】有「夫之」二字、而尙少「同」字。今補。同夫者、女子同事一夫也。『釋親』曰。女子同出謂先生爲姒。後生爲娣。孫郭皆云。同出、謂俱嫁事一夫。『王度記』曰。諸侯娶一國。則二國往媵之。『公羊傳』、『白虎通』皆曰。諸侯娶一國。則二國往媵之。以姪娣從。姪者何。兄之子也。娣者何。女弟也。『大雅:韓奕:傳』曰。諸侯一娶九女。二國媵之。諸娣、衆妾也。按女子謂女兄弟曰㛪(姊)妹。與男子同。而惟媵己之妹則謂之娣。葢(蓋)別於在母家之偁(稱)。以明同心事一君之義也。『禮:喪服經』皆言妹無言娣者。【今-大徐本】作女弟也。非是。【小徐本】又妹娣二篆互譌。而娣下曰女弟也。妹下曰夫之女弟也。楚金以『班昭-女誡』嫂妹之偁注之。夫夫之㛪呼女妐。夫之妹呼女叔。見『鄭氏-昏義:注』。夫之妹呼女叔、猶夫之弟呼叔也。呼妹則名不正矣。『今本-爾雅』轉寫女叔誤爲女妹。不可不正。○ 或問俱嫁一夫謂先生爲姒。古未聞以㛪媵者。何以有先生者也。曰二國往媵。容有小國。容有年稍長者。又問娣異名以別於妹矣。何姪不爲異名乎。曰姪之名以別於男子之謂猶子。早爲異名矣。不煩更異也。曰『釋親』又言長婦謂稚婦爲娣婦。娣婦謂長婦爲姒婦。見於『傳』者姒爲妯娌之偁何也。曰此所謂名之可以叚(假)借通偁者也。如兄弟之偁同姓異姓皆得偁之也。妯娌偁長者曰姒。少者曰娣。與坐以夫齒之禮。竝行不悖。》从女。弟聲。《形聲中會意。徒禮切。15部。》/615

娠 (신)【zhèn ㄓㄣˋ】[상]㊥⑨[작] shēn 애밸

[설문] [7751] 女妊身動也。《凡从辰之字皆有動意。震振是也。妊而身動曰娠。別詈(詞)也。渾言之則妊娠不別。『詩』。大任有身。生此文王。『傳』曰。身、重也。葢(蓋)妊而後重。重而後動。動而後生。》从女。辰聲。《失人切。13部。》『春秋傳』曰。后緡方娠。《『哀:元年:左傳』曰。后緡方娠。逃出自竇。歸于有仍。生少康焉。方娠者、方身動去產不遠也。其字亦叚(假)震爲之。『昭:元年:左傳』邑姜方震大叔是也。若『生民』載震載肅。『傳』曰。震、動也。『箋』云。遂有身。則以妊解之。》一曰官婢女隷謂之娠。《『方言』曰。燕齊之閒養馬者謂之娠。官婢女廝謂之娠。『郭-注』。娠音振。女廝、婦人給使者。》/614

娥 (아)【é ㄜˊ】예쁠, 항아

[설문] [7783] 帝堯之女。舜妻娥皇字也。《『曲禮』曰。男子二十冠而字。女子許嫁笄而字。》从女。我聲。《五何切。17部。》秦晉謂好曰娙娥。《『方言』。娥、好也。秦曰娥。秦晉之閒凡好而輕者謂之娥。漢武帝制。倢伃、娙娥、傛華、充依皆有爵位。》/617

娧 (태)【duì ㄉㄨㄟˋ】[상]㊥⑨[작] tuì 기뻐할, 느릿느릿 하는 모양

[설문] [7812] 好也。《『召南』。舒而脫脫兮。『傳』曰。脫脫、舒皃(貌)。按脫葢(蓋)卽娧之叚(假)借。此謂舒徐之好也。》从女。兑聲。《杜外切。15部。》/618

婚 姡(활)【huó ㄏㄨㄛˊ】[상]㊥⑨ huá [작] kuò 교활할, 무안할

[설문] [7842] 面靦也。《【各本】作「面醜」。今正。醜者、可惡也。與愧恥義隔。面靦者、『詩』云有靦面目是也。〔面部:靦〕下曰。面見人也。面見人、如今人言無面目相見。其義彼此相成。此許例也。『爾雅』、『毛傳』皆云靦、婚也。此云婚、靦也。是之謂轉注。今人亦尙有羞婚婚之語。》从女。昏聲。《古活切。15部。》/619

娭 (희)【xī ㄒㄧ¯】[작] ǎi 희롱할, 부인을 낮게 일컬을 ■애:계집종

[설문] [7851] 戱(戲)也。《戲者、三軍之偏也。一曰兵也。嬉戲、則其餘義也。『左傳』。子玉曰。請與君之士戲。固以戰爲戲矣。『上林賦』。娭遊往來。善曰。娭許其切。然則今之嬉字也。今嬉行而娭廢矣。》从女。矣聲。《遏在切。按此音非也。『篇』、『韵(韻)』皆許其切。1部。》一曰卑賤名也。《『廣韵(韻)』曰。婦人賤偁(稱)。出『倉頡』篇。按『篇』、『韵(韻)』皆不言過在切。》/620

◀ 제 8 획 ▶

婚 (탑)【tà ㄊㄚˋ】엎드릴, 복종할 ■답:같은 뜻

[설문] [7866] 俛伏也。《俛者、低頭也。伏者、伺也。》从女。沓聲。《他合切。8部。》一曰服意也。《服【各本】作伏。今依『集韵(韻)』、『類篇』正。悅服之意也。》/621

娶 (취)【qǔ ㄑㄩˇ】장가들, 장가 ■추:속음 ■서:중매들

[설문] [7743] 取婦也。《取彼之女爲我之婦也。【經典】多叚(假)取爲娶。》从女。取聲。《說形聲包會意也。此從【小徐本】七句切。古音在 4部。》/613

娦 (평)【pēng ㄆㄥ¯】[상]㊥⑨[작] pīn 제거할, 아내의 몸종과 통간할

[설문] [7954] 除也。《按『詩』作之屛之。其菑其翳。『論語』曰。屛四惡。屛皆謂除也。依許則屛、蔽也。姘、除也。義各有當。【經傳】皆用屛。屛行而姘廢矣。『莊子』。至貴國爵幷焉。『注』。幷、棄除也。是又叚(假)幷爲之。》从女。幷聲。《普耕切。11部。按今屛除之義讀上聲。》『漢律』。齊民與妻婢姦曰姘。《此別一義也。民【各本】作人。今正。『高-注:淮

南』曰。齊民、凡人齊於民也。『禮』、士有妾。庶人不得有妾。故平等之民與妻婢私合名之曰姘。有罰。此姘取合幷之義。》/625

娷 (추)【zhì ㄓˋ】(상)㊥⑨(작) zhuì 겹칠, 일을 서로 부탁할 ■수:같은 뜻

설문 7959 諉也。《〔言部〕曰。諈諉、絫也。又曰。諉、絫也。按絫者、若今言以此累人也。娷與諈音義皆同。可附見於〔言部〕。》从女。𡍮(垂)聲。《竹恚切。16部。》/626

娸 (기)【qī ㄑㄧˉ】성씨, 추할

설문 7738 人姓也。从女。其聲。《去其切。1部。》杜林說。娸、醜也。《醜者、可惡也。按〔頁部〕曰。䫏、醜也。杜說葢(蓋)以娸爲䫏頭字也。○ 以上十一篆皆冡姓而言。》/613

娹 (현)【xián ㄒㄧㄢˊ】절개 있을

설문 7927 有守也。从女。弦聲。《胡田切。12部。》/624

娺 (달)【duò ㄉㄨㄛˋ】(상)㊥⑨(작) zhuó 빠를, 좋은 모양, 예쁠 ■추:같은 뜻

설문 7911 疾悍也。《敏疾而勇也。『廣韵(韻)』曰。婠娺、好皃(貌)。》从女。叕聲。讀若唾(唾)。《今丁滑切。15部。許讀若唾者、合音也。》/623

娽 (록)【lù ㄌㄨˋ】따를, 붙좇을

설문 7880 隨從也。《『史記:平原君列傳』曰。公等錄錄。因人成事。王邵云。錄錄、借字。『說文』娽娽、隨從之皃(貌)也。依【王本】多四字。》从女。彔聲。《力六切。3部。》/622

娿 婀(아)【ē ㄜˉ】결단치 못할, 머뭇거릴

설문 7913 媕娿也。《媕娿雙聲字。『韵(韻)會』作「陰阿」。【李燾本】作「陰娿」。『集韵』、『類篇』同。『廣韵』曰。媕娿不決。媕音庵。》从女。阿聲。《烏何切。17部。》/623

婁 루【loú ㄌㄡˊ】本[빌] (질질)끌, 아로 새길, 별 이름 (女부8획)

설문 7938 空也。《凡中空曰婁。今俗語尙如是。凡一實一虛、層見曡(疊)出曰婁。人曰離婁、囪(窗)牖曰麗廔。是其意也。故婁之義又數也。此正如囪牖、麗廔之多孔也。而轉其音爲力住切。俗乃加尸旁爲屢字。古有婁無屢也。『毛詩:婁豐(豊)年:傳』曰。婁、亟也。亟者、數也。『角弓式居婁驕:箋』云。婁、斂也。此則謂爲摟之叚(假)借也。》从毋。从中女。《按从毋、猶从無也。無者、空也。从中女、謂『離卦』。『離』中虛也。皆會意也。》婁空之意也。《「婁空」連讀。洛侯切。4部。》一曰《別一意。》婁務、《逗。》愚也。《務讀如瞀。婁務卽〔子部〕之㝅瞀。故云愚也。說詳彼注。》 籒文婁。从人中女。臼聲。 古文婁如此。《按此上體當是从囧。卽囪牖、麗廔闓明之意也。》/624

성부 數수

형성 (21자+1) 루(蔞)356 루(遱)1143 루(謱)1523 루(髏)2453 루(膢)2550 루(簍)2800 루(樓)3501 루(鄾)3916 구(寠)4411 루(瘻)4521 루(僂)4953 루(褸)5032 구(屨)5184 루(廔)5680 루(漊)6984 루(鱴)7238 루(摟)7573 루(縷)8280 루(螻)8427 루(塿)8708 루(鏤)8836 루(屢)

婉 (완)【wǎn ㄨㄢˇ】순할, 아름다울

설문 7820 順也。《『鄭風:傳』曰。婉然美也。『齊風:傳』曰。婉、好眉目也。》从女。宛聲。《於阮切。14部。》『春秋傳』曰。太子痤婉。《『襄:二十六年:左傳』文。按傳云。棄生佐、惡而婉。大子痤美而很。佐卽宋元公也。此所稱舛誤。一時記憶不精耳。按『集韵(韻)』、『類篇』皆作大子佐婉。葢(蓋)依『傳』改正、而又失之。不知佐非大子也。》/618

婎 (휴)【huī ㄏㄨㄟˉ】방자할, 추할

설문 7926 姿婎、《逗。曡韵(疊韻)字。》恣也。《「恣」【各本】作「姿」。今正。按〔心部:恣〕者、縱也。【諸書】多謂暴厲曰恣睢。睢讀香季切。亦平聲。睢者、仰目也。未見縱恣之意。葢(蓋)本作姿婎。或用恣睢爲之也。『集韵(韻)』、『類篇』皆云。姿婎、自縱皃(貌)。此許義也。今用睢爲語詞。有縱恣之意。葢本當作「婎」。叚(假)睢爲之耳。睢行而婎廢矣。》一曰醜也。《與〔人部:仳倠〕醜面之倠通用。》从女。隹聲。《許惟切。『集韵(韻)』、『類篇』自縱義讀虎癸切。15部。》/624

娩 (부)【fàn ㄈㄢˋ】토끼 새끼, 빠를 ■반:같은 뜻

설문 5995 兔子也。《『釋獸』曰。兔(兎)子娩。本或作「嬔」。按〔女部〕曰嬔、生子齊均也。此云娩、兔子也。則二字義別矣。郭云。俗評曰䨲。》娩、疾也。《此上當有「一曰」二字。》从女兔。《芳萬切。14部。按『爾雅:音義』匹萬反。又匹附反。恐當前一音爲是。後一音非。》/472

婐 (와)【ě ㄜˇ】(상)㊥⑨(작) wǒ 날씬할, 연약할, 시녀(侍女)

설문 7831 婐妮(姬)也。《三字句。【今本】刪(刪)「婐」字。非也。「婐妮」與「旖施」音義皆同。俗作「婀娜」。》从女。果聲。《烏果切 17部。》一曰果敢也。《小徐有此五字。「果敢」、『爾雅』、『倉頡篇』作「惈」》一曰女侍曰婐。《『孟子:盡心篇』。二女果、趙曰。果、侍也。依許說則果當女旁。》讀若騧。一曰若委。《【大徐本】以从女果聲綴此下。》孟軻曰。舜爲天子。二女婐。/619

媄 (요)【yāo ㄧㄠˉ】本[공교할] 요괴할, 아양부릴

설문 7891 巧也。《此與袄各字。今用媄爲袄。非也。》『詩』曰桃之媄媄。女子笑皃(笑貌)。《〔木部〕已偁(稱)桃之枖枖矣。此作媄媄。葢(蓋)『三家詩』也。釋爲女子笑皃。以明媄之別一義。》从女。芺聲。《於喬切。2部。俗省作「妖」。》/622

(작) 作家出版社〔董蓮池-說文解字考正〕 ⑨ 九州出版社〔柴劍虹-說文解字〕 ㉠ 陝西人民出版社〔蘇寶榮-說文解字今注今譯〕 (상) 上海古籍出版社〔說文解字注〕 ㊥ 中華書局〔臧克和-說文解字新訂〕

3
⑫

斐 (비)【fēi ㄈㄟˉ】 ㉮ fěi 오락가락할, 귀신
설문 7946 往來斐斐也。《當依『廣韵(韻)』作斐斐、往來皃(貌)。『玉篇』「也」亦作「皃」。『小雅:毛傳』曰。騑騑、行不止之皃。與斐音義皆同。》从女。非聲。《芳非切。15部。》一日大醜皃(貌)。/625

婕 (첩)【jiē ㄐㄧㄝˉ】 ㊣㊥⑨㉮ jié 궁녀, 계집벼슬이름
설문 7788 女字也。《『師古-漢書:注』曰。倢伃字或从女。其音同耳。》从女。疌聲。《子葉切。8部。》/617

婗 (예)【ní ㄋㄧˊ】 갓난아이
설문 7755 嫛婗也。从女。兒聲。《五雞(鷄)切。16部。》一曰婦人惡皃(貌)。《此則專謂婗字。》/614

婩 (엄)【yàn ㄧㄢˋ】 모함할, 여자종
설문 7950 誣挐也。《『方言』。挐、揚州會稽之語也。或謂之「惹」。或謂之「諺」。『注』言誣諺也。又曰。誣、諺、與也。吳越曰誣。荆(荊)齊曰諺。與猶秦晉言阿與也。按婩諺同字。挐上从如。【李仁甫本】如是。『廣韵(韻)』同。》从女。奄(奄)聲。《依劒切。8部。》/625

婚 慶 혼【hūn ㄏㄨㄣˉ】 혼인할, 사돈
설문 7744 婦家也。《『釋親』曰。婦之父爲婚。婦之黨爲婚兄弟。》『禮』、娶婦㠯(以)昏時。婦人侌也。故曰婚。《『禮』謂『禮經』也。『士昏(婚)禮』曰。凡行事必用昏昕。『注』曰。用昕使者。用昏壻也。『郊特牲』曰。昏禮不用樂。幽陰之義也。》从女昏。昏亦聲。《呼昆切。13部。》 籒文婚如此。《其會意。形聲不可劈說。〔車部〕之𨏩。〔巾部〕之幔皆以爲聲。》/614
유사 짐승 이름 기(夔) 원숭이 노(夒)
형성 (2자) 논(幔)4701 민(𨏩 轞)9099

娎 (간)【qiān ㄑㄧㄢˉ】 예쁠, 여자의 이름자
설문 7849 美也。从女。臤聲。《苦閒切。古音在 12部。》/620

婞 (행)【xìng ㄒㄧㄥˋ】 패려궂을
설문 7908 很也。《很者、不聽從也。『王逸-離騷:注』同。》一曰見親。《小徐有此四字。按凡親幸、嬖幸、當作此婞。》从女。幸聲。《胡頂切。11部。》『楚詞』曰。鮌婞直。《『離騷』文。此證佷義。》/623

婟 (호)【hù ㄏㄨˋ】 그리워 할, 아름다울 ■고:같은 뜻
설문 7895 嫪也。《『爾雅』鶭、澤虞。『郭-注』。今婟澤鳥。常在澤中。見人輒鳴喚不去。按此二篆爲轉注。》从女。固聲。《胡誤切。5部。》/623

婠 (완)【wān ㄨㄢˉ】 점잖을, 예쁠
설문 7815 體德好也。从女。官聲。《一完切。14部。》讀若楚郤宛。《謂讀如此宛也。『左傳』有楚郤宛。》/618

婜 (첨)【zhān ㄓㄢˉ】 ㊣㊥⑨㉮ chān 벙글거릴 ■점:같은 뜻
설문 7834 婜姈也。《依『玉篇』補「婜」字。三字句也。『廣韵(韻)』作「姈婜」。》从女。沾聲。《丑廉切。7部。》/619

婢 (비)【bì ㄅㄧˋ】 계집종, 소첩
설문 7777 女之卑者也。《『內則』。父母有婢子。鄭曰。所通賤人之子。是婢爲賤人也。有『曲禮』自世婦以下、自偁(稱)曰婢子。『左傳』秦穆姬言晉君朝以入、則婢子夕以死。是貴者以婢子自謙。婢亦稱婢子、與『內則』婢子不同也。『鄭-注:曲禮』曰。婢之言卑也。》从女卑。《會意。》卑亦聲。《據『韵(韻)會』、小徐無此三字。便俾切。16部》/616

婤 (주)【zhōu ㄓㄡˉ】 여자의 이름자
설문 7793 女字也。从女。周聲。《職流切。3部。》/617

婥 (적)【nào ㄋㄠˋ】 ⑨ chuò 本[부인병] ■작:예쁠 ■뇨:같은 뜻
설문 7958 女病也。《『廣韵(韻)』曰。婥約、美皃(貌)。此今字今義也。》从女。卓聲。《奴教切。2部。『廣韵』昌約切。》/626

婦 부【fù ㄈㄨˋ】 本[섬길] 며느리, 부인, 아내, 지어미, 암컷
설문 7747 服也。《亦以曡(疊)爲訓。婦主服事人者也。『大戴-禮:本命』曰。女子者、言如男子之教而長其義理者也。故謂之婦人。婦人、伏於人也。是故無專制之義。有三從之道。『曲禮』曰。士之妃曰婦人。析言之也。》从女持帚。灑埽也。《說會意。房九切。古音在 1部。服古音同。》/614
성부 歸귀

婧 (청)【jìng ㄐㄧㄥˋ】 本[높이 솟아 섰을] 가냘플, (허리가)날씬할 ■정:재주 있을
설문 7837 竦立也。《女有字婧者。『列女傳』曰。妾婧者、齊相管仲之妾也。》从女。青聲。《七正切。11部。『廣韵(韻)』子盈切。》一曰有才也。讀若韭菁。《韭菁、韭華也。見〔艸部〕。》/619

婪 (람)【lán ㄌㄢˊ】 탐할
설문 7936 貪也。《此與〔心部〕之惏音義皆同。》从女。林聲。《盧含切。7部。》杜林說。卜者攩相詐譣爲婪。《「攩譣」【各本】作「黨驗」。今正。攩者、許之黨字。譣者、許之驗字也。》讀若潭。/624

婬 (음)【yín ㄧㄣˊ】 음탕할
설문 7953 厶逸也。《「厶」作「私」。非也。今正。厶音私。姦衺也。逸者、失也。失者、縱逸也。婬之字今多以淫代之。淫行而婬廢矣。》从女。㸒聲。《余箴切。7部。》/625

◀ 제 9 획 ▶

媨 (추)【cù ㄘㄨˋ】 추하게 늙은 할미
설문 7944 醜也。《醜者、可惡也。》一曰老嫗也。《婦人之老者曰嫗。不必母也。》从女。酋聲。讀若蹴。《七宿切。3部。》/625

婺 무【wù ㄨˋ】 마음대로 못할, 별 이름, 고을 이름, 예쁠
설문 7846 不繇也。《繇者、隨從也。不繇者、不隨從也。今此字無用者矣。惟婺女、星名。婺州、地名。》从女。敄聲。《亡遇切。古音在 3部。》/620
형성 (1자) 무(蓩)

㛮 嫂 수【sǎo ㄙㄠˇ】 형수, 맏 아주머니 ■소: 속음
설문 7768 兄妻也。《『鄭-注:喪服』曰。㛮(嫂)者尊嚴之。㛮猶叟也。叟、老人之偁(稱)也。按古者重男女之別。故於兄之妻尊嚴之。於弟之妻卑遠之。而皆不爲服。男子不爲兄弟之妻服。猶女子不爲夫之兄弟服也。女子於夫之姊(姉)妹則相服小功者、相與居室之親也。》从女。叜(叟)聲。《形聲中有會意。穌老切。古音在 3部。》/615
형성 (1자) 수(蕿)

婼 (착)【chuò ㄔㄨㄛˋ】 거스를 ■야: 같은 뜻
설문 7907 不順也。《『毛詩:傳』曰。若、順也。此字从若則當訓順。而云不順也。此猶祀从巳、而訓祭無巳也。》从女。若聲。《丑略切。5部。》『春秋傳』有叔孫婼。《魯大夫也。》/623

媮 (투)【tōu ㄊㄡ¯】 本[간교할] ■유: 박대할, 즐거워 할, 얇을
설문 7900 巧黠也。《按偸盜字當作此媮。》从女。俞聲。《託侯切。4部。》/623

媁 (위)【wēi ㄨㄟ¯】 (상)㊥⑨(작) wéi 기뻐하지 않을
설문 7925 不說皃(悅貌)。《「說」今「悅」字。》恚也。《小徐有此二字。》从女。韋聲。《 羽非切。15部。『廣韵(韻)』音威。》/624

媄 (미)【méi ㄇㄟˊ】 ㉠(상)㊥⑨(작) měi 빛 아름다울
설문 7802 色好也。《按凡美惡字可作此。『周禮』作「媺」。葢(蓋)其古文。》从女。美聲。《【小徐本】如是無鄙切。15部。》/618

媅 (담)【dān ㄉㄢ¯】 즐거울
설문 7852 樂也。《『衞(衛)風』。無與士耽。『傳』曰。耽、樂也。『小雅』。和樂且湛。『傳』曰。湛、樂之久也。耽湛皆叚(假)借字。媅其眞字也。叚借行而眞字廢矣。》从女。甚聲。《丁含切。古音在 7部。》/620

嫍 (뇌)【nǎo ㄋㄠˇ】 번뇌할, 원통할
설문 7960 有所恨(恨)痛也。《恨者、怨也。痛者、病也。》从女。𡿺省聲。《形聲中有會意也。嫍之从𡿺者、與思之从囟同意。奴晧切。古音當在 3部。俗作「惱」。「懊惱」、『樂府』作「懊憹」。》今汝南人有所恨言大嫍。《擧(擧)方俗殊語爲證。》/626

媆 (눈)【ruǎn ㄖㄨㄢˇ】 어릴, 아리따울 ■연: 예쁠(好貌)
설문 7949 好皃(貌)。《此謂柔耎之好也。補前文諸好所未備(備)。》从女。耎聲。《形聲中有會意。而沇切。14部。俗作「輭」。按俗音奴困切。又改其字作「嫩」。於形聲無當。》/625

媊 (전)【qián ㄑㄧㄢˊ】 별 이름 ■자: 같은 뜻
설문 7780 『甘氏-星經』曰。《『天官書』曰。昔之傳天數者在齊甘公。徐廣曰。或曰甘公名德也。本是魯人。按『藝文志』無『甘氏-星經』。有『甘德-長柹(柳)占夢:十一卷』。云楚人。》大白號上公。《句。》妻曰女媊、尻南斗食厲(厝厘曆)。天下祭之曰朙(明)星。《『天官書』曰。大白、大臣也。其號上公。妻曰女媊居南斗食厲、未聞。『論衡』所引『山海經』度朔山二神人。主閱領萬鬼。鬼之惡害人者、執以葦索而用飤虎。殆與相類。大白偁(稱)明星。『詩:毛傳』曰。日且出謂明星爲启(啓)明。日既入謂明星爲長庚。『封禪書』、『地理志』陳倉有上公明星祠。葢(蓋)祀大白也。此云天下祭之曰明星。葢祀女媊也。或曰雖有南北斗大白諸布之廟矣。則上公明星之祠葢祀女媊。》从女。前聲。《昨先切。12部。『廣韵(韻)』卽移切。》/616

媌 (묘)【máo ㄇㄠˊ】 (상)㊥⑨(작) miáo 本[눈 속 섬세하고 예쁠] 예쁠
설문 7813 目裏好也。《目裏好者、謂好在匡之裏也。凡『方言』言順、言嫷、言鑠、言盱、言揚皆謂目之好外見也。惟媌狀目裏。『方言』曰。媌、好也。自關而東河濟之閒謂之媌。按此謂纖細之好也》从女。苗聲。《莫交切。2部。》/618

媘 (성)【shěng ㄕㄥˇ】 덜
설문 7906 減也。《減者、損也。按〔水部〕又曰。渻、少減也。然則媘渻音義皆同。作省者叚(假)借字也。省行而媘渻廢矣。【許書】凡云省改皆作省。應以媘正之。》从女。省聲。《所景切。12部。》/623

媐 (이)【xī ㄒㄧ¯】 (상)㊥⑨ yí 기쁠 ■희: 같은 뜻
설문 7848 說樂也。《「說」者、今之「悅」字。按『老子』、『史記』天下熙熙字皆當爲媐媐。今熙行而媐廢矣。熙者、燥也。謂曓燥也。其義別。》从女。巸聲。《許其切。1部。》/620

媒 (매)【méi ㄇㄟˊ】 중매, 매개, 술밑(효모), 어두울, 중매할
설문 7740 謀也。《以疊韵(疊韻)爲訓。》謀合二姓者也。《慮難曰謀。『周禮:媒氏-注』曰。媒之言謀也。謀合異類使和成者。》从女。某聲。《莫桮切。古音在 1部。》/613

媕 (엄)【yǎn ㄧㄢˇ】 주저할, 머뭇거릴 ■암: 결단치 못할■압: 여자이름
설문 7857 女有心媕媕也。从女。弇聲。《衣檢切。7部。》/620

3 ⑫

媚 (미)【mèi ㄇㄟˋ】아첨할, 아름다울
설문 7800 說(悅)也。《「說」今「悅」字也。『大雅:毛傳』曰。媚、愛也。》从女。睂(眉)聲。《美祕(秘)切。15部。》/617

媛 (원)【yuàn ㄩㄢˋ】(재덕이 뛰어난)미인, 궁녀
설문 7878 美女也。人所欲援也。《『鄘風』。邦之媛也。『傳』曰。美女爲媛。援者、引也。謂人所欲引爲己助者也。『鄭-箋:詩』云。邦人所依倚以爲援助也。援媛以疊韵(疊韻)爲訓。》从女。爰聲。《依【小徐本】。無「爰引也」三字。王眷切。14部。》『詩』曰。邦之媛兮。《『君子偕老』文。「兮」『今-詩』作「也」。許作「兮」。又偁(稱)玉之瑱兮。可證許所據也字皆作兮。》/622

媞 (제)【tí ㄊㄧˊ】상㊥⑨작 shì 안존할, 예쁠 ■시:자세할, 간교할, 어머니
설문 7845 諦也。《諦者、審也。審者、悉也。『詩』。好人提提。『傳』云。提提、安諦也。『釋訓』。媞媞、安也。孫炎曰。行步之安也。『檀弓』。吉事欲其折折爾。『注』云。安舒貌。按折者、提之譌。提者、媞之叚(假)借字也。》从女。是聲。《承旨切。16部。按『詩』、『爾雅』皆大兮反。『廣韵(韻)』同。而『注』云『說文』又時尒切。然則『說文』舊音在紙韵也。》一曰妍黠也。《妍者、技也。黠者、桀黠也。黠之引申之義也。》一曰江淮之閒(間)謂母爲媞。《方俗殊語也。『廣韵(韻)』承紙切。又音啼。》/620

媟 (설)【xiè ㄒㄧㄝˋ】친압할
설문 7883 嬻也。《與下篆爲轉注。媟與〔日部:暬〕義似同而實異。宋人合爲一字。非也。『方言』曰。媟、狎也。『漢:枚乘傳』曰。以故得媟黷貴幸。今人以褻衣字爲之。褻行而媟廢矣。》从女。枼聲。《私列切。15部。》/622

媣 (염)【rǎn ㄖㄢˇ】살필, 안존할 ■감:같은 뜻
설문 7858 諟也。《諟者、理也。》从女。染聲。《而琰切。7部。》/620

媢 (모)【mào ㄇㄠˋ】강새암할, 시새울
설문 7890 夫妬婦也。《『大學』曰。媢疾以惡之。鄭(鄭)曰。媢、妬也。『顏(顔)氏-家訓』曰。太史公論英布曰。禍之興自愛姬。生於妬媚。『漢書:外戚傳』亦云。成結寵妾妬媚之誅。此二媚字竝當作「媢」。『五宗:世家』亦云。常山憲王后妬媢。『王充-論衡』云。妬夫媢婦生則忿怒鬭(鬪)訟。按顏所擧(擧)、惟『英布傳』是此字本義。其餘皆與妬不分別。『尙書』祗作「冒」。》从女。冒聲。《莫報切。古音在 3部。》一曰梅目相視也。《「梅」當作「怒」。『周語』曰。道路以目。按『杜-詩』用抉眼、卽『易』之反目也。〔許-目部〕云。眏、涓目也。「梅目」或「眏目」之誤。所謂裂眥。又按「梅」當作「侮」。謂目相侮也。『史記』曰目笑(笑)之。》/622

媥 (편)【piān ㄆㄧㄢˉ】(발걸음이)가벼울
설문 7928 輕皃(貌)。从女。扁聲。《芳連切。12部。》/624

⿰女臿 ⿰女臿(삽)【chā ㄔㄚˉ】작 chè 차례 없이 말할, 납신거릴 ■잡:속음
설문 7930 疾言失次也。《所謂儳言。》从女。臿聲。讀若懾。《丑聶切。8部。》/624

媦 (위)【wèi ㄨㄟˋ】손아래 누이
설문 7767 楚人謂女弟曰媦。《『方言』之不同也。》从女。胃聲。《云貴切。15部。》『春秋:公羊傳』曰。楚王之妻媦。《『桓:二年:公羊傳』文。》/615

媧 (왜)【wā ㄨㄚˉ】사람 이름 ■과:같은 뜻 ■괘:정음(正音)
설문 7781 古之神聖女化萬物者也。《媧化疊韵(疊韻)。『司馬貞:三皇本紀』曰。三皇、說者不同。譙周以燧人爲皇。宋均以祝融爲皇。『鄭康成-依:春秋:緯注:禮記』云。女媧三皇承伏羲者。皇甫謐亦同。》从女。咼聲。《古蛙切。古音在 17部。》籒文媧。从𩰲(𩰳)。《𩰳聲。亦同17部。》/617

◀ 제 10 획 ▶

媰 (추)【zhōu ㄓㄡˉ】상㊥⑨작 chú 本[아이 밸] 홀어미(과부)
설문 7752 婦人妊娠也。《「娠」【各本】作「身」。今依『廣韵(韻)』:十, 虞』正。『廣雅』曰。媰、㑳也。》从女。芻聲。《側鳩切。古音在 4部。》『周書』曰。至又媰婦。《『梓材』文。今作「屬婦」。許所據則【壁中文】也。『崔子玉淸-河王:誄』。惠於媰、孀。亦取諸古文。》/614

⿰女畜 (축)【xù ㄒㄩˋ】작 chù 아첨할
설문 7803 媚也。《⿰女畜有媚悅之義。凡【古-經傳】用畜字多有爲⿰女畜之叚(假)借者。蘇林曰。北方人謂睂(眉)好爲詡畜。又如『禮記』。孝者畜也。順於道不逆於倫是之謂畜。『孟子』曰。『詩』曰畜君何尤。畜君者、好君也。『呂覽』曰。『周書』曰民善之則畜也。不善則讎也。『高-注』。畜、好也。『說苑』。尹逸對成王曰。夫民善之則畜也。不善則讎也。又孔子曰。夫通達之國皆人也。以道導之、則吾畜也。不以道導之、則吾讎也。此等皆以好惡對言。畜字皆取⿰女畜媚之義。今則無有用⿰女畜者矣。》从女。畜聲。《丑六切。3部。按當依『廣韵(韻)』許竹切。》/618

媱 (요)【yáo ㄧㄠˊ】어깨를 구부리고 걷는 모양
설문 7827 曲肩行皃(貌)。《『九思』。音案衍兮要媱。舞容也。『廣韵(韻)』曰。媱、美好。》从女。䍃聲。《余招切。2部。》/619

⿰女恚 (이)【yì ㄧˋ】상㊥⑨작 huì 기쁘지 않을 ■수:같은 뜻 ■엽:여자 맵시
설문 7919 不說(悅)也。《「說」者、今之「悅」字。〔心部〕曰。恚者、恨也。⿰女恚从恚聲。形聲中有會意。》从女。恚聲。《於避切。16部。》/624

媲 (비)【pì ㄆㄧˋ】짝, 아내, 작다른 모양(小貌), 여자의 이름자
설문 7749 妃也。《『釋詁』曰。妃、媲也。此云媲、妃也。見

相爲轉注》从女。㫐(昆)聲。《匹計切。15部。》/614

㛍 (섬)【shǎn ㄕㄢˇ】 무뚝뚝할
[설문] [7916] 不媚。㪅卻㛍㛍也。《『後漢書』。『班昭-女誡』曰。動靜輕脫。視聽陜輸。陜輸、不定皃(貌)。》从女。陜聲。《失冄切。7部。》/623

媻 (반)【pán ㄆㄢˊ】 [상][中][9][작] pó 비틀거릴
[설문] [7870] 奢也。《奢者、張也。『趙-注:孟子』、『廣雅』、『釋詁』皆曰。般、大也。媻之从般、亦取大意。『子虛賦』。媻姍勃窣。借用此爲蹣跚字。》从女。般聲。《薄波切。按當依『廣韵(韻)』薄官切。古音在 14部。》一曰小妻也。《小徐有此五字。『廣韵』同。小妻字【史】多有之。見『漢書:枚乘傳、外戚傳、佞幸傳』、『後書:陽球傳』。漢時名之不正者。》/621

媼 (오)【ǎo ㄠˇ】 할미, 노파, 어머니 ■온:같여자 이름자은 ■올:어린아이 통통할
[설문] [7758] 母老偁(稱)也。《「母」大徐作「女」。非也。高帝母曰劉(劉)媼。『文穎』曰。幽州及漢中皆謂老嫗爲媼。孟康曰。長老尊稱也。左師謂太后曰。媼愛燕后賢於長安君。『禮樂志』。媼神蕃釐。后土富媼。張晏曰。媼、老母偁也。坤爲母。故偁媼。》从女。昷聲。讀若奧。《按从昷葢(蓋)與媼同意。形聲中有會意也。昷聲而讀如奧者、方俗語音之轉耳。烏晧切。古音當在 13部。》/615

婏 (원)【yuàn ㄩㄢˋ】 [상][中][9] wǎn 편안할, 아름다울
[설문] [7856] 宴婏也。《『邶風』。燕婉之求。『傳』曰。宴、安。婉、順也。『西京賦』曰。嬿婉、美好之皃(貌)。按古宛冤通用。婉婏音義皆同。》从女。冤聲。《於願切。14部。》/620

媾 (구)【gòu ㄍㄡˋ】 겹혼인 할
[설문] [7773] 重婚也。《重婚者、重曡(疊)交互爲婚姻也。『杜-注:左傳』曰。重婚曰媾。按字从冓者、謂若交積材也。『曹風』。不遂其媾。『毛傳』曰。媾、厚也。引伸之義也。》从女。冓聲。《形聲中有會意。古厚切。4部。》『易』曰。匪寇婚媾。《『屯:六二, 爻辭。』》/616

媿 (괴)【kuì ㄎㄨㄟˋ】 부끄러워 할
[설문] [7961] 慙也。《慙下曰。媿也。二篆爲轉注。亦考老之例。》从女。鬼聲。《俱位切。15部。按此亦形聲中有會意。》 媿或从恥省。《按卽謂从心可也。》/626

嫁 (가)【jià ㄐㄧㄚˋ】 시집 갈, (허물)남에게 떠넘길
[설문] [7742] 女適人也。《『白虎通』曰。嫁者、家也。婦人外成。以出適人爲家。按自家而出謂之嫁。至夫之家曰歸。『喪服經』謂嫁於大夫曰嫁。適士庶人曰適。此析言之也。渾言之皆可曰嫁。》从女。家聲。《古訝切。古音在 5部。》/613

嫄 (원)【yuán ㄩㄢˊ】 사람 이름
[설문] [7784] 邰國之女、周棄母字也。《「邰」舊作「台」。誤。今正。〔邑部〕曰。邰者、炎帝之後。姜姓所封。周棄外家國也。裴駰引『韓詩:章句』曰。姜、姓。原、字。按『史記』作「原」。》从女。原聲。《愚袁切。14部。》/617

嫇 (맹)【míng ㄇㄧㄥˊ】 어린 지어미
[설문] [7826] 嬰嫇也。《『廣韵(韻):嫈』下作嫈嫇。『玄應』引『字林』嫈嫇、心態也。卽【許書】嫈下之小心態也。『九思』作瑩嫇。疑『今本-說文』有舛誤。》从女。冥聲。《莫經切。11部。》一曰嫇嫇、小人皃(貌)。/619

嫈 (앵)【yīng ㄧㄥˉ】 [本][소심한 모양] 새색시, 예쁠 ■영:예쁠
[설문] [7893] 小心態也。《見嫇篆下。》从女。熒省聲。《烏莖切。11部。》/623

嫋 (뇨)【niǎo ㄋㄧㄠˇ】 휘청휘청 할(부드럽고 긴 모양)
[설문] [7824] 姌也。《『九歌』。嫋嫋兮秋風。王曰。嫋嫋、秋風搖木皃(貌)。按『楚辭』讀上聲。『上林賦』讀入聲。實無二義也。》从女。弱聲。《形聲中有會意。奴鳥切。2部。》/619

嫨 (혜)【xí ㄒㄧˊ】 [상][中][9][작] xī 강새암하는 계집(종)
[설문] [7776] 女隸也。《『周禮』作「奚」。叚(假)借字也。『酒人』。女酒三十人。奚三百人。『鄭-注』。古者從坐男女、沒(沒)入縣官爲奴。其少才智者〈者字今增〉以爲奚。今之侍史官婢、或曰奚宦女。守祧。女祧每廟二人。奚四人。鄭曰。奚、女奴也。》从女。奚聲。《胡雞(鷄)切。16部。》/616

嫌 (혐)【xián ㄒㄧㄢˊ】 싫어할, 의심할, 불평을 품을, 나쁜 운수
[설문] [7905] 不平於心也。《〔心部〕曰。慊、疑也。嫌與慊義別。》从女。兼聲。《戶兼切。7部。》一曰疑也。《此謂二篆義同。》/623

◀ 제 11 획 ▶

嫖 (표)【piǎo ㄆㄧㄠˇ】 [상][中][9] piào [작] piāo 날랠、음탕할
[설문] [7922] 輕也。《與〔人部:僄〕音義皆同。漢霍去病票姚校尉。票姚讀如飄搖。謂輕疾也。『荀悅-漢紀』作「票鷂」。音亦同耳。古多平聲。後代乃多改爲去聲。師古讀頻妙羊召二切。殊失古意。證以『杜子美-詩』。益可見矣。》从女。票聲。《匹招切。2部。》/624

摯 (지)【zhì ㄓˋ】 이를(닿을) ■집:같은 뜻
[설문] [7865] 至也。《以雙聲曡韵(疊韻)釋之。》从女。執聲。《【各本】作「執聲」。篆作「摯」。非也。今正。从執則非聲矣。脂利切。15部。》『周書』曰。大命不摯。《「周」當爲「商」。字之誤也。此『西伯戡黎』文。『陸氏-釋文』云。「摯」本又作「摯」。是陸氏所見尙有作摯者。『某氏傳』云。至也。與許說同也。》讀若執同。《【鍇本】作「執」。誤。今正。》一曰『虞書』雉摯。《此別一義。謂摯卽今贄字。引『堯典』一死贄以明之。鄭康成曰。贄之言至。所以自致。是其義相近。『虞書』當作『唐書』。詳〔禾部〕。》/621

嫗 (구)【yù ㄩˋ】 할미, 계집
[설문] [7757] 母也。《『樂記』。煦嫗覆育萬物。鄭

曰。以氣曰煦。以體曰嫗。『詩:毛傳』。栁(柳)下惠嫗不逮門之女。亦以體曰嫗之意。不逮門者、不及入門。『荀卿』所謂與後門者同衣卽此也。凡人及鳥生子曰乳。皆必以體嫗之。『方言』。伏雞(鷄)曰抱。郭云。江東呼蓲。央富反。按蓲卽嫗也。母之呼嫗由此。『高帝本紀』曰。有一老嫗夜哭。』从女。區聲。《衣遇切。古音在 4部。》/614

嫙 (선)【xuán ㄒㄩㄢˊ】 예쁠, 아름다울
[설문] 7840 好也。《『齊風』。子之還兮。『韓詩』作「嫙」。嫙、好皃(貌)。》从女。旋聲。《似沿切。14部。》/619

嫚 (만)【màn ㄇㄢˋ】 업신여길, 욕보일 ■면:업신여길
[설문] 7929 侮傷也。《「傷」【各本】作「易」。今正。〔人部〕曰。侮者、傷也。傷者、輕也。嫚與〔心部〕之慢音同義別。凡嫚人當用此字。》从女。曼聲。《謀患切。14部。》/624

嫛 (예)【yī ㄧ】 갓난아이, 작란반(雀卵斑)
[설문] 7754 嫛婗也。《【各本】婗上刪(刪)嫛字。今補。此三字句。嫛婗合二字爲名。不容分裂。『釋名』。人始生曰嬰兒。或曰嫛婗。嫛、是也。言是人也。婗其啼聲也。『襍(雜)記』曰。中路嬰兒失其母焉。『注』。嬰猶鷖彌也。按鷖彌卽嫛婗。語同而字異耳。》从女。殹聲。《烏雞(鷄)切。15部。》/614

嫸 (참)【càn ㄘㄢˋ】 [상]㊥⑨[작] cǎn 탐할 ■삼:음란할
[설문] 7935 婪也。从女。參聲。《七感切。7部。》/624

嫡 (적)【dí ㄉㄧˊ】 아내, 맏아들
[설문] 7854 嫷也。从女。啻(商)聲。《都歷(歷)切。16部。按俗以此爲嫡庶字、而【許書】不尒。葢(蓋)嫡庶字古衹作適。適者、之也。所之必有一定也。『詩』。天位殷適。『傳』曰。紂居天位、而殷之正適也。凡【今-經傳】作嫡者、葢皆不古。》/620

嫭 (처)【jù ㄐㄩˋ】 교만할, 투기(강새암)할 ■추:같은 뜻 ■사:여자이름
[설문] 7897 驕也。《「驕」【俗本】作「嬌」。小徐不誤。古無嬌字。凡云嬌卽驕也。『文選:琴賦』。或怨嫭而躊躇。『幽憤:詩』。恃愛肆姐姐。卽嫭之省。李善皆引『說文』嫭、嬌也。與『魏文帝:箋』。蹇姐名昌。姐亦嫭字。按〔心部:怚〕、驕也。音義皆同。》从女。虘聲。《子豫切。5部。》/623

嫢 嫢(규)【guī ㄍㄨㄟ】 부인 자세한 모양 ■수:허술치 않은 모양
[설문] 7844 媞也。《媞者、諦也。諦者、審也。》从女。規聲。讀若癸。《居隨切。16部。》秦晉謂細嫢。《【宋本】如是。『方言』曰。嫢、笙、揫、摻皆細也。自關而西秦晉之間(閒)謂細而有容曰嫢。》/620

嫣 (현)【yān ㄧㄢ】 [本][길] 예쁠 ■언:덮 아름다울, 상긋 웃는 모양, 연할(연속)
[설문] 7822 長皃(貌)。《『詩:毛傳』。頎頎、長皃(貌)。頎與嫣聲相近也。『文選』。嫣然一笑。『注』引王逸云。嫣、笑皃。然大招字作「嗎」。【許書】無嗎字。》从女。焉聲。《於建切。14部。『廣韵(韻)』亦平聲。》/619

嫥 (전)【zhuān ㄓㄨㄢ】 오로지, 전일할 ■단:아름다울
[설문] 7859 壹也。《壹下云。嫥也。與此爲轉注。凡嫥壹字古如此作。今則專行而嫥廢矣。專者、六寸薄也。紡專也。》从女。專聲。《職緣切。14部。》一曰女嫥嫥。《『篇』、『韵(韻)』皆云。可愛之皃(貌)。》/620

嫧 (책)【zé ㄗㄜˊ】 가지런할, 삼갈
[설문] 7861 齊也。《謂整齊也。『方言』。㛨、嫧鮮、好也。南楚之外通語也。》从女。責(責)聲。《側革切。16部。》/620

嫪 (로)【lào ㄌㄠˋ】 사모할
[설문] 7894 婟也。《『聲類』云。婟嫪、戀惜也。》从女。翏聲。《郞(郎)到切。古音在 3部。》/623

嫫 (모)【mǔ ㄇㄨˇ】 [상]㊥⑨[작] mó 대단히 추할 ※황제의 네번째 황후 모(嫫)와 다른 글자
[설문] 7945 嫫母、《逗。母莫后切。》古帝妃都醜也。《都猶冣(最)也。民所聚曰都。故凡數曰都。詣極亦曰都。『漢書:古今人表』。『嫫母』、『黃帝妃』。『生蒼林』。『荀卿-詩』、『四子講德論』皆作「嫫姆」。『講德論』曰。嫫姆倭傀、善譽者不能揜其醜。》从女。莫聲。《莫胡切。5部。按『郭-注:方言』。莽音嫫母之嫫。是其讀模上聲。嫫母爲雙聲也。師古音謩。似未協。》/625

嫯 (오)【ào ㄠˋ】 업신여길
[설문] 7952 侮傷也。《「傷」【各本】作「易」。非是。前文曰嫚、侮傷也。字與慢別。此云嫯、侮傷也。字與傲別。今則傲行而嫯廢矣。》从女。敖聲。《五到切。2部。》/625

嫸 (암)【ǎn ㄢˇ】 뾰로통할, 알기 어려울 ■엄:부루퉁할 ■함:사나울
[설문] 7912 含怒也。一曰難知也。从女。酓聲。《五感切。7部。》『詩』曰。碩大且嫸。《『陳風:澤陂』文。『今-詩』作儼。『傳』曰。矜莊皃(貌)。一作「曮」。『太平御覽』引『韓詩』作「嫸」。嫸、重頤也。『廣雅:釋詁』曰。嫸、美也。葢(蓋)『三家詩』有作「嫸」者。許偁(稱)以證字形而已。不謂詩義同含怒、難知二解也。》/623

◀ 제 12 획 ▶

嫳 (별)【piè ㄆㄧㄝˋ】 노하게 할
[설문] 7909 易使怒也。《『廣韵(韻)』。嫳、輕薄之皃(貌)。》从女。敝聲。讀若擊擊。《擊擊見〔手部〕。匹滅切。15部。》/623

嫴 (고)【gū ㄍㄨ】 맞길, 잠시, 헤아릴
[설문] 7869 保任也。《急就篇』。疻痏保辜謕呼號。師古曰。保辜者、各隨其輕重。令毆者以日數保之。限內致死則坐重辜也。按保辜、唐律今律皆有之。辜者、嫴之省。嫴與保同義曡(疊)字。師古以坐重辜解之。誤矣。『春

秋:公羊傳:注』曰。古者保辜。鄭伯髡原爲大夫所傷。以傷辜死。君親無將。見辜者、辜內當以弒君論之。辜外當以傷君論之。辜皆當作嫴。原許君之義。實不専謂罪人保嫴。謂凡事之估計豫圖耳。『廣雅』曰。嫴搉、都凡也。是其理也。》从女。辜聲。《古胡切。5部。》/621

嫵 (무)【wǔ ㄨˇ】 아리따울
설문 7801 媚也。《『上林賦』。嫵媚纖弱。李善引『埤倉』曰。嫵媚、悅也。按嫵媚可分用。『張敞傳』。長安中傳京兆眉憮。憮卽嫵字。蘇林曰。憮音嫵。北方人謂「眉好」爲「詡畜」。》从女。無聲。《文甫切。5部。》/618

嬈 (연)【niàn ㄋㄧㄢˋ】 本[성] 여자 모습, 아리잠직할(女姿態貌) ■년:같은 뜻
설문 7736 人姓也。《『廣韵(韻)』曰。嬈、姓也。》从女。然聲。《奴見切。14部。》/613

嬗 (념)【tàn ㄊㄢˋ】 ㊥⑨㉿ niǎn 천하고 완고할 ■심:같은 뜻 ■담:여자의 이름자 ■첨:여자의 몸이 호리호리할
설문 7934 下志貪頑也。从女。覃聲。讀如深。《乃忝切。7部。『篇』、『韵(韻)』式荏切。》/624

嫸 (선)【zhǎn ㄓㄢˇ】 남의 말 어기기 좋아할
설문 7910 好枝格人語也。《枝格見〔丯部〕。謂不欲人語、而言他以枝格之也。『廣韵(韻)』曰。嫸、偏忮。》一曰靳也。《謂靳固也。『左傳:注』曰。戲(戲)而相媿曰靳。》从女。善聲。《旨善切。14部。》/623

嫺 (한)【xián ㄒㄧㄢˊ】 아담할, 익힐
설문 7847 嫺雅也。《三字句。【各本】刪(刪)嫺字。非也。依『玉篇』、『廣韵(韻)本』作「嫺雅」。『相如傳』。雍容嫺雅。雅之叚(假)借之義爲素也。「嫺雅」、今所謂嫺習也。嫺古多借閒爲之。『邶風』棣棣。『毛傳』曰。棣棣、富而閒也。【今本】作「閒習」。『杜-注:左』所引無習字。葢(蓋)【古本】也。習則能暇。故其字从閒。》从女。閒聲。《戸閒切。14部。》/620

嫼 (흑)【mò ㄇㄛˋ】 ㉿ hēi 성낼 ■묵:같은 뜻
설문 7920 怒皃(貌)。从女。黑聲。《呼北切。1部。按此字『廣韵(韻)』烏黠切。嫉怒也。則黑非聲矣。『玉篇』莫勒切。奴也。奴者怒之誤。》/624

嫽 (료)【liáo ㄌㄧㄠˊ】 本[여자의 이름자] 희롱할
설문 7791 女字也。《『廣韵(韻)』。相嫽戲(戲)也。此今義也。按『毛詩:傳』及許〔人部〕曰。僚、好皃(貌)。葢(蓋)亦可用此字。『方言』。釥、嫽、好也。》从女。尞聲。《洛簫切。2部。》/617

嫿 (획)【huò ㄏㄨㄛˋ】 ㊤㊥⑨㉿ huà 안존할, 자랑할
설문 7814 靜好也。《靜者、審也。『廣韵(韻)』曰。嫿、分明好皃(貌)。『神女賦』曰。既姽嫿於幽靜。『魏都賦』曰。風俗以韰果爲嫿。》从女。畫聲。《呼麥切。16部。》/618

嬀 (규)【guī ㄍㄨㄟˉ】 성씨
설문 7733 虞舜居嬀汭。因目(以)爲氏。《氏【各舊本】及『集韵(韻)』、『類篇』皆同。毛斧季剜改爲姓。非也。舜旣姚姓、則嬀爲舜後之氏可知。按依『史記』當云因以爲氏姓。尋姓氏之禮。姓統於上。氏別於下。『鄭-駁:五經異義』曰。天子賜姓命氏。諸侯命族。族者氏之別名。姓者所以統繫百世不別也。氏者所以別子孫之所出。故『世本』之篇言姓則在上。言氏則在下也。此由姓而氏之說也。旣別爲氏、則謂之氏姓。故『風俗通』、『潛夫論』皆以氏姓名篇。【諸書】多言氏姓。氏姓之見於【經】者、『春秋:隱:九年』天王使南季來聘。『穀梁傳』曰。南、氏姓也。季字也。南爲逗。氏姓也三字爲句。此氏姓之明文也。『史記:陳杞:世家』。舜爲庶人時。堯妻之二女。居於嬀汭。其後因爲氏姓。姓嬀氏。『五帝本紀』曰。自黃帝至舜禹皆同姓。帝禹爲夏后而別氏姓。姓姒氏。〈『今-史記』奪一姓字此氏姓之例與陳世家同〉契爲商、姓子氏。棄爲周、姓姬氏。此皆氏姓之明文也。『左傳』曰。陳胡公不淫。故周賜之姓。使祀虞帝。賜之姓者、賜姓曰嬀也。叚(假)令嬀不爲姓。何以不賜姓姚而賜姓嬀乎。凡言賜姓者、先儒以爲有德者則復賜之祖姓使紹其後。故后稷賜姓曰姬。四岳堯賜姓曰姜。董父舜賜姓曰董。秦大費賜姓曰嬴。皆子以祖姓也。其有賜姓而本非其祖姓者。如『鄭氏-駁:異義』云。炎帝姓姜、大皞之所賜也。黃帝姓姬、炎帝之所賜也。是炎帝、黃帝之先固自有姓。而炎帝、黃帝之姜姬實爲氏姓之刱始。夏之姓姒、商之姓子亦同。然則單云姓者、未嘗不爲氏姓。單云氏者、其後以爲姓。古則然矣。至於周則以三代以上之姓及氏姓爲昏姻不通之姓。而近本諸氏於官、氏於事、氏於王父字者、爲氏不爲姓。古今之不同也。擧(擧)舜居嬀汭因爲氏姓以發其凡。凡訓詁家曰姓某氏者、皆於此起例。》从女。爲聲。《姚之从女、以握登也。嬀之从女、以釐降二女也。》爲聲。《居爲切。古音在 17部。》/613

嬃 須(수)【xū ㄒㄩˉ】 누님, 여자의 자
설문 7787 女字也。《樊噲以呂后女弟呂須爲婦。須卽嬃字也。『周易』。『歸妹』以須。鄭云。須、有才智之稱。『天文』有須女。按鄭意須與諝胥同音通用。諝者、有才智也。》从女。須聲。《相俞切。古音在 4部。》『楚詈(詞)』曰。《「詈」當作「辭」。》女嬃(須)之嬋媛。《『屈原賦:離騷篇』文。》賈侍中說。楚人謂姊(姉)爲嬃。《賈語葢(蓋)釋『楚辭』之女嬃。王逸、袁山松、酈道元皆言女嬃、屈原之姊。惟『鄭-注:周易』屈原之妹名女須。『詩:正義』所引如此。妹字恐姊字之譌。》/617

嬈 (뇨)【niǎo ㄋㄧㄠˇ】 本[까다로울] 희롱할, 아리따울 ■요:예쁜체할
설문 7941 苛也。《苛者、小艸也。引申爲瑣碎之偁(稱)。『玄應』曰。苛、煩也。擾也。嬈亦惱也。苛音何可切。》一曰擾也。《 此「也」字補。》戲(戲)弄也。《『玄應』引『三倉』嬲乃了切。弄也。惱也。按嬲乃嬈之俗字。故許不錄。『嵇康-與山巨源書』。足下若嬲之不置。李善云。嬲、擿嬈也。

音義與嬈同。奴了切。近孫氏星衍云。嬲卽嫋字艸書之譌。然嵇康艸蹟作「嬲」。『玄應』引『三倉』故有嬲字。則未可輕議。》从女。堯聲。《奴鳥切。2部。》一曰嬥也。《上文嬥下曰嬈也。二篆爲轉注。亦考老之例。然嬥之訓嬈、卽謂苛也、擾也。不當此有「一曰嬥也」四字。》/625

⿰女𤔔 (란)【liǎn ㄌㄧㄢˇ】 [상][中]⑨[작] luǎn 순할, 번거로울

[설문] [7818] 順也。《『邶風:傳』曰孌、好皃(貌)。『齊風:傳』曰。婉孌、少好皃。義與許互相足。》从女。𤔔聲。《力沇切。14部。》『詩』曰。婉兮⿰女𤔔兮。《『齊風:甫田』。『曹風:候人』。》 籒文⿰女𤔔。《【宋本】如此。【趙本】、【毛本】刪(删)之。因下文有孌慕也。不應複出。不知小篆之孌、爲今戀字。訓慕。籒文之孌、爲小篆之⿰女𤔔。訓順。形同義異。不嫌複見也。據【全書】之例。亦可⿰女𤔔後不重出。而於慕也之下益之云籒文以爲⿰女𤔔字。凡言古籒以爲某字者亦可附於某字之下。如艸篆下可出屮篆云古文艸。巧篆下可出丂篆云古文巧。其道一也。『今-毛詩』作「孌」。正用籒文。》/618

媠 (타)【duò ㄉㄨㄛˋ】 고울

[설문] [7804] 南楚之外謂好曰媠。《『方言』曰。媠、美也。南楚之外曰媠。『郭-注』。言婑媠也。『曹植-七啓』。形媠服兮揚幽若。媠卽嫷之省。〔心部〕之古文憜也。『張敞傳』。被輕媠之名。皆引伸之義也。》从女。憜省聲。《憜省聲、卽墮省聲也。徒果切。17部。》/618

◀ 제 13 획 ▶

嬐 (섬)【xiān ㄒㄧㄢˉ】 빠를, 민첩할 [음]:우러러볼 [엄]:가지런할

[설문] [7863] 敏疾也。从女。僉聲。《息廉切。7部。》一曰莊敬皃(貌)。/621

嬒 (회)【wèi ㄨㄟˋ】 [상][中]⑨ huì [작] kuài (여자의 살결이)검을

[설문] [7948] 女黑色也。《〔黑部〕曰。嬒、沃黑色也。音同義近。》从女。會聲。《古外切。15部。》『詩』曰。嬒兮蔚兮。《『曹風:候(候)人』文。『今-詩』作「薈」。『毛傳』曰。薈蔚、雲興皃(貌)。按〔艸部〕旣偁(稱)薈兮蔚兮矣。此或爲『三家詩』。【或本】作「讀若詩曰薈兮蔚兮」。今有舛奪。皆未可定也。》/625

嬔 (반)【fàn ㄈㄢˋ】 번식할, 쌍둥이 낳을, 새가 알을 품다가 언듯 튀어나올 [번·부]:같은 뜻

[설문] [7753] 生子齊均也。《謂生子多而如一也。『玄應書』曰。今中國謂蕃息爲嬔息。音芳萬切。『周成難字』云。嬔、息也。按依列篆次弟求之。則此篆爲免身。當云从女免生。》从女免生。《小徐作从女㝃聲。大徐作从女从生免(兎)聲。恐皆誤。以兎爲聲。尤非。葢(蓋)『玄應』在唐初已誤矣。今正。》讀若幡。《依【小徐本】今音芳萬切。以平讀去耳。14部。》/614

嬖 (폐)【bì ㄅㄧˋ】 (미천한 사람을 특별히)사랑할

[설문] [7886] 便(便)嬖。《逗。》 㤅(愛)也。《『玉篇』作「便僻也」。『廣韵(韻)』曰。愛也。卑也。妾也。按【經傳】中不外此三義。》从女。辟聲。《博計切。16部。》/622

嬗 (선)【shàn ㄕㄢˋ】 물려줄 ※ 선(禪), 선(嬋)과 같은 글자

[설문] [7868] 緩也。《今人用嬋字亦作此。》从女。亶聲。《時戰切。14部。》一曰傳也。《『孟子』。孔子曰。唐虞禪。夏后殷周繼。依許說、凡禪位字當作「嬗」。禪非其義也。禪行而嬗廢矣。嬋者、蟬聯之意。》/621

嬴 [영]【yíng ㄧㄥˊ】 성씨, (얽힌 것을)풀

[설문] [7731] 帝少皞之姓也。《按秦、徐、江、黃、郯、莒皆嬴姓也。「嬴」『地理志』作「盈」。又按伯翳嬴姓。其子皋(皐)陶偃姓。偃嬴、語之轉耳。如娥皇女英、『世本』作女瑩。『大戴-禮』作女匽。亦一語之轉。》从女。羸省聲。《依『韵會』作羸。今【各本】作嬴省聲。非也。以成切。11部。》/612

[형성] (+1) 영(瀛)

嫛 (훼)【huǐ ㄏㄨㄟˇ】 미워할, 사람다울

[설문] [7942] 惡也。《許意葢(蓋)謂毁物爲毁。謗人爲嫛。》一曰人皃(貌)也。从女。毁聲。《許委切。16部。》/625

嬛 (현)【xuān ㄒㄩㄢˉ】 산뜻할 [경]:홀아비

[설문] [7828] 材緊也。《材緊、謂材質堅緻也。緊者、纏絲急也。『上林賦』。便嬛綽約。郭樸曰。便嬛、輕利也。》从女。睘聲。《許緣切。14部。》『春秋傳』曰。嬛嬛在疚。《『哀:十六年:左傳』公誄孔子文。按〔宀部〕引『詩』煢煢在宂。此引『傳』嬛嬛在疚。正與『今-詩、春秋』煢嬛字互易。『魏風』又作「睘睘」。『傳』曰。無所依也。葢(蓋)依韵(韻)當用煢聲之煢。而或用嬛睘者、合音通用。如瓊本在14部。今入 11部也。》/619

𡡉 (계)【qì ㄑㄧˋ】 어려울 [개]:고달플

[설문] [7887] 難也。《『大東:傳』曰。契契、憂苦也。『擊鼓(鼓):傳』曰。契濶(闊)、勤苦也。按契與𡡉音近。『廣韵(韻)』𡡉音契。》从女。𣪠聲。《苦賣切。16部。》/622

◀ 제 14 획 ▶

嬥 (조)【diào ㄉㄧㄠˋ】 [상][中]⑨[작] tiǎo 곧고 예쁠, 아리따울

[설문] [7843] 直好皃(貌)。《直好、直而好也。嬥之言擢也。『詩』。佻佻公子。『魏都賦:注』云。「佻」或作「嬥」。『廣韵(韻)』曰。嬥嬥、往來皃。『韓詩』云。嬥歌、巴人歌也。按『韓詩』云三字當在嬥嬥之上。其下六字乃『張載-注:左語』也。此皆別義。》从女。翟聲。《徒了切。2部。》一曰嬈也。《下文嬈下云「一曰嬥也」。二篆爲轉注。》/620

嬩 (여)【yú ㄩˊ】 여자의 이름자

[설문] [7789] 女字也。《倢伃之伃、葢(蓋)亦可用此。〔人部〕曰。伃、婦官也。》从女。與聲。讀若余。《以諸切。5部。》/617

嬪 (빈)【pín ㄆㄧㄣˊ】本[복종할] (죽은)아내, 시집갈, 궁녀

설문 7864 服也。《『堯典』曰。釐降二女于嬀汭。嬪于虞。『大雅』曰。摯仲女任。自彼殷商。來嫁于周。曰嬪于京。『傳』曰。嬪、婦也。按婦者、服也。故釋嬪亦曰服也。『老子』賓與臣同義。故『詩』曰率土之賓。莫非王臣。嬪與婦同義、亦其理也。》从女。賓聲。《符眞切。12部。》/621

嬬 (유)【rú ㄖㄨˊ】(작) xū 本[약할] 아내

설문 7931 弱也。《嬬之言濡也。濡、柔也。》一曰下妻也。《下妻猶小妻。『後漢書:光武紀』曰。依託爲人下妻。『周易』。歸妹以須。釋文云。「須」荀陸作「嬬」。陸云妾也。》从女。需聲。《相兪切。古音在 4部。》/624

⿰女監 (람)【làn ㄌㄢˋ】그릇할, 탐할

설문 7951 過差也。《差忒者、不相値也。凡不得其當曰過差。亦曰⿰女監。今字多以濫爲之。『商頌』。不僭不濫。『傳』曰。賞不僭、刑(刑)不濫也。『左氏』曰。賞僭則懼及淫人。刑濫則懼及善人。其字皆可作⿰女監。濫行而⿰女監廢矣。》从女。監聲。《盧瞰切。8部。》『論語』曰。小人窮(窮)斯⿰女監矣。《『衛(衛)靈公篇』文。今作「濫」。》/625

嬮 (염)【yān ㄧㄢ】환할, 화하고 고요할, 예쁠

설문 7808 好也。《謂厭厭也。》从女。厭聲。《於鹽切。7部。》/618

嬯 (대)【tái ㄊㄞˊ】지둔할, 미련할

설문 7933 遲鈍也。《『集韵(韻)』。懛當來切。卽此字也。今人謂癡如是。》从女。臺聲。《徒哀切。1部。》闒嬯亦如此。《謂其字亦如此作也。闒嬯、未聞。『廣韵』。蹋跆、連手唱歌也。》/624

嬰 영【yīng ㄧㄥ】本[두를] 갓난 아이, 닿을, 가(加)할, (병에)걸릴

설문 7876 繞也。《【各本】作「頸飾也」。今正。〔貝部:賏〕、頸飾也。嬰與賏非一字。則解不應同。『孫綽-天台山賦』。方解纓絡。李引『說文』嬰、繞也。纓與嬰通。陸機赴洛中道作詩。世網(網)嬰我身。李引『說文』嬰、繞也。【唐初本】可據。繞者、纏也。一切纏繞如賏之纏頸。故其字从賏。『越絕(絶)書』。嬰桀楯而白璧。『司馬法』。大夫嬰弓。『山海經』。嬰以百圭百璧。謂陳之以環祭也。又燕山多嬰石。言石似玉。有符采嬰帶也。凡【史】言嬰城自守、皆謂以城圍繞而守也。凡言嬰兒、則嫛婗之轉語。》从女賏。賏、貝連也。頸飾。《【各本】作「其連也」。今正。又移頸飾二字於此。此六字釋以賏會意之指。於盈切。11部。》/621

형성 (6자+1) 앵(嚶)914 앵(鸚)2360 영(郹)3992 영(攖)4520 영(廮)5673 영(纓)8246 앵(櫻)

◀ 제 15 획 ▶

嬹 (흥)【xìng ㄒㄧㄥˋ】기쁠, 여자의 이름자

설문 7807 說(悅)也。《說今之悅字。『李善-注:潘岳關中詩』、『顏(顔)延年和謝靈運:詩』皆引『說文』興、悅也。謂興與嬹古同也。今惟『漢:功臣表』有甘泉侯嬹。許孕反。》从女。興聲。《許應切。6部。》/618

嬽 (연)【yuān ㄩㄢ】환할, 예쁠, 얌전하고 순할

설문 7811 好也。《『上林賦』。柔嬈嬽嬽。郭樸曰。皆骨體耎弱長豔皃(貌)也。『今-文選』譌作「嫚嫚」。『漢書』不誤。『史記』作「嬛嬛」、則是【別本】。按今人所用娟字當卽此。》从女。𦎸聲。《委員切。14部。》讀若蜀郡布名。《按〔糸部:𦆻〕、蜀白細布也。其字𢍏聲。以合韵(韻)得音。》/618

嬻 (독)【dú ㄉㄨˊ】더럽힐

설문 7884 媟嬻也。《單言之曰媟、曰嬻。絫言之曰媟嬻。『國語』。陳侯淫於夏氏。不亦嬻姓矣乎。惟【明道本】不誤。今人以溝瀆字爲之。瀆行而嬻廢矣。〔黑部〕有黷。握持垢也。義亦與嬻別。》从女。賣(𧶠)聲。《徒谷切。3部。》/622

◀ 제 16 획 ▶

嬾 (란)【lǎn ㄌㄢˇ】게으를, 귀찮을

설문 7937 懈也。《懈者、怠也。『集韵(韻)』、『類篇』作「懈也。怠也」。非是。》从女。賴聲。《洛旱切。此音於合韵(韻)得之。古音葢(蓋)在 15部。俗作「懶」。》一曰𩚔也。《大徐作臥也。小徐作臥食。今正。〔臥部〕曰。楚謂小嬾曰𩚔。从臥食。因之或奪一字、或析爲二字耳。》/624

嬿 (연)【yàn ㄧㄢˋ】아름다울

설문 7785 女字也。《『毛詩』。燕婉之求。『傳』曰。燕、安。婉、順也。『韓詩』作「嬿婉」。嬿婉、好皃(貌)。見『西京賦:注』。》从女。燕聲。《于甸切。14部。》/617

◀ 제 17 획 ▶

孁 (령)【líng ㄌㄧㄥˊ】여자의 이름자

설문 7790 女字也。《漢婦官十四等中有娛靈。靈葢(蓋)可作「孁」。》从女。霝聲。《郞(郎)丁切。11部。》/617

⿰女簋 (교)【jiǎo ㄐㄧㄠˇ】떠는 모양

설문 7836 竦身也。《竦者、敬也。从立束。自申束也。竦身取自申之意。凡言夭矯者、當用此字。》从女。簋聲。讀若『詩』糾糾葛屨。《讀如此糾字。簋字古音正如是。在 3部。今⿰女簋居夭切。音之轉也。》/619

孃 (양)【niáng ㄋㄧㄤˊ】(상)㊥⑨ ráng 本[번거로울] 살찌고 클, ■낭:어미、계집 ■낭:낭(娘)과 같은 글자

설문 7947 煩擾也。《煩、熱頭痛也。擾、煩也。今人用擾攘字、古用孃。『賈誼傳』作「搶攘」。『莊子』在宥作「傖囊」。『楚詞』作「恇攘」。俗作「劻勷」。皆用叚(假)借字耳。今攘行而孃廢矣。又按『廣韵(韻)』孃女良切、母稱。娘亦女良切、少女之号。唐人此二字分用畫(畫)然。故耶孃字斷無有作娘者。今人乃罕知之矣。》一曰肥(肥)大也。《『方言』。䑋、〈郭音壤〉盛也。秦晉或曰䑋。凡人言盛及其所愛偉其肥䑋謂之

(작) 作家出版社[董蓮池-說文解字考正] ⑨ 九州出版社[柴劍虹-說文解字] (섬) 陝西人民出版社[蘇寶榮-說文解字今注今譯] (상) 上海古籍出版社[說文解字注] ㊥ 中華書局[臧克和-說文解字新訂]

臁。『郭-注』云。肥臁多肉。按〔肉部〕旣有臁字矣。此與彼音義皆同也。『漢書』。壤子王梁、代。壤卽臁孃字。》从女。襄聲。《女良切。10部。按前後二義皆當音壤。》/625

孅 (섬)【xiān ㄒㄧㄢ】가늘, 약할
설문 7825 兑細也。《「兑」【各本】作「銳」。『集韵(韻)』、『類篇』皆作兑。兑者、悅也。『漢書』曰。古之治天下。至孅至悉也。孅與纖音義皆同。古通用。》从女。韱聲。《息廉切。7部。》/619

◀ 제 18 획 ▶

孈 (이)【shuī ㄕㄨㄟ】㊤㊥⑨ huì 어리석고 정직한 태 많을 ■휘:허물
설문 7918 愚戇多態也。《戇者、愚也。愚者、戇也。》从女。巂聲。讀若隓。《式吹切。『篇』、『韵(韻)』移爾胡卦二切。16部。隓篆文作「墮」。16、17合音最 (最)近。》/624

◀ 제 19 획 ▶

嬻 (찬)【zàn ㄗㄢˋ】희고 환할
설문 7817 白好也。《色白之好也。『通俗文』。服飾鮮盛、謂之嫧嬻。『聲類』。嬻、綺也。皆引伸之義也。》从女。贊聲。《則旰切。14部。》/618

孌 (련)【luǎn ㄌㄨㄢˇ】㊤㊥⑨㉿ liàn 사모할, 예쁠
설문 7882 慕也。从女。䜌聲。《此篆在籒文爲嫋、順也。在小篆爲今之戀、慕也。凡【許書】複見之篆皆不得議刪(删)。『廣韵(韻):卅三, 線』曰。戀、慕也。孌戀爲古今字。『廣韵』力眷切。14部。大徐力沇切。『廣韵:二十八, 獮』此切訓美好。》/622

◀ 제 21 획 ▶

孎 (촉)【zhù ㄓㄨˋ】㊤㊥⑨㉿ zhú 삼갈, 여자의 이름자
설문 7855 謹也。《謹者、愼也。『祭義』。洞洞乎、屬屬乎如弗勝。『廣雅』。洞洞、屬屬、敬也。屬葢(蓋)孎之省。》从女。屬聲。《之欲切。『篇』、『韵(韻)』皆陟玉切。3部。》讀若人不孫爲孎。《【各本】孎上有「不」字。【宋本】無者、是也。孎當作倨。〔人部〕曰。倨、不孫也。可據。孎讀如倨。雙聲合音。》/620

039	子
3-10	아들 자

子 자【zǐ ㄗˇ】[설문부수 525] 아들, 새끼, (동물의)알, 열매, 이자, ~님(성 밑에 붙이는 남자의 미칭)
설문 9316 十一月昜气(陽氣)動。萬物滋(滋)。《『律書』。子者、滋也。言萬物滋於下也。『律曆志』曰。孶萌於子。》人目(以)爲偁(稱)。《「人」【各本】譌「入」。今正。此與以朋爲朋攩、以韋爲皮韋、以烏爲烏呼、以來爲行來、以西爲東西一例。凡言以爲者、皆許君發明六書叚(假)借之法。子本陽气動萬物滋之偁。萬物莫靈於人。故因叚借以爲人之偁。》象形。《象物滋生之形。亦象人首與手足之形也。卽里切。1部。》凡子之屬皆从子。 古文子。从巛。象髮也。《象髮與𦣻(首)同意。》 籒文子。囟(囟)有髮。《巛也。》臂《爪也。》脛《人也。》在几上也。《〔木部〕曰。牀者、安身之几坐也。》/742

유사 마칠 료(了) 창 모(矛) 나 여(予) 장구벌레 궐(孒) 외로울 혈(孑)

성부 부록 색인 참조

형부 子를 부수로 하는 대부분의 글자들

형성 (4자) 자(芓)234 자(孜)1911 자(秄)4229 자(仔)4890 자(字)9319

◀ 제 0 획 ▶

孑 혈【jié ㄐㄧㄝˊ】本[오른팔 없는 모양] 고단할(외로울)
설문 9332 無又(右)臂也。《引申之、凡特立爲孑。『詩』曰。孑孑干旄。又曰。靡有孑遺。『方言』曰。戟(戟)而無刃、秦晉之閒(間)謂之釨。釨卽孑字。『左傳』正作孑。》从了。乚象形。《居桀切。15部。》/743

유사 마칠 료(了) 창 모(矛) 나 여(予) 아들 자(子) 장구벌레 궐(孒)

성부 孔공

孓 궐【jué ㄐㄩㄝˊ】왼쪽 팔뚝 없는 모양
■공:장구벌레 ■굴:같은 뜻
설문 9333 無𠂇臂也。《『大荒:西經』。有人名曰吳回。奇左。是無右臂。『郭-注』卽奇肱也。又大荒之山有人焉。是顓頊之子。三面一臂。『郭-注』。無左臂也。『廣雅』。孑孓、蜎也。郭樸云。井中小蛣蟩赤蟲也。》从了。𠃌象形。《居月切。15部。》/744

유사 마칠 료(了) 창 모(矛) 나 여(予) 아들 자(子) 외로울 혈(孑)

◀ 제 1 획 ▶

孔 공【kǒng ㄎㄨㄥˇ】本[통할] 구멍, 공작새, 매우, 심할, 뚫린 길, 공작새
설문 7338 通也。《通者、達也。於『易:卦』爲『泰』。『孔訓通』、故俗作空穴字多作孔。其實空者、竅也。作孔爲叚(假)借。》嘉美之也。《【各本】無此四字。由淺人謂與下複而刪(删)之。今依『韵會』補。「也」當作「䛐(詞)」。䛐者、意內而言外也。通爲吉。塞(塞)爲凶。故凡言孔者、皆所以嘉美之。『毛傳』曰。孔、甚也。是其義。甚者、尤安樂也。或曰。『詩』言亦孔之醜。豈嘉美之乎。曰。此卽今甚字通於美惡之意也。》从乙子。《會意。康董切。按此字未見三代用韵之文。但以肉好卽邊孔求之。疑孔古音在 3部。故吼犼𤔔以爲聲。》乙請子之候鳥也。《『月令』。仲春玄鳥至。至之日以大牢祠于高禖。天子親往。『注』云。高辛氏之世。玄鳥遺卵。娀簡(簡)吞之而生契。後王以爲媒官嘉祥。而立其祠

焉。》 乙至而得子。嘉美之也。《說从乙子會意之恉。》 故古人名嘉字子孔。《此又以古人名字相應說孔訓嘉美之證。見於『左傳』者。楚成嘉字子孔。鄭公子。嘉字子孔。『春秋經』宋孔父、『左傳』云孔父嘉。何休云【經】稱字。按孔父、字孔。故後以爲氏。》/584

참고 후(吼) 짐승이 성내어 울

◀ 제 2 획 ▶

● 孒 지킬 보(保)-고자

孕 잉【yùn ㄩㄣˋ】 ㉷ yìng 애 밸

설문 9317 裹子也。从子。乃聲。《「乃聲」二字。【各本】作「从几」。誤。今正。〔艸部:艿〕字、〔人部:仍〕字皆乃聲。『管子』孕作䋲。从䋲省聲、可證也。以證切。6部。》/742

◀ 제 3 획 ▶

● 孶 아들 자(子)-고자

字 (자)【zì ㄗˋ】 本[젖 먹일] 글자, 자(본 이름 외에 부르는 이름)

설문 9319 乳也。《人及鳥生子曰乳。獸曰犍。引申之爲撫字。亦引申之爲文字。『敘』云。字者、言孳乳而浸多也。》 从子在宀下。《會意。》 子亦聲。《疾置切。1部。》/743

存 존【cún ㄘㄨㄣˊ】 本[존문할(위문)] 살필, 있을, 보존할

설문 9328 恤問也。《恤、㥜也。收也。『爾雅』曰。在、存也。在、存、省、士、察也。今人於在存者皆不得其本義。》 从子、在省。《【大徐本】作才聲。【今-小徐本】作在聲。依『韵會』所引正。『楚金:注』曰。在亦存也。會意。徂尊切。13部。》/743

형성 (2자) 천(荐 𦱾)558 천(栫 𣑦)3581

◀ 제 4 획 ▶

孚 부【fú ㄈㄨˊ】 本[알 깔(부화)] 미쁠(성실할), 기를, 새알, 옥의 문채, 씨앗, 싹날, 괘 이름 (子부 4획)

설문 1783 卵(卵)卽孚也。《「卽」字依『玄應書』補。『通俗文』。卵化曰孚。音方赴切。『廣雅』。孚、生也。謂子出於卵也。『方言』。雞(鷄)卵伏而未孚。於此可得孚之解矣。卵因伏而孚。學者因卽呼伏爲孚。凡(凡)伏卵曰抱。房奥反、亦曰蓝、央富反。》 从爪子。《鍇曰。鳥裒恒以爪反復其卵也。按反覆其卵者、恐煦嫗之不均。芳無切。古音在 3部。》 一曰信也。《此卽卵卽孚引伸之義也。雞卵之必爲雞。䳒卵之必爲䳒。人言之信如是矣。》 𤓽古文孚。从禾。禾、古文保(保)。保亦聲。《古音孚保同在 3部。》/113

【他本說文解字】曰:徐鍇曰。鳥之孚卵皆如其期不失信也。鳥裒恒日(以)爪反覆其卵也。

유사 편안할 타(妥)

성부 乳유

형성 (10자) 부(莩 𦱳)335 포(脬 𦙶)2493 부(筟 𥰷)2777 부(桴 𣏹)3472 부(郛 𨛫)3840 부(稃 𥞤)4223 부(俘 𠈒)4950 부(烰 𤎍)6124 부(浮 𣴐)6848 부(捊 𢴹)7539

孛 패【bèi ㄅㄟˋ】 살별(혜성), 어두울 ▣발:같은 뜻, 요사스러울

설문 3708 㶳孛也。《依【全書】通例補「孛」字。『春秋』有星孛入于北斗。『穀梁』曰。孛之爲言猶茀也。茀者多艸。凡物盛則易亂。故星孛爲㶳孛引伸之義。詩悖字从 孛。》 从米。从子。《二字今補。會意。蒲妹切。15部。》 人色也。故从子。《「故」字今補。說从子之意。》 『論語』曰。色孛如也。《『鄉黨篇』文。今作勃。此證人色之說也。艸木之盛如人色盛。故从子作孛。而艸木與人色皆用此字。○ 按【各本】孛篆在索篆之下。非也。今移正。》/273

유사 끈 삭(索)

성부 勃발

형성 (3자) 패(誖 𧩨)1539 볼(鬻 𩱻)1781 발(郣 𨛭)3980

孜 (자)【zī ㄗ-】 부지런할, 힘 쓸

설문 1911 孜孜。《二字今補。》 汲汲也。《『廣雅』。孜孜、汲汲、劇也。按汲汲與彶彶同。急行也。》 从攴(攵)。子聲。《子之切。1部。》 『周書』曰。孜孜無怠。《『大誓』篇文。見『詩:文王:正義』引。又見『史記:周本紀』。字作「孳孳」。按『伏生:二十八篇』本無『大誓』。民間後得『大誓』。博士習而讀之。合二十八篇爲二十九篇。『司馬遷-史記』、『董仲舒-對策』、『劉(劉)向-說苑』、及終軍、班伯、谷永、匡衡、平當奏對多用之。此『今文-大誓』也。孔安國得『壁中-古文』。有『大誓:三篇』。古文家馬、鄭、王皆作『注』。與今文字或異。如「流」爲「雕」。馬曰雕、鷙鳥。此『古文-大誓』作雕之證。『尙書:大傳』、鄭所引『禮說』、『周本紀』、『董仲舒傳』皆作烏。此『今文-大誓』作烏之證。『鄭-注』云。「雕」當爲「雅」。雅、烏也。此據今文正古文也。『說文』此及招下诶下所引皆『古文-大誓』也。許作「孜」。『史記』作「孳」。葢(蓋)亦古文今文之異也。唐孔穎達、賈公彥謂『枚頤本:三篇』爲眞古文。則不得不謂馬、鄭、王所注爲『今文-大誓』。詳見『古文-尙書:撰異』。》/123

孝 효【xiào ㄒㄧㄠˋ】 효도, 효자

설문 5145 善事父母者。《『禮記』。孝者、畜也。順於道。不逆於倫。是之謂畜。》 从老省。从子。子承老也。《說會意之指。呼教(敎)切。2部。》/398

유사 가르칠 교(孝)

형성 (1자) 효(哮 𠹭)910

孝 교【jiāo ㄐㄧㄠ-】 ㉶㊥⑨ jiào ① 본받을 ② 인도할

설문 9329 放也。《「放」【各本】譌作「效」、今依【宋刻】及『集韵』正。放仿古通用。許曰。放、逐也。仿、相似也。孝訓放者、謂随之依之也。今人則專用仿矣。教字、學字皆以孝會意。教者、與人以可放也。學者、放而象之也。放分兩切。》

3 ⑫

从子。爻聲。《古肴(肴)切。2部。按『玉篇』曰。公孝切也。『說文』又音交。然則古肴切者、出於『說文:音隱』。》/743

[성부] [敎]교

[형성] (1자) 교(敎)6140

◀ 제 5 획 ▶

孟 [맹]【mèng ㄇㄥˋ】 우두머리, 첫(사계절의 처음), 성씨

[설문] [9324] 長也。从子。皿聲。《莫更切。古音在 10部。讀如芒、『爾雅』。孟、勉也。此借孟爲猛。》古文孟如此。/743

【保】下曰: 枀、古文孚。《【各本】誤。今正。見爪部。》古文不省。古文。《案此葢(蓋)古文以孚爲保也。》/365

[형성] (1자+1) 맹(猛)6041 맹(蜢)

季 [계]【jì ㄐㄧˋ】 어릴, 어린이, (형제의 마지막)끝

[설문] [9323] 少偁(稱)也。《叔季皆謂少者。而季又少於叔。》从子、稚省。稚亦聲。《居悸切。15部。》/743

[유사] 오얏 리(李)

[형성] (2자) 계(痵)4530 계(悸)6539

孤 [고]【gū ㄍㄨˉ】 아비 없을, 홀로, 외로울, 우뚝할, 벼슬 이름

[설문] [9327] 無父也。《『孟子』曰。幼而無父曰孤。引申之、凡單獨皆曰孤。孤則不相酬應。故背恩者曰孤負。孤則人輕賤之。故『鄭(鄭)-注:儀禮』曰。不以己尊孤人也。》从子。瓜聲。《古乎切。5部。》/743

[형성] (1자) 고(罛)2869

◀ 제 6 획 ▶

孨 [잔]【zhǎn ㄓㄢˇ】 [설문부수 527] [상][中][9][작] zhuǎn 삼갈, 가련할 ■연:어질고 삼가하는 모양

[설문] [9334] 謹也。《『大戴-禮』曰。博學而孱守之。正謂謹也。引申之義爲弱小。『史記』。吾王孱王也。韋昭曰。仁謹皃(貌)。與許合。孟康曰。冀州人謂愞弱爲孱。此引申之義。其字則多叚(假)孱爲孨。》从三子。《會意。服虔音鉏閑反。孟康音如潺湲之潺。見 14部。》凡孨之屬皆从孨。讀若翦。《言(旨)沇切。14部。》/744

[성부] [孱]잔

[형성] (1자) 잔(僝)4768 읍(孴)9336

◀ 제 7 획 ▶

孫 [손]【sūn ㄙㄨㄣˉ】 손자, 자손, 겸손할, 달아날

[설문] [8118] 子之子曰孫。《『爾雅:釋親』文也。子卑於父。孫更卑焉。故引申之義爲孫順、爲孫遁。字本皆作孫。【經傳】中作遜者皆非古也。〔至部:臸〕下解曰。从至。至而復孫。孫、遁也。字作孫不作遜。此【許書】無遜之證。『春秋經』。夫人孫于齊。公孫于齊。『公羊傳』曰。孫猶孫也。內諱奔謂之孫。『穀梁傳』曰。孫之爲言猶孫也。諱奔也。云猶孫者、謂如孫之退然自處於眇小。『詩:公孫碩膚:箋』云。孫讀當如公孫于齊之孫。孫之言孫遁也。周公孫遁。辟此成功之大美。『書:序』。帝堯將孫于位。亦謂遜遁。此等字今皆俗改爲遜。絕(絶)非古字古義。惟孫順字『唐書』作愻。見〔心部〕。而俗亦以遜爲之。》从系子。《系於子也。會意。思蒐(魂)切。13部。》系、《逗。》續也。《釋孫从系之意。〔系部〕曰。繼(繼)者、續也。系猶繼也。》/642

[형성] (3자+1) 손(遜)1091 손(愻)6442 치(臸)7345 손(蓀)

挽 (면)【miǎn ㄇㄧㄢˇ】 해산할 ■반:같은 뜻

[설문] [9318] 生子免身也。从子免。《按【許書】無免字。據此條則必當有免字。偶然逸之。正如由字耳。免聲當在古音 14部。或音問。則在 13部。與兔(兎)聲之在 5部者迥不同矣。但立乎今日以言六書。免由皆不能得其象形會意。不得謂古無免由字也。挽則會意兼形聲。亡辯切。14部。》/742

◀ 제 8 획 ▶

孰 [孰][숙]【shú ㄕㄨˊ】 익을, 누구, 어느(것) (子부 8획)

[설문] [1788] 食飪也。《飪、大孰也。可食之物大孰、則丮持食之。》从丮𦎫(丮𦎫)。《〔亯(享)部〕曰。𦎫、孰也。此會意。【各本】衍聲字。非也。殊六切。3部。孰與誰雙聲。故一曰誰也。後人乃分別孰(熟)爲生孰、孰爲誰孰矣。曹憲曰。『顧野王-玉篇』始有孰字。》『易』曰孰飪。《『鼎(鼎):彖傳』曰。以木巽火、亯飪也。許所據作「孰飪」。》/113

[형성] 숙(塾)

◀ 제 9 획 ▶

孱 [잔]【chán ㄔㄢˊ】 잔약할, 높을, 험할, 쭈구러질 (子부 9획)

[설문] [9335] 迮也。《按此「迮」當爲「笮」。今之窄字也。》从孨在尸下。《士連切。14部。『廣韵』又士山切。》一曰呻吟也。《呻吟見〔口部〕。》/744

[형성] (+2) 잔(潺) 잔(轏)

◀ 제 10 획 ▶

孳 (자)【zī ㄗˉ】 (번식하여)불을

[설문] [9326] 孳孳、彶彶生也。《孳孳二字【各本】無。今依『玄應書』補。〔攴部:孜〕下曰。孜孜、彶彶也。此云孳孳、彶彶生也。孜孳二字古多通用。『堯典』。鳥獸孳尾。『某氏傳』曰。乳化曰孳。然則蕃生之義當用孳。故从茲。無怠之義當用孜。故从攴。》从子。茲聲。《按此篆从艸木多益之茲。猶〔水部〕之滋也。形聲中有會意。『五經文字』云从兹。非也。兹本在先韵(韻)耳。子之切。亦音字。1部。凡【許書】茲滋鶿孳慈鎡【各本】篆體皆謬。今皆更正。》籒文孳。从絲。《謂絲聲也。茲从艸、絲省聲。故小篆茲聲。籒文絲聲。一也。》/743

㝅 (누)【nòu ㄋㄡˋ】 [상][中][9][작] gòu 기를, 품을, 새끼, 어리석을■구:같은 뜻

설문 9320 乳也。《上文之乳、謂生子也。此乳者、謂旣生而乳哺之也。『左傳』曰。楚人謂「乳穀」。其音乃苟切。『今本-左傳』作「穀」。『漢書』作「穀」。或作「㲉」。或作「穀」。皆非也。音亦如構(構)。》从子。𣪊聲。《大徐古候(候)切。非也。當乃苟、奴豆切。3部。》一曰穀瞀也。《[各本]刪(刪)穀字。今補。此三字一句。穀瞀疊韵(疊韻)。『荀子:儒效篇』作「溝(溝)瞀」。『漢書:五行志』作「傋(傋)霿」。『楚辭:九辨』作「怐愗」。『廣韵(韻):五十,候』作「怐愗」。又作「㲉瞀」。又作「嫯瞀」。其字皆上音寇、下音茂。其義皆謂愚蒙也。『山海經:注』穀瞀。穀亦穀之譌。此別一義也。故言一日。》/743

孴 (의)【nǐ ㄋㄧˇ】(많은 것이)우물우물하는 모양 ■읍:같은 뜻

설문 9336 盛皃(貌)。《『文選(選):靈光殿賦』曰。芝、栭欑羅以戢孴。『李-注』。戢孴、衆皃(貌)。》从日。孖聲。讀若薿薿。一曰約存。《今魚紀切。李善乃立切。》 籒文孴。从二子。《句絕(絶)。》一曰孴卽奇字晉(晉)。《[俗本]日多譌日。》/744

◀ 제 13 획 ▶

學 학【xué ㄒㄩㄝˊ】㉠㊥⑨㉾ xiào 배울, 학문, 학교 ■효:가르칠, 배울

설문 1971 覺悟也。《斅覺𦥯(疊)韵。『學記』曰。學然後知不足。知不足然後能自反也。按知不足所謂覺悟也。『記』又日教然後知困。知困然後能自强也。故日教學相長也。『兌命』曰。學學半。其此之謂乎。按『兌命』上學字爲教。言教人乃益己之學半。教人謂之學者。學所以自覺。下之效也。教人所以覺人。上之施也。故古統謂之學也。『枚頤-僞:尚書』說命上字作斅。下字作學。乃已下同『玉篇』之分別矣。》从𢽾(教)冂。《會意。》冂《逗。》尚矇也。《冂下日。覆也。尚童矇、故教而覺之。此說從冂之意。詳古之製字。作斅從教。主於覺人。秦以來去攴(攴)作學。主於自覺。『學記』之文。學教分列。已與『兌命』統名爲學者殊矣。》𦥑聲。《胡覺切。3部。後人分別斅胡孝反。學胡覺反。》學篆文斅省。《此爲篆文。則斅古文也。亦〔丄(上)部〕之例。》/127

성부 覺각

형성 (8자) 곡(嚳)741 학(鷽)2275 옥(㮚)2590 학(𩌏)5600 각(礐)5742 악(鸒)5925 학(澩)6938 효(𧯠)7982

◀ 제 14 획 ▶

孺 (유)【rú ㄖㄨˊ】젖먹이, 사모할

설문 9322 乳子也。《以疊韵(疊韻)爲訓。凡幼者日孺子。此其義也。『爾雅』曰。孺、屬也。亦以同音爲訓。屬者、聯也。》一日輸孺也。輸孺尙小也。《此二孺字[各本]無。『廣韵(韻)』有之。文義乃完。於此見刪(刪)字者之無理。亦周燕也、黃倉庚也之類也。輸孺疊韵字。孺讀如儒。『方言:十二』曰。儒輸、愚也。『郭-注』。儒輸猶愞𨕖(選)也。輸孺卽儒輸也。『荀子:修身篇』。偸儒憚事。偸儒卽輸孺。》从子。需聲。《而遇切。4部。》/743

◀ 제 17 획 ▶

孼 (얼)【niè ㄋㄧㄝˋ】서자, 천민, 재앙

설문 9325 庶子也。《『玉藻』。公子日臣孼。『鄭-注』。「孼」當作「枿」。聲之誤也。玉裁按此『記』文本作「枿」。『注』日。「枿」當作「孼」。後人因『注』改『經』。又因『經』改『注』。『師古-匡謬正俗』未之知也。凡木萌旁出皆日櫱。人之支子日孼。其義略同。故古或通用。固不必指爲聲誤。『何-注:公羊』曰。庶孼、衆賤子。猶樹之有櫱生。得其義矣。》从子。辥聲。《魚列切。15部。》/743

𤜳 𤜳𤜳(교)【jiào ㄐㄧㄠˋ】㊓㊥⑨ xiào 짐승 이름 (子부 17획), 짐승이름 圖天𤜳、獸名。形似狐。赤白色。尾大。有君臣父子昆弟之別。見獸必敎之。曉則鳴號高峰之上。見『贊寧-物類志』。

설문 5958 解廌(廌)屬也。《荔(蓋)亦神獸。》从廌。季聲。《古孝切。2部。按『廣韵(疊韻)』作「𤜳」。『玉篇』作「𢊁」。皆从孝。》/469

◀ 제 19 획 ▶

孿 (련)【luán ㄌㄨㄢˊ】㉾ shuàn 쌍둥이 ■산:같은 뜻

설문 9321 一乳兩(兩)子也。《此謂人也。孿之言連也。》从子。䜌聲。《吕(呂)患切。14部。》/743

040
3-11
宀 집 면

면【mián ㄇㄧㄢˊ】[설문부수 269] 집, 움

설문 4354 交覆宎(罙)屋也。《古者屋四柱。東西與南北皆交覆也。有堂有室是爲深屋。〔自部:𨸏〕下日。宀宀、不見也。是則宀宀謂深也。》象形。《象兩下之形。亦象四注之形。武延切。古音當在 12部。》凡宀之屬皆从宀。/337

유사 덮을 모(冃冃) 덮을 멱(冖) 멀 경(冂)

성부 부록 색인 참조

형부 宀을 부수로 하는 대부분의 글자들

보(寶)

◀ 제 2 획 ▶

宁 저【zhù ㄓㄨˋ】[설문부수 504] 本[조회 받는 곳] 뜰[중국가옥의 외병(外屛)과 정문(正門) 사이], 우두커니 섰을

설문 9271 辨積物也。《辨今俗字作辦。音蒲莧切。古無二字二音也。『周禮』。以辨民器。辨、具也。分別而具之。故其字从刀。積者、聚也。宁與貯荔(蓋)古今字。『周禮:注』作「䊧」。『史記』作積著。『釋宮』。門屛之閒(間)日宁。郭云。人君視朝所宁立處。『毛詩:傳』云。宁立、久立也。然則凡云宁立者、正積物之義之引申。俗字作「佇」、作「竚」。皆非是。

以其可宁立也、故謂之宁。齊風作著。》象形。《其旁有褽。其下有阯。其上有顚。辦積之形也。直呂切。5部。》凡宁之屬皆从宁。/737

성부 㝉저

형성 (5자+1) 저(眝)2074 저(羜)2224 저(貯)3802 저(紵)8347 저(齡)9272 저(佇)

3 ⑫

宂 宂宂宂용【rǒng ㄖㄨㄥˇ】한가로울, 가외(군더더기), 쓸데없을, 바쁠

설문 4388 椒也。从宀儿。《【各本】奪「儿」。今補。儿卽人也。會意。而隴切。9部。》人在屋下。無田事也。《說會意之指。》『周書』曰。宮中之宂食。《「書」當作「禮」。轉寫之誤。『周禮:稾人』。掌共外內朝(朝)宂(宂宂宂)食者之食。許偁(稱)之。涉『校人』宮中之稍食而誤。記憶之過也。》/340

유사 다닐 임(冘)

형성 (2자+1) 유(猶貁)5833 용(䣴)6101 요(抌)

它 타【tuō ㄊㄨㄛ】[설문부수 475] ㉠ tài ㊥⑨ ㉧ tā 다를 ※ 타(他)의 옛 글자 ■사:本[뱀]

설문 8578 虫也。从虫而長。象冤(寃)曲垂尾形。《垂、【各本】作垂。今正。垂者、艸木華葉垂也。引申爲凡物下垂之偁(稱)。垂者遠邊。非其義。寃曲者、其體。垂尾者、其末。象其臥形。故詘尾而短。象其上寃曲而下垂尾。故長。詘尾爲之虫。垂尾謂之它。它與垂古音同也。『詩』。維虺維蛇。女子之祥。『吳語』。爲虺弗摧。爲蛇將若何。虺皆虫之叚(假)借。皆謂或臥或垂尾耳。臥者較易制。曳尾而行者難制。故曰爲虺弗摧、爲蛇將若何也。託何切。17部。今人蛇與它異義異音。蛇食遮切。》上古艸凥(居)患它。故相問無它乎。《上古者、謂神農以前也。相問無它、猶後人之不恙無恙也。語言轉移、則而無別故當之。而其字或叚(假)佗爲之。又俗作他。【經典】多作它。猶言彼也。許言此以說叚借之例。『羔羊:傳』曰。委蛇、行可從迹也。亦引申(申)之義也。》凡它之屬皆从它。蛇它或从虫。《它篆本以虫篆引長之而已。乃又加虫左旁。是俗字也。》/678

【恙】下曰:〔今人云無恙、謂無憂也〕…『風俗通』噬蟲能食人心、古者草居、多被此毒、故相問勞曰無恙。(311)

성부 龜귀 黽맹

형성 (9자+2) 타(詑)1517 타(鞈)1754 타(佗)4806 타(袉)5058 시(䚈)5266 타(沱)6661 타(鮀)7265 타(拕)7701 사(鉈)8967 타(跎) 사(蛇)

宄 (궤)【guǐ ㄍㄨㄟˇ】간악할 ■귀:정음(正音)

설문 4417 姦也。《姦宄者、通偁(稱)。內外者、析言之也。》外爲盜。內爲宄。《凡盜起外爲姦。中出爲宄。『成:十七年:左傳』曰。亂在外爲「姦」。在內爲「宄」。『外傳:晉語』亦云。亂在內爲「宄」。在外爲「姦」。『魯語』。竊寶者爲「宄」。用宄之財者爲「姦」。亦謂莒太子僕竊莒寶爲內。魯藏姦爲外。【三傳】無異也。惟亂在內、故子从宀。『鄭-注:尙書』云。由內爲「姦」。起(起)外爲「軌」。或後人轉寫誤也。宄【經史】亦假軌爲之。》从宀。九聲。讀若軌。《居洧切。古音九在3部。》古文宄。亦古文宄。/342

◀ 제 3 획 ▶

宅 택【zhǎi ㄓㄞˇ】㊦㊥⑨㉧ zhái 집, 묏자리, (머물러)살, 자리잡을 ■댁:같은 뜻

설문 4356 人所託凥(居)也。《依『御覽』補字。託者、寄也。〔人部〕亦曰。侂、寄也。引伸之凡物所安皆曰宅。宅託曡(疊)韵。『釋名』曰。宅、擇也。擇揀吉處而營之。》从宀。乇聲。《場伯切。古音在5部。》古文宅。亦古文宅。《侂从此。》/338

참고 타(垞) 차(侘) 타(咤)

宊 (구)【yǒu ㄧㄡˇ】㊦㊥⑨㉧ jǐu 가난하고 앓을, 오래 살 ■유:같은 뜻

설문 4412 貧病也。《「貧病」者、貧之病也。》从宀。久聲。《居又切。古音在1部。》『詩』曰。煢煢在宊。《『周頌』文。『今-詩』作嬛嬛在疚。毛曰。疚、病也。按『毛詩』葢(蓋)本作宊。毛釋以病者、謂宊爲疚之叚(假)借也。『左傳』亦曰。煢煢余在疚。》/341

宇 (우)【yǔ ㄩˇ】집, 하늘

설문 4364 屋邊也。《『豳風』。八月在宇。陸德明曰。屋四垂爲宇。引『韓詩』宇、屋霤也。『高誘-注:淮南』曰。宇、屋檐也。引伸之凡邊謂之宇。如『輪人』爲葢(蓋)上欲尊而宇欲卑、『左傳』云在君之宇下、又云失其守宇皆是也。宇者、言其邊。故引伸之義又爲大。『文子』及『三蒼』云。上下四方謂之宇。往古來今謂之宙。上下四方者、大之所際也。『莊子』云。有實而無乎處者、宇也。有長而無本剽者、宙也。有實而無乎處、謂四方上下實有所際。而所際之處不可得到。》从宀。亏(于)聲。《王榘切。5部。》『易』曰。上棟下宇。《『毄(繫)辭傳』文。虞翻(飜)曰。宇謂屋邊也。》㝢 籒文宇。从禹。《禹聲也。【大徐本】篆體从一。非。》/338

守 수【shǒu ㄕㄡˇ】지킬(보호, 방어, 관직)

설문 4394 守官也。《『左傳』曰。守道不如守官。『孟子』曰。有官守者。不得其職則去。》从宀。从寸。从宀、寺府之事也。《〔寸部〕曰。寺、廷也。〔广部〕曰。府、文書藏也。》从寸、法度也。《守从二者會意。書九切。3部。从宀以下十四字參『韵會』本訂。》/340

형성 (1자) 수(狩)6058

安 안【ān ㄢ】편안할, 안존할, 편안히 할, 값쌀, 어찌, 이에

설문 4376 竫也。《「竫」【各本】作「靜」。今正。〔立部〕曰。竫者、亭安也。與此爲轉注。〔青部:靜〕者、審也。非其義。『方言』曰。安、靜也。以【許書】律之。叚(假)靜爲竫耳。安亦用

爲語詞。》从女在宀中。《此與寍同意。烏寒切。14部。》/339

성부 晏안

형성 (9자) 안(荌)339 안(鞌)1739 안(鴳)2366 안(案)3556 안(案)4228 안(侒)4838 알(頞)5357 안(洝)7031 안(按)7515

◀ 제 4 획 ▶

宋 송【sòng ㄙㄨㄥˋ】송나라

설문 4420 凥(居)也。《此義未見【經傳】。名子者不以國。而魯(魯)定公名宋。則必取其本義也。》从宀木。讀若送。《蘇綜切。9部。》/342

完 완【wán ㄨㄢˊ】완전할, 온전히 할, 끝날, 기울(수선), 튼튼할

설문 4383 全也。《〔入部:全〕作仝。仝、完也。是二字互訓。》从宀。元聲。《胡官切。14部。》古文㠯(以)爲寬(寬)字。《此言古文叚(假)借字。》/339

성부 寇구 睆환

형성 (8자) 완(莞)308 완(脘)2572 관(筦)2776 관(梡)3659 흔(俒)4876 흔(鯇)7262 완(垸)8661 원(院)9259

宏 (굉)【hóng ㄏㄨㄥˊ】클, 넓을

설문 4367 屋深(罙)也。《【各本】深下衍響字。此因下文屋響而誤。今依『韵(韻)會』、『集韵』、『類篇』正。【大小徐本】皆不誤也。或曰厷弘本一聲。〔谷部〕曰。谹、谷中響也。〔弓部〕曰。弘、弓聲也。〔水部〕曰。泓、下深大也。參伍求之。葢(蓋)宏訓屋深響。宖其重文。愚按此說近是。但『江賦』以泓汯成文。不妨宏宖各字也。屋深者、其內深廣也。『法言』曰。其中弘深。其外肅括。此宏字之義。假弘爲宏耳『攷工記』。其聲大而宏。大而宏者、其聲外大而中宏也。『月令』。其器圜以閎。鄭云。閎謂中寬(寬)。象土含物。圜以閎、『吕(呂)氏-春秋』作圜以揜。葢宏者深廣其中。揜其外。故『禮記』、『吕覽』可互相足。揜者、歛也。閎亦宏之叚(假)借字。》从宀。厷聲。《戶萌切。古音在 6部。》/339

宆 면【miàn ㄇㄧㄢˋ】알지 못하는 사이에 합할

설문 4402 冥合也。《冥合者、合之泯然無迹。今俗云吻合者當用此字。》从宀。丏聲。《莫甸切。賓字以爲聲。12部。》讀若『書』曰藥不瞑眩。《謂讀若此瞑也。11、12部之合音。按此許引『孟子:滕文公篇』文也。『鄭-注:醫師』亦引『孟子』藥不瞑眩。厥疾無瘳。『趙-注:孟子』云。『書逸篇』也。若今僞撰(撰)說命。則采『楚語』爲之。許鄭所未見者。【大徐本】作讀若『周書』。繆甚。》/340

성부 賓빈

◀ 제 5 획 ▶

宓 밀【mì ㄇㄧˋ】편안할, 조용할 ■복:사람 이름

설문 4377 安也。《此字【經典】作「密」。密行而宓廢矣。『大雅』。止旅乃密。『傳』曰。密、安也。『正義』曰。『釋詁』曰。密、康、靜也。康、安也。轉以相訓。是密得爲安。按『上林賦』宓汩、去疾也。義似異(異)而實同。孔子弟子子賤姓宓。》从宀。必聲。《美畢切。12部。》/339

성부 密밀

宲 (포)【bǎo ㄅㄠˇ】감출(⑪206)

설문 4386 藏也。《「藏」當作「臧」。宲與保音同義近。》从宀。呆(𤓽)聲。《博褒切。古音在 3部。按『玉篇』旣云宲補道切。又重出而云食質切、古實字。殊誤。》呆、古文保。《見〔人部〕。》『周書』曰。陳宲赤刀。《『顧命』文。葢(蓋)壁中古文如此。今作「寶」。》/340

宔 (주)【zhǔ ㄓㄨˇ】신줏독

설문 4423 宗廟宔祏也。《『五經異義』及『鄭-駁』詳〔示部:祏〕下。【經典】作「主」。小篆作「宔」。主者古文也。祏猶主也。『左傳』使祝史、徙主祏於周廟是也。鄭說卿大夫無宔。許說大夫以石爲宔。》从宀。主聲。《之庾切。古音在 4部。》/342

宕 탕【dàng ㄉㄤˋ】本[지날] 골집, 방탕할, 돌구덩이, 석수, 탕건

설문 4419 過也。《宕之言放蕩也。『穀梁傳』引『傳』曰。長狄兄弟三人。佚宕中國。》一曰洞屋。《洞屋謂通迵之屋。四圍無障蔽也。凡道家言洞天者。謂無所不通。》从宀。碭省聲。《徒浪切。10部。》汝南項有宕鄉。《汝南郡項縣。『地理志』、『郡國志』同。『春秋經』之項國也。今河南陳州府項城縣是其地。》/342

참고 탕(若)

宖 (횡)【hóng ㄏㄨㄥˊ】(바람이 불어)집 울림

설문 4368 屋響也。《『長門賦』曰。擠玉戶以撼金鋪兮。聲噌吰而似鐘音。『甘泉賦』。帷弸彋其拂汨兮。稍暗暗而靚深。皆屋響之意。『魯(魯)-靈光殿賦』曰。隱陰夏以中處。宖寥窲以崢嶸。『今-文選(選)』宖字皆誤。惟『韵(韻)會-所據』不誤。》从宀。弘聲。《〔弓部〕曰。弘弓聲也。此擧(擧)形聲包會意也。戶萌切。古音在 6部。》/339

宗 종【zōng ㄗㄨㄥ】종묘, 마루, 갈래, 조회볼(여름에 제후가 천자를 알현할)

설문 4422 尊祖廟也。《宗尊雙聲。按當云尊也、祖廟也。【今本】奪上也。『大雅』。公尸來燕來宗。『傳』曰。宗、尊也。凡尊字謂之宗。尊之則曰宗之。『大雅』。君之宗之。『箋』云。宗、尊也。『禮記』、別子爲祖。繼別爲宗。繼禰者爲小宗。凡言大宗小宗皆謂同所出之兄弟所尊也。尊莫尊於祖廟。故謂之宗廟。宗从宀从示。示謂神也。宀謂屋也。》从宀示。《會意。作冬切。9部。按『唐韵』當在一東。》/342

성부 崇숭

형성 (5자) 종(琮)105 종(賨)3828 종(悰)6423 종(淙)6855 종(綜)8140

官 관【guān ㄍㄨㄢ】벼슬, 마을(관가), 벼슬아치, (이목구비)기능

설문 9170 吏事君也。从宀𠂤。《會意。古九切。14部。》𠂤猶衆(眾)也。《𠂤不訓衆(眔)、而可聯之訓衆。以宀覆之、則治衆之意也。》此與師同意。《人衆而帀囗之、與事衆而宀覆之。其意同也。》/730

형성 (13자) 관(菅)306 환(逭)1122 관(輨)1733 관(管)2864 관(館)3109 관(棺)3676 관(倌)4888 관(悹)6453 관(涫)7034 알(捾)7473 완(婠)7815 관(綰)8224 관(輨)9112

宙

(주)【zhòu ㄓㄡˋ】本[배와 수레 극히 왕복할] 집, 때(무한한 시간)

설문 4424 舟輿所極覆也。《覆者、反也。與復同。往來也。舟輿所極覆者、謂舟車自此至彼而復還此如循環然。故其字从由。如軸字从由也。訓詁家皆言上下四方曰宇。往古來今曰宙。由今溯古。復由古沿今。此正如舟車自此至彼、復自彼至此皆如循環然。『莊周書』云。有實而無乎處者宇也。有長而無本剽者宙也。本剽卽本末。『莊子』說正與上下四方曰宇、往古來今曰宙同。亦謂其大無極、其長如循環也。許言其本義。【他書】言其引伸之義。其字从宀者、宙不出乎宇也。韋昭曰。天宇所受曰宙。》从宀。《『淮南:覽冥訓』。燕雀以爲鳳皇不能與爭於宇宙之間。『高-注』。宇、屋簷也。宙、棟梁也。引易上棟下宇。然則宙之本義謂棟。一演之爲舟輿所極復。再演之爲往古來今。則从宀爲天地矣。》由聲。《直又切。3部。》/342

定

정【dìng ㄉㄧㄥˋ】本[편안할] 정할, (잠을) 잘, 머무를, 이마

설문 4374 安也。《古亦叚奠(假奠)字爲之。》从宀。正聲。《依『韵會』本訂。徒徑切。12部。》/339

형성 (1자) 정(錠)8882

宛

완【wǎn ㄨㄢˇ】굽을, 굽힐, 완연할, 작을, 나라 이름 ■원:나라이름 ■울:쌓일

설문 4407 屈艸自覆也。《上文曰奧、宛也。宛之引伸義也。此曰屈艸自覆者、宛之本義也。引伸爲宛曲、宛轉。如『爾雅』宛中宛丘、『周禮』琬圭皆宛曲之義也。凡狀皃(貌)可見者皆曰宛然。如『魏風:傳』曰宛辟皃、『唐風:傳』曰宛死皃、『攷工記:注』惌小孔皃皆是。宛與薀。薀與鬱。聲義皆通。故『方言』曰宛蓄也、『禮記』曰兎(兔)爲宛脾、『春秋繁露』曰鶴無宛氣皆是。》从宀。夗聲。《夗、轉臥也。亦形聲包會意。於阮切。14部。》惌宛或从心。《『函人』爲甲。眡其鑽空。欲其惌也。鄭司農云。惌、小孔皃。惌讀爲宛彼北林之宛。按爲當作如。先鄭不云宛惌同字。許乃一之。》/341

형성 (5자+1) 완(琬)108 원(菀)431 완(婉)7820 원(畹)8753 운(輐)9158 완(剜)

宜

宜의【yí ㄧˊ】옳을, 마땅할, 마땅히, 화목할, 제사 이름

설문 4397 所安也。《『周南』。宜其室家。『傳』曰。宜以有室家無踰時者。》从宀之下。一之上。《一猶地也。此言會意。》多省聲。《按『廣韵』曰。『說文』本作宐(宜)。今據以正篆體。多省聲。故古音魚何切。17部。今音魚羈切。『漢-石經』作宜。》古文宜。亦古文宜。/340

성부 疊첩

형성 (2자) 의(誼)1478 예(輗)000

◀ 제 6 획 ▶

客

객【kè ㄎㄜˋ】(찾아온)손, 나그네, 사람, 지난 세월

설문 4408 寄也。《字从各。各、異詞也。故自此託彼曰客。引伸之曰賓客。賓客所敬也。客、寄也。故『周禮:大行人』大賓大客別其辭。諸侯謂之大賓。其孤卿謂之大客。『司儀』曰。諸公諸侯諸伯諸子諸男相爲賓、諸公之臣侯伯子男之臣相爲客是也。統言則不別耳。『論語』。寢不尸。居不客。謂生不可似死。『注』不可似客也。今本誤作不容。》从宀。《所託也。》各聲。《苦格切。古音在 5部。》/341

형성 (1자) 각(愙)6455

宣

선【xuān ㄒㄩㄢ】本[天子宣室] (널리 은덕을)베풀, 펼, 밝힐, 조칙, (머리털이)일찍 셀

설문 4358 天子宣室也。《葢(蓋)謂大室。如璧大謂之瑄也。『賈誼傳』。孝文受釐坐宣室。蘇林曰。宣室、未央前正室也。天子宣室。葢禮家相傳古語。引伸爲布也。明也。徧也。通也。緩也。散也。》从宀。亘(亙)聲。《須緣切。14部。》/338

유사 어둘 명(冥)

형성 (1자+1) 선(愃)6441 선(瑄) 훤(萱)

宧

(요)【yǎo ㄧㄠˇ】本[깊은 구멍 소리] 집동남 모퉁이 ※ 요(窔)의 본래 글자

설문 4361 戶樞聲也。室之東南隅。《二句一義。古者戶東牖西。故以戶樞聲名東南隅也。『釋宮』曰。東南隅謂之宧。按『釋名』曰。窔、幽也。非許意。許宧窔義殊。『爾雅』釋文引『說文』。窔深皃(貌)。誤以窔爲宧也。》从宀。𦣞聲。《烏皎切。2部。『禮經』及【他書】作「窔」。亦作「突」。》/338

宋

(적)【jí ㄐㄧˊ】㉠(상)㊥⑨(작) jì 고요할 ※ 적(寂)의 본자

설문 4380 無人聲也。从宀。尗聲。《前歷切。古音在3部。〔口部〕作「啾」。宋今字作「寂」。『方言』作「家」。云靜也。江湘九嶷之郊謂之家。》諔宋或从言。/339

室

(실)【shì ㄕˋ】本[찰] 집, 아내

설문 4357 實也。《以疊韵(疊韻)爲訓。古者前堂後室。『釋名』曰。室、實也。人物實滿其中也。引伸之則凡所居皆曰室。『釋宮』曰。宮謂之室、室謂之宮是也。》从宀。至聲。《大徐無聲字。非也。古至讀如質。至聲字皆在 12部。下文又言此字之會意。式質切。》室屋皆从至。所止也。《室屋者、人所至而止也。說从至之意。室兼形聲。屋主會意。〔尸部〕亦言之。》/338

宥 (유)【yòu ㄧㄡˋ】 너그러울, 넓고 깊을 ■우:속음

설문 4396 寬(寛)也。《『周頌』。夙夜基命宥密。叔向、毛公皆曰。宥、寛也。宥爲寬。故貰罪曰宥。『周禮:大司樂』假宥爲侑。『王制』假又爲宥。》从宀。有聲。《于救切。古音在1部。》/340

宦 환【huàn ㄏㄨㄢˋ】 벼슬다닐, 배울, 벼슬, 부림군, 내관, 고자

설문 4392 仕也。《〔人部〕曰。仕者、學也。『左傳』。宦三年矣。服虔云。宦、學也。『曲禮』。宦學事師。『注』云。宦、仕也。熊氏云。宦謂學官事。學謂習六藝。二者俱是事師。『襍記』。宦於大夫。『左傳』。妾爲宦女。按仕者、習所事也。古事士仕通用。貫宦通用。故『魏風』三歲貫女。『魯(鲁)詩』作宦女。》从宀臣。《胡慣切。14部。》/340

宧 (이)【yí ㄧˊ】 本[기를] 방 동북 구석、기를

설문 4360 養也。《以雙聲爲訓。『周易:頤卦』亦訓爲養。『釋詁』曰。頤、養也。》室之東北隅。《『釋宮(宮)』曰。東北隅謂之宧。》食所居。《「居」當作「尻」。邵氏晉涵云。君子之居恒當戶。戶在東南則東北隅爲當戶。飮食之處在焉。此許意也。『舍人』云。東北陽氣始起。育養萬物。故曰宧。宧、養也。『釋名』與『舍人』略同。》从宀。𦣝聲。《以形聲包會意。與之切。1部。》/338

◀ 제 7 획 ▶

宬 (성)【chéng ㄔㄥˊ】 本[창고] 서고(書庫)

설문 4372 屋所用受也。《宬之言盛也。『廣韵(韻)』無所字。》从宀。成聲。《氏征切。》/339

㝗 (량)【liáng ㄌㄧㄤˊ】 상中⑨작 láng 텅 빌

설문 4371 康㝗也。《【各本】刪㝗字。今補。康㝗以疊韵(疊韻)成文。》从宀。良聲。音良久。《『說文』少言音者。當作「讀若」。力康切。10部。》/339

宭 (군)【qún ㄑㄩㄣˊ】 떼지어(여럿이 모여) 살

설문 4391 羣(群)尻也。《以疊韵(疊韻)爲訓。『論語』曰。羣(群)居終日。》从宀。君聲。《渠云切。13部。》/340

宮 궁【gōng ㄍㄨㄥ】【설문부수 270】 집, 대궐, 종묘, 소리 이름

설문 4425 室也。《『釋宮』曰。宮謂之室。室謂之宮。郭云。皆所以通古今之異語。明同實而兩名。按宮言其外之圍繞。室言其內。析言則殊。統言不別也。『毛詩』作于楚宮。作于楚室。『傳』曰。室猶宮也。此統言也。宮自其圍繞言之。則居中謂之宮。五音宮商角徵羽。劉(劉)欽云。宮、中也。居中央。唱四方。唱始施生。爲四聲綱也。》从宀。躳(躬)省聲。《按說宮謂从宀呂會意。亦無不合。宀繞其外。呂居其中也。呂者、脅(脊)骨也。居人身之中者也。居戎切。9部。》凡宮之屬皆从宮。/342

성부 營영

형성 (1자) 궁(营)264 동(㝒)1871

寤 (오)【wù ㄨˋ】 잠 깰 ※ 오(寤)와 같은 글자

설문 4404 寤也。《寐覺而有言曰寤。寤之音義皆同也。》从宀。吾聲。《吾故切。5部。》/341

宰 재【zǎi ㄗㄞˇ】 本[일 맡은 죄인] 재상, 우두머리, 주관할, 고기 저밀

설문 4393 辠人在屋下執事者。《此宰之本義也。引伸爲宰制。》从宀。从辛。辛、辠也。《辛卽辠之省。作亥切。1部。》/340

형성 (4자+1) 자(莘)576 재(梓)3313 재(滓)7050 재(睟)7444 재(縡)

𡫳 새【sè ㄙㄜˋ】 막을 ■하:터질, 틈 ■새:변방

설문 2898 窒也。《〔穴部〕曰。窒、𡫳也、此與〔土部:塞〕、音同義異。與〔心部:䆶〕、音同義近。塞、隔也。隔、塞也。與𡫳窒訓別。䆶、實也。實、富也。與𡫳窒訓近。凡塡塞字皆當作𡫳。自塞行而𡫳䆶皆廢矣。》从𤰇。从廾(廾)窒宀中。《竦手擧(擧)物塡屋中也。从三字會意。》𤰇猶齊也。《說从𤰇之意。凡漢人訓詁。本異義而通之曰猶。𤰇从四工。同心同力之狀。窒不必極巧。故曰猶齊。【注:經】者多言猶。【許書】言猶者三見耳。穌則切。1部。》/201

성부 塞새 蹇건 褰건 賽한

형성 (1자) 색(䆶)6443

害 해【hài ㄏㄞˋ】 해칠, 해(해로움), 요해처 ■할:어느, 어찌

설문 4414 傷也。《〔人部〕曰。傷、創也。〔刀部〕曰。創、傷也。【詩書】多假害爲曷。故『周南:毛傳』曰。害、何也。【俗本】改爲曷、何也。非是。今人分別害去曷入。古無去入之分也。》从宀口。言从家起(起)也。《會意。言爲亂階。而言每起於衽席。》丯聲。《胡葢(蓋)切。15部。》/341

성부 憲헌

형성 (6자) 개(犗)701 할(割)2655 할(豁)7146 할(搳)7568 개(稭)9065 할(轄)9131

宴 (연)【yàn ㄧㄢˋ】 잔치, 편안할, 즐길

설문 4379 安也。《引伸爲宴饗。【經典】多叚(假)燕爲之。》从宀。妟聲。《妟見〔女部〕。安也。於甸切。14部。『五經文字』曰。『字林』作「宴」。》/339

宵 (소)【xiāo ㄒㄧㄠ】 밤(夜), 깁

설문 4399 夜也。《『釋言』、『毛傳』皆曰。宵、夜也。『周禮:司寤』。禁宵行夜游者。鄭云。宵、定昏也。按此因【經】文以宵別於夜爲言。若渾言則宵卽夜也。有假宵爲小者。『學記』之宵雅是也。有假宵爲肖者。『漢志』人宵天地之貌是也。》从宀。宀下冥也。《謂日在下而窈冥。地覆日如屋也。》肖聲。《相邀切。2部。》/340

家 가【jiā ㄐㄧㄚ】 本[머물러 살] 집, 남편, 용한 이

설문 4355 尻也。《「尻」【各本】作「居」。今正。尻、處也。處、

3 ⓪

3 ⑫

止也。『釋宮』。牖戶之閒(間)謂之扆。其內謂之家。引伸之、天子諸侯曰國。大夫曰家。凡古曰家人者、猶今曰人家也。家人字見『哀:四年:左傳』、『夏小正:傳』及『史記』、『漢書』。家凥曡韵(疊韻)。》从宀。豭省聲。《古牙切。古音在 5部。按此字爲一大疑案。豭省聲讀家。學者但見从豕而已。从豕之字多矣。安見其爲豭省耶。何以不云叚聲。而紆回至此耶。竊謂此篆本義乃豕之凥也。引申叚(假)借以爲人之凥。字義之轉移多如此。牢、牛之凥也。引伸爲所以拘罪之陛牢。庸有異乎。豢豕之生子冣(最)多。故人凥聚處借用其字。久而忘其字之本義。使引伸之義得冒據之。葢(蓋)自古而然。【許書】之作也。盡正其失。而猶未免此。且曲爲之說。是千慮之一失也。家篆當入〔豕部〕。》𡧮古文家。《按此篆體葢誤。當从古文豕作「𡨜」。『古文四聲韵』引作「𡨜」。似近是。》/337

유사 덮을 몽(冡) 높은 무덤 총(冢)

형성 (3자) 가(稼 𥟍)4184 가(幏 𢅫)4704 가(嫁 𡢁)7742

宷 **심【shěn ㄕㄣˇ】** 살필 ※ 심(審)의 옛글자 ■**변**:변(辨)과 같은 뜻

설문 0686 悉也。知宷(審)諦也。《「諦」『廣韵』引作「諟」。古同部假借也。》从宀釆。《鍇曰。宀、覆也。釆、別也。能包覆而湥(深)別之也。按此與覈字从襾敫同意。式荏切。7部。》審篆文宷。从番。《然則宷、古文籒文也。不先篆文者从部首也。》/50

유사 깊을 미(㝥)

성부 𡨦𡨦월 審심

宸 **(신)【chén ㄔㄣˊ】** 집, 대궐, 하늘

설문 4363 屋宇也。《屋者、以宮(宮)室上覆言之。宸謂屋邊。故【古書】言柍桭者、卽棟宇也。『甘泉賦』。日月纔經於柍桭。伏虔(虔)曰。柍、中央也。桭、屋梠也。『魏都賦』。旅楹閑列。暉鑒柍桭。張載曰。柍、中央也。桭、屋宇檐也。是知柍桭卽上棟下宇之謂。柍卽央字。桭卽宸字。『西京賦』。消氛埃於中宸。集重陽之淸澂。中宸卽柍桭。『韋昭-注:國語』云。宸、屋霤也。宇、邊也。若『玉篇』引賈逵云宸室之奧者、當亦是『國語:注』。而其說異矣。》从宀。辰聲。《植鄰(隣)切。13部。》/338

容 **용【róng ㄖㄨㄥˊ】** 本[담을] 얼굴, 모습, 꾸밀, 받아들일, 용서할

설문 4387 盛也。《今字叚(假)借爲頌皃(貌)之頌。》从宀。谷聲。《此依【小徐本】。谷古音讀如欲。以雙聲龤聲也。【鉉本】作从宀谷。云屋與谷皆所以盛受也。亦通。余封切。9部。》𠕳古文容。从公。《公聲。》/340

형성 (6자+2) 용(傛 𠊤)4759 용(溶 𣹼)6868 용(鎔 𨭖)7225 용(搈 𢲹)7580 용(𦈶 𦈶)8074 용(鎔 𨭖)8849 용(蓉 𦸗) 용(榕)

◀ 제 8 획 ▶

宿 **宿숙【sù ㄙㄨˋ】** 묵을, 묵힐, 번(숙직, 당직) ■**수**:여러 별자리

설문 4400 止也。《凡止曰宿。夜止、其一耑(端)也。『毛傳』。一宿曰宿。再宿曰信。卽『左傳』之凡師一宿曰舍、再宿曰信。過信曰次也。止之義引伸之則爲素。如『史記』云宿將、宿學是也。先期亦曰宿。『周禮:世婦』掌女宮之宿戒、『祭統』宮宰宿夫人、『禮經』宿尸皆謂先期戒飭。鄭云。宿讀爲肅。》从宀。㐰聲。㐰、古文夙。《息逐切。3部。按去聲息救切。此南北音不同。非有異義也。星宿、宿留(留)非不可讀入聲。》/340

형성 (2자) 숙(摍 𢶎)7620 축(縮 𦅼)8169

寁 **(첩)【zǎn ㄗㄢˇ】** 빠를 ■**잠**:같은 뜻

설문 4405 凥之速也。《〔止部:疌〕、疾也。寁爲凡速之詞。从宀則爲居之速也。『鄭風』。不寁故也。毛曰。寁、速也。用寁以言凡速耳。『周易』。朋盍簪。晁氏說之曰。『簪京本』、『蜀才本』作「撍」。『陰弘道-案:張揖-古今字詁』。「㢟」作「撍」。『埤蒼』云。撍、疾也。撍與簪同。王元叔謂卽『詩』不寁字。祖感反。玉裁按。㢟卽寁。古宀广通用。葢(蓋)『古今字詁』今字作「㢟」。古字作「撍」也。》从宀。疌聲。《子感切。8部。》/341

寄 **(기)【jì ㄐㄧˋ】** 붙여살, 맡길, 부칠, 의탁할, 풀이름, 게이름(小蟹名)

설문 4409 託也。《字从奇。奇、異也。一曰不耦也。〔言部〕曰。託、寄也。『方言』曰。餬託庇寓媵寄也。》从宀。奇聲。《居義切。古音在 17部。》/341

寅 **寅인【yín ㄧㄣˊ】【설문부수 530】** 세째지지(오전 3시~5시, 동북, 범), 정월, 공경할, 넓힐 ■**이**:같은 뜻

설문 9343 髕也。《「髕」、字之誤也。當作「濥」。『史記』、『淮南王-書』作「螾」。『律書』曰。寅言萬物始生螾然也。『天文訓』曰。斗指寅則萬物螾。『高-注』。螾、動生皃(貌)。『律曆志』曰。引達於寅。『釋名』曰。寅、演也。演生物也。『廣雅』曰。寅、演也。『晉書:樂志』曰。正月之辰謂之寅。寅、津也。謂物之津塗。按『漢志』、『廣雅』演字皆濥之誤。〔水部〕曰。濥、水𧖴(脈)行地中濥濥也。演、長流也。俗人不知二字之別。濥多誤爲演。以濥釋寅者。正月陽氣欲上出。如水泉欲上行也。螾之爲物。詰詘於黃泉。而能上出。故其者从寅。『律書:天文訓』以螾釋寅。》正月昜(陽)气動。《句。》去黃泉欲上出。侌(陰)尙強(强)也。《『杜-注:左傳』曰。地中之泉。故曰黃泉。陰上强、陽不能徑遂。如宀之屋於上。故从宀。》象宀不達(達)髕寅於下也。《「髕寅」、字之誤也。當作「濥濥」。或曰當作「螾螾」。宀象陰尙强。㠯象陽氣去黃泉欲上出。弋眞切。12部。》凡寅之屬皆从寅。𡩟古文寅(寅)。《下从土。上象其形。》/745

성부 黃인

형성 (5자) 인(夤 𡖿)336 순(瞚 𥈖)2105 연(演 𣽌)6816 인(戭 𢧢)8001 인(螾 𧌊)8385

密 밀【mì ㄇㄧˋ】本[집채 같은 산] 빽빽할, 치밀할, 가까이 할

설문 5608 山如堂者。《〔土部〕曰。堂、殿也。『釋山』曰。山如堂者、密。郭引尸子。松栢之鼠、不知堂密之有美樅。按密主謂山。假爲精密字而本義廢矣。》从山。宓聲。《美畢切。12部。按『廣韵:密』下引『說文』。山脊也。峦下云。山形如堂。葢(蓋)有誤。『玉篇』云。峦同密。》/439

형성 (1자) 밀(蔤)413

寇 구【kòu ㄎㄡˋ】本[사나울] 겁탈할, 떼도둑, 난리, 쳐들어 올, 노략질할

설문 1941 暴也。《「暴」當是〔夲部〕之「㬥」。暴疾之字引伸爲暴亂也。》从攴完。《此與敗賊同意。苦候切。4部。》/125

유사 갓 관(冠)

형성 (1자) 구(滱)6775

◀ 제 9 획 ▶

富 부【fù ㄈㄨˋ】本[갖추어 있을] 부자, 가멸할, 두터울, 넉넉할

설문 4384 備(備)也。《富與福音義皆同。『釋名』曰。福、富也。》一曰畗(厚)也。从宀。畐聲。《方副切。古音在 1部。》/339

형성 (1자) 부(蔔)347

寍 녕【níng ㄋㄧㄥˊ】편안할 ※ 녕(寧)의 옛글자

설문 4373 安也。《此安寧正字。今則寧行而寍廢矣。僞古文。萬邦咸寍。『音義』曰。寍、安也。『說文』安寧字如此。寧、願詞也。語甚分明。自衞(衛)包改正文。李昉、陳鄂又改釋文。令人不可讀矣。》从宀。心在皿上。《會意。奴丁切。11部。》皿、人之食飮器。所目(以)安人也。《故旣从宀。而又从心在皿上。》/339

성부 寧녕

형성 (1자) 녕(鑏)8543

寎 (병)【bìng ㄅㄧㄥˋ】놀랄, 잠들

설문 4487 臥驚病也。《以疊韵(疊韻)爲訓。『爾雅』三月爲寎月。作此字。》从㝱省。丙聲。《皮命切。古音在 10部。》/348

寏 (환)【huán ㄏㄨㄢˊ】작 huàn ⑨작 yuàn 둘러싼 담

설문 4366 周垣也。《寏之言完也。『西京賦』曰。繚亙綿聯。四百餘里。『薛-注』曰。苑之周圍也。善曰。『西都賦』之繚以周牆也。》从宀。奐聲。《胡官切。14部。》院寏或从自(阜)。完聲。《完亦義也。『廣雅:釋室』云。院、垣也。『左傳』。繕完葺牆。以待賓客。李涪云。「完」當爲「宇」。按繕完葺三字成文、猶下文云觀臺榭亦三字成文也。安得以今人儷辭之法繩之。必欲謂爲誤字。則完當是院字。葢(蓋)惟子產盡壞館垣。故措辭就垣言。上文高其閈閎。亦爲門不容車掩飾。古人字無泛設也。又按【鉉本】云。寏或从自。鍇多完聲二字。皆非【善本】。葢此篆當从宀阮聲。與〔自部〕从自完聲之字別。篆體及說解轉寫誤耳。》/338

寐 (매)【mèi ㄇㄟˋ】(잠을)잘

설문 4482 臥也。《俗所謂睡著也。『周南:毛傳』曰。寐、寢也。》从㝱省。未聲。《蜜二切。15部。》/347

㝞 (예)【yì ㄧˋ】고요할, 안존할

설문 4378 竫也。《『玉篇』引『蒼頡篇』云。安也。》从宀。契聲。《於計切。15部。》/339

寑 寝寑(침)【qǐn ㄑㄧㄣˇ】(잠을)잘、재울

설문 4401 臥也。《李善引『論語:鄭-注』。寑、臥息也。臥必於室。故其字从宀。引伸爲宮室之偁(稱)。『周禮:宮人』。掌王之六寢之脩。『釋宮』曰。室有東西箱曰廟。無東西箱有室曰寢。又引伸之凡事止亦曰寢。》从宀。侵(侵)聲。《今人皆作寢。寢乃〔㝱部:寢〕字之省。與寑異義。七荏切。7部。》籒文寑。省。《省人也。〔水部:濅〕下曰。𣸣、籒文寑。》/340

寒 한【hán ㄏㄢˊ】찰(추울), 서늘할, 궁할, 천할,얼, 추위

설문 4413 凍也。《「凍」當作「冷」。『十一篇』曰。凍、仌也。冷、寒也。此可證矣。『釋名』曰。寒、捍也。捍、格也。『左傳』寒盟。寒者、尋之反。尋卽燅字。》从人在宀下。从茻、上下爲覆。《此依【小徐本】。上下皆得云覆也。》下有仌(冰)也。《合一宀、一人、二艸、一仌會意。胡安切。14部。》/341

유사 요새 새(塞) 막을 색(寋寱寠)

성부 褰건 蹇건

형성 (5자) 건(蹇)964 헌(騫)2370 건(騫)5924 색(寋)6443 건(攐)7630

寓 (우)【yù ㄩˋ】붙이어 살, 부탁할, 눈여길 ■어:같은 뜻

설문 4410 寄也。《『方言』曰。寓、寄也。『左傳』曰寓書。『史記』曰木禺、龍禺者、寓之叚(假)借也。》从宀。禺聲。《牛具切。4部。》庽寓或从广作。/341

寔 (식)【shí ㄕˊ】진실로, 이(것)

설문 4375 正也。《「正」【各本】作「止」。今正。『召南:毛傳』曰。寔、是也。『韓奕:鄭-箋』亦曰。寔、是也。『春秋:桓:六年』。寔來。『公羊傳』曰。寔來者何。猶云是人來也。『穀梁傳』曰。寔來者、是來也。按許云正者、是也。然則正與是互訓。寔與是音義皆同。此云寔、正也。卽『公』、『穀』、『毛』、『鄭』之寔、是也。『詩』。湜湜其止。『鄭-箋』尙以持正釋湜。而古多有以實爲寔者。『韓詩』。實命不猶。卽寔命不猶也。『大雅:韓奕』。實墉實壑。卽寔墉寔壑也。『周語』。咨於故實。卽故寔。故韋云故事之是者也。實寔音義皆殊。由趙魏之閒實寔同聲。故相叚(假)借耳。若『杜預-注:春秋』寔來曰寔、實也。則非是也。》从宀。是聲。《此舉(擧)形聲包會意。常隻切。古音在 16部。『廣韵(韻)』

작 作家出版社〔董蓮池-說文解字考正〕 ⑨ 九州出版社〔柴劍虹-說文解字〕 ㉠ 陝西人民出版社〔蘇寶榮-說文解字今注今譯〕 상 上海古籍出版社〔說文解字注〕 中 中華書局〔臧克和-說文解字新訂〕

入廿四職。非》。/339

◀ 제 10 획 ▶

寖 寖 침【jìn ㄐㄧㄣˋ】잠길, 점점(차차로)
설문 6759 濅水。出魏郡武安。東北入呼沱水。《魏郡武安、[二志]同。今河南彰德府武安縣縣西南五十里有武安城。『前志:武安』下曰。濅水東北至信都國東昌入虖池河。過郡五。行六百一十里。》从水。𡨄聲。《子鴆切。7部。按沈浸、浸淫之字多用此。隸(隸)作「浸」。》𡨄、籒文𡫱。《見〔宀部〕。》/540

형부 삼(蕶蓡 䕘) 침(寑)

索 (색)【suǒ ㄙㄨㄛˇ】찾을 ※ 색(索)과 같은 글자 ■삭:다할, 쓸쓸할
설문 4415 入家按(搜)也。《按、求也。『顔氏家訓』曰。『通俗文』云。入室求曰搜。按當作「入室求曰索」。今俗語云搜索是也。索、[經典]多假索爲之。如探嘖『索隱』是。》从宀。《入家故从宀。》索聲。《所責切。古音在 5部。》/341

◀ 제 11 획 ▶

康 (강)【kāng ㄎㄤ】(텅)빌
설문 4370 屋康㝗也。《『方言』。康、空也。『郭-注』。漮㝗、空貌。》从宀。康聲。《苦岡切。10部。》/339

𡪢 (점)【diàn ㄉㄧㄢˋ】지붕 물매 ■접:같은 뜻
설문 4421 屋傾下也。《謂屋欹傾下陷也。與墊音義同。》从宀。埶(執)聲。《都念切。7部。》/342

察 찰【chá ㄔㄚˊ】살필, 드러날, 자세할, 깨끗할
설문 4381 覆審也。《〔襾部〕云。襾、覆也。覈、从襾敫聲。實也。攷事襾笮邀遮其辭得實曰覈。然則察與覈同意。『釋訓』曰。明明、斤斤、察也。》从宀。祭聲。《从宀者、取覆而審之。从祭爲聲、亦取祭必詳察之意。初八切。15部。》/339

참고 찰(擦)(되게)비빌

窶 (구)【jù ㄐㄩˋ】本[예절없이 살] 가난할 ■루:좁은 땅
설문 4411 無禮凥也。《『邶風』。終窶且貧。『傳』曰。窶者、無禮也。貧者困於財。『箋』云。君於己祿薄。終不足以爲禮。又近困於財。按無禮因於祿薄。故『釋言』云。窶、貧也。然『倉頡篇』云。無財曰貧。無財備(備)禮曰窶。則貧窶有別。『小雅』云。仳仳彼有屋。蔌蔌方穀。『箋』云。小人富而窶陋將貴也。然則有富而窶陋者矣。許從毛。益以居字者、以其字从宀也。無禮居、謂宮(宮)室不中禮。》从宀。婁聲。《其榘切。古音在 4部。》/341

寡 과【guǎ ㄍㄨㄚˇ】(수효, 세력)작을, 적을, 홀어미
설문 4406 少也。《引伸之凡倮然、單獨皆曰寡。》从宀頒。頒、分也。《『先鄭-注:周禮』曰。頒讀爲班布之班。謂分賜也。按頒之本訓大頭也。此云頒、分也。謂叚(假)借。》宀分故爲少也。《依『韵會-所擧:小徐本』訂。宀分者、合於上而分於下也。故始多而終少。古瓦切。古音在 5部。》/341

寣 홀【hū ㄏㄨ】㉮ huā 자다 놀랄, 이울, 서로 부를
설문 4489 臥驚也。《『廣雅』曰。寣、覺也。義相近。今江蘇俗語曰睡一寣。》一曰小兒號寣寣。《別一義也。寣寣字、號聲。》一曰河內相訐也。《又別一義也。訐者、召也。今字作呼。相召曰寣。如言咄少卿良苦、言嘆大姉(姊)之比。河內人語如此。》从㝱省。从言。《會意。火滑切。15部。》/348

寤 (오)【wù ㄨˋ】(잠이)깰, 깨달을
설문 4483 寐覺而有言曰寤。《「有言」、[今-鍇本]作「省信」。[鉉本]作「有信」。皆誤。今依『韵(韻)會』所據[鍇本]。釋玄應引『倉頡篇』。覺而有言曰寤。『左傳』季寤字子言是其證。按『周南:毛傳』曰。寤、覺也。『衛風:鄭(鄭)-箋』同。言其大略而已。鄭釋『周禮』寤夢云。覺時道之而夢。亦與『倉頡篇』同也。[古書]多叚(假)寤爲悟。》从㝱省。吾聲。《五故切。5部。》一曰晝見而夜㝱也。《葢(蓋)亦『周禮』寤夢之說。『陳風:傳』云。晤、遇也。『箋』云。晤、對也。寤與晤義相通。》籒文寤。《『周禮:占夢』釋文云。「寤」本又作「𥧾」。此用籒文而小變也。》/347

實 실【shí ㄕˊ】本[넉넉할] 성실할, 참스러울
설문 4385 富也。《引伸之爲艸木之實。》从宀貫。《會意。神質切。12部。》貫爲貨物。《以貨物充於屋下是爲實。》/340

寧 녕【níng ㄋㄧㄥˊ】차라리, 어찌, 편안할, 근친할(친정부모를 뵘) ■령:〈네이버 자전〉
설문 2920 願䛐(詞)也。《其意爲願則其言爲寧。是曰意內言外。〔㝉部〕曰。㝉、安也。今字多假寧爲㝉。寧行而㝉廢矣。『古文-尚書』葢(蓋)有㝉字。陸氏於『大禹謨』曰。㝉、安也。『說文』安㝉字如此。寧、願詞也。此陸氏依許分別二字。[今本-經]宋開寶閒(間)改竄。不可讀。》从丂。㝉聲。《奴丁切。11部。》/203

형성 (3자) 녕(薴 䔭)527 녕(甯 𡨹)1984 녕(濘 𣽂)6921

◀ 제 12 획 ▶

竄 최【cuì ㄘㄨㄟˋ】변방
설문 4418 塞也。《『廣雅』竄塞也本此。『陸贄關-中事狀』。倘有賊臣盜竄。》从宀。㲉聲。《麤最切。15部。》讀若『虞書』曰《『虞書』當作『唐書』。見〔禾部:稘〕下。》竄三苗之竄。《二竄、本皆作竄。妄人所改也。今正。『說文』者、說字之書。凡云讀若例不用本字。倘『尙書』作「竄」。又不當言讀若也。改此者直疑竄七亂反與竄音殊。不知『易:訟象:傳』、『宋玉-高唐賦』、『班固-西都賦』、『魏-大饗碑』、『張協-七命』、『潘岳-西征賦』、『呂忱-字林』竄皆音七外反。》/342

성부 款관

寪 (위)【wěi ㄨㄟˇ】本[집모양] 성씨

설문 4369 屋皃(貌)。《『王逸-注:招隱士』曰。崎嶇閒寪。》从宀。爲聲。《韋委切。古音在 17部。》/339

寫 寫사【xiě ㄒㄧㄝˇ】本[쏟을] 쓸, 베낄, 없앨, 그릴, 부어 만들

설문 4398 置(置)物也。《謂去此注彼也。『曲禮』曰。器之漑者不寫。其餘皆寫。『注』云。寫者、傳己器中乃食之也。『小雅』曰。我心寫兮。『傳』云。輸寫其心也。按凡傾吐曰寫。故作字作畫(畵)皆曰寫。俗作瀉者、寫之俗字。『周禮』以澮寫水。不作瀉。》从宀。《寫之則安矣。故从宀。》舄(舃)聲。《悉也切。古音在 5部。》/340

참고 사(瀉)쏟을, 쏟아질

寬 관【kuān ㄎㄨㄢ】本[(집이)넓을] 너그러울, 용서할

설문 4403 屋寬(寛)大也。《『廣韵』曰。裕也。緩也。其引伸之義也。古文假完字爲之。》从宀。莧聲。《苦官切。14部。》/341

형성 (+1) 관(髖) 응두리뼈

◀ 제 14 획 ▶

寱 (예)【yì ㄧˋ】잠꼬대 할, 놀랄

설문 4488 瞑言也。《瞑、目翕也。瞑言者、寐中有言也。寱亦作「𧬈」。俗作「囈」。》从㝱省。臬聲。《牛例切。15部。》/348

◀ 제 15 획 ▶

𡫳 (면)【mián ㄇㄧㄢˊ】보이지 않을, 사람을 돌보지 않을

설문 4389 𡫳𡫳不見也。《𡫳與𦣝音義皆同。『毛詩』綿綿。『韓詩』作民民。按綿綿、民民皆謂密也。卽𡫳𡫳不見之意。『莊子』。「窅然」喪其天下焉。郭象音武駢反。是【郭本】作「𡫳然」也。》一曰𡫳𡫳《上𡫳依『集韵(韻)』、『類篇』正。》不省人。《大徐作不見省人。見字衍。『玉篇』亦作「一日不省人」。》从宀。𦣝(𦣝)聲。《武延切。古音讀如民。在 12部。》/340

● 𡪢𡫫𡫫 막을 하

◀ 제 16 획 ▶

竆 (국)【jú ㄐㄩˊ】㊤㊥⑨㉻ jū 궁할, 기를(養也), 칠, 고할, 구부릴, 어린이

설문 4416 竆(窮)也。《竆竆雙聲。『毛傳』於『谷風』、『南山』、『小弁』皆曰。鞫、竆也。鞫皆竆之叚(假)借也。〔㚔部〕曰。簐、竆治罪人也。其字俗作鞫。然則『詩:谷風、南山、小弁』鞫字皆竆之叚借也。『毛傳』於『公劉(劉)』曰。鞫、究也。於『節南山』曰。鞫、盈也。究與盈皆與竆義近。若『蓼莪:傳』曰鞫、養也。則就竆義而變之。所謂相反而相成也。若『采芑:傳』云鞫、告也。則謂鞫卽告之叚借。自淺人不得其義例。多所改竄。『唐-石經』鞫鞠錯出。至近日而盡改爲鞠矣。鞠者、〔革部〕蹋鞠之字。其義相去遠。『詩』借鞫爲竆。義相近也。鞫行而竆廢矣。》从宀。《覆而竆之。》竆(簐簐)聲。《簐或簐字也。見〔㚔部〕。居六切。3部。》竆竆或从穴。/341

寴 (친)【qīn ㄑㄧㄣ】㊤㊥⑨㉻ qīn 친할, 이를(닿을), 집 휑할

설문 4382 至也。《至者、親密無閒之意。〔見部〕曰。親者、至也。然則寴與親音義皆同。故『秦碑』以「寴軹」爲「親巡」。『廣韵(韻):眞韵』曰。寴古文親也。震韵曰。寴、屋空皃(貌)。此今義。非古義。凡『廣韵』之例。今義與『說文』義異者、必先擧(擧)今義而後偁(稱)『說文』。故震韵先云屋空皃。而後云『說文』至也。》从宀。親聲。《覆而親之也。初僅切。12部。按『玉篇』且仁切。》/339

寵 (총)【chǒng ㄔㄨㄥˇ】사랑할, 은혜, 첩 ■롱:고을 이름

설문 4395 尊尻也。《引伸爲榮寵。》从宀。龍聲。《丑壟切。9部。》/340

◀ 제 17 획 ▶

寶 (보)【bǎo ㄅㄠˇ】보배, 보배로 여길

설문 4390 珍也。《〔玉部〕曰。珍、寶也。二字互訓。『史記』多假葆爲寶。》从宀玉貝。《玉與貝在屋下。會意。》缶聲。《博晧切。古音在 3部。》𡧢古文寶。省貝。《『廣韵(韻)』曰。古文作「琺」。》/340

◀ 제 18 획 ▶

寷 (풍)【fēng ㄈㄥ】큰 집

설문 4365 大屋也。从宀。豐聲。《此以形聲包會意。當云「从宀豐、豐亦聲也」。敷戎切。9部。》『易』曰。豐其屋。《『豐:上六:爻辭』。偁(稱)此說寷从宀豐會意之恉(指)。宀、屋也。豐、大也。故寷之訓曰大屋。此與偁百穀艸木麗於地說蘿从艸麗同意。『經典:釋文』不得其解。乃云麗『說文』作「蘿」。「豐」『說文』作「寷」。大小徐皆於引『易』作「蘿、寷」之字。其繆非一日矣。》/338

寢 (어)【yù ㄩˋ】㊤㊥⑨ rǔ 거짓 잠 잘 ■여:같은 뜻

설문 4484 楚人謂寐曰寢。《寢猶㲃也。㲃、黏也。》从㝱省。女聲。《依倨切。『廣韵(韻)』亦音女。5部。》/347

㝱 몽【mèng ㄇㄥˋ】[설문부수 273] 꿈, 희미할 ※ 몽(夢夢)과 같은 글자

설문 4480 寐而覺者也。《寐而覺與酲字下醉而覺同意。今字叚(假)夢爲之。夢行而㝱廢矣。》从宀。从爿(疒)。夢聲。《宀者、覆也。爿者、倚著(着)也。夢者、不明也。夢亦聲。古音在 6部。今莫鳳切。》『周禮』。吕(以)日月星辰占六㝱之吉凶。《『鄭-注』詳矣。》一日正㝱。《鄭云。無所感動。平安自夢也。》二日㗊(咢)㝱。《㗊者、譁訟也。借爲驚遻(遌)之遻。『周禮』作噩夢。杜子春云。當爲驚愕之愕。謂驚愕爲夢也。》三日思㝱。《鄭云。覺時所思念之而夢也。思小徐作簱。誤。》四日寤㝱。《鄭云。覺時

3 ⓪

所道之而夢也。寤大徐作悟。》五日喜𡪢。《鄭云。喜悅而夢也。》六日懼𡪢。《鄭云。恐懼而𡪢也。已上『周禮:占夢』文。》凡𡪢之屬皆从𡪢。/347

성부 寣홀

형부 어(𡫓) 매(寐) 메(𡫚) 오(寤) 예(𡬁) 침(𡬜) 병(寎)

◀ 제 19 획 ▶

𡬆 (계)【jì ㄐㄧˋ】 ㊥⑨㊢ jì ㊢ kuǐ 깊이 잠들

설문 4486 孰寐也。从𡪢省。水聲。讀若悸。《求癸切。15部。按大徐用『唐韵(韻)』也。『玉篇』、『廣韵(韻)』、『集韵(韻)』、『類篇』皆祇渠季切一音。》/347

◀ 제 21 획 ▶

𡫚 (메)【yù ㄩˋ】 ㊏㊢ mǐ ㊥⑨ mí 잠 흡족하지 못할, 잠깨지 않을

설문 4485 寐而厭也。《【鉉本】作「未厭」。誤甚。『胡身之-通鑑釋文辨誤』引作「米厭」。米卽寐之譌。葢(蓋)【古本】作「寐」。而寐厭一譌作米。再譌作未。要不若【小徐本】爲長。『廣雅』曰。𡫚、䆅、厭也。按厭魘正俗字。大徐於〔鬼部〕妄增魘字。云夢驚也。由不解此處厭字故耳。『倉頡篇』曰。伏合人心曰厭。『字苑』曰。厭、眠內不祥也。皆見『玄應書』。『廣韵(韻)∶五十, 琰(琰)厭∶注』厭魅。『二十九, 葉厭-注』惡夢。可見魘字之晚出冣(最)俗矣。『西山經』。翼望之山。鳥名䳋䳜。服之使人不厭。此用厭字之冣古者。𡫚古多叚(假)借眯爲之。『郭-注∶山海經』引『周書』服之不眯。爲不厭之證。『莊子∶天運』。彼不得夢。必且數眯焉。司馬彪曰。眯、厭也。『通鑑』。劉(劉)曄曰。臣得與聞大謀。常恐眯夢漏泄。以益臣罪。語本裴松之引傅子。胡身之引『說文』寐字解之。》从𡪢省。米聲。《此篆『今本-說文』作「𡫚」。攷『廣雅』作「𡫚」。『玉篇』、『廣韵(韻)』皆作「𡫚」。不載寐字。可知『古本-說文』作「𡫚」也。若『集韵』云。「寐」或作「𡫚」。『類篇』有寐無𡫚。則【鉉本】盛行之故耳。今正。莫禮切。15部。》/347

◀ 제 22 획 ▶

𡬁 (예)【yì ㄧˋ】 잠꼬대 할, 놀랄

설문 4488 瞑言也。《瞑、目翕也。瞑言者、寐中有言也。𡬁亦作「𡬁」。俗作「囈」。》从𡪢省。臬聲。《牛例切。15部。》/348

◀ 제 23 획 ▶

𡬜 (침)【jǐn ㄑㄧㄣˇ】 ㊏㊥⑨㊢ qǐn 本[병들어 누울] (잠을)잘 ※ 침(寑)과 같은 글자

설문 4481 病臥也。《寑者、臥也。𡬜者、病臥也。此二字之別。今字槩作寢矣。》从𡪢省。㝲省聲。《㝲者、籒文寑。七荏切。7部。》/347

041 寸 3-12 마디 촌

寸 촌【cùn ㄘㄨㄣˋ】[설문부수 89] 치(尺의 십분의 일), 촌수

설문 1882 十分也。《度別於分。忖於寸。〔禾部〕曰。十髮爲程。一程爲分。十分爲寸。》人手卻(却)一寸動𧖴(脈)謂之寸口。从又一。《卻猶退也。距手十分動𠂢(脉脈)之处(處)謂之寸口。故字從又一。會意也。『周禮:注』云。脈之大候要在陽明寸口。倉困切。13部。》凡寸之屬皆从寸。/121

성부 부록 색인 참조

형부 寸을 부수로 하는 대부분의 글자들

형성 (1자+1) 관〔冠〕 주(守) 주(紂) 주(酎) 촌(刌)2638 촌(忖)

◀ 제 3 획 ▶

寺 사【sì ㄙˋ】 本[마을(관아)] 절 ■시:내시, 모실

설문 1883 廷也。《〔廴部〕曰。廷、朝(朝)中也。『漢書:注』曰。凡府庭所在皆謂之寺。『釋名』。寺、嗣也。治事者相嗣續於其內。『廣韵』。寺者、司也。官之所止有九寺。按【經典】假寺爲侍。『詩:瞻卬:傳』曰。寺、近也。『周禮:注』曰。寺之言侍也。凡『禮』、『詩』、『左傳』言寺人皆同。若漢西域白馬駝經來。初止於鴻臚寺。遂取寺名。初置白馬寺。此名之不正者也。》有法度者也。从寸。《『考工記』曰。巿(市)一夫。『注』云。方各百步。知天子三朝各方百步。其諸侯大夫之制未詳。步必積寸爲之。言法度字多從寸。〔又部〕曰。度、法制也。》㞢(之)聲。《祥吏切。1部。》/121

성부 待대 時시 等등

형성 (12자) 특(特)695 치(峙)1019 시(詩)1412 적(梼)3566 시(邿)3960 치(痔)4547 시(侍)4835 치(庤)5678 시(恃)6459 지(洔)6897 지(持)7486 치(畤)8759

참고 치(峙)

◀ 제 4 획 ▶

寽 률【lù ㄌㄩˋ】 한 손에는 들고 한 손으로는 취할(一手持物。一手取之)

설문 2405 五指寽也。《【各本】「寽」作「持」。【宋本】、【李燾本】、『類篇』、『集韵:六, 術』皆作「捋」。捋又寽之誤。今依『集韵:十三, 末』作「寽」。按寽與捋各字。捋、毛曰取也。許曰取易也。寽、許曰五指寽也。凡今俗用五指持物引取之曰寽。『廣韵』曰。今寽禾是。是也。芣苡。薄言捋之。說者謂取其子。假令謂取其子則當作寽。》从𠬪。《五指寽而落之。故从𠬪。》一聲。《聲疑衍。一謂所寽也。呂戌切。15部。》讀

若律。/160
유사 쇠뇌잡이를 쥘 귀(𢍰)
성부 𧇖𧇖괵
형성 (8자) 렬(捋)707 렬(脟)2502 렬(桴)3348 랄(捋)7522 렬(蛶)8476 렬(埒)8635 렬(鋝)8938 창(鋝)9422

◀ 제 5 획 ▶

导 导 애【dé ㄉㄜˊ】本[가짐] 그칠, 거리낌, 해롭게 할, 막을, 한정할 ■득:얻을
설문 5234 取也。从見寸。《會意。多則切。1部。》寸、度之。亦手也。《說从寸兼此二解。按〔彳部:㝵〕爲古文得。此爲小篆。義不同者、古今字之說也。在古文則同得。在小篆則訓取也。說詳〔女部〕之嫿。》/408
【得】下曰:古文省彳。《按此字已見於〔見部〕。與得並(竝)爲小篆。義亦少異。》/77
형성 (1자+1) 득(得)1192 애(碍)

◀ 제 6 획 ▶

封 봉【fēng ㄈㄥ】봉할, 흙더덩리 쌓을, 북돋을
설문 8658 爵諸侯之土也。《謂爵命諸侯以是土也。『詩:毛傳』。之子、嫁子也。之事、祭事也。『莊子』之人也、卽是人也。然則之土言是土也。其義之土、故其字从之土。引申爲凡畛域之偁(稱)。『大司徒:注』曰。封、起(起)土畍也。『封人:注』曰。聚土曰封。謂壝堳埒及小封疆也。『冢人:注』曰。王公曰丘。諸臣曰封。又引申爲大也。又引申爲緘固之偁(稱)。》从之土。从寸。《合三字會意。府容切。9部。》寸、《逗。》守其制度也。《此說从寸之意。凡法度曰寸。尊字、寺字下皆曰有法度。》公侯百里。伯七十里。子男五十里。《此用『孟子』及『王制』之說。所謂制度也。》𡉚籒文封。从丰土。《从土、丰聲也。》𡊁古文封省。《無寸也。从㞢(之)土、則與〔㞢部〕讀若皇者同字。猶豕亥古文同作𢀜也。艸木妄(妄)生字之在土上。之之本義也。爵諸侯之土字从之土。之之引申叚(假)借義也。》/687
유사 점괘 괘(卦)
형성 (2자) 봉(葑)378 봉(紺)8356

◀ 제 7 획 ▶

尃 尃 부【fú ㄈㄨˊ】㊤㊥⑨㉿ fū 펼
설문 1887 布也。《『祭義』。溥之而横乎四海。釋文。溥本或作尃。同芳于反。【今刻】云或作敷。繆也。『集韵』、『韵會』可證。『說卦:傳』。『震』爲專。鄭、虞、姚皆同。王肅、干寶作尃。干云。花之通名爲鋪。花皃(貌)謂之藪。『漢書:上林賦』。布結縷。『史記』布作尃。徐廣曰。尃古布字。按尃訓布也。非一字。》从寸。《凡敷故必有法度而後行。故从寸。》甫聲。《芳無切。5部。》/121
성부 溥溥부 傅부 敷부 甫포 博박
형성 (10자+1) 박(嚩)776 박(䪙)1258 박(轉)1736 박(髆)2454 박(膊)2571 박(䮱)3248 부(榑)3462 박(搏)7494 박(縛)8184 박(鎛)8953 부(賻)

躲 射 사【shè ㄕㄜˋ】(활, 총)쏠 ■야:벼슬 이름 ■석:쏠, 맞혀 취할 ■역:싫을
설문 3165 弓弩發於身而中於遠也。《謂用弓弩發矢於身而中於遠也。『詩』、『禮記』以射爲猒(厭)斁之斁。》从矢。从身。《會意。食夜切。古音在 5部。》𢎣篆文躲(射)。《射者、小篆。則躲者古文。此亦〔丄部〕之例也。何不以射入〔寸部〕而以躲傅見也。爲其事重矢也。》从寸。寸、法度也。亦手也。《說从寸之意。射必依法度。故从寸。寸同又。射必用手。故从寸。》/226
형성 (2자+1) 사(謝)1492 사(麝)5983 사(榭)

◀ 제 8 획 ▶

將 장【jiāng ㄐㄧㄤ】㉠㊤㊥⑨㉿ jiàng 장수, 장차, 청컨대, 동반할, 클, 거느릴, 장성할, 길(長也), 써
설문 1884 帥也。《「帥」當作「衛」。〔行部〕曰。衛、將也。二字互訓。『儀禮』、『周禮-古文』「衛」多作「率」。今文多作帥。『毛詩』率時農夫。『韓詩』作「帥」。說詳『周禮』漢讀考。帥者佩巾。漢人假爲率字。率亦衛之假也。『許-造:說文』。當是本作長衛也以自伸其說。經轉寫改竄而非舊矣。後人謂將帥二字去聲與平聲之將、入聲之帥別者。古無是說也。『毛詩』將字故訓特多。大也、送也、行也、養也、齊也、側也、願也、請也。此等或見『爾雅』。或不見。皆各依文爲義。亦皆就曡(疊)韵雙聲得之。如願請是一義。將讀七羊反。故釋爲請也。將讀卽羊反。故『皇矣:傳』釋爲側。『釋言』及『楚茨:傳』釋爲齊。齊、『徐仙民-周禮』音蔣細反。皆雙聲也。『釋言』。將、齊也。郭云。謂分齊也。引『詩』或肆或將。此甚明晝(畫)。或肆蒙或剝。言剝之乃陳於互也。或將蒙或烹。言彭之必劑量其水火及五味之宜。故云齊其肉也。如是乃以祝祭于祊。『詩』、『爾雅:疏』皆不了。故箸之。》从寸。《必有法度而後可以主之先之。故從寸。》醬省聲。《卽諒切。10部。》/121
형성 (5자) 장(蔣)448 장(甇)1274 장(箬)2760 장(獎)6022 장(漿)7057

專 전【zhuān ㄓㄨㄢ】本[조회 때 손에 드는 수판] 오로지, 오로지 할, 전일할, 멋대로 할
설문 1886 六寸簿也。《『說文』無簿有薄。葢(蓋)後人易艸爲竹以分別其字耳。六寸薄、葢笏也。〔日部〕云。㫚、佩也。無笏字。『釋名』曰。笏、忽也。君有命則書其上。備(備)忽忘也。或曰薄可而簿疏物也。『徐廣-車服儀制』曰。古者貴賤皆執笏、卽今手版也。『杜-注:左傳』。珽、玉笏也。若今吏之持簿。『蜀志』。秦宓見廣漢太守。以簿擊頰。裴(裵)松之曰。簿、手版也。六寸未聞。疑上奪二尺字。『玉藻』曰。笏度二尺有六寸。此法度也。故其字從寸。》从寸。叀聲。《職緣切。14部。》一曰専、紡専。《『小雅』。乃生女子。

載弄之瓦。毛日。瓦紡專也。〔糸部:紡〕、網絲也。網絲者、以專爲錘。『廣韵』日。纑紡錘是也。今專之俗字作甎、塼。以專爲嫥壹之嫥。『廣韵』日。擅也。單也、政也、誠也、獨也、自是也。》/121

형성 (12자+1) 순(蓴)578 전(膞)2604 전(篿)2798 단(團)3746 전(傳)4887 전(磚)5512 전(塼)6366 전(鱄)7235 단(摶)7657 전(嫥)7859 전(縳)8201 전(轉)9132 단(漙)

尉 **울【wèi ㄨㄟˋ】** 本[누를] 편안히 할, 벼슬 이름 ■위:다리미, 성

설문 6164 从上按下也。《按者、抑也。『百官公卿表:應劭-注』日。自上安下日尉。武官悉以爲偁(稱)。『張釋之傳』日。廷尉、天下之平也。『車千秋:傳』。尉安黎庶。師古日。慰安之字本無心。後俗所加。》从𡰥、又持火。《會意。𡰥、古文仁。𡰥又猶親手也。於胃切。15部。》所吕(以)申繒也。《合【二徐本】訂。說手持火之意也。字之本義如此。引申之爲凡自上按下之偁。『通俗文』日。火斗日尉。》/483

형성 (5자) 울(蔚)421 울(罻)4631 위(褽)5099 위(慰)6465 위(尉)8558

㝵 **폄【biǎn ㄅㄧㄢˇ】** 덜 ※ 폄(貶)과 같은 글자

설문 3731 傾覆也。《『周禮:硩蔟氏』。掌覆夭鳥之巢(巢)。》从寸臼覆之。《寸巢猶硩蔟也。》寸、人手也。《古寸與又通用。》臼《今補。》从巢省。《臼者、巢之省。以手施於巢。傾覆之意也。方歛切。7部。按解云從寸從臼。而【各本】篆體作叟。誤。今依『玉篇』、『廣韵』、『集韵』、『類篇』更正。》杜林說。吕(以)爲貶損之貶。《此亦如以構爲枘、以索爲市、而鼂爲朝、以卑爲麒也。巢在上覆之而下。則與貶損義相通。『上林賦』。適足以㝵君自損。晉灼日。㝵古貶字。》/275

◀ 제 9 획 ▶

尊 **준【zūn ㄗㄨㄣ】** 本[술그릇] ■존:높을, 높일

설문 9424 酒器也。《凡酒必實於尊以待酌者。『鄭-注:禮』日。置酒日尊。凡酌酒者必資於尊(尊)。故引申以爲尊卑字。猶貴賤本謂貨物而引申之也。自專用爲尊卑字而別製罇樽爲酒尊字矣。》从酋。廾吕(以)奉之。《廾者、竦手也。奉者、承也。設尊者必竦手以承之。祖昆切。13部。》『周禮』六尊。犧尊、象尊、箸尊、壺(壺)尊、大尊、山尊。吕待祭祀賓客之禮。《見『周禮:司尊彝(彝)職』。犧作獻。鄭司農云。獻讀爲犧。犧尊、飾以翡翠。象尊以象鳳皇。或日以象骨飾尊。箸尊、箸略尊也。或日箸尊箸地無足。壺者、以壺爲尊。『春秋傳』日。尊以魯(魯)壺。大尊、大古之瓦尊。山尊、山罍也。按『毛詩』閟之犧尊、卽獻尊也。故許同大鄭作犧。以待祭祀、司尊彝詳之矣。『大行人』賓客之祼亦必用彝。饗禮食禮亦必用尊。故約之日以待祭祀賓客之禮。》 尊或从寸。《此與寺从寸意同。有法度者也。》/752

유사 정할 전(奠)

형성 (10자) 준(墫)209 준(蕁)580 준(噂)819 준(遵)1059 준(蹲)1323 준(劕)2680 준(僔)4963 준(鱒)7223 준(縛)8268 준(鐏)8972

尋 **심【xún ㄒㄩㄣˊ】** 本[궁구할] 찾을, 물을, 이을(계속할), 여덟자

설문 1885 繹理也。《謂抽繹而治之。凡治亂必得其緒而後設法治之。引伸之義爲長。『方言』日。尋、長也。海岱大野之閒(間)日尋。自關而西秦晉梁益之閒凡物長謂之尋。周官之法度廣爲尋。『古文-禮』假尋爲燅。『有司徹:乃燅是俎:注』。燅、溫也。古文燅皆作尋。『記』或作尋。『春秋傳』。若可尋也。亦可寒也。案『左傳:服-注』。尋之言重也、溫也。『論語:何-注』。溫、尋也。互相發明。『俗本-禮:注』作㷍。誤。》从工口。从又寸。工口、亂也。又寸、分理之也。彡聲。《徐林切。7部。》此與𠬸同意。《說見𠬸下。》度人之兩(兩)臂爲尋(尋)。八尺也。《此別一義。亦因从寸及之。『考工記』日。澮廣二尋。》/121

형부 확(蘳)

형성 (4자) 담(蕁)320 심(鄩)3872 심(㝷)5065 심(潯)6882

尌 **주【shù ㄕㄨˋ】** 세울, 아이 놈 ■수:같은 뜻 ※ 수(竪)와 같은 글자

설문 2941 立也。《與〔人部:侸〕音義同。今字通用樹爲之。樹行而尌廢矣。『周禮:注』多用尌字》从壴。从寸。《句。》寸、《逗、此字補。》持之也。《寸與又古通用。又者手也。此說从寸之意。壴而復持之則固矣。壴亦聲。》讀若駐。《常句切。4部。》/205

형성 (3자+1) 수(樹)3409 주(廚)5654 주(澍)6975 투(鬪)

◀ 제 11 획 ▶

對 **대【duì ㄉㄨㄟˋ】** 本[응대할] (정면으로) 마주 볼, 대답(보답)할

설문 1658 䧹(膺)無方也。《『聘禮:注』日。對、荅問也。按對荅古通用。云䧹無方者、所謂善待問者如撞鐘。叩以大者則大鳴。叩以小者則小鳴也。無方故從丵口。》从丵口。从寸。《寸、法度也。丵口而一歸於法度也。都隊切。15部。》 對(對)或从士。漢文帝吕(以)爲責對而面言。《依『廣韵』訂。》多非誠對。故去其口吕從士也。《鍇日。士、事也。取事實也。按『篇、韵』皆作土。未知孰是。趙氏明誠日。據古鐘鼎皆作對。是漢文亦從古耳。非肊更也。》/103

형성 (3자) 대(懟)4974 대(儓)6570 대(轛)9090 대(霨)

◀ 제 13 획 ▶

導 (도)【dǎo ㄉㄠˇ】 이끌, 인도할, 다스릴, 가르칠, 길치울

설문 1888 導。《此復擧(擧)字未刪(刪)者。》 引也。《『經傳』多假道爲導。義本通也。》 从寸。《引之必以法度。》 道聲。《徒晧切。『廣韵(韻)』徒到切。古音在 3部。》 /121

◀ 제 14 획 ▶

膞 (전)【shuān ㄕㄨㄢ】 ㊥⑨㉿ shuàn 귀 달린 작은 잔 ■추:같은 뜻 (寸부 14획)

설문 5512 小巵有耳蓋(蓋)者。《『急就篇』皇象本槫榼椑榹。槫卽膞也。有耳蓋(蓋)、謂有耳有蓋也。》 从巵。專聲。《市沇切。14部。》 /430

042 小
3-13 작을 소

小 소【xiǎo ㄒㄧㄠˇ】 [설문부수 15] 작을, 소인, 조금, 적게 여길, 약할, 짧을

설문 0668 物之微也。从八、丨見而八分之。《八、別也。象分別之形。故解从八爲分之。丨才見而輒分之。會意也。凡椢物分之則小。私兆切。2部。》 凡小之屬皆从小。/48

성부 부록 색인 참조

형부 小를 부수로 하는 대부분의 글자들

형성 (1자) 범(朳 𣐏)3444

𡮐 절【jié ㄐㄧㄝˊ】 적을, 적게 할 ■질:벌레 이름

설문 0670 少也。《『方言』曰。𡮐、杪、小也。『孟子』。力不能勝一𡮐雛。『趙-注』𡮐爲小。與『方言』同。孫宣公音義得之。作匹字非。〔髟部〕曰。鬣、束髮𡮐小也。『廣韵:十六屑(屑)』曰。𧏮𡮐、小也。『方言』𧏮鼤。『注』言𧏮截也。𧏮截卽𧏮𡮐。》 从小。乀聲。《乀、左戾也。》 讀若轍。《子結切。15部。今俗語說小。往往言子結切之音。》 /48

유사 적을 소(少) 밟을 달(𡮐)

◀ 제 1 획 ▶

少 소【shào ㄕㄠˋ】 ㉠㊥⑨㉿ shǎo 적을(적어질, 적게 여길), 젊은이, 젊을, 잠시

설문 0669 不多也。《不多則小。故古少小互訓通用。》 从小。丿聲。《丿、右戾也。房密匹蔑二切。又於小切。按上二切近是。少之形聲、蓋(蓋)於古雙聲求之。書沼切。2部。》 /48

유사 밟을 달(𡮐) 적을 절(𡮐)

성부 眇묘 沙사 尟선 劣렬 省생 步보 賓빈 頻빈

형부 선(尟)

형성 (6자) 초(訬 𧥠)1585 초(杪 𣏓)3432 소(𨚕 𨚕)3946 초(秒 𥝝)4220

요(妙 𡚸)8115 초(鈔 𨥁)9001

◀ 제 2 획 ▶

尒 尒이【ěr ㄦˇ】 本[어조사] 너 ※ 이(爾)와 같은 글자 (小부 2획)

설문 0673 䛐(詞)之必然也。《「䛐」今作「詞」。『說文』字體本作「䛐」。尒之言如此也。後世多以爾字爲之。凡曰果爾、不爾、云爾、莞爾、鏗爾、卓爾、鼎鼎爾、猶猶爾、聊復爾耳、故人心尙爾皆訓如此。亦有單訓此者。如公羊焉爾之爲於此、『孟子』然而無乎爾、則亦有乎爾是也。語助有用耳者。與爾絶殊。『三國志』云生女耳是也。耳之言而已也。近人爾耳不分。如『論語』女得人焉爾乎。『唐石經』譌爲焉耳。『詩:陳風:箋』梅之樹「善惡自爾」。【宋本】譌爲「善惡者耳」。皆是也。【古書】尒字。淺人多改爲爾。如〔手部〕引『論語』鏗尒、『考工記』㨨尒、【小徐本】不誤。是也。》 从丨八。八象气之分散。《从丨八。與小同異。》 入聲。《【今本】無此二字。上文作「从入丨八」。此依『韵會』所引【小徐本】訂正。入聲在 7部。而尒在15、16部閒(間)者、於雙聲求之也。兒氏切。》 /48

성부 爾 𠇟 이

참고 니(伱)

◀ 제 3 획 ▶

● 尖 뾰족할 첨

尗 숙【shú ㄕㄨˊ】 [설문부수 264] ㉠ shū 콩 ※ 숙(菽)과 같은 글자

설문 4336 豆也。《尗豆古今語。亦古今字。此以漢時語釋古語也。『戰國策』。韓地五穀所生。非麥而豆。民之所食。大抵豆飯藿羹。『史記』「豆」作「菽」。》 尗象豆生之形也。《「尗象」【各本】作「象尗」。誤。今正。重言尗者、著其形也。豆之生也。所種之豆必爲兩瓣。而戴於莖之頂。故以一象地。下象其根。上象其戴生之形。式竹切。3部。今字作「菽」。》 凡尗之屬皆从尗。/336

성부 叔숙 戚척 𢻃

형부 시(𢻃)

형성 (4자) 초(茮 𦬁)465 추(𩿧 𩿧)2304 적(宋 𡧍)4380 축(𢼊 𢼊)5293

◀ 제 5 획 ▶

尙 상【shàng ㄕㄤˋ】 오히려, 바랄, 숭상할, 더할 (小부 5획)

설문 0675 曾也。《尙之䛐(詞)亦舒。故釋尙爲曾。曾、重也。尙、上也。皆積絫可高之意。義亦相通也。》 庶幾也。《『釋言』曰。庶幾、尙也。》 从八。《亦象氣之分散。》 向聲。《時亮切。10部。》 /49

성부 堂당 當당 黨당 臺당 常상 嘗상 賞상 掌장 敞창 牚탱

형성 (5자) 쟁(𡌵 𡌵)1018 당(棠 𣗎)3283 당(鄬 𨞅)3993 차(𡪀 𡪀)4148 당(𡭘 𡭘)8065

◀ 제 6 획 ▶

3 ⓪

覍 **弁 변【biàn ㄅㄧㄢˋ】** 고깔, 급할, 서둘, (벌벌)떨, (손으로)칠, 즐거워할

설문 5216 冕(冕)也。《按當云冕屬。轉寫奪屬字耳。冠下云。弁冕之總名也。云總名、則弁與冕固有分矣。冕下云。大夫以上冠也。云大夫以上冠、則士無冕可知。士有爵弁、非冕也。依『禮器』、則夏殷之士有冕。周之士爵弁、亦冕之亞也。『周禮』掌弁冕之官、但日『弁師』。》周曰覍(弁)。殷曰吁。夏曰收。《吁【宋本】及『五音韵譜』如此。此【古本】也。『五經文字』曰。『字林』作冔。【經典】相承隸(隸)省作冔。然則冔字又出『字林』後。【許書】安得有冔。『白虎通』作詡。吁詡皆大義。『士冠禮:記』日。周弁、殷冔、夏收。鄭日。弁名出於槃。槃、大也。言所以自光大也。冔名出於幠。幠覆。言所以自覆飾也。收、言所以收斂髮也。『郊特牲』亦日。周弁、殷冔、夏收。弁者、爵弁。非冕也。而『王制』有虞氏皇而祭。夏后氏收而祭。殷人冔而祭。周人冕而祭。不言弁言冕。鄭日。皇、冕屬。則收冔皆冕屬可知。『大雅』。厥作祼將。常服黼冔。『傳』日。冔、殷冠也。夏后氏日收。周日冕。亦不以周弁配夏收、殷冔。而言周冕。故知『士冠禮』、『郊特牲』之周弁非不可云周冕。葢(蓋)周之爵弁、卽(即)夏殷之收冔。收冔、卽夏殷之冕。『周禮:司服、弁師』二直皆不言爵弁。其諸爵弁包於冕與。鄭日。爵弁制如冕。黑色。但無繅耳。玉裁謂。周覍(弁)、殷吁、夏收皆冕也。爵弁、卽夏殷之冕。則韋弁、皮弁亦冕屬也。故許以冕屬釋之。》从皃。象形。《謂篆體㣺也。葢象皮弁之會。鄭日。會、縫中也。皮變切。14部。按弁古音同盤。其引伸之義爲法。如『顧命』率循大弁是也。亦爲大。如鄭云所以自光大是。又假借爲昪樂字。如『詩:小弁:傳』日。弁樂也、卽『衞(衛)風:傳』之盤樂也。弁樂之反爲弁急。與『左傳』邾莊公卞急是也。》弁或覍字。《今則或字行而正字廢矣。𢍏爲籒文、則覍本古文也。人象上覆之形。弁之譌俗爲卞。由隸書而貤謬也。》𢍏籒文覍。从廾(廾)上象形。《从廾者、敬以承之也。》/406

【緐】下日: 䋣緐或从𢍏(弁)。𢍏、籒文弁。/658

형성 (6자) 변(昪)4065 변(閞)7381 변(拚)7601 분(畚)8055 분(弅)8648 반(畨)9362

◀ **제 7 획** ▶

㓲 **㓲 극【xì ㄒㄧˋ】** 벽 틈

설문 4722 際見之白也。《際者、壁會也。壁會者、隙也。見讀如現。壁隙之光一綫而已。故从二小。》从白。上下小見。《會意。起(起)戟切。古音在 5部。》/364

유사 갖출 구(具) 머리 수(百) 머리 수(首)
자개소리 솨(貨) 조개 패(貝) 머리 혈(頁)

성부 𡭴목

형성 (3자) 혁(虩)29910
랴(蟟)8472 극(隙)9250

◀ **제 8 획** ▶

尞 **尞 료【liào ㄌㄧㄠˋ】** ㉠ liáo (섶을 태워)천제 지낼

설문 6114 柴祭天也。《〔示部〕。祡下日。燒柴尞祭天也。是祡尞二篆爲轉注也。燒柴而祭謂之「祡」。亦謂之「尞」。亦謂之「禮」。〔木部〕日。禮、祡祭天神。『周禮』「槱(槱)燎」字當作「禮尞」。凡「祡尞」作「柴燎」者皆誤字。》从火昚(昚)。《會意。力照切。2部。》昚古文愼字。《見〔心部〕。》祭天所日(以)愼也。《說从昚之意。》/480

성부 尞로

형성 (18자+1) 료(璙)78 료(遼)1148
료(鷯)2295 료(膫)2566 료(簝)2830
료(寮)4438 료(僚)4766 료(獠)6057
료(燎)6177 료(繚)6272 료(憭)6419
료(潦)6978 료(撩)7523 료(嫽)7791
료(繚)8175 료(璙)8633 료(鐐)8826
료(轑)9123 료(療)

◀ **제 10 획** ▶

尟 **尟 선【xiǎn ㄒㄧㄢˇ】** 적을 ※ 선(鮮)과 같은 글자

설문 1042 是少也。《『易:毄(繫)辭』。故君子之道鮮矣。【鄭本】作尟。云少也。又尟不及矣。本亦作鮮。又『釋詁』。鮮、善也。本或作尠。尠者尟之俗。》是少、俱存也。《是少二字。【各本】譌作尟字。此釋上文是少之矣。是、此也。俱存而獨少此。故日是少。》从是少。《於其形得其義也。》賈侍中說。《此字說得諸侍中也。穌典切。14部。》/69-6

043	尢
3-14	절름발이 왕

尢 **尢 왕【wāng ㄨㄤ】【설문부수 394】** 절름발이, 곱추, 말르는 병(瘠病), 난장이

설문 6313 尳也。《【各本】少「也」字。遂不可讀。今補。尳者、蹇也。尢本曲脛之偁(稱)。引申之爲曲脊之偁。故〔人部:僂〕下日。尪也。》曲脛人也。《「人」字依『九經字樣』補。尳者多由曲脛。故言此爲下象偏曲張本。》从大。象偏曲之形。《爲从大而象一脛偏曲之形也。烏光切。10部。》凡尢之屬皆从尢。𡯂篆文。从㞷。《「篆文」【各本】作「古文」。今正。尢者、古文象形字。尪者、小篆形聲字。此亦古文二、篆文上之例。必取古文爲部首者、以其屬皆从古文也。尪見『左傳』。『檀弓:鄭-注』釋爲面鄉天。或云短小日尪。本從㞷聲。省作尪。》/495

유사 또 우(尤) 다닐 임(冘)

성부 부록 색인 참조

형부 尢을 부수로 하는 대부분의 글자들
제(尳) 휴(尵)

◀ **제 1 획** ▶

尢 우【yóu ㄧㄡˊ】本[뛰어날] 더욱(가장)、허물、탓할、나무랄
설문 9295 異也。从乙。又聲。《羽求切。古音在 1部。讀如怡。》/740
유사 우뚝할 올(兀) 절름발이 왕(尢)
성부 稽계 就취 抛포 尨방
형성 (5자) 우(訧)1627 우(肬)2543 우(煩)5423 우(忧)6596 우(沋)6789

◀ 제 3 획 ▶

尥 (료)【liào ㄌㄧㄠˋ】죽을 때 종아리 엇갈릴 ■포:같은 뜻 ■조:그러할
설문 6320 行脛相交也。《行而脛相交、則行不便利。『高-注:淮南』、『郭-注:方言』、『王-注:素問』皆曰了戾。謂纏繞不適。『集韵(韻):五, 爻』曰。尥、牛行足外出也。是其意也。今俗語有此。》从尢。勺聲。《力弔切。2部。此下舊有牛行脚(脚)相交爲尥。【小徐本】無。乃讀者箋記語耳。》/495

尪 (우)【yú ㄩˊ】상中⑨작 yū 몸 굽을, 구불구불할
설문 6323 股尪也。《尪之言紆也。紆者、詘也。》从尢。亏(于)聲。《乙于切。5部。》/495

◀ 제 4 획 ▶

尨 방【máng ㄇㄤˊ】삽살개, 얼룩얼룩할, 클, (털이)흩어질 ■망:속음 ■몽:어지러운 모양
설문 6002 犬之多毛者。《『釋嘼』、『毛傳』皆曰。尨、狗也。此渾言之。許就字分別言之也。引伸爲襍亂之偁(稱)。『小戎:箋』曰蒙尨是也。牛白黑襍毛曰牻。『襍語』曰哤。皆取以會意。》从犬彡。《會意。彡以言其多毛也。莫江切。9部。》『詩』曰。無使尨也吠。《『召南:野有死麕』文。》/473
성부 漨방
형성 (5자) 방(牻)702 방(哤)885 방(厖)5710 방(駹)5857 방(浝)7091

尬 (개)【gā ㄍㄚ】상中⑨작 jiè ⑨작 gà 절름발이
설문 6319 尲尬也。《雙聲字。》从尢。介聲。《公八切。又古拜切。15部。按今俗語去聲。》/495

◀ 제 5 획 ▶

尥 尯(좌)【zuǒ ㄗㄨㄛˇ】비틀걸음, 발 한편 못쓸, 절름발이 ■자:속음
설문 6316 尯尯。《尯尯、【各本】作尯尯。今依【宋本-說文】、『宋刻-集韵(韻):三十八, 箇』正。》行不正也。从尢。左聲。《則箇切。17部。『類篇』遭哥、子我切。》/495

尳 尳(파)【bǒ ㄅㄛˇ】⑨ pǒ 발 절을 ※ 파(跛)의 옛글자
설문 6315 蹇也。《〔足部〕曰。蹇者、尳也。二篆爲轉注。「尳」俗作「跛」。或以沾入〔足部〕。致正俗複出。非也。今之【經傳】有跛無尳。『王制、公羊、穀梁:傳』皆作「跛」。》从尢。皮聲。《布火切。17部。》/495

◀ 제 6 획 ▶

尦 (요)【yào ㄧㄠˋ】비틀걸음
설문 6317 行不正也。从尢。皀聲。讀若耀。《弋笑(笑)切。2部。》/495

◀ 제 9 획 ▶

就 취【jiù ㄐㄧㄡˋ】本[높을] 이룰, 좇을, 나갈, 마칠, 곧, 가령(小부:9획) ■추:속음
설문 3186 就。《此複舉(擧)字之未刪(刪)者。》高也。《『廣韵』曰。就、成也。迎也。卽也。皆其引伸之義也。》从京尤。尤、異於凡也。《說从尤之意。京者、高也。高則異於凡。疾僦切。3部。》𡬡籒文就。/229
형성 (2자+1) 축(蹴蹵)1286 취(鷲鷲)2276 추(僦)

◀ 제 10 획 ▶

尲 (감)【gān ㄍㄢ】비틀거릴
설문 6318 尲尬、行不正也。《【各本】奪尲尬二字。今依【全書】通例補。又補行字。『集韵(韻):二十五, 沾』、『廣韵:二十六, 咸』皆云。尲尬、行不正也。可證。今蘇州俗語謂事乖剌者曰尲尬。》从尢。兼聲。《古咸切。7部。》/495

尳 (골)【hǔ ㄏㄨˇ】상中⑨작 hú 무릎병, 위골될, 뼈 어긋날
설문 6314 厀病也。从尢骨。骨亦聲。《戶　骨切。15部。按此篆當是本在部末。與尷爲類。而尢尳也、尳蹇也、乃正相屬。》/495

◀ 제 13 획 ▶

尵 (제)【tí ㄊㄧˊ】상中⑨작 dī 발 비틀어져 걷지 못하여 사람이 부축일
설문 6321 尳不能行。爲人所引曰尵㝘。《疊韵(疊韻)字也。與提攜(携)義相近。》从尢。从爪。《覆手曰爪。》是聲。《都兮切。16部。『玉篇』作「尵」。》/495

◀ 제 19 획 ▶

尷 (라)【luò ㄌㄨㄛˋ】상中 léi ⑨ luó 작 luǒ 무릎 속병 ■리:허리 무릎 아플
설문 6324 厀中病也。从尢。羸聲。《郞果切。17部。『廣韵(韻)』去聲。》/495

◀ 제 22 획 ▶

㝘 (휴)【xī ㄒㄧ】상中⑨작 xié 발비틀어져 걷지 못하여 사람이 부축일
설문 6322 尵㝘也。从尢。从爪。巂聲。《戶圭切。16部。》/495

044 尸
3-15 주검 시

3
⑫

尸 시【shī ㄕ】[설문부수 305] 本[베풀] 주검(시체), 시동(제사 때 신을 대신하는 아이)

설문 5154 陳也。《「陳」當作「敶」。〔攴部〕曰。敶、列也。『小雅:祈父:傳』曰。尸、陳也。按凡祭祀之尸訓主。『郊特牲』曰。尸、陳也。『注』曰。此尸神象。當從主訓之。言陳非也。玉裁謂。祭祀之尸本象神而陳之。而祭者因主之。二義實相因而生也。故許但言陳。至於在牀曰屍。其字從尸从死。別爲一字。而【經籍】多借尸爲之。》象臥之形。《臥下曰伏也。此字象首俯而曲背之形。式脂切。15部。》凡尸之屬皆从尸。/399

【雨】下曰:尸者屋也。/573

유사 지게문 호(戶)

성부 부록 색인 참조

형부 尸를 부수로 하는 대부분의 글자들

형성 (1자+1) 치(屎)3598 히(屄)

◀ 제 1 획 ▶

尹 윤【yǐn ㄧㄣˇ】미쁠, 다스릴, 벼슬 이름

설문 1815 治也。《伊下曰。尹治天下。『廣韵』曰。正也。進也。誠也。》从又丿。《句。》握事者也。《又爲握。丿爲事。余準切。13部。》古文尹。《【各本】乖異。今姑從大徐。》/115

성부 伊이 君군

형부 이(㶏)

형성 (3자) 유(𠃍)478 이(咿)880 윤(䪳)5370

尺 척【chǐ ㄔˇ】[설문부수 306] ㉠상中⑨작 chǐ 자(길이를 재는 도구), 길이

설문 5177 十寸也。《寸、十分也。〔禾部〕曰。十髮爲程。一程爲分。十分爲寸。又曰律數十二。十二禾秒而當一分。十分而寸。『漢志』曰。九十分黃鐘之長。一爲一分。十分爲寸。十寸爲尺。十尺爲丈。十丈爲引。而五度審矣。》人手卻(却)十分動脈爲寸口。《〔寸部〕下亦曰。人手卻一寸動𧖴(脈)謂之寸口。『鄭-注:周禮』曰。脈之大候要在陽明寸口。『疏』云。陽明在大搱指(指)、本骨之高處與弟二指間(間)。寸口者、大搱指本高骨後一寸是也。按大搱指本高骨後一寸、許所謂人手卻十分也。卻者、庐(斥)也。庐者、拓也。人手竟又開拓十分得動脈之處、是曰寸口。凡寸之度取象於此。》十寸爲尺。《十其長是爲尺。》尺、《逗。》所目(以)指尺規榘事也。《「指尺」當作「指庐」。聲之誤也。指庐猶標目也。用規榘之事。非尺不足以爲程度。尺居中。下可晐寸分。上可包丈引也。『漢志』曰。寸者、忖也。尺者、蒦也。尺庐蒦三字同韵。》从尸。《主也。》从乙。《會意。昌石切。古音在 5部。【故書】亦借赤爲之。毛晃曰。宋時案牘如此。》乙、《逗。》所識也。《漢武帝讀『東方朔-上書』未盡。輒乙其處。題識之意也。以榘尺記識所度、故從乙。》周制。寸尺咫尋常仞諸度量。皆目人之體爲法。《寸法人寸口。尺起於寸。咫法中婦人手。尋、八尺也。法人兩(兩)臂之長。常倍尋。或曰常當作丈。周制、八寸爲尺。十尺爲丈。人長八尺、故曰丈夫。〔人部〕曰。仞、伸臂一尋也。是仞尋無二。而此尋仞竝舉(竝舉)。疑許主七尺曰仞之說。〔人部〕之解出後人改竄。非許原文。說詳〔人部〕。》凡尺之屬皆从尺。/401

성부 局국

형부 지(咫)

◀ 제 2 획 ▶

尻 고【kāo ㄎㄠ】엉덩이뼈, 꽁무니, 걸터 앉을, 볼기

설문 5161 脽也。《按『釋名』以尻與臀別爲二。『漢書』。結股腳(脚)。連脽尻。每句皆合二物也。尻今俗云溝子是也。脽今俗云屁股是也。析言是二。統言是一。故許云尻、脽也。『通俗文』、『埤蒼』皆云。尻骨謂之八髎。『釋名』曰。尻、廖也。所在廖牢深也。》从尸。九聲。《苦刀切。古音在 3部。》/400

유사 살 거(居) 머무를 거(凥)

형성 (1자) 고(㞘)3318 국(䣉) 국(𡱂)

尼 니【ní ㄋㄧˊ】本[가까울] 신중(여승), 정지시킬 ■닐:가까울 ■녜:정할

설문 5164 從後近之。《尼訓近。故古以爲親暱字。『高宗肜日』曰。『典祀』無豐于尼。釋文。尼女乙反。尸子云。不避遠尼。尼、近也。『正義』。『釋詁』云。卽、尼也。孫炎云。卽猶今也。尼、近也。郭璞引尸子。悅尼而來遠。自天寶閒衞(間衛)包改【經】尼爲昵。開寶閒陳諤又改釋文尼爲昵。而『賈氏-羣(群)經音辨』所載猶未誤也。尼之本義從後近之。若尼山乃取於圩頂水潦所止。㞾之假借字也。『孟子』止或尼之。尼、止也。與致遠恐泥同。泥濘之假借字也。》从尸。匕聲。《女夷切。古音葢(蓋)在 15部。》/400

성부 泥니

형성 (3자+2) 니(柅)3345 니(秜)4210 명(巻)4297 니(怩) 닐(昵)

● 𡰥 어질 인(仁)-고자

𡰪 년【rǎn ㄖㄢˇ】상中⑨작 niǎn 부드러운 가죽 ■적:다스릴

설문 5167 柔皮也。《『周禮』所謂攻皮也。『函人職』曰。革欲其柔滑。而腥脂之。則耎。『廣雅』曰。𡰪、弱也。是與耎音義同。》从尸又。《會意。》又申(申)尸之後也。《从尸謂皮也。从又謂申其後也。申者引伸之意。此九字【大小徐本】皆不完。今補。大徐作𡰪。而曰或从又。小徐作𡰪而曰或从叉。疑从又爲是。人善切。15部。》/400

유사 다스릴 복(𠬝)

성부 赧난

형성 (1자) 년(輾)9137

◀ 제 4 획 ▶

尾 尾미【wěi ㄨㄟˇ】[설문부수 307] 꼬리, 별 이름, 마리(짐승, 물고기를 세는 수사)

설문 5179 微也。《「微」當作「散」。散、細也。此以疊(疊)韵爲訓。如門捫也、户護也之例。『方言』曰。尾、盡也。尾、梢也。引伸爲後。如『晉語』歲之二七。其靡有微兮。古亦叚(假)微爲尾。》从到毛在尸後。《到者、今之倒字。無斐切。15部。今隸變作尾。》古人或飾系尾。《未聞。鄭說鞁曰。古者佃、漁而食之。衣其皮。先知蔽前。後知蔽後。後王易之以布帛。而獨存其蔽前者。不忘本也。按蔽後即或飾系尾之說也。》西南夷皆然。《『後漢書:西南夷列傳』曰。槃瓠之後、好五色衣服。製裁皆有尾形。按尾爲禽獸之尾。此甚易解耳。而許必以尾系之人者、以其字從尸。人可言尸。禽獸不得言尸也。凡〖全書〗内嚴人物之辨每如此。人飾系尾。而禽獸似之。許意如是。》凡尾之屬皆从尾。/402

성부 尿뇨 犀서 隶이 屬속 屈굴

형성 (2자) 훼(⿰火尾)6110 미(娓)7853

尿 뇨【niào ㄋㄧㄠˋ】오줌(소변)

설문 5182 人小㑊(便)也。从尾水。《會意。【古書】多假溺爲之。奴弔切。2部。》/402

局 국【jú ㄐㄩˊ】本[쭈구릴] (구획한)방, 마을, (장기, 바둑의)판 (尸부 4획)

설문 0920 促也。《以疊(疊)韵爲訓。》从口在尺下復局之。《尺所以指斥(斥)規榘事也。口在尺下。三緘其口之意。》一曰博所㠯(以)行棊。象形。《博當作簙。簙、局戲(戲)也。六箸十二棊。簙有局以行十二棊。局之字象其形。此別一義。渠録切。3部。》/62

형성 (1자) 국(挶)7564

◀ 제 5 획 ▶

⿸尸乏 (칩)【zhí ㄓˊ】㊤㊥⑨ zhé 맞이을(前後相次) ■겁:잇달릴

설문 5166 屖⿸尸乏也。从尸。乏聲。《直立切。7部。》/400

居 거【jū ㄐㄩ】앉을, 거처할, 곳, 살, 편안할, 바다새 이름, 성씨 ■기:어조사

설문 5156 蹲也。《〔足部〕曰。蹲、居也。二字爲轉注。今〔足部〕改居爲踞。又妄(妄)添踞篆。訓云蹲也。總由不究〖許書〗條理。罔(罔)知古形古義耳。〔立部:竣〕下亦曰居也。亦同義而譌爲倨竣也。葢(蓋)〖俗本〗之紛亂如此。『說文』有凥、有居。凥、處也。从尸得几而止。凡今人居處字、古祗作凥處。居、蹲也。凡今人蹲踞字古祗作居。『廣雅:釋詁』二凥也一條。『釋詁』三踞也一條。畫(畫)然分別。曹憲曰。按『說文』今居字乃箕居字。近之矣。但古人有坐、有跪、有蹲、有箕踞。跪與坐皆厀著(膝着)於席。而跪聳其體。坐下其脾。『詩』所謂啟(启)處。『四牡:傳』曰。啟、跪也。處、居也。『四牡』「不遑啟處」。『采薇』、『出車』作「不遑啟居」。居皆當作凥。許凥下云處也。『正本-毛傳』引伸之爲凡凥處字也。若蹲則足底著地。而下其脾、聳其厀曰蹲。其字亦作竣。原壤夷俟。謂蹲踞而待、不出迎也。若箕踞、則脾著席而伸其腳(脚)於前。是曰箕踞。趙佗箕踞見陸賈、聞賈言內蹷然起(起)坐是也。箕踞爲大不敬。三代所無。居篆正謂蹲也。今字用蹲居字爲凥處字。而凥字廢矣。又別製踞字爲蹲踞字。而居之本義廢矣。》从尸。古聲。《〖各本〗作「古者居从古」。乖於〖全書〗之例。淺人因下云俗居从足而竄改譌謬耳。今正。九魚切。5部。》踞俗居从足。《〖小徐本〗如此。不誤。【大徐本】篆作踞。非也。小徐云。尼一本从居則小徐時固有【兩本】。》/399

형성 (8자+1) 거(琚)154 거(腒)2575 거(椐)3324 거(倨)4785 거(裾)5059 거(涺)6787 거(据)7565 거(鋸)8928 거(踞)

屆 屆(계)【jiè ㄐㄧㄝˋ】本[(배가 좌초하여)가기 어려울] 다다를, 극한, 다할, 극진할 圖俗作屆。從由。非(圖223)

설문 5160 行不便也。《此與「艐」義相近。艐、船著沙不行也。》一曰極也。《『釋言』曰。屆、極也。『蕩、閟宮:毛傳』同。『釋詁』、『方言』皆曰艐、至也。郭云。艐、古屆字。按謂古用艐。今用屆也。艐屆雙聲。》從尸。凷聲。《古拜切。15部。》/400

屈 屈굴【qū ㄑㄩ】㉠ zhǔ 本[짧을] 굽을, 굽힐, 다할

설문 5181 無尾也。《『韓非子』曰。鳥有翢。翢者、重首而屈尾。『高-注:淮南』云。屈讀如秋雞(鷄)無尾屈之屈。『郭-注:方言』隆屈云。屈尾。『淮南』屈奇之服。『許-注』云。屈、短也。奇、長也。凡短尾曰屈。『玉篇』巨律切。『玄應書』、『廣韵』衢勿切。今俗語尙如是。引伸爲凡短之偁(稱)。山短高曰崛。其類也。今人屈伸字古作詘申。不用屈字。此古今字之異也。鈍筆曰掘筆。短頭船曰撅頭。皆字之假借也。》从尾。出聲。《九勿切。15部。按九勿當作衢勿乃合。俗分屈屈爲二字。不知屈乃屈之隸變。》/402

형성 (7자) 골(䓛)567 굴(鶌)2265 굴(⿰屈刂)2628 굴(崛)5613 골(淈)6876 굴(掘)7662 굴(堀堀)8637

屍 둔【tún ㄊㄨㄣˊ】넓적다리

설문 5162 髀也。《髀者股外也。此云髀者。專言股後。》从尸下丌凥(居)几。《凥【各本】作居。誤。今正。丌、下基也。屍者、人之下基。凥几者猶言坐於牀。〔木部〕曰。牀安身之几坐也。凥下曰。从尸得几而止。皆謂牀也。徒䰟(魂)切。13部。》脽屍或从肉隼。《隼聲也。與肉部脽字義同字異。》臀屍或从骨。殿(殿)聲。《『今-周易、春秋、考工記』皆作「臀(臀)」。从肉。軍後曰殿。卽臀之假借字也。》/400

성부 殿전

◀ 제 6 획 ▶

屓 해【xì ㄒㄧˋ】㊤㊥⑨㉾ xiè 누어 숨 쉴, 코골, 장대한 모양 ■희:장대한 모양

3
⑫

[설문] [5157] 臥息也。《『西京賦』、『吳都賦』皆用奰屓字。說者謂作力之皃(貌)也。奰見〔大部〕。奰俗譌贔。屓、俗譌屭。又譌屭。今學者罕知其本字矣。屓之本義爲臥息。〔鼻(鼻)部〕所謂鼾也。用力者必鼓(鼓)其息。故引伸之爲作力之皃。呬、息也。音義略同。》从尸自。《徐鉉曰。自、鼻也。小徐作自聲。許介切。按本虛器切。15部。》/400
[유사] 눈썹 미(眉) 방패 순(盾)

屋 [옥]【wū ㄨ¯】 집, 지붕, 수레뚜껑, 차개(車蓋)
[설문] [5174] 凥也。《「凥」【各本】作「居」。誤。今正。凡凥處、於尸得几之字引伸。不當用蹲居字也。屋者、室之覆也。引申之凡覆於上者皆曰屋。天子車有黃屋。『詩:箋』。屋、小帳也。》从尸。《句。》尸、《逗。》所主也。《凡尸皆得訓主。屋从尸者、人爲屋主也。》一曰尸象屋形。《此从尸之又一說也。上象覆。旁象壁。》从至。《句。》至、《句。》所止也。屋室皆从至。《室下亦曰。至、所止也。烏谷切。3部。》籀文屋。从厂。《厂呼旱切。》古文屋。《按此字葢(蓋)卽〔手部〕古文握字。見於『淮南書』。淺人補入此耳。》/400
[형성] (5자) 악(喔)911 악(楃)3522 악(偓)4815 악(渥)6997 악(握)7503

屆 (기)【qì ㄑㄧˋ】 꽁무니, 볼기 [계]:같은 뜻
[설문] [5163] 凥也。从尸。言(旨)聲。《詰利切。15部。》/400

屍 [시]【shī ㄕ¯】 주검, 시체, 송장
[설문] [5171] 終主也。《終主者、方死無所主。以是爲主也。『曲禮』曰。在牀曰屍。今【經傳】字多作尸。同音假借也。亦尙有作屍者。》从尸死。《死者、終也。尸者、主也。故曰終。式脂切。15部。》/400

屑 [설]【xiè ㄒㄧㄝˋ】 자주 움직일, 가루, 달갑게 여길, 수고할, 편치 않을
[설문] [5158] 動作切切也。《『方言』曰。屑屑、不安也。秦晉謂之屑屑。又曰。屑、勞也。屑、猶也。『邶風』不我屑以。『毛傳』曰。屑、潔也。》从尸。㕣聲。《私列切。12部。按俗从肖。非。》/400
[형성] (2자) 절(䯉)1244 설(榍)3512

◀ 제 7 획 ▶

屖 (서)【xù ㄒㄩˋ】 신 [여]:같은 뜻
[설문] [5186] 履(履)屬。从履省。予聲。《徐呂(呂)切。5部。『廣韵(韻)』徐預切。》/402

屐 (극)【jī ㄐㄧ¯】 (나무로 만든)막신
[설문] [5188] 屩也。从履(履)省。支聲。《奇逆反。古音在 16部。按『釋名』云。屐、搘也。爲兩足搘以踐泥也。又云。屩、不可踐泥也。屐、踐泥者也。然則屐與屩有別。》/402

屒 (진)【zhēn ㄓㄣ¯】 [상][中][⑨][작] zhěn 엎드린 모양、지붕 [신]:두꺼운 입술
[설문] [5168] 伏皃(貌)。《未聞。》一曰屋宇也。《與〔宀部:宸〕音義同。尸象屋形。》从尸。辰聲。《珍忍切。13部。》/400

屔 (니)【ní ㄋㄧˊ】 [本][웅덩이] 산 이름 (尸부 7획)
[설문] [4998] 反頂受水北(丘)也。《『釋丘』曰。水潦所止、泥丘。釋文曰。依字又作「屔」。郭云。頂上洿下者。『孔子:世家』。叔梁紇與顏氏女禱於尼丘。得孔子。生而首上圩頂。故因名曰丘。字仲尼。按『白虎通』曰。孔子反宇。是謂尼丘。德澤所興。藏元通流。葢(蓋)頂似尼丘。故以類命爲象。屔是正字。泥是古通用字。尼是假借字。水潦所止是爲泥淖。『儀禮:注』曰。淖者、和也。劉(劉)巘述張禹之說。仲者、中也。尼者、和也。孔子有中和之德。故曰仲尼。張固從泥淖得解。『顏氏家訓』乃曰。至如仲尼居三字之中。兩字非體。『三蒼』尼旁益丘。『說文』尸下施几。如此之類。何由可從。玉裁謂。若言駭俗則難依。若言古義則不可不知也。又『漢-碑』有作仲泥者。淺人深非之。豈知其合古義哉。》从北。从泥省。《不但曰尼聲、必曰从泥省者、說水潦所止之意也》泥亦聲。《奴低切。15部。》/387

展 [전]【zhǎn ㄓㄢˇ】 펼, 늘일, 가지런히 할, 정성, 진실로
[설문] [5159] 轉也。《展者、未轉而將轉也。陸德明云。『字林』作輾。然則『周南』作輾轉。非古也。『毛傳』曰。展、誠也。『方言』曰。展、信也。此因展與眞音近假借。》从尸。《展布四體之意。》襄省聲。《知衍切。14部。》/400
[유사] 별 진(辰)
[성부] 殿殿전
[형성] (1자) 전(驏)5935 전(㔊)8539

屖 [서]【xī ㄒㄧ¯】 더딜, 편안할, 굳을, 나아가지 못할, 쉴
[설문] [5169] 屖遟也。《三字爲句。『玉篇』曰。「屖」今作「栖」。然則屖遟、卽『陳風』之棲遟也。『毛傳』曰。棲遟、遊息也。》从尸。辛聲。《先稽切。古音在 12部。》/400
[형성] (3자+1) 지(謘)1427 치(稺)4190 제(厗)5704 지(遲)

◀ 제 8 획 ▶

屚 [루]【lòu ㄌㄡˋ】 (틈으로)샐, (비밀이)탄로 날, 물시계
[설문] [7200] 屋穿(穿)水入也。《今字作「漏」。漏行而屚廢矣。漏者、以銅受水刻節也。》从雨在尸下。尸者、屋也。《〔尸部:屋〕下云。尸象屋形。會意。盧后切。4部。》/573
[형성] (1자) 루(漏)7113

屏 [병]【píng ㄆㄧㄥˊ】 [⑨][작] pǐng 가릴, 병풍, 울타리, 병풍나물, 물리칠
[설문] [5175] 屛。《此複舉(擧)字之未刪(刪)字。》蔽也。《『小雅』。萬邦之屛。『傳』曰。屛、蔽也。引伸爲屛除。按古無平

[작] 作家出版社〔董蓮池-說文解字考正〕 ⑨ 九州出版社〔柴劍虹-說文解字〕 [섬] 陝西人民出版社〔蘇寶榮-說文解字今注今譯〕 [상] 上海古籍出版社〔說文解字注〕 [中] 中華書局〔臧克和-說文解字新訂〕

仄之分。》从尸。幷(并)聲。《必郢切。11部。》/401
형성 (1자) 병(僻)4893

屝 (비)【fēi ㄈㄟ】 ㉯㊥⑨㉳ fèi 짚신
설문 5170 履(履)屬。《屨者、屨也。足所依也。云屬者、屨之麤者曰屝也。『方言』曰。屝、麤屨也。『釋名』曰。齊人謂草屨曰屝。按『喪服:傳』。菅屨者、菅菲也。『杜-注:左傳』曰。屝、草屨也。菲者屝之假借字》从尸。非聲。《扶沸切。15部。》/400

◀ 제 9 획 ▶

屆 屖(첩)【chā ㄔㄚ】 ㉯㊥⑨ qì 잇달릴, 종종걸음 ■삽: 얇은 쐐기
설문 5165 屖屖。《二字【各本】無。今依【全書】通例補。》從後相躡也。《「躡」【各本】作「臿」。今依『玉篇』訂。以後次前積疊(疊)之。謂之屖屖。『吳都賦』作「埵堨」。楚立除立二切。善曰。枝柯相重疊皃(貌)。『廣韵(韻)』曰。重累土也。『廣韵』亦單用屖字。訓楔。非此義也。》从尸。臿聲。《楚洽切。8部。『廣韵』云初戢切。》/400

屟 (섭)【xiè ㄒㄧㄝ】 신속창, 나막신
설문 5173 履(履)之荐也。《「之」【各本】作「中」。今依『玄應』所引訂。此藉於屨(履)下。非同屨中苴也。荐者、藉也。吳宮有響屟廊。『東宮舊事』有絳地文屨屟百副。卽今婦女鞵下所施高底。其字本音他頰切。轉爲他計切。今𢽾匱有抽屜。本卽屟字。》从尸。枼聲。《穌叶切。8部。》/400

屠 도【tú ㄊㄨˊ】 本 죽일, 무찌를, 잡을 ■저: 흉노왕의 이름
설문 5172 刳也。《刳、判也。》从尸。者聲。《同都切。5部。》/400
형성 (2자) 저(躇)1308 도(鄌)3862

◀ 제 12 획 ▶

層 (층)【céng ㄘㄥˊ】 층집, 층계
설문 5176 重屋也。《曾之言重也。曾祖、曾孫皆是也。故从曾之層爲重屋。『考(考)工記』。四阿重屋。『注』曰。重屋、複笮也。後人因之作樓。〔木部〕曰。樓、重屋也。引伸爲凡重疊(疊)之偁(稱)。古亦假增爲之。》从尸。曾聲。《昨棱切。6部。》/401

履 리【lǚ ㄌㄩˇ】 [설문부수 308] ㉦ lǐ 가죽신, 밟을
설문 5183 足所依也。《屨(履)依疊(疊)韵。古曰「屨」。今曰「履」。古曰「履」。今曰「鞵」。名之隨時不同者也。引伸之訓踐。如君子所履是也。又引伸之訓祿。『詩』福履綏之。『毛傳』曰。履、祿也。又引伸之訓禮。『序卦傳』、『詩:長發:傳』是也。履禮爲疊韵。履祿爲雙聲。》从尸。服履者也。从彳夊。《夊楚危切。彳夊皆行也。》从舟。象履形。《合四字會意。㫐止切。按㫐止、誤也。當依『篇』、『韵』力几切。15部。》一曰尸聲。《別一說也。》凡履之屬皆从履。䪆古文履。从頁。从足。《履重首。故从頁。》/402
형부 갸(屩) 구(屨) 서(屟) 극(屐) 력(屧)

屢 (전)【diàn ㄉㄧㄢˋ】 기다릴 ■정: 거듭
설문 5155 偫也。《偫者、儲偫也。『大玄』假爲天地奠位之奠。》从尸。㝵(奠)聲。《堂練切。古音在11部。》/399

◀ 제 14 획 ▶

屨 (구)【jù ㄐㄩˋ】 (가죽)신, 짚신
설문 5184 履(履)也。《『晉蔡謨』曰。今時所謂履者、自漢以前皆名屨。『左傳』。踊貴屨賤。不言履賤。『禮記』。戶外有二屨。不言二履。賈誼曰。冠雖敝。不以苴履。亦不言苴履。『詩』曰。糾糾葛屨。可以履霜。屨、舄者一物之別名。履者足踐之通稱。按蔡說極精。『易』、『詩』、『三禮』、『春秋傳』、『孟子』皆言屨。不言履。周末【諸子、漢人-書】乃言履。『詩』、『易』凡三履。皆謂踐也。然則履本訓踐。後以爲屨名。古今語異耳。許以今釋古。故云古之屨卽今之履也。『周禮:屨人』。掌爲舄屨。鄭云。複下曰舄。禪下曰屨。古人言屨以通於複。今世言履以通於禪。俗易語反與。『方言』。屝屨麤屨也。屨其通語也。》从履省。婁聲。《九遇切。古音在 4部。》一曰鞮也。《〔革部:鞮〕下曰。屨也。二字爲轉注。『方言』曰。禪者謂之鞮。》/402

◀ 제 15 획 ▶

屩 (갹)【juè ㄐㄩㄝˋ】 ㉯㊥⑨㉳ juē 짚신, 미투리 ■극: 밟을
설문 5187 履(履)也。《「屩」大徐作「屐」。非也。今依小徐。『史記:孟嘗君傳』。躡屩。『虞卿傳』及『漢書:王褒傳』作「蹻」。假借字也。『釋名』曰。屩、蹻也。出行著(着)之。蹻蹻輕僄(便)。因以爲名。應劭曰。木蹻。臣瓚曰。以繩爲屩。徐廣曰。蹻、草履(履)也。按屩輕僄可遠行之履。非法服之履也。臣瓚、徐廣說是。》从履省。喬聲。《居勺切。古音在 2部。平聲。》/402

◀ 제 18 획 ▶

屬 촉【shǔ ㄕㄨˇ】 ㉯㊥⑨㉳ zhǔ 모을, 이을(연속), 붙을, 무리 ■속: 아랫 벼슬아치
설문 5180 連也。《連者、負車也。今字以爲聯字。屬、今韵分之欲市玉二切。其義實通也。凡異而同者曰屬。『鄭-注:司徒序官』云。州黨族閭比者、鄉之屬別。『注:司市』云。介次市亭之屬別小者也。凡言屬而別在其中。如秔曰稻屬、秏曰稻屬是也。言別而屬在其中。如稗曰禾別是也。》从尾。《取尾之連於體也。》蜀聲。《之欲切。3部。今作屬。》/402
형성 (3자) 촉(欘)3541 촉(孎)7855 촉(斸)9036

◀ 제 19 획 ▶

屧 (력)【lì ㄌㄧˋ】 신바닥
설문 5185 履(履)下也。《謂履之之底也。行地經歷(歷)者。今人言履歷當用此字。》从履省。歷聲。《郎(郎)擊切。16部。》/402

3
⓪

045
3-16
屮
왼손 좌

3 ⑫

屮 ナ ⺀ 좌【zuǒ ㄗㄨㄛˇ】[설문부수 77] 왼, 왼손
설문 1832 左手也。《[鉉本]作「ナ手也」。非。「左」今之「佐」字。〔左部〕曰。左、ナ手相左也。是也。又手得ナ手則不孤。故曰左助之手。》象形。《反ヨ爲𠂇。故相戾曰ナ。臧可切。17部。俗以「左右」爲「ナ又」字。乃以「佐佑」爲「左右」字。》凡ナ之屬皆从ナ。/116

유사 열 십(十) 싹날 철(屮) 언덕 한(厂)
성부 부록 색인 참조
형부 ナ를 부수로 하는 대부분의 글자들

屮 철【chè ㄔㄜˋ】[설문부수 11] (초목의)싹, 싹틀 ■초:풀
설문 0213 艸木初生也。象丨出形有枝莖也。《丨讀若囟(囟)。引而上行也。枝謂兩旁莖枝。柱謂丨也。過乎屮則爲㞢(之)。下垂根則爲朩(木)。》古文或目(以)爲艸字。《漢人所用尙爾。或之言有也。不盡爾也。凡云古文以爲某字者、此明六書之叚(假)借。以、用也。本非某字。古文用之爲某字也。如古文以洒爲灑埽字。以疋爲『詩:大雅』字。以丂爲巧字。以臤爲賢字。以㠭爲魯衞(魯衛)之魯。以哥爲歌字。以詖爲頗字。而𦉼爲靦字。籒文以𠬝爲車轅字。皆因古時字少。依聲託事。至於古文以屮爲艸字。以疋爲足字。以丂爲亏(于)字。以俟爲訓字。以臭爲澤字。此則非屬依聲。或因形近相借。無容後人效尤者也。》讀若徹。《上言以爲、且言或、則本非艸字。當何讀也。讀若徹。徹、通也。義存乎音。此尹彤說。尹彤見漢人艸木字多用此。俗誤謂此卽艸字。故正之。言叚借必依聲託事。屮艸音類遠隔。古文叚借尙屬偶爾。今則更不當爾也。丑列切。15部。》凡屮之屬皆从屮。尹彤說。《三字當在凡屮上。轉寫者倒之。凡言某說者、所謂博采通人也。有說其義者。有說其形者。有說其音者。》/21

유사 왼손 좌(ナナ屮) 수건 건(巾) 뫼 산(山)
성부 𣎆고 鼓고 㞢도 𣎐려 𥟖리 每매 舍사 奏주 壴주 之지 妻처 𦬾초 卉훼 毒독 𠧢록 木목 𡕰악 屰역 屯둔 芬분 朩빈 㫃언 𠂤전 𦍌천 熏훈 朮발 𡿧얼 疌첩 𦭝망 省성
형부 윤(𩊚)

◀ 제 1 획 ▶

屯 준【tún ㄊㄨㄣˊ】㊤㊥⑨㊍ zhūn 本[어려울] 진칠, 언덕, 괘 이름 ■둔:모일 ■돈:성씨
설문 0214 難也。屯(屯)《『韵會』有。》象艸(草)木之初生。屯然而難。从屮貫一屈曲之也。一、地也。《此依『九經字樣』、『衆經:音義』所引。『說文』多說一爲地。或說爲天。象形也。屮貫一者、木剋土也。屈曲之者、未能申也。〔乙部〕曰。春艸木冤(寃)曲而出。陰气尙彊。其出乙乙。屯字从屮而象其形也。陟倫切。13部。》『易』曰。屯剛柔始交而難生。《『周易:彖傳』文。『左傳』曰。屯固比入。『序卦:傳』曰。屯者、盈也。不堅固、不盈滿。則不能出。》/21

성부 春 萅춘
형성 (12자) 순(肫)2482 돈(笹)2813 춘(杶)3319 촌(邨)3999 둔(窀)4477 돈(頓)5404 돈(庉)5649 돈(黗)6240 순(奄)6297 순(純)8127 둔(鈍)9018 돈(軘)9079

𠧢 록【lù ㄌㄨˋ】버섯, 두꺼비(屮부 4획)
설문 0218 菌𠧢(圥)、《逗。》地蕈(蕈)。《『釋艸』曰。中馗、菌。『注』。地蕈也。似蓋(蓋)。今江東名爲土菌。亦曰馗廚。又出隧蘧蔬。『注』蘧蔬似土菌。生菰草中。按馗廚、蘧蔬菌𠧢三者。一音之轉語。菌𠧢『玉篇』作圈光。》叢生田中。《陳藏器曰。地生者爲菌。木生者爲㮕。按㮕同萸。許云。蕈、桑萸也。故謂地生者爲地蕈。》从屮。六聲。《力竹切。3部。》𣝋籒文𠧢。从三𠧢。《象叢生之狀也。籒文陸字从此。》/22

유사 여섯 륙(六) 먼저 선(先) 빛 광(光)
성부 坴륙 𦬾목 竈축 夌릉
형성 (1자) 육(𡘜)1671

● 㞢 갈 지(之)-고자

◀ 제 3 획 ▶

屰 역【nì ㄋㄧˋ】거슬릴 ※ 역(逆)의 본래 글자
설문 1370 不順也。《後人多用逆。逆行而屰廢矣。》从干下凵。屰之也。《凵口犯切。凶下云。象地穿交陷其中也。方上干而下有陷之者、是爲不順。「屰之也」當作「屰之意也」。於戟(戟)切。古音在 5部。》/87

유사 절반 반(半) 조금 심할 임(羊) 양 양(羊)
성부 朔삭 咢𠳋악 逆역 斥㡿厈㡿척 欮궐 𡴀𡴘행
형성 (3자) 연(𦿃)2341 박(𦿃)4321 악(蚅)8516

𠬯 반【piān ㄆㄧㄢ】[설문부수 63] ㉠㊤㊥⑨㊍ pān ① 받들 공 ② 더위 잡을 반 ※ 반(攀)의 옛 글자
설문 1679 引也。《『上林賦』。仰𠬯橑而捫天。晉灼曰。𠬯古攀字。按今字皆用攀。則𠬯爲古字。𠬯亦小篆也。》从反廾(廾)。《象引物於外。普班切。14部。》凡𠬯(𠬯)之屬皆从𠬯。𢪃或从手从樊。《樊聲也。今作「攀」。『公羊傳』作「扳」。》/104

유사 필 발(癶)
성부 樊번
형부 련(䜌)

◀ 제 4 획 ▶

분【fēn ㄈㄣˉ】풀 갓 나 향기 퍼질
※ 분(芬)과 같은 글자(圖228)
설문 0217 屮初生其香分布也。《『衆經音義』兩引『說文』。芬、芳也。【其-所據:本】不同。按〔艸部〕。芳、艸香也。【詩】說馨香、多言苾芬。『大雅:毛傳』日。芬芬、香也。然則『玄應』所據正是【古本】。》从屮。分聲。《撫文切。13部。》芬或从艸。/22
형성 (1자) 분(棼)3358
● 㞢 초목무성할 황 ※ 㞷 무덤 봉, 무성할 황

◀ 제 6 획 ▶

𡴫 얼【niè ㄋㄧㄝˋ】높고 위태할
설문 9169 危高也。从𠂤。屮聲。讀若臬。《魚列切。15部。》/730
성부 辥 설

◀ 제 7 획 ▶

● 㚔 행복할 행(幸)-고자

◀ 제 9 획 ▶

(윤)【yùn ㄩㄣˋ】상中⑨작 yǔn 미쁠 ※ 윤(允)의 본자 (屮부 9획)
설문 6343 進也。《〔㫃部:旞〕下日。導車所載全羽以爲允。〈句。〉允、進也。許意謂卽𡕝之省也。》从夲。从屮。《屮者、進之意也。》允聲。《余準切。13部。》『易』日。𡕝升大吉。《『升:初六,爻辭』。鄭日。升、上也。『荀爽』云。謂一體相隨。允然俱升。『九家易』日。謂初失正。乃與二陽允然合志俱升。允然者、升之皃(貌)。不訓信。葢(蓋)【古本】作𡕝升也。》/498

046
3-17
山 뫼 산

산【shān ㄕㄢˉ】[설문부수 350] 메, 산, 산신
설문 5582 宣也。謂能宣㪔(散)气、生萬物也。《九字依『莊子』釋文訂。「㪔(散)」當作「𣏟(㪔)」。》有石而高。象形。《所閒切。14部。》凡山之屬皆从山。/437
유사 왼손 좌(屮) 수건 건(巾) 풀날 철(屮)
성부 부록 색인 참조
형부 山을 부수로 하는 대부분의 글자들 감(嵌)
형성 (4자) 산(訕)1529 산(汕)4004 산(疝)4524 산(汕)6940

◀ 제 2 획 ▶

음【cén ㄘㄣˊ】本[산 깊은 곳에 들어갈] 도울
설문 3139 入山之㴱(深)也。《『廣韵』作入山㴱皃(深貌)。於形得義。》从山。从入。《會意。》闕。《此闕謂闕其音讀也。大徐鉏箴切。『篇』、『韵』同。乃後人強(强)爲之音。以其字似岑。因謂音岑耳。》/224
유사 나를 듯할 헌(㕞)

(궤)【jǐ ㄐㄧˇ】산 이름
설문 5591 屼山也。《三字句。各本無「屼」字。淺人所删(刪)。乃使文理不完。【許書】之例。以說解釋文字。若屼篆爲文字、屼山也爲說解。淺人往往氾謂複字而删之。如髦篆下云髦髮也、巂篆下云巂周、河篆江篆下云河水江水皆删一字。今皆補正。『玉篇』、『廣韵(韻)』皆日。女屼、山名。按『中山經』日。『中次九經』岷山之首日女几之山。凡岷山之首自女几之山至于賈超之山、凡十六山。許立文㠊屼系聯、與『山經』合。豈【古本】作女屼山與。》或日溺水之所出。《『溺』各本作『弱』。誤。今正。〔水部〕日。溺水自張掖删丹西至酒泉、合黎。餘波入于流沙。桑欽說。不云出女屼山也。此云或日者、廣異聞。按『集韵(韻)』、『類篇』引『說文』。山名。一日女屼山。弱水所出。與【今本】異。恐未可從。》从山。几聲。《居履切。15部。》/438

알【è ㄜˋ】[설문부수 352] 언덕 높을
설문 5636 岸高也。《屵之言巘巘然也。『廣韵』。高山狀。》从山厂。厂亦聲。《五葛切。14、15部。》凡屵之屬皆从屵。/442
유사 물가 언덕 위에 나타날 약(屵屵) 우러를 첨(广)
성부 岸 안
형부 애(崖) 퇴(㠑) 비(㠊) 탄(炭) 배(㠙)
형성 (1자) 탄(炭)6138

(기)【xǐ ㄒㄧˇ】상中⑨작 qǐ (초목이 없는)민둥산
설문 5599 山無艸木也。《「無」當作「有」。》从山。己聲。《墟里切。1部。『釋山』作「峐」。『三蒼』、『字林』、『聲類』並(竝)云。峐卽屺字。音起(起)。》『詩』日。陟彼屺兮。《『魏風:陟岵』。》/439

신【shēn ㄕㄣˉ】[설문부수 351] 두 산 나란히 서 있을
설문 5634 二山也。《此說義而形在是。如玨之例。》凡屾之屬皆从屾。《此闕謂闕其讀若也。今音所臻切。恐是肊說。》闕。/441
형부 도(嵞)

◀ 제 3 획 ▶

절【jié ㄐㄧㄝˊ】산모퉁이 우뚝 내밀, 산뿌리 내밀
설문 5632 陬隅。《〔𨸏(阜)部〕日。隅者、陬也。陬者、隅也。『孟子』。虎負嵎。是知隅者、高山之卪也。嵎卽隅字。『趙-注』日。虎依陬而怒。》高山之卪也。《「卪」各本作「節」。今正。山之卪日 𡵂(岊)。猶竹卪日節、木卪日科厄也。『劉(劉)逵-注:吳都賦』引此、謂之許氏記字。》从山卪。《會意。卪亦聲。子結切。12部。》/441

3 ⑫

岑 **잠【cén ㄘㄣˊ】** 산봉우리, 산 작고 높을, 심히 높은 모양 ■음:언덕, 낭떠러지

설문 5604 山小而高。《『釋山』曰。山小而高曰岑。『釋名』曰。岑、嶃也。嶃然也。》从山。今聲。《鉏箴切。7部。》/439

형성 (2자) 침(梣)3298 잠(涔)6993

◀제 4 획▶

岡 **강【gāng ㄍㄤ】** 산등성이, 언덕

설문 5603 山脊也。《『釋山』曰。山脊岡。『周南:傳』曰。山脊曰岡。》从山。网聲。《古郎切。10部。》/439

유사 그물 망(罔)

형성 (3자) 강(犅)694 강(剛)2634 강(綱)8277

岨 **(저)【qǔ ㄑㄩˇ】 ㊤㊥⑨㉿ qū** 돌산에 흙 덮힐, 험할 ■조:산 울퉁불퉁한

설문 5602 石戴土也。《『周南:卷耳』曰。陟彼砠矣。本亦作「砠」。『釋山』曰。石戴土謂之崔嵬。土戴石爲岨。『毛傳』云。崔嵬、土山之戴石者。石山戴土曰砠。二文互異而義則一。戴者、增益也。『釋山』謂用石戴於土上。毛謂土而戴之以石。『釋山』謂用土戴於石上。毛謂石而戴之以土。以絲衣戴弁例之。則毛之立文爲善矣。石在上則高不平。故曰崔嵬。土在上則雨水沮洳。故曰岨。許於嵬下同毛。此岨下亦同毛也。『詩』、『爾雅』作「砠」。許作「岨」。主謂山、故字从山。重土、故不从石。》从山。且聲。《七余切。5部。》『詩』曰。陟彼岨矣。/439

岪 **불【fú ㄈㄨˊ】** (산)첩첩할

설문 5628 山脅道也。《脅者、兩膀(兩髈)也。山如人體、其兩㫄(旁)曰脅。『水經:注』曰。江水又東逕赤岬城。引『淮南子』。徬(彷)徨於山岬之㫄。『注』云。岬、山脅也。『楚辭:招隱士』云。坱兮圠(圪)山曲岪。『王-注』云。盤結屈也。結屈、【許書】作詰詘。山脅之道然也。》从山。弗聲。《符物切。15部。》/441

형성 (1자) 불(㟗)990

岫 **(수)【xiù ㄒㄧㄡˋ】** 산굴

설문 5609 山有穴也。《「有」字各本奪。今依『文選(選)-張景陽:襍(雜)詩:注』補。有穴之山謂之岫。非山穴謂之岫也。『東京賦』。王鮪岫居。薛解云。山有穴曰岫。然則岫居、言居有穴之山。》从山。由聲。《似又切。3部。》㠌籒文从穴。/440

岱 **(대)【dài ㄉㄞˋ】** 대산(5악의 하나, 태산의 별칭)

설문 5584 大山也。《「大」作「太」者、俗改也。域中冣(最)大之山、故曰大山。作「太」、作「泰」皆俗。『釋山』曰。泰山爲東嶽。『毛傳』曰。東嶽、岱。『堯典』。至于岱宗。『封禪書』、『郊祀志』曰。岱宗、泰山也。『禹貢』、『職方』皆曰岱。在今山東泰安府泰安縣北。》从山。代聲。《徒耐切。1部。》/437

岵 **(호)【hù ㄏㄨˋ】** (초목이 우거진)산

설문 5598 山有艸木也。《「艸」舊作「草」。誤。今正。「有」當作「無」。『釋山』曰。多草木、岵。無草木、峐。『釋名』曰。山有草木曰岵。岵、怙也。人所怙取以爲事用也。山無草木曰屺。屺、圮也。無所出生也。【許書】同『爾雅』、『釋名』。『吳都賦』岡岵童、用字亦宗『爾雅』。而『毛詩:魏風:傳』曰。山無草木曰岵。山有草木曰屺。與『爾雅』互異。竊謂『毛詩』所據爲長。岵之言瓠落也。屺之言荄滋也。岵有陽道。故以言父。無父何怙也。屺有陰道。故以言母。無母何恃也。毛又曰。父尙義。母尙恩。則屬辭之意可見矣。許宗毛者也。疑有無字本同毛。後人易之。》从山。古聲。《侯古切。5部。》『詩』曰。陟彼岵兮。《『魏風』陟岵。》/439

岸 **안【àn ㄢˋ】 ㉠㊥⑨㉿ yá** 언덕, 낭떠러지, 섬돌

설문 5637 水厓洒而高者。《各本無「洒」字。今依『爾雅』補。『釋丘』曰。朢(望)厓洒而高岸。夷上洒下不漘。李巡曰。夷上、平上。洒下、陗下。故名漘。孫炎曰。平上陗下故名曰漘。不者、蒁(蓋)衍字。據李孫之釋漘、則知李孫之釋岸亦必曰陗下而高上也。陗下者、謂其體斗陗平上。高上者、謂其顚有崔嵬平坦之不同。嵬下曰。高不平也。對夷上言也。洒釋爲陗者。洒卽陖之假借。二字古音同。〔𠂤(阜)部〕曰。陖者、陗高也。陗者、陖也。凡斗立不可上曰陗。『詩:新臺有洒:傳』曰。洒、高峻也。峻同陖。郭景純昧於其義。乃釋高曰陖。陖非高之謂也。『釋洒』曰水深。水之深淺、何與於厓。不得冠以望厓矣。『爾雅』言厓、許言水厓者、申『爾雅』之說。別於山邊之厓也。『衛(衛)風』。淇則有岸。『小雅』。高岸爲谷。其本義也。『大雅』。誕先登于岸。『傳』曰。岸、高位也。其引伸之義也。『箋』云。岸、訟也。『小雅:小宛:傳』曰。岸、訟也。此皆借岸爲犴獄字也。》从屵。干聲。《五旰切。14部。》/442

형성 (1자) 안(䮗)5862

◀제 7 획▶

峨 **(아)【é ㄜˊ】** (산)높을, 산 이름

설문 5623 嵯峨也。从山。我聲。《五何切。17部。》/441

峱 **(노)【náo ㄋㄠˊ】** 산 이름

설문 5586 峱(狃)山也。《舊奪峱字、也字。今補。三字句。》在齊地。《上文五嶽不言在者、人所共知。不待言也。『齊風:還』曰。遭我乎峱之閒(間)兮。『傳』曰。峱、峱山也。『地理志』引作「嶩」。師古云。亦作「巎」。音皆乃高反。》从山。狃聲。《奴刀切。古音在 3部。》『詩』曰。遭我于峱之閒(間)兮。《『今-詩』于作「乎」。『漢書』作「虖」。》/438

島 **도【dǎo ㄉㄠˇ】** 섬

설문 5585 海中往往有山可依止曰

島(島)。《『禹貢』。鳥夷皮服。『某氏傳』讀爲島。與『馬、鄭-注』如字不同。衛(衛)包徑改【經】爲島字。非也。》从山。鳥聲。《『韵會』作「鳥省聲」。非。》讀若『詩』曰蔦與女蘿。《『小雅:頍弁』文。都晧切。2部。『玉篇』丁了多老二切。》/438

참고 도(㠀)꼴을 ※ 도(𡵚)와 같은 글자

峼 (고)【gào 《ㄠˋ】 산 모양 ▣곡:같은 뜻

설문 5620 山皃(貌)。一曰山名。从山。告聲。《古到切。『篇』、『韵』皆口沃切。3部。》/441

崞 (형)【xíng ㄒㄧㄥˊ】 ㊤㊥⑨ **kēng** 산중턱 끊어질 ▣경:같은 뜻

설문 5626 陘谷也。《三字句。各本刪(删)陘字。今補。『廣韵(韻)』曰。陘口莖切。或作硎(硎)。谷名。在麗山。昔秦密種瓜處。按秦冬月種瓜谷中溫處。瓜實。因使諸生往視。說之。發機阬諸生。事見『尚書:正義』所引『衛(衛)宏-詔定:古文-官書:序』。『漢書:儒林傳:注』、『藝文類聚:卷八十七』同。而師古作「阬谷」。『正義』及『類聚』作「硎谷」。實則陘谷也。》从山。巠聲。《戶(戸)經切。11部。》/441

◀ 제 8 획 ▶

嵩 崇 崧 **숭【cóng ㄘㄨㄥˊ】** ㊤㊥⑨㉆ **chóng** ① 산 크고 높을, 산 불끈 솟을 ② 귀할, 산 높을, 중히 여길 ③ 산 이름, 높은 산, 성씨 ※ 숭(崧)과 같은 글자

설문 5614 山大而高也。《各本作「巍高也」三字。今正。『大雅』。崧高維嶽。『釋山』、『毛傳』皆曰。山大而高曰崧。『孔子閒居』引『詩』崧作嵩。『釋名』作山大而高曰嵩。崧嵩二形皆卽崇之異體。『韋-注:國語』云。古通用崇字。『太平御覽』及徐鉉皆引其語。『詩:序』曰。崇丘、萬物得極其高大也。此崇之故訓也。『河東賦』。瞰帝唐之嵩高。脈隆周之大寧。嵩高卽崇高也。『漢-碑』曰。如山如岳。嵩如不傾。謂崇而不傾也。中嶽、『禹貢』謂之外方。秦名大室。漢武帝始謂之崇高山。因以山下戶三百爲之奉邑。名曰崇高縣。『武帝紀』、『郊祀志』、『地理志』、『封禪書』可證。崇字『地理志』作密。體之小異耳。『史』、『漢』或崇嵩錯出。要無礙爲一字。惟『後漢書:靈帝紀』。熹平五年復崇高山爲嵩高山。語大可疑。證以『東觀紀』。堂谿典請雨。因上言改之。名爲嵩高山。是則非復崇高爲嵩高。乃改崇高爲嵩高。葢(蓋)其時六書之學不明。謂嵩與崇別而改之。沿至今日。尙仍其誤。『李賢-注』云。『前書』武帝祠中嶽。改嵩高爲崇高。『前書』未嘗有此文。武帝改大室爲崇高。武帝以前但曰大室。不曰嵩高也。崇高本非中嶽之專偁(稱)。故淺人以崇爲汜辭。嵩爲中嶽。强生分別。『許-造:說文』不取嵩崧字。葢其時固憭然也。崇之引伸爲凡高之偁。『大雅』。福祿來崇。『傳』曰。崇、重也。『禮經:崇酒:注』。崇、充也。『邶風』。崇朝其雨。『傳』曰。崇、終也。皆音近假借。○ 或問釋山嵩高爲中嶽。非古名嵩高之證與。曰嵩卽崇字。『封禪書』曰。秦有大室。祠大室嵩高也。此謂秦之大室卽漢之崇高也。『釋山』之嵩高葢漢人語。非本經。故許嶽字下言大室。不言崇高。》从山。宗聲。《鉏窮切。9部。此篆舊在岊篆之後。解云。嵬高也。必轉寫之誤。今依『玉篇』移其次。依『毛傳』、『釋名』易其解。》/440

崒 (줄)【zuī ㄗㄨㄟ】 ㊤㊥⑨ **zú** (산)험할, 산봉우리 ▣졸:산 험하고 높을 ▣취:같은 뜻

설문 5606 崒、《此複擧(擧)字之未刪(删)者。》危高也。《言危殆之高也。『釋山』曰。崒者、厜㕒。厜㕒亦作「嵳峩」。按『小雅:十月之交:箋』曰。崒者、崔嵬。是鄭所據『爾雅』厜㕒作崔嵬也。惟土山戴石。故易崩耳。漸漸之石曰。漸漸之石。維其卒矣。『箋』云。卒者、崔嵬也。謂山巔之末也。是鄭謂卒爲崒之假借字。『子虛賦』。隆崇崒崒。》从山。卒聲。《醉綏切。15部。按『廣韵(韻):六,術』崒、慈(慈)䘏切。『六,脂(脂)』嶉、醉綏切。大徐誤也。》/439

崔 최【cuī ㄘㄨㄟ】 높을, 성씨

설문 5633 大高也。《『齊風』。南山崔崔。『傳』曰。崔崔、高大也。此云大高。未知孰是。嵬下曰。山石崔嵬。高而不平也。亦卽『毛傳』之土山戴石曰崔嵬也。》从山。佳聲。《聲字鉉無。今補。胙回切。15部。按小徐無此篆。大徐此篆在部末。非其次。『玉篇』亦本無崔字。於部末補之。疑許葢(蓋)本無此。『莊子』。山林之畏隹。隹卽今之崔也。但〔人部〕有催、〔手部〕有摧、則〔山部〕當有崔矣。》/441

형성 (4자+1) 최(催)4943 최(漼)6878 최(摧)7481 쇄(縗)8135 최(璀)

崖 (애)【yái ㄧㄞˊ】 ㊤ **yá** 언덕, 낭떠러지

설문 5638 高邊也。《〔辵(辶)部〕曰。邊、行垂崖也。〔土部〕曰。垂者、遠邊也。按垂爲遠邊。崖爲高邊。邊之義謂行於此二者、此二者因名邊矣。其字从屵也。故爲高邊。》从屵。圭聲。《五佳切。16部。此與〔厂部〕之厓義別。》/442

崛 (굴)【jué ㄐㄩㄝˊ】 우뚝 솟을

설문 5613 山短而高也。《「而」字舊無。今依『廣韵(韻)』補。短高者、不長而高也。不長故从屈。屈者、無尾也。無尾之物則短。『張揖-上林賦:注』曰。崛崎、斗絕也。》从山。屈(屈)聲。《衢勿切。15部。屈省作「崛」。》/440

峸 (장)【qiáng ㄑㄧㄤˊ】 ㊥⑨㉆ **qiāng** 산 높을

설문 5631 山陵也。从山。戕聲。《慈良切。10部。》/441

崝 (쟁)【chéng ㄔㄥˊ】 ㊤㊥⑨㉆ **zhēng** 가파를 ※ 쟁(崢)과 같은 글자

설문 5624 崝嶸、《逗。》山皃(貌)也。《各本不完。今補。『方言』曰。崝、高也。郭云。崝嶸、高峻之皃(貌)也。崝今字作崢。》从山。青聲。《七耕切。11部。按七耕當作士耕。》/441

𡺳 崞(곽)【guō ㄍㄨㄛ】 고을 이름, 산 이름

설문 5596 𡺳(崞)山也。在鴈門。《『地理志』。鴈門郡領縣十四。有崞縣。葢(蓋)以山名縣也。不言某

縣者、略也。今崞縣故城在山西直隸(隸)代州崞縣西三十五里。崞山在縣西南四十里。》从山。臺聲。《古博切。5部。》/439

崟 (음)【yín ㄧㄣˊ】메(높고 험한 산)
설문 5605 山之岑崟也。《『子虛賦』。岑崟參差。日月蔽虧。又『楊雄-蜀都賦』、『張衡-南都賦』皆有嶜岑字。李善讀爲岑崟。》从山。金聲。《魚音切。7部。》/439

3 ⑫

崩崩 붕【bēng ㄅㄥ】(산이)무너질, (천자가)죽을
설문 5627 山壞也。《引伸之天子死日崩(崩)。》从山。朋(朋)聲。《方滕切。6部。按隸(隸)體山在朋上。》古文。从自(阜)。/441
형성 (2자) 배(鄘)3853 붕(繃)8185

◀ 제 9 획 ▶

崵 (양)【yáng ㄧㄤˊ】산 이름
설문 5597 首崵山也。在遼西。《各本無「首」字。今依『玉篇』及『伯夷列傳:正義』、『王貢兩龔鮑傳:注』所引正。『地理志』。遼西郡令支有孤竹城。『郡國志』同。應劭曰。故伯夷國。按許意首崵山卽伯夷叔齊餓於首陽之下也。『馬融-注:論語』、『曹大家-注:幽通賦』、『戴延之:西征記』說夷齊首陽各不同。》从山。昜聲。《與章切。10部。》一曰嵎銕崵谷也。《「銕」【宋本】作「鐵」。此卽『堯典』之嵎夷暘谷也。〔土部〕引『書』宅嵎夷、〔日部〕引『書』暘谷皆謂『古文-尙書』也。此云嵎銕崵谷、則『今文-尙書』也。『堯典』釋文曰。『尙書:考(考)靈曜』及『史記』作「禺銕」。『尙書:正義』曰。【夏侯等-書】宅嵎夷爲宅嵎鐵。『夏本紀:索隱』曰。嵎夷『今文-尙書』及『帝命驗』並(竝)作「嵎鐵」。凡【緯書】皆同『今文-尙書』。〔金部〕曰。銕古文鐵。》/439

嵍 (무)【wù ㄨˋ】산 이름
설문 5629 山名。《按此篆【許書本】無。後人增之。【許書】果有是山。則當廁於山名之類矣。『顏(顔)氏家訓』。柏人城東有山。世或呼爲宣務山。予讀柏人城內『漢:桓帝-時所立:碑銘』云。上有巏嵍。王喬所仙。巏字遂無所出。嵍字依【諸字書】卽旄丘之旄也。嵍字、『字林』一音忘付反。今依附俗名當音權務。『經典:釋文』曰。『字林』有嵍亡周反、一音毛。嵍丘也。又有嵍亡附反、一音毛。亦云嵍丘也。據【顏、陸之書】、『字林』乃有嵍字。則【許書】之本無此顯然矣。旄丘見『詩』。『爾雅』曰。前高曰旄丘。劉(劉)成國曰。如馬擧(擧)頭垂髦。依『字林』、嵍丘卽旄丘。乃丘名、非山名也。》从山。敄聲。《亡遇切。古音在 3部。》/441

嵎 (우)【yú ㄩˊ】本[땅이름] 산굽이
설문 5588 封嵎之山也。在吳楚之閒。汪(閒汪)芒之國。《『魯(魯)語』。孔子曰。防風氏者、汪芒氏之君也。守封嵎之山者也。韋云。封、封山。嵎、嵎山。在今吳郡永安縣。按據許則封嵎乃一山名耳。今封、嵎二山在浙江省湖州府武康縣東。實一山也。楚當依『玉篇』作「越」。〔邑部〕曰。在夏爲防風氏。在殷爲汪芒氏。孔子謂防風氏爲汪芒氏之君者、以今釋古之例。謂夏之防風氏其國在殷之汪芒氏也。》从山。禺聲。《噳俱切。4部。》/438

嵏 (종)【zōng ㄗㄨㄥ】산 이름
설문 5594 九嵏山也。在左馮翊谷口。《「左」字各本無。今補。『地理志』曰。左馮翊谷口。九嵏山在西。谷口故城今在西安府醴泉縣東北七十里。九嵏山今在縣東北五十里。有九峯、俱峻。》从山。嵏聲。《子紅切。9部。按此篆各本在嶢嶭二篆之後。非其次。今依『玉篇』次弟正。又按【古書】皆作「嵕」。山在左。》/438

嵒 암【yán ㄧㄢˊ】바위, 낭떠러지, (산세가)가파를
설문 5617 山巖也。《『西京賦』曰。下嶄巖以嵒齬。》从山。品聲。《大徐無聲。按嵒與〔石部〕之碞別。五咸切。7部。》讀若吟。/440
유사 말 많을 녑(喦)
참고 암(癌)암(악성 종양)

◀ 제 10 획 ▶

嵞 (도)【tú ㄊㄨˊ】나라 이름
설문 5635 會稽山也。《『左傳』。禹會諸侯於塗山。執玉帛者萬國。『魯(魯)語』。昔禹致羣(群)神於會稽之山。防風氏後至。禹殺而戮之。【二傳】所說正是一事。故云嵞山卽會稽山。嵞塗古今字。故『今-左傳』作「塗」。『封禪書』云。『管仲』曰。禹封泰山。禪會稽。『吳越:春秋』曰。禹登茅山以朝羣臣。乃大會計。更名茅山爲會稽。『封禪書』又云。秦幷天下。自殽以東名山五。大室、恒山、太山、會稽、湘山。『劉(劉)向-上:封事』曰。禹葬會稽。葢(蓋)大禹以前名嵞山。大禹以後則名會稽山。故許以今名釋古名也。『杜-注:左傳』云。塗山在壽春東北。非古說也。會稽山在今浙江省紹興府治東南十二里。》一曰九江當涂也。民俗目(以)辛壬癸甲之日嫁娶。《一曰者、別一義。謂嵞山在九江當塗也。『地理志』。九江郡當塗。應劭曰。禹所娶塗山氏國也。『郡國志』。九江郡屬縣有當塗。有平阿。平阿有塗山。按平阿本當塗地。漢當塗卽今安徽省鳳陽府懷遠縣。縣東南有塗山。非今在江南太平府治之當塗也。『咎繇謨』曰。予創若時。娶于塗山。辛壬癸甲。『鄭-注』云。登用之年。始娶于塗山氏。三宿而爲帝所命治水。『水經:注』引『呂氏-春秋』禹娶塗山氏女。不以私害公。自辛至甲四日。復往治水。故江淮之俗以辛壬癸甲爲嫁娶日也。許云當塗民俗以辛壬癸甲之日嫁娶。正與『呂覽』合。『鄭-注:尙書』亦同『呂覽』。『尙書』辛壬癸甲、言娶塗山所歷之四日也。縣之名當塗者、葢以嵞山得名。嵞塗古今字。》从屾。余聲。《同都切。5部。》『虞書』曰。予娶嵞山。《『咎繇謨』文。合二句爲一句。如東方昌矣之類。此證後說也。》/441

嶏 (비)【pì ㄆㄧˋ】상中⑨작 pǐ 산 무너질
설문 5640 崩(崩)也。《『列子:黃帝篇』。目所偏視。晉國爵之。口所偏肥。晉國黜之。殷敬順釋文云。肥皮美切。『說文』、『字林』皆作「嶏」。又作「圮」。皆毁也。按

古肥與非通。口所偏肥、猶云口所偏非耳。不必援此也。⿸屵肥與圮亦非一字。》从屵。肥(肥)聲。《符鄙切。15部。》/442

⿸屵隹 (퇴)【duī ㄉㄨㄟˉ】 높을, 높은 모양
설문 5639 高也。《『玉篇』曰。亦作「陮」。按〔𠂤(阜)部〕曰。陮隗、高也。義同字異。》从屵。隹聲。《都回切。15部。『玉篇』徒罪切。》/442

陖 (준)【jùn ㄐㄩㄣˋ】 산 높을 ※ 준(峻)과 같은 글자
설문 5610 高也。《高上當有「陖」字。轉寫奪之耳。高者、崇也。陖者、陗高也。凡斗上曰陗。陖从陖、則義與陵同。同一高而有危高、陖高、尢高、短而高、巍高、大而高之別。『大雅』。崧高維嶽。駿極于天。『傳』曰。駿、大也。『中庸』、『孔子閒居:注』皆曰。峻、高大也。然則『大雅』之駿、用叚(假)借字。》从山。陖聲。《此舉(擧)形聲包會意。私閏切。13部。》峻陖或省。《『今-經典』作此字。》/440

嵬 외【wéi ㄨㄟˊ】 높고 평평치 못할, 높고 큰 모양
설문 5580 山石崔嵬。高而不平也。《【各本】作「高不平也」四字。今依『南都賦:李-注』訂。有高而上平者。兀下曰高而上平、『爾雅』曰夷上洒下曰漘是也。『周南』。陟彼崔嵬。『釋山』曰。石戴土謂之崔嵬。『毛傳』曰。崔嵬、土山之戴石者。說似互異。依許云高不平、則『毛傳』是矣。惟土山戴石、故高而不平也。岨下云。石山戴土。亦與毛同。》从山。鬼聲。《此篆可入〔山部〕、而必立爲部首者、巍从此也。五灰切。15部。》/437
참고 외(巍 𡾰) (산이)높을

嵳 差嵯(차)【cuó ㄘㄨㄛˊ】 우뚝 솟을
설문 5622 嵳(嵯)峨。《逗。二字各本無。今依【全書】通例補。》山皃(貌)。《『釋山』厜㕒、又作「嵯峩」。》从山。𢀩(差)聲。《昨何切。17部。》/441

◀ 제 11 획 ▶

嶅 (오)【yāo ㄧㄠˉ】 (상)(中)⑨(작) áo 잔돌 산, 산 우뚝할
설문 5601 山多小石也。《『釋山』曰。多小石、磝。許所據字从山也。魯有具、敖二山。晉師在敖、鄗二山之閒。敖蓋(蓋)卽嶅字。以多小石得名。》从山。敖聲。《五交切。2部。》/439

● 島 섬 도(島)-본자

◀ 제 12 획 ▶

嶏 (배)【pèi ㄆㄟˋ】 (작) bó 무너지는 소리
설문 5641 崩(崩)聲。从屵。配聲。讀若費。《蒲沒(沒)切。15部。按此蓋(蓋)卽⿸屵肥之或體耳。『玉篇』有⿸屵肥無嶏、可證。『廣韵(韻)』㫄(傍)佩切。》/442

⿱山絫 (뢰)【lěi ㄌㄟˇ】 산 험한 모양
설문 5618 ⿱山絫⿱山辠、《逗。疊韵(疊韻)字也。》山皃(貌)也。《各本外誤。今依【全書】通例補正。『西京賦』曰。『上林』岑以壘嵬。按壘嵬卽⿱山絫⿱山辠也。》从山。絫聲。《落猥切。15部。俗作「⿱山累」。按二篆同在 15部。則應作「⿱山纍」、纍聲。》/440

⿱敃山 ⿱敃山(민)【mín ㄇㄧㄣˊ】 산 이름
설문 5590 ⿰阝䍃(⿱敃山)山也。《『禹貢』。岷山道江。『夏本紀』作汶山。『封禪書』曰。瀆山、蜀之汶山也。》在蜀湔氐西徼外。《『地理志』。蜀郡湔氐道。『禹貢』崏山在西徼外。江水所出。『郡國志』同。今四川直隸(隸)茂州西北有湔氐廢縣。⿱敃山山在茂州西北五百里。江水所出。卽隴山之南首。連峯千里不絕。蜀西之山皆⿱敃山也。〔水部〕曰。江水出蜀湔氐徼外⿱敃山。入海。》从山。敃聲。《武巾切。古音在13部。按此篆省作「崏」。隸變作「汶」、作「文」、作「⿰山文」、作「⿰山旻」。俗作「⿱敃山」、作「岷」。漢蜀郡有汶江道。漢元鼎六年置。汶山郡亦作文山郡。汶文皆卽⿱敃山字之叚(假)借也。『孝(考)工記』。貉踰汶則死。自謂魯(魯)北之水。殷敬順乃疑爲岷江。殊誤。》/438

嶘 (잔)【zhàn ㄓㄢˋ】 우뚝할
설문 5612 尤(尤)高也。《〔乙部〕曰。尤者、異也。〔京部〕曰。尤者、異於凡也。尤(尤)高謂之嶘。今字作「嶘」。》从山。棧聲。《士限切。14部。》/440

⿱山𠌶 (화)【huà ㄏㄨㄚˋ】 산 이름
설문 5595 ⿱山𠌶山也。在弘農華陰。《『地理志』。京兆尹華陰。大華山在南。豫州山。『郡國志』。弘農郡華陰。故屬京兆。有大華山。漢之華陰、今陝西同州府華陰縣是其地。泰華山在縣南十里。卽西嶽也。》从山。𠌶聲。《各本作「⿱山𠌶省聲」。今正。⿱山𠌶卽𠌶聲也。胡化切。古音在 5部。按西嶽字【各書】皆作華。華行而⿱山𠌶廢矣。『漢-碑』多有从山者。》/439

嶞 嶞(타)【duò ㄉㄨㄛˋ】 (산이)뾰족할
설문 5611 山之嶞嶞者。《『周頌』曰。嶞山喬嶽。『毛傳』曰。嶞山、山之嶞嶞小者也。嶞嶞、狹長之皃(貌)。凡圜而長者謂之隋。圜方而長者謂之隋方。字或作「橢」。『毛傳』。方銎曰斨。隋銎曰斧。『鄭-注:月令』曰。隋曰竇。方曰窖。『注:禮器(器)』曰。棜禁、如今方案隋長。隋長皆用隋字。『爾雅』。蜠貝小而橢。『平準書』、『食貨志:三』曰復小橢之。皆用橢字。此說山則用嶞字。疑當同『毛傳』作嶞嶞小者。今奪小字耳。「嶞嶞」疑當作「隋隋」。隋卽墮字。『詩』釋文曰。嶞字又作「墮」。》从山。橢省聲。讀若相推落之墮(墮)。《徒果切。17部。》/440

嶢 (요)【yáo ㄧㄠˊ】 (작) jiāo 산 높은 모양
설문 5630 焦嶢、山高皃(貌)。《『楊雄傳』曰。泰山之高。不嶕嶢則不能浡滃雲而散歊烝。「嶕」古袛作「焦」。》从山。堯聲。《古僚切。2部。》/441

◀ 제 13 획 ▶

嶧 (역)【yì ㄧˋ】 산 이름
설문 5587 葛嶧山也。《『地理志』。東海郡下邳。葛嶧山在西。古文以爲嶧陽。『郡國志』。下邳國下邳縣

葛嶧山。本嶧陽山。按今在江蘇省淮安府邳州西北六里。非山東兗州府鄒縣東南二十五里之繹山也。『魯(魯)頌』。倸(保)有鳧繹。『傳』曰。繹、繹山也。『左傳』。邾文公卜遷于繹。杜云。繹、邾邑。魯國鄒縣北有繹山。『哀:七年』。邾衆倸于繹。杜云。繹、邾山也。『史記』。秦始皇上鄒嶧山。刻石頌功德。『地理志』。魯國騶縣。嶧山在北。此山字作繹。从糸不从山。與東海葛嶧山字从山不同。『史記』作鄒嶧。『漢志』作「嶧山」。乃譌字也。【秦時-石刻】字作「繹」。》在東海下邳。《此用「永平以前-地志」也。》从山。睪聲。《羊益切。古音在 5部。》『夏書』曰。嶧陽孤桐。《『禹貢:青州』文。》/438

嶨 (학)【xué ㄒㄩㄝˊ】석산(큰 돌이 많은 산)
설문 5600 山多大石也。《『釋山』曰。多大石、礐。許所據字从山也。『廣韵(韻)』引『爾雅』字亦从山。〔許-石部〕有礐。訓石聲。與此義別。》从山。學省聲。《胡角切。3部。》/439

嶵 (죄)【zuì ㄗㄨㄟˋ】산 험준할
설문 5619 崒嶵也。从山。辠聲。《徂賄切。15部。『文選(選)』、『篇』、『韵(韻)』皆作「嶉」。》/440

嶞 (타)【duò ㄉㄨㄛˋ】산 작고 뾰족할
설문 5621 山皃(貌)。从山。陊聲。《徒果切。17部。按陊者、小篆文之墯也。嶞从隋者、从墯之省也。是則陊嶞葢(蓋)一字。不當爲二。》/441

◀ 제 14 획 ▶

嶷 (의)【yí ㄧˊ】산 이름 ■억:높을
설문 5589 九嶷山也。舜所葬。《『海內經』。南方蒼梧之丘。蒼梧之淵。其中有九嶷山。舜之所葬。在長沙零陵畍(界)中。郭云。山今在零陵營道縣南。其山九溪皆相似。故云九疑。古者總名其地爲蒼梧也。》在零陵營道。《山在今湖南永州府寧遠縣南六十里、桂陽州藍山縣西南五十里。》从山。疑聲。《語其切。1部。按【諸書】多作「九疑」。惟『山海經』作「嶷」。音疑。而郭注亦作「九疑」。》/438

嶸 (영)【róng ㄖㄨㄥˊ】㊥⑨ héng 산 높고 가파른 모양
설문 5625 崝嶸也。从山。榮聲。《戶(戶)萌切。11部。亦作「嵤」。》/441

嶽 (악)【yuè ㄩㄝˋ】큰 산
설문 5583 東岱、《見下。》南靃、《南靃者、衡山也。在今湖南衡州府衡山縣西北。『風俗通』曰。衡山一名霍山。『爾雅:釋山』曰。霍山爲南嶽。『尙書:大傳』、『白虎通』皆擧(舉)霍山。『毛傳』則曰。南嶽、衡。許宗毛者也。日南霍、正皆謂今湖南之衡山。卽『漢:地理志』長沙國湘南縣東南之『禹貢:衡山』也。『封禪書』。漢武帝元封四年。巡南郡。至江陵而東。登禮灊之天柱山。號曰南嶽。此郭景純所謂武帝以衡山遼曠。移其神於天柱者。蓋自是天柱始有霍山之名。而衡山不日霍山矣。許言霍者、從其朔偁(稱)也。天柱山者、今安徽六安州霍山縣南之霍山是也。》西𡶳(華)、《見下。》北恒、《『爾雅』曰。恒山爲北嶽。『毛傳』曰。北嶽、恒。『禹貢:職方』之恒山也。在今直彔(隸)省定州曲陽縣。》中大室。《「大」各本作「泰」。今正。【古書】大字、俗或讀他蓋切。改爲太。又改爲泰。葢不可盡正矣。『爾雅』曰。嵩高爲「中嶽」。『封禪書』、『郊祀志』皆曰。中嶽、嵩高也。按『禹貢』曰「外方」。『左傳』曰「大室」。『國語』曰「崇山」。崇之字亦作「崈」、亦作嵩。故崇山亦曰崈高山、亦曰嵩高山。『地理志』。潁川郡崈高縣。武帝置。以奉大室山。是爲中岳。古文以崇高爲外方山也。大室、崇高錯擧(舉)。可見一山數名。卽今河南河南府登封縣北之嵩山也。》王者之所吕(以)巡狩所至。《吕(以)、用也。王者所用至此而巡狩也。巡狩者、巡所守也。天子適諸侯曰巡狩。按『堯典』。二月至于岱宗。五月至于南嶽。八月至于西嶽。十有一月至于北嶽。不言中嶽也。而『封禪書』、『郊祀志』述『堯典』皆云。中嶽、嵩高也。『何氏-注:公羊』則偁(稱)『堯典』、而補其文曰。還至嵩。如『初禮』。『應劭-風俗通』則曰。中嶽、嵩高也。王者所居。故不巡焉。其說乖異。》从山。獄聲。《五角切。3部。》𡴳古文。象高形。《今字作「岳」。古文之變。》/437

◀ 제 15 획 ▶

巀 (찰)【zá ㄗㄚˊ】(상)㊥⑨ jié 산이름, 비알 ■절:산 높고 가파를
설문 5592 巀嶭山也。《四字句。》在左馮翊池陽。《「左」字各本無。今補。『地理志』。左馮翊池陽。惠帝四年置。巀嶭(嶭)山在北。漢池陽故城在今陝西西安府三原縣西北二十里。嵯峨山在西安府涇陽縣北四十里。卽巀嶭山也。巀嶭嵳峩、語音之轉。本謂山陵皃(貌)。因以爲山名也。『楊雄-長楊賦』曰。椓巀嶭而爲弋。》从山。𢧵聲。《才葛切。15部。按語轉爲嵳。》/438

◀ 제 16 획 ▶

嶭 (알)【è ㄜˋ】㊥⑨ niè 가파를 ■얼:같은 뜻
설문 5593 巀嶭山也。从山。辥聲。《五葛切。15部。按語轉爲峩。》/438

◀ 제 18 획 ▶

巍 (외)【wéi ㄨㄟˊ】[설문부수 349] ㉠(상)㊥⑨(작) wēi (산이)높을
설문 5581 高也。《高者必大。故『論語:注』曰。巍巍、高大之稱也。『左傳』。卜偃曰。萬、盈數也。巍大名也。雉門外闕高巍巍然。謂之象巍。按本無二字。後人省山作魏。分別其義與音。不古之甚。》从嵬。委聲。《牛威切。按古音當在16部。》/437

◀ 제 19 획 ▶

巒 (만)【luán ㄌㄨㄢˊ】메(작고 뾰족한 산) ■란:속음
설문 5607 山小而銳。《『釋山』曰。巒山墮。說者謂爲一條。許於巒墮(墮)別爲二條。毛公釋隓(墮)亦不云巒也。葢(蓋)『爾雅』巒墮二物。許云山小而銳、巒之解也。毛云山之隋隋小者、墮之解也。後儒合爲一者、非是。『劉(劉)淵林-注:蜀

都賦』曰。巒、山長而狹也。一曰山小而銳也。兼用『爾雅』、『說文』。而『爾雅』之讀與毛許異矣。》从山。䜌聲。《洛官切。14部。》/439

巁 (려)【lì ㄌㄧˋ】 위태롭게 높을
설문 5615 巍高也。从山。蠆(蠆)聲。《〔虫部〕作「𧔥」。毒蟲也。从虫。上象形。依隸(隸)體从虫从萬則誤。》讀若厲(蠇蠇)。《力制切。15部。『玉篇』、『廣韵(韻)』作「巁」。云巍也。》/440

◀ 제 20 획 ▶

巖 (암)【yán ㄧㄢˊ】 바위, 가파를, 언덕, 돌굴, 산이 높고 가파른 모양
설문 5616 厓也。《各本作「岸也」。今依『太平御覽』所引正。〔厂部〕曰。厓者、山邊也。厓亦謂之巖。故厂下云。山石之厓巖。人可居也。『戰國策』。巖下有貫珠者。『漢書』。遊於巖廊之上。皆謂殿下小屋。如厓巖之下可居也。天子之堂九尺。諸侯七尺。其上曰巖廊。其下曰巖下。》从山。《〔山部〕之巖、主謂山厓。〔石部〕之礹、主謂積石。》嚴聲。《五緘切。8部。按此篆之上舊有峯篆。乃大徐所增。古祇用夆。夆、牾也。》/440

047	川
3-18	내 천

川 천【chuān ㄔㄨㄢ】[설문부수 415] 내(하천), 물귀신
설문 7125 毌穿通流水也。《毌、【各本】作貫。毌、穿物持之也。穿、通也。巛(川)則毌穿通流。又大於巜矣。水有始出謂川者。如『爾雅』水注川曰谿、許云泉出通川爲谷是也。有絕大乃謂川者。如『皋陶謨』𡿨巜距川、『攷工記』澮達於川是也。本小水之名、因以爲大水之名。》『虞書』曰。《謂『古文-皋陶謨』。》濬𡿨巜距川。《距【各本】作距。今正。『今-尙書』作畎澮距川者、後人所改也。》言深𡿨巜之水會爲川也。《此偁(稱)『尙書』釋之。以見『尙書』之川與川字有閒矣。川今昌緣切。古音在 13部。讀如春。『雲漢』之詩是也。》凡川之屬皆从川。/568
유사 재앙 재(巛)
성부 부록 색인 참조
형부 川을 부수로 하는 대부분의 글자들
형성 (6자+1) 순(巡)1048 훈(訓)1418 순(順)5398 순(馴)5927 순(紃)8273 순(輴)9093 천(釧)

𡿨 견【quǎn ㄑㄩㄢˇ】[설문부수 413] 도랑 (川부 0획)
설문 7122 水小流也。《〔水部〕曰。涓、小流也。𡿨與涓音義同。『釋名』曰。山下根之受霤處曰甽。甽、吮也。吮得山之肥潤也。按此爲『禹貢』羽畎、岱畎之說解。亦卽小流之義。》『周禮』。匠人爲溝洫。枱廣五寸。《枱、許之耜字也。見〔木部〕。【各本】作「梠」。誤。》二枱爲耦。一耦之伐。廣尺深尺謂之𡿨。倍𡿨謂之遂。倍遂曰溝。倍溝曰洫。倍洫曰巜。《已上『攷工記:匠人職』文。說詳『鄭-注』及『程氏瑤田-通藝錄』。『今-周禮』𡿨作甽。巜作澮。與許所據不同者、後人所改也。𡿨巜巛三篆下皆宜曰象形。而不言者、省文也。姑泫切。14部。》凡𡿨之屬皆从𡿨。甽古文𡿨。从田川。《古文疑當作籒文。葢(蓋)𡿨巜皆古文也。按『鄭-注:攷工記』曰。甽、畎也。謂甽畎古今字。甽卽今之畎者也。》田之川也。《四字小徐有。而田譌作甽。》畎篆文𡿨。从田。犬聲。《畎爲小篆、則𡿨甽爲古籒可知。此亦先二後上之例。》六畎爲一畮(畝)。《『漢:食貨志』曰。趙過能爲代田。一畮(畮)三甽。古法也。后稷始甽田。以二耜爲耦。廣尺深尺曰甽。長終畮。一畮三畎。一夫三百甽。而播種於甽中。按長從畮者、長百步也。六尺爲步。步百爲畮。播種於甽中者、甽中猶甽閒(間)。播種於兩甽之閒也。深者爲甽。高者爲田。皆廣尺。三百甽、積廣六百尺。長百步、亦長六百尺。故一夫百畮、其體正方。許云六畎爲一畮者、謂其地容六畎耳。與一畮三畎之制非有二也。畎與田來歲互易。卽代田之制也。六尺爲步。步百爲畮。見〔田部〕。》/568
※ 견(𡿨)은 작은 도랑, 괴(巜)는 큰 도랑, 천(川)은 하천이다. 모두 천(川)을 부수로 삼는다.
유사 끌 예(厂) 흐를 이(乁) 삐칠 별(丿) 삐칠 불(乀) 닿을 급(乁)
성부 巜괘 川천

巜 괴【guài ㄍㄨㄞˋ】[설문부수 414] ㊤㊥⑨㉑ kuài 큰 도랑 ▣환:젖을(川부)
설문 7123 水流澮澮也。《「澮澮」當作「浯浯」。『毛傳』曰。浯浯、流也。〔水部〕曰。浯浯、水流聲也。古昏聲會聲多通用。水流涓涓然曰𡿨。浯浯然則曰巜。巜大於𡿨矣。此字之本義也。因以名井田之制。》方百里爲巜。廣二尋。深二仞。《『考工記:匠人』文。尋、仞依〔許-寸部〕,〔人部〕說皆八尺。『今-周禮』作「澮」。許所據作巜。後人以水名易之也。古外切。15部。》凡巜之屬皆从巜。/568
유사 넝쿨 뻗을 구(丩) 칼 도(刂)
성부 俞兪俞유 川천
형부 린(粼)

◀ 제 1 획 ▶

巛 재【zāi ㄗㄞ】 재앙 ※ 재(災)의 본래 글자 (川부 1획)
설문 7132 害也。《害者、傷也。巛害字本如此作。『玉篇』云。天反時爲巛。今凡作灾、災、菑皆叚(假)借字也。災行而巛廢矣。『周語』曰。陽塞而在陰。川原必塞。原塞、國必亡。以一塞川、是爲害川。故字从一雝天。》从一雝川。《雝壅古今字。『王莽傳』。邕涇水不流。亦叚邕爲壅。此會意也。祖才切。1部。》『春秋傳』曰。川雝爲澤凶。《『宣:十二

年:左傳』文。此偁(稱)『傳』說會意之恉也。知『莊子』曰。『周易』。師之臨曰。師出以律。否臧凶。川雝爲澤。夭且不整。所以凶也。與偁艸木麗於土說麗从艸麗、偁豐其屋說豐从宀豐同。》/569

[유사] 내 천(川) 따비밭、대그릇 치(甾甾甾) 밭도랑 견(甽)

[성부] [災]재

[형성] (+1) 치(菑)

◀ 제 3 획 ▶

[렬]【liè ㄌㄧㄝˋ】물 흐르는 모양 [■]열:같은 뜻

[설문] [7130] 水流𢎘𢎘也。从巜(川)。列省聲。《大徐曰。𠛱(列)字从𢎘。此疑誤。當是从𣦼(歹)省。【小徐本】作𣦼省聲。良薛切。15部。》/569

[성부] [列][𠛱]렬

[주]【zhōu ㄓㄡ】[本][섬] (행정구역, 옛 중국의 9주 혹은 12주)고을, 마을

[설문] [7134] 水中可凥(居)者曰州。《「凥」【各本】作「居」。今正。者字今補。『周南』、在河之州。『釋水』、『毛傳』皆曰。手中可居者曰州。》水匊繞其旁。从重川。《「水」字今補。「匊繞」【各本】作「周遶。」誤。今正。匊者、帀也。會意。職流切。3部。俗作「洲」。》昔堯遭洪水。民凥水中高土。故曰九州。《州本州渚字。引申之乃爲九州。俗乃別製洲字。而小大分係矣。》『詩』曰。在河之州。《『關雎』文。證州之本義也。》一曰州、疇(疇)也。《以疊(疉)韵爲訓。疇、耕治之田也。》各疇其土而生也。《人各耕治以爲生。此說州之別一義。其實前義內可包。》𡿧古文州。《此像前後左右皆水。》/569

[형성] (3자) 축(𦉈)928 수(詶)1535 수(酬)000

[巟][황]【huāng ㄏㄨㄤˉ】물 넓을, 미칠(닿을), 이를

[설문] [7127] 水廣也。《引申爲凡廣大之偁(稱)。『周頌』。天作高山。大王荒(荒)之。『傳』曰。荒、大也。凡此等皆叚(假)荒爲巟也。荒、蕪也。荒行而巟廢矣。》从巜(川)。亾(亡)聲。《呼廣切。10部。》『易』曰。包巟用馮河。《『泰:九二, 爻辭』。『今-易』作荒。陸云。本亦作巟。》/568

[성부] [荒][㡛]황

[형성] (5자) 황(謊)1583 황(幌)4657 황(駥)5923 몽(鯇)7229 황(統)8130

◀ 제 4 획 ▶

[巠][坙][경]【jīng ㄐㄧㄥˉ】물줄기, 선파도

[설문] [7126] 水𠂢(脈)也。《巠之言濥也。濥者、水𠂢行地中濥濥也。故从川在地下。》从川在一下。一、地也。《會意。》壬省聲。《古靈切。11部。》一曰水冥巠也。《冥巠、水大皃(貌)。今字作溟涬。『司馬-注:莊』曰。涬溟、自然氣也。》𡿦古文巠不省。/568

[성부] [輕]경

[형성] (21자) 경(莖)472 경(牼)731 경(徑)1163 간(掔)2236 경(脛)2520 경(剄)2679 경(桱)3526 경(窒)4444 경(痙)4563 경(頸)5363 형(峌)5626 정(赬)6277 형(悻)6497 경(涇)6675 경(鯁)7249 경(娙)7816 경(經)8136 형(蛵)8410 경(勁)8796 형(鋞)8861 형(陘)9213

● [㐬] 임산 때 아이가 자위로 돌 [𠫓𠫓𠫓]

[율]【yì ㄧˋ】[상][中][9][작] yù 물 흐를 [■]현:같은 뜻

[설문] [7129] 水流也。《此與〔水部:汩〕義異。汩、治水也。『上林賦』曰。汩乎混流。又曰。汩急漂疾。『方言』。汩、疾行也。『注』云。汩汩、急皃(貌)。于筆切。此用汩爲𡿻(𡿻)也。『廣韵』合爲一。非。》从巜(川)。曰聲。《于筆切。15部。》/568

[유사] 목베어 거꾸로 메달 교(県県)

[형성] (1자) 매(䫉)5384

(순)【xún ㄒㄩㄣˊ】돌(시찰), 순찰 도는 모양, 굽신 거리는 모양 [■]연:서로 좇을

[설문] [1048] 視行也。《「也」【各本】作「皃(貌)」。今依『篇』、『韵(韻)』訂。視行者、有所省視之行也。天子適諸矦曰巡狩。巡所守也。視行一作延行。延巡雙聲。》从辵 (辶)。川聲。《詳遵切。13部。》/70

◀ 제 5 획 ▶

● [坙][巠] 줄기 경(巠)-본자

◀ 제 7 획 ▶

[巢][소]【cháo ㄔㄠˊ】[설문부수 222] 새집, 깃들일, 망루

[설문] [3730] 鳥在木上曰巢(巢)。在穴曰窠。《〔穴部〕曰。穴中曰窠。樹上曰巢。巢之言高也。窠之言空也。在穴之鳥、如鴝鵒之屬。今江蘇語言通名禽獸所止曰窠。》从木。象形。《象其架高之形。鉏交切。2部。》凡巢之屬皆从巢。/275

[성부] [甹]폄

[형성] (8자) 소(璅)160 조(藻)628 소(樔)3640 소(鄛)3914 초(摷)7677 조(繅)8123 초(勦)8808 소(轈)9081

[䬑][𡿺][욱]【yù ㄩˋ】[상][中][9] huò ① ③ 문채, 빛날, (초목)무성할 ② [명][■]역:물흐를

[설문] [7128] 水流皃(貌)。《「皃」舊作「也」。今依『篇』、『韵』正。『江賦』。溭淢濜湏。李云。參差相次也。淢卽𡿺(或)。『詩』。黍稷彧彧者、𡿺之變。叚(假)𡿺爲𩰪也。》从巜(川)。或聲。《于逼切。1部。亦胡國切。》/568

[유사] 혹시 혹(或)

[형성] (1자) 욱(𩰪)4130

삼부()의 욱(彧)과 구분했다.

◀ 제 12 획 ▶

巤 렵【liè ㄌㄧㄝˋ】 말갈기, 밑, 쥐털

설문 6384 毛巤也。象髮在囟(囟)上。《爲㐫也。㐫(首)下曰。巛(川)象髮。髮謂之鬊。鬊卽巛也。》及毛髮巤巤之形也。《謂𡿺象毛髮巤巤之形也。良涉切。8部。玉裁按。巤如鬣盍(蓋)正俗字。巛卽髮。不當復从髟矣。〔髟部:鬣〕之爲增竄無疑。》此與籒文子字同意。《「意」字舊奪。今補。〔子部〕曰。𢀈古文子。从巛。象髮也。𠫓(㐬)者倒古文子。然則此「籒」字當作「古」。》/501

형성 (6자) 랍(邋)1132 랍(臘)2549 렵(儠)4769 렵(鬣)5494 렵(獵)6056 랍(擸)7502

048 工 3-19 장인 공

工 공【gōng ㄍㄨㄥ】【설문부수 147】 本[공교할] 장인, 공업

설문 2893 巧飾也。《飾拭古今字。〔又部〕曰。馭、飾也。〔巾部〕曰。飾、馭也。〔聿部〕曰。𦘔、聿飾也。〔彡部〕曰。彡、毛飾畫(畵)文也。皆今之拭字也。此云巧飾也者。依古文作𢀛爲訓。彡者飾畫(畵)文。巧飾者、謂如𡡠人施廣領大袖以仰涂而領袖不污(汚)是也。惟孰於規榘乃能如是。引伸之凡善其事曰工。見『小雅:毛傳』。》象人有規榘。《直中繩。二平中準。是規榘也。》與巫同意。《𢀛有規榘。而彡象其善飾。𢀛(巫)事無形。亦有規榘。而𠃊象其兩(兩)褎。故曰同意。凡言某與某同意者。皆謂字形之意有相似者。古紅切。9部。》凡工之屬皆从工。𢀛古文工。从彡。/201

유사 다섯 오(五) 기와 와(瓦) 뻗힐 긍(亙亘亙恆)

성부 부록 색인 참조

형부 工을 부수로 하는 대부분의 글자들

형성 (15자+2) 공(玒)87 홍(訌)1570 공(攻)1950 홍(䧆)2198 항(缸)3153 강(杠)3524 홍(粠)4310 홍(仜)4779 강(扛)7592 강(㼘)8068 홍(紅)8230 홍(虹)8529 공(功)8782 강(釭)8981 **강**(釭) 홍(䜫)

◀ 제 2 획 ▶

左 좌【zuǒ ㄗㄨㄛˇ】【설문부수 146】 本[도울] 왼(쪽), 그를(잘못), 증거

설문 2891 𠂇(左)手相左(佐)也。《『各本』俱誤。今正。左者、今之佐字。『說文』無佐也。𠂇者、今之左字。〔𠂇部〕曰。左手也。謂左助之手也。以手助手是曰左。以口助手是曰右。》从𠂇工。《工者、左助之意。則箇切。17部。》凡左之屬皆从左。/200

성부 隋수 佐좌 差차 𢀜휴

형성 (1자) 좌(㸲)6316

巧 (교)【qiǎo ㄑㄧㄠˇ】 공교할, 예쁠, 약을

설문 2895 技也。《〔手部〕曰。技、巧也。》从工。丂聲。《苦浩切。古音在 3部。〔丂部〕曰。古文以丂爲丂。》/201

巨 거【jù ㄐㄩˋ】 클, 많을, 성씨, 어찌

설문 2896 規巨也。《『周髀筭經』曰。圜出於方。方出於矩。矩出於九九八十一。故折矩以爲句廣三。股脩四。徑隅五。旣方其外。半之一矩。環而共盤。得成三四五。兩(兩)矩共長二十有五。是謂積矩。用矩之道。平矩以正繩。偃矩以望高。覆矩以測湥(深)。臥矩以知遠。環矩以爲圜。合矩以爲方。方屬地。圜屬天。天圜地方。方數爲典。以方出圜。按規矩二字猶言法度。古不分別。規圜矩方者、圜出於方。圜方皆出於矩也。〔夫部〕曰。規、有法度也。不言圜曰規。『考工記』。斬轂之道必矩其陰陽。『注』。矩謂刻識之也。凡識其廣長曰矩。故凡有所刻識皆謂之矩。》从工。象手持之。《謂コ也。其呂切。5部。按後人分別巨、大也。矩、法也。常也。與『說文』字異。其呂切。『唐韵』也。『廣韵』作矩、榘。入九麌。俱雨切。又云。『說文』又其呂切。此出『說文:音隱』。》榘巨或从木矢。矢者其中正也。《〔矢部〕曰。有所長短。以矢爲正。按今字作「矩」省木。》𢀛古文巨。《此爲象手持之。小篆變之。取整齊耳。『大學』。絜矩之道。『注』云。矩或作巨。此古文之遺也。》/201

【渠】下『注』云:《小徐云、榘卽柜字。… 又堯墓碑以柜爲榘。》/554

유사 턱 이(𦣝) 신하 신(臣)

성부 渠거 矩구

형성 (6자+2) 거(苣)598 거(歫)1020 거(齟)1233 거(距)1334 거(䝣)8549 거(鉅)9011 거(詎) 거(粔) 거(拒)

◀ 제 3 획 ▶

巩 공【gǒng ㄍㄨㄥˇ】 안을

설문 1790 褱也。《〔手部〕曰。𢪏、擁也。擁、褱也。》从丮(丮)。工聲。《居竦切。9部。》𢪏巩(巩)或加手。《又見〔手部〕。》/113

유사 땅 이름 공(邛𨚷)

성부 筑축

형성 (6자) 공(鞏)1707 공(碧)5734 공(恐)6626 공(𢪏)7475 공(蛩)8523 공(銎)8901

◀ 제 4 획 ▶

巫 무【wú ㄨˊ】【설문부수 149】 ㉠㉡㊥⑨㉮ wū (여자)무당 ※ 남자 무당은 격(覡)

설문 2899 巫祝也。《依『韵會本』。三字一句。按祝乃覡之誤。巫覡皆巫也。故覡篆下揔(總)言其義。〔示部〕曰。祝、

祭主贊辭者。『周禮』祝與巫分職。二者雖相須爲用。不得以祝釋巫也。》女能事無形、目(以)舞降神者也。《無舞皆與巫疊(疊)韵。『周禮』女巫無數。旱暵則舞雩。許云。能以舞降神。故其字象舞褎。》象人兩(兩)褎舞形。《謂𡭔也。太史公曰。韓子稱長袖善舞。不言从工者、工小篆也。巫、小篆之仍古文者也。古文不从小篆也。不言工象人有規榘者。已見上文工下矣。式、巧、何以从工。式、巧、之古文本从𢒄也。巨、何以从工也。巨下云从工、猶云象規榘也。》與工同意。《此當云「與𢒄同意」。說見工下。武扶切。5部。》古者巫咸初作巫。《葢(蓋)出『世本:作篇』。君奭(奭)曰。在大戊。時則有巫咸乂王家。『書:序』曰。伊陟相大戊。伊陟贊于巫咸。馬云。巫、男巫。名咸。殷之巫也。鄭云。巫咸謂爲巫官者。『封禪書』曰。伊陟贊巫咸。巫咸之興自此始。謂巫覡自此始也。或云大臣必不作巫官。是未讀『楚語』矣。賢聖何必不作巫乎。》凡巫之屬皆从巫。𢍉古文巫。《筮之小篆从此。》/201

성부 筮筭서 覡격 靈령

형성 (1자) 무(誣 𧫫)1531

◀ 제 7 획 ▶

差 差差 차【chā ㄔㄚ】㉠ chà ㉣ chāi 틀릴(어긋날), 사신 갈, 차(뺀 나머지) ■치:들쑥날쑥할 ■채:속음

설문 2892 貣也。左不相値也。《「貣」【各本】作「貳」。「左」【各本】作「差」。今正。貣者、忒之假借字。〔心部〕曰忒、失當也。失當卽所謂不相値也。『釋言』曰。爽(爽)、差也。爽、忒也。忒與忒葢(蓋)本一字。『尙書』二衍忒。『宋:世家』作「貣」。『易』四時不忒。京房作貣。『管子:全書』皆以貣爲忒。貣與貳形易相誤。『月令』宿離不貣。釋文貣、他得切。徐音二。無有差貣。釋文貣、音二。又他得反。緇衣其儀不忒。釋文忒、他得反。又作貳、音二。『漢-費鳳碑』貣與則德韵。婁氏釋作貳。皆貣之誤爲貳者也。貳與貣忒音既脂之迥別。義則貳訓副也。副貳之解、何得同於差忒乎。『左氏傳』其卜貳圉。『杜-注』貳、代也。按『外傳』作「以代圉」。謂用世次當立之圉。『左傳』作「貳圉」。謂副貳之圉。『坊記:注』引之。此則當各依文爲釋。『杜-注』左云貳、代也。似爲牽合。此云貣也者、用漢人常用字。故不作忒也。云左不相値也者、左之而不相當則㸑(差)矣。今俗語所謂左也。故其字从左从𠂹。𠂹者、乖也。》从左𠂹。《『韵會』作「𠂹省聲」。疑是「𠂹省聲」之誤。初牙切。17部。在支韵則楚宜切。在佳卦韵則楚佳、楚懈切。『說文:竹部』曰篸差。〔木部〕曰槮差。〔糸部〕曰參縒。『吉日:傳』曰。差、擇也。其引伸之義也。》𢀩籒文𢀩。从二。《从二者、岐出乖異之意。》/200

성부 着착

형성 (14자+3) 차(諎 𧩙)1590 차(䰈 𩬏)3208 사(槎 𣙅)3654 채(瘥 𤸦)4588 사(傞 𠊱)4930 차(髊 𩩻)5474 차(嗟 𡁗)5622 차(䐤)6139 자(溠 𣽉)6701 자(鮺 𩷖)7299 차(蓍)7351 치(縒 𦆀)8167 차(瑳 𤪒)8748 재(䱭)9160

차(瑳 𤪒) 차(磋) 차(蹉 𨅝)

◀ 제 9 획 ▶

𢀽 𢀽 전【zhǎn ㄓㄢˇ】[설문부수 148] 펼 ※ 전(展)의 옛 글자

설문 2897 極巧視之也。《工爲巧。故四工爲極巧。極巧視之、謂如離婁之明、公輸子之巧、旣竭目力也。凡展布字當用此。展行而𢀽廢矣。『玉篇』曰。「𢀽」今作「展」。》从四工。《知衍切。14部。》凡𢀽之屬皆从𢀽。/201

성부 𡨄색【201-2898】 㠇전【389-5020】

049 3-20	己 몸 기

己 己 기【jǐ ㄐㄧˇ】[설문부수 518] 몸, 6째 천간

설문 9300 中宮也。《戊己皆中宮。故中央土。其日戊己。『注』曰。己之言起(起)也。『律曆志』曰。理紀於己。『釋名』曰。己、皆有定形可紀識也。引申(伸)之義爲人己。言己以別於人者。己在中。人在外。可紀識也。『論語』克己復禮爲仁。克己言自勝也。》象萬物辟藏詘形也。《辟藏者、盤辟收斂。字像其詰詘之形也。此與巳止字絕(絶)不同。宋以前分別。自明以來書籍閒(間)大亂。如『論語』莫己知也。斯己而已矣。『唐-石經』不譌。宋儒乃不能了。居擬切。1部。》己承戊。象人腹。《冡『大一經』。》凡己之屬皆从己。己古文己。《己亥譌三豕者、己與三形似也。》/741

※ 사(巳), 이(已)는 원래 일자이의(一字二義) 〈사(巳) 참조〉

유사 뱀 사(巳) 이미 이(已) 꽃봉오리 함(马) 미칠 급(㇉) 활 궁(弓)

성부 부록 색인 참조

형부 己를 부수로 하는 대부분의 글자들

형성 (11자+1) 기(芑 𦬆)638 기(記 𧥝)1489 개(改 𢻭)1917 기(杞 𣏌)3376 기(邔 𨚘)3923 해(攺)5285 기(屺 𡵂)5599 비(妃 𡚱)7748 기(改)7795 기(紀 𦀇)8146 비(圮 𡋂)8694 기(玘 𤣶)

巳 巳 사【sì ㄙˋ】[설문부수 533] 여섯째 지지(동남, 오전 9~11시, 뱀띠)

설문 9347 巳也。《『律書』曰。巳者、言萬物之巳盡也。『律曆志』曰。巳盛於巳。『淮南:天文訓』曰。巳則生巳定也。『釋名』曰。巳、畢布巳也。辰巳之巳既久用爲巳然巳止之巳。故卽以巳然之巳釋之。『序卦:傳』。蒙者、蒙也。比者、比也。剝者、剝也。『毛詩:傳』曰。虛、虛也。自古訓故有此例。卽用本字、不叚(假)異字也。『小雅:斯干:箋』云。似讀爲巳午之巳。巳續妣祖者、謂巳成其宮廟也。此可見漢人巳午與巳然無二音。其義則異而同也。『廣雅:釋言』。巳、目(以)也。

乃淺人所改。『近-大興朱氏-重刻:汲古閣-說文』改爲己也。殊誤。》 四月昜(陽)气已出。陰气已臧。《今藏字。》萬物見。《句。》成彣彰。《故曰巳也。》故巳爲它象形。《巳不可像也。故以蛇象之。蛇長而冤(寃)曲垂尾。其字像蛇。則象陽已出陰已藏矣。此六字一句讀。§者、蛇象也。𢀳者、古文豕也。此近十二屬之說。而與『論衡:物勢篇』義各不同。祥里切。1部。》凡巳之屬皆从巳。/745

【已】下『注』云:《此與巳止字絕(絶)不同。宋以前分別。自明以來書籍閒(間)大亂。》/741

유사 몸 기(己) 그칠 이(已) 활 궁(弓)

성부 䤵기 𢀷노 巸이 巴파 包포 𢀶흔 巷항

형성 (5자) 사(祀)31 기(起)980 이(攺)1962 사(汜)6918 이(圯)8730

◀ 제 1 획 ▶

巴 파【bā ㄅㄚˉ】[설문부수 519] 本[식상사(食象蛇)]땅 이름, 천곡(천한 노래)

설문 9303 蟲也。《謂蟲名。》或曰食象它。《『山海經』曰。巴蛇食象。三歲而出其骨。》象形。《伯加切。古音在 5部。按不言从己者、取其形似而軵之。非从己也。》凡巴之屬皆从巴。/741

유사 몸 기(己) 지지 사(巳) 그칠 이(已) 병부 절(卩) 꽃봉오리 함(马) 활 궁(弓)

형부 파(祀)

유사 肥비 卮卮치 肥파 色색 䤵작 邑원 絕절 邑읍 䰘경

형부 파(祀) 취(肥)

형성 (5자+2) 파(靶)1728 파(杷)3543 파(豝)5787 파(把)7505 파(鈀)8943 파(祀)9304 파(帊) 파(琶)

◀ 제 2 획 ▶

㠯 이【yǐ ㄧˇ】하여금 ※ 이(以)의 옛 글자 (己부 2획)

설문 9348 用也。《用者、可施行也。凡㠯(以)字皆此訓。》从反巳。《與巳篆形勢略相反也。巳主乎止。㠯主乎行。故形相反。二字古有通用者。羊止切。1部。又按今字皆作以。由隸變加人於右也。》賈侍中說。己意巳實也。象形。《己【各本】作巳。今正。己者、我也。意者、志也。己意巳實、謂人意巳堅實見諸施行也。凡人意不實則不見諸施行。吾意巳堅實則或自行之。或用人行之。是以『春秋傳』曰。能左右之曰以。謂或𠂇或又惟吾指撝也。賈與許無二義。云象形者、巳篆上實下虛。㠯篆上虛下實。由許而實、指事亦象形也。一說象己字之上而實其下。》/746

※ 이(㠯)는 이(以), 사(佀)는 사(似)로 변했다.

유사 등뼈 려(呂) 쌓을 퇴(𠂤) 뚫을 관(串) 울부짖을 현(吅)

성부 矣의 以이 台태 𦘔견 官관 允윤 能능

형성 (3자) 이(苡苢)319 사(异)1669 사(梠)3537

◀ 제 5 획 ▶

巹 (증)【jǐn ㄐㄧㄣˇ】 삼갈

설문 9301 謹身有所承也。《承者、奉也。受也。按『禮記』借爲合巹字。巹見〔豆部〕。》从己丞。《會意。丞卽承也。》讀若『詩』云赤舃几几。《「几几」【各本】作「己己」。非韵(韻)。『昏義』釋文作几几。今據以正之。許讀同几。今居隱切。15、13部之轉也。》/741

◀ 제 6 획 ▶

巸 이【yí ㄧˊ】넓은 턱, 길(長也), 아름다울, 즐거울 ▣회:같은 뜻 (己부 6획)

설문 7456 廣頤也。《「頤」【各本】作「𦣝」。今正。【許書】主篆文也。廣頤曰巸。引申爲凡廣之偁(稱)。『周頌:昊天有成命:傳』曰。緝、明也。熙、廣也。熙乃巸之叚(假)借字也。熙从火。其義訓燥。不訓廣也。『毛傳』於『文王』曰。緝熙、光明也。與『昊天有成命:傳』不同。而『敬之:傳』曰。光、廣也。然則光卽廣。【二傳】義本同。不得如『鄭-箋』云廣爲光字之誤。『周內史』說『周易』曰。光、逗 遠而自他有耀者也。然則光卽廣可知。『大戴-禮』。積厚者流光。卽流廣也。『釋詁』。緝、熙、光也。卽『周語』叔向所云緝、明。熙、廣也。毛公兼取之爲『傳』。學者宐(宜)觀其會通。凡詁訓有析之至細者。有通之甚寬者。非好學深思。心知其意。不能盡其理也。熙訓廣、而熙乃巸之叚借。然則【古經】熙字可作巸者多矣。O『文王:毛傳』曰。緝熙、光明也。此係『釋詁』而必兼言明者、欲與叔向之語不相違也。『昊天有成命:傳』直用叔向語者、以叔向固釋此詩也。『敬之』緝熙于『光明:傳』曰光廣也者、以緝熙旣訓光明則光明於光明文理難通。故此光必訓廣也。然則『文王』、『敬之』熙訓光。『昊天有成命』熙訓廣。未嘗不析之甚細矣。》从𦣝。巳聲。《與之切。1部。》𢀡古文巸。从戶。《按此古文从戶、疑當作从尸。凡人體字多从尸。不當从戶也。『顧命』。夾兩階戺。某氏云。堂廉曰戺。『廣雅』云。戺、切也。此因堂邊圻堮象人下頷之廣闊。故借以爲名。而讀牀史切。O 又按『九經字樣』云。『說文』作「戺」。【經典】作「戺」。然則『今本-說文』異於唐時也。然唐時已从戶則亦誤矣。》/593

성부 熙熙희

형성 (1자) 이(嫛)7848

◀ 제 8 획 ▶

曩 (기)【jì ㄐㄧˋ】길게 걸터 앉을

설문 9302 長居也。《「居」【各本】作「踞」。俗字也。〔尸部〕曰。居者、蹲也。長居謂箕其股而坐。許云曩居者、卽【他書】之箕踞也。『玉篇』云。曩卽跽字。長跪也。非許意。許於〔足部:跽〕下云。長跪也。與曩別。》从己。其聲。讀若杞。《暨巳切。1部。按『集韵(韻)』曩古國名。衞(衛)宏說與杞同。葢(蓋)衞宏以曩爲杞宋之杞。此出唐人所謂『衞宏-官書』。多不可信。卽如此條、乃因許語而附會之也。》/741

◀ 제 9 획 ▶

3
⑫

巺 巺巽손【xùn ㄒㄩㄣˋ】本[갖출] 부드러울, 사양할, 괘 이름 (己부 9획)

설문 2888 具也。《『孔子-說:易』曰。巺、入也。巺乃愻之假借字。愻、順也。順故善入。許云具也者、巺之本義也。「巺」今作「巽」。》从丌。𢀩聲。《形聲包會意。〔卩部〕曰。𢀩、二卩也。巺从此。按二卩者、具意也。蘇困切。古音在 14部。》 古文巺(巽)。《从𢀩。从幵。》 篆文巺。《『汗簡(簡)』、『古文四聲韵』載此體各乖(乖)異。未詳宜何從也。竊疑此篆字當作「籒」。字之誤也。古文下从幵。幵亦具意也。籒文緐(繁)重。則从𢀩从幵而又从丌。『古文四聲韵』作「巺」。葢(蓋)不誤。小篆則省幵作巺。後人隸(隷)字則从籒變之作「巽」。『說文』仿隸爲之。非也。》/200

형성 (5자+1) 선(選)1094 선(譔)1420 선(巽)4614 선(僎)4740 전(鐉)9000 손(潠)

050	巾
3-21	수건 건

巾 건【jīn ㄐㄧㄣ】[설문부수 281] 수건, 헝겊, 두건, 덮을

설문 4647 佩巾也。《帶下云。佩必有巾。佩巾、禮之紛帨也。鄭曰。紛帨、拭物之佩巾也。按以巾拭物曰巾。如以帨拭手曰帨。『周禮』。『巾車』之官。『鄭-注』。巾猶衣也。然『吳都賦』。吳王乃巾玉路。『陶淵明』文曰。或巾柴車。或權孤舟。皆謂拂拭用之。不同鄭說也。陶句見『文選(選):江淹雜體詩:注』。【今本】作或命巾車。不可通矣。『玉篇』曰。本以拭物。後人著(着)於頭。》从冂。《巾可覆物。故从冂。『周禮:冪人:注』。以巾覆物曰冪。》丨象糸也。《有系而後佩於帶。居銀切。12部。》凡巾之屬皆从巾。/357

유사 왼손 좌(𠂇屮) 뫼 산(山) 풀날 철(屮)

성부 부록 색인 참조

형부 巾을 부수로 하는 대부분의 글자들

◀ 제 1 획 ▶

巿 불【fú ㄈㄨˊ】〈설문부수 282〉 슬갑(무릎에 감는 짧은 헝겊), 앞치마

설문 4709 韠也。《〔韋部〕曰。韠、韍也。二字相轉注也。鄭曰。韠之言蔽也。韍之言亦蔽也。祭服偁(稱) 韍。玄端服偁韠。》上古衣蔽前而已。巿(朩)目 (以)象之。《『鄭-注:禮』曰。高者佃漁而食之。衣其皮。先知蔽前。後知蔽後。後王易之以布帛。而獨存其蔽前者。不忘本也。》天子朱巿。諸侯赤巿。卿大夫蔥衡。《卿大夫下當有赤巿二字。奪文也。『斯干:箋』云。芾、天子純朱。諸侯黃朱。『采芑:傳』曰。芾、黃朱芾也。『鄭-注:易』云。朱深於赤。則黃朱爲赤也。『乾鑿度』曰。『困:九五』。文王爲紂三公。故言困於赤紱。至於『九二』。周將王。故言朱紱方來。引孔子曰。天子三公九卿朱紱。諸侯赤紱。『玉藻』曰。一命縕韍幽衡。再命赤韍幽衡。三命赤韍蔥衡。『鄭-注』。縕、赤黃之閒(間)色。所謂韎也。衡、佩玉之衡也。(同珩。) 幽讀爲黝(黝)。黑謂之黝。青謂之蔥。『周禮』。公侯伯之卿三命。其大夫再命。其士一命。子男之卿再命。其大夫一命。其士不命。按云赤朩蔥衡者、以別於再命之赤巿也。》从巾。象連帶之形。《謂一也。『玉藻』云。頸五寸。肩革帶博二寸。鄭曰。頸五寸亦謂廣也。頸中央。肩兩角。皆上接革帶以繫之。肩與革帶廣同。分勿切。15部。》凡巿之屬皆从巿。韍篆文巿。从韋。从犮。《犮聲也。此爲篆文則知巿爲古文也。先古文後小篆。此亦 2部之例。以有从巿之䘳。故以巿爲部首。而韍次之。假令無从巿之字。則以韍入韋。而以巿次之。》俗作紱。《疑當出一篆而注之。按【經傳】或借韍爲韍。如『明堂爲:注』曰。韍或作韍是也。或借芾爲之。如『詩:候人、斯干、采菽』是也。或借沛爲之。如『易:豐(豊)』其沛一作芾、鄭云蔽厀是也。芾與沛葢(蓋)本用古文作巿。而後人改之。或借茀爲之。如『詩』釋文所載及李善所引『詩』皆是也。或作「紱」。如『今-周易:乾鑿度』朱紱、赤紱是也。『倉頡篇』曰。紱、綬也。韍佩廢而存其係襚。秦乃以采組連結於襚。光明章表。轉相結受。故謂之綬。亦謂之紱。〔糸部〕曰。綬、韍維也。然則韍廢而綬乃出。韍字廢而紱字乃出。》/362

※ 저자 시와 구별하기 위하여 시(市)자의 윗부분을 띄워 쓰거나 시(帀)자 처럼 일(一)로 쓰기도 한다.

유사 저자 시(市) 막을 자(𠂔𠂔𠂔) 펼 포(布) 삼 빈(朮) 우거질 발(𣎵𣎵市) 두를 잡(帀)

성부 䘳뇨

형부 갑(䘳)

참고 불(芾)

帀 잡【zā ㄗㄚ】[설문부수 212] 두루, 둘릴, 널리 (옘255)

설문 3699 匊也。《「匊」【各本】作「周」。誤。今正。〔勹部:匊〕、帀徧也。是爲轉注。按古多假襍爲帀。》从反之(之)而帀也。《反之謂倒之也。凡物順屰(屰)往復則周徧矣。子荅切。7、8部。》凡帀之屬皆从帀。周盛說。《周盛者、亦博采通人之一也。》/273

유사 저자 시(市) 그칠 자(𠂔𠂔𠂔) 삼 빈(朮) 무성할 발(市𣎵𣎵) 슬갑 불(朩)

성부 師사 雨우 衛위 而이 𢦔이

◀ 제 2 획 ▶

市 시【shì ㄕˋ】저자(시장), 번화한 곳(사람·상품이 많은 곳)

설문 3179 買賣所之也。《『釋詁』曰。之、往也。『古史考』曰。神農作帀(市)。本『毄(繫)辭』說也。『世本』曰。祝融作帀。》帀有垣。从冂。《垣所以介也。故从冂。》从乁。象物相及也。乁、古文及字。《依『韵會』本。》之(之)省聲。《擧(擧)形聲包會意也。時止切。1部。》/228

유사 초목 무성할 발(市𣎵𣎵) 슬갑 불(朩) 두를 잡(帀)

성부 鬧뇨 制제

𢁒 (비)【bǐ ㄅㄧˇ】 헝겊(조각)
설문 4675 㡀裂也。《謂殘帛裂也。『急就篇』曰。𢁒敝囊橐不直錢。『方言』。器破而未離、南楚之閒謂之䟤。聲同義近。亦作「𢂁」。》从巾。匕聲。《卑履切。15部。》/359

布 포【bù ㄅㄨˋ】 베, 무명(면직물), 펼, 베풀, 벌일
설문 4703 枲織也。《其艸曰枲。曰萉。析其皮曰𣏟。曰朩。屋下治之曰麻。緝而績之曰綫。曰縷。曰纑。織而成之曰布。布之屬曰紨。曰縳。曰絟。曰緦。曰緆。曰緰貲。曰㡤。曰𢅀。古者無今之木綿布。但有麻布及葛布而已。引伸之凡散之曰布。取義於可卷舒也。『外府:注』曰。布、泉也。其藏曰泉。其行曰布。泉者今之錢也。『衞(衛)風』。抱布貿絲。『傳』曰。布、幣也。『箋』云。幣者所以貿買物也。此幣爲凡貨之偁(稱)。布帛金錢皆是也。》从巾。父聲。《博故切。5部。隸變作「布」。》/362
유사 저자 시(市) 그칠 자(𠂔𠧪𣎆) 삼 빈(朩)
무성할 발(巿𣎵𣎵) 슬갑 불(巿) 두를 잡(帀)
형성 (1자+1) 포(抪 𢪔)7498 포(怖 𢘡)

◀ 제 3 획 ▶

帇 (인)【rèn ㄖㄣˋ】 베갯잇 ■일:같은 뜻
설문 4652 枕巾也。《葢(蓋)加枕以藉首爲易汙(汙汚)也。今俗所謂枕頭衣。『廣雅』亦曰。帇、巾也。》从巾。刃聲。《而振切。12部。亦作「𢃇」。》/357

𦘒 섭 𦘒녑【niē ㄋㄧㄝ】[설문부수 80] 상中⑨ 작 niè 손 빠를(𦘒255)
설문 1838 手之疌巧也。从又持巾。《尼輒切。8部。》凡𦘒(𦘒)之屬皆从𦘒。/117
유사 오로지 율(聿)
성부 肅숙 盡盡진 聿율
형부 이(隸)

◀ 제 4 획 ▶

㠷 (갑)【gà ㄍㄚˋ】 상中⑨작 gé 돗자리, 곡식 쌓아두는 가리
설문 4699 蒲席𢄼也。《〔甾(甾)部〕曰。𢄼者、㠷也。楊雄以爲蒲器。然則𢄼與㠷一物也。》从巾。及聲。讀若蛤。《古沓切。7部。》/361

帉 帉(분)【fēn ㄈㄣ】 행주, 걸레
설문 4648 楚謂大巾曰帉。《『方言』。大巾謂之帉。『內則』曰。左佩紛帨。鄭云。紛帨、拭物之佩巾。今齊人有言紛者。釋文曰。「紛」或作「帉」。按紛者叚(假)借字也。帉帉同。》从巾。分聲。《撫文切。13部。》/357

◀ 제 5 획 ▶

㠾 (원)【yuān ㄩㄢ】 표기, 어지럽게 취할
설문 4683 幡也。《幡者、下文云書兒拭觚布也。與上文幣下云幡幟迴別。【許書】〔㫃部:旛〕下曰。旛、胡也。謂旗幅之下垂者。與幡各義。自【俗書】從便。旗旛字皆作幡。【冣(最)目】曰。鳥蟲書所以書旛信也。【今本】亦改爲幡信。而此部幣之幡識。鮮知其當作「旛」矣。幣與徽幖伍。旌旗類也。㠾與幡同物。拭觚布也。『廣韵(韻)』幡字下云。幡㠾、亂取。此今義。非許義。》从巾。夗聲。《於袁切。14部。》/359

帑 (노)【tǎng ㄊㄤˇ】 작 mú 처자(妻子) ■탕:나라 곳집
설문 4702 金幣所藏也。《此與府庫廥等一律。帑讀如奴。帑之言囊也。以幣帛所藏。故从巾。》从巾。奴聲。《乃都切。5部。『小雅:常棣:傳』曰。帑、子也。此叚(假)帑爲奴。『周禮』曰。其奴男子入於罪隷。女子入於舂槀。本謂罪人之子孫爲奴。引伸之則凡子孫皆可偁(稱)奴。又叚帑爲之。鳥尾曰帑。亦其意也。今音帑藏他朗切。以別於於妻帑乃都切。》/361

帔 (피)【pèi ㄆㄟˋ】 치마, 배자(소매 없는 옷)
설문 4661 弘農謂帬帔也。《謂帬曰帔也。『方言』曰。帬、陳魏之閒謂之帔。自關而東謂之襬。》从巾。皮聲。《披義切。古音在 17部。》/358

帖 (첩)【tiē ㄊㄧㄝ】 상中⑨작 tiè 문서, 부전(符箋), (서화의)두루마리 ■체:체지(임명장)〈韓〉
설문 4678 帛書署也。《〔木部〕曰。檢、書署也。木爲之謂之檢。帛爲之則謂之帖。皆謂幖題。今人所謂籤也。帛署必黏黏。引伸爲帖服、爲帖妥。俗製貼字爲相附之義。製怗字爲安服之義。》从巾。占聲。《他叶切。7部。》/359

帗 (불)【bó ㄅㄛˊ】 상中⑨ bō 작 bǒ 춤 수건, 슬갑
설문 4651 一幅巾也。《幅、布帛廣也。一幅巾者、巾廣二尺二寸。其長當亦同也。此與『鄭-注:周禮』帗舞義絕(絶)殊。葢(蓋)『許君-周禮』作「翇舞」。與鄭司農說同。見〔羽部〕。》从巾。犮聲。讀若撥。《北末切。15部。》/357

帙 (질)【zhì ㄓˋ】 상中⑨작 zhí 책갑, 책(서책)
설문 4679 書衣也。《書衣謂用裹書者。亦謂之幒。『陸德明-撰(撰):經典:釋文:三十卷』。合爲三袟。今人曰函。》从巾。失聲。《直質切。12部。》 袠 帙或从衣。/359

㡀 폐【bì ㄅㄧˋ】[설문부수 285] 옷 해진 모양, 낡고 작을, 오종종할
설문 4724 敗衣也。《此取衣正字。自敝專行而㡀廢矣。》从巾。象衣敗之形。《毗際切。15部。》凡㡀之屬皆从㡀。/364
성부 黹치 敝폐 希희

帚 추【zhǒu ㄓㄡˇ】 (청소하는)비, (비로)쓸
설문 4694 所㠯(以)糞也。《所以、二字淺人刪(刪)之。今補。「糞」當作「坌」。〔土部〕曰。坌、埽除也。不言埽言坌者、坌亦埽也。『曲禮』言糞。『少儀』曰。氾埽曰埽。埽席前曰拚。拚卽坌之叚(假)借字。坌與埽對文則二。

散文則一。帚亦謂之箒。》从又持帚冂(冂)內。《冂舊(舊)作一。非。今按當作郊冂字。音扃。介也。凡埽除以潔淸介內。持巾者、埽之事。昉於拂拭。因巾可拭物。乃用萑芀黍梨爲帚拂地矣。合三字會意。支手切。3部。》古者少康初作箕帚秫酒。《『太平御覽』云。『世本』曰。少康作箕帚。又云。『世本』曰。儀狄始作酒醪。變五味。少康作秫酒。按許酒下亦曰。古者儀狄作酒醪。杜康作秫酒。》少康、杜康也。葬長垣。《嫌少康卽夏少康。故釋之。『文選(選):注』引『王著-與:杜江絕(絶)交書』曰。康字仲寧。或云黃帝時宰人。號酒泉太守。按此葢(蓋)以文爲戱(戲)之言。未可爲典要。》/361

성부 歸귀 婦부 㑴侵침

형부 파(祀 ?)

형성 (1자) 소(埽 埽)8649

帛

백【bó ㄅㄛˊ】[설문부수 283] ⑨ bá 비단, 명주(견직물)

설문 4711 繒也。《〔糸部〕曰。繒、帛也。『聘禮』、『大宗伯:注』皆云。帛、今之璧色繒也。》从巾。白聲。《旁陌切。古音在 5部。》凡帛之屬皆从帛。/363

성부 緜면

형부 금〈錦 ?〉방(幫)

◀ 제 6 획 ▶

帝

제【dì ㄉㄧˋ】하느님, 임금(천자)

설문 0007 諦也。《見『春秋:元命苞』、『春秋:運斗樞』。『毛詩:故訓:傳』曰。審諦如帝。》王天下之號。从二(上)。朿(朿)聲。《都計切。古音第 16部。》 古文帝。古文諸丄字皆从一。篆文皆从二。二古文上字。《古文从一。小篆从古文上者。古今體異。必云二古上字者。明非二字也。徐鍇曰。古文上兩畫(畫)、上短下長。一二之二則兩畫齊等。》辛《『俗本』辛下有言。非也。言从辛。舉(擧)辛可以包言。》示辰龍童音章(章)皆从古文上。《古文示作 。古文禮作 。古文辰作 。此古文从一、小篆从二之證。然則古文以一爲二。六書之假借也。》/2

성부 商啻적

형성 (3자) 제(禘 禘)43 제(諦 諦)1439 제(締 締)8183

幌

幌(황)【huāng ㄏㄨㄤˉ】덮을, 염색직공, 휘장

설문 4657 設色之工治絲練者。《『攷工記』。設色之工。『幌氏』。掌涑絲、涑帛。此云治絲、謂涑絲。云治練、謂涑帛也。〔糸部〕曰。練、涑繒也。此謂帛爲練者、渾言之也。涑見〔水部〕。》从巾。㠩聲。《呼光切。10部。》一曰幌、《逗。》隔也。《「也」字今補。『詩』曰。葛藟荒之。『傳』曰。荒、掩也。隔之義謂網其上而葢(蓋)之。卽『詩』所謂荒之也。『玉篇』曰。幌、幏也。》讀若荒。《『攷工記-先鄭:注』曰。讀爲芒芒禹迹之芒。讀爲當是讀如之誤。》/358

帕

(순)【xún ㄒㄩㄣˊ】옷깃 끝

설문 4660 領耑(端)也。从巾。旬聲。《相倫切。12部。『篇』、『韵(韻)』皆無此字。》/358

帣

(권)【juàn ㄐㄩㄢˋ】本[전대] 크고 긴 자루

설문 4693 囊也。《『集韵(韻)』曰。囊有底曰帣。或借爲絭字。『史記』。淳于髡帣韝鞠膯。帣韝謂以韝約袖。〔糸部〕曰。絭、纕臂繩也。》今鹽官三斛爲一帣。《擧(擧)漢時語證之。掊字下曰。今鹽官入水取鹽爲掊、皆漢時鹽法中語。》从巾。季聲。《居倦切。14部。》/360

帤

(녀)【rú ㄖㄨˊ】걸레, 활 덧댄 나무 ■탕:나라 금고

설문 4654 巾帤也。《『方言』。幏、巾也。大巾謂之帉。嵩嶽之南陳穎之間謂之帤巾。亦謂之幏。按巾帤葢(蓋)方俗語。》从巾。如聲。《女余切。5部。》一曰幣巾。《「幣」當爲「敝」。字之誤也。如〔衣部:裻〕爲敝衣。〔糸部:絮〕爲敝絮。『虞翻(飜)-注:易』曰。袽、敗衣也。盧氏曰。袽者、殘幣帛可拂拭器物也。音義皆略同。『弓人』。厚其帤。『注』。謂弓中裨也。『內景黃庭經』曰。人間紛紛臭帤如。》/357

帥

帨수【shuài ㄕㄨㄞˋ】장수, 거느릴 ■솔:좇을 ■세:本[차는 수건]

설문 4649 佩巾也。从巾。自聲。《「聲」字大徐奪。所律切。15部。》帨帥或从兌。《今音稅。此二篆今人久不知爲一字矣。『召南:毛傳』曰。帨、佩巾也。『鄕飮酒禮』、『鄕射禮』、『燕禮』、『大射儀』、『公食大夫禮』、『有司徹』皆言帨手。『注』。帨、拭也。帨手者於帨。帨、佩巾。據『賈氏-鄕飮、公食:二疏』。知『經』、『注』皆作帨。別無捝字。『內則』。盥卒授巾。『注』云。巾以帨手。卽用『禮經』帨手字也。㕞者、拭也。刷亦同㕞。『左傳』。藻率鞞鞛。服虔曰。藻爲畫(畫)藻。率爲刷巾。『禮』有刷巾。許於〔刀部:刷〕下亦云。『禮』有刷巾。是則刷巾卽『左傳』之率。率與帥古多通用。如『周禮:樂師-故書』帥爲率。『聘禮-古文』帥皆作率。『韓詩』。帥時農夫。『毛詩』作率。皆是。佩巾本字作帥。叚(假)借作率也。鄭曰。今文「帨」。古文作「說」。是則帥率帨說㕞刷六字古同音通用。後世分文析字。帨訓巾。帥訓率導、訓將帥。而帥之本義廢矣。率導、將帥字在【許書】作達、作衛。而不作帥與率。六書惟同音叚借之用㝡(最)廣。》/357

형성 (2자) 률(膟 膟)2565 솔(蟀 蟀)8434

◀ 제 7 획 ▶

輒

(첩)【zhé ㄓㄜˊ】옷깃 끝 ■접:같은 뜻

설문 4708 領耑(端)也。从巾。耴聲。《陟葉切。8部。按此篆與帕篆同義。『篇』、『韵(韻)』皆有輒無帕。『集韵』乃兼有之。葢【此書】當刪(刪)帕。而存輒於帕處。》/362

帢

(갑)【jiá ㄐㄧㄚˊ】가죽바지, 군복 ■겹:같은 뜻

설문 4710 士無市有帢。《大夫以上祭服用玄冕爵弁服。其韠曰韍。士與君祭之服用爵弁服。其韠曰帢。不曰韍。故

日士無韍有韐也。『玉藻』之縕韍卽韎韐。則非不可偁(稱)韍也。》制如 榼(榼)。缺四角。《『玉藻』日。韠、天子直四角。直無圜殺也。公侯前後方。殺四角使之方。變於天子也。所殺者去上下各五寸。大夫前方後挫角。圜其上角。變於君也。韠以下爲前。以上爲後。士前後正。士賤。與君同不嫌也。正、直方之閒語也。天子之士則直。諸侯之士則方。按許云韐缺四角者。正謂如公侯殺四角使之方也。所謂殺四角使之方者。合上下成八角之形。方之言柧也。『正義』云。旣殺而補之使方。非是。云如榼者。古榼之制葢(蓋)八角。故〔木部:椑〕下云圜榼也。可以見榼之有棱而不正圜也。韠之制。下廣二尺。上廣一尺。長三尺。韐之制。則大體圜而八角。故毛公云。韐所以代韠也。『士冠禮:注』云。韐之制似韠。許云士無韍有韐。葢其制不同。惟缺四角者略同諸侯大夫之韠耳。》爵弁服。《見『士冠禮』。》其色韎。《〔韋部〕日。茅蒐染韋。一入日韎。『瞻彼洛矣:傳』日。韎韐者、茅蒐染韋。一入日韎。〈句〉韐所以代韠也。『箋』云。韎者、茅蒐染也。茅蒐韎聲也。韐、祭服之韠。合韋爲之。『士冠禮:注』日。韎韐、縕韍也。合韋爲之。士染以茅蒐。因以名焉。今齊人名蒨爲韍。〈句〉韐之制似韠。按凡言韎韐者。韐謂其物。韎謂其色。故『士喪禮』設韐帶。不連韎緇言。自六朝人不知韎韐二字可分析。『詩:傳』、『鄭-箋』、『禮:注』、『鄭志』皆譌亂不可讀矣。》賤不得與裳同。《『士喪禮』日。爵弁服。纁裳純衣。緇帶韎韐。纁、淺絳也。三入爲纁。韎則茅蒐一入而已。不與裳同色也。凡韠同裳色。上文云。天子朱市。諸侯赤市。卿大夫赤市葱衡。葢天子朱裳。諸侯卿大夫赤裳。士賤則裳韠色不同。若皮弁服素韠。則士亦與裳同色也。此下【鉉本】有司農日裳纁色六字。恐是淺人增【注】。司農者不詳其何人。許自賈侍中而外無擧(擧)官者。》从市。《亦市也。故从市。》合聲。《鄭云。合韋爲之。則形聲可兼會意。古洽切。7部。》韐帢或从韋。《按【經典】有韐無帢。韐行帢廢矣。》/363

師 師 사【shī ㄕ】 군사(주나라의 5려(旅), 2500명), 스승, 괘 이름

설문 3700 二千五百人爲師。《『小司徒』日。五人爲伍。五伍爲兩(兩)。五兩爲卒。五卒爲旅。五旅爲師。師、衆也。京師者、大衆之稱。衆則必有主之者。『周禮-師氏:注』日。師、敎人以道者之稱也。黨正旅師閭胥『注』日。正師胥皆長也。師之言帥也。》从帀(帀)。从𠂤(𠂤)。《會意。疎夷切。15部。》𠂤四帀衆(衆)意也。《𠂤下日。小𠂤(阜)也。小𠂤而四圍有之。是衆意也。說會意之恉。》𡰥古文師。/273

유사 장수 수(帥)

참고 사(獅)사자

君 帬 (군)【qún ㄑㄩㄣˊ】 本[목에 두를] 통치마, 속옷

설문 4662 繞領也。《『方言』。繞衿謂之帬。『廣雅』本之。日繞領。〈句〉帔。〈句〉帬也。衿領今古字。領者、劉(劉)熙云總領衣體爲端首也。然則繞領者、圍繞於領。今男子婦人披肩其遺意。劉熙日。帔、披也。披之肩背。不及下也。葢(蓋)古名帬。『弘農-方言』日帔。若常則日下帬。言帬之在下者。亦集眾(衆)幅爲之。如帬之集眾幅被身也。如李善引『梁典』。任昉諸子冬月著葛巾、帔、練裙。自是上下三物。『水經:注』。淮南王廟。安及八士像皆羽扇、裙帔、巾壺、枕物一如常居。亦帬帔竝言。自『釋名』裙系下、帔系上。後人乃不知帔帬之別。擅改『說文』矣。》从巾。君聲。《渠云切。13部。按此篆之解【各本】改爲下裳也。無義。又移其次於常下㡔上。今皆更正。》裠帬或从衣。/358

席 席 석【xí ㄒㄧˊ】 (까는)자리, (자리를)깔, 베풀, 자뢰할(의뢰)

설문 4695 藉也。《此以疊(疊)韵爲訓。戶護、門聞之例也。藉本祭藉。引伸爲凡藉之偁(稱)。〔竹部〕日。竹席日筵。實通偁耳。》『禮』、《謂『周官經』。》天子諸侯席有黼繡純飾。《此約『周禮:司几筵』之文。莞筵紛純。次席黼純。鄭司農云。紛讀爲和粉之粉。謂白繡也。純、緣也。後鄭云。斧謂之黼。其繡白黑采。》从巾。《其方幅如巾也。》庶省聲。《此形聲。非會意。祥易切。古音在 5部。》㕜古文席。从石省。《下象形。上从石省聲。》/361

형성 (1자) 석(蓆 蓆)556

◀ 제 8 획 ▶

帳 帳 (장)【zhàng ㄓㄤˋ】 휘장, 천막, 장부

설문 4673 張也。《以疊韵(疊韻)爲訓。『釋名』日。帳、張也。張施於牀上也。小帳日斗帳。形如覆斗也。古亦借張字爲之。》从巾。長聲。《知諒切。10部。》/359

幒 幒 (견)【xián ㄒㄧㄢˊ】 고을 이름, 베 이름 ■현:같은 뜻

설문 4705 幒布也。《【各本】删幒字。今補。布名也。》出東萊。《『地理志』、『郡國志』東萊郡皆有幒縣。葢(蓋)以布得名也。幒縣故城在今山東登州府黃縣南百二十里。○ 按『廣韵(韻)』。幒、布名。㧋。縣名。在東萊。『集韵』亦云。㧋、縣名。幒、布名。出東萊㧋縣。而『魏:地形志』、『晉:地理志』皆作「㤵縣」。字从忄。『今本-郡國志』亦从忄。未能是正。》从巾。弦聲。《胡田切。12部。師古音堅。》/362

帴 帴 (전)【shā ㄕㄚ】 ㊤㊥⑨㊔ sàn ㊔ shà 포대기, 좁을 ■잔:치마 ■세:입을 ■섬:치마폭 ■천:언치

설문 4664 帬也。《〔衣部:襌〕下日。帴也。》一日帗也。《帗、一幅巾也。》一日婦人脅衣。《『釋名』所謂心衣。小徐作脅巾。》从巾。戔聲。讀若末殺之殺。《末殺、亦見『漢書:谷永傳』。『服虔-注:左傳』作「末𣩵」。皆卽〔水部〕之㶓泧。拭滅皃(貌)也。今京師有此語。所八切。古音 14、15部合韵(韻)。》/358

帶 帶 대【dài ㄉㄞˋ】 本[(허리)띠] (허리에)찰, 두를, 띨, 근처, 데리고 다닐

설문 4658 紳也。《〔糸部〕日。紳、大帶也。》男子鞶帶。婦人帶絲。《【古本】皆如此。【毛本】依小徐。誤。『內則』日。

男鞶革。女鞶絲。〔革部:鞶〕下云。大帶也。男子帶鞶。婦人帶絲。按古有大帶。有革帶。革帶以繫佩韍而後加之大帶。則革帶統於大帶。故許於紳、於鞶皆曰大帶。實則『內則』之鞶專謂革帶。此偁(稱)『內則』者、謂鞶統於紳、佩繫於鞶也。》象繫佩之形。《謂巾也。》佩必有巾。从重巾。《謂巿也。當蓋(蓋)切。15部。》/358

형성 (7자) 체(蔕)493 체(遰)1101 대(蹛)1296 채(蔕)6435 체(滯)7004 체(揥)7538 체(螮)8530

帷 (유)【wéi ㄨㄟˊ】(사방으로 두른)휘장
설문 4672 在旁曰帷。《『周禮:注』同。『釋名』曰。帷、圍也。所以自障圍也。》从巾。隹聲。《洧悲切。15部。》 古文帷。《鍇曰。从匚象周帀。》/359

常 상【cháng ㄔㄤˊ】 本[치마] (영구불변, 늘) 항상, 두길[심(尋)의 두배]
설문 4663 下帬也。《『釋名』曰。上曰衣。下曰裳。裳、障也。以自障蔽也。『士冠禮』。爵弁。服纁裳。皮弁。服素積。玄端。玄裳、黃裳、襍(雜)裳可也。『禮記:深衣』。續衽鉤邊。要縫半下。今字裳行而常廢矣。》从巾。尙聲。《从巾字、取其方幅也。引伸爲經常字。帀(市)羊切。10部。》 常或从衣。/358
참고 항(嫦)항아

◀ 제 9 획 ▶

帗 (유)【shú ㄕㄨˊ】 ㊣㊥⑨㊔ shū (재단하고 난 토끝)자투리 ■투:속음 ■수:자투리
설문 4677 正耑裂也。《「耑」【各本】作「祟(端)」。今正。〔衣部〕曰。褍、衣正幅也。此謂帛之正褍。以別於上文帗謂殘帛之裂。》从巾。俞聲。《山樞切。古音在 4部》/359

帣 幯(전)【jiān ㄐㄧㄢˉ】 기표
설문 4680 幡幟也。《幡幟、旛識之俗字也。古有旛無幡。有識無幟。【許書】本作「旛識」。淺人易之。旛識者、旗有幅可爲表識。帣之言箋也。箋謂表識。》从巾。歬(前)聲。《則前切。14部。》/359

幅 (춘)【zhūn ㄓㄨㄣˉ】 쌀자루
설문 4698 載米齡也。《〔宁部〕曰。齡、幅也。所以盛米也。二字相轉注。》从巾。《盇(蓋)其體方。》盾聲。讀若『易:屯卦』之屯。《陟倫切。13部。》/361

幝 (곤)【gūn ㄍㄨㄣˉ】 ㊣㊥⑨㊔ kūn 잠방이
설문 4665 幒也。《『方言』。褌、陳楚江淮之間謂之䘳。『釋名』。褌、貫也。貫兩脚(脚)上繫腰中也。按今之套褲、古之絝也。今之滿襠褲、古之褌也。自其渾合近身言曰幝。自其兩襱孔穴言曰幒。『方言』。無祠之袴謂之襣。郭云。卽犢鼻褌。》从巾。軍聲。《古渾切。13部。》 褌或從衣。/358

帑 (목)【mù ㄇㄨˋ】 옻칠한 피륙 ■무:같은 뜻
설문 4706 髤布也。《髤者、桼也。『廣韵(韻)、集韵:十、遇』作髤巾。》一曰車衡上衣。《衡上【各本】誤倒。今依小徐及『廣韵』、『玉篇』、『集韵』、『類篇』訂。『廣韵』曰。帑、轅上絲。》从巾。敄聲。讀若項。《莫卜切。3部。按此字『集韵:六』引皆不云出『說文』。》/362

帊 (파)【ǎ ㄅㄚˇ】 ㊣㊥⑨㊔ bǎ 뺨 때릴 ■소:같은 뜻
설문 9304 擺擊也。《擺者、反手擊也。今之琵琶、古當作「擺帰」。》从巴帚。闕。《闕者、闕其會意、形聲之說也。大徐博下切。按此字當是从帚、巴聲。》/741

幃 (위)【wéi ㄨㄟˊ】 (홑겹의)휘장, 향낭
설문 4692 囊也。《『離騷』。蘇糞壤以充幃。王逸曰。幃謂之幐。幐、香囊也。按凡囊皆曰幃、曰幐。王依文爲說則謂之香囊耳。或曰『爾雅』婦人之褘亦作「幃」。是許所云幃也。今按此與『爾雅』之褘無涉。『釋器』曰。婦人之褘謂之縭。縭、緌也。郭云。卽今之香纓。女子旣嫁之所著。示繫屬於人。義見『禮記』。攷『士昏禮:注』曰。婦人十五許嫁。笄而禮之。因著纓。明有繫也。盇(蓋)以五采爲之。其制未聞。『內則』。婦事舅姑衿纓。『注』曰。婦人有纓。示繫屬也。『詩』。親結其縭。毛云。縭、婦人之褘也。母戒女施衿結帨。孫炎釋『爾雅』婦人之褘云。帨巾也。禮之纓必以采繩。『詩』、『爾雅』之褘縭乃帨巾。其不相涉明甚。『景純-注』非。許以囊釋幃。亦斷(斷)非『釋器』及『毛詩』之褘也。》从巾。韋聲。《許歸切。15部。》/360

幅 (폭)【fú ㄈㄨˊ】 폭(넓이), 가장자리 ■복:속음 ■핍:행전
설문 4656 布帛廣也。《凡布帛廣二尺二寸。其邊曰幅。『左傳』曰。夫富如布帛之有幅焉。爲之制度。使無遷也。引伸爲邪幅。『小雅』。邪幅在下。『傳』曰。幅、偪也。所以自偪束也。》从巾。畐聲。《方六切。古音在 1部。》/358

剌 (랄)【là ㄌㄚˋ】 닦을
설문 4685 㓹也。《「㓹」當作「拂」。字之誤也。〔刀部〕曰。㓹、擊也。〔手部〕曰。拂、過擊也。過擊者、所過而擊箸。與拭之義近。上下文皆言拭。可證必當作拂矣。『玉篇:注』作拂也。『廣韵(韻):注』作拂箸。》从巾。剌聲。《盧達切。15部。》/360

◀ 제 10 획 ▶

幓 (렴)【lián ㄌㄧㄢˊ】 휘장 ■림:깃털 모양
설문 4671 帷也。《『釋名』曰。嫌、廉也。自障蔽爲廉恥也。戶嫌、施之於戶外也。按與〔竹部:簾〕異物。嫌以布爲之。簾以竹爲之。》从巾。《鄭云帷以布爲之。》兼聲。《力鹽切。7部。》/359

幋 (반)【pán ㄆㄢˊ】 (옷을 싸 덮는)횃대보, 머리꾸미개
설문 4653 覆衣大巾也。从巾。般聲。《薄官切。14部。》或吕(以)爲首幋。《首幋未聞。當依『李善-思玄賦:注』作首飾。》/357

幪 (몽)【mèng ㄇㄥˋ】 ㊣㊥⑨㊔ méng 옷보자기, 덮을, 옷덮개, 묵건

설문 4689 葢(蓋)衣也。《覆葢物之衣也。『法言』。震風淩雨。然後知夏屋之爲帡幪也。幪卽幏之俗。『尙書:大傳』。下荆(刑)墨幏。『方言』。幏、巾也。與許義稍異。『大雅』。麻麥幪幪。『傳』曰。幪幪然茂盛也。按此亦引伸之義。謂徧覆於地也。》从巾。冡聲。《莫紅切。9部。》/360

幎 冪(멱)【mì ㄇㄧˋ】덮을, 가릴, 고르게 할

설문 4668 幔也。《謂冡其上也。『周禮:注』曰。以巾覆物曰幎。『禮經』。鼏(鼎)有鼏。尊彝(彝)有幎。其字亦作冪。俗作「羃」。筭(算)家幎積是此字。『魏都賦:注』引『左傳』。冪館宮室。塗墍曰冪者、亦謂冡其上也。【今本】作塓乃俗字。》从巾。冥聲。《莫狄切。古音在 11部。》『周禮』有幎人。《『天官』所屬。掌供巾幎。『今-周禮』作「冪」。》/358

幐 (등)【téng ㄊㄥˊ】향주머니, 주머니

설문 4696 囊也。《『離騷』。蘇糞壤以充幃。『王-注』。幃謂幐。幐、香囊也。按凡囊皆曰幐。王望(望)文爲說耳。『玉篇』曰。兩頭有物謂之幐擔。『廣韵(韻)』曰。囊可帶者。或借縢爲之。》从巾。朕聲。《徒登切。6部。》/361

幏 (가)【jiā ㄐㄧㄚ】(상)(中)⑨(작) jià 구실배기(주변국이 중국에 바치던 직물)

설문 4704 南郡蠻夷賨布也。《〔貝部〕曰。賨者、『南蠻賦』也。『文選(選):魏都賦:注』引『風俗通』曰。槃瓠之後。輸布一匹。小口二丈。〈『後漢書』少「小口」二字。〉是爲賨布。廩君之巴氏出幏布八丈。〈『後漢書』云八丈二尺。〉幏亦賨也。故統謂之賨布。》从巾。家聲。《古訝切。古音在 5部。》/362

◀ 제 11 획 ▶

㡜 (세)【xuè ㄒㄩㄝˋ】(상)(中)⑨(작) xiè (작) shì 자투리(재단하고 남은 헝겊) ■설: 찢은 비단

설문 4676 殘帛也。《『廣韵(韻)』曰。㡜縷桃花。『類篇』曰。今時剪繒爲華者。按與碎音義略相近。》从巾。祭聲。《所例切。『廣韵(韻)』音雪。15部。》/359

徽 (휘)【huī ㄏㄨㄟ】표기(깃발)

설문 4681 徽識也。《三字一句。【各本】刪(删)徽字。「識」作「幟」。今正。》㠯(以)絳帛。《句。》箸於背。《【各本】絳下衍徽字。誤移識上之徽於此也。今刪。『六月詩』。識文鳥章。『鄭(鄭)-箋』。識、徽識也。將帥以下衣皆箸焉。『周禮:司常』。掌九旗之物名。各有屬以待國事。『鄭-注』。屬謂徽識也。『大傳』謂之徽號。今城門僕射所被及亭長箸絳衣。皆其舊象。『司常』又曰。及國之大閱。贊司馬頒旗物。王建大常。諸侯建旂。孤卿建旜。大夫士建物。帥都建旗。州里建旟。縣鄙建旐。道車載旞。斿車載旌。皆畫(畵)其象焉。官府各象其事。州里各象其名。家各象其號。鄭云。徽識、旌旗之細也。『士喪禮』。爲銘各以其物。以緇長半幅。赬末、長終幅。廣三寸、書名於末。此葢(蓋)其制也。大閱禮象而爲之。兵凶事。若有死事者。則以相別也。『左傳』曰。揚徽者公徒也。『杜-注』曰。徽、徽識也。『大傳』曰。殊徽號。鄭曰。徽號、旗之名也。『覲禮』曰。公侯伯子男皆就其旂而立。賈公彥云。此旂、鄭雖不解。『鄭-注:夏官』。仲夏辨號名。此表朝位之旂。與銘旌及在軍徽識同。皆以尺易仞小而爲之也。按古朝覲軍禮皆有徽識。而「徽」各書作「徽」。容是叚(假)借。「識」各書作「幟」。則是俗字。唐初釋玄應曰。幟與識本無二音。若『毛詩』作「織」。則亦叚借字也。【許書】及『杜-注』皆「徽識也」三字爲句。淺者皆刪(删)去一字不完。以絳帛者、用絳帛爲之。『周禮』。九旗之帛皆用絳。則其細亦皆用絳可知也。箸於背者、專謂軍禮象銘旌而爲之者。下文云若今救火衣。『鄭-注:周禮』云。今城門僕射所被及亭長箸絳衣。皆其舊象。葢此等皆箸於背以爲表識也。〔衣部:卒〕下曰。衣有題識者。卽鄭所云亭長箸絳衣也。》从巾。微省聲。《許歸切。15部。》『春秋傳』曰。揚徽者公徒。《『昭公:二十一年:左傳』文。按曰揚則旌旗而非箸背者。》若今救火衣然也。《此與箸於背相屬。》/359

幒 (종)【zhōng ㄓㄨㄥ】쇠코잠방이 ■종:잠방이, 책갑

설문 4666 ⿰巾軍也。从巾。悤聲。《職茸切。9部。『方言』錯勇反。》一曰帙。《書衣也。》 幒或从松。《『方言』作「衳」。》/358

⿱執巾 (세)【shuì ㄕㄨㄟˋ】예건(禮巾), 수건 ■지 · 접:같은 뜻

설문 4650 禮巾也。从巾。執聲。《篆體二徐皆作「⿱執巾」。大徐曰从執。小徐曰執聲。皆誤。今正。⿱執巾輸芮切。15部。今不見【經典】。恐亦帨之或體。然『廣雅』已兼載帨⿱執巾矣。》/357

肄 (이)【yì ㄧˋ】나머지

설문 1839 習也。从聿。希聲。《羊至切。15部。》 籒文肄。《此依小徐。右從聿、左從籒文希也。》 篆文肄。《按此條先以古文。亦〔上部〕之例也。必先古文者、古文從聿篆不從聿也。【各本】篆文右從聿則何不以篆文居首哉。肆從隶而隸作肆。肄亦同也。『類篇』不誤。今正。矣(矣)古文矢字。𥏻疑二字從之。此亦從矣聲也。》/117

幔 (만)【màn ㄇㄢˋ】여러 폭을 이은 휘장, 서로 잇닿아 엮어진 말, 덮을

설문 4669 幎也。《「幎」【各本】作「幕」。由作「冪」而誤耳。今正。凡以物冡其上曰幔。與幎雙聲而互訓。『釋名』、『玉篇』、『廣韵(韻)』以帷幎釋之。今義非古義也。》从巾。曼聲。《莫半切。14部。》/358

幕 막【mù ㄇㄨˋ】장막, 막부(옛날에는 장군이 전쟁 때에만 임명되었으므로 일정한 청사가 없었다.) ■만:평평하고 무늬없을

설문 4674 帷在上曰幕。《『周禮:注』曰。在上曰幕。幕或在地。展陳於上。『疏』云。『聘禮』布幕。官陳幣。史展幣。皆於幕下。又賓入境至館皆展幕。是幕在地。展陳於上也。按【大徐本】此下有覆食案亦曰幕六字。葢(蓋)淺人所增。》从巾。莫(莫)聲。《慕各切。5部。按『周禮』尙有幄帟字。鄭

云。四合象宮室曰幄。王所居之帳也。帟、王在幕若幄中坐上承塵。皆以繒爲之。許無幄字者、〔木部〕有楃本巾車。帟則莖叚(假)亦爲之。亦之言重也。其皆『周禮-故書』與。》/359

참고 멱(冪)

幖 幖(표)【biāo ㄅㄧㄠˉ】 표지, 기, 펄럭거릴
설문 4682 幖(標)識也。《亦三字一句。【各本】作幟也二字。今正。『通俗文』曰。徽号(號)曰幖。私記曰幟。『周禮:肆師』。表齍盛告絜。『鄭-注』。【故書】「表」爲「剽」。剽表皆謂徽識也。按剽表皆叚(假)借字。幖其本字也。凡物之幖識亦曰徽識。今字多作標牓。標行而幖廢矣。》从巾。㶾(票)聲。《方招切。2部。》/359

幘 (책)【zé ㄗㄜˊ】 머리싸개, (닭)볏
설문 4659 髮有巾曰幘。《『方言』曰。覆髻謂之幘巾。或謂之承露。或謂之覆髤。『獨斷(斷)』曰。幘、古者卑賤執事不冠者之所服也。漢以後服之。其制日詳。詳見『司馬氏-輿服志』。》从巾。賫(責)聲。《側革切。16部。》/358

◀ 제 12 획 ▶

幝 (천)【chán ㄔㄢˊ】 ㉿㊥⑨㉶ chǎn 수레 휘장 해질
설문 4688 車敝皃(貌)。《「敝」各譌作「弊」。今正。皃(貌)、釋文引作也。『小雅』杕杜曰。檀車幝幝。『傳』曰。檀車、役車也。幝幝、敝貌。釋文曰。幝『韓詩』作「繟」。〔糸部〕曰。繟、偏緩也。○ 按【古本】當是巾敝皃。故从巾。『詩』以爲車敝字則其引伸之義也。釋文引『說文』。巾敝也。从巾單。『今本』釋文乃巾譌車。殊失陸意。》从巾。單聲。《昌善切。14部。》『詩』曰。檀車幝幝。》/360

幠 (허)【fū ㄈㄨˉ】 ㉿㊥⑨㉶ hū 덮을, 업신여길
설문 4691 覆也。《『喪大記』。幠用斂衾。『釋詁』。幠、大也。幠、有也。皆覆義之引伸也。『投壷(壺)』曰。無幠無敖。『注』曰。幠、敖皆慢也。又其引伸也。『斯干』以芋爲幠。》从巾。無聲。《荒鳥切。5部。》/360

幡 (번)【fān ㄈㄢˉ】 먹걸레, 먹수건
설문 4684 書兒拭觚布也。《「拭」本作「飾」。淺人所改也。飾拭正俗字。【許書】有飾無拭。顏師古曰。觚者學書之牘。或以記事。削木爲之。其形或六面。或八面。皆可書。觚者、棱也。以有棱角。故謂之觚。卽孔子所歎也。按觚以學書或記事。若今書童及貿易人所用粉版。既書、可拭去冄(再)書。楊雄齎油素四尺。亦謂素之可拭者也。拭觚之布謂之幡。亦謂之帤。反覆可用之意。》从巾。番聲。《甫煩切。14部。》/360

幣 (폐)【bì ㄅㄧˋ】 비단, 폐백, 돈, 재물
설문 4655 帛也。《帛者、繒也。『聘禮:注』曰。幣、人所造成以自覆蔽。〈作幣者誤〉 謂束帛也。愛之斯欲飲食之。君子之情也。是以享用幣。所以副忠信。》从巾。敝聲。《毗祭切。15部。》/358

◀ 제 13 획 ▶

幦 (멱)【mì ㄇㄧˋ】 수레뚜껑
설문 4707 鬃布也。《『既夕禮:玉藻:少儀:鄭-注』、『公羊傳:昭:卄五年:何-注』皆曰。幦、覆笭也。按車覆笭與車笭是二事。「車笭」者、『周禮』之「蔽」。『毛詩』、『爾雅』之「茀」。『說文』之「篚」。鄭曰。車旁禦風塵者也。「覆笭」者、『禮經』、『周禮』、『禮記』、『公羊傳』之「幦」。『大雅』、『曲禮』之「幭」。『今-周禮』之「幎」。莖(蓋)乎軾上者也。以禦旁之名名之也。車笭多以竹。故字从竹。覆笭不用竹、用皮。『巾車』曰。王喪之車。犬複、鹿淺複、然複、豻複。各用其皮也。『大雅』之淺幭、虎皮也。與玉藻之羔幦、鹿幦皆諸矦大夫士之吉禮也。『曲禮』之素幭卽『士喪禮』之白狗幦。大夫士之凶禮也。然則車覆笭古無用桼布者。許以鬃布釋幦。幦之本義也。【經典】用爲車覆笭之字也。》从巾。辟聲。《莫狄切。16部。》『周禮』曰。駹車犬幦。《『巾車職』文。按巾車云。木車犬複。素車犬複。駹車然複。莖許一時筆誤。如或籩或笸之比。複幦不同。莖【故書】【今書】之異。車覆笭之字當是幭爲正字。上文云莖幭是也。幦爲叚(假)借字。『大雅:毛傳』曰。幭覆軾。然則幦者主謂軾覆。『輿服志』曰。文虎伏軾。經之淺幦也。『士喪禮:記』曰。古文幦爲冪。又可證『禮-古文』不作「幦」。》/362

幩 (분)【fèn ㄈㄣˋ】 ㉿㊥⑨㉶ fén 말(재갈의) 장식끈
설문 4700 馬纏鑣扇汗也。《『衞(衛)風:碩人』曰。朱幩儦儦。『傳』曰。幩、飾也。人君以朱纏鑣扇汗。且以爲飾。儦儦、盛皃(貌)。〔金部〕曰。鑣者、馬銜也。以朱幖縷纏馬銜之上而垂之。可以因風扇汗。故謂之扇汗。亦名排沫。以其用幖也。故从巾。》从巾。賁聲。《符分切。13部。》『詩』曰。朱幩儦儦。《「儦儦」【各本】及『詩經』皆作「鑣鑣」。今依『玉篇:人部』訂。『希馮-所據:詩』不誤。『孔沖遠-正義』已誤矣。○ 按『廣雅』亦曰。鑣鑣、盛也。則不必改。》/361

◀ 제 14 획 ▶

幱 (람)【lán ㄌㄢˊ】 단 없는 옷
설문 4667 楚謂無緣衣也。《『方言』。無緣之衣謂之襤。又曰。裯謂之襤。又云。楚謂無緣之衣曰襤。紩衣謂之褸。又曰。襜褕以布而無緣。敝而紩之謂之襤褸。》从巾。監聲。《魯(魯)甘切。8部。》/358

幬 幬(주)【dào ㄉㄠˋ】 ㉿ chóu 휘장, 바퀴통 덮는 가죽 ■도:덮을
설문 4670 禪帳也。《禪、不重也。『古樂府』。紅羅複斗帳。則帳多複者。『召南:抱衾與裯:傳』。禪被也。『箋』云。裯、牀帳也。按鄭謂裯爲幬之叚(假)借也。不言禪者、統辭也。『釋訓』曰。幬謂之帳。引伸爲覆幬。見『左傳』及『中庸』。『中庸:注』曰。「幬」或作「燾」。》从巾。𠷎聲。《直由切。3部。》/358

◀ 제 15 획 ▶

㉶ 作家出版社〔董蓮池-說文解字考正〕 ⑨ 九州出版社〔柴劍虹-說文解字〕 ㉠ 陝西人民出版社〔蘇寶榮-說文解字今注今譯〕 ㉿ 上海古籍出版社〔說文解字注〕 ㊥ 中華書局〔臧克和-說文解字新訂〕

幭 幭 蔑(멱)【miè ㄇㄧㄝˋ】 수레 뚜껑 ■멸:덮개 ■말:같은 뜻

설문 4690 蓋(蓋)幭也。《幭之言幎也。『大雅:淺幭:傳』曰。淺、虎皮淺毛也。幭、覆式也。按幭之本義不專爲覆軾。而覆軾其一端也。司馬彪、徐廣曰。乘輿車文虎伏軾。龍首衡軛。文虎伏軾卽經之淺幭。龍首衡軛卽經之金厄也。說詳『詩經:小學』。『曲禮-素蔑:注』。蔑、覆笭也。釋文。蔑、本又作「幭」。幭者正字。蔑者叚(假)借字也。『篇』、『韵(韻)』皆以帊幞釋幭。今義也。》从巾。蔑聲。《莫結切。15部。》一曰禪被。《別一義。被、寢衣也。》/360

◀ 제 16 획 ▶

幩 幩 (분)【fèn ㄈㄣˋ】 곡식 자루 너무 가득히 넣어 터질 ■불:같은 뜻

설문 4697 目(以)囊盛穀大滿而裂也。《幩之言坌也。坌者、隙也。『玉篇』曰。又弓筋起。》从巾。奮聲。《方吻切。13部。》/361

◀ 제 17 획 ▶

韱 幟 (첨)【jiān ㄐㄧㄢ】 걸레질할, 표지

설문 4686 拭也。《其義少見。『字林』。『幖幟記』。則音義同籤。》从巾。韱聲。《精廉切。7部。》/360

◀ 제 18 획 ▶

幔 幔 (논)【néi ㄋㄟˊ】 걸레로 지댓돌 닦을, 칠할 ■뇌 난:같은 뜻 (巾부 18획)

설문 4701 墀地也。《「也」字今補。〔土部〕曰。墀者、涂(塗)地也。然則墀地卽涂地也。『漢書:楊雄傳』曰。幔人亡則匠石輟斤而不敢妄斲。服虔曰。幔、古之善塗墍者。施廣領大袖以仰塗。而領袖不汚(汙汚)。按『服-注』不言涂地。然仰涂如此其善。則涂地更可知矣。幔人卽『莊子』郢人。》目(以)巾撋之。从巾。《說从巾之意也。撋蓋(蓋)卽〔手部:捪〕字。今之抆字。捪者、撫也。涂地以巾。按而摩之。如今之擦漆。故其字从巾。「巾撋」『廣韵(韻)』作「巾抐」。『集韵』作「巾撋」。》夒聲。讀若水溫䨬。《「夒聲」【各本】作「夒聲」。篆體【各本】皆誤作「幔」。今正。按許讀如䨬。大徐據『唐韵(韻)』乃昆切。『玉篇』奴昆切。蓋古溫䨬之䨬讀乃昆切。『玉篇』、『曹憲-廣雅』音、『廣韵』又乃回奴回切。則乃昆之轉。脂文之合。『廣韵』又奴案切。則依『說文』䨬字今音。『莊子』釋文引『漢書:音義』音溫。〈一本作泥〉與乃昆一音相近。韋昭乃回反。則乃回一音之所本也。乃昆之音因於夒聲。夒者古文婚字。見〔女部〕。〔車部:輚〕以爲聲。亦讀若閔。然則此爲夒聲。而非夒聲明甚。夒在〔尤幽部〕。轉入〔蕭宵肴豪部〕。斲(斷)不得反以乃昆也。顧夒孰夒生。『說文』及『漢書』幔乃譌幔。賴可據音以證其形。而『師古-注:漢書』妄云乃高反。是其形終古不可正矣。『今-漢書』字竟作「獿」。『莊子』釋文竟作「懮」。莫能諟正。近『盧召弓-重刻:莊子:音義』。又改音溫作音鐃。可不急辨其非哉。乃昆之音可爲乃回。而斲不可爲乃高。斯聲音自然之理。學者所當究心也。13部。○ 又按『廣韵、集韵:六豪』內皆無幔乃高切之語。且師古明云幔、抆拭也。故謂塗者爲幔人。其語故依傍『說文』及『漢書:音義』。其音必同『漢書:音義』。斲不自造乃高一反先於乃回一反也。蓋師古之後字誤作「獿」。而後有妄改『顏-注』者耳。》一曰箸也。《箸直略反。此別一義。》/361

051	干
3-22	▤ 방패 간

3 ⓪

干 干 ▣간【gān ㄍㄢ】 [설문부수 47] 범할, 요구할, 방패, 간여할

설문 1368 犯也。《犯、侵也。『毛詩』干旄、干旄假爲竿字。》从一。从反入。《反入者、上犯之意。古寒切。14部。》凡干之屬皆从干。/87

유사 어조사 우(于) 자축거릴 척(彳) 자축거릴 촉(亍) 일천 천(千)

성부 부록 색인 참조

형부 干을 부수로 하는 대부분의 글자들

형성 (26자+2) 간(玕)193 건(赶)1015 간(迀)1141 간(衎)1212 안(齗)1240 알(訐)1602 간(靬)1699 간(皯)1891 간(旰)2012 한(鼾)2126 한(骭)2465 간(肝)2490 간(刊)2650 간(竿)2820 한(邗)3968 간(旰)4045 한(罕)4611 간(衦)5102 안(豻)5829 간(忓)6484 한(汗)7102 한(閈)7374 한(扞)7695 간(奸)7955 한(釬)8977 헌(軒)9070 간(秆) 안(犴)

◀ 제 2 획 ▶

羊 羊 임【rěn ㄖㄣˇ】 약간 심할 (干부 2획)

설문 1369 撖也。《撖、刺也。『甘泉賦』。洪臺崛其獨出兮。撖北極之嶟嶟。》从干。入一爲干。入二爲羊。《說會意之指。》讀若飪。《同音也。如審切。7部。南从羊聲。》言稍甚也。《飪甚同音。入二甚於入一。故讀若飪、卽讀若甚也。》/87

유사 소 우(牛) 7째지지 오(午) 거스를 역(屰屰) 절반 반(半) 아우를 병(幷并) 양 양(羊)

성부 差차 𦍒착 南남 芟범 𢆉점 㚔녑

平 平 평【píng ㄆㄧㄥˊ】 평평할, 고를(균등), 편안할 ■편:평평할

설문 2936 語平舒也。《引伸爲凡安舒之偁(稱)。》从亏(于)八。《句。》八、《逗。》分也。《說从八之意。分之而匀適則平舒矣。符兵切。11部。》爰禮說。《爰禮者、『敘目』云孝宣皇帝時沛人爰禮是也。》𠀒古文平如此。《此等篆皆轉寫譌亂。何氏焯曰。『玉篇』中畫(畫)不斷(斷)。小篆疑从古文省也。今从『玉篇』。》/205

유사 어조사 호(乎)

3 ⑫

성부 泙평 萍평
형성 (5자) 평(怦)708 평(枰)3652 병(䶄)6089 평(抨)7674 평(坪)8611

◀ 제 3 획 ▶

秊 年秊 년【nián ㄋㄧㄢˊ】本[곡식 익을] 해(12개월), 시대, 나이(干부 3획)

설문 4250 穀孰也。《『爾雅』曰。夏曰「歲」。商曰「祀」。周曰「年」。『唐虞』曰「載」。年者、取禾一孰也。》从禾。千聲。《奴顚切。古音在 12部。》『春秋傳』曰。大有年。《『宣:十六年:經』文。『穀梁傳』曰。五穀皆孰爲有年。五穀皆大孰爲大有年。》/326

형성 (1자) 년(䄭)3864

幵 开 견【jiān ㄐㄧㄢ】[설문부수 491] 평평할, 오랑캐 이름

설문 9021 平也。《凡岐頭兩(兩)平曰幵(开)。幵字、【古書】罕見。『禹貢』。道岍及岐。【許書】無岍字。蓋(蓋)古祇名幵山。後人加之山旁必岐頭平起(起)之山也。用幵爲聲之字音讀多岐。如汧、麉、䴚、研、妍、雃在先韵。音之近是者也。如荓、刑、形、邢、鈃入淸靑韵。此轉移之遠者也。如笄、枅入齊韵。此轉移更遠者也。幵从二干。古音仍讀如干。何以證之。籀文栞讀若刊。小篆作栞。然則干幵同音可知。荆罰(刑罰)字本从井。刑(刊)剄字从幵。畫(畵)然異(異)字異音。今則絕(絶)不知有井之字。以刑代荆。音義兩(兩)失。而凡刑聲幷聲之字盡失古音。得吾說存之。而後大略可證。》象二干對冓。《原作構。今正。》上平也。《干卽竿之省。古賢切。古音在 14部。》凡幵之屬皆从幵。/715

유사 오를 승(升) 어우를 병(并) 우물 정(井)
성부 開개 研研연 并幷병 刑형
형성 (21자) 견(豜)1341 현(詽)1553 계(睤)2024 예(羿)2147 견(雃)2187 역(䴚)2337 형(刑)2678 계(笄)2772 계(枅)3483 견(栞)3737 형(邢)3888 형(形)5455 견(豣)5788 견(麉)5967 연(犴)6063 견(䔾)6246 견(汧)6682 견(䴕)7326 연(妍)7914 예(弜)8109 형(鈃)8856

◀ 제 5 획 ▶

幷 幷并 병【bīng ㄅㄧㄥ】㉠㊤㊥⑨㉯ bìng 어우를, 물리칠, 병주(12주의 하나)

설문 4991 相从也。《「从」舊作「從」。今正。合也。兼也。》从从。幵聲。《府盈切。11部。》一曰从持二干爲幷(幷、并)。《「干」舊奪。今依『韵會本』補。上言形聲。此言會意。干、【經典】用爲竿。如孑孑干旄是也。二人持二竿。是人持一竿。幷合之意。或曰。當出幷篆。解云。幷或從人。人持二干爲幷。人持二干爲幷者、猶又持二禾爲秉也。俗幷字之所本也。漢隸作「幷」。》/386

유사 평평할 견(幵开) 우물 정(井)

성부 屛병 洴병
형성 (16자+2) 병(荓)337 평(蓱)617 변(骿)2456 병(餅)3072 병(絣)3149 병(栟)3309 병(郱)3994 병(倂)4825 팽(㔙)5531 병(庰)5662 병(騈)5893 평(姘)7954 병(甁)8056 붕(絣)8364 병(蛢)8440 병(軿)9072 병(迸) 병(甁)

㚔 幸㚔 행【xìng ㄒㄧㄥˋ】다행, 행복, 다행할, 다행히, 행복케 할

설문 6308 吉而免凶也。《吉者、善也。凶者、惡也。得免於惡是爲行。》从屰。从夭。《屰者、不順也。不順從夭死之事。會意。胡耿切。11部。》夭、《逗。》死之事。《『左傳』所謂夭札。不終其天年者也。》死謂之不幸。《依『韵會本』。死爲不幸、則免死爲幸。》/494

※ 녑(㚔㚔)자의 모양이 대부분 행(幸)으로 변한다.

유사 새끼양 달(羍 幸)
성부 報報報보 圉圉圉어 盩주 籟籟籟翰국 睪睪睪역 執執執執집
형성 (2자) 행(婞)7908 행(綷)8163

◀ 제 10 획 ▶

榦 榦 간【gàn ㄍㄢˋ】本[담틀(담 쌓을 때 세우는)기둥] 바로 잡을, 우물 난간 ■한:우물난간 모양으로 나무 쌓아 올릴

설문 3468 築牆耑木也。《耑(端)謂兩頭也。假令版長丈。則牆長丈。其兩頭所植木曰榦(幹)。『釋詁』曰。楨、榦也、『舍人』曰。楨、正也。築牆所立兩木也。榦所以當牆之兩邊鄣(障)土者也。『柴誓:注』曰。題曰楨。旁(旁)曰榦。『正義』云。題曰楨、謂當牆兩端者。旁曰榦、謂在牆兩邊者也。然則舊說皆謂楨爲兩耑木。榦爲夾版兩邊木。許不尒者。舊(舊)說析言之。『爾雅』與許皆渾言之也。『大雅:傳』亦以榦釋楨。許於楨下渾云剛木。》從木。倝聲。《古案切。14部。按『詩』多以翰爲榦。故『爾雅』、『毛傳』曰。翰、榦也。言六書之假借也。「榦」俗作「幹」。》一曰本也。《四字今補。『文選(選):魏都賦:注』、『盧諶-贈:劉(劉)琨詩:注』皆引『說文』。榦、本也。按上文云。枚、榦也。引『詩』施于條枚、與此訓相足。木下曰本。木身亦曰本。》/253

형성 (1자) 간(𦼮)324

栞 (견)【jiǎn ㄐㄧㄢˇ】작은 단(지을), 벼 열 웅큼(干부 9획)

설문 3737 小束也。《『齊民要術』曰。麻栞欲小、縛欲薄。爲其易乾。》从束。幵聲。讀若繭。《古典切。14部。》/276

甁 (병)【píng ㄆㄧㄥˊ】삼태기 (田부 8획)

설문 8056 㽬也。《㽬者、蒲席𤰞(甾)也。㽬下曰。載米𤰞也。𤰞下曰。㽬也。所以盛米。然則四篆一物也。》从甶。幷聲。《薄經切。11部。》杜林目(以)爲竹筥。

《筥、箱也。箱、飯器。》 楊雄曰爲蒲器。《杜有『倉頡訓纂:一篇』、『倉頡故:一篇』。楊有『倉頡訓纂:一篇』。其說不同如此。此與黽韓二篆皆兼引楊杜二家說。》 讀若軿車。/637

052 3-23 幺 작을 요

幺 **요【yāo 丨ㄠˉ】**[설문부수 123] 작을, 어릴
■마:마(麼)의 속자

설문 2382 小也。《『通俗文』曰。不長曰幺。細所曰麼。許無麼字。》 象子初生之形。《子初生、甚小也。俗謂一爲幺。亦謂晚生子爲幺。皆謂其小也。於堯切。2部。》 凡幺之屬皆从幺。/158

성부 부록 색인 참조

형부 幺를 부수로 하는 대부분의 글자들

◀ 제 1 획 ▶

幻 **환【huàn ㄏㄨㄢˋ】** 변할, 미혹할, 요술, 허깨비

설문 2394 相詐惑(惑)也。《譎誑惑人也。『漢書』。犛靬眩人。字作眩。》 从反予。《倒予字也。使彼予我是爲幻化。胡辦切。14部。》『周書』曰。無或譸張爲幻。《『無逸篇』文。又見〔言部:譸〕下。》/160

◀ 제 2 획 ▶

幼 **유【yòu 丨ㄡˋ】**(나이가)어릴, 어릴 때, 어린아이, 사랑할, 깊을

설문 2383 少也。《『釋言』曰。幼鞠稚也。又曰。冥、幼也。『斯干:毛傳』亦云。冥、幼也。幼同幽。一作「窈」。》 从幺力。《幺亦聲。伊謬切。3部。》/158

형성 (7자+2) 유(呦)917 요(窈)4473 유(妫)5329 유(黝)6239 유(怮)6599 유(泑)6656 유(蚴)7247
요(拗) 요(坳)

◀ 제 3 획 ▶

𢆶 **유【yāo 丨ㄠˉ】**[설문부수 124] 상中⑨작 yōu 작을

설문 2384 微也。《「未」當作「散」。〔人部〕曰。散、眇也。小之又小則曰散。》 从二幺。《二幺者、幺之甚也。於虯切。3部。》 凡𢆶之屬皆从𢆶。/158

성부 𢇍계 幾기 幽유 玆자 樂락 𢇇관 㬎현 𢇁절

형부 㴒(淫)

◀ 제 5 획 ▶

𢆷 **(묘)【miào ㄇ丨ㄠˋ】** 상中⑨작 yāo (급히)되돌아갈 ※ 묘(妙)와 같은 글자

설문 8115 急戾也。《『陸機-賦』。弦幺徽急。疑當作弦𢆷。》 从弦省。少聲。《於霄切。2部。按『類篇』曰。彌笑切。精微也。則爲今之妙字。妙或作𢆷是也。》/642

◀ 제 6 획 ▶

幽 **유【yōu 丨ㄡˉ】** 숨을, 적을(微也), 어렴풋할, 그윽할(深遠), 어둘, 무덤, 저승, 가둘, 성씨, 나라이름

설문 2385 隱也。《〔自(阜)部〕曰。隱、蔽也。『小雅』。桑葉有幽。毛曰。幽、黑色也。此謂幽爲黝之假借。『玉藻』幽衡。鄭云。幽讀爲黝。毛不易字。鄭則易之『周禮:牧人』陰祀用幽牲。守祧幽堊之。鄭司農皆幽讀爲黝。引『爾雅』地謂之黝。【今本】幽黝字互譌。》 从山𢆶。《幽從山猶隱從自。取遮蔽之意。從𢆶者、微則隱也。》 𢆶亦聲。《於虯切。3部。》/158

형성 (2자) 유(蚴)8504 우(麀)000

◀ 제 8 획 ▶

𢇇 **관【guān ㄍㄨㄢˉ】** 북에 실 꿸 (糸부 8획)

설문 8378 織目(以)絲毌杼也。《織字下【各本】衍絹字。『玉篇』又誤絹。今刪(刪)。以絲【各本】誤作从絲。毌作貫。今正。杼者、機之持緯者。毌、穿物持之也。以絲貫於杼中而後織。是之謂𢇇。杼之往來、如開機合開也。》 从絲省。卝(丱)聲。《卝者、𠧟(卵)字也。鉉等云古礦字。非也。古還切。14部。》 卝、古文𠧟(卵)字。《【各本】無此五字。今補。說詳〔𠧟部〕。》/663

성부 關관 聯련

◀ 제 9 획 ▶

幾 **기【jī ㄐ丨ˉ】** ㉠ jǐ 本[기미] 빌미, 기틀, 거의, 가까울, 얼마, 위태할, 기약할, 오래지 아니하여, 얼마 되지 않을

설문 2386 微也。《『毄(繫)辭傳』曰。幾者、動之微。吉凶之先見也。又曰。顏氏之子其殆庶幾乎。虞曰。幾、神妙也。》 殆也。《〔歺部〕曰。殆、危也。危與微二義相成。故兩言之。今人分微義爲上聲。危義爲平聲。按『禮記』雕幾、借爲圻堮之圻。》 从𢆶。从戍。戍、兵守也。𢆶而兵守者危也。《說從戍之意。居衣切。15部。》/159

형성 (14자+1) 기(璣)191 기(嘰)775 기(趨)989 기(譏)1530 기(䇲)2483 기(饑)2957 기(盪)3036 기(饑)3115 기(機)3573 기(穖)4221 기(僟)4805 기(魕)5567 기(蟣)8404 기(鐖)8751
기(磯)

𢇄 **(의)【yì 丨ˋ】** 이루지 못하고 어그러질

설문 8116 不成遂急戾也。《不成遂者、不成就也。因之急戾是曰𢇄。》 从弦省。曷聲。讀若瘞。《於罽切。15部。『廣韵(韻)』作「綼」。非。》/642

◀ 제 11 획 ▶

繼 **계【jì ㄐ丨ˋ】** 이을, 이어받을, 맬, 얽을

설문 8153 續也。《『虞翻(飜)-注:易』曰。繼、統也。》 从糸㡭。《【各本】篆文作「繼」。解作从糸㡭。則不可通。今正。此會意字。从糸㡭者、謂以糸聯其絕(絶)也。自

傳寫譌亂。併篆體改之。因又刪(刪)䜌篆矣。古詣切。15部。》䜌 繼或作䜌。反㡭爲䜌。《大徐無篆文。但有「一曰反㡭爲䜌」六字。不可了。【小徐本】云。「或作㡭。反㡭爲䜌」。今依以補一篆文。乃使文從字順矣。反之而成字者、如反巳爲㠯、反人爲匕、反正爲乏是也。【小徐本】見『韵會』。『莊』、『列』皆云得水爲䜌。此篆見【古書】者惟此。而『莊』譌作㡭。》/645

성부 繼繼계 斷斷단

형부 단(䜌 䜌)

형성 (1자) 계(檵 檵)3375

끊을 절

◀ 제 13 획 ▶

● 㡭 끊을 절(絶)-고자

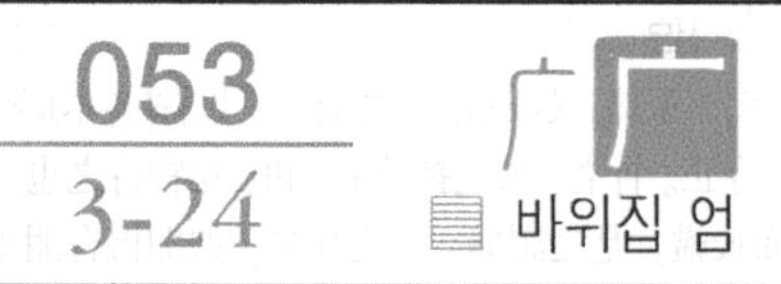

053 3-24 广 广 바위집 엄

广广 엄【yǎn ㄧㄢˇ】[설문부수 353] 도리, 바위집, 지붕 한쪽 늘어질

설문 5642 因厂爲屋也。《「厂」各本作「广」。誤。今正。厂者、山石之厓巖。因之爲屋、是曰广。『廣韵』玫儼二韵及『昌黎集:注』皆作因巖、可證。因巖卽因厂也。》从厂。《各本無此二字。今補。》象對刺高屋之形。《「刺」各本作「剌」。今正。讀七亦切。謂對面高屋森聳上刺也。首畫(畫)象巖上有屋。》凡广之屬皆从广。讀若儼然之儼。《魚儉切。8部。》/442

유사 바위 한(厂) 질병 녁(疒)

성부 부록 색인 참조

형부 广을 부수로 하는 대부분의 글자들 환(庈)

◀ 제 4 획 ▶

庇庇 (비)【bì ㄅㄧˋ】 덮을, 감쌀(보호할), 의지할, 그늘

설문 5676 蔭也。《蔭、艸会也。引伸之爲凡覆庇之偁(稱)。『釋言』曰。庇、休、蔭也。》从广。比聲。《必至切。15部。按『周禮:注』。庀、具也。『左傳』、『國語』亦有庀字。『注』或云具也。或云治也。攷『周禮-故書』庀作比。許從【故書】。故『說文』無庀。》/445

庉庉 (돈)【dùn ㄉㄨㄣˋ】(높은 집의)담, 집, 둔(사람이 모이는 곳)

설문 5649 樓牆也。《樓者、重屋也。》从广。屯聲。《徒損切。13部。》/443

牀牀 床상【chuáng ㄔㄨㄤˊ】① 편상, 걸상 ※ 상(牀) 속자 ② 평상, 걸상

설문 3527 安身之几坐也。《【鉉本】作「安身之坐者」五字。非是。牀之制略同几而庳於几。可坐。故曰安身之几坐。牀制同几。故有足有桄。牀可坐。故凥下曰処(處)也、從尸得几而止。引『孝經』仲尼凥而釋之曰。謂閒居如此。按得几而止者、謂得牀而止也。仲尼凥者、謂坐於牀也。上文曰。凭、依几也。乃謂手所凭之几。漢管寧常坐一木榻。積五十餘年未嘗箕股。其榻上當膝處皆穿。此皆古人坐於牀、而又不似今人垂足而坐之證也。牀亦可臥。古人之臥、隱几而已。牀前有几。『孟子』隱几而臥是也。『孟子』曰。舜在牀琴。葢(蓋)『尚書:佚篇』語也。而古坐於牀可見。琴必在几。則牀前有几亦可見。然則古人之臥無橫陳者乎。曰有之。『弟子職』曰。先生將息。弟子皆起(起)。敬奉枕席。問疋何止。『內則』曰。父母舅姑將衽。長子奉席請何趾。『論語』曰。寢不尸。『左傳』。掘地下冰(氷)而牀焉。鮮食而寢。皆是也。『內則』云。少者執牀與坐。御者擧(擧)几。謂晨興時也。卽以所衽爲所坐也。》从木。爿聲。《【今書】牂牂斨牆壯戕狀將字皆曰爿聲。『張參-五經文字』〔爿部〕曰。爿、音牆。『九經字樣:鼎(鼎)字:注』云。下象析木以炊。篆文𣎳(木)、析之兩向。左爲爿、音牆。右爲片。李陽冰亦云。木字右旁爲片。左爲爿、音牆。〔許書-列部〕。片之後次以鼎。然則反片爲爿。當有此篆。『六書故』曰。『唐本-說文』有〔爿部〕。葢本晁氏說之參記許氏文字一書。非肊說。其次弟正當在片後鼎前矣。二徐乃欲盡改【全書】之爿聲爲牀省聲。非也。『顧野王-片部』後出〔牀部〕。則其誤在前耳。仕莊切。10部。》/257

庌庌 (아)【yǎ ㄧㄚˇ】(집을 지어 풍우를)가릴

설문 5650 廡也。从广。牙聲。《五下切。古音在 5部。》『周禮』曰。夏庌馬。《『夏官:圉師職』文。『注』曰。【故書】庌爲訝。鄭司農云。當爲庌。玄謂庌、廡也。廡、所以庇馬涼也。按許亦用仲師說。》/443

庈庈 (환)【huán ㄏㄨㄢˊ】암키와

설문 5665 屋牡瓦也。《「牡」各本作「牝」。「也」各本作「下」。今正。『廣韵(韻):二十七、刪(刪)』曰。屋牡瓦名。是也。屋瓦下載者曰牝。『昌邑王傳』之版瓦也。上覆者曰牡。『玉篇』。甂、牡瓦也。甂『廣雅』作「甗」。今俗猶以圓而上覆之瓦曰甂。庈之言似環也。甂之言似筩也。》一曰維綱也。《〔糸部〕曰。絹、持綱紐也。庈與絹音相近。》从广。閔省聲。讀若環。《戶(户)關切。14部。》/444

序序 (서)【xù ㄒㄩˋ】 本[동서의 담] 차례 매길, 실마리, (은나라 때의)학교

설문 5657 東西牆也。《『釋宮』曰。東西牆謂之序。按堂上以東西牆爲介。『禮經』謂階上序端之南曰序南。謂正堂近序之處曰東序、西序。古假杼爲序。『尙書:大傳』。天子賁庸。諸侯疏杼。『鄭-注』云。牆謂之庸。杼亦牆也。『李善-文選:注』引『雒書』天準聽。天球河圖在東杼。又〔攴部〕曰。次弟謂之敘。【經傳】多假序爲敘。『周禮、儀禮:序字:注』多釋爲次弟是也。又『周頌』。繼序思不忘(忘)。『傳』曰。序、緒也。此謂序爲緒之假借字。》从广。予聲。《徐呂切。5部。》/444

◀ 제 5 획 ▶

底 (저)【dǐ ㄉㄧˇ】 本[그칠] 밑바닥(세밑, 그릇) ■지:이를, 정할

설문 5671 山尻也。《「尻」各本譌作「居」。今正。「山」當作「止」。字之誤也。字从广、故曰止尻。『玉篇』曰。底、止也、下也。『廣韵(韻)』曰。底、下也、止也。皆本『說文』。『釋詁』曰。底、止也。又曰。底、止、徯、待也。『晉語』。戾久將底。『注』曰。底、止也。『左傳:昭:元年』。勿使有所壅閉湫底。『服-注』。底、止也。『杜-注』。底、滯也。『楚語』。夫民氣縱則底。「底」則「滯」。『注』曰。底、箸也。按底訓止、與〔厂部:厎〕訓柔石、引伸之訓致也、至也迥別。【俗書】多亂之。『小雅』。伊于胡底。『箋』云。底、至也。【俗本】多作「胡底」。》一曰下也。《下爲底。上爲葢(蓋)。今俗語如是。與前一義相足。『高唐賦』曰。不見其底。虛聞松聲。『列子』。無底之谷。名曰歸墟。》从广。氐聲。《都禮切。15部。按『釋詁』。替戾底厎尼定曷遏止也。釋文及『唐-石經』不誤。『郭-注』。厎義見『詩:傳』。謂靡所厎止。伊于胡厎。『傳』曰。厎、至也。郭又引『國語』。戾久將厎。此爲底字作注也。釋文底音丁禮反。厎音之視反。今蕣旨二韵區別亦如是。》/445

庖 (포)【páo ㄆㄠˊ】 부엌, 요리인, 복희씨

설문 5653 廚也。《『王制』。三爲充君之庖。『注』曰。庖今之廚也。『周禮:庖人:注』曰。庖之言苞也。苞裹肉曰苞苴。》从广。包聲。《薄交切。古音在 3部。》/443

废 (발)【bá ㄅㄚˊ】 本[초가집] 낮을

설문 5674 舍也。《『詩:召南:甘棠』曰。召伯所茇。『傳』曰。茇、草舍也。『周禮:大司馬』。中夏教茇舍。『注』云。茇讀如萊沛之沛。茇舍、草止之也。軍有草止之法。按『許書:艸部:茇』、艸根也。此废訓舍也。與毛、鄭說異。以其字从艸从广別之耳。同音故義相因。茇废實古今字也。『毛傳』又云。草行曰跋。跋卽茇之假借字。『漢:禮樂志』。拔蘭堂。拔、舍止也。卽废之假借字。》从广。犮聲。《蒲撥切。15部。》『詩』曰。召伯所废。《此葢(蓋)用『三家詩』。字作「废」。故與毛作「茇」、訓草舍異。》/445

庚 경【gēng ㄍㄥ】 [설문부수 520] 천간(서쪽, 金), 굳셀, 별 이름

설문 9305 位西方。《『律書』曰。庚者、言陰氣更萬物。『律曆志』。斂更於庚。『月令:注』曰。庚之言更也。萬物皆肅然更改。秀實新成。》象秋時萬物庚庚有實也。《庚庚、成實皃(貌)。『服虔-漢書:注』曰。庚庚、橫皃也。字象形。古行切。古音在 10部。讀如岡。》庚承己。象人齎。《冡大一經。按小徐駁李陽冰(氷)說。从干、𠬞(廾)象人兩手把干立。不可從。【今-各本】篆皆從陽冰。非也。中〇者、象人齎。》凡庚之屬皆从庚。/741

성부 康강 唐당 庸용

[广+且] (저)【jū ㄐㄩ】 사람이 의지할

설문 5686 人相依[广+且]也。从广。且聲。《子余切。5部。按『篇』、『韵(韻)』皆七賜切。則與且聲不相應。『廣雅』無[广+且]有庩。音七賜切。『玉篇』[广+且]字亦不次於援引『說文』之處。疑許本無[广+且]。》/446

府 부【fǔ ㄈㄨˇ】 곳집(문서, 재화를 보관하는 창고), 고을, 창자

설문 5643 文書臧(藏)也。《文書所藏之處曰府。引伸之爲府史胥徒之府。『周禮』。府六人。史十有二人。『注』云。府治藏、史掌【書】者。又『大宰』。以八法治官府。『注』云。百官所居曰府。》从广。付聲。《方矩切。古音在 4部。》/442

형성 (1자) 부(萯 𦯆)331

◀ **제 6 획** ▶

庠 (상)【xiáng ㄒㄧㄤˊ】 (주나라 대의 초등)학교

설문 5645 『禮』官養老。夏曰校。殷曰庠。周曰序。《『孟子:滕文公篇』曰。夏曰校。殷曰序。周曰庠。『史記:儒林傳』同。『漢書:儒林傳』則云。夏曰校。殷曰庠。周曰序。許同『漢書』。疑『今-孟子、史記』有誤。『孟子』曰。庠者、養也。》从广。芈(羊)聲。《似陽切。10部。》/443

㡿 斥厈㡿 척【chì ㄔˋ】 本[넓힐] 물리칠, (손가락으로)가리킬 ■차:같은 뜻

설문 5688 卻(却)屋也。《卻屋者、謂開拓其屋使廣也。與上屋迫成反對。『廣韵』引作郤行也。非是。卻屋之義引伸之爲斥(斥)逐、爲充斥。『魏都賦:注』引『倉頡』曰。斥、廣也。又引伸爲指斥。『穀梁:僖:五年:傳』日日晉(晋)侯斥殺是也。》从广。屰聲。《『廣韵』引無聲字。非是。昌石切。古音在 5部。俗作「斥」、作「斥」。幾不成字。》/446

유사 언덕 구(丘) 잡을 국(厈厈)

형성 (5자)
차(赿 𧺷)1005 소〔訴 𧦝〕1603
탁(柝 𣏚)3458 소(泝 𣴑)6954
탁(坼坼坼埗 𡋙)8705

庢 (질)【zhì ㄓˋ】 막을, 물굽이

설문 5672 礙止也。《〔石部〕曰。礙者、止也。凡庢礙當作此字。今俗作窒礙。非也。『七發』曰。發怒庢沓。言水初發怒、礙止而涌沸也。又右扶風有盩庢縣。山曲曰盩。水曲曰庢。》从广。至聲。《陟栗切。12部。》/445

庤 (치)【zhì ㄓˋ】 쌓을, 저축할

설문 5678 儲置屋下也。《庤與偫音義同。云置屋下者、以其字从广也。『周頌』。庤乃錢鎛。『傳』曰。庤、具也。》从广。寺聲。《直里切。1部。》/445

度 도【dù ㄉㄨˋ】 법도, 정도, 회수, 각도 ■탁:헤아릴, 문의할

설문 1831 法制也。《『論語』曰。謹權量。審法度。『中庸』曰。非天子不制度。今天下車同軌。古者五度。分寸尺丈引謂之制。『周禮』。出其淳制。天子巡守禮。制幣丈八尺。純三咫。純謂幅廣。》从又。《周制、寸尺咫尋常仞皆以人之體爲法。寸法人手之寸口。咫法中婦人手長八寸。仞法伸臂一尋。皆於手取法。故從又。》庶(庶)省聲。《徒故切。5部。》/116

형성 (3자) 두(斁 斁)1943 탁(剫 剫)2647 도(渡 渡)6952

◀ **제 7 획** ▶

庫 고【kù ㄎㄨˋ】 곳집, 별 이름, 성씨
설문 5655 兵車臧(藏)也。《此庫之本義也。引伸之、凡貯物舍皆曰庫。》从車在广下。《會意。車亦聲。苦故切。5部。》/443

庭 (정)【tíng ㄊㄧㄥˊ】 조정, (집안의)뜰
설문 5647 宮中也。《下文曰中庭。則此當曰中宮。俗倒之耳。中宮、宮之中。如『詩』之中林、林中也。〔廴部〕曰。廷、中朝也。朝不屋、故不从广。宮者、室也。室之中曰庭。『詩』曰殖殖其庭。曰子有廷內。曰洒掃庭內。『檀弓』。孔子哭子路於中庭。『注』曰。寢中庭也。凡【經】有謂堂下爲庭者。如三分庭一在南。正當作廷。爲義相近。『爾雅:釋詁』、『詩:大田、韓奕、閔予小子:傳』曰。庭、直也。引伸之義也。庭者、正直之處也。》从广。廷聲。《特丁切。11部。》/443

廇 (유)【yǒu ㄧㄡˇ】 썩은 나무, 썩은 내 날
설문 5683 久屋朽木。《朽同歹。見〔歹部〕。『周禮:內饔』。牛夜鳴則廇。先鄭云。廇、朽木臭也。『內則:鄭-注』云。廇、惡臭也。引『春秋傳』一薰一廇。許說同先鄭。久屋而後有朽木。故字从广。》从广。酉聲。《與久切。3部。》『周禮』曰。牛夜鳴則廇。臭如朽木。/445

◀ **제 8 획** ▶

庰 (병)【bǐng ㄅㄧㄥˇ】 상中⑨ bìng 덮개, 덮을, 감출
설문 5662 蔽也。《此與〔尸部〕之屏義同、而所謂各異。此字从广。謂屋之隱蔽者也。『廣雅』曰。圊圂庰廁也。『急就篇』曰。屏廁淸溷糞土壤。屏與庰通。溷與圂通。圊與淸通。下文云廁、淸也。則庰亦謂廁。『戰國策』云。宋王鑄諸侯之象。使侍屏匽。『周禮:注』云。匽、路廁也。》从广。弁(幷)聲。《必郢切。11部。》/444

雇 (퇴)【duī ㄉㄨㄟ】 상中⑨ tuí 작 tuī 지붕물매
설문 5681 屋從上傾下也。《雇之下推也。》从广。隹聲。《都回切。15部。》/445

庑 (타)【chá ㄔㄚˊ】 해벌어진 집 ■차·척:같은 뜻
설문 5669 開張屋也。《謂屋之開張者也。》从广。秅聲。《宅加切。古音在 5部。今字作「秅」。殊誤。》濟陰有庑縣。《『地理志』濟陰郡有秅。孟康音妒。此古音也。》/444

庳 비【bì ㄅㄧˋ】 本[가운데가 꺼진 집] (지붕) 낮을, 짧을, 오막집
설문 5675 中伏舍。《謂高其兩旁(旁)而中低伏之舍也。》从广。卑聲。《便俾切。16部。》一曰屋卑。《「卑」各本作「庳」。今依『韵會』訂。『左傳』曰。宮室卑庳。引伸之凡卑皆曰庳。『周禮』。其民豐(豊)肉而庳。》或讀若逋。《雙聲。》/445

형성 (1자) 비(䗪 䗪)8497

廖 (치)【chǐ ㄔˇ】 크고 넓을
설문 5667 廣也。《上文殿之大屋曰廣矣。此廣則其引伸之義也。凡讀『說文』者、必知斯例而後無所庢。『廣雅』曰。廖、大也。今人曰侈斂、古字作「廖廉」。》从广。侈聲。《尺氏切。古音在 17部。》『春秋:國語』曰。俠溝而廖我。《『吳語』。王孫雒曰。齊宋徐夷曰。吳旣敗矣。將夾溝而廖我。『韋-注』。旁(旁)擊曰廖。按旁擊者、開拓自廣之意也。夾【古書】多作俠。》/444

庶 庶 서【shù ㄕㄨˋ】 많을, 여러, 풍성할, 가까울(거의), 서자 ■척:쫓을
설문 5677 屋下衆(衆)也。《諸家皆曰。庶、衆也。許獨云屋下衆者、以其字从广也。『釋言』曰。庶、侈也。侈『鄭-箋』作㑉。此引伸之義。又引伸之。『釋言』曰。庶、幸也。『詩:素冠:傳』同。又『釋言』曰。庶幾、尙也。》从广炗。《光取衆盛之意。商署切。5部。》炗、古文灮(光)字。《見〔火部〕。》/445

성부 度도 席석

형부 척(拓 拓)

형성 (6자+1) 자(蔗 蔗)326 자(嗻 嗻)861 차(遮 遮)1137 척(蹠 蹠)1310 자(樜 樜)3353 자(蟅 蟅)8460 자(鷓 鷓)

穅 康 강【kāng ㄎㄤ】 本[곡식껍질] 편안할, 풍년 들, 오달도(五達道)
설문 4225 穀之皮也。《云穀者、晐黍稷稻粱麥而言。穀猶粟也。今人謂已脫於米者爲穅。古人不爾。穅之言空也。空其中以含米也。凡康寧、康樂皆本義空中之引伸。今字分別。乃以本義从禾。引伸義不从禾。》从禾米。庚聲。《「庚」毛刻作「康」。誤。今正。苦岡切。10部。》𢉩穅或省作。《稃穭穅康四篆大徐在秳穖二篆之下。今以類移此。》/324

형성 (3자) 강(慷 慷)4370 강(歑 歑)5333 강(漮 漮)7013

庸 용【yōng ㄩㄥ】 쓸, 범상할
설문 1982 用也。更事也。《曡(疊)韵》从用庚。《會意。余封切。9部。》庚、《庚更同音。說從庚之意。》『易』曰。先庚三日。《『巽:九五、爻辭』。先庚三日者、先事而圖更也。引以證用庚爲庸。與蘁豊引『易』同意。說見〔艸部:蘁〕下。》/128

유사 편안할 강(康)

형성 (7자+1) 용(鷛 鷛)2329 용(鄘 鄘)3927 용(傭 傭)4800 용(貗 貗)5824 용(鱅 鱅)7287 용(墉 墉)8666 용(鏞 鏞)8950 용(慵 慵)

◀ **제 9 획** ▶

庾 (유)【yǔ ㄩˇ】 곳집(미곡창고), 16말
설문 5661 水漕倉也。《『漢書:孝文紀-應劭:注』同。謂水轉穀至而倉之也。》从广。臾聲。《以主切。古

音在 4部。》 一曰倉無屋者。《無屋、無上覆者也。『小雅:楚茨:傳』曰。露積曰庾。『甫田:箋』云。庾、露積穀也。『周語』。野有庾積。『韋-注』。庾、露積穀也。『釋名』說同。『胡廣-漢官解詁』云。在邑曰倉。在野曰庾。》/444

廅 (얼)【yè ㄧㄝˋ】 집 좁을 ■알:같은 뜻

설문 5687 屋迫也。《廅之言遏也。》 从广。曷聲。《於歇切。15部。》/446

廁 (측)【cì ㄘˋ】 뒷간, 돼지울, 섞을, 침상가

설문 5663 淸(圊)也。《淸圊古今字。『釋名』曰。廁言人雜廁在上非一也。或曰溷言溷濁也。或曰圊言至穢之處。宜常修治使潔淸也。按凡云雜廁者、猶云溷雜。『急就篇』、『說文:敘』皆曰分別部居不雜廁是也。古多假廁爲側。如『史記:張釋之傳』北臨廁、『漢書:汲黯傳』上踞廁視之是也。》 从广。則聲。《初吏切。1部。》/444

◀ 제 10 획 ▶

廌 廌 채【zhì ㄓˋ】 [설문부수 371] 해태 ■치:발 없는 벌레 ※ 채(豸)와 같은 글자

설문 5957 解廌(廌)獸也。《四字一句。》 佀(似)牛。一角。《【各本】作「似山牛」。今刪(刪)正。『玉篇、『廣韵』及『太平御覽』所引皆無山也。》 古者決訟、令觸不直者。《下「者」字依『玉篇』補。『神異經』曰。東北荒中有獸。見人鬥(鬪)則促不直。聞人論則咋不正。名曰獬豸。『論衡』曰、獬豸者、一角之羊。性識有罪。皐陶治獄。有罪者令羊觸之。按古有此神獸。非必皐陶賴之聽獄也。『廣韵』曰。『字林』、『字樣』作「解廌」。『廣雅』作「獬豸」。陸作「獬豸」。陸謂『陸法言-切韵』也。廌與解疉(疊)韵。與豸同音通用。廌能止不直。故古訓爲解。『左傳:宣:十七年』。庶有廌乎。『杜-注』。廌、解也。釋文本作廌。『正義』本作豸。陸云。廌解之訓見『方言』。孔云。豸、解也。『方言』文。『今-方言:卷十二』㾠、解也。㾠必廌之誤字。旣誤後乃反以胡計耳。『左』釋文大書廌字。俗改爲鳩。莫能諟正。》 象形。《謂象其頭角也。》 从豸省。《此下當有豸亦聲。宅買切。16部。》 凡廌之屬皆从廌。/469

유사 까치 석(舃舄) 경사 경(慶)

성부 廌廌천 法灋법

형부 교(䴊䴊䴊䴊)

廇 (류)【liù ㄌㄧㄡˋ】 가운뎃 방

설문 5648 中庭也。《中庭者、庭之中也。『月令』。中央土。其祀中霤。『注』曰。「中霤」、猶「中室」也。古者復穴。是以名室爲霤。『正義』引庾蔚之云。複者、謂地上累土爲之。穴則穿地也。複穴皆開其上取明。故雨霤之。是以後因名室爲中霤也。按『釋名』曰。室中央曰中霤 古者複穴後室之。〈句〉 霤當今之棟下。直室之中。古者霤下之處也。『月令』、『呂覽』、鄭、劉(劉)皆作中霤。許則霤謂屋水流。廇謂中室。晝(畫)分二字。葢(蓋)旣有宮室以後、則霤在屋垂。而屋中謂之廇以存古。『釋宮』曰。宲廇謂之梁。葢言室內之制。賦家所謂藻井。其是與。》 从广。畱聲。《力救切。3部。》/443

廉 렴【lián ㄌㄧㄢˊ】 모(모서리), 청렴할, 곧을, 날카로울, (값이)쌀

설문 5668 仄也。《此與廣爲對文。爲偪仄也。廉之言斂也。堂之邊曰廉。天子之堂九尺。諸侯七尺。大夫五尺。士三尺。堂邊皆如其高。賈子曰。廉遠地則堂高。廉近地則堂卑是也。堂邊隅有棱。故曰廉。廉、隅也。又曰廉、棱也。引伸之爲淸也。儉也。嚴利也。許以仄晐之。仄者、圻咢(咢)陖陗之謂。今之筭法謂邊曰廉。謂角曰隅。》 从广。兼聲。《力兼切。7部。》/444

형성 (2자+1) 렴(蠊 𧓍)402 렴(簾 𥳑)2778 렴(賺 𧶄)

◀ 제 11 획 ▶

廖 (총)【cōng ㄘㄨㄥ】 섬돌에서 조회할

설문 5666 屋階中會也。《謂㒳(兩)階之中湊也。『西京賦』曰。刊層平堂。設切厓隒。今之階隒石必長石居中。㒳邊鬭(鬪)合。『篇』、『韵(韻)』皆作屋中會。無階字。非是。》 从广。悤聲。《倉紅切。『廣韵』又作孔切。9部。》/444

廄 (구)【jiù ㄐㄧㄡˋ】 마구간, 벼슬 이름 ※ 구(廐)는 구(廏)의 속자.

설문 5656 馬舍也。从广。𣪘聲。《居又切。3部。》 『周禮』曰。馬有二百十四匹爲廏。廏有僕夫。《「四」當爲「六」。字之誤也。『夏官:校人』曰。乘馬一師四圉。三乘爲阜。阜一趣馬。三阜爲𣪠。𣪠一馭夫。六𣪠爲廏。廏一僕夫。六廏成校。校有左右。注曰。二耦爲乘。四匹也。自乘至廏、其數二百一十六匹。『易』。『乾』爲馬。此應『乾』之策也。》 𠆧古文从九。《此从古文叀、而九聲也。》/443

廑 (근)【qín ㄑㄧㄣˊ】 ㉻㊥⑨ jǐn ㉳ jìn 겨우, 부지런할

설문 5684 少劣之凥。《「凥」舊作「居」。誤。今正。少劣之居故从广。引伸之義與〔人部〕之僅同。古多用廑爲僅。亦用爲勤字。『文選:長楊賦:注』引『古今字詁』曰。廑今勤字。》 从广。堇聲。《巨斤切。13部。》/446

廔 (루)【lóu ㄌㄡˊ】 (방을 밝히는)창문, 씨뿌리는 틀

설문 5680 屋麗廔也。《麗廔讀如離婁二音。囧字下曰。窗(窓)牖麗廔闓明也。『長門賦』、『靈光殿賦』皆作「離樓」。謂在屋在牆囱(窓)牖穿通之皃(貌)。『玉篇』作「𪇮廔」。》 从广。婁聲。《洛侯切。4部。》 一曰所㠯(以)穜也。《「所㠯(以)」二字各本奪。今補。穜之用切。謂以廔貯穀、播穜於地也。〔木部〕曰。樓穜樓也。『廣韵(韻)』。耬、種具也。皆卽廔字。》/445

◀ 제 12 획 ▶

廙 (익)【yì ㄧˋ】 천막(임시 막사) ■이:공경할, 삼가할

설문 5679 行屋也。《行屋、所謂幄也。〔許書:巾部〕無幄

篆。『周禮』。帷幕幄帟。『注』云。四合象宮室曰幄。王所居之帳也。『疏』引顏(顔)延之纂要四合象官曰幄。〔巾部〕曰。帳、張也。〔木部〕曰。橦者、帳柱也。帳有梁柱可移徙。如今之蒙古包之類。廙字本義如是。魏晉後用爲翼字。如魏丁廙字敬禮。是用爲小心翼翼字也。『篇』、『韵(韻)』皆曰。廙、敬也。》从广。異聲。《與職切。1部。》/445

廚 (주)【chú ㄔㄨˊ】부엌, 함, 상자
설문 5654 庖室也。《「室」各本作「屋」。今依『御覽』。》从广。尌聲。《直株切。古音在 4部。》/443

廛 전【chán ㄔㄢˊ】터(주나라 때 시가지의 2묘 반의 집터), 전방(가게)
설문 5664 二畝半也。一家之凥(居)。《「二」各本作「一」。「凥」各本作「居」。今正。按說已見『盧篆:注』。合『漢食貨志』、『公羊傳:何-注』、『詩:南山:箋』、『孟子:梁惠王篇:趙-注』、知古者在野曰廬。在邑曰里。各二畝半。『趙-注』尤明。里卽廛也。『詩:伐檀:毛傳』曰。一夫之居曰廛。『遂人』。夫一廛。先鄭云。廛、居也。後鄭云。廛、城邑之居。『載師』。以廛里任國中之地。後鄭云。廛里者、若今云邑居。廛、民居之區域也。里居也。毛、鄭皆未明言二畝半。要其意同也。許於廬不曰二畝半。於廛曰二畝半。以錯見互足。》从广里八土。《里者、凥也。八土猶分土也。亦謂八夫同井也。以四字會意。直連切。14部。》/444
형성 (2자) 전(躔)1292 전(纏)8176

廞 (흠)【xīn ㄒㄧㄣ】포진할, 일(興也) ■금:성낼, 진흙 ■감:산 험할
설문 5689 陳輿服於庭也。《『周禮-故書』廞爲淫。鄭司農云。淫讀爲廞。廞、陳也。許說同先鄭。『釋詁』曰。廞、興也。『後鄭-注:周禮』云。廞、興也。興作之說同『爾雅』。按易淫爲廞、古音同在 7部也。釋廞爲興、古 6部 7部合音也。》从广。欽聲。讀若歆。《許今切。7部。》/446

廟 (묘)【miào ㄇㄧㄠˋ】本[조상 형상] 사당, 묘당, 빈궁(천자의 관을 매장하기 전에 잠시 보관하던 곳)
설문 5685 尊先祖皃(貌)也。《尊其先祖而以是儀皃之。故曰宗廟。【諸書】皆曰。廟、皃也。『祭法:注』云。廟之言皃也。宗廟者、先祖之尊皃也。古者廟以祀先祖。凡神不爲廟也。爲神立廟者、始三代以後。》从广。朝聲。《聲字荅(蓋)衍。古文从苗爲形聲。小篆从广朝。謂居之與朝廷同尊者、爲會意。眉召切。2部。》庿古文。《見『禮經:十七篇』。凡『十七篇』皆作「庿」。『注』皆作「廟」。》/446

廡 (무)【wǔ ㄨˇ】곁채
설문 5651 堂周屋也。《各本作「堂下」。玄應引作堂周屋曰廡。今從之。『釋名』曰。大屋曰廡。幽冀人謂之庌。說與許異。許謂堂之四匊爲屋也。『洪範』、『晉語』蕃廡皆假廡爲橆也。》从广。橆(㷻)聲。《文甫切。5部。》廡籒文从舞。《舞聲。》/443

廢 (폐)【fèi ㄈㄟˋ】本[집 쏠릴] 못쓰게 될, 폐할, 폐하여질
설문 5682 屋頓也。《頓之言鈍。謂屋鈍置無居之者也。引伸之、凡鈍置皆曰廢。『淮南:覽冥訓』。四極廢。『高-注』。廢、頓也。古謂存之爲置。棄之爲廢。亦謂存之爲廢。棄之爲置。『公羊傳』曰。去其有聲者。廢其無聲者。鄭曰。廢、置也。于去聲者爲廢。謂廢留(留)不去也。『左傳』。廢六關。『王肅-家語』作置六關。『淮南子』。舜葬蒼梧。不變其肆。『高-注』。不煩市井之所廢。『莊子』曰。廢一於堂。廢一於室。『仲尼弟子列傳』。子貢好廢居。與時轉貨。『貨殖列傳』作廢箸鬻財。徐廣曰。箸猶居也。讀如貯。廢之爲置如徂之爲存、苦之爲快、亂之爲治、去之爲藏。》从广。發聲。《方肺切。15部。古可入聲。》/445

廣 광【guǎng ㄍㄨㄤˇ】本[큰 집] 넓을, 넓어질, 넓이, 클, 수레 이름
설문 5659 殿之大屋也。《〔土部〕曰。堂、殿也。『倉頡篇』曰。殿、大堂也。『廣雅』曰。堂堭、合殿也。殿謂堂無四壁。『漢書:胡建傳:注』無四壁曰堂皇是也。覆乎上者曰屋。無四壁而上有大覆荅(蓋)。其所通者宏遠矣。是曰廣。引伸之爲凡大之偁(稱)。『詩:六月、雝(雍):傳』皆曰。廣、大也。》从广。黃聲。《古晃切。10部。》/444
형성 (7자) 광(横)3569 광(曠)4030 광(穬)4209 광(獷)6030 광(懬)6437 광(纊)8332 광(壙)8698

● 廇 대들보 류(廇)-본자

◀ 제 13 획 ▶

廥 (괴)【guài ㄍㄨㄞˋ】상中⑨작 kuài 여물광, 곳집
설문 5660 芻稾之臧也。《『天官書』。其南衆星曰廥積。『如淳-漢書:注』曰。芻稾積爲廥也。『史記:正義』曰。芻稾六星在天苑西。主積稾草者。》从广。會聲。《古外切。15部。》/444

廬 (로)【lǔ ㄌㄨˇ】차양, 감출, 암자
설문 5652 廡也。从广。虜聲。讀若鹵。《郎古切。5部。》/443

廦 (벽)【bì ㄅㄧˋ】집, 담벽
설문 5658 牆也。《與〔土部〕之壁音義同。》从广。辟聲。《比激切。16部。》/444

● 廮 逆 곳집 름

◀ 제 15 획 ▶

廫 (료)【liáo ㄌㄧㄠˊ】빌, 집안 빈 모양
설문 5690 空虛也。从广。膠聲。《此今之「寥」字。洛蕭切。古音在 3部。》/446

◀ 제 16 획 ▶

廬 (려)【lú ㄌㄨˊ】오두막, 나라이름 ■로:창자루, 광주리
설문 5646 寄也。秋冬去。春夏居。《『大雅』。于時廬旅。

『毛傳』曰。廬、寄也。『小雅』。中田有廬。『箋』云。中田、田中也。農人作廬焉。以便其田事。『春秋:宣:十五年:公羊傳:注』曰。一夫受田百晦(畝畞)。公田十畞。廬舍二畞半。凡爲田一頃十二畞半。八家而九頃。共爲一井。在田曰廬。在邑曰里。春夏出田。秋冬入保(保)城郭。『漢:食貨志』曰。一井、八家共之。各受私田百畞。公田十畞。是爲八百八十晦。餘二十晦。以爲廬舍。在野曰廬。在邑曰里。春令民畢出在壄(野)。冬則畢入。其詩曰。四之日擧(擧)止。同我婦子。饁(饁)彼南晦。又曰。十月蟋蟀入我牀下。嗟(嗟)我婦子。聿爲改歲。入此室處。所以順陰陽。備(備)寇賊。習禮文也。『孟子』曰。五畞之宅。『趙-注』。廬井、邑居各二畞半以爲宅。冬入保城二畞半。故爲五畞也。按許意、廬與下文廛義互相足。在野曰廬。在邑曰廛。皆二畞半也。引伸之、凡寄居之處皆曰廬。『周禮』。十里有廬。廬有飮食。『左傳』。立戴公以廬於曹。吾儕小人。皆有闔廬。以避燥溼(濕)寒暑。皆是。》从广。盧聲。《古亦與盧相假借。力居切。5部。》/443

◀ 제 17 획 ▶

廮 (영)【yǐng ㄧㄥˇ】⑨ yìng 편안할, 고을 이름
설문 5673 安止也。从广。嬰聲。《於郢切。11部。》鉅鹿有廮陶縣。《『地理志』、『郡國志』同。》/445

◀ 제 18 획 ▶

廱 (옹)【yōng ㄩㄥ¯】화할, 학교 이름, 천자 글배우는 궁
설문 5644 天子饗歓辟廱。《饗飮謂鄕(鄉)飮酒也。〔食部〕曰。饗者、鄕人飮酒也。辟廱者、天子之學也。在郊。『禮記:文王世子』曰。凡大合樂。必遂養老。天子視學。設三老五更羣(群)老之席位焉。『注』云。以『鄕飮酒禮』言之。席位之處。則三老如賔(賓)、五更如介、羣老如衆賔、必也。又云遂養老者、用大合樂之明日也。『鄕飮酒、鄕射之禮』明日乃息。司正徵唯所欲。以告於先生君子可也。是養老之象類。是則天子養老之禮、卽『鄕飮酒之禮』。〔水部:泮〕下曰。諸侯鄕射之宮。鄕謂『鄕飮酒』。射謂『鄕射』。『魯(魯)頌-泮宮:箋』云。在泮飮酒者、徵先生君子與之行飮酒之禮。而因以謀事也。永錫難老者、長賜之冣(最)壽考。如『王制』所云。八十月告存。九十日有秩也。是則天子諸侯養老、皆用『鄕飮酒禮』。『韓詩』說。辟廱、所以敎(敎)天下。春射秋饗。尊事三老五更。許但云饗飮者、擧(擧)鄕飮以該鄕射也。『大雅』曰。於樂辟廱。『毛傳』曰。辟廱、水旋丘如璧以節觀者也。『魯頌:傳』曰。天子辟廱。諸侯泮宮。『五經異義』。『公羊』說。天子三。諸侯二。天子有靈臺以觀天文。有時臺以觀四時施化。有囿臺觀鳥獸魚鼈。諸侯當有時臺、囿臺。諸侯卑、不得觀天文。無靈臺。皆在國之東南二十五里。東南少陽用事。萬物著見。用二十五里者、吉行五十里。朝行暮反也。『韓詩』說。辟廱者、天子之學。圜(圓)如璧。壅之以水。示圜言辟。取辟有德。不言辟水言辟廱者、取其廱和也。所以敎天下。春射秋饗。尊事三老五更。在南方七里之內。立明堂於中。【五經】之文所藏處。葢(蓋)以茅草。取其潔淸也。『左氏』說。天子靈臺在太廟之中。壅之靈沼。謂之辟廱。諸侯有觀臺亦在廟中。皆以望嘉祥也。『毛詩』說。靈臺下足以監視。靈者、精也。神之精明稱靈。故稱臺曰靈臺。稱囿曰靈囿。沼曰靈沼。謹按『公羊傳』、『左氏』說皆無明文。說各無以正之。玄之聞也。『禮記:王制』。天子命之敎。然後爲學。在公宮之左。大學在郊。天子曰辟廱。諸侯曰泮宮。天子將出征。受命於祖。受成於學。出征執有罪。反。釋奠於學。以訊馘告。然則太學卽辟廱也。『詩:頌:泮水』云。旣作泮宮。淮夷攸服。矯矯虎臣。在泮獻馘。淑問如皋(皐)陶。在泮獻囚。此復與辟廱同義之證也。『大雅:靈臺』一篇之詩。有靈臺、有靈囿、有靈沼、有辟廱。其如是也。則辟廱及三靈皆同處在郊矣。囿也、沼也同言靈。於臺下爲囿爲沼。可知小學在公宮之左。大學在西郊。王者相變之宜。衆家之說各不昭晢。當然於郊差近之耳。在廟則遠矣。『王制』與『詩』。其言察察。亦足以明之矣。》从广。雝聲。《於容切。9部。》/442

054
3-25
廴 길게 걸을 인

廴 인【yǐn ㄧㄣˇ】[설문부수 35] 길게 걸을
설문 1198 長行也。《『玉篇』曰。今作引。是引弓字行而廴廢也。》从彳引之。《引長之也。余忍切。12部。》凡廴之屬皆从廴。/77

성부 부록 색인 참조

형부 廴을 부수로 하는 대부분의 글자들

◀ 제 3 획 ▶

延 천【chān ㄔㄢ¯】[설문부수 36] 걸을
설문 1202 安步延延也。从廴止。《引而復止、是安步也。丑連切。14部。『魏志』。鍾會兄子毅及峻辿下獄。裴曰。辿勑連反。按卽延字也。止之隸變作山。》凡延之屬皆从延。/77

형성 (4자) 연(莚)2031 천(脠)2579 천(梴)3447 천(硟)5757

◀ 제 4 획 ▶

延 연【yán ㄧㄢˊ】(시간, 초치)끌, 늘일, 미칠(파급), 오랠, 길이
설문 1203 長行也。《本義訓長行。引伸則專訓長。『方言』曰。延長也。凡施於年者謂之延。又曰。延徧也。》从延。厂聲。《〔厂部〕曰。象抴引之形。余制切。虒延曳(曳)皆以爲聲。今篆體各異。非也。厂延虒曳古音在16部。故『大雅』施於條枚。『呂氏:春秋』、『韓詩:外傳:新序』皆作延于條枚。延音讀如移也。今音以然切。則14部。》/77

유사 조정 정(廷)

성부 蜑 단

형성 (7자+4) 연(㢟)888 탄(誕)1566

연(筵)2782 연(郔)3955 선(綖)5132
연(挻)7530 연(鋋)8965
전(脠) 전(梴) 천(硟) 연(埏)

延 (정)【zhēng ㄓㄥˉ】(먼 곳으로)갈
※ 정(证), 정(征)과 같은 글자

설문 1200 行也。《此與[辵(辶)部延]征字音義同。漢武帝年號延和字如此作。『今-漢書』多誤爲以然切之延。又或改爲从辵之延。亦非也。》从廴。正聲。《諸盈切。11部。》/77

廷 정【tíng ㄊㄧㄥˊ】조정, 마을(관아), 공변될
설문 1199 朝(朝)中也。《朝中者、中於朝也。古外朝、治朝、燕朝、皆不屋。在廷。故雨霑服失容則廢。》从廴。壬聲。《特丁切。11部。『甘祿字書』、『佩觿』音定。『廣韵』同。》/77

형성 (13자+1) 정(珽)114 정(莛)473
정(筳)2775 정(梃)3429 정(侹)4795
정(頲)5391 정(庭)5647 정(霆)7172
정(挺)7629 정(娗)7957 정(綎)8259
전(蜓)8399 정(鋌)8852 정(艇)

◀ 제 6 획 ▶

建 건【jiàn ㄐㄧㄢˋ】세울(물건, 일, 완수), 엎지를

설문 1201 立朝律也。《今謂凡豎(竪)立爲建。許云。立朝律也。此必古義。今未攷出。》从聿。《律省也。》从廴。《廷省也。居萬切。14部。》/77

형성 (4자+1) 건(鞬)1747 건(楗)3516
건(健)4781 건(鍵)8877 건(犍)

◀ 제 9 획 ▶

廼 (연)【yán ㄧㄢˊ】상㊥⑨작 yàn 돌아보며 갈
설문 2031 相顧視而行也。从目。从延。延亦聲。《于線切。『廣韵(韻)』以然切。14部。》/131

055	廾
3-26	받들 공

収 廾廾공【gǒng ㄍㄨㄥˇ】[설문부수 62] 손 맞잡을, 팔짱낄, 밑스물 입

설문 1662 竦手也。《竦、敬也。》从𠂇又。《按此字謂竦其兩(兩)手以有所奉也。故下云奉、承也。[手部]曰。承、奉也。受也。『五經文字』其恭反。『九經字㨾』音珙。『廣韵』引『說文』居竦切。以業從𠬞(廾)聲求之。古音在 3部。》凡廾之屬皆从廾。𢪏楊雄說。𠬞廾从兩手。《葢(蓋)『訓纂篇』如此作。古文𢪏從二手。此以古文𢪏爲𠬞也。》/103

【拜】下曰:○ 又『汗簡』曰。𢪏出『說文』。是則从二古文手也。但楊雄說𠬞从兩(兩)手作𢪏。豈不相混乎。》𢪏楊雄說。𢪏(𢪏)从兩(兩)手下。/595

※ 책에 따라 상 기(丌)、스물 입(卄卄)、받들 공(廾)중 하나가 3획 26번째 부수자가 된다.

유사 양뿔 개(丫丫) 상 기(丌) 풀 초(艹艹) 쌍상투 관(丱) 스물 입(廿) 받들 공(廾)

성부 戒계 具구 弆귀 棄기 舞무 鼻비 篳서 與여 異이 彛이 奏주 奭주 畀치 泰태 暴포 奐하 昊호 卉훼 莫막 業복 昔석 暴폭 弮권 奱반 弁변 糞분 算산 尖선 尊존 爨찬 奧환 弇엄 卅삽 巠경 庚경 共공 奔등 弄롱 兵병 奉봉 丞승 升승 承승 舂용 葬장

형부 육(奔𦘔)

형성 (1자) 국(臡)8371

廿 卄입【niàn ㄋㄧㄢˋ】스물, 20
설문 1394 二十幷(幷)也。古文省多。《省多者、省作二十兩(兩)字爲一字也。『考工記』。程長倍之。四尺者二。十分寸之一謂之枚。本於二字爲句絕(絶)。[故書]十與上二合爲廿。此可證周時凡言二十可作廿也。古文廿仍讀二十兩字。『秦-碑』小篆則有廿六年、維廿九年、卌有七年皆讀一字。以合四言。廿之讀如入。卌之讀如穀。皆自反也。至『唐-石經』二十皆作廿。三十皆作卅。則仍讀爲二十、三十矣。人汁切。7部。》/89

【疾】下曰:𤵸籒文疾。《从廿者、古文疾也。从𥎿者、𥎿省也。》廿古文。《[各本]篆體作㾐。是仍與小篆無異。今正。攷𥨶篆下曰。廿、古文疾。童篆下曰。廿、古文以爲疾、此廿爲古文疾之明證。而『集韵』、『類篇』皆曰。廿、古文疾。𤵸、籒文疾。此丁度所見不誤之明證也。其曰籒文作𤵸又作㾐者、乃當其時已有誤本同[今本]。而因併入之、又譌古爲籒也。》/348

【𥨶】下曰:廿、古文疾。/333

유사 양뿔 개(丫丫) 상 기(丌) 풀 초(艹艹) 쌍상투 관(丱) 받들 공(廾)

성부 부록 색인 참조

형부 廿을 부수로 하는 대부분의 글자들

◀ 제 2 획 ▶

● 弁 고깔 변(覍)-통자

◀ 제 3 획 ▶

异 (리)【jì ㄐㄧˋ】㊥⑨작 yì 本[들(擧也)] 말(已也), 그만둘, 물러갈, 탄식할

설문 1669 擧(擧)也。从廾。㠯聲。《羊吏切。1部。按篆從㠯。隸作「异」不合。疑篆隸皆從己而誤也。》『虞書』曰。《『虞書』當作『唐書』。》嶽曰异哉。《『堯典』文。釋文曰。鄭音異。於其音求其義。謂四嶽聞堯言驚愕而曰異哉也。謂异爲異之假借也。》/104

● 𠔀 그 기(其)-고자

◀ 제 4 획 ▶

弆 귀【kuí ㄎㄨㄟˊ】쇠뇌잡이를 쥘, 활 당길(廾부 3획)

설문 1673 持弩拊。《凡弓刀把処皆曰拊。今『攷工記:弓

人』作「梂」。从木。』从廾。肉聲。《按肉聲故讀如逵。逵古音同仇。〔足部:䟫〕、〔頁部:頯〕皆讀如仇也。小徐云。肉非聲。大徐徑刪(刪)聲字。誤矣。古音在 3部。今渠追切。》讀若逵。/104

유사 한손에는 들고 한손으로는 취할 률(寽)

형성 (2자) 규(䟫)1329 괴(頯)5358

弄 롱【nòng ㄋㄨㄥˋ】 ㉾㊥⑨㉾ lòng 희롱할, (손에 가지고)놀, 업신여길, (악기를)탈

설문 1670 玩也。《〔玉部〕曰。玩、弄也。『小雅』。載弄之璋。『左傳』曰。弱不好弄。又曰。君以弄馬之故。『國語』曰。還弄吳國於股掌之相。》从廾玉。《盧貢切。9部。》/104

형성 (2자) 산(筭)2878 롱(梇)3401

◀ 제 5 획 ▶

弆 (육)【yù ㄩˋ】 두 손으로 받들 ■국:같은 뜻

설문 1671 兩(兩)手盛也。从廾。夫(先)聲。《余六切。3部。『廣韵(韻)』曰。『說文』音匊。》/104

畁 畀비【qí ㄑㄧˊ】 ㉾ jì (남에게)줄 ※ 비(畀)의 옛 글자

설문 1668 舉(擧)也。从廾。甾(甾)聲。《〖各本〗作「由聲。誤。或從鬼頭之由(由)。亦非也。此從東楚名缶之甾。故『左傳』作𢍑(畁畀)。『今-左』作「惎」。〔糸部:綨〕从𢍑聲。或字作「綦」。甾聲、其聲皆在 1部也。》『春秋傳』曰。晉人或以廣隊。楚人畁之。《『左傳:宣:十二年』文。『今-傳』𢍑作惎。》黃顥說廣車陷。楚人爲舉之。《此許偁(稱)〖古本〗古說。杜本作「惎」。云惎、教(教)也。》杜林曰(以)爲麒麟字。《謂杜伯山謂畁爲麒字也。『廣韵:七志』曰。畁、『說文』音其是也。葢(蓋)『蒼頡訓纂』、『蒼頡故:二篇』中語。「綨」可作「綦」。則騏可作「畁」。其理一也。「麟」當作「麐」。》/104

형성 (1자) 기(綨綥)8233

◀ 제 6 획 ▶

弇 엄【yǎn ㄧㄢˇ】 ㊥⑨㉾ gān 덮을, 뚜껑, 속으로 향할 ■감:덮을 ■엄:소리 답답할

설문 1666 葢(蓋)也。《『釋言』曰。弇、同也。弇、葢(蓋)也。此與奄、覆也音義同。『釋器』曰。圜弇上謂之䵃。謂斂其上不全葢也。『周禮』說鐘弇聲鬱。弇謂中央寬(寬)也。》从廾。合聲。《廾合錯誤倒。古南切。又一儉切。7部。〔皿部〕有盦字。葢弇之別體。後人所增也。》𠔻《依『玉篇』、『類篇』作。『毛-刻初印:本』同。》古文弇。/104

형성 (5자) 암(鞥)1727 암(䳺)6261 엄(渰)6971 엄(揜)7540 암(媕)7857

弈 (혁)【yì ㄧˋ】 바둑, 노름, 도박

설문 1677 圍棊也。从廾。亦聲。《羊益切。古音在 5部。》『論語』曰。不有博弈者乎。《『陽貨篇』文。「博」『說文』作「簙」。》/104

◀ 제 7 획 ▶

弮 권【juàn ㄐㄩㄢˋ】 밥 뭉칠, 밥 주무를(㊔282)

설문 1672 搏飯也。《弮搏疉(疊)。『曲禮』毋摶飯。》从廾。釆聲。釆、古文辨字。《釆下云。辨別也。此云釆古文辨。互相足。》讀若書卷。《俱卷切。14部。》/104

성부 奥오 卷권

형성 (12자+1) 권(𩱊)1230 권(眷)2069 권(券)2682 권(觠)2703 권(卷)2961 권(拳)3249 권(桊)3585 권(帣)4693 환(豢)5796 권(拳)7461 권(絭)8303 권(券)8809 오(奥)

◀ 제 9 획 ▶

𢍏 (위)【wèi ㄨㄟˋ】 초목 우부룩할 (廾부 9획)

설문 3707 艸木𢍏孛之皃(貌)。《當作「𢍏孛艸木之皃」。『周易』。拔茅茹以其彙。征吉。釋文云。彙古文作「𦳝」。按𦳝卽𢍏字之異者。彙則假借字也。𢍏孛疉韵(疊韻)。》从朩。畀。《于貴切。15部。》/273

◀ 제 13 획 ▶

𢍰 (역)【yì ㄧˋ】 (길게)늘일 ■책:속음 ■택:택(擇)과 같은 뜻

설문 1667 引繒也。《『篇』、『韵(韻)』此字皆作「睪」。非也。睪與𢍰不得合爲一字。〖各本〗引給也、不可通。惟『廣韵』作引繒皃(貌)、似是『隨唐-相傳:說文-古本』引繒而長之。葢(蓋)作僞之事。與斁解也、殬敗也、音義相通。或曰。當作引給。給、絲勞也。》从廾。睪聲。《羊益切。古音在 5部。》/104

𢍱 䙴선 ㊔천【qiān ㄑㄧㄢ】 높이 오를(㊔282)

설문 1687 升高也。《𢍱之言登也。此與〔辵(辶)部:遷〕揭音義同。》从舁。囟(囟)聲。《囟音信。䙴音遷。合音也。七然切。14部。》𢍱或从卩。《卩謂所登之階級也。『郊祀志』。湯伐桀。欲䙴夏社。不可。『地理志』。『春秋經』曰。衞䙴(衛遷)于帝丘。》𢍱古文舁(䙴)。/105

성부 票票䙴표 䙴䙴선

◀ 제 19 획 ▶

𢍳 (련)【luán ㄌㄨㄢˊ】 더위잡고 오를

설문 1681 樊也。《此與〔手部:攣〕音義皆同。『玉篇』云。攣、𤜘(樊)也。》从𠬜(𠬞)。䜌聲。《呂負(呂員)切。14部。》/105

056 弋 3-27 주살 익

弋 익【yì ㄧˋ】 주살(오뉘에 줄을 맨 화살), 홰, 빼앗을

설문 7974 橜也。《〔木部:橜〕下曰。弋也。二篆爲轉注。

3
⑫

『爾雅』曰檿謂之杙。按俗用杙爲弋。顧用弋爲弋射字。其誤久矣。杙者、劉(劉)劉杙也。不爲檿弋字。弋象形。故不从木也。》象折木衺銳者形。《「者」【各本】作「著」。不可通。今正。古箸與者無二字。箸卽者字。折木之衺銳者爲檿。故上體象其衺銳。》厂象物挂之也。《凡用檿者爲有所表識。所謂楬櫫也。故有物挂之。又若舟之㭬杙亦是。所以系舟也。故用厂爲合體之象形。與職切。1部。》/627

유사 지킬 계(戒) 창 과(戈) 다섯째 천간 무(戊) 큰도끼 월(戉) 오랑캐 융(戎)

성부 부록 색인 참조

형부 弋을 부수로 하는 대부분의 글자들

형성 (4자) 익(𢍁)2200 익(杙)3329 특(忒)6506 익(㚤)7779 익(酟)9384

◀ 제 2 획 ▶

● 弍 두 이(二)-고자

◀ 제 3 획 ▶

● 弎 석 삼(三)-고자

式 식【shì ㄕˋ】법, (일정한)꼴, 식, 본뜰, 삼갈, 쓸(사용), 수레의 가로 지른 나무(를 잡고 절할)

설문 2894 法也。《〔廌部:法〕作「灋」。灋、荆(刑)也。引伸之義爲式、用也。按『周禮:八灋八則九式』異其文。『注』曰。則亦法也。式謂用財之節度。》从工。弋聲。《賞職切。1部。》/201

형성 (4자+1) 시(試)1462 시(弒)1878 척(侙)4827 식(紅)8138 식(軾)9086 식(軾)

◀ 제 9 획 ▶

弒 (시)【shì ㄕˋ】(윗 사람을)죽일, 신하가 임금 죽일 (弋부 9획)

설문 1878 臣殺君也。《【經傳】殺弒二字轉寫旣多譌亂。音家又或拘泥。中無定見。多有殺讀弒者。按述其實則曰殺君。正其名則曰弒君。『春秋』正名之【書】也。故言弒不言殺。【三傳】述實以釋【經】之【書】也。故或言殺、或言弒。不必『傳』無殺君字也。許釋弒曰臣殺君。此可以證矣。殺在古音 15部。弒在 1部。本不相通也。弒『漢-石經:公羊』作試。二字同式聲也。『白虎通』引『春秋讖』曰。弒者、試也。欲言臣子殺其君父不敢卒。候(候)間司事。可稍稍試之。『釋名』曰。弒、伺也。說同。皆本『文言:傳』之意。》『易』曰。臣弒其君。《『文言:傳』文。》从殺省。式聲。《式吏切。1部。》/120

057 3-28	弓 활 궁

弓 궁【gōng ㄍㄨㄥ】【설문부수 463】활, 과녁거리, 5척자

설문 8083 窮(窮)也。《補此二字。以曡(疊) 韵爲訓之例也。》吕(以)近窮遠者。《「者」字今補。》象形。《居戎切。古音在 6部。讀如肱。》古者揮作弓。《郭景純引『世本』曰。牟夷作矢。揮作弓。此等皆當出『世本:作篇』。揮、黃帝臣。》『周禮』。六弓。王弓、弧弓吕䠶(射)甲革甚質。夾弓、庾弓吕䠶干侯鳥獸。唐弓、大弓吕授學䠶者。《『夏官:司弓矢』文也。說詳『鄭-注』。甚質今作椹質。按【故書】作鞎。大鄭云。鞎當爲椹。【許書】無椹字。葢(蓋)許從鄭。【鄭本】作甚也。干今作豻。》凡弓之屬皆从弓。/639

유사 몸 기(己) 뱀 사(巳) 이미 이(已) 이를 급(㔾) 꽃봉오리 함(马)

성부 부록 색인 참조

형부 弓을 부수로 하는 대부분의 글자들 신(弞)

형성 (2자) 궁(穹)4467 궁(芎)000

◀ 제 0 획 ▶

马 함【hàn ㄏㄢˋ】【설문부수 244】꽃봉오리(马부 0획 ▣283)

설문 4152 嘾也。《〔口部〕曰。嘾者、含深也。》艸木之𠌶(華)未發函然。《函之言含也。深含未放。》象形。《下象承𠌶之莖。上象未放之蓓蕾。》凡㔾(马)之屬皆从㔾。讀若含。《乎感切。古音在 7部。》/316

유사 몸 기(己) 6째지지 사(巳) 그칠 이(已) 땅이름 파(巴) 기운 뻗칠 하(丂) 꽃봉오리 함(马) 이를 급(㔾) 활 궁(弓)

성부 𢎘현 氾범 軓범 马함 圅함 函함 甬용

형부 유(𠧴)

형성 (1자) 범(犯)6039

◀ 제 1 획 ▶

弔 吊 조【diào ㄉㄧㄠˋ】조상할, 위문할 ■적:이를(다다를)

설문 4967 問終也。《謂有死衺(喪)而問之也。『檂記』曰。弔者東面致命曰。寡君聞君之衺。寡君使某。如何不淑。『曲禮』知死者傷。『鄭-注』曰。說者有弔辭曰。皇天降灾。子遭罹之。如何不淑。『曾子問』。父衺稱父。母衺稱母。『鄭-注』云。父使人弔之辭云。某子聞某之衺。某子使某。如何不淑。母則若云。宋蕩伯姬聞姜氏之衺。伯姬使某。如何不淑。此皆問終之辭。淑、善也。如何不善者、欲其善也。故引伸之謂善爲弔。魯(魯)莊公使人弔宋大水云。若之何不弔。卽如何不淑也。『左傳』。哀公誄孔子。旻天不弔。『先鄭-注:周禮:大祝』引作旻天不淑。此弔淑通用之徵。應劭、王肅皆訓弔爲善。『棐誓』。無敢不弔。卽無敢不善也。凡『書:大誥多士君奭』、『詩:節南山、瞻卬』、『逸周書:祭公解』、『左傳:莊:十一年、襄:十三年、十四年、二十三年。昭:二十六年。哀:十六年』、『漢書:翟義傳』所云不弔者皆謂不善。『大誥』、『君奭』之弗弔天三字連讀。『多士』之弗弔旻天四字連讀。皆

猶『小雅』之不弔昊天。鄭云。不善乎昊天也。蓋(蓋)弔之爲善。今失其『傳』矣。以上王氏引之說。玉裁按。〔辵部:迅〕、至也。凡【經】文無迅。但有弔。弔或訓至。如『天保(保):傳』。弔、至也。『節南山:傳』云。弔、至也。『箋』云。至猶善也。『柴誓』。無敢不弔。鄭云。弔猶善也。至與善義本相近。古非必作迅而後訓至也。迅者、小篆分別之字。》从人弓。《三字今補。會意。多嘯切。2部。》古之葬者厚衣之曰(以)薪。《此偁(稱)『易:毄(繫)辭』。說人持弓會敺禽之故。》故人持弓會敺禽也。《故字舊作从。今正。『吳越:春秋』。陳音謂越王曰。弩生於弓。弓生於彈。彈起(起)古之孝子。古者人民樸質。飢食鳥獸。渴飲霧露。死則裹以白茅。投於中野。孝子不忍見父母爲禽獸所食。故作彈以守之。【故歌】曰。斷竹續竹。飛土逐肉。按孝子敺禽。故人持弓助之、此釋弔从人弓之意也。倉頡造字。當黃帝時。旣易之以棺椁矣。而葬文猶取衣薪。弔文猶依逐肉。反始不忘(忘)本也。禮也者、反其所自生。》弓蓋(蓋)往復弔問之義。《小徐有此八字。蓋別一說也。當有一曰字。『左傳』有相問以弓者。故云然。》/383

형부 무(盄)

형성 (3자) 적(迅 䢎)1159 조(盄 盄)3006 초(䘠 䘠)5129

引 인【yǐn ㄧㄣˇ】(활을)당길, (질질)끌, 늘일, 물러갈

설문 8097 開弓也。《開下曰張也。是門可曰張。弓可曰開、相爲轉注也。施弦於弓曰張。鉤弦使滿、以竟矢之長亦曰張。是謂之引。凡延長之偁(稱)、開導之偁皆引申於此。『小雅:楚茨』、『大雅:召旻:毛傳』皆曰。引、長也。》从弓丨。《此引而上行之丨也。爲會意。丨亦象矢形。余忍切。12部。》/640

형성 (6자) 인(靷 靷)1732 인(朄 朄)2548 신(弞 弞)3171 진(紖 紖)8318 인(釿 釿)8830 인(蚓 蚓)8385-1

● 弖 말 권-고자

◀ 제 2 획 ▶

弗 불【fú ㄈㄨˊ】本[거짓] 바르지 못할, 아닐, 떨(버림), 달러

설문 7971 矯也。《「矯」、【各本】作「撟」。今正。撟者、擧(擧)手也。引申爲高擧之用。矯者、揉箭箝也。引申爲矯拂之用。今人不能辯者久矣。弗之訓矯也。今人矯、弗皆作拂。而用弗爲不。其誤蓋(蓋)亦久矣。『公羊傳』曰。弗者、不之深也。固是矯義。凡【經傳】言不者其文直。言弗者其文曲。如『春秋』公孫敖如京師、不至而復。晉人納捷菑于邾、弗克納。弗與不之異(異)也。『禮記』。雖有嘉肴。弗食不知其旨也。雖有至道。弗學不知其善也。弗與不不可互易。》从丿乀。《丿乀皆有矯意。》从韋省。《韋者、相背也。故取以會意。謂或左或右皆背而矯之也。分勿切。15部。》/627

형부 의(羛 羛)

형성 (16자+1) 불(茀 茀)549 불(咈 咈)848 불(跸 跸)1309 비(費 費)2106 불(刜 刜)2668 불(柫 柫)3546 불(佛 佛)4803 불(髴 髴)5496 발(艴 艴)5530 불(炥 炥)6127 불(𢍆 𢍆)6296 비(怫 怫)6525 불(拂 拂)76900 불(紼 紼)8363

弘 홍【hóng ㄏㄨㄥˊ】활소리, 넓을, 클, 넓힐

설문 8099 弓聲也。《『集韵』曰。弸弦、弓聲也。或作「彋」。按弦彋皆卽此篆也。『甘泉賦』曰帷弸彋其拂汨兮。蘇林云。弸音石墮井弸爾之弸。彋音宏。李善曰。弸彋、風吹帷帳之聲也。是則弓聲之義引申爲他聲。【經傳】多假此篆爲宏大字。宏者屋深。故『爾雅』曰。宏、大也。》从弓。厶聲。厶、古文厷字。《見〔又部〕。胡肱切。6部。》/641

성부 強强강

형성 (3자) 꾕(鞃 鞃)1721 횡(宏 宏)4368 홍(泓 泓)6851

◀ 제 3 획 ▶

弙 (오)【wū ㄨ-】활 겨눌

설문 8098 滿弓有所鄉(鄕)也。《「鄕」今「向」字。漢人無用向者。『廣雅』曰。弙、張也。『大荒:南經』。有人方扜弓射黃蛇。郭曰。扜、挽也。音紆。按此叚(假)扜爲弙也。弙與彎雙聲。》从弓。亏(于)聲。《哀都切。5部。》/641

弛 (이)【chí ㄔˊ】활 부릴(시위를 벗김) ■시:속음 ■치:떨어질

설문 8101 弓解弦也。《「弦」字【各本】無。今補。引申爲凡懈廢之稱。》从弓。也聲。《施氏切。16部。》 磃弛或从虒。《虒聲亦在16部。》/641

弜 강【jiàng ㄐㄧㄤˋ】[설문부수 464] 굳셀, 활 강할

설문 8111 彊也。重也。《「重」當作「緟」。見〔糸部〕。重弓者、彊之意也。緟、曡(疊)之意也。『詩:交韔二弓:傳』曰。交二弓於韔中也。》从二弓。《其兩(兩)切。按此音後人以意爲之也。》凡弜之屬皆从弜。闕。《謂其讀若不聞也。》/642

유사 약할 약(弱) 절주할 선(㔺㔺𠨍)

성부 鬲鬲격

형성 (1자) 필(弼弻弼)【642-8112】

◀ 제 4 획 ▶

弟 제【dì ㄉㄧˋ】[설문부수 202] 本[차례] 아우, 순할, 공경할 ■퇴:〈네이버 자전〉기울어질

설문 3252 韋束之次弟也。《以韋束物。如輈五束、衡三束之類。束之不一則有次弟也。引伸之爲凡次弟之弟、爲兄弟之弟、爲豈弟之弟。『詩:正義』引『說文』有第字。》从古文之象。《「文」【各本】作「字」。今正。『說文』小篆有从古文之像似者凡三。曰弟、曰革、曰民。皆各像其古文爲之。特計切。15部。》凡弟之屬皆从弟。𠂖古文弟。从古

文韋省。《古文韋見〔韋部〕。》丿聲。《丿、右戾也。房密匹蔑二切。》/236

성부 梯제 梯제 䵷곤 鬀질

형성 (9자+1) 제(苐)300 제(睇)2076 제(第)2881 제(鬀)5503 제(涕)7104 제(鮷)7268 제(娣)7766 제(綈)8203 제(銻)9013 제(悌)

3 ⑫

◀ 제 5 획 ▶

弢 (도)【tāo ㄊㄠ】활전대, 깃주머니

설문 8102 弓衣也。《『左傳』多言弢。『詩』言韔。『秦風:傳』曰。韔、弓室也。『鄭風』作鬯。『傳』曰。鬯弓、弢弓也。然則弢與韔與韣同物。故許皆以弓衣釋之。『月令』曰。帶以弓韣。『少儀』曰。弓則以左手屈韣執拊。是又名韣而可屈。則以韋爲之也。〔革部〕又曰。鞬、所以戢弓矢。『方言』曰。弓謂之鞬。或謂之䪙丸。『廣雅』。鞬、弓藏也。䪙䩛、矢藏也。合三書言之。鞬䪙丸乃藏弓矢所通稱也。》从弓屮。《屮當作又。土刀切。2部。》屮垂飾。與鼓(鼓)同意。《「弢」當作「屮」。〔冃部:胄〕下曰。屮其飾也。〔厂部:屵〕下曰。岸上見也。豈下曰。陳樂立而上見也。巂以屮象其冠。离(离)以屮象其首。然則弢鼓(鼓)从屮者皆象其飾。鼓从又、則謂手擊之。弢从又、則謂手執之也。此云與鼓同意。乃使二篆之意可以互證。》/641

弦 현【xián ㄒㄧㄢˊ】[설문부수 465] 활시위, 반달, 나라 이름, 땅 이름

설문 8113 弓弦也。《弓弦以絲爲之。張於弓。因之張於琴瑟者亦曰弦。俗別作絃。非也。弦有急意。故董安于性緩、佩弦以自急。〔心部〕曰。慈、急也。》从弓象絲軫之形。《謂𢆶也。象古文絲而系於軫。軫者系弦之處。後人謂琴系弦者曰軫。胡田切。12部。今字作弦。○按軫當作紾。从車者、譌也。紾者、轉也。『方言』。軫、戾也。軫乃紾之假借字。絲紾、言弦戾也。》凡弦之屬皆从弦。/642

형성 (8자) 현(蓲)333 현(䧟)947 현(胘)2561 견(𢄡)4705 현(伭)4913 현(慈)6498 현(嬐)7927 요(玅)642

弧 (호)【hú ㄏㄨˊ】(나무로 만든)활

설문 8087 木弓也。《『易』曰。弦木爲弧。『考工記』凡爲弓。冬析榦(幹)。凡榦。柘爲上。檍次之。檿桑次之。橘次之。木瓜次之。荆(荊)次之。竹爲下。按木弓、謂弓之不傅以角者也。弓有專用木不傅角者。後世聖人初造弓矢之遺法也。引申之爲凡紆曲之稱。『輈人』曰。凡揉輈欲其孫而無弧深。》从弓。瓜聲。《戶吳切。5部。》一曰往體寡、來體多、曰弧弓。《「弓」字今補。弓人曰。往體寡、來體多。謂之王弓之屬。利射革與質。『注』云。射深者用直。此又直焉。於射堅宜也。王弓合九而成規。弧弓亦然。按王弓之屬者、言王弓以包弧弓也。弧者、直而稍紆之謂。弧弓亦天子之弓。王弓亦直而稍紆。則王弓弧弓得互稱也。》/640

弨 (초)【chāo ㄔㄠ】시위 느슨할

설문 8088 弓反也。《『小雅』。彤弓弨兮。『傳』曰。弨、弛皃(貌)。按『詩:正義』引『說文』有「謂弛之而弓反」六字。葢(蓋)出『庾儼默-說』。弛者、弓解也。弓反者、『詩』所云翩其反也。弓反爲弨之本義。弛之則亦反矣。》从弓。召聲。《尺招切。2部。》『詩』曰。彤弓弨兮。《『彤弓』文。》/640

弩 (노)【nǔ ㄋㄨˇ】쇠뇌(여러 개의 화살이나 돌을 잇달아 쏘는 큰 활)

설문 8103 弓有臂者。从弓。奴聲。《奴古切。5部。》『周禮』四弩。夾弩、庾弩、唐弩、大弩。《『司弓矢』文也。弩統於弓。故官但言弓。》/641

◀ 제 6 획 ▶

弭 미【mǐ ㄇㄧˇ】활, 활끝

설문 8085 弓無緣可㠯(以)解轡(轡)紛者。《『釋器』曰。弓有緣者謂之弓。無緣者謂之弭。孫云。緣謂繁束而漆之。弭謂不以繁束、骨飾兩頭者也。『小雅』。象弭魚服。『傳』曰。象弭、弓反末也。所以解紛者。『箋』云。弓反末彆者、以象骨爲之。以助御者解轡紒宜骨也。按紛猶亂。『今-詩』作紒、亦通。紒者、今之結字。許合『爾雅』、『毛詩』爲說也。弭可以解紛。故引申之訓止。凡云弭兵、弭亂者是也。》从弓。耳聲。《緜婢切。按古音當在1部。而入紙韵在16部者、以或从兒聲也。》𢏄弭或从兒。《兒聲也。𢏄葢(蓋)此篆之正體。故亦作「彌」。爾兒聲同。故『周禮』彌災兵、『漢書』彌亂、卽𢏄字也。弭節亦作靡節。『郊特牲』有由辟焉。辟亦弭字。》/640

형성 (3자) 미(䕷)5966 미(𢘋)6647 미(渳)7071

羿 (예)【yì ㄧˋ】예(羿)와 같은 글자

설문 8109 帝嚳䠶(射)官。夏少康滅之。《云夏少康滅之、則〔邑部:竆〕下云夏后時諸侯夷羿國也。〔羽部:羿〕下云亦古諸侯也。皆卽此。芎、帝嚳射官。爲諸侯。自鉏遷於竆石。所謂有竆后羿也。滅夏后相而篡其位。寒浞殺而代之。浞生奡及豷。少康及后杼滅之。有竆由是遂亡。芎與羿古葢(蓋)同字。而堯時射師彈十日者、高誘云此堯時羿。非有竆后羿。》从弓。幵(开)聲。《五計切。古音當在11部。》『論語』曰。芎善䠶(射)。《『憲問篇』文。按『今-論語』作「羿」。羿之譌也。》/641

疇 주【chóu ㄔㄡˊ】밭 거둘, 지난 번, 가업을 대대로 전할

설문 8743 ① 古文疇。/58 ② 耕治之田也。《耕者、犂也。犂其田而治之。其田曰疇。有謂廡田曰疇者。『劉(劉)向-說苑』、『蔡邕-月令:章句』、『韋昭-國語:注』、『如淳-漢書:注』同。此別爲一說。非許義也。有謂疇爲畛埒小畔際者。『劉逵-蜀都:注』、『張載-魏都:注』之說。亦非許義。許謂耕治之田爲疇。耕治必有耦。且必非一耦。故『賈逵-注:國語』曰。一井爲疇。『杜預-注:左傳』曰。並(竝)畔

爲𤱔。並畔則二井也。引申之、『高-注:國策』、『韋-注:漢書』。𤱔、類也。『王逸-注:楚辭(辭)』。二人爲匹。四人爲𤱔。『張晏-注:漢書』。𤱔、等也。如淳曰。家業世世相傳爲𤱔。攷『國語』。人與人相𤱔。家與家相𤱔。『戰國策』曰。夫物各有𤱔。『漢書』曰。𤱔人子弟。𤱔其爵邑。『王粲賦』。顯敞寡𤱔。『曹植賦』。命𤱔嘯侶。葢(蓋)自唐以前無不用从田之𤱔。絕(絶)無用从人之儔訓類者。此古今之變。不可不知也。『楊倞-注:荀卿』乃云𤱔當爲儔矣。》从田𢇍。象耕田溝詰詘也。《依『韵會本』訂。耕田溝、謂甽也。不必正直、故云詰詘。直由切。3部。隸作「疇」。》𢇍𤱔或省。《〔口部:𠷎〕、以𢇍爲聲。〔老部:𦒿(壽)〕。以𠷎爲聲也。》/695

【雉】下曰:有十四種(種)。《目下文。》盧諸雉。鷮雉。卜雉。鷩雉。秩秩海雉。翟山雉。翰雉。卓雉。伊雒而南曰翬。江淮而南曰「搖」。南方曰「𢇍」。東方曰「甾」。北方曰「稀」。西方曰「蹲」。/141

※ 목숨 수(壽) 참조。

성부 [殸]수 [𠷎]주 [𥫱]주

형성 (2자) 주(疇 𡒑)2121 수(𣪩)1864

◀ 제 7 획 ▶

弱 약【ruò ㄖㄨㄛˋ】약할, 약하게 할, 쇠할, 어릴(연소자), 패할

설문 5462 橈也。《橈者、曲木也。引伸爲凡曲之偁(稱)。直者多強(强)。曲者多弱。『易』曰。棟橈。本末弱也。弱與橈曡(疊)韵。》上象橈曲。《爲弓也。》彡象毛氂橈弱也。《曲似弓。故以弓像之。弱似毛氂。故以彡像之。》弱物并。《不能獨立。》故从二𢎗。《而勺切。古音在 2部。》/425

유사 깃 우(羽) 절주할 선(𠷗𠷗卯) 굳셀 강(弜)

형성 (7자) 약(蒻)312 약(𦡦)2593 약(𦨶)2732 닉(㥄)6609 닉(溺)6673 닉(搦)7636 뇨(嫋)7824

弲 (현)【juān ㄐㄩㄢˉ】㊤㊥⑨ xuān ㉸ yuān 뿔활

설문 8086 角弓也。《角弓謂弓之傅角者也。『詩』曰。觲觲角弓。相角居角之法、詳於『弓人』。按『今-詩:騂騂角弓』釋文曰。「騂」、『說文』作「弲」。音火全反。此陸氏之偶誤。葢(蓋)〔角部〕稱觲觲角弓。陸當云『說文』作「觲」。而誤云作弲也。弲自謂角弓。不謂弓調利》雒陽名弩曰弲。《此弲之別一義。》从弓。肙聲。《烏玄切。按陸云『說文』火全反。14部。》/640

◀ 제 8 획 ▶

弴 (돈)【dùn ㄉㄨㄣˋ】㊤㊥⑨㉸ dūn (그림을 그린)활

설문 8084 畫(畵)弓也。《『大雅』。敦弓旣堅。『傳』曰。敦弓、畫(畵)弓也。天子畫弓。按『荀卿子』天子彫弓。諸侯彤弓。大夫黑弓。禮也。『公羊傳:何-注』曰。禮、天子雕弓。諸侯彤弓。大夫嬰弓。士盧弓。盧弓卽旅弓。黑弓也。嬰弓、陸德明云見『司馬法』。按嬰卽『江賦』之纓字。葢(蓋)朱黑相閒而嬰繞也。『彤弓』、『毛傳』曰朱弓也。以講德習射。彫弓者、葢五采畫之。凡【經傳】言彫有謂刻鏤者。如玉謂之彫、金謂之鏤、『禮記』玉豆彫篹、『論語』朽木不可彫是也。有謂繪畫者。如此彫弓是也。〔彡部〕曰。彫、琢文也。古繪畫與刻畫無二字。諸侯彤弓、則天子當五采。『石鼔(鼓):詩』有秀弓。秀卽繡。五采備謂之繡。或曰天子之弓但刻畫爲文也。『兩京賦』。彫弓斯彀。薛云。彫弓謂有刻畫也。弴與彫語之轉。敦弓者、弴之叚(假)借字。『詩』、『禮』又叚追爲之。敦弴可讀如自。不得竟讀彫也。『孟子』作「弤」。亦雙聲字。》从弓。𦎧聲。《都昆切。13部。》/639

張 장【zhāng ㄓㄤˉ】활시위 얹을, 베풀, 자랑할, 벌(활이나 천막을 세는)수사

설문 8092 攱弓弦也。《「攱」【各本】作「施」。今正。攱、敷也。張弛、本謂弓施弦解弦。引申爲凡作輟之稱。『禮記』曰。張而不弛。文武弗能也。弛而不張。文武弗爲也。一長一弛。文武之道也。》从弓。長聲。《陟良切。10部。》/640

참고 창(漲)(물이)불을, (가득)찰

強 [强] 강【qiáng ㄑㄧㄤˊ】本[쌀바구미] 강할, 굳셀

설문 8420 蚚也。《下云蚚、強(强)也。二字爲轉注。『釋蟲』曰。強、醜捋。郭曰以腳(脚)自摩捋。叚(假)借爲彊弱之彊。》从虫。弘聲。《此聲在 6部。而強在 10部者、合韵也。巨良切。》𧒒 籒文強。从䖵。从彊。《據此則強者古文。『秦-刻石』文用強。是用古文爲小篆也。然以強爲彊。是六書之叚借也。》/665

형성 (3자) 강(襁)5026 강(繈)8147 강(蔃)8788

弸 (팽)【bēng ㄅㄥˉ】㊤㊥⑨㉸ péng 本[(활이)셀] (가득)찰、채울 ■붕:같은 뜻

설문 8094 弓彊皃(貌)。《『法言』。弸中彪外。引申之義也。》从弓。朋聲。《父耕切。古音在 6部。》/640

◀ 제 9 획 ▶

弼 弻弼(필)【bì ㄅㄧˋ】도울, 활 바로 잡는 틀, 도지개

설문 8112 輔也。《輔者、車之輔也。引申爲凡左右之偁(稱)。『釋詁』曰。弼、俌也。〔人部〕曰。俌、輔也。俌輔音義皆同也。『詩』曰。交韔二弓。竹閉緄縢。『傳』云。交韔、交二弓於韔中也。閉、紲。緄、繩。縢、約也。『小雅』。騂騂角弓。翩其反矣。『傳』曰。騂騂、調利皃(貌)。不善紲檠巧用則翩然而反也。『士喪禮:注』曰。柲、弓檠。弛則縛之於弓裏備損(備損)傷。以竹爲之。『詩』所謂竹柲緄縢。〔木部〕曰。榜、所以輔弓弩檠榜也。然則曰檠、曰榜、曰柲、曰閉者、竹木爲之。曰紲、曰縢者、縛之於弛弓以定其體也。弓必有輔而後正。人亦然。故輔謂之弼。》从弜。㐁聲。《徐鍇曰。㐁非聲。按非也。㐁下曰。一讀若誓。𢐀字从此。誓與𢐀同15部也。房密切。『玉篇』曰。今字作「弼」。》𢐒古文弼如

此。《从重丙者、取會意。丙、舌皃也。弛弓之槊、如口中之舌。二弓則二舌矣。重丙以見二弓也。》 亦古文弼。《攴、小擊也。榜之則不無扑擊。》 弼或如此。《弗者、矯也。故从弗。弗亦聲。》 /642

◀ 제 10 획 ▶

彀 (구)【gòu ㄍㄡˋ】 (활을)당길, 구율(활시위를 당기는 정도)

[설문] [8104] 張弩也。《『射雉賦:注』引作「張弓弩也」。『詩:釋文:正義』作「張弓」。皆非。『孟子:趙-注』亦但云「張弩」。葢(蓋)本謂弩、引申移之弓耳。『射雉賦』。捧黃間以密彀。亦謂弩也。『孟子』曰。羿之教人射。必志於彀。學者亦必志於彀。趙云。彀、張也。張弩向的者用思專時也。又曰。羿不爲拙射變其彀率。趙云。彀、弩張向表率之正體。望之極思用巧之時。不可變也。按『趙-注:本』謂用巧。如『朱-注』云弓滿也、則專謂用力。而非必中矣。『大雅』。敦弓既句。句讀倨句之句。『毛傳』曰。天子之弓合九而成規。是此弓倨多句少。言句以見其倨也。不得云句卽彀。》 从弓。殸聲。《古候(候)切。4部。》 /641

◀ 제 11 획 ▶

彃 (필)【bì ㄅㄧˋ】 (화살을)쏠

[설문] [8106] 䠶(射)也。《䠶者、弓弩發於身而中於遠也。亦謂之彃。》 从弓。畢聲。《卑吉切。12部。》 『楚辭』曰。夫芎焉彃日也。《『屈原賦:天問篇』文。【今本】無「夫也」二字。「芎」作「羿」。『郭氏-山海經:傳』云。『莊周』云。昔者十日竝出。艸木焦枯。『淮南子』云。堯乃令羿射十日。中其九。日中烏盡死。又引『離騷』羿焉彃日。烏焉落羽。又引『歸藏鄭母經』昔者羿善射。彃十日。果彃之。按卽彃字。》 /641

彄 (구)【kōu ㄎㄡˉ】 (시위를 매는)활고자

[설문] [8090] 弓弩耑(端)。弦所凥也。《耑者、頭也。㒳(兩)頭隱弦處曰彄。亦引申他用。『詩:箋』云。韘所以彄沓手指。》 从弓。區聲。《恪侯切。4部。》 /640

◀ 제 12 획 ▶

彆 (별)【biè ㄅㄧㄝˋ】 활 뒤틀릴

[설문] [8110] 弓戾也。从弓。敝聲。《方結反。亦方血反。又邊之入聲。按此依『詩:采薇:釋文:正義』所引『說文』補。弓戾者、謂弓徦(很)戾不調。『鄭-箋:詩:象弭』云。弓反末彆者、以象骨爲之。意與小異。》 /641

彈 (탄)【dàn ㄉㄢˋ】 [中]⑨ tán (활로)쏠, 튀길, 활, 탄알, (악기)탈, 탄핵할、칠(두드릴)

[설문] [8107] 行丸也。《『左傳』。晉靈公從臺上彈人。而觀其避丸也。引申爲凡抨彈、糾彈之偁(稱)。》 从弓。單聲。《徒案切。14部。亦平聲。》 或說彈从弓持丸如此。《【各本】篆形作弤。今正。『汗簡(簡)』云。 、彈字也。出『說文』。又『佩觿』、『集韵(韻)』皆有 字。葢『古本-說文』从弓而象丸形。與〔玉部:杒〕玉字同意。》 /641

彉 (확)【guàng ㄍㄨㄤˋ】 [상][中]⑨[작] guō 쇠뇌틀어 놓을, 활 당길, 베풀 ■곽:같은 뜻

[설문] [8105] 滿弩也。《滿弩者、張而滿之。或作弩滿。非也。『吾丘壽王:傳』曰。十賊彍弩。百吏不敢前。師古云。引滿曰彍。『晉語:韋-注』云。張羅閭。去壘五十步而陳。周軍之前後左右。『彍弩:注』矢以誰何。謂之羅閭。唐開元中變府兵置彍騎十萬人。彍同彉。》 从弓。黃聲。讀若郭(郭)。《按陽唐無入。以魚虞模之入爲入。故彉讀若郭。與『韓詩』鞹廓也同一例。郭卽今廓字。古無二音。如鼓(鼓)下云萬物郭皮甲而出是也。5部。古音當讀古曠切。在 10部。》 /641

◀ 제 13 획 ▶

彊 [강]【qiáng ㄑㄧㄤˊ】 활 셀, 굳을, 꿋꿋할, 힘셀, 송장 뻣뻣할

[설문] [8095] 弓有力也。《引申爲凡有力之稱。又叚(假)爲勥迫之勥。》 从弓。畺聲。《巨良切。10部。》 /640

[형성] (1자+1) 강(薑 䕬)241 강(疆 畺)

◀ 제 14 획 ▶

彌 [彌][미]【xǐ ㄒㄧˇ】 [상][中]⑨[작] mí [작] xì 활 부릴, 퍼질, 더욱, (날짜, 시간)걸릴

[설문] [8100] 弛弓也。《弛弓者、彌(彌)之義。彌非弛字也。『玉篇』以爲今之彌字。『廣韵』以爲玉名。皆非是。》 从弓。璽聲。《斯氏切。15、16部。》 /641

【镾】下『注』云:《镾今作彌。葢(蓋)用〔弓部〕之彌代镾而又省王(玉)也。彌行而镾廢矣。漢碑多作彌、可證。》 /453

[참고] 미(瀰)

◀ 제 18 획 ▶

彏 (권)【quán ㄑㄩㄢˊ】 [작] juàn 활굽이

[설문] [8089] 弓曲也。《陸德明云。『說文』音權。然則與拳曲音義略同。『爾雅』曰。菼薍其萌虇。陸云。本或作彏。非。彏、『說文』云弓曲也。按偏旁多後人所加。作彏者、正是『古-本艸』初生句曲也。》 从弓。雚聲。《九院切。14部。按古平聲。》 /640

彇 (요)【yáo ㄧㄠˊ】 [작] xiāo 활 날카로울

[설문] [8091] 弓便(便)利也。《彇之言由也。所謂自由自便也。》 从弓。繇聲。讀若燒。《讀若燒。弋招切。2部。》 /640

◀ 제 19 획 ▶

彎 [만]【yuān ㄨㄢˉ】 [ㄱ][상][中]⑨[작] wān (활에 화살을 먹여)당길, (활처럼)굽을

[설문] [8096] 持弓關矢也。《凡㒳(兩)相交曰關。如以木橫持㒳扉也。矢栝(栝)檃於弦、而鏑出弓背外。是兩耑(端)相交也。『孟子』曰。越人關弓而射之。『左傳』。『將-注』。豹則關矣。皆謂引弓將滿、是之謂彎。或叚(假)貫爲關。》 从弓。䜌聲。《烏關切。14部。》 /640

[참고] 만(灣)물굽이

◀ 제 20 획 ▶

彏 (확)【jué ㄐㄩㄝˊ】[작] xué (활에 화살을 먹여)당길

[설문] [8093] 弓急張也。《『廣韵(韻)』曰。弓弦急皃(貌)。》从弓。矍聲。《許縛切。5部。『廣韵』又居縛切。》/640

058	彑
3-29	[彐] 돼지머리 계

彑 [彐][계]【jì ㄐㄧˋ】[설문부수 364] 돼지 머리

[설문] [5809] 豕之頭。《『篇』、『韵』曰。彙(彙)類。今義也。》象其銳而上見也。《象形也。》凡彑之屬皆从彑。讀若罽。《罽者、籒文銳。故音相通也。居例切。15部。》/456

[유사] 또 우(又ヨ) 조(爪)를 돌려 쓴 글자 장(爪)

[성부] 부록 색인 참조

[형부] 彑를 부수로 하는 대부분의 글자들

◀ 제 3 획 ▶

归 (억)【yì ㄧˋ】억제할 ※ 억(抑)의 본래 글자([명문] 2212)

[설문] [5528] 按也。《「按」當作「按印也」。淺人刪(刪)去印字耳。按者、下也、用印必向下按之。故字从反印。『淮南:齊俗訓』曰。若璽之抑埴。正與之正。傾與之傾。璽之抑埴卽今俗云以印印泥也。此抑之本義也。引伸之爲凡按之偁(稱)。『內則』。而敬抑搔之。『注』曰。抑、按也。又引伸之爲凡謙下之偁。『賓筵:傳』曰。抑抑、愼密也。『假樂:傳』曰。抑抑、美也。『抑:傳』曰。抑抑、密也。『猗嗟:傳』曰。抑、美色。『論語』三用抑字皆轉語䛐(詞)。於按下之意相近。『抑:詩』、『國語』作懿戒。懿同抑。抑此皇父。懿厥哲婦。懿亦同抑。鄭云。抑之言噫。有所痛傷之聲也、》从反印。《用印者筆下向。故緩言之曰印。急言之曰归。『詩:賓筵』抑與怭韵。『假樂』與秩韵。古音在 12部。归卽印之入聲也、今音於棘切。入二十四職。》 抑俗从手。《旣从反爪矣。又从手。葢(蓋)非是。》/431

◀ 제 4 획 ▶

彔 [하]【xiá ㄒㄧㄚˊ】돼지

[설문] [5812] 豕也。从彑。下象其足。讀若瑕。《乎加切。按【小徐本】此爲彖之古文。『篇』、『韵』皆無此字。》/456

◀ 제 5 획 ▶

希 [이]【yì ㄧˋ】털이 긴 돝, 삵의 새끼, 돼지 ■제:같은 뜻

[설문] [5804] 脩豪獸。《『毛詩:六月、韓奕:傳』曰。脩、長也。周秦之文。攸訓爲長。其後乃叚(假)脩爲攸而訓爲長矣。豪、豕鬣如筆管者。因之凡髦鬣皆曰豪。『釋獸』曰。貄脩豪。希者正字。貄者俗字。或作肆者、叚借字也。按此言獸。與下文㲋豕非一物。『顏氏-注:漢書』曰。豪豬一名希。非也。》一曰河內名豕也。《謂河內評豕爲希。猶上谷之評豭也。河內、漢郡名。領懷縣等縣十有八。今懷慶、衞(衛)輝以及彰德府南境皆是其地。》从彑。《象頭銳。》下象毛足。《㣺者象其髦也。毛當作髦。巾象足。》凡希之屬皆从希。讀若弟。《羊至切。15部。》 籒文。 古文。/456

[유사] 도깨비 매(彔彖彖) 돼지 시(彖) 밑 이(隶) 벌레 치(豸) 새길 록(彔) 단사 단(彖)

[성부] [豪][㲋]호 [彙]휘 [豚][㹠][豩]돈

[형부] 홀(㣻㣼)

[형성] (2자) 이(肄 肄)1839 사(𧦝 𧦝)5808

◀ 제 6 획 ▶

彖 [단]【tuàn ㄊㄨㄢˋ】[本][돼지 달아날] 주역 단사, 결단할 ■시:돝(돼지)

[설문] [5813] 豕㞜(走)也。《『玉篇』作豕走悅也。恐是【許書-故本】如此。『周易:卦辭』謂之彖。『爻辭』謂之象。『毄(繫)辭:傳』曰。彖也者、才也。『虞翻(飜)』曰。彖說三才。彖者、言乎象者也。『虞翻』曰。八卦以象告。彖說三才。故言乎象也。古人用彖字必系叚(假)借。而今失其說。劉(劉)瓛曰。彖者、斷也。》从彑。从豕省。《通貫切。14部。》/456

[유사] 도깨비 매(彔彖彖) 돼지 시(彖) 털이 긴 돼지 이(希) 나무 새길 록(彔)

[형성] (10자) 전(瑑 瑑)126 훼(喙 喙)745
천(鶨 鶨)2291 전(篆 篆)2755 연(椽 椽)3489
해(像 像)6568 연(掾 掾)7518 연(緣 緣)8263
연(蝝 蝝)8426 전(隊 隊)9252

彔 [彔][록]【lù ㄌㄨˋ】[설문부수 252] 나무 새길

[설문] [4181] 刻木彔彔也。《小徐曰。彔彔猶歷歷也。一一可數之皃(貌)。按剝下曰。彔、刻割也。彔彔、麗廔嵌空之皃。『毛詩』車歷錄亦當作歷彔。》象形。《盧谷切。3部。》凡彔之屬皆从彔。/320

[유사] 도깨비 매(彔彖彖) 돼지 시(彖) 돼지 이(希) 단사 단(彖)

[성부] [𧤏]복

[형부] 비(㯶 㯶) 원(遂遂 遂)

[형성] (10자+1) 록(祿 祿)15 록(菉 菉)629
록(趢 趢)999 록(逯 逯)1115 록(睩 睩)2092
박(剝 剝)2654 록(覛 覛)5229 록(娽 娽)7880
록(綠 綠)8217 록(錄 錄)8841 록(碌 碌)

◀ 제 8 획 ▶

彗 [혜]【huì ㄏㄨㄟˋ】[本][(대로 만든)비] 살별(꼬리별) ■세·위:같은 뜻 ■수:속음

[설문] [1828] 埽竹也。从又持甡。《甡、衆生竝立之皃(貌)。從甡者、取排比之意。祥歲切。15部。》 篲彗或从竹。《凡 帚、柔者用茢。施於淨處。剛者用竹。施於薉處。》 篲古文彗。从竹習。《葢(蓋) 7部。15部合韵。》/116

[성부] [慧]혜 [雪]설

[형성] (5자) 혜(嘒 嘒)822 혜(槥 槥)3678

[작] 作家出版社〔董蓮池-說文解字考正〕 ⑨ 九州出版社〔柴劍虹-說文解字〕 ㉠ 陝西人民出版社〔蘇寶榮-說文解字今注今譯〕 [상] 上海古籍出版社〔說文解字注〕 [中] 中華書局〔臧克和-說文解字新訂〕

위(䕒 䕒)6218 세(繕 繕)8342 예(鐯 鐯)8876

◀ 제 10 획 ▶

彘 **체**【zhì ㄓˋ】돝, 돼지, 풀 이름, 나라 이름, 땅 이름, 성씨

설문 5810 豕也。《與豕篆下彘也爲轉注。》後蹏廢謂之彘。《廢、鈍置也。彘之言滯也。豕前足僅屈伸。後足行步蹇劣。故謂之廢。》从彑。从二匕。矢聲。《直例切。15部。》彘足與鹿足同。《說从二匕之意也。鹿、龟、能足皆从二匕。》/456

형성 (1자) 체(瘞 瘞)124

䝗 **䝗(홀)**【hú ㄏㄨˊ】[설문부수 363] ㊥⑨㉿ hū 돼지(圖2245)

설문 5805 豕屬。从希。㕚聲。《呼骨切。15部。》/456

◀ 제 12 획 ▶

彙 **휘**【wèi ㄨㄟˋ】本[고슴도치] 무리, 모을

설문 5807 彙蟲也。《「彙」字各本無。今補。「也」字依『廣韵』補。『釋獸』曰彙、毛刺。其字俗作「蝟」。作「猬」。『周易』。拔茅茹以其彙。鄭云。勤也。以爲謂之叚(假)借也。王弼云。類也。以爲會之叚借也。》似豪豬而小。从希。《而小二字依『廣韵』補。有毛刺似豪豬。故从希也。上文云。𢑚籒文希。此正从籒文。》胃(胃)省聲。《于貴切。15部。》蝟或从虫作。《『爾雅』亦入之『釋獸』。》/456

◀ 제 13 획 ▶

𢑱 **(사)**【sì ㄙˋ】돼지 소리

설문 5808 希屬。从二希。《息利切。15部。》𢑱古文𢑱。『虞書』曰。《「虞」當作「唐」。說詳〔禾部〕。》𢑱類于上帝。《『堯典』文。許所據葢(蓋)壁中古文也。『伏生-尙書』及孔安國以今文讀定之『古文-尙書』皆作「肆」。『太史公-史記』作「遂」。然則漢人釋「肆」爲「遂」。卽『爾雅』之肆故也。壁中文作「𢑱」、乃肆之假借字也。此引『書』說叚(假)借。與𤛏(妞)卽好、莫卽蔑爲一例。》/456

◀ 제 13 획 ▶

彝 **이**【yí ㄧˊ】本[종묘제기] 떳떳할, 법, 술그릇

설문 8369 宗廟常器也。《彝本常器故引伸爲彝常。『大雅』。民之秉彝。『傳』曰。彝、常也。》从糸。糸綦也。《綦、【許書】所無。當作幂(冪)。『周禮:幎人』。以疏布巾幎八尊。以畫(畵)布巾幎六彝(彜)。彝尊、必以布覆之。故从糸也。》廾(廾)持之。《「之」字今補。廾、竦手也。尊(尊)下亦曰廾以奉之。》从糸。糸綦也。廾(廾)持之。米、器中實也。《酒者米之所成。故从米。》从彑。象形。《【各本】作「彑聲」。非也。今依『韵會』正。彑者、豕之頭。銳而上見也。爵从鬯又而象雀之形。彝从糸 米廾而象畫鳥獸之形。其意一也。故云與爵相似。》此與𩰫(爵)相佀(似)。《相似猶同意也。以脂切。15部。》『周禮』六彝。雞彝、鳥彝、黃彝、虎彝、蟲彝、斝彝。目(以)待祼將之禮。《見『春官:司尊彝職』。》𢑱𢑱皆古文彝。/662

형성 (1자) 이(欙 欙)3297

059	彡
3-30	▤ 터럭 삼

彡 **삼**【shān ㄕㄢ】[설문부수 331] 터럭 그릴(꾸밀) ■섬:같은 뜻, 오랑캐성, 고기이름

설문 5454 毛飾畫(畵)文也。《〔巾部〕曰。飾者、㕞也。飾畫者、㕞而畫之。毛者、聿也。亦謂之不律。亦謂之弗。亦謂之筆。所以畫者也。其文則爲彡。手之列多略不過三。故以彡象之也。毛所飾畫之文成彡。須髮皆毛屬也。故皆以爲彡之屬而从彡。》象形。《所銜切。7部。》凡彡之屬皆从彡。/424

유사 자축거릴 척(彳) 석 삼(三)

성부 부록 색인 참조

형부 彡을 부수로 하는 대부분의 글자들 융(肜)

형성 (+1) 삼(衫 衫)

◀ 제 2 획 ▶

㐱 **진**【zhěn ㄓㄣˇ】새깃 새로나서 팔딱거릴, 새깃 처음 날

설문 1880 新生羽而飛。《此與〔彡部〕㐱音同形似而義殊。》从几。从彡。《從几而象其形也。之忍切。13部。》/120

【羽】2133 下『注』云:象形。《長毛必有耦。故竝习。〔几部〕曰。㐱(㐱)新生羽而飛也。羽(羽)、竝㐱也。王矩切。5部。》/138

유사 머리 숱 많고 검을 진(㐱)

성부 翏료 羽우

형성 (14자) 진(珍 珍)142 진(趁 趁)6943
진(診 診)1625 진(眕 眕)2036 진(殄 殄)2434
진(胗 胗)2540 철(餮 餮)3111 진(袗 袗)5023
진(畛 畛)5399 진(駗 駗)5928 려(沴 沴)6895
진(紾 紾)8178 진(畛 畛)8758 진(軫 軫)9097

◀ 제 4 획 ▶

形 **(형)**【xíng ㄒㄧㄥˊ】형상(꼴), 나타낼

설문 5455 象也。《【各本】作「象形」也。今依『韵(韻)會本』正。「象」當作「像」。謂像似可見者也。〔人部〕曰。像、似也。似、像也。形容謂之形。因而形容之亦謂之形。六書二曰像形者謂形其形也。四曰形聲者、謂形其聲之形也。『易』曰。在天成象。在地成形。分偁(稱)之、實可互偁也。『左傳』。形民之力。假爲𠛬(型)模字也。『易』。其形渥。假爲刑(刑)罰字也。》从彡。《有文可見、故从彡。》幵(开)聲。《戶(戶)經切。11部。按枅笄字皆古兮切。硏字五堅切。幵聲古音俟考。》/424

芝 문【wén ㄨㄣˊ】 문채날, 푸른 빛과 붉은 빛이 섞일
설문 5463 䰃也。《〔有部〕曰。䰃、有芝彰也。是則有芝彰謂之芝。芝與文義別。凡言文章皆當作芝彰。作文章者、省也。文訓遺畫。與芝義別。》从彡文。《而毛飾畫而成芝彰會意。文亦聲。無分切。13部。》凡芝之屬皆从芝。/425
성부 彥언

彤 동【tóng ㄊㄨㄥˊ】 붉은 칠할, 붉은 빛, 성씨
설문 3047 丹飾也。《『春秋經』曰。丹桓宮楹。》从丹彡。《以丹拂拭而涂之。故从丹彡。彡者、毛飾畫(畵)文也。飾拭古今字。》彡其畫也。《說从彡之意。》彡亦聲。《小徐有此三字。然則彤古音當在 7部矣。今音徒冬切。》/215
유사 배 갈 침(彤)

◀ 제 6 획 ▶

彥 彥 언【yàn ㄧㄢˋ】 아름다운 선비, 클
설문 5464 美士有芝(彣)。《「芝」作「文」。非是。今正。》人所言也。《言彥疊(疊)韵。『釋訓』曰。美士爲彥。郭曰。人所言詠也。『鄭風:傳』曰。彥、士之美稱。人所言、故曰彥。有文、故从芝。『大學』彥或作盤。古文假借也。》从芝。厂聲。《厂、山石之厓巖。人可居者也。呼旱切。彥魚變切。14部。》/425
성부 産産산
형성 (1자) 언(諺 諺)1499 안(顏 顏)5347

◀ 제 7 획 ▶

彧 彧 彧 욱【yù ㄩˋ】 ㊤㊥⑨ huò ① ③ 문채, 빛날, (초목)무성할 ② 閾■역:물흐를
설문 7128 水流皃(貌)。《「皃」舊作「也」。今依『篇』、『韵』正。『江賦』。溭淢濜溳。李云。參差相次也。淢卽㦽(彧)。『詩』。黍稷彧彧者、㦽之變。叚(假)㦽爲䰃也。》从巜(川)。或聲。《于逼切。1部。亦胡國切。》/568
유사 혹시 혹(或)
형성 (1자) 욱(䰃 䰃)4130
천(川)부의 욱(彧)과 구분했다.

◀ 제 8 획 ▶

㣎 목【mù ㄇㄨˋ】 가는 문채(무늬) ■류:같은 뜻■무:속음 (彡부 8획)
설문 5461 細文也。《細文、文之細者。故字从 彡㣇。彡者、文也。㣇者、際見之白。際者、壁隙也。闔之細者也。引伸爲凡精美之偁(稱)。『周頌』曰。維天之命。於穆不已。『傳』曰。穆、美也。『大雅:傳』曰。穆穆、美也。『釋訓』曰。穆穆、肅肅、敬也。皆其義也。【古本】作㣎。今皆从禾作穆。假借字也。古昭穆亦當用㣎。》从彡。㣇省。《【各本】有「聲」字。誤也。今正。莫卜切。3部。『廣韵』莫六切。》/425
유사 자개소리 솨(貨) 틈 극(㣇㣇)
형성 (1자) 목(穆 穆)4196

彪 표【biāo ㄅㄧㄠ】 작은 범, 문채날
설문 2986 虎文也。《此與虨雙聲同義。虎皮、『詩』謂之虎。如虎韔是也。亦謂之文。如文茵是也。分別言之謂之淺。如淺幭是也。『說文』曰虍、曰虨、曰彪皆狀其文也。班彪字伯皮。此取虎文之義也。》从虎彡。《彡補。句。》彡、《逗。》象其文也。《說从彡之意。彡、毛飾畫(畵)文也。故虎文之字從之。》/210
형성 (1자) 표(滮 滮)6822

彫 彫 (조)【tiāo ㄊㄧㄠ】 ㊤㊥⑨㊣ diāo 새길(조각할), 꾸밀
설문 5459 琢文也。《琢者、治玉也。〔玉部〕有琱、亦治玉也。『大雅』。追琢其章。『傳』曰。追、彫也。金曰彫。玉曰琢。『毛傳』「字」當作「琱」。凡琱琢之成文曰彫。故字从彡。今則彫雕行而琱廢矣。》从彡。《治玉成文也。》周聲。《都僚切。2、3部。》/424

◀ 제 9 획 ▶

彭 팽【péng ㄆㄥˊ】 북치는 소리, 두드리는 소리, 장수(長壽), 땅 이름 ■방:많은 모양
설문 2943 鼓(鼓)聲也。《『詩』之言鼓(鼓)聲者惟鼉鼓逢逢。毛曰。逢逢、和也。逢逢『埤蒼』。『廣雅』作韸韸。『高-注:淮南、呂覽』、『郭-注:山海經』引『詩』皆作韸韸。許無韸字。彭卽韸也。東陽合韵也。『毛詩』。出車彭彭。又四牡彭彭。又駟騵彭彭。又以車彭彭。凡言彭彭皆謂馬。卽『鄭風:駟介旁旁』之異文。彭旁皆假借。其正字則〔馬部〕之騯也。言馬而假鼓聲之字者。其壯盛相似也。『齊風』。行人彭彭。『傳』曰。多皃(貌)。亦盛意。》从壴。《鼓省。》从彡。《从彡【各本】作彡聲。今正。从彡有从三也。指之列多略不過三。故毛飾畫(畵)文之字作彡。彭亦从彡也。大司馬冬狩言三鼓者四。言鼓三闋者一。『左傳』曹劌亦言三鼓。雖未知每鼓若干聲。而从彡之意可見矣。薄庚切。古音在 10部。同旁。》/205
형성 (1자) 팽(髼 髼)37

◀ 제 11 획 ▶

彰 (창)【zhāng ㄓㄤ】 밝을, 드러날
설문 5458 芝彰也。《「芝」【各本】作「文」。今正。文、遺畫(畵)也。與芝義別。古人作「芝彰」。今人作「文章」、非古也。『尚書:某氏傳』、『呂覽:注』、『淮南:注』、『廣雅』皆曰。彰、明(明)也。通作章。》从彡章。《會(會)意。謂文成章。》章亦聲。《諸良切。10部。》/424

◀ 제 13 획 ▶

䰃 䰃 (욱)【yù ㄩˋ】 빛날, 무늬 있을(戈부:13획)
설문 4130 有芝彰也。《「芝彰」【各本】作「文章」。誤。今正。芝下曰。䰃也。是其轉注也。䰃古多叚(假)彧字爲之。彧者㦽之隸(隷)變。『今本-論語』郁郁乎文哉。古多作彧彧。是以荀彧字文若。『宋書』王彧字景文。『大戴-公冠篇』。遵竝(竝)大道「邠彧」。「邠彧」卽彬「彧。」謂彬彬彧彧也。『小雅』。黍稷彧彧。『傳』云。彧彧、茂盛皃(貌)。卽有芝

3 ⓪

彰之義之引伸也。》从有。惑(㦽)聲。《於六切。古音在1部。讀如域。》/314

060 彳 3-31 ▤ 자축거릴 척

3 ⑫

彳 척【chì ㄔˋ】[설문부수 34] 자축거릴, 조금 걸을 ■복:발 밑 가지런할

설문 1161 小步也。象人脛三屬相連也。《三屬者。上爲股、中爲脛。下爲足也。單擧(擧)脛者、擧中以該上下也。脛動而股與足隨之。丑亦切。李斯作彡。筆迹小變也。》凡彳之屬皆从彳。/76

유사 어조사 우(于) 자축거릴 촉(亍) 터럭 삼(彡)

성부 부록 색인 참조

형부 彳을 부수로 하는 대부분의 글자들

◀ 제 4 획 ▶

彶 (급)【jí ㄐㄧˊ】급히 갈
설문 1172 急行也。《急彶疊韵(疊韻)。凡用汲汲字、乃彶彶之叚(假)借也。》从彳。及聲。《居立切。7部。》/76

彴 (순)【xùn ㄒㄩㄣˋ】조리 돌릴, 선전할
설문 1194 行示也。《『大司馬』。斬牲以左右徇陳曰。不用命者斬之。小子。凡師田、斬牲以左右徇陳。陸德明引『古今字詁』曰。徇、巡也。按如『項羽傳』。徇廣陵、徇下縣。李奇曰。徇、略也。如淳曰。徇音撫循之循。此古用循巡字、漢用徇字之證。此『古今字詁』之義也。》从彳。勻聲。《古勻旬同用。故亦作徇。詞閏切。12部。》司馬法。斬以彴。《許引『司馬法』者凡八。》/77

役 역【yì ㄧˋ】수자리(군대로 뽑혀 변방을 지킴), (강제로 동원되는)일
설문 1875 戍也。《依『韵會』訂。戍、守邊也。『司馬法』曰。弓矢圍。殳矛守。戈戟(戟)助。凡五兵。長以衞(衛)短。短以救長。按圍、古禦字。『今-周禮:注』作「圉」。誤。殳所以守也。故其者從殳。引伸之義凡事勞皆曰役。又『生民詩』。禾役穟穟。役者、穎之假借。〔禾部〕兩引『詩』皆作「禾穎」。》从殳彳。《彳取巡行之意。營隻切。16部。》 古文役。从人。《與戍從人持戈同意。》/120

형성 (4자) 혁(椴)3544 역(疫)4580 역(豛)5791 역(坄)8627

◀ 제 5 획 ▶

彼 (피)【bǐ ㄅㄧˇ】저(것)、그(것)
설문 1169 往有所加也。《彼加疊韵(疊韻)。》从彳。皮聲。《補委切。古音在 17部。》/76

徂 (적)【zhòu ㄓㄡˋ】 상中⑨작 dí 가는 모양
설문 1184 行徂徂也。《徂徂葢(蓋)與小弁踧踧同。行平易也。皆徒厤切。『玉篇』云。徂除又切。與宙同。古往今來無極之名。》从彳。由聲。《古音在 3部。》/77

往 왕【wǎng ㄨㄤˇ】갈, 옛, 이따금, 줄, 향할, ~에, ~으로
설문 1167 之也。从彳。㞷聲。《于兩切。10部。》 𢓸古文。从辵(辶)。《按左辵右㞷。㞷古文㞷也。『汗簡(簡)』云。迬、『尙書』往字。『甘泉賦』。迬迬離宮。般以相燭。》/76

형성 (1자) 왕(睢)4067

◀ 제 6 획 ▶

待 대【dài ㄉㄞˋ】本[기다릴] 대접할, 막을, 믿을, 장차 하려할
설문 1183 竢也。《〔立部〕曰。竢待也。》从彳。寺聲。《徒在切。1部。今人易其語曰等。》/76

형성 (1자) 치(偫)4810

很 很(흔)【hěn ㄏㄣˇ】패려궂을
설문 1190 不聽從也。一曰行難也。从彳。艮(㫐)聲。《胡懇切。13部。》一曰盭也。《盭、弼戾也。『韵(韻)會』無此四字。》/77

律 률【lǜ ㄌㄩˋ】本[고루 펼] 풍류, 법, 떳떳할, 저울질할, 율시
설문 1195 均布也。《均律雙聲。均古音同勻也。『易』曰。師出以律。『尙書』。正日。同律度量衡。『爾雅』。坎律銓也。律者所以范天下之不一而歸於一。故曰均布也。》从彳。聿聲。《呂戌切。15部。》/77

형성 (1자) 률(葎)375

徔 (이)【yí ㄧˊ】평탄히(평온히)갈, 평평할, 걷기 편할
설문 1177 行平易也。《『廣雅』。徔徔行也。按凡平訓皆當作「徔」。今則夷行徔廢矣。》从彳。夷聲。《以脂切。15部。》/76

後 후【hòu ㄏㄡˋ】本[늦을] 뒤, 뒤질, 뒤떨어질, 뒤로 미룰
설문 1188 遲也。从彳幺夊。幺夊者後也。《〖各本〗奪二字。今補。幺者小也。小而行遲。後可知矣。故从幺夊會意。胡口切。4部。》 𢔎古文後。从辵(辶)。/77

형성 (1자) 곡(㲉)4333

◀ 제 7 획 ▶

徎 (정)【chěng ㄔㄥˇ】지름길을 갈, 비 온 뒤 지름길, 좁은 길
설문 1166 徑行也。《『廣韵(韻)』丈井切。雨後徑也。『玉篇』力整丈井二切。徑也。》从彳。呈聲。《丑郢切。11部。按依『今本-說文』音義則徎與逞同。》/76

徐 (서)【xú ㄒㄩˊ】천천히(할), 침착할, 찬찬할, 한가할, 더딜, 성씨
설문 1176 安行也。从彳。余聲。《似魚切。5部。》/76

徬 (봉)【fēng ㄈㄥ】부릴
설문 1179 使也。《疑當作「德徬也」三字。》从

彳。夆聲。《敷容切。9部。》 讀若螽。《《各本》作「螽」。誤。螽者蠭之省。》/76

徑 (경)【jìng ㄐㄧㄥˋ】 지름길, 지름(직경), 빠를, 곧을, 지날(行過)

[설문] [1163] 步道也。《『周禮』。夫間有遂。遂上有徑。鄭曰。徑容牛馬。畛容大車。涂(塗)容乘車一軌。道容二軌。路容三軌。此云步道、謂人及牛馬可步行而不容車也。》 从彳。巠聲。《居正切。11部。按[辵(辶)部道]、[足部:路]皆廁部末。此廁部首。不同者、錯見之意。》/76

辻 徒(도)【tú ㄊㄨˊ】 [本][걸을] 보행할, 손에 아무것도 가지지 않을

[설문] [1050] 步行也。《『賁:初九』。舍車而徒。引伸爲徒搏、徒涉、徒歌、徒擊鼓(鼓)。》 从辵(辶)。土聲。《同都切。5部。辻隸變作「徒」。》/70

復 [퇴]【tuì ㄊㄨㄟˋ】 퇴(退)의 옛 글자

[설문] [1187] 卻(却)也。从彳日夊。《彳、行也。行而日日遲曳。是退也。夊、行遲曳夊夊也。他內切。15部。》 一曰行遲。《四字疑後增。》 衲復或从內。 古文从辵(辶)。《今字多用古文。不用小篆。》/77

[성부] 退 퇴

◀ 제 8 획 ▶

得 (득)【dé ㄉㄜˊ】 얻을(손에 넣을), 탐할

[설문] [1192] 行有所㝵也。《「㝵」《各本》作「得」誤。今正。〔見部〕曰。㝵、取也。行而有所取。是曰得也。『左傳』曰。凡獲器用曰得。》 从彳。㝵聲。《多則切。1部。》 古文省彳。《按此字已見於[見部]。與得並(竝)爲小篆。義亦少異。》/77

後 (천)【jiàn ㄐㄧㄢˋ】 자취, 땅 이름

[설문] [1180] 迹也。《『豳風』。籩豆有踐。『箋』云。踐、行列皃(貌)。按踐同後。故云行列皃。》 从彳。戔聲。《慈衍切。14部。》/76

徙 [辿][사]【xǐ ㄒㄧˇ】 (장소를)옮길, (한도를)넘길, 귀양보낼

[설문] [1086] 迻也。从辵(辶)止。《《各本》有聲字。非也。止在 1部。徙在 16部。從辵止會意者、乍行乍止而竟止則移其所矣。斯氏切。》 祉徙或从彳。《彳者行也。》 古文徙。《未詳其形聲會意。『韵會』云。『說文』古作征。『集韵』作㡲、遾。然則此字不出『說文』也。『集韵』字體亦不同。》/72

[유사] 무리 도(徒) 따를 종(從)

[형성] (2자) 시([illegible])1713 사(簁)2796

徛 (기)【jì ㄐㄧˋ】 [작] qī (정강이를 들어)물을 건널

[설문] [1193] 擧(擧)脛有渡也。《『釋宮(宮)』曰。石杠謂之徛。郭曰。聚石水中以爲步渡彴也。音居義反。》 从彳。奇聲。《去奇切。古音在 17部。》/77

从 [從][종]【cóng ㄘㄨㄥˊ】 좇을(따름), (남의 말을)들을

[설문] [4990] 隨行也。《以从辵(辶)。故云隨行。『齊風』。並(竝)驅從兩肩兮。『傳』曰。從、逐也。逐亦隨也。『釋詁』曰。從、自也。其引伸之義也。又引伸訓順。『春秋經』從祀先公。『左傳』曰順祀先公。是從訓順也。『左傳』。使亂大從。王肅曰。從、順也。『左傳』。大伯不從。是以不嗣。謂不肎(肯)順其長幼之次也。引伸爲主從、爲從橫、爲操從。亦假縱爲之。》 从从辵。《舊作辵从。今正。从辵者、隨行也。主从不主辵。故不入〔辵部〕。》 从亦聲。《慈用切。9部。按大徐以去韵別於平韵。非也。當疾容切。》/386

[유사] 무리 도(徒) 옮길 사(徙)

[형성] (8자) 종(樅)3397 종(瘲)4508 종(豵)5786 종(慫)6524 용([illegible])7443 종(縱)8159 종(緃)8272 종(蜙)8387 총(鏦)8968 종([illegible])9140

御 [어]【yù ㄩˋ】 (말을)부릴, 마부, 주장할, (여자를)필, 아내, 시비(侍卑)

[설문] [1196] 使馬也。《『周禮』。六藝。四曰。五馭。『大宰:注』曰。凡言馭者、所以毆之內之於善。此引伸之義也。》 从彳卸。《按卸亦聲。牛據切。5部。》 古文御。从又馬。《惟見『周禮』。》/77

[형성] (3자) 어(禦)0056 어(篽)2877 어([illegible])8893

◀ 제 9 획 ▶

徥 (시)【shì ㄕˋ】 [작] shí 걷는 모양

[설문] [1175] 徥徥行皃(貌)也。《『方言』。徥用行也。郭曰。徥皆行皃(貌)。度揩反。『集韵(韻)』曰。徍徥、行皃(貌)。於佳度皆二切。》 从彳。是聲。《是支切。16部。》 『爾雅』曰。徥則也。《『今本-釋言』作是則也。葢(蓋)古『爾雅』假徥爲是也。此偁(稱)『爾雅』說叚(假)借。》/76

徸 (종)【zhǒng ㄓㄨㄥˇ】 뒤좇아갈 ※ 종(踵)과 같은 글자 ■동:움직일 ※ 동(動)의 옛글자

[설문] [1191] 相迹也。《後迹與前迹相繼也。『玄應』合踵徸爲一字。》 从彳。重聲。《之隴切。9部。》/77

徦 (가)【jiǎ ㄐㄧㄚˇ】 이를(닿을), 멀

[설문] [1186] 至也。《『方言』曰。徦狢至也。邠唐冀兖之閒(間)曰徦。或曰狢。按狢古格字。徦『今本-方言』作假。非也。『集韵:四十, 禡』可證。『毛詩:三頌』假字或訓大也。或訓至也。訓至則爲徦之假借。『尚書-古文』作格。今文作假。如假于上下是也。亦徦之假借。》 从彳。叚聲。《古雅切。5部。郭樸音駕。》/77

徧 (편)【biàn ㄅㄧㄢˋ】 두루 미칠, 두루 다닐, 두루

[설문] [1185] 帀也。《〔帀部〕曰。帀、匊也。〔勹部〕曰。匊、帀徧也。》 从彳。扁聲。《比薦切。12部。『禮』、『禮記』多假辯字爲之。》/77

3 [0]

3 ⑫

徖(유)【ròu ㄖㄡˋ】 ㉮㊥⑨㉯ rǒu 다시, 익힐 ■뉴:같은 뜻

설문 1165 復也。《此字引伸爲狃忕之義。故『玉篇』云。習也。忕也。或與狃同。按狃行而徖廢矣。『左傳』有愎字。愎者、狃忕之意。卽復字之變也。復之引伸之義亦爲狃忕。》从彳。柔聲。《人九切。3部。按『廣韵(韻)』女久切。習也。从『廣韵(韻)』是。》/76

復 復復복【fù ㄈㄨˋ】 돌아갈, 회복할, 괘 이름 ■부:다시

설문 1164 往來也。《〔辵部〕曰。返、還也。還、復也。皆訓往而仍來。今人分別入聲去聲。古無是分別也。》从彳。夏(复)聲。《房六切。3部。》/76

성부 履리

형성 (4자) 복(複)343 복(復)4432 복(覆)4645 복(馥)5550

循(순)【xún ㄒㄩㄣˊ】 좇을(복종, 답습), 돌아다닐, 돌(순환)

설문 1171 行也。《【各本】作「行順也」。淺人妄增耳。依『大誓:正義』、『衆經:音義』所引訂。行今音讀下孟反。如『月令』循行國邑、出行田原、循行縣鄙、『周禮:注』行夜皆是也。『釋詁』。遹遵率循也。引伸爲撫循、爲循循有序。》从彳。盾聲。《詳遵切。12部。》/76

◀ 제 10 획 ▶

徬 傍(방)【bǎng ㄅㄤˇ】 ㉮㊥⑨㉯ bàng 붙이어 갈 ※ 방(彷)과 같은 글자

설문 1181 附行也。《『牛人』。共兵車之牛與其牽徬。『注』曰。牽徬、在轅外輓牛也。人御之。居其前曰牽。居其旁曰徬。按徬、附也。从人、徬、附行也。从彳。此音同義微別也。》从彳。旁聲。《蒲浪切。10部。》/76

微 微미【wéi ㄨㄟˊ】 ㉠㉮㊥⑨㉯ wēi 本[은밀히 할] 몰래, 숨길, 은밀할, 천할, 희미할

설문 1174 隱行也。《敚訓眇。微从彳、訓隱行。叚(假)借通用微而敚不行。『邶風』。微我無酒。又假微爲非。》从彳。敚聲。《無非切。15部。》『春秋傳』曰。白公其徒微之。《『左傳:哀:十六年』文。杜曰。微、匿也。與『釋詁』匿微也互訓。皆言隱、不言行。敚之叚借字也。此偁(稱)『傳』說叚借。》/76

성부 徵징

형성 (6자) 미(薇)245 미(黴)2743 휘(徽)4681 미(䉠)5246 미(黴)6253 휘(徽)8295

徯(혜)【xī ㄒㄧ】 기다릴, 샛길

설문 1182 待也。《『孟子』引書徯我后。趙曰。徯、待也。》从彳。奚聲。《胡計切。16部。按『書孟:音義』、『廣韵(韻)』、『玉篇』、『集韵(韻)』、『說文:篆韵譜』皆上聲。疑胡計誤。》蹊徯或从足。《『左傳』。牽牛以蹊人之田。『孟子』。山徑之蹊。『月令』。塞徯徑。凡始行之以待後行之徑曰蹊。引伸之義也。今人畫(畵)爲二字。音則徯上蹊平。誤矣。》/76

◀ 제 11 획 ▶

徲(제)【chí ㄔˊ】 ㉮㊥⑨㉯ tí 오랠, 왔다갔다 할

설문 1189 久也。《「久」疑當作「夂」。》从彳。犀聲。讀若遲。《杜兮切。15部。按『廣韵(韻)』徲杜奚切。久待也。無徲字『玉篇』、『集韵』有徲無徲。未知孰是。『廣雅』。徲徲往來也。丈尸反。》/77

◀ 제 12 획 ▶

徵 징【zhēng ㄓㄥ】 부를, 구할, 거둘, 조짐, 효험, 증거 ■치:잇소리, 풍류소리

설문 5004 召也。《召者、評也。『周禮:司市典祀:注』、『鄉飮酒禮:注』、『鄉射禮:注』皆曰。徵、召也。按徵者、證也。驗也。有證驗、斯有感召。有感召、而事以成。故『士昏(婚)禮:注』、『禮運:注』又曰。徵、成也。依文各解。義則相通。》从王。从微省。《會意。微卽敚也。陟陵切。6部。》壬微爲徵。《嫌上文未顯。故又明之。巳上九字【各本】譌奪不可讀。今補正。》行於微而聞達者卽徵也。《「聞」【各本】作「文」。今依『韵會』訂。又說壬微之意。言行於隱微而聞達挺箸於外。是乃感召之意也。》 𢔶古文。/387

형성 (2자) 징(懲)6649 징(瀓)6869

德(덕)【dé ㄉㄜˊ】 本[오를(登也)] 덕(도덕), 덕베풀, 덕으로 여길

설문 1162 升也。《「升」當作「登」。〔辵(辶)部〕曰。遷、登也。此當同之。德訓登者。『公羊傳』。公曷爲遠而觀魚。登來之也。何曰。登讀言得。得來之者、齊人語。齊人名求得爲得來。作登來者、其言大而急。由口授也。【唐人-詩】。千水千山得得來。得卽德也。登德雙聲。1部與6部合韵(韻)又㝡(最)近。今俗謂用力徙前曰德。古語也。》从彳。悳聲。《多則切。1部。》/76

徹 철【chè ㄔㄜˋ】 통할, 뚫을, 구실 이름, 벗길, 다스릴, 버릴

설문 1896 通也。《『孟子』曰。徹者、徹也。『鄭-注:論語』曰。徹、通也。爲天下通法也。按『詩』徹彼桑土。『傳』曰裂也。徹我牆屋。曰毁也。天命不徹。曰道也。徹我疆土。曰治也。各隨文解之。而通字可以隱栝。古有徹無轍。》从彳。从攴(攵)。从育。《葢(蓋)合三字會意。攴之、而養育之、而行之、則無不通矣。『毛傳』所謂治也。丑列切。15部。》一曰相臣。《疑有譌。【鉉本】無此四字。》 𢕛古文徹。《中從鬲。》/122

형성 (1자+1) 철(𡘋)8798 철(轍)

◀ 제 13 획 ▶

徼(요)【jiǎo ㄐㄧㄠˇ】 ㉠㉮ jiào ㉯ jiāo 돌(순찰), 순라군(순찰하는 사람), 변방

설문 1170 循也。《『百官表』曰。中尉掌徼循京師。如淳曰。所謂游徼循禁備(備)盜賊也。按引伸爲徼求、爲邊徼。今人分平去。古無是也。》从彳。敫聲。《古堯切。2部。》/76

◀ 제 14 획 ▶

徲 (병)【pīng ㄆㄧㄥ】 부릴
설문 1178 使也。《疑使上當有徲夆二字。『周頌』。莫予荓蜂。蜂本又作「夆」。毛曰。荓夆、瘳曳也。釋訓作「甹夆」、瘳曳也。徲夆、莕(蓋)甹夆之正字。瘳曳者、使之也。『大雅:傳』曰。荓、使也。》从彳。甹聲。《按此疑誤。[言部]無甹。當作「从彳、从言、甹聲」。普丁切。11部。『玉篇』云。俗作「俜」。》/76

徽 (휘)【huī ㄏㄨㄟ】 本[행전] 아름다울, 바(세 겹 노)
설문 8295 衺幅也。《卽『詩』之邪幅也。『傳』曰。邪幅、偪也。所以自偪束也。『箋』云。邪幅、如今行縢也。偪束其脛。自足至厀。按『內則』謂之偪。許云謂之徽。未見所出。莕(蓋)猶蔽厀謂之韠與。『釋詁』曰。徽、善也。止也。『大雅:箋』云。美也。自偪束之義之引申也。》一曰三糾繩也。《三糾、謂三合而糾之也。[丩部]曰。糾、三合繩。『易』。係用徽纆。劉(劉)表曰。三股曰徽。兩(兩)股曰纆。一說糾本三股。三糾當爲九股。》从糸。微省聲。《許歸切。15部。》/657

𢕟 (삽)【sè ㄙㄜ】 ㊤㊥⑨㉆ sà 여럿이 가는 모양 ■집:같은 뜻
설문 1173 行皃(貌)。《『吳都賦』。𢕟䨜翋𦒀。𢕟當从彳。『廣韵(韻)』。𢕟、衆行皃(貌)。》从彳。㵘(歰)聲。《穌合切。7部。》一曰此如馺同。《一說𢕟卽馺字也。馺、馬行相及也。》/76

◀ 제 17 획 ▶

忂 (구)【jù ㄐㄩ】 ㊤㊥⑨㉆ qú 가는 모양, 갈(行也)
설문 1168 行皃(貌)。《此與[足部:躣]音義同。[走部]又有趯。》从彳。瞿聲。《其俱切。5部。》/76

◀ 제 18 획 ▶

061
3-32
心 마음 심

心 小篆심【xīn ㄒㄧㄣ】【설문부수 408】 마음, 가슴, 가운데
설문 6388 人心。土臧(藏)也。《「也」字補。》在身之中。象形。《息林切。7部。》博士說吕(以)爲火臧。《土臧者、『古文-尙書』說。火臧者、今文家說。詳[肉部:肺]下。》凡心之屬皆从心。/501
유사 반드시 필(必)
성부 부록 색인 참조
형부 心을 부수로 하는 대부분의 글자들
휴(㒟) 쌍(雙) 간(𥳑) 색(𡫳) 쌍(雙)
형성 (1자) 심(沁)6692

◀ 제 1 획 ▶

必 필【bì ㄅㄧ】 本[경계] 반드시, 오로지, 기필할
설문 0681 分極也。《極猶準也。[木部:棟極]二字互訓。極字下云。帳極也。凡高處謂之極。立表爲分判之準。故云分極。引伸爲䛐(詞)之必然。》从八弋。《樹臬而分也。弋今字作杙。》八亦聲。《八[各本]誤弋。今正。古八與必同讀也。卑吉切。12部。》/49
유사 마음 심(心)
성부 宓밀 㓁밀 監밀 瑟슬
형부 비(毖)
형성 (18자) 비(祕)27 필(珌)123 필(苾)42-550 필(鞸)1723 비(眡)2022 별(胇)2559 복(虙)2973 필(飶)3100 비(柲)3596 필(邲)3882 필(佖)4767 비(毖)4993 별(覕)5265 비(邲)5518 필(駜)5884 비(泌)6818 필(鮅)7309 비(閟)7394

◀ 제 2 획 ▶

忍 의【yì ㄧ】 성낼 ■예:같은 뜻
설문 6567 怒也。从心刀。《[各本]作刀聲。今刪(刪)正。从心刀、謂心中含怒如懷刃也。李陽冰云。當从刈省聲。非是。本部固有忩篆矣。》讀若顡。《魚旣切。15部。》/511
유사 참을 인(忍)

忩 (애)【yì ㄧ】 징계할
설문 6648 懲也。《古多用乂、艾爲之而忩廢矣。》从心。乂聲。《魚肺切。15部。》/515

◀ 제 3 획 ▶

忌 기【jì ㄐㄧ】 미워할, 투기할, 꺼릴, 원망할, 어조사
설문 6555 憎惡也。从心。己聲。《渠記切。1部。》/511
형성 (2자) 기(跽)1269 기(諅)1450

忍 인【rěn ㄖㄣ】 本[곰(熊屬)] 참을, 참음, 잔인할, 차마 못할
설문 6646 能也。《能者、熊屬。能獸堅中。故賢者偁(稱)能。而彊壯偁能傑。凡敢於行曰能。今俗所謂能幹(幹)也。敢於止亦曰能。今俗所謂能耐也。能耐本一字。俗殊其音。忍之義亦兼行止。敢於殺人謂之忍。俗所謂忍害也。敢於不殺人亦謂之忍。俗所謂忍耐也。其爲能一也。仁義本無二事。先王不忍人之心、不忍人之政中皆必兼斯二者。》从心。刃聲。《而軫切。13部。》/515
유사 성낼 의(忍)
형성 (1자+1) 인(荵)286 인(肕)

忒 (특)【tè ㄊㄜ】 고칠, 의심할, 어기어질
설문 6506 更(更)也。从心。弋聲。《他得

3
0

切。1部。按〔人部:代〕、叓(更)也。弋聲。忒與音義同。『尸鳩:傳』日。忒、疑也。『瞻卬:傳』日。忒、差也。皆一義之區別也。〔左部〕日。𢀩(差)者、忒也。參𢀩、不相値也。不相値卽更改之意。凡人有過失改常謂之忒。本無忲字。【各本】有忲篆。『注』云。失常也。从心、代聲。代亦弋聲。則音義皆同。此葢(蓋)淺人妄增。如〔貝部:貣〕外沾貸、〔虫部:蟘〕改爲蟘皆其類。忲篆宜刪(刪)。『廣韵(韻)』無忲爲是也。忒之引申爲已甚。俗語用之。或日大。他佐切。或日太。或日忒。俗語日忒殺。忒之叚(假)借或作「貣」。》/509

忓 (간)【gān ㄍㄢˉ】지극할, 범할, 착할, 좋을
[설문] [6484] 極也。《極者、屋之高處(處)。干者、犯也。忓者、以下犯上之意。》从心。干聲。《古寒切。14部。》/507

忬 (후)【xū ㄒㄩˉ】근심할
[설문] [6615] 憂也。《『卷耳』。云何吁矣。『傳』日。吁、憂也。此謂吁卽忬之叚(假)借也。〔于部〕日。吁、驚詞也。本義不訓憂。『何人斯』日。云何其盱。『都人士』日。云何盱(盱)矣。盱亦忬之叚借。『毛:無:傳』。疑『卷耳』本亦作「盱」也。盱、張目也。『釋詁』。盱、憂也。「盱」本或作「忬」。》从心。亏(于)聲。讀若吁。《況于切。5部。》/514

忕 (설)【tài ㄊㄞˋ】[상] shì 익힐 ■태:방자할 ■세:익힐
[설문] [6473] 習也。从心。大聲。《此篆【各本】作「愧」。解云曳聲。今正。『詩:四月:正義』、『蕩』釋文皆引『說文』忕、習也。是【唐初-本】有忕篆。而『玄應書:卷十三』云。忕又作愧。引『字林』愧、習也。『倉頡篇』。愧、明也。然則『說文』作「忕」。『字林』變作「愧」。實一字。淺人用『字林』改『說文』耳。〔犬部:狃〕下日。犬性忕也。可證【許書】故有忕篆。狃忕之見於【經傳】不可枚擧(擧)。陸德明時世反。又市制反。又時設反。『字林』作「愧」、則翼世反。15部。○ 又按愧葢(蓋)本作「怈」。唐人避諱。於偏旁(旁)世字多改爲曳。『集韵(韻)』、『類篇』皆愧怈爲重文。》/506

志 [지]【zhì ㄓˋ】뜻, 뜻할, 기억할, 적을(기록), 화살촉 ■치:기, 살촉
[설문] [6392] 意也。从心㞢(之)。㞢亦聲。《按此篆【小徐本】無。大徐以意下日志也補此爲十九文之一。原作从心之聲。今又增二字。依大徐次於此。志所以不錄者、『周禮-保章氏:注』云。志古文識。葢(蓋)古文有志無識。小篆乃有識字。『保章:注』日。志古文識。識、記也。『哀公問:注』日。志讀爲識。識、知也。今之識字、志韵與職韵分二解。而古不分二音。則二解義亦相通。古文作志。則志者、記也、知也。惠定宇日。『論語』賢者識其大者、『蔡邕-石經』作志。多見而識之、『白虎通』作志。『左傳』日以志吾過。又日且日志之。又日歲聘以志業。又日吾志其目也。『尙書』日若射之有志。『士喪禮:志矢:注』云志猶擬也。今人分志向一字。識記一字。知識一字。古祗有一字一音。又旗幟亦卽用識字。則亦可用志字。『詩:序』日。詩者、志之所之也。在心爲志。發言爲詩。志之所之不能無言。故識从言。『哀公問:注』云志讀爲識者、漢時志識已殊字也。〔許-心部〕無志者、葢以其卽古文識而識下失載也。職吏切。1部。》/502
[참고] 지(䤠)

忘 [망]【wàng ㄨㄤˋ】[작] wáng 잊을, 놓고 갈, 잃어 버릴, 잘 잊어 버리는 병
[설문] [6528] 不識也。《識字、意也。今所謂知識。所謂記憶也。》从心。亡聲。《依『韵會本』。武方切。10部。》/510
[형성] (1자+1) 망(莣 𦳝)366

◀ 제 4 획 ▶

忝 [忝] [첨]【tiǎn ㄊㄧㄢˇ】욕될, 더럽힐
[설문] [6640] 辱也。《『小雅:小宛』日。無忝爾所生。『傳』云。忝、辱也。》从心。天聲。《他典切。按从天爲聲、則古音必在 12部。葢(蓋)或憮之或體耳。自『字林』讀他念切、而失其本音矣。》/515
[형성] (1자) 첨(添)

忞 (민)【mín ㄇㄧㄣˊ】힘쓸 ■문:어지러울
[설문] [6470] 自勉彊也。《【各本】少「自勉」二字。『韵(韻)會』有之。與『篇』、『韵』合。『大雅』。亹亹文王。『毛傳』日。亹亹、勉也。亹卽釁之俗。釁从分聲。亹亹卽忞忞之叚(假)借也。》从心。文聲。《武巾切。13部。》『周書』日。在受德忞。《『立政』文。『今-尙書』作「暋」。『釋詁』。暋、強(强)也。許所據古文不同。》讀若旻。/506

忠 (충)【zhōng ㄓㄨㄥˉ】충성할, 충성, 정성스러울, 정성
[설문] [6398] 敬也。《敬者、肅也。未有盡心而不敬者。此與愼訓謹同義。》盡心曰忠。《【各本】無此四字。今依『孝經:疏』補。『孝經:疏』、唐元行沖所爲。【唐-本】有此。》从心。中聲。《陟弓切。9部。》/502

忡 (충)【chōng ㄔㄨㄥˉ】근심할
[설문] [6616] 憂也。《按「也」當作「皃(貌)」。『釋訓』日。忡忡、憂也。『毛傳』日。忡忡猶衝衝也。》从心。中聲。《敕中切。9部。》『詩』日。憂心忡忡。《『召南:草蟲』文。》/514

忦 (개)【xiè ㄒㄧㄝˋ】마음 놓을
[설문] [6526] 忽也。从心。介聲。《呼介切。15部。》『孟子』日。孝子之心。不若是忦。《『萬章篇』文。【今本】夫公明高以孝子之心爲不若是恝。『注』云。恝、無愁之皃(貌)。張古黠(黠)切。丁音畍。按忦恝古今字。》/510

忥 (희)【xì ㄒㄧˋ】어리석을, 고요할
[설문] [6552] 癡皃(貌)。《癡、不慧也。故忥與惛爲伍。》从心。气聲。《許旣切。15部。》/511

忦 (개)【niè ㄋㄧㄝˋ】[상]㊥⑨ jiá [작] ài 근심할, 한탄할, 두려울
[설문] [6600] 憂也。从心。介聲。《此與上介下心之字義別。五介切。15部。》/513

[작] 作家出版社〔董蓮池-說文解字考正〕 ⑨ 九州出版社〔柴劍虹-說文解字〕 ㉠ 陝西人民出版社〔蘇寶榮-說文解字今注今譯〕 [상] 上海古籍出版社〔說文解字注〕 ㊥ 中華書局〔臧克和-說文解字新訂〕

忧 (우)【yòu ㄧㄡˋ】 가슴 설렐
설문 6596 心動也。《[各本]作「不動也」。今正。『玉篇』曰。心動也。『廣韵(韻)』曰。動也。與〔頁部〕之頄義近。》从心。尤聲。讀若祐。《于救切。古音在 1部。》/513

忨 (완)【wàn ㄨㄢˋ】 ㊤㊥⑨ wán 탐할, 아낄
설문 6542 貪也。《貪者、欲物也。忨與玩翫義皆略同。》从心。元聲。『春秋傳』曰。忨歲而㵣日。《按『左傳:昭:元年』曰。翫歲而愒日。〔習部〕引之。『國語』作「忨日而㵣歲」。韋曰。忨、偸也。㵣、遲也。此所偁(稱)疑用『外傳』文。然『杜-注』翫愒皆貪也。釋文曰。翫字又作「忨」。則『許-所據:左傳』如是。》/510

快 (쾌)【kuài ㄎㄨㄞˋ】 상쾌할, 빠를, 가쁠
설문 6401 喜也。《引申之義爲疾速。俗字作「駃」。》从心。夬聲。《苦夬切。15部。》/502

怖 (패)【pēi ㄆㄟˉ】 ㊤㊥⑨㉧ pèi ㉧ bèi 노할 ■폐·벌:같은 뜻 ■발:기뻐하지 않을
설문 6566 恨(恨)怒也。《『小雅:白華』。念子懆懆。視我邁邁。『毛傳』曰。邁邁、不悅也。釋文云。『韓詩』及『說文』皆作「怖怖」。『韓詩』云。意不悅好也。許云。很怒也。『今-說文』作恨。似宜依很。邁者、怖之段(假)借。非有韓、許、則『毛詩』不可通矣。許宗毛而不廢『三家詩』。》从心。米(市)聲。『詩』曰。視我怖怖。/511

㤅 ㉧애【ài ㄞˋ】 사랑할 ※ 애(愛)의 소전자(小篆字)
설문 6463 惠也。《〔叀部〕曰。惠、仁也。仁者、親也。》从心。旡(无)聲。《『八篇』。飮食屰气不得息曰旡。古文作𠂒。此用古文爲聲也。許君惠㤅(炁)字作此。㤅(愛)爲行皃(貌)。乃自㤅行而㤅廢。轉寫[許書]者遂盡改㤅爲㤅。全非許㤅㤅二篆相聯(聯)之意。烏代切。15部。》𢟪古文。《旣者、旡聲。卽旡聲也。㤅者、古文㤅。唐人乃用爲伊余來㤅、民之攸㤅之㤅。其䌌繆有如此者。『詩』之㤅乃呬之段(假)借。息也。》/506
성부 愛애

忮 (기)【zhì ㄓˋ】 本[어길] (질투하여)해칠, 탐할
설문 6515 很(很)也。《很者、不聽从也。『雄雉、瞻卬:傳』皆曰。忮、害也。害卽很義之引申也。或段(假)伎爲之。伎之本義爲與。〔許-人部:伎〕下引『詩』鞫人伎忒。言段(假)借也。》从心。支聲。《之義切。16部。》/509

忯 (기)【qí ㄑㄧˊ】 공경할, 사랑할 ■시:근심하지 않을 ■이:화할 ■지:믿을 ■제:사랑할
설문 6431 㤅也。《「㤅」[各本]作「㤅」。今正。『釋訓』曰。忯忯、㤅也。按忯忯字不見於[詩書]。》从心。氏聲。《巨支切。16部。》/504

忱 (침)【chén ㄔㄣˊ】 정성 ■심:정음(正音)
설문 6445 誠也。《誠者、信也。『詩:大明(明)』曰。天難忱斯。毛曰。忱、信也。〔言部:諶〕下曰。誠、諦也。引『詩』天難諶斯。古忱與諶義近通用。》从心。冘聲。《氏任切。7部。》『詩』曰。天命匪忱。《『大雅:蕩』曰。天生烝民。其命匪諶。毛曰。諶、誠也。許作「忱」。是亦可徵二字互用也。》/505

念 념【niàn ㄋㄧㄢˋ】 생각, 생각할, 욀(암송할), 스물, 잠깐
설문 6404 常思也。《『方言』曰。念、思也。又曰。念、常思也。許云。懷、念思也。『左傳』引『夏書』曰。念茲在茲。釋茲在茲。名言茲在茲。允出茲在茲。惟帝念功。》从心。今聲。《奴店切。7部。》/502
형성 (5자+1) 념(唸)879 심(諗)1460 념(敜)1944 임(稔)4252 심(淰)7051 념(捻)

忻 (흔)【xīn ㄒㄧㄣˉ】 기뻐할 ※ 흔(欣)과 같은 글자
설문 6409 闓也。《闓者、開也。言闓不言開者、闓與忻音近。如昕讀若希(希)之類也。忻謂心之開發。與〔欠部:欣〕謂笑喜也異義。『廣韵(韻)』合爲一字。今義非古義也。》从心。斤聲。《許斤切。13部。》『司馬灋(法)』曰。善者、忻民之善。閉民之惡。《『今-司馬法』佚此語。謂開其善心。閉其惡心。是爲冣(最)善也。》/503

忼 (강)【kàng ㄎㄤˋ】 ㉧ kāng (의기가 북받쳐) 강개할
설문 6413 忼慨也。《[各本]奪「忼」字。今補。》忼慨、壯士不得志於心也。《[各本]移入慨篆下。又奪於心二字。今依『玉篇』及『文選(選):注』補正。》从心。亢聲。《苦浪切。又口朗切。10部。俗作慷。『戰國策』。羽聲慷慨。一本作忼慷。葢(蓋)因忼有異體、而一複一奪也。》一曰『易』忼龍有悔。《按一曰『易』三字、乃『易』曰二字之誤。淺人所改也。忼之夲義爲忼慨。而『周易:乾, 上九』忼龍、則段(假)忼爲亢。亢之引申之義爲高。『子夏傳』曰。亢、極也。『廣雅』曰。亢、高也。是『今-易』作亢爲正字。『許-所據:孟氏-易』作忼、段借字也。凡許引[經]說段借。如無有作政(妞)、塱讒說、曰圛皆是。淺人以忼龍與忼慨義殊、乃妄改爲一曰矣。》/503

忽 홀【hū ㄏㄨˉ】 本[잊을] 홀연, 소홀히 할, 다할, 멸할
설문 6527 忘也。《古多段(假)㫚爲之。㫚、俗作曶。》从心。勿聲。《呼骨切。15部。》/510
유사 어두운 새벽 홀(㫚曶) 바쁠 총(怱)
형성 (1자) 홀(䫻)8572

忿 (분)【fèn ㄈㄣˋ】 성낼, 분(성, 화)
설문 6556 悁(悁)也。《忿與憤義不同。憤以气盈爲義。忿以狷急爲義。》从心。分聲。《敷粉切。13部。》/511

◀ 제 5 획 ▶

怋 (민)【hūn ㄏㄨㄣˉ】 [상][中]⑨ mín 어지러울 ■문:민망할 ■혼:흐릴 ■면:섞을

[설문] [6548] 怓也。从心。民聲。《呼昆切。按古音當在12部。讀若民。如今音則與惛無別矣。》/511

怍 (작)【zuò ㄗㄨㄛˋ】 부끄러워할

[설문] [6643] 慙也。从心。乍聲。《依【小徐本】。在各切。5部。》/515

怏 (앙)【yāng ㄧㄤˉ】 [상][中]⑨[작] yàng 원망할

[설문] [6573] 不服懟也。《按當作「不服也。懟也」。奪一「也」字。遂不可解矣。『集韵(韻)』作不服對也。尤非。怏葢(蓋)倔強之意。『方言』曰。鞅、悙、懟也。『集韵』於陽韵曰。怏然自大之意。攷『王逸-少蘭亭:序』曰。怏然自足。自來【石刻】如是。本非怏字。而學者尟知之。或叚(假)鞅爲之。『方言』是也。『周亞夫傳』曰。此鞅鞅非少主臣。》从心。央聲。《於亮切。10部。》/512

悘 (섬)【shān ㄕㄢˉ】 [상][中]⑨[작] xiān 아첨할 ※ 섬(憸)의 속자

[설문] [6492] 疾利口也。《疾、惡也。謂疾惡利口之人也。『般庚』。相時悘民。猶胥顧于箴言。謂惟憎惡利口之人尙能相與稍顧淸議。〔女部:姍〕訓誹也。『漢書』姍笑、與悘義略同。》从心。从冊。《小徐作「冊聲」。誤。按當讀如刪(刪)。大徐息廉切。非也。『篇』、『韵(韻)』皆同。其誤久矣。》『詩』曰。相時悘民。《『詩』無此語。『尙書:般庚:上』曰。相時憸民。『集韵』引『說文』作『商書』相時悘民。豈丁度等所見不誤與。『玉篇』、『廣韵』、『集韵』、『類篇』皆不言憸悘爲一字。『立政』网(兩)言憸人。釋文曰。「憸」本又作「悘」。是則當爲一字矣。而悘从冊、葢(蓋)从刪(刪)省聲。如珊姍字之比。『漢-石經:尙書:殘碑』此字作「散」。散卽散。疑『古文-般庚』作「悘」。『今文-般庚』作「散」。異字同音。悘訓疾利口與憸訓詖邪、異字異音異義。不知者乃掍而一之。『般庚』或作「憸民」。『立政』或作「悘人」。皆淺者所爲耳。無容同字而許異訓也。凡釋文云本又作之下往往出古字。『序』內所云兼采『說文』、『字詁』以示同異者。此云本又作「悘」、正用『說文』。仍襲舊說。未宷定『般庚』有悘而『立政』無悘也。》/508

怒 (노)【nù ㄋㄨˋ】 성낼, 곤두설, 세찰

[설문] [6561] 恚也。从心。奴聲。《乃故切。5部。按古無努字。衹用怒。》/511

怓 (노)【naó ㄋㄠˊ】 어지러울

[설문] [6549] 亂也。《『大雅:民勞:毛傳』曰。惛怓、大亂也 。「惛」當作「怋」。》从心。奴聲。《女交切。古音在5部。》『詩』曰。目(以)謹怋怓。《「怋」【各本】作「惛」。今正。『民勞』釋文曰。惛、『說文』作「怋」。【舊本】如是。【今本】作『說文』作「昬」。誤也。怋怓爲連綿字。『說文-古本』當是怋篆下云怋怓、亂也。怓篆下云怋怓也。而引『詩』在怋篆下》/511

怕 (백)【pà ㄆㄚˋ】 ㉠[상][中]⑨[작] bó [本][하지 않을] ■파:두려워 할, 아마

[설문] [6482] 無僞也。《「僞」【各本】作「爲」。今按許以爲訓母猴、僞訓作也。是【許書】作爲字皆當作作僞也。〔今本-人部:僞〕下曰詐也。淺人所改耳。『子虛賦』曰。怕乎無爲。憺怕、俗用澹泊爲之。叚(假)借也。「澹」作「淡」。尤俗。》从心。白聲。《李善蒲各切。5部。徐鉉曰匹白切。又葩亞切。按匹白者、今音之轉。葩亞者用雅字爲俗字之俗音也。今人所云怕懼者、乃迫之語轉。》/507

怙 (호)【hù ㄏㄨˋ】 믿고 의지할, 아비

[설문] [6458] 恃也。《『韓詩』云。怙、賴也。》从心。古聲。《侯古切。5部。》/506

怚 (저)【jù ㄐㄩˋ】 교만할, (성품이)거칠 ■추:마음 정하지 못할 ■조:심할(極也)

[설문] [6503] 驕也。《此與〔女部:媨〕驕也音義同。媨下【今本】作「嬌」。乃驕之俗字耳。》从心。且聲。《子去切。5部。》/508

怛 悬(단)【dá ㄉㄚˊ】 [中]⑨[작] dàn 아플 ■달:놀랄, 애태울, 슬퍼할, 수고로울

[설문] [6582] 憯也。《『匪風』。中心怛兮。『傳』曰。怛、傷也。『甫田』。勞心怛怛。『傳』曰。怛怛猶切切也。按『上章:傳』曰。忉忉、憂勞也。此因其義相同、故曰猶。》从心。旦聲。《得案切。又當割切。在14、15部。》 悬怛或从心在旦下。『詩』曰。信誓悬悬。《『衛風:氓:傳』文。按『詩』曰。信誓旦旦。『傳』曰。信誓悬悬然。謂旦卽悬之叚(假)借字。『箋』云。言其懇惻款誠是也。許偁(稱)『詩:傳』而云詩曰者、此『詩』曰不醉而怒謂之奰(奰)、『虞書』曰仁覆閔下則偁旻天之例也。悬悬下當有「然」字。》/512

恖 [恖][사]【sī ㄙˉ】 [설문부수 407] 생각할, 어조사(발어사), 생각

[설문] [6386] 容也。《「睿也」【各本】作「容也」。或以『伏生-尙書』思心曰容說之。今正。皃(貌)曰恭、言曰從、視曰明、聽曰聰、思心曰容、謂五者之德。非可以恭釋皃。以從『釋言』、以明聰釋視聽也。〔谷部〕曰。睿者、深通川也。引睿畎澮距川。引申之、凡深通皆曰睿。思與睿雙聲。此亦門捫也、戶護也、髮拔也之例。謂之思者、以其能深通也。至若『尙書:大傳』次五事曰思心。思心之不容。是謂不聖。劉(劉)向、董仲舒、班固皆以寬(寬)釋容。如『古文-尙書』作五曰思、思曰睿、爲【異本】。詳子所述『尙書:撰(撰)異。』》从心。从囟(囟)。《【各本】作囟聲。今依『韵會』訂。『韵會』曰。自囟至心如絲相貫不絕(絕)也。然則會意非形聲。細以囟爲聲。固非之咍部字也。息茲(兹)切。1部。》凡思之屬皆从思。/501

[성부] [慮]려

[형부] 혐(𢡱)

[형성] (4자+2) 시(諰)1487 새(䚡)2702 시(偲)4793 시(緦)8348

[작] 作家出版社〔董蓮池-說文解字考正〕 ⑨ 九州出版社〔柴劍虹-說文解字〕 ㉠ 陝西人民出版社〔蘇寶榮-說文解字今注今譯〕 [상] 上海古籍出版社〔說文解字注〕 [中] 中華書局〔臧克和-說文解字新訂〕

시(罳) 시(颸)

怞 (유)【chóu ㄔㄡˊ】 [작] zhòu 근심할, 근심하는 모양 ■주:같은 뜻, 두려울

[설문] [6468] 朖也。《未聞。疑是恨也之誤。『檜:傳』云。悼、動也、『鼓鍾:傳』云。妯、動也。『菀柳:傳』云。蹈、動也。三字音義略同。》从心。由聲。《直又切。3部。》『詩』曰。憂心且怞。《『小雅:皷(鼓)鍾』文。『今-毛詩』作「妯」。毛云動也。鄭(鄭)云悼也。》/506

怠 [태]【dài ㄉㄞˋ】 업신여길, 게으를 ■이:같은 뜻, 새 이름

[설문] [6521] 慢也。从心。台聲。《徒亥切。1部。》/509

[형성] (1자) 태(箈)2745

怡 (이)【yí ㄧˊ】 기뻐할, 온화할

[설문] [6429] 龢也。《【各本】作「和」。今正。龢者、調也。『玉篇』曰。怡者、悅也。樂也。古多叚(假)台字。『禹貢』。祗台德先。『鄭-注』云。敬和。》从心。台聲。《與之切。1部。》/504

怤 (부)【fū ㄈㄨˉ】 생각할, 기뻐할

[설문] [6405] 思也。从心。付聲。《甫無切。5部。》/503

急 [급]【jí ㄐㄧˊ】 급할, 켕길, 서두를, 재촉할

[설문] [6493] 褊也。《褊者、衣小也。凡窄陿謂之褊。『釋言』曰。褊、急也。》从心。及聲。《巨立切。7部。》/508

[참고] 살(煞) 죽일 ■쇄:감할 ※ 살(殺)의 속자

性 (성)【xìng ㄒㄧㄥˋ】 성품, 성질, 마음, 목숨

[설문] [6391] 人之昜气性。《句。》善者也。《『論語』曰。性相近也。『孟子』曰。人性之善也。猶水之就下也。董仲舒曰。性者、生之質也。質樸之謂性。》从心。生聲。《息正切。11部。》/502

怨 [원]【yuàn ㄩㄢˋ】 원망할, 원수 ■운:쌓을

[설문] [6560] 恚也。从心。夗聲。《於願切。14部。》 古文。《按此篆體葢(蓋)有誤。『集韵』、『類篇』云。古作「㤪」。又【班馬-字類】、『韵會』皆引『史記:封禪書』百姓怨其法。字作怨。『今-史記』無有如此者。葢古字日卽於亡矣。》/511

[참고] 원(惌) 굽을(枉也), 원수

忒 (특)【tè ㄊㄜˋ】 어길 ■대:같은 뜻

[설문] [6502] 失常也。从心。代聲。《他得切。1部。此字不古。說見下。》/508

怪 (괴)【guài ㄍㄨㄞˋ】 [本][괴이할] 의심할, 의심스러울, 요괴

[설문] [6518] 異也。从心。圣聲。《古壞切。1部。》/509

怫 (불)【fú ㄈㄨˊ】 [本][답답할] ■비:마음 편안치 못할 ■발:같지 않을

[설문] [6525] 鬱也。《「鬱」【各本】作「欝」。誤。鬱者、芳艸築以煑之。引申爲凡抑鬱之偁(稱)。『瓠子歌』曰。魚弗鬱兮柏冬日。弗者、怫之借字。》从心。弗聲。《符弗切。15部。》/510

怮 (유)【yōu ㄧㄡˉ】 부루퉁할 ■요:근심할

[설문] [6599] 㥑皃(憂貌)。从心。幼聲。《於虯切。3部。》/513

怲 (병)【bǐng ㄅㄧㄥˇ】 근심할

[설문] [6604] 㥑也。《『釋訓』曰。怲怲、憂也。『毛傳』曰。怲怲、憂盛滿也。怲怲與彭彭音義同。故云憂盛滿。》从心。丙聲。《兵永切。古音在10部。讀如旁。》『詩』曰。憂心怲怲。/513

怳 (황)【huǎng ㄏㄨㄤˇ】 [本][미칠] 어슴푸레할, 멍할, 당황할, 황홀한

[설문] [6536] 狂之皃(貌)。《『廣韵(韻)』曰。慠怳。》从心。兄聲。《【各本】作況省聲。乃不知古音者所改。今正。許往切。10部。》/510

怵 (출)【chù ㄔㄨˋ】 두려워 할, 슬퍼할 ■술:꾈

[설문] [6628] 思(恐)也。《『孟子』云怵惕。》从心。朮聲。《丑律切。15部。》/514

◀ 제 6 획 ▶

恁 (임)【rèn ㄖㄣˋ】 생각할, 이러할

[설문] [6501] 下齎也。《未聞。按『後漢書:班固典』引曰。亦宜勤恁旅力。『李賢:注』引『說文』恁、念也。當用以訂正。『廣雅』曰。恁、思也。『廣韵(韻)』、『玉篇』亦曰。念也。恁念爲疊韵(疊韻)。『廣雅』又云。恁、弱也。則與『詩』荏染同音通用耳。》从心。任聲。《如甚切。7部。李善如深切。》/508

恂 (순)【xún ㄒㄩㄣˊ】 미쁠, 두려워할, 갑자기, 꿈적거릴, 엄할

[설문] [6444] 信心也。《『毛詩』叚(假)洵字爲之。如洵美且都、洵訏且樂。『鄭-箋』皆云。洵、信也。『釋詁』曰。詢、信也。『注』引『方言』宋衞(衛)曰詢。皆叚詢爲恂也。至若『論語』恂恂如也。『王肅:注』溫恭皃(貌)。『漢書:李將軍』恂恂如鄙人。『史記』作悛悛如鄙人。此皆逡巡字之叚借。而非正字也。》从心。旬聲。《相論切。12部。》/505

恃 (시)【shì ㄕˋ】 믿을

[설문] [6459] 賴也。《『韓詩』云恃、負也。》从心。寺聲。《時止切。1部。》/506

恒 [亘][亙][恆][항]【héng ㄏㄥˊ】 (배를 타고 강을)건널, 뻗칠, 극진할 ■긍:시위, 두루

[설문] [8599] 常也。《「常」當作「長」。古長久字衹作長。淺人稍稍分別。乃或借下帬之常爲之。故至『集韵』乃有一曰久也之訓。而『篇』、『韵』皆無之。此俗字之不可不正者也。時之長與尺寸之長、非有二義。》从心舟在二之閒(間)上下。《上下猶往復也。》心㠯(以)舟施。恆也。《謂往復遙遠。而心以舟運旋。歷久不變。恆(恒)之意也。宙下曰。舟車所極復也。此說會意之恉。胡登切。6部。【俗本】心上增一字。非。》 古文恆。从月。《此篆轉寫譌舛。既云从月。

[작] 作家出版社〔董蓮池-說文解字考正〕 ⑨ 九州出版社〔柴劍虹-說文解字〕 ㉠ 陝西人民出版社〔蘇寶榮-說文解字今注今譯〕 [상] 上海古籍出版社〔說文解字注〕 [中] 中華書局〔臧克和-說文解字新訂〕

則左當作𠂉。不當作夕也。若『汗簡(簡)』則左作「舟」、而右亦同此。不可曉。又按〔門部〕之古文閒(間)作「𨳡」。𧆑(𧆑)古文月字略似外字。古文恆直是二中月耳。』『詩』曰。如月之恆。《『小雅:天保』文。此說从月之意。非謂『毛詩』作「死」也。『傳』曰。恆、弦也。按『詩』之恆本亦作「緪」。謂張弦也。月上弦而就盈。於是有恆久之義故古文从月。》/681

3 ⑫

유사 기와 와(瓦)、서로 호(互)、펼 선(亘亙亘)

형성 (4자) 긍(栖 䋄)3666 긍(䱍 䱍)7228 긍(揯 揯)7619 긍(緪 緪)8323

恇 (광)【kuáng ㄎㄨㄤˊ】 ㉯㊥⑨㉻ kuāng 겁낼, 두려워할

설문 6621 犾也。《〔犬部〕曰。犾、多畏也。杜林作「怯」。『素問』。尺虛(虛)者行步恇然。『王-注』。恇然不足。『樂記』。衆不匡懼。此叚(假)匡爲恇也。》从心匡(匡)。匡亦聲。《去王切。10部。按匡亦二字衍。》/514

恉 (지)【zhǐ ㄓˇ】 뜻(意也)

설문 6394 意也。《今字或作「旨」、或作「指」。皆非本字也。『許-序』曰。曉學者達神恉。》从心。言(旨)聲。《職雉切。15部。》/502

慹 (협)【xié ㄒㄧㄝˊ】 으를

설문 8821 同心之龢也。《同心一如同力。故从劦心會意。》从劦心。《胡頰切。8部。》/701

恐 (공)【kǒng ㄎㄨㄥˇ】 두려워할, 으를, 아마

설문 6626 懼也。从心。巩(巩)聲。《丘隴切。9部。》 古文。/514

恑 (궤)【guǐ ㄍㄨㄟˇ】 변할, 다를, 괴이할

설문 6537 變也。《今此義多用詭。非也。詭訓責。》从心。危聲。《過委切。16部。》/510

恔 (교)【jiǎo ㄐㄧㄠˇ】 ㉯㊥⑨㉻ xiáo 유쾌할 ▣효:같은 뜻

설문 6420 憭也。《曡韵(疊韻)互訓。按『方言』恔、快也。東齊海岱之閒(間)曰恔。『孟子』於人心獨無恔乎。『趙-注』。恔、快也。快卽憭義之引伸。凡明憭者、必快於心也。》从心。交聲。《吉了切。又下交切。2部。按此字『廣韵(韻)』去聲云恔出『孟子』。『集韵(韻)』、『類篇』則平聲引『說文』作「恔」。上聲引作「恔」。疑【古本】分二字。》/503

恕 (서)【shù ㄕㄨˋ】 어질(남을 헤아릴 줄 앎), 용서할

설문 6428 仁也。《孔子曰。能近取譬。可謂仁之方也矣。『孟子』曰。彊恕而行。求仁莫近焉。是則爲仁不外於恕。析言之則有別。渾言之則不別也。仁者、親也。》从心。如聲。《商署切。5部。》 古文省。《从女聲。》/504

恙 (양)【yàng ㄧㄤˋ】 근심할, 질병 圖『風俗通』蟲能食人心、古者草居、多被此毒、故相問勞曰無恙。(圖311)

설문 6601 㥿也。《古相問曰不恙、曰無恙皆謂無憂也。》从心。芊(羊)聲。《余亮切。10部。》/513

恚 (에)【huì ㄏㄨㄟˋ】 한할, 성낼 ▣혜:속음

설문 6559 怒也。《「怒」【各本】作「怨」。今依『大雅:綿:正義』正。下文曰。怒者、恚也。二篆互訓。》从心。圭聲。《於避切。16部。》/511

형성 (1자) 이(娡 娡)7919

恢 (회)【huī ㄏㄨㄟ】 넓을, 넓힐

설문 6425 大也。从心。灰聲。《苦回切。15部。》/503

恗 (해)【hài ㄏㄞˋ】 괴로울, 근심하고 두려워 할

설문 6631 苦也。《『通俗文』。思愁曰恗。『廣雅』。恗、痛也。》从心。亥聲。《胡槩切。1部。》/514

恣 (자)【zì ㄗˋ】 방자할

설문 6530 縱也。《縱者、緩也。一曰捨也。》从心。次聲。《資四切。古音在 12部。》/510

형성 (1자) 의(懿 懿)6328

恤 (휼)【xù ㄒㄩˋ】 근심할, 기민(饑民) 먹일, 사랑할 ▣술:속음

설문 6483 㥿也。《「㥿」【各本】作「憂」。今正。『釋詁』及『小雅:杕杜、祈父:傳』皆曰。恤。憂也。按〔卩部〕曰。卹、㥿也。〔比部〕引『周書』無毖于卹。『今-尙書』作恤。恤與卹音義皆同。又疑古祇有卹。恤其或體。》收也。《當依『玉篇』作救也。》从心。血聲。《辛聿切。12部。》/507

耻 (치)【chǐ ㄔˇ】 부끄럼, 부끄러워할

설문 6638 辱也。《〔辰部〕曰。辱、耻也。二篆爲轉注。》从心。耳聲。《敕里切。1部。》/515

恧 (뉵)【nǜ ㄋㄩˋ】 부끄러워할, 겸연쩍을

설문 6642 慙也。从心。而聲。《女六切。古音在 1部。音轉入 3部。屋韵(韻)。》/515

㦽 恨(한)【hèn ㄏㄣˋ】 한할, 뉘우칠, 원한

설문 6569 怨也。从心。皀(艮)聲。《胡艮切。13部。》/512

恩 (은)【ēn ㄣ】 은혜, 정, 사랑할

설문 6434 惠也。从心因。因亦聲。《依『韵(韻)會』訂。烏痕切。13部。》/504

恫 (통)【tóng ㄊㄨㄥˊ】 ㉯㊥⑨㉻ tōng 상심할, 으를, 의심할 ▣동:열날, 으를

설문 6586 痛也。《『大雅:思齊:傳』曰。恫。痛也。『康誥』。恫瘝乃身。》从心。同聲。《他紅切。9部。》一曰呻吟也。《呻吟見〔口部〕。『匡謬正俗』曰。太原俗呼痛而呻吟爲「通喚」。『周書』「痌瘝」是其義。江南謂「呻喚」。關中謂「呻恫」。按前說可包後說。此等恐皆後人入也。》/512

恭 (공)【gōng ㄍㄨㄥ】 공손할, 공손히 할

설문 6426 肅也。《肅者、持事振敬也。『尙書』曰。恭作肅。此以肅釋恭者、析言則分別。渾言則互明也。『論語』每恭敬析言。如居處(處)恭、執事敬、貌思恭、事思敬皆是。》从心。芖(共)聲。《俱容切。9部。》/503

㤨 (공)【gǒng ㄍㄨㄥˇ】 ㊥작 hóng 엄숙할, 공경할

설문 6630 戰栗也。《「栗」舊作「慄」。今正。『大學』曰。恂栗也。『戰國策』曰。戰戰栗栗。日愼一日。『方言』。蛩供、戰慄也。『荆(荊)吳』曰蛩供。蛩供又恐也。『注』。鞏、恭兩音。》从心。共(共)聲。《此與上共下心之恭字義別。戸(戶)工切。又工恐切。9部。》/514

恮 (전)【quán ㄑㄩㄢˊ】 상㊥⑨작 quān 삼갈, 굽을, 정성

설문 6433 謹也。《『廣韵(韻)』「也」作「皃(貌)」。》从心。全聲。《此緣切。14部。》/504

息 식【xí ㄒㄧˊ】 ㉠상㊥⑨작 xī 숨(호흡), 쉴, 그칠, 자랄, 번식할, 아들

설문 6389 喘也。《〔口部〕曰。喘、疾息也。喘爲息之疾者。析言之。此云息者喘也、渾言之。人之氣急曰喘。舒曰息。引伸爲休息之偁(稱)。又引伸爲生長之偁。引伸之義行而鼻息之義廢矣。『詩』曰。使我不能息兮。『傳』曰。憂不能息也。『黍離:傳』曰。噎憂不能息也。此息之本義也。其他『詩』息字皆引伸之義也。【許書】𩑛、臥息也。呬、息也。眉、臥息也。歖、咽中息不利也。旡(无)、飲食屰气不得息也。〔覞部:䨲〕、見雨而比息也。皆本義也。》从心自。《自者、鼻(鼻)也。心气必從鼻出。故从心自。如心思上凝於囟(囟)。故从心囟。皆會意也。相卽切。1部。【各本】此下有自亦聲三字。自聲在15部。非其聲類。此與思下云囟聲、皆不知韵理者所爲也。》/502

성부 憩 게

형성 (4자) 식(熄)3323 식(鄎)3907 식(瘜)4537 식(熄)6145

恬 (념)【tián ㄊㄧㄢˊ】 편안할

설문 6424 安也。《『莊子』曰。以恬養知。以知養恬。》从心。西聲。《【各本】篆作恬。解作甛省聲。今正。〔谷部:西〕下曰。舌皃(貌)。从谷省。象形。他念切。按〔許書-木部:㮇〕及此恬字本从西聲。轉寫从舌。乃改爲甛省聲矣。徒兼切。7部。》/503

◀ 제 7 획 ▶

悁 悁(연)【juàn ㄐㄩㄢˋ】 상 yuān 성낼, 근심할 ■견:조급할

설문 6557 忿也。《悁之言狷也。狷、急也。澤陂曰。中心悁悁。『傳』曰。悁悁猶悒悒也。》从心。肙聲。《於緣切。14部。》一曰惪(憂)也。《「惪」【各本】作「憂」。今正。惪、愁也。》𢙵籒文。《肙聲。》/511

悃 (곤)【kǔn ㄎㄨㄣˇ】 고달플, 게으를 ■군:같은 뜻

설문 6415 愊愊、《逗。》至誠也。《依『玉篇』、『廣韵(韻)』、『後書:章帝紀』訂。悃愊亦雙聲字也。》从心。困聲。《困一本作困篆作「𢜕」。非也。古困聲在眞文韵。音變遂入䰟(魂)韵。非困聲在眞文。困聲在䰟。各有畛域也。苦本切。13部。》/503

㤮 (광)【guàng ㄍㄨㄤˋ】 그르칠, 속일, 혹할

설문 6535 誤也。《『廣韵(韻)』曰。㤮、惑也。又曰。誤人也。》从心。狌(狂)聲。《居況切。10部。》/510

悄 (초)【qiǎo ㄑㄧㄠˇ】 근심할, 고요할

설문 6617 惪也。《按「也」當作「皃(貌)」。『釋訓』曰。悄悄、憂也。『毛傳』曰。悄悄、憂皃。》从心。肖聲。《親小切。2部。》『詩』曰。憂心悄悄。《『邶:柏舟』文。》/514

悆 (여)【yù ㄩˋ】 기뻐할 ■서:같은 뜻

설문 6505 忘也。《此義未聞。恐有譌字。》嘾也。《嘾者、含深也。含深者、欲之甚也。『淮南:修務訓:高-注』云。憛悇、貪欲也。『賈誼-新書:勸學篇』。孰能無悇憛養心。而顚一覛之。『匈奴篇』。一國聞之者、見之者垂羨而相告人。悇憛其所自。按嘾憛、悆悇皆古今字。悇憛猶憛悇也。若『廣雅』云。悇憛、懷憂也。此則其引申之義。凡求得未有不患失者。》从心。余聲。《羊茹切。5部。》『周書』曰。有疾不悆。《『金縢』文。【今本】作「弗豫」。許所據者壁中古文。【今本】則孔安國以今文字易之也。》悆、喜也。《喜者、樂也。此引『書』而釋之。必釋之者、以『書』義與字本義別也。凡引曰圛、而釋之曰圛升雲半有半無。引布重莫席、而釋之曰織蒻席。引如虎如貔、而釋之曰貔猛獸。引朕堲讒說殄行、而釋之曰堲疾惡也。皆此例。》/509

悈 (계)【jiè ㄐㄧㄝˋ】 신칙할(단단히 일러 경계할) ■개:속음 ■극:깜짝 놀랄

설문 6438 飭也。《「飭」【各本】作「飾」。【古書】飾飭多互譌。不可勝正。〔力部〕曰。飭、致堅也。悈與戒義同。警也。『釋言』曰。悈、褊急也。〔許-言部:諽〕字下曰。飭也。讀若悈。葢(蓋)悈音紀力反。與茍、戒、亟音義皆同。而『方言』曰。悈、革、老也。此又因𢍰斂之義而引伸之也。》从心。戒聲。《居薤切。古音在1部。》『司馬灋(法)』曰。有虞氏悈於中國。《中國、國中也。『今-司馬法:天子之義篇』作有虞氏戒於國中。》/504

悉 실【xī ㄒㄧˉ】 本[다할] 궁구할, 갖출, 다 알, 다 (心부 7획)

설문 0687 詳盡也。从心釆。《會意。息七切。12部。》𢜗古文悉。《此亦會意。从心囧。囧者、窗牖麗廔闓明也。》/50

형성 (2자+1) 설(㮨)4313 설(𠍺)4804 실(蟋)

悊 (철)【zhé ㄓㄜˊ】 밝을 ※ 철(哲)의 옛글자

설문 6422 敬也。《〔口部:哲〕下曰。知也。悊與哲義殊。〔口部〕云。哲或从心作悊。葢(蓋)淺人妄增之。因【古書】聖哲字或从心而合之也。》从心。斦(折)聲。《陟列切。15部。》/503

悍 (한)【hàn ㄏㄢˋ】 사나울, 굳셀, 성급할, 빠를, 부릅뜰

설문 6516 勇也。从心。甲聲。《侯旰切。14部。》/509

恖 (협)【qiè ㄑㄧㄝˋ】 생각하는 모양
설문 6622 思皃(貌)。从心。夾聲。《苦叶切。8部。》/514

悑 (포)【bù ㄅㄨˋ】 두려울 ※ 포(怖)의 본래 글자
설문 6633 惶也。从心。甫聲。《普故切。5部。》 悑 或从布聲。/514

悒 (읍)【yì ㄧˋ】 위태할, 답답할, 근심할
설문 6504 不安也。《『大戴-禮』曰。君子終身守此悒悒。『盧-注』。憂念也。『蒼頡篇』曰。悒悒、不暢之皃(貌)也。其字古通作邑。俗作「唈」。『爾雅』云。僾、唈也。謂憂而不得息也。》从心。邑聲。《邑者、人所聚也。故凡鬱積之義从之。於汲切。7部。》/508

悻 (형)【xìng ㄒㄧㄥˋ】 ㉿ jìng 어길 ■행:같은 뜻
설문 6497 恨也。《悻卽『孟子』悻字也。『孟子』。則怒悻悻然見於其面。趙以恚怒釋之。又引『論語』悻悻然小人哉。『今-論語』作「硜硜」。》从心。巠聲。《胡頂切。11部。》/508

悔 (회)【huǐ ㄏㄨㄟˇ】 뉘우칠, 뉘우침
설문 6571 悔悵(恨)也。《按悔乃複舉(擧)字之未刪(刪)者。『韵(韻)會』無。當从之。悔者、自恨之意。》从心。每聲。《荒內切。古音在 1部。》/512

悛 (전)【quān ㄑㄩㄢˉ】 (잘못을 뉘우쳐)고칠 ■준:같은 뜻 ■순:진실할
설문 6476 止也。《『方言』。悛、改也。自山而東或曰「悛」。或曰「懌」。》从心。夋聲。《此緣切。13部。》/507

悝 (회)【kuī ㄎㄨㄟˉ】 지껄일, 사람 이름 ■리:회롱할, 근심할
설문 6533 啁也。《〔口部〕曰。啁、嘐也。啁卽今之嘲字。悝卽今之詼字。謂詼諧啁調也。今則詼嘲行而悝啁廢矣。『東京賦』曰。悝繆公於公室。『李-注』。悝猶嘲也。》从心。里聲。《苦回切。古音在 1部。》『春秋傳』有孔悝。《衞(衛)孔圉之子也。見『左傳:哀公:十五年』。許偁(稱)此者葢(蓋)悝字漢人少用也。》一曰病也。《『釋詁』曰。悝、憂也。又曰。痗、病也。葢憂與病相因。悝痗同字耳。『詩』。悠悠我里。『傳』曰。里、病也。是則叚(假)借里爲悝。》/510

悟 (오)【wù ㄨˋ】 깨달을, 깨우칠
설문 6461 覺也。《見〔部覺〕下曰。悟也。是爲轉注。按【古書】多用寤爲之。》从心。吾聲。《五故切。5部。》 㤀 古文悟。/506

悠 (유)【yōu ㄧㄡˉ】 근심할, 아득할,멀, 한가할, 생각할, 가는 모양, 한가한 모양
설문 6611 㥏也。《『釋訓』曰。悠悠、洋洋、思也。『小雅』。悠悠我里。『傳』曰。悠悠、憂也。按此『傳』乃悠之本義。『渭陽』。悠悠我思。無『傳』。葢(蓋)同『釋訓』。若『黍離:悠悠蒼天:傳』曰。悠悠、遠意。此謂悠同攸。攸同脩。古多叚(假)攸爲脩。長也、遠也。》从心。攸聲。《以周切。3部。》/513

患 (환)【huàn ㄏㄨㄢˋ】 근심(걱정, 고통)
설문 6620 㥏也。从心上貫吅。吅亦聲。《此八字乃淺人所改竄。【古本】當作「从心毌聲」四字。毌貫古今字。古形橫直無一定。如目字偏旁皆作罒。患字上从毌。或橫之作串。而又析爲二中之形。葢(蓋)恐類於申(申)也。『春秋繁露』曰。心止於一中者謂之忠。持二中者謂之患。患、人之中不一者也。董氏所說固非字之本形矣。古毌多作串。『廣韵(韻)』曰。串、穿也。親串卽親毌。貫、習也。『大雅』。串夷載路。『傳』曰。串、習也。葢其字本作「毌」。爲慣摜字之叚(假)借也。『廣韵』又謂炙肉之器爲串。初限切。亦毌字之變體也。患胡丱切。14部。舊多讀平聲。》 𢝜 古文从關省。《以關省爲聲也。關从𢇇聲。𢇇从丱聲。丱者、从『說文』卵(卵)字。》 𢙩 亦古文患。/514

恖 悤 총【chōng ㄔㄨㄥˉ】 ㉠상㊥⑨㉿ cōng 갑자기, 바쁠
설문 6266 多遽悤悤也。从囪。从心。《【各本】作「从心囪」。今正。从囪从心者、謂孔隙既多而心亂也。故其字入〔囪部〕會意。不入〔心部〕形聲。叚(假)令入〔心部〕、則當爲心了悟之解矣。》囪亦聲。《倉紅切。9部。》/490

유사 홀연 홀(忽) 어두운 새벽 홀(回忽)

성부 蔥총

형성 (9자) 총(璁)163 창(窗)4448 총(𥋷)4666 총(憁)5666 총(驄)5855 총(熜)6170 총(聰)7433 총(總)8172 총(鏓)8956

◀ 제 8 획 ▶

悳 덕【dē ㄉㄜˉ】 ㉠㊥⑨㉿ dé 덕 ※ 덕(德)의 옛 글자
설문 6395 外得於人。內得於己也。《此當依『小徐-通論』作內得於己。外得於人。內得於己、謂心身自得也。外得於人、謂惠澤使人得之也。俗字叚(假)德爲之。德者、升也。古字或叚得爲之。》从直心。《『洪範:三德』。一曰正直。直亦聲。多則切。1部。》 㥁 古文。/502

성부 聽청

형성 (1자) 덕(德)1162

悴 (췌)【cuì ㄘㄨㄟˋ】 本[근심할] 파리할 ■취:속음 ■수:마를 ■줄:근심할
설문 6612 㥏也。《『方言』。悴、傷也。傷卽傷字。》从心。卒聲。讀與『易:萃卦』同。《秦醉切。15部。》/513

悵 (창)【chàng ㄔㄤˋ】 원망할, 한탄할
설문 6578 望(望)也。《望其還而不至爲恨也。》从心。長聲。《丑亮切。10部。》/512

悶 민【mèn ㄇㄣˋ】 번민할, 번민, 어두울 ■문:속음
설문 6576 懣也。从心。門聲。《莫困切。13部》/512

참고 간(𥳑) 편지 간(簡)과 통용하는 글자

悲 (비)【bēi ㄅㄟ】 슬퍼할, 슬픔, 슬플
설문 6587 痛也。《按憯者、痛之深者也。惆者、痛之專者也。悲者、痛之上騰者也。各從其聲而得之。》从心。非聲。《府眉切。15部。》/512

悸 (계)【jì ㄐㄧˋ】 두근 거릴, 띠줄 늘어진 모양(帶下垂貌)
설문 6539 心動也。《『衞(衛)風』。垂帶悸兮。『傳』曰。垂其紳帶、悸悸然有節度也。此未知以悸爲何字之叚(假)借。凡若此類思而未得者、可姑置之。但心知其必是叚借斯可矣。》从心。季聲。《其季切。15部。》/510

悹 (관)【guàn ㄍㄨㄢˋ】 근심할
설문 6453 惡(憂)也。《「惡」【各本】作「憂」。今正。『廣韵(韻)：廿四，緩』引『詩：傳』悹悹無所依。『今-大雅：板：傳』作管管。又『篇』、『韵』皆云。悹悹、憂無告也。『今-詩：板』、『釋訓』皆作灌灌、按憂無告之訓正字作「懽」。見下文。不當作「悹」。》从心。官聲。《古玩切。14部。》/505

悼 (도)【dào ㄉㄠˋ】 本[뎔] 슬퍼할, 어린이
설문 6625 懼也。陳楚謂懼曰悼。《『方言』。悛、憮、矜、悼、憐、哀也。齊魯(魯)之閒曰「矜」。陳楚之閒曰「悼」。趙魏燕代之閒曰「悛」。自楚之北郊曰「憮」。秦晉之閒或曰「矜」。或曰「悼」。按『方言』甚明了。許易哀爲懼。未詳。『方言』又曰。悼、傷也。秦謂之悼。皆不訓懼。『檜風』。中心是悼。『傳』曰。悼、動也。於懼義相合。『小雅』。上帝甚蹈。『傳』曰。蹈、動也。謂蹈卽悼之叚(假)借也。故鄭申之云蹈讀曰悼。》从心。卓聲。《徒到切。2部。》/514

慦 (구)【jiù ㄐㄧㄡˋ】 ㊤㊥⑨㉶ qiú 원수(怨讐)
설문 6597 怨慦也。《【各本】作「怨仇也」。今正。『廣韵(韻)』亦作「怨慦」。謂怨惡之也。慦與咎(咎)音同義別。【古書】多叚(假)咎字爲之。咎行而慦廢矣。》从心。咎聲。《此與〔人部：倃〕皆謂歸咎於彼。舉(擧)形聲包會意也。其久切。3部。》/513

悽 (처)【qī ㄑㄧ】 아플, 주려 앓는 모양
설문 6585 痛也。从心。妻聲。《七稽切。15部。》/512

悇 (퇴)【tú ㄊㄨˊ】 ㊤㊥⑨ tuì ㉶ tū 방자할
▣대: 잊을, 더딜
설문 6477 肆也。《『廣雅』曰。緵也。㤀(忘)也。》从心。隶聲。《他骨切。15部。『廣韵(韻)』又他內切。》/507

惀 (론)【lún ㄌㄨㄣˊ】 알려고 할, 생각할
설문 6448 欲知之皃(貌)。《『廣韵(韻)：混韵：注』曰。心思求曉事。》从心。侖聲。《盧昆切。13部。》/505

惂 (감)【kǎn ㄎㄢˇ】 근심하고 괴로워할
설문 6610 惡困也。从心。臽聲。《苦感切。8部。》/513

惤 (현)【xiǎn ㄒㄧㄢˇ】 ㊤㊥⑨㉶ xián 급할
설문 6498 忿也。《按人性急也。》从心弦。《性緩者佩弦以自急。》弦亦聲。《胡田切。12部。》河南密縣《『見』「地理志」。故城在今河南開封府密縣東七十里。》有惤亭。/508

惄 (녁)【nì ㄋㄧˋ】 허기져 출출할
설문 6487 飢餓也。《「餓」當作「意」。『釋言』曰。惄、飢也。李巡云。惄、宿不食之飢也。『周南：傳』曰。惄、飢意也。爲許所本。》从心。叔聲。《奴歷切。古音在3部。》一曰惡也。《「惡」【各本】作「憂」。今正。『釋詁』及『小弁：傳』曰。惄、思也。『舍人』云。惄、志而不得之思也。『方言』曰。惄、溼(濕)、憂也。自關而西秦晉之閒、凡志而不得、欲而不獲、高而有墜、得而中亡謂之溼。或謂之惄。按思與惡義略同也。》『詩』曰。惄如輖飢。《「輖」【各本】作「朝」。誤。今依【李仁甫-本】訂。『毛傳』曰。輖、朝也。謂輖卽朝之叚(假)借字也。『周南：汝墳』文。》/507

情 (정)【qíng ㄑㄧㄥˊ】 本[옥망] 뜻, 인정, 심정, 실상
설문 6390 人之侌气有欲者。《董仲舒曰。情者、人之欲也。人欲之謂情。情非制度不節。『禮記』曰。何謂人情喜怒哀懼愛惡欲。七者不學而能。『左傳』曰。民有好惡喜怒哀樂。生於六氣。『孝經：援神契』曰。性生於陽以理執。情生於陰以繫念。》从心。青聲。《疾盈切。11部。》/502

惆 (추)【chóu ㄔㄡˊ】 실심할(실망)
설문 6577 失意也。《『荀卿子』。惆然不嗛。『陸機-歎逝賦』。心惆焉而自傷。『廣雅』曰。惆、痛也。》从心。周聲。《敕鳩切。3部。》/512

惇 (돈)【dūn ㄉㄨㄣ】 도타울
설문 6412 厚也。《「厚」當作「𣆪」。凡㥫(惇)厚字當作此。今多作敦(敦)厚。叚(假)借。非本字。敦者、怒也。詆也。一曰誰何也。『雒誥』。㥫大成裕。》从心。𦎫聲。《都昆切。13部。》/503

悠 (의)【yī ㄧ】 탄식하는 소리, 울
설문 6592 痛聲也。《『閒：傳』。斬衰之哭。若往而不反。齊衰之哭。若往而反。大功之哭。三曲而偯。『注』曰。一舉(擧)聲而三折也。偯聲餘從容。『孝經』。哭不偯。『鄭-注』云。氣竭而息聲不委曲。按音義皆云『說文』作「悠(悠)」。然則許云痛聲者、委曲自見其痛於聲。非痛之至者也。》从心。依聲。《於豈切。15部。》『孝經』曰。哭不悠。《此【許-所學：孔氏古文】也。作「偯」者俗字。》/512

惎 (기)【jì ㄐㄧˋ】 해칠
설문 6637 毒也。《『左傳』用此字。有用其本義者。如『定：四年』。惎間(間)王室。『哀：元年』。惎澆能戒之。『注』云。惎、毒也。此用其本義也。『宣：十二年』。晉人惎之脫扃。『注』云。惎、教(教)也。此叚(假)惎爲諅也。諅、誡也。》从心。其聲。《渠記切。1部。》『周書』曰。來就惎惎。《『今-尚書』無此文。蓋(蓋)卽『秦誓』未就予忌也。惎忌音同

3 ⓪

義相近。其餘乖異。不敢肊說。葢必有誤奪。》/515

惏 (람)【lán ㄌㄢˊ】 탐할, 삼가지 않을, 찰(차거울) ■림:떨릴

설문 6543 河內之北謂貪曰惏。《內字衍。小徐作河之北。卽河內也。惏與〔女部:婪〕音義同。『賈-注:左傳』曰。惏、嗜也。『方言』曰。惏、殘也。陳楚曰惏。》从心。林聲。《盧含切。古音在 7部。》/510

3
⑫

惑 惑(혹)【huò ㄏㄨㄛˋ】 미혹할, 미혹케 할, 미혹

설문 6547 亂也。《亂者、治也。疑則當治之。古多叚(假)或爲惑。》从心。或聲。《胡國切。1部。》/511

㥏 (전)【tiǎn ㄊㄧㄢˇ】 부끄러워할

설문 6639 青徐謂慙曰㥏。《『方言』。㥏、恧、慙也。荆(荊)揚青徐之閒曰㥏。若梁益秦晉之閒言心內慙矣。山之東西自愧曰恧。》从心。典聲。《他典切。12部。》/515

悃 (균)【kǔn ㄎㄨㄣˇ】 고달플, 게으를 ■군:같은 뜻

설문 6415 悃愊、《逗。》至誠也。《依『玉篇』、『廣韵(韻)』、『後書:章帝紀』訂。悃愊亦雙聲字也。》从心。困聲。《困一本作困篆作「[illegible]」。非也。古困聲在眞文韵。音變遂入䰟(魂)韵。非困聲在眞文。困聲在䰟。各有畛域也。苦本切。13部。》/503

惔 (담)【tán ㄊㄢˊ】 (근심으로)속 탈

설문 6605 憂也。从心。炎聲。《此以形聲晐會意。徒甘切。8部。》『詩』曰。憂心如惔。《『節南山』。憂心如惔。許所據作憂心如炎。引之以眀(明)會意也。此豐、麗引『易』之例。今更正。炎者、火光上也。憂心如之。故其字作「惔」。『雲漢』如惔如焚。亦如炎之誤。『毛傳』曰。惔、燎之也。》/513

悰 (종)【cōng ㄘㄨㄥˉ】 ㊤㊥⑨㉆ cóng 즐길

설문 6423 樂也。《此哀樂字也。『選(選)詩』。戚戚苦無悰。》从心。宗聲。《藏宗切。9部。》/503

惕 (척)【tì ㄊㄧˋ】 두려워 할, 삼갈, 바를

설문 6629 敬也。从心。易聲。《他歷切。16部。》 [illegible]或从狄。《狄聲也。『漢書:王商傳』如此作。》/514

㥽 (채)【cǎi ㄘㄞˇ】 간사할, 한할, 급할

설문 6512 姦也。《『篇』、『韵(韻)』皆云。恨也。》从心。采聲。《倉宰切。1部。》/509

惙 (철)【chuò ㄔㄨㄛˋ】 근심할 ■체:성급할

설문 6606 憂也。《『釋詁』、『毛傳』同。》从心。叕聲。《陟劣切。15部。》『詩』曰憂心惙惙。《『召南:草蟲』文。》一曰意不定也。/513

惛 (혼)【hūn ㄏㄨㄣˉ】 (마음)흐릴, 번민할 ■민:마음 흐릴, 속 답답할 ■문:속음

설문 6551 不憭也。《憭、慧也。》从心。昏聲。《呼昆切。13部。》/511

惜 (석)【xí ㄒㄧˊ】 ㊤㊥⑨㉆ xī 本[아플] 아낄, 아까와 할

설문 6589 痛也。从心。昝(昔)聲。《思積切。古音在5部。》/512

惟 유【wéi ㄨㄟˊ】 本[생각할] 오직(유독), 이(것), 생각컨대

설문 6446 凡思也。《『方言』曰。惟、思也。又曰。惟、凡思也。慮、謀思也。願、欲思也。念、常思也。許本之曰。惟、凡思也。念、常思也。懷、念思也。想、冀思也。〔思部:慮〕、謀思也。凡【許書】分部遠隔、而文理參五可以合觀者視此。凡思、謂浮泛之思。『生民』載謀載惟。『箋』云。諏謀其日。思念其禮。按【經傳】多用爲發語之詞。『毛詩』皆作維。『論語』皆作唯。『古文-尙書』皆作惟。『今文-尙書』皆作維。『古文-尙書』作惟者、『唐-石經』之類可證也。『今文-尙書』作維者、『漢-石經』殘字可證也。『俗本-匡謬正俗』乃互易之。大誤。又『魯(魯)詩』作惟、與『毛詩』作維不同。亦見『漢-石經』殘字。》从心。隹聲。《以追切。15部。》/505

형성 (+1) 리(罹 [illegible])

惠 혜【huì ㄏㄨㄟˋ】 어질, 은혜, 베풀, 순할, 슬기로울, 세모창(三隅矛), 사랑할, 순종할, 고을이름, 성씨

설문 2388 仁也。《〔人部〕曰。仁、親也。【經傳】或假惠爲慧。》从心叀。《爲惠者必謹也。胡桂切。15部。》[illegible]古文惠。从芔。《從心叀省。從芔聲。小篆省芔。》/159

【他本說文解字】曰:徐鍇曰。爲惠者、心專也。

형성 (4자+2) 혜(譓 [illegible])3240 혜(橞 [illegible])3337 혜(潓 [illegible])6712 세(繐 [illegible])8350 혜(蟪 [illegible]) 수(穗 [illegible])

惡 (악)【è ㄜˋ】 本[과실] (성품, 행위, 품질, 기분)모질 ■오:미워할

설문 6564 過也。《人有過曰惡。有過而人憎之亦曰惡。本無去入之別。後人強(强)分之。》从心。亞聲。《烏各切。5部。》/511

惢 쇄【suǒ ㄙㄨㄛˇ】 [설문부수 409] ㉆ cuī zuì 의심 낼 ■추:같은 뜻 ■유:꽃술, 제사 이름 ■수:착할

설문 6651 心疑也。《『魏都賦』曰。神惢形茹。》从三心。《今俗謂疑爲多心。會意。今花蘂字當作此。蘂蕊皆俗字也。》凡惢之屬皆从惢。讀若『易:旅』瑣瑣。《『旅:初六』爻辭』。惢讀如此瑣也。按古音在 16部。今才規才累二切是也。》/515

성부 [illegible]예 [illegible]예

형성 (1자) 예(繠 [illegible])6652

◀ 제 9 획 ▶

愜 (극)【jí ㄐㄧˊ】 경망할, 빠를, 조심스러울, 말더듬을 ■격:꾸밀, 사랑할

설문 6495 急(急)性也。《【各本】作「疾也」。今依『韵(韻)

會』正。『釋言』曰。悈、褊、急也。釋文。「悈」本或作「極」。又作「亟」、同。紀力反。按極正愜之誤。愜與急雙聲同義。愜字不見於【經】。有叚(假)亟爲之者。如『詩經:始勿亟:箋』云亟、急也是也。有叚戒爲之者。如『鹽鐵論』引六月我是用戒、『謝靈運-撰(撰):征賦』作用棘是也。有叚悈爲之者。如『釋言』悈、急也是也。有叚棘爲之者。如『素冠:傳』、『六月出車文王有聲:箋』皆曰棘、急也是也。有叚革爲之者、如『禮器』非革其猶、『檀弓』夫子之病革矣『注』皆曰急也是也。『傳』、『箋』、『注』以叚借法釋【經】。》从心。亟聲。《舉(擧)形聲關會意也。己力切。1部。》一曰謹重皃(貌)。《此義之相反而相成者也。急則易遲。『列子』。讒愜麦誶。『注』。愜、吃也。》/508

惲 (운)【yún ㄩㄣˊ】 ㊤㊥⑨㉠ yùn 혼후할(중후할)

설문 6411 重厚也。《「厚」當作「䪼」。惲厚字當如此。今皆作「渾厚」。非是。渾者、混流聲也。今俗云水渾。》从心。軍聲。《於粉切。13部。》/503

想 (상)【xiǎng ㄒㄧㄤˇ】 생각할, 생각, 생각컨대

설문 6449 覬思也。《「覬」【各本】作「冀」。今正。〔欠部〕曰。欲、㚔(幸)也。〔見部〕曰。覬、欲㚔也。覬思者、覬望(望)之思也。『周禮:眡祲』。十日想。》从心。相聲。《息兩切。10部。》/505

惴 (췌)【zhuì ㄓㄨㄟˋ】 두려워할 ■취:속음 ■괘:거리낄, 꺼릴

설문 6602 憂懼也。《『釋訓』、『毛傳』皆曰。惴惴、懼也。許意懼不足以盡之。故增憂字。》从心。耑聲。《之瑞切。古音在 14部。》『詩』曰。惴惴其慄。《『詩』者、『秦風:黃鳥』文。「慄」當作「栗」。轉寫之誤也。古戰栗、堅栗皆作栗。戰栗及『禮經』栗階皆取栗駭之意。》/513

惶 (황)【huáng ㄏㄨㄤˊ】 (몹시)두려워할

설문 6632 恐(恐)也。从心。皇(皇)聲。《胡光切。10部。》/514

惷 (준)【chǔn ㄔㄨㄣˇ】 어수선할

설문 6550 亂也。从心。春聲。《尺允切。13部。》『春秋傳』曰。王室日惷惷焉。《『昭:二十四年:左傳』文。【今本】作王室實蠢蠢焉。『杜-注』。動擾皃(貌)。》一曰䪼(厚)也。《別一義。》/511

惻 (측)【cè ㄘㄜˋ】 슬퍼할

설문 6588 痛也。从心。則聲。《初力切。1部。》/512

㥯 (각)【jué ㄐㄩㄝˊ】 ㊤ jí ㉠ què 고달플 ■극:피곤할

설문 6488 勞也。《此與〔人部:㣿〕音義皆同。本一字耳。詳彼『注』。》从心。卻聲。《其虐切。古音在 5部。》/507

煤 (무)【wǔ ㄨˇ】 어루만질 ■모:같은 뜻

설문 6469 㥄、憮也。《煤乃複字未刪(刪)者。「憮」【各本】作「撫」。今正。『方言』。煤、憐也。上文憮、㤅也。㤅與憐同義。》从心。某聲。讀若侮。《亡甫切。古音在 1部。》/506

㣆 (미)【mǐn ㄇㄧㄣˇ】 ㊤㊥⑨ mǐ ㉠ miǎn 심할, 그칠

설문 6647 厲也。《葢(蓋)淬厲之意。》一曰止也。《『左傳』弭兵之弭、『周禮』彌災兵之彌、『郊特牲』有由辟焉之辟皆當作此字。》从心。弭聲。讀若沔。《彌兗切。按弭在〔弓部〕。亦作「兒」。古音在 16部。㣆亦當在 16部。讀若沔者、音之轉耳。》/515

愁 수【chóu ㄔㄡˊ】 근심할, 슬플, 염려할 ■추:같은 뜻, 모을 ■조:쓸쓸히 근심할

설문 6608 㥏也。《或借爲揫字。『鄉飲酒義』曰秋之爲言揫也是。》从心。秌(秋)聲。《士尤切。3部。》/513

형성 (1자) 수(潒 𢡺)7099

愭 (체)【chì ㄔˋ】 약간 성낼

설문 6572 小怒也。从心。壴(壴)聲。《充世切。按『廣韵(韻)』愭在十三祭。引『說文』小怒也。尺制切。愭在四十四有、四十九宥。小怒也。芳否敷救二切。『集韵(韻)』則祭韵有愭。有韵愭㤓二同。匹九切。『類篇』從之、而無恒字。葢(蓋) 恒愭㤓三字同。以『說文』音或作欯及『說文』恒字『廣韵(韻)』作𠯐求之。定爲一字異體。古音壴尌樹豎皆讀近受。愭斷不讀充世切也。音者、相與語唾而不受也。天口切。與小怒義亦相近。》/512

㒸 (수)【suì ㄙㄨㄟˋ】 깊을

설문 6450 深也。《「深」當作「㴱」。【許書】深爲水名。㴱爲㴱淺字。〔穴部:㴱〕下曰。深也。言㴱深古今字。以今字釋古字也。㒸與邃音義皆同。从穴者、爲室之深。从心者、爲意思之深。》从心。㒸聲。《徐醉切。15部。》/505

㥟 (해)【yuàn ㄩㄢˋ】 ㊤㊥⑨㉠ xié 원한 ■휴:마음 편치 않을

설문 6568 怨㚖(恨)也。《『廣雅』。㥟、恨也。本此。》从心。彖聲。讀若膎。《戸(戶)佳切。16部。按彖【各本】誤作彖。篆體誤作「𢤹」。今改正。彖聲在 14部。彖讀若弛。在16部。蠡㥟皆彖聲。故同在 16部也。今俗作蠡㥟。此〔豕部〕下所謂今世字。誤以彖爲彖也。〔口部:喙〕篆、疑亦本從彖聲。》/511

愃 (선)【xuǎn ㄒㄩㄢˇ】 (마음이)너그러울

설문 6441 寬(寬)閒心腹皃(腹貌)腹。《「閒」【各本】作「嫺」。今正。嫺者、習也。非其義。『郭-注:方言』曰。今江東呼快爲愃。相緣反。》从心。宣聲。《況晚切。14部。》『詩』曰。赫兮愃兮。《『衛(衛)風:淇奧』文。『毛詩』作「咺」。『傳』云。威儀容止宣著也。『韓詩』作「宣」。顯也。許作「愃」而義亦異。》/504

愆 (건)【qiān ㄑㄧㄢ】 허물, 어그러질, 악질(惡疾)

설문 6545 過也。《過者、度也。凡人有所失、則如或梗之有

不可徑過處。故謂之過。》从心。衍聲。《去虔(虔)切。14部。》𢣞 或从寒省。《寒聲。》𧬿 籒文。《从言、侃聲。過在多言。故从言。》/510

㥠 (서)【xǔ ㄒㄩˇ】 슬기, 지혜
설문 6464 知也。《此與〔言部:諝〕音義皆同。》从心。胥聲。《私吕(呂)切。5部。》/506

愉 (유)【yú ㄩˊ】 얼굴빛 즐거울, 기뻐할 ■투:구차할
설문 6508 薄也。《薄本訓林薄、蠶薄。而叚(假)爲淺泊字。〔泊:水部〕作「洦」。凡言厚薄皆𣅀泊之叚借也。此「薄也」當作「薄樂」也。轉寫奪樂字。謂淺薄之樂也。引申之、凡薄皆云愉。『唐風』。他人是愉。『傳』曰。愉、樂也。『禮記』曰。有和氣者。必有愉色。此愉之本義也。毛不言薄者、重樂不重薄也。『鹿鳴』。視民不恌。『傳』曰。恌、愉也。〔許書-人部〕作「佻」、愉也。『周禮』。以俗敎安。則民不愉。『鄭-注』。愉謂朝不謀夕。此引申之義也。淺人分別之。別製偸字、从人。訓爲偸薄。訓爲苟且。訓爲偸盜。絕(絶)非古字。【許書】所無。然自『山有樞:鄭-箋』云愉讀曰偸。偸、取也。則不可謂其字不古矣。》从心。兪聲。《羊朱切。古音在 4部。》『論語』曰。私覿愉愉如也。《『鄕(鄉)黨篇』文。覿者、儥之俗字。愉愉、『聘禮』作「兪兪」。『論語:鄭-注』云。愉愉、容色和也。正薄樂之義。》/509

愊 (픽)【bì ㄅㄧˋ】 정성 ■핍:답답할
설문 6416 悃愊也。《【各本】作「誠志也」。今依【全書】通例訂。》从心。畐聲。《芳逼切。1部。『玉篇』普力切。》/503

愍 (민)【mǐn ㄇㄧㄣˇ】 本[아플] 근심할, 가엾어할 ■분:마음 어지러울
설문 6590 痛也。《與閔義殊。》从心。敃聲。《眉殞切。13部。》/512

意 의【yì ㄧˋ】 뜻(마음, 생각, 의의, 정취), 뜻할
설문 6393 志也。《志卽識。心所識也。意之訓爲測度、爲記。訓測者、如『論語』毋意毋必、不逆詐、不億不信、億則屢中。其字俗作億。訓記者、如今人云記憶是也。其字俗作憶。『大學』曰。欲正其心者。先誠其意。誠謂實其心之所識也。如惡惡臭。如好好色。此之謂自謙。鄭云謙讀爲慊。慊之言厭也。按厭當爲猒。猒者。足也。》从心音。《會意。於記切。1部。古音入聲。於力切。》察言而知意也。《說从音之意。》/502

형성 (2자+3) 희(噫)782 억(億)4882 억(檍) 억(澺) 억(臆)

愐 (면)【miǎn ㄇㄧㄢˇ】 힘쓸, 생각할
설문 6472 勉也。《『釋詁』曰。蠠沒(沒)、勔勉也。『方言』曰。釗、薄、勉也。南楚之外曰薄努。自關而東周鄭之閒曰勔釗。按『毛詩』「黽勉」亦作「僶俛」。『韓詩』作「密勿」。『爾雅』作「蠠沒」。「蠠」本或作「蟁」。「蟁」卽「蜜」。然則『韓詩』正作「蜜勿」。轉寫誤作「密」耳。『爾雅』釋文云。「勔」本作「僶」。又作「黽」。是則『說文』之愐爲正字。而作「勔」、作「蠠」、作「蟁」、作「蜜」、作「密」、作「黽」、作「僶」皆其別字也。今則不知有愐字、而愐字廢矣。》从心。面聲。《彌殄切。古音在 14部。》/506

⿰忄重 (종)【zhòng ㄓㄨㄥˋ】 더딜 ■동:애통할
설문 6410 遲也。《遲重之字當作此。今皆叚(假)重字爲之。今字也。》从心。重聲。《直隴切。9部。》/503

愒 憩 게【qì ㄑㄧˋ】 쉴, 휴식할 ■계:속음 ■개:탐할 ■할:으를, 공갈할 ■갈:쉴
설문 6490 息也。《此休息之息。上文息篆訓喘息、其本義。凡訓休息者。引申之義也。『釋詁』及『甘棠:傳』皆曰。憩息也。憩者、愒之俗體。『民勞:傳』又曰。愒、息也。非有二字也。又『釋言』曰。愒、貪也。此愒字乃漱之叚(假)借。如『左傳』玩歲而愒日、許引作忨歲而漱日。『公羊傳』不及時而葬曰愒。愒、急也。亦卽(卽)歇字也。》从心。曷聲。《去例切。15部。》/507

𢝊 우【yōu ㄧㄡ】 근심할
설문 6619 愁也。《上文云愁、𢝊也。此云𢝊、愁也。二篆互訓。不知何時淺人盡易【許書】𢝊字。許於〔夊部〕曰。憂、和行也。从夊、𢝊聲。非和行則不得从夊矣。又引『詩』布政憂憂。於此知『許-所據:詩』惟此作憂。其他訓愁者皆作𢝊。自叚(假)憂代𢝊。則不得不叚優代憂。而『商頌』乃作布政優優。優者、饒也。一曰倡也。》从心頁。《【鍇本】下衍聲字。非。》𢝊心形於顔面。故从頁。《此九字【鉉本】無之。【鍇本】有。『韵會』引同。【今-汪啓淑-所刻:鍇本】𢝊篆奪去。憚篆已下又奪一葉。少憚至惢三十三篆。惟姑【蘇顧氏黃氏-所臧:舊抄】不少。此會意。如息从心自、由心達於鼻。思从心囟(囟)、由心徹於囟也。於求切。3部。》/514

성부 憂우

愓 (탕)【dàng ㄉㄤˋ】 방자할, 빠를 ■상:쏜살 같이 갈 ■양:음탕하게 놀
설문 6531 放也。《與像音義同。『方言』。媱、愓、遊也。江沅之閒謂戲(戲)爲媱。或謂之愓。按『廣韵(韻)』作「婸」。》从心。昜聲。《徒朗切。10部。『方言』音羊。》一曰平也。《『玉藻』。行容愓愓。『注』。直而疾皃 (貌)也。》/510

愙 (각)【kè ㄎㄜˋ】 공경할 ※ 각(恪)과 같은 글자
설문 6455 敬也。《『釋詁』、『商頌:毛傳』皆曰。恪、敬也。》从心。客聲。《當作「从心客、客亦聲」。苦各切。5部。今字作「恪」。》『春秋傳』曰。吕(以)陳備(備)三愙。《『左傳:襄:廿五年』文。按不引『商頌』而引此者、以證从心客會意也。『五經異義』。『公羊』說。存二王之後。所以通夫三統之義。『禮-戴』說。天子存二代之後。猶尊賢也。『古-春秋:左氏』說。周家封夏殷二王之後以爲上公。封黃帝堯舜之後謂之三恪。許愼謹案云。治『魯(魯)詩』丞相韋玄成、治『易』施犨等說引『外傳』曰。三王之樂可得觀乎。

知王者所封三代而已。不與『左氏』說同。鄭駁之云。所存二王之後者。命使郊天。以天子之禮祭其始祖受命之王。自行其正朔服色。恪者、敬也。敬其先聖而封其後。與諸侯無別殊異。何得比夏殷之後。按許不偁(稱)『公羊』說、戴說。而偁『古-左氏』。亦不與『異義』同。葢(蓋)『異義』先成『說文』晚定。用『左氏』說與鄭同也。》/505

愚(우)【yú ㄩˊ】기쁠
설문 6486 懽也。《懽讀如歡。冡上懽篆而云也。》从心。禺聲。《噳俱切。古音在 4部。此與愚各字。猶慕與慔各字也。》琅邪朱虛《見『地理志』。故城在今山東青州府臨朐縣東六十里。》有禺亭。《按漢時縣道國邑千五百八十七。鄉(鄕)六千六百二十二。亭二萬九千六百三十五。其名皆著於籍。故許氏得偁(稱)鄕亭之名。班氏但擧(舉)縣道國邑之名也。》/507

愚(우)【yú ㄩˊ】어리석을, 우둔할, 어릿어릿할, 완고할, 귀신이름
설문 6510 戇也。《愚者、智之反也。》从心禺。《會意。愚亦聲。麌俱切。古音在 4部。》禺、母猴屬。《母字舊奪。今補。【許書】夒下、爲下、玃下皆曰母猴。卽沐猴、獮猴一語之轉。而〔由部:禺〕下曰母猴屬。此卽用彼語。淺人刪(刪)母。非也。》獸之愚者。《已上八字說从禺之意。》/509

㤅(애)【ài ㄞˋ】本[가는 모양] (이성, 소중히 여김,)사랑할, 아낄
설문 3223 行皃(貌)也。《〔心部〕曰。㤅(悉)、惠也。今者假㤅爲㤅而㤅廢矣。㤅、行皃也。故从夊。》从夊。㤅聲。《烏代切。古音在 16部。》/233
형성 (2자) 애(薆)2875 애(僾)4801

㥦愜(협)【qiè ㄑㄧㄝˋ】쾌할, 만족할, 맞을 ■겹:같은 뜻
설문 6403 快也。《『漢:文帝紀』曰。未有㥦志。》从心。匧聲。《苦叶切。8部。今作「愜」。》/502

愞(연)【ruǎn ㄖㄨㄢˇ】㊤㊥⑨㉠ nuò ㉠ rú 여릴 ■나:여릴
설문 6500 駑弱也。《也上本有「者」。今刪。「駑」當作「奴」。【許書】無駑字。葢(蓋)衹云奴馬也。》从心。耎聲。《乃亂切。14部。此篆【各本】作懦。从心、需聲。人朱切。乃淺人所改。今正。愞與〔人部:偄〕音義皆同。弱也。本乃亂切。音轉爲乃過切。『廣韵(韻):獮韵』愞而兗切。『换韵:愞』奴亂切。『過韵:愞』乃臥切。『玉篇:心部:愞』乃亂乃過二切。皆訓弱也。此自古相傳不誤之字也。因形近或譌爲懦。再譌爲儒。其始尙分愞懦爲二字二音。故『玉藻:注』云。舒愞者、所畏在前也。釋文云。愞乃亂反。又奴臥反。怯愞也。又作「懦」。人于反。弱也。皇云學士。是其分別井然。而轉寫愞譌爲懦。故『五經文字』曰懦人于反。又乃亂反。見『禮記:注』。於是有懦無愞、而以愞之反語入於懦下。『廣韵:虞韵』懦字下人朱切。又乃亂切。其誤正同。又考『僖:二年:左傳』愞字、『穀梁傳』愞字、釋文轉寫皆譌作懦。凡【經傳】愞字皆譌作懦。不可勝正。「愞」通作「耎」。亦或借「蝡」。『漢書:西南夷傳』「選(選)耎」、『後書:章帝八王傳:西羌傳』「選愞」、『史記:律書』「選蝡」。『方言:注』「愞撰(撰)」、今無不作懦者。葢需耎二聲古分別畫(畵)然。需聲在古音 4部、人于切。耎聲在古音 14部、乃亂切。而自張參以來。改耎爲需。不能諟正。『說文:心部』之愞。〔手部〕之揳皆經淺人任意竄改。以合里俗。世有好學深思心知其意者。必以愚言爲然也。》/508
※ ㊥⑨㉠ 판본에서 표제자는 약할 연(儒)자로 나온다.

感감【gǎn ㄍㄢˇ】감동할, 감동시킬, 감응할, 느낄
설문 6595 動人心也。《【許書】有感無憾。『左傳』、『漢書』憾多作感。葢憾淺於怨怒、才有動於心而已。》从心。咸聲。《古禫切。古音在 7部。》/513
참고 감(憾)한할, 섭섭할

◀ 제 10 획 ▶

㦏(비)【bèi ㄅㄟˋ】고달플 ※비(憊)의 본래 글자 ■배:정음(正音)
설문 6636 㦏也。《『通俗文』。疲極曰㦏(憊)。》从心。葡聲。《蒲拜切。15部。『今-周易、公羊傳』皆作憊。》㦏或从疒(疒)。/515

㩳(쌍)【sǒng ㄙㄨㄥˇ】두려울 ■송:같은 뜻
설문 6456 懼也。《與竦音義略相近。》从心。雙省聲。『春秋傳』曰。駟氏㩳。《『昭公:十九年:左傳』文。【今本】作聳。後人所易也。又『昭:六年:左傳』。聳之以行。『漢書:刑(刑)法志』引作㩳。晉灼曰。古悚字。按『漢書』雙不省。又『魏都賦』。吳蜀二客㩳焉相顧。『張載:注』。㩳、懼也、引『左傳』駟氏㩳。張用『說文』也、【俗本】譌爲矍。》/506

㥯은【yǐn ㄧㄣˇ】삼갈, 슬퍼할, 아낄(325)
설문 6439 謹也。从心。㥯聲。《於靳切。13部。》/504
성부 隱은
형부 온(穩)
형성 (3자) 은(䕃)3097 은(檼)3486 은(濦)6732

愴(창)【chuàng ㄔㄨㄤˋ】슬퍼할
설문 6581 傷也。《愴訓傷、猶創訓傷也。『祭義』曰。必有悽愴之心。》从心。倉聲。《初亮切。10部。》/512

㥾(닉)【nì ㄋㄧˋ】근심할 ■녁:정음(正音)
설문 6609 㥾皃(㥾貌)。《『毛詩』。惄如輖飢。『韓詩』作「㥾如」。『方言』。㥾、憂也。自關而西秦晉之閒或曰惄。葢(蓋)古惄㥾通用。》从心。弱聲。讀與惄同。《奴歷切。古音在 2部。》/513

愷(개)【kǎi ㄎㄞˇ】즐거울, 편안할, 승전고, 공순할
설문 2956 樂也。《樂也。『蓼蕭:傳』曰。豈、樂也。豈同愷。》

从心。豈聲。《苦亥切。古音在 15部。按〔豈部〕有此篆。解曰康也。疑此重出。乃後人增竄。》/502

愻 (손)【xùn ㄒㄩㄣˋ】겸손할
설문 6442 順也。《訓順之字作「愻」。【古書】用字如此。凡愻順字从心。凡遜遁字从辵(辶)。今人遜專行而愻廢矣。『學記』。不陵節而施之謂遜。『劉(劉)向-書』作「愻」。此未經改竄之字也。『論語』。孫以出之。惡不孫以爲勇者。皆愻之叚(假)借。》从心。孫聲。《穌困切。13部。》『唐書』曰。《謂『堯典』也。說詳〔禾部〕。》五品不愻。《許所據古文如此。愻者、順也。故『尙書:大傳』作五品不訓。『五帝本紀』作「五品不馴」。訓與馴皆順也。》/504

愼 (신)【shèn ㄕㄣˋ】삼갈, 정성스러울, 짐승 다섯살 ■진:땅이름
설문 6397 謹也。《〔言部〕曰。謹者、愼也。二篆爲轉注。未有不誠而能謹者。故其字从眞。『小雅』。愼爾優游。予愼無罪。『傳』皆曰。誠也。詳【八篇:眞】下。》从心。眞聲。《時刃切。12部。》昚古文。《窘字从此。『釋文:序錄』偁(稱)【昚徽五典】。是『陸氏-所據:堯典』作「昚」。自衞(衛)包改作愼。開寶中乃於『尙書:音義』中刪(删)之。》/502

愾 (희)【xì ㄒㄧˋ】한숨 쉴, 탄식할 ■개:가득 찰 ■흘:이를
설문 6579 大息皃(貌)。《「大」【各本】作「太」。「皃」【各本】作「也」。皆誤。今正。古無「太息」連文者。淺人爲之也。〔口部:嘆〕下曰。大息也。大息者、呼吸之大者也。呼、外息也。吸、內息也。『曹風:下泉』。愾我寤嘆。嘆或作歎者、誤。『箋』云。愾、嘆息之意。許云大息者謂嘆。云皃者謂愾也。『祭義』曰入戸(戶)而聽、愾然必有聞乎其嘆息之聲是也。若『哀公問』則愾乎天下矣『注』云。愾、至也。此叚(假)愾爲訖。》从心。氣聲。《許旣切。陸引『說文』火旣反。15部。》『詩』曰。愾我寤嘆。/512

愿 (원)【yuàn ㄩㄢˋ】성실할
설문 6417 謹也。《『咎繇謨』曰。愿而恭。》从心。原(原)聲。《魚怨切。14部。》/503

䛦 (이)【yǐ ㄧˇ】근심 않을 ■시:같은 뜻 ■제:부끄러울
설문 6432 怟䛦。《逗。疊韵(疊韻)字。》不惪(憂)事也。《「惪」【各本】作「憂」。今正。》从心。虒聲。讀若移。《移爾切。16部。『玉篇』余氏余支二切。『廣韵(韻)』亦兼此二切。》/504

慁 (혼)【hùn ㄏㄨㄣˋ】근심할, 욕될, 어지러울
설문 6613 惪也。《『昭:六年:左傳』曰。主不慁賓。杜云。慁、患也。》从心。圂聲。《胡困切。13部。》一曰擾也。《『禮記:儒行』。不慁君王。『陸賈傳』。無久慁公爲也。》/513

㥶 (색)【sè ㄙㄜˋ】(가득)찰, 편안할, 막힐
설문 6443 實也。《『邶風』。其心塞淵。『毛傳』。塞、瘞也。『崔-集注:本』作實也。今以【許書】繩之。作實爲是矣。『詩』秉心塞淵、王猷允塞皆同。『鄭-箋』云。塞、充實也。『今文-尙書』。文塞晏晏。『鄭-注:考靈耀』云。道德純備(備)謂之塞。道德純備、充實之意也。『咎繇謨』。剛而塞。『夏本紀』作剛而實。按〔ᨀ部〕曰。䆅、窒也。〔穴部〕曰。窒、䆅也。窴、䆅也。䆅廢而俗多用塞。塞、隔也。非其義也。至若『燕燕』、『定之方中』、『堯典』、『咎繇謨』諸塞字又皆當作㥶。卽曰叚(假)借。亦當叚䆅。而不當叚塞也。》从心。䆅聲。《【各本】作「塞省聲」。今正。䆅、窒也。會聲中有會意。先則切。1部。》『虞書』曰。剛而㥶。/505

慅 (소)【sāo ㄙㄠˉ】소동할 ■초:같은 뜻
설문 6594 動也。《『月出』。勞心慅兮。『常武』。徐方繹騷。『傳』曰。騷、動也。此謂騷卽慅之叚(假)借字也。二字義相近。騷行而慅廢矣。》从心。蚤聲。《穌遭切。古音在 3部。》一曰起(起)也。《別一義。》/513

慆 (도)【tāo ㄊㄠˉ】本[기쁠] 방자할
설문 6479 說(悅)也。《說今之悅字。『尙書:大傳』。師乃慆。『注』曰。慆、喜也。可證許說。『悉蟀:傳』曰。慆、過也。『東山:傳』曰。慆慆、言久也。皆引申之義也。古與滔互叚(假)借。》从心。舀聲。《土刀切。古音在 3部。》/507

慇 (은)【yīn ㄧㄣˉ】本[아플] 근심할, 은근할
설문 6591 痛也。《『柏舟』。耿耿不寐。如有隱憂。『傳』曰。隱、痛也。此謂隱卽慇之叚(假)借。痛憂猶重憂也。『桑柔』。憂心慇慇。『釋訓』。慇慇、憂也。謂憂之切者也。凡【經傳】隱訓痛者、皆『柏舟:詩』之例。》从心。殷聲。《於巾切。古音在 13部。樊光於謹反。》/512

慈 (자)【cí ㄘˊ】사랑할, 사랑, 어머니
설문 6430 㤅(愛)也。《「㤅」【各本】作「愛」。今正。下文曰。㤅、惠也。〔叀部〕曰。惠、仁也。〔人部〕曰。仁、親也。》从心。𢆶(茲)聲。《𢆶从艸。疾之切。1部。》/504

慉 (휵)【xù ㄒㄩˋ】기를(양육), 아플, 쌓을 ■축:한할
설문 6451 起(起)也。《『邶風:谷風:傳』曰。慉、興也。起與興義同。【今本-傳】作養者、非也。『小雅:蓼莪:箋』云。畜、起也。此謂拊我畜我之畜。乃慉之叚(假)借。》从心。畜聲。《許六切。3部。》『詩』曰。能不我慉。《許所據如此。與能不我知、能不我甲句法同也。能讀爲而。》/505

慊 (겸)【qiàn ㄑㄧㄢˉˋ】상中⑨작 xián 찐덥지 않을, 앙심먹을, 마음에 맞출
설문 6546 疑也。《疑者、惑也。故下文受之以惑。今字多作嫌。按〔女部:嫌〕者、不平於心也。一曰疑也。不平於心爲嫌之『正義』。則嫌疑字作慊爲正。今則嫌行而慊廢。且用慊爲歉。非是。又或用慊爲愜。尤非是。『大學』。此之謂自謙。『注』曰。謙讀爲慊。慊之言猒(厭)也。凡云之言者、皆就字之本音本義而轉之。猒足、非慊之本義也。至若『鄭本-周易』爲其慊於陽。故偁(稱)龍焉。『鄭-注』云。慊讀爲羣(群)

작 作家出版社〔董蓮池-說文解字考正〕 ⑨ 九州出版社〔柴劍虹-說文解字〕 ㉠ 陝西人民出版社〔蘇寶榮-說文解字今注今譯〕 상 上海古籍出版社〔說文解字注〕 中 中華書局〔臧克和-說文解字新訂〕

公溓之溓。【古書】篆作立心與水相近。讀者失之。故作慊。溓、褋(雜)也。陰謂此『上六』也。陽謂今消息用事乾也。『上六』爲蛇。得乾氣褋似龍。此『鄭-注』則『易:慊』爲溓。皆不用字之本義也。》从心。兼聲。《戶(户)兼切。7部。》/511

態 (태)【tài ㄊㄞˋ】모양(용모, 형상)
설문 6517 意態也。《【各本】作意也。少一字。今補。意態者、有是意因有是狀。故曰意態。猶詈(詞)者意內而言外。有是意因有是言也。意者、識也。》从心能。《會意。心所能必見於外也。能亦聲。1部。》㣺或从人。/509

慍 (온)【yùn ㄩㄣˋ】(발끈)성낼, 화(분노)
설문 6563 怨也。《「怨」【各本】作「怒」。『大雅:緜(綿):傳』曰。慍、恚也。『正義』云。『說文』慍、怨也。恚、怒也。有怨者必怒之。故以慍爲恚。然則【唐初-本】作怨甚明。『車舝』。以慰我心。『韓詩』作以慍我心。慍、恚也。與『毛-緜:傳』合。『毛-閒關:傳』曰。慰、怨也。葢(蓋)『毛詩』亦作「慍」。後人譌爲慰耳。》从心。𥁕聲。《於問切。13部。》/511

愨 (각)【què ㄑㄩㄝˋ】성실할
설문 6399 謹也。《『廣韵(韻)』曰。謹也、善也、愿也、誠也。據『韵(韻)會』、『大司寇:注』。愿、愨愼也。用叚(假)借字。愨者、㱿之俗字也。》从心。㱿聲。《苦角切。3部。》/502

愪 (운)【yún ㄩㄣˊ】근심할
설문 6598 㥄皃(貌)。《以下㥄字卄二見。併上文四見。【各本】皆作憂。淺人用俗行字改之也。【許-造:此書】。依形立解。斷非此形彼義。牛頭馬脯。以自爲矛盾者。㥄者、愁也。憂者、和行也。如【今本】、則此卄餘篆將訓爲和行乎。【他書】可用叚(假)借。許自爲【書】不可用叚借。》从心。員聲。《王分切。13部。》/513

◀ 제 11 획 ▶

慒 (종)【cóng ㄘㄨㄥˊ】(깊이)생각할 ■조:어지러울
설문 6460 慮也。《見『釋言』。》从心。曹聲。《藏宗切。今音也。『廣韵(韻)』又似由切。古音也。宜 3部。『爾雅:音義』曰。【字書】作悰。然『說文』悰慒並(竝)出。》/506

慓 (표)【piǎo ㄆㄧㄠˇ】㊙㊥⑨㉿ piào 날랠, 가벼울(경박할)
설문 6499 疾也。《『廣雅』。急也。『弓人』曰。於挺臂中有柎焉。故剽。『注』云。剽、疾也。此謂剽卽慓之叚(假)借也。》从心。票聲。《敷沼切。2部。亦平聲。》/508

慔 (모)【mù ㄇㄨˋ】힘쓸
설문 6471 勉也。《勉者、彊也。『釋訓』曰。懋懋、慔慔、勉也。》从心。莫聲。《莫故切。5部。按『爾雅:音義』云。亦作「慕」。『今-說文』慔慕分列。或恐出後人改竄。》/506

慕 (모)【mù ㄇㄨˋ】本[모뜰] 사모할(그리워할, 우러를)
설문 6475 習也。《習其事者、必中心好之。》从心。莫聲。《莫故切。5部。》/507

慘 (참)【cǎn ㄘㄢˇ】本[혹독할] 아플, 심할, 비통할 ■조:조(懆:근심할)와 같은 뜻
설문 6584 毒也。《毒、害也。》从心。參聲。《七感切。古音在 7部。》/512

慙 (참)【cán ㄘㄢˊ】부끄러워할, 부끄러움
설문 6641 媿也。《〔女部〕曰。媿、慙也。二篆爲轉注。》从心。斬聲。《昨甘切。8部。》/515

慸 (리)【lì ㄌㄧˋ】㊥⑨ lí 근심할
설문 6614 楚潁之閒(間)謂㥄曰慸。从心。𥠖聲。《力至切。按古音在 1部。『玉篇』、『廣韵(韻)』皆力之切。至韵本無此字。至『集韵』乃並(竝)見之至二韵。大徐力至二字、乃力之之誤也。》/513

慢 (만)【màn ㄇㄢˋ】게으를, 거만할
설문 6520 惰(惰)也。从心。曼聲。《謀晏切。14部。》一日慢不畏也。/509

慧 혜【huì ㄏㄨㄟˋ】슬기로울, 슬기
설문 6418 儇也。《〔人部〕曰。儇、慧也。二篆爲轉注。慧故多叚(假)惠爲之。》从心。彗聲。《胡桂切。15部。》/503
형성 (+1) 혜(憓) 혜(譓)

慨 (개)【kǎi ㄎㄞˇ】분개할, 슬퍼할
설문 6414 忼慨也。《依【全書】通例正。忼慨雙聲也。【他書】亦叚(假)㱁爲之。作「忼㱁」。》从心。旣聲。《苦溉切。15部。》/503

慩 (련)【lián ㄌㄧㄢˊ】끽끽 울, 눈물 흘릴
설문 6645 泣下也。《無聲出涕曰泣。》从心。連聲。《从心者、哀出於心也。从連者、不可止也。連亦聲。力延切。14部。》『易』曰。泣涕慩如。《『屯:上六、爻辭』。泣涕、『易』作泣血。『雨無正:傳』曰。無聲曰泣血。『檀弓:注』曰。泣無聲如血出。而『九家:虞翻(飜)-注:易』乃云。血流出目。未知孰是。慩如、『易』作漣如。漣者、瀾之或字。葢(蓋)許所據爲長。》/515

慫 (종)【sǒng ㄙㄨㄥˇ】놀랄, 종용할(권할)
설문 6524 驚也。从心。從聲。讀若悚。《「悚」當作「竦」。【許書】有㩳無悚。息拱切。9部。》/510

慮 려【lǜ ㄌㄩˋ】생각할, 생각(근심, 걱정, 의심), 꾀할, 꾀
설문 6387 謀思也。《〔心部〕曰。念、常思也。惟、凡思也。懷、念思也。想、覬思也。𢡃、同思之和也。同一思而分別如此。〔言部〕曰。慮難曰謀。與此爲轉注。〔囗部〕曰。圖者、畫(畵)也。計難也。然則謀慮圖三篆義同。『左傳』曰慮無他。『書』曰無慮。皆爲計畫之纖悉必周。有不周者非慮也。》从思。虍聲。《良據切。5部。》/501
형성 (2자) 려(勴)8784 려(鑢)8935

慯 (상)【shāng ㄕㄤˉ】 근심할, 서러울
설문 6607 悥也。《『周南:卷耳:傳』日。傷、思也。此傷卽慯之叚(假)借。思與憂義相近也。『方言』傷、『廣雅』作「慯」。》 从心。傷省聲。《【各本】作「殤省聲」。今正。式亮切。10部。按舊音式羊切。見『廣韵(韻)』。》 /513

慰 (위)【wēi ㄨㄟˉ】 ㊽㊥⑨㉖ wèi 위로할, 위안
설문 6465 安也。《『方言』。慰、尻也。江淮靑徐之閒日慰。》 从心。㷉(尉)聲。《於胃切。15部。》 一日恚怒也。《別一義。恚、恨也。『小雅』。以慰我心。毛日。慰、怨也。『韓詩』作以慍我心。慍、恚也。》 /506

慲 (만)【mán ㄇㄢˊ】 잊을
설문 6529 忘也。慲兜也。《疑當作「慲兜、忘也」。慲兜葢(蓋)古語。忘之皃也。猶今人日糊塗不省事。》 从心。㒼聲。《母官切。14部。》 /510

慴 (습)【zhé ㄓㄜˊ】 두려워할, 두렵게 할
■접:엎드릴 ■섭:두려움
설문 6627 懼也。从心。習聲。讀若疊(疊)。《之涉切。7部。》 /514

慶 경【qìng ㄑㄧㄥˋ】 하례할, 착할, 아름다울, 경사 ■강:복, 이에
설문 6440 行賀人也。《賀下日。以禮相奉慶也。是二篆爲轉注也。賀从貝。故云以以禮相奉慶。从夊。故云行賀人。》 从心夊。《謂心所喜而行也。》 从鹿省。《此三字今補。丘竟切。古音在 10部。讀與羌。音轉讀如卿。》 吉禮以鹿皮爲摯。《『士冠禮』。『聘禮』儷皮。『鄭-注』。兩鹿皮也。〔鹿部〕日。禮麗皮納聘。葢(蓋)鹿皮也。》 故从鹿省。《此說从鹿省之意。》 /504
유사 코뿔소 사(兕兕光)、까치 석(舄舄)、해태 채(廌廌)

慸 (제)【dì ㄉㄧˋ】 높을, 다할, 고달플 ■체:고달플 ■채:나무가시
설문 6435 高也。《『集韵(韻)』日。岹嵽、山形。音義同》 一日極也。《別一義。》 一日困劣也。《又一義。『樂記』。則無怗懘之音。『注』云。怗懘、弊敗不和之皃 (貌)。懘卽慸之譌。俗用殢字。『廣韵』日。極困也。亦卽慸之俗。》 从心。帶聲。《特計切。15部。》 /504

慹 (집)【zhí ㄓˊ】 꼼짝 않을, 두려워할 ■칩:같은 뜻 ■접:꼼짝 않을 ■녑:두려울
설문 6634 悑(怖)也。《『莊子:齊物論』。哀樂慮歎變慹。司馬彪云。慹、不動皃(貌)。桂馥日。不、當作心。》 从心。𢆡(執)聲。《之入切。7部。》 /514

慽 (척)【qī ㄑㄧˉ】 근심할, 근심
설문 6618 悥也。《『小明』日。政事愈戚。『傳』日。戚、迫也。又日。自詒伊戚。『傳』日。戚、憂也。按下『傳』謂戚卽慽之叚(假)借字也。戚者、戉也。》 从心。戚聲。《倉歷切。古音在 3部。【或書】作「慼」。》 /514

憀 (료)【liào ㄌㄧㄠˋ】 ㊽㊥⑨㉖ liáo 힘 입을, 쓸쓸할
설문 6454 憀然也。《三字句。憀然猶了然也。『類篇』日。力求切。賴也。且也。按聊者、憀之叚(假)借字。『方言』。俚、聊也。『漢書』。其畫(畫)無俚之至耳。『戰國策』。民無所聊。凡「聊賴」可作「憀賴」。》 从心。翏聲。《洛蕭切。古音在 3部。力求切。》 /505

憂 우【yōu ㄧㄡˉ】 本[화락히 갈] 근심, 친상(부모의 상), 근심할 (心부 11획)
설문 3222 和之行也《『商頌:毛傳』日。優優、和也。『廣雅:釋訓』。憂憂、行也。行之狀多。而憂憂爲龢之行。和、當作龢。憂今字作優。以憂爲悥愁字。》 从夊。悥聲。《於求切。3部。》 『詩』日布政憂憂。《『商頌』文。『今-詩』作「優優」。》 /233
형성 (5자+1) 우(嚘)849 우(櫌)3540 우(鄾)3912 우(優)4873 우(瀀)6992 요(擾)

惷 (창)【chōng ㄔㄨㄥˉ】 천치 ■용:지저릴 ■송:어리석을 ■충:같은 뜻 ■장:속음 ■당:어리석을
설문 6513 愚也。《見『哀公問』、『表記』。》 从心。舂聲。《丑江切。古音在 9部。徐仙民昌容反。》 /509

◀제 12 획▶

憌 (순)【chún ㄔㄨㄣˊ】 ㊽㊥⑨ qióng 근심할
■경:같은 뜻
설문 6603 悥也。从心。鈞聲。《常倫切。12部。『廣韵(韻)』作「惸」。》 /513

憎 (증)【zēng ㄗㄥˉ】 미워할, 미움받을, 미움
설문 6565 惡也。从心。曾聲。《作滕切。6部。》 /511

(찬)【cuǎn ㄘㄨㄢˇ】 ㊽ hū 어리석을 ■홀:잠들 ■할:잠깰 ■혁:같은 뜻
설문 6491 精戇也。《未聞。『玉篇』、『廣韵(韻)』云。寢熟也。》 从心。毳聲。《千短切。『篇』、『韵(韻)』呼骨切。15部。》。 /507

憐 (련)【lián ㄌㄧㄢˊ】 불쌍히 여길, 동정할, 사랑할 ■린:같은 뜻
설문 6644 哀也。从心。粦聲。《落賢切。12部。》 /515

憒 (궤)【huì ㄏㄨㄟˋ】 ㊽㊥⑨㉖ kuì 심란할
설문 6554 亂也。《『大雅:召旻』。潰潰回遹。『傳』日。潰潰、亂也。按潰潰者、憒憒之叚(假)借也。後人皆用憒憒。》 从心。貴聲。《胡對切。15部。》 /511

憕 (징)【chéng ㄔㄥˊ】 평온할, 마음 고요할
■증:속음 ■성:같은 뜻 ■정:넋잃을, 실심할 ■등:마음 흐릴
설문 6407 平也。从心。登聲。《直陵切。6部。》 /503

憖 (은)【yìn ㄧㄣˋ】 마음에 맞을, 부족할, 억지로, 원할(바램) ■흔:웃는 모양 ■알:물을
설문 6436 肎(肯)也。《【各本】作「問也」。『玉篇』作「閒也」。『左傳:音義』引『字林』閒也。閒者、肎之誤。問者、閒之誤。

『十月:正義』引憖、肯從心也。當是引憖、肎也。从心。猌聲。誤以也字倒於從心之下。不成文理耳。今依肎字。『小:爾雅』曰。憖、願也。『晉語』。伯宗妻曰。憖庇州犁焉。『韋-注』曰。憖、願也。願與肯義略同。〔用部〕曰。甯、所願也。〔丂部〕曰。寧、願詞也。皆與憖雙聲。》謹敬也。《『李善-注:思玄賦』引『字林』此訓。『玉篇』引『說文』無此。『韵(韻)會』「謹」作「愼」。》从心。猌聲。《魚覲切。12部。》一曰說也。《說悅古今字。一曰且也。《「且」【各本】作「甘」。今依『玉篇』訂。『十月之交:鄭-箋』云。憖者、心不欲自強之詞。『左傳』。不憖遺一老。『杜-注』云。憖、且也。『五行志:應劭-注』曰。憖、且辭也。『小:爾雅』曰。憖、强也。且也。》『春秋傳』曰。昊天不憖。《『左氏傳:哀:十六年』文。魯(魯)哀誄孔子曰。旻天不弔。不憖遺一老。許檃栝其辭。亦東方昌矣之類。》又曰。兩軍知士皆未憖。《『文:十二年:傳』。『杜-注』。憖、缺也。釋文。憖魚覲反。又魚轄反。是則憖與㦜雙聲叚(假)借。卽『方言』所謂傷也。而『郭-注:方言』云。『詩』曰不憖遺一老。亦恨傷之言也。似於文理不協。》/504

憙 (희)【xǐ ㄒㄧˇ】 기뻐할, 허(감탄)

설문 2938 說也。《說者、今之悅字。樂者、無所箸之詈(詞)。悅者、有所箸之詈。〔口部:嗜〕下曰。憙欲之也。然則憙與嗜義同。與喜樂義異。淺人不能分別。認爲一字。喜行而憙廢矣。顏(顔)師古曰。喜下施心是好憙之意。音虛記切。》从心喜。喜亦聲。《許記切。1部。古有通用喜者。如『封禪書』天子心獨喜其事。》/205

憚 (탄)【dàn ㄉㄢˋ】 꺼릴, 고달플, 수고할 ■단:속음 ■다:허로병(勞病) ■천:어려울, 업신여길 ■원:수레 헤진 모양

설문 6624 忌難也。《惛惡而難之也。『詩』亦叚(假)爲癉字。『大東』哀我憚人是也。》从心。單聲。《徒案切。14部。》一曰難也。《當作「難之也」。難讀去聲。【今本】奪之字。凡畏難曰憚。以難相恐嚇亦曰憚。『昭:十三年:左傳』曰。憚之以威。『周禮』。㬥(暴)內陵外則壇之。壇『書』或爲憚。大鄭讀從憚之以威之憚。『西京賦』曰。驚蝄蜽。憚蛟蛇。》/514

惰 타【duò ㄉㄨㄛˋ】 게으를

설문 6523 不敬也。《【今書】皆作「惰」。『韋玄成傳』。供(供)事靡憜。師古曰。憜古惰字。》从心。𢋃省聲。《𢋃者、篆文隓字。見〔𨸏(阜)〕部。按〔肉部〕有隋字。則此當云隋聲也。徒果切。17部。》『春秋傳』曰。執玉憜。《『僖公:十一年:左傳』曰。天王使召武公、內史過賜晉侯命。受玉惰。許受作執。按『國語』作晉侯執玉卑。葢(蓋)或【二書】相涉之故。》惰或省𨸏(阜)。《今俗皆如此作。》古文。《『漢書:韋玄成傳』。無媠爾儀。『張敞傳』。被輕媠之名。若『方言』媠、美也。南楚之外曰媠。則方俗殊語耳。》/509

형성 (4자) 타(褙)5047 타(隋)5611 타(鰖)7218 타(媠)7804

憝 憞(대)【duì ㄉㄨㄟˋ】 원망할

설문 6562 怨也。从心。敦(敦)聲。《徒對切。古音在 13部。》『周書』曰。凡民罔(罔)不(憝)。《『康誥』文。今作凡民自得罪。寇攘姦宄。殺越人于貨。敃不畏死。罔弗憝。『孟子』引作凡民罔不讞。》/511

愓 (탕)【dàng ㄉㄤˋ】 방탕할

설문 6519 放也。从心。象聲。《徒朗切。10部。》/509

憤 (분)【fèn ㄈㄣˋ】 결낼(발분할), 결(발분, 분노)

설문 6575 懣也。从心。賁聲。《房吻切。13部。》/512

憧 (동)【chōng ㄔㄨㄥ】 뜻 정치 못할, 그리워할

설문 6532 意不定也。《『咸:九四』曰。憧憧往來。『劉(劉)表-章句』曰。憧憧、意未定也。說與許同。》从心。童聲。《尺容切。9部。》/510

憪 (한)【xián ㄒㄧㄢˊ】 마음 고요할, 관대한 모양

설문 6507 愉也。《『廣韵(韻)』曰。憪、心靜。然則今人所用閒靜字當作此字。許云愉者、卽下文愉愉如也之愉。謂憺怕之樂也。》从心。閒聲。《戶閒切。14部。》/509

憬 (경)【jǐng ㄐㄧㄥˇ】 멀, 깨달을, 그리워할

설문 6650 覺悟也。从心。景聲。《俱永切。》『詩』曰。憬彼淮夷。《『魯(魯)頌』文。按上文云。悟、覺也。憬當與悟爲鄰(隣)。且『毛詩』作憬。故訓遠行皃(貌)。憬葢(蓋)出『三家詩』。淺人取以改毛。【許書】葢本無此篆。或益之於此。》/515

意 (억)【yì ㄧˋ】 찰, 가득할 ※ 억(億)의 옛 글자

설문 6452 滿也。《『方言』曰。臆、滿也。『廣雅』曰。臆、滿也。『漢-蔣君碑』。餘悲馮億。皆葢(蓋)意之叚(假)借字也。》从心。啻聲。《於力切。1部。》一曰十萬曰意。《『詩:楚茨:傳』。萬萬曰億。『豐年:傳』。數萬至萬曰億。『鄭-箋』云。十萬曰億。『注:王制』云。億、今十萬。『韋昭-注:鄭語、楚語』曰。賈、唐說皆以萬萬爲億。今數也。後鄭十萬爲億。古數也。其詳在『說文解字讀』。【經傳】皆作億無作意者。意之叚(假)借字也。》籒文省。《上从言省。》/505

憭 (료)【liǎo ㄌㄧㄠˇ】 총명할, 구슬플

설문 6419 慧也。《『方言』。愈或謂之慧。或謂之憭。郭云。慧憭皆意精明。按『廣韵(韻)』曰。了者、慧也。葢(蓋)今字叚(假)了爲憭。故『郭-注:方言』已云慧了。【他書】皆云了了。若論字之本義。則了爲尦也。尦者、行脛相交也。》从心。尞聲。《力小切。2部。》/503

憮 (무)【wǔ ㄨˇ】 어루만질, 사랑할 ■후:아첨할 ■호:클, 거만할

설문 6462 㤅(愛)也。《「㤅」【各本】作「夓」。今正。》韓鄭曰憮。《『方言』。亟憐憮㤺愛也。宋衞(衛)邠陶之閒曰憮。或曰㤺。又曰。韓鄭(鄭)曰憮。『釋詁』曰。憮、撫也。》一

3
⑫

日不動。《別一義。『論語』。夫子憮然。『孟子』。夷子憮然。『三蒼』曰。憮然、失意皃(貌)也。趙岐曰。憮然猶悵然也。皆於此義近。》从心。無聲。《文甫切。5部。郭璞茫(茫)甫反。》/506

憯 (참)【cǎn ㄘㄢˇ】 비통할, 일찍 ■첨:슬플
설문 6583 痛也。从心。朁聲。《七感切。古音在 7部。》/512

憰 (휼)【jué ㄐㄩㄝˊ】 속일
설문 6534 權詐也。《此與〔言部:譎〕音義皆同。葢(蓋)彼以言、此以心。》从心。矞聲。《古穴切。15部。》/510

憠 (취)【chuì ㄔㄨㄟˋ】 ㊤㊥⑨㉧ cuì 삼갈, 점칠 ■체:속음
설문 6466 謹也。从心。㲋聲。讀若毳。《此芮切。15部。》/506

憲 헌【xiàn ㄒㄧㄢˋ】 本[민첩할] 법, 표준될
설문 6406 敏也。《敏者、疾也。『謚(諡)法』。博文多能爲憲。引申之義爲法也。又『中庸』引『詩』憲憲令德。以憲憲爲顯顯。又『大雅』。天之方難。無然憲憲。『傳』曰。憲憲猶欣欣也。皆叚(假)借也。》从心目。《心目竝用。敏之意也。》害省聲。《許建切。14部。按害在 15部。此合音也。》/503

형성 (2자+1) 훤(藼)263 헌(韆)958 헌(㦥)

◀ 제 13 획 ▶

憸 (섬)【xiān ㄒㄧㄢ】 간사할 ■첨:강할, 간사할 ■험:간사할
설문 6489 憸詖也。《憸葢(蓋)險之字誤。詖同頗。古文以詖爲頗也。》憸利於上佞人也。《『立政』曰。國則罔(罔)有立政。用憸人。馬融曰。憸利佞人也。》从心。僉聲。《息廉切。7部。》/507

憺 (담)【dàn ㄉㄢˋ】 편안할, 움직일, 고요할
설문 6481 安也。《『子虛(虛)賦』曰。憺乎自持。按〔人部〕曰。倓、安也。音義皆同。》从心。詹聲。《徒敢切。8部。》/507

憼 (경)【jǐng ㄐㄧㄥˇ】 공경할, 경계할 ■강:같은 뜻
설문 6427 敬也。《敬之在心者也。》从心敬。敬亦聲。《居影切。11部。》/504

憿 (요)【jiǎo ㄐㄧㄠˇ】 ㊤㊥⑨㉧ jiāo 요행 ■교:속음 ■격:빠를
설문 6540 㚔(幸)也。《㚔者、吉而免凶也。引申之曰邀幸。亦曰僥幸。俗作僥倖、儌倖、徼倖皆非也。凡『傳』言「徼福」者、皆當作「憿福」爲正。》从心。敫聲。《古堯切。2部。》/510

懁 (견)【juàn ㄐㄩㄢˋ】 급할 ■환:성품이 패려할 ■현:같은 뜻
설문 6496 急也。《獧下曰。一曰急也。此與義音同。『論語』「狷」、『孟子』作「獧」。其實當作「懁」。『齊風』。子之還兮。『傳』曰。還、便捷之皃(貌)。〔走部〕曰。趯、疾也。其義皆近。》从心。睘聲。讀若絹(絹)。《古縣切。14部。》/508

懆 (조)【cǎo ㄘㄠˇ】 근심할 ■초:속음 ■참:같은 뜻 ■소:탐할, 소동할(動也)
설문 6580 愁不安也。《當依『韵(韻)會本』作懆懆、愁也。懆訓愁。慘訓毒。音義皆殊。而寫者多亂之。『白華』作懆。見於許書』。『月出』、『正月』、『抑』皆作「懆」。人韵(韻)。且『毛傳』曰。懆懆、憂不樂也。懆懆、猶慼慼也。正爲許說所本。而陸氏三者皆云七感反。其憒亂有如此者。》从心。喿聲。《七早切。2部。》『詩』曰。念子懆懆。《『小雅:白華』文。》/512

懈 (해)【xiè ㄒㄧㄝˋ】 ㉧ jiè 게으를, 게으름
설문 6522 怠也。《古多叚(假)解爲之。》从心。解聲。《古隘切。16部。》/509

應 (응)【yīng ㄧㄥ】 응당, (대답, 따를)응할, 헤아릴, 대답할, 감응할, 말타고 치는 북
설문 6396 當也。《當、田相値也。引伸爲凡相對之偁(稱)。凡言語應對之字卽用此。〔大徐-言部〕增譍字。非也。諾下、譍下、唉下、對下譍字皆當改正。》从心。㸎 (雁)聲。《於陵切。6部。》/502

憝 (계)【qì ㄑㄧˋ】 고달플, 근심할 ■기:같은 뜻 ■개:어려울 ■격:두려울
설문 6635 㦃也。《此與㦃篆轉注。》从心。毄聲。《苦計切。16部。》/514

懋 (무)【mào ㄇㄠˋ】 힘 쓸, 성대할,
설문 6474 勉也。《古多叚(假)茂字爲之。》从心。楙聲。《莫候(侯)切。3部。》『虞書』曰。《「虞」當作「唐」。見〔禾部〕。》時惟懋哉。《『堯典』文。今作惟時。未知孰是。》𢛡或省。/507

◀ 제 14 획 ▶

懕 (염)【yān ㄧㄢ】 편안할
설문 6480 安也。《『小戎:傳』曰。厭厭、安靜也。『湛露:傳』曰。厭厭、安也。釋文及『魏都賦:注』引『韓詩』愔愔、和悅之皃(貌)。按愔見『左傳:祈招之詩』。葢(蓋)愔卽懕之或體。厭乃懕之叚(假)借。『載芟』。有厭其傑。厭厭其苗。亦懕之叚借。『廣韵(韻)』。穛穛、苗美也。用『載芟:傳』也。》从心。厭聲。《於鹽切。按古音讀如音。在 7部。》『詩』曰。懕懕夜歓。《『湛露』文。按此則許所據从心。》/507

辡 (변)【biǎn ㄅㄧㄢˇ】 근심할, 급할
설문 6494 憂也。《「憂」【各本】作「憂」。今正。》从心。辡聲。《方沔切。12部。》一曰急也。《此義少見。『左傳』曰。邾莊公弁急而好絜。弁葢(蓋)辯之叚(假)借字。杜云。弁、躁疾也。『玉藻』。弁行剡剡起(起)屨。釋文、『正義』皆曰。弁、急也。》/508

懙 (여)【yǔ ㄩˇ】 공경할, (행보가)느릴, 천천히 걸을
설문 6478 趣步懙懙也。《趣、疾走也。趣步懙懙、謂疾而舒也。〔馬部:䮒〕下曰。馬行徐而疾。義正相類。『漢書』。長倩懙懙。蘇林曰。懙懙、行步安舒也。『論語』。與與如也。『馬-注』曰。與與、威儀中適之皃(貌)。與與卽懙懙之叚(假)借。〔欠部〕曰。歟、安气也。》 从心。與聲。《余吕(呂)切。5部。『廣韵(韻)』又平聲。》 /507

懜 (몽)【mèng ㄇㄥˋ】 어두울, 어리석을
설문 6544 不朙(明)也。从心。夢聲。《〔夕部:夢〕、不朙也。此擧(擧)形聲包會意。武亙切。6部。》 /510

懝 (애)【ài ㄞˋ】 어리석을, 두려워할 ■의:헤아릴 ■억:어린아이 약을(小兒有知)
설문 6514 騃也。《騃本訓馬行伬伬。引申爲疑立之狀。又引申之、則『方言』曰癡、騃也。懝騃卽『方言』之癡騃。〔疒部〕曰。癡、不慧也。》 从心疑。《會意。》 疑亦聲。《五溉切。1部。》 一曰惶也。《惶者、恐也。》 /509

懟 (대)【duì ㄉㄨㄟˋ】 원망할
설문 6570 怨也。《今與憝音義皆同。謂爲一字。許不尒者、敦聲古在 13部。》 从心。對聲。《大淚切。15部。》 /512

懣 (문)【mèn ㄇㄣˋ】 번민할, 번민 ■만:같은 뜻
설문 6574 煩也。《煩者、熱頭痛也。引申之、凡心悶皆爲煩。『問喪(喪)』曰。悲哀志懣氣盛。古亦叚(假)滿爲之。》 从心滿。《滿亦聲。『廣韵(韻)』莫旱切。14部。大徐莫困切。》 /512

◀ 제 15 획 ▶

懬 (광)【kuàng ㄎㄨㄤˋ】 너그러울
설문 6437 闊也。廣大也。《【各本】作「廣也」、大也。今依『詩:泮水』釋文訂。『魯(魯)頌:泮水』曰。憬彼淮夷。釋文云。「憬」『說文』作「懬」。按許闊也、一日廣大也。此懬之本義。毛云。遠行也。卽其引伸之義也。由其廣大。故必遠行。然則『毛詩』自作懬。今作憬者、或以『三家詩』改之也。『元帝紀』。眾(衆)僚久懬。未得其人。假懬爲曠字。》 从心廣。廣亦聲。《苦謗切。10部。》 一曰寬也。《依【鍇本】四字在此。》 『詩』曰。懬彼淮夷。《【各本】無此六字。今依『詩』釋文補。葢(蓋)『許-所據:毛詩』如此。憬下所偁(稱)葢『三家詩』。》 /504

黎心 (리)【lí ㄌㄧˊ】 한할, 게으를 ■려:같은 뜻
설문 6558 恨(恨)也。从心。黎聲。《郎尸切。15部。》 一曰怠也。 /511

懱 (멸)【miè ㄇㄧㄝˋ】 업신여길
설문 6509 輕易也。《「易」當作「傷」。〔人部〕曰。傷、輕也。懱者、輕易人蔑視之也。『剝』之『初六』曰。蔑貞凶。馬云。蔑、無也。鄭云。輕慢。鄭謂蔑卽懱之叚(假)借字也。》 从心。蔑聲。《莫結切。15部。》 『商書』曰。吕(以)相陵懱。《『今-商書』無此文。陵讀如在上位不陵下之陵。》 /509

懤 (주)【chóu ㄔㄡˊ】 젓가락, 사람 이름
설문 6467 懤箸也。《按箸必是譌字。不可解。疑當作〔足部〕之躇。懤躇猶今人所用躊躇也。皆裵回不決之皃(貌)。故从心。》 从心。箸聲。《按箸當依〔竹部〕作䇺、云省聲。直由切。3部。》 /506

懲 (징)【chéng ㄔㄥˊ】 징계할, 징계
설문 6649 忩也。《二篆爲轉注。古亦叚徵爲懲。》 从心。徵聲。《直陵切。6部。》 /515

懖 (괄)【guā ㄍㄨㄚˉ】 ㊤㊥⑨㉑ kuò 마음대로 할
설문 6541 歫善自用之意也。《「歫」字【各本】無。依『尚書:音義』所引補。【許書】無「拒」。歫卽今拒字。》 从心。銛(銽銽)聲。《古活切。15部。》 『商書』曰。今女懖懖。《『般庚:上篇』文。馬云。拒善自用之意。許同之。鄭云。難告之意。其義略同。其字皆作「懖」。未嘗作「聒」也。衞(衛)包因鄭云懖讀如聒耳之聒。竟改【經】文作「聒聒」。『開成-石經』從之。學者取以改『孔氏-正義』、『陸氏-釋文』。至宋人乃有訓聒聒爲譊譊多言者。》 𦗫古文从耳。《葢(蓋)壁中文如是。孔安國易从耳爲从心。葢由『伏生-尚書』如是。》 /510

◀ 제 16 획 ▶

懲 (위)【wèi ㄨㄟˋ】 잠꼬대할
설문 6553 寱言不慧也。《『哀:二十四年:左傳』日。是躗言也。釋文曰。『字林』作「懲」。云夢言意不慧也。按『左傳』作「躗」。是叚(假)借字。》 从心。衞(衛)聲。《于歲切。15部。》 /511

懇 (막)【mào ㄇㄠˋ】 ㊤⑨㉑ miǎo 아름다울, 업신여길 설문 6400 美也。从心。貇聲。《莫覺切。2部。》 /502

懿 (의)【yì ㄧˋ】 아름다울, 성씨, 클
설문 6328 嫥久而美也。《嫥者、壹也。『釋詁』、『詩:烝民:傳』皆日。懿、美也。『周書:謚法』日。柔克爲懿。温(溫)柔聖善日懿。許益之以專久者、爲其字从壹也。專壹而後可久。可久而後美。『小:爾雅』及『楚辭:注』。懿、深也。『詩:七月:傳』日。懿、深筐也。深卽專壹之意也。》 从壹。恣省聲。《「从恣省聲」四字、葢(蓋)或淺人所改竄。當作「从心、从欠、壹亦聲」。从心从欠、所謂持其志、無暴(暴)其氣。美在其中而暢於四支也。壹亦聲者、『國語』衞(衛)武公作懿戒以自儆。『韋-注』懿讀日抑。『大雅』之『抑:詩』也。『大雅』。懿厥哲婦。『箋』云。有所痛傷之聲也。『金縢』。對日信懿。馬云。猶噫也。『小雅』。抑此皇父。『箋』云。抑之言噫。古懿抑同用。懿抑壹三字同音。可證。古音讀如一。12部。今乙冀切。》 /496

懷 (회)【huái ㄏㄨㄞˊ】 품을, (그리워하여)따를
설문 6447 念思也。《念思者、不忘之思也。『釋詁』、『方言』皆日。懷、思也。『詩:卷耳、野有死麕、常棣:

傳』同。若『終風:傳』曰。懷、傷也。『釋詁』曰。至也。『匪風、皇矣:傳』曰。歸也。『皇皇者華、板:傳』皆曰。和也。皆引申之義。可以意會者也。古文又多叚(假)懷爲褱者。》从心。褱聲。《戶乖切。古音在 15部。》/505

◀ 제 18 획 ▶

3 ⑫

懼 (구)【jù ㄐㄩˋ】두려워할, 으를
설문 6457 恐也。《恐也。恐下曰。懼也。是爲轉注。》从心。瞿聲。《其遇切。5部。》 古文。《眲者、左右視也。形聲兼會意。》/506

懏 (휴)【xī ㄒㄧ】 ⓢ㊥⑨㉶ xié 두 마음 가질
설문 6538 有二心也。《古多叚(假)借攜爲之。》从心。巂聲。《戸(戶)圭切。16部。》/510

懽 (환)【huān ㄏㄨㄢ】 ⓢ㊥⑨㉶ guàn 기뻐할
※ 환(歡)과 같은 글자
설문 6485 喜歀(款)也。《懽歀曡韵(疊韻)。歀者、意有所欲也。〔欠部〕曰。歡者、喜樂也。懽與歡音義皆略同。》从心。雚聲。《古玩切。14部。『廣韵(韻)』。懽同歡。呼官切。》『爾雅』曰。懽懽愮愮。憂無告也。《『釋訓』文。懽懽卽『大雅』之老夫灌灌。『傳』曰。灌灌猶款款也。懽本訓喜款。而懇者款款然之誠、亦與喜樂之款款同其誠切。許說其本義。『爾雅』說其引申之義也。》/507

懾 (접)【zhé ㄓㄜˊ】 ⓢ shè 本[무서울] ■섭:두려워할、으를
설문 6623 失气也。《失气言則曰讋。》从心。聶聲。《之涉切。8部。》一曰心服也。《心字依『玄應書』補。》/514

◀ 제 19 획 ▶

戁 (난)【nán ㄋㄢˊ】 ⑨㉶ nǎn 두려워할
설문 6408 敬也。《敬者、肅也。『商頌』。不戁不竦。『傳』曰。戁、恐。竦、懼也。敬則必恐懼。故傳說其引申之義。若『小雅:我恐熯矣:傳』曰熯、敬也。此謂『詩』叚(假)熯爲戁。》从心。難聲。《女版切。14部。》/503

◀ 제 24 획 ▶

戇 (당)【zhuàng ㄓㄨㄤˋ】 어리석을 ■홍·공·충·함:같은 뜻 ■장:속음
설문 6511 愚也。《與上篆互訓。》从心。贛聲。《陟絳切。古音在 8部。按『師古-張陳王周傳:注』曰。舊音下紺反。今音讀竹巷反。此音有古今之證也。》/509

제 4 획

062 戈
4-01 창 과

戈 과【gē ㄍㄜ】[설문부수 451] (한 두개의 가지가 있는)창

설문 7983 平頭戟(戟)也。《『攷工記』。『冶氏』爲戈。廣二寸。內倍之。胡三之。援四之。倨句外博。重三鋝。鄭曰。戈、今句孑戟也。或謂之「雞(鷄)鳴」。或謂之「擁頸」。內謂胡以內接柲者也。長四寸。胡六寸。援八寸。戈、句兵也。主於胡也。俗謂之曼胡以此。鄭司農云。援、直刃也。胡其孑。按依先鄭戈有直刃、則非平頭也。宋黃氏伯思始疑『鄭-注』。近程氏瑤田攷戈刃如劒橫出而稍倨。所謂援八寸也。援之下近柲爲胡。連上爲刃。所謂胡六寸也。其橫毌於柲而外出者凡四寸。所謂內倍之也。戈戟之金非冒於柲之首。皆爲之內。橫毌外出。且於胡之近柲處爲三孔。纒縛於柲以固之。古戈戟時有存者。覈之可知也。說詳『通藝錄』。按許說戈爲平頭戟。从弋以一象之。然則戈刃之橫出無疑也。橫出故謂之援。援、引也。凡言援者皆謂橫引之。直上者不曰援也。且戈戟皆句兵。矛刺兵。殳毃兵。殳焍於毃者也。矛焍於刺者也。戟者兼刺與句者也。戈者兼句與毃者也。用其橫刃則爲句兵。用橫刃之喙以啄人則爲毃兵。毃與句相因爲用。故『左氏』多言戈擊。若晉中行獻子夢厲公以戈擊之。齊王何以戈擊子之。解其左肩。鄭子南逐子晳。擊之以戈。衞(衛)齊氏用戈擊公孟。公魯以背蔽之。斵(斷)肱。以中公孟之肩。魯昭公將以戈擊僚柤。楚盜以戈擊昭王。王孫由余以背受之。中肩。越靈姑浮以戈擊闔廬。傷將指。齊簡(簡)公執戈將擊陳成子。衞石乞盂黶敵子路。以戈擊之。斵纓。皆言擊不言刺。惟盧蒲癸以寢戈自後刺子之言刺。盍癸與王何同用戈。癸逼近子之故言刺。王何去子之稍遠故言擊。且二人一在後一在前。相爲掎角也。若長狄僑如、魯富父終甥摏其喉以戈殺之。由長狄長三丈。旣獲之不能殺之。故自下企上以舂其喉也。自下舂其喉。計長狄長不過二丈。容旣獲之後。身橫於地。而殺之。摏亦擊也。『方言』曰。戈、楚謂之「釨」。凡戟而無刃、秦晉之閒(間)謂之「釨」。或謂之「鏔」。吳楊之閒謂之「戈」。東齊秦晉之閒謂其大者曰「鏝胡」。其曲者謂之「鉤釨鏝胡」。『方言』。釨鉤鏝字皆轉寫譌俗。古衹作「句孑曼」。云無刃者、謂無直刃也。云句孑者、謂其爲句兵、取義於無右臂之孑也。云曼胡者、取義於曲處如頷頜之肥大也。詳繹『鄭-注:本』無不同。所引先鄭乃不可從。》从弋。《謂柲長六尺六寸。》一衡之。象形。《「衡」【各本】作「橫」。依許【全書】例正。弋之首一橫之而已矣。先鄭云。援爲直刃、胡其孑。非也。古禾切。17部。》凡戈之屬皆从戈。/628

유사 대신할 대(代) 천간 무(戊) 수자리 수(戍) 개 술(戌) 도끼 월(戉)

성부 부록 색인 참조

형부 戈를 부수로 하는 대부분의 글자들

형성 (1자) 적(賊) 환(戌)

◀ 제 1 획 ▶

戉 월【yuè ㄩㄝˋ】[설문부수 452] 큰 도끼

설문 8009 大斧也。《一本奪大字。非。斧所以斫也。》从戈。㇑聲。《王伐切。15部。俗多金旁作鉞。》『司馬灋(法)』曰。夏執玄戉。殷執白戚。周𠂇(左)杖黃戉。又把白髦。《『周書:坶誓』作秉白旄。此作把白髦者、葢(蓋)『司馬法』之文有不同也。『毛詩:傳』曰。秉、把也。〔手部〕曰。把、握也。髦者、旄之假借字。》凡戉之屬皆从戉。/632

유사 경계할 계(戒) 창 과(戈) 수자리 수(戍) 개 술(戌) 이룰 성(成) 오랑캐 융(戎)

성부 戚척

형성 (8자+1) 월(越)942 월(㰲)1146 월(跋)1278 활(眓)2029 월(泧)7027 월(娍)7921 월(絾)8271 월(鉞)8985 월(狘)

戊 무【wù ㄨˋ】[설문부수 517] 다섯째 천간(중앙, 오전 3~5시)

설문 9298 中宮也。《『鄭-注:月令』曰。戊之言茂也。萬物皆枝葉茂盛。『律曆志』曰。豐(豊)楙於戊。》象六甲五龍相拘絞也。《六甲者、『漢書』曰有六甲是也。五龍者、五行也。『水經:注』引『遁甲開山圖』曰。五龍見教。天皇被迹。『滎氏-注』云。五龍治在五方。爲五行神。『鬼谷』者。盛神法五龍。『陶-注』曰。五龍、五行之龍也。許謂戊字之形像六甲五行相拘絞也。莫候切。3部。俗多誤讀。》戊承丁。象人脅。《冢『大一經』。》凡戊之屬皆从戊。/741

유사 수자리 수(戍) 칠 벌(伐) 개 술(戌) 큰 도끼 월(戉) 이룰 성(成) 오랑캐 융(戎)

성부 戚척 戌술 成成성

형부 천(蔵)

형성 (1자) 무(茂)501

◀ 제 2 획 ▶

戌 술【xū ㄒㄩ¯】[설문부수 539] 열한번째지지(오후 7~9시, 서북, 개띠를 상징)

설문 9425 威(滅)也。九月昜(陽)气微。萬物畢成。昜下入地也。《「威」大徐作「滅」。非。〔火部〕曰。威、滅也。本『毛詩:傳』。火死於戌。陽氣至戌而盡。故威从火戌。此以威釋戌之恉也。『律書』曰。戌者、萬物盡滅。『淮南:天文訓』。戌者、滅也。『律曆志』。畢入於戌。『釋名』。戌、恤也。物當收斂矜恤之也。九月於卦爲『剝』。五陰方盛。一陽將盡。陽下入地。故其字从土中含一。》五行土生於戊。盛於戌。《戊午合德。『天文訓』曰。土生於午。壯於戌。死於寅。》从戊一。《戊者、中宮。亦土也。一者、一陽也。戊中含一會意也。》一亦聲。《辛聿切。12部。》凡戌之屬皆从戌。/752

유사 경계할 계(戒) 창 과(戈) 수자리 수(戍) 큰도끼 월(戉) 이룰 성(成) 오랑캐 융(戎)

성부 歲세 威위 烕멸 咸함

戍 수【shù ㄕㄨˋ】(무기를 들고 변방을)지킬, 수자리, 둔영

설문 7991 守邊也。《『春秋』曰。公字買戍衞(衛)。》从人。持戈。《會意。傷遇切。按古音讀如獸。在3部、4部。衞公叔戍。『世本』作朱。古音朱讀如州。》/630

유사 천간 무(戊) 개 술(戌) 큰 도끼 월(戉) 오랑캐 융(戎)

성부 幾기 蔑蔑멸

戎 戎 융【róng ㄖㄨㄥˊ】병장기, 싸움수레, 군사, 오랑캐

설문 7987 兵也。《兵者、械也。『月令』。乃教於田獵。以習五戎。『注』。五戎謂五兵。弓矢、殳、矛、戈、戟也。按『周禮:司兵』掌五兵。鄭司農云。戈、殳、戟、酋矛、夷矛。後鄭云。此車之五兵也。步卒之五兵、則無夷矛而有弓矢。兵之引申爲車卒、步卒。故戎之引申亦爲卒旅。兵可相助。故引申之義、『小雅:丞也無戎:傳』曰戎、相也。又引申爲戎狄之戎。又『民勞:傳』。戎、大也。『方言』。戎、大也。宋魯(魯)陳衞(衛)之閒(間)語。又『鄭-詩:箋』云。戎、猶女也。猶之云者、以戎汝雙聲而通之也。戎有讀若汝者、『常武』之詩是也。又有讀若鞣者、『常棣』之『詩』是也。》从戈甲。《〔金部〕曰。鎧者、甲也。甲亦兵之類。故从戈甲會意。如融切。9部。》古文甲字。《〔日部:早〕篆下及此、小徐皆有此五字。大徐皆刪(删)之。由古文甲、小篆甲所異甚微故也。漢隸書早字平頭、如小篆本平頭。古文乃出頭作甲。轉寫既久。惑不能別。於〔日部〕及此刪去五字。於甲篆則用出頭者爲小篆。別取『汗簡(簡)』所載異體爲古文。皆非也。今一一正之。》/630

형부 적(賊)

형성 (1자) 용(娀)7782 용(駥)

◀ 제 3 획 ▶

戋 戋 재【zāi ㄗㄞ¯】① 다칠 ② 재(哉)의 약자

설문 8002 傷也。《傷者、刅也。此篆與烖菑音同而義相近。謂受刅也。》从戈。才聲。《祖才切。1部。凡烖栽戴之類以爲聲。》/631

형부 준(截)

형성 (9자) 대(戴)1685 자(胾)2597 재(栽)3466 재(𢦏)3984 재(裁)5018 재(渽)6663 자(截)8413 재(載)9126 재(𢧵)9409

成 성【chéng ㄔㄥˊ】이루어질, 이룰

설문 9299 就也。从戊。丁聲。《氏征切。11部。》古文成。从午。/741

유사 수자리 수(戍) 오랑캐 융(戎)

형성 (5자+1) 성(誠)1448 성(盛)3001 성(郕)3962 성(宬)4372 성(城)8665 성(晟䁞)

我 아【wǒ ㄜˇ】[설문부수 453] 나(자신), 아집부릴

설문 8011 施身自謂也。《不但云自謂而云施身自謂者、取施與我古爲曡(疊)韵。施讀施捨之施。謂用己廁於衆中、而自稱則爲我也。施者、旗貌也。引身(伸)爲施捨者、取義於旗流下來也。『釋詁』曰。卬吾台予朕身甫余言我也。又曰。朕子躬身也。又曰。台朕賚畀卜陽予也。或以賚畀卜予不同義。愚謂有我則必及人。故賚畀卜亦在施身自謂之內也。〔口部〕曰。吾、我自稱也。〔女部〕曰。姎、女人自稱姎我也。『毛詩:傳』曰。言、我也。卬、我也。『論語』二句而我吾互用。『毛詩』一句而卬我襍稱。葢(蓋)同一我義而語音輕重緩急不同。施之於文若自其口出。》或說我、《逗。》頃頓也。《謂頃側也。頃、頭不正也。頓、下首也。故引申爲頃側之意。『賓筵』。側弁之俄。『箋』云。俄、傾貌。〔人部〕曰。俄、頃也。然則古文以我爲俄也。古文叚(假)借如此。》从戈手。《合二成字不能定其會意形聲者、而手字不定爲何字也。五可切。17部。》手、古文垂(垂)也。《「垂」當作「來」。來垂在 17部。然則我以爲形聲也。》一曰古文殺字。《我从殺、則非形聲。會意亦難說也。殺篆下載古文三。有一略相似者。》凡我之屬皆从我。古文我。/632

성부 義의

형성 (11자+2) 아(莪)418 아(誐)1481 아(鵝)2310 아(餓)3120 아(俄)4927 아(峨)5623 아(硪)5752 아(騀)5899 아(娥)7783 아(蛾)8430 아(蝵)8535 아(哦) 아(涐)

戒 계【jiè ㄐㄧㄝˋ】경계할, 재계할(심신을 깨끗이 하여 부정한 것을 멀리함)

설문 1674 警也。《〔言部〕曰。警、戒也。》从廾戈。《會意。

居拜切。15部。》 持戈日(以) 戒不虞。《說從戈之意。》 /104

유사 대신할 대(代) 칠 벌(伐) 이룰 성(成) 오랑캐 융(戎)

형성 (4자+1) 개(裓)61 계(誡)1449 계(械)3667 계(悈)6438 해(駭)

◀ 제 4 획 ▶

戬 화【huà ㄏㄨㄚˋ】 복사뼈 칠 ■과:속음

설문 1792 擊踝也。从丮(丮)戈。《疑奪聲字。》 讀若踝。《胡瓦切。古音在 17部。》/114

戔 섬【jiān ㄐㄧㄢ】 本[다할] 끊어질, 찌를, 열심히 일할

설문 8004 絕(絶)也。《絕者、刀斷(斷)絲也。引申爲凡斷之稱。斷之亦曰𢦏(戔)。與殲義相近。》 从从。持戈。《二人持戈、會意。子廉切。7部。》 一曰田器古文。《一說謂田器字之古文如此作也。田器字見於[全書]者、銛銚銛鐮皆田器。與𢦏同音部。未宋(審)爲何字之古文。疑銛字近之。此如[銚本]田器。〔斗部〕作斛。云出『爾雅。古一字不限(限)一體也。》 讀若咸。一曰讀若『詩』攕攕女手。《含攕古音皆在 7部。》/631

성부 韱섬

형성 (1자) 삼(霰)7187

戔 잔【jiān ㄐㄧㄢ】 ㊤㊥⑨㉚ cán 도둑, 상할 ■전:얇고 작을■진:얇고 작을 ■찬:상할 ■편:좁을

설문 8008 賊也。《此與殘音義皆同。故殘用以會意。今則殘行而戔廢矣。『篇』、『韵』皆云傷也。殘與殨通。故『周禮:注』曰。雖其潘瀾戔餘不可褻也。『周易』。束帛戔戔。『子夏傳』作殘殘。皆殨餘之意也。》 从二戈。《會意。昨干切。14部。》 『周書』曰。戔戔。《句絕(絶)。『周書:秦誓』文也。[今書]戔戔善諞言。〔言部〕引之。『古文-尚書』也。此稱戔戔、戔戔之異文。『今文-尚書』也。『春秋:公羊傳』曰。惟諓諓善竫言。俾君子易怠。『劉(劉)向-九歎』曰。讒人諓諓。孰可愬兮。『王逸-注』引『書』諓諓靖言。『漢書:李尋傳』曰。昔秦穆公說諓諓之言。任仡仡之勇。諓卽戔。許作戔爲本者。他家作諓、加之言旁也。》 巧言也。《「也」字今補。按『公羊:音義』引『賈逵-外傳:注』曰。諓諓、巧言也。許正用侍中說釋戔戔。與上賊義少別。此正如圛訓回行、而引『洪(洪)範』曰圛釋之曰升雲半有半無也。垐訓以土增大道。而引『堯典』壂讒說釋之曰疾惡也。皆是一例。或本稱戔戔竫言。又曰戔戔巧言也。轉寫有奪文未可定耳。》/632

성부 棧잔

형성 (16자+1) 천(後)1180 전(衛)1210 천(踐)1293 전(譾)1480 잔(殘)2433 전(箋)2769 잔(虥)2985 전(餞)3107 천(賤)3818 전(帴)4664 천(俴)4907 찬(殘)6023 천(淺)6896 선(綫)8281 전(錢)8911 전(陵)9262 잔(琖)

戡 (감)【kān ㄎㄢ】 죽일 ※ 감(堪)의 옛글자

설문 7997 殺也。《殺者、戮也。按漢、魏、六朝人戡堪戡龕四字不甚區別。『左傳』王心弗堪、『漢:五行志』作王心弗戡。勝也。》 从戈。今聲。《口含切。古音在 7部。》 『商書』曰。西伯既戡(戡)黎。《『西伯戡黎』文。今作「戡黎」。許所據作「戡黎」。〔邑部:𨛫〕下又引西伯戡𨛫。其乖異或因古文今文不同與。『爾雅』曰。堪、勝也。『郭-注』引『書:西伯堪黎』葢(蓋)訓勝。則堪爲正字。或叚(假)戡、或叚戡、又或叚龕。皆以同音爲之也。》/631

戕 장【qiáng ㄑㄧㄤˊ】 ㊤㊥⑨㉚ qiāng 죽일, 상할, 무찌를, 배 매는 말뚝 ■정:죽일 ■잔:창, 갑자기

설문 7998 槍也。《槍者、歫也。歫謂相抵爲害。『小雅』。日子不戕。『傳』曰。戕、殘也。此戕之正義。下又稱『左氏』例、爲別一義。》 它國臣來弑君曰戕。《『春秋:宣:十八年』。邾人戕鄫子於鄫。『左氏傳』曰。凡自虐其君曰弑。〈『唐-石經』作凡自內非〉自外曰戕。『賈-注』。邾使大夫往殘賊之。按『襄:卅一年:左傳』曰。閽戕戴吳。閽、越俘也。戴吳、吳餘祭也。故亦曰戕。》 从戈。爿聲。《在良(良)切。10部。》/631

성부 臧장 㓻장

형성 (1자) 장(牂)5631

或 혹【yù ㄩˋ】 ㉠ huò 혹시, 혹, 이(어떤 사람), 괴이쩍어할, 있을 ■역:本[나라]

설문 7995 邦也。《〔邑部〕曰。邦者、國也。葢(蓋)或國在周時爲古今字。古文衹有或字。既乃復製國字。以凡人各有所守。皆得謂之或。各守其守、不能不相疑。故孔子曰。或之者、疑之也。而封建日廣。以爲凡人所守之或字未足盡之。乃又加囗而爲國。又加心爲惑。以爲疑惑當別於或。此孳乳寖(寖)多之理也。既有國字。則國訓邦而或但訓有。漢人多以有釋或。毛公之『傳:詩, 商頌』也。曰域、有也。『傳:大雅』也。曰囿、所以域養禽獸也。域卽或。『攷工記:梓人:注』。或、有也。『小雅:天保:箋』。『鄭-論語:注』皆云。或之言有也。『高誘-注:淮南』屢言或、有也。『毛詩』九有、『韓詩』作九域。『緯書』作九囿。葢有、古音如以。或、古音同域。相爲平入。》 从囗。《羽非切。》 戈㠯(以)守其一。《从三字會意。于逼切。『廣韵』分域切雨逼、或切胡國。非也。1部。》 一、《逗。》 地也。《解从一之意。》 域 或或从土。《既从囗从一矣。又从土。是爲後起之俗字。》/631

유사 빛날 욱(彧)

성부 䬆패 國국 馘욱

형성 (10자+1) 역(緎)3154 역(棫)3322 혁(㵝)4510 욱(鹹)5278 역(黬)6258 혹(惑)6547 역(減)6823 역(閾)7385 괵(聝)7450 역(蜮)8515 역(罭)

◀ 제 5 획 ▶

戈 4 ④

● 戟 병장기 융(戎) 본자

◀ 제 7 획 ▶

[戚] 戚 척 【qī ㄑㄧˉ】 本[도끼] 슬퍼할, 근심할, 겨레(친척) ■축:재촉할

설문 8010 戉也。《『大雅』曰。干戈戚(戚)揚。『傳』云。戚、斧也。揚、鉞也、依『毛傳』戚小於戉。揚乃得戉名。『左傳』。戚鉞秬鬯。文公受之。戚鉞亦分二物。許則渾言之耳。戚之引伸之義爲促迫。而【古書】用戚者、俗多改爲蹙。試思親戚亦取切近爲言、非有異義也。『大雅』。戚戚兄弟。『傳』曰。戚戚、內相親也。『小雅』。戚戚靡所逞。『箋』云。戚戚、縮小之貌。其義本相通。而淺人於『節南山』必易其形與音矣。戚訓促迫。故又引申訓憂。『小明』。自詒伊戚。『傳』曰。戚、憂也。度古衹有戚。後乃別製慽字。》从戉。尗聲。《倉歷切。古音在 3部。》/632

형성 (2자+2) 척(槭)3360 척(慽)6618 축(蹙) 색(摵)

[戰] (한)【hàn ㄏㄢˋ】 ㉦㊥⑨ gān 방패 ■간:같은 뜻

설문 7989 盾也。《盾下曰。瞂也。按瞂字必淺人所改。循【全書】之例、必當云戰也。二篆爲轉注。淺人不識戰爲干戈字。讀侯旰切。乃改爲瞂。瞂見『毛詩』。非常語。不當以瞂釋盾。干戈字本作戰。干、犯也。戰、盾也。俗多用干代戰。干行而戰廢矣。『方言』。盾、自關而東或謂之瞂。或謂之干。關西謂之盾。『孔安國-論語:注』云。干、盾也。戰本讀如干。淺人以其旱聲。乃讀與睅同。而不知旱睅戰等字古音皆讀同干也。『毛詩:兔(兎)罝、采芑:傳』云。干、扞也。謂干爲扞之叚(假)借。干非不可去聲。》从戈。旱聲。《『玉篇』、『廣韵(韻)』皆云。戰、盾。古寒切。『廣韵:卄八,翰』未嘗出戰字。是依『唐韵』不誤者也。不知大徐侯旰切、用何等『唐韵』耳。14部。》/630

[戛] 알【jiá ㄐㄧㄚˊ】 창, 긴 창, 어근버근할, 엇물릴, 떳떳할 ■알:같은 뜻

설문 7986 戟(戟)也。《『廣雅』曰。戛、戟也。本此。『西京賦』。立戈迆戛。薛解云。戈謂句孑戟也。戛、長矛也。與許不合。『康誥』。不率大戛。『釋詁』。戛、常也。此謂戛同楷。『皋(皐)陶謨』。戛擊鳴球。『明堂位』作揩擊。『揚雄賦』作拮隔。此爲戛同扴。皆六書中之叚(假)借。》从戈百。《百者、頭也。謂戟之頭略同戈頭也。會意。古黠切。15部。》讀若棘。《按棘在 1部。相去甚遠。疑本作讀若孑而誤。○ 戟戛二篆與戈同類。立文本相連。惟因上諱之字例必部首以下第一字出之。故使戈戟二篆相隔。【各本】乃又移戎戣戰三篆於戟前。非也。今正。》/630

[戜] 戜 절【dié ㄉㄧㄝˊ】 날카로울, 살을 깎을, 뼈를 바를

설문 7994 利也。《利者、銛也。》一曰剔也。《「剔」當作「鬄」。詳〔髟部〕。》从戈。呈聲。《徒結切。按呈聲當在 11部。而〔大部:戴〕、〔金部:鐵〕、遞用爲聲。則 11部 12部合音冣(最)近之理也。『山海經』戜國、戜民國。今譌作载(戴)。》/630

성부 戴 鐵 鐵 철

◀ 제 8 획 ▶

[戟] 戟 극【jǐ ㄐㄧˇ】 두 갈래진 창, 땅 이름

설문 7985 有枝兵也。《兵者、械也。枝者、木別生條也。戟爲有枝之兵。則非若戈之平頭。而亦非直刃似木枝之衺出也。戈刃之倨句平而稍倨、故曰外博。戟則大侈倨句一矩有半、故可刺可句。『攷工記:冶氏』。戟廣寸有半寸。內三之。胡四之。援五之。倨句中矩。與刺重三鋝。鄭曰。戟、今三鋒戟也。內長四寸半。胡長六寸。援長七寸半。三鋒者胡直中矩言正方也。鄭司農云。刺謂援也。玄謂刺者、箸柲直前如鐏者也。戟胡橫貫之。胡中矩、則援之外句磬折與。『通藝錄』曰。內三之、謂戟柄橫出柲外者四寸有半也。胡四之。謂上連刃直而下垂者長六寸也。援五之、謂衺上之刃長七寸半也。刺者、謂橫出之內有鋒也。倨句中矩者、謂刺橫胡直正方之形也。不言援之倨句言刺之倨句者、極爲句兵。中矩者主於句也。據二儀寶錄雙枝爲戟、獨枝爲戈以爲證。說與『鄭:注』大乖異。然恐程說近是。『方言』「匽戟」、『廣雅』作「偃戟」。偃者、仰也。據衺上之刃名之也。『周禮:棘門』。『明堂位』越棘大弓。『左傳』子都拔棘以逐之。棘皆訓戟。棘者、刺也。戟有刺、故名之曰棘。衺者爲援。則橫者爲棘、爲刺也。『張揖-注:子虛賦』曰。雄戟、胡中有鉅者。鉅同歫。葢(蓋)於直垂之胡之中爲橫出者、是曰鉅。鉅亦有鋒。故『方言』三刃枝。『郭-注』云。今戟胡〈胡字今增.〉中有小孑刺者。所謂雄戟也。然則合援與刺與鉅是爲三刃枝。鄭所謂三鋒戟者又不如是。古制茫昧難知。但曰援者斷(斷)非直刃。凡『左傳』言公戟其手。『詩毛:傳』言拮据、戟挶也。【許書】言挶、戟持也。据、戟挶也。『史』言須髯如戟。皆取衺出。不取直上。是則信而有徵耳。『方言』曰。戟無刃、吳楊之閒(間)謂之戈。然則戟者、戈之有刃者也。戟亦非直刃。謂之有刃者何。其刃幾於直也。『少儀』曰。戈有刃者櫝。戈之分別有刃無刃古矣。『左傳』。狂狡輅鄭人。鄭人入於井。倒戟而出之。獲狂狡。此用援刺鄭人不中。鄭人攀柲刺而上也。或以戟鉤欒樂斷肘而死。則援與刺皆兼鉤刺之用矣。靈輒倒戟以禦公徒而免趙盾。此主於用援也。許云有枝兵者、援刺皆得云枝。》从戈榦(幹)省。《省作聲者、誤。今依徐鉉正。从榦猶从弋。謂柲長丈有六尺也。从戈者、其器戈之屬也。紀逆切。按大徐有讀若棘三字。非也。『釋名』。戟、格也。傍有枝格也。古音『秦風』與澤作爲韵。古音在 5部。讀如腳(脚)。》『周禮』。戟長丈六尺。《『攷工記』曰車戟(戟)常。》/629

◀ 제 9 획 ▶

[戠] 직【zhí ㄓˊ】 ㉦ zhī 圖 義闕 ■시:찰흙 ■치:같은 뜻 ※ 本作埴(圖345)

설문 8007 闕。从戈。从音。《大徐如此。小徐無从戈从音。有「職从此古職字古之職役皆執干戈」十四字。葢(蓋)後

人箋記之語。非許語也。其義其音皆葢闕矣。攷『周易』朋盍簪。【虞翻(緐)本】簪作戠。云戠、聚會也。舊讀作撍、作宗。釋文云。荀作撍。京作宗。陰弘道云。『張揖-字詁』賡撍同字。按此戠當以音爲聲。故與朁聲疌聲爲伍。然『尚書』厥土赤埴、古文作赤戠。是戠固在古音弟 1部也。 1部內意亦从音。音未必非聲。葢 7部與 1部合韵之理。之弋切。1部。》/632

형성 (5자+1) 식(識)1440 직(樴)3588 치(熾)6205 직(職)7436 직(織)8137 치(幟)

戡 (감)【kān ㄎㄢ】 ⓐ zhèn 찌를, 죽일, 이길, 잘게 쪼갤

설문 8000 刺也。《刺者、直傷也。平直皆得云刺。【經史】多叚(假)此爲堪勝字。》从戈。甚聲。《竹甚口含二切。按竹甚古音也。7部。》/631

戢 집【jí ㄐㄧˊ】 병장기 모을, 거둘, 그칠, 성씨 ■즙:정음(正音)

설문 8006 臧兵也。《『周頌:時邁』曰。載戢干戈。載櫜弓矢。『傳』曰。戢、聚也。櫜、韜也。聚與藏義相成。聚而藏之也。戢與輯音同。輯者、車輿也。可聚諸物。故毛訓戢爲聚。『周南:傳』亦云。揖揖、會取也。『周語』。夫兵戢而時動。動則威。觀則玩。玩則無震。戢與觀正相對。故許易毛曰藏。以其字从戈。故曰藏兵。》从戈。咠聲。《阻立切。7部。》『詩』曰。載戢干戈。/632

형성 (1자) 집(濈)7069

戣 (규)【kuí ㄎㄨㄟˊ】 창의 일종

설문 7988 周制。侍臣執戣。立於東垂(垂)。兵也。《見『周書:顧命』。『某氏-傳』曰。戣瞿皆戟屬。鄭云。戣瞿葢(蓋)今三鋒矛。王肅則曰。皆平器之名。許不言何兵。略同子雍也。》从戈。癸聲。《渠追切。15部。》/630

◀ 제 10 획 ▶

戩 (전)【jiǎn ㄐㄧㄢˇ】 다할, 멸할

설문 8003 滅也。《滅者、盡也。盡之義兼美惡。故滅之義亦兼美惡。凡盡皆得云滅。亦皆得云戩也。『天保』曰。俾爾戩穀。朱子曰。戩、盡也。穀、善也。此『注』甚合古義。『爾雅』。履、戩、祓、福也。此謂樛木之福履、『天保』之戩穀、『卷阿』之祓祿皆得訓福。履本不訓福。與福連文、則可訓福矣。戩祓本不訓福。與穀祿連文、則亦可訓福矣。皆於㒳(兩)字摘一字以釋㒳字之義。毛公仍之曰戩、福也。而履祿也、茀小也、則不相襲矣。古人之文、貴善讀之。所謂不以文害辭、不以辭害志。許於戩不襲『爾雅』、『毛傳』。斯善讀『爾雅』、『毛傳』者也。今之能善讀者葢(蓋)尟矣。》从戈。晉(晉)聲。《即淺切。古音在 12部。讀如盡。》『詩』曰。實始戩商。《『魯頌:閟宮』文。『今-詩』作「翦」。按此引『詩』說叚(假)借也。『毛傳』曰。翦、濟也。許〔刀部〕曰。制、齊斷(斷)也。制之字多叚翦爲之。翦卽制。戩者、制之叚借。毛云制齊也者、謂周至於大王。規模氣象始大。可與商國竝立。故曰齊。『緜(綿):詩』古公以下七章是也。非翦伐之謂。若不通『毛傳』、【許書】之例。竟謂大王滅商。豈不事辭俱窒礙乎。毛意謂戩卽制。許說其本義以明轉注。復引『詩』字以明叚借。㒳公之例皆尋繹【全書】而可得。不則以文害辭、謂大王有翦商之志矣。夫『詩』明言翦商而見大王之德盛。後儒言有翦商之志、而大王之心遂不可問。嗚呼。是非不知訓詁之禍也哉。》/631

䳒 戴䳒 질【zhì ㄓˋ】 ① 철:검붉은 말(2249) ② 질:클 ③ 질:클, 성할(345) ■절:같은 뜻 ※ 질(𢧢)과 같은 글자(171)

설문 6290 大也。《此謂秩秩然之大也。『地理志』四驖作四𢧢(䳒)。》从大。𢦏聲。讀若『詩』𢧢𢧢大猷。《『小雅:巧言』文。「𢧢𢧢」當作「秩秩」。『今-毛詩』正作秩秩。『傳』曰。秩秩、進知也。𢦏在 11部。秩在 12部。古合音爲冣(最)近。是以𢧢讀如秩。直質切。》/493

성부 𢧢䳒𢧢철

형성 (3자) 질(𧽯)960 철(驖)5861 철(鐵)8833

◀ 제 11 획 ▶

戭 (인)【yǐn ㄧㄣˇ】 ⓢⓗ⑨ⓐ yǎn ⓐ yìn 긴 창 ■연:사람 이름

설문 8001 長槍也。《槍者、歫也。謂以長物相刺。『通俗文』曰。剡木傷盜曰槍。按槍非古兵器。戭亦非器名。取槍歫之義耳。今之用金曰槍者、則古之矛也。故戭字廁於此。不與器物爲伍。》从戈。寅聲。《弋刃以淺二切。按「刃」當作「忍」。弋忍古音也。12部。》『春秋傳』有檮戭。《高陽氏才子八愷之一也。見『左傳:文:十八年』。『漢書』作「敳」。『集韵(韻)』無敳。》/631

截 절【jié ㄐㄧㄝˊ】 끊을, 말 잘할, 분명할

설문 7996 斷(斷)也。《〔斤部〕曰。斷者、截也。二篆爲轉注。『商頌』。九有有截。『箋』云。九州齊壹截然。『大雅』。截彼淮浦。『傳』云。截、治也。》从戈。雀聲。《昨結切。15部。按雀聲在 2部。於古音不合。葢(蓋)當於雙聲合韵求之。》/631

형성 (4자) 절(𪄿)2281 제(䜁)5484 찰(巀)5592 절(𧄼)8540

戮 (륙)【lù ㄌㄨˋ】 죽일, 육시할, 죽음

설문 7999 殺也。《殺下曰。戮也。二篆爲轉注。古文或叚(假)翏爲之。又勠力字亦叚戮爲勠。》从戈。翏聲。《力六切。3部。》/631

◀ 제 12 획 ▶

戰 전【zhàn ㄓㄢˋ】 싸울, 두려워할, 떨, 성씨

설문 7992 鬥也。《「鬥」【各本】作「鬬(鬪)」。今正。鬥者、㒳(兩)士相對。兵杖在後也。『左傳』曰。皆陳曰戰。戰字、聖人所愼也。故引申爲戰懼。》从戈。單聲。《之扇切。14部。》/630

성부 闡현

戈 4 ⑫

● 戲 거스를 패(誖)-고자

◀ 제 13 획 ▶

緎 戫 (욱)【yù ㄩˋ】 빛날, 무늬 있을(戈부:13획)

설문 4130 有彣彰也。《「彣彰」[各本]作「文章」。誤。今正。彣下曰。戫也。是其轉注也。戫古多叚(假)或字爲之。或者𢦏之隸(隸)變。『今本-論語』郁郁乎文哉。古多作彧彧。是以荀彧字文若。『宋書』王彧字景文。『大戴-公冠篇』。遵並(竝)大道「邠彧」。「邠彧」卽彬「彧。」謂彬彬彧彧也。『小雅』。黍稷彧彧。『傳』云。彧彧、茂盛皃(貌)。卽有彣彰之義之引伸也。》 从有。𢦏(彧)聲。《於六切。古音在1部。讀如域。》/314

戲 戲 (희)【xì ㄒㄧˋ】 本[병사, 군사] (재미있게) 놀, 희롱할, 놀이할 ■호:부를 ■규:쓰러질 ■의:속음 ■기:언틀먼틀할 ■사:술준

설문 7993 三軍之偏也。《偏若先偏後伍、偏爲前拒之偏。謂軍所駐之一面也。『史、漢:項羽紀、高帝紀』皆曰。諸侯罷戲下。各就國。師古曰。戲、軍之旌旗也。音許宜反。亦讀曰麾。又『竇田-灌韓:傳』。灌夫率壯士兩人。及從奴十餘騎。馳入吳軍。至戲下。所殺傷數十人。師古曰。戲、大將之麾也。讀與麾同。又音許宜反。按顏(顔)說必本舊音義。似與許說小異。然相去不遠。度舊音義必有用許說者矣。》 一曰兵也。《一說謂兵械之名也。引申之爲戲豫、爲戲謔。以兵杖可玩弄也。可相鬥也。故相狎亦曰戲謔。『大雅:毛傳』曰。戲豫、逸豫也。》 从戈。䖒聲。《香義切。古音葢(蓋)在17部。讀如摩。䖒、从豆从虍。虘、从鬲从虍。虍皆謂器之飾。非聲也。》/630

戴 戴 (대)【dài ㄉㄞˋ】 本[덤으로 받을] (머리 위에)일

설문 1685 分物得增益曰戴。《『釋訓』曰。蓁蓁、孽孽、戴也。『毛傳』云。蓁蓁、至盛皃(貌)。孽孽、盛飾。是皆謂加多也。引伸之凡加於上皆曰戴。如土山戴石曰崔嵬、石山戴土曰䃌是也。又與載通用。言其上曰戴。言其下曰載也。『釋山』或本。石載土謂之崔嵬。土載石爲砠。謂石載於土、土載於石則與『毛傳』不異也。『周頌』載弁俅俅、『月令』載青旂皆同戴。》 从異。𢦏(𢦔)聲。《都代切。1部。》 䵺 籒文戴。《弋聲、𢦏聲同在1部。葢(蓋)非从戈也。》/105

063	戶 戶
4-02	지게문 호

戶 戶 호【hù ㄏㄨˋ】[설문부수 437] 本[지킬] 지게(문), 구멍

설문 7356 護也。《以疊(疊)韵爲訓。》 半門曰戶(戶)。象形。《矦古切。5部。》 凡戶之屬皆从戶。 㦾 古文戶。从木。《从木而象其形。按此當是籒文加木。惟古文作戶。故此部文九皆从戶也。》/586

유사 주검 시(尸)

성부 부록 색인 참조

형부 戶를 부수로 하는 대부분의 글자들

형성 (2자+3) 호(扈 扈)3852 화(㶤 㶤)8355
호(昈 昈) 투(妒 妒) 호(芦)

◀ 제 1 획 ▶

戹 戹 액【è ㄜˋ】 좁을, 되창문, 들창, 간난할, 곤할, 재앙, 불민할, 나무 옹이

설문 7361 隘(隘)也。《隘者、陋也。陋者、阸陝也。陝者、隘也。》 从戶。乙聲。《按聲字衍。或於雙聲取音。此从甲乙之乙。取乙乙難出之意也。於革切。16部。》/586

성부 술잔 치(卮巵巵)

형성 (4자) 액(呃 呃)912 액(軶 軶)3117
액(軛 軛)9117 액(阸 阸)9218

◀ 제 3 획 ▶

戻 戻 (태)【tài ㄊㄞˋ】 ㊫㊥⑨ tì ㉺ dài 수레 바퀴 쐐기

설문 7360 輜(輜)車旁推戶也。《輜車者、衣車也。前後有蔽。旁有可開之戶。》 从戶。大聲。讀與釱同。《徒葢(蓋)切。15部。》/586

● 戼 동방 묘(卯)-본자

◀ 제 4 획 ▶

戾 戾 려【lì ㄌㄧˋ】 어그러질, 사나울, 거칠, (편안히)안정할 ■리:속음 ■렬:같은 뜻

설문 6052 曲也。《了戾、乖戾、很戾皆其義也。引伸之訓爲罪。見『釋詁』、『詩:毛傳』。又訓爲至、訓爲來、訓爲止、訓爲待、訓爲定。皆見『釋詁』、『毛傳』。皆於曲引伸之。曲必有所至。故其引伸如是。『釋言』曰。疑休戾也。》 从犬出戶下。《會意。郎計切。15部。》 犬出戶下爲戾者。身曲戾也。《[各本]少犬出戶下爲五字。今補正。戶下猶戶閬。戶之下必有閬。閬高、則犬出必曲身。又或乎闔。犬擠出亦必偏曲其身。此說戾字會意本義。叚(假)借用廣而本義廢矣。》/475

형성 (2자+1) 려(莀 莀)296 려(綟 綟)8238
려(唳 唳)

房 房 (방)【fáng ㄈㄤˊ】 곁방, 집

설문 7359 室在旁也。《凡堂之內、中爲正室。左右爲房。所謂東房西房也。引申之俎亦有房。》 从戶。《焦氏循曰。房必有戶以達(達)於堂。又必有戶以達於東夾西夾。又必有戶以達於北堂。》 方聲。《符方切。10部。》/586

所 所 소【suǒ ㄙㄨㄛˇ】 本[나무 베는 소리] 울릴, 곳, 임금님 일시 머무는 곳

설문 9039 伐木聲也。《伐木聲、乃此字本義。用爲處所者、叚(假)借爲処字也。若王所、行在所之類是也。用爲分別之䛐(詞)者、又从処所之義引申之。若予所否者、所不與舅氏同心者之類是也。皆於本義無涉。是眞叚借矣。》 从斤。

戶聲。《疏擧(擧)切。5部。》『詩』曰。伐木所所。《『小雅:伐木』文。首章『伐木丁丁:傳』曰。丁丁、伐木聲。次章『伐木許許:傳』曰。許許柿皃(貌)。此許許作所所者、聲相似。不用柿皃之說、用伐木聲之說者、葢(蓋)許以毛爲君亦參用三家也。今按丁丁者、斧斤聲。所所、則鋸聲也。》/717

형성 (1자) 초(齭 齭)1251

◀ 제 5 획 ▶

戹 (갑)【qù ㄑㄩˋ】㉮ kè 닫을, 문닫을 ■거:같은 뜻 ■합:성씨

설문 7364 閉也。《『士喪禮:注』曰。徹帷戹之事畢、則下之『襍(雜)記:注』曰。旣出、則施其戹。鬼神尙幽闇也。據此【二注】、戹爲褰擧(擧)之義。與『東都賦』袪黼帷同。疑「閉」當作「開」。一說、戹㞓(在)開閉之閒。故兼此二義。》从戶。劫省聲。《口盍切。按劫省聲、疑當作去聲。『儀禮:音義』劉(劉)昌宗 羌據反可據也。『玉篇』亦有 羌據 一反。》/587

扁 편【biǎn ㄅㄧㄢˇ】本[현판] 납작할, 낮을

설문 1358 署也。《署者、部署有所网屬也。》从戶冊(戶冊)。戶冊者、署門戶之文也。《署門戶者、秦書八體。六曰署書。蕭子良云。署書、漢高六年蕭何所定。以題蒼龍、白虎二闕。方沔切。古音在 12部。》/86

성부 扁편

형성 (16자) 변(萹 萹)276 편(徧 徧)1185 편(蹁 蹁)1328 편(諞 諞)1556 편(篇 篇)2757 편(楄 楄)3661 변(牑 牑)4171 편(㾫 㾫)4552 편(偏 偏)4902 편(褊 褊)5084 편(猵 猵)6080 편(揙 揙)7704 편(媥 媥)7928 변(甂 甂)8072 편(編 編)8306 편(蝙 蝙)8525

扃 (경)【jiōng ㄐㄩㄥˉ】빗장, 수레위 가로나무

설문 7365 外閉之關也。《關者、以木横持門戶也。『曲禮』。入戶奉扃。『注』曰。奉扃、敬也。『孔-疏』曰。奉扃之說多家。今謂禮有鼎扃。所以關鼎。今關戶之木與關鼎相似。凡常奉扃之時。必兩手向心而奉之。今入戶雖不奉扃木。其手若奉扃然。以其手對戶若奉扃、言恭敬也。玉裁謂下文言戶開亦開。戶闔亦闔。知戶闔而入、用兩手推戶爲奉扃。若戶開而入、則兩手不偪可矣。戶扃、葢(蓋)以木横著於戶爲之機。令外可閉者。鼎關字正作鼏。『禮-古文』段(假)扃爲之。車上所以止旗者亦曰扃。》从戶。冋聲。《古熒切。11部。》/587

◀ 제 6 획 ▶

扆 (의)【yǐ ㄧˇ】병풍

설문 7363 戶牖之閒(間)謂之扆。《『釋宮(宮)』曰。牖戶之閒謂之扆。凡室、戶東牖西。戶牖之中閒是曰扆。『詩』、『禮』多叚(假)依爲之。》从戶。衣聲。《於豈切。15部。》/587

扇 선【shàn ㄕㄢˋ】문짝, 부채, 부채질할

설문 7358 扉也。《『月令』。乃脩闔(闔)扇。『注』云。用木曰闔。用竹葦曰扇。案析言如此。渾言之則不拘。》从戶羽。《依『韵會本』。从羽者、如翼也。式戰切。14部。》/586

형성 (2자+1) 선(傓 傓)4797 선(蝙 蝙)8483 선(煽 煽)

◀ 제 7 획 ▶

扈 (호)【hù ㄏㄨˋ】本[나라이름] (군주를)따를, 막을, 입을, 넓을

설문 3852 夏后同姓所封戰於甘者。《『尙書:序』曰。啟(啓)與有扈戰於甘之野。作『甘誓』。馬融曰。有扈、姒姓之國。爲無道。又曰。甘、有扈南郊地名也。『左傳』曰。夏有觀扈。五觀與扈皆夏同姓也。》在鄠。《謂夏之有扈在漢之鄠縣也。鄠卽扈。如𨞐卽邰、𨜒卽郷。皆古今字。『姚察-史記訓纂』云。戶(戶)扈鄠三字一也。按扈爲周字。鄠爲秦字。『通典』云。至秦改爲鄠。》有扈谷甘亭。《此五字有脫誤。當作有戶谷戶亭甘亭七字。『今-漢書:鄠』下云。古國。有扈谷亭。語不完。當依『元和郡縣志』所引云。古扈國。有戶谷、戶亭。又有甘亭。『史記:正義』所引『志』云。古扈國。有戶亭。疑『正義』尙脫戶谷二字。【許書】當與『漢志』同。戶扈同字。姚察云。戶扈鄠三字同。是也。》从邑。戶聲。《胡古切。5部。按『左傳』扈民無淫者也。同屆蕩戶之之戶。止也。又『離騷』。扈江蘺於辟芷。王云。楚人名被爲扈。》𡵍古文扈。从山弓。《此未詳其右所從也。鍇曰。從辰巳之巳。竊謂當從戶、而轉寫失之。》/286

◀ 제 8 획 ▶

扉 (비)【fēi ㄈㄟˉ】문짝, 집

설문 7357 戶扇也。《『釋宮』曰。闔謂之扉。門闔、門扇也。然則門戶一也。》从戶。非聲。《甫微切。15部。》/586

064 4-03 手 손 수

手 扌 수【shǒu ㄕㄡˇ】[설문부수 441] 손, 손수

설문 7457 拳也。《今人舒之爲手。卷之爲拳。其實一也。故以手與擧(擧)二篆互訓。》象形。《象指掌及掔也。書九切。3部。》凡手之屬皆从手。𠂿古文手。/593

유사 터럭 모(毛) 고문 아(我)(𠂿)

성부 부록 색인 참조

형부 手를 부수로 하는 대부분의 글자들 체(㩃 㩃)7576

형성 (1자) 추(杽 杽)3668

才 재【cái ㄘㄞˊ】[설문부수 209] 本[처음] 재주(있는 사람), 바탕, 겨우

설문 3694 艸木之初也。《引伸爲凡始之偁(稱)。『釋詁』

曰。初哉始也哉卽才。故哉生明亦作才生明。凡才材財裁纔字以同音通用。》从丨上貫一。將生枝葉也。一、《逗。》地也。《一謂上畫(畵)也。將生枝葉謂下畫。才有莖出地而枝葉未出。故曰將。艸木之初而枝葉畢寓焉。生人之初而萬善畢具焉。故人之能曰才。言人之所蘊也。凡艸木之字。才者、初生而枝葉未見也。屮者、生而有莖有枝也。㞢(之)者、枝莖益大也。𡳿(出)者、益茲上進也。此四字之先後次弟。昨哉切。1部。》凡才之屬皆從才。/272

유사 아(我)의 옛글자 (扌) 7째 지지 오(午) 소 우(牛)

성부 𢦏재 在재 閉폐 存존

형성 (7자) 재(𧺠 𧺠)965 재(𪗫 𪗫)1789 재(𥝩 𥝩)3216 재(材 材)3460 재(財 財)3775 재(𡔚 𡔚)4176 시(豺 豺)5821

◀ 제 2 획 ▶

扐 (륵)【lè ㄌㄜˋ】(점칠 때 시초를 손가락 사이에)낄

설문 7652 『易』箸(筮)再扐而後卦。《『易:繫辭:傳』文也。「卦」『今-易』作「掛」。釋文云。京作卦。云再扐而後布卦。葢(蓋)許同京也。大衍之數五十。其用四十有九。分而爲二以象兩。掛一以象三。揲之以四以象四時。歸奇於扐以象閏。五歲再閏。故再扐而後掛。虞翻(飜)曰。奇、所掛一策。扐、所揲之餘。不一則二。不三則四。取奇以歸扐。扐并合掛左手之小指。爲一扐、則似閏月定四時成歲。故歸奇於扐以象閏者也。已一扐、復分掛如初揲之。歸奇於初扐。并掛左手次小指間。爲再扐、則再閏也。又分扐揲之如初。而掛左手第三指間。成一變、則布卦之一爻。謂已二扐、又加一爲三。并重合前二扐爲五歲。故五歲再閏。再扐而後掛。據虞則字作掛者、謂再爲分二掛一。或作卦者、謂於此起卦爻。皆可通也。凡數之餘曰扐。『王制』。祭用數之仂。喪用三年之仂。鄭皆以爲數之什一。仂、扐葢同字。『考工記』云。以其圍之阞捎其藪。假阞爲之。鄭以爲三分之一。然則權度多少中其節謂之扐。無定數也。》从手。力聲。《盧則切。1部。》/607

扔 (잉)【rēng ㄖㄥˉ】⑨ réng (끌어)당길

설문 7646 捆也。《「捆」【各本】作「因」。今正。扔與仍音義同。『老子』曰。爲之而莫之應。則攘臂而扔之。》从手。乃聲。《如乘切。6部。》/606

◀ 제 3 획 ▶

扚 (조)【diǎo ㄉㄧㄠˇ】(느닷 없이)빨리 칠 ■적:당길 ■작:곁매칠 ■약:손마디금 ■력:누를

설문 7681 疾擊也。《疾速擊之也。『史記:天官書』扚雲。『索隱』曰。劉(劉)氏音時酌反。『說文』音丁了反。『許愼-注:淮南』云。扚、引也。按扚雲从手。【今本】譌从木。》从手。勺聲。《都了切。2部。》/608

扛 (강)【gāng ㄍㄤˉ】(두 사람이)마주 들 ■항:짐멜

설문 7592 橫關對擧(擧)也。《以木橫持門戶曰關。凡大物而兩手對擧(擧)之曰扛。項羽力能扛鼎。謂鼎有關、以木橫貫鼎耳而擧其兩耑(兩端)也。卽無橫木而兩手擧之亦曰扛。卽兩人以橫木對擧一物亦曰扛。『字林』。捎、㧓、舁也。『匡謬正俗』曰。音譌。故謂扛爲剛。有造㧓字者。故爲穿鑿也。『西京賦』作舡鼎。舡卽舩。『魏-大饗碑』作舩鼎。舩者、扛之叚(假)借字也。》从手。工聲。《古雙切。9部。》/603

扜 (우)【yū ㄩˉ】지휘할, (손에)가질

설문 7715 指麾(摩)也。《「麾」【各本】作「麾」。俗。今正。扜麾爲雙聲。『山海經』曰。有人方扜弓射黃蛇。》从手。亏(于)聲。《億俱切。5部。亦匈于切。》/610

扞 (한)【hàn ㄏㄢˋ】사나울, 막을, 호위할, 다닥칠(충돌할), (활)당길 ■간:손으로 펼

설문 7695 忮也。《「忮」當作「枝」。枝持字【古書】用枝、亦用支。許之字例則當作「榰」。許之榰柱、【他書】之搘拄也。〔攴部:𢾺〕下云。止也。扞義當略同。忮訓很、非其義。『周南:干城:傳』曰。干、扞也。『左傳』亦以扞城其民釋干城。孫炎以自蔽扞釋『爾雅』扞字。許盾下云。所以扞身蔽目。然則扞字之訓可定矣。『廣韵(韻):扞』下曰。以手扞。又衞(衛)也。『玉篇』亦曰。扞、衞也。字亦作「捍」。『祭法』。能禦大災。能捍大患。則祀之。『魯語』作「扞」。》从手。干聲。《侯旰切。14部。》/609

扟 (신)【shēn ㄕㄣˉ】당길, 떠낼, 추릴

설문 7613 從上挹取也。《「取」字【各本】無。依『玄應』補。『通俗文』云。從上取曰扟。》从手。卂聲。讀若莘。《所臻切。12部。》/605

扤 (올)【wù ㄨˋ】흔들, 흔들릴, 위태할

설문 7669 動也。《『詩:正月』。天之扤我。『傳』曰。扤、動也。『考工記』。是以大扤。》从手。兀聲。《五忽切。15部。》/608

扣 (구)【kòu ㄎㄡˋ】本[말을 끌] 두드릴, 칠

설문 7718 牽馬也。《『周禮:田僕』。凡田、王提馬而走。諸矦(侯)晉。大夫馳。『注』曰。提猶擧(擧)也。晉猶抑也。使人扣而擧之抑之皆止奔也。馳放不扣。『史記』伯夷、叔齊扣馬而諫。》从手。口聲。《苦后切。4部。》/611

◀ 제 4 획 ▶

扮 (분)【bàn ㄅㄢˋ】㊇㊥⑨㊆ fěn 움큼, (한)줌, 움직일, 병합할

설문 7593 握也。《『大玄』曰。地則虛三以扮天之十八也。扮猶并也。》从手。分聲。讀若粉。《房吻切。13部。》/604

抪 (발)【pó ㄆㄛˊ】㊇ pō 닦을(손으로 훔치거나 씻을)、(손으로)밀

설문 7545 撻也。《今人用拂拭字當作此抪。許作「抪飾也。」拂者、過擊也。非其義。》从手。㐅(市)聲。《普活切。15

部。○ 此篆舊次捘篆之下。非古也。今移此。》/600

扱 (흡)【chā ㄔㄚ】 ㊤㊥⑨ xī 거두어 가질 ■급: 취급할

설문 7676 收也。《收者、捕也。『曲禮』。以箕自鄉(鄕)而扱之。此扱之本義也。『儀禮:注』云。扱栖。此插之段(假)借字也。》从手。及聲。《楚洽切。7部。》/608

扴 (갈)【xié ㄒㄧㄝˊ】 ㊤㊥⑨㉆ jiá 긁을, 깎을

설문 7558 刮也。《此與搔義同。刮(刮)小徐作括。譌。大徐不誤。『廣韵』曰。扴者、揩扴物也。『易』。介于石。【馬本】作扴。云觸小石聲。按扴于石、爲摩礪(礪)于石也。》从手。介聲。《古黠(黠)切。15部。》/601

扶 (부)【fú ㄈㄨˊ】 (협력, 구원)도울 ■포: 길(手行), 붙을(附也)

설문 7484 左也。《左[俗本]改作佐。非。左下曰。手相助也。》从手。夫聲。《防無切。5部。》 𢻰古文扶。从攴(攵)。/596

扸 (장)【jiāng ㄐㄧㄤ】 도울 (手부 4획)

설문 7485 扶也。《『古-詩』。好事相扶扸。當作扶扸。字之段(假)借也。凡云將順其美、當作扸順。『詩』。百兩將之。『傳』曰。將、送也。天不我將。『箋』云。將猶養也。皆於扸義爲近。『玉篇』曰。扸今作將。攗同。》从手。爿(爿)聲。《七良切。10部。『廣韵(韻)』即良切。》/596

扺 (지)【zhǐ ㄓˇ】 곁에서 칠, (손뼉)칠, 쳐부실 ■기: 손뼉 쓸

설문 7683 側擊也。《『戰國策』。扺掌而談。『東京賦』。扺璧於谷。『解嘲』。介涇陽。扺穰侯。按扺字今多譌作抵。其音義皆殊。『國策』。夏無且以藥囊提荆(荊)軻。『史記』。薄太后以冒絮提文帝。提皆扺之段(假)借字也。》从手。氏聲。《諸氏切。16部。與抵在15部不同。》/609

抩 (탐)【tān ㄊㄢ】 ㊤㊥⑨ nán 함께 가질 ■남: 가질 ■염: 같은 뜻

설문 7497 并持也。《謂兼二物而持之也。〔秝部〕曰。秉持一禾。兼持二禾。兼者、會意字。抩者、形聲字。抩與兼音略同。》从手。冄聲。《他含切。7部。》/597

承 승【chéng ㄔㄥˊ】 받들, 이을, 받을, 도울 ■성: 같은 뜻 ■증: 물이름

설문 7542 奉也。受也。《〔𠬞部〕曰。奉者、承也。是二篆爲轉注也。〔𠬪部〕曰。受者、相付也。凡言承受、承順、承繼、又『魯(魯)頌:傳』曰承止也皆奉之訓也。凡言或承之羞、承之以劒皆相付之訓也。『左傳』曰。蔡大夫恐昭侯之又遷也。承。此段(假)承爲懲也。》从手𠬞𠬪(廾)。《合三字會意。署陵切。6部。》/600

유사 도울 승(丞)

技 기【jì ㄐㄧˋ】 공교할, 재주, 술업, 능할

설문 7653 巧也。《〔工部〕曰。巧者、技也。二篆爲轉注。古多段(假)伎爲技能字。〔人部〕曰。伎、與也。》从手。支聲。《渠綺切。16部。》/607

형성 (+1) 기(䯨 𩩻)

抈 (월)【yuè ㄩㄝˋ】 꺾을, 움직일

설문 7670 斷(折)也。《『晉語』。其爲本也固矣。故不可抈也。韋云。抈、動也。按依『韋-注』、是謂此抈爲扤之段(假)借字也。其本義則訓折。舊音云抈音月。又五括反。》从手。月聲。《魚厥切。15部。》/608

抉 열【jué ㄐㄩㄝˊ】 돋울, 긁을, 뼈를 발라낼 ■결: 같은 뜻, 도발할

설문 7561 挑也。《抉者、有所入以出之也。》从手。夬聲。《於說切。15部。》/601

형성 (1자) 열(䦼 𩏊)4440

把 (파)【bǎ ㄅㄚˇ】 (손으로)잡을, 자루

설문 7505 握也。《握者、搤(搤)持也。『孟子:注』曰。拱、合兩(兩)手也。把、以一手把之也。》从手。巴聲。《博下切。古音蓋(蓋)在5部。》/597

抌 (침)【zhèn ㄓㄣˋ】 ㊤㊥⑨ dǎn ㉆ zhěn 몹시 칠 ■심: 미칠(推也) ■유: 찌를 ■담: 같은 뜻

설문 7692 㴱(深)擊也。《深淺字許作㴱。抌深疊韵(疊韻)字。『刺客列傳』。左手把其袖。右手揕其匈。揕卽抌字。徐廣曰。一作抗。按抗乃抌之譌耳。》从手。冘聲。《竹甚切。7部。》讀若告言不正曰抌。《[宋本]無告字。曰抌之抌、未知何字之誤。》/609

抎 (운)【yǔn ㄩㄣˇ】 잃을, 떨어질, 내릴

설문 7574 有所失也。《『成公二年:左傳』。石稷謂孫良夫曰。子國卿也。隕子辱矣。許所據作「抎」。正謂失也。『戰國策』。被礛磻。引微繳。折清風而抎矣。此段(假)抎爲隕也。『史記:東粵列傳』。不戰而耘。利莫大焉。謂閩粵不戰而失其王頭。此段耘爲抎也。》从手。云聲。《于敏切。13部。》『春秋傳』曰。抎子辱矣。/602

抒 (서)【shū ㄕㄨ】 떠낼(퍼낼), 쏟을(토로할)

설문 7610 挹也。《凡挹彼注玆曰抒。〔斗部〕曰。斛、抒也。斢、抒扁也。斠、挹也。〔水部〕曰。浚、抒也。漉、浚也。𣂁、抒井𣂁也。『左傳』。難必抒矣。此段(假)抒爲紓。紓者、緩也。【服虔(虔)本】正作「紓」。》从手。予聲。《神與切。5部。》/604

投 (투)【tóu ㄊㄡˊ】 던질, (남에게)줄, 의탁할 ■두: 글귀절, 그칠, 합할, 술 다시 빚을

설문 7555 擿也。《下文云。擿、投也。二篆爲轉注。『巷伯:傳』曰。投、棄也。》从手。殳聲。《大徐作从手。非。度侯切。4部。》/601

抗 (항)【kàng ㄎㄤˋ】 本[들(어올릴)] 막을, 겨룰, 높을 ■강: 같은 뜻

설문 7696 扞也。《『既夕禮:注』曰。抗、禦也。『左傳』曰。以亢其讎。『注』云。亢猶當也。亢爲抗之段(假)借字。『周禮』。綱惡馬。『注』云。綱讀爲以亢其讎之亢。『書』亦或爲亢。亢、禦也。禁也。綱亦亢之、段借字也。引申(申)之義爲高抗。『既夕:注』曰。抗、擧(擧)也。》从手。亢聲。《苦浪切。

手 4 ④

10部。》 杭或从木。《若『既夕禮』抗木橫三縮二、其字固可从木矣。今人用此字讀胡郎(郎)切。乃杭之譌變。地名餘杭者、乃秦政舟渡處也。》/609

折 절【zhé ㄓㄜˊ】 [상][中][9][작] shé 꺾을, 결단할, 굽힐, 윽박지를, 면박할 ■설:꺾어질 ■제:느린 모양 ■서:휠(曲也)(手부 4획)

[설문] [0606] 斲(斷)也。从斤斷艸。譚長說。《會意也。食列切。15部。『周禮』折瘍。【劉(劉)昌宗本】作靳。此漢人之舊(舊)也。》 籀文靳(折)。从艸在仌中。仌(冰)寒故折。《『廣雅:釋器』斷字從此。》 篆文靳。从手。《按此唐後人所妄(妄)增。斤斷艸、小篆文也。艸在仌中、籀文也。從手從斤、隸字也。『九經字㨾』云。『說文』作靳。隸省作折。『類篇』、『集韵』皆云隸從手。則折非篆文明矣。》/44

[유사] 쪼갤 석(析)

[형성] (10자) 철(哲)800 서(逝)1056 서(誓)1452 절(晢)4023 제(狾)6065 철(悊)6422 절(浙)6662 혈(娎)7939 별([illegible])8296 세(銴)8982

◀ 제 5 획 ▶

抧 (지)【zhǐ ㄓˇ】 (닫힌 것을)열 ■재:칠

[설문] [7553] 開也。从手。只聲。讀若抵掌之抵。《「抵」【各本】作「抵」。今正。抵、側手擊也。抵掌者、側此手擊彼手掌也。諸氏切。16部。》/601

抨 (평)【pēng ㄆㄥ】 탄핵할(죄를 따져 책망할)

[설문] [7674] 彈也。《「彈」大徐誤作「撣」。今依小徐及『玄應』正。彈者、開弓也。開弓者、弦必反於直。故凡有所糾正謂之彈。『廣雅』曰。彈、拼也。拼卽抨。布莖切。『玄應』曰。抨彈、繩墨也。補耕切。又普耕切。江南音也。按『孟康-漢書:注』曰。引繩以抨彈。》从手。平聲。《普耕切。11部。》/608

抪 (포)【pū ㄆㄨ】 [상][中][9] bù (넓게)퍼질

[설문] [7498] 捫持也。《謂捫按而持之也。〔金部:鋪〕下云。箸門抪首也。抪首者、人所捫摸處也。》从手。布聲。《普胡切。5部。》/597

披 (피)【pī ㄆㄧ】 [本][곁 부축할] (풀어)헤칠, 열, 펼

[설문] [7575] 從旁持曰披也。《『士喪禮』設披。『注』曰。披、絡柳(柳)棺上。貫結於戴。人君旁牽之以備傾虧。又執披者旁四人。『注』曰。前後左右各二人。此從旁持之義也。『五帝本紀』。黃帝披山通道。徐廣曰。披、【他本】亦作陂字。葢(蓋)當音詖。陂者、旁其邊之謂也。按披陂皆有旁其邊之意。中散能知之。而『索隱』云披音如字。謂披山林艸木而行、以通道也。此則司馬貞不知古義之言。葢俗解訓披爲開。『廣韵(韻)』云披、開也。分也。散也。〔木部:柀〕訓析也。柀靡字如此作。而淺人以披訓析。改「柀靡」爲「披靡」。莫有能諟正者。》从手。皮聲。《敷羈切。舊彼義切。古音在16部。》/602

担 (자)【chā ㄔㄚ】 [상][中][9][작] zhā 잡을, 건질 ■저:잡아당길, 건져낼 ■차:가질 ■사:같을

[설문] [7611] 挹也。《『方言』曰。担、摣、取也。南楚之閒凡取物溝泥中謂之担。亦謂之摣。》从手。且聲。讀若樝梨之樝。《樝梨、見〔木部〕。側加切。古音在5部。按『方言』担、摣實一字也。故許有担無摣。》/605

抰 (앙)【yǎng ㄧㄤˇ】 수레고삐로 때릴

[설문] [7684] 曰(以)車鞅擊也。《鞅者、馬頸靼也。鞅抰疊韵(疊韻)。》从手。央聲。《於兩切。10部。》/609

抲 (하)【hē ㄏㄜ】 지휘할 ■타:멜(擔也) ■가:지휘할 ■나:체포할

[설문] [7648] 抲。《此複擧字之未刪(刪)者。》撝也。从手。可聲。《虎何切。17部。》『周書』曰盡執抲。《【小徐本】抲下有獻字。葢(蓋)誤衍。『酒誥』文。『今-尚書』「抲」作「拘」。字之誤也。此如許所言苛之字止句也。『後漢:郡國志』菏水譌爲苟水正同。『周書』當盡執爲逗。下云抲以歸於周。謂指(指)撝以歸於周也。》/606

抴 (예)【yè ㄧㄝˋ】 끌(견인) ■열:같은 뜻 ■설:맥짚을

[설문] [7703] 捈也。《厂下曰。抴也。臾下曰。束縛捽抴也。抴與曳音義皆同。『檀弓』。負手曳杖。釋文。曳作「抴」。【俗刻】誤从木。非也。『九歌』。桂櫂兮蘭抴。王逸曰。櫂、楫也。抴、船旁板也。按『毛詩:傳』云。楫所以擢舟也。故因謂楫爲擢。擢者、引也。船旁板曳於水中。故因謂之抴。俗字作「櫂」、作「枻」。皆非是也。》从手。世聲。《余制切。15部。俗作「拽」。》/610

抵 (저)【dǐ ㄉㄧˇ】 닥뜨릴(거역할), 겨룰(대항) ■지:칠 ■제:밀칠

[설문] [7480] 擠也。《排而相歫也。》从手。氐聲。《丁禮切。15部。》/596

抶 (질)【chì ㄔˋ】 종아리 칠

[설문] [7682] 笞擊也。《笞所以擊也。抶之見『左傳』者多矣。》从手。失聲。《敕栗切。12部。》/609

拂 (불)【fú ㄈㄨˊ】 떨칠, 건드릴, 갈(去也) ■필:도울, 바람에 움직이는 모양 ■비:흡사할

[설문] [7690] 過擊也。《徐鍇曰。擊而過之也。〔刀部〕曰。刜、擊也。與拂義同。》从手。弗聲。《敷勿切。15部。》/609

拇 (무)【mǔ ㄇㄨˇ】 엄지 손가락

[설문] [7459] 將指也。《將指、謂手中指也。『大射禮』。右巨指鉤弦。『注』云。右巨指、右手大擘也。又設決朱極三。『注』云。三者、食指將指無名指。小指短、不用。『左傳:定十四年』。闔廬傷將指。取其一屨。『注』云。其足大指見斬。遂失屨。『易:咸』。『初六』。咸其拇。馬、鄭、薛、虞皆云。拇、足大指也。合【三經】而言之。手以中指爲將指爲拇。足以大指爲將指爲拇。此手足不同偁(稱)也。許謂手中指。

『易』拇、『荀』作母。》从手。母聲。《莫厚切。古音在 1部。》/593

拈 (념)【niǎn ㄋㄧㄢˇ】 [상]㊥⑨[작] niān 비빌, 집을 ■**점**:같은 뜻

[설문] [7511] 撫也。《『篇』、『韵(韻)』皆云。拈(指)取也。》从手。占聲。《奴兼切。7部。》/598

拉 (랍)【lā ㄌㄚˉ】 꺾을, 끌

[설문] [7482] 摧也。《『公羊傳』。搚榦(幹)而殺之。何曰。搚、折聲也。按搚亦作拉。此上文摧一曰折也之義。》从手。立聲。《盧合切。7部。》/596

拊 (부)【fǔ ㄈㄨˇ】 어루만질, (가볍게)칠, 악기이름, 손으로 붙일

[설문] [7520] 揗也。《揗者、摩也。古作「拊揗」。今作「撫循」。古今字也。『堯典』曰。擊石拊石。拊輕擊重。故分言之。又『皐陶謨』搏拊、樂器名。『明堂位』作「拊搏」。》从手。付聲。《芳武切。古音在 4部。》/598

批 (자)【zhǐ ㄓˇ】 [상]㊥⑨[작] zǐ 꺼두를(꼭잡을), 끌

[설문] [7533] 捽也。《捽之訓在下。按『玄應書』兩(兩)引『說文』批、擮也。擮居逆反。謂擮、撮取也。又引『通俗文』掣挽曰批。按【玄應本】較【今本】爲長。但【許本】無擮。祇用戟。是亦以俗字改【許書】也。》从手。此聲。《側氏切。15、16部。此與下手上此字義別。》/599

掌 (자)【zì ㄗˋ】 쌓을 ■**기**:같은 뜻

[설문] [7577] 積也。《『小雅:車攻』曰。助我擧(擧)柴。『傳』曰。柴、積也。『箋』云。雖不中、必助中者擧積禽也。柴、許所據作「𢫦」。此聲責聲古同在 16部。以疊韵(疊韻)爲訓。》从手。此聲。《前智切。『詩』釋文引『說文』士賣反。出『音隱』。》『詩』曰。助我擧(擧)𢫦。《『西京賦』作「擧胔」。『薛-注』。胔、死禽獸將腐之名。》一曰搣頰旁也。《「一日」二字『廣韵(韻)』及【小徐本】及『集韵』、『類篇』皆有之。是也。無此則與上文積也矛盾。而積也卽釋『車攻』。又非引日圛、引垔譺說而釋之之比。上文搣下云𢫦也。此𢫦下云搣頰旁也。是二篆爲轉注。亦考老之例。搣頰旁可以休老。見『莊子』。『莊子』亦作「呰㨍」。叚(假)借字。》/602

拍 拍(박)【pò ㄆㄛˋ】 [상]㊥⑨[작] pāi 칠(두드릴) ※ 박(拍)의 본래 글자 ■**백**:속음 ■**맥**:칠

[설문] [7519] 拊也。《『釋名』曰。拍、搏也。手搏其上也。按許釋搏曰索持。則【古經】搏訓拍者、字之叚(假)借。『考工記』。搏埴之工。『注』曰。搏之言拍也。云之言者、見其義本不同也。》从手。百聲。《普百切。古音在 5部。讀如粕。》/598

拏 [나]【ná ㄋㄚˊ】 잡을, 이끌, 맞당길 ■**녀**:서로 당길、주무를、번거로울(拿는 俗字)

[설문] [7707] 持也。从手。奴聲。《【各本】篆作「挐」。解作如聲。此與前文訓牽引之挐互譌也。今正。煩挐、紛挐字當从如。女居切。拏攫字當从奴。女加切。古音同在 5部而形異(異)。猶〔糸部:絮絮〕二篆也。》一曰誣也。《『方言』曰。嘲哰、謰謱、拏也。『郭-注』。言諸拏也。女加反。又曰。拏、楊州會稽之語也。或謂之惹。或謂之𧫷。〔許-言部〕曰。諸拏、羞窮也。『方言』及〔言部〕字皆从奴。亦可證篆體作挐之繆。》/610

[참고] 나(拏)

拑 [겸]【qián ㄑㄧㄢˊ】 [本][길] 재갈 먹일, 다물

[설문] [7488] 脅持也。《謂脅制而持之也。凡脅之爲制。猶膺之爲當也。鬼谷子有飛鉆。鉆卽拑字。》从手。甘聲。《巨淹切。8部。》/596

[형성] (1자) 겸(箝 𥮜)2834

拓 (척)【zhí ㄓˊ】 넓힐(개척할) ■**탁**:손으로 받을, 물리칠

[설문] [7614] 拾也。《『有司徹』篇。乃摭于魚腊俎。俎釋三个。其餘皆取之。摘下云。拓果樹實也。『儀禮』摭古文作「摕」。此實非一字。因雙聲而異。》陳宋語。《『方言』。摭、取也。陳宋之間曰摭。》从手。石聲。《之石切。古音在 5部。》
𢮦拓或从庶。《石聲庶聲皆古音 5部。》/605

拔 (발)【bá ㄅㄚˊ】 뺄, 가릴(선별), 오늬 ■**패**:밋밋할 ■**벌**:털어뀌 ■**별**:쓸어버릴

[설문] [7625] 擢也。从手。犮聲。《蒲八切。15部。》/605

拕 (타)【tuō ㄊㄨㄛˉ】 (질질)끌 ※ 타(拖)와 같은 글자

[설문] [7701] 曳也。《〔申部〕曰。束縛捽抴爲臾。又曰。臾者、臾曳也。然則臾之義略同抴。一說臾本作「抴」。後人避諱改之。『南越傳』。拕舟而入水。『論語』。加朝服拕紳。『易』。終朝三褫之。【鄭本】作「拕」。叚(假)拕爲褫也。『高誘-注:淮南』遇盜拕其衣云。拕、奪也。》从手。它聲。《託何切。17部。『廣韵(韻)』又徒可切。》/610

拘 (구)【jū ㄐㄩˉ】 [本][그칠] 잡을, 잡힐, 껴안을 거리낄 ■**거**:그루터기 ■**국**:가질

[설문] [1379] 止也。從手句。《手句者、以手止之也。》句亦聲。《擧(擧)朱切。古音在 4部。讀如鉤。》/88

拙 (졸)【zhuó ㄓㄨㄛˊ】 [상]㊥⑨[작] zhuō 졸할(서툴), 자신의 것에 대한 겸칭

[설문] [7655] 不巧也。《不能爲技巧也。》从手。出聲。《職說切。15部。》/607

拚 (변)【pàn ㄆㄢˋ】 [상]㊥⑨[작] biàn 손뼉 칠 ※ 반(拌)과 같은 글자 ■**분**:떨, 쓸

[설문] [7601] 拊手也。《拊、揗也。拍(拍)、拊也。此不但言拊、言拊手者、謂兩手相拍也。今人謂歡拚是也。『漢書』、『吳都賦』皆云拚射。孟康曰。手搏爲拚。此則謂兩人手相搏也。》从手。弁聲。《皮變切。14部。俗作「抃」。》/604

招 (초)【zhāo ㄓㄠˉ】 (손짓하여)부를, 묶을, 과녁 ■**소**:배회할, 소요할 ■**교**:들(擧也)

[설문] [7549] 手評也。《「評」【各本】作「呼」。今正。呼者、外息也。評者、召也。不以口而以手。是手評也。『匏有苦葉:傳』

日。招招、號召之皃(貌)。按【許書】召者、評也。號者、嘑也。是用手用口通得云招也。》从手。召聲。《止搖切。2部。》/601

拜 𢷎 𢱭 拝 배【bài ㄅㄞˋ】절, (주는 것을)받을, 벼슬 줄

설문 7472 首至手也。《【各本】作「首至地也」。今正。首至地謂䭫首。拜中之一。不可該九拜。拜之名生於空首。故許言首至手。『周禮』之空首。【他經】謂之拜手。『鄭-注』日。空首、拜頭至手。所謂拜手也。『何-注:公羊傳』日。頭至手日拜手。『某氏-注:尙書:大甲、召誥』日。拜手、首至手也。何以謂之頭至手。〔足部〕日。跪者、所以拜也。旣跪而拱手。而頭俯至於手、與心平。是之謂頭至手。『荀卿子』日平衡日拜是也。頭不至於地。是以『周禮』謂之空首。空首者、對䭫首頓首之頭箸(着)地言也。詳言日拜手。省言日拜。拜本專爲空首之偁(稱)。引申之則䭫首、頓首、肅拜皆日拜。䭫首者何也。拜頭至地也。旣跪而拱手下至於地。而頭亦下至於地。『荀卿』所謂下衡日䭫首。『白虎通』、『鄭-注:周禮』、『何-注:公羊』、『某氏-注:尙書:召誥』、『趙-注:孟子』皆日。拜頭至地日䭫首是也。頓首者、拜頭叩地也。旣跪而拱手下至於地。而頭不徒下至地。且叩觸其頟。是之謂頓首。『荀卿』所謂至地日䭫顙也。『周禮』之頓首、卽【他經】之䭫顙。故『周禮:注』云。頓首、頭叩地。『士喪禮』、『檀弓:䭫顙:注』云。頭觸地。叩、觸一也。凡言拜手䭫首、言拜䭫首者、先空首而後䭫首也。言拜而後䭫顙者、先空首而後頓首也。言䭫顙而後拜者、先頓首而後空首也。言䭫顙而不拜者、徒頓首而不空首也。空首、䭫首、頓首三拜爲經。振動、吉拜、凶拜、奇拜、褒拜、肅拜爲緯。「振動」者、戰栗變動之拜。有不必爲此三拜而爲此三拜者也。「吉拜」者、拜之常也。當拜而拜、當䭫首而䭫首是也。凡䭫首未有用於凶者也。「凶拜」者何也。拜而後䭫顙、䭫顙而後拜皆是也。凡頓首未有不用於凶者也。「奇拜」者、一拜也。一䭫首、一頓首亦是也。簡(簡)少之詈(詞)也。「褒拜」者、拜不止於再也。䭫首頓首不止於再者、亦是也。多大之詈也。「肅拜」者、婦人之拜不低頭者也。總計之日九拜。凡云拜手者、頭至手。故其字从手。作𢷎(捧)。》从手𠦪(𠦪)。《𠦪見〔夲部〕。疾也。徐鍇日从𠦪者、言進趨之疾。按『釋名』日。拜於丈夫爲跌。跌然屈折下就地也。博怪切。15部。》𢱭 古文𢷎(𢱭)。从二手。《葢(蓋)从二手、而比聲。凡拜必兼用首、手、足三者。而造字者重手。故从手。䭫首、頓首、則重頭。故从首、頁。○又『汗簡』日。𢱭出『說文』。是則从二古文手也。但楊雄說𢱮〈居竦.〉从网(兩)手作𢱭。豈不相混乎。》𢱭 楊雄說。𠦪从网(兩)手下。《葢『爰禮』等所說楊所作『訓纂篇』中字如此。凡空首、首至手而平衡。手未嘗下於心也。䭫首、頓首則下矣。楊葢兼三拜而製此字也。見於『周禮』者作𢷎(拜)。【他經】皆同子雲作。》/595

형성 (1자) 배(湃)

◀ 제 6 획 ▶

拮 䂲 (길)【jié ㄐㄧㄝˊ】 本[길거할] 열심히 일할 ■결:같은 뜻 ■갈:속음 ■알:수레 삐걱거릴 ■걸:들(擧也)

설문 7660 口手共有所作也。《『豳風』。予手拮据。『傳』日。拮据、撠挶也。手病口病故能免於大鳥之難。『韓詩』日。口足爲事日拮据。韓之足、卽毛之手也。許葢(蓋)合毛韓爲此訓。》从手。吉聲。《古屑(屑)切。12部。》『詩』日。予手拮据。《『鴟鴞』文。》/607

抍 (증)【zhěng ㄓㄥˇ】 건질, 도울(구원), 들어올릴

설문 7590 上擧(擧)也。出休爲抍。从手。丞聲。『易』日。抍馬壯吉。《【各本】篆作 𢪛。解無出休爲抍四字。丞聲作升聲。抍馬作抍馬。今皆正。『易:明夷』釋文日。丞音抍救之抍。『說文』云擧(擧)也。子夏作抍。『字林』云。抍、上擧。音承。然則『說文』作抍。『字林』作抍。在呂時爲古今字。陸引無「上」字。而『李-注:羽獵賦』引有之。『李-注:謝靈運擬鄴中集詩』、『曹植-七啓』、『潘昜(最)-九錫』文、『傅亮-修張良廟教』、『王巾-頭陁寺碑』皆引『說文』出溺爲抍。是【古本】確有此四字。『方言』日。𨅒、抍、拔也。出休爲抍。出火爲𨅒。『方言』之書字多經轉寫。改作抍、卽以今字改古字之一。抑或子雲固如此作、許不之錄耳。用抍馬壯吉。『周易:明夷:六二, 爻辭』。其字今作抍。陸氏德明作丞。云抍救之抍。猶『艮』不承其『隨』云承音抍救之抍、『左傳』目於眢井而承之云承抍救之抍也。『葉林宗-抄:文淵閣-宋本』不誤。通志堂、抱經堂皆改大字爲抍。殊非。『集韵(韻)』抍承撜抍丞五形同字。丞承卽取諸『艮』、『隨』二卦釋文。『類篇』丞作承。【今本】釋文改丞爲抍。遂使『集韵』、『類篇』之本原泯沒(沒)矣。『羽獵賦』。丞民乎農桑。李引『聲類』丞亦抍字。此丞之證也。『列子』。使弟子竝流而承之。『張-注』。承音抍。引『方言』出溺爲承。此承之證也。『玉篇』日。氶、『聲類』云抍字。然則『聲類』之作丞、作氶固難考。『集韵』日。氶者、承之或體。『玉篇』日。抍音蒸。又上聲。葢(蓋)古多讀平聲。今則讀上聲。古音在 6部。陸云音抍救之抍。『玉篇』、『廣韵』皆云。蒸上聲。不作反語者、『廣韵』云無韵切也。無韵切者、此韵字少。庱硫䃘又皆難識也。》撜 抍或从登。《「抍」【各本】作「抍」。今正。丞聲、登聲皆 6部也。升聲亦 6部。而此篆古从丞、从登、不从升者、丞登皆有上進之意。形聲中有會意。【經典】登作升皆叚(假)借字。升之本義實於上擧無涉。》/603

拱 𢫬 (공)【gǒng ㄍㄨㄥˇ】 두 손 마주 잡을, 팔짱 낄

설문 7470 斂手也。《「斂」當作「撿」。與下篆相聯爲文。『尙書:大傳』日。拱則抱鼓。『皇侃-論語:疏』日。拱、沓手也。九拜皆必拱手而至地。立時敬則拱手。如『檀弓』孔子與門人立拱、『論語』子路拱而立、『玉藻』臣侍於君垂拱是也。行而張拱日翔。凡拱不必皆如抱鼓也。推手日揖、則如抱鼓。拜手、則斂於抱鼓。稽首頓首、則以其斂於抱鼓者下之。引手日厭、則又較斂於拜手。凡沓手、右手在內。左手

在外。是謂尙左手。男拜如是。男之吉拜如是。喪拜反是。左手在內。右手在外。是謂尙右手。女拜如是。女之吉拜如是。喪拜反是。『喪服記』。袪尺二寸。『注』曰。袪、袖口也。尺二寸足以容中人之併兩手也。吉時拱尙左手。喪時拱尙右手。合『內則』、『奔喪』、『檀弓』尙左尙右之文繹之。可以知拱時沓手之宐(宜)矣。拱古文叚(假)借作共。『鄕(鄉)飮酒禮:注』曰。共、拱手也。○『尙書:大傳:注』曰。兩手搤(搤)之曰拱。然則桑穀一暮大拱、『孟子』拱把之桐梓皆非沓手之拱。拱之小者也。趙岐云。合兩手。徐鍇云。兩手大指頭相拄。》从手。廾(共)聲。《居竦切。9部。》/596

拲 (공)【gǒng ㄍㄨㄥˇ】 수갑지를 ■국:같은 뜻
설문 7711 兩(兩)手廾(共)同械也。《『周禮:掌囚』。上罪梏拲而桎。鄭司農云。拲者、兩(兩)手廾一木也。》从手。廾聲。《此擧(擧)形聲包會意。居竦切。9部。》『周禮』曰。上辠梏拲而桎。 拲或从木。《猶桎梏字。》/610

拳 (권)【quán ㄑㄩㄢˊ】 주먹, 주먹 쥘, 권법
설문 7461 手也。《合掌指而爲手。故掌指二篆廁手拳二篆之閒。卷之爲拳。故『檀弓』曰。執女手之拳然。》从手。类(关)聲。《巨員切。14部。》/594

● 拍 칠, 두드릴 박(拍)-본자

拹 (협)【xié ㄒㄧㄝˊ】 접을, 개킬, 꺾을 ■랍:꺾을
설문 7570 摺也。《『公羊傳』曰。使公子彭生送桓公。於其乘焉。拹幹而殺之。幹者、脅骨也。何曰。拹者、折聲也。「拹」或作「擸」者、或體也。或作拉者、叚(假)借字也。》从手。劦聲。《虛業切。7部。》一曰拉也。《上文曰。拉者、摧也。》/602

拾 습【shí ㄕˊ】 주을, 집을, 거둘, 벼슬 이름 ■십:열 ■섭:오를
설문 7616 掇也。《『史記:貨殖傳』曰。俯有拾。仰有取。射有決拾。『毛傳』曰。決、所以鉤弦也。拾、遂也。拾韝左臂。卽俗所謂收拾也。『曲禮』。拾級聚足。鄭曰。拾讀爲涉。聲之誤也。》从手。合聲。《是執切。7部。》/605
형성 (1자) 칩(湁)6861

捆 (인)【yīn ㄧㄣˉ】 나아갈, 인할 ※ 인(因)과 같은 글자
설문 7645 就也。《捆與因音義同。今則因行而捆廢矣。》从手。因聲。《於眞切。12部。》/606

持 (지)【chí ㄔˊ】 (손에)가질、지닐
설문 7486 握也。从手。寺聲。《直之切。1部。》/596

挂 (괘)【guà ㄍㄨㄚˋ】 그림족자 ■화:거리낄, 걸, 걸릴 ■규:나눌, 이별할
설문 7700 畫(畵)也。《畫(畵)【葉本】作「宣」。『李文仲-字鑑』亦作「宣」。『六書故』云【唐本】作「縣」。『玉篇』亦作「懸」也。『特牲:禮』曰。實于左袂。挂于季指。卒角。鄭云。挂袪以小指者、便卒角也。『易:毄(繫)辭:傳。』分而爲二以象兩(兩)。掛一以象三。『孔-疏』曰。掛其一於冣(最)小指間(閒)。皆於縣義合。【古本】多作「畫」者。此等皆有分別畫出之意。陸德明云。掛、別也。後人乃云懸挂。俗製掛字耳。許訓畫者、古義疊(疊)爲訓。【唐本】訓縣、非古也。『禮:注』云。古文「掛」作「卦」。》从手。圭聲。《古賣切。16部。》/609

挃 (질)【zhí ㄓˊ】 ㊓㊥⑨㉶ zhì 本[벼 벨] 칠(때릴)
설문 7667 穫禾聲也。《『周頌:良耜』曰。穫之挃挃。『傳』曰。挃挃、穫聲也。》从手。至聲。《陟栗切。12部。》『詩』曰。穫之挃挃。/608

指 (지)【zhǐ ㄓˇ】 손발가락, 가리킬
설문 7460 手指也。《手非指不爲用。大指曰「巨指」、曰「巨擘」。次曰「食指」、曰「啑鹽指」。中曰「將指」。次曰「無名指」。次曰「小指」。叚(假)借爲〔恉(恉):心部〕曰。恉、意也。》从手。旨(旨)聲。《職雉切。15部。》/593

挈 (설)【qiè ㄑㄧㄝˋ】 (손으로)끌, 가지런히 할 ■결:속음 ■계:이지럽질, 끊어질, 거북등을 불로 지져 점칠 ■혈:달아올릴 ■갈:홀로 갈
설문 7487 縣持也。《縣者、系也。胡涓切。下文云。提、挈也。則提與挈皆謂縣而持之也。今俗語云挈帶。古叚(假)借爲契栔字。如爰挈我龜(龜)。『傳』云。挈、開也。又如絜字下云。樂浪挈令。》从手。㓞聲。《苦結切。15部。》/596

按 (안)【àn ㄢˋ】 (내리)누를, 어루만질, 당길 ■알:누를, 그칠
설문 7515 下也。《以手抑之使下也。〔印部〕曰。抑者、按也。》从手。安聲。《烏旰切。14部。》/598

挋 (진)【zhèn ㄓㄣˋ】 (남에게)줄, 검소할, 닦을 ■근:닦을(拭也)
설문 7543 給也。《給者、相足也。『士喪禮』曰。乃沐櫛。挋用巾。又曰。浴用巾。挋用浴衣。『注』曰。挋、晞也。淸也。按晞者、乾之也。浴用巾、旣以巾拭之矣。而復以浴衣挋之。謂抑按之使乾。此乾彼溼(濕)。可互相足。故曰給也。『爾雅』曰。挋、拭、刷、淸也。渾言之也。析言之、則挋與拭不同。故【許書】㕞飾也、撴飾也爲一義。挋給也又爲一義也。》从手。臣聲。《章刃切。12部。》一曰約也。《約者、纏束也。此挋之別一義也。》/600

挌 (격)【gé ㄍㄜˊ】 칠(때릴) ※ 격(格)과 같은 글자 ■락:칠 ■학:이끌
설문 7710 擊也。《凡今用格鬥字當作此。『後漢:陳寵傳』。斷(斷)獄者急於篣挌酷烈之痛。『注』引此『說文』。『周禮:注』曰。若今時無故入人室宅廬舍、上人車船、牽引人欲犯法者。其時格殺之。無罪。『公羊:定:四年:注』曰。挾弓者、懷格意也。『莊:卅一年:注』。古者方伯征伐不道。諸矦交格而戰者。誅絕其國。此等格字皆當从手。》从手。各聲。《古覈切。古音在 5部。》/610

𢫬 (공)【gǒng ㄍㄨㄥˇ】 옹호할, 안을
설문 7475 攤也。从手。巩(巩)聲。《居竦

手 4 ⑥

切。9部。按此篆已見〔毌部〕。爲玏之或字。此不當重出。當是淺人所增。刪(刪)之可也。孚訓擁、則當與擁篆相聯爲文。增之者廁非其所矣。》/596

挏 (동)【dòng ㄉㄨㄥˋ】밀었다 당겼다 할
설문 7548 推引也。《「推」【各本】作「擁(擁)」。今依『廣韵(韻)』、『韵會本』。推讀如或推或輓之推。謂推之使前也。》从手。同聲。《徒總(總)切。9部。》漢有挏馬官。作馬酒。《見『百官公卿表』、『禮樂志』。應劭曰。主乳馬。取其乳汁挏治之。味酢可飲。因以名官。如淳曰。主乳馬。以韋革爲夾兜。受數斗。盛馬乳。挏其上肥。因名曰挏馬官。今梁州亦名馬酪爲馬酒。『顔氏家訓』曰。此謂撞擣挺挏之。今爲酪酒亦然。按挺挏字見『淮南子』。》/601

挐 나【ná ㄋㄚˊ】이끌, 가질, 흐트러질 ■녀:이끌, 번거로울 ■여:가질
설문 7507 牽引也。从手。如聲。《按【各本】篆作拏。解作奴聲。別有挐篆。解云持也。从手如聲。女加切。二篆形體互譌。今正。挐字見於【經】者、僖元年獲莒挐。【三傳之經】所同也。其義則『宋玉-九辯』曰。枝煩挐而交橫。『王-注』。柯條、糾錯而削嶷。『招寬(魂)』。稻粢穱麥。挐黃粱些。『王-注』。挐、糅也。『王逸-九思:殽亂兮紛挐:注』。君任佞巧。競疾忠信。交亂紛挐也。『左思-吳都賦』。攢柯挐莖。『李-注』曰。『許愼-注:淮南子』云。挐、亂也。凡若此等皆於牽引義爲近。而『漢:霍去病傳』。昏、漢匈奴相紛挐。此如『九思』紛挐同。謂漢與虜相亂也。而『師古:注』乃云。紛挐、亂相持搏也。以亂釋紛。以相持搏釋挐。大非語意。竊意其時『說文』已同【今本】。故顔從而傅會耳。葢(蓋)其字本如聲。讀女居切。其義爲牽引。『廣韵:九，魚挐:注』牽引。未嘗作拏。『說文』拏訓持。卽今所用攫拏字也。其字奴聲。讀女加切。『廣韵:麻韵:拏挐』兩(兩)收。淆亂其義。『玉篇』有挐無拏。訓爲持也。乃同『今本-說文』。孫强輩所改耳。》一曰己也。《【小徐本】有此四字。》/598
형성 (1자) 여(澤 [illegible])6991

挑 (조)【tiào ㄊㄧㄠˋ】㊤㊥⑨㉳ tiāo 本[긁을]야박할, 희롱지거리할, 꾈 ■도:(싸움)돋울, 떨칠, 흔들릴, 오며가며 서로 보는 모양
설문 7560 撓也。《下文云。撓者、擾也。擾者、煩也。挑者、謂撥動之。『左傳』云挑戰是也。》从手。兆聲。《土凋切。2部。》一曰摷也。《摷者、拘擊也。小徐摷下有「爭」。》『國語』曰。郤至挑天。《『周語:單襄公』語。【韋本】作佻天。『注』云。佻、偸也。今按佻天之功、以爲己力。與『左傳』天實置之、而二三子以爲己力。語意正同。然則許意爲一曰摷爭作證。》/601

◀ 제 7 획 ▶

挨 (애)【āi ㄞˉ】밀칠(떼밀)
설문 7678 擊背也。《『列子』。攩拯挨扰。『張-注』曰。烏駭反。推也。》从手。矣聲。《於駭切。1部。今俗音平聲。》/608

捝 (탈)【tuō ㄊㄨㄛˉ】벗어날, 깨달을 ■세:씻을(닦을) ■예:움직일
설문 7607 解捝也。《今人多用「脫」。古則用「捝」。是則古今字之異也。今「脫」行而「捝」廢矣。》从手。兌聲。《他括切。15部。》/604

挫 (좌)【cuò ㄘㄨㄛˋ】꺾을(부러뜨림)
설문 7483 摧也。《此亦上文摧一日折也之義。『考工記』。揉牙內不挫。『注』云。挫、折也。『詩』。乘馬在廏。摧之秣之。『傳』曰。摧、挫也。『箋』云。挫今莝字也。『傳、箋-今本』譌舛。今正之如是。》从手。坐(坐)。《則臥切。17部。》/596

振 (진)【zhèn ㄓㄣˋ】떨칠, 떨, 거둘
설문 7591 擧(擧)救之也。《「之」字依『韵(韻)會』補。【諸史籍】所云振給、振貣是其義也。凡振濟當作此字。俗作「賑」、非也。『匡謬正俗』言之詳矣。》从手。辰聲。《章刃切。13部。》一曰奮也。《此義則與震略同。『采芑:傳』曰。入曰振旅。『振鷺:傳』曰。振振、羣(群)飛皃(貌)。『七月:傳』曰。沙雞(鷄)羽成而振訊之。皆此義。『麟止、殷其雷:傳』曰。振振、信厚也。則此義之引申(申)。葢(蓋)未有不信厚而能奮者。》/603

挶 (국)【jú ㄐㄩˊ】㊤㊥⑨㉳ jū 本[가질] (흙 나르는)들것
설문 7564 戟持也。《戟持者、手如戟而持之也。『左傳』。褚師出。公戟其手。杜云。抵徒手屈肘如戟形。『鄭-注:斯干如矢斯棘』云。如人挾弓矢戟其肘。按古者戟之制。其鋒謂之援。援體斜橫出。故人下其肘、〈臂卩〉翹其捥與手似之。亦謂之戟。『鴟鴞:傳』曰。拮据、戟挶也。字本作戟。俗加手旁。非是。謂有所操作、曲其肘如戟而持之也。》从手。局聲。《居玉切。3部。》/601

挹 (읍)【yì ㄧˋ】(액체를)뜰, 누를, 당길, 읍할(절의 일종)
설문 7609 抒也。《『大雅』曰。泂酌彼行潦。挹彼注茲。》从手。邑聲。《於汲切。7部。》/604

挺 (정)【tǐng ㄊㄧㄥˇ】뺄, 뽑을, (빨리)달릴, 너그러울, 고을이름
설문 7629 拔也。《『左傳』。周道挺挺。直也。『月令』。挺重囚。寬(寬)也。皆引申之義。》从手。廷聲。《徒鼎切。11部。》/605

挻 (연)【chán ㄔㄢˊ】㊤㊥⑨㉳ shān 本[길] 당길, (흙을)이길, 달아날 ■선:속음
설문 7530 長也。《『商頌』。松桷有挻。『傳』曰。挻、長皃(貌)。此許所本也。『字林』云。挻、長也。丑連反。此又本許也。自寫『詩』者譌从木作「梴」。又以梴竄入『說文:木部』。而終古長誤矣。此義丑連反。若『老子』挻埴以爲器、其訓和也。柔也。其音始然反、音羶。其俗字作「埏」。見於『詩』、『老子:音義』甚明。而【今本】譌舛。又『方言』挻、取也。凡取物而逆謂之篡。〔楚部〕或謂之挻。此義音羊羶反。》从手

延。延亦聲。《小徐本》作「从手延聲」四字。式連切。按當作丑延切。14部。篆體右㫃(蓋)从延。延丑連切。解當依小徐作「从手延聲」四字。》/599

挕 (접)【niè ㄋㄧㄝˋ】 ㊥ zhé ㉮ dié 비빌 ■녑: 같은 뜻

설문 7510 拈也。从手。耴聲。《丁愜切。8部。》/598

挾 (협)【xiá ㄒㄧㄚˊ】 ㉠㊥㊥⑨㉮ xié 갓게할, 낄, 도울

설문 7499 俾持也。《俾持、謂俾夾而持之也。〔亦部:夾〕下曰。盜竊褱物也。俗謂蔽人俾夾。然則俾持正謂藏匿之持。如今人言懷挾也。『孟子』挾貴、挾賢、挾長、挾有勲(勳)勞、挾故。此皆本義之引申。音胡頰切。若[詩禮]之挾矢、『周禮』之挾日。音皆子協反。挾日、【干本】作帀日。『左傳』作浹。謂十日徧也。『禮:注』。方持弦矢曰挾。謂矢與弦成十字形也。皆自其交會處言之。『古文-禮』挾皆作接。然則接矢爲本字。挾矢爲叚(假)借字與。》从手。夾聲。《【各本】作「夾聲」。篆體亦从二人。今皆正。从二入。以形聲中有會意也。胡夾切。8部。》/597

捀 (봉)【fēng ㄈㄥ】 ㊥㊥⑨㉮ féng (두 손을 높이 들어)받들

설문 7584 奉也。《奉者、承也。》从手。夆聲。《敷容切。9部。》/603

括 括括(괄)【kuà ㄎㄨㄚˋ】 ㊥㊥⑨㉮ kuò (머리를)묶을, 묶음

설문 7647 絜也。《絜者、麻一耑(端)也。引申(申)爲絜束之絜。凡物圍度之曰絜。賈子度長絜大是也。束之亦曰絜。[凡經]言括髮者、皆謂束髮也。〔髟部〕曰。髻者、絜髮也。然則束髮曰髻。括爲凡物緫(總)會之偁(稱)。『毛詩:傳』曰。括、至也。其引申之義也。『易』括囊、借爲昏字也。》从手。昏聲。《古活切。15部。》/606

捄 (구)【jū ㄐㄩ】 本[흙 파올릴] 담을, (가늘고)길

설문 7659 盛土於梩中也。《〔木部〕曰。梠者、徙土輂也。或作「梩」。『大雅』捄之陑陑。『傳』曰。捄、蘽也。陑陑、眔(衆)也。『傳』云。築牆者、捊聚壤土。盛之以蘽而投諸版中。『孟子』蘽梩竝言。趙曰。蘽梩、籠臿之屬。可以取土者也。許說專爲釋『大雅』而言。》从手。求聲。《舉(擧)朱切。古音在 3部。》一曰捊也。《【各本】作「擾」。今依『韵(韻)會本』正。捊者、引堅也。於前義相近。捊之乃後盛之。》『詩』曰。捄之陑陑。《『大雅:緜』文陑音而。亦作「陾」、誤。今依『玉篇』。》/607

捇 (혁)【huò ㄏㄨㄛˋ】 本[찢어질] ■적: 덜(제거할)

설문 7651 裂也。《『周禮』有赤犮氏。『注』云。赤犮猶捇拔也。捇拔、葢(蓋)漢時有此語。》从手。赤聲。《呼麥切。釋文呆昔反。古音在 5部。》/607

捈 (도)【tú ㄊㄨˊ】 ⑨ tuō 本[끌] (앞으로)끌, 떠낼(퍼낼) ■토: 당길 ■야: 같은 뜻 ■터: 펼 ■처: 속음 ■차: 던질

설문 7702 臥引也。《臥引謂横而引之也。『廣雅』曰。捈、舒也。》从手。余聲。《同都切。5部。》/610

捉 (착)【zhuō ㄓㄨㄛ】 잡을, 쥘

설문 7528 搤也。从手。足聲。《側角切。3部。》一曰握也。《上文云握者、搤持也。與此爲轉注。》/599

捊 (부)【páo ㄆㄠˊ】 ㊥㊥⑨㉮ póu 本[뽑을] (논밭을)갈, (손으로)긁어 모을, 움켜쥘

설문 7539 引堅也。《「堅」[各本]作「取」。今正。『詩』釋文作「堅」。[今本]譌爲取土二字。非也。堅義同聚。引堅者、引使聚也。『玉篇』正作「引聚也」。『大雅』。捄之陑陑。『傳』曰。捄、蘽也。陑陑、眔(衆)也。『箋』云。捄、捊也。度、投也。築牆者捊聚壤土。盛之以蘽。而投諸版中。此引聚之正義。『箋』與『傳』互相足。賓筵之仇、鄭(鄭)讀爲剩。此捄、鄭釋爲捊。皆於其音之相近得其義也。『常棣』。原隰(濕)裒矣。『傳』云。裒、聚也。此重聚不重引、故不言引但言聚也。裒者、捊之俗。『易』。君子以裒多益寡。鄭、荀、董、蜀才作「捊」。云取也。此重引、故但言取也。》从手。孚聲。《步侯切。3部。》『詩』曰。原隰捊矣。《六字[小徐本]有。『玉篇』引亦有。》 抱 捊或从包。《古音孚聲包聲同在 3部。後人用抱爲褱袌字。葢(蓋)古今字之不同如此。》/600

捋 (랄)【lè ㄌㄜˋ】 ㊥㊥⑨㉮ luō 뽑기 쉬울, 쏙쏙 뽑을

설문 7522 取易也。《按捋與寽二篆義別。寽見〔受部〕。云五指(指)寽也。五指寽者、如用指取禾采之穀是也。捋則訓取易而義不同。『詩』。薄言捋之。捋采其劉(劉)。『傳』曰。捋、取也。此捋之本義也。若『董逌-詩詁』曰。以指歷取也。『朱子-詩:集傳』曰。捋取其子也。此於今之俗語求其義。而不知今之俗語、[許書]自有本字。凡訓詁之宐(宜)審愼如此。O 寽下云五指捋也。[宋本]云五指持也。皆未是。『廣韵(韻):六、術』云。寽、持取。今寽禾是。是則許當本作「五指持取也」。五指持而取之。於義乃合。》从手。寽聲。《郎(郎)括切。15部。》/599

捎 소【shāo ㄕㄠ】 本[추릴] 가릴(選也), 훽 채갈, 칠, 뚝뚝 두드릴

설문 7595 自關已西凡取物之上者爲撟捎。《取物之上、謂取物之顚也。捎之言梢也。『方言』曰。撟、捎、選也。自關而西秦晉之閒(間)凡取物之上謂之撟捎。按今俗語云捎帶是也。『西京賦:注』曰。捎字、捎取之。『孝(考)工記』捎其藪、捎溝。『注』曰。捎、除也。其引申(申)之義。》从手。肖聲。《所交切。2部。》/604

형성 (1자) 소(筲 䈾)2792

捐 (연)【juān ㄐㄩㄢ】 버릴, 지출할, 기부(헌납)

설문 7713 棄也。《〔華部〕曰。棄、捐也。二篆爲

轉注。》从手。昌聲。《與專切。14部。按俗音居專切。》/610

捕 (포)【bǔ ㄅㄨˇ】잡을
설문 7697 取也。《此與搏義別。》从手。甫聲。《薄故切。5部》/609

捘 (준)【juàn ㄐㄩㄢˋ】㊤㊥⑨㉛ zùn 밀칠, 물리칠
설문 7477 推也。《謂排擠也。》从手。夋聲。《子寸切。13部。『左傳:音義』子對反。》『春秋傳』曰。捘衞(衛)矦之手。《『定:八年:左傳』曰。將歃。涉佗捘衞　矦之手及捥。此謂衞矦欲先歃。涉佗執其手卻(却)之。由指掌逆推及於擘也。杜云。皿及捥。非。》/596

◀ 제 8 획 ▶

捦 (금)【qín ㄑㄧㄣˊ】움켜쥘
설문 7493 急持衣捦也。《此篆古叚(假)借作「禽」。俗作「擒」、作「捦」。走獸總名曰禽者、以其爲人所捦也。又按此解五字、當作急持也一曰持衣裣也九字乃合。必轉寫有譌奪矣。》从手。金聲。《巨今切。7部。》 䥐或从禁。《禁聲。》/597

搭 (답)【dà ㄉㄚˋ】㊤㊥⑨㉛ tà 골무, 칼전대 ■탑:가릴, 모뜰
설문 7656 縫指搭也。《縫指(指)搭者、謂以鍼紩衣之人恐鍼之棃其指。用韋爲箍韜於指以藉之也。搭之言重沓也。射韝亦謂之臂搭。》从手。沓聲。讀若罤。《徒合切。8部。》一曰韋韜。《謂如射韝韜於臂者。》/607

捨 (사)【shě ㄕㄜˇ】버릴, 베풀
설문 7513 釋也。《釋者、解也。按【經傳】多叚(假)舍爲之。》从手。舍聲。《書冶切。古音在 5部。》/598

捪 (문)【mín ㄇㄧㄣˊ】씻을
설문 7551 撫也。《此冢上訓揗之撫而言。今人所用抆字、〔許-土部:墀〕下所用捫字皆卽捪字也。》从手。昏聲。《武巾切。13部。》一曰摹也。《摹者、規也。》/601

捫 (문)【mén ㄇㄣˊ】(움켜)잡을, 더듬을
설문 7500 撫持也。《撫、安也。一曰揗也。謂安揗而持之也。『大雅』。莫捫朕舌。『傳』曰。捫、持也。渾言不分析也。若王猛捫蝨之類。又專謂摩挲。》从手。門聲。《莫奔切。13部。》『詩』曰。莫捫朕舌。《『大雅:抑』文。》/597

捭 (패)【bǎi ㄅㄞˇ】던질, 칠, 뻐갤 ■배:속음 ■비:헐(毁也) ■벽:쪼갤
설문 7686 㒳(兩)手擊也。《謂左右㒳手橫開旁擊也。引申之爲『鬼谷子』之捭闔。捭之者、開也。闔之者、閉也。『禮記』。燔黍捭豚。叚(假)捭爲擘字。》从手。卑聲。《北買切。16部。》/609

据 (거)【jū ㄐㄩ】가질, 힘써 일할, 길거할, 곧은목(直項)
설문 7565 戟挶也。《『鴟鴞』。予手拮据。『傳』曰。拮据、戟挶也。『公羊:注』叚(假)据爲據。》从手。居聲。《九魚切。5部。》/602

捲 (권)【juǎn ㄐㄩㄢˇ】㊤㊥⑨㉛ quán 本[기세] (둘둘)말
설문 7675 气勢也。《謂作「气有勢也」。此與拳音同而義異。『小雅:巧言』。無拳無勇。『毛傳』曰。拳、力也。『齊語』。桓公問曰。於子之鄕(鄉)。有拳勇股肱之力秀出於衆者。韋云。大勇爲拳。此皆叚(假)拳爲捲。葢(蓋)與【古本】字異。『齊風:箋』云。權、勇壯也。權者、捲之異體。》从手。卷聲。《巨負(員)切。14部。按『五經文字』本部權字下曰。从手作「權」者、古拳握字。从手之權、【字書】、【韵(韻)書】皆不錄。惟『盧令-鄭:箋』云。鬈讀當爲權。權、勇壯也。又『吳都賦』。覽將帥之權勇。『李:注』云。『毛詩』無拳無勇。權與拳同。此㒳(兩)處字、今雖譌作權。从木。然可知其必『五經文字』所謂从手之字也。是可以知【字書】、【韵書】遺屚之古字甚多。莫之能補。【古書】之譌繆亦甚多。莫之諟正也。》『國語』曰。有捲勇。《『齊語』文。『廣韵(韻)』引『說文』、有上有「子」字。》一曰捲收也。《此別一義。卽今人所用舒卷字也。『論語』。卷而懷之。叚(假)卷字爲之。『廣韵』書拳字亦當作捲。此義音居轉切。》/608

捶 (추)【chuí ㄔㄨㄟˊ】종아리 칠 ■수:같은 뜻 ■타:헤아릴
설문 7687 目(以)杖擊也。《『內則:注』曰。捶、擣之也。引申之、杖得名捶。猶小擊之曰扑、因而擊之之物得曰扑也。擊馬者曰箠。》从手。垂(垂)聲。《之壘切。壘當作「垒」。16部。》/609

捷 (첩)【jié ㄐㄧㄝˊ】(전쟁)이길 ■잡:속음 ■삽:꽂을(插同)
설문 7717 獵也。《以疊(疊)爲訓。謂如逐禽而得之也。》軍獲得也。《『小雅』。一月三捷。『傳』曰。捷、勝也。『箋』云。往則庶乎一月之中三有勝功。『春秋經』。齊矦來獻戎捷。『易』。晝日三接。『內則』。接以大牢。『鄭-注』皆讀爲捷、勝也。是古文叚(假)借字也。又按『大雅』征夫捷捷、言樂事也。又『有瞽:傳』曰。業、大板也。捷業如鋸齒。皆其引申之義。》从手。疌聲。《疾葉切。8部。》『春秋傳』曰。齊人來軒隆捷。《『莊:三十一年』。『左氏』、『公』、『穀』皆作齊矦。按作人近是。不必覩來。》/610

捼 (뇌)【nuò ㄋㄨㄛˋ】㊤㊥ ruó ⑨ tuó ㉛ nuó (손으로)비빌 ■쇠:칠, 만질 ■휴:제지낼 ■수:같은 뜻 ■라:다스릴
설문 7633 摧也。《「摧」【各本】作「推」。今依『玉篇』、『韵(韻)會』、『文選:注』、『玄應-梵書:音義』正。摧者、擠也。『周禮』守祧、『禮經:士虞、特牲、少牢隋祭』。或作「隋」、作「墮」。或作「挼」。或作「綏」。隋當是正字。挼、綏當是叚(假)借。鄭云。下祭曰墮。墮之言猶墮下也。按隋聲妥聲同在古 17部。許云挼、摧也。摧亦有墮下之義。挼篆

疊韵(疊韻)雙聲皆當妥聲。下挼莎一解、則更當从妥。不待言矣。》从手。妥聲。《【各本】作委聲。今正。徐鉉日。俗作「挼」。非。乃因『說文』無妥而爲此謬說也。奴禾切。16、17部。》一日兩(兩)手相切摩也。《『玄應』引無摩字。『阮孝緒-字略』云。煩撋猶挼莎。今人多用此義、而字作「挪」。》/605

捽 (졸)【zú ㄗㄨˊ】 ㊤㊥⑨㉨ zuó (머리를)잡을, 뽑을

설문 7535 持頭髮也。《『金日磾傳』。日磾 捽胡、投(投)何羅殿下。孟康日。胡音互。捽胡、若今相僻臥輪之類也。晉灼日。胡、頸也。捽其頸而投殿下也。》从手。卒聲。《昨没(沒)切。15部。》/599

捾 (알)【wò ㄨㄛˋ】 꺼낼, 긁어낼, (끌어)당길

설문 7473 搯捾也。《捾乃複擧(擧)字。誤移搯下耳。義理與抉略同。今人剜字當作此。大徐附剜於〔刀部〕。非也。》从手。官聲。《烏括(括)切。14部。》一日援也。《援者、引也。》/595

掀 (헌)【xiān ㄒㄧㄢˉ】 (손으로)번쩍 들 ■흘:들 ■흔:같은 뜻 ■근:들

설문 7588 擧(擧)出也。《掀之言軒也。》从手。欣聲。《虛言切。古音在 13部。虛斤切。》『春秋傳』日。掀公出於淖。《『成:十六年:左傳』文。釋文日。捧轂擧(擧)之。則公軒起也。徐許言反。一日掀、引也。胡根反。○ 又按陸引『字林』云。火氣也。葢(蓋)呂氏所見『昭:十八年:左傳』作行火所掀。與【今本】作「焮」不同。亦謂火氣高擧也。》/603

掄 (론)【lún ㄌㄨㄣˊ】 가릴(선별), 꿰뚫을 ■륜:가릴(擇也)

설문 7526 擇也。《『晉語』。君掄賢人之後有常位於國者而立之。『韋-注』。掄擇也。『周禮』。凡邦工入山林而掄材。不禁。『鄭-注』。掄猶擇也。按鄭意掄之本訓不爲擇。故日猶。》从手。侖聲。《盧昆切。13部。》/599

掇 (철)【duó ㄉㄨㄛˊ】 주울, 노략질할

설문 7617 拾取也。《『周南:傳』日。掇、拾也。》从手。叕聲。《都括切。15部。》/605

授 (수)【shòu ㄕㄡˋ】 줄(수여, 가르침)

설문 7541 予也。《予者、推予也。象相予之形。》从手受。《手付之、令其受也。故从手受。》受亦聲。《殖酉切。3部。》/600

掉 (도)【diào ㄉㄧㄠˋ】 흔들, 흔들릴 ■도:속음 ■뇨:소리 울릴 ■낙:같은 뜻

설문 7578 搖也。《掉者、搖之過也。搖者、掉之不及也。許渾言之。》从手。卓聲。《徒弔切。2部。》『春秋傳』日。尾大不掉。《『左傳:昭:一年』文。》/602

掊 (부)【pǒu ㄆㄡˇ】 ㊤㊥⑨㉨ póu 本[잡을] (속의 것을 드러내)헤칠, 공격할 ■북:속음 ■복:자빠질 ■배:이길(克也), 성씨

설문 7521 杷(把)也。《「杷」【各本】作「把」。今正。〔木部〕日。杷者、收麥器也。引申爲凡用手之偁(稱)。掊者、五指(指)杷之。如杷之杷物也。『史』、『漢』皆言掊視得鼎。師古日。掊、手杷土也。杷音蒲巴反。其字从木。按今俗用之刨字也。『大雅』日。曾是掊克。『傳』日。掊克、自伐而好勝人也。以自伐釋掊、以好勝人釋克。未得其解。【定本】「掊」作「倍」。『正義』謂己兼倍於人而自矜伐。似【定本】爲是矣。然『孟子書』亦作「掊克」。『趙-注』但云不良也。知『詩』本不作「掊」。毛意謂掊爲倍之叚(假)借字。掊有聚意。與捊音義近。有深取意。則不同捊也。『毛詩』釋文云。掊克、聚斂也。此謂同捊也。『方言』日。掊、深也。『郭-注』云。掊尅、深能。以深釋掊、以能釋尅。此亦必古說。但皆非毛義。『方言』掊訓深、與許說合。○ 『六書故』引【唐本】作「捊也」。不若【顏(顏)氏本】作「杷」。》从手。咅聲。《父溝切。『廣韵(韻)』薄侯切。古音在 1部。》今鹽官入水取鹽爲掊。《『百官志:注』引『胡廣』日。鹽官掊坑而得鹽。》/598

掌 장【zhǎng ㄓㄤˇ】 손바닥, 맡을, 고달플, 성씨, 거머리

설문 7458 手中也。《手有面有背。背在外則面在中。故日手中。『左傳』云有文在手者、在掌也。『釋名』云。水泆出所爲澤日掌。水渟處如手掌中也。『詩』。或王事鞅掌。『傳』日。鞅掌、失容也。『箋』云。鞅猶何也。掌謂捧之也。玉裁按凡『周禮』官名掌某者、皆捧持之義。》从手。尙聲。《諸兩切。10部。》/593

참고 탱(撐)버틸, 퉁길, 취할(가질)

掍 (혼)【gǔn ㄍㄨㄣˇ】 ㊤㊥⑨ hùn 섞을, 합칠

설문 7719 同也。《『方言』。掍、同也。宋衞(衛)之間或日掍。【漢人-賦】多用掍字。》从手。昆聲。《【古本】切。13部。》/611

掎 (기)【jǐ ㄐㄧˇ】 한다리 끌, 당길

설문 7637 偏引也。《【一本】作偏引一足也。見李賢、司馬貞所引。此依『左傳:注』增二字耳。『左傳』日。譬如捕鹿。晉人角之。諸戎掎之。『杜-注』云。掎之、掎其足也。『國語』。掎止晏萊。韋云。從後日掎。『子虛賦』腳麟。司馬彪云。腳、掎也。『詩』。伐木掎矣。『傳』日。伐木者掎其顚。》从手。奇聲。《居綺切。古音在 17部。》/606

排 (배)【pái ㄆㄞˊ】 밀어젖힐, 물리칠

설문 7478 擠也。《今義列也。》从手。非聲。《步皆切。15部。》/596

掔 (간)【qiān ㄑㄧㄢˉ】 本[굳을] 단단할, 두터울 ■견:덮 끌 ※ 견(牽)과 같은 글자

설문 7583 固也。《掔之言堅也、緊也。謂手持之固也。或叚(假)借爲牽字。如『史記』鄭襄公肉袒掔羊、卽『左傳』之牽羊也。俗用慳吝字。亦爲掔之俗。》从手。臤聲。《苦閑切。14部。》讀若『詩』赤舃掔掔。《掔掔當依『豳風』作「几几」。『傳』日。几几、絇皃(貌)。掔在 12部。几在 15部。云讀若者、古合音也。》/603

手 4 ⑧

掕 (릉)【lǐng ㄌㄧㄥˋ】 [상][中][9][작] líng 말 머무를, 머무를

[설문] [7673] 止馬也。《掕馬、猶勒馬也。疑『易』拯馬壯、拯乃掕之叚(假)借。》从手。夌聲。《里甑切。6部。》 /608

掖 (액)【yì ㄧˋ】 [상][中][9][작] yè 겨드랑(에 낄)

[설문] [7722] 㠯(以)手持人臂也。《【各本】臂下有「投地」二字。今依『左傳:音義』刪(删)正。『左傳』。衛人伐邢。【二禮】從國子巡城。掖以赴外。殺之。赴當是仆之誤。『正義』日。『說文』云。掖、持臂也。謂執持其臂投之城外也。釋文日。『說文』云以手持人臂曰掖。陸孔所據皆無投地二字。淺人傳合左文增之。不知掖人者不必皆投地也。『詩:衡門:序』日。僖公愿而無立志。故作是『詩』以誘掖其君。鄭(鄭)云。掖、扶持也。是可證矣。》从手。夜聲。《羊益切。古音在 5部。》一曰臂下也。《此義字本作亦。或借掖爲之。非古也。『儒行』。逢掖之衣。『高后本紀』。見物如蒼犬據其掖。俗亦作「腋」。》 /611

掘 (굴)【jué ㄐㄩㄝˊ】 (구덩이를)팔, 우뚝 솟을, 암굴, 구멍 ■궐:뚫을 ■훌:같은 뜻 ■골:속음 ■올:우뚝할

[설문] [7662] 搰也。《二篆疊韵(疊韻)轉注。按凡【字書】、【韵(韻)書】謂掘亦作闕者、似是而非也。『左傳』。闕地及泉。闕地下冰(氷)而牀焉。『國語』。闕爲深溝。通於商魯(魯)之閒。韋云。闕、穿也。凡云闕者、皆謂空之。與掘義別。》从手。屈(屈)聲。《衢勿切。15部。》 /607

探 (탐)【tàn ㄊㄢˋ】 [ㄱ][상][中][9][작] tān [本][더듬을] 찾을, 엿볼, 염탐할

[설문] [7631] 遠取之也。《探之言深也。『易』日。探嘖『索隱』。》从手。罙(罙)聲。《他含切。古音在 7部。》 /605

掤 (붕)【bēng ㄅㄥˉ】 [상][中][9][작] bīng 전동 뚜껑

[설문] [7714] 所㠯(以)覆矢也。《『鄭-大叔于田:傳』日。掤、所以覆矢也。『左傳』。公徒釋甲執冰(氷)而踞。冰者、掤之叚(假)借字。賈逵、服虔(虔)皆曰。冰、櫝丸葢(蓋)也。杜預云。或說櫝丸是箭箭。其葢可以取飮。》从手。朋聲。《筆陵切。6部。》『詩』日。抑釋掤忌。 /610

接 (접)【jiē ㄐㄧㄝˉ】 사귈, 모일, 이을(계승), 접할

[설문] [7547] 交也。《交者、交脛也。引申爲凡相接之偁(稱)。『周禮:廩人』接盛、讀爲一扱再祭之扱。》从手。妾聲。《子葉切。8部。》 /600

控 (공)【kòng ㄎㄨㄥˋ】 당길 ■강:칠(打也)

[설문] [7516] 引也。《引者、開弓也。引申之爲凡引遠使近之偁(稱)。『詩』。控於大邦。『傳』日。控、引也。此卽『左傳』所謂控告也。又抑磬控忌。『傳』日。騁馬日磬。止馬日控。按騁馬日磬者、如大明傳之俔、磬也。極辭也。止馬日控者、是亦引之使近之意也。》从手。空聲。《苦貢切。9部。》『詩』日。控于大邦。《『庸載馳』文。》匈奴引弓日控弦。《依『羽獵賦:注』訂。此引匈奴方語以證控引一也。『漢書』於匈奴或言「引弓」。或言「控弦」。一也。》 /598

推 [퇴]【tuī ㄊㄨㄟˉ】 물리칠, 밀칠, 내어밀, 옮길, 남에게 양보할 ■추:차례차례 옮길

[설문] [7476] 排也。《今六脂、十五灰殊其音義。古無二音二義也。》从手。隹聲。《他回切。15部。按『廣韵(韻)』又隹湯回二音。》 /596

[형성] (1자) 퇴(蓷)314

掩 (엄)【yǎn ㄧㄢˇ】 가릴, 숨길, 닫을, 엄습할

[설문] [7663] 斂也。小上日掩。《『釋器』。圜弇上謂之鼒。「弇上」當作「掩上」。》从手。奄(奄)聲。《衣檢切。8部。》 /607

措 [조]【cuò ㄘㄨㄛˋ】 (어느 곳에)둘, 던질 ■책:쫓아잡을, 핍박할 ■적:찌를

[설문] [7524] 置也。《置者赦也。立之爲置。捨之亦爲置。措之義亦如是。【經傳】多叚(假)錯爲之。『賈誼傳』叚厝爲之。》从手。筶(昔)聲。《倉故切。5部。》 /599

[형부] 색(簎)

掫 (추)【zhōu ㄓㄡˉ】 [상][中][9][작] zōu 야경 돌

[설문] [7712] 夜戒守有所擊也。《【一本】無「守」字。有所擊、謂鼓(鼓)類也。『襄:卄五年:左傳』。陪臣干掫有淫者。杜云。干掫、行夜也。『昭:卄年:傳』。賓將掫。杜云。掫、行夜也。『周禮:鎛師』、掌固皆云。夜三鼜。杜子春云。謂擊鼓行夜戒守也。『春秋傳』所謂賓將趣。趣與鼜音相近。許不云擊鼓、而云有所擊者、凡有聲可警覺者皆是。若欜、亦行夜所擊者也。》从手。取聲。《子侯切。4部。》『春秋傳』日。賓將掫。 /610

◀ 제 9 획 ▶

掾 (연)【yuàn ㄩㄢˋ】 [本][인연] 아전(하급 관리) ■전:뛰어 좇을

[설문] [7518] 緣也。《緣者、衣純也。『既夕禮:注』。飾衣領袂口日純。引申爲凡夤緣邊際之偁(稱)。掾者、緣其邊際而陳掾也。陳掾猶經營也。『易:卦辭』日彖。謂文王緣卦以得其義。然則彖者、掾之叚(假)借字與。漢官有掾屬。正日掾。副日屬。『漢:舊注』。東西曹掾比四百石。餘掾比三百石。屬比二百石。此等皆翼輔其旁者也。故日掾。》从手。彖聲。《以絹切。14部。》 /598

揫 (추)【jiū ㄐㄧㄡˉ】 모을, (보이지 않게)가릴

[설문] [7582] 聚也。《『商頌』。百祿是遒。『傳』日。遒、聚也。按傳謂此遒爲揫之叚(假)借字。》从手。酉聲。《卽由切。3部。》 /603

揃 (전)【jiǎn ㄐㄧㄢˇ】 자를, 뽑을

[설문] [7531] 搣也。《搣之訓見下。揃謂搣也。『急就篇』。沐浴揃搣寡合同。『莊子』。眥媙可以休老。本亦作揃搣。揃搣者、道家修養之法。故『莊』云可以休老。史游與沐俗寡合同類言。寡合同、卽嗇精寡慾之說也。若『士喪禮』、『士虞禮』之蚤揃。蚤讀爲爪。謂斷(斷)爪。揃讀爲翦。許作剃。謂剃須也。『士虞禮』揃或爲鬋。『曲禮』亦作蚤鬋。

[작] 作家出版社〔董蓮池-說文解字考正〕 [9] 九州出版社〔柴劍虹-說文解字〕 [ㄱ] 陝西人民出版社〔蘇寶榮-說文解字今注今譯〕 [상] 上海古籍出版社〔說文解字注〕 [中] 中華書局〔臧克和-說文解字新訂〕

『注』云。鬋鬢也。釋鬋爲制理鬢髮。是『禮經』揃字爲剃若鬋之叚(假)借。而不用揃之本義。『顔師古-注:急就』日。揃搣、謂鬋拔眉髮也。葢(蓋)去其不齊整者。顔氏誤以『禮經』之揃釋『莊、史』之揃搣。是誤以叚(假)借爲本義也。訓詁不通其源、斯誤有如此者。○『莊子』釋文引『三倉』云。揃猶翦也。云猶翦、則翦非本義。『三倉』不妨言叚借。惟『說文解字』不言叚借。》从手。歬(前)聲。《卽淺切。14部。》/599

揄 (유)【yú ㄩˊ】(질질)끌, 빈정거릴, (절구에서)퍼낼 ■우:같은 뜻 ■요:옷에 꿩 그릴 ■두:당길 ■투:늘어질 ■추:손 늘어뜨리고 걸을 ■수:기울어진 모양

설문 7598 引也。《『漢:郊祀歌』日。神之揄。臨壇宇。師古云。揄、引也。『史記』。揄長袂。『廣韵(韻)』。揄揚、詭言也。皆其引申之義。『大雅』。或舂或揄。叚(假)揄爲舀也。》从手。俞聲。《羊朱切。古音在 4部。》/604

揅 揅(연)【yán ㄧㄢˊ】문지를, 갈(연마할)

설문 7640 摩也。从手。研聲。《『宋本』奪此字。今依小徐、『集韵(韻)』、『類篇』補。『易』。極深研幾。蜀才作「揅」。䊵堅切。14部。》/606

揆 (규)【kuí ㄎㄨㄟˊ】헤아릴, 법도, 벼슬

설문 7603 度也。《『各本』作「葵」也。今依『六書故』所據『唐本』正。度者、法制也。因以爲揆度之度。今音分去入。古無二也。『小雅』。天子葵之。『傳』日。葵、揆也。謂叚(假)葵爲揆也。》从手。癸聲。《求癸切。15部。》/604

提 (제)【tí ㄊㄧˊ】(손으로)끌, 들, 걸 ■시:새 떼 지어 나를, 고을이름

설문 7509 挈也。《挈者、縣持也。攜(携)則相竝。提則有高下。而互相訓者、渾言之也。》从手。是聲。《杜兮切。16部。》/598

插 揷(삽)【chā ㄔㄚ】꽂을, 가래

설문 7525 刺內也。《「內」『各本』作「肉」。今正。內者、入也。刺內者、刺入也。『漢人-注:經』多叚(假)捷字、扱字爲之。》从手。臿聲。《楚洽切。8部。》/599

揖 (읍)【yī ㄧ】읍할(절의 일종), 사양할

설문 7468 攘也。《「攘」汲古閣改作「讓」。誤。此與下文攘推也相聯爲文。『鄭-禮:注』云。推手曰揖。凡拱其手使前曰揖。凡推手小下之爲土揖。推手小擧(舉)之爲天揖。推手平之爲時揖也。『成:十六年』。敢肅使者。則若今人之長揖。》从手。咠聲。《伊入切。8部。》一曰手箸匈日揖。《此別一義。上言揖以爲讓。謂手遠於胸。此言手箸於胸日揖者。箸直略切。『禮經』有揖有厭。厭一涉切。推手日揖。引手日厭。推者、推之遠胸。引者、引之箸胸。如『鄕(鄉)飲酒』。主人揖先入。此用推手也。賓厭衆(衆)賓。此用引手也。謙若不敢前也。今文厭皆作揖。則『今文-禮』有揖無厭。許君於『禮』或從古文。或從今文。此手箸胸日揖。葢(蓋)於此從今文。不從古文。是以統謂之揖尒。推手引手隨宜(宜)而用。今人謙讓亦兼有此二者。『周禮:疏』、『儀禮:疏』厭或作「撎」。譌字不可從。》/594

揗 (순)【shùn ㄕㄨㄣˋ】(상)㊥(작) shǔn 어루만질, 좇을(순종)

설문 7517 摩也。《『廣雅』日。揗、順也。『廣韵(韻)』日。手相安慰也。今人撫循字、古葢(蓋)作「揗」。循者、行順也。『淮南』日。引揗萬物。『高-注』。引揗、拔擢也。讀允恭之允。》从手。盾聲。《食尹切。13部。『廣韵』詳遵切。》/598

揙 (편)【biǎn ㄅㄧㄢˇ】(상)㊥⑨(작) biàn (손으로)칠, 때릴

설문 7704 搏也。从手。扁聲。《婢沔切。古音在 12部。》/610

揚 (양)【yáng ㄧㄤˊ】(위로)오를

설문 7586 飛擧(舉)也。从手。昜聲。《與章切。10部。》𢿸古文揚。从攴(攵)。《『漢-碑』用颺歷。他文用敭歷。皆用『今文-尙書:般庚』之優賢揚歷也。》/603

㨎 (열)【ruǎn ㄖㄨㄢˇ】(상)㊥⑨(작) rǔ 本[물들일] ■유:물에 담글 ■연:문댈

설문 7597 染也。《如染繒爲色也。》从手。耎聲。《而泉反。14部。》『周禮』日。六日㨎祭。《『各本』篆作「擩」。解作「需聲」。引『周禮』作「擩祭」。今正。古音耎聲在 14部。需聲在 4部。其音晝(畫)然分別。後人乃或淆亂其偏旁本从耎者譌而从需。而音由是亂矣。『周禮:大祝九祭』。六日㨎祭。『士虞禮』、『特牲:饋食禮』、『少牢:饋食禮』、『有司:徹四篇』經文几用㨎字二十。『唐-石經:周禮』、『士虞』皆作「擩」。『特牲』、『少牢』、『有司』皆作「㨎」。參差乖異。此非『經』字不一。乃『周禮、士虞:經』淺人妄改也。郭璞而沿反。李善而緣反。劉(劉)昌宗而玄反。陸德明而泉反。皆耎聲之正音也。杜子春讀如虞芮之芮。郭璞而悅反。劉昌宗而誰反。顔師古如閱反。陸德明而劣反。皆耎聲之音轉也。古音 14、15部冣(最)相近之理也。今則『周禮』、『禮經』、『漢書』、『子虛賦:注』皆誤从需。『玉篇』擩而主切。『廣韵(韻):麌韵』作「擩」。切而主。薛韵作「㨎」。切如劣。不知其本爲一字。而『五經文字』云。㨎如悅反。『字書』無此字。見『禮經』。擩汝主反。見『周禮』。是則『唐-開成石經』正用張參之說。故『周禮』與『儀禮』異字。不知何以就『禮經』中『士虞』與『他篇』又異字也。張氏云『周禮』作「擩」。汝主反。今按『周禮』釋文日而泉反。一音而劣反。劉(劉)又而誰反。絶無汝主一反。不可以證『陸氏-周禮』之本作「㨎」乎。『士虞禮』釋文日。如悅反。劉而玄反。又而誰反。與『特牲』、『少牢』、『有司:音義』皆同。亦不言而主反。又不可以見『士虞』之本作「㨎」乎。其云『字書』無㨎字。則其所據『說文』已爲俗改之本。有擩無㨎。而不知『說文-古本』之有㨎無擩也。『禮經:注』日。㨎、染也。『李奇-子虛賦:注』日。染、㨎也。》/604

※ ㊥⑨(작) 판본에서 물들일 유(擩)자로 나온다.

搜 (수)【sōu ㄙㄡ】여럿의 생각, 찾을, 화살 빨리 가는 소리

설문 7720 衆意也。《其意爲衆。其言爲搜(搜)也。『魯

手 4 ⑨

(魯)頌:泮水』曰。束矢其搜。『傳』曰。五十矢爲束搜。衆意也。此古義也。與『考工記:注』之藪略同。鄭司農云。藪讀爲蜂藪之藪。後鄭云。蜂藪者、衆輻之所趨也。》一曰求也。《索下曰。入家捜也。》从手。叜聲。《所鳩切。3部。》『詩』曰。束矢其捜。/611

換 (환)【huàn ㄏㄨㄢˋ】바꿀, 바뀔, 갈릴(교체될) 설문 7721 易也。从手。奐聲。《胡玩切。14部。》/611

揜 (엄)【yǎn ㄧㄢˇ】가릴, 곤박할, 빠를 설문 7540 自關以東取曰揜。《取上【俗本】有「謂」字。今依【宋本】。『方言』曰。掩、索、取也。自關而東曰掩。自關而西曰索。或曰狙。按『許-所據:方言』葢(蓋)作「揜」。『李善-注:子虛、上林賦』引『方言』亦作「揜」也。『今-廣雅』掩、取也。字作「掩」。》从手。弇聲。《衣檢切。7部。》一曰覆也。《弇、葢也。故从弇之揜爲覆。凡『大學』揜其不善、『中庸』誠之不可揜皆是。》/600

揟 (서)【xū ㄒㄩ】물 품을 설문 7665 取水沮也。《「沮」『玉篇』、『廣韵(韻)』作「具」。非也。取水之具或以木、或以瓦缶。則製字不當从手矣。沮今之渣字。『集韵:九麻』曰。柞、滓也。亦作「渣」。取水渣者、必浚之漉之。如釃酒然。然則揟與〔水部〕之湑音義皆同。今所謂濾水也。『周禮』謂伺捕盜賊爲胥、亦此意。淺人不得其解。遂改沮爲具。非製字之意。》从手。胥聲。《相居切。5部。》武威有揟次縣。《見『漢:地理志』、『郡國志』。孟康曰。揟子如反。次音咨。》/607

揠 (알)【yà ㄧㄚˋ】(박힌 것을)뽑을 설문 7626 拔也。《『孟子』。宋人有閔其苗之不長而揠之者。趙云。揠、挺拔之欲亟長也。『方言』。揠、擢、拂、戎、拔也。自關而西或曰拔。東齊海岱之閒曰揠。》从手。匽聲。《烏黠(黠)切。14、15部。》/605

擥 (완)【wàn ㄨㄢˋ】(한)줌, 움큼, 팔뚝 설문 7462 手擥也。《【各本】作「手擥」。今正。擥者、手上臂下也。〔肉部〕曰。臂者、手上也。肘者、臂節也。〔又部〕曰。厷者、臂上也。是則肘以下手以上、渾言之曰臂。析言之、則近手處曰擥。『士喪禮』。設決麗于擥。『注』云。擥、手後節中也。云後節中者、肘以上爲前節。則肘以下爲後節。後節之中以上爲臂、則以下爲擥也。俗作「捥」。『左傳』。涉佗捘衞(衛)矦之手及捥。非古字也。》从手。叚聲。《依『韵(韻)會』。此四字在此。叚見〔目部〕。烏貫切。14部。》楊雄曰。擥、握也。《此葢(蓋)『楊雄-倉頡訓纂:一篇』中語。握者、搤(搤)持也。楊說別一義。凡『史』、『漢』云搤擥、扼腕者皆壘(疊)字。言持手游民也。》/594

握 (악)【wò ㄨㄛˋ】쥘, (한)줌, 주먹, 손아귀 ■옥:조그마한 모양 ■우:악수 설문 7503 搤持也。《按下文云搤、一曰握也。》从手。屋聲。《於角切。3部。》𡳿古文握。《『淮南:詮言訓』。𡳿無所鑒。謂之狂生。『高-注』。𡳿、持也。所鑒者、玄德也。持無所鑒。所持者非玄德。故謂之狂生。合『文選:任彥昇哭范僕射詩:注』及『今本-淮南子』可得其眞矣。『俶眞訓』曰。其所居神者、臺簡(簡)以游大淸。此臺亦疑𡳿之誤。》/597

揣 (취)【chuǎi ㄔㄨㄞˇ】헤아릴, 시험할 ■췌:속음 ■천:헤아릴 ■타:흔들 ■추:종아리 칠 ■단:모을(聚貌) 설문 7552 量也。《量者、稱輕重也。稱者、銓也。銓者、衡也。》从手。耑聲。《此以合音爲聲。初委切。14、15部。按『方言』常絹反、是此字古音也。〔木部〕有椯字。箠也。一曰度也。一曰剟也。聲義皆與此篆同、而讀兜果切。又今人語言用故敠字。上丁兼切。下丁括切。知輕重也。亦揣之或體。其音爲耑之雙聲。》度高曰揣。《『方言』同。『左傳』。揣高卑。『杜-注』云。度高曰揣。度深曰仞。按『國語』。竱本肇(肈)末。竱、卽『孟子』揣其本之揣。其義同也。》一曰捶之。《捶者、以杖擊也。椯訓箠。揣訓捶。其意一也。》/601

揤 (즉)【jì ㄐㄧˋ】(상)(中)⑨(작) jí 꺼두를, 제후 나라 ■질:닦을 ■즐:같은 뜻 설문 7534 捽也。从手。卽聲。《子力切。古音在12部。》魏郡有揤裴矦國。《『漢:地理志』作「卽」。『王子矦表』作「揤」。據此則『今本-地理志』誤也。》/599

⿰扌保 (부)【fǒu ㄈㄡˇ】(상)㊥ bǔ 옷 위로 칠 설문 7685 衣上擊也。《擊『集韵(韻)』、『類篇』皆作「攴」。攴者、小擊也。》从手。保(保)聲。《方口切。3部。方字類隔。當作「彼」。》/609

揫 (추)【jiū ㄐㄧㄡ】묶을, 거둘, 가늘, 모을 설문 7572 束也。《束者、縛也。『鄕(鄉)飮酒義』曰。西方者秋。秋之爲言愁也。愁讀爲揫。按〔韋部:𩏄〕、收束也。或从要作「𩏄」。或从秋手作「揫」。揫卽𩏄。然則此篆實爲重出也。》从手。秌(秋)聲。《卽由切。3部。》『詩』曰。百祿是揫。《『商頌:長發』文。『今-詩』作「遒」。『傳』曰。遒、聚也。》/602

揭 (게)【jiē ㄐㄧㄝ】(상)⑨(작) qì (높이)들, 게시할 ※ 〈명문한한대자전〉에는 '게' 음이 누락되었다. ■갈:높이 들 ■걸:높이 들, 수레 빠른 모양 ■계:높이 들 ■건:들 ■알:멜 설문 7589 高擧(舉)也。《見於『詩』者、『匏有苦葉:傳』曰。揭、褰裳也。『碩人:傳』曰。揭揭、長也。『蕩:傳』曰。揭、見根皃(貌)。》从手。曷聲。《去例切。又基竭切。15部。》/603

揮 (휘)【huī ㄏㄨㄟ】떨칠、다할、옮길 ■훈:뿜낼 ■혼:완전할 설문 7638 奮也。《按〔奞部:奮〕下曰。翬也。翬下曰。大飛也。此云奮也。揮與翬義略同。『玄應』引此下有「謂奮訊振去之也」七字。葢(蓋)庾儼默(默)注語。》从手。軍聲。《許歸切。13、15部。》/606

揯 (긍)【gēng ㄍㄥˉ】 당길
[설문] [7619] 引急也。《『淮南書』日。大弦揯則小弦絕。》 从手。恆聲。《古恆切。6部。》 /605

㨮 (삭)【shuò ㄕㄨㄛˋ】 팔 날씬할
[설문] [7464] 人臂皃(貌)。《『考工記:輪人』日。望其輻。欲其㨮爾而纖也。『注』云。㨮、纖殺小皃也。鄭司農讀爲紛容㨮參之㨮。㸚謂如桑螵 蛸之蛸。按紛容㨮參、出『上林賦』。》 从手。削聲。《所角切。2部。》 『周禮』日。輻欲其㨮尒。《大徐無尒字。非也。『今-記』作「爾」。『記』所見作「尒」。尒者、本字。䛐(詞)之必然也。爾者、叚(假)借字也。爾行而尒廢矣。》 /594

揲 (설)【shé ㄕㄜˊ】 하나하나 집으며 셀 ■엽:맥짚을 ■접:맥짚을 ■섭:셀 ■열 · 결 · 잡:같은 뜻
[설문] [7489] 閱持也。《閱者、具數也。更迭數之也。匹下日。四丈也。从八匸。八揲一匹。按八揲一匹、則五五數之也。五五者、由一五二五數之至於八五、則四丈矣。『毄(繫)辭:傳』日。揲之以四。以象四時。謂四四數之也。四四者、由一四二四數之至若干四、則得其餘矣。凡『傳』云三三、兩兩、十十、五五者皆放此。閱持者旣得其數而持之。故其字从手。》 从手。枼聲。《食折切。15部。按枼聲或在 8部。或在 15部。由古此 2部相合。同一世聲、而彼此皆用之。》 /596

㨔 (함)【hàn ㄏㄢˋ】 흔들
[설문] [7635] 搖也。《「搖」【宋本】作「播」。誤。》 从手。咸聲。《胡感切。古音在 7部。鉉日。今別作「撼」。非是。》 /606

援 (원)【yuán ㄩㄢˊ】 당길, 매달릴, 뽑을
[설문] [7622] 引也。《『大雅』。以爾鉤援。『毛傳』。鉤援、鉤、鉤梯也。所以鉤引上城者。又無然畔援。『傳』日。無是畔道。無是援取。》 从手。爰聲。《雨元切。14部。》 /605

擳 (치)【zhì ㄓˋ】 찌를
[설문] [7668] 刺也。《刺者、直傷也。『方言』日。擳、到也。『廣雅』日。擳、至也。》 从手。致聲。《陟利切。15部。》 一日刺之財至也。《財今纔字。『甘泉賦』日。洪臺崛其獨出兮。擳北極之嶟嶟。》 /608

◀ 제 10 획 ▶

搈 (용)【yǒng ㄩㄥˇ】 [상][中][9] róng [작] yóng 움직일, 불안할, 어지러울
[설문] [7580] 動搈也。《動搈、漢時語。『廣雅』日。搈、動也。》 从手。容聲。《余隴切。9部。》 /602

搉 (각)【què ㄑㄩㄝˋ】 칠, 두드릴, 대강, 도거리, 당길
[설문] [7688] 敲擊也。《敲、橫擿也。擿卽篆之隸(隸)變。搉與敲疊韵(疊韻)。又雙聲也。『廣雅』日。揚搉、都凡也。別一義。》 从手。隺聲。《苦角切。2部。》 /609

攓 (건)【qián ㄑㄧㄢˊ】 서로 구원할, 당길 ■간:같은 뜻
[설문] [7621] 相援也。从手。虔聲。《巨言切。14部。》 /605

損 (손)【sǔn ㄙㄨㄣˇ】 덜(감소할), 잃을, 낮출, 상할, 괘 이름
[설문] [7605] 減也。《〔水部〕日。減者、損也。二篆爲轉注。》 从手。員聲。《穌本切。13部。》 /604

搏 (박)【bó ㄅㄛˊ】 (움켜)쥘
[설문] [7494] 索持也。《「索」【各本】作「索」。今正。入室搜日索。索持、謂摸索而持之。『周禮:環人』。搏諜賊。釋文云。搏音博。又房布反。劉(劉)音付。『射人:注』。貍、善搏者也。行則止而擬度焉。其發必獲。釋文云。搏音博。劉音付。『士師:注』。胥讀爲宿偦之偦。偦謂司搏盜賊也。釋文云。搏音博。劉音付。『小雅:車攻:箋』。獸、田獵搏獸也。釋文云。搏音博。舊音付。按『小司徒:注』之伺捕盜賊、卽『士師:注』之司搏盜賊也。一用今字。一用古字。古捕盜字作搏。而房布反、又音付。猶後人所謂捫搎、摸㨶也。本部搏捕二篆皆收。捕訓取也。〔又部:取〕下云捕也。是與索持義迥別。今則捕行而搏廢。但訓爲搏擊。又按搏擊與索取無二義。凡搏擊者未有不乘其虛怯、扼其要害者。猶執盜賊必得其巢穴也。本無二義二音。至若『考工記』之搏埴、『虞書』之拊搏。此則拍(拍)字之叚(假)借。》 从手。尃聲。《補各切。此今音也。陸氏說又房布切。劉音付。皆古音也。5部。》 一日至也。《此別一義。葢(蓋)搏亦爲今之附近字。許則云駙者、近也。『左傳』則作「傅」。》 /597

搑 (용)【róng ㄖㄨㄥˊ】 [상][中][9][작] rǒng 짓찧을, 거둘 ■낭:막힐
[설문] [7643] 推擣也。《『漢書』。而僕又茸以蠶室。師古日。茸音人勇反。推也。謂推致蠶室之中也。如顏說、則茸者搑之叚(假)借字。》 从手。茸聲。《而隴切。9部。》 /606

搒 (방)【bèng ㄅㄥˋ】 [상][中][9] péng 배 저을, 매질할, 볼기칠 ■팽:[本][도지개] 배저을
[설문] [7709] 掩也。《『廣韵(韻)』日。笞打。今義也。》 从手。旁聲。《北孟切。古音在 10部。》 /610

搰 (홀)【hú ㄏㄨˊ】 밀칠 ■혼:자갈 먹일
[설문] [7658] 手推之也。从手。圂聲。《戶骨切。13、15部。》 /607

搔 (소)【sāo ㄙㄠˉ】 (손톱으로)긁을, 더듬을 ■조:손톱
[설문] [7557] 刮也。《「刮」【各本】作「括」。今正。括者、絜也。非其義。刮者、掊杷也。掊杷、正搔之訓也。『內則』。疾痛苛養。敬抑搔之。『注』日。抑、按。搔、摩也。摩馬日騷。其聲同也。又〔疒部:疥〕、搔瘍也。瘍之需手搔者、謂之搔瘍。俗作瘙瘍。釋文、『正義』已如此。》 从手。蚤聲。《穌遭切。古音在 3部。》 /601

[작] 作家出版社〔董蓮池-說文解字考正〕 [9] 九州出版社〔柴劍虹-說文解字〕 [ㄱ] 陝西人民出版社〔蘇寶榮-說文解字今注今譯〕 [상] 上海古籍出版社〔說文解字注〕 [中] 中華書局〔臧克和-說文解字新訂〕

搖 (요)【yáo ㄧㄠˊ】 흔들릴, 움직일(이동할), 근심으로 마음을 진정치 못할
[설문] [7579] 動也。从手。䍃聲。《余招切。2部。》/602

揊 (비)【pī ㄆㄧˉ】 손으로 칠 ※ 비(批)의 본래 글자 [별]:손 뒤집어질
[설문] [7641] 反手擊也。《『左傳』曰。宋萬遇仇牧于門。揊而殺之。『玉篇』所引如是。『今-左傳』作「批」。俗字也。》 从手。㮰(毘)聲。《匹齊切。15部。俗作「批」。》/606

搣 (멸)【miè ㄇㄧㄝˋ】 (손으로)문지를, 잡을
[설문] [7532] 㧜也。《「㧜」【各本】作「批」。【小徐本】及『集韵(韻)』、『類篇』、『廣韵』作「批」。今正。批者、批之譌。批者、㧜之譌也。〔手部:㧜批〕二篆義別。㧜下云。一曰㧜搣頰旁也。與此曰搣㧜也相爲轉注。『廣韵』、『玉篇』皆曰。搣者、摩也。然則搣頰旁者、謂摩其頰旁。養生家之一法。故『莊子』曰靜黙(默)可以補病。眥搣可以休老。眥搣卽㧜搣之叚(假)借字。【一本】作「揃搣」。釋文引『字林』搣、批也。千米反。批亦㧜之誤。若作批、則揊之俗字。訓反手擊也。尤誤。○ 按『廣韵』、『玉篇』云。摩也。此字本義。『廣韵』又曰。批也。批卽批之誤。又曰。捽也。捽卽批之解也。又云。手拔也。『玉篇』云。『莊子』云揃搣、拔除也。是皆用『師古-急就篇:注』而誤。葢(蓋)訓詁之難如此。》 从手。威聲。《亡列切。15部。》/599

搤 搤(액)【è ㄜˋ】 (손으로)조를, 쥘, 막을
[설문] [7529] 捉也。《『婁敬:傳』曰。搤其亢。拊其背。『楊雄傳』曰。搤熊羆。拕豪豬。搤其咽。炕其氣。皆謂捉持之。師古云。搤與扼同。依許則搤扼音雖同、而義迥別也。》 从手。益聲。《於革切。16部。》/599

搦 (닉)【nuò ㄋㄨㄛˋ】 [작] né (손으로)잡을
[설문] [7636] 按也。《按者、抑也。『周禮:矢人』。橈之以眡其鴻殺之稱。『注』曰。橈搦其榦(幹)。謂按下之令曲。則强弱見矣。『玄應書』曰。搦猶捉也。此今義、非古義也。古義搦同橈。》 从手。弱聲。《尼革切。釋文女角切。古音在 5部。》/606

搫 搬(반)【pán ㄆㄢˊ】 옮길(운반, 이사) [파]:터 닦을(除也)
[설문] [7599] 搫擭、《逗。》不正也。《『廣韵(韻)』。搫擬、宛轉也。今義也。》 从手。般聲。《薄官切。14部。》/604

搯 (도)【tāo ㄊㄠˉ】 (속에서)꺼낼, 두드릴
[설문] [7474] 捾也。《『魯(魯)語』。公父文伯母戒文伯之妾曰。無洵涕。無搯膺。『韋-注』。搯、叩也。膺、智也。按『韋-注』卽俗所謂椎心。『喪禮』有擗拊心也。則叩智亦未爲失。此正謂哀之甚。如欲挑出心肝者然。韋祇言其大致而已。今人俗語亦云搯出。『文選(選):長笛賦』。搯膺擗摽。李善引『國語』及『韋-注』而云苦洽反。殊誤。苦洽切當是掐字。从臽聲。爪刺也。下引『魏書:程昱傳』。昱於魏武前忿爭。聲氣忿高。邊人掐之乃止。是則从臽之掐。於搯膺豪不相涉也。『韓子』文搯擢胃腎、亦是用搯膺字。『通俗文』。捾出曰掏。爪按曰掐。掏卽搯也。許不錄掐。》 从手。舀聲。《土刀切。古音在 3部。》『周書』曰。師乃搯。《『尙書:大誓』文。『漢-大誓』有今文、古文之別。合於『伏生-二十八篇』者、後得之『大誓』。今文也。馬鄭所注者、孔壁之『大誓』。古文也。『尙書:大傳』。師乃慆。鄭云。慆、喜也。此『今文-大誓』也。許所偁(稱)作師乃搯。此『古文-大誓』也。如古文「流爲鵰」、今文作「流爲烏」之比。詳『古文-尙書:撰異』。》 搯者、擂兵刃㠯(以)習擊刺也。《「擂」【各本】作「拔」。『詩-淸人:釋文』引作抽。今據正。此釋『大誓』搯字之義。以明與訓捾之搯不同也。凡『說文』旣說字義而引【經】又釋其義者、皆以明說【經】與說字不同。如圛訓回行、『商書』之曰圛則訓圛者升雲半有半無。垔訓以土增大道、『唐書』之朕垔讒說殄行則訓垔疾惡也。莫訓火不明、『周書』之布重莫席則訓織蒻席也。此亦同此例。搯本訓捾、而『大誓』之搯訓抽兵刃以習擊刺。搯與抽同。於六書爲叚(假)借。故必箸之。》『詩』曰。左旋右擂。《「左右」當作「ナ又」。「擂」【各本】作「搯」。自陸氏作『詩:音義』時已誤。今正。此引『詩:鄭風:淸人』文爲抽兵刃之證也。毛曰。右抽者、抽矢以䠶(射)。『箋』云。御者習旋車。車右抽刃。引之證軍中有此儀。武王丙午逮師。〈逮作還者誤.〉 尙未渡孟津。故抽兵刃習擊刺。凡引【經】說字。不必見本字。如引突如其來如證不順忽出、引龍戰于野證陰極陽生、引先庚三日證庚更事也皆是此例。此又引抽證抽耳。若作右搯、則詩曰左旋右搯六字當在『周書』曰師乃搯之下。而【今本】爲不辭。》/595

搰 (골)【huá ㄏㄨㄚˊ】 [상][中][9][작] hú (땅을)팔, 호리게할, 힘쓸
[설문] [7661] 掘也。《『吳語』。夫諺曰。狐埋之而狐搰之。是以無成功。『韋-注』。搰、發也。『玉篇』云。『左傳』搰褚師定子之墓。本亦作「掘」。》 从手。骨聲。《戶骨切。15部。》/607

𢹂 (국)【jú ㄐㄩˊ】 움킬 ※ 국(掬)과 같다
[설문] [7537] 撮也。《此蒙三指(指)撮而言。不蒙四圭也。》 从手。䈝(鞠)省聲。《居六切。3部。按字之同音者有三。此謂三指撮也。臼、謂叉手也。匊、謂在手也。》/600

搳 (할)【xiá ㄒㄧㄚˊ】 긁을 [갈]:긁을
[설문] [7568] 擖也。《與擖篆叏(宜)聯緜。》 从手。害聲。《胡秸切。15部。》/602

搵 (온)【wèn ㄨㄣˋ】 (물에)잠길, 담글, 물 들일
[설문] [7708] 沒(沒)也。《沒者、湛也。謂湛浸於中也。『集韵(韻)』引『字林』搵抐、沒也。抐奴困切。》 从手。㬈聲。《烏困切。13部。又烏沒切。》/610

搹 (격)【é ㄜˊ】 [상]è è (손에)쥘 [액]:쥘을
[설문] [7506] 把也。《『喪服』。苴絰大搹。『注』曰。搹、扼也。中人之扼圍九寸。此言中人滿手把之。其圍九寸。則其徑約計三寸也。『喪服:傳』。朝一溢米。夕一溢米。王肅、劉(劉)逵皆云。滿手曰溢。與鄭異。按此謂溢爲搹之叚(假)借字也。然搹溢字見一章數行內、不應異用。則知鄭說爲長。》

[작] 作家出版社〔董蓮池-說文解字考正〕 [9] 九州出版社〔柴劍虹-說文解字〕 ㉠ 陝西人民出版社〔蘇寶榮-說文解字今注今譯〕 [상] 上海古籍出版社〔說文解字注〕 [中] 中華書局〔臧克和-說文解字新訂〕

从手。鬲聲。《於革切。16部。》 搹或从戹。《「扼」今隸變作「扼」。猶「軶」隸變作「軛」也。許云扼者、搹之或字。而『鄭-注:禮』云搹扼也者、漢時少用搹。多用扼。故以今字釋古字。非於許有異也。》/597

◀ 제 11 획 ▶

摍 (숙)【suō ㄙㄨㄛ⁻】 밟고 뺄, 뺄
설문 7620 蹴引也。《蹴猶迫也。古多叚(假)戚爲之。蹴引者、蹴迫而引取之。摍古叚縮爲之。『毛詩:傳』曰。鄰(隣)之釐婦。夜纍(暴)風雨室壞。趨而至。顏叔子納之。而使執燭。放乎旦而蒸盡。縮屋而繼之。釋文云。「縮」又作「摍」、同。按『武梁祠堂碑』云摍笮是也。『戰國策』。淖齒管齊之權。縮閔王之筋。縣之廟梁。宿昔而死。亦卽摍字。摍屋、卽『左傳』所謂「抽屋」也。》从手。宿聲。《所六切。3部。》/605

摎 (구)【jiū ㄐㄧㄡ⁻】 얽어 죽일, 졸라맬, 구할, 볶을 ■류:묶을, 잡아당길 ■규:같은 뜻 ■교:묶을 ■료:서로 섞을 ■뇨:어지러울
설문 7671 縛殺也。《縛殺者、以束縛殺之也。凡縣死者曰「縊」。亦曰「雉經」。凡以繩帛等物殺人者曰「縛殺」。亦曰「摎」。亦曰「絞」。『廣韵(韻)』曰。摎者、絞縛殺也。多絞字爲長。今之絞罪、卽古所謂摎也。引申(申)之、凡繩帛等物二股互交皆得曰摎、曰絞。亦曰糾。『喪服』曰。絞帶。又曰。殤之摎、不摎垂。『注』云。不絞其帶之垂者。『周禮、襍(雜)記:注』皆云。環絰者一股纏而不糾。〔ㄐ部〕曰。糾、三合繩也。『檀弓』作繆絰。繆卽摎之叚(假)借。故『注』云繆讀爲不摎垂之摎也。『喪服』及『檀弓:注』摎垂字、【今本】譌爲樛木之樛。遂不可通矣。惟『玉篇』不誤。》从手。翏聲。《居求切。亦力周切。3部。》/608

摕 (제)【dì ㄉㄧˋ】 (손으로)집을, 뺏을 ■대:같은 뜻 ■절:정음(正音) ■철:집을, 뺏을 ■돌:돌격할
설문 7538 撮取也。《謂撮而取之。亦蒙三指撮言也。『有司徹』。乃摭于魚腊俎。俎釋三个。其餘皆取之。古文摭爲摕。『儀禮-宋本、嘉靖本、單行:疏本』、『釋文-宋本』皆如是。【俗本】作今文摭爲揲者、非也。凡言撮者皆謂少取。『禮經』依古文爲是。『西京賦』。摕飛鼯。亦謂撮取。薛解云。捎取之也。『文賦』。意徘徊而不能揥。揥當是摕之誤。今俗語云捎帶者、當作「摕」。》从手。帶聲。讀若『詩』曰摕蝀在東。《謂讀若螮也。都計切。15部。『經典:釋文』之舌切。李善大結切。》 摕或从𣃔(折)、从示。《葢(蓋)从𣃔而示聲。》网(兩)手急持人也。《其義有別。『廣韵(韻)』不云二形一字。》/600

摘 摘(적)【zhāi ㄓㄞ⁻】 (잡아)딸, 들추어낼
설문 7567 拓果樹實也。《拓者、拾也。拾者、掇也。掇者、拾取也。果樹實者、有果之樹之實也。拓之、謂之摘。引申之、凡他取亦曰摘。此篆與擿音義殊。》从手。啻(啇)聲。《他歷切。又竹歷切。按竹歷切、是也。他歷則爲擿之音矣。16部。【宋本】竹歷。【今本】改竹戹、以同『廣韵(韻)』。》一曰指(指)近之也。《別一義。》/602

摛 (리)【chī ㄔ⁻】 펼(아름답게 표현할)
설문 7512 舒也。《『蜀都賦』。摛藻掞天庭。『魏都賦』。摛翰則華縱春葩。『太玄經』。幽攡萬類。字作「攡」。》从手。离聲。《丑知切。古音在 17部。》/598

摜 (관)【guàn ㄍㄨㄢˋ】 本[익힐] 던질
설문 7554 習也。《此與〔辵(辶)部:遦〕音義皆同。古多叚(假)貫爲之。》从手。貫聲。《古患切。14部。》『春秋傳』曰。摜瀆鬼神。《『昭:二十六年:左傳』文。【今本】作貫。杜曰。貫、習也。》/601

摟 (루)【lǒu ㄌㄡˇ】 (상)㊥⑨(작) lōu 끌어 모을, 유인할
설문 7573 曳聚也。《此當作臾(曳)也、聚也。【各本】奪上「也」字。『山有樞』曰。弗臾弗摟。『傳』曰。摟亦臾也。此臾訓所本也。臾者、臾臾也。『釋詁』曰。摟、聚也。此聚訓所本也。『趙-注:孟子』曰。摟(摟)、牽也。此臾義之引申也。》从手。婁聲。《洛侯切。4部。》/602

摡 (개)【gài ㄍㄞˋ】 닦을(씻을)
설문 7664 滌也。《滌者、洒也。洒先禮切。『詩』。摡之釜(釜)鬵。『傳』曰。摡、滌也。【今本】作溉者、非。凡『周禮』、『禮經』摡字本皆从手。釋文不誤。而【俗本】多譌。》从手。既聲。《古代切。古音在 15部。》『詩』曰。摡之釜鬵。《『匪風』文。》/607

㨷 (근)【jǐn ㄐㄧㄣˇ】 닦을, 씻을, 깨끗이 할
설문 7544 飾也。《「飾」【各本】作「拭」。今正。〔又部〕曰。㕞者、飾也。〔巾部〕曰。飾者、㕞也。飾拭正俗字。自淺人盡改【許書】之飾爲拭、而字例晦矣。㨷與抿爲伍、則非妝飾也。『周禮:遺人』。以恤民之囏阸。『注』云。【故書】「囏阸」作「㨷阸」。按此古文叚(假)借字也。》从手。堇聲。《居焮切。13部。》/600

摧 (최)【cuī ㄘㄨㄟ⁻】 꺾을, 꺾일 ■좌:꼴 벨 ■취:물러갈
설문 7481 擠也。《『釋詁』、『毛傳』皆曰。摧、至也。卽抵之義也。自推至摧六篆同義。》从手。崔聲。《昨回切。15部。》一曰挏也。《挏者、擁引也。》一曰𣃔(折)也。《𣃔者、斷(斷)也。今此義行而上二義廢矣。『詩』。室人交徧摧我。『傳』曰。摧、沮也。此折之義也。》/596

摩 (마)【mó ㄇㄛˊ】 (문질러)갈, 비빌, 만질
설문 7639 揅也。《「揅」【各本】作「研」。今正。此以揅與摩互訓。〔石部:研〕之訓䃺也。〔手部:揅〕之訓摩也。義各有屬。無容淆之。摩揅之功、精於䃺研。按下曰。兩手相切摩也。『學記』曰。相觀而善之謂摩。凡『毛詩』、『爾雅』如琢如摩、『周禮』刮摩字多从手。俗从石作「磨」。不可通。》从手。麻聲。《莫婆切。17部。》/606

摬 (영)【jǐng ㄐㄧㄥˇ】 (상)㊥⑨ yǐng 칠, 두드릴
설문 7689 中擊也。《擊之而中也。「中」『玉篇』作「傷」。》从手。竟聲。《一敬切。古音在 10部。倚兩切。》

/609

摯 (지)【zhì ㄓˋ】(손에)잡을
설문 7490 握持也。《握持者搤(搤)持也。『周禮』六贄字、【許書】作「墊」。又〔鳥部:鷙〕鳥字皆或叚(假)摯爲之。》从手。丮(執)。《會意也。脂利切。15部。》/597

摲 (참)【shàn ㄕㄢˋ】(상)(中)⑨(작) cán 칠(공격할)
■삼:베금, 다음 ■점:같은 뜻
설문 7569 斬取也。《【各本】「斬取」二字作「暫」。今正。斬者、截也。謂斷(斷)物也。暫非其義。『禮器』。有摲而播也。『長楊賦』。麾城摲邑。『蒼頡篇』日。摲、拍取也。鄭日。摲之言芟也。按芟、刈艸也。摲本訓芟夷。『禮器:注』謂於此少與、得分以與彼。是爲芟殺有所與。摲殺上貴之分以布徧於賤者、謂之摲而播。故『廣雅』本之爲說日。摲者、次也。是『鄭-注:禮』之義。而非摲之本義也。》从手。斬聲。《昨甘切。8部。『廣韵(韻)』作「摲、斬取也」。山檻切。》/602

摳 (구)【kōu ㄎㄡ】(옷의 아랫도리를)걷어 올릴
설문 7465 繑也。《按〔糸部〕日。繑、絝紐也。與摳義絕遠。疑是撟字之譌。〔矢部〕日。矯、柔箭箝也。摳之義爲矯枉。》一日摳衣。《【各本】下有「升堂」二字。今依『韵(韻)會』刪正。褰篆下日。摳衣也。然則此當云「一日褰衣」。『曲禮』日。摳衣趨隅。摳、提也。衣、裳也。『論語:注』云。攝齊者、摳衣也》从手。區聲。《口矦切。4部。》/594

摶 (단)【tuán ㄊㄨㄢˊ】(손바닥으로)칠, 둥글
■전:천단할, 오로지할
설문 7657 目(以)手圜之也。《【各本】作「圜」也。語不完。今依『韵(韻)會』所據補。以手圜之者、此篆之本義。如『禮經』云摶黍、『曲禮』云摶飯是也。因而凡物之圜者日摶。如『考工記』摶以行石、摶身而鴻、相笴欲生而摶是也。俗字作團。古亦借爲專壹字。『左傳』云若琴瑟之摶壹、『秦-瑯邪臺刻石』日摶心揖志是也。專壹、〔許-女部〕作「嫥壹」。》从手。專聲。《度官切。14部。》/607

摷 (초)【jiǎo ㄐㄧㄠˇ】잡아 칠, 가릴
설문 7677 拘擊也。《拘止而擊之也。『集韵(韻)』、『類篇』作擊也。拘也。非是。又謂此卽鈔之別體。亦非許意也。以下十七篆皆言擊、而冣(最)後釋擊日扑也。【許書】文法往往如是》从手。巢聲。《子小切。『廣韵(韻)』作「摷」。楚交切。2部。『漢書』。命摷絕(絶)而不長。叚(假)摷爲剿也。》/608

摹 (모)【mó ㄇㄛˊ】본뜰, 베낄
설문 7654 規也。《規者、有法度也。以注度度之亦日規。『廣韵(韻)』日。摹者、以手摹也。『楊雄傳』。參摹而四分之。三摹九据。或手在旁作摸。今人謂之摸㨼。讀入聲。實一字。摹與模義略同。『韵會』此下有「謂所規倣也」五字。葢(蓋)庾儼默(默)注語之存者。「倣」當作「放」。》从手。莫聲。《莫胡切。5部。》/607

摺 (접)【zhé ㄓㄜˊ】접을, 주름 ■랍:꺾을
■섭:사람의 이름
설문 7571 敗(敗)也。《敗者、毁也。今義爲摺疉(疊)。》从手。習聲。《之涉切。8部。》/602

摻 (삼)【sān ㄙㄢ】(상) shǎn 잡을, 섬섬할
■섬:갸날플 ■초:잡을(持物)
설문 7723 斂也。从黑。參聲。《【各本】無摻篆及解。今依『鄭風:遵大路:正義』所引補。『詩:摻執子之袪:傳』日。摻、攬也。『正義』引『說文』摻、參聲。斂也。操、喿聲。奉也。葢(蓋)因俗二字相亂。故分引之。【今本】無摻篆。亦由南朝以來摻操不別之故。凡〔許書:鼎部:鼏鼏〕相似而失其一。〔衣部:袗袀〕相似而失其一。〔水部:沱池〕相似而有沱無池。皆此類。所斬切。古音在 7部。》/611

摼 (경)【kēng ㄎㄥ】머리 두드릴 ■갱:같은 뜻
■견:당길, 잡을
설문 7691 擣頭也。《『廣韵(韻)』日。撞也。》从手。堅聲。讀若『論語』鏗介舍琴而作。《「讀若」二字衍文也。介大徐作「爾」。「琴」大徐作「瑟」。今皆正。『舊-抄:繫傳本』作「琴」。『論語:先進篇』釋文日。鏗苦耕反。投琴聲。是則『陸氏-論語本』作舍琴而作。下文、云本今作瑟者、後人所增語。『廣韵(韻)』日。㧙、琴聲。口莖切。『玉篇』日。㧙口耕切。琴聲。引『論語』㧙爾舍琴而作。㧙 葢(蓋)摼之異體。大徐摼口莖切。按堅聲古音在 12部。》/609

摽 (표)【biào ㄅㄧㄠˋ】(상)(中)⑨ piāo 칠(두드릴), 가슴 칠
설문 7559 擊也。《『左傳』。長木之斃。無不摽也。杜云。摽、擊也。『柏舟:傳』日。摽、拊心皃(貌)。》从手。奥(票)聲。《符少切。2部。左釋文敷蕭普交二切。》一日挈闟牡也。《闟牡、一物也。見〔門部〕。挈者、提而启(啓)之也。【葉-鈔:本】「闟」作「門」。》/601

● 搸𢪏 절 배(拜)-고자

◀ 제12획 ▶

撅 (궐)【jué ㄐㄩㄝˊ】잡을, 칠 ■궤:옷 걷을(揭衣) ■결:열, 반발할
※ 〈명문대자전〉에는 '게'로 (옷의 아랫도리를)걷을 게(揭)와 같다고 했다.
설문 7705 目(以)手有所杷也。《「以」【各本】誤「从」。「杷」【各本】誤「把」。今正。杷本訓收麥器。引申(申)之用手捋聚亦日杷。『通俗文』日。手杷日掊。手把日攫。此杷與把之別也。『內則』。不涉不撅。撅、揭衣也。撅之義與掘不同。【韵(韻)書】淆之。非也。》从手。厥聲。《居月切。15部。》/610

撆 (별)【piē ㄆㄧㄝ】칠(때릴) ■폐:같은 뜻
설문 7634 飾也。《【各本】作「別也」。不可通。今正。『文選:洞簫賦:注』引撆、飾也。飾者、㕞也。見〔巾部〕。飾者、今之拭字。葢(蓋)【一本】作「㕞」。其義一也。而字形一譌爲刷。再譌遂爲別矣。此攷覈者所宜知也。拭與拂義略同。『蔡邕-篆勢』日。揚波振撆。『文選』。撇波而濟。撇同撆。又『史記:荊(荊)軻傳』跪而蔽席、『孟荀傳』襒席皆謂拭

席。皆擊之異體也。》 从手。敝聲。《芳滅切。15部。》 一曰擊也。《此別一義。『韵(韻)會』作擊也。一曰拂也。拂卽飾。易其先後耳。》 /606

搴 (건)【jiǎn ㄐㄧㄢˇ】 ㊜ qiǎn ㊥⑨ qiān 빼어 가질

설문 7630 拔取也。南楚語。《『莊子:至樂篇』。搴蓬而取之。『司馬-注』曰。搴、拔也。『方言』曰。搴、取也。南楚曰搴。又曰。楚謂之搴。》 从手。寒(寒)聲。《九輦切。14部。搴攓二通。又音騫。》 『楚辭』曰。朝搴阰之木蘭。《「阰」【各本】作「批」。今依『韵(韻)會』。與『楚辭』合。但『說文』無阰字耳。句見『離騷』。王逸曰。搴、取也。阰、山名。》 /605

撎 (예)【yī ㄧˉ】 ㊜㊥⑨㊢ yì 읍할(손을 들고 절함) ■의:같은 뜻

설문 7467 拜擧(拜擧)首下手也。《六字【各本】作「擧手下手也」五字。今正。『西征賦:注』、『玉篇』引『說文』有拜字。『左傳:成:十六年』釋文引『字林』擧首下手。皆是也。凡不跪不爲拜。跪而擧其首惟下其手是曰肅拜。漢人曰撎。『周禮:九拜』。九曰肅拜。『先鄭:注』云。肅拜、但俯下手。今時撎是也。『鄭-注:少儀』曰。肅拜、拜不低頭也。云但俯下手、云不低頭、正與擧首下手合。『今本-說文』旣譌。而『少儀:注』又刪(刪)不字、作拜低頭。乃終古昧其禮矣。程氏瑤田曰。言擧首者、以別於䭫首頓首空首三拜皆必下其首也。按此婦人之拜也。婦人以肅拜當男子之空首。『少儀』云婦人吉事、雖有君賜肅拜是也。以手拜當男子之稽首。『少儀』之手拜、『士昏禮』之拜扱地是也。以稽顙當男子之頓首。『喪服:小記』之爲夫與長子稽顙是也。肅拜與成十六年之肅不同。肅不連拜。介者不拜、長揖而已。不拜者、不跪也。肅拜則跪而擧首下手也。○『南宋-張淏-雲谷褋(雜)記』引『程氏-攷古編』云。『國史:王貽孫傳』。大祖嘗問趙普拜禮、何以男子跪而婦人不跪。普訪禮官。無有知者。貽孫曰。唐天后朝。婦人始拜而不跪。普問所出。曰。大和中、有幽州從事『張建章-著:渤海國記』備(備)言其事。予按〈子程氏自偁(稱)〉後周天元大象二年。詔內外命婦皆執笏。其拜宗廟及天臺。皆俯伏如男子。據此詔特令於廟朝跪。其他拜不跪矣。豈武后時并廟朝不跪、『建章記』之未詳耶。周昌諫帝廢太子。呂后見昌爲跪謝。『戰國策』。蘇秦嫂蛇行匍匐四拜。自跪而謝。『隋志』。皇帝冊(冊)后。后先拜後起。皇帝後拜先起。則唐以前婦拜皆跪伏也。玉裁按婦人拜亦無不跪者。肅拜跪而擧首不俯伏。雖拜君賜亦然。天元時令拜宗廟天臺俯伏如男子。可以證常拜之跪而不必俯伏也。至於天后而始不跪。『孫甫-唐書』曰。武后欲尊婦人。始易今拜。》 从手。壹聲。《於計切。古音在 12部。讀如壹。》 /594

撓 (뇨)【náo ㄋㄠˊ】 휠(구부러질), 꺾일

설문 7562 擾也。《此與〔女部:嬈〕字音義皆同。》 从手。堯聲。《奴巧切。2部。》 一曰捄也。《捄篆下曰。一曰擾也。是撓擾捄三字義同。》 /601

㩅 㩅 추【chōu ㄔㄡˉ】 뺄, 뽑을 ■주:속음 ■륙:속음 ■류:담 쌓고 흙 펼, 손으로 흙 고를

설문 7623 引也。《『鄭風』。左旋右抽。『傳』曰。左旋、講兵。右抽、抽矢以射(射)。〔竹部〕曰。籒、讀書也。『牆有茨:傳』曰。讀、抽也。『方言』曰。抽、讀也。『尙書』。克由繹之。『大史公-自序』。紬『史記』【石室金匱之書】。紬卽籒也。籒之言抽也。》 从手。畱(留)聲。《敕鳩切。3部。》 抽 㩅或从由。《由聲也。㩅或、一本作籒文。非也。》 㨨 㩅或从秀。《秀【古本】當不出。篆體偏旁作秀、則可證古於偏旁不諱也。》 /605

摨 (치)【zhì ㄓˋ】 당할 ■이:같은 뜻

설문 7581 當也。《『廣雅』曰。摨、當也。》 从手。貳聲。《直利切。曹憲引『說文』直二反。按作直異切者、誤。》 /602

撚 (년)【niǎn ㄋㄧㄢˇ】 (비벼서)꼴

설문 7699 秇(執)也。《執者、捕罪人也。引申爲凡持取之偁(稱)。『廣韵(韻)』曰。撚者、以手撚物也。》 从手。然聲。《乃殄切。14部。》 一曰厹(内)也。《蹂者、獸足蹂地也。》 /609

撝 (휘)【huī ㄏㄨㄟˉ】 찢을, 지휘할, 두를 ■위:도울, 찢어질

설문 7650 裂也。《『易』。撝謙。馬曰。撝猶離也。按撝謙者、溥散其謙。無所往而不用謙。裂義之引申也。『曲禮』。爲國君削瓜者華之。『注』曰。華、中裂之也。華音如花。撝古音如呵。故知華卽撝之叚(假)借也。》 从手。爲聲。《許歸切。按歸必是規字之誤。此字必在五支。不得入八微也。古音在 17部。》 一曰手指撝也。《敘曰。比類合誼(誼)。以見指撝。『易』撝謙『注』曰。指撝皆謙。凡指撝當作此字。》 /606

撞 (당)【chuáng ㄔㄨㄤˊ】 ㊜㊥⑨ zhuàng ㊢ zhuāng 찧을, 부딪힐, 두드릴

설문 7644 丮擣也。《丮者、疾也。》 从手。童聲。《宅江切。9部。》 /606

撟 (교)【jiào ㄐㄧㄠˋ】 ㊜㊥⑨㊢ jiǎo 들어 올릴

설문 7594 擧(擧)手也。《引申之、凡擧皆曰撟。古多叚矯爲之。陶淵明曰。時矯首而遐觀。『王逸-注:楚辭』曰。矯、擧也。》 从手。喬聲。《居小切。2部。》 一曰撟、擅也。《擅、專也。凡矯詔當用此字。》 /604

撢 (탐)【tàn ㄊㄢˋ】 더듬을 ※ 탐(探)과 같은 글자 ■임・담:같은 뜻 ■심:닦을, 움킬

설문 7632 揬(探)也。《『周禮:撢人』。掌撢序王意以語天下。釋文曰。與探同。按【許書】、則義同而各自爲字。》 从手。覃(覃)聲。《他紺切。古音在 7部。》 /605

撣 (탄)【dàn ㄉㄢˋ】 (끌어)가질, 당길 ■단:찌를 ■선:끌 ■전:동일, 묶을

설문 7504 提持也。《提持猶縣持也。『太玄』。撣繫其名。撣訓觸。別一義。》 从手。單聲。讀若行遲驒驒。《驒驒、未見所出。葢(蓋)卽『詩』之嘽嘽駱馬。『傳』曰。

手 4 ⑫

嘽嘽、喘息之皃(貌)。馬勞則喘息。徒旱切。14部。》/597

撥 (발)【bō ㄅㄛ】 다스릴, 덜(제거할), 휠, 퉁길, 벌릴

설문 7608 治也。《『公羊傳』。撥亂世。反諸正。『何-注』曰。撥猶治也。何言猶者、何意撥之本義非治。撥之所以爲治也。許則直云治。》从手。發聲。《北末切。15部。》/604

撩 (료)【liáo ㄌㄧㄠˊ】 다스릴, (싸움을)돋울

설문 7523 理之也。《「之」字依『玄應書:卷十五』補。下云謂撩捋整理也。今多作料量之料。『通俗文』曰。理亂謂之撩理。》从手。尞聲。《洛蕭切。2部。》/599

撫 (무)【fǔ ㄈㄨˇ】 어루만질, 좇을, (손으로)누를

설문 7550 安也。从手。無聲。《芳武切。5部。》一曰揗也。《「揗」【各本】作「循」。今正。揗者、摩也。拊亦訓揗。故撫拊或通用。》 古文撫。从亾辵(亡辶)。/601

播 (파)【bò ㄅㄛˋ】 (상)㊥⑨(작) bō (씨를)뿌릴

설문 7666 種(種)也。《種者、埶也。埶者、種也。『堯典』曰。播時百穀。》从手。番聲。《補過切。14、17部。》一曰布也。《『周禮:瞽矇:注』曰。播謂發揚其音。》 古文播。《『九歌』。𢻱芳椒兮成堂。『補注』。𢻱古播字。》/608

撮 (촬)【cuò ㄘㄨㄛˋ】 (상)㊥⑨(작) cuō 本[수 이름] (손가락으로)집을, 모을, (사진을)찍을

설문 7536 四圭也。《『漢:律厤志』曰。量多少者不失圭撮。孟康曰。六十四黍爲圭。按『廣韵(韻):圭』下云。『孟子』曰六十四黍爲一圭。十圭爲一合。『孟子』卽孟康。『經典:釋文:序錄』有『孟子-注:老子:二卷』。或曰孟康也。康字公休。『孫子-筭(算)經』。六粟爲一圭。十圭爲一撮。十撮爲一抄。十抄爲一勺。十勺爲一合。說與孟異。『本艸:序例』曰。凡散藥有云刀圭者。十分方寸匕之一。准如梧桐子大也。一撮者、四刀圭也。十撮爲一勺。十勺爲一合。此葢(蓋)醫家用四圭爲撮之說。可相發明。》从手。最聲。《倉括切。15部。》亦二指撮也。《大徐作一曰兩指撮也。按許此別爲一義。而『應仲遠-注:漢』云。圭、自然之形。陰陽之始。四圭曰撮。三指撮之也。不說是二義。三指所撮爲四圭。則四圭甚少。殆卽『孫子』所謂六粟爲圭乎。二十四粟、三指可撮也。【小徐本】作二指。二疑三之誤。【大徐本】又改爲兩耳。圭者、瑞玉。上圜下方。故應云自然之形。陰陽之始。『易』之數、陰變於六。故六粟曰圭。》/599

撲 (박)【pū ㄆㄨ】 (작) bó 칠(두드릴), 찌를 ■복:두드릴, 종아리채

설문 7679 挨也。《撲與扑樸、義皆別。今人溷之。『廣韵(韻):一、屋』云。拂箸。今義也。》从手。菐(業)聲。《蒲角切。『廣韵(韻)』普木切。1部。》/608

◀ 제 13 획 ▶

撻 (달)【tà ㄊㄚˋ】 매질할, 빠를

설문 7672 鄕歓酒罰不敬。撻其背。《『周禮:閭胥』。凡事掌其比。觵撻罰之事。【故書】或言觵撻之罰事。鄭云。觵撻者、失禮之罰。觵用酒。其爵以兕角爲之。撻、扑也。按鄭但云失禮。許必系之鄕(鄉)飲酒者、禮莫大於此。惟此可登時行觵撻也。》从手。達(達)聲。《他達切。15部。》 古文撻。《从虍者、言有威也。》『周書』曰。[illegible]目(以)記之。《「周」當作「虞」。此『皋(皐)陶謨』文。壁中古文作[illegible]也。》/608

摮 (교)【qiào ㄑㄧㄠˋ】 곁매질, 가질 ■격:같은 뜻

설문 7680 旁擊也。《『公羊傳』曰。公怒。以斗摮而殺之。『注』。摮猶擊也。摮謂旁擊頭項。『莊子』。撽以馬捶。》从手。敫聲。《苦弔切。2部。【小徐本】手在左旁。》/608

撿 (렴)【jiǎn ㄐㄧㄢˇ】 꽂을 ■검:묶을, 구속할

설문 7471 拱也。《凡斂手宐(宜)作此字。》从手。僉聲。《良冄切。7部。》/595

擅 (천)【shàn ㄕㄢˋ】 천단(제멋대로 함), 멋대로

설문 7602 專也。《「專」當作「嫥」。嫥者、壹也。》从手。亶聲。《時戰切。14部。》/604

⿱毀手 (훼)【huǐ ㄏㄨㄟˇ】 상하게 할

설문 7693 傷擊也。《傷擊者、擊之而傷也。故其字从手毀。》从手毀。毀亦聲。《小徐無毀亦字。許委切。15部。》/609

擇 택【zé ㄗㄜˊ】 가릴, 고를, 추릴 ■탁:같은 뜻 ■역:사람 이름

설문 7527 柬選也。《柬者、分別簡之也。簡者、存也。【今-小徐本】作「簡(簡)選」、乃是譌字。『韵會』作揀、乃是俗字。〔辵(辶)部:選〕下曰。一曰選擇也。》从手。睪聲。《丈伯切。古音在 5部。》/599

擊 (격)【jí ㄐㄧˊ】 (상)㊥⑨(작) jī 칠(두드릴), 부딪칠

설문 7694 攴(攵)也。《攴下曰。小擊也。二篆爲轉注。攴訓小擊。擊則兼大小言之。而但云攴也者、於攴下見析言之理。於擊下見渾言之理。互相足也。攴之隸(隸)變爲扑。手卽又也。又下曰手也。因之鞭(鞭)箠等物皆謂之扑。此【經典】扑字之義也。『咎繇謨-古文』戛擊、『今文-尙書』「擊」爲「隔」。同音叚(假)借。》从手。毄聲。《古歷切。16部。》/609

操 (조)【cāo ㄘㄠ】 잡을(쥘), 부릴, 지조 ■초:속음

설문 7491 把持也。《把者、握也。操重讀之曰節操、曰琴操。皆去聲。》从手。喿聲。《七刀切。2部。》/597

擐 (관)【huàn ㄏㄨㄢˋ】 (갑옷을)꿸 ■환:같은 뜻 ■견:이을 ■선:소매걷을

설문 7618 毌也。《「毌」【各本】作「貫」。今正。毌、穿物持之也。今人廢毌而專用貫矣。『杜-注:左傳』、『韋-注:國語』皆曰。擐、貫也。》从手。睘聲。《胡慣切。14部。》『春秋傳』曰。擐甲執兵。《『成:二年:左傳』文。》/605

(작) 作家出版社〔董蓮池-說文解字考正〕 ⑨ 九州出版社〔柴劍虹-說文解字〕 ㉠ 陝西人民出版社〔蘇寶榮-說文解字今注今譯〕 (상) 上海古籍出版社〔說文解字注〕 ㊥ 中華書局〔臧克和-說文解字新訂〕

撠 (갈)【gè ㄍㄜˋ】 ㊤㊥⑨㉆ qià 긁을, 종아리 때릴

설문 7566 㓹(刮)也。《此與扴音義略同。》 从手。葛聲。《口八切。15部。》 一曰撻(撻)也。《撻見下文。》 /602

擘 (벽)【bò ㄅㄛˋ】 쪼갤, 당길, 엄지손가락

설문 7649 撝也。《『禮記』。燔黍捭豚。釋文云。捭卜麥反。『注』作「擗」。又作「擘」。皆同。按卑聲辟聲皆在16部。故『記』作「捭」。『注』作「擘」。『今-注』亦作「捭」矣。擘豚、謂手裂豚肉也。又『周禮:㡛人:注』曰。薜讀如藥黃檗之檗。破裂也。按薜乃擘之叚(假)借。『西京賦』云。剖析豪氂。擘肌分理。李善引『周禮:注』作「擘」。豈其所據與今不同歟。『內則』曰。塗皆乾擘之。『喪大記』。絞一幅不辟。『內則』。鷵爲辟雞(鷄)。皆假辟爲擘也。若『孟子』以仲子爲巨擘。巨擘、謂手大指也。凡大指主開。餘四指主合。故謂之巨擘。》 从手。辟聲。《博尼切。16部。今俗語謂裂之曰擘開。其字如此。》 /606

據 (거)【jù ㄐㄩˋ】 本[짚을] 의거할, 웅거할

설문 7495 杖持也。《謂倚杖而持之也。杖者人所據。則凡所據皆曰杖。「據」或作「据」。『楊雄傳』三摹九据。晉灼曰。据今據字也。按『何氏-公羊傳:注』據亦皆作据。是叚(假)借拮据字。》 从手。豦聲。《居御切。5部。》 /597

◀ 제 14 획 ▶

擠 (제)【jǐ ㄐㄧˇ】 밀칠(배척할)

설문 7479 排也。《『左傳』。知擠于溝壑矣。杜云。隊也。隊今之墜字。謂排而墜之也。『商書:微子』作「隮」。引『左傳』亦作「隮」。隮者、躋之俗。》 从手。𠫼(齊)聲。《子計切。15部。》 /596

擢 (탁)【zhuó ㄓㄨㄛˊ】 뽑을, 빼어날

설문 7624 引也。《『毛傳』曰。楫所以擢舟也。擢舟、謂引舟也。》 从手。翟聲。《直角切。古音在 2部。》 /605

擣 擣(도)【dǎo ㄉㄠˇ】 本[방망이] 찧을、칠(두들김、공격) ■주:모을

설문 7627 手椎也。《以手爲椎而椎之。》 一曰築也。《木部】曰。築、擣也。二篆爲轉注。築者必用築。非徒手也。故爲別。》 从手。𠷎聲。《都晧切。古音在 3部。【小徐本】篆作𢷢。解云壽聲。》 /605

擥 (람)【làn ㄌㄢˋ】 ㊥⑨㉆ lǎn (손에)쥘, 캘, 충찰할(주관할)

설문 7501 撮持也。《謂總撮而持之也。》 从手。監聲。《盧敢切。8部。》 /597

擧 擧 거【jǔ ㄐㄩˇ】 맞들 ■여:마주 들〔臼부:11획〕

설문 7587 對擧(擧)也。《對擧謂以兩手擧之。故其字从手與。𠂇手與又手也。》 从手。與聲。《居許切。5部。》 一曰輿也。《小徐有此四字。按輿卽舁。轉寫改之。『左傳』。使五人輿豭從己。舁之叚(假)借也。舁者、共擧也。共者、非一人之辭也。擧之義亦或訓爲舁。俗別作擧屬入『說文』。音以諸切。非古也。》 /603

형성 (1자+1) 건(攑)7585 거(欅)

擪 (엽)【yè ㄧㄝˋ】 (손가락으로)누를

설문 7514 一指(指)按也。《『洞簫賦』。挹抐擫攡。『李:注』。言中制也。『莊子』。外物擪其噦。一作壓。『南都賦』。彈琴擫籥。『李-注』引『說文』。按擫、擫皆同擪。》 从手。厭聲。《於協切。7部。》 /598

형성 (1자) 탁(擇 𢶮)530

擬 (의)【nǐ ㄋㄧˇ】 헤아릴, 비길

설문 7604 度也。《今所謂揣度也。》 从手。疑聲。《魚己切。1部。》 /604

擭 (화)【wò ㄨㄛˋ】 (짐승 잡는)덫, 함정 ■확:같은 뜻 ■혹:같은 뜻 ■왹:속음 ■획:운반할

설문 7600 擊擭也。从手。蒦聲。《一虢切。古音在 5部。》 一曰布擭也。《此卽今之布濩字也。『劉(劉)逵-注:吳都賦』曰。布濩、遍滿皃(貌)。》 一曰握也。《握者、搤持也。『西京賦』。擭狒猢。薛云。擭謂握取之也。【今本】握譌掘。玄應不誤。》 /604

◀ 제 15 획 ▶

擸 (렵)【liè ㄌㄧㄝˋ】 本[가다듬을] ■랍:꺾을, 깨지는 소리

설문 7502 理持也。《謂分理而持之也。》 从手。巤聲。《良涉切。8部。》 /597

擿 (척)【tì ㄊㄧˋ】 ㊤㊥⑨㉆ zhì 긁을, 던질, 비녀 ■적:들출

설문 7556 搔也。《此義音剔。『詩』。象之揥也。『傳』曰。揥所以摘髮也。釋文云。揥勑帝反。摘他狄反。本又作「擿」。非也。擿音直戟反。按以許說繩之、則作「擿」爲是。擿正音他狄反也。以象骨搔首。因以爲飾。名之曰揥。故云所以擿髮。卽後人玉導、玉搔頭之類也。『廣韵(韻):十二,霽』曰。揥者、揥枝整髮釵。【許書】無揥。》 从手。適聲。《讀如剔。16部。》 一曰投也。《與上文投者擿也爲轉注。此義音直隻切。今字作「擲」。凡【古書】用投擲字皆作「擿」。【許書】無擲。》 /601

◀ 제 16 획 ▶

攈 (군)【jùn ㄐㄩㄣˋ】 주울

설문 7615 拾也。《『魯(魯)語』。收攟(攈)而烝。韋云。攈、拾也。『漢:荆(刑)法志』。『蕭何攈摭秦法』。取其宐(宜)於時者。作『律九章』。》 从手。麇(麕)聲。《居運切。13部。亦作「捃」。》 /605

攎 (로)【lú ㄌㄨˊ】 잡을, (끌어)당길

설문 7706 挐持也。《「挐」【各本】作「拏」。誤。『廣韵(韻):攎』下云。攎、斂。》 从手。盧聲。《洛乎切。5部。》 /610

攐 (건)【qiān ㄑㄧㄢ】 걷을

설문 7466 摳衣也。《『高-注:淮南』曰。攐、縮也。按『詩』言褰裳、當作此篆。褰訓袴、非其義也。亦有作

㉆ 作家出版社〔董蓮池-說文解字考正〕 ⑨ 九州出版社〔柴劍虹-說文解字〕 ㊦ 陝西人民出版社〔蘇寶榮-說文解字今注今譯〕 ㊤ 上海古籍出版社〔說文解字注〕 ㊥ 中華書局〔臧克和-說文解字新訂〕

騫者。謂虧其下體之衣。較作褰爲長。》从手。搴聲。《按此篆與摶篆別者、以从衣也。當云「从手衣、寒省聲」。會意兼形聲。去虔切。14部。》/594

◀ 제 17 획 ▶

攕 (섬)【shān ㄕㄢˉ】㊤㊥⑨㉕ xiān 손 고울
설문 7463 好手皃(貌)。《『魏風:葛屨』曰。摻摻女手。可以縫裳。『傳』曰。摻摻猶纖纖也。漢人言手之好曰纖纖。如【古詩】云。纖纖擢素手。『傳』以今喻古故曰猶。其字本作攕。俗改爲摻。非是。『遵大路:傳』曰。摻、擥也。是摻字自有本義。『孔氏-正義』引『說文』。摻、參此音反聲、訓爲斂。操、喿七遙反聲、訓爲奉也。是『唐初-說文』確有摻字之證。自淺人摻操不分而奪摻篆。亦猶鬭鬮不分而奪鬮篆、袀袗不分而奪袀篆也。知摻之有本義、則知用爲攕字之非矣。》从手。韱聲。《所咸切。7部。》『詩』曰。攕攕女手。/594

攑 (건)【qiān ㄑㄧㄢˉ】㊤㊥⑨㉕ yú 들(擧也)
설문 7585 擧(擧)也。从手擧。《此篆【各本】作「擧」。云對擧也。从手、輿聲。以諸切。下文出揚敭二篆。卽出擧篆。云對擧也。居許切。不特義同。形聲亦皆不甚異。讀許者往王疑焉。按『玉篇』列字次第。拴下揚上作攑。丘言切。擧也。『說文』拴下揚上則作擧。顯是攑篆之譌。葢希(蓋希)馮作『玉篇』時所據『說文』未誤也。『說文』本有擧無攑。後人自譌舛耳。『廣韵:卄二、年元』亦曰。攑、擧也。『上林賦』、『毛詩:箋』、『漢書:音義』、『通俗文』皆有揵。揵卽此攑篆也。字从手擧(擧)會意。邱言切。14部。》/603

攘 (양)【rǎng ㄖㄤˇ】㊤㊥⑨ ràng ㉕ ráng 물리칠, 덜, 걷을, 물러날 ■상:속음 ■향:먹일 ■녕:어지러울
설문 7469 推也。《推手使前也。古推讓字如此作。『上:曲禮:注』曰。攘古讓字。許云。讓者、相責讓也。攘者、推也。从古也。『漢書:禮樂志』。盛揖攘之容。『藝文志』。堯之克攘。『司馬遷傳』。小子何敢攘。皆用古字。凡退讓用此字。引申之使人退讓亦用此字。如攘寇、攘夷狄是也。》从手。襄聲。《汝羊切。按當人樣切。10部。》/595

◀ 제 18 획 ▶

擾 (요)【rǎo ㄖㄠˇ】어지러울
설문 7563 煩也。《煩者、埶(熱)頭痛也。引申爲煩亂之偁(稱)。訓馴之字、依許作「擾」。而【古書】多作「擾」。葢(蓋)擾得訓馴、猶亂得訓治、徂得訓存、苦得訓快。皆窮則變、變則通之理也。『周禮:注』曰。擾猶馴也。言猶者、字本不訓馴。》从手。夒聲。《而沼切。古音在 3部。今作「擾」。从憂。俗字也。》/601

攤 擁孿擥(옹)【yǒng ㄩㄥˇ】(겨드랑이에)낄, 안을
설문 7596 褱也。《【各本】作「抱也」。今正。抱者、『說文』之或捊字也。褱見〔衣部〕。褱也。改褱爲抱、大失許例。『公食大夫禮』。擥簠粱。『注』云。擁、抱也。『吳語』。官帥擁鐸。『注』云。擁、抱也。『漢書:注』曰、南方謂抱小兒爲雍樹。雍者、擁之叚(假)借字。》从手。雝聲。《於隴切。9部。按『玉篇』作擥。葢(蓋)古體也。抱之則物必在前。故上雝下手。》/604

攫 (국)【jù ㄐㄩˋ】㊤㊥⑨㉕ jú 움켜잡을 ■구:잎무성할
설문 7492 爪持也。《覆手曰爪。謂覆手持之也。徐鉉等曰。今俗別作掬。今按本部自有匊(匊)篆。掬其俗體耳。其義訓兩指撮。非訓爪持。》从手。瞿聲。《居玉切。古音在 4部。》/597

攜 携(휴)【xī ㄒㄧˉ】㊤è xié 끌, 늘어트려 가질
설문 7508 提也。《古多叚(假)爲儶字。》从手。巂聲。《戶圭切。16部。》/598

攝 (섭)【shè ㄕㄜˋ】끌어잡을, 단정할, 거느릴 ■녑:가질 ■접:구부려 꺾일 ■협:작은 거북 ■삽:운삽
설문 7496 引持也。《謂引進而持之也。凡云攝者皆整飭之意。『論語』攝齊。『史記』。疾生攝弊衣冠。『襄:十四年:左傳』曰。不書者惰也。書者攝也。『注』云。能自攝整。『詩』。攝以威儀。『傳』曰。言相攝佐者以威儀也。『論語』。官事不攝。『注』云。攝猶兼也。皆引持之意。》从手。聶聲。《書涉切。8部。》/597

◀ 제 19 획 ▶

攣 련【luán ㄌㄩㄢˊ】맬, 손발 구부러지는 병
설문 7628 系也。《系者、絜束也。『易:小畜』。有孚攣如。馬曰。連也。虞曰。引也。攣者、係而引之。其義近攜。》从手。䜌聲。《呂負(員)切。14部。》/605
형성 (1자) 란(𩅰)

◀ 제 20 획 ▶

攩 (당)【dǎng ㄉㄤˇ】무리 ※ 당(黨)과 같은 글자
설문 7546 朋羣(群)也。《此郷(鄉)黨、黨與本字。俗用黨者、叚(假)借字也。〔鳥部:朋〕下曰。古文鳳也。鳳飛、羣(群)鳥從以萬數。故以爲朋攩字。『儒林傳』。唯京氏爲異黨。師古曰。黨讀曰儻。按儻當作攩。》从手。黨聲。《多朗切。10部。》/600

攪 (교)【jiǎo ㄐㄧㄠˇ】어지러울, 흔들
설문 7642 亂也。《『毛傳』同。》从手。覺聲。《古巧切。古音在 3部。》『詩』曰。祇攪我心。《『小雅:何人斯』文。「祇」【各本】譌作「祇」。誤。『我行其野:傳』曰。祇、適也。唐人凡此訓必从衣氏。》/606

攫 (확)【jué ㄐㄩㄝˊ】움킬 ■곽:속음 ■왹:속음 ■획:취할(取也) ■국:움킬
설문 7612 扟也。《『蒼頡篇』曰。攫、搏也。『通俗文』曰。手把曰攫。『淮南子』曰。鳥窮則搏。獸窮則攫。按『衆經音義:卷五卷十二』引『說文』同。而注之曰。扟居逆切。是其所據『說文』作「丮」。轉寫譌作「扟」耳。丮者、持也。》从手。矍

㉕ 作家出版社〔董蓮池-說文解字考正〕 ⑨ 九州出版社〔柴劍虹-說文解字〕 ㉠ 陝西人民出版社〔蘇寶榮-說文解字今注今譯〕 ㊤ 上海古籍出版社〔說文解字注〕 ㊥ 中華書局〔臧克和-說文解字新訂〕

聲。《居縛切。5部。》/605

[형성] (1자) 주(籗)2756

065 支
4-04 지탱할 지

[지]【zhī ㄓ】〔〕설문부수 79〕(초목의)가지, 팔다리, 갈릴, 헤아릴 [■]기:고을이름 [■]치:말 전주할

[설문] [1836] 去竹之枝也。从手持半竹。《此於字形得其義也。章移切。16部。》凡支之屬皆从支。古文支。《上下各分竹之半。手在其中。》/117

[유사] 미끄러울 도(𢻱)

[성부] [技]기 [鼓]고 [枝]지

[형부] 支를 부수로 하는 대부분의 글자들

[형성] (18자+2) 기(芰)391 기(䞚)938 기(跂)1344 의(攲)1757 시(翄)2141 시(雄)2197 기(郊)3847 시(菽)4337 기(伎)4914 기(𠤏)4983 극(屐)5188 규(頍)5395 기(魃)5565 기(㩻)5723 기(駛)5883 기(忮)6515 지(汥)6928 기(妓)7875 기(蚑)8479

기(岐) **지**(肢)

◀ 제 2 획 ▶

𠤏 (기)【qì ㄑㄧˋ】기울, 우러를 (支부 2획)

[설문] [4983] 頃也。《頃者、頭不正也。『小雅:大東』。跂彼織女。『傳』曰。跂、隅皃(貌)。按隅者、陬隅不正。而角織女三星成三角。言不正也。許所據作𠤏。【今本】乃改爲俗企字。音同而義不同矣。》从匕。支聲。《去智切。16部。》匕、頭頃也。《說从匕之意。小徐無此四字。》『詩』曰。𠤏彼織女。/385

◀ 제 6 획 ▶

㩻 (기)【qī ㄑㄧ】평평치 못할, 쏠릴

[설문] [5723] 㩻、《此複擧(擧)字之未删(删)者。》陭也。《『玄應』所引云。㩻陭、傾側不安也。此乃以注家語入正文耳。非是。〔自(阜)部:陭〕下云。㩻也。與此爲轉注。『廣韵(韻)』云。㩻者、不正也。陭者、陭隅不安皃(貌)。俗用崎嶇字、正此二字之㯮(隷)變。㩻爲不正。故箸之訓曰飯㩻。言㩻衺之以入飯於口中也。宥坐之器(器)曰㩻器。虛則㩻。中則正。滿則覆也。今俗作「敧」。又譌「欹」。去之遠矣。『周禮』。奇衺之民。『注』曰。奇衺、譎觚非常。『周禮』之奇正㩻之假借字。》从危。支聲。《去其切。按「去其」當依『廣韵(韻)』作「去奇」。16部。》/448

菽 (축)【shú ㄕㄨˊ】[상][中]⑨ chǐ [작] shì 몹시 아플 [■]수:얻을 [■]시:뻐꾸기

[설문] [4337] 配(配)鹽幽尗也。《『廣雅』說飮食曰。𨡓、醲、醰、幽也。幽與醰同義。以豆醰之。其味苦。『招䰟(魂)』曰。大苦鹹酸。辛甘行些。王云。大苦、豉也。辛謂椒薑也。甘謂飴蜜也。言取豉汁調和以椒薑鹹酢。和以飴、蜜。則辛甘之味皆發而行也。『釋名』曰。豉、嗜也。五味調和。須之而成。乃可甘嗜。故齊人謂豉聲同嗜也。按『齊民要術』說作豉必室中溫煖。所謂幽尗也。云『食經』作豉法。用鹽五升。所謂配鹽也。》从尗。支聲。《是義切。16部。》豉俗菽。从豆。《此可證尗豆爲古今字。〔豆部〕之豋字、豋字皆非古文所有也。》/336

◀ 제 8 획 ▶

攲 (기)【qī ㄑㄧ】[상][中]⑨ jī [本][가지고 갈] 기울어질

[설문] [1837] 持去也。《支有持義。故持去之攲從支。宗廟宥座之器曰攲器。按此「攲」當作「㩻」。〔危部〕曰。㩻、㩻陭也。〔竹部:箸〕訓飯攲。此「攲」亦當作「㩻」。箸必邪用之。故曰飯㩻。『廣韵(韻)』。㩻、不正也。『玉篇』曰。攲今作不正之「㩻」。》从支。奇聲。《去奇切。按『廣韵』曰。『說文』居宜切。此本音隱。葢(蓋)後人借爲㩻字。從危讀去奇切也。攲、奇聲。古在17部。㩻、支聲。古在16部。》/117

066 攴
4-05 칠 복

[文][복]【pù ㄆㄨˋ】[설문부수 92] ㉠[상][中]⑨[작] pū (가볍게 똑똑)두드릴, 칠

[설문] [1894] 小擊也。《〔手部〕曰。擊、攴也。此云小擊也。同義而微有別。按此字從又卜聲。又者手也。【經典】㯮(隷)變作扑。凡『尙書』、『三禮』鞭扑字皆作扑。又變爲手。卜聲不改。葢(蓋)『漢-石經』之體。此〔手部〕無扑之原也。『唐-石經:初刻』作朴、從木者。唐元度覆挍正之從手。是也。『豳風』。八月剝棗。假剝爲攴。毛曰。擊也。『音義』曰普卜反。》从又。卜聲。《普木切。3部。》凡攴之屬皆从攴。/122

[성부] 부록 색인 참조

정〔整〕 교(敎)

[형부] 攴을 부수로 하는 대부분의 글자들

◀ 제 2 획 ▶

[수]【shōu ㄕㄡ】[本][잡을] 거둘, 모을, 추렴할, 취할

[설문] [1946] 捕也。《〔手部〕曰。捕、取也。》从攵(攴)。丩聲。《式州切。3部。》/125

[형성] (1자) 교(莜)297

攷 (고)【kǎo ㄎㄠˇ】이룰, 상고할, 두드릴 ※고(考)의 옛 글자,

[설문] [1948] 敂也。《『唐風』子有鐘鼔(鼓)。弗擊弗考。毛曰。考亦擊也。攷引伸之義爲攷課。『周禮』多作攷。【他經】攷擊、攷課皆作考。攷敂疊韵(疊韻)。》从攴(攵)。丂聲。《苦

[작] 作家出版社〔董蓮池-說文解字考正〕 ⑨ 九州出版社〔柴劍虹-說文解字〕 ㉠ 陝西人民出版社〔蘇寶榮-說文解字今注今譯〕 [상] 上海古籍出版社〔說文解字注〕 [中] 中華書局〔臧克和-說文解字新訂〕

浩切。古音在 3部。》/125

◀ 제 3 획 ▶

攺 (시)【shī ㄕ一】 베풀, 펼(敷也)

설문 1905 敷也。《今字作「施」。施行而攺廢矣。施、旗旖施也。【經傳】多假借。》从攴(攵)。也聲。讀與施同。《式支切。古音在 17部。》/123

攸 유【yōu ㄧㄡ一】 本[물 빨리 흘러 가는 모양] 바(어조사), 아득할

설문 1932 行水也。《戴侗曰。【唐本】作水行攸攸也。其中从巛。按當作行水攸攸也。行水順其性則安流攸攸而入於海。『衞風:傳』浟浟、流皃(貌)是也。作浟者、俗變也。『左傳』說火曰。鬱攸從之。蒙葺公屋。火之行如水之行。故曰鬱攸。『大雅』曰。爲韓姞相攸。『釋言』。攸、所也。水之安行爲攸。故凡可安爲攸。又借爲逌字。逌、气行皃。水行之攸、气行之逌皆主和緩。故或用攸。或用逌。》从攴。《句。》从人。《攴取引導之意。人謂引導者。》水省。《以周切。3部。》𣃔 秦刻石嶧山。石文攸字如此。《人省水不省。嶧山石文。『史記』不載。其文曰。登于繹山。羣(群)臣從者。咸思攸長。今作𣃔者、【傳刻】失眞也。又『史記-載:會稽石文』曰。皇帝休烈。平一海內。德惠脩長。『小司馬』云。王劭按『張徽-所錄:會稽南山秦始皇碑』文。脩作攸。葢(蓋)其字亦作𣃔也。用此知『小雅、大雅:毛傳』皆云脩、長也。【經】文脩字皆攸之假借。本作攸。後改耳。『釋詁』。永悠迥遠遐也。「悠」當作「攸」。》/124

성부 修수 脩수 條조 𠍲추 儵숙

형성 (10자) 조(莜 𦯣)581 숙(䖢 𧊒)1280 소(筱 𥰰)2741 유(旒 𣄺)4101 숙(倏 𠍲)6046 유(悠 𢚛)6611 유(滫 𣶃)7240 조(匧 𠥩)8040 조(絛 𦃃)8270 조(鋚 𨥫)8835

改 (개)【gǎi ㄍㄞˇ】 고칠, 고쳐질

설문 1917 更也。《雙聲。》从攴(攵)。己聲。《或無聲。誤。古亥切。1部。》/124

攺 (이)【yǐ ㄧˇ】 상中⑨작 gǎi 역귀 쫓을 ■사:같은 뜻 ■개:〈네이버 자전〉고칠

설문 1962 毅攺、《逗。》大剛卯巳(以)逐鬼鬽也。《見〔殳部〕。》从攴(攵)。巳聲。讀若巳。《余止切。【一本】作古亥。非。1部。「巳」小徐作「目」》/126

攺 攺(무)【fǔ ㄈㄨˇ】 어루만질 ※ 무(撫)와 같은 글자 ■부:속음

설문 1933 撫也。从攴(攵)。亡聲。讀與撫同。《亡在 9部。無在 5部。古借亡爲無。故攺讀如撫也。芳武切。》/125

攻 (공)【gōng ㄍㄨㄥ】 칠(공격), 다스릴, (학문, 옥)닦을

설문 1950 擊也。《『考工記:攻木、攻皮、攻金:注』曰。攻猶治也。此引伸之義。》从攴(攵)。工聲。《古洪切。9部。》/125

◀ 제 4 획 ▶

攽 (반)【bān ㄅㄢ一】 나눌

설문 1912 分也。从攴(攵)。分聲。《此形聲包會意。》『周書』曰。乃惟孺子攽。《『雒誥』文。『今-尙書』作「頒」。葢(蓋)孔安國以今文字易之。『周禮』亦作「頒」。當是攽爲正字。頒爲假借字。鄭司農云。頒讀爲班布之班。據許所偁(稱)古文則當云頒當爲攽。不爾者漢時攽字不行也。『馬-注:尙書』。頒猶分也。云猶者、頒訓大。大則必分。非可徑訓分也。故云猶。》讀與虨同。《分聲彬聲本皆在 13部。徐仙民於『周禮』頒音墳、於『書』音甫云反是也。音轉入 14部。布還切。》/123

放 방【fàng ㄈㄤˋ】[설문부수 128] 내칠, 놓을(둠, 석방, 불지름), 놓일

설문 2395 逐也。从攵(攴)。方聲。《甫妄切。10部。》凡放之屬皆从放。/160

성부 敖 敫오 敫약

형성 방(倣)

政 정【zhèng ㄓㄥˋ】 本[바를] 정치, 법, 구실, 부역, 바로잡을, 칠(정벌)

설문 1904 正也。《『論語』。孔子曰。政者、正也。》从攵(攴)正。正亦聲。《之盛切。11部。》/123

참고 정(䀴)(아침)해 돋을

◀ 제 5 획 ▶

敀 (박)【bó ㄅㄛˊ】 상中⑨작 pò 핍박할, 굳셀

설문 1900 迮也。《迮、起(起)也。敀者、起之也。與迫音義同。》从攴(攵)。白聲。《博陌切。古音在 5部。》『周書』曰。常敀常任。《『立政篇』文。按漢人所用皆作常伯。『今-尙書』作伯。許所據絕異者、【壁中古文】多假借字也。以敀爲伯、如『洪範』以政(妞)爲好。『顧命』以莫爲蔑。『牧誓』以狟爲桓。皆【壁中古文】假借。『今-尙書』作伯好蔑桓者、孔安國以今文字讀古文而易之。而漢世言『古文-尙書』者因之。如杜子春、鄭司農讀『周禮-故書』。往往易其字。而許叔重、鄭康成多因之。其理一也。杜子春已改之『周禮』。其【故書古字】猶存於『鄭-注』。孔安國已改之『尙書』。其【壁中古文】之字猶存於『說文』。》/122

敂 (구)【kòu ㄎㄡˋ】 두드릴

설문 1949 擊也。《『周禮』凡四方之賓(賓)客敂關。『宋書:山居賦』「敂弦」、卽『江賦』之「叩舷」也。舟底曲如弓。故其上曰弦。自扣「叩」行而「敂」廢矣。〔手部:扣〕、牽馬也。無叩字。》从攴(攵)。句聲。讀若扣。《苦候切。4部。》/125

● 㪅 고칠 경(更)-본자

敃 민【mǐn ㄇㄧㄣˇ】 강인할, 힘쓸, 어지러울

설문 1898 彊也。《『釋詁』。昏暋強(强)也。按『說文』暋作敃。冒也。則『許-所據:爾雅』作敃。強也。昏字從氏省。不從民聲。自俗寫譌謬。音韵亦亂。『玉篇』謂敃暋同字是也。》从攵(攴)。民聲。《眉殞(殞)切。12部。》

/122

형성 (1자) 민(愍)6590

務 무【mù ㄇㄨˋ】상中⑨작 wù 굳셀, 서로 힘쓸

설문 1899 彊也。从攴(攵)。矛聲。《亡遇切。古音在3部。》/122

성부 務무 瞀무 婺무

형성 (14자) 무(莪)515 무(鞪)1722 무(犛)2225 목(鶩)2312 목(楘)3278 목(楘)3621 목(䍏)4706 모(髳)5481 무(愗)5629 무(鶩)5914 무(霿)7207 모(蝥)8455 무(鍪)8865 무(騖)9415

故 고【gù ㄍㄨˋ】本[연고] 일(사건), 예(옛날), 죽을, 짐짓(고의)

설문 1903 使爲之也。《今俗云原故是也。凡爲之必有使之者。使之而爲之則成故事矣。引伸之爲故舊。故曰古、故也。『墨子經:上』曰。故、所得而後成也。許本之。》从攴(攵)。《取使之意。》古聲。《古慕切。5部。》/123

참고 주(做)

◀ 제 6 획 ▶

敆 (갑)【gé ㄍㄜˊ】상中⑨ hé 만날, 합할 ■협: 같은 뜻 ■합: 물이름

설문 1925 合會也。《見『釋詁』。今俗云敆縫。》从攴(攵)合。合亦聲。《古沓切。7部。》/124

敇 책【cè ㄘㄜˋ】말 채찍질 할

설문 1967 擊馬也。《所以擊馬者曰箠。亦曰策。以策擊馬曰敇。策專行而敇廢矣。》从攵(攴)。朿聲。《楚革切。16部。》/126

유사 신칙할 칙(敕)

형성 (1자) 책(䓨)595

敼 (왕)【wǎng ㄨㄤˇ】굽을, 침범할

설문 1953 放也。《〔放部〕曰。逐也。『廣韵(韻)』曰。敼曲侵。》从攴(攵)。㞷聲。《迂往切。10部。》/126

效 (효)【xiào ㄒㄧㄠˋ】本[형상할] 본받을, 힘쓸

설문 1902 象也。《「象」當作「像」。〔人部〕曰。像似也。『毛詩』。君子是則是傚。又民胥傚矣。皆效法字之或體。『左傳』引『詩』民胥傚矣是也。彼行之而此效之。故俗云報效、云效力、云效驗。『廣韵(韻)』云。俗字作効。今俗分別效力作効。效法、效驗作效。尤爲鄙俚。效法之字亦作爻。『毄(繫)辭』爻法之謂坤是。亦作殽。『禮運』殽以降命是。亦作「詨」。『儀禮:注』引『詩:君子』是則是詨是。皆假借也。》從攴(攵)。交聲。《胡教(敎)切。2部。》/123

敉 (미)【mǐ ㄇㄧˇ】어루만질

설문 1934 撫也。《見『釋言』。》从攴(攵)。米聲。『周書』曰。亦未克敉公功。讀若弭。《緜婢切。16部。按米聲15。弭16。此合音也。》㣆敉或从人。

/125

敚 (散)미【wéi ㄨㄟˊ】㉠ wēi 묘할 (文부 6획)(圝按『康熙字典』作散入〔文部〕。誤。今改正。)

설문 4855 眇也。《「眇」[各本]作「妙」。今正。凡古言敚眇者、卽今之微妙字。眇者、小也。引伸爲凡細之偁(稱)。微者、隱行也。微行而敚廢矣。『玉篇』有僟字。引『書:虞舜』側僟。亦敚之俗體也。》从人。从攴。豈省聲。《鉉等曰。豈字从敚省。敚不應从豈省。疑从耑省。耑、物初生之題尙敚也。無非切。15部。》/374

【㬎】下「注」云:《此九者『廣韵』作「衆明也」、微妙也、从日中視絲十一字。疑當作衆明也、从日中見絲、絲敚眇也。敚者今之微字。眇者今之妙字。『玉篇』亦作「妙」。日中視絲。衆明察及微妙之意。》/307

성부 豈기 微미

형성 (1자+1) 미(微)6985 미(僟)

◀ 제 7 획 ▶

敦 (한)【hàn ㄏㄢˋ】그칠 ■하: 칠(때릴)

설문 1913 止也。《敦扞古今字。扞行而敦廢矣。『毛詩:傳』曰。干、扞也。謂干爲扞之假借。實則干爲敦之假借也。〔手部〕曰。扞、忮也。》从攴(攵)。旱聲。《侯旰切。14部。》『周書』曰。敦我于艱。《『文侯之命』篇文。今作「扞」。》/123

敍 (敘)서【xù ㄒㄩˋ】本[차례(매길)] 순서, (관직을)줄, 서문

설문 1963 次弟也。《『咎(咎)繇謨』曰。天敍有典。『釋詁』曰。舒業順敍緒也。古或假序爲之。》从攴(攵)。余聲。《徐呂切。5部。》/126

형성 (+1) 서(潊)

敎 (教)교【jiào ㄐㄧㄠˋ】[설문부수 93] 本[본받을] 가르칠, 줄, 하여금

설문 1970 上所施、下所效也。《教(敎)效疊(疊)韵。》从攴(攵)孝。《孝見〔子部〕。效也。上施故從攵。下效故從孝。古孝切。2部。》凡教之屬皆从教(敎)。𡥈古文教。《右从古文言。》𢼂亦古文教。《從攴從爻。》/127

성부 學학

형성 (1자) 교(斆)6140

敏 민【mǐn ㄇㄧㄣˇ】민첩할, 갈, 힘쓸, 엄지발가락

설문 1897 疾也。《『釋詁』、『毛傳』同。》攵(攴)。每聲。《眉殞(殞)切。古音在1部。『生民詩』。履帝武敏。『釋訓』。敏、拇也。謂敏爲拇之假借。拇、足大指也。古作母。》/122

형부 번(緐)

救 (구)【jiù ㄐㄧㄡˋ】本[그칠] 구원할, 도울, 막을

설문 1928 止也。《『論語』子謂冉有曰。女不能救與。馬曰。救猶止也。馬意救與止稍別。許謂凡止皆謂之救。》从攴(攵)。求聲。《居又切。3部。》/124

4 ⑦

敒 (진)【zhēn ㄓㄣ】 ㊤ shěn ㊥⑨㉸ shēn ㉸ zhèn 다스릴 ■신:펼

설문 1916 理也。從攴(攵)。伸聲。《直刃切。12部。按直刃乃誤同𢽿音耳。『東京賦』。振天維。掮地絡。掮謂申布也。『玉篇』余忍切。掮當是敒之或體。》/123

敓 敚(탈)【duó ㄉㄨㄛˊ】 훔칠, 뺏을

설문 1929 彊取也。《此是爭敓正字。後人假奪(奪)爲敓。奪行而敓廢矣。》『周書』曰。敓攘矯虔。《『吕荆(呂刑)』篇文。『今-尚書』作「奪」。此唐天寶衞(衛)包所改。凡『尚書』之字。有古文家改壁中相沿已久者。有衞包肊改者。皆可分別考而知之。詳見『古文-尚書:撰異』。唐人尙用敓字。『陸宣公集』有敓攘是也。》从攴(攵)。兌聲。《徒活切。15部。》/124

敔 (어)【yǔ ㄩˇ】 막을, 악기 이름

설문 1957 禁也。《與圉禦音同。『釋言』。禦圉禁也。『說文』禦訓祀。圉訓囹圉。所以拘罪人。則敔爲禁禦本字。禦行而敔廢矣。古假借作「御」、作「圉」。》一曰樂器。椌楬也。形如木虎。《按此十一字後人妄增(增)也。『樂記:椌楬:注』謂柷敔也。椌謂柷。楬謂敔。柷形如黍桶。敔狀如伏虎。不得倂二爲一。〔木部:椌〕云柷樂也。楬下不云敔樂者、敔取義於遏。楬爲遏之假借耳。敔者所以止樂。故以敔名。上云禁也。巳包此物。無庸別擧(擧)。用此知凡言一曰者、或經淺人增竄。》从攴(攵)。吾聲。《魚擧切。5部。》/126

敕 칙【chì ㄔˋ】 경계할, 칙서, 시험할, 삼갈

설문 1920 誡也。《〔言部〕曰。誡、敕也。二字互訓。『小雅:毛傳』曰。敕、固也。此謂敕卽飭之假借。飭、致堅也。後人用勑爲敕。〔力部:勑〕、勞也。洛代切。又或從力作勅。》一曰《二字今補。》臿地曰敕。《此別一義。凡植物地中謂之菑。或作倳事剚䤣。側吏初吏二切。敕與初吏一切正同部雙聲也。臿者今之插者。漢人祇作臿。》从攴(攵)束。《『各本』有聲。誤。今刪(刪)。攴而收束之。二義皆於此會意。非束聲也。恥力切 1部。》/124

유사 말 채찍질 할 책(敇)

상부 嗽嗽눈

敖 敖오【áo ㄠˊ】 (희롱하며)멋대로 놀, 시끄러울, 거만할

설문 3702 ① 出游也。《『邶風』曰。以敖以游。敖游同義也。【經傳】假借爲倨敖字。》从出放。《從放、取放浪之意。〔出部〕又收此。後人妄增也。五牢切。2部。》/160 ② 游也。《游本旗游字。假借爲出游字。『詩:邶風』曰。以敖以游。【經傳】多假敖爲倨傲字。》从出。从放。《五牢切。2部。按此篆當刪(刪)。說見『四篇:放部』。》/273

형성 (12자+2) 오(嗸)878 오(謷)1515 췌(贅)3807 오(傲)4783 오(贅)5382 오(嗸)5601 오(驁)5871 오(獒)6033 오(熬)6154 오(滶)6720 오(嫯)7952 호(勢)8812 오(鳌) 오(鼇)

敗 (패)【bài ㄅㄞˋ】 패할(싸움에서 짐), 무너질

설문 1939 毁也。从攴(攵)貝。《會意。貝亦聲。薄邁切。15部。》賊、敗皆从貝。《二字同意。古者貨貝。故從貝會意。〔戈部〕云。賊從戈則聲。與此不合。》 𣪑 籒文敗。从賏。《從二貝也。『老子』日。多藏必厚亡。》/125

◀ 제 8 획 ▶

豥 (탁)【zhuó ㄓㄨㄛˊ】 칠(두드릴), 던질 ■착:속음 ■독:때리는 소리

설문 1952 擊也。《此與〔木部:椓〕音義皆同。》从攴(攵)。豕聲。《竹角切。3部。》/125

敝 (비)【bì ㄅㄧˋ】 ㊤㊥⑨㉸ bǐ 헐, 때리는 소리

설문 1964 毁也。从攴(攵)。卑聲。《辟米切。16部。》/126

敜 (녈)【nié ㄋㄧㄝˊ】 ㊤㊥⑨㉸ niè (틀어)막을 ■녈:누를(按也), 닫을

설문 1944 塞也。《『柴誓-某氏:注』云。窒敜之。按『士喪禮:隸(隸)人涅廁:注』。涅、塞也。茶(蓋)敜其本字。涅其假借字也。異部雙聲相假借。故敜亦音乃結反。》从攴(攵)。念聲。《奴叶切。7部。》『周書』日。敜乃穽。/125

敝 폐【bì ㄅㄧˋ】 해질(떨어질), 줌통(활의 한가운데 손으로 잡는 곳)

설문 4725 帗也。《帗者、一幅巾也。》一曰敗衣。《引伸爲凡敗之偁(稱)。》从㡀。从攴(攵)。《會意。》㡀亦聲。《毗祭切。15部。》/364

유사 시원할 창(敞)

형성 (14자) 폐(蔽)529 별(憋)1297 별(瞥)2082 별(鷩)2354 별(鼈)3934 폐(幣)4655 폐(獘)6061 폐(瀲)7090 별(撆)7634 별(嫳)7909 별(彆)8110 별(鼈)8586 별(鱉)8910 폐(斃)000

敞 창【chǎng ㄔㄤˇ】 시원할, 넓을, 밝을

설문 1915 平治高土可目(以)遠望也。《惟平治故字從攴。後人乃謂高土可以遠望爲敞而昧其本始矣。》从攵(攴)。尙聲。《昌兩切。10部。》/123

유사 옷해어질 폐(敝)

형성 (+1) 창(鷩)

敟 (전)【diǎn ㄉㄧㄢˇ】 맡을, 주장할

설문 1907 主也。《『廣韵(韻):典』字下日。主也、常也、法也、經也。按凡(凡)典法、典守字皆當作「敟」。【經傳】多作典。典行而敟廢矣。》从攴(攵)。典聲。《多殄切。12部。》/123

敓 (예)【nì ㄋㄧˋ】 ㊤㊥⑨㉸ ní 헐, 때리는 소리

설문 1965 𢾅也。《按𢾅下當云𢾅敓、毁也。敓下當云𢾅敓也。此【全書】之例。多爲淺人亂之。『篇』、『韵(韻)』皆連擧(擧)𢾅敓字。知爲疊韵(疊韻)無疑。『廣

韵(韻)』云。敹敓、擊聲也。』从攴(攵)。皃聲。《五計切。當依『篇』、『韵(韻)』五禮切。16部。》/126

敡 (이)【yì ㄧˋ】업신여길, 고칠
설문 1935 侮也。《此與〔人部:傷〕義略同。》从攴(攵)。从易。易亦聲。《以豉切。16部。》/125

叡 敢敢 감【gǎn ㄍㄢˇ】本[결단성 있을] 굳셀, 용맹스러울, 감히 할 (又부 9획)(攵부 8획)
설문 2406 進取也。从受。《猶從手也。》古聲。《古聲在5部。敢在 8部。此於雙聲合韵求之。古覽切。》籒文叡(敢)。《彐蓋(蓋)亦爪也。冃音冒。用爪用殳冒而前也。今字作敢。㪅(叡)之隸(隸)變。》古文叡。/161
성부 厰엄
형성 (4자) 함(譀)1564 함(獭)6017 암(黬)6263 감(闞)7419

㪔 㪔산【sān ㄙㄢ】 상中⑨작 sàn 분리할, 갈라서 떼어 놓을
설문 4331 分離也。《㪚(散)潸字以爲聲。㪚行而㪔廢矣。》从林。从攴。《會意。穌旰切。14部。》林、分㪔(散)之意也。《說从林之意。》/336
성부 散散散산
형성 (1자) 산(𩆸𩆸)2199

散 散散산【sàn ㄙㄢˋ】섞일, 살 흩어질
설문 2603 𣀔肉也。《從㪔字、會意也。㪔(㪔)、分離也。引伸凡㪔改作㪚。㪚行而㪔廢矣。》从肉。㪔聲。《穌旰切。14部。》/176
성부 散傘산
형성 (3자+1) 산(饊)3071 산(潸)7105 산(霰)7178 산(糤糤)

敤 (과)【kuǒ ㄎㄨㄛˇ】상中⑨작 kě 갈(硏磨), 칠, 사람의 이름
설문 1958 硏治也。从攴(攵)。果聲。《苦果切 17部。》舜女弟名敤首。《『古今人表:上下等』。敤手、舜妹。顔云。流俗本作擊者、合敤手二字譌爲一字也。按『列女傳』云。舜之女弟繫。則又擊之譌矣。首手古同音通用。》/126

敦 敦돈【dūn ㄉㄨㄣ】本[성낼] 도타울, 핍박할 ■퇴:다스릴, 곱송거릴 ■대:제기(祭器), 서직 담는 그릇 ■단:조롱조롱 달릴 ■조:그림 그린 활 ■도:덮을 ■주:같은 뜻 ■둔:진칠
설문 1937 怒也。詆也。一曰誰何也。《皆責問之意。『邶風』王事敦我。毛曰。敦厚也。按〔心部:惇〕、厚也。然則凡云敦厚者、皆假敦爲惇。此字本義訓責問。故從攵。誰何見〔言部〕。》从攴(攵)。𦎧(𦎧)聲。《都昆切。13部。》/125
유사 누구 숙(孰)
형성 (4자) 단(驐)2340 대(憝)6562 대(鐓)8971 퇴(鼜)9015

◀ 제 9 획 ▶

敫 약【jiào ㄐㄧㄠˋ】상中⑨작 yuè 그림자 지나갈 ■교:노래할, 칠
설문 2397 光景流皃(貌)。《「皃」【各本】作「也」。今從『廣韵』。謂光景流行。煜燿昭箸。》从白放。《凡物光景多白。如〔白部〕所載是也。故從白。不入〔白部〕者、重其放於外也。》讀若龠。《與爚燿字音義略同。以灼切。古音在 2部。平聲。》/160
성부 噭교
형성 (13자) 교(璬)117 요(徼)1170 교(警)1508 혁(鷔)2730 격(檄)3619 규(竅)4442 핵(覈)4646 교(皦)4721 요(儌)6540 격(激)6856 교(擊)7680 작(繳)8327 교(墽)8615

𩏏 (위)【wéi ㄨㄟˊ】어그러질, 배반할
설문 1936 戾也。《『王-注:離騷』曰。緯繣、乖戾也。『廣雅:釋詁』曰。緯𢥞、乖剌也。『廣韵(韻):卄一,麥』曰。徽繣、乖違也。『說文』無繣。緯徽皆𩏏之假借也。》从 攴(攵)。韋聲。《羽非切。15部。》/125

𢿌 (두)【dù ㄉㄨˋ】닫을, 막을
설문 1943 閉也。《杜門字當作此。杜行而𢿌廢矣。〔丹部〕引『周書』惟其𢿌丹雘。此假「𢿌」爲「塗」也。》从攴(攵)。度聲。讀若杜。《徒古切。5部。》𣧱𢿌或从刀。《按〔刀部:𠝤〕、判也。則此當 𠝤(𠝤)。》/125

敬 敬경【jìng ㄐㄧㄥˋ】엄숙할, 경동할, 자숙할, 자숙할, 공경할, 치사할
설문 5556 肅也。《〔聿(肅)部〕曰。肅者持事振敬(敬)也。與此爲轉注。〔心部〕曰。忠、敬也。憼、敬也。愨、敬也。恭、肅也。惰不敬也。義皆相足。後儒或云主一無適爲敬。夫主一與敬義無涉。且文子曰。一也者、無適之道。『淮南:詮言』曰。一者、萬物之本也。無敵之道也。適卽敵字、非他往之謂。》从攵(攴)苟。《攴猶迫也。迫而苟也。居慶切。11部。》/434
형성 (6자) 경(璥)80 경〔警〕1475 경{檠}3600 경{儆}4798 경〈驚〉5921 경(憼)6427

◀ 제 10 획 ▶

敳 (치)【zhǐ ㄓˇ】찌를
설문 1942 刺也。《「剌」【各本】作「刺」。今按敳與㩼雙聲。定作刺。七迹切。》从攴(攵)。㞢聲。《豬几切。按几當作巳。古音在 1部。》/125

敷 부【fū ㄈㄨ】베풀 ※ 부(數)와 같은 글자
설문 1906 㰿也。《此與〔寸部:尃〕音義同。》从攴(攵)。尃聲。《芳無切。5部。俗作敷。古寸與方多通用。》『周書』曰。用敷遺後人。《『顧命』文。》/123
참고 부(敷)

敱 (애)【ái ㄞˊ】다스릴
설문 1914 有所治也。《『左傳』八凱有隤敱。》

从攴(攵)。豈聲。讀若豤。《此 15部 13部合音也。今音五來切。非是。「豤」【鍇本】作「墾」。》/123

敲 敲(고)【qiāo ㄑㄧㄠ】 후려칠, 곁매질, 짧은 매, (가볍게)두드릴 ■교:정음(正音)

설문 1951 橫擿也。《擿今之擲字。橫擿。橫投之也。『左傳』。奪之杖以敲之。釋文曰。『說文』作「毃」。此謂左字當作毃也。橫投不必以杖。又按『公羊傳』。以斗(斗)摮而殺之。何云。摮、猶摮也。摮謂旁擊頭項。摮卽敲字。摮卽毃字。其字義異故云猶。擿或作檛。誤。》从攴。高聲。《口交切。2部。》/125

◀ 제 11 획 ▶

斁 斁(필)【bì ㄅㄧˋ】 싸움 다할, 불 모양

설문 1945 斁、《此複擧(擧)字之僅存者。》 盡也。《事畢之字當作此。「畢」行而「斁」廢矣。畢、田网也。》从攴(攵)。畢聲。《卑吉切。12部。》/125

敵 敵(적)【dí ㄉㄧˊ】 원수, 짝, 적

설문 1927 仇也。《仇、讎也。『左傳』曰。怨耦曰仇。仇者兼好惡之詞。相等爲敵。因之相角爲敵。古多假借適爲敵。『襍(雜)記』。計於適者。『史記』。適人開戶(戶)。適不及拒。『荀卿子』。天子四海之內無客禮。告無適也。文子曰。一也者。無敵之道也。按後人取『文子-注:論語』曰。敬者、主一無適之謂。適讀如字。夫主一則有適矣。乃云無適乎。敬者持事振敬。非謂主一也。『淮南書』曰。一者、萬物之本也。無適之道也。與文子同。正作敵。》从攴(攵)。啇聲。《徒歷切、16部。》/124

敻 敻 형【xiòng ㄒㄩㄥˋ】 상⑨ xuàn 멀(아득할), 길(長也) ■현:本[구할] (夊부 11획)

설문 1991 營求也。《營求者、圜帀而求之也。帀而求之。則不遐遺矣。故引伸其義爲遠也。『韓詩』。于嗟敻兮。云遠也。『毛詩』作「洵」。異部假借字。》从旻人在穴。《依『韵會』訂。謂擧(擧)目使人之人臨穴也。合三字會意。朽正切。按古音在 14部。『招䰟(魂)』。挂曲瓊些。與寒湲蘭筵韵。瓊字敻聲。〔角部:觼〕或作鐍。皆可證也。》『商書』曰。高宗夢得說。使百工營求。得之傅巖。《『書:序文』。》巖、穴也。《此引『書:序』釋之。以說从穴之意。營求而得諸穴。此字之所以从旻人在穴也。與引『易:先庚三日』、說庸从庚之意同。【鉉本】改「營求」爲「敻求」。誤甚。〔山部〕云。巖、岸也。此云穴也者、〔厂部〕曰山石之厓巖人可居也。》/129

※ 아래의 혈(旻)자의 아랫부분은 칠 복(攴)이다. 천천히 걸을 쇠(夊)가 아니다. 그런데 모든 자전에서 夊부 11획으로 처리하고 있다. 비슷한 경우로 착각하기 쉬운 변(變)자는 칠 복(攴) 19획으로 제대로 처리하고 있다.

성부 藑藑연 奐奐환

형성 (5자) 경(瓊瓊)89 경(藑藑)346 귤(趨趨)984 현(譞譞)1620 결(觼觼)2731

敶 敶(진)【zhèn ㄓㄣˋ】 ㉠㉯㊥⑨ chén 陳의 본래 글자

설문 1926 列也。《『韓詩』。信彼南山。惟禹敶之。『爾雅』。郊外謂之田。李巡云。田、敶也。謂敶列種穀之䖏(處)。敶者敶之省。『素問:注』云。敶古陳字。是也。此本敶列字。後人假借陳爲之。陳行而敶廢矣。亦本軍敶字。帀下云。讀若軍敶之敶是也。後人別製無理之陣字。陣行而敶又廢矣。》从攴。陳(陳)聲。《 直刃切。『廣韵(韻):十七,眞』曰。敶者、陳之古文。「古文」當作「古字」。12部。》/124

數 數 수【shǔ ㄕㄨˇ】 헤아릴, 셈할, 이치, 운수 ■삭:자주 ■촉:촘촘할

설문 1909 計也。《『六藝:六』曰九數。『今-九章筭術』是也。今人謂在物者去聲。在人者上聲。昔人不盡然。又引伸之義、分析之音甚多。大約速與密二義可包之。》从攴(攵)。婁聲。《所矩切。古音在 4部。》/123

형성 (2자) 수(藪藪)542 수(籔籔)2789

敹 敹(료)【liáo ㄌㄧㄠˊ】 가릴, 휘두를

설문 1923 擇也。《『柴誓-某氏:注』。言當善簡(簡)汝甲冑(冑)。與許說合。『鄭-注』敹謂穿徹之。》从攴(攵)寮。《【各本】有聲。誤。今刪(刪)。寮或罙字。冒也。從攴寮者、㲉(擊)其冒昧而擇之。洛蕭切。依今音在 2部。》『周書』曰。敹乃甲冑。/124

◀ 제 12 획 ▶

斀 斀 𣀦(수)【chóu ㄔㄡˊ】 (내다)버릴, 칠(토벌)

설문 1960 棄也。《『鄭風:毛傳』曰。𣀦、棄也。許本毛也。鄭乃讀爲醜。》从攴(攵)。𠷎聲。《〔𠷎:口部〕作𠷎。誤。市流切。3部。》『周書』曰(以)爲討。《此言假借也。『今-尙書:周書』中無「討」字。惟『虞書:咎繇謨』云。天討有罪。疑「周」當作「虞」。討古音在 3部。》『詩』曰。無我𢿾兮。《釋文曰。醜本亦作「𣀦」。》/126

敿 敿(교)【jiāo ㄐㄧㄠ】 상㊥⑨작 jiǎo 잡아맬

설문 1924 繫連也。《「繫」當作「系」。『柴書:某氏-注』云。施汝盾紛。王云。敿盾當有紛繫持之。鄭云。敿猶繫也。按鄭云「猶」者、鄭意敿是矯拂之偁(稱)。矯之而後繫之。非一事也。敿不訓繫故云猶。許云繫連者、謂繫而連之。『秦風』龍盾之合。毛云。合而載之。『左傳』。齊子淵捷從泄聲子。射之。中盾瓦。繇朐汰輈。匕入者三寸、詳傳文。盾正蔽車前。聯合之。以爲車蔽。故云繫連。凡字有專釋【經】者、敹敿是也。》从攴(攵)。喬聲。『周書』曰。敿乃干。讀若矯。《居夭切。2部。》/124

𣁃 𣁃(교)【qiāo ㄑㄧㄠ】 本[밭고를] 칠, 두드릴 ■요·격:같은 뜻

설문 1969 𣁃田也。《『玄應書:卷六』曰。『三蒼』𣁃㪣相擊也。『卷十三』曰。「敲」『蒼頡訓詁』作「𣁃」。同苦交切。下擊也。『說文』橫檛也。擊頭也。據此則『說文』本無𣁃字。後人增(增)之。其訓蓋(蓋)本作「摮」也。摮者、旁擊也。一譌爲「𣁃」。再譌又衍田。莫能通矣。【李仁甫-本】尙無田字。『篇』、

『韵(韻)』皆云敫、擊也。》从攴(攵)。堯聲。《牽遙切。『廣韵(韻)』苦幺切。2部。》/126

整 (정)【zhěng ㄓㄥˇ】 가지런할, 가지런히 할, 정돈할, 바로잡을 (攵부 12획)

설문 1901 齊也。《齊者、禾麥吐采上平也。引伸爲凡齊之偁(稱)。》从攴(攵)。从束正。正亦聲。《之郢切。11部。》/123

敽 (란)【luàn ㄌㄨㄢˋ】 번거로울, 어지러울, 게으를

설문 1940 煩也。《煩、熱頭痛也。引伸爲煩亂。按敽與〔受部:𤔔(𤔔)〕、〔乙部:亂〕、〔言部:䜌〕、音義皆同。煩曰敽。治其煩亦曰亂也。》从攴(攵)。𤔔聲。《郎段切。14部。》/125

◀ 제 13 획 ▶

斀 (탁)【zhuó ㄓㄨㄛˊ】 궁형(음부를 썩히는 형벌) ■독:같은 뜻 ■촉:칠

설문 1955 去陰之荆(刑)也。《斀、斱也。『大雅』。昏椓靡共。鄭云。昏、椓皆奄人也。昏、其官名也。椓、毁陰者也。此假椓爲斀也。》从攴(攵)。蜀聲。《竹角切。3部。》『周書』曰。刖劓斀黥(黥)。《『吕荆(呂刑)』篇文。「刖」當作「刵」。『尙書:正義』曰。『賈、馬、鄭-古文-尙書』劓刵　劅剠。『大小夏矦、歐陽-尙書』作臏(臏)宮劓割頭庶剠。按賈、馬、鄭皆作「刵」。許必同。釋文及『正義:卷二』皆云劓刵。本篇『正義』作「刵劓」。【唐初-本】固不同耳。斀黥據『正義』賈、馬、鄭作「劅剠」。劅同斀。剠同黥。衞(衛)包因『正義』云劅、椓人陰。乃易爲椓字。而不知斀、椓字義之不同。椓、擊也。去陰不可云椓。》/126

斁 (역)【yì ㄧˋ】 本[풀] 싫어할, 섬할, 패할 ■두:패할 ■도:바를(塗也)

설문 1930 解也。《此與釋音義同。後人區別之。》从攴(攵)。睪(睾)聲。《羊益切。古音在 5部。》『詩』曰。服之無斁。《『周南』文。》斁、厭也。《見『釋詁』、『毛傳』。按此三字釋所引『詩』之斁。以別於上文解訓。此【全書】之一例也。「厭」同「猒」。飽也。【經典】亦假射爲斁。》一曰終也。《此別一義。》/124

斂 렴【liàn ㄌㄧㄢˋ】 ㉳㊥⑨㉯ liǎn 거둘, 모을, 감출, 취할, 하고자 할

설문 1922 收也。从攵(攴)。僉聲。《良冄切。7部。》/124

유사 남에게 줄 감(歛)

형성 (+1)　렴(籢 𥸚)

𢿣 (군)【qún ㄑㄩㄣˊ】 친구를 범할 설문 1938 朋侵也。从羣攴。《羣(群)、朋也。攴(攵)、侵也。》羣亦聲。《渠云切。13部。》/125

◀ 제 14 획 ▶

𢾛 (만)【suàn ㄙㄨㄢˋ】 ㉳㊥⑨㉯ chuàn 약간 용정할

설문 1968 小舂也。《〔臼部〕言舂者三字。此云小舂。謂稍舂之。『廣雅』言舂者十一字。有𢾛字。𢾛亦作「𥽃」。》从攴(攵)。算聲。《初絭切。14部。》/126

◀ 제 15 획 ▶

斄 (태)【lái ㄌㄞˊ】 세고 굽은 털, 땅 이름(攵부 11획)

설문 0739 彊曲毛也。《「也」依『廣韵(韻)』補。》可目(以)箸起(起)衣。《箸同褚。裝衣也。『王莽傳』。以氂裝衣。師古曰。毛之彊曲者曰氂。以裝褚衣。令其張起(起)也。按此氂皆斄之誤。劉(劉)屈氂亦當本作屈斄。屈斄謂彊曲毛也。》从犛省。來聲。《洛哀切。舊音力之切。1部。》
𢼸古文斄省。/53

◀ 제 16 획 ▶

斆 學 학【xué ㄒㄩㄝˊ】 ㉠㊥⑨㉯ xiào 배울, 학문, 학교 ■효:가르칠, 배울

설문 1971 覺悟也。《斆覺曡(疊)韵。『學記』曰。學然後知不足。知不足然後能自反也。按知不足所謂覺悟也。『記』又曰敎然後知困。知困然後能自强也。故曰敎學相長也。『兊命』曰。學學半。其此之謂乎。按『兊命』上學字爲敎。言敎人乃益己之學半。敎人謂之學者。學所以自覺。下之效也。敎人所以覺人。上之施也。故古統謂之學也。『枚頤-僞:尙書』說命上字作斆。下字作學。乃已下同『玉篇』之分別矣。》从敎(教)冂。《會意。》冂《逗。》尙矇也。《冂下曰。覆也。尙童矇、故敎而覺之。此說從冂之意。詳古之製字。作斆從敎。主於覺人。秦以來去攵(攴)作學。主於自覺。『學記』之文。學敎分列。已與『兊命』統名爲學者殊矣。》臼聲。《胡覺切。3部。後人分別斆胡孝反。學胡覺反。》學篆文斆省。《此爲篆文。則斆古文也。亦〔丄(上)部〕之例。》/127

성부 覺각

형성 (8자)　곡(嚳 𡅅)741　학(鷽 𪇆)2275　옥(礐 𥕞)2590 학(䨮 𩅕)5600 각(觷 𧥈)5742　악(鸒 𪈃)5925 학(澩 㶅)6938 효(𦦍 𦦍)7982

𢿥 𢿥(산)【sàn ㄙㄢˋ】 흩어질, 날아 흩어질 설문 2199 𢿥散也。《𢿥散者、謂縷繫矰矢。放散之加於飛鳥也。按𢿥葢(蓋)字當作此。亦取先斂後放也。》从隹。𣏟聲。《穌旰切。14部。》一曰飛𣏟也。《〔𣏟部〕曰。𣏟、分離也。》/143

◀ 제 19 획 ▶

𢿢 (려)【lǐ ㄌㄧˇ】 셀(數也), 군진 이름 ■리:진 이름

설문 1908 數也。《『大雅』。其麗不億毛曰。麗、數也。『方言』作「𢿢」。亦云數也。葢(蓋)𢿢是正字。麗是假借字。從麗者麗网(兩)也。网网而數之也。》从攴(攵)。麗聲。《力米切。古音在 16部。曹憲引『說文』李衣反。葢本音隱。》/123

● 변할 변(變)-본자

攴 4 ⑲

067 文 4-06 글월 문

文 문【wén ㄨㄣˊ】[설문부수 333] 글월, 법, (나무, 돌, 피부)결, 엽전, 빛날, 꾸밀, 자자(문신)할

설문 5465 錯畵也。《「錯」當作「逪」。逪畫(畵)者、这逪之畫也。『孝(考)工記』曰。青與赤謂之文。逪畫之一耑(端)也。逪畫者文之本義。彣彰者、彣之本義。義不同也。黃帝之史倉頡見鳥獸蹏迒之迹。知分離之可相別異。初造書契。依類象形、故謂之文。》象交文。《像兩紋交互也。紋字文之俗字。無分切。13部。》凡文之屬皆从文。/425

유사 천천히 걸을 쇠(夊) 뒤져올 치(夂) 칠 복(攵) 저녁 석(夕)

성부 부록 색인 참조

형부 文을 부수로 하는 대부분의 글자들

형성 (7자) 민(玟 玟)189 민(旻 旻)4017 문(駇 駇)5882 민(忞 忞)6470 문(汶 汶)6757 문(紊 紊)8170 문(蚊 蚊)

◀ 제 6 획 ▶

敳 敳 미【wéi ㄨㄟˊ】㉠ wēi 묘할 (文부 6획) (圖按『康熙字典』作散入〔攴部〕。誤。今改正。)

설문 4855 眇也。《「眇」[各本]作「妙」。今正。凡古言敳眇者、卽今之微妙字。眇者、小也。引伸爲凡細之偁(稱)。微者、隱行也。微行而敳廢矣。『玉篇』有敳字。引『書:虞舜』側敳。亦敳之俗體也。》从人。从攴。豈省聲。《鉉等曰。豈字从敳省。敳不應从豈省。疑从耑省。耑、物初生之題尙敳也。無非切。15部。》/374

【㬎】下『注』云:《此九者『廣韵』作「衆明也」、微妙也、从日中視絲十一字。疑當作衆明也、从日中見絲、絲敳眇也。敳者今之微字。眇者今之妙字。『玉篇』亦作「妙」。日中視絲。衆明察及微妙之意。》/307

성부 豈기 微미

형성 (1자+1) 미(溦 溦)6985 미(微)

◀ 제 8 획 ▶

斐 斐 (비)【fěi ㄈㄟˇ】 문채날, 아롱질, 아름다울, 성씨

설문 5466 分別文也。《謂分別之文曰斐。『衞 (衛)風』。『有匪君子:傳』曰。匪文章皃(貌)。『小雅』。萋兮斐兮。『傳』曰。萋斐文章相錯也。『孝(考)工記:注』曰。匪采貌也。皆不言分別。許云分別者、渾言之則爲文。析言之則爲分別之文。以字从非知之也。非、違也。凡从非之屬。䨽、別也。靠、相違也。》从文。非聲。《此擧(擧)形聲包會意也。敷尾切。15部。》『易』曰。君子豹變。其文斐也。《君子豹變其文斐也。『革:上九:象傳』文、『今-易』作「蔚」。虞曰。蔚、蔇也。許所據、荟(蓋)『孟-易』。》/425

◀ 제 11 획 ▶

斄 斄 (리)【lí ㄌㄧˊ】㊥⑨㉑ lí 엷은(흐린) 무늬

설문 5468 微畫(畵)文也。《「文」[各本]奪、今補。此謂微畫(畵)之文曰斄也。凡今人用豪氂、當作此字。『經解』曰。差若豪氂謬以千里。乃是假借字。知爲微畫之文者、以从𠩺知之。𠩺者、坼(坼)也。微之意也。》从文。𠩺聲。《此擧(擧)形聲包會意。里之切。1部。》/425

◀ 제 14 획 ▶

辬 辬 (반)【bān ㄅㄢ】아롱질 ※ 반(斑)의 본래 글자 (文부 14획)

설문 5467 駁文也。《謂駁褸(雜)之文曰辬也。馬色不純曰駁。引伸爲凡不純之偁(稱)。辬之字多或體。『易』卦之賁字、『上林賦』之斒字、『史記』璸斒、『漢書:文選(選):玢豳』、俗用之斑字皆是。斑者、辬之俗。今乃斑行而辬廢矣。又或假班爲之。如孟堅之得氏以楚人謂虎文曰斑。卽〔虍部:虨〕字也。作辬斑近是。而『漢書』作班。頭黑白半曰頒。亦辬之假借字。許知爲不純之文、以从辡知之。辦辯字皆从辡。》从文。辡聲。《此擧(擧)形聲包會意。布還切。14部。》/425

068 斗 4-07 말 두

斗 두【dǒu ㄉㄡˇ】[설문부수 496] 말(10되), 구기, 조두 ■주:구기

〔설문 9046 十升(升)也。《賈昌朝(朝)作升十之也。此篆叚(假)借爲斗陗之斗。因斗形方直也。俗乃製陡字。》象形。有柄。《上象斗形。下象其柄也。斗有柄者、荟(蓋)象北斗。當口切。4部。許說俗字人持十爲斗。魏晉以後作升。似升非升。似斤非斤。所謂人持十也。》凡斗之屬皆从斗。/717

성부 부록 색인 참조

형부 斗를 부수로 하는 대부분의 글자들

형성 (1자) 두(枓 枓)3559

◀ 제 5 획 ▶

料 料 (반)【bàn ㄅㄢˋ】되어서 분반할

설문 9057 量物分半也。《量之而分其半、故字从斗半。『漢書』。士卒食半菽。孟康曰。半、五斗器名也。王邵曰。言半、量器名。容半升也。今按半卽料也。『廣韵(韻)』料注五升。然則孟康語升誤斗。王劭語斗誤升。當改正。『集韵』云。一曰升五十謂之料。當有誤。人日食五升菽。略同『周官』之人月二鬴也。字从半斗。卽以五升釋之。許意不尒。》从斗半。半亦聲。《博幔切。14部。》/718

◀ 제 6 획 ▶

料 料 료【liào ㄌㄧㄠˋ】㉑ liáo 本[되질할] 헤아릴(셀), 잡아당길, 녹(급여)

설문 9049 量也。《量者、稱輕重也。稱其輕重曰量。稱其多少曰料。其義一也。知其多少、斯知其輕重矣。如稻重一秳爲粟二十斗是也。引申之、凡所量度豫備之物曰料。讀去聲。》从米在斗中。《米在斗中、非盈斗也。視其淺深而可料其多少。此會意。》讀若遼。《洛蕭切。2部。『廣韵』又去聲。》/718

◀ 제 7 획 ▶

斛 (곡)【hú ㄏㄨˊ】휘(열말이 들어가는 그릇)

설문 9047 十斗也。《『律曆志』曰。量者、躍於龠。合於合。登於升。聚於斗。角於斛。『考工記』。豆實三而成觳。受斗二升(升)。〔鬲部〕亦曰。斗二升曰觳。然則謂觳卽斛者、謬也。》从斗。角聲。《胡谷切。3部。》/717

斜 (사)【xié ㄒㄧㄝˊ】비낄(비스듬할) ■차:같은 뜻 ■야:골짜기이름

설문 9055 抒也。《「抒」【各本】「从木」。今正。〔手部〕曰。抒、挹也。挹者、抒也。〔水部:浚〕、抒也。〔革部:鞔〕、所以抒井也。〔臼部:舀〕、抒臼也。凡以斗挹出之謂之斜。故字从斗。音轉義移。乃用爲衺。俗人乃以人之衺正作「邪」。物之衺正作「斜」。其可歎有如此者。》从斗。余聲。讀若荼。《「荼」當作「余」。今似嗟切。古音在 5部。》/718

◀ 제 8 획 ▶

斝 가【jiǎ ㄐㄧㄚˇ】옥잔

설문 9048 玉爵也。夏曰醆。《小徐如此。大徐作琖。皆許所無。『周禮:量人:音義』曰。琖側産反。【劉(劉)昌宗本】作「湔」。音同。按古當用戔字。後人以意加旁。》殷曰斝。周曰爵。《見『明堂位』及『毛詩:傳』。魯(魯)祀周公、爵用玉琖。仍雕。『周禮』、『祭統』皆云玉爵。然則三代皆飾玉可知。故許統云玉爵也。『禮運』。醆斝及尸君。非禮也。鄭云。先王之爵。惟魯與王者之後得用之。其餘諸侯用時王之器而已。『大雅』。洗爵奠斝。『箋』云。用殷爵者、尊兄弟也。『明堂位:注』曰。斝畫(畵)禾稼也。》从斗。冂象形。《【二徐本】皆譌。今正之如此。从斗而上象其形也。》與爵(爵)同意。《爵从鬯从又、而爫象形。斝从斗。而冂象形。故云同意也。此三爵者、其狀各異(異)。今惟爵有存者耳。古雅切。古音在 5部。》或說斝受六升。《『考工記』爵受一升而已。醆斝未聞也。或說斝容六升。故字从斗。》/717

◀ 제 9 획 ▶

斞 (유)【yǔ ㄩˇ】용량의 단위(16말)

설문 9050 量也。《此量讀五量之量。》从斗。臾聲。《以主切。古音在 4部。》『周禮』曰。桼三斞。《「桼」【各本】譌「求」。今正。『攷工記:弓人』文。『鄭-注』。斞輕重未聞。許亦但云量也。一弓之膠甚少。與『論語』、『攷工記』之庾絕異。》/718

斟 (짐)【zhēn ㄓㄣ】술 따를, 짐작할, 머뭇거릴 ■침:속음

설문 9054 勺也。《勺『玉篇』、『廣韵(韻)』作酌。按許以盛酒行觴爲酌。則水漿不曰酌。枓曰勺。用枓挹注亦曰勺。『詩』。泂酌彼行潦。挹彼注茲。則勺酌古通也。勺之謂之斟。引申之盛於勺者亦謂之斟。『方言』。斟、汁也。北燕朝鮮洌水之閒曰斟。『左傳』羊斟不與、『趙世家:張儀列傳』廚人進斟是也。又引申之。凡增益謂之斟。『方言』曰。斟、益也。南楚凡相益而又少謂之不斟。凡病少愈而加劇亦謂之不斟。或謂之何斟。言雖少損無所益也。勺之斟之、多少在已。故凡處(處)分曰斟勺。今多用斟酌。○『左傳』。華元殺羊食士。其御羊斟不與。此羊斟謂羊汁也。『宋:世家』說此事云。華元殺羊以食士。其御羊羹不及。可以證『左傳』之解矣。『傳』當本作其御羊羊斟不與。上羊其名也。故字叔牂。君子謂羊斟非人也。其羊斟之謂乎。二斟字衍文。『淮南子』作羊羹。不斟謂不益也。『呂(呂)覽:察微篇』羊斟爲人名。亦是淺人增斟也。》从斗。甚聲。《職深切。7部。》/718

⿸广⿰兆斗 (조)【tiāo ㄊㄧㄠ】휘(속을 파서 만든 10말의 되), 부딪힐, 날카로울

설문 9061 斛旁有庣也。《「庣」【各本】作「⿸广⿰兆斗」。今正。斛旁有庣、謂斛中有寬於方尺之處。若作有⿸广⿰兆斗、是斛外有物名⿸广⿰兆斗矣。『漢:律曆志』曰。量者、龠合升斗斛也。其法用銅。方尺而圜其外。旁有庣焉。鄭氏曰。庣、過也、算方一尺。所受一斛。過九氂五豪。然後成斛。『劉徽-注:九章算術』曰。晉武庫中所作銅斛。其篆書字題斛旁云。律嘉量斛、方一尺而圜其外。庣旁九氂五豪。冪一百六十二寸。深一尺。積一千六百二十寸。容十斗。及斛底律嘉量斗、方尺而圜其外。庣旁九氂五豪。冪一百六十二寸。深一寸。積一百六十二寸。容一斗。升居斛旁。合龠在斛耳上。與『律曆志』同。按庣旁者謂方一尺而又寬九氂五豪也。不寬九氂五豪則不容十斗。故製字从斗庣會意。》从斗。庣聲。《形聲中包會意也。土雕切。2部。庣字不見於【許書】。今按卽窕之異體。〔穴部〕曰。窕深肆極也。『釋言』曰。窕、肆也。又曰。窕、閒也。『毛傳』曰。窈窕、幽閒也。此以幽釋窈、以閒釋窕。窕訓肆、則爲過乎方尺。訓閒、則爲方尺又寬九氂五豪。从广與从穴同也。今篆體去其首筆則非是。『爾雅』釋文、『玉篇』、『廣韵(韻)』皆作「⿸广⿰兆斗」。》一曰突也。《此卽鄭氏過也之意也。》一曰⿸广⿰兆斗、利也。《此又一義。》『爾雅』曰。⿸广⿰兆斗謂之疀。古田器也。《⿸广⿰兆斗者、〔金部:銚〕之叚(假)借字。銚者、田器。此云古田器者、所以明六書之叚借也。詳銚下。》/719

◀ 제 10 획 ▶

斠 (각)【jiào ㄐㄧㄠˋ】평미레질 할

설문 9053 平斗斛量也。《『月令』角斗甬。正權槩。『鄭-注』。角、正皆謂平之也。角(角)者、斠之假借字。今俗謂之校。音如教(敎)。因有【書】校讎(讐)字作此者。音義雖近。亦大好奇矣。》从斗。冓聲。《古岳切。古音在 4部之入聲。》/717

斡 (알)【wò ㄨㄛˋ】本[굴대] 빙빙 돌, 주선할 ■왈:속음 ■관:정음(正音) ■간:주장할

설문 9051 蠡柄也。《此蠡非蟲齧木中。乃本無其字依聲

斗 4 ⑩

叚(假)借之字。見瓢字下。又見蓋字下。『方言』則从瓜作䖶矣。楊雄曰。瓢也。郭云。瓠勺也。判瓠爲瓢以爲勺。必執其柄而後可以挹物。執其柄則運旋在我。故謂之斡。引申之、凡執柄樞轉運皆謂之斡。『賈誼-鵩鳥賦』云斡流而遷、『張華-勵志詩』云大儀斡運皆是也。或叚借筦字。『楚詞』云。筦維焉繫。天極焉加。或作幹字。程氏瑤田云。『考工記』旋蟲謂之幹。葢(蓋)幹之譌也。》从斗。《瓢亦科之類。故从斗。》倝聲。《烏括切。古音在 14部。『匡謬正俗』云。斡音筦。不音烏活反。引『陸士衡-愍思賦』爲證。按其字倝聲。則顏(顔)說是也。然俗音轉爲烏括切。又作「捾」、作「𣁁」。亦於六書音義無甚害也。》楊雄、杜林說皆㠯(以)爲軺車輪斡也。《『漢志』。『楊雄-倉頡訓纂:一篇』。『杜林-倉頡訓纂』、『倉頡故』各一篇。軺車者、小車也。小車之輪曰斡。亦取善轉運之意。亦本義之引申也。》/718

斗 4 ⑩

斛 (방)【pāng ㄆㄤˉ】(되질할 때)되 넘칠
설문 9058 量旁溢也。《大徐無「旁」。非。旁者、溥也。形聲包會意。》从斗。旁聲。《普郎(普郎)切。10部。》/718

◀ **제 13 획** ▶

斣 (축)【chù ㄔㄨˋ】㊤ù dòu ㉻ yù 맞 바꿀, 겨룰
설문 9060 相易物俱等爲斣。从斗。蜀聲。《昌六切。3部。今南俗有此語。而『篇』、『韵(韻)』皆丁豆切。按【小徐本】無此篆。》/719

斞 (구)【jū ㄐㄩˉ】(숟가락 따위로)뜰, 구기질할
설문 9056 挹也。《挹亦抒也。『詩:箋』、『禮:注』皆用斞。皆謂挹酒於尊中也。如鄭說、則賔(賓)筵之仇乃此字之叚(假)借。》从斗。臾(㬰)聲。《舉(擧)朱切。古音葢(蓋)在 3部。故鄭得以易仇字。》/718

◀ **제 19 획** ▶

䜌斗 (판)【juàn ㄐㄩㄢˋ】가득히 뜰, 퍼내어 쏟을, 퍼낼 ■권:퍼낼
설문 9059 抒扁也。《「扁」【各本】作「滿」。誤。『玄應』作漏爲是。依許義當作「扁」。謂抒而扁之有所注也。元和汪元亮曰。今賣酒家汲酒於甕中之器、名曰酒端。傾入於扁笎。而注於酒缾。是其物也。『通俗文』曰。汲取曰䜌斗。》从斗。䜌聲。《俱願切。14部。》/718

069	斤
4-08	도끼 근

斤 근【jīn ㄐㄧㄣˉ】[설문부수 495] 도끼, 자귀, 근(무게, 16냥), (나무를)벨
설문 斫木斧也。《此依【小徐本】。凡用斫物者皆曰斧。斫木之斧、則謂之斤。》象形。《横者象斧頭。直者象柄。其下象所斫木。舉(擧)欣切。13部。》凡斤之屬皆从斤。《按此篆象形之下當有一曰十六兩也六字。乃與〔金部:銖鈞〕网(兩)部兩、〔禾部:秝〕、合成五權。十黍爲絫、附見於絫下。斗二升曰斛、附見於鬲(鬲)下、『說文』之例正如此。班固說五權曰。斤、明也。卽『爾雅』、『毛傳』之斤斤、察也。》/716

유사 언덕 구(丘) 내칠 척(斥)
상부 부록 색인 참조
형부 斤을 부수로 하는 대부분의 글자들
형성 (13자+1) 기(祈)0050 근(芹)370 은(听)813 근(赾)983 은(齗)1217 흔(訢)1466 근(靳)1730 은(犷)2990 흔(昕)4025 기(旂)4097 기(頎)5381 흔(忻)6409 기(蚚)8421 근(釿)

◀ **제 1 획** ▶

斥 척【chì ㄔˋ】本[넓힐] 물리칠, (손가락으로)가리킬 ■차:같은 뜻
설문 5688 郤(却)屋也。《郤屋者、謂開拓其屋使廣也。與上屋迫成反對。『廣韵』引作郤行也。非是。郤屋之義引伸之爲庈(斥)逐、爲充庈。『魏都賦:注』引『倉頡』曰。庈、廣也。又引伸爲指庈。『穀梁:僖:五年:傳』曰目晉(晋)侯庈殺是也。》从广。屰聲。《『廣韵』引無聲字。非是。昌石切。古音在 5部。俗作「斥」、作「斥」。幾不成字。》/446

유사 언덕 구(丘) 잡을 국(𠢴)
형성 (5자) 차(𧼯)1005 소(訴)1603 탁(柝)3458 소(泝)6954 탁(坼圻坼墌坼)8705

◀ **제 4 획** ▶

斦 은【yín ㄧㄣˊ】방치돌, 모탕, 머루(鐵椹)
설문 9045 二斤也。闕。《二斤也、言形而義在其中。『爾雅:毛傳』曰。斤斤、明也。葢(蓋)其義與。闕者、言其義其音未之聞也。大徐語斤切。質字从此。》/717

斧 (부)【fǔ ㄈㄨˇ】도끼, (나무를)찍을
설문 9032 所㠯(以)斫也。《「所㠯」二字今補。斧之爲用廣矣。斤則不見於他用也。葢(蓋)其制有異矣。白與黑相次文曰黼。葢如畫(畵)斧然。故亦曰斧藻。》从斤。父聲。《方矩切。5部。》/716

斨 (장)【qiáng ㄑㄧㄤˊ】㊤㊥⑨㉻ qiāng (자루를 박는 구멍이 네모진)도끼
설문 9033 方銎。斧也。《銎者、斤斧空也。『毛詩:傳』曰。隋銎曰斧。方銎曰斨。隋讀如妥。謂不正方而長也。》从斤。爿聲。《七羊切。10部。》『詩』曰。又缺我斨。《『豳風:破斧』文。按許不偁(稱)『七月』偁此者、明斧斨之用不專伐木也。》/716

◀ **제 5 획** ▶

斪 (구)【qú ㄑㄩˊ】호미, 괭이
설문 9035 斪斸。《逗。》所㠯(以)斫也。《【各本】無「斪斸所㠯」四字。今補。『爾雅』「斪斸」謂之定。「斪斸」合二字成文。斪之言鉤也。斸之言斫也。『考工記:車人:注』

作「句欘」。斤斧所以斫木。斪斸所以斫地。》从斤。句聲。《其俱切。4部。》/717

斫 (작)【zhuó ㄓㄨㄛˊ】 찍을, 칠
설문 9034 擊也。《擊者、攴也。凡斫木、斫地、斫人皆曰斫矣。》从斤。石聲。《之若切。古音在 5部。》/717

◀ 제 7 획 ▶

𣂪 (라)【láng ㄌㄤˊ】 ㊓㊥⑨㉶ luǒ 서로 칠, 맞서 칠
설문 9043 柯擊也。《柯『廣韵(韻)』作相。》从斤。良聲。《來可切。按此音恐譌。古音當讀如琅。10部。》/717

斬 참【zhǎn ㄓㄢˇ】 벨, 끊어질, 도련하지 않은 상복
설문 9165 截也。《截者、斷(斷)也。〔首(首)部:䭘(𩠐)〕、截也。『周禮:掌戮:注』曰。斬以鈇鉞。若今要斬也。殺以刀刃。若今棄市也。本謂斬人。引申爲凡絕(絶)之偁(稱)。》从車斤。《會意。側減切。8部。》斬法車裂也。《此說从車之意。葢(蓋)古用車裂。後人乃法車裂之意而用鈇鉞。故字亦从車。斤者、鈇鉞之類也。》/730
성부 漸점
형성 (10자) 점(蔪)548 잠(䟅)1012
참(槧)3616 잠(暫)4064 참(磛)5747
참(慙)6641 참(摲)7569 점(螹)8512
참(塹)8696 참(鏨)8904

◀ 제 8 획 ▶

斮 (작)【zhuó ㄓㄨㄛˊ】 벨(자름), 깎을 ■착:같은 뜻
설문 9041 斬也。《斬者、截也。截者、斷(斷)也。斫用衺。斮、截用正。》从斤。昔(昔)聲。《側略切。古音在 5部。》/717

斯 사【sī ㄙ】 本[(쪼갤)찍을] 어조사, 떠날(떨어질), 흴, 천할
설문 9040 析也。《以曡(疊)韵爲訓。『陳風』曰。墓門有棘。斧以斯之。『傳』曰。斯、析也。叚(假)借訓爲此。亦曡韵也。『般其靁(雷):傳』曰。斯、此也。》从斤。其聲。《其聲未聞。斯字自三百篇及『唐韵』在〔支部〕無誤。而其聲在〔之部〕。斷(斷)非聲也。息移切。16部。》『詩』曰。斧目(以)斯之。/717
형성 (5자) 서(謕)1626 서(㴲)3672
서(㽄)4516 시(澌)7007 시(凘)7156

◀ 제 9 획 ▶

新 신【xīn ㄒㄧㄣ】 本[나무할] 새(것), 새롭게 할, 새로, 나라 이름
설문 9044 取木也。《取木者、新之本義。引申之爲凡始基之偁(稱)。『彩芑:傳』曰。田一歲曰菑。二歲曰新田。其一耑(端)也。》从斤。亲(亲)聲。《當作「从斤木。辛聲」。非從亲聲也。息鄰(隣)切。12部。》/717
형성 (1자) 신(薪)600
성부 質질

◀ 제 10 획 ▶

斲 착【zhuó ㄓㄨㄛˊ】 깎을, 쪼갤
설문 9037 斫也。从斤。㔶聲。《小徐有聲。鍇曰。非聲。鉉曰。㔶器也。斤以斲之。皆不知古音者也。古音在 3部 4部同入。今音析入三覺。竹角切。》斲或从丮。晝聲。《大徐作从畫(畵)、从丮。篆體作劃。今依『玉篇』正。晝聲猶㔶聲也。》/717
형성 (2자) 투(鬭)1795 착(斀)5082

◀ 제 14 획 ▶

斷 断 단【duàn ㄉㄨㄢˋ】 끊을, 나눌, 결단할
설문 9042 截也。《〔戈部:截〕下曰斷(斷)也。今人斷物讀上聲。物已斷讀去聲。引申之義爲決斷。讀丁貫切。》从斤㡭。《會意。徒玩切。14部。『廣韵』徒管切。》㡭、古文絕(絶)。《見〔糸部〕。》古文斷。从㠯。㠯、古文叀字。《見叀下。》『周書』曰詔詔猗無它技。《『秦誓』文。『許-所據:壁中-古文』也。》亦古文斷。/717
형성 (1자) 단(躖)1275 전(䠪)5446

◀ 제 21 획 ▶

斸 (촉)【zhǔ ㄓㄨˇ】 ㊓㊥⑨㉶ zhú (도끼로)찍을
설문 9036 斪斸也。《原作斫也。今依【全書】通例正。〔木部〕有欘字、所以斫也。齊謂之兹其。葢(蓋)實一字。》从斤。屬聲。《職玉切。3部。》/717

070
4-09
方 모 방

方 방【fāng ㄈㄤ】【설문부수 310】 本[배 아울러 맬] 모, 모질, 사방, 방법, 처방할 ■망:도깨비 ■묵:나라이름
설문 5202 併船也。《『周南』。不可方思。『邶風』。方之舟之。『釋言』及『毛傳』皆曰。方、泭也。『今-爾雅』改方爲舫。非其義矣。併船者、並(竝)兩船爲一。『釋水』曰。大夫方舟。謂併兩船也。泭者、編木以爲渡。與併船異事。何以毛公釋方、不曰併船而曰泭也。曰併船、編木其用略同。故俱得名方。方舟爲大夫之禮。『詩』所言不必大夫。則釋以泭可矣。若許說字。則見下从舟省而上有竝頭之象。故知併船爲本義。編木爲引伸之義。又引伸之爲比方。子貢方人是也。『秦風』。西天之防。毛曰。防、比也。謂防卽方之假借也。又引伸之爲方圓、爲方正、爲方向。又假借爲旁。〔丄(上)部〕曰。旁、溥也。凡『今文-尙書』作旁者、『古文-尙書』作方。爲大也。『生民』。實方實苞。毛曰。方、極畝也。極畝、大之意也。又假借爲甫。『召南』。維鳩方之。毛曰。方之、方有之也。方有之猶甫有之也。》象兩舟省總頭形。《「兩」當作「网」。下

象兩舟併爲一。上象兩船頭總於一處也。府良切。10部。『通俗文』。連舟曰舫。與許說字不同。葢(蓋)方正字俗用舫。》凡方之屬皆从方。汸方或从水。/404

유사 일만 만(万)

성부 부록 색인 참조

형부 方을 부수로 하는 대부분의 글자들
부{敷} 교(敫)

형성 (16자+1) 방(芳)552 방(趽)1339 방(訪)1432 방(旊)2173 방(魴)80 방(肪)2496 방(枋)3354 방(邡)3932 방(仿)4802 방(舫)5198 방(魴)7243 방(房)7359 방(妨)7898 방(瓬)8059 방(紡)8151 방(鈁)8952 방(昉)

◀ 제 2 획 ▶

㫃 언【yǎn ㄧㄢˇ】[설문부수 234] 깃발 날릴, 사람 이름, 춤추며 노래 부를

설문 4091 旌旗之游㫃蹇之皃(貌)。《旌旗者、旗之通偁(稱)。旌有羽者。其未有羽者。各擧(擧)其一以該九旗也。『王逸-九歌:注』云。偃蹇、舞皃。『大人賦』說旌旗曰。掉掊撟以偃蹇。張揖曰。偃蹇、高皃。》从屮曲而垂(垂)下。㫃相出入也。《此十一字當作「从屮、曲而下垂(垂)者游、从入、游相出入也」十五字。从屮者、如豈肯屵同意。謂杠首之上見者。曲而下垂者象游。游相出入者、謂从風往復如一出一入然。故从入。大徐云。此字从屮下垂當只作㫃。相承多一畫(畫)。玉裁謂。从屮謂竿首。下垂謂游也。鼎臣殊誤會。》讀若偃。《於幰切。14部。》古人名㫃字子游。《晉有籍偃。荀偃。鄭有公子偃、駟偃。孔子弟子有言偃。皆字游。今之【經傳】皆變作偃。偃行而㫃廢矣。》凡㫃之屬皆从㫃。㫃古文㫃字。象旌旗之游及㫃之形。《此【小徐本】也。大徐作象形及象旌旗之游。皆不可通。其篆形【各本】古文與上小篆文皆不可分別。惟【小徐本】牽連其上端略異。與『古文四聲韵』及『汗簡』合。此等不能強(强)爲之說。或曰當是「㫃古文以爲偃字」七字之誤。》/308

성부 旅려 施시 於어 旟여 斿유 旖의 族족 倝간 旛번 旋선

형부 기{旗} 모(旄) 수(旞) 패(旆) 요(旐) 유(旒) 조(旐) 소(旓) 표(旚) 표(旇) 비(旇) 괴(旝) 기(旂) 전(旃) 전(旜) 정(旌) 니(旎) 나(旎) 류(旒)

형성 (2자) 천(扵)212 간(倝)4089

◀ 제 3 획 ▶

扵 (천)【chǎn ㄔㄢˇ】 깃대 ■증:속음 ■징·당: 같은 뜻

설문 0212 旌旗杠皃(貌)。《『釋天』曰。素錦綢杠。杠謂旗之竿也。『詩』謂之干。》从丨㫃。《以丨象杠形。加㫃爲偏㫄(旁)。會意。》㫃亦聲。《丑善切。14部。》/21

◀ 제 4 획 ▶

航 (항)【háng ㄏㄤˊ】 本[배 아울러 맬] 떼목, 배로 물 건널

설문 5203 方舟也。《舟字葢(蓋)衍。『衞(衛)風』。一葦杭之。毛曰。杭、渡也。杭卽斻字。『詩』謂一葦可以爲之舟也。舟所以渡。故謂渡爲斻。始皇臨浙江。水波惡。乃西百二十里從狹中渡。其地因有餘杭縣。『杜篤-論都賦』。造舟於渭。北杭涇流。『章懷-後漢書』作「北斻」。『注』云。『說文』斻字在〔方部〕。今流俗不解。遂與杭字相亂者、誤也。是說誠然。然斻之作杭久矣。章懷偶一正之。而不能盡正也。『李南傳』。向度宛陵浦里。斻馬蹶足。亦係章懷改杭爲斻。而『地理、郡國:二志』餘杭縣未之或改也。斻亦作航。『方言』曰。舟或謂之航。杭者『說文』或抗字。》从㫃。亢聲。《胡郎切。10部。》『禮』。天子造舟。諸侯維舟。大夫方舟。士特舟。《『大雅:詩:傳』及『釋水』同。李巡曰。比其舟而渡曰造舟。中央左右相維持曰維舟。併兩船曰方舟。一舟曰特舟。孫炎曰。造舟、比舟爲梁也。維舟、連四舟也。『釋水』及『公羊傳:注』此下又有庶人乘泭句。》/404

● 㫄逆 곁 방(旁)-본자

● 於 까마귀 오(烏)-고자

◀ 제 5 획 ▶

施 시【shī ㄕ】 本[기 기울어질] 베풀, 은혜, 줄(與也), 놓을,풀릴 ■이:옮길

설문 4104 旗旖施也。《『大人賦』說旌旗曰。又旖旎以招搖。施字俗改爲旎、从尼聲。殊失音理。》从㫃。也聲。《式支切。古音在 17部。按【經傳】叚(假)此爲敷攴字。攴之形、施之本義俱廢矣。『毛傳』曰。施、移也。此謂施卽延之叚借。『大雅』。施于條枚。『呂氏-春秋』、『韓詩:外傳』、『新序』〈見黃琬傳注〉皆引作「延」。『上林賦』。貤丘陵。下平原。司馬彪曰。貤、延也。按貤丘陵與『詩』施中谷、施條枚同。貤亦延之叚借。》亝(齊)欒施字子旗。《見『左氏傳』。孔子弟子巫馬施亦字子旗。》知施者旗也。《自叚施爲攴。而施从㫃之意隱矣。故明之。○ 此二篆【各本】轉寫譌舛。據【全書】連緜字通例更正。》/311

형성 (2자+1) 이(暆)4046 시(篕)8443 이(椸)

● 斿游 유【yóu ㄧㄡˊ】 물 이름, 헤엄칠, 떠내려 갈)

◀ 제 6 획 ▶

旁 㫄旁방【páng ㄆㄤˊ】 곁, 널리, 방(한자의 우측 부분) ■팽:말이 쉬지 않고 달릴

설문 0008 溥也。《『司馬相如-封禪文』曰。㫄(旁)魄四塞。張揖曰。㫄、衍也。『廣雅』曰。㫄、大也。按㫄讀如滂(滂)。與溥雙聲。後人訓側。其義偏矣。》从二。闕。《闕謂从𠂤之說未聞也。李陽冰(氷)曰。𠂤象㫄達之形也。按『自序』云。其於所不知。葢(蓋)闕如也。凡言闕者。或謂形、或謂音、或謂義。分別讀之。》方聲。《凡【徐氏鉉鍇-二本】不同、各从其長者。如此處鍇作方聲闕。闕字在方聲下。於未聞从𠂤之說不瞭。故不从之是也。後不悉注。步光切。10部。》㫄古

文雱。《以許說推之。亦小篆从二、古文从一也。》 亦古文雱。《李斯改一爲二。則爲小篆。》 籒文。《『詩』。雨雪其雱。『故訓:傳』曰。雱、盛皃(貌)。卽此字也。籒文从雨。衆多如雨意也。毛云盛、與許云溥正合。今人不知旁雱同字。音讀各殊。古形古音古義皆廢矣。》 /2

형성 (12자) 팽(嗙)864 방(徬)1181 방(謗)1533 방(膀)2501 방(榜)3599 방(郱)3909 방(稖)4248 방(傍)4867 팽(騯)5886 방(滂)6826 방(搒)7709 방(斜)9058

旂 (기)【qí ㄑㄧˊ】(교룡을 그린)기

설문 4097 旗有衆鈴。《『爾雅』曰。有鈴曰旂。『司常職』曰。交龍爲旂。許偁(稱)『爾雅』不偁『周禮』者、錯見其說。欲學者互攷也。畫(畵)交龍於正幅。一升一降。象諸侯升朝下復也。『周頌』曰。龍旂陽陽。和鈴央央。『傳』云。鈴在旂上。李巡云。以鈴著旐端。郭樸云。縣鈴於竿頭。按李說近是。惟羽旄注竿首。鈴非注竿首之物也。『左傳』。錫鸞和鈴。昭其聲也。杜云。鈴在旂。李云。以鈴著旐端。『公羊:疏』、『左傳:疏』同。『周頌:疏』旐作旐。誤。云旐者、旐亦旗正幅之通偁。》 㠯(以)令衆也。《令鈴與旂疊韵(疊韻)。令古音如鄰(隣)。》 从㫃。斤聲。《渠希切。按古音如芹。13部。此不偁諸侯建旂者、亦錯見。》 /310

旃 (전)【zhān ㄓㄢ】(깃발과 기드림만 있고 무늬가 없는)비단으로 만든 기, 어조사, 모직물

설문 4100 旗曲柄也。《『漢:田蚡傳』曰。前堂羅鐘皷(鼓)。列曲旃。蘇林云。『禮』、大夫立曲旃。曲旃、柄上曲也。按蘇林所據『禮』正與『周禮:司常』孤卿建旜、『大司馬』帥都載旜合。帥都、遂大夫也。『左傳』曰。昔我先君之田也。旃以招大夫。正謂大夫用旃也。『鄘風:傳』曰。干旄、大夫之旃。『子虛賦』。靡魚須之橈旃。張揖曰。以魚須爲柄。師古曰。橈旃卽曲旃也。》 所㠯(以)旃表士衆。《「旃」當爲「展」。以疊韵(疊韻)爲訓。『聘禮』曰。使者載旜。『注』云。載之者、所以表識其事也。及竟張旜誓。『注』云。張旜、明事在此國也。此與仲秋治兵載旜皆展表士衆之義。》 从㫃。丹聲。《諸延切。14部。叚(假)借爲語助。如尙愼旃哉。『傳』曰旃、之也。》 『周禮』曰。通帛爲旃。《『司常職』文。『注』云。通帛謂大赤。從周正色。無飾。『爾雅』。因章曰旃。郭云。因絳帛之文章。不復畫(畵)之。》 旜或从亶。《亶聲也。『周禮』、『禮經』皆如此作。》 /310

旄 (모)【máo ㄇㄠˊ】(여우의 꼬리로 장식한 지휘용)기, 늙은이

설문 4110 幢也。《劉(劉)熙曰。幢、童也。其皃(貌)童童也。『廣雅』曰。幢謂之䎙。『爾雅』曰。翢、纛也。『毛傳』曰。翿者、纛也。翳也。〔羽部〕曰。翳者、翳也。所以舞也。〔人部〕曰。儔者、翳也。按或用羽。或用犛牛尾。或兼用二者。翢儔翿實一字。纛俗作纛。亦卽翳字。『爾雅』、『毛傳』皆以今字釋古字耳。幢亦卽翳字。古𠂤聲、周聲與童聲轉移。如『詩』以調韵(韻)同、漢縣鮦陽讀如紂之比。其始衹有翳字。繼乃有纛。繼乃有幢。皆後出。故[許書]不列纛幢二篆。此釋旄必云幢、不云翳者。翳嫌舞者所持。旄是旌旗之名。漢之羽葆幢。以犛牛尾爲之。如斗。在乘輿左騑馬頭上。用此知古以犛牛尾注竿首。如斗童童然。故『詩』言干旄、言建旄、言設旄。有旄則亦有羽。羽或全或析。言旄不言羽者擧(擧)一以晐二。其字从㫃从毛。亦擧一以晐二也。以犛牛尾注旗竿。故謂此旗爲旄。因而謂犛牛尾曰旄。謂犛牛曰旄牛。名之相因者也。『禹貢』网(兩)言羽旄。『周禮:旄人、旄舞』。皆謂犛牛尾曰旄也。》 从㫃。毛聲。《擧形聲包會意。莫袍切。2部。》 /311

旅 (려)【lǚ ㄌㄩˇ】本[(500명의)군사] 나그네, 여행할

설문 4112 軍之五百人。《『大司徒』。五人爲伍。五伍爲兩。四兩爲卒。五卒爲旅。五旅爲師。五師爲軍。以起(起)軍旅。『注』云。此皆先王所因農事而定軍令者也。欲其恩足相恤。義足相救。服容相別。音聲相識。引伸爲凡衆之偁(稱)。『小雅』。旅力方剛。『傳』云。旅、衆也。又引伸之義爲陳。『小雅』。殽核維旅。『傳』云。旅、陳也。又凡言羈旅。義取乎廬。廬、寄也。故『大雅』廬旅猶處處、言言、語語也。又古叚(假)爲盧弓之盧。俗乃製旅字。》 从㫃。从从。《句、从㫃者、旌旗所以屬人耳目。》 从、《逗。》 俱也。《說从从之意。力擧(擧)切。5部。》 古文旅。《『左傳』。仲子生而有文在其手。曰爲魯(魯)夫人。『正義』曰。隸(隸)書起(起)於秦末。手文必非隸書。『石經-古文』虞作㕁。魯作㫃。手文容或似之。者字以爲聲。》 古文㠯(以)爲魯衞(衛)之魯。《此言古文叚(假)借也。『周本紀』。周公受禾東土。魯天子之命。卽『書:序』旅天子之命。旅者、陳也。》 /312

형성 (+2) 로(旅) 려(膂)

旆 (패)【pèi ㄆㄟˋ】(기폭의 끝이 제비 꼬리처럼 갈라진)기, 깃발 드날릴

설문 4094 繼旐之旗也。《旗者、旌旗之總名。下文云旗有衆鈴、旗曲柄、旗旖施皆是。『爾雅』。繼旐曰旆。郭云。帛續旐末爲燕尾者。『何休-注:公羊』云。繼旐如燕尾曰旆。『釋名』云。旆、以帛繼旐末也。『小雅』。帛旆央央。毛曰。帛旆、繼旐者也。按帛葢(蓋)用絳。》 沛然而垂(垂)。《沛旆疊韵(疊韻)。引伸爲凡垂之偁(稱)。『出車:傳』曰。旆旆、旐垂皃(貌)。『左傳:昭:十三年』曰。八月辛未。治兵。建而不旆。壬申。復旆之。杜云。建立旌旗。不曳其旆。旆、游也。按不旆者、卷而不垂。旆之者、垂之也。『定:四年』。晉人假羽旄於鄭。鄭人與之。明日。或旆以會。亦是垂旐之義。『大雅』。荏菽旆旆。『傳』曰。旆旆然長也。沛然而垂則長。故毛云爾也。又旆爲旗幟之總名。如『左傳』狐毛設二旆而退之、晉亡大旆之左旃是也。又假茷爲旆。如『左傳』綪茷卽蒨旆、『詩:帛茷央央』卽帛旆是也。亦有與末通用者。『士喪禮』。書銘於末曰某氏某之柩。『注』曰。今文銘皆爲名。末爲旆。》 从㫃。㐬(巿)聲。《蒲葢切。15部。》 /309

方 4 ⑥

◀제7획▶

旇 (피)【pī ㄆㄧˉ】 기 휘날릴, 옷펄럭일, 지휘할 ■비:속음 ■미:장목단 기 모양

설문 4108 旌旗披靡也。《「披靡」當是「指麾」之誤。淺人所改也。『爾雅』曰。旄謂之藣。『集韵(韻)』、『類篇』皆作旇謂之旇。『爾雅』藣字卽許之旇字。『大人賦:張揖-注』云。指橋、隨風指麾也。今麾誤靡。》 从㫃。皮聲。《敷羈切。古音在 13部。披靡皆上聲。》/311

형성 (1자) 의(旖)3443

旋 선【xuán ㄒㄩㄢˊ】 돌릴, (빙빙)돌, 돌아올, 빠를, 조금, 두를

설문 4109 周旋、《逗。》 旌旗之指麾也。《『左傳』曰。師之耳目。在吾旗鼓(鼓)。進退從之。〔手部:麾〕下曰。旌旗所以指(指)麾者也。旗有所鄉(向)。必運轉其杠。是曰周旋。引伸爲凡轉運之偁(稱)。》 从㫃疋。《句。》 疋、《逗。》 足也。《杠之柱地者是旌旗之足也。似沿切。14部。》/311

형성 (4자+2) 선(淀)6877 선(嫙)7840 선(縼)8319 선(鏇)8888 선(琁) 선(璇)

旌 (정)【jīng ㄐㄧㄥˉ】 (깃대 위에 이우의 꼬리를 달고, 새털로 장식한)기

설문 4095 游車載旌。《『司常職』文。『注』云。游車木路也。王以田以鄙。》 析羽注旄首也。《『司常職』曰。析羽爲旌。『爾雅:釋天』曰。注旄首曰旌。『李巡-注:爾雅』曰。以氂牛尾著旌首。郭云。載旄於竿頭。如今之幢亦有旒。『鄭-注:周禮』云。全羽、析羽皆五采。繫之於旞旌之上。所謂注旄於干首也。『周禮』擧(舉)羽以晐旄。『爾雅』擧旄以晐羽。許、鄭則兼擧之。合『周禮』、『爾雅』以立文。鄭云。『明堂位』曰。夏后氏之綏。綏以旄牛尾爲之。綴於橦上。所謂注旄於干首者。葢(蓋)夏后氏但用旄牛尾。周人加用析羽。夏時徒綏不旒。周人則注羽旄而仍有縿旒。先有旄首而後有析羽注之。故許云析羽注旄首。孫炎云。析五采羽注旄上也。孫、郭皆云。其下亦有旒縿。『庸風』。孑孑干旄。『傳』云。孑孑、干旄之皃(貌)。注旄於干首。大夫之旃也。此可證大常旂旃旟旗旐七者。皆得注羽旄於首矣。『左傳』言晉人假羽旄於鄭。言范宣子假羽旄於齊。則在春秋時諸侯少有此者。》 所目(以)精進士卒也。《精旌疊韵(疊韻)。『釋名』曰。旌、精也。有精光也。引伸爲凡表異之偁(稱)。》 从㫃。生聲。《子盈切。11部。》/309

族 족【zú ㄗㄨˊ】 本[화살끝] 무리, 겨레, 일가, 친족, 100집 ■주:동짓달, 정월 ■수:개 부리는 소리

설문 4113 矢鏠也。《今字用鏃。古字用族。〔金部〕曰。鏃者、利也。則不以爲矢族字矣。》 束之族族也。《族族、聚皃(貌)。『毛傳』云。五十矢爲束。引伸爲凡族類之偁(稱)。》 从㫃。从矢。《會意。》 㫃所目(以)標衆。衆矢之所集。《此說从㫃之意。㫃所以標衆者、亦謂旌旗所以屬人耳目。旌旗所在而矢咸在焉。衆之意也。『韵會』、『集韵』、『類篇』皆引此。而衍一曰从三字。則不可解矣。昨木切。3部。》/312

형성 (4자) 족(蔟)597 주(嗾)905 작(鷟)2261 족(鏃)9006

◀제8획▶

旐 (조)【zhào ㄓㄠˋ】 기폭이 8자인 비단 기

설문 4093 龜(龜)蛇四游。目(以)象營室。《『攷工記』文也。『司常』掌九旗之物名。龜蛇爲旐。鄭云。畫(畵)龜蛇者象其扞難避害也。『爾雅』曰。緇廣充幅長尋曰旐。是則九旗之帛皆用絳。惟旐用緇。『攷工記:注』曰。營室、玄武宿。與東辟連體而四星。故旐四游。營室一名水。『左傳』云。水昏正而栽是。一名定。『詩』。定之方中是也。》 攸攸而長也。《小徐作悠悠。今正。古悠長字皆作攸。攸攸而長。故謂之旐。攸旐音近。以疊韵(疊韻)釋之也。旐何以著其長。以有繼旐之旆故也。孫炎云。帛續旐末亦長尋。二尋則長丈六尺。故獨長也。》 从㫃。兆聲。《治小切。2部。》 『周禮』曰。縣鄙建旐。《『司常職』文。『大司馬職』。仲秋教治兵。郊野載旐。》/309

◀제9획▶

旒 (유)【yóu ㄧㄡˊ】 깃발 ■요:같은 뜻

설문 4101 旌旗之流也。《【宋刊本】皆作「流」。作旒者俗。》 从㫃。攸聲。《以周切。3部。『篇』、『韵(韻)』皆餘昭切。》/311

◀제10획▶

旖 의【yǐ ㄧˇ】 기 기울어질, 기 바람에 날릴(펄펄 날릴), 아리따운 모양

설문 4103 旖施、《逗。》 旗皃(貌)。《旖施疊(疊)韵字。在 17部。許於旗曰「旖施」。於木曰「檹施」。於禾曰「倚移」。皆讀如「阿那」。『檜風』。「猗儺」其枝。『傳』云。「猗儺」、柔順也。『楚辭:九辨, 九歎』則皆作「旖旎」。『上林賦』。「旖旎」從風。張揖曰。「旖旎」猶「阿那」也。『文選(選)』作「旖柅」。『漢書』作「椅柅」。『攷工記:注』則作「倚移」。與〔許書-禾部〕合。知以音爲用。製字日多。『廣韵』、『集韵』曰「婀娜」、曰「旖旎」、曰「裛裒」、曰「檥檥」皆其俗體耳。本謂旌旗柔順之皃(貌)。引伸爲凡柔順之偁(稱)。倚移與旖施同。許以从㫃从禾别之。》 从㫃。奇聲。《於离切。古音在 17部。》/311

형성 (1자) 의(檹)3443

旗 (기)【qí ㄑㄧˊ】 (곰과 범을 그린)기, 표지, 군대

설문 4092 熊旗五游。目(以)象伐星。《「五」『鄭-本:攷工記』作「六」。熊旗六游。以象伐也。『司常職』曰。熊虎爲旗。『注』曰。畫(畵)熊虎者。『鄕(鄉)遂出軍賦』。象其守猛莫敢犯也。伐屬白虎宿。與參連體而六星。按『記』不言虎者。擧(舉)熊以包虎。》 士卒目爲期。《期旗疊韵(疊韻)。『釋名』曰。熊虎爲旗。軍將所建。象其猛如虎。與衆期之於下也。》

从㫃。其聲。《渠之切。1部。》『周禮』曰。率都建旗。《『司常職』文。『今-周禮』「率」作「師」。師者帥之誤。『樂師:注』曰。【故書】帥爲率。然則許作率都者【故書】。鄭作帥都者【今書】也。『聘禮:注』曰。古文「帥」皆作「率」。『毛詩』率時農夫。『韓詩』作帥。見『文選(選):注』。『大司馬職』。仲秋教治兵。軍吏載旗。》/309

◀ 제 11 획 ▶

旟 (요)【yǎo ㄧㄠˇ】기, 기 모양

설문 4102 旗屬。从㫃。要聲。《烏皎切。2部。》/311

◀ 제 13 획 ▶

旚 (표)【piāo ㄆㄧㄠˉ】깃발 펄펄 날릴

설문 4105 旌旗旚繇也。《「繇」今之「搖」字。小徐作「搖」。「旚」今字作「飄」。「飄搖」行而「旚繇」廢矣。『廣成頌』曰。羽旄紛其「髟𩪓」。髟𩪓卽「旚搖」之叚(假)借字也。》从㫃。㶾(票)聲。《匹昭切。2部。》/311

◀ 제 14 획 ▶

旛 번【fān ㄈㄢˉ】깃발, 기 펄펄 날릴

설문 4111 旛胡也。《【各本】作「幅胡也」。今依【葉石林-抄:宋本】及『韵會-所據:本』訂。『韵會』作幡胡。幡卽旛之俗。序例。所以書幡信。字亦從俗。叚(假)〔巾部〕之幡爲旛而旛廢矣。「旛胡」葢(蓋)古語。如甂甌之名「甂瓵」。見『廣雅』。『漢-堯廟碑』作「播𡊨」。玉曰「播璵」。艸木盛曰「緐廡」。皆雙聲字。凡旗正幅謂之縿。亦謂之「旛胡」。『廣韵』云。旛者、旗旐總名。古通謂凡旗正幅曰旐。是則凡旗幅皆曰「旛胡」也。『吳語』。建「肥(肥)胡」。『韋-注』。肥胡、幡也。幡卽旛字。與許互相發明。旛胡卽肥胡。謂大也。『吳都賦』作「祀姑」。誤。》謂旗幅之下𡍮(垂)字。《『集韵』、『類篇』、『韵會』皆有此七字。今據補。》从㫃。番聲。《孚袁切。14部。按當依符袁切。》/312

형성 (1자) 번(藩)6858

旚 (표)【biāo ㄅㄧㄠˉ】기 휘날릴

설문 4106 旌旗飛揚皃(貌)。《『扶搖風』曰飆。義略相近。》从㫃。猋聲。《甫遙切。2部。》/311

◀ 제 15 획 ▶

旝 (괴)【guài ㄍㄨㄞˋ】상中⑨ kuài 작 guì 기(기폭이 붉으며, 대장의 지휘용)

설문 4099 旌旗也。《旌旗有名旝者。下文所偁(稱)『詩』及『左傳』皆是也。》从㫃。會聲。《古會切。15部。》『詩』曰。其旝如林。《『大雅:大明』文。『今-毛詩』作「會」。『鄭-箋』以盛合其兵衆釋之。然則毛作「會」。『三家詩』作「旝」。許偁『毛』而不廢『三家』也。『馬融-廣成頌』曰。旃旝摻其如林。李長所偁同許。而旝爲旃之類。則說亦同許也。飛石起於【范蠡-兵法】。『左傳』云。親受矢石。恐尙非飛石。》『春秋傳』曰。旝動而鼓(鼓)。《『桓:五年:左氏傳』文。杜曰。旝、旃也。與馬、許合。葢(蓋)『左傳』舊說多如此。惟賈侍中獨爲異說也。》一日。《以下別一義。》建大木。置石其上。發目(以)機。目槌敵。《槌依小徐及『五經文字』。大徐作「追」。非也。『桓:五年:左傳:疏』云。賈侍中以旝爲「發石」。一曰「飛石」。引【范蠡-兵法】作飛石之事。然則許之別義正用賈說也。『魏志』。大祖乃爲發石車。號曰霹靂車。『裴-注』引『魏氏-春秋』曰。以古有矢石。又『傳』言旝動而鼓(鼓)。說曰發石也。於是爲發石車。『魏氏-春秋』所云說曰者、卽謂賈侍中。○ 按此條【大小徐:二本】皆作建大木。置石其上。發以機。以槌敵。从㫃、會聲。『春秋傳』曰旝動而鼓。『詩』曰其旝如林。此非【許書】之舊。今依『韵(韻)會』所據【小徐本】。乃【許書】之舊也。前一說旝爲旌旗。故廁於旃旞旃三篆閒。》/310

旞 (수)【suì ㄙㄨㄟˋ】(새털로 깃대의 꼭대기를 장식한)기

설문 4098 導車所載。《【各本】作「所以載」。今依『御覽』訂。『司常職』曰。道車載旞。斿車載旌。『注』云。道車、象路也。王以朝夕燕出入。按道導字異。許、鄭(鄭)所據不同。金氏榜曰。九旗。王建大常。諸侯建旂。孤卿建旜。大夫士建物。師都建旗。州里建旟。縣鄙建旐。此七旗葢(蓋)無羽。賓祭之所用也。其曰旞、曰旌。則以有羽爲異。道車謂象路。斿車謂革路、木路。變路言車。關孤卿、大夫士也。旞、旌皆張縿幅屬旒焉。畫(畫)於縿如日月以下。旜與物不畫。夏采。以乘車建綏復於四郊。綏當爲旞。『說文』旞亦作𣄚。因譌而爲綏。復者、求之平生常所有事之處。故以道車朝夕燕出入者建旞以復。『襍(雜)記』。諸侯死於道。以其綏復。又曰。大夫士死於道。以其綏復。綏皆旞之譌。言其旞者、明異物。天子以大常。諸侯以旂。孤卿以旜。大夫士以物。鄭君謂去其旒。異之於生。失之矣。『大司馬』。仲秋教治兵。王載大常。諸侯載旂。軍吏載旗。師都載旜。鄕(鄉)遂載物。郊野載旐。百官載旟。此指師、田所用者凡七旗。卽謂斿車載旌者。『司馬』辨於治兵。『司常』贊於大閱。胥此也。『司馬』所頒旗物與『司常』互異。『禮』尙相變。載旜者設旗。宜從『司常』之序。載旌者設旗。宜從『司馬』之序。『司常』王建大常以下文。與下經皆畫其象爲緣起。而與上贊『司馬』頒旗物文不相屬。》全羽目(以)爲允。《句。允旞亦雙聲疊韵(疊韻)也。『詩』、仲允膳夫。『古今人表』作膳夫中術。術與遂古同音通用。允古音如戈盾之盾。是以漢之大子中盾後世稱大子中允。允盾術遂四字音近。『御覽』改此文云全羽允允而進也。殊爲昧昧。》允、《逗。》進也。《此謂允卽䢃之叚(假)借。〔夲(夲)部〕曰。䢃、進也。引『易』䢃升大吉。》从㫃。遂聲。《徐醉切。15部。》旞或从遺作。《『釋名』字如此作。轉寫譌爲旞。》/310

◀ 제 16 획 ▶

旟 여【yǔ ㄩˇ】상中⑨작 yú 새매 그린 기, 드날릴, 펄럭일

설문 4096 錯革鳥其上。《鳥上【各本】有畫(畫)字。妄人所增。攷『韵會』所據【小徐本】無此字。今刪(刪)。『司常職』曰。鳥隼爲旟。『爾雅』曰。錯革鳥曰旟。『小雅:毛傳』曰。鳥章、

錯革鳥爲章也。李巡云。錯革鳥者、以革爲之。置於旐端。孫炎云。錯、置也。革、急也。言畫急疾之鳥於縿。『周官』所謂鳥隼爲旗者矣。郭云。此謂合剝鳥皮毛置之竿頭。卽『禮記』云載鴻及鳴鳶。三人釋革各不同。許仍『爾雅』原文。許意大約於孫說無異。『鄭-注:周禮』云。畫日月。畫交龍。畫熊虎鳥隼龜(龜)蛇。是則鄭之說錯革鳥。謂畫鳥隼。孫說所本也。許云其上者、謂畫於正幅高處。》所目(以)進士衆。《『小雅』大人占之。旐維旟矣。室家溱溱。『傳』云。溱溱、衆也。旐旟所以聚衆也。》旟旟、《『宋本-集韵』皆疊(疊)旟字。》衆也。从㫃。與聲。《按此八字當作「从㫃从與、與與衆也、與亦聲」十一字。轉寫譌舛耳。『楚茨:箋』云。與與、蕃廡皃。旟从與會意。以諸切。5部。》『周禮』曰。州里建旟。《『司常職』文。『大司馬』。仲秋教治兵。百官載旟。》/309

형성 (1자) 여(旟)6781

071	无
4-10	없을 무

◀ 제 0 획 ▶

旡 기【jì ㄐㄧˋ】[설문부수 323] 목 멜(식사 때 구역질이 나서 숨이 막힘)

설문 5342 歙(飮)食屰(逆)气不得息曰旡(无)。《「屰气」各本作「气屰」。今依『篇』、『韵(韻)』正。不得息者、咽中息不利。『毛傳』於王、鄭皆曰嚘不得息是也。屰气、故从反欠。旡之字[經傳]無徵。『大雅:桑柔』曰。如彼遡風。亦恐之僾。『傳』曰。僾、唈也。『釋言』同。『箋』云、使人唈然如鄉疾風不能息也。今觀[許書]。則知旡乃正字。僾乃假借字。凡云不得息者。如㰤字、欭字、嚘字、噫字、唈字皆雙聲像意。然則旡必讀於未切也。僾之訓方佛見也。毛、鄭何從知其訓唈然不能息。則以有旡字在也。僾(僾)从㤅(愛)聲。㤅从㤅(炁)聲。炁从旡聲。可得其同音假借之理矣。凡古文字之可孝(考)者如此。或問『釋言』、『毛詩:傳』「唈」字當作「何」字。日此卽旡字也。於唈、古多作邑。如『史記:商君傳』、『漢書:杜鄴師丹傳』可證。古音 7、8部與15部關通相假之理也。毛謂僾旡也。此卽壺瓠也之例。謂壷(壺)卽瓠之假借也。》从反欠。《居未切。15部。按「居未」當作「於未」。》凡旡之屬皆从旡。 古文旡。《觀此則知小徐欠作旡。與此爲一正一反。正是古文欠也。葢今本欠有小篆。而失古文矣。 从小篆者也。 者从古文者也。今隸(隸)旡作旡。从古文而小誤也。》/414

※ 숨 막힐 기(旡旡)와 비녀 잠(兂兂)의 차이는 2번째 획의 모양(ㄴ)에 있다。

유사 없을 무(无) 어금니 아(牙) 하늘 천(天) 비녀 잠(兂兂)

성부 既旣旣기 炁애

형부 화(𥳑) 량(琼)

兂 잠【zān ㄗㄢ】[설문부수 313] ㊤㊥⑨㉑ zēn 비녀 ※ 잠(簪)의 옛글자 (儿부 2획)

설문 5213 首笄也。《〔竹部〕曰。笄、簪也。二字爲轉注。古言笄。漢言兂。此謂今之兂卽古之笄也。[古經]無簪字。惟『易:豫:九四』。朋盍(盇)簪。鄭云。速也。實寁之假借字。『張揖-古今字詁』、𢉖作撍。『埤蒼』云。撍、疾也。寁𢉖撍同字。京作撍。[經]文之簪、古無釋爲笄者。又『士喪禮』。復者一人。以爵弁服簪衣于裳。『注』云。簪、連也。然則此實鐕之假借字。〔金部〕曰。鐕可以衣箸物者。凡[經典]此二簪字外、無言簪者。》从儿。匚象形。《此非相與比敍之匕。乃象兂之形也。兂必有岐。故又曰叉。俗作釵。『釋名』曰。叉、枝也。因形名之也。篆右象其叉。左象其所抵。以固弁者。側岑切。7部。》凡兂之屬皆从兂。 俗兂。《今俗行而正廢矣。》从竹。从朁。《朁聲。》/405

유사 숨막힐 기(旡旡) 없을 무(无) 지아비 부(夫) 어금니 아(牙) 가를 쾌(夬) 으뜸 원(元) 하늘 천(天)

성부 兓침

◀ 제 7 획 ▶

既 旣既 기【jì ㄐㄧˋ】本[적게 먹을] 이미, 다할

설문 3057 小食也。《此與〔口部:嘰〕音義皆同。『玉藻』、『少儀』作「機假借字也」。引伸之義爲盡也、已也。如『春秋』日有食之旣。『周本紀』東西周皆入於秦。周旣不祀。正如小食相反。此如亂訓治、徂訓存。旣者、終也。終則有始。小食則必盡。盡則復生。》从皀。旡(无)聲。《居未切。15部。》『論語』曰。不使勝食旣。《『鄉黨篇』文。此引[經]說假借也。『論語』以旣爲气。如『商書』以敃爲好、『詩』以𡚱爲姑之類。『今-論語』作「氣」。气氣古今字。作氣、葢『魯(魯)論』也。許偁(稱)、葢『古文-論語』也。或云。謂不使肉勝於食。但小小食之。說固可通。然古人之文。云不使勝則已足。不必贅此字。》/216

유사 휠 구(𣪘) 곧 즉(卽)

형성 (9자+1) 기(蔇)508 개(嘅)887 개(槩)3549 기(曁)4087 기(穊)4193 개(慨)6414 개(溉)6754 개(摡)7664 기(墍)8644 희(槩)

◀ 제 8 획 ▶

琼 (량)【liàng ㄌㄧㄤˋ】좋지 못할

설문 5344 事有不譱(善)言琼也。《故从旡(无)。按[水部]曰。涼、薄也。紬繹上下文。乃『周禮』六飮之涼。當作薄酒也。琼則爲事有不善之言。若亮則爲朙(明)也。諒則爲信也。四字在『說文』義別。而[古-經傳]多相假。》『爾雅』琼、薄也。《按『爾雅』無此文。『爾雅』二字淺人所增耳。琼、薄也。許以足上文意有未盡之語。『桑柔:

毛-傳』、『杜-注:左傳』、『小:爾雅』皆云。涼、薄也。涼卽𣹢字。『廣雅:釋詁』曰。𣹢、䈴也。䈴卽薄字。》从㐭。京聲。《力讓切。按『篇』、『韵(韻)』皆力章力尚二切。10部。》/415

◀ 제 9 획 ▶

(화)【huò ㄏㄨㄛˋ】놀랠, 재앙

설문 5343 𠫤惡驚詈(詞)也。《『玉篇』無惡字。誤。遇惡驚駭之詈曰𥗿。猶見鬼驚駭之詈曰䰢也。假借爲禍字。『史記』、『漢書』多假「𥗿」爲「禍」。「𧰼」卽「𥗿」也。》从㐭(𠂢)。咼聲。讀若楚人名多夥。《〔多部〕曰。齊謂多爲夥。荅(䔲)齊楚皆有此語也。『陳勝:世家』曰。楚人謂多爲夥。故天下傳之。乎果切 17部。》/414

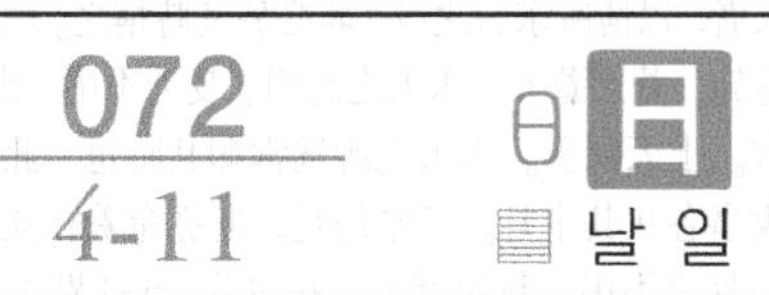

072 4-11 日 날 일

일【rì ㄖˋ】[설문부수 231] 本[찰] 날, 해, 지나간 날

설문 4016 實也。《以疊(疉)韵爲訓。『月令:正義』引『春秋:元命包』云。日之爲言實也。『釋名』曰。日、實也。光明盛實也。》大昜(陽)之精不虧。《故曰實。》从○一。象形。《○象其輪郭。一象其中不虧。人質切。12部。》凡日之屬皆从日。⊖古文。象形。《荅(䔲)象中有烏。武后乃竟作囸。誤矣。》/302

유사 절구 구(臼) 양손 국(𦥑) 가로 왈(曰)

성부 부록 색인 참조

형부 日을 부수로 하는 대부분의 글자들 난(㬎) 조(潮)

형성 (4자+3) 닐(䵒)4276 일(衵)5091 일(馹)5941 녈(涅)6902 율(䭿) 골(汩) 멱(汨)

◀ 제 1 획 ▶

단【dàn ㄉㄢˋ】[설문부수 232] 本[밝을] 아침, 밤 새울

설문 4086 朙(明)也。《「明」當作「朝」。下文云。朝者、旦也。二字互訓。『大雅:板:毛傳』曰。旦、明也。此旦引伸之義。非其本義。『衞(衛)風』。信誓旦旦。『傳』曰。信誓旦旦然。謂明明也。》从日見一上。一、地也。《『易』曰。明出地上晉(晋)。得案切。14部。》凡旦之屬皆从旦。/308

유사 또 차(且)

성부 𣅜애 鼂조 倝간 亶단 量량

형성 (12자+1) 단(靼)1704 단(鴠)2271 단(觛)2724 단(笪)2850 달(疸)4568 단(但)4951 단(袒)5105 달(炟)6109 달(䵣)6234 달(怛)6582 탄(組)8287 탄(坦)8654 달(妲)

◀ 제 2 획 ▶

지【zhǐ ㄓˇ】[설문부수 151] 本[아름다울](음식의)맛, 맛있을, 뜻

설문 2906 美也。《疉韵(疊韻)。今字以爲意恉(指)字。》从甘。匕聲。《職雉切。15部。》凡旨(旨)之屬皆从旨。𣅀古文旨。《从千甘者、謂甘多也。》/202

성부 稽계 耆기 嘗상

형성 (10자) 예(詣)1501 지(鞊)1725 지(鴲)2297 지(脂)2588 기(眉)5163 계(䭫)5445 궤(䰫)5963 지(恉)6394 지(鮨)7298 지(指)7460

요【yǎo ㄧㄠˇ】아득히 합할, 합할

설문 4058 望遠合也。《合者、望遠則其形不分、其色不分、其小大高下不分是也。與杳字義略相近。》从日匕。《會意。》匕、《逗。》合也。《匕何以訓合。比之省也。猶會下云曾、益也。曾何以訓益。增之省也。是亦【許書】言叚(假)借之一也。𣅿何以省比。有昆字在也。》讀若窈窕之窈。《窈古讀與㓇。音轉與杳。烏皎切。2部。》/305

유사 그칠 간(艮𣅿) 나갈 전(亶) 고소할 흡(皀)

형성 (4자) 요(窅)4361 요(窔)4470 적(焳)6185 요(䆗)6317

조【zǎo ㄗㄠˇ】(이른)새벽, 이를, 일찍

설문 4019 晨也。《晨者、早昧爽也。二字互訓。引伸爲凡爭先之偁(稱)。『周禮:大司徒』早物。叚(假)早爲草。》从日在甲上。《甲象人頭。在其上則早之意也。『易』曰。先甲三日。子浩切。古音在 3部。》/302

성부 卓草탁 覃담 章장

형성 (1자) 초(草)658

순【xún ㄒㄩㄣˊ】本[두루] 열흘, 열번, (제돐이 꼭)찰 ■균:고를

설문 5544 徧也。《小徐無「也」。非是。『大雅』。王命召虎。來旬來宣。『傳』曰。旬、徧也。菀彼桑柔。其下侯旬。『傳』曰。旬言陰均也。『周禮:均人』。豐(豊)年則公旬用三日焉。『注』曰。旬、均也。讀如䔲䔲原隰之䔲。『易』。『坤』爲均。【今-書】亦有作旬者。『內則』。旬而見。『注』曰。旬當爲均。嫡、妾同時生子。而生先後見之也。『易:說卦』。『坤』爲均。今亦或作旬。按旬與均音義皆略同。〔土部〕曰。均平徧也。又按【許書】古文鈞作銞。『儀禮-今文』絢作約。知古旬勻二篆、相假爲用。》十日爲旬。《此偏中之一義也。而必言之者、說此篆从勹日之意也。日之數十、自甲至癸而一徧。》从勹日。《勹日猶勹十也。詳遵切。12部。》𠣔古文。《按从日勻會意。》/433

유사 가할 가(可) 구절 구(句) 구절 구(勼) 맡을 사(司) 고를 균(勻) 눈짓할 현(眴)

상부 筍순 㫬순
형성 (8자+4) 순(珣 珣)92 순(郇 郇)3895
순(恂 恂)4660 순(侚 侚)4758 순(恂 恂)6444
순(洵 洵)6782 균(姰 姰)7873 현(絢 絢)8212
순(荀 荀) 순(詢 詢) 순(朐 朐) 순(峋 峋)

旭 욱【xù ㄒㄩˋ】아침해, 해 뜰, 교만할
설문 4031 日旦出皃(貌)。《『邶風』。旭日始旦。『傳』曰。旭者、日始出。謂大昕之時。旭與曉雙聲。『釋訓』曰。旭旭、蹻蹻、憍也。郭云。皆小人得志憍蹇之皃。此其引伸叚(假)借之義也。『今-詩』旭旭作好好。同音叚借字也。》从日。九聲。讀若好。《「好」【各本】作「勖(勗)」。誤。今依『詩:音義』訂。按『音義』云許玉反。徐又許九反。是徐讀如朽。朽卽好之古音。朽之入聲爲許玉反。三讀皆於九聲得之。不知何時許九誤爲許元。『集韵』、『類篇』皆云許元切。徐邈讀今之音義又改元爲袁。使學者求其說而斷(斷)不能得矣。大徐許玉切。3部。》一曰朙(明)也。《此別義也。明謂日之明。引伸爲凡明之偁(稱)。》/303

◀ 제 3 획 ▶

旰 (간)【gàn ㄍㄢˋ】해질, 늦을 ■한:같은 뜻.
설문 4045 晚也。《『襄:十四年:左傳:杜-注』曰。旰、晏也。》从日。干聲。《古案切。14部。》『春秋傳』曰。日旰君勞。《『昭:十二年:左氏傳』文。【今本】「勞」作「勤」。》/304

旱 한【hàn ㄏㄢˋ】가물
설문 4057 不雨也。从日。干聲。《呼旰切。14部。》/305
형성 (6자) 한(睅 睅)1913 한(睅 睅)2005
간(稈 稈)4241 한(駻 駻)5919
한(悍 悍)6516 한(戰 戰)7989

旳 (적)【dì ㄉㄧˋ】밝을
설문 4028 朙(明)也。《旳者、白之明也。故俗字作「的」。『漢-魯(魯)峻碑』曰。永傳啻齡。暵矣旳旳。引伸爲䠶(射)旳。》从日。勺聲。《都歷切。古音在 2部。『詩』。發彼有勺。叚(假)勺爲旳字。》『易』曰。爲旳顙。《『說卦傳』文。旳顙、白顚也。〔馬部〕又有馰篆。云馬白額也。引『易』馬馰顙。疑馰後出非古。》/303

◀ 제 4 획 ▶

旻 (민)【mín ㄇㄧㄣˊ】(가을)하늘
설문 4017 秋天也。《此『爾雅:釋天』及『歐陽-尙書』說也。『釋天』曰。春爲昊天。夏爲蒼天。秋爲旻天。冬爲上天。【許、鄭-本】如是。孫炎、【郭樸-本】乃作春蒼夏昊。》从日。文聲。《武巾切。13部。》『虞書』說。《「說」【各本】作「曰」。今依『韵(韻)會』訂。『虞書』說三字當作『唐書』說曰四字。『古文-堯典』欽若昊天說也。》仁覆閔下則偁(稱)旻天。《「覆閔」【各本】作「閔覆」。誤。今依『玉篇』、『廣韵』皆作「仁覆愍下謂之旻天」訂。此『古-尙書』說也。與『毛詩:王風:傳』同。『五經異義』天號。『今-尙書-歐陽說』。『堯典』欽若昊天。春曰「昊天」。夏曰「蒼天」。秋曰「旻天」。冬日「上天」。總(總)爲「皇天」。『爾雅』亦云。『古-尙書、毛詩』說。天有五號。各用所宜稱之。尊而君之則曰皇天。元氣廣大則稱昊天。仁覆愍下則稱旻天。自天監下則稱上天。據遠視之蒼蒼然則稱蒼天。許君曰。謹按『堯典』。羲和以昊天總勑以四時。故昊天不獨昊春也。『左傳』。夏四月孔丘卒。稱曰旻天不弔。非秋也。玄之聞也。『爾雅』者、孔子門人所作。以釋六藝之言。葢(蓋)不誤也。春氣博施。故以廣大言之。夏氣高明。故以遠言之。秋氣或生或殺。故以閔下言之。冬氣閉藏而淸察。故以監下言之。皇天者、至尊之號也。六藝之中諸稱天者。以情所求言之耳。非必於其時稱之。浩浩昊天。求天之博施。蒼天蒼天。求天之高明。旻天不弔。求天之生殺當其宜。上天同雲。求天之所爲當順其時也。此之求天。猶人之說事各从其主耳。若察於是。則堯命羲和欽若昊天。孔丘卒稱旻天不弔。無可怪爾。按許作『五經異義』。不从『爾雅』从『毛詩』。造『說文』兼載二說。而先『爾雅』於『毛』。與鄭說無不合。葢『異義』早成。『說文』後出。不待鄭之駮正。而已權衡悉當。觀此及社下姓下皆與『異義』不同。與鄭說相合。可證。》/302

昃 昃(측)【zè ㄗㄜˋ】(해가 서쪽으로)기울, 하오
설문 4048 日在西方時側也。《蒙上日景言之。日在西方則景側也。『易』曰。日中則昃。『孟氏-易』作「稷」。『穀梁:春秋經』。戊午日下稷。古文叚(假)借字。》从日。仄聲。《此擧(擧)形聲包會意。隸作「昃」。亦作「昗」。『小徐本-夨部』又出昗字則複矣。夫製字各有意義。晏景晷旱之日在上。皆不可易也。日在上而干聲則爲不雨。日在旁而干聲則爲晚。然則昃訓爲日在西方。豈容移日在上。形聲之內非無象形也。阻力切。1部。》『易』曰。日昃(昃)之離。《『離:九三:爻辭』。》/305

昄 (판)【bǎn ㄅㄢˇ】클 ■반·편:같은 뜻
설문 4068 大也。《『大雅』。土宇昄章。『釋詁』、『毛傳』皆曰。昄、大也。》从日。反聲。《補綰切。14部。》/306

杳 昋 昋 밀【mì ㄇㄧˋ】① 昋 俗字。譌作 昋(▣2253) ② 昋 보이지 않을(▣856) ③ 否 숨을, 어둘(▣435)
설문 4082 不見也。从日。否省聲。《此字『古籍』中未見。其訓云不見也。則於从日無涉。其音云否省聲。則與自來相傳密音不合。且何不云不聲也。以理求之。當爲不日也。从不日。『王風』曰。不日不月。謂不知其旋反之何日何月。卽上章之不知其期也。『大雅』。不日成之。『箋』云。不設期日。今俗謂不遠而不定何日亦曰不日。卽形卽義【許書】有此例。如止戈爲武、日見爲晛是也。其音美畢切者、葢(蓋)謂遠不可期則讀如蔑。近不可期則讀如密也。自讀【許書】者不解。而妄改其字。或改作「昋」、『廣韵』改作「昋」。意欲與覔之俗

字作「覔」者比附爲一。11部。》/308

昆 곤【kūn ㄎㄨㄣ】本[같을] 형, 뒤(나중), 많을 ■혼:사람의 이름, 덩어리

설문 4083 同也。《『夏小正』。昆、小蟲。『傳』日。昆者、衆也。由䰟(猶魂)。〈由同猶〉䰟也者、動也。小蟲動也。『王制』。昆蟲未蟄。鄭日。昆、明也。明蟲者得陽而生。得陰而藏。以上數說兼之而義乃僃(備)。惟明斯動。動斯衆。衆斯同。同而或先或後。是以昆義或爲先。如昆弟是也。或爲後。如「昆命元龜(龜)」、『釋言』昆後也是也。『羽獵賦』。噍噍昆鳴。》从日。从比。《从日者、明之義也。亦同之義也。从比者、同之義。今俗謂合同日渾。其實當用昆、用掍。古渾切。13部。》/308

형성 (6자+1) 곤(琨)180 혼(焜)6202 혼(混)6811 혼(掍)7719 곤(緄)8249 곤(輥)9106 곤(崐崑)

昌 창【chāng ㄔㄤ】本[아름다운 말] 창성할, 착할, 물건, 창포

설문 4066 美言也。《『咎繇謨』日。禹拜昌言。『今文-尙書』作黨。『趙-注:孟子』引『尙書』。禹拜黨言。『逸周書』祭公解。拜手稽首黨言。『張平子碑』。黨言允諧。『劉(劉)寬碑』。【對策】嘉黨。皆昌言字之叚(假)借也。至於讜言。亦見漢人文字。『字林』。讜言、美言也。此又因黨言而爲之言傍。謂之正俗字可。》从日。从曰。《會意。取縣諸日月不刊之意也。不入〔日部〕者。日至尊也。尺良切。10部。》一日日光也。《裴(裵)松之引『易:運期讖』日。㒳(兩)日竝(竝)光日居午。㒳日、昌字。圖讖說字多不合本義。裴引『孝經:中黃讖』。轉(曹)爲日載東。曹字亦本从日。非从日。葢(蓋)昌之本義訓美言。引伸之爲凡光盛之偁(稱)。則亦有訓爲日光者。日光祇爲餘義。例所不載。一日日光也五字恐魏時因許昌之說而妄增之。》『詩』日。東方昌矣。《『齊風』。東方明矣。朝旣昌矣。『傳』日。東方明則夫人纚笄而朝。朝已昌盛。則君聽朝。云朝已昌盛與美言之義相應。許并二句爲一句。當由轉寫筆誤。》籒文。/306

형성 (3자) 창(唱)807 창(倡)4922 창(閶)7367

朙 明 명【míng ㄇㄧㄥˊ】[설문부수 239] 밝을, 나타날, 낮

설문 4132 照也。《〔火部〕日。照、明也。小徐作昭。〔日部〕日。昭、明也。『大雅:皇矣:傳』日。照臨四方日明。凡明之至則日明明。明明猶昭昭也。『大雅:大明、常武:傳』皆云。明明、察也。『詩』言明明者五。『堯典』言朙朙者一。『禮記:大學篇』日。大學之道。在明明德。鄭云。明明德、謂顯明其至德也。有駜。在公明明。『鄭-箋』云。在於公之所但明明德也。引『禮記』大學之道在明明德。夫由微而著。由著而極。光被四表。是謂明明德於天下。自孔穎達不得其讀而【經】義隱矣。》从月囧。《从月者、月以日之光爲光也。从囧取窻牖麗廔闓明之意也。囧亦聲。不言者。擧 (擧)會意包形聲也。武兵切。古音在 10部。》凡朙(明)之屬皆从朙。古文。从日。《「云」古文作「明」。則朙非古文也。葢(蓋)籒作朙。而小篆隸(隸)从之。『干祿字書』日。明通、朙正。『顏魯(魯)公-書』無不作朙者。『開成石經』作明。從張參說也。『漢-石經』作明。》/314

형부 황(朚朚)

형성 (2자+1) 맹(莔)433 맹(萌)470 맹(盟)

昏 혼【hūn ㄏㄨㄣ】날 저물, 어두울

설문 4050 日冥也。《冥者、窈也。窈者、深遠也。『鄭-目錄』云。士娶妻之禮。以昏爲期。因以名焉。必以昏者、陽往而陰來。日入三商爲昏。引伸爲凡闇之偁(稱)。》从日、氐省。氐者、下也。《〔氐部〕日。氐者、至也。其引伸之義則爲下。故此云氐者、下也。〔上部〕云下者氐也。〔目部〕云氐目卽低目。〔人部〕無低字。昏字於古音在 13部。不在 12部。昏聲之字。蟁亦作蚊。㨉亦作㪔。㪔亦作忞。昏古音同文。與眞臻韵有斂侈之別。字从氐省爲會意。絕(絕)非从民聲爲形聲也。葢(蓋)隸書淆亂。乃有从民作㫘者。俗皆遵用。唐人作『五經文字』乃云。緣廟諱偏傍。準式省从氏。凡汦昏之類皆从氏。以昏類汦。其亦傎矣。呼昆切。䰟(魂)韵者、文韵之音變。》一日民聲。《此四字葢淺人所增。非【許本書】。宜刪(刪)。凡【全書】內昏聲之字皆不从民。有从民者譌也。》/305

성부 㪔민 婚혼

형성 (9자+1) 민(䳟)2294 혼(殙)2414 문(䫒)5431 혼(惛)6551 혼(閽)7412 문(捪)7551 혼(婚)7744 민(緍)8329 민(錉)9010 문(蟁)675-8550:1

昒 (홀)【hū ㄏㄨ】㉮ hù 어두운 새벽, 밝으려 할 ■물:같은 뜻

설문 4020 尙冥也。《冥者、窈也。幽也。自日入至於此。尙未日出也。『司馬相如傳』。曶爽暗昧。得燿乎光明。然則曶尙未明也。按漢人曶昧通用不分。故『幽通賦』昒昕寤而仰思。曹大家日。昒昕晨旦明也。韋昭日。昒、昧忽㒳(兩)音。『郭樸-注:三倉:解詁』云。曶、旦明也。然則獨許分別曶爲未明。昧爽爲旦明。以其時相際。故說之者異。》从日。勿聲。《大徐作「昒」。古皆有之。呼骨切。15部。按韋音梅憒切。『字林』音勿。皆與昧通用之證。》/302

曶 囬 홀【hōu ㄏㄡ】㊤㊥⑨㉮ hū 本[日부:숨내쉴] 문득, [日부] 어두운 새벽, 밝으려 할 먼동 틀 ■물:같은 뜻

설문 2911 出气詷(詞)也。《『玉篇』作 出气者、其意也。囬者、其言也。意內言外謂之詷。此與〔心部:忽〕音同義異。忽、忘也。若『羽獵賦』蠁曶如神、『傅毅舞賦』雲轉飄曶、『漢-樊敏碑』奄曶滅形皆出气之意。倏𡙇之皃(貌)本當用此字。不當作忽忘字也。『楊雄傳』。於時人皆曶之。則假曶爲忽。『古今人表』仲忽作中曶。許云鄭大子曶。則未識名字取

何義也。今則忽行而曶廢矣。》从曰。𠃌象气出形。《呼骨切。15部。俗作「曶」。》『春秋傳』曰。鄭大子㫚。《始見『左傳:桓公:十年』。字作「忽」。》㫚籒文㫚。《从口。》一曰佩也。象形。《按六字當作「一曰佩㫚也」五字。系於象气出形之下、『春秋傳』之上。淺人改易之。致不通耳。不得爲古笏可从口、不可从曰。亦不得爲 𠮦 象笏形也。『鉛䋣譔』。六律五聲八音在治忽。『漢書』在治忽作「七始訓」。『史記』作「來始滑」。裴(裵)駰曰。『尙書』滑字作曶。音忽。鄭曰。曶者、臣見君所秉。書思對命者也。君亦有焉。據此則象笏字古作 㫚。〔許-竹部〕無笏。》/202

유사 홀연 홀(忽) 바쁠 총(悤)

형성 (4자) 홀(榴)3445 홀(曶)5805 홀(淴)6904 홀(㔍)8042

日 4 ④

易

역【yì ㄧˋ】[설문부수 368] 本[도마뱀] 바꿀, 고칠, 주역 ■이:쉬울, 간략할, 소홀하게 여길

설문 5837 蜥易、蝘蜓、守宮也。《〔虫部:蜥〕下曰。蜥易也。蝘下曰。在壁曰蝘蜓。在艸曰蜥易。『釋魚』曰。蠑螈、蜥蜴。蜥蜴、蝘蜓。蝘蜓、守宮也。郭云。轉相解。博異語、別四名也。『方言』曰。守宮、秦晉(晋)西夏謂之「守宮」。或謂之「蠦蝘」。或謂之「蜥蜴」。其在澤中者謂之「易蜴」。南楚謂之「蛇醫」。或謂之「蠑螈」。東齊海岱謂之「螔蜍」。北燕謂之「祝蜓」。桂林之中守宮大者而能鳴。謂之「蛤解」。按許舉(擧)其三者、略也。易本蜥易。語言假借而難易之義出焉。『鄭-氏贊:易』曰。易之爲名也。一言而函三義。『簡易』一也。『變易』而也。不易三也。按易象二字皆古以語言假借立名。如象卽像似之像也。故許先言本義。而後引【祕(秘)書】說。云【祕書】者。名其未必然也。》象形。《上象首、下象四足。尾甚微、故不象。羊益切。16部。故無去入之分。亦以豉切。【今-俗書】蜥易字多作蜴。非也。按『方言』。蜥易、其在澤中者謂之易蜴。郭云。蜴音析。是可證蜴卽蜥字。非羊益切。『小雅』。胡爲虺蜴。『毛傳』曰。蜴、螈也。釋文。蜴星歷反。字又作蜥。『說文』引『詩』正作蜥。毛語正與『方言』合。『方言』。易蜴、南楚謂之蛇醫。或謂之蠑螈。謂在澤中者也。螈卽〔虫部〕之蚖字。蛇醫也。陸璣云。蜴一名蠑螈。水蜴也。或謂之蛇醫。如蜥易。然則蜥易者統名。倒言易蜥及單言蜥者、別其在澤中者言也。》【祕書】說曰、日月爲易。《【祕書】謂『緯書』。〔目部〕亦云。【祕書】瞋从戌。按『參同契』曰。日月爲易。剛柔相當。陸氏德名引『虞翻(飜)-注:參同契』云。字从日下月。》象会易(陰陽)也。《謂上从日象陽。下从月象陰。『緯書』說字多言形而非其義。此雖近理。要非六書之本。然下體亦非月也。》一曰从勿。《又一說从旗勿之勿。皆字形之別說也。》凡易之屬皆从易。/459

유사 닫힌 것을 열 양(昜)

성부 賜사 剔척

형성 (14자+3) 지(𧶝)1367 이(䞭)1935 석(賜)2063 적(鬄)2468 역(䁺)4035 역(瘍)4571 이(偒)4933 석(裼)5111 체(鬄)5485 체(鬄)5501 적(狄)6049 척(惕)6629 석(緆)8349 석(錫)8829 역(餳) 척(剔) 역(埸)

昔

석【xí ㄒㄧˊ】㉠상㊥⑨작 xī 옛(옛날), 접때, 저녁, 밤, 오랠 ■착:쇠뿔 비틀릴

설문 4079 乾肉也。《『周禮:腊人』。掌乾肉。凡田獸之脯腊膴胖之事。鄭云。大物解肆乾之謂之乾肉。若今涼州烏翅矣。腊、小物仝乾者。鄭意大曰乾肉。小曰腊。然官名『腊人』。則大物亦偁(稱)腊也。故許渾言之。》从殘肉。《爲㸚也。象形。》日㠯晞(以晞)之。《昨之殘肉。今日晞之。故从日。『鄭-注:腊人』云。腊之言夕也。此可證『周禮』故作昔字。後人改之。㫺(昔)者古文。籒文增肉作䐁。於義爲短。昔肉必經一夕。故古叚(假)昔爲夕。『穀梁經』辛卯昔恆(恒)星不見、『左傳』爲一昔之期、『列子』昔昔夢爲君皆是。又引伸之則叚昔爲昨。又引伸之則以今昔爲今古矣。今古之義盛行而其本義遂廢。凡久謂之昔。『周禮』。昔酒。鄭云。今之酋久白酒。『周語』。厚味實腊毒。韋云。腊、亟也。讀若酋昔酒焉。味厚者其毒亟也。韋意久與亟義相成。積之久則發之亟。思積切。古音在 5部。》與俎同意。《俎从半肉。且薦之。㫺從殘肉。日晞之。其作字之恉(旨)同也。故曰同意。》䐁籒文从肉。《今隸作「腊」。專用諸脯腊。》/307

성부 措조 籍적 散산

형성 (17자+2) 작(趞)945 착(造)1070 색(䱡)1237 적(踖)1272 책(諎)1511 멱(䣢)2982 차(借)4859 조(厝)5709 작(䇂)6378 석(惜)6589 책(㴽)6946 사(蜡)8477 착(錯)8892 작(斮)9041 색(猎)9066 작(醋)9390 작(碏) 작(䩯)157-2373:1

昕

(흔)【xīn ㄒㄧㄣ】 새벽(해 뜰 무렵)

설문 4025 旦朙(明)也。《【小徐本】作旦也。明也。『韵(韻)會』作旦明也。今正爲旦明。『文王世子』。大昕。鄭云。早昧爽也。是昕卽晨而未旦也。『士昏禮記』曰。凡行事必用昏昕。『齊風』。東方未晞。顚倒裳衣。『傳』曰。晞、明之始升。按『蒹葭、湛露:傳』皆云。晞、乾也。此云明之始升則當作昕無疑。昕與晞各形各義。而昕讀同希。因誤爲晞耳。》日將出也。《按此亦言旦明而不次諸晢篆之前者。正謂昧爽於旦猶遠。昕於旦僅一閒耳。故毛云明之始升。許先列晢曉篆而以昕足之。》从日。斤聲。讀若希。《斤聲而讀若希者、文微二韵(韻)之合。『齊風』是以與衣韵也。今讀許斤切。則又合乎冣(最)初古音矣。13部。○『說文』讀若希。見『文王世子:音義』。鍇作讀若忻。非。『鄭-注:樂記』。訢讀爲熹。是其理也。》/303

◀ 제 5 획 ▶

● 㫺 삼갈 신(愼)-고자

昜 [양]【yáng ㄧㄤˊ】[本][(닫힌 것을)열] 날아 오를, 강한 사람 많은 모양, 길

[설문] [5778] 開也。《此陰陽正字也。陰陽行而侌昜廢矣。闢戶謂之乾。故曰開也。》从日一勿。《从勿者、取開展意。與章切。10部。》一曰飛揚。一曰長也。一曰彊者衆皃(衆貌)。/454

[유사] 바꿀 역(易)

[성부] [傷]상 [募]양 [陽]양 [暘]창 [煬]창 [宕]탕 [湯]탕 [碭]탕

[형성] (16자) 상(禓)65 탕(瑒)112 탕(踼)1322 장〔腸〕2494 탕(簜)2816 탕(餳)3070 양〔楊〕3361 양(暘)4033 양(瘍)4513 양(崵)5597 양(煬)6160 양(鸉)6236 탕(愓)6531 양〈揚〉7586 양(颺)8575 장〈場〉8729

星 [曐][성]【xīng ㄒㄧㄥˉ】별, 별 이름, (백발이) 희뜩희뜩할

[설문] [4117] 萬物之精。上爲列星。《『管子』云。凡物之精。此則爲生。下生五穀。上爲列星。流於天地之閒(間)謂之鬼神。藏於胷中謂之聖人。星之言散也。引伸爲碎散之偁(稱)。》从晶。从生聲。《桑經切。11部。》一曰象形。从○。《从三○故曰象形也。大徐○作口。誤。》古○復注中。故與日同。《古文从三○。而或復丨其中。則與晶相似矣。依此說則當入〔生部〕。解云从生、象形。》曐古文。《所謂象形从○。》星或省。《『春秋』說題辭云。星之爲言精也。陽之榮也。陽精爲日。日分爲星。故其字日生爲星。依此則又當入日部。》/312

[형성] (2자+1) 성(腥)2587 성(猩)6015 성(醒)

萅 [春][춘]【chūn ㄔㄨㄣˉ】[本][밀어낼] 봄, 젊을, 남녀의 정(日부 5획)

[설문] [0661] 推也。《此於雙聲求之。『鄉飮酒義』曰。東方者春。春之爲言蠢也。『尙書:大傳』曰。春、出也。萬物之出也。》从日艸屯。《日艸屯者、得時艸生也。屯字象艸木之初生。》屯亦聲。《會意兼形聲。此七字依『韵會』。【今-二徐本】皆亂以鍇語。昌純切。13部。籒文作「萅」。》/47

[유사] 아뢸 주(奏) 편안할 태(泰) 진나라 진(秦) 받들 봉(奉) 절구 용(舂)

[성부] [秦]진

[형성] (4자) 준(偆)4875 순(鬊)5499 준(惷)6550 준(蠢)8557

昦 [昊][호]【hào ㄏㄠˋ】하늘, 하늘기운 넓고 클, 넓을

[설문] [6349] 春爲昦(昊)天。元气昦昦也。《春爲昦天。『釋天』文。元气昦昦者、釋昦字之義。『黍離:毛傳』曰。蒼天、以體言之。元氣廣大則偁(稱)昊天。仁覆閔下則偁旻天。自上降鑒(鑑)則偁上天。據遠視之蒼蒼然則偁蒼天。『李巡、孫炎、郭璞-本:爾雅』及『劉(劉)熙-釋名』皆作春蒼夏昊。『許君-五經異義』、『鄭君-駁:異義-所據:爾雅』及『歐陽-尙書』皆作春昊夏蒼。鄭君云。春氣博施故以廣大言之。『許君-尙書:堯典』羲和以昊天總勅四時。故知昊天不獨春也。『許君-作:異義』時、是『毛傳』。非『爾雅』『歐陽-尙書』。鄭君駁之。而『許-造:說文』於昊下、旻下皆用『爾雅』。參合『毛傳』。略同鄭說。『說文解字』爲定說也。》从日夰(介)。《會意。》夰亦聲。《胡老切。古音葢(蓋)在 3部。》/498

[참고] 호(淏)

昧 (매)【mèi ㄇㄟˋ】어두울, 새벽

[설문] [4021] 昧爽、《逗。昧字舊奪。今補。》且明(明)也。《【各本】且作旦。今正。且明者、將明未全明也。『牧誓』。時甲子昧爽。王朝至于商郊牧野。言昧爽起行。朝旦至牧野。『左傳』。【晏子-述:讒鼎之銘】曰。昧旦丕顯。『僞:尙書』演其辭曰。昧爽丕顯。坐以待旦。『郊祀志』。十一月辛巳朔旦冬至昒爽。『封禪書』昒作昧。旣言旦又言昧爽者。以辛巳朔旦冬至合前文黃帝己酉朔旦冬至爲言。明冬至均在朔之旦也。繼云昧爽天子始郊拜泰一。明未旦時卽郊拜泰一也。『內則』。成人皆雞(鷄)初鳴適父母舅姑之所。未冠笄者。昧爽而朝。後成人也。昧與曶古多通用。而許分別之。直以昧連爽爲䛐(詞)。昧者、未明也。爽者、明也。合爲將旦之偁(稱)。》从日。未聲。《莫佩切。15部。》一曰闇也。《闇者、閉門也。閉門則光不明。明闇字用此不用暗。暗者、日無光也。『義異』。『司馬相如傳』。阻深闇昧。得燿乎光明。》/302

昨 (작)【zuó ㄗㄨㄛˊ】어제, 옛

[설문] [4062] 絫日也。《「絫」【鉉本】作「壘」。誤。【鍇本】作「累」。絫累正俗字。【古書】積累字皆作「絫」。〔厽部〕云。絫者、增也。絫日謂重絫其日也。『廣韵(韻)』云。昨日、隔一宵也。『周禮:司尊彝』叚(假)昨爲酬酢字。》从日。乍聲。《在各切。5部。》/306

昪 (변)【biàn ㄅㄧㄢˋ】즐길, 환할, 햇빛

[설문] [4065] 喜樂皃(貌)。《『小雅』。弁彼鸒斯。『傳』曰。弁、樂也。此昪之叚(假)借也。『釋詁』、『詩:序』皆云。般、樂也。般亦昪之叚借也。古三字同音盤。故相叚借如此。昪其正字而尠用之者。》从日。《从日者、熙熙如春登臺之意。》弁聲。《皮變切。14部。》/306

昫 [구][영]후【xǔ ㄒㄩˇ】[中][9][작] xū [작] xù 해돋아 따뜻할, 애무할, 따뜻이 할, 고을이름 ■후:속음 ■훙:사마법에서 鼓旦明, 五通爲發昫.

[설문] [4036] 日出温(溫)也。《「温」【各本】作「溫」。今正。詳〔水部〕。昫與〔火部:煦〕義畧(略)同。『樂記』「煦嫗」。『淮南書』作「昫嫗」。『廣韵』直以爲一字。『周禮:注』曰。『司馬法』。旦明鼔(鼓)五通爲發昫。是知主初日出言也。》从日。句聲。《火于切。又火句切。古音在 4部。》北地有昫衍縣。《見『前書:地理志』。今甘肅、寧夏府靈州東南花馬池境昫衍廢縣是也。俗譌作「朐衍」。非。》/304

형성 (1자) 후(煦)6125

昭 소【zhāo ㄓㄠ】밝을, 밝힐 ■조:속음
설문 4026 日明(明)也。《引伸爲凡明之偁(稱)。廟有昭穆。昭取陽明。穆取陰幽。皆本無正字。叚(假)此二字爲之。自晉(晋)避司馬昭諱。不敢正讀。一切讀上饒反。而陸氏乃以入『經典:釋文』。陋矣。又別製佋字。『注』云。廟昭穆。父爲佋南面。子爲穆北面。从人召聲。此冣(最)爲不通。昭穆乃鬼神之偁。其字當从示。而从人何也。無識者又取以竄入『說文:人部』中。其亂名改作有如此者。今[人部]刪(刪)佋。》从日。召聲。《止遙切。2部。》/303
성부 照조

日 4 ⑤

是 시【shì ㄕˋ】[설문부수 32] 本[곧을] 바로 잡을, 옳게 여길, 옳을, 이(것), 대저
설문 1040 直也。《[直部]曰。正見也。》从日正。《十目燭隱則曰直。以日爲正則曰是。从日正會意。天下之物莫正於日也。『左傳』曰。正直爲正。正曲爲直。리선-주五經文字』是入日部。則【唐本】从日也。恐非。承言(旨)切。言當作紙。16部。》凡是之屬皆从是。籒文是。从古文正。《按此知籒篆皆从日。》/69
유사 여름 하(昰)
성부 寔체 韙선
형부 위(韙)
형성 (23자+1) 지(禔)24 시(萛)583 제(踶)1013 시(徥)1175 제(踶)1298 시(諟)1438 제(鞮)1711 제(睼)2066 시(翨)2134 시(篂)2859 식(寔)4375 시(匙)4981 제(禔)5071 제(題)5237 제(題)5355 제(騠)5948 제(媞)6321 식(湜)6871 제(提)7509 제(媞)7845 제(緹)8227 제(堤)8656 제(隄)9211 제(醍)

昱 욱【yù ㄩˋ】(햇빛)빛날
설문 4069 日明(明)也。《「日明」【各本】作「明日」。今依『衆經:音義』及『玉篇』訂。『大玄』曰。日以昱乎晝。月以昱乎夜。『注』云。昱、明也。日無日不明。故自今日言下一日謂之明日。亦謂之昱日。昱之字古多叚(假)借翌字爲之。『釋言』曰。翌、明也是也。凡【經傳子史】翌日字皆翌日之叚借。翌與昱同立聲。故相叚借。本皆在緝韵。音轉又皆入屋韵。劉(劉)昌宗讀『周禮』翌日乙丑音育是也。俗人以翌與翼形相似。讀翌卽翼。同入職韵。唐衛包改『尙書』六翌皆爲翼而昱日之義廢矣。[朙(明)部:𥅡]下曰。翌也。翌當爲昱。𥅡从亡明。晝夜之道亡明而明復矣。昱之義引伸爲凡明之偁(稱)。故『顧命』翌室。某氏曰明室。『三輔決錄:注釋:左馮翊』曰。馮、盛也。翊、明也。翊卽翌。》从日。立聲。《余六切。古音在 7部。》/306
형성 (2자) 육(喅)828 욱(煜)6194

昴 (묘)【mǎo ㄇㄠˇ】별 이름
설문 4059 白虎宿星。《『召南:傳』曰。昴、畱(留)也。古謂之昴。漢人謂之畱。故『天官書』言昴。『律書』直言畱。毛以漢人語釋古語也。『元命包』云。昴六星。昴之言畱。物成就繫畱。此昴亦訝畱之義也。》从日。丣(卯)聲。《丣古音讀如某。丣古文酉字。字別而音同在 3部。雖同在 3部而不同紐。是以丣聲之劉(劉)聊桺珋駵鰡爲一紐。卯聲之昴爲一紐。古今音讀皆有分別。丣聲之不讀莫飽切。猶卯聲之不讀力九切也。惠氏棟因『毛傳』之語。謂昴必當从丣。其說似是而非。『王氏鳴盛-尙書:後案』襲之。非也。莫飽切。古音在 3部》/305

◀ 제 6 획 ▶

時 시【shí ㄕˊ】때, 사철, 때맞출, 때때로
설문 4018 四時也。《本春秋冬夏之稱。引伸之爲凡歲月日刻之用。『釋詁』曰。時、是也。此時之本義。言時則無有不是者也。『廣雅』曰。時、伺也。此引伸之義。如不能辰夜、遠猶辰告『傳』皆云辰時也是也。》从日。寺聲。《市之切。1部。》古文時。从日㞢(之)作。《之聲也。小篆从寺。寺亦之聲也。漢隸亦有用旹者。》/302
형성 (2자) 시(蒔)520 시(塒)8664

晃 황【huǎng ㄏㄨㄤˇ】밝을, 빛날
설문 4029 朙(明)也。《【各本】篆作「晄」。『篇』、『韵』皆云。晃正、晄同。今正。晃者、動之明也。凡光必動。會意兼形聲字也。『楊雄賦』。北爌幽都。李善云。爌與晃音義同。》从日。尣(芺)聲。《胡廣切。10部。》/303
참고 황(晄) 눈이 큰 모양

晉 진【jìn ㄐㄧㄣˋ】나아갈, 꽂을, 억누를, 괘 이름, 진나라
설문 4032 進也。《『周易:彖傳』曰。晉、進也。以疊(疊)韵爲訓。凡進曰晉。難進亦曰晉。『周禮』。凡田。王提馬而走。諸侯晉。是也。『禮-古文』、『周禮-故書』皆叚(假)晉爲箭。》日出而萬物進。《故其字从日。》从日。从臸。《臸者、到也。以日出而作會意。隸作「晋」。卽刃切。12部。》『易』曰。朙(明)出地上䁗(晉)。《此引『易:彖傳』文以證从日之意也。》/303
유사 넓을 보(普)
형성 (4자+1) 전(榗)3334 자(䣍)3949 전(戩)8003 진(縉)8225 진(搢)

晏 안【yàn ㄧㄢˋ】(하늘이)맑을, (해가)저물, 화락할, 편안할, 고울
설문 4038 天淸也。《『楊雄-羽獵賦』曰。天淸日晏。李引『許-淮南子:注』曰。晏、無雲之處也。『漢:天文志』曰。日餔時天星晏。星卽今之晴字。『淮南書』。鶤日知晏。陰蟕知雨。晏對陰而言。如『淳-注:郊祀志』云。『三輔』謂日出淸濟爲晏。按『郊祀』之「晏溫」。『封禪書』作「曕昷」。猶氤氳也。『郊祀志』字異而義同。與淳以日出淸霽釋之。謂晏而溫是爲異。非是。晏之言安也。古晏安通用。故『今文-堯典』晏晏。古文

作安安。『左傳』安孺子。『古今人表』作晏孺子。》从日。安聲。《烏諫切。14部。》/304

형성 (1자) 언(睴)2067

晐 (해)【gāi ㄍㄞ】갖출, 구비할

설문 4084 兼晐也。《『吳語』。一夫嫡女。執箕帚以晐姓於王宮(宮)。韋云。晐、備(備)也。姓、庶姓。引『曲禮』納女於天子曰備百姓。『廣雅』。晐、皆、咸也。按此晐備正字。今字則該晐行而晐廢矣。『莊子』、『淮南』作「晐」。今多作「該」。》从日。《日者、天下所大同也。故从之。》亥聲。《古哀切。1部。》/308

◀ 제 7 획 ▶

晚 (만)【wǎn ㄨㄢˇ】저물, 해질, 늦을, 저녁

설문 4049 莫也。《莫者、日且冥也。从日在茻中。見〔茻部〕。引伸爲凡後之偁(稱)。》从日。免聲。《無遠切。14部。》/305

晛 (현)【xiàn ㄒㄧㄢˋ】本[해 나타날] 햇빛 ■년:햇발

설문 4037 日見也。《『毛詩』。見晛曰消。毛云。晛、日氣也。『韓詩』。曣晛聿消。『韓』云。曣晛、日出也。二解義相足。日出必有溫氣也。『廣雅:釋詁』云。曣晛、煗也。「曣晛」卽『韓詩』之「曣晛」。煗卽毛日氣之說。『荀卿:非相篇』引『詩』作「宴然」。宴然卽曣晛也。宴晏曣古通用。『玉篇』曰。晛同晛。》从日見。《形卽義。》見亦聲。《胡甸切。14部。》『詩』曰。見晛曰消。《『小雅:角弓』文。》/304

㬉 (난)【nǎn ㄋㄢˇ】따뜻한 물로 적실, 붉을, 붉그레할

설문 4070 温溼(濕)也。《「温」【各本】作「溫」。今正。說詳〔水部〕。溫而生溼。故其字从日。》从日。赧省聲。《溫溼生黴亦有色赤者。未必不从赤會意也。『集韵(韻)』、『類篇』。㬉、㬉、小赤也。》讀與赧同。《女版切。14部。》/306

晝 주【zhòu ㄓㄡˋ】낮, 땅이름, 성씨

설문 1846 日之出入。與夜爲介。从畫省。从日。《按今篆體葢(蓋)亦少一橫。陟救切。4部。》 籒文晝。《按省下一橫者。至夜則日在下。未嘗息也。》/117

형성 (1자) 착(斲)【717-9037:1】

晞 晞(희)【xī ㄒㄧ】마를, 말릴, 밝을

설문 4078 乾也。《『玄應書』引作日乾曰晞。『小雅』。湛湛露斯。匪陽不晞。『傳』曰。陽、日也。晞、乾也。陽日也者、謂陽卽暘之叚(假)借也。『方言』。膊曬晞暴也。暴五穀之類。秦晉之閒謂之曬。東齊北燕海岱之郊謂之晞。又曰。晞、燥也。》从日。希(希)聲。《香衣切。15部。》/307

晢 (절)【zhé ㄓㄜˊ】밝을 ■제:별반짝거릴 ■석:휠(白也)

설문 4023 《【各本】篆體誤。今正。》昭晢、《逗。》朙(明)也。《旦下曰朙也。朙下曰昭也。旣昧爽則旦矣。『周易-王弼本』。明辨晢也。『陳風』。明星晢晢。『傳』曰。晢晢猶煌煌也。『洪範』。明作晢。鄭曰。君視明則臣昭晢。按昭晢皆从日。本謂日之光。引伸之爲人之明晢。〔口部〕曰。哲、知也。》从日。斮(折)聲。《「斮」舊作「折」。今正。晢字日在下。或日在旁作「晣」。同耳。旨(旨)熱切。15部。》『禮』曰。晢朙行事。《『禮』謂十七篇也。許序例云。其偁(稱)『禮』、『周官』。『禮』謂『儀禮』。『周官』謂『周禮』也。『士冠禮』。『宰告』曰。質明行事。鄭云。質、正也。許所據作晢明。以『戴-記:禮器、昏義』网(兩)言質明推之。『戴-記』多从今文。則知「質明今文」。「晢明古文」也。鄭不曡(疊)古文者。畧(略)也。》/302

晤 (오)【wù ㄨˋ】밝을(총명할)

설문 4027 朙(明)也。《晤旳晄曠四篆不必專謂日之明。然莫明于日。故四字皆从日而廁于此也。晤者、启(啓)之明也。〔心部〕之悟、〔㝱部〕之寤皆訓覺。覺亦明也。同聲之義必相近。》从日。吾聲。《五故切。5部。》『詩』曰。晤辟有摽。《『邶風』文。『今-詩』作「寤」。此篇云耿耿不寐、云我心匪石、云如匪澣衣。則當作「寤」。訓覺。晤其叚(假)借之字也。》/303

晦 (회)【huì ㄏㄨㄟˋ】그믐(음력 말일), 어두울

설문 4054 月盡也。《朔者、月一日始蘇。望者、月滿與日相望似朝君。字皆从月。月盡之字獨从日者、明月盡而日如故也。日如故則月盡而不盡也。引伸爲凡光盡之偁(稱)。『僖:十五年:春秋經』。晦。震夷伯之廟。『公羊』曰。晦、晝冥也。『穀梁』曰。晦、冥也。『杜-注:左』云。與[凡晝]晦同。『爾雅』曰。霿謂之晦。》从日。每聲。《荒內切。15部。》/305

晧 晧 호【hào ㄏㄠˋ】해 돋을, 해 처음 나타날 때 빛 흴

설문 4041 日出皃(貌)。《謂光明之皃也。天下惟絜白者冣(最)光明。故引伸爲凡白之偁(稱)。又改其字从白作皓矣。》从日。告聲。《胡老切。古音在 3部。》/304

【暤】下『注』云:《暤晧字俗寫多从白。》/498

참고 호(澔)물 질펀한 모양

曟 신【chén ㄔㄣˊ】별 이름, 새벽

설문 4119 房星。《『爾雅』曰。天駟、房也。大辰、房心尾也。於天官爲東官蒼龍。》爲民田時者。《『周語』曰。農祥晨正。韋云。農祥、房星也。晨正、謂立春之日晨中於午也。農事之候。故日農祥。『爾雅:注』曰。龍星明者以爲時候。故曰大辰。》从晶。辰聲。《以晨解例之。當云从晶、从辰、辰、時也、辰亦聲。上文爲民田時者、正爲从辰發也。曟星字亦徑作辰。『周語』。辰馬農祥。植鄰(隣)切。13部。》 曟或省。《今之晨字作此。》/313

유사 새벽 신(晨)

형성 (1자) 신(鷐)2348

◀ 제 8 획 ▶

日 4 ⑦

日 4 ⑧

普 普普보【pǔ ㄆㄨˇ】本[침침할] 넓을, 나라 이름
설문 4085 日無色也。《此義【古籍】少用。〔衣部:袢〕下曰。無色也。讀若普(普)。兩(兩)無色同讀。是則普之本義實訓曰無色。今字借爲溥大字耳。『今-詩』溥天之下。『孟子』及漢人引『詩』皆作普天。趙岐曰。普、徧也。》从日。竝聲。《【小徐本】如此。『韵會』同。竝古音同傍。普从竝聲。又轉入虞模部。袢讀若普。知普古音亦讀若件。以雙聲爲用也。滂古切。5部。》/308
유사 진나라 진(晋)
형성 (+1) 보(譜 譜)

景 경【jǐng ㄐㄧㄥˇ】빛, 경치, 밝을, 클, 아름다울 ※ 경품 ■영:그림자
설문 4040 日光(光)也。《「日」字、【各本】無。依『文選(選):張孟陽七哀詩:注』訂。〔火部〕曰。光者、明也。『左傳』曰。光者遠而自他有燿者也。日月皆外光。而光所在處物皆有陰。光如鏡故謂之景。『車轝:箋』云。景、明也。後人名陽曰光。名光中之陰曰影。別製一字。異義異音。斯爲過矣。『爾雅』、『毛詩』皆曰。景、大也。其引伸之義也。》从日。京聲。《居影切。古音在 10部。讀如姜。》/304
형성 (1자) 경(憬 憬)6650

啓 (계)【qǐ ㄑㄧˇ】날 들, 개일
설문 4034 雨而晝姓也。《啓之言闓也。姓者、雨而夜除星見也。雨而晝除見日則謂之啓。啓亦謂之姓。》从日。启省聲。《康禮切。15部。按『集韵』又輕甸切。語之轉也。今蘇州俗語云。啓晝不是好晴。正作此音。》/304

晶 정【jīng ㄐㄧㄥ】[설문부수 236] 맑을, 수정
설문 4116 精光也。《凡言物之盛。皆三其文。日可三者。所謂衆日也。》从三日。《子盈切。11部。》凡晶之屬皆从晶。/312
성부 晨晨신 參曑참 疊疊첩 星曐성
형부 간(倝)

晷 구【guǐ ㄍㄨㄟˇ】해 그림자, 시각, 기둥그림자 ■궤:정음(正音) ■귀:속음
설문 4047 日景也。《上文云景、光也。渾言之。此云晷、日景也。不云日光。析言之也。以其陰別於陽。卽今之影字也。『左傳』謂之蔭。云趙孟視蔭。『釋名』曰。晷、規也。如規畫(畵)也。此謂以表度日。『大雅』。旣景乃岡。『傳』云。考於日景。參之高岡。》从日。咎(咎)聲。《居洧切。古音在3部。》/305
형성 (1자) 궤(厬 厬)5696

● 晉晉 옛 석(昔)-고자

暘 (역)【yì ㄧˋ】별 날 ■석:같은 뜻
설문 4035 日覆雲暫見也。《覆雲者、掩於雲。暫見者、倏(倏)見也。此與〔目部:睗〕義畧(略)同。》从日。易聲。《羊益切。16部。按當施隻切。》/304

晻 (암)【ǎn ㄢˇ】㊤㊥⑨ àn ㉿ ǎn 어두울 ■엄:햇빛 침침할, 음우
설문 4052 不朙(明)也。《『北征賦』。日晻晻其將暮。『漢書:元帝紀』。三光晻昧。『南都賦』。晻曖蓊蔚。『吳都賦』。旭日晻時。凡言晻藹、謂陰翳也。『蜀都賦』作菴藹。》从日。奄(奄)聲。《烏敢切。8部。》/305

暀 (왕)【wàng ㄨㄤˋ】빛 고울, 아름다울, 덕
설문 4067 光美也。《『釋詁』。曰暀暀、皇皇、美也。按暀見『爾雅』而不見【他經】。『泮水:箋』云。「皇皇」當作「暀暀」。「暀暀」猶「往往」也。此易皇爲暀。復訓暀爲往。以作暀而後可訓往也。『少儀』。祭祀之儀。齊齊皇皇。『注』云。皇皇讀爲歸往之往。皇氏云。謂心所繫往。此處鄭不讀爲暀。徐先民於況反。非是。》从日。往聲。《此舉(擧)形聲包會意。謂往者衆也。於放切。10部。》/306

◀ 제 9 획 ▶

暆 (이)【yí ㄧˊ】해 다닐(태양의 운행), (서쪽으로)해 기울
설문 4046 日行暆暆也。《『史記:屈原賈生列傳』曰。庚子日施兮。服集予舍。施卽『說文』暆字也。暆暆、迆邐徐行之意。暆暆猶施施。『詩:毛傳』曰。施施、難進之意。》从日。施聲。《弋支切。16、17部。》樂浪。《音洛狼。》有東暆縣。《樂浪郡東暆、見『地理志』。樂浪今朝鮮國地。東暆故城未聞。〔魚部〕云。東暆輸鯛魚。》讀如酏。《三字當在施聲之下。》/304

暇 (가)【xiá ㄒㄧㄚˊ】한가할, 겨를
설문 4063 閒也。《【各本】作「閑」。俗字也。今正。『酒誥』曰。不敢自暇自逸。古多借假爲暇。『周書:多方』。天惟須夏之子孫。鄭云。夏之言假。『大雅:皇矣』。『周頌:武:二箋』皆作須假。而【孔本】作暇。『孫卿子』。其爲人也多假日。其出人不遠也。『賈逵-國語:注』假、閒也。『登樓賦』。聊(聊)假日以銷憂。李善云。假或爲暇。引『楚辭』聊暇日以消時。可見古假暇通用。假訓大。故包閒暇之義。『匡繆正俗』似未識此意。》從日。叚聲。《胡嫁切。古音在 5部。》/306

暈 (운)【yūn ㄩㄣ】㊤㊥⑨㉿ huī 햇무리(달무리), 현깃증 날
설문 4044 光(光)也。《按「光也」二字當作「日光氣也」四字。篆體「暉」當作「暈」。『周禮』「暈」作「煇」。古文叚(假)借字。『眡祲(祲)』掌十煇之法。以觀妖祥。辨吉凶。一曰祲。二曰象。三曰鑴。四曰監。五曰闇。六曰瞢。七曰彌。八曰敘。九曰隮。十曰想。鄭司農云。煇謂日光炁也。按日光氣謂日光捲結之氣。『釋名』曰。暈、捲也。氣在外捲結之也。日月皆然。孟康曰。暈、日旁氣也。篆體日在上。或移之在旁。此篆遂改爲暉。改其訓日光。與〔火部〕之煇不別。葢(蓋)淺者爲之。乃致鉉以暈爲新附篆矣。》从日。軍聲。《軍者、圜圍也。此以形聲包會意。王問切。13部。大徐許歸切。非。》/304

【他本】日:〈日月气也。从日。軍聲。王問切。〉

敯 민【mǐn ㄇㄧㄣˇ】굳셀(강인할), 번민할, 답답할 ■혼:같은 뜻 (日부 9획)

설문 1956 冒也。《『今本-爾雅』。昬敯强也。『般庚』。不昬作勞。『鄭-注』。昬讀爲敯。勉也。似『鄭-所據:爾雅』與【今本】亦不同。『康誥』。敯不畏死。『孟子』作閔。『立政』。其在受德敯。〔心部〕作忞。昬聲文聲同部。》从攴(攵)。昏聲。《眉殞切。13部。按昏從氐省。不從民。凡昏旁作昬者誤。詳〔日部〕。》『周書』曰。敯不畏死。/126

형성 (1자) 민(䫉䫉 䫉)5590

暍 (갈)【yè ㄧㄝˋ】㊤㊥⑨㉑ yē 더위 먹을 ■알:속음 ■할:더울

설문 4071 傷暑也。《『北山經』。北𨙻之山。鳥名鷩䳋。食之已暍。按今俗語謂鬱蒸之曰暍。聲如遏。卽此字。》从日。曷聲。《於歇切。15部。》/306

睹 (도)【dǔ ㄉㄨˇ】㊥⑨㉑ shǔ 먼동 틀 ■서:새벽

설문 4022 旦明(明)也。《【各本】作「旦明」。誤。今正作「旦朙」。睹與昧爽同義。【許書】有睹無曙。而『文選(選):魏都賦』、『謝康樂-溪行詩:李-注』竝引作「曙」。古今字形異耳。【許本】作「睹」。後乃變爲曙。署亦者聲也。『玉篇』昒昧二文間出曙字。市據切。此顧希馮以今字易古字也。後出睹字。丁古切。此『孫强、陳彭年輩-所據:說文』妄增者也。『呂(呂)覽』謂一朝爲一曙。『廣韵(韻)』曰。睹、詰朝欲明也。》从日。者聲。《當古切。『廣韵』亦睹入【姥韵】、曙入【御韵】。5部。》/302

暗 (암)【àn ㄢˋ】어두울, 밤, 윌(암송)

설문 4053 日無光也。《『集韵(韻)』、『類篇』皆以晻暗爲一字。依許則義各殊。明之反當用晻。暗主謂日無光。『眡祲』掌十煇之灋(法)。五曰闇。鄭司農云。闇、日月食也。晻者正字。闇者叚(假)借字也。引伸爲凡深沈不明之偁(稱)。》从日。音聲。《烏紺切。古音在 7部。》/305

暘 (양)【yáng ㄧㄤˊ】해돋이

설문 4033 日出也。《『洪範』。八、庶徵。曰雨、曰暘。某氏云。雨以潤物。暘以乾物。『祭義』。夏后氏祭其闇。殷人祭其陽。周人祭日以朝及闇。鄭云闇、昏時也。陽讀爲曰雨曰暘之暘。謂日中時也。朝、日出時也。暘之義當从鄭。『孟子』。秋陽以㬥(暴)之。亦當作秋暘。》从日。昜聲。《與章切。10部。》『虞書』曰。曰暘谷。《『虞書』、【宋本-葉本】如是。【他本】作「商」。非也。【各本】少一曰字。今補。『虞書』當作『唐書』。說見〔禾部〕。此『古文-尚書:堯典』文也。》/303

暑 (서)【shǔ ㄕㄨˇ】더울, 더위, 여름

설문 4072 埶(熱)也。《暑與熱渾言則一。故許以熱訓暑。析言則二。故『大雅』。溫隆蟲蟲。毛云。溫溫而暑。隆隆而雷。蟲蟲而熱也。暑之義主謂溼(濕)。熱之義主謂燥。故溽暑謂溼暑也。『釋名』曰。暑、煑也。如水煑物也。熱、爇也。如火所燒爇也。》从日。者聲。《舒呂(呂)切。5部。》/306

◀ 제 10 획 ▶

● 普 넓을 보(普)-본자

䀹 (아)【yà ㄧㄚˋ】성씨(姓氏) (日부 8획)

설문 9276 闕。《謂形音義之說皆闕也。大徐衣駕切。按襾字讀與晉、則其音傳矣。》/738

䏧 (내)【nài ㄋㄞˋ】날 흐릴

설문 4055 埃䏧。《逗。曡韵(疊韻)字。》日無光也。《埃䏧猶靉靆也。『通俗文』。雲覆日謂之靉靆。》从日。能聲。《奴代切。1部。》/305

㬎 현【xiǎn ㄒㄧㄢˇ】미묘할, 밝을, 나타날, 빛날, 성씨 ■압:같은 뜻 ■금:같은 뜻

설문 4074 衆微杪也。从日中視絲。《此九者『廣韵』作衆明也、微妙也、从日中視絲十一字。疑當作衆明也、从日中見絲、絲散眇也。散者今之微字。眇者今之妙字。『玉篇』亦作妙。日中視絲。衆明察及微妙之意。》古文㠯(以)爲顯字。《顯爲頭明飾。㬎爲日中見微妙。則【經傳】顯字皆當作㬎。㬎者本義。顯者叚(假)借。載籍旣皆作顯。乃謂古文作㬎爲假借矣。故曰古文以爲顯字。〔頁部:顯〕下曰。从頁、㬎聲。是則㬎之讀如顯可知。呼典切。》或曰衆口皃(貌)。讀若唫唫。《此別一義也。讀若唫唫當作讀若口唫之唫。轉寫譌奪耳。巨綿切。○『集韵』不得其句。乃於寑韵云。㬎者、絮中小繭(繭)。渠飮切。》或曰繭。《句、謂或用爲繭字也。其字从絲。故或用爲繭字。》繭者、絮中往往有小繭也。《蒙繭而釋之。必繹之者、此繭不同〔糸部〕訓蠶衣之繭也。亦蠶衣之義之引伸也。『釋名』云。繭者、幕也。貧者著〈音褚褱衣也。〉衣可以幕絡絮也。或謂之「牽離」。煑(煮)熟爛牽引使離散如緜(綿)然也。牽離卽〔糸部〕之「繫䋿」。繫䋿一名「」惡絮。繫、牽奚切。䋿、郎兮切。與牽離爲一語之轉。絓字下亦云「繭滓」也。一名「絓頭」。一名「」牽離。按此葢(蓋)繅絲之餘滓。亦可褏(裝)衣。而中有纇結。故云絮中歷歷有小繭。繭之言結也。『釋名』則謂可以煑爛牽引冪之絮外。說無不合。以㬎爲此繭。則㬎古典切。7部。○ 已上三義。畫(畵)然三音。大徐總曰五合切。非也。惟第二義讀若唫也。故濕水字从之爲聲。》/307

성부

형성 (4자) 合(濕 㶝)6742 合(溼 𣽅)7014
칩(墊 㙮)8671 合(隰 𨼆)9197

暤 (호)【hào ㄏㄠˋ】휠, 밝을 ※ 호(皞)와 같은 글자

설문 4042 晧旰也。《「晧」【鍇本】作「暤」。『集韵』、『類篇』从之。晧旰謂絜白光明之皃(貌)。旰同日出廣倝倝之倝。非下文訓晚之旰也。『漢書:上林賦』。采色暤旰。『史記』作澔旰。『靈光殿賦』。澔澔涆涆。『曹植-七啟(啓)』云。丹旗燿野。戈殳晧旰。此可證晧旰之爲古語。古者大暤、少暤葢(蓋)以德之明得偁(稱)。俗作大昊、少昊。晧旰雙聲字。》

从日。皋聲。《胡老切。古音在 3部。俗从白作皡。》/304

◀ 제 11 획 ▶

智 [지]【zhì ㄓˋ】슬기 ※ 지(智)의 옛 글자[日:11]
설문 2122 識䛐(詞)也。《此與〔矢部:知〕音義皆同。故二字多通用。》从白亏(于)知。《鍇曰。亏亦气也。按从知會意。知亦聲。知義切。16部》𥏼古文智。《此依【鍇本】。𦣞卽口。𢆶卽知也。省白。》/137
형성 (4자) 적(覿)5259 적(瀄)6886 지(鼅)8592 지(䵹)9376

暫 (잠)【zhàn ㄓㄢˋ】㉠㉡㊥⑨㉮ zàn 잠깐, 별안간
설문 4064 不久也。《『左傳』。婦人暫而免諸國。今俗語云霎時間、卽此字也。》从日。斬聲。《藏濫切。8部。》/306

暬 (설)【xiè ㄒㄧㄝˋ】행동이 거만하고 무례할, 뫼실
설문 4081 日狎習相嫚也。《嫚者、侮易也。『小雅』。曾我暬御。『傳』云。暬御、侍御也。『楚語』。居寢有暬御之箴。韋云。暬、近也。暬與褻音同義異。今則褻行而暬廢矣》从日。执聲。《【各本】篆作「暬」。执聲作執聲。『五經文字』亦誤。今正。私列切。15部。》/308

暱 (닐)【nì ㄋㄧˋ】本[해 가까이 뜸] 친할, 별 반짝거릴
설문 4080 日近也。《日謂日日也。皆日之引伸之義也。『釋詁』、『小雅:傳』皆云。暱、近也。『左傳』。不義不暱。非其私暱。誰敢任之。》从日。匿聲。《舉(擧)形聲包會意。尼質切。古音在 1部。魚力切。》『春秋傳』曰。私降暱燕。《『昭:廿五年:左傳』文。【今本】作「昵」。》䁥或从尼作。《『攷工記』。凡昵之類不能方。【故書】昵或作「樴」。或爲「𣂚」。杜子春讀爲不義不昵之昵。按古文叚(假)尼爲昵。『古文-尙書』。『典祀』無豐於尼。『釋詁』云。卽、尼也。孫炎曰。卽猶今也。尼、近也。郭樸引尸子。悅尼而來遠。釋文引尸子。不避遠尼。自衛包改『尙書』作「昵」。宋開寶閒又改釋文。而古文之讀不應『爾雅』矣。》/307

暴 [폭]【bào ㄅㄠˋ】㉠ bù ㉡㊥⑨㉮ pù 本[(햇빛에)쬘] 나타날 ■포:사나울, 급할, 맨손으로 칠 ■박:나무가지 성기고 고르지 못할
설문 4075 晞也。《『考工記』。晝㬥(暴)諸日。『孟子』。一日㬥之。引伸爲表㬥、㬥露之義。與〔夲部〕暴義別。凡暴疾、暴虐、暴虎皆〔夲部〕字也。而今隸一之。【經典】皆作暴。難於諟正。》从日出廾(廾)米。《日出而竦手擧(擧)米曬之。合四字會意。『玉篇』步卜切。『五經文字』捕沃切。『廣韵』蒲木切。大徐薄報切。非也。3部。》𣋡古文㬥。从日。麃(麃)聲。/307
유사 사나울 포(暴)
형성 (6자+1) 박(䂍)1584 복(曝)2299 박(襮)5028 폭(爆)6159 폭(瀑)6974 박(瀑)8261 박(䂍)

暵 (한)【hàn ㄏㄢˋ】마를, 말릴, 더울
설문 4077 乾也。《乾上當有「日」字。乾者、上出也。凡物乾者必上。溼(濕)者必下。『王風:傳』曰。暵、菸皃(貌)。『周禮』旱暵之事。鄭云。暵、熱氣也。皆引伸之義也。》耕㬥(暴)田曰暵。《㬥田曰暵。因之耕㬥田曰暵。『齊民要術:論耕』曰。窜燥不溼。燥雖耕塊。一經得雨。地則粉解。溼耕堅垎。數年不佳。垎胡格反。》从日。堇聲。《同一堇聲。而謹殣入 13部。漢嘆難則入 14部。且隸易其字从芺。葢(蓋)部分甚相近故也。呼旰切。》『易』曰。燥萬物者莫暵乎火。《依『韵(韻)會-所據:小徐本』訂。『說卦傳』文。『今-易』作「熯」。》/307

◀ 제 12 획 ▶

曀 (예)【yì ㄧˋ】(구름이 끼어)음산할 ■의·열:같은 뜻
설문 4056 天陰沈也。《【各本】作「陰而風也」。今正。攷『開元-占經』引作天地陰沈也。『大平御覽』引作天陰沈也。『邶風』曰。終風且曀。『爾雅』、『毛傳』皆云。陰而風曰曀。『釋名』。曀、翳也。言雲氣晻翳日光使不明也。『小:爾雅』。曀、冥也。曀主謂不明。『爾雅』、『毛傳』因詩句兼風言耳。故許易之。陰沈當作「霒霃」。》从日。壹聲。《於計切。古音在 12部。》『詩』曰。終風且曀。/305

暨 (기)【jì ㄐㄧˋ】本[해 기울어져 나타날] 및(與), 다다를, 굳셀
설문 4087 日頗見(現)也。《頗、頭偏也。頭偏則不能全見其面。故謂事之略然者曰頗。日頗見者、見而不全也。『釋言』曰。暨、不及也。此其引伸之義。〔㐺部〕曰。臮者、衆與詞也。引『唐書』臮咎(咎)繇。臮之叚(假)借多作「洎」、作「暨」。『公羊傳』曰。會及暨、皆與也。暨猶暨暨也。按暨暨猶幾幾。『爾雅』所謂不及也。》从旦。旣聲。《其冀切。15部。旣、小食也。日不全見。故取其意。亦擧(擧)形聲包會意。》/308

曄 [엽]【yè ㄧㄝˋ】빛날, 번개 번쩍거릴, 성할, 밝을
설문 4043 光(光)也。《「也」當作「皃(貌)」。字之誤。『思玄賦:舊注』云。曄、光皃。『漢書:敘傳』云。世宗曄曄。『吳都賦』云。飾赤鳥之韡曄。》从日𠌶。《【鍇本】日在𠌶上。『玉篇』曰『說文』作「曅」。大徐日在旁。非也。筠輒切。8部。》/304
형성 (1자) 엽(爗)6198

曉 [효]【xiǎo ㄒㄧㄠˇ】밝을, 새벽, 깨달을
설문 4024 明(明)也。《此亦謂旦也。俗云天曉是也。引伸爲凡明之偁(稱)。『方言』。黨曉哲知也。楚謂之黨。或曰曉。齊宋之閒(間)謂之哲。》从日。堯聲。《呼鳥切。2部。曉昕二篆【鉉本】奪而綴于末。今依【鍇本】。》/303
형성 (1자) 효(鐃)8853

◀ 제 13 획 ▶

曏 향【xiǎng ㄒㄧㄤˇ】 ㊤㊥ xiàng 접때(이전에), 향할 ■상:같은 뜻

설문 4060 不久也。《『士相見禮』曰。曏者吾子辱使某見。請還贄於將命字。『注』云。曏、曩也。按『禮:注』「曏」字或作「鄉」。今人語曰向年、向時。向者卽曏字也。又曰一晌、日半晌皆是曏字之俗。》从日。鄉聲。《許兩(兩)切。10部。》『春秋傳』曰。曏役之三月。《『僖:廿八年:左氏傳』文。曏猶前也。城濮之役在四月。前乎此役之三月。正與不久之義合。杜作鄉。云鄉猶屬也。殊誤。》/306

성부 量 량

● 星 별 성(星)-본자

● 曑 석 삼(參)-본자

暴 포【baò ㄅㄠˋ】 급히 향할, 덜(耗也), 갑자기 (日부 13획)

설문 6342 疾有所趣也。《「趣」當作「趨」。引申爲凡疾之偁(稱)。》从日出夲廾之。《會意。廾者、竦手也。薄報切。2部。按此如㬥(暴)二篆形義皆殊。而今隸不別。此篆主謂疾。故爲夲之屬。㬥主謂日晞。故爲日之屬。》/497

※ 지금은 포(暴)자가 없어지고 폭(㬥暴)자를 「드러낼 폭、사나울 포」로 쓴다.

유사 드러낼 폭(暴)

◀ 제 14 획 ▶

暴 㬥 폭【bào ㄅㄠˋ】 ㉠ bù ㊤㊥⑨㉒ pù 本[(햇빛에)쬘] 나타날 ■포:사나울, 급할, 맨손으로 칠 ■박:나무가지 성기고 고르지 못할

◀ 제 15 획 ▶

● 晨 별 신(晨)-본자

曠 (광)【kuàng ㄎㄨㄤˋ】 (텅)빌, 밝을, 비울, 헛되이 지낼, 넓을

설문 4030 明(明)也。《廣大之明也。會意兼形聲字也。引伸爲虛空之偁(稱)。》从日。廣聲。《苦謗切。10部。》/303

疊 첩【dié ㄉㄧㄝˊ】 겹쳐질, 포개질, 겹칠, 포갤, 두려워할, 무명(면포)

설문 4120 楊雄說曰(以)爲古理官決罪。三日得其宐(宜)乃行之。从晶宐。《巳上楊雄說也。理官、士也。『詩』莫不震疊(疊)。『韓詩:薛君:傳』曰。震、動也。疊、應也。天下無不動而應其政敎。李固曰。此言動之於內而應之於外者也。按疊爲應、卽得其宐(宜)乃行之之說也。『毛詩:傳』曰。疊、懼也。今毛義行而韓義廢矣。抑楊子所說者本義也。故許述之。『毛詩』之云、謂疊卽慴之叚(假)借字也。故許不偁(稱)。从晶宐會意。徒叶切。8部。》亡新㠯从三日大盛。改爲三田。《亡新不知三日爲衆日。譏其陋也。今皆從之。亦可已矣。〔多部〕曰。重夕爲多。重日爲疊。此今人用疊之義也。》/313

◀ 제 16 획 ▶

曣 (연)【yàn ㄧㄢˋ】 청명할(해가 뜨고 구름이 없음)

설문 4039 星無雲也。《姚氏鼐曰。星卽姓字。按日閒雨除亦曰姓。無雲謂晴而無雲也。晴容有有雲者。其字亦作「曣」。『毛詩』見晛曰消。『韓詩』作「曣晛聿消」。『劉(劉)向-上:封事』引之。『師古:注』云。曣、無雲也。『今-漢書』譌舛不可讀。『韓詩』釋曣晛爲日氣。『許-注:淮南』釋晏爲無雲。此以天淸釋晏。以晴無雲釋曣。言各有當。不以音義相近而淆之也。一說星無雲。謂星而無雲。如〔雨部〕云風雨土。謂風而雨土也。『詩』。星言夙駕。『韓』云。星、晴也。卽許星而無雲之說。》从日。燕聲。《於甸切。14部。》/304

◀ 제 17 획 ▶

曩 (낭)【nǎng ㄋㄤˇ】 접때, 지난 번

설문 4061 曏也。《『釋言』文。『左傳』曰。曩者志入而已。今則怯也。『晉語』曰。曩而言戲(戲)乎。『莊子』曰。曩子行。今子止。》从日。襄聲。《奴朗切。10部。》/306

◀ 제 19 획 ▶

曫 (란)【luān ㄌㄨㄢˉ】 ㊤㊥⑨㉒ luán 저물, 저녁때

설문 4051 日且昏時也。《「且」【各本】作「旦」。今正。昏訓冥。莫(莫)訓日且冥。則曫卽莫也。曫之言蠻也。蠻者、文皃(貌)。日將入而色有異也。》从日。䜌聲。讀若新城䜌中。《「䜌」【他書】作「蠻」。『地理志』河南郡新城下蠻中、故戎蠻子國也。『郡國志』河南郡新城有鄤聚。古鄤氏。今名蠻中。『左傳:昭:十六年』。楚子誘戎蠻子殺之。杜云。河南新城縣東南有蠻城。『水經:注:伊水篇』曰。新城縣故蠻子國也。縣有鄤聚。今名蠻中。漢新城故城在今河南河南府洛陽縣南。『今-左穀』皆作「蠻」。『公羊』作「曼」。劉(劉)昭引『左傳』作「鄤」。鄤音如蠻。『集韵(韻)』謨還切者是。大徐洛官切。非也。14部。》/305

曬 (쇄)【shài ㄕㄞˋ】 ㉒ shì (볕에)쬘

설문 4076 暴也。《『漢:中山靖王傳』。白日曬光。幽隱皆照。》从日。麗聲。《曬與釃同意。散其光也。所智切。音變則所賣切。16部。》/307

㬮 (난)【nàn ㄋㄢˋ】 따뜻할, 따뜻한 모양

설문 4073 安㬮。《逗。疊韵(疊韻)字也。》𥁕也。《「𥁕」【各本】作「溫」。今正。說詳〔水部〕。安㬮猶溫存也。二字皆平聲。『廣雅』云。晛、㬮、煗也。安作「晛」。語之轉耳。〔巾部〕云。讀若水溫㬮。則安亦作溫。》从日。難聲。《奴案切。14部。按『廣韵』、『集韵』、『類篇』㬮皆讀平聲。入山韵。『玉篇』㬮亦奴達切。平則二字皆平。去則二字皆去。入則二字皆入。是之謂疊韵。》/307

日 4 ⑲

073 曰 가로 왈
4-12

曰 4 ⓪

曰 왈【yuē ㄩㄝ】[설문부수 152] ㉠㊥⑨ yuè 가로되, 암전하지 못할

설문 2908 詞(詞)也。《詞者、意內而言外也。有是意而有矢言。亦謂之曰。亦謂之云。云曰、雙聲也。『釋詁』。粵于爰曰也。此爲[詩書-古文]多有以曰爲爰者。故粵于爰曰四字可互相訓。以雙聲疊(疊)韵相假借也。》从口乚。象口气出也。《[各本]作「从口乙聲、亦象口气出也」。非是。『孝經:音義』曰。从乙在口上。乙象氣。人將發語。口上有氣。今據正。王伐切。15部。》凡曰之屬皆从曰。/202

【雲】下『注』云:古多叚(假)云爲曰。如『詩』云卽『詩』曰是也。亦叚(假)員爲云。/575

유사 절구 구(臼) 양손 국(𦥑) 숫구멍 신(囟囟⊠) 날 일(日) 달 감(甘)

성부 부록 색인 참조

형부 日을 부수로 하는 대부분의 글자들

형성 (3자) 율(欥)5331 골(汩)7116 율(颶)8574

◀ 제 2 획 ▶

曲 곡【qū ㄑㄩ】[설문부수 460] 굽을, 자세히, 간사, 가락, 마을

설문 8050 象器曲受物之形也。《匚象方器受物之形。側視之。𠙹象圜其中受物之形、正視之。引申之爲凡委曲之稱。不直曰曲。『詩』曰。予髮曲局。又曰。亂我心曲。『箋』云。心曲、心之委曲也。又樂章爲曲。謂音宛曲而成章也。『周語』曰。『士獻詩』。『瞽獻曲』。韋云。曲、樂曲也。『毛詩:傳』曰。曲合樂曰歌。徒歌曰謠。『韓詩』曰。有章曲曰歌。無章曲曰謠。按曲合樂者、合於樂器也。『行葦:傳』曰。歌者、比於琴瑟也。卽曲合樂曰歌也。區玉切。3部。》凡曲之屬皆从曲。或說曲、蠶薄也。《曲見『月令』、『方言』、『漢書:周勃傳』。詳[艸部:薄]下。其物以萑葦爲之。『七月:傳』曰。預畜萑葦。可以爲曲也。其字俗作苖。又作笛。》𠃑 古文曲。《小徐無。》/637

유사 말미암을 유(由) 숫구멍 신(⊠囟囟囟⊠) 밭 전(田) 귀신머리 불(甶由)

성부 豊豐례 曹조 典전 農농

형부 도(𠌶)

형성 (2자) 곡(𤰈)000 곡(苖)596

臾 유【yú ㄩˊ】잠깐 ■용:권할

曳 曳 예【yì ㄧˋ】㊥⑨㉳ yè (땅에 늘어뜨려)끌, 끌어당길, 끌릴, 고달플

설문 9355 臾曳(曳)也。《臾曳(曳)已見上文。故但云臾曳也。此許之通例也。臾曳雙聲。猶牽引也。引之則長。故衣長曰曳地。》从申(申)。厂聲。《厂見『十二篇』。余制切。抴也、象抴引之形。此形聲包會意也。余制切。15部。》/747

형성 (1자+1) 예(拽)159 예(㵩)

𣅀 曶 回 홀【hōu ㄏㄡ】㉳㊥⑨㉳ hū 本[曰부:숨내쉴] 문득, [日부:4획] 어두운 새벽, 밝으려할 먼동 틀 ■물:같은 뜻

설문 2911 出气詞(詞)也。《『玉篇』作𣅀出气者、其意也。回者、其言也。意內言外謂之詞。此與[心部:忽]音同義異。忽、忘也。若『羽獵賦』霅曶如神、『傳毅舞賦』雲轉飄曶、『漢-樊敏碑』奄曶滅形皆出气之意。倏欻之皃(貌)本當用此字。不當作忽忘字也。『楊雄傳』。於時人皆曶之。則假曶爲忽。『古今人表』仲忽作中曶。許云鄭大子曶。則未識名字取何義也。今則忽行而曶廢矣。》从曰。㇉象气出形。《呼骨切。15部。俗作「曶」。》『春秋傳』曰。鄭大子𣅀。《始見『左傳:桓公:十年』。字作「忽」。》𣅀 籒文𣅀。《从口。》一曰佩也。象形。《按六字當作「一曰佩回也」五字。系於象气出形之下、『春秋傳』之上。淺人改易之。致不通耳。不得爲古笏可从口、不可从日。亦不得爲𣅀象笏形也。『皆繇謨』。六律五聲八音在治忽。『漢書』在治忽作「七始訓」。『史記』作「來始滑」。裴(裵)駰曰。『尚書』滑字作曶。音忽。鄭曰。曶者、臣見君所秉。書思對命者也。君亦有焉。據此則象笏字古作𣅀。[許-竹部]無笏。》/202

유사 홀연 홀(忽) 바쁠 총(怱)

형성 (4자) 홀(榴)3445 홀(𥤾)5805 홀(淴)6904 홀(𠥫)8042

◀ 제 3 획 ▶

更 更 경【gēng ㄍㄥ】㉠㊥⑨㉳ gèng 고칠, 바꿀, 지날, 시각, 번갈아 ■갱:다시(재차)

설문 1919 改也。《更訓改。亦訓繼。不改爲繼。改之亦爲繼。故『小雅:毛傳』曰。庚、續也。[用部:庸]下曰。庚、更事也。『列子』云。五年之後。心庚念是非。口庚言利害。七年之後。從心之所念庚無是非。從口之所言庚無利害。皆假庚爲更。今人分別平去二音。非古也。》从攴(攵)。丙聲。《古孟切。又古行切。古音在 10部。》/124

성부 甦소 便편

형성 (7자) 경(哽)853 경(骾)2471 경(梗)3392 경(郠)3956 경(鯁)7294 경(綆)8325 갱(埂)8697

◀ 제 5 획 ▶

曹 (책)【cè ㄘㄜˋ】고할

설문 2909 告也。《按下云从曰从册(冊)。會意。則當作「冊告也」三字。簡(簡牘曰冊。以簡告誡曰曹。冊行而曹廢矣。》从曰。从冊。冊亦聲。《楚革切。16部。》/202

曷 갈【hé ㄏㄜˊ】어찌, 어느 때

설문 2910 何也。《雙聲也。『詩』有言曷者。如曷不肅雝(雍)。『箋』云。曷、何也。有言害者。如害澣害不。『傳』云。害、何也。害者、曷之假借字。【詩書】多以害爲曷。『釋詁』。曷、止也。此以曷爲遏。『釋言』曰。曷、盍也。此亦假借。凡言何不者、急言之但云曷也。》从曰。匃聲。《胡葛切。15部。》/202

성부 愒게 渴갈 楬갈 葛갈 褐갈 謁알 蝎헐

형성 (18자) 갈(喝)890 갈(趨)974 알(遏)1136 갈(羯)2233 할(鶡)2358 걸(朅)3025 예(餲)3114 갈(暍)4071 갈(褐)5122 얼(㵣)5687 갈(碣)5730 갈(猲)6005 갈(竭)6373 알(閼)7400 게(揭)7589 의(㵧)8116 갈(蝎)8419 알(堨)8634

◀ 제 6 획 ▶

書 (서)【shū ㄕㄨ】글, 쓸, 기록할, 글 지을, 책, 글씨

설문 1844 箸也。《此琴禁、鼓(鼓)郭之例。以疊韵(疊韻)釋之也。敘目曰。箸於竹帛謂之書。書者、如也。箸於竹帛。非筆末由矣。》从聿。者聲。《商魚切。5部。》/117

㫗 㫗후【hòu ㄏㄡˋ】[설문부수 192] 두터울 ※ 후(厚)의 본래 글자

설문 3191 厚也。《「厚」當作「筥」。上文曰筥、㫗也。此曰㫗、篤也。是爲轉注。今字厚行而㫗廢義。凡【經典】㫗薄字皆作厚。》从反亯(享)。《倒亯者、不奉人而自奉。㫗之意也。胡口切。4部。》凡㫗(㫗)之屬皆从㫗。/229

【他本說文解字】日:〔徐鍇曰。享者進上也。㠯(以)進上之具反之於下則厚也。〕

성부 厚후 覃담

◀ 제 7 획 ▶

曹 曹조【cáo ㄘㄠˊ】무리(떼), 짝(재판 원고와 피고), 마을(관청)

설문 2914 獄㒳(兩)曹也。《㒳曹、今俗所謂。原告、被告也。曹猶類也。『史記』曰。遣吏分曹逐捕。『古文-尙書』。㒳造具備。『史記』㒳造一作㒳遭。㒳遭、㒳造卽㒳曹。古字多假借也。曹之引伸爲輩也。羣(群)也。》从棘。在廷東也。《㒳曹在廷東。故从二東之棘。其制未聞也。》从曰。治事者也。《謂聽獄者。巳上十二字依『韵會本』。昨牢切。古音在 3部。》/203

형성 (10자) 조(蕒)630 조(遭)1079 조(槽)3607 조(糟)4299 조(傮)4965 조(褿)5115 조(煿)6179 종(慒)6460 조(漕)7111 조(蠹)8544

曼 만【màn ㄇㄢˋ】本[이끌] 길, (피부, 용모, 언행)아름다울, 가벼울

설문 1812 引也。《『魯(魯)頌:毛傳』曰。曼、長也。》从又。冒聲。《此以雙聲爲聲也。無販切。14部。》/115

성부 蔓만

형성 (11자) 문(趨)992 만(謾)1518 만(槾)3508 만(幔)4669 만(獌)6077 만(慢)6520 만(鰻)7252 만(嫚)7929 만(縵)8210 만(鏝)8933 만(幔)9084

◀ 제 8 획 ▶

曾 증【céng ㄘㄥˊ】㊤㊥⑨㉆ zēng 일찍, 이에, 거듭(曰부 8획)

설문 0674 䛐(詞)之舒也。《〔曰部〕曰。朁、曾也。『詩』朁不畏明、胡朁莫懲。毛鄭皆曰。朁、曾也。按曾之言乃也。『詩』曾是不意、曾是在位、曾是在服、曾是莫聽、『論語』曾是以爲孝乎、曾謂泰山不如林放乎、『孟子』爾何曾比予於管仲、皆訓爲乃則合語氣。『趙-注:孟子』曰。何曾、猶何乃也。是也。是以朁訓爲曾。朁不畏明者、乃不畏明也。『皇侃-論語:疏』曰。曾猶嘗也。嘗是以爲孝乎。絶非語氣、盍(蓋)曾字古訓乃。子登切。後世用爲曾經之義。讀才登切。此今義今音。非古義古音也。至如曾祖、曾孫取增益層絫之意。則曾層皆可讀矣。》从八。从曰。《从八者、亦象氣之分散。》㓜(囪)聲。《㓜者、囪古文。囪在 9部。此合韵之理也。昨棱切。6部。「昨」當爲「作」。》/49

성부 會회

형성 (14자+2) 증(譄)1561 증(䙢)1762 증(矰)3167 증(贈)3792 증(鄫)3974 증(罾)4617 층(層)5176 증(鬵)6157 증(竲)6380 증(憎)6565 진(潧)6736 증(甑)8062 증(繒)8196 증(增)8674 층(蹭) 승(僧)

朁 朁체【tì ㄊㄧˋ】① 本[폐할(폐기)] 갈(바꿀), 갈마들 ② 한쪽으로 치우쳐 낮을

설문 6382 廢也。《【各本】奪「也」字。不可讀。今補。廢者、卻(却)屋也。卻屋言空屋。人所不居。故朁(替)廢同義。》一偏下也。《此又爲一義。相竝而一邊庳下、則其勢必至同下。所謂陵夷也。凡陵夷必有漸而然。故曰履霜堅仌(氷)至。》从竝。白(自)聲。《他計切。古音鐵。12部。》㬱或从曰。㬱或从兟。从曰。《从兟猶从竝也。兟見八篇。》/501

最 최【zuì ㄗㄨㄟˋ】本[취할, 가질] 가장, 우두머리(曰부:8획)

설문 4605 犯取也。《鍇曰。犯而取也。按犯而取猶冢而前。冣(最)之字訓積。最之字訓犯取。二字義殊而音亦殊。『顏氏家訓』謂冣爲古聚者。〔手部:撮〕字从最爲音義。皆可證也。【今-小徐本】此下多又曰會三字。係淺人增之。『韵會』無之。是也。「最(最)」、俗作「㝡」。六朝如此作。○『莊子:秋水』。鴟鵂夜撮蚤。察毫末。晝出。瞋目而不見丘山。釋文。撮、【崔本】作最。此可證最撮古音同。蚤謂齧人跳蟲也。或誤爲聚爪。云夜入人家。索人指甲。可笑(笑)也。》从冃取。《會

曰 4 ⑧

意。小徐衍聲字。非也。祖外切。15部。》/354

【冣】下注云:《今各書此等冣字皆譌作最。讀祖會反。音義俱非。葢(蓋)『字林』固有冣字。音才句反。見『李善-選:注』。至乎南北朝。冣最不分。是以周續之、劉(劉)昌宗、陸德明輩皆不能知『毛傳』之本作「冣木」。『顧野王-玉篇:一部』無冣。而〔月部〕有最。云齊也。聚也。『廣韵(韻)』本『唐韵』。而『廣韵』十遇才句一切無冣字。然則『唐韵』葢亦本無冣字。學者知有最字不知有冣字久矣。『玉篇』云。最者、齊也。聚也。子會切。是以冣之義爲最之義。而『廣韵』十四泰云。最、極也。祖外切。亦是冣之義誤以爲最之義也。何以言之。古凡云殿冣者。皆當作从一字。項岱曰。殿、負也。冣、善也。韋昭曰。第上爲冣。極下爲殿。孫檢曰。上功曰冣。下功曰殿。…》/353

형성 (1자) 촬(撮)7536

替 참【cǎn ㄘㄢˇ】⑨ cān 일찍 ■잠:고을이름

설문 2912 曾也。《『釋言』、『大雅:傳』、『小雅:箋』同。〔八部〕曰。曾者詞(詞)之舒也。曾之言乃也。詳 8部。》从曰。兓聲。《七感切。古音在 7部。》『詩』曰。朁不畏明(明)。《『大雅』文。『今-民勞、十月之交』、『爾雅』字皆作「憯」。憯之本義痛也。》/203

유사 바꿀 체(替)

형성 (10자) 잠(瓚)162 참(噆)893 참(譖)1604 참(僭)4900 참(憯)6583 잠(潛)6957 잠(鬵)7270 잠(蠶)8534 잠(鐕)8929 침(醋)9387

◀ 제 9 획 ▶

會 회【huì ㄏㄨㄟˋ】[설문부수 182] 모일, 모을, 반드시, 기회, 깨달을

설문 3132 合也。《見『釋詁』。『禮經』。器之葢(蓋)曰會。爲其上下相合也。凡曰會計者、謂合計之也。皆非異義也。》从亼、曾省。《三合而增之。會意。黃外切。15部。》曾、益也。《說从曾之意。〔土部〕曰。增、益也。是則曾者、增之假借字。如曾祖、曾孫之曾卽含益義。》凡會之屬皆从會。㣛古文會如此。/223

유사 일찍 증(曾)

형부 비(朇) 회(𣌭)

형성 (18자) 회(禬)0054 회(薈)514 쾌(噲)749 괴(膾)2475 회(膾)2599 회(劊)2636 회(𣌭)3134 회(檜)3396 회(鄶)3953 괴(旝)4099 괴(襘)4224 괴(襘)5042 괴(廥)5660 회(獪)6038 외(黵)6230 회(澮)6691 회(嬒)7948 회(繪)8213

◀ 제 10 획 ▶

𣌭 (인)【yǐn ㄧㄣˇ】㊤㊥⑨㉿ yǐn 소리치며 풍류 끄는 소리

설문 9353 擊小鼓(鼓)引樂聲也。《『周禮:小師』。鼓(鼓)𣌭。鄭司農云。𣌭、小鼓名。『周頌』。應田縣鼓。『箋』云。田當作「𣌭」。𣌭、小鼓。在大鼓旁。應鞞之屬也。聲轉字誤。變而作田。》从申。柬聲。《羊晉切。按依許則古音在 14部。》/746

朅 (걸)【qiè ㄑㄧㄝˋ】(떠나)갈, 헌걸찰(日10획) ■흘:〈네이버 자전〉

설문 3025 去也。《『思玄賦:舊注』、『劉(劉)逵-蜀都賦:注』皆同。按古人文章多云朅來。猶往來也。》从去。曷聲。《丘竭切。15部。》/213

◀ 제 17 획 ▶

朇 (비)【pí ㄆㄧˊ】더할

설문 3133 益也。《朇裨古今字。今字作「裨益」。古字作「朇益」。裨行而朇廢矣。》从會。卑聲。《符支切。16部。》/223

074	月
4-13	달 월

月 월【yuè ㄩㄝˋ】[설문부수 237] 달(30일), 세월

설문 4121 闕也。大会(太陰)之精。《月闕曡(疊)韵。『釋名』曰。月、缺也。滿則缺也。》象形。《象不滿之形。魚闕切。15部。》凡月之屬皆从月。/313

※ 달 월(月)은 한쪽에만 붙인다. 고기 육(肉)의 변형은 月, 배 주(舟)의 변형은 月이다.

유사 배 주(舟) 붉을 단(丹) 엔 엔(円) 수염 염(冉冄) 마칠 종(舟㚢宊)

성부 부록 색인 참조

형부 月을 부수로 하는 대부분의 글자들

형성 (4자) 월(刖)1338 잔(朔)2440 월(明)7447 월(抈)7670

● 月 배 주(舟)-부수자

● 夕 고기 육

◀ 제 2 획 ▶

有 유【yǒu ㄧㄡˇ】[설문부수 238] 있을(존재함, 일어남), 소유물

설문 4129 不宜有也。《謂本是不當有而有之偁(稱)。引伸遂爲凡有之偁。凡『春秋書』有者、皆有字之本義也。》『春秋傳』曰。日月有食之。从月。《日下之月、衍字也。此引〖經〗釋不宜有之恉(指)。亦卽釋从月之意也。日不當見食也。而有食之者。孰食之。月食之也。月食之。故字从月。『公羊傳:注』曰。不言月食之者。其形不可得而覩也。故疑言日有食之。引孔子曰。多聞闕疑。愼言其餘。則寡尤。》又聲。《云九切。古音在 1部。古多叚(假)有爲又字。》凡有之屬皆从有。/314

성부 囿유 𤕰유

형부 욱(𣎴) 롱(朧)

형성 (11자+2) 유(䞠)961 회(賄)3774 욱(郁)3850 유(宥)4396 유(痏)4556 유(洧)6731 이(鮪)7227 유(姷)7872 개(絠)8326 회(蛕)8393 유(鮪)8774 후(珛) 유(侑)

◀ 제 4 획 ▶

服 복【fú ㄈㄨˊ】 本[쓸] 옷, (옷을)입을, (약)먹을

설문 5200 用也。《『關雎:箋』曰。服、事也。》一曰車右騑所以舟旋。《「騑」毛刻作「騎」。誤。〔馬部〕曰。騑、驂也。旁馬也。古者夾轅曰服馬。其旁曰驂馬。此析言之。許意謂渾言皆得明服馬也。獨言右騑者、謂將右旋則必策冣(最)右之馬先向右。左旋亦同。擧(擧)右以晐左也。「舟」當作「周」。馬之周旋如舟之旋。故其者从舟。》从舟。𠬝(𠬝)聲。《房六切。古音在 1部。》𦨈古文服。从人。《从舟从人者。凡事如舟之於人冣切用也。凡事皆當如人之操舟也。》/404

형성 (2자) 복(菔)258 복(箙)2847

◀ 제 5 획 ▶

朏 비【fěi ㄈㄟˇ】 상中⑨작 pěi 달빛 희미할, 초사흘 달빛 ■배·발:같은 뜻

설문 4123 月未盛之朙(明)也。《『律曆志』曰。『召誥』曰。惟三月丙午朏。周公七年復子明辟之歲三月甲辰朔之三日也。『畢命:豐刑(豊刑)』曰。惟十有二年六月庚午朏。王命作策豐刑。康王十二年六月戊辰朔之三日也。『志』引『古文-月采篇』曰。三日曰朏。按『尙書:正義』曰。『周書:月令』云。三日奥朏。疑卽取諸『漢志』。而月采作『月令』。未知孰是。『逸周書:月令:弟五十三』。據『牛弘:傳』。蔡邕、王肅時巳亡。孟堅時未亡也。『小顔-漢書』采字當從孔沖遠作令。『小顔-讀:孟-注』而不察耳。》从月出。《會意。普乃切。又芳尾切。15部。》『周書』曰。丙午朏。/313

◀ 제 6 획 ▶

朒 (뉵)【nǜ ㄋㄩˋ】 초하룻달, 줄어들

설문 4127 朔而月見東方謂之縮朒。《『尙書:五行傳』。朔而月見東方謂之側匿。側匿則矦王其肅。『注』云。側匿猶縮縮、行遲皃(貌)。肅、急也。君政緩則日行徐。月行疾。臣放恣也。按『鄭-注』譌奪。側匿與縮朒疊韵(疊韻)雙聲。》从月。內聲。《『各本』篆作「朒」。解作「內聲」。今正。女六切。3部。》/313

朓 (조)【tiào ㄊㄧㄠˋ】 상中⑨작 tiǎo 그믐달

설문 4126 《篆體今正。》晦而月見西方謂之朓。《朓朒皆言月之變也。『尙書:五行傳』曰。晦而月見西方謂之朓。朓則矦王其荼。(音舒)『注』云。朓、條也。條達、行疾皃(貌)。荼、緩也。日、君象也。月、臣象也。君政急則日行疾。月行徐。臣逡遁不進也。蔡邕曰。元首寬則望舒朓。矦王肅則月側匿。》从月。兆聲。《土了切。2部。》/313

朔 삭【shuò ㄕㄨㄛˋ】 초하루, 처음, 정삭(연말에 천자가 제후에게 달력과 정령(政令)을 내려주던 일)

설문 4122 月一日始蘇也。《朔蘇疊(疊)韵。〔日部〕曰。晦者、月盡也。盡而蘇矣。『樂記:注』曰。更息曰蘇。息、止也。生也。止而生矣。引伸爲凡始之偁(稱)。北方曰朔方。亦始之義也。朔方始萬物者也。》从月。屰(屰)聲。《所角切。古音在 5部。》/313

형성 (+3) 소(遡) 삭(槊) 소(愬)

朕 짐【zhèn ㄓㄣˋ】 나(자신), 조심

설문 5197 我也。闕。《此說解旣闕。而妄(妄)人補「我也」二字。未知許說字之例也。按朕在〔舟部〕。其解當曰舟縫也。從舟、灷聲。何以知爲舟縫也。『考工記:函人』曰。視其朕。欲其直也。戴先生曰。舟之縫理曰朕。故札續之縫亦謂之朕。所以補〖許書〗之佚文也。本訓舟縫。引伸爲凡縫之偁(稱)。凡言朕兆者、謂其幾甚微。如舟之縫。如龜之坼也。〔目部:瞽(瞽)〕字下云。目但有朕也。謂目但有縫也。『釋詁』曰。朕、我也。此如卬吾台余之爲我、皆取其音。不取其義。趙高之於二世。乃曰天子所以貴者、但以聞聲。羣(群)臣莫得見其面。故號曰朕。比傅朕字本義而言之。遂以亡國。凡說文字不得其理者。害必及於天下。趙高、王安石是也。云从舟灷聲者、〔人部:侯〕字亦云灷聲。『今-說文』雖無灷字。然論例當有之。凡勝騰滕縢螣皆以朕爲聲。則朕古音當在 6部矣。今音直禁切。6部與 7部合韵冣(最)近也。》/403

성부 滕등 騰등

형성 (10자) 등(䲢)1503 승(縢)3574 잉(賸)3791 등(幐)4696 대(黱)6256 릉(滕)7155 등(縢)8305 등(螣)8382 승(塍)8625 승(勝)8797

◀ 제 7 획 ▶

朗 (랑)【lǎng ㄌㄤˇ】 ⑨ lǎn 밝을

설문 4125 朙(明)也。《『大雅』。高朗令終。『傳』曰。朗、明也。『釋言』曰。明、朗也。》从月。良聲。《盧黨切。10部、今字作「朗」。》/313

● 明 밝을 명(明)-고자

望 (망)【wàng ㄨㄤˋ】 本[바라볼] 보름달

설문 8021 出亡在外。望其還也。《還者、復也。本義。引申之爲令聞令望之望。》从亡。朢省聲。《按望以朢爲聲。朢以望爲義。其爲二字較然也。而今多亂之。巫放切。10部。亦平聲。》/634

◀ 제 8 획 ▶

朝 조【cháo ㄔㄠˊ】 ㉠상中⑨작 zhāo 아침, 조정, 마을(관아), 조회 받을 ■주:고을 이름

설문 4090 旦也。《旦者、朝(朝)也。以形聲會意分別。『庸風』。崇朝其雨。『傳』云。崇、終也。從旦至食時爲終朝。此

月

4

⑧

謂至食時乃終其朝。其實朝之義主謂日出地時也。『周禮』。春見曰朝。『注』曰。朝猶朝也。欲其來之早。『毛詩』叚(假)輖爲朝。『周南』。惄如輖飢。『傳』云。輖、朝也。此謂叚借也。》从倝。舟聲。《陟遙切。2部。按舟聲在 3部。而與2部合音冣(最)近。『毛詩』以周聲之調輖爲朝。則朝非不可讀如舟也。》/308

月 4 ⑧

형성 (2자+2) 묘(廟)5685 조(淖)6807 조(嘲) 조(潮)

期 (기)【qí ㄑㄧˊ】 ㊤㊥⑨㉲ qī 本[모을] 때, 바랄, 100년간, 기다릴, 시기

설문 4128 會也。《會者、合也。期者、要約之意。所以爲會合也。叚(假)借爲期年、期月字。其本字作「稘」。期行而稘廢矣。『周禮:質人』、『士虞禮-古文』期年字作「基」。》从月。《月猶時也。要約必言其時。》其(其)聲。《渠之切。1部。》古文从日亓。《日猶時也。亓聲。》/314

◀ 제 10 획 ▶

朢 朢망【wàng ㄨㄤˋ】 보름

설문 5005 月滿也。《此與望(望)各字。望从朢省聲。今則望專行而朢廢矣。》與日相望。《以曡(疊)韵爲訓。『原象』曰。日兆月、而月乃有光。人自地視之。惟於望得見其光之盈。朔則日之兆月、其光嚮日下。民不可得見。餘以側見而闕。》佀(似)朝君。《「似」【各本】譌「以」。今正。『韵會』作月望日。如臣朝君於廷。此釋从臣、从壬之意也。》从月。从臣。从壬。《合三字會意。不入[月部]者、古文以从臣壬見尊君之義。故箸之。無放切。10部。》壬、朝廷也。《說此壬爲廷之叚(假)借字。與壬本義別。》古文朢省。《『大玄』䛃作䛃。亦古文也。》/387

※ 망(朢朢朢) 망(望望望望望望望)

형성 (2자) 망(䛃)1614 망(望)8021

𦩍 𦩍(황)【máng ㄇㄤˊ】 ㊤㊥⑨㉲ huāng 내일, 이튿날, 갑자기

설문 4133 翌也。《翌也未聞。當作昱。昱、朙(明)也。「𦩍」卽今之「忙」字。亦作「茫」。俗作「忙」。『玄應書』曰。茫又作𦩍。遽也。𦩍人晝夜作。無日用月。無月用火。常思明。故从明。或云𦩍人思天曉。故字从明也。按『方言』、『通俗文』皆作茫。『方言』。茫、遽也。『通俗文』。時務曰茫。【許書】則有𦩍。》从朙(明)。亡聲。《呼光切。10部。按當依『廣韵(韻)』武方莫郎(郞)二切。》/314

075 4-14 木 나무 목

木 목【mù ㄇㄨˋ】 [설문부수 206] 本[무릅쓸] 나무, 질박할

설문 3264 冒也。《以曡(疊)韵爲訓。[冃部]曰。冒、冢而前也。》冒地而生。東方之行。从屮。下象其根。《謂屮也。屮象上出。𣎳象下垂。莫卜切。3部。》凡木之屬皆从木。/238

유사 나무 끝 굽을 계(朩禾) 벼 화(禾) 삼 빈(朩)
삽주뿌리 출(朮)

성부 부록 색인 참조

형부 止를 부수로 하는 대부분의 글자들
소(梳) 색(楝) 축(柷) 호(號) 칠(柒)
간(栞) 탁(㯥) 공(橫) 두(蠹) 휴(髹) 재{梓} 잡[-雜]

◀ 제 0 획 ▶

朩 빈【pìn ㄆㄧㄣˋ】 [설문부수 182] 삼줄기 껍질, 삼(木부 0획 457)

설문 4327 分枲(枲)莖皮也。《謂分擘枲莖之皮也。》从屮。《象枲莖。》八象枲皮。《兩旁者、其皮分離之象也。此字與讀若輩之朩別。》凡朩之屬皆从朩。讀若髕。《匹刃切。12部。》/335

유사 나무 끝 계(朩禾) 막을 자(朿𠂔𣎴) 나무 목(木)
무성할 발(朩𣏟朩) 삽주 출(朮)

성부 枲枲시 𣏟파 朮출

◀ 제 1 획 ▶

朩 市朩발【pó ㄆㄛˊ】 [설문부수 214] ㊤㊥⑨㉲ pò 초목 무성할 ■배·패:같은 뜻 (木부 1획)

설문 3706 艸木盛朩朩然。《朩朩者、枝葉茂盛因風舒散之皃(貌)。『小雅』。萑葦淠淠。毛曰。淠淠、衆皃。淠淠者、朩朩之假借也。『小雅』。胡不旆旆。毛曰。旆旆、旒垂皃。旆旆者、亦朩朩之假借字。非繼旐之旆也。『魯(魯)頌』作伐伐。按『玉篇』𣏟作市。引『毛傳』蔽市小皃。玉裁謂。『毛詩』蔽市字、恐是用蔽𥝩之市字。【經傳】韍多作芾、作茀、可證也。》象形。《謂屮也. 不曰从屮、而曰象形者。艸木方盛、不得云屮也。》八聲。《八爲賔(賓)之入聲。在 12部。而合於 15部。》凡朩之屬皆从朩。讀若輩。/273

유사 저자 시(市) 막을 자(朿𠂔𣎴) 펼 포(布) 삼 빈(朩)
슬갑 불(市) 두를 잡(帀)

성부 㓈자 寷체 孛패 索삭 南남

형부 위(𣎵)

형성 (12자) 패(芾)698 발(迖)1054
폐(肺)2488 시(柹)3642 패(邯)3943
패(旆)4094 발(犻)6048 패(怖)6566
패(沛)6769 패(鯆)7281 발(拔)7545
발(酦)9382

未 미【wèi ㄨㄟˋ】 [설문부수 535] 本[맛] 여덟째 지지(오후 1~3시, 서남방, 6월, 양띠)

설문 9351 味也。《[口部]曰。味者、滋(滋)味也。》六月滋味也。《『韵會』引作「六月之辰也」。『律書』曰。未者、言萬物皆成。有滋味也。『淮南:天文訓』曰。未者、味也。『律

曆志』曰。味薆於未。『釋名』曰。未、昧也。日中則昃。向幽昧也。『廣雅:釋言』曰。未、味也。許說與『史記』同。》五行木老於未。《『天文訓』曰。木生於亥。壯於卯。死於未。此卽味薆之說也。》象木重枝葉也。《老則枝葉重疊。故其字象之。無沸切。15部。》凡未之屬皆从未。/746

유사 나무 끝 옹두라져 뻗지 못할 계(𣎳) 쟁기 뢰(耒) 붉을 주(朱) 벼 화(禾) 근본 본(本) 끝 말(末) 삽주 출(朮)

성부 𣢑리 味미 制𪠿제

형성 (5자+1) 매(眛)2087 매(昧)4021 매(寐)4482 회(沬)7079 매(妹)7765 매(魅)

末

末 말【mò ㄇㄛˋ】(나무)끝, 꼭대기, 사지(수족)

설문 3415 木上曰末(末)。从木。从丄(上)。《此篆【各本】作末。解云從木、一在其上。今依『六書故』所引【唐本】正。莫撥切。15部。『六書故』曰。末、木之竆(窮)也。因之爲末殺、末減、略末。又與蔑莫無聲義皆通。『記』曰。末之卜也。語曰。吾末如之何、末由也已。》/248

유사 나무 끝 게(𣎳禾) 벼 화(禾) 삼 빈(朩) 삽주 출(朮)

형성 (4자) 말(眜)2042 말(韎)3125 매(靺)3239 말(沫)6665

本

本 본【běn ㄅㄣˇ】밑(나무 밑동), 근본, 본(초목을 세는 수사)

설문 3410 木下曰夲(本)。從木。從丅(下)。《此篆【各本】作本。解云從木、一在其下。今依『六書故』所引【唐本】正。本末皆於形得義。其形一從木丄。一從木丅。而意卽在是。【全書】如此者多矣。一記其處之說。非物形也。『大雅』而夲奏爲奔走。假借也。布忖切。13部。》𣎵古文。《此從木象形也。根多竅似口。故從三口。》/248

유사 아닐 미(未) 붉을 주(朱) 나무 목(木) 끝 말(末)

형성 (1자) 분(笨)2752

札

찰【zhá ㄓㄚˊ】패(얇고 작은 나뭇조각), (갑옷의)미늘, 일찍 죽을

설문 3617 牒也。《〔片部〕曰。牒、札也。二字互訓。長大者曰槧。薄小者曰札、曰牒。『釋名』曰。札、櫛也。編之如櫛齒相比也。『司馬相如傳』曰。上令尙書給筆札。師古曰。札、木簡(簡)之薄小者也。》從木。乙聲。《側八切。古音在12部。》/265

참고 찰(紮)묶을, 머무를

● 朮 삽주 朮

◀ 제 2 획 ▶

朱

주【zhū ㄓㄨ】붉을, 붉은 빛, 연지(화장품의 일종)

설문 3412 赤心木。松柏屬。《朱本木名。引伸假借爲純赤之字。〔糸部〕曰。絑、純赤也。是其本字也。》從木。一枉(在)其中。《赤心不可像。故以一識之。若本末(末)非不可像者。於此知【今本】之非也。章俱切。古音在4部。又按此字解云赤心木。松柏屬。當厠於松樠檜樅柏之処(處)。【今本】失其舊次。夲(本)柢根株末五文一貫。不當中𨼲以他物。葢(蓋)淺人類居之。以傅會其一在上、一在中、一在下之說耳。》/248

유사 쟁기 뢰(耒)

형성 (14자) 주(珠)183 수(茱)463 주(咮)913 주(誅)1628 수(殊)2418 추(箠)2848 주(株)3414 주(邾)3925 주(袾)5094 수(洙)6749 주(姝)7805 주(絑)8220 주(鼄)8593 수(銖)8937

朴

(박)【pò ㄆㄛˋ】나무껍질, 순박할 ■부:같은 뜻 ■복:밑둥 ■푸:오랑캐이름

설문 3422 木皮也。《『洞簫賦』。秋蜩不食抱朴以長吟。『李:注』。抱音附。引『蒼頡篇』。朴、木皮也。『顏(顔)-注:急就篇、上林賦』厚朴曰。朴、木皮也。此樹以皮厚得名。按『廣雅』云。重皮、厚朴也。》從木。卜聲。《匹角切。3部。按凡鞭扑字從手作「扑」。卽攴字也。凡樹皮字從木作「朴」。凡樕樸、樸屬字作「樸」。卽樸之省也。凡朴素字作「樸」。皆見『說文』。》/249

朵

朶 타【duǒ ㄉㄨㄛˇ】(나뭇가지, 열매가)늘어질, 움직일, (꽃의)가지

설문 3433 樹木𠂹(垂)朵朵也。《凡枝葉華實之𠂹(垂)者皆曰朵朵。今人但謂一華爲一朵。引伸爲『易』之朵頤。李鼎(鼎)祚曰。朵、頤垂下動之皃(貌)也。》從木。象形。《謂𠘧也。丁果切。17部。》此與采同意。《【宋本】作「采」。【今本】作「采」。按采采會意。朵則不同。言其梗槩而已。當云「與𠂹同意」。》/250

형성 (3자) 타(箠)2844 타(娛)7903 타(垛)8639

朷

(잉)【réng ㄖㄥˊ】나무 이름, 수레에 탈 ■이:나무이름

설문 3340 朷木也。《未詳。》從木。乃聲。讀若仍。《如乗(乘)切。6部。按乃聲在1部。合韵(韻)也。》/244

朸

(력)【lì ㄌㄧˋ】㉠㉡㉢⑨㉣ lè 나이테, (집의)구석

설문 3459 木之理也。《『考工記』曰。陽木稹理而堅。陰木疏理而柔。『毛詩:傳』曰。析薪必隨其理。『毛詩』如矢斯棘。『韓詩』「棘」作「朸」。毛曰。棘、棱廉也。『韓』曰。朸、隅也。學者皆不解。及觀『抑:詩』維德之隅。毛曰。隅、廉也。『箋』申之云。如宮室之制。內有繩直。則外有廉隅然後知『斯干:詩』謂如矢之正直、而外有廉隅也。『韓』朸爲正字。『毛』棘爲假借字。如矢之直、則得其理而廉隅整飭矣。『毛』、『韓』辭異而意一也。》從木。力聲。《以形聲包會意也。防下曰地理。朸下曰木理。泐下云水理。皆從力。力者、筋也。人身之理也。盧則切。1部。》平原有朸縣。《見『地理志』。》

/252

机机 (궤)【jī ㄐㄧˉ】 책상 ■예:모탕 ■기:〈네이버 자전〉틀

설문 3399 机木也。《『山海經』。單狐之山多机木。族箘之山多松柏机桓。郭曰。机木似榆。可燒以糞稻田。音飢。按葢(蓋)卽榿木也。今成都榿木樹。讀若豈平聲。『楊雄-蜀都賦』曰。春机楊柹(柳)。机榿古今字。榿見『杜詩』。『王安石-詩』以榿滋移爲韵(韻)。『韵會』音邱其切。與蜀語合。》從木。几聲。《居履(履)切。15部。》/248

朻朻 (규)【jiū ㄐㄧㄡˉ】 굽어 늘어질

설문 3439 高木下曲也。從木丩。丩亦聲。《此『韵(韻)會』所據【小徐本】也。【今-二徐本】皆分樛朻爲二篆。樛訓下曲。朻訓高本。乃張次立以鉉改鍇而然。鍇云。『詩』作「樛」。『爾雅』作「朻」。依『詩』爲正。鍇意【許書】作朻未是也。今考『釋木』曰。下句曰朻。南有樛木。『毛傳』曰。木下曲曰樛。下曲卽下句也。樛卽朻也。一字而形聲不同。許則从丩聲者、容許當日『毛詩』亦作「朻也」。『玉篇』分引『詩』、『爾雅』而云二同。甚爲明晳。丩者、相糾繚也。凡高木下句。垂枝必相糾繚。故曰從木丩。丩亦聲。吉虯切。3部。》/250

朾朾 (정)【chéng ㄔㄥˊ】 칠(두드릴), 쐐기, 나무 베는 소리, 땅 이름

설문 3648 撞也。《撞從手。【各本】誤從木從禾。今正。『通俗文』曰。撞出曰朾。丈鞭丈莖二切。與『說文』合。謂以此物撞彼物使出也。『三蒼』作「敞」。『周禮:職金:注』作「揨」。【他書】作「敞」、作「敱」。實一字也。朾之字、俗作打。音德冷都挺二切。近代讀德下切。而無語不用此字矣。》從木。丁聲。《宅耕切。11部。》/268

朿朿 朿차 圖자【cì ㄘˋ】[설문부수 248] 나무 가시 ■속:〈네이버 자전〉

설문 4163 木芒也。《芒者、艸耑也。引伸爲凡鑯銳之偁(稱)。今俗用鋒鋩字古祗作芒。朿今字作刺。刺行而朿廢矣。『方言』曰。凡草木刺人。北燕朝鮮之閒(間)謂之「茦」。或謂之「壯」。自關而東或謂之「梗」。或謂之「劌」。自關而西謂之「刺」。江湘之閒謂之「棘」。》象形。《不言从木者。朿附於木。故但言象形也。》凡朿之屬皆从朿。讀若刺。《七賜切。16部。》/318

유사 그칠 자(朿𠂔𣥠) 묶을 속(束)

성부 刺자 帝제 棗조 棘극 責책 敕책 策책

형부 색(楝 𣐊)

형성 (5자) 책(茦 𦯬)376 적(趚 𧺠)1001 추(柴 𣐀)1037 자(諫 𧩓)1611 색(涑 𣽐)6973

◀ 제 3 획 ▶

杇杇 (오)【wū ㄨˉ】 바리

설문 3507 所巳(以)涂也。《涂塗古今字。涂者、飾牆也。〔土部〕曰。墍、涂也。墐、仰涂也。墀、涂地也。『論語』曰。糞土之牆。不可杇(杅)也。》秦謂之杇。關東謂之槾。從木。《按此器今江浙以鐵爲之。或以木。『戰國策』。豫讓變姓名。入宮塗廁。欲以刺襄子。襄子如廁。心動。執問塗者。則豫讓也。刃其杅。曰欲爲智伯報讐(讐)。杅謂涂廁之杇。【今本】皆作「扞」。矦旰切。繆甚。刃其杅、謂皆用木而獨刃之。以楮下云古用木、故從木例之。疑杇古全用木。故杇槾古字也。釫鏝今字也。》亐(于)聲。《哀都切。5部。【經傳】多假爲盂字。》/256

杈杈 (차)【chā ㄔㄚˉ】 가장귀진 나무, 작살

설문 3419 杈枝也。《三字句。『廣韵(韻)』曰。『方言』云。江東言樹枝爲椏杈也。枝如手指相錯之形。故從叉。》從木。叉聲。《初牙切。古音在 16部。》/249

杪杪 (범)【xiǎo ㄒㄧㄠˇ】 (상)㊥⑨ jiǎo 나무 이름、멧목 나무 ■초:〈네이버 자전〉나무가 높을

설문 3444 梱也。《「梱」、【各本】作「相高」二字。今正。『玉篇』曰。杪、木忽高也。以梱字之解解之。是杪訓梱也。杪者言其杪末之高。》從木。小聲。《私兆切。2部。『玉篇』子了切。》/251

李李 리【lǐ ㄌㄧˇ】 本[오얏나무] 오얏

설문 3276 李果也。从木。子聲。《良止切。1部。古李理同音通用。故行李與行理竝見。大李與大理不分。》𣏌古文。《『尙書:音義』曰。梓材音子。本亦作梓。馬云。古作梓字。治木器曰梓。『正義』曰。此古杍字。今文作梓。按『正義:本經』作「杍」。『音義:本經』作「梓」。據二家說、葢(蓋)壁中古文作杍。而馬季長易爲梓匠之梓也。如馬說、是壁中文假借杍爲梓匠字也。》/239

유사 어릴 계(季)

杏杏 행【xìng ㄒㄧㄥˋ】 살구, 은행, 마을 이름

설문 3274 杏果也。《『內則』。桃李梅杏。》从木。向省聲。《「向」、【各本】作「可」。誤。今正。莕以杏爲聲。亦作荇。從行聲。則知杏莕字古皆在 10部也。今何梗切。O『六書故』云。【唐本】曰「从木从口」。》/239

유사 아닐 부(否) 침 부(杏音)

형성 (1자) 행(莕 𦳽)440

材材 (재)【cái ㄘㄞˊ】 재목, 자품, 재주, 재료

설문 3460 木梃也。《梃、一枚也。材謂可用也。『論語』。無所取材。鄭曰。言無所取桴材也。『貨殖傳』曰。山居千章之材。服虔(虔)云。章、方也。孟康云。言任方章者千枚。按漢人曰章。唐人曰橦、音鐘。材方三尺五寸爲一橦。材引伸之義、凡可用之具皆曰材。》從木。才聲。《昨哉切。1部。》/252

杒杒 (인)【rèn ㄖㄣˋ】 本[나무 이름] ■이:수레치장、수레에 감은 가죽

설문 3404 桎杒也。《未詳何木。》從木。刃聲。《而震切。12部。》/248

杓杓 (표)【biāo ㄅㄧㄠˉ】 북두자루, 당길 ■적:표적 ■조:같은 뜻 ■삭:속음 ■작:구기, 가로질러 놓은 다리 ■척:주자틀, 체다리

설문 3560 枓柄也。《枓柄者、勺柄也。勺謂之枓。勺柄謂之杓。『小雅』言西柄之揭。『大雅:傳』曰。大斗長三尺。『張儀傳』。令工人作爲金斗。長其尾。令可以擊人。『天官書』、『天文志』皆云。杓擕(携)龍角。魁枕參首。北斗一至四爲魁。象斜枓。五至七爲杓。象枓柄也。》從木。勺聲。《甫遙切。2部。按『索隱』引『說文』匹遙反。》/261

杕 (체)【dì ㄉㄧˋ】나무 모양 ■타:키
설문 3449 樹皃(貌)。《「樹」當作「特」。字之誤也。扗顏(在顔)黃門時已誤矣。『唐風』。有杕之杜。毛曰。杕、特皃。許所本也。引伸爲舟舵。『高-注:淮南』曰。杕、舟尾也。柁舵皆俗字。》從木。大聲。《特計切。15部。顏黃門云。『詩:河北本』皆爲夷狄之狄。讀亦如字。此大誤也。按近人有謂古無入聲、興於江左者。據黃門此條。則河北非無入聲也。》『詩』曰。有杕之杜。《此句『詩』凡六見。》/251

杖 (장)【zhàng ㄓㄤˋ】本[가질] 지팡이, 몽둥이, 짚을, (몽둥이로)때릴
설문 3589 持也。《杖持疊韵(疊韻)。凡可持及人持之皆曰杖。喪杖、齒杖、兵杖皆是也。兵杖字俗作仗。非。門下云。兵杖扗(在)後。欑下云。積竹杖。可證。》從木。丈聲。《直兩切。10部。》/263

杗 (망)【wáng ㄨㄤˊ】상中⑨작 máng 들보
설문 3505 棟也。從木。亡聲。《武方切。10部。》『爾雅』曰。杗廇謂之梁。《按此條當以此八字冠於從木亡聲之上。而刪(刪)去棟也二字。〔門部:闔〕謂之樀、正其例也。棟與梁不同物。棟言東西者。梁言南北者。上文言棟而未及梁。故於此補之。杗廇者、杗之言网也。廇者、中庭也。架兩大梁、而後可定中庭也。『釋宮』曰。杗廇謂之梁。其上楹謂之棁。今宮室皆如此。不得謂梁爲棟也。》/256

● 杀 나갈 곳 모를 찰

杘 (치)【nǐ ㄋㄧˇ】상中⑨ chì 얼레 자루 ■니:얼레
설문 3598 籆柄也。《〔竹部〕曰。籆、所以收絲者也。『方言』。籆、榬也。兗豫河濟之閒謂之榬。郭云。所以絡絲也。絡謂之格。郭云。所以轉籆絡車也。按注籆字葢(蓋)衍。籆卽絡車也。所以轉絡車者、卽杘也。此與檷異物。》從木。尸聲。《女履切。15部。》 杘或從木。尼聲。《『中山經:注』曰。檷音絡柅之柅。『易:姤:初六』。繫于金柅。釋文曰。柅、『說文』作「檷」。按昔人謂檷柅同字。依許則柅者、今時籆車之柄。檷者、今時絡絲於上之架子以受籆者也。故曰絡絲檷。臣鉉等曰。上文云柅、木實如梨。此重出。》/264

杙 (익)【yì ㄧˋ】말뚝
설문 3329 劉(劉)劉、杙。《見『釋木』。當讀劉劉爲句。郭云。劉子生山中。實如梨。酢甜核堅。未知許意然否也。今人以杙爲橜弋字。乃以橜弋爲弋射字。》從木。弋聲。《與職切。1部。》/243

杚 (골)【gǔ ㄍㄨˇ】상中⑨작 gài 평평할
설문 3550 平也。《杚非器也。廁於此者。因上文云杚斗斛而釋之也。按【許書】有杚無扢。杚(杚)扗入聲則古沒切。亦居乞切。去聲則古代切。亦古對切。無二字也。『廣韵(韻)』去入聲皆作「扢」。從手、皆從木之誤耳。『集韵』代沒二韵皆於杚字之外別出扢字。則由未知『廣韵』之爲字誤也。杚者平物之謂。平之必摩之。故『廣雅』曰。杚、摩也。『廣韵』摩之訓本此。古杚與槩二字通用。『班固-終南山賦』。槩青宮。觸紫宸。『曹植-贈丁儀王粲詩』。員闕出浮雲。承露槩泰淸。『李善-注』云。『西都賦』。杚仙掌與承露。『廣雅』。杚、摩也。槩與杚同。古字通。【今-書籍】此等杚字皆譌作扢。而『今-文選(選)』、『後漢書』。抗仙掌以承露。又與李善所引迥異。凡學古者、當優焉游焉以求其是。顏黃門云。觀天下書未徧。不可妄下雌黃。是也。》從木。气聲。《古沒切。15部。杚與乞剴礙音義皆相近。》/260

杜 (두)【dù ㄉㄨˋ】팥배나무, 막을
설문 3284 甘棠也。《『召南』。蔽芾甘棠。毛曰。甘棠、杜也。『釋木』曰。杜、甘棠。本無不合。棠不實。杜實而可食。則謂之甘棠。凡實者皆得謂之杜。則皆得謂之甘棠也。牡棠牝杜、析言之也。杜得偁(稱)甘棠、互言之也。『釋木』又曰。杜、赤棠。白者棠。『魏風:傳』用之。此以其木色之異異其名。與杜甘棠說異。卽與分牡牝說異。爲許所不取。戴先生曰。『爾雅』謂杜甘日棠。毛公失其句讀。葢(蓋)依『陸璣-疏』白棠卽甘棠、子美。赤棠卽杜、子澀。爲此說耳。非許意。亦非『爾雅』意也。先生又曰。梨山樆。謂梨山生曰樆。楡白枌。謂楡之白者曰枌。今按『毛傳』云。枌白楡也。誠當於白爲讀。『漢書:音義』云。離山梨也。是『爾雅』當同音義乙其字矣。》从木。土聲。《徒古切。5部。借以爲杜塞之杜。》/240

杝 (치)【zhì ㄓˋ】상中⑨ lí 떨어질, 쪼갤 ■리:떠날(別也) ■이:피나무
설문 3519 落也。《『玄應書』謂杝欐籬三字同。引『通俗文』。柴垣曰杝、木垣曰柵(柵)。按『釋名』亦云。籬、離也。以柴竹作。疏離離也。柵、蹟也。以木作之。上平蹟然也。皆杝柵類擧(擧)。「落」『廣雅』作「篱」。『廣韵(韻)』引『音譜(譜)』作「格」。『齊民要術』引仲長子曰。柂落不完。垣牆不牢。掃除不淨。笞之可也。「柂」者「杝」之誤。『小雅』。析薪杝矣。『傳』曰。析薪者必隨其理。謂隨木理之迆衺而析之也。假杝爲迆也。凡笆籬多衺織之。故其義相通。》從木。也聲。《池尒切。古音在17部。按池尒之音傳合下文讀若阤爲之。非許意也。許意讀如離。而又如阤。》讀又若阤。《又字【鉉本】無。非也。許時杝爲籬字。人人所知。而杝之讀又或如阤。故箸之。「阤」古皆作「他」。非也。【趙凡夫-鈔:本】作「阤」。》/257

杞 (기)【qǐ ㄑㄧˇ】소태나무, 고을 이름 ■시:호미, 가래 ■해:흙담아 옮기는 수레, 꽂을
설문 3376 枸杞也。《按『釋木』、『毛傳』皆云。杞、枸檵。『禮記:鄭-注』亦云。芑、枸檵也。『郭-注:爾雅』云。今枸杞也。是則枸檵爲古名。枸杞雖見『本艸經』、而爲今名。許檵

木 4 ③

篆下當云。枸欙杞也。杞篆下當云。杞枸欙也。乃合。【今本】後人亂之耳。》從木。己聲。《墟里切。1部。》/246

束 속【shù ㄕㄨˋ】[설문부수 224] 묶을, (포백) 다섯 필, (화살)쉰 개

설문 3735 縛也。《〔糸部〕曰。縛、束也。是爲轉注。『襍記』曰。納幣一束。束五兩。兩五尋。》从囗木。《囗音韋、回也。『詩』言束薪、束楚、束蒲、皆囗木也。書玉切。3部。》凡束之屬皆从束。/276

유사 그칠 자(朿)𣎵𣎴) 나무 가시 차(朿) 묶을 간(柬) 동녘 동(東) 초목의 꽃 함(马)

성부 踈소 敕수 速속 敕칙 柬간 橐혼 剌랄

형부 견(棄) 정(整)

형성 (5자+2) 속(誎)1456 촉(梀)3506 송(竦)6367 속(涑)7089 착(娕)7862 소(練) 속(餗)

杠 (강)【gāng ㄍㄤˉ】 本[상앞에 가로댄 막대] (작은 외나무)다리, 깃대, 들 ■공:땅이름

설문 3524 牀前橫木也。《『方言』曰。牀其杠、北燕朝鮮之閒謂之「樹」。自關而西秦晉之閒謂之「杠」。南楚之閒謂之「趙」。東齊海岱之閒謂之「𣏾」。按『廣韵(韻)』作牀前橫。無木字。然則橫讀古曠反。『孟子』徒杠。其引伸之義也。『爾雅』。素錦綢杠。〔丨部〕曰。㫃、旌旗杠皃(貌)。則謂直者也。》從木。工聲。《古雙切、9部。》/257

◀ 제 4 획 ▶

杪 (초)【miǎo ㄇㄧㄠˇ】 나무끝, 끝

설문 3432 木標末也。《『方言』曰。杪、小也。木細枝謂之杪。『郭-注』。言杪梢也。按引伸之凡末皆曰杪。『王制』言歲之杪是也。》從木。少聲。《亡沼切。2部。》/250

柹 柹柿(시)【shì ㄕˋ】 감나무, 감(赤實果)

설문 3271 赤實果。《言果又言實者、實謂其中也。赤中、與外同色惟柹。『內則』曰。棗栗榛柹。》從木。𠂔(𠂔)聲。《鉏里切。古音在 15部。俗作「柿」。非。》/239

柿 柿(패)【shì ㄕˋ】 ㊤㊥⑨㉿ fèi 대패밥, 나무 무성할 ■비:나무 궤

설문 3642 削木朴也。《【各本】作「削木札樸也」。今依『玄應書:卷十九』正。朴者木皮也。樸者木素也。柿安得有素。則作朴是矣。知札爲衍文者。『玄應』引『倉頡篇』曰。柿、札也。此下文云陳楚謂之「札柿」。『玄應』曰江南名「柿」。中國曰「札」。山東名「朴豆」。『廣韵(韻):柿:注』曰。斫木札。然則札非簡(簡)牒之札。乃柿之一名耳。許以札柿系諸陳楚『方言』。則此云削木朴已足。『小雅』。伐木許許。【許書】作所所。毛云。許許、柿皃(貌)。泛謂伐木所斫之皮。許云削木猶斫木也。『顏(顏)氏家訓』必云削札牘之柿。又廣爲之證。恐非許意。『晉書』。王濬造船。木柿蔽江而下。柿之證也。『漢書:中山靖王、劉(劉)向、田蚡:傳』多言肺附。謂斫木之柿札也。已於帝室親近猶柿札附於大木材也。此柿之假借字也。『後漢:楊由傳』。風吹削肺。亦柿之假借也。一譌爲脯。再譌爲哺。釋之者曰。削哺是屛障之名。絕無證據。》從木。朩(市)聲。《朩𡸁六篇。「柿肺沛」字皆從之。隸(隸)變作「柿肺沛」。殊誤。而柿之誤作「柹果」。肺之誤作「乾胏」。沛之誤作「沛水」。其譌又不勝改也。芳吠切。15部。》陳楚謂之札柿(柿)。《【各本】作陳楚謂櫝爲柿。今依【韵會-所引:鍇本】正。札柿粂言之。非謂札牘之柿。『漢書:注』柿札字亦正用此也。此箸柿語所出。》/268

東 동【dōng ㄉㄨㄥˉ】[설문부수 207] 本[움직일] 동녘(으로 갈), 봄

설문 3683 動也。《見『漢:律曆志』。》從木。官溥說。從日在木中。《木、榑木也。日在木中曰東。在木上曰杲。在木下曰杳。得紅切。9部。》凡東之屬皆從東。/271

유사 수레 거(車) 묶을 속(束) 가릴 간(柬)

성부 曲棘조 陳陳진 重重중

형성 (4자) 동(棟)3473 동(涷)6657 동(凍)7154 동(蝀)8531

● 杰 사람이름 걸(傑)-본자

杲 고【gǎo ㄍㄠˇ】 밝을, 높을 ■호:같은 뜻

설문 3463 明(明)也。《『衛(衛)風』。杲杲出日。毛曰。杲杲然日復出矣。》從日在木上。讀若稾。《日在木中昒也。日在木上、旦也。古老切。2部。》/252

유사 광택 고(臭) 부르는 소리 고(皐臯) 개 노리고 볼 격(狊) 과녁 얼(臬)

杳 묘【yǎo ㄧㄠˇ】 아득할, 깊고 넓은 모양, 너그러울, 고요할 ■요:속음

설문 3464 冥也。《冥、窈也。莫(莫)爲日且冥。杳則全冥矣。有莫而行地下、而至於榑桑之下也。引伸爲凡不見之偁(稱)。》從日𡸁(在)木下。《烏皎切。2部。》/252

유사 높을 고(杲)

杵 저【chǔ ㄔㄨˇ】 절굿공이, 다듬잇 방망이, 방패 ■처:속음

설문 3548 舂杵也。《舂、擣粟也。其器曰杵。『繫辭』曰。斷(斷)木爲杵。掘地爲臼。臼杵之利。萬民以濟。》從木。午聲。《昌與切。5部。》/260

성부 舂용

杶 (춘)【chūn ㄔㄨㄣˉ】 참죽나무

설문 3319 杶木也。《『禹貢』。杶榦(幹)栝柏。釋文。「杶」本又作「櫄」。『山海經』。成侯之山。其上多櫄木。郭曰。似樗樹。材中車轅。吳人呼櫄音輴車。》從木。屯聲。《敕倫切。13部。》『夏書』曰。杶榦栝柏。櫄或從熏。杻古文杶。《按依『汗簡(簡)』所載近是。卽屯字側書之耳。『集韵(韻)』徑作杻。非也。》/242

杷 (파)【pá ㄆㄚˊ】 밭고무래, 비파나무, 보리터는 기계 ■패:쇠스랑

설문 3543 收麥器。《『方言』云。杷、宋魏之閒謂之「渠挐」。亦謂之「渠疏」。郭云。無齒爲朳。按〔耒部〕云。枺、冊叉也。

㉿ 作家出版社[董蓮池-說文解字考正] ⑨ 九州出版社[柴劍虹-說文解字] ㉠ 陕西人民出版社[蘇寶榮-說文解字今注今譯] ㊤ 上海古籍出版社[說文解字注] ㊥ 中華書局[臧克和-說文解字新訂]

可以劃麥。河內用之。耞亦杷也。杷引伸之義爲引取。與捪捊義略同。》從木。巴聲。《蒲巴切。5部。》/259

杸 (수)【shū ㄕㄨˉ】 창
설문 3859 軍中士所持殳也。《軍中士所持殳。不必皆用積竹。故字從木》从木殳。《市朱切。古音在4部。》『司馬法』曰。執羽從杸。《從字依『廣韵(韻)』》/119

杼 (저)【zhù ㄓㄨˋ】 (베틀에서 쓰는)북 ■서:물 받는 통, 도토리, 떡갈나무 ■무:과실이름 ■거:상수리, 도토리
설문 3575 機持緯者也。《梭梭皆俗字。》從木。予聲。《直呂切。5部。按此與木名之柔以左形右聲、下形上聲爲別。》/262

柔 (저)【zhǔ ㄓㄨˇ】 ㊤㊡ zhù ㊥⑨ shù 도토리, 상수리 ■서:같은 뜻
설문 3327 栩也。《『莊子』。『狙公賦』芧。司馬云。芧、橡子也。芧卽柔(柔)字。橡卽樣字。柔本樹名。因用爲實名也。》從木。予聲。《此與機杼字以下形上聲、左形右聲分別。》讀若杼。《按『玉篇』時渚切、『廣韵(韻)』神與切。是也。大徐直呂切則與機杼字同音。5部。》/243

杽 (추)【chǒu ㄔㄡˇ】 수갑 ■수:〈네이버 자전〉
설문 3668 械也。《「械」當作「梏」。字從木手。則爲手械無疑也。『廣雅』曰。杽謂之梏。杽杻古今字。『廣韵(韻)』曰。杽、杻古文。》從木手。《會意。》手亦聲。《敕九切。3部。》/270

松 송【sōng ㄙㄨㄥˉ】 소나무 ■종:〈네이버 자전〉
설문 3394 松木也。從木。公聲。《祥容切。9部。『集韵』思恭切。關內語也。按俗皆從關內語。惟徽州讀祥容切。》 松或從容。《容聲也。此如頌額同字。》/247
형성 (1자) 송(蜙)8458

极 (겁)【jí ㄐㄧˊ】 길마(당나귀 등에 짐 싣는 안장) ■극:〈네이버 자전〉극진할
설문 3624 驢上負也。《當云「驢上所以負也」。淺人刪(刪)之耳。『廣韵(韻)』云。驢上負版。葢(蓋)若今馱鞍。或云負笈字當用此。非也。『風土記曰。笈謂學士所以負書箱。如冠箱而卑者也。『謝承-後漢書』日。負笈隨師。然則笈者書箱。人所負以徒步者。不得合爲一也。》從木。及聲。《其輒切。7部。》或讀若急。《云或者、云及聲則旣讀若及矣、又或若急也。》/266

苿 화【huá ㄏㄨㄚˊ】 가래, 삽
설문 3536 兩(兩)刃臿也。《兩刃臿者、謂臿之兩邊有刃者也。臿者、刺土之器。『釋器』曰。斛謂之疀。斛𣂁、疀臿皆古今字。作臿者、就舂臼之義引伸之。俗作「郭衣鍼之鍤」。非也。〔金部〕曰。銛、鈂、䤨皆臿屬。𨥂、河內謂臿頭金也。此云兩刃臿則又與凡臿不同。『方言』曰。臿、燕之東北朝鮮洌水之閒(間)謂之「斛」。宋魏之閒謂之「鏵」。或謂之「鍏」。江淮南楚之閒謂之「臿」。沅湘之閒謂之「畚」。趙魏之閒謂之「桑」。東齊謂之「」梩。按苿(苿)鏵古今字也。『方言』渾言之。許析言之耳。『高-注:淮南』曰。臿、鏵也。青州謂之鏵。有刃也。三輔謂之鍋。『釋名』。鍤、插也。掘地起(起)土也。或曰銷。銷削也。能有所穿削也。或曰鏵。鏵、刳也。刳地爲坎也。其板曰葉。象木葉也。高、劉(劉)皆作鏵。高云有刃。當作「有兩刃」。奪一字耳。苿字亦作鋘。『吳越春秋』。夫差夢兩鋘殖吾宮牆。大宰嚭占之曰。農夫就成。田夫耕也。公孫聖占之曰。越軍入吳國。伐宗廟。掘社稷也。『玄應』曰。苿、古文奇字作鋘。李賢引『何承天-纂文』、『張揖-字詁』作釫。釫又鋘之俗。承天改吳爲吴。因又改鋘爲釫耳。非張揖有釫字也。吳蕚(華)皆在古音弟 5部。》從木《謂柄。》丫。象形。《從丫者、謂兩刃。如羊兩角之狀。互瓜切。古音在(在)弟 5部。》宋魏曰苿也。《『方言』云宋魏之閒謂之鏵是也。嘗論『方言』之字。多爲後人以今易古。以俗易正。此其一耑(端)也。》釫或從金亐。《亐聲也。蕚、雩聲。雩、亐聲。鏵卽釫字也。》/258

枇 (비)【pí ㄆㄧˊ】 비파 나무, 참 빗
설문 3330 枇杷木也。《四字句。》從木。比聲。《房脂切。15部。》/243

枉 (왕)【wǎng ㄨㄤˇ】 비틀고 구부러질, 구부릴, 원통할 ■광:물 뜨는 기구
설문 3440 衺曲也。《本謂木衺曲。因以爲凡衺曲之偁(稱)。》從木。㞷(㞷)聲。《迂往切。10部。》/250

枊 (앙)【àng ㄤˋ】 말뚝
설문 3629 馬柱也。《謂系馬之柱也。『蜀志』。劉備(劉備)解綬縛督郵馬枊。『華陽國志』曰。建寧郡在駹縣。雍闓反。結壘於縣山。繫馬枊柱生成林。》從木。卬聲。《吾浪切。10部。按亦平聲。》/267

枋 (방)【fāng ㄈㄤˉ】 나무 이름, 어살 ■병:자루
설문 3354 枋木。《可作車。『禮』、『周官』皆以枋爲柄。古音方聲丙聲同在 10部也。》可作車。從木。方聲。《府良切。10部。》/244

枌 (분)【fén ㄈㄣˊ】 흰느릅나무
설문 3391 枌榆也。《三字句。【各本】少枌。淺人以爲複字而誤刪之。枌榆者、榆之一種(種)。漢初有枌榆社是也。》從木。分聲。《扶分切。13部。》/247

枎 (부)【fú ㄈㄨˊ】 (나무가)사방으로 퍼질
설문 3442 枎疏、《逗。》四布也。《「枎」汲古刊木從手。非也。今依『玉篇』、『五音韵譜(韻譜)』、『集韵』、『類篇』正。枎之言扶也。【古書】多作「扶疏」。同音假借也。『上林賦』。垂條扶疏。『劉(劉)向傳』。梓樹生枝葉。扶疏上出屋。『楊雄傳』。枝葉扶疏。『呂覽』。樹肥無使扶疏。是則扶疏謂大木枝柯四布。「疏」、通作「胥」。亦作「蘇」。『鄭風』。山有扶蘇。毛曰。扶蘇、扶胥木也。釋文所引不誤。『正義』作小木。誤也。毛意山則有大木。隰則纔有荷華。是爲高下大小各得其宜。後人以『鄭-箋』提合而改之》從木。夫聲。

㊡ 作家出版社〔董蓮池-說文解字考正〕 ⑨ 九州出版社〔柴劍虹-說文解字〕 ㉠ 陝西人民出版社〔蘇寶榮-說文解字今注今譯〕 ㊤ 上海古籍出版社〔說文解字注〕 ㊥ 中華書局〔臧克和-說文解字新訂〕

《防無切。5部。》/250

枏 (남)【nǎn ㄋㄢˇ】 ㉭㊥⑨㉠ **nán** 녹나무, 굴거리나무 ■염:같은 뜻

설문 3272 梅(梅)也。從木。冄聲。《汝閻切。7部。》/239

析 (석)【xī ㄒㄧ】 가를(쪼갤), 갈라질 ■사:제사에 숙식으로 올리는 콩, 〈네이버 자전〉처녑

설문 3657 破木也。《斯下云析也。柀下云一曰析也。『詩』多言析薪。》一曰折也。《以斤破木。以斤斷(斷)艸。其義一也。『魏都賦:注』引『說文』。析、量也。與【今本】異。》從木。從斤。《先激切。16部。》/269

유사 자를 절(折)

형성 (4자) 석(晳)4716 철(晢)5756 석(淅)7038 석(蜥)8397

枑 (호)【hù ㄏㄨˋ】 울짱

설문 3623 梐枑也。從木。互聲。《胡誤切。5部。○ 按舊二篆先枑後梐。今正。又此二篆舊次、當與柤槍等篆爲伍。而桀榍楃榪當聯文。》/266

枒 (야)【yá ㄧㄚˊ】 야자 나무 ※ 야(椰)와 같은 글자 ■아:같은 뜻

설문 3377 枒木也。《『上林賦』有「胥邪」。『史記』作「胥餘」。『南都賦』作「楈枒」。『蜀都、吳都:賦』單評之曰枒。艸木狀作「椰」。其木葉在顚。略似椶樹。而實大如瓠。繫在顚。若挂物。今俗用椰瓢是也。》從木。牙聲。《五加切。古音在5部。》一曰車网會也。《「网」【俗本】作「輞」。今正。『考工記:輪人:注』曰牙讀如訝。謂輪輮也。世閒或謂之网。書或作「輮」。按『車人』牙作「輮」。〔車部〕曰。輮、車网也。車輪之肉。今北人謂之瓦。卽古語之牙也。謂之牙者、如艸木萌芽句曲然。襍(雜)佩之璜曰牙、亦猶是也。車网必合衆曲而成大圜。故謂之网會。网會、絫言之也。牙枒葢古今字。》/246

枓 (주)【dǒu ㄉㄡˇ】 ㉭㊥⑨㉠ **zhǔ** ㉮[구기(술 푸는 기구)] ■두:두공

설문 3559 勺也。《勺下曰。所以挹取也。與此義相足。凡升斗字作斗。枓勺字作枓。本不相謀。而古音同當口切。故枓多以斗爲之。『小雅』。維北有斗。不可以挹酒漿。維北有斗。西柄之揭。『大雅』。酌以大斗。皆以斗爲枓也。『考工記:注』曰。勺、尊斗也。尊斗者、謂挹取於尊之勺。『士冠禮:注』亦曰。勺、尊斗也。所以𣁋酒也。此等本皆假斗爲枓。而【俗本】譌爲尊升。遂不可通。『少宰:注』曰。凡設水用罍。沃盥用枓。此則用本字。『趙:世家』。使廚人操銅枓。『張儀傳』說此事作金斗。『喪大記』。沃水用枓。『周禮:鬯人』作斗。》從木。斗聲。《鉉本作從斗(斗)。非也。之庾切。音之轉也。古當口切。在4部。》/261

枕 (침)【zhěn ㄓㄣˇ】 베개(벨)

설문 3528 臥所目(以)薦首者。《「目」字今補。警枕曰頞。見『少儀』。》從木。冘聲。《章衽切。8部。》/258

枖 (요)【yāo ㄧㄠ】 나무 자랄 무렵에 번성할

설문 3427 木少盛皃(貌)。《『周南:桃之夭夭』。毛曰。桃、有華之盛者。夭夭。其少壯也。『邶風』。棘心夭夭。毛曰。夭夭、盛皃。按夭下曰。屈也。屈者大之反。然屈者大之兆也。故枖字從夭。》從木。夭聲。《聲疑衍文。以會意包形聲也。於喬切。2部。》『詩』曰。桃之枖枖。《按『韵(韻)會』引『說文』從木夭聲之下、不言引『詩:桃之枖枖』。而云通作夭、引『詩』棘心夭夭。至『鍇-注』棘心夭夭始援厥草唯夭、桃之夭夭等語。是『黃氏-所據:鍇本』作『詩』曰棘心夭夭明甚枖從木夭會意。故偁(稱)棘心夭夭、說從木夭之意。如引豐其屋、說豐從宀豐。引艸木麗于地、說蘼從艸麗。同一例也。淺人不知此例。故改夭夭爲枖枖。又易「棘心」爲「桃之」。好學深思者當能知之矣。》/249

𣏟 (파) 패【pài ㄆㄞˋ】【설문부수 262】 꽃봉오리, 삼베

설문 4329 葩之總名也。《【各本】「葩」作「葩」。字之誤也。與『呂覽:季冬紀:注』誤同。今正。〔艸部〕曰。葩、枲實也。𦬼或葩字也。葩本謂麻實。因以爲苴麻之名。此句疑尙有奪字。當云治葩枲之總名。下文云𣏟、人所治也。可證。葩枲則合有實無實言之也。『趙岐、劉(劉)熙-注:孟子』妻辟纑皆云。緝績其麻曰辟。按辟音劈。今俗語緝麻析其絲曰劈。卽𣏟也。》𣏟之爲言微也。《𣏟微音相近。『春秋:說題辭』曰。麻之爲言微也。林麻故葢(蓋)同者。》微纖爲功。《絲起(起)於糸。麻縷起於𣏟。》象形。《按此二字當作「从二𣎳(朩)」三字。朩謂析其皮於莖。𣏟謂取其皮而細析之也。匹卦切。16部。》凡𣏟之屬皆从𣏟。/335

유사 심는 간격 드물 력(秝) 수풀 림(林)

상부 麻마 𢻷산

林 (림)【lín ㄌㄧㄣˊ】【설문부수 208】 수풀, 많을, 들(야외)

설문 3685 平土有叢木曰林。《『周禮-林衡:注』曰。竹木生平地曰林。『小雅:依彼平林:傳』曰。平林、林木之在平地者也。〔冂部〕曰。野外謂之林。引伸之義也。『釋詁』、『毛傳』皆曰。林、君也。假借之義也。》從二木。《力尋切。7部。》凡林之屬皆從林。/271

유사 삼베 파(𣏟) 심는 간격 드물 력(秝)

형부 침(棽) 분(棼) 범(梵) 야(埜) 침(㯂) 분(棥)

형성 (10자) 림(琳)100 름(菻)420 침(郴)3939 림(痳)4546 삼(罧)4625 람(惏)6543 림(淋)7085 림(霖)7192 탐(婪)7936 침(綝)8191

枚 (매)【méi ㄇㄟˊ】 매

설문 3423 榦(幹)也。《『毛傳』曰。榦曰枚。引伸爲銜枚之枚。爲枚數之枚。『豳風:傳』曰、枚、微也。『魯頌:傳』曰。枚枚、礱密也。皆謂枚爲微之假借也。》從

木攴(攴)。《會意》 可爲杖也。《說從攴之意也。攴、小毄(擊)也。因爲鞭扑字。杖可以毄人者也。故取木攴會意。莫枑(杯)切。15部。》『詩』曰。施于條枚。《『大雅』文。》/249

果 果 과【guǒ ㄍㄨㄛˇ】 실과(나무 열매), 과연, 마침내, 과감할 ■와:뫼실 ■라:벌거숭이

설문 3417 木實也。《上文言果多矣。故總釋之。引伸假借爲誠實勇敢之偁(稱)。》從木。象果形在(在)木之上。《謂田也。古火切。17部。》/249

성부 巢소 彙휘

형성 (14자) 관(祼 祼)45 과(踝 踝)1265 과(課 課)1461 과(敤 敤)1958 과(餜 餜)2458 과(粿 粿)4146 과(稞 稞)4236 과(窠 窠)4447 과(裹 裹)5117 라(裸 裸)5109:1 과(顆 顆)5389 과(淉 淉)6791 화(鰈 鰈)7256 와(婐 婐)7831

枝 枝 지【zhī ㄓ¯】 本[가지] 손마디 ■기:육손이, 옆으로 향한 가지 ■효:도마발 ■교:같은 뜻

설문 3420 木別生條也。《〔艸部〕曰。莖、枝主也。幹與莖爲艸木之主。而別生條謂之枝。枝必岐出也。故古枝岐通用。》從木。支聲。《章移切。16部。》/249

형성 (1자) 규(蘇 蘇)5388

◀ 제 5 획 ▶

栝 枯 (섬)【xiān ㄒㄧㄢ¯】 나무 이름 ■침:모탕

설문 3400 枯木也。《未詳。》從木。占聲。《息廉切。7部。》/248

枯 枯 (고)【kū ㄎㄨ¯】 (초목이)마를, 말릴 ■호:대이름, 싸리나무

설문 3453 槁也。從木。古聲。《苦孤切。5部。》『夏書』曰。唯箘輅枯。《『禹貢』文。『今-尙書』作惟箘簵楛。按惟作唯。轉寫誤也。輅「」當依〔竹部〕引『書』作「簵」。「楛」作「苦」、則『許-所據:古文-尙書』如是。〔竹部〕引『書』作楛。非也。》枯、《逗、【各本】無此字。今補。》木名也。《此釋『書』之枯非枯槀之義。如引堲讒說、而又釋堲。引日圛、而又釋圛。引布重莧席、而又釋莧。皆非堲、圛、莧本義。必別釋以曉人也。木名、未審何木。『周易:大過』之枯。鄭音姑。謂無姑山楡。『周禮:壺涿氏』。杜子春讀橭爲枯。云枯楡、木名。疑當是枯楡也。而馬云可以爲箭。或謂枯乃楛之假借。未知其審。『考工記:注』引『尙書』箘簵枯。『音義』曰。枯、『尙書』作楛。『鄕射禮:注』引『國語』肅愼貢枯矢。『音義』曰。枯、字又作楛。然則『鄭-所據:尙書、國語』皆作枯。與許所據合也。》/251

枰 枰 (평)【píng ㄆㄧㄥˊ】 (장기, 바둑)판

설문 3652 平也。《此門聞也、戶(戶)護也之例。謂木器之平偁(稱)枰。如今言棊枰是也。『上林賦』。華楓枰櫨。『吳都賦』。枰仲君遷。本皆作平。木名也。非許所說。》從木平。平亦聲。《蒲兵切。11部。》/269

枱 枱 (이)【yí ㄧˊ】 ㊥⑨㉞ sì 따빗자루 ■사:같은 뜻 ※ 사(耜)와 같은 글자

설문 3538 耒耑(端)也。《枱、【今-經典】之耜。耒下曰耕曲木也。此云耒耑也。與京房耜耒下耓也、耒耜上句上也、相合。曲木、『考工記』所謂上句者二尺有二寸也。耒耑、所謂庛長尺有一寸也。許意上曰耒。下曰枱。皆謂木材。鍤於庛之金是曰耕曰鉘。『鄭-注:周禮』則云。耒爲木。枱爲金。故云古者耜一金。兩人併發之。又云庛讀爲刺。刺、耒下前曲 接耜。又『注:月令』。於孟春云耒、耜之上曲也。於季冬云耜、耒之金也。說與許異。『鄭本:匠人』耜廣五寸而云。許則謂【記】文枱鉘不分。渾言之。【記】云耜廣五寸者謂鉘也。故於耦下易之云耕廣五寸。》從木。台聲。《弋之切。按當云詳里切。今俗作「耜」。【鉉本】乃以訓臿、訓徙土輂之梠『注』云今作「耜」。則大誤矣。『玉篇』同誤。後人所改也。1部。》 鈶 或從金。台聲。《以其木也、故從木。以其屬於金也、故亦從金。》 辝 籒文從辝。《從木、辝聲也。辝者、籒文辭。》/259

枲 枲 枲 사【xǐ ㄒㄧˇ】 삼, 수삼, 씨 없는 삼, 도꼬마리 ■시:〈네이버 자전〉

설문 4328 麻也。《【鍇本】作麻子也。非。『玉篇』云。有子曰苴。無子曰枲(枲)。『廣韵』互易之。誤也。『喪服:傳』曰。苴、麻之有蕡者也。牡麻者、枲麻也。〔艸部〕曰。萉(萉)、枲實也。萉者、蕡之本字。枲旣無實之牡麻。何以言枲實也。枲亦爲母麻、牡麻之大名。猶麻之大名也。芓者、母麻。一曰芓卽枲也。是苴可評枲之證也。『周禮』但言枲以晐麻艸之物。『九穀攷』曰。『 閒(間):傳』曰。苴、惡貌也。斬衰貌若苴。齊衰貌若枲。以今日北方種麻事目驗之。牡麻俗評花麻。夏至開花。所謂榮而不實謂之英者。花落卽拔而漚之。剝取其皮。是爲夏麻。夏麻之色白。苴麻俗評子麻。夏至不作花而放勃。勃卽麻實。所謂不榮而實謂之秀者。八九月閒子熟則落。搖而取之。子盡乃刈。漚其皮而剝之。是爲秋麻。色青而黯(黯)。不潔白。『閒傳』所云若苴若枲。殆以是與。》从朩。台聲。《鍇作辝省聲。非也。胥里切。1部。》 𣏕 籒文枲。从林。从辝。《辝聲也。》/335

형성 (1자) 태(隸 隸)1848

枳 枳 (지)【zhǐ ㄓˇ】 탱자나무, 해칠 ■기:호깨나무

설문 3368 枳木。《似橘。『考工記』。橘踰淮而北爲枳。『本艸經』所謂枳實也。枳可爲籬。『周書:小開』曰。德枳維大人。》似橘。從木。只聲。《諸氏切。16部。》/245

枵 枵 (효)【xiāo ㄒㄧㄠ¯】 (텅)빌, (배를)주릴

설문 3436 木皃(貌)。《【大徐本】作「木根」。非也。木根則當廁於本柢根株四篆処(處)矣。枵、木大皃。『莊子』所云呺然大也。木大則多空穴。『莊子』曰。大木百圍之竅穴。似枅。似圈。似臼。似洼者。似汚(汚)者。故『左氏』釋玄枵云。枵、虛也。》從木。号聲。《許嬌切。2部。》『春秋傳』曰。歲在玄枵。枵、虛也。《依『韻會本』訂。見『襄:廿八年:左氏傳』。許檃栝其辭耳。『傳』曰。玄枵、虛中

木 4 ④

也。椖、秏名也。『爾雅』曰。玄枵、虛也。孫炎云。枵之言秏。秏、虛之意也。許亦以虛正釋枵字。玄枵以虛得名。如天駟以房得名、天根以氐得名。『左氏』云虛中、猶言虛之區域耳。不必泥於『杜-注』玄枵三宿(宿)、虛星在其中之說。》/250

木 4 ⑤

枷 가【jiā ㄐㄧㄚ】 도리깨 채, 항쇄칼, 죄인 목에 씌우는 형구

설문 3547 柫也。從木。加聲。《古牙切。17部。》『淮南』謂之柍。《出『方言』。》/260

형성 (1자) 가(迦)1145

枸 (구)【jǔ ㄐㄩˇ】 구기자 나무

설문 3352 枸木也。可爲醬(醬)。出蜀。《『史』、『漢』皆云。枸醬(醬)。詳〔艸部:蒟〕下。》從木。句聲。《俱羽切。4部。按『小雅:南山有枸』。毛曰。枸、枳枸也。枳枸卽『禮記』之椇。許於枸下不言枳枸。椇字亦不錄。》/244

枹 (부)【fū ㄈㄨ】 ㉦㊥⑨㉧ fú 북채, 삼주 ■포: 졸참나무 ■철:고울이름

설문 3613 擊鼓(鼓)柄也。《「柄」【各本】作「杖」。今依『文選(選):注』、『玄應書』正。『左傳:音義』引『字林』亦作柄。『左傳』。右援枹而鼓(鼓)。『禮運』、『明堂位』皆云。凷桴土鼓。『玄應』云。衞(衛)宏詔定【古文官書】。枹桴二字同體。音扶鳩切。鼓椎也。按桴本訓棟。借爲鼓柄字耳。》從木。包聲。《甫無切。按當依『廣韵(韻)』縛謀切。3部。》/265

枼 엽【yè ㄧㄝˋ】 모진 나무, 얇을 ■삽: 모진 나무

설문 3663 楄也。《方木也。》枼、《逗。》薄也。《枼上有一曰二字。凡木片之薄者謂之枼。故葉牒鍱箼偞等字皆用以會意。『廣韵』。偞、輕薄美好皃(貌)。》從木。丗(世)聲。《與涉切。8部。按鉉曰。當從卅。乃得聲。此非也。『毛傳』曰。葉、世也。葉與世音義俱相通。凡古侵覃與脂微。如立位、盇蓋(盍蓋)、疌屮、協荔、軜內、籋爾、遝隶等。其形聲皆枝出。不得專疑此也。》/269

상부 枼엽

형성 (12자+1) 섭(渫)1144 첩(諜)1637 접(牒)2598 엽(葉)2761 섭(鍱)3243 첩(牃)4170 첩(褋)5040 섭(屧)5173 설(渫)7086 설(揲)7489 섭(媟)7883 섭(鍱)8885 접(蝶)

柀 (피)【bǐ ㄅㄧˇ】 삼목, 비자나무

설문 3316 黏也。《「黏」【各本】作「檆」。徐鉉因增一檆篆。非也。今刪(刪)檆篆。依『爾雅』正檆爲黏。『釋木』曰。柀、黏。上音彼。下音所咸反。卽今之杉木也。黏與杉爲正俗字。郭云。黏生江南。可以爲船及棺。『羅氏願-爾雅:翼』曰。柀似杉而異。杉以材偁(稱)。柀又有美實。而材尤文采。其樹大連抱。高數仞。葉似杉。木如柏。作松理。肌理細軟。堪爲器用。古所謂文木也。其實有皮殼。大小如棗而短。去皮殼。可生食。『本艸』有彼子。卽柀子也。引蘇恭說。『本艸』誤入〔蟲部〕。〔陶隱居:木部〕出之。按依羅氏說則柀與杉有別。今人恆(恒)用者皆杉。非柀也。『爾雅』、『說文』渾言之耳。南方艸木狀曰。杉一名柀黏。》從木。皮聲。《甫委切。古音在 17部。按『爾雅:音義』音彼。又匹彼反。『集韵(韻)』、『類篇』本之。皆補靡普靡二切。『今-爾雅:音義』彼譌作披。非也。『蘇恭-本艸:彼子:注』云。「彼」當作「柀」。柀仍音彼。【成化-刻本】彼亦譌披。》一曰析也。《「析」【各本】譌「折」。今正。『葉石君-寫本』及『類篇』正作「析」。按柀析字見【經傳】極多。而【版本】皆譌爲手旁之披。披行而柀廢矣。『左傳』曰。披其地以塞夷庚。『韓非子』曰。數披其木。毋使木枝扶疏。『戰國策』范睢引『詩』曰。木實繁者披其枝。披其枝者傷其心。『史記:魏其武安傳』曰。此所謂枝大於本。脛大於股。不折必披。『方言』曰。披、散也。東齊聲散曰㾷。器破曰披。此等非柀之字誤。卽柀之假借。〔手部:披〕訓從旁持。〔木部:柀〕乃訓分析也。陸德明、包愷、司馬貞、張守節、吳師道皆音上聲。普彼反。是可證字本從木也矣。》/242

柃 (령)【líng ㄌㄧㄥˊ】 사스레피나무(작은 상록교목)

설문 3545 木也。《『上林賦-張揖:注』曰。檽似柃。按云木也、非其次。當作柃椴也三字。葢(蓋)蒙上釋柃字耳。》從木。令聲。《郞(郎)丁切。11部。》/260

柄 (병)【bǐng ㄅㄧㄥˇ】 자루, 근본, 권세

설문 3595 柯也。《柄之本義專謂斧柯。引伸爲凡柄之偁(稱)。『周禮』、『禮經』作「枋」。丙聲方聲同在 10部也。》從木。丙聲。《陂病切。古音在 10部。》棅或從秉。《秉聲古亦在 10部也。『莊子:天道篇』。天下奮棅而不與之偕。『管子:山權數篇』。此謂君棅。按古又以秉爲柄。如『左傳』國子實執齊秉。『前:五行志』殺生之秉終矣。》/263

柧 (고)【kǎo ㄎㄠˇ】 수유 ■국:나막신

설문 3318 山樗也。《「樗」舊作「榑」。今改。『釋木』、『唐風:傳』皆曰。栲、山樗。柧栲古今字。許所據作柧也。陸機云。「山樗」與下「田樗」無異。葉似差狹耳。方俗無名此爲栲者。今所云栲者。葉與櫟木。皮厚數寸。可爲車軸。或謂之栲。郭云。栲似樗。色小白。生山中。因名云。亦類漆樹。俗語曰。櫄樗栲漆。相似如一。按二說似許爲長。》从木。尻聲。讀若糗。《「讀若糗」三字依陸機補。陸云。許愼正以栲讀爲糗。今人言考。失其聲耳。古音在 3部。今苦浩切。》/242

柅 (니)【nǐ ㄋㄧˇ】 (수레를 정지시키는)고동무, 살필

설문 3345 柅木也。實如梨。《今字以爲檷字。》從木。尼聲。《女履切。15部。》/244

【尿】下曰:簑柄也。從木。尸聲。㞾尿或從木。尼聲。/264

柆 (랍)【lā ㄌㄚ】 부러진 나무

설문 3653 折木也。《此與〔手部:拉〕義殊。猶榣與搖之別也。》從木。立聲。《盧合切。7部。》/269

楧 (영)【yāng ㄧㄤ】 ㊤㊥⑨ yǎng ㉲ yīng 매화나무 ■앙:가운데, 추녀끝, 몽둥이

설문 3292 楧梅也。《楧梅合二字成木名。【今-各本】刪(刪)去楧字。是楧卽枏矣。『釋木』。時英梅。『齊民要術』引『郭-注』云。英梅未聞。『今本:注』云。雀梅。殆非郭語。『南都賦』曰。楧柘檍檀。與櫻梅山柿等各爲一條。楧梅非今之梅類明矣。》从木。央聲。《於京切。古音在 10部。李善於兩切。》一曰江南橦材。其實謂之楧。《橦、帳極也。與此不相涉。以唐式柴方三尺五寸曰一橦、音鍾、解之。下文又不屬也。況漢人曰章。唐人乃曰木鍾乎。枷字下曰。『淮南』謂之楧。宜以訂正此句。一說『蜀都賦』布有橦華。劉(劉)逵云橦、樹名。謂此橦材堅實者謂之楧也。實下當有「者」字。》/240

柎 (부)【fū ㄈㄨ】 난간발, 꽃받침, 칼자루

설문 3612 闌足也。《柎蒙上文木廣言之。闌字恐有誤。『韵(韻)會本』闌作鄂。柎跗正俗字也。凡器之足皆曰柎。『小雅』。鄂不韡韡。『傳』云。鄂猶鄂鄂然。言外發也。『箋』云。承華者曰鄂。不當作「柎」。柎、鄂足也。鄂足得華之光明則韡韡然盛。古聲不柎同。『箋』意鄂承華者也。柎又在鄂之下。以華與鄂喩兄弟相依。郭璞云。江東呼草木子房爲柎。草木子房如石榴(榴)房、蓮房之類。與花下鄂一理也。》從木。付聲。《甫無切。4部。》/265

柏 (백)【bó ㄅㄛˊ】 ㊤㊥⑨㉲ bǎi 나무 이름, 잣나무, 잣

설문 3398 鞠也。《『釋木』曰。柏、椈。『襍(雜)記』。暢臼以椈。鄭曰。椈、柏也。按椈者鞠之俗。柏、古多假借爲伯仲之伯、促迫之迫。》從木。白聲。《博陌切。古音在 5部。張參曰。【經典】相承亦作「栢」。》/248

某 모【mǒu ㄇㄡˇ】 ㊤㊥⑨㉲ méi 本[매실] ■무:속음 ■모:(사람, 장소, 일)아무

설문 3407 酸果也。《此是今梅子正字。說見梅下。》從木甘。闕。《此闕謂義訓酸而形從甘不得其解也。玉裁謂。甘者、酸之母也。凡食甘多易作酸味。水土合而生木之驗也。莫厚切。古音在 1部。》古文某。從口。《從口者、甘之省也。冈(兩)之者、皃(貌)其酢醶。》/248

형성 (5자) 매(禖)58 모(謀)1430 매(腜)2477 무(楳)6469 매(媒)7740

染 염【rǎn ㄖㄢˇ】 물들일, 적실, 물들, 옮을

설문 7094 目(以)繒染爲色。《此據『周禮:染人』言也。『染人』掌染絲(絲)帛。繒者、帛也。不言絲者、擧(擧)帛以該絲也。夏纁玄。秋染夏。》从水。杂聲。《此當云从水木、从九。裴(裵)光遠曰。从木。木者、所以染梔(梔)茜之屬也。从九。九者、染之數也。按裴說近是。『禮』一入爲縓。再入爲赬。三入爲纁。朱則四入。五入爲緅。玄則六入。七入爲緇。字从九者、數之所究。言移易本質必深入之也。而剡切。8部。》/565

유사 옻나무 칠(柒漆)

형성 (2자) 염([illegible])7198 염(媣)7858

柔 유【róu ㄖㄡˊ】 本[나무 굽었다 펴졌다 할] (새싹, 유연, 온순)부드러울, 편안히 할, 복종할

설문 3457 木曲直也。《『洪(洪)範』曰。木曰曲直。凡木曲者可直、直者可曲曰柔。『考工記』多言揉。許作煣。云屈申(伸)木也。必木有可曲可直之性、而後以火屈之申之。此柔與煣之分別次弟也。『詩』荏染柔木。則謂生木。柔之引伸爲凡耎弱之偁(稱)。凡撫安之偁。》從木。矛聲。《耳由切。3部。》/252

형성 (8자+1) 유(猱)1165 유(鞣)1703 유(腬)2555 유(煣)6174 유(蝚)8406 유([illegible])8746 유(鍒)9016 유(輮)9102 유(蹂)

柘 (자)【zhè ㄓㄜˋ】 산뽕나무

설문 3383 柘桑也。《三字句。【各本】無柘字。今補。山桑、柘桑皆桑之屬。【古書】竝言二者則曰桑柘。單言一者則曰桑、曰柘。柘亦曰柘桑。如『淮南:注』烏號云柘桑其木堅勁、烏跱其上是也。桑、柘相似而別。見『胡氏-通鑑釋文辨誤』。》從木。石聲。《之夜切。古音在 5部。『漢志』。琅邪郡靈門高柔山。柔乃原之誤。『水經:注』可證。師古謂卽柘字。誤。》/247

柙 (합)【xiá ㄒㄧㄚˊ】 ㉲ yá 나무 이름 ■압:같은 뜻

설문 3675 檻也。所目(以)臧虎兕也。《「所、也」二字依『廣韵(韻)』補。『論語』。虎兕出於柙。馬曰。柙、檻也。引伸爲凡檢柙之偁(稱)。如上文云柙指是也。》從木。甲聲。《烏匣切。『廣韵』胡甲切。8部。》古文柙。/270

柖 (소)【zhāo ㄓㄠ】 ㊤㊥⑨ sháo 과녁, 나무 흔들릴

설문 3437 樹榣皃(貌)。《「榣」【各本】作「搖」。今正。柖之言招也。樹高大則如能招風者然。『漢志:郊祀歌』。體招搖。若永望。『注』。招搖、申動之皃(貌)。按此招搖與柖榣同。師古招音韶。猶『玉篇』柖、時昭切也。》從木。召聲。《止搖切。2部。》/250

柚 (유)【yòu ㄧㄡˋ】 本[귤] 유자 나무, 대나무이름 ■축:북(織具)

설문 3267 條也。佀(似)橙而酢。《『釋木:柚條』。郭云似橙、實酢。生江南。『列子』曰。吳楚之國有大木焉。其名爲櫾。碧樹而冬生。實丹而味酸。食其皮汁巳(已)憤厥之疾。按今橘橙柚三果。莫大於柚。莫酢於橙汁。而橙皮甘可食。『本草經』合橘柚爲一條。渾言之也。》从木。由聲。《余救切。3部。按『爾雅』亦作「櫾」。『列子』、『山海經』皆作「櫾」。許則云櫾者、崐崘(崑崙)河隅之長木也。》『夏書』曰。厥苞橘柚。《「苞」俗作「包」。今正。『禹貢』文。》/238

柜 榘 杲 거【jǔ ㄐㄩˇ】 ① 거(柜) 나무 이름 ※ 거(欅)와 같은 글자 ② 구(榘) 네모난 그

木 4 ⑤

릇, 법 ■구:같은 뜻 ※ 구(矩)와 같은 글자 ③ 구(榘)는 찾아볼 수 없음

설문 3371 梟木也。《『趙-注:孟子』日。杞梆(柳)、柜梆也。『郭-注:爾雅』日。柜梆似梆。皮可煑(煮)作飲。『廣韵』柜下云。柜梆。按柜今俗作櫸。又音譌爲鬼梆樹。未知許所說是此不。》從木。巨聲。《其呂切。『廣韵』居許切。5部。按『周禮:梐枑:注』。【故書】枑作拒。從手。【俗本】從木作柜。非。》/246

【榘】下『注』云:《小徐云、榘卽柜字。… 又堯墓碑以柜爲榘。》/554

성부 榘거

木 4 ⑤

相 (사)【sì ㄙˋ】
보습, 가래 ■이:배 안에 괸 물 퍼내는 구기

설문 3537 臿也。《『周禮:注』引『司馬法』日。輂一斧、一斤、一鑿、一梩。『疏』云。梩、或解謂臿。或解謂鍬。鍬臿亦不殊。『孟子』。蓋(盖)歸反虆梩而掩之。趙日。虆梩、籠臿之屬。可以取土者也。按虆卽欙之假借字。可以舁土者。梩同梠。可以臿地擾土者。趙以籠屬釋虆。以臿屬釋梩也。》從木。㠯聲。《詳里切。1部。『郭-注:方言』音駭。》一日徙土輂。《此別一義。謂梠卽欙。『孫奭(奭)-孟子:音義』云。梩、土轝也。本此。『廣韵(韻)』日。梩、里之切。徙土轝。出『六韜』。》齊人語也。《按此四字與宋魏日芣文法同。『方言』云。臿、東齊謂之梩是也。由此言之。疑一日徙土輂五字當移在此下。》梩或從里。《㠯聲里聲同在 1部。》/259

榛 柝榹柝(탁)【tuò ㄊㄨㄛˋ】
本 쪼갤 딱다기(야경 돌 때 치는 나무) ■석·사:〈네이버 자전〉

설문 3458 判也。《土裂日「墆」。木判日「榛」。二字今可用。今人從手作「拆」。甚無謂也。自專以榛爲擊榛字。而榛之本義廢矣。》從木。㡿(斥)聲。《他各切。5部。按此古音也。以今語言讀之。則丑格切。》『易』日。重門擊榛(柝)。《『繫辭傳』文。按欜下引『易』重門擊欜、欜之本義也。引【經】言轉注也。此引『易』擊榛者、欜之借字也。引【經】言假借也。『易』有異文。兼引之而六書明矣。》/252

桴 (로)【tū ㄊㄨ¯】
상中⑨작 lú 나무 이름 ■도·호:같은 뜻

설문 3333 桴木。出橐山。《『中山經』日。傅山西五十里日橐山。其木多樗。多楠木。按樗者桴之誤。許所引『山海經』「樜」字今作「柘」、「浛」字今作「涔」、「劦」字今作「颸」。其不同如此。『廣韵(韻)』:十一.模』日。黃桴木可染。『十.姥』日。桴、木名。可染繒。按『周禮:注』日。染艸、茅蒐橐盧豕首紫茢之屬。橐盧豈卽黃桴與。抑字音相近、而艸木異類也。『玉篇』乃佚桴字。》從木。乎聲。《他乎切。5部。》/243

柞 (작)【zuò ㄗㄨㄛˋ】
굴참나무、떡갈나무 ■책:나무 벨 ■사:엇찍을 ■색:깨물

설문 3332 柞木也。《『詩』有單言柞者。如維柞之枝、析其柞薪是也。有柞棫連言者。如『皇矣』、『旱麓』、『緜』是也。陸機引『三蒼』。棫卽柞也。與許不合。假令許謂棫卽柞、則二篆當聯屬之。且『詩』不當或單言柞。或單言棫。或柞棫竝言也。『鄭-詩:箋』云。柞、櫟也。『孫炎-爾雅:注』。櫟實、橡也。『齊民要術』援『爾雅:注』合柞栩櫟爲一。亦皆非許意。》從木。乍聲。《在各切。5部。按柞可薪。故引伸爲凡伐木之偁(稱)。『周禮』有『柞氏』。『周頌:傳』日。除艸日芟。除木日柞。古無二音也。》/243

柢 (저)【dǐ ㄉㄧˇ】
(나무의)뿌리、밑、싹틀

설문 3411 木根也。《『道德經』。深其根。固其柢。長生久視之道。『韓非-解老』日。樹木有曼根。有直根。直根者、書之所謂柢也。柢也者、木之所以建生也。曼根者、木之所以持生也。按直(直)者日直根。橫者日曼根。柢或借蔕字爲之。又借氐字爲之。『節南山:傳』日氐本也是。》從木。氐聲。《都禮切。15部。》/248

相 (사)【zhā ㄓㄚ¯】
나무우리 ■차:방죽 ■저:차면, 문에 가로 지른 나무 ■조:도마

설문 3513 木閑也。《〔門部〕日。閑、闌也。『廣雅』日。柤欕杜距也。「距」當作「歫」、止也。》從木。且聲。《側加切。按當依『廣雅』士加切。古音在 5部。》/256

柧 (고)【gū ㄍㄨ¯】
모서리 ■과:같은 뜻

설문 3649 棱也。《柧與棱二字互訓。殳以積竹八觚。「觚」當作「柧」。觚行而柧廢矣。『史記:酷吏傳』日。漢興。破觚而爲圜。應劭日。觚八棱。有隅者。『通俗文』日。木四方爲棱。八棱爲柧。按『通俗文』析言之。若渾言之。則『急就』奇觚、謂四方版也。》從木。瓜聲。《古胡切。5部。》又柧棱、殿堂上冣(最)高之處也。《『文選(選):西都賦』日。設璧門之鳳闕。上觚棱而棲金爵。『後漢書』正作柧棱。『李賢-引:說文』爲『注』。》/268

柹 (거)【qū ㄑㄩ¯】
길마 나무

설문 3625 极也。《『廣韵』日。版置驢上負物。》從木。去聲。《去魚切。5部。》/266

柫 (불)【fú ㄈㄨˊ】
도리깨 ■필:같은 뜻

설문 3546 擊禾連枷也。《『方言』日。僉、宋魏之間謂之「欂殳」。或謂之「度」。音量度。自關而西謂之「棓」。蒲項反。或謂之「柫」。音拂。齊楚江淮之間謂之「柍」。音悵快。亦音車鞅。或謂之「桲」。音勃。『齊語』。耒耜枷芟。韋云。枷、柫也。所以擊草也。〈草當作禾〉『王莽傳』。必躬載柫。『釋名』日。枷、加也。加杖於柄頭、以撾穗而出其穀也。或日羅枷。三杖而用之也。或日了了。杖轉於頭。故以名之也。戴先生日。羅連、語之轉。今連枷之制與古同。》從木。弗聲。《敷勿切。15部。》/260

柬 간【jiǎn ㄐㄧㄢˇ】
가릴(선별), 편지

설문 3736 分別簡(簡)之也。《『釋詁』日。流差柬擇也。『韵會』無簡(簡)字爲長。凡言簡練、簡擇、簡少者、皆借簡爲柬也。柬訓分別、故其字從八。一說當作分別簡之。簡、在也。在、存也。》从束八。《爲若干束而分別之也。古限切。14部。》八，分別也。《說從八之意。》/276

유사 나무 가시 차(朿束) 묶을 속(束) 동녘 동(東)
성부 闌란 湅련
형성 (5자+1) 간(諫)1459 련(煉)6168 련(練)8204 련(鍊)8845 인(螴)9353 련(楝)

柭
(발)【bō ㄅㄛˉ】 ㊤ bā 도리깨, 활끝
설문 3590 棓也。從木。犮聲。《北末切。15部。》/263

柮
(놜)【duò ㄉㄨㄛˋ】 ㉠ nà 끊을 ■눌:같은 뜻 ■돌:마들가리, 끄트러기 ■촬:기둥 끝 ■올:무지렁나무(樹無枝)
설문 3656 檮(檮)柮也。《舊作「斷(斷)也」二字。今更正。今人謂木頭爲榾柮。於古義未遠也。》從木。出聲。讀若『爾雅』貀無前足之貀。《女滑切。15部。『玉篇』當骨切。引『說文』五骨切。○ 按二篆、舊先後倒置。今依【全書】通例正之。亦與榾柮同。》/269

柯
(가)【kē ㄎㄜˉ】 도끼 자루, 가지
설문 3594 斧柄也。《見『豳風:毛傳』。『考工記』曰。一欘有半謂之柯。『注』云。伐木之柯。柄長三尺。又『廬人:注』曰。齊人謂柯斧柄爲椑。按柯斧者、大斧也。柯之假借爲枝柯。》從木。可聲。《古俄切。17部。》/263

柰
柰 내【nài ㄋㄞˋ】 능금나무, 어찌 ■나:같은 뜻
설문 3275 柰果也。《假借爲柰何字。見『尙書:左傳』。俗作「奈」。非。》从木。示聲。《奴帶切。15部。》/239
성부 隸隸隸隸례
형성 (1자) 내(渿渿)6982

柱
(주)【zhù ㄓㄨˋ】 기둥, 기러기발, 버틸, 도시의 관리를 맡아보는 벼슬이름
설문 3475 楹也。《柱之言主也。屋之主也。》從木。主聲。《直主切。古音在 4部。按柱引伸爲支柱柱塞。不計縱橫也。凡【經注】皆用柱。俗乃別造從手拄字。音株主切。》/253

柲
(비)【bì ㄅㄧˋ】 (창, 도끼 등의)자루
설문 3596 欑也。《欑【各本】誤從手。【葉本】誤從亻。今正。此卽下文積竹杖也。『考工記』。『廬人』爲廬器。戈柲六尺有六寸。殳長尋有四尺。車戟常。酋矛常有四尺。夷矛三尋。『注』云。柲猶柄也。按戈戟矛柄皆用積竹杖。不比他柄用木而已。殳則用積竹杖而無刃。柲之引伸爲凡柄之偁(稱)。『左傳』。剝圭以爲戚柲。戚柄不用積竹。》從木。必聲。《兵媚切。古音在 12部。》/263

桺
柳(류)【liǔ ㄌㄧㄡˇ】 버들 ※ 류(柳)의 본래 글자
설문 3363 少楊也。《【各本】作「小楊」。今依『孟子:正義』。葢(蓋)【古本】也。古多以少爲小。如少兒卽小兒之類。楊之細莖小葉者曰桺。『周禮-故書』。衣 接櫕之材。鄭司農讀爲翣桺。後鄭云。桺之言聚也。引『書』分命和仲。度西曰桺穀。按度西曰桺穀者、『今文-尙書』也。宅西曰昧谷者、後鄭所讀之『古文-尙書』也。詳見『尙書:撰(撰)異』。》从木。丣聲。丣古文酉。《力久切。3部。古多假桺爲酉。如鄭印癸、字子桺。桺卽丣。名癸字酉也。『仲尼弟子列傳』。顏幸、字子桺。桺亦卽丣。幸者辛之譌也。已上海寧錢馥字廣伯說。》/245

柴
(시)【chái ㄔㄞˊ】 섶(땔나무), 시제사(지낼) ■채:속음 ■재:울타리 ■자:쌓을, 저축할 ■차:작은 나무 ■치:가지런치 못할
설문 3461 小木散材。《『月令』。乃命四監。收秩薪柴。以供郊廟及百祀之薪燎。『注』云。大者可析謂之薪。小者合束謂之柴。薪施炊爨。柴以給燎。按寮、柴祭天也。燔柴曰祡。『毛詩:車攻』假柴爲積字。》從木。此聲。《士佳切。16部。》/252

柵
柵(책)【zhà ㄓㄚˋ】 울짱(목책), 성채, 잔교
설문 3518 編豎(竪)木也。《「豎」【各本】作「樹。今依『篇』、『韵(韻)』正。〔臤部〕曰。豎、堅立也。『通俗文』曰。木垣曰柵。》從木。冊(册)聲。《依『韵會』本。楚革切。16部。》/257

柶
(사)【sì ㄙˋ】 本[수저] 숟
설문 3552 『禮』有柶。《凡言『禮』者、謂『禮經:十七篇』也。『禮經』多言柶。『士冠禮:注』曰。柶狀如匕。以角爲之者欲滑也。》柶、匕也。《鄭云如匕。許云匕也。小異。葢(蓋)常用器曰匕。禮器曰柶。匕下曰。一名柶。》從木。四聲。《息利切。15部。》/260

柷
(축)【zhù ㄓㄨˋ】 악기 이름
설문 3615 樂木椌也。《樂上當有柷字。「椌」【各本】作「空」。誤。『周頌:毛傳』曰。柷、木椌也。圉楬也。許所本也。今更正。》所目(以)止音爲節。《按【鉉本】此六字大誤。柷以始樂、非以止音也。【鍇本】此篆已佚。而見『韵(韻)會』者亦譌舛不可讀。今按當作以止作音爲柷。『釋樂』曰。所以皷(鼓)柷謂之止。葢(蓋)椌之言空也。自其如桼桶言之也。柷之言觸也。自其椎柄之撞言之也。『臯(皐)陶謨』。合止柷敔。『鄭-注』云。柷狀如桼桶而有椎。合之者、投椎其中而撞之。『爾雅:郭-注』云。柷如桼桶。方二尺四寸。〈『風俗通』、『廣雅』云三尺五寸〉 深一尺八寸。〈『風俗通』云尺五寸。〉 中有椎柄。連底挏之。令左右擊。止者、其椎名。劉(劉)熙云。柷、祝也。故訓祝爲始。以作樂也。》從木。祝省聲。《昌六切。3部。》/265

◀ 제 6 획 ▶

柙
(합)【xiá ㄒㄧㄚˊ】 ㊤㊥⑨ gé 칼집 ■갑:나무 이름
설문 3533 劒柙也。《「柙」當作「匣」。聲之誤也。『少儀』所謂劒櫝也。『廣雅』。柙室郭劒削也。》從木。合聲。《胡甲切。7部。按『廣韵(韻)』古沓巨業二切。》/258

栔
(결)【qì ㄑㄧˋ】 끊을(절단할) ■계:새길 ■설:끊어질
설문 2689 刻也。《『釋詁』。栔滅殄絕(絶)也。『唐韵(韻)』

㉠ 作家出版社〔董蓮池-說文解字考正〕 ⑨ 九州出版社〔柴劍虹-說文解字〕 ㉠ 陝西人民出版社〔蘇寶榮-說文解字今注今譯〕 ㊤ 上海古籍出版社〔說文解字注〕 ㊥ 中華書局〔臧克和-說文解字新訂〕

引作「栔」。郭云。今江東呼刻斷(斷)物爲栔斷。按【古經】多作契。假借字也。『大雅』。爰契我龜。毛曰。契、開也。『周禮』亦作「契」。『左傳』。盡借邑人之車。契其軸。『爾雅:音義』所引如是。『今-左傳』、『荀子』作「鍥」。『漢書:注』引『緜:詩』作「挈」。『大戴-禮』。楔而舍之。朽木不折。皆假借字也。『晉-虞溥傳』作「栔」。俗字也。》从㓞木。《刻之用於木多。故從木。苦計切。15部。按又苦結切。》/183

木 4 6

㮚 [栗][𣡌]【lì ㄌㄧˋ】밤나무, 밤, 단단할, 공손할
[설문] [4159] 栗木也。《三字句。舊刪(刪)栗字。非也。叚(假)借爲戰栗。》从鹵木。《鹵字今補。會意。力質切。12部。》其實下垂(垂)。故从鹵。《說从鹵之意。》古文㮚(栗)。《古鍇作籒。今依大徐。籒文鹵从三鹵。則籒文㮚亦當从三鹵。『玉篇』曰。籒文是也。疑【許書】本一古一籒並(竝)載。轉寫佚亂之。》从西。《【鹵部】曰。鹵古文𠧪。疑篆體當从鹵。隸(隸)變作栗者、竊取古文从西之意。》从二鹵。徐巡說木至西方戰栗也。《引徐說。說从西之意。『後漢書:杜林傳』曰。沛(沛)南徐巡始師事衛(衛)宏。後更受林學。林於西州得『桼書:古文-尚書』一卷。雖遭艱困。握持不離。衛(衛)、徐能傳之。於是古文遂行。『論語』。周人以栗。曰使民戰栗。字从西者、取西方揫斂戰栗之意。葢(蓋)『堯典』、『皋陶謨』寬(寬)而栗。『壁中:古文-尚書』作𣡕。而徐巡說之如此也。陞、凶也。亦『徐-說:秦誓』語。》/317
[유사] 조 속(粟)
[형성] (3자) 률(瑮 瑮)135 률(溧 溧)6717 률(凓 凓)7167

栘 (체)【yí ㄧˊ】산앵도 나무 ■시·휴:같은 뜻
[설문] [3366] 棠棣也。《『釋木』曰。唐棣、栘。『常棣』、棣。唐與常音同。葢(蓋)謂其花赤者爲唐棣。花白者爲棣。一類而錯擧(擧)、故許云栘、棠棣也。棣、白棣也。改唐爲棠。改常爲白。以棠對白。則棠爲赤可知。皆卽今郁李之類。有子可食者。『小雅:常棣』、『論語:逸詩:唐棣』、實一物也。『郭-注:唐棣』云。似白楊。江東呼夫栘。白楊、大樹也。『古今:注』云。栘楊亦曰栘柳(柳)。亦曰蒲栘。圓葉弱蒂。微風善搖。此正今之白楊樹。安得有翩翩偏反之詠耶。因一栘字捏合之。》從木。多聲。《弋支切。古音在17部。》/245

栙 (항)【xiáng ㄒㄧㄤˊ】(배의)돛, 펴지 않은 돛
[설문] [3605] 栙雙也。《三字句。〔竹部〕曰。筟、栙雙也。『廣韵(韻)』曰。栙雙帆未張。又曰。雙、帆也。按『廣韵』有䂫䃵、跭䟶、絳䌸。皆疊韵(疊韻)字。》從木。夅聲。讀若鴻。《下江切。9部。》/264

栚 (짐)【zhèn ㄓㄣˋ】옆망치
[설문] [3567] 槌之橫者也。關西謂之㮝(𣝔)。《『方言』。槌、其橫關西曰「㯳」。宋魏陳楚江淮之閒謂之「樜」。音帶。齊海岱之閒謂之「䋤(纀)」。相卞反。按栚㯳朕三同。關西謂之「㮝(𣝔)」。「西」當作「東」。㮝當同簨(簨)虡之簨。橫者曰「簨」。『方言』作「䋤」。亦同音也。『呂覽:注』曰。挾讀曰朕。三輔謂之朕。正與『方言』關西曰㯳合。》從木。灷聲。《『許倂䑞(朕)』字皆灷聲。是本有灷篆而佚之也。直衽切。7部。》/261

持 (적)【zhé ㄓㄜˊ】망치
[설문] [3566] 槌也。從木。寺聲。《【各本】作特省聲。淺人所改也。特又何聲耶。持卽『方言』之植。『月令』。具曲植。鄭曰。植、槌也。『呂覽』作具挾曲。高曰。挾讀曰朕。三輔謂之「挾」。關東謂之「得」。『淮南書』作具撲曲。高曰。薄、持也。三輔謂之撲。按『高-注』持卽持之誤。得卽持之假借字也。『篇』、『韵(韻)』皆云。持一作「㩅」。一作「槵」。朕本謂橫者。『高-注』葢(蓋)統言之耳。陟革切。古言在 1部。》/261

栝 (첨)【tiàn ㄊㄧㄢˋ】[상][中][9][작] tiǎn [本][부지깽이] 몽둥이 ■괄:노송나무 ■괴:같은 뜻
[설문] [3606] 炊竈木。《今俗語云竈栝是也。『廣韵(韻)』云。栝、火杖。栝栝古今字也。》從木。舌聲。《臣鉉等曰。當從甛省乃得聲。按徐說非也。栝甛銛等字皆從㐁聲。㐁見〔谷部〕。轉寫譌爲舌耳。他念切。7部。》/264

枅 (계)【jī ㄐㄧ】두공 ■견:같은 뜻
[설문] [3483] 屋欂櫨也。《按有枅、有曲枅。枅者、『蒼頡篇』云柱上方木也。曲枅者、『廣雅』云曲枅謂之欒。『薛綜-西京賦:注』云。欒、柱上曲木。兩頭受櫨者。『釋名』。欒、攣也。其體上曲攣拳然也。然則曲枅謂之欒。欒以承欂櫨。故『靈光殿賦』曰。層櫨磥垝以岌峩。曲枅要紹而環句。二者竝言。『景福殿賦』亦櫨欒對擧(擧)。『魏都賦』亦云。欒櫨疊(疊)施。皆可證曲枅與枅爲二事。》從木。幵(开)聲。《古兮切。15部。亦作「槓」。》/254

栠 (임)【rěn ㄖㄣˇ】나무 약한 모양
[설문] [3426] 弱皃(貌)。《『小雅』、『大雅』皆言荏染柔木。毛曰。荏染、柔意也。『論語』。色厲而內荏。孔曰。荏、柔也。按此荏皆當作「栠」。桂荏謂蘇也。【經典】多假荏而栠廢矣。》從木。任聲。《如甚切。7部。》/249

校 (교)【jiào ㄐㄧㄠˋ】㉠ xiào [本][죄인 가두는 우리] 형틀, 학교, 장교, 조사할
[설문] [3639] 木囚也。《囚、繫也。木囚者、以木羈之也。『易』曰屨校滅趾。何校滅耳。「屨校」、若今軍流犯人新到箸木靽。「何校」若今犯人帶枷也。此字似當與下文械杽等篆爲伍矣。『周禮:校人:注』曰。校之言挍也。主馬者必仍挍視之。『校人』、馬官之長。按此引伸假借之義也。陸德明曰。比挍字當從手旁(旁)。『張參-五經文字:手部』曰。挍、【經典】及釋文或以爲「比挍」字。按【字書】無文。張語正謂『說文』無從手之挍也。故『唐-石經』考校字皆從木。用張說也。但訂以『周禮:鄭-注』則漢時有從手之挍矣。「比挍」字古葢(蓋)無正文。較榷等皆可用。》從木。交聲。《古孝切。2部。》/267

栩 (허)【xǔ ㄒㄩˇ】상수리 나무, 기뻐할
[설문] [3326] 柔也。《見『唐風:毛傳』。陸機曰。

[작] 作家出版社〔董蓮池-說文解字考正〕 [9] 九州出版社〔柴劍虹-說文解字〕 ㉠ 陝西人民出版社〔蘇寶榮-說文解字今注今譯〕 [상] 上海古籍出版社〔說文解字注〕 [中] 中華書局〔臧克和-說文解字新訂〕

栩、今柞櫟也。徐州人謂櫟爲杼。或謂之爲栩。按『毛傳』、『說文』皆栩柔樣爲一木。櫟下但云木也。不云卽栩也。然則陸機專據徐州語言合之耳。》從木。羽聲。《況羽切。5部。》其阜、一曰樣。《按各【宋本】及『集韵(韻)』、『類篇』皆同。毛氏依小徐作其實阜。非也。〔艸部〕曰。阜斗、櫟實也。一曰樣斗。許葢(蓋)謂栩爲柞櫟。與陸機同。》/243

株 (주)【zhū ㄓㄨˉ】[本][(나무)뿌리] 그루, 주식
[설문] [3414] 木根也。《『莊』、『列』皆有厥株駒。株今俗語云椿。》從木。朱聲。《陟輸切。古音在 4部。》/248

栫 (존)【zùn ㄗㄨㄣˋ】[상]㊥⑨ jiàn 나무로 방천할, 나무이름 ■천:어살(물고기 잡는 설비) ■전:속음
[설문] [3581] 曰(以)柴木雝也。《雝者今之壅字也。『文選(選):注』引以柴木壅水。『玉篇』、『類篇』同。然此不獨施於水。無水爲長也。上文棧云竹木謂竹木之整齊者。此云柴木、謂散材不整齊者。橫直皆可云栫。『左傳』。吳囚邾子於樓臺。栫之以棘。杜曰。栫、擁也。『釋器』。槮謂之涔。『江賦』。栫澱爲涔。此則聚積柴木於水中也。》從木。存聲。《徂悶切。13部。按『篇』、『韵(韻)』皆在甸切。》/263

栭 (이)【ér ㄦˊ】두공(기둥 위의 대들보를 받치는 방형의 나무)
[설문] [3485] 屋枅上標也。《標、『靈光殿賦』、王命論:二注』皆作「梁」。今按作標爲長。標者、表也。高也。『辥-注:西京賦』曰。栭斗也。『張載-注:靈光』曰。栭方、小木爲之。栭在(在)枅之上。枅者、柱上方木。斗又小於枅。亦方木也。然後乃抗梁焉。『靈光』層櫨曲枅之下曰。芝栭攢羅。『景福』蘭栭積重之下曰。欂櫨各落。此可證栭與枅非一物。『釋宮』云。栭謂之楶。合二事渾言之。許則析言之也。諸家襲『爾雅』者皆少分別。》從木。而聲。《如之切。1部》『爾雅』曰。栭謂之楶。《偁(稱)『爾雅』者、欲見渾言析言兩不相背也。》/254

栵 (례)【liè ㄌㄧㄝˋ】(나무가 죽)늘어설 ■렬:산밤나무
[설문] [3484] 栭也。《『大雅』。其灌其栵。毛曰。栵、栭也。栭與灌爲類。非木名。謂小木叢生者。如魚子名鯤鮞也。許云栵栭也者、字之本義。曲枅加於柱。枅加於曲枅。栭又加於枅。以次而小。故名之栭。『毛』取小木之義。故亦曰栵、栭也。》從木。㓥(列)聲。《良辥切。15部。》『詩』曰。其灌其栵。《『大雅』文。許說爲本義。『毛傳』爲引伸假借之義。》/254

核 (개)【hé ㄏㄜˊ】[ㄱ][상]㊥⑨[작] gāi [本][나무껍질로 만든 오랑캐 행담] ■해:같은 뜻 ■핵:(단단한 알맹이로 된)씨, 핵심, 사실할 ■홀:씨
[설문] [3578] 蠻夷曰(以)木皮爲匧。狀如籢尊之形也。《未詳所本。今字果實中曰核而本義廢矣。按許不以核爲果實中者。許意果實中之字當用覈也。『小雅』。肴核維旅。班固、蔡邕作「肴覈」。左思作「肴槅」。槅卽覈也。『今本-毛詩』作「核」。非古也。『周禮』。其植物宜覈物。覈猶骨也。『廣韵(韻)』云。槅、果子槅也。出『聲譜』。戸(戶)骨切。此字近是。『玉篇』亦云。核戸骨切。果實中也。》從木。亥聲。《古哀切。1部。》/262

𣐺 [𣐺] [함]【hàn ㄏㄢˋ】[설문부수 245] ① 나무에 꽃과 열매가 늘어질(按『說文』從𢎘不從厂。𢎘草木之華未發函然。象形從厂者誤) ② **한**:초목이 꽃 열매를 드리울
[설문] [4156] 艸木𠂹(垂)𢎘實也。《「艸」字依『玉篇』補。》从木𢎘。《【小徐本】及【大徐-宋本】皆同。惟【趙-抄:宋本】作从木𢎘、𢎘亦聲。『五音韵譜』有同之者。殊誤。葢(蓋)篆體一㔾在木中。寫者屈曲反復似从二㔾。因改此解。又於前部末增𢎘篆耳。𢎘音胡先切。則用爲聲之篆。不當胡感切也。》㔾亦聲。《胡感切。古音在 7部。》凡𣐺之屬皆从𣐺。/317
[유사] 그칠 자(朿𠂔𣎳) 나무 가시 차(𣎳朿) 묶을 속(束) 가릴 간(柬) 동녘 동(東)
[형부] **위**(韡 韡)

根 根(근)【gēn ㄍㄣˉ】(식물의)뿌리, 밑둥
[설문] [3413] 木株也。從木。皀(艮)聲。《古痕切。13部。》/248

格 (격)【gé ㄍㄜˊ】[本][나무 기다란 모양] 이를(다다를), 바로 잡을, 궁구할 ■각:나뭇가지 ■락:울타리 ■학:별이름
[설문] [3451] 木長皃(貌)。《以木長別於上文長木者。長木言木之美。木長言長之美也。木長皃者、格之本義。引伸之長必有所至。故『釋詁』曰。格、至也。『抑詩:傳』亦曰。格、至也。凡『尙書』格于上下、格于藝祖、格于皇天、格于上帝是也。此接於彼曰至。彼接于此則曰來。『鄭-注:大學』曰。格、來也。凡『尙書』格爾衆庶、格汝衆是也。至則有摩杚之義焉。如云格君心之非是也。或借假爲之。如『雲漢:傳』曰假至也、『尙書』格字『今文-尙書』皆作假是也。有借格爲庋閣字者。亦有借格爲扞挌字者。》從木。各聲。《古百切。古音在 5部。》/251

栽 (재)【cái ㄘㄞˊ】[ㄱ][상]㊥⑨[작] zài [本][담틀] (초목을)심을, 묘목
[설문] [3466] 築牆長版也。《古築牆、先引繩營其廣輪方制之正。『詩』曰俾立室家、其繩則直是也。繩直則豎楨榦(幹)。題曰楨、植於兩頭之長杙也。旁曰榦、植於兩邊之長杙也。植之謂之栽。栽之言立也。而後橫施版於兩邊榦內。以繩束榦。實土。用築築之。一版竣。則層絫而上。『詩』曰縮版以載、捄之仍仍度之薨薨、築之登登是也。於則栽者、合楨榦與版而言。許云築牆長版爲栽者、以版該楨榦也。『中庸』。故栽者培之。鄭云。栽、猶殖也。今時人名艸木之殖曰栽。築牆立版亦曰栽。鄭同許說。長版者、『五經異義』曰。『戴-禮』及『韓詩』說。八尺爲版。五版爲堵。五堵爲雉。版廣二尺。

積高五版爲一丈。五堵爲雉。雉長四丈。『古-周禮』及『左氏』說。一丈爲版。版廣二尺。五版爲堵。一堵之牆長丈、高丈。三堵爲雉。一雉之牆長三丈、高一丈。以度爲長者用其長。以度爲高者用其高也。『毛詩』說亦云。一丈爲版。五版爲堵。『公羊』說。五版而堵。五堵而雉。百雉而城。鄭君曰。『左氏傳』說。鄭莊公弟段居京城。祭仲曰。都城過百雉。國之害也。先王之制。大都、不過三國之一。中、五之一。小、九之一。今京不度。非制也。古之雉制。『書:傳』各不得其詳。案天子之城九里。公城七里。**侯伯之城五里. 子男之城三里. 今以左氏說鄭伯之城**方五里。積千五百步也。大都三國之一。則五百步也。五百步爲百雉。則知雉五步。五步於度長三丈。則雉長三丈也。雉之度量、於是定可知矣。按『何-注:公羊』曰。八尺曰版。堵凡四十尺。此用『今-戴、韓』說也。『鄭-箋:詩』曰。『春秋傳』云。五版爲堵。五堵爲雉。雉長三丈。則版六尺。自用其說也。若『異義』今無【全書】。未識許氏何從。而於此但云長版。不箸丈尺。是作『說文』時於今說八尺、古說一丈皆疑之而不敢定矣。》从木。𢦔(𢦏)聲。《昨代切。1部今分平去二聲。古無是也。『中庸:注』可證。》『春秋傳』曰。楚圍蔡。里而栽。《『左傳:哀公:元年』文。『莊:二十九年』曰。水昏正而栽。杜云。樹版榦。『定:元年』。城成周。庚寅栽。杜云。設版築。》/252

桀 걸【jié ㄐㄧㄝˊ】[설문부수 205](닭이 앉는) 홰, 사나울, 뛰어날, 들(어올릴)

설문 3261 磔也。《裴(裵)駰引『謚(諡)法』曰。賊人多殺曰桀(桀)。故引伸爲桀黠(黠)字。》从舛在木上也。《『通俗文』曰。張伸曰磔。舛在木上、張伸之意也。『毛詩』雞(鷄)棲於杙爲桀。其引伸之義。『釋宮』作榤、俗字也。渠列切。15部。『左傳』。桀石以投人。此假桀爲揭也。揭、高擧(舉)也。》凡桀之屬皆从桀。/237

성부 乘승

형성 (2자) 책(磔)3262 걸(傑)4745

桂 (계)【guì ㄍㄨㄟˋ】 계수 나무

설문 3282 江南木。《『本艸』曰。桂生桂陽。牡桂生南海山谷。箘桂生交趾、桂林山谷。》百藥之長。《『本艸經:木部』上品首列牡桂、菌桂。箘桂味辛溫。主百病。養精神。和顏色。爲諸藥先聘通使。故許云百藥之長。『檀弓』、『內則』皆薑桂竝言。劉逵引『本艸經』正文曰。菌桂、圓如竹。出交趾。然則其樹正圓如竹。故名箘桂。『今-本艸』云。無骨。正圓如竹。不系之正文。無骨、葢(蓋)謂空心也。『左思賦』。邛竹緣嶺。箘桂臨崖。正以竹之實中者與桂之虛中者反對也。》从木。圭聲。《古惠切。16部。》/240

桃 (도)【táo ㄊㄠˊ】 복숭아(나무)

설문 3277 桃果也。从木。兆聲。《徒刀切。2部。》/239

桄 (광)【guàng ㄍㄨㄤˋ】 채울, 베틀, 나무 이름, 가로 지른 나무

설문 3645 充也。《見『釋言』。『陸氏-音義』曰。桄、孫作光。按『堯典』光被四表。『某氏傳』曰光、充也。用『爾雅』爲訓也。桄讀古曠切。所以充拓之圻堮也。必外有桄、而後內可充拓之令滿。故曰桄、充也。不言所以者、仍『爾雅』文也。桄之字、古多假橫爲之。〔且部〕曰。從几、足有二橫。橫卽桄字。『今文-尙書』曰。橫被四表。『孔子閒居』曰。以橫於天下。鄭曰。橫、充也。『樂記』曰。號以立橫。橫以立武。鄭曰。橫、充也。皆卽『釋言』之桄充也。『今文-尙書』作「橫被」。故『漢書:王莽傳、王褒傳』、『後漢書:馮異傳、崔駰傳、班固傳』、『魏都賦:注』所引『東京賦』皆作「橫被」。『古文-尙書』作「光被」。與孫叔然『爾雅』合。『某氏傳』光充也、不誤。『鄭-注』釋以光耀。葢(蓋)非。『淮南書』橫四維、卽『尙書』之橫被四表也。『玄應』曰。桄音光。古文橫𢕼二形。『聲類』作「輄」。今車牀及梯擧下橫木皆是也。》從木。灮(光)聲。《古曠切。10部。》/268

案 (안)【àn ㄢˋ】 안석, 책상, 안건

설문 3556 几屬。《『考工記』。『玉人』之事。案十有二寸。棗栗十有二列。大鄭云。案、玉案也。後鄭云。案、玉飾案也。棗栗實於器。乃加於案。戴先生云。案者、棜禁之屬。『儀禮:注』曰。棜之制。上有四周。下無足。『禮器:注』曰。禁、如今方案。隋長。局足。高三寸。此以案承棗栗。宜有四周。漢制小方案局足。此亦宜有足。按許云几屬、則有足明矣。今之上食木槃近似。惟無足耳。『楚漢:春秋』。淮陰侯謝武涉。漢王賜臣玉案之食。『後漢書:梁鴻傳』。妻爲具食。不敢於鴻前仰視。擧(擧)案齊眉(眉)。『方言』曰。案、陳楚宋魏之閒謂之㩿。自關而東謂之案。後世謂所凭之几爲案。古今之變也。》從木。安聲。《烏旰切。14部。》/260

桊 (권)【juàn ㄐㄩㄢˋ】 쇠코뚜레, 나무바리때(작은 그릇)

설문 3585 牛鼻環也。《【各本】環上有中字。今依『玄應』刪(删)。『玄應』曰。桊、牛拘也。今江以北皆曰牛拘。以南皆曰桊。居院切。按『呂氏-春秋』曰。使烏獲疾引牛尾。尾絕力勯而牛不可行。逆也。使五尺童子引其棬。而牛恣所以之。順也。棬者、桊之譌字。》從木。𢍏聲。《居倦切。14部。》/263

桋 (이)【yí ㄧˊ】 멧대추 나무

설문 3308 赤楝也。《『釋木』曰。桋、赤楝。白者楝。『毛傳』曰。桋、赤楝也。郭云。赤楝樹葉細而岐銳。白楝葉圓而岐、爲大木。按楝、釋文音山厄反。【許書】無楝字。葢(蓋)古只作「朿」也。》從木。夷聲。《以脂切。15部。》『詩』曰。隰有杞桋。《『小雅』文。》/241

桎 (질)【zhì ㄓˋ】 차꼬(형구의 일종)

설문 3669 足械也。所㠯(以)質地。《「所㠯質地」四字依『周禮:音義』補。桎質疊韵(疊韻)也。『周禮:掌囚:注』。鄭司農云。桊者、兩手共一木也。桎梏者、兩手各一木也。玄謂在手曰梏。在足曰桎。中罪不桊。手足各一木耳。按後鄭從許說也。韋昭云。兩手共一木曰桊。兩手各一木曰梏。》從木。至聲。《之日切。12部。》/270

椰 (공)【qióng ㄑㄩㄥˊ】 고리버들
설문 3289 樓椐木也。《『集韵(韻)』作「樓」。『類篇』作「㮝」。是【宋初本】不同也。【宋刻-鉉本】及『李氏-五音韵(韻)譜』作「㮝」。【毛刻-初印】同。【斧季剜版】作「樓」。按㮝字無攷。樓椐木、合二木爲名。未知何木也。『釋木』曰。梫桓椰。『郭-注』云。未詳。或曰椰當爲柳。柜柳似柳。皮可以煑(煮)作飲。郭易椰爲柳。而後釋柜柳。則『篇』、『韵(韻)』以柜柳釋椰。非也。『說文』葢(蓋)取諸『爾雅』。樓與梫形似。椐與柜聲同。樓疑梫之誤。》从木。邛(邛)聲。《渠容切。9部。》/240

桐 (동)【tóng ㄊㄨㄥˊ】 오동나무, 거문고
설문 3388 榮也。從木。同聲。《徒紅切。9部。》/247

桑 상【sāng ㄙㄤ】 뽕나무, 뽕잎 딸, (누에를 치려고)뽕나무 심을
설문 3696 蠶所食葉木。从叒木。《榑桑者、桑之長也。故字从叒。桑不入〔木部〕而傅於叒字。所貴者也。息郎切。10部。》/272
형성 (1자) 상(顙 𩔨)5354

桓 (환)【huán ㄏㄨㄢˊ】 本[표목] 굳셀, 머뭇거릴, 푯말
설문 3521 亭郵表也。《『檀弓:注』曰。四植謂之桓。按二植亦謂之桓。一柱上四出亦謂之桓。『漢書』。瘞寺門桓東。如淳曰。舊亭傳於四角面百步。築土四方。有屋。屋上有柱出高丈餘。有大板貫柱四出。名曰桓表。縣所治夾兩邊各一桓。陳宋之俗言桓聲如和。今猶謂之和表。師古曰。卽華表也。『孝文紀』。誹謗之木。服虔(虔)曰。堯作之。橋梁交午柱。崔浩以爲木貫柱四出名桓。》從木。亘聲。《故官切。14部。『釋訓』曰。桓桓、威也。》/257

業 業 진【zhēn ㄓㄣ】 개암나무 ■전:초목 오볼록 할 (木부 7획)
설문 3279 業(亲)實如小栗。《『韵會』作「木名實如小栗」六字。『周禮:籩人』、『記:曲禮:內則』、『左傳』、『毛詩』字皆作「榛」。假借字也。榛行而業廢矣。鄭云。如栗而小。與許合。『齊民要術』引『詩:義疏』云。榛栗有二種。》从木。辛聲。《側詵切 12部。『蜀都賦』作「榛」。》『春秋傳』曰。女摯不過業栗。《『左傳:莊:二十四年』文。》/239
성부 新신 親친

桔 (길)【jié ㄐㄧㄝˊ】 도라지, 두레박틀
설문 3331 桔梗、《逗。》藥名。《『本艸經』曰。桔梗、味辛。微溫。主胷脅痛如刀刺、腹滿、腸鳴幽幽、驚恐悸氣。『戰國策』曰。今求柴胡、桔便於沮澤。則粲世不得一焉。》從木。《桔梗、艸類。『本艸經』在〔艸部〕。而字從木者、艸亦木也。》吉聲。《古屑(屑)切。12部。》一曰直木。《鄭有桔柣之門。葢(蓋)取直木爲門限之義。『釋宮』曰。柣謂之閾。》/243

◀제7획▶

桮 (배)【bēi ㄅㄟ】 술잔
설문 3553 𠤱也。《〔匚部〕曰。𠤱、小桮也。析言之。此云。桮、𠤱也。渾言之。『方言』。盃椷盞溫閜㯕㽏杯也。桮其通語也。古以桮盛羹。桮圈是也。》從木。否聲。《布回切。1部。俗作「杯」。》𠥓籒文桮。《籒文桮。【鉉本】作「𠥓」。》/260

桯 (정)【tīng ㄊㄧㄥ】 기둥, 서안(책상)
설문 3525 牀前几。《『方言』曰。榻前几。江沔之閒曰桯。趙魏之閒謂之椸。按古者坐於牀而隱於几。『孟子』隱几而臥、『內則』少者執牀與坐、御者擧(擧)几是也。此牀前之几、與席前之几不同。謂之桯者、言其平也。『考工記』葢(蓋)桯、則謂直杠。》從木。呈聲。《他丁切。11部。》/257

栝 栝栝(괄)【guā ㄍㄨㄚ】 ⓢⓗ⑨ⓙ kuò 향나무, (틀어진 물건을 바로 잡는)틀 이름
설문 3602 𨼻也。從木。𠯑聲。《古活切。15部。》一曰矢栝。𨼻弦處。《「𨼻」【各本】作「築」。不可通。今正。『釋名』曰。矢末曰栝。栝、會也。與弦會也。云𨼻弦處者、弦可隱其閒也。此亦𨼻栝之一耑(端)耳。而別言之者。俗但知栝爲矢栝字。嫌義不備(備)。故箸之也。矢栝字【經傳】多用括。【他書】亦用筈(若)。》/264

桱 (경)【jīng ㄐㄧㄥ】 ⓗ⑨ jìng 노간주 나무
설문 3526 桱、《此複擧(擧)字之未刪(刪)者。》程也。東方謂之蕩。《「蕩」『集韵(韻)』、『類篇』皆從竹作「簜」。桱蕩皆牀前几之殊語也。而『方言』不載。》從木。巠聲。《古零切。11部。『廣韵(韻)』古定切。似杉而硬之木。》/257

桴 (부)【fú ㄈㄨˊ】 마룻대(집의 용마루 밑에 서까래가 걸린 부분), 북채
설문 3472 𦣻(眉)棟也。《「也」【各本】作「名」。今正。『釋宮』。棟謂之桴。許云𦣻(眉)棟者。『爾雅』渾言之。許析言之。『鄭(鄭)-注:鄕(鄉)射禮記』曰。五架之屋。正中曰棟。次曰楣(楣)。前曰庪。『注:鄕飮酒禮』曰。楣、前梁也。許之眉棟卽『禮經』之楣也。〔許-厂部〕之广卽『禮經』之庪也。許以屋櫓聯曰楣。則棟前曰𦣻棟。謂棟之近前若𦣻者也。豈『許-所據:禮經』楣作「𦣻」與。『張載-注:靈光殿賦』亦云𦣻梁。》從木。孚聲。《附柔切。3部。》/253

桴 (렬)【liè ㄌㄧㄝˋ】 ⑨ lèi 나무 이름, 돛대
설문 3348 桴木也。《未詳。》從木。寽聲。《力輟切。15部。》/244

桵 (유)【ruǐ ㄖㄨㄟˇ】 ⓢⓗ⑨ⓙ ruí 두릅나무
설문 3321 白桵、《逗。》棫也。《「也」字今補。『大雅』。芃芃棫樸。『釋木』、『毛傳』皆云。棫、白桵也。陸機曰。其材理全白。無赤心者爲白桵。直理易破。可爲犢車軸。又可爲矛戟(戟)矜。》從木。妥聲。《鉉曰。當從綏省聲。按鉉因『說文』無妥字。故云尒。綏下則又云。當作從爪從安省。抑思妥字見於【詩禮】。不得因【許書】偶無妥字而支離其說

也。儒隹切。古音在 17部。》/242

桶 (통)【tǒng ㄊㄨㄥˇ】(나무로 만든 원형)통, 되 ■용:휘(斛也)

설문 3609 木方受六升。《疑當作方斛受六斗。『廣雅』曰。方斛謂之桶。『月令』。角斗甬。『注』曰。甬、今斛也。甬卽桶。今斛者、今時之斛。凡鄭言今者皆謂漢時。秦漢時有此六斗斛。與古十斗斛異。『史記』。商君平斗桶。『呂不韋-仲春紀』。角斗桶。故知起於秦也。》從木。甬聲。《他奉切。9部。》/264

桷 (각)【jué ㄐㄩㄝˊ】서까래

설문 3488 榱也。《榱也者、渾言之。『釋宮』云桷謂之榱是也。下文椽方曰桷者、析言之。》從木。角聲。《形聲包會意也。古岳切。3部。》椽方曰桷。《桷之言棱角也。椽方曰桷、則知桷圜曰椽矣。『周易』。或得其桷。虞曰。桷、椽也。方者謂之桷。》『春秋傳』曰。刻桓宮之桷。《『左氏:莊:二十四年』經文。》/255

桹 (랑)【láng ㄌㄤˊ】광랑나무, 몽둥이

설문 3434 高木也。《此泛言高木謂之桹。非謂桄桹及檳榔也。〔門部:閬〕訓門高。義相近。》從木。良聲。《魯(魯)當切。10部。》/250

桼 칠【qī ㄑㄧ】[설문부수 223] 옻, 옻나무

설문 3732 木汁。可吕(以)髹物。《木汁名桼。因名其木曰桼。今字作漆而桼廢矣。漆、水名也。非木汁也。【詩書】梓桼、桼絲皆作漆。俗以今字易之也。『周禮:載師』。桼林之征二十而五。大鄭曰。【故書】桼林爲漆林。杜子春云。當爲桼林。是則漢人分別二字之嚴。【今-注疏】譌舛。爲正之如此。『周禮:巾車:注』髤桼字皆作桼。不作漆。漢人多假桼爲七字。『史記』六律五聲八音來始。來始正桼始之誤。『尙書:大傳』、『漢:律曆志』皆作七始。『史』、『漢』同用『今文-尙書』也。》从木。《【各本】無. 今補。『韵會』作象木形。亦誤。》象形。《謂左右各三皆象汁自木出之形也。親吉切。12部。》桼如水滴而下也。《也字補。說象形之意也。左右各三象水滴下。》凡桼之屬皆从桼。/276

【黍】下曰:从禾。雨省聲。/329

유사 기장 서(黍)

성부 㓼슬

형부 포(匏) 휴(髹)3733

형성 (4자) 칠(䳲)2282 칠(㓼)2669 칠(𨛾)3977 칠(漆)6684

梀 (족)【cù ㄘㄨˋ】㊥⑨ sù ㉶ chù (짧은)서까래 ■촉:같은 뜻 ■속:가시나무 ■색:나무이름 ■은:묶을

설문 3506 短椽也。《此當與桷椽榱爲類。而廁此者、亦以補前也。『廣雅』。梀、椽也。》從木。朿聲。《丑錄切。3部。》/256

梁 량【liáng ㄌㄧㄤˊ】㊍[나무다리] 들보, 발담(물고기 잡는 기구), 양나라

설문 3634 水橋也。《梁之字用木跨水、則今之橋也。『孟子』。十一月輿梁成。(古本)如是。》『國語』引『夏令』曰。九月除道。十月成梁。『大雅』。造舟爲梁。皆今之橋制。見於[經傳]者、言梁不言橋也。若『爾雅』。隄謂之梁。『毛傳』。石絕(絶)水曰梁。謂所以偃塞取魚者、亦取亙(亘)於水中之義謂之梁。凡『毛詩』自造舟爲梁外。多言魚梁。》從木水。《會意。》刅(办)聲。《呂張切。10部。》𣚱古文。《水閪者必木與木相接。一其際也。》/267

형성 (1자) 량(粱)4282

梂 (구)【qiú ㄑㄧㄡˊ】도토리, 끌대가리

설문 3380 櫟實。《此「櫟實」與草下「櫟實」各物。草下當云草斗、柞櫟實。損柞字耳。『釋木』曰。櫟、其實梂。陸機云。椒樧之屬。其子房生爲梂。木蓼子亦房生。然則許何爲以梂字專系諸木蓼也。曰〔艸部〕以莍系諸茱樧矣。則以梂系諸櫟也。莍與梂皆謂聚生成房。椽斗不尒也。莍與梂古通用。『椒聊:箋』云。一梂之實。蕃衍滿升。非其常也。此假「梂」爲「莍」也。今俗語謂緐(繁)多叢聚曰一梂。椒子每梂數十百顆。詩人言其盛。則曰每梂將盈升。不識『正義』何以不解也。木蓼、『唐-本艸』謂之木天蓼。蘇頌云。木高二三丈。三四月開花。似柘花。五月採子。子作梂。》一曰鑿首。《『豳風:毛傳』曰。鑿屬曰錡。木屬曰梂。釋文曰。錡、『韓詩』云木屬也。銶、『韓詩』云鑿屬也。按許用『韓詩』說也。鑿所以穿木也。鑿首謂鑿柄。鑿柄必以木爲之。今木工尙然矣。故字從木。〔金部〕無銶。『許-所據:詩』然也。》從木。求聲。《巨鳩切。3部。》/246

梃 (정)【tǐng ㄊㄧㄥˇ】막대기, 대(줄기를 세는 수사), 지렛대

설문 3429 一枚也。《凡條直者曰梃。梃之言挺也。「一枚」、疑當作「木枚」。〔竹部〕曰。箇、竹枚。則梃當云木枚也。『方言』曰。箇、枚也。『鄭-注:禮經』云。个猶枚也。今俗或名枚曰個。音相近。按枚、榦(幹)也。一莖謂之一枚。因而凡物皆以枚數。『左傳』。以枚數闔。謂枚枚數之。猶云一一數之也。直者則曰梃。如『孟子』制梃、『漢書』白梃皆是。『禮經』脯梃字本作「梃」。亦作「挺」。俗作「脡」。誤也。詳〔肉部〕。》從木。廷聲。《徒頂切。11部。》/249

梅 (매)【méi ㄇㄟˊ】매화 나무, 매우(매실이 익을 때 오는 장맛비)

설문 3273 枏也。可食。從木。每聲。《莫桮切。古音在 1部。按釋木曰。梅(梅)、柟也。『毛詩:秦風、陳風:傳』皆曰。梅、柟也。與『爾雅』同。但『爾雅』、『毛傳』皆謂梗柟之柟。毛公於『召南』摽有梅、『曹風』其子在梅、『小雅』四月侯栗侯梅、無『傳』。而『秦』、『陳』乃訓爲柟。此以見『召南』等之梅與『秦』、『陳』之梅判然二物。『召南』之梅今之酸果也。『秦』、『陳』之梅今之楠樹也。楠樹見於『爾雅』者也。酸果之梅不見於『爾雅』者也。『樊光-釋:爾雅』曰。荊州曰「梅」。楊州曰「柟」。益州曰「赤梗」。『孫炎-釋:爾雅』曰。荊州曰「梅」。楊州曰「柟」。『陸機-疏:草木』曰。梅樹皮葉似豫樟。皆謂楠

樹也。枏亦名梅。後世取梅爲酸果之名。而梅之本義廢矣。『郭-釋:爾雅』乃云似杏、實酢。『篇』、『韵(韻)』襲之。轉謂酸果有枏名。此誤之甚者也。然則許以枏梅二篆廁諸果之閒(間)。又云可食。豈非始誤與。曰此淺人所改竄也。如許謂梅、酸果。其立文當先梅篆、云酸果也。次枏篆、云梅也。梨杏李桃等不云可食。何必獨云可食哉。許意某爲酸果正字。故某篆解云酸果也。從木從甘。其字當本廁柹(柿)下杏上。而枏梅二篆當本廁諸木名之閒。淺人易其處。又增竄其文耳。以【許書】律【羣(群)經】。則凡酸果之字作梅、皆假借也。凡(凡)某人之字作某、亦皆假借也。假借行而本義廢。固不可勝數矣。》 楳或从某。《某聲。『召南』釋文曰。『韓詩』作「楳」。》/239

梇 (롱)【nòng ㄋㄨㄥˋ】 [상][中][9][작] **lòng** 나무 이름, 땅 이름

[설문] [3401] 梇木也。《未詳。》從木。弄聲。《盧貢切。9部。》益州有梇棟縣。《益州、漢郡名也。『前志』字作弄。『後志』作梇。》/248

梏 (곡)【gù ㄍㄨˋ】 수갑 ■각:곧을

[설문] [3670] 手械也。所吕(以)告天。《「所吕告天」四字依『周禮:音義』補。梏告疊韵(疊韻)也。》從木。告聲。《古沃切。3部。》/270

梐 (폐)【bī ㄅㄧˉ】 [상][中][9][작] **bì** 울짱, 감옥

[설문] [3622] 梐枑、《逗。》行馬也。《『周禮:掌舍』。掌王之會同之舍。設梐枑再重。『注』曰。【故書】枑爲拒。杜子春讀爲梐枑。梐枑謂行馬。玄謂行馬再重者。以周衞(衛)有外內列。按許亦從杜子春作梐枑也。》從木。陛省聲。《邊兮切。15部。按當作坒聲。與〔非部:陛〕下陛省聲不同。》『周禮』曰。設梐枑再重。/266

梓 (재)【zǐ ㄗˇ】 노나무, 가래 나무 ■자:속음

[설문] [3313] 楸也。從木。宰省聲。《卽里切。1部。按許知宰省聲而非辛聲者、於或字知之也。或字、葢(蓋)古文之遺與。》 榟或不省。/242

梔 梔(치)【zhī ㄓˉ】 [상] **guǐ** 치자나무

[설문] [3403] 黃木。可染者。《【各本】篆文誤作「桅」。今依『韵(韻)會-所據:本』正。小徐云。『史記:貨殖傳』千畝(晦畝)巵茜、又【書記】多言鮮支、皆此。是【鍇本】固作「梔」字。證一。『玉篇』列字次弟與『說文』同。而梇楰杒榙四字之閒字作「梔」。之移切。不作「桅」。桅字乃在下文孫强等增竄之処(處)。證二。〔水部:染〕下引裴光遠曰從木。木者所以染。梔茜之屬也。此用『史記』梔茜。而亦譌作「桅」。證三。桅、今之梔子樹。實可染黃。『相如賦』謂之鮮支。『史記』假巵爲之。》從木。巵(巵)聲。《「巵」【各本】誤作「危」。音過委反。今依『韵(韻)會』所據正。章移切。16部。『釋木』。桑辨有葚梔。此別一義。》/248

※ 많은 판본에서 치자나무 궤(桅 **wéi**)자로도 나온다.

梗 梗(경)【gěng ㄍㄥˇ】 [9] **gēng** 가시나무, 가시, 근심, 막을

[설문] [3392] 山枌榆、有朿。《山枌榆、又枌榆之一種(種)也。有朿。故名梗榆。卽『齊民要術』所謂刺榆者也。『方言』。凡草木刺人、自關而東或謂之梗。『郭-注』。今云梗榆是也。》莢可爲蕪荑也。《「荑」當作「夷」。『爾雅』、『急就篇』皆不從艸。『釋木』。無姑、其實夷。郭云。無姑、姑榆也。生山中。莢圓而厚。〈「莢」【各本】作「葉」『急就篇:注』引不誤〉剝取皮。合漬之。其味辛香。所謂蕪夷。按『齊民要術』分姑榆、刺榆、山榆爲三。云刺榆木甚堅肕。山榆可以爲蕪夷。依許說則刺榆山榆一物也。賈氏言種植皆得諸目驗。豈許有未諦與。姑榆卽『周禮』之樟。杜子春作枯榆。『鄭-注:周易:大過』曰。枯音姑。謂無姑、山榆。『廣雅』。山榆、母估也。是則山枌榆卽『爾雅』無姑之證。》從木。㪅(更)聲。《古杏切。古音在 10部。按梗引伸爲凡柯莖鯁刺之偁(稱)。》/247

梜 (협)【jiá ㄐㄧㄚˊ】 [상][中][9] **jiā** 젓가락

[설문] [3644] 檢柙也。《檢柙皆函物之偁(稱)。然則梜亦謂函物之器也。『曲禮』。羹之有菜者用梜。謂箸爲梜。此引伸之義也。》從木。夾聲。《古洽切。8部。》/268

策 (추)【zuǐ ㄗㄨㄟˇ】 알, 감출, 입, 부리

[설문] [1037] 識也。从此。朿聲。《遵誄切。古音在 16部。》一曰藏也。《藏、今字也。古作「臧」。『廣雅』。石鍼謂之策。與識訓相近。又策、觜也。與藏訓相近。觜同舒卷之卷。》/69

條 [조]【tiáo ㄊㄧㄠˊ】 [本][곁가지] 조리(맥락), 끈(실), 법규, 조목

[설문] [3421] 小枝也。《『毛傳』曰。枝曰條。渾言之也。條爲枝之小者。析言之也。》從木。攸聲。《徒遼切。古音在 3部。》/249

[형성] (3자) 촉(䐓)2046 조(蓧)4474
척(滌)7068

梟 [梟][효]【xiāo ㄒㄧㄠˉ】 올빼미, 목 베어 매달, 효용할(사납고 날램) ■교:속음

[설문] [3681] 不孝鳥也。故日至捕梟磔之。《『漢儀』夏至賜百官梟羹。『漢書:音義』。孟康曰。梟、鳥名。食母。破鏡、獸名。食父。黃帝欲絕(絕)其類。使百吏祠皆用之。如淳曰。漢使東郡送梟。五月五日。作梟羹以賜百官。以其惡鳥故食之也。》從鳥在木上。《『五經文字』曰。從鳥在木上。隸省作梟。然則『說文』本作梟甚明。【今-各本】云從鳥頭在木上。而改篆作梟。非也。此篆不入〔鳥部〕而入〔木部〕者。重磔之於木也。倉頡往(在)黃帝時、見黃帝磔此鳥。故製字如此。古堯切。2部。》/271

[형성] (2자) 규(嘄)815 교(鄡)3898

梠 (려)【lǚ ㄌㄩˇ】 처마

[설문] [3492] 楣也。《『釋名』曰。梠、旅也。連旅之也。『士喪禮:注』曰。宇、梠也。〔宀部〕曰。宇、屋邊也。》從木。呂聲。《力擧(擧)切。5部。》/255

棭 (혁)【yì ㄧˋ】 [中][9] **xí** 병거의 다락, 나무 옹이로 보리 구을 ■역:같은 뜻

설문 3544 穜樓也。《「穜(種)」者今之「種」字。「樓」者今之「耬」字。『廣韵(韻)』曰。耬、種具也。今北方謂所以耩者曰耬。耩者、種也。【小徐本】「樓」作「樓」。》 一曰燒麥柃椴也。《燒猶熬也。柃椴者、熬麥器名。》 從木。役聲。《與辟切。16部。》 /260

梡 (관)【huǎn ㄏㄨㄢˇ】 ㉦㊥㉶ hùn ⑨ huá (네 발이 있는)도마 ■환:토막나무, 땔나무단 ■혼:땔나무

설문 3659 梱木薪也。《對析言之。梡之言完也。》 從木。完聲。《胡本切。『玉篇』口管胡管二切。14部。》 /269

梢 (소)【shāo ㄕㄠˉ】 마들가리(곁가지가 없는 긴 가지), 막대기 ■삭:같은 뜻, 상앗대끝

설문 3346 梢木也。《未詳。『廣韵(韻)』曰。梢、船舵尾也。又枝梢也。此今義也。『釋木』曰。梢、梢擢。郭云。梢音朔。按梢擢字、葢(蓋)本從手作「捎」。》 從木。肖聲。《所交切。2部。》 /244

梣 (침)【cén ㄘㄣˊ】 구주물푸레나무 ■심·잠:같은 뜻

설문 3298 青皮木。《『淮南書』曰。夫梣木色青瘉翳。而贏蝸瘉睆。此皆治目之藥也。高曰。梣木、苦歷木名也生於山。剝其皮以水浸之。正青。用洗眼。瘉人目中膚翳。正文【各本】譌誤。今考定如是。按『本艸經』謂之秦皮。以一名岑皮而聲誤作秦耳。其木一名石檀。陶隱居云是樊槻木。槻音規。『集韵(韻)』云。江南樊雞(鷄)木。其皮入水綠色。可解膠益墨。樊雞卽樊槻也。》 从木。岑聲。《子林切。7部。『玉篇』作今切。》 𣚐或从寖省。寖籒文寑。《見〔宀部〕。》 /241

梤 (분)【fén ㄈㄣˊ】 ㉶ fēn향나무

설문 3358 香木也。《芬爲艸香。故梤爲香木。》 從木。芬聲。《形聲包會意也。撫文切。13部。按隸(隸)字多作「棻」。葢(蓋)由篆體本作棻。象香气上出。》 /245

梧 (오)【wú ㄨˊ】 벽오동 나무 ■어:악기이름

설문 3386 梧桐木。《三字句。『釋木』曰。櫬梧。賈思勰曰。『注』云今梧桐皮青者曰梧桐。案今人以其皮青。號曰青桐也。玉裁謂。此今人所植梧桐樹也。其華五出。子如珠。綴於瓢邊。瓢如羹匙。賈氏云青桐九月收子炒食甚美、如菱芡是也。》 從木。吾聲。《五胡切。5部。》 一曰櫬。《一曰猶一名也。本『爾雅』。》 /247

梪 (두)【doù ㄉㄡˋ】 제기 이름, 녁되

설문 2959 木豆謂之梪。《『釋器』曰。木豆謂之梪。竹豆謂之籩。瓦豆謂之登。『毛傳』亦曰。木曰豆。所以薦菹醢(醓)也。瓦曰登。所以薦大羹也。『毛詩』「豆」當作「梪」。『瓬人』豆中縣。豆本瓦器。故木爲之則異其字。『韓勑(勅)碑』。爵鹿柤梪。『僞:古文-武成』有「梪」。》 从木豆。《豆亦聲。徒偯(候)切。4部。》 /207

梫 (침)【qǐn ㄑㄧㄣˇ】 마취목(馬醉木)

설문 3281 桂也。《『釋木』。梫、木桂。郭曰。今南人呼桂厚皮者爲木桂。葉似枇杷而大。按南方草木狀云。桂有三種。葉似枇杷者爲牡桂。牡木音同。許言梫桂也者。梫爲桂之一。而桂不止於梫也。『蜀都賦』。其樹則有木蘭梫桂。劉(劉)逵曰。梫桂、木桂也。》 从木。㑴(侵)省聲。《七荏切。7部。》 /239

梬 (병)【yǐng ㄧㄥˇ】 고욤나무 ■잉:정음(正音) ■정:같은 뜻

설문 3270 梬棗也。《三字一句。梬棗、果名。非今俗所食棗也。『南都賦』曰。梬棗若畱(留)。『張揖-注:子虛』曰。梬、梬棗也。李善引『說文』亦云。梬棗似柹(柿)。於此可以訂刪(刪)複字者之非矣。》 从柹(柿)而小。一曰梗。《【各本】無「而小一曰梗」五字。今合『齊民要術』、『衆經:音義』、『廣韵(韻)』、『子虛、南都:二賦:李善-注』引訂補。按梬卽『釋木』之遵。羊棗也。郭云。實小而圓。紫黑色。今俗呼之爲羊矢棗。引『孟子』曾晳嗜羊棗。何氏焯曰。羊棗非棗也。乃柹(柿)之小者。初生色黃。熟則黑。似羊矢。其樹再椄卽成柹矣。余客臨沂始覩之。亦呼「牛妳柹」。亦呼「梗棗」。此尤可證以柹得棗名。『孟子:正義』不得其解。玉裁謂。凡物必得諸目驗而折衷古籍。乃爲可信。昔在西苑萬善殿庭中。曾見其樹。葉似柹而不似棗。其實似柹而小如指頭。內監告余。用此樹椄之便成柹。『古今:注』曰。梗棗、實似柹而小。味亦甘美。師古曰。梬棗、卽今之梗棗也。梗與遵音相近。梗卽遵字也。一曰梗者、一名梗也。本作「一曰」。李善改爲「名曰」。以便於文也。許無梗篆。葢(蓋)俗字不列也。『內則』芝栭。賀氏云。芝、木椹。栭、軟棗。釋文云。栭、本又作檽。檽者、梗之誤。賀氏作梗。許不妨作耎也。梬棗者、柹屬。故受之以柹篆。○ 又按『衆經:音義』。梗棗、如兗切。『說文』云似柹而小。或作㮕。非體也。似【玄應-所據:本】有梗篆。其解當云。梬棗也。從木、耎聲。似柹而小乃梬篆下語也。○ 司馬氏光曰。「君遷子」、卽今「牛奶柹」。按『吳都:劉(劉)-注』。「梠欐子」如瓠形。『玉篇』曰。「梠欐子」如「雞(鷄)子」。不當以羊棗當之。》 從木。甹聲。《以整切。11部。梗、而兗切。》 /238

梭 (준)【suō ㄙㄨㄛˉ】 ㉦㊥⑨㉶ xùn 나무이름 ■사:(베틀의)북 ■전·순:나무이름

설문 3349 梭木也。《未詳。》 從木。夋聲。《私閏切。『玉篇』且泉切。13部。今人訓織具者、用爲杼字也。於其雙聲讀之也。『廣雅』作「梭」。》 /244

梯 제【tī ㄊㄧˉ】 사닥다리(조금씩 진행됨), 휘추리, 나무 어릴 ■체:속음

설문 3583 木階也。《『孟子』。父母使舜完廩。捐階。趙曰。階、梯也。階以木爲之。便於登高。》 從木。弟聲。《土雞(鷄)切。15部。》 /263

참고 제(䏲)

械 (계)【jiè ㄐㄧㄝˋ】 ㉦㊥⑨㉶ xiè (차꼬, 수갑, 칼 등의)형틀, 기구

설문 3667 桎梏也。從木。戒聲。《胡戒切。古音在1部。》 一曰械、《逗。此字今補。》 器之總(總)名。《『趙-注:孟

㉶ 作家出版社〔董蓮池-說文解字考正〕 ⑨ 九州出版社〔柴劍虹-說文解字〕 ㉠ 陝西人民出版社〔蘇寶榮-說文解字今注今譯〕 ㉦ 上海古籍出版社〔說文解字注〕 ㊥ 中華書局〔臧克和-說文解字新訂〕

子』日。械、器之總名。『禮記:音義』引『郭璞-三蒼:解詁』同。》一日械、《逗。此字今補。》治也。《【各本】「治」作「持」。恐是唐人諱改。今依『李善-長笛賦:注』正。》一日有所盛日器。無所盛日械。《【各本】作「有盛爲械。無盛爲器」。『詩:車攻』釋文引無所盛日械。今據正。按〔㗊部〕日。器、皿也。『何-注:公羊』云。攻守之器日械。『大傳』。異器械。『注』云。禮樂之器及兵甲也。『王制』。器械異制。『注』云。謂作務之用。皆可爲有盛無盛之證。『師古-注:宣帝紀』與【各本】同。恐淺人所改也。若『六書故』云。『唐本-說文』日。或說內盛爲器。外盛爲械。外盛未安。當作外戒。》/270

梱 (곤)【kǔn ㄎㄨㄣˇ】 문지방, 칠(두드릴)
설문 3511 門槷也。《槷下云。一日門梱也。〔門部〕日。閫、門梱也。然則門梱、門槷、閫、一物三名矣。謂當門中設木也。『釋宮』。槷謂之閫。『廣雅』。槷機閫朱也。朱同梱。『史記:孫叔敖傳』日。楚俗好庳車。王欲下令使高之。相敎閭里使高其梱。居半歲。民悉自高其車。『史記:張釋之-馮唐傳』日。閫以內者、寡人制之。閫以外者、將軍制之。『漢書』「閫」作「閬」。韋昭日。此郭門之梱也。門中槷日梱。『鄭-注:曲禮』日。梱、門限也。與許不合。》從木。困聲。《苦本切。13部。》/256

棁 (절)【zhuó ㄓㄨㄛˊ】 ㊤㊥⑨㉓ tuō 동자기둥(들보 위의 짧은 기둥) ■탈:막대기 ■예:같은 뜻
설문 3592 木杖也。《「木」一本作「大」。『穀梁傳:宣:十八年』日。邾人戕繒子于繒。戕猶殘也。棁殺也。棁殺謂杖殺之。『今本-注疏』釋文皆譌從手。而『唐-石經』初從木作「棁」。後改從手。唐玄度之紕繆也。『後漢:禰衡傳』。手持三尺棁杖。按【經典】用爲梁上短柱之稅。》從木。兌聲。《他活切。又之說切。15部。○ 棁篆舊在椎柯二篆後。今移正。》/263

梳 (소)【shū ㄕㄨ】 빗질할, 얼레빗
설문 3532 所㠯(以)理髮也。《「所㠯」二字今補。器日梳。用之理髮因亦日梳。凡字之體用同稱如此。『漢書』亦作「疏」。》從木。疏省聲。《疏、通也。形聲包會意。所菹切。5部。》/258

梴 (천)【chān ㄔㄢ】 나무길, 방아틀
설문 3447 長木也。從木。延聲。《丑連切。14部。》『詩』日。松桷有梴。《見『商頌』。毛云。長皃(貌)。按此篆疑後人所增。『毛詩本』從手作挻。不從木也。『商頌:音義』日。有挻、丑連反。又力饘反。長皃。柔挻、物同耳。字音羶。俗作埏。又『道德經:音義』日。挻、始然反。河上云。和也。『聲類』云。柔也。『字林』云。長也。丑連反。一日柔挻。方言云。取也。玉裁謂。挻埴字俗作「埏」。古作「挻」、柔也。陸氏於『商頌』云。挻、長皃。又云。柔挻物同。謂柔挻與長皃無二字也。於『老子』挻埴云。和也、柔也。而又引『字林』云長也。謂長與柔挻無二字也。『陸氏-毛詩本』從手作挻。明甚。『今本-音義』作木旁延。非也。『白氏六帖』於『松柏類』引『詩』松桷有埏。勑延切。字正作挻之俗字。是亦可以證『商頌』之本作挻也。『五經文字:木部』有梴。云見『詩:頌』。葢(蓋)所據已爲【誤本】矣。故日梴篆、淺人以『誤本:毛詩』羼入者也。〔手部〕云。挻、長也。此正用『商頌:傳』也。是說明、而治『說文』者可刪此篆矣。》/251

◀ 제 8 획 ▶

棃 (리)【lí ㄌㄧˊ】 오얏 ※ 리(梨)의 본래 글자
설문 3269 棃果也。《【各本】作「果名」二字。淺人改也。『釋木』。棃山樆。謂棃之山生者日樆也。樆本亦作「離」。『子虛賦』。檗離朱楊。裴駰引『漢書:音義』云。離、山棃也。『師古-注:急就篇』云。棃一名山樆。非是。》从木。 称聲。《力脂切。15部。》称、古文利。《見〔刀部〕。》/238

棄 기【qì ㄑㄧˋ】 버릴(돌보지 않음, 잊어 버림, 배척함)
설문 2378 捐也。《〔手部〕日。捐、棄也。》从𠬞(廾)推華棄也。《竦手推華而捐之也。》从𠫓。𠫓、逆子也。《旣以𠬞華會意。又加𠫓以箸(着)之。𠫓者、不孝者。人所棄也。棄、詰利切。15部。》古文棄。《古文以竦手去屰(屰)子會意。按棄字隸(隸)變作棄。中體佀(似)世。唐人諱世。故『開成-石經』及凡【碑板】皆作「弃」。近人乃謂【經典】多用古文矣。》籒文棄。《今字亦從厶不從𠫓。》/158

棆 (륜)【zhūn ㄓㄨㄣ】 ㊤㊥⑨ lún ㉓ zhūn 나무 이름
설문 3290 母杶也。《按「母杶」當作「毋疵」。皆字之誤也。『釋木』。棆、無疵。古毋無通用。故許作毋。『玉篇』。棆、木名也。枇、無枇木也。二字爲伍。葢(蓋)謂一物也。『廣韵(韻)』云。無枇木一名棆。是也。『楊雄-『蜀都賦』說木有枇。郭云。棆、楩屬。似豫章。》从木。侖聲。讀若易卦屯之屯。《陟倫切。13部。》/240

栞 간【kān ㄎㄢ】 나무 잘라 표할 ※ 간(栞)과 같은 글자
설문 3424 槎識也。《槎 、衺斫也。槎識者、衺斫以爲表志也。斫之以爲表識。如孫臏斫大樹白而書之日龐涓死此樹下、是其意也。『禹貢』。隨山栞木。『夏本紀』作行山表木。此古說也。『今-尙書』益稷、『禹貢』皆作隨山刊木、九山刊旅。『周禮』日。刊陽木。『左傳』日。井堙木刊。木非不言刊也。然〔刀部〕日。刊、剟也。剟、刊也。刊者、除去之意。與栞訓槎識不同。葢(蓋)壁中古文作「栞」。『今文-尙書』作「栞」。則未知何時改爲刊也。據『正義』已作刊。則非衞(衛)包所改。》從木䢅。闕。《此云闕者、謂䢅形不可識、無由知其形聲抑會意也。『說文』之例。先小篆後古文。惟此先壁中古文者、尊【經】也。》『夏書』日。隨山栞木。《『夏書』謂『禹貢』也。》讀若刊。《此謂同音耳。苦寒切。14部。》篆文從幵。《李斯輩作「栞」。『史』、『漢』所引『禹貢』作「栞」。故知『今文-尙書』作「栞」也。》/249

棊 (기)【qí ㄑㄧˊ】 바둑, (장기 · 윷)말
설문 3603 簙棊。《〔竹部〕日。簙、局戲(戲)也。六箸。十二棊。》從木。其聲。《渠之切。1部。》/264

㉓ 作家出版社〔董蓮池-說文解字考正〕 ⑨ 九州出版社〔柴劍虹-說文解字〕 ㉠ 陝西人民出版社〔蘇寶榮-說文解字今注今譯〕 ㊤ 上海古籍出版社〔說文解字注〕 ㊥ 中華書局〔臧克和-說文解字新訂〕

棐 (비)【fěi ㄈㄟˇ】 도울, 비자나무

설문 3682 輔也。《『尚書』多言棐。『釋詁』日。弼棐輔比俌也。按棐蓋(蓋)弓檠之類。》從木。非聲。《府尾切。15部。按此篆失其舊次。》/271

棓 (봉)【pǒu ㄆㄡˇ】 ㉻㊥⑨㊥⑨㉿ bàng 몽둥이, (밟고 오르는)발판 ■부:치, 발판 ■배:널조각, 성씨

설문 3591 棁也。《棓棒正俗字。『天官書』。紫宮左三星日天槍。右五星日天棓。『淮南書』。寒浞殺羿於桃棓。》從木。咅聲。《步項切。按咅聲在 4部。合韵(韻)也。》/263

棖 (정)【chéng ㄔㄥˊ】 本[막대기] 문설주, 칠(때릴) ■장:사람 이름

설문 3584 杖也。《未詳。》從木。長聲。《宅耕切。『廣韵(韻)』直庚切。古音在 10部。》一日法也。《未詳。『釋宮』日。棖謂之楔。『玉藻:注』。棖、門楔也。『鄭風:箋』。棖、門梱上木近邊者。按門兩旁(旁)木亦法之一端也。鄭說梱爲門限。故日門梱上木。》/263

棗 조【zǎo ㄗㄠˇ】 대추, 성씨, 차 넣는 그릇

설문 4164 羊棗也。《羊蓋(蓋)衍文。羊棗卽〔木部〕之槸。『爾雅』諸棗中之一。與常棗絕(絶)殊。不當專取以爲訓。蓋此當云棗木也。棗樹隨地有之。盡人所識。赤心而外朿。非羊棗也。必轉寫妄改之誤。》从重朿。《『釋木』日。槐、棘、醜喬。棘卽棗也。析言則分棗、棘。統言則日棘。『周禮』。外朝九棘三槐。棘正謂棗。故『注』云。取其赤心而外刺。上句日喬。故从重朿會意。子晧切。古音在 3部。》/318

성부 棘극

棘 극【jí ㄐㄧˊ】 가시나무, 대추나무, 창(무기), 빠를, 야윌

설문 4165 小棗叢生者。《此言小棗則上文謂常棗可知。小棗樹叢生。今亦隨在有之。未成則爲棘而不實。已成則爲棗。『魏風』。園有棘。其實之食。『唐風』。肅肅鴇翼。集于苞棘。『小雅』。有捄棘匕。『毛傳』日。棘、棗也。此謂統言不別也。『邶風』。吹彼棘心。吹彼棘薪。『左傳』。除翦其荆(荊)棘。此則主謂未成者。古多叚(假)棘爲亟字。如棘人欒欒兮、我是用棘、匪棘其欲皆是。棘亟同音。皆謂急也。》从竝朿。《棘庳於棗而朿尤多。故从並朿會意。己力切。1部。》/318

유사 대추나무 조(棗)

형성 (2자) 북(僰 僰)4972 극(襋 襋)5027

棚 (붕)【péng ㄆㄥˊ】 本[사닥다리] 시렁, 잔교, 누각

설문 3579 棧也。《『通俗文』日。板閣日棧。連閣日棚。析言之也。許云棚、棧也。渾言之也。今人謂架上以蔽下者皆日棚。》從木。朋聲。《薄衡切。古音在 6部。》/262

棝 (고)【gù ㄍㄨˋ】 쥐덫

설문 3630 棝斗。《逗。》可射鼠。從木。固聲。《古慕切。5部。》/267

棟 (동)【dòng ㄉㄨㄥˋ】 本[다할] 마룻대(용마루 밑의, 서까래를 걸치는 나무)

설문 3473 極也。《極者、謂屋至高之處。『繫辭』日。上棟下宇。五架之屋、正中日棟。『釋名』日。棟、中也。居屋之中。》從木。東聲。《多貢切。9部。》/253

棠 (당)【táng ㄊㄤˊ】 팥배나무

설문 3283 牡日棠。牝日杜。《艸木有牡者、謂不實者也。『小雅』云。有杕之杜。有睆其實。此牝者日杜之證也。『陸機-詩疏』日。赤棠與白棠同耳。但子有赤白美惡。子白色爲白棠、『甘棠』。少酢滑美。赤棠子澀(澁)而酢無味。俗語云。澀如杜是也。依陸說是棠杜皆有子。然種類甚多。今之海棠皆華而不實。蓋(蓋)所謂牡者日棠也。》从木。尙聲。《徒郎(郎)切。10部。》/240

棣 (체)【dì ㄉㄧˋ】 산앵도 나무 ■지·대:같은 뜻

설문 3367 白棣也。《『小雅:傳』日。常棣、棣也。『秦風:傳』日。棣、唐棣也。常與唐同字可證矣。渾言之則白棣亦評唐棣也。『豳風:傳』云。鬱、棣屬。》從木。隶聲。《特計切。15部。》/245

棥 번【fán ㄈㄢˊ】 울타리, 번성할

설문 1986 藩也。《〔艸部〕日。藩、屛也。按『齊風』。折柳(柳)樊圃。毛日。樊、藩也。𤔔(樊)者、棥之假借。藩、今人謂之籬笆。籬『說文』作杝。『通俗文』日。柴垣日杝。木垣日柵(柵)。字作欐。六朝人謂之援。謝靈運云激流植援是也。》从爻林。《會意。附袁切 14部。》『詩』日。營營青蠅。止于棥。《『小雅』文。「營營」〔言部〕引作「謍謍」。「棥」『今-詩』作「攀」。毛日。攀、藩也。『三章』日。榛所以爲藩也。》/128

성부 樊번 焚焚분

棧 잔【zhàn ㄓㄢˋ】 사닥다리, 비계, 잔교, 대나무 수레, 나무 얽어 만든 길 ■전:같은 뜻 ■진:성할(衆盛貌)

설문 3580 棚也。竹木之車日棧。《不言一日者、其義同也。『小雅:傳』日。棧車、役車。『箋』云。棧車、輂者。許云竹木之車者、謂以竹若木散材編之爲箱、如柵(柵)然。是日棧車。棧者上下四旁(旁)皆偁(稱)焉。『公羊傳』云。亡國之社。掩其上而柴其下。『周禮:喪祝:注』作奄其上而棧其下。棧其下、謂以竹木布於地也。》從木。戔聲。《士限切。14部。》/262

형성 (1자) 잔(㰝 㰝)5612

槔 (고)【gǎo ㄍㄠˇ】 本[나무이름] 두레박 ■구:아구나무 ■국:측백나무 ■호:나무이름

설문 3294 槔木也。《『六書故』以鳥白當之。未知是否。》从木。咎聲。讀若皓。《「晧」【各本】作「皓」。非。今正。古老切。古音在 3部。》/240

棨 (계)【qǐ ㄑㄧˇ】 本[기달린 신표창] (적흑색 비단으로 싼)나무창 圖棨者刻木爲合符也。形如

軷、有旞書之。吏執爲信。

설문 3620 傳信也。《此字夢上槧札檢檄爲次。若今之文書也。『漢:孝文紀』。除關無用傳。張晏曰。傳、檄也。若今過所也。如淳曰。兩行書繒帛。分持其一。出入關。合之乃得過。謂之傳也。李奇曰。傳、棨也。師古曰。古者或用棨。或用繒帛。棨者、刻木爲合符也。按用繒帛謂之繻。『終軍傳』曰。關吏予軍繻是也。用木謂之棨。此云傳信也是也。傳讀張戀切。『釋名』曰。棨、詣也。以啓語官司所至詣也。當謂此。【今本】譌舛不可讀。爲正之如此。》從木。啓省聲。《康禮切。15部。今字棨釋爲兵闌。》/266

棪 (염)【yǎn ㄧㄢˇ】나무 이름, 재염나무
설문 3301 遫其也。《『釋木』。棪、槤其。郭曰。棪實如柰。可食。『南山經:傳』曰。棪別名遫。其子似柰而赤。可食。按遫、籒文速字也。『今-爾雅』作「槤」。爲俗字。》从木。炎聲。讀若三年導服之導。《三年導服詳〔示部:禫〕下。棪讀如淡。與導服相似也。『山海經:傳』音剡。『爾雅:音義』餘念反。『唐韵(韻)』以冄切。》/241

棫 (역)【yù ㄩˋ】두릅나무
설문 3322 白桵也。從木。或聲。《于逼切。1部。》/243

森 삼【sēn ㄙㄣ】나무 빽빽할, 성할, 으쓱할, 늘어설
설문 3693 木多皃(貌)。從林。從木。《按『篇』、『韵』皆云。森長木皃。疑『篇』、『韵』所據爲長。從林從木、正謂有木出乎林之上也。》讀若曾參之參。《所今切。7部。》/272

棱 (릉)【líng ㄌㄧㄥˊ】(상)(中)⑨(작) léng 모(모서리), 위엄
설문 3650 柧也。從木。夌聲。《魯登切。6部。俗作「楞」。》/268

棳 (절)【zhuó ㄓㄨㄛˊ】(상)(中)(작) zhuō ⑨ zhuǒ 동자기둥, 대공, 고을 이름
설문 3299 棳木也。《未詳。俗以爲梁上楹之字。》从木。叕聲。《職說切。15部。》益州有棳縣。《棳上當有「毋」。『地理、郡國:二志』。益州皆有毋棳縣。》/241

棷 (추)【zōu ㄗㄡ】섶 ■수:늪, 수풀, 풀서리(聚草) ■최·취:같은 뜻
설문 3658 木薪也。《按『禮運』假棷爲藪字。》從木。取聲。《側鳩切。4部。》/269

棺 (관)【guān ㄍㄨㄢ】널, 입관할
설문 3676 關也。《以疊韵(疊韻)爲訓。門聞、戶(戶)護之例也。》所㠯(以)掩屍。《「屍」【各本】作「尸」。誤。今正。『釋名』曰。棺、關也。關、閉也。》從木。官聲。《古丸切。14部。》/270

棼 (분)【fén ㄈㄣˊ】겹들보, 삼베, 어지러울, 어그러질
설문 3692 複屋棟也。《複屋、『考工記』謂之重屋。〔木部〕曰。橝、棼也。是曰橝、曰棼者、複屋之棟也。曰橑者、複屋之椽也。〔竹部〕曰。笮者、在瓦之下棼上者也。姚氏鼐曰。椽棟既重、軒版垂檐皆重矣。軒版卽屋笮。或木或竹異名。在瓦之下椽之上。檐垂椽端。椽亦謂之橑。『考工記』重屋。鄭以複笮釋之。而【他書】所稱曰重檐曰重橑曰重軒曰重棟曰重棼、各舉(擧)其一爲言爾。按『左傳』。治絲而棼之。假借爲紛亂字。》從林。分聲。《符分切。13部。》/272

棽 (침)【chēn ㄔㄣ】나무 가지 무성할 ■삼:나무 가지 성긴 모양 ■림:같은 뜻
설문 3689 木枝條棽儷也。《「也」【各本】作「皃 (貌)」。今依『集韵(韻)』、『類篇』正。〔人部:儷〕下云。棽、儷也。棽儷者、枝條茂密之皃。借爲上覆之皃。『東都賦』。鳳葢(蓋)棽麗。『李善-注』引『七略』。雨葢棽麗。麗與儷同力支切。『張揖-大人賦:注』曰。林離、摻攡也。摻攡、所林所宜二反。葢卽棽儷。》從林。今聲。《丑林切。7部。》/271

椁 (곽)【guǒ ㄍㄨㄛˇ】⑨(작) guō 덧관
설문 3679 葬有木𩫏也。《木𩫏者。以木爲之。周於棺。如城之有𩫏也。『檀弓』曰。殷人棺椁。『注』。椁、大也。以木爲之。言郭大於棺也。》從木𩫏。《會意》𩫏亦聲。《「𩫏亦」二字今補。古博切。5部。》/270

[illegible] 榾(홀)【hū ㄏㄨ】높은 모양
설문 3445 㫚高皃(貌)。《【各本】無㫚字。今按『玉篇』朳下云忽高者、正用[illegible]之解也。倏忽字今作忽。許作㫚。㫚高者、忽然而高。如桑穀一暮大拱、『西京賦』神山崔巍倏從背見之類。》從木。㫚聲。《形聲包會意。呼骨切。15部。》/251

椄 (접)【jiē ㄐㄧㄝ】⑨(작) jié 나무 접붙일, 형틀 ■첩:나무 접붙일 ■섭:문설주
설문 3604 續木也。《今栽華植果者以彼枝移椄此樹而華果同彼樹矣。椄之言接也。今接行而椄廢。》從木。妾聲。《子葉切。8部。》/264

椅 (의)【yǐ ㄧˇ】(상)(中)⑨(작) yī 의나무, 교의(의자)
설문 3311 梓也。《『釋木』曰。椅、梓。渾言之也。『衞(衛)風:傳』曰。椅、梓屬。析言之也。椅與梓有別。故『詩』言椅桐梓漆。其分別甚微也。故『爾雅』、『說文』渾言之。》從木。奇聲。《於离切。古音在17部。按賈逵說又作「檹」。》/241

栟 (병)【bīng ㄅㄧㄥ】종려나무
설문 3309 栟櫚、《逗。》椶也。《【各本】奪椶字。今依『韵(韻)會本』補。『廣雅』、劉(劉)逵引『異物志』皆曰。栟櫚、椶也。『上林、甘泉:賦』字作「并閭」。『南都、吳都賦』字作「椶櫚」。【許書】有栟無櫚。櫚因栟之木旁而同之耳。》從木。幷(并)聲。《府盈切。11部。》/241

椆 (주)【chóu ㄔㄡˊ】나무 이름
설문 3295 椆木也。《『中山經』。虎首之山。多苴椆椐。郭曰。椆未詳也。音彫。》从木。周聲。讀若丩。《職留(留)切。3部。》/241

木 4 ⑧

(작) 作家出版社〔董蓮池-說文解字考正〕 ⑨ 九州出版社〔柴劍虹-說文解字〕 ㉠ 陝西人民出版社〔蘇寶榮-說文解字今注今譯〕 (상) 上海古籍出版社〔說文解字注〕 (中) 中華書局〔臧克和-說文解字新訂〕

木 4 ⑧

梮 (국)【jǔ ㄐㄩˇ】 ㊤㊥⑨㉲ jú 밥주걱

설문 3570 所目舉(以擧)食者。《「所目」二字今補。按梮〔木局〕二字同。梮、四圍有周。無足。置食物其中。人舁以進。別於案者。案一人扛之。梮二人對擧(擧)之也。『漢書:溝洫志』山行則梮。韋昭曰。梮、木器。如今轝牀。人轝以行也。『左傳:襄:九年』陳畚梮。杜曰。梮、土轝也。梮同梮。人轝、土轝與食形製則一。『史記』「梮」作「橋」。許則云山行乘欙。而盛土之梮。『孟子』、『毛傳』皆謂之虆。虆卽欙字。梮卽梮字。『應-注:漢書』曰。梮、或作「欙」。爲人所牽引也。此蓋(蓋)物重則舁之而又輓之。故曰欙。『孔沖遠-左傳:正義』作從手之挶。乃誤字也。》從木。具(具)聲。《俱燭切。古音在(在) 4部。》/262

椋 (량)【liáng ㄌㄧㄤˊ】 푸조나무

설문 3303 卽來也。《『釋木』曰。椋卽棶。釋文曰。「棶」『埤蒼』、『字林』作「來」。本『說文』也。絫評曰卽來。單評曰來。『唐-本艸』謂之椋子木。》从木。京聲。《呂(呂)張切。10部。》/241

椌 (강)【qiāng ㄑㄧㄤ】 악기 이름 ■공:물건 튼튼할

설문 3614 柷樂也。《『樂記:注』曰。椌楬、謂柷敔也。此釋椌爲柷、釋楬爲敔也。謂之椌者、其中空也。》從木。空聲。《苦江切。9部。》/265

植 (식)【zhí ㄓˊ】 本[문 잠그는 나무] 심을、세울、감독 ■직:세울 ■치:방망이, 심을 ■시:거꾸로 설 ■지:같은 뜻

설문 3498 戶植也。《『釋宮』曰。植謂之傳。傳謂之突。郭曰。持戶(戶)鎖植也。見『埤蒼』。邵氏晉涵曰。『墨子』。爭門關決植。『淮南』云。縣聯房植。高曰。植、戶植也。植當爲直立之木。徐鍇以爲橫鍵。非也。按今豎直木而以鐵了鳥關之。可以加鎖。故曰持鎖植。植之引伸爲凡植物、植立之植。》從木。直聲。《常職切。1部。》 櫃或從置。《置亦直聲也。『漢-石經:論語』。置其杖而耘。『商頌』。置我鞉鼓。皆以置爲植。》/255

椎 추【chuí ㄔㄨㄟˊ】 (몽치로)칠, 몽치(방망이), 순박할, 어리석을

설문 3593 所目(以)擊也。《「所目」二字今補、器曰椎、用之亦曰椎。『方言』曰。拯抌椎也。南楚凡相椎搏曰拯。或曰揔。沅涌澧幽之語或曰攩。郭云。今江東人亦名椎爲攩。按『方言』椎字、【今本】多誤從手作推。》齊謂之終葵。《『考工記』大圭長三尺。杼上終葵首。『注』曰。終葵、椎也。爲椎於其杼上。明無所屈也。按『考工記』終古、終葵、椑皆用齊言。蓋(蓋)齊人作。》從木。隹聲。《直追切。15部。》/263

椐 (거)【jū ㄐㄩ】 가마채나무, 거친 울타리

설문 3324 樻也。《『大雅』其檉其椐。『釋木』、『毛傳』皆云。椐、樻也。陸機云。節中腫。似扶老。卽今靈(靈)壽是也。今人以爲馬鞭及杖。郭云。腫節。可以爲杖。按杖以木者曰「靈壽」。亦曰「扶老」。『漢書:孔光傳』賜靈壽杖。孟康曰。扶老杖也。服虔曰。靈壽、木名。『郭-注:山海經』亦云。靈壽、木名。似竹。有枝節。常璩云。朐忍縣有靈壽木。劉(劉)逵云。靈壽木出涪陵。『楊雄-作:靈節銘』。皆是也。以竹者名扶老杖。『中山經』其上多扶竹。郭云。邛竹也。高節實中。中杖。名之扶老竹。『漢書』之邛竹杖。王逸少以邛竹杖分贈老友。皆是也。靈壽木與邛竹皆以節勝。陸氏云。椐卽靈壽。然椐與靈壽俱見『山海經』。郭不云一物。若陶潛云。策扶老以流憩。則又未識其爲椐與靈壽也。》從木。居聲。《九魚切。5部。按郭音袪。『字林』紀庶反。》/243

椑 (비)【pǐ ㄆㄧˇ】 ㊥⑨㉲ pí (둥근)술통, 감나무 ■벽:관 ■배:문서

설문 3562 圜榼也。《『漢書』曰。美酒一椑。椑見『急就篇』及『廣雅』。按『考工記:廬人』。句兵椑。『注』云。椑、隋圜也。》从木。卑聲。《部迷切。16部。》/261

椓 (탁)【zhuó ㄓㄨㄛˊ】 칠(두드릴), (땅을)다질, 궁형

설문 3647 擊也。《此與〔攴部:豛〕音義皆同。『詩』云。椓之丁丁。又云。椓之橐橐。『呂荆(呂刑)』曰。爰始淫爲劓刵椓黥。》從木。豖聲。《竹角切。3部。》/268

◀ 제 9 획 ▶

椶 (소)【sāo ㄙㄠ】 ㊤㊥⑨㉲ sōu 배 ■수:나무 이름

설문 3635 船總(總)名。《『漢書:溝洫志』。漕船五百椶(椶)。其字從木。【古本】從手。》從木。叜聲。《穌遭切。古音在 3部。》/267

椯 (타)【duǒ ㄉㄨㄛˇ】 회초리、헤아릴、틀릴

설문 3586 箠也。《『淮南:氾論訓』。是猶無鏑銜橜策錣而御馯馬也。『高-注』錣、椯頭箴。『注:道應訓』又曰。策、馬捶也。端有箴以剌馬謂之錣。按【二注】、是箠策椯一物也。〔竹部〕曰。策、馬箠也。》從木。耑聲。《兜果切。古音當在 14部。》一曰度也。《〔手部:揣〕下曰。度高曰揣。一曰捶之。此云椯、箠也。一曰度也。然則椯與揣音義略同。如椉與揲皆訓度也。》一曰椯剟也。《〔刀部〕曰。剟、刊也。椯與剟雙聲。》/263

椱 (부)【fù ㄈㄨˋ】 (길쌈할 때 짠 베를 감는)말코 ■복:신

설문 3576 機持繒者。《「繒」字不可通。『玉篇』作「繪」。按當作「會」。會者、經與緯之合也。緯與經合慮其不緊。則有椱入經之間以緊之。魯季敬姜說織曰。持交而不失。出入不絕者。梱也。梱可以爲『大行人』也。持交、正許所云持會也。『趙-注:孟子』梱屨曰。梱、猶叩椓也。織屨欲堅。故叩之也。此與敬姜說梱義同。字皆當從木。『孫氏-孟子:音義』從手。誤。『淮南:氾論訓』云。機杼勝複。複卽椱之假借字也。》從木。夏(夏复)聲。《扶富切。3部。》/262

椲 (위)【wěi ㄨㄟˇ】 나무 이름 ■휘:같은 뜻

설문 3287 椲木也。可屈爲杅者。《「屈」當

作「詘」。詰詘、紆曲也。〔糸部〕云。紆詘也是也。「杅」當作「盂」。盂、飮器也。『玉篇』曰。椲木皮如韋。可屈以爲盂。》从木。韋聲。《于鬼切。15部。》/240

椳 (외)【wēi ㄨㄟˉ】 문지도리, 윗가지
설문 3509 門樞謂之椳。《見『釋宮』。謂樞所檃謂之椳也。椳猶淵也。宛中爲樞所居也。弓淵、『大射儀』作「隈」。『考工記』作「畏」。亦此意。與上文戸(戶)樞義互相足。其文則以戸與門區別之。實則戸與門制同。》從木。畏聲。《烏恢切。15部。》/256

椵 (가)【jiǎ ㄐㄧㄚˇ】 ㉶ jiā 本[유자나무] 말뚝
설문 3336 椵木。可作牀几。《「牀」鍇本作「伏」。疑誤。『釋木』曰。櫠椵。『本艸:陶隱車-說:人參』曰。高麗人作『人參讚』曰。三椏五葉。背陽向陰。欲來求我。椵樹相尋。椵樹、葉似桐。甚大。陰廣。『圖經』亦言人參春生苗。多於深山背陰。近椵漆下潤溼處。是則椵爲大木。故材可牀几。郭云子大如盂者。未知是不也。》從木。叚聲。讀若賈。《古雅切。5部。》/244

椶 (종)【zōng ㄗㄨㄥˉ】 종려나무 ※ 종(棕)과 같은 글자
설문 3310 栟櫚也。《互訓也。『蜀都賦』椶枒楔樅。四木名也。》從木。嵏聲。《子紅切。9部。按椶與『召南』之總音義略同。毛曰。總、數也。數讀數罟之數。》可作萆。《〔艸部〕曰。萆、雨衣。一名衰衣。按可作萆之文、不系於栟下而系椶下者。此樹有葉無枝。其皮曰椶。可爲衰。故不系栟下也。椶本皮名。因以爲樹名。故栟閭與椶得互訓也。『張揖-注:上林賦』曰。并閭、椶也。皮可以爲索。今之椶繩也。『玉篇』云。椶櫚一名蒲葵。今按南方艸木狀云。蒲葵如栟櫚而柔薄。可爲簦笠。出龍川。是蒲葵與椶樹各物也。謝安之蒲葵扇、今江蘇所謂芭蕉扇也。椶葉縷析。不似蒲葵葉成片可爲笠與扇。》/241

椷 (감)【jiān ㄐㄧㄢˉ】 함(궤짝), 잔(술잔), 넣을 ■함:잔, 용납할
설문 3558 篋也。《〔匚部〕曰。匧、笥也。〔竹部〕曰。笥、飯及衣之器也。『方言』。椷、杯也。與許異。『漢:天文志』。閒可椷劒。蘇林曰。椷、音函。容也。此假椷爲含也。》從木。咸聲。《古咸切。7部。》/261

椽 (연)【chuán ㄔㄨㄢˊ】 (둥근)서까래
설문 3489 榱也。《『左傳』。以大宮之椽歸爲盧門之椽。『釋名』曰。椽、傳也。相傳次而布列也。》從木。彖聲。《直專切。14部。》/255

楀 (우)【yǔ ㄩˇ】 나무 이름 ■구:같은 뜻
설문 3306 楀木也。《未詳。『小雅』。楀維師氏。『箋』云。楀、氏也。『集韵(韻)』、『類篇』皆云。楀、木名。揺、姓。引『詩』揺維師氏。『唐-石經:初刻』從手。後改從木。按『篇』、『韵』皆無揺字。釋文、『五經文字』、『急就篇:顔(顏)-注』皆從木。》從木。禹聲。《王矩切。5部。》/241

橐 (탁)【tuò ㄊㄨㄛˋ】 대껍질 ■참:박달나무, 혜성
설문 3450 木葉陊也。《陊、落也。小徐云此亦擇字。按此與擇義同。音不必同。相爲轉注。非一字也。〔言部:訬〕讀若毚。此橐讀如薄。然則毚之杔(在) 2部或 5部、難定也。『玉篇』云。橐同欃。則合毚聲毚聲爲一。其誤甚矣。》從木。毚聲。讀若薄。《他各切。》/251

楃 (악)【wò ㄨㄛˋ】 나무 장막, 들어치는 장막
설문 3522 木帳也。《『周禮:巾車』翟車有楃。字從木。釋文及各木從手。非也。釋文云。握、劉(劉)音屋。賈馬皆作幄。攷『幕人-注』曰。四合象宮室曰幄。【許書】無幄有楃。楃蓋(蓋)出『巾車職』。『今本-周禮』轉寫誤耳。鄭云。有楃則此無蓋。謂上四車皆有容有蓋。翟車以楃當容。不云有蓋也。『釋名』云。幄、屋也。以帛衣版施之。形如屋也。故許曰木帳。》從木。屋聲。《於角切。3部。》/257

楄 (편)【pián ㄆㄧㄢˊ】 (네모진)서까래
설문 3661 楄部、《逗。》方木也。《「部」字衍。當刪(刪)。『左傳:正義』引『說文』楄、方木也。可證。方木泛言。非專謂棺中笭牀。故不與棺櫬等篆爲伍也。『何平叔-景福殿賦』曰。爰有禁楄。肋分翼張。亦方木之一耑(端)也。》從木。扁聲。《部田切。12部。》『春秋傳』曰。楄部薦榦(幹)。《『左傳:昭:廿五年』文。今作「楄柎藉榦(幹)」。杜云。楄柎、棺中笭牀也。榦、骸骨也。》/269

楷 (성)【shěng ㄕㄥˇ】 ⑨ shēng 쳇다리 ■가:같은 뜻 ■사:도마
설문 3551 木參交、㠯(以)支炊籅者也。《「支」【各本】作「枝」。今依『集韵(韻)』、『類篇』正。〔竹部〕曰。籅、漉米籔也。籔、炊籅也。籅籔二字爲一物。謂米旣淅將炊而漉之令乾。又以三交之木支此籅。則漉乾尤易也。三交之木是爲楷。》從木。省聲。《所綆切。11部。》讀若驪駕。《『漢:平帝紀』。禮娶親迎。立軺併馬。服虔(虔)曰。立軺、立乘(乘)小車也。併馬、驪駕也。按驪之言麗也。駢下云。駕二馬也。駕二馬爲麗駕。楷讀若驪駕之驪。此淸支 2部合韵也。按『玉篇』曰。杫楷榹三同。思漬切。肉几也。『集韵』說同。考『方言』曰。俎、几也。西南蜀漢之郊曰杫。音賜。『後漢書』。藥崧家貧爲郞(郎)。常獨直臺上。無被。枕杫。是則肉几應作杫榹。支籅應作楷。不知何以合之。而亦可以證11、16部合韵之理也。》/260

楅 (복)【bì ㄅㄧˋ】 ㊤㊥⑨㉶ bī 쇠뿔 가로나무
설문 3662 㠯(以)木有所畐束也。《「畐」依『韵(韻)會』本。【各本】作「逼」者、後人以俗字改之也。泛云㠯木有所畐束則不專謂施於牛者。引『詩』特其一證耳。『鄕(鄉)射禮:命弟子設楅:注』。楅猶幅也。所以承笴齊矢者。按『記』云。楅髤、橫而拳之。南面坐而奠之。南北當洗。是以木有所畐束也。》從木。畐聲。《彼卽切。1部。》『詩』曰。夏而楅衡。《『魯頌』文。『注』詳〔角部〕。》/269

㉶ 作家出版社〔董蓮池-說文解字考正〕 ⑨ 九州出版社〔柴劍虹-說文解字〕 ㉠ 陝西人民出版社〔蘇寶榮-說文解字今注今譯〕 ㊤ 上海古籍出版社〔說文解字注〕 ㊥ 中華書局〔臧克和-說文解字新訂〕

楣 (모)【mào ㄇㄠˋ】 문설주 ■목:같은 뜻

설문 3510 門樞之橫梁。《『釋宮』曰。楣謂之梁。郭曰。門戸(戶)上橫梁。『今本-爾雅』作「楣」。字之誤也。釋文。楣(楣)、亡悲反。或作「楣」。亡報反。『埤蒼』云。梁也。呂伯雍云。門戸之橫梁也。『說文』曰。楣、秦名屋櫋聯也。陸引『埤蒼』、『字林』以證楣。引『說文』以證楣。謂楣楣義不同。【今本】脫誤不可讀。陸於楣不引『說文』者。隨緐閱所得也。椳言樞之下。楣言樞之上。門上爲橫梁。鑿孔以貫樞。今江浙所謂門龍也。》從木。冒聲。《莫報切。古音在 3部。》/256

楇 (화)【huò ㄏㄨㄛˋ】 (수레 바퀴에 쓰는 기름을 담는)기름통 ■과:자새

설문 3628 盛膏器。《『孟子:荀卿列傳』談天衍。雕龍奭。炙轂過髡。劉(劉)伯莊云。轂字衍。裴駰云。『劉(劉)向-別錄』「過」字作「輠」。輠者、車之盛膏器。炙之雖盡。猶有餘流者。言淳于髡不盡如炙輠也。按『方言』「車釭」齊燕海岱之閒(間)謂之「鍋」。或謂之「錕」。自關以西謂之「釭」。盛膏者乃謂之鍋。此謂關西謂盛膏者曰鍋也。脂施於車釭。故釭或得楇名。而楇自別有物。如今時御者亦系小油瓶於車以備用是也。過輠鍋三者同。》從木。咼聲。《乎臥切。17部。按當依『篇』、『韵(韻)』古禾切。》/266

楈 (서)【xǔ ㄒㄩˇ】 ㉳㊥⑨㉶ xū (종려나무 비슷한)나무 이름

설문 3291 楈木也。《『上林賦』有「胥邪」。『南都賦』作「楈枒」。郭璞曰。「胥邪」似幷閭。皮可作索。按未審卽許所云楈木否也。》从木。胥聲。讀若芟刈之芟。《讀若芟刈之芟。芟在7、8部。胥在 5部。合韵(韻)也。『唐韵』私閭切。》/240

楊 (양)【yáng ㄧㄤˊ】 버들

설문 3361 蒲桺(柳)也。《【各本】作木也二字。今依『藝文類聚』、『初學記』、『本艸:圖經』、『太平御覽』所引正。『釋木』云。楊蒲桺(柳)。許所本也。按蒲。葢(蓋)本作浦。浦、水瀕也。『王風』。不流束蒲。毛云。蒲艸也。『箋』云。蒲、蒲桺。孫毓云。蒲艸之聲不與戎(戍)許相協。『箋』義爲長。是則晉人讀蒲桺爲浦桺之明證。『古今:注』曰。蒲桺生水邊。又曰。水楊、蒲楊也。枝勁細。任矢用。任矢用者、『左傳』云董澤之蒲是也。衆呼曰蒲桺。單評曰蒲。音同浦。至唐而失其讀矣。》從木。昜聲。《与章切。10部。古假楊爲揚。故『詩』楊之水。毛曰。楊、激揚也。『廣雅』曰。楊、揚也。『佩觿』曰。楊、桺也。亦州名。【古書】州名皆作楊矣。》/245

楋 (랄)【là ㄌㄚˋ】 쥐똥나무

설문 3351 楋木也。《未詳。》從木。剌聲。《盧達(達)切。15部。》/244

㮓 (긍)【gèng ㄍㄥˋ】 ㉳㊥⑨㉶ gèn 다할

설문 3666 竟也。《『弓人:注』曰。恆讀爲㮓。㮓、竟也。『大雅』。恆之秬秠。毛云。恆、徧也。徧與竟義相足。》從木。恆聲。《古鄧切。6部。》 𣏦古文㮓。《按今字多用亙。不用㮓。舟在二之閒。絕(絶)流而竟。會意也。恆之字本從心從亙。》/270

楎 (혼)【hún ㄏㄨㄣˊ】 쟁기술 ■곤:같은 뜻 ■휘:문지방 ■군:같은 뜻

설문 3539 六叉犂。《「叉」【各本】誤「叉」、『廣韻:廿三,䰟(魂)』曰三爪犂曰楎。此謂一犂而三爪也。許云六爪犂者、謂爲三爪犂者二。而二牛竝行。如人耦耕也。一犂一牛。二犂則二牛。共用三人。『食貨志』所云趙過法用耦犂。二牛三人也。其上爲樓。貯穀下種。故亦名三腳樓(脚樓)。今陝甘人用之。》一曰犂上曲木犂轅。《按『集韵(韻)』、『類篇』皆無犂轅二字。似可刪(刪)。許云耕上曲木爲耒。此云犂上曲木爲楎者、正謂耒耑(端)也。故『廣韵』云楎、犂頭。『玉篇』云楎、犂轅頭也。》從木。軍聲。讀若緯。《緯音徽。『今-篇、韵』皆云呼歸切。文微合韵也。》或如渾天之渾。《〔益部:耆舊傳〕。落下閎字長公。於地中轉渾天。戸(戶)昆切。13部。》/259

楑 (규)【kǔi ㄎㄨㄟˇ】 ㉳㊥⑨㉶ kuí 방망이, 헤아릴, 나무이름

설문 3293 楑木也。《未詳。》从木。癸(癸)聲。《求癸切。15部。》一曰度也。《度徒落切。此與〔手部:揆〕音義皆同。揆專行而楑廢矣。》/240

楓 (풍)【fēng ㄈㄥˉ】 단풍나무

설문 3369 楓木也。厚葉弱枝。善搖。一名桑桑。《【各本】搖作搖。今正。少一桑字。今依『韵(韻)會』補。『釋木』曰。楓、欇欇。犍爲『舍人』曰。楓爲樹。厚葉弱莖。大風則鳴。故曰欇欇。按桑木葉、搖白也。搖、樹動也。厚葉弱枝故善搖。善搖故名桑桑。嵇含南方艸木狀。分楓人楓香爲二條。實一木也。》從木。風聲。《方戎切。古音在7部。『招䰟(魂)』楓心南爲韵。『上林賦』楓一作氾是也。》/245

椽 (수)【suì ㄙㄨㄟˋ】 팥배나무

설문 3335 椽、羅也。《『釋木』。檖蘿『秦風毛傳』曰。檖、赤羅也。陸機、郭璞皆云。今之楊檖也。實似梨而小。酢。可食。按「蘿」者「羅」之誤。》從木。㒸聲。《徐醉切。15部。》『詩』曰。隰有樹椽。《『今-詩』、『爾雅』作「檖」。》/243

楔 (설)【xiè ㄒㄧㄝˋ】 문설주, 쐐기

설문 3517 櫼也。《今俗語曰楔子。先結切。『考工記』曰。牙得則無槷而固。『注』曰鄭司農云。槷、櫼也。蜀人言櫼曰槷。玄謂槷讀如涅。從木。埶省聲。按槷櫼皆假借字。櫼卽楔之假借也。『釋木』。楔、荊桃。爲木名。『南都、蜀都:二賦』皆有楔。》從木。契聲。《先結切。15部。》/257

楗 (건)【jiàn ㄐㄧㄢˋ】 문빗장, 방죽(둑)

설문 3515 歫門也。《「歫」【各本】作「限」。非。今依『南都賦:注』所引正。『老子』釋文亦作距門也。『月令』。

脩鍵閉。愼管籥。『注』曰。鍵牡、閉牝也。管籥、搏鍵器也。『周禮:司門』。掌授管鍵以啓閉國門。先鄭云。管謂籥也。鍵謂牡。按楗閉卽今木鎖也。【諸經】多借鍵爲楗。而『周禮:司門』作管蹇。先鄭云。蹇讀爲鍵。【今本】乃互易蹇鍵字。》從木。建聲。《其獻切。14部。》/256

桼 (목)【mù ㄇㄨˋ】 멍에 가죽(수레 채를 감아 장식하는 가죽)

설문 3621 車歷(歷)錄。《句。》束文也。《束文上當疊(疊)歷錄字。今奪。文、『宋本葉本趙本-韵(韻)會』皆同。【一本】作交、非。『秦風』。五桼梁輈。『傳』曰。五、五束也。桼、歷錄也。梁輈、輈上句衡也。一輈五束。束有歷錄。『考工記』。輈欲頎典。大鄭云。頎讀爲懇。典讀爲殄。駟車之轅。率尺所一縛。懇殄似謂此也。按此所謂曲轅鞻縛也。歷錄者、歷歷錄錄然。坳肤分明皃(貌)。歷錄、古語也。『小雅』。約之閣閣。毛云約、束也。閣閣猶歷歷也。〔革部〕曰。車軸束謂之鞪。》從木。敄聲。《莫卜切。3部。》『詩』曰。五桼梁輈。/266

楙 (무)【mào ㄇㄠˋ】㉯ máo 나무 이름 ■모:같은 뜻

설문 3278 冬桃。《『釋木』曰。旄、冬桃。郭云。子冬孰。按作「旄」者字之假借。2部 3部合韵冣(韻最)近也。釋文曰。『字林』作「楙」。【今本】譌爲『字林』作「楙」。》从木。敄聲。讀若髦。《莫候(候)切。3部。按釋文及『篇』、『韵(韻)』皆音毛。鼎臣莶(蓋)檢『唐韵』無此字。因以楙字當之。故音茂也。》/239

楙 早【mào ㄇㄠˋ】 우거질 ※ 무(茂)의 옛 글자 ■모:같은 뜻

설문 3690 木盛也。《此與〔艸部:茂〕音義皆同。分艸木耳。『釋木』。楙、木瓜。則專爲一物之名。》從木。矛聲。《莫候切。4部。》/271

형성 (2자) 무(蘇)643 무(懋)6474

楚 초【chǔ ㄔㄨˇ】 가시나무, 매(매질할), 고울(선명할), 초나라

설문 3688 叢木。《『小雅:傳』曰。楚楚、茨棘皃(貌)。小徐引『小謝-詩』曰。寒城一以眺。平楚正蒼然。》一名荊也。《「一名」當作「一曰」。【許書】之一曰。有謂別一義者。有謂別一名者。上文叢木泛詞。則一曰爲別一義矣。〔艸部:荊〕下曰楚木也。此云荊也。是則異名同實。楚國或評「楚」。或評「荊」。或桒評「荊楚」。》從林。疋聲。《創舉(擧)切。5部。》/271

참고 초(礎)

楛 (호)【hù ㄏㄨˋ】 (화살 만드는)나무, 싸리나무, 물건 추악할 ■고:같은 뜻

설문 3338 楛木也。《『大雅』榛楛濟濟。陸機曰。楛、其形似荆(荊)而赤。葉似著。上黨人蔑以爲筥箱。又屈以爲釵。按『禹貢』惟箘簬楛。楛不與上文杶榦栝柏相爲伍。而與箘簬爲伍。楛之用莶(蓋)與箘簬同也。》從木。苦聲。《侯古切。5部。》『詩』曰。榛楛濟濟。/244

楰 유【yú ㄩˊ】느릅나무

설문 3390 楰白、枌。《見『釋木』。『陳風:東門之枌:傳』云。枌、白楰也。然則『釋木』楰白爲逗、枌爲句、顯然。許意亦如此讀。別楰一種(種)以起(起)下也。楰莢可食。亦可爲醬(醬)。〔酉部〕所謂桼醶也。》從木。兪聲。《羊朱切。古音在 4部。》/247

참고 유(蕍)둥근 짚방석

楢 (유)【yóu ㄧㄡˊ】 부드러운 나무, 떡갈나무

설문 3288 柔木也。工官目(以)爲耎輪。《大鄭引『鄹子書』。秋取柞楢之火。工官若周之『輪人』。漢之考工室也。耎輪者、安車之輪也。『郭-注:山海經』云。楢、剛木。中車材。剛木卽柔木。莶(蓋)此木堅韌。故柔剛異偁(稱)而同實耳。》从木。酋聲。讀若糗。《以周切。3部。》/240

楣 楣(미)【méi ㄇㄟˊ】 문미(문 위에 가로 댄 상인방)

설문 3491 秦名屋櫓聯(聯)也。齊謂之广。楚謂之梠。《秦名屋櫓聯也者、秦人名屋櫓聯曰楣(楣)也。與秦名屋椽曰榱同解。『李善-注:文選(選)』引『說文』曰。槐梠、秦名屋櫓聯。失其義矣。齊謂之广。各本广作「檐」。今依〔厂部:广〕下正。广、屋梠也。秦謂之楣。齊謂之广。『禮經』正中曰棟。棟前曰楣。又『爾雅』楣謂之梁。皆非許所謂楣者。》從木。眉(眉)聲。《武悲切。15部。》/255

楥 (원)【xuàn ㄒㄩㄢˋ】 신골(신발 모형), 느티나무

설문 3577 履法也。《今鞋店之楦也。楥楦正俗字。》從木。爰聲。《吁券切。14部。》讀若指撝。《〔手部:撝〕下曰。一曰手指也。按撝古音在 17部。此合韵(韻)也。今人語音爲正。》/262

楨 (정)【zhēn ㄓㄣˉ】 ⑨ zhē 광나무, 담치는 나무

설문 3456 剛木也。《此謂木之剛者曰楨。非謂木名也。『吳都賦』之楨『廣韵(韻)』之女楨、則爲木名。》從木。貞聲。《陟盈切。11部》上郡有楨林縣。《『地理、郡國:二志』同。》/252

楫 (집)【jí ㄐㄧˊ】 (배 젓는)노 ■집:모을

설문 3637 所目(以)擢舟也。《【各本】作「舟櫂也」。許無櫂字。〔手部〕曰。擢、引也。楫、所以引舟而行。故亦謂之擢。而『漢書:劉(劉)屈氂傳』、『外戚傳』、『百官表』皆用輯濯爲楫擢。假借也。『毛:衞(衛)風:傳』曰。楫所以擢舟也。此許所本。今據以正。『今-毛詩』擢譌櫂。淺人所改也。『鄧通傳』。以濯船爲黃頭郎(郎)。『司馬相如傳』。濯鷁牛首。皆擢舟之義也。『詩』、『爾雅:音義』引『說文』舟棹也。則其誤久矣。棹又櫂之俗。》從木。咠聲。《子葉切。7部。『方言』曰。楫謂之橈。或謂之櫂。櫂亦擢之譌也。擢櫂正俗字。》/267

木 4 ⑨

楬 (갈)【jiè ㄐㄧㄝˋ】 (상)㊥⑨(작) jié 표할, 묻힌 사람의 이름을 쓴 표말, 죗법을 적어 드러낼, 음악 그칠 때 치는 악기 ▣걸:같은 뜻 ▣급:산이름

설문 3680 楬櫫也。《三字句。【趙-鈔:本】及『近刻-五音韵譜』作「楬櫫」。『宋本、葉本、類篇、集韵、宋刊-五音韵譜』皆作「楬桀」。葢(蓋)【宋時-大徐本】固有二。故同一『五音韵譜』而流傳不一也。今按作桀不可通。桀自訓磔。雖杙有訏橥者。然頗迂遠。楬櫫見『周禮:注』。『職金』。楬而璽之。『注』曰。楬、書其收量以著其物也。今時之書有所表識。謂之楬櫫。『廣雅』曰。楬櫫、杙也。『廣韵』曰。楬櫫、有所表識也。楬櫫、漢人語。許以漢人常語爲訓。故出櫫字於說解。仍不大列櫫篆。『漢:酷吏傳』曰。瘞寺門桓東。楬著其姓名。著櫫同字可證也。『韵會』楬下引『說文』曰。杙也。櫫也。此【小徐-眞本】。而語似不完。『師古-注:漢書』。楬、杙也。椓杙於瘞處而書死者名也。師古杙也之云、葢本『說文』。但『說文』杙字當作弋。》從木。曷聲。《其謁切。15部。今字揭行而楬廢矣。》『春秋傳』曰。楬而書之。《未見。疑是引『周禮』楬而璽之。》/270

業 업【yè ㄧㄝˋ】 本[매단 종위를 덮어 꾸민 널조각] 종 매다는 널, 업(일, 학습, 불교 인과의 원인)

설문 1656 大版也。《見『釋器』。》所吕(以)飾縣鍾鼓(鼓)。捷業如鋸齒。吕白畫(畫)之。《『周頌:傳』曰。業、大版也。所以設栒爲縣也。捷業如鋸齒。或曰畫之。植者爲虡、橫者爲栒。『大雅:箋』云。虡也。栒也。所以縣鐘鼓也。設大版於上。刻畫以爲飾。按栒以縣鐘鼓。業以覆栒爲飾。其形刻之捷業然如鋸齒。又以白畫之分明可觀。故此大判名曰業。業之爲言鱋(嶫)也。許說本毛。『毛-傳』或曰畫之。或曰二字乃以白二字之譌。未有正其誤者。凡程功積事言業者如版上之刻往往可計數也。》象其鉏鋙相承也。从丵。《鉏鋙相承、謂捷業如鋸齒也。象之故從丵。》从巾。巾象版。《巾版皆方正。丵巾會意也。魚怯切。8部。俗作牒。》『詩』曰。巨業維樅。《『大雅』文。『今-詩』作虡。『上林賦』「虡」作「鉅」。許作「巨」。葢(蓋)『三家詩』「巨」與「鉅」同也。『墨子:貴義』曰。鉅者白也。黔(黔)者黑也。鉅業者、葢謂以白畫之與。》古文業。《字形未詳其意。》/103

형성 (1자) 업(鄴)3891

楮 (저)【chǔ ㄔㄨˇ】 닥나무(종이의 원료로 쓴다)

설문 3374 穀也。從木。者聲。《丑呂切。五部。》楮或從宁。《宁聲。》/246

楯 (순)【shǔn ㄕㄨㄣˇ】 난간, 방패, 뽑을 ▣준:책상

설문 3503 闌檻也。《闌、門遮也。檻、櫳也。此云闌檻者、謂凡遮闌之檻。今之闌干是也。『王逸-楚辭:注』曰。檻、楯也。從曰檻。橫曰楯。古亦用爲盾字。》從木。盾聲。《食允切。13部。》/256

楰 (유)【yú ㄩˊ】 광나무

설문 3402 鼠梓木。《『釋木』、『小雅:毛傳』皆曰。楰、鼠梓也。陸機、郭璞皆云楸屬。》從木。臾聲。《羊朱切。4部。》『詩』曰北山有楰。/248

椷 (위)【wēi ㄨㄟ】 변기

설문 3529 椷窬、《逗。》褻器也。《『史記:萬石君列傳』。石建取親中裙廁牏。身自浣滌。徐廣曰。一讀牏爲竇。竇音豆。言建又自洗蕩廁竇。瀉除穢惡之穴也。呂靜云。椷窬、褻器也。音威豆。裴駰按蘇林曰。牏、音投。『賈逵-解:周官』椷、虎子。窬、行淸也。孟康曰。廁、行淸。窬、行淸、空中受糞者也。東南人謂鑿木空中如曹謂之廥。玉裁謂。賈、孟說是也。虎子所以小便也。行淸所以大便。鄭司農謂之路廁者也。淸圊古今字。〔穴部:窬〕下曰。一曰空中也。空中與孟說合。今馬子其遺象也。椷窬二物。許類擧(擧)之。》從木。威聲。《於非切。15部。》/258

極 (극)【jí ㄐㄧˊ】 本[마룻대] 용마루, 태극, 한가운데, 궁진할, 극처(마지막, 끝),

설문 3474 棟也。《『李奇-注:五行志』、『薛綜-注:西京賦』皆曰。三輔名梁爲極。按此正名棟爲極耳。今俗語皆呼棟爲梁也。『搜神記』。漢蔡茂夢坐大殿。極上有禾三穗。主簿郭賀曰。極而有禾。人臣之上祿也。此則似謂梁。按『喪大紀:注』曰。危、棟上也。引伸之義、凡至高至遠皆謂之極。》從木。亟聲。《渠力切。1部。》/253

楶 (절)【jié ㄐㄧㄝˊ】 동자기둥

설문 3480 欂櫨也。《『明堂位:注』曰。山節、刻欂櫨爲山也。按楶『論語』、『禮器』、『明堂位』、『爾雅-舊本』皆作「節」。》從木。咨聲。《子結切。12部。》/254

榍 (설)【xiè ㄒㄧㄝˋ】 本[한할] 밤, 나무 이름

설문 3512 限也。《〔自(阜)部:限〕下云。一曰門榍也。〔門部〕云。閾、門榍也。亦一物三名矣。『釋宮』。柣謂之閾。柣、郭千結反。柣卽榍字也。漢人多作切。『考工記:注』云。眼讀如限切之限。限切、謂門限也。『漢書:外戚傳』。切皆銅沓。黃金塗。師古曰。切、門限也。千結反。按『西都賦』。玄墀釦切。釦切卽『漢書』之切。皆銅沓黃金塗也。『文選(選)』切作「砌」。誤。『西京賦』云金戺。卽釦切也。『西京賦』又云。設切厓隒。卽『西都賦』之仍增厓而衡閾也。『廣雅』。柣戺橉切也。切【今本】亦譌砌。橉見『淮南書』。『匡謬正俗』云。俗謂門限爲門蒨者。『爾雅』。柣謂之閾。郭音切。今言門蒨是柣聲之轉耳。字當爲柣而作切音。玉裁謂。柣當爲榍而作切音。如『多方』大淫泆有辭。泆又作佾。【馬本】作「屑」。是其比也。》從木。屑聲。《先結切。12部。》/256

楷 (해)【kǎi ㄎㄞˇ】 (상)㊥⑨ jiē 本[해나무] 본보기

설문 3280 楷木也。孔子冢葢(蓋)樹之者。《『皇覽』云。冢塋中樹以百數。皆異種。『傳』言弟子各持其方樹來種之。按楷亦方樹之一也。『儒行』曰。今世行之。後世以爲楷。楷、法式也。楷之言稽。我稽古、而後世又於此焉稽也。》

从木。皆聲。《苦駭切。15部。以下言木名。故先之以孔冢所樹。》/239

楸 (추)【qiū ㄑㄧㄡ】 개오동나무, 가래나무
설문 3314 梓也。《『左傳』、『史』、『漢』以萩爲楸。如秦周伐雍門之萩、淮北常山巴南河濟之間千樹萩、是也。『左傳』「萩」一作「秋」。》從木。秋聲。《七由切。3部。》/242

椰 (핵)【hé ㄏㄜˊ】 ㉶ jí 발차꼬, 나무 밑동 휠 ■극·객:같은 뜻
설문 3465 角械也。《角盍(蓋)角鬭(鬪)之角。》從木。卻聲。《其逆切。古音在 5部。》一日木下白也。《未詳。》/252

楹 (영)【yíng ㄧㄥˊ】 (둥글고 큰)기둥, 맞선 모양, 하관틀, 원활할
설문 3476 柱也。《『釋名』日。楹、亭也。亭亭然孤立、旁無所依也。按『禮』言東楹西楹。非孤立也。自其一言之耳。『考工記』。盍(蓋)杠謂之桯。桯卽楹。如欒盈、『史記』作欒逞。其比也。》從木。盈聲。《以成切。11部。》『春秋傳』日。丹桓宮楹。《『左氏:莊:二十三年:傳』文。》/253

葉 (견)【jiǎn ㄐㄧㄢˇ】 작은 단(지울), 벼 열 움큼 (干부 9획)
설문 3737 小束也。《『齊民要術』日。麻葉欲小、縛欲薄。爲其易乾。》从束。幵聲。讀若繭。《古典切。14部。》/276 ◀ **제 10 획** ▶

榑 (부)【fú ㄈㄨˊ】 부상(해 돋는 곳에 있다는 신목)
설문 3462 榑桑、神木。日所出也。《叒下日。日初出東方湯谷所登榑桑、叒木也。然則榑桑卽叒木也。東下日。從日在木中。杲下日。從日在木上。皆謂榑木也。『淮南:高-注』亦日。榑桑、日所出也。》從木。尃聲。《防無切。5部。》/252

穀 榖(곡)【gǔ ㄍㄨˇ】 꾸지나무
설문 3373 楮也。《此篆體依『五經文字』正。【各本】作 穀者、從隸(隷)便也。『小雅:傳』日。穀、惡木也。『陸機-疏』日。江南以其皮擣爲紙。謂之穀皮紙。絜(潔)白光輝。按『山海經:傳』日。穀亦名構。此一語之輕重耳。》從木。㱿聲。《古祿切。3部。》/246

榗 (전)【jìn ㄐㄧㄣˋ】 ㉳㊥⑨㉶ jiàn 나무 이름 ■진:북이름
설문 3334 榗木也。《未詳。『尙書:大傳』日。南山之南有木名橋。高高然而上。父道也。南山之陰有木名梓。晉晉然而俯。子道也。高與橋、晉與梓、皆疊韵(疊韻)。梓字當是榗字。梓從宰省聲。不與晉同韵也。》從木。晉(晉)聲。《子賤切。古音在 12部。》『書』日。竹箭如榗。《六字未詳。疑當作『周禮』日竹榗讀如晉八字。『職方氏』。其利金錫竹箭。『注』云。【故書】箭爲晉。盍(蓋)【許-所見:故書】作「榗」。榗本木名。【故書】借爲竹名也。『大射儀』。榠用錫若絺綴諸箭。『注』云。古文箭作晉。『吳越春秋』。晉竹十廋。晉竹卽箭竹。皆與『周禮-故書』同。讀如晉者、許謂榗之音同晉也。轉寫淆譌。致不可讀矣。》/243

榙 (탑)【tǎ ㄊㄚˇ】 ㉳㊥⑨㉶ tā 과실 이름 ■답·합:같은 뜻
설문 3405 榙㯼、《逗。》果似李。《『史記:上林賦』榙㯼。字同許。『漢書』、『文選(選)』皆作「荅遝」。假借字也。郭云。荅㯼似李。『廣韵(韻)』引『埤蒼』同。》從木。荅聲。讀若嚃。《讀若嚃。嚃、〔口部〕無。卽〔舌部:䑙〕之異文也。毋嚃羹。見『曲禮』。土合切。7部。按【各本】二篆先後失次。今從『玉篇』。》/248

榛 (진)【zhēn ㄓㄣ】 개암나무
설문 3317 榛木也。《『邶風:山有榛:傳』日。榛、木也。『小雅』。營營靑蠅。止于榛。『傳』日。榛所以爲藩也。『衞(衛)風:箋』日。樹榛栗椅桐梓漆六木於宮。可伐以爲琴瑟。》從木。秦聲。《側詵切。12部。》一日叢木也。《【各本】作「一日菆也」。〔艸部〕日。菆、蓐也。今依『玄應書:卷十一』所引爲長。『倉頡篇』、『淮南:高-注』、『漢書:服-注』、『廣雅』皆云。木叢生日榛。「菆」一作「蕪」。》/242

榜 榜(방)【bǎng ㄅㄤˇ】 ㉳㊥⑨ bēng ㉶ bàng (문자를 적어둔)패, 방 써붙일, 도지개
설문 3599 所㠯(以)輔弓弩也。《『經傳』未見此義。〔竹部〕日。篋、榜也。假借之義也。辭章家用榜人、則〔舟部〕之舫人也。》從木。㫄(旁)聲。《補旨(盲)切。古音在 10部。》/264

榣 (요)【yáo ㄧㄠˊ】 (나무가)흔들릴, 큰 나무
설문 3438 樹動也。《榣之言搖也。今俗語謂煽惑人爲招搖。當用此從木二字。謂能招致而搖動之也。》從木。䍃聲。《余昭切。2部。》/250

稷 (직)【jì ㄐㄧ】 ㉳㊥⑨㉶ jì (소나무 비슷한)나무 이름
설문 3416 細理木也。《稷見『西山經』、『南都賦』。郭日。稷似松。有刺。細理。『劉(劉)淵林-注:蜀都賦』日。楔似松。有刺。按『蜀都』楔字盍(蓋)稷之譌。》從木。畟聲。《子力切。1部。按此篆亦失其舊次。當與諸木名爲伍。》/249

榽 (식)【xí ㄒㄧˊ】 ㉳㊥⑨ xī ㉶ xǐ 나무 이름
설문 3323 榽木也。《未詳。『玉篇』不載。》從木。息聲。《相卽切。1部。》/243

● 榦 줄기 간(幹)-본자

榮 영【róng ㄖㄨㄥˊ】 오동나무, 비첨(飛簷:양쪽 끝이 번쩍 들린 처마), (풀의)꽃, 영화, 빛, (꽃이)필, 성할, 번영할
설문 3387 桐木也。《見『釋木』。按梧下云。梧桐木。桊下日。桐木。此卽賈思勰靑桐、白桐之別也。白桐華而不實。材中樂器。靑桐則不中用。『毛詩』。椅桐梓漆。爰伐琴瑟。其白桐與。又云。其桐其椅。其實離離。則靑桐亦評桐。渾言之也。『郭-注:爾雅』。於榮桐木日。卽梧桐。於櫬梧日。

木 4 ⑩

今梧桐皮青字。本不誤。【今本】刪(刪)節。乃不可通。》從木。熒省聲。《永兵切。11部。》一曰屋梠之兩頭起(起)者爲榮。《『士冠禮』、『鄉飲酒禮』皆云東榮。鄭曰。榮屋翼也。『韋-注:甘泉賦』同。梠、楣也。楣、齊謂之檐。楚謂之梠。檐之兩頭軒起爲榮。故引伸凡揚起爲榮。卑汚爲辱。》/247

[형성] (1자)　영(蘗)534　영(嶸)5625

榰 (지)【zhī ㄓ-】 주추(기둥 밑에 괴어 놓는 나무), 기둥 밑

[설문] [3479] 柱氐也。《「氐」【各本】作「砥」。誤。今正。〔日部:昏〕下曰。氐者、下也。〔广部〕曰。底、一曰下也。氐底古今字。『玄應書』引作柱下。知本作柱氐矣。今之磉子也。『釋言』曰。搘、拄也。卽榰柱之譌。磉扗(在)柱下而柱可立。因引伸爲凡支拄、拄塞之偁(稱)。》古用木。今㠯(以)石。從木。《此說古用木、故字從木也。柱氐之用石久矣。『尙書:大傳』曰。天子賁庸。諸侯疏杼。大夫有石材。庶人有石承。鄭曰。石材、柱下質也。石承、當柱下而已。不出外爲飾也。『廣雅』。礎碣磌磧也。碣見『西京、景福殿:二賦』。字作「舃」。磌見『西都賦』。字作「瑱」。礎見『淮南書』。『許-注』曰。楚人謂柱碣爲礎。按礎者、濋(濋)也。磧者、質也。舃者、如人之舃也。瑱者、塡也。皆謂石。此云古用木者。溯其始言之。》耆聲。《章移切。15部。》『易』曰。榰恆凶是。《『恆:上六:爻辭』。釋文曰。振恆、張璠作「震」。『今-易』皆同張。耆聲辰聲合韵冣(韻最)近。許偁葢(蓋)『孟-易』也。》/254

榱 (최)【chuī ㄔㄨㄟ-】 [상][中]⑨[작] cuī 서까래 ■쇠:같은 뜻 (木부 10획)

[설문] [3490] 椽也。《二字依『韵(韻)會』補。》秦名屋椽也。周謂之椽。齊魯(魯)謂之桷。《上二句【各本】作秦名爲屋椽。周謂之榱。大誤。今依『左傳:桓:十四年:音義』、『周易:漸卦:音義』正。謂屋椽、秦名之曰榱。周曰椽。齊魯曰桷也。【各本】妄改。乃或疑釋文有誤矣。『釋宮:音義』云。榱、秦名屋椽也。周謂之榱。齊魯謂之桷。此淺人改周椽爲周榱耳。其引『字林』云。周人名椽曰榱。齊魯名榱曰桷。則『字林』始與『說文』乖異矣。榱之言差次也。自高而下、層次排列如有等衰也。》從木。衰聲。《所追切。古音在17部。》/255

榷 (각)【què ㄑㄩㄝˋ】 외나무 다리 ■교:같은 뜻

[설문] [3632] 水上橫木。《句。》所㠯(以)渡者。《『釋宮』曰。石杠謂之徛。『孟子』。歲十月徒杠成。《古本如是》趙岐釋爲步度。郭釋云。步渡彴。然則石杠者謂兩頭聚石、以木橫架之可行。非石橋也。凡直者曰杠。橫者亦曰榷。杠與榷雙聲。『孝武紀』曰。榷酒酤。韋曰。以木渡水曰榷。謂禁民酤釀。獨官開置。如道路設木爲榷。獨取利也。凡言大榷、揚榷、辜榷、當作此字。不當從手。》從木。隺聲。《江岳切。古音在2部。》/267

棞 (혼)【hūn ㄏㄨㄣ-】 [상][中]⑨[작] hún 통나무

[설문] [3660] 梡木未析也。《此「梡」當作「完」。全也。『通俗文』曰。合心曰棞。『纂文』曰。未判爲棞。〔頁部:頑〕下云。棞頭也。凡全物渾大皆曰棞。完棞雙聲。完頑疊韵(疊韻)。》從木。圂聲。《胡昆切。13部。》/269

榹 (사)【sī ㄙ-】 [本][소반] 산 복숭아 ■자:같은 뜻

[설문] [3555] 槃也。《『急就篇』。槫榼(榼)椑榹。榹當與許訓同。『釋木』以爲榹桃字。『夏小正』作杝桃。》從木。虒聲。《息移切。16部。。/260

榌 (비)【pí ㄆㄧˊ】 처마

[설문] [3493] 梠也。《榌之言比敘也。『西京賦』曰。三階重軒。『鏤檻』文榌。按此文榌、謂軒檻之飾與屋梠相似者。》從木。𣬈(毘)聲。讀若枇杷之枇。《房脂切。15部。》/255

榺 (승)【shèng ㄕㄥˋ】 바디, 도투마리

[설문] [3574] 機持經者。《『三倉』曰。經所居、機榺也。『淮南:氾論訓』曰。後世爲之機杼勝複。以便其用。而民得以揜形御寒。勝者、榺之假借字。戴勝之鳥首有橫文似榺。故鄭云織紝之鳥。『小雅』云。杼軸其空。榺卽軸也。謂之軸者、如車軸也。俗作柚。謂之榺者、勝其任也。任正者也。》從木。𦩍(朕)聲。《詩證切。6部。按『集韵(韻)』引『廣雅』。桭謂之榺。『今-廣雅』桭作「橯」。誤也。》/262

榼 (합)【kè ㄎㄜˋ】 [中]⑨[작] kē 통(물통, 술통), 뚜껑 ■갑:같은 뜻

[설문] [3563] 酒器也。《『師古-注:急就篇』曰。榼 (榼)盛酒之器。其形榼榼然也。孔叢子曰。子路嗑(嗑)嗑。當飲十榼。》從木。盍聲。《枯蹋切。8部。》/261

槀 (고)【kǎo ㄎㄠˇ】 [상][中]⑨[작] gǎo 마를 ※ 고(枯)와 같은 글자 ■호:〈네이버 자전〉위로할

[설문] [3454] 木枯也。《枯槀、禾稾字古皆高在上。今字高在右。非也。凡潤其枯槀曰槀。如慰其勞苦曰勞。以膏潤物曰膏。『尙書:槀飫』。『周禮:槀人』。『小行人』若國師役則令槀禬之。義皆如是。鄭司農以漢字通之。於『槀人』曰。槀讀爲犒師之犒。主冗食者、故謂之犒。於『小行人』曰。槀當爲犒。謂犒師也。葢(蓋)漢時盛行犒字。故大鄭以今字易古字。此漢人釋【經】之法也。『左傳』、『國語』皆有犒字。『左傳:服-注』曰。以師枯槀。故饋之飲食。『韋-注:國語』曰。犒、勞也。計『左』、『國』皆本作「槀」。【今本】作「犒」者。亦漢人所改。如『牛人』。軍事共(共)其犒牛。此必後鄭從大鄭所易也。『小行人』經文從大鄭易爲「犒」、而『注』之曰。【故書】犒作槀。【今本】則譌舛難讀矣。『何-注:公羊』曰。牛酒曰犒。『高-注:淮南』曰。酒肉曰餉。牛羊曰犒。『漢:廗(斥)彰長碑』又作勞䤬。許不錄犒䤬字者。許以槀爲正字。不取俗字也。》從木。高聲。《苦浩切。2部。『鄭-箋:詩』讀橋爲槀。》/252

槃 (반)【pán ㄆㄢˊ】 (둥글납작한)쟁반

[설문] [3554] 承槃也。《承槃者、承水器也。『內

[작] 作家出版社〔董蓮池-說文解字考正〕 ⑨ 九州出版社〔柴劍虹-說文解字〕 ㉠ 陝西人民出版社〔蘇寶榮-說文解字今注今譯〕 [상] 上海古籍出版社〔說文解字注〕 [中] 中華書局〔臧克和-說文解字新訂〕

則』曰。進盥。少者奉槃。長者奉水。請沃盥。『左傳』曰。奉匜沃盥。『特牲經』曰。尸盥。匜水實于槃中。古之盥手者。以匜沃水。以槃承之。故曰承槃。『內則:注』曰。槃、承盥水者。『吳語:注』曰。槃、承盥器也。『大學』。『湯之盤銘』曰。苟日新。日日新。又日新。正謂刻戒於盥手之承槃。故云日日新也。古者晨必洒手。日日皆然。至於沐浴靧面。則不必日日皆然。據『內則』所云知之。槃引伸之義爲凡承受者之偁(稱)。如『周禮』珠槃、夷槃是也。》從木。般聲。《薄官切。14部。》鎜古文。從金。《葢(蓋)古以金。後以木。》盤籒文。從皿。《今字皆作「盤」。》/260

槅 (격)【gé ㄍㄜˊ】멍에 ■핵:씨, 실과
설문 3626 大車枙。《「枙」當作「軛」。隸(隸)省作「軛」。〔車部〕曰。軛、轅前也。「槅」『考工記』作「鬲」。大鄭云。鬲謂轅端厭牛領者。大車者、鄭云平地任載之車也。通曰軛。大車之軛曰槅。『釋名』曰。槅、扼也。所以扼牛頸也。馬曰烏啄。下向叉馬頸。似烏開口向下啄物時也。『西京賦』曰。五都貨殖。旣遷旣引。商旅聯槅。隱隱展展。此正謂大車也。下文云。冠帶交錯。方轅接軫。謂乘(乘)車也。》從木。鬲聲。《古覈切。16部。按『左思-蜀都賦』以槅爲覈。》/266

樳 (순)【xún ㄒㄩㄣˊ】나무 이름
설문 3364 大木。可爲鉏柄。《未詳。》從木。尋聲。《詳遵切。12部。》/245

槙 (전)【diān ㄉㄧㄢ】나무끝 ■진:나무결 단단할, 나무뿌리 서로 얽히여 결을
설문 3428 木頂也。《人頂曰顚。木頂曰槙。今顚行而槙廢矣。》從木。眞聲。《都季切。11部。》一曰仆木也。《人仆曰顚。木仆曰槙。顚行而槙廢矣。頂在上而仆於地。故仍謂之顚、槙也。『大雅』。人亦有言。顚沛之揭。枝葉未有害。本實先撥。此以木爲喩。故毛曰。顚、仆。沛、跋。揭、見根皃(貌)。是『毛詩』之顚、槙之假借也。『般庚』若顚木之有由蘖。義亦同槙。『考工記』稹理、亦或假槙。》/249

槈 (누)【nòu ㄋㄡˋ】낫
설문 3534 薅器也。《〔蓐部〕曰。薅、披去田艸也。槈者、所以披去之器也。槈、刃廣六寸。柄長六尺。說詳耨下。》從木。辱聲。《奴豆切。3部。》鎒或作從金。《從木者主柄。從金者主刃。》/258

構 (구)【gòu ㄍㄡˋ】本[덮을] 이을, 얽을, 맺을, 경영, 서까래
설문 3470 葢(蓋)也。《此與冓音同義近。冓、交積材也。凡覆葢(蓋)必交積材。》從木。冓聲。《以形聲包會意也。古后切。4部。》杜林目(以)爲椽桷字。《杜林用構爲桷字。桷古音如穀。杜意構造字用冓。椽桷者用構。『蒼頡訓纂:一篇』及『蒼頡故:一篇』中語。》/253

槌 (퇴)【chuí ㄔㄨㄟˊ】상中9작 zhuì 망치(짧은 몽둥이) ■추:칠
설문 3565 關東謂之槌。關西謂之持。《『方言』。槌、宋魏陳楚江淮之閒謂之植。自關而西謂之栚。郭云。槌、縣蠶薄柱也。度畏反。植音値。栚音陽。按持與植葢(蓋)一字。古音同在 1部也。依『方言』當作關西謂之栚。關東謂之持。容許所據不同耳。》從木。追聲。《直類切。15部。》/261

槍 (창)【qiāng ㄑㄧㄤ】창(무기) ■쟁:살별
설문 3514 歫也。《〔止部〕曰。歫、止也。一曰槍也。按槍有相迎鬬(鬪)爭之意。『通俗文』曰。剡木傷盜曰槍。今俗作鎗。》從木。倉聲。《七羊切。10部。》一曰槍攘也。《三字句。攘【各本】從木。誤。今正。『莊子』在宥。傖囊。崔譔(譔)作戕囊。云戕囊猶搶攘。『晉灼-注:漢書』曰。搶攘、亂皃(貌)也。按許無從手之搶。凡槍攘、上從木、下從手。》/256

槎 槎(사)【zhà ㄓㄚˋ】상中9 chá 작 zhǎ 本[엇찍을] 떼(뗏목) ■차:비스듬히 자를
설문 3654 衺斫也。《栞下曰。槎識也。『魯語』。里革曰。山不槎蘖。『李善-注:西京賦』引『賈逵-解詁』曰。槎、邪斫也。韋曰。槎、斫也。按賈云衺斫者、於字從差得之。『周禮:有柞氏』。『周頌』曰。載芟載柞。毛云。除木曰柞。柞皆卽槎字。異部假借。魚歌合韵(韻)之理也。》從木。𢀩(差)聲。《側下切。17部。按『徐爰-注:射雉賦』千荷切。此爲舊音。『漢書:貨殖傳』作山不茬蘖。此爲古字。『今-漢書』譌爲茬字。》『春秋傳』曰。山不槎。《【宋本】皆如此。惟【趙-鈔本】作山木不槎。今按當於槎下補蘖。不當於山下添木也。【許書】亦有謂『國語』爲『春秋傳』者。此其一也。》/269

槏 (감)【qiǎn ㄑㄧㄢˇ】문, 문설주, 벼 이름, 난간 ■렴:난간, 기울(仄也) ■혐:벼이름, 바리
설문 3500 戶(戶)也。《『通俗文』云。小戶曰扂。口減反。『集韵(韻)』。槏扂㮝三同。口減切。戶也。按許扂爲古文戶。不爲槏。》從木。兼聲。《苦減切。7部。》/255

槐 (괴)【huái ㄏㄨㄞˊ】9 huán 회나무
설문 3372 槐木也。《『釋木』曰。櫰槐、大葉而黑。守宮槐、葉晝聶宵炕。按此皆槐之異者。》從木。鬼聲。《戶(戶)恢切。15部。》/246

◀제 11 획▶

樧 (살)【shā ㄕㄚ】오수유(낙엽교목의 일종) ■설:문설주, 소귀나무, 후려칠
설문 3359 似茱萸。出淮南。《『釋木』。朻樧醜莍。郭云。莍萸、子聚生成房皃(貌)。樧似茱萸而小。赤色。『內則:注』曰。藙、煎茱萸也。『漢律』會稽獻焉。『爾雅』謂之樧。按鄭云藙卽樧。許於〔艸部〕有茱萸、有藙。此云似。與鄭說小異。『本艸經:木部』云。吳茱萸。一名藙。是則一物異名。亦不待煎成始爲藙也。》從木。《茱萸藙字在〔艸部〕。樧字在〔木部〕。故許不云一物。然茱萸在『本艸經:木部』。茱從艸、而『爾雅』在『釋木』。則從艸從木一也。》殺(殺)聲。《所八切。15部。》/245

槢 (습)【xí ㄒㄧˊ】나무 이름, 형틀
설문 3285 槢木也。《『莊子』、『淮南』有椄槢字。

皆謂椷楔。不爲木名。』从木。習聲。《似入切。7部。》/240

槤 (련)【lián ㄌㄧㄢˊ】 ㉳㊥⑨㉴ liǎn 제기, 문빗장

설문 3568 胡槤也。《「胡」各本作「瑚」。今正。瑚雖見『論語』、『禮記』。然依『左傳』作胡爲長。『明堂位』曰。有虞氏之兩敦。夏后氏之四璉。殷之六瑚。周之八簋。而『苞-注:論語』曰。瑚璉者、黍稷器也。夏曰「瑚」。商曰「璉」。周曰「簠簋」。『杜-注:左』云。夏曰瑚。周曰簋。孔沖遠云。包『鄭等-注:論語』、『賈服等-注:左傳』、皆云。夏曰瑚。杜亦同之。或別有所據。或相從而誤。按此非相從而誤。『漢人-所據:戴-記』不同也。璉當依許從木。據『明堂位:音義』本作四連。『周禮』、『管子』以連爲輦。『韓勅禮器碑』。胡輦器用。卽胡連也。『司馬法』。夏后氏謂輦曰「余車」。殷曰「胡奴車」。周曰「輜輦」。疑胡輦皆取車爲名。』從木。連聲。《里典切。『廣韵(韻)』力展切。14部。》/262

槥 (세)【suì ㄙㄨㄟˋ】 ㉳㊥⑨㉴ huì (작은)관 ▣혜:같은 뜻

설문 3678 棺櫝也。《槥、匱也。棺之小者。故謂之棺櫝。『急就篇』。棺槨槥櫝。櫝卽槥也。『高帝紀』。令士卒從軍死者爲槥。應劭曰。小棺也。今謂之櫝。臣瓚引金布令曰。不幸死。死所爲櫝。傳歸所居。縣賜以衣棺。』從木。彗聲。《祥歲切。15部。》/270

槧 (참)【qiàn ㄑㄧㄢˋ】 건목칠, 분판(글씨 쓰는 널조각) ▣참:서판(책의 판본)

설문 3616 牘樸也。《樸、素也。猶坏也。牘、書版也。槧謂書版之素、未書者也。『論衡』曰。斵(斷)木爲槧。『釋名』曰。槧、版之長三尺者也。槧、漸也、言漸漸然長也。楊雄曰。天下上計孝廉及內郡衞(衛)卒會。雄常把三寸弱翰。齎油素四尺。以問其異語。歸、卽以鉛摘次之於槧。『西京雜記』曰。懷鉛提槧。』從木。斬聲。《自剡切。8部。》/265

榫 (필)【bì ㄅㄧˋ】 나무 이름 설문 3350 榫木也。《未詳。》從木。畢聲。《卑吉切。12部。》/244

槩 (개)【gài ㄍㄞˋ】 평미래, 대개 ※ 개(概)와 같은 글자

설문 3549 所㠯杚(以杚)斗斛也。《「所以」二字今補。『月令』。正權槩。鄭、高皆云。槩、平斗斛者。槩本器名。用之平斗斛亦曰槩。許、鄭、高皆云其器也。凡平物曰杚。所以杚斗斛曰槩。引伸之義爲節槩、感槩、揵槩。』從木。既聲。《工代切。15部。》/260

槭 (척)【cù ㄘㄨˋ】 ㉳㊥⑨㉴ zú 단풍나무 ▣색:자루 다듬은 모양, 나무잎 떨어질

설문 3360 槭木。可作大車輮。《未詳今何木。大車、牛車也。輮、車罔(網)。『考工記』之牙也。』從木。戚聲。《子六切。3部。》/245

槮 (삼)【shēn ㄕㄣˋ】 ㉳㊥⑨㉴ shēn 밋밋할(나무가 길)

설문 3446 長木皃(貌)。《本作「木長」。今正。『九辨』。萷櫹槮之可哀。卽許之櫹槮二字也。『王-注』。莖獨立也。『上林賦』。紛溶萷蔘。郭云。支竦擢也。蔘同槮。李善音森。』從木。參聲。《所今切。7部。》『詩』曰。槮差荇菜是也。《見『周南』。『今-詩』作參。許所據作「槮」。謂如木有長有短不齊也。》/251

槱 槱𣚦(유)【yòu ㄧㄡˋ】 ㉳㊥⑨ yǒu (하늘에 제사지내기 위해서)화톳불 놓을

설문 3664 積木燎之也。《「木」【各本】作「火」。今依『玉篇』、『五經文字』正。『大雅』。「芃芃棫樸。薪之槱之。『傳』曰。槱、積也。山木茂盛。萬民得而薪之。賢人衆多。國家得用蕃興。按如毛說則槱謂積薪而巳。至『鄭-箋』乃以煙祀槱尞爲說。許不但云積木而兼云燎之者。爲其字之從火也。不云尞之而云燎之者。燎、放火也。尞、柴祭天也。毛曰。萬民薪之而巳。故但云燎。』從木火。酉聲。《余救切。3部。》『詩』曰。薪之槱(𣚦)之。『周禮』以槱燎祠司中司命。《見『大宗伯』。燎依〔許-火部〕當作「尞」。「祠」『今-周禮』作「祀」。許從毛說。又引『周禮』者、廣槱證也。『鄭-注:周禮』曰。槱、積也。』 𥙆槱或從示。柴祭天神也。《【各本】作「柴祭天神或從示」。今正。謂其字有從示者。以燔柴乃祀天神之禮、故從示也。【各本】作「天神」。【趙本】作「大神。」》/269

槶 (궤)【guì ㄍㄨㄟˋ】 광주리 밑바닥 ▣괴:광주리 ▣귀:정음(正音)

설문 3582 匡當也。《匡當、今俗有此語。謂物之腔子也。槶亦作「𩠱」。亦作「𩑶」。『士冠禮:注』云。滕薛名𩑶爲頍。『釋名』曰。𩠱、恢也。恢廓覆髮上也。魯人曰頍。齊人曰幧。按鄭、劉(劉)所說槶之一耑(端)耳。』從木。國聲。《古悔切。古音在 1部。》/263

槸 (예)【yì ㄧˋ】 나무가지 끼리 서로 개갬 ▣얼:위태할 얼(槷)과 같은 뜻

설문 3452 木相摩也。《『釋木』曰。木相磨槸。按『大雅』。作之屛之。其菑其翳。脩之平之。其灌其栵。『爾雅』。立死、菑。蔽者、翳。木相磨、槸。除灌木叢木已見於上。則槸卽栵也。以文法論。栵必非木名。毛云。栵、栭也。栭謂之而小木相迫切。與『爾雅』義無不合也。栭爲小木。如鮞爲魚子。』從木。埶聲。《魚祭切。15部。按槷、『考工記:輪人』以爲槷椴字。又『匠人』以爲臬字。又『輪人:注』以爲危隉字。》 𣡌或從蓺作。《據此則蓺字古有之矣。》/251

槽 (조)【cáo ㄘㄠˊ】 (마소의 먹이를 담는)구유 설문 3607 嘼(畜)之食器。《「嘼」【各本】作「畜獸」二字。今正。嘼、六嘼也。馬櫪曰槽。『方言』。櫪、梁宋齊楚北燕之閒謂之「樎皁」。皁與槽音義同也。』從木。曹(曹)聲。《昨牢切。古音在 3部。按『大雅』。乃造其曹。曹蓋(蓋)槽之假借。謂造於㺃豕之處也。》/264

槾 (만)【màn ㄇㄢˋ】 ㉣ mán 흙손, 탐할, 평고대, 광대싸리

설문 3508 杇也。《『釋宮』曰。鏝謂之杇。釋文云。「鏝」本或作「槾」。按『孟子』作「墁」。》 從木。曼聲。《母官切。14部。》 /256

【鏝 鏝】下曰:鐵杇也。从金。曼聲。槾 鏝或从木。/707

樀 (적)【dì ㄉㄧˋ】 ㊤㊥⑨㉣ dí 추녀, 소리, (실감는)실패

설문 3497 戶(戶)樀也。《按戶樀謂門檐也。『郭-注:爾雅』及『篇』、『韵(韻)』皆云屋梠。則不專謂門。》 從木。啇聲。《樀之言滴也。與霤滴相近。都厤切。16部。》 『爾雅』曰。檐謂之樀。《見『釋宮』。》 樀、朝門。《【鉉本】無此三字。【鍇本】有之。〔門部:闔〕下云。闔、謂之樀。樀、廟門也。許以此樀爲朝門之樀。彼樀爲廟門之樀。正謂此檐彼闔分朝廟。形異而義隨之也。葢(蓋)本舊說。》 讀與滴同。/255

樂 악【yuè ㄩㄝˋ】 풍류(음악), 아뢸(연주할) ■락:즐거울 ■요:좋아할

설문 3611 五聲八音總(總)名。《『樂記』曰。感於物而動。故形於聲。聲相應。故生變。變成方。謂之音。比音而樂之。及干戚羽旄謂之樂。音下曰宮商角徵羽、聲也。絲竹金石匏土革木、音也。樂之引伸爲哀樂之樂。》 象鼓(鼓)鞞。《「鞞」當作「鼙」。俗人所改也。象鼓鞞、謂𢆶也。鼓大鼙小。中象鼓。兩旁(旁)象鼙也。樂器多矣。獨像此者。鼓者春分之音。『易』曰。雷出地奮豫。先王以作樂崇德。是其意也。》 木、《逗。謂從木。》 虡也。《〔虍部〕曰。虡、鐘鼓之柎也。五角切。古音在 2部。》/265

형성 (13자+1) 력(瓅 瓅)185 약(藥 藥)554
혹(嚛 嚛)780 력(趮 趮)1006 록(觻 觻)2701
력(櫟 櫟)3379 료(瘵 瘵)4585 력(礫 礫)5733
록(濼 濼)6739 락(鱳 鱳)7284 약(纅 纅)8134
삭(鑠 鑠)8844 력(轢 轢)9138 삭(爍 爍)

樅 (종)【zōng ㄗㄨㄥ】 ㊥⑨㉣ cōng 전나무

설문 3397 松葉柏身也。《見『釋木』。郭引尸子曰。松柏之鼠。不知堂密之有美樅。按堂密、謂山如堂者。》 從木。從聲。《七恭切。9部。》/248

樊 번【fán ㄈㄢˊ】 本[매어리] 새장, 울타리, 땅이름 ■반:말뱃대끈(木:11획)

설문 1680 騺不行也。《「騺」【各本】譌「鷙」。〔馬部〕曰。騺、馬重皃(貌)。騺不行、沈滯不行也。『毛詩』。折桺(柳)樊圃。借爲楙字。『莊子』。澤雉畜乎樊中。樊、籠也。亦是不行意。》 从𠬝(𠬝)楙。《會意。》 楙亦聲。《附袁切 14部。》/104

형성 (4자+1) 번(藩 藩)3860 번(𩡧 𩡧)5249
번(蘩 蘩)5411 번(蠜 蠜)8433 반(攀 攀)

樓 (루)【lóu ㄌㄡˊ】 本[다락집] 층집, 망루, 나라이름, 성씨

설문 3501 重屋也。《「重屋」與「複屋」不同。複屋不可居。重屋可居。『考工記』之重屋、謂複屋也。『釋名』曰。樓謂牖戶(戶)之閒(間)諸射孔樓樓然也。「樓樓」當作「婁婁」。〔女部〕曰。婁、空也。囧下曰。囱(窓)牖麗廔闓明。》 從木。婁聲。《洛侯切。4部。》/255

樔 (소)【cháo ㄔㄠˊ】 풀막(소택에 있는 야만의 집) ■조:가는 그물, 끊어질

설문 3640 澤中守艸樓。《謂澤中守望之艸樓也。艸樓、葢(蓋)以艸覆之。『藝文類聚』艸譌作竹。『左傳:成:十六年:正義』引此文。「樔」譌爲「櫓」。》 從木。巢聲。《形聲包會意也。從巢者、謂高如巢。鉏交切。2部。》/268

木 4 ⑪

樕 (속)【sù ㄙㄨˋ】 덤불, 떡갈나무, 도토리참나무 설문 3296 樸樕、小木也。《「樸」當作「樸」。樸樸正俗字也。【各本】無小字。今依『五音韵(韻)譜』、『韵會』、『集韵』、『類篇』補。『召南』。林有樸樕。毛曰。樸樕、小木也。『釋木』云。樕樸、心。「樕樸」卽『詩』之「樸樕」。【俗書】立心多同小。又艸書心似小。『毛傳』、『說文』當本作「心木」。譌爲「小木」耳。『詩:正義』云。某氏曰樸樕斛樕也。有心能溼(濕)。江河閒以作柱。孫炎曰。樸樕一名心。據此及許立文之次弟。知樸樕乃木名。非凡小木之偁(稱)也。「斛」俗作「槲」。槲樕櫟之類。「樸」『爾雅:音義』作「樸」。『廣韵』曰。杺、木名。其心黃。杺卽『爾雅』心字。》 从木。敕聲。《桑屋切。3部。》/241

樗 (저)【shū ㄕㄨ】 ㊤ huà 가죽 나무 설문 3305 樗木也。《【各本】樗與檴二篆互譌。今正。『毛詩:音義』、『爾雅:音義』、『五經文字』可證也。假令【許書】與今互異。則陸氏、張氏當辨明之。如穜種之例矣。『豳風』、『小雅:毛傳』皆曰。樗、惡木也。惟其惡木。故豳人祇以爲薪。『小雅』以儷惡菜。今之臭椿樹是也。所在有之。有一種葉香者可食。》 從木。雩聲。《【各本】作「虖」聲。今正。丑居切。5部。》/241

檴 (화)【huà ㄏㄨㄚˋ】 ㊤ chū 북나무 ■저:가죽나무 ※ 저(樗)와 같은 글자 ■도:쓸모없는 나무

설문 3356 檴木也。《『釋木』。檴落。郭云。可以爲杯器素。按『小雅』薪是穫薪。『箋』云。穫落、木名也。陸云。依鄭則字宜木旁。檴檴古今字也。『司馬-上林賦』字作華。師古曰。華卽今之樺。皮貼弓者。『莊子:華冠』、亦謂樺皮爲冠也。樺者俗字也。》 㠯(以)其皮裹松脂。《所謂樺燭。》 從木。虖聲。《乎化切。古音在 5部。》 讀若蕍(華)。檴或從蒦。/244

樘 樘 탱【chēng ㄔㄥ】 ① 버팀기둥 ■정:같은 뜻 ■쟁:속음(715) ② 작살 ■당:머느리 발톱(511)

설문 3477 柱也。《【各本】柱上有「衺」字。今刪(刪)。『文選(選):靈光殿賦、長笛賦:李-注』皆引『說文』。柱也。『長門賦:李-注』引『字林』。柱也。皆無衺字。惟「樘」字或作「牚」、或作「撐(撐)」。皆俗字耳。『玉篇』云。樘、柱也。亦無衺。葢(蓋)樘本柱名。如『靈光』、枝樘杈枒而斜據。枝樘與層櫨

曲枅芝栭爲欐。然則訓爲柱無疑也。樘可借爲党歫。猶柱可借爲支柱而支柱遂正釋樘。俗閒(間)謂撐拄必用衺木。遂沾一衺字矣。》从木。堂聲。《丑庚切。李善引『說文』恥孟反。古音在 10部。》/254

【妻】下『注』云:惟樘字或作穿、或作撐(撑)。皆俗字耳。『玉篇』云。樘、柱也。亦無衺。葢(蓋)樘本柱名。/254

【徐鍇】曰:今俗別作撐。非。

참고 탱(撐)버틸, 등길, 취할(가질)

標 (표)【biāo ㄅㄧㄠˉ】 (작) piǎo 本[나무끝] 가지, 표(표지, 목표)

설문 3431 木杪末(末)也。《杪末、謂末之細者也。古謂木末曰「本標」。如『素問:有標本病傳論』是也。亦作「本剽」。如『莊子』云有長而無本剽者是也。標在冣(最)上。故引伸之義曰標擧(擧)。『肆師』。表齍盛告絜。『注』云。【故書】表爲剽。剽表皆謂徽識也。按表剽皆同標。》從木。票聲。《敷沼切。2部。》/250

樜 (자)【zhè ㄓㄜˋ】 산뽕나무

설문 3353 樜木。出發鳩山。《『北山經』曰。發鳩之山、其上多柘木。許所據「柘」作「樜」也。發鳩山卽〔水部:涑〕水所出之發包山。『淮南書』亦作發包。古音包鳩同在 3部。許不言樜同柘。而『廣韵(韻)』謂一字。非許意也。》從木。庶聲。《之夜切。古音在 5部。》/244

⿰木號 (호)【háo ㄏㄠˊ】 나무 이름

설문 3300 號木也。《未詳。》从木。號省聲。《乎刀切。2部。》/241

樝 (사)【zhā ㄓㄚˉ】 풀명자나무

설문 3268 樝果佀(似)棃而酢。《『內則:柤棃:注』曰。柤、棃之不臧者。『爾雅:郭-注』、『山海經:郭-傳』皆云。樝似棃而酢澀。按卽今棃之肉粗味酸者也。『張揖-注:子虛賦』云。樝似棃而甘。乃以同類而互易其名耳。陶隱居譏鄭公不識樝。恐誤。》从木。虘聲。《側加切。古音在 5部。》/238

樞 (추)【shū ㄕㄨˉ】 (문의)지도리 ■저:같은 뜻 ■우:손잡이, 꼭지

설문 3499 戶樞也。《戶所以轉動開閉之樞機也。『釋宮』曰。樞謂之椳。》從木。區聲。《昌朱切。4部。》/255

樠 (만)【mén ㄇㄣˊ】 (상)(中)⑨ mán 흑단, (나무의) 진 흐름

설문 3395 松心木。《疑有奪誤。當作「松心也」。一曰樠木也。『廣韵(韻)』:卄二,元:注』曰。松心。又木名也。所據【古本】也。蒙上文松木言之。故曰松心謂之樠。葢(蓋)松心微赤。故與穈璊同音。又松心有脂。『莊子』所謂液樠。『廣韵:養韵』釋樠曰。松脂。正樠爲松脂之誤也。一曰樠木也者、別有木名樠。如『左傳』卒於樠木之下、『馬融-廣成頌』陵喬松履(履)脩樠、『漢書』烏孫國山多松樠是也。小顏(顔)云。樠、木名。其心似松。是小顏所據已同【今本】矣。舊有樠𣗋二字。一㒼聲。一兩聲。『左傳』樠木『音義』云。郎(郎)蕩反。又莫昆、武元二反。『馬援傳-章懷:注』曰。『水經:注』。武陵五溪。謂雄溪、樠溪、酉溪、潕溪、辰溪。蠻土俗雄作熊。樠作朗。潕作武。是皆認樠爲𣗋。未別其字。而强說其音也。》從木。㒼聲。《莫奔切。15部。》/247

模 (모)【mó ㄇㄛˊ】 (상)(中)⑨(작) mú 법(규범), 본보기, 무늬

설문 3471 法也。《以木曰「模」。以金曰「鎔」。以土曰「型(型)」。以竹曰「笵」。皆法也。『漢書』亦作「橅」。》從木。莫聲。讀若嫫母之嫫。《〔女部〕曰。嫫母、都醜也。莫胡切。5部。》/253

樣 (양)【yàng ㄧㄤˋ】 (상)(中)⑨(작) xiàng 本[상수리나무], 본(본보기)

설문 3328 栩實也。《樣橡正俗字。『爾雅:舊注』曰。柔實爲橡子。以橡殼爲柔斗者、以䎀䎀似斗故也。橡子。儉歲可食以爲飯。豐年牧豬。飤之可以致肥也。見『齊民要術』。》從木。羕聲。《徐兩切。10部。按樣俗作橡。今人用樣爲式樣字。像之假借也。唐人式樣字從手作「㨾」。》/243

◀ 제 12 획 ▶

樲 (이)【èr ㄦˋ】 멧대추 나무

설문 3342 酸棗也。《『釋木』曰。樲、酸棗。『孟子』曰。舍其梧檟。養其樲棗。趙曰。樲棗、小棗。所謂酸棗也。按『孟子』本作「樲棗」。『宋刻-爾雅:單行疏』及『玉篇』、『唐-本艸』、又『本艸:圖經』皆可證。【今本】改作「樲棘」。非是。樲之言副貳也。爲棗之副貳。故曰樲棗。『本艸經』曰。酸棗味酸平。主心腹寒熱、邪結氣聚、四肢酸疼、溼痹、煩心不得眠。諸家皆云。似棗而味酸。》從木。貳聲。《而至切。15部。》/244

樴 (직)【zhí ㄓˊ】 문지방, (소나 짐을 매어 두는) 말뚝 ■특:같은 뜻 ■익:말뚝

설문 3588 弋也。《『釋宮』曰。樴謂之「杙」。扗(在)牆者謂之「楎」。扗地者謂之「臬」。大者謂之「栱」。長者謂之「閣」。弋杙古今字。「樴」『周禮』作「職」。『牛人』曰。祭祀共(共)其享牛、求牛。以授職人而芻之。『注』云。職讀爲樴。樴謂之杙。可以繫牛。引伸凡物一枚曰一樴。『鄕(鄉)射禮記』薦脯五樴。『注』云。樴、猶梃也。爲記者異耳。『鄕飮酒禮記』薦脯五梃。『注』云。梃、猶樴也。『今本-儀禮』樴譌膱。梃譌挺及脡。今依『張淳、葉林宗-所據:釋文』正。》從木。戠聲。《之弋切。1部。》/263

樵 樵(초)【qiáo ㄑㄧㄠˊ】 땔나무, 나무할

설문 3393 㪚(散)木也。《『小雅』。樵彼桑薪。『列子書』以蕉爲樵。按上下文皆木名也。此字廁此。恐非其舊次。當與柴篆爲伍。》從木。焦聲。《昨焦切。古音 2部, 3部。》/247

참고 초(樵樵)247-3393:1

樸 (박)【pú ㄆㄨˊ】 (상)(中)⑨(작) pǔ 통나무 ■복:달라붙을

설문 3455 木素也。《素猶質也。以木爲質。未彫飾、如瓦

器之坯然。『士喪禮』、『周禮:槀人』皆云。獻素獻成。『注』云。形法定爲素、飾治畢爲成是也。引伸爲凡物之偁(稱)。如〔石部〕云。磺、銅鐵樸是也。作璞者、俗字也。又引伸爲不奢之偁。凡云儉樸是也。『漢書』。以敦朴爲天下先。假朴爲樸也。》 從木。菐聲。《匹角切。3部。『今-詩』棫樸『周禮』樸屬、借用此字。》/252

樹 (수)【shù ㄕㄨˋ】(서 있는)나무
설문 3409 木生植之總(總)名也。《植、立也。假借爲尌豎字。》 從木。尌聲。《形聲包會意。常句切。4部。》 籒文。《籒文從豆不從豈者。豆柄直。亦有直立之義。豆與壴同在 4部。爲諧聲。寸則謂手植之也。》/248

樻 (궤)【kuì ㄎㄨㄟˋ】(대나무처럼 마디가 있는) 영수목 ■귀:같은 뜻
설문 3325 椐也。從木。貴(貴)聲。《求位切。15部。『詩:音義』日。去塊反。何音匱。》/243

樿 (전)【zhǎn ㄓㄢˇ】회양목 ■선:같은 뜻
설문 3286 樿木也。可目(以)爲櫛。《『玉藻』日。櫛用樿櫛。髮晞用象櫛。『禮器』日。樿勺。鄭日。樿木白理。『中山經』日。風雨之山。其木多椰樿。郭日。樿木白理。中櫛。》 從木。單聲。《言(旨)善切。14部。》/240

橁 (춘)【xún ㄒㄩㄣˊ】 상中⑨ chūn 참죽나무
설문 3320 杶也。《此杶木別名。非卽杶字也。『左傳』。孟莊子斬雍門之橁。以爲公琴。》 從木。筍聲。《相倫切。12部。》/242

橃 (벌)【fā ㄈㄚ¯】 상中⑨작 fá 큰 배, 떼(뗏목) ■발:같은 뜻 ■페:유자, 마룻대머리
설문 3636 海中大船。《『廣韵(韻):橃』下日。木橃、『說文』云海中大船。謂『說文』所說者古義。今義則同筏也。凡『廣韵:注』以今義列於前。『說文』與今義不同者列於後。獨得訓詁之理。葢(蓋)六朝之舊也。卽如此篆。『玉篇:注』云。海中大船也。泭也。是爲古義今義襍(雜)糅。【漢人-注:經】固云大者日筏、小者日桴。是漢人自用筏字。後人以橃代筏。非漢人意也。》 從木。發聲。《房越切。15部。》/267

樻 (비)【fèi ㄈㄟˋ】나무 이름, 대패밥
설문 3304 樻木也。《未詳。》 从木。費聲。《房未切。15部。》/241

㯕 (서)【xī ㄒㄧ¯】작은 나무, 나무 밑가지
설문 3672 㯕㯕也。《二字曡韵(疊韻)。㯕讀同析。》 從木。斯聲。《先稽切。16部。》/270

橈 (뇨)【náo ㄋㄠˊ】 상작 nào 本[구부러질] (짧은)노, 휠
설문 3441 曲木也。《引伸爲凡曲之偁(稱)。見『周易』、『考工記』、『月令』、『左傳』。【古本】無從手撓字。後人肊造之以別於橈。非也。》 從木。堯聲。《女教切。2部。》/250

橋 (교)【qiáo ㄑㄧㄠˊ】다리(교량), 시렁, 물건을 건너 가로지른 나무 ■고:빠를
설문 3633 水梁(梁)也。《水梁者、水中之梁也。梁者、宮室所以關擧(擧)南北者也。然其字本從水。則橋梁其本義而棟梁其假借也。凡獨木者日杠。騈木者日橋。大而爲陂陀者日橋。古者挈皐日。井橋。『曲禮』奉席如橋衡。讀若居廟反。取高擧之義也。》 從木。喬聲。《巨驕切。2部。》/267

橺 (한)【xiǎn ㄒㄧㄢˇ】 상작 jiàn 中⑨ xiàn 큰 나무
설문 3435 大木皃(貌)。《未見其證。小徐說以『左傳』橺然授兵登陴。『今-左傳』自『唐-石經』而下皆從手。》 從木。閒聲。《古限切。14部。》/250

橎 (번)【fán ㄈㄢˊ】단단한 나무 이름
설문 3389 橎木也。《未詳。》 從木。番聲。讀若樊。《附轅切。14部。》/247

橐 탁【tuó ㄊㄨㄛˊ】전대, 자루, 풀무, 옷과 세간을 얹어 두는 곳
설문 3740 囊也。《按許云。槖囊也。囊、槖也。渾言之也。『大雅:毛傳』日。小日槖。大日囊。『高誘-注:戰國策』日。無底日囊。有底日槖。皆析言之也。囊者、言實其中如瓜瓤也。槖者、言虛其中以待如木槖也。『玄應書』引『蒼頡篇』云。槖、囊之無底者。則與『高-注』互異。許多用『毛傳』。疑當云槖、小囊也。囊、槖也。則同異皆見。【全書】之例如此。此葢(蓋)有奪字。又『詩』釋文引『說文』。無底日囊。有底日槖。與【今本】絕(絶)異。》 从槖省。石聲。《他各切。5部。》/276

橑 로【lǎo ㄌㄠˇ】서까래, 처마 앞에 댄 나무, 수레 앞 포장대 ■료:덮개 뼈대
설문 3487 椽也。《『九歌』日。桂棟兮蘭橑。王云。以木蘭爲榱也。按『西都賦』。列棼橑以布翼。下又云。裁金璧以飾當。『西京賦』。結棼橑以相接。下又云。飾華榱與璧當。『魏都賦』。棼橑複結。下又云。朱桷森布而支離。橑必與棼連言。而別於榱桷。則榱桷爲屋椽。橑爲複屋之椽可知。簷霤在複屋。故『廣韵』日。屋橑、簷前木。此櫋橑二篆相屬亦此意也。當是本作橑、櫋椽也。謂屬於櫋之椽。》 從木。尞聲。《盧浩切。2部。》/255
형성 (1자) 로(䕳)574

橘 (귤)【jú ㄐㄩˊ】귤
설문 3265 橘果。出江南。《『禹貢』。荆(荊)州厥苞橘柚。『考工記』日。橘踰淮而北爲枳。『屈原賦』日。受命不遷。生南國兮。許言出江南者、卽『考工』、『屈賦』所云也。『王逸-注』云。言橘受天命。生於江南。》 从木。矞聲。《居聿切。15部。》/238

橙 (등)【chéng ㄔㄥˊ】등자나무, 등상
설문 3266 橘屬也。《『南都賦』日。穰橙鄧橘。『蜀都賦:劉(劉)-注』日。蜀有給客橙。》 从木。登聲。《丈庚切。『廣韵(韻)』宅耕切。古音在 6部。》/238

檍 (억)【yì ㄧˋ】참죽나무
설문 3315 梓屬。大者可棺椁。小者可爲弓材。《按檍檍古今字。〔心部:意〕、今作『億』。〔艸

木 4 ⑫

部:蓄〕、今作「薏」。〔水部:滀〕、今作「澺」。〔人部:億〕、今作「億」。然則【經典】檍字卽『說文』之檍、何疑。『考工記』。取榦(幹)之道七。柘爲上。檍次之。此卽所謂小者可爲弓材也。『唐風』。隰(濕)有杻。『釋木』、『毛傳』皆曰。杻、檍也。許無杻字。豈其字正作紐、俗作杻與。大鄭云。檍讀如億萬之億。陸機云。今官園種之。正名曰萬歲。取名於億萬。芇(共)汲山下人或謂之牛筋。或謂之檍。材可爲弓弩榦也。【今-各本】椋櫝二篆之閒有檍篆。云杶也。從木意聲。葢(蓋)淺人謂不當闕檍字而增之。本云檍杻也。後又譌杻爲杶。不可通。考『韵(韻)會』云。『說文』作槽(槒)。今文作檍。則【黃氏-所據:鍇本】未誤也。今刪(刪)檍篆。》從木。啻聲。《於力切。1部。》/242

橚 (숙)【shǎo ㄕㄠˇ】㊄ sù 나무 긴 모양, 길고 곧은 모양

설문 3448 長木皃(貌)。《橚與槮同義聯文。淺人以椺梗其閒。非也。『九辨』橚卽橚。淺人加艸耳。『吳都賦』說竹曰。橚矗森萃。『史記:上林賦』。紛容蕭蔘。蕭同橚。》從木。肅聲。《山巧切。古音在 3部。『廣韵(韻)』蘇彫切。『玉篇』息六切。》/251

橜 (궐)【jué ㄐㄩㄝˊ】말뚝, 등걸(그루터기의 몸체)

설문 3587 弋也。《弋下曰。橜也。》從木。厥聲。《瞿月切。15部。與〔氏部: 㓞〕音同義相近。『莊』、『列』。橜株駒。》一曰門梱也。《上文云。梱、門橜也。與此爲互訓。此亦橛弋之一耑(端)耳。橜或借厥。梱或借困。『荀卿』曰。和之璧。井里之厥也。『玉人』琢之。爲天子寶。『晏子』作井里之困。》/263

橝 (담)【tán ㄊㄢˊ】처마, 시렁, 나무 이름

설문 3496 屋梠前也。《梠與靁之閒曰橝。》從木。覃(覃)聲。《徒含切。古音在 7部。》一曰蠶槌。《『方言』言蠶槌備(備)矣。獨無橝字。》/255

樏 (루)【léi ㄌㄟˊ】나무 열매

설문 3418 木實也。《絫者今之累積字。從絫、言其多也。假借則扁榼謂之樏。似盤、中有隔也。》从木。絫聲。《力追切。按當依『廣韵(韻)』力委切。16部。》/249

橞 (혜)【huì ㄏㄨㄟˋ】나무 이름

설문 3337 橞木也。《未詳。》從木。惠聲。《胡計切。15部。》/244

機 (기)【jī ㄐㄧ】本[고동] 틀(기계), 기틀

설문 3573 主發謂之機也。《下文云。機持經者。機持緯者。則機謂織具也。機之用主於發。故凡主發者皆謂之機。檃栝之辭。》從木。幾聲。《居衣切。15部。》/262

槖 (구)【jū ㄐㄩ】㊄㊥⑨ xū 가래, 삽 ■후:같은 뜻

설문 3535 芣(苿)臿也。从木。《謂柄》 ⺈象形。《從入者、象兩刃也。》昍聲。《舉(擧)朱切。『廣韵(韻)』況于矩于二切。5部。》/258

橢 (타)【tuǒ ㄊㄨㄛˇ】本[수레통 가운데 그릇] 둥글고 길쭉할 ■와:같은 뜻

설문 3564 車笭中橢橢器也。《「橢橢」當作「隋隋」。〔山部〕。𡸇、山之隋隋者。【今本】亦譌作「𡸇𡸇」者。隋隋、狹長皃(貌)也。『史記:索隱』引『三蒼』云。橢、盛鹽豉器。他果反。『師古-注:急就篇』云。椭、小桶也。所以盛鹽豉。『廣韵(韻)』曰。橢、器之狹長。》從木。隋聲。《徒果切。17部。『廣韵(韻)』他果切。》/261

橦 (동)【chuáng ㄔㄨㄤˊ】나무 이름, 장대, 돛대 ■종:같은 뜻 ■충:진 뚫는 수레 ■장:장막 꼭대기 ■상:찌를, 같은 뜻

설문 3523 帳極也。《極、棟也。帳屋高処(處)也。【宋本】、【葉鈔本】、【小徐本】作帳柱。按『西京賦』。都盧尋橦。謂植者也。》從木。《以木爲之。故從木。》童聲。《宅江切。3部。》/257

橪 (연)【rǎn ㄖㄢˇ】좀대추나무, 향풀 이름

설문 3344 酸小棗。《此云酸小棗、則上文樲酸棗者與棗大小同矣。『上林賦』。枇杷橪柿(柹)。按廁橪於枇杷柹之閒。然則皆果也。與許說合。『淮南子』。伐橪棗以爲矜。亦云橪棗。郭云。橪、橪支木。音煙。與許異。》從木。然聲。《人善切。15部。》一曰染也。《染、小徐作柔。皆未詳。》/244

橫 횡【héng ㄏㄥˊ】本[빗장] 가로, 가로 지를, 연횡, (도리에)거스를, 별이름 ■황:섞일 ■광:한나라 문이름

설문 3643 闌木也。《闌、門遮也。引伸爲凡遮之偁(稱)。凡以木闌之皆謂之橫也。古多以衡爲橫。『陳風:傳』曰。衡門、橫木爲門也。『考工記』。衡四寸。『注』曰。衡古文橫。假借字也。》从木。黃聲。《戶盲切。古音在 10部。》/268

형성 (1자) 횡(潢 㶇)6950

麭 (포)【pào ㄆㄠˋ】옻에 회섞어 다시 칠할

설문 3734 桼垸已。《句。》復桼之。《垸者、以桼和灰垸而髹也。旣垸之。復桼之。以光其外也。》从桼。包聲。《舉(擧)形聲包會意也。匹皃(貌)切。古音在 3部。『篇』、『韵(韻)』步交切。》/276

棘 曹 조【cáo ㄘㄠˊ】밤 샐 (木부 12획)

圖 一周天也。今作遭費。(圖 518)

설문 3684 二東。《謂其形也。》䡛(曹)從此。《謂䡛以會意也。》闕。《謂義與音皆闕也。鍇曰。按『說文-舊本』無音。鉉亦不箸反語。》/271

성부 曹 䡛 조

◀ 第 13 획 ▶

樕 (수)【shū ㄕㄨ】바퀴통(수레바퀴의 축이 들어가는 구멍)

설문 3627 車轂中空也。《『考工記』。以轂圍之防梢其藪。『注』曰。梢、除也。防、三分之一也。鄭司農云。梢讀如桑螵

蛸之蛸。藪讀如蜂藪之藪。謂轂空壺中也。玄謂此藪徑三寸九分寸之五。壺中當輻菑者也。藪者猶言趨也。蜂藪者、衆輻之所趨也。【舊本:經注】多誤字。今挍正之如是。按【記文】盇(蓋)本作梢其橾。大鄭乃易爲藪。故云讀爲。後人直用大鄭說改【記文】耳。『程氏瑤田-通藝錄』曰。队與『王制』祭用數之仂同。十分之一也。藪謂鑿深。梢之以待置輻也。『記』曰。六分其輪崇。以其一爲之牙圍。參分其牙圍而漆其二。椁其漆內而中詘之。以爲轂長。是則轂長當三尺二寸五分四釐一豪六絲六不盡。由是以轂長爲圍。以圍之十一爲鑿深。十一當三寸二分五釐四豪一絲六忽六不盡。用其成數得三寸。輻廣亦三寸也。『車人』。大車輻廣三寸。柏車羊車不見輻廣。亦三寸可知。故下文云凡輻量其鑿深以爲輻廣。先鄭言蜂藪。後鄭言衆輻所趨。則藪之名義當起於輻鑿也。按先後鄭說、直以轂空壺中與衆輻之孔相挨。故云壺中當輻菑者也。合二者爲一以釋經。而未知輻孔不通壺中。壺中以受軸。橾以受輻。劃然二事。鄭不若程氏之精確也。許字作橾。從喿。喿、鳥羣(群)鳴也。亦與衆趨之義合。其云車轂中空也。亦未該。》從木。喿聲。讀若藪。《大鄭云讀爲藪者、易橾爲藪也。【注:經】之法也。許云讀如藪者、擬其音也。【字書】之體也。山樞切。古音當在 2部。讀如䐢。『急就篇』有轑字。橾藪轑雙聲。宜分別壺中曰轑。輻孔曰橾、曰藪。》/266

橿 橿 (강)【jiāng ㄐㄧㄤˉ】감탕나무, 굳셀

설문 3355 枋也。《謂一木二名。『考工記:注』曰。今世轂用雜(雜)楡。輻以檀。牙以橿。『郭-注:山海經』曰。橿中車材。『南都賦、吳都賦:說木』皆有橿。》從木。畺聲。《居良切。10部。》一曰鉏柄。《『釋名』曰。鋤、齊人謂其柄曰橿。橿然正直也。頭曰鶴。似鶴頭也。》/244

檀 檀 (단)【tán ㄊㄢˊ】박달나무, 단향목

설문 3378 檀木也。《『鄭風:傳』曰。檀、彊刃之木。刃今韌字。梜醞似檀。【齊人諺】曰。上山斫檀。梜醞先殫。》從木。亶聲。《徒乾切。14部。》/246

檃 檃 檃(은)【yǐn ㄧㄣˇ】도지개(휜 것을 바로 잡는 기구)

설문 3601 栝也。《檃與栝互訓。「檃」亦作「㯫」。亦假借作「隱」。栝亦假借作括。『尙書:大傳』。子贛曰。檃栝之旁(旁)多曲木。良醫之門多疾人。砥厲之旁多頑鈍。『荀卿:大略篇』。大山之木示諸檃栝。檃栝者、矯制衺曲之器也。『方言』。所以隱櫂謂之㰏。郭云。搖櫓小橛也。按櫂以索繫於㰏而後可打。是㰏者所以檃其櫂也。如許云矢檃弦處謂之矢栝。矢栝所以檢弦也。『般庚』。尙皆隱哉。『某氏:注』云。相隱括共爲善政。『公羊傳:何-序』云。隱括使就繩墨。『孫卿書』云。劫之以勢。隱之以阸。阸而用之。得而後功之。隱皆讀爲檃。『漢:刑(刑)法志』。隱之以勢。『臣瓚:注』曰。秦政急峻。隱括其民於隘狹之法是也。凡古云安隱者、皆謂檃栝之而安也。俗作安穩。聲形皆變也。》從木。隱省聲。《於謹切。13部。按『篇』、『韵(韻)』皆引『說文』檃、栝也。不省心。》/264

檄 檄 (격)【xí ㄒㄧˊ】격서(선동하는 글), 편지, 긴 공문서에 봉인할 ■혁:속음 ■효:소집영장

설문 3619 尺二書。《【各本】作「二尺書」。『小徐-繫傳』已佚。見『韵(韻)會』者作尺二書。盇(蓋)【古本】也。『李賢-注:光武紀』曰。『說文』以木簡(簡)爲【書】。長尺二寸。謂之檄。以徵召也。與『前書-高紀:注』同。此盇出演『說文』。故語加詳。云尺二寸與【鍇本】合。但漢人多言尺一。未知其分別之詳。『後漢書』、『水經:注』皆曰。『李雲-上:書』云。孔子言帝者、諦也。今尺一拜用。不經御省。是帝欲不諦乎。又『後漢書:儒林傳』云。詔曰。乞楊生師。卽尺一出升。『文選(選):注』引『蕭子良-古今篆隸(隸)文體』曰。『鶴頭書』、『偃波書』俱詔板所用。在漢時則謂之尺一簡。『獨斷(斷)』曰。『策書』長二尺。以命諸侯王三公。三公以罪免。亦賜策。以尺一木。》從木。敫聲。《胡狄切。古音在 2部。》/265

檇 檇 (취)【zuì ㄗㄨㄟˋ】과실 이름 ■추:〈네이버 자전〉

설문 3646 㠯(以)木有所擣也。《宋永嘉戴侗曰。今人猶有此語。》從木。雋聲。《遵爲切。按當從『廣韵(韻)』將遂切。古音在 13、15部也。『公羊傳』作「醉李」。》『春秋傳』曰。越敗吳於檇李。《『定公:十四年』事。檇李、地名。杜預曰。吳郡嘉興縣南醉李城是。》/268

檈 檈 (선)【xuán ㄒㄩㄢˊ】둥근 책상, 식탁 ■순:같은 뜻

설문 3557 圜案也。《檈圜疊韵(疊韻)。》從木。瞏聲。《似沿切。14部。》/261

檉 檉 (정)【chēng ㄔㄥˉ】능수버들, 수양나무, 위성류(낙엽교목의 일종)

설문 3362 河柳(柳)也。《『釋木』、『毛傳』同。陸機云。生水旁。皮正赤如絳。一名「雨師」。羅願云。葉細如絲。天將雨。檉先起(起)氣迎之。故日雨師。按檉之言赬也。赤莖故曰檉。『廣韻』釋楊爲赤莖柳(柳)。非也。》從木。聖聲。《敕貞切。11部。》/245

檐 檐 (첨)【yán ㄧㄢˊ】처마, (화로, 갓의)전 ■염:속음 ■담:멜, 별이름

설문 3495 梍也。《檐之言隒也。在屋邊也。『明堂位』重檐『注』云。重檐、重承壁材也。姚氏鼐云。漢時名檐爲承壁材。以其直垂而下如壁。》從木。詹聲。《余廉切。8部。俗作「簷」。按【古書】多用檐爲儋何之儋。》/255

檲 檲 (천)【chuán ㄔㄨㄢˊ】나무 이름 ■취:채찍

설문 3302 檲木也。《未詳。》从木。遄聲。《市緣切。14部。》/241

檕 檕 (계)【jì ㄐㄧˋ】두레박 멈추개, 두레박틀 가로나무

설문 3571 繘耑(端)木也。《繘、汲井綆也。綆耑木者、下耑有罋。上耑有木以爲硾。檕之言系也。『釋木』以爲檕梅字。》從木。毄聲。《古詣切。16部。》/262

㯻 㯻 표【piáo ㄆㄧㄠˊ】(상)(中)⑨(작) pāo (작) piāo 자루의 아가리를 벌린 모양

설문 3743 囊張大皃(貌)。《石鼓(鼓)文。其魚隹可。隹鱮隹鯉。可以橐之。隹楊及栁(柳)。橐讀如苞苴之苞。『蘇軾詩』作貫。非也。》从橐省 缶聲。《符宵切。古音在 3部。》/276

유사 전대 탁(橐) 묶을 혼(橐)

木 4 ⑬

檗 벽【bò ㄅㄛˋ】황벽나무 ■백:회양목

설문 3357 黃木也。《『本艸經』之檗木也。一名檀桓。》從木。辟聲。《博戹切。16部。俗加艸作蘗。多誤爲蘗字。》/245

유사 그루터기에서 난 싹 얼(蘖櫱)

참고 벽(蘗)황벽나무, 당귀, 산삼, 돌삼

檜 (회)【kuài ㄎㄨㄞˋ】㊤㊥⑨ guì 노송나무, 회나라

설문 3396 柏葉松身。《『釋木』、『衞(衛)風:毛傳』皆曰。檜、柏葉松身。『禹貢』作「栝」。》從木。會聲。《古外切。15部。》/247

檟 (가)【jiǎ ㄐㄧㄚˇ】개오동 나무

설문 3312 楸也。《『釋木』。槐小葉曰榎。郭云。「槐」當爲「楸」。楸細葉者爲榎。又大而皵楸。小而皵、榎。郭云。老乃皮粗皵爲楸。小而皮皵者爲榎。又梠、山榎。郭云。今之山楸。按榎字檟之或字。『左傳』、『孟子』作檟。『爾雅』別言之。許渾言之。》從木。賈聲。《古雅切。古音在 5部。》『春秋傳』曰。樹六檟於蒲圃。《見『左傳:襄:四年』。》/242

檠 (경)【qíng ㄑㄧㄥˊ】등경(등잔) 걸이, 도지개

설문 3600 㮄(榜)也。《『秦風』。竹閉緄縢。毛曰。閉紲、緄繩、縢約也。『小雅:角弓:傳』曰。不善紲檠巧用則翩然而反。『既夕記』說明器之弓有柲。『注』云。柲、弓檠也。弛則縛之於弓裏。備(備)損傷也。以竹爲之。引『詩』竹柲緄縢。『考工記:弓人:注』云。紲、弓鞑。弓有鞑者、爲發弦時備頓傷。引『詩』竹鞑緄縢。合此言之。『禮』謂之「柲」。『詩』謂之「閉」。『周禮:注』謂之「鞑」。『禮-古文』作「枈」。四字一也。皆所謂檠也。紲者繫檠於弓之偁(稱)。緄則繫之之繩。謂之檠者、正之也。謂之㮄(榜)者、以竹木異體從㫄(旁)傅合之之言。凡言㮄笞、㮄箠者、取義於縲紲。凡後世言標㮄者、取義於表見扗外也。》從木。敬聲。《巨京切。11部。》/264

檢 (검)【jiǎn ㄐㄧㄢˇ】本[봉함] 금제할, 조사할, 법, 책표지에 제목 쓸

설문 3618 書署也。《書署謂表署書函也。『後漢:祭祀志』曰。尙書令奉玉牒檢。皇帝㠯(以)二分璽親封之訖。太常命人發壇上石。尙書令藏玉牒已。復石覆訖。尙書令以五寸印封石檢。按上云玉牒檢者、玉牒之玉函也。所謂玉檢也。下云石檢者、上文云石覆訖是也。檢以盛之。又加以璽印。『周禮:注』曰。璽節、印章。如今斗檢封矣。『廣韵(韻)』云。書檢者、印窠封題也。則通謂印封爲檢矣。『公孫瓚傳』曰。袁紹矯刻金玉㠯爲印璽。每有所下。輒皁囊施檢。章懷曰。檢今俗謂之排。排如今言𢱢簽耳。》從木。僉聲。《居奄切。7部。引伸爲凡檢制、檢技之偁(稱)。》/265

영【檢】下曰:書函之蓋三刻其上。繩緘之。然後塡以泥。題書而印之也。

檥 (의)【yí ㄧˊ】㊤㊥ yǐ ⑨ yī 本[줄기] 배를 언덕에 댈(출발 준비를 함)

설문 3469 榦(幹)也。《『釋詁』曰。楨翰儀榦(幹)也。『許-所據:爾雅』作「檥」也。『人儀表』曰榦。木所立表亦爲榦。其義一也。『史記』。烏江亭長檥船待。檥船者、若今小船。兩頭植櫓爲系也。》從木。義聲。《魚羈切。古音 17部。》/253

㯃 (칠)【qī ㄑㄧˉ】지팡이 감나무 ■실:같은 뜻

설문 3384 㯃木。可爲杖。《小徐云。今椵栗之屬。》從木。𣏟聲。《親吉切。12部。》/247

◀ 제 14 획 ▶

檮 檮(도)【táo ㄊㄠˊ】등걸(베어낸 나무의 그루터기), 어리석음

설문 3655 檮柮、《逗。二字今補。》斷(斷)木也。《謂斷(斷)木之榦(幹)。椆頭可憎者。》從木。𠷎聲。《徒刀切。古音扗 3部。》『春秋傳』曰。檮柮。《『左傳』無檮柮。惟『文:十六年』有檮杌。杜預曰。檮杌、凶頑無疇匹之皃(貌)。『趙-注:孟子』曰。檮杌、嚚凶之類。按葢(蓋)取斷(斷)木之可憎爲惡人名也。出聲兀聲同部。許所據與今異。》/269

櫂 (답)【tà ㄊㄚˋ】㊣ dá 나무 이름

설문 3406 榙櫂木也。從木。遝聲。《徒合切。8部。》/248

樸 (복)【bǔ ㄅㄨˇ】㊤㊥⑨㊣ pú 대추, 초목 다복이 날 ■박:작은 나무

설문 3343 樸棗也。《『釋木』言棗之名十有一。繼之言檄梧。繼之言樸枹者。是『今-爾雅』樸不謂棗也。疑許所據有不同。故云尒。寇宗奭(奭)曰。御棗甘美輕脆。今人所謂撲落酥者是。樸棗豈卽御棗歟。樸樸古今字。『大雅:毛傳』曰。樸、枹木也。『方言』曰。樸、盡也。南楚凡物盡生者曰樸生。郭云。今種物皆生曰樸地生也。又曰。樸、聚也。楚謂之樸。郭云。樸屬、叢相箸皃(貌)。按『詩』、『爾雅』之樸。皆當同『方言』作「樸」。樸從僕、附也。『考工記』樸屬猶附箸、『文選(選)』鏖閈撲地字皆當作「樸」。『釋木』、『毛傳』皆訓樸爲枹。許以爲棗名則徧矣。》從木。僕聲。《博木切。3部。》/244

槫 (벽)【bì ㄅㄧˋ】중깃(壁柱)

설문 3478 壁柱也。《壁柱謂附壁之柱。柱之小者。此與㮰櫨之槫各字。『篇』、『韵(韻)』皆兩存不混。》從木。尃聲。《弼戟切。古音扗 5部。○按【各本】在榕篆之後。誤也。今移正。》/254

檵 (계)【jì ㄐㄧˋ】구기자 나무

설문 3375 枸杞也。《『四牡、四月:傳』皆曰。杞、枸檵也。他杞字無『傳』。讀『詩』者有三杞之說焉。》從木。繼省聲。《按繼下云。一曰反㡭爲𢇍。然則此云𢇍聲

足矣。疑或竄改之也。古詣切。15部。》 一日堅木也。《「堅」【各本】作「監」。誤。今正。此別一義。爲堅木偁(稱)檵。堅檵雙聲。如薊與筋也。》 /246

欗 檷 (니)【nǐ ㄋㄧˇ】 얼레자루
설문 3572 絡絲柎也。《「柎」【各本】作「檷」。今依『易』釋文、『玉篇』、『廣韵(韻)』正。釋文作「趺」。柎趺古今字。柎、咢足也。絡絲柎者、若今絡絲架子。『姤:初六』。繫於金柅。『九家易』日。絲繫於柅。猶女繫於男。故以喩初宜繫二也。》 從木。爾聲。《奴禮切。16部。》 讀若昵。《「昵」【各本】作「柅」。今依『易』釋文正。昵或暱字。合韵也。》 『易』日。繫於金檷。《六字【各本】無。今依『易』釋文補。》 /262

檹 檹 (의)【yī ㄧˉ】 긴 모양, 밋밋할, 비틀어질, 개오동 나무
설문 3443 木旖施也。《「旖」【各本】作「檹」。「施」『集韵(韻)』、『類篇』作「柅」。皆非也。〔㫃部:旖〕下日。旗旖施也。旗旖施、故字從㫃。木如旗之旖施、故字從木旖。『九辨』。紛旖旎乎都房。『王-注』。旖旎、盛皃(貌)。引『詩』旖旎其華。『九歎:注』同。然則『今-曹風』猗儺。毛日猗儺、柔順也。猗儺卽旖施。旎者施之俗也。柅者又旎之譌也。『上林賦』。旖旎從風。張揖云。旖旎猶阿那(那)。『漢書』、『文選(選)』皆作「猗柅」。【韵書:紙韵】作「猗狔」、椅柅、旖旎。哿韵作「旖旎」、「檹棭」。其實皆同字也。》 從木。旖聲。《形聲包會意。於离切。古音在17部。》 賈侍中說。檹卽椅也。《「也」【各本】作「木」。今依『篇』、『韵(韻)』。》 可作琴。《賈說檹卽椅字之異者也。椅可作琴。見『衞(衛)風』。》 /250

檻 檻 (함)【kǎn ㄎㄢˇ】 ㉯㊥⑨㉲ jiàn 난간, (짐승) 우리
설문 3673 櫳也。《『李善-注:長楊賦』引『釋名』日。檻車上施闌檻以格猛獸。亦囚禁罪人之車也。按許云檻櫳也者、謂罪人及虎豹所居。假借爲凡闌檻字。》 从木。監聲。《胡黯切。8部。》 一日圈。《圈者、養嘼(畜)之閑。》 /270

檼 檼 (은)【yǐn ㄧㄣˇ】 ㉯㊥⑨㉲ yìn (이중 지붕의) 마룻대 ※ 은(檃櫽)과 같은 글자
설문 3486 棼也。《〔林部〕日。棼、複屋棟也。『注』詳彼矣。『釋名』及郭璞謂棟爲檼。非也。》 從木。㥯聲。《於靳切。13部。》 /255

檾 檾 (경)【qǐng ㄑㄧㄥˇ】 이저귀(아욱과의 일년초)
설문 4330 枲(枲)屬。《類枲而非枲。言屬而別見也。檾者、草名也。『周禮:典枲』。掌布絲縷紵之麻草之物。『注』云。草、葛蕡之屬。掌葛。徵草貢之材於澤農。『注』云。草貢出澤。蕡紵之屬。可緝績者。蕡卽檾字之異者。蕡紵出於澤。與葛出於山不同。又作潁。『襍(雜)記』。如三年之喪。則旣潁。其練祥皆行。鄭云。潁、草名。無葛之鄕(鄉)。去麻則用潁。『詩』兩言「褧衣」。許於此偁(稱)「檾衣」。於〔衣部〕偁褧衣。而云褧、檾也。示反古。然則褧衣者、以檾所績爲之。葢(蓋)『士昏禮』所謂景也。今之「檾麻」『本草』作「茴麻」。其皮不及枲麻之堅韌。今俗爲麤繩索多用之。》 从林。熒省聲。《去穎切。11部。》 『詩』日。衣錦檾衣。《『衞(衛):碩人』、『鄭:丰』文。今皆作褧。》 /335

檿 檿 (염)【yǎn ㄧㄢˇ】 산뽕나무
설문 3382 山桑也。《『釋木』日。檿桑、山桑。『大雅:毛傳』日。檿、山桑也。『禹貢』檿絲。『史記』「檿」作「酓」。同音假借字也。》 從木。厭聲。《於玫(琰)切。7部》 『詩』日。其檿其柘。 /247

櫅 櫅 (자)【jī ㄐㄧˉ】 흰 대추나무 ■제:토막나무
설문 3339 櫅木也。《『釋木』日。櫅白棗。按許不云白棗。與『爾雅』異。葢(蓋)『爾雅』本作齊白棗。今人所食棗、白乃孰是也。櫅乃別一木。『廣韵(韻)』日。櫅楡堪作車轂。正與許合。轂軸異耳。『楊雄-蜀都賦』。枇櫅枎楊。『章樵-注』云。櫅、楡屬。》 可㠯(以)爲大車軸。從木。齊聲。《祖稽切。15部。》 /244

㯻 㯻 㯻 혼【hùn ㄏㄨㄣˋ】 [설문부수 225] ㉯㊥⑨ gǔn 묶을, 묶음 ■곤·권:같은 뜻 ■본:〈네이버 자전〉
설문 3739 橐也。《『廣韵』日。㯻大束。》 从束。圂聲。《胡本切。13部。按『五經文字』云捕么反。『廣韵』云符霄切。是以㯻音爲㯻音也。》 凡㯻之屬皆从㯻。 /276
유사 자루의 아가리를 벌린 모양 표(㯻) 묶을 혼(㯻)
형부 고(橐) 낭(囊)
형성 (2자) 탁(櫜)3520 두(蠹)8552

◀ 제 15 획 ▶

櫋 櫋 櫋 (면)【mián ㄇㄧㄢˊ】 평고대
설문 3494 屋櫋聯(聯)也。《『釋名』日。梠或謂之櫋。櫋、緜(綿)也。緜連榱頭使齊平也。上入日爵頭。形似爵頭也。按郭云雀梠卽爵頭也。『九歌』日。擘蕙櫋兮旣張。》 從木。𣒂(臱)聲。《【各本】作「邊省聲」。非。今正。武延切。12部。讀如民。》 /255

櫌 櫌 (우)【yōu ㄧㄡˉ】 흙덩이 끄는 망치, 곰방메, 호밋자루
설문 3540 摩田器也。《『漢-石經:論語』。櫌不輟。『五經文字』日。【經典】及釋文皆作「耰」。鄭日。耰、覆種也。與許合。許以物言。鄭以人用物言。『齊語』。深耕而疾櫌之。以待時雨。韋日。櫌、摩平也。『齊民要術』日。耕荒(荒)畢。以鐵齒鎷錸再徧杷之。漫擲黍穄。勞亦再徧。按先云再徧杷之。卽『國語』所謂疾櫌待時雨也。後云勞亦再徧。卽鄭所謂覆種也。許云摩田。當兼此二者。賈又日。春耕尋手勞。秋耕待白背勞。古日櫌。今日勞。勞郎到切。『集韵(韻)』作「耮」。若高誘云。櫌、椎也。如淳云。椎、塊椎也。服虔(虔)、孟康云。櫌、鉏柄也。椎塊尙近之。鉏柄之說未可信矣。》 從木。憂聲。《於求切。3部。》 『論語』日。櫌而不輟。《『微子篇』。》 /259

木 4 ⑮

櫎 (황)【huàng ㄏㄨㄤˋ】 ㊤㊥⑨㉿ huǎng 창문에 치는 휘장

설문 3569 所㠯(以)几器。《謂所以庋閣物之器也。几可庋物。故凡庋曰几。『廣韵(韻)』曰。櫎、兵闌。》從木。廣聲。《胡廣切。10部。》一曰帷屏屬。《【各本】屏下有風之二字。今依『李善-吳都賦:注』正。『吳都賦』曰。房櫳對櫎。櫎之字一變爲「榥」。再變爲「幌」。『雪賦:注』引『文字集略』曰。幌、以帛㫮牕也。》/262

櫑 (뢰)【léi ㄌㄟˊ】(구름과 우뢰 무늬를 새긴, 단지 비슷한)술그릇, 칼자루 장식

설문 3561 龜(龜)目酒尊。《『五經異義』。『韓詩』說。金罍、大器也。天子以玉。諸侯、大夫以金。士以梓。『古-毛詩』說。金罍、酒器也。諸臣之所酢。人君以黃金飾。尊大一碩。金飾龜目。葢(蓋)刻爲雲靁之象(象)。許君曰。謹案『韓詩』說。天子以玉。經無明文。謂之罍者、取象雲靁博施。故從人君下及諸臣同。按『異義』從古毛說。『說文』同也。故云龜目酒尊、刻本爲雲靁象。『爾雅』。彝■罍器也。小罍謂之坎。然則櫑有小大。『燕禮』。罍水在(在)東。則罍亦以盛水。》刻木作雲靁(雷)象。《句。》象施不竆(窮)也。從木。從畾。畾亦聲。《此五字今補正。刻木至從畾、此述古毛說。說從木從畾之意也。刻爲龜目。又通體刻爲雲靁。古之刻雲如古文之[illegible]。刻靁如古文之[illegible]。所以刻爲雲靁者、以雲靁施澤不竆(窮)。人君之櫑、爲諸臣取酒自酢者。故象之也。畾者、靁之省。凡許言畾聲、皆靁省聲也。魯回切。15部。》櫑或從缶。《葢(蓋)始以木、後以匋。》櫑或從皿。籒文櫑。從缶回(回)。《猶籒文「鸓」作「䨻」也。『漢書:文三王傳』。孝王有䨻尊。如此作。》/261

櫓 (로)【lǔ ㄌㄨˇ】큰 방패, (배 젓는)노

설문 3610 大盾也。《盾、瞂也。戰、盾也。『秦風:毛傳』曰。伐、中干也。伐卽瞂。干卽戰。櫓其大者也。『釋名』曰。盾大而平者曰吳魁。隆者曰須盾。櫓或假杵爲之。流血漂杵卽流血漂櫓也。》從木。魯(魯)聲。《郞(郎)古切。5部。》或從鹵。《鹵聲也。『始皇本紀』亦假鹵爲之。天子出行鹵簿。鹵、大楯也。以大盾領 一部之人。故名鹵簿。》/265

櫛 (즐)【jié ㄐㄧㄝˊ】 ㊤㊥⑨㉿ zhì 本[빗] 즐비할, 머리 빗을

설문 3531 梳比之總名也。《比讀若毗。疏者爲梳。密者爲比。『釋名』曰。梳言其齒疏也。數言比。比於梳其齒差數也。比言細相比也。按比之尤細者曰笸。見〔竹部〕。》從木。節聲。《阻瑟切。12部。按『考工記』㮟字、櫛之古文也。》/258

櫜 (고)【gǎo ㄍㄠˇ】 ㊤㊥㉿ gāo (수레에서 사용하는)큰 자루

설문 3742 車上大櫜。《云車上大櫜者、謂可藏任器載之於車也。『樂記:注』曰。兵甲之衣曰櫜。鍵櫜言閉藏兵甲也。『大雅、周頌:毛傳』曰。櫜、韜也。『齊語』。垂櫜而入。韋曰。櫜、囊也。引伸之義。凡韜於外者皆爲櫜。『周禮:膏物:注』云。「膏」當爲「櫜」。蓮芡之實有櫜韜。》从櫜省。咎聲。《古勞切。古音在 3部。》『詩』曰。載櫜弓矢。《『周頌』文。》/276

櫝 (독)【dú ㄉㄨˊ】함, 널

설문 3530 匱也。《此與〔匚部:匵〕音義皆同。匱、匣也。『論語』。韞匵而藏諸、作「匵」。龜玉毀於櫝中、作「櫝」。》從木。賣(𧶠)聲。《徒谷切。3部。》一曰木名。《未詳。》又曰櫝、木枕也。《「木枕」、大徐作「大梡」。字之誤也。木枕謂以圜木爲枕。『少儀』所謂熲也。謂之熲者、圜轉易醒。令人憬然。故『鄭-注』曰警枕。》/258

櫟 (력)【lì ㄌㄧˋ】상수리나무, 난간, 문지를, 노략질할 ■약:고을이름 ■삭:땅이름 ■락:굴참나무 ■로:가마 긁을

설문 3379 櫟木也。《『秦風:隰(濕)有苞櫟:傳』曰。櫟木也。陸機曰。苞櫟、秦人謂柞櫟爲櫟。河內人謂木蓼爲櫟。椒檄之屬。其子房生爲梂。木蓼子亦房生。故說者或曰柞櫟。或曰木蓼。機以爲此【秦詩】也。宜從其方土之言。柞櫟是也。按陸意謂【秦詩】當是柞櫟。今觀許櫟梂二篆連屬。正與陸所云木蓼子房生爲梂者合。然則許意謂木蓼也。〔艸部〕云。草斗、櫟實也。一曰樣斗。〔木部:栩〕下云。柔也。其草一曰樣。此則謂草斗爲櫟實。正陸所謂秦人謂柞櫟爲櫟。又云。栩今柞櫟也。草下櫟實字非〔木部〕之櫟。許意栩柔、樣草爲一物。是名柞櫟。亦名櫟。而非柞也。亦非子梂生之櫟也。柞與棫爲類。櫟似椒檄。『鄭-箋:大雅』云。柞櫟也。則以柞與柞櫟合爲一耳。》從木。樂聲。《郞(郎)擊切。古音在 2部。》/246

櫡 (작)【zhuó ㄓㄨㄛˊ】本[조갤] 깎을 ■저:젓가락 ※ 저(箸)와 같은 글자

설문 3542 斫謂之櫡。《見『釋器』。「櫡」一作「鐯」。俗字也。凡斫木之斤、斫地之欘皆謂之櫡。櫡之言箸也。箸直略反。郭云。钁也。〔金部〕云。钁、大鉏也。》從木。《欘櫡皆重柄。故字皆從木。》箸聲。《張略切。5部。》/259

◀ 제 16 획 ▶

櫨 (로)【lú ㄌㄨˊ】거망 옻나무, 두공

설문 3482 欂櫨也。《依【全書】通例正。》從木。盧聲。《落胡切。5部。》伊尹曰。果之美者。箕山之東。青鳧之所。有甘櫨焉。夏孰(孰)也。《語見『呂覽:本味篇』。鳧作「島」。不言夏孰。高誘曰。箕山、在潁川陽城之西。青島、崑崙山之東。二處皆有甘櫨之果。『上林賦』。盧橘夏孰。應劭曰。『伊尹書』云。果之美者。箕山之東。青鳥之所。有盧橘夏孰。『史、漢:注』作青馬。依『文選(選)』作青鳥爲長。葢(蓋)卽『山海經』之三青鳥。疑島鳧皆鳥之誤也。『漢志』。『道家者流有伊尹:五十一篇』。『小說家者流有伊尹說:二十七篇』。許堇下、秏下、鮪下及此皆取諸『伊尹書』。相如用盧橘夏孰、太沖猶譏其不實。後人以給客橙、

枇杷等當之。繆甚。》一日宅櫨木。出弘農山也。《『鄭-注:周禮』說染艸之屬有橐蘆。未知是不。》/254

櫪 (력)【lì ㄌㄧˋ】 마판(마굿간에 깐 널빤지), 말구유

설문 3671 櫪榹、《逗。》 柙指也。《「柙」【各本】作「椑」。今正。「柙指」如今之「拶指」。故與械杽桎梏爲類。『莊子』日。罪人交臂歷指。歷指謂以櫪榹柙其指也。『通俗文』日。考具謂之櫪榹。「考」俗作「拷」。尉繚子日。束人之指而訊囚之情。》從木。歷聲。《郎(郎)擊切。16部。》/270

欜 (탁)【tuō ㄊㄨㄛ】 상中⑨작 tuò 조두, 딱딱이 나무

설문 3520 行夜所擊木。《「行夜」【各本】譌「夜行」、木作者。今依『御覽』正。行、去聲。巡也。『周禮:宮正』。夕擊柝(柝)而比之。『注』云。莫行夜以比直宿者。『修閭氏』。比國中宿互欜者。先鄭云。欜、謂行夜擊欜。『九家易』日。柝者、兩木相擊以行夜也。『孟子:注』云。柝、行夜所擊木也。『左傳』。賓將掫。『注』云。掫、行夜也。》從木。橐聲。《從橐者、蓋(蓋)虛其中則易響。今之敲梆是也。他各切。5部。》『易』日。重門擊欜。《注詳柝下。》/257

櫬 (츤)【chèn ㄔㄣˋ】 널, 무궁화, 땔나무 ■친: 무궁화나무 ■관:같은 뜻

설문 3677 棺也。《『玉篇』日。親身棺也。按天子之棺四重。諸公三重。諸侯再重。大夫一重。士不重。天子水兕革棺冣(最)在內。諸侯杝棺冣在內。『檀弓』。君卽位而爲椑。椑謂杝棺親尸者。椑、堅箸之言也。》從木。親聲。《初僅切。12部。》『春秋傳』日。士輿櫬。《『左傳:僖:六年』文。》/270

櫇 (빈)【pín ㄆㄧㄣˊ】 빈랑나무

설문 3341 櫇木也。《未詳。疑卽仁頻也。『上林賦』有仁頻。孟康日。仁頻、椶也。李善日。『仙藥錄』云。檳榔一名椶。然則仁頻卽檳(檳)榔也。》從木。顮(頻)聲。《符眞切。12部。》/244)

櫱 蘖蘗 얼【niè ㄋㄧㄝˋ】 작 è ① ② 그루터기에서 난 싹, 나무의 싹 ■알:같은 뜻, 성씨(528) ③ 그루터기에서 난 싹 ※ 얼(櫱)의 본래 글자(532)

설문 3651 伐木餘也。《『商頌:傳』日。辥(櫱)、餘也。『周南:傳』日。肄、餘也。斬而復生日肄。按肄者、櫱之假借字也。韋昭日。以株生日「櫱」。『方言』。烈枿餘也。陳鄭之閒(間)日「枿」。晉衞(衛)之閒日「烈」。秦晉之閒日「肄」。或日「烈」。枿者亦櫱之異文。》从木。獻聲。《五葛切。15部。按獻聲在 14部。合韵也。》『商書』日。若顚木之有甹櫱。《『般庚:上』文。『今-尙書』作由櫱。本又作枿。馬云。顚木而肄生日枿。》櫱櫱或從木。辥聲。《【今-經典】用此字》 古文櫱。從木無頭。《謂木禿其上而僅餘根株也。》 亦古文櫱。《謂從木牟聲也。牟者、㚔(幸)之或字。見〔羊部〕。『古文四聲韵』作「栓」。》/268

【孼】下『注』云:《『玉藻』。公子日臣孼。『鄭-注』。「孼」當作「枿」。聲之誤也。玉裁按此記文本作枿。『注』日。「枿」當作「孼」。後人因注改經又因經改注。『師古-匡謬正俗』未之知也。凡木萌旁出皆日櫱。人之支子日孼。其義略同。故古或通用。固不必指爲聲誤。『何-注:公羊』日。庶孼、衆賤子。猶樹之有櫱生。得其義矣。》/743

유사 황벽나무 벽(檗) 황벽나무 얼(蘗)

참고 얼(蘖)

櫔 (례)【lì ㄌㄧˋ】 나무 이름, 자새자루 ■리:나무이름

설문 3347 櫔木也。《未詳。》從木。隷聲。《郎(郎)計切。15部。》/244

櫳 (롱)【lóng ㄌㄨㄥˊ】 큰 창(문)

설문 3674 檻也。從木。龍聲。《字有偏旁移而爲二字者。柔栩也、杼機持緯者也、襲房室之𨻻也、櫳檻也、是也。竊有疑焉。襲與櫳皆言橫直爲窗櫺通明。不嫌同偁(稱)。如檻亦爲闌檻。許於楯下云闌檻是也。左木右龍之字恐淺人所增。盧紅切。9部。》/270

龒 (롱)【lóng ㄌㄨㄥˊ】 큰 창(문) ※ 롱(櫳)과 같은 글자

설문 3502 房室之疏也。《按「疏」當作「𨻻」。疏者、通也。𨻻者、門戶(戶)疏窗也。房室之窗牖日龒。謂刻畫(畵)玲瓏也。》從木。龍聲。《盧紅切。9部。》/256

森 霖 무【wú ㄨˊ】 넉넉할, 없을 (木부 16획)

설문 3686 豐(豊)也。《『釋詁』日。蕪茂豐(豊)也。釋文云。「蕪」、【古本】作「霖(𣞤)」。》從林奭。《會意。》奭、《逗。此字今補。》或說規模字。《或說奭是規模之「模」字也。或之者、疑之也。故〔木部:模〕下不錄。》從大冊(卌)。《謂奭從大冊會意也。》冊、《逗。此字今補。》數之積也。《冊篆不見於【本書】。故釋其義。〔耒部:耤〕下日冊叉。用冊字。『漢-石經:論語』。年冊見惡焉。是冊爲四十并。猶廿爲二十并、卅爲三十并也。其音則『廣韵』先立切。四十之合聲。猶廿讀如入、卅讀如趿也。『廣韵』引『說文』云數名、卽此。已上十四字說從奭之意。》林者、木之多也。《說從林之意。》霖與庶同意。《霖【各本】作「冊」。誤。霖從林大冊。庚(庶)從广芡。其製字之意略同。皆貌其衆盛也。文甫切。5部。按此蕃霖字也。隷(隸)變謂無。遂借爲有霖(𣞤無)字。而蕃無乃借廡、或借蕪爲之矣。》『商書』日。庶艸緐(繁)霖。《『洪範』文。『今-尙書』作蕃廡。『晉(晋)語』。黍不爲黍。不能蕃廡。亦同。》/271

성부 無 무

◀ 제 17 획 ▶

欇 (선)【xuán ㄒㄩㄢˊ】 맛든 대추 ■연:같은 뜻

설문 3385 欇味、《逗。》稔棗也。《『釋木』。還味、棯棗。釋文云。還、『字林』作欇。不言出『說文』。疑或取『字林』增此。》從木。還聲。《似沿切。14部。》/247

櫺 (령)【**líng** ㄌㄧㄥˊ】 격자창

설문 3504 楯間子也。《闌楯爲方格。又於其横直交處爲圜子。如綺文瓏玲。故曰櫺。『左傳』車曰忽(悤)靈。亦其意也。『文選(選):注』作「窗閒子」。》從木。霝聲。《郎(郎)丁切。11部。》/256

櫼 (첨)【**jiān** ㄐㄧㄢˉ】 쐐기 ■**섬·첨**:같은 뜻 ■**삼**:삼목(삼나무)

설문 3516 楔也。《『玄應書』曰。『說文』櫼、子林切。今江南言櫼。中國言屆。楔、通語也。屆、側洽切。按子林切葢(蓋)本『說文:音隱』。今江浙語正作知林切。不作子林也。木工於鑿枘相入處有不固。則斫木札楔入固之。謂之櫼。櫼亦作鉆。『戰國策』。蘇秦謂趙王曰。柱山有兩木。一葢呼侶。一葢哭。問其故。曰吾苦夫匠人且以繩墨案規矩刻鏤我。一曰此非吾所苦也。是故吾事也。吾所苦夫鐵鉆然自入而出夫人者。今臣使於秦而三日不見。無有爲臣鐵鉆者乎。鉆自入而出、謂以大鐵鉆釘入大樹一邊。旣析破。乃取樹之一邊爲用。夫人者、言此人冣(最)所苦也。今四川建昌山中取杪方。皆以楔釘入。取陽面一塊。而樹尙卓立。蘇秦以此喩離間之人也。蘇秦謂鐵器。許謂木札。其用正同。『周禮:注』飛鉆、當作此解。砧音。》從木。韱聲。《子廉切。7部。》/257

欂 (박)【**bó** ㄅㄛˊ】 두공, 중깃(벽의 욋가지를 엮기 위하여 듬성듬성 세운 기둥) ■**백**:같은 뜻 ■**벽**:나무이름, 지게문 위에 가로댄 나무

설문 3481 欂櫨、《逗。》柱上枅也。《『魏都賦』、『靈光殿賦』、『景福殿賦』、『長門賦:李-注』皆引『說文』。欂櫨、柱上枅也。『王莽傳』。爲銅薄櫨。師古曰。柱上枅也。亦本『說文』。「枅」【今本】作「柎」。誤。欂櫨、絫呼之也。單呼亦曰櫨。詞賦家或言欂櫨、或言櫨、一也。『釋名』曰。盧在柱端。如都盧負屋之重也。此單言櫨也。『廣雅』曰。欂謂之枅。此單言欂也。李善引『蒼頡篇』曰。枅、柱上方木。許說格也、欂櫨也、枅也、一物三名也。》從木。薄聲。《『篇』、『韵(韻)』皆有補各弼戟二切。5部。按【各本】篆作 。解云壁柱。從木蓴聲而無欂篆。今尋文義。當有 二篆。 與欂榰爲類。 則蒙上文格欂櫨也言之。淺人誤合爲一。正如鼏鼏、袗袀之比。爲分別依類補正之。》/254

欗 (란)【**lán** ㄌㄢˊ】 상㊥⑨작 **liàn** 난간, (짐승)울간, 난(신문 따위 지면의 일부분) ■**련**:나무이름

설문 3381 欗木也。《各木「篆」作「楝」。下文云柬聲。今改正。按『考工記』。以欗爲灰。字作欄。許於欒下云。木似欄。然則此當同『考工記』可知矣。『廣韵(韻):卄五, 寒欄』下云。木名。從古字古音也。「欄」俗作「楝」。乃用欄爲闌檻俗字。欄實曰金鈴子。可用浣衣。》從木。闌聲。《郎(郎)電切。14部。按『莊子』非練實不食。或謂卽欗實。欗實非珍物。似非昀解也。》/246

※ 많은 판본(㊥⑨작)에서 소태나무 련(楝)자로 나온다.

櫾 (유)【**yóu** ㄧㄡˊ】 긴 나무, 유자 ※ 유(柚)와 같은 글자

설문 3408 崐崘(崑崙)山河隅之長木也。《「崐崘」當作「昆侖」。山字依『類篇』補。『西山經』曰。槐江之山。西望其大澤。其陰多榣木。郭曰。榣木、大木。引『國語』榣木不生危。按榣卽櫾字。『韋-注:晉語』亦云。榣木、大木也。『晉語』一本作「拱木」。非。許謂櫾爲長木。榣爲樹動。【他書】則櫾爲橘柚。榣爲長木。用字之不同也。『穆天子傳』曰。天子釣于河。以觀繇之木。郭云。姑繇大木。姑繇亦卽櫾也。》从木。繇聲。《按【許書】有「䌛」無「繇」。或傳寫之誤。以周切。3部。》/248

◀ 제 18 획 ▶

欇 (섭)【**shè** ㄕㄜˋ】 상㊥⑨작 **zhé** 나무가지 흔들릴

설문 3425 木葉榣白也。《榣【各本】從手。今正。榣、樹動也。凡木葉面青背白。爲風所攝則獵獵然背白盡露。故曰榣白。楓厚葉弱枝善榣。一名欇欇是也。『釋木』又有欇虎櫐。則未得其解。》從木。聶聲。《之涉切。7部。》/249

權 (권)【**quán** ㄑㄩㄢˊ】 本[나무 이름] 저울추, 저울, 권세, 비로소, 성씨

설문 3370 黃華(華)木。《『釋木』曰。權、黃英。按英華一也。郭云未詳。而『釋艸』亦云。權、黃華。郭云。今謂牛芸艸爲黃華。〔艸部:英〕下一曰黃英。然則『爾雅』木曰黃英、艸曰黃華。許則英華字互易。》从木。雚聲。《巨員切。14部。》一曰反常。《『論語』曰。可與立。未可與權。『孟子』曰。執中無權。猶執一也。『公羊傳』曰。權者何。權者反於經然後有善者也。》/246

欙 (이)【**yí** ㄧˊ】 나무 이름

설문 3297 欙木也。《未詳。》从木。彝聲。《羊支切。『廣韵(韻)』以脂(脂)切。15部。》/241

◀ 제 19 획 ▶

欑 (찬)【**cuán** ㄘㄨㄢˊ】 本[대로 빈소할] 모을, 모일

설문 3597 積竹杖也。《詳〔竹部:籚〕下、〔殳部:殳〕下。『鄭-注:考工記』曰。矛戟柄竹欑柲。》從木。贊聲。《在丸切。14部。》一曰穿也。《此與〔金部:鑽〕音義皆同。》一曰叢木。《『蒼頡篇』云。欑、聚也。『衆經:音義』云。儹欑同。『喪大記』。君殯欑至於上。『注』云。欑猶菆也。按注謂與『檀弓』菆塗同也。欑菆叢皆聚意。》/264

欒 (란)【**luán** ㄌㄨㄢˊ】 모감주나무, 곡계(曲枅: 위쪽의 하중을 받는, 두공의 일부)

설문 3365 欒木。似欄。《「欄」者今之「楝」字。『本艸經』有欒華。未知是不。借爲圜曲之偁(稱)。如鐘角曰欒、屋曲枅曰欒是。》從木。䜌聲。《洛官切。14部。》『禮』、天子樹松。諸侯柏。大夫欒。士楊。《士楊二字當作「士槐庶人楊」五字。轉寫奪去也。『禮』、謂『禮緯:含文嘉』也。『周禮:冢人』。以爵等爲丘封之度。與其樹數。『賈-疏』

引『春秋:緯』。天子墳高三仞。樹以松。諸侯半之。樹以柏、大夫八尺。樹以藥草。士四尺。樹以槐。庶人無墳。樹以楊柳(柳)。「藥草」二字、欒之誤也。『白虎通』引『春秋』、『含文嘉』語全同。正作大夫以欒。又『廣韵(韻)』引『五經通義』士之冢樹槐。然則此士下有奪可知矣。『含文嘉』是『禮緯』。『白虎通』云『春秋』、『含文喜』。莖(蓋)引『春秋』、『禮-二緯』。而『春秋』下有奪字。『唐封氏-聞見記』引『禮經』及『說文』皆譌舛。》/245

◀ 제 20 획 ▶

櫱 얼【niè ㄋㄧㄝˋ】 ㉗ è ① ② 그루터기에서 난 싹, 나무의 싹 ■얄:같은 뜻, 성씨(528) ③ 그루터기에서 난 싹 ※ 얼(櫱)의 본래 글자(532)

설문 3651 伐木餘也。《『商頌:傳』日。櫱(櫱)、餘也。『周南:傳』日。肄、餘也。斬而復生日肄。按肄者、櫱之假借字也。韋昭日。以株生日「櫱」。『方言』。烈枿餘也。陳鄭之閒(間)日「枿」。晉衞(衛)之閒日「烈」。秦晉之閒日「肄」。或日「烈」。枿者亦櫱之異文。》从木。獻聲。《五葛切。15部。按獻聲在 14部。合韵也。》『商書』日。若顚木之有粤巘。《『般庚:上』文。『今-尚書』作由櫱。本又作枿。馬云。顚木而肄生日枿。》 巘或從木。辥聲。《【今-經典】用此字》 古文巘。從木無頭。《謂木禿其上而僅餘根株也。》 亦古文巘。《謂從木犇聲也。犇者、奎(幸)之或字。見〔羊部〕。『古文四聲韵』作「棒」。》/268

【孼】下『注』云:《『玉藻』。公子日臣孼。『鄭-注』。「孼」當作「枿」。聲之誤也。玉裁按此記文本作枿。『注』日。「枿」當作「孼」。後人因注改經又因經改注。『師古-匡謬正俗』未之知也。凡木萌旁出皆日櫱。人之支子日孼。其義略同。故古或通用。固不必指爲聲誤。『何-注:公羊』日。庶孼、衆賤子。猶樹之有櫱生。得其義矣。》/743

유사 황벽나무 벽(檗) 황벽나무 얼(蘖)

참고 얼(蘖)

◀ 제 21 획 ▶

欘 (촉)【zhǔ ㄓㄨˇ】 ㊤㊥⑨㉗ zhú 호미(농기구)

설문 3541 斫也。齊謂之茲箕。《【各本】作「鎡錤」。今依『爾雅』正。其實箕尙誤。當作其耳。〔斤部〕日。斫、擊也。『釋器』日。斪斸謂之定。釋文云。斸本或作「欘」。引『說文』齊謂之茲箕。一日。斤柄性自曲。據陸氏以『說文』語系之或作「欘」之下。則『說文』有欘無斸可知。〔今本-斤部〕出斪斸二篆。皆云斫也。夫『爾雅』斪斸本一物。安得二之。且『考工記:注』引『爾雅』作「句欘」。又『爾雅:音義』云。「斪」本或作「拘」。是則句拘皆訓曲。不爲別一器名也。句欘者、李巡云鉏也。郭璞云鉏屬。莖(蓋)似鉏而健於鉏。似斤而不以斫木。專以斫田。其首如鉏然。句於矩。故謂句欘也。〔斤部:斪斸〕二篆、淺人依『爾雅:俗本』增之。今刪(刪)。『管子』日。美金以鑄戈劒矛戟(戟)。試諸狗馬。惡金以鑄斤斧鉏夷鋸欘。試諸木土。謂斤斧鋸試諸木者、鉏夷欘試諸土者也。韋日。夷者所以削艸平地也。云齊謂之茲其者。『孟子』引齊人言日。雖有茲基。不如待時。齊謂斫地欘也。『趙-注』云。耒耜之屬。約略言之耳。『月令』。修耒耜。具田器。鄭日。田器、鎡錤之屬。然則鎡錤之非耒耜可知矣。『韋-注:國語』云。耨、茲其也。亦分別未審。》一日斤柄性自曲者。《此別一義。謂斫木之斤及斫田之器。其木首接金者生而內句。不假煣治。是之謂欘。『考工記』日。半矩謂之宣。一宣有半謂之欘。一欘有半謂之柯。一柯有半謂之磬折。鄭司農云。『蒼頡篇』有柯欘。》從木。屬聲。《陟玉切。3部。》/259

欙 (류)【léi ㄌㄟˊ】 (징을 박은)나막신

설문 3631 山行所乘(乘)者。《『河渠書』作「橋」。丌遙反。徐廣日。一作「輂」。几玉反。輂、直轅車也。『漢書』作「梮」。韋昭日。梮、木器也。如今轝牀。人轝以行也。應劭日。梮或作「欙」。爲人所牽引也。『尙書:正義』引尸子。山行乘(乘)欙。『僞:孔傳』亦作「欙」。按輂梮橋三字同。以梮爲正。橋者、音近轉語也。欙與梮一物異名。梮自其盛載而言。欙自其輓引而言。纍、大索也。欙從纍。此聲義之皆相倚者也。應釋欙、韋釋梮、皆是。兼二說而後全。『孟子』蔂梩。趙云。蔂、籠屬。『毛詩:傳』。捄、虆也。亦謂土籠。舁之日梮。人引之而行則日欙也。虆者欙之假借字。或省作「樏」者、非也。『毛詩』之捄亦梮之假借字也。》從木。纍聲。《力追切。15部。》『虞書』日。予乘四載。《『皐陶謨』文。》水行乘舟。陸行乘車。山行乘欙。澤行乘朝。《此四載之故訓也。故統系之『虞書』。猶『河渠書』、『溝洫志』謂『皐陶謨:夏書』。則亦以此四句統系之『夏書』也。「朝」『史記』作「毳」。亦作「橇」。『漢書』作「毳」。如淳日。毳音茅蕝之蕝。謂以版置泥上以通行路也。服虔(虔)日。木毳形如木箕。擿行泥上。孟康說同。『尙書:正義』引尸子作「蕝」。引愼子爲毳者患塗之泥也。『徐廣-注:史記』作「楯」。『僞:孔傳』作「輴」。凡此諸字皆一聲之轉。其義一也。〔車部〕日。朝、車約朝也。此乘(乘)朝當讀同毳。非車約朝之謂。》/267

欚 欚(례)【lǐ ㄌㄧˇ】 큰 배, 거룻배

설문 3638 江中大船也。《『越絶書』日。欚溪城者闔廬所置船宮也。莖(蓋)欚與欚古通用》從木。蠡聲。《盧啓切。16部。》/267

076 4-15 欠 하품할 흠

欠 흠【qiàn ㄑㄧㄢˋ】【설문부수 320】 하품할, 기지개 켤, 모자랄

설문 5271 張口气悟也。《悟、覺也。引伸爲解散之意。口部嚏下日。悟、解气也。『鄭-注:周易』草木皆甲宅日。皆讀如人倦解之解。人倦解、所謂張口气悟也。謂之欠、亦謂之嚏。『曲禮』。君子欠伸。『正義』云。志疲則欠。體疲則伸。

木 4 ㉑

『通俗文』曰。張口運氣謂之欠㰦。按『詩』願言則『疐(疐):傳』曰。疐、劫也。孫毓同。『崔靈恩-集注』云。毛訓疐爲㰦。今俗人云欠欠㰦㰦是也。不作劫字。人體倦則伸。志倦則㰦。玉裁謂。許說多宗毛。許釋嚏爲悟解气。葢(蓋)用毛說也。㰦音邱據切。欠㰦古有此語。今俗曰呵欠。又欠者、气不足也。故引伸爲欠少字。》象气从儿上出之形。《彡與彡同。李陽冰(氷)改篆作⺈。乃是古文先耳。云上象人開口。下象气出。非也。去劍切。8部。》凡欠之屬皆从欠。/410

성부 부록 색인 참조

형부 欠을 부수로 하는 대부분의 글자들
교(歈) 철(歠) 알(歆)

형성 (2자) 감(芡)394 감(坎)8668

◀ 제 2 획 ▶

次 차【cì ㄘˋ】本[다음] 버금(둘째), 이을, 차례, 번(횟수), 안(속)

설문 5332 不前不精也。《「前」當作「歬」。不歬不精皆居次之意也。》从欠。二聲。《當作从二、从欠。从二故爲次。七四切。古音在 12部。讀如漆。是以魯(魯)漆室之女、或作次室。『周禮:巾車』軟字、杜子春讀爲桼也。》古文次。《葢(蓋)象相次形。》/413

유사 침 연(次)

성부 咨자 恣자 資자

형성 (10자+3) 자(茨)562 자(趑)995
자(殏)2447 자(餈)3073 제(齍)4341
차(佽)4832 차(髮)5487 자(姿)7896
차(絘)8338 자(垐)8673
자(瓷) 자(桼) 자(粢)

◀ 제 3 획 ▶

欯 (기)【jì ㄐㄧˋ】 바랄, 구할

설문 5287 㚔(幸)也。《㚔者、吉而免凶也。覬下曰。欯、㚔也。欯與覬音義皆同。今字作「冀」。古音不同。》从欠。气聲。《居气切。15部。》一曰口不便(便)言。《此謂與吃同也。〔口部〕曰。吃、言蹇難也。》/411

欸 (해)【hāi ㄏㄞˉ】 ㊤㊥⑨㊢ shěn 상긋 웃을, 미소지을

설문 5285 笑(笑)不壞顔曰欸。《各本篆作「弞」。今正。孝(考)『廣韵(韻)』。弞式忍切。笑不壞顔(顏)也。『集韵(韻)』、『類篇』同。今按『曲禮』。笑不至矧。『注』云。齒本曰矧。大笑則見(現)此。然則笑見齒本曰矧、大笑也。不壞顔曰欸、小笑也。二義不當同音。淺人因己與弓略相似。妄(妄)合之耳。『玉篇』於欪欣二文下曰。欸呼來切。笑不壞顔也。此『希馮時-所據:說文』也。於歛歃二文之閒曰。弞式忍切。笑不壞顔也。此孫強(强)、陳彭年所據『誤本:說文』也。學者可以悟矣。『廣雅』。欸、笑也。『楚辭』、『吳都賦』作「哈」。O 齒本曰矧。謂矧卽齗之叚(假)借也。『大戴』。高柴執親之喪。未嘗見齒。『盧-注』曰。哂則齒見。笑則矧見。按『論語』。夫子哂之。馬曰。哂、笑也。葢(蓋)哂卽矧。『盧語』未覈。『說文』無哂。後人因哂矧造弞耳。》从欠。己聲。《各本作「引省聲」。式忍切。今正。呼來切。1部。》/411

◀ 제 4 획 ▶

欣 흔【xīn ㄒㄧㄣˉ】 기뻐할, 기쁨

설문 5284 笑(笑)喜也。《〔言部:訢〕下曰。喜也。義略同。按『萬石君傳』。僮僕訢訢如也。晉灼云。訢、許慎曰古欣字。『晉-所據:說文』似與【今本】不同。》从欠。斤聲。《許斤切。13部。》/411

형성 (1자) 흔(掀)7588

欥 (율)【yù ㄩˋ】 드디어 ■일:기쁠
명 本從日。俗從日。非。(명534)

설문 5331 詮詈(詞)也。《詮、具也。『淮南:詮言訓』。『高-注』曰。詮、就也。就萬物之指以言其徵。事之所謂。道之所依也。詮詈者、凡詮解以爲詈。如欥求厥寧、欥中和爲庶幾是也。『釋言』。遹、述也。『毛詩:悉蟀:傳』曰。聿、遂也。『文王:傳』曰。聿、述也。古聿遹同字。述遂同字。『爾雅』言述而遂在其中。毛公或言遂、或言述。因文分別也。『毛詩』多言聿。獨『文王』有聲四言遹。而毛無『傳』。毛意遹卽聿。聿訓遂。故『鄭-箋』以述別之。遂者、因事之詞。亦專詈。『韓詩』及『曹大家-注:幽通賦』及『杜-注:左傳』皆云。聿、惟也。此專詈也。欥其正字。聿、遹、曰皆其假借字也。因詈、專詈皆詮詈也。》从欠曰。《會意。气悟而出詈也。》曰亦聲。《余律切。15部。》『詩』曰。欥求闕寧。《『今-大雅』「欥」作「遹」。『班固-幽通賦』。欥中龢爲庶幾兮。『文選』作聿。『詩』曰喪厥國、見晛曰消、見晛曰流。『韓詩』皆作聿。》/413

欪 (희)【xī ㄒㄧˉ】 희롱하며 웃는 모양 ■해:같은 뜻

설문 5298 欪欪、戲笑皃(戲笑貌)。《此今之嗤笑(笑)字也。『廣韵(韻)』晝(畫)欪嗤爲二字。殊誤。其云「嗤」又作「歖」、不知皆欪之俗耳。『文賦』曰。雖濬發於巧心。或受欪於拙目。李善曰。欪、笑也。與嗤同。【今本】轉寫乖謬。》从欠。㞢(之)聲。《許其切。按當赤之切。1部。蚩亦从虫㞢聲。》/412

欦 (함)【xiān ㄒㄧㄢˉ】 ㊤㊥⑨㊢ qiān 빙그레 웃을

설문 5294 含笑(笑)也。《欦含曡韵(疊韻)。》从欠。今聲。《丘嚴切。『廣韵(韻)』許兼切。7部。》/411

◀ 제 5 획 ▶

欪 (자)【zì ㄗˋ】 토할, 탄식할

설문 5304 歐也。从欠。此聲。《前智切。15、16部。》/412

欨 (구)【xū ㄒㄩˉ】 (숨을 내)불

설문 5276 吹也。一曰笑(笑)意。从欠。句聲。《況于切。古音在 4部。》/410

㰻 (유)【yōu ㄧㄡˉ】 ㊤㊥⑨ yǒu근심스러운 모양 ■욱:같은 뜻

설문 5329 愁皃(貌)。从欠。幼聲。《於虯切。3部。按〔口部〕云。呦之或字。『篇』、『韵(韻)』此義上聲。於糾切。》/413

欪 (출)【chù ㄔㄨˋ】 뻔뻔스러울 ■훌:같은 뜻 ■힐:꾸짖을, 달랠 ■활:같은 뜻 ■질:웃을

설문 5330 咄欪、《逗。此疊韵(疊韻)。古語也。》無慙。一曰無腸意。《無腸猶無心也。按『廣韵(韻)』云。訶也。葢(蓋)謂同咄。》从欠。出聲。讀若屮。《丑律切。5部。》/413

◀ 제 6 획 ▶

欬 (해)【kaì ㄎㄞˋ】 기침 ■개:속음 ■기:같은 뜻 ■애:배가 불러 씨근거릴

설문 5325 屰气也。《『周禮:疾醫』。冬時有嗽上氣疾。『注』曰。嗽、欬也。上氣、逆喘也。按嗽本亦作「欶」。欶者、含吸也。含吸之欲其下而气乃逆上是曰欬。【許書】以欶包嗽。〔口部〕無嗽。俗又作「瘷」。『倉頡篇:齊部』謂瘷曰欬。》从欠。亥聲。《苦葢(蓋)切。1部。》/413

欭 (의)【yì ㄧˋ】 목소리가 갈라질, 탄식할 ■인:같은 뜻

설문 5324 嚘也。《〔口部〕曰。嚘者、語未定皃(貌)。欭嚘爲雙聲。『王風』。中心如噎。『傳』曰。噎謂噎憂不能息也。(『玉篇』如此) 噎憂卽欭嚘之假借字。不能息、謂气息不利也。『鄭風:傳』曰。不能息、憂不能息也。憂亦卽嚘字。『老子』。終日號而不嚘。『玉篇』作「不嚘」。云嚘、气屰(逆)也。『大玄』。柔兒于號。三歲不嚘。皆謂气窒寒(塞)不利。『廣韵(韻)』。嗢、欭、歎也。》从欠。因聲。《乙冀切。古音在 12部。》/413

𣢧 (축)【cù ㄘㄨˋ】 ㊤㊥⑨(작) zú 근심할, 슬퍼하는 모양

설문 5293 慼然也。《此以疊韵(疊韻)爲訓。〔心部〕曰。慼、憂也。𣢧然、心口不安之皃(貌)也。》从欠。尗聲。《才六切。3部。》『孟子』曰。曾西𣢧然。《見『公孫丑』篇。今作「蹵」。『趙-注』。蹵然猶蹵踖也。蹵踖同踧 踖。》/411

欯 (힐)【xí ㄒㄧˊ】 ㊤㊥⑨(작) xì 기뻐할, 웃을

설문 5274 喜也。《『廣韵(韻)』曰。笑也。》从欠。吉聲。《許吉切。12部。》/410

欱 (합)【hé ㄏㄜˊ】 ㊤㊥⑨(작) hē 훅 들이마실, 크게 마실, 주름잡을

설문 5321 歠也。《欱與吸意相近。與歕爲反對。『東都賦』曰。欱野歕山。》从欠。合聲。《呼合切。7部。》/413

◀ 제 7 획 ▶

𣢾 (신)【shèn ㄕㄣˋ】 가리키며 웃을, 빈정거릴

설문 5315 指而笑也。《『吕(呂)覽』。舜爲天子。「轉轉𣢾𣢾」。莫不載悅。『高-注』曰。𣢾𣢾、動而喜也。又作「陳陳殷殷」。無二切。皆譌字耳。𣢾葢(蓋)卽𣢾字。轉寫从攵。『吳都賦』。東吳王孫。䚫然而咍。『劉(劉)-注』云。䚫、大笑皃(笑貌)。引『莊周』齊桓公䚫然而笑。䚫卽𣢾字之異者。俗譌作「䚫」。》从欠。辰聲。讀若蜃。《時忍切。13部。》/413

欲 욕【yù ㄩˋ】 탐낼, 욕심낼, 물건 탐낼

설문 5288 貪欲也。《欲者衍字。〔貝部:貪〕下云。欲也。二篆爲轉注。今貪下作欲物也。亦是淺人增字。凡【此書】經後人妄(妄)竄。葢(蓋)不可數計。獨其義例精密。迄今將二千年。猶可推尋。以復其舊。是以『冣(最)目』云後有達者、理而董之也。感於物而動。性之欲也。欲而當於理。則爲天理。欲而不當於理、則爲人欲。欲求適可斯已矣。非欲之外有理也。古有欲字。無慾字。後人分別之、製慾字。殊乖古義。『論語』申棖之欲、克伐怨欲之欲。一从心。一不从心。可徵改古者之未能畫(盡)一矣。欲从欠者、取慕液之意。从谷者、取虛受之意。『易』曰。君子以徵忿窒欲。陸德明曰。欲、孟作谷。晁說之曰。谷、古文欲字。晁氏所據釋文不誤。【今本】改爲孟作浴。非也。》从欠。谷聲。《余蜀切。3部。》/411

형성 (1자) 유(慾 㦖)8482

欶 수【shuò ㄕㄨㄛˋ】 기침할 ■삭:빨아들일, 나타날

설문 5318 吮也。《〔口部〕曰。吮、欶也。二篆爲轉注。『通俗文』。含吸曰欶。》从欠。束聲。《所角切。3部。》413

성부 遫속 嗽嗽눈

형성 (3자) 속(樕 樕)3296 수(漱 漱)7073 수(鏉 鏉)9008

欷 (희)【xī ㄒㄧˉ】 한숨 쉴, 흐느낄

설문 5307 歔也。《『欷』亦作「唏」。『史記』。紂爲象箸而箕子唏。》从欠。希(希)聲。《香衣切。15部。》/412

欸 (애)【ǎi ㄞˇ】 ㊤㊥⑨(작) xiè (작) āi 험담할, 그렇다 할, 한숨 쉴, 놀라는 소리 ■의:서로 그렇다고 대답할 ■해:성난 소리 ■예:같은 뜻

설문 5303 訾也。《按訾者、呰之字誤。訾者、思稱意也。呰者、訶也。分見〔言部〕、〔口部〕。『玉篇』。欸者、呰也。可正訾字之譌。『廣韵(韻):十六、怪』曰。怒聲。『十六、咍』曰。歎也。『玉篇』曰。恚聲。正與訶義合。〔口部〕有唉字。譍也。與欸義別。『項羽本紀』。亞父受玉斗。拔劒撞而破之。曰唉。孺子不足與謀。此正怒聲字。當作「欸」。『方言』。欸然也。南楚凡言然者曰「欸」。或曰「譻」。此正訓譍字。當作「唉」。》从欠。矣聲。《烏戒切。又烏開切。1部。》/412

◀ 제 8 획 ▶

䮑 (욱)【yù ㄩˋ】 (작) yū 입김 불 ■혁:소리내어 부는 모양, 휘파람

설문 5278 吹气也。从欠。或聲。《於六切。古音在 1部。『玉篇』火麥切。是也。》/410

欺 기【qī ㄑㄧˉ】 속일, 탐할, 업신여길, 편안키 어려울, 속여서 없는 것을 있는 것처럼 말하는 법, 무고하는 법

(작) 作家出版社〔董蓮池-說文解字考正〕 ⑨ 九州出版社〔柴劍虹-說文解字〕 ㉠ 陝西人民出版社〔蘇寶榮-說文解字今注今譯〕 ㊤ 上海古籍出版社〔說文解字注〕 ㊥ 中華書局〔臧克和-說文解字新訂〕

설문 5334 詐也。《大徐作「詐欺也」。今依『韵會』正。〔言部〕曰詐者、欺也。此曰欺者、詐也。是爲轉注。从欠者、猶从言之意。》从欠。其聲。《去其切。1部。》/414

형성 (1자) 기(僛)4931

欻 (홀)【hū ㄏㄨ˗】 ㉠㊥⑨㉢ xū (바람이)일, 홀연

설문 5297 有所吹起(起)。从欠。炎聲。讀若忽。《『西京賦』。欻從背見。『薛-注』。欻之言忽也。按此篆久譌。从炎非聲。葢(蓋)本从辛聲。譌而爲炎。莫能諟正。倘去聲字、說以从炎會意。亦恐非也。許勿切。15部。》/411

欽 흠【qīn ㄑㄧㄣ˗】 하품하는 모양 ■금:속음 ■음:신음할

설문 5272 欠皃(貌)。《凡气不足而後欠。欽者、倦而張口之皃(貌)也。引伸之乃欿然如不足謂之欽。『詩:晨風』。憂心欽欽。『傳』曰。思望(望)之心中欽欽然。『小雅』。鼔(鼓)鐘欽欽。『傳』曰欽欽言使人樂進也。皆言沖虛(虛)之意。『尙書』欽哉。皆令其惟恐失之也。『釋詁』曰。欽、敬也。攷『虞夏:尙書』言欽。『周書』則言敬。『虞夏:商書』皆欽敬錯見。上曰欽若昊天、下曰敬授民時。又欽哉、不曰敬哉。葢(蓋)欽與敬意略同而詈(詞)有別也。『周書』言敬哉、不言欽哉。惟『多方』曰有夏之民。叨懫日欽。劓割夏邑。『立政』。帝欽罰之。欽字兩見。『某氏傳』皆訓爲敬。未知合『書』意否。》从欠。金聲。《去音切。7部。欽歁欿歁皆雙聲曡(疊)韵字。皆謂虛而能受也。》/410

형성 (+1) 흠(廞)

欲 (구)【yǒu ㄧㄡˇ】 토할 ■유:코 풀

설문 5328 蹴鼻也。《「蹴鼻」即「縮鼻」也。『廣雅』曰。欲、吐也。此謂欲卽歐之假借字。『左傳』吾伏弢嘔血。杜曰。嘔、吐也。本又作「喀」。按嘔喀卽歐欲俗字。》从欠。咎聲。《於糾切。3部。》讀若『爾雅』曰麐豭短脰。《見『釋獸』篇。「豭」『今本』作「麚」。非麐豭、一獸名。非上文之麌牡麐、鹿牡麚也。欲讀如此麐。》/413

款 款 관【kuǎn ㄎㄨㄢˇ】 本[정성스러울] 이를(닿을), 머무를 ■수:같은 뜻

설문 5286 意有所欲也。《『屈原賦』曰。悃悃欵(款)欵。『王-注』。心志純也。按古款與窾通用。窾者、空也。款亦訓空。空中則有所欲也。『釋器』。款足者謂之鬲。小司馬引舊說款足謂空足也。又引申子款言無成。》从欠。𡧑省。《臣鉉等曰。𡧑、塞也。意有所欲而猶未塞、款款然也。按空則宐(宜)窒。苦管切。14部。》款或从柰。《取柰何之意。》/411

欿 (탐)【tān ㄊㄢ˗】 ㉠㊥⑨ kǎn 本[탐할] ■함:같은 뜻 ■감:서운할, 찌푸린 모양, 구덩이

설문 5320 欲得也。《『孟子』。附之以韓魏之家。如其自視欿然。則過人遠矣。張鎰曰。欿音坎。內顧不足而有所欲也。玉裁按。『孟子』假欿爲坎。謂視盈若虛也。『大玄』。雷推欿窴。卽坎欿也。『今本-大玄』欿字譌不可識。》从欠。臽聲。讀若貪。《他含切。7部。》/413

◀ 제 9 획 ▶

歁 감【kǎn ㄎㄢˇ】 음식이 배에 덜 찰, 먹은 것이 부족하여 나쁠

설문 5319 食不滿也。从欠。甚聲。讀若坎。《苦感切。7部。》/413

형성 (1자) 감(嵁)

歂 (천)【chuán ㄔㄨㄢˊ】 ㉠㊥⑨㉢ chuǎn (숨을) 들여 마실, 헐떡거릴 ※ 천(喘)과 같은 글자

설문 5290 口气引也。《『廣韵(韻)』引『字林』同。『左傳』多有名歂者。》从欠。耑聲。讀若輇。《〔車部〕曰。有輻曰輪。無輻曰輇。市緣切。14部。》/411

歃 歃(삽)【shà ㄕㄚˋ】 (훅 들이)마실 ■합:맛볼

설문 5317 歠也。《歠者、歓也。凡盟者歃血。》从欠。臿聲。《山洽切。8部。》『春秋傳』曰。歃而忘(忘)。《『隱:七年:左傳』。歃如忘(忘)。服虔(虔)曰。如、而也。臨歃而忘其盟載之辭。言不精也。許作而者、古如而通用。許所據與服異。》/413

歊 (교)【jiào ㄐㄧㄠˋ】 노래 부를, 악기 이름

설문 5311 所歌也。《『廣韵(韻)』無「所」字。「所歌也」當作「歊楚歌也」四字。『上林賦』。激楚結風。郭璞曰。激楚、歌曲也。文穎曰。穎曰。楚地風氣本自漂疾。歌樂者猶復依激結之急風爲節。其樂促迅哀切也。按激楚、古葢(蓋)作「歊楚」。楚作所者、聲之誤。淺人又刪去歊字耳。》从欠。噭省聲。《「噭」當作「敫」。》讀若噭呼。《〔口部〕曰。噭、呼也。「呼」當作「嘑」。此謂歊音同噭也。古弔切。2部。古亦讀如激。『玉篇』公的切。》/412

歆 (흠)【xīn ㄒㄧㄣ˗】 흠향할, 부러워할

설문 5335 神食气也。《『大雅』曰。履(履)帝武敏歆。『傳』曰。歆、饗也。許用毛義而不云饗也者、嫌〔食部〕以鄉(鄉)飮酒釋饗。故易其文神食气。故其字从欠也。引伸爲熹悅之意。『皇矣』。無然歆羨。『傳』釋爲貪羨。『楚語』曰。楚必歆之。賈逵曰。歆、貪也。韋曰。歆猶貪也。『周語』。民歆而德之。韋曰。歆猶欣欣喜服也。按『鄭-箋:生民:首章』云。心體歆歆然。亦是以欣釋歆。》从欠。音聲。《許今切。7部。》/414

歇 헐【xiē ㄒㄧㄝ˗】 쉴, 다할, 나른할, 값쌀, 스러질 ■알:사람 이름 ■할:개이름 ■혜:쉴

설문 5282 息也。《息者、鼻息也。息之義引伸爲休息。故歇之義引伸爲止歇。》一曰气越泄。《「泄」當作「渫」。此別一義。越渫猶漏泄也。『七發』曰。精神越渫。百病咸生。李引『高-注:呂氏-春秋』曰。越、散也。引『鄭玄-毛詩:箋』曰。渫、發也。》从欠。曷聲。讀若香臭盡歇。《許謁切。15部。》/410

참고 갈(蠍)전갈

◀ 제 10 획 ▶

⿰脅欠 (협)【xié ㄒㄧㄝˊ】 호흡 맞을, 숨 들이 마실 [설문] [5280] 翕气也。《翕、合也。『廣韵(韻)』作「⿰脅欠氣」。》从欠。脅聲。《虛業切。8部。》/410

⿰䍃欠 (요)【yáo ㄧㄠˊ】 숨 내쉴 [설문] [5299] ⿰䍃欠⿰䍃欠、气出皃(貌)。《按『詩:君子陶陶:傳』曰。陶陶、和樂皃。疑正字當作「⿰䍃欠」。又鬱陶字亦當作此。》从欠。䍃聲。《余招切。古音 2部 3部皆可。》/412

歉 (겸)【qiàn ㄑㄧㄢˋ】 [本][음식이 배에 덜 찰] 흉년들, 뜻에 차지 않을

[형성] (1자) 유(䥳)198

[설문] [5322] 歉食不滿也。《「歉」疑當作「嗛」。謂口銜食不滿也。引伸爲凡未滿之偁(稱)。『穀梁傳』曰。一穀不升謂之歉。古多假嗛爲歉。》从欠。兼聲。《苦簟切。7部。》/413

⿰卣欠 [유]【yǒu ㄧㄡˇ】 말 하려할 [설문] [5309] 言意也。《有所言之意也。意內言外之意。》从欠。从卣。《卣、氣行皃(貌)。》卣亦聲。讀若酉。《與久切。3部。》/412

[유사] [illegible]잉

歊 [효]【xiāo ㄒㄧㄠ¯】 기운이 위로 나올, 기운 성한 모양

[설문] [5296] 歊歊、《【鍇本】祇一歊。複擧(舉)字之未刪(刪)者耳。》气上出皃(貌)。《上字依『李善-兩都賦:注』補。『楊雄-解嘲』曰。泰山之高。不嶕嶢則不能浡滃雲而散歊烝。亦作歊。『漢書:敘傳』。曲陽歊歊。師古曰。氣盛也。按【今本】作歊。非。『祭義』假蒿字爲之。鄭曰。蒿謂氣烝出貌也。》从欠高。高亦聲。《許嬌切。2部。》/411

[형성] (1자) 효(歊)507

歋 (이)【yí ㄧˊ】 서로 웃을 [설문] [5295] 人相笑(笑)相歋瘉。《『後漢書:王霸傳』。市人皆大笑(笑)。擧(舉)手邪揄之。『李-注』。『說文』曰。歋歈、手相笑也。歋音弋支反。歈音踰。或音由。按據此『注』。似【許書】本有歈篆。然【許本】無歈。則無从欠瘉聲之字可知。『方言』本無正字。不妨下字作「瘉」。瘉之或从歈、或作「歈」、或作「揄」、或作「歈」。猶歋之或作「擨」、或作「邪」、或作「揶」、或作「攎」耳。此謂人相笑。故字从欠。『李-注』引『手相笑』。恐是因正文而誤。》从欠。虒聲。《以支切。16部。》/411

歌 (가)【gē ㄍㄜ¯】 노래, 노래할 [설문] [5289] 詠也。《〔言部〕曰。詠、歌也。二字爲轉注。》從欠。哥聲。《古俄切。17部。》 謌 歌或从言。《歌永言、故从言。〔可部〕曰。哥、聲也。古文以爲謌字。》/411

歍 (오)【wū ㄨ¯】 한숨 쉴 [설문] [5291] 心有所惡若吐也。《心有所惡。若欲吐而實非吐也。『山海經』曰。其所歍所尼。郭曰。歍嘔猶噴吒。『范-注:太玄』曰。歐歍、逆吐之聲也。按此所謂噎噁。噁卽歍之或字也。噎於鴆切。噁烏路切。噎噁言其未發也。叱吒言其已發也。『太玄』則歐歍之歐謂吐。歍謂欲吐未吐。》从欠。烏聲。《哀都切。5部。》一曰歍歔。《二字舊奪。今依『廣韵(韻):一,屋』蹴字下補。》口相就也。《謂口與口相就也。》/411

◀ 제 11 획 ▶

⿰康欠 (강)【kāng ㄎㄤ¯】 모자랄, 흉년들, (텅)빌 [설문] [5333] 飢虛也。《飢者、餓也。漮者、水之虛。康者、屋之虛。⿰康欠者、餓腹之虛。》从欠。康聲。《苦岡切。10部。》/414

歎 [탄]【tàn ㄊㄢˋ】 휘 한숨 쉴, 아름답다 할 [설문] [5301] 吟也。謂情有所悅。吟歎而歌詠。《「悅」當作「說」。謂情已下十字各本無。今依『李善-注:盧諶-覽古詩』所引補。葢(蓋)演『說文』語也。古歎與嘆義別。歎與喜樂爲類。嘆與怒哀爲類。如『樂記』云一唱而三歎。有遺音者矣。又云長言之不足。故嗟歎之。嗟歎之不足。故不知手之舞之。足之蹈之。『論語』喟然歎曰。皆是此歎字。『檀弓』曰戚斯嘆。嘆斯擗。『詩』云而無永嘆。嘅其嘆矣。愾我寤嘆。皆是嘆字。》从欠鷬(難)省聲。《他案切。14部。》籀文歎不省。/412

[형성] (1자) 탄(嘆)889

㱃 [음]【yǐn ㄧㄣˇ】 [설문부수 321] 마실 ※ 음(飮)의 옛 글자

[설문] [5336] 歠也。《『易:蒙卦:虞-注』曰。水流入口爲飮。引伸之、可飮之物謂之飮。如『周禮』四飮是也。與人飮之謂之飮。俗讀去聲。如『左傳』飮之酒是也。又消納無迹謂之飮。『漢書:朱家傳』飮其德、猶隱其德也。》从欠。酓聲。《酓从酉、今聲。見〔酉部〕。於錦切。7部。隸(隸)作飮。》凡㱃之屬皆从㱃。古文㱃。从今水。《从水、今聲也。》古文㱃。从今食。《从食、今聲也。隸用此。》/414

[형부] 철(歠)

歐 (구)【ōu ㄡ¯】 [상][中]⑨[작] ǒu 토할, 쥐어박을, 노래할, 노랫소리

[설문] [5305] 吐也。《『海外經』。歐絲之野。一女子跪據樹歐絲。》从欠。區聲。《烏后切。4部。》/412

歑 (호)【hū ㄏㄨ¯】 숨 내쉴 ※ 호(呼)와 같은 글자

[설문] [5277] 温吹也。《與呼音同義異。》从欠。虖聲。《虎烏切。5部。》/410

◀ 제 12 획 ▶

歔 (허)【xū ㄒㄩ¯】 흐느낄, 두려워 할 [설문] [5306] 欷也。《二字雙聲。》从欠。虛聲。《朽居切。5部。》一曰出气也。《與〔口部:噓〕略同。》/412

歕 (분)【pēn ㄆㄣ¯】 (김을 내)불, 뱉을, 말 기운 성하여 빠를 ■순:오랑캐의 큰 말 ■본:속음

[설문] [5281] 吹气也。《歕歕與〔口部〕之吸噴、義相似而異。》

从欠。賁聲。《普魂(魂)切。13部。》/410

歖 (희)【xī ㄒㄧˉ】 갑자기 기뻐할 ※ 희(喜)의 옛 글자

설문 5302 卒喜也。《「卒」疑當作「猝」。》从欠。喜聲。《許其切。1部。〔喜部〕曰。歖古文喜。此重出。未聞。葢(蓋)如〔女部:孌〕之例。》/412

歗 (소)【xiào ㄒㄧㄠˋ】 휘파람 불

설문 5300 吹也。《「吹」大徐作「吟」。》从欠。肅聲。《穌弔切。古音在 3部。〔口部〕以歗爲籒文嘯矣。此重出者、葢(蓋)小篆亦从欠作也。》『詩』曰。其歗也謌。《『今-召南』其嘯也歌。『小雅』白華歗歌傷懷、本亦作「嘯」。》/412

歙 (흡)【xì ㄒㄧˋ】 ⓢⓜⓖⓙ xī (숨을)들이 쉴, 거둘, 줄어들

설문 5327 縮鼻也。《〔糸部〕曰。縮者、蹴也。歙之言攝也。》从欠。翕聲。《許及切。16部。》丹陽有歙縣。《「陽」當作「楊」。字之誤也。『地理志』、『郡國志』。丹楊郡歙縣。今江南徽州府歙縣、休寧縣皆其地也。今徽人讀式涉切。》/413

◀ 제 13 획 ▶

歮 (색)【sè ㄙㄜˋ】 ⓢⓜⓖⓙ xì 슬퍼할, 겁내는 모양

설문 5312 悲意。《意內言外之意。『玄應書』云。『通俗文』。小怖曰歮。『公羊傳』歮然而駭是也。按『今-公羊』作「色然」。》从欠。嗇聲。《所力切。1部。合【諸書】攷之。歮下當云「小怖也。从欠、嗇聲」。引『公羊傳』歮然而駭。又出歟篆。下當云悲意。从欠、奭聲。【今本】舛奪。故『廣韵(韻)』、『集韵』仍之。歮注悲意、火弔切。非也。『類篇:歟注』馨叫切、悲意。是也。》/412

歡 (혁)【xì ㄒㄧˋ】 다시 침 뱉는 소리 ■체:같은 뜻

설문 5326 且唾聲。《且唾者、聊唾也。》一曰小笑(笑)。《此與『字林』之謚音義同。『集韵(韻)』、『類篇』皆作「小皃(貌)」。葢(蓋)奪「笑」字。》从欠。毄聲。《許壁切。16部。》/413

歜 (촉)【chù ㄔㄨˋ】 역정 낼, 대단히 성낼 ■잠:창포김치, 나라이름

설문 5308 盛气怒也。《引伸爲凡氣盛之偁(稱)。『左傳』。饗有昌歜。『杜-注』曰。昌歜、昌蒲菹也。孔氏沖遠云。相傳昌歜之音爲在感(感)反。徧檢『書:傳』。昌蒲之草無此別名。玉裁謂。此非草名也。乃菹名也。『周禮』昌本、言取其根。『左傳』昌歜、言昌陽氣辛香以爲菹。其氣觸鼻。故名昌歜。歜之讀在敢反者、語之轉也。歜與歜同在 3部。音轉皆可入8部。是以『玉篇』云。歜亦徂感切。昌蒲菹也。葢(蓋)『古本-左傳』有作昌歜者。二字可相假借。皆可讀屋沃本韵(韻)之音。非必定當在敢反也。》从欠。蜀聲。《尺玉切。3部。》/412

◀ 제 14 획 ▶

歟 (여)【yú ㄩˊ】 그런가(부정, 의문, 추측)

설문 5279 安气也。《如趣爲安行。鸒爲馬行疾而徐。音同義相近也。今用爲語末之辭。亦取安舒之意。通作與。『論語』。與與如也。》从欠。與聲。《以諸切。5部。》/410

◀ 제 15 획 ▶

歠 (철)【chuò ㄔㄨㄛˋ】 훅 들이 마실

설문 5337 歙也。《二篆爲轉注。與〔口部:啜〕義異。》从歙省。《不立〔歙部〕則歠字無所附。倘云从欠从酒省、則所歠不獨酒也。》叕聲。《昌說切。15部。》吷歠或从口。从夬。《夬聲也。『莊子』。吹劍首者。吷之而已矣。用此字。許劣切。》/414

◀ 제 17 획 ▶

歡 (축)【cù ㄘㄨˋ】 ⓢⓜⓖⓙ zú 입 맞출, 숨 들이 마실 ■잡:소리

설문 5292 歖歡也。《其義已在上文。故但曰歖歡而已。此【全書】之通例。》从欠。鼀聲。《才六切。『廣韵(韻)』子六切。3部。》噈俗歡。从口。从就。《會意兼形聲。》/411

◀ 제 18 획 ▶

歡 (환)【huān ㄏㄨㄢˉ】 기뻐할, 기쁨, 사랑할

설문 5283 喜樂也。从欠。雚聲。《呼官切。14部。『孟子』借驩爲歡。》/411

釂 (초)【jiào ㄐㄧㄠˋ】 술 홀쩍 다 들이마실 (欠부 18획)

설문 5313 盡酒也。《此與〔酉部:釂〕音義皆同。》从欠。醮聲。《子肖切。2部。》/412

◀ 제 19 획 ▶

欒 (란)【luán ㄌㄨㄢˊ】 하품하는 모양

설문 5273 欠皃(貌)。《『廣韵(韻)』曰。迷惑(惑)不解理。此今義也。》从欠。䜌聲。《洛官切。14部。》/410

◀ 제 21 획 ▶

歟 (곤)【gūn ㄍㄨㄣˉ】 ⓢⓜⓖⓙ kūn 알기 어려울

설문 5316 歟干、《逗。》不可知也。《「歟干」各本作「昆干」。今依『篇』、『韵(韻)』正。歟干葢(蓋)古語。讀如魂(魂)寒二音。不可知之意也。若云汗曼。》从欠。鰥聲。《古渾切。13部。》/413

077	止
4-16	훈 그칠 지

止 止 지【zhǐ ㄓˇ】 [설문부수 27] 本[터] 머물, 족할, 발, 행동거지, 머무를

설문 1016 下基也。《如丌同部同義。》象艸木出有阯。《止象艸木生有阯。中象艸木初生形。㞢(之)象艸過中枝莖益大。出象艸木益滋上出達也。》故目止爲足。《此引伸假

借之法。凡以韋爲皮韋、以朋爲朋黨、以來爲行來之來、以西爲東西之西、以子爲人之偁(稱)皆是也。以止爲人足之偁與以子爲人之偁正同。【許書】無趾字。止卽趾也。『詩:麟之止』。『易:賁』其止、壯于前止。『士昏(婚)禮』北止。『注』曰。止、足也。古文止爲趾。許同鄭从今文。故不錄趾字。如从今文名、不錄古文銘也。或疑銘趾當爲今文。名止當爲古文。周尙文。自有委曲煩重之字不合於倉頡者。故名止者、古文也。銘趾者、後出之古文也。『古文-禮、今文-禮』者、猶言【古本、今本】也。【古本】出於周、從後出之古文。【今本】行於漢轉從冣(最)初之古文。猶隸(隸)楷之體、時或有拾小篆用古籒體者也。諸市切。1部。》凡止之屬皆从止。/67

유사 가리장이 벌려 걸을 과(𣥠) 필 필(疋) 바를 정(正) 윗 상(上)

성부 부록 색인 참조

형부 止를 부수로 하는 대부분의 글자들

형성 (3자+1) 지(祉)19 지(沚)6914 지(阯)9212 사(徙)

𣥂 달【tà ㄊㄚˋ】밟을

설문 1028 蹈也。从反止。讀若撻。《『廣韵』引『文字音義』同。他達切。15部。》/68

유사 적을 소(少) 적을 절(𡭔)

성부 步보 賓빈 頻빈 癶발

◀ 제 1 획 ▶

正 정【zhèng ㄓㄥˋ】[설문부수 31] 바를, 바로잡을

설문 1038 是也。从一。《句。》一吕(以)止。《江沅曰。一所吕止之也。如乍之止亡、毋之止姦。皆以一止之。之盛切。11部。》凡正之屬皆从正。𤴓古文正。从二。二古文上字。《此亦同辛示辰龍童音章皆从二。》𤴔古文正。从一足。足亦止也。《〔止部〕曰。止爲足。》/69

성부 卸사 是시 丏면 焉언 乏핍 定정 政정

형부 왜(歪) 하(昰)

형성 (7자+1) 정(延)1052 정(延)1200 증(証)1458 정(整)1901 정(鋌)4457 정(綎)8309 정(鉦)8946 정(征)

◀ 제 2 획 ▶

此 차【cǐ ㄘˇ】[설문부수 30] 本[그칠] 이(것), 이에 (止부 2획)

설문 1035 止也。《『釋詁』曰。已、此也。正互相發明。於物爲止之処(處)。於文爲止之詈(詞)。》从止匕。《句。》匕、相比次也。《此釋从匕之故。相比次而止也。雌氏切。15部。漢人入16部。》凡此之屬皆从此。/68

유사 비슷할 비(比) 북녘 북(北)

형부 추(柴)

성부 觜취

형성 (28자+1) 시(祡)32 체(玼)133 자(茈)359 자(呰)860 차(越)966 자(訾)1036 채(齜)1220 자(眥)1548 제(眥)1998 자(雌)2202 자(胔)2243 자(鴜)2339 자(骴)2473 시(柴)3461 자(眥)3827 자(疵)4505 자(歔)5304 자(頿)5450 차(嵯)5880 자(歱)6102 쵀(庛)6295 제(泚)6829 제(紫)7264 자(批)7533 자(茈)7577 자(柴)7874 자(紫)8229 자(鈭)8902 사(些)

◀ 제 3 획 ▶

步 보【bù ㄅㄨˋ】[설문부수 29] 발걸음, 걸을, 보병, 여섯자(사방 6척)

설문 1033 行也。《〔行部〕曰。人之步趨也。步徐、趨疾。『釋名』曰。徐行曰步。》从止𣥂(少)相背。《止𣥂相竝者、上登之象。止𣥂相隨者、行步之象。相背猶相隨也。薄故切。5部。》凡步之屬皆从步。/68

유사 달릴 주(走)

성부 歲세 陟척 頻빈 涉섭

형성 (2자) 보(荹)591 박(踄)1290

◀ 제 4 획 ▶

武 무【wǔ ㄨˇ】군셀, 병법, 무인, 무사, 악기 이름

설문 8005 楚莊王曰。《莊、上諱也。不當用。古莊壯通用。『謚(諡)法』固取壯非取艸。『周書』。兵甲亟作、莊。睿圉克服、莊。『勝敵志』強(强)、莊。武而不遂、莊。皆壯字也。後人以莊代之耳。此莊王必本作壯。若諱莊之字曰嚴、乃『漢法』。許則從『左氏-古文』。『典』下云。莊都說。亦當作壯。『晉語』有壯馳茲(玆)。莶(蓋)古姓本作壯。後乃盡改爲莊。》夫武定功戢兵。故止戈爲武。《『宣:十二年:左傳』文。此檃栝楚莊王語以解武義。莊王曰。於文止戈爲武。是倉頡所造古文也。衹取定功戢兵者、以合於止戈之義也。文之會意已明。故不言从止戈。文甫切。5部。『大雅:履帝武敏:傳』曰。武、迹也。此武之別一義也。》/632

성부 斌빈

형성 (2자+1) 부(賦)3819 부(䟐)9235 포(鵡)

◀ 제 5 획 ▶

歫 (거)【jù ㄐㄩˋ】本[그칠] 이를(도달할) ※ 거(距)와 같은 글자

설문 1020 止也。《許無拒字。歫卽拒也。此與彼相抵爲拒。相抵則止矣。『書傳』云。歫、至也。至則止矣。其義一也。『漢-石經:論語』。其不可者距之。字作距。許歫與距義別。》从止。巨聲。《其呂切。5部。》一曰槍也。《〔木部〕曰。槍、歫也。兩(兩)字互訓。槍者、謂牴觸也。》一曰超歫。《『史記』。投石超距。超一作拔。『漢書』。甘延壽投石拔拒。絕(絶)於等倫。張晏曰。拔拒、超距也。劉(劉)逵曰。拔拒爲兩人以手相按。能拔引之也。》/67

◀ 제 6 획 ▶

歬 **전**【qián ㄑㄧㄢˊ】本[걷지 않아도 나아갈] 앞 ※ 전(前)의 옛 글자

설문 1021 不行而進謂之歬。从止在舟上。《昨先切。12部。按後人以齊斷(斷)之前爲歬後字。又以羽生之翦爲前齊字。》/68

성부 前前剪전

형성 (3자) 전(莿)292 전(翦)2139 전(鬋)5482

止 4 ④

峙 (치)【zhì ㄓˋ】상中⑨작 chí 머뭇거릴, 저축할

설문 1019 踞也。《〔足部〕曰。踞者、峙踞不前也。峙踞爲雙聲字。此以踞釋峙者。雙聲互訓也。〔心部〕曰篤箸。〔足部〕曰蹢躅。『毛詩』曰踟躕。『廣雅』曰蹢躅、跢跦。皆雙聲疊韵(疊韻)而同義。》从止。寺聲。《直离切。按「离」當作「釐」。1部。假借以峙爲偫。以踞爲儲。『柴誓』。峙乃糗糧。峙卽峙、變止爲山。如岐作「歧」、變山爲止。非眞有从山之峙、从止之歧也。峙踞之峙平聲。峙具峻峙之峙亦作「跱」、上聲。》/67

◀ 제 8 획 ▶

埱 (숙)【chù ㄔㄨˋ】이를(다다를)

설문 1023 至也。从止。叔聲。《昌六切。3部。》/68

堂 (쟁)【chēng ㄔㄥ】바로잡을

설문 1018 歫也。《今音丑庚切。古音堂。今俗語亦如堂。『考工記』。維角堂之。大鄭曰。堂讀如牚距之牚。牚距、卽堂歫字之變體。車堂。『急就篇』、『釋名』作「車棠」。『說文:金部』作「車樘」。〔木部〕曰。樘、衺柱也。今俗字堂作撐。》从止。尙聲。《丑庚切。古音 10部。》/67

◀ 제 9 획 ▶

歰 **삽**【sè ㄙㄜˋ】껄끄러울 ※ 삽(澁)과 같은 글자

설문 1029 不滑也。从四止。《色立切。7部。》/68

형성 (1자) 삽(𣥁𨂸)1173

踵 (종)【zhǒng ㄓㄨㄥˇ】발뒤꿈치 ※ 종(踵)의 옛글자

설문 1017 跟也。《〔足部〕曰。跟、足踵也。跟踵雙聲。『釋名』曰。足後曰跟。或曰踵。踵、鍾也。上體之所鍾聚也。按劉(劉)熙作踵。許踵、踵義別。》从止。重聲。《之隴切。9部。》/67

歲 **세**【suì ㄙㄨㄟˋ】本[목성] 해(일년), 나이

설문 1034 木星也。《五星。水曰辰星。金曰太白。火曰熒惑。木曰歲星。土曰塡星。》越歷二十八宿。《歲越曡(疊)韵》宣徧陰陽。《宣歲雙聲。此二句謂十二歲而周十二次也。》十二月一次。《『釋天』云。載、歲也。夏曰歲。商曰祀。周曰年。孫炎云。歲星行一次也。賈公彥引『星備(備)』云。歲星一日行十二分度之一。十二歲而周天。》从步。《行於天有常。故从步。》戌聲。《戌、悉也。亦會意。相鋭切。15部。》『律歷書』名五星爲五步。《此釋从步之意。『漢書:律歷志』云五步。》/68

성부 薉예 濊예

형성 (6자) 얼(嵗)847 쇄(譾)1572 쇄(翽)2160 귀(劌)2641 예(鱥)3112 활(奯)6289

◀ 제 12 획 ▶

歷 **력**【lì ㄌㄧˋ】本[지나칠] 다닐, (차례를)매길, 어지러울, 두루

설문 1022 過也。傳也。《引伸爲治曆明時之曆。》从止。厤聲。《郎擊切。16部。》/68

형성 (3자+1) 력(櫪)3671 력(曆)5185 력(瀝)7042 력(靂)

◀ 제 13 획 ▶

躄 (벽)【bì ㄅㄧˋ】절름거릴

설문 1024 人不能行也。《『王制』。瘖聾跛躃。按「跛」『說文』作「彼」。蹇也。蹇行越越。是能行而蹣邪不正者也。「躃」『說文』作「躄」。有足而不能行者。如有牟子而無見曰矇也。『荀卿書』、『賈誼傳』皆假辟字爲之。服虔曰。辟、病躃不能行也。》从止。辟聲。《必益切。16部。》/68

◀ 제 14 획 ▶

歸 **귀**【guī ㄍㄨㄟ】本[시집갈] 돌아올, 의지할, 붙좇을 ■궤:먹일

설문 1025 女嫁也。《『公羊傳』、『毛傳』皆云。婦人謂嫁歸。此非婦人假歸名。乃凡還家者假婦嫁之名也。》从止、婦省。《當云「从婦止、婦省」。寫者奪之。婦止者、婦止於是也。》𠂤聲。《擧(擧)韋切。15部。林罕妄改爲追省聲。》 𡚖 籒文省。《會意。》/68

【嫁】下『注』云:女適人也。《『白虎通』曰。嫁者、可也。婦人外成。以出適人爲家。按自家而出謂之嫁。至夫之家曰歸。》/613

형성 (2자) 규(蘬)651 규(𧢦)5244

078 4-17 歹 ■ 뼈 앙상할 알

歹 歺 **알**【è ㄜˋ】【설문부수 131】살 발린 뼈 ■대:〈네이버 자전〉몹쓸, 나쁠〈圖今誤讀等在切. 爲好字之反.〉

설문 2412 刿(列)骨之殘也。《〔刀部〕曰。刿、分解也。「殘」當作「歺」。許殘訓賊。歺訓餘。後人輒同之也。》从半冎。《冎、剔人肉置其骨也。反冎則骨殘矣。鉉曰。不當有中一。『秦-刻石』文有之。》凡歺之屬皆从歺。讀若櫱岸之櫱。《櫱岸未聞。「櫱」當作「屵」。屵者、岸高也。五割切。櫱音同。葢(蓋)轉寫者以其音改其字耳。15部。『五經文字』、『九經字樣』音兢。非。》 𣦵 古文歺。《古文殂、古文殪、古文死、古文伊皆從此。》/161

설부 부록 색인 참조
형부 歺을 부수로 하는 대부분의 글자들
형성 (1자) 찬(攱𣦰)7877

◀ 제 2 획 ▶

𣦸 歽 (후)【xiǔ ㄒㄧㄡˇ】 썩을, 썩은 냄새
설문 2430 腐也。《〔肉部〕曰。腐、爛也。今字用朽而歽廢矣。》从𣦵(歹歺)。丂聲。《許久切。3部。》 𣏓 歽或从木。/163

𣦵 死 死사【sǐ ㄙˇ】 [설문부수 132] 죽을, 죽일, 죽음, 다할
설문 2444 澌也。《〔水部〕曰。澌、水索也。『方言』。澌、索也。盡也。是澌爲凡盡之偁(稱)。人盡曰死。死澌異部曡(疊)韵。》人所離也。《形體與䰟(魂)魄相離。故其者從𣦵人。》从𣦵(歺)人。《息姉(姊)切。15部。》凡死之屬皆从死。 𠒁古文死如此。《從古文𣦵(歺)古文人。》/164
성부 𣧄고 𡲢시 葬장 薨훙
형부 자(𣦾) 훙(薨) 에(殪) 폐(獘)

𣦼 𣦼 𣦼잔【cān ㄘㄢ】 [설문부수 130] ㊤㊥⑨㉮ cán 뚫다 남을
설문 2407 殘穿也。《殘穿者、殘賊而穿之也。睿字下曰。𣦵、殘也。亦謂殘穿。》从又𣦵(歺)。《又所以殘穿也。殘穿之去其穢襍。故從又𣦵會意。》𣦵亦聲。《昨干切。14部。𣦵讀若蘖。15、14合韵也。》凡𣦼(𣦼)之屬皆从𣦼。讀若殘(殘)。/161
성부 㱩개 㱧괴 叡睿예 㱿해 叡학 粲찬
형부 정(𣦿)
형성 (1자+2) 찬(餐)3087
찬(湌) 찬(攱攱𣦰)

◀ 제 4 획 ▶

𣦵 殁 (몰)【mò ㄇㄛˋ】 本[마칠] 죽을 ■문:목 벨 ■홀:다할(盡也)
설문 2416 終也。《『白起王翦列傳』曰。偷合取容。以至歾身。徐廣云。歾音沒(沒)。按今歾譌㱙。『集韵(韻)』傳會(會)之云。㱙、埋也。》从𣦵(歹歺)。勿聲。《莫勃切。15部。》 𣦵 歾或从㚆(𠬛)。《按「殁死」字當作此。入水有所取曰㚆(𠬛)。湛於水曰沒。內頭水中曰𠬛。此許之分別也。》/161

𣦵 㱚 (잔)【cán ㄘㄢˊ】 짐승 먹던 찌꺼기
설문 2440 禽獸所食餘也。《引伸爲凡(凡)物之餘。凡殘餘字當作「㱚」。》从𣦵(歹歺)。月聲。《「月」【各本】作「肉」。篆體作「𣦵」。今正。禽獸所食不皆肉。𣦵者殘也。月者、缺也。於禿䯫之意近。昨干切。14部。『廣韵(韻):十五,鍇』有此字。與刖明同音。是其字之從月可知矣。》/163

◀ 제 5 획 ▶

𣦵 殂 (조)【cú ㄘㄨˊ】 죽을
설문 2421 往死也。《殂之言退也。退、往也。故曰往死。『玉篇』曰。「殂」今作「徂」。》从𣦵(歹、歺)。且聲。《昨胡切。5部。》『虞書』曰。勛乃殂。《『虞書』當作『唐書』。勛乃殂、【二徐本】皆如是。『宋本-說文』及洪邁所引皆可證。至『集韵(韻)』、『類篇』乃增放字。至李仁甫乃增之曰放勛乃殂落。或用改【大徐本】。此皆不信古之過也。『堯典』曰。二十有八載。放勳乃殂落。見『孟子』。『春秋緐露』、『皇甫謐-帝王世紀』所引皆如是。此作勛乃殂。據〔力部:勳〕者小篆、勛者古文勳。則許所偁(稱)眞壁中文也。而無「放落」二字。葢(蓋)『孟子』、董子所偁者『今文-尙書』也。許所偁者『古文-尙書』也。『孟子』何以偁『今文-尙書』。【伏生-本】與【孔安國-本】皆出周時。說詳『尙書:撰(撰)異』矣。放勛何以但言勛也。或言放勛、或言勛、一也。葢當世臣民所偁不一也。殂落何以但言殂也。云殂則已足矣。不必言殂落也。『釋詁』。崩、薨、無祿、卒、殂、落、殪、死也。『白虎通』曰。書言殂落死者、各自見義。堯見憯痛之。舜見終各一也。此其所據。皆『今文-尙書』。且『爾雅』無妨殂落二字各爲一句也。『師古-注:王莽傳』引『虞書』。放勳乃殂。則『唐初-尙書』尙有無落字者。》 𣦵古文殂。从𣦵。从作。《此從古文𣦵作聲也。【小徐本】篆爲𣦵。非也。》/162

𣦵 殃 (앙)【yāng ㄧㄤ】 (하늘이나 신이 내리는)재앙
설문 2432 凶也。《【各本】作「咎也」。今依『易』釋文。》从𣦵(歹、歺)。央聲。《於良切。10部。》/163

𣦵 殄 (진)【tiǎn ㄊㄧㄢˇ】 다할, 끊어질, 끊을
설문 2434 盡也。《『釋詁』、『大雅:瞻卬:傳』同。『邶風』。籧篨不殄。『傳』曰。殄、絕也。此盡義之引伸也。『箋』云。「殄」當作「腆」。腆、善也。按古文假殄爲腆。『儀禮:注』云腆古文作殄。是也。》从𣦵(歹、歺)。㐱聲。《徒典切。12部。》 𠄼古文殄如此。/163

𣦵 殆 (고)【kū ㄎㄨ】 마를, 재앙
설문 2442 枯也。《『周禮』。殺王之親者辜之。『注』。辜之言枯也。謂磔之。〔桀部〕曰。磔、辜也。按殆同辜。磔也。『玉篇』曰。𣧌、古文辜字。》从𣦵(歹歺)。古聲。《苦孤切。5部。》/164

𣦵 殆 (태)【daì ㄉㄞˋ】 위태할, 해칠
설문 2431 危也。《危者、在高而懼也。引伸之凡將然之䛐(詞)皆曰殆、曰危。與𩖦天之未陰雨音義同。又『豳風:殆及公子同歸:傳』曰。殆、始也。此謂殆爲始之假借也。》从𣦵(歹歺)。台聲。《徒亥切。1部。》/163

◀ 제 6 획 ▶

𣦵 殗 (자)【cì ㄘˋ】 ㊤㊥⑨㉮ zì (까무라쳤다)깨어날
설문 2447 戰。《句。》見血曰傷。《句。『周禮』曰。凡(凡)傷人見血而不以告者。『注』。傷人見血、見血乃爲傷人耳。此見血曰傷謂戰者見血受傷也。》亂或爲惽。《或惑古今字

歺 4 ⑤

〔心部〕日。惛、不憭也。此謂戰傷殙瞀者、重於見血也。》死而復生爲㱴。《此謂戰傷又重於惛也。謂之㱴者、次於死也。三言皆謂戰。葢(蓋)出『司馬法』等書。》从𣦵(死)。次聲。《形聲包會意也。咨四切。15部。》/164

殊 (수)【shū ㄕㄨ-】벨 [설문] 2418 死也。《凡【漢詔】云殊死者、皆謂死罪也。死罪者首身分離。故曰「殊死」。引伸爲殊異。》从占(歹歺)。朱聲。《市朱切。4部。》一曰斷(斷)也。《【各本】無此四字。依『左傳』釋文補。斷與死本無二義。許以字從占。故以死爲正義。凡物之斷爲別一義。『左傳』曰。武城人塞其前。斷其後之木而弗殊。邾師過之。乃推而蹷之。『史:蘇秦列傳』。刺蘇秦不死。殊而走。按弗殊者。謂不絕也。不死殊而走者、謂人雖未死。創巳決裂也。皆斷之說也。【宣帝-詔】曰。骨肉之親。粲而不殊。凡言殊異、殊絕皆引伸之義。〔殳部〕曰。以杸殊人。謂隔遠敵仇不得近。亦是斷義。》『漢令』曰。蠻夷長有罪當殊之。《按殊之者、絕之也。所謂別異蠻夷。此擧(舉)『漢令』證斷義。而裴駰以來皆謂殊之爲誅死。夫蠻夷有罪。非能必執而殺之也。而顧箸爲令哉。【今-鍇本】作「當殊之市」。多市字。此由張次立以【鉉本】改【鍇本】。誤以【鉉本】市朱切市字系殊之下。其可笑有如此者。》/161

◀ 제 8 획 ▶

㱰 (위)【wēi ㄨㄟ-】[상]㊥⑨[작] wěi 병들, 말라죽을 [설문] 2413 病也。《〔艸部〕曰。𦶇、一曰㱰也。𦶇㱰雙聲。『廣韵(韻)』曰。㱰、枯死也。萎、蔫也。按㱰萎古今字。𦶇蔫古今字。『內則:注』曰。今益州有鹿㱰。》从占(歹、歺)。委聲。《於爲切。16部。》/161

𣨼 (이)【lì ㄌㄧˋ】[상]㊥⑨[작] yì 묻을 [설문] 2426 瘞也。《〔土部〕曰。瘞、幽薶也。『士喪禮:掘肂:注』曰。肂、埋棺之坎也。棺在肂中斂尸焉。所謂殯也。肂者所以殯。故其字次於殯。可證上文「將遷葬柩」之誤。》从占(歹、歺)。隶聲。《羊至切。15部。》/163

𣨛 (졸)【zú ㄗㄨˊ】죽을 ■졸:갑자기 죽을 [설문] 2417 大夫死曰𣨛(𣨛)。《『曲禮』。天子死曰崩。諸侯曰薨。大夫曰卒。士曰不祿。庶人曰死。『白虎通』曰。大夫曰卒。精燿終也。卒之爲言終於國也。字皆作「卒」。於『說文』爲假借。》从占(歹、歺)。卒聲。《子聿切。15部。》/161

殖 (식)【zhí ㄓˊ】[本][젖을] 번지르르할, 심을, 번성할, (수효가)불을 [설문] 2441 脂膏久殖也。《久下當「有曰」字。『國語』舊音引『說文』殖、脂膏久也。『考工記-故書』「昵」或作「樴」。『注』云。樴讀爲脂(脂)膏膩敗之膩。按膩卽殖字。『字林』云。膩、膏敗也。亦作「𦢊」。『廣雅』云。𦢊、臭也。『玉篇』、『廣韵(韻)』皆云。𦢊、油敗也。其字常職切。亦音職。今俗語謂膏油久不可用、正讀職之平聲也。脂膏以久而敗。財用以多藏而厚亡。故多積者謂之殖貨。引伸假借之義也。》从占(歹、歺)。直聲。《常職切。1部。》/164

𣨙 (기)【qí ㄑㄧˊ】[상]㊥⑨[작] qī 버릴, 죽을 [설문] 2443 棄也。从占(歹、歺)。奇聲。《去其切。按其誤。當依『廣韵(韻)』去奇切。古音在 17部。》俗語謂死曰大𣨙。《別一義。》/164

殘 (잔)【cán ㄘㄢˊ】해칠, 죽일, 멸할, 잔인할 [설문] 2433 賊也。《〔戈部〕曰。賊、敗也。〔𣦼部:殘〕穿也。今俗用爲𣧌餘字。按許意殘訓賊。𣧌訓餘。今則殘專行而𣧌廢矣。『周禮:稾人:注』。假戔爲𣧌。》从占(歹歺)。戔聲。《昨干切。14部。》/163

殙 (혼)【hūn ㄏㄨㄣ-】흐릴 ※ 혼(惛)과 같은 글자 ■민:기절할, 속 답답할 [설문] 2414 瞀也。《「瞀」當作「霿」。〔雨部〕曰。霿、晦也。諸家霿瞀通用。〔子部:𣪘瞀〕亦作「瞀」字。『莊子』。以瓦注者巧。以鉤注者憚。以黃金注者殙。釋文引『說文』瞀也。『左傳』。札瘥夭殙。杜曰。未名而死曰殙。【今傳】作昏。》从占(歹歺)。昏聲。《呼昆切。13部。》/161

◀ 제 9 획 ▶

殛 (극)【jí ㄐㄧˊ】죄 줄 [설문] 2422 殊也。《殊謂死也。『廣韵(韻)』曰。殊陟輸切。殊殺字也。從歺。歺五割切。「𣦸」同「殊」。據此知古殊殺字作殊、與誅責字作誅迥別矣。『周禮』。八曰誅。以馭其過。『禁殺戮』、『禁暴氏』、『野廬氏』皆云誅之。此誅責也。『公羊傳』。君親無將。將而誅焉。此殊殺也。當各因文爲訓。》从占(歹歺)。从亟聲。《己力切。1部。》『虞書』曰。《『虞書』當作『唐書』。》殛鯀于羽山。《『堯典』文。此引【經】言假借也。殛本殊殺之名。故其字廁於殤殂殪𣨎之閒。『堯典』殛鯀、則爲極之假借。非殊殺也。『左傳』曰。流四凶族。投諸四裔。劉(劉)向曰。舜有四放之罰。屈原曰。永遏在羽山。夫何三年不施。『王-注』。言堯長放鯀於羽山。絕在不毛之地。三年不舍其罪也。『鄭志』。荅趙商云。鯀非誅死。鯀放居東裔。至死不得反於朝。禹乃其子也。以有聖功。故堯興之。尋此諸說。可得其實矣。『周禮』。廢。以馭其罪。『注』。廢猶放也。舜極鯀於羽山是也。此條釋文【宋本】極、紀力反可證。『洪範』。鯀則殛死。釋文。「殛」本又作「極」。『多方』。我乃其大罰殛之。釋文。「殛」本又作「極」。『左傳:昭:七年』。昔堯殛鯀於羽山。釋文。「殛」本又作「極」。『魯(魯)頌』。致天之屆。于牧之野。『箋』云。屆、極也。引『書』鯀則極死。又云。天所以罰極紂于商郊牧野。『正義』云。屆極、虞度、『釋言』文。『釋言』又云。極、誅也。武王致天所罰。誅紂於牧野。【定本】、【集注】皆云。殛紂於牧野。殛是殺。非也。此條【宋本】、【岳本】、【元本】皆不誤。『小雅』。後予極焉。毛曰。極、至也。鄭曰。極、誅也。『正義』云。極至、『釋詁』文。極誅、『釋言』文。合『魯頌:小雅:兩箋、兩:正義』觀之。則『釋言』之爲極誅甚明。『今-爾雅』作「殛誅也」。葢(蓋)誤。以『洪範』、『多方』殛字鄭皆作極例之。則知『周禮:注』引極鯀於羽山。『鄭-所見:尚書』自是作「極」不作「殛」也。『說文』

[작] 作家出版社〔董蓮池-說文解字考正〕 ⑨ 九州出版社〔柴劍虹-說文解字〕 [今] 陝西人民出版社〔蘇寶榮-說文解字今注今譯〕 [상] 上海古籍出版社〔說文解字注〕 ㊥ 中華書局〔臧克和-說文解字新訂〕

引殛鯀于羽山、作「殛」。疑是後人增之。若以引「尙狟狟」爲「尙桓桓」、引「無有作政(妞)」爲「無有作好」例之。則引殛鯀爲極鯀、正是一例。『鄭-注:周禮』引逐覲東后、『注:明堂位』引應輣縣鼖(鼓)。【本經】作「肆」、作「田」。則或【本經】作「殛」而引作「極」、亦注家有是例也。假殛爲極正如『孟子』假殺爲竄。鯀因極而死於東裔。『韋-注:晉語』云。殛、放而殺也。此當作「放而死也」。『高-注:吕(呂)覽』云。「先殛後死」。此當作「先極後死」。若『吕覽』副之以吳刀。『山海經』殺鯀於羽郊。則言之不從。不可信矣。然則『馬-注:尙書』、『趙-注:孟子』、『韋-注:國語』皆云殛、誅也何也。曰此皆用『釋言』極誅也之文。謂正文「殛」當作「極」也。》/162

◀ 제 10 획 ▶

殪 (애)【ǎi ㄞˇ】 [상][中][9][작] ái 양 죽이고 태 꺼낼
[설문] [2439] 殺羊出其胎也。《此與〔刀部:剴〕音同義異。云殺羊出其胎。則『廣雅』云殪膜胎也、辭不達意矣。》从歺(歹歺)。豈聲。《五來切。古音在 15部。》/163

殟 (올)【wēn ㄨㄣˉ】 [작] wò 병 급할, 낙태할, 천천한 모양 ■온:병들, 다할,
[설문] [2419] 㬥(暴)無知也。《【各本】作「胎敗也」。誤同殰解。『玄應書:卷八、卷十三、十四』皆引『說文』殟、暴無知也。『聲類』。烏殟、欲死也。今據正。『廣韵(韻)』云。病也。又云。心悶。其義正合。葢(蓋)上下文皆說死之類。此亦謂暴死者。烏殟雙聲。『玄應』殟於門切。》从歺(歹歺)。𥁕聲。《烏沒切。古音在 13部。讀溫。》/162

殠 (추)【xiù ㄒㄧㄡˋ】 [ㄱ][상][中][9][작] chòu 썩은 내(악취) 날
[설문] [2428] 腐气也。《『廣韵(韻)』曰。腐臭也。按臭者氣也。兼芳殠言之。今字專用臭而殠廢矣。『儀禮』釋文引『孟子』飯殠茹菜。『楊敞傳』。冒頓單于得漢美食好物。謂之殠惡。『楊王孫傳』。其穿下不亂泉。上不泄殠。》从歺。臭聲。《尺救切。3部。》/163

◀ 제 11 획 ▶

殣 (근)【jìn ㄐㄧㄣˋ】 [本][객사할] 굶어 죽을, (시체를)묻을, 뵐
[설문] [2427] 道中死人。人所覆也。《『今-小雅:小弁』作「墐」。『傳』曰。墐、路冢也。按墐者假借字。殣者正字也。義在人所覆。故其字次於殔。『左傳』。道殣相望。杜云。餓死爲殣。》从歺(歹歺)。堇聲。《渠吝切。13部。》『詩』曰。行有死人。尙或殣之。《許所據作「殣」。》/163

㱮 (막)【mò ㄇㄛˋ】 죽어 쓸쓸할, 고요할
[설문] [4144] 宋也。《當云宋㱮也。轉寫佚字耳。宋㱮者、夕之靜也。嘁嗼者。口之靜也。宋㱮者、死之靜也。》从夕。莫聲。《莫白切。古音在 5部。讀如莫。》/316

殤 (상)【shāng ㄕㄤˉ】 어려서 죽을
[설문] [2420] 不成人也。《「不」、『喪服傳』作「未」。》人年十九至十六死爲長殤。十五至十二死爲中殤。十一至八歲死爲下殤。《見『喪服傳』。鄭曰。殤者、男女未冠笄而死。可傷者也。》从歺(歹歺)。傷省聲。《式陽切。10部。》/162

◀ 제 12 획 ▶

殨 (궤)【kuì ㄎㄨㄟˋ】 종기 터질, 문드러질
[설문] [2429] 爛也。《今殨爛字作潰而殨廢矣。》从歹(歺)。貴(貴)聲。《胡對切。14部。》/163

殪 (에)【yì ㄧˋ】 (죽어)쓰러질
[설문] [2423] 死也。《『左傳』。聲子射其馬。斬鞅。殪。將擊子車。子車射之。殪。『小雅:毛傳』、『文穎-注:上林賦』皆曰。壹發而死爲殪。是也。故其字從壹。按『尙書』言殪戎殷。殪、仆也。此引伸之義。『中庸』言壹戎衣。『注』。衣讀爲殷。聲之誤也。壹戎殷者、壹用兵伐殷也。『郭忠恕-佩觿』乃引『鄭-注』云。「壹」當爲「殪」。此記憶之誤耳。凡恃記憶而不檢閱者多此病。》从歺(歹、歺)。壹聲。《形聲包會(會)意。於計切。古音在 12部。》古文殪。从死。《從古文死。壹省聲。》/163

殫 (탄)【dān ㄉㄢˉ】 다할
[설문] [2436] 極盡也。《竆(窮)極而盡之也。「極」【鉉本】作「殛」。誤。古多假單字爲之。『郊特牲』云。社事單出里。『祭義』。歲既單矣。『大雅』。其軍三單。『箋』云。單者、無羨卒也。皆是也。》从歺(歹、歺)。單聲。《都寒切。14部。》/163

◀ 제 13 획 ▶

殬 (두)【dù ㄉㄨˋ】 썩을, 망가질
[설문] [2437] 敗也。《【經】假斁爲殬。『雲漢:鄭-箋』云。斁、敗也。孔穎達引『洪範』。彝(彜)倫攸斁。》从歺(歹歺)。睪(睪)聲。《當故切。5部。》『商書』曰。彝倫攸殬。《『洪範』文。今作「斁」者、葢(蓋)漢人以今字改之。許所云者、壁中文也。「彝」、【張次立-本】作「夷」。》/163

◀ 제 14 획 ▶

殯 賓(빈)【bìn ㄅㄧㄣˋ】 초빈할(시체를 입관한 후 매장 때까지 모심)
[설문] [2425] 死在棺。將遷葬柩。賓(賓)遇之。《按『士喪禮』。主人奉尸由阼階鄕(鄉)西階。斂於棺。棺先在肂中矣。所謂殯也、在西階。故『檀弓』曰。殯於客位。又曰。周人殯於西階之上。賓之也。『釋名』亦曰。於西壁下塗之曰殯。殯、賓也。賓客遇之。言稍遠也。此去葬期尙遠。非將葬賓遇之也。將葬而朝於祖。而設遷祖奠。而載柩於車。而祖。而設祖奠。而設葬奠。此不得名殯。淺人竄改之致此不通耳。當云屍在棺。肂於西階。賓遇之。》从歺(歹歺)賓。《屍在棺。故從歺。西階賓之、故從賓。》賓亦聲。《必刃切。12部。》夏后殯(殯)於阼階。殷人殯於兩楹之閒(間)。周人殯於賓階。《見『檀弓』。據此可證「將遷葬柩」四字之誤。》/163

◀ 제 15 획 ▶

歺 4 ⑮

殰 (독)【dú ㄉㄨˊ】낙태할(유산)
설문 2415 胎敗也。《『樂記』。胎生者不殰。『注』曰。內敗曰殰。『管子』。羽卵者不段。毛胎者不膻。房曰。膻謂胎敗潰也。『集韵(韻)』曰。古作「膻」。》从歺(歺、歺)。賣(賫)聲。《徒谷切。3部。》/161

◀ 제 17 획 ▶

殲 (섬)【jiān ㄐㄧㄢˉ】(모조리)멸할
설문 2435 微盡也。《殲之言纖也。纖細而盡之也。》从歺(歺歺)。韱聲。《子廉切。7部。》『春秋傳』曰。《小徐本》無傳字。》齊人殲于遂。《『春秋經:莊:十七年』文。『左』、『穀』作「殲」。『公』作「瀸」、字之同音假借也。『穀』曰。殲、盡也。『公』曰。瀸、漬也。何云。瀸之爲死。積死非一之辭。故曰漬。『釋詁』。殲、盡也。》/163

◀ 제 19 획 ▶

羸 (라)【luǒ ㄌㄨㄛˇ】㊤㊥ luò ㉧ luǒ 가축의 염병
설문 2438 畜產(産)疫病也。《「畜產」當作「嘼牲」。『左傳』。不疾蔟蠡。杜云。無疥癬。釋文。「蠡」『說文』作「瘰」。云蔟瘰、皮肥也。按『今-說文』無蔟瘰二字。『本艸經』有瘰癧字。瘰癧、皮病。非皮肥也。陸氏書『說文』二字、肥字葢(蓋)有誤。此云嘼牲疫病。則又非瘰癧也。人曰癘疫。嘼曰羸。》从歺(歺歺)。羸聲。《郎果切。17部。『篇』、『韵(韻)』皆力外力臥二切。》/163

079	殳
4-18	目 칠 수

殳 수【shū ㄕㄨˉ】[설문부수 86] 몽둥이(길이 1장 2척의 8각 몽둥이)
설문 1857 目(以)杖殊人也。《「杖」【各本】作「杸」。依『太平御覽』正。云杖者、殳用積竹而無刃。『毛傳』殳長丈二而無刃是也。殊、斷(斷)也。以杖殊人者、謂以杖隔遠之。『釋名』。殳、殊也。有所撞挃於車上使殊離也。殳殊同音。故謂之殳。猶以近窮遠謂之弓也。》『周禮』。《「周」字今補。下文所說皆出於『周禮』也。》殳目積竹。《以積竹者、用積竹爲之。『漢書』。昌邑王道買積竹杖。『文穎』曰。合竹作杖也。〔竹部〕曰。籚、積竹矛戟(戟)矜也。〔木部〕曰。欑、積杖〔竹〕杖也。柲、欑也。『考工記:注』曰廬謂矛戟柄。竹欑柲。凡戈矛柄皆積竹。而殳無金刃。故專積竹杖之名。廬人爲之。》八觚。《『考工記:注』云。凡矜八觚。此無刃亦八觚也。》長丈二尺。建於兵車。《『考工記』曰。廬人爲廬器。殳長尋有四尺。車有六等之數。車軫四尺。戈崇於軫四尺。人崇於戈四尺。殳崇於人四尺。車戟崇於殳四尺。酋矛崇於戟四尺。『注』云。此所謂兵車也。殳戟矛皆插(揷)車輢。》旅賁目先驅。《『周禮』旅賁氏。掌執戈盾。夾王車而趨。葢(蓋)亦執殳矣。『詩』曰。伯也執殳。爲王前驅。》从又。几聲。《市朱切。古音在 4部。》凡殳之屬皆从殳。/118
성부 부록 색인 참조
형부 殳를 부수로 하는 대부분의 글자들
대(殺) 역(疫) 역(殺) 역(投)
형성 (6자) 두(殳)858 수(杸)1859 고(殺)2232 고(股)2518 투(投)7555 주(殳)7809

◀ 제 4 획 ▶

炈 (침)【zhèn ㄓㄣˋ】㊤㊥⑨ zhěn 올려칠、몹시 칠 ■금:같은 다스릴, 제어할
설문 1862 下擊上也。《『廣雅:四』曰。炈、禁也。謂禁上使不得下也。》从殳。冘聲。《知朕切。8部。》/119

◀ 제 5 획 ▶

段 단【duàn ㄉㄨㄢˋ】(몽치로)때릴, 조각, (포목)반 필
설문 1870 椎物也。《用椎曰椎。『考工記』。『段氏』爲鎛器。徐丁亂反。劉(劉)徒亂反。徐音是也。鎛欲其段之堅。故官曰『段氏』。『函人職』曰。凡甲鍛不摯則不堅。鍛亦當作段。〔金部〕曰。鍛、小冶也。小冶、小鑄之竈也。後人以鍛爲段字。以段爲分段字。讀徒亂切。分段字自應作斷(斷)。葢(蓋)古今字之不同如此。『大雅』。取厲取碫。毛曰。碫、段石也。鄭曰。段石所以爲段質也。【古本】當與是。〔石部:碫〕、段石也。從石段。『春秋傳』鄭公孫段、字子石。【古本】當如是。段石與厲石各物。『說文』訓詁多宗『毛傳』。》从殳。耑省聲。《徒玩切。14部。》/120
유사 빌릴 가(叚)
형성 (4자+1) 단(鍛)3246 단(碫)5732 단(鍛)8596 단(鍛)8851 단(緞)

◀ 제 6 획 ▶

毅 (개)【gāi ㄍㄞˉ】마귀 쫓는 것
설문 1876 毅改、《逗。》大剛卯也。目(以)逐精鬽。《「鬽」【各本】作「鬼」。今正。『王莽傳』。剛卯金刀之利皆不得行。『服虔、晉灼-注』、『司馬彪-輿服志』言其制詳矣。按毅從殳者、謂其可擊鬼也。》从殳。亥聲。《古哀切。『廣韵』音開。1部。》/120

㱿 殼 각【què ㄑㄩㄝˋ】本[내려칠]껍질 ※각(㱿)의 본래 글자
설문 1861 從上擊下也。《從上擊下。正中其物。確然有聲。》从殳。肯(青)聲。《苦角切。3部。凡㱿㱿聲字以爲聲。大小徐皆云。青口江切。『今-廣韵:四, 江』無。㱿(㱿)在 3部。則肯(青)古音在 3部。可知。音轉讀如䅰。土刀切。》一曰素也。《素謂物之質如土坏也。今人用「腔」字。『說文』多作「空」。「空」如「㱿」義同。俗作「㱿」。或作「㱿」。吳會閒(間)音哭。卵(卵)外堅也。》/119
성부 殼각
형성 (16자+1) 학(㱿)900 구(鷇)2368

곡(㲄)2735 부(㲄)3144 곡(㲄)3214
곡(穀)3373 곡(穀)4251 혹(㲄)5784
혹(㲄)6074 혹(㲄)6275 각(㲄)6399
구(㲄)8104 곡(㲄)8200 곡(㲄)9105
누(㲄)9320 각(㲄)

殷 은【yīn ㄧㄣˉ】本[음악 한창할] 성할, 클, 많을, 근심할 ■안:검붉은 빛

설문 5016 作樂之盛偁(稱)殷。《此殷之本義也。如『易:豫:象傳』是。引伸之爲凡盛之偁。又引伸之爲大也。又引伸之爲衆也。又引伸之爲正也、中也。》从㐆殳。《依『廣韵』訂。樂者、樂其所自成。故从㐆。殳者、干戚之類。所以舞也。不入〔殳部〕者、義主於㐆也。於身切。古音 13部。『廣韵』於斤切是也。》『易』曰。殷薦之上帝。《『豫:象傳』曰。雷出地奮豫。先王以作樂崇德。殷薦之上帝。以配祖考(考)。『鄭-注』。王者功成作樂。以文得之者作籥舞。以武得之者作萬舞。各充其德而爲制。祀天地以拜祖考者。使與天同饗其功也。》/388

형성 (1자) 은(慇)6591

◀ 제 7 획 ▶

豉 (두)【tóu ㄊㄡˊ】멀리 칠 ■대:칠

설문 1863 繇擊也。《「繇」『說文』作「䍃」。隨從也。『說文』無遙字。此卽其遙字。繇擊者、遠而擊之。如良與客狙擊秦皇帝博浪沙中也。》从殳。豆聲。《度侯(矦)切。4部。》古文投如此。《「投」【各本】譌作「殺」。今正。投、殳聲。豉、豆聲。殳豆同在古音 4部也。此五字葢(蓋)後人所註記語。假令果是古文投。則許之例當入〔手部:投〕下重文矣。投下云擿也。此云遙擊。則義固別。》/119

殸 경【qìng ㄑㄧㄥˋ】㉠ qīng ① 경쇠 ※ 경(磬)의 주자(籒字), 대적할 ■성:소리 ※ 성(聲)의 옛 글자 ② 돌경쇠, 편경, 생경과 송경

殹 예【yì ㄧˋ】소리 마주 칠, 어조사, 장막

설문 1869 擊中聲也。《此字本義亦未見。〔酉部:醫〕從殹。王育說殹、惡姿也。一曰殹、病聲也。此與㱿中聲義近。秦人借爲語詞。『詛楚』文。禮使介老將之以自救殹。『薛尙功-所見:秦權銘』。其於久遠殹。【石鼓(鼓)】文。汧殹沔沔。『權銘』殹字、『琅邪臺刻石』及『他-秦權秦斤』皆作「也」。然則周秦人以殹爲也可信。『詩』之兮字、偁(稱)『詩』者或用也爲之。三字[殹兮也]通用也。》从殳。医聲。《於計切。15部。》/119

【也】下『注』云:《『薛尙功-歷代鐘鼎款識』載秦權一、秦斤一。文與家訓大同。而權作也、斤作殹。又知也殹通用。鄭樵謂秦以「殹」爲「也」之證也。殹葢(蓋)與兮同。兮也古通。故『毛詩』兮也二字、【他書】所稱或互易。【石鼓(鼓)】。汧殹沔沔。汧殹卽汧兮。》/627

형성 (8자) 예(翳)2165 예(翳)2313
애(瘞)4578 예(黳)6233 예(嫛)7754
예(緊)8293 예(堅)8712 의(醫)9404
예(鷖)

● 𣪠 𣪩 𣪡 -고자

殺 殺 살【shā ㄕㄚˉ】[설문부수 87] 죽일, 지울, 어조사, 덜(줄일) ■쇄:빠를, 매우

설문 1877 戮也。《〔戈部〕曰。戮、殺(殺)也。》从殳。杀聲。《鉉等曰。『說文』無杀字。『相傳』音察。按張參曰。杀、古殺字。張說似近是。此如本作朮、或可禾爲秫。所八切。15部。》凡殺之屬皆从殺。𣪘古文殺。《按【鉉本-宋刻】無此字。【李燾-本】同。》𢦐古文殺。𢻹古文殺。杀古文殺。《按此葢(蓋)卽杀字轉寫譌變耳。加殳爲小篆之殺。此類甚多。『古文四聲韵』。杀爲崔希裕纂古。杀爲『說文』。則『夏氏-所據:說文』爲善本。正與張參說合。首字下當去從殳從杀。或譌爲杀聲也。》𣩒籒文殺。《按【鉉本-宋刻】無此字。【李燾-本】同。『類篇』云。【史】文「殺」作「𣩒」。臣光曰。『說文』失收。故『集韵』今不載。然則【司馬公-所據:鉉本】無𣩒信義。【今-版本】依【鍇本】增之耳。『考工記』𣩒字、不識何以從閃。今據〔殳部〕古文役、〔殺部〕籒文殺、殳皆作𠬛求之。知𠬛譌爲閃。頓釋此疑。學者觸類而長之可也。》/120

형부 시(弒) 찰(剎) 살(𣩒)

형성 (3자) 살(榝)3359 살(鎩)4314
쇄(鎩)8899

𣪩 수【chóu ㄔㄡˊ】칠

설문 1864 縣物𣪩擊也。《此與〔手部:擣〕音義同。擣、手椎也。》从殳。𠷎聲。《市流切。3部。》/119

형성 (1자) 도(翿)2164

◀ 제 8 획 ▶

㲄 구【jiù ㄐㄧㄡˋ】휠(굽은 모양), 굴복할

설문 1874 揉屈也。《『說文』有煣無揉。煣、屈申木也。煣屈、謂柔而屈之。『廣韵』曰。強(强)擊正與柔屈相反。》从殳𠣞。《殳者有力之物。用有力之物而精謹也。叀小謹也。居又切。3部。》𠣞、古叀字。《當云「古文叀」。〔斤部〕云𠣞古文叀字是也。》廏字从此。/120

유사 이미 기(旣) 곧 즉(卽) 끊을 단(鉊)

형성 (3자) 구(邂)1049 구(𩚨)5549
구(廏)5656

殽 殽(효)【yáo ㄧㄠˊ】㉠상中⑨작 xiáo 섞일, 섞을

설문 1872 相襍錯也。《『食貨志』。鑄錢之情。非殽襍(雜)爲巧則不可得贏。按殽謂襍以鉛鐵也。『董仲舒傳』。賢不肖混殽。【經典】借爲肴字。『禮記』借爲效字。》从殳。《取攪之意。》肴(肴)聲。《胡茅切。2部。》/120

㲉 (독)【zhuō ㄓㄨㄛˉ】상中⑨작 dú 칠(豕部 5획)〔100%억지, 殳부 8획이 정상〕

설문 1865 椎毃(擊)物也。《謂用椎擊中物。與〔攴部:豛〕、〔木部:椓〕、音義略同。》从殳。豖聲。《各毒切。『廣韵(韻)』竹角切。3部。》/119

殳 4 ⑦

殳 4 ⑧

◀ 제 9 획 ▶

殿 [殿][전]【diàn ㄉㄧㄢˋ】 [本][치는 소리] 큰집, 후군(後軍), 하공(솜씨가 낮음), 진정(진압)할

[설문] [1868] 擊聲也。《此字本義未見。假借爲宮殿字。『燕禮:注』。人君爲殿屋。『疏』云。漢時殿屋四向流水。『廣雅』曰。堂堭、壂也。『爾雅』無室曰榭。『郭-注』。卽今堂堭。然則無室謂之殿矣。又假借爲軍後曰殿。》从殳。𡱂聲。《堂練切。古音在 13部。》/119

[형성] (3자) 둔(臀)2853 전(𧽳)6259 전(澱)7048

毄 [毄][격]【jí ㄐㄧˊ】 [상][中][9][작] jī 부딪칠, 털(흔들) ■계:매어 기를, 계(繫)의 옛 글자

[설문] [1860] 相擊中也。《『考工記』。毄兵同強(强)。兼戈戟殳言之。和弓毄摩。『注』。毄、拂也。〔手部〕曰。拂、過擊也。惟記文用此字本義。若司門祭祀之牛牲毄焉。『校人』三阜爲毄。毄一馭夫。六毄爲廏。廏一僕夫。皆假借爲系字。今之繫也。『易:毄(繫)辭』釋文作此字。故云系也。字從毄。若直作毄下系者音口奚反。非。此謂繫乃『說文』繫䊣字。『毄辭』不當作繫也。『漢書』。景帝詔。農桑毄畜。『注』。食養之畜。》如車相轚。故从殳軎也。《轚、本從手。今正。轚、車轄相擊也。轄亦舝字。車軸耑(端)鍵也。軎、車軸耑也。殳可用擊之物。故從殳軎(軎)。取意於車相轚也。古歷反。16部。》/119

[성부] 繫계

[형성] (12자) 력(瓑)83 격(蘻)321 객(虩)2981 계(罊)3162 계(繫)3571 혁(𣤶)5326 격(磬)5749 계(憖)6635 격(擊)7694 계(𡠆)7887 격(墼)8647 격(轚)9148

毀 [훼]【huǐ ㄏㄨㄟˇ】 헐, 무너질, 양재할(기도로 재앙을 물리침), 야윌

[설문] [8700] 缺(缺)也。《缺者、器破也。因爲凡破之偁(稱)。》从土。毇省聲。《許委切。16部。》 𣪍古文毀。从壬。/691

[형성] (4자) 훼(燬)6111 훼(擊)7693 훼(嫛)7942 얼(隉)9203

◀ 제 10 획 ▶

𣪠 (동)【tōng ㄊㄨㄥˉ】 [상][中][9] tóng [작] hōng 허공치는 소리 ■홍:같은 뜻

[설문] [1871] 擊空聲也。从殳。宮聲。《徒冬切。又火宮切。9部。按亦作㲚。枯公切。》/120

毃 (각)【qiāo ㄑㄧㄠˉ】 [작] kuō (머리를)칠

[설문] [1867] 擊頭也。《『淮南書』曰。以年之少。爲閭丈人說事。敕毃不給。何道之能明也。『高-注』。老人毃其頭。自救不暇。按「毃」當作「毃」。『呂氏-春秋』曰。死而操金椎以葬。曰下見六王五伯。將毃其頭矣。按「毃」【今本】譌「穀」。》从殳。高聲。《口卓切。2部。》/119

◀ 제 11 획 ▶

毅 (의)【yì ㄧˋ】 [本][성 발끈 낼] (의지가)굳셀, 결단성 있을, 고울이름

[설문] [1873] 妄怒也。《生下曰。妄生也。凡氣盛曰妄。》一曰毅、有決也。《『中庸』曰。發強(强)剛毅。『左傳』曰。殺敵爲果。致果爲毅。『苞-注:論語』曰。毅、強而能決斷(斷)也。》从殳。《取用武之意。》豙(豙)聲。《按豙從辛。『五經文字』曰。從辛省。非也。𨽿(隸)省從辛省耳。魚既切。15部。》/120

毆 (구)【ōu ㄡˉ】 칠、때릴

[설문] [1866] 捶毄(擊)物也。《捶、以杖擊也。因謂杖爲捶。捶毄物者、謂用杖擊中人物也。按此字卽【今-經典】之敺字。『廣(韵)』曰。俗作敺。是也。『唐-石經:周禮』。『射鳥氏』以弓矢敺烏鳶。『方相氏』索室敺疫。入壙以戈擊四隅敺方良。『冥氏』以靈鼓(鼓)敺之。『庶氏』凡敺蠱則令之比之。『壺涿氏』以炮土之鼓敺之。【今-版本】皆作毆。【唐刻】獨不誤。『張參:五經文字:殳部:毆』一口反。〔攴部〕無敺。〔殳部:毆〕字正爲【經典】而出。特未嘗箸之曰又起俱反、俗作敺耳。毆訓 捶毄物。故以弓矢、以戈、以靈鼓、以炮土之鼓皆捶擊意也。區聲古音在 4部。讀一口反。音轉入 5部。釋文讀起俱、丌于反。淺人乃分析一口爲毆打之字。起俱、丌于爲驅逐之字。誤矣。又云。敺是〔馬部:驅〕之古文。夫敺在〔馬部〕爲古文。驅在〔殳部〕爲俗毆字。無庸牽合。驅訓馬馳。毆訓捶毄。試思爲淵敺魚、爲叢敺爵之類。可改爲驅魚、驅爵乎。『鄭-注:周禮』曰。凡言馭者、所以敺之納之於善。豈可改爲驅之納之於善乎。卽古閒有假借通用。『唐-石經』固不可易也。○又按此部自毃而下。言擊者八。言毄者二。不應錯出不倫。葢(蓋)擊字皆本作毄。淺人改之而未盡。擊、攴也。攴、小毄也。與毄字義異。》从殳。區聲。《烏后切。4部。》/119

◀ 제 12 획 ▶

毇 [훼]【zuò ㄗㄨㄛˋ】 [설문부수 258] [상][中][9][작] huǐ 쌀 쓿을(한 섬을 쓿어 9말이 됨)

[설문] [4317] 糲米一斛舂爲九斗也。《「九斗」【各本】譌作「八斗」。糳下八斗【各本】譌九斗。今皆正。『九章筭術』曰。糲米率三十。粺米二十七。糳米二十四。御米二十一。『毛詩:鄭-箋』。米之率。糲十、粺九、糳八、侍御七。〔米部〕曰。粺、毇也。是則毇與粺皆一斛舂爲九斗明甚。毇見粲下。謂稻米也。稻米之始亦得云糲。此云糲米者、兼稻米、粟米言也。》从臼米。《依『韵會』本。》从殳。《从臼米者、謂舂也。从殳者、殳猶杵也。許委切。15部。【鉉本】、「从臼米」作「从臮」。》凡毇之屬皆从毇。/334

[성부] 毀훼 糳착

毈 (단)【duàn ㄉㄨㄢˋ】 (알이 부화되지 못하고) 곯을

[설문] [8596] 卵不孚也。《〔爪部〕曰。孚者、卵卽孚也。从爪子。不孚者、卵坼不成。『樂記』曰。卵生者不殈。鄭曰。殈、

[작] 作家出版社〔董蓮池-說文解字考正〕 [9] 九州出版社〔柴劍虹-說文解字〕 [ㄱ] 陝西人民出版社〔蘇寶榮-說文解字今注今譯〕 [상] 上海古籍出版社〔說文解字注〕 [中] 中華書局〔臧克和-說文解字新訂〕

裂也。今齊人語有云殈者。按殈卽毈也。『吕(呂)氏-春秋』。雞(鷄)卵多毈。『管子:五行篇』。羽卵者不段。叚(假)段爲之。》从卵。段聲。《徒玩切。14部。按當讀如鍛。》/680

080 毋 4-19 훈 없을 무

毋 무【wú ㄨˊ】[설문부수 444] 없을, 말(금지) ※ 무(無)와 같다.

설문 7965 止之詈(詞)也。《「詈」依『禮記』釋文補。詈者、意內而言外也。其意禁止、其言曰毋也。古通用無。【詩書】皆用無。『士昏(婚)禮』。夙夜毋違命。『注』曰。古文毋爲無。是『古文-禮』作無『今文-禮』作毋也。漢人多用毋。故『小戴-禮記』、『今文-尙書』皆用毋。『史記』則竟用毋爲有無字。○又按『詩』毋敎猱升木。字作毋。『鄭-箋』。毋、禁辭。》从女一。《會意。武扶切。5部。》女有姦之者。一禁止之。令勿姦也。《【各本】但有「从女有奸之者」六字。今補十字。禁止之令勿姦。此說从一之意。毋與乍同意。乍下云。止也、从亡一、一有所礙之也。然則毋下亦當从女一。一有所礙之。其義可互證。『曲禮』釋文、『大禹謨:正義』皆引『說文』云其字从女。內有一畫(畫)。象有姦之形。禁止之勿令姦。古人云毋、猶今人言莫也。此以己意增改而失許意。葢(蓋)許以禁止令勿姦、說从一。陸孔以有姦之者、說从一。不知女有姦之者五字爲从一以禁止張本。唐人之增改。【今本】之奪落。皆繆。而【唐本】可摘以正【今本】。》凡毋之屬皆从毋。/626

유사 어미 모(母) 뚫을 관(毌) 밭 전(田)

성부 부록 색인 참조

형부 毋를 부수로 하는 대부분의 글자들

◀ 제 0 획 ▶

毌 관【guàn ㄍㄨㄢˋ】[설문부수 243] ㉮ guān 꿸, 땅 이름

설문 4149 穿物持之也。从一橫毌。《【各本】毌作貫。淺人所改也。今正。》毌象寶貨之形。《【各本】脫「毌」。今補。毌者寶貨之形。獨言寶貨者、例其餘。一者所以穿而持之也。古貫穿用此字。今貫行而毌廢矣。毌之用廣。如鼏下云以物橫毌鼎耳而擧(舉)之也、軸下云所以持輪也皆是。貫之用專。後有串字、有弗字皆毌之變也。毌不見於【經傳】。惟『田完:世家』宣公取毌丘。『索隱』曰。毌音貫。》凡毌之屬皆从毌。讀若冠。《古丸切。14部。》/316

유사 어미 모(母) 말 무(毋) 밭 전(田)

성부 虜로 婁루 衰쇠 貫관

◀ 제 1 획 ▶

母 모【mǔ ㄇㄨˇ】어미, 할미, 암컷

설문 7756 牧也。《以疊(疊)韵爲訓。牧者、養牛人也。以譬人之乳子。引伸之、凡能生之以啓後者皆曰母。》从女。象褱子形。《褱、裹也。象兩手褱子也。》一曰象乳子也。《『廣韵』引『倉頡篇』云。其中有兩點者、象人乳形。豎(竪)通者卽音無。按此就隷書釋之也。莫后切。古音在 1部。》/614

유사 말 무(毋) 뚫을 관(毌) 밭 전(田)

성부 每매

형성 (4자) 매(苺)280 무(䳇)2361 무(拇)7459 목(坶)8609

◀ 제 3 획 ▶

每 매【měi ㄇㄟˇ】㉮[풀 우거질] 매양(늘), 항상, 비록, 탐낼(毋부 3획)

설문 0215 艸盛上出也。《『左傳』。『輿人誦』曰。原田毎(每)毎。『杜-注』。晉(晋)君美盛、若原田之艸(草)毎毎然。『魏都賦』蘭渚毎毎、用此。俗改爲莓(苺)。按毎是艸盛。引伸爲凡盛。如品庶毎生。貪也毎懷。懷、私也。皆盛意。毛公曰。毎、雖也。凡言雖者皆充類之辭。今俗語言毎毎者、不一端之辭。皆盛也。》从屮。母聲。《武罪切。『左傳:音義』亾(亡)回梅對二反。古音在 1部。李善莫來反。》/21

성부 毓육 敏민 緐번

형부 도(纛[illegible][illegible])

형성 (12자) 회(誨)1419 회([illegible])1976 매(脢)2505 매(梅)3273 회(晦)4054 모([illegible])4613 모(侮)4932 회(悔)6571 해(海)6800 모(娒)7772 묘(畮)8749 매(鋂)8995

毐 애【ǎi ㄞˇ】행실 없을, 음란할 ※ 애(娭)의 옛 글자

설문 7966 士之無行者。《【各本】作「人無行也」。今依『顏氏-五行志:注』所引正。士之無行者、故其者从士毋。故多叚(假)無爲有無字。毋卽無。婁之訓空也、亦从毋會意。毐之本義如此。非爲嫪毐造此字也。》从士毋。《會意。》賈侍中說。《按此四字當上屬讀之。今人下屬讀之。非也。》秦始皇母與嫪毐婬。《舊从水㫄(旁)。今正。》坐誅。故世罵婬曰嫪毐。《此擧(舉)無行之極者爲證。事詳『史記』但據『師古-五行志:注』云。摎毐、許愼作嫪毐。與『今-史記』、『漢書本』不同。摎當依本字讀居虯反。然則許自作嫪。『史』、『漢』自作摎。『今本-史、漢』皆同許作嫪。非古也。其人本姓邯鄲摎氏之摎。摎力周居由二切。許云罵之之詈(詞)。則無怪乎取其姓同音之字改爲嫪。嫪之本音亦力周切也。嫪者、媢也。今俗謂婦人所私之人爲媢嫪。乃古語也。》讀若娭。《依許許其切。今遏在切。『廣韵』又音哀。音之變也。1部。》/626

성부 毒독

◀ 제 4 획 ▶

毒 독【dú ㄉㄨˊ】독(생명을 위협하는 성분), 해칠, 괴로워 할 ■대:바다거북

설문 0216 厚也。《毒厚疊韵(疊韻)。3部, 4部同入也。毒

兼善惡之辭。猶祥兼吉凶、臭兼香臭也。『易』曰。聖人以此毒天下而民從之。『列子書』曰。亭之毒之。皆謂厚民也。毒與竺篤同音通用。『微子篇』。天毒降災。『史記』作天篤。》害人之艸。往往而生。从屮。《字義訓厚矣。字形何而从屮。蓋(盖)製字本意。因害人之艸。往往而生。往往猶歷歷也。其生蕃多則其害尤厚。故字从屮。引伸爲凡厚之義。》毒聲。《毒在 1部。毒在 3部。合韵至近也。徒沃切。》 古文毒。从刀箸。《从刀者、刀所以害人也。从箸爲聲。箸、厚也。讀若篤。箭字、【鍇本】及『汗簡(简)』、『古文四聲韵』上从竹不誤。而下譌从副从副。【鉉本】則竹又譌爲艸矣。古文築作篁。亦箸聲。》/22

형성 (2자) 독(蓫)275 독(禱)5048

◀ 제 9 획 ▶

● 毓 기를 육

081 4-20 比 견줄 비

比 비【bǐ ㄅㄧˇ】[설문부수 291] ㉠ bì 本[빽빽할] 차례, 무리, 친할, 아첨할, 견줄, 무리

설문 4992 密也。《今韵平上去入四聲皆錄此字。要密義足以括之。其本義謂相親密也。餘義俌也、及也、次也、校也、例也、類也、頻也、擇善而從之也、阿黨也。皆其所引伸。【許書】無篦字。古祇作比。見『蒼頡篇』、『釋名』、『漢書:匈奴傳』。『周禮』或叚(假)比爲庀。》二人爲从。反从爲比。《猶反人爲匕也。毗二切。按四聲俱收。其義本一。其音強(强)分耳。【唐人-詩】多讀入聲者。15部。》凡比之屬皆从比。 古文比。《按盔从二大也。二大者、二人也。》/386

유사 이 차(此) 북녘 북(北)

성부 부록 색인 참조

형부 比를 부수로 하는 대부분의 글자들

형성 (11자+2) 비(祉)40 빈(玭)186 비(芘)461 비(枇)3330 비(秕)4243 비(柴)4289 비(仳)4958 필(邲)5516 비(庇)5676 비(妣)7763 비(紕)8365 비(魮) 비(琵)

◀ 제 5 획 ▶

毖 (비)【bì ㄅㄧˋ】삼갈, 고달플, 위로할, 샘물 흐르는 모양

설문 4993 愼也。《『釋詁』曰。毖、愼也。『大雅』。爲謀爲毖。『傳』曰。毖、愼也。》从比。必聲。《兵媚切。古音如必。12部。》『周書』曰。無毖于卹。《『大誥』文。『某氏-傳』云。無勞於憂。》/386

毚 착【chuò ㄔㄨㄛˋ】[설문부수 374] 짐승 이름 (圖564)

설문 5988 㲋獸也。《「㲋」字今補。三字句。》侶兔(似兎)靑色而大。《『中山經』綸山其獸多閭麈𪊨㲋。『郭-注』。㲋似兔而鹿腳(脚)。靑色。音綽。按㲋乃㲋之俗體耳。『集韵』別爲兩字。非也。》象形。頭與兔同。足與鹿同。《合二形爲一形也。丑略切。按〔言部〕曰。訬讀若㲋。則古音在 2部。》凡㲋之屬皆从㲋。 籒文。/472

성부 毚참

형부 사(㲋) 결(㲋) 탁(㲋)

毗 毘毘𣬈 비【pí ㄆㄧˊ】㉡㊥⑨㉠ pí 本[배꼽] 밝을, 두터울, 도울, 나무의 지엽 성기고 고르지 못할(毘劉、暴樂)(比부 5획)

설문 6385 毗齎(毗臍)。《逗。【各本】奪此二字。今訂補。『玄應』引許毗齎、人齎也。按〔肉部:齎〕下曰。毗齎也。正以毗齎之解已見〔囟(卤)部〕。【全書】之大例如此。》人齎也。《『急就篇』作膍。毗(膍)字假借之用。如『詩:節南山、采菽:毛傳』皆曰膍(膍)厚也。『箋』云毗輔也、『方言』毗瀌也、毗廢也、毗明也皆是。》从囟。囟取通气也。《人齎可以通气。如囟門之通氣然。》从比聲。《房脂切。15部。》/501

유사 다 개(皆) 형 곤(昆)

◀ 제 9 획 ▶

㚟 (결)【jué ㄐㄩㄝˊ】담비(比부 9획)

설문 5991 㚟獸也。《三字句。》侶(似)狌狌。《『曲禮』曰。狌狌能言。不離禽獸。諸家說狌狌如狗。聲如小兒啼。其字亦作猩猩。『玉篇』、『廣韵(韻)』皆曰。㚟似貍。疑「似狌狌」三字當作「似貍」二字。》从㲋。夬聲。《古穴切。15部。》/472

◀ 제 12 획 ▶

䲔 (사)【xiè ㄒㄧㄝˋ】㉡㊥⑨ xiě 짐승 이름(比부 12획) ■우:같은 뜻 ■오:같은 뜻

설문 5990 獸名。从㲋。吾聲。讀若寫。《司夜切。古音在 5部。》/472

毚 참【chán ㄔㄢˊ】약은 토끼

설문 5989 狡兔(兎)也。《『小雅:巧言:傳』曰。毚兔、狡兔也。按狡者、少壯之意。》兎之駿者。《駿者、良(良)才者也。》从㲋兔。《兔之大者、則爲㲋之類。士咸切。8部。》/472

형성 (8자+1) 참(嚵)772 참(讒)1605 참(劖)2670 탁(㲋)3450 참(鄽)3948 참(儳)4925 재(纔)8236 참(鑱)8931 참(攙)

082 4-21 毛 털 모

毛 모【máo ㄇㄠˊ】[설문부수 303] (사람, 짐승의)털, 모피, 나이 차례, 털로 짠 베

설문 5146 𥄉(眉)髮之屬及獸毛也。《眉者、目上毛也。髮者、首上毛也。而者、須也。須者、而也。頤下之毛也。髯者、頰須也。髭、口上須也。及獸毛者、貴人賤畜也。》象形。《莫袍切。古音 2部。》凡毛之屬皆从毛。/398

유사 손 수(手) 고문 아(我)(𢦏)

성부 부록 색인 참조

형부 毛를 부수로 하는 대부분의 글자들
리(氂)

형성 (6자) 모(芼)516 모(眊)2018
모(旄)4110 모(秏)4208
모(覒)5264 모(髦)5476

◀ 제 6 획 ▶

毨 (선)【xiǎn ㄒㄧㄢˇ】(가을에)털 갈, 털 다시 나서 고를

설문 5149 選(選)也。《二字依『韵(韻)會』。》仲秋鳥(鳥)獸毛盛。可選取㠯(以)爲器。《毨選雙聲。『堯典』。鳥獸毛毨。『鄭-注』。毨、理也。毛更生整理。『周禮』。中秋獻良裘。王乃行羽物。『鄭-注』。良、善也。仲秋鳥獸毛毨。因其良時而用之。按許說兼包鄭二義。》从毛。先聲。讀若選。《穌典切。古音在 13部。》/399

◀ 제 8 획 ▶

毳 취【cuì ㄘㄨㄟˋ】[설문부수 304] 짐승의 솜털, 솜털로 화문 놓은 것

설문 5152 獸細毛也。《『掌皮:注』日。毳毛、毛細縟者。》从三毛。《毛細則叢密。故从三毛。衆意也。此芮切。15部。》凡毳之屬皆从毳。/399

형부 비(𣰆)

형성 (4자) 체(毳)0046 취(膬)2602
취(竁)4475 찬(𪊲)6491

◀ 제 10 획 ▶

𣯍 (한)【hàn ㄏㄢˋ】짐승의 털, 긴 털

설문 5148 獸豪也。《豪者、豕鬣如筆管者也。引伸爲毛之長者之偁(稱)。𣯍、【古書】多作「翰」。『尙書:大傳』之西海之濱取白狐靑翰。鄭日。翰、長毛也。『長楊賦』。藉翰林以爲主人。韋昭日。翰、筆也。善日。『說文』云毛長者日翰。按翰當作「𣯍」。葢(蓋)『說文-古本』有「毛長者日𣯍」五字。在「獸豪也」之下。『曲禮』。雞(鷄)日翰音。『注』。翰猶長也。其引伸之義也。》从毛。倝聲。《侯旰切。14部。》/399

氄 (용)【róng ㄖㄨㄥˊ】㊤㊥⑨㊕ rǔn ㊕ rǒng 털 성할, 털 많을 ■윤:같은 뜻

설문 5147 毛盛也。从毛。隼聲。《而尹切。又人勇切。按而尹卽『玉篇』之而允也。『書』釋文氄徐而允反。又如兖反。【俗本】允兖字皆譌作充。而『集韵(韻)』、『類篇』因有而融如容兩切矣。古音當在 15部。如隼之在15, 13兩部也。》『虞書』日。《「虞」當作「唐」。說詳〔禾部〕。》鳥(鳥)獸氄髦。《『堯典』文。髦毛古同用。【今書】「氄」作「毹」。馬云。溫柔皃(貌)。》/399

◀ 제 11 획 ▶

𣯌 (문)【mén ㄇㄣˊ】담요

설문 5150 㠯(以)毳爲罽。《毳、獸細毛也。罽、西胡毳布也。》色如虋。故謂之璊。《與虋雙聲。》虋、禾之赤苗也。《詳〔艸部〕。取其同赤。故名略同。》从毛。㒼聲。《莫奔切。古音在 14部。》『詩』日。毳衣如𣯌。《『王風』文。『今-詩』「𣯌」作「璊」。毛日。璊、赬也。按許云毳罽謂之𣯌。然則『詩』作如璊爲長。作如𣯌則不可通矣。〔玉部〕日。璊、玉經色也。禾之赤苗謂之虋。璊玉色如之。是則𣯌與璊皆於虋得音義。許偁(稱)『詩』證毳衣色赤。非證𣯌篆體也。淺人改从玉爲从毛。失其恉(指)矣。抑西胡毳布、中國卽自古有之。斷非法服。『毛傳』日。大車、大夫之車也。天子大夫四命。其出封五命。如子男之服。乘其大車檻檻然。服毳冕以決訟。是則『詩』所云毳衣者、『周禮』之毳冕。非西胡毳布也。『許-專治:毛詩』。豈容昧此。疑此六字乃淺人妄(妄)增。非【許書】固有。然『鄭司農之-注:周禮』日。毳、罽衣也。至後鄭乃云毳畫(畵)虎蜼。謂宗彝(彛)也。是則自康成以前皆謂毳爲罽衣。毛公但云毳冕而不言何物。許說正同大鄭耳。》/399

氂 (리)【máo ㄇㄠˊ】⑨㊕ lí 쇠꼬리, 거세고 굽은 털 ■모:소 같고 꼬리 긴 짐승, 쇠(말)꼬리 ■래:같은 뜻 (毛부 11획)

설문 0738 犛牛尾也。《【凡經】云干旄、建旄、設旄、右秉白旄、羽旄、齒革干戚羽旄、今字或有誤作毛者。『古-注』皆云旄牛尾也。旄牛卽犛牛。犛牛之尾名氂。以氂爲幢日旄。因之呼氂爲旄。凡云注旄干首者是也。呼犛牛爲旄牛。凡云旄牛尾者是也。》从犛省。从毛。《莫交切。2部。按『周禮:樂師:音義』。氂舊音毛。但許不言毛亦聲。而『左傳』「晏氂」、「外傳」作「晏萊」。『後漢書:魏郡輿人歌』。岑熙狗吠不驚。足下生氂。與災時茲三字韵(韻)。則是犛省亦聲。在弟1部也。》/53

◀ 제 13 획 ▶

氈 氊(전)【zhān ㄓㄢˉ】모전(솜털로 만든 모직물)

설문 5151 撚毛也。《〔手部〕日。撚者、蹂也。撚毛者、蹂毛成氈也。『周禮:掌皮』日。共其毳毛爲氈。古多假旃字。》从毛。亶聲。《諸延切。14部。》/399

083	氏
4-22	각씨 씨

氏 씨【shì ㄕˋ】[설문부수 449] 本[산이름] 씨(성씨) ■지:대월지국

설문 7977 巴蜀名山岸脅之自旁箸(着)欲落墮(墮)者日氏。《十六字爲一句。此爲巴蜀方語也。自大徐

無。小徐作「堆」。俗字耳。今正。𠂤、小𠂤(阜)也。箸直略切。小𠂤之旁箸於山岸脅、而狀欲落墮者曰氏。其者亦作「坻」。亦作「阺」。〔𠂤部〕曰。秦謂陵阪曰阺。阺與氏音義皆同。『楊雄-解嘲』曰。響若坻隤。應劭曰。天水有大坂。名曰隴坻。其山堆傍箸崩落作聲聞數百里。故曰坻隤。韋昭曰。坻音若是理之是。以上見『文選:注』。『今本-漢書』作阺隤。師古曰。阺音氏。巴蜀名山旁堆欲墮落曰氏。應劭以爲天水隴氐。失之矣。氐音丁禮反。玉裁按顏說殊非古。隴阺亦作隴坻。與巴蜀之氏形小異、而音義皆同。阺坻字同氏聲。或从氐聲而丁禮切者、字之誤也。『劉(劉)逵-注:吳都賦:坻頹』曰。天水之大阪。名曰隴坻。因爲隴坻之曲說。與應仲遠同。坻、韋音是。阺、顏音氏。皆不誤。攷氏亦作是。見『夏書』。『禹貢』曰。西傾因桓是來。『鄭-注』云。桓是、隴阪名。其道般桓旋曲而上。故曰桓是。今其下民謂阪爲是。〈句絕。〉謂曲爲桓也。《[各本]誤今校訂如此》。據此則「桓是」卽「隴阺」。亦可作「隴氏」。昭昭然矣。【古-經傳】氏與是多通用。『大戴-禮』。昆吾者衞(衛)氏也。以下六氏字皆是之叚(假)借。而『漢書』、『漢-碑』叚氏爲是不可枚數。故知姓氏之字本當作是。叚借氏字爲之。人第習而不察耳。姓者統於上者也。氏者别於下者也。是者分別之䛐(詞)也。其字本作是。『漢碑』尙有云姓某是者。今乃專爲姓氏字。而氏之本義惟許言之。淺人以爲新奇之說矣。》氏𡸣(崩)聲聞數百里。象形。《謂𠂆象傍於山脅也。氏之附於姓者類此。》乁聲。《乁、讀若移。氏『篇』、『韵』皆承紙切。16部。大徐承旨切。非也。》凡氏之屬皆从氏。『楊雄賦』。響若氏隤。/628

[유사] 낮을 저(氐) 그칠 간(艮) 백성 민(民) 나무뿌리 괄(氒)

[성부] 부록 색인 참조

[형부] 氏를 부수로 하는 대부분의 글자들

[형성] (12자+1) 기(祇 䄅)26 기(芪 䒗)430 시(跃 𨀉)1301 시(眂 眂)2026 기(疧 疧)4576 기(忯 忯)6431 지(汦 汦)7005 지(扺 扺)7683 지(紙 紙)8333 기(蚔 蚔)8415 지(坁 坁)8652 기(軝 軝)9107 로(㫺)

◀ 제 1 획 ▶

氐 [저]【dǐ ㄉㄧˇ】[설문부수 450] [本][근본] 오랑캐 이름, 별 이름 [■지]:땅이름 [■제]:동녘별

[설문] [7979] 至也。《氐之言抵也。凡言大氐、猶大都也。》本也。《[小徐本]有此二字。氐爲本。故柢以會意。『國語』曰。天根(根)見而水涸。韋曰。天根、亢氐之閒(間)。》从氏下箸(着)一。《箸直略切。會意也。[許書]無低字。底、一曰下也。而昏解云。从日氐省。氐者、下也。是許說氐爲高低者也。『廣韵』都奚切。『玉篇』丁兮切。15部。大徐丁禮切。》一、《逗。》地也。《一之用甚多。故每分別解之。》凡氐之屬皆从氐。/628

[유사] 성씨 씨(氏) 그칠 간(艮) 백성 민(民)

[성부] [泜]지 [昏]혼

[형부] 인(𪉅 𪉅) 효(𦥺 𦥺) 질(𧿹 𧿹)

[형성] (21자+3) 지(祗 祗)0023 저(牴 牴)728 저(呧 呧)859 저(趆 趆)6980 저(迡 迡)1113 저(詆 詆)1621 치(雖 雖)2185 저(羝 羝)2228 지(胝 胝)2542 저(柢 柢)3411 저(邸 邸)3839 저(衹 衹)5044 저(底 底)5671 지(厎 厎)5697 저(奃 奃)6293 저(抵 抵)7480 저(紙 紙)8132 지(蚳 蚳)8432 지(坻 坻)8670 저(軧 軧)9155 저(阺 阺)9215 저(低 低) 지(砥 砥) 저(眂 眂)

民 [민]【mín ㄇㄧㄣˊ】[설문부수 445] 백성

[설문] [7967] 衆萌(衆萌)也。《萌[古本]皆不誤。[毛本]作氓。非。古謂民曰萌。漢人所用不可枚數。『今-周禮』以興耡利甿。〔許-耒部〕引以興耡利萌。愚謂[鄭本]亦作萌。『故-注』云變民言萌、異外內也。萌猶懵懵無知皃(貌)也。[鄭本]亦斷非甿字。大氐漢人萌字、淺人多改爲氓。如『周禮:音義』此節摘致氓是也。繼又改氓爲甿。則今之『周禮』是也。說詳『漢讀攷』。民萌異者、析言之也。以萌釋民者、渾言之也。》从古文之象。《仿佛古文之體少整齊之也。凡[許書]有从古文之形者四。曰革、曰弟、曰民、曰酉。說見革下。彌隣切。12部。》凡民之屬皆从民。𠈓古文民。《𦿰(蓋)象萌生緜𦯪之形。》/627

[유사] 성씨 씨(氏) 낮을 저(氐) 그칠 간(艮) 어질 량(良) 입막을 괄(𠯑𠯑𠂔𠂔)

[성부] [敃]민 [昏]혼

[형부] 맹(氓 氓)

[형성] (6자+1) 민(珉 珉)181 민(笢 笢)2751 민(罠 罠)4626 미(䁕 䁕)5250 민(㥸 㥸)6548 문(䰚 䰚)8550 민(泯 泯 泯)

◀ 제 2 획 ▶

氒 [氐][궐]【jué ㄐㄩㄝˊ】氒 :뿌리, 궐(厥)의 옛 글자([문]574)

[설문] [7978] 木本也。《〔木部〕曰。木下曰本。本亦曰氒。氒者、言其𡸣然大也。古多用檿弋字爲之。『列子』曰。吾處也若檿株駒。株駒、木棍(根)也。殷敬順曰。檿、『說文』作身。按『玉篇』亦作身。隸(隸)變也。》从氏丅(下)。本大於末也。《[各本]無「下本」二字。小徐作从氏而大於末也。亦誤。今正。从氏下者、氏猶是、謂此木之下。下者、木本也。木榦(幹)大於上體。故製其字从氏下。》讀若厥。《居月切。15部。》/628

[성부] [𠯑]괄

◀ 제 4 획 ▶

氓 (맹)【máng ㄇㄤˊ】[㉠][상][中][9][작] méng 백성

[설문] [7968] 民也。《『詩』。氓之蚩蚩。『傳』曰。氓、民也。『方言』亦曰。氓、民也。『孟子』。則天下之民皆悅而願爲之氓矣。『趙-注』。氓者、謂其民也。按此則氓與民小別。擧(擧)自他歸往之民則謂之氓。故字从民亡。》从民。亡

聲。讀若盲。《武庚切。古音在 10部。》/627

◀ 제 6 획 ▶

(질)【dié ㄉㄧㄝˊ】 건드릴, 삐을 ■절:속음

설문 7981 觸也。《『廣韵(韻)』。陟栗切。手拔物也。》从氐。失聲。《徒結切。12部。》/628

◀ 제 10 획 ▶

(인)【yàn ㄧㄢˋ】 ㉧㊥⑨㉶ yìn 엎드릴 (氐부 10획)

설문 7980 臥也。《按『篇』、『韵(韻)』皆音印。又音致。仆也。疑認爲氐聲而易其音耳。》从氐。垔聲。《於進切。13部。》/628

◀ 제 14 획 ▶

(효)【hào ㄏㄠˋ】 ㉧㊥⑨㉶ xiào 그르칠 ■호:땅 이름

설문 7982 闕。《小徐作【家本】無注。鍇云。【一本】無此篆。此云【家本】無注、疑許沖之言也。按『廣雅:釋詁』云。𣱼、誤也。曹憲乎孝反。然則其字从氐、學省聲。形音義皆可攷。『篇』、『韵(韻)』音皓。古音在 3部。》/628

084	气
4-23	기운 기

气 기【qì ㄑㄧˋ】[설문부수 8] 기운 ■걸:구할
※ 기(气)와 걸(乞)이 구분 없이 쓰였다.

설문 0204 雲气也。《气氣古今字。自以氣爲雲气字。乃又作餼爲廩氣字矣。气本雲气。引伸爲凡气之偁(稱)。》象形。《象雲起(起)之皃(貌)。三之者、列多不過三之意也。是類乎從三者也。故其次在是。去旣切。15部。借爲气假於人之气。又省作乞。》凡气之屬皆从气。/20

성부 부록 색인 참조

형부 气를 부수로 하는 대부분의 글자들

형성 (18자)
걸(芞)279 흘(吃)850
글(赵)976 흡(齕)1248 글(訖)1498
기(刉)2640 을(虓)2988 흘(麧)3206
골(杚)3550 기(𥝌)4238 흘(仡)4784
기(欯)5287 굴(頎)5417 희(忥)6552
기(汽)7008 흘(紇)8131 을(圪)8630
흘(釳)8983

◀ 제 4 획 ▶

氛 (분)【fēn ㄈㄣˉ】 本[상스러운 기운] 요기(나쁜 기운)

설문 0205 祥气也。《謂吉凶先見之氣。『左傳』曰。非祭祥也。喪氛也。『杜-注』。氛、惡氣也。『晉語』曰。見翟柤之氛。『注』。氛、祲氛。凶象也。凶曰氛。吉曰祥。玉裁按。統言則祥氛二字皆兼吉凶。析言則祥吉氛凶耳。許意是統言。『左傳』又曰。楚氛甚惡。『杜-注』。氛、氣也。可見不容分別。》从气。分聲。《符分切。13部。》雰氛或从雨。《按此爲『小雅』雨雪雰雰之字。『月令』。雰霧冥冥。『釋名』。氛、粉也。潤氣箸艸木。因凍則凝。色白若粉也。皆當作此。雰與祥氣之氛各物。似不當混而一之。》/20

◀ 제 6 획 ▶

氣 기【qì ㄑㄧˋ】 ㉧㊥⑨㉶ xì 기운, 기후, 기질, 마음 ■희:本[남에게 보낼 쌀]

설문 4309 饋客之芻米也。《『聘禮』殺曰饔。生曰餼。餼有牛羊豕黍粱稻稷禾薪芻等。不言牛羊豕者、以其字从米也。言芻米不言禾者、擧(擧)芻米可以該禾也。【經典】謂生物曰餼。『論語』告朔之餼羊。》从米。气聲。《許旣切。15部。今字叚(假)氣爲雲氣字。而饔餼乃無作氣者。》『春秋傳』曰。齊人來氣諸侯。《事見『左傳:桓:六年、十年』。『十年:傳』曰。齊人餼諸侯。許所據作氣。『左丘明-述:春秋傳』以古文。於此可見。》槩氣或从旣。《旣聲也。『聘禮記』曰。日如其饔旣之數。『注』云。古文旣爲餼。『中庸篇』曰。旣稟稱事。『注』云。旣讀爲餼。『大戴-朝事篇』。私覿致饔旣。戴先生曰。旣卽餼字。按三旣皆槩之省。》餼氣或从食。《按从食而氣爲聲。葢晚出俗字。在假氣爲气之後。》/333

성부 부록 색인 참조

형부 氣를 부수로 하는 대부분의 글자들

형성 (2자+1)
개(愾)6579 희(鎎)8998
희(餼)

085	水
4-24	물 수

水 氵氺 수【shuǐ ㄕㄨㄟˇ】[설문부수 410] 물, 수성

설문 6653 準也。《準古音追上聲。此以曡(疊) 韵爲訓。如戶護、尾微之例。『釋名』曰。水、準也。準、平也。天下莫平於水。故匠人建國必水地。》北方之行。《『月令』曰。大史謁之天子曰。某日立冬。盛德狂(在)水。》象衆水竝流、中有微陽之氣也。《火、外陽內陰。水、外陰內陽。中畫(畵)象其陽。云微陽者、陽狂內也。微猶隱也。水之文與☵卦略同。式軌切。15部。》凡水之屬皆从水。/516

성부 부록 색인 참조

형부 水를 부수로 하는 대부분의 글자들
조(藻) 우(薀) 독(薵) 평(蓱) 평(苹) 행(荇) 초(羃)
표(滮) 징(瀓) 선(淀) 녈(涅) 칠(桼) 침(寖) 멱(汨)
장(漿) 습(溼) 계(瘛)

◀ 제 1 획 ▶

永 영【yǒng ㄩㄥˇ】[설문부수 418] (강의 흐름이나 시간이)길, 멀

설문 7139 水長也。《引申之、凡長皆曰永。『釋詁』、『毛傳』曰。永、長也。『方言』曰。施於衆長謂之永。》象水巠

理之長永也。《巠者、水脈。理者、水文。于憬切。古音在10部。》『詩』曰。江之永矣。《『周南:漢廣』文。》凡永之屬皆从永。/569

유사 물 수(水) 얼음 빙(仌)

성부 𠂢𠂢비 羕양

형성 (2자+2) 영(詠)1494 영(泳)6956 창(昶) 영(咏)

◀ 제 2 획 ▶

닉【nì ㄋㄧˋ】 빠질 ※ 닉(溺)의 옛 글자

설문 6965 沒(沒)也。《此㳄溺之本字也。今人多用溺水水名字爲之。古今異字耳。『玉篇』引孔子曰。君子㳄於口。小人㳄於水。『顧希馮-所見:禮記』尙作㳄。》从水人。讀與溺同。《奴歷切。古音蓋(蓋)在 2部。》/557

범【fàn ㄈㄢˋ】 넘칠, 넓을, 뜰, 흔드리는 모양

설문 6850 濫也。《『玄應』引此下有「謂普博也」四字。『楚辭:卜居』。將氾氾若水中之鳧乎。王逸云。氾氾、普愛衆也。若水中之鳧。羣(群)戱(戲)遊也。『論語』。汎愛衆。此假汎爲氾。》从水。㔾(马)聲。《孚梵切。7部。》/549

성부 范범

형성 (1자) 범(范)634

궤【guǐ ㄍㄨㄟˇ】 물가의 마른 땅, 곁에서 나오는 샘, 물 옆으로 흐를 ■구:물가

설문 6911 水厓枯土也。《按『今-爾雅』水醮(醮)曰厬。仄出泉曰氿。【許書】仄出泉曰厬。水厓枯土曰氿。與『今-爾雅』正互易。依『毛詩』有洌氿泉。似『今-爾雅』不誤也》从水。九聲。《居洧切。古音在 3部。》『爾雅』曰。水醮曰氿。《『釋水』文。【今本】作厬。『音義』云。字又作「漸」。》/552

성부 染염

(정)【tīng ㄊㄧㄥˉ】 물가, 모래섬, 고을이름, 파도가 밀려 닿는 곳 ■청:속음

설문 7021 平也。《謂水之平也。水平謂之汀。因之洲渚之平謂之汀。李善引『文字集略』云。水際平沙也。乃引伸之義耳。》从水。丁聲。《他丁切。11部。》 𤀄汀或从平。/560

(즙)【zhī ㄓˉ】 즙, 국물 ■협:화합할 ■십:고을이름

설문 7063 液也。《【古-經傳】多假汁爲叶。『方言』曰。斟、協、汁也。北燕朝鮮洌水之閒曰斟。自關而東曰協。關西曰汁。此兼瀋汁和叶而言。如台朕賚畀卜陽予也之例。汁液必出於和協。故其音義通也。》从水。十聲。《之入切。7部。漢汁邡縣用此字。》/563

● 求 구할 구

(팔)【bīn ㄅㄧㄣˉ】 물이름, 물결치는 소리 ■빈:같은 뜻

설문 6654 西極之水也。从水。八聲。《府巾切。12部。》『爾雅』曰。西至於汃國。謂之四極。《『釋地』曰。東至於大遠。西至於邠國。南至於濮鉛。北至於祝栗。謂之四極。釋文。「邠」本或作「豳」。『說文』作「汃」、同。彼貧反。案「汃「之作「豳」。聲之誤也。作「邠」則更俗矣。而可證唐以前早有以邠代豳者。許意西極汃國必以汃水得名。言水必先汃。與〔邑部〕言地先鄯善。皆自西而東。如『禹貢』之先弱水、黑水也。許不以溺水先於河者、水莫尊於河與江也。『南都賦』。砏汃輣軋。李善汃音八。引『埤蒼』汃、大聲也。此假借別爲一義。其音亦可讀如邠。砏汃疊韵(疊韻)也。》/516

◀ 제 3 획 ▶

(작)【zhuó ㄓㄨㄛˊ】 물결 치는 소리, 구기질할 ■약:같은 뜻, 물이름

설문 6863 激水聲也。从水。勺聲。《市若切。古音在2部。『釋名』。汋、澤也。有潤澤也。自臍以下曰水腹。水汋所聚也。胞主以虛承汋也。蓋(蓋)皆借爲液字。又『楚詞』汋約、卽『莊子』淖約。》井一有水、一無水。謂之瀱汋。《見『釋水』。『劉(劉)氏-釋名』說其義曰。罽、竭也。汋、有水聲汋汋也。然則瀱謂一無水。汋謂一有水。》/550

(범)【fàn ㄈㄢˋ】 (물 위에)뜰, 넓을 ■봉:뜰(浮也) ■법:속음 ■핍:물결소리 가늘고 작은 모양

설문 6832 浮皃(貌)。《「皃」當作「也」。『邶風』。汎彼栢舟。毛曰。汎、流貌。『廣雅』曰。汎汎、氾氾、浮也。》从水。凡聲。《孚梵切。按古音在 7部。如風字亦凡聲也。『上林賦』汎淫爲疊韵(疊韻)。音轉爲扶弓反。》/548

(대)【dài ㄉㄞˋ】 ㊤㊥⑨㉑ tài ⑨㉑ dà 물결, 씻을 ■달:지날 ■타:쌀 일

설문 7036 淅瀰(瀰)也。《淅字賸。『文選:注』王元長擧(擧)『秀才文:注』引無淅字、可證。『士喪(喪)禮』。祝淅米于堂。『注』。淅、汏也。『釋詁』曰。汏、墜也。汏之則沙礫去矣。故曰墜也。『九章』。齊吳榜以擊汏。吳、大也。榜、檝也。言齊同用大檝擊水而行。如汏洒於水中也。凡舟子之用櫓。振力擊之。乃徐拕之。如汏然。今蘇州人謂搖曳洒之曰汏。音如俗語之大。在禡韵(韻)。》从水。大聲。《徒蓋(蓋)切。15部。大徐云。又代何切。按凡沙汏、淘汏用淅米之義引伸之。或寫作「汰」。多點者誤也。若『左傳』汏侈、汏輈字皆卽泰字之假借。寫作汰者亦誤。》/561

汝(종)【zhōng ㄓㄨㄥˉ】 물, 물 이름

설문 6795 洜(汝)水也。《『廣韵(韻)』、『集韵』皆曰在襄陽。》从水。夊(⺼)聲。夊、古文終。《職戎切。9部。古文終、見〔仌(冰)部〕。》/544

수【qiú ㄑㄧㄡˊ】 헤엄칠 ■유:깃발

설문 6960 浮行水上也。《若今人能划水者是也。『列子』曰。習於水、勇於泅。》从水子。《子猶小也。浮於水上。望之甚小也。似由切。3部。》古文或㠯(以)汓爲沒(沒)字。《此古文小篆之別也。其義其音其形皆別矣。按善水者或沒或浮皆無不可。則不妨同字同音也。》泅汓或从囚聲。/556

성부 游유

汕 (산)【shàn ㄕㄢˋ】 물고기 물에서 노는 모양, 오구, 물이름

설문 6940 魚游水皃(貌)。《『小雅』。南有嘉魚。烝然汕汕。『傳』曰。汕、樔也。『詩』不从毛。葢(蓋)【三家】之說。》从水。山聲。《所晏切。14部。》『詩』曰。烝然汕汕。/555

汗 (한)【hàn ㄏㄢˋ】 땀, 땀 날 ■간:고을

설문 7102 身液也。《「身」【各本】作「人」。今依『太平御覽』訂。『易』。渙汗其大號。劉(劉)向說曰。汗出而不反者也。》从水。干聲。《矦旰切。14部。漢餘汗縣字如此。讀如干。》/565

汘 (천)【qiān ㄑㄧㄢ】 물, 물 이름

설문 6797 汘水也。从水。千聲。《倉先切。12部。》/544

污 오【wū ㄨ】 ⓐ wù 갇혀 있는 더러운 물, 웅덩이 ■우:물이름 ■와:땅 팔

설문 7017 薉也。《〔艸部〕曰。薉字、蕪也。地云蕪薉。水云汙(污)薉。皆謂其不潔清也。此篆上濁水不流池類言之、【大徐本】移浼篆於汙篆前。不知下文瀾瀆浼列。略同『方言』。厠於此、則非其次矣。》从水。亏(于)聲。《烏故切。按當哀都切。5部。義如洿略同。》一曰小池爲汙。《池之小者。汙池。見『孟子:滕文公』。》一曰涂也。《與杇義略同。〔木部〕曰。杇、所以涂也。》/560

형성 (1자) 호(洿洿)7901

汛 (신)【xùn ㄒㄩㄣˋ】 (물)뿌릴, 조수(潮水)

설문 7093 灑也。《卂、疾飛也。水之散如飛。此以形聲包會意也。『楊雄-劇秦美新』云。况盡汛埽前聖數千載功業。汛埽、卽灑埽也。俗用爲潮汛字。》从水。卂聲。《息晉切。12部。按汛與灑互訓而殊音。洒【經典】用爲灑之假借。然謂洒卽汛之假借、則於古音尤合。葢(蓋)洒从西聲。西古音如詵也。『小顏(顏)-注:東方朔傳』洒埽云。洒音信。此謂卽汛字也。云又山豉反。此謂卽灑字也。此等必皆『漢書:音義』舊說。》/565

汜 (사)【sì ㄙˋ】 지류, 웅덩이, 물가, 물 이름

설문 6918 水別復入水也。《上水字衍文。『召南:傳』曰。決復入水也。謂旣決而復入之水也。自其水出而不復入者、『釋水』自河出爲灉已下是也。決而復入者、汜是也。『釋名』曰。汜、已也。如出有所爲畢已而復入也。按古以無已釋已。如祀之解曰祭無已是也。故汜之字从已。》从水。已聲。《詳里切。1部。》『詩』曰。江有汜。一曰汜、窮(窮)瀆也。《此別一義。『釋丘』曰。窮瀆、汜。郭云。水無所通者。『漢書』。張良閒從容步游下邳汜上。服虔(虔)讀爲圯、音頤。楚人謂橋曰圯。此漢人易字之例也。應劭曰。汜水之上。此不易字。謂窮瀆無水之上也。下文直墮其履汜下。良下取履。其爲無水之瀆了然。『史記』本亦作「汜」。小司馬云。姚察見『史記』有作土旁者。云有、則知『史記』不皆作土旁也。義本易憭。諸家說皆不察。》/553

汈 (녀)【niàn ㄋㄧㄢˋ】 本[물이름] ■인:젖어 맞붙을 ■상:물이름

설문 6784 汈水也。《『集韵(韻)』、『類篇』引『說文』有出上黨三字。又沴汈與淟涊同。沴汈、涅(湼)相箸也。亦垢濁也。》从水。刃聲。《乃見切。古音在 12部。》/544

汝 (여)【rǔ ㄖㄨˇ】 너, 물 이름

설문 6688 汝水。出弘農盧氏還歸山。東入淮。《弘農盧氏見上。『前志:汝南郡定陵』下曰。高陵山、汝水出東南。至新蔡入淮。過郡四。行千三百四十里。『水經』曰。汝水、出河南梁縣勉鄕(鄉)天息山。酈云。『地理志』曰出高陵山。卽猛山也。亦言出南陽魯陽縣之大盂山。又言出弘農盧氏縣還歸山。『博物志』曰。汝出燕泉山。竝異名也。余以永平中除魯陽太守。旣在遘見。不容不述。今汝水出魯陽縣之大盂山蒙柏谷西。卽盧氏畍(界)也。其水東北流。逕太和城西、城北。又東屆堯山西嶺下。水流兩分。一東逕堯山南爲滍水。一東北出爲汝水。東流至原鹿縣。入於淮。所謂汝口。據酈說得諸親見。大盂山之西卽盧氏畍。此許云出盧氏還歸山所由也。凡言水源者、或數源竝合而偏擧(擧)其一。或遠源罕見而劣擧其近。是以每多乖異。『前志』云出定陵。入淮於新蔡。皆在汝南郡。而云過郡四。班固知不始於高陵山矣。過郡四者、葢(蓋)南陽河南潁川汝南也。『方輿紀要』曰。今汝水出汝州魯山縣西南七十里大盂山。東北流。出縣北。經伊陽縣、汝州南。又東南經寶豐縣、郟縣南。入南陽府裕州畍。經葉縣北。又東入許州之襄城郾城縣南。而入汝寧府西平縣境。東南流經上蔡縣西、汝陽縣北。又東經新蔡縣西、息縣北。至江南潁州南而注於淮。葢非復漢以前故道矣。『水道提綱』曰。汝水舊從舞陽縣北而南入西平畍。自元末於渦河堨斷(斷)其流。使東歸潁。於是西平雲莊諸石二山之水明時亦塞。今水道與古全異。卽名稱亦隨時不同。所謂濯灑澺汝溱潢亦難確鑿指證。但據時俗所見。敘(敍)次源流耳。》从水。女聲。《人渚切。5部。》/525

江 강【jiāng ㄐㄧㄤ】 물 이름, 큰 내, 강, 이바지, 성씨, 새 이름

설문 6660 江水。出蜀湔氐徼外崏山。入海。《蜀郡湔氐道、【二志】同。『前志』曰。湔氐道、『禹貢』崏山在西徼外。江水所出。東南至江都入海。過郡九。行七千二百六十里。【今本】。九作七。行七千作行二千。今依徐鍇所引正。過郡九者、蜀郡、犍爲、巴郡、南郡、長沙、江夏、廬江、丹陽、廣陵國也。湔氐徼外崏山、卽『禹貢』岷山。『封禪書』謂之瀆山。『李膺-諡(益)州記』謂之羊膊嶺。今四川龍安府松潘廳卽松潘衞(衛)衞北二百三十里大分水嶺是也。流經茂州、成都府、眉州、嘉定府、敘(敍)州府、瀘州、重慶府、忠州、夔州府、湖廣之宜昌府、荆(荊)州府、岳州府、武昌府、漢陽府、黃州府、江西之九江府、江南之安慶府、池州府、太平府、江寧府、鎭江府、常州府諸境至北岸通州、南岸蘇州府昭文縣境入海。此『禹貢』、『漢志』所謂北江入海也。》从水。工

聲。《古雙切。9部。》/517
형성 (1자) 홍(鴻) 2303

池 (지)【chí ㄔˊ】못, 해자(성 주위의 못) ■타:강의 딴 줄기 ■철:메울

설문 6926 陂也。从水。也聲。《此篆及解【各本】無。今補。按徐鉉等曰。池沼之池、通用江沱字。今別作池。非是。學者以爲確不可易矣。攷『初學記』引『說文』池者、陂也。从水、也聲。依〔自(阜)部:陂〕下一曰池也、〔衣部:褫〕讀若池、褫之。則池與陂爲轉注。徐堅所據不誤。又攷『左傳:隱:三年:正義』引『應劭-風俗通』云。池者、陂也。从水。也聲。『風俗通:一書』訓詁多襲『說文』。然則應所見固有池篆。別於沱篆顯然。徐堅所見同應。而孔穎達引『風俗通』不引『說文』者、猶上文引『廣雅』沼池也、不系諸『說文』耳。逮其後『說文』佚此。而淺人謂沱池無二。夫形聲之字多含會意。沱訓江別、故从它。沱之言有它也。停水曰池、故从也。也本訓女陰也。『詩』謂水所出爲泉、所聚爲池。故曰池之竭矣、不云自瀕。泉之竭矣、不云自中。豈與沱同字乎。『漢-碑』作池沼字皆從也。『廣雅』曰。沼、池也。池、沼也。二字互訓與許合。直離切。古音在 17部。『今本-初學記』也聲誤爲它聲。『今本-左傳:正義』陂也誤爲陂池。皆淺人所改。》/553

◀ 제 4 획 ▶

汥 (지)【zhī ㄓ】물 거느릴

설문 6928 水都也。《水都者、水所聚也。民所聚曰都。汥之證未詳。》从水。支聲。《章移切。16部。》/554

汦 (지)【zhì ㄓˋ】㊤㊥⑨㊦ zhǐ 멈출, 가지런한 모양

설문 7005 箸止也。《箸直略切。箸止、有所箸而止也。〔土部:坻〕下曰。箸也。與此字皆从氏。徐楚金引『左傳』物乃汦伏。按『左傳』自作坻伏。杜曰。坻、止也。尋其義當作「坻」。與汦義略同。葢(蓋)唐宋以來。氐氏溷淆多矣。》从水。氏聲。《按『玉篇』之是切。『廣韵(韻)』諸氏切。16部。大徐直尼切。誤認爲坻字耳。》/559

汨 (멱)【mì ㄇㄧˋ】강 이름, 물 이름 ■골:다스릴, 골몰할, 잠겼다 떴다 할, 빠질

설문 6706 長沙汨羅淵也。《長沙下葢(蓋)奪「羅」字。許例郡縣兼書。『前志』長沙國羅。『後志』長沙郡羅。應劭曰。楚文王徙羅子自枝江居此。今湖南長沙府湘陰縣縣東北六十里有羅縣城是也。岳州府平江縣縣南。三十里亦有羅城、云古羅子國也。『水經:注:湘水篇』曰。湘水、又北。汨水注之。汨水、出豫章艾縣桓山。西南逕吳昌縣北。又西逕羅縣北。謂之羅水。又西逕玉笥山。又西爲屈潭。卽汨羅淵也。『屈原-懷沙』自沈於此。又西逕汨羅戍南。西南注於湘。春秋之羅汭、世謂之汨羅口。按今湘陰縣北七十里汨羅江是也。》从水。冥省聲。《莫狄切。古音 11部。與 16部合韵(韻)。》屈平所沈水。《【小徐本】如此。》/529

汩 (율)【gǔ ㄍㄨˇ】㊦ yù 두 글자의 풀이가 바뀐 것으로 보임

설문 7116 治水也。《『天問』、不任汩鴻。師何以尙之。王云。汩、治也。鴻、大水也。引伸之、凡治皆曰汩。『書:序』汩作。汩、治也。汩本訓亂。如亂之訓治、故『洪範』汩陳其五行、汩、亂也。上文淈訓濁。而『釋詁』云。淈、治也。郭景純云。淈汩同。》从水。曰聲。《于筆切。15部。俗音古忽切。訓汩沒(沒)、汩亂。》/567

汪 (왕)【wāng ㄨㄤ】깊고 넓을, 못, 클

설문 6827 深廣也。《謂深而又廣也。『後漢書』。叔度汪汪若千頃陂。『江賦』。澄澹汪洸。『晉語』曰。汪是土也。韋云。汪、大貌。》从水。㞷聲。《俗作「汪」。烏光切。10部。》一曰㴔(汪)、《逗。》池也。《『左傳』。祭仲殺雍糾。尸諸周氏之汪。杜云。汪、池也。『通俗文』曰。停水曰汪。按今俗語謂小水聚曰汪。》/547

汭 (예)【ruì ㄖㄨㄟˋ】㊤ sù 물 합치는 곳 ■열:물 북쪽 ■톤:속음 ■군:도포증 날

설문 6814 水相入皃(貌)。《「皃」【各本】作「也」。今依『玉篇』、『廣韵(韻)』正。上下文皆水皃。則皃字是也。水相入皃者、汭之本義也。『周禮:職方』之汭、卽『漢志:右扶風』汧縣之芮。水名也。『大雅』之「汭」、亦作「芮」。毛云。水厓也。鄭云。汭之言內也。『尙書』嬀汭、渭汭。某氏釋爲水北。雒汭。某氏釋爲雒入河處。『左傳』漢汭、渭汭、雒汭、滑汭。杜氏或云水內也、或云水之隈曲曰汭。大意與『大雅:鄭-箋』相近。『鄭-箋』之言云者、謂汭卽內也。凡云某之言某、皆枉轉注假借閒。》从水內。《與枘同意。》內亦聲。《而銳切。15部。》/546

汲 (급)【jí ㄐㄧˊ】(물을)길을, 당길

설문 7083 引水也。《【各本】有於井二字。今依『玄應』引及『玉篇』訂。其器曰絣、曰罋。其引罋之繩曰綆、曰繘。『井, 九三』曰。可以汲。引伸之、凡擢引皆曰汲。『廣雅』曰。汲、取也。【古書】多用汲汲爲彶彶。同音假借。》从及水。《本作「从水从及」。今訂。》及亦聲。《居立切。7部。【小徐本】从水、及聲。》/564

汳 (변)【biàn ㄅㄧㄢˋ】땅 이름, 물 이름

설문 6735 汳水。受陳畱(留)浚儀陰溝。至蒙爲雝水。東入於泗。《「雝」當作「獲」。字之誤也。陳畱郡浚儀、【二志】同。『晉-地道記』云。衞(衛)之儀邑。蘇林曰故大梁城。梁惠王始都此。今河南開封府祥符縣縣城西北浚儀廢縣是也。蒙、【二志】皆屬梁國。『春秋:左傳』宋有蒙門、蒙澤。今河南歸德府治商邱縣府東北四十里有蒙城是也。『前志:河南郡滎陽』下曰。卞水、在西南梁國。蒙下曰。獲水、首受甾獲渠。東北至彭城入泗。『水經』曰。汳水、出陰溝於浚儀縣北。又東至梁郡蒙縣爲獲水。餘波南入睢陽城中。獲水、出汳水於梁郡蒙縣北。又東過蕭縣南。睢水北流注之。又東至彭城縣北。東入於泗。按『水經』至蒙爲獲水。【許書】當同。不當云爲雝水也。下文灉篆下云。河灉水也。用『爾

㊦ 作家出版社〔董蓮池-說文解字考正〕 ⑨ 九州出版社〔柴劍虹-說文解字〕 ㊆ 陝西人民出版社〔蘇寶榮-說文解字今注今譯〕 ㊤ 上海古籍出版社〔說文解字注〕 ㊥ 中華書局〔臧克和-說文解字新訂〕

雅』河出爲灉語。然則自河出卽爲灉。非自河出爲汳、旣而爲灉也。且許言汳受陰溝、則非受河矣。曰陰溝。曰浪湯渠。曰汳水、獲水、許能言其分合。今當河流粂徙之後、不可得而言。『方輿紀要』曰。汳水、或謂卽『禹貢』之雝水。『春秋』之邲水。秦漢之鴻溝。上與河沛通。下與泗淮通。隋以前自歸德府至蕭縣、碭山縣閒入泗。隋以後則自歸德至泗州兩城閒入淮。宋時東南之漕、大都由汴以達畿邑。故汴河之經理爲詳。自後則湮廢矣。『禹貢:錐指』曰。元至元中。河徙出陽武縣南。奪渦入淮。而新鄕(鄉)之流遂絶。及泰定元年。改從汴渠。至徐州城東北。合泗以入淮。卽今河所行是也。然則今之大河、開封而下徐州而上皆故汴也。』从水。反聲。《皮變切。14部。『漢志』作「卞」。『後漢書』作「汴」。按卞者、弁之隸(隸)變也。變汳爲汴、未知起於何代。恐是魏晉都雒陽、惡其從反而改之。舊音切芳萬。今則併其音改之也。》/535

汶 (문)【wèn ㄨㄣˋ】 물 이름, 수치(치욕) ■민:강이름, 고을이름

설문 6757 汶水。出琅邪朱虛東泰山。東入濰。《琅邪郡朱虛(虛)、見『前志』。『後志』屬北海國。今山東青州府臨朐縣東六十里有朱虛故城。『前志』朱虛下云。東泰山、汶水所出。東至安丘入維。『水經』曰。汶水、出朱虛縣泰山。北過其縣東。又北過淳于縣西。又東北入於濰。謂之東汶水。以別於『禹貢』汶水也。按東泰山卽『封禪書』黃帝封東泰山、今沂山是也。今東汶河源出臨朐縣南沂山東北谷。東流近穆陵關。折東北流數十里。折東流百五十里。至安邱縣西南境。折東北流經縣城西北。又東流數十里與濰水會。》从水。文聲。《亡運切。13部。按二汶水在齊。漢人崏山㟭江字作汶山汶江。以古音同讀如文之故。謂之假借可也。『考工記』。貉踰汶則死。『淮南子』同。鄭云。汶水在魯(魯)北。『酈-注』以入『汶水篇』。『考工記』多齊語、則謂入泲之汶無疑也。殷敬順捌(荆刑)爲異說。殊非是。》桑欽說。汶水出泰山萊蕪。西南入泲(沸)。《此謂『禹貢』汶水也。上文湄水、濕水、沂水皆擧(擧)別說。皆謂一水而說源有不同也。此則晝(畫)然二水。源流皆異。泰山郡萊蕪、【二志】同。『前志』萊蕪下曰。原山、『禹貢』汶水出。西南入泲。桑欽所言。『水經』於濟水曰。又東北過壽張縣西畍(界)安民亭南。汶水從東北來注之。於汶水曰。又西南過壽張縣北。又西南至安民亭入於濟。按舊泲水合汶於安民亭。今東平州西南十里安山鎭卽古亭也。今汶水出今山東泰安府萊蕪縣東北七十里之原山。亦名馬耳山。西南流經縣城西北。又經泰安府南境。又經寧陽縣北境。至汶上縣北之戴村壩。又經汶上西南境之南旺。分流南北。南流者四分以接徐沛。北流者六分以接臨淸。自明永樂中宋禮開會通河以及　國朝運河皆全資汶水。而入泲之故道湮矣。『前志』朱虛下但云汶水。萊蕪下則云禹貢汶水。然則出朱虛入濰者、非『禹貢』汶水也。》/539

決 (결)【jué ㄐㄩㄝˊ】 本[물코 터 놓을] 물 이름, 결단할, 판단할 ■혈:빠를 ■계:빠를

설문 6941 下流也。《【各本】作「行流」。『衆經:音義』三引皆作下流。下讀自上下下之下。胡駕切。決水之義引伸爲決斷(斷)。》从水。夬聲。《古穴切。『衆經:音義』三引『說文』胡玦切。15部。》廬江有決水。出大別山。《『地理志』。廬江郡雩婁。決水。北至蓼入淮。又有灌水、亦北至蓼入決。『水經:注』。決水、自安豐(豊)縣故城西北。逕蓼縣故城東。又西北、灌水注之。又北入於淮。決水卽今史河。詳灌字下。按『漢志:六安國安豐縣』下曰。『禹貢』大別在西南。許云決水出大別山。卽安豐之大別山也。漢安豐今爲固始及霍丘。》/555

汻 (호)【hǔ ㄏㄨˇ】 물가 ■항:성씨 ■황:같은 뜻

설문 6910 水厓也。《『大雅』。率西水滸。『傳』曰。滸、水厓也。『釋丘』曰。岸上、滸。》从水。午聲。《呼古切。5部。》/552

汽 (을)【qì ㄑㄧˋ】 물잦을, 가까울 ■개:같은 뜻 ■기:김

설문 7008 水涸也。《『大雅:民勞:傳』曰。汔、危也。『周易』。汔至亦未繘井。『小狐』汔濟。虞翻曰。汔、幾也。皆引伸之義。水涸爲將盡之時。故引伸之義曰危、曰幾也。》从水。气聲。《許訖切。『詩:音義』引『說文』巨乞反。15部》或曰泣下。《別一義。》『詩』曰。汽可小康。《前說引伸之義。》/559

汾 (분)【fén ㄈㄣˊ】 물 이름, 많을

설문 6690 汾水。出大原晉陽山。西南入河。《太原郡晉陽、【二志】同。今山西太原府太原縣縣治東北有太原舊城。城中舊有三城。一曰大明城。古晉陽城也。『左傳』有六名。曰大夏、曰大原、曰大鹵、曰夏墟、曰晉陽、曰鄂。其實一也。『周禮』河內曰冀州。其浸汾、潞。『左傳』曰新田有汾澮以流其惡。又曰宣汾洮。『前志』曰。大原郡晉陽。晉水所出。東入汾。汾陽。汾水所出。西南至汾陰入河。『水經』曰。汾水、出大原汾陽縣北管涔山。至汾陰縣北。西注於河。按許云出晉陽山與『志』水經不合者、『志』水經擧(擧)其遠源。許擧其近源也。汾出管涔山。東南過晉陽縣東。晉水從縣南東流注之。許意謂晉水卽汾水之源。所謂晉陽山者、葢(蓋)卽縣甕山。在今太原縣西南十里。晉水所出也。『杜-注:左傳』曰。汾水出太原。與許合。今汾水出靜樂縣管涔山。經陽曲縣。至太原縣城東。晉水入焉。又經淸源縣東南、徐溝縣北。又經交城縣、文水縣、平遙縣、汾陽縣、孝義縣、介休縣、靈石縣、霍州、趙城縣、洪洞縣、臨汾縣、襄陵縣、太平縣、曲沃縣。至絳州城南。澮水入焉。又經稷山縣、河津縣。至榮河縣北境入河。在龍門之南五十里。曰汾口。於古水道無大異。》从水。分聲。《符分切。13部。按『大雅』汾王之甥。毛曰。汾、大也。此謂汾卽墳之假借也。》或曰出汾陽北山。《『漢志』、『水經』說見上。『鄭-注:周禮』亦曰汾出汾陽。》冀州浸。《『周禮:職方氏』文。》/526

沁 (심)【qìn ㄑㄧㄣˋ】 물 이름

설문 6692 沁水。出上黨穀遠羊頭山。

水 4 ④

東南入河。《上黨郡穀遠、【二志】同。今山西沁州沁源縣縣城南故穀遠城、漢縣也。『前志:穀遠』下日。羊頭山世靡谷。沁水所出。東南至滎陽入河。過郡三。行九百七十里。三郡、上黨河內河南也。『水經』日。沁水出上黨涅縣謁戾山。南過穀遠縣東。至滎陽縣北。東入於河。按『水經』及『注』皆云至滎陽入河。師古據唐時在懷州武陟入河。疑轉寫錯誤。非也。古水道與唐時不同耳。『山海經』、『水經』擧(擧)涅謁戾山、班許擧穀遠羊頭山者、羊頭卽謁戾也。戴先生日。山在今武鄕(鄉)縣西百二十里。西北接祁縣平遙縣。西南接沁源縣。一名麓臺山。迆邐而西爲綿山。其北爲介休縣。西爲靈石縣。皆謁戾山也。今沁水出沁州沁源縣西北百里之綿山東谷。西南流經平陽府岳陽縣東。又折而東南經澤州府沁水縣東。又南經陽城縣東而入河南懷慶府畍(界)。歷濟源縣東北。又南經府城北。又東南經武陟縣東、修武縣西而入於河。與唐時入河處同。》从水。心聲。《七鴆切。7部。『經典:釋文』引『郭樸-三蒼:解詁』日。音狗吣之吣。吣今譌作沁。》/526

沂 [기]【yí ㄧˊ】물 이름, 고을 이름
■의:속음 ■은:그릇의 가, 피리

[설문] [6751] 沂水。出東海費東。西入泗。《東海郡費、見『前志』。春秋魯(魯)季氏邑。今山東沂州府費縣縣西北二十里費故城是也。『職方氏』日。青州、其山鎭日沂山。其浸沂、沭。鄭日。沂山、沂水所出也。在葢(蓋)。『前志:泰山郡葢』下日。沂水出。『水經』日。沂水、出泰山葢縣艾山。許云出東海費東。說乖異者、葢沂山卽東泰山。是山盤回數縣。今沂水出沂水縣之雕厓山。卽沂山西峯也。又西北接大弁山。卽沭水所出也。『前志』日。沂水南至下邳入泗。『水經』日。沂水、出泰山葢縣艾山。南過琅邪臨沂縣東。又南過開陽縣東。又同過襄賁縣東。屈從縣南、西流。又屈南過郯縣西。又南過良成縣西。又南過下邳縣西南。入於泗。許云西入泗、疑當作南入。然酈善長所據已作西矣。今沂水出雕厓山。東南流逕沂水縣西。又南流逕蘭山縣東。又南流逕郯城縣西。又南流入江南邳州畍。》从水。斤聲。《魚衣切。古音在13部。按漢人多以爲圻堮之圻。》一日沂水出泰山葢。《此卽班、鄭、『水經』之說也。許分爲二說。則不謂雕厓山卽沂山矣。如渭下之謂渭首亭與鳥鼠山爲二說。》青州浸。/538

[형성] (+1) 기(逝 鑿)

沄 (운)【yún ㄩㄣˊ】돌아 흐를, 깊을, 넓을
[설문] [6833] 轉流也。《回轉之流、沄沄然也。『釋言』日。沄、沆也。郭云。水流漭沆。》从水。云聲。讀若混。《按沖讀若動、沄讀若混者、古音動混不同今音也。王分切。13部。》/548

沅 (원)【yuán ㄩㄢˊ】물 이름
[설문] [6671] 沅水。出牂柯故且蘭。東北入江。《牂柯郡故且蘭、【二志】同。且音苴。子閭反。『前志』故且蘭下日。沅水、東南至益陽入江。過郡二。行二千五百三十里。按益陽屬長沙國。『漢志』東南、以地望準之、當從『說文』作東北。過郡二、當作三。謂牂柯、武陵、長沙國也。『水經』日。沅水、出牂柯故且蘭縣。爲旁溝水。又東至鐔成縣爲沅水。東過無陽縣。又東北過臨沅縣南。又東至長沙下雋縣西北入于江。『水道提綱』日。沅水數源。一日鎭陽江。出貴州平越府東北之黃平州南金鳳山。一日清水江。其源有二。北日平越府西北之豬梁江。南日都勻府西南之馬尾河。古稱沅水出故且蘭、必指(指)豬梁江及豬梁所納之卡龍河也。清水江與鎭陽江合於黔陽縣。西經常德府治武陵縣西南而入洞庭湖。源流實二千百餘里。古稱辰酉敍无漸五溪皆入焉。》从水。元聲。《愚袁切。14部。》/520

沆 (항)【hàng ㄏㄤˋ】(강이나 호수가 깊고)넓을
[설문] [6835] 莽沆、《逗。》大水也。《『西京賦』。滄池漭沆。薛云。漭沆猶洸瀁。亦寬大也。『南都賦』。漭沆洋溢。『吳都賦』、『海賦』皆云「沆瀁」。『羽獵賦』云「沆茫」。義皆同。》从水。亢聲。《胡朗切。10部。》一日大澤貌。《『風俗通:山澤篇』日。『傳』日沆者、莽也。言其平望莽莽、無涯際也。沆澤之無水、斥鹵之類也。今俗語亦日沆。『水經:注:巨馬河篇』日。巨馬水、又東徑督亢澤。荆(荊)軻轉之『督亢地圖』。引『風俗通』沆莽也云云。是則沆通作亢矣。》/548

沇 (연)【yǔn ㄩㄣˇ】[상][中]⑨[작] yǎn 물 이름, 고을 이름, 흐를 ■유:흐를
[설문] [6698] 沇水。出河東垣東王屋山。《謂垣縣東之王屋山。『水經』云垣縣東王屋山是也。》東爲泲(沸)。《【各本】作「河東東垣」。誤倒一字。今依『水經』正。『周禮:職方氏:注』、『山海經:注』皆云東垣。衍字耳。『漢志』眞定縣故東垣非此地。若『晉史』、『宋志』、『後魏志』、『隋志』之東垣。則今河南府之新安縣也。河東郡垣、【二志】同。今山西絳州垣曲縣、河南懷慶府濟源縣是其地。垣曲縣縣西北二十里有垣縣城是也。『前志:垣』下日。『禹貢』王屋山在東北。沇水所出。東南至武德入河。軼出滎陽北地中。又東至琅槐入海。過郡九。行千八百四十里。過郡九者、河東河內陳畱(留)梁國濟陰泰山濟南齊郡千乘也。『水經』日。濟水、出河東垣縣東王屋山爲沇水。東至溫縣西北爲濟水。南當鞏縣北。南入於河。王屋山今在濟源縣西八十里。沇水所出。『北山經』日。王屋之山。𤅩水出焉。郭云。𤅩沇聲相近。卽沇水也。『尙書:某氏傳』日。泉源爲沇。流去爲濟。按泉出沮洳日沇。引伸爲沇州。〔口部〕日。九州之渥地也。故以沇名焉。》从水。允聲。《以轉切。14部。》㕣古文沇如此。《【各本】篆作「𣴃」。誤。今正。臣鉉等日。〔口部〕已有。此重出。按〔口部〕小篆有㕣。然則鉉時不從水旁也。〔口部:㕣〕下日。山間㴰泥地。從口。從水敗皃(貌)。葢(蓋)㕣字在古文則爲沇水、沇州。在小篆則訓山間㴰泥地。如變字在籒文則訓順。在小篆則訓慕。皆同形而古今異義也。古文作「㕣」。小篆作「沇」。隸(隸)變作「兖」。此同義而古今異形也。》/527

沈 [침]【chén ㄔㄣˊ】[작] shěn 장마물, 때 낄, 진펄, 잠길, 가라앉힐, 물 이름 ■심:나라이름,

[작] 作家出版社〔董蓮池-說文解字考正〕 ⑨ 九州出版社〔柴劍虹-說文解字〕 ㉠ 陝西人民出版社〔蘇寶榮-說文解字今注今譯〕 [상] 上海古籍出版社〔說文解字注〕 [中] 中華書局〔臧克和-說文解字新訂〕

성씨, 고을 이름 [■짐]:물 속에 빠질 [■담]:대궐집 깊고 으슥할

[설문] [6987] 陵上滈水也。《謂陵上雨積停潦也。古多假借爲湛沒(沒)之湛。如『小雅』載沈載浮是。又或借爲瀋字。『檀弓』爲楡沈是也。》从水。冘聲。《直深切。又尸甚切。8部。》一曰濁黕也。《〔黑部〕日。黕、滓垢也。黕沈同音通用》/558

[형성] (1자) 침(霃)7189

沋 (우)【yóu ㄧㄡˊ】물 이름, 물고기와 자라가 거꾸러지는 모양

[설문] [6789] 沋水也。《『廣韵(韻)』日。在高密。按蓋(蓋)卽『左傳』尤水。上文之治水也。》从水。尤聲。《羽求切。古音在 1部。》/544

沐 [목]【mù ㄇㄨˋ】머리 감을, 목욕할, 관리의 휴가

[설문] [7078] 濯髮也。《引伸爲芟除之義。如『管子』云沐涂樹之枝。『釋名』云沐禿無上皃(貌)之稱。》从水。木聲。《莫卜切。3部。》/563

[형성] (1자) 목(霂)7185

沑 (유)【róu ㄖㄡˊ】[상][中][9][작] nǜ [작] niǔ 물 통하게 할, 따뜻할 [■뉴]:적실 [■뉵]:물무늬 오무라질

[설문] [7022] 水吏也。《謂水駛也。駛、疾也。其字在『說文』作「駛」。不解者譌爲吏耳。【一本】作「利」。義同。錢氏大昕云。「吏」當作「文」。『海賦-踧沑:注』云。蹙聚也。『廣韵(韻)』云。蹜沑、水文聚。踧蹜同。按『廣韵』上聲人九切。引『說文』同。入聲女六切。云水文聚。》又溫也。从水。丑聲。《人九切。3部。》/560

㳄 [연]【kǎn ㄎㄢˇ】[설문부수 322] [ㄱ][상][中][9][작] xián 침(타액) ※ 연(涎)의 본래 글자

[설문] [5338] 慕欲口液也。《有所慕欲而口生液也。故其字从欠水。》从欠水。《會意。敘(敍)連切。14部。俗作涎。『郭-注:爾雅』作「唌」。》凡㳄之屬皆从㳄。㳄或从侃。《侃聲也。》籒文㳄。《如𣿰𣿰(流涉)皆籒文。》/414

[유사] 차례 차(次)

[성부] [盜]도 [羨]선

[형부] 이(㳄)

沒 沒(몰)【mò ㄇㄛˋ】빠질, 다할, 지나칠

[설문] [6966] 湛也。《「湛」【各本】作「沈」。淺人以今字改之也。今正。沒(沒)者全入於水。故引伸之義訓盡。『小雅』。曷其沒矣。『傳』云。沒、盡也。『論語』沒階。孔安國日。沒、盡也。凡貪沒、乾沒皆沈溺之引伸。》从水。𠬛(㱙)聲。《莫勃切。15部。》/557

沓 [답]【tà ㄊㄚˋ】(언변이)유창할

[설문] [2913] 語多沓沓也。《『孟子』、『毛傳:釋詩』皆日。泄泄猶沓沓也。引伸爲凡重沓字。假借爲達字。『毛:生民:傳』日。達、達生也。先生、姜嫄之子先生者也。達生卽沓生。謂始生而如再生三生之易也。『車攻:傳』日。舃、達屨也。達屨卽沓屨。所謂複下日舃也。『板:箋』日。女無憲憲然、無沓沓然。爲之制法度。達其意以成其惡。以達釋沓。是其理也。》从水曰。《會意也。徒合切。古音蓋(蓋)在 15部。》遼東有沓縣。《【兩(兩)志】皆作「遼東沓氏縣」。顏(顏)日。凡言氏者皆謂因之而立名。》/203

[유사] 논 답(畓)

[형성] (7자) 답(䑙)1366 답(誻)1552 답(䃮)5765 답(涾)7035 답(搭)7656 탑(㜓)7866 탑(錔)9002

沔 (면)【miǎn ㄇㄧㄢˇ】물 이름, 물 그득히 흐를, 빠질

[설문] [6680] 沔水。出武都沮縣東狼谷。東南入江。《武都沮縣、【二志】同。今陝西漢中府略陽縣是其地。有沮水出焉。『前志:沮縣』下日。沮水出東狼谷。『後志:沮縣』下日。沔水出東狼谷。『水經』日。沔水出武都沮縣東狼谷中。『酈-注』日。沔水一名沮水。引闞駰云以其初出沮洳然。故日沮水。是則『前志』之沮水。『水經』、『說文』之沔水。皆云出沮縣東狼谷。實一水也。『前志』日。南至沙羨南入江。過郡五。行四千里。過郡五者、武都漢中南陽南郡江夏也。『水經』亦歷敘沔水所過之縣。而日又南至江夏沙羨縣南入於江。許說沔與『漢志』、『水經』同。此漢時漢水之道與『禹貢』時其源不同。其委則一。常璩云。始源日沔。玉裁謂漢言其盛。沮與沔皆言其微。沔者、發源緬然之謂。『尙書』、『周官』、『春秋傳』日漢。漢時日沮水、日沔水。是爲古今異名。『水經』且謂西漢水日漢水。謂『禹貢:漢水』日沔水。許亦云涪水入漢。不云入西漢。云沔水入江。云湑水入沔。則許漢沔分偁(稱)同『水經』。班云。沮水、荆(荊)州川。『職方』。荆州之川江漢。然則班謂沮卽東漢亦明矣。且『志』雖有西漢、東漢之目。而日東漢水一名沔。凡漢中下云旬水入沔、淮水入沔、筑水入沔。弘農下云淯水入沔、洱水入沔、甲水入沔。『右扶風』下云褒水入沔。『廣漢』下云白水入漢、涪水入漢。分別畫(畵)然。亦謂東漢爲沔、西漢爲漢。今漢水出陝西寧羌州。經沔縣、褒城縣、漢中府、城固縣、洋縣、西鄕(鄉)縣、石泉縣、漢陰縣、紫陽縣、興安州、洵陽縣、白河縣、湖廣舊上津縣、竹山縣、鄖西縣、鄖陽府、均州、光化縣、穀城縣、襄陽府、宜城縣、安陸府、荆門州、潛江縣、天門縣、沔陽州、漢川縣。至漢陽府城東北。合於大江。今日漢口。古日夏口、日沔口。『左傳』謂之夏汭。寧羌州距今略陽縣二百二十里。析言之沮沔各爲一水。渾言之則或統呼沮、或統呼沔也。》从水。丏聲。《彌兗切。12部。『小雅』。沔彼流水。『毛傳』。沔、水流滿也。按許云瀰、水滿也。『詩』之沔、爲瀰之假借。》或日入夏水。《『水經:注:夏水篇』云。江津豫章口東有中夏口。是夏水之首。江之汜也。『屈原賦』所謂夏首。按今湖北荆州府附郭江陵縣府東南二十五里有夏水口是也。『水經』。夏水、東至江夏雲杜縣入于沔。『注』云。當其決入之所謂之堵口。按堵口、當在今湖北漢陽府沔陽州境內。沔水與夏水合。至漢陽府入江。或日沔口、或日夏口。然則入夏水

水 4 [4]

卽入江也。劉(劉)澄之『永初山川記』云。夏水是江流沔、非沔入夏。今按二水相合。互受通偁。謂沔入夏、亦無不可。》/522

沖 (충)【chōng ㄔㄨㄥˉ】(텅)빌, 깊을, 온화할, 높이날

설문 6831 涌繇也。《繇搖古今字。涌、上涌也。搖、旁搖也。『小雅』曰。攸革沖沖。毛云。沖沖、垂飾貌。此涌搖之義。『豳風:傳』曰。沖沖、鑿冰(氷)之意。義亦相近。『召南:傳』曰。忡忡、猶衝衝也。忡與沖聲義皆略同也。凡用沖虛字者、皆盅之假借。『老子』。道盅而用之。【今本】作沖是也。『尙書』沖人。亦空虛無所知之意。》从水。中聲。讀若動。《直弓切。9部。》/547

沙 사【shā ㄕㄚˉ】모래, 물가, 사막, 모래 일, (물로 쌀을)일

설문 6906 水散(散)石也。《『詩:正義』作水中散石。非是。『水經:注』引與【今本】同。凡古人所引【古書】有是有非。不容偏信。『大雅:傳』云。沙、水旁也。許云。水散石。與毛不異。石散碎謂之沙。引伸之、凡生澁皆爲沙。如內則鳥沙鳴是。》从水少。《會意。》水少沙見。《釋其會意之指。所加切。17部。古音娑。從石作砂者、俗字也。古丹沙衹用此。》楚東有沙水。《此別一義也。『水經:注:渠水篇』曰。渠水、又東南流逕開封縣。睢渙二水出焉。右則新溝注之。卽沙水也。音蔡。許愼正作沙音。言楚東有沙水。謂此水也。》 譚長說。沙或从尐。《少尐二字皆見[小部]。尐者、少也。》/552

형성 (3자) 사(莎)616 사(魦)7283 사(娑)7871

沚 (지)【zhǐ ㄓˇ】물가

설문 6914 小渚曰沚。《『召南:傳』曰。沚、渚也。此渾言之。『秦風:傳』、『爾雅:釋水』曰。小渚曰沚。此析言之也。》从水。止聲。《諸市切。1部。》『詩』曰。于沼于沚。/553

沛 (패)【pèi ㄆㄟˋ】(잡초가 무성한)늪

설문 6769 沛水。出遼東番汗塞外。西南入海。《番音盤。汗音寒。遼東郡番汗。【二志】同。今奉天府遼陽州、漢遼東郡治也。番汗未聞。『前志:番汗』下曰。沛水出塞外。西南入海。沛水亦未聞。》从水。市(巿)聲。《普蓋(蓋)切。15部。今字爲顚沛。跋之假借也。『大雅:蕩:傳』曰沛、拔也是也。「拔」當作「跋」。又本部滦下云沛之也、卽『孟子』沛然莫之能禦意。蓋勃然之假借也。》/542

𣲹 추【zhuǐ ㄓㄨㄟˇ】【설문부수 411】두 갈래의 물

설문 7117 二水也。《卽形而義在焉。》闕。《此謂闕其聲也。其讀若不傳。今之壘切者而意爲之。》凡𣲹之屬皆从𣲹。/567

성부 流류 涉섭

◀ 제 5 획 ▶

沫 (말)【mò ㄇㄛˋ】本[물이름] 물거품

설문 6665 沫水。出蜀西南徼外。東南入江。《蜀謂蜀郡也。不言何縣者、未審也。沫水卽洑水。兩列之、蓋(蓋)許有未審。》从水。末聲。《莫割切。15部。按瀑下云一曰沫也。沫謂水泡。『江賦』說水鳥云。拊拂瀑沫。》/519

沬 (매)【mèi ㄇㄟˋ】㊥⑨작 huì 낯 씻을 ▣미:물 이름 ▣회:낯씻을

설문 7079 洒面也。《『律歷志』引『顧命』曰。王乃洮沬水。師古曰。沬、洗面也。『禮樂志』。霑赤汗。沬流赭。晉灼曰。沬、古靧字。『檀弓』。瓦不成味。鄭云。味當作「沬」。沬、靧也。按此沬謂瓦器之釉、如洗面之光澤也。》从水。未聲。《荒內切。15部。》 古文沬。从𠬞(廾)水。从頁。《【各本】篆作「湏」、解作从頁。今正。『尙書』。王乃洮頮水、釋文曰。『說文』作「沬」。云古文作「頮」。『文選(選)』。頮血飮泣。『李-注』曰。頮、古沬字。『李-注本』作「古文沬字」。奪文耳。陸語尤可證。『說文』作「頮」。從兩手匊水而洒其面。會意也。『內則』作「靧」。從面、貴聲。蓋(蓋)漢人多用靧字。沬頮本皆古文。小篆用沬、而頮專爲古文。或奪其𠬞、因作「湏」矣。》/563

沭 (술)【shù ㄕㄨˋ】물 이름

설문 6750 沭水。出靑州浸。《出下有奪文。『集韵(韻)』、『類篇』徑刪(刪)浸字。非是。當補「琅邪東莞南入泗」七字。『周禮』。靑州。其浸沂、沭。『注』云。沭出東莞。『前志』琅邪郡東莞。術水南至下邳入泗。過郡三。行七百一十里。靑州浸。東莞、今山東沂州府沂水縣治西北東莞故城是也。『水經』曰。沭水、出琅邪東莞縣西北大弁山。東南過其縣東。又東南過莒縣東。又南過陽都縣東。入於沂。酈曰。舊瀆入泗。非入沂也。今沭水出沂水縣北臨朐縣南之沂山。東南流徑莒州東。又西南流徑蘭山縣東。又南徑郯城縣東。又西南流、入江南沭陽縣畍(界)。分爲二派。下流入海。逈非舊道矣。》从水。朮聲。《食聿切。15部。『前志』作「術」、云靑州浸。其所據『職方』當如是作。》/538

沮 저【jū ㄐㄩˉ】물 이름, 땅 이름, 지날

설문 6668 沮水。出漢中房陵。東入江。《漢中郡房陵、【二志】同。『左傳』之麇國。成大心敗麇師於防渚、闞駰曰。防卽房陵也。今湖北鄖陽府房縣是其地。『左傳:定:四年』。吳人敗楚及郢。楚子出涉睢。『哀:六年』。昭王曰。江漢睢漳、楚之望也。『前志:房陵』下曰。東山、沮水所出。東至郢入江。『應劭-南郡臨沮:注』曰。沮水、出漢中房陵。東入江。『水經』曰。沮水、出漢中房陵縣東山。東南過臨沮縣畍。又東南過枝江縣。東南入於江。今此水出房縣西南二百里之景山。經當陽縣合南漳水。至荊州府城西南周寅店入江。顧景范曰。其字正作「沮」。『左傳』作「睢」。皆七餘反。後譌爲「柤」。讀曰「租」。字與音俱變矣。今襄陽沮水左右地皆曰沮中。亦謂之柤中。『襄陽記』。柤中在上黃畍。『吳志:赤烏:四年』諸葛瑾取柤中。『魏志:正始:四年』諸葛

瑾攻沮中。正是一事。》从水。且聲。《子余切。5部。按『經典:釋文』、『漢書:注』皆曰七餘反。》/519

沱 (타)【tuó ㄊㄨㄛˊ】물 이름, 눈물 흐를
설문 6661 江別流也。《『召南』曰。江有沱。『釋水』曰。水自江出爲沱。『毛傳』曰。沱、江之別者。按今『說文』衍流字。宜刪(刪)。沱爲江之別。如勃澥爲海之別。立文正同。『禹貢:某氏-注』云。沱、江別名。江別名、謂江之別出者之名也。別皆彼列切。》出㟭山東。《句。》別爲沱。《『禹貢』曰。岷山道江。東別爲沱。按荆(荊)州、梁州皆有沱。『地理志』蜀郡郫下曰。『禹貢』江沱㽵(在)西。東入江。汶江下曰。江沱㽵西南。東入江。皆謂梁州沱也。於南郡枝江曰。江沱㽵西。東入江。謂荆州沱也。道江之東別爲沱。自當謂梁州者。『鄭-注:尙書』不信『地理志』所說。以今水道言之。『水道提綱』曰。江至灌縣曰都江。分爲二派。其南流者、正派也。其東流經郫縣新緐成都新都金堂、南經簡州資陽資縣富順、至瀘州復入江者、沱江也。沱江會北來綿雒諸水而南入江曰中水。是首受江、尾入江。與『漢志』合。然此郫之沱耳。汶江之沱尙當在其上流。未審今何水。》从水。它聲。《徒何切。17部。》/517

河 (하)【hé ㄏㄜˊ】本[물이름] 황하, 운하
설문 6655 河水。《【各本】水上無「河」字。由盡刪(刪)篆下複擧隸(擧隸)字。因幷不可刪者而刪之也。【許君-原本】當作「河水也」。三字。河者、篆文也。河水也者其義也。此以義釋形之例。『毛傳』云。洽、水也。渭、水也。此釋【經】之例。》出敦煌塞外昆侖山。《句。》發原注海。《「敦」鍇作「燉」。鉉作「焞」。皆誤。今正。唐朝內作「燉煌」。見『元和郡縣志』。前此皆作敦。【酈氏-書】引『應劭-地理風俗記』曰。敦、大也。煌、盛也。『地理志』、『郡國志』皆有敦煌郡。縣六。首敦煌。許但云敦煌、謂郡也。明之沙州衞(衛)。今甘肅之安西州敦煌縣玉門縣皆漢郡地也。『史記:大宛傳』曰。于窴之西、水皆西流、注西海。其東、水東流。注鹽澤。鹽澤濳行地下。其南、則河源出焉。多玉石。河〈此四字當作「爲積石河」。〉注中國。鹽澤去長安可五千里。又曰。張騫死後。漢使窮河源。河源出于窴。其山多玉石。采來。【天子-案:古圖書】。名河所出山曰崑崙云。『漢書:西域傳』曰。西域以孝武時始通。本三十六國。東則接漢。阸以玉門、陽關。西則限以葱嶺。其南山東出金城。與漢南山屬焉。其河有兩源。一出葱嶺。一出于闐。于闐㽵南山下。其河北流。與葱嶺河合。東注蒲昌海。蒲昌海一名鹽澤者也。去玉門、陽關千三百餘里。〈「千」字依『水經:注』。〉廣袤三四〈此字依『小司馬』增。〉百里。其水亭居。冬夏不增減。皆以爲濳行地下。南出於積石爲中國河云。『地理志』曰。金城郡河關縣積石山㽵西南羌中。河水行塞外。東北入塞內。至勃海郡章武入海。過郡十六。行九千四百里。按于闐今之和闐也。班云積石山者、卽『禹貢』之道河積石。今甘肅西寧府西南境之大積石也。許云出敦煌塞外者、卽『班-志』云河水行塞外也。云昆侖山者、卽馬班所云出葱嶺于窴、【天子-案:古圖書】名其山曰崑崙也。云發原注海者、『釋水』文。卽『志』所云東北入塞內至章武入海也。『史、漢』所云【古圖書】者、謂『禹本紀』、『山海經』皆云河出昆侖也。馬班皆不信『禹本紀』、『山海經』之言、而許云出昆侖山者、許從漢武帝所詺也。塞外之山至高大者皆可謂之昆侖。故武帝取以詺葱嶺于闐山、而不取巟(荒)誕之說。『爾雅:釋水』曰。江河淮濟爲四瀆。四瀆者、發源注海者也。河出崑崙虛。色白。所渠幷千七百。一川色黃。『爾雅』但言出崑崙虛。而絕(絶)無『禹本紀』、『山海經』巟誕之言。故許取爲說。》从水。可聲。《乎哥切。17部。》/516

沴 (려)【lì ㄌㄧˋ】물이 잘 흐르지 않을、요기스러울(기후가 나빠서 생기는 재앙) ■전:능욕할, 엷을 ■녈:같은 뜻
설문 6895 水不利也。《『河東賦』。秦神下讋。跖魂負沴。服虔(虔)曰。沴、河岸之坻也。晉灼申之曰。沴、渚也。按坻礙水。令水不行。故謂之沴。》从水。㐱聲。《郞(郎)計切。按㐱聲本音當在12部。鄭訓沴爲殄是也。今音郎計者、依如淳音拂戾之戾也。》『五行傳』曰。若其沴作。《「其」當作「六」。字之誤也。『五行傳』、謂『伏生-洪範:五行傳』也。若六沴作。見『洪範:五行傳』文。鄭曰。沴、殄也。服虔曰。沴、害也。司馬彪引『五行傳』說曰。氣之相傷謂之沴。》/551

沸 비【fèi ㄈㄟˋ】㊥⑨㉿ fú 끓을, 물 이름, 물 뿌릴 ■불 :本[샘물 용솟음칠] ■배:물결 용솟음칠
설문 6915 畢沸。《逗。》濫泉也。《「畢」一本从水作「滭」。『上林賦』滭弗。蘇林曰。滭音畢。則古非無滭字也。泉下小徐有也。按「也」當作「皃(貌)」。『詩:小雅、大雅』皆有觱沸檻泉之語。『傳』云觱沸、泉出皃。檻泉正出。『釋水』曰。濫泉正出。正出、涌出也。『司馬彪-注:上林賦』曰。滭弗、盛皃也。按畢沸曡(疊)韵字。『毛詩:觱檻』皆假借字。今俗以沸爲鬻字。》从水。弗聲。《分物切。15部。『上林賦』滭弗、一本作「浡」。》/553
형성 (1자) 비(鬻)1768

油 (유)【yóu ㄧㄡˊ】本[물이름] 기름(지방)
설문 6709 油水。出武陵孱陵西。東南入江。《武陵郡孱陵、【二志】同。今湖北荆(荊)州府公安縣縣西二十五里有孱陵故城是也。『水經』曰。油水、出武陵孱陵縣西畍(界)。東過其縣北。又東北入於江。『注』云。逕公安縣。西北流、注於大江。然則許云東南入江。南當作北明矣。『江水篇:經』云。江水、又東南、當華容縣。涌水入焉。又東南、油水從西南來注之。『注』云。右合油口油水。東有景口。景口東有淪口。淪水南與景水合。又東通澧水及諸陂湖。按今荆州府虎渡口北。江之南岸有支津。南通公安諸湖水。古油水必在其閒。『江表:傳』曰。劉僃(劉備)爲荆州牧。立營油口。五代梁開平四年。馬殷遣將侵荆南。軍於油口。今公安縣北。舊有油口巡司。是其水今雖湮沒(沒)。非無可考也。》从水。由聲。《以周切。3部。按【經史】曰油然作雲。曰雲

水 4 ⑤

之油油。曰禾黍油油。曰油油以退。『玉藻:注』曰油油、悅敬皃(貌)。俗用爲油膏字。》/530

治 치【chí 彳ˊ】㉠ zhì 다스릴, 정돈할, 바로잡을 ■지:本[물이름] ■태:다스릴 ■이:같은 뜻

설문 6758 治水。出東萊曲城陽丘山。南入海。《「城」當作「成」。字之誤也。東萊郡曲成、【二志】同。今山東萊州府掖縣東北六十里有曲成故城。『前志:曲成』下曰。陽丘山、治水所出。南至沂入海。按沂字疑誤。一本作至臨沂尤誤。當作計斤二字。今掖縣東南三十里有陽邱山。亦名馬鞍山。今治水名小沽河。自掖縣馬鞍山南流至平度州東南。與出登州府黃縣之大沽河合流。逕卽墨。至膠州之麻灣口入海。『一統志』曰。『左傳:昭:二十年』。姑尤以西。『杜-注』。姑水、尤水皆在城陽郡。東南入海。齊乘。姑卽大沽河。尤卽小姑河。玉裁謂尤古音讀與貽。與治同在第 1部。齊乘之言可信也。》从水。台聲。《直之切。1部。按今字訓理。葢(蓋)由借治爲理。》/540

형성 (1자) 치(菭)468

沼 소【zhǎo ㄓㄠˇ】늪, 못 ※지(池:둥근 것), 소(沼:굽은 것) ■조:속음

설문 6925 池也。《『召南:傳』曰。沼、池也。『張揖-廣雅』同。按『衆經:音義』兩引作小池也。》从水。召聲。《之少切。2部。按沼之言招也。招外水豬之。》/553

형성 (1자) 초(菬)632

沽 (고)【gū ㄍㄨ】本[물이름] (물건을)살、술장수

설문 6768 沽水出漁陽塞外。東入海。《「漁陽」下當有「縣」字。說見〔邑部〕。漁陽郡漁陽、【二志】同。今直隸順天府密雲縣縣西南三十里漁陽故城是也。『前志:漁陽』下曰。沽水出塞外。東南至泉州入海。行七百五十里。『水經』曰。沽河從塞外來。南過漁陽狐奴縣北。西南與濕餘水合爲潞河。又東南至雍奴縣西爲笥溝。又東南至泉州縣與淸河合。東入於海。淸河者、派河尾也。按凡曰出某縣塞外、某縣徼外、某縣某方蠻夷中者、皆言其來之遠。不可得其地名。故系之某縣也。此云漁陽塞外、則非出漁陽矣。今直隸之白河、卽沽河也。白河遠出宣化府獨石口之獨石水。合赤城水、龍門水東南流。逕密雲縣西。與潮河合。潮河古鮑丘水也。旣得潮河。西南逕懷柔縣東南。南經順義縣東。至通州城北東南三面。俗稱古潞水。又南逕舊漷縣西。又逕香河縣西南。又東南逕武淸縣東。又東南入天津縣畍。合諸大天由直沽入海。與『酈-注』所述不甚異。程氏瑤田曰。俗謂沽水及『酈-注』之獨固門漁水嬴山皆在今之薊州者、繆甚。玉裁謂『方輿紀要』謂漢漁陽在今薊州、亦大繆。》从水。古聲。《古胡切。5部。今字以爲沽買字。『伐木:鄭-箋』曰。酤、買也。字从酉。》/541

沾 점【zhān ㄓㄢ】⑨㉭ tiān 물이름, 더할, 절일, 스스로 정돈할, 경박할 ■점:물이름, 스스로 정돈할, 경박할

설문 6693 沾水。出上黨壺關。東入淇。《上黨壺關、【二志】同。今山西潞安府附郭長治縣府治、卽漢壺關地。『前志:壺關』下曰。有羊腸坂。沾水東至朝歌入淇。『水經:注:淇水篇』曰。淇水、出沮洳山。衝激横山。又東北、沾水注之。水出壺關縣東沾臺下。東流注淇水。今山西潞安府壺關縣東南有沾水是。》一曰沾、《逗。》譧(谻)也。《沾添古今字。俗製添爲沾譧字、而沾之本義廢矣。添從忝聲。忝從天聲。古音當在眞先部也。『楚辭:大招』。不沾薄只。王曰。沾、多汁也。薄、無味也。其味不濃不薄。適甘美也。『漢-曹全碑』惠沾渥。『白石神君碑』澍雨沾洽。魏受禪表玄澤雲行。罔不沾渥。皆卽今之添字。竊疑『小雅』旣霑旣足、【古本】當作沾。旣瀀旣渥、言厚也。旣沾旣足、言多也。》从水。占聲。《他兼切。二義同。7部。『檀弓』假爲覘字。『史記:陳丞相:世家、滑稽列傳』假爲霑字。》/526

형성 (1자) 전(箈)2825 점(霑)7197 점(婖)7834

沿 (연)【yán ㄧㄢˊ】물 따라 내려 갈

설문 6953 緣水而下也。《『禹貢』。沿于江海。達于淮泗。【鄭-本】沿作松。字之誤也。【馬-本】作均。依『今文-尙書』也。均者、沿之假借字。如『三年問』反巡過其故鄕(鄉)、『荀卿』巡作鉛。假鉛爲巡。其理一也。》从水。㕣聲。《與專切。14部。㕣古文沇。》『春秋傳』曰。王沿夏。《『左傳:昭:十三年』曰。王沿夏。將欲入鄢。》/556

況 (황)【kuàng ㄎㄨㄤˋ】本[찬물] 하물며, 비유할, 불어날, 찾아올

설문 6830 寒水也。《未得其證。『毛詩:常棣、桑柔、召旻』皆曰。兄、滋也。〔矢部:矤〕下曰。兄詞也。古矧兄、比兄皆用兄字。後乃用況字。後又改作「况」、作「兂」。》从水。兄聲。《許訪切。10部。》/547

泂 (형)【jiǒng ㄐㄩㄥˇ】멀, 깊을

설문 7074 滄也。《此義俗从仌(冫)作「洞」。『篇』、『韵(韻)』泂皆訓冷是也。『大雅』。泂酌彼行潦。毛曰。泂、遠也。此謂泂卽迥之假借也。『江賦』超漲截泂、同。》从水。冋聲。《戶褧切。11部。》/563

泄 (예)【yì ㄧˋ】물이름, 흩어질, 천천히 움직이는 모양 ■설:(틈으로)샐, 없앨

설문 6734 泄水。受九江博安洵波。北入氐。《『前志:九江郡博鄕(鄉)』。此云博安、與『水經』合。「洵波」當作「芍陂」。「氐」當作「比」。『水經』曰。泄水、出博安縣。北過芍陂西。與沘水合。西北入於淮。『注』云。博安縣、『地理志』之博鄕縣也。泄水自縣上承沘水於麻步川。西北出歷濡谿。謂之濡水。自濡谿逕安豐縣。北流注於淠。亦謂之濡須口。按淠卽沘字。見『沘水篇:注』。洵波無考。疑作「芍陂」。『水經』云過芍陂、則非受也。疑當作「水受九江博安洵」爲句。洵卽濄水出者。下四字當作「過芍陂北入比」六字。然無左證。與酈云上承沘者不合。亦所謂聞疑載疑而已。》从水。世聲。《余制切。5部。『毛詩:大雅:傳』曰。泄泄猶沓沓也。此

謂假世爲詍也。》/534

泆 (일)【yì 丨ˋ】本[물이 출렁거릴] 음탕할, 넘칠 설문 6893 水所蕩泆也。《蕩泆者、動盪奔突而出。『禹貢』。道沇水入于河。泆爲熒。本作「泆」。『周禮:疏』、『師古-漢書:注』所引不誤。且『史記』、『水經:注』皆作「泆」。惟『漢:地理志』作「軼」。軼、車相出也。正與泆義同。『左傳』。彼徒我車。懼其侵軼我。又曰。迭我殺地。迭卽泆軼之假借也。凡言淫泆者、皆謂太過。其引伸之義也。衛包改『禹貢』之泆爲溢。淺人以滿釋之。固可歎矣。》从水。失聲。《夷質切。12部。》/551

泉 천【quán ㄑㄩㄢˊ】〔설문부수 416〕샘, (샘처럼 유통하는)돈
설문 7135 水原也。《『釋水』曰。濫泉正出。正出、涌出也。沃泉縣出。縣出、下出也。氿泉穴出。穴出、仄出也。『毛傳』亦云。檻泉正出。側出曰氿泉。許作濫泉、厬泉。『召旻』曰。泉之竭矣。不云自中。『傳』曰。泉水從中以益(益)者也。引申之、古者謂錢曰泉布。許云。古者貨貝而寶龜(龜)。周而有泉。至秦廢貝行錢。》象水流出成川形。《同出而三岐。略似巛(川)形也。疾緣切。14部。》凡泉之屬皆从泉。/569

성부 原원 灥천

형부 번(䨰)

형성 (+2) 선〈線 㣧〉 선(腺)

洦 泊 박【bó ㄅㄛˊ】 ㊤㊥⑨㊧ pò ① ■맥:얕은 물 ■백:넋 本[얕을] ② ■박:배 댈, 머물게 할, 조용할 ■백:대 빽빽한 모양 ※〈설문〉에서는 洦, 예서에서 泊
설문 6796 淺水也。《『顏氏家訓』曰。遊趙州。見柏人城北有一小水。土人亦不知名。『後讀城西門徐整碑』云。洦流東指。按『說文』此字古泊字也。泊、淺水貌。此水無名。直以淺貌目之。或當卽以洦爲名乎。玉裁按『顏書-今本』譌誤。爲正之。可讀如此。『說文』作「洦」。隸作「泊」。亦古今字也。〔犬部:狛〕字下云。讀若淺泊。淺水易停。故泊又爲停泊。淺作薄。故泊亦爲厚薄字。又以爲憺怕字。今韵以泊入鐸。以洦入陌。由不知古音耳。但上下文皆水名。此字次第不應在此。葢(蓋)轉寫者以從百從千類之。》从水。百聲。《匹白切。按當作旁各切。5部。》/544

형성 (1자) 박(箔)

泌 (비)【bì ㄅ丨ˋ】샘물 졸졸 흐를, 스밀 ■필:돌창물, 개천물
설문 6818 俠流也。《俠者、甹也。三輔謂輕財者爲甹。俠流者、輕快之流。如俠士然。『魏都賦:李-注』引作「駃流」。非[善本]。『陳風』。泌之洋洋。毛曰。泌、泉水也。『上林賦』曰。偪側泌瀄。司馬彪曰。泌瀄、相楔也。『邶風』。毖彼泉水。毛曰。泉水始出毖然流也。毖卽泌之假借字。》从水。必聲。《兵媚切。古音必。在12部。郭樸音筆。》/547

泏 (출)【chù ㄔㄨˋ】㊤㊥⑨㊧ zhú ㊧ kù 물 솟을
설문 6884 水皃(貌)。《『廣韵(韻)』曰。水出皃(貌)。文子曰。原流泏泏。沖而不盈。》从水。出聲。讀若窋。《竹律切。15部。》/551

泐 (륵)【lè ㄌㄜˋ】돌이 자연히 갈라질, 돌 결 일어날
설문 7003 水之理也。《[各本]水下有石字。今刪。〔自(阜)部〕曰。防、地理也。从自。〔木部〕曰。朸、木之理也。从木。然則泐訓水之理、从水無疑矣。淺人不知水有理。又見下文引『周禮』說石。乃妄增一字。水理如地理、木理可尋。其字皆从力。力者、人身之理也。》从水。防聲。《形聲包會意也。大徐無聲字。盧則切。1部。》『周禮』曰。石有時而泐。《『考工記』文。石隨其理而解散。石之理如水之理。故借用泐字。水理猶地理。故泐以防會意、形聲。》/559

泑 (유)【yǒu 丨ㄡˇ】㊤㊥⑨㊧ yōu 물 이름 ■요:물빛 검을
설문 6656 泑澤。《澤上補一字。》在昆侖虛下。《[宋本]河泑下皆作昆侖。[趙-鈔:本]侖作崙。非。虛字[各本]無。今依『太平御覽』所引補。昆侖虛見『爾雅』、『山海經』、『水經』。〔北(丘)部〕曰。虛、大丘也。昆侖丘謂之昆侖虛。『山海經:西山經』曰。不周之山東望泑澤。河水所潛也。其源渾渾泡泡。『西山經』之泑澤、郭景純酈善長皆云卽『史、漢』之鹽澤。一名蒲昌海者也。云河水所潛、卽『史、漢書』所謂潛行地下南出於積石也。泑澤距于闐山漢武誃之昆侖者不甚遠。故曰在昆侖虛下。》从水。幼聲。讀與㓜同。《呦同㓜。於糾切。3部。》/516

泒 (고)【gū ㄍㄨ】물 이름
설문 6774 泒水。起(起)鴈門葰人成夫山。東北入海。《葰人縣、『後志』無。『前志』屬太原郡。此屬鴈門者、二郡境相接。容有改屬也。葰如淳音瑣。師古音山寡反。『史記:周勃、樊噲:二傳』作霍人。『左傳:襄:十年』之霍人也。今山西代州繁峙縣縣南有葰人故城。戍夫山、卽太戲(戲)之山也。『北山經』曰。泰戲之山、虖沱之水出焉。而東流注於漊水。郭云。今虖沱水出鴈門鹵城縣南武夫山。李吉甫曰。秦戲山、一名武夫山。在繁峙縣東南。虖沱水出焉。『通典』。虖沱水出繁峙縣東南泒阜山。『明統志』謂之小泒山、大泒山。然則戍夫卽武夫、卽泰戲也。泒水卽虖沱之源也。》从水。瓜聲。《古胡切。5部。》/543

泓 (홍)【hóng ㄏㄨㄥˊ】물 속 깊을, 물 맑을
설문 6851 下深貌。《下深謂其上似淺陿、其下深廣也。『楊子』。其中宏深。其外肅括。『月令』。其器閎。鄭云。閎謂中寬。象土含物。泓之義略同。》从水。弘聲。《烏宏切。古音抎 6部。》/549

泔 (감)【gān ㄍㄢ】뜨물, 삶을 ■함:찰, 물모양
설문 7046 周謂潘曰泔。《今各處語言同此。『荀卿子』曰。曾子食魚有餘曰泔之。》从水。甘聲。《古三切。古音在 7部。》/562

水 4 ⑤

灋 法 법【fǎ ㄈㄚˇ】 법(형벌, 예의, 방법), 꼴(모형), 본받을, 프랑스

설문 5960 荆(刑)也。《荆者、罰辠也。『易』曰。利用荆人。以正法也。引伸爲凡模范之偁(稱)。〔木部〕曰。模者、法也。〔竹部〕曰。笵者、法也。〔土部〕曰。型(型)者、鑄器之法也。》平之如水。从水。《說从水之意。張釋之曰。廷尉、天下之平也。》廌(廌)所吕(以)觸不直者去之。从廌去。《下廌字今依『韵會』補。此說从廌去之意。法之正人如廌之去惡也。方乏切。8部。》 今文省。《【許書】無言今文者。此葢隸(蓋隸)省之字。【許書本】無。或增之也。如〔艸部〕本有斮(折)無折。》 古文。/470

참고 법(珐)법랑(광물을 원료로 하는 유약)

泗 (사)【sì ㄙˋ】 물 이름

설문 6745 泗水。受泲水。東入淮。《『地理志:濟陰乘氏』下曰。泗水東南至睢陵入淮。過郡六。行千一百一十里。又魯(魯)國卞縣下曰。泗水、出縣北。〈三字依『水經:注』補〉西南至方與入泲。過郡三。行五百里。青州川。出乘氏者、其遠源。出卞者、其近源。「過郡三」當作「過郡二」。過郡二者、魯山陽也。『水經』曰。泗水、出魯卞縣北山。西南過魯縣北。又西過瑕丘縣。東屈。從縣東南流。漷水從東來注之。又南過平陽縣西。又南過高平縣西。洸水從西北來流注之。又南過方與縣東。菏水從西來注之。又屈。東南過湖陸縣南。涓涓水從東北來流注之。又東過沛縣東。又東南過彭城縣東北。又東南過呂縣南。又東南過下邳縣西。又東南入於淮。此擧(擧)卞縣以下所經二郡也。卞縣、今山東兗州府泗水縣縣東五十里卞故城是也。許不言水所出、但云受泲水。則又擧其源之至近者也。『水經』言濟水又東過湖陸縣南、東入於泗水。『前志』泗水至方與入泲。一謂濟入泗。一謂泗入泲。『酈氏-泗水篇:注』云。泗濟合流。故【地記】或言濟入泗。泗亦言入濟。互受通稱。『地理志』有南梁水入濟之文。玉裁謂許言泗受濟水、則與班殊。與『水經』合也。今泗水出縣東陪尾山。西流逕曲阜北八里。又西南流。逕滋陽縣東五里。轉南流。與曲阜縣之沂水合。入金口閘。又南流。逕鄒縣西南五十里。又南至濟寧州天井閘。入運河。『禹貢:錐指』曰。泗水自泗水縣歷曲阜、滋陽、濟寧、鄒縣、魚臺、滕縣、沛縣、徐州、邳州、宿遷、桃源。至淸河縣入淮。此禹跡也。今其故道自徐州以南悉爲黃河所占。『一統志』引『志』云。金口之堰修。而泗水盡入於漕。》从水。四聲。《息利切。15部。按『毛詩:傳』曰。自目曰涕。自鼻曰泗。》/537

泙 평【píng ㄆㄧㄥˊ】 골(谷也), 물 이름, 물소리, 물결 셀

설문 6883 谷也。《『廣韵』曰。水名。『玉篇』曰。谷名。》从水。平聲。《符兵切。11部。》/551

형부 평(苹)

泚 (체)【cǐ ㄘˇ】 물 맑을, 땀 날, 담글 ■차:같은 뜻 ■자:물이름

설문 6829 淸也。《此本義也。『今-詩:新臺』有泚。毛曰。泚、鮮明皃。此假泚爲玼也。》从水。此聲。《千禮切。15部。》/457

泛 (범)【fàn ㄈㄢˋ】 (물 위에)뜰, 넓을 ■봉:덮을 ■법:속음 ■핍:물소리가 늘

설문 6959 浮也。《『邶風』曰。汎彼柏舟。亦汎其流。上汎謂汎汎、浮皃(貌)也。下汎當作泛、浮也。汎泛古同音、而字有區別如此。『左傳:僖:十三年』。汎舟之役。亦當作泛。》从水。乏(乏)聲。《孚梵切。古音在 7部。》/556

泜 지【chí ㄔˊ】 本[물이름] 멈출, 가지런한 모양

설문 6765 泜水。在常山。《『前志』常山郡元氏下曰。沮水首受中丘西山窮泉谷。至堂陽入黃河。按「沮」當作「泜」。『北山經:注』云。今泜水出中丘縣西窮泉谷。東注於堂陽縣。入於漳水。以郭正班。知沮爲字之誤。『風俗通』云。濟水出常山房子贊皇山。東入沮。此亦泜譌作沮也。由【書】氐作互。遂譌且耳。『班志』入黃河亦當依郭作濁漳。攷『水經:注』濁漳過堂陽縣。而河水不徑堂陽。『元和志』曰。泜水在贊皇縣西南二十五里。卽韓信斬陳餘處。今泜水在元氏縣。源出封龍山。東南流經縣西南六十里紙屯村。入槐河。泜與濟互受通稱。》从水。氐聲。《直尼切。15部。按蘇林音祇。晉灼音邸。師古音脂。又丁計反。兼用二音也。司馬貞曰。今俗呼此水音與邸。》/541

형성 (1자) 지(菧 𦻃)573

溯 泝洓泝(소)【sù ㄙㄨˋ】 거슬러 올라 갈, 향할

설문 6954 逆流而上曰溯(泝)洄。《『秦風:傳』曰。逆流而上曰遡洄。順流而涉曰遡游。『釋水』同。涉作下。》溯向也。《「向」當作「鄉(鄉)」。淺人所改也。【漢人-書】向背字皆作「鄉」。不作「向」。『中庸-素隱:注』曰。素讀爲攻城攻其所傃之傃。傃猶鄉也。按遡者、從其朔。傃者、從其素。故字从朔、从素。》水欲下、違之而上也。《此釋洄字之義。洄違疊韵(疊韻)。》从水。㴑(斥)聲。《桑故切。5部。》 溯或从辵(辶)朔。《朔亦聲也。》/556

泠 (령)【líng ㄌㄧㄥˊ】 물이름, 맑을, 온화할

설문 6715 泠水。出丹陽宛陵。西北入江。《丹陽郡宛陵、【二志】同。今安徽寧國府附郭宣城縣、漢故縣也。『前志』。宛陵下曰。淸水、西北至蕪湖入江。按許之泠水、卽班之淸水。『應劭-零陵泠道下:注』引『說文』此條。則應氏未知淸、泠異名同實也。泠水卽今宣城縣西六十里之青弋江。『元和郡縣志』。青弋水在宣州西九十九里。『水道提綱』曰。江水又東北爲蕪湖縣西北之魯港口。魯明江南匯旌德、太平、石埭、涇縣諸水。東北流。經宣城西北境曰青弋江。折而西北流。經蕪湖城南而西北注之。是爲魯港口。此水三源。東南源出旌德南。南源出太平南。西南源出石埭西北。》从水。令聲。《郞(郎)丁切。11部。按凡淸泠、用此字。凡樂工泠人、『左傳』用此字。》/531

泡 (포)【pào ㄆㄠˋ】 ㊤㊥⑨㉘ pāo 거품

설문 6743 泡水。出山陽平樂。東北入泗。《山陽郡平樂、見『前志』。志云侯國。泡水、東北至沛入

泗。『水經:注:泗水篇』日。黃溝、又東逕平樂縣。又東、右合泡水。卽豐水之上源也。水上承大薺陂。東逕貰城北。又東逕已氏縣故城南。又東逕卭城縣故城南。又東逕單父縣故城南。又東逕平樂縣。右合泡水。自下豐、泡竝得通稱。故『地理志』日。平樂、泡水所出。又東逕豐縣故城南。又東逕沛縣故城南。於城南東注泗。『地理志』日。泡水自平樂東北至沛入泗者也。按今泡河自今山東單縣流逕江蘇豐縣北。又東逕沛縣畍(界)。循城東南。至泗亭驛而合於泗。》从水。包聲。《匹交切。按今俗日包河。古音在 3部。又流貌也。或日浮漚也。》/536

波 파【bō ㄅㄛˉ】물결(파도, 흐름, 주름), 물결 일, 움직일, 눈영채(안광) ■피:언덕 ■비:좇아 흐를

설문 6843 水涌流也。《『左傳』。其波及晉國者。『莊子』。夫孰能不波。皆引伸之義也。又假借爲陂字。見『漢書』。》从水。皮聲。《博禾切。17部。》/548

참고 파(婆) 할미(노모, 늙은 여자)

泣 (읍)【qì ㄑㄧˋ】(소리 없이 눈물 흘리며)울 ■급:속음 ■립:빠를, 피 엉길

설문 7103 無聲、出涕者日泣。《依『韵(韻)會-所據:小徐本』訂。者、別事詈(詞)也。哭下日。哀聲也。其出涕不待言。其無聲出涕者爲泣。此哭泣之別也。『尙書:大傳』日。微子將往朝周。過殷之故墟。志動心悲。欲哭則爲朝周。俯泣則近婦人。推而廣之作雅聲。謂之『麥秀歌』。》从水。立聲。《去急切。7部。『素問』以爲蹚字。》/565

泥 니【ní ㄋㄧˊ】本[물 이름] 진흙, 수렁, 더러울, 풀발라 붙일 ■녜:속음 ■녕:땅이름 ■녈:검게 물들

설문 6777 泥水。出北地郁郅北蠻中。《北地郡郁垤、見『前志』。今甘肅慶陽府安化縣治、卽郁垤故城也。『前志:郁垤』下日。泥水、出北蠻夷中。泥陽下『應-注』日。泥水、出郁垤北蠻中。『一統志』日。東河在安化縣東。卽白馬水也。『元和志』。延慶縣西臨白馬州。『寰宇記』。白馬水、出北塞夷中。引『水經:注』云洛川南逕尉李城東北。合馬嶺水。號白馬水。『明統志』。東河來自沙漠。至安化城北。合懷安及靈溝水南流。至合水縣爲馬蓮河。東河及下流馬蓮河皆卽古泥水也。按馬蓮、卽馬嶺之轉語。》从水。尼聲。《老低切。15部。按今字皆用爲塗泥字。》/543

형성 (1자) 니(屔 𡱎)4998

泧 (월)【yuè ㄩㄝˋ】㊃㊥⑨ sà ㉨ huò 큰 물, 물결 서로 부딪쳐 용솟음치는 모양

설문 7027 濊泧也。从水。戉聲。讀若椒椒之椒。《按音所八切。15部。大徐云火活切。非也。》/560

注 (주)【zhù ㄓㄨˋ】(물이)흐를, 물 댈

설문 6944 灌也。《『大雅』日。挹彼注茲。引伸爲傳注、爲六書轉注。注之云者、引之有所適也。故釋『經』以明其義日注。交互之而其義相輸日轉注。『釋故』、『釋言』、『釋訓』皆轉注也。有假注爲咮者。如注星卽咮星是也。》从水。主聲。《之戍切。古音如晝。在 4部。○ 按漢、唐、宋人【經注】之字無有作註者。明人始改「注」爲「註」。大非古義也。古惟【註記】字从言。如『左傳』敘諸所記【註】、韓愈文『市井貨錢:註記』之類。『通俗文』云。記物日【註】。『廣雅』。註、識也。古起居註用此字。與注釋字別。》/555

泫 (현)【xuàn ㄒㄩㄢˋ】이슬 빛날

설문 6821 湝流也。《「湝」當作「潛」。字之誤也。『檀弓』日。孔子泫然流涕。『魯(魯)語』。無洵涕。韋日。無聲涕出爲洵涕。按洵者、泫之假借字也。『文選:詩』日。花上露猶泫。》从水。玄聲。《胡畎切。古音在 12部。》上黨有泫氏縣。《上黨郡泫氏、【二志】同。音工懸反。今山西澤州府高平縣治卽漢泫氏故縣。》/547

泬 (혈)【xuè ㄒㄩㄝˋ】㊃㊥⑨ jué ㉨ xué 물이 구멍에서 콸콸 솟을, 간사할, (텅)빌

설문 6836 水從孔穴疾出也。《『釋水』日。氿泉穴出。按此會意字。其『韓詩』之回泬、『楚辭』之泬寥皆假借也。》从水穴。穴亦聲。《呼穴切。12部。》/548

泭 (부)【fú ㄈㄨˊ】㊥⑨ fū 작은 뗏목

설문 6951 編木吕(以)渡也。《『周南』。江之永矣。不可方思。『傳』日。方、泭也。卽『釋言』之舫、泭也。『爾雅』字多從俗耳。『釋水』日。大夫方舟。士特舟。庶人乘泭。『方言』日。泭謂之𥴩。𥴩謂之筏。筏、秦晉之通語也。『廣韵(韻)』日。大日𥴩、日筏。小日泭。按『論語』乘桴于海。假桴爲泭也。凡竹木蘆葦皆可編爲之。今江蘇、四川之語日𥴩。》从水。付聲。《芳無切。古音在 4部。》/555

泮 (반)【pàn ㄆㄢˋ】本[반수, 반궁] 물 이름, 녹을, 얼음 풀릴

설문 7112 諸侯饗射之宮。《諸侯上當有「泮宮(宮)」二字。「饗」大徐作「鄕(鄉)」。今依小徐。饗者、謂鄕飮酒也。『詩:行葦、泮水』皆言諸侯鄕飮酒之禮。見『鄭-箋』。古者養老之禮、卽鄕飮酒之禮也。『公劉(劉)』先射而後養老。故日饗射。廱篆下日。天子饗飮辟廱。亦謂鄕飮酒。不言射者、言饗以關射。『五經異義』引『韓詩』說。辟雍所以教(敎)天下。春射秋饗。尊事三老五更。『魯頌』日。思樂泮水。又日。旣作『泮宮』。毛日。泮水、泮宮之水也。天子辟廱。諸侯泮宮。『王制』日。天子日辟廱。諸侯日頖官。鄭云。辟、明也。廱、和也。所以明和天下。頖之言班也。所以班政教也。【許書】無頖字。葢(蓋)禮家製頖字、許不取也。『小戴-三』云頖官。》西南爲水。東北爲牆。从水半。《『魯頌:箋』云。辟廱者、築土雝水之外圓如璧。四方來觀者均也。泮之言半也。葢東西門以南通水。北無也。『白虎通』日。獨南面禮儀之方有水耳。》半亦聲。《普半切。14部。『詩』。迨冰(氷)未泮。『傳』云。泮、散也。此假泮爲判也。隰(濕)則有泮。『傳』云。泮、坡也。此假泮爲畔也。》/566

泰 태【tài ㄊㄞˋ】클 ※ 태(太)와 같은 글자, 너그러울, 통할, 괘 이름

[설문] [7095] 滑也。《此以曡(疊)韵爲訓。字从𠬞(廾)水。水在手中。下澑(溜)甚利也。與〔辵(辶)部:達〕字義近。皆他達節。『周易:泰』、通也。『否』、塞也。『左傳』汏輈及鼓跗著于丁寧、汏輈以貫笠轂。皆滑之意也。滑則寬裕自如。故引伸爲縱泰。如『論語』泰而不驕是也。又引伸爲泰侈。如『左傳』之汏侈、『西京賦』之心奓體泰是也。汏卽泰之隸(隸)省。隸變而與淅米之汏同形。作汰者誤字。》从𠬞(廾)水。《會意》大聲。《他蓋(蓋)切。15部。按隸作泰。字形字音字義皆與古絶異。》𡗝古文泰如此。《按當作夳。从仌。取滑之意也。从大聲。轉寫恐失其眞矣。後世凡言大而以爲形容未盡則作太。如「大宰」俗作「太宰」、「大子」俗作「太子」。「大王」俗作「太王」是也。謂太則『說文』夳字。夳則泰。則又用泰爲太。展轉貤繆。莫能諟正。》/565

[유사] 아뢸 주(奏) 진나라 진(秦) 봄 춘(春) 받들 봉(奉) 절구 용(舂)

泱 (앙)【yāng ㄧㄤˉ】깊을, 넓을 [영]:구름일
[설문] [6969] 滃也。《『射雉賦』。天泱泱以垂雲。善曰。『毛詩:英英白雲』。毛萇曰英英、白雲皃(貌)。泱與英古字通。按泱滃雙聲。》从水。央聲。《於良切。10部。徐爰曰音英。音之轉也。》/557

泲 泲(제)【jǐ ㄐㄧˇ】제(濟)의 옛 글자
[설문] [6699] 沇也。東入于海。《按沇泲二篆之解、文體與漾漢浪三篆同。皆用『禹貢』文也。『禹貢』曰。道沇水東流爲濟。入于河。泆爲滎。東出於陶丘北。又東至于菏。又東北會于汶。又北東入于海。今泲水不特入河以後經文所謂不可致詳。考『郡國志』曰。河東垣有王屋山。兗水出。河內溫。濟水所出。王莽時大旱。遂枯絶。『水經:注』曰。濟水故瀆在溫。當王莽之世。川瀆枯竭。其後水流徑通。津渠勢改。尋梁脈水。不與昔同。是在西漢已後所謂東流爲濟入于河者、已非禹蹟之舊矣。許云東入于海。此謂禹時故道。獨行達海。故謂之瀆。今之大淸河、小淸河非無泲水在其閒。而混淆莫辨。漢水之源、今與【經】絶殊。泲水之流、軼出地中而爲巨川。今又與【經】絶殊也。》从水。𠂔(𠂔)聲。《子禮切。15部。按四瀆之泲字如此作。而『尚書』、『周禮』、『春秋:三傳』、『爾雅』、『史記』、『風俗通』、『釋名』皆作「濟」。『毛詩:邶風』有泲字。而『傳』云地名。則非水也。惟『地理志』引『禹貢』、『職方』作「泲」。而泰山郡下云。甾水入泲。『禹貢』汶水入泲。齊郡下云。如水入泲。河南郡下云。狼湯渠首受泲。東郡臨邑下云。有泲廟。然以濟南、濟陰名郡。『志』及『漢碑』皆作「濟」。則知漢人皆用濟。『班-志』、【許書】僅存古字耳。『風俗通』說四瀆曰。濟出常山房子贊皇山。東入泜。酈氏譏其誤。亦可證泲字之久不行矣。》/528

泳 (영)【yǒng ㄩㄥˇ】[작] yòng 무자맥질할, 헤엄
[설문] [6956] 潛行水中也。《『周南』。不可泳思。『釋水』、『毛傳』皆曰。潛行爲泳。下文云潛、涉水也。涉、徒行厲水也。》从水。永聲。《爲命切。古音在 10部。》/556

◀제 6 획▶

洄 (회)【huí ㄏㄨㄟˊ】돌아 흐를, 거슬러 오를
[설문] [6955] 𣶒(泝泝)洄也。从水。回聲。《以形聲包會意。戶灰切。15部。》/556

洅 (재)【zài ㄗㄞˋ】소리내어 퍼질
[설문] [6988] 靁(雷)震洅洅也。从水。《靁震雨中、故从水。》再聲。《作代切。1部。》/558

洇 (인)【yīn ㄧㄣˉ】물이름, 없어질, 막힐 ※ 인(湮)과 같은 글자 [열]:물 흐르는 모양
[설문] [6790] 洇水也。从水。因聲。《此字『玉篇』及小徐皆作「涃」、困聲。『廣韵(韻)』洇涃竝收。『集韵』、『類篇』引『說文』互異。而今存【宋本】皆作「洇」。因聲、於眞切。毛斧季改爲困聲、苦頓切。非是。11部。》/544

洈 (위)【guǐ ㄍㄨㄟˇ】[상] wéi 물 이름
[설문] [6700] 洈水。出南郡高城洈山。東入繇。《「城」『前志』作「成」。『水經:注』作「城」。南郡高成下曰。洈山、洈水所出。東入繇。繇水南至華容入江。過郡二。行五百里。『水經:江水篇』曰。又東南當華容縣南。涌水入焉。又東南油水從西南來注之。『油水篇』曰。油水出武陵孱陵縣西畍(界)。東過其縣北。又東北入於江。油水卽『說文』下文之油水。非『漢志』之繇水也。『漢志』洈入繇。繇入江。此在江北、而南入。南郡高城、華容在江北也。油水入江在江南、而北入。孱陵在江南也。然則繇、油同音而絕(絶)不相涉。『酈-注:油水篇』乃云孱陵縣白石山、油水所出。東逕其縣西與洈水合。洈出高城縣洈山。東逕其縣下。東至孱陵縣入油水。殊爲襲『志』語而謬誤。葢(蓋)江北之洈水、繇水不可攷。乃以江南之油水當之也。『山海經』曰。宜諸之山、洈水出焉。南流注於漳。》从水。危聲。《過委切。15部。師古音危。》/528

洋 (양)【yáng ㄧㄤˊ】㉠[상][中]⑨[작] xiáng 큰바다, 큰 물결, 서양, 넓을, 클, 성할
[설문] [6752] 洋(洋)水。出齊臨朐高山。東北入鉅定。《齊郡臨朐、『後志』作齊國臨朐。今山東靑州府臨朐縣其地也。『前志:臨朐』下曰。石膏山、洋水所出。東北至廣饒入鉅定。『水經:注:巨洋水篇』曰。巨洋水、又逕臨朐縣故城東。又東北逕委粟山。又東北、洋水注之。水西出石膏山西北石澗口。東南逕逢山祠西。又東南歷(歷)逢山下。卽石膏山也。巨洋水、又東北逕劇縣故城西。又東北逕益縣故城東。又東北積而爲潭。枝津出焉。謂之百尺溝。西北流注於巨淀。又東北逕壽光縣故城西。又東北注於海。按班、許曰洋水。卽『水經』及『注』之巨洋水也。班、許以出臨朐石膏山者爲正源耳。許云高山、卽石膏山也。『前志:齊郡』有廣饒、鉅定二縣。馬車瀆水首受鉅定。然則鉅定本水名。因以爲縣名。定淀古今字。『魏都賦:張-注』曰淀者、如淵而淺是也。廣饒、鉅定故城皆在今山東靑州府樂安縣境。今樂安縣東北四十里淸水泊、卽古鉅定湖。巨洋水今日瀰河。源出今臨朐縣南沂山西麓。北流逕臨朐縣東。又北歷益都縣。又東北流逕壽光東。又東北會黑塚泊。入於海。今南陽水亦名長沙水。源

出益都縣西南石膏山。東北至城西。折而東。繞城北。又東流入瀰河。》从水。芉(羊)聲。《似羊切。10部。按『毛詩:衞(衛)風:傳』曰。洋洋、盛大也。『魯(魯)頌:傳』曰。洋洋、衆多也。讀與章切。》/538

洌 (렬)【liè ㄌㄧㄝˋ】 맑을, 물 이름 ■례:물 빨리 흐르는 모양

설문 6866 水清也。《案[許書]有洌冽二篆。『毛詩』有冽無洌。『冽彼下泉:傳』云。冽、寒也。『有冽氿泉:傳』云。冽、寒意。『二之日凓冽:傳』云。凓冽、寒氣也。皆不从水。『東京賦』玄泉洌清。薛曰。洌、清澄皃(貌)。》从水。刿(列)聲。《良薛切。15部。》『易』曰。井洌寒泉食。《『井:九五:爻辭』。王云。絜也。崔憬云。清且絜也。皆與許合。[經]云洌寒、故崔云既寒且絜。》/550

洍 (사)【sì ㄙˋ】 물 모여들

설문 6798 洍水也。从水。匝聲。《詳里切。1部。》『詩』曰。江有洍。《此荅(荅)『三家詩』。下文引江有汜、則『毛詩』也。云汜水別復入水也。而證以江有汜。此言轉注也。云洍水名。而證以江有洍。此言假借也。引『書』作「敃(妞)」、萛席皆此例。》/544

洶 (세)【xì ㄒㄧˋ】 물 이름

설문 6728 洶水。出汝南新郪。入潁。《汝南郡新郪、見『前志』。『後志』曰。汝南郡、宋公國。周名郪丘。漢改爲新郪。章帝建初四年。徙宋公於此。今安徽潁州府治阜陽縣東八里有新郪城。『水經:注:潁水篇』曰。細水、上承陽都陂陂水。枝分東南出爲細水。東逕新陽縣故城北。又東南逕宋縣故城北。縣卽所謂郪丘者也。又南逕細陽縣。又東南逕細陽縣故城南。引『地理志』細水出細陽縣東南入潁。按今洶水不得其詳。》从水。囟聲。《穌計切。古音當在 12部。『前志』及酈作細。洶細古今字。皆从囟聲也。》/533

洎 (계)【jì ㄐㄧˋ】 (물을)부을, 윤택할, 국물 ■기:속음

설문 7028 灌釜(釜釜)也。《灌者、沃也。沃今江蘇俗云燠。烏到切。『廣韵(韻):三十七,號』云。燠釜、以水添釜也。『周禮:士師』。洎鑊水。『注』云。洎、謂增其沃汁。『呂覽』。多洎之。少洎之。『左傳』。去其肉而以其洎饋。『正義』云。洎者、添釜之名。添釜以爲肉汁。遂名肉汁爲洎。》从水。自聲。《其冀切。按當依釋文其器反。15部。》/560

洏 (이)【ér ㄦˊ】 눈물 흘릴

설문 7032 洝也。《洏與渜音近。耎從而聲也。》从水。而聲。《如之切。1部。》一曰𤍽(煮)孰也。《〔肉部〕曰。胹、爛也。然則洏與胹同也。『內則』作「濡」。荅(荅)字之誤。『注』曰。凡濡謂亨之以汁和也。》/561

衍 행【xíng ㄒㄧㄥˊ】 개천 물 흐를

설문 6935 溝行水也。从水行。《此以會意包形聲。戶庚切。古音在 10部。》/554

참고 행(荇)

洒 (새)【xǐ ㄒㄧˇ】 씻을물 뿌릴, 시원할 ■사:같은 뜻 ■선:엄숙할, 물깊을 ■산:놀래는 모양 ■세:씻을 ■최:고운 모양 ■신:물뿌릴 ■쇄:물뿌릴

설문 7067 滌也。《下文云沬、洒面也。浴、洒身也。澡、洒手也。洗、洒足也。今人假洗爲洒。非古字。按古有假洒爲峻陗之峻者。如『詩:新臺』有洒。『爾雅』望厓洒而高岸。夷上洒下漘。『毛詩』洒、高峻也。》从水。卤(西)聲。《先禮切。按西聲當在古音 13部。》古文吕爲灑(埽)埽字。《[各本]奪「吕」字。今依[全書]通例補。凡言某字古文以爲某字者、皆謂古文假借字也。洒灑本殊義而雙聲。故相假借。凡假借多疊韵(疊韻)、或雙聲也。『毛詩』洒埽四見。『傳』云。洒、灑也。『鄭-注:周禮』隸(隸)僕、『韋-注:國語』皆同。皆釋假借之例。若先鄭云洒當爲灑。則以其義別而正之。以漢時所用字正古文也。》/563

涑 (색)【suǒ ㄙㄨㄛˇ】 ㉿㊥⑨㉘ sè 부슬비 오는 모양 ■적:물이름 ■자:속음 ■지:담글, 적실

설문 6973 小雨霝皃(貌)。《「霝」[各本]作「零」。今正。涑涑亦雨聲。》从水。束聲。《所責切。16部。俗作「溹」。》/557

洔 (지)【zhì ㄓˋ】 ㉿㊥⑨ zhǐ 本[물 벅찰] 물가 ■치:모래톱 ■시:같은 뜻

설문 6897 水暫益且止未減也。《此義未見。荅(荅)與待偫峙字義相近。『爾雅:釋水』亦借爲沚字》从水。寺聲。《直里切。1部。》/551

洗 (세)【xǐ ㄒㄧˇ】 ㉿㊥⑨㉘ xiǎn 씻을 ■선:씻을, 조촐할

설문 7082 洒足也。《「洒」[俗本]作「灑」。誤。今依[宋本]正。『內則』曰。面垢。燂潘請靧。足垢。燂湯請洗。此洒面曰靧、洒足曰洗之證也。洗讀如跣足之跣。自後人以洗代洒滌字。讀先禮切。沿至近日以洒代灑、轉同[詩禮]之用矣。》从水。先聲。《穌典切。13部。》/564

洙 (수)【zhū ㄓㄨˉ】 ㉿㊥⑨ shū 물 이름

설문 6749 洙水。出泰山荅(荅)臨樂山。北入泗。《泰山郡荅、[二志]同。今山東沂州府沂水縣縣西北七十里有荅城是也。『前志:荅』下曰。臨樂于山、洙水所出。西北至荅入池水。『水經』曰。洙水、出泰山荅縣臨樂山。西南至卞縣入於泗。按此條『水經』與『志』迥殊。『志』云臨樂于山者、謂勃海郡臨樂縣之于山也。沂(泝)其源而言。故下文云至荅。非謂洙出荅也。而[經、注]皆刪(刪)于字。謂臨樂爲荅縣山名。其亦誤矣。池、『注』引作「泗」。云或作「池」。荅字誤。夫[經、注]皆云泗水出卞縣。不云出荅縣。又皆云洙水至卞入泗。不云至荅入泗。然則卽改池爲泗、亦於水道不合。安知班時無池水。抑或不知何字之誤、而竟作泗字也。杜預釋例云。出魯國東北。西南入沇水。下合泗。乃作沇字。俟攷。荅洙水在班時已非古道。故其書法不同他水。至桑、酈時更昧於臨樂之源。乃誣班爲出荅。觀『春秋:莊:九年』浚洙。知其易湮也。許亦云出泰山荅臨樂山。北入泗。恐非許

氏原文。淺人用『水經』改竄之。今洙水在曲阜縣北四里。上不得其源。下流不入泗而入沂。又迥非酈氏之舊。蓋以湮沒(沒)而以是冒之耳。』 从水。朱聲。《市朱切。4部。》/538

洚 (강)【jiàng ㄐㄧㄤˋ】⑨㉘ hóng ㉘ xiáng 물 넘쳐 흐름, 물 거슬러 흐름 ※ 홍(洪)과 같은 글자 ■홍:큰 물 ■항:같은 뜻

설문 6805 水不遵道。《『孟子:滕文公』篇。『書』曰。洚水警予。洚水者、洪水也。『告子篇』。水逆行謂之洚水。洚水者、洪水也。水不遵道、正謂逆行。惟其逆行。是以絕大。洚洪二字義實相因。》一曰下也。《此別一義。洚與夅降音義同。》从水。夅聲。《戶工切。又下江切。9部。》/546

水 4 ⑥

洛 락【luò ㄌㄨㄛˋ】本[물 이름] 서울 이름

설문 6686 洛水。出左馮翊歸德北夷畍中。東南入渭。《「左馮翊」三字、當作「北之」二字。『前志:北地郡歸德』下。洛水出北蠻夷中。入河。入河者、入渭以入河也。此捴擧(摠擧)其源委也。左馮翊褱德下曰。洛水東南入渭。此言其入渭之處也。許之例。擧源地、不擧委地。然則當云出北地歸德無疑矣。今甘肅慶陽府安化合水二縣、漢歸德地也。今陝西同州府朝邑縣有懷德城、漢縣也。『括地志』云。洛水源出慶州洛源縣白於山。『方輿紀要』曰。洛水出慶陽府合水縣北二十里白於山。東北流經廢洛源縣。又經保安縣、安塞縣、甘泉縣、鄜州。又南經洛川縣南、中部縣東、而沮水入焉。沮水自中部縣子午嶺東南流而入於洛水。卽『說文』瀘水、出北地直路西。東入洛也。自是洛水亦兼沮水之稱。又南流經宜君縣。過耀州。合漆水。歷三原縣、富平縣、白水縣。又東南流經澄城縣、同州府。至朝邑縣南入渭水。『水道提綱』云。舊合渭入河。自明時改流。徑入河。不南入渭。今洛口南去渭口三十里。按『水經:注』本有『雍州洛水篇』。今亡之矣。『禹貢』道渭節謂之漆沮。『職方』雍州其浸渭洛。『小雅:瞻彼洛矣:傳』曰。洛、宗周之浸也。『左傳』、『國語』皆云三川震。韋、杜以涇渭洛爲三川。》从水。各聲。《盧各切。5部。按雍州洛水。豫州雒水。其字分別。自古不紊。『周禮:職方』。豫州其川熒雒。雍州、其浸渭洛。〈『正義』本不誤。〉『逸周書:職方解、地理志』引『職方』正同。雒不見於『詩』。『瞻彼洛矣:傳』曰。洛、宗周浸水也。此『職方氏』文也。洛不見於『左傳』。『傳』凡雒字皆作雒。如『僖:七年』伊雒之戎、『宣:三年』楚子伐陸渾之戎遂至於雒是也。『淮南:墬形訓』曰。洛出獵山。據『高-注』謂雍州水也。雒出熊耳。據『高-注』謂豫州水也。『漢:地理志』弘農上雒下云。『禹貢』雒水、出冢領山。東北至鞏入河。豫州川。盧氏下云。伊水、出熊耳山。東北入雒。黽池下云。穀水、出穀陽谷。東北至穀城入雒。新安下云。『禹貢』澗(澗)水、在東南入雒。河南穀成下云。『禹貢』瀍水、出替亭北。東南入雒。此謂豫州水也。左馮翊褱德下云。洛水、東南入渭。北地歸德下云。洛水、出北蠻夷中。入河。直路下云。沮水、出東西入洛。此謂雍州水也。已上皆經數千年尙未誤者。而『許書-水部』下不擧豫州水。尤爲二字分別之證。後人書豫水作洛。其誤起(起)於魏。裴(裵)松之引『魏略』曰。黃初元年。詔以漢火行也。火忌水。故洛去水而加隹。魏於行次爲土。土、水之牡也。水得土而乃流。土得水而柔。故除隹加水。變雒爲洛。此丕改雒爲洛、而又妄言漢變洛爲雒。以揜己紛更之咎。且自詭於復古。自魏至今皆受其欺。『周禮』、『春秋』在漢以前。誰改之乎。『尙書』有豫水、無雍水。而『蔡邕-石經殘碑』多士作雒。『鄭-注:周禮』引『召誥』作雒。是『今文、古文-尙書』皆不作洛。鄭、蔡斷(斷)不擅改【經】文也。自魏人書雒爲洛。而人輒改魏以前【書籍】。故或致數行之內雒洛錯出。卽如『地理志』引『禹貢』旣改爲洛矣。則上雒下曰『禹貢』雒水。不且前無所承乎。若『郊祀志』汧洛從水。後文宣帝以四時祀江海雒水。成王郊於雒邑。字皆從隹。又當時二字確然分別之證也。》/524

형성 (1자) 락(落 𦽍)528

洝 (안)【àn ㄢˋ】더운 물

설문 7031 渜水也。《〔日部〕曰。安𤈦、溫也。然則「洝渜」猶「安𤈦」。皆曡韵(疊韻)字。》从水。安聲。《烏旰切。14部。》/561

洞 (동)【dòng ㄉㄨㄥˋ】本[빨리 흐름] 골(깊은 구멍, 골짜기) ■통:밝음, 환함, 통함, 꿰뚫음

설문 6857 疾流也。《此與〔辵(辶)部:迵〕、〔馬部:駧〕音義同。引伸爲洞達、爲洞壑。》从水。同聲。《徒弄切。9部。》/549

洟 (이)【yí ㄧˊ】㊤㊥⑨㉘ tì 콧물 ■체:눈물

설문 7101 鼻液也。《『易:萃:上六』。齎咨涕洟。『鄭-注』。自目曰涕。自鼻曰洟。『檀弓』。垂涕洟。『正義』。目垂涕。鼻垂洟。『詩:陳風』。涕泗滂沱。『毛傳』。自目曰涕。自鼻曰泗。泗卽洟之假借字也。【古書】弟夷二字多相亂。於是謂自鼻出者曰涕。而自目出者別製淚字。皆許不取也。『素問』謂目之水爲淚。謂腦滲爲涕。『王襃-童約』。目淚下落。鼻涕長一尺。『曹娥碑』。泣淚掩涕。驚動國都。漢魏所用已如此。》从水。夷聲。《他計切。15部。『周易:音義』他麗反。又音夷。》/565

津 진【jīn ㄐㄧㄣ】나루, 젖음, 별 이름, 땅 이름, 게몽할, 넘칠

설문 6948 水渡也。《『商書:微子』曰。若涉大水其無津。【俗本】妄增涯字。按【經傳】多假借津爲盡潤字。『周禮』其民黑而津是。》从水。聿聲。《將隣切。12部。隸(隸)省作「津」。》𦨈古文津。从舟淮。《按當是从舟、从水、進省聲。/555

형성 (1자) 진(葎 𦿆)656

● 洦 그칠 박(泊)-본자

洧 (유)【wěi ㄨㄟˇ】물 이름 ■아:속음

설문 6731 洧水。出潁川陽城山。東南入潁。《『前志:陽城』下曰。陽城山、洧水所出。東南至長平入潁。過郡三。行五百里。過郡三者、潁川南陽汝南也。按

據『志』則陽城縣有陽城山。許不複言陽城。如河南縣、弘農縣之例。『水經』曰。洧水、出河南密縣西南馬領山。東南至習城西折入於潁。酈曰。亦言出陽城山。蓋(蓋)馬領之統目焉。習城西折入潁、卽『地理志』至長平縣入潁者也。『方輿紀要』曰。今洧水出登封縣陽城山。經密縣至禹州新鄭縣。合溱水爲雙泊河。又經長葛縣、洧川縣、鄢陵縣、扶溝縣。至西華縣入潁。大致東南流也。『一統志』曰。洧水本至西華入潁。宋時導之自扶溝入蔡。『左傳:襄:十一年』濟隧。『九年』陰坂。『卄六年』涉於樂氏。說者云皆謂洧津也。》从水。有聲。《榮美切。古音在 1部。》/534

洨 (효)【xiáo ㄒㄧㄠˊ】 물 이름, 고을 이름
설문 6763 洨水。出常山石邑井陘。東南入于泜。《于、衍字也。常山郡石邑、見『前志』。井陘、謂石邑之井陘山也。今直隸正定府獲鹿縣縣西南有石邑城。戰國時趙邑也。『前志:石邑』下曰。井陘山在西。洨水所出。東南至廮陶入泜。『井陘縣下:應劭:注』曰。井陘山在南。然則井陘縣在石邑之西。井陘山在石邑西南、井陘縣南也。井陘山之東南則石邑地也。今洨河出獲鹿縣。東流逕欒城縣西。又南入趙州畍(界)。『舊志』云。下流至寧晉縣。注於胡盧河。上源四泉交合。故謂之洨也。》从水。交聲。《下交切。2部。師古曰。音效。又音爻。》郝國有洨縣。《沛國洨、見『後志』。『前志』作沛郡洨。凡言有者、皆別於上文之義。應劭云。洨縣、洨水所出。南入淮。是別一洨水也。師古曰。音肴。》/540

汧 (견)【qiān ㄑㄧㄢˉ】 물 이름
설문 6682 汧水。出右扶風汧縣西北。《句。》入渭。《『右扶風:汧』、【二志】同。『前志:汧』下曰。吳山在西。古文𠄎(以)爲汧山。雍州山。又曰。汧水出西北入渭。『後志:汧』下曰。有吳嶽山。本名汧。汧水出。按『前志』不云汧水出汧山。『後志』乃云爾。汧故城當卽今陝西鳳翔府隴州州治東南汧源廢縣。『括地志』曰。故汧城在隴州南三里。汧山在今隴州西北。『禹貢』之岍、『周禮』之嶽山也。汧陽河、卽古汧水出焉。東南流經汧陽縣。至寶雞(鷄)縣縣東三十里合於渭。班、許皆於西北句絕。此水自西北而東南也。》从水。幵(开)聲。《苦堅切。12部。》/523

洪 洪(홍)【hóng ㄏㄨㄥˊ】 ⑨ gǒng 큰 물, 클
설문 6804 洚水也。《『堯典』、『咎繇謨』皆言洪水。『釋詁』曰。洪、大也。引伸之義也。『孟子』以洪釋洚。許以洚釋洪。是曰轉注。大壑曰「谼」。字亦作「洪」。》从水。共(共)聲。《戶工切。9部。》/546

洫 (혁)【xù ㄒㄩˋ】 봇도랑, 해자, (텅)빌 ■일:깊은 모양
설문 6929 十里爲成。成閒(間)廣八尺、深八尺謂之洫。《『考工記:匠人』文也。匠人溝洫之制、惟『歙程氏瑤田-通藝錄』能發明之。「洫」亦作「淢」。『韓詩』築城伊洫。『毛詩』作「淢」。『傳』曰。淢、成溝也。『箋』云。方十里曰成。淢其溝也。按門闞之字、古文作閾。是或與血異部而音通也。溝洫對文則異。散文則通。故毛曰成溝。》从水。血聲。《況逼切。按古音在 12部。入聲。今入職韵(韻)者、以『毛詩』作「淢」之故。》『論語』曰。盡力于溝洫。《『論語:泰伯篇』。【今本】于作乎。》/554

洭 (광)【kuāng ㄎㄨㄤˉ】 물 이름
설문 6702 洭水。出桂陽縣盧聚。南出洭浦關爲桂水。《「縣」字依『韵(韻)會』補。此水出桂陽郡桂陽縣。郡縣同名。故曰桂陽縣。如〔邑部:鄏〕下云河南縣之例。「南出」二字、【各本】作「山」字。今依『水經』正。桂陽郡桂陽、【二志】同。今廣東廣州府連州州治、卽漢縣地也。『前志:桂陽』下曰。洭水南至四會入鬱。過郡二。行九百里。二郡、桂陽南海也。『水經』曰。洭水、出桂陽縣盧聚。東南過含洭縣南。出洭浦關爲桂水。按『前志』南海中宿縣有洭浦關。『酈-注』亦云尒。【今志】文關作「官」。桂陽下「洭」作「匯」。皆譌字也。今洭水出連山縣。東南流。經連州、英德縣、淸遠縣。合湞水。經三水縣至廣州府城西。入西江以入海。班所謂入鬱、今廣東之北江也。其出洭浦關、在今淸遠縣。酈氏曰。桂水者、洭之別名也。》从水。匡(匡)聲。《去王切。10部。按洭水亦曰湟水。『史記』。出桂陽。下匯水。滙者、洭之誤。『漢書』作下湟水。是也。酈氏引『山海經』湟水。『今-山海經』云。潢水出桂陽西北山。東南注肄水。入敦浦西。潢者、湟之聲誤。敦者、郭之字誤。『水經:注』引作郭浦。郭浦卽洭浦也。音相近。》/528

洮 (조)【táo ㄊㄠˊ】 물 이름, 빨 ■도:속음 ■요:호수이름
설문 6674 洮水。出隴西臨洮。東北入河。《隴西郡臨洮、【二志】同。『前志:臨洮』下曰。洮水出西羌中。北至枹罕。東入西。枹罕屬金城郡。東入西、西字誤。當依『水經:注』作東入河。『水經』曰。河水又東入塞。過敦煌酒泉張掖郡南。又東過隴西河關縣北。洮水從東南來流注之。『酈-注』引『段國沙州記』曰。洮水與墊江水俱出嵹臺山。山南卽墊江源。山東卽洮水源。按嵹臺山卽西頃山也。墊江卽入西漢水之白水也。今甘肅蘭州府狄道州州西南二百二十里有臨洮城、漢縣也。今洮河出洮州衞(衛)西南邊外之西傾山東麓。東北流經狄道州南。至蘭州府西境入河。曰洮口。行八百餘里。》从水。兆聲。《土刀切。2部。按洮爲地名、水名極多。又爲洮頮。又爲洮汰、洮米。皆用此字。》/521

洵 (순)【xún ㄒㄩㄣˊ】 本[물이름] 진실로, 소리 없이 울, 고를 ■현:멀
설문 6782 渦水出也。《【各本】誤作「過水中也」。今正。『釋水』曰。水自渦出爲洵。大水溢出別爲小水之名也。『水經:注』引『字林』曰。洵、渦水也。經有假借洵爲均者。如洵直且侯是也。有假爲恂者。如洵美且都、洵訏且樂是也。有假爲敻者、如于嗟洵兮、卽『韓詩』之于嗟敻兮是也。有假爲泫者。『國語』無洵涕是也。》从水。旬聲。《相倫切。12部。》/544

洶 (흉)【xiōng ㄒㄩㄥˉ】(물이 세차게)용솟음할
설문 6859 洶洶涌也。《【各本】無「洶洶」字。今依『高唐賦:注』補。『相如賦』曰。洶涌滂濆。『左思賦』曰。濞焉洶洶。『楊雄賦』曰。洶洶旭旭。天動地岋。》从水。匈聲。《許拱切。9部。》/549

洸 (광)【guāng ㄍㄨㄤˉ】물 하얗게 솟을, 굳셀, 성낼, (물이)깊을, 황홀할 ■왕:깊고 넓을 ■황:물 깊고 넓은 모양
설문 6842 水涌光也。《『江賦』曰。澄澹汪洸。又曰。流映揚焆。謂涌而有光也。『邶風』曰。有洸有潰。毛曰。洸洸、武也。潰潰、怒也。『大雅』。武夫洸洸。毛曰。洸洸、武貌。此引伸假借之義。》从水光。光亦聲。《古黃切。10部。》『詩』曰。有洸有潰。/548

洹 (원)【huán ㄏㄨㄢˊ】㉿ yuán 물 이름, 세차게 흐를 ■환:흐를, 열반, 죽을
설문 6746 洹水。在齊魯閒(魯間)。《「齊」當依『水經:注』所引『說文』、『字林』作「晉」。『左傳:成:七年』。聲伯夢涉洹。杜曰。洹水出汲郡林慮縣。東北至魏郡長樂縣入淸水。『水經』曰。洹水、出上黨泫氏縣。東過隆慮縣北。又東北出山。過鄴縣南。又東過內黃縣北。東入於白溝。林慮縣卽隆慮縣。今河南彰德府林縣是其地也。今洹水自山西長子縣流入。經林縣東北流。經安陽縣北。又東流經內黃縣西北入衛(衛)河。『水道提綱』曰。衛河又東北經彰德府治安陽縣東南吤(界)。有洹河自西北來會。其南岸卽內黃縣西境也。『水經』之白溝、今衛河在內黃者皆卽淇水。許當云在晉衛之閒。云在晉魯(魯)閒者、魯衛相近。以魯聲伯夢涉而云也。》从水。亘聲。《羽元切。14部。『玉篇』曰。汍同。》/537

浯 活 활【huó ㄏㄨㄛˊ】㉠ guò ㉦㊥⑨㉿ guō 물 이름, 살(生也) ■괄:물 콸콸 흐르는 소리, 물 빨리 흐를
설문 6819 流聲也。《『衛(衛)風』。北流浯(活)浯。『毛傳』曰。浯浯、流也。按『傳』當作流貌。其音戶括切。引伸爲凡不死之稱。『邶風』不我活兮、『孟子』民非水火不生活是也。【許書】當亦本作流貌。淺人妄改竄之耳。》从水。𠯑聲。《古活切。按「古」當作「戶」。「活」當作「括」。『衛風:音義』曰如字。是也 15部。》 浯或从聒。《此字當是旣改貌爲聲、讀古活切。乃製此字。非【許書本】有也。》/547
형성 (1자) 활(潤闊䯏)7420

洼 와【wā ㄨㄚˉ】⑨㉿ yā 웅덩이 ■왜:물이름 ■유:같은 뜻 ■규:성씨 ■외:굽을
설문 6922 深池也。《『史』、『漢』皆云得神馬渥洼水中。『莊子:齊物論』云似洼者。》从水。圭聲。《一佳切。又於瓜切。按古音在 16部。》/553
형부 와(漥)

洽 (흡)【xiá ㄒㄧㄚˊ】㉦㊥⑨㉿ qià 화목할, 젖을, 한길 ■협:속음 ■갑:물이름, 두루 미칠
설문 6999 霑也。《『大雅』。民之洽矣。『傳』曰。洽、合也。此謂『毛詩』假洽爲合也。『釋詁』曰。郃、合也。郃卽洽。『毛詩』在洽之陽、稱引者多作在郃之陽是也。》从水。合聲。《侯夾切。7部。》/559

派 (파)【pài ㄆㄞˋ】갈라져 흐를, 갈래
설문 6917 別水也。《『吳都賦』。百川派別。『劉(劉)逵-注』引『字說』曰。水別流爲派。》从水𠂢。𠂢亦聲。《匹賣切。16部。按『衆經:音義』兩引『說文』𠂢、水之衺流別也以釋派。『韵(韻)會』曰。派本作「𠂢」。从反永。引鍇云今人又增水作派。據此、則『說文』本有𠂢無派。〔【今-鍇、鉉本】:水部:派〕字當刪(刪)。》/553

洿 (오)【wū ㄨˉ】웅덩이
설문 7016 濁水不流也。《『服虔(虔)-注:左傳』云。水不流謂之汙(污汚)。按汙卽洿之假借字。『孟子:梁惠王』作「洿」。『滕(滕)文公』作「汙」。『玄應』引『說文』濁水不流池也。引『字林』濁水不流曰洿。宜有池爲長。》一曰窊下也。《「窊」本作「窳」。今改。》从水。夸聲。《哀都切。5部。》/560

𣴎 流 류【liú ㄌㄧㄡˊ】흐를, 가릴(擇也), 절제 없을, 보아서 자세치 않을
설문 7118 水行也。从林㐬。《會意。力求切。3部。》㐬、突忽也。《㐬之本義謂不順忽出也。引申爲突忽。故流从之。》㐬、突忽也。 流篆文从水。《流爲小篆。則𣴎爲古文、籒文可知。此亦二上之例也。或問曰。何不以流涉入〔水部〕、而附𣴎𣴎爲重文乎。曰。如是、則林無所附。林不附〔水部〕之末而爲部首者、以配〔𡿭部〕也。》/567
※ 지금은 류(流)자로 쓴다.
형성 (1자) 류(鎏𨫼)130

◀ 제 7 획 ▶

浙 (절)【zhè ㄓㄜˋ】물 이름, 땅 이름 ■석:쌀 씻을, 쌀 일 ■제:강이름
설문 6662 江水東至會稽山陰爲浙江。《會稽郡山陰【二志】同。今浙江省紹興府山陰縣是其地。今俗皆謂錢唐江爲浙江。不知錢唐江、『地理志』、『水經』皆謂之漸江。江至會稽山陰古曰浙江。『說文』浙漸二篆分擧(擧)劃然。後人乃以浙名冒漸。葢(蓋)由二水相合。如『吳越:春秋』越王至浙江之上、『史記』楚威王盡取故吳地至浙江、始皇至錢唐臨浙江皆謂是也。今則江故道不可攷矣。『歙金氏榜-禮:箋』曰。『班志』南江、在會稽吳縣南。東入海。楊州川。北江、在毗陵北。東入海。楊州川。中江、出丹陽蕪湖西南。東至陽羨入海。楊州川。毗陵之北江卽今大江。其蕪湖之中江、吳縣之南江逕流湮廢。據『班志』丹陽石城下云。分江水、首受江。東至餘姚入海。過郡二。行千二百里。『說文』江水至會稽山陰爲浙江。『闞駰-十三州志』曰。江水至會稽與浙江合。晉灼亦云。『水經』江水又東至石城縣。分爲二。其一東北流、過毗陵縣北爲北江。其一又東至會稽餘姚縣東、入於海。『酈-注:沔水篇』曰。江水自石城東出爲南江。又東逕宣城之臨城縣南。又東逕安吳縣。又東逕寧國縣南。又東逕故鄣縣

㉿ 作家出版社〔董蓮池-說文解字考正〕 ⑨ 九州出版社〔柴劍虹-說文解字〕 ㉠ 陝西人民出版社〔蘇寶榮-說文解字今注今譯〕 ㉦ 上海古籍出版社〔說文解字注〕 ㊥ 中華書局〔臧克和-說文解字新訂〕

南、安吉縣北。又東北爲長瀆。歷湖口。又歷烏程縣。南通餘杭縣。則與浙江合。又東逕餘姚縣故城南。又東注於海。所謂『地理志』江水自石城東出逕吳國南爲南江者也。榜謂分江水合三江言之爲南江。猶岷江合言之爲北江。班氏偁(備)列南江、中江、北江。以應職方楊州其川三江。其於石城著南江源委。猶於湔氐道著北江源委。『故志』於中江言出蕪湖西南、東至陽羨入海。至南江、北江但云東入海。以入海之地已互見於石城、湔氐道也。是分江水爲南江。卽『志』文考之益明。『酈-注』能說南江、而不能說中江耳。》从水。斯(折)聲。《言埶(旨熱)切。15部。》/518

浚 (준)【jùn ㄐㄩㄣˋ】(물이)깊을, 칠(준설)
설문 6041 抒也。《抒者、挹也。取諸水中也。『春秋經』浚洙、『孟子』使浚井、『左傳』浚我以生、義皆同。浚之則深。故『小弁:傳』日。浚、深也。》从水。夋聲。《私閏切。13部。》/561

浝 방【méng ㄇㄥˊ】㊤㊥⑨㉶ máng 물, 물 이름
설문 6793 浝水也。从水。尨聲。《莫江切。9部。》/544
형성 (1자) 방(壟 𣽈 𤅊)8641

浞 (착)【zhuó ㄓㄨㄛˊ】(물 속에)담글
설문 6996 小濡皃(貌)也。《濡者、霑也。上文濡篆下未擧(擧)此義。故此及〔雨部〕補見。『小雅』日。旣霑旣足。葢(蓋)足卽浞之假借也。》从水。足聲。《士角切。古音在 3部。》/558

浥 (읍)【yì ㄧˋ】젖을, 적실, (물이)흐를 ■업:같은 뜻 ■엽:웅덩이 ■압:물흘러 내려가는 모양
설문 6905 溼(濕)也。《『召南:毛傳』日。厭浥、溼意也。》从水。邑聲。《於及切。7部。》/552

浦 포【pǔ ㄆㄨˇ】게(게펄)
설문 6913 水瀕也。《瀕下日水厓、人所賓附也。『大雅』。率彼淮浦。『傳』日。浦、厓也。》从水。甫聲。《滂古切。5部。》/553
형성 (1자) 포(蒲 𦲭)311

浩 (호)【hào ㄏㄠˋ】넓을, 넉넉할 ■고:술거를, 물이름 ■갑:고을이름
설문 6834 澆也。《按「澆」當作「沆」。字之誤也。澆字、渼也。渼非浩義。沄浩沆同義。而又雙聲。故三篆相聯。》从水。告聲。《胡老切。古音在 3部。》『虞書』日。《「虞」當作「唐」。》洪水浩浩。《『堯典』洪水與浩浩不相屬爲句。檃栝擧之而。》/548

浪 (랑)【làng ㄌㄤˋ】本[물이름] 물결, 물결 일, 표랑할, 방자할
설문 6679 滄浪水也。《按據此解可證前後某篆下皆當云某水也。淺人刪(刪)之。存一水字。非是。》南入江。《『禹貢』日。又東爲滄浪之水。過三澨。至于大別。南入于江。許以漾浪沔三篆全偁(稱)道漾。【經】文記禹時漢水故道也。其下流爲滄浪水入江。與今水道同。其源出隴西氐道嶓冢山至武都者、今不可攷。》从水。良聲。《來宕切。10部。按當平聲。今但爲波浪字。》/522

浮 (부)【fú ㄈㄨˊ】(물 위, 공중)띄울
설문 6848 汎也。《【各本】「汎」作「氾」。今正。『木華-海賦』。浮天無岸。『李-注』引『說文』浮、汎也。按上文云汎、浮也。是汎浮二字互訓、與氾濫二字互訓義別。汎浮二篆當類廁。【今本】多非許之舊。》从水。孚聲。《縛牟切。3部。》/549

浯 (오)【wú ㄨˊ】물 이름
설문 6756 浯水。出琅邪靈門壺(壺)山。東北入濰。《琅邪郡靈門、見『前志』。今山東沂州府莒州州北百二十里有靈門城。『前志:靈門』下日。壺山、浯水所出。東北入淮。「淮」當作「維」。字之誤也。『水經:注』日。濰水、又北逕平昌縣故城東。又北浯水注之。水出浯山。世謂之巨平山。許愼言水出靈門山。世謂之浯汶矣。其水東北逕姑幕縣故城東。又東北逕平昌縣故城北。又東北流、注於濰水。今浯水自莒州流入渚城縣畍(界)。東北流、逕安丘縣東南入濰水。》从水。吾聲。《五乎切。5部。》/539

浴 (욕)【yù ㄩˋ】미역감을, 목욕할
설문 7080 洒身也。《『老子』。浴神不死。河上公日。浴、養也。『夏小正』。黑鳥浴。浴也者、飛乍高乍下也。皆引伸之義也。》从水。谷聲。《余蜀切。3部。》/564

海 (해)【hǎi ㄏㄞˇ】바다
설문 6800 天池也。《見『莊子:消搖游』。》㠯(以)納百川者。《『爾雅』。九夷、八狄、七戎、六蠻、謂之四海。此引伸之義也。凡地大物博者、皆得謂之海。》从水。每聲。《呼改切。1部。按海篆當與瀰相屬。【各本】誤廁漠篆後。今正。》/545

㴪 浸 침【jìn ㄐㄧㄣˋ】잠길, 점점(차차로)
설문 6759 㴪水。出魏郡武安。東北入呼沱水。《魏郡武安、【二志】同。今河南彰德府武安縣縣西南五十里有武安城。『前志:武安』下日。㴪水東北至信都國東昌入虖池河。過郡五。行六百一十里。》从水。㑴聲。《子鴆切。7部。按沈浸、浸淫之字多用此。𨽸(隷)作「浸」。》㑴、籒文㝲。《見〔宀部〕。》/540
형부 삼(蔘蔘 𦺞) 침(寖)

浼 (매)【mèi ㄇㄟˋ】㊤㊥⑨㉶ měi (명예)더럽힐 ■면:물 펀히 흐를
설문 7097 汙(汚)也。《『孟子:公孫丑篇』日。爾焉能浼我哉。『趙-注』。惡人何能汚我也。》从水。免聲。《武罪切。古音免聲字。多在 13部。》『詩』日。河水浼浼。《『邶風:新臺』文。『毛傳』日。浼浼、平地也。按浼浼與亹亹同。如亹亹文王、卽勉勉文王也。『文選:吳都賦』。淸流亹亹。『李-注』引『韓詩』亹亹、水流進皃(貌)。此必『毛詩』浼浼之異文。『今-李-注』奪一亹字。非。許引此『詩』者、言假借之義也。》『孟子』日。汝安能浼我。《此證本義。》/565

水 4 ⑦

浾 (정)【chēng ㄔㄥ】 아가위와 대추의 즙
▣진: 같은 뜻 ▣차: 같은 뜻

설문 6278 棠棗之汁也。从赤水。《『各本』轉寫舛誤。今正。浾與經音雖同而義異。別爲一字。非卽經字也。棠棗汁皆赤。故从赤水會意。敕貞切。11部。》 𣵀浾或从正。《正聲。》/492

浿 (패)【pài ㄆㄞˋ】 ㊙㊥⑨ pèi 물 이름

설문 6770 浿水。出樂浪鏤方。東入海。《樂浪音洛郎。樂浪郡鏤方、【二志】同。鏤方未聞。『前志:樂浪郡浿水縣』下曰。浿水西至增地入海。『水經』曰。浿水出樂浪鏤方。東南過臨浿縣。東入於海。『酈按-漢志』是。『說文』及『水經』非也。酈云其水西流。逕故樂浪朝鮮縣、卽樂浪郡治。而西北流。故『地理志』曰。浿水西至增地縣入海。浿水今朝鮮國之大通江。在平壤城北。平壤城卽古王險城。漢之朝鮮縣也。『隋書』曰。平壤城南臨浿水。》 从水。貝聲。《普拜切。15部。》 一曰出浿水縣。《此卽『前志』說也。浿水縣未聞。》/542

涂 도【tú ㄊㄨˊ】 本[물이름] (통행하는, 당 앞의 벽돌을 깐)길, 섣달(음력 12월)

설문 6670 涂水。出益(益)州牧靡南山。西北入繩。《「繩」【各本】譌作「澠」。今正。「牧」『前志』作「收」。『後志』作「牧」。『華陽國志』竟作「升」。李奇曰。靡音麻。收靡卽升麻。常璩曰。升麻縣山出好升麻。收升牧三字皆同紐。『隸(隸)釋:益州太守碑』牧靡字三見。『晉書』亦作牧矣。益州郡牧靡、【二志】同。『前志』曰。南山臘、涂水所出。西北至越巂入繩。過郡二。行千二十里。『水經:注:若水篇』曰。若水、又東。涂水注之。水出建寧郡之收靡縣南山。縣山竝卽草以立名。山在縣東烏句山南五百里。山生收靡。可以解毒。涂水導源臘谷。西北流至越巂入若水。按涂水出臘谷。故『漢志』謂之臘。涂水、『漢志』、『說文』皆云入繩。而『水經:注』云入若水者、善長云若水、又逕越巂大莋縣入繩。繩水出徼外。南逕旄牛道。至大莋與若水合。自下亦通謂之繩水矣。【諸書】錄記羣(群)水。或言入若。又言注繩。正是異水沿注。通爲一津。隨納通稱也。『水道提綱』曰。金沙江卽古繩水。鴉龍江一名打沖河。卽古若水。金沙江出番地。至雲南姚安府大姚縣境合鴉龍江、至四川敘(敍)州府治宜賓縣西南境入於江。金沙自犂石山發源。至雲南麗江府境已四千二百餘里。自麗江至四川敘州府又二千五百餘里。源遠流長。所受大水數十。小水無數。其爲大江上源無疑也。玉裁謂多以金沙爲大江正源。然非『禹貢』嶓山道江之言(旨)。『禹貢』於河源江源皆擧(擧)其近者。聖人不尙遠略之意。牧靡今何縣。涂水今何水。未審。》 从水。余聲。《同都切。5部。按古道塗、塗壓字皆作涂。》/520

형성 (+1) 도(塗 𡍼)

涅 (녈)【niè ㄋㄧㄝˋ】 本[개흙] 물 이름, 고을 이름, 닭이 알 깔, 개흙, 검은 물들일

설문 6902 黑土在水中者也。《「者」字依『論語』釋文補。『論語-孔:注』。涅可以染皁者。按〔水部〕曰。澱者、滓垽也。滓者、澱也。〔土部〕曰。垽者、澱也。〔黑部〕曰。𪐗謂之垽。垽、滓也。皆與涅義近。》 从水土。日聲。《奴結切。12部。》/552

涇 (경)【jīng ㄐㄧㄥ】 물 이름, 통할

설문 6675 涇水。出安定涇陽开頭山。東南入渭。《『禹貢:雍州』曰。涇屬渭汭。『周禮:職方氏』曰。雍州、其川涇。『前志』曰。安定郡涇陽、开頭山在西。『禹貢』涇水所出。東南至陽陵入渭。過郡三。行千六十里。雍州川。陽陵屬左馮翊。過郡三者、安定扶風馮翊也。今甘肅平涼府附郭平涼縣府西南有故涇陽城、漢縣也。开頭山亦作「笄頭山」。『始皇紀』作「雞(鷄)頭山」。在今平涼府西南四十里。今涇水出山之涇谷。經涇州。又經陝西邠州長武縣。至西安府高陵縣西南二十里入渭。曰涇口。大致東南流也。涇濁渭淸。故『詩』曰涇以渭濁。涇水漑田之利。自秦漢鄭國白公而後。迄於唐宋元明。皆修傷白渠。》 雝州之川也。《『周禮:職方氏』文。『班氏-述:地理志』曰。采獲舊聞。考迹【詩書】。推表山川。以綴『禹貢』、『周官』、『春秋』。故每言『禹貢』某山。『禹貢』某水。某州川。某州浸。許意略同。》 从水。巠聲。《古靈切。11部。按『爾雅』直波爲徑。『釋名』作直波曰涇。云涇、徑也。言如道徑也。『莊子』。涇流之大。司馬彪云。涇、通也。『大雅』。鳧鷖在涇。『鄭-箋』曰。涇、水中也。與下章沙訓水旁爲反對。謂水中流徑直、孤往之波也。今蘇州嘉興溝瀆曰某涇、某涇。亦謂其可徑通。》/521

消 (소)【xiāo ㄒㄧㄠ】 (녹아서, 다 되어서)사라질

설문 7010 盡也。《未盡而將盡也。》 从水。肖聲。《相幺切。2部。》/559

涉 𣶒 섭【shè ㄕㄜˋ】 (도보로)물을 건널, 겪을
▣첩: 피 흐르는 모양

설문 7119 徒行濿水也。《「濿」【各本】作「厲」。誤。濿、或砅字也。砅本履石渡水之偁(稱)。引申爲凡渡水之偁。『釋水』曰。繇膝以上爲涉。『毛傳』同。許云徒行者、以別於以車及方之。舟之也。許意『詩』所言揭、厲皆徒行也。皆涉也。故字从步。》 从林步。《會意。時攝切。8部。》 𣶒篆文从水。/567

淀 (선)【xuán ㄒㄩㄢˊ】 소용돌이 칠

설문 6877 回泉也。《『杜詩』。撇漩捎濆無險阻。漩、夔州土人讀去聲。謂峽中回流大者。其深不測。舟遇之則旋轉而入。『江賦』所謂盤渦谷轉也。濆、土人讀如瀵。謂峽中回流漸平。則突涌如山。『江賦』所謂湀瀑濆瀑也。斯二者必撇之捎之而行。不可正犯。杜用峽中語言入『詩』。》 从水。旋省聲。《似沿切。14部。按『廣韵(韻)』又辭戀切。》/550

涌 용【yǒng ㄩㄥˇ】 (물이)솟아날, (뭉게뭉게) 떠오를

설문 6860 滕也。《滕、水超踊也。二篆宜相連。【今本】葢(蓋)非古也。》从水。甬聲。《余隴切。9部。》一曰涌水。在楚國。《『左傳:莊:十八年』。閻敖遊涌而逸。楚子殺之。杜曰。涌水在南郡華容縣。華容今湖北荆(荊)州府監利縣地。涌水在今江陵縣東南。自監利縣流入夏水支流也。『水經』曰。江水、又東南當華容縣南。涌水入焉。酈云。水自夏水南通於江。謂之涌口。》/549

참고 용(潓)종용할

涑 (수)【sù ㄙㄨˋ】 ㊤㊥⑨㉸ sōu 本[손으로 빨] ■속:물 이름

설문 7089 瀚也。《涑、亦假漱爲之。『公羊傳』。臨民之所漱浣也。何曰。無垢加功曰漱。去垢曰浣。齊人語。解云。無垢加功、謂但用手斗漱。去垢葢(蓋)用足物。故『內則』云。冠帶垢、和灰請漱。衣裳垢、和灰請澣。鄭云手曰漱、足曰澣是也。若然則涑與澣別。而許不別者、許渾言、何析言也。『毛詩:周南:箋』云。汙(汚)、煩也。煩撋之用功深。澣謂濯之耳。是則澣對汙言、又分深淺。實則何之去垢、卽『毛詩』之汙。何之無垢加功、卽『毛詩』之澣。古人因義立文。後人當因文攷義耳。上文瀚篆下云。一曰手澣。已依『水經:注』訂手爲半。依諸家用手曰涑之云則作手固未嘗非是。》从水。束聲。《速矦切。3部。》河東有涑水。《『左傳』曰。伐我涑川。『水經』曰。涑水、出河東聞喜縣東山黍葭谷。今涑水出山西絳州絳縣陳村峪。伏流復出。西入聞喜縣畍(界)。又西南入夏縣畍。經安邑縣北。西流入蒲州府猗氏縣畍。又西南經臨晉縣南、虞鄉(鄉)縣北、永濟縣西南。入五姓湖。又西南入黃河。按『左傳:音義』、此水徐仙民息錄反。『字林』音速。》/564

涒 (군)【tūn ㄊㄨㄣˉ】 토할, 도포증 날 ■톤:속음 ■윤:물이 구불구불 흐를 ■균·운:같은 뜻

설문 7060 食已而復吐之也。《未聞。『江賦』涒粼、謂水皃(貌)。》从水。君聲。《他昆切。13部。》『爾雅』曰。大歲在申(申)曰涒灘。《『釋天』文。高誘曰。涒、大也。灘、循也。萬物皆大循其情性也。》/563

涓 涓(연)【juān ㄐㄩㄢˉ】 졸졸 흐르는 물 ■견:속음 ■현:눈물 흘리는 모양

설문 6810 小流也。《凡言涓涓者、皆謂細小之流。》从水。肙聲。《古懸切。14部。》『爾雅』曰。汝爲涓。《見『釋水』。亦大水溢出別爲小水之名也。【郭本】作「濆」。葢(蓋)非。濆、水厓也。》/546

涔 (잠)【cén ㄘㄣˊ】 괸 물, 큰 물

설문 6993 漬也。《『淮南書』。牛蹏之涔。謂水之漬於牛跡中者也。『毛詩』。潛有多魚。『韓詩』作「涔」。『爾雅』曰。槮謂之涔。『毛傳』曰。潛、槮也。說者云槮卽罧字。『韓詩』曰。涔、魚池也。此皆涔之別義。》从水。岑聲。《鉏箴切。7部。》一曰涔陽渚在郢。《『屈原-九歌』。望涔陽兮極浦。王逸曰。涔陽、江碕名。附近郢。按許曰在郢。王曰附近郢。許云渚名。王云江碕名。皆不云有涔水。謂近郢濱大江之洲渚耳。近儒說未可信。》/558

涕 (체)【tì ㄊㄧˋ】 (눈물을 흘리며)울

설문 7104 泣也。《按泣也二字、當作「目液也」三字。轉寫之誤也。『毛傳』皆云。自目出曰涕。『篇』、『韵(韻)』皆云。目汁。泣非其義。》从水。弟聲。《他禮切。15部。》/565

涗 (세)【suì ㄙㄨㄟˋ】 ㊤㊥⑨㉸ shuì 잿물(재에 물을 부어 받은 물), 미지근한 물, 맑을

설문 7033 財温水也。《『考工記』曰。以涗水漚其絲。『注』云。【故書】「涗」作「湄」。鄭司農云。湄水、溫水也。玄謂涗水、以灰所泲水也。玉裁按「湄」當作「渜」。『集韵(韻)』云「渜」或作「湄」是也。大鄭從渜。故釋之曰溫水。鄭從涗。故依『禮記』涗齊貴新之涗、釋爲以灰所泲水。其說殊矣。許則字從涗、而釋從大鄭。依許說則『內則』、『祭統』涗字不可解。》从水。兌聲。《輸芮切。15部。》『周禮』曰。以涗漚其絲。/561

涘 (사)【sì ㄙˋ】 물가

설문 6909 水厓也。《『爾雅:釋丘』、『王風:秦風:傳』皆曰。涘、厓也。》从水。矣聲。《牀史切。1部。》『周書』曰。王出涘。《『周頌:思文:箋』曰。武王渡孟津。白魚躍入于舟。出涘以燎。『正義』引『大誓』云。惟四月太子發上祭于畢。下至于孟津之上。太子發升舟。中流。白魚入于王舟。王跪取。出涘以燎之。按『今文-尙書』、『古文-尙書』皆有『大誓』。非【枚頤-本】之『大誓』也。許引『大誓』者三。此與〔手部〕、〔攴部〕也。》/552

浅 (재)【zāi ㄗㄞˉ】 ㊤㊥⑨㉸ é 물 이름

설문 6663 浅水。出蜀汶江徼外。東南入江。《蜀郡汶江、見『前志』。『後志』云。蜀郡汶江道。『前志』蜀郡青衣下云。大渡水東南至南安入渽。汶江下云。渽水出徼外。南至南安東入江。過郡三。行三千四十里。『水經』曰。大江又東南過犍爲武陽縣。青衣水、沬水從西南來合而注之。又曰。青衣水出青衣縣西蒙山。東與沬水合。至犍爲南安縣入江。沬水出廣柔徼外。東南過旄牛縣北。又東至越嶲靈道縣。出蒙山南。東北與青衣水合。東入於江。『注』曰。江水又東南徑南安縣西。縣治青衣水會。衿帶二水矣。縣南有峨眉山。有濛水。卽大渡水也。水發蒙谿。東南與渽水合。渽水出徼外。徑汶江道南。至南安入大渡水。大渡水、又東入江。按【經】曰武陽。『注』曰南安。二縣壤接。犍爲南安者、今四川嘉定府治附郭縣曰樂山是也。蜀郡汶江縣者、今四川茂州治是其地。凡言徼外者、皆謂去其郡縣境不甚遠。如廣漢剛氏道徼外、蜀湔氐徼外皆是。徼者、張揖曰塞也。以木柵水爲蠻夷畍(界)也。『漢志』青衣縣下有大渡水而無青衣水。葢(蓋)今之青衣水、班所謂大渡水也。今之大渡河、班所謂渽水也。凡水以互受而名亂、舉(擧)如是矣。且『地理志』不言沬水。但言大渡水入渽。渽水至南安入江。『水經』、『華陽國志』、『張揖-注:漢書』皆曰。沬水與青衣水合入江。然則諸家云沬水與青衣水合者、卽『班-志』之大渡

水 4 ⑦

水與渽水合也。以今水道言。今之青衣江出雅州府蘆山縣東伏牛山西麓。東南流。經滎經縣東。雅州府城北。名山縣南。洪雅縣南。夾江縣西。至嘉定府西境與陽江合者。諸家之青衣水、『班-志』之大渡水也。今之大渡河出小金川司、大金川司。至上下魚通。合打箭鑪瀘河。經曬經關合越巂河。經峩(峨)眉縣西南大峩山前。又經三峩山麓。至嘉定府西南境。青衣江自西北來會者。諸家所云沫水、班固所云渽水也。大渡河自北而西而西南而東而東北、曲行千五百里。班云過郡三者、蜀郡越巂犍爲也。云行三千四十里、三千或是二千之誤。凡『唐宋-史』云大渡河者、皆謂『地理志』之渽水。卽『司馬相如傳』之沫水。》 从水。𢦏(𢦏)。《【各本】篆作「 」。解作我聲。音五何切。字之誤也。今更正。按作涐 則與『漢志』不合。遂有欲改『志』作涐者。攷『漢志:師古:注』曰。渽音哉。葢(蓋)沿音義舊文。『玉篇』涪潼渽江沱湔浙沫溫灊湞淹沮涂沅幷(共)十五字聯屬。皆峄江之類。與『說文』正合。而涐字則廁於部末孫强、陳彭年襍(雜)收字中。此與〔木部:梔〕字可正桅字之誤正同。『水經:注』云。呂忱曰。渽水出蜀。許愼以爲浅水也。从水、从聲。分別許、呂古今異體。俗改浅爲涐。非是。『廣韵(韻):十六, 咍』曰。渽、水名。出蜀。此用『字林』。『集韵(韻):十六, 咍』、『類篇:水部』皆云渽或作浅。此許字之佚見於【古籍】者。祖才切。1部。》/518

※ [中][9][작] 판본에서 물이름 아(涐)자로 나온다.

◀ 제 8 획 ▶

涪 (부)【fú ㄈㄨˊ】 [本][물이름] 거품

[설문] [6658] 涪水。《句。以下同。》 出廣漢剛邑道徼外。南入漢。《『地理志』曰。廣漢郡剛氐道。『郡國志』曰。廣漢屬國都尉。領陰平道、甸氐道、剛氐道。剛氐、此作剛邑。葢(蓋)誤。『百官公卿表』曰。列侯所食縣曰國。皇大后、皇后、公主所食曰邑。有蠻夷曰道。然則『志』偁(稱)甸氐道、剛氐道、湔氐道皆以其有氐而道之。『志』於剛氐道下曰。涪水出徼外。南至墊江。入漢。過郡二。行千六十九里。過郡二者、廣漢、巴郡也。墊江屬巴郡。按剛氐道徼外、葢𡉉(蓋在)今四川龍安府松潘廳境內地。舊松潘衞(衛)也。衞東有小分水嶺。涪水出焉。東南流。經龍安府之平武縣、江油縣、彰明縣。又經綿州。又經潼川府之三臺縣、射洪縣、遂寧縣。至重慶府之合州城南。嘉陵江合渠江自東北來會。合流至重慶府府城北入大江。合州、漢之墊江縣也。嘉陵江卽西漢水也。許云南入漢、謂入嘉陵江也。『水經』云。涪水出廣魏涪縣西北。南至小廣魏。與梓潼水合。梓潼水出其縣北畍(界)。西南入於涪。又西南至小廣魏南入於墊江。云出涪縣與『志』異者、『水經』擧(擧)稍近言也。墊江縣名而云入於墊江者、以地名名水也。㐆(益)州之水見於『史』者涪水謂之內水。今之涪江也。雒水合綿水謂之中水。今𡉉瀘州州城北入大江。『水道提鋼』謂之沱江者是也。外水今之大江也。》 从水。咅(咅)聲。《縛牟切。3部。》/517

涫 (관)【guān ㄍㄨㄢˉ】 [상][中][9][작] guàn 끓을, 현 이름, 물 이름 ■환:같은 뜻

[설문] [7034] 𤃬也。《『春秋繁露』。燔以「涫湯」。『韓詩:外傳』作「沸湯」。然則「涫𤃬」一也。『周禮:注』曰。今燕俗名湯熱爲觀。觀卽涫。今江蘇俗語「𤃬水」曰「滾水」。「滾」水卽「涫」。語之轉也。》 从水。官聲。《古丸切。14部。》 酒泉有樂涫縣。《【二志】同。故城在今甘肅肅州高臺縣西北鎭夷城西南。》/561

液 (액)【yì ㄧˋ】 [상][中][9] yè 즙(진액) ■석:담글, 흩을

[설문] [7062] 𧖴也。《〔血(血)部〕曰。𧖴、气液也。按『樂記:注』曰。永歎淫液歌遲之也。『考工記』春液角。鄭(鄭)司農液讀爲醳(醳)。謂重釋治之。此皆引伸之義也。》 从水。夜聲。《羊益切。古音在 5部。》/563

涳 (공)【kōng ㄎㄨㄥˉ】 [9][작] qiāng 물 곧게 흐를, 가랑비

[설문] [6862] 直流也。从水。空聲。《哭工切。又苦江切。9部。》/550

涵 (함)【hán ㄏㄢˊ】 [本][물로 흠씬 적실] 담글, 적실, 넣을

[설문] [6990] 水澤多也。《所受潤澤多也。》 从水。函聲。《胡男切。7部。》『詩』曰。僭始旣涵。《『小雅:巧言』文。『傳』曰。僭、數。涵、容也。按涵訓容者、就受澤多之義而引伸之。》/558

涶 (타)【tuò ㄊㄨㄛˋ】 [상][中][9][작] tuō [本][나루이름] 침(뱉을) ※타(唾)와 같은 글자

[설문] [6780] 河津也。在西河西。《河津名涶(涶)、猶洹津、孟津也。在西河西、謂在西河郡之西。今未詳其地。》 从水。𡍮(垂)聲。《土禾切。17部。按〔口部〕以爲唾重文。》/544

湩 (누)【nǒu ㄋㄡˇ】 물, 물 이름, 전국술 ■유:진한 술, 전국술

[설문] [6794] 湩水也。从水。乳聲。《乃后切。4部。或以爲酒醴維醹之醹。》/544

渓 [옥]【wò ㄨㄛˋ】 물 댈, 물로 축일 ■오:같은 뜻

[설문] [6945] 漑灌也。《自上澆下曰沃。故下文云澆者、沃也。『周禮』、『左傳』皆言沃盥是也。水沃則土肥。故云沃土。水沃則有光澤。故『毛傳』云沃沃、壯佼也。又云沃、柔也。》 从水。芺聲。《烏酷切。古音在 2部。隸(隸)作「沃」。》/555

[형성] (1자) 옥(鋈 鋈)8827

涷 (동)【tōng ㄉㄨㄥˉ】 [상][中][9][작] dōng [本][물이름] 소나기

[설문] [6657] 涷水。《水上補「涷」字。以下皆同。》 出發鳩山。入河。《『北山經』曰。又北二百里曰發鳩之山。漳水出焉。東流注于河。『水經:注:濁漳篇』曰。漳水、又東。涷水注之。涷水西出發鳩山。東徑余吾縣故城南。又東徑屯留縣故城北。又東流、注于漳。故許愼曰水出發鳩山。入關。從水、東聲也。案『酈:注』作入關。不可通。『說文』云入於河。

亦與水道不合。又但云出發鳩山。不言發鳩所扗郡縣。葢(蓋)『許-所據:山海經』作涑水出焉、東流注于河。故許仍舊立文。如下文涻出北囂(䍐)山、入邙澤。亦全用『北山經』語。涑作漳、正如『今-北山經』作涔許作涻及〔木部〕引櫨出發鳩山今作柘之比。洳涑字皆出『山海經』、故類擧(擧)之耳。若依『水經:注』、則涻入濁漳。濁漳徑入海。不入河。發鳩山『淮南子:注』、『水經、山海經:注』皆云扗上黨長子縣西。今山西潞安府長子縣縣西五十里有發鳩山。》从水。東聲。《德紅切。9部。按『方言』瀧涿謂之霑漬。瀧涿亦日瀧涑。又『爾雅』、『楚辭』有涑雨。王云暴雨也。》/516

涸 (학)【hé ㄏㄜˊ】 마를 ■호:속음 ■후:같은 뜻
[설문] [7009] 渴也。《渴、盡也。渠列切。『釋詁』日。涸、渴也。【俗本】作「竭」。『月令』。仲秋之月。水始涸。》从水。固聲。讀若狐貈之貈。《按貈從舟聲。今人而貉爲之。音下各切。別作蠻貊字。音莫白切。皆非古也。此涸下當云讀若貈。恐音旣變之後粂經改竄耳。下各切。5部。》 涸亦从水鹵舟。《未聞其意。》/559

涺 (거)【jū ㄐㄩ】 물 이름
[설문] [6787] 涺水也。从水。居聲。《九魚切。5部。》/544

淴 淴(홀)【huì ㄏㄨㄟˋ】 [상]㊥⑨[작] hū 검 푸른 모양, 크게 맑을
[설문] [6904] 靑黑皃(貌)。《皃(貌)字依『廣韵(韻)』訂。》从水。昷聲。《【各本】篆文作淴、解作忽聲。此以隸(隸)體改篆也。『篇』、『韵』皆日。淴今作淴。今據正。其音當依『廣韵』荒內切。15部。大徐呼骨切。》/552

涻 (사)【shè ㄕㄜˋ】 물 이름
[설문] [6783] 涻水。《水名。》出北䍐(囂)山。入卬澤。《「卬」【俗本】作「邙」。誤。今依『舊抄-繫傳本』。『北山經』日。鉤吾之山、又北三百里日北䍐之山。涔水出焉。而東流注於卬澤。許所據「涔」作「涻」。如「柘」作「櫨」、「䫻」作「劦」。皆與【今本】不同也。其地未詳。》从水。舍聲。《始夜切。古音在 5部》/544

涼 (량)【liáng ㄌㄧㄤˊ】 [本][앎을] 서늘할、서늘한 바람
[설문] [7058] 薄也。《涼廁於此者、謂六飮之涼與漿爲類也。鄭司農云。涼、以水和酒也。玄謂涼、今寒粥若糗飯襍(雜)水也。許云薄也。葢(蓋)薄下奪一酒字。以水和酒。故爲薄酒。此用大鄭說也。引伸之爲凡薄之稱。如職涼善背、徿多涼德。毛、杜皆云涼薄是也。薄則生寒。又引伸爲寒。如北風其涼是也。至『字林』乃云涼、微寒也。唐殷敬順引之。『廣韵(韻)』、『玉篇』皆云。凉俗涼字。至『集韵』乃特出凉字。『注』云。薄寒日凉。》从水。京聲。《呂張切。10部。》/562

涾 (답)【tā ㄊㄚ】 [상] tà 물결 출렁거릴
[설문] [7035] 涫溢也。今河朔『方言』謂鬻溢爲涾。《河朔、河北也。》从水。沓聲。《徒合切。8部。》/561

涿 (탁)【zhuó ㄓㄨㄛˊ】 물방울 떨어질, 칠(두드릴)
[설문] [6980] 流下滴也。《『周禮:壺涿氏:注』。壺、瓦鼓(鼓)也。涿、擊之也。按擊瓦鼓之聲如滴然。故日壺涿。今俗謂一滴日一涿。音如篤。卽此字也。又作「沰」。音當洛反。『廣雅』。沰、磓也。『崔寔-書』。上火不落。下火滴沰。『周禮-掌舍:注』云。柜受居溜水涑橐者也。橐卽沰之假借。》从水。豖聲。《竹角切。古音在 3部。》上谷有涿鹿縣。《「鹿」字【各本】奪。今補。涿縣在涿郡。不在上谷也。『地理志』。上谷君涿鹿、今涿鹿。故城在直隸(隸)宣化府保安州南。『明志』謂之軒轅城。涿郡涿、今涿縣。故城在順天府涿州州治。》奇字涿。《古文奇字也。》从日乙。《从日者、謂於日光中見之。乙葢(蓋)象滴下之形。非甲乙字。》/557

淁 (첩)【qiè ㄑㄧㄝˋ】 물 ■접:물 이름
■집:물 스며들、샘 날
[설문] [6786] 淁水也。从水。妾聲。《七接切。8部。》/544

淅 (석)【xī ㄒㄧ】 (쌀을)일, 눈비 소리
[설문] [7038] 汏米也。《『毛詩:傳』日。釋、淅米也。『爾雅』。溞溞、淅也。『孟子:注』日。淅、漬米也。凡釋米、淅米、漬米、汏米、灡米、淘米、洮米、滰米、異稱而同事。淅箕謂之籅。》从水。析聲。《先擊切。16部。》/561

淇 (기)【qí ㄑㄧˊ】 물 이름
[설문] [6696] 淇水。出河乃共(共)北山。東入河。《『韵(韻)會』引作東至黎陽入河。此用『漢書』增三字也。『說文』之例。擧(擧)所出之郡縣。不擧入河入江之郡縣。所出之地不變者多。下流古今多變。故略之也。河內郡共、【二志】同。共音恭。今河南衛輝府輝縣治、古共城也。『前志』共下日。北山、淇水所出。東至黎陽入河。北山、今輝縣西北蘇門山。其別阜日共山是也。『詩』日。毖彼泉水。亦流於淇。又日。泉源在左。淇水在右。泉謂淇之源也。今淇水自彰德府林縣流入衛輝府淇縣境、入衛河而入海。與古入河者迥異。》或日出隆慮西山。《隆慮、漢諱殤帝改日林慮。此不改者、『書』成於和帝永元十二年已前也。『前志』。河內郡隆慮。『後志』作林慮、慮音閭。今河南彰德府林縣是其地。西山者、今林縣西北二十五里隆慮山是也。『水經』日。淇水出河內隆慮縣西大號山。東北入於海。『山海經:注』亦日今淇水出汲郡隆慮縣大號山。東過河內縣南爲白溝。》从水。其聲。《渠之切。1部。『山海經』作「濝」。》/527

淈 (골)【gǔ ㄍㄨˇ】 흐릴, 진흙 ■홀:물모양
[설문] [6876] 濁也。《今人汩亂字當作此。按『洪範』汩陳其五行。某氏日。汩、亂也。『書:序』汩作。汩、治也。『屈賦』汩鴻。謂治洪水。治亂正一義。卽『釋詁』之淈、治也。『某氏-注:爾雅』引『詩』淈此羣(群)醜。其勿反。》从水。屈(屈)聲。《古忽切。15部。》一日滒泥。《多汁成泥》一日水出皃(貌)。《『上林賦』。潏潏淈淈。》/550

淉 (과)【guǒ ㄍㄨㄛˇ】 물 ■관:강신제
[설문] [6791] 淉水也。从水。果聲。《古火切

17部。》/544

淊 (함)【hàn ㄏㄢˋ】 흙탕물, 고치켜는 끓는 물 ■염:물 가득찬 모양 ■암:흙탕물

설문 6989 泥水淊淊也。从水。臽聲。《胡感(感)切。8部。》一曰繅絲湯。《繅絲必用鬻湯。名曰淊。》/558

淋 (림)【lín ㄌㄧㄣˊ】 축일, 물댈, 지적지적한 모양, 번지르르한 모양

설문 7085 目(以)水沃也。《今俗語皆爾。『郭樸-注:三倉』曰。淋、漉水下也。》从水。林聲。《力尋切。7部。》一曰淋淋、山下水也。《謂山下其水也。與下文決、下水也義同。『七發』曰。洪淋淋焉。若白鷺之下翔。》/564

淑 (숙)【shú ㄕㄨˊ】 ㊤㊥⑨㉿ shū 착할, 맑을, 사모할, 잘(좋게), 비로소

설문 6867 淸湛也。《湛、没(沒)也。湛沈古今字。今俗云深沈是也。『釋詁』曰。淑、善也。此引伸之義。》从水。叔聲。《殊六切。3部。》/550

淒 (처)【qī ㄑㄧ】 本[구름비 일어나는 모양] 찰, 쓸쓸할 ※ 처(凄)와 같은 글자

설문 6970 雨雲起(起)也。《【各本】作「雲雨」。誤。今依『初學記』、『太平御覽』正。雨雲、謂欲雨之雲。『唐人詩』晴雲、雨雲是也。按『詩』曰。淒其以風、『毛傳』。淒、寒風皃(貌)。又曰。風雨淒淒。葢(蓋)淒有陰寒之意。『小雅』。有渰淒淒。皃急雨欲來之狀。未嘗不兼風言之。許以字從水。但謂之雨雲。》从水。妻聲。《七稽切。15部。》『詩』曰。有渰淒淒。《『今-詩』作「萋萋」。非也。『呂覽』、『漢書』、『玉篇』、『廣韵(韻)』皆作「淒淒」。》/557

淔 (칙)【chì ㄔˋ】 물 이름, 풀 이름

설문 6785 淔水也。《『集韵(韻)』、『類篇』曰。出潁川。》从水。直聲。《恥力切。1部。》/544

淖 (뇨)【nào ㄋㄠˋ】 진흙, 진창, 젖을 ■조:속음 ■도:화할 ■작:가냘픈 모양, 부드럽고 약한 모양

설문 6899 泥也。《『左傳』曰。有淖於前。乃皆左右相違於淖。『杜-注』同。『倉頡篇』云。深泥也。『字林』云。濡甚曰淖。按泥淖以土與水合和爲之。故淖引伸之義訓和。『儀禮』。嘉薦晉(普)淖。『注』曰。普淖、黍稷也。普、大。淖、和也。德能大和。乃有黍稷也。劉(劉)瓛述張禹之義曰。仲者、中也。尼者、和也。言孔子有中和之德。故曰仲尼。葢(蓋)漢人尼與泥通用。故『漢-碑』仲尼字或作泥。又按許泥爲水名。不箸塗泥之解。於此補見。是與深同例也。魏晉以後。泥淖字作「埿」。》从水。卓聲。《奴教切。2部。》/551

淖 (조)【cháo ㄔㄠˊ】 조수 ※ 조(潮)와 같은 글자

설문 6807 水朝宗于海也。《『禹貢』。荊(荊)州、江漢朝宗于海。鄭以『周禮』春見曰朝、夏見曰宗釋之。古說則謂潮也。『論衡:書虛篇』辨子胥驅水爲濤事曰。天地之性。上古有之。經江漢朝宗于海。唐虞之前也。又曰。濤之起也。隨月盛衰。小大、滿損不齊同。『虞翻(飜)-注:易』習坎有孚曰。水行往來。朝宗于海。不失其時。如月行天。注行險而不失其信曰。水性有常。消息與月相應。皆與許說合。朝宗于海者、謂彼此相迎受。洚水之時。江漢不順軌。不與海通。海淖不上。至禹治之。江漢始與海通。於楊州曰。三江既入。謂江漢之入海也。於荊州曰。江漢朝宗于海。謂海淖上達、直至荊州也。江漢之水下赴。海淖上迎。呼吸相通。恩禮相受。二州之文相爲表裏。古說如是。朝宗于海、謂海水來朝見尊禮也。》从水。朝省。《會意。隸(隸)不省。直遙切。2部。按『說文』無濤篆。葢(蓋)濤卽淖之異體。濤古當音稠。淖者、倝(朝)聲。卽舟聲。『文選:注』引『倉頡篇』濤、大波也。葢淖者古文、濤者秦字。『枚乘-七發』觀濤卽爲觀淖。》/546

淙 (종)【cóng ㄘㄨㄥˊ】 물 댈, 물소리 ■장:같은 뜻 ■상:물 나오는 모양

설문 6855 水聲也。《水聲淙淙然。》从水。宗聲。《藏宗切。9部。》/549

淜 (빙)【pēng ㄆㄥ】 ㉠㊤㊥⑨㉿ píng 本[물결 소리] 바람 물건 치는 소리, 馮古字

설문 6949 無舟渡河也。《『小雅:傳』曰。徒涉曰馮河。徒搏曰暴虎。『爾雅:釋訓』、『論語:孔-注』同。淜正字。馮假借字。》从水。朋聲。《皮冰(氷)切。6部。》/555

淠 (비)【pì ㄆㄧˋ】 ㊤㊥⑨㉿ pèi 물 이름, 더부룩할, 배 떠날 ■패:움직일

설문 6726 淠水。出汝南弋陽垂山。東入淮。《汝南郡弋陽、【二志】同。今河南光州州東北有故弋陽城。『水經:淮水篇』曰。淮水、東過期思縣北。又東北淠水注之。水出弋陽南垂山。西北流、歷陰山關西北出山。又東北流逕新城戍東。又東北得詔虞水口。又東北注淮。俗曰白鷺水。按今之白露河也。出光州南三十里之南岳山。北流。又東入固始縣界。合春河注於淮。春河卽『水經:注』之詔虞水也。『水經:注』曰。泚水、字或作「淠」。但『說文』有淠無泚。『前志』有泚無淠。不得混爲一水。》从水。畀聲。《匹備切。又匹制切。15部。按『大雅:傳』曰。淠、舟行貌。『箋』云。淠淠然涇水中之舟。又『小雅:傳』曰。淠淠、衆也。》/533

淔 (책)【sè ㄙㄜˋ】 ㊤ zé ⑨ sé 방죽 ■색:같은 뜻 ■조:같은 뜻

설문 6946 所㠯攤(以擁)水也。《「攤」當作「雝」。塞也。『廣雅』曰。淔、隁也。》从水。𥫗(昔)聲。《所責切。古音在 5部。曹憲倉故反。》『漢律』曰。及其門首洒淔。《葢(蓋)謂壅水於人家門前有妨害也。》/555

淡 (담)【dàn ㄉㄢˋ】 싱거울, 엷을, 담박할 ■염:물이 유랑하는 모양, 물이 고요히 흐르고 가득찬 모양

설문 7059 薄味也。《醲之反也。〔酉部〕曰。醲、厚酒也。又澹淡亦作「淊淡」。水滿皃(貌)。『楊雄賦』。秬鬯泔淡。應劭曰。泔淡、滿也。按泔淡訓滿、謂淡爲贍之假借。》从水。炎聲。《徒敢切。8部。》/562

減 (역)【xù ㄒㄩˋ】 ⓢⓗ⑨ⓩ yù 빨리 흐를, 도랑, 물결 고기 비늘 모양으로 일어나는 모양 ■일:물 흐를 ■혁:해자, 성곽에 둘리어 있는 물, 서러운 모양

설문 6823 疾流也。《急疾之流也。『江賦』。測減濜湏。是其義也。『毛詩』。築城伊減。假借減爲洫也。》从水。或聲。《于逼切。1部。》/547

淤 (어)【yū ㄩ】 진흙, 작은 섬, 앙금, 찌끼, 진흙에 함빡 젖은 풀

설문 7049 澱滓濁泥也。《『方言』。水中可居爲洲。三輔謂之淤。其引伸之義也。》从水。於聲。《依據切。5部。》/562

淦 (감)【gàn ㄍㄢˋ】 배에 물스며들, 물 이름 ■함:같은 뜻

설문 6958 水入船中也。《水入船中、必由朕而入。淦者、浸淫隨理之意。》从水。金聲。《古暗切。古音在 7部。》一曰泥也。《謂塗泥。》泠或从今。《今聲。》/556

淨 (정)【jìng ㄐㄧㄥˋ】 ㉠ⓢⓗ zhēng ⑨ zhèng ⓩ chéng 깨끗할, 깨끗이 할, 악역(惡役)

설문 6741 魯(鲁)北城門池也。《『公羊傳:閔:二年』。桓公使高子將南陽之甲。立僖公而城魯。或曰。自鹿門至于爭門者是也。或曰。自爭門至于吏門者是也。魯人至今以爲美談。曰。猶望高子也。鹿門者、魯南城之東門。爭門者、魯北城之門。天子十二門。通十二子。諸侯大國當是九門。佚攷。淨者、北城門之池。其門曰爭門。則其池曰淨。从爭旁水也。『廣韵(韻)』曰。埩七耕切。魯城北門池也。『說文』作淨。蓋【古書】有作埩門者矣。城北誤倒。》从水。爭聲。《土耕切。11部。又才性切。按今俗用爲瀞字。釋爲無垢薉。切以才性。今字非古字也。》/536

淩 릉【líng ㄌㄧㄥˊ】 本[물 이름] 달릴, 지날, 떨, 성씨

설문 6737 淩水。在臨淮。《『前志:臨淮郡』。『後志』爲下邳國。『前志』泗水國淩。應劭曰。淩水所出。入淮南。『後志』淩屬廣陵郡。『水經:注:淮水篇』。淮水、左逕泗水國南。淩水、出淩縣。東流、逕其縣故城東。而東南流、注於淮。是曰淩口。今江蘇徐州府宿遷縣縣東南五十里有淩城。淩水未詳。》从水。夌聲。《力膺切。6部。『廣韵』曰。淩、歷也。今字今義也。》/535

형성 (1자) 릉(蔆 𦳝)390

淪 (륜)【lún ㄌㄨㄣˊ】 잔 물결, 빠질, 거느릴 ■론:같은 뜻 ■관:성씨

설문 小波爲淪。《『魏風』。河水淸且淪猗。『釋水』曰。小波爲淪。『毛傳』曰。小風水成文。轉如輪也。『韓詩』曰。從流而風曰淪。『釋名』曰。淪、倫也。水文相次、有倫理也。》从水。侖聲。《力迍切。13部。》『詩』曰。河水淸且淪猗。《「猗」【各本】作「漪」。今正。『毛詩』漣猗、直猗、淪猗。猗與兮同。『漢石經:魯(鲁)詩:殘碑』作兮可證。後人妄加水作「漪」。『吳都賦』乃有刷盪漪瀾、濯明月於漣漪之句。其繆甚矣。》一曰没(沒)也。《『微子篇』。今殷其淪喪。某氏曰。淪、沒也。按『釋言』。淪、率也。『小雅』。淪胥以鋪。此以淪爲率之假借也。古率讀如律。於淪雙聲。》/549

淫 음【yín ㄧㄣˊ】 本[적실] 담글, 방탕할, 음란할, 탐할, 과할, 심할 ■임:속음 ■염:돌이름 ■녈:검은 물들일

설문 6891 浸淫隨理也。《「浸淫」者、以漸而入也。『司馬相如-難蜀父老』曰。六合之內。八方之外。浸淫衍溢。『史記』作「浸潯」。》从水。㸒聲。《余箴切。7部。》一曰久雨曰淫。《『月令』曰。淫雨蚤降。『左傳』曰。天作淫雨。鄭曰。淫、霖也。雨三日以上爲霖。》/551

참고 음(霪)장마

淬 (쉬)【cuì ㄘㄨㄟˋ】 담글, 물들, 차가울 ■줄:물 흐르는 모양

설문 7077 滅火器也。《滅火器者、葢(蓋)以器盛水濡火使滅。其器謂之淬。與〔火部〕之焠義略相近。故焠通作「淬」。》从水。卒聲。《七内切。15部。》/563

淮 회【huái ㄏㄨㄞˊ】 물 이름

설문 6722 淮水。出南陽平氏桐柏大復山。東南入海。《南陽郡平氏。【二志】同。今河南南陽府桐柏縣縣西北四十里有故平氏城。『前志:平氏』下曰。『禹貢』桐柏大復山在東南。淮水所出。至淮陵入海。過郡四。行三千二百四十里。『水經』曰。淮水、出南陽平氏縣胎簪山。東北過桐柏山。東過江夏、廬江、九江、下邳諸郡。至廣陵淮浦縣入於海。按桐柏大復、以四字爲山名。『漢志』、『說文』、『風俗通』、『鄭-注』皆云桐柏大復山。『應劭-注:地理志』云。復陽縣在桐柏大復山之陽是也。『後世-地志』析爲二山。乃非是。『禹貢』祇云。桐柏、省言之也。『古-經史』所擧(舉)之山皆擧其全勢。後人乃以一支一節當之。若『水經』所謂胎簪、亦卽桐柏耳。作『水經』者別爲二。亦非也。今淮水出河南桐柏縣桐柏山。東流經羅山縣。眞陽縣、息縣、固始縣、光州。又入江南畍。經穎州府、霍邱縣、穎上縣、壽州、懷遠縣、鳳陽府、臨淮縣、五河縣、盱眙縣、泗州。至淸河縣合於河。經山陽縣。阜寧縣、安東縣。至雲梯關入於海。古水道河於冀州入海。不與淮同入海。淮之古水道今未有異。淮自平氏至入海、大致東北行。東多北少。許云東南、南字誤。》从水。隹聲。《戶乖切。15部。按『禹貢』「濰水」、『漢書』作「維水」。其作淮者、誤。》/532

유사 평평할 준(准)

형성 (1자+1) 회(匯 𠥏)8047 초(潐)

淯 (육)【yù ㄩˋ】 물 이름

설문 6687 淯水。出弘農盧氏山。東南入沔。《弘農郡盧氏【二志】同。今河南河南府盧氏縣是其地。『前志:盧氏』下曰。有育水。南至順陽入沔。順陽者、南陽之博山也。『中山經』曰。攻離之山。淯水出焉。南流注于漢。《依『文選(選):注』》『水經』曰。淯水、出弘農盧氏縣攻離山。東南過

水 4 ⑧

南陽西、鄂縣西北。又東過宛縣南。又屈南過淯陽縣東。又南過新野縣西。又南過鄧縣東南。入於沔。今河南南陽府府城東三里俗名白河者是。由南陽達於新野、府境諸水悉會焉。又南至湖廣光化縣。又東經故鄧城東南而入漢水。『水道提綱』云。漢水經襄陽府城北。樊城南。有白河唐河。東北自河南新野合南陽府諸縣及鄧州水南流。又合西來之淸河。東來棗陽之滾河來會。齊氏所謂白河、卽淯水也。南陽之水淯冣(最)大。『水經:注』云。合魯陽關水、洱水、梅谿水、朝水、棘水、濁水、湍水、比水、白水入漢。『南都賦』曰。淯水盪其胷。推淮引湍。三方是通。知淯冣大、『齊氏-召南』以趙河當之。非也。許謂西漢爲漢。謂東漢爲沔。故涪下曰入漢。淯下曰入沔。『漢志』、『水經』之例亦同。》从水。育聲。《余六切。3部。按『漢志』作「育」。》或曰出酈山西。《『前志』南陽酈下曰。育水出西北。南入漢。「漢」當作「沔」。葢(蓋)出酈山者與出盧氏山者、異源而同流。故班、許皆兼逑之也。酈故城在今河南南陽府內鄕(鄉)縣縣東北。》/525

淰 (심)【niǎn ㄋㄧㄢˇ】(물이)흐릴, 물놀이 칠 ■념:흐릴, 물 흐르는 모양 ■남:바람 물결없는 모양, 물 속의 진흙 퍼내는 농구 ■암:같은 뜻 ■섬:물이 솟아 넘칠 ■늑:물 갈래지지 않게 하는 작은 돌둑

설문 7051 濁也。《義與澱淤滓相類。『禮運』曰。龍以爲畜。故魚鮪不淰。『注』。淰之言閃也。凡云之言者、皆假其音以得其義。葢(蓋)濁其本義、閃其引伸假借之義也。『衆經:音義』引『埤倉』淰、水無波也。『杜-詩』。山霧戎戎溼(濕)。溪雲淰淰寒。戎戎言其流動。淰淰言其凝滯。水無波之義之引伸也。》从水。念聲。《乃忝切。7部。『禮記:音義』審閃二音。》/562

深 심【shēn ㄕㄣ】本[물 이름] 깊을, 으슥할, 심할

설문 6705 深水。出桂陽南平。西入營道。《桂陽郡南平、零陵郡營道、【二志】同。今湖南桂陽州藍山縣縣東五里有南平城。『水經』曰。深水出桂陽盧聚。西北過零陵營道縣、營浦縣、泉陵縣。至燕室。邪入於湘。酈云。桂陽縣本彔(隸)桂陽郡。後割屬始興縣。有盧溪。盧聚山在南平縣之南、九疑山之東。玉裁謂盧聚山在南平之南。『經』擧(擧)其遠源。許擧其近源。洭出盧聚。南流入海。深出盧聚。西北流入湘、以入江。是分馳不同也。『湘水篇:經、注』皆不言深水。葢(蓋)呂忱言深水導源盧溪。西入營水。亂流營波。『同-注』湘津。故『湘水篇』言營不言深耳。今深營二水源委未聞。漢營道、營浦縣皆氏於水。以『字林』訂『說文』、則當作入營。不必有道字。泉陵縣卽今湖南永州府零陵縣。今瀟水合諸水於此入湘。深水營水在其中。》从水。罙(罙)聲。《式針切。7部。按此無深淺一訓者、許意深淺字當作罙。詳罙下。》/529

형성 (1자) 심(罧)313

滮 (표)【piāo ㄆㄧㄠ】㊤㊥⑨㉂ biāo 물 흐르는 모양 ■호:물이름

설문 6822 水流貌。《『小雅』。滮池北流。毛曰。滮、流貌。》从水。彪省聲。《隸(隸)不省。皮彪切。3部。》『詩』曰。滮池北流。《「池」【宋本】作「沱」。非是。》/547

漘 淳(순)【chún ㄔㄨㄣˊ】순박할, 깨끗할, 맑을 ■준:폭 넓은 비단

설문 7084 渌也。《上文曰。渌、或漉字。似漘 (淳)淋二篆宜類廁。恐轉寫者亂之也。『內則』、『考工記:注』皆曰。淳、沃也。按㡛氏而沃之。卽上文之渥淳其帛也。『內則』淳熬、淳模之名。因沃之以膏也。然則許云渌也、謂渌之後一義。》从水。𦎧聲。《常倫切。按當依『經典:釋文』之純反。常倫乃不澆之訓。純醇二字之假借也。假借行而本義廢矣。13部。》/564

淵 연【yuān ㄩㄢ】연못, 깊을, 못 이름, 성씨

설문 6879 回水也。《顏回字子淵。》从水。象形。《下文釋象形。》左右《謂川。》岸也。中《謂𣶒。》象水皃(貌)。《烏懸切。12部。》𣶒淵或省水。囦古文。从囗水。《囗其外而水其中。『江賦』。瀇滉囦泫。用囦字。》/550

참고 윤(𤅊)물 충충할, 물 깊고 넓을

淶 (래)【lái ㄌㄞˊ】물 이름

설문 6776 淶水。起(起)北地廣昌。東入河。《「北地」當作「代郡」。代郡廣昌、見『前志』。『後志』屬中山國。今直隸易州廣昌縣縣北有廣昌故城。『職方氏』曰。幷州、其浸淶、易。鄭云。淶出廣昌。『前志』廣昌下曰。淶水東南至容城入河。過郡三。行五百里。幷州浸。『水經』曰。巨馬河、出代郡廣昌縣淶山。巨馬河卽淶水也。東過迺縣北。又東南過容城縣北。又東過勃海東平舒縣東。入於海。酈云。巨馬水於東平舒北。南入於滹沱。而同歸於海也。今淶水一名巨馬河。源出廣昌縣南東。流轉南。逕易州淶水縣東。又南入保定府定興縣畍(界)。至縣南爲白溝河。又東南逕容城縣東北。又東逕新城縣南。又東南逕雄縣西。又東入保定縣界。非『酈-注』舊迹也。》从水。來聲。《洛哀切。1部。》幷州浸。/543

混 (혼)【hǔn ㄏㄨㄣˇ】㉠㊤㊥⑨㉂ hùn 本[풍부하게 흐를] 섞일, 섞을, 합할 ■곤:서녘 오랑캐 이름

설문 6811 豐流也。《盛滿之流也。『孟子』曰。源泉混混。古音讀如衮。俗字作「滾」。『山海經』曰。其源渾渾泡泡。郭云。水濆涌也。衮咆二音。渾渾者、假借渾爲混也。今俗讀戶衮胡困二切。訓爲水濁。訓爲雜亂。此用混爲溷也。『說文』混、溷義別。》从水。昆聲。《胡本切。13部。》/546

淸 (청)【qīng ㄑㄧㄥ】맑을, 깨끗할, 맑게할

설문 6870 朖也。澂水之皃(貌)。《朖者、明也。澂而後明。故云澂水之皃(貌)。引伸之、凡潔曰淸。凡人潔之亦曰淸。同瀞。》从水。靑聲。《七情切。11部。》/550

㉂ 作家出版社〔董蓮池-說文解字考正〕 ⑨ 九州出版社〔柴劍虹-說文解字〕 ㉠ 陝西人民出版社〔蘇寶榮-說文解字今注今譯〕 ㊤ 上海古籍出版社〔說文解字注〕 ㊥ 中華書局〔臧克和-說文解字新訂〕

淹 (엄)【yān 丨ㄢ】 本[물이름] 담글, 적실
설문 6672 淹水。出越嶲徼外。東入若水。《東入若水。越嶲郡屬益州、【二志】同。嶲音先蘂反。今四川語言讀如西上聲。『佩觿』謂字作「嶲」與「巂」不同者、謬說也。同字異音耳。不言何縣徼外者、未審也。『水經』曰。淹水、出越嶲遂久縣徼外。東南至靑蛉縣。又東過姑復縣南。東入於若水。然則淹水亦合金沙江以入江者也。越嶲郡今四川寧遠府是其地。》从水。奄(奄)聲。《英廉切。8部。『廣韵(韻)』淹下曰。漬也。滯也。久畱(留)也。敗也。》/520

淺 (천)【qiǎn ㄑ丨ㄢˇ】 얕을, 여울 ■전:속음 ■찬:물뿌릴
설문 6896 不深也。《許於深下但云水名。不云不淺。而測下淺下湥下可以補足其義。是亦一例。按不深曰淺。不廣亦曰淺。故『考工記』曰。以博爲帴。帴者、淺之假借。又『馬、鄭-古文-尙書』弇淺納曰。馬云。淺、滅也。馬意讀爲戩滅之戩。謂伺日入也。》从水。戔聲。《七衍切。14部。》/551

◀ 제 9 획 ▶

渙 渙(환)【huàn ㄏㄨㄢˋ】 흩어질, 풀릴, 찬란할, 괘 이름 ■회:같은 뜻
설문 6817 散(散)流也。《【各本】作「流散」。今正。分散之流也。『毛詩』曰。渙渙、春水盛也。『周易』曰。風行水上渙。又曰。說而後散之。故受之以渙。渙者、離也。》从水。奐聲。《呼貫切。14部。》/547

渚 (저)【zhǔ ㄓㄨˇ】 本[물이름] 물가, 사주(砂洲)
설문 6762 渚水。在常山中丘逢山。東入湡。《常山郡中丘、見『前志』。中丘下云。逢山長谷、諸水所出。東至張邑入濁。按「諸」當作「渚」。「濁」當作「湡」。皆字之誤也。張邑卽廣平國之張也。中丘、渚水俟攷。》从水。者聲。《章與切。5部。》『爾雅』曰。小州曰渚。《『釋水』文。州洲古今字。『召南:傳』曰。渚、小洲也。水岐成渚。》/540

減 (감)【jiǎn ㄐ丨ㄢˇ】 덜릴, 덜, 빼기
설문 7109 損也。《【古書】多假咸爲減。》从水。咸聲。《古斬切。古音在 7部。》/566

渜 (난)【nuǎn ㄋㄨㄢˇ】 목욕한 물
설문 7030 湯也。《『士喪(喪)禮』。渜濯棄于坎。『注』。沐浴餘潘水。「渜」作「淥」作「渁」。荆(荊)沔之閒語。『疏』。潘水旣經溫煑謂之渜。已將沐浴謂之濯。O 今北方灤河、『漢志:水經』作「濡水」。乃官切。正渜之誤耳。耎多譌需。詳〔手部〕。渜洝古皆平聲。猶安難。》从水。耎聲。《乃管切。14部。》/561

渝 유【yú ㄩˊ】 ㊤㊥⑨㉠ yù 변할, 변경할, 넘칠, 땅 이름 ■투:속음 ■두:물이름
설문 7108 變汚(汚)也。《『釋言』曰。渝、變也。『鄭風:傳』、『虞翻(飜)-注:易』、『杜-注:左傳』皆同。許謂瀞而變汚。》从水。兪聲。《羊朱切。4部。》一曰渝水在遼西。臨渝。東出塞。《遼西郡臨渝、【二志】同。臨渝故城無考。『前志』臨渝下曰。渝水、首受白狼。東入塞外。又有侯水、北入渝。同郡交黎縣下曰。渝水、首受塞外。南入海。按『水經:注:遼水篇』詳白狼水、渝水、侯水。今渝水未詳。『一統志』於永平府曰。古今水道變遷。所當闕疑。》/566
참고 유(瀹)택사(澤瀉), 꽃 번성할

渠 거【qú ㄑㄩˊ】 개천, 도랑, 우두머리, 어찌
설문 6932 水所居也。《渠居疊(疊)韵。『風俗通』亦云。渠者、水所居也。》从水。䆊聲。《小徐云。䆊卽柜字。見〔木部〕。又『堯廟碑』以柜爲渠。彊魚切。5部。》/554
형성 (1자) 거(𩻜 𩻜)2326

渡 (도)【dù ㄉㄨˋ】 (물을)건널, 나루
설문 6952 濟也。《上文濟篆下無此義。此補見。『邶風:傳』曰。濟、渡也。『方言』曰。過度謂之涉濟。凡過其處皆曰渡。假借多作度。天體三百六十五度。謂所過者三百六十五也。》从水。度聲。《徒故切。5部。》/556

渥 (악)【wò ㄨㄛˋ】 짙을, 젖을, 담글, 얼굴빛 붉그레할 ■옥:물소리 ■우:속음 ■구:오래 담글
설문 6997 霑也。《『小雅』。旣優旣渥。『考工記』。欲其柔滑而腥脂之。『注』。腥讀如沾渥之渥。按渥之言厚也。濡之深厚也。『邶風:傳』曰。渥、厚漬也。》从水。屋聲。《於角切。古音在 3部。》/558

渨 (외)【wèi ㄨㄟˋ】 ㊤㊥⑨ wēi ㉠ wěi 빠질, 물결일 ■위:물결 내솟는 모양
설문 6967 㲻(沒)也。从水。畏聲。《烏恢切。15部。按此字疑後人所增。》/557

渫 (설)【xiè ㄒ丨ㄝˋ】 (하천의 토사를)칠 ■섭:물이름 ■접:물결 출렁출렁하는 모양 ■잡:같은 뜻 ■예:찔 파
설문 7086 除去也。《『井, 九三』曰。井渫不食。『荀爽』曰。渫去穢濁。淸潔之意也。按凡言泄漏者、卽此義之引伸。變其字爲泄耳。》从水。枼聲。《私列切。15部。按枼聲或在15部或在 8部。葢(蓋)2部之通融難以枚數。枼从世聲。》/564

測 (측)【cè ㄘㄜˋ】 (물 깊이)잴, 헤아릴
설문 6853 深所至也。《深所至謂之測。度其深所至亦謂之測。猶不淺曰深。度深亦曰深也。今則引伸之義行而本義隱矣。『呂覽』。昏乎其深而不測。高云。測、盡也。此本義也。『考工記』。桼欲測。鄭云。測猶淸也。此引伸之義也。》从水。則聲。《初側切。1部。》/549

渭 (위)【wèi ㄨㄟˋ】 물 이름
설문 6676 渭水。出隴西首陽渭首亭南谷。東南入河。《隴西郡首陽、【二志】同。首陽縣、今甘肅蘭州府渭源縣當是其地。『禹貢』曰。道渭自鳥鼠同穴。入于河。『前志:首陽』下曰。『禹貢』鳥鼠同穴山在西南。渭水所出。東至船司空入河。過郡四。行千八百七十里。雍州寖。過郡四者、天水扶風京兆馮翊也。『水經』曰。渭水出隴西首

水 4 ⑨

陽縣渭谷亭南鳥鼠山。『注』曰。渭水出隴西首陽縣首陽山渭首亭南谷。山在鳥鼠山西北。縣有高城嶺。嶺上有城。號渭源城。渭水出焉。東北流逕首陽縣西與別源合。別源出鳥鼠山渭水谷。『禹貢』所謂渭出鳥鼠者也。按『酈-注:葢本:說文』。較『說文』多首陽山三字。疑『今-說文』奪去。酈依『說文』、故以首陽山南谷與鳥鼠山爲二。以『今-地志』言之。皆在渭源縣西。相距甚近。今渭水出此。經鞏昌府及寧遠縣、伏羌縣、秦安縣、秦州、淸水縣、寶雞(鷄)縣、岐山縣、扶風縣、武功縣、盩厔縣、鄠縣、咸陽縣、西安府、臨潼縣、高陵縣、渭南縣、朝邑縣。至華陰縣北。入於河。古所謂渭汭。『左傳:閔:二年』。虢公敗犬戎於渭隊。服虔曰。隊謂汭也。『杜預-本』作渭汭。》从水。胃聲。《云貴切。15部。『洞簫賦:注』引『埤蒼』沸渭、不安皃(貌)。》杜林說『夏書』。《五字句。》目(以)爲出鳥鼠山。《『後漢書:杜林傳』曰。林於西州得『桼書-古文-尙書』一卷。雖遭艱困。握持不離。出以示衞(衛)宏、徐巡等。宏、巡益重之。於是古文遂行。此云杜林說『夏書』、謂林說『古文-尙書:禹貢』也。云目爲出鳥鼠山者、冡上省文。謂杜云渭水出隴西首陽縣之鳥鼠山。鳥鼠山與首陽山南谷同縣而異地。故別爲異說也。》雝州濅(浸)。《『職方氏』文。鄭曰。浸、可以爲陂灌漑者。》/521

菏 (가)【gē ㄍㄜ】 물 이름 ■하:같은 뜻

설문 6744 菏水。在山陽湖陵南。《【各本】水上衍「澤」字、陵下奪「南」字。今依『尙書:音義』正。『前志山陽:湖陵』下曰。『禹貢』荷水在南。濟陰郡下曰。『禹貢』荷澤在定陶東。『水經』曰。荷水、在山陽湖陸縣南。荷澤在濟陰定陶縣東。是豫州菏澤、徐州菏水、畫(畵)然二事。依『水經』及『注』。菏水雖源於菏澤。而與菏澤迥別。釋文於徐州引『說文』水出山陽湖陵南、非菏澤也。『今本-說文』淺人增澤。大誤矣。山陽郡湖陵、見『前志』。王莽改曰湖陸。光武仍曰湖陸。至章帝復湖陸之號。今山東兗(兖)州魚臺縣縣東南六十里有湖陵故城。與江南沛縣接界。『前志:湖陵』下曰。『禹貢』浮於淮泗。通於荷。荷水在南。不但言荷水在南而必舉此『禹貢』文者、明此荷水非豫州及道沇水之荷澤也。『水經』曰。濟水、又東至乘氏縣西。分爲二。其一東南流者、過乘氏縣南。又東過昌邑縣北。又東過金鄕縣南。又東過緡縣北。又東過方與縣北。爲荷水。又東過湖陸縣南。東入於泗水。酈氏云。『尙書』曰浮又淮泗、達于荷是也。按此【經:注】所說故道、今多湮塞不可詳。》『禹貢』。浮于淮泗。達又菏。《不稱道菏澤沇水又東至於菏者、彼爲菏澤。此爲菏水。與班意同也。不言『夏書』言『禹貢』者、正襲班語也。『尙書-古文:疏證』曰。自淮而泗。自泗而菏。然後由菏入沛。以達於河。徐之貢道也。上文沇州浮于濟漯、達于河。次靑州便浮于汶。達于濟。不復言達于河。次徐州浮于淮泗、達于菏。不復言達于濟。至揚州則浮于江海、達于淮泗。此不復言達于菏。不復言者、蒙上文也。【聖經】之書法也。》从水。苛聲。《古俄切。17部。按當左形右聲。篆體取結搆乃似上艸下河耳。『五經文字』云。菏見『夏書』。【古本】亦作「荷」。玉裁謂『古-尙書』、『史記』、『漢書』、『水經:注』皆作「荷」。或是假借。或是字誤。不可定。而應劭曰。『尙書』荷水、一名湖。『韋-注:漢』曰荷胡阿反。是則湖陵以荷水得名。荷與湖、語之轉。至若『今-史記、漢書』、『俗本:尙書』作浮于淮泗。達于河。皆誤字也。『郡國志:注』譌作「苛」。》/536

渰 (엄)【yǎn ㄧㄢˇ】 구름 피어오를, (날씨가)찔 ■영:구름피어오르는 모양

설문 6971 雨雲皃(貌)。《【各本】作「雲雨皃」。今依『初學記』、『太平御覽』正。『毛傳』曰。渰、雲興皃。『顏(顔)氏家訓』、『定本』、『集注』作「陰雲」。恐許所據徑作雨雲。「渰」『漢書』作「黤」。按有渰淒淒、謂黑雲如鬈。淒風怒生。此山雨欲來風滿樓之象也。旣而白雲彌漫。風定雨甚。則興雲祁祁、雨我公田也。『詩』之體物瀏亮如是。》从水。弇聲。《衣檢切。7部。》/557

渳 (미)【mǐ ㄇㄧˇ】 本[마실] 물 모양, (울창주로) 송장 미역 감길

설문 7071 飮歒也。《『周禮』。王崩(崩)大肆。以秬鬯渳。杜子春讀渳爲泯。以秬鬯浴屍也。按浴屍則釁屍口鼻。與飮歒義相近。》从水。弭聲。《緜婢切。16部。》/563

渴 갈【kě ㄎㄜˇ】 本[다할] 목 마를, 급할 ■걸:물 잦을 ■개:탐할

설문 7012 盡也。《渴竭古今字。古水竭字多用渴。今則渴爲歠字矣。》从水。曷聲。《『佩觿』曰。『說文』、『字林』渴音其列翻(飜)。按大徐苦葛切。非也。15部。》/559

형성 (2자) 애(濭)566 갈(歠)5310

游 斿 유【yóu ㄧㄡˊ】 물 이름, 헤엄칠, 떠내려갈) ■류(통유):깃발, 별

설문 4107 旌旗之流也。《「流」【宋刊本】皆同。『集韵』、『類篇』乃作「旒」。俗字耳。旗之游如水之流。故得偁(稱)流也。大常十有二游。旂九游。旟七游。旗六游。旐四游。『周禮』。王建大常。十有二游。上公建旂。九游。侯伯七游。子男五游。孤卿建旜。大夫士建物。其游各視其命之數。『禮緯:含文嘉』云。天子之旗九仞十二旒曳地。諸侯七仞九旒齊軫。卿大夫五仞七旒齊較。士三仞五旒齊首。皆不言其命數。未可信。旗之正幅爲縿。游則屬焉。『節服氏』。六人維王之大常。『注』。王旌十二旒。网(兩)网以縷綴連。旁三人持之。然則旗之制。游屬於网旁。十二游者、一旁六游。九游、則网旁一四一五。已下可知也。曳地齊軫皆謂游。其正幅之長。『爾雅』曰。旐長尋。餘未聞。游亦曰旓。『楊雄賦』有此字。『大人賦』作「髾游」。『周禮』省作「斿」。引伸爲凡垂流之偁。如『弁師』說冕弁之斿是。又引伸爲出游、嬉游。俗作「遊」。》从㫃。汓聲。《以周切。3部。此字省作「斿」。俗作「旒」。『集韵』云。斿亦作「㳺」。按此說必有據。上文㳺篆與此同義。而居非其次。當移此下。正之曰。游或作㳺。》𨒫古文游。《从辵者、流行之義也。从学(子)者、汓省聲也。俗作遊者、合二篆爲一字。》/311

참고 유(蝣)하루살이

渻 (생)【xǐng ㄒㄧㄥˇ】㉠상㊥⑨ shěng 덜
설문 6898 少減也。《今減省之字當作渻。古今字也。〔女部〕又曰。媘者、減也。媘渻音義皆同。『左傳』有渻竈、人姓名也。》一曰水門。《此義未見。『玉篇』云一曰水門名。『廣韵(韻)』、『集韵』則云一曰水名。》从水。省聲。《息井切。11部。》又水出丘前謂之渻丘。《『爾雅:釋丘』文也。『釋名』作「阯丘」。阯、基阯也。按「阯丘」疑本作「杜丘」。古楮杜字同。故「渻丘」亦爲「楮丘」。》/551

渾 (혼)【hún ㄏㄨㄣˊ】本[섞이어 흐르는 소리] 흐릴, 섞일, 가지런히 할
설문 6865 溷流聲也。《「溷」作「混」者誤。溷、亂也。酈善長謂二水合流爲渾濤。今人謂水濁爲渾。》从水。軍聲。《戶昆切。13部。》一曰洿下也。《洿下曰。一曰窊下也。》/550

渿 渿(내)【nài ㄋㄞˋ】뿌릴、물결 모양
설문 6982 渿沛也。《『玉篇』同。未聞。【一本】作沛之。『廣韵(韻)』、『集 韵(韻)』、『類篇』同。亦未聞。按渿沛當係𣽁渧之字誤。又佚渧篆耳。與上文三篆同義。故廁於此。》从水。柰聲。《奴帶切。15部。𣽁郎計切。渧都計切。今俗語多如此。》/558

湀 (규)【guǐ ㄍㄨㄟˇ】本[물 깊은 곳] 샘 솟을, 통하여 흐를
설문 6919 湀辟、《逗。》流水處也。《「流」鉉作「深」。非。『釋水』曰。湀闢流川。》从水。癸聲。《求癸(癸)切。15部。『字林』音圭。》/553

湁 (칩)【cì ㄘˋ】상㊥⑨작 chì 물 끓을, 물 살살 솟아날
설문 6861 湁湒、《逗。》鬻也。《『上林賦』。潏潏淈淈。湁潗鼎沸。『索隱』引『周成-雜字』曰。湁潗、水沸之貌也。潗與湒同。湒又訓雨下。故不類廁於此。鬻沸古今字。鼎沸者、言水之流如爨鼎沸也。按此葢(蓋)引『上林』成語。如〔人部〕引徶御受屈。【今本】奪「鼎」字。》从水。拾聲。《丑入切。7部。》/549

湄 (미)【méi ㄇㄟˊ】물가 ■난:끓는 물
설문 6934 水艸交爲湄。《『小雅』。居河之湄。『釋水』、『毛傳』皆曰。水草交爲湄》从水。睂(眉)聲。《武悲切。15部。》/554

湅 련【liàn ㄌㄧㄢˋ】실과 비단을 삶아 이길
설문 7106 𤃬(𤃬)也。《『周禮:染人』。凡染、春暴練。『注』云。暴練、練其素而暴之。按此練當作湅。湅其素。素者、質也。卽㡛氏之湅絲、湅帛也。已湅之帛曰練。〔系部:練〕下云湅繒也是也。㡛氏如法湅之、暴之。而後絲帛之質精。而後染人可加染。湅之以去其瑕。如𤃬米之去康粊。其用一也。故許以𤃬釋湅。『戰國策』。蘇秦得大公陰符之謀。伏而誦之。簡練以爲揣摩。簡練者、𤃬湅之假借也。高誘曰。簡、汱也。練、濯治也。正與許云𤃬淅也。淅汱米也。湅𤃬也相符合。許不以湅𤃬二篆爲伍者、𤃬謂米、湅謂絲帛也。〔金部〕治金曰鍊。猶治絲帛曰湅。》从水。柬聲。《郎甸切。14部。》/566
형성 (1자) 련(瀲)1910

湆 (읍)【qì ㄑㄧˋ】국(물), 축축할
설문 7015 幽溼(濕)也。从水。音聲。《去急切。7部。『五經文字』云。湆從泣下月。大羹也。湆從泣下日。幽深也。『今-禮經』大羹相承多作下字。或傳寫久譌。不敢改正。按湆字不見於『說文』。則未知張說【何-本】。『儀禮:音義』引『字林』云。湆、羹汁也。『玉篇』、『廣韵(韻)』同。然則本無異字。肉之精液如幽溼生水也。『廣雅』。羹謂之脸。皆字之或體耳。》/560

湊 (주)【còu ㄘㄡˋ】항구, 나갈, 살결
설문 6962 水上人所會也。《引伸爲凡聚集之偁(稱)。》从水。奏聲。《倉奏切。4部。》/556

湋 (위)【wéi ㄨㄟˊ】물 돌아 나갈, 못
설문 6852 回也。《以疊韵(疊韻)爲訓。》从水。韋聲。《羽非切。15部。》/549

湍 (단)【tuān ㄊㄨㄢ】㉠ tuǎn (물이 빨리 흐르는)여울물, 소용돌이
설문 6854 疾瀨也。《瀨、水流沙上也。疾瀨、瀨之急者也。『趙-注:孟子』曰。湍者、圜也。謂湍湍縈水也。趙語爲下文決東決西張本。》从水。耑聲。《他耑切。14部。》/549

湎 (면)【miǎn ㄇㄧㄢˇ】(술에)빠질
설문 7056 湛於酒也。《「湛」【各本】作「沈」。此等皆後人以習用改之耳。沈休於酒、『周易』所謂飲酒濡首、亦不知節也。『韓詩』云。飲酒閉門不出客曰湎。『樂記』。流湎以忘本。其引伸之義也。》从水。面聲。《彌兗切。14部。按『鄭-注:酒誥』曰。飲酒齊色曰湎。『大雅』。天不湎爾以酒。『箋』云。天不同女顏(顏)色以酒。有沈湎於酒者。是乃過也。鄭意此字从面會意。故釋云齊色。謂同飲者至於同色也。許則謂形聲。》『周書』曰。罔敢湎于酒。《『酒誥』文。》/562

湑 (서)【xiū ㄒㄧㄡ】작 xiǔ 本[술거를] 물 속의 진흙이나 가라앉은 것들을 치울
설문 7055 茜酒也。《『小雅:伐木』云。釃酒有藇。『傳』曰。以筐曰釃。以藪曰湑。又云。有酒湑我。『傳』曰。湑、茜之也。按毛、許釃茜皆有別。〔酉部〕云。茜者、禮祭束茅加於祼圭而灌鬯酒。是爲茜。與『鄭大夫-甸師:注』合。是則『毛傳』湑訓以藪茜之藪。謂艸如祭之用茅也。故亦曰茜。》一曰浚也。《此亦同漉瀝、義可兩兼。湑浚雙聲。》一曰露皃(貌)也。《『小雅:蓼蕭』云。零露湑兮。『傳』曰。湑湑然蕭上露皃(貌)。》从水。胥聲。《私呂切。5部。》『詩』曰。有酒湑我。又曰。零露湑兮。/562

湒 (집)【jí ㄐㄧˊ】비 올, 물 용솟음칠
설문 6976 雨下也。《『廣雅』云。湒湒、雨也。『毛詩』。其角湒湒。『宋-本:釋文』如是。假借爲角皃(貌)。》从水。咠聲。《姉(姊)入切。7部。》一曰鬻涌皃(貌)。

水 4 ⑨

《上文云湁湒、濕也。》/557

湔 전【jiān ㄐㄧㄢˉ】물 이름, 빨(手澣), 씻을 설문 6664 湔水。出蜀郡緜虒玉壘山。東南入江。《郡字衍。『前志』曰。蜀郡緜虒。『後志』曰。蜀郡緜虒道。有蠻夷曰道。『前志』省文耳。『前志』曰。緜虒玉壘山、湔水所出。東南至江陽入江。過郡三。行千八百九十里。又曰。廣漢郡緜竹縣紫巖山、緜水所出。東至新都北入雒。廣漢郡雒縣章山、雒水所出。南至新都谷〈字誤。〉入湔。過郡三者、蜀郡廣漢犍爲也。湔水、緜水、雒水三水互受通偁(稱)。『水經』云。又同過江陽縣南。雒水從三危山東過廣魏雒縣南。東南注之。是卽『漢志』之湔水兼緜雒至江陽入江者也。三危山、葢(蓋)卽『漢志』之玉壘山。『水經』以雒爲湔也。江陽今四川瀘州。緜虒玉壘山當在松潘衞(衛)境內。『蜀都賦』曰。廓靈關以爲門。包玉壘而爲宇、『劉(劉)逵-注』。玉壘、山名。湔水出焉。在成都西北。岷山峅在後。故曰宇。靈關在前。故曰門也。今水道、緜水由緜竹縣至漢州合雒水。雒水由什邡縣至漢州合緜水。其下流經簡(簡)州。資陽縣、資縣、內江縣、富順縣至瀘州城與大江會。於『漢志』、『水經』皆無不合。特其名或異耳。此『史』所謂中水也。其上游據酈氏云湔水入江。有湔堋、湔堰、湔洩諸偁。故今謂中水爲沱江。但秦李冰(氷)所造。非禹故道。『漢志』亦不謂湔爲沱。》从水前聲。《子仙切。12部。》一曰湔、半澣也。《【各本】作「手澣之」。今依『水經:注』引『字林』手作半。依『集韵』、『玉篇』之作也。此別一義。半澣者、澣衣不全濯之、僅濯其垢處曰湔。今俗語猶如此。此相沿古語。如云湔裙是也。『廣韵』。湔、洗也。一曰水名。此用『說文』而互易其先後耳。『字林』葢(蓋)全襲『說文』語。而【酈書】於湔水出緜虒玉壘山下引呂忱云。一曰半浣水也、『下:注』江。此妄增水字、謂半浣爲湔水別名。亦其涉獵者博。不無抵梧。濯者、澣也。湔者、半澣也。『說文』屬辭之法。》/519

형성 (1자) 전(湔)425

湖 (호)【hú ㄏㄨˊ】호수 설문 6927 大陂也。《〔自(阜)部〕曰。陂、一曰池也。然則大陂謂大池也。古言鴻隙大陂、言汪汪若千頃陂皆謂大池也。池以鍾水。湖特鍾水之大者耳。》从水。胡聲。《戶吳切。5部。》楊州濅(浸)有五湖。《『職方氏』曰。楊州、其澤藪曰具區。其浸五湖。鄭曰。具區、五湖在吳南。按【經】具區、五湖分析言之。五湖之非具區明矣。鄭云皆在吳南。則其相聯屬可知也。》濅、《逗。》川澤所仰以漑灌者也。《上文言溳、雝州浸。汾、冀州浸。潞、冀州浸。漾、荆(荊)州浸。沭、沂皆青州浸。五湖、楊州浸。下文曰湛、豫州浸。皆據『職方』爲言。此總釋浸字。以補濅篆下所未備(備)也。鄭曰。浸可以爲陂灌漑者。按可以爲陂、謂可以爲池也。許云川澤所仰以漑灌者、謂『職方』其澤藪其川其浸三者析言之。川流或竭。澤水本希。藉浸水亭蓄者多。可以灌注之。故必兼言浸也。上文漑字下曰。漑、灌注也。『風俗通』曰。湖者、言流瀆四面所猥也。川澤所仰以漑灌也。用許語。》/554

溲 (수)【sǒu ㄙㄡˇ】本[적실] 오줌, 반죽할 ■소:같은 뜻
설문 7040 浂汏也。《「浂汏」【各本】作「浸沃」。今依『國語:補音-宋刊本』訂。浂汏者、澆沃而汏洒之。若今人言溲麪是也。『士虞禮』。明齊溲酒。『注』。明齊、新水也。言以新水溲釀此酒也。此溲卽沃汏之義。》从水。叜聲。《疎有切。3部。》/561

湘 (상)【xiāng ㄒㄧㄤˉ】本[물이름] 삶을, 끓일 설문 6708 湘水。出零陵縣陽海山。北入江。《縣字今補。凡郡縣同名、則言縣以該之也。零陵郡零陵、【二志】同。『前志』零陵下曰。陽海山、湘水所出。北至酃入江。過郡二。行二千五百三十里。過郡二者、零陵長沙也。又有離水。東南至廣信入鬱。〈下衍林字非。〉行九百八十里。『水經』曰。湘水、出零陵始安縣陽海山。東北流過下雋縣西。又北至巴丘山。入於江。酈曰。陽海山卽陽朔山。山在始安縣北。縣故零陵之南部也。湘灕同源。南爲灕水。北則湘川。今廣西桂林府興安縣南九十里。俗謂之海陽山、卽陽海山也。湘水出焉。北流經全州入湖南畍(界)。經東安縣、零陵縣、祁陽縣、常寧縣、衡陽縣、衡山縣、湘潭縣、善化縣。至喬口。資水來會。又經湘陰縣。至磊石山分爲二派。又合入洞庭湖曰湘口。『漢志』云至酃入江。未詳。按離水字本不從水旁。後人詿之耳。【許書】所無。》从水。相聲。《息良切。10部。按『詩:召南』于以湘之。假借爲鬺字。》/530

湛 (잠)【zhàn ㄓㄢˋ】(상)(작) chén (물이 가득)괼 ■탐:즐거울 ■침:빠질, 물 속에 물건 던질 ■임:물 움직일 ■음:장마 ■짐:빠질 ■첨:젖을
설문 6963 没(沒)也。《〔古書〕浮沈字多作湛。湛沈古今字。沉又沈之俗也。下文云。没(沒)、湛也。二字轉注。》从水。甚聲。《按直林切。7部。大徐宅減切。未知古義古音也。凡湛字引伸之義甚多。其音不一。要其古音則同直林切而已。》一曰湛水。豫州浸。《「州」【各本】作「章」。今依『地理志:注』、『集韵(韻)』所引訂正。『職方氏』。荆(荊)州其浸潁湛。豫州其浸波溠。許系溠於荆、系湛於豫。葢(蓋)以正【經】文之互譌也。『鄭-注』云。湛、未聞。許系諸豫。葢必實有所指矣。『水經:汝水篇:注』曰。汝水、又東南逕繁丘城南而東南出。湛水出犨縣北魚齒山西北。東南流歷魚齒山爲湛浦。『春秋傳:襄:十六年』。楚晉戰於湛阪。葢卽湛水以名阪也。又東南逕蒲城北。又東入汝。『周禮:鄭-注』曰未聞。葢偶有不照。按許意亦正謂斯水也。杜元凱云。昆陽縣北有湛水。東入汝。今河南南陽府葉縣北二十里有昆陽城。》古文。/556

湜 (식)【shí ㄕˊ】(물이)맑을 설문 6871 水清見底也。《【各本】作底見。依『詩』釋文正。『邶風』曰。涇以渭濁。湜湜其止。毛云。涇渭相入而清濁異。按『毛本』作「止」。鄭乃作「沚」。毛意涇以入渭而形已濁。且以己形渭之湜湜然清澂。喻君子以新昏而不

潔己。且以己而益見新昏之可安。止者、水之微定也。鄭易止爲沚。云小渚曰沚。湜湜、持正皃(貌)。喻君子得新昏。故謂己惡。己之持正守初。如沚然不動搖。是其訓湜字、比傅是字之解爲之。非水淸見底之謂矣。》从水。是聲。《常職切。古音在 16部。》『詩』曰。湜湜其止。《古今【各本】及『玉篇』、『集韵(韻)』、『類篇』皆作止。『毛詩-舊文』也。『傳』於『蒹葭』云。小渚曰沚。於此無文。可以證矣。『鄭-箋』當有止讀爲沚之文。淺人刪(刪)之。而竝改【經】文。》/550

湝 (개)【jiē ㄐㄧㄝˉ】(많은 물이 힘차게)출렁출렁 흐를

설문 6820 水流湝湝也。《『小雅』淮水湝湝。毛曰。湝湝、猶上文湯湯也。『廣雅』曰。湝湝、流也。》从水。皆聲。《古諧切。15部。》一曰湝、水寒也。《此義【宋本】。》『詩』曰。風雨湝湝。《『今-鄭風』祇有風雨淒淒。『邶風:傳』曰。淒、寒風也。許引『詩』證寒義。所據與【今本】異。或是兼采【三家】。》/547

湞 (정)【zhēn ㄓㄣˉ】물 이름

설문 6704 湞水。出南海龍天。西入溱。《南海郡龍川、【二志】同。今廣東惠州府龍川縣是其地。『應劭-注:漢書』曰。湞水出南海龍川。西入秦。『水經:溱水:注』曰。溱水出峽、左則湞水注之。水出南海龍川縣。西逕湞陽縣南。右注溱水。故應劭曰。湞水西入秦。按此正今之翁江也。出韶州府翁源縣。西南流。至英德縣城東南。合溱水。今俗謂之合湞水。『齊氏-召南』曰。此水源流三百餘里。受巨溪甚多。『漢書』所謂下湞水。》从水。貞聲。《陟盈切。11部。》/529

湟 (황)【huáng ㄏㄨㄤˊ】물이름, 빨리 흐를

설문 6681 湟水。出金城臨羌塞外。東入河。《金城郡臨羌、【二志】同。舊西寧衞(衛)西二百八十里有故臨羌城。『前志:臨羌』下曰。西北至塞外有西王母石室、僊海、鹽池。北則湟水所出。東至允吾入河。允吾下曰。逆水、出參街谷。東至枝陽入湟。浩亹下曰。浩亹水、出西塞外。東至允吾入湟。按『水經』河水、又東過金城允吾縣北。注言湟水、浩亹水、逆水源流皆甚詳。『水道提鋼』曰。青海在今西寧府邊西五百餘里。古名西海。卽鮮水也。今爲厄魯特等二十三旗地。青海東卽湟水。古所謂湟中地。北卽大通河。古所謂浩亹水。東南會湟水入黃河也。湟水卽洛都水。源出今西寧府西北邊外。至今蘭州西境入黃河。按允吾音鉛牙。今甘肅蘭州府府西北三百里有故鉛吾城是也。浩亹音閤門。僊海卽西海。古音西讀如仙。》从水。皇(皇)聲。《乎光切。10部。》/523

湡 우【yú ㄩˊ】물 이름

설문 6760 湡水。出趙國襄國之西山。東北入寖。《趙國襄國、【二志】同。今直隸順德府邢臺縣西南有襄國故城。商祖乙遷於邢、周時邢國皆在此。『前志:襄國』下曰。西山、渠水所出。東北至廣平國任縣入寖。按渠水當是湡水之譌。『一統志』曰。澧河源出邢臺縣東南。東流逕南和縣西南。又東北逕任縣東。至隆平縣入胡盧河。卽百泉水也。『方輿紀要』曰。百泉水、葢(蓋)卽澧河之上源。引『志』云。百泉水、一名湡水。又名鴛鴦水。『隋志』以爲澺水也。鴛鴦水在南和縣西。見『魏都賦:注』。》从水。禺聲。《噳俱切。古音在 4部。顏師古音藕。又音牛吼反。》/540

湩 (동)【dòng ㄉㄨㄥˋ】젖(유즙), 북소리

설문 7100 乳汁也。《見『列子』、『穆天子傳』。或借重字爲之。『漢書:匈奴傳』重酪之便美是也。『管子』。湩然擊鼓士忿怒。借湩爲鼕也。『周禮:注』湩容、卽『毛詩:傳』之童容也。》从水。重聲。《多貢切。9部。》/565

湫 (초)【jiǎo ㄐㄧㄠˇ】(작) jiū 本[땅이 낮고 좁을] 쌓일 ■추:서늘할, 웅덩이

설문 7018 隘下也。《當作湫隘湫下也。此擧(擧)『左傳』湫隘字而釋湫。如『毛傳』云文茵文虎皮也之例。杜預亦云湫下、隘小。下文塏訓高燥。爲湫之反。『昭:三年:左傳:服-注』。湫、箸也。『十二年:杜-注』。湫、愁隘也。皆引伸之義。》一曰有湫水在周地。《未聞。》『春秋傳』曰。晏子之宅湫隘。《事見『左傳:昭:三年』。》安定朝那有湫淵。《「淵」【各本】作「泉」。唐人避諱改也。今正。安定郡朝那、【二志】同。朝追輸切。朝那故城在今甘肅平涼府附郭平涼縣西北。『前志』云。有湫淵祠。蘇林云。淵方四十里。停不流。冬夏不增減。不生艸木。『一統志』曰。朝那湫今在平涼府固原州西南。》从水。秋聲。《子了切。又卽由切。3部。》/560

湮 (인)【yīn ㄧㄣˉ】빠질, 막힐 ■연:막힐 ■열:막힐 ■예:같은 뜻

설문 6964 沒(沒)也。《『釋詁』。湮、落也。落與沒義相近。》从水。垔(垔)聲。《於眞切。12部。》/557

湯 탕【tāng ㄊㄤˉ】끓인 물, 온천, 목욕간, 끓일, 탕약, 방탕할 ■상:물흐르는 모양 ■양:해돋이

설문 7029 埶(熱)水也。从水。昜聲。《土郎切。10部。又始陽切。湯湯水盛。》/561

형부 탕(蕩湯)6697

형성 (3자) 탕(璗)199 탕(簜)2742 탕(盪)3022

湳 (남)【nán ㄋㄢˊ】(상)(中)⑨(작) nǎn 물 이름, 추장

설문 6778 西河美稷保東北水。《【宋本】及『集韵(韻)』、『類篇』皆同。【一本】無北字。西河郡美稷、見『前志』。今蒙古鄂爾多斯左翼中旗東南有漢美稷故城。在故勝州之西南也。『檀弓:注』曰。保、縣邑小城。保堡古今字。『水經:注:河水篇』曰。河水、又南。樹頹水注之。河水、又左。得湳水口。水出西河郡美稷縣。東南流。又東南流入長城東。鹹水入之。又東南渾波水注之。又東逕西河富昌縣故城南。又東流入於河。按漢富昌城在鄂爾多斯左翼前旗界。湳水、未審今鄂爾多斯何水也。》从水。南聲。《乃感切。古音在7部。酈曰。羌人因湳水爲姓。》/543

◀ 제 10 획 ▶

水 4 ⑨

(작) 作家出版社〔董蓮池-說文解字考正〕 ⑨ 九州出版社〔柴劍虹-說文解字〕 ㉠ 陝西人民出版社〔蘇寶榮-說文解字今注今譯〕 (상) 上海古籍出版社〔說文解字注〕 (中) 中華書局〔臧克和-說文解字新訂〕

溑 (쇄)【suǒ ㄙㄨㄛˇ】물이름 ■솨:속음
설문 6792 溑水也。从水。貨聲。讀若瑣。《穌果切。17部。》/544

溓 (렴)【liǎn ㄌㄧㄢˇ】㊤中⑨작 lián 지척지척한 물
설문 7002 溓溓、薄仌也。《「溓溓」二字依『文選:注』補。『潘岳-寡婦賦』曰。水溓溓以微凝。按〔食部:黬〕下云。讀若風溓溓。葢(蓋)當云讀若風溓之溓。風溓、謂風之蹙淩也。》或曰中絕小水。《『玉篇』、『廣韵(韻)』作大水中絕小水出也。當是古人所見【完本】。後奪誤爲四字耳。謂大水中絕小水之流而出也。八字一句。『公羊傳』曰。周公盛。魯公燾。羣(群)公溓。何曰。盛者、新穀。燾者、冒也。故上以新也。溓者、連新於陳上財令半相連耳。此溓引伸之義也。『公羊:疏』。本作「溓」。『今本-公羊』作「廩」。誤。『鄭-注:周易』引羣公溓、見『詩:采薇:正義』。》又曰淹也。《晁以道云。【唐本】有此四字。『楊上善-注:素問』云。溓、水靜也。於此義相近。淹篆下無此義。於此補見。》从水。兼聲。《力鹽切。7部。按【宋-晁以道-所據:唐本】力簟反。『楊上善-素問:注』廉檢反。『李善-文選:注』力檢反。》濂 或从廉。《晁以道云。【唐本】有。見『樓攻媿集』。》/559

準 (준)【zhǔn ㄓㄨㄣˇ】수준기, 법도, 평평할, 고를, 바로잡을 ■절:콧마루 ■수:평평할, 수레의 멍에 등에 물괴지 않을
설문 7020 平也。《謂水之平也。天下莫平於水。水平謂之準。因之製平物之器亦謂之準。『漢志』。繩直生準。準者、所以揆平取正是也。因之凡平均皆謂之準。『考工記』準之然後量之、『易:繫辭』易與天地準是也。》从水。隼聲。《之允切。按隼卽鵻字。鵻从隹聲。準古音在15部。讀之壘切。『考工記-故書』準作水。○準、『五經文字』云『字林』作「准」。按【古書】多用「准」。葢(蓋)魏晉時恐與淮字亂而別之耳。》/560

溝 (구)【gōu ㄍㄡ】봇도랑 ■강:물 갈라져 흐를
설문 6930 水瀆也。《「也」字依『玄應』補。》廣四尺。深四尺。《『匠人職』曰。九夫爲井。井閒(間)廣四尺、深四尺謂之溝。》从水。冓聲。《古矦(侯)切。4部。》/554

溟 (명)【míng ㄇㄧㄥˊ】어두울, 바다 ■멱:가랑비
설문 6972 小雨溟溟也。《『太玄經』。密雨溟沐。『玉篇』曰。溟濛小雨。『莊子:南溟北溟』、其字當是本作冥。》从水。冥聲。《莫經切。11部。》/557

溠 (자)【zhà ㄓㄚˋ】㊤中⑨ zhā 물 이름 ■차·사:같은 뜻
설문 6701 溠水。在漢南。《『職方氏』曰。豫州、其浸波、溠。『注』云。『春秋傳』曰。楚子除道梁溠。營軍臨隨。則溠宜屬荆(荊)州。在此非也。按傳文見『莊:四年』。『職方』荊州浸穎、湛。豫州浸波、溠。【許書】於湛曰豫浸。於溠曰荆浸。葢(蓋)正【經】文之誤。與鄭說溠正同也。杜預曰。溠水在義陽厥縣西、東南入鄖水。『釋例』曰。厥縣西有漈水。源出縣北。從縣西、東南至隨縣。入鄖水。『水經:注』曰。溠水、出隨縣西北黃山。南逕㵐西縣西。又東南、㵐水入焉。又東南逕隨縣故城西。又南流、注於溳。溳入夏水。『方輿紀要』曰。今溠水出德安府隨州西北二百里之栲栳山。東南流。至州北百十里。有魯城河流合焉。至安貢鎭入溳。『水道提綱』曰。漢水至漢川縣溳口塘北。有溠溳諸水、北自隨州南流。會德安府雲夢應城數縣水來注之。源流長五百餘里。玉裁謂『職方』謂爲一州之浸、正指(指)溳溠合流長五百餘里而言也。》从水。𢀩(差)聲。《側駕切。古音在 5部。》荆(荊)州浸也。『春秋傳』曰。脩涂梁溠。《見上。》/528

溢 (일)【yì ㄧˋ】(가득)찰, 넘칠
설문 7066 器滿也。《『禮經:一溢米:注』。二十兩曰溢。按謂二十兩溢者、謂滿於一斤、十六兩之外也。後人因製鎰字。》从水。益聲。《以形聲包會意也。夷質切。古音在 16部。》/563

⿰氵挐 (여)【rù ㄖㄨˋ】젖을
설문 6991 漸溼(濕)也。《『魏風』。彼汾沮洳。『傳』曰。汾、汾水也。沮洳、其漸洳者。洳⿰氵挐同字。沮子預反。猶漝也。》从水。挐聲。《人庶切。5部。》/558

溥 부【pǔ ㄆㄨˇ】(널리)펼, 칠할 ■보:本[클] 넓을, 두루 미칠 ■박:물이름
설문 6802 大也。《見『釋詁』。》从水。尃聲。《滂古切。5部。》/546
성부 薄박

溦 (미)【wēi ㄨㄟ】이슬비
설문 6985 小雨也。《今人槩作微。『廣韵(韻)』、『集 韵』皆曰。浽溦、小雨。按『爾雅』。谷者、溦。假借字也。》从水。敚聲。《【各本】作「微省聲」。今正。無非切。15部。》/558

溧 (률)【lì ㄌㄧˋ】물 이름
설문 6717 溧水。出丹陽溧陽縣。《縣字俗所沾。丹陽郡溧陽、【二志】同。據『舊志』、漢縣葢(蓋)在今江蘇江寧府高淳縣南十五里之固城。『前志』溧陽下應劭曰。溧水所出南湖也。『方輿紀要』曰。今溧水在今溧陽縣北四十里、卽永陽江也。『祥符圖經』。溧水承丹陽湖。東入長蕩湖。丹陽湖卽應劭之南湖也。張鐵曰。溧水卽永陽江之上源。大江之水南會於此。江上有渚曰瀨渚。又謂之陵水。范睢說秦昭王、子胥昭關至陵水是也。自瀨渚東流爲瀨溪。鄕(鄉)民誤曰爛溪。入長蕩湖。又分流東行。爲吳王漕。葢五代時楊行密漕運所經也。自東壩築、而丹陽湖之水不復入於溧水。永陽江之源流亦滋晦矣。水利攷。永陽江一名穎陽江。古名中江。按中江者、『前志』丹陽郡蕪湖下云中江出西南。東至陽羨入海。楊州川。謂『禹貢』、『職方』三江之一也。今蕪湖河東接太平府南之黃池河。又東接溧水縣之固城。丹陽、石

臼諸湖未築東壩以前。諸湖匯長蕩湖而入太湖。而入於海。此正古中江之道。今則壩西諸水俱西流入江。與古絕異。又按『禹貢』三江既入。惟北江徑入海。中江則合太湖以入海。南江則合漸江爲浙江以入海。既合之後、則謂太湖爲江、謂漸江爲江。故【班-志】直云入海。不云入太湖。可勿疑也。》从水。㮚(栗)聲。《力質切。12部。》/531

溫 㬈온【wēn ㄨㄣˉ】 따뜻할, 따뜻해질, 부드러울, 순수할, 온천

설문 6666 溫水。出楗爲符。《句。》南入黔水。《楗依【王氏-宋本】從木。『隸(隸)釋』曰。『漢碑』「犍爲」皆作「楗爲」。是也。「符」【各本】作「涪」。誤。今正。『地理志』犍爲郡符下云。溫水、南至鱉。入黚水。黚水亦南至鱉。入江。按黚黔音同。黔水卽黚水。『水經』於江水曰。又東過枳縣西。延江水從牂柯郡北流西屈注之。枳縣今重慶府涪州治也。枳與涪陵縣壤接。今涪州城東北有黔江。南自貴州合諸水入焉。亦曰烏江。亦曰涪江。亦曰涪陵江。此水自西而東而北。源流二千三百里。詳見『水道提綱』。會貴州大定、貴陽、遵義、平越、石阡、思南六府及湖廣施南半府、四川酉陽、黔江、彭水、南川、涪州諸水。實巨川也。『水經:注:延江篇』曰。溫水、一曰煖水。出犍爲符縣而南入黚水。黚水亦出符縣南、與溫水會。俱南入鱉水。『江水篇』曰。『華陽記』曰。枳縣在江州巴郡東四百里。治涪陵水會。皆烏江之源委也。『漢志-今本』疑有奪字。以『水經:注』正之。疑當云溫水至鱉入黚水。黚水亦出符至鱉。北入江。鱉非入江之地。今云至鱉入江。非例也。『水經』之延江水、於【江水條】曰枳縣西注江。於【延江條】曰至沅陵縣入於沅。酈氏有一水枝分之說。端許不言黔水所入。班但言黚水入江。不言何處入江。古人略之。葢(蓋)其愼也。『水道提綱』綜緝㝡(最)詳。而覈之【古籍】猝難互證。犍爲符縣今四川瀘州合江縣其地也。》从水。𥁕聲。《烏魂(魂)切。13部。今以爲溫煖字。許意當用𥁕爲溫煖。》/519

형성 (1자) 온(蘊)531

溱 (진)【zhēn ㄓㄣˉ】 물 이름, 이를(닿을)

설문 6703 溱水。出桂陽臨武。入匯。《「匯」【各本】作「匯」。今正。桂陽郡臨武、【二志】同。今湖南桂陽州臨武縣縣東五十里臨武故城是也。『前志:臨武』下曰。秦水東南至湞陽入匯。行七百里。『水經』曰。溱水、出桂陽臨武縣南。繞城西北屈、東流。東至曲江縣安聶邑。東屈。西南流。過湞陽縣。出洭浦關與桂水合。東入於海。『志』之秦水、卽溱水也。【經】之出洭浦關與桂水合、桂水卽洭水。許云洭水出洭浦關爲桂水是也。班、許皆云溱入洭。『酈-注』則云洭入溱。酈葢(蓋)本『山海經』。【經】曰。肄水出臨武(武作晉誤)西南。而東南注海。入番禺西。湟水出桂陽西北山。東南注肄水。入郭浦西。酈曰肄水、葢溱水之別名也。今人謂湞水出南雄保昌縣西南。經始興縣、曲江縣、英德縣、而翁江洭水入之。此正『漢志』、『水經』、『說文』之溱水。乃誤謂之湞耳。溱水從東北來。洭水自西右注之。湞水自東左注之。湞水者、今之翁江也。班、許皆洭爲綱。溱入洭。洭入鬱。注海。許云湞入溱。班及『水經』不言湞者、水差小也。『方輿紀要』曰。『舊志』云溱水出湖廣臨武縣西南。經曲江縣。西北流。合武水。經英德縣畍(界)。正古之溱水。『水經:注』及『元和郡縣志』又謂之始興大江。》从水。秦聲。《側詵切。11部。按【經典】鄭國溱洧字皆如此作。『鄭風』溱與人韵(韻)。則不當作「潧」也。『地理志』鄭水作溱。粵水作秦。又『方輿紀要』載『舊志』云。溱與尋同音。故『水經:注』觀峽、亦名秦峽也。據此可證溱水讀如秦國。『前志』秦爲古字。》/529

溳 (운)【yún ㄩㄣˊ】 물 이름, 주 이름 ■인:물결 잇달아 일어날

설문 6725 溳水。出南陽蔡陽。東入夏水。《南陽郡蔡陽、【二志】同。故城當在今湖北德安府隨州境內。夏水見上文沔字下。『水經』曰。溳水、出蔡陽縣。東南過隨縣西。又南過江夏安陸縣西。又東南入於夏。酈云。溳水、出縣東南大洪(洪)山。山在隨郡之西南。竟陵之東北。槃基所跨、廣員百餘里。今溳水出大洪山之陰。東南經隨州應山縣、安陸縣、雲夢縣、應城縣。至漢川縣溳口塘入漢。源流長五百里。入漢、卽古之入夏水也。今漢夏不分。》从水。員聲。《王分切。13部。按水徑德安府治、卽古鄖國也。鄖葢(蓋)以水得名。『水經:注』曰。隨水至安陸縣故城西入於溳。故鄖城也。『左傳:定:四年』。吳敗楚於柏舉(擧)。及於淸發。溳水兼淸水之目矣。》/533

溶 (용)【róng ㄖㄨㄥˊ】 ㉦㊥㉧ yǒng ⑨ yōng 本[(물이)질펀히 흐름] 녹일

설문 6868 水盛也。《『甘泉賦』。溶方皇於西淸。善曰。溶、盛皃(貌)也。按今人謂水盛曰溶溶。》从水。容聲。《余隴切。又音容。9部。》/550

溷 (혼)【hǔn ㄏㄨㄣˇ】 ㉦㊥⑨㉧ hùn 어지러울, 물 흐릴

설문 6875 亂也。《『離騷』。世溷濁而不分兮。王曰。溷、亂也。濁、貪也。》一曰水濁皃(貌)。《此別一義。今人不分。》从水。圂聲。《胡困切。13部。》/550

溺 (닉)【nì ㄋㄧˋ】 ㉠㉦㊥⑨㉧ ruò 本[물이름] (물에)빠질, 빠뜨릴, 마음을 빼앗겨 빠져서 헤어나지 못할 ■녁:속음 ■낙:빠질 ■약:물이름 ■뇨:오줌, 오줌 눌

설문 6673 溺水。自張掖刪(刪)丹西至酒泉合黎。餘波入于流沙。《『禹貢』曰。弱水既西。又曰。道弱水至于合黎。餘波入于流沙。張掖郡刪(刪)丹、【二志】同。『前志』刪丹下曰。桑欽以爲道弱水自此、西至酒泉合黎。又張掖郡居延下曰。居延澤在東北。古文以爲流沙。『水經』曰。合離山在(在)酒泉會水縣東北。流沙地在張掖居延縣東北。今甘肅舊山丹衛(衛)卽刪丹廢縣。舊甘州衛西北千二百里有故居延城。故居延城東北有居延海。衛西北四十里有合黎山。衛西有弱水。胡氏渭『禹貢:錐指』曰。溺水正流入居延海。其餘波則入流沙。流沙非居延也。》从水。弱聲。《而

灼切。2部。按今人用爲休沒(沒)字。溺行而休廢矣。又用爲人小便之𡱁(尿)字。而水名則皆作弱。》桑欽所說。《『漢書:儒林傳』。『孔氏-古文-尙書』、安國授都尉朝。朝授膠東庸生。庸生授淸河胡常少子。常授虢徐敖。敖授王璜及平陵塗惲子眞。子眞授河南桑欽君長。『地理志』偁(稱)、桑欽說五。〔水部〕引桑欽說三。「桑」『經典:釋文』作「乘(乘)」。》/520

溼 (습)【shī ㄕ‾】 축축할 ※ 습(濕)의 본래 글자
[설문] 7014 幽溼也。从一。《句。》覆也。覆土而有水。故溼也。《凡溼(濕)之所从生、多生於上有覆而氣不泄。故从一土水會意。》从㬎(㬎)省聲。《失入切。7部。今字作「濕」。》/559

溽 (욕)【rù ㄖㄨˋ】 (물에)젖을, 짙을
[설문] 6901 溽暑、溼暑也。《溽暑二字依『李善-注:悼亡詩』補。『月令』。季夏、土潤溽暑。鄭曰。潤溽、謂塗溼也。潤溽雙聲字。『記』言土塗溼而暑上烝也。塗讀如雨雪載塗之塗。許以溼暑釋『記』溽暑。後人妄刪。非是。『大雅:雲漢:傳』日。蘊蘊而暑。隆隆而雷。蟲蟲而埶(熱)。此暑埶之別。暑言下溼。埶言上燥也。謂之溽者、濃也。厚也。『儒行:注』日。恣滋味爲溽。『月令』「溽」本或作「辱」。》从水。辱聲。《而蜀切。3部。》/552

滂 滂(방)【pāng ㄆㄤ‾】 (비가)퍼부을, 뚝뚝 떨어질, 세차게 흐를
[설문] 6826 沛也。《『小雅』日。俾滂沱矣。》从水。旁聲。《普郎切。10部。》/547

滃 (옹)【wěng ㄨㄥˇ】 구름이나 안개가 성하게 일어나는 모양
[설문] 6968 雲气起(起)也。《『易林』。潼滃蔚薈。扶首來會。謂雲起也。『江賦』。氣滃渤以霧杳。有假翁爲滃者。『周禮:醴齊:注』。盎猶翁也。成而翁翁然葱(蔥)白色。》从水。翁聲。《烏孔切。9部。》/557

滄 (창)【cāng ㄘㄤ‾】 찰(한랭할), 큰 바다
[설문] 7075 寒也。《『周書:周祝解』日。天地之間有滄埶(熱)。『列子:湯問』。一兒日。日初出、滄滄涼涼。〔仌(冰)部:滄〕字音義同。》从水。倉聲。《七岡切。10部。》/563

滅 (멸)【miè ㄇㄧㄝˋ】 [本][다할] 멸망할, 멸할
[설문] 7110 盡也。从水。烕聲。《此舉(舉)形聲包會意。亡列切。15部。》/566

滇 (전)【diān ㄉㄧㄢ‾】 [本][못 이름] 성할
[설문] 6669 益(益)州池也。《【二志】皆云益州郡滇池縣。『前志』滇池縣下。滇池澤荘(在)西北。『南中志』日。有澤水周迴二百里。所出深廣。下流淺狹。如倒流。故日滇池。今雲南雲南府附郭昆明縣府城南之滇池是也。城西南八十里爲海口大河、卽滇池導流之處也。下流至武定府注於金沙江。金沙江荘四川敘州府入江。》从水。眞聲。《都年切。12部。》/520

虒 (사)【sī ㄙ‾】 물 이름, 물가
[설문] 6761 虒水。出趙國襄國。東入湡。《『前志:襄國』下云。又有蓼水、馮水。皆東至廣平國朝平入湡。按馮水當是虒水之譌。字之誤也。廣平國南和下云。列葭水東入虒。蓋(蓋)湡虒二水今不可別矣。虒入湡。湡入浸。浸入虖沱。虖沱移徙不常。故道今不可攷。『水經:注:虖沱篇』佚。》从水。虒聲。《息移切。16部。》/540

滈 (호)【hào ㄏㄠˋ】 장마, (물이)비칠 ■학:물 용솟음 칠 ■곽:같은 뜻 ■혹:장마비
[설문] 6983 久雨也。《引伸爲水皃(貌)。『上林賦』。翯乎滈滈。『吳都賦』。滈汗六州之域。借爲京兆鎬水字。》从水。高聲。《乎老切。2部。》/558

滋 (자)【zī ㄗ‾】 불을(늘), 우거질, 번식할, 맛있는 음식
[설문] 6903 益也。《〔艸部:茲〕下日。艸木多益也。此字从水茲。爲水益也。凡【經傳】增益之義多用此字。亦有用茲者。如『常棣、召旻:傳』云。兄、茲也。『桑柔:傳』云。兄、茲也。祇是一義。》从水。茲聲。《【各本】篆文作「滋」、解作「玆聲」。誤也。今正。說詳『四篇』下茲篆下。子之切。1部。》一日滋水。出牛歓山白陘谷。同入呼沱。《此謂水名也。『地理志』。常山郡南行唐牛飮山白陸谷。滋水所出。東至新市。入虖池水。南行唐故城在今直隸(隸)正定府行唐縣縣治北。新市故城在今正定府治西北四十里。『一統志』日。滋河源出山西五臺縣吤(界)。東南流逕正定府靈壽縣北、行唐縣南。又東歴(歷)正定藁城二縣北、無極縣南。又東北入定州深澤縣吤。古與滹沱合流。今折而東北、與滤沙二水合。不入滹沱矣。》/552

潅 (각)【què ㄑㄩㄝˋ】 ㊥[작] guō 물 댈, 적실 ■확:물 댈 ■곽:같은 뜻 ■혹:물소리
[설문] 6998 灌也。《潅與渼義同。》从水。隺聲。《口角切。又公沃切。3部。》/558

滍 (치)【zhì ㄓˋ】 물 이름
[설문] 6723 滍水。出南陽魯(魯)陽堯山。東北入汝。《南陽魯陽、見上。『前志:魯陽』下日。魯山、滍水所出。東北至定陵入女。『水經』日。滍水、出南陽魯陽縣西之堯山。東北過穎川定陵縣西北。東入於汝。今沙河源出魯山縣西境之堯山。東經寶豐縣、葉縣、舞陽縣。汝水西北自襄城來會。俗日沙河。卽古滍水也。『左傳:僖:三十三年』。楚人與晉師夾泜水而軍。杜云。泜水出魯陽縣。東經襄城、定陵入汝。杜謂泜卽滍也。又『襄:十八年』。楚伐鄭。涉於魚齒之下。杜、酈皆謂所涉卽滍水也。》从水。蚩聲。《直几反。按直几當作直里。古音在 1部。》/532

滎 (형)【xíng ㄒㄧㄥˊ】 못 이름, 물 이름
[설문] 6920 滎濘、《逗。》絕(絶)小水也。《滎篆本在濘篆下。今移正。滎濘二字【各本】無。今依【全書】通例補。『李善-注:七命』引『說文』濘、絕(絶)小水也。奴冷切。可以證【今本】之誤。但尙奪滎字耳。『甘泉賦』。梁弱水之

濎濙。服虔(虔)曰。崑崙之東有弱水。渡之若濎濙耳。善曰。汀濙、小水也。引『字林』濙、絕小水也。按『甘泉賦』之濎濙、『七命』之汀濘皆謂小水也。濙濘義同。濙卽許之榮字。一爲熒省。一不省也。若熒澤、熒陽古皆作熒。不作榮。『唐碑』、『宋槧』尙多不誤。近今乃皆作榮。『潛丘箚記』乃云。『說文』絕小水之絕、爲『爾雅』正絕流曰亂之絕。與『禹貢』泲入河泆滎相發明。其荒謬有如此者。中斷曰絕。絕者、窮(窮)也。引伸爲極至之用。絕小水者、極小水也。此六書不可以本義滅其引伸之義者也。【許書】陘者、山絕坎也。此中絕之絕。絕小水非其倫也。然則熒澤字從火之義若何。曰。泲之顯伏不測。如火之熒熒不定也。》从水。熒省聲。《戶扃切。11部。》/553

滑 (활)【huá ㄏㄨㄚˊ】[本][미끄러울] 부드러울, 미끄러질 [■]골:어지러울, 다스릴

[설문] 6888 利也。《古多借爲汨亂之汨。》从水。骨聲。《戶八切。15部。》/551

滒 (가)【gē ㄍㄜ】[本][진 많을] 진창

[설문] 7064 多汁也。《『淮南:原道訓』曰。甚淖而滒。高云。滒亦淖也。饘粥多瀋者曰滒。讀歌謳之歌。按今江蘇俗語謂之稠也。》从水。哥聲。讀若哥。《古俄切。17部。》/563

滓 (재)【zǐ ㄗˇ】앙금, 즙을 짜낸 찌꺼기, 그릇이름 [■]자:속음

[설문] 7050 澱也。《『釋名』曰。緇、滓也。泥之黑者曰滓。此色然也。『廣雅』曰。澱謂之滓。按古亦假滓爲緇。》从水。宰聲。《阻史切。1部。》/562

滔 (도)【tāo ㄊㄠ】창일할(물이 불어서 넘침)

[설문] 6809 水漫漫大皃(貌)。《『堯典』。浩浩滔天。按「漫漫」當作「曼曼」。【許書】無漫字。》从水。舀聲。《土刀切。古音在 3部。》/546

滕 [등]【téng ㄊㄥˊ】물 끓어 오를, 말 줄줄할

[설문] 6840 水超踊也。《踊依『韵會本』从足。超、踊皆跳也。跳、躍也。『小雅』。百川沸騰。毛曰。沸、出。騰、乘也。騰者、滕之假借。『玉篇』引百川沸滕。『周易』滕口說。引伸之義。》从水。朕(朕)聲。《徒登切。6部。》/548

[참고] 등(藤)등나무, 참깨

● [?] 흐를 류(流)-본자

◀ 제 11 획 ▶

滌 (척)【dí ㄉㄧˊ】닦을, 씻을, 청소할 [■]조:희생 기르는 집, 우리

[설문] 7068 洒也。《〔皿部〕曰。盪、滌器也。引伸爲凡清瀞之詞(詞)。如『七月:傳』曰。滌場、埽地。『雲漢:傳』曰。滌滌、旱氣也。山無木、川無水是。》从水。條聲。《徒歷切。古音在 2部。『周禮:條狼氏』、『樂記』條蕩其聲、皆假條爲滌。『周禮』凡酒脩酌、假脩爲滌也。》/563

滫 (수)【xiū ㄒㄧㄡ】[작] xiǔ (곡식 씻는)뜨물, 오줌

[설문] 7047 久泔也。《『荀卿子』。蘭槐之根是爲芷。其漸之滫。君子不近。庶人不服。其質非不美也。所漸者然也。『大戴-禮』同。謂久泔臭薉也。『內則』滫瀡『注』。秦人溲曰滫。此則別是湯液之類。與久泔異實同名。秦人『方言』也。》从水。脩聲。《息流切。又思酒切。3部。》/562

滯 [체]【zhì ㄓˋ】엉길, 막힐, 쌓일, 팔리지 않고 남을, 물뿌려 흩어지는 모양

[설문] 7004 凝也。《凝俗冰(氷)字。『周禮:廛人』。凡珍異之有滯者。鄭司農云。貨物沈滯於廛中不決、泉府貨之滯於民用者。【故書】滯爲癉。杜子春云。癉當爲滯。》从水。帶聲。《直例切。15部。》/559

[형성] (+1) 체(滯 [?])

滰 (강)【jìng ㄐㄧㄥˋ】[상][中][9][작] jiàng (물에 젖은)쌀 말릴 [■]경:거를

[설문] 7039 浚乾漬米也。《自其方漚未淘言之曰漬。米不及淘抒而起之曰滰。乾音干。》从水。竟聲。《其兩切。10部。》『孟子』曰。孔子去齊。滰淅而行。《『萬章篇』文。今「滰」作「接」。當是字之誤。》/561

滱 (구)【kòu ㄎㄡˋ】물 이름

[설문] 6775 滱水。起(起)北地靈丘。東入河。《「北地」當作「代郡」。『前志』曰。代郡靈丘。今山西大同府靈邱縣東有靈丘故城。靈丘下曰。滱水東至文安入大河。過郡五。行九百四十里。『水經』曰。滱水、出代郡靈丘縣高氏山。東南過廣昌縣南。又東南過中山上曲陽縣北。恒水從西來注之。又東過唐縣南。又東過安憙縣南。又東過安國縣北。又東過博陵縣南。又東北注於易。今直隸唐河、卽古滱水也。出大同府渾源州南。今翠屏山、卽古高氏山。東南流入靈邱縣。又東南流入直隸易州廣昌縣界。由倒馬關流入。逕完縣西北、唐縣西南界。又東南過定州。入慶都縣南界。又逕祁州南。會沙滋二水。又東北逕博野、蠡二縣南。又東北逕高陽縣東。又北逕安州東。入白洋淀。『一統志』曰。據『水經:注』。葢(蓋)滱水故道本由今清苑縣東南與濡博諸水合流注易。後徙而東。不入縣境。按『前志』云入大河。有誤。大河之名亦非『志』所有。》从水。寇聲。《若侯切。4部。》滱水卽漚夷水。《「漚」當作「嘔」。》并州川也。《『職方氏』。并州、其川虖池、嘔夷。鄭曰。嘔夷祁夷與。出平舒。按『前志:平舒』下云。祁夷水北至桑乾入治。〈「治」卽「㶟」【今本】作「沽」誤。〉今出大同府廣靈縣之壺(壺)流河也。與靈丘之滱河劃然二事。班云滱河并州川、是亦謂滱卽嘔夷。爲【許-所:本】。古寇聲、區聲同部。》/543

滲 滲(삼)【shèn ㄕㄣˋ】거를, 스며 흐르는 모양, 부등깃 함치르르한 모양, (물이)밸, (조금씩)샐 [■]침:적실

[설문] 6873 下漉也。《『司馬相如-封禪文』。滋液滲漉。『揚雄-河東賦』。澤滲灕而下降。今俗云滲漏。》从手。參聲。

《所禁切。7部。》/550

滳 滴 (적)【dī ㄉㄧˉ】 물방울, 물방울 떨어질
설문 6943 水注也。《『埤倉』有渧字。讀去聲。卽滴字也。》从水。啻(啇)聲。《都歷切。16部。》/555

𣽡 滶 (오)【áo ㄠˊ】 물 이름
설문 6720 滶水。出南陽魯陽。入父城。《南陽郡魯(魯)陽、【二志】同。今河南汝州魯山縣有魯陽故城是。父城、大徐作城父。誤。潁川郡父城、【二志】同。今河南汝州郟縣西四十里有父城故城是也。城父縣、『前志』屬沛郡。『後志』屬汝南郡。今安徽潁州府亳州東南七十里有城父故城是也。『左傳:昭:十九年』。楚大城城父。大子建居之。『哀:十六年』。大子建自城父奔宋。『服-注』及『吕(呂)覽:愼行篇:高-注』、『闞駰-十三州志』、『史記:楚:世家:正義』皆說此事作「城父」。『杜-注』及『酈氏-汝水篇:注』、『裴駰-注:五子胥傳』、『李吉甫-元和郡縣志』說此事皆作「父城」。未審當何從。而此條滶入父城、與『水經:注』所引合。則㫁(斷)非城父也。『汝水篇:注』曰。汝水又逕郟縣故城南。滶水注之。水出魯陽縣之將孤山。至父城。與出魯陽北山之桓水會。亂流東北至郟入汝。按今汝水由嵩縣天息山東經伊陽縣、汝州、寶豐縣、郟縣、襄城縣。而沙河來會。尙與古水道不殊。滶水入汝、亦必同古水道也。》从水。敖(敖)聲。《五勞切。2部。》/532

𣹟 滻 (산)【chǎn ㄔㄢˇ】 물 이름
설문 6685 滻水。出京兆藍田谷。入霸(霸)。《霸【宋本】、【汲古閣-初印】皆同。霸灞古今正俗字。【許書】無灞。『史』、『漢』皆作「霸水」。京兆尹藍田、【二志】同。故城在今陜西西安府藍田縣縣治西十一里。『前志:京兆尹:南陵』下曰。文帝七年置。沂水出藍田谷。北至霸陵入霸水。霸水亦出藍田谷。北入渭。師古曰。沂音先歷反。按此乃大謬。沂者、滻字之誤。『水經:注』引『志』可證。『張揖-注:上林賦』亦曰。霸出藍田西北而入渭。滻亦出藍田谷。北至霸陵入霸。『水經』曰。渭水、又東過長安縣北。又東過霸陵縣北。霸水從縣西北流注之。『注』云。霸者、水上地名也。古曰滋水。秦穆公霸世。更名滋水爲霸水。以顯霸功。水出藍田縣藍田谷。逕藍田縣東。又左合滻水。又北、長水注之。又北、會兩川。又北、左納漕渠。又東、逕新豐縣。右會故渠。故渠卽【經】所謂東過霸陵縣、霸水從縣西北流注之者也。今無水。又北逕秦虎圈東。又北入於渭水。張守節曰。雍州藍田縣滻水、卽荆(荊)谿。狗枷之下流也。按『酈-注』說長水出杜縣白鹿原。西北流謂之荆谿。又西北、左合狗枷川。注於霸。俗謂之滻水。非也。『史記』霸、滻、長水盡得比大川之禮。此可證張氏之誤矣。『水道提綱』曰。灞水上源、卽藍水也。出藍田縣藍關之西南山秦嶺。經西安府境東而北。有滻水西南自太乙山、東南之西王谷嶺及秦嶺三源合而北流。又東北流來會。旣合滻水。東北至高陵縣南境入渭。曰灞口。》从水。産聲。《所簡(簡)切。14部。按『史』、『漢』作「産」。》/524

𣵀 滿 만【mǎn ㄇㄢˇ】 本[넘칠] 가득할, 성씨, 교만할, 땅 이름 ■문:번거로울
설문 6887 盈溢也。从水。㒼聲。《莫旱切。14部。》/551

형성 (1자) 문(懣 𢥶)6574

𣽷 漀 (경)【qǐng ㄑㄧㄥˇ】 물이 곁에서 나오는 샘
설문 7054 側出泉也。《側出者、旁出。如醉出然。故其字與灑滑爲類。『爾雅:釋水』曰。氿泉穴出。穴出、仄出也。『毛傳』。側出曰氿泉。〔許-厂部〕曰。厬、仄出泉也。厬與氿音同字異。漀者、厬之一名也。》从水。殸聲。《去挺切。11部。》殸、籒文磬字。/562

𤄕 瀺 (어)【yú ㄩˊ】 本[고기 잡을] 물고기 많을
설문 7321 摶魚也。《「摶」舊作「捕」。今正。摶、索持也。漢人用摶字多如此。捕魚字古多作魚。如『周禮:𩼝人』、本作魚。此與取鼈者曰鼈人、取獸者曰獸人同也。『左傳』。公將如棠觀魚者。魚者、謂捕魚者也。『呂氏-春秋』、『淮南:鴻烈:高-注』每云。瀺讀如『論語』之語、讀如相語之語。尋其文義皆由本文作魚。故爲讀若以別諸水蟲。『周禮:音義』。「𩼝」本作「魚」。又音御。御音卽高氏之語音也。然則古文本作「魚」、作「𩺰」。瀺其籒文乎。至小篆則媘爲漁矣。『周禮』當从古作魚人。作「魰」者、次之。作「𩼝」者、非也。》从𩺰水。《必从𩺰者、捕魚則非一魚也。𩺰水者、魚之驚透於水也。語居切。5部。》𤄕篆文瀺。从魚。《後篆文者、亦先二後上之例也。》/582

𣿅 漂 (표)【piāo ㄆㄧㄠˉ】 ㊤㊥⑨㊀ piào 떠다닐, 나부낄
설문 6847 浮也。《謂浮於水也。『鄭風』。風其漂女。毛曰。漂猶吹也。按上章言吹。因吹而浮、故曰猶吹。凡言猶之例視此。漂澼、水中擊絮也。『莊子』曰洴澼。》从水。㶾(票)聲。《匹消切。又匹妙切。2部。》/549

𣹼 漆 (칠)【qī ㄑㄧˉ】 本[물이름] 옻나무, 옻칠, 검을, 옻칠할, 진심할 ■절:제사에 공손히 하는 모양 ■차:옻으로 그릇칠 할
설문 6684 漆水。出右扶風杜陵岐山。東入渭。《【二志】皆杜陵屬京兆尹、杜陽屬右扶風。此「杜陵」當作「杜陽」。杜陽、今陜西鳳翔府麟遊縣是其地。周公劉(劉)居豳、今陜西邠州是其地。漢之漆、栒邑二縣也。太王遷郊、今鳳翔府岐山扶風二縣是其地。漢之杜陽南、美陽北也。『大雅』曰。民之初生。自土漆沮。『傳』曰。漆、漆水、沮、沮水也。又曰。周原、漆沮之閒也。『周頌:潛:傳』又曰。漆沮、岐州之二水也。據毛說則漆沮二水、實在岐周之地。『小雅:吉日:傳』但云漆沮之水。麀鹿所生。其解必同『大雅』、『周頌』。許云漆水出杜陽。正岐周地也。此漆沮在涇西。『禹貢』道渭又東過漆沮、則在涇東。與岐周無涉。玉裁謂『水經』曰。漆水出扶風杜陽縣兪山、東北入於渭。正與『說文』合。惟「岐」作「兪」耳。酈氏引『開山圖』曰。岐山在杜陽北、長安西。有渠謂之漆渠。酈又云。漆水出杜陽縣之漆溪。謂之漆渠。漆

㊀ 作家出版社〔董蓮池-說文解字考正〕 ⑨ 九州出版社〔柴劍虹-說文解字〕 ㉠ 陝西人民出版社〔蘇寶榮-說文解字今注今譯〕 ㊤ 上海古籍出版社〔說文解字注〕 ㊥ 中華書局〔臧克和-說文解字新訂〕

渠合岐水。與橫水合。東注雍水。又合杜水。南注於渭。『郭樸-山海經:注』云。今漆水出岐山。皆與『水經』合。而『前志』右扶風漆縣下云。漆水在縣西。以地望準之、葢(蓋)此漆水出豳地。漢漆縣以水爲名。西南流至周郊地南、漢杜陽美陽境而入渭。實出今之邠州。西南流。至麟遊、扶風閒入渭也。『大雅』云。率西水滸。『箋』云。循漆沮水側。『傳』又云。周原、漆沮之閒也。是此水源委自豳至郊、漢人皆審知形勢。今則茫昧難詳矣。『闞駰-十三州志』云。漆水出漆縣西北。至岐山東北入渭。正與『毛詩:傳、箋』合。許及『水經』云出杜陽岐山者、容擧(擧)其近源言之。〔邑部〕云。郊在右扶風美陽中水鄕(鄉)。此以岐山系杜陽者、岐山在杜陽之南、美陽之北。周原在岐山之陽。【故詩譜(譜)】曰周原者、岐山陽。地屬杜陽。『郡國志:注』所引如是。》从水。桼聲。《四字依『水經:注』所引在此。【小徐本】从某某聲、往往閒在兩義之中。不同大徐。皆小徐爲【古本】也。親吉切。12部。》一曰漆、城池也。《【小徐本】如是。與『水經:注』所引合。【大徐本】作一曰入洛。葢淺人讀『酈-注:沮水篇』者改之。洛水、雍州之浸。下文出歸德北夷畍(界)中者、卽涇東之漆沮水也。涇西之漆不得入洛。中隔涇水矣。一曰者、別一義。城隍有水曰池。城池謂之漆、葢古有是名。酈兼引此句、猶其兼引一曰湔半辭之謬。》/523

補漆注

漆水。右扶風杜陽。《作陵者、誤。》岐山。東入渭。《休寧汪氏龍曰。『山海經』羭次之山、漆水出焉。『地理志』右扶風漆縣。漆水在縣西。『水經』漆水出右扶風杜陽俞山。東北入於渭。『十三州地理志』。漆水出漆縣西北。至岐山。東入渭。戴先生言。漆水北流注於涇。此涇西之漆水。注涇而入渭者也。此與『緜:詩』之漆無涉。『十三州地理志』。有水出杜陽縣岐山北漆溪。謂之漆渠。西南流注岐水。『水經:注』。杜水出杜陽山。東南流。合漆水。水出杜陽之漆溪。謂之漆渠。流合岐水。至美陽縣注於雍水。『隋書:地理志』。右扶風普潤縣有漆水。此涇西之漆。合杜岐雍以入渭者也。是卽『緜:詩』之漆。『詩:首章』謂太王始居杜漆沮之地。非謂公劉(劉)。此漆、非『說文』出右扶風杜陽岐山東入渭之漆也。》一曰入洛。《王氏龍曰. 四者二徐皆有. 不當刪. 此涇東之漆. 與上文涇西二漆水截然爲三. 『水經:注』。鄭渠在太上皇陵東南. 濁水入焉.〈書正養作灌水.〉俗謂之漆水. 又謂之漆沮. 其水東流. 注於洛水. 此『說文』所謂入洛也.》一曰漆城池。

漉 (록)【lù ㄌㄨˋ】(액체를)거를, 칠(토사를 퍼내고 물을 뺌)

설문 7043 浚也。《『月令』。仲春。毋竭川澤。毋漉陂池。『注』。順陽養物也。》从水。鹿聲。《盧谷切。3部。》一曰水下皃(貌)也。《【鉉本】無。今依【鍇本】。『封禪文』。滋液滲漉。後世言漉酒、是此義。》 淥 漉或从彔。《彔聲也。『考工記』作「盝」。3部。》/561

漊 (루)【lǚ ㄌㄩˇ】가랑비 잇닿을, 봇도랑, 가랑비 지적거리는 모양

설문 6984 雨漊漊也。《漊漊猶縷縷也。不絕(絶)之皃(貌)。》一曰汝南人。《『廣韵(韻)』有人字。》謂歛酒習之不醉曰漊。《「曰」字依『韵(韻)會』訂。謂不善飮者每日飮少許。久久習之。漸能不醉。其『方言』曰漊。》从水。婁聲。《力主切。古音在 4部。》/558

漏 (루)【lòu ㄌㄡˋ】本[물시계] (틈으로)샐, (비밀이)탄로날

설문 7113 㠯(以)銅受水。刻節。晝夜百節。《「百節」【各本】作「百刻」。今依『韵(韻)會-所據:小徐本』訂。晝夜以百節之。故爲刻者百。因評百刻矣。『周禮:挈壺氏』。凡喪、縣壺以百代哭者。皆以水火守之。分以日夜。『注』云。以水守壺者、爲沃漏也。以火守壺者、夜則視刻數也。分以日夜者、異晝夜漏也。漏之箭、晝夜共百刻。冬夏之閒有長短焉。『文選:注』引司馬彪曰。孔壺爲漏。浮箭爲刻。下漏數刻。以考中星、昏明星焉。按晝夜百刻。每刻爲六小刻。每小刻又十分之。故晝夜六千分。每大刻六十分也。其散於十二辰。每一辰八大刻、二小刻。共得五百分也。此是古法。『樂記』。百度得數而有常。『注』云。百度、百刻也。『靈樞經』。漏水下百刻。以分晝夜。》从水屚。取屚下之義。屚亦聲。《此依『韵(韻)會』而更考定之如此。屚、屋穿水下也。故云取屚下之義。盧后切。4部。今字皆假漏爲屚。》/566

漑 (개)【gài ㄍㄞˋ】本[물이름] 물 댈, 씻을 ▣해:이슬 기운 ▣기:물모양

설문 6754 漑水。出東海桑瀆覆甑山。東北入海。《「東」當作「北」。「瀆」當作「犢」。皆字之誤也。北海郡桑犢、見『前志』。今山東萊州府濰縣有桑犢故城。『水經:注』之桑犢亭也。『前志』桑犢下云。覆甑山、漑水所出。東北至都昌入海。今濰縣東南四十里漑源山。卽覆甑山也。『水經:注』亦謂之塔山。『寰宇記』曰。天寶六載勅改爲漑源山。今漑水自漑源山北流至昌邑縣境入海。卽東虞河也。亦曰東丹河。》从水。旣聲。《古代切。古音在 15部。按多借爲灌摡字。》一曰灌注也。《此依『韵會(韻)本』。『注』下曰灌也。渓下曰漑灌也。『洞簫賦』。迴江流川而漑其山。『李-注』引『說文』漑猶灌也。與【今本】異。》/539

演 (연)【yǎn ㄧㄢˇ】本[긴 물줄기] 멀리 흐를, 물문(수문)

설문 6816 長流也。《演之言引也。故爲長遠之流。『周語注』曰。水土氣通爲演。引伸之義也。》一曰水名。《未詳。》从水。寅聲。《以淺切。古音在 12部。》/547

漕 (조)【cáo ㄘㄠˊ】작 zào 노 저을, 배로 실어 나를, 배가 물위로 가게 할

설문 7111 水轉穀也。《「穀」【各本】譌「轂」。今依『韵(韻)會』、『平準書:索隱』、『蕪城賦:注』訂。『如淳-漢書:注』曰。水轉曰漕。『百官志』曰。大倉令主受郡國傳漕穀。》从水。䒦(曹)聲。《在到切。古音在 3部。》一曰人之所乘及

船也。《乘下疑奪車字。葢(蓋)車亦得稱漕。或云及葢誤字。按『史記:索隱』作一云車運日轉、水運日漕十字。當從之。》/566

漘 (순)【chún ㄔㄨㄣˊ】 물 가

설문 6912 水厓也。《『魏風』傳。漘、厓也。『爾雅』日。厓、夷上洒下漘。按夷上謂上平也。洒下謂側水邊者斗峭。》 从水。脣聲。《常倫切。13部。》 『詩』日。寘河之漘。《『集韵(韻)』、『類篇』皆河上有諸。『韵會』同。》/552

漚 (구)【òu ㄡˋ】 담글, 거품, 물에 담구어 부드럽게 할 ■우:속음

설문 6995 久漬也。《言久漬者、略別於漬也。上統言。此析言。互相足也。『陳風』。可以漚麻。『傳』日。漚、柔也。『考工記』。漚其絲。『注』日。楚人日「漚」。齊人日「涹」。或假渥字爲之。如『左傳』郈人漚菅者、『周禮:注』引作繪人渥菅是也。》 从水。區聲。《區聲。烏候切。4部。》/558

漠 (막)【mò ㄇㄛˋ】 사막, 넓을, 어두울, 조용할

설문 6801 北方流沙也。《『漢書』亦假幕爲漠。》 一日淸也。《『毛詩:傳』日。莫莫言淸靜。》 从水。莫聲。《慕各切。5部。》/545

漢 한【hàn ㄏㄢˋ】 물 이름, 은하수, 놈(賤丈夫爲一子) ■탄:신년, 새해

설문 6678 漾也。《『尙書:某氏-傳』日。泉始出山爲漾。按漾言其微、漢言其盛也。蕭何日。語日天漢。其名甚美。》 東爲滄浪水。《『禹貢』文。『水經』日。沔水又東過鄖縣南。又東北流。又屈東南、過武當縣東北。『注』日。縣西北四十里水中有洲。名滄浪洲。『庾仲雍-漢水記』謂之千齡洲。非也。是世俗語譌。音與字變矣。『地記』日。水出荆(荊)山。東南流爲滄浪之水。余按『禹貢』言又東爲滄浪之水。不言過而言爲者、明非他水決入也。葢(蓋)漢、沔水自下有滄浪通稱爾。纏絡鄢郢。地連紀郡。咸楚都矣。『漁父歌』之。不遠水地。玉裁按『鄭-注:尙書』滄浪之水、言今謂夏水來同。故世變名焉。本未嘗謂他水決入。若『地記』云出荆山。是他水決入矣。》 从水難省聲。《按鷬難嘆字從墓聲。則滖(漢)下亦云墓聲是矣。難省聲葢淺人所改。不知文殷元寒合韵之理也。呼旰切。14部。》 㵄古文漢如此。《按古文從或、從大。或者、今之國字也。》/522

형성 (1자) 연(熯 爟)6126

漥 窪(와)【wā ㄨㄚˉ】 ㊤㊥⑨㉑ yǐng 맑은 물, 웅덩이

설문 6923 淸水也。《未詳。》 从水。窐聲。《一穎切。又屋瓜切。按古音在 16部。》 一日窊也。《〔穴部〕日。窊、污(汚)衺下地也。》/553

漦 (시)【chí ㄔˊ】 本[물 평평히 흐를] (입에서 나오는)거품

설문 6813 順流也。《順下之流也。『釋言』日。漦、盝也。盝同漉酒之漉。『國語』、『史記』龍漦。韋昭日。漦、龍所吐沫。按龍沫必徐徐漉下。故亦謂之漦。》 一日水名。《未詳。》 从水。𠩺聲。《俟甾切。1部。》/546

● 㴇 건널 섭(涉)-본자

漬 (지)【zì ㄗˋ】 (물에)담글, 잠길, 적실, 물들일, 짐승 죽을 ■자:속음

설문 6994 漚也。《謂浸漬也。古多假爲骴字。『公羊傳』大瘠。『禮記:注』引作大漬。『公羊傳』。瀸者何。漬也。衆殺戍者也。『周禮:蜡氏』。掌除骴。【故書】「骴」作「脊」。鄭司農云。脊讀爲漬。謂死人骨也。『漢志』。國亡捐瘠。孟康日。肉腐爲瘠。按骴漬脊瘠四字、古同音通用。當是骴爲正字也。》 从水。賫(責)聲。《前智切。16部。》/558

濂 (강)【kāng ㄎㄤˉ】 물 빌, (텅)빌, 물 이름

설문 7013 水虛也。《『爾雅:音義』引作「水之空也」。葢(蓋)許用釋『爾雅』舊說。故爲分別之詞。『釋詁』日。漮、虛也。虛、師古引作空。康者、穀皮中空之謂。故从康之字皆訓爲虛。歑下日。饑虛也。㝩下日。屋㝩㝗也。『詩』。酌彼康爵。『箋』云。康、虛也。『方言』日。㝩、空也。『長門賦』穅梁、虛梁也。『急就篇:顏(顔)-注』日。轆謂輿中空處。所用載物也。水之空、謂水之中心有空處。》 从水。康聲。《苦岡切。10部。》/559

漱 (수)【shù ㄕㄨˋ】 양치질, 빨, 씻을

설문 7073 盪口也。《漱者、欶之大也。盪口者、吮刷其口中也。『曲禮』。諸母不漱裳。假漱爲涑也。》 从水。欶聲。《以形聲包會意。所右切。3部。》/563

漳 (장)【zhāng ㄓㄤˉ】 물 이름

설문 6695 水名。从水。章聲。《『韵(韻)會-所據:鍇本』如此。諸良切。10部。「水名」二字、【古本】當作「漳水也」三字。》 濁漳。出上黨長子鹿谷山。東入淸漳。《上黨郡長子、【二志】同。本晉邑。見『左傳』、『國語』。今山西潞安府長子縣縣西南有故長子城是也。『前志:長子』下日。鹿谷山、濁漳水所出。東至鄴。入淸漳。『水經』日。濁漳水、出上黨長子縣西發鳩山。酈日。漳水、出鹿谷山。與發鳩連麓而在南。『淮南子』謂之發苞山。故異名互見也。按今濁漳水出山西長子縣西五十里之發鳩山。經潞安府、潞城縣、襄垣縣、黎、城縣。入河南林縣畍(界)。合於淸漳。『禹貢』所謂衡漳也。》 淸漳、出沾山大要谷。北入河。《上黨郡沾、【二志】同。師古日。沾音他兼反。今山西平定州樂平縣縣西南三十里有沾縣故城。『前志:沾』下日。大黽谷。淸漳水所出。東北至阜成入大河。〈大衍。〉過郡五。行千六百八十里。冀州川。過郡五者、上黨魏郡淸河信都勃海也。『水經』日。淸漳水出上黨沾縣西北少山大要谷。至武安縣黍窖邑。入於濁漳。按『志』言濁漳入淸漳。淸漳入河。經言淸漳入濁漳。濁漳會(會)虖沱入海。乖異者、當緣作『水經』時與作『志』時異也。許云入河、與『志』合。王氏應麟日。漳水舊入河。周定王五年。河徙而南。故漳水不入河而自達於海。王氏特臆度之詞。依班、許則漢時未嘗不入河也。今淸漳出樂平縣西南二十里之少山。經和順縣、遼州、河南涉縣。至林縣交漳口合濁漳。既合之後。入直隷(隸)畍。移徙分合。

㉑ 作家出版社〔董蓮池-說文解字考正〕 ⑨ 九州出版社〔柴劍虹-說文解字〕 ㉠ 陝西人民出版社〔蘇寶榮-說文解字今注今譯〕 ㊤ 上海古籍出版社〔說文解字注〕 ㊥ 中華書局〔臧克和-說文解字新訂〕

自昔不常。今則一派至山東臨清州入運河。一派在直隸新河縣入北泊。會滹沱。至天津入海。詳見『水道提綱』。》 南漳、出南郡臨沮。《南郡臨沮、【二志】同。今湖北襄陽府南漳縣縣西南六十里有臨沮故城是也。『左傳』曰。江漢雎漳。楚之望也。雎卽出漢中房陵之沮水。見上文。『前志:臨沮』下曰。『禹貢』南條、荆(荊)山在東北。漳水所出。東至江陵入陽水。陽水入沔。行六百里。按『志』不言沮者、以漳該沮也。其云陽水、葢(蓋)謂沮水也。『水經』曰。漳水出臨沮縣東荆山。東南至枝江縣北烏扶邑。入於江。酈氏曰。今漳水於當陽縣之東南百里餘而右會沮水也。按今漳水源自鄖陽府房縣景山、至保康縣境會沮水。》/527

瀩 (곽)【kuò ㄎㄨㄛˋ】 本[물이름] 물결 부딪칠

설문 6740 瀩水。在魯(魯)。《『春秋經:襄:十九年』。取邾田、自瀩水。『公羊傳』曰。其言自瀩水何。以瀩爲竟也。何言乎以瀩爲竟。瀩移也。何云。魯本與邾婁以瀩爲竟。瀩移入邾婁畍(界)。魯隨而有之。諸侯土地本有度數。不得隨水。隨水有之。當坐取邑。『水經:注:泗水篇』曰。瀩水、出東海合鄕(鄉)縣。西南流入邾。又逕魯國鄒山東南而西南流。『左傳』所謂嶧山。『詩』所謂保有鳧嶧者也。又西南逕蕃縣故城南。又西逕薛縣故城北。夏車正奚仲之國也。又西至湖陸縣入於泗。按合鄕、蕃、薛故城皆在今山東滕縣。不云在魯邾婁之閒、徑云水在魯者、邾婁魯附庸。非敵。故立文如是。『一統志』曰。瀩水源出滕縣東北百里逨山。西流會諸泉水。逕縣南。又西會南梁河。入運河。舊名南沙河。西南流入泗。不與南梁會。自漕河東徙。遏其南流。乃北出趙溝。會南梁以入運河也。》 从水。鄺(郭)聲。《苦郭切。5部。》/536

漸 점【jiàn ㄐㄧㄢˋ】 물 이름. 차차. 나아갈

설문 6714 漸水。出丹陽黟南蠻中。東入海。《丹陽郡黟、【二志】同。今安徽徽州府黟縣是其地。云漸水出黟南之蠻夷中、則今錢塘江之北源南源皆見矣。『前志:黟』下曰。漸江水出南蠻李中。東入海。『水經』曰。漸江水、出三天子都。北過餘杭。東入於海。按『班、許、水經』皆曰漸江水。『酈氏:注』則曰浙江。葢(蓋)『水經』以後無稱漸江者。其前則『山海經』、『吳越:春秋』、『史記』皆曰浙江。『山海經』有出於漢人者。漢人之書『地理志』、『說文』爲謹嚴。據許立文。曰江至會稽山陰爲浙江、謂岷江也。曰漸江水出丹陽黟南蠻中、謂今錢唐江也。分別畫(畵)然。葢(蓋)浙江者、峪江之委。漸江者、錢唐江源流之總(總)稱。二水古於山陰相合。故可統名之曰浙江。後世水道絕不相通。而錢唐江猶冒浙江之名。失其本號耳。『水道提綱』曰。浙水有南北二源。北曰徽港。卽新安江。出歙縣。黟縣、績溪、休寧諸山。南源有二。一曰衢港。卽信安江。出開化、江山二縣山。一曰婺港。卽東陽江。出東陽縣山。南北二港在嚴州府治建德縣合流。而北經桐廬縣、富陽縣。至蕭山縣西南。合浦陽江。經杭州府城東南。至龕赭二山之間(間)入海。班、許云黟南蠻中、今之北源南源皆包舉(擧)矣。》 从水。斬聲。《慈丹切。8部。按〔走部〕有趣者、訓進也。今則皆用漸者而趣廢矣。》/531

형성 (1자) 점(𪷓)9420

溔 (언)【yān ㄧㄢˉ】 물 이름

설문 6779 溔水。出西河中陽北沙。南入河。《北沙、『水經:注』引作之西。西河郡中陽、【二志】同。戴先生曰。『水經』。河水、南過西河圁陽縣東。又南過離石縣西。又南過中陽縣西。又南過土軍縣西。據地望考之。中陽西瀕(濱)河。當在今汾州府寧鄕(鄉)縣境。『趙:世家』秦取我西都及中陽是也。道元乃云中陽故城在東。東翼汾水。不瀕於河也。『元和志』於孝義縣下云。魏移西河郡中陽於今理。此條可證明『水經』之中陽其所本之【書】。道元偶失檢。『道元-汾水篇:注』所言鄔澤北起大陵。南抵鄔。正今平遙之西、孝義之東、介休之北、最爲洿下。汾川轉徙不常之地。『說文』之溔水乃入河。非入汾。漢中陽西濱黃河、『說文』亦一證。道元就溔字與鄔字牽合。謂溔水卽鄔澤。謬矣。玉裁按溔水今未得其證。》 从水。焉聲。《乙乾切。14部。》/543

漻 료【liáo ㄌㄧㄠˊ】 맑고 깊을. 높고 먼 모양. 아득할 ■류:물 맑은 모양 ■효:물 자작자작할 ■력:변화하는 모양

설문 6828 清深也。《謂清而深也。『南都賦』曰。漻淚淢汩。按李善引『韓詩:內傳』漻、清貌也。葢(蓋)『鄭風-毛』作瀏(瀏)、『韓』作漻。許謂二字義別。『今-文選:注』內字譌外。》 从水。翏聲。《洛蕭切。古音在 3部。》/547

형성 (1자) 교(潦)3011

漼 (최)【cuǐ ㄘㄨㄟˇ】 (물이)깊을. 고울

설문 6878 深也。《『小雅』。有漼者淵。『毛傳』曰。漼、深皃(貌)。》 从水。崔聲。《七罪切。15部。》『詩』曰。有漼者淵。/550

漾 (양)【yàng ㄧㄤˋ】 (물결이)출렁거릴. (둥둥)뜰. 물 이름

설문 6677 漾水。出隴西豲道。東至武都爲漢。《「豲」【各本】作「柏」。字之誤也。今依『水經:注』所引『說文』正。『前志』豲道屬天水。『後志』屬漢陽。漢陽卽天水也。豲道不屬隴西。當作「氐道」。乃與『漢志』合。『水經:注:漾水篇』曰。許愼、吕(呂)忱、闞駰竝言漾水出隴西豲道。東至武都爲漢水。不言氐道。然豲道在冀之西北。又隔諸川。無水南入。疑出豲道之爲謬矣。按『禹貢』曰。嶓冢道漾。東流爲漢。又東爲滄浪之水。『前志:隴西郡氐道』下曰。『禹貢』養水所出。至武都爲漢。武都郡武都下曰。東漢水受氐道水。一名沔。過江夏謂之夏水。【二條】相屬爲辭。隴西郡西下又曰。『禹貢』嶓冢山、西漢所出。南入廣漢白水。東南至江州入江。『鄭-注:尙書』道漾引『地理志』漾水出隴西氐道。至武都爲漢。至江夏謂之夏水。『注』梁州沱潛云潛葢(蓋)西漢。出嶓冢。東南至巴郡江州入江。行二千七百六十里。又云漢別爲潛。其穴本小。水積成澤。流與漢合。大禹自導漢疏通

4 ⓪

卽爲西漢水也。班、鄭皆謂東漢西漢同出嶓冢。西漢者、別於漢而日西漢。東流者、本無東偁(稱)。『班志:武都』下云東漢者、淺人增字。『鄭-注』云潛葢西漢、『今-尙書:正義』倒爲漢西。皆非也。班、鄭所云今水道不合。故異說紛然。『金氏榜-禮:箋』曰。後儒言漢水源者、咸求之于嶓冢。榜以『漢志』攷之。嶓冢導漾、惟据『禹貢』漢水言耳。『周-職方』荆(莿)州漢水、則不導源於嶓冢。【故志】於武都沮下曰。沮水出武都沮縣東狼谷。南至沙羨南入江、過郡五。行四千里。荆州川。『說文』、『水經』、『後漢-郡國志』皆云然。葢漾水輟流。不與漢相屬。由來久矣。『志』言『禹貢』漾水出隴西氐道縣、至武都爲東漢水。一名沔。過江夏謂之夏水。入江。此明『禹貢』漢水故道。若魏郡鄴東故大河、館陶屯氏河之類。班氏自謂采獲舊聞。考跡【詩書】。推表山川。以綴『禹貢』、『周官』、『春秋』、下及戰國、秦漢者如是。非謂漢代逕流之道。東漢水仍上受氐道水也。『水經』說西漢水曰。漾水、出隴西氐道縣嶓冢山。東至武都沮縣爲漢水。東南至江州縣。東南入于江。漾水旣輟東流。勢必西入。徒以氐道無可考見。後世莫能定其孰爲漾水。而與東漢水不相屬。得『水經』校之諡(益)明。後儒考『漢志』不詳于漢源。求嶓冢不得。因旁漢水之山强名之爲嶓冢。亦近誣矣。『漢志』。『禹貢』嶓冢山、在隴西西縣、西漢水所出。南入廣漢白水。東南至江州入江。不見于氐道。然於氐道言『禹貢』漾水所出。東至武都爲漢。正釋經嶓冢導漾、東流爲漢。明氐道亦得有嶓冢山。是山峯岫延長。西、氐道皆其盤迴之地。準之地望。氐道當在西縣東。『志』已于西縣著嶓冢山。氐道例不重出。『水經』言漾水出隴西氐道嶓冢山。『郭景純-山海經:注』亦言嶓冢在武都氐道縣南。可與『漢志』互明。西漢水、【鄭-書:注】以爲『禹貢』梁州之潛。以上受漢別。故得西漢水之稱。後乃併其上流出嶓冢者名之爲西漢水矣。玉裁謂金氏之言、可爲異說折衷。許云出隴西氐道至弌(武)都爲漢水。許非用『班志』而與『志』同。皆釋『尙書』禹時漾源也。不言嶓冢山者、言氐道而嶓冢在其中。與『志』同也。武都者、漢武都郡之武都縣。今甘肅鞏昌府成縣西北百里有仇池城。城東南有漢武都故城。』从水。羕聲。《余亮切。10部。按『韓詩』江之漾矣。以爲羕之假借。》 𣻃古文从養。《瀁者、小篆。瀁者、壁中古文如是。『今-尙書』作「漾」者、漢人以篆文改古文也。『漢書』作「養」者、『今文-尙書』用假借字也。『史記』作「瀁」、葢亦本作養而或加之水旁。因合乎古文。『淮南書』作「洋」。高誘曰。「洋」或作「養」。》/521

潨 潀(총)【zhōng ㄓㄨㄥ¯】 ㉳㊥⑨㉺ cóng 흘러들어갈 ■중:언덕 ■종:같은 뜻 ■상:물소리

설문 6916 小水入大水曰潨(潀)。《『大雅:傳』曰。潨、水會也。按許說申毛。若『鄭-箋』云潨、水外之高者也。有瘞埋之象。則謂潨與崇同。恐非『詩』意。》从水。眾(衆)聲。《此形聲包會意。徂紅切。9部。》『詩』曰。鳧鷖在潨。/553

潁 (영)【yǐng ㄧㄥˇ】 물 이름

설문 6730 潁水。出潁川陽城乾山。東入淮。《【各本】作「乾山」。『韵(韻)會』引作「耿山」。『晉書:音義』引作「陽城少室陽乾山」。則兼用『水經』、『漢志』改『說文』也。『爾雅:音義』引「字林」作「陽城乾山」。與『今-說文』合。潁川以水名郡。字當從水。而『漢碑』郡名多從禾。葢(蓋)漢時相習如此寫。如女陽、女陰、舞陽、舞陰以水名縣。而不作汝潕字也。恐『漢志』、『說文-古本』郡名亦當從禾耳。潁川郡陽城、【二志】同。今河南河南府登封縣縣東南四十里有陽城廢縣。『前志』陽城下曰。陽乾山、潁水所出。東至下蔡入淮。過郡三。行千五百里。荆(莿)州浸。過郡三者、潁川淮陽沛郡也。『水經』曰。潁水、出潁川陽城縣西北少室山。東南至愼縣東南入於淮。『水道提綱』曰。今潁水源出登封縣北嵩山西南之少室山。東南經密縣、禹州。分爲二派。一經新鄭縣至臨潁縣。一經襄城縣。至臨潁縣。二支復合。經商水縣。合汝水。又合滎陽水。至陳州府南。分爲二派。一爲渦河。一爲沙河。渦河至江南太和縣與沙河合。又經潁上縣與淮水合。日潁口。皆東南流也。『水經』曰。至愼縣入淮。愼縣故城在今潁上縣。》从水。頃聲。《余頃切。11部。》豫州浸。《『職方氏』曰。荆州其浸潁、湛。豫州其浸波、溠。許潁下湛下皆曰豫州浸。而溠下曰荆州浸。此非筆誤。蓋案地形互易之也。》/534

瀘 (사)【zhā ㄓㄚ¯】 ㊃㊥⑨ jū 물 이름 ※ 저(沮)와 통용 한다.

설문 6773 瀘水。出北地直路西。東入洛。《北地郡直路、見『前志』。今未聞。『前志』直路下曰。沮水出東。西入洛。『水經』曰。沮水、出北地直路縣。東過馮翊𧙗祤縣北。東入於洛。按『前志』當云出西、東入。【今本】誤倒。洛者、上文出北地歸德北夷界中東南入渭之水也。『酈-注』謂沮水下流合銅官。注鄭渠。而東入洛。自鄭渠湮廢。沮水故道難考矣。今沮水出陝西鄜州中部縣西北子午山。東流經駱駝岡翟道山南。俗曰沮水。有子午河自西來會。又東有慈烏河西南來會。東南流經縣城南。又東稍北三十餘里入洛河。葢(蓋)非班、許、『水經』所謂也。『禹貢』。道渭自鳥鼠同穴。東會于灃。又東會于涇。又東過漆沮。入于河。『尙書:某氏傳』云。漆沮、一水名。亦曰洛水。『水經』。渭水又東過華陰縣北。『注』云。洛水入焉。闞駰以爲漆沮之水也。是則洛水之下流、古稱漆沮。炳焉可信。『尙書:傳』云。漆沮、一水名。亦曰洛水。『正義』申之曰。孔以爲洛水一名漆沮。文理甚明。言一水名者、正恐人疑爲二水也。【今-版本】皆作二水名。然則亦曰洛水者、謂漆乎。謂沮乎。不可通矣。若『周頌:傳』云漆沮、岐周之二水也。此言涇西之漆沮爲二水。以別於涇東之漆沮爲一水。『雅頌』皆擧涇西之二水。『禹貢』擧涇東之一水。各不同也。酈曰。濁水入沮至白渠。俗謂之漆水。又謂之爲漆沮水。此洛水所以得名漆沮與。》从水。虘聲。《側加切。古音在5部。子余切。與出漢中房陵之沮各字。『漢書』、『水經』不別。》/542

◀ 제 12 획 ▶

潎 (폐)【bì ㄅㄧˋ】[상]㊥⑨[작] pì 빨래할, 물고기 오락가락 할 ■표:같은 뜻 ■별:빨리 흐를 ■비:물 물건에 부딪힐

[설문] [7090] 於水中擊絮也。《「擊」當爲「擊」。擊潎同音。〔手部〕曰。擊、敝也。一曰擊也。似敝義於此爲近。『考工記:注』曰湖漂絮。『莊子』曰洴澼絖。皆謂於水面漂擊之。〔竹部〕曰。箈、潎絮簀也。〔糸部〕曰。紙、絮一箈也。然則擊絮乃造紙之先聲。亦謂之漂。『史記』。韓信釣於城下。諸母漂。漂與潎雙聲爲轉注。漂孚妙切。『玉篇』及『曹憲-注:廣雅』乃合潎漂爲一字。同切孚妙。誤矣。》从水。敝聲。《匹蔽切。15部。『秋興賦』。游儵潎潎。魚游水皃(貌)。引伸之義也。》/564

潏 (휼)【jué ㄐㄩㄝˊ】샘 솟을 ■술:사주(沙洲:작은 모래섬) ■결:속음 ■율:물 흐르는 모양

[설문] [6841] 涌出也。《『上林賦』。潏潏淈淈。李善皆引『說文』證之。『應劭、晉灼-注:上林賦』云。潏、涌出聲也。『江賦』。潏湟淴泱。『南都賦』。汩(没)滑瀎潏。潛瀘洞出。》一日水中坻。人所爲爲潏。《『釋水』曰。小沚曰坻。人所爲爲潏。》一曰潏水名。在京兆杜陵。《京兆尹杜陵、【二志】同。故城在(在)今陝西西安府咸寧縣東南。『潘岳-關中記』曰。涇渭霸滻豐鎬澇潏。『上林賦』所謂八川分流也。『師古-上林賦:注』曰。『地理志』鄠縣有潏水。北過上林苑入渭。而今之鄠縣則無此水。許愼云。潏水在京兆杜陵。此卽今所謂沈水。從皇子陂北流。經昆明池入渭者也。葢(蓋)爲字或从水旁穴。與沈字相似。俗人因名沈之乎。按『水經:注:渭水』、又東北逕渭城南。有沈水自南注之。亦謂是水謂潏水也。故呂忱曰潏水出杜陵縣。亦曰高都水。王氏五侯壞決高都是也。是則當酈時已名沈水。小顏推求其故。殆因潏之聲誤爲泬。泬之字誤爲沈。由俗人不識泬字。遂名之沈水。沿譌積習。往往如此。小顏之說善矣。而『戴先生-挍:水經:注』乃盡改沈水爲泬水。則又無以證古今之異名同實。且使小顏之前固作「泬水」。則小顏何不顯證之而作疑辭乎。『一統志』。今潏水在西安府長安縣南。源出南山。自咸寧縣界流入。又西北入渭水。○ 按『酈注:沈水』。沈葢沇字之誤。『李善-注:上林賦』曰。潏水出杜陵。今名沇水。自南山黃子陂西北流經至昆明池入渭。『司馬貞-注:上林語』全同。亦作今名沇水。〈單行『索隱』如此〉 沇從允聲、余準切。潏矞聲、食聿切。二字相爲雙聲疊韵(疊韻)。唐初呼沇水。字異而音實同耳。小顏與李善同時。其『注:漢書』葢亦本作今所謂沇水。轉寫作沈字。由【俗書】沈字似沇也。惟小顏不知潏沇同聲。而指爲泬字之誤。是爲無稽之談。『集韵(韻)』。沇庾準切。水名。謂潏水也。若沇水東流爲泲。則讀以轉切矣。》从水。矞聲。《古穴切。15部。》/548

潐 [초]【jiào ㄐㄧㄠˋ】(물이)마를, 밝을, 술거를

[설문] [7011] 盡也。《『荀卿書』。其誰能以己之潐潐。受人之掝掝者哉。楊倞曰。潐、盡也。潐潐、謂窮盡明於事。猶『楚辭』之察察。》从水。隻(焦)聲。《子肖切。2部。按焦者、火所傷(傷)、義近盡。故訓盡、則以焦會意。》/559

[형성] (1자) 초(灑 灑)7053

潒 (탕)【dàng ㄉㄤˋ】(많은 물이)편할, (물살이)세찰 ■상:물 쏟아져 흐르는 모양 ■양:물 모양, 물가 없을

[설문] [6812] 水潒瀁也。《瀁者古文爲漾水字。隸(隸)爲潒瀁字。是亦古今字也。潒瀁疊韵(疊韻)字。搖動之流也。今字作「蕩漾」。》从水。象聲。讀若蕩。《徒朗切。10部。》/546

潓 (혜)【huì ㄏㄨㄟˋ】물 이름

[설문] [6712] 潓水。出廬江。入淮。《「出」疑當作「在」。漢廬江郡、今安徽廬州府南至安慶府之境是其地。潓水未詳。》从水。惠聲。《胡計切。15部。》/531

潤 (매)【mǎi ㄇㄞˇ】[상]㊥⑨ mì 물 이름 ■멱:물 이름

[설문] [6707] 潤水。出豫章艾縣。《凡縣字皆後人所增。【古本】必無也。》西入湘。《豫章郡艾、【二志】同。『左傳』吳公子慶忌所居。今江西寧都州州西百里有艾城是也。『水經:湘水篇』曰。又北過羅縣西。潤水從東來流注之。潤水又別爲【篇】曰。潤水、出豫章艾縣。西過長沙羅縣西。又西至磊石山入於湘水。按『水經』言潤不言汨。【諸書】多言汨不言潤。依『廣韵(韻):卄三，錫』、汨潤滵三形同。『春秋:莒君密州』。『左傳』密作買。亦是買聲近密之證。考之於今。則由江西寧都州逕湖南平江縣至湘陰縣入湘者、但有汨水。別無潤水。則潤汨之爲古今字憭然。酈氏云。汨出艾縣。逕羅縣。皆與【經】言潤同。惟云潤水入湘日東町口。汨水入湘曰汨羅口。汨羅口在潤口之北。磊石山又在羅口之北。【經】言潤水至磊石山入湘。非是潤尙在羅口南注湘耳。此言甚辨。依『水道提綱』、汨水出平江縣。西北至歸義驛。又西分爲二支。一支西流。稍北於山麓西入湘。一支北流數十里。西北入湘曰屈潭。亦曰汨羅口。正酈之東町、汨羅二口。非有二水也。酈葢(蓋)未溯上游。不辨異文同物。【許書】葢本同『水經』。有潤無汨。而後人妄增汨字。故其文不類【許書】。屈原所沈例所不載。且許既有溟字、云冥聲。豈得冥省聲又爲一字乎。》从水。買(買)聲。《莫蟹切。今莫狄切。作汨。16部。》/529

潕 (무)【wǔ ㄨˇ】(물、고을)이름

[설문] [6719] 潕水。出南陽舞陰。東入潁。《南陽郡舞陰、【二志】同。今河南南陽府泌陽縣縣北十里有舞陰故城。『水經』曰。潕水、出潕陰縣西北扶予山。東過其縣南。又東過西平縣北。又東過郾縣南。又東過定潁縣北。東入於汝。酈云。潕水過潕陰縣北。不出其南。又去郾縣遠。不得過。『今-水道提綱』敘汝水、不言潕水源流。惟『方輿紀要』引『舊志』云。潕水、出泌陽縣北。自平地湧出。如飛舞然。東北流達舞陽縣東南爲三里河。又東入於汝。未知今水道然

否。『水經』入汝。許云入潁。乖異俟攷。》从水。橆聲。《文甫切。5部。按水名作「潕」。縣以水得名。而舞陰、舞陽字作舞。當依『漢志』。》/532

潘 반【pān ㄆㄢ¯】쌀 뜨물, 소용돌이, 빗물 ■번:쌀뜨물 ■파:현이름

설문 7044 淅米汁也。《『內則』曰。其閒(間)面垢。燂潘請靧。鄭云。潘、米瀾也。按瀾者、瀾之省。力旦反。》从水。番聲。《晋(普)官切。14部。『經典:釋文』芳袁反。》一曰潘水。在河南滎陽。《「滎」【各本】作「榮」。誤。今正。滎陽故城在今河南開封府滎澤縣西南。『水經:注:濟水篇』云。『晉書:地道志』。濟自大伾入河。與河水鬭(鬪)。南泆爲滎澤。『尙書』滎波旣豬。孔安國曰。滎澤、波水。已成遏豬。闞駰曰。澤名也。故呂忱曰。播水在滎陽。謂是水也。昔大禹遏其淫水。而於滎陽下引河東南以通淮泗。按所引呂忱語、謂『字林』也。『字林』多本『說文』。且『說文』、『字林』之例。〔手部:播〕字不應旁及水名。然則『字林』正作潘字。水在滎陽與『說文』合。『馬、鄭、王-尙書』改作滎播。謂卽滎澤。許、呂則潘別爲一水。與滎爲二。『僞:孔傳』釋滎爲澤名。波爲水名。正同也。『鄭-注:周禮』滎雒波溠爲四。云波讀爲播。引『禹貢』滎播旣都。則注『書』一之、『注:周禮』亦二之矣。【僞孔本】作波。依『周禮』改『尙書』也。許作潘、謂潘其正字、播其假借字也。今潘水未聞。》/561

형성 (1자) 번(藩)568 번(籓)2787

潚 (숙)【xiāo ㄒㄧㄠ¯】㊥⑨㉗ sù ㉗ zù 本[물 속 깊고 맑을] ■축:빠를 ■소:비바람 사나울, 물 이름

설문 6815 深淸也。《謂深而淸也。『中山經』曰。澧沅之風交潚湘之浦。『水經:注:湘水篇』曰。二妃出入潚湘之浦。潚者、水淸深也。『湘中記』云。湘川淸照五六丈。下見抵石。如攜蒲矢。五色鮮明。是納潚湘之名矣。據善長說則潚湘者猶云淸湘。其字讀如肅、亦讀如蕭。自『景純-注:中山經』云潚水今所在未詳。始別潚湘爲二水。俗又改「潚」爲「瀟」。其謬日甚矣。『詩:鄭風』。風雨潚潚。毛云。暴疾也。『羽獵賦』。風廉雲師。吸嚊潚率。『二京賦』。飛罕潚箾。『思玄賦』。迅猋潚其膝我。義皆與『毛傳』同。水之淸者多駛。『方言』云。淸、急也。是則『說文』、『毛傳』二義相因。》从水。肅聲。《子叔切。按子字疑誤。『廣韵(韻)』息逐切。2部。》/546

潛 (잠)【qián ㄑㄧㄢˊ】本[물속에 푹 들어가 헤엄쳐 건널] 물 이름, 감출

설문 6957 涉水也。《上文云潛行水中。對下文浮行水上言之。『邶風:傳』云。由膝以上爲涉。然則言潛者、自其膝以下沒(沒)於水言之。所謂泳也。『左傳:哀:十七年』。越子以三軍潛涉。又按潛汓等字、後人不甚分明。若『水經:注:江水篇』云。有潛客泳而視之。見水下有兩石牛。此則謂潛全沒水中矣。》一曰藏也。《此今日通行義。『釋言』曰。潛、深也。『方言』曰。潛、涵、沈也。》从水。朁聲。《昨鹽切。7部。》一曰漢爲潛。《『釋水』文。『劉(劉)逵-注:蜀都賦』云。『禹貢:梁州』、沲潛旣道。有水從漢中沔陽縣南流。至梓潼漢壽縣。入大穴中。通岡山下。西南潛出。今名伏水。舊說云『禹貢』潛水也。『郭樸-爾雅:音義』同此說。》/556

潝 (흡)【xì ㄒㄧˋ】㊦㊥⑨㉗ xī 물 빨리 흐르는 소리 ■압:물웅덩이에 빠질

설문 6839 水流疾聲。《『上林賦』。汩潝漂疾。潝、郭音許立反。然則卽潝字也。『小雅』。潝潝訿(訾)訿。『釋訓』云。莫供職也。》从水。翕聲。《許及切。7部。》/548

潞 (로)【lù ㄌㄨˋ】물 이름

설문 6694 冀州浸也。《『周禮:職方氏』曰。冀州、其浸汾、潞。鄭云。潞出歸德。此謂潞卽洛耳。按班、許皆云洛出歸德北夷畍(界)中。漢歸德在今甘肅慶陽府境。洛水在今陝西同州府境入河。非冀州地也。且雍州旣曰其浸洛矣。安得又爲冀浸。『鄭-注』於雍州云洛出懷德。冀州云潞出歸德。葢(蓋)由株守『地理志』。而未思『志』歸德下言其源、懷德下言其委。一水兩言。不當改洛爲潞。以屬冀州。自雍入冀。古無此水以當之。許但云冀州浸。不言何出何入。不欲强爲之說。葢此浸自周初迄漢。湮沒(沒)不彰。古今變遷。大類如斯。如大河故瀆。泲水枯絕(絶)。沔水不出嶓冢。皆無可疑者。班、許皆不言潞之源流。此可以正『鄭-注』矣。闞駰曰。潞縣有潞水、爲冀州浸。卽漳水也。善長亦謂無他大川可以爲浸。惟漳水耳。此非許意也。『周禮』川漳、浸潞竝言。則非一物。》上黨有潞縣。《上黨郡潞縣、【二志】同。今山西潞安府潞城縣縣東北四十里有故潞城、漢縣葢治此。『春秋:宣:十五年』。晉師滅赤狄潞氏。以潞子嬰兒歸。『前志』曰。潞縣、故潞子國也。按潞國以水得名。》从水。路聲。《洛故切。5部。》/526

潢 (황)【huáng ㄏㄨㄤˊ】못(저수지), 깊을, 책 꾸밀, 장황할

설문 6924 積水池也。《『左傳』。潢汚(汙汚)行潦之水。服虔(虔)曰。畜小水謂之潢。水不流謂之汚。行潦、道路之水。》从水。黃聲。《乎光切。10部。『廣韵(韻)』引『釋名』曰。潢、染書也。乎曠切。唐有妝潢匠。》/553

澗 澗(간)【jiàn ㄐㄧㄢˋ】산골물, 시내, 물 이름

설문 6936 山夾水也。《『釋山』、『毛傳』皆云。『小雅』。秩秩斯干。毛云。干、澗也。此謂『詩』假借干爲澗也。》从水。閒聲。《古莧切。14部。》一曰澗(澗)水。出弘農新安。東南入雒。《「雒」本作「洛」。今正。『地理志』曰。弘農郡新安。『禹貢』澗水在東南入雒。『禹貢』雒水、出弘農郡上雒冢領山。東北至鞏入河。按『地理志:禹貢』「雒」水字作「雒」。凡云伊水入雒、穀水入雒、澗水入雒、瀍水入雒。凡云上雒縣、雒陽縣。字皆不作洛也。且『志』文前後相應。此云『禹貢』雒水、則前文稱『禹貢』逾于雒。伊雒瀍澗旣入于河、道雒自熊耳、【古本】必皆作「雒」。斷不作洛也。且『志』稱『職方』豫州川曰滎雒。雍州浸曰渭洛。二字分別畫(畫)然。可以證上稱『禹貢』、亦必分別畫然。惟豫雒、雍洛不同字。故北地歸德下云洛水出北蠻夷中。直路下云沮

㉗ 作家出版社〔董蓮池-說文解字考正〕⑨ 九州出版社〔柴劍虹-說文解字〕㉦ 陝西人民出版社〔蘇寶榮-說文解字今注今譯〕㊦ 上海古籍出版社〔說文解字注〕㊥ 中華書局〔臧克和-說文解字新訂〕

水出東西入洛。『左馮翊:褱德』下云洛水東南入渭。與雒水字迥別。學者以是求之。可以知黃初一詔之欺人矣。漢新安縣故城在今河南河南府澠池縣東。澗水在今澠池縣東。合於穀水。而互受通稱。同至今洛陽縣西南入洛水。》/554

潣 (민)【mǐn ㄇㄧㄣˇ】물이 졸졸 흐르는 모양
설문 6872 水流浼浼皃(貌)。《「浼浼」當作「潣潣」。淺人所改也。一說潣浼古今字。故以浼浼釋潣潣。河水浼浼。見『邶風』。浼之本義訓污(汙)。『邶風』之浼浼、卽潣潣之假借。免聲古讀如門。與潣音近。『毛傳』曰。浼浼、平地也。卽潣潣之義也。》从水。閔聲。《眉殞切。13部。》/550

潤 (윤)【rùn ㄖㄨㄣˋ】젖을, 윤택할, 적실, 윤택하게 할, 더할
설문 7019 水曰潤下。《語見『洪範』。》从水。閏聲。《如順切。13部。》/560

潦 (로)【liǎo ㄌㄧㄠˇ】큰 비, 길바닥 물, 갇혀 쌓인 물, 얼빠진 모양 ■료:물이름
설문 6978 雨水也。《【各本】作雨水大皃(貌)。今依『詩:采蘋:正義』、『文選:陸機贈顧彥(彦)先詩:注』、『衆經:音義:卷一』訂。『曲禮』釋文亦曰。雨水謂之潦。雨水、謂雨下之水也。『左傳』曰。水潦將降。『召南』。于彼行潦。『傳』曰。行潦、流潦也。按傳以流釋行。『服-注:左傳』乃云道路之水。『趙-注:孟子』乃云道旁流潦。以道釋行、似非。潦水流而聚焉。故曰行潦。不必在道旁也。》从水。尞聲。《盧皓切。2部。俗借澇水字爲之。》/557

潧 (진)【zhēn ㄓㄣ】물 이름 ■증:같은 뜻
설문 6736 潧水。出鄭國。《鄭國謂周之鄭國、卽漢之新鄭也。『鄭語』曰。前華後河。右洛左濟。主芣騩而食溱洧。『水經』曰。潧水、出鄭縣西北平地。酈云。出鄶城西北雞(鷄)絡鄔下。東南流、左合滋水。又南、左會承雲山水。又東南、逕鄶城西。謂之桺(柳)泉水。又南、注於洧。世亦謂之爲鄶水也。今溱水在河南開封府密縣。東北流經新鄭縣西北。南流合洧水爲雙泊河。而洧盛溱涸矣。》从水。曾聲。《側詵切。12部。按曾聲則在 6部。而【經傳】皆作溱。秦聲。『鄭風』褰裳涉溱、與豈無他人爲韵(韻)。學者疑之。玉裁謂『說文』、『水經』皆云潧水在鄭。溱水出桂陽。葢(蓋)二字古分別如是。後來因『鄭風』異部合韵。遂形聲俱變之耳。》『詩』曰。潧與洧、方汍汍兮。《汍音丸藥之丸。【各本】作「渙渙」。今正。此『鄭風』文也。『今-毛詩』作「渙渙」。春水盛也。釋文曰。『韓詩』作「洹洹」。音丸。『說文』作汎。音父弓反。按作汎父弓反、音義俱非。葢汍汍之誤。「汍汍」與「洹洹」同。『漢志』又作「灌灌」亦當讀汍汍。皆水盛沄旋之貌。引此『詩』者爲潧字之證。知【今-經傳】皆非【古本】。『廣韵(韻)』曰。『詩』作溱洧、誤。》/535

湶 (기)【jì ㄐㄧˋ】물 이름
설문 6788 湶水也。从水。泉聲。《其冀切。15部。》/544

潨 潀(종)【zhōng ㄓㄨㄥ】㊤㊥⑨작 cóng 흘러들어갈 ■중:언덕 ■종:같은 뜻 ■상:물소리
설문 6916 小水入大水曰潨(潀)。《『大雅:傳』曰。潨、水會也。按許說申毛。若『鄭-箋』云潨、水外之高者也。有瘞埋之象。則謂潨與崇同。恐非『詩』意。》从水。眾(衆)聲。《此形聲包會意。徂紅切。9部。》『詩』曰。鳧鷖在潨。/553

潩 (익)【yì ㄧˋ】물 이름 ■직·이:같은 뜻
설문 6689 潩水。出河南密縣大隗山。南入潁。《河南郡密、【二志】同。今河南開封府密縣縣東南三十里有故密城。大騩山卽具茨山。在今河南開封府新鄭縣縣西南四十里。葢(蓋)山與密接阶(界)。『前志:密』下曰。有大騩山。潩水所出。南至臨潁入潁。『水經』曰。潩水、出河南密縣大騩山。東南入於潁。今潩水自新鄭大騩山南流。經許州長葛縣流入許州北二里。又南經許州臨潁縣而合於潁。一名魯固河。又名淸流河是也。》从水。異聲。《與職切。1部。酈曰。時人謂之敕水。非也。敕潩音相類。故字從聲變爾。按師古曰。潩又音昌力反。李吉甫曰。潩水、俗名勑水。》/525

潭 (담)【tán ㄊㄢˊ】소(물이 깊은 곳) ■심:물가 깊은 곳 ■임:속음 ■음:점점 젖어들, 물 흔들리는 모양
설문 6710 潭水。出武陵鐔成王山。東入鬱林。《「林」字賸。當刪(删)。俗人不知鬱爲水名。『漢志』洭水入鬱、離水入鬱、亦皆沾林矣。「王」、『集韵(韻)』引作「玉」。『韵會』引作「五」。『漢志』作「玉」。未審當何從。武陵郡鐔成、【二志】同。『前志:鐔成』下曰。玉山、潭水所出。東至阿林入鬱。過郡二。行七百二十里。過郡二者、武陵鬱林也。今廣西潯州府阿林廢縣、漢縣也。鬱林郡廣鬱下曰。鬱水首受夜郎豚水。東至番禺郡四會入海。過郡四。行四千三十里。過郡四者、牂柯蒼梧鬱林南海也。潭水卽今福祿江。源出苗地。東南至今貴州黎平府西爲古州江。東至永從縣南。合彩江爲福祿江。入廣西阶(界)。至桺(柳)城縣爲桺江。又東南經象州。至潯州府城北曰潯江。此爲廣西之右江。亦曰北江。合廣西左江。亦曰南江。卽所謂入鬱也。唐始置潯州。以北潯江爲名。潯江卽古潭水。古二字同音。因改其字耳。今人上流爲桺江。下流爲潯江。漢人統曰潭。下流亦曰溜。潭與溜實一水也。按鬱水、今嶺外之盤江。由雲南貴州廣西至廣東爲西江、入海者也。『淮南書』曰。始皇使尉屠睢發卒五十萬。爲五軍。一軍守鐔成之嶺。一軍守九疑之塞。一軍處番禺之都。一軍守南埜之阶。一軍結餘干之水。皆謂今之嶺也。漢鐔成縣故城、在唐之朗溪縣、今之湖南沅州府黔陽縣。王山葢(蓋)在嶺。故潭水流嶺外東入鬱也。嶺北之水多入沅。》从水。𣆪(覃)聲。《徒含切。應劭音淫。7部。按今義訓爲深。取從覃之意也。或訓水側。與潯同也。》/530

潯 (심)【xún ㄒㄩㄣˊ】물가, 물이름 ■임:속음 ■음:점점 젖어들 ■담:같은 뜻

[설문] [6882] 旁深也。《今人用此字、取義於旁而已。》从水。尋聲。《徐林切。7部。》/551

潰 (궤)【kuì ㄎㄨㄟˋ】[本][샐] 무너뜨릴 ■회:속음 ■해:바다기운, 이슬기운 ■홀:무너질

[설문] [6894] 漏也。《「漏」當作「屚」。屋穿水下也。『左傳』。凡民逃其上曰潰。此引伸之義。『小雅、大雅:毛傳』皆曰。潰、遂也。此皆謂假潰爲遂。》从水。賢(貴)聲。《胡對切。15部。》/551

潸 (산)【shān ㄕㄢˉ】 물뿌릴

[설문] [7105] 涕流皃(貌)。《『小雅:大東』曰。潸焉出涕。毛云。潸、涕下皃(貌)。》从水。散聲。《所姦切。14部。》『詩』曰。潸焉出涕。《焉『韵(韻)會』作然。》/566

潼 (동)【tóng ㄊㄨㄥˊ】 물 이름 ■총:물이 길을 무너뜨릴 ■종:젖은 모양

[설문] [6659] 潼水。出廣漢梓潼北界。南入墊江。《「墊」【各本】作「墊」。今正。廣漢郡梓潼、【前後:二志】同。『前志』曰。梓潼五婦山、馳水所出。南入涪。行五百五十里。『應劭:注』云。潼水所出。南入墊江。『水經』曰。梓潼水出其縣北界(界)。西南入於涪。又西南至小廣魏南。入於墊江。按馳水、潼水、梓潼水異名同實。五婦山卽今四川保寧府劍州州西北五十里之五子山。今劍州及綿州之梓潼縣、葢(蓋)漢梓潼地。潼水出五子山之西大山。東南流、經今梓潼縣。又經潼川府之鹽亭縣。又至射洪縣東南之獨坐山。入涪江。今謂之潼江、射江、瀰江。許云南入墊江。卽謂今射洪東南入涪江。涪江下流至重慶府之合州、合嘉陵江也。『漢志』墊江、應劭音徒浹反。孟康音重疊(疊)之疊。『許書:衣部』云褺、重衣也。巴郡有墊江縣。此縣爲嘉陵江、渠江、涪江會合之地。水如衣之重複。故曰墊江。其字音疊。淺人乃譌作昏墊之墊。觀應、孟之音。則知『漢書』字固從衣也。云入墊江者、其縣其水通名也。今四川忠州之墊江縣、則漢巴郡臨江縣地。與漢墊江相距甚遠。○ 又按涪下曰南入漢者、言至墊江而入西漢水也。潼下曰南入墊江者、言入西漢水在(在)墊江境也。錯見互相足。○ 又按『地理志』、『水經』之羌水下。合白水。又合西漢水。卽今四川保寧府昭化縣城北合嘉陵江之白水也。羌水亦謂之墊江者、葢昔人以其委名其源。『魏書』吐谷渾阿豺登其國西彊山。觀墊江源。今洮州衞(衛)西南三百四十里西強山。羌水所出。》从水。童聲。《徒紅切。9部。》/517

潿 (위)【wéi ㄨㄟˊ】 웅덩이

[설문] [6874] 不流濁也。《謂薉濁不流去也。『左傳』曰。有汾澮以流其惡。》从水。圍聲。《羽非切。15部。此於聲見義。》/550

澂 (징)【chéng ㄔㄥˊ】 맑을, 맑게할

[설문] [6869] 淸也。《澂之言持也。持之而後淸。『方言』曰。澂、淸也。澂澄古今字。『禮運』。澄酒在下。字作澄。鄭云。澄酒與『周禮』沈齊字雖異。葢(蓋)同物也。『周易』。君子以徵忿。徵者、澂之假借字。蜀才作登。鄭云。徵猶淸也。必云猶者、正謂澂不訓淸。澂之斯淸。故王弼訓止也。》从水。徵省聲。《直陵切。6部。》/550

澆 (요)【jiāo ㄐㄧㄠˉ】 물 줄(물을 댐), 엷을, 걸찰, 경박할 ■료:물막혀 거스리다가 스며 흐르는 모양 ■오:같은 뜻

[설문] [7061] 渎也。《沃爲澆之大。澆爲沃之細。故不類廁。凡醲者、澆之則薄。故其引伸之義爲薄。『漢書:循吏傳』。澆淳散樸。》从水。堯聲。《古堯切。2部。》/563

澇 (로)【lào ㄌㄠˋ】[상]㊥⑨[작] láo 물 이름

[설문] [6683] 澇水。出右扶風鄠。北入渭。《右扶風鄠、見〔邑部〕。『上林賦』曰。終始灞滻。出入涇渭。灃鎬潦潏。紆餘委蛇。經營乎其內。蕩蕩乎八川。分流相背而異態。『潘岳-關中記』曰。涇、渭、灞、滻、酆、鎬、潦、潏、所謂八川。李善曰。潦卽澇水也。『水經』曰。渭水、又東過槐里縣南。又東、澇水從南來注之。今陝西西安府鄠縣縣西三里、澇水出南山澇谷。北流經故萯陽宮(宮)。西入長安縣界(界)。入渭。故曰北入渭。『水道提綱』曰。渭水東經鄠縣北境、咸陽縣城東南。又東北有豐水自西來。合諸水北流注之。諸水者、澇水、滈水、潏水。》从水。勞聲。《魯刀切。2部。『史』、『漢』、『文選(選)』皆作「潦」。惟『封禪書』正作「澇」。按今用爲旱澇字。》/523

澌 (사)【sì ㄙˋ】[상] sī [本][물 잦을] (얼음이 녹아 없어짐)다할 ■시:목쉴, 말울

[설문] [7007] 水索也。《『方言』曰。澌、索也。『郭-注』云。盡也。按許說其本義。楊說其引伸之義也。索訓盡者、索乃素之假借字。入室搜(挍搜)索、有盡意也。『方言』曰。鋌、賜也。賜者、澌之假借。亦作「儩」。》从水。斯聲。《息移切。16部。》/559

澍 (주)【shù ㄕㄨˋ】 단비, 때 맞은 비, 젖을, 물쏟을 ■수:같은 뜻

[설문] [6975] 時雨也。所吕(以)樹生萬物者也。《依『魏都賦:注』、『後漢:明帝紀:注』補五字。樹舊譌澍。今正。樹澍以疊韵(疊韻)爲訓。『難蜀父老』曰。羣(群)生澍濡。》从水。尌聲。《當句切。古音在 4部。》/557

澺 (억)【yì ㄧˋ】 물 이름

[설문] [6727] 澺水。出汝南上蔡黑閭澗(澗)。入汝。《汝南上蔡縣、【二志】同。今河南汝寧府上蔡縣縣西南十里故蔡城是。『水經:注:汝水篇』曰。汝水、又東南逕新蔡縣故城南。又東南左會澺水。水上承汝水。別流於奇雒城北爲黃陂。東流於上蔡岡東爲蔡塘。又東逕平輿縣故城南爲澺水。又東南左迆爲葛陂。又東出爲鮦水。俗謂之三丈陂。陂東注爲富水。澺水正流自葛陂東南逕新蔡縣故城東而東南流。注於汝。『方輿紀要』曰。澺水在汝寧府東四十里。俗名洪河。源出西平縣。『水道提綱』曰。南汝水至新蔡縣之東南。有洪河自西北來會。洪河出舞陽縣東南之筆尖山。經西平縣、上蔡縣、汝陽縣。至新蔡縣南入汝。大致東南流也。》

按於古水道不改。》 从水。 啻聲。《篆文【各本】作「湇」。此云意聲。『集韵(韻)』、『類篇』皆云『說文』作「湇」。彔(隸)作「湇」。是『宋時-古本』如此。今據正。於力切。1部。》 /533

澐 (운)【yún ㄩㄣˊ】 큰 물결 일
설문 6844 江水大波謂之澐。《專謂江水也。玉裁昔署理四川南谿縣。攷『故碑』。大江在縣。有揚澐灘。》从水。雲聲。《王分切。13部。》 /549

溜 溜(류)【liù ㄌㄧㄡˋ】 ⑨ liú 本[물이름] (물방울이)떨어질
설문 6711 溜水。出鬱林郡。《不言縣者、有未審也。鬱林郡在今廣西。『前志』有中畱縣。師古曰。畱、力救反。水名。葢(蓋)中畱、潭中皆以水得名也。『後志』及『宋書:州郡志』作「中溜」。字從水。疑『前志』亦當從水。『元和郡縣志』曰。『貞觀八年』改南昆州爲柳(柳)州。因柳江爲名。柳州卽今柳州府。柳江出苗地。至今貴州古州永從縣生苗畍(界)中。東南入廣西。至柳城縣曰柳江。至象州會於盤江。柳江卽古溜水。後世譌其字耳。》 从水。畱聲。《力救切。3部。按今俗訓爲水急流》 /530

澒 (홍)【hòng ㄏㄨㄥˋ】 수은
설문 7114 丹沙所化爲水銀也。《『本艸經』曰。鎔化還復爲丹。然則本丹之所化明矣。後代燒煆麄次朱砂爲之。『淮南書:高-注』曰。白澒、水銀也。『廣雅』曰。水銀謂之澒。字一作「汞」。說者分別之云。汞、水銀滓。》 从水。項聲。《呼孔切。9部。》 /566

◀ 제 13 획 ▶

澡 조【zǎo ㄗㄠˇ】 씻을. 깨끗이 할. 옥으로 꾸민 것이 얼음 마름무늬같을
설문 7081 洒手也。《〔皿部〕曰。盥、澡手也。『儒行篇』曰。澡身而浴德。其引伸之義。按或可繰爲澡。如『記』緫冠繰纓是。『荀卿』又作憣纓。》 从水。喿聲。《子晧切。2部。》 /564
형성 (+1) 조(藻 𧀂)

澤 (택)【zé ㄗㄜˊ】 윤. 윤 날. 윤낼. (얕은)못 ■책:속음 ■석:풀을(解散) ■탁:별이름 ■역:전국술
설문 6890 光潤也。《又水艸交厝曰澤。又借爲釋字。》 从水。睪(睪)聲。《丈伯切。古音在 5部。》 /551

濍 (수)【chóu ㄔㄡˊ】 뱃속 출렁거릴 ■초·추:같은 뜻
설문 7099 腹中有水气也。从水。愁聲。《士尤切。3部。》 /565

澥 (해)【xiè ㄒㄧㄝˋ】 바다
설문 6799 勃澥、海之別也。《【宋本】作「郣」。【今本】及『集韵(韻)』、『類篇』皆作「勃」。別下【宋本】、【葉本】、【趙本】、『五音韵譜』、『類篇』、『集韵』皆無名字。毛斧季妄增之。然『文選:注』已誤多矣。『毛詩:傳』曰。沱、江之別者也。海之別猶江之別。勃澥屬於海、而非大海。猶沱屬於江、而非大江也。『說文』或言屬。或言別。言屬而別在其中。言別而屬在其中。此與稗下云禾別正同。『周禮:注』。州黨族閭比者、郷(鄉)之屬別。則屬別竝言也。『漢書:子虛賦:音義』曰。勃澥、海別枝也。『齊都賦:注』曰。海旁曰勃。斷水曰澥。『潛丘箚記』曰。今海自山東登州成山折而西。逕寧海州、福山、蓬萊、招遠縣。又西逕萊州、掖縣、昌邑、濰縣。又西逕青州、壽光、樂安、諸城縣北界。折而西北。逕濟南、利津、霑化、海豐縣。又北逕直隸、河間、鹽山、滄北、靜海縣東界。又北至天津衞(衛)。折而東。逕順天、寶坻、豐潤縣。又東逕永平、灤州、樂亭、盧龍、昌黎縣。又東出山海關。逕遼東、寧遠、廣寧衞南界。折而南。逕海、葢(蓋)、復、金四衞西界。又折而東。逕金州南界。有旅順口。南與登州海口相對。皆謂之勃海。太史公多言勃海。『河渠書』謂永平府之勃海也。『封禪書』謂登、萊兩府之勃海也。『蘇秦列傳』指天津衞之海言。『朝鮮列傳』指海之在遼東者言。勃海之水大矣。非專謂近勃海郡者也。玉裁按。此於大海爲別枝。》 从水。解聲。《胡買切。16部。》 一說澥卽澥谷也。《『集韵(韻)』、『類篇』皆作「一曰澥谷也」五字。此別一義也。『律歷(歷)志』曰。黃帝使泠綸。自大夏之西。昆侖之陰。取竹之解谷。孟康曰。解、脫也。谷、竹溝也。取竹之脫無溝節者也。一說昆侖之北谷名也。按『漢書』解谷、『說文』作「澥」。『廣韵(韻)』作「嶰」。》 /544

澧 (례)【lǐ ㄌㄧˇ】 물 이름
설문 6724 澧水。出南陽雉衡山。東入汝。《南陽郡雉、【二志】同。雉音弋爾反。今河南南陽府治南陽縣府北八十里有故雉城、漢縣也。『前志:雉』下曰。衡山、澧水所出。東至郾入汝。郾、【顏-本】譌作「鄽」云音屋。非也。『水經:注』曰。汝水、又東南逕郾縣故城北。又東得醴水口。醴水、出南陽雉縣衡山。卽『山海經:中山經』之衡山。『馬融-廣成頌』曰。面據衡陰。在雉縣畍(界)。故世謂之雉衡山。東南流逕葉縣故城北。又東注葉陂。又東逕郾縣故城南。左入汝。按『馬融傳:注』引『中山經』又東三十里曰雉山。澧水出焉。又東五十里曰宜山。又東四十五里曰衡山。然則分之爲雉衡二山。合之則單評衡山。李賢曰。衡山在今鄧州向城縣北。杜佑曰。北重山在向城縣北。卽是三鵶之第一。又北分嶺山嶺北。卽三鵶之第二鵶也。其第三鵶入臨汝郡魯山縣畍(界)。杜之三鵶、葢(蓋)卽古衡山也。今澧水未詳。》 从水。豊聲。《盧啟(啓)切。15部。此條衡山、非南岳。澧水、非入洞庭之澧水。入洞庭之水、『水經』別爲篇。其字本作「醴」。『禹貢』江又東至於醴。衛包始改爲「澧」。『鄭-注』醴爲陵。云今長沙有醴陵縣。馬融、王肅醴爲水名。『夏本紀』、『地理志』皆作「醴」。『尙書:正義』、『史記:索隱』引『楚詞』濯余佩兮醴浦。正作「醴」。『水經:注』出雉衡山者、從酉。出武陵者、從水。正是互譌也。》 /533

澨 (서)【shì ㄕˋ】 本[물가] 흙으로 쌓아 올린 물가 언덕
설문 6947 埤增水邊土、人所止者。《〔土部〕曰。埤、

增也。增、益也。酈善長曰。『左傳:文:十六年』。楚軍次於句澨。『定:四年』。左司馬戌敗吳師於雍澨。『昭:二十三年』。司馬薳越縊於薳澨。服虔(虔)或謂之邑、又謂之地。京相璠、杜預亦云。水際及邊地名也。今南陽淯陽二縣之間淯水之濱、有南澨北澨矣。》从水。筮聲。《筮小篆作「簭」。時制切。15部。》『夏書』曰。過三澨。《『禹貢』文。『水經』曰。三澨地在南郡邔縣北沱。『酈-注』云。地說曰。沔水東行過三澨。合流觸大別山阪。故馬融、鄭玄、王肅、孔安國等咸以爲三澨水名也。惟許愼說異。按『水經』釋爲地、與許合。『水經』者、或謂桑欽所作。然則許正用『孔氏-古文-尙書』說也。》/555

潄 (련)【liàn ㄌㄧㄢˋ】쇠 불릴 〔련(湅)과 복(攴)의 결합이므로 복(攴)부 10획이어야 한다.〕

설문 1910 辟潄鐵也。《『張協-七命』。乃鍊乃鑠。萬辟千灌。『李-注』。辟謂疊(疊)之。灌謂鑄之。引典論魏太子丕造百辟寶劒。又引王粲刀銘灌辟以數。質象以呈。按辟者、襞之假借也。潄者、段也。簡(简)取精鐵。不計數摺疊段之。因名爲辟潄鐵也。》从攴(攵)湅。《從攴者、取段意。湅者、簡也。從湅、取簡擇之意。湅亦聲。郞(郎)電切。14部。》/123

澩 (학)【xué ㄒㄩㄝˊ】잦은 샘(철따라 물이 마르는 샘)

설문 6938 夏有水、冬無水曰澩。《『釋山』曰。山上有水埒。夏有水、冬無水澩。謂山上夏有停潦、冬則乾也。》从水。學省聲。讀若學。《胡角切。3部。》澩或不省。/555

澬 (자)【zī ㄗ】㉯㊥⑨㉶ cí 장마비, 물 이름

설문 6977 久雨涔澬也。《亦作「涔漬」。『廣韵(韻)』曰。在常山郡。》一曰水名。从水。資聲。《才私切。又卽夷切。15部。》/557

㵣 (갈)【kě ㄎㄜˇ】목마를, 더딜 ■게:〈네이버 자전〉

설문 5310 欲歠歠。从欠。渴聲。《此舉(擧)形聲包會意。渴者、水盡也。音同竭。水渴則欲水。人㵣則欲飮。其意一也。今則用竭爲水渴字。用渴爲飢㵣字。而㵣字廢矣。渴之本義廢矣。『晉語』。忨日而㵣歲。〔心部〕引『春秋』。忨歲而㵣日。韋昭曰。㵣、遲也。遲讀爲遲久之遲。急待之意也。苦葛切。15部。》/412

澮 (회)【kuài ㄎㄨㄞˋ】㉯㊥⑨ guì 봇도랑, 물 넓고 깊을 ■괴·외:속음 ■활:두 물이 합할

설문 6691 澮水。出河東彘霍(霍)山。西南入汾。《「河東彘」三字、鉉奪。【鍇本】誤作「河西」二字。今正。『前志』。河東郡彘。『後志』曰。永安、故彘。『前志:彘』下曰。霍大山、在東。冀州山。今山西霍州州東南霍山、『禹貢』之大岳也。『水經』曰。澮水、出河東絳縣東澮交東高山。西至王澤。注於汾水、不言出霍山者、『水經』舉(擧)其近源。許舉其遠源也。『水道提綱』曰。澮河、源出翼城縣東南山。西流經中衛鎭。又西稍北至城南。又西經曲沃縣南。又西至絳州城南入汾。『方輿紀要』。翼城縣有澮高山。有澮水入曲沃縣畍(界)。至絳州南入汾。》从水。會聲。《古外切。15部。》按『今文-尙書』以畎澮爲〈巜。見〔谷部〕。巜下又曰水流澮澮也。澮澮卽活活。》/526

澱 (전)【diàn ㄉㄧㄢˋ】찌끼(침전물), 앙금, 호수나 웅덩이의 물결 출렁거릴

설문 7048 滓垽也。《『釋器』曰。澱謂之垽。〔土部〕曰。垽、澱也。〔黑部〕曰。䵘謂之垽。按䵘與澱異字而音義同。實則一字也。》从水。殿(殿)聲。《堂練切。13部。》/562

澳 (욱)【ào ㄠˋ】㉯㊥⑨㉶ yù 벼루, 벼랑 ■오:(물이)깊을, 후미, 물이름

설문 6937 隈厓也。其內曰澳。其外曰鞫。《「鞫」舊作「隈」。今正。『爾雅』說厓岸曰。隩隈厓。內爲隩。外爲鞫。郭以隈字上屬。厓字下屬。以許訂之。郭非是。〔自(阜)部:隈〕下曰。水曲隩也。隩下曰。水隈厓也。亦隈厓聯文。隩與澳字異而音義同。『今-毛詩』瞻彼淇奧字作奧。古文假借也。『毛詩』曰。奧、隈也。此言水曲之裏淵奧然也。『大雅』。芮鞫之卽。『箋』云。水之內曰澳。水之外曰鞫。鞫謂水曲之表圜穹然也。鞫之雙聲爲居窮切。故佝僂之狀曰鞠竆(窮)、曰匑窮。水曲之表如弓。故曰鞫。『韓詩』、『漢志』作「阸」。『字林』作「坭」。『俗本:爾雅』改鞫爲隈。因或取以改『說文』耳。》从水。奧聲。《於六切。3部。》/554

澶 (선)【tán ㄊㄢˊ】㊥⑨㉶ chán 땅이름, 방종할, 멀 ■전:같은 뜻, 물 잔잔한 모양 ■단:제멋대로할 ■탄:같은 뜻

설문 6748 澶淵水也。《「也」字今補。》在宋。《『春秋經:襄:二十年』。盟于澶淵。『三十年』。會于澶淵。宋災故。杜曰。澶淵在頓丘縣南。今名緐汙(污)。此衞(衛)地。又近戚田。按頓丘、今直隸大名府淸豐縣縣西南二十五里頓丘故城是也。澶淵卽緐水。在河南彰德府內黃縣縣東二十六里。『史記』廉頗拔魏緐陽。漢置縣、屬魏郡。應劭曰。在緐水之陽也。張晏曰。其畍(界)爲緐淵。按緐與澶疊韵(疊韻)。汙與淵雙聲。緐陽故城在今內黃縣東北二十七里。實衞地而云在宋者、葢(蓋)以『春秋書』宋災故而云然。未爲寀也。〇又按澶淵、『高氏-士奇:春秋地名攷』爲詳。》从水。亶聲。《市連切。14部。『吳都賦:注』曰。澶恬、安流貌。》/538

澹 (담)【dàn ㄉㄢˋ】싱거울 ■섬:넉넉할

설문 6881 澹澹水繇皃(貌)也。《『東京賦:注』、『高唐賦:注』引皆有澹澹字。皃字亦依『東京賦:注』補。『高唐賦』曰。水澹澹而盤紆。『東京賦』曰。淥水澹澹。俗借爲淡泊字。「繇」當作「搖」。》从水。詹聲。《徒敢切。8部。》/551

滜 (최)【chuǐ ㄔㄨㄟˇ】㉯㊥⑨㉶ cuǐ 새로울, 새로 나올

설문 7024 新也。《謂水色新也。如玉色鮮曰玼。『廣韵(韻)』曰。新水狀也。》从水。皐聲。《七皐切。15部。》/560

㉶ 作家出版社〔董蓮池-說文解字考正〕 ⑨ 九州出版社〔柴劍虹-說文解字〕 ㉦ 陝西人民出版社〔蘇寶榮-說文解字今注今譯〕 ㉯ 上海古籍出版社〔說文解字注〕 ㊥ 中華書局〔臧克和-說文解字新訂〕

激 (격)【jī ㄐㄧˉ】 부딪칠, 빠를, 과격할
설문 6856 水礙衺疾波也。《當依『衆經:音義』作水流礙邪急日激也。水流不礙則不衺行。不衺行則不疾急。『孟子』。激而行之。可使枉山。賈子日。水激則旱兮。矢激則遠。》从水。敫聲。《吉歷(歷)切。古音枉(在) 2部。》一日半遮也。《此亦有礙之意。與徼邀音義略同。》/549

濁 (탁)【zhuó ㄓㄨㄛˊ】 흐릴
설문 6753 濁水。出齊郡。《上文不言郡。此字葢(蓋)淺人增之。》厲(曆歷)嬀山。東北入鉅定。《「厲」當作「廣」。「嬀」當作「爲」。皆字之誤。齊郡廣、見『前志』。『後志』作齊國廣。今山東青州府益都縣、縣西南四里有廣縣故城是也。『前志:廣』下日。爲山、濁水所出。東北至廣饒入鉅定。『水經:注』日。淄水、又東北逕廣饒縣故城南。又東北馬車瀆水注之。水首受巨淀。淀卽濁水所注也。忱日。濁水、一名溷水。出廣縣爲山。一名冶嶺山。東北流逕廣固城西。城在廣縣西北四里。又東北流逕堯山東。又東北流逕東陽城北。合陽水。卽長沙水也。又北逕臧氏臺西。又北逕益城西。又北流注巨淀。今北陽水源出益都縣西南九迴山。卽古爲山。東北流逕城北。又東北逕壽光縣四十里。又北入淸水泊。卽古濁水也。》从水。蜀聲。《直角切。3部。按濁者、淸之反也。『詩』日。涇以渭濁。又日。載淸載濁。》/539

渦 (과)【guō ㄍㄨㄛˉ】 물 이름
설문 6733 渦水。受淮陽扶溝浪湯渠。東入淮。《「湯」『韵(韻)會』作「蕩」。『前志』作「狼湯」。師古上音浪、下音徒浪反。『水經:注』作「蒗蕩渠」。『集韵』作「蒗蕩渠」。皆音同字異耳。淮陽國扶溝、見『前志』。淮陽國、孝明帝更名陳國。而扶溝改屬陳畱(留)置。扶樂縣、屬陳國。今河南開封府扶溝縣、漢縣地也。『前志:扶溝』下日。渦水首受狼湯渠。東至沛郡向入淮。過郡三。行千里。『水經』日。淮水、又東過當塗縣北。渦水從西北來注之。又日。陰溝水、出河南陽武縣蒗蕩渠。東南至沛爲渦水。又東南至下邳淮陵縣入於淮。酈云。淮水於荆(莿)山北。渦水東南注之。注言下邳淮陵入淮。誤矣。按『淮水篇-酈:注』日。淮水逕當塗縣故城北。又東北。又北、沙水注之。經所謂蒗蕩渠也。於荆山北。渦水東南注之。據酈所云、是渠水渦水以次入淮也。今渦水在安徽鳳陽府懷遠縣入淮。其上流詳見『水道提綱』等書。非『漢志』、『說文』、『水經』舊迹矣。》从水。過聲。《古禾切。17部。》/534

濃 (농)【nóng ㄋㄨㄥˊ】 本[이슬 많은 모양] 짙을, 두터울, 무르 녹을
설문 7000 露多也。《『小雅:蓼蕭:傳』日。濃濃、厚皃(貌)。按〔酉部〕日。醲、厚酒也。〔衣部〕日。襛、衣厚皃。凡農聲字皆訓厚。》从水。農聲。《女容切。9部。》『詩』日。零露濃濃。/559

濆 (분)【fén ㄈㄣˊ】 물가, 뿜을
설문 6908 水厓也。《『詩:大雅』。鋪敦淮濆。『傳』日。濆、厓也。『周南』。遵彼汝墳。『傳』日。墳、大防也。畫(畵)然分別。『周禮:大司徒職』。丘陵墳衍原隰(濕)。『注』日。水涯日墳。而『常武:箋』亦釋濆爲大防。是鄭謂【古經】假借通用也。許則謹守『毛傳』。》从水。賁聲。《符分切。13部。》『詩』日。敦彼淮濆。《「敦彼」當是「鋪敦」之誤。『箋』釋爲「陳屯」。》/552

濇 (색)【sè ㄙㄜˋ】 꺼칠할
설문 6889 不滑也。《〔止部〕日。歰、不滑也。然則二字雙聲同義。『七發』。邪氣襲逆。中若結轖。此假轖爲濇也。》从水。嗇(嗇)聲。《色立切。按當依職韵(韻)所力切。1部。》/551

濈 (집)【jí ㄐㄧˊ】 화할, 물 나갈 ■삽:물이 빨리 흐를 ■즙:〈네이버 자전〉
설문 7069 和也。《『小雅』。爾羊來思。其角濈濈。『傳』日。聚其角而息、濈濈然也。按毛意言角之多。葢(蓋)言聚而和也。如輯之訓聚、兼訓和。》从水。戢聲。《阻立切。7部。》/563

濊 활【huò ㄏㄨㄛˋ】 막힐, 거쳐 흐를 ■회:(물) 넘치는 모양 ■외:깊고 넒을 ■예:흐릴
설문 6825 礙流也。《有礙之流也。『衛風』。施罛濊濊。毛日。罛、魚罟。濊濊、施之水中。按施罟而水仍流。故日礙流。礙流者、言礙而不礙也。『韓詩』云流貌。與毛許一也。濊又訓多水貌。『司馬相如傳』。湛恩汪濊。》从水。歲聲。《【各本】篆作「濊」、云薉聲。今正。呼括切。15部。按釋文不云『說文』作薉。證一。『玉篇』瀏(瀏)濊二字相連。與『說文』同。濊下云呼括切。水聲。又於衛於外二切。多水貌。不云有二字。證二。『廣韵:十三, 末』。濊、水聲。薉上同。證三。『類篇』。濊又呼括切。礙流也。引『詩』施罟濊濊。證四。是知妄人改礙流之字爲薉。而別補濊篆於部末。云水多貌。呼會切。不知部末至湏萍等篆己竟。水多非其次也。今刪(刪)正。》『詩』施罟濊濊。《「罟」當作「罛」。「濊濊」【今本】作「薉薉」。大繆。》/547
형부 예(薉)

◀ 제 14 획 ▶

濔 (니)【nǐ ㄋㄧˇ】 ㊤㊥⑨ mǐ 本[물 많을] 치린치린 할, 많을 ■녜:속음 ■미:같은 뜻
설문 6880 水滿也。《依『詩』釋文補「水」字。『邶風』日。河水瀰瀰(濔)。毛云。瀰瀰、盛皃(貌)。『玉篇』日。洋(洋)亦濔字。按盧氏文弨日。『漢:地理志』。『邶詩』云河水洋洋。字从芉(羊)姓爲聲。謂『新臺』也。俗譌爲洋洋。師古謂邶無此句。》从水。爾聲。《奴禮切。古音在16部。》/551

濕 (답)【shī ㄕˉ】 ㊤㊥⑨㉑ tà 本[물이름] ■습:축축할, 습기, 소의 귀 벌룩 거리는 모양 ■압:나라이름
설문 6742 濕水。出東郡東武陽。入海。《東郡東武陽、【二志】同。今山東曹州府朝城縣縣東南有東武陽城是也。『前志:東武陽』下日。禹治漯水。東北至千乘入海。過郡三。行千二十里。過郡三者、東郡平原千乘也。『水經』日。河水、

又東北過高唐縣東。『注』云。河水於縣漯水注之。漯水上承河水於東武陽縣東南、而北逕武陽新城東。又逕東武陽故城南。又北逕陽平縣故城東。又北絶莘道城之西北。又東北逕樂平縣故城東。又北逕聊城縣故城西。又東北逕淸河縣故城北。又東北逕文鄕(鄉)城東南。又東北逕博平縣故城南。又東北逕瑗縣故城西。又東北逕高唐縣故城東。又東北逕濕陰縣故城北。又東北逕著縣故城南。又東北逕崔氏城北。又東逕鄃平縣故城北。又東北逕建信縣故城北。又東北逕千乘縣二城閒。又東北爲馬常坈。亂河枝流而入於海。按此班、許所說故道也。『河渠書』。禹以爲河所從來者高。水湍悍。難以行平地。數爲敗。乃厮二渠以引其河。『漢書:音義』曰。二渠、其一出貝丘西南。南折者也。其一則漯川。出貝丘者、王莽時遂空。唯用漯耳。玉裁謂濕水故瀆、今不可詳。》 从水。㬎(㬎)聲。《它合切。7部。按〔日部:㬎〕讀若唅。此濕所以在 7部也。漢隷以濕爲燥溼(濕)字。乃以漯爲沛濕字。累者、俗絫字。在 16部。於音殊遠隔也。》 桑欽云。出平原高唐。《平原郡高唐、【二志】同。今山東濟南府禹城縣西南有高唐故城。『左傳:襄:十九年、廿五年、昭:十年、哀:十年』之高唐也。『前志:高唐』下曰。桑欽言漯水所出。『酈-注:河水篇』云。按『竹書』、『穆天子傳』兩言濕水。尋其沿歴(歷)逕趣。不得近出高唐也。桑氏所言葢(蓋)津流所出。次於是閒也。玉裁按。桑擧(擧)其源之近者耳。今禹城縣濕水已不可詳。》 /536

濘 (녕)【nìng ㄋㄧㄥˋ】 ⑨ níng 진창, 수렁, 질척할

설문 6921 榮濘也。从水。寧聲。《乃定切。11部。按濴濘疊韵(疊韻)。此當依『七命:注』奴冷切。後人謂淖爲泥濘。讀乃定切。義與音皆非古矣。》 /553

濛 (몽)【méng ㄇㄥˊ】 가랑비 올, 흐릿할

설문 6986 溦雨皃(貌)。《「溦」【各本】作「微」。今正。「皃」【各本】作「也」。今依『玉篇』正。溦溟濛三字、一聲之轉。『豳風』曰。零雨其濛。『傳』云。濛、雨皃。『廣韵(韻)』。空濛、小雨。『廣雅』作 霿。霿、俗字也。》 从水。蒙聲。《莫紅切。9部。》 /558

濞 (비)【pì ㄆㄧˋ】 물소리

설문 6837 水暴至聲。《『上林賦』。滂濞沆溉。司馬彪曰。滂濞、水聲也。『洞簫賦』。澎濞慷慨。一何壯士。『高唐賦』。濞洶洶其無聲。按滂濞雙聲。澎與滂同。》 从水。鼻聲。《匹備(備)切。15部。》 /548

泲 濟(제)【jì ㄐㄧˋ】 ㊤㊥⑨㉿ jǐ 물 이름, (물을) 건널

설문 6764 泲(濟)水。出常山房子贊皇山。東入泜。《常山郡房子、見『前志』。『後志』云。常山國房子。今直隷正定府贊皇縣是其地。『前志:房子』下曰。贊皇山、石濟水所出。東至廮陶入泜。『後志』曰。贊皇山在縣西南六十里。濟水所出。按此水名與四瀆之沛字各不同。而【經傳】皆作濟。『風俗通』遂誤以常山房子之水列入四瀆。而云廟在東郡臨邑縣。豈知『班志』臨邑下云有沛廟、字固作沛乎。『今本-前志』石濟水、石字疑衍。以『說文』、『風俗通』、『後志』正之。皆不當有石字。『一統志』曰。『舊志』云槐水出黃沙嶺。流經贊皇縣西北十里。入元氏縣畍(界)。合泜水。又東南歴高邑、柏鄕(鄉)、達寧、晉縣。入胡盧河。卽古大陸澤。玉裁謂槐水卽古濟水也。贊皇山在今贊皇縣西南。》 从水。㢴(齊)聲。《子禮切。15部。今字以爲濟渡字。》 /540

㵒 (패)【pài ㄆㄞˋ】 물 이름 ■비:같은 뜻

설문 6716 㵒水。在丹陽。《未聞。》 从水。箄聲。《匹卦切。16部。》 /531

濡 (유)【rú ㄖㄨˊ】 本[물이름] (물)젖을(적실), 베풀

설문 6766 濡水。出涿郡故安。東入涞。《「涞」【各本】作「漆涞」二字。今正。戴先生曰。『易水篇:注』云。許愼曰。濡水入涞。涞卽巨馬之異名。與巨馬河注巨馬河卽涞水也。正合。『今-水經:注』涞譌深。『說文』涞譌漆涞二字。皆字之誤耳。涿郡故安、【二志】同。今直隷易州州東南有故安故城是。戰國時燕與趙易土。燕以武陽與趙。卽此也。『前志』故安下曰。閻鄕(鄉)、易水所出。東至范陽入濡。幷州濅。濡水亦至范陽入濡。『今本-漢志』脫「濡」字。師古謬爲之注。非也。『水經:注:易水篇』曰。易水、逕范陽縣故城南。又東與濡水合。水出故安縣西北窮獨山南谷。東流與源泉水合。又東南流逕樊於、期館西、荆(荊)軻館北。又東逕武陽城西北。又東逕紫池堡。又東得白楊水口。又東合檀水。又東南流於容城縣西北、大利亭東南合易水。而注巨馬水也。故『地理志』曰。易水至范陽入濡。又曰。濡水合渠。許愼曰。濡水合涞。涞渠二號、卽巨馬之異名。按酈引濡水入渠、卽濡水亦至范陽入涞之句也。【今本】作「涞」。【酈本】作「渠」。今勝【酈本】。酈有濡字、則又【酈本】勝今。凡【書】之當參伍以求其是者如此。濡水今在易州北。卽北易水也。東南入保定府定興縣界爲沙河。一日東南流入容城縣境。》从水。需聲。《人朱切。5部。按『左傳:昭:七年』。盟於濡上。釋文云。『說文』女于反。是『音隱』舊說。此水斷(斷)不作乃官反也。『師古-注:漢書』於故安下云濡乃官反。殊誤。漁陽郡白檀下。濡水出北蠻夷中。遼西郡肥如下。玄水東入濡水。濡水南入海陽。此則『酈-注:濡水篇』所謂濡難聲相近、今謂之灤河者音乃官反是矣。其字葢本作「渜」。譌而爲濡。○ 今字以濡爲霑濡。【經典】皆然。》 /541

濢 (취)【cuì ㄘㄨㄟˋ】 ㊤㊥⑨㉿ zuǐ 축축할, 적실

설문 6900 小溼也。《「小」葢(蓋)「下」之誤。『篇』、『韵(韻)』皆云下溼(濕)。從【古本】也。》 从水。翠聲。《遵誄切。15部。按『篇』、『韵(韻)』皆云且遂切。下溼也。遵誄切。汁漬也。》 /552

濥 (인)【yǐn ㄧㄣˇ】 물줄기

설문 6808 水衇(脈)行地中濥濥也。《濥濥、動貌。寅下曰。正月陽氣動。泉欲上出。臏寅於下也。『淮南:天文訓』曰。指寅則萬物螾。『注』。螾、動生貌。皆其

義也。『江賦』曰。潛演之所汨淈。『蜀都賦』曰。濱以潛沬。『劉(劉)-注』。水潛行曰濱。此二水伏流。故曰濱。按『今-文選』作「演」。誤。》从水。夤聲。《弋刃切。12部。》/546

濦 (은)【yǐn ㄧㄣˇ】 (상)㊥⑨ yīn 물 이름
설문 6732 濦水。出潁川陽城少室山。東入潁。《『水經』曰。濦水、出濦强縣南澤中。東入潁。酈云。濦水、出潁川陽城縣少室山。東流注於潁而亂流。東南逕臨潁縣西北。又東逕濦陽城北。又東逕濦强縣故城南。汝水於奇雒城西別東派。時人謂之大濦水。左合小濦水。東逕西華縣故城南。至女陽縣故城北。東注於潁。按『前志』汝南郡濦强、以濦水得名。今大溵水在郾城縣南。至商水縣東二十里合潁水。小溵水在臨潁縣西南。東流合於潁水。》从水。㥯聲。《於謹切。13部。亦音殷。其字一變爲「濦」。再變爲「溵」。》/534

濩 (확)【huò ㄏㄨㄛˋ】 처마물 떨어지는 모양, 퍼질, 은나라 풍류 ■왹:현이름 ■획:같은 뜻 ■호:퍼질, 흩어질, 풍류이름
설문 6979 雨流霤下皃(貌)。《「皃」【宋本】無。非。霤、屋水流下也。今俗語謌簷水溜下曰滴濩。乃古語也。或假濩爲鑊。如『詩』是刈是濩是也。或假爲護。如湯樂名大濩是也。》从水。蒦聲。《胡郭切。5部。》/557

濫 람【làn ㄌㄢˋ】 넘칠,(물 위에)뜰, 띄울, 탐할, 외람할 ■담:댓소리 ■함:샘이름
설문 6849 氾也。《謂廣延也。『商頌』、『左傳』皆云。賞不僭。刑(刑)不濫。『魯(魯)語』。濫於泗淵。皆其引伸之義。》从水。監聲。《盧瞰切。8部。》一曰濡上及下也。《此因濫與淋聲近。淋訓以水沃。則濫訓略同。》『詩』曰。觱沸濫泉。《「觱」小徐作「滭」。此『詩:小雅、大雅』皆有之。今作檻泉者、字之假借也。毛曰。觱沸、泉出貌。檻泉、泉正出也。濫泉由小以成大。故偁(稱)以證氾義。》一曰淸也。《此又別一義。與濫葢(蓋)相反而相成者。》/549
형성 (1자) 람(灆)572

濮 (복)【pú ㄆㄨˊ】 물 이름
설문 6738 濮水。出東郡濮陽。南入鉅野。《東郡濮陽、【二志】同。『前志:濮陽』下曰。衛(衛)成公自楚丘徙此。故帝丘。顓頊虛。杜預曰。帝丘、昆吾氏因之。故曰昆吾之虛。今直隸(隸)大名府開州西南濮陽故城是也。鉅野、【二志】屬山陽郡。『前志:鉅壄』下曰。大壄澤在北。兗州藪。卽西狩獲麟之所。『爾雅』十藪之一。今山東曹州府鉅野縣、漢舊縣也。自隨以後。濟流枯竭。大野漸微。元末爲河所決。河徙後遂涸爲平陸。濮水者、殷紂時師延作靡靡之樂。已而自沈之水也。『前志』陳畱(留)郡封丘下曰。濮渠水首受泲。東北至都關入羊里水。『水經:注:濟水篇』言濮渠故瀆、自濟東北流爲高梁陂。又東逕匡城北。又東北逕酸棗縣故城南。又東逕蒲城北。又東逕韋城南。又東逕長垣縣故城北。又東分爲二瀆。北濮出焉。濮渠又東逕須城北。又東逕濮陽故城南。又東逕離狐縣故城南。又東逕葭密縣故城北。又東北逕鹿城南。又東與句瀆合。與濟同入鉅野。按酈所云、卽許所說故道也。今濮河自河南封邱縣流徑長垣縣北、東明縣南。又東經開州東南。合洪河入山東濮州界。俗謁爲普河。『方輿紀要』曰。今濟絶河遷。濮水源流不可復考矣。》从水。僕聲。《博木切。3部。『牧誓』、『左傳』之濮人、百濮、則在江漢之南。》/535

濯 (탁)【zhuó ㄓㄨㄛˊ】 (세탁물)빨, 씻을 ■착:속음 ■삭:물모양 ■조:뜨물
설문 7088 澣也。《『崧高:傳』曰。濯濯、光明也。『靈臺:傳』曰。濯濯、娛遊也。皆引伸之義也。有假洮爲濯者。如『鄭-注:顧命』之洮爲澣衣成事是也。『周禮-故書』以濯爲祧。『爾雅』以濯爲珧。『史』、『漢』以輯濯爲楫櫂。皆古文假借。》从水。翟聲。《直角切。2部。》/564

濰 (유)【wéi ㄨㄟˊ】 물 이름
설문 6755 濰水。出琅邪箕屋山。東入海。《琅邪郡箕、見『前志』。故城當在今山東沂州府莒州境。『前志』箕下云。『禹貢:維水』、北至都昌入海。過郡三。行五百二十里。兗州濅也。『水經』曰。濰水、出琅邪箕縣濰山。東北過東武縣西。又北過平昌縣東。又北過高密縣西。又北過淳于縣東。又東北過都昌縣東。又東北入於海。按屋山在今莒州西北九十里。『水經:注』曰。濰山屋山及『淮南子』云出覆舟山、實一山也。今濰水出莒州西東北箕屋山。東南流、入青州府諸城縣畍(界)。逕萊州府高密縣畍。又北逕安邱縣東。又北流、入萊州府昌邑縣畍。又東北入海。日淮河口。與古水道合。漢都昌城在今昌邑縣西。》徐州浸。《「徐」當作「兗」。『職方氏』。河東曰兗州。其浸盧維。鄭云。盧維當爲雷雍。『班志』則云維、兗州浸。不改字也。許云兗州浸亦同。》『夏書』曰。濰淄其道。《許〔水部〕無淄字。此淄葢(蓋)俗加水旁耳。『周禮』作「菑」。『漢志』作「甾」。古字也。濰甾其道。『禹貢:青州』文。》从水。維聲。《以追切。15部。按『地理志』述『禹貢』作「維」。【今版本】作「惟」、誤。琅邪箕下云。『禹貢』維水。蒙上文言也。其靈門下、橫下、折泉下皆作「淮」。則轉寫之誤。葢(蓋)班从『今文-尙書』作「維」。許从『古文-尙書』作「濰」。『左傳:襄:十八年』作「維」。『音義』曰。本又作「濰」。今山東土語與淮同音。故竟作「淮」字。》/539

◀ 제 15 획 ▶

⿰氵靚 (청)【qìng ㄑㄧㄥˋ】 차가울 ■정:조촐할
설문 7076 冷寒也。《冷寒者、冷之寒同寒而有別也。『世說新語』曰。劉(劉)眞長始見王丞相。時盛暑之月。丞相以腹熨彈棋局曰。何乃渹。劉旣出。人問見王公云何。劉曰。未見他異。惟聞作吳語耳。『注』云。吳人以冷爲渹。『大平御覽』引此事、「渹」作「⿰氵靚」。『集韵(韻)』、『類篇』皆云⿰氵靚渹二同。楚慶切。吳人謂冷也。今吳俗謂冷物附他物、其語如鄭國之鄭。卽⿰氵靚字也。》从水。靚聲。《七定切。11部。『廣韵』楚敬切。》/563

濼 (록)【luò ㄌㄨㄛˋ】 ⓩ lù 물 이름 ■복:같은 뜻 ■박:방죽, 큰 못 ■력:약초이름 ■약:같은 뜻 ■삭:같은 뜻

설문 6739 齊魯閒(魯間)水也。《『春秋:桓:十八年』。公會齊侯於濼。【三經三傳】皆同。杜曰。濼水在濟南歷(歷)城縣。西北入濟。『水經:注:濟水篇』曰。濟水、又逕盧縣故城北。又逕什城北。又東北、右會玉水。又東北、濼水入焉。水出歷城縣故城西南。『春秋:桓公:十八年』公會齊侯於濼是也。俗謂之娥英水。合大明湖、歷水北流注於濟。齊乘曰。小淸河之在歷城者、卽古濼水。按今山東濟南府歷城縣小淸河源出縣西。東經章邱、鄒平、長山、新城。入靑州府高苑縣。至博興縣合時水入海。而章邱以下淤塞。濼水東北入大淸河。》从水。樂聲。《盧谷切。古音在 2部。『經典:釋文』引『說文』匹沃反。此蓋『音隱』文也。『玄應』曰。凡陂池、山東名爲濼。匹博切。鄴東有鸕鷀濼是也。幽州呼爲淀。音殿。按濼泊古今字。如梁山泊是也。》『春秋傳』曰。公會齊侯于濼。/535

瀀 (우)【yōu ㄧㄡˉ】 흠치르르할

설문 6992 澤多也。《與優義近。『瞻卬:傳』曰。優、渥也。優卽瀀之假借矣。》从水。憂聲。《於求切。3部。》『詩』曰。既瀀既渥。《『小雅:信南山』文。『今-詩』作「優」。》/558

瀄 (적)【zhì ㄓˋ】 ㉺㊥⑨ⓩ zhí 젖을, 축축할 ■택:같은 뜻

설문 6886 土得水沮也。《『魏風:毛傳』云。沮洳、其漸洳者。『衆經:音義』引『倉頡篇』云。沮者、漸也。許君沮字下未擧此義。今俗謂水稍稍侵物入其內曰瀄。當作此字。》从水。𩑋聲。讀若麵。《竹隻(隻)切。16部。》/551

漍 (괵)【guó ㄍㄨㄛˊ】 물 찢어져서 흩어져 나갈, 물 부딪칠 ■획:물 콸콸 흐르는 소리

설문 7006 水裂去也。《謂水分裂而去也。『韓愈文』用漍漍字。》从水。虢聲。《古伯切。古音在 5部。》/559

瀆 (독)【dú ㄉㄨˊ】 도랑, 더럽힐, 업신여길 ■두:같은 뜻

설문 6931 溝也。《謂井間廣四尺、深四尺者也。》从水。賣(賫)聲。《徒谷切。3部。》一曰邑中曰溝。《曰字依『玄應』補。不必井間、亦不必廣四尺深四尺者也。按瀆之言竇也。凡水所行之孔曰瀆。小大皆得稱瀆。『釋水』曰。注澮曰瀆。又曰。江河淮濟爲四瀆。『水經:注』謂古時水所行今久移者曰故瀆。》/554

瀋 (심)【shěn ㄕㄣˇ】 즙, 물이름

설문 7070 汁也。《『左傳:哀:三年』曰。無備而官辦者。猶拾瀋也。杜云。瀋、汁也。陸德明云。北土呼汁爲瀋。按『禮記:檀弓』爲檢沈、假沈爲瀋。》从水。審聲。《昌枕切。7部。》『春秋傳』曰。猶拾瀋也。《按瀋篆當廁於汁篆下乃得其次。寫者亂之耳。『玉篇』廁於液灡之下。》/563

瀌 (표)【biāo ㄅㄧㄠˉ】 눈, 비 퍼부울

설문 7001 瀌瀌、雨雪皃(貌)。《依『韵(韻)會』所據【小徐本】訂。『小雅:角弓』曰。雨雪瀌瀌。見晛曰消。『廣雅』。瀌瀌、雪也。『劉(劉)向傳』作「麃」。》从水。麃(麃)聲。《甫嬌切。2部。》/559

瀎 (말)【mǒ ㄇㄛˇ】 ㉺㊥⑨ mò ⓩ mà 닦을, 바를 ■멸:빨리 흐를

설문 7026 瀎泧。《二字【各本】奪。今依【全書】例補。》飾滅皃(貌)。《「飾」【各本】作「拭」。今正。〔又部〕曰。㕞、飾也。〔巾部〕曰。飾、㕞也。【許書】無拭字。飾拭古今字。『今本-說文:又部』作「拭」。而『五經文字』所引不誤。拭滅者、拂拭滅去其痕也。瀎泧、今京師人語如此。音如麻沙。『釋名』曰。摩娑猶末殺也。手上下之言也。〔巾部:幭〕字下曰。讀如「末殺」之殺。「末殺」、『字林』作「抹摋」。卽「瀎泧」也。異字而同音義。》从水。蔑聲。《莫達切。古在 12部。入聲。》/560

瀏 劉(류)【liú ㄌㄧㄡˊ】 ⓩ liǔ 맑을, 밝을, 빠를

설문 6824 流淸貌。《『鄭風』曰。溱與洧。瀏(瀏)其淸矣。毛曰。瀏、深貌。謂深而淸也。『釋名』曰。綠瀏也。荆(荊)泉之水、於上視之。瀏然綠色。此似之也。》从水。劉聲。《力久切。3部。》『詩』曰。瀏其淸矣。/547

瀑 (포)【pù ㄆㄨˋ】 ㉺㊥⑨ⓩ bào 本[소나기], 거품, 폭포 ■폭:소나기 ■박:물 끓는 소리, 물결 용솟음치는 모양

설문 6974 疾雨也。《㬥疾有所趨也。故从水、从㬥、爲疾雨。》从水。㬥(暴)聲。《平到切。2部。》『詩』曰。終風且㬥。《『詩:邶風』文。按『毛詩:終風且㬥:傳』曰。㬥、疾也。卽指風言。許所據葢(蓋)『三家詩』。》一曰沫也。《「沫」一作「沬」。誤。『馬融-長笛賦』曰。山水猥至。潏瀑噴沫。噴沫、水跳沫也。潏瀑、噴沫皃(貌)。『蜀都賦』亦曰。龍池潏瀑濆其隈。「濆」當作「噴」。『江賦』曰。揚拂瀑沫。》一曰瀑、霣也。《〔雨部〕曰。霣、雨也。齊人謂靁爲霣。》/557

◀ 제 16 획 ▶

灇 (선)【xuàn ㄒㄩㄢˋ】 ㉺㊥⑨ⓩ shà ⑨ⓩ suō 마실, (입으로)빨 ■쉬:같은 뜻

설문 7072 飮歃也。《歃、歠也。》从水。算聲。《【各本】篆作「潩」。解作「算聲」。今按『玉篇』、『廣韵(韻)』皆作「灇」。知『古-說文』如此作。『集韵』、『類篇』始誤从『俗本:說文』耳。衫洽切。又先活切。【宋本】皆如此。【今-各本】衫洽改作巽倦。古音在 14部。卽今之涮字也。涮所患切。》一曰吮也。《吮、欶也。》/563

瀕 頻 빈【bīn ㄅㄧㄣˉ】【설문부수 412】 ㉺㊥⑨ⓩ pín 물가, 찡그릴, 자주, 가까워질, 임박할

설문 7120 水厓、人所賓(賓)附也。《厓今之涯字。「附」當作「駙」。〔馬部〕曰。駙、近也。瀕賓以疊(疊)韵爲訓。「瀕」今字作「濵(濱)」。『召旻:傳』曰。瀕、厓也。『采蘋、北山:傳』皆曰。濵、厓也。今字用頻訓數。攷『桑柔:傳』曰頻、

急也。『廣雅』曰頻頻、比也。此從附近之義引申之。本無二字二音。而今字妄爲分別。積習生常矣。》 顰戚不歬(前)而止。从頁。从涉。《「顰戚」【各本】作「顰戚」。今正。此以顰戚釋从頁之意也。將涉者、或因水深。顰眉蹙頞而止。故字从涉頁。符眞切。按當必鄰(隣)切。12部。》 凡頻(頻)之屬皆从頻。/567

형부 빈(顰)

형성 (2자) 빈(顰)1557 빈(矉)3341

灩 瀾 (염)【yán ㄧㄢˊ】 더럽힐, 물 나아갈 ■섬:같은 뜻

설문 7096 海岱之閒(間)謂相汚(汙)曰瀾。《『方言』。氾浼瀾洼洿也。自關而東或曰洼。或曰氾。東濟海岱之閒或曰浼。或曰瀾、按洿汚古通用。子雲義取汚薉。『許-說』及『廣雅』皆从之。『郭-注』以洿池釋之。非也。》 从水。閻聲。《余廉切。8部。》/565

灩 瀙 (친)【qìn ㄑㄧㄣˋ】 물 이름

설문 6721 瀙水。出南陽舞音中陽山。入潁。《「舞陰」二徐皆作「舞陽」。今正。『前志:舞陰』下曰。中陰山、瀙水所出。東至蔡入汝。『水經』曰。瀙水、出潕陰縣東上畍(界)山。東過吳房縣南。又東過灈陽縣南。又東過上蔡縣南。東入於汝。酈云。『山海經』謂之視水。『郭-注』。「視」當爲「瀙」。出葴山。許愼云。出中陽山。皆山之殊目也。按『志』云「中陰」。許云「中陽」。乖異。雖『酈-注』引作「陽」。然中陰二字正葴之反語。與『中山經』云出葴山者合。疑作陰是也。『方輿紀要』曰。瀙水自唐縣東北流。逵舞陽縣南。又東南經泌陽縣東北。又東經泌陽之象河關。入汝寧府遂平縣境。未知今水道然否也。『齊氏-召南』曰。汝水舊從舞陽縣北而南入西平畍。自元末於渦河堨斷(斷)其流。使東歸潁。於是西平雲莊、諸石二山之水。明時亦塞。今水道與古全異。卽名稱亦隨時不同。所謂灈瀙潕汶溱滇亦難確鑿指證。但據時俗所見敘次源流耳。玉裁案。顧氏祖禹所臚擧(擧)尙或據【舊志】爲說。不如齊氏據現在者言也。》 从水。親聲。《七吝切。12部。》/532

灩 潢 (횡)【héng ㄏㄥˊ】 나루, 떼(뗏목)

설문 6950 小津也。《謂渡之小者也。非地大人眾(衆)之所。小一作水。非。》 从水。橫聲。《戶孟切。按『玉篇』戶觥切爲長。古音在 10部。》 一曰旦(以)船渡也。《『方言』曰。方舟謂之潢。郭云。楊州人呼渡津舫爲杭。荆(荊)州人呼潢。音橫。『廣雅』。潢、筏也。》/555

灩 瀝 (력)【lì ㄌㄧˋ】 물방울(떨어질), 쏟을

설문 7042 漉也。从水。歷聲。《郎(郞)擊切。16部。》 一曰水下滴瀝也。《【鉉本】有一曰水下滴瀝(瀝)六字。【鍇本】無。今按『文選:魯(魯)靈光殿賦:李-注』引水下滴瀝之也。則【鉉本】是。許意瀝漉皆訓自下而上之。滴瀝則爲自上而下之。故殊其義。》/561

灩 瀞 (정)【jìng ㄐㄧㄥˋ】 깨끗할, 맑을

설문 7025 無垢薉也。《此今之淨字也。古瀞今淨、是之謂古今字。【古籍】少見。『韵(韻)會』云。『楚辭』收潦而水淸。『注』作「瀞」。按『今-文選本』作「百川靜」。【洪興祖-本】作「百川淸」。皆與黃氏所見異。【古書】多假淸爲瀞。》 从水。靜聲。《疾正切。11部。》/560

灩 瀤 (회)【huái ㄏㄨㄞˊ】 물 이름, 울쑥불쑥할

설문 6771 北方水也。《『北山經』曰。獄法之山、瀤津之水出焉。》 从水。褱聲。《戶(戸)乖切。15部。》/542

灩 瀧 (롱)【lóng ㄌㄨㄥˊ】 비 부슬부슬 오는 모양 ■랑:여울 ■룡:같은 뜻 ■상:물이름

설문 6981 雨瀧瀧也。《「也」大徐作「皃(貌)」。今依小徐及『廣韵(韻)』。瀧瀧、雨滴皃也。音轉讀爲浪浪。平聲。『方言』曰。瀧涿謂之霑漬。郭云。瀧涿猶瀨滯也。「瀨滯」當作「瀿滯」。『埤倉』云。滯瀿、漉也。『通俗文』云。霝滴謂之瀿滯。又『廣韵』、『集韵』皆云。瀧涷、沾漬也。瀧涷卽瀧涿也。『荀卿書』。東籠而退。楊倞云。東籠卽瀧涷。》 从水。龍聲。《力公切。9部。》/558

灩 瀨 (뢰)【lài ㄌㄞˋ】 여울

설문 6907 水流沙上也。《『九歌』。石瀨兮淺淺。『伍子胥書』有下瀨船。漢有下瀨將軍。『應劭-漢書:注』曰。瀨、水流沙上也。臣瓚曰。瀨、湍也。吳越謂之瀨。中國謂之磧。按瀨之言瀿也。水在沙上、瀿而下滲(滲)也。『埤倉』云。滯瀿、漉也。》 从水。賴聲。《洛帶切。15部。》/552

◀ 제 17 획 ▶

灩 瀱 (계)【jì ㄐㄧˋ】 (물이 괴었다 말랐다 하는)우물

설문 6864 井一有水、一無水。謂之瀱汋也。从水。罽聲。《居例切。15部。按『釋水』文已見上文。此但云瀱汋也已足。不當複擧。攷『釋名』作罽、不从水。『說文』當同之。瀱篆乃淺人所增耳。『爾雅』作瀱、亦非【古本】。罽訓蝎。於音得之。》/550

灩 瀳 (천)【jiàn ㄐㄧㄢˋ】 (물이)이를

설문 6885 水至也。《「至」疑當作「荒」。荒、大也。『廣韵(韻)』曰。水荒曰洊。洊者、瀳之異文。『周易』曰。水洊至、習坎。洊雷震。『釋言』。荐、再也。荐同洊。》 从水。薦聲。讀若尊。《今音荏甸切。古音在 13部。》/551

灩 瀵 (분)【fèn ㄈㄣˋ】 (땅 밑에서 솟아 나는)샘, 담글

설문 7023 水漫也。《「漫」【各本】作「浸」。今依『集韵(韻)』訂。『說文:水部』無漫。當作曼。曼者、引也。瀵者、水之引而愈出也。曼瀵聲類相近。》 从水。糞(糞)聲。讀若粉。《方問切。『廣韵』匹問切。13部。》 『爾雅』曰。瀵大出尾下。《『釋水』文。郭云。今河東汾陰縣有水口如車輪。瀵沸涌出。其深無限。名之曰瀵。郃陽縣復有瀵。亦如之。相去數里。而夾河河中陼上又有一瀵。瀵源皆潛相通。按『地理志』上谷郡潘縣。師古普半反。全氏祖望據『水經:注』

4 ⓪

河水過蒲阪下、引『帝王世紀』曰。舜都蒲阪。或言都平陽及潩。正『前志』「潘」當作「潩」。》/560

瀶 (림)【lín ㄌㄧㄣˊ】골(골짜기)
[설문] 6933 谷也。《泉出通川爲谷。谷亦稱瀶也。》从水。臨聲。讀若林。《力尋切。7部。》一曰寒也。《與凜音義略同。》/554

瀚 (한)【wǎn ㄨㄢˇ】[상][中][9][작] huàn [작] huán 빨래할 ※ 한(澣)과 같다 [■]환:속음 [■]도:상앗대, 노
[설문] 7087 濯衣垢也。《『周南:箋』云。澣謂濯之。半澣曰澣。見上文。》从水。幹聲。《胡玩切。14部。『篇』、『韵(韻)』皆上聲。按作澣者、今俗字也。》今瀚从完。《『小徐本』如此。按『儀禮-古文』假浣爲盥。『公羊傳』亦有此字。》/564

灑 (초)【jiǎo ㄐㄧㄠˇ】술거를, 짤(浚也)
[설문] 7053 釃酒也。《釃、下酒也。卽今之灑酒也。以筐曰釃。》一曰浚也。《此亦同瀝灑、義可兩兼》从网水。《會意。》焦聲。讀若『夏書』天用剿絕(絶)。《「剿」當依〔刀部〕作「劋」。『今本』从力。尤誤。子小切。2部。》/562

瀷 (익)【yì ㄧˋ】물 이름
[설문] 6718 瀷水。出河南密縣。東入潁。从水。翼聲。《與職切。1部。按此瀷字之異體。後人收入。如潩汨之實一字也。『淮南書』曰。澤受瀷而無源。許愼云。瀷、湊漏之流也。見『文選(選):注』。但造『說文』不收瀷字。》/532

瀸 (첨)【jiān ㄐㄧㄢ】적실
[설문] 6892 漬也。《『公羊傳:莊:十七年』。齊人瀸于遂。瀸者何。瀸、積也。衆殺戍者也。積本又作漬。何曰。積死非一之辭。按『傳』文及『說文』皆當作積爲長。許云漬、漚也。瀸篆不與漬篆聯。可以知許說矣。》从水。韱聲。《子廉切。7部。》『爾雅』曰。泉一見一不爲瀸。《『釋水』文。此與上文別一義。》/551

瀹 (약)【yuè ㄩㄝˋ】[本][적실] 삶을, 데칠, 다스릴, 씻을
[설문] 7052 漬也。《此葢(蓋)謂納於汚濁也。故廁於此。『孟子』。瀹濟漯。言浚治其汚(汚)濁也。瀹與鬻同音而義近。故皆假瀹爲鬻。今人曰煠。助甲切。古人曰瀹。亦作「汋」。詳〔鬲(鬲鬲)部〕。》从水。龠聲。《以灼切。2部。》/562

瀿 (번)【fān ㄈㄢ】큰 물결, 쌀 뜨물
[설문] 6858 大波也。从水。繙聲。《孚袁切。14部。》/549

灂 (암)【ǎn ㄢˇ】물 많이 모여들 [■]음:같은 뜻
[설문] 6803 水大至也。《「水大」『廣韵(韻)』作「大水」。》从水。闇聲。《乙感切。7部。》/546

瀾 (란)【lán ㄌㄢˊ】큰 물결, 쌀뜨물
[설문] 6845 大波爲瀾。《『魏風』。河水淸且漣猗。『釋水』引作「瀾」、云大波爲瀾。『毛傳』云。風行水成文曰漣。按『傳』下文云。淪、小風水成文。則瀾爲大可知。與『爾雅』無二義也。凡瀾漫當作此瀾字。》从水。闌聲。《洛干切。14部。》漣瀾或從連。《古闌連同音。故瀾漣同字。後人乃別爲異字異義異音。》/549

◀ 제 18 획 ▶

灂 (착)【jiǎo ㄐㄧㄠˇ】[상][中][9][작] zhuó 작은 물 소리, 돌이 물 속에 잠겼다 드러났다 하는 모양 [■]색:물 떨어지는 모양 [■]조:수레체에 옻칠할
[설문] 6838 水之小聲也。《『古書』多瀺灂連文。瀺士湛反。灂士卓反。雙聲字。『高唐賦』。巨石溺溺之瀺灂。『注』引『埤蒼』瀺灂、水流聲貌。『上林賦』。瀺灂霣隊。司馬貞引『說文』水之小聲也。李善引『字林』瀺灂、小水聲也。从水。毚聲。疑『說文』本有二篆。上云水之小聲也。下云瀺灂也。从水、爵聲。【全書】之例如此。單用灂字者、『江賦』瀨湱䨿 灂。謂大波相激之聲。》从水。爵聲。《士角切。2部。》/548

灅 (류)【lěi ㄌㄟˇ】물 이름 [■]뢰:다스릴 [■]구:물 이름, 현이름
[설문] 6767 灅水。出右北平俊靡。東南入庚。《俊【各本】作浚。今依【二志】作俊。右北平俊靡、【二志】同。今直隸順天府遵化州州西北有俊靡故城是。『前志』右北平無終下曰。浭水、西至雍奴入海。俊靡下曰。灅水、南至無終。東入庚。浭與庚、一字也。『水經:注:鮑丘水篇』曰。鮑丘水、北逕雍奴縣東。又東庚水注之。水出右北平徐無縣北塞中。而南流得黑牛谷水。又西南流、灅水注之。水出右北平俊靡縣。東南流與溫泉水合。又東南逕石門峽。又東南流、謂之北黃水。又屈而南爲南黃水。又西南逕無終山。藍水注之。又西南入於庚水。庚水又南逕北平城西。而南入鮑丘水。鮑丘水又東。巨梁水注之。鮑丘水至雍奴縣北屈。東入海。『歙程氏瑤田-通藝錄』曰。今灅水自遵化州西北四十五里鮎魚石關外入口。東經溫泉。酈所謂與溫泉水合也。又東迆南十五里日水門口。酈所謂石門峽也。又西南入梨河。梨河卽庚水也。庚水旣得灅水。又稍西而淋河南入之。淋河、酈所謂藍水也。鮑丘水今之潮河也。潮河合沟水、庚水東流。有還鄉(鄕)河西南入之。酈所謂巨梁水也。流俗多誤。以古正之如此。灅梨一聲之轉。灅水俗呼梨河。因使所入之庚水冒稱梨河。而巨梁河冒稱庚水》从水。壘聲。《力軌切。15部。》/541

灈 (구)【qú ㄑㄩˊ】물 이름
[설문] 6729 灈水。出汝南吳房。入瀙。《汝南郡吳房、【二志】同。孟康曰。本房子國。楚靈王遷房於楚。吳王闔閭弟夫槩奔楚。封於此。爲棠谿氏。以封吳、故曰吳房。今吳房城棠谿亭是。按『昭:十三年:杜-注』。房滅於楚。後平王遷之於荊(荊荊)山。今河南汝寧府遂平縣治、故吳房城也。『水經』曰。灈水、出汝南吳房縣西北奧山。東過其縣北入於汝。酈云。灈水東逕灈陽故城西。東流入瀙水。逕其縣南。又東入於汝。今遂平縣縣西七十里奧來山、蓋『水經』之奧山也。『方輿紀要』曰。灈水在遂平縣南。東北流入汝。

『水道提綱』曰。灈水今難確鑿指證。》从水。瞿聲。《其俱切。5部。》/533

灉 (옹)【yōng ㄩㄥ】물 이름
설문 6747 河灉水也。《「也」字依『水經:注』補。『水經』曰。瓠子河、出東郡濮陽縣北河。酈云。『尙書』雝沮會同。『爾雅』曰水自河出爲灉。許愼曰雝者、河雝水也。是酈意以瓠子河爲『尙書』之雝也。按自河出爲灉、濟爲濋、汶爲瀾、洛爲波、漢爲潛、淮爲滸、江爲沱、過爲洵、潁爲沙、汝爲濆、見於『釋水』。其見於『說文』者、則沱也、潛也、灉也、洵也。河之別爲灉、如江之別爲沱。沱非一沱、則灉亦非一灉。凡首受河之水皆可名之矣。》在宋。《說者以汳水當之。》从水。雝聲。《於容切。9部。》/537
형부 우(漹)

灊 (첨)【qián ㄑㄧㄢˊ】물 이름, 현 이름 ■심·잠:같은 뜻
설문 6667 灊水。出巴郡宕渠。西南入江。《巴郡宕渠、【二志】同。今順慶府渠縣縣東北七十里有宕渠城是也。『前志』宕渠下曰。灊水西南入江。不曹水出東北南入灊。『水經』於江水曰。又東北至巴郡江州縣東。強(强)水、涪水、漢水、白水、宕渠水五水合南流注之。酈云。宕渠水卽潛水渝水矣。『水經』又曰。潛水出巴郡宕渠縣。又南入於江。按許云西南入江。則此水必合嘉陵江至合州入江。未詳今之何水。『鄭-注:禹貢』梁州曰。漢別爲潛。其穴本小。水積成澤。流與漢合。『蜀都賦』。演以潛沫。劉(劉)逵云。『禹貢』梁州沱潛旣道。有水從漢中沔陽縣南流。至梓潼漢壽縣入穴中。通岡山下。西南潛出。今名伏水。舊說云『禹貢』潛水也。劉澄之、酈道元說與逵略同。或以今保寧府廣元縣之由七盤關經神宣驛又經龍洞口至朝天驛北穿穴而出入嘉陵之水證之。此水甚小。殆非是。況所由非宕渠也。班、許皆不釋『禹貢』。以灊水系諸宕渠縣。云西南入江。許云出宕渠。班則不云出宕渠。然則灊是入西漢以入江之水。今不能定爲何水耳。》从水。鬵聲。《昨鹽切。7部。》/519

⿰氵簡 (간)【jiǎn ㄐㄧㄢˇ】쌀 씻을
설문 7037 淅也。《從簡(簡)者、柬擇之意。從析者、分別之意。故二字轉注。》从水。簡(簡)聲。《古限切。14部。》/561

⿱䋣泉 (반)【fàn ㄈㄢˋ】샘물(읍666)
설문 7136 泉水也。《泉水者、泉出之水也。『淮南書』云。莫鑒於流瀿。而鑒於澄水。『許-注』云。楚人謂水暴溢(溢)爲瀿。瀿卽⿱䋣泉字。泉水暴溢曰⿱䋣泉也。》从泉。䋣聲。讀若飯。《符萬切。14部。古讀平聲。》/569

灋 法 법【fǎ ㄈㄚˇ】법(형벌, 예의, 방법), 꼴(모형), 본받을, 프랑스

灌 (관)【guàn ㄍㄨㄢˋ】本[물 이름] 물 댈, (물을)따를
설문 6713 灌水。出廬江雩婁。北入淮。《廬江郡雩婁、【二志】同。『前志:雩婁』下曰。決水、北至蓼入淮。灌水、亦北至蓼入決。過郡二。行五百一十里。過郡二者、廬江六安國也。『水經:注』。決水自安豐縣故城西北逕蓼縣、故城東。又西北、灌水注之。水導源廬江金蘭縣西北東陵鄕(鄉)大蘇山。東北逕蓼縣故城西而注決水。決水、又北入於淮。按『前志:廬江郡』下云。金蘭西北有東陵鄕。淮水出。依『酈:注』、則金蘭者縣名。而『志』無此縣。『志』云淮水出、乃灌水出之誤。葢(盖)出金蘭東陵鄕逕雩婁至蓼入決也。酈云。灌水俗謂之澮水。又云。決水北入於淮。俗謂之澮口。葢灌澮聲相倫。習俗害眞尒。酈時已與古名全違。今則更難詳矣。『方輿紀要』曰。雩婁、今安徽潁州府霍丘縣西南八十里有雩婁故城。『左傳:襄:卄六年』。楚人侵吳及雩婁。『昭:五年』。薳啓彊待命於雩婁。是其地也。蓼縣城在霍丘縣西北。決水卽今史河。灌水今自河南固始縣東流。經霍丘縣西。合史水入淮是也。》从水。雚聲。《古玩切。14部。按今字以爲灌注、灌漑之字。》/531

◀ 제 19 획 ▶

灑 (쇄)【sǎ ㄙㄚˇ】㉧ shī (물)뿌릴, 가를 ■사:떨어질, 깨끗할, 뿌릴
설문 7092 汛也。《凡埽者先灑。『弟子職』云。實水於盤。攘臂袂及肘。堂上則播灑。室中握手是也。引伸爲凡散之稱。》从水。麗聲。《山豉切。16部。音變爲所蟹切。音轉爲沙下切。》/565

灒 (찬)【zàn ㄗㄢˋ】더러운 물 뿌릴
설문 7098 污(汚)灑也。《謂用污水揮灑也。釋玄應曰。江南言灒、子旦反。山東言湔、子見反。『史記:廉藺傳』作「濺」。『楊泉-物理論』作「㘱」。皆音于旦反。》一曰水中人也。《中讀去聲。此與上文無二義而別之者、此兼指不污者言也。上但云灑、則不中人。》从水。贊聲。《則旰切。14部。》/565

灓 (란)【luán ㄌㄨㄢˊ】스밀, 적실
설문 6942 扁流也。《宋姚宏曰。『戰國策』王季歷葬於楚山之尾。灓水齧其墓。謂墓爲山尾扁流所沮敗也。『孔衍-春秋:後語』改爲蠻水。『注』云。宜都縣有蠻水。誤甚。王季葬鄠南。》从水。䜌聲。《洛官切。14部。》/555

◀ 제 20 획 ▶

⿰氵旟 (어)【yú ㄩˊ】물 출렁거리는 모양
설문 6781 ⿰氵旟水也。《未詳。》从水。旟聲。《以諸切。5部。》/544

⿰氵獻 (얼)【niè ㄋㄧㄝˋ】논죄할
설문 7107 議辠也。《『文王世子』。獄成。有司讞於公。其死罪。則曰某之罪在大辟。其刑(刑)罪。則曰某之罪在小辟。鄭曰。成、平也。讞、言白也。按『今本-注』作「讞之言白也」。之字衍。以徐邈云言也、『正義』云言白也正之。當是本作言也、白也。『正義』省一也字耳。言與讞雙聲疊韵(疊韻)。『王制』。百官各以其成質於三官。『大司徒』、『大司馬』、『大司空』以百官之成質於天子。此云以成讞於公、猶以成質於天子也。故其字从水獻。其議如水之平而獻於上

也。所質旣下爲受質。所讞不當而上更議之亦爲讞。葢(蓋)本下獻上之詞、又轉爲上平下之詞矣。『漢書』云諸獄疑於人心不厭者輒讞之是。》从水獻。與灋(法)同意。《灋以三體會意。讞以二體會意。灋下云。平之如水。从水。讞之从水同也。讞以會意包形聲。灋則專會意。魚列切。14、15部之合音。》/566

◀ 제 21 획 ▶

灝 (호)【hào ㄏㄠˋ】콩뜨물, 질펀할
설문 7065 豆汁也。《豆者、尗也。》从水。顥聲。《乎老切。2部。『廣韵(韻)』曰。灝溔、水勢遠也。》/563

◀ 제 22 획 ▶

灅 (류)【léi ㄌㄟˊ】㊎㊥⑨㉲ lěi 물 이름, 물 다스릴
설문 6772 灅水。出鴈門陰館絫頭山。東入海。《『沈約-宋書』曰。陰館、前漢作「觀」。後漢、晉作「館」。按『今-前書』不作「觀」。葢(蓋)淺人改也。鴈門郡陰館、【二志】同。今山西代州州北四十里陰館城是。在句注陘北。絫頭山在今朔州代州之閒。『前志』陰館下曰。絫頭山、治水所出。東至泉州入海。過郡六。行千一百里。『水經』曰。灅水、出鴈門陰館縣。東北過代郡桑乾縣南。又東過涿鹿縣北。又東過出山。過廣陽薊縣北。又東至漁陽雍奴縣西入笥溝。按治水、灅水異名同實。『武五子傳』作「台水」。台卽治也。『前志』代郡且如下。于延水出塞外。東至廣寧入治。【今本】無廣》平舒下。祁夷水北至桑乾入治。【小顏本】治皆譌沽。姑故二音。其繆甚矣。酈云。『地理志』于延水東至廣寧入治、非是。謂于延逕廣寧故城南。又逕茹縣故城北。又逕鳴雞(鷄)山西。又逕且居縣故城南。乃後注於灅水。不當云在廣寧入治也。『新挍:水經:注』改「治」作「沽」。不免誤會。今直隸永定河卽桑乾河。卽古灅水也。源出山西朔州馬邑縣洪濤山。會灰河。經馬邑縣、山陰縣、應州、大同府、渾源州、陽高縣、天鎭縣、廣靈縣、蔚州。入直隸畍(界)。經西寧縣、懷安縣、保安州、懷來縣、昌平州、宛平縣、良鄕(鄉)縣、固安縣、永淸縣、霸州、天津府。至大沽。北入於海。》从水。畾聲。《力追切。15部。按此篆疑當是從水絫聲。其山曰絫頭山。故其水曰㶟水。今字「絫」作「累」。又與纍相亂。『水經:注』作「㶟水」者、「㶟」作「漯」乃又譌濕也。「㶟餘」水亦譌作「濕餘」。又或譌作「溫餘」。》一曰治水也。《【各本】作或曰。今依『集 韵(韻)』、『類篇』作一曰。謂灅水一名治水。見『漢志』。酈氏亦云一曰治水。師古曰。治弋之反。》/542

灡 (란)【lán ㄌㄢˊ】쌀뜨물
설문 7045 潘也。《此字以從蘭、與大波之瀾別。而【古書】通用。『周禮:槀人:注』。雖其潘灡戔餘不可褻。『內則:注』。潘、米灡也。》从水。蘭聲。《洛干切。14部。按『周禮』、『禮記』音義皆云去聲。》/562

灘 (한)【tān ㄊㄢ】⑨㉲ hàn 물에 적셨다 말릴 ■탄:여울
설문 6939 水濡而乾也。《灘字古義如此。後人用爲沙灘。此之謂古今字也。沙灘字亦或作「潬」。》从水。鷬聲。《『詩』釋文引『說文』他安反。大徐益以呼旰切。非也。14部。》『詩』曰。灘其乾矣。《『王風』文。『今-毛詩』作「暵」。葢(蓋)非也。『一章』曰灘其乾矣。『二章』曰灘其脩矣。脩且乾也。『三章』曰灘其溼矣。知灘兼濡與乾言之。『毛傳』曰菸皃(貌)。菸者、一物而濡之乾之、則菸邑無色也。》灘俗灘从隹。/555

◀ 제 23 획 ▶

灥 천【quán ㄑㄩㄢˊ】[설문부수 417] ㊎㊥⑨㉲ xún 많이 흐를, 샘 ■순:3개의 샘 ■전:속음
설문 7137 三泉也。《凡積三爲一者、皆爲其多也。不言从三泉者、不待言也。》闕。《此謂讀若未詳、闕其音也。今音詳遵切。依附泉之雙聲爲之。》凡灥之屬皆从灥。/569
성부 原원

086	火
4-25	불 화

火 화【huǒ ㄏㄨㄛˇ】[설문부수 382] 불, 불날
설문 6108 焜也。《「焜」【各本】作「燬」。今正。下文曰焜、火也。爲轉注。》南方之行。炎而上。《與木曰東方之行、金曰西方之行、水曰北方之行、相儷成文。》象形。《大其下。銳其上。呼果切。古音在 15部。》凡火之屬皆从火。/480
유사 큰 대(大)
성부 부록 색인 참조
형부 火를 부수로 하는 대부분의 글자들
교(敎) 린(閃)
형성 (1자) 화(邩)3996

◀ 제 2획 ▶

灰 회【huī ㄏㄨㄟ】(타고 남은)재, 재로 만들, 재로 될
설문 6142 死火餘㶳也。《『漢書』曰。死灰獨不復然乎。》从火又。《會意。呼恢切。古音在 1部。》又、手也。火旣滅可以執持。《說从又之意。》/482
형성 (1자) 회(恢)6425

◀ 제 3획 ▶

𤆍 점【chán ㄔㄢˊ】뜻뜻할 ■담:횃불 ■임:밝을(⑫671)
설문 6136 小爇(爇)也。《「爇」或作「熱」。誤。『節南山:釋文:正義』引作𤋎(孰)。亦誤。『節南山』曰。憂心如𤆍。『古本-毛詩』作如𤆍。『故-毛傳』曰。𤆍、燔也。『瓠葉:傳』曰。加火曰燔。許曰。燔、爇也。爇、加火也。是毛訓作爇。許則別之云小爇耳。『方言』、『廣雅』曰。𤆍、明也。此引伸之別一義。》从火。羊聲。《「羊」【各本】誤作「干」。篆體亦誤。今正。〔干部〕曰。入一爲干。入二爲羊。羊讀若飪。𤆍从羊聲。

故古音在 7部。郭璞、曹憲音迮。入鹽韵。則直廉切。【今-各書】皆譌作美矣。》『詩』曰。憂心如美。《如美【各本】作美美。今正。『節南山:釋文、正義』皆引憂心如美。》/481

형성 (1자) 렴(覝 㶛)5231

● 炃 불씨 선

灸 (구)【jiǔ ㄐㄧㄡˇ】뜸질할, 버팀

설문 6166 灼也。《今以艾灼體曰灸。是其一耑(端)也。引伸凡柱塞(塞)曰灸。『考工記:廬人』。灸諸牆。『注』云。灸猶塞也。以柱兩牆之閒(間)。輓而內之。本末勝負可知也。古文作久。許引『周禮』久諸牆。『士喪禮』皆木桁久之。『注』云。「久」當爲「灸」。灸謂以蓋按塞其口。按久灸皆取附箸(着)相拒之意。凡附箸相拒曰久。用火則曰灸。鄭用『方言』。許說造字本意。》从火。久聲。《擧形聲包會意也。擧友切。3部。》/483

炧 (사)【xiè ㄒㄧㄝˋ】(심지 끝의)불똥

설문 6171 燭𤈦也。《『曲禮』所謂「燭跋」。『弟子職』所謂「燭𦦙」。跋者、謂近手皆餘。𦦙者、謂燒過之燼》从火。也聲。《徐野切。古音在 17部。》/484

灼 (작)【zhuó ㄓㄨㄛˊ】구을, 더울, 밝을

설문 6167 灸也。《「灸」【各本】作「炙」。誤。今正。此與上灸篆爲轉注。炙謂炮肉。灼謂凡物以火附箸之。如以楚焞柱龜曰灼龜。其一耑(端)也。『七諫:注』曰。黚(點)、汚也。灼、灸也。猶身有病、人黚灸之。【醫書】以艾灸體謂之壯。壯者、灼之語轉也。『淮南:注』曰。然也。『廣雅』曰。爇也。『素問:注』曰。燒也。其義皆相近。凡訓灼爲明者、皆由【經傳】叚(假)灼爲焯。『桃夭:傳』曰灼灼、華之盛也。謂灼爲焯之叚借字也。『周書』。焯見三有俊心。【今本】作灼見。》从火。勺聲。《之若切。2部。》/483

● 灾 災 災 재앙 재(烖)-통자, 주자

◀ 제 4 획 ▶

炅 경【jiǒng ㄐㄩㄥˇ】本[나타날] 빛날 ※ 경(耿)과 같은 글자 ■영:연기 나는 모양

■계:빛날, 성씨

설문 6209 見也。从火日。《古迥切。按此篆義不可知。『廣韵』作光也。似近之。从日火、亦不可曉。葢(蓋)後人羼入。如〔西部〕有垔之比。『廣韵:十二,霽』曰。『後漢:太尉陳球碑』有城陽炅橫。漢末被誅。有四子。一姓炅。一姓香。一姓桂。一姓炔。四字皆九畫(畵)。『集韵』。『桂氏譜』曰。桂貞爲秦博士。始皇阬儒。改聲香。其孫改爲炅。弟四子皆爲炔。是則有肊製炅爲姓者。恥其不古。羼入【許書】。非無證也。『廣韵』云四字皆九畫。按桂字十畫。其三字皆八畫。葢六朝木旁多作才。圭作五畫。然則當云四字皆八畫也。》/486

유사 밝을 광(炚)

炊 취【chuī ㄔㄨㄟ】불 땔, 귀신 이름, 밥 지을

설문 6149 爨也。《爨下曰。炊也。齊謂炊也爨。》从火。吹省聲。《昌垂切。古音在 17部。》/482

형성 (1자) 취(龡 龡)1352

炎 염【yán ㄧㄢˊ】[설문부수 383] (불에)탈, 태울, 더울, 불꽃

설문 6220 火光上也。《『洪範』曰。火曰炎上。其本義也。『雲漢:傳』曰。炎炎、熱氣也。『大田:傳』曰。炎、火盛陽也。皆引申之義也。》从重火。《會意。于廉切。8部。》凡炎之屬皆从炎。/487

성부 黑흑 粦粦린 舜순 㐭름 剡염 焱염 煔첨 燮섭 燮섭 熊웅

형부 첨(燅 燅) 점(煔 煔) 염(燄 燄) 첨(燅)

형성 (13자) 염(琰琰)110 담(啖 啖)852 담(談 談)1402 섬(睒 睒)2020 염(棪 棪)3301 담(郯 郯)3971 담(倓 倓)4757 섬(覢 覢)5247 훌(欻 欻)5297 담(惔 惔)6605 담(淡 淡)7059 짐(緂緂)8240 담(錟 錟)8969

炕 (항)【kàng ㄎㄤˋ】마를(건조), 구울, 구들, 오만할 ■강:속음

설문 6210 乾也。《謂以火乾之也。『五行志』曰。君炕陽而暴虐。師古曰。凡言炕陽者、枯涸之意。謂無惠澤於下也。『釋木』曰。守宮槐、葉晝聶宵炕。郭云。晝日聶合而夜炕布。》从火。亢聲。《苦浪切。10部。》/486

炙 자【zhì ㄓˋ】[설문부수 387] (불 위에 올려)구울, 고기구이 ■적:(고기)구울

설문 6270 炙肉也。《「炙肉」【各本】作「炮肉」。今依『楚茨:傳』正。『小雅:楚茨:傳』曰。炙、炙肉也。『瓠葉:傳』曰。炕火曰炙。『正義』云。炕、擧(擧)也。謂以物貫之而擧於火上以炙之。按炕者俗字。古當作「抗」。〔手部〕曰抗扞也。『方言』曰抗縣也是也。『瓠葉』言炮、言燔、言炙。『傳』云。毛曰炮。加火曰燔。抗火曰炙。燔炙不必毛也。抗火不同加火之逼近也。此毛義也。『箋』云。凡治兔(兎)之首宜。鮮者毛炮之。柔者炙之。乾者燔之。此申毛意也。然則『鳧鷖』、『楚茨』、『行葦』燔炙並(竝)言。皆必異義。『生民:傳』曰。傅火曰燔。貫之加於火曰烈。貫之加於火、卽抗火也。『生民』之烈、卽炙也。『禮運:注』曰。炮、裹燒之也。燔、加於火上也。炙、貫之火上也。三者正與『瓠葉:傳』相合。然則炙與炮之別異又可知矣。許宗毛義。故炙下云炙肉也。用『楚茨:傳』爲文。卽『瓠葉:傳』之抗火曰炙也。不用『瓠葉:傳』而用『楚茨』者、其字从肉。故取炙肉之文也。〔火部〕曰焣炙也、炮毛炙肉也。衮炮炙也、𤎩置魚筒中炙也。皆是。其引申之義爲逼近熏炙。如『桑柔:傳』曰赫、炙也是。》从肉在火上。《有弗貫之加火上也。此可以得抗火之意。之石切。古音在5部。○ 炙讀去聲則之夜切。一義一字耳。或乃別其義併異其形。長孫訥言曰。差之一畫(畵)。詎惟千里。見炙从肉。莫問厥由。輒意形聲。固當从夕。及其晤矣。彼乃乖斯。若靡馮焉。他皆倣此。據此知〔小徐本:火部〕有炙字。云炙也。从火、夕聲。葢(蓋)唐以前或用羼入【許書】。》凡炙之屬皆从炙。𤏫 籒文。《徐鍇曰。『今-東京』文有此字。豈謂

『東京賦』與。『今-文選(選):東京賦』作燔炙。》/491

[형부] 료(燎) 번(燔)

[형성] (1자)　　　색(䊂)5739

◀제5획▶

炟 (달)【dá ㄉㄚˊ】불 일어날, 화약불 터질, 다래(열매)

[설문] [6109] 上諱。《漢章帝名也。『服侯-古今:注』曰。炟之字曰著。按【許書】本不書其篆。但曰。上諱。後人補書之。次於此者、尊上也。『玉篇』曰。爆也。『廣韵(韻)』曰。火起(起)也。其字从火、旦聲。當割切。14、15部。》/480

炥 (불)【fú ㄈㄨˊ】불타는 모양 ■발:불타는 모양 ■비:더울, 불타는 모양

[설문] [6127] 火皃(貌)。《按此篆當是爨之或體。》从火。弗聲。《普活切。15部。『廣韵(韻)』符弗切。》/481

炦 (발)【bá ㄅㄚˊ】불기운 ■별:김 오를

[설문] [6141] 火气也。从火。犮聲。《蒲撥切。15部。》/482

炪 (절)【zhuó ㄓㄨㄛˊ】[상][中][9][작] zhuō 불빛 ■출:연기 낀 모양 ■줄:같은 뜻

[설문] [6120] 火光也。《『類篇』作「火不光」。『集韵(韻):六，術』曰。炪爩、煙皃(貌)。『類篇』同。又『九，迄』曰。炪爩、煙出也。煙盛則光微。此葢(蓋)與上火猛作反對語。》从火。出聲。《職悅切。15部。》『商書』曰。予亦炪謀。《『般庚:上』文。此與叚政(假妞)爲好、叚狟狟爲桓桓、叚莫爲竹蔑同。壁中古文叚炪爲拙也。『今-尙書』作拙者、葢孔安國以今字讀之也。》讀若巧拙之拙。《其同音也。故相叚借。》/480

炫 (현)【xuàn ㄒㄩㄢˋ】빛날, 자랑할

[설문] [6200] 爓燿也。《爓燿謂光爓燿明也。『封禪文』叚(假)玄爲之。》从火。玄聲。《胡畎切。14部。『廣韵(韻)』去聲。》/485

炭 (탄)【tàn ㄊㄢˋ】숯, 불똥

[설문] [6138] 燒木未灰《「未灰」大徐作「餘」。》也。从火。屵聲。《【各本】作「岸省聲」。今依【小徐本】。屵从厂聲。厂呼旱切也。他旱切。14部。》/482

炮 (포)【pào ㄆㄠˋ】[상][中][9][작] páo 통째로 구울

[설문] [6155] 毛炙肉也。《炙肉者、貫之加於火。毛炙肉、謂肉不去毛炙之也。『瓠葉:傳』曰。毛曰炮。加火曰燔。『閟宮:傳』曰。毛炰豚也。『周禮:封人』。毛炰之豚。『鄭-注』。毛炮豚者、爓去其毛而炮之。『內則:注』曰。炮者、以塗燒之爲名也。『禮運:注』曰。炮、裹燒之也。按裹燒之卽『內則』之塗燒。鄭意【詩禮】言毛炮者、毛謂燎毛。炮謂裹燒。毛公則謂連毛燒之曰炮。爲許所本。『六月』、『韓奕』皆曰炰鼈。『箋』云。炰、以火孰之也。鼈無毛而亦曰炰。則毛與炮二事。鄭說爲長矣。炰與缹皆炮之或體也。『韓奕』之炰徐仙民音甫九反。『大射篇:注』炮鼈或作「缹」、或作「炰」。是知炰缹爲古今字。『通俗文』曰。燥煑曰缹。燥煑謂不過濡也。裹燒曰炮。燥煑亦曰炮。漢人燥煑多用缹字。缶聲包聲古音同在 3部。》从火。包聲。《薄交切。古音在 3部。》/482

補炮注。《『詩』言炮者四。『瓠葉』、『閟宮(宮)』是也。言炰者二。『六月』、『韓奕』是也。多以爲偏旁小異。而不知本有二字。『瓠葉』。有兔(兎)斯首。炮之燔之。『傳』曰。毛曰炮。『說文』曰。炮、毛炙肉也。『鄭-注:禮記』曰。裹燒曰炮。『禮運』。以炮以燔。以烹以炙。『內則』炮者取豚若牂。刲之刳之。實棗於其腹中。編萑以苴之。涂之以堇涂。炮之。涂皆乾。擘之。葢(蓋)炮必連毛。故『閟宮(宮)』曰毛炮。『傳』曰。毛炮豚也。『今-詩:閟宮(宮)』作炰. 乃誤字也。炰乃蒸煑(煮)之名。其異體作缹。『服虔-通俗文』曰。燥煑曰缹。『六月』、『韓奕』皆言炰鼈。鼈無毛非可炮者。於蒸煑宜。『鄭-注:禮經:大射儀』言炰鼈膾鯉。『宋嚴州本』不誤。『宋本-單行:儀禮:疏』不誤。『內則』言濡鼈。濡同胹。胹、爛也。鼈斷不可言炮。『毛詩』作炰。與炮異體。葢【古本】相傳如此。乃缹之古字也。缹之語如今言煨。俗語如烏。炮者火在旁。故炰火在下以別。『說文』有炮無炰。葢本兼有二字。如褎袖、蝥蛾、棗棘、東杲杳之例。而刪(删)其一。炰或變爲缹。又變爲炰。包聲缶聲古音同在〔尤幽部〕。『集韵(韻):四十四』有缹炰二形同俯九切。葢於『韓奕:正義』得之。『廣韵(韻)』、『集韵(韻)』五爻炮炰二形同蒲交切。誤也。『經典:釋文』炰字不作音。亦誤。『說文:裘』下云。炮炙也。以微火溫肉。此炮必炰之誤。炰炙、以炰法爲炙。非炮也。炮下云。毛炙者、連毛燒之以爲炙。非燒肉之炙也。炙下云炮肉者、炮肉非炮毛也。自『說文』失去炰篆。誤認炮炰一字、而其義晦久矣。肉加於火上曰燔。貫肉加於火曰炙。『生民』作烈。煑之鑊曰烹。凡炮燔炙𤌍燎不用鑊。炰煑烹蒸用鑊。○陳煥曰。『大射儀』。羞庶羞。『注』有炰鼈膾鯉。雉兎鶉鴽。釋文炮薄交反。或作炰缹、同音缶。此【睦本】作炮而附炰缹字也。『賈-正義』曰。知有炰鼈膾鯉者、按『六月:詩』云吉甫燕喜。旣多受祉。又云飮御諸友。炰鼈膾鯉。故知有此也。此【賈本】作炰而釋以『六月』之炰也。『賈-疏:單行-宋本』今現存黃氏丕烈所。『今-注疏』則炰譌炮、炰亦譌炮矣。『六月』字作炰。『正義』不言炰同缹。而『韓奕:炰鼈鮮魚:正義』曰。按【字書】炰、毛燒、肉也。〈炰非炮也。此句誤。〉缹、烝也.『服虔-通俗文』曰。燥煑曰缹。然則炰與缹別。〈此句誤。〉而此及『六月』云炰鼈者、音皆作缶。〈舊作缹誤。〉然則炰與缹以火孰之。謂烝煑之也。據此『疏』則炰別於炮而音缶。與缹同字。賈云音皆作缶者、必據漢魏六朝相傳舊音而言。陸氏於【二詩】不云炰音缶。於『禮』別炰缹爲二字。疏矣。『孔-正義』引【字書】炮、毛燒肉也。缹、烝(烝)也。所謂【字書】卽(卽)『說文』。葢『說文』本有缹字而今佚之。》

炯 (형)【jiǒng ㄐㄩㄥˇ】밝게 살필 ■경:빛날 ※ 경(耿)과 같은 글자

[설문] [6197] 光也。从火。冋聲。《古迥切。11部。》/485

炱 (태)【tái ㄊㄞˊ】그을음, 철매(매연)

[설문] [6143] 灰炱煤也。《『通俗文』曰。積煙曰炱

煤。『玉篇』日。炱煤、煙塵也。『廣韵(韻)』日。炱煤、灰入屋也。》从火。台聲。《徒哀切。1部。按〔本部〕無煤。〔土部〕有塺字。『玉篇』炱煤二文相接。》/482

炳 (병)【bǐng ㄅㄧㄥˇ】빛날, 밝을
설문 6188 明(明)也。《『易』日。大人虎變。其文炳也。》从火。丙聲。《兵永切。古音在 10部。》/485

◀ 제 6 획 ▶

烄 (교)【jiǎo ㄐㄧㄠˇ】태울(태우는 제사)
■고·요:같은 뜻
설문 6135 交木然也。《交皎疊韵(疊韻)。『玉篇』日。交木然之。以寮祡天也。》从火。交聲。《古巧切。2部。》/481

烎 (은)【ēn ㄣ】불에 묻어 구울 ■오:(불에)고기 쬘
설문 6156 炮炙也。《炮炙異義皆得日烎也。》 目(以)微火溫肉。《依『廣韵(韻)』所引本。『玉篇』同。旣云炮炙、又云以微火溫肉者、嫌炮炙爲毛燒。故又足之。言不必毛燒也。微火溫肉所謂𤎖也。今俗語或日烏。或日煨。或日燜。皆比字之雙聲疊韵(疊韻)耳。》从火。衣聲。《烏痕切。13部。此於合韵(韻)得之。》/482

烈 (렬)【liè ㄌㄧㄝˋ】(불이)세찰, 굳셀
설문 6119 火猛也。《『大雅』日。載燔載烈。『傳』日。傅火日燔。貫之加于火日烈。『商頌』日。如火烈烈。引伸爲光也、業也。又『方言』日。餘也。按烈訓餘者、盛則必盡。盡則必有所餘也。又『鄭風』。火烈具擧(擧)。『傳』日。烈、列也。此謂烈卽列之叚(假)借字。列者、古迾字也。》从火。列聲。《良薛切。15部。》/480

𤇾 신【jìn ㄐㄧㄣˋ】불탄 끄트머리, 불똥, 땔나무
설문 6172 火之餘木也。《【各本】作「火餘也」。今依『唐初-玄應本』。火之餘木日𤇾。死火之𤇾日灰。引伸爲凡餘之偁(稱)。『左傳』。收合餘燼。『大雅:箋』。災餘日燼。『方言』。藎、餘也。周鄭之閒(間)日藎。或日孑。藎者、叚(假)借字也。》从火。聿聲。《臣鉉等日。聿非聲。疑从律(𦘒)省。徐吝切。12部。俗作燼。》一日薪也。《『方言』。自關而東秦晉之閒燒薪不盡日藎。》/484
성부 盡𦘔 진
형성 (1자) 신(𧃮)3786

烏 오【wū ㄨ】【설문부수 120】까마귀, 검을, 아!(탄식), 어찌 ■아:나라 이름
설문 2372 孝烏也。《謂其反哺也。『小:爾雅』日。純黑而反哺者謂之烏。》象形。《烏者點睛。烏則不。以純黑故不見其睛也。哀都切。5部。》孔子日。烏、亏呼也。《「亏」【各本】作「盱」。今正。亏、於也。象乞(气)之舒。亏呼者、謂此鳥善舒乞自叫故謂之烏。》取其助乞。故目爲烏呼。《此許語也。取其字之聲可以助乞。故以爲「烏呼」字。此發明假借之法。與朋爲朋黨、韋爲皮韋、來爲行來、西爲東西、止爲足、子爲人偁(稱)一例。古者短言「於」。長言「烏呼」。於烏一字也。『匡繆正俗』日。『今文-尙書』悉爲「於戲」(戲)字。『古文-尙書』悉爲「烏呼」字。而『詩』皆云「於乎」。中古以來【文籍】皆爲「烏呼」字。按『經』、『傳』、『漢書』「烏呼」無有作「嗚呼」者。『唐-石經』誤爲嗚者十之一耳。近今學者無不加口作嗚。殊乖『大雅』。又小顏云。『古文-尙書』作「烏呼」。謂【枚頤-本】也。『今文-尙書』作「於戲」。謂『漢-石經』也。『洪适載-石經尙書:殘碑』「於戲」字尙四見。可證也。『今-匡繆正俗』古今字互譌》凡烏之屬皆从烏。𢀗古文烏。象形。𣃍象古文烏省。《此卽今之於字也。象古文烏而省之。亦革(革)省爲革之類、此字葢(蓋)古文之後出者。此字旣出。則又于於爲古今字。『釋詁』、『毛傳』、『鄭-注:經』皆云。亏、於也。凡【經】多用于。凡【傳】多用於。而烏鳥不用此字。》/157
유사 새 조(鳥) 까치 석(舄烏)
성부 於어
형성 (5자) 오(瑦)172 오(䳇)962 오(鄔)3889 오(歍)5291 오(隖)9258

烓 경 계【wēi ㄨㄟ】㊄ jiǒng 화덕
설문 6146 行竈也。《古支淸合韵。》从火。圭聲。讀若冋。《冋汲古閣作回。誤。口迥切。16部。》/482
성부 耿경

烙 (치)【chí ㄔˊ】㊤㊥⑨㊄ chǐ 불 성할, 성할
설문 6192 盛火也。《凡言盛之字从多。》从火。多聲。《昌氏切。古音在 17部。》/485

威 멸【xuè ㄒㄩㄝˋ】㊤㊥⑨㊄ miè ㊄ xiè 멸할
※ 멸(滅)과 같은 글자 ■혈:멸할, 없앨, 불꺼질
설문 6212 滅也。《『小雅:正月』日。赫赫宗周。襃姒威之。『傳』日威、滅也。》从火戌。《會意。『詩』釋文引有聲字。許劣切。15部。》火死於戌。《火生於寅。盛於午。死於戌。》陽氣至戌而盡。《「陽氣」當作「昜气」。此二句說會意之恉。》『詩』日。赫赫宗周。襃(褒)姒威之。《〔女部〕無姒字。》/486
유사 위엄 위(威) 다 함(咸)
형성 (2자) 멸(滅)7110 멸(搣)7532

烖 灾災災 재【zāi ㄗㄞ】화재, (불로 인한)재앙
설문 6181 天火日烖。《『春秋:宣:十六年』。夏。成周宣謝火。『左傳』日。人火之也。凡火、人火日火。天火日災(災)。按【經】多言災。惟此言火耳。引申爲凡害之偁(稱)。『十五年:傳』日。天反時爲災。地反物爲妖。民反德爲亂。亂則妖災生。》从火。𢦏聲。《祖才切。1部。今惟『周禮』作烖。【經傳】多借菑爲之。菑或譌爲葘。》灾或从宀火。《火起(起)於下。焚其上也。》災籒文从巛。《亦會意。亦形聲。》𤆎古文从才。《形聲。》/484

4 ⓪

성부 烝수

烘 (홍)【hōng ㄏㄨㄥˉ】(불을)땔, 밝을

설문 6150 尞也。《云尞者、燔柴之義之引伸也。『小雅:白華』。卬烘于煁。『毛傳』及『釋言』皆曰。烘、燎也。》从火。共(共)聲。《呼東切。『詩』釋文引『說文』巨凶甘凶二反。》『詩』曰。卬烘于煁。/482

烝 증【zhēng ㄓㄥˉ】김 오를, (더위가)찔, 올릴(바침), 겨울제사

설문 6123 火气上行也。《此烝之本義。引申之則烝進也。如『詩:信南山、甫田:傳』、『泮水:箋』是也。又引申之則久也。眾(衆)也。久之義如『釋詁』曰烝塵也、『東山:傳』曰烝窴也、『常棣:傳』曰烝塡也皆是。鄭云古聲窴塡塵同。是也。衆之義如『東山烝在栗薪:傳』、『烝民:傳』是也。又引申之則君也。『釋詁』及『文王有聲:傳』是也。又厚也。『泮水:傳』曰烝烝、厚也是也。『左傳』凡下婬上謂之烝。》从火。丞(丞)聲。《煑(煮)仍切。6部。【經典】多叚(假)蒸爲之者。》/480

성부 蒸증

焍 (적)【dì ㄉㄧˋ】㊤㊥⑨㉑ dí 불을 바라볼

설문 6185 望見火皃(貌)。《依『篇』、『韵(韻)』補見字。焍然猶旳然也。》从火。旦聲。《旦見〔日部〕。望遠合也。从日匕。【各本】篆體作焍、皀聲。按皀聲讀若逼。又讀若香。於駒不爲雙聲。旦聲與勺聲則古音同在 2部。『葉-抄:宋本』及『五音韵(韻)譜』作「焍」、旦聲。獨爲不誤。『玉篇』、『廣韵(韻)』、『集韵』、『類篇』作「焍」。皆誤。》讀若駒顙之駒。《駒顙見『說卦:傳』。詳〔馬部〕。都歷切。2部。》/484

◀ 제 7 획 ▶

焜 (훼)【huǐ ㄏㄨㄟˇ】(성한)불

설문 6110 火也。从火。尾聲。《許偉切。15部。》『詩』曰。王室如焜。《『周南:汝墳』文。『今-詩』作「燬」。『毛傳』。燬、火也。按『爾雅』亦作「燬」。『釋言』曰。燬、火也。『詩』釋文曰。音毁。齊人謂火曰燬。郭樸又音貨。『字書』作「焜」。『說文』同。一音火尾反。夫曰燬『說文』作「焜」、則『說文』之有焜無燬可知矣。曰焜一音火尾反、則焜本音燬可知矣。『方言』曰。煤、火也。楚轉語也。猶齊言焜也。燬焜實一字。『方言』齊曰焜。卽『爾雅:郭-注』之齊曰燬也。俗乃強(强)分爲二字二音。且肊造齊人曰燬、吳人曰焜之語。又於『說文』別增燬篆。陸德明所據不如此。》/480

烰 (부)【fú ㄈㄨˊ】김 오를, 김 성하게 나올
■퓨:불기운

설문 6124 烝也。《『詩:生民』。烝之浮浮。『釋訓』曰。烰烰、烝也。『毛傳』曰。浮浮、氣也。按『爾雅』不偁(稱)『詩』全句、故曰烝也而已。『毛-釋:詩』全句、故曰浮浮氣也。許於此當合二古訓爲解曰烰烰、烝皃(貌)。謂火氣上行之皃也。或轉寫者刪(刪)之耳。》从火。孚聲。《縛牟切。3部。》『詩』曰。烝之烰烰。《『今-詩』作「浮浮」。》/481

羡 (차)【chī ㄔˉ】㊤㊥⑨ zhǎ 本[묶음 숯] 찔
■자:햇빛에 말릴

설문 6139 束炭也。从火。差(差)省聲。讀若齹。《齹〔齒部〕佐齹。恐誤。楚宜切。古音在 17部。》/482

焅 (곡)【kù ㄎㄨˋ】가뭄 기운

설문 6213 旱气也。《與酤音義略同。》从火。告聲。《苦沃切。3部。》/486

焆 焆(열)【yuè ㄩㄝˋ】㊤㊥⑨ yè 연기 나는 모양, 불빛 ■결:연기 뭉게뭉게 일어날 ■견:밝을
■연:타는 모양

설문 6183 焆(焆)焆、煙皃(貌)。从火。肙(肙)聲。《因悅切。古音在 14部。》/484

焉 언【yān ㄧㄢˉ】本[새이름] 얼룩빼이새, 어찌, 이에, 이(것), 어조사

설문 2374 焉鳥、《逗。》黃色。出於江淮。《今未審何鳥也。自借爲詞助而本義廢矣。故多用焉爲發聲。訓爲於。亦訓爲於是。如『周禮』焉使則介之。『晉語』焉作爰田、焉作州兵。『左傳』晉鄭焉依、裔焉大國。『公羊傳』焉爾、焉門者、焉閨者。『呂覽』、『淮南』焉始乘舟。三年問焉爲之立中制節、焉使倍之、焉使不及也。『招䰟(魂)』巫陽焉乃下招。》象形。《有乾切。14部。》凡字、朋者羽蟲之長。烏者日中之禽。《『淮南書』曰。日中有踆烏。『靈憲』曰。日陽精之宗。積而成烏。烏有三趾。陽之類故數奇。》舄者知大(太)歲之所在。《『淮南書』曰。蟄蟲鵲巢(巢)。皆向天一。按天一謂太陰所建也。『博物志』曰。鵲背太歲。然則鵲巢開戶。向天一而背歲。》燕者請子之候。《見〔乙部〕。》作巢避戊己。《亦見『博物志』。陸氏佃、羅氏願皆曰。燕之來去皆避社。又戊己日不取土。》所貴者故皆象形。《烏多矣。非所貴皆爲形聲字。今字作鳳、作鵬、作鵲、作鳦、作鷰。則惟烏焉不改焉。》焉亦是也。《焉亦象形。必有可貴者也。按烏、舄、焉皆可入〔烏部〕。云從烏省。不爾者、貴之也。貴燕故既有〔燕部〕。又有〔乙部〕。朋何以不別爲部也。冠於羣(群)鳥之首矣。故傳諸小篆也。》/157

유사 새 조(鳥) 해태 채(廌廌) 까치 석(舄舄)

형성 (5자) 언(蔫)532 언(鄢)3921 언(傿)4899 언(漹)6779 언(嫣)7822

焌 (준)【jùn ㄐㄩㄣˋ】㉑ qū (점치기 위해 귀갑을)구울 ■찬:같은 뜻 ■출:태울, 불꺼질

설문 6113 然火也。《以火燒物曰然。》从火。夋聲。《子寸切。又倉聿切。13部。》『周禮』曰。遂籥其焌。《『周禮:垂氏』曰。凡卜、以明火爇燋。遂歈其焌契。以授『卜師』。『注』云。焌讀如戈鐏之鐏。謂之契柱燋火而吹之也。『士喪禮』。楚焞(焞)置於燋。在龜東。楚焞卽契。所用灼龜也。燋謂炬。其存火。〈三字當依『士喪禮:注』作。所以然火者也。〉》焌火在前。曰(以)焞焯龜(龜)。《此許引『周禮』而釋其焌之義。似有舛誤。依『鄭-注』則契卽楚焞。楚焞柱於炬然之。用以灼龜。焌者、謂吹而然之也。》/480

4 ⑫

◀ 제 8 획 ▶

焚 분【fén ㄈㄣˊ】 상中9작 fán 本[불살라 사냥할] (불에)탈, 태울, 불사를

설문 6175 燒田也。从火林。《【各本】篆作「焚」。解作「从火棥。棥亦聲」。今正。按『玉篇』、『廣韵』有焚無焚。焚符分切。至『集韵』、『類篇』乃合焚焚爲一字。而『集韵:廿二, 元』固單出焚字、符袁切。竊謂棥聲在 14部。焚聲在 13部。份古文作彬。解云焚省聲。是【許書】當有焚字。況【經傳】焚字不可枚擧(舉)。而未見有焚。知〔火部:焚〕卽焚之譌。『玄應書』引『說文』焚、燒田也。字从火。燒林意也。凡四見。然則【唐初本】有焚無焚。不獨『篇』、『韵』可證也。》/484

성부 煩번

閃 (린)【lìn ㄌㄧㄣˋ】 타는 모양

설문 6129 火皃(貌)。从火。𤇾省聲。《𤇾見〔門部〕。作𤇾者誤。》 讀若粦(粦)。《良刃切。12部。》/481

焜 (혼)【kūn ㄎㄨㄣˉ】 빛날、빛낼 ■곤:밝을, 같을

설문 6202 煌也。《『甘泉賦』。樵蒸焜上。李善引【字書】焜燿火皃(貌)。》 从火。昆聲。《胡本切。13部。》/485

焞 焞(순)【chún ㄔㄨㄣˊ】 상中9작 tūn 本[밝을] 불빛 ■돈:거북점 칠 때 거북 등지지는 불, (세력이)성할、어스름할 ■퇴:성할 ■찬:점치기 위하여 거북 지질 ■준:불살라 거북등 지질

설문 6187 朙(明)也。《『鄭語』。史伯日。黎爲高辛氏火正。以淳燿敦大。天明地德。光照四海。故命之日祝融。『崔瑗-河間相張平子碑』云。遷大史令。實掌重黎厤紀之度。亦能焞燿敦大。天明地德。光照有漢。『今本-國語』作淳。『漢-碑』作焞、與許所據合。韋云。淳、大也。燿、明也。下文云。敦大則焞燿。自皆當訓明。『士喪禮』楚焞。所以鑽灼龜者。楚、荊也。焞、葢(蓋)亦取明火之意。引申之又訓盛。『采芑:傳』日。焞焞、盛也。漢時有敦煌郡。『應劭-地理風俗記』日。敦、大也。煌、盛也。唐時乃作燉煌。見『元和郡縣志』。燉乃唐人俗字。非焞之異體也。》 从火。𦎧聲。《他昆切。13部。『毛詩』吐雷切。音之轉也。》 『春秋傳』日。《『傳』當作『國語』。》 燇(焞)燿天地。《槩括『鄭語』。》/485

焠 (쉬)【cuì ㄘㄨㄟˋ】 (달군 칼을 물에)담글, 물들일, 구울, 지질 ■초ㅐ:속음

설문 6173 堅刀刃也。《『王襃傳』。淸水焠其鋒。『郭樸-三倉:解詁』日。焠、作刀堅也。焠子妹切。堅工練切。師古云。焠謂燒而內水中以堅之也。按火而堅之日焠。與〔水部:淬〕義別。『文選(選)』譌作「淬」。非也。『天官書』日。火與水合日焠。》 从火。卒聲。《七內切。15部。》/484

𣞤 무【wú ㄨˊ】 없을, 아닐, 말(금지)

설문 8022 亡也。《凡所失者、所未有者皆如逃亡然也。此有無字之正體。而俗作「無」。無乃𣞤(𣞤)之隸變體。𣞤之訓豐(豊)也。與無義正相反。然則隸變之時。昧於亡爲其義。𣞤爲其聲。有聲無義。殊爲乖繆。古有叚(假)𣞤爲𣞤(𣞤無)者。要不得云本無二字。漢隸多作𣞤可證也。或叚亡爲無者、其義同。其音則雙聲也。》 从亡。𣞤聲。《按不用莫聲而用𣞤聲者、形聲中有會意。凡物必自多而少而無。『老子』所謂多藏必厚亡也。武夫切。5部。古音武夫與莫胡二切不別。故無、模同音。其轉語則『水經:注』云燕人謂無爲毛、楊子以曼爲無、今人謂無有爲沒(沒)有皆是也。》 无 奇字無也。《謂古文奇字如此作也。【今-六經】惟『易』用此字。》 通於元者。《元【俗刻】作无。今依【宋本】正。『禮運』日。是謂合莫。『注』引『孝經』說日。上通元莫。『正義』云。上通元莫者、『孝經:緯』文。言人之精靈所感。上通元氣寂寞。引之者證莫爲虛無也。【正本】元字作无。謂虛無寂寞。義或然也。按此【注疏-今本】譌誤不可讀。而【北宋本】可據正。『疏』【正本】字當是【定本】之誤。謂鄭引上通元莫、『顔師古-定本』作无莫也。依許云通於元者。虛无道也。『孝經:緯』必作元莫矣。葢(蓋)其義謂上通元始。故其字形亦用元篆。上毌於一。》 虛无道也。《謂虛无之道上通元氣寂寞也。『玉篇』日。无、虛无也。奇字之无與篆文之𣞤義乃微別。許說其義。非僅說其形也。》 王育說。天屈西北爲无。《此稱王育說又无之別一義也。亦說其義。非說其形。屈猶傾也。天傾西北。地不滿東南。見『列子』及『素問』。天傾西北者、謂天體不能正圜也。》/634

성부 𣞤무

형성 (12자) 무(璑)96 무(蕪)523 무(膴)2023 무(膴)2574 무(鄦)3902 허(幠)4691 무(廡)5651 무(憮)6462 무(潕)6719 무(撫)7550 무(嫵)7801 무(隝)9229

4 ⓪

𤒅 초【jiāo ㄐㄧㄠˉ】 (불에 타서)그슬릴, 그을, 탈, 태울, 탄내 날

설문 6180 火所傷也。从火。雥聲。《卽消切。2部。按『廣韵』雥徂合切。『玉篇』才币走合二切。今以【許書】焦字从雥聲訂之。則知雥之古音讀如揫、如椒。雧(集)者會意字。非用雥聲。後人昧其本音。乃以襍字之反語爲雥之反語。非也。戴氏侗乃疑作𤒅乃得聲矣。》 焦或省。《按『廣韵』𤒅爲籒文。此必有所據。》/484

성부 潐초 醮초 樵착

형성 (9자+1) 초(蕉)602 초(噍)769 초(譙)1610 초(䳅)2287 초(樵)3393 초(醮)5442 초(燋)6137 초(灑)7053 초(鐎)8874 초(顦)

敫 (교)【jiǎo ㄐㄧㄠˇ】 불 땔 ※ 원래는 교(烄)

설문 6140 交灼木也。从火。敎省聲。讀若狡。《按『玉篇』、『廣韵(韻)』皆日。敫同烄。必本諸『說文』。不知『今本-說文』何以析爲二。交灼之語亦不可通。上文炭下日。燒木未灰。則灰篆必上聯。炭烄(羙)二篆。間以烄焱。決非【古本】。》/482

4 ⑫

焯 (작)【zhuó ㄓㄨㄛˊ】 밝을, 빛날
설문 6189 明(明)也。从火。卓聲。《之若切。2部。》『周書』曰。焯見三有俊心。《『立政』文。『今-尚書』作「灼」。古義焯灼不同。》/485

焱 염【yán ㄧㄢˊ】[설문부수 386] ㊀㊥⑨㉂ yàn 불꽃, (불)탈 ■혁:불꽃 ■역:불빛, 타는 모양
설문 6267 火蕐(華)也。《『古書』焱與猋二字多互譌。如『曹植-七啓(啓)』風厲「猋擧(擧)」、當作「焱擧」。『班固-東都賦』焱焱炎炎、當作猋猋炎炎。王逸曰。猋、去疾皃(貌)也。『李善-注』幾不別二字。》从三火。《凡物盛則三之。以冉(冄)切。8部。『廣韵』以贍切。》凡焱之屬皆从焱。/490
성부 燊신 熒형
형성 (1자) 신(燊)6269

然 연【rán ㄖㄢˊ】 사를, 그럴, 그러면, 그렇게 여길, 그러나
설문 6115 燒也。《通叚(假)爲語詈(詞)。訓爲如此。爾之轉語也。》从火。肰聲。《如延切。14部。俗作燃。非是。》蘸或从艸難。《徐鉉等曰。〔艸部〕有此字。此重出。與〔火部:無〕涉也。按篆當作「蘸」。或『古本』作「蘸」。轉寫奪火耳。『漢:五行志』。巢爇墮地。『廣韵』引『陸佐公石闕銘』。刑(刑)酷爇炭。》/480
형성 (6자) 연(嘫)823 연(橪)3344 연(僣)4896 년(撚)7699 연(嫐)7736 연(繎)8161

◀ 제 9 획 ▶

煁 (심)【chén ㄔㄣˊ】 화덕, 딴부엌
설문 6147 烓也。《『小雅:白華』曰。樵彼桑薪。卬烘于煁。『釋言』曰。煁、烓也。『毛傳』曰。煁、烓竈也。郭璞云。今之三隅竈。按『鄭-箋』云。桑薪、薪之善者。不以炊爨養人。反以燎於烓竈。用炤事物而已。然則行竈非爲飲食之竈。若今火鑪。僅可炤物。自古名之曰烓。亦名之曰煁。或叚(假)諶爲之。『春秋傳』裨諶字竈。知諶卽煁字也。『漢書:人表』又作卑湛。》从火。甚聲。《氏任切。7部。『詩』釋文市林反。》/482

煇 (휘)【huī ㄏㄨㄟ】 빛, 빛날, (불로)지질 ■훈:붉은 빛 모양 ■혼:붉은 빛 ■훤:빛날, 북 만드는 공장 ■운:해무리
설문 6196 光也。《『小雅:庭燎:傳』曰。煇、光也。〔日部〕曰。暉、光也。二字音義皆同。煇與光互訓。如『易:象傳』君子之光、其暉吉也是也。析言之則煇光有別、如『管輅-苔劉(劉)邠』云不同之名。朝旦爲輝。日中爲光。『玉藻』揖私朝、煇如也。登車則有光是也。『史記』。斷(斷)戚夫人手足。去眼煇耳。此叚(假)煇爲熏也。》从火。《暉者、日之光。煇者、火之光。》軍聲。《況韋切。古音在13部。庭燎與晨旂韵(韻)是也。俗作「輝」。》/485

煉 (련)【liàn ㄌㄧㄢˋ】 달굴, 이길
설문 6168 鑠治金也。《「治」『毛本』作「冶」。誤。今依『宋本』。鑠治者、鑠而治之。愈消則愈精。『高-注:戰國策』曰。練、濯治絲也。正與此文法同。〔金部〕曰。鍊、治金也。此加鑠者、正爲字从火。》从火。柬聲。《郎電切。14部。》/483

煌 (황)【huáng ㄏㄨㄤˊ】 (반짝반짝)빛날
설문 6201 煌煌、煇也。《此依『韵(韻)會本』。『今-大、小徐本』各奪一字。非也。『皇皇者華:傳』曰。皇皇猶煌煌也。『朱芾斯皇:傳』曰。皇猶煌煌也。》从火。皇(皇)聲。《胡光切。10部。》/485

煎 (전)【jiān ㄐㄧㄢ】 볶을, 조릴, 지질
설문 6153 熬(熬)也。《『方言』。熬、聚、煎、僰、鞏、火乾也。凡有汁而乾謂之煎。東齊謂之鞏。》从火。歬(前)聲。《子仙切。14部。》/482

煒 (위)【wěi ㄨㄟˇ】 벌걸, 밝을, 성한 모양, 빨갈 ■휘:빛날
설문 6191 盛明皃(明貌)也。《『各本』作「盛赤也」。今依『玄應書』正。『詩:靜女』。彤管有煒。『傳』曰。煒、赤皃。此毛就彤訓之。盛明之一耑(端)也。『王莽傳』。青煒登平。赤煒頌平。白煒象平。玄煒和平。服虔(虔)曰。煒、音暉。如淳曰。青煒、青氣之光輝也。》从火。韋聲。《于鬼切。15部。》『詩』曰。彤管有煒。《『邶風』。》/485

煔 점【shàn ㄕㄢˋ】 ㊀㊥⑨㉂ shǎn 불빛 ■섬:불똥 튈 ■염:불똥 튈 ■함:불 번쩍거리는 모양 ■삼:나무이름 ■점:고기 데칠
설문 6224 火行也。《『廣韵』「也」作「皃(貌)」。》从炎。占聲。《舒贍切。7部。》/487
참고 삼(樧)삼목 杉과 같은 글자

熙 熙희【xī ㄒㄧ】 빛날, 넓을, 넓힐, 화락할 ■이:즐길, 장대할
설문 6219 燥也。《『文選(選)-劉(劉)琨贈盧諶詩:注』引此。下有謂曓(暴)燥也四字。葢(蓋)『庾儼默(默)-注語』。『釋詁』又曰。熙、興也。『周語:叔向-釋昊天有成命之詩』曰。緝、明。熙、廣也。『毛傳』本之。『箋』據『釋詁』熙、光也。云廣當爲光。按『文王:傳』曰。緝熙、光明也。『敬之:傳』曰。光、廣也。是古光廣義通。燥者、熙之本義。又訓興、訓光者、引申之義也。》从火。巸聲。《巸見〔匠部〕。許其切。1部。》/486
참고 희(凞)

煖 (난)【nuǎn ㄋㄩㄢˇ】 ㊀㊥⑨㉂ xuān 따뜻할, 따뜻이 할 ■훤:같은 뜻
설문 6207 昷也。《「昷」『各本』作「溫」。今正。『說卦:傳』。日以晅之。晅亦作「烜」。葢(蓋)卽煖字也。》从火。爰聲。《況袁切。14部。今人讀乃管切。同「煗」。》/486

煗 (난)【nuán ㄋㄨㄢˊ】 ㊀㊥⑨㉂ nuǎn 따뜻할
설문 6208 昷也。《「昷」『各本』作「溫」。今正。》

从火。耎聲。《乃管切。14部。今通用「煖」。》/486

煙 (연)【yān ㄧㄢˉ】 연기 ■인:기운
설문 6182 火气也。《『陸璣-連珠』日。火壯則煙微。》 从火。垔聲。《烏前切。12部。》 烟或从因。《因聲。》 𡨭籒文从宀。 𤇃古文。《汲古閣少首筆。从日。誤。今從『廣韵(韻)』、『集韵』、『類篇』正。》/484

煜 (욱)【yù ㄩˋ】 비칠, 빛날, 불꽃 ■육:속음 ■읍:타는 모양
설문 6194 燿也。《此以雙聲爲訓。》 从火。昱聲。《余六切。古音在 7部。昱从立聲。煜从昱聲。本音皆在 7部。『廣韵(韻):卄六, 緝』。煜爲立切。古音也。》/485

煢 (경)【qióng ㄑㄩㄥˊ】 빨리 돌, 외로울
설문 7336 回疾也。《回轉之疾飛也。引申爲煢獨。取褱回無所依之意。或作「惸」、作「睘」、作「嬛」。『毛傳』日。睘睘、無所依也。》 从卂。營省聲。《渠營切。11部。》/583

煣 (유)【róu ㄖㄡˊ】 ㊤㊥⑨㉿ rǒu (불을 쬐어 나무를)휠
설문 6174 屈申木也。《謂曲直之也。『今-般(槃)辭傳』、『考工記』皆作「揉」。葢(蓋)非古也。〔手部〕無揉字。『漢書:食貨志』。煣木爲耒。》 从火柔。柔亦聲。《柔亦聲。人久切。3部。》/484

莧 (멸)【miè ㄇㄧㄝˋ】 불 꺼물거릴(불이 밝지 않음)〔화(火)부 9획〕
설문 2219 火不明也。《按「火」當作「目」。淺人所改也。假令訓火不明。則當入〔火部〕矣。此部四字皆說目。》 从苜。从火。《火易眩故从火。》 苜亦聲。《莫結切。15部。》『周書』日。布重莧席。《『顧命』文。今作「敷重蔑席」。「蔑」、衛(衛)包又改爲「篾」。俗字也。莧者、蔑之假借字也。》 莧-席、《二字今補。》 纖蒻席也。《「纖」、【各本】作「織」。今正。馬融云。蔑、纖蒻。王肅云。蔑席、纖蒻苹席。則許亦當作纖。纖與蔑皆細也。莧者蔑之假借。馬、王謂底席爲青蒲席。則謂蔑席爲纖蒻席。許說當同之。〔艸部〕日。蒻、蒲子。可以爲苹席也。蒲子、蒲之幼稚者。細於蒲。故謂之纖蒻。『鄭-注』四席皆謂竹席。與馬、許不同。詳『尙書:撰異』。「莧」葢(蓋)壁中古文。「蔑」葢孔安國以今文字讀之、易爲蔑。》 讀與蔑同。《上文已云苜亦聲。此專謂莧席言。》/145

煦 (후)【xú ㄒㄩˊ】 ㊤㊥⑨㉿ xù (햇볕이나, 김을 불어)따뜻하게 할
설문 6125 烝也。《『方言』。煦煆、熱也。乾也。吳越日煦煆。按熱『廣雅』作「爇」。誤。『樂記:注』日。以氣日煦。》 一日赤皃(貌)。《〔日部〕日。昫、日光出溫也。按昫煦古通用。煦葢(蓋)日出之赤色。》 一日盈潤也。《首一義足兼之。『文選(選):注』引『韓詩:章句』。煦、暖也。》 从火。昫聲。《香句切。古音在 4部。『廣韵(韻)』又況羽切。『方言:注』讀如州吁之吁。》/481

照 조【zhaò ㄓㄠˋ】 本[밝을] 비칠, 이것저것 견주어 볼, 모양을 비칠
설문 6190 眀(明)也。《與昭音義同。》 从火。昭聲。《之少切。2部。》/485
성부 㷖고

煨 (외)【wēi ㄨㄟˉ】 (재 속에)묻은 불
설문 6144 盆中火。《『玉篇』作盆中火煻。『廣韵(韻)』日。煻者、埋物灰中令熟也。『通俗文』日。埶(熱)灰謂之煻煨。許無煻字。今俗謂以火溫出冬開花日唐花。卽煻字也。》 从火。畏聲。《烏灰切。15部。》/482

煩 번【fán ㄈㄢˊ】 번열 날, 번민할, 번거로울, 번거롭게 할
설문 5427 埶(熱)頭痛也。《『詩』日。如炎如焚。『陸機-詩』云。身埶頭且痛。》 从頁(頁)火。《會意。》 一日焚省聲。《焚、〔火部〕作焚。此謂形聲也。附袁切 14部。》/421
형성 (1자) 번(蘩 𦺇)403

煬 (양)【yàng ㄧㄤˋ】 (불을 활활)멜
설문 6160 炙燥也。 从火。 昜聲。《余亮切。10部。『謚法』。好內遠禮煬。去禮遠衆煬。》/483

◀ 제 10 획 ▶

㷻 (영)【yǒng ㄩㄥˇ】 ㊤㊥⑨㉿ yǐng 깊은 못, 늪(火부 10획)
설문 3051 窦(深)池也。《按『玉篇』作「澤地」。雖不言出『說文』。然恐『說文-古本』如是。『廣韵(韻)』。泋濴、小水也。濴葢(蓋)卽㷻。》 从井。瑩省聲。《按凡从𤇾之字皆日熒省聲、則「瑩」當作「熒」。烏迥切。12部。》/216

熄 (식)【xí ㄒㄧˊ】 ㊤㊥⑨㉿ xī (불이)꺼질, 사라질
설문 6145 畜火也。《畜當从艸。積也。熄取滋息之意。》 从火。息聲。《相卽切。1部。》 亦日滅火。《小徐無此四字。滅與蓄義似相反而實相成。止息卽滋息也。『孟子』日。王者之迹熄而『詩』亡。『詩』亡然後『春秋』作。》/482

熅 (온)【yùn ㄩㄣˋ】 ㊤㊥⑨㉿ yūn 연기 낄, 숯불, 따뜻할
설문 6184 鬱煙也。《「鬱」當作「鬱」。鬱與熅聲義皆同。煙熅猶壹壺也。》 从火。𥁕聲。《於云切。13部。》/484

熀 (혹)【hǔ ㄏㄨˇ】 ㊤㊥⑨㉿ hú 구울, 사를, 지질 ■옥·곽:같은 뜻
설문 6161 灼也。从火。隺聲。《胡沃切。古音在 2部。》/483

熇 (혹)【hù ㄏㄨˋ】 ㊤㊥⑨ hè (불이)뜨거울 ■학:간특할 것을 숭상할 ■효:불김 ■고:불에 말릴
설문 6134 火埶(熱)也。《『大雅:板:傳』日。熇熇然熾盛也。『易:家人』嗃嗃。鄭云。苦埶之意。是嗃卽熇字也。釋文日。劉作熇熇。》 从火。高聲。《火屋切。古音在 2部。》『詩』日。多將熇熇。/481

4 0

熊 웅【xióng ㄒㄩㄥˊ】[설문부수 381] 곰, 퍼렇게 빛날 ■훙:속음 ■응:같은 뜻 ■내:세발 자라

설문 6106 熊獸、佀(似)豕。山尻。《俗作居。》冬蟄。《見『夏小正』。》从能。炎省聲。《按炎省聲則當在古音 8部。今音羽弓切。『雒誥』火始燄燄、『漢書』作庸庸。『淮南書』東北曰炎風、一作融風。皆古音之證。『左傳:正義』曰。張叔反論云。賓爵下革。田鼠上騰。牛哀虎變。鯀化爲熊。久皿(血)爲燐。積灰生蠅。或疑熊當爲能。王劭曰。古人讀雄與熊皆于陵反。張叔用舊音。『傅玄-潛通賦』與終韵。用新音也。玉裁謂。熊不妨古反于陵。要之反論必是能字。『春秋:左氏』敬嬴、『公』、『穀』作頃熊。葢(蓋)炎熊嬴三字雙聲。》凡熊之屬皆从熊。/479

熏 훈【xūn ㄒㄩㄣˉ】연기낄, 연기 끼울, 탈, 움직일, (술에)취할

설문 0219 火煙上出也。《『豳風』曰穹窒熏鼠。》从屮。《象煙上出。此於六書爲叚(假)借。》从黑。屮黑熏象。《此恐學者不達會意。故發明之曰。屮而繼之以黑。此煙上出。而煙所到處成黑色之象也。合二體爲會意。單言上體則爲假借。與璗本金而从玉。同意。故居部末。許云切。13部。》/22

형성 (5자) 훈(薰)274 훈(纁)8221 훈(壎)8657 훈(勳)8781 훈(醺)9400

熑 (렴)【liǎn ㄌㄧㄢˇ】㊖㊥⑨㉾ lián 끊을 ■겸:바퀴테 말릴

설문 6176 火煣車网絕(絶)也。《此爲『考工記』作『注』也。『輪人』曰。凡揉牙。外不廉而內不挫、旁不腫。謂之用火之善。『注』曰。廉、絕(絶)也。挫、折也。腫、瘣也。按廉者、熑之叚(假)借。絕謂火絕。『記』文之外謂火。內謂正當火處。旁謂不當火處。煣之不善、則當火處橈減、而不當火處暴起(起)。畏此二病。或絕火而更煣。假令火未嘗少絕而無此二病、是眞善用火也。車网卽牙也。牙〔木部〕作「枒」。『玉篇』曰。熑、爆火不絕。此義與火絕相輔。》从火。兼聲。《力鹽切。7部。》『周禮』曰。煣牙、外不熑。/484

熒 형【yíng ㄧㄥˊ】등불, 비칠, 빛날, 아찔할, 개똥벌레, 현혹할

설문 6268 屋下鐙燭之光也。《鐙者錠也。鐙以膏助然之。燭以麻蒸然之。其光熒熒然在屋之下。故其字从冂。冂者、覆也。熒者、光否定之皃(貌)。今江東人俗語如役。『高-注:淮南』每云熒惑是也。泲(沛)出沒(沒)不常。故『尙書』泆爲熒作此字。『周禮』其川熒雒。『左傳:閔:二年、宣:十二年』、『杜預-後序』熒澤。『庸風:箋』熒澤。『左傳:杜-注』熒陽。『玉篇:熒』字下曰亦熒陽縣。『漢-韓勑後碑』、『劉(劉)寬碑陰』、『鄭烈碑』皆云熒陽。『唐盧藏用紀信碑』亦作熒陽。『隨書:王劭傳上表』言符命曰龍鬬(鬪)於熒陽者。熒字三火。明火德之盛也。然則熒澤、熒陽古無作滎者。『尙書:禹貢』釋文經宋開寶中妄改熒爲滎。而【經典】、『史記』、『漢書』、『水經:注』皆爲淺人任意竄易。以爲水名當作滎。不知泲水名熒。自有本義。於絕(絶)小水之義無涉也。》从焱冂(冖)。《以火華照屋會意。乎扃切。》/490

성부 勞로 榮영 瑩영 營영 鎣형

형부 로(犖) 영(犖) 영(禜) 경(煢) 영(塋)

형성 (12자+1) 영(誉)1510 형(瞀)2102 앵(鶯)2351 앵(罃)3152 경(縈)4330 형(滎)4348 영(褮)5131 형(熒)6920 앵(嫈)7893 영(縈)8300 경(輂)9103 영(醟)9401 료(膋)

烎 (첨)【tiǎn ㄊㄧㄢˇ】불꽃 빛날 ※ 첨(銛)과 같은 글자

설문 6222 炎光也。《大徐作「火光」。誤。》从炎。丙聲。《【各本】篆體作燅。解云舌聲。鉉疑當是甜(甛)省聲。非也。此與〔木部〕之栝皆从丙之誤。今正。〔谷部〕曰。丙、舌皃(貌)。讀若三年導服之導。一曰讀若沾。古音在 7, 8部。導服卽禫服也。鉉曰以冄切。『集韵(韻)』他點(點)、他店切。》/487

◀ 제 11 획 ▶

熚 (필)【bì ㄅㄧˋ】불타는 모양

설문 6121 熚㸊、火皃(貌)。《熚㸊疊韵(疊韻)字。如〔水部〕之畢沸。》从火。畢聲。《卑吉切。12部。》/480

熛 (표)【biāo ㄅㄧㄠˉ】불똥, 불똥 튈

설문 6133 火飛也。《『玄應』引『三蒼』云。熛、迸火也。『吕(呂)氏-春秋』云。突泄一熛。焚宮燒積。『班固-答賓戯(戲)』借猋爲之。》从火。㶾(票)聲。讀若摽。《甫遙切。2部。當必遙切。按同部票熛二字同音同義。熛卽票聲。似票正熛俗。故『集韵(韻)』、『類篇』、『韵(韻)會』皆合二爲一。然李善、『玄應』所引皆有熛字。『玉篇』亦分載。未容改併。》/481

熜 (총)【zǒng ㄗㄨㄥˇ】삼대 태울

설문 6170 然麻蒸也。《麻蒸、析麻中榦(幹)也。亦曰菆。菆一作黀。古者燭多用葦。『鄭-注:周禮』曰。燋、炬也。許曰。苣、束葦燒之也。亦用麻。故『先鄭-注:周禮』曰。蕡燭、麻燭也。先鄭意蕡卽黂字。『鄭-注:士喪禮』曰。燭用蒸。蒸卽謂麻榦。『弟子職』曰。蒸閒容蒸。》从火。悤聲。《作孔切。9部。》/483

熠 (습)【yì ㄧˋ】고울(선명할), 빛날

설문 6193 盛光也。《『詩』。熠燿宵行。『傳』曰。熠燿、粦也。粦、熒火也。又倉庚于飛。熠燿其羽。『箋』云。羽鮮明也。》从火。習聲。《羊入切。7部。》『詩』曰。熠熠宵行。《『豳風:東山』文。【宋本】、【葉-抄:本】作「熠熠」。『王伯厚-詩攷』異字異義條擧(舉)『說文』熠熠宵行。而『文遥(選):張華-勵志詩』涼風振落。熠熠宵流。『注』引『毛傳』熠熠、粦也。疑皆熠燿之誤。當依『詩:音義』爲正。【小徐本】熠燿下無「宵行」二字。》/485

烽 熢 (봉)【fēng ㄈㄥ¯】 봉화 ※ 봉(烽)과 같은 글자

설문 6216 熢燧、《【各本】無「熢」字。今依『文選(選):注』補。「燧」【各本】作「燧」。今正。》候表也。《謂伺之表。》邊有警則擧(擧)火。《孟康曰。熢如覆米䉛。縣著桔皐頭。有寇(寇)則擧(擧)之。燧積薪。有寇則燔然之也。裴駰、顏(顏)師古取其說。張揖曰。晝擧熢。夜燔燧。李善取其說。『廣韵(韻)』。夜曰熢。晝曰燧。蓋(蓋)有誤。按孟、張說熢燧爲二。許〔𨸏部〕曰。隧、塞上亭。守熢火者也。則爲一。蓋許以𨻐从𨸏、故釋曰塞上亭。》从火。逢聲。《敷容切。9部。》/486

𤒦 熷 (조)【zāo ㄗㄠ¯】 (까맣게)태울, 불 탄 끄트러기

설문 6179 焦(集焦)也。《今俗語謂燒壞曰熷。凡物壞亦曰熷。》从火。曹(曹)聲。《作曹切。古音在 3部。》/484

熬 (오)【áo ㄠˊ】 볶을, 근심하는 소리

설문 6154 乾煎(煎)也。《『方言』。熬(熬)、火乾也。凡以火而乾五穀之類、自山而東齊楚以往謂之熬 。》从火。敖聲。《五牢切。2部。》 𪏽熬或从麥作。/482

熭 (위)【wèi ㄨㄟˋ】 (불, 햇볕에)말릴

설문 6218 㬥(暴)乾也。《「也」上大徐衍「火」字。乾音干。『賈誼傳』曰。日中必熭。顏(顏)之推云。此語出『大公-六韜』。言日中時、必須㬥曬。不爾者失其時也。㬥與暴疾字異。》从火。《从火猶从日也。火卽日也。》彗聲。《于歲切。15部。》/486

熮 (류)【liáo ㄌㄧㄠˊ】 불 타는 모양, 무르익을 ■료:같은 뜻

설문 6128 火皃(貌)。从火。翏聲。《烙蕭切。古音在 3部。》『逸周書』曰。味辛而不熮。《「逸」字衍。當刪(刪)。『九經字樣』引無逸字。可證。『周書』蓋(蓋)『七十一篇』之『周書』。【今本】未見有此句。『吕(呂)覽:本味篇』曰。辛而不烈。『周書』作不熮。字異義同。『方言:注』曰。痨、瘌皆辛螫也。按此等字皆雙聲同義。而痨爲尤近。》/481

熯 (연)【hàn ㄏㄢˋ】 ㉠ rǎn 마르는 모양, 불 이글이글하는 모양 ■한:마를, 구울

설문 6126 乾皃(貌)。《乾讀如干。此與〔日部〕。暵同音同義。从火猶从日也。『易:說卦傳:王肅、王弼-本』作燥萬物者莫熯乎火。『說文:日部』及【徐鍇-本】作莫暵。字有分見而實同者、此類是也。》从火。漢省聲。《人善切。14部。依『楚茨:音義』人善呼旦二反。》『詩』曰。我孔熯矣。《『小雅:楚茨』文。此偁(稱)『詩』說叚(假)借也。『楚茨:毛傳』曰。熯、敬也。熯本不訓敬而『傳』云爾者、謂熯卽戁之叚借字也。〔心部〕曰。戁、敬也。『長發:傳』曰。戁、恐也。是其義也。》/481

埶 熱 熱 열【rè ㄖㄜˋ】 ㉦ ruò 더울, 뜨거울, 불길, 열심할

설문 6204 温也。《「温」【各本】作「溫」。今正。許意溫爲水名。凡温煖字皆當作温。温、仁也。从皿飼囚。引申之則爲温煖。『毛詩:傳』曰。薀薀而暑。爞爞而埶(熱)。》从火。埶聲。《如列切。15部。》/485

형부 설(爇爇 𤎌)6116

형성 (1자) 첨(燅 𤎌)6225

熲 (경)【jiǒng ㄐㄩㄥˇ】 빛(불빛)

설문 6131 火光也。《『小雅』。不出於熲。『傳』曰。熲、光也。箋云。不得出於光明之道。按火光者、字之本義。『傳』不言火但言光者、其引申之義也。》从火。頃聲。《古迥切。11部。》/481

◀ 제 12 획 ▶

𤐫 (안)【yàn ㄧㄢˋ】 불빛, 불

설문 6130 火色也。《『韓子』。齊伐魯(魯)。索讒鼎。以其鴈往。齊人曰。鴈也。魯人曰。眞也。鴈、蓋(蓋)卽𤐫之叚(假)借字。如今之作、僞古物曰燒𤐫貨是也。俗作眞贗。》从火。雁聲。讀若鴈。《五晏切。14部。》/481

甑 (증)【zēng ㄗㄥ¯】 고기 대 속에 넣어 구울

설문 6157 置魚筩中炙也。《筩、斷(斷)竹也。置魚筩中而乾炙之。事與烝相類。》从火。曾聲。《作滕切。6部。》/482

熹 (희)【xī ㄒㄧ¯】 성할, 희미할, 밝을

설문 6152 炙也。《炙者、抗火炙肉也。此熹之本義。引申爲埶(熱)也。『左傳』。或叫于宋大廟曰。譆譆出出。杜曰。譆譆、熱也。此同音叚(假)借也。又與熙(熙)相叚借。》从火。喜聲。《許其切。1部。》/482

熾 (치)【chì ㄔˋ】 (불이)성할

설문 6205 盛也。从火。戠聲。《昌志切。1部。》 𤆀古文。/485

燀 (천)【chǎn ㄔㄢˇ】 (밥 지으려)불 땔

설문 6148 炊也。从火。單聲。《充善切。14部。》『春秋傳』曰。燀之㠯(以)薪。《『左傳:昭公:二十年』文。》/482

燂 (첨)【qián ㄑㄧㄢˊ】 ㉦㊥ tán ⑨㉠ hān ㉠ xián 불사를, 데울 ■심:삶을, 불에 익힐 ■담:불사를 ■섬:고기 데칠

설문 6186 火熱也。《『廣雅』。燂、煗也。『攷工記:弓人』。撟角、欲孰(孰)於火而無燂。『注』云。燂、炙爛也。【故書】燂或作「朕」。》从火。覃聲。《大甘切。又徐鹽切。7部。》/485

燄 (염)【yàn ㄧㄢˋ】 불 조금 타오를

설문 6221 火行微燄燄也。《「微」當作「散」。『雒誥』曰。無若火始燄燄。『廣韵(韻)』曰。燄、火初著也。『左傳:注』引『書』作「燄燄」。『漢書:梅福傳』引『書』作「庸庸」。此篆與光燗字別。焰者、俗燗字也。》从炎。臽聲。《以冄切。8部。》/487

燅 (첨)【xián ㄒㄧㄢˊ】 고기 데칠 ■섬:같은 뜻 ■심:따뜻할

설문 6225 於湯中爚肉也。《「爚」當作「鬻」。『玉篇』、

4 ⓪

㉠ 作家出版社〔董蓮池-說文解字考正〕 ⑨ 九州出版社〔柴劍虹-說文解字〕 ㉦ 陝西人民出版社〔蘇寶榮-說文解字今注今譯〕 ㉦ 上海古籍出版社〔說文解字注〕 ㊥ 中華書局〔臧克和-說文解字新訂〕

『韵(韻)會』作「瀹」。則俗用字也。鬻者、內。肉及菜湯中薄出之。瀹、漬也。『禮:有司徹』。乃𤏋尸俎。『鄭-注』。𤏋、溫也。古文𤏋皆作尋。『記』或作尋。『春秋傳』。若可尋也。亦可寒也。按𤏋者正字。尋者同音叚(假)借字。云『記』或作尋者、『郊特牲:衁(血)腥爓祭:注』云爓或爲尋是也。爓亦叚借字也。所引『春秋傳:哀公:十二年:左傳』文。『賈-注』云。尋、溫也。『服-注』云。尋之言重也、溫也。寒、歇也。『郊特牲之:注』云爓或爲尋。見『有司徹:疏』。『今本-禮記』作「爓」或爲「膶」。誤也。『有司徹:注』中尋字、唐人譌作「燖」。亦非也。『論語:注』。溫、尋也。又『中庸:溫故而知新:注』曰。溫讀如尋溫之溫。尋本皆無火旁。》从炎。从埶(熱)省。《小徐下有聲字。誤也。此會意。徐鹽切。7部。》𤎼或从炙作。《『廣韵』曰。𤏋、『說文』同上。此『古本-說文』之異也。炏卽羑。》/487

燊 [신]【shēn ㄕㄣˉ】 성한 모양
[설문] [6269] 盛皃(貌)。《〔木部:𣝦〕字下曰。衆盛也。此與同意。》从焱在木上。《會意。》讀若『詩』曰莘莘征夫。《讀如此莘字也。『今-毛詩:皇皇者華』。駪駪征夫。〔馬部:駪〕下不引『詩』。而此引作莘莘。『招䰟(魂)』引作侁侁。亦作莘莘。音相近也。所臻切。12、13部。》古文𠇍一曰㠯。《此六字譌誤不可通。》一曰役也。《役上當有「讀若」二字。》/490

燋 (초)【jiāo ㄐㄧㄠˉ】 [本][횃불] 그슬릴, 그스를
■착:불 안 켠 초
[설문] [6137] 所㠯(以)然持火也。《持火者、人所持之火也。『少儀』。執燭抱燋。凡執之曰燭。未爇曰燋。燋卽燭也。『士喪禮:注』曰。燎大燋。大燋卽大燭也。大燭樹於地。燭則執於手。人所持之火。以燋然之。燋者、苣爲之。卜之用燋。其一耑(端)也。『士喪禮』。楚焞置於燋。在龜東。『注』云。楚、荆(莉)也。荆焞所以鑽灼龜者。燋、炬也。所以然火者也。『周禮:垂氏』。凡卜、以明火爇燋。遂炊其焌契。以授『卜師』。杜子春云。明火、以陽燧取火於日也。按以苣然契。契卽楚焞。以楚焞灼龜而作其兆。是卜之次弟也。》从火。焦聲。《卽消切。2部。『字林』子約反。》『周禮』曰。㠯朙(明)火爇燋也。/481

燎 (료)【liào ㄌㄧㄠˋ】 ㉠ liáo [상][中][9][작] liǎo 불 놓을, 화톳불
[설문] [6177] 放火也。《此與尞義別。『盤庚』曰。若火之燎于原。『大雅』曰。瑟彼柞棫。民所燎矣。『箋』云。人熂燎除其旁草。『小雅』。燎之方揚。『箋』云。火田曰燎。『玄應』引『說文』有火田爲燎。『王制』曰。昆蟲未蟄。不以火田。》从火。尞聲。《力小切。2部。按『詩』釋文引『說文』、『字林』尞力召反。燎力小反。》/484

燒 (소)【shāo ㄕㄠˉ】 불사를, 탈, 불 날
[설문] [6118] 爇也。《二篆爲轉注》从火。堯聲。《式昭切。2部。》/480

燔 (번)【fán ㄈㄢˊ】 (불)사를, 제육(祭肉)
[설문] [6117] 爇(爇)也。《按許䋣與燔字別。䋣者、宗廟火炙肉也。此因一从火一从炙而別之。毛於『瓠葉:傳』曰。加火曰燔。於『生民:傳』曰。傅火曰燔。古文多作燔。不分別也。》从火。番聲。《附袁切。14部。》/480

燕 [연]【yàn ㄧㄢˋ】 [설문부수 426] 제비, 잔치(할), 편안할, 연나라
[설문] [7322] 燕燕、玄鳥也。《【各本】無燕燕二字。今補。乙下曰。燕燕也。齊魯(魯)謂之乙。〔隹部:巂〕下曰。巂周者、燕也。『邶風:傳』曰。燕燕、乙也。『商頌:傳』曰。玄鳥、乙也。『釋鳥』曰。巂周、燕燕、乙也。古多叚(假)燕爲宴安、宴享。》籋口。《故以廿(廾)像之。》布翄。《故以北像之。》枝尾。《與魚尾同。故以火像之。》象形。《於甸切。14部。》凡燕之屬皆从燕。/582
[형성] (4자) 연(酀 𨞚)3985 연(曣 𣊟)4039 연(驠 䮾)5867 연(嬿 𡢻)7785

㷠 [름]【lìn ㄌㄧㄣˋ】 [상][中][9][작] lǐn 불 침범할, 침노할, 타는 모양
[설문] [6223] 侵(侵)火也。《曡(疊)韵爲訓也。近火者有畏意。》从炎。㐭聲。讀若桑葚之葚。《力荏切。7部。》/487
[형성] (2자) 임(𨛫 𨛫)4003 람(䫆 䫆)5426

◀ 제 13 획 ▶

營 [영]【yíng ㄧㄥˊ】 경영할, (집)지을, 꾀할, 다스릴, 경영, 진영
[설문] [4426] 帀居也。《「帀」各本作「市」。今依『葉-抄:宋本』及『韵會』本訂。『攷集韵』作「市」。『類篇』、『韵會』作「匝」。葢(蓋)由【古本】作「帀」。故有譌爲市者。帀居謂圍繞而居。如市營曰闤、軍壘曰營皆是也。『西京賦』。通闤帶闠。『薛-注』。闤、市營也。闠、中隔門也。崔豹曰。市牆曰闤。市門曰闠。孫氏星衍曰。營闤音近。如自營曰厶『今本-韓非子』作自環、煢煢在疚亦作嬛嬛是也。『諸葛孔明-表』云。營中之事。謂軍壘也。引伸之爲經營、營治。凡有所規度皆謂之營。》从宮。《下體从宮不省。今隸皆省。誤也。『李文仲-字鑒』不誤。》熒省聲。《謂省去冖也。與他熒省聲但省下火者異。余傾切。11部。》/342
[형성] (3자) 영(縈 𦃃)52 경(煢 𡿦)7336 영(塋 𡐛)8723

燠 (욱)【yù ㄩˋ】 [상][中][9][작] ào 따뜻할, 위로할
■오:같은 뜻 ■우:끙끙거리는 소리, 두터울
[설문] [6206] 埶(熱)在中也。《『洪範:庶徵』曰燠、曰寒。古多叚(假)奧爲之。『小雅』。日月方奧。『傳』曰。奧、煖也。》从火。奧聲。《烏到切。古音在 3部。亦於六切。奧者、宛也。熱在中。故以奧會意。此擧(擧)聲以見意也。》/486

燥 (조)【zào ㄗㄠˋ】 마를(건조), 말릴 ■소:속음
[설문] [6211] 乾也。《『易』曰。水流溼(濕)。火就燥。》从火。喿聲。《蘇到切。2部。》/486

[작] 作家出版社〔董蓮池-說文解字考正〕 [9] 九州出版社〔柴劍虹-說文解字〕 ㉠ 陝西人民出版社〔蘇寶榮-說文解字今注今譯〕 [상] 上海古籍出版社〔說文解字注〕 [中] 中華書局〔臧克和-說文解字新訂〕

燬 (훼)【huǐ ㄏㄨㄟˇ】(불)탈

설문 6111 火也。从火。毁聲。『春秋傳』曰。衞(衛)侯燬。《許偉切。按此篆【許-所:本】無。當刪(刪)。》/480

燭 (촉)【zhú ㄓㄨˊ】(불 밝히는)초, 등불

설문 6169 庭燎、大燭也。《「燎」當作「寮」。「大」【各本】譌作「火」。今正。若『韵(韻)會』庭燎燭也尤善。『小雅:毛傳』曰。庭燎、大燭也。『燕禮』。宵則庶子執燭於阼階上。司宮執燭於西階上。『甸人』執大燭於庭。『閽人』爲大燭於門外。『周禮:司烜氏』。凡邦之大事。共墳燭、庭燎。鄭云。墳、大也。『郊特牲』曰。庭燎之百。由齊桓公始也。鄭云。庭燎之差。公葢(蓋)五十。侯伯子男皆三十。文出『大戴-禮』。按未爇曰燋。執之曰燭。在地曰燎。廣設之則曰大燭、曰庭燎。大燭與庭燎非有二也。『周禮』衆言墳燭、庭燎。故『鄭-注』以門外門內別之。『周禮-故書』作「蕡燭」。先鄭云。蕡燭、麻燭也。賈公彥曰。古者未有麻燭。故鄭從墳訓大。古庭燎、依慕容所爲。以葦爲中心。以布纏之。飴蜜灌之。若今蠟燭。玉裁謂。古燭葢以薪蒸爲之。麻蒸亦其一端。麻蒸、其易然者。必云古無麻燭、葢非。許以熜(熜)次燭炮之間、葢得之矣。》从火。蜀聲。《之欲切。3部。》/483

燮 섭【xiè ㄒㄧㄝˋ】화할, 불에 익힐

설문 1811 和也。《見『釋詁』。》从言又。《會意也。言與手皆所以和之。》炎聲。《依小徐有聲字。穌叶切。8部。》讀若溼。《與今切音不同而雙聲。》燮籒文燮。从羊。《羊音飪。籒文燮如此作。按此重文也。舊不分別出之。殊誤。〔炎部〕有燮字。云大孰也。從炎從又持辛。辛者物孰味也。『廣韵』謂此爲『曹憲-文字指歸』之說。然則〔炎部〕葢(蓋)本無燮字。俗用『文字指歸』說增之。因羊辛相似。羊音同飪。飪義訓孰。遂依〔又部〕之籒文。加〔炎部〕之小篆。未爲典要。》/115

유사 흠씬 삶을 섭(燮)

형성 (1자) 섭(爕) 167

燮 섭【xiè ㄒㄧㄝˋ】흠씬 삶을

설문 6226 大孰(孰)也。《此與〔又部:燮〕篆義別。》从又持炎辛。《會意。蘇俠切。8部。》辛者、物孰味也。《辛下曰。秋時萬物成而孰。金剛味辛。此說从辛之意也。『廣韵』曰。燮、孰也。『文字指歸』从辛又炎。按『文字指歸』、葢(蓋)用許說耳。》/487

유사 화할 섭(燮)

◀ 제 14 획 ▶

煏 (픽)【bì ㄅㄧˋ】불에 고기 말릴

설문 6158 㠯(以)火乾肉也。《『周禮:籩人:注』曰。鮑者於楅室中糗榦(幹)之。出於江淮也。此當作「煏(稫)室中煏乾之」。『漢書:貨殖傳:注』引作於煏室乾之。可證。煏卽煏字。小顏不解糗字。故刪(刪)之耳。糗者、熬米麥也。引申爲凡熬之偁(稱)。語亦可通。煏室、漢時有此制。賈公彥云。楅土爲室。非也。陸德明云。皮逼反。與『周禮』、『毛詩』楅音福音逼不同。與師古煏音蒲北反合。然則【陸本】當亦作「煏」。今釋文乃轉寫作「楅」。非是。煏『方言』作㷜。凡以火而乾五穀之類、自山而東齊楚以往謂之熬。關西隴冀以往謂之㷜。秦晉之間或謂之「聚」。省作「焅」。又或作「焙」。而異其音。『玉篇』作「煏」。無煏。》从禾。稫聲。《臣鉉等曰。稫聲當是鍢省聲之誤。符逼切。1部。按符逼當爲蒲逼。》籒文不省。《按小徐無。》/483

燹 선【xiǎn ㄒㄧㄢˇ】들불, 그슬려 탈, 전쟁에 불지를 ■희:불 ■빙:불타는 모양 ■분:같은 뜻

설문 6112 火也。《『韵會』引『字林』曰。逆燒也。》从火。豩聲。《穌典切。13部。》/480

형성 (1자) 분(闋) 1801

燾 (도)【tǎo ㄊㄠˇ】㊤㊥⑨㉓ dào 널리 덮어 비출, 비출 ■주:같은 뜻, 드러날

설문 6214 溥覆照也。《『中庸』曰。辟如天地之無不持載。無不覆幬。『注』云。幬或作燾。按『左傳』亦云。如天之無不幬。『杜-注』。幬、覆也。葢(蓋)幬是叚(假)借字。幬訓襌帳。帳主覆也。燾(燾)从火。故訓爲溥覆照。『周禮:司几筵:注』。敦讀曰燾。燾、覆也。》从火。壽聲。《徒到切。古音在 3部。》/486

燿 (요)【yaò ㄧㄠˋ】비칠, 빛 날, 빛 ■삭:녹일

설문 6195 照也。从火。翟聲。《弋笑(笑)切。2部。》/485

◀ 제 15 획 ▶

爆 (폭)【bào ㄅㄠˋ】㉓ pù 터질(폭발), 지질 ■박:떨어질, 뜨거울 ■표:속음 ■포:불터질, 거북점 볼

설문 6159 灼也。《謂火飛所灸也。》从火。㬥(暴)聲。《蒲木切。3部。『廣韵(韻)』北教切。火裂也。》/483

爇 爇(설)【ruò ㄖㄨㄛˋ】⑨ ruó 불사를 ■예:같은 뜻

설문 6116 燒也。从火。蓺聲。《徐鉉等曰。『說文』無蓺字。當从火、从艸、埶(熱)省聲。按埶卽聲。不必云埶省。如劣切。15部。》『春秋傳』曰。爇(爇)僖負羈。《『僖:廿八年:左傳』曰。爇僖負羈氏。》/480

◀ 제 16 획 ▶

爒 (료)【liào ㄌㄧㄠˋ】㊤㊥⑨ liǎo (불에 쬐어)구울

설문 6272 炙也。《其義同炙。其音同燎。》从炙。尞聲。讀若䑠燎。《漢時葢(蓋)有此語。力照切。2部。》/491

爓 (염)【yán ㄧㄢˊ】㊤㊥⑨ yàn 本[불꽃] 아궁이, 빛날 ■섬:고기 데칠 ■점:고기 데칠 ■심:고기 삶을

설문 6199 火爓也。《【各本】作「火門也」。門乃爓之壞字耳。今正。『文選(選):蜀都賦』。高爓飛煽於天垂。善引『說文』。爓、火焰也。音豔。焰卽爓之省。『六書故』引『唐本-說文』。火爓爓也。較李善所據多一爓字。今人云光燄者、作此字爲

正。古多叚(假)炎爲之。如『左傳』其氣炎以取之、『司馬相如傳』末光絕(絶)炎、『楊雄傳』景炎炘炘皆是。又『郊祀歌』。長離前掞光耀明。晉灼曰。掞卽光炎字。亦叚借也。燗與燄篆義別。》从火。閻聲。《余廉切。8部。按當以贍切。》/485

爗 (엽)【yè ㄧㄝˋ】성할, 빛 성할, 빛날

설문 6198 盛也。《『十月之交』曰。爗爗震電。『傳』曰。爗爗、震電皃(貌)。按凡光之盛曰爗。》从火。𦦏聲。《筠輒切。7部。》『詩』曰。爗爗震電。《『小雅』。》/485

𤎅 䙢(번)【fán ㄈㄢˊ】제육(祭肉)

설문 6271 宗廟火孰(孰)肉。《【今世-經傳】多作「燔」、作「膰」。惟【許書】作「𤎅」。〔火部:燔〕下云爇也。是『詩』作燔爲叚(假)借字。【他經】作「膰」乃俗耳。許稱『左傳』作「𤎅」。『左傳』釋文云。「膰」『周禮』又作「𤎅」。皆古文之存焉者也。『異義』。『左氏』說。脤、社祭之肉。盛之以蜃。宗廟之肉名曰膰。『說文』作「祳𤎅」。用『左氏』說。祳下曰。社肉盛以蜃。故曰祳。天子所以親遺同姓。𤎅下云。宗廟火孰肉也。天子所以饋同姓。【古本】當如此。【今本】爲寫者舛誤耳。必云炙孰者、爲其字从火。》天子所㠯(以)饋同姓。《【各本】作「以饋同姓」四字、在有事𤎅焉之下。非也。今正。『大宗伯:鄭-注』云。脤膰、社稷宗廟之肉。以賜同姓之國。同福祿也。兄弟有共先王者。鄭與許同用『左氏』說也。若『傳』所云賜齊侯胙。又云宋先代之後。天子有事膰焉。有喪拜焉。是亦有歸𤎅異姓者。》从炙。《毛公曰。傅火曰燔。又曰加火曰燔。其事與炙相類也。》番聲。《附袁切。14部。》『春秋傳』曰。天子有事䙢焉。《『僖:廿四年:左傳』文。偁(稱)此者、證【古經】作「𤎅」不作「燔」。又以見有歸𤎅異姓之禮。》/491

爩 (불)【fú ㄈㄨˊ】⑨ jú 불 타는 모양

설문 6122 熚爩也。《『玉篇』云。火盛皃(貌)。『廣韵(韻)』云。鬼火。》从火。䰟聲。《敷勿切。15部。》䰟籒文悖字。《見〔言部〕。》/480

◀ 제 17 획 ▶

爚 (약)【yuè ㄩㄝˋ】빛 ■삭:빛나는 모양

설문 6132 火光也。《「光」【各本】作「飛」。今依『文選(選):琴賦、景福殿賦:注』、『玄應書:卷九』正。『西都賦』。震震爚爚。雷奔電激。震震謂雷、爚爚。謂電也。李善引『字指』曰。儵爚、電光也。按此字或借爲燿字。或借爲爍字。或作「爍」者、俗體也。》从火。龠聲。《以灼切。2部。》一曰爇(爇)也。《又一義。》/481

◀ 제 18 획 ▶

爝 (작)【jué ㄐㄩㄝˊ】㉦㊥⑨㉧ jiào 횃불 ■초:비칠, 비출

설문 6217 苣火祓也。《苣、束葦燒之也。祓、除惡之祭也。『吕(呂)覽:本味篇』。湯得伊尹。祓之於廟。爝以爟火。『贊能篇』。桓公迎管仲。祓以爟火。》从火。爵聲。《子肖切。2部。》吕不韋曰。湯得伊尹。爝以爟火。釁以犧豭。《高誘曰。以牲血塗之曰釁。》/486

爟 (관)【guàn ㄍㄨㄢˋ】本[벼슬이름] 횃불, 화경 ■권:봉화, 화톳불

설문 6215 取火於日官名。《「日」當作「木」。『周禮:夏官:司爟』。掌行火之政令。四時變國火。以救時疾。季春出火。季秋內火。鄭司農說以鄹子曰。春取楡栁(柳)之火。夏取棗杏之火。季夏取桑柘之火。秋取柞楢之火。冬取槐檀之火。是取火於木之事也。若『秋官:司烜氏』。以夫遂取明火於日。以鑒取明水於月。與『司爟』所職不同。『淮南子:氾論訓:注』。取火於日之官也。引『周禮:司爟』云云。是『高-注』亦當爲譌字。》从火。雚聲。《古玩切。14部。》『周禮』曰。司爟掌行火之政令。舉(擧)火曰爟。《【小徐本】此四字在『周禮』之上。今依『韵(韻)會-所據:小徐本』訂。『吕(呂)覽:本味篇』。湯得伊尹。爝以爟火。『高-注』云。『周禮』司爟。掌行火之政令。爟火者、所以祓除其不祥。置火於桔槔。燭以照之。爟讀曰權衡之權。又『贊能篇』。桓公迎管仲。祓以爟火。『高-注』略同。亦曰爟讀如權字。攷『史記:封禪書』、『漢書:郊祀志』皆曰。通權火。又曰。權火擧(擧)而祠。張晏云。權火、㷭火也。狀若井挈皐。其法類稱。故謂之權火。欲令光明遠照。通於祀所也。漢祀五畤於雍。五里㷭火。如淳曰。權、擧也。按如云權、擧也。許云擧火曰爟。高云爟讀曰權。然則爟權一也。》烜或从亘。《『周禮:秋官:司烜氏:注』云。讀如衞(衛)侯燬之燬。【故書】烜爲垣。鄭司農云。當爲烜。按依許則烜卽爟字。亘聲雚聲同在 14部也。【許本】與先鄭說同。》/486

◀ 제 19 획 ▶

爢 爢(미)【mì ㄇㄧˋ】㉦㊥⑨㉧ mí 本[물크러질(데어서)벗겨질

설문 6163 爤也。《古多叚(假)糜爲之。糜訓糝。爢訓爛。義各有當矣。『孟子』。糜爛其民而戰之。『文選(選):答客難』。至則糜耳。皆用叚(假)借字也。》从火。靡聲。《靡爲切。古音在 17部。》/483

◀ 제 21 획 ▶

爤 (란)【làn ㄌㄢˋ】익을

설문 6162 火䰜(孰)也。《此火字依『節南山、生民:二正義』補。『方言』。自河以北趙魏之閒火飪(孰)。曰爛。飪者、食飪也。飪者、大飪也。飪則火候到矣。引伸之、凡淹久不堅皆曰爛。飪則可燦然陳列。故又引伸爲粲爛。》从火。蘭聲。《郎旰切。14部。隷作「爛」。不从艸。》燗或从閒。《此如『詩』蕑卽蘭。》/483

◀ 제 24 획 ▶

● 그슬릴 초(焦)-본자

◀ 제 25 획 ▶

爨 찬【cuàn ㄘㄨㄢˋ】[설문부수 69] 불 땔, 밥 지을, 부엌, 아궁이, 부뚜막

설문 1694 齊謂炊爨。《【各本】謂下衍「之」字。今正。〔火

部]曰。炊、爨也。然則二字互相訓。『孟子:趙-注』曰爨、炊也。齊謂炊爨者、齊人謂炊曰爨。古言謂則不言曰。如『毛傳』婦人謂嫁歸是也。『特牲、少牢禮:注』皆曰。爨、竈也。此因爨必於竈。故謂竈爲爨。『禮器』燔柴於爨同。『楚茨:傳』曰。爨、饔爨廩爨也。此謂竈。又曰踖踖、爨竈有容也。此謂炊。》 𦥑象持甑。《中似甑、臼持之。【今本】𦥑譌臼。》 冂爲竈口。廾(廾)推林內火。《林、柴也。內同納。》 凡爨之屬皆从爨。《七亂切。14部。》 籒文爨省。《然則爨本古文也。》/106

유사 피 칠할 흔(釁)

성부 釁흔

형성 (2자) 공(𦦼)1695 찬(爨)1723

087 4-26 爪 훈 손톱 조

爪 조【zhuǎ ㄓㄨㄚˇ】【설문부수 73】 ㉠㉧㊥ ⑨㉣ zhǎo 本[잡을(持也)] 손톱

설문 1782 丮(丮)也。《丮、持也。》 覆手曰爪。《仰手曰掌。覆手曰爪。今人以此爲叉甲字。非是。叉甲字見[又部]。[䖵部:蚤]字下云。叉古爪字。非許語也。》 象形。《側狡切。2部。》 凡爪之屬皆从爪。/113

유사 오이 과(瓜)

성부 부록 색인 참조

형부 爪를 부수로 하는 대부분의 글자들 멱(覓) 제(㩉) 휴(攜)

◀ 제 0 획 ▶

𠂇 장【zhǎng ㄓㄤˇ】 가질 ※ 장(掌)의 옛 글자(704)

설문 1785 亦丮(丮)也。《亦者、亦上篆。此亦持也。》 从反爪。《對覆手言。》 闕。《謂闕其音也。其義其形皆可知。而其讀不傳。故曰闕。後人肊爲說曰諸兩切。蓋(蓋)以覆手反之卽是掌也。『楊雄-河東賦』。河靈矍踢。𠂇華蹈衰。蘇林曰。掌據之、足蹈之也。云掌據之、正合丮(丮)持之訓。而小顏云。𠂇古掌字。『酈-注:水經:河水篇』、『李-注:西京賦』皆引賦作掌。則自蘇林已後皆讀掌也。許曰。其於所不知。蓋闕如也。何必許所闕而強(强)爲之辭乎。𠂇之變爲仉。見『廣韵』。》/113

유사 돼지머리 계(크彐彑) 오른손 우(又우)

성부 虐학 𦥔신 印인 𢽎감 黽맹

◀ 제 4 획 ▶

爭 쟁【zhēng ㄓㄥ】 (우열, 시비, 서로 뺏을)다툴, 간할, 송사할, 다스릴, 옳다 그르다 할, 그칠

설문 2403 引也。《凡言爭者、皆謂引之使歸於己。》 从𠬪厂。《從𠬪猶從手。厂余制切。抴也。抴、引也。側莖切。12部。》/160

성부 靜정

형성 (10자) 쟁(琤)147 쟁(箏)526 쟁(諍)1495 쟁(箏)2868 정(䋫)5412 정(竫)6368 정(淨)6741 쟁(綪)8299 쟁(埩)8686 쟁(錚)8957

爯 음【yín ㄧㄣˊ】 가까이 하여 구할, 탐할

설문 5006 近求也。《近求、浸淫之意也。小徐無近字。『廣韵』曰。貪也。》 从爪壬。《會意。余箴切。7部。》 爪壬、《舊(舊)奪爪字。今補。》 徼幸也。《爪壬言挺其爪妄(妄)有所取。徼幸之意。》/387

※ 조(爪)의 아래는 임(壬)이 아니라 정(𡈼)이다. 현재는 대체로 임으로 잘못 쓰고 있다. 한자에서는 흔한 일이다.

성부 淫음

형성 (1자) 음(婬)7953

◀ 제 5 획 ▶

寽 렬【liè ㄌㄧㄝˋ】 움킬

설문 2402 撮也。从𠬪。乙聲。《【鍇本】如是。云乙者、甲乙之乙。【鉉本】作從𠬪從己。云己者物也。以音求之。佀(似)小徐近是。力輟切。乙聲則當在 12部。》/160

【他本說文解字】曰:撮也。从𠬪从己。《臣鉉等曰己者物也。又爪撮取之。指事。力輟切。》

爯 승 칭【chēng ㄔㄥ】 두가지를 한꺼번에 들, 클

설문 2381 并舉(擧)也。从爪。冓省。《冓爲二。爪者、手也。一手舉二。故曰并舉。『趙-注:孟子』稱貸曰。稱、舉也。凡手舉字當作「爯」。凡偁(稱)揚當作「偁」。凡銓衡當作「稱」。今字通用「稱」。處陵切。6部。》/158

형성 (2자) 칭(稱)4261 칭(偁)4849

爰 원【yuán ㄩㄢˊ】 이끌, 이끄는 말, 이에, 성낼, 바꿀, 느즈러질

설문 2399 引也。《此與[手部:援]音義皆同。『韵會』作「引也、爲引詞也」六字。「謂引詞也」四字當出演『說文』。今按援從手爰聲。訓引也。爰從𠬪從亐(于)。訓引詞也。轉寫奪「詞」字。『釋詁』。粵(粤)于爰曰也。爰粵于也。爰粵于那都繇於也。八字同訓。皆引詞也。粵于曰爰見【經傳】者多。那若越語吳人之那不穀。都若『孟子』謨蓋(蓋)都君、『相如傳』終都攸卒。繇同由。於卽今人所用於字。凡言於者、兩物相於自此引而之彼。此八字皆由上引下之詞也。曰下云詈(詞)也。亐下云於也。粵下云于也。烏於同引孔子曰烏于呼也。是可以得其解。》 从𠬪。从亐。《𠬪者相付。取相引之意。亐亦引詞。與爰雙聲。羽元切。14部。》 籒文㠯(以)爲車轅字。《此說假借也。轅所以引車。故籒文車轅字衹用爰。『左傳』。晉作「爰田」。『國語』作「轅田」。『地理志』。制「轅田」。『食貨志』云。自爰其処(處)。孟康云。轅爰同。此又皆假轅爲爰也。》/160

형성 (12자+2) 원(瑗)102 훤(諼)1514

훤(暖 暖)2006 원(楥 楥)3577 훤(覢 覢)5230
원(顏 顏)5394 난(煖 煖)6207 원(援 援)7622
원(媛 媛)7878 완(緩 緩)8375 원(蝯 蝯)8519
환(鍰 鍰)8939 완(緩 緩) 원(湲 湲)

◀ 제 6 획 ▶

은【yǐn ㄧㄣˇ】 숨을 ※ 은(隱)의 옛 글자 (爪부 6획)

설문 2404 有所依也。《依『玄應本』訂。依㥯雙聲。又合韵㝡(最)近。此與〔𨸏(阜)部:隱〕音同義近。隱行而㥯廢矣。凡【諸書】言安隱者當作此。今俗作「安穩」。》从 𠬪工。《𠬪工者、所落之処(處)巧得宜也。》讀與隱同。《語謹切。13部。》/160

성부 㥯은

◀ 제 8 획 ▶

위【wéi ㄨㄟˊ】 本[원숭이] 할(행함), 위할

설문 1784 母猴也。《『左傳』魯(魯)昭公子公爲亦稱公叔務人。『檀弓』作公叔禺人。〔由(甶)部〕曰。禺、母猴屬也。然則名爲字禺、所謂名字相應也。假借爲作爲之字。凡有所變化曰爲。》其爲禽好爪。《〔内部〕曰。禽者、走獸揔名。好爪故其字從爪也。此下【各本】有「爪母猴象也」五字。衍文。》下腹爲母猴形。《「腹」當作「復」。上旣從爪矣。其下又全象母猴頭目身足之形也。》王育曰。爪象形也。《此博異說。爪衍文。王說全字象母猴形也。薳支切。古音在 17部。》古文爲。象兩(兩)母猴相對形。《『左傳』。仲子生有文在其手曰爲魯夫人。手文必非若小篆爲魯。葢(蓋)作𢏚𡗜。容或相似也。》/113

성부 皮피

형성 (11자) 위(蔿 蔿)426 와(譌 譌)1581
귀(䝏 䝏)3777 위(鄬 鄬)3998 위(寪 寪)4369
위(瘍 瘍)4517 위(僞 僞)4918 위(闟 闟)7388
휘(撝 撝)7650 규(嬀 嬀)7733 휘(隝 隝)9238

란【luàn ㄌㄨㄢˋ】 다스릴

설문 2400 治也。《此與〔乙部:亂〕、音義皆同。》幺子相亂。𠬪治之也。《幺者爲𢆶。「亂」當作「爭」。謂冂也。冂音扃。介也。彼此分介則爭。〔鬥部〕云。兒善訟者也。𠬪(𠬪)治之、如𢒼(尋)下又寸分理之。》讀若亂同。《郎段切。14部。》一曰理也。《與治無二義。當由唐人避諱。致此妄增。》古文𤔔。/160

성부 辭사 亂란

형부 사(𤔔)

형성 (3자) 란(敽 敽)1940 라(覶 覶)5228
란(嬪 嬪)7818

◀ 제 12 획 ▶

(도)【tāo ㄊㄠ】 옛 그릇(古器) (爪부 12획)

설문 8052 古器也。从曲。𦥔聲。《土刀切。古音在 3部。》/637

◀ 제 14 획 ▶

작【jué ㄐㄩㄝˊ】 本[(참새 부리 모양의) 잔] 참새, 벼슬 (鬯부 12획)

설문 3061 禮器也。《古說今說皆云爵一升。『韓詩』說。爵觚觶角散總(總)名曰爵。其實曰觴。》象雀之形。《【各本】作「象爵之形」四字。今正。古文全象爵形。卽象雀形也。小篆改古文婘之。首象其正形。下象其側形也。》中有鬯酒。又持之也。《又、手也。『祭統』。尸酢夫人執柄。夫人受尸執足。柄者、尾也。》所㠯(以)飲器象雀者。《【各本】「雀」作「爵」。今正。》取其鳴節節足足也。《節節足足、雀音如是。『廣雅』曰鳳皇雄鳴卽卽。雌鳴足足。『宋書:符瑞志』因之。皮傅之說耳。卽略切。2部。爵引伸爲爵秩字。假借爲雀字。『韓詩』說曰。爵、盡也。足也。『白虎通』說爵祿曰。爵者、盡也。所以盡人材。古爵音同焦。釂潐字皆取盡意。》依『古文四聲韵』。》古文爵如此。象形。《首尾喙翼足具見。爵形卽雀形也。『程氏瑤田-通藝錄』曰。前有流、喙也。腦與項也。胡也。後有柄、尾也。容酒之量。其口左右侈出者、翅也。近前二柱、聳翅將飛皃(貌)也。其量、腹也。腹下卓爾鼎立者、其足也。古爵之存於今者驗之。㒳(兩)柱拄眉而酒盡。【古經】立之容不能昂其首也。不昂首而實盡。取節於㒳柱之拄眉。『梓人』所謂鄉衡者如是。》/217

형성 (3자) 작(爝 爝)6217 조(灂 灂)6838
조(釂 釂)9392

088	父
4-27	아비 부

부【fù ㄈㄨˋ】 아비, 늙으신네 ■보:자(남자의 미칭), 겹성

설문 1809 巨也。《以疊(疊)韵釋之。》家長率教(敎)者。《率同逵。先導也。【經傳】亦借父爲甫。》从又擧(擧)杖。《『學記』曰。夏楚二物。收其威也。故從又擧杖。扶雨切。5部。》/115

성부 부록 색인 참조

형부 父를 부수로 하는 대부분의 글자들

형성 (1자) 부(斧 斧)9032b
부(釜 釜)111-1763:1

089	爻
4-28	사귈 효

효【yáo ㄧㄠˊ】 [설문부수 96] 사귈(뒤섞임), 6효(음양 두 종류가 있고, 임의의 6개가 모여 하나의 괘가 됨)

설문 1985 交也。《㬪(疊)韵。『毄(繫)辭』曰。爻也者、效天下之動者也。》象『易』六爻頭交也。《胡茅切。2部。》

凡爻之屬皆从爻。/128

성부 부록 색인 참조

형부 爻를 부수로 하는 대부분의 글자들

형성 (2자+1) 박(駁 駁)5864 박(較 較)9088 소(延 延)

◀ 제 4 획 ▶

爻爻 爻爻 리【lǐ ㄌㄧˇ】[설문부수 97] 사귈, 밝을

설문 1987 二爻也。《二爻者、交之廣也。以形爲義。故下不云從二爻。珏桑疑皆此例。無庸補從二玉、從二余也。『玉篇』力爾切。『廣韵』力紙切。云爻尒布明白。象形也。此附合爾之同韵爲音。大徐力几切。》凡爻之屬皆从爻。/128

성부 爾爾이 爽상

◀ 제 5 획 ▶

延 延 (소)【shū ㄕㄨˉ】 통할, 길(道)

설문 1347 通也。《此與厷部疏音義皆同。『玉篇』引『月令』。其器延以達。『今-月令』作「疏」。【諸書】「扶疏」字。『太玄』作「扶延」。『太玄』又有延首。轉寫譌作「疨」。》从爻疋。《爻者、刻文相交也。》疋亦聲。《所菹切。5部。》/85

◀ 제 7 획 ▶

爽 爽 상【shuǎng ㄕㄨㄤˇ】 시원할, 밝을, 어그러질

설문 1989 明也。《爽本訓明。明之至而差生焉。故引伸訓差也。朝(朝)旦之時。半昧半明。故謂之早昧爽。〔日部〕曰。昧爽、旦明也。昧之字、『三蒼』作智。云智爽、早朝也。『司馬相如傳』云。疏逖不閉。智爽得耀乎光明。【今本】多闇昧二字。乃用注家於諡(益)之耳。》从爻大。《其孔爻爻。明之露者。盛也。疏兩切。10部。》篆文爽。《此字淺人竄補。當刪(刪)。爽之作爽、奭之作奭、皆隸(隸)書改篆。取其可觀耳。淺人補入『說文』。云此爲小篆。从爻既同。何不先篆後古籀乎。凡若此等。不可不辨。》/128

형성 (2자) 상(鷞 鷞)2263 창(甐 甐)8078

◀ 제 10 획 ▶

爾 爾 이【ěr ㄦˇ】 本[곱고 빛날] 너, ~와 같이, 그러할, 그(것), 어조사

설문 1988 麗爾(爾)、猶靡麗也。《麗爾古語。靡麗漢人語。以今語釋古語、故云猶。『毛傳』云。糾糾猶繚繚也。摻摻猶纖纖也。是此例也。後人以其與汝雙聲。假爲爾汝字。又凡訓如此、訓此者皆當作尒。乃皆用爾。爾行而尒廢矣。》从冂爻。《句。》爻、其孔爻爻。《依『韵會』訂。冂(冖)莫狄切。幎其外也。爻爻猶歷歷也。》从尒聲。《兒氏切。周時在 15部。漢時在 16部。》此與爽同意。《爽之從大。猶爾之从冂。惟爽不諧聲耳。》/128

성부 鬫미 瀰瀰미 璽새

형성 (8자+1) 이(薾 薾)482 이(邇 邇)1135 녜(闟 闟)1799 미(籋 籋)2835 니(檷 檷)3572 녜(髍 髍)5479 니(濔 濔)6880 시(鼉 鼉)8585 녜(禰 禰)

◀ 제 12 획 ▶

叕 叕 녕【náng ㄋㄤˊ】 상中9작 níng 어지러울 (爻부 12획)

설문 0924 亂也。从爻工交吅。《疑有譌脫。〔寸部:㝷〕、繹理也。从口从工从又从寸。工口亂也。又寸分理之。彡聲。與叕同意。是則从吅从爻从工者亦亂也。从己分理之。叕不云理、㝷不云亂者。互見其義也。〔乙部〕曰。亂、治也。〔𠬪部〕曰。𤔔、治也。幺子相亂𠬪治之。凡言亂而治在焉。『易』窮(窮)則變也。『莊子』在宥傖囊。崔譔作「戕囊」。云戕囊猶搶攘。『晉灼-注:漢書』曰。搶攘、亂皃(貌)也。搶攘疊(疊)韵。本在陽唐韵。轉入庚韵。攘卽叕之假借。凡髮亂曰鬡鬤。艸亂曰葶薴。皆搶攘同意。》一曰窒叕。《叕『玉篇』作穠。盜(蓋)誤。窒叕蓋充塞之意。周、漢人語也。》讀若穰。《网(兩)義同讀。在 10部。『唐韵』女庚切。》籒文叕。/62

【他本說文解字】曰:《徐鍇曰。二口噂沓也。爻物相交質也。工人所作也。己象交構形。》

성부 襄양

형성 (2자) (囊 囊)000 녕(薿 薿)327

090	爿 爿
4-29	조각 널 장

爿 爿 장【qiáng ㄑㄧㄤˊ】【4획 부수:장수장변】 걸상, 널조각

설문 4174 反𣅀(片)爲𣅀(爿)。讀若牆。《【各本】無此。按『六書故』云。【唐本】有〔爿部〕。盜(蓋)從晁氏以道說也。今不別立一部。依〔彳部〕終於反彳爲亍之例補焉。說詳〔木部:牀〕下。》/319

【鼎】下曰:象析木目(以)炊。《巳下次第依『韵會』所據【小徐本】訂。片者、判木也。反片爲爿。一木析爲二之形。炊鼎必用薪。故像之。唐張氏參誤會三足网耳爲字形。乃高析木之网旁爲耳。唐人皆作鼎。非也。當是玄度旣辨之矣。》貞省聲。《【大徐本】無。無此三字則上體未說。此謂上體目者正省聲也。或曰離爲木。巽爲木。鼎卦上離下巽。何不以此說字乎。曰言易卦之取象則可。若六書之會意。必使二字相合成文。如人言、止戈是。目與木不相合也。故釋下體爲象形。上體爲諧聲。古叚(假)鼎爲丁。如賈誼傳春秋鼎盛、『匡衡傳』匡鼎來皆是。鼎之言當也。正也。都挺切。11部。》/319

【牀】下曰:从木。爿聲。《今書牁牂斨牆壯戕狀將字皆曰爿聲。『張參-五經文字:爿部』曰。爿、音牆。『九經字樣:鼎(鼎)字:注』云。下象析木以炊。篆文木(木)、析之兩向。左爲爿、音牆。右爲片。李陽冰亦云。木字右旁爲片。左爲爿、音牆。【許書】列部。片之後次以鼎。然則反片爲爿。當有此篆。『六

4 0

書故』曰。『唐本-說文』有〔爿部〕。葢本晁氏說之參記許氏文字一書。非朹說。其次弟正當在片後鼎前矣。二徐乃欲盡改【全書】之爿聲爲牀省聲。非也。〔顧野王-片部〕後出〔牀部〕。則其誤在前耳。任莊切。10部。》/257

[유사] 조각 편(片)

[상부] 부록 색인 참조

[형부] 爿을 부수로 하는 대부분의 글자들
장(牀) 장(牂)

[형성] (7자) 장(牂)2230 착(牄)2710 장(牄)3136 장(狀)6031 장(牂)7485 장(妝)7881 장(斨)9033

◀ 제 4 획 ▶

● [牀] 평상 상(床)-본자

◀ 제 6 획 ▶

牂 牂 (장)【zāng ㄗㄤˉ】 암양(암컷)
[설문] [2230] 牝羊也。《【各本】作「牡羊」。誤。今正。『釋嘼(畜)』、『毛傳』、『內則:注』皆曰。牂、牝羊。〔角部:觟〕下云。牂羊生角者也。羖羊無無角者。『故-詩』以童羖爲難。牂羊多無角。故殊之。》 从羊。爿聲。《按許無爿字。『五經文字』曰。爿音牆。有所受之也。牂則郎切。10部。》/146

◀ 제 8 획 ▶

牀 牀 (장)【jiāng ㄐㄧㄤˉ】 초(식초) (爿부 8획)
[설문] [7057] 酢漿也。《『周禮』酒正四飮。『漿人』掌共王之六飮。皆有漿。『注』云。漿、今之截漿也。『內則:注』云。漿、酢截也。按〔酉部〕云。截、酢漿也。則漿截二字互訓。》 从水。將省聲。《卽良切。10部。》 牀古文漿(牀)。《从爿聲也。》/562

◀ 제 10 획 ▶

牄 牄 (장)【qiāng ㄑㄧㄤˉ】 새와 짐승이 와서 먹는 소리 ■창:〈네이버 자전〉
[설문] [3136] 鳥獸來食聲也。《牄葢(蓋)壁中文如此。孔安國以今文字讀之易爲蹌蹌。鄭云。飛鳥走獸蹌蹌然而舞。僞孔說本之。許則徑從牄字。說爲鳥獸來食聲。與鄭異。鄭易字。許不易字也。『鄭-注:大司樂』亦引鳥獸牄牄。『公羊:春秋』有頓子牄。》 从倉。《鳥獸來食。故从倉。》 爿聲。《七羊切。10部。》 『虞書』曰。鳥獸牄牄。《『咎繇謨』文。》/223

◀ 제 13 획 ▶

牆 牆 [장]【qiáng ㄑㄧㄤˊ】 담, 관 곁에 대는 널, 차면할
[설문] [3201] 垣蔽也。《〔土部〕曰。垣、牆也。『左傳』曰。人之有牆。以蔽惡也。故曰垣蔽。『釋宮』曰。牆謂之墉。『釋名』曰。牆、障也。》 从嗇(嗇)。《小徐曰。取爱嗇自護也。》 爿聲。《才良切。10部。按凡爿聲、二徐多朹改爲牀省聲。此爿聲、小徐云亦當言牀省。『韵會』遂改之。》 牆籀文。从二禾。牆籀文。亦从二來。《按『玉篇』云。牆者籀文。牆者古文。與【今本】異。》/231

[형성] (1자+1) 장(蘠)429 장(嫱)

091 4-30	片 [片] 조각 편

片 [片] [片] 편【piàn ㄆㄧㄢˋ】【설문부수 249】 조각(나무를 둘로 나눈 오른쪽)
[설문] [4166] 判木也。《謂一分爲二之木。片判以疊(疊)韵爲訓。判者、分也。『周禮:媒氏』。掌萬民之判。『喪服:傳』曰。夫妻胖合也。胖當作片。片卽媒氏判字。『鄭-注:周禮』云。判、半也。得耦爲合。主合其半成夫婦也。按夫婦各半而合。故取象於合巹。『漢書』一半冰(氷)。亦叚(假)半爲片字。》 从半木。《木字之半也。匹見切。14部。》 凡片之屬皆从片。/318

[상부] 부록 색인 참조

[형부] 片을 부수로 하는 대부분의 글자들

◀ 제 4 획 ▶

版 版 (판)【bǎn ㄅㄢˇ】 널빤지, 담틀, 판목(책을 찍는 인쇄판)
[설문] [4167] 片也。《舊作「判也」。淺人所改。今正。凡施於宮(宮)室器用者皆曰版。今字作板。古叚(假)爲反字。『大雅』。上帝板板。『傳』云。板板、反也。謂版卽反之叚借也。》 从片。反聲。《布綰切。14部。》/318

◀ 제 9 획 ▶

偪 牑 (벽)【bì ㄅㄧˋ】 [本][쪼갤(辨也)] 터질
[설문] [4168] 片也。《「片」【各本】作「判」。今正。副者、判也。牑則判木也。『廣韵(韻)』曰。牑版、出『通俗文』。》 从片。畐聲。《芳逼切。1部。》/318

牏 牏 (주)【tóu ㄊㄡˊ】 담틀(담 쌓을 때 쓰는 널빤지), 변기 ■유:같은 뜻 ■두:변소의 똥을 퍼내는 구멍 ■투:매화틀
[설문] [4173] 築牆短版也。《〔木部:栽〕下曰。築牆長版也。長版用於兩(兩)邊。短版用於兩耑(端)。一縮一橫也。此牏之本義。『史、漢:萬石君傳』。石建取親中裙廁牏。身自浣滌。蘇林曰。牏音投。『賈逵-解周官』云。牏、行淸也。孟康曰廁、行淸。牏、行淸中受糞函者也。東南人謂鑿木空中如曹謂之牏。依蘇、孟說則『史』、『漢』之牏卽窬之叚(假)借字。〔穴部〕曰。窬、空中也。徐廣謂讀牏爲竇。是也。至若晉灼云。今世謂反閉小袖衫爲侯牏。則尤爲叚借字。『釋名』曰。齊人謂如衫而小袖曰侯頭。侯頭猶言解瀆。臂直通之言。是則其語本無正字。》 从片。俞聲。讀若俞。《度侯切。4部。徐廣曰。音住。葢(蓋)本『說文:音隱』。住卽侸。》 一曰若紐。《此音則入 3部。》/318

牑 牑 (변)【pián ㄆㄧㄢˊ】 [상][中][9][작] biān 평상널 ■면:차양

설문 4171 牀版也。《『方言』曰。牀其上版。衛之北郊趙魏之間謂之牒。或曰牖。按『左傳』楄柎藉幹(幹)。義與牖近。》从片。扁聲。讀若邊。《方田切。12部。》/318

牒 (첩)【dié ㄉㄧㄝˊ】서찰, 계보, 사령(임명장)
설문 4170 札也。《〔木部〕云。札、牒也。『左傳』曰。右師不敢對。受牒而退。司馬貞曰。牒、小木札也。按厚者爲牘。薄者爲牒。牒之言葉也。葉也。〔竹部:箕〕義略同。『史記』叚(假)諜爲牒。》从片。枼聲。《徒叶切。8部。》/318

◀ 제 11 획 ▶

牖 (유)【yǒu ㄧㄡˇ】들창, 바라지창, 엇살창
설문 4172 穿壁㠯(以)木爲交窗(窓)也。《交窗者、以木橫直爲之。卽今之窗也。在牆曰牖。在屋曰囪。此則互明之。必言以木者、字从片也。古者室必有戶有牖。牖東戶西。皆南鄉(鄉)。『毛詩』曰。向、北出牖也。北或有穴通明。至冬塞之。然『士虞禮:祝啓牖鄉:注』云。鄕、牖一名。『明堂位:達鄕:注』。牖屬。是南牖亦名向。『士喪禮』。寢東首於墉下。『喪大記』作北墉下。【今本】墉皆譌牖。非也。牖所以通明。故叚(假)爲誘。『召南』吉士誘之、『大雅:天之牖民:傳』皆訓曰。道也。道卽導。》从片。戶甫聲。《蓋(蓋)用合韵(韻)爲聲也。與久切。3部。》譚長㠯爲《譚長者、博采通人之一。》甫上。《句。》日也。非戶也。牖所㠯見日。《說从日之意也。許篆作牖。而偁(稱)譚說者、字久从戶作。譚說有理。故偁之。》/318

◀ 제 15 획 ▶

牘 (독)【dú ㄉㄨˊ】서찰(글 쓰는 나무 조각)
설문 4169 書版也。《牘專謂用於書者。然則『周禮』之版、『禮經』之方皆牘也。『小宰:注』曰。版、戶籍也。『宮(宮)正:注』曰。版、其人之名籍也。『聘禮:注』曰。策、簡也。方、版也。『李賢-蔡邕傳:注』引『說文』而曰長一尺。按漢人多云尺牘。『史記』。緹縈通尺牘。此臣得用於君也。『漢書』。陳遵與人尺牘。主皆藏去。此施於儕輩者也。〔木部〕云。槧、牘樸也。然則粗者爲槧。精者爲牘。顏(顏)師古曰。形若今之木笏。但不挫其角耳。》从片。賣(賣)聲。《徒谷切。3部。》/318

092 牙 4-31 어금니 아

牙 아【yá ㄧㄚˊ】[설문부수 39] 어금니, (상아로 장식한)대장기
설문 1259 壯齒也。《「壯」【各本】譌作「牡」。『今本-篇、韵』皆譌。惟『石刻-九經字㨾』不誤。而【馬氏-版本】妄改之。〔士部〕曰。壯、大也。壯齒者、齒之大者也。統言之皆偁(稱)齒、偁牙。析言之則前當脣者偁齒。後在輔車者偁牙。牙較大於齒。非有牝牡也。『釋名』牙樝牙也。隨形言之也。輔車或曰牙車。牙所載也。『詩:誰謂雀無角、誰謂鼠無牙』。謂雀本無角、鼠本無牙。而穿屋穿牆似有角牙者然。鼠齒不大。故謂無牙也。東方朔說騶牙(牙)曰。其齒前後若一。齊等無牙。此爲齒小牙大之明證。》象上下相錯之形。《五加切。古音在 5部。》凡牙之屬皆从牙。 古文牙。《从齒而象其形也。 古文齒。》/80

유사 이미 기(旡先) 없을 무(无) 비녀 잠(兂先)

성부 부록 색인 참조

형부 牙를 부수로 하는 대부분의 글자들

형성 (7자+1) 아(芽)469 아(訝)1500 아(雅)2168 아(枒)3377 사(衺)5112 아(庌)5650 아(釾)8962 하(呀)

◀ 제 8 획 ▶

猗 (기)【qí ㄑㄧˊ】㊤㊥⑨㉳ qī 범어금니, 요사할
설문 1260 虎牙也。《虎一本作「武」。避唐諱耳。今俗謂門齒外出爲虎牙。古語也。『大招』云。靨輔奇牙。宜笑(笑)嫣只。『淮南』云。奇牙出。醆酺搖。『高-注』。將笑故好齒出也。按奇牙所謂猗也。〔可部〕曰。奇、異也。一曰不耦笑而露其齒獨好。故曰奇牙。》从牙奇。奇亦聲。《去奇切。古音在 17部。》/80

◀ 제 9 획 ▶

踽 (우)【qǔ ㄑㄩˇ】충치
설문 1261 齒蠹也。《『釋名』曰。踽、朽也。蟲齧之缺朽也。『史記』。齊中大夫病齲齒。『淮南』。斲木愈齲。『司馬彪-五行志』。桓帝元嘉中。京都婦女作「齲」齒笑(笑)。》从牙。禹聲。《邱禹切。5部。》 踽或从齒。/81

093 牛 4-32 소 우

牛 우【niú ㄋㄧㄡˊ】[설문부수 19] 本[사리] 소, 별이름
설문 0692 事也。理也。《事也者、謂能事其事也。牛任耕。理也者、謂其文理可分析也。庖丁解牛。依乎天理。批大郤(却)道大窾牛事理三字同在古音第 1部。此與羊祥也、馬怒也、武也、一例。自淺人不知此義。乃改之云大牲也。牛件也。件事理也。如吳字下妄(妄)增之曰姓也。亦郡也。同一紕繆。》像角頭三、封尾之形也。《角頭三者謂上三岐者象兩角與頭爲三也。牛角與頭而三。馬足與尾而五。封者、謂中畫(畫)象封也。封者、肩甲墳起之處。字亦作犎。尾者、謂直畫下垂像䞑(尾)也。羊、豕、馬、象皆像其四足。牛略之者、可思而得也。語求切。古音讀如疑。》凡牛之屬皆从牛。/50

유사 오(午) 방패 간(干) 조금 심할 임(羊)

성부 부록 색인 참조

형부 牛를 부수로 하는 대부분의 글자들
참고 우(吽)

◀ 제 2 획 ▶

牝 빈【bìn ㄅㄧㄣˋ】㉠㊤㊥⑨㉢ pìn 동물의 암컷, 자물쇠, 골짜기 ■비:같은 뜻 ■변:암컷
설문 0696 畜母也。从牛。匕聲。《毗忍切。古音在 15部。【經典】舊音多云扶死反。是也。》『易』曰。畜牝牛吉。《『離:卦辭』也。牝爲凡畜母之偁(稱)、而牝牛冣(最)吉。故其字從牛也。按【鍇本】無牝篆。自是奪去耳。麀字下曰。从牝省。則非無牝字也。》/50
성부 麀우

牟 모【móu ㄇㄡˊ】소 우는 소리, 탐할, (배로) 늘 ■무:속음
설문 0715 牛鳴也。从牛。厶象其聲气從口出。《此合體象形。與芈同意。『韓愈-詩』曰。椎肥牛呼牟。『柳(柳)宗元-賦』曰。牟然而鳴。黃鍾滿脰。莫浮切。3部。》/51
형성 (2자+1) 모(麰 麰)3205 모(侔 侔)4821 모(眸 眸)

◀ 제 3 획 ▶

牡 (모)【mǔ ㄇㄨˇ】수컷, 열쇠 ■무:속음
설문 0693 畜父也。从牛。土聲。《按土聲、求之曡韵(疊韻)雙聲皆非是。蓋(蓋)當是从土。取土爲水牡之意。或曰。「土」當作「士」。士者夫也。之韵尤韵合音冣(最)近。从士則爲會意兼形聲。莫厚切。古音在 3部。》/50

牢 뢰【láo ㄌㄠˊ】(짐승)우리, 감옥, (소, 양, 돼지 등의)희생 ■로:속음 ■루:깎을(牛부 3획)
설문 0721 閑也。《「也」字今補。》養牛馬圈也。《『充人:注』曰。牢、閑也。必有閑者。防禽獸觸齧。牲繫於牢。故牲謂之牢。如『柴誓』呼牛馬爲牿。『禮』呼牲爲牽也。》从牛。冬省。取其四周帀。《从古文冬省也。冬取完固之意。亦取四周象形。引伸之爲牢不可破。魯(魯)刀切。古音在 3部。》/52
참고 로(哰)말 알지 못할

牣 (인)【rèn ㄖㄣˋ】(가득)찰, 질길
설문 0734 牣、《此複字刪(刪)之未盡者。》滿也。《見『大雅:毛傳』。》从牛。刃聲。《而震切。古音在13部。》『詩』曰。於牣魚躍。《於、如字。》/53

◀ 제 4 획 ▶

犻 (패)【pèi ㄆㄟˋ】㊤㊥⑨㉢ bèi 이름 송아지(두 살 된 송아지)
설문 0698 二歲牛。《犻字見『爾雅:釋畜』。牛體長也。許君則曰二歲牛。按犙字从參。故爲三歲牛。牭字从四。故爲四歲牛。則犻字从貳。當爲二歲牛矣。而謂犻爲籒文牭字。二四旣不同數。且四之籒文作「亖」。則牭之籒文當作「犙」。凡此乖剌。當由轉寫脫繆。如〔鼎部:鼏鼐〕、〔馬部:騶騶〕、〔衣部:袗袀〕、今皆奪其一。其明證也。宜易之曰犻、牛體長也。犻、二歲牛。犙、三歲牛。牭、四歲牛。犙、籒文牭。則可讀矣。而非可無徵專輒也。》从牛。朩(朩)聲。《博蓋(蓋)切。15部。》/51

牧 목【mù ㄇㄨˋ】㊍[소나 말 기르는 사람](가축)칠, 놓아 기를, 목민관
설문 1966 養牛人也。《『左傳』曰。馬有圉。牛有牧。引伸爲牧民之牧。》从攴(攵)牛。《會意。莫卜切。古音在1部。》『詩』曰。牧人乃夢(夢)。《『小雅』文。》/126

犺 (금)【jìn ㄐㄧㄣˋ】쇠혓병
설문 0732 牛舌病也。《『廣韵(韻)』作「牛舌下病」。舌病則噤閉不成聲。亦作「舲」。》从牛。今聲。《巨禁切。7部。》/52

物 (물)【wù ㄨˋ】만물, 물건, 일, 무리(종류), 재물
설문 0735 萬物也。牛爲大物。《牛爲物之大者。故物从牛。與半同意。》天地之數起(起)於牽牛。《『戴先生-原象』曰。周人以斗、牽牛爲紀首。命曰『星紀』。自周而上。日月之行不起於斗、牽牛也。按許說物从牛之故。又廣其義如此。》故从牛。勿聲。《文弗切。15部。》/53

◀ 제 5 획 ▶

牰 (도)【tāo ㄊㄠ】쇠 걸음 느린 모양
설문 0713 牛徐行也。《俗謂舒遲(遲)曰牰牰。》从牛。叜聲。讀若滔。《土刀切。2部。按叜聲字、周時在尤〔幽部〕。漢時已讀入〔蕭豪部〕。故許云牰讀若滔也。》/51

牭 (사)【sì ㄙˋ】나릅소(네살 된 소)
설문 0700 四歲牛。从牛四。四亦聲。《息利切。15部。》犙籒文牭从貳。《按【鍇本】此下有「仁至反」三字。與十三篇二字反語同。是【朱翱】不謂犻卽牭字、而謂犻乃二歲牛之正字也。疑【鍇本】本不誤。後人用【鉉本】改之。未刪(刪)【朱氏切音】耳。『龍龕手鑑』引『玉篇』直利反。顧野王亦不云籒文牭。》/51

抨 (평)【píng ㄆㄧㄥˊ】㊤㊥⑨㉢ pēng 얼룩소
설문 0708 牛駁如星。《駁文似星點(點)。》从牛。平聲。《普耕切。11部。》/51

牲 (생)【shēng ㄕㄥ】희생(犧牲:제사에 쓰는 짐승)
설문 0717 牛完全也。《引伸爲凡畜之偁(稱)。『周禮:庖人:注』。始養之曰畜。將用之曰牲。按如鼷鼠食郊牛角、則非完全。》从牛。生聲。《所庚切。11部。》/51

牴 (저)【dǐ ㄉㄧˇ】부딪칠, 뿔로 받을, 만날, 수양 대저, 대강 ■채:해태
설문 0728 觸也。《〔角部〕曰。觸、牴也。亦作抵觝。》从牛。氐聲。《都禮切。15部。》/52

◀ 제 6 획 ▶

牷 (전)【quán ㄑㄩㄢˊ】(털이 순색인)희생
설문 0718 牛純色。《『牧人:注』。鄭司農曰。

牷、純也。按凡時事之牲用牷物。凡外祭毁事用尨。以尨與牷對擧(擧)。則牷爲純色可知也。『大鄭-注』釋牷爲純也。爲【許所本】。後鄭則訓犧爲純毛。牷爲體完具。與許異。》『禮』。《上脫「周」字。》祭祀牷牲。《此是引『牧人』祭祀之牲牷。依『韵(韻)會』補。》从牛。全聲。《疾緣切。14部。》/51

特 (특)【tè ㄊㄜˋ】本[숫소] 유다를, 특히
설문 0695 特牛也。《【鉉本】云。朴特牛父也。按『天問』。焉得夫朴牛。洪(洪)氏引『說文』。特牛、牛父也。言其朴特。皆與【鍇本】異。葢(蓋)言其朴特、乃『注:說文』者語。【鉉本】改竄上移耳。王逸、張揖皆云。朴、大也。『玉篇』犢訓特牛。『廣韵(韻)』犢訓牛未劇。此因古有朴特之語而製犢字。特本訓牡。陽數奇。引伸之爲凡單獨之偁(稱)。一與一爲耦。故實維我特、求爾新特。毛云。特、匹也。》从牛。寺聲。《徒得切。1部。亦作「犆」。》/50

◀ 제 7 획 ▶

犊 (도)【tú ㄊㄨˊ】 칡소(누런 빛에 범무늬가 있는 소)
설문 0705 黃牛虎文。从牛。余聲。讀若塗。《「塗」當作「涂」。同都切。5部。》/51

犣 (렬)【lèi ㄌㄟˋ】 ㊥⑨ liè 쇠등 휠 ■랄:얼룩소
설문 0707 牛白脊也。《牛惟脊白。是亦駁屬。『廣韵(韻)』曰。犣出『字林』。不言出『說文』何也。》从牛。寽聲。《力輟切。15部。》/51

牻 (방)【máng ㄇㄤˊ】 얼룩소 ■망:속음
설문 0702 白黑襍(雜)毛牛。《古謂襍色不純爲尨。亦作駹。古文假借作龍。亦作蒙。『周易:說卦傳』、『毛詩:小戎』、『周禮:牧人、巾車、玉人』皆可證也。牻訓爲白黑襍毛。然則凡謂襍色不純亦可用牻字。》从牛。尨聲。《此以形聲包會意。莫江切。古音在 9部。》/51

牼 (경)【kēng ㄎㄥˉ】 (소의)정강이뼈 ■갱:속음 ■간·형:같은 뜻
설문 0731 牛厀下骨也。《牛脛也。脛者、骸也。》从牛。巠聲。《口莖切。11部。》『春秋傳』宋司馬牼字牛。《按『仲尼弟子列傳』。宋司馬耕字牛。『左傳:哀:十四年』。【兩書】司馬牛。不偁(稱)其名。許云司馬牼。豈卽司馬耕與。外此『昭:廿年、廿一年』宋有華牼。『孟子書』有宋牼。皆不傳其字。》/52

牽 견【qiān ㄑㄧㄢˉ】 이끌, 당길, 이끌려 가는 동물, 성씨
설문 0719 引而前也。《牽引曡(疊)韵。引伸之、輓牛之具曰牽。牛人牽徬是也。牲、腥曰餼。生曰牽。又凡聯(聯)貫之詈(詞)曰牽。》从牛、冂象引牛之縻也。玄聲。《苦堅切。12部。》/52
참고 견(縴)굿은 삼

牿 (곡)【gù ㄍㄨˋ】 외양간, 마구간
설문 0720 牛馬牢也。从牛。告聲。《古屋切。3部。》『周書』曰。今惟牿牛馬。《『柴誓』。今惟淫舍牿牛馬。大【小徐本】皆無淫舍二字。【今-刊本】妄(妄)增之。此許偶遺二字。非必『許-所據:尙書』少二字也。惟大放牿牢之牛馬。故令無以擭穽傷牛馬。若牛馬在牢中。擭穽安得傷之。『周易』僮牛之「牿」。許及九家作「告」。鄭作「梏」。劉(劉)、陸作「角」。不訓牢也。》/52

◀ 제 8 획 ▶

犀 서【xī ㄒㄧˉ】 코에 뿔난 소, 물소, 병기 단단할
설문 0733 徼外牛。《【各本】有「南」字。今依『韵會』。『楚語』曰。巴浦之犀犛兕象。其可盡乎。『後漢:章帝紀』。蠻夷獻生犀、白雉。》一角在鼻(鼻)。一角在頂。《『爾雅:山海經:郭-注』、『劉(劉)欣期-交州記』皆云有三角。一在頂上。一在額上。一在鼻上。鼻上角短小。按『晋(晋)語』。角犀豐(豊)盈。『孟子:注』額角犀厥地。『戰國策』、眉目準頞權衡。犀角偃月、此皆謂人自鼻至頂豐滿。如『相書』所云伏犀貫頂也。》侣(似)豖。《見『釋獸』。劉欣期云、其毛如豕。頭如馬。郭璞云。形似水牛。豬頭。說各不同也。》从牛。尾聲。《先稽切。15部。》/52
형성 (3자) 지(遲)1099 제(徲)1189 지(墀)8646

犉 (량)【liáng ㄌㄧㄤˊ】 얼룩소
설문 0703 牻牛也。从牛。京聲。《吕(呂)張切。10部。》『春秋傳』曰牻椋。《『閔:二年傳』。本作尨涼。葢(蓋)許引之證此二字所以從尨從京也。京者、涼之省也。牻椋同義、如尨涼一理相似。傳寫誤爲『春秋傳』曰牻椋。殊不可通。》/51

犅 (강)【gāng ㄍㄤˉ】 (털이)붉은 수소
설문 0694 特也。《【今本】作「特牛也」。依『詩:正義』訂。『公羊傳』曰。魯(魯)祭周公。何以爲牲。周公用白牡。魯公用騂犅。羣(群)公不毛。何休云騂犅赤脊。按『說文』岡訓山脊。故何謂犅爲牛脊。但『毛詩』衹作「剛」。許說犅同特。與何異。》从牛。岡聲。《亦可云从剛省。會意。古郎切。10部。》/50

堅 (견)【xián ㄒㄧㄢˊ】 ㊤㊥⑨㉮ qiǎn 코 셀(소가 당겨도 따르지 않음) ■한·혁:같은 뜻
설문 0730 牛很不從牽也。从牛臤。《臤者、堅也。故从牛臤。會意。》臤亦聲。《喫善切。古音在 12部。》一曰大皃(貌)。《別一義。》讀若賢。/52

犕 (비)【fěi ㄈㄟˇ】 ㊤㊥⑨ fèi (두마리 소가 양쪽에서 밭)갈, (뿌린 씨를)덮을 ■배:밭 갈
설문 0726 兩(兩)壁耕也。《「壁」當作「辟」。辟是旁側之語。『莊:廿一年:左傳』。鄭伯享王于闕西辟。服虔(虔)云。西辟、西偏也。兩(兩)辟耕謂一田中兩牛耕。一從東往、一從西來也。此耕字自人牛言之。與〔木部〕六叉犂自器言之不

4 ⓪

同。》从牛。非聲。《此形聲包會意。非从飛下翄、取其相背。非尾切。15部。『廣韵(韻)』入去聲》一曰覆耕穜也。《此別一義。未聞。》讀若匪。/52

犉 (순)【chún ㄔㄨㄣˊ】㊤㊥⑨㊢ rún (털이 누르고)입술이 검은 소 ■윤:속음 ■연:같은 뜻

설문 0710 黃牛黑脣也。《『釋畜』云。黑脣犉。『毛傳』云。黃牛黑脣曰犉。按『爾雅』不言黃牛者、牛以黃爲正色。凡不言何色皆謂黃牛也。》从牛。𦎫聲。《如勻切。13部。》『詩』曰。九十其犉。《見『小雅』。》/51

4

⑫

◀ 제 10 획 ▶

犨 (악)【yáo ㄧㄠˊ】㉠㊤㊥⑨㊢ yuè 흰 소 ■혹·옥:같은 뜻

설문 0711 白牛也。《〔白部〕曰。皠、鳥之白也。此同聲同義。》从牛。隺聲。《五角切。古音在 2部。讀如堯。》/51

犓 (추)【chú ㄔㄨˊ】소 꼴 먹일 설문 0722 曰(以)芻莝養圈牛也。《【今本】莝誤莖、脫圈字。依『文選(選):注』訂。莝、斬芻也。『趙岐-注:孟子』曰。艸生曰芻。穀養曰豢。『韋-注:國語』曰。艸食曰芻。穀食曰豢。『孟子:正義』引『說文』。牛馬曰芻。犬豕曰豢。『今-說文』無此語。【經傳】犓豢字、今皆作芻豢。》从牛芻。芻亦聲。《測愚切。古音在 4部。》『春秋:國語』曰。犓豢幾何。《見『楚語』。》/52

犕 (비)【bèi ㄅㄟˋ】말 안장 꾸밀, 8살된 소 ■복:소 부릴

설문 0724 『易』曰。犕牛乘馬。《此葢(蓋)與〔革部〕之鞁同義。鞁、車駕具也。故『玉篇』云。犕、服也。以鞁裝馬也。》从牛。葡(𤰈)聲。《『轂(繫)辭』今作「服」。古音𠬝聲𤰈(葡)聲同在第 1部。故服犕皆扶逼反。以車駕牛馬之字當作「犕」。作服者假借耳。『左傳』。王使伯服如鄭請滑。『史記:鄭(鄭)世家』作伯犕。『後漢書:皇甫嵩傳』。義眞犕未乎。『北史』魏收嘲陽休之。義眞服未。正作服字。此皆通用之證也。今韵(韻)犕平祕(秘)切。》/52

犖 (락)【luò ㄌㄨㄛˋ】얼룩소, 소붙이(牛부 10획) 설문 0706 駁牛也。《馬色不純曰駁。駁犖同部疊(疊)。『廣雅』牛屬。郭䊵、丁犖、『桓譚-新論』作郭椒、丁櫟。䊵椒、犖櫟皆同疊韵(疊韻)也。》从牛。勞省聲。《吕(呂)角切。古音讀如遼。在 2部。『天官書』。此其犖犖大者。謂寥寥甚少者也。又卓犖、超絕(絕)也。》/51

犗 (개)【gài ㄍㄞˋ】㉠㊤㊥⑨㊢ jiè 불깐(거세한) 소

설문 0701 騬牛也。《〔馬部〕曰。騬、犗馬也。謂今之騸馬。》从牛。害聲。《古拜切。15部。》/51

◀ 제 11 획 ▶

犍 (산)【chǎn ㄔㄢˇ】기르는 희생 ■성:암소 설문 0716 畜犍、畜牲也。《依『廣韵(韻)』、『手鑑』訂。『左傳』、『內則』皆云。名子不以畜牲。》从牛。産聲。《所簡(簡)切。14部。》/51

犙 (삼)【sān ㄙㄢ】사릅송아지(세살된 송아지) ■참:세 소를 한 멍에에 메울 ■수:세 살된 소

설문 0699 三歲牛。从牛。參聲。《穌含切。古音在 7部。》/51

犛 모【lí ㄌㄧˊ】[설문부수 20] ⑨ miáo ㊢ máo 갈고 꼬리 긴 짐승, 쇠꼬리 ■리:검정소

설문 0737 西南夷長髦牛也。《今四川雅州府淸谿縣大相嶺之外有地名旄牛。産旄牛。而淸谿縣南抵寧遠府。西抵打箭鑪。古西南夷之地。皆産旄牛。如『郭樸:-注:山海經』所云。背、厀及胡、尾皆有長毛者。小角。其體純黑。土俗用爲菜。其尾腊之可爲拂子。云長髦者、謂背厀胡尾皆有長毛。下文氂字乃專謂尾也。此牛名犛牛。音如貍。『楚語』。巴浦之犀犛。『上林賦』。獽旄貘犛。以其長髦也。故『史記:西南夷傳』謂之髦牛。以其尾名氂也。故『周禮:樂師:注』謂之氂牛。以氂可飾旄也。故『禮:注』、『爾雅:注』、『北山經』、『上林賦:注』、『漢書:西南夷傳』皆謂之旄牛。氂髦旄三字音同。因之讀犛如毛。非也。據『上林賦』則旄犛異物。『中山經』。荆(荊)山多犛牛。郭曰。旄牛屬。》从牛。𠩺聲。《里之切。1部。按犛切里之。氂切莫交。徐用『唐韵』不誤。而【俗本】誤易之。》凡犛之屬皆从犛。/53

형부 태(斄)

형성 (1자) 리(氂)738

◀ 제 13 획 ▶

橿 (강)【jiāng ㄐㄧㄤ】허리 긴 소, 등 흰 소 설문 0712 牛長脊。《『廣韵(韻)』。犟、牛長脊。一曰白脊牛。按一曰五字疑亦出『說文』。今佚。》从牛。畺聲。《居良切。10部。》/51

◀ 제 14 획 ▶

犜 (도)【táo ㄊㄠˊ】㊤㊥⑨㊢ tāo 소와 양이 새끼가 없을 ■체·대·초·구:같은 뜻

설문 0727 牛羊無子也。从牛。𠷎聲。讀若糗糧之糗。《糗糧見『柴誓』。徒刀切。古音在 3部。》/52

◀ 제 15 획 ▶

犡 (래)【lì ㄌㄧˋ】㊢ lài 등마루 흰 소 ■례:같은 뜻

설문 0704 牛白脊也。从牛。厲聲。《洛帶切。15部。》/51

犢 (독)【dú ㄉㄨˊ】송아지 설문 0697 牛子也。《見『釋嘼(畜)』。》从牛。賣(𧶠)聲。《徒谷切。3部。》/51

犥 (표)【biāo ㄅㄧㄠ】㊤㊥⑨㊢ piāo 얼룩소 ■포:희고 푸른 빛

설문 0709 牛黃白色。《黃馬發白色曰驃。票㶾(麃)同聲然則犥者、黃牛發白色也。『內則』鳥皫色、亦謂發白色。》从牛。麃聲。《補嬌切。2部。》/51

犂 (례)【lí ㄌㄧˊ】밭갈 ※ 원래는 리(犁) 설문 0725 耕也。《『山海經』曰。后稷之孫曰叔

㊢ 作家出版社〔董蓮池-說文解字考正〕 ⑨ 九州出版社〔柴劍虹-說文解字〕 ㉠ 陝西人民出版社〔蘇寶榮-說文解字今注今譯〕 ㊤ 上海古籍出版社〔說文解字注〕 ㊥ 中華書局〔臧克和-說文解字新訂〕

均、是始作牛耕。『郭-傳』。始用牛犂也。按〔耒部:耕〕訓犂。是犂耕二字互訓。皆謂田器。今人分別。誤也。『仲尼弟子列傳』。冉耕、字伯牛。司馬耕、字子牛。『論語』。司馬牛。『孔-注』日。宋司馬犂也。此可證司馬牛名耕、一名犂也。葢(蓋)其始人耕者謂之耕。牛耕者謂之犂。其後互名之。》从牛。黎聲。《郎奚切。15部。俗省作「犁」。『論語』。犂牛之子。『皇-注』。犂音貍。貍、襍文也。張參日。犂洛西反。『論語』借以爲力之反。張謂借犂爲貍文也。犂貍異部而相借。如『爾雅』釋駮牝爲驪牝。》/52

◀ 제 16 획 ▶

衛 (위)【wèi ㄨㄟˋ】 쇠굽、소가 땅을 밟을 ■궤: 쇠 발 펼, 소 땅 밟을 ■개:받을 ■계:소가 사람을 받을

설문 0729 牛踶衛也。《『廣韵(韻)』日。踶衛、牛展足。按展足二字乃蹷字之誤。蹷同蹻。〔足部〕日。踶者、衛也。衛與躛互訓。踶衛猶踐蹋也。》从牛。衞(衛)聲。《于歲切。15部。》/52

犧 (희)【xī ㄒㄧˉ】 희생(종묘 등의 제사에 쓰는 짐승) ■사:술준

설문 0736 宗廟之牲也。《『魯(魯)頌』。享以騂犧。『毛傳』。犧、純也。『曲禮』。天子以犧牛。鄭云。犧、純毛也。『牧人』。祭祀共其犧牲。鄭云。犧牲、毛羽完具也。『僞孔:注』微子云。色純日犧。體完日牷。『杜-注:左傳』又云。牷、純色完全也。說犧皆與許異。》从牛。羲聲。《許羈切。古音在 17部。》賈侍中說。《他皆偁(稱)名。獨賈逵偁官者、尊其師也。》此非古字。《『魯頌:毛傳』日。犧尊有沙羽飾也。『明堂位:注』日。犧尊以沙羽爲畫(畵)飾。『鄭-注』。苔張逸日。刻畫(畵)鳳皇之象於尊。其形婆娑然。故日沙。按沙娑羲古音三字同在 17部。犧牲、犧尊、葢(蓋)本衹假羲爲之。漢人乃加牛旁。故賈云非古字。許廁諸部末。》/53

● 犨 소 숨 쉬는 소리 주(犨)-약자

◀ 제 18 획 ▶

犪 (요)【róu ㄖㄡˊ】 ㊤㊥⑨㉚ rǎo 소 길들어 복종할

설문 0723 牛柔謹也。《『玉篇』日。『尙書』犪而毅字如此。按凡馴擾字當作此。隸(隷)作「犪」。『廣雅』。犪、柔也。善也》从牛。夒聲。《而沼切。古音在 3部。按此以食獸之夒爲聲。『爾雅:注』犪牛、以有角之夒爲聲。陸德明誤爲一字。》/52

◀ 제 23 획 ▶

犫 犨(주)【chōu ㄔㄡˉ】 소 숨 쉬는 소리, 소 이름 ■추:속음

설문 0714 牛息聲。《〔心部〕日。息、喘也。》从牛。雔聲。《赤周切。3部。按【今本】皆作犨、雔聲。而『經典:釋文』、『唐-石經』作「犫」。『玉篇』、『廣韵(韻)』皆作「犫」、云犨同。『五經文字』且云犫作「犨」、訛。葢(蓋)『唐以前所-據:說文』無不从言者。凡形聲多兼會意。雔从言。故牛息聲之字从之。【鍇、鉉-本】皆誤也。今正。》一日牛名。《此別一義。『廣韵(韻)』、『手鑑』皆云白色牛。晉大夫郤(却)犫、不知取何義也。『初學記』名作鳴。》/51

094 犬 4-33 개 견

犬 1 견【quǎn ㄑㄩㄢˇ】【설문부수 377】 개

설문 5999 狗之有縣蹏者也。《有縣蹏謂之犬。叩氣吠謂之狗。皆於音得義。此與後蹄廢謂之彘。三毛聚居謂之豬。竭尾謂之豕。同明一物異名之所由也。『莊子』日。狗非犬。司馬彪日。同實異名。夫異名必由實異。君子必貴游藝也。》象形。《苦泫切。14部。》孔子日。視犬之字。如畫(畵)狗也。《又日。牛羊之字以形聲。今牛羊犬小篆卽孔子時古文也。觀孔子言、犬卽狗矣。渾言之也。》凡犬之屬皆从犬。/473

유사 지아비 부(夫) 일찍 죽을 요(夭) 클 태(太) 하늘 천(天) 고개 숙일 녈(夨)

성부 부록 색인 참조

형부 犬을 부수로 하는 대부분의 글자들 산(狦) 망(莽) 장(獎)

형성 (+1) 애(犻)

◀ 제 1 획 ▶

犮 발【bá ㄅㄚˊ】(개가)달릴

설문 6051 犬走皃(貌)。《依『篇』、『韵』訂。》从犬而丿之。曳其足則剌犮也。《丿、余制切。抴也。抴、引也。剌犮、行皃。剌音辣。犮與癶(癶)音義同。癶下日。足剌癶也。蒲撥切。15部。》/475

형성 (20자+1) 불(祓)49 발(茇)496 발(跋)1319 발(胈)2113 불(翇)2163 발(軷)2328 발(柭)3590 불(帗)4651 불(黻)4729 발(袚)5127 발(髮)5470 발(魃)5563 발(废)5674 발(炦)6141 불(沷)7166 발(鮁)7314 발(拔)7625 발(妭)7775 발(坺)8626 발(軷)9128 발(盋)

◀ 제 2 획 ▶

犯 (범)【fàn ㄈㄢˋ】 범할, 범죄, 침범할

설문 6039 侵(侵)也。《本謂犬。叚借之謂人。》从犬。㔾(卪)聲。《防險切。7部。》/475

◀ 제 4 획 ▶

犺 (강)【kàng ㄎㄤˋ】(건장한)개

설문 6042 健犬也。《本謂犬。引伸謂人。『廣韵(韻)』日。㹊犺不順。》从犬。亢聲。《苦浪切。10部。》/475

犻 (발)【bó ㄅㄛˊ】 지나쳐 잡지 못할 ■볼:속음 ■패:개 지나칠, 개 성내는 모양

설문 6048 過弗取也。《此有誤字。『玉篇』但云犬過。『廣韵(韻)』但云拂取。疑當合之曰「犬過拂取」。》 从犬。犮(市)聲。讀若孛。《蒲沒(沒)切。15部。『篇』、『韵』皆步內切。》/475

㹜 은【yín ㄧㄣˊ】 [설문부수 378] 개가 서로 물, 개가 서로 짖을

설문 6082 兩犬相齧也。《「兩」[各本]作「兩」。今正。》 从二犬。《義見於形也。語斤切。13部。》 凡㹜之屬皆从㹜。/478

성부 獄옥

형부 사(𤞞)

狀 (장)【zhiāng ㄓㄧㄤ】 ㉠㉡中⑨작 zhuàng 작 yàng 本[개모양] 문서, 편지, 표말 ■상:모양

설문 6031 犬形也。《引伸爲形狀。如類之引伸爲同類也。》 从犬。爿聲。《鉏亮切。10部。》/474

犷 은【yín ㄧㄣˊ】 개 짖는 소리 ■애:개 물려할 ■인:개 싸울

설문 6028 犬吠聲。《『九辨』。猛犬狺狺而迎吠。『王-注』。讒佞讙呼而在側也。狺卽犷字。》 从犬。斤聲。《語斤切。13部。》/474

형성 (1자) 은(㹞)500

狂 광【kuáng ㄎㄨㄤˊ】 本[미친 개] 미칠, 거만할, 미친 사람 ■각:개 달아나는 모양

설문 6066 狾犬也。《二篆爲轉注。叚(假)借之爲人病之偁(稱)。》 从犬。㞷聲。《巨王切。10部。》 𢗰古文从心。《按此字當从古文作。小篆變爲从犬。非也。》/476

형성 (3자) 광(誑)1526 광(俇)4975 광(𤞤)6535

狃 뉴【niǔ ㄋㄧㄡˇ】 本[개 버르장이 사나울(犬性驕)] 친압할 ■뉵:짐승이름

설문 6037 犬性忕也。《「忕」大徐作「驕」。非。忕、習也。余制切。[心部]作「愧」。習也。愧卽忕之譌也。狃本爲犬性之忕。引伸叚(假)借爲凡忕習之偁(稱)。『鄭風:傳』曰。狃、習也。『國語:韋-注』、『左傳:杜-注』皆曰。狃、忕也。》 从犬。丑聲。《女久切。3部。》/475

형성 (1자) 뉴(莥)230 노(䋴)5586

狄 적【dí ㄉㄧˊ】 本[개의 일종] 오랑캐, 악공, 아전, 꿩털, 빠를

설문 6068 北狄也。《「北」[各本]作「赤」。誤。今正。赤狄乃錯居中國狄之一種耳。[許書-蟲部]曰南蠻、曰東南閩越。[大部]曰東方夷。[羊部]曰西方羌。[豸部]曰北方貉。則此必言北狄。狄與貉皆在北。而貉在東北。狄在正北。『釋地』曰。九夷、八狄、七戎、六蠻、謂之四海。八蠻在南方。六戎在西方。五狄在北方。李巡云。五狄者、一曰月支。二曰穢貊。三曰匈奴。四曰單于。五曰白屋。『王制』、『明堂位』皆言東夷、南蠻、西戎、北狄。》 本犬種(種)。《此與蠻閩本虵種、貉本豸種、羌本羊種一例。》 狄之爲言淫辟也。《此與孔子曰貉之言貉貉惡也一例。惡與貉、辟與狄皆疊(疊)韵爲訓。『風俗通』云。狄父子嫂(嫂)叔同穴無別。狄者、辟也。其行邪辟。其類有五。按辟者、今之僻字。》 从犬。亦省聲。《徒歷切。16部。按亦當作朿。李陽冰(氷)云。蔡中郎以豊同豐。李丞相持朿作亦。所謂持朿作亦者、指迹狄二字言。迹籒文作速。狄之古文籒文亦必作𤝛。是以『詩:瞻卬』狄與刺韵。『屈原-九章』愁與積擊策蹟適蹟益韵。古音在16部也。若从亦聲。則古音在 5部而非其韵。然自李斯變占籒爲篆文。其形已誤而其聲至今不誤。聖人諭【書】名之澤長矣。》/476

형성 (1자) 적(逖)1150

◀ 제 5 획 ▶

狊 격【jú ㄐㄩˊ】 개 노리고 보는 모양, 원숭이에 속한 짐승 이름

설문 6011 犬視皃(貌)。从犬目。《古闃切。古 16部。按『爾雅』須屬。鳥曰狊。此謂鳥振其毛羽如犬張目也。釁、撟、須、狊皆謂須眉、髦鬣、之而、毛觜之鼓動也。故顈之曰須屬。》/474

유사 광택 고(臭) 높을 고(杲) 부르는 소리 고(皋) 냄새 취(臭)

성부 鶪격

형성 (1자+1) 격(郹)3910 격(闃)

狋 (의)【yí ㄧˊ】 (개가)으르렁 거릴

설문 6027 犬怒皃(貌)。《『漢書:東方朔傳』曰。狋吽牙者、兩犬爭也。》 从犬。示聲。《『漢書』五伊反。『玉篇』魚饑切。15部。大徐語其切。非也。》 一曰犬難附。《「附」[各本]譌「得」。今依『集 韵(韻)』、『類篇』正。附猶近也。》 代郡有狋氏縣。《『地理志』、『郡國志』同。孟康曰。狋音權。氏音精。》 讀又若銀。《上文云示聲、則在脂(脂)微。而又讀入[文䰟(魂)部]。或曰當作讀若銀。在下文从犬斤聲之下。》/474

狜 (겁)【què ㄑㄩㄝˋ】 ㉡中⑨작 qiè 겁 많을 ※ 겁(怯)의 본래 글자

설문 6043 多畏也。《本謂犬。叚(假)借謂人。》 从犬。去聲。《去刧切。古音葢(蓋)在 5部。》 𢙁杜林說。狜从心。《今者皆用伯山說也。》/475

狌 (주)【zhù ㄓㄨˋ】 몸은 누렇고 머리는 검은 개

설문 6008 黃犬黑頭。《『廣雅』說犬屬有狌。》 从犬。主聲。讀若注。《之戍切。古音在 4部。》/473

狎 (압)【xiá ㄒㄧㄚˊ】 本[개 익힐] 익을, 가까울, 친압할 ■합:속음

설문 6036 犬可習也。《引伸爲凡相習之偁(稱)。古叚(假)甲爲之。『衞(衛)風:傳』曰。甲、狎也。此言叚借也。》 从犬。甲聲。《胡甲切。8部。》/475

狐 호【hú ㄏㄨˊ】 여우, 여우 털옷

설문 6078 祅獸也。鬼所乘之。《『爾雅:音義』無「之」字。》有三德。其色中和。小前大後。《『廣韻』作「豐後」。》死則丘首。《『音義』。『廣韻』皆作「首丘」。》謂之三德。《『御覽』有此四字。》从犬。瓜聲。《戶吳切。5部。》/478

참고 고(菰) 풀 우거진 모양

狗 (구)【gǒu ㄍㄡˇ】 개, 강아지, 삽살개, 오랑캐 나라, 별이름

설문 6000 孔子曰。狗、叩也。叩气吠旨（以）守。《「吠以」當作「以吠」。【許書】有「扣」無「叩」。扣訓牽馬也。疑【古本】有叩字、而許逸之。叩、觸也。从卩、口聲。叩气者、出其气也。一說叩卽敂之俗。敂者、擊也。凡以此擊彼皆曰敂。犬敂气吠亦是以內禦外。『洪範:五行傳:注』曰。犬畜之以口吠守者也。屬言。按『釋獸』云。未成豪、狗。與馬二歲曰駒、熊虎之子曰豿。同義。皆謂稚也。》从犬。句聲。《古厚切。4部。》/473

狙 (저)【jū ㄐㄩ】 ㉑ qū 나긴팔원숭이, 노릴

설문 6072 玃屬。《『莊子』。『狙公賦』芧。司馬彪云。狙、一名獦牂。似猨而狗頭。喜與雌猨交。崔譔(譔譔)、向秀謂之猵狙。釋文。狙七餘反。》从犬。且聲。《親去切。5部。按親去切非也。本七餘切。自叚(假)借爲覷字而後讀去聲。『周禮:蜡氏:注』。「狙司」卽「覰伺」也。『倉頡篇』曰。狙、伺候(候)也。『史』、『漢』。狙擊秦皇帝。伏虔(虔)、應劭、徐廣皆曰。狙、伺也。『方言』。自關而西曰素。或曰狙。『郭-注』云。狙、伺也。此皆千恕切。》一曰犬暫齧人者。《犬下【各本】有「也」字。今依『李善-劇秦美:新注』刪(刪)。李云且餘反。》一曰犬不齧人者。《此亦當且餘反。》/477

狛 (박)【pò ㄆㄛˋ】 ㉦㊥⑨㉑ bó (이리 비슷한) 짐승 이름 ■파:같은 뜻

설문 6076 如狼。善驅羊。从犬。白聲。讀若檗。《當言柏。今人「黃檗」字作「黃柏」。正雙聲之轉也。》甯嚴讀之若淺泊(泊)。《甯嚴葢(蓋)博訪通人之一也。泊(泊)、淺水皃(貌)。見〔水部〕。俗作「泊」。非也。古音傍各切。狛大徐匹各切。『玉篇』白駕切。『廣韻(韻)』作「狀」。亦白駕切。古音在 5部。》/477

◀ 제 6 획 ▶

狟 (환)【huán ㄏㄨㄢˊ】 本[개 다닐] ■훤:오소리, 담비

설문 6047 犬行也。《『廣韻(韻)』作「大犬也」。》从犬。亘(回)聲。《胡官切。14部。》『周書』曰。尙狟狟。《『牧誓』文。今作桓桓。許用孔壁中古文也。『釋訓』曰。桓桓、威也。『魯(魯)頌:傳』曰。桓桓、威武皃(貌)。然則狟狟者、桓桓之叚(假)借字。此亦以政(妞)爲好、以莫爲謨、以壂爲疾、以圍爲繹之例。》/475

狠 (한)【hěn ㄏㄣˇ】 ㉦㊥⑨ yán ㉑ wǎn 개 싸우는 소리 ■완:속음 ■은:같은 뜻 ■간:씹을

설문 6025 犬鬥聲。《「犬」【各本】作「吠」。今依【宋本】及『集韻(韻)』正。「鬥」【各本】作「鬪(鬪)」。今正。今俗用狠爲很。【許書】很狠義別。》从犬。㫐(艮)聲。《五還切。古音在 13部。》/474

狡 (교)【jiǎo ㄐㄧㄠˇ】 本[작은 개] 간교할

설문 6003 少犬也。《「犬」【各本】作「狗」。今依『急就篇:注』、『事類賦:注』作「犬」。『淮南:俶眞訓』狡狗之死也。割之有濡。『高-注』。狡、少也。引伸爲狂也、滑也、疾也、健也。》从犬。交聲。《古巧切。2部。》匈奴地有狡犬。巨口而黑身。《『周書:王會-解』匈奴以狡犬。狡犬者、巨身四尺果。『顏-注:急就篇』曰。狡犬匈奴中大犬也。鉅口而赤身。》/473

狦 (산)【shàn ㄕㄢˋ】 사나운 개, 호박개

설문 6024 惡健犬也。《『廣雅』曰。狼也。》从犬。刪(刪)省聲。《所晏切。14部。『廣韻(韻)』又平聲。》/474

狧 (탑)【tà ㄊㄚˋ】 개 혀로 먹는 모양 ■시:핥을

설문 6035 犬食也。《『爾雅』。牛曰「齝」。羊曰「齥」。麋鹿曰「齸」。鳥曰「嗉」。寓鼠曰「嗛」。當補之曰犬曰「狧」。犬食主舌。他物主喉也。『漢:吳王濞傳』曰。狧糠及米。『史記』作「舓」。舓見〔舌部〕。以舌取食也。食爾反。狧讀如荅。異字異音而同義。『顏(顏)-注』云狧古舓字。乃大誤。》从犬舌。《小徐衍聲字。》讀如比目魚鰈之鰈。《〔魚部〕不收鰈字、而此有之。『爾雅』。「鰈」本或作「鰨」。葢(蓋)【許書】鰨卽鰈也。他合切。8部。亦作「狢」。》/474

狦 (연)【yàn ㄧㄢˋ】 사나운 개 ■간:같은 뜻 ■견:개이름

설문 6063 獟犬也。从犬。幵(开)聲。《五甸切。14部。》一曰逐虎犬也。《『廣韻(韻)』曰。逐獸犬。葢(蓋)唐人避諱改。》/476

狩 (수)【shǒu ㄕㄡˇ】 ㉦㊥⑨㉑ shòu (겨울에 몰이하여 하는)사냥

설문 6058 火田也。《「火」【各本】作「犬」。不可通。今依『韻(韻)會』正。『釋天』曰。冬獵爲狩。『周禮』、『左傳』、『公羊』、『穀梁』、『夏小正:傳』、『毛詩:傳』皆同。又『釋天』曰。火田爲狩。許不偁(稱)冬獵而偁火田者、火田必於冬。『王制』曰。昆蟲未蟄。不以火田。故言火以該冬也。『孟子』曰。天子適諸矦曰巡狩。巡狩者巡所守也。此謂六書叚(假)借以守爲狩。有叚守爲狩者。如『明夷』于南狩、天王狩于河陽皆或作守是也。》从犬。守聲。《書究切。3部。》『易』曰。『明夷』于南狩。《『明夷:九三爻辭』。》/476

◀ 제 7 획 ▶

奘 (장)【zàng ㄗㄤˋ】 망령되게 힘센 개

설문 6032 妄彊犬也。从犬壯。壯亦聲。《徂朗切。10部。》/474

狢 (욕)【yù ㄩˋ】 독욕(獨狢)이라는 짐승(개 머리, 호랑이 몸, 말 꼬리를 하고 있음) ■곡:짐

승이름

설문 6054 獨狢獸也。从犬。谷聲。《此蒙上文言獨狢而終之。依【全書】之例則當次於狻玃以下。余蜀切。3部。郭音谷。》/475

狻 (산)【suān ㄙㄨㄢ¯】 사자(맹수) ■순:속음 ■준:개 빠를

설문 6069 狻麑。《逗。》如虦苗。食(食)虎豹。《「苗」【各本】作「貓」。今依〔虎部〕正。虦苗謂淺毛也。『釋獸』曰。虎竊毛謂之虦苗。狻麑如虦苗食(食)虎豹。許所本也。於此詳之。故〔鹿部:麑〕下祇云狻麑也。【全書】之例如此。凡合二字成文者、其義詳於上字。同部異部皆然。》从犬。《非犬而从犬者、猶或行或飛、或毛或蠃、或介或鱗皆从虫也。以下同。》夋聲。《素官切。14部。》見『爾雅』。/477

狼 (랑)【láng ㄌㄤˊ】 이리, 어지러울

설문 6075 佀(似)犬。銳頭白頰。高前廣後。《詳其狀可識別也。『毛傳』曰。狼、獸名。『釋獸』曰。狼、牡貛。許謂貛卽貛。》从犬。良聲。《魯當切。10部。》/477

狾 (제)【zhì ㄓˋ】 미친 개

설문 6065 狴(狂)犬也。《『左傳:哀:十二年』。國狗之瘈。無不噬也。杜云。瘈、狂也。按『今-左傳』作瘈。非古也。許所見作狾。》从犬。㪿(折)聲。《「㪿」【各本】作「折」。篆體亦誤。今正。征例切。15部。》『春秋傳』曰。狾犬入華臣氏之門。《『襄:十七年:左傳』曰。國人逐瘈狗。瘈狗入于華臣氏。無之門二字。『漢:五行志』作「狾」。》/476

◀ 제 8 획 ▶

猈 (패)【bài ㄅㄞˋ】 本[목 짧은 개] 발바리

설문 6009 短脛犬。《「犬」舊作「狗」。今正。說解中例云犬也。猈之言卑也。言矲猎也。》从犬。卑聲。《薄蟹切。16部。》/473

猋 표【biāo ㄅㄧㄠ¯】 本[개 달아나는 모양] 회오리 바람

설문 6081 犬走皃(貌)。《引伸爲凡走之偁(稱)。『九歌』。猋遠擧(舉)兮雲中。『王-注』。猋、去疾皃。『爾雅』。扶搖謂之猋。作此字。》从三犬。《此與驫麤蟲同意。甫遙切。2部。》/478

형성 (2자) 표(旚 㯱)4106 표(飆 飈)8568

猌 은【yìn ㄧㄣˋ】 개 성낼

설문 6050 犬張齗怒也。《齗、齒本也。》从犬。來聲。《此从犬來會意。聲字衍。當刪(刪)。》讀又若銀。《又字衍。魚僅切。古音在 12部。》/475

형성 (1자) 은(憖 憗)6436 린(粦 甐)7224

猏 (찬)【chǎn ㄔㄢˇ】 (개가)물, 개 먹을

설문 6023 犬齧也。《「犬」字今補。》从犬。戔聲。《初版切。14部。》/474

猒 염【yān ㄧㄢ¯】 배 부를, 싫을 ■압·엽: 같은 뜻 (犬부 8획)

설문 2904 飽也。足也。《「足也」二字。依『韵會』增。淺人多改猒爲厭。厭專行而猒廢矣。猒與厭音同而義異。『雒誥』萬年猒于乃德。此古字當存者也。按飽足則人意倦矣。故引伸爲猒倦、猒憎。『釋詁』曰。豫射厭也是也。豫者、古以爲舒字。安也。亦緩也。『洪範』曰。豫曰急。豫猶怠也。猒厭古今字。猒饜正俗字。》从甘肰(𦙶)。《肰、犬肉也。此會意。於鹽切。古音在 7部。》猒(猒)或从目(以)。《目、用也。用之猶甘之也。》/202

성부 厭염

獎 (장)【jiǎng ㄐㄧㄤˇ】 개를 격려하여 부릴

설문 6022 嗾犬厲(厝厲曆)之也。《〔口部〕曰。嗾、使犬聲也。厲之猶勉之也。引伸爲凡勸勉之偁(稱)。『方言』曰。自關而西秦晉之間相勸曰聳。或曰獎。中心不欲而由旁人之勸語亦曰聳。凡相被飾亦曰獎。》从犬。將省聲。《卽兩切。10部。俗作奬。》/474

猲 (적)【tì ㄊㄧˋ】 ㊗㊥⑨적 zhé 개 성내어 귀 벌쭉거리는 모양

설문 6049 犬張而皃(貌)。从犬。易聲。《陟革切。16部。》/475

猗 (의)【yī ㄧ¯】 불깐 개, 의지할, 보탤 ■아:부드러울, 유순할

설문 6010 犗犬也。《犬曰「猗」。如馬曰「騬」。牛曰「犗」、羊曰「羠」。言之不妨通互耳。有用爲歎䛐(詞)者。『齊風:傳』曰猗嗟歎辭、『商頌:傳』曰猗歎辭是也。『衞(衛)風:傳』曰。猗猗、美盛皃(貌)。『檜風:傳』曰。猗儺、柔順也。『節南山:傳』曰。猗、長也。皆以音叚(假)借也。有叚爲兮字者。『魏風』淸且漣猗、淸且直猗、淸且淪猗是也。有叚爲加字者。『小雅』猗于畝丘是也。有叚爲倚字者。『小雅』有實其猗是也。》从犬。奇聲。《於离切。古音在 17部。》/473

雃 (애)【yá ㄧㄚˊ】 새, 물 이름, 새 이름 ■유:같은 뜻 ■의:새이름 ■류:꼬리 쩨진 원숭이 (犬부 8획)

설문 2175 雃鳥也。《「也」『廣韵(韻)』作「名」。》从隹。犬聲。《五佳切。古音當在 14部。》睢陽有雃水。《睢陽、『前後志』皆屬梁國。按『玉篇:邑部』。邪胡灰切。睢陽鄉(鄉)名。邪卽雃字。有雃水而後有邪鄉也。『集韵』、『類篇』字作「郉」。》/141

猛 (맹)【měng ㄇㄥˇ】 本[굳센 개] 날랠, 엄할, 사나울

설문 6041 健犬也。《叚(假)借爲凡健之偁(稱)。》从犬。孟聲。《莫杏切。古音在 10部。》/475

猜 (시)【cāi ㄘㄞ¯】 시새울, 의심할 ■채:속음

설문 6040 恨賊也。《本謂犬。叚(假)借之謂人。》从犬。靑聲。《倉才切。古在 11部。》/475

猝 (졸)【cù ㄘㄨˋ】갑작스러울
설문 6014 犬从艸暴出逐人也。《段(假)借爲凡猝乍之偁(稱)。古多叚卒字爲之。》从犬。卒聲。《麤沒(沒)切。15部。》/474

◀ 제 9 획 ▶

猥 (외)【wěi ㄨㄟˇ】本[개짖는 소리] 뒤섞일, 더러울, 외람될
설문 6018 犬吠聲。《此本義也。『廣韵(韻)』曰。鄙也。今義也。》从犬。畏聲。《烏賄切。15部。》/474

猎 (암)【yān ㄧㄢ】개 짖는 소리
설문 6012 竇中犬聲。《犬鳴竇中聲猎猎然也。》从犬音。音亦聲。《乙咸切。7部。》/474

猩 (생)【xīng ㄒㄧㄥ】성성이 ■성:개 짖는 소리
설문 6015 猩猩、犬吠聲。《遠聞犬吠聲猩猩然也。》从犬。星聲。《桑經切。11部。按『禮記』、『爾雅』皆有猩猩。『記』曰。猩猩能言。猩猩亦作「狌狌」。許不錄狌字。猩字下亦不言獸名。豈以形乍如犬因之得名故與。》/474

猲 (갈)【hè ㄏㄜˋ】㊤㊥⑨㉆ xiē (주둥이가 짧은) 개, 큰 이리, 으를, 핍박할 ■겁·갑:같은 뜻 ■할:입부리 짧은 개 ■해:개냄새
설문 6005 猲獢、《[各本]奪此二字。今依[全書]通例補。雙聲字也。》短喙犬也。《見『釋嘼(畜)』、『毛詩:傳』。》从犬。曷聲。《許謁切。15部。『毛詩』作「歇」。『爾雅』又作「獥」。『今-爾雅』釋文作「獥」。乃轉寫譌字也。『詩』釋文曰。『說文』音火遏反。》『詩』曰。載獫猲獢。《『秦風:四驖』文。》『爾雅』曰。短喙犬謂之猲獢。《『釋嘼』文。此引『詩』、又引『爾雅』。可以證不誅不來也、駷牝驪也二條皆有譌奪。》/473

猴 (후)【hóu ㄏㄡˊ】원숭이
설문 6073 夒也。《夒上當有「母猴」二字。夒下曰。獸也。一名母猴。爲下曰。母猴也。玃下曰。大母猴也。禺下曰。母猴屬也。穀(㱿)下曰。食母猴。母猴乃此獸名。非謂牝者。沐猴、獼猴皆語之轉。字之譌也。陸佃據栁(柳)子厚之言曰。蝯靜而猴躁。其性迴殊。按[許書]亦猴與蝯別。析言之也。若蝯下曰禺屬。禺下曰母猴屬。『毛傳』曰。猱、猿屬。猱卽『說文』之夒字。是二者可相爲屬而非一物也。『爾雅』曰。猱蝯善援。謂二者一類。》从犬。侯聲。《乎溝切。4部。》/477

獀 獀(수)【sōu ㄙㄡ】개, 가을사냥
설문 6001 南越名犬獿獀(獀)也。《獿獀疊韵(疊韻)字。南越人名犬如是。今江浙尙有此語。》从犬。叜聲。《所鳩切。3部。》/473

猵 (편)【biān ㄅㄧㄢ】수달
설문 6080 獺屬。《『楊雄-蜀都賦』作「猵」。『羽獵賦』、『江賦』作「獱」。『郭樸-三蒼:解詁』云。獱似狐。青色。居水中。食魚。》从犬。扁聲。《布玄切。12部。按易翩與鶣韵(隣韻)。服虔(虔)獱音賓。李善獱音頻。古扁聲賓聲同在12部也。今韵乃猵入先、獱入眞矣。》獱或从賓。/478

猶 유【yóu ㄧㄡˊ】어미 원숭이, 머뭇거릴, 같을 ■구:속음 ■요:노래, 몸 흔들
설문 6071 玃屬。《『釋獸』曰。猶與麂。善登木。許所說謂此也。『曲禮』曰。使民決嫌疑。定猶豫。『正義』云。『說文』。猶、玃屬。豫、象屬。此二獸皆進退多疑。人多疑惑者似之。故謂之猶豫。按古有以聲不以義者。與猶豫雙聲。亦作「猶與」。亦作「冘豫」。皆遲疑之皃(貌)。『老子』。豫兮如冬涉川。猶兮若畏四鄰(隣)。『離騷』。心猶豫而狐疑。以猶豫二字皃(貌)其狐疑耳。『李善-注:洛神賦』乃以猶獸多豫、狐獸多疑對說。『王逸-注:離騷』絶不如此。『禮記:正義』則又以猶與豫二獸對說。皆[郢書]燕說也。與『九歌』君不行兮夷猶。王逸卽以猶豫解之。要亦是雙聲字。『春秋經』猶三望、猶朝于廟、猶繹今。謂可已而不已者曰猶。卽猶豫、夷猶之意也。『釋詁』曰。猷、謀也。『釋言』曰。猷、圖也。『召南:傳』曰。猶、若也。『說文』。圖者、畫(畫)也。計難也。謀者、慮難也。圖謀必酷肖其事而後有濟。故圖也、謀也、若也爲一義。『周禮』。以猶鬼神示之居。猶者、圖畫也。是則皆從遲疑鄭重之意引伸之。『魏風:毛傳』。猷、可也。可之義與庶幾上近。庶幾與今語猶者相近也。『釋詁』又曰。猷、道也。以與由音同。秩秩大猷、『漢書』作大繇可證。『釋詁』又云。猷、已也。謂已然之詈(詞)。亦卽猶三望之類也。》从犬。酋聲。《以周切。3部。今字分猷謀字犬在右。語助字犬在左。[經典]絕(絶)無此例。》一曰隴西謂犬子爲猶。《此別一義。益證从犬之意。》/477

형성 (1자) 유(蕕) 338

◀ 제 10 획 ▶

獄 (사)【sī ㄙ】옥을 맡아보는 벼슬아치, 살필
설문 6083 司空也。《此空字衍。「司」者今之「伺」字。以司釋獄。以疊韵(疊韻)爲訓也。[許書]無伺字。以司爲之。『玉篇:獄注』云。察也。今作「伺、覗」。按希馮直以獄爲伺、覗之古字。葢(蓋)用許說也。其字从㹜。葢謂兩(兩)犬吠守、伺察之意。》从㹜。𦣞聲。《息茲切。1部。司事者必𦣞動有言。形聲中有會意。后、司字亦从口也。》復說獄司空。《此句上有奪字。某復者、姓名也。某復說獄司空曰獄。別一義也。『周禮:司救役諸司空:注』。如『漢法』城旦、舂、鬼薪、白粲之類。『儒林列傳』。大后怒曰。安得[司空-城旦:書]乎。徐廣曰。司空、掌刑徒之官也。如淳說。都司空主罪人。『應劭-漢官儀』曰。綏和元年。罷御史大夫官。法周制。初置司空。議者又以縣道官有獄司空。故覆加大爲大司空。是則漢時有都司空、有獄司空。皆主罪人。皆有治獄之責。以其辨獄也。故从㹜。㹜者、獄之省。》/478

㝅 㝅(혹)【gòu ㄍㄡˋ】㊤㊥⑨㉆ hù 어미 잡아 먹는 원숭이 ■학:짐승이름 ■구:짐승이름
설문 6074 犬屬。《疑犬屬之上當有「㝅玃」二字。淺人妄刪(刪)之。詳於此、故[豸部]但曰㝅玃也。》䏍 (腰)

4 ⑫

已上黃。脣已下黑。食母猴。《『上林賦-郭樸:注』同此。而腰以前黃。腰以後黑。奪去四字。當校補。『南都賦:注』李善引『說文』。按『史』、『漢』、『文選(選)』之『上林賦』、『文選』之『南都』、『廣韵(韻):一,屋』說此物皆作「豰」。从豕。『廣韵:十八,藥』又引『說文』「㲉玃」作「豰玃」。尋【許書】豰爲小豚。非一物一字也。將由寫者亂之。》从犬。㱿聲。讀若構。《火屋切。3部。》/477

獄 옥【yù ㄩˋ】 감옥(殷曰羑里, 周曰囹圄, 又謂之牢, 又謂圜土), 송사

설문 6084 确也。《『召南:傳』曰。獄、埆也。埆同确。堅剛上持之意。》从㹜。从言。《魚欲切。3部。》二犬所㠯(以)守也。《說从㹜之意。『韓詩』曰。宜犴宜獄。鄕亭之繫曰犴。朝廷曰獄。獄字从㹜者、取相爭之義。許云所以守者、謂陛牢拘罪之處也。》/478

성부 㹜곡

형성 (2자) 악(鸑)2260 악{嶽}5583

㺌 (험)【xiàn ㄒㄧㄢˋ】 개 짖을

설문 6016 犬吠不止也。从犬。兼聲。讀若檻。《胡黠(黯)切。7部。》一曰兩犬爭也。《於兼犬取意。》/474

◀ 제 11 획 ▶

獌 (만)【wàn ㄨㄢˋ】 상㊥⑨작 màn 이리

설문 6077 狼屬也。从犬。曼聲。《舞販切。14部。》『爾雅』曰。貙獌佀(似)貍。《『釋獸』曰。貙佀貍。郭云。今貙虎也。大如狗。文似貍。『釋獸』又曰。貙獌似貍。郭云。今山民呼貙虎之大者爲貙豻。按郭語則二條一物也。故許貙下獌下皆偁(稱)貙獌似貍。『郭-注:子虛(虛)賦』云。蟃蜒、大獸。似貍。長百尋。則以『西京賦』巨獸百尋者捉而一之。恐附會矣。》/477

⿰犭參 (삼)【sēn ㄙㄣ】 상㊥⑨ shǎn 작 shān 개 머리 구멍에 내밀

설문 6021 犬容頭進也。《「也」當作「皃(貌)」。『漢書』曰。容頭過身。》从犬。參聲。《山檻切。7部。按此字『集韵(韻)』、『類篇』皆云疏簪切。犬容頭進皃。不言出『說文』。小徐無此篆。》一曰敵疾也。《賊疾疑有誤。》/474

(료)【xiāo ㄒㄧㄠ】 교활할 ■요:같은 뜻 ■소:짐승 ■효:개 재채기하며 짖을 ■교:어지러울 ■뇨:요란할

설문 6020 犬獿獿咳吠也。《『廣雅』曰。㩈也。》从犬。翏聲。《火包切。古音在 3部。》/474

獒 (오)【áo ㄠˊ】 개(맹견)

설문 6033 犬知人心可使者。《知一作如。『公羊傳』曰。靈公有周狗謂之獒。『何-注』。周狗、可以比周之狗。所指如意者。按周狗『爾雅:注』及『博物志』或譌作「害狗」。不可爲據也。『釋嘼(畜)』曰。犬高四尺曰獒。》从犬。敖聲。《五牢切。2部。》『春秋傳』曰。公嗾夫獒。《『宣:六年:左傳』文。》/474

◀ 제 12 획 ▶

獘 (폐)【bì ㄅㄧˋ】 넘어질, 죽을 ※ 폐(斃)와 같은 글자

설문 6061 頓仆也。《〔人部〕曰。仆者、頓也。謂前覆也。人前仆若頓首然。故曰頓仆。》从犬。敝聲。《毗祭切。15部。》『春秋傳』曰。與犬犬獘。《『僖:四年:左傳』文。引此證从犬之意也。獘本因犬仆製字。叚(假)借爲凡仆之偁(稱)。俗又引伸爲利弊字。遂改其字作「弊」。訓困也、惡也。此與改奘爲弉正同。》獘或从⿰歺人(死)。《【經書】頓仆皆作此字。如『左傳』斃於車中、與一人俱斃是也。『今-左傳』「犬獘」亦作「犬斃」。葢(蓋)【許時-經書】斃多作「獘」。》/476

獜 (린)【lín ㄌㄧㄣˊ】 (개가)건장할

설문 6044 健也。《『廣韵(韻)』引犬健也。【今本】奪犬字。》从犬。粦(粦)聲。《力珍切。12部。》『詩』曰。盧獜獜。《『齊風』文。『毛詩』作令令。纓環聲。許葢(蓋)取『三家詩』也。》/475

⿰犭番 (번)【fán ㄈㄢˊ】 개 싸우는 소리 ■변:같은 뜻

설문 6026 犬鬥聲。《鬥字今正。》从犬。番聲。《附袁切。14部。》/474

⿰犭敢 (함)【xiǎn ㄒㄧㄢˇ】 상㊥⑨작 hǎn 강아지 짖을, 시골 이름

설문 6017 小犬吠。从犬。敢(㪋敢)聲。《荒檻切。8部。》南陽新野有㺌鄉。《「野」【各本】作「亭」。今正。南陽郡新野縣見『地理志』、『郡國志』。今河南南陽府新野縣南有漢新野故城。》/474

獟 (교)【xiāo ㄒㄧㄠ】 상㊥⑨작 yào 本[미친 개] 날랠

설문 6064 狃犬也。《二篆爲轉注。》从犬。堯聲。《五弔切。2部。》/476

獠 (료)【liǎo ㄌㄧㄠˇ】 상㊥⑨작 liáo 밤사냥 ■로:오랑캐

설문 6057 獵也。《許渾言之。『釋天』析言之曰。宵田爲獠。『管子:四稱篇』。獠獵畢弋。》从犬。尞聲。《力照切。2部。》/476

獡 (삭)【shuò ㄕㄨㄛˋ】 개 사람 따르지 않고 놀라는 모양 ■작:송나라 좋은 개

설문 6029 犬獡獡不附人也。《良犬宋獡、以此得名。亦作「猎」、作「浞」。》从犬。舄聲。南楚謂相驚曰獡。《『方言』曰。獡、驚也。宋衛南楚凡相驚曰獡。或曰透。透式六反。》讀若愬。《式略切。5部。古愬讀如朔。》/474

獢 (효)【xiāo ㄒㄧㄠ】 (주둥이가 짧은)개

설문 6006 猲獢也。从犬。喬聲。《許驕切。7部。『毛詩』又作「驕」。》/473

◀ 제 13 획 ▶

獶 (노)【náo ㄋㄠˊ】 ㊤㊥⑨ nóng 삽살개, 오랑캐 이름

설문 6004 犬惡毛也。《『爾雅』。旄毛。郭云。獶長也。》从犬。農聲。《奴刀切。古音在 9部。乃容反。》/473

獧 (견)【juàn ㄐㄩㄢˋ】 빨리 뛸, 급할 ■현:뛸, 급할

설문 6045 疾跳也。《跳者、躍也。》一曰急也。《獧狷古今字。『今-論語』作「狷」、『孟子』作「獧」是也。『論語』曰。狂者進取。狷者有所不爲也。大徐別增狷篆。非。》从犬。睘聲。《古縣切。14部。》/475

獨 (독)【dú ㄉㄨˊ】 本[개 싸울] 독짐승, 외로울

설문 6053 犬相得而鬥也。《「鬥」【各本】作「鬭」。今正。凡爭鬥字許作「鬥」。鬭者、遇也。其義各殊。今人乃謂鬭正、鬥俗。非也。》从犬。蜀聲。《徒谷切。3部。》羊爲羣(群)。犬爲獨。《犬好鬥。好鬥則獨而不羣。引伸叚(假)借之爲專壹之偁(稱)。『小雅:正月:傳』曰。獨、單也。『孟子』曰。老而無子曰獨。『周禮-大司寇(寇):注』曰。無子孫曰獨。『中庸』、『大學』皆曰。愼其獨。戾獨等字皆叚借義行而本義廢矣。》一曰。北嚻山有獨㺄獸。如虎。白身、豕鬣、尾如馬。《『山海經:北山經』曰。北嚻之山有獸焉。其狀如虎而白身、犬首、馬尾、彘鬣。名曰獨㺄。『郭-圖贊』亦云。虎狀馬尾。號曰獨㺄。》/475

獪 (회)【kuài ㄎㄨㄞˋ】 교활할 ■괴:속음 ■쾌:어지러울 ■활:엇비러울, 간교할

설문 6038 狡獪也。从犬。會聲。《『方言』。剿蹶獪也。秦晉之間曰「獪」。楚謂之「剿」。或曰「蹶」。鄭曰「蔿」。或曰「婚」。又曰。央亡、嘿屎、婚、獪也。又曰。屑 (屑) 惟、獪也。郭云。獪古狡狭字。》从犬。會聲。《古外切。15部。按此篆葢(蓋)本謂犬。叚(假)借之言人。【大徐本】在狡獶二篆間。非是。今依小徐及『玉篇』次於此。》/475

獫 (렴)【xiǎn ㄒㄧㄢˇ】 (주둥이가 긴)개

설문 6007 長喙犬也。《見『釋詁』、『毛詩:傳』。》一曰黑犬黃頭。《別一義。》从犬。僉聲。《虛檢切。7部。『詩』釋文引『說文』力劍反。》/473

◀ 제 14 획 ▶

獲 획【huò ㄏㄨㄛˋ】 사냥해서 얻은 물건, 짐승 이름 ■확:실심할, 넓고 큰 모양 ■호:굳이, 억지로■화:다투어 빼앗을

설문 6060 獵所獲也。《故从犬。引伸爲凡得之偁(稱)。》从犬。蒦聲。《胡伯切。古音在 5部。》/476

獳 (누)【nòu ㄋㄡˋ】 ㊤ nóu (개가)으르렁 거릴

설문 6034 怒犬皃(貌)。从犬。需聲。讀若槈。《奴豆切。又乃矦切。4部。或作「獿」者、譌字也。》/474

◀ 제 15 획 ▶

獵 (렵)【liè ㄌㄧㄝˋ】 ⑨ lèi 사냥할, 사냥, 찾을

설문 6056 放獵。逐禽也。《「放」小徐作「畋」。畋、平田也。非許義。『韵(韻)會』作「效」。效疑校之譌。校獵見『吳都賦』。葢(蓋)卽『孟子』之獵較也。校獵二字逗。以逐禽釋之。『蔡邕-月令:章句』曰。獵、捷也。『白虎通』曰。四時之田總(總)名爲獵。『毛詩』。不狩不獵。『箋』云。冬獵曰狩。宵田曰獵。此因【經文】重言而分別之也。引伸爲凌獵。爲捷獵。》从犬。巤聲。《良涉切。8部。》/476

獷 (광)【guǎng ㄍㄨㄤˇ】 모질, 사나울

설문 6030 犬獷獷不可附也。《『呂氏-春秋』。荆(荊)文王得茹黃之狗。『說苑』作「如黃」。『廣雅』犬屬有「楚黃」。『廣韵(韻)』作「楚獚」。『經典:釋文』作「楚獷」。實一字也。引伸爲凡麤惡皃(貌)之偁(稱)。『漢書』曰。獷獷亡秦。》从犬。廣聲。《古猛切。古音在 10部。》漁陽有獷平縣。《『地理志』、『郡國志』同。服虔(虔)曰。音鞏。》/474

獸 수【shòu ㄕㄡˋ】 本[지킬] 짐승(4발, 털), 포(말린 고기)

설문 9290 守備(備)者也。《以曡(疊)韵爲訓。能守能備、如虎豹在山是也。》一曰兩(兩)足曰禽。四足曰獸。《十字見『爾雅:音義』。如『釋鳥』云二足而羽謂之禽、四足而毛謂之獸合。許於鳥字下曰。長尾、禽總名也。與此同。與禽字下異。》从嘼。从犬。《『少儀』有守犬。守禦宅舍者也。故从之會意。舒救切。3部。》/739

◀ 제 16 획 ▶

獺 (달)【tà ㄊㄚˋ】 ㉠㊤㊥⑨㉾ tǎ 수달

설문 6079 水狗也。《小徐作「小狗」。大徐作「如小狗」。今依『廣韵(韻)』訂。》食魚。《大徐上有「水居」二字。乃上文作「如小狗」、因妄增。》从犬。賴聲。《他達(達)切。15部。》/478

獻 헌【xiàn ㄒㄧㄢˋ】 개, 바칠, 드릴 ■사:술준 이름, 술단지 ■의:같은 뜻 ■희:구기

설문 6062 宗廟犬名羹獻。犬肥者以獻。《此說从犬之意也。『曲禮』曰。凡祭宗廟之禮。犬曰羹獻。按羹之言良也。獻本祭祀奉犬牲之偁(稱)。引伸之爲凡薦進之偁。按『論語:鄭-注』曰。獻猶賢也。獻得訓賢者、『周禮:注』獻讀爲儀。是以『伏生-尙書』民儀有十夫、『古文-尙書』作民獻。『咎(臯)繇謨-古文』萬邦黎獻、『漢-孔宙碑』、『費鳳碑』、『斥彰長田君碑』皆用黎儀字。皆用『伏生-尙書』也。『班固-北征頌』亦用民儀字。》从犬。鬳聲。《許建切。14部。》/476

성부 獻얼

형성 (4자+1) 환(瓛 瓛)113 알(讞 讞)1232 얼(钀 钀)7107 얼(巘 巘)9130 알(钀 钀)

◀ 제 18 획 ▶

玁 玁(선)【xiǎn ㄒㄧㄢˇ】 가을 사냥

설문 6055 秋(秋)田也。《『釋天』曰。秋獵爲獮。鄭君、韋昭、薛綜、杜預皆曰。獮、殺也。釋獮爲殺者、以曡韵(疊韻)爲訓。古音獮與璽同也。若『明堂位』叚(假)省爲獮、取其雙聲耳。》从犬。《取載獫獢獢之意。》璽聲。

《【各本】篆作壐。云壐聲。非是。依『左傳』釋文正。此从小篆文。非从籒文也。息淺切。古音在 15部。》 禰 瓕或从示。宗廟之田也。故从豕示。《此篆文及解疑皆有譌。不能遽定。姑仍其舊。》 /475

獿 (뇨)【náo ㄋㄠˊ】 ㉯㊥⑨ nǎo 개 재채기하며 짖을 ■노:원숭이 ■뇌:앙토장이

설문 6019 獿、《逗。此複擧(擧)字之未刪(刪)者。》 獶也。《〔攵部:夒〕今作「獶」、作「猱」。獿則別一字、別一義。》 从犬。夒聲。《女交切。古音在 3部。》 /474

◀ 제 20 획 ▶

玃 (확)【jué ㄐㄩㄝˊ】 원숭이, 칠(때릴)

설문 6070 大母猴也。《【各本】無大。今依『爾雅』釋文、『玄應書』、『廣韵(韻)』補。『釋獸』曰。玃父善顧。郭云。貑玃也。似獼猴而大。色蒼黑。能攫持人。善顧盼。按『張揖-注:上林賦』曰。玃似獼猴而大。》 善攫持人。好顧盼。《七字依『玄應』補。「攫」俗作「玃」。誤。》 从犬。矍聲。《俱縛切。5部。》 『爾雅』曰。玃父善顧。《【各本】此下有「玃持人也」四字。正由上奪而衍於此。今刪。》 /477

제 5 획

095 玄
5-01 검을 현

玄 현【xuán ㄒㄩㄢˊ】[설문부수 126] ㉠ xuàn 검붉은 빛, 하늘, 심오한 도리, 신선의 나라

설문 2390 幽遠也。《『老子』曰。玄之又玄。衆妙之門。『高-注:淮南子』曰。天也。【聖經】不言玄妙。至『僞:尚書』乃有玄德升聞之語。》象幽。《謂𢆯也。小則隱。》而入覆之也。《幽遠之意。胡涓切。12部。》黑而有赤色者爲玄。《此別一義也。凡染、一入謂之縓。再入謂之赬。三入謂之纁。五入爲緅。七入爲緇(緇)。而朱與玄『周禮』、『爾雅』無明文。『鄭-注:儀禮』曰。朱則四入與。『注:周禮』曰。玄色者、在緅緇之閒(間)。其六入者與。按纁染以黑則爲緅。緅、『漢時-今文-禮』作「爵」。言如爵頭色也。【許書】作「纔」。纔旣微黑。又染則更黑。而赤尙隱隱可見也。故曰黑而有赤色。至七入則赤不見矣。緇與玄通偁(稱)。故禮家謂緇布衣爲玄端。》凡玄之屬皆从玄。𢆯古文。/159

유사 임산 때 아이 거꾸로 돌아 나올 돌(𠫓𠫔㐬㐬)

성부 부록 색인 참조

형부 玄을 부수로 하는 대부분의 글자들
로(旅) 현(胘) 현(伭) 요(妙)

형성 (4자+1) 현(眩)1997 현(炫)6200 현(泫)6821 현(鉉)8878 현(袨)

◀ 제 4 획 ▶

妙 (묘)【miào ㄇㄧㄠˋ】㊤㊥⑨㊇ yāo (급히)되돌아갈 ※ 묘(妙)와 같은 글자

설문 8115 急戾也。《『陸機-賦』。弦幺徽急。疑當作弦妙。》从弦省。少聲。《於霄切。2部。按『類篇』曰。彌笑切。精微也。則爲今之妙字。妙或作玅是也。》/642

◀ 제 5 획 ▶

玈 자【xuán ㄒㄩㄢˊ】㊤㊥⑨㊇ zī 검을, 흐릴(濁也), 이(것, 곳, 때), 해(일년), 발어사, 신(神)이름 ■현:검을

설문 2391 黑也。从二玄。《胡涓(涓)切。12部。【今本】子之切。非也。按『左傳』。何故使吾水玈。釋文曰。玈音玄。此相傳古音。在 12部也。又曰。本亦作滋。子絲反。此俗加水作滋。因誤認爲滋益字而入之【之韵】也。〔艸部:茲〕從絲省聲。凡〔水部〕之滋、〔子部〕之孶、〔鳥部〕之鷀皆以茲爲聲。而玈滋祇當音懸。不當音孜。『廣韵:七,之』作滋。一先作滋。音義各不同爲是也。且訓此之茲本假借從艸之茲。而不當用二玄之玈。『蔡邕-石經』見於隸(隸)釋、漢隸字原者、『尙書』茲字五見。皆從艸。則『唐-石經』皆作玈者非矣。『今本-說文』滋孶鷀篆體皆誤從玈。》『春秋傳』曰。何故使吾水玈。《見『左傳:哀:八年』。釋文曰。玈音玄。本亦作滋。子絲反。濁也。『字林』云。黑也。按【宋本】如是。【今本】玈滋互易。非也。且本亦作滋。則仍胡涓切。不同〔水部:滋〕水字子絲反也。陸氏誤合二字爲一。》/159

※ 초목 우거질 자(茲)자와는 전혀 다른 글자이지만 뒤섞여 사용되고 있다.

유사 불을 자(玆玆)

형성 (5자+1) 자(嗞)884 자(鷀)2321 자(慈)6430 자(滋)6903 자(孶)9326 자(磁)

◀ 제 6 획 ▶

率 솔【shuò ㄕㄨㄛˋ】[설문부수 470] ㉠㊤㊥⑨㊇ shuài 거느릴, 좇을, 소탈할 ■률:셈이름, 비율 ■수:새그물, 장수(玄부 6획)

설문 8379 捕鳥畢也。《畢者、田网也。所以捕鳥。亦名率。按此篆本義不行。凡衛訓將衛也、逹訓先導也皆不用本字而用率。又或用帥。如『緜(綿):傳』云率循也、『北山:傳』云率循也、其字皆當作逹是也。又詳帥下。『左傳:藻率』。服虔曰。『禮』有率巾。卽【許書】之帥也。》象絲网。《謂𢆯》上下其竿柄也。《上其竿之露者、下其柄也。畢网長柄。所律切。15部。》凡率之屬皆从率。/663

형성 (4자) 설(啐)771 솔(逹)1046 솔(衛)1214 률(䔞)83

096 玉
5-02 구슬 옥

玉 옥【yù ㄩˋ】[설문부수 5] 옥, 사랑할

설문 0077 石之美有五德者。《者字新補。》潤澤㠯(以)溫。仁之方也。䚡理自外。可㠯知中。義之方也。其聲舒揚。尃㠯遠聞。《「尃」鍇作「專」。音敷。布也。玉裁按。【汲古閣毛氏-刊:鉉本】。初作專。

後改作專。非也。『管子』曰。叩之其音淸搏徹遠。純而不殺。搏古專壹字。【今本】作博。葢(蓋)非。此專謂專壹也。上云舒揚矣。則不必更云專。》智之方也。不撓而折。《謂雖折而不撓。『管子』、『孫卿』皆作折而不撓。》勇之方也。銳廉而不忮。《忮、很也。》絜之方也。《絜取圜轉之義。凡度直曰度。圍度曰絜。『管子』、『孫卿』皆作廉而不劌行也。已上『禮記:聘義』、『管子:水地』、『孫卿:法行辭』皆不同。》象三玉之連。《謂三也。》丨其貫也。《貫謂如璧有紐、襍佩有組、聘圭有繅、瑬有五采絲繩、荀偃以朱絲係玉二瑴之類。》凡玉之屬皆从玉。《魚欲切。3部。》𤣩古文玉。/10

성부 부록 색인 참조

형부 玉을 부수로 하는 대부분의 글자들
보(寶) 벽(碧) 선(琁) 령(靈𤫊)

형성 (2자) 욱(頊 𤩰)5402 곡(𤰈 𤰈)8051

◀ 제 0 획 ▶

王 玊 琇 숙【yù ㄩˋ】 ⓐⓗ⑨ⓙ xiù 썩은 옥(朽玉)

설문 0097 朽玉也。从王有點。讀若畜牧之畜。《【各本】篆文作「琇」。解云从玉、有聲。今訂正。『史記』公玉帶。『索隱』曰。『三輔決錄:注』云。杜陵有玉氏、音肅。『說文』以爲从王、音畜牧之畜。此可證【唐本】但作玊不作琇。『廣韵:一，屋』云。玊音肅。朽玉。此『說文』本字。『四十九，宥』云。琇音齅。此從俗字。『玉篇』玊、欣救思六二切。此『說文』本字。琇、許救切。引『說文』朽玉也。此後人據『俗本-說文』所增。『佩觿』曰。玉有欣救、魚錄、息足、相逐四翻(飜)。俗別爲王。郭云。別爲王者、謂玉石字點在三畫(畵)之側。欣救、息足、相逐三切點在二畫之側也。葢(蓋)後人以朽玉字爲玉石字。以別於帝王字。復(復)高其點爲朽玉、玉姓字。以別於玉石字。又或改『說文』从王加點爲从王有聲、作琇。亦以別於玉石字也。朽玉者謂玉有瑕玷。故从玉加點以象形。『淮南書』云。夏后之璜不能無考。考朽古音同。『史記:藺相如』曰。璧有瑕。請指示王。从王加點謂可指示也。畜牧字、依『說文』本作嘼。許救許六二切。玉音同之。杜陵玉姓音肅。雙聲也。3部。》/11

유사 구슬 옥(玉) 석 삼(三) 임금 왕(王)

王 王 왕【wáng ㄨㄤˊ】【설문부수 5】임금, 왕노릇할, 왕성할

설문 0074 天下所歸往也。《見『白虎通』。王往疊(疊)韵。》董仲舒曰。古之造文者。三畫(畵)而連其中謂之王。三者、天地人也。而參通之者、王也。《見『春秋:緐(繁)露』。引之說字形也。『韋昭-注:國語』曰。參、三也。》孔子曰。一貫三爲王。《又引孔子語證董說。》凡王之屬皆王。《甫方切。10部。》𠙺古文王。/9

※ 광(狂) 왕(往) 왕(旺) 왕(枉) 왕(汪)은 황(㞷)이 생략된 것이다.

성부 閏윤 匡광 皇皇황 主주 鬥투 玨각 噩악 玉옥 聖경 狂광 弄롱 聖성 釀영 呈정 聽청

형부 왕(迋進 𨒢) 왕(玟) 왕(枉) 왕(汪) 광(軖軭) 망(望)

형성 (2자) 왕(迋 𨒢)1055 황(㞷 㞷)2162

◀ 제 2 획 ▶

玐 玐 (사)【sī ㄙ】구슬 같은 돌

설문 0175 石之似玉者。从王(玉)。厶聲。《讀與私同。凡言讀與某同者、亦卽讀若某也。息夷切。15部。》/17

玎 玎 (정)【dīng ㄉㄧㄥ】옥소리 ■쟁:같은 뜻

설문 0146 玉聲也。《以椓之丁丁、伐木丁丁例之。葢(蓋)當疊(疊)字言玎玎。》从王(玉)。丁聲。《中莖當經二切。12部。》齊大公子伋謚(謚)曰玎公。《『齊:世家』、『古今人表』皆云。師尙父之子丁公。丁公之子乙公。乙公之子癸公。猶之魯禽父、晉燮父、衞(衛)康伯、宋微仲皆無謚(謚)。不聞謚玎也。此當云讀若齊大公子伋謚曰丁公。轉寫脫讀若字。因改丁爲玎。不直言讀若丁者。古音丁公之讀當與凡丁異也。丁乙癸皆非謚明矣。而云謚丁公者。古者以字爲謚之義也。》/16

◀ 제 3 획 ▶

玒 玒 (홍)【hóng ㄏㄨㄥˊ】공옥 ■강·공:같은 뜻

설문 0087 玉也。从王(玉)。工聲。《戶(戶)工切。9部。》/10

玓 玓 (적)【dì ㄉㄧˋ】빛날

설문 0184 玓瓅。《逗。》明珠光也。《「光」【各本】作「色」。今依李善所引。『史記:司馬相如傳』曰。明月珠子。玓瓅江靡。應劭曰。靡、邊也。》从王(玉)。勺聲。《都歷(歷)切。古音在 2部。》/18

玕 玕 (간)【gān ㄍㄢ】옥돌, 아름다운 돌

설문 0193 琅玕也。从王(玉)。干聲。《古寒切。14部。》『禹貢』雝州璆琳琅玕。𤥚古文玕。从王(玉)旱。《葢(蓋)『壁中-尙書』如此作。干聲旱聲一也。『賈誼-新書』。上有蔥珩。下有雙璜。捍珠以納其間。琚瑀以雜之。捍必玶之誤。》/18

玖 玖 (구)【jiǔ ㄐㄧㄡˇ】옥돌

설문 0156 石之次玉黑色者。《『詩:木瓜:傳』曰。玖、玉名。『丘中有麻:傳』曰。玖、石次玉者。按不應同物異訓。葢(蓋)『木瓜:傳』本作「玉石」。『漢書:西域傳』于闐國多玉石。『注』曰。玉石、石之似玉者也。『楊雄-蜀都賦』亦言玉石。轉寫「石」譌「名」耳。玖音近黝(黝)。故訓黑色。》从王(玉)。久聲。《陸德明引『說文』紀又反。『唐韻』舉(擧)友切。古音在 1部。『詩』久字在 1部。『孔子-易:傳』久在 3部。》『詩』曰。貽我佩玖。《「貽」當作「詒」。『王風』文。》讀若芑。《此古音在 1部之證。》或曰。若人句脊之句。《此又一音也。上句音鉤。下句當作「痀」。〔疒部〕曰。痀、曲脊也。古讀如苟。句聲在 4部。此 1部 3部 4

部合韵(韻)最近之理。》/16

玗玗 (우)【yú ㄩˊ】 옥돌
설문 0176 石之似玉者。《錯釋以珣玗琪。非也。珣玗琪合三字爲玉名。單言珣者、玉器也。單言璂者、弁飾也。單言玗者、美石也。『齊風:尙之以瓊華:傳』曰。華、美石。華葢(蓋)卽玗。二字同于聲也。》从王(玉)。亏(于)聲。《羽俱切。5部。》/17

◀ 제 4 획 ▶

玟玟 (민)【wén ㄨㄣˊ】 ㊙㊥⑨㉔ méi 옥돌 ※ 민(珉)과 같다 ■문:옥무늬
설문 0189 玟瑰、《逗。》火㪽(齊)珠。《【各本】作火齊玫瑰也。今依『韻會』所引正。『子虛賦:晋灼-注』、『呂靜-韻集』皆同。『吳都賦:注』曰。火齊如雲母。重沓而可開。色黃赤似金。出日南。『廣雅』珠屬有玟瑰。》一曰石之美者。《謂石之美者名玟。此字義之別說也。『釋玄應-大唐衆經音義』引。石之美好曰玟。『聘義:君子貴玉而賤碈:注』。碈、石似玉。或作「玟」。『玉藻』。士佩瓀玟。玟又作「砇」。按『史記:子虛賦』。琳瑉琨珸。砇瑉瑉皆玟之或體。與珉各部。》从王(玉)。文聲。《二義古音皆讀如文。在 13部。今音則前義讀如枚。入 15部。後義讀如旻。入 12部。》/18

玠玠 (개)【jiè ㄐㄧㄝˋ】(제후를 봉할 때 신표로 주던 커다란)홀
설문 0111 大圭也。《『攷工記』。天子鎭圭。諸矦命圭。戴先生曰。二者皆謂之介圭。『爾雅』圭大尺二寸爲玠。據鎭圭言也。『詩』。錫爾介圭。以作爾寶。據命圭言也。介者、大也。『禮器』。大圭不琢。以素爲貴。亦謂此也。》从王(玉)。介聲。《古拜切。15部。》『周書』曰。稱奉介圭。《『顧命』曰。大保承介圭。又曰。賓稱奉圭兼幣。葢(蓋)許君偶誤合二爲一。如或簸或舀、蘉蘉舞我之類。『韵會』引介圭作玠玉。》/12

玤玤 (봉)【běng ㄅㄥˇ】 ㊙㊥⑨ bàng 옥돌 ■방:같은 뜻, 땅이름
설문 0151 石之次玉者。㠯(以)爲系璧。《系璧、葢(蓋)爲小璧系帶閒、縣左右佩物也。》从王(玉)。丰聲。讀若『詩』曰瓜瓞菶菶。《『大雅:生民』文。此引【經】說字音也。補蠓切。9部。》一曰若盒蚌。《今音蚌在講韻。古音江講合於東董。》/16

玫玫 (몰)【mò ㄇㄛˋ】 옥
설문 0177 玉屬也。《『玉篇』引『穆天子傳』。采石之山有玫瑤。凡言某屬者。謂某之類。》从王(玉)。旻(叟)聲。讀若沒(沒)。《莫悖切。15部。》/17

玦玦 (결)【jué ㄐㄩㄝˊ】(고리 모양)패옥, (활)깍지
설문 0119 玉佩也。《『九歌:注』曰。玦、玉佩也。先王所以命臣之瑞。故與環卽還、與玦卽去也。『白虎通』曰。君子能決斷則佩玦。韋昭曰。玦如環而缺。》从王(玉)。夬聲。《古穴切。古音在 15部。》/13

珏珏 (각)【jué ㄐㄩㄝˊ】 [설문부수 7] 쌍옥 ■곡:같은 뜻
설문 0201 二玉相合爲一珏。《『左傳:正義』曰。轂、『倉頡篇』作「珏」。云雙玉爲珏。故字从雙玉。按『淮南書』曰。玄玉百工。『注』。二玉爲一工。工與珏雙聲。百工卽百珏也。不言从二玉者。義在於形。形見於義也。古岳切。3部。》凡珏之屬皆从珏。《因有班瑼字。故珏專列一部。不則綴於〔玉部〕末矣。凡『說文』通例如此。》 𤨬珏或从㱿(殸)。《㱿聲也。『左傳』納玉十㱿、魯(魯)於行玉廿㱿、字皆如此作。【韋昭、杜預:解】同『說文』。》/19

성부 ■투 ■복 ■반 ■금
형부 반(斑) 비(琵) 파(琶)

玩玩 (완)【wàn ㄨㄢˋ】 ㉠ wǎn ㊙㉔ wán 장난할, 익힐, 사랑할
설문 0143 弄也。《〔廾部〕曰。弄、玩也。是爲轉注。『周禮』曰。玩好之用。》从王(玉)。元聲。《五換切。14部。》 貦 玩或从貝。/16

玪玪 (감)【jiān ㄐㄧㄢ】 옥돌 ■겸:옥이름 ■림:아름다운 옥
설문 0152 玪塾、《逗。》石之次玉者。《『鄭本-尙書』。璆玪琅玕。『鄭-注』。璆、美玉。玪、美石。『子虛賦』。瑊玏玄厲。張揖曰。瑊玏、石之次玉者。『中山經』。葛山其下多瑊石。『郭-傳』。瑊玏、石似玉。『廣雅』。瑊玏、石次玉也。按玪瑊同字。塾玏同字。玪塾合二字爲石名。亦有單言玪者。如『尙書』、『中山經』及『穆天子傳』是。》从王(玉)。今聲。《古函切。古音在 7部。『廣韻』瑊音箴。是。》/16

玭玭 (빈)【pín ㄆㄧㄣˊ】 옥 ■변 · 비:같은 뜻
설문 0186 珠也。《謂珠名也。》从王(玉)。比聲。《韋昭薄迷反。15部。紕字下曰。讀若玭珠。》宋宏曰。淮水中出玭珠。玭珠珠之有聲者。《此宋宏說『伏生-尙書』語也。宏字仲子。能薦桓譚、辟牟長者。『伏生-尙書』。徐州之貢。淮夷玭珠臮魚。仲子謂淮水中出玭珠。與『鄭-古文-尙書』說合。玭珠珠之有聲者七字、當作玭蚌之有聲者六字。玭本是蚌名。以爲珠名。韋昭曰。玭、蚌也。『廣韻』曰。蠙、珠母也。『西山經』。絮魮之魚。其狀如覆銚。鳥首而翼。魚尾。音如磬之聲。是生珠玉。『江賦』所謂文魮磬鳴。『郭-傳』云。蚌類。按玭蚌葢(蓋)類是。能鳴。故曰蚌之有聲者。》 蠙『夏書』玭从虫賓。《謂『古文-夏書』玭字如此作。从虫賓聲。古音在 12部。『故-唐韻』步因切。其音變爲蒲邊扶堅二切。小篆从比。其雙聲也。玭字葢(蓋)亦古文。故『伏生-尙書』作「玭」。『夏本紀』、『地理志』從之。非伏生依小篆。乃其【壁藏本】固爾也。》/18

◀ 제 5 획 ▶

玲玲 (령)【líng ㄌㄧㄥˊ】 금옥소리, 고울, 아롱거릴
설문 0144 玉聲也。《『甘泉賦』。和氏瓏玲。『大玄』。亾(亡)彼瓏玲。皆謂玉聲。『法言』、『廣雅』作玲瓏。》从王(玉)。令聲。《郎(郎)丁切。古音在 12部。》/16

玉 5 ④

玼 (체)【cǐ ㄘˇ】(빛이)고울 ■차:같은 뜻 ■자:흉 ※ 자(疵)와 통용 (玉부 5획)

설문 0133 新玉色鮮也。《【各本】無「新」。『詩:音義』兩引皆作新色鮮也。今補。玼本新玉色。引伸爲凡新色。如『詩』玼兮玼兮。言衣之鮮盛。新臺有玼。言臺之鮮明。『韻會』引作玉色鮮絜也。》从王(玉)。此聲。《『詩:音義』音此。又且禮反。15部。古此聲之字多轉入 16部。16部與 17部至近。是以劉(劉)昌宗云倉我反也。玼之或體作「瑳」。楚景瑳以爲名。『詩:君子偕老:二章三章』皆曰玼兮玼兮。是以二章毛、鄭有『注』。『三章』無『注』。或兩章皆作「瑳」。『內司服:注』引瑳兮瑳兮。其之翟也。又引瑳兮瑳兮。其之展也。可證。自淺人分別玼屬二章、瑳屬三章。畫(畵)爲二字二義。又於『說文』增瑳爲訓釋。今刪(删)。》『詩』曰。新臺有玼。《『詩:邶風』文。【今本】作「泚」。『韓詩』作「漼」。云鮮皃(貌)。卽今璀璨字也。》/15

玽 (구)【gǒu ㄍㄡˇ】옥돌

설문 0168 石之似玉者。《似【汲古-原本】作「次」非。》从王(玉)。句聲。讀若苟。《古厚切。4部。》/17

珇 (조)【zǔ ㄗㄨˇ】옥홀 장식, 아름다울 ■저:옥의 무늬

설문 0127 琮玉之瑑。《『玉人』。駔琮五寸。宗后以爲權。駔琮七寸。天子以爲權。『注』。駔讀爲組。以組繫之。因名焉。許作「珇」。葢(蓋)杜子春讀【故書】之駔爲珇。鄭所不從。不載其說者也。『記』又云。瑑琮八寸。則駔琮非謂瑑明矣。似讀駔爲珇、訓琮玉之瑑、失之。『方言』曰。珇、好也。美也。許意謂兆瑑之美曰珇。》从王(玉)。且聲。《則古切。5部。》/14

珉 (민)【mín ㄇㄧㄣˊ】옥돌 ■빈:옥돌

설문 0181 石之美者。《『弁師』。珉玉三采。》从王(玉)。民聲。《武巾切。12部。按凡民聲字在 12部。凡昏聲字在 13部。昏不以民爲聲也。『聘義:注』曰。「碈」或作「玟」。凡文聲昏聲同部。瑉碈字皆玟之或體。不與珉同字。其譌亂久矣。》/17

珊 (산)【shān ㄕㄢ】산호, 패옥 소리, 비 성하게 내리는 모양 ■살:산호

설문 0194 珊瑚、《逗。》色赤。生於海。《『廣韻』引。生海中而色赤也。》或生於山。《『廣雅』珊瑚爲珠類。故次於此。『上林賦:注』曰。珊瑚生水底石邊。大者樹高三尺餘。枝格交錯。無有葉。〔石部〕曰。上摘山巖空青珊瑚墮之。珊瑚有青色者。或云。赤爲珊瑚。青爲琅玕。》从王。刪省聲。《穌干切。14部。》/18

珌 (필)【bì ㄅㄧˋ】칼집 장식 ■별:같은 뜻

설문 0123 佩刀下飾。天子以玉。《『毛傳』云。天子以珧。『說文:珧』字下亦云。天子珧珌。此當云。天子以珧。諸矦以玉。淺人妄竄改之。》从王(玉)。必聲。《畢吉切。12部。》 蹕 古文珌。《【各本】無。『玉篇』曰。「珌」古文作「蹕」。『汗簡(簡)』、『古文四聲韻』皆曰。蹕見『說文』。今據補。必畢古通用。同在 12部。》/14

珍 (진)【zhēn ㄓㄣ】보배, 맛있는 음식

설문 0142 寶也。《〔宀部〕曰。寶、珍也。是爲轉注。》从王(玉)。㐱聲。《陟鄰(隣)切。古音在 13部。》/16

◀ 제 6 획 ▶

珕 (려)【lì ㄌㄧˋ】자개로 칼 장식할 ■리:같은 뜻

설문 0187 蜃屬。《謂蜃之類。其甲亦可飾物也。》从王(玉)。劦聲。《郞(郎)計切。15部。》『禮記』曰。《「記曰」字依『韻會』所引補。〔土部〕。『禮記』曰天子赤墀。【今本】亦刪(删)「記曰」字。『藝文志』曰。『記:百三十一篇』。七十子後。學者所記也。》佩刀、士珕琫而珧珌。《『詩:正義』作「珕琫而珕珌」。》/18

珆 (이)【yí ㄧˊ】옥돌 ■기:같은 뜻

설문 0157 石之似玉者。《「似」、『玉篇』作「次」。又引『倉頡』云五色石也。》从王(玉)。匝聲。讀若貽。《與之切。1部。》/17

珠 (주)【zhū ㄓㄨ】구슬(둥근 물건), 사물의 미칭

설문 0183 蚌中陰精也。《蚌、或蚌字。「中」【各本】作「之」。今依『初學記』。『大戴-禮』曰。珠者、陰之陽也。故勝火。》从王(玉)。朱聲。《章俱切。古音在 3部。》『春秋:國語』曰。珠足以御火災是也。《「足」字依『玉篇』補。「御」【各本】作「禦」。今正。『楚語』。『左史:倚相』曰。珠足以禦火災則寶之。『韋-注』。珠水精。故以禦火災。》/17

珼 (예)【yì ㄧˋ】옥돌 ■계:같은 뜻

설문 0159 石之似玉者。从王(玉)。曳聲。《余制切。古音在 16部。曳从申(申)。以象抴引之。厂爲聲。按『玉篇』、『廣韻』皆兼有珼瑰字。訓釋同。瑰音曳。必有一誤。》/17

珢 (은)【yín ㄧㄣˊ】옥돌 ■간:옥의 뾰족한 자국

설문 0158 石之似玉者。从王(玉)。艮聲。《語巾切。古音在 13部。》/17

珣 (순)【xún ㄒㄩㄣˊ】옥이름

설문 0092 醫無閭珣玗(玗)璂。《『爾雅』曰。東北之美者、有醫無閭之珣玗琪焉。璂琪同。醫無閭、山名。在今盛京錦州府廣寧縣西十里。『屈原賦』謂之於微閭。珣玗璂合三字爲玉名。玗璂二字又各有本義。故不連擧(擧)其篆也。葢(蓋)醫無閭、珣玗璂皆東夷語。》『周書』所謂夷玉也。《『夷玉、『顧命』文。『鄭-注』云。東北之珣玗琪也。》从王(玉)。旬聲。《相倫切。12部。》一曰玉器。《此字義別說也。『周禮:玉瑞玉器:注』曰。禮神曰器。『爾雅』。璧大六寸謂之宣。『郊祀志』。有司奉瑄玉。『詛楚』文。㪅(敢)用吉王宣璧。皆卽珣字。》讀若宣。《謂訓器則讀若宣也。音轉入 14部。如『毛詩』于嗟洵兮、『韓詩』「洵」作「夐」之比。》

/11

珥珥 (이)【ěr ㄦˇ】本[귀막이 옥] 날밑(칼자루와 칼날 사이에 끼우는 테), 짐승의 피를 그릇에 칠해 제사지냄 ■잉:같은 뜻

설문 0120 瑱也。《『戰國策』。孟嘗君進五珥。以請立后。『李斯-上書』曰。宛珠之簪。傅璣之珥。》从王(玉)耳。耳亦聲。《仍吏切。1部》/13

珦珦 (향)【xiàng ㄒㄧㄤˋ】향옥(珦玉) ■상:같은 뜻

설문 0090 玉也。从王(玉)。向聲。《許亮切。10部。》/11

珧珧 (요)【yáo ㄧㄠˊ】대합조개, 옥

설문 0188 蜃甲也。《介物之骰曰甲。》所以飾物也。《『釋器』曰。以蜃者謂之珧。按『爾雅』。蜃小者珧。『東山經』。嶧皐之水多蜃珧。『傳』曰。蜃、蚌屬。珧、玉珧。亦蚌屬。然則蜃珧二物也。許云一物者、據『爾雅』言之。凡物統言不分。析言有別。蜃飾謂之珧。猶金飾謂之銑、玉飾謂之珪。金不必皆銑、玉不必皆珪也。》从王。兆聲。《余昭切。2部。》『禮記』曰。《二字補。》佩刀、天子玉琫而珧珌。《見『毛傳』。按天子玉琫珧珌。備(備)物也。諸侯璗琫璆珌。讓於天子也。璆、美玉也。天子玉上。諸侯玉下。故曰讓於天子也。大夫鐐琫鏐珌。銀上金下也。士珕琫珧珌。珧有玉珧之偁(稱)。貴於珕。自諸侯至士皆下美於上。惟天子上美於下。『毛詩:集注、定本、釋文』皆作諸侯璆珌。惟『正義』作諸侯鏐珌。又『集注、定本、釋文』皆作大夫鏐珌。惟『正義』作大夫鐐珌。又『說文』作士珧珌。『正義』作士珕珌。與『說文』異。》/18

珩珩 (형)【héng ㄏㄥˊ】패옥, 갓끈

설문 0118 佩上玉也。《『詩:毛傳』曰。雜佩者、珩璜琚瑀衝牙之類。『韓傳』曰。佩玉上有蔥衡。下有雙璜、衝牙。蠙珠以納其間。按衡卽珩字。『晉語:白玉之珩六雙:注』。珩、佩上飾。『楚語:楚之白珩:注』。珩佩上之横者。『玉藻』曰。一命、再命幽衡。三命蔥衡。『注』。衡、佩上之衡也。其制珩上横爲組三。繫於珩。繫於中組者曰衝牙。繫於左右組者曰璜。皆以玉。璜似半璧而小。亦謂之牙。繫於中者觸牙而成聲。故曰衝牙。蠙珠琚瑀貫於珩之下、璜衝牙之上。故毛、韓、大戴皆曰。以納其間。云佩上玉者、謂此乃玉佩最上之玉也。統言曰佩玉。析言則珩居首、以玉爲之。依『玉藻』所言。則當天子白玉珩。公矦山玄玉珩。大夫水蒼玉珩。所謂三命蔥珩。士瓀玫、則以石。『月令』。春倉玉。夏赤玉。中央黃玉。秋白玉。冬玄玉。『注』。凡所服玉。謂冠飾及所佩之珩璜。則又隨時異色矣。》从王(玉)行。所以節行止也。《依『韻會』所引訂。从玉行者、會意。所以節行止也者、謂珩所以節行止。故字从玉行。發明會意之恉(指)也。『周語:改玉改行:注』。玉、佩玉。所以節行步也。此字行亦聲。戶(戶庚切。古音在 10部。》/13

班班 반【bān ㄅㄢ】나눌, 나누어 줄, 차례, 계급, 반차

설문 0202 分瑞也。《『堯典』曰。班瑞于羣(群)后。》从珏刀。《會意。刀所以分也。布還切。古音在 13部。讀如文質份份之份。『周禮』以頒爲班。古頒班同部。》/19

◀ 제 7 획 ▶

珋珋 (류)【liú ㄌㄧㄡˊ】금강석, 보석

설문 0196 石之有光者。璧珋也。《「者」字依『李善-江賦:注』補。此當作「璧珋石之有光者」也。恐亦後人倒之。璧珋、卽璧流離也。『地理志』曰。人海市明珠、璧流離。『西域傳』曰。罽賓國出璧流離。璧流離三字爲名、胡語也。猶珣玗琪之爲夷語。漢武梁祠堂畫(畵)有璧流離。曰王者不隱過則至。『吳國山碑紀:符瑞』亦有璧流離。【梵書】言吠瑠璃。吠與璧音相近。『西域傳:注』。孟康曰。璧流離青色如玉。『今本-漢書:注』無璧字。讀者誤認正文璧與流離爲二物矣。今人省言之曰流離。改其字爲瑠璃。古人省言之曰璧珋。珋與流瑠音同。『楊雄-羽獵賦』。椎夜光之流離。是古亦省作流離也。》出西胡中。《西胡、西域也。班固曰。西域三十六國皆在匈奴之西。故『說文』謂之西胡。凡三見。『魏略』云。大秦國出赤白黑黃青綠縹紺紅紫十種流離。師古曰。此葢(蓋)自然之物。采澤光潤。踰於衆玉。其色不恆。今俗所用。皆銷冶石汁。加以衆藥。灌而爲之。尤虛絕(絶)不貞實。》从王(玉)。丣聲。《『廣韻』引『說文』音畱(留)。3部。玉裁按。古音卯丣二聲同在 3部爲疊韵(疊韻)。而畱珋茆聊駵䶉劉(劉)等字皆與丣又疊韵韻中雙聲。昴貿茆等字與卯疊韵中雙聲。部分以疊(疊)韻爲重。字音以雙聲爲重。許君丣丣畫分。而从丣之字、俗多改爲从卯。自漢已然。卯金刀爲劉之說。【緯書】荒繆。正屈中、止句、馬頭人、人持十之類。許所不信也。凡俗字丣變卯者、今皆更定。學者勿持漢人繆字以疑之。》/19

珽珽 (정)【tǐng ㄊㄧㄥˇ】옥 이름, 홀

설문 0114 大圭。長三尺。抒上。終葵首。《見『玉人』。『注』曰。王所搢大圭也。或謂之珽。終葵、椎也。爲椎於其杼上。明無所屈也。杼、殺也。按『玉藻』謂之珽。『注』云。此亦笏也。珽之言挺然無所屈也。『典瑞』曰王晉大圭以朝日、『魯語』曰天子大采朝日、『管子』曰天子執玉笏以朝日皆謂此。『司馬相如賦』有晁采。晁古朝字。朝采卽朝日之大采也。長三尺。博三寸。葢(蓋)自其中已上殺之。其殺六分而去一。至其首則仍博三寸而方之。鄭云。方如椎頭是也。「珽」王逸引『相玉書』作「珵」。「抒」『今-周禮』作「杼」。『玉藻:注』同。杼是也。》从王(玉)。廷聲。《他鼎切。11部。》/13

琀琀 (함)【hàn ㄏㄢˋ】㊤㊥⑨㉶ hán 빈함옥

설문 0197 送死口中玉也。《『典瑞』曰。大喪共飯玉、含玉。『注』。飯玉、碎玉以雜米也。含玉、柱左右顚及在口中者。『雜記』曰。含者執璧將命。則是璧形而小耳。『穀梁傳』曰。貝玉曰含。按琀、士用貝。見『士喪禮』。諸侯用璧。見『雜記』。天子用玉。》从王(玉)含。含亦聲。《胡紺切。古音在 7部。【經傳】多用含。或作「啥」。》/19

玉

5

⑦

琂 (언)【yán ㄧㄢˊ】 옥돌
[설문] [0169] 石之似玉者。从王(玉)。言聲。《語軒切。14部。》/17

球 (구)【qiū ㄑㄧㄡ】 ㉠[상][中]⑨[작] qiú 옥, 둥근 물체 ■규:옥경쇠
[설문] [0099] 玉也。《【鉉本】玉磬也。非。『爾雅:釋器』曰。璆、美玉也。『禹貢、禮記:鄭-注』同。『商頌:小球大球:傳』曰 球、玉也。按磬以球爲之。故名球。非球之本訓爲玉磬。》从王(玉)。求聲。《巨鳩切。3部。》璆球或从翏。《求翏二聲同 3部。》/12

琅 (랑)【láng ㄌㄤˊ】 옥돌, 금옥 소리
[설문] [0192] 琅玕。《逗。》似珠者。《『尚書』。璆琳琅玕。『鄭-注』曰。琅玕、珠也。『王充-論衡』曰。璆琳琅玕。土地所生。眞玉珠也。魚蚌之珠、與『禹貢』琅玕皆眞珠也。『本艸經』。青琅玕。陶貞白謂卽『蜀都賦』之青珠。而『某氏-注:尚書』、『郭-注:爾雅、山海經』皆曰。琅玕、石似珠。玉裁按。出於蚌者爲珠。則出於地中者爲似珠。似珠亦非人爲之。故鄭、王謂之眞珠也。》从王(玉)。良聲。《魯當切。10部。》/18

理 (리)【lǐ ㄌㄧˇ】 [本][옥 다룸] (일, 재판)다스릴, 도리
[설문] [0141] 治玉也。《『戰國策』。鄭人謂玉之未理者爲璞。是理爲剖析也。玉雖至堅。而治之得其䚡理以成器不難。謂之理。凡天下一事一物、必推其情至於無憾而後卽安。是之謂天理。是之謂善治。此引伸之義也。『戴先生-孟子:字義疏證』曰。理者、察之而幾微必區以別之名也。是故謂之分理。在物之質曰肌理。曰腠理。曰文理。得其分則有條而不紊、謂之條理。『鄭-注:樂記』曰。理者、分也。許叔重曰。知分理之可相別異也。古人之言天理何謂也。曰理也者、情之不爽失也。未有情不得而理得者也。天理云者、言乎自然之分理也。自然之分理。以我之情絜人之情、而無不得其平是也。》从王(玉)。里聲。《良止切。1部。》/15

◀ **제 8 획** ▶

琚 (거)【jū ㄐㄩ】 패옥, 노리개
[설문] [0154] 佩玉石也。《【各本】作「瓊琚也」。今正。『詩:鄭風:正義』、釋文皆引『說文』。琚、佩玉名。『衛(衛)風』釋文又引琚、佩玉名。按雜佩謂之佩玉。見『周禮』、『大戴-禮』、『玉藻』、『詩:鄭風、秦風、衛風』、『尚書:大傳』。贅以名字。語不可通。琚乃佩玉之一物。不得云佩玉名也。毛公、大戴皆云。琚瑀以納閒。許君以瑀字廁於石次玉之類。然則名字爲石之字誤無疑。佩玉石者、謂佩玉納閒之石也。『木瓜:毛傳』云。琚、佩玉石也。許君用之。『今-毛傳』石譌爲名。莫能是正。瑀下不言佩玉石。琚下不言美石次玉。互見也。『詩』。佩玉瓊琚。謂佩玉之閒有美琚也。瓊瑰玉佩。謂美瑰在玉佩之閒也。》从王(玉)。居聲。《九魚切。5部。》『詩』曰。報之以瓊琚。/16

琜 (래)【lái ㄌㄞˊ】 옥 이름
[설문] [0088] 琜瓄、《逗。》玉也。《『廣雅』玉類有琜瓄。按說解有瓄而無篆文瓄者。葢(蓋)古秖用賣。後人加偏旁(旁)。【許君-書】或本說解內作賣。或說解內不妨從俗。而篆文則不錄也。》从王(玉)。來聲。《落哀切。1部。瓄曹憲音瀆。》/10

琟 (유)【wéi ㄨㄟˊ】 옥돌 ■옥:새이름
[설문] [0171] 石之似玉者。从王(玉)。隹聲。讀若維。《讀若維。以追切。15部。》/17

琠 (전)【diǎn ㄉㄧㄢˇ】 [상] tiǎn 전옥, 귀막이 옥 ※ 전(瑱)과 같은 글자
[설문] [0081] 玉也。从王(玉)。典聲。《多殄切。古音在13部。『玉篇』曰。古文作「𤩲」。》/10

琢 (탁)【zhuó ㄓㄨㄛˊ】 (옥을)쫄, (학문)닦을 ■착:속음
[설문] [0139] 治玉也。《『釋器』。玉謂之琢。石謂之摩。『毛傳』同。按琢琱字謂鐫鑿之事。理字謂分析之事。『攷工記』刮磨五工。『玉人』、記玉之用。楖人、雕人、闕。楖人葢(蓋)理之。如楖之疏髮。雕人葢琢之。如鳥之啄物。『左思賦:水鳥』曰。彫琢蔓藻、是其意。》从王(玉)。豖聲。《竹角切。3部。》/15

琤 (쟁)【chēng ㄔㄥ】 옥 소리, 거문고 소리, 물건 부딪히는 소리
[설문] [0147] 玉聲也。从王(玉)。爭聲。《楚耕切。11部。按此字恐系瑲之俗。》/16

琥 (호)【hǔ ㄏㄨˇ】 [本][발병부] 호박(화석의 일종), 옥으로 만든 범모양의 그릇
[설문] [0106] 發兵瑞玉。《『周禮』。牙璋以起軍旅。以治兵守。不以琥也。漢與郡國守相爲銅虎符。銅虎符從第一至第五。國家當發兵。遣使者至郡國合符。符合乃聽受之。葢(蓋)以代牙璋也。許所云未聞。》爲虎文。《瑑虎爲文也。『鄭-注:周禮』。琥猛象秋嚴。》从王(玉)。虎聲。《呼古切。5部。》『春秋傳』曰。賜子家子雙琥是。《『昭公:卄二年:左傳』文。》/12

琨 (곤)【kūn ㄎㄨㄣ】 아름다운 돌, 옥 이름
[설문] [0180] 石之美者。《『王肅及某氏-注:禹貢』皆曰。瑤琨皆美石。『劉(劉)逵-注:吳都賦』、『顏(顏)師古-注:地理志』皆曰。琨、美石。【今本】轉寫石多譌玉。『穆天子傳』。天子之珤玉昆。『傳』。石似美玉。【今本】昆譌果。『招魂』。昆蔽象棊。『注』。昆、玉也。當云昆同琨。石似玉。》从王(玉)。昆聲。《古渾切。13部。》『夏書』曰。《「夏」【各本】譌「虞」。》楊州貢瑤琨。瑻琨或从貫。《『馬融-尚書』、『漢:地理志』皆作「瑻」。貫聲在 14部。與 13部昆聲合韻最近。而又雙聲。如昆夷亦爲串夷。韋昭瑻音貫。》/17

琫 (봉)【pěng ㄆㄥˇ】 [상][中]⑨[작] běng 칼집 장식, 칼 마구리 장식
[설문] [0122] 佩刀上飾也。《『小雅:鞞琫有珌:傳』。鞞、容

刀鞞也。琫、上飾。珌、下飾。『大雅:鞞琫容刀:傳』、下曰鞞、上曰琫。戴先生疑『瞻彼洛矣』之珌下飾。當爲鞞下飾。珌文飾皃(貌)。「有珌」與首章「有奭」句法同。『說文』訓鞞爲刀室。誤也。玉裁按。鞞之言裨也。刀室所以裨護刀者。漢人曰削。俗作鞘。琫之言奉也。奉俗作捧。刀本曰環。人所捧握也。其飾曰琫。珌之言畢也。刀室之末。其飾曰珌。古文作琕。『傳』云。鞞、容刀鞞也。謂刀削。其云琫上飾、珌下飾者。上下自全刀言之。琫在鞞上。鞞在琫下。珌在鞞末。『公劉(劉)詩』不言珌。故云下曰鞞。擧(擧)鞞以該珌。鞞琫有珌。言鞞琫而又加珌也。『王莽傳』。瑒琫瑒珌。孟康曰。佩刀之飾。上曰琫。下曰珌。若『劉熙-釋名』曰。室口之飾曰琫。琫、捧也。捧束口也。下末之飾曰琕。琕、卑也。下末之言也。琕卽鞞之譌。劉意自一鞘言之。故雖襲毛上曰琫、下曰鞞之云。而大非毛意。至杜預本之『注:左傳』云。鞞、佩刀削上飾。鞛、下飾。又互譌上下字矣。凡訓詁必考其源流得失者、擧眡此。許云佩刀上飾。用毛說。謂一刀之上。非一削之上也。凡刀劒以手所執爲上。刀謂之穎。亦曰環。書刀謂之拊。劒謂之鐔。》天子以玉。諸侯以金。《『毛傳』曰。天子玉琫而珧珌。諸侯璗琫而璆珌。大夫鐐琫而鏐珌。士珕琫而珕珌。天子以玉。故其字从玉。》从王(玉)。奉聲。《邊孔切。9部。『左傳』作鞛。音奉合音。如棓字亦音聲之比。》/13

琬 (완)【wǎn ㄨㄢˇ】(끝이 뾰족하지 않는)홀
[■]원:같은 뜻
[설문] [0108] 圭有琬者。《此當作「圭首宛宛者」。轉寫譌脫也。琬宛疊韵(疊韻)。先鄭云。琬圭無鋒芒(芒)。故以治德結好。後鄭云。琬猶圜也。王使之瑞節也。戴先生曰。凡圭剡上寸半。直剡之。倨句中矩。琬圭穹隆而起。宛然上見。玉裁謂。圜剡之、故曰圭首宛宛者。與丠(北丘)上有丠爲宛丠同義。『爾雅』又云。宛中、宛丠。此與『毛傳』四方高中央下曰宛丠、『釋名』丠宛宛如偃器正同。謂窊其中宛宛然也。二義相反。俱得云宛。『爾雅』兼采異說。郭說宛中。失之。》从王(玉)。宛聲。《於阮切。14部。》/12

琮 (종)【cōng ㄘㄨㄥˉ】[상][中][9][작] cóng 옥홀
[설문] [0105] 瑞玉。大八寸。似車釭。《『鄭-注:周禮』曰。琮、八方象地。『玉人』曰。大琮尺二寸。射四寸。『注』。射、其外鉏牙。『疏』云。角各出二寸。兩相并。四寸也。玉裁按。除去射四寸。則大琮八方之徑八寸。許云瑞玉大八寸者、謂大琮也。其他琮不言射。惟瑑琮大八寸。如車釭者、葢(蓋)車轂空中不正圜。爲八觚形。琮似之。琮釭疊(疊)韻。》从王(玉)。宗聲。《藏宗切。9部。》/12

琰 玫(염)【yǎn ㄧㄢˇ】구슬 윤 있을, 모 있는 홀
[설문] [0110] 璧上起(起)美色也。《「璧」當爲「圭」。「也」當爲「者」。『周禮:注』云。凡圭剡上寸半。琰圭剡半以上。又半爲瑑飾。許云起(起)美色。葢(蓋)與鄭意同。或當作圭剡上起美飾者。若『高-注:淮南』、『顏(顏)-注:司馬相如傳』皆云。琬琰、美玉名。此當合二字爲一名。別是一物。『尙書』玉五重。琬琰亦是一物。非『周禮』之二圭也。》从王(玉)。炎聲。《以冄切。古音第 8部。》/12

琱 (조)【diāo ㄉㄧㄠ】아로새길
[설문] [0140] 治玉也。《『釋器』。玉謂之雕。按琱琢同部雙聲、相轉注、『詩』、『周禮』之追、『大雅』之敦弓皆與琱雙聲也。》一曰石似玉。《此字義之別說。》从王(玉)。周聲。《都僚切。古音在 3部。【經傳】以雕彫爲琱。》/15

琳 (림)【lín ㄌㄧㄣˊ】옥
[설문] [0100] 美玉也。《『高-注:淮南』、『王-注:楚辭』、『李孫郭-注:爾雅』皆曰。琳、美玉名。『某氏-注:尙書』曰。琳、玉名。》从王(玉)。林聲。《力尋切。7部。》/12

琴 [금]【qín ㄑㄧㄣˊ】[설문부수 455] 거문고
[설문] [8015] 禁也。《禁者、吉凶之忌也。引申爲禁止。『白虎通』曰。琴、禁也。以禁止淫邪、正人心也。此疊(疊)韵爲訓。》神農所作。《『世本』文也。『宋書:樂志』曰。琴、『馬融-笛賦』云宓羲造。『世本』云神農所造也。瑟、『馬融-笛賦』云。神農造。『世本』云。宓羲所造也。按『風俗通』、『廣雅』皆同『世本』。季長說、誤。『山海經:郭-傳』引『世本』伏羲作琴。神農作瑟。恐系轉寫舛錯。》洞越。《句。》練朱五弦。《洞當作迵。迵者、通達也。越謂琴瑟底之孔。迵孔者、琴腹中空而爲二孔通達也。越音浯(活)。或作趏。練朱五弦者、『虞書:傳』曰古者帝王升歌淸廟之樂、大琴練弦。葢(蓋)練者其質。朱者其色。『鄭-注:樂記』淸廟之瑟朱弦云。練、朱弦也。練則聲濁。五者、初制琴之弦數。》周時加二弦。《文王、武王各加一弦。》象形。《象其首身尾也。上圓下方、故象其圓。巨今切。7部。》凡珡之屬皆从珡。古文珡(琴)。从金。《以金形聲字也。今人所用琴字乃上从小篆、下作今聲。》/633
[圖]【琴】下曰:神農所作。洞越練朱五絃。周加二絃。君子所以自禁制也。琴論、伏義氏削銅爲琴。。面圓法天。底方象地。龍池八寸、通八風。鳳池四寸、合四季。琴長三尺六寸、象三百六十日。廣六寸、象六合。前廣後狹、象尊卑也。上圓下方、法天地也。五絃象五行。大絃爲君。小絃爲臣。文武加二絃、以合君臣之恩。
[성부] 䥑 슬
[형부] 파(琶)

◀ 제 9 획 ▶

瑓 (랄)【là ㄌㄚˋ】[상] à 옥
[설문] [0091] 玉也。从王(玉)。剌聲。《盧達切。15部。》/11

瑀 (우)【yǔ ㄩˇ】패옥, 흰 구슬
[설문] [0150] 石之次玉者。《次【各本】譌似。依『詩:音義』、『正義』引訂。『鄭風:傳』曰。雜佩者、珩璜琚瑀衝牙之類。又曰。佩有琚瑀。所以納閒。納閒者、納於上珩下璜衝牙之中也。『韓詩:傳』。蠙珠以納其閒。『保傅篇』曰。

玭珠以納其間。琚瑀以雜之。玭卽蠙。『毛』不言蠙珠。『韓』不言琚瑀。『保傅篇』兼言之。葢(蓋)蠙珠居中。琚瑀皆美石、又貫於蠙珠之上下。故曰雜佩。雜、集也。集衆美也。盧辨曰。玭珠之赤者曰琚、白者曰瑀。誤矣。》从王(玉)。禹聲。《王矩切。5部。》/16

瑁 (모)【mào ㄇㄠˋ】옥홀, 대모 ■매:대모
설문 0115 諸侯執圭朝天子。天子執玉以冒之。似犂冠。『周禮』曰。天子執瑁四寸。《『玉人』曰。天子執冒四寸以朝諸侯。『注』。名玉曰冒者、言德能覆葢(蓋)天下也。四寸者方。以尊接卑。以小爲貴。『尚書:大傳』曰。古者圭必有冒。不敢專達也。天子執冒以朝諸侯。見則覆之。故冒圭者。天子所與諸侯爲瑞也。諸侯執所受圭以朝於天子。瑞也者、屬也。犂冠、『爾雅:注』作「犂錧」。謂耜也。『周禮:匠人』。耜廣五寸。二耜之伐廣尺。耜刃方。瑁上下方似之。》从王(玉)冒。冒亦聲。《莫報切。古音在 3部。『考工記』以冒爲瑁。》玥古文。从月。《【各本】篆作「玥」。云古文从目。惟『玉篇』不誤。此葢(蓋)『壁中-顧命』字。》/13

瑂 (미)【méi ㄇㄟˊ】옥돌
설문 0173 石之似玉者。从王(玉)。眉聲。讀若眉。《武悲切。15部。》/17

瑎 (해)【xié ㄒㄧㄝˊ】검은 옥돌 ■개:같은 뜻
설문 0178 黑石似玉者。从王(玉)。皆聲。讀若諧。《戶皆切。15部。》/17

瑑 (전)【zhuàn ㄓㄨㄢˋ】(옥을)새길、돋을 새김 ■준:같은 뜻 ■지:같은 뜻
설문 0126 圭璧上起(起)兆瑑也。《『周禮:先鄭-注』云。瑑、有圻鄂瑑起也。後鄭云。瑑、文飾也。許云。起(起)兆瑑。與先鄭說合。兆者、垗也。營域之象。先鄭所謂垠堮也。大圭不瑑者。以素爲貴也。》从王(玉)。彖聲。《彖聲、依『韻會』所引【鍇本】。【今-鍇本】亦作篆省聲。又淺人改之也。直戀切。14部。》『周禮』曰。瑑圭璧。《『典瑞』曰。瑑圭璋璧琮。疑此有脫誤。》/14

瑒 (창)【chàng ㄔㄤˋ】옥, 옥찬(종묘 제사 때 울창주를 담는 술잔) ■정:같은 뜻 ■탕:옥이름 ■양:사람이름
설문 0112 圭尺二寸。有瓚。以祠宗廟者也。《『玉人』曰。祼圭尺有二寸。有瓚。以祀廟。祼圭謂之瑒圭。瑒讀如暢。『魯語』謂之鬯圭。用以灌鬯者也。祠『玉篇』作祀。》从王(玉)。昜聲。《丑亮切。10部。》/12

璗 (류)【liú ㄌㄧㄡˊ】면류관 드림 옥
설문 0130 垂玉也。冕飾。《『弁師』。掌王之五冕。五采繅十有二就。皆五采玉十有二。諸侯之繅斿九就。瑉玉三采。繅斿皆就。『注』。繅、雜文之名。合五采絲爲之繩。垂於延之前後。就、成也。繩之每一帀而貫五采玉。十二斿則十二玉也。繅不言皆。有不皆者。袞衣之冕十二斿。則用玉二百八十八。鷩衣之冕繅九斿。用玉二百一十六。毳衣之冕七斿。用玉百六十八。希(希)衣之冕五斿。用玉百二十。玄衣之冕三斿。用玉七十二。侯當爲公。字之誤也。三采、朱白蒼也。繅斿皆就、皆三采也。每繅九成、則九玉也。公之冕用玉百六十二。按『弁師』作「斿」。『玉藻』从俗字作「旒」。皆璗之假借字。》从王(玉)。流聲。《力求切。3部。》/14

瑕 (하)【xiá ㄒㄧㄚˊ】本[옥 조금 붉을] 붉은 옥, 옥의 티, 허물, 땅이름 ■가:땅이름
설문 0138 玉小赤也。《『子虛賦』。赤瑕駁犖。張揖曰。赤瑕、赤玉也。『揚雄-蜀都賦』、『左思-吳都賦』皆云瑕英。劉逵曰。瑕、玉屬也。『木華-海賦』。瑕石詭暉。『廣雅』玉屬有赤瑕。若『聘義:瑕不揜瑜:注』。瑕、玉之病也。『高-注:淮南書』曰。瑕猶釁也。此別一義。釁同鬩。》從王(玉)。叚聲。《乎加切。古音在 5部。》/15

瑗 (원)【yuàn ㄩㄢˋ】㉠ huán (고리 모양의)옥 ■환:도리옥
설문 0102 大孔璧。《『釋器』曰。好倍肉謂之瑗。孔大於邊也。》人君上除陛以相引。《未聞。瑗引雙聲。『孫卿』曰。聘人以珪。召人以瑗。》『爾雅』曰。好倍肉謂之瑗。肉倍好謂之璧。《『釋器』文。好謂孔、肉謂邊也。》从王(玉)。爰聲。《王眷切。14部。》/12

瑚 (호)【hú ㄏㄨˊ】산호
설문 0195 珊瑚也。从王(玉)。胡聲。《戶(戶)吳切。5部。》/19

瑛 (영)【yīng ㄧㄥ】옥빛, 패옥
설문 0095 玉光也。《『山海經』言玉榮。『離騷』、『孝經:援神契』、『雒書』皆言玉英。『淮南:鴻烈』曰。龍淵有玉英。『高-注』。英、精光也。》从王(玉)。英聲。《於京切。古音在 10部。》/11

瑜 (유)【yú ㄩˊ】(광채가 있는 아름다운)옥
설문 0086 瑾瑜也。《凡合二字成文。如瑾瑜、玫瑰之類。其義旣擧(擧)於上字。則下字例不復擧。【俗本】多亂之。此也字之上有美玉二字是。》从王(玉)。俞聲。《羊朱切。古音在 4部。》/10

瑝 (황)【huáng ㄏㄨㄤˊ】옥소리, 종소리 ■횡:같은 뜻
설문 0149 玉聲。《謂玉之大聲也。》从王(玉)。皇(皇)聲。《『廣韻』云。『說文』音皇。十韻。》/16

瑞 (서)【ruì ㄖㄨㄟˋ】本[(제후를 봉할 때 주는)홀] 상서 ■수:속음
설문 0116 以玉爲信也。《『典瑞』。掌玉瑞玉器之藏。『注』云。人執以見曰瑞。禮神曰器。又云。瑞、節信也。『說文』卪下云。瑞信也。是瑞卪二字爲轉注。禮神之器亦瑞也。瑞爲圭璧璋琮之總偁(稱)。自璧至瑁十五字皆瑞也。故總言之。引伸爲祥瑞者、亦謂感召若符節也。》从王(玉)。耑聲。《耑聲在 14部。而瑞揣圖字音轉入 15部。『唐韻』是僞切。又入 16部。》/13

瑟 슬【sè ㄙㄜˋ】큰 거문고, 엄숙할, 고울, 쓸쓸할 ■시:악기이름

설문 8016 庖犧所作弦樂也。《弦樂、猶磬曰石樂。清廟之瑟亦練朱弦。凡弦樂以絲爲之。象弓弦、故曰弦。『淇奧:傳』曰。瑟、矜莊皃。『旱麓:箋』曰。瑟、絜鮮皃。皆因聲叚(假)借也。瑟之言肅也。『楚辭』言秋氣蕭瑟。》从珡(琴)。《琴之屬、故从琴。》必聲。《所櫛切。12部。》古文瑟。《玩古文琴瑟二字。似先造瑟字、而琴从之。》/634

형성 (1자) 슬(璱 璱)134

琓 (완)【wàn ㄨㄢˋ】옥돌 ■한·원:같은 뜻

설문 0166 石之似玉者。从王(玉)。眅聲。《烏貫切。14部。》/17

◀ 제 10 획 ▶

瑣 (쇄)【suǒ ㄙㄨㄛˇ】옥소리, 옥부스러기 ■쇄:속음

설문 0148 玉聲也。《謂玉之小聲也。『周易』。旅瑣瑣。鄭君、陸績皆曰。瑣瑣、小也。》从王(玉)。貨聲。《蘇果切。17部。》/16

瑤 (요)【yáo ㄧㄠˊ】옥돌

설문 0182 石之美者。《【各本】石譌玉。今依『詩:音義』正。『衞(衛)風:報之以瓊瑤:傳』曰。瑤、美石。『正義』不誤。『王肅某氏-注:尙書』、『劉(劉)逵-注:吳都賦』皆曰。瑤琨、皆美石也。『大雅』曰。維玉及瑤。云及則瑤賤於玉。『周禮』。享先王。大宰贊王玉爵。內宰贊后瑤爵。『禮記』。尸飮五。君洗玉爵獻卿。尸飮七。以瑤爵獻大夫。是玉與瑤等差明證。『九歌:注』云。瑤、石之次玉者。凡謂瑤爲玉者非是。》从王(玉)。䍃聲。《余招切。2部。》『詩』曰。報之日(以)瓊瑤。《『衞風:木瓜』。》/17

瑦 (오)【wù ㄨˋ】㉧㊥⑨㉶ wǔ 옥돌

설문 0172 石之似玉者。从王(玉)。烏聲。《安古切。5部。》/17

瑩 영【yíng ㄧㄥˊ】옥돌, 빛, 맑을 ■형:의혹할, 옥빛 조촐할

설문 0136 玉色也。《謂玉光明之皃(貌)。引伸爲磨瑩作鎣。》从王(玉)。熒省聲。《李善引『說文』烏明切。『唐韻』烏定切。11部。》一日石之次玉者。《此字義之別說也。『齊風:傳』曰。瑩、石似玉也。『衞(衛)風:傳』曰。瑩、美玉也。》『逸論語』曰。如玉之瑩。《此葢(蓋)引證玉色之義。》/15

형성 (1자) 영(鎣 鎣)3051

瑮 (률)【lì ㄌㄧˋ】옥 아름다울

설문 0135 玉英華羅列秩秩。《『爾雅:釋訓』。秩秩、淸也。『毛傳』。秩秩、有常也。瑮列雙聲。瑮秩疊(疊)韻。》从王(玉)。㮚(栗)聲。《力質切。12部。『聘義』說玉云。縝密以栗。》『逸論語』曰。玉粲之璱兮。其瑮(瑮)猛也。《『藝文志』曰。『論語』、漢興有齊魯之說。傳『齊論』者、惟王陽名家。傳『魯論』者、安昌侯張禹。最後而行於世。然則『張禹-魯(魯)論』所無、則謂之『逸論語』。如『十七篇』之外爲『逸禮』、『二十九篇』之外爲『逸尙書』也。『齊論』多『問王』、『知道』二篇。王伯厚云。『問王』疑當作『問玉』。按『說文』玉瑮瑩三字下所引。葢(蓋)卽『問玉』篇歟。》/15

瑰 (괴)【guī ㄍㄨㄟ】⑨ guì 구슬 ■회:같은 뜻 ■귀:꽃이름

설문 0190 玫瑰也。从王(玉)。鬼聲。《公回切。15部。玫瑰本雙聲。後人讀爲疊(疊)韻。》一日圜好。《謂圜好曰瑰。此字義之別說也。『衆經音義』亦引圜好曰瑰。『玉篇』圜好上增珠字。誤。後義當音回。○ 按『詩:秦風:傳』曰。瑰、石而次玉。疑許失載。》/18

瑱 (천)【tiàn ㄊㄧㄢˋ】옥으로 귀막을 ■진:귀막이 옥 ■전:옥, 주춧돌

설문 0121 日(以)玉充耳也。《『詩:毛傳』曰。瑱、塞耳也。又曰。充耳謂之瑱。天子玉瑱。諸侯以石。按瑱不皆以玉。許專云以玉者、爲其字之从玉也。凡字从某爲某之屬。許君必言其故。》从王(玉)。眞聲。《佗甸切。12部。》『詩』曰。玉之瑱兮。《『鄘:君子偕老』文。『今-詩』兮作也。〔女部〕又引邦之媛兮。可知此篇「也」字古皆作「兮」。『孫鯍-詩評』亦引玉之瑱兮。》䫙瑱或从耳。《『攷工記:注』引『左傳』。縛一如瑱。釋文曰。瑱本或作䫙。耳形眞聲。不入〔耳部〕者、爲其同字異處。且難定其正體或體。凡附見之例眂此。》/13

瑲 (창)【qiāng ㄑㄧㄤ】㊥⑨ qiáng 옥소리, 풍류소리 ■쟁:소리

설문 0145 玉聲也。《『小雅』。有瑲蔥珩。『毛傳』。瑲、珩聲也。『秦風』佩玉將將、『玉藻』然後玉鏘鳴皆當作此字。》从王(玉)。倉聲。《七羊切。10部。》『詩』曰。攸革攸瑲。《『周頌:載見』文。「攸」【各本】作「鋚」。今正。說見鋚字下。「有瑲」『今-詩』作「有鶬」。亦作鎗。按鸞鈴轡飾之聲而字作瑲、玉聲而字作鏘皆得謂之假借。》/16

璪 (조)【zǎo ㄗㄠˇ】㉧㊥⑨㉶ zhǎo 수레덮개 장식

설문 0125 車葢(蓋)玉璪。《『司馬彪-輿服志』曰。乘輿金根、安車、立車、羽葢(蓋)華蚤。『劉(劉)昭:注』。徐廣云。翠羽葢黃裏。所謂黃屋車也。金華施橑末有二十八枚。卽葢弓也。又『張衡-東京賦』。羽葢威蕤。葩璪曲莖。『薛綜-注』曰。羽葢、以翠羽覆車葢也。威蕤、羽皃。葩璪、悉以金作華形。莖皆低曲。『蔡邕-獨斷』云。凡乘輿車皆羽葢金華爪。爪與璪同。又『王莽傳』曰。造華葢九重。高八丈一尺。金璪。師古曰。璪讀曰爪。玉裁按。璪蚤爪三字一也。皆謂璪橑末。『說文』指爪字作叉。當云車葢玉叉也。璪叉疊韵(疊韻)。他家云華璪金璪者、謂金華飾之。許云玉璪者、謂玉飾之。故字从玉也。》从王(玉)。蚤聲。《側絞切。古音在 3部。》/14

◀ 제 11 획 ▶

玉 5 ⑩

瑾 (근)【jǐn ㄐㄧㄣˇ】[ㄱ] jìn 아름다운 옥
[설문][0085] 瑾瑜、《逗。》美玉也。《『左氏傳』曰。瑾瑜匿瑕。『山海經』。黃帝乃取密山之玉榮而投之鍾山之陽。瑾瑜之玉爲良。『王逸-注:九章』云。瑾瑜、美玉也。》从王(玉)。堇聲。《居隱切。13部。》/10

璁 (총)【cōng ㄘㄨㄥˉ】옥돌, 아름다운 돌
[설문][0163] 石之似玉者。从王(玉)。悤聲。讀若蔥。《倉紅切。9部。》/17

塾 (륵)【lè ㄌㄜˋ】옥 이름, 아름다운 옥돌
[설문][0153] 玪塾也。从王(玉)。勒聲。《盧則切。1部。》/16

璅 (조)【suǒ ㄙㄨㄛˇ】[상][中][9][작] zǎo 옥돌 ■쇄:속음 ■쇄:옥소리, 쇠사슬, 대궐문 아로새길
[설문][0160] 石之似玉者。从王(玉)。巢聲。《子晧切。2部。》/17

璊 (문)【mén ㄇㄣˊ】붉은 옥 ■만:같은 뜻
[설문][0137] 玉經色也。《『毛傳』曰。璊、䞓玉也。【今本】脫「玉」字。》从王(玉)。㒼聲。《莫奔切。古音在14部。》禾之赤苗謂之穈。《【各本】从木作「樠」。今依『毛詩:釋文-宋槧』。穈卽〔艸部〕虋字之或體。〔艸部〕不言或作穈。而此見之。亦可見或字不能悉載。》言璊玉色如之。《虋聲在 13部。與 14部㒼聲最近。而又雙聲。此璊、穈字皆於虋得義也。》玧璊或从允。《允聲在 13部。》/15

璋 (장)【zhāng ㄓㄤˉ】홀
[설문][0109] 剡上爲圭。《『聘禮記』曰。圭剡上寸半。『雜記』曰。剡上左右各半寸。》半圭爲璋。《見『詩:毛傳』及『公羊傳:注』、『周禮:注』。》从王(玉)。章聲。《諸良切。10部。》禮六幣。圭以馬。璋以皮。璧以帛。琮以錦。琥以繡。璜以黼。《見『周禮:小行人:注』。六幣所以享也。享天子用璧。享后用琮。皆有庭實。以馬若皮。皮、虎豹皮也。用圭璋者、二王之後也。二王後尊。故享用圭璋而特之。其於諸侯亦用璧琮耳。子男於諸侯則享用琥璜。下其瑞也。按六玉皆見上文。圭見璋字下。故引『禮總』言其所用之幣。》/12

琇 (수)【xiù ㄒㄧㄡˋ】옥돌 ■유:옥이름
[설문][0155] 石之次玉者。《『衞(衛)風:充耳琇瑩:傳』。琇、瑩、美石也。按琇、瑩是二石名。故『都人士:傳』曰。琇、美石也。『著:傳』曰。瑩、石似玉也。》从王(玉)。莠聲。《陸德明引『說文』弋久反。『唐韻』息救切。3部。按『說文』从莠。隸从秀。猶从芺之多爲夭也。》『詩』曰。充耳琇瑩。/16

◀ 제 12 획 ▶

璏 (체)【zhì ㄓˋ】칼코등이 옥으로 꾸밀 ■위:같은 뜻 ■전:아로새길 ■월:같은 뜻
[설문][0124] 劒鼻(鼻)玉也。《【各本】篆文皆誤。今正。『王莽傳』。美玉可以滅瘢。欲獻其璏。服虔(虔)曰。璏音衞(衛)。蘇林曰。劒鼻玉也。【俗本】脫玉字。『初學記』、『藝文類聚』引『字林』。劒鼻謂之璏。亦脫玉字、》从王(玉)。彘聲。《直例切。15部。》/14

璐 (로)【lù ㄌㄨˋ】옥
[설문][0093] 玉也。《『九章』。被明月兮佩寶璐。『王逸-注』。寶璐、美玉也。》从王(玉)。路聲。《洛故切。5部。》/11

璑 (무)【wú ㄨˊ】세 빛깔 옥
[설문][0096] 三采玉也。《『周禮-故書』。璑玉三采。『注』曰。璑、惡玉名。江沅曰。惡王者、亞次之玉也。古惡亞字通。『廣雅:玉類』有璑。玉裁按。天子純玉。公四玉一石。侯三玉二石。【故書】作「璑」。【新書】作「珉」。皆謂石之次玉者。諸公之冕、璑玉三采。謂以璑雜玉備(備)三采。下於天子純玉備五采也。許云。三采玉謂之璑。誤矣。》从王(玉)。無聲。《武無切。徐堅引『說文』音舞。5部。》/112

璒 (등)【dēng ㄉㄥˉ】옥돌
[설문][0174] 石之似玉者。从王(玉)。登聲。《都騰切。6部。》/17

璗 (탕)【dàng ㄉㄤˋ】황금(黃金)
[설문][0199] 金之美者。《『釋器』。黃金謂之璗。其美者謂之鏐。許說小異。》與玉同色。从王(玉)。《謂光色如玉之符采。故其字从玉。》湯聲。《徒朗切。10部。》『禮記』曰。《二字依『韻會』補。》佩刀、諸侯璗蜂而璆珌。《『詩:毛傳』同。『詩:正義』作璗琫而鏐珌也。『王莽傳』瑒琫瑒珌。瑒卽璗字。孟康云玉名。非。》/19

璙 (료)【liáo ㄌㄧㄠˊ】옥
[설문][0078] 玉也。《謂玉名也。如『毛傳』梟山也、繹山也之例。不言山名也。【古-傳注】多不言名。》从王(玉)。尞聲。《洛蕭切。2部。》/10

璜 (황)【huáng ㄏㄨㄤˊ】(반원형)패옥 ■횡:패옥(佩玉)
[설문][0104] 半璧也。《『鄭-注:周禮』、『高-注:淮南』同。按『大戴-禮:佩玉』下有雙璜。皆半規。似璜而小。古者天子辟廱。築土雝水之外圜如璧。諸侯泮宮。泮之言半也。葢(蓋)東西門以南通水。北無也。『鄭-箋:詩』云爾。然則辟廱似璧。泮宮似璜。此黌字之所由製歟。》从王(玉)。黃聲。《戸(户)光切。10部。》/12

璔 (잠)【zhēn ㄓㄣˉ】[상][中][9][작] zēn 옥돌 ■심:같은 뜻
[설문][0162] 石之似玉者。从王(玉)。朁聲。《側岑切。7部。》/17

璠 (번)【fán ㄈㄢˊ】(노나라에서 산출하는 아름다운)옥
[설문][0084] 璠璵、《逗。「璵」【各本】作「璵」。【鉉本】有篆文璵字。云『說文』闕載。依『注』所有增爲十九文之一。【鍇本】則張次立補之。考『左傳』釋文曰。「璵」本又作「與」。音餘。此可證『古本-左傳、說文』皆不从玉。後人輒加篆文之璵。可勿補也。又【各本】作璵璠。今依『太平御覽』所引作「璠璵」。

[작] 作家出版社〔董蓮池-說文解字考正〕 [9] 九州出版社〔柴劍虹-說文解字〕 [ㄱ] 陝西人民出版社〔蘇寶榮-說文解字今注今譯〕 [상] 上海古籍出版社〔說文解字注〕 [中] 中華書局〔臧克和-說文解字新訂〕

『法言』亦作「璠璵」。》 魯(魯)之寶玉。《『左氏傳:定公:五年』。季平子卒。陽虎將以與璠斂。『今本-左傳』上與下璠。許君所據不同。》 从王(玉)。番聲。《附袁切。14部。》 孔子曰。美哉璠與。遠而望(望)之。奐若也。《文采之皃(貌)。『御覽』作「煥」。》 近而視之。瑟若也。《瑟同璱。》 一則理勝。《謂奐若。》 二則孚勝。《謂瑟若。此葢(蓋)出『逸:論語』。『御覽』引正作『逸:論語』。》 /10

璡 (진)【jìn ㄐㄧㄣˋ】 ㊃㊥⑨㉆ jīn 옥돌
설문 0161 石之似玉者。从王(玉)。進聲。讀若津。《將鄰切。12部。》 /17

璣 (기)【jī ㄐㄧ】 구슬, 선기(천문기구)
설문 0191 珠不圜者。《【各本】作「也」。今依『尙書:音義』、『後漢書:注』作「者」。凡【經傳】沂鄂謂之幾、門槷謂之機。故珠不圜之字从幾。》 从王(玉)。幾聲。《居衣切。15部。》 /18

◀ 제 13 획 ▶

璥 (경)【jìng ㄐㄧㄥˋ】 ㊃ jǐng 경옥
설문 0080 玉也。从王(玉)。敬聲。《居領切。11部。》 /10

璧 (벽)【bì ㄅㄧˋ】 둥근 옥
설문 0101 瑞玉圜也。《瑞、以玉爲信也。『釋器』。肉倍好謂之璧。邊大孔小也。『鄭-注:周禮』曰。璧圜象天。》 从玉。辟聲。《比激切。16部。》 /12

璪 (조)【zào ㄗㄠˋ】 ㊃㊥⑨㉆ zǎo 면류관 드림 옥
설문 0129 玉飾。如水藻之文。《謂彫飾玉之文。璪藻疊韵(疊韻)。》 从王(玉)。喿聲。《子晧切。2部。》 『虞書』曰。璪火粉米。《『古文-尙書:咎繇謨』文。按『虞書』璪字。衣之文也。當从衣。而从玉者、假借也。衣文、玉文皆如水藻。聲義皆同。故相假借。非衣上爲玉文也。凡『說文』有引【經】言假借者例此。『禮經』文采之訓。古文多用繅字。今文多用璪、藻字。其實三字皆假借。》 /14

璩 (호)【hào ㄏㄠˋ】 옥돌
설문 0164 石之似玉者。从王(玉)。號聲。讀若鎬。《乎到切。2部。》 /17

璬 (교)【jiǎo ㄐㄧㄠˇ】 패옥(몸에 차는 옥)
설문 0117 玉佩。《璬珩玦三字、【鉉本】在玥下瑞上。【鍇本】則珩玦又綴於部末。皆非舊次。凡【一書】內舊次可考者訂正之。此自璬至瑵九篆皆飾之類。古者雜佩謂之佩玉。見『周禮:玉府』、『大戴-禮:保傅篇』、『禮記:玉藻』。亦謂之玉佩。見『詩:秦風』。璬之言皦也。玉石之白曰皦。》 从王(玉)。敫聲。《古了切。2部。》 /13

璬 (력)【lì ㄌㄧˋ】 옥 이름
설문 0083 玉也。从王(玉)。毄聲。讀若鬲。《郎(郎)擊切。16部。》 /10

環 (환)【huán ㄏㄨㄢˊ】 옥, 고리, 돌(순환)
설문 0103 璧肉好若一謂之環。《亦見『釋器』。古者還人以環。亦瑞玉也。『鄭-注:經解』曰。環取其無窮止。肉上舊衍也字。》 从王(玉)。睘聲。《戶(戶)關切。14部。環引伸爲圍繞無端之義。古衹用還。》 /12

璱 (슬)【sè ㄙㄜˋ】 아름다운 옥
설문 0134 玉英華相帶如瑟弦也。《『左思-吳都賦』。符采彪炳。『劉(劉)逵-注』曰。符采、玉之橫文也。郭璞引『王子靈-符應』曰。赤如雞(鷄)冠。黃如蒸栗。白如割肪。黑如純漆。玉之符采也。璱瑟疊(疊)韻。》 从王(玉)。瑟聲。《所櫛切。12部。》 『詩』曰。璱彼玉瓚。《『詩:大雅』作「瑟」。『箋』云。瑟、絜鮮貌。孔子曰。璠與、近而視之瑟若也。『韻會』引作「瑟」。彼則引『詩』爲發明从瑟意。》 /15

◀ 제 14 획 ▶

璶 (신)【jìn ㄐㄧㄣˋ】 옥돌
설문 0170 石之似玉者。从王(玉)。盡聲。《徐刃切。12部。》 /17

璺 (유)【yóu ㄧㄡˊ】 ㊃㊥⑨ yǒu 옥 이름 ■요:같은 뜻
설문 0198 遺玉也。《謂贈遺之玉也。蒙上送死言之。何休曰。知死者贈襚。襚猶遺也。『大宰』、『典瑞』皆言大喪贈玉。『注』云。葢(蓋)璧也。鍇說以『山海經』遺玉。儻是玉名。則當廁於璙已下十六字閒。》 从玉。歔聲。《以周切。3部。此字葢在『禮-古經』及『記』。》 /19

璂 (기)【qí ㄑㄧˊ】 고깔 꾸미개 옥
설문 0128 弁飾也。往往冒玉也。《上「也」字依『詩:音義』補。弁師曰。王之皮弁會五采玉琪。鄭司農云。【故書】會作「膾」。膾讀如馬會之會。謂以五采束髮也。琪讀如綦車轂之綦。按許謂以玉飾弁曰琪。與司農說同。後鄭則易琪爲綦。綦、結也。皮弁之縫中每貫結五采玉以爲飾、謂之綦。葢(蓋)後鄭謂經琪字乃玉名。故易爲綦字。『曹風』。其弁伊騏。『箋』亦云騏當作「綦」。自用其『周禮』說也。許同先鄭說。往往、歷歷也。鄭云𤡮𤡮而處是也。》 从王(玉)。綦聲。《渠之切。1部。》 璂或从基。/14

璹 (수)【shú ㄕㄨˊ】 옥 이름 ■숙:옥그릇
설문 0131 玉器也。《徐鍇曰。『爾雅』。璋大八寸謂之琡。『說文』有璹無琡。宜同也。》 从王(玉)。𠷎聲。讀若淑。《殊六切。3部。》 /15

璿 (선)【xuán ㄒㄩㄢˊ】 옥, 선기(고대의 천문 관측 기구) ■계:같은 뜻 ■예:같은 뜻
설문 0098 美玉也。《『山海經』。西王母之山。有璿瑰瑤碧。『郭-傳』。璿瑰、玉名。『竹書-穆天子傳』。重䍃氏之所守曰枝斯璿瑰。『郭-注』。璿瑰、玉名。引『左傳』贈我以璿瑰。按『左傳:成公:十八年』。【今本】作「瓊瑰」。『僖公:廿八年』璿弁。【今本】作「瓊弁」。『張守節-史記』「璿璣」作「瓊璣」。璿與瓊、【古書】多相亂。璿瑰、郭音旋回。合二字爲美玉名。『山海經』單言琁者、亦美玉也。》 从王(玉)。睿聲。《似沿切。14部。》 『春秋傳』曰。璿弁玉纓。《見上。『張衡-西京賦』。

玉 5 ⑭

璿弁玉纓。薛敬文解。弁、馬冠也。又髦以璿玉作之。纓、馬鞅也。以玉飾之。【鍇本】「弁」作「冠」。諱李昪嫌名也。》 璿或从旋省。《【各本】廁瓊璚瓗三字之下。解云。瓊或从旋省。考『文選(選):陶徵士誄』。璿玉致美。『李善-注』曰。『山海經』云。升山、黃酸之水出焉。其中多琁玉。『說文』云。琁亦璿字。李氏以琁注璿。引『說文』爲證。然則『李-所據:說文』。不同【今本】。今據以訂正。『楊倞-注:孫卿』引『說文』。琁、赤玉。音瓊。則同【今本】矣。『中山經』、『海內西經』言琁者皆美玉也。郭云。琁、石次玉者也。又云。琁、玉類。又云。璿瑰亦玉名。是未知璿琁同字矣。》 叡 籀文璿。《〔𣦼部〕曰。叡、籀文叡。疑此「籀」當作「叡」。叡聲。小篆叡字省大篆爲之也。》 古文璿。《疑當古文作「璿」。小篆作「璿」。》 /11

瑎 (할)【xiá ㄒㄧㄚˊ】 옥돌

설문 0165 石之似玉者也。从王(玉)。𩐝聲。讀若曷。《乎擖切。15部。》 /17

◀ 제 15 획 ▶

瓃 (뢰)【léi ㄌㄟˊ】 칼자루 끝 옥장식 ■류:속음 ■루:같은 뜻

설문 0132 玉器也。《『雋不疑傳』。帶櫑具劍。晉灼曰。古長劍首以玉作井鹿盧形。上刻木作山形。如蓮花初生未敷時。霍淸治書云。攷【古圖】有玉轆轤玉具劍。【古樂府】所云腰閒(間)轆轤劍也。按古玉器爲鹿盧轉旋。葢(蓋)不獨劍具。『先鄭-注:周禮』云。駔外有捷盧也。捷盧亦謂鹿盧也。》 从王(玉)。畾聲。《『說文』無畾字、而云畾聲者。畾卽靁之省也。靁字下曰。從雨畾、象回轉形。〔木部:櫑〕字下曰。刻木作雲靁、象施不窮(窮)。『楊雄賦』曰。轠轤不絕。凡從畾字皆形聲兼會意。魯回切。15部。》 /15

瓅 (력)【lì ㄌㄧˋ】(번쩍번쩍하는)옥빛

설문 0185 玓瓅也。从王(玉)。樂聲。《郎擊切。古音在 2部。二字曡(疊)韻。》 /18

瓊 (경)【qióng ㄑㄩㄥˊ】 옥

설문 0089 亦玉也。《亦【各本】作赤。非。『說文』時有言亦者。如李賢所引訬亦覛也、〔鳥部:鸞〕亦神靈之精也之類。此上下文皆云玉也。則瓊亦當爲玉名。倘是赤玉。當廁璊瑕二篆閒矣。『離騷』曰。折瓊枝以爲羞。『廣雅:玉類』首瓊支。此瓊爲玉名之證也。唐人陸德明、張守節皆引作赤玉。則其誤已久。『詩』瓊琚、瓊瑤、瓊華、瓊瑩、瓊英、瓊瑰。『毛傳』云。瓊、玉之美者也。葢(蓋)瓊支爲玉之最美者。故「廣雅」言玉首瓊支。因而引伸凡玉石之美皆謂之瓊。應劭曰。瓊、玉之華也。是其理也。》 从王(玉)。夐聲。《渠營切。古音在 14部。『招䰟(魂)』與姦安軒山連寒潺蘭筵韻。》 瓊或从矞。《巂聲也。矞爲夐之入聲。〔角部:觼〕或作「鐍」。此 14部與 15部合音之理。》 瓊或从巂。《巂聲也。此 14部與 16部合音之理。〔虫部:蠵〕亦作「蠳」。》 /10-11

◀ 제 16 획 ▶

瓏 (롱)【lóng ㄌㄨㄥˊ】 옥소리 ■롱:같은 뜻

설문 0107 禱旱玉也。《未聞。》 爲龍文。《琢龍爲文也。『左傳』。昭公使公衍獻龍輔於齊侯。『正義』引『說文』爲說。》 从王(玉)。龍聲。《力鍾切。9部。》 /12

◀ 제 17 획 ▶

瓕 (섭)【xiè ㄒㄧㄝˋ】 옥돌

설문 0167 石之玉。《【鍇本】如此。下有言次玉者四字。葢(蓋)『注:釋語』。自玟至玗十八字。皆似玉者。【鉉本】作石之次玉者、與【鍇本:注】皆非。『玉篇』、『廣韻』皆云。瓕、石似玉。》 从王(玉)。燮聲。《穌叶切。7部。》 /17

靈 靈(령)【líng ㄌㄧㄥˊ】 신령

설문 0200 巫也。《【各本】巫上有靈字。乃複擧(擧)篆文之未刪(删)者也。【許君-原書】。篆文之下以隸(隸)複寫其字。後人刪之。時有未盡。此因巫下脫也字。以靈巫爲句。失之。今補也字。『屈賦-九歌』。靈偃蹇兮皎服。又靈連蜷兮旣畱(留)。又思靈保兮賢姱。『王-注』皆云。靈、巫也。楚人名巫爲靈。許亦當云巫也無疑矣。引伸之義如『諡(謚)法』曰極知鬼事曰靈。好祭鬼神曰靈。曾子曰陽之精氣曰神。陰之精氣曰靈。毛公曰神之精明者稱靈。皆是也。》 以玉事神。《依『韻會』無也字。》 从玉。《巫能以玉事神。故其字从玉。》 霝聲。《郎(郞)丁切。11部。》 靈靈或从巫。/19

◀ 제 18 획 ▶

瓘 (관)【guàn ㄍㄨㄢˋ】 옥이름(玉名), 사람의 이름, 홀

설문 0079 玉也。《『左氏傳』。齊有陳瓘。字子玉。》 从王(玉)。雚聲。《工玩切。14部。》 『春秋傳』曰。瓘斝。《『左氏傳:昭公十七年』。裨竈曰。我用瓘斝玉瓚。鄭必不火。》 /10

瓇 (유)【róu ㄖㄡˊ】 ㊃ náo 옥 이름 ■노:같은 뜻

설문 0082 玉也。从王(玉)。夒聲。讀若柔。《耳尤切。3部。》 /10

◀ 제 19 획 ▶

瓚 (찬)【zàn ㄗㄢˋ】(제사에 쓰는, 자루를 옥으로 만든)술그릇

설문 0094 三玉二石也。从王(玉)。贊聲。《徂贊切。14部。》 禮天子用全。純玉也。上公用駹。四玉一石。侯用瓚。伯用埒。玉石半相埒也。《『攷工記:玉人』曰。天子用全。上公用龍。侯用瓚。伯用將。『注』。鄭司農云。全、純色也。龍當爲尨。尨謂雜色。玄謂。全、純玉也。瓚讀如餍饜之饜。龍、瓚、將皆雜名也。卑者下尊以輕重爲差。玉多則重。石多則輕。公侯四玉一石。伯子男三玉二石。按許君龍作「駹」。從先鄭易字也。埒、許鄭同。皆不作「將」。倘是將字。鄭不得釋爲雜。鄭已後傳寫失之。鄭云。公侯四玉一石。則『記』文不當公侯分別異名。許說爲長。

戴先生曰。此盉(盞)泛『記』用玉爲飾之等。玉裁謂。此與祼圭之瓚異義。許不言祼圭之瓚者。盉其字古袛作贊。黃金爲勺、不用玉也。『詩』謂之玉贊。圭贊者、以贊助祼圭也。》/11

◀ 제 20 획 ▶

瓛 (환)【huán ㄏㄨㄢˊ】 옥홀 ■헌:같은 뜻 ■열:말재갈

[설문] 0113 桓圭。公所執。《『大宗伯』曰。公執桓圭。『注』。公、二王之後及王之上公。雙植謂之桓。桓、宮室之象。所以安其上。桓圭盉(盞)亦以桓爲瑑飾。玉裁按。【鍇本】作「三公」。『韻會』引亦無三。》 从王(玉)。 獻聲。《胡官切。14部。》/13

097 5-03	瓜 오이 과

瓜 [과]【guā ㄍㄨㄚ】 [설문부수 267] 오이(참외, 호박, 수박)

[설문] 4345 蓏也。《「蓏」大徐作「㼌」。誤。〔艸(草)部〕曰。在木曰果。在地曰蓏。瓜者、縢生布於地者也。》 象形。《徐鍇曰。外象其蔓。中象其實。古華切。古音在 5部。》 凡瓜之屬皆从瓜。/337

[유사] 손톱 조(爪) 가질 장(爫)

[성부] 부록 색인 참조

[형부] 瓜를 부수로 하는 대부분의 글자들

[형성] (9자) 고(苽)449 고(呱)755 고(觚)2728 고(柧)3649 와(窊)4449 고(罛)4620 와(夵)6288 고(泒)6774 호(弧)8087

◀ 제 5 획 ▶

瓞 (질)【dié ㄉㄧㄝˊ】 북치(뿌리쪽 덩굴에 열린 작은 오이)

[설문] 4347 瓝也。《『釋草』曰。瓞瓝、其紹瓞。按瓞瓝者、一種艸結小瓜名瓞。卽瓝瓜也。云其紹瓞者、瓝瓜之近本繼先歲之實謂之瓞也。上云瓞瓝渾言之。此析言之也。『大雅』。緜緜瓜瓞。『傳』云。瓜瓞、瓜紹也。瓞、瓝也。【今本-傳】奪「瓜瓞」二字。乃不可讀矣。云瓜瓞、瓜紹也者、言瓜之近本繼先歲之實必小。如瓝瓜之近本繼先歲之實亦小。故亦謂之瓞也。瓜紹不云瓞。以瓝紹之名名之。故曰瓜瓞。又引『爾雅』瓞瓝說其本義也。『毛傳』襲『爾雅』而文義不同。『詩』言瓜瓞者、興其先小後大。陸氏佃曰。今驗近本之瓜常小。末則復大。戴先生謂於『詩』意物理皆得之。》 从瓜。 失聲。《徒結切。12部。》 『詩』曰。 緜緜瓜瓞。《『大雅:緜』文。》 瓞或从弗。《按「弗」當作「弟」。篆體誤也。『尙書』平秩亦作平豑。『釋草』稊亦曰荑。是其例。弟與失雙聲。》/337

㼌 [유]【yǔ ㄩˇ】 밑동 약할, 과로병, 몸살

[설문] 4351 本不勝末。 微弱也。 从二瓜。《本者、蔓也。末者、瓜也。蔓一而瓜多。則本微弱矣。故之污(汚)窬之窳、惰嬾之窳皆从此。》 讀若庾。《以主切。古音當在 4部。》/337

[형성] (2자) 라(蓏)222 유(窳)4450

◀ 제 6 획 ▶

瓝 (박)【báo ㄅㄠˊ】 [상][중][9][작] bó 박, 작은 오이

[설문] 4346 小瓜也。《謂有一種小名「瓝」。一名「瓞」。》 从瓜。 交聲。《蒲角切。2部。『爾雅』、『毛詩:傳』皆作「瓝」。交聲勺聲同在 2部也。『隋書』作「瓝稍」。今之金瓜椎也。宋人字作「犦稍」。遂爲牛形。因字譌而附會有如此者。見『文昌襍(雜)錄』。》/337

瓠 [호]【hù ㄏㄨˋ】 [설문부수 268] 표주박, 오지병, 질그릇

[설문] 4352 匏也。《〔包部〕曰。匏、瓠也。二篆左右轉注。『七月:傳』曰。壺(壺)、瓠也。此爲假借也。》 从瓜。 夸聲。《胡誤切。5部。》 凡瓠之屬皆从瓠。/337

[형부] 표(瓢)

[형성] (+1) 화(摦)

◀ 제 10 획 ▶

𤬏 (형)【xíng ㄒㄧㄥˊ】 북치, 작은 오이 (瓜부 10획)

[설문] 4348 小瓜也。《亦一種小瓜之名。『齊民要術』引作小瓜瓞也。》 从瓜。 熒省聲。《戶扃切。11部。》/337

◀ 제 11 획 ▶

瓢 (표)【piáo ㄆㄧㄠˊ】 바가지

[설문] 4353 蠡也。《蠡者、蠡也。〔豆部〕曰。蠡者、蠡也。以一瓠劙爲二曰「瓢」。亦曰「蠡」。亦曰蠡劙一作「蠡」。見『九歎』、『方言』。一作「盠」。見『皇象書:急就碑本』。其作「蠡」者、見『周禮:鬯人:注』、『漢書:東方朔傳』。詳〔豆部〕。》 从瓠省。《不入〔瓜部〕者、瓠與瓜別也。》 㶾(票)聲。《符宵切。2部。『玉篇』作「瓢」。》/337

䌛 (요)【yáo ㄧㄠˊ】 오이

[설문] 4349 瓜也。《有瓜名䌛也。》 从瓜。 䌛省聲。《余昭切。古音在 3部。》/337

◀ 제 14 획 ▶

瓣 (판)【bàn ㄅㄢˋ】 오이씨, 꽃잎 〔신(辛)부 12획〕

[설문] 4350 瓜中實也。《『衞(衛)風』。齒如瓠棲。『釋草』及『毛傳』曰。瓠棲、瓠瓣也。瓜中之實曰瓣。實中之可食者當曰人。如桃杏之人。》 从瓜。 辡聲。《蒲莧切。古音盉(盞)在 12部。》/337

098 5-04	瓦 기와 와

瓜 5 ⑩

瓦 와【wǎ ㄨㄚˇ】[설문부수 462] 기와、질그릇、그램(g), 술준이름, 질서없이 모일 ■위:지붕에 돌 깔

설문 8058 土器已燒之總名。《〔土部:坏〕下曰。一曰瓦未燒。瓦謂已燒者也。凡土器未燒之素皆謂之坏。已燒皆謂之瓦。『毛詩:斯干:傳』曰。瓦、紡專也。此瓦中之一也。『古史攷』曰。夏時昆吾氏作瓦。按有虞氏上陶。瓦之不起於夏時可知也。〔許書-缶部〕曰。古者昆吾作匋。壺系之昆吾圜器。韋昭云。昆吾祝融之孫。陸終第二子。名黎。爲己姓。封於昆吾衞(衛)是也。然則昆吾作匋、謂始封之昆吾。非夏桀之昆吾也。『廣韵』引『周書』神農作瓦器。當得其實。說詳〔缶部〕。凡燒瓦器之竈曰窯。》象形也。《相卷曲之狀。五寡切。古音在 17部。讀如阿。》凡瓦之屬皆从瓦。/638

유사 다섯 오(五) 서로 호(互) 만들 공(工) 항상 긍(亙O恆)

성부 부록 색인 참조

형부 瓦를 부수로 하는 대부분의 글자들

瓦 5 ③

◀ 제 3 획 ▶

瓨 (강)【jiāng ㄐㄧㄤ】 ㊤㊥⑨ xiáng (목이 긴) 항아리 ■홍:질그릇 ■항:같은 뜻

설문 8068 佀(似)罌。長頸。受十升。《『史、漢:貨殖傳』皆曰。醯醬千瓨。按醯醬者、今之醋也。別於下文之醬。升當作斗。『漢書:注』。【古本】有作斗者。》从瓦。工聲。讀若洪(洪)。《「洪」小徐作「翁」。古雙切。9部。按『篇』、『韵(韻)』皆戶江切。字亦作缸。》/639

◀ 제 4 획 ▶

瓪 (판)【bǎn ㄅㄢˇ】 本[깨진 기와] 패할, 암키와 ■반:같은 뜻

설문 8082 敗瓦也。《依小徐有瓦字。今俗所謂瓦瓪、是此字也。今人語如辦之平聲耳。『玉篇』、『廣韵(韻)』皆曰。瓪、牝瓦也。此今義。非許義。〔广部〕曰。庋、屋牝瓦也。牡瓦牝瓦、見『九章算經』及『漢書』。說詳庋下。》从瓦。反聲。《布綰切。14部。》/639

瓬 (방)【fǎng ㄈㄤˇ】 옹기방이, 독

설문 8059 周家搏埴之工也。《「搏」作「摶」者誤。今正。『考工記』曰。搏埴之工陶瓬。鄭曰。搏之言拍也。埴、黏土也。按〔手部:搏〕、索持也。拍、拊也。是搏之本義不訓拍。故鄭以之言通之。》从瓦。方聲。《分兩切。10部。》讀若抵破之抵。《抵不成字。轉寫譌舛。『考工記:注』。大鄭讀爲甫始之甫。後鄭讀如放於此乎之放。許云方聲、則讀同後鄭放於此乎。『今-公羊』放作昉。》/638

瓰 (함)【hán ㄏㄢˊ】 풀무자루 ■검:귀달린 작은 물장군

설문 8080 冶橐榦(幹)也。《「冶」【各本】作「治」。今正。冶橐、謂排囊。排讀普拜切。其字或作「韛」。或作「橐」。冶者以韋囊鼓火。『老子』之所謂橐也。其所執之柄曰瓰。榦(幹)猶柄也。「瓰」或譌作「瓴」。而『廣韵(韻)』以排囊柄釋之。『玉篇』以似瓶有耳釋瓰。引許者冶皆譌治。而其義湛薶終古矣。排囊之柄、古用瓦爲之。故字从瓦。後乃以木爲之。故『集韵』作「橀」。从木。》从瓦。今聲。《胡男切。古音在 7部。【他書】譌作「瓰」。》/639

瓮 (옹)【wèng ㄨㄥˋ】 옹기(독), 물장군

설문 8067 罌也。《罌者、缶也。缶者、小口罌也。然則瓮者、罌之大口者也。『方言』曰。瓬、瓮、瓿甊、甖也。自關而西晉之舊都河汾之閒其大者謂之瓬。其中者謂之瓿甊。自關而東趙魏之郊謂之瓮。或謂之甖。甖卽罌字。》从瓦。公聲。《烏貢切。9部。按小徐瓨下讀若翁三字當在此。》/638

◀ 제 5 획 ▶

瓴 (령)【líng ㄌㄧㄥˊ】 (양 옆에 귀가 달린)동이, 물장군 같은 독

설문 8070 甕(罋)也。佀(似)缾者。《「甕」大徐「瓮」。蓋(蓋)非。『高祖本紀』曰。譬猶居高屋建瓴水。如淳曰。瓴、盛水瓶也。居高屋之上而幡瓴水。言其向之勢易也。建音蹇。晉灼曰。許愼云。瓴、罋似瓶者也。按〔缶部〕云。罋、汲缾也。瓴同物而非罌瓮。》从瓦。令聲。《郞(郎)丁切。11部。》/639

瓵 (이)【yí ㄧˊ】 작은 항아리

설문 8064 甌瓿謂之瓵也。《『爾雅:釋器』文。『史記:貨殖傳』。糱麴鹽豉千合。徐廣曰。或作台。器名有瓵。孫叔然云。瓵、瓦器。受斗六升。「台」當爲「瓵」。音貽。按『今-史記』譌舛。爲正之如此。所引孫叔然者、『爾雅:注』也。》从瓦。台聲。《與之切。1部。》/638

瓮 (완)【yuǎn ㄩㄢˇ】 ㊤㊥⑨㉑ wǎn 주발

설문 8069 小盂也。《盂者、飲器也。『方言』曰。盂、宋楚魏之閒或謂之盌。》从瓦。夗聲。《烏管切。14部。『方言』作「盌」。俗作「椀」。》/639

◀ 제 8 획 ▶

甇 (당)【dàng ㄉㄤˋ】 큰독, 바닥벽돌

설문 8065 大盆也。《盆者、盎也。甇其大者也。『漢書:楊雄-酒箴』曰。爲甇所轠。》从瓦。尙聲。《丁浪切。10部。》/638

甈 (비)【pí ㄆㄧˊ】 질그릇, 우물 장군

설문 8071 罌謂之甈。《『方言』、『廣雅』罌皆作「甓」。》从瓦。卑聲。《部迷切。16部。》/639

瓿 (부)【pǒu ㄆㄡˇ】 ㊤㊥⑨㉑ bù 단지(작은 항아리)

설문 8073 甂也。《『玉篇』瓿甊、小罌也。『廣韵(韻)』同。》从瓦。咅聲。《蒲口切。4部。》/639

甐 (쇄)【suì ㄙㄨㄟˋ】 깨뜨려질, 부서질

설문 8081 破也。《破上當有瓦字。破下日石甐也。此日瓦破也。是二篆爲轉注。而形各有所从。甐與碎音同義異。碎者、䃺也。甐則破而已。不必䃺也。今則碎行而甐廢矣。》从瓦。卒聲。《穌對切。15部。》/639

◀ 제 9 획 ▶

甍 [甍] [연]【luǎn ㄌㄨㄢˇ】[설문부수 91] [상][中][9][작] ruǎn 훌부들한 가죽, 사냥할 때 입는 가죽 바지 ■준:같은 뜻

[설문] [1892] 柔韋也。《柔者、治之使鞣也。韋、可用之皮也。『考工記:注』曰。『蒼頡篇』有鞄甍。》从𠬪(北)。《鉉曰。從北者、反覆柔治之也。》从皮省。《謂𡰪也。非耳、非瓦。今隸(隸)下皆作瓦矣。》夐省聲。《【各本】無「聲」。今補。夐古音在 14部。此省其上下。取冂爲聲也。而兗(兖)切。14部。》凡甍之屬皆从甍。讀若耎。一曰若儁。《儁同俊。[人部]有俊無儁。》 古文甍。《从皮省。从人治之。》 籒文甍。从夐省。《下從皮省。上從夐省。》/122

[형부] 용(𤮐𤮐 𤭊)

甐 (렵)【liè ㄌㄧㄝˋ】기와 밟는 소리
[설문] [8079] 蹈瓦聲甐甐也。《大徐無「甐甐也」三字。小徐作蹈瓦甐也。『玄應』作蹈瓦聲躐躐也。今按「躐 躐」當作「甐甐」。『通俗文』。瓦破聲曰甐。『玉篇』。甐甐、蹋瓦聲。》从瓦。耎聲。《零帖切。『廣韵(韻)』又艮涉切。8部。按古音當在 14部。》/639

甂 (변)【piān ㄆㄧㄢˉ】[상][中][9][작] biān 자배기(아가리가 벌어진 질그릇), 단지
[설문] [8072] 佀(似)小瓿。大口而卑。用食。《『方言』。甂、陳魏宋楚之閒謂之題。自關而西謂之甂。『淮南書』曰。狗彘不擇甂甌而食。『玉篇』曰。小盆大口而卑下。》从瓦。扁聲。《芳連切。古音在 12部。》/639

甃 (추)【zhòu ㄓㄡˋ】[本][우물 벽돌] 벽돌, 꾸밀
[설문] [8076] 井壁也。《井壁者、謂用塼爲井垣也。『周易:井, 九四』、曰。井甃无咎。又『上六』。「井收」。荀作「井甃」。『莊子』曰。缺甃之涯。》从瓦。秌(秋)聲。《側救切。3部。》/639

甄 [견]【zhēn ㄓㄣˉ】질그릇 장인, 질그릇, 교화할 ■진:부엌창밑 ■전:살필 ■계:확실히 분별할
[설문] [8060] 匋也。《匋者、作瓦器也。董仲舒曰。如泥之在鈞。惟甄字之所爲。『陳畱(留)-風俗傳』曰。舜陶甄河濱。其引申之義爲察也、勉也。『考工記』假借爲震掉字。》从瓦。垔聲。《居延切。按本音側鄰(隣)切。12、13部。音轉乃入仙韵。非二韵有異義。》/638

[형성] (1자) 진(薽 𧀳)371

◀ 제 10 획 ▶

㼿 (용)【yóng ㄩㄥˊ】[상][中][9][작] róng 질그릇, 항아리, 물장군
[설문] [8074] 器也。《『廣韵(韻)』罌也。》从瓦。容聲。《與封切。9部。》/639

甈 (예)【qì ㄑㄧˋ】[작] yì 깨어진 항아리 ■계:깨어진 항아리, 질병 ■얼:같은 뜻 ■걸:두멍, 소래기

[설문] [8077] 康瓠。《句。按當有「謂之甈」三字。》破罌也。《康之言空也。瓠之言壺也。空壺謂破罌也。罌已破矣。無所用之。空之而已。『釋器』曰。康瓠謂之甈。甈之言滯而無用也。『法言』曰。甄陶天下者。其在和乎。剛則甈。柔則坯。此引申之義也。》从瓦。臬聲。《魚列切。15部。『廣韵(韻)』五計切。『玉篇』邱滯切。》 𤮏 甈或从埶。《埶聲古與臬聲同。是以臬多叚(假)蓺爲之。》/639

◀ 제 11 획 ▶

甐 (창)【chuáng ㄔㄨㄤˊ】[상][中][9][작] chuǎng 기왓장 가루, 와륵(깨진 기왓조각) ■상:반기와
[설문] [8078] 瑳垢瓦石也。《「瑳」俗作「磋」。今依【宋本】作瑳。亦叚(假)借字耳。其字當用厝。厝、厲石也。『詩』曰。它山之石。可以爲厝。用瓦石去垢曰甐。『方言:注』曰。𤁎、錯也。𤁎與磢同。『海賦』曰。飛澇相磢。『江賦』曰。奔溜之所磢錯。磢卽甐。》从瓦。爽聲。《初兩切。10部。》/639

甌 (구)【ōu ㄡˉ】단지, 사발
[설문] [8066] 小盆也。《『方言』。甇甀謂之盎。自關而西或謂之盆。或謂之盎。其小者謂之升甌。又曰。甂、陳魏宋楚之閒謂之題。自關而西謂之甂。其大者謂之甌。按許亦同。『方言』謂甌爲盆。而郭景純疑『方言』與『爾雅』說甈不合。》从瓦。區聲。《烏侯切。4部。》/638

甍 (맹)【méng ㄇㄥˊ】수키와, 대마루
[설문] [8061] 屋棟也。《棟者、極也。屋之高處也。『方言』。甑謂之甗。『廣雅』作「甍謂之甗」。每夢一聲之轉。之蒸合韵(韻)之理。棟自屋中言之、故从木。甍自屋表言之、故从瓦。『爾雅』、『方言』謂之甗者、屋極爲分水之脊。雨水各從高霤瓦而下也。『釋名』曰。甍、蒙也。在上覆蒙屋也。『左傳』子之援廟桷、動於甍。未詳其說。》从瓦。夢省聲。《莫耕切。古音在 6部。按惟此篆主謂屋瓦。故先之。》/638

◀ 제 12 획 ▶

甑 (증)【zèng ㄗㄥˋ】시루
[설문] [8062] 甗也。《『考工記』。陶人爲甑。實二鬴。厚半寸。脣寸。七穿。按甑所以炊烝米爲飯者。其底七穿。故必以箅蔽甑底。而加米於上。而餴之、而餾之。》从瓦。曾聲。《子孕切。6部。》 𩰫 籒文甑。从鬲。/638

◀ 제 13 획 ▶

甓 (벽)【pì ㄆㄧˋ】벽돌, 기와
[설문] [8075] 令適也。《大徐「適」作「甓」。『陳風』。『中唐』有甓。『傳』曰。甓、令適也。『釋宮』同。郞(郎)丁都歷(歷)二反。『爾雅』作「瓴甋」。俗字也。〔土部:墼〕字解亦云「令適」。『考工記:注』作「令甓」。實一物也。詳墼字注。》从瓦。辟聲。《扶歷切。16部。》『詩』曰。中唐有甓。《『陳風:防有鵲巢』文。》讀若檗。/639

◀ 제 16 획 ▶

甗 (언)【yǎn ㄧㄢˇ】시루, 구멍, 질고리
[설문] [8063] 甑也。一穿。《【各本】作「一曰穿也」。【小徐本】在甗聲之下。今正。按甑空名窐。見〔穴部〕。不得云

又名甗也。陶人爲甗。實二鬴。厚半寸。脣寸。鄭司農云。甗、無底甑。無底、卽所謂一穿。葢(蓋)甑七穿而小。甗一穿而大。一穿而大則無底矣。甑下日甗也、渾言之。此日甑也一穿、析言之。渾言見甗亦評甑。析言見甑非止一穿。參差互見。使文義相足。此許訓詁之一例也。或日當依小徐虜聲之下作一日甑一穿也六字。山之似甗者日甗。『詩』。陟則在甗。『傳』日。甗、小山別於大山也。『釋名』日。甗、甑也。甑一孔者。甗形孤出處似之也。按此謂似甑體而已。〔鬲部〕日。鼎大上小下若甑日鬵。然則甑形大上小下。山名甗者亦爾。俗作「巘」。非。『爾雅』。小山別。大山日鮮。『詩:皇矣』同。字作鮮者、甗之叚(假)借。『文選:吳都賦』作「巘」。『李注』古買反。此因『爾雅』鮮或作「巘」、又譌作「巘」也。》 从瓦。虍聲。讀若言。《魚蹇切。14部。》/638

瓦 5 ⑫

䰗 䰗(용)【rǒng ㄖㄨㄥˇ】 ㊟㊥⑨ jùn 사냥할 때 입는 가죽 바지 ■준 · 연 · 윤:같은 뜻

설문 1893 羽獵韋絝。《羽獵見『高唐賦』、『楊雄傳』。服虔日。士卒負羽也。》 从甕(䕸)。《柔韋爲絝。》 弅聲。《按〔火部 2部〕無弅字。而此部有䰗。〔人部〕有倂。〔舟部〕有艕(朕)。皆從弅聲。然則『今本-說文』奪弅字無疑。其義未聞。其音則倂滕勝騰縢賸塍縢皆在 6部。䰗本音葢(蓋)在 6部。轉入 9部也。而隴切。》 虞書』日。《『虞書』當作『唐書』。》 鳥獸褎毛。《『堯典』文。『今-尚書』作「氄」。〔毛部〕作「毴(毴)」。云盛毛也。此作「褎」。豈彼古文此今文之異與。》 从艕(朕)。从衣。《【小徐本】如是。而注之日。此亦䰗字。大徐因倒之云。或從衣從朕。『虞書』日。鳥獸褎毛。今依小徐者、仍舊也。闕疑也。朕聲古在 6部。轉入 9部。》/122

099 甘 5-05 ▤ 달 감

甘 감【gān ㄍㄢ】 [설문부수 150] 달, 달콤할, 달게 여길

설문 2901 美也。《〔羊部〕日。美、甘也。甘爲五味之一。而五味之可口皆日甘。》 从口含一。一、道也。《食物不一。而道則一。所謂味道之腴也。古三切。古音在 7部。》 凡甘之屬皆从甘。/202

유사 귀 이(耳) 스스로 자(自) 또 차(且) 눈 목(目) 날 일(日) 가로 왈(曰)

성부 부록 색인 참조

형부 甘을 부수로 하는 대부분의 글자들

형성 (7자) 감(苷)282 첨(甛)2902 한(邯)3893 감(泔)7046 감(紺)8232 겸(鉗)8926 감(酣)9393

◀ 제 4 획 ▶

甚 심【shèn ㄕㄣˋ】 심할, 심히

설문 2905 尤安樂也。《尤甘也。引伸凡殊尤皆日甚。》 从甘匹。《句、「匹」【各本】誤「甘」。依『韵會』正。常枕切。7部。》 匹、《逗。》 耦也。《說从匹之意。人情所尤安樂者、必在所溺愛也。》 𠯑 古文甚。《从口猶从甘也。》/202

성부 㪨감 甚심

형성 (12자+2) 집(㪔)1391 심(諶)1445 삼(糂)4293 탐(䁴)5242 심(煁)6147 심(黮)6260 잠(湛)6963 담(媅)7852 감(戡)8000 감(堪)8636 침(斟)9054 임(醰)9359 침(踸) 감(勘)

◀ 제 6 획 ▶

甛 甜(첨)【tián ㄊㄧㄢˊ】 맛날, 달콤할

설문 2902 美也。《『周禮:注』恬酒。恬卽甛字。》 从甘舌。舌知甘者。《說从舌之意。》/202

◀ 제 11 획 ▶

曆 𤯳(감)【gān ㄍㄢ】 화할 ■함 · 담 · 감:같은 뜻

설문 2903 和也。《「和」當作「盉」。寫者亂之耳。〔皿部〕日。盉、調味也。》 从甘厤。厤、調也。《說从厤之意。〔厂部〕日。厤、治也。〔秝部〕日。稀疏適也。稀疏適者、調龢之意。『周禮』。凡和、春多酸。夏多苦。秋多辛。冬多鹹。調以滑甘。此从甘厤之義也。【各本】及『篇』、『韵(韻)』、『集韵』、『類篇』、字體皆譌。今正。》 甘亦聲。讀若函。《古三切。7部。》/202

100 生 5-06 ▤ 날 생

生 生 생【shēng ㄕㄥ】 [설문부수 215] 나아갈, 일어날, 낳을, 기를

설문 3712 進也。象屮木生出土上。《下象土。上象出。此如㞢(之)出朩以流相從。所庚切。11部》 凡生之屬皆从生。/274

유사 우거질 개(丯) 풀 무성할 봉(丰)

성부 부록 색인 참조

형부 生을 부수로 하는 대부분의 글자들 반(㸞) 반(䜌)

형성 (10자) 생(牲)717 생(眚)2081 성(胜)2584 생(笙)2857 정(旌)4095 청(姓)4141 성(性)6391 성(鮏)7296 성(姓)7727 생(甥)8779

◀ 제 5 획 ▶

甡 신【shēn ㄕㄣ】 많이 섰을, 우물우물하는 모양

설문 3717 衆(衆)生竝立之皃(貌)。《『大雅:毛傳』日。甡甡、衆多也。其字或作「詵詵」。或作「駪駪」。或作「侁侁」。

或作「莘莘」。皆假借也。『周南:傳』曰。詵詵、衆多也。『小雅:傳』曰。駪駪、衆多之皃。》从二生。《所臻切。12部。》『詩』曰。甡甡其鹿。/274

성부 𤯔혜

◀ 제 6 획 ▶

產 산【chǎn ㄔㄢˇ】(아이를)낳을, 날, 산물(產物), 자산(資產)

설문 3714 生也。从生。彥省聲。《所簡(簡)切。14部。通用爲嵳(畜)𨭉字。今南北語言皆作楚簡切。》/274

형성 (3자) 산(𨭉)716 산(滻)6685 산(鏟)8886

◀ 제 7 획 ▶

甤 유【ruí ㄖㄨㄟˊ】열매 다닥다닥할

설문 3716 木實甤甤也。《甤與蕤音義皆同。甤之言垂也。》从生。豕聲《豕與甤皆在 16部。鍇作豕聲㝡(最)善。鉉作豨(豨)省聲。非也。唐玄應引亦云豕聲。》讀若綏。《「綏」當作「緌」。禮家緌與蕤通用。故知之。儒追切。古音在 16部。》/274

형성 (1자) 유(蕤)486

甥 (생)【shēng ㄕㄥ】생질, 사위

설문 8779 謂我舅者吾謂之甥。《『釋親』文。此泛釋甥義也。若母之昆弟爲吾舅。則謂吾爲甥矣。若妻之父爲吾外舅。則亦謂吾爲甥矣。『釋親:妻黨章』曰。姑之子爲甥。舅之子爲甥。妻之晜弟爲甥。姊(姉)妹之夫爲甥。『注』謂平等相甥。非也。姑之子、吾父母得甥之。舅之子、吾母姪之。吾父得甥之。妻之昆弟、吾父母得甥之。姊妹之夫、吾父母壻之而甥之。是四者皆舅吾父者也。舅者、耆舊之偁(稱)。甥者、後生之偁。故異姓尊卑異等者以此相偁。『爾雅』類列於此。亦以見舅之子、妻之昆弟偁吾父皆曰舅。不似後世俗呼也。其立文如此者、從其便也。自來不得其解。則謂平等相甥。吾姊妹之夫、吾父旣甥之矣。吾又呼之爲甥。此豈正名之義乎。姑之子爲外兄弟。舅之子爲內兄弟。妻之昆弟爲婚兄弟。姊妹之夫爲姻兄弟。旣正其名矣。又安得淆之乎。外孫亦偁彌甥。姊妹之孫、離孫也。亦偁從孫甥。皆見『左傳』。『釋名』妻之昆弟曰外甥一條㝡(最)爲無理。》从男。生聲。《所更切。11部。》/698

101 5-07 用 쓸 용

用 용【yòng ㄩㄥˋ】[설문부수 95] 쓸, 쓰일, 씀씀이

설문 1980 可施行也。从卜中。衛(衛)宏說。《卜中則可施行。故取以會意。余訟切。9部。》凡用之屬皆从用。𤰃古文用。/128

성부 부록 색인 참조

형부 用을 부수로 하는 대부분의 글자들

◀ 제 2 획 ▶

甫 보【fǔ ㄈㄨˇ】~씨(남자의 미칭), 겨우, 비로소, 많을

설문 1981 男子之美偁(稱)也。《『春秋』。公及邾儀父盟于蔑。『穀梁傳』曰。儀、字也。父猶傅也。男子之美稱也。『士冠禮』。『字辭』曰。伯某甫。仲叔季惟其所當。『注』。伯仲叔季、長幼之稱。甫是丈夫之美稱。按甫者、男子美偁。某甫者、若言尼甫、嘉甫、孔甫。謂之且字。且者、薦也。五十以伯仲乃謂之字。以下一字爲伯仲叔季之薦。故曰且字也。甫則非字。凡男子皆得偁之。以男子始冠之偁、引伸爲始也。又引伸爲大也。》从用父。《可爲人父也。》父亦聲。《【鍇本】無。方矩切。5部。『士冠禮』「甫」作「父」。【他經】某甫之甫亦通用父。同音假借也。》/128

성부 尃専부 𤰈부 匍포 浦포

형성 (23자) 포(莆)225 포(哺)778 포(逋)1124 보(誧)1486 부(䩉)1763 포(脯)2567 보(簠)2811 포(餔)3086 포(圃)3759 부(郙)4009 유(牖)4172 부(痡)4496 보(黼)4728 보(俌)4828 보(補)5106 보(䩉)5441 부(㕊)5708 부(豧)5795 포(悑)6633 포(捕)7697 포(鋪)8999 보(輔)9122 포(酺)9397

甬 용【yǒng ㄩㄥˇ】本[꽃 피는 모양] 물 솟아오를, (양쪽에 담 쌓은)길, 궁중의 긴 골목길

설문 4155 艸木𠌶(華)甬甬然也。《小徐曰。甬之言涌也。若水涌出也。『周禮』。鐘柄爲甬。按凡从甬聲之字皆興起(起)之意。》从乚。用聲。《余隴切。10部。》/317

유사 뿔 각(角)

성부 涌용 勇勈용

형성 (9자) 용(踊)1010 통(通)1085 용(踊)1282 송(誦)1415 통(筩)2817 통(桶)3609 통(痛)4492 용(俑)4944 용(蛹)8391

◀ 제 6 획 ▶

葡 비【bèi ㄅㄟˋ】갖출(用부 6획)

설문 1983 具也。《具、供置(置)也。〔人部〕曰。備(備)、愼也。然則防備字當作備。全具字當作葡。義同而略有區別。今則專用備而葡廢矣。》从用。苟省。《苟己力切。自急敕也。敕、誡也。此會意。平祕(秘)切。古音在 1部。苟亦聲也。》/128

성부 備비

형성 (3자) 비(犕)724 비(糒)4300 비(憊)6636

◀ 제 7 획 ▶

甯 (녕)【nìng ㄋㄧㄥˋ】本[차라리] 편안할
※ 녕(寧)과 같은 글자

설문 1984 所願也。《此與〔丂部:寧〕音義皆同。許意寧爲願詈(詞)。甯爲所願。略區別耳。二字古皆平聲。故公孫寧儀行父、『公羊』作公孫甯也。『漢:郊祀歌』。穰穰復正直往甯。師古曰。言獲福旣多。歸於正道。克當往日所願也。甯音寧。》从用。寧省聲。《此不云寍省聲云寧省聲者、以形聲包會意也。乃定切。11部。隷(隸)變作寗。非。》/128

102 田
5-08 밭 전

用 5 ⑥

田 전【tián ㄊㄧㄢˊ】[설문부수 484] 밭, 밭갈, 사냥할

설문 8740 陳也。《【各本】作「陳」。今正。敶者、列也。田與敶古皆音陳。故以曡(疊)韵爲訓。取其敶列之整齊謂之田。凡言田者、卽陳陳相因也。陳陳當作敶敶。陳敬仲之後爲田氏。田卽陳字。叚(假)田爲陳也。》樹穀曰田。《種(種)菜曰圃。樹果曰園。見〔囗部〕。》象形。《【各本】作象四。今依『韵會』正。今人謂爲从囗从十。非許意也。此象甫田之形。毛公曰。甫田謂天下田也。待年切。古音如陳。12部。》囗十、《逗。》千百(阡陌)之制也。《此說象形之恉。謂囗與十合之。所以象阡陌之一縱一横也。【各本】作阡陌。〔𠂤(阜)部〕無此二字。今正。『周禮:遂人』曰。凡治野。夫閒(間)有遂。遂上有徑。十夫有溝。溝上有畛。百夫有洫。洫上有涂。千夫有澮。澮上有道。萬夫有川。川上有路。以達于畿。百夫之涂謂之爲百。千夫之道謂之爲千。言千百以包徑畛路也。南畝(畝)則畖縱遂横。溝縱洫横。澮縱川横。遂徑畛涂道路縱横同之。南畝(畝)則畖横遂縱。溝横洫縱。澮横川縱。徑畛涂道路横縱同之。 故十與囗皆象其縱横也。阡陌則俗字也。》凡田之屬皆从田。/694

성부 부록 색인 참조

형부 田을 부수로 하는 대부분의 글자들
치(甾甾) 세(細㽞)

형성 (2자) 전(畋 畋)1961 전(佃 佃)4908
전(鈿 鈿)

◀제0획▶

● 由 말미암을 유(繇)-속자

甲 갑【jiǎ ㄐㄧㄚˇ】[설문부수 513] 첫째 천간, 첫째, 싹틀, 떡잎 날, 손톱, 껍질

설문 9291 東方之孟。陽气萌(萌)動。《『史記:曆書』曰。甲者、言萬物剖符甲而出也。『漢書:律曆志』曰。出甲於甲。『月令:注』曰。日之行、春東從青道發生。月爲之佐。時萬物皆解孚甲。『月令』曰。孟春之月。天氣下降。地氣上騰。天地和同。艸木萌動。【今本】小篆作甲。古文作𠇍。今正。說詳〔戈部:戎〕字下。》从木戴孚甲之象。《孚者、夘(卵)孚也。孚甲猶今言㲉也。凡艸木初生。或戴穜(種)於顚。或先見其葉。故其字像之。下像木之有莖。上像孚甲下覆也。古狎切。8部。『衞(衛)風:毛傳』曰。甲、狎也。言甲爲狎之叚(假)借字也。又『大雅』會朝清明。『毛傳』曰。會、甲也。會讀如檜。物之葢(蓋)也。會朝猶言第一朝。此於雙聲取義。『貨殖傳』葢一州、『漢書』作甲一州。》『大一經』曰。《攷『藝文志』。陰陽家有『大壹兵法:一篇』。五行家有『泰一陰陽:二十三卷』。『泰一:二十九卷』。然則許偁(稱)『大一經』者、葢此類。》人頭空爲甲。《「空」【各本】作「宜」。今依『集韵』作空爲善。空腔古今字。許言頭空、履空、頟空、脛空皆今之腔也。人頭空、爲髑髏也。》凡甲之屬皆从甲。𠇍古文甲始於一。見於十。歲成於木之象。《【宋本】作始於十。見於千。或疑當作始於下。見於上。》/740

【戎】下曰: 𠇍古文甲字。《〔日部:早〕篆下及此、小徐皆有此五字。大徐皆删(刪)之。由古文甲、小篆甲所異甚微故也。漢隷書早字平頭、如小篆本平頭。古文乃出頭作𠇍。轉寫旣久。惑不能別。於〔日部〕及此删去五字。於甲篆則用出頭者爲小篆。別取汗簡(簡)所載異體爲古文。皆非也。今一一正之。》/630

유사 말미암을 유(由) 대그릇 치(甾甾甾) 굽을 곡(曲)
펼 신(申) 숫구멍 신(囟囟囟囟囟) 밭 전(田)
귀신머리 불(甶甶) 창문 창(囱囱囱囱)

성부 卑卑비 早조 戎戟융

형성 (6자+1) 합(呷 呷)821 합(柙 柙)3675
압(窜 窜)4479 압(狎 狎)6036 갑(閘 閘)7393
갑(匣 匣)8046 압(鴨 鴨)

申 신【shēn ㄕㄣ】[설문부수 536] 아홉째 지지(오후3시~5시, 서남서, 원숭이 띠를 상징), 이야기할, 아뢸, 펼

설문 9352 神(神)也。《神不可通。當是本作申(申)。如巳巳也之例。謂此申酉之篆卽今引申之義也。淺人不得其例。妄改爲神。攷諸古說無有合者。『律書』曰。申者、言陰用事。申則萬物。故曰申。『律曆志』曰。申堅於申。『天文訓』曰。申者、申之也。皆以申釋申。爲許所本。而『今本-淮南』改申之作呻之。其可歎一而已。或曰神當作身。下云陰氣成體。『釋名』、『晉書:樂志』、『玉篇』、『廣韵』皆云。申、身也。許說身字从申省聲。皆其證。此說近是。然恐尙非許意。》七月侌(陰)气成體自申朿。《『韵會』無「體」字。陰气成謂三陰成爲『否卦』也。古屈伸字作詘申。亦叚(假)信。其作伸者俗字。或以羼入〔許書-人部〕耳。『韓子:外儲說』曰。申之朿之。【今本】申譌紳。申者、引長。朿者、約結。『廣韵』曰。申、伸也。重也。》从臼、自持也。《臼、叉手也。申與晨要同意。當是从丨以象其申。从臼以象其朿。疑有奪文。丨卽余制切之厂字也。失人切。12部。》吏𠳋(以)餔時聽事。申旦政也。《餔者、日加申時食也。申旦政者、子產所謂朝以聽政。夕以修令。公父文伯之母所謂卿大夫朝攷其職。夕序其業。士朝而受業。夕而習復也。》凡申之屬皆从申。𢀳古文申。《虹陳篆下如此。》𢑚籒文申。《小篆

改作申。䰠㬰字从此。》/746

[유사] 말미암을 유(由) 대그릇 치(甾甶甾)
숫구멍 신(囟囟囟⊠⊠) 밭 전(田) 귀신머리 불(甶甶) 갑옷 갑(甲) 창문 창(囱囪囱)

[성부] [曳]예 [臾]유 [伸]신 [身]신 [陳]진 [奄奄]엄

[형부] 인(𦥔𦥔)소

[형성] (7자) 신(神䄠)25 신(呻𠹦)882
신(胂𦚹)2504 갑(魌𩲔)5558 전(電䨏)7174
신(紳䌅)8250 곤(坤坤𡊁)860

[甶][불]【fǔ ㄈㄨˇ】[설문부수 347] [ㄱ][상][中]⑨[작] fú 귀신머리

[설문] [5574] 鬼頭也。象形。《敷勿切。15部。》凡甶(甶)之屬皆从甶。/436

[유사] 말미암을 유(由) 대그릇 치(甶甾甾) 굽을 곡(曲)
펼 신(申) 숫구멍 신(囟囟⊠⊠囟) 밭 전(田)
갑 옷 갑(甲) 창문 창(囱囱囱囱)

[성부] [鬼]귀 [畀]비 [畏]외 [禺]우

◀ 제 2 획 ▶

[남]【nán ㄋㄢˊ】[설문부수 487] 사내, 젊은이, 아들, 남작

[설문] [8777] 丈夫也。《夫下曰。周制八寸爲尺。十尺爲丈。人長一丈。故曰丈夫。『白虎通』曰。男、任也。任功業也。古男與任同音。故公侯伯子男、王莽男作任。》从田力。言男子力於田也。《會意。農力於田。自王公以下無非力於田者。那含切。古音在 7部。》凡男之屬皆从男。/698

[성부] [虜]로

[형부] 생(甥𤰕) 구(舅𦥷)

● 甽 밭도랑 견(甽)-동자

[전]【diàn ㄉㄧㄢˋ】경기(京畿:왕도 주위 500리 이내의 땅), 성밖 ■승:수레 ■잉:땅이름

[설문] [8750] 天子五百里內田。《『禹貢』、五百里甸服。『周語』曰。先王之制。邦內甸服。『韋-注』云。邦內、謂天子畿內千里之地。『商頌』曰。邦畿千里。惟民所止。『王制』曰。千里之內曰甸。京邑在其中央。故『夏書』曰。五百里甸服。則古今同矣。甸、王田也。服、服其職業也。自商以前、邦畿內爲甸服。武王克殷。周公致大平。因禹所弼除甸內。更制天下爲九服。千里之內謂之王畿。王畿之外曰侯服。侯服之外曰甸服。祭謀父諫穆王稱先王之制。猶以王畿爲甸服者。甸古名。世俗所習也。古周襄王謂晉文公曰。昔我先王之有天下也、規方千里以爲甸服是也。『周禮』亦以蠻服爲要服。足以相況也。按周制王畿千里。不在九服。而亦未嘗不從古曰甸服也。若『小司徒』九夫爲井。四井爲邑。四邑爲丘。四丘爲甸。鄭云。甸之言乘也。讀如維禹敶之之敶。別一義。『毛詩』。維禹甸之。『傳』曰。甸、治也。》从勹田。《【各本】作「从田。包省」。小徐作「包省聲」。今正。勹、裹也。布交切。甸之外九服重重勹之。故从勹田。堂練切。12部。》/696

[참고] 전(軥)수렛소리

(유)【yóu ㄧㄡˊ】넘어진 나무에서 순 날, 오히려

[설문] [4154] 木生條也。《條者、小枝也。》从㔾。由聲。《【許書】由聲之字不減數十。淺人因【許書】無由字。欲盡改爲甹省聲。然則甹由聲。又何說也。以州切。3部。》『商書』曰。若顚木之有甹枿。《『般庚:上篇』文。【今書】作「由蘖」。許〔木部〕作「甹巘」。枿卽巘。蘖之異體也。甹者、生也。『左傳』。史趙曰。陳、顓頊之族也。歲在鶉火。是以卒滅。陳將如之。今在析木之津。猶將復由。此以生滅對言。由卽甹之叚(假)借。『詩:序』曰。由儀、萬物之生各得其宜也。此以生釋由。以宜釋儀。由亦甹之叚借。下云古文言由枿。則作甹者【伏生、歐陽、夏侯之書】也。許於『書』偁(稱)孔氏而不廢伏生。於此可見矣。》古文言有枿。《古文謂【孔氏壁中書】也。伏作甹爲正字。孔作由爲叚借字。偁伏又偁孔者、明叚借也。不曰古文甹作由、云古文言由枿者、此偁【經】非說字也。嫌其無別也。故別之。『孟康-注:漢書』黎民祖飢曰。「祖」古文言「阻」。》/316

[병]【pīng ㄆㄧㄥ】빠를, 이끌, 재물을 가벼이 여기는 사람

[설문] [2919] 亟詈(極詞)也。《其意爲亟。其言爲甹。是曰意內言外。甹亦語詈(詞)也。『說文』「德夆」、『爾雅』作「甹夆」。假借字也。》从丂。从由。《普丁切。11部。》或曰。《與一曰同。》甹、俠也。《此謂甹與俜音義同。〔人部〕曰。俜、俠也。俠、俜也。『漢:季布傳』。爲人任俠。音義或曰任、氣力也。俠、甹也。》三輔謂輕財者爲甹。《所謂俠也。今人謂輕生曰「甹命」。卽此甹字。》/203

[성부] [諤]병

[형성] (7자) 형(騁𩢍)1374 정(甹甹)3031
병(梬梬)3270 빙(俜俜)4841 빙(騁騁)5916
빙(聘聘)7441 빙(娉娉)7879

(정)【tǐng ㄊㄧㄥˇ】[상][中]⑨[작] tīng 밭두둑 ■전:사슴의 발자국, 집 곁 공터

[설문] [8741] 田踐處(處)曰町。《玉裁按此踐字疑淺人所增。『廣韵(韻)-靑韵:注』曰田處。『迥韵:注』曰田塯。塯者、俗區字。田處者、謂人所田之處。淺人以二字古奧。乃因下文町疃爲禽獸踐處、妄增之。『左傳』。町原防。杜曰。原防不得方正如井田。別爲小頃町。賈逵曰。原防之地。九夫爲町。三町而當一井。『急就篇』頃町畍(界)畝 (晦畝)。『顏-注』。平地爲町。一曰町、治田處也。『西京賦』編町成篁。『薛-注』。町謂畎畝也。『釋名:州國篇』曰。鄭、町也。其地多平。町町然也。『論衡』。町町若荆(荊)軻之廬。『詩:毛傳』曰。墠、除地町町者。皆謂平坦。於踐義不相涉。》从田。丁聲。《他頂切。11部。『廣韵』有平聲。》/695

◀ 제 3 획 ▶

● [画][画] 그릴 화(畫)-약자

● [甾][甾][甾][由][由] 따비밭, 동방꿩 치

田 5 ②

田 5 ②

甿 (맹)【méng ㄇㄥˊ】 本[농부] 백성 지각 없는 모양 ■몽:어리석을

설문 8763 田民也。《甿爲田民。農爲耕人。其義一也。〔民部〕曰。氓、民也。此从田。故曰田民也。唐人諱民。故氓之蚩蚩、『周禮』以下剙致氓、『石經』皆改爲甿。古祗作萌。故許引『周禮』以興勸利萌。葢(蓋)【古本】如是。鄭云。變民言萌。異外內也。萌猶懵懵無知貌。》从田。亡聲。《武庚切。古音在 10部。》/697

畀 비【bì ㄅㄧˋ】(남에게)줄

설문 2887 相付与(與)之約在閣上也。《「与」舊作「與」。〔勹部〕曰。与與予同。予、推予也。與、黨與也。今正。約當作物。古者物相与必有藉。藉卽閣也。故其字从丌。疑此有奪文。當云相付与也。付与之物在閣上从丌。『祭統』曰。夫祭有畀煇胞翟閽者。惠下之道也。畀之爲言與也。能以其餘畀其下者也。此謂上之与下。庋閣而命取之。》从丌。甶(由)聲。《由、敷勿切。鬼頭也。必至切。15部。》/200

성부 鼻비 異異이

형성 (4자) 폐(箅)2790 위(𢍺)3707 비(痹)4549 비(淠)6726

𢌳 비【qí ㄑㄧˊ】 ㉠ jì (남에게)줄 ※ 비(畀)의 옛 글자

설문 1668 舉(擧)也。从廾。甾(甾)聲。《【各本】作「由聲。誤。或從鬼頭之甶(由)。亦非也。此從東楚名缶之甾。故『左傳』作𢌳(𢌳畁)。『今-左』作「惎」。〔糸部:緈〕从𢌳聲。或字作「綦」。甾聲、其聲皆在 1部也。》『春秋傳』曰。晉人或以廣隊。楚人𢌳之。《『左傳:宣:十二年』文。『今-傳』𢌳作惎。》黃顥說廣車陷。楚人爲舉之。《此許偁(稱)【古本】古說。杜本作「惎」。云惎、教(敎)也。》杜林㠯(以)爲麒麟字。《謂杜伯山謂𢌳爲麒字也。『廣韵:七志』曰。𢌳、『說文』音其是也。葢(蓋)『蒼頡訓纂』、『蒼頡故:二篇』中語。「緈」可作「綦」。則騏可作「𢌳」。其理一也。「麟」當作「麐」。》/104

형성 (1자) 기(緈)8233

참고 병(浜)선거(배를 매어 두는 곳) 국(𦯬)9159 공(珙)

◀ 제 4 획 ▶

● 甾 따비밭, 동방평 치(甾)-동자

畂 (강)【gǎng ㄍㄤˇ】 지경(경계)

설문 8756 竟也。《「竟」【俗本】作「境」。今正。》一曰百也。《百今之陌字。》趙魏謂百爲畂。《方語也。》从田。亢聲。《古朗切。10部。按此古朗今譌古郎(郞)。因諱朗改爲郞也。鼎臣時未嘗諱朗字。》/696

畋 (전)【tián ㄊㄧㄢˊ】 ㉠ tiáo 평밭, 밭갈, 사냥할

설문 1961 平田也。《『齊風』。無田甫田。上田卽畋字。》从攴(攵)田。《田亦聲。待年切。12部。》『周書』曰。畋尒田。《『多方』篇文。》/126

界 계【jiè ㄐㄧㄝˋ】 지경, 경계, 갈피, 한계, 범위

설문 8755 竟也。《「竟」【俗本】作「境」。今正。樂曲盡爲竟。引申爲凡邊竟之偁(稱)。界之言介也。介者、畫(畵)也。畫者、介也。象田四界。聿所以畫之。介界古今字。『爾雅』曰。疆、界、垂也。按垂、遠邊也。》从田。介聲。《形聲中有會意。古拜切。15部。此篆上田下介。【小徐-舊本】、『五經文字』、『篇』、『韵』、『漢-碑』可據。》/696

참고 계(堺) 개(蚧)

畏 외【wéi ㄨㄟˊ】 ㉠㉡㉢⑨㉣ wèi 本[미워할] 두려워할,(조심, 꺼림), 두려움

설문 5575 惡也。从甶(由)。虎省。《虎上體省而儿不省。儿者、似人足而有爪也。於貴切。15部。》鬼頭而虎爪。可畏也。《說會意。》𤰞古文省。《下象爪形。》/436

형부 외(巍)

형성 (7자) 외(腲)2709 외(椳)3509 외(猥)6018 외(煨)6144 외(渨)6967 외(鍡)8996 외(隈)9223

● 畗 가득할 복(福), 대답할 답(答)의 옛 글자

◀ 제 5 획 ▶

畔 (반)【pàn ㄆㄢˋ】 두둑, 지경, 물가

설문 8754 田界也。《田界者、田之竟處也。『左傳』。子産曰。行無越思。如農之有畔、其過鮮矣。一夫百畝(晦畒)、則畔爲百畝之界也。引申爲凡界之偁(稱)。或叚(假)泮爲之。『氓:詩』曰。隰(濕)則有泮。『傳』曰。泮、坡也。坡卽陂。『箋』云。泮讀爲畔。畔、涯也。【經典】多借爲叛字。『論語』。佛肸以中牟畔。『大雅』。無然畔援。『傳』曰。無是畔道。無是援取。》从田。半聲。《薄半切。14部。》/696

畕 강【jiāng ㄐㄧㄤ】 [설문부수 485] 나란히 있는 밭

설문 8769 比田也。《比、密也。二人爲从。反从爲比。比田者、兩(兩)田密近也。》从二田。《會意。》凡畕之屬皆从畕。闕。《闕【大徐本】無。非也。此謂其音讀闕也。大徐居良(良)切。小徐『玉篇』同。以畺之音皮傅之而已。竊謂田與田相乘(乘)、所謂陳陳相因也。讀如𣨊列之𣨊。》/698

성부 畺강

畐 복【bì ㄅㄧ】 [설문부수 193] ㉠㉡㉢⑨ fú ㉣ bì 本[가득할] ① 복 ※ 복(福)의 옛 글자 ② 대답할 ※ 답(答)의 옛 글자

설문 3194 滿也。《『方言』愊偪滿也。凡以器盛而滿謂之愊。『注』言涌出也。腹滿曰偪。『注』言勑偪也。按『廣雅』愊偪滿也、本此。而『玉篇』云。腹滿謂之涌。腸滿謂之畐。與【今本】『方言』異。『玄應書:畐塞:注』曰。普逼切。引『方言』畐滿也。是則『希(希)馮、玄應-所據:方言』皆作畐也。【許書】無偪、逼字。大徐附逼於〔辵部〕。今乃知逼仄、逼迫字當作畐。偪逼行而畐廢矣。『荀卿子』。充盈大宇而不窕。入卻(却)穴而

不偪。『淮南:兵略訓』。入小而不偪。處大而不窕。凡云不偪者、皆謂不塞。『淮南:俶眞訓』。處小隘而不塞。『要略訓』。置之尋常而不塞。『氾論訓』。內之尋常而不塞。『齊俗訓』。大則塞而不入。小則窕而不周。偪與塞義同。畐偪正俗字也。『釋言』曰。逼、迫也。本又作偪。二皆畐之俗字。》从高省。《謂亠也。》象高厚之形。《謂田也。》凡畐之屬皆从畐。讀若伏。《芳逼切。按畐伏二字古音同在第 1部。今音同房六切。》/230

성부 富부 畾부 复复复복 畐복 福복 麵복 良량

형성 (10자+1) 복(福 福)20 복(菖 菖)348
부(副 副)2643 복(楅 楅)3662 벽(腷 腷)4168
폭(幅 幅)4656 픽(愊 愊)6416 복(蝠 蝠)8526
벽(塩 塩)8623 복(輻 輻)9110 핍(逼 逼)

留 류【liú ㄌㄧㄡˊ】(정지, 체류, 지체)머무를, 오랠

설문 8765 止也。《稽下曰稽畱(留)止也。》从田。丣聲。《田、所止也。猶坐从土也。力求切。3部。》/697

성부 坐𡋯좌 擂추

형성 (9자) 류(䄂 䄂)48 류(鶹 鶹)2289
류(鎦 鎦)3066 류(瘤 瘤)4532 류(罶 罶)4622
류(廇 廇)5648 류(溜 溜)6711 류(霤 霤)7199
류(駠 駠)5850

畚畚(분)【bǎn ㄅㄢˇ】상 bén 中⑨작 běn (곡식이나 흙을 담아 나르는)동구미、삼태기

설문 8055 蒲器也。甾屬。所㠯(以)盛糧。《「糧」【各本】作「種(種)」。今正。『周禮:挈壺氏』。挈畚以令糧。大鄭云。縣畚(畚畚)於稟假之處。後鄭云。畚所以盛糧之器。故以畚表稟。『左傳:宣:二年:正義』引『說文』蒲器可以盛糧。『左傳』釋文、『詩:正義』引『艸器』所以盛種。種字葢(蓋)非。果爲種字。則當云穀種。不得但言種也。『何休-注:公羊』云。畚、草器。『杜-注:左傳』。以草索爲之。蒲與艸不相妨。糧者、穀也。》从甶(甾)。弁聲。《布忖切。古音在 14部。》/637

畛 (진)【zhěn ㄓㄣˇ】밭갈피, 경계, (밭)두둑, 지경, 본바탕, 아뢸

설문 8758 井田閒百(閒陌)也。《井田閒者、謂十夫閒也。兩十夫之閒猶井閒也。徑畛涂(塗)道路皆可謂之陌阡。故曰井田閒陌。『遂人』曰。十夫有溝。溝上有畛。『周頌』曰。徂隰(濕)徂畛。『毛傳』曰。畛、埸也。按埸者、疆埸也。『信南山』疆埸有瓜是也。古祗作易。『左傳』曰。封畛土略。謂疆界。》从田。㐱聲。《之忍切。12部。》/696

畜 축【chù ㄔㄨˋ】⑨작 xù 쌓을, 저축, 붙들, 기를 (田부 5획)

설문 8766 田畜也。《田畜謂力田之蓄積也。『貨殖列傳』曰。富人爭奢侈。而任氏獨折節爲儉。力田畜。田畜人爭取賤賈。任氏獨取貴善。非田畜所出弗衣食。〔艸部〕曰。蓄、積也。畜與蓄義略同。畜从田。其源也。蓄从艸。其委也。俗用畜爲六畜字。古叚(假)爲好字。如『說苑』尹逸對成王曰。民善之則畜也。不善則讎(讐)也。晏子對景公曰。畜君何尤。畜君者、好君也。謂畜卽好之同音叚借也。》『淮南王』曰。玄田爲畜。《「王」大徐作「子」。此如引楚莊王止戈爲武、說會意也。玄田猶畇畇原隰也。丑六切。亦許六切。3部。》

𤲰『魯(魯)郊禮』畜从田、从茲(兹)。茲、益也。《『魯郊禮』已見〔鳥部〕。此許居『魯郊禮』文證古文从茲乃合於田畜之解也。〔艸部〕曰。茲、艸木多益也。从艸、絲省聲。【古文本】从茲。小篆乃省其半。而淮南王乃認爲玄字矣。此小篆省改之失也。【今本】上从玆則如茲益之云不貫矣。故正之如此。》/697

형성 (4자) 축(蓄 蓄)660 축(鄐 鄐)3880
휵(慉 慉)6451 축(嬸 嬸)7803

畟 측【cè ㄘㄜˋ】보습 날카로울, 나아갈, 주사위 ■즉:같은 뜻

설문 3228 治稼畟畟進也。《『釋訓』曰。畟畟、耜也。『周頌:毛傳』曰。畟畟、猶測側也。『箋』云。農人測測、以利善之耜熾菑是南畝(畝)也。按畟畟古語。測測今語。毛以今語釋古語。故曰猶。『周禮-雉氏:注』曰。耜之者、以耜測凍土剗之。然則畟、測皆進意。》从田儿。《儿亦人字。田人者、農也。》从夊。《夊言其足之進。足進而耜亦進矣。初力切。1部。》『詩』曰。畟畟良耜。《【許書】耜作枱鈶二形。見〔木部〕。云耒耑(端)也。》/233

형성 (2자) 직(稷 稷)3416 직(稷 稷)4199

◀ 제 6 획 ▶

畢 필【bì ㄅㄧˋ】그물, 그물질할, 마칠, 간찰(글씨 쓰는 대나무 조각)

설문 2376 田网(網)也。《謂田獵之网也。必云田者、以其字從田也。『小雅:毛傳』曰 畢所以掩兔(兎)也。『月令:注』曰。罔小而柄長謂之畢。按『鴛鴦:傳』云。畢掩而羅之。然則不獨掩兔。亦可掩鳥。皆以上覆下也。畢星主弋獵。故曰畢。亦曰罕(罕)車。許於率下曰。捕鳥畢也。此非別有一畢。亦是掩物之网。『特生:饋食禮』助載鼎(鼎)實之器(器)象之亦曰畢。此則用以上載爲異。》从田。《【各本】無此二字。依『韵會』補。》从華。象形。《謂以華象畢形也。柄長而中可受。畢與華同。故取華象形。【各本】作「象畢形微也」。有誤。今正。》或曰田聲。《上云從田華會意而象其形。則非形聲也。或曰田聲。田與畢古音同在 12部也。【各本】田誤由。鉉曰。由音拂。此大誤也。畢卑吉切。畢之言蔽也。〔攴(攴)部〕曰。㪤、盡也。今盡義通作畢。》/158

유사 늘어질 수(垂) 꽃 화(華) 그물 필(華)

형성 (11자) 필(趕 趕)1011 필(㪤 㪤)1945
필(篳 篳)2874 필(韠 韠)3238 필(樺 樺)3350
피(痺 痺)4550 필(熚 熚)6121 필(滭 滭)7165
필(彈 彈)8106 필(縪 縪)8192 폐(醳 醳)9417

畤 (지)【zhì ㄓˋ】제터(천지신명, 5제를 제사 지내는 곳) ■치:제사터, 쌓을 ■시:같은 뜻

[설문] 8759 天地五帝所基止祭地也。《「止」依『韵(韻)會』正。下基也。以基止釋畤。以疊韵(疊韻)爲訓也。所基止祭地謂祭天地五帝者。立基止於此而祭之之地也。畤不見於【經】。秦人因周制垗五帝於四郊。依附爲之。垗字音譌。遂製畤字耳。考『封禪書』。秦襄公居西垂(垂)。作西畤。祠白帝。其後文公都汧。作鄜畤。郊祭白帝。其後德公居雍。宣公作密畤於渭南。祭青帝。靈公作吳陽上畤。祭黃帝。作下畤。祭炎帝。獻公作畦畤櫟陽。祀白帝。漢高祖立黑帝祠。命曰北畤。按密上下三畤及鄜畤及北畤、謂之雍五畤。祭青黃赤白黑五帝之地也。先言天地者、秦時謂五帝卽天地。故曰唯雍四畤。上帝爲尊。秦之郊見卽祭畤也。》 从田。寺聲。《周市切。1部。》 右扶風雝有五畤。《『地理志:右扶風雍』下曰。有五畤。按雍祇有四畤。密畤、吳陽上畤、下畤、北畤也。『史記』雍五畤。『漢志』右扶風有五畤。葢(蓋)兼鄜縣之鄜畤祀白帝而言。鄜雖屬左馮翊。而馮翊、扶風故皆內史地。故得統偁(稱)之。『史記』於高祖未立北畤前曰雍四畤。葢亦謂密、上、下、鄜四畤。是以四畤上親郊見。而西畤、畦畤上不親往。別白言之也。》 好畤、鄜畤皆黃帝時築。《「築」【各本】作「祭」。今依『韵(韻)會』訂。『封禪書』曰。自未作鄜畤也。而雍旁故有吳陽武畤。雍東有好畤。自古以雍州積高神明之隩。故立畤郊上帝。葢黃帝時嘗用事。雖晚周亦郊焉。其語不經見。縉紳者不道。按史公作吳陽武畤。而許作鄜畤。與『史』、『漢』不合。傳聞之異也。》 或云秦文公立。《秦文公立鄜畤。『史』、『漢』皆云尒。而擧(擧)爲疑辭。且若好畤亦文公立者。皆傳聞之異也。》 /697

略 략【lüè ㄌㄩㄝˋ】 [本][천하를 경영하고 사방을 쳐 빼앗을] 꾀, 간략할, 덜

[설문] 8760 經略土地也。《『昭:七年:左傳』。芋尹無宇曰。天子經略。諸侯正封。古之制也。『杜-注』。經營天下。略有四海。故曰經略。正封。封疆有定分也。『禹貢』曰。嵎夷旣略。凡經界曰略。『左傳』曰。五將略地。又曰。略基阯。引申之、規取其地亦曰略地。凡擧(擧)其要而用功少皆曰略。略者對詳而言。》 从田。各聲。《离約切。古音在 5部。》 /697

[형성] (1자) 원(邍邍)1155

畦 (휴)【xī ㄒㄧ】 [상][中]⑨[작] qí (밭)두둑(50이랑)

[설문] 8752 田五十晦(畝)曰畦。《『離騷』。畦畱(留)夷與揭車。『王逸:注』。五十畮(晦畝)曰畦。『蜀都賦:劉-注』曰。『楚辭』倚沼畦瀛。王逸曰。瀛、澤中也。班固以爲畦、田五十畮也。此葢(蓋)班固釋畦畱夷之語。『今-俗本:文選(選)』逸之。按『孟子』曰。圭田五十畮。然則畦从圭田會意兼形聲與。又用爲畦畛。『史記』。千畦薑韭。韋昭曰。畦猶壟也。》 从田。圭聲。《戶圭切。16部。》 /696

◀ 제 7 획 ▶

番 번【fān ㄈㄢ】 [상] fán [本][짐승의 발] 번(순서, 횟수), 장(맷수) ■파:날랠 ■반:땅이름

[설문] 0685 獸足謂之番。从釆、田象其掌。《下象掌。上象指爪。是爲象形。許意先有釆字。乃後从釆而象其形。則非獨體之象形、而爲合體之象形也。附袁切 14部。》 番或从足。从煩。《此形聲也。》 古文番。《按『九歌』。丮芳椒兮成堂。『王-注』。布香椒於堂上也。丮一作播。丁度、洪(洪)興祖皆云。丮古播字。按播以番爲聲。此『屈賦』假番爲播也。》 /50

[성부] 潘반 旛번 審심

[형성] (17자+3) 번(璠)84 번(蕃)653 파(譒)1491 번(羳)2235 번(橎)3389 파(鄱)3937 번([illegible])4344 번(幡)4684 파(皤)4717 반(磻)5766 번([illegible])6026 번([illegible])6086 번(燔)6117 번([illegible])6271 파(播)7666 번(繙)8168 반(蟠)8456

[참고] 번(飜翻) 번(墦) 반([illegible])

畫 [화]【huà ㄏㄨㄚˋ】 [설문부수 82] 그림, 그릴 ■획: [本][가를(나눌)] 꾀할

[설문] 1845 介也。《「介」【各本】作「畍」。此不識字義者所改。今正。〔八部〕曰。介、畫(畵)也。從八從人。人各有介。》 從聿。《二字今補。》 象田四介。《田之外橫者二直者二。今篆體省一橫。非也。》 聿所目(以)畫之。《說從聿之意。引伸爲繪畫之字。胡麥切。16部。》 凡畫之屬皆从畫。 古文畫。《古文從聿田。此依【鍇本】。》 亦古文畫。《依【鍇本】。按〔刀部〕有劃字。》 /117

[성부] 晝주

[형부] 착(𤲶)

[형성] (2자) 획(劃)2657 획(嫿)7814

畬 (여)【yú ㄩˊ】 새 밭(개간한지 이태 되는 밭)

[설문] 8745 二歲治田也。《「二」【各本】作「三」。今正。『周易:音義』云。畬、馬曰田三歲。『說文』云二歲治田。此許作二之證。攷『釋地』曰。一歲曰「菑」。二歲曰「新田」。三歲曰「畬」。『小雅、周頌:毛傳』同。馬融、孫炎、郭樸皆同。『鄭-注:禮記:坊記』、『許-造:說文』、『虞翻(飜)-注:易:无妄』皆云二歲曰畬。許【全書】多宗毛公。而意有未安者則不從。此其一也。菑、〔艸部〕云反耕田也。反耕者、初耕反艸。一歲爲然。二歲則用力漸舒矣。畬之言舒也。三歲則爲新田。》 从田。余聲。《以諸切。5部。》 『易』曰。不菑畬田。《田汲古以爲衍、而空一字。【宋本】皆有之。葢(蓋)凶字之誤。『許-所據:與坊記』所引同也。『周易:无妄:六二、爻辭』。》 /695

晦 畮畞畝(묘)【mǒu ㄇㄡˇ】 ㉠[中]⑨[작] mǔ [本][밭넓이] 밭두둑 ■무: 속음

[설문] 8749 六尺爲步。步百爲畮。《『司馬法』如是。『王制』曰。方一里者爲田九百畮(畝畝)。謂方里而井。》 秦田二百四十步爲畮。《秦孝公之制也。商鞅開阡陌封疆。則鄧展曰。古百步爲晦。漢時二百四十步爲晦。按漢因秦制也。》 从田。每聲。《莫后切。古音在 1部。》 晦或从十久。

[작] 作家出版社〔董蓮池-說文解字考正〕 ⑨ 九州出版社〔柴劍虹-說文解字〕 ㉠ 陝西人民出版社〔蘇寶榮-說文解字今注今譯〕 [상] 上海古籍出版社〔說文解字注〕 [中] 中華書局〔臧克和-說文解字新訂〕

《十者、阡陌之制。久聲也。每久古音皆在 1部。今惟『周禮』作「畮」。『五經文字』曰。【經典】相承作「畝」。『干祿字書』曰。畝通、畞正。》/695

畯 (준)【jùn ㄐㄩㄣˋ】농부, 권농관, 준걸
[설문] [8762] 農夫也。《『釋言』曰。畯、農夫也。孫云。農夫、田官也。『詩:七月』。田畯至喜。『傳』曰。畯、田大夫也。『周禮:籥章』。以樂田畯。『注』。鄭司農云。田畯、古之先教田者。按田畯、教田之官。亦謂之田。『月令』。命田舍東郊。鄭曰。田謂田畯。主農之官也。亦謂之農。『郊特牲』。大蜡饗農。鄭曰。農、田畯也。田畯教田之時。則親而尊之。『詩』三言田畯至喜是也。死而爲神則祭之。『周禮』之樂田畯、大蜡饗農是也。》从田。夋聲。《子峻切。13部。》/697

異 [異][이]【yì ㄧˋ】[설문부수 65] [本][나눌] 다를(틀림, 뛰어남), 괴이할, 달리할
[설문] [1684] 分也。《分之則有彼此之異。》从廾畀。畀、予也。《竦手而予人則離異矣。羊吏切。1部。》凡異之屬皆从異。/105
[성부] [虡]거 [冀]기 [翼][翼]의 [叁][糞]분
[형부] 대(戴)
[형성] (6자) 이(蓂 蓂)235 칙(趩 趩)979
익(廙 廙)5679 시(㢀 㢀)5702
익(潩 潩)6689 익(匶 匶)8041

● [畱] 머무를 류(留)-본자

◀ 제 8 획 ▶

䜣 (저)【zhǔ ㄓㄨˇ】쌀자루 (田부 8획)
[설문] [9272] 㡌也。所㠯(以)盛米也。《【今本】「盛」上有「載」。依『廣韵(韻)』刪(刪)。〔巾部〕曰。㡌、載米䜣也。二篆爲轉注。今俗以艸爲之、俗語如遁。卽㡌字也。以竹爲之、俗語如巨。卽䜣(䜣)字也。皆所以盛米。》从宁甾。甾、缶也。《甾、缶也。『十二篇』曰。東楚名缶曰甾。此必著爲缶者、嫌其與〔艸部〕从巛田之菑相似也。㡌之宁物猶甾之宁物也。故从宁甾會意。不入〔甾部〕者、重宁也。》宁亦聲。《陟吕(呂)切。5部。》/738

● ● 삼태기 병(䡃)-와자

當 [당]【dāng ㄉㄤ】[本][당할] 당하게 할, 마땅할, 맡을, 견딜, 대적할
[설문] [8761] 田相値也。《値者、持也。田與田相持也。引申之、凡相持相抵曰當。報下曰當辠人也。是其一耑(端)也。流俗妄分平去二音。所謂無事自擾。》从田。尚聲。《都郞切。10部。》/697
[형성] (2자+1) 당(黨 黨)8436 당(鐺 鐺)8994
당(璫 璫)

畷 (철)【zhuó ㄓㄨㄛˊ】[상][中][9][작] zhuì (밭)두둑길
[■체]: 같은 뜻
[설문] [8757] 㒳(兩)百閒(間)道也。《百者、百夫洫上之涂(塗)也。兩百夫之閒而有洫。洫上有涂。兩千夫之閒而有澮。澮上有道。所謂阡也。洫横則澮縱。涂横則道縱。故道在中縱。而左右各十涂皆横。是謂兩陌閒道。是之謂畷。『郊特牲』。饗農及郵表畷。『注』云。郵表畷、謂田畯所以督約百姓於井閒之處(處)。引『詩』爲下國畷郵。按畷之言綴也。眔(衆)涂所綴也。於此爲田畯督約百姓之處。若街彈室者然。曰郵表畷。》百廣六尺。《百字【各本】無。今補。所以知必有百者、『鄭-注:周禮』云。徑容牛馬。畛容大車。涂容乘(乘)車一軌。道容二軌。路容三軌。軌者、徹也。『攷工記』曰。徹廣六尺。涂容一軌、是陌容六尺也。道容二軌、是阡容丈二尺也。許祇言陌之廣。使徑畛道路之廣皆可意知。》从田。叕聲。《陟劣切。15部。》/696

畸 (기)【jī ㄐㄧ】[本][떼기밭] 나머지, 기이할
[설문] [8747] 殘田也。《「殘」【各本】作「殘」。今正。殘者、賊也。殘者、禽獸所食餘也。因之凡餘謂之殘。今則殘行而殘廢矣。殘田者、餘田不整齊者也。凡奇零字皆應於畸引申用之。今則奇行而畸廢矣。》从田。奇聲。《居宜切。古音在 17部。》/695

畹 (원)【wǎn ㄨㄢˇ】스무 이랑, 밭, 종실
[설문] [8753] 田三十畮(畝)曰畹。《【大徐本】三作二。誤。『魏都賦』。下畹高堂。『張-注』云。班固曰畹、三十畞(畮畝)也。此苾(蓋)『孟堅-離騷:章句』滋蘭九畹之解也。『王-注』乃云十二畞曰畹。或曰田之長爲畹。恐非是。》从田。宛聲。《於阮切。14部。》/696

畺 [강]【jiāng ㄐㄧㄤ】지경, 죽어서 썩지 않을
[설문] [8770] 界也。《『七月:萬壽無疆:傳』曰。疆、竟也。〔田部〕曰。界、竟也。然則畺界義同。竟境正俗字。『信南山』。我疆我理。『傳』曰。疆畫(畵)經界也。理、分地理也。『緜』曰。乃疆乃理。『江漢』曰。于疆于理。其義皆同。經界出於人爲。地理必因地防。二者必相因而至。不知地防則水不行。》从畕。三其介畫也。《「介」本作「界」。今正。介、畫也。畫、介也。二者義同。居良切。10部。》疆畺或从土。彊聲。《今則疆行而畺廢矣。惟『周禮』有畺。》/698
[성부] [彊]강
[형성] (6자) 강(犟 犟)712 강(橿 橿)3355
강(僵 僵)4937 경(麠 麠)5976
경(鱷 鱷)7293 강(繮 繮)8312

◀ 제 9 획 ▶

暢 [창]【chàng ㄔㄤˋ】밭에 곡식 나지 않을
[설문] [8768] 不生也。《今之暢苾(蓋)卽此字之隸變。『詩』。文茵暢轂。『傳』曰。暢轂、長轂也。『月令』。命之曰暢月。『注』曰。暢、充也。苾皆義之相反而相生者也。》从田。昜聲。《丑亮切。10部。》/698
[형성] (1자) 창(蘯 蘯)502

畽 (유)【róu ㄖㄡˊ】걸찬 밭
[설문] [8746] 和田也。《『考工記:車人』。爲耒。堅地欲直庛。柔地欲句庛。『地官:草人』。墳壤用豕。鄭曰。墳壤、潤解也。曰柔地、曰潤解皆和田之謂。對剛土而言。》

[田] 5 ⑧

从田柔。《會意。》 柔亦聲。《耳由切。3部。》 鄭有畽。地名也。《『鄭語』。史伯對桓公曰。若克二邑。鄢、蔽、補、丹、依、畽歷、華。君之土也。『韋-注』。言克虢鄶、則此八邑皆可得也。》/695

畹 暎 (연)【ruán ㄖㄨㄢˊ】 성밑 밭, 빈 땅 ■나:같은 뜻

설문 8742 城下田也。《所謂附郭之田也。張晏云。城旁(旁)地也。》 一曰暎郤地。《「郤」當作「隙」。古隙郤字相叚(假)借。『曲禮』郤地、卽隙地也。「地」【各本】譌作「也」。今正。『河渠書』、『溝洫志』皆云故盡河堧棄地。韋昭曰。河堧、謂緣河邊地。『食貨志』。趙過試以離宮卒田其宮(宮)堧地。師古曰。堧、餘地。『史記:五宗世家』。臨江王侵廟堧垣爲宮。『史記:鼂錯列傳』、『漢書:申屠嘉傳』、『鼂錯傳』皆云錯鑿大上皇廟堧垣。古者廟有垣。垣外有堧。堧之竟復有垣以闌之。是爲堧垣。臨江王、鼂錯皆侵毁堧垣者也。堧者、河外宮廟外沿邊隙地也。其字作「堧」、同。》 从田。耎聲。《而緣切。14部。又乃臥切。按此字从需者譌。『玉篇』云。暎正。畽俗。堧正。壖俗。是也。》/695

◀ 제 10 획 ▶

瘥 嗟 (차)【cuó ㄘㄨㄛˊ】 (구획을 정하다 남은)거친 밭

설문 8748 殘薉田也。《薉字依『集韵(韻)』、『類篇』、『韵會』所據補。殘而且蕪之田也。是曰嗟。》 从田。差(差)聲。《昨何切。17部。》 『詩』曰。天方薦嗟。《『小雅:節南山』文。『毛詩』作「瘥」。『傳』云。薦、重。瘥、病。許此所引、葢(蓋)或『三家詩』也。》/695

畿 畿 (기)【jī ㄐㄧ】 경기

설문 8751 天子千里地。《卽天子五百里內田也。五百里自其一面言。千里自其四面言。爲方百里者百也。『商頌』。邦畿千里。『傳』曰。畿、疆也。『大司馬-九畿:注』曰。畿猶限也。》 目(以)逮近言之則言畿。《逮字依【小徐本】。逮者、及也。『九畿:注』曰。【故書】畿爲近。鄭司農云。近當言畿。按【故書】作近、猶【他書】叚(假)「圻」作「畿」耳。許言以逮近言之則曰畿者、謂畿冣(最)近天子。故稱畿。畿與近合音冣切。古惟王畿偁(稱)畿。甸服外無偁畿者。至周而侯、甸、男、采、衞(衛)、蠻、夷、鎭、藩皆曰畿。直以其遞相傳近轉移叚借名之。非古也。故許以近釋畿。畿之言垠也。故亦作圻。『邶風』。薄送我畿。『傳』曰。畿、門內也。謂門限也。『小雅』。如畿如式。『傳』曰。畿、期也。『禮記』。丹漆雕畿。『注』曰。畿、圻堮也。古幾畿通用。》 从田。幾省聲。《形聲中包會意。巨衣切。15部。》/696

◀ 제 11 획 ▶

𤰞 𤰞 (잡)【chà ㄔㄚˋ】 ㉯㊥⑨㉮ chā 가래 ■별·절:같은 뜻 (田부 11획)

설문 8054 斛也。《斛者、斛旁有庣也。甾(甾 由)之類。故其字从甶。》 古田器也。《此上當有「一日」二字。斛下亦引『爾雅』斛謂之𤰞。古田器也。此別一義。叚(假)斛𤰞爲銚臿也。〔許書-金部〕作銚臿。乃其正字。今之臿也。江沅說。》 从甶。疌聲。《楚洽切。8部。》/637

畱 畱 (류)【liú ㄌㄧㄡˊ】 화전, 성씨

설문 8744 燒穜也。《『篇』、『韵(韻)』皆云。田不耕、火種也。謂焚其艸木而下種。葢(蓋)治山田之法爲然。『史記』曰。楚越之地或火耕。『杜甫-夔府:詩』。燒畬度地偏。》 从田。翏聲。《力求切。3部。》 『漢律』曰。畱田茠艸。《二者皆農事。「庥」或「薅」字。見〔蓐部〕。》/695

𤱙 𤱙 (병)【píng ㄆㄧㄥˊ】 삼태기 (田부 8획)

설문 8056 𤰞也。《𤰞者、蒲席𤱙(𤱙)也。𤱙下曰。載米𤱙也。𤱙下曰。𤱙也。所以盛米。然則四篆一物也。》 从甶。幷聲。《薄經切。11部。》 杜林目(以)爲竹筥。《筥、𥳑也。𥳑、飯器。》 楊雄目爲蒲器。《杜有『倉頡訓纂:一篇』、『倉頡故:一篇』。楊有『倉頡訓纂:一篇』。其說不同如此。此與鼂斡二篆皆兼引楊杜二家說。》 讀若軿車。/637

◀ 제 12 획 ▶

疃 疃 (탄)【tuǎn ㄊㄨㄥˇ】 자귀(짐승이 디딘 발자국)

설문 8767 禽獸所踐処(處)也。《踐者、履(履)也。獸足蹂地曰厹。其所蹂之處曰疃。本不專謂鹿。『詩』則言鹿而已。》 『詩』曰。町疃鹿場。《『豳風:東山』文。『毛傳』曰。町疃、鹿迹也。謂鹿迹所在也。『楚辭:九思』。鹿蹊兮𪊺𪊺。𪊺與疃葢(蓋)一字。疃亦作畽。『郡國志』。廣陵郡東陽。劉(劉)昭云。縣多麋。引『博物志』十百爲羣(群)。掘食艸根。其処(處)成泥。名曰麋畯。民人隨此畯種稻。不耕而穫。其收百倍。『今-後漢書』譌爲畯。『埤雅』引此又譌暖。然因『埤雅』可以校正也。》 从田。童聲。《土短切。14部。此音之轉也。古音葢在 9部。》/697

疄 疄 (린)【lìn ㄌㄧㄣˋ】 밭에 수레 몰

설문 8764 轢田也。《轢、車所踐也。『子虛(虛)賦』。掩兔(兎)轔鹿。字从車。『上林賦』。車徒之所閵轢。又叚(假)閵爲之。〔足部〕曰。蹸、轢也。義相近。》 从田。粦(粦)聲。《良刃切。12部。》/697

◀ 제 14 획 ▶

𤳳 疇 주【chóu ㄔㄡˊ】밭 거둘, 지난 번, 가업을 대대로 전할

설문 8743 ① 古文疇。/58 ② 耕治之田也。《耕者、犂也。犂其田而治之。其田曰疇。有謂麻田曰疇者。『劉(劉)向-說苑』、『蔡邕-月令:章句』、『韋昭-國語:注』、『如淳-漢書:注』同。此別爲一說。非許義也。有謂疇爲畛埒小畔際者。『劉逵-蜀都:注』、『張載-魏都:注』之說。亦非許義。許謂耕治之田爲疇。耕治必有耦。且必非一耦。故『賈逵-注:國語』曰。一井爲疇。『杜預-注:左傳』曰。並(竝)畔爲疇。並畔則二井也。引申之、『高-注:國策』、『韋-注:漢書』。疇、類也。『王逸-注:楚辞(辭)』。二人爲匹。四人爲疇。『張晏-注:漢書』。疇、等也。如淳曰。家業世世相傳爲

疇。攷『國語』。人與人相疇。家與家相疇。『戰國策』日。夫物各有疇。『漢書』日。疇人子弟。疇其爵邑。『王粲賦』。顯敞寡疇。『曹植賦』。命疇嘯侶。盎(盖)自唐以前無不用从田之疇。絽(絶)無用从人之儔訓類者。此古今之變。不可不知也。『楊倞-注:荀卿』乃云疇當爲儔矣。》从田𠷎。象耕田溝詰詘也。《依『韵會本』訂。耕田溝、謂甽也。不必正直、故云詰詘。直由切。3部。隷作「疇」。》𠷎疇或省。《〔口部:㽬〕、以𠷎爲聲。〔老部:耇(壽)〕。以㽬爲聲也。》/695

【雉】下日:有十四種(種)。《目下文。》盧諸雉。鷮雉。卜雉。鷩雉。秩秩海雉。翟山雉。翰雉。卓雉。伊雒而南日翬。江淮而南日「搖」。南方日「𠷎」。東方日「甾」。北方日「稀」。西方日「蹲」。/141

※ 목숨 수(壽) 참조。

성부 壽수 疇주 籌주

형성 (2자) 주(疇)2121 수(𣪊)1864

◀ 제 17 획 ▶

● ● 거듭 첩(疊)-본자

103	疋
5-09	필필

疋 疋소【shū ㄕㄨ】[설문부수 41] 발 ■필:필, 피륙 ■아:바를(正也)

설문 1345 足也。上象腓腸。《〔肉部〕日。腨、腓腸也。》下从止。《止、下基也。》『弟子職』日。《『弟子職』、『管子書』篇名。『漢:藝文志』以列於『孝經』十一家。是其單行久矣。》問疋何止。《謂問尊長之臥。足當在何方也。『內則』日。將衽。長者奉席。請何止。止一作趾。足也。》古文吕(以)爲『詩:大雅』字。《「雅」【各本】作「疋」。誤。此謂古文叚(假)借疋爲雅字。古音同在 5部也。》亦吕爲足字。《此則以形相似而叚借。變例也。》或日胥字。《此亦謂同音叚借。如府史胥徒之胥徑作疋可也。》一日疋記也。《記下云疋也。是爲轉注。後代改疋爲疏耳。疋疏古今字。此與足也別一義。》凡疋之屬皆从疋。《所菹切。5部。》/84

성부 부록 색인 참조

형부 疋를 부수로 하는 대부분의 글자들
선(淀) 종(楤) 선{琁}

형성 (3자) 소(𨑉)1346 소(延)1347 소(䟽)3826

◀ 제 3 획 ▶

疌 疌섭【niē ㄋㄧㄝ】㊤㊥⑨㉹ niè 베틀 디딤판 (疋부 3획) ■녑:속음

설문 1027 機下足所履者。《疌者躡也。》从止。从又。入聲。《尼輒切。8部。》/68

◀ 제 5 획 ▶

疌 疌첩【jié ㄐㄧㄝˊ】빠를 (疋부 5획)

설문 1026 疾也。《凡便捷之字當用此。捷、獵也。非其義。『豫:九四』。朋盍簪。『子夏傳』云。簪、疾也。鄭云。速也。晁說之云。陰弘道按『張揖-古今字詁』。疌作撍。『埤倉』云。撍、疾也。說之案。撍簪同一字。王原叔謂卽『詩』不疌字。祖感(感)反。玉裁按。『釋詁』。疌、速也。本或作疌。》从又。又、手也。从止。《鍇日。止、足也。手足廾(共)爲之故疾。》屮聲。《疾葉切。按屮聲在 15部。疌在 8部。合音也。》/68

형성 (10자) 삽(萐)224 삽(箑)2826
첩(㨗)4405 첩(倢)4834 잡(徢)5033
첩(捷)7717 첩(婕)7788 잡(𩌏)8054
첩(緁)8284 접(蜨)8452

◀ 제 7 획 ▶

疏 疏소【shū ㄕㄨ】(막힌 것이)트일, 멀(친하지 않을), 드물, 거칠, 성길, 상소(할), 조목조목 진술할 (疋부 6획)

설문 9339 通也。《〔疋部〕日。延、通也。疏與延音義皆同。皆从疋者、疋所以通也。『鄭-注:月令:明堂位』、『薛-解:西京賦』、『張-注:靈光殿賦』皆訓疏爲刻鏤。故延疏𨑉三字通用矣。疏之引申(伸)爲疏闊、分疏、疏記。》从㐬。从疋。疋亦聲。《所菹切。5部。》/744

형성 (1자+1) 소(梳)3532 소(蔬)

◀ 제 7 획 ▶

𨑉 (소)【shū ㄕㄨ】격자창

설문 1346 門戶青疏窗(窓)也。《「青」字依『篇』、『韵(韻)』補。於門戶(戶)刻鏤爲窗(窓)牖之形。而以青飾之也。〔㐬部〕日。疏、通也。『薛-注:西京賦』日。疏、刻穿之也。『招䰟(魂)』。網戶朱綴。刻方連些。『古-詩』日。交疏結綺窗。》从疋。《從疋者、綺文相連如足迹相nn也。》疋亦聲。囪象𨑉形。《〔囪部〕日。在牆日牖。在屋日囪。則囪疋爲會意矣。而云象形者、正謂門戶刻文如囪牖也。》讀若疏。《所菹切。5部。》/85

◀ 제 9 획 ▶

疐 疐치【zhì ㄓˋ】本[엎드러질] 굽힐, 거리낄, 미끄러질 ■체:꼭지 (疋부 9획)

설문 2389 礙不行也。《『釋言』云。疐、跲也。『豳風:毛傳』同。〔足部:躓〕跲也。跲、躓也。以『大學』懥亦作懫推之。則疐卽躓字。音義皆同。許不謂一字殊其義者、依字形爲之說也。如許說則『爾雅』、『毛傳』假疐爲躓。》从叀引而止之也。叀者、如叀馬之鼻(鼻)。《「馬」當作「牛」。牛鼻有桊。所以叀牛也。叀之義引伸讀同纆。纆、綰也。有所牽掣之謂。『楊雄-酒箴』日。一旦叀礙。爲甇所轠。謂汲井之絣略有牽絆。爲貯水大盆所擊碎也。字從叀者。如叀牛之鼻然。可使行亦可使止。故日引而止之也。此說從叀之意。》从冂、此與牽同意。《冂【各本】無。今補。從冂者、象挽之使止。如牽字冂象牛縻可引之使行也。故日此與牽同意。陟

疋 5 ⑦

利切。古音在 11部。》『詩』曰。載疐其尾。《按〔足部〕引載躓其尾必『三家詩』之異也。或同一『毛詩』而異字。如同一『周禮-故書』、『儀禮-古文』而或有異文。》/159

형성 (1자) 체(嚔)794

疑 의【yí ㄧˊ】의심할, 의심스러울, 의심, (한장소에)안정할 ■을:바로 설 ■응:정할

설문 9330 惑也。《惑、亂也。》从子止匕。矢聲。《此六字有誤。匕矢皆在 15部。非聲。疑止皆在 1部。止可爲疑聲。〔匕部〕有𠤕。未定也。當作。从子。𠤕省。止聲。以子𠤕會意也。語其切。1部。》/743

형성 (9자+1) 의(薿)485 억(嶷)762 의(譺)1527 치(癡)4592 의(儗)4901 의(嶷)5589 애(礙)5755 애(懝)6514 의(擬)7604 응(凝)000

104 疒 5-10 병질 녁

疒 녁【chuáng ㄔㄨㄤˊ】[설문부수 274] ㉠㊤㊥⑨㉿ nè 병 들어 누울 ■상:같은 뜻

설문 4490 倚也。《倚如爿(疒)音相近。》人有疾痛也。《也字『玉篇』有。》象倚箸之形。《橫者直者相距。故曰象倚箸(着)之形。或謂卽牀狀牆戕之左旁。不知其音迥不相同也。女戹切。16部。》凡爿(疒)之屬皆从爿。/348

유사 언덕 한(厂) 집 엄(广) 우러를 첨(⺈)

성부 부록 색인 참조

형부 爿을 부수로 하는 대부분의 글자들

◀ 제 2 획 ▶

疝 (교)【jiǎo ㄐㄧㄠˇ】(배가)갑자기 아플 ■규·구:같은 뜻 ■추:살살 아플

설문 4501 腹中急痛也。《「痛」字依小徐及『廣韵(韻)』補。今吳俗語云。絞腸刮肚痛。其字當作「疝」也。古音讀如糾。『釋詁』云。咎(咎)、病也。葢(蓋)疝之咎古文叚(假)借字。》从爿。丩聲。《古巧切。古音在 3部。》/348

疕 (비)【bǐ ㄅㄧˇ】⑨ yáng 두창(머리의 종기)

설문 4512 頭瘍也。《『周禮:醫師』。凡邦之有疾病疕瘍者造焉。則使醫分而治之。『注』云。疕、頭瘍。亦謂禿也。》从爿(疒)。匕聲。《卑履切。15部。》/349

疚 (우)【yòu ㄧㄡˋ】몸 떨, 머리 흔들

설문 4522 顫也。《與〔頁部:頄〕、疣音義同。》从爿(疒)。又聲。《于救切。古音在 1部。》/349

◀ 제 3 획 ▶

疛 (주)【zhǒu ㄓㄡˇ】살살 아픈 뱃병

설문 4525 小腹病。《「小」當作「心」。字之誤也。隸書心或作小。因譌爲小耳。『玉篇』云。疛、心腹疾也。仍【古本】也。『小雅』曰。我心憂傷。惄焉如擣。『傳』曰。擣、心疾也。釋文。「擣」本或作「𤺄」。『韓詩』作「疛」。義同。按疛其正字。𤺄其或體。擣其譌字也。『玉篇』引『呂氏春秋』曰。「身盡疛腫」。『今本-呂覽』作「身盡府種」。二字皆誤。高誘曰。疛、腹疾也。》从爿(疒)。肘省聲。《陟柳(柳)切。3部。『詩:音義』除又切。》/349

疝 (산)【shàn ㄕㄢˋ】산증(허리, 아랫배가 아픈 병)

설문 4524 腹痛也。《『釋名』曰。心痛曰疝。疝、詵也。氣詵詵然上而痛也。陰腫曰隤。氣下隤也。又曰。疝亦言詵也。詵詵引小腹急痛也。》从爿(疒)。山聲。《所晏切。14部。》/349

◀ 제 4 획 ▶

疢 진【gèn ㄍㄣˋ】㊤㊥⑨㉿ chèn 홧병, 열병, 감질할, 미식(맛있는 음식)

설문 4566 熱病也。《其字从火。故知爲熱病。『小雅』。疢如疾首。『箋』云。疢猶病也。此以疢爲煩熱之偁(稱)。》从火。从爿(疒)。《會意。丑刃切。12部。》/351

疲 (합)【jí ㄐㄧˊ】병에 지칠, 배 아플 ■급:병에 지칠

설문 4577 病劣也。《劣猶危也。》从爿(疒)。及聲。《呼合切。7部。》/352

疥 (개)【jiè ㄐㄧㄝˋ】本[긁을] 옴, 학질 ■해:하루걸이

설문 4539 搔也。《搔音穌到切。疥及於搔。因謂之搔。俗作「瘙」。或作「瘙」。穌到切。今四川人語如此。『禮記』釋文引『說文』疥、瘙瘍也。『文選(選):登徒子好色賦:注』引疥、瘙也。皆以俗字改正字耳。『後漢書:烏桓傳』曰。手足之蚧搔。章懷音新到反。蚧同疥。『釋名』曰。疥、齘也。癢搔之齒類齘也。》從爿(疒)。介聲。《古拜切。16部。》/350

疦 (혈)【jué ㄐㄩㄝˊ】입 비뚜러질

설문 4518 瘍也。《『廣韵(韻)』云。瘡裏空也。今義也。》从爿(疒)。夬聲。《古穴切。15部。》/349

痄 (첨)【chān ㄔㄢˉ】피풍(허물이 벗겨지는 병) ■염·섬:같은 뜻

설문 4558 皮剝也。《剝、裂也。》从爿(疒)。冄聲。讀若柟。又讀若襜。《小徐有此七字。赤占切。7部。》𤵤《【各本】下从𠬝。今按〔尸部:㞋〕字也。故正之。》籒文从㞋。/351

〔복(𠬝)으로 되어 있으나 주문을 보면 년(㞋)이 맞음〕。/351

疧 (기)【qí ㄑㄧˊ】앓을 ■지·저:같은 뜻

설문 4576 病不翅也。《翅同啻(商)。〔口部:啻〕下曰。語時不啻也。『倉頡篇』曰。不啻、多也。古語不啻、如楚人言夥頤之類。『世說新語』云。王文度弟阿至惡乃不翅。晉宋閒人尙作此語。帝聲、支聲、氏聲同在 16部。故疧以病不翅釋之。取疊韵(疊韻)爲訓也。『爾雅:釋詁』、『詩:無將大車白華:傳』皆云。疧、病也。『何人斯』叚(假)借

㉿ 作家出版社〔董蓮池-說文解字考正〕 ⑨ 九州出版社〔柴劍虹-說文解字〕 ㉠ 陝西人民出版社〔蘇寶榮-說文解字今注今譯〕 ㊤ 上海古籍出版社〔說文解字注〕 ㊥ 中華書局〔臧克和-說文解字新訂〕

祇爲疷。故『毛傳』日。祇、病也。言假借也。又按【古書】或言「不啻」。或言「奚啻」。「啻」皆或作「翅」。『國語』日。奚啻其聞之也。『韋-注』云。奚、何也。「何啻」、言所聞非一也。『孟子』。奚翅食重。奚翅色重。『趙-注』。翅、辭也。若言何其重也。【今-刻本】作何其不重也。乃大誤。》从疒(疒)。氏聲。《渠支切。16部。『爾雅:音義』云。或丁禮反。非是。》/352

疫 (역)【yì ㄧˋ】 돌림병, 역귀(돌림병을 퍼뜨리는 귀신) ■유:같은 뜻

설문 4580 民皆疾也。《『鄭-注:周禮』兩言疫癘之鬼。》从疒(疒)。役省聲。《營隻切。16部。》/352

◀ 제 5 획 ▶

疲 (피)【pí ㄆㄧˊ】 느른할, 피곤할, 고달플, 야윌 ■지:병(病也)

설문 4573 勞也。《【經傳】多假罷爲之。》从疒(疒)。皮聲。《符羈切。古音在 17部。》/352

𤵸 (올)【wù ㄨˋ】 병, 대하증

설문 4504 病也。从疒(疒)。出聲。《五忽切。15部。》/348

疴 (아)【ē ㄜ¯】 (상)(中)⑨ kē 병 ■가:경기(어린아이 놀래는 병)

설문 4495 病也。《『鴻範:五行傳:鄭-注』同。》从疒(疒)。可聲。《烏何切。17部。》『五行傳』日。時卽有口疴。《『五行傳』者、『伏生-鴻範:五行傳』也。言之不從。是爲不乂。時則有口舌之疴。》/348

疵 (자)【cī ㄘ¯】 흉(터), 흉볼 ■재:한스럽게 볼 ■제:병, 흉볼

설문 4505 病也。《古亦叚(假)玼爲之。》从疒(疒)。此聲。《疾咨切。16部。『廣韵(韻)』疾移切。是也。》/348

疸 (달)【dǎn ㄉㄢˇ】 달병(간장이 허약하여 생기는 병)

설문 4568 黃病也。《『素問』日。溺黃赤安臥者黃疸。目黃者日黃疸。》从疒(疒)。旦聲。《丁幹切。14部。》/351

疵 (술)【xù ㄒㄩˋ】 (상)(中)⑨(작) shù 미쳐 달아날

설문 4572 狂走也。《『春秋經』。甲戌、已丑。陳疾鮑卒。『公羊傳』日。曷爲以二日卒之。怴也。『注』日。怴者、狂也。齊人語。甲戌之日亡。己丑之日死。而得。君子疑焉。故以二日卒之也。按疵怴蓋(蓋)同字。》从疒(疒)。朮聲。讀若欶。《欶見〔欠部〕。今字譌作欬。食聿切。15部。》/352

疻 (지)【zhǐ ㄓˇ】 멍(타박상)

설문 4555 疻痏、《逗。》毆傷也。《疻痏二字【各本】無。依【全書】通例補。『漢書:薛宣傳』。廷尉引『傳』日。遇人不以義而見疻者、與痏人之罪鈞。惡不直也。應劭日。以杖手毆擊人。剝其皮膚。起青黑而無創瘢者。『律』謂疻痏。按此、『應-注』譌脫。『急就篇:顏-注』云。毆人皮膚腫起日疻。毆傷日痏。蓋(蓋)『應-注:律』謂疻下奪去六字。當作其有創瘢者謂痏。『文選(選):嵇康-詩』。怛若創痏。李善引『說文』。痏、瘢也。正與應語合。皆本『漢律』也。疻輕痏重。遇人不以義而見疻。罪與痏人等。是疻人者輕論。見疻者重論。故日惡不直也。創瘢謂皮破血流。》从疒(疒)。只聲。《諸氏切。16部。》/351

疽 (저)【jū ㄐㄩ¯】 악창(악성 종기)

설문 4534 久癰也。《『後漢書:劉(劉)焉傳:注』、『玄應-一切經音義』皆引久癰。與小徐合。癰久而潰沮洳然也。》从疒(疒)。且聲。《七余切。5部。》/350

疨 (자)【zǐ ㄗˇ】 흠집, 흠, 질병

설문 4575 瑕也。《【古本】皆作「瑕」。惟【小徐及毛本】及『集韵(韻)』作「瘕」。恐是譌字耳。疨之言疵也。》从疒(疒)。𠂔(𠂔)聲。《側史切。古音在 15部。》/352

疾 질【jí ㄐㄧˊ】 병, 괴로움, 앓을

설문 4491 病也。《析言之則病爲疾加。渾言之則疾亦病也。按【經傳】多訓爲急也。速也。此引伸之義。如病之來多無期無迹也。〔止部〕日。疌、疾也。》从疒(疒)。矢聲。《矢能傷人。矢之去甚速。故从矢會意。聲字疑衍。秦悉切。12部。》𤶖 籒文疾。《从廿者、古文疾也。从𦥑者、𤶖省也。》廿古文。《【各本】篆體作𤵽。是仍與小篆無異。今正。攷竊篆下日。廿、古文疾。童篆下日。廿、古文以爲疾、此廿爲古文疾之明證。而『集韵』、『類篇』皆日。廿、古文疾。𤶖、籒文疾。此丁度所見不誤之明證也。其日籒文作𤶖又作𤵽者、乃當其時已有【誤本】同【今本】。而因併入之、又譌古爲籒也。》/348

형성 (1자) 질(㑵 𤵽)4934

疳 (부)【fǔ ㄈㄨˇ】 (상)(中)⑨(작) fù 몸 펴지 못하는 병

설문 4527 俛病也。《『方言』日。短、東陽之閒(間)謂之府。按俛者多庳。『方言』與許義相近。》从疒(疒)。付聲。《方榘切。4部。》/349

痀 (구)【jū ㄐㄩ¯】 (작) qú 곱사등이

설문 4528 曲脊(脊)也。《〔玉部:玖〕下日。讀若人句脊之句。二句字皆痀之誤也。》从疒(疒)。句聲。《其俱切。古音讀如荀。在4部。》/349

痁 (점)【diàn ㄉㄧㄢˋ】 (상)(中)⑨(작) shān 학질

설문 4544 有熱(熱)瘧也。《有熱無寒之瘧也。》从疒(疒)。占聲。《失廉切。7部。》『春秋傳』日。齊侯疥。遂痁。《『左傳:昭:二十年』文。按梁元帝及袁狎、顏之推欲改疥爲痎。所謂無事而自擾也。陸氏德明旣辨之矣。》/ 350

痂 (가)【jiā ㄐㄧㄚ¯】 (상처에 생기는)딱지

설문 4540 疥也。《按痂本謂疥。後人乃謂瘡所蛻鱗爲痂。此古義今義之不同也。蓋(蓋)瘡鱗可日介。介與痂雙聲之故耳。『南史』劉(劉)邕嗜食瘡痂。謂有鰒魚味。》从疒。加聲。《古牙切。17部。》/350

病 (병)【bìng ㄅㄧㄥˋ】 질병, (병이)더칠

설문 4493 疾加也。《『苞咸-注:論語』日。疾甚

日病。》从𤕫(疒)。丙聲。《皮命切。古音在 10部。》/348

◀ 제6획 ▶

痋 (동)【chóng ㄔㄨㄥˊ】[상][中]⑨[작] tóng 경충증 ■충:병

[설문] [4564] 動病也。《痋卽疼字。『釋名』曰。疼、旱氣疼疼然煩也。按詩。旱旣太甚。蘊隆蟲蟲。『韓詩』作鬱隆烔烔。劉(劉)成國作疼疼。皆旱熱人不安之皃(貌)也。今義疼訓痛。》从𤕫(疒)。蟲省聲。《徒冬切。9部。》/351

痍 (이)【yí ㄧˊ】상처, 다친 데, 다칠

[설문] [4560] 傷也。《『成:十六年』。晉侯及楚子、鄭伯戰于鄢陵。楚子、鄭師敗績。『公羊傳』曰。敗者稱師。楚何以不稱師。王痍也。王痍者何。傷乎矢也。按『周易』夷傷也、『左傳』察夷傷皆假夷字爲之。》从𤕫(疒)。夷聲。《以脂切。15部。》/351

痎 (해)【jiē ㄐㄧㄝ】[작] jiě 학질, 하루라기

[설문] [4545] 二日一發瘧也。《今人謂間二日一發爲大瘧。顏之推云。兩日一發之瘧。今北方猶呼痎瘧。音皆。》从𤕫(疒)。亥聲。《古諧切。古音在 1部。》/350

痏 (유)【wěi ㄨㄟˇ】멍(타박상)

[설문] [4556] 疻痏也。《按依許【全書】之例。則疻下云疻痏、毆傷也。此但云疻痏也。而義已足。此等往往爲淺人妄刪(刪)。致文理不可讀矣。或曰依應仲遠則疻痏異事。何爲合之也。曰。應析言之。許渾言之。許曰毆傷。則固兼無創瘢、有創瘢者言之。『文選(選):注』引『倉頡篇』。痏、毆傷也。與許正合。》从𤕫(疒)。有聲。《榮美切。古音在 1部。》一曰痏、《逗。》瘢也。《據『文選:嵇康詩:注』補此五字。此析言之。與應劭引『律』合。》/351

痑 (다)【duǒ ㄉㄨㄛˇ】[상][中]⑨ duò 말병(馬病), 지칠 ■탄:같은 뜻 ■타:같은 뜻 ■시:많은 모양

[설문] [4582] 馬病也。从𤕫(疒)。多聲。《丁可切。17部。》『詩』曰。痑痑駱馬。《『小雅:四牡』曰。嘽嘽駱馬。〔口部〕旣偁(稱)之。訓喘息皃(貌)。與『毛傳』合矣。此復偁作「痑痑」。訓馬病。其爲【三家詩】無疑也。單聲之字古多轉入弟 17部。此其異字異音之故。『漢書:大人賦』。衍曼流爛。痑以陸離。『史記』「痑」作「壇」。》/352

痒 (양)【yǎng ㄧㄤˇ】[상]⑨[작] yáng [작] xiáng 병, 앓을, 종기, 가려울

[설문] [4514] 瘍也。《『小雅』。癙憂以痒。『傳』曰。癙、痒、皆病也。『釋詁』亦曰。痒、病也。按今字以痒爲癢字。非也。癢之正字『說文』作「蛘」。》从𤕫(疒)。羊聲。《似陽切。10部。》/349

痔 (치)【zhì ㄓˋ】치질

[설문] [4547] 後病也。从𤕫(疒)。寺聲。《直理切。1部。》/350

痕 (흔)【hén ㄏㄣˊ】흉(상처 자국)

[설문] [4562] 胝瘢也。《胝瘢謂胝之傷。〔肉部:胝〕下云。瘢胝也。與此同義。胝下云。腄也。則不必傷者也。按今義與此亦異。皆逐末而忘本也。『韵(韻)會』無胝字。》从𤕫(疒)。𥃩(艮)聲。《戶恩切。12部。》/351

◀ 제7획 ▶

㾓 (연)【yuān ㄩㄢ】[상] yùn 뼈 쑤실, 피로할, 답답할

[설문] [4574] 疲也。从𤕫(疒)。肙聲。《烏懸切。14部。按【各本】無此篆。今依『謝靈運-發臨海嶠:詩:李善-注』引『說文』補。『篇』、『韵(韻)』皆云。㾓、骨節疼也。今俗謂「㾓酸」。》/352

痙 (경)【jìng ㄐㄧㄥˋ】(경련)심줄 땅길

[설문] [4563] 彊急也。《『本艸經』曰。朮主痙疸。『廣韵(韻)』曰。風强病也。按『急就篇』。癰疽瘛瘲痿痹疢。疢卽痙。顏云。體强急。難用屈伸也。》从𤕫(疒)。巠聲。《其頸切。11部。》/351

㾕 (심)【shēn ㄕㄣ】[상][中]⑨[작] shěn 오한증(추워서 몸시 떠는 병)

[설문] [4509] 寒病也。《古多借洒爲㾕。『晉語』。狐突曰。玦之以金鉄。寒之甚矣。『韋-注』。玦猶離也。鉄猶洒也。洒洒、寒皃(貌)。唐人舊音云。洒或爲洗。『本艸』。爲色洗洗是寒皃。玉裁謂。凡『素問』、『靈樞』、『本艸』言洒洒、洗洗者其訓皆寒。皆㾕之叚(假)借。古辛聲、先聲、西聲同在眞文一類。『國語:注』洒音銑。不誤。》从疒。辛聲。《所臻切。12部。》/349

痛 (통)【tòng ㄊㄨㄥˋ】아플, 슬플

[설문] [4492] 病也。从𤕫(疒)。甬聲。《他貢切。9部。》/348

痞 (비)【pǐ ㄆㄧˇ】배 속 결릴(아플)

[설문] [4570] 痛也。《『廣韵(韻)』曰。腹內結痛。》从𤕫(疒)。否聲。《符鄙切。古音在 1部。》/351

痟 (소)【xiāo ㄒㄧㄠ】두통, 소갈증(목이 마르고 소변이 불통)

[설문] [4511] 酸痟、《逗。》頭痛也。《『周禮:疾醫』。春時有痟首疾。『注』云。痟、酸削也。首疾、頭痛也。『疏』曰。春時陽氣將盛。惟金沴木。故有痟首之疾。》从𤕫(疒)。肖聲。《相邀切。2部。》『周禮』曰。春時有痟首疾。/349

㾜 [겹]【qiè ㄑㄧㄝˋ】앓는 숨결 ■협:〈네이버 자전〉

[설문] [4569] 病息也。《病息爲病之鼻(鼻)息也。〔心部:㥦〕从此。》从𤕫(疒)。夾聲。《苦叶切。8部。》/351

[형성] (2자) 예(㥦㥦𢡶)6421
예(瘞瘞𤺺)8721

痡 (부)【pū ㄆㄨ】앓을, 고달플

[설문] [4496] 病也。《『釋詁』、『毛傳』同。》从𤕫(疒)。甫聲。《普胡切。5部。》『詩』曰。我僕痡矣。《『周南:卷耳』文。》/348

疒 5 ⑤

[작] 作家出版社〔董蓮池-說文解字考正〕⑨ 九州出版社〔柴劍虹-說文解字〕㉠ 陝西人民出版社〔蘇寶榮-說文解字今注今譯〕[상] 上海古籍出版社〔說文解字注〕[中] 中華書局〔臧克和-說文解字新訂〕

痤 (좌)【cuó ㄘㄨㄛˊ】부스럼(종기)
설문 4533 小腫也。《『玉篇』曰。癤也。》从疒(疒)。坐聲。《昨禾切。17部。『春秋』經。宋公殺其世子痤。是此字。『三傳』同。以隱疾名子也。》一曰族絫病。《『左傳』曰牲不疾瘯蠡。瘯者、族之俗。蠡與絫同部。『杜-注』以皮毛無疥癬釋之。按季良以民力溥存釋博。以碩大蕃滋釋碩。以不疾瘯蠡釋肥。以備(備)腯咸有釋腯。釋文云。『說文』蠡作瘰。云瘯瘰、皮肥也。此『說文』二字有譌。當是別本作瘰。『注』云不疾瘯瘰、皮肥也。奪不疾二字。》/350

痥 (탈)【duó ㄉㄨㄛˊ】말 부스럼
설문 4583 馬脛瘍也。《「瘍」『廣韵(韻)』作「傷」。》从疒(疒)。兌聲。《徒活切。15部。》一曰將傷。《「將」疑當作「捋」。捋痥疊韵(疊韻)。【小徐本】作「持」。》/352

◀ 제8획 ▶

㾊 (역)【yì ㄧˋ】병 서로 전염할
설문 4571 脈㾊也。《脈㾊疊韵(疊韻)字。脈㾊者、善驚之病也。『方言』曰。脈㾊、欺漫也。又曰。㖂、慧也。『郭-注』。今名黠爲鬼㖂(鬼脈)。又曰。慧、自關而東趙魏之間謂之黠。或謂之鬼。『郭:注』。言鬼脈也。『潘岳賦』。靡聞而驚。無見自脈。『徐爰:注』言雉性驚鬼黠。按蜥蜴跂跂脈脈亦是此意。『漢書』所云易病者、當是㾊之叚(假)借。『王子矦表』樂平矦訢病狂易。》从疒(疒)。易聲。《羊益切。16部。》/351

痱 (비)【fèi ㄈㄟˋ】㊤㊥⑨ féi 풍병(중풍), 뾰루지
설문 4531 風病也。《非風雙聲。『釋詁』曰。痱、病也。『郭-注』見『詩』。按『小雅』。百卉具腓。『李善-注:文選(選):戲(戲)馬臺詩』云。『韓詩』云百卉具腓。薛君曰。腓、變也。毛萇曰。痱、病也。【今本】作「腓」。據李則『毛詩本』作「痱」。與『釋詁』合。》从疒(疒)。非聲。《蒲罪切。15部。按當扶非切。亦作「疿」。》/349

痳 (림)【lín ㄌㄧㄣˊ】산증, 임질
설문 4546 疝病也。《『釋名』曰。淋、懍也。小便難懍懍然也。按痳篆不與疝伍者、以有疝痛而不痳者也。》从疒(疒)。林聲。《力尋切。7部。》/350

痵 (계)【jì ㄐㄧˋ】마음 안정치 못할
설문 4530 气不定也。《〔心部〕曰。悸、心動也。義相近。『玉篇』曰。痵亦作悸。》从疒(疒)。季聲。《其季切。15部。》/349

㾵 (혁)【yù ㄩˋ】㊤㊥⑨㉑ xù 머리 아플 ■획:같은 뜻
설문 4510 頭痛也。从疒(疒)。或聲。《吁　逼切。1部。》讀若溝洫之洫。《按洫聲在 12部。或聲在 1部。然『毛詩』「洫」作「淢」。古文「閾」作「䦢」。是合音之理也。》/349

痹 (비)【bì ㄅㄧˋ】습병, 각기병, 뻣뻣할
설문 4549 溼(濕)病也。《『素問:痹論、痿論』各爲篇。岐伯曰。風寒溼三氣襍至。合而爲痹也。》从疒(疒)。畀聲。《必至切。15部。》/350

痼 (고)【gù ㄍㄨˋ】고질병, 오래된 병
설문 4584 久病也。《多假固爲之。『月令』十二月行春靈。則國多固疾。『注』曰。生不充其性。有久疾。癈疾爲錮疾。痼謂久疾。故許異其義。》從疒(疒)。固聲。《古慕切。5部。》/352

痿 (위)【ruí ㄖㄨㄟˊ】㊤㊥⑨㉑ wěi 바람 맞을(몸이 마비될), 중풍
설문 4548 痹也。《如淳曰。痿音蹷痿弩。病兩足不能相過曰痿。張揖曰。痿不能行。師古曰。蹷痿、弩名。見『晉令』。煩甤(蕤)二音。按古多痿痹聯言。因痹而痿也。『素問』曰。有漸於溼。肌肉濡潰。痹而不仁。發爲肉痿。》从疒(疒)。委聲。《儒隹切。古音在 16部。『玉篇』曰。『說文』音甤。》/350

瘀 (어)【yū ㄩˉ】어혈(뭉쳐진 악혈)
설문 4523 積血也。《血積於中之病也。『九辯』曰。形銷鑠而瘀傷。》从疒(疒)。於聲。《依據切。5部。》/349

瘃 (촉)【zhú ㄓㄨˊ】얼음 박일(동상)
설문 4551 中寒腫覈。《『趙充國傳』。手足皸瘃。文穎曰。瘃、寒創也。按腫覈者、腫而肉中鞕如果中有覈也。覈核古今字。》从疒(疒)。豖聲。《陟玉切。3部。》/351

◀ 제9획 ▶

瘉 (유)【yù ㄩˋ】(병, 남보다)나을, 가벼울, 경미할, 어질
설문 4590 病瘳也。《『釋詁』及『小雅:角弓:毛傳』皆曰。瘉、病也。渾言之謂瘳而尙病也。許則析言之謂雖病而瘳也。凡訓勝、訓賢之愈皆引伸於瘉。愈卽瘉字也。》从疒(疒)。兪聲。《以主切。古音在 4部。》/352

瘌 (랄)【là ㄌㄚˋ】약의 독기 날, 아플
설문 4586 楚人謂藥毒曰痛瘌。《『方言』曰。凡飲藥傅藥而毒、南楚之外謂之「剌」。北燕朝鮮之間謂之「痨」。東齊海岱之間謂之「眠」。或謂之「眩」。自關而西謂之「毒瘌」。痛也。郭云。痨、瘌皆辛螫也。按瘌如俗語言「辛辣」。》从疒(疒)。剌聲。《盧逹(達)切。15部。》/352

瘺 (편)【piān ㄆㄧㄢˉ】편고증(반신불수)
설문 4552 半枯也。《『尙書:大傳』。禹其跳。湯扁。其跳者、踦也。『鄭-注』云。其、發聲也。踦、步足不能相過也。扁者、枯也。『注』言湯體半小扁枯。按扁卽瘺字之叚(假)借。瘺之言偏也。》从疒(疒)。扁聲。《匹連切。11部。》/351

瘍 (양)【yáng ㄧㄤˊ】두창, 부스럼, 상처 ■탕:가축의 설사병
설문 4513 頭創也。《按頭字葢(蓋)賸。上文疕下曰頭瘍。則見瘍不專在頭矣。『鄭-注:周禮』云。身傷曰瘍。以別於頭

瘍曰疕。許則疊韵(疊韻)爲訓。疕得評瘍。他瘍不得評疕也。『檀弓』曰。居喪之禮。身有瘍則浴。》从疒(疒)。昜聲。《與章切。10部。『魯頌』假瘍爲揚。》/349

瘏 (도)【tú ㄊㄨˊ】 앓을
설문 4507 病也。《『周南:卷耳』曰。我馬瘏矣。『釋詁』、『毛傳』皆曰。瘏、病也。『豳風鴟鴞:傳』同。》从疒(疒)。者聲。《同都切。5部。》『詩』曰。我馬瘏矣。/348

瘦 (수)【shòu ㄕㄡˋ】 파리할, 여윌
설문 4565 臞也。《〔肉部〕曰。臞少肉也。》从疒(疒)。叜聲。《所又切。4部。今字作「痩」。》/351

瘕 (하)【jiā ㄐㄧㄚˉ】 ㊓ xiá ㊥⑨㉳ jiǎ 부녀자의 병 ■가:뱃속의 오래된 병
설문 4541 女病也。《按女字必是衍字。『詩』。厲假不瑕。『箋』云。厲、假、皆病也。『正義』引『說文』。癘疫、病也。或作癩瘕、病也。是【唐初本】無女字也。『倉公:傳』曰。潘滿如小腹痛。臣意診其脈曰。遺積瘕也。女子薄吾病甚。臣意診其脈曰。蟯瘕也。瘕葢(蓋)腹中病。》从疒(疒)。叚聲。《乎加切。『玉篇』曰。『說文』本音遐。『史記:索隱』亦曰。舊音遐。按古音在 5部。O 錢氏大昕曰。『唐-公房碑』。癘蠱不遐。卽『鄭-箋』之癘瘕不瑕也。》/350

瘖 음【yīn ㄧㄣˉ】 벙어리, 말 못하는 병, 쓰르라미, 몹시 아플, 그늘
설문 4519 不能言也。从疒(疒)。音聲。《於今切。7部。》/349
성부 癰응

◀ 제 10 획 ▶

瘛 (체)【chì ㄔˋ】 어리석은 병
설문 7576 引縱曰瘛。《『爾雅』釋文作引而縱之曰瘛。引、開弓也。縱、緩也。一曰舍也。按引縱者、謂宐(宜)遠而引之使近。宐近而縱之使遠。皆爲牽掣也。不必如『釋文-所據:爾雅』曰甹夆、掣曳也。俗字作「撦」、作「扯」。聲形皆異矣。》从手。瘛省聲。《尺制切。15部。俗作「掣」。》/602

瘨 (운)【yùn ㄩㄣˋ】 ㊓ yǔn 병들 ■인:같은 뜻
설문 4502 病也。从疒(疒)。員聲。《王問切。13部。》/348

瘣 (쇠)【cuī ㄘㄨㄟˉ】 ㊓㊥⑨㉳ shuāi (병세가) 덜릴, 이울 ■수·사·최:같은 뜻
설문 4589 減也。《減亦謂病減於常也。凡盛衰字引伸於瘣。凡等衰字亦引伸於瘣。凡喪服曰衰者、謂其有等衰也。皆瘣之叚(假)借。》从疒(疒)。衰聲。《楚追切。古音在 17部。》一曰秏也。《秏之本義禾名也。亦謂無爲秏。讀如眊。》/352

欮 欮瘚 궐【jué ㄐㄩㄝˊ】 숨 찰, (숨이)가쁠
설문 4529 屰气也。《釋名曰。厥、逆氣。從下蹷起(起)。上行入心脅也。『高誘-呂覽:注』曰。蹷逆、寒疾也。》从疒(疒)。从屰欠。《欠猶气也。居月切。15部。》瘚或省疒。《〔厂部:厥〕用爲聲。》/349
성부 厥궐
형성 (1자) 궐(闕)7380

瘛 체【chì ㄔˋ】 어린 아이 경기병, 경풍, 사람 이름 ■혜:속음 ■계:같은 뜻
설문 4581 小兒瘛瘲病也。《『急取篇』亦云瘛瘲。師古云。卽今癎病。按今小兒驚病也。瘛之言掣也。瘲之言縱也。『蓺(藝)文志』有『瘛瘲方』。》从疒(疒)。恝聲。《徐鉉等曰。『說文』無恝字。疑从疒、从心、恝省聲也。尺制切。15部。》/352
형성 (1자) 체(瘛)7576

瘜 (식)【xí ㄒㄧˊ】 ㉠㊓㊥⑨㉳ xī 궂은 살(군살)
설문 4537 寄肉也。《〔肉部:腥〕下曰。星見食豕。令肉中生小息肉也。息肉卽瘜肉。『廣韵(韻)』曰。惡肉。》从疒(疒)。息聲。《相卽切。1部。》/350

癰 응【yīng ㄧㄥˉ】 ① 없음 ② 매(822)
설문 2184 癰(鷹)鳥也。《『左傳』。如鷹鸇之逐鳥雀。『釋鳥』。鷹來鳩。郭云。「來」當爲「爽」。按『左傳』。爽鳩氏司寇也。杜曰。爽鳩、鷹也。》从隹。从人。《鍇曰。鷹隨人所指輘。故從人。按雁鴈亦从人。》瘖省聲。《此七字依『韵會』訂。瘖在 7部而癰在六部者、合韵冣(最)近也。於陵切。》籒文癰。从鳥。《按癰葢(蓋)古文也。小篆從之。从隹、从瘖省聲。籒文則从鳥而應省聲。非兼用隹鳥也。》/142
유사 기러기 안(雁鴈)
형성 (2자+2) 응(膺)2497 응(應)6396 응(鷹) 응(膺)

瘍 (마)【mà ㄇㄚˋ】 눈병, (마소가)비루먹을 ■만:같은 뜻 ■난:소나 말의 병
설문 4515 目病。一曰惡气箸身也。一曰蝕創。《凡三義。蝕者、敗創也。》从疒(疒)。馬聲。《莫駕切。古音在 5部。》/349

瘞 瘞(예)【yì ㄧˋ】 제터, 묻을, 희생 묻을, 희미할
설문 8721 幽薶也。《〔艸部〕曰。薶者、瘞也。二篆爲轉注。幽者、隱也。隱而薶之也。絫言之則曰瘞薶。》从土。㾜聲。《於罽切。15部。疑古音當在 8部。合韵也。》/692

瘟 (압)【kè ㄎㄜˋ】 ㊓㊥⑨㉳ è 절뚝발이 ■갑:몸살 ■개:인후병
설문 4554 跛病也。《『廣韵(韻)』曰。瘟、短氣也。此今義也。》从疒(疒)。盍聲。讀若脅。又讀若掩。《烏盍切。8部。》/351

瘢 (반)【bān ㄅㄢˉ】 (상처에 남는)흉터
설문 4561 痍也。《『長楊賦』。哓鋌瘢耆。孟康曰。瘢耆、馬脊耆創瘢處。按古義傷處曰瘢。今義則少異。》从疒(疒)。般聲。《薄官切。14部。》/351

㉳ 作家出版社〔董蓮池-說文解字考正〕 ⑨ 九州出版社〔柴劍虹-說文解字〕 ㉠ 陝西人民出版社〔蘇寶榮-說文解字今注今譯〕 ㊓ 上海古籍出版社〔說文解字注〕 ㊥ 中華書局〔臧克和-說文解字新訂〕

瘣 (외)【kuì ㄎㄨㄟˋ】[상][中][9][작] huì 병듦, 앓을
[설문] [4494] 病也。从疒(疒)。鬼聲。《胡罪切。15部。》『詩』曰。譬彼瘣木。《『今-小雅:小弁』作「壞木」。『傳』曰。壞、瘣也。謂傷病也。『箋』云。猶內傷病之木內有疾。故無枝也。按疑『今-毛傳』壞瘣二字互譌。許及樊光所引皆作瘣木爲是。》一曰腫旁出也。《此別一義。『釋木』。瘣木、苻婁。郭云。謂木病尪傴癭腫無枝條。『攷工記』。凡揉牙。外不廉而內不挫、旁不腫。『注』。腫、瘣也。》/348

瘤 (류)【liú ㄌㄧㄡˊ】혹
[설문] [4532] 腫也。《『釋名』曰。瘤(瘤)、流也。流聚而生腫也。》从疒(疒)。畱聲。《力求切。3部。》/350

瘥 (차)【cài ㄘㄞˋ】[상][中][9][작] chài [9][작] cuó (병이)나을 ■채:(병이)나을
[설문] [4588] 瘉也。《通作差。凡等差字皆引伸於瘥。》从疒(疒)。𢀩(差)聲。《楚懈切。又才他切。17部。》/352

瘧 (학)【nüè ㄋㄩㄝˋ】학질(말라리아)
[설문] [4543] 寒埶(熱)休作病。《謂寒與埶(熱)一休一作相代也。『釋名』曰。瘧、酷虐也。凡疾或寒或埶耳。而此疾先寒後埶。兩疾似酷虐者。『周禮』曰。秋時有瘧寒疾。》从疒(疒)虐。虐亦聲。《魚約切。2部。》/350

瘨 (전)【diān ㄉㄧㄢ】앓을
[설문] [4499] 病也。《『大雅:雲漢:傳』同。按今之顚狂字也。『廣雅』。瘨、狂也。『急就篇』作「顚疾」。》从疒(疒)。眞聲。《都年切。12部。》一曰腹張。《張汲古閣作脹。誤。今依【宋本】訂。古無脹字。『左傳』。晉侯獳將食。張。如廁。卽今之脹字也。瘨與膜瞋字意略同。『集韵(韻)』稱人切。》/348

◀ 제 11 획 ▶

𤻲 (피)【bì ㄅㄧˋ】다리에 쥐 날, 다리냉병
[설문] [4550] 足氣不至也。《『玉篇』云。足氣不至、轉筋也。》从疒(疒)。畢聲。《毗至切。12部。》/350

𤺊 (애)【ài ㄞˋ】병이 중하여 신음하는 소리
[설문] [4578] 劇聲也。《劇者、病甚也。𤺊者、病甚呻吟之聲。〔酉部:醫〕下曰。𤺊、病聲也。殹葢(蓋)𤺊之省。》从疒(疒)。殹聲。《於賣切。古音在 15部。》/352

瘱 (예)【yì ㄧˋ】고요할, 살필, 그윽할
[설문] [6421] 靜也。《「靜」當作「竫」。亭安也。此篆或作「嫕」。見『後漢書』。傳寫誤爲「嫕」。『洞簫賦』曰。淸靜厭瘱。『神女賦』曰。澹淸靜其愔瘱。李善引『韓詩』曰。瘱、悅也。引『蒼頡篇』曰。瘱、密也。引『曹大家-列女傳:注』曰。瘱、深邃也。》从心。㾜(㾜)聲。《〔疒(疒)部:㾜〕、夾聲。苦叶切。而瘱於計切者、合音也。或曰古音讀如邑。》/503

瘲 (종)【zòng ㄗㄨㄥˋ】경풍(어린아이의 뇌막염)
[설문] [4508] 病也。从疒(疒)。从(從)聲。《將容切。9部。按『廣韵(韻)』、『集韵』將容切內皆不收此字。葢(蓋)與瘛瘲爲二病。》/349

瘳 (추)【chōu ㄔㄡ】(병이)나을
[설문] [4591] 疾瘉也。《二字互訓也。》从疒(疒)。翏聲。《敕鳩切。3部。》/352

瘵 (채)【zhaì ㄓㄞˋ】(지쳐서)앓을
[설문] [4498] 病也。《『釋詁』曰。瘵、病也。『小雅:菀桺(柳):毛傳』同。『箋』云。瘵、接也。則謂『詩』叚(假)瘵爲際也。》从疒(疒)。祭聲。《側介切。15部。》/348

瘻 (루)【lòu ㄌㄡˋ】[本][부을] 오래된 종기, 헌데, 문둥이, 고질
[설문] [4521] 頸腫也。《『淮南:說山訓』。雞(鷄)頭已瘻。『高-注』。瘻、頸腫疾也。雞頭、水中芡也。【鍇本】作頭腫。葢(蓋)淺人恐與頸瘤(瘤)不別而改之。腫、癰也。頸腫卽『釋名』之癰喉。》从疒(疒)。婁聲。《力豆切。4部。》/349

瘼 (막)【mò ㄇㄛˋ】질병, 병들게 할
[설문] [4500] 病也。《『小雅』曰。亂離瘼矣。『釋詁』、『毛傳』皆云。瘼、病也。『方言』曰。瘼、病也。東齊海岱之閒曰瘼。》从疒(疒)。莫聲。《慕各切。5部。》/348

瘽 (근)【qín ㄑㄧㄣˊ】앓을, 고달프게 할
[설문] [4497] 病也。《『釋詁』曰。瘽、病也。字亦作懃。》从疒(疒)。堇聲。《巨斤切。》/348

◀ 제 12 획 ▶

瘇 (송)【tóng ㄊㄨㄥˊ】[상][中][9] zhǒng [작] zhōng 수종다리
[설문] [4553] 脛气腫。《『小雅:巧言』。旣微且尰。『釋訓』、『毛傳』皆曰。骭瘍爲微。腫足爲尰。按云脛氣腫卽足腫也。【大徐本】云脛氣足腫。非。》从疒(疒)。童聲。《時重切。9部。》『詩』曰。旣微此瘇。尰籒文。《左从尣(尢)。烏光切。右从籒文童。『爾雅:音義』云。尰本或作「瘇」。同。竝(竝)籒文瘇字也。按【籒文本】作「尰」。又或變爲「尰」耳。非有兩籒文也。》/351

𤺌 (위)【wěi ㄨㄟˇ】입 비뚤어질
[설문] [4517] 口咼也。《〔口部〕曰。咼、口戾不正也。此亦疊韵(疊韻)爲訓。》从疒(疒)。爲聲。《韋委切。古音在 17部。》/349

𤻮 (서)【xī ㄒㄧ】목 쉰 소리 ■사:목 멜
[설문] [4516] 散(散)聲也。《『方言』。𤻮、噎也。楚曰𤻮。又曰。𤻮、散也。東齊聲散曰𤻮。秦晉聲變曰𤻮。器破而不殊、其音亦謂之𤻮。按與斯澌字義相通。馬嘶字亦當作此。》从疒(疒)。斯聲。《先稽切。16部。》/349

癃 (륭)【lóng ㄌㄨㄥˊ】(늙어서 몸이)느른할
[설문] [4579] 罷病也。《「病」當作「癃」。罷者、廢置之意。凡廢置不能事事曰罷癃。『平原君傳』。躄者自言不幸有罷癃之病。然則凡廢疾皆得謂之罷癃也。『師古-注:漢書』。改罷病作疲病。非許意。》从疒(疒)。隆聲。《力中切。9部。》𤸇籒文癃省。《按『篇』、『韵(韻)』皆作「𤸇」。

疑篆體有誤。『漢書:高帝紀』。年老癃病。【景祐本】及『韵會』所引皆作「癃」。》/352

癎 癇(간)【xián ㄒㄧㄢˊ】 지랄병, 간질
설문 4503 病也。从疒(疒)。閒聲。《戶閒切。14部。按今俗語皆呼閒切。『方書』小兒有五癎。『王符-貴忠篇』云。哺乳多則生癎病。玄應引『聲類』云。今謂小兒瘨曰癎也。》/348

癆 (로)【láo ㄌㄠˊ】 ㊀㊥⑨ lào (약물)중독
설문 4587 朝鮮謂藥毒曰「癆」。从疒(疒)。勞聲。《郎(郎)到切。2部。郭音聊。》/352

癈 (폐)【fèi ㄈㄟˋ】 本[폐질(고칠 수 없는 병)]
설문 4506 固病也。《按此當云癈固、病也。癈固爲逗。淺人刪(删)癈字耳。下文痼爲久病。癈固則【經傳】所云廢疾也。其義不同。【鍇本】作痼疾也。則尤誤矣。癈猶廢。固猶錮。如瘖、聾、跛、躃、斷(斷)者、侏儒皆是。癈爲正字。廢爲叚(假)借字。亦有叚癈疾字爲興廢字者。》从疒(疒)。發聲。《方肺切。15部。按廢癈可入。發伐可去。南人作【韵(韻)書】分別。遂若約定俗成矣。古無去入之別。》/348

癉 (단)【dān ㄉㄢ】 ㊀㊥⑨㉿ dàn ㉿ duò 병들(앓을), 괴롭힐 ■탄:수족의 관절 아플 ■다:수고할, 괴로울
설문 4567 勞病也。《『大雅』。下民卒癉。『釋詁』、『毛傳』皆云。癉、病也。『小雅』。哀我癉人。『釋詁』、『毛傳』曰。癉、勞也。許合云勞病者、如嘽訓喘息皃(貌)、幝訓車敝皃皆單聲字也。癉與疸音同而義別。如『郭-注:山海經』、『師古-注:漢書』皆云。癉、黃病。『王砅-注:素問』黃疸云。疸、勞也。則二字互相假而淆惑矣。癉或假憚。或作「擅」。》从疒(疒)。單聲。《丁幹丁賀二切。14部。》/351

◀ 제 13 획 ▶

癑 (농)【nóng ㄋㄨㄥˊ】 ㊀㊥⑨㉿ nòng 아플, 곪아터질
설문 4559 痛也。从疒(疒)。農聲。《奴動切。9部。》/351

癘 (려)【lì ㄌㄧˋ】 문둥병, 염병, 유행병 ■례:속음 ■뢰:속음 ■라:같은 뜻
설문 4542 惡疾也。《按古義謂惡病包內外言之。今義別製癩字訓爲惡瘡。訓癘爲癘疫。古多借厲爲癘。『公羊傳』作「痢」。『何-注』云。痢者、民疾疫也。『大戴-禮』及『公羊:何-注』說七出皆云。惡疾出。何休日。惡疾棄者不可以奉宗廟也。『論語』。伯牛有疾。苞氏日。牛有惡疾。不欲見人。故孔子從牖執其手也。『韓詩』日。芣苢、傷夫有惡疾也。薛君日。芣苢、澤瀉也。臭惡之草。詩人傷其君子有惡疾。人道不通。求已不得。發憤而作。以事興。芣苢雖臭惡乎。我猶采采而不已者。以興君子雖有惡疾。我猶守而不離去也。》从疒(疒)。蠆(蠆)省聲。《按大徐「厲」作「蠆」。不誤。洛帶切。15部。》/350

◀ 제 14 획 ▶

癡 (치)【chī ㄔ】 어리석을
설문 4592 不慧也。《〔心部〕日。慧者、儇也。〔犬部〕日。儇者、急也。癡者、遲鈍之意。故與慧正相反。此非疾病也。而亦疾病之類也。故以是終焉。》从疒(疒)。疑聲。《丑之切。1部。》/353

◀ 제 15 획 ▶

𤻲 (료)【liào ㄌㄧㄠˋ】 ㊉㊀㊥⑨ liáo 병 고칠 ※ 료(療)와 같다 ■락:같은 뜻 ■삭:병나을 ■삭:같은 뜻
설문 4585 治也。《『方言』日。療、治也。『周禮:注』云。止病日療。『詩:陳風』。泌之洋洋。可以樂饑。『傳』云。可以樂道忘饑。『箋』云。可飲以𤻲饑。是鄭讀樂爲𤻲也。【經】文本作樂。『唐-石經』依鄭改爲𤻲。誤矣。》从疒(疒)。樂聲。讀若勞。《力照切。2部。》療或从尞。《尞聲。》/352

◀ 제 17 획 ▶

癬 (선)【xiǎn ㄒㄧㄢˇ】 ㊥⑨㉿ xuǎn 옴(피부병의 일종)
설문 4538 乾瘍也。《乾音干。瘍之乾者也。『釋名』日。癬、徙也。浸淫移徙處日廣也。故青徐謂癬爲徙也。》从疒(疒)。鮮聲。《息淺切。14部。》/350

癭 (영)【yǐng ㄧㄥˇ】 (목에 나는)혹
설문 4520 頸瘤(瘤)也。《下文云。瘤、腫也。此以頸瘤與頸腫別言者、頸瘤則如囊者也。頸腫則謂暫時腫脹之疾。故異其辭。『釋名』日。癭、嬰也。嬰在頤纓理之中也。青徐謂之脰。『博物志』日。山居多癭。飲水之不流者也。凡楠樹樹根贅肬甚大。析之。中有山川花木之文。可爲器械。『吳都賦』所謂楠瘤之木。三國張昭作『楠瘤枕賦』。今人謂之癭木是也。「癭木」俗作「影木」。「楠瘤」【俗本】作「楠榴」。皆誤字耳。》从疒(疒)。嬰聲。《於郢切。11部。》/349

◀ 제 18 획 ▶

癰 (옹)【yōng ㄩㄥ】 악창(악성종기), 등창, 땅 이름
설문 4536 腫也。《〔肉部〕日。腫、癰也。按腫之本義謂癰。引伸之爲凡墳起之名。如上文瘤（瘤)、腫也。痤、小腫也。則非謂癰也。『釋名』日。癰、壅也。氣壅否結裹而潰也。》从疒(疒)。雝聲。《於容切。9部。》/350

𤺄 (유)【wěi ㄨㄟˇ】 부스럼(종기) 터질, 병
설문 4557 創裂也。一日疾𤺄。《『玉篇』作「一日疾也」。》从疒(疒)。巂聲。《以水切。當依『廣韵(韻)』羊捶切。16部。》/351

◀ 제 19 획 ▶

癧 (려)【lì ㄌㄧˋ】 헌데, 파리하고 검을 ■리:같은 뜻 ■력:연주창
설문 4535 癬也。从疒(疒)。麗聲。《郞 (郎)計切。16部。》一日瘦黑。讀若隸。/350

◀ 제 24 획 ▶

癟 癟(비)【pì ㄆㄧˋ】 기운 가득할
설문 4526 滿也。《『毛詩:傳』曰。不醉而怒曰㚇。然則㚇謂氣滿。癟擧(擧)形聲包會意也。》从疒(疒)。㚇(㚇)聲。《平秘切。15部。》/349

105	癶
5-11	훈 필발

癶 癶발【bō ㄅㄛˉ】[설문부수 28] 本[발어그러질] 걸을, 등질
설문 1030 足剌癶(癶)也。《剌癶疊(疊)韵字。剌盧達切。》从止㞢(止少)。凡癶之屬皆从癶。《隸(隸)變作癶。》讀若撥。《北末切。15部。》/68
유사 더위잡을 반(𠬝)
성부 부록 색인 참조
형부 止를 부수로 하는 대부분의 글자들

◀ 제 4 획 ▶

癸 ×癸癸 계【guǐ ㄍㄨㄟˇ】[설문부수 524] 10째 천간, 월경
설문 9315 冬時水土平。可揆度也。《揆癸葵疊韵(癸揆疊韻)。『律書』曰。癸之爲言揆也。言萬物可揆度。『律曆志』曰。陳揆於癸。》象水從四方流入地中之形。※承壬。《居誄切。15部。》※承壬。象人足。《冢『大一經』。》凡※之屬皆从※。𥎨籒文。从癶(癶)。从矢。《癸像人足。故从癶。矢聲。※本古文。小篆因之不改。故先篆後籒。而〔艸部:葵(葵)〕作䕫。〔手部〕作揆。知古形聲兼取二形也。》/742
성부 闋결
형성 (9자) 규(葵)240 규(睽)2041 규(楑)3293 규(鄈)3887 계(偰)4884 규(騤)5902 규(湀)6919 규(揆)7603 규(戣)7988

癹 발【pō ㄆㄛˉ】 ㊓㊥⑨㉿ bá (발로 풀을)짓밟을, 벨
설문 1032 㠯(以)足蹋夷艸。《『周禮:薙氏』掌殺艸。一作『雉氏』。》从癶。从殳。《从癶謂以足蹋夷也。从殳、殺之省也。〔艸部:茇〕亦从殳。癶亦聲。普活切。15部。》『春秋傳』曰。癹夷蘊祟(祟)之。《『隱:六年:左傳』。今癹作芟。音衫。又『班固-荅賓戲(戲)』。夷險發荒。晉灼曰。發、開也。【今-諸本】多作芟。按發亦癹之誤。》/68
성부 發발

◀ 제 7 획 ▶

登 등【dēng ㄉㄥˉ】 (높은 곳, 지위, 수레)오를
설문 1031 上車也。《引伸之凡相陞曰登。》从癶豆。象登車形。𤼷籒文登。从収(廾)。《按籒文省𤼷之肉。小篆倂肉収省之。》/68
유사 제기 이름 등(𤼷)
형성 (8자+2) 등(璒)174 증(證)1616 등(簦)2836 등(橙)3266 등(鄧)3911 징(憕)6407 등(鐙)8883 등(隥)9192 등(蹬) 등(毲)

發 발【fā ㄈㄚˉ】 (활)쏠, 떠날, 보낼, 일어날, 일으킬, (꽃이)필
설문 8108 躲(射)發也。《『詩』曰。壹發五豝。引申爲凡作起之偁(稱)。》从弓。癹聲。《方伐切。15部。》/641
형성 (6자) 폐(廢)2733 벌(橃)3636 폐(癈)4506 폐(廢)5682 발(撥)7608 발(鏺)8916

106	白
5-12	훈 흰 백

白 백【bó ㄅㄛˊ】[설문부수 284] ㉠㊓㊥⑨㉿ bái 흰 빛, 희어질, 밝을
설문 4713 西方色也。侌(陰)用事。物色白。从入合二。《出者陽也。入者陰也。故从入。》二、陰數。《說从二之恉。旁陌切。古音在 5部。》凡白之屬皆从白。𠁿古文白。/363
유사 스스로 자(自)의 생략형 자(白) 스스로 자(自)
성부 부록 색인 참조
형부 白을 부수로 하는 대부분의 글자들
형성 (9자+1) 벽(碧)179 박(迫)1133 박(敀)1900 백(柏)3398 백(伯)4749 백(魄)5560 박(狛)6076 파(怕)6482 백(鮊)7290 박(粕)

◀ 제 1 획 ▶

百 백【bó ㄅㄛˊ】 ㉠㊓㊥⑨㉿ bǎi 일백, 백번, 많을, 여럿 ■맥:힘쓸, 길잡이
설문 2123 十十也。从一白(自)。《博陌切。5部。》數、《句。》十十爲一百。百、白也。《白、告白也。此說从白之意。數長於百。可以䛐(詞)言白人也。【各本】脫此八字。依『韵會』補。》十百爲一貫。貫章也。《此類擧(擧)之。百白疊(疊)韵。貫章雙聲。章、明也。數大於千。盈貫章名也。【各本】下貫譌相。依『韵會』正。》𦣻古文百。《自白同。》/137
성부 洦박 湐박 佰백 皕벽 宿숙
형부 필(弼弼弻)
형성 (1자) 박(拍)7519

◀ 제 2 획 ▶

皀 흡 皀핍【bì ㄅㄧˋ】[설문부수 178] ㊓㊥⑨㉿ bī 고소할, 낟알 ■향:고소할 ■픽·급:같은 뜻
설문 3055 穀之馨香也。《〔禾部〕曰。穀、續也。「續」當作

「粟」。粟字、嘉穀實也。『曲禮』曰。黍曰薌合。粱曰薌萁。薌卽香字。『左傳』引『周書』曰。黍稷非馨。明德惟馨。馨者、香之遠聞者也。香者、芳也。》象嘉穀在裹中之形。《謂白也。『大雅』、謂秬𥞊芑爲嘉穀。『毛傳』謂苗爲嘉穀。【許書】謂禾爲嘉穀。𥞊芑苗禾一物也。連裹曰穀、曰粟。去裹曰米。米之馨香曰皀。裹者、〔禾部〕所謂稃也、稭也、穅也、穀皮是也。》匕所㠯(以)扱之。《說下體从匕之意。〔匕部〕曰。匕、所以比取飯。一名柶。扱者、收也。》或說皀、一粒也。《『顏(顔)氏家訓』曰。在益州。與數人同坐。初晴。見地下小光。問左右是何物。一蜀豎(竪)就視云。是豆逼耳。皆不知所謂。取來乃小豆也。蜀土呼豆爲逼。時莫之解。吾云『三蒼』、『說文』皆有皀字。訓粒。『通俗文』音方力反。衆皆歡悟。》凡皀之屬皆从皀。又讀若香。《又字上無所承。疑有奪文。按顏黃門云。『通俗文』音方力反。不云出『說文』。然則黃門所據未嘗有方力反矣。而【許書】中卿鄉字从皀聲。讀若香之證也。又〔鳥部〕䲴鵖字从皀聲。『爾雅:音義』云鵖、彼及反。郭房汲反。『字林』方立反。是則皀有在 7部一音。當云「讀若某」。在又讀若香之上。今奪。》/216

유사 아득히 합할 요(㿝) 그칠 간(艮皀) 나갈 전(㿝)

성부 簋 궤 旣 기 食 식 爵 작 卽 즉 卿 경 鄉 향

형부 적(皀)

형성 (1자+1) 핍(鵖)2324 적(㸑)

皃

모【mào ㄇㄠˋ】[설문부수 314] 本[용모] 모(貌)와 같은 글자

설문 5215 頌儀也。《〔頁部〕曰頌、皃(貌)也。此曰皃、頌儀也。是爲轉注。頌者今之容字。必言儀者、謂頌之儀、度可皃象也。凡容言其內。皃言其外。引伸之、凡得其狀曰皃。析言則容皃各有當。如叔向曰貌不道容是也。㮣言則曰容貌。如動容貌斯遠暴慢是也。》从儿。白象面形。《上非黑白字。乃象人面也。莫教(敎)切。2部。》凡皃之屬皆从皃。貌皃或从頁。豹省聲。《按此葢(蓋)易籀文之皃爲頁。》貌籀文皃。从豸。《【大徐本】作从豹省。今字皆用籀文。》/406

성부 兜 두 貌 모 弁 변

◀ 제 4 획 ▶

皅

파【pā ㄆㄚ】꽃 흴, 제 빛 아닐, 빛 참되지 않을

설문 4720 艸𦻏(華)之白也。《葩字从此。『靈樞經』曰。紛紛皅皅。終而復始。紛紛皅皅、葢(蓋)言多也。》从白。巴聲。《普巴切。古音在 5部。》/364

형성 (1자) 파(葩)477

皆

개【jiē ㄐㄧㄝ】다, 두루 미칠

설문 2118 俱䛐(詞)也。《〔司部〕曰。䛐者、意內而言外也。其意爲俱。其言爲皆。以言表意、是謂意內言外。〔人部:俱〕下曰皆也、是謂轉注。又偕下曰。一曰俱也。則音義皆同。》从比。从白(自)。《从比會意。古諧切。15部。》/136

유사 도울 비(毗昆) 맏 곤(昆)

형성 (12자+1) 해(瑎)178 개(喈)909 해(鍇)1355 해(諧)1469 개(腊)2533 해(楷)3280 갈(稭)4240 해(偕)4822 해(䰐)5897 개(湝)6820 개(緖)8129 개(鍇)8834

皇

황【huáng ㄏㄨㄤˊ】本[크] 임금, 훌륭할, 하느님

설문 0076 大也。《見『詩:毛傳』。》从自王。《依『韵會』補王字。》自、始也。始王者、三皇(皇)。《「王」【各本】譌「皇」。今正。『先鄭-注:周禮』云。四類三皇五帝九皇六十四民咸祀之。『尙書:大傳』。燧人爲燧皇。伏羲爲羲皇。神農爲農皇。譙周說同。『白虎通』曰。三皇者何。伏羲、神農、燧人。則改燧人居第三。恐非舊也。鄭依『春秋:緯』。伏羲、女媧、神農爲三皇。皇甫謐說同。》大君也。《始王天下、是大君也。故號之曰皇。因以爲凡大之稱。此說字形會意之指。并字義訓大之所由來也。皇本大君。因之凡大皆曰皇。假借之法準此矣。》自讀若鼻(鼻)。《自下曰鼻也。則自鼻二字爲轉注。此曰自讀若鼻。言皇字所从之自讀若鼻。其音同也。》今俗㠯(以)作始生子爲鼻子是。《『楊氏雄-方言』曰。鼻、始也。嘼之初生謂之鼻。人之初生謂之首。許謂始生子爲鼻子。字本作鼻。今俗乃以自字爲之。徑作自子。此可知自與鼻不但義同。而且音同。相假借也。今俗、謂漢時也。【鉉本】無作字。誤。【鍇本】有。新刻刪(删)之。胡光切。10部。》/9

형성 (10자+3) 황(瑝)149 황(喤)757 황(篁)2759 황(程)4249 황(煌)6201 황(惶)6632 황(湟)6681 황(蝗)8461 굉(鍠)8954 황(隍)9255 황(遑) 황(艎) 황(葟)

◀ 제 5 획 ▶

皋

고【gāo ㄍㄠ】(느리고 길게)부르는 소리, 늪, 5월의 별칭

설문 6345 气皋(臯)白之進也。《當作「皋气白之進也」。皋者、複擧(擧)字之未刪(删)者也。皋謂气白之進。故其字从白夲。气白之進者、謂進之見於白气㵗然者也。皋與臭同音。臭訓大白。〔日部:暤〕訓晧旰者、白皃(貌)也。暤晧字俗寫多从白。頁部顥訓白皃。皋有訓澤者。『小雅:鶴鳴:傳』曰。皋、澤也。澤與皋析言則二。統言則一。如『左傳』鳩藪澤、牧隰皋並(竝)擧。析言也。『鶴鳴:傳』則皋卽澤。澤藪之地。極望(望)數百。沆瀁皛溔。皆白气也。故曰皋。又引申爲凡進之偁(稱)。則如『禮祝』曰皋是也。或叚(假)皋爲櫜。如『伏-注:左傳』皋比、卽『樂記』之建櫜。或叚爲高。如『明堂位:皋門:注』云皋之言高也。》从白夲。《會意。古勞切。古音在 3部。》『禮』。《句。謂『禮經』也。》祝曰皋。《『士喪禮』。復者一人升自前東榮中屋北面。招以衣曰。皋某復三。『注』曰。皋、長聲也。『禮運』亦云。皋某復。按聲長必緩。

故『左傳:魯(魯)人之皋:注』云。緩也。召旻皋皋。『釋訓』曰。刺素食也。毛曰。頑不知道也。皆緩之意也。》登謌曰奏。《謌、或歌字也。登歌、堂上歌也。『禮經』或言「歌」、或言「樂」、或言「奏」。實皆奏也。》故皋奏皆从夲。《祝也。登歌也。皆有進意。說皋奏二篆从夲之意。》『周禮』曰。詔來鼓(鼓)皋舞。《『樂師職』文。『今-周禮』作來瞽(瞽)。先鄭云。鼓或作瞽。皋當爲告。後鄭云。皋之言號。『大祝職』云。來瞽令皋舞。後鄭曰。皋讀爲卒嗥呼之嗥。來嗥者皆謂呼之入。『漢書』。高祖告歸之田。服虔曰。告音如嗥。『東觀漢記:田邑:傳』作號歸。葢古告皋嗥號四字音義皆同。》/498

[유사] 광택 고(臭) 높을 고(杲) 개 노리고 볼 격(狊) 과녁 얼(臬)

[형성] (4자+2) 고(皋)439 호(嗥)908 고(翱)2158 호(嘷)4042 고(槔) 호(皞)

◀ 제 6 획 ▶

皎 (교)【jiǎo ㄐㄧㄠˇ】 흴

[설문] 4714 月之白也。《上文云。物色白。不一其物則不一其白。故皆爲分別之䛐(詞)。》从白。交聲。《古了切。2部。》『詩』曰。月出皎兮。《『陳風:月出』文。『傳』曰。皎、月光也。『箋』云。喻婦人有美色之白皙。》/363

● [皋] 길게 부르는 소리 고(皋)-본자

◀ 제 7 획 ▶

皕 [벽]【bì ㄅㄧˋ】[설문부수 106] 이 백(200)

[설문] 2129 二百也。《卽形爲義。不言从二百。》凡皕之屬皆从皕。讀若逼。《「逼」【各本】作「祕(秘)」。按『五經文字』皕音逼。『廣韵』彼側切。至韵不收。『李仁甫-五音韵譜:目錄』云。讀若逼。『本-注』云。彼力切。皆由舊(舊)也。奭字以爲聲。在弟 5部。逼音相近也。》/137

[성부] [奭]석

[형성] (1자) 혁(奭)3038

◀ 제 8 획 ▶

皙 (석)【xī ㄒㄧ】 (사람의 피부가)흴, 대추나무

[설문] 4716 人色白也。《『鄘風』。揚且之皙也。『傳』曰。皙、白皙也。》从白。析聲。《今字皆省作晳。非也。先擊切。16部。》/363

◀ 제 9획 ▶

● 𠷎 고할 주(嚋)-본자

◀ 제 10 획 ▶

皚 (애)【ái ㄞˊ】 (서리나 눈이)흴 ■의:같은 뜻

[설문] 4719 霜雪之白也。《辭賦家多用皚皚字。》从白。豈聲。《五來切。古音在 15部。》/364

皛 [효]【xiào ㄒㄧㄠˋ】 [작] yǎo 나타낼, 흴, 깊게 흰 모양 ■경:밝을 ■백:칠

[설문] 4723 顯也。《「顯」當作「㬎」。顯、頭明飾也。㬎、衆明也。顯行而㬎廢矣。許云古文以㬎爲顯。則小篆以顯爲㬎久矣。『倉頡篇』曰。皛、明也。按『蜀都賦』。皛 貙氓於葽艸。貙氓、貙人也。江漢有貙人。能化爲虎。然則皛者、謂顯其形也。李善云當爲拍。誤。》通白曰皛。《四字依『李善-注:陶淵明赴假還江陵:詩』引補。》从三白。《會意。》讀若皎。《烏皎切。2部。》/364

皠 (혹)【hú ㄏㄨˊ】 ㉠[상][中]⑨ hé 새의 깃 흴 ■락:같은 뜻 ■학:흴

[설문] 4718 鳥之白也。《『景福殿賦』曰。皠皠白鳥。李善曰。皠與翯音義同。》从白。隺聲。《胡沃切。古音在 2部。》/363

● [普] 한쪽으로 치우쳐 낮을 체(替)-본자 I

◀ 제 12 획 ▶

皢 (효)【xiǎo ㄒㄧㄠˇ】 햇빛 흴, 밝을

[설문] 4715 日之白也。《先月後日者、月陰日陽。月之白其正色也。》从白。堯聲。《呼鳥切。2部。》/363

皣 (엽)【yiè ㄧㄝˋ】 [상][中]⑨[작] yè 흰 꽃, 밝을 (白부 12획)

[설문] 3723 艸木白華皃(貌)。《「皃」【各本】作「也」。今依『文選(選):西都賦:注』正。『賦』曰。蘭茝發色。皣皣猗猗。》从𠌶(華)。从白。《不入〔白部〕者、重華也。肥下曰。艸華之白也。重白、故入〔白部〕也。『左思-白髮賦』曰。子觀橘柚。一皜一皣。貴其素華。匪尙綠葉。則音在 8部也。筠輒切。》/275

皤 (파)【pó ㄆㄛˊ】 (빛이)흴

[설문] 4717 老人白也。《『易』釋文、『文選(選):兩都賦:注』皆作老人皃(貌)。非是。老人之色白與少壯之白皙不同。故以次於皙。『兩都賦』曰。皤皤國老。『周易:賁:六四』。賁如皤如。引伸爲凡白素之偁(稱)也。》从白。番聲。《薄波切。古音在 14部。白蒿曰蘇。是其理也。》『易』曰。賁如皤如。皤或从頁。《然則白髮亦偁皤。》/363

◀ 제 13 획 ▶

皦 (교)【jiǎo ㄐㄧㄠˇ】 흴(하얗게 빛남)

[설문] 4721 玉石之白也。《『王風』。有如皦日。『傳』曰。皦、白也。按此䑓皦爲皢也。『論語』。皦如也。何曰。言樂之音節分明也。此其引伸之義也。》从白。敫聲。《古了切。2部。》/364

◀ 제 14 획 ▶

𠷎 嚋(주)【chóu ㄔㄡˊ】 고할, 누구

[설문] 2121 䛐(詞)也。《凡『毛傳』之例云辭也。如『芣苢』之「薄」、『漢廣』之「思」、『草蟲』之「止」、『載馳』之「載」、『大叔于田』之「忌」、『山有扶蘇』之「且」皆是。『說文』之例云某䛐(詞)。〔白部〕外。「欥」爲詮䛐、「矣」爲語已䛐、「矤」爲況䛐、「曶」爲出气䛐、「各」爲異䛐、「粤」爲驚䛐、「尒」䛐之必然也、「曾」䛐之舒也皆是。然則「䛐也」二字。非例。當作「誰䛐也」三字。『堯典』言「嚋若予」者二。皆訓誰。則言「嚋咨若」者二。亦必同。嚋咨當先咨後嚋。語急故尒。【壁中古文】字作「𠷎」。古字也。『爾雅』。嚋孰誰也。字作「嚋」。

[작] 作家出版社〔董蓮池-說文解字考正〕 ⑨ 九州出版社〔柴劍虹-說文解字〕 ㉠ 陝西人民出版社〔蘇寶榮-說文解字今注今譯〕 [상] 上海古籍出版社〔說文解字注〕 [中] 中華書局〔臧克和-說文解字新訂〕

今字也。許以疇爲假借字。𠷎爲正字。故〔口部〕曰𠷎、誰也。則又𠷎疇爲古今字。『說文』之例。敘篆文合以古籀。𠷎者古文。非小篆也。何以廁此也。凡『書、禮-古文』往往依其部居錄之。不必皆先小篆後古文。亦不必如〔上部〕之例、先古文必系以小篆。所以尊【經】也。『尙書』作「疇」不作「𠷎」者、葢(蓋)孔安國以今文字讀之。易之同『爾雅』也。》从白(自)。𠷎聲。𠷎與疇同。《直由切。3部。》『虞書』曰。《『虞書』當作『唐書』。曰字今補。》帝曰𠷎咨。/137

107 皮 5-11 훈 가죽 피

皮 피【pí ㄆㄧˊ】[설문부수 90] 가죽, 살갗, 가죽으로 만든 관(옷) ■비:사슴 가죽

설문 1889 剝取獸革者謂之皮。《剝、裂也。謂使革與肉分裂也。云革者、析言則去毛曰革。統言則不別也。云者者、謂其人也。取獸革者謂之皮。皮柀。柀、析也。見〔木部〕。因之所取謂之皮矣。引伸凡物之表皆曰皮。凡去物之表亦皆曰皮。『戰國策』言皮面抉眼『王褒-僮約』言落桑皮椶、『釋名』言皮瓠以爲蓄皆是。》从又。《又手也。所以剝取也。》爲(爲)省聲。《符羈切。古音爲皮皆在 17部。》凡皮之屬皆从皮。𥸨古文皮。《从竹者、葢(蓋)用竹以離之。》𡰪籀文皮。/122

유사 벗 우(友) 반대할 반(反) 이를 급(及)

성부 부록 색인 참조

형부 皮를 부수로 하는 대부분의 글자들

형성 (21자+1) 피(彼)1169 피(詖)1425 피(鞁)1726 파(簸)2883 피(柀)3316 피(貱)3793 비(旇)4108 피(疲)4573 피(帔)4661 피(被)5088 파(頗)5422 피(髲)5486 파(破)5759 파(駊)5898 파(尨)6315 피(鮍)7246 피(披)7575 파(紴)8269 파(坡)8610 피(鈹)8898 피(陂)9179 파(跛)

◀ 제 3 획 ▶

皯 (간)【gàn ㄍㄢˋ】(中)⑨(작) gǎn 병으로 얼굴에 기미낌

설문 1891 面黑气也。《『列子』曰。燋然肌色皯黣。》从皮。干聲。《古旱切。14部。》/122

◀ 제 5 획 ▶

皰 (포)【pào ㄆㄠˋ】여드름

설문 1890 面生气也。《『玉篇』作面皮生氣也。『玄應書』一作面生熱氣也。『淮南』。潰小皰而發痤疽。高曰。皰、面氣也。『玄應』引作「靤」。》从皮。包聲。《旁教切。古音在 3部。》/122

108 皿 5-12 훈 그릇 명

皿 명【mǐn ㄇㄧㄣˇ】[설문부수 170] 그릇, 접시, 그릇덮개

설문 2998 飯食之用器也。《飯汲古閣作飲。誤。『孟子』。牲殺器皿。『趙-注』。皿所以覆器者。此謂皿爲幎之假借。似非孟意。》象形。與豆同意。《上象其能容。中象其體。下象其底也。與豆略同而少異。》凡皿之屬皆从皿。讀若猛。《按古孟猛皆讀如芒。皿在 10部。今音武永切。》/211

성부 부록 색인 참조

형부 皿을 부수로 하는 대부분의 글자들

고(盬) 보(簠) 담(醓)

형성 (2자) 맹(盟)4135 명(盌)4430

◀ 제 3 획 ▶

盂 (우)【yú ㄩˊ】밥그릇, 주발, 바리

설문 2999 飲器也。《「飲」大徐及『篇』、『韵(韻)』、『急就篇:注』作「飯」。誤。小徐及『後漢書:注』、『御覽』皆作「飲」。不誤。〔木部:杅〕、木也。可屈爲杅者。杅卽盂之假借字。『旣夕禮』兩(兩)敦兩杅『注』。杅盛湯漿。『公羊傳』。古者杅不穿。『何-注』。杅、飲水器。『孫卿子』曰。槃圓而水圓。杅方而水方。『史記:滑稽傳』。操一豚蹏、酒一盂而祝。『後漢書:孝明紀』。盂水脯糒而已。『方言』。盂、宋楚魏之間或謂之盌。又曰。盂謂之「柯」。又曰。盂謂之「櫂」。河濟之間謂之「盞䑈」。又曰。盂謂之「銚銳(鋭)」。》从皿。亏(于)聲。《羽俱切。5部。》/211

◀ 제 4 획 ▶

● 盄 작은 쟁반 혜

盄 (조)【zhāo ㄓㄠ】그릇

설문 3006 器也。从皿。弔聲。《止遙切。2部。》/212

盅 (충)【zhōng ㄓㄨㄥ】(상)(中)⑨ chōng (작) chóng (텅)빌

설문 3018 器虛也。《〔丠(北丘)部〕曰。虛、大丠也。引伸爲虛落。今之墟字也。又引伸爲空虛。『邶風』。其虛其邪。毛曰。虛、虛也。是其義也。謂此虛字、乃虛中之虛也。「盅虛」字今作「沖」。〔水部〕曰。沖、涌繇也。則作沖非也。沖行而盅廢矣。》从皿。中聲。《直弓切。9部。》『老子』曰。道盅而用之。《『今-道德經』作沖。》/212

盆 (분)【pén ㄆㄣˊ】(물 · 술을 담는)동이

설문 3008 盎也。《『廣雅』。盎謂之盆。『考工記』。盆實二鬴。》从皿。分聲。《步奔切。13部。》/212

盈 영【yíng ㄧㄥˊ】(가득)찰, 남을

설문 3016 滿器也。《滿器者、謂人滿宁之。如

彍下云滿弩之滿。〔水部:溢〕下云器滿也。則謂器中已滿。滿下云盈溢也。則兼滿之、已滿而言。【許書】之精嚴如此。》从皿夃。《秦以币(市)買多得爲夃。故从夃。以成切。11部。》/212
형성 (1자) 영(楹)3476 영(緾)8158

◀제5획▶

盉 (화)【hé ㄏㄜˊ】 조미할(맛을 맞춤)
설문 3014 調味也。《調聲曰「龢」。調味曰「盉」。今則和行而龢盉皆廢矣。〔鬻(䰜)部〕曰鬻、五味盉羹也。》从皿。《調味必於器中。故从皿。古器有名盉者。因其可以盉羹而名之盉也。『廣川書:跋』引『說文』。調味器也。沾器字非。》禾聲。《戸(戶)戈切。17部。》/212

盜 밀【mì ㄇㄧˋ】 그릇
설문 3012 拭器也。《『廣韵』、『集韵』、『類篇』皆作「拭」。【許書】以飾爲拭。不出拭。此作拭者、說解中容不廢俗字、抑後人改也。可以馭拭之器、若今馭子之類。『韓非』所謂懷刷、是其歟。古馭刷通用也。今【各本】作械器。非【古本】。》从皿。必聲。《彌畢切。12部。》/212
형성 (1자) 밀(謐)1476 밀(醯)9391

宁 저【zhù ㄓㄨˋ】 그릇
설문 3009 器也。从皿。宁聲。《直呂切。5部。盬字從此。》/212
형성 (1자) 저(盬)2970

益 익【yì ㄧˋ】 더할, 더해질, 이로울, 많을, 더욱, 괘 이름
설문 3015 饒也。《〔食部〕曰。饒、飽也。凡有餘曰饒。『易:象傳』曰。『風雷益』。君子以見善則遷。有過則改。》从水皿。水皿、《此「水」字今補。》益之意也。《說會意之恉。伊昔切。16部。》/212
성부 隘嗌애
형성 (7자) 익(鷁)1254 시(諡)1632 액(膉)6094 일(溢)7066 액(搤)7529 액(縊)8367 견(鎰)8423

昷 昷온【wēn ㄨㄣ】 어질, 화할, 따뜻할, 사람 이름
설문 3020 仁也。从皿吕(以)食囚也。官溥說。《凡云溫和、溫柔、溫暖者、皆當作此字。溫行而昷廢矣。〔水部:溫〕篆下但云水名不云一曰煗者、許謂煗義自有囚皿字在也。用此知〔日部:昫〕日出溫也、安覊溫也、㬈溫溼也。〔火部:煗〕溫也、衮以微火蘊肉也。〔金部:銚〕溫器也。鑣溫器也。凡若此等皆作昷不作溫矣。官溥者、博訪通人之一也。烏渾切。13部。》/213
성부 溫온【519-6666】 縕온【662-8362】
형성 (8자) 올(嗢)844 올(殟)2419 온(熅)6184 온(慍)6563 온(搵)7708 온(媼)7758 온(轀)9073 온(醞)9361

盌 (완)【wǎn ㄨㄢˇ】 주발
설문 3000 小盂(盂)也。《『方言』曰。盌謂之盂。或謂之銚鋭(銳)。又曰。盌謂之權。又曰。椀謂之盦。》从皿。夗聲。《于夗皆坳曲意。皆以形聲包會意也。烏管切。14部。》/211

盍 盍합【hé ㄏㄜˊ】 덮을, 모을, 합할, 어찌 아니할 ▣갈:〈네이버 자전〉할단새
설문 3040 覆也。《皿中有血(血)而上覆之。覆必大於下。故從大。〔艸部〕之蓋(蓋)从盍(盍)會意。訓苫、覆之引伸耳。今則蓋行而盍廢矣。曷、何也。凡言何不者、急言之亦曰何。是以『釋言』云曷、盍也。『鄭-注:論語』云。盍、何不也。盍古音在 15部。故爲曷之假借。又爲蓋之諧聲。今入 7, 8部。爲閉口音也。非古也。》从血。大聲。《此以形聲包會意。大徐刪(刪)「聲」。非也。今胡臘切。其形㣇(隸)變作「盍」。》/214
성부 蓋盖개 饁饁엽
형성 (7자+1) 합(嗑)863 엽(饁)3089 합(榼) 갑(郃)4001 압(瘗)4554 개(磕)5743 합(闔)7383 합(溘)

盎 앙【àng ㄤˋ】 (술이나 물을 담는)동이, 넘칠
설문 3007 盆也。《『釋器』。盎謂之缶。『注』云。盆也。假借爲酒名。『周禮:盎齊:注』曰。盎猶翁也。成而翁翁然。葱(蔥)白色。如今酇白矣。按翁者、滃之假借。滃滃猶泱泱也。酒之成似之。『孟子』。盎於背。趙曰。其背盎盎然。凡言盎然者、皆謂盛。以音假借也。》从皿。央聲。《烏浪切。10部。》 瓷 盎或从瓦。《『莊子』。甕㼜大癭。》/212
형성 (1자) 앙(醠)9372

◀제6획▶

盍 盍유【yòu ㄧㄡˋ】 작은 분, 사발, 물 깃는 그릇, 두레박 ▣회:같은 뜻
설문 3003 小甌也。《甌、小盆也。『廣韵』。盍、抒水器也。》从皿。有聲。讀若灰。《灰有二聲。古音皆在 1部也。今音于救切。》一曰若賄。《賄从有聲。古音亦在 1部。》 醢 盍或从右。《右聲也。古亦在 1部。》/212
형성 (1자) 해(醢醢)9414

◀제7획▶

盛 (성)【chéng ㄔㄥˊ】 그릇, 담을, 성하게 할
설문 3001 黍稷在器中吕(以)祀者也。《盛者、實於器中之名也。故亦評器爲盛。如『左傳』旨(旨)酒一盛、『喪大記』食粥於盛是也。引伸爲凡豐滿之偁(稱)。今人分平去。古不分也。如『左傳』盛服將朝。盛音成。本亦作成。》从皿。成聲。《形聲包會意。小徐無聲字。會意兼形聲也。氏征切。12部。》/211

盜 도【dào ㄉㄠˋ】 도둑, 훔칠, 별 이름, 천리마 이름, 불금초(佛金草)

皿 5 ⑤

설문 5341 厶(私)利物也。《周公曰。竊賄爲盜。盜器爲姦。〔米部〕曰。盜自中出曰竊。》从次皿。《會意。》次、欲也。欲皿爲盜。《依『韵會本』。說从次之意。徒到切。2部。》/414

(맹)【méng ㄇㄥˊ】 믿을 ※ 맹(盟)의 본래글자 **명**:속음 按『說文』本從囧(明)從血(血)。『集韻』。從皿、誤。今改存〔血部〕.(848)

설문 4135 《【各本】下从血。今正。》『周禮』曰。國有疑則盟。《『周禮:司盟職』。掌盟載之法。凡邦國有疑會同。則掌其盟約之載及其禮儀。鄭云。有疑、不協也。》諸侯再相與會。十二歲一盟。《「再相與會」四字當作「再朝而會、再會」六字。轉寫之誤也。『昭:十三年:左傳』曰。明王之制。使諸侯歲聘以志業。間朝以講禮。再朝而會以示威。再會而盟以顯昭明。杜云。三年而一朝。六年而一會。十二年而一盟。》北面詔天之司愼司命。《『司盟職』曰。北面詔明神。『僖:二十八年:左傳』曰。有渝此盟。以相及也。明神先君。是糾是殛。『襄:十一年:載書』曰。或間玆盟。司愼司命。名山名川。羣(群)神羣祀。先王先公。七姓十二國之祖。明神殛之。按今『左傳:襄:十一年』盟與命二字互譌。陸、孔皆不能正。許合『周禮』、『左傳』爲言。謂司愼、司命爲明神之首。司愼、司命葢(蓋)『大宗伯職』之『司中』、『司命』。文昌宮弟五、弟四星也。『尙書:大傳:注』司中作『司人』。○ 又按天之司盟見『覲禮:注』。然則『左傳:正文』不容輕改。》盟、殺牲歃血。朱盤玉敦。曰(以)立牛耳。《「朱」小徐及『周禮』作「珠」。今依【大徐本】。「立」當爲「莅」。莅、臨也。『曲禮』曰。莅牲曰盟是也。『玉府職』曰。若合諸侯。則共(共)珠槃玉敦。鄭云。合諸侯者必割牛耳。取其血。歃之以盟。朱盤以盛牛耳。尸盟者執之。玉敦、歃血玉器。『戎右職』曰。贊牛耳桃茢。『左傳』曰。諸侯盟。誰執牛耳。》从囧。《囧、明也。『左傳』所謂昭明於神。冢上詔『司愼』、『司命』言。》皿聲。《鍇皿作血。云聲字衍。鉉因作从血。刪(刪)聲字。今與篆體皆正。按盟與孟皆皿聲。故孟津、盟津通用。今音武兵切。古音在 10部。讀如芒。亦擧(擧)形聲包會意。朱盤玉敦、器也。故从皿。》《【各本】下从血。今正。》篆文。从朙(明)。《朙小篆文也。故朙爲小篆。【鍇本】皆云从朙非也。》《【各本】下从血。今正。》古文从明。《明者、朙之古文也。故古文盟作盟。【鍇本】云籀文。非也。盟者、盟之籀文。先籀後篆者、以其囧之屬也。今人皆作盟。不從小篆作盟者、猶皆作明不作朙也。》/314

◀ 제 9 획 ▶

진【jìn ㄐㄧㄣˋ】 本[그릇 속 빌] 다할, 다(모두), 가령

설문 3017 器中空也。《『釋詁』。觳悉卒泯忽滅罄空畢罊殲拔殄盡也。『曲禮』曰。虛坐盡後。實坐盡前。即刃切。俗作儘。亦空義之引伸。》从皿。㶳聲。《慈忍切。12部。》/212

형성 (2자) 신(璶)170 신(藎)284

감【jiān ㄐㄧㄢˉ】 (위에서 내려다)볼, 살필, 감옥, 거울 삼을

설문 5010 臨下也。《『小雅:毛傳』。監、視也。【許書】。瞷、視也。監、臨下也。古字少而義晐。今字多而義別。監與鑒互相假。》从臥。䑛省聲。《古銜切。8部。》古文監。从言。《會意。》/388

성부 藍람 濫람 覽람 鹽염

형성 (10자) 감(瞷)2058 람(籃)2802 함(檻)3673 람(艦)4667 람(襤)5046 람(鬣)5473 람(擥)7501 람(爁)7951 감(鑑)8858 람(醶)9377

◀ 제 11 획 ▶

(고)【gǔ ㄍㄨˇ】 그릇

설문 3005 器也。从缶皿。古聲。《公戶切。5部。》/212

관【guàn ㄍㄨㄢˋ】 손씻을, 물 흘려 손 씻을, 물댈, 대야

설문 3021 澡手也。《〔水部〕曰。澡、洒手也。『禮經』多言盥。『內則』。每日進盥。五日請浴。三日具沐。其閒(間)面垢請靧。足垢請洗。是則古人每旦必洒手。而洒面則不必旦旦爲之也。『大學』有湯之盤。即『特牲』、『內則』之盥槃。故其銘曰日日新。凡洒手曰澡。曰盥。洒面曰頮。濯髮曰沐。洒身曰浴。洒足曰洗。》从臼水臨皿也。《會意。皿者、『禮經』之所謂洗。『內則』之所謂槃也。『內則:注』曰。槃、承盥水者。『禮經:注』曰。洗、承盥。洗者、棄水器也。古玩切。14部。》『春秋傳』曰。奉匜沃盥。《『左傳:僖:卄三年』文。匜者、柄中有道可以注水。『內則』亦云。請沃盥。沃者、自上澆之。盥者、手受之而下流於槃。故曰臼水臨皿。此人傳說(說)字形之意。『特牲經』曰。尸盥。匜水實于槃中。簞巾在門內之右。『注』。設盥水及巾。尸尊不就洗。又不揮。謂不就洗。故設匜水。水實於匜。匜實於槃也。不揮故設巾。巾實於簞也。古之盥手者用匜澆手。水下流於洗。洒爵者用匜澆爵中。覆水於洗。盥者揮手令乾而已。故『禮經』盥不言帨(帨)手。尸尊則帨。敬老則盥卒授巾也。匜之水勺於罍。『少牢:注』曰。凡設水用罍。沃盥用枓。禮在此也。是則常用爲匜爲槃。禮器爲枓爲洗。又云。洗者、統洗爵而名之也。設水之器。禮器爲罍。常用未聞。》/213

로【lú ㄌㄨˊ】 本[밥그릇] 검을, (검은)개 이름, 창자루

설문 3004 盧、飯器也。《〔凵部〕曰。凵盧、飯器。以桺(柳)爲之。『士昏禮:注』曰。笲、竹器而衣者。如今之筥、笑簏矣。筥、笑簏二物相似。「笑簏」即「凵盧」也。『方言』。簏、趙魏之郊謂之「去簏」。『注』。盛飯筥也。錢氏大昕曰。「去簏」即「凵盧」也。》从皿。虍(虍、盧)聲。《洛乎切。5部。》籒文盧。/212

형성 (15자+1) 로(蘆)257 로(驢)2320 로(臚)2481 로(簏)2833 로(櫨)3482

로(艫)5194 로(顱)5350 려(鬣)5495 려(廬)5646 려(驢)5950 로(黸)6229 로(攎)7706 로(纑)8340 로(壚)8616 로(鑪)8887 로(瀘)

◀ 제 12 획 ▶

盨 (수)【zǔ ㄗㄨˇ】 ㊤㊥⑨㊅ xǔ 받침 그릇, 받침대

설문 3010 檳盨、《逗。》 負戴器也。《檳、小栝也。見〔匸部〕。此檳盨之檳乃別一義。『廣韵(韻):一,送』云。檳、格木也。『三十六,養』云。檳、載器也、出『埤蒼』。『玉篇』云。檳、渠往切。載器也。「載器」皆當作「戴器」。古載戴通用。格木亦謂庋閣之木。『東方朔傳』。朔曰。是寠數也。師古曰。寠數、戴器也。以盆盛物戴於頭者。則以寠數薦之。今賣白團餅人所用者也。又『楊敞傳』。鼠不容穴。銜寠數。師古曰。寠數、戴器也。按寠數、其羽山羽二反。檳、渠往相庚二反。檳與寠雙聲。盨與數雙聲疊韵(疊韻)。一語之轉也。負戴器者、謂藉以負戴物之器。》 从皿。須聲。《相庚切。古音在4部。》 /212

盩 주【zhōu ㄓㄡ】 당겨칠, 땅 이름, 산굽이 ■추:뽑을

설문 6333 引擊也。《引而擊之也。》 从𡘤攴(攴)見血(血)也。《會意。張流切。3部。今隷作盩。》 扶風有盩厔縣。《說者曰。山曲曰盩。水曲曰厔。按卽周旋、折旋字之假借也。在今陝西西安府盩厔縣東三十里、地名終南鎭。『元和郡縣志』終南縣城卽漢盩厔故城也。厔俗作厔。非。》 /496

형성 (1자) 려(盭)8114

盪 (탕)【dàng ㄉㄤˋ】 움직일、씻을、방종할

설문 3022 滌器也。《〔水部〕曰。滌、洒也。洒、滌也。此字从皿。故訓滌器。凡貯水於器中。搖蕩之去滓或以磺(礦)垢瓦石和水吮潩之。皆曰盪。盪者、滌之甚者也。『易』曰。八卦相盪。『左傳』。震盪播越。皆引伸之義。『郊特牲』曰。滌蕩其聲。『注』。滌蕩猶搖動也。蕩者、盪之假借。》 从皿。湯聲。《徒朗切。10部。》 /213

◀ 제 13 획 ▶

盦 (암)【ān ㄢ】 뚜껑

설문 3019 覆葢(蓋)也。《此與〔大:部奄〕音義略同。此謂器之葢(蓋)也。》 从皿。酓聲。《烏合切。7部「合」當作「含」。》 /213

盬 (고)【gǔ ㄍㄨˇ】 염밭、소금밭

설문 7354 河東鹽池也。《『地理志』。河東郡安邑。鹽池在西南。『郡國志』亦云。安邑有鹽池。『左氏傳』曰。郇瑕氏之地。沃饒而近盬。『服虔(虔)-注』云。盬、鹽池也。土俗裂水沃麻。分灌川野。畦水秏竭。土自成鹽。卽所謂鹹鹺也。而味苦。號曰鹽田。『杜-注:左氏』、『郭-注:穆天子傳』皆曰。盬者、鹽池。然則鹽池古者謂之盬。亦曰鹽田。『周禮』因以爲鹽不湅治之偁(稱)。又引申之、『詩』以爲不堅固之偁。『周禮』苦良。苦讀爲盬。謂物之不佳者也。》 袤五十一里。廣七里。周百十六里。《『左傳:正義』、『後漢書:注』所引同。惟『水經注:涑水篇』引作長五十一里、廣六里、周一百一十四里爲異。『魏都賦:注』。猗氏南鹽池。東西六十四里。南北七十里。『郡國志:注』引『楊佺期-洛陽記』。河東鹽池、長七十里。廣七里。『水經:注』曰。今池水東西七十里。南北七十里。參差乖異。葢(蓋)隨代有變。》 从鹽省。古聲。《公戶切。5部。》 /586

◀ 제 14 획 ▶

盪 (교)【jiǎo ㄐㄧㄠˇ】 (휘어져 따숩게 하는)그릇、옹솥

설문 3011 器也。《『廣韵(韻)』古巧切。濁也。苦絞切。溫器也。》 从皿。漻聲。《古巧切。古音在 3部。》 /212

◀ 제 15 획 ▶

盭 (려)【dì ㄉㄧˋ】 ㊤㊥⑨㊅ lì 어그러질, 사나울, 어길

설문 8114 弼(弼弼)戾也。《按此乖戾正字。今則戾行而盭廢矣。戾謂犬出戶下而身曲戾。其意略近。故以戾釋盭。『史記』、『漢書』多用盭字。》 从弦省。从盩。《此會意字。》 盩、了戾之也。《大徐刪(刪)此五字。小徐「盩」作「盭」。了作引。今正。了戾雙聲字。『淮南:原道訓:注』曰。抮軵、了戾也。『方言』。軫、戾也。『注』謂相了戾也。『王砅-注:素問』、『段成式-酉陽襍(雜)組』皆用了戾。許意山曲曰盩。水曲曰厔。扶風有盩厔縣、取此義。是盩有詘曲之意。故此篆从盩。非用引擊之意也。『今-淮南:注』了戾、道藏不誤。而【俗刻】作引戾。正與此誤同。讀若戾。郞(郎)計切。15部。》 /642

◀ 제 18 획 ▶

𧇾 (저)【zhù ㄓㄨˋ】 ⑨ hū 그릇 (虍부 18획)

설문 2970 器也。从䖒宔。宔亦聲。《直吕(呂)切。5部。》 闕。《此疑衍。其義、其形、其聲皆具。則無缺矣。》 /209

109	目
5-15	눈 목

目 목【mù ㄇㄨˋ】 [설문부수 99] 눈, 눈짓할, 조목

설문 1994 人眼也。象形。重、童子也。《象形。總(總)言之。嫌人不解二。故釋之曰。重其童子也。『釋名』曰。瞳、重也。膚幕相裹重也。子、小稱也。主謂其精明者也。或曰眸子。眸、冒也。相裹冒也。按人目由白而盧、童而子。層層包裹。故重畫(畫)以象之。非如『項羽本紀』所云重瞳子也。目之引伸爲指(指)目、條目之目。莫六切。3部。》 凡目之屬皆从目。 𡇢 古文目。《口象面。中象眉目。江沅曰。外象匡。內象趚目。》 /129

[유사] 귀 이(耳) 스스로 자(自) 또 차(且)
달 감(甘) 그물 망(罒罓)

[성부] 부록 색인 참조

[형부] 目을 부수로 하는 대부분의 글자들
균(䀝)

◀제 2 획▶

旬 [현]【xuàn ㄒㄩㄢˋ】눈짓할, 눈 깜빡일 ■순:눈 아찔할, 현기증 날

[설문] 2052 目搖也。《『項羽本紀』。梁眴籍曰。可行矣。》从目。勻省聲。《黃絢切。12部。》 眴或从目旬。《旬聲。》/132

[유사] 가능할 가(可) 구절 구(句) 구절 구(勾) 맡을 사(司) 열흘 순(旬)

[성부] [瞢][瞢][瞢]몽

◀제 3 획▶

盱 (간)【gàn ㄍㄢˋ】(눈을 크게)부릅뜰

[설문] 2012 目白皃(貌)。《依『玉篇』訂。》从目。干聲。《古旱切。14部。》/130

盱 (우)【xū ㄒㄩ¯】쳐다볼, 부릅뜰

[설문] 2032 張目也。《『張載-注:魏都賦』盱衡曰。眉上曰衡。盱、擧(擧)眉大視也。『釋詁』。盱、憂也。此引伸之義。凡憂者亦有張目直視者也。『毛詩:卷耳』曰。盱、憂也。『何人斯』、『都人士』皆無『傳』。然則【三詩】皆作「盱」、訓憂。『今-卷耳』作「吁」。誤也。『鄭-箋』盱爲病。又憂之引伸之義。》从目。亏(于)聲。《況于切。5部。》一曰朝鮮謂盧童子曰盱。《『方言』。驢瞳之子、燕代朝鮮洌水之間曰「盱」。或謂之「揚」。》/131

盲 盲(맹)【máng ㄇㄤˊ】먼 눈, 장님, 어두울 ■망:바라볼

[설문] 2098 目無牟子也。《「牟」俗作「眸」。『趙-注:孟子』曰。眸子、目瞳子也。『釋名』曰。眸、冒也。相裹冒也。『毛傳』曰。無眸子曰瞍。鄭司農、韋昭皆云。有目無眸子謂之瞍。許云目無牟子謂之盲(盲)。說與毛、鄭異。無牟子者、白黑不分是也。今俗謂「靑盲」。》从目。亾(亡)聲。《武庚切。古音在 10部。》/135

直 [직]【zhí ㄓˊ】곧을, 바로잡을, 번들, 맞을(해당), 번(당직, 일직, 숙직) ■치:당할

[설문] 8018 正見也。《『左傳』曰。正直爲正。正曲爲直。其引申(伸)之義也。見之審則必能矯其枉。故曰正曲爲直。》从十目乚(乚)。《謂以十目視乚。乚者無所逃也。三字會意。除力切。1部。今隸(隸)作直。》 古文直。或从木如此。《囧猶目也。从木者、木從繩則正。》/634

[성부] [悳]덕

[형성] (7자) 식(殖 殖)2441 식(植 植)3498
직(稙 稙)4187 치(置 置)4638 치(値 値)4961
칙(淔 淔)6785 식(埴 埴)8618

◀제 4 획▶

杳 [眘][眘][밀]【mì ㄇㄧˋ】① 眘 俗字。譌作眘(명문2253) ② 眘 보이지 않을(명문856) ③ 杳 숨을, 어둘(명문435)

[설문] 4082 不見也。从日。否省聲。《此字【古籍】中未見。其訓云不見也。則於从日無涉。其音云否省聲。則與自來相傳密音不合。且何不云不聲也。以理求之。當爲不日也。从不日。『王風』曰。不日不月。謂不知其旋反之何日何月。卽上章之不知其期也。『大雅』。不日成之。『箋』云。不設期日。今俗謂不遠而不定何日亦曰不日。卽形卽義【許書】有此例。如止戈爲武、日見爲晛是也。其音美畢切者、葢(蓋)謂遠不可期則讀如蔑。近不可期則讀如密也。自讀【許書】者不解。而妄改其字。或改作「眘」、『廣韵』改作「眘」。意欲與覓之俗字作「覔」者比附爲一。11部。》/308

相 [상]【xiāng ㄒㄧㄤ¯】㉠ xiàng [本][살펴볼] 서로, 볼, 다스릴, 용모, 인도자(안내자), 정승

[설문] 2060 省視也。《『釋詁』、『毛傳』皆云「相視」也。此別之云省視。謂「察視」也。》从目木。《會意。息兩切。10部。按目接物曰相。故凡彼此交接皆曰相。其交接而扶助者、則爲相瞽之相。古無平去之別也。『旱麓、桑柔-毛傳』云。相、質也。質謂物之質與物相接者也。此亦引伸之義。》『易』曰。地可觀者。莫可觀於木。《此引『易』說从目木之意也。目所視多矣。而从木者、地上可觀者莫如木也。『五行志』曰。說曰。木、東方也。於『易』、地上之木爲『觀』。顔云。『坤』下『巽』上、『觀』。『巽』爲木。故云地上之木。許葢(蓋)引『易:觀卦』說也。此引【經】說字形之例。》『詩』曰。相鼠有皮。《『庸風』文。》/133

[성부] [霜]상

[형성] (3자+2) 상(箱 箱)2838 상(湘 湘)6708
상(想 想)6449 상(廂 廂) 상(緗 緗)

䀗 (결)【jué ㄐㄩㄝˊ】(눈물 흘리는)안질, 눈매 고울 ■혈:눈 휘둥그렇게 뜨고 볼

[설문] 2085 涓也。《按鍇作「涓也」。鉉作「涓目也」。皆誤。假令訓涓、則當與涓字類廁。自眚而下皆系目病。『廣韵(韻)』云。䀗、目患。可以得其解矣。〔刀部〕曰。削、一曰窐也。此「涓也」當作「削目」。謂窐目也。窐、下也。》从目。夬聲。《古穴切。15部。》/134

県 [교]【xiāo ㄒㄧㄠ¯】[설문부수 329] ㉠[상][中]⑨[작] jiāo 목 베어 거꾸로 매어달 [명문]俗用梟。非。(目부 4획)

[설문] 5447 到首(首)也。《到者今之倒字。此亦以形爲義之例。》賈侍中說。《偁(稱)官不偁名者、尊其師也。》此斷(斷)首到縣県(縣県)字。《『廣韵』引『漢書』曰。三族令先黥劓。斬左右趾。県首。菹其骨。按『今-漢書:荆(刑)法志』作梟(梟)。葢(蓋)非孫愐所見之舊矣。県首字當用此。用梟於義無當。不言从到首者、形見於義。如珏下不言从二玉也。古堯切。2部。》凡県之屬皆从県。/423

[유사] 물 흐를 윤(巜)

[작] 作家出版社〔董蓮池-說文解字考正〕 ⑨ 九州出版社〔柴劍虹-說文解字〕 ㉠ 陝西人民出版社〔蘇寶榮-說文解字今注今譯〕 [상] 上海古籍出版社〔說文解字注〕 [中] 中華書局〔臧克和-說文解字新訂〕

성부 縣현

盻 (혜)【xì ㄒㄧˋ】 흘길(노려볼), 돌아볼
설문 2078 恨視也。《『孟子』引龍子曰。爲民父母。使民盻盻然。將終歲勤動。不得以養其父母。又稱貸而益之。趙云。盻盻、勤苦不休息之貌。按【丁公-著:本】「盻盻」作「肸肸」。據『趙-注』則肸近是。作「盻」者、譌字也。》从目。兮聲。《胡計切。16部。孫(奭)奭引『說文』五禮切。○按自眝而下【各本】失其原次。今正之。》/134

盼 (반)【pàn ㄆㄢˋ】 (눈의 검은자와 흰자가 분명하여)예쁠, 흘겨볼 ■분:새벽 ■변:눈매 예쁠
설문 2011 白黑分也。《『玄應書』引如此。》『詩』曰。美目盼兮。《見『衛(衛)風』。毛曰。盼、白黑分也。『韓詩』云。黑色也。馬融曰。動目皃(貌)。按許从毛。》从目。分聲。《此形聲包會意。从毛則以目分會意也。匹莧切。古音在 13部。按盼盻眄三字形近。多互譌。不可不正。》/130

盾 순【shǔn ㄕㄨㄣˇ】[설문부수 102] ㉠㉯㊥⑨㉳ dùn 방패, 화폐(貨幣)이름 ■돈:사람 이름, 별 이름 ■윤:방패
설문 2112 瞂也。《【經典】謂之干。〔戈部〕作「戰」。》所目(以)扞身蔽目。《用扞身、故謂之干。『毛傳』曰。干、扞也。用蔽目、故字从目。》从目。《【各本】少二字。今依『玄應』補。》象形。《鍇曰。𠂢象盾形。按【今-鍇本】或妄增厂聲二字。食閏切。13部。『廣韵』食尹切。》凡盾之屬皆从盾。/136
유사 눈썹 미(眉)
형부 규(眭) 발(瞂)
형성 (6자) 둔(遁)1090 순(循)1171 돌(腯)2558 순(楯)3503 춘(輴)4698 순(揗)7517

旻 혈【xuè ㄒㄩㄝˋ】[설문부수 98] 눈짓할 ■척:눈 살짝 움직일 ■혁·말:같은 뜻
설문 1990 擧(擧)目使人也。《此與〔言部:詸〕音同、義亦相似。『項羽本紀』。梁眴籍曰。可行矣。籍遂拔劍斬首頭。然則眴同旻也。〔目部〕曰。旬、目搖也。謂有目搖而不使人者。》从攴目。《動其目也。會意。》凡旻之屬皆从旻。讀若颰。《火劣切。15部。》/129
성부 瓊경
형부 문(閺)
형성 (1자) 훤(夐)1993

省 省성【xǐng ㄒㄧㄥˇ】㉠ shěng 살필, 깨달을, 성(중국의 지방행정구역), 편안치 못할 ■생:대궐 안마당, 아낄, 인색할 ■선:가을 제사
설문 2111 視也。《省者、察也。察者、覈也。漢禁中謂之省中。師古曰。言入此中者皆當察視。不可妄也。『釋詁』曰。省、善也。此引伸之義。『大傳』曰。大夫有大事省於其君。謂君察之而得其大善也。》从眉(眉)省。从屮。《屮音徹。木初生也。財見也。从眉者、未形於目也。从屮者、察之於微也。凡省必於微。故引伸爲減省字。『說文』有渻媘二字。然【經傳】多作省。所景切。亦息井切。11部。》古文省。从少囧。《按囧非也。古文目作囧。此與𥅨皆從之。从少目者、少用其目省之。用甚微也。》/136
형성 (4자) 성(楷)3551 생(渻)6898 성(媘)7906 성(蛸)8475

眂 (시)【shì ㄕˋ】 볼, 보일
설문 2026 視皃(貌)也。《『馬融-長笛賦』。特麚昏髟。李曰。昏、視也。髟、振鬣也。按昏眂一字也。與眡別。眂、古文視。氐聲。在 15部。眂、氏聲。在 16部。宋元以來尟有知氏氐之不可通用者。》从目。氏聲。《承旨切。李善昌夷切。『廣韵(韻)』。眂眂、役目也。是支切。按古音在支紙韵。》/131

眄 (면)【miǎn ㄇㄧㄢˇ】 곁눈질할, 돌아볼
설문 2097 目徧合也。《「徧」【各本】作「偏」。誤。今依『韵(韻)會』正。徧、帀也。帀、周也。周、密也。瞑爲臥。眄爲目病。人有目眥全合而短視者。今眄字此義廢矣。》从目。丏聲。《莫甸切。古音當在 12部。讀如泯。》一曰衺視也。秦語。《『方言』。瞷睇睎略眄也。自關而西秦晉之閒曰眄。薛綜曰。流眄、轉眼貌也。》/135

眅 (반)【pān ㄆㄢ】 (눈에)흰자위 많을 ■판:〈네이버 자전〉
설문 2013 多白眼也。《多白眼、見『說封傳』。》从目。反聲。《普班切。14部。》『春秋傳』曰。《曰衍。》鄭游眅字子明(明)。《見『左傳:襄:廿二年』。『釋文-古本』、『五經文字』、『開成石經』、皆从目。【今-俗本】从日。誤。『戰國策』田瞀。『高-注』。瞀讀鄭游眅之眅。姚宏曰。瞀恐是督。督同眅。》/130

𥄕 𠦬𠦬말【miè ㄇㄧㄝˋ】[설문부수 113] ㉯㊥⑨ ㉳ mò ㉳ dié 눈 바르지 못할 (目부 4획)
설문 2217 目不正也。从𦫳(丫)目。《𦫳者、外向之象。故爲不正。》凡𥄕之屬皆从𥄕。讀若末。《模結切。15部。》/145
성부 莧莧환 蔑蔑멸 瞢瞢瞢瞢몽 薨훙
형성 (1자) 멸(莧)

眇 묘【miǎo ㄇㄧㄠˇ】 애꾸눈, 작을, 멀
설문 2096 小目也。《【各本】作「一目小也」。誤。今依『易:釋文』正。『履:六三』。眇能視。虞翻(飜)曰。離目不正。兌爲小。故眇而視。『方言』曰。眇、小也。『淮南:說山訓』。小馬大目不可謂大馬。大馬之目眇謂之眇馬。物有似然而似不然者。按眇訓小目。引伸爲凡小之偁(稱)。又引伸爲微妙之義。『說文』無妙字。眇卽妙也。『史記』。戶說以眇論。卽妙論也。『周易』。眇萬物而爲言。『陸機-賦』。眇衆慮而爲言。皆今之妙字也。》从目少。《鍇曰會意。按物少則小。故从少。少亦聲。亡沼切。2部。》/135
형성 (2자) 묘(䏚)2288 묘(篎)2865

目 5 ④

眈 (탐)【dān ㄉㄢ】㉧ tán 노려볼, 즐길
설문 2030 視近而志遠。《謂其意淡(深)沈也。馬云。虎下視皃(貌)。》从目。冘聲。《丁含切。8部。》『易』曰。虎視眈眈。《『頤:六四, 爻辭』。》/131

眉 眉미【méi ㄇㄟˊ】[설문부수 101] 눈썹, 가장자리
설문 2110 目上毛也。《人老則有長眉。『豳風』、『小雅』皆言眉壽。毛曰。豪眉也。又曰。秀眉也。『方言』。眉黎耋鮐老也。東齊曰眉。『士冠禮-古文』作「麋」。『少牢饋食禮-古文』作「微」。皆假借字也。》从目。象眉之形。《謂𠃉。》上象頟(額)理也。《謂仌在㒳(兩)眉上也。竝(竝)二眉則頟理在眉間之上。武悲切。15部。》凡眉之屬皆从眉。/136
유사 누워 숨쉴 해(眉) 방패 순(盾)
성부 省성
형성 (5자) 미(瑂)173 미(楣)3491 미(郿)3849 미(湄)6934 미(媚)7800

目 5 ④

昒 (매)【mèi ㄇㄟˋ】아득히 볼, 멀리 볼, 새벽 ■말:비뚜루 보는 모양 ■물:눈 흐릴, 그윽할
설문 2035 目冥遠視也。《「冥」當作「瞑」。目雖合而能遠視也。》从目。勿聲。《莫佩切。『廣韵(韻)』莫拜切。15部。》一曰久視也。《依『廣韵』補「視」。》一曰旦明(明)也。《『玉篇』引『說文』無此五字。妄人所增也。『漢書:敘傳』。昒昕寤而仰思。孟康曰。昒昕、早旦也。韋昭曰。音妹。又音忽。『司馬相如傳』。曶爽闇昧得燿乎光明。司馬貞引『三蒼』。曶爽、早朝也。音妹。『字林』音忽。然則昒曶一字也。與昧同。故〔日部〕有昧無昒。不知何人寫『幽通賦』譌作「昒」。而仍其誤者於『說文』增竄五字。》/131

眊 (모)【mào ㄇㄠˋ】(눈)흐릴
설문 2018 目少精也。《『孟子』。胷中不正、則眸子眊焉。趙曰。眊者、蒙蒙目不明之皃。『廣雅』。「眊眊」、思也。謂思勞而目少精也。或作「毣毣」。》从目。毛聲。《亡報切。2部。》『虞書』耄字从此。《按『虞書』無「耄」字。『僞-大禹謨』有之。非許所知也。惟『商書:微子』、『周書:吕刑(呂刑)』皆有「耄」。『吕刑』「耄荒」。『周禮:注』引作「秏荒」。『漢:刑法志』作「眊荒」。『漢書』多以「眊」爲「耄」。豈【許-所據:書】作「眊」與。當云『尙書』「薹」字如此。此爲假借。》/131

看 간【kàn ㄎㄢˋ】㉯㊥⑨㉿ kān 볼, (찾아)뵐, 지킬, 대접(대우)
설문 2071 睎(睎)也。从手下目。《鍇曰。宋玉所謂揚袂障日而望所思也。此會意。苦寒切。14部。》𥈊 看或从𠦝。《𠦝聲。》/133

䀹 왈【wò ㄨㄛˋ】눈 부라릴 ■알:〈네이버 사전〉■완:같은 뜻 ■내:눈 나쁠
설문 2104 搯目也。《搯、掐也。『吳語』、『吳:世家』皆云。子胥以手抉目是也。》从目叉。《目叉者、目爲叉搯也。會意。烏括切。15部。》/135
형성 (3자) 완(𦥑)166 알(𦥑)2068 완(𦥑)7462

◀ 제 5 획 ▶

䀽 (비)【fèi ㄈㄟˋ】눈 흐릴, 눈 어둘 ■발:눈이 어두운 모양 ■불:볼(視貌), 비슷하여 보아서 구별 못할
설문 2106 目不明(明)也。从目。弗聲。《普未切。15部。按此疑即昒之或字。》/135

䀠 구【jù ㄐㄩˋ】[설문부수 100] 좌우로 두리번거리며 볼, 두려워할, 사람 이름
설문 2107 ナ又視也。《「ナ又」【各本】作「左右」。非也。今正。凡『詩:齊風、唐風』、『禮記:檀弓、曾者問、雜記、玉藻』或言瞿。或言瞿瞿。蓋皆䀠之假借。瞿行而䀠廢矣。瞿下曰。雁(鷹)隼之視也。若『毛傳』於『齊』曰瞿瞿無守之皃(貌)、於『唐』曰瞿瞿然顧禮義也。各依文立義。而爲驚遽之狀則一。》从二目。《會意。》凡䀠之屬皆从䀠。讀若拘。又若良士瞿瞿。《九遇切。5部。》/135
성부 瞿구 奭구 䀢권 䁿확
형성 (2자) 구(𥉥)3535 구(𥉥)6347

眓 (활)【huò ㄏㄨㄛˋ】우러러보는 모양
설문 2029 視高皃(貌)。《豁目字當作此。》从目。戉聲。《呼括切。15部。》讀若『詩』曰施罟濊濊。《許四引『衞(衛)風』此句。而此與罛下作濊濊不誤。〔水部〕作濊濊、〔大部〕作奯奯、【宋刻】泧泧皆誤也。說詳〔水部:濊〕下。》/131

眔 답【tà ㄊㄚˋ】㉯㊥⑨㉿ dà 눈이 미치는 전망
설문 2040 目相及也。《隶、及也。『石經-公羊』。祖之所逮聞。【今-本】作逮。『中庸』。所以逮賤。釋文作遝。此眔如隶音義俱同之證。》从目。隶省。《會意。》讀若與隶同也。《眔徒合切。在 8部。隶在 15部。云同者、合音也。》/132
유사 무리 중(衆)
성부 褱회 鰥곤 䁥환 遝답

眕 (진)【zhěn ㄓㄣˇ】한껏 볼, 진중할
설문 2036 目有所恨而止也。《『左傳』曰。夫寵而不驕。驕而能降。降而不憾。憾而能眕者鮮矣。許語葢(蓋)『古-左傳』說。『釋言』。眕、重也。重亦止意。》从目。㐱聲。《之忍切。13部。》/131

● 𥄎 삼갈 신(愼)-고자

眙 (치)【chì ㄔˋ】눈여겨 볼, 부릅떠 볼 ■징:눈 똑바로 뜨고 보는 모양 ■칭:같은 뜻 ■이:눈을 칩떠 보는 모양
설문 2075 直視也。《『方言』。眙、逗也。西秦謂之眙。郭曰。眙謂住視也。按眙瞪古今字。敕吏、丈證古今音。『廣韵(韻)』:七, 志』作「眙」。『四十七, 證』作「瞪」。別爲二字矣。而瞪下云【陸-本】作「眙」。攷『玄應』引『通俗文』云。直視曰

瞪。是知眙之音自 1部轉入 6部。因改【書】作「瞪」。陸法言固知是一字也。》从目。台聲。《丑吏切。1部。》/133

眚 (생)【shěng ㄕㄥˇ】(늙거나 병으로)눈이 흐릴, 잘못

설문 2081 目病生翳也。《『玄應』曰。「翳」『韵(韻)集』作「瞖」。眚、引伸爲過誤。如眚災(災)肆赦。不以一眚掩大德是也。又爲災眚。李奇曰內妖曰眚、外妖曰祥是也。又假爲減省之省。『周禮』。馮弱犯寡則眚之。『注』。眚猶人省瘦也。四面削其地。按「省瘦」亦作「瘖瘦」。俗云瘦省。》从目。生聲。《所景切。11部。》/134

眛 (매)【mèi ㄇㄟˋ】(눈이)흐릴, 눈 어두울

설문 2087 目不明(明)也。《今音眛。在末韵(韻)。眛在隊韵。攷从末之字見於公穀二傳及『吳都賦』。从未之字未之見。其訓皆曰目不明。何不類居而晝(畵)分二処(處)。且『玉篇』於眼瞷二字之間云眛、莫達切。目不明。葢(蓋)依『說文』舊次。則知『說文』原書从末之眛當在此。淺人改爲从未。則又增从末之眛於前也。》从目。未聲。《莫佩切。15部。》/134

眜 (매)【mò ㄇㄛˋ】㊤ mèi (눈이)흐릴, 밝지 않을

설문 2042 目不明(明)也。《『吳都賦』。相與眜潛險、搜怪奇。劉(劉)曰。眜、冒也。李曰。『說文』眜、門撥切。謂之潛隱之穴也。「撥」、【俗本】作「廢」。》从目。末聲。《莫撥切。15部。》/132

眝 (저)【zhǔ ㄓㄨˇ】㊤㊥⑨㉠ zhù (눈을)부릅 뜰

설문 2074 長眙也。《『外戚傳』。飾新宮(宮)以延眝。此「眝」正「眝」之誤。「延眝」謂長望也。凡辭章言「延佇」者亦皆當作「眝」。『說文』無佇竚字。惟有宁字。宁佇竚皆訓立。「延眝」非謂立也。『九章』。思美人兮。擥涕而竚眙。王逸云。「竚立」悲哀。『文選:注』。「佇眙」、立視也。此則訓立。然作「佇眙」亦無不可。》从目。宁聲。《陟吕切。5部。》一曰張眼。《『廣韵(韻)』亦作「眼」。》/133

眞 진【zhēn ㄓㄣ】㊍[신선] 참, 참으로, 초상, 해서체 (目부 5획)

설문 4978 僊(仙)人變形而登天也。《此眞之本義也。【經典】但言成實。無言眞實者。諸子百家乃有眞字耳。然其字古矣。古文作 𥄕。非倉頡以前巳有眞人乎。引伸爲眞誠。凡稹鎭瞋謓瞋塡寘闐嗔滇鬒瑱瞋愼字皆以眞爲聲。多取充實之意。其顚槇字以頂爲義者、亦充實上升之意也。愼字今訓謹。古則訓誠。『小雅』愼爾優游、予愼無罪『傳』皆云。誠也。又愼爾言也、『大雅』考愼其相『箋』皆云。誠也。愼訓誠者、其字从眞。人必誠而後敬。不聲未有能敬者也。敬者愼之弟二義。誠者愼之弟一義。學者沿其流而不溯其原矣。故若『詩:傳、箋』所說諸愼字、謂卽眞之假借字可也。》从匕目乚。《變形故从匕目。獨言目者、道書云養生之道、耳目爲先。耳目爲尋眞之梯級。韋昭云。偓佺方眼。乚、匿也。讀若隱。仙人能隱形也。》丌《謂篆體之下也。》所吕(以)乘載之。《丌者、丌之省。下基也。『抱朴子』曰。乘蹻可以周流天下。蹻道有三。一曰龍蹻。二曰氣蹻。三曰鹿盧蹻。蹻去喬切。眞从四字會意。側鄰(隣)切。12部。》𥄕 古文眞。《『汗簡(簡)』作𥄕。》/384

성부 顚전

형성 (19자+1) 진(禛)14 전(瑱)121 진(嗔)825 전(趚)1009 전(蹎)1318 진(謓)1598 진(瞋)2061 진(瞋)2609 전(槇)3428 진(稹)4191 전(寘)4460 전(瘨)4499 신(愼)6397 전(滇)6669 전(顚)7194 전(闐)7409 전(塡)8653 진(鎭)8923 갱(輴)9142 치(寘)

眢 (완)【yuān ㄩㄢ】눈 멀, 눈동자 없을, 눈 없는 모양, 마른 우물

설문 2050 目無明(明)也。《『左傳』。目於眢 井。井無水、若目無明(明)。故曰眢井。》从目。夗聲。讀若委。《大徐一丸切。刪「讀若委」三字。非也。此與『小雅:谷風』怨讀如委一例。合音也。『左傳:音義』烏丸反。引『字林』眢井、無水也。一皮反。一皮卽委之平聲。古讀如此。『集韵(韻):五支』邕危切。卽一皮也。『近刊-繫傳』者益一字云「讀若宛委」。謂「讀若宛」。誤甚。》/132

眣 (질)【dié ㄉㄧㄝˊ】㉠ chì 사팔뜨기

설문 2094 目不從正也。《鉉無從字。非。自眺至此皆狀目之邪。所謂匈中不正者也。按『公羊傳:文:六年』。眣晉大夫使與公盟也。何云。以目通指(指)曰眣。『成:二年』。郤克眣魯衞(魯衛)之使。使以其辭而爲之請。釋文字皆从矢。云眣音舜。本又作「眣」。丑乙反。又大結反。『五經文字』曰。眣音舜。見『春秋傳』。『開成石經:公羊』二皆作「眣」。疑此字从矢會意。从失者其譌體。以譌體改『說文』。淺人無識之故也。陸云又作「眣」而已。未嘗云『說文』作「眣」也。許云目不从正者、『公羊』兩(兩)言眣皆不以正也。》从目。失聲。《丑栗切。12部。》/134

眥 (제)【zì ㄗˋ】눈가, 눈초리, 옷섶 맞붙는 곳 ■자:흘길 ■채:눈끝 찢어질

설문 1998 目匡也。《謂目之匡當也。〔木部〕曰。欄、匡當也。『字林』作目厓。》从目。此聲。《在詣(詣)切。15、16部。》/130

眩 (현)【xuàn ㄒㄩㄢˋ】아찔할, 어지럽게 할, 현혹할, 눈이 침침할 ■환:속여 현혹하게 할

설문 1997 目無常主也。《『孟子』引『書』。若藥不瞑眩。『方言』。凡飮藥而毒。東齊謂之瞑眩。『漢書』借爲幻字。犛靬眩人是也。二字音義皆相似。》从目。玄聲。《黃絢切。12部。》/130

眡 (비)【bì ㄅㄧˋ】똑 바로 볼

설문 2022 直視也。从目。必聲。讀若『詩』云。泌彼泉水。《『邶風』文。『今-詩』作「毖」。泌之假借也。釋文云。『韓詩』作「祕(秘)」。『說文』作「眡」。陸氏

目 5 ⑤

此語葢(蓋)誤。【鉉本】作「泌」。乃【古本】也。兵媚切。15部。》/131

◀ 제 6 획 ▶

略 (락)【luò ㄌㄨㄛˋ】 곁눈질 할 ■략:같은 뜻
설문 2077 眄也。《『方言』。略、眄也。吳楊江淮之閒或曰「瞷」。或曰「略」。》 从目。各聲。《盧各切。5部。》/134

眮 (동)【dòng ㄉㄨㄥˋ】 눈자위, 눈알 굴릴
설문 2021 吳楚謂瞋目、顧視曰眮。《『方言』。矔、眮、轉目也。梁益之閒瞋目曰矔。轉目顧視亦曰矔。吳楚曰眮。按瞋目、顧視是二事。梁益皆曰矔。吳楚皆曰眮也。》 从目。同聲。《徒弄切。9部。》/131

睍 (계)【xī ㄒㄧ】 ⓢⓗ⑨ xié ⓙ qī 사람을 가리고 볼, 똑바로 볼
설문 2024 蔽人視也。《鍇曰。映人而視也。》 从目。幵(开)聲。讀若攜手。《苦兮切。按『廣韵(韻)』戶(戸)圭切。16部。》 一曰直視也。 𥄎詽目或在下。/131

眯 (미)【mǐ ㄇㄧˇ】 눈에 티가 들어갈, (눈)잘 못 뜰
설문 2089 艸入目中也。《『莊子』。簸糠眯目。『字林』云。眯物入眼爲病。然則非獨艸也。》 从目。米聲。《莫禮切。15部。》/134

眵 (치)【chī ㄔ】 本[눈 짓무를] 눈곱 낄, 눈다락지
설문 2083 目傷眥也。《『釋名』曰。目眥傷赤曰矆。矆、末也。創在目兩(兩)末也。許謂目傷眥曰眵。與劉(劉)異。》 从目。多聲。《叱支切。古音在 17部。》 一曰蕺兜也。《「蕺」【各本】譌作「瞢」。今依『玄應』正。「蕺兜」者、今人謂之「眼眵」是也。韓愈曰。兩目「眵昏」。此與上義別。二病常相因而有不相兼者。》/134

眷 (권)【juàn ㄐㄩㄢˋ】 돌아볼, 은혜, 겨레붙이
설문 2069 顧也。《『大東』。睠言顧之。毛曰。睠、反顧也。睠同眷。『小明』云。睠睠懷顧。『皇矣』云。乃眷西顧。凡顧眷並(竝)言者、顧者還視也。眷者顧之淚(深)也。顧止於側而已。眷則至於反。故毛云反顧。許渾言之故云顧也。引伸之訓爲「眷屬」。『史記』作「婘」。》 从目。𢍏聲(失)。《居倦切。14部。》 『詩』曰。乃眷西顧。《乃眷西顧。》/133

眺 (조)【tiào ㄊㄧㄠˋ】 本[눈 바르지 못할] (먼 곳)바라 볼
설문 2090 目不正也。《按『釋詁』、『說文』皆云眺、視也。然則覜望字不得作眺。『月令』。可以遠眺望。系假借。『小徐-注』引『射雉賦』。目不步體。衺眺旁剔。徐爰曰。視瞻不正。常驚惕也。此眺字本義。》从目。兆聲。《他弔切。2部。》/134

眼 (안)【yǎn ㄧㄢˇ】 눈(눈알, 눈매)
설문 1995 目也。《『釋名』。眼、限也。瞳子限限而出也。》 从目。㫐(艮)聲。《五限切。古音在 13部。》/129

脈 (맥)【mò ㄇㄛˋ】 흘끗 볼, 물끄러미 볼, 남의 재물 보듯이 안보는척 하고 볼 ■멱:곁눈짓할
설문 2045 目財視也。《「財」當依『廣韵(韻)』作「邪」。「邪」當作「衺」。此與〔𠂢部:覛〕音義皆同。財視非其訓也。𠂢者、水之衺流別也。『九思』。目脈脈兮寤終朝。『注』曰。「脈脈」、視貌也。『古詩十九首』。「脈脈」不得語。李引『爾雅』。脈、相也。郭璞曰。「脈脈」謂相視貌。按『今-釋詁』無『郭-注』。釋文曰。「覛」字又作「脈」。『五經文字』有脈字。『文選(選)』脈皆系脈之譌。》 从目。𠂢聲。《形聲包會意。莫獲切。16部。》/132

眾 종【zhòng ㄓㄨㄥˋ】 本[두터울] 무리, 많을
설문 5000 多也。从㐺目。眔(罒衆)意。《之仲切。9部。古平聲。》/387
유사 눈이 미치는 전망 답(眔)
형성 (1자) 총(潨)6916 중(霟)7188

◀ 제 7 획 ▶

睅 (환)【hàn ㄏㄢˋ】 눈 불거질, 퉁방울 눈
설문 2005 大目也。《『左傳』。宋城者謳曰。睅其目。杜曰。睅、出目。》 从目。旱聲。《戶(戸)版切。14部。按【鉉本】補睆篆。云或睅字。》/130

睇 (제)【tì ㄊㄧˋ】 ⓢⓗ⑨ⓙ dì 훔쳐 볼, 곁눈으로 볼
설문 2076 小衺視也。《依『小雅:小宛:正義』。言小衺視者、別於睨眄爲衺視也。『周易』。夷於左股。「夷」、子夏作「睇」。鄭、陸同。云旁視曰睇。京作「胰」。按胰亦睇字也。『夏小正』。來降燕乃睇。睇者、眄也。『內則』。不敢睇視。鄭曰。睇、傾視也。》 从目。弟聲。《特計切。15部。》 南楚謂眄睇。《謂眄曰睇也。眄爲衺視、睇爲小衺視者、析言之。此渾言之。『方言』曰。睇、眄也。陳楚之閒、南楚之外曰「睇」。》/133

脞 (좌)【cuò ㄘㄨㄛˋ】 ⓗ⑨ⓙ cuó 눈 작을
설문 2103 小目也。从目。坐(坐)聲。《昨禾切。17部。鉉等曰。『尙書』。元首叢脞哉。今脞从肉。非是。按脞、馬鄭皆以小釋之。【許書】無脞。因改爲脞。此恐肊決專輒。攷『玄應書:卷一』於脞字云出『字林』。不云出『說文』。【許書】脞疑後增。》/135

眼 (량)【liàng ㄌㄧㄤˋ】 ⓗ⑨ⓙ liàng 눈병 날, 눈비뚤 ■랑:같은 밝을
설문 2086 目病也。《『急就篇』。眵瞢眼。顏 (顏)曰。眼、目視不正也。『雷公炮炙論:序』云。目辟眼矖。有五花而自正。『注』。五加皮是也。》 从目。㫐聲。《力讓切。10部。》/134

睘 (훤)【quán ㄑㄩㄢˊ】 ⓗ xuǎn 눈 크게 뜨고 볼 ■권・관:왕눈, 눈퉁방울 (目부 7획)

[설문] [1993] 大視也。《「也」『廣韵(韻)』作「皃　(貌)」。》从大旻。讀若齤。《況晩切。『廣韵(韻)』巨負　(員)切。14部。》/129

睊 (견)【juàn ㄐㄩㄢˋ】[작] yuàn 곁눈질할
[설문] [2064] 視皃(貌)也。《『孟子』引晏子睊睊胥讒。趙曰。睊睊、側目相視。》从目。肙聲。《於絢切。『廣韵(韻)』古縣切。14部。》/133

䀹 (첩)【jiá ㄐㄧㄚˊ】㉠[상][中]⑨[작] jié 속눈썹 ■겹:한눈이 찌긋할, 눈 깜짝 거릴 ■섭:눈 깜짝 거리는 모양 ■엽:눈 깜짝 거릴 ■잡:눈 깜짝 거릴
[설문] [1999] 目旁毛也。《『玄應』曰。「睫」、『說文』作「䀹」。『釋名』作「㨗」。云捷、接也。插於目眶而相接也。按『大鄭-周禮:注』云。無目眹謂之瞽(瞽)。有目眹而無見謂之矇。「眹」或作「䀹」。無䀹有䀹、即(卽)無眹有眹也。》从目。夾聲。《子葉切。8部。》/130

𥄎 [권]【juàn ㄐㄩㄢˋ】눈언저리, 눈시울 ■추:추할 (目부 7획)
[설문] [2108] 目圍也。《「圍」當作「回」。回轉也。》从䀠𠂆。《會意𠂆下曰抴也。明也。》讀若書卷之卷。《𥄎與眷顧義相近。故讀同書卷。居倦切。17部。》古文㠯(以)爲醜字。《「醜」【鉉本】作「醜」。誤。醜與𥄎卷部分遠隔也。醜者、姡(姡)也。〔面部〕曰。面見人也。从面見。古文作䀠。蓋(蓋)亦謂徒有二目見人而已。古音同在14部。故得相假借。》/136
[성부] [䀠]언

𥊔 [추]【chōu ㄔㄡ】눈이 바르지 못할 ■초:눈이 바르지 못할 ■도:눈 어둘
[설문] [2093] 眣也。《【唐人-小說】。術士相裴夫人目脩(𥊔)而綏。主淫。俗誤脩長之脩。》从目。攸聲。 𥊔或从丩。《敕鳩切。3部。》/134

睌 (만)【miǎn ㄇㄧㄢˇ】[상][中]⑨ mǎn [작] màn 눈으로 보는 모양
[설문] [2025] 睌𥈠、《逗。》目視皃(貌)。从目。免聲。《武限切。14部。》/131

睍 (현)【xiàn ㄒㄧㄢˋ】불거진 눈, 고울
[설문] [2014] 目出皃(貌)也。《依『玄應』訂。『考工記』曰。深(深)其爪。出其目。『邶風』。睍睆黃鳥。毛曰。睍睆、好皃(貌)。『韓詩』有簡(簡)簡黃鳥。疑毛作「睍睍」、『韓』作「簡簡」。睆、『說文』無。『詩』、『禮記』有。『詩-古本』又多作「睆」。『杕:杜-傳』云。實皃(貌)。『大東傳』云。明星皃。『檀弓:注』云。刮節目。又『許-注:淮南』曰。睆謂目內白翳也。大徐謂「睆」爲或「睅」字。》从目。見聲。《胡典切。14部。》/130

睎 睎(희)【xī ㄒㄧ】바라볼
[설문] [2072] 望也。《『西都賦』曰。睎秦嶺。古多假希爲睎。如『公孫弘傳』希世用事、『晉虞溥傳』希顏(顏)之徒是也。》从目。希(希)聲。《『說文』無希篆。而希聲字多有。然則希篆奪也。香衣切。15部。》海岱之閒(間)謂眄曰睎。《『方言』。睎、眄也。東齊青徐之閒曰睎。》/133

◀ 제 8 획 ▶

睒 (섬)【shǎn ㄕㄢˇ】언뜻 볼
[설문] [2020] 暫視皃(貌)。《『大玄』曰。酒作失德。鬼睒其室。此與高明之家、鬼瞰其室語同也。『吳都賦』。踸踔乎紭中。忘其所以睒睗。『江賦』。獱獺睒瞲乎厱空。》从目。炎聲。《失冉切。8部。》讀若白蓋(蓋)謂之苫相似。《謂讀與『爾雅:釋器』之苫字音略同也。》/131

睔 (곤)【gùn ㄍㄨㄣˋ】[작] gǔn 큰 눈
[설문] [2010] 目大也。从目。侖聲。《古本切。13部。》『春秋傳』有鄭伯睔。《見『襄:二年』。【三傳】皆同。『古今人表』作鄭成公綸。顏(顏)曰工頑反。又有泠淪。服虔曰淪音鰥。皆音之轉也。》/130

𥈠 (한)【xiàn ㄒㄧㄢˋ】큰 눈, 눈으로 보는 모양
[설문] [2004] 大目也。从目。臤聲。《侯簡(簡)切。古音在12部。》/130

睗 (석)【yì ㄧˋ】[상][中]⑨[작] shì 빨리 볼, 번갯불
[설문] [2063] 目疾視也。《【鍇本】「疾」作「孰」。非。古睒睗聯用。雙聲字也。『韵(韻)會』引【鍇本】作「目急視」。毛晃增『韵』、『龍龕手鑑』皆作急。》从目。易聲。《施隻切。16部。》/133

瞏 [경]【qióng ㄑㄩㄥˊ】눈 휘둥그럴, 비틀거릴 ■선:돌아올
[설문] [2033] 目驚視也。《『唐風:毛傳』曰瞏瞏、無所依也。許不从毛者、許說字非說【經】也。製字之本義則尒。於从目知之。》从目。袁聲。《渠營切。按袁聲當在14部。『毛詩』與青姓韵。是合音也。》『詩』曰。獨行瞏瞏。/131
[성부] [還]환 [繯]환
[형성] (14자+3) 환(環)103 훤(趯)975
현(譞)1485 편(矊)1996 현(翾)2150
선(檈)3557 환(圜)3745 현(儇)4756
견(獧)6045 견(懁)6496 관(擐)7618
현(嬛)7828 현(蠉)8480 환(轘)9164
환(寰) 환(鬟) 환(闤)

睞 (래)【lài ㄌㄞˋ】곁눈질 할, 한눈 팔
[설문] [2091] 目童子不正也。《目精注人故从來。『屈賦』所謂目成也。『洛神賦』。明眸善睞。李曰。睞、旁視。》从目。來聲。《洛代切。1部。》/134

䁈 (계)【qǐ ㄑㄧˇ】[상][中][작] qì ⑨ cì 살펴볼, 엿볼
[설문] [2059] 省視也。《如晝姓之明也。》从目。啓省聲。《苦系切。15部。》/133

睡 睡(수)【shuì ㄕㄨㄟˋ】(앉거나 서서)잘, 잠
[설문] [2079] 坐寐也。《知爲坐寐者、以其字从垂也。『左傳』曰。坐而假寐。『戰國策』。讀書欲睡。》从目𠂹(垂)。《【宋本】無聲字。此以會意包形聲也。目𠂹者、目瞼垂而下。坐則爾。是僞切。古音在17部。》/134

目 5 ⑧

睢 (휴)【suī ㄙㄨㄟ】 ㊜㊥⑨㉲ huī (놀라거나 화가 나서)부릅떠 볼 ■수:물이름, 현이름, 성씨
설문 2051 仰目也。《『五行志』。萬衆睢睢。『莊子』。而目睢　睢。又恣睢讀去聲。暴戾也。》从目。隹聲。《許惟切。15部。》/132

䀻 (비)【fěi ㄈㄟˇ】 큰 눈, 왕눈이 ■빈:같은 뜻
설문 2003 大目也。从目。非聲。《芳微切。15部。》/130

督 (독)【dū ㄉㄨ】 살필, 거느릴, 감독할
설문 2070 察視也。《「視」字依『師古-漢書:注』補。凡師古引『說文』多有不言『說文』曰者。『車千秋傳』。詔丞相御史督二千石求捕。又曰。宜有以教督。按【六經】但言董。董卽督也。督者、以中道察視之。人身督脈在一身之中。衣之中縫亦曰「督縫」。》从目。叔聲。《冬毒切。3部。隸(隷)省作「督」。》一曰目痛也。《【鍇本】「痛」作「病」。誤。》/133

睦 (목)【mù ㄇㄨˋ】 本[눈매 고울] 화목할
설문 2054 目順也。从目。坴聲。《莫卜切。『廣韵(韻)』莫六切。3部。》一曰敬和也。《五字疑後增。【古書】睦穆通用。如『孟子:注』君臣集穆、『史記』旼旼睦睦、『漢書』作旼旼穆穆是也。穆多訓敬。故於睦曰敬和。》古文睦。《按此从古文目、先聲也。【各本】作「」、則从囧。非字意也。今依『戴氏-六書故』正。凡从之字皆當作此。〇江沅曰不必依。》/132

⿱䀠大 구【jū ㄐㄩ】 흘겨볼, 화살 길이가 여섯 손가락될 ■혁:같은 뜻(目부 8획)
설문 2109 目衺也。从䀠。从大。大人也。《「大人也」三字疑非是。⿱䀠大(⿱䀠大)與爽奭同意。爽之明大。奭之盛大。⿱䀠大之目衺洭視者大。故从大會意。擧(擧)朱切。⿰⿱䀠大斗字从此。以『小雅』仇讀爲⿰⿱䀠大斗求之。古音在 3、4部。》/136
형성 (2자) 과(⿰言⿱䀠大)1528 구(⿰⿱䀠大斗)9056

瞕 (순)【zhùn ㄓㄨㄣˋ】 ㊜ rún ㉲ zūn (꾸벅꾸벅)졸 ■돈:눈 어둘 ■춘:속음 ■곽:크게 뜰
설문 2047 謹鈍目也。从目。䪞聲。《之閏切。13部。》/132

睨 (예)【nì ㄋㄧˋ】 곁눈질할, 엿볼
설문 2027 衺視也。《『左傳』。余與褐之父睨之。『中庸』。睨而視之。》从目。兒聲。《研計切。16部。》/131

睩 (록)【lù ㄌㄨˋ】 (삼가)볼
설문 2092 目睞謹也。《睩睩、謹皃(貌)也。故睩爲目睞之謹。言注視而又謹畏也。『招䰟(魂)』。娥眉曼睩目騰光。王曰。好目曼澤。時睩睩然視。精光騰馳。惑(惑)人心也。》从目。彔聲。讀若鹿。《盧谷切。3部。》/134

睪 睪睪 역【yì ㄧˋ】 엿볼, 기찰할, 죄인 잡을 ■녑:엿볼 ■책:속음 ■택:쉽싸리 ■두:무너질, 패할
설문 6330 司視也。《司者、今之伺字。『廣韵』作伺。》从目。《【各本】作「从横目」。今依『廣韵』昔韵。罘(衆)、蜀、蠲篆下皆但言从目。》从㚔(㚔)。《會意字。㚔者、罪也。羊益切。古音在 5部。今隷作睪。凡从睪之字同。》今吏將目捕辠人也。《「今」【各本】譌「令」。今正。此以漢制明之故曰今。漢之吏人攜(携)帶眼目捕罪人。如虞詡令能縫者傭作賊衣。以采線縫賊裾。有出市里者、吏輒禽之。是也。「辠」【各本】作「罪」。今依廣韵。》/496
성부 擇택
형성 (13자+1) 석(釋)688 역(譯)1639 익(𦋺)1667 역(斁)1930 두(殬)2437 역(圛)3752 석(檡)4292 탁(襗)5061 역(嶧)5587 역(驛)5940 택(澤)6890 역(繹)8124 탁(鐸)8948 역(懌)

◀ 제 9 획 ▶

瞍 (수)【sǒu ㄙㄡˇ】 소경
설문 2101 無目也。《無目與無牟子別。無牟子者、黑白不分。無目者、其中空洞無物。故『字林』云。瞍、目有眹無珠子也。矇(矇)者才有眹而中有珠子。瞍者才有眹而中無珠子。此又矇與瞍之別。凡若此等皆對文則別。散文則通。如『詩:箋』云矇矇也、『史記』云矇叟盲皆是散文則通也。人偁(稱)爲矇叟。其實則盲者也。凡作「矇瞍」者、字誤也。『國語』。【矇獻曲】。【瞍獻賦】。【矇誦】。此對文則別也。》从目。叜聲。《穌后切。古音在 3部。》/135

䁥 (알)【wò ㄨㄛˋ】 눈 오목할, 눈 우묵하고 검을
설문 2068 短深(罙)目皃(貌)也。《上文曰窅、曰暗皆謂湥(深)目。此云短湥者、目匡短而目湥窐圓䁥然如掐目也。故从㕡。》从目。㕡聲。《形聲包會意。烏括切。15部。》/133

䁀 (모)【mào ㄇㄠˋ】 눈 내리깔고 볼 ■혹·무:같은 뜻
설문 2028 氐目視也。从目。冒聲。《亡俕(保)切。古音在 3部。》『周書』曰。武王惟䁀。《『君奭篇』文。『今-書』作「冒」。葢(蓋)古文以「䁀」爲「冒」也。》/131

䁞 (겸)【qià ㄑㄧㄚˋ】 눈자위 꺼질 ■감:볼
설문 2099 目陷也。《『廣雅』。䁞、陷也。引伸爲凡陷之偁(稱)。》从目。咸聲。《苦夾切。古音在 7部。》/135

睴 (곤)【gùn ㄍㄨㄣˋ】 큰 눈 툭 불거질
설문 2008 大目出也。《目本大而又出其目也。『考工記』。望其轂。欲其眼也。『注』。眼出大皃(貌)也。陸云。魚懇反。按此鄭謂眼爲睴之假借也。》从目。軍聲。《古鈍切。13部。》/130

睹 (도)【dǔ ㄉㄨˇ】 볼 ※ 도(覩)와 같은 글자
설문 2039 見也。从目。者聲。《當古切。5部。》古文从見。《按『篇』、『韵(韻)』皆不言「覩」爲古文。》/132

䁔 (훤)【huǎn ㄏㄨㄢˇ】 ㊤㊥⑨ xuān ㉓ xuǎn 왕눈 ■환:큰 눈초리

설문 2006 大目也。从目。爰聲。《況晚切。14部。》/130

睼 (체)【tì ㄊㄧˋ】 ㊤㊥⑨ tiàn (맞이하여)볼 ■제:멀리 볼 ■천:우러러 볼

설문 2066 迎視也。《『小雅』。題彼脊令。毛云。題、視也。按題者、睼之假借。》从目。是聲。《他計切。16部。》讀若珥瑱之瑱。《此合韵(韻)也。如祇振之比。『廣韵(韻)』他甸切本此。》/133

睽 (규)【kuí ㄎㄨㄟˊ】 ㉠ huí 외면할, (눈)부릅뜰, 사팔눈, 괘이름

설문 2041 目不相聽也。《聽猶順也。二女志不同行。猶二目不同視也。故卦曰。『睽』。〔人部:傒〕卽睽。》从目。癸聲。《苦圭切。15部。》/132

瞀 瞀 무【mòu ㄇㄡˋ】 ㊤㊥⑨㉓ mào 눈을 내려뜨고 삼가며 볼, 감히 보지 못 하는 모양

설문 2056 氐目謹視也。《「氐」【各本】作「低」。今从【宋本】。『玉篇』云。目不明皃(貌)。按『洪範』曰霿恒風若。『尙書:大傳』作「瞀」。『宋:世家』作「霧」。『漢書:五行志』作「霿」。『宋書、隨書:五行志』作「瞀」。『班志』云「區霿」。服虔云人「傋瞀」。『荀卿』云傋猶瞀儒。【他書】或云「婺瞀」。或云「瞀瞀」。或云「怐愗」。『說文:子部』云「㝅瞀」。皆謂冒亂不明。其字則霿爲正字。〔雨部〕云霿、晦也。》从目。敄聲。《莫候切。3部。》/132

형성 (1자) 몽(霿 霿)7209

瞂 (벌)【bá ㄅㄚˊ】 ㊥⑨㉓ fá 방패 (目부 9획)

설문 2113 盾也。《『秦風』。蒙伐有苑。毛曰。伐、中干也。『周禮:司兵』。掌五盾。鄭曰。五盾、干櫓之屬。其名未盡聞也。按〔木部〕及韋昭曰。大楯曰櫓。則中干次之。盾之大小略見於『釋名』。毛云中干、析言之。『方言』及許統言之。『方言』曰。盾、自關而東謂之瞂。或謂之干。關西謂之盾。作瞂者、或體也。作伐者、假借字。『蘇秦傳』作「吠」。》从盾。犮聲。《扶發切。15部。》/136

◀ 제 10 획 ▶

瞥 (반)【pán ㄆㄢˊ】 눈 굴려 볼, 볼

설문 2043 轉目視也。《般、辟也。象舟之旋。故「般目」爲「轉目」。『戰國策』有田瞥。》从目。般聲。《薄官切。14部。》/132

䁙 (언)【yǎn ㄧㄢˇ】 눈으로서 희롱할

설문 2067 目相戲(戲)也。《『方言』。䁙略視也。東齊曰「䁙」。吳楊曰「略」。凡以目相戲曰䁙。》从目。晏聲。《於殄切。14部。》『詩』曰。䁙婉之求。《『邶風』文。按『今-詩』作「燕婉」。毛曰。燕、安也。婉、順也。許所據作「䁙」。豈毛謂䁙爲晏之假借、後人轉寫改爲燕與。抑『三家詩』有作「䁙」者與。》/133

䁝 (열)【yuè ㄩㄝˉ】 눈 움펑할 ■결:같은 뜻

설문 2065 目窊皃(窊貌)也。从目窅。《會意。於悅(悅)切。15部。》讀若『易』曰勿卹之卹。《見『夬:九二爻辭』。》/133

瞋 (진)【chēn ㄔㄣˉ】 (성나)부릅뜰

설문 2061 張目也。《此與〔言部:謓〕義略同。》从目。眞聲。《昌眞切。12部。》䀼【祕(秘)書】瞋。从戌。《祕書謂『緯書』。〔易部〕亦云祕書說日月爲易、象陰陽也。戌聲眞聲同在 12部。》/133

䀠 (구)【jù ㄐㄩˋ】 눈을 들어 놀랄 ■강:예쁠 ■경:보아 놀랄

설문 6347 舉(擧)目驚䀠然也。《『廣韵(韻)』引『埤蒼』。目驚䀠䀠然。『襍(雜)記』下曰。免喪之外。行於道路。見似目瞿。聞名心瞿。二瞿當作「䀠」。『詩:齊風』。狂夫瞿瞿。『傳』曰。無守之皃。『唐風』。良士瞿瞿。『傳』曰。瞿瞿然顧禮義也。亦當作䀠䀠。》从夰。从䀠。《會意。䀠、左右視也。》䀠亦聲。《九遇切。5部。》/498

● 瞏 눈 휘둥그럴 경(瞏)-본자

瞑 (명)【mián ㄇㄧㄢˊ】 ㉠㊤㊥ míng 눈감을, 어두울, 먼 눈, 눈 멀 ■면:잠 잘, 활이름 ■맹:같은 뜻

설문 2080 翕目也。《『釋詁』、『毛傳』皆曰。翕、合也。『莊子』。晝瞑。據槁梧而瞑。引伸爲瞑眩。》从目冥。《『韵(韻)會』引小徐曰會意。此以會意包形聲也。武延切。按古音在 11部。俗作「眠」。非也。》/134

瞥 (형)【xiòng ㄒㄩㄥˋ】 ㊤㊥⑨㉓ yíng 미혹할 ■앵:눈빛 맑을 ■영:같은 뜻

설문 2102 䁝惑(惑)也。《䁝惑雙聲字。【各本】誤刪(刪)䁝。今依『廣韵(韻)』補。『淮南:鴻烈』、『漢書』皆假營爲䁝。『高誘-注』每云。營、惑也。不誤。小顏(顔)多拘牽營字本義。訓爲回繞。非也。營行而䁝廢。》从目。熒省聲。《「熒」【各本】作「榮」。今正。凡營塋謍鎣褮滎榮字皆曰熒省聲。而此字尤當从熒會意。熒者、火光不定之皃(貌)。火星偁(稱)熒惑。戸(戶)扃切。11部。》/135

◀ 제 11 획 ▶

䐌 (척)【dí ㄉㄧˊ】 ㊤㊥⑨㉓ tì 뜻을 잃고 볼 ■추:같은 뜻

설문 2046 失意視也。《『魏都賦』。吳蜀二客。䐌焉失所。李引同。》从目。條聲。《【各本】从脩聲、作䐌。按䐌音他狄反。猶滌之切亭歷。皆於條取聲。脩聲不得切他狄也。譌爲䐌。乃溷同䐌字。而『篇』、『韵(韻)』皆曰敕周切矣。今依『魏都賦』正。古音在 3部。『唐韵(韻)』他歷切。》/132

瞭 (체)【qì ㄑㄧˋ】 (자세히)살펴볼 ■찰:같은 뜻

설문 2038 察也。《『魏都賦』。有䁟吕(呂)梁。䁟察曡韵(疊韻)。》从目。祭聲。《戚細切。15部。》/132

䳂 (조)【diāo ㄉㄧㄠˉ】 눈 익혀 볼

설문 2062 目孰視也。《孰熟正俗字。》从目。

鳥聲。讀若雕。《都僚切。2部。》/133

瞚 (순)【shùn ㄕㄨㄣˋ】 눈 깜짝거릴, 현기증이 나다 ※ 순(瞬)과 같은 글자

설문 2105 開闔目數搖也。《開闔目、『玄應-本』作目開閉。闔一曰閉也。『左傳』。臾駢曰。使者目動而言肆。懼我也。目動者、開閉數搖也。『吕(呂)覽』曰。夫死其視萬歲猶一瞚也。『莊子』。兒子終日視而目不瞚。此皆瞚字本義。凡謂與『公羊』眣同者、非也。旬爲目搖。瞚爲目數搖。皆不必以目使人。惟眣主以目通指。》从目。寅聲。《舒閏切。按寅聲當在 12部。『莊-釋文』因或作「瞬」。統音舜耳。》/135

瞞 (만)【mán ㄇㄢˊ】 本[눈 게슴츠레하게 할] (눈이)흐릴, 속일

설문 2007 平目也。《平目對出目、滨(深)目言之。今俗借爲欺謾字。》从目。㒼聲。《母官切。14部。》/130

瞟 (표)【piǎo ㄆㄧㄠˇ】 (눈이)흐릴, 엿볼, 곁눈질할, 애꾸눈

설문 2037 瞭也。《今江蘇俗謂以目伺察曰瞟。音如瓢上聲。》从目。𤐫(票)聲。《敷沼切。2部。》/132

瞢 瞢瞢몽【méng ㄇㄥˊ】 (눈이)어두울, 부끄러워할, 번민할, 장님 ■맹:캄캄할, 부끄러울, 소경 ■멸:눈 어둘

설문 2218 目不朙(明)也。《『周禮』眡祲。六曰瞢。『注』云。日月瞢瞢無光也。按『小雅』。視天夢夢。夢與瞢音義同也。又『左傳』。亦無瞢焉。『小:爾雅』。瞢、慙也。此引伸之義。》从苜。从旬。旬、目數揺(搖)也。《苜旬皆不明之意。木空切。古音在 6部。『廣韵』武登切是也。》/145

성부 夢몽 甍훙

형부 맹(甍)

참고 몽(懜)

◀ 제 12 획 ▶

瞤 (순)【shùn ㄕㄨㄣˋ】 ㊥⑨㉯ rún 눈 깜짝거릴 ※ 순(瞬)과 같은 글자

설문 2048 目動也。《『素問』。肉瞤瘛。『注』。動掣也。『西京襍(雜)記』。陸賈曰。目瞤得酒食。》从目。閏聲。《如匀切。13部。》/132

瞥 (별)【piē ㄆㄧㄝ】 언뜻 볼, 지나쳐 볼 ■폐:눈에 백태 낄

설문 2082 過目也。《倏忽之意。『莊子』作「覕」。》又目翳也。《障蔽之意。》从目。敝聲。《普滅切。15部。》一曰財見也。《「財」今之「纔」字。此似前義足以包之。》/134

瞦 (희)【xī ㄒㄧ】 눈동자 맑을

설문 2001 目童子精瞦也。《當作曰瞦也。精謂精光也。俗作「睎」。》从目。喜聲。讀若『爾雅』禧福。《禧、福也。見『爾雅:釋詁』。許其切。1部。》/130

瞫 (심)【shěn ㄕㄣˇ】 (몰래)볼

설문 2073 滨(深)視也。《瞫滨疊韵(疊韻)。見其底裏曰滨視。》一曰下視也。《別一義。》又竊見也。《又一義。》从目。𠁩(覃)聲。《式荏切。7部。『左傳』有晉人狼瞫。》/133

瞯 (한)【xián ㄒㄧㄢˊ】 눈 위에 손대고 햇살 가리고 볼 ■간:볼, 엿볼

설문 2088 戴目也。《戴目者、上視如戴然。『素問』所謂「戴眼」也。【諸書】所謂「望羊」也。目上視則多白。故『廣韵(韻)』云。瞯、人目多白也。『爾雅:釋畕(畜)』。一目白瞯。「瞯」同「瞯」。亦作「驠」。引伸爲闚伺之義。如『孟子』王使人瞯夫子是。》从目。閒聲。《戸(戶)閒切。14部。按此字【諸書】多从閑作「瞯」。》江淮之閒(間)謂眄曰瞯(瞯)。《「眄」【各本】作「眡」。依【宋本】及『集韵』正。『方言』。瞯、眄也。吳楚江淮之間或曰「瞯」。或曰「路」。》/134

瞶 (매)【mái ㄇㄞˊ】 조금 볼, 훔쳐볼

설문 2057 小視也。《『大玄』。旌旗絓羅。干戈蛾蛾。師孕唁之。哭且瞶。『注』。瞶音麻。竊視之稱。》从目。買(買)聲。《莫佳切。16部。『大玄』與十七合韵(韻)。》/132

瞴 (무)【móu ㄇㄡˊ】 잠깐 볼, 예쁠

설문 2023 瞴婁、《逗。疉(疊)》微視也。《『篇』、『韵(韻)』「婁」作「瞜」。》从目。無聲。《莫浮切。古音在 5部。》/131

瞵 (린)【lín ㄌㄧㄣˊ】 눈동자, 볼, 아름다울

설문 2016 目精也。《『吳都賦』。鷹瞵鶚視。『䠶(射)雉賦』。瞵悍目以旁睞。徐爰曰。瞵、視皃(貌)。》从目。粦(粦)聲。《力珍切。12部。》/130

䀾 곤【kūn ㄎㄨㄣ】 형, 맏 (目부 12획)

설문 3253 周人謂兄曰䀾。《「昆弟」字當作此。昆行而䀾廢矣。『釋親』。晜、兄也。『郭-注』。今江東通言曰晜。按晜者、䀾之誤。男子先生爲兄。後生爲弟。此本正偁(稱)。謂兄䀾者、周人語也。『詩』惟『王風』有昆字。此周人謂兄之證也。【諸經】皆言兄。如『尙書』乃寡兄勖、『春秋』衞(衛)侯之兄縶、『周禮』父之讎(讐)、兄弟之讎、從父兄弟之讎、『詩:瞻朢(望)』兄兮皆是。惟『禮:喪服經:傳』。大功已上皆曰昆弟。小功已下同異姓皆曰兄弟。不相淆亂。葢(蓋)『禮經』欲別服之親疏隆殺。遂以周人謂兄者專系之同姓大功已上。以爲立言之別也。戴先生曰。兄弟與昆弟在『儀禮:喪服』、『爾雅:釋親』截然有辨。『喪服:傳』曰。何如則可謂之兄弟。『傳』曰。小功已下爲兄弟。此『傳』中引『傳』相證明也。『爾雅』曰。母與妻之黨爲兄弟。又曰。婦之黨爲婚兄弟。壻之黨爲姻兄弟。『詩:小雅』。兄弟無遠。『鄭-箋』云。兄弟、父之黨、母之黨、葢(蓋)兄弟云者、或專言異姓。或兼同姓異姓。皆擧(舉)遠。不以關大功之親。『記』曰。兄弟皆在他邦。加一等。不及知父母與兄弟居。加一等。此惟小功已下卽於疏。故加等。若大功已上。則昆弟也。世父母、叔父母也。從父昆弟也。豈可以皆在他邦及少孤相依而加等哉。大功之親。分當相恤。其不相恤。是賊其性者也。小功已下而相恤。斯進之也。『記』又曰。夫之所爲兄弟服。妻降

一等。篇內明言夫之昆弟無服。此兄弟服。卽所謂小功者兄弟之服是也。謂夫爲之小功者。妻降一等則緦。如從祖祖父母、從祖父母及外祖父母、從母在小功章。夫之諸祖父母在緦麻章。此降一等之謂。『禮記:服問篇』。公子之妻爲公子之外兄弟。謂爲夫之外祖父母從母緦也。『禮』之稱兄弟通乎尊卑如是。凡同姓異姓卽漸卽於疏者。而與之相親好。皆得稱兄弟。玉裁按。『大司徒』聯兄弟。鄭曰。兄弟、昏(婚)姻嫁娶也。與『調人職』兄弟不同。知以昆弟、兄弟異其辭者惟『禮經』。【他經】不尒。》从弟眔。《眔者、逮也。鰥下曰。从魚眔聲。則此亦可眔聲。合韵也。古䰟(魂)切。13部。》/236

형성 (1자) 곤(䅇 䅇)442

◀ 제 13 획 ▶

瞒 䁾 (멸)【miè ㄇㅣㄝˋ】눈초리 진무를, 눈곱 (目부 13획)

설문 2084 「䁾兜」、《逗。》目眵也。《【各本】無「䁾兜」二字。今依『玄應書:卷十、卷卄一』補。蒙上弟二義言之。『宋玉-風賦』。中脣爲胗。得目爲蔑。『呂(吕)氏-春秋』。氣鬱處目則爲䁾。『高-注』。䁾、眵也。按蔑者假借。䁾者或體。「䁾兜」、[見部]作「覕」。云目蔽垢。》从目。蔑省聲。《莫結切。15部。》/134

䁸 䁸 (전)【shǎn ㄕㄢˇ】㉠㉡㊥⑨㉨ zhǎn 보고서야 말 ■선:보아 얼굴빛 변할

설문 2034 視而不止也。《「不」字依『廣韵(韻)』補。》从目。亶聲。《言(旨)善切。14部。》/131

矏 矏 (편)【biǎn ㄅㅣㄢˇ】갓난 아이 눈에 백태 낄 ■환:왕눈이, 눈 큰 모양

설문 1996 兒初生蔽目者。《「蔽目」二字【各本】作「瞥」。今依『篇』、『韵(韻)』正。蔽目謂外有物雍蔽之。非牟子之翳也。》从目。睘(睘)聲。《方辯切。14部。》讀若告之謂調。《語有譌奪。鉉遂刪(刪)之。》/130

瞻 瞻 (첨)【zhān ㄓㄢˉ】本[임하여 볼] 우러러 볼, 벼슬이름

설문 2055 臨視也。《『釋詁』、『毛傳』皆曰。瞻、視也。許別之云臨視。今人謂仰視曰瞻。此古今義不同也。》从目。詹聲。《職廉切。8部。》/132

瞽 瞽 (고)【gǔ ㄍㄨˇ】눈 멀, 소경, 시력을 잃을, 악사(樂師), 어리석을

설문 2100 目但有朕也。《「朕」俗作「眹」。誤。朕从舟。舟之縫理也。引伸之凡縫皆曰朕。但有朕者。才有縫而已。『釋名』曰。瞽、鼓也。瞑瞑然目平合如鼓皮也。眄者目合而有見。瞽者目合而無見。按鄭司農云。無目朕謂之瞽。韋昭云。無目曰瞽。皆與許異。》从目。鼓(鼔)聲。《公好切。5部。》/135

瞿 瞿 구【qú ㄑㄩˊ】[설문부수 116] ㉠㉡㊥⑨ jù 本[노려볼] 놀랄(놀라서 눈을 동그랗게 뜬 모양)

설문 2249 雁(鷹)隼之視也。《隼亦鷻字也。知爲鷹隼之視者。以从隹朋知之也。『吳都賦』曰。鷹瞵鶚視。【經傳】多假瞿爲朋。見朋下。》从隹朋。朋亦聲。凡瞿之屬皆从瞿。讀若章句之句。《古音句讀如鉤。別之曰章句之句。知許時章句已不讀鉤矣。九遇切。4部。》又音衢。《【鍇本】有此三字。「音」當作「若」。》/147

성부 矍확

형성 (9자+2) 구(趯 趯)963 구(躍 躍)1168 구(衢 衢)1207 구(躣 躣)1271 구(臞 臞)2534 구(懼 懼)6457 구(灈 灈)6729 구(鸜 鸜)7310 국(擢 擢)7492 구(氍 氍) 구(鑺 鑺)

◀ 제 14 획 ▶

䁰 䁰 (감)【jiān ㄐㅣㄢˉ】(잘)볼

설문 2058 視也。《『釋詁』。監瞻臨涖頫相視也。按釋文曰。監字又作䁰。然則『小雅』何用不監。亦可作䁰。䁰亦當爲臨視也。》从目。監聲。《古銜切。8部。》/132

矆 矆 (확)【huò ㄏㄨㄛˋ】눈 부릅뜨고 볼

설문 2053 大視皃(貌)。《依『廣韵(韻)』作「皃」。『魏都賦』。矆焉失容。李曰。【今-本】作「矍」。大視也。》从目。蒦聲。《按『篇』、『韵』皆「矍」爲正字、「矆」爲或字。許縛切。5部。》/132

矇 矇 (몽)【méng ㄇㄥˊ】먼 눈, 청맹과니

설문 2095 童蒙也。《此與『周易』童蒙異。謂目童子如冡覆也。毛公、劉(劉)熙、韋昭皆云。有眸子而無見曰矇。鄭司農云。有目眹而無見謂之矇。其意略同。毛說爲長。許主毛說也。『禮記』。昭然若發矇。謂如發其覆。》从目。蒙聲。《莫中切。9部。》一曰不明也。《此泛言目不明。爲別一義。》/135

䁵 䁵 (판)【biàn ㄅㅣㄢˋ】㊥⑨ pàn ㉨ bàn 어린 아이 눈에 백태 낄

설문 2044 小兒白眼視也。《依『廣韵(韻)』補「視」字。》从目。辡聲。《蒲莧切。『廣韵』匹莧切。14部。》/132

矈 矈 (면)【mián ㄇㅣㄢˊ】빽빽할

설문 2002 目旁薄緻宀宀也。《矈宀疊 韵(疊韻)。[自部]曰。宀宀不見。按宀宀、微密之皃(貌)。目好者必目旁肉好。乃益見目好。矈葢(蓋)卽『方言』之䫉。『釋言』曰。矈、密也。引伸爲凡密之偁(稱)也。》从目。臱(臱)聲。《形聲包會意。武延切。14部。》/130

矉 矉 矉(빈)【pín ㄆㅣㄣˊ】찌푸릴 ※ 빈(顰)과 같다

설문 2049 恨張目也。从目。賓聲。《符眞切。12部。》『詩』曰。國步斯矉(矉)。《『大雅』文。『毛詩』作頻云頻、急也。鄭云。頻猶比也。哀哉國家之政。行此禍害比比然。頻字絕非假借。此作矉者、葢(蓋)『三家詩』。許偁(稱)毛而不廢三家也。又按『通俗文』蹙頞曰矉。矉者、顰之假借。》/132

◀ 제 15 획 ▶

目 5 ⑭

瞿 矍 확【jué ㄐㄩㄝˊ】(깜짝놀라 허둥지둥)두리번거릴, 씩씩할

설문 2250 隹欲逸走也。《「隹」當作「隼」。「也」當作「皃(貌)」。隼欲逸走而未能。矍矍然。『震:上六』。視矍矍。馬云。中未得之皃。人之中未得者、如隼之欲逸走也。》从又。持之瞿瞿也。《「瞿瞿」【各本】作「矍矍」。今正。又持之而瞿瞿然。故其字爲矍。》讀若『詩』云穬彼淮夷之穬。《『泮水』。憬彼淮夷。憬下旣引之。而此作穬。假借字也。『詩』釋文則云「憬」『說文』作「懬」。音獷。〔今-心部:懬〕下佚此文。『文選:注』引『韓詩』則作「獷」。矍在 5部。讀若从廣聲字者、10部與 5部同入也。九縛切。》一曰視遽皃。《前義者鷹隼言。後義自人言。『東都賦』。『西都』賓矍然失容。『善:注』引驚視皃。》/147

형성 (7자) 각(趯)987 각(躩)1325 확(玃)5825 확(玃)6070 확(攫)7612 확(彏)8093 곽(钁)8912

◀ 제 16 획 ▶

矊 矎 (현)【xiàn ㄒㄧㄢˋ】㊥⑨㉿ xuàn 눈동자

설문 2000 盧童子也。《『方言』。黸童之子謂之矊。宋衛韓鄭之間曰鑠。按『方言』矊字當是矎之字誤。郭釋爲緜(綿)邈。云與上文矊同。非也。緜邈可言目而不可言子。盧童子者、『方言』所謂黸瞳之子也。盧、黑也。俗作「矑」。有單言矑者。『甘泉賦』。玉女無所眺其淸矑是也。童、重也。膚幕相裹重也。子、小稱也。主謂其精明者也。居冣(最)中如縣然。故謂之矎。》从目。縣聲。《胡畎切。又胡涓切。14部。》/130

◀ 제 18 획 ▶

矔 矔 (관)【guàn ㄍㄨㄢˋ】本[눈에 정기 많을](성나)눈을 부릅 뜰

설문 2015 目多精也。《矔之言灌注也。》从目。雚聲。《古玩切。14部。『左傳』宋大夫鱗矔。》益州謂瞋目曰矔。《此別一義。『方言』曰。梁益之間瞋目曰矔。轉目顧視亦曰矔。》/130

◀ 제 19 획 ▶

矕 矕 (만)【miǎn ㄇㄧㄢˇ】㊤㊥⑨㉿ mǎn 오래동안 지켜볼, 예쁠, 갸웃이 볼

설문 2009 目矕矕也。《『廣雅』曰。矕、視也。『馬融傳』。右矕三塗。左概嵩嶽。此『廣雅』義也。『班固-荅賔戲(賓戲)』。矕龍虎之文。孟康、蘇林皆曰。矕、被也。此雙聲之假借也。》从目。䜌聲。《武版切。14部。》/130

◀ 제 20 획 ▶

矘 矘 (당)【tǎng ㄊㄤˇ】희미할

설문 2019 目無精直視也。《『後漢:梁冀傳』。洞精矘眄。『注』引『說文』目睛直視。按章懷因旣曰洞精。遂改易『說文』爲目睛直視。非也。洞精者、謂其目精洞達。矘眄者、謂其流眄矘䁹。此固不妨竝行。遠游曰。旹曖曃其矘莽。王曰。日月晻黮而無光也。「矘䁹」猶「矘莽」。》从目。黨聲。《他朗切。10部。》/131

110 5-16 矛 창 모

矛 矛 矛 모【máo ㄇㄠˊ】【설문부수 497】(뾰죽한 쇠를 긴 나무 자루에 박은)창

설문 9063 酋矛也。建於兵車。長二丈。《見『考工記』。『記』有酋矛、夷矛。酋矛、常有四尺。夷矛。三尋。『鄭-注』、酋夷、長短。酋之言遒也。酋近夷長矣。按許不言夷矛者、兵車所不建。不常用也。『魯(魯)頌:箋』云。兵車之法。左人持弓。右人持矛。中人御。》象形。《『考工記』謂之刺兵。其刃當直。而字形曲其首。未聞。直者象其柲。左右荅(荅)象其英。『鄭風:傳』云。重英、矛有英飾也。『魯頌:傳』云。朱英、矛飾也。按矛飾荅縣毛羽。據『鄭-箋』則『毛傳』云重喬累荷也者、所以縣毛羽也。莫浮切。3部。》凡矛之屬皆从矛。𢦏古文矛。从戈。/719

유사 마칠 료(了) 창 모(矛) 줄 여(予) 아들 자(子)
장구벌레 궐(孓) 외로울 혈(孑)

성부 부록 색인 참조

형부 矛를 부수로 하는 대부분의 글자들

형성 (3자) 모(茅)305 모(袤)5041 모(蝥)8542

◀ 제 4 획 ▶

矠 杻 (뉴)【niǔ ㄋㄧㄡˇ】찌를

설문 9068 刺也。从矛。丑聲。《女久切。3部。『篇』、『韵(韻)』女六切。》/720

矜 矜 (근)【jīn ㄐㄧㄣˉ】㉿ qín 창자루

설문 9067 矛柄也。《『方言』曰。矛、其柄謂之矜。『釋名』曰。矛、冒也、刃下冒矜也。下頭曰鐏。鐏入地也。按『曲禮』。戈曰鐏。矛戟(戟)曰鐓。〔金部〕渾言之不別也。矜本謂矛柄。故字从矛。引申爲戈戟柄。故『過秦論』棘矜卽戟柄。字从今聲。令聲古音在〔眞部〕。故古叚(假)矜爲憐。『毛詩:鴻鴈:傳』曰。矜、憐也。言叚借也。『釋言』曰。矜、苦也。其義一也。若矜夸、矜持、矜式。『無羊:傳』矜矜以言堅彊。『菀柳:傳』矜、危也。皆自矛柄之義引申之。荅(荅)矛柄冣(最)長。直立於地。『坶誓』曰。偁(稱)爾戈。立爾矛。此謂戈柄短、矛柄長也。故諸義皆由是引申。》从矛。令聲。《【各本】篆作「矜」。解云今聲。今依『漢石經:論語』、『溧水校官碑』、『魏-受禪表』皆作矜正之。『毛詩』與天臻民旬塡等字韵(韻)。讀如鄰(隣)。古音也。『漢:韋玄成-戒子孫詩』始韵心。『晉-張華-女史箴』、『潘岳-哀永逝』文始入蒸韵。由是巨巾一反僅見『方言:注』、『過秦論:李-注』、『廣韵(韻):十七, 眞』。而他義則皆入蒸韵。今音之大變於古也。矛柄之字改而爲穜。云古作矜。他義字亦皆作矜。从今聲。又古今字形之大變也。徐鉉曰。居陵切。又巨巾切。此不達其原委之

言也。》/719

◀ 제 7 획 ▶

矞 율【yù ㄩˋ】송곳질할, 뚫을, 구름빛, (초목이)자랄, 놀랄 ■휼:속일

설문 1376 曰(以)錐有所穿也。从矛商。《商者入意。小徐作「商聲」。會意兼形聲也。余律切。15部。》一曰滿有所出也。《矞雲蓋(蓋)取此義。》/88

형성 (14자) 율(噊)872 귤(橘)991 휼(遹)1108 휼(譎)1587 휼(鷸)2317 괄(劀)2659 귤(橘)3265 혈(窩)4446 율(驈)5856 휼(憰)6534 휼(潏)6841 율(繘)8324 율(蟠)8441 귤(醑)9418

稂 (랑)【láng ㄌㄤˊ】짧은 창

설문 9064 矛屬。《『廣韵(韻)』曰短矛。》从矛。良聲。《力當切。10部。》/719

◀ 제 8 획 ▶

矠 (색)【zé ㄗㄜˊ】작살, 작살질 할

설문 9066 矛屬。《『魯(魯)語』。矠魚鼈以爲夏槁。韋云。矠、擉也。擉刺魚鼈以爲槁儲也。按此矠字引申之義也。『周禮』作「簎魚鼈」。『注』云。謂杈刺泥中搏取之。『莊子』。擉鼈於江。『東京賦』。毒冒不蔟。皆音近義同者也。》从矛。笞(昔)聲。讀若笮。《士革切。古音在 5部。按當依『周禮』槍昔反。『國語』七亦反。》/719

◀ 제 10 획 ▶

矡 (개)【kaì ㄎㄞˋ】창(무기) ■갑:같은 뜻

설문 9065 矛屬。从矛。害聲。《苦蓋(蓋)切。15部。》/719

111 矢
5-17 화살 시

矢 시【shǐ ㄕˇ】[설문부수 186] 화살, 곧을, 똥

설문 3164 弓弩矢也。《弓弩所用鉃(射)之矢也。》从入。《矢欲其中。》象鏑栝羽之形。《鏑謂丨也。〔金部〕曰。鏑、矢鏠也。栝作括者、誤。栝謂八也。〔木部〕曰。栝、矢栝檃弦处。岐其耑而居弦也。羽謂一也。〔羽部〕曰。翦、矢羽是也。矢羽、從而橫之何也。以識其物耳。矢之制詳於『考工記:矢人』。式視切。15部。》古者夷牟初作矢。《『山海經』曰。少皞生般。般是始爲弓矢。郭曰。『世本』云牟夷作矢。揮作弓。弓矢一器。作之㒳(兩)人。於義有疑。此言般之作是。按弦木爲弧。掞木爲矢。『毄(繫)傳』系諸黃帝堯舜之下。葢(蓋)不妨有同時合成之者。「夷牟」、郭作「牟夷」。『孫卿』作「浮游」。》凡矢之屬皆从矢。/226

【菌】下『注』云:《左氏傳、『史記』假借矢字爲之。官溥說糞字之上佀(似)米而非米者、矢字。是漢人多用矢也。》/44

【糞】下曰:官溥說。佀(似)米而非米者矢字。《此偁(稱)官說釋篆上體。釆佀(似)米非米乃矢字。故廾推華除之也。矢、〔艸部〕作菌。云糞也。謂糞除之物爲糞。謂菌爲矢。自許已然矣。諸書多假矢。與廉藺傳頃之三遺矢是也。【許書】說解中多隨俗用字。》/158

성부 부록 색인 참조

형부 矢를 부수로 하는 대부분의 글자들

신(矤)

형성 (1자) 시(笶)238

◀ 제 2 획 ▶

矣 의【yǐ ㄧˇ】(과거, 미래, 단정)어조사

설문 3173 語已䛐(已詞)也。《巳矣曡(疊)韵。巳、止也。其意止、其言曰矣。是爲意內言外。『論語』或單言矣。或言巳矣。如『學而』、『子張篇』皆云。可謂好學也巳矣。『公冶長篇』。不可得而聞也巳矣。巳矣乎吾未見能見其過而內自訟者也。【俗本】句末刪(刪)矣者、非。『淮南書』說矣與也二字不同。》从矢。㠯(以)聲。《于己切。1部。》/227

형성 (11자) 희(唉)817 희(誒)1543 사(竢)3203 사(俟)4775 애(欸)5303 애(騃)5908 사(埃)6370 사(涘)6909 애(挨)7678 애(娭)7851 애(埃)8711

● 𥏫 화살 시(矢)-고자

◀ 제 3 획 ▶

矤 (신)【shěn ㄕㄣˇ】하물며

설문 3171 況䛐(詞)也。《【各本】況下有「也」。誤。今刪。「況」當作「兄」。古今音殊。乃或假況。【許書】當本作兄也。兄長之兄引伸爲兄益。『詩:常棣:傳』曰。況、滋也。『桑柔:傳』曰。兄、滋也。『召旻:傳』曰。兄、茲也。兄況不同。以兄爲正。滋茲不同。許皆訓益。兄䛐者、增益之䛐。其意益。其言曰矤。是爲意內言外。今俗所云已如是。況又如是也。『尚書』多用矤字。俗作「矧」。》从矢。引省聲。《式忍切。12部。》从矢、取䛐之所之如矢也。《說从矢之意。今言矧、則其䛐有一往不可止者。》/227

知 지【zhī ㄓ】本[말] 알, 알릴, 앎, 알림

설문 3172 䛐(詞)也。《〔白(自)部〕曰。䂻、識䛐也。从白、从亏(于)、从知。按此「䛐也」之上亦當有「識」字。知䂻義同。故䂻作知。》从口矢。《識敏、故出於口者疾如矢也。陟离切。16部。》/227

성부 智지

참고 지(蜘) 치(痴)

◀ 제 4 획 ▶

矦 후【hóu ㄏㄡˊ】本[과녁] 후작, 제후, 아름다울, 후복(왕성 주위의 오백리에서 천리 사이의 땅) ※ 후(矦侯)、후(侯)는 같은 글자

설문 3168 春饗所射侯(矦)也。《饗者、鄕人歆(飮)酒也。春饗所射矦謂天子諸侯養老先行大射禮之矦也。天子諸

5 ⑪

侯養老皆如鄕飮酒之禮。故亦謂之饗。『文王世子』曰。設三老五更群老之席位。『注』云。三老如『鄕飮酒禮』之賔(賓)。五更如介。群老如衆賔。『魯(魯)頌』曰。魯矦戾止。在泮飮酒。『箋』云。徵先生君子與之行飮酒之禮。而因以謀事也。此天子諸矦養老卽鄕飮酒之證也。廱下曰。天子饗歓辟廱也。泮下曰。諸矦饗射泮宮也。饗皆謂養老也。古者鄕飮鄕射必聯類而行。卿大夫士之射必先行鄕飮酒之禮。天子諸矦則先大射、後養老。天子諸矦賔射於朝(朝)。燕射於寢。大射於澤、於射宮。射宮者、大學也。『行葦』爲養老之詩。『箋』云。先王將養老、先與群臣行射禮。擇其可與者以爲賔。今我成王承先王之法度。亦旣序賔矣。有醇厚之酒醴以告黃耇之人。徵而養之。『王制』曰。王親視學。『注』云。謂習射、習鄕以化之。習射卽大射。習鄕卽養老。此天子大射而養老之證也。『七月:行葦』皆詠『公劉(劉)』之詩。『七月』言朋酒斯饗。『行葦:箋』言先王將養老、先與群臣行射禮。先王卽謂公劉。此諸侯大射而養老之證也。大射張皮矦而棲鵠。其禮大故得專矦名。郊廟祭祀必先大射。不言祭但言饗。擧(擧)饗以晐祭也。不言秋但言春何也。擧春以晐秋也。廱下但言饗不言射。擧饗以晐射也。》从人。《爲人父子君臣者、各以爲父子君臣之鵠。故其字从人。鄭云。侯制上廣下狹。葢(蓋)取象於人。張臂八尺。張足六尺。是取象率焉。》从厂。象張布。《『梓人』爲侯。上网(兩)个與其身三。下网个半之。『注』云。个者、『鄕射禮記』所謂舌也。矦凡用布。三十六丈。矦之張布如厓巖之狀。故从厂。》矢在其下。《象矢集之也。乎溝切。4部。》天子射熊虎豹。服猛也。諸矦射熊虎。大夫射麋。麋、惑也。《「熊虎豹」、當依『周禮』作「虎熊豹」。轉寫誤倒也。諸侯射熊虎、【各本】作「射熊豕虎」。賸豕字。今正。此本『周禮』言春亯(享)所射也。『司裘』曰。王大射則共虎矦熊矦豹矦。設其鵠。諸侯則共熊矦豹矦。卿大夫則共麋矦。皆設其鵠。鄭曰。以虎熊豹麋之皮飾其側。又方制之以爲𩊚、謂之鵠。箸於矦中。所謂皮矦。王之大射。虎矦、王所自射也。熊矦、諸侯所射。豹矦、卿大夫以下所射。諸侯之大射。熊侯、諸侯所自射。豹侯、羣(群)臣所射。卿大夫之大射。麋侯、君臣共射焉。按『梓人』云張皮矦而棲鵠者、謂此也。諸侯射熊虎、與【今本】不同者。鄭曰。【故書】則共熊矦虎矦。杜子春云。虎當爲豹。是則鄭從杜改。許從【故書】也。天子諸矦服猛。大夫去惑。說其義也。『郊特牲』曰。虎豹之皮、示服猛也。『漢:五行志』曰。麋之爲言迷也。》士射鹿豕。爲田除害也。《『鄕射禮記』曰。凡矦、天子熊矦、白質。諸侯麋矦、赤質。大夫布矦、畫(畵)以虎豹。士布矦、畫以鹿豕。鄭云。此所謂獸矦也。『梓人』張獸矦則王以息燕是也。息者、休農息老物也。燕謂勞使臣、若與羣臣飮酒而射。是則士射鹿豕在王息燕時。不在大射。而許牽合言之。容鄭以前說禮不同也。鄭云。士不大射。士無臣。祭無所擇。故『司裘』於大射不言士。鹿豕爲田害。故大蜡迎虎。》其祝曰。毋若不寧矦。不朝于王所。故伉而射汝也。《十九字、『韵會』用『考工記』作四十二字。非也。『梓人』曰。祭矦之禮以酒脯醢。其辭曰。惟若寧矦。毋或若女不寧矦。不屬于王所。故抗而射汝。強(强)飮強食。貽曾孫諸矦百福。『大戴-禮』略同。抗。擧(擧)也。許作伉。『大戴』作亢。》𥎦古文矦。/226

성부 侯후

형성 (9자) 후(喉 喉)748 후(猴 猴)2144
후(餱 餱)3075 후(郈 郈)3881 후(猴 猴)6073
후(鯸 鯸)7311 구(緱 緱)8292 후(鍭 鍭)8974
후(候 候)4862

◀ 제 5 획 ▶

● 矩 곡척, 네모꼴 구

◀ 제 7 획 ▶

● 䠶 쏠 사(射)-본자

短 短 (단)【duǎn ㄉㄨㄢˇ】 흉허물

설문 3170 有所長短。巳(以)矢爲正。从矢。《按此上當補「不長也」三字乃合。有所長短、以矢爲正。說从矢之意也。榘字下曰。矢者、其中正也。正直爲正。必正直如矢而刻識之。而後可裁其長短。故『詩』曰。其直如矢。『韓詩』曰。如矢斯朸。》豆聲。《按『考工記』曰。豆中縣。謂縣繩正豆之柄也。然則豆聲當作从豆。从豆之意與从矢同也。都管切。14部。》/227

◀ 제 9 획 ▶

𥏰 𥏰 易 창【shāng ㄕㄤ】① ② 다칠, 상할
■상:같은 뜻(명문 894)

설문 3169 傷也。《謂矢之所傷也。引伸爲凡傷之偁(稱)。》从矢。傷省聲。《【各本】篆作「煬」。『注』曰昜聲。鉉於傷下觴下曰。煬省聲。知字本作「𥏰」。今正爲傷省聲。式羊切。凡傷聲之字皆同此切也。》/227

【煬】《鉉於傷觴下曰煬省聲。知字本作煬。今正爲傷省聲。》

【觴】《从角。/省聲:煬從矢。矢從入。故曰煬省聲也。》/187

【殤】《从歹。傷省聲。》/162

【傷】《从人。/省聲:【各本】作殤省聲。殤下又云傷省聲。二字孰先後乎。今更正曰煬省。》/381

【慯】《从心。傷省聲:【各本】作殤省聲。今正。》/513

성부 傷상

형성 (3자) 상(殤 殤)2420 상(觴 觴)2727
상(慯 慯)6607

◀ 제 10 획 ▶

䂏 䂏 (사)【shì ㄕˋ】 상中⑨작 sì 기다릴 ※ 사(俟)와 같은 글자 (矢부 10획)

설문 3203 『詩』曰。不䂏不來。《『毛詩』無此語。『釋訓』曰。不䂏、不來也。『爾雅』多釋【詩書】。葢(蓋)『江有汜之詩』「不我以」、古作「不我䂏」。䂏者、來之也。不我䂏者、不來我也。許葢兼偁(稱)『詩』、『爾雅』。當云『詩』曰不我䂏。不䂏不來也。轉寫譌奪。不可讀耳。䂏與以不同者。葢許兼偁『三家詩』也。》从來。矣聲。《牀史切。1部。》𢔎䂏或从彳。《【今-韵(韻)書、字書】以䂏俟同竢。訓待。非也。》

/231

◀ 제 12 획 ▶

矯 (교)【jiǎo ㄐㄧㄠˇ】바로잡을, 굳셀
[설문] 3166 揉箭箝也。《「揉」當作「柔」。許無揉有柔、煣也。箭者、矢竹所爲矢也。不言矢言箭者、矯施於箭、不施於鏑羽也。箝、箝也。柔箭之箝曰矯。引伸之爲凡矯枉之偁(稱)。凡云矯詔者、本不然而云然也。》从矢。喬聲。《居夭切。2部。》/226

矰 (증)【zēng ㄗㄥ】주살(오뉘에 줄을 맨 화살)
[설문] 3167 弋射矢也。《『周禮:司弓矢』云。矰矢、茀矢、用諸弋射。『注』云。結繳於矢謂之矰。矰、高也。茀矢象焉。茀之言刜也。二者皆可以弋飛鳥刜羅之也。前於重又微輕、行不低也。『詩』云。弋鳧與鴈。》从矢。曾聲。《作滕切。6部。》/226

112 石
5-18 [훈] 돌 석

石 [석]【shí ㄕˊ】[설문부수 357] 돌, 돌로 만든 악기
[설문] 5724 山石也。《或借爲碩大字。或借爲秝字。秝、百二十斤也。》在厂之下。口象形。《常隻切。古音在 5部。》凡石之屬皆从石。/448
[성부] 부록 색인 참조
[형부] 石을 부수로 하는 대부분의 글자들
벽〔碧〕
[형성] (9자+1) 석(祏)39 척(跖)1266 자(柘)3383 석(袥)4267 탁(袥)5056 석(碩)5374 석(鼫)6092 척(拓)7614 투(妬)7889 작(斫)9034

◀ 제 4 획 ▶

砅 [려] [명] 례【lì ㄌㄧˋ】징검다리(를 건널), 돌을 밟고 물을 건널 [■]리:같은 뜻
[설문] 6961 履(履)石渡水也。《謂若今有水汪、𨋎甎石而過。水之至小至淺者也。》从水石。《會意。力制切。15部。》『詩』曰。深則砅。《此稱『邶風』言假借也。『毛詩』曰。深則厲。『釋水』曰。以衣涉水爲厲。又曰。繇帶以上爲厲。此竝存二說也。『毛傳』依之。【定本】改云。以衣涉水爲厲、謂由帶以上也。合爲一說。繆矣。履石渡水、乃水之至淺。尙無待於揭衣者。其與深則厲絶然二事明矣。厲砅二字同音。故『詩』容有作砅者。許稱以明假借。如『尙書』以作敃爲作好、以蔑席爲蔑席之比。『經典:釋文』引『韓詩:至心』曰厲。『玉篇』作水深至心曰砅。至心卽由帶以上之說也。葢(蓋)『韓詩』作深則砅、許稱之與。戴先生乃以橋梁說砅。如其說、許當徑云石梁、不當云履石渡水矣。『詩』言深則厲、淺則揭。喩因時之宜。倘深待石梁、則有不能渡者矣。『禹貢』厲砥、『玄應』引作砅砥。『僞:說命』用汝作厲、『宋庠-國語:補音』引『詩』作砅。『汗簡(簡)』云。砅古文礪。此可見古假砅爲厲、非一處矣。》濿砅或从厲。《厲者、石也。從水厲猶從水石也。引伸之爲凡渡水之稱。如『大人賦』云橫厲飛泉以正東是也。字多作厲。○ 厲旣改作厲。則此亦當作濿。》/556

◀ 제 5 획 ▶

砢 (라)【luǒ ㄌㄨㄛˇ】돌 첩첩이 쌓인 모양, 자갈 많은 모양 [■]가:옥돌
[설문] 5771 磊砢也。《二字雙聲。『上林賦』曰。水玉磊砢。張揖云。磊砢、魁礨皃(貌)也。又說樹曰。坑衡閜砢。郭璞云。閜砢、相扶持也。『世說新語』曰。其人磊砢而英多。》从石。可聲。《來可切。17部。》/453

砭 (폄)【biān ㄅㄧㄢ】[작] biǎn 돌침, 침 놓을
[설문] 5769 吕(以)石刺病也。《以石刺病曰砭。因之名其石曰砭石。『東山經』。高氏之山。其下多箴石。郭云。可以爲砭針治癰腫者。『素問:異法方宜論』。東方其治宜砭石。王云。砭石、謂以石爲鍼。按【此篇】以東方砭石、『南方九鍼並(竝)論』。知古金石並用也。後世乃無此石矣。》从石。乏聲。《方廉方驗二切。7部。》/453

砮 (노)【nǔ ㄋㄨˇ】[상][中][9][작] nú 돌 살촉
[설문] 5728 砮石可吕(以)爲矢鏃。《砮石之名、淺人以爲複字。删(刪)之則不完。「鏃」當作「族」。族、矢鏠也。『禹貢』荆(荊)州梁州皆貢砮。『賈逵-注:國語』曰。砮、矢鏃之石也。按砮本石名。『韋昭-注:石砮』云。砮、鏃也。以石爲之。乃少誤。》从石。奴聲。《乃都切。5部。》『夏書』曰。梁州貢砮丹。《『禹貢』。荊州貢厲砥砮丹。梁州貢砮磬。此乃許君筆誤。》『國語』曰。肅愼氏貢楛矢石砮。《見『魯語』。「楛」當作「枯」。字之誤也。說詳〔木部:枯〕下。》/449

破 (파)【pò ㄆㄛˋ】(물건, 약속, 승부)깨질
[설문] 5759 石碎也。《〔瓦部〕曰甈者、破也。然則碎甈䃺三篆同義。引伸爲碎之偁(稱)。古有假破爲坡者。如『衞(衛)風:傳』云。泮、坡也。亦作「陂」。亦作「破」。》从石。皮聲。《普過切。17部。》/452

◀ 제 6 획 ▶

硈 (갈)【jiá ㄐㄧㄚˊ】[상][中][9][작] qià 돌 단단할
[설문] 5744 石堅也。从石。吉聲。《格八切。古音在 12部。按『廣韵(韻)』恪八切。》一曰突也。《別一義。》/451

䂬 𥓌(공)【gǒng ㄍㄨㄥˇ】물가 돌
[설문] 5734 水邊石也。从石。巩(巩)聲。《居竦切。古音在 3部。》『春秋傳』曰。闕䂬(𥓌)之甲。《『左傳:昭:十五年、定:四年』皆作「鞏」。『杜-注』。闕鞏國所出鎧。》/450

硍 (한)【kèn ㄎㄣˋ】[상] xiàn [中][9][작] láng 돌 부딪치는 소리 [■]간:돌에 흔적 있을, 물건 굴리는 소리 ※ [상][中][9][작] 모두 돌소리 랑(硠)을 표제자로 했

5 [11]

[작] 作家出版社〔董蓮池-說文解字考正〕 [9] 九州出版社〔柴劍虹-說文解字〕 [ㄱ] 陝西人民出版社〔蘇寶榮-說文解字今注今譯〕 [상] 上海古籍出版社〔說文解字注〕 [中] 中華書局〔臧克和-說文解字新訂〕

다.

[설문] [5741] 石聲。从石。㫚(皀)聲。《此篆各本作「 」。从石、良聲。魯(魯)當切。今正。按『今-子虛賦』。礧石相擊。硠硠礚(礚)礚。『史記』、『文選』皆同。『漢書』且作「琅」。以音求義、則當爲硍硍。而决非硠硠。何以明之。【此賦】言水蟲駭波鴻沸。涌泉起(起)奔揚會。礧石相擊。硍硍礚礚。若雷霆之聲。聞乎數百里之外。謂水波大至動搖山石。石聲磤天。硍硍者、石旋運之聲也。礚礚者、石相觸大聲也。硍『篇』、『韵(韻)』音諧眼切。古音讀如痕。可以皃(貌)石旋運大聲。而硠硠字衹可皃淸朗小聲。非其狀也。音不足以皃義。則斷知其字之誤矣。『江賦』曰。巨石硉矹以前却。又曰。觸曲崖以縈繞。駭奔浪而相礧。皆卽【此賦】之意。『漢-桂陽太守周憬碑』。㴩(溺)水之邪性。順導其經脉(脈)。斷硍溰(澮)之電波。弱陽侯之洶涌。此用『子虛賦』也。而硠作硍。可證予說之不繆。『釋名』曰。雷、硍也。如轉物有所硍雷之聲也。㝡(最)爲朙(明)證。『左思-吳都賦』。拉攞雷硍。崩巒弛岑。雷卽『子虛』礧石之礧。礧硍亦用『子虛賦』字也。而【俗本】譌作硠。李善不能正。且曰音郎。於是韓愈本之。有乾坤擺雷硠之句。葢(蓋)積譌之莫悟也久矣。至於【許書】之本有此篆、可以『字林』證之。『周禮:典同』釋文曰。『字林』硍音限。云石聲。此必本諸『說文』。『說文』必本『子虛賦』也。至於【許書】本無硠字。以硠从良聲。當訓爲淸澈之聲。非石聲。『思玄賦』。伐河皷(鼓)之磅(磅)硠。古作㝑(旁)琅、未可知也。古音在 13部。○『周禮:典同』。高聲硍。『注』曰。【故書】硍爲硍。杜子春讀硍爲鏗鎗之鏗。硍字見於【經典】者惟此。》/450

[研][연]【yán ㄧㄢˊ】갈, 연마할, 연구할, 궁구할, 물 이름

[설문] [5761] 䃺也。《亦謂以石䃺物曰研也。〔手部〕曰摩者䃺也。䃺者摩也。爲轉注。此亦研與䃺爲轉注。䃺摩以手、故从手。研䃺以石、故从石。》从石。幵聲。《五堅切。14部。亦作「硯」。》/452

[형성] (1자) 연(揅䃺㶣)7640

◀ 제 7 획 ▶

硞 (각)【què ㄑㄩㄝˋ】돌 소리 ■극:물이 돌에 부딪쳐 험준하고 평평치 못한 모양 ■곡:같돌 형상

[설문] [5740] 石聲。《『今-爾雅:釋言』。硈、鞏也。郭云。硈然堅固。邢昺曰。硈苦學切。當从告。『說文』別有硈。苦八切。石堅也。按邢語剖別甚精。釋文苦角切。故邢曰苦學切。四覺韵(韻)字多從屋韵轉入。如四江韵字多從東韵轉入。告聲在古音 3部屋韵。是以硞轉入覺韵。據陸氏反語。則知【陸-本】作硞不作硈。『廣韵』、『玉篇』皆曰。硞苦角切。硈恪八切。『集韵、類篇:克』角一切內亦有硞無硈。皆可證。而釋文、『注疏』、『唐-石經』皆譌作硈。則與陸氏苦角之音不合矣。此硞之與鞏音切近。以尤韵與東韵切近。而硈與鞏不相關也。硞斷無苦學之音。硈斷無苦八之音。此一定之音理。學者不知古音不可與讀古者此也。『江賦』曰。有㵎積岨。礐硞㕒確。礐硞當上音學、下音角。○ 或問何不正音之苦角爲苦八。而謂正文字誤也。曰。音義積古相傳之學。陸氏多從舊。當陸時字固未誤也。○『五經文字』曰。硈口八反。又苦角反。見『爾雅』。知張時『爾雅』已誤。而張云吉聲之字、可有口八口角二反。是其不知音理也。》从石。告聲。《苦角切。3部。》/450

硟 (천)【chàn ㄔㄢˋ】다듬이질 할

[설문] [5757] 㠯(以)石衦繒也。《「衦」各本作「扞」。今正。〔衣部:衦〕下曰。衦、摩展衣也。『廣韵(韻):二, 仙』曰。硟、衦繒石也。『急就篇』有硟字。『注』曰。硟、以石輾繒。色尤光澤也。今俗謂之砑。》从石。延聲。《各本作「延聲」。篆體作「硟」。今依㬢䁮(䞘)字正。尺戰切。14部。》/452

硩 (철)【chè ㄔㄜˋ】던질([명문]2284)

[설문] [5756] 上擿山巖空青、刪(珊)瑚陊之。《「擿」各本作「摘」。今按〔手部:擿〕、搔也。搔、刮也。當正作「擿」。「陊」各本作「墮」。今按『吳都賦』。硩陊山谷。正用許語。當正作「陊」。空青見『本艸經』。珊瑚見〔玉部〕。陊、落也。『周禮:硩蔟氏』。掌覆妖鳥之巢。鄭司農云。硩讀爲擿。蔟讀爲爵蔟之蔟。謂巢也。先鄭擿音剔。謂如今人以竿毁鳥巢也。後鄭申其說曰。玄謂硩古字。从石。析聲。硩古字者、謂硩擿爲古今字也。从石析聲者、謂古人以石上擲毁物、故从石析會意而析亦聲也。許意空青、珊瑚皆石也。取石、故其字从石。而覆巢用此字、乃引伸之義也。》从石。析聲。《「析」各本作「折」。篆體作「 」。今正。按『周禮:音義』云。硩音摘。它歷反。徐丈列反。沈勑徹反。李又思亦反。知『周禮:寫本』故不同。【徐邈、沈重-本】作「硩」、从折聲。【李軌-本】作「硩」、从析聲。以先鄭讀爲擿、許云上擿山巖準之。擿與析古音同在 16部。葢(蓋)作硩者是。作「硩」者非。『今本-周禮、說文』作「硩」皆【誤本】。許以擿訓硩、以疊韵(疊韻)爲訓也。『集韵』先的切。依李音。大徐丑列切。依沈音。》『周禮』有硩蔟氏。《『周禮』下有曰字者、衍文。》/452

硪 (아)【é ㄜˊ】바위, 산 우뚝할

[설문] [5752] 石巖也。《巖、厓也。石巖、石厓也。『玉篇』作「礒 」。》从石。我聲。《五河切。17部。》/451

确 (학)【què ㄑㄩㄝˋ】자갈땅, 정확할, 다툴 ■각:진실할, 확실할

[설문] [5750] 礐也。《依『韵(韻)會』訂。确卽今之埆字。與〔土部〕之墧音義同。『丘中有麻:傳』曰。丘中、墝埆之處也。墝埆、謂多石瘠薄。〔犾部〕曰。獄、确也。『召南:傳』曰。獄、埆也。謂堅剛相詘。其引伸之義也。鉉等曰。今俗作「確」。》从石。角聲。《胡角切。3部。》㱿确或从㱿。《㱿聲。『管子』地負(員)。剛而不㱿。㱿、薄也。當是㱿之誤。》/451

硯 (연)【yàn ㄧㄢˋ】[本][돌 매끄러울] 벼루 ■견:곱고 윤택한 돌

[작] 作家出版社〔董蓮池-說文解字考正〕 [9] 九州出版社〔柴劍虹-說文解字〕 [ㄱ] 陝西人民出版社〔蘇寶榮-說文解字今注今譯〕 [상] 上海古籍出版社〔說文解字注〕 [中] 中華書局〔臧克和-說文解字新訂〕

설문 5768 石滑也。《謂石性滑利也。『江賦』曰。綠苔鬖髿乎研上。『李-注』。研與硯同。按字之本義謂石滑不澁。今人研墨者曰硯。其引伸之義也。》从石。見聲。《五甸切。14部。》/453

◀ 제 8 획 ▶

硻 (갱)【kēng ㄎㄥ】굳을, 굳셀

설문 5745 餘堅也。《「也」各本作「者」。今依『廣韵(韻)』、『集韵』、『類篇』正。按硈下當云石堅聲。硻下當云餘堅聲。皆轉寫之譌。葢(蓋)自碨至磿八篆、皆皃(貌)石聲。下文訓堅之磐與此訓堅聲之硻硈義固別也。『論語』曰。鄙哉硜硜乎。又云。硜硜然小人哉。其字皆當作「硻硻」。叚(假)借古文磬字耳。硜者、古文磬字也。鏗爾舍琴、亦當爲硻爾。又『樂記』石聲磬磬、當爲硻。『釋名』。磬者、罄也。其聲「罄罄然堅緻」。當作「硻硻然堅緻」。》从石。堅省聲。《按此當云臤聲。淺人所改也。臤、堅也。讀若鏗鏘之鏗。硻口莖切。按古音在 12部。眞耕之合也。俗作硜」。【韓退之-詩】用之。》/451

硰 (색)【suǒ ㄙㄨㄛˇ】부스러진 돌 떨어지는 소리

설문 5739 碎石碩(磒)聲。《「磒」舊作「隕」。今正。其聲硰硰然。》从石。炙聲。《所責切。古音在 5部。》/450

碏 (답)【tà ㄊㄚˋ】방아찧을

설문 5765 舂已復擣之曰碏。《碏之言沓也。取重沓之意。『廣雅』。碏、舂也。》从石。《以石舂。》沓聲。《徒合切。8部。》/452

碎 (쇄)【suì ㄙㄨㄟˋ】부술, 부서질, 잔달(자잘할)

설문 5758 䃺也。《「䃺」各本作「礦」。其義迥殊矣。礦所以碎物而非碎也。今正。〔米部〕曰。䊳、碎也。二篆爲轉注。䊳【各書】假靡爲之。『孟子』假糜爲之。碎者、破也。䃺者、破之甚也。義少別而可互訓。〔瓦部〕曰。甈者、破也。音義同。》从石。《石可碎物。物亦可碎石。兼此二義。》卒聲。《蘇對切。15部。》/452

碑 (비)【bēi ㄅㄟ】비석, 비문

설문 5736 豎(竪)石也。《『聘禮:鄭-注』曰。宮必有碑。所以識日景、引陰陽也。凡碑引物者。宗廟則麗牲焉。其材、宮廟以石。窆用木。『檀弓』。公室視豐碑。三家視桓楹。『注』曰。豐碑、斲大木爲之。形如石碑。於椁前後四角豎之。穿中於閒爲鹿盧。下棺以綍繞。天子六綍四碑。前後各重鹿盧也。諸侯四綍二碑。大夫二綍二碑。士二綍無碑。按此『檀弓:注』卽『聘禮:注』所謂窆用木也。非石而亦曰碑、假借之偁(稱)也。秦人但曰刻石、不曰碑。後此凡刻石皆曰碑矣。『始皇本紀』。上鄒嶧山立石。上泰山立石。下皆云刻所立石。其書法之詳也。凡刻石必先立石。故知豎石者、碑之本義。宮廟識日影者是。》从石。卑聲。《府眉切。當依『廣韵(韻)』彼爲切。16部。》/450

碓 (대)【duì ㄉㄨㄟˋ】(디딜, 물)방아

설문 5764 所㠯(以)舂也。《「所㠯」二字各本無。今補。舂者、擣粟也。杵臼所以舂。本斷木掘地爲之。師其意者又皆以石爲之。不用手而用足、謂之碓。『桓譚-新論』。宓犧制杵臼之利。後世加巧。借身踐碓。按其又巧者、則水碓水磑。失聖人勞其民而生其善心之意矣。》从石。隹聲。《都隊切。15部。》/452

◀ 제 9 획 ▶

碝 (연)【ruǎn ㄖㄨㄢˇ】옥돌

설문 5727 石次玉者。《『子虛賦』。碝石武夫。張揖曰。皆石之次玉者。碝石白如冰(氷)半。有赤色。武夫赤地白采。蔥蘢白黑不分。按此『注』有奪誤。如冰半、謂如冰片也。有赤色、宜依『山海經:注』作有赤色者。蔥蘢白黑不分、亦宜依『山海經:注』作色蔥蘢不分了。『西都賦』曰。碝磩采致。》从石。耎聲。《而沇切。14部。按耎多譌需。故『山海經』誤作「碝」。『玉藻』誤作「瓀」。》/449

嵒 (암)【yán ㄧㄢˊ】돌서덜

설문 5753 磛嵒也。《「磛嵒」各本作「磛喦」。非是。今依『集韵(韻)』、『類篇』正。磛嵒猶上文之磛礹。積石高峻皃(貌)也。『周書:召誥』。畏于民嵒。某氏曰。嵒、僭也。葢(蓋)謂嵒卽僭之假借字耳。》从石品。《品象石之磛礹。品亦聲也。五銜切。7部。》『周書』曰。畏于民嵒。《各本「嵒」作「喦」。誤。今依『集韵』、『類篇』正。》讀與巖同。/451

碣 (갈)【jié ㄐㄧㄝˊ】비(비석)

설문 5730 特立之石也。《碣之言傑也。》東海有碣石山。《碣石山見『禹貢』。『地理志』。右北平郡驪成縣。大碣石山在縣西南。非東海郡也。東海字疑誤。》从石。曷聲。《渠列切。15部。》𥔲古文。/449

碧 (벽)【bì ㄅㄧˋ】本[(푸른)옥돌] 푸를(石부 9획)

설문 0179 石之青美者。《『西山經』。高山其下多青碧。『傳』。碧亦玉類也。『淮南書』。崑崙有碧樹。『注』碧、青石也。劉(劉)逵、常璩、郭樸皆曰。越巂會無縣東山出碧。》从王(玉)石。白聲。《从玉石者、似玉之石也。碧色青白。金尅木之色也。故从白。云白聲者、以形聲苞會意。兵彳切。古意在 5部。》/17

碩 (석)【shí ㄕˊ】㉠㉯㊥⑨㉧ shuò 本[머리 클] 클(石부 9획)

설문 5374 頭大也。《引伸爲凡大之偁(稱)。『釋詁』、『毛傳』皆曰。碩、大也。『簡(簡)兮:傳』曰。碩人、大德也。碩與石二字互相借。》从頁(頁)。石聲。《常隻切。古音在 5部。》/417

碫 (단)【duàn ㄉㄨㄢˋ】㉯㊥⑨㉧ xiá 단단한 돌, 숫돌 ※ ㉯㊥⑨㉧ 모두 숫돌 하(碬)를 표제자로 했다.

설문 5732 碫石也。《「碫」篆舊作「碬」。『九經字樣』所引『說文』已然。今依『詩』釋文及『玉篇』正。碫石本作「厲石」。自『詩』釋文所引已然。今正。『大雅』。取厲取碫。【今本】作取

㉧ 作家出版社〔董蓮池-說文解字考正〕 ⑨ 九州出版社〔柴劍虹-說文解字〕 ㉠ 陝西人民出版社〔蘇寶榮-說文解字今注今譯〕 ㉯ 上海古籍出版社〔說文解字注〕 ㊥ 中華書局〔臧克和-說文解字新訂〕

鍛。當依釋文本又作「碫」。『毛傳』曰。碫、〈逗〉 碫石也。〈【今本】奪一字〉『箋』云。碫石、〈此釋『傳』〉所以爲鍛質也。『箋』意此石可爲椎段(段)之椹質。是則碫石者、石名。椎段字今多用鍛。古祗作段。『考(考)工:段氏』爲鏄罍(器)、『禮經』段脩、字皆作段是也。段與厲絕然二事。碫石、厲石必是二物。『尙書:粊誓』。段乃戈矛。厲乃鋒刃。段之欲其質之堅也。厲之欲其刃之利也。『詩』。取厲取鍛。亦明明分別言之。『毛傳』亦旣確指(指)云碫石矣。豈許君於此乃忽溷淆之、訓碫爲厲石乎。揆厥所由。由許依『傳』云碫石也三字爲句。而刪(刪)複字者乃妄改爲厲字。猶上礜篆下本云礜石也。而刪複字者妄改爲毒石。夫碫豈可爲厲、礜豈可概以毒哉。大抵淺人於複字之不可刪者、或刪或改。刪之則如巂周之去巂、離黃之去離。改之則如碫石之改爲厲石、䭫首頓首之改爲下首。知刪者難。知改者尤難。O 或問『廣雅』何以云碫礪也。曰此自『廣雅』之誤。『廣雅』之例。每合異類之相近者爲一。此則異類而迥別者也。O 又按上文云。磏、礪石。赤色。據『淮南:注』。礛讀廉氏之廉。『淮南:礛諸』、許作「厱諸」。然則磏卽厱礛、三字一也。以馬赤白色曰騢、玉小赤曰瑕、『海賦』瑕石詭暉、『蜀都賦』、『吳都賦』皆有瑕英、『江賦』壁立赮駮言之。則厲石赤色名碬宜矣。磏篆恐當爲碬篆。【古本】碬碫皆有而致舛譌。如〔鼎部〕之鼏鼏二篆、〔衣部〕之袗袀二篆、皆以形似致合爲一字。O 又按椎段、古祗用段不用鍛。鍛者、小冶也。凡用鍛爲椎段者、非古。『詩』之碫石、『鄭-箋』謂可爲段質。許意不如是。許謂此石可段物。故引鄭公孫段字子石。古今物不同。今之無碫石、猶之無砮、砮矣。》从石段。段亦聲。《各本作「从石叚聲」四字。今正。會意兼形聲也。〔殳部〕曰。段、椎物也。丁亂切。故爲會意。碫都亂切。14部。『春秋傳』舊有曰字。今刪正。》鄭公孫段字子石。《「段」各本作「碬」。乎加切。繆甚矣。而改爲碫字者、恐亦尙未是。蓋(蓋)此引【經】說字之例。舉(擧)公孫段字子石、以證碫之从段石會意也。『春秋傳』多古文。段者、碫之古文也。》/449

碭 탕【dàng ㄉㄤˋ】무늬 있는 돌, 산 이름

설문 5726 文石也。《『地理志』梁國碭縣。山出文石。應劭云。碭山在東。師古云。山出文石、故以名縣也。按以碭名山。又以碭名縣。本爲文石之名。》从石。昜聲。《徒浪切。10部。》/449

성부 宕탕

磙 (대)【duì ㄉㄨㄟˋ】㊥⑨ zhuì 사태날 ■출:떨어질

설문 5737 隊也。《隊者、落也。磙與隊音義同。隊者、從高隊也。『廣韵(韻)』曰。磓磙、物隆(墜)也。》从石。㒸聲。《徒對切。15部。》/450

◀ 제 10 획 ▶

礊 (핵)【hé ㄏㄜˊ】자갈땅

설문 5770 石地惡也。《此與〔厂部〕之厤音義略同。『類篇』曰。礊(礊)厤、石地。『管子』沙土之次曰五墕(墕)。墕疑同礊。》从石。鬲聲。《下革切。16部。》/453

磊 뢰【lěi ㄌㄟˇ】돌 많은(첩첩히 쌓인) 모양, 돌무더기, 뜻이 크고 꿋꿋할

설문 5772 眾(衆)石皃(貌)。《「皃」各本作「也」。今依『廣韵』訂。石三爲磊、猶人三爲众。磊之言絫也。古音在16部。『楚辭』。石磊磊兮葛蔓蔓。》从三石。《落猥切。古音在紙韵。是以亦作「礧」。》/453

磏 (렴)【lián ㄌㄧㄢˊ】숫돌

설문 5731 厲石也。《與厱音義略同。》赤色。《『廣韵(韻)』曰。磏、赤礪石也。礛礷、青礪也。》从石。兼聲。讀若鎌。《力鹽切。7部。》/449

磑 (애)【wèi ㄨㄟˋ】맷돌, 단단할 ■외:쌓을 ■의:맷돌 ■기:같은 뜻 ■개:굳을, 단단할 ■마:연마할

설문 5763 䃺也。从石。豈聲。《五對切。15部。》古者公輸班作磑。《『廣韵(韻)』云。『世本』曰。公輸般作「磑」。語必出『世本:作篇』矣。班與般古通。是以『檀弓』作「般」。『孟子:注』作「班」。》/452

磒 硝(운)【yǔn ㄩㄣˇ】떨어질

설문 5738 落也。《磒與隕(隕)音義同。隕者、從高下也。『春秋經:僖公:十有六年』。隕石于宋五。『左』、『穀』作「霣」。『許-所據:左傳』作「磒」。『釋詁』。隕、磒、落也。郭云。磒猶隕也。》从石。負(員)聲。《本義石落也。故从石。于敏切。13部。》『春秋傳』曰。磒(磒)石于宋五。《偁(稱)此者、說从石之意。》/450

磔 (책)【zhé ㄓㄜˊ】(사람의 팔다리를)찢을

설문 3262 辜也。《〔辛部〕曰。辜、辠也。掌戮。殺王之親者辜之。『注』。辜之言枯也。謂磔之。鄭與許合也。『大宗伯』。以疈辜祭四方百物。大鄭從【故書】作罷辜。云罷辜、披磔牲以祭。『爾雅』。『祭風』曰磔。郭云。今俗當大道中磔狗云以止風。按凡言磔者、開也。張也。刳其胷腹而張之。令其乾枯不收。字或作「矺」。見『史記』。》从桀。石聲。《陟格切。古音在 5部。今俗語云磔破者。當作此字。音如作。》/237

磕 (개)【nài ㄋㄞˋ】㊥⑨ kài ㉄ kě 돌 부딪치는 소리(兩石相擊聲) ■갑:돌소리

설문 5743 石聲也。《『高唐賦』曰。礫磥磥而相摩兮。巆震天之磕(磕)磕。『子虛賦』曰。礧石相擊。硍硍磕磕。『甘泉賦』曰。登長平兮雷鼓(鼓)磕。今俗用爲磕破、磕隆(隆)字。讀苦盍切。》从石。盇聲。《篆體本如此。俗字則從蓋(蓋)聲。口太切。15部。按『玉篇』磕與硠相屬。云硠磕、石聲。『廣韵(韻)』亦云。硠磕、石聲。是皆硠磕之誤也。》/451

◀ 제 11 획 ▶

磛 (참)【chán ㄔㄢˊ】산 험할, 산 높을

설문 5747 礹石也。《按磛礹二篆之解、似當依『玉篇』更正。磛下云。磛礹、山石皃(貌)也。礹下云。磛礹也。乃合【全書】之例。【今本】乃爲淺人所亂耳。蓋(蓋)磛礹古

多用爲連綿字。『上林賦』。嶄巖嵾嵯。郭云。皆峯嶺之皃。『高堂賦』。登巉巖而下望。『西都賦』。曁嶄巖。皆卽此二篆也。古二篆分用者。『小雅』。『漸漸之石:傳』曰。漸漸、山石高峻。此嶄之假借字也。『節南山:傳』曰。節、高峻皃。巖巖、積石皃。此礹之假借字也。「嚴」『詩:音義』作「巖」。謂嚴爲【或本】。今按【許書】則巖者、厓也。礹者、山石皃。音同而義別。『詩』當作嚴爲長。》 从石。斬聲。《鉏銜切。8部。》/451

磧 (적)【qì ㄑㄧˋ】 자갈밭, 모래 벌판
설문 5735 水陼有石者也。《陼丘、水中高者也。『三蒼』曰。磧、水中沙堆也。『吳都賦:劉(劉)-注』曰。磧礫、淺水見沙石之皃(貌)。》 从石。責聲。《七迹切。16部。》/450

磬 殸 경【qìng ㄑㄧㄥˋ】 ㉠ qīng ① 경쇠 ※ 경(磬)의 주자(籒字), 대적할 ■성:소리 ※ 성(聲)의 옛글자 ② 돌경쇠, 편경, 생경과 송경
설문 5754 石樂也。《「石樂」各本作「樂石」。誤。今正。樂下云。五聲八音總名也。瑟下云。弦樂也。簫、龢下皆云。管樂也。則此當云石樂信矣。『匡謬正俗』所引已作樂石。其誤已久。或疑樂石字見『秦-繹山刻石』。不知與此無涉也。彼謂可樂之石。此謂製石之樂。『白虎通』曰。磬者、夷則之氣也。》 从石。《句。》 声、象縣虡(虡)之形。《各本「声」作「殸」。上屬。今正。豈(壴)下云。陳樂立而上見也。从屮。此从屮謂虡之上出可見者、崇牙樹羽是也。一象栒之横。丨象虡之植。〢象編磬係焉也。或曰〢象磬之股。丨象磬之鼓(鼓)。磬之懸、股横出而鼓(鼓)直。凡言磬折者取象於此。『程氏瑤田-通藝錄』言之詳矣。》 殳所㠯(以)擊之也。《「所以」二字今補。說从殳之意。磬从石殳會意。而又象其形也。苦定切。11部。》 古者毋句氏作磬。《「毋」各本作「母」。今正。『明堂位:注』引『世本』作曰無句作磬。『風俗通』、『山海經:注』、『廣雅』皆作「毋句」。古無毋通。句其俱反。》 籒文省。《非籒省篆。乃篆加籒也。》 古文。从巠。《各本篆體誤。今依『汗簡』正。『樂記』曰。石聲磬。磬以立辨。『史記:樂書』作石聲硜。硜以立別。葢(蓋)硜本古文磬字。後以爲堅确之意。是所謂古今字。『論語』。子擊磬於衞(衛)。下文旣而曰鄙(鄙)哉硜硜乎。亦不以爲一字。要之『論語』非不可作鄙哉磬磬也。『釋名』曰。磬者、磬也。其聲磬磬然堅緻也。》/451
【磬】下曰:殸、古文磬字。《依〔石部〕〔耳部〕〔香部〕古當作籒。》/225
형성 (6자) 경(謦)1400 경(罄)3161 형(馨)4280 경(漀)7054 성(聲)7439 갱(鏧)9151

◀ 제 12 획 ▶

磺 (광)【huáng ㄏㄨㄤˊ】 (상)㊥⑨(작) kuàng 쇳돌, 굳센 ■황:돌이름
설문 5725 銅鐵樸石也。《『文選:注』二引及『玉篇』無石字。樸、木素也。因以爲凡素之偁(稱)。銅鐵樸者、在石與銅鐵之閒。可爲銅鐵而未成者也。不言金玉者、擧(擧)䊵以該精也。『周禮:丱人』。掌金玉錫石之地。而爲之厲禁以守之。『注』云。丱之言礦也。金玉未成噐(器)曰礦。未成噐、謂未成金玉。》 从石。黃聲。讀若穬。《古猛切。古音在10部。按各本此下出丱篆。解云古文礦。『周禮』有『丱人』。按『周禮:鄭-注』云。丱之言礦也。『賈-疏』云。【經】所云丱、是總角之丱字。此官取金玉。於丱字無所用。故轉從石邊廣之字。語甚明析。丱之言礦。丱非礦字也。凡云之言者、皆就其雙聲疊韵(疊韻)以得其轉注假借之用。丱本『說文』𠨸(卵)字。古音如關。亦如鯤。引伸爲總角丱兮之丱。又假借爲金玉樸之礦。皆於其雙聲求之。讀『周禮』者徑謂丱卽礦字、則非矣。又或云與角丱之字有別。亦誤。至於『說文』𠨸字本作丱。不作𠨸。『五經文字』曰。丱古患反。見『詩:風』。『說文』以爲古𠨸字。『九經字樣』曰。丱𠨸、上『說文』。下隸(隸)變。是『說文』𠨸字作丱。唐時不誤。確然可證。『五經文字』又云。丱、『字林』不見。可證丱變爲𠨸、始於『字林』。『今時-說文』作𠨸不作丱。則五季以後據『字林』改『說文』者所爲也。『說文』旣無丱。乃有淺人於〔石部〕妄增之。丱果是古文礦。則鄭何必云之言、賈何必云此官取金玉於丱字無所用哉。今於〔𠨸部〕正之、於〔石部〕刪(刪)之。學者循是以求之。【許書】之眞面可見矣。○『五經文字』云。『說文』以爲古𠨸字。謂『說文』作丱乃古𠨸也。『九經字樣』語甚明。》/448

磻 (반)【pán ㄆㄢˊ】 (상)㊥⑨(작) bō 돌살촉, 물 이름 ■파:돌살촉(만드는 사람)
설문 5766 㠯(以)石箸隿繳也。《隿者、繳射飛鳥也。繳者、生絲縷系矰矢而以隿䠶(射)也。以石箸於繳謂之磻。『戰國策』。被礛磻。引微繳。折淸風而抎矣。》 从石。番聲。《博禾切。14、17、2部合音也。『玉篇』、『廣韵(韻)』碆字同此。》/452

磽 (교)【qiāo ㄑㄧㄠ】 (돌이 많고 토질이 단단하여)메마를 ■요:같은 뜻
설문 5751 磐也。《與〔土部〕之墽音義同。墽下曰。磽也。『孟子』。地有肥磽。趙曰。磽、薄也。》 从石。堯聲。《口交切。2部。》/451

磿 (력)【lì ㄌㄧˋ】 돌소리, 조약돌 대가락 대가락 하는 소리
설문 5746 石聲也。《『左思-『蜀都賦』原稾。鬼彈飛丸以礌(礧)礰。『集韵(韻)』曰。礰卽磿字。磿爲石聲者、謂其聲歷歷然。『玉篇』曰。石小聲是也。『周禮:遂師』。抱磿。後鄭云。磿者、適歷執綍者名也。是叚(假)磿爲歷。『史記:樂毅傳』。故鼎反乎「磿室」。『戰國策』作「歷室」。○『蜀都賦』語見『太平御覽』。『世說新語:注』引『左思別傳』作鬼彈飛丸以礌礉。按鬼彈見『水經:注:若水篇』。非佳物也。故【改定之本】無此語。》 从石。麻聲。《郞擊切。16部。》/451

◀ 제 13 획 ▶

磬 (격)【huò ㄏㄨㄛˋ】 ㊌㊥⑨㊈ kè 단단할 ▣핵: 채찍 소리

설문 5749 堅也。从石。毄聲。《楷革切。16部。》/451

礐 (각)【què ㄑㄩㄝˋ】 ㊈ xué 돌 많을, 돌 소리

설문 5742 石聲也。《此與〔山部:嶨〕義別。『爾雅』假礐爲嶨耳。『江賦』曰。幽澗積岨。礐硞礭碓。『注』云。皆水激石險峻不平之皃(貌)。按當云水激石聲也。》从石。學省聲。《胡角切。3部。》/451

◀ 제 14 획 ▶

礙 (애)【ài ㄞˋ】 거리낄(막거나 방해가 됨) ▣의:청석, 푸른 돌

설문 5755 止也。《『列子:黃帝篇』作「硋」。》从石。疑聲。《五溉切。古音在 1部。》/452

礜 (여)【yú ㄩˊ】 ㊌㊥⑨㊈ yù 비상 섞인 돌

설문 5729 毒石也。《疑本作「礜石也」。三字爲句。後人改之。礜石、石名。『周禮:注』曰。今醫方有五毒之藥。作之。合黃堥。置石膽、丹沙、雄黃、礜石、慈石其中。燒之三日三夜。其煙上箸。以雞(鷄)羽埽取之。以注創。惡肉破。骨則盡出。『本艸經』曰。礜石、味辛有毒。『西山經』曰。礜可以毒鼠。郭云。蠶食之而肥。按今世無此物。》出漢中。《『本艸』曰。生漢中山谷及少室。》从石。與聲。《羊茹切。5部。》/449

◀ 제 15 획 ▶

䃗 (착)【zhuó ㄓㄨㄛˊ】 쪼갤, 찍을, 돌 부술

설문 5767 斫也。《斫者、其噐(器)所以斫地。因謂之斫也。『釋噐』曰。斫謂之「鐯」。鐯字又作「櫡」。依許則當作「䃗」。郭云。钁也。〔金部〕。钁者、大鉏也。然則必以金爲之。安得从石。葢(蓋)上古始爲之用石。如砮、砭之類。或以其可斫地𢬵石、故从石歟。》从石。箸聲。《張略切。5部。》/452

礫 (력)【lì ㄌㄧˋ】 조약돌, 자갈, 단사

설문 5733 小石也。《『釋名』。小石曰礫。礫、料也。小石相枝柱其間。料料然出內氣也。『楚辭:王逸-注』兩云。小石爲礫。『西京賦:薛-注』。石細者曰礫。》从石。樂聲。《郎(郎)擊切。古音在 2部。》/450

◀ 제 16 획 ▶

礱 (롱)【lóng ㄌㄨㄥˊ】 (곡식 가는)맷돌

설문 5760 䃺也。《下文云䃺者、石磑也。此云䃺也者、其引伸之義。謂以石䃺物曰礱也。今俗謂磨穀取米曰礱。》从石。龍聲。《盧紅切。9部。》天子之桷。椓而礱之。《「椓」當依『類篇』所引作「斲」。『穀梁傳』、『晉語』、『尙書:大傳』、『公羊:何-注』皆作「斲」。可證。『尙書:大傳』曰。桷、天子斲其材而礱之。加密石焉。大夫達菱。士首本。庶人到加。鄭云。礱、礪之也。密石、砥之也。菱、棱也。按棱者、謂斲其通體成棱。首本者、斲其首也。『韋-注:晉語』亦云。先粗礱之。加以密砥。是可證厲、厎之分觕細矣。》/452

◀ 제 19 획 ▶

䃺 (마)【mó ㄇㄛˊ】 ㊌㊥⑨㊈ mò 갈 ※ 마(磨)의 본래 글자

설문 5762 石磑也。《「䃺」今字省作「磨」。引伸之義爲硏磨。俗乃分別其音。石磑則去聲、模臥切。硏磨則平聲、莫婆切。其始則皆平聲耳。按『詩』。如琢如磨。『釋詁』、『毛傳』皆曰。玉謂之琢。石謂之磨。『詩』釋文。磨本又作「摩」。『詩』、『爾雅』皆言治石。非謂以石治物。然則作摩是矣。釋玄應引『爾雅』作石謂之摩。乃善本。》从石。靡聲。《模臥切。14部。》/452

◀ 제 20 획 ▶

礹 (암)【yán ㄧㄢˊ】 돌산, 산 험할

설문 5748 石山也。从石。《巖主謂山。故从山。礹主謂石。故从石。『詩』曰。維石巖巖。》嚴聲。《諸書多假巖爲礹。如『高唐』、『上林』是也。五銜切。8部。》/451

113	示 示
5-18	▤ 보일 시

示 ㊈ 시【shì ㄕˋ】[설문부수 3] 보일(나타냄, 알림) ▣기:땅귀신

설문 0010 天垂(垂)象。見吉凶。《見『周易:毄(繫)辭』。》所旨(以)示人也。从二《古文上。》三垂。《謂巛。》日月星也。觀乎天文旨察時變。《見『周易:賁:彖傳』。》示神事也。《言天縣象箸明以示人。聖人因以神道設教。》凡示之屬皆从示。《神至切。古音第 15部。『中庸』、『小雅』以示爲寘。》𡿨古文示。《所謂古文諸丄字皆从一也。》/2

성부 부록 색인 참조

형부 示를 부수로 하는 대부분의 글자들

형성 (4자) 대(祋)1858 기(祁 祁)3890 시(視 視)5224 의(猗 猗)6027

◀ 제 3 획 ▶

社 사【shè ㄕㄜˋ】 本[땅귀신] 제사 지낼, (25호의)자치단체

설문 0064 地主也。《『五經異義』。『今-孝經』說曰。社者土地之主。土地廣博。不可徧敬。封五土以爲社。『古-左氏』說。共工爲后土、爲社。許君謹案曰。『春秋』稱公社。今人謂社神爲社公。故知社是上公。非地祇。鄭駁之云。社祭土而主陰氣。又云。社者神地之道。謂社神但言上公。失之矣。人亦謂雷曰雷公、天曰天公。豈上公也。宗伯以血祭祭社稷五祀五嶽。社稷之神若是句龍、柱、棄。不得先五嶽而食。又引司徒五土名。又引大司樂五變而致介物及土示。土示五土之總(總)神。卽謂社也。六樂於五地無原隰而有土祇。則土祇與原隰同用樂也。玉裁按。許訓社爲地主。此用『今-孝經』說。而以地主也、从示土之云、先於『左氏傳』。則與『異

㊈ 作家出版社〔董蓮池-說文解字考正〕 ⑨ 九州出版社〔柴劍虹-說文解字〕 ㊉ 陝西人民出版社〔蘇寶榮-說文解字今注今譯〕 ㊌ 上海古籍出版社〔說文解字注〕 ㊥ 中華書局〔臧克和-說文解字新訂〕

義』从『左氏』說者不符。葢(蓋)『許君-異義』先成。『說文』晚定。往往有『說文』之說早同於鄭君之駁者。如社稷、昊天、聖人感天而生、三񾑹等皆是也。》从示土。《鍇土下本無聲字。『韵會』所引是也。地主爲社。故字从示土。》『春秋傳』曰。共工之子句龍爲社神。《『左氏傳:昭公:廿九年』。史墨曰。共工氏有子曰句龍。爲后土。后土爲社。許旣从『今-孝經』說矣。又引『古-左氏』說者。此與心字云土藏也、象形、博士說以爲火藏一例。兼存異說也。『鄭-駁:異義』。以爲社者五土之神。能生萬物者。以古之有大功者配(配)之。然則句龍配五土之神祭於社。》『周禮』二十五家爲社。《『風俗通義』曰。『周禮』說二十五家爲社。但爲田祖報求。許云『周禮』者、『周禮』說也。『賈逵、杜預-注:左傳』、『高誘-注:呂覽』、『薛瓚-注:五行志』皆同。『晏子-春秋』桓公以書社五百里封管仲、『呂覽』越以書社三百里封墨子、『史記』將以書社七百里封孔子皆謂二十五家爲里、里有社。故云書社若干里。『鄭-駁:異義』引『州長職』曰。以歲時祭祀州社。是二千五百家爲社也。『祭法』。大夫以下成羣(群)立社、曰置社。『注』云。大夫以下、謂下至庶人也。大夫不得特立社。與民族居。百家以上則共立一社。今時里社是也。引『郊特牲』唯爲社事單出里。是鄭不用『周禮』說。與許異。》各樹其土所宜木。《『大司徒』。設其社稷之壝而樹之田主。各以其野之所宜木。遂以名其社與其野。『注』。所宜木、謂若松柏栗也。若以松爲社者、則名松社。『五經異義』。許君謹案。『論語』所云、謂社主也。鄭無駁。『注:周禮』從許義。按『莊周書』之櫟社、高祖所禱之枌楡社皆以木名社之遺。『韓非子』云。社木者、樹木而塗之。鼠穿其閒(間)。堀穴託其中。熏之則恐焚木。灌之則恐塗阤。此可見樹木爲主之制。○ 社爲地主、而尊天親地。二十五家得立之。故字不與祡禷爲伍。常者切。古音在 5部。》 䄯古文社。《【各本】從示。非古文也。今依『夏氏竦-古文四聲韵』所引。從木者、各樹其土所宜木也。》 /8

礿 (약)【yuè ㄩㄝˋ】 ㉠ yào 천자가 지내던 봄제사 ■요:같은 뜻礿

설문 0042 夏祭也。《『周禮』。以鑰夏享先王。『公羊傳』曰。夏曰礿。『注』。始熟可汋。故曰礿。『釋天』曰。春祭曰「祠」。夏祭曰「礿」。秋祭曰「嘗」。冬祭曰「蒸」。孫炎曰。祠之言食。礿、新菜可汋。嘗、嘗新穀。蒸、進品物也。汋與礿疊韵(疊韻)。汋卽(卽)『說文』鬻字。『王制』。春曰礿。夏曰禘。與『周禮』異。》从示。勺聲。《以灼切。古音在第 2部。「礿」亦作「禴」。勺龠同部。》 /5

祀 (사)【sì ㄙˋ】 제사지낼, 년(은나라)

설문 0031 祭無巳也。《析言則祭無巳曰祀。从巳而釋爲無巳。此如治曰亂、徂曰存。終則有始之義也。『釋詁』曰。祀祭也。》从示。巳聲。《詳里切。1部。》 禩祀或从異。《『周禮:大宗伯、小祝:注』皆云【故書】祀作「禩」。按禩字見於【故書】。是古文也。篆隸有祀無禩。是以漢儒杜子春、鄭司農不識。但云當爲祀、讀爲祀。而不敢直言古文祀。葢(蓋)其愼也。至許乃定爲一字。至魏時乃入『三體石經』。古文巳聲異聲同在 1部。故異形而同字也。》 /3

祁 (기)【qí ㄑㄧˊ】 현 이름, 산 이름, 클

설문 3890 大原縣。《【二志】同。『前志』曰。晉大夫賈辛邑。按賈辛爲祁大夫。見『左傳:昭:廿八年』。前此已有祁奚、祁午、祁盈、祁勝、以邑爲氏今山西太原府祁縣縣東南七里有故祁城、漢縣治也。『毛傳』於『吉日』云。祁大也。於『采蘩』、『大田』云、祁祁、舒遲也。祁祁、徐皃(貌)也。於『七月』云。祁祁、衆多也。皆與本義不相關。》从邑。示聲。《巨支切。按古音在 15部。當依『廣韵(韻)』渠脂(脂)切。》 /289

◀ 제 4 획 ▶

祇 (기)【qí ㄑㄧˊ】 ㉠ zhǐ 땅귀신 ■지:다만, 마침

설문 0026 地祇提出萬物者也。《地祇提三字同在古音第 16部。地本在 17部。而多轉入 16部用。》从示。氏聲。《巨支切。古音 16部。凡假借必取諸同部。如『周易:无祇悔』。釋文云。祇、辭也。馬同、音之是反。此讀祇爲語辭、適也。『五經文字』、『廣韵(韻)』作「祗」者是也。又云。鄭云病也。此讀祇爲疷。與『何人斯』同也。又云。王肅作「禔」、時支反。陸云安也。【九家本】作「敍」字、音支。韓伯祁支反、云大也。音讀皆在第 16部。【通志堂刻】作无衹悔、則誤。○ 又祇既平。『唐-石經』作「祗」。『釋文』云。京作「禔」、『說文』同、音支。又上支反、安也。其讀亦皆在 16部。又云。鄭云當爲坻、小丘也。此則改爲第 15部字。古人云當爲者皆是改其形誤之字。云當爲者、以音近之字易之。云讀如者、以同音之字擬之。此云當爲、則鄭謂祇爲字之誤也。○『五經文字:衣部』曰。衹、止移切、適也。『廣韵:五支』曰。衹、章移切、適也。『唐石經』衹既平。『左傳』衹見疏也。『詩』衹攪我心。『詩』、『論語』亦衹以異。字皆从衣。正用『張參-字樣』。而張參以前『顏(顏)師古-注:竇嬰傳』曰衹適也、音支。其字从衣。豈【師古太宗朝-刊定:經籍】皆用此說歟。『宋-類篇』則衹祇皆云適也。不晝(畫)一。『韵會』則从示之祇訓適也。【近日-經典】訓適者皆不从衣。與唐不合。》 /3

祈 (기)【qí ㄑㄧˊ】 ㉠ gǔi (복음)빌, 기도, 고할, 구할 ■궤:산제지낼

설문 0050 求福也。《祈求雙聲。》从示。斤聲。《渠稀切。古音在 13部。音芹。此如旂字。古今音異。》 /6

祉 (지)【zhǐ ㄓˇ】 복

설문 0019 福也。《見『釋詁』。》从示。止聲。《敕里切。1部。》 /3

祀 (비)【bǐ ㄅㄧˇ】 제사 지낼

설문 0040 㠯(以)豚祠司命也。《『鄭-注:周禮』曰。求福曰禱。得求曰祠。此祠與春祭之祠異。『祭法:注』曰。司命小神、居人之閒。司察小過。作譴告者。主督察三命。今時民家或春秋祀司命。『風俗通義』曰。『周禮』。司命、文昌也。今民閒祀司命。刻木長尺二寸爲人像。行者擔篋中。居者別作小屋。齊地大尊重之。汝南餘郡亦多有。皆

祠以賭。率以春秋之月。按賭同豬。許所謂豚也。應說司命爲文昌。鄭說人閒小神。未知許意何居也。許君竈字下說『周禮』以竈祀祝融。用賈逵句亾(芒)祀於戶(戶)、祝融祀於竈、蓐收祀於門、玄冥祀於井、后土祀於中霤之說。鄭(鄭)則云老婦之祭、報先炊之義。斷(斷)非祝融。然則許不必同鄭也。》从示。比聲。《卑履(履)切。『初學記』引俾利反。15部。》『漢律』曰。祠祉司命。《高帝時。蕭何攈摭秦法。取其宜於時者。作律九章。至孝武時。『律令』凡三百五十九章。》/5

祋 (대)【duì ㄉㄨㄟˋ】창(무기)、현 이름
설문 1858 殳也。《見『毛傳』。》从殳。示聲。《丁外切。15部。》或說城郭市里高縣羊皮。有不當入而欲入者。暫下㠯(以)驚牛馬曰祋。《此別一義。祋與咄義同。》『詩』曰。何戈與祋。《『曹風』文。此證前一義。》/119

◀ 제 5 획 ▶

祏 (석)【shí ㄕˊ】돌 감실
설문 0039 宗廟主也。《『五經異義』。『今-春秋:公羊』說。祭有主者。孝子以主繫心。夏后氏以松。殷人以柏。周人以栗。『今-論語』說。哀公問主於宰我。宰我對曰。夏后氏以松。夏人都河東。河東宜松也。殷人以柏。殷人都亳。亳宜柏也。周人以栗。周人都豐鎬。豐鎬宜栗也。『古-周禮』說。虞主用桑。練主用栗。無夏后氏以松爲主之事。許君謹按。從『周禮』說。『論語』所云、謂社主也。鄭君無駁。『五經要義』曰。木主之狀四方。穿中央以達四方。天子長尺二寸。諸侯長尺。皆刻謚於其背。『春秋:左氏傳』。典司宗祏。又曰。使祝史徙主祏於周廟。又曰。反祏於西圃。皆謂木主也。主當同〔宀部〕作「宔」。宔字下曰。宗廟宔祏也。祏字下曰。宗廟宔也。是爲轉注。『藝文類聚』引作宗廟之木主曰祏。》『周禮』有郊宗石室。《『五經異義』。『古-春秋:左氏』說。古者日祭於祖考。月薦於高曾。時享及二祧。歲祫及壇墠。終禘及郊宗石室。終者、謂孝子三年喪終。則禘於大廟。以致新死者也。又『春秋:左氏』曰。徙石主於周廟。言宗廟有郊宗石室。所以藏栗主也。玉裁按。郊宗石室、荅(荅)謂天子有之。郊宗、荅謂郊鯀宗禹、郊冥宗湯、郊稷宗武王之類。遠祖之宔爲石室藏之。至祭上帝於南郊、祭五帝於明堂。則奉其宔以配食。故謂之郊宗石室。『祭法』、『周語』皆言禘郊祖宗。此擧(擧)郊宗以包禘祖也。其餘毁廟之主亦附藏焉。至禘祫而升。合食於大祖。故曰禘及郊宗石室。云『周禮』者、說左氏家謂成周之禮。非謂『周官經』有此也。》一曰大夫㠯(以)石爲主。《『五經異義』。『今-春秋:公羊』說。卿、大夫、士非有土子民之君。不得祫享序昭穆。故無木主。大夫束帛依神。士結茅爲菆。許君謹按。『春秋:左氏傳』曰。衛(衛)孔悝反祏於西圃。祏、石主也。言大夫以石爲主。今山陽民俗。祭皆以石爲主。鄭君駁之曰。大夫、士無昭穆。不得有主。『少牢饋食』、『大夫禮』也。束帛依神。『特牲饋食』、『士祭禮』也。結茅爲菆。大夫以石爲主。『禮』無明文。孔悝之反祏有主者。祭其所出之君爲之主耳。玉裁按。『異義』先出。『說文』晚成。多所叓(更)定。故『說文』之說多有異於『異義』、同於鄭駁者。祏以宗廟主爲本義、以大夫石主爲或義是也。》从示石。《許言『周禮』有石室。言大夫以石爲主。皆證明从石會意之恉(恉)。玉裁謂。宗廟本木宔、而字从石者。葢取如石不可轉意。石室自別是一事。春秋之末。大夫僭侈。作「宔」不可知。云反祏者、猶言反宔耳。不必以石爲之也。『摯虞-決疑:注』曰。凡廟之主藏於戶(戶)外北牖下。有石函。故名宗祏。》石亦聲。《常隻切。古音在5部。》/4

祐 (우)【yòu ㄧㄡˋ】(신이)도울, 도움
설문 0021 助也。《古祗作右。》从示。右聲。《于救切。古音在 1部。》/3

祓 (불)【fú ㄈㄨˊ】떨(신에게 빌어 재앙을 없앰) ■폐:복(福也)
설문 0049 除惡祭也。从示。犮聲。《敷勿切。15部。》/6

祔 (부)【fù ㄈㄨˋ】합사할(3년상이 끝난 뒤 신주를 사당에 모셔 함께 제사지냄)
설문 0035 後死者合食於先祖。《『士虞禮』。卒哭。明日以其班祔。『春秋:左氏傳』曰。凡君薨。卒哭而祔。祔而作主。特祀於主。蒸嘗禘於廟。『春秋:穀梁傳』曰。作主壞廟有時日於練焉。『士虞禮:注』與『穀梁』同。》从示。付聲。《符遇切。古音在第 4部。》/4

祕 (비)【bì ㄅㄧˋ】㊤㊥⑨ mì 本[신비할] 숨길, 오의(奧意:알기 어려운 뜻) ■필:심오할
설문 0027 神也。《『魯(魯)頌:閟宮有侐:箋』曰。閟、神也。此謂假借閟爲祕(秘)也。》从示。必聲。《兵媚切。古音在第 12部。質櫛韵(韻)。》/3

祖 조【zǔ ㄗㄨˇ】㉠ jiē 本[시조 사당] 할아버지, 할머니, 조상, 처음 시작한 사람 ■자:현 이름
설문 0036 始廟也。《始兼兩義。新廟爲始。遠廟亦爲始。故祔祧皆曰祖也。『釋詁』曰。祖、始也。『詩:毛傳』曰。祖、爲也。皆引伸之義。如初爲衣始、引伸爲凡始也。》从示。且聲。《則古切。5部。》/4
형성 (1자) 조(蒩 𦾓)243

祗 (지)【zhī ㄓ】공경할 ■기:〈네이버 자전〉
설문 0023 敬也。《見『釋詁』。》从示。氐聲。《旨(旨)夷切。古音凡氐聲字在第 15部。凡氏聲字在第 16部。此『廣韵(韻):祗』入五支、祇入六脂(脂)所由分也。鉉所據『唐韵(韻)』。祇、巨移切。是孫愐祗入五支。遠遜於『宋-廣韵(韻)』所改定矣。『經典:釋文』於『商頌:上帝』是祗諸時反。則又闌入七之。於『孔子閒居』諸夷反。則固不誤。此等學者所當審定畫(畫)一也。》/3

祘 산【suàn ㄙㄨㄢˋ】잘 헤아릴(살펴볼)
설문 0070 明視㠯(以)筭之。从二示。

《示與視、筭與祘皆曡(疊)韵也。明視故从二示。》『逸周書』曰。《『藝文志』。『周書:七十一篇』。『周史記』也。(劉)向曰。葢(蓋)孔子所論百篇之餘。故許君謂之『逸周書』。亦以別於偁(稱)『尙書』之『周書』。免學者或(惑)也。》士分民之祘。《『今-逸周書』無此語。當在亾(亡)篇內。》均分㠯(以)祘之也。《此釋『逸周書』語。或曰。『本典解』均分以利之則民安。卽此句也。》讀若筭。《蘇貫切。14部。》/8

형성 (1자) 산(蒜 䔝)609

祜 祜 (호)【hù ㄏㄨˋ】복

설문 0011 上諱。《言上諱者五。〔禾部:秀〕、漢世祖名也。〔艸部:莊〕、顯宗名也。〔火部:炟〕、肅宗名也。〔戈部:肇〕、孝和帝名也。祜、恭宗名也。殤帝名隆不與焉。『伏侯-古今:注』曰。隆之字曰盛。亦當言上諱明矣。而『五經異義』云。漢幼小諸帝皆不廟祭。而祭於陵。旣不廟祭矣。則不諱可知。此許沖奏上時。於隆字不曰上諱所由也。諱止於世祖者。『記』曰。旣卒哭。宰夫執木鐸以徇於宮曰。舍故而諱新。故、謂高祖祖之父當遷者。杜預亦言自父至高祖皆不敢斥(斥)言。計許君卒於恭宗已後。自恭宗至世祖適五世。世祖巳上雖高帝不諱。葢(蓋)漢制也。此書之例。當是不書其字。但書上諱二字。書其字則非諱也。【今本】有篆文者。後人補之。不書故其詁訓形聲俱不言。假令補之。則曰祜福也、从示、古聲。祜訓福。則當與祿禠等爲類。而列於首者、尊君也。古音第 5部。》/2

祝 祝 축【zhù ㄓㄨˋ】㉠ zhò, chù (신에게)빌, 축문, 짤, 귀신 이름 ■주:저주할

설문 0047 祭主贊䛐(詞)者。从示。从儿口。《此以三字會意。謂以人口交神也。》一曰从兌省。『易』曰。兌爲口、爲巫。《此字形之別說也。凡一曰。有言義者。有言形者。有言聲者。引『易』者、『說卦』文。兌爲口舌、爲巫。故祝从兌省。此可證虙羲先倉頡製字矣。凡引【經傳】。有證義者 有證形者。有證聲者。此引『易』證形也。之六切。3部。》/6

형성 (1자) 축(柷 𣞶)3615

神 神 神(신)【shén ㄕㄣˊ】㉠ shēn 귀신, 혼(영혼)

설문 0025 天神引出萬物者也。《天神引三字同在古音第 12部。》从示。申(申)聲。《食鄰(隣)切。》/3

祟 祟 祟 수【suì ㄙㄨㄟˋ】빌미(귀신이 내리는 재앙), 빌미 내릴

설문 0068 神禍也。《『釋玄應-衆經音義』曰。謂鬼神作災禍也。》从示出。《按出亦聲。雖遂切。15部。》䉖 籒文祟(祟)。从䜌(𧦝)省。《瀆於鬼神則致祟。故从䜌省。》/8

성부 隸隸隸隸례 䝿체

형성 (1자) 술(䳻 䳻)2279

祠 祠 (사)【cí ㄘˊ】本[봄제사] 제사지낼, 사당

설문 0041 春祭曰祠。品物少。多文辭也。《上言祠司命。故次以祠。辭與祠疊韵(疊韻)。『周禮』。以祠春享先王。『公羊傳』曰。春曰祠。『注』。祠猶食也。猶繼嗣也。春物始生。孝子思親。繼嗣而食之。故曰祠。許與何異。》从示。司聲。《似茲切。1部。》仲春之月。祠不用犧牲。用圭璧及皮幣。《此引『月令』證品物少、多文辭也。『禮記』「祠」作「祀」。『吕(呂)覽』同。『淮南』作「祭」。及、『禮記』、『吕覽』、『淮南』皆作更。鄭曰。更猶易也。高誘曰。更、代也。以圭璧皮幣代犧牲也。『說文』祠、及二字疑皆字之誤。或曰。『漢時-月令』、鄭君謂之『今-月令』。或與記不同。『說文』霢雨、魴人皆『今-月令』也。○ 江沅曰。言用不用、代義已瞭。或更字卽及字義。【許-據:本】作及也。鄭訓易、高訓代、寘圭璧皮幣中間。似未妥。》/5

祡 祡 (시)【chái ㄔㄞˊ】(섶을 태워 하늘에 지내는) 시제사 (示부 5획) ■재:속음

설문 0032 燒柴尞祭天也。《此從『爾雅:音義』。「尞」【各本】作「燎」。非也。〔火部〕曰。尞祡祭天也。此曰祡尞祭天也。是爲轉注冣(最)較然者。柴與祡同此聲。故燒柴祭曰祡。『釋天』曰。祭天曰燔柴。『祭法』曰。燔柴於泰壇。祭天也。『孝經』說曰。封乎泰山。考績祡尞。『郊特牲』曰。天子適四方。先祡。『注』。所到必先燔柴。有事於上帝。》从示。此聲。《仕皆切。15部。凡此聲亦多轉入 16部。》『虞書』曰。《『虞書』當爲『唐書』。說見〔七篇:禾部〕。》至于岱宗。祡。《『許-自序』偁(稱)書孔氏。知『古文-尙書』作「祡」。不从木作柴也。『王制』、『郊特牲』、『大傳』同。》䅔 古文祡。从隋省。《此葢(蓋)『壁中-尙書』作「䅔」也。旣偁『古文-尙書』作「祡」矣。何以云【壁中】作「䅔」也。凡漢人云『古文-尙書』者、猶言『古本-尙書』。以別於夏庆、『歐陽-尙書』。非其字皆倉頡古文也。『儀禮』有古文今文、亦猶言【古本, 今本】。非一皆倉頡古文、一皆隸書也。如此字【壁中簡(簡)】作「䅔」。孔安國以今文讀之。知䅔卽小篆祡字。改从小篆作「祡」是。『孔氏-古文-尙書』出於壁中云爾。不必皆仍壁中字形也。綴䅔於祡下者、猶『周禮』旣从杜子春易字、乃綴之云【故書】作某也。隋聲古音在 17部。此聲古音在 16部。音轉冣(最)近。䅔之爲祡。猶玼瑳㛐傞皆同字。》/4

◀ 제 6 획 ▶

祥 祥 (상)【xiáng ㄒㄧㄤˊ】복, 조짐, 제사

설문 0018 福也。《凡統言則災(災)亦謂之祥。析言則善者謂之祥。》从示。羊聲。《似羊切。10部。【鉉本】此下有一云善三字。淺人所增。【一書】中此類不少。》/3

㶾 㶾 票 㶾 𤐫【piào ㄆㄧㄠˋ】㊅㊥⑨㉆ biāo 불똥(틜), 훌쩍날릴, 쪽지(어음이나 수표)

설문 6178 火飛也。《此與熛音義皆同。『玉篇』、『廣韵』亦然。引伸爲凡輕銳之偁(稱)。『周禮:草人』。輕㶾用犬。『注』謂地之輕脃者也。漢有票姚校尉、票騎將軍。「票姚」、『荀悅-漢紀』作「票鷂」。服虔音「飄搖」。小顏二字皆去聲。非古也。平聲者古音。去聲者今音耳。今俗閒(間)信券曰票。亦尙存古義。凡从票爲聲者、多取會意。》从火𡇒。㶾與

5 ⑪

礜(礜)同意。《按當作从火𢍏省。蓋(蓋)省廾爲一也。礜卽𢍏之或體。𢍏訓升(升)高。火飛亦升高。故爲同意。方昭切。2部。》/484

성부 䙴䙴표

형성 (22자) 표(蔈)480 표(嘌)826
표(趬)949 표(瞟)2037 표(膘)2564
표(剽)2663 표(標)3431 표(旚)4105
표(瓢)4353 표(幖)4682 표(僄)4921
표(覭)5238 표(驃)5859 표(熛)6133
표(慓)6499 표(漂)6847 표(摽)7559
표(嫖)7922 표(縹)8218 표(飄)8569
표(勡)8815 표(鏢)8963

祪 (궤)【guǐ ㄍㄨㄟˇ】(사당에 모시고 함께 제사 지내는 먼)조상 ■귀:같은 뜻

설문 0034 祔祪祖也。《見『釋詁』。祔謂新廟。祪謂毀廟。皆祖也。『說文』併祔字連引之。故次之以祔。》 从示。危聲。《過委切。16部。》/4

祫 (협)【há ㄏㄚˊ】 ㉠ xià ㉥㊥⑨㉨ xiá 조상과 합하여 제사지낼

설문 0044 大合祭先祖親疏遠近也。《『春秋:文二年』八月丁卯。大事于大廟。『公羊傳』曰。大事者何。大祫也。大祫者何。合祭也。毀廟之主陳於大祖。未毀廟之主皆升。〈句〉合食於大祖。〈兼上二者〉五年而再殷祭。鄭康成曰。『魯(魯)禮』三年喪畢而祫於大祖。明年春禘於羣(群)廟。自此之後。五年而再殷祭。一祫一禘。『春秋經』書祫謂之大事。書禘謂之有事。『商頌:玄鳥』、祀高宗也。鄭云。祀當爲祫。高宗崩而始合祭於契之廟。歌是詩焉。『曾子問』。祫祭於祖。則祝迎四廟之主。許言合祭先祖親疏遠近。正用『公羊:大事:傳』。禘之合食蓋同。而以審禘、會合分別其名。亦分別其歲有三年五年之殊。分別其時有夏秋之殊。禘卽『周禮』之肆獻祼追亯。祫卽『周禮』之饋食朝亯。夏殷有時禘、有時祫。『周禮』禘祫皆爲殷祭。非四時祭。『毛公傳』曰。諸侯夏禘則不禴。秋祫則不嘗。謂『周禮』諸侯禘在夏、祫在秋。則皆廢時祭。天子則不廢時祭。》 从示合。《會(會)意。不云合亦聲者、省文。重會意也。矦夾切。古音弟 7部。『士虞禮-今文』祫爲合。》『周禮』曰。三歲一祫。《网(兩)云『周禮』者、以別於夏殷之禮。网曰字皆衍文也。》/6

祭 제【jì ㄐㄧˋ】 ㉠ zhài (신에게)제사 지낼, 제사(제전) ■채:읍이름

설문 0030 祭祀也。《統言則祭祀不別也。》 从示。目(以)手持肉。《此合三字會意也。子例切。15部。》/3

성부 祭찰

형성 (8자) 채(蔡)535 찰(詧)1442
제(暩)2038 채(鄒)3870 제(穄)4202
채(瘵)4498 세(幓)4676 제(際)9249

◀ 제 7 획 ▶

祰 (고)【gào ㄍㄠˋ】 ㉠ kào ㉥㊥⑨㉨ kaǒ 고제 지낼(선조에게 고하여 제사 지냄)

설문 0038 告祭也。《自祪以下六字皆主言祖廟。故知告祭謂『王制』天子諸矦將出。造乎禰。『曾子問』諸矦適天子。必告於祖。奠(奠)於禰。諸矦相見。必告於禰。反必親告於祖禰。『伏生-尙書』歸假於祖禰。皆是也。『周禮』六祈二曰造。杜子春云。造祭於祖也。當許時。禮家造字容有作祰者。》 从示。告聲。《苦浩切。高音在第 3部。》/4

祲 (침)【jīn ㄐㄧㄣˉ】 ㉥㊥⑨ jìn 햇무리, 요기(妖氣:재앙을 일으키는 기운)

설문 0066 精气感(感)祥。《气氣古今字。『周禮-眡祲:注』。祲、陰陽氣相侵漸成祥者。『魏志:高堂隆傳』。孔子曰。烖(災)者修類應行。精祲相感。》 从示。侵(侵)省聲。《子林切。7部。》『春秋傳』曰。見赤黑之祲是。《『左氏傳:昭公:十五年』。梓愼知爲喪氛。》/8

祳 (신)【shèn ㄕㄣˋ】 사직 제사지낸 날고기

설문 0060 社肉。盛之目(以)蜃。故謂之祳。《『五經異義』曰。『古-左氏』說。脤、祭社之肉。盛之以蜃。『鄭-注:掌蜃』、『杜-注:左傳』皆同。蜃祳疊韵(疊韻)。【經典】祳多从肉作「脤」。『詩:緜(綿):箋』、『掌蜃:注』徑用蜃爲祳字。》 天子所目親遺同姓。《『大宗伯』以脤膰之禮。親兄弟之國。『大行人』歸脤以交諸矦之福。》 从示。辰聲。《時忍切。古音在 13部。》『春秋傳』曰。石尙來歸祳。《『春秋經:定公:十四年』文。凡『說文』引『春秋經』皆繫諸『傳』。謂『左氏-春秋』有此文也。》/7

祴 (개)【gāi ㄍㄞˉ】 풍류 이름, 벽돌길 ■갈:벽돌로 포장한 길

설문 0061 宗廟奏祴樂。《宗廟中賔(賓)醉而出。奏『祴夏』故字從示。》 从示。戒聲。《古哀切。1部。》/7

祮 (활)【guā ㄍㄨㄚˉ】 ㉥㊥⑨ huó ㉨ kuò 제사 ■괄:〈네이버 자전〉

설문 0057 祀也。从示。昏聲。《古末切。『周禮:注』。禬、刮去也。疑祮乃禬字之或體也。15部。已上三篆疑後人所增。》/7

◀ 제 8 획 ▶

祺 (기)【qí ㄑㄧˊ】 복(행복), 편안할

설문 0022 吉也。《『周頌』曰。維周之祺。『釋言』曰。祺、祥也。祺、吉也。》 从示。其聲。《渠之切。1部。》 禥籀文从基。《基聲也。古其基通用。如『尙書』丕丕基、伏生作丕丕其是也。》/3

祅 (요)【yāo ㄧㄠˉ】 ㉠ yú 재앙

설문 0069 地反物爲祅也。《『左氏傳』。伯宗曰。天反時爲烖(災)。地反物爲妖。民反德爲亂。亂則妖烖生。『釋例』曰。此傳地反物惟言妖耳。『洪範:五行傳』則妖孼禍痾眚祥六者。以積漸爲義。按〔虫部〕云。『衣服歌』䍃艸木之怪謂之祅。禽獸蟲蝗之怪謂之蠥。此蓋(蓋)統言皆謂之祅。析言則祅蠥異也。祅省作「祆」。【經傳】通作「妖」。》 从

示。芙聲。《於喬切。2部。》/8

祼祼 (관)【guàn ㄍㄨㄢˋ】(울창주를 뿌리고) 강신제 지낼

설문 0045 灌祭也。《『詩:毛傳』曰。祼、灌鬯也。『周禮:注』曰。祼之言灌。灌以鬱鬯。謂始獻尸求神時。周人先求諸陰也。》从示。果聲。《古玩切。按此字從果爲聲。古音在17部。『大宗伯:玉人』字作「果」、或作「淉」。注兩言祼之言灌。凡云之言者皆通其音義以爲詁訓。非如讀爲之易其字、讀如之定其音。如『載師』、載之言事。『族師』、師之言帥。襢衣、襢之言亶。翣柳(柳)、柳之言聚。副編次、副之言覆。禋祀、禋之言煙。『卝人』、卝之言礦(鑛)。皆是。未嘗曰。禋卽讀煙。副卽讀覆也。以是言之。祼之音本讀如果。卝之音本爲卵、讀如鯤。與灌礦爲雙聲。後人竟讀灌、讀礦。全失鄭義。古音有不見於周人有韵(韻)之文而可意知者。此類是也。》/6

祿祿 (록)【lù ㄌㄨˋ】本[복록(행복)] 녹(봉급), 녹 줄(봉급을 줄)

설문 0015 福也。《『詩』言福祿多不別。『商頌:五篇』。网(兩)言福、三言祿。大恉(指)不殊。『釋詁』、『毛詩:傳』皆曰。祿、福也。此古義也。『鄭-既醉:箋』始爲分別之詞。》从示。彔聲。《盧谷切。3部。》/3

● 禀 줄 름(稟)-속자

禁禁 금【jìn ㄐㄧㄣˋ】㉠ jīn 금할, 금령, 대궐, 옥(감옥), 비밀, 금기

설문 0071 吉凶之忌也。《禁忌雙聲。忌古亦讀如記也。『曲禮』曰。入竟而問禁。》从示。林聲。《居蔭切。7部。禁當次祘之前。》/9

형성 (1자) 금(噤 㗫)797

禂禂 (도)【dǎo ㄉㄠˇ】本[말제사 지낼] 빌
※ 도(禱)와 같은 글자

설문 0063 禱牲馬祭也。《『甸祝』。禂牲禂馬。杜子春云。禂、禱也。爲馬禱無疾。爲田禱多獲禽牲。『詩』云。既伯既禱。『爾雅』曰。既伯既禱。伯、馬祭也。玉裁按。此許說所本。杜引『詩』者、以伯證禱馬。『毛傳』云。伯、馬祖也。重物愼微。將用馬力。必先爲之禱其祖。此『周禮』之禂馬也。又云。禱、禱獲也。此釋既禱。『周禮』之禂牲也。杜本毛說。鄭君易杜說云。禂讀如伏誅之誅。今侏大字也。爲牲祭求肥充。爲馬祭求肥健。鄭以上文既有表貉釋爲禱氣勢之十百。而多獲不當禂牲。又云禱多獲禽牲。故必易爲侏大而後安。『今本-爾雅』、『周禮:注』馬祭之上皆脫伯字。》从示。周聲。《都皓切。『五經文字』直由反。又音誅。古音在 3部。○ 鍇引『詩』曰既禡既禂。『詩』無此語。鉉又誤入正文。》 騴《『鉉本』作「騴」。》或从馬。壽省聲。《此字从馬則不該。云𠷎聲足矣。不當取省聲。》/7

◀ 제 9 획 ▶

禋禋 (인)【yīn ㄧㄣ】제사 지낼 ■연:같은 뜻

설문 0029 絜祀也。《『韋昭-注:周語』同。『釋詁』。禋、祭也。孫炎曰。潔敬之祭也。【各本】作『潔』。依『玉篇』作絜。》一曰精意目(以)享爲禋。《凡義有兩岐者、出一曰之例。『山海經』、『韓非子』、『故訓:傳』皆然。但『說文』多有淺人疑其不備(備)而竄入者。『周語』。『內史過』曰。精意以享、禋也。絜祀二字已苞之。何必更端偁(稱)引乎。擧(擧)此可以隅反。》从示。垔聲。《於眞切。古音在 13部。『尙書:大傳』以湮爲禋。》 𥛮籒文。从宀。/3

禍禍 (화)【huò ㄏㄨㄛˋ】재앙(을 내릴)

설문 0067 害也。《禍害雙聲。》神不福也。从示。咼聲。《胡果切。17部。》/8

禎禎 (정)【zhēn ㄓㄣ】㉠ zhēng 상서(길조)

설문 0017 祥也。从示。貞聲。《陟盈切。11部。》/3

福福 (복)【fú ㄈㄨˊ】本[거슬림 없을] 복(행복), 복 내릴 ■부:감출, 간직할

설문 0020 備(備)也。《『祭統』曰。賢者之祭也。必受其福。非世所謂福也。福者備(備)也。備者百順之名也。無所不順者之謂備。按福備古音皆在第 1部。疊韵(疊韻)也。【鉉本】作祐也。非。祐正世所謂福也。》从示。畐聲。《方六切。古音在 1部。》/3

禓禓 (양)【yáng ㄧㄤˊ】길제사 ■상:추나(追儺:역귀를 쫓는 일), 귀신 쫓을

설문 0065 道上祭。《『史游-急就篇』曰。謁禓塞。王伯厚曰。『周禮:注』。衍祭、羡之道中。如今祭殤。》从示。易聲。《與章切。10部。按『郊特牲』。鄕(鄉)人禓。孔子朝服立於阼。卽(即)『論語』鄕人難、朝服而立於阼階也。『注』。禓或爲獻、或爲儺。凡云或爲者、必此彼音讀有相通之理。易聲與獻儺音理遠隔(隔)。記當本是禓字。從示易聲。則與獻儺差近。徐仙民音禓爲儺。當由本是禓字、相傳讀儺也。》/8

禔禔 (지)【tí ㄊㄧˊ】㊤㊥ zhī ㉠ tí ⑨ zhì ㉆ shí 편안할 ■제·시:같은 뜻

설문 0024 安也。《本安下有福。今依『李善-文選(選):注』。》从示。是聲。《司馬貞引『說文』市支反。此『說文:音隱』所載也。『唐韵(韻)』切同。16部。》『易』曰。禔既平。《『周易:坎:九五』。祇既平。釋文曰。祇、京作「禔」。按『許-自序』所偁(稱)『易-孟氏』。『京房-受:易-焦延壽』。延壽嘗從孟喜問『易』。虞翻(飜)自言臣高祖光、曾祖成、祖鳳、父歆、皆治『孟氏-易』。至臣五世。翻注此爻云。祇、安也。然則『孟-易』作「禔」訓安甚明。【翻本】作『祇』。謂祇卽禔之假借。與『何人斯:鄭-箋』正同。氏、是同在第 16部。得相假借。》/3

⿰礻胥⿰礻胥 (서)【xǔ ㄒㄩˇ】제기

설문 0059 祭具也。《『山海經』、『離騷經』皆作「糈」。王逸曰。糈、精米。所以享神。郭璞曰。糈、祭神之米名。疑『許君-所據:二書』作「⿰礻胥」。》从示。胥聲。《私呂(呂)切。5部。》/7

5 ⑪

禖 (매)【**méi** ㄇㄟˊ】(천자가 아들 낳기를 비는) 귀신 이름、매제사

[설문] [0058] 祭也。《謂祭名也。『商頌:傳』曰。春分玄鳥降。湯之先祖。有娀氏女簡狄配高辛氏帝。帝率與之祈於郊禖而生契。故本其爲天所命。以玄鳥至而生焉。『大雅:傳』曰。古者必立郊禖焉。玄鳥至之日。以大牢祀於郊禖天子親往。后妃率九嬪御。乃禮天子所御。帶以弓韣。授以弓矢。於郊媒之前。玉裁按。據此則禖神之祀不始於高辛明矣。『鄭-注:月令』云。玄鳥、媒氏之官以爲候(候)。高辛氏之世。玄鳥遺卵。娀簡吞之而生契。後王以爲媒官嘉祥而立其祠焉。變媒言禖。神之也。『注:禮記』時未專信『毛詩』。故說鉏鋙爾。『鄭志』焦喬之荅。回護鄭公。殊爲詞費。》从示。某聲。《莫桮切。古音在 1部。》/7

禘 (체)【**dì** ㄉㄧˋ】(제왕의 시조를 하늘에 제사 지내는)큰 제사 ■**제**:속음

[설문] [0043] 諦祭也。《〔言部〕曰。諦者、審也。諦祭者、祭之審諦者也。何言乎審諦。自來說者皆云審諦昭穆也。諦有三。有時諦。有殷禘。有大禘。時禘者。『王制』春曰礿、夏曰禘、秋曰嘗、冬曰蒸、是也。夏商之禮也。殷禘者。周春祠、夏禴、〈卽礿字〉秋嘗、冬蒸。以禘爲殷祭。殷者、盛也。禘與祫皆合羣(群)廟之主祭於大祖廟也。大禘者。『大傳』、『小記』皆曰王者禘其祖之所自出。以其祖配之。謂王者之先祖皆感大微五帝之精以生。皆用正歲之正月郊祭之。『孝經:郊祀』后稷以配天。配靈威仰也。『毛詩』言禘者二。曰雝、禘大祖也。大祖謂文王。此言殷祭也。曰『長發』、大禘也。此言商郊祭感生帝汁光紀以玄王配也。云大禘者、葢(蓋)謂其事大於宗廟之禘。『春秋經』言諸侯之禮。『僖八年』禘于太廟。太廟謂周公廟。魯(魯)之太祖也。天子宗廟之禘。亦以尊太祖。此正禮也。其他經言吉禘于莊公。傳之禘於武公、禘於襄公、禘於僖公。皆專祭一公。僭用禘名。非成王賜魯重祭、周公得用禘禮之意也。昭穆固有定。曷爲審諦而定之也。禘必羣廟之主皆合食。恐有如夏父弗忌之逆祀亂昭穆者。則順祀之也。天子諸侯之禮。兄弟或相爲後。諸父諸子或相爲後。祖行孫行或相爲後。必後之者與所後者爲昭穆。所後者昭則後之者穆。所後者穆則後之者昭。而不與族人同昭穆。以重噐(器)授受爲昭穆。不以世系蟬聮(聯)爲昭穆也。故曰宗廟之禮所以序昭穆也。宗廟之禮謂禘祭也。禘之說大亂於唐之陸淳、趙匡。後儒襲之。不可以不正。》从示。帝聲。《特計切。16部。》『周禮』曰。五歲一禘。《『五經異義』。『今-春秋:公羊』說。五年而再殷祭。『古-春秋:左氏』說。古者日祭於祖考。月祀於高曾。時享及二祧。歲祫及壇墠。終禘及郊宗石室。許君謹案。叔孫通宗廟有日祭月薦之禮。知自古而然也。三歲一祫。此『周禮』也。五歲一禘。疑先王之禮也。鄭君駁之曰。三年一祫。五年一禘。百王通義。以爲『禮讖』云。殷之五年。殷祭亦名禘也。玉裁按。此與『公羊』五年而再殷祭說正合。今閩縣陳氏恭甫名壽祺云。『初學記』、『藝文類聚』引『許-異義』。文有譌脫。當作三歲一祫。五歲一禘。此『周禮』也。三歲一禘。疑先王之禮也。今脫四字、譌一字。陳說是也。》/5

◀ **제 10 획** ▶

禛 (진)【**zhēn** ㄓㄣˉ】복 받을

[설문] [0014] 吕(以)眞受福也。从示。眞聲。《此亦當云从示、从眞、眞亦聲。不言者省也。聲與義同原。故鐇聲之偏旁(旁)多與字義相近。此會(會)意、形聲兩(兩)兼之字致多也。『說文』或偁(稱)其會意、略其形聲。或偁其形聲、略其會意。雖則渻文。實欲互見。不知此則聲與義隔。又或如『宋人-字說』。衹有會意。別無形聲。其失均誣矣。側鄰(隣)切。12部。》/2

禜 (영)【**yòng** ㄩㄥˋ】[상] **yǒng** [작] **yíng** 영제사(제단을 설치하고 가물에 기우하거나 역질이 있으면 이를 물리쳐 없애는 산천제), 재앙 막는 제사

[설문] [0052] 設緜(綿)蕝爲營。吕(以)禳風雨雪霜水旱厲(癘癘癘)疫于日月星辰山川也。《『史記、漢書:叔孫通傳』。皆云爲緜蕞。野外習之。韋昭云。引繩爲緜。立表爲蕞。蕞卽蕝也。詳〔艸部〕。凡環帀爲營。禜營疊韵(疊韻)。『左氏傳』。子産曰。山川之神。則水旱厲疫之烖(災)。於是乎禜之。日月星辰之神。則雪霜風雨之不時。於是乎禜之。許與『鄭司農-周禮:注』引皆先日月星辰。與【今本】不同也。》从示。从營省聲。《下从字、度他字下皆當有。後人刪(刪)之。爲命切。11部。》一曰禜、《逗。》衛使烖(災)不生。《此字義之別說也。上言禳之於已至。此言禦之於未來。【鉉本】此下引『禮記』雩禜祭水旱。誤用鍇語爲正文也。》/6

䌖 (류)【**liù** ㄌㄧㄡˋ】예방할 ■**주**:같은 뜻

[설문] [0048] 祝䌖也。《惠氏士奇曰。『素問:黃帝』曰。古之治病、可祝由而已。祝由、卽祝䌖也。已、止也。玉裁按。『玉篇』曰。古文作「袖」。》从示。畱(留)聲。《力救切。『玉篇』除畱切。3部。》/6

褫 (사)【**xī** ㄒㄧˉ】[ㄱ] **shí**, **sí** [상][中][9] **sī** [작] **shī** 복(행복)

[설문] [0016] 福也。《見『釋詁』。『張衡-東京賦』曰。祈褫禳災。》从示。虒聲。《息移切。『字林』弋爾反。16部。》/3

禡 (마)【**mà** ㄇㄚˋ】마제(전시에 군대가 머무는 곳에서 지내는 제사)

[설문] [0062] 師行所止。恐有慢其神。下而祀之曰禡。《『釋天』曰。是禷是禡。師祭也。『王制:注』云。爲兵禱。『周禮:肆師、甸祝』皆作「貉」。杜、鄭讀貉爲十百之百。云爲師祭造軍法者。禱氣勢之十百增倍。許說不同者。許時古今說具在。『五經異義』今已亾(亡)。又『賈氏-周禮:解詁』亦亾。不詳其所本也》从示。馬聲。《莫駕切。古音在 5部。》『周禮』禡於所征之地。《『王制』文。》/7

◀ **제 11 획** ▶

禦 (어)【**yù** ㄩˋ】[작] **yǔ** [本][제사] 막을(방어、피함、방비)

[작] 作家出版社〔董蓮池-說文解字考正〕 [9] 九州出版社〔柴劍虹-說文解字〕 [ㄱ] 陝西人民出版社〔蘇寶榮-說文解字今注今譯〕 [상] 上海古籍出版社〔說文解字注〕 [中] 中華書局〔臧克和-說文解字新訂〕

설문 0056 祀也。从示。御聲。《後人用此爲禁禦字。疑擧切。5部。古只用御字。》/7

◀ 제 12 획 ▶

禶 (체)【cuì ㄘㄨㄟˋ】 자주 제사 지낼 ■찬:같은 뜻

설문 0046 數祭也。《『廣雅:釋詁』日。禶、謝也。『釋天』日。禶、祭也。數讀數罟之數。雙聲也。》从示。毳聲。讀若舂麥爲桑之桑。《凡言讀若者、皆擬其音也。凡傳注言讀爲者、皆易其字也。注【經】必兼茲二者。故有讀爲、有讀若。讀爲亦言讀日。讀若亦言讀如。【字書】但言其本字本音。故有讀若、無讀爲也。讀爲、讀若之分。唐人作『正義』已不能知。爲與若兩字、『注』中時有譌亂。爲桑之桑字从木。【各本】譌从示。不可解。『廣雅』。桑、舂也。楚芮反。『說文』無桑字。卽〔臼部:舂〕去麥皮日臿也。江氏聲云。『說文』解說內或用方言俗字。篆文則仍不載。禶此芮切。15部。》/6

禧 (희)【xī ㄒㄧˉ】 ㉠ xǐ 복

설문 0013 禮吉也。《行禮獲吉也。『釋詁』日。禧、福也。》从示。喜聲。《許其切。1部。》/2

鬃 (팽)【bēng ㄅㄥˉ】 사당문 제사

설문 0037 門內祭先祖所㫄(旁)皇也。《舊所下有以。今依『詩』、『爾雅:音義』。「㫄(旁)」或作「徬傍(徬傍)彷」。「皇」或作「徨」。皆俗。『詩:毛傳』日。祊、門內也。『郊特牲』日。索祭祝於祊。不知神之所在。於彼乎。於此乎。或諸遠人乎。祭於祊、尙日求諸遠者與。此㫄皇之說也。鬃㫄皇三字疊韵(疊韻)。》从示。彭聲。《補旨(盲)切。古音在 10部。》『詩』日。祝祭于鬃。《『小雅:楚茨』文。【今】作于祊。》祊鬃或从方。《彭聲、方聲同部。》/4

禪 (선)【chán ㄔㄢˊ】 ㉠㉭㊥⑨㉱ shàn 봉선(산천의 신에게 지내는 제사)、선위할, 좌선할

설문 0055 祭天也。从示。單聲。《凡封土爲壇。除地爲墠。古封禪字葢(蓋)祇作「墠」。項威日。除地爲墠。後改墠日禪。神之矣。服虔日。封者、增天之高。歸功於天。禪者、廣土地。應劭亦云。封爲增高。禪爲祀地。惟張晏云。天高不可及。於泰山上立封。又禪而祭之。冀近神靈也。『元鼎二年紀』云。望見泰一。修天文禮。禮卽古禪字。是可證禪亦祭天之名。但禪訓祭天。似當與祡爲伍。不當廁此。時戰切。14部。》/7

禫 (담)【tǎn ㄊㄢˇ】 ㉭㊥⑨㉱ dàn 담제사(대상을 지낸 다음 달에 지내는 제사)

설문 0072 除服祭也。《『士虞禮:記』日。中月而禫。『注』。中猶閒也。禫、祭名也。與大祥閒一月。自喪至此凡二十七月。禫之言澹。澹然平安意也。》从示。覃聲。《徒感切。古音在 7部。玉裁按。『說文』一書。三言讀若三年導服之導。考『士虞禮:注』日。古文禫或爲導。『喪大記:注』日。禫或皆作道。許君葢(蓋)從古文。不錄今文禫字。且祘字重示。當居部末。如顚聑毳蟲猋皆居部末是也。祘字下出禫字。疑是後人增益。鄭君从禫。許君从導。各有所受之也。》/9

◀ 제 13 획 ▶

禬 (괴)【guì ㄍㄨㄟˋ】 푸닥거리, 동맹자 재물 거두어 장사지냄, 재앙제하는 제사

설문 0054 會(會)福祭也。《『周禮:注』日。除災(災)害日禬。禬、刮去也。與許異。》从示。會聲。《此等皆擧(擧)形聲包會意。古外切。15部。》『周禮』日。禬之祝號。《『周禮:詛祝』文。》/7

禮 (례)【lǐ ㄌㄧˇ】 本[밟을] 예도, 사람이 행할 질서

설문 0012 履(履)也。《見『禮記:祭義』、『周易:序卦傳』。履、足所依也。引伸之凡所依皆日履。此假借之法。履、履也。禮、履也。履同而義不同。》所目(以)事神致福也。从示豊。《禮有『五經』。莫重於祭。故禮字从示。豊者行禮之器。》豊亦聲。《靈啓切。15部。》𥘯古文禮。/2

◀ 제 14 획 ▶

禱 (도)【dǎo ㄉㄠˇ】 (신불에)기도할

설문 0051 告事求福也。《禱告求三字疊韵(疊韻)。》从示。壽聲。《都浩切。古音在 3部。》𥛜禱或省。𥜌籀文禱。《以眞致福意。疑下從夊。非從夊也。夊陟侈切。》/6

◀ 제 17 획 ▶

禳 (양)【ráng ㄖㄤˊ】 (신에게 제사지내어 재앙을)물리칠

설문 0053 磔禳、《逗。》祀祭厲(𠪚𠪚厲)殃也。《厲殃、謂厲鬼凶害。【各本】作「癘」。誤。『月令』。『三月』。命國難。九門磔禳。以畢春氣。『注』。此月之中。日行歷昴。昴有大陵積尸氣。佚則厲鬼隨而出行。命方相氏歐疫。又磔牲以禳於四方之神。所以畢止其災(災)。又『十二月』。命有司大難㫄(旁)磔。『注』。此月之中。日歷虛危。虛危有墳墓四司之氣。爲厲鬼將隨強(强)陰出害人也。㫄磔於四方之門。磔禳也。按許與『月令:注』合。『周禮:注』日。卻(却)變異日禳。禳、攘也。與許異。》古者燧人禜子所造。《未聞。禜子、爲其子禜災(災)也。》从示。襄聲。《汝羊切。10部。》/7

◀ 제 19 획 ▶

禷 (류)【lèi ㄌㄟˋ】 ㉠ liú (큰 일이 있을 때)천제 지낼

설문 0033 目(以)事類祭天神。《『五經異義』日。『今-尙書』夏戾、歐陽說。禷、祭天名也。以禷祭天者、以事類祭之。以事類祭之何。天位在南方、就南郊祭之是也。『古-尙書』說非時祭天謂之禷。言以事類告也。肆禷于上帝。時舜告攝。非常祭也。許君謹按。『周禮:郊天』無言禷者。知禷非常祭。從『古-尙書』說。玉裁按。『郊天』不言禷。而『肆師』類造上帝。『王制』天子將出。類於上帝。皆主軍旅言。凡【經傳】言禷者皆謂因事爲兆。依郊禮而爲之。『說文』亦从『古-尙書』說。》从示。類聲。《此當日从示類、類亦聲。省文也。力遂切。15部。『禮』以類爲禷。》/4

5 ⑪

114
5-20
内 짐승발자국 유

5 ⑪

内 䇽유【róu ㄖㄡˊ】[설문부수 511] 자귀(짐승의 발자국)

설문 9282 獸足蹂地也。《足著(着)地謂之厹(内)。以蹂釋厹、以小篆釋古文也。先古文後小篆者、〔上部〕先二之例也。》象形。《謂乚。》九聲。《人九切。3部。》尒疋曰。《小徐作『爾雅』曰。是也。此葢(蓋)後人所改耳。》狐狸䴉貉醜。其足蹯。其迹厹。《『釋獸』文。狐狸䴉、今作貍狐貒。『郭-注』。厹、指頭處也。葢渾言之、凡迹皆曰厹。分析言之則各有名。如『爾雅』所說。》凡厹之屬皆从厹。蹂篆文厹。《『爾雅:音義』云。古文爲蹂。由不知『說文』之例而改之。》从足。柔聲。/739

유사 구(厹)세모창, 기승부릴 ※ 구(厹)와 같은 글자
성부 부록 색인 참조
형부 厹를 부수로 하는 대부분의 글자들

◀ 제 4 획 ▶

禹 우【yǔ ㄩˇ】하우씨, 우임금,더딜, 벌레

설문 9286 蟲也。《夏王以爲名。學者昧其本義。》从厹(内)。《葢(蓋)亦四足。》象形。《王矩切。5部。》 古文禹。《見『漢書』。》/739

형성 (8자+1) 우(瑀)150 우(萬)299
우(禹)1261 우(踽)1273 우(楀)3306
우(郰)3957 우(䨞)7195 구(聥)7438
우(齲)

禺 우【yú ㄩˊ】㊄㊥⑨㉴ yù 긴 꼬리 원숭이, 가를(구별할), 처음, 허수아비 ■옹:같은 뜻

설문 5576 母猴屬。《〔爪部〕曰。爲者、母猴也。〔夊部〕曰。夒、一曰母猴也。『郭氏-山海經:傳』曰。禺似獼猴而大。赤目長尾。今江南山中多有。說者不了。乃作牛字。按『左傳:魯(魯)公』爲。『檀弓』作公叔禺人。可證爲、禺是一物也。》頭佀(似)鬼。《故从甶(由)。》从甶。从内。《牛具切。古音在 4部。讀如偶。》/436

성부 述律崩형성 (14자) 우(藕)414
옹(喁)919 우(遇)1078 우(齵)1226
우(髃)2455 우(寓)4410 우(偶)4966
옹(顒)5376 우(嵎)5588 우(愚)6486
우(愚)6510 옹(鰅)7286 우(堣)8608
우(隅)9182

◀ 제 6 획 ▶

离 리【lí ㄌㄧˊ】㊄㊥⑨㉴ chī 도깨비 , 밝을, 고울, 빛날 ■치:속음

설문 9284 山神也。《「也」字今補。》獸形。《「形」【各本】作「也」。今正。『左傳』螭魅罔兩。『杜-注』。螭、山神。獸形。『周禮』。地示物魅。『正義』引『服虔-左傳:注』螭、山神。獸形。『上林賦』。蛟龍赤螭。如『淳-注』曰。螭、山神也。獸形。按山神之字本不从虫。从虫者、乃許所謂若龍而黃者也。『今-左傳』作螭魅、乃俗寫之譌。『東京賦』作魑。亦是俗字。徐鉉於〔鬼部〕增魑字。誤矣。『薛綜-二京解』云。魑魅、山澤之神也。與許、服說同。本是山神而形如獸。故其字从厹(内)。若【今本】作神獸、則大誤矣。》从禽頭。《謂凶也。》从厹。《獸形則頭足皆獸矣。》从屮。《从屮、若巂字之首。像其冠耳。竊謂當从山。从山者、謂其爲山神也。音丑知切。古音在 17部。大徐呂支切。》歐陽喬說。离、猛獸也。《此別一義。『西都賦』。挖熊螭。『李-注』引『歐陽-尙書』說曰。螭、猛獸也。『漢書:儒林傳』。歐陽事伏生。世世相傳。至曾孫高字子陽。傳孫地餘。地餘子政。由是『尙書』世有歐陽氏學。『藝文志』。『歐陽-章句:三十一卷』。許云歐陽喬者、葢(蓋)卽高。古喬高通用。許作离、李善作螭者、俗亂之也。此葢說『今文-堣誓』。『史記』作如豺如離、可證。离離古通用。『周禮:正義』引『服氏-左傳:注』螭、山神。獸形。或曰如虎而噉虎。二說並(竝)列。正同許氏。若『俗本:說文』前說改爲山神獸也。則與後說不別矣。》/739

성부 離리 禽금
형성 (5자+1) 리(謧)1546 리(摛)7512
리(縭)8291 리(螭)8491 리(醨)9406
리(魑)

◀ 제 7 획 ▶

禼 설【xiè ㄒㄧㄝˋ】㊍[벌레 이름] 은나라 조상 이름

설문 9288 蟲也。《殷玄王以爲名。見『漢書』。俗改用偰契字。》从厹(内)。象形。讀與偰同。《私列切。15部。》 古文禼。/739

형성 (1자) 절(竊)4316

◀ 제 8 획 ▶

禽 금【qín ㄑㄧㄣˊ】짐승, 날짐승, 사로잡을 ■리:시호법(謚號法)

설문 9283 走獸總名。《『釋鳥』曰。二足而羽謂之禽。四足而毛謂之獸。許不同者、其字从厹(内)。厹爲獸迹。鳥迹不云厹也。然則倉頡造字之本意謂四足而走者明矣。以名毛屬者名羽屬。此乃偁(稱)謂之轉移叚(假)借。及其久也、遂爲羽屬之定名矣。『爾雅』自其轉移者言之。許指造字之本言之。凡【經典】禽字、有謂毛屬者。有謂羽屬者。有兼擧(擧)者。故『白虎通』曰。禽者何。鳥獸之總名。》从厹。象形。《厹以像其足迹。凶以像其首。》今聲。《巨今切。7部。》禽离兕頭相佀(似)。《此猶魚尾同燕尾、能足同鹿足之意也。》/739

유사 도깨비 리(离)
참고 금(擒)사로 잡을, 포로

◀ 제 18 획 ▶

閈 비【fèi ㄈㄟˋ】짐승 이름 (内부 20획)
설문 9287 周成王時。州靡國獻閈閈。人身反踵。《足跟也。作踵者、誤。》自笑(笑)。笑卽上脣弇其目。食人。《巳上見『周書:王會篇』。郭樸云。亦見『尙書:大傳』。》北方謂之土螻。《傳異(異)名。『西山經』說土螻狀如羊而四角。不同此。》『爾雅』曰。閈閈如人。被髮。讀若費。一名梟陽。《許作梟陽。【宋本】及『爾雅:音義』可證也。【他書】多作梟羊者。》从厹(内)。象形。《囟(囪)像其首。㠯像其手執人。符未切。15部。『爾雅』釋文引許扶味反。》/739

115 禾
5-21 ▤ 벼 화

禾 화【hé ㄏㄜˊ】【설문부수 253】벼, 곡식, 성씨 ▣수:말의 이빨 수효
설문 4182 嘉穀也。《嘉禾疉(疊)韵。『生民:詩』曰。天降嘉穀。維虋維芑。虋芑、『爾雅』謂之赤苗、白苗。許〔艸部〕皆謂之嘉穀。皆謂禾也。『公羊:何-注』曰。未秀爲苗。巳秀爲禾。『魏風』。無食我黍。無食我麥。無食我苗。毛曰。苗、嘉穀也。嘉穀謂禾也。『生民:傳』曰。黃、嘉穀也。嘉穀亦謂禾。民食莫重於禾。故謂之嘉穀。嘉穀之連稿者曰禾。實曰㮚(粟)。㮚之人曰米。米曰粱。今俗云小米是也。》㠯(以)二月始生。八月而孰。得之中和。故謂之禾。《依『思玄賦:注』、『齊民要術』訂。和禾疉韵。》禾、木也。木王而生。金王而死。《謂二月生、八月孰也。伏生、『淮南子』、【劉(劉)向-所著:書】皆言張昏中種穀。呼禾爲穀。『思玄賦:注』引此下有「故曰木禾」四字。》从木。《禾、木也。故从木。》象其穗。《【各本】作「从木从𠂹省、𠂹象其穗」九字。淺人增四字。不通。今正。下从木。上筆𠂹者象其穗。是爲从木而象其穗。禾穗必下垂。『淮南子』曰。夫子見禾之三變也。滔滔然曰。狐向丘而死。我其首禾乎。『高-注』云。禾穗垂而向根。君子不忘本也。『張衡-思玄賦』曰。嘉禾垂穎而顧本。王氏念孫說。莠與禾絕(絶)相似。雖老農不辨。及其吐穗。則禾穗必屈而倒垂。莠穗不垂。可以識別。〔艸部〕謂莠揚生。古者造禾字。屈筆下垂以象之。戶戈切。17部。》凡禾之屬皆从禾。/320
유사 나무 끝 굽을 계(禾) 아닐 미(未) 나무 목(木) 삼빈(朩) 삽주뿌리 출(出) 끝 말(末)
성부 부록 색인 참조
형부 禾를 부수로 하는 대부분의 글자들
형성 (2자) 화(龢 龢)1354 화(盉 盉)3014

禾 禾 계【jī ㄐㄧ】【설문부수 220】나무 끝 옹두라져 뻗어나지 못할 ▣애:같은 뜻(禾부 0획)
설문 3724 木之曲頭止不能上也。《此字古少用者。『玉篇』曰。亦作㲉。非是。㲉在 1部。禾當在 15、16部。古兮切。『玉篇』古㲉、古兮二切。》凡禾之屬皆从禾。/275
유사 벼 화(禾) 나무 목(木)
성부 稽계
형부 구(𣐊𣐊 𣐊) 지(稽 𥝩)

◀제 2 획▶

秃 독【tū ㄊㄨ】【설문부수 317】대머리, 민둥민둥 할, 모지라질, 두루미, 민둥산
설문 5221 無髮也。《『喪服四制』曰。秃者不髽。『明堂位:注』曰。齊人謂無髮爲秃楬。『周禮:醫師:注』曰。疕、頭瘍。亦謂秃也。引伸之、凡不鋭者曰秃。『釋名』曰。沐、秃皆無上皃(貌)之稱。沐者、『管子』云沐涂樹之枝。謂刊落之也。》从儿。上象禾粟之形。取其聲。《按「粟」當作「秀」。以避諱改之也。𥝌下云。禾成秀也。然則秀𥝌爲轉注。象禾秀之形者謂禾秀之穎屈曲下𠂹。莖屈處圓轉光潤如折釵股。秃者全無髮、首光潤似之。故曰象禾秀之形。秀與秃古音皆在 3部。故云秃取秀之聲爲聲也。【許書】兩言取其聲。世下曰从卅而曳長之、亦取其聲。謂取曳聲也。此云象禾秀之形、取其聲。謂取秀聲也。皆會意兼形聲也。其實秀與秃古無二字。殆小篆始分之。今人秃頂亦曰秀頂。是古遺語。凡物老而椎鈍皆曰秀。如鐵生衣曰銹。他谷切。》凡秃之屬皆从秃。王育說。《謂以上爲王育說也。》倉頡出見秃人伏禾中。因㠯(以)制字。未知其審。《因一時之偶見。遂定千古之書契。秃人不必皆伏禾中。此說殆未然矣。『廣韵:秃』下曰。『說文』云。無髮也。从儿。上象禾粟之形。『文字:音義』云倉頡出見秃人伏於禾中。因以制字。『廣韵』不以倉頡云云爲『說文』語。則知【古本】無倉頡以下十七字。而王育說三者爲結上之辭。【全書】例固如此。『文字:音義』者、『唐書:藝文志』有玄宗開元『文字音義:三十卷』是也。》/407
형부 퇴(穨 穨)

秀 秀 수【xiù ㄒㄧㄡˋ】(이삭, 꽃이)팰, 빼어날, (벼)이삭
설문 4183 上諱。《「上諱」二字【許書】原文。秀篆【許本】無。後人沾之。云上諱。則不書其字宜矣。不書故義形聲皆不言。說詳一篇〔示部〕。『伏侯-古今:注』曰。諱秀之字曰茂。葢(蓋)許空其篆。而釋之曰上諱。下文禾之秀實爲稼。則本作茂實也。許旣不言。當補之曰。不榮而實曰秀。从禾人。不榮而實曰秀者『釋艸』、『毛詩』文。按『釋艸』云。木謂之榮。艸謂之華。榮、華散文則一耳。榮而實謂之實。桃李是也。不榮而實謂之秀。禾、黍是也。榮而不實謂之英。牡丹、勺藥是也。凡禾黍之實皆有華。華瓣收卽爲稃而成實。不比華落而成實者。故謂之榮可。如黍稷方華是也。謂之不榮亦可。實發實秀是也。『論語』曰。苗而不秀。秀而不實。秀則已實矣。又云實者。此實卽生民之堅好也。秀與𥝌義相成。𥝌下曰。禾成秀也。𥝌自其𠂹言之。秀自其挺言之。而非實不謂之秀。非秀不謂之𥝌。『夏小正』。秀然後爲萑葦。『周禮:注』。

5 ⑪

茶(荼)、芧秀也。皆謂其粊而實。引伸之爲俊秀、秀傑。从禾人者。人者、米也。出於稃謂之米。結於稃內謂之人。凡果實中有人。『本艸』本皆作「人」。【明刻】皆改作「仁」。殊謬。禾稃內有人是曰秀。『玉篇』、『集韵』、『類篇』皆有秂字。欲結米也。而鄰(隣)切。本秀字也。隸(隷)書秀从乃。而秂別讀矣。息救切。3部。》/320

【他本說文解字】曰:《漢光武帝也。徐鍇曰。禾實也。有實之象。下垂也。》

【米】下『注』云:《凡穀必中有人而後謂之秀。故秀从禾人。》/330

성부 秀유

형성 (+1) 투(透 䜚)

私 사【sī ㄙˉ】 本[나] 천자 이하에 딸린 벼슬아치, 간사할, 간통할

설문 4197 禾也。《葢(蓋)禾有名私者也。今則叚(假)私爲公厶。倉頡作字。自營爲厶。背厶爲公。然則古祗作厶。不作私。》从禾。厶聲。《息夷切。15部。》北道名禾主人、曰私主人。《北道葢許時語。立乎南以言北之辭。『周頌』。駿發爾私。毛曰。私、民田也。》/321

형성 (1자) 사(菘 䅋)398

◀ 제 3 획 ▶

秄 (자)【jié ㄐㄧㄝˊ】 ㊄㊥⑨㊈ zǐ 북돋울

설문 4229 雝禾本。《「雝」俗作「壅」。『小雅』。或耘或耔。毛曰。耘、除艸也。耔、雝本也。『食貨志』。后稷始甽田。以二耜爲耦。廣尺深尺曰甽。長終畝。一畝三甽。一夫三百甽。而播種於甽中。苗生三葉以上。稍耨隴艸。因墤其土以附苗根。故其『詩』曰。或芸或芓。黍稷儗儗。芸、除艸也。芓、附根也。言苗稍壯。每耨輒附根。比盛暑。隴盡而根深。能風與旱。故儗儗而盛也。按班所據『詩』作「芓」。古文叚(假)借字。說『詩』作「秄」。小篆字。『詩』言耘秄。『左傳』言穮蔉。蔉者、甽也。隤壟艸壅於甽中也。耔蔉皆俗字。》从禾。子聲。《即里切。1部。》/325

秅 차【chá ㄔㄚˊ】 벼 400 단, 벼 400 묶음

설문 4266 二秭(秭)爲秅。《禾四百秉也。『周禮:掌客』曰。上公車禾眡死牢。牢十車。車三秅。『注』云。禾、稾實并刈者也。『聘禮』。四秉曰筥。十筥曰稯。十稯曰秅。每車三秅。則三十稯也。『聘禮:注』云。一車之禾三秅。爲千二百秉、三百筥、三十稯也。○ 按【小徐本】作秭也。『廣韻』從之。是則秅卽秭、爲今數。二秭爲秅。爲古數也。【小徐本】非奪字。仍記於此。》从禾。乇聲。《宅加切。古音在 5部。丁故反。》『周禮』曰。《『周禮』當是本作『禮記』。淺人所改也。【許書】之例。謂『周官經』曰『周禮』。謂『十七篇』曰『禮』。『十七篇之記』謂之『禮記』。與偁(稱)鈃毛牛藿羊苄豕薇、系之『禮記』是也。四秉爲筥以下『聘禮記』文。》二百四十斤爲秉。《此七字妄人所增。當刪(删)。『聘禮記』曰。十斗曰斛。十六斗曰籔。十籔曰秉。二百四十斗。云二百四十斗者、經致饔米三十車。每車秉有五籔計之。得二十四斛。爲二百四十斗也。此說米之數。與禾無涉。鄭君所謂米禾之秉筥。字同數異。妄人乃益之曰爲秉。與下文言禾之四秉曰筥相屬而轉寫又斗譌斤。曾謂許君而有此乎。『國語』。稯禾、秉芻、缶禾。『韋-注』當本云稯禾、四十秉也。秉、把也。缶、庾也。庾米、十六斗也。『聘禮』曰。十六斗曰庾。四秉曰筥。十筥曰稯。【今本】亦不知何人妄改。致不可讀。要之許、韋不可誣也。若『廣雅』之謬誤。又無論矣。》四秉曰筥。《秉見〔又部〕。曰禾秉也。从又持禾。〔秝部〕云。持一爲秉。持二爲兼。『詩:毛傳』云。秉、把也。四秉冡〔又部〕言之。謂禾四把也。禾者、稾實兼刈者也。『鄭-注:禮』云。筥、穧名也。若今萊陽之閒(間)刈稻聚把有名爲筥者。『詩』云。彼有遺秉。又云。此有不斂穧。按鄭意筥卽穧。刈禾盈手曰秉。盈手者四聚於一處爲一穧。穧十而總束之則爲稯。故曰稯猶束也。『周禮:注』云。筥讀如棟梠之梠。謂一穧也。疑『今-禮:注』奪去一字。》十筥曰稯。十稯曰秅。四百秉爲一秅。/328

杓 (조)【diǎo ㄉㄧㄠˇ】 ㊥ diáo 이삭 고개 숙일

설문 4216 禾危粊也。《危粊謂穎欲斵(斷)落也。『齊民要術』云。刈晚則穗折。遇風則收減。『玉篇』云。杓亦懸物也。則杓同『方言』之𠄢。『方言』曰。𠄢、縣也。趙魏之閒曰𠄢。燕趙之郊縣物於臺之上謂之𠄢。郭樸曰。了𠄢、縣物皃(貌)。丁小反。按『玄應書』及『集韵(韻)』所引『方言』皆如是。『今本-方言』作「佻」。妄人所改耳。『王延壽-王孫賦』。𠄢瓜懸而瓠垂。𠄢者象形字。杓者諧聲字。》从禾。勺聲。《都了切。2部。》/324

秔 秔(흘)【jì ㄐㄧˋ】 ㊄㊥⑨ hé ㊈ qì 좁쌀 무거리, 앵미 ▣혈:싸래기

설문 4238 稖也。从禾。气聲。《居气切。15部。『篇』、『韵』皆下汲(没)切。》/325

秉 병【bǐng ㄅㄧㄥˇ】 볏뭇(한웅큼의 볏단), 잡을, 열엿섬, 자루

설문 1820 禾束也。《『小雅』。彼有遺秉。毛云。秉、把也。『聘禮記:四秉曰筥:注』。此秉謂刈禾盈手之秉也。『左傳』。或取一秉秆焉。按【經傳】假秉爲柄字。》从又持禾。《兵永切。古音在 10部。》/115

● 秊 季 해 년(年)-본자

● 秎 이로울 리(利)-고자

◀ 제 4 획 ▶

秋 穐龝 추【qiū ㄑㄧㄡˉ】 本[곡식 익을] 가을, 세월

설문 4259 禾穀孰也。《其時萬物皆老。而莫貴於禾穀。故从禾。言禾復言穀者、晐百穀也。『禮記』曰。西方者秋。秋之爲言揫也。》从禾。𤒹省聲。《七由切。3部。》𪚿籒文。不省。/327

형성 (7자) 추(萩 䕀)423 추(啾 㗉)756 추(篍 䈤)2870 추(楸)3314 초(湫 𣸃)7018 추(揫 𢶡)7572 추(甃 𤮮)8076

秏 (모)【hào ㄏㄠˋ】 벼
설문 4208 稻屬。《『漢書』曰。訖於孝武後元之年。靡有孑遺秏矣。孟康曰。秏音毛。無有秏米在者也。秏米、米名。卽所謂稻屬也。【今本】作「毛米」。誤。孟意若今言無有一粒存者。『水經:注』曰。燕人謂無爲毛。故有用毛爲無者。又有用秏者。初讀莫報切。旣又讀呼到切。改禾旁爲耒旁。罕知其本音本義本形矣。『大雅』。秏斁下土。秏者、乏無之謂。故『韓詩』云惡也。》从禾。毛聲。《呼到切。2部。按當音毛、音耄。》伊尹曰。飯之美者。玄山之禾。南海之秏。《『吕(呂)氏春秋:本味篇』。伊尹曰。南海之秬。『高-注』。南海、南方之海。秬、黑黍也。『許-所據:伊尹書』不同。『伊尹書』見『漢:藝文志』。》/323

科 과【kē ㄎㄜ】 本[과정] 품등, 조목, 법, 과거(科擧), 웅덩이
설문 4262 程也。《『廣韵』曰。程也。條也。本也。品也。又科、斷(斷)也。按實一義之引伸耳。『論語』曰。爲力不同科。『孟子』曰。盈科而後進。趙岐曰。科、坎也。按盈科爲盈等也。》从禾斗。《依『韵會-所據:小徐本』。苦禾切。17部。》斗者、量也。《說从斗之意。》/327

秒 (묘)【miǎo ㄇㄧㄠˇ】 本[까끄라기] ■초: 초(시분초)
설문 4220 禾芒也。《下文云。禾有秒。秋分而秒定。『淮南書』。「秒」作「蔈」。亦作「標」。按〔艸部〕云。蔈、末也。禾芒曰秒。猶木末曰杪。『九穀攷』曰。粟之孚甲無芒。芒生於粟采之莖。》从禾。少聲。《亡沼切。2部。》/324

秔 (갱)【gēng ㄍㄥ】 상中⑨작 jīng 메벼
설문 4207 稻屬。《凡言屬者、以屬見別也。言別者、以別見屬也。重其同則言屬。秔爲稻屬是也。重其異則言別。稗爲禾別是也。『周禮:注』曰。州黨族閭比郷(鄉)之屬別。介次市亭之屬別。小者屬別並(竝)言。分合並見也。稻有至黏者、稬是也。有次黏者、稉是也。有不黏者、穛是也。稉比於稬則爲不黏。比於穛則尙爲黏。稉與穛爲飯。稬以釀酒、爲餌餈。今與古同矣。散文稉亦偁(稱)稻。對文則別。『魏都賦』。水澍稉稌。陸蒔稷黍。『蜀都賦』。黍稷油油。稉稻莫莫。皆稉稻並擧(擧)。『本艸經』秔米稻米殊用。陶貞白乃不能分別。其亦異矣。》从禾。亢聲。《古行切。古音在10部。》粳俗秔。《更聲也。陸德明曰。稉與粳皆俗秔字。》/323

秕 (비)【bǐ ㄅㄧˇ】 쭉정이, 더럽힐
설문 4243 不成粟也。《按不成粟之字从禾。惡米之字从米。而皆比聲。此其別也。『左傳』。若其不具。用秕稗也。杜云。秕、穀不成者。僞古文云。若粟之有秕。『吕(呂)覽』云。凡禾之患。不俱生而俱死。是以先生者美米。後生者多秕。是故其耨也。長其兄而去其弟。按今俗評穀之不充者曰癟。補結切。卽秕之俗音俗字也。引伸之凡敗者曰秕。『漢書』曰。秕我王度。》从禾。比聲。《卑履切。15部。》/326

采 수【suì ㄙㄨㄟˋ】 이삭, 벼 익을
설문 4215 禾成秀人所收者也。《依『爾雅:音義』及『玄應書』訂。采與秀古互訓。如『月令:注』。黍秀舒散。卽謂黍采也。人所收。故从爪。》从爪禾。《會意。小徐作爪聲。非。此與采同意。徐醉切。15部。》穗俗从禾。惠聲。/324
형성 (1자) 수(褎 𧝁)5050

◀ 제 5 획 ▶

秜 (니)【ní ㄋㄧˊ】 상中⑨작 lí 돌벼
설문 4210 稻今年落來年自生謂之秜。《『淮南書』。離先稻孰。而農夫耨之。不以小利傷大穫也。『注』云。離與稻相似。耨之爲其少實。疑離卽秜。『玉篇』、『廣韵(韻)』秜皆力脂(脂)切。則音同也。【他書】皆作「穭」。力舉切。『埤蒼』。穭、自生也。亦作「稆」。『後漢書:獻帝紀』。『尙書』郎以下。自出采稆。古作「旅」。『史漢』皆云。觜觿主葆旅事。晉灼曰。葆、采也。野生曰旅。今之飢民采旅生。按離秜旅一聲之轉。皆謂不種而自生者也。》从禾。尼聲。《里之切。按之當依『廣韵(韻)』作「脂(脂)」。15部。》/323

秝 력【lì ㄌㄧˋ】 [설문부수 254] 심는 간격 드물
설문 4269 稀疏適秝也。《【各本】無秝字。今依江氏聲、王氏念孫說補。適秝。上音的、下音歷。曡(疊)韵字也。『玉篇』曰。稀疏厤厤然。葢(蓋)凡言歷歷可數、歷錄束文皆當作秝。歷行而秝廢矣。『周禮:遂師』。及窆抱磨。鄭云。磨者、適歷。執綍者名也。『遂人』主陳之。而『遂師』以名行挍之。賈公彥云。天子千人分布於六綍之上。稀疏得所。名爲適歷也。『王氏念孫-廣雅:疏證』云。『子虛(虛)賦』、『七發』、『楊雄-蜀都賦』、『南都賦』、『論衡:譴告篇』、『嵇(嵇)康-聲無哀樂論』皆云勺藥。伏儼、文穎、晉(晉)灼、李善皆說是調和之名。上丁削反。下旅酌反。勺藥之言適歷也。『周禮:注』及『說文』皆云「適歷」。『說文:厤』字下云治也。䃹字下云調也。凡均調謂之「適歷」。》从二禾。《禾之疏密有章也。》凡秝之屬皆从秝。讀若歷。《郎擊切。16部。》/329
유사 수풀 림(林) 삼 파(𣏟)
성부 厤력【447-5701】 兼兼겸【329-4270】

租 조【zū ㄗㄨ】 구실, 밭가운데 벼 멍석
■저추: 쌀(包也)
설문 4253 田賦也。从禾。且聲。《則吾切。5部。》/326
형성 (1자) 조(葙 𦵃)560

秠 (비)【pī ㄆㄧ】 本[한 껍질 속에 두 알이 들어 있는 보리] 검은 기장
설문 4222 一稃二米。从禾。丕聲。『詩』曰。誕降嘉穀。惟秬惟秠。天賜后稷之嘉穀。《按此解當云稃也。从禾。丕聲。『詩』曰。誕降嘉穀。惟秬惟秠。黑黍、一稃二米。天賜后稷之嘉穀也。爲淺人改竄之耳。『詩:生民』。惟秬惟秠。『釋艸』曰。秬、黑黍。秠、一稃二米。『毛

5 ⑪

傳』正同。葢(蓋)黑黍一稃二米曰秬。言秬而一稃二米已見。【經】文以惟秠足句。見黑黍之稃有異。不比下文惟虋惟芑。畫(畵)然二物。故『釋訓』者以黑黍系秬。以一稃二米系秠。分屬之。『鄭志』。張逸問云。『鬯人職:注』。秬如黑黍。一稃二米。按『爾雅』。秠、一稃二米。未知二者同異。荅曰。秠卽其皮。稃亦皮也。『爾雅』重言以曉人。更無異偁(稱)也。據此知秠卽稃。凡稃皆曰秠。非必二米一稃也。許於〔鬯部:𩰪〕下云。黑黍也。一稃二米。是可見一稃二米者謂秬。非、謂凡秠也。此必偁【經】文惟秬惟秠。而後總釋之曰黑黍、一稃二米。則『爾雅』、『毛傳』訓詁之意明矣。秠之本義與稃同。故必先之曰稃也。从禾。丕聲。而後引『詩』。則知【經】義與字義無不合矣。『小徐本:秠稃』二篆相屬。此必【古本】。秠稃穭穮四篆同義。淺人墨守『爾雅』、『毛傳』。而不心知其意。乃妄改【許書】。致文理不通而不可讀。敷悲切。『字林』匹几匹九夫九三反。匹九夫九二反則當从不聲。『玉篇』作「秠」。是也。古音在 1部。○『今-鬯人:注』。如黑黍一稃二米。『詩:正義』引作一秠二米。葢『正義』所引是。鄭(鄭)作一秠。『爾雅』作一稃。鄭意秠卽稃。故荅問云爾。》/324

秦 秦 진【qín ㄑㄧㄣˊ】진나라
설문 4260 伯益之後所封國。《『鄭-詩:譜』曰。秦者、隴西谷名。於『禹貢』近雍州鳥、鼠之山。堯時有伯翳者。實皐陶之子。佐禹治水。水土旣平。舜命作虞官。掌上下草木鳥獸。賜姓曰嬴。歷夏商興衰。亦世有人焉。周孝王使其末孫非子養馬於汧渭之間。孝王封非子爲附庸。邑之於秦谷。至曾孫秦仲。宣王又命作大夫。始有車馬禮樂侍御之好。國人美之。秦之變風始作。按伯益、伯翳實一人。皐陶之子也。今甘肅秦州淸水縣有故秦城。『漢:地理志』之隴西秦亭、秦谷也。》地宜禾。从禾、舂省。《地宜禾者、說字形所以从禾从舂也。『職方氏』曰。雍州穀宜黍稷。豈秦穀獨宜禾與。匠鄰(隣)切。12部。按此字不以舂禾會意爲本義、以地名爲本義者、通人所傳如是也。》一曰秦、禾名。《此別一義。》𥣫 籒文秦。从秝。/327

유사 아뢸 주(奏) 편안할 태(泰) 봄 춘(春) 받들 봉(奉) 절구 용(舂)

형성 (5자) 진(蓁 𦶜)510 진(榛 𣗎)3317 진(溱 𣴤)6703 진(臻 𦥈)7344 진(轃 𨎥)9156

秧 秧 (앙)【yāng ㄧㄤˉ】(벼의)모
설문 4247 禾若秧穰也。《若卽上文之䅖也。若者、擇菜也。擇菜者必去其邊皮。因之凡可去之皮曰若。竹皮亦曰箬。『漢書』。印帬帬。綬若若。帬帬、重積也。若若、如擇若之多也。秧穰疊韵(疊韻)字。『集韵(韻)』曰。禾下葉多也。今俗謂稻之初生者曰秧。凡艸木之幼可移栽者皆曰秧。此與古義別。》从禾。央聲。《於良切。10部。》/326

秨 秨 (작)【zuó ㄗㄨㄛˊ】벼 흔들리는 모양
설문 4226 禾搖皃(貌)。《䌛今搖字。今俗語說動搖之皃(貌)曰秨。卽此字也。》从禾。乍聲。讀若昨。《在各切。5部。》/323

秩 秩 (질)【zhì ㄓˋ】차례, 벼슬녹
설문 4234 積皃(貌)。《「皃」【各本】作「也」。今正。積之必有次敘成文理。是曰秩。『詩:叚(假)樂:傳』曰。秩秩、有常也。『斯干:傳』曰。秩秩、流行也。『巧言:傳』曰。秩秩、進知也。『賓之初筵:傳』曰。秩秩然肅敬也。『釋訓』曰。條條、秩秩、智也。又曰。秩秩、淸也。皆引伸之義也。》从禾。失聲。《直質切。12部。古叚戴爲秩。如秩秩大猷。〔大部〕作戴戴大猷。『儀禮:注』云。秩或爲戴。皆是也。》『詩』曰。積之秩秩。/325

祏 祏 (석)【shí ㄕˊ】석(120근), 섬
설문 4267 百二十斤也。《『律厤志』曰。五權之制。銖者、物繇忽微至於成著。可殊異也。本起於黃鐘之重。一龠容千二百黍。重十二銖。兩者、兩黃鐘律之重也。二十四銖而成兩。斤者、明也。十六兩成斤。鈞者、均也。三十斤成鈞。石者、大也。權之大者也。四鈞爲石。古多叚(假)石爲祏。『月令』鈞衡石是也。有假祏爲山石者。『楚辭』悲任祏之何益是也。》稻一祏、爲粟二十斗。禾黍一祏、爲粟十六斗大半斗。《斗、【宋-刻】皆譌升。『毛本』又誤改斤。今正。稻亦可偁(稱)粟。猶凡穀皆可偁米也。祏不專用諸穀而从禾。故擧(擧)稻與禾黍之粟各一祏合於量者言之。》从禾。石聲。《常隻切。古音在 5部。》/328

秫 秫 朮 출【shú ㄕㄨˊ】삽주 ■술:차조
설문 4201 稷之粘者。《『九穀攷』曰。稷、北方謂之高粱。或謂之紅粱。其粘者黃白二種。所謂秫也。秫爲黏稷。而不黏者亦通評爲秫秫。而他穀之黏者亦叚(假)借通偁(稱)之曰秫。陶淵明使公田二頃。五十畝種秫。稻之黏者也。『崔豹-古今:注』所謂秫爲黏稻是也。》从禾。朮象形。《下象其莖葉。上象其采。食聿切。15部。【鍇本】作朮聲。》朮 秫或省禾。/322

유사 나무 끝 계(朩禾) 벼 화(禾) 나무 목(木) 삼 빈(朮)

성부 述述술 杀찰

형성 (8자) 출(茿 𦯀)433 술(術 𧗝)1205 술(訹 𧧑)1516 술(痲 𤵸)4572 출(怵 𢖻)6628 술(沭 𣲗)6750 혈(颫 𩖤)8567 술(鉥 𨥥)8896

秭 秭 秭(자)【zǐ ㄗˇ】本[6만 4천근] 억만, 천만
설문 4265 五稷爲秭。《禾二百秉也。『周禮:掌客:注』有秅秭麻苔之文。秅秭連文。則非『詩』之秭也。謂五稷也。》从禾。𠂔(𠂔)聲。《將几切。15部。》一曰數意至萬曰秭。《「意」【各本】作「億」。今依〔心部〕正。『周頌』兩言萬億及秭。毛曰。數萬至萬曰億。數億至萬曰秭。『定本』、『集注』、釋文皆作數億至萬。【釋文-所記:別本】及『正義』及前此甄鸞『五經筭術』皆作數億至億。【許書】多襲『毛傳』。此云數意至萬曰秭。似當出於毛。然〔心部〕云。十萬曰意。不從毛之萬萬曰億。而從古數。則說秭亦不必同毛。葢(蓋)毛作數億至億曰秭。許別有所受作數億至萬與。秭不見【他經】。惟見『周頌』。『鄭-內則:注』。萬億曰兆。依許說則

秭卽【他經】之兆與。『五經筭術』曰。黃帝爲法。數有十等。億兆京垓秭壤溝澗正載是也。及其用也。乃有上中下三等。下數、十十變之。中數、萬萬變之。上數、數窮則變。以中數言之。『毛傳』應云數垓至億曰秭。而言數億至億曰秭。有所未詳。玉裁按。十等之說起於漢末。取『周頌』云秭、『國語』云經妓者演之。三等之說取鄭云今數古數者演之。許、鄭所不言。未可盡信。數億至萬亦不爲不多矣。不必從毛之數億至億也。秭之言積也。『韓詩』云陳穀曰秭。亦取積義。如策簣之爲一物、其例也。○『釋詁』云。歷秭、筭數也。郭云。今以十億爲秭。》/328

형성 (1자) 타(秅 秺)5669

◀ 제 6 획 ▶

䅀 秝(렬)【liè ㄌㄧㄝˋ】 기장줄기 ■례:같은 뜻
※ 원문에는 从禾。𥝢聲으로 되어 있다。

설문 4245 黍穰也。《『廣雅』。黍穰謂之秝。『左傳』。使巫以桃茢先祓殯。『杜-注』云。茢黍穰。『檀弓』。以巫祝桃茢執戈。『鄭-注』云。茢、萑苕。按二物皆可爲彗。二字可通用。『故-注』不同。許說其本義也。『詩:生民』。禾役穟穟。『毛傳』。役、列也。列蓋(蓋)𥝢之叚(假)借。禾穰亦得謂之𥝢也。》从禾。列聲。《良薛切。15部。》/326

案 (안)【àn ㄢˋ】 벼 갈(갈아서 가루를 만들)

설문 4228 轢禾也。《轢者、車所踐也。此轢讀如勞。卽『齊民要術』所謂勞也。郎到切。賈思勰曰。古曰耰。今曰勞。『說文』。耰、摩田器。今人鄙語曰摩勞。種穀之法。苗旣出壟。每一經雨白背時。輒以鐵齒鍋棱縱橫杷而勞之。杷法。令人坐上數以手斷(斷)去艸。如此令地耎。易鉏。省力。中鋒止。苗高一尺。鋒之。按賈云鋒之、謂鉏之也。勞之而後鋒之。然則案之而後穮之矣。》从禾。安聲。《轢禾者、所以安禾也。形聲包會意。烏旰切。14部。》/325

 **移** 이【yí ㄧˊ】 本[모낼] 벼 이름, 옮길, 바꿀, 움직일 ■치:많을

설문 4212 禾相倚移也。《相「倚移」者、猶言儃而與之「委蛇」也。『呂氏春秋』曰。苗其弱也欲孤。其長也欲相與俱。其熟也欲相扶。「倚移」、連緜字曡(疊)韵。讀若「阿那(那)」。『攷工記-鄭司農:注』兩引「倚移」從風。『今-上林賦』作「旖旎」從風。『說文』於禾曰「倚移」。於旗曰「旖施」。於木曰「檹施」。皆謂「阿那」也。『毛傳』曰。「猗儺」、柔順也。「猗儺」卽「阿那」。『表記』。衣服以移之。『注』。移讀與禾氾移之移。移猶廣大也。禾氾移蓋(蓋)謂禾蕃多。『郊特牲』。其蜡乃通以移民也。鄭曰。移之言羨也。古叚(假)移爲侈。與『攷工記』飾車欲侈。【故書】侈爲移。『少牢饋食禮』移袂。皆是。今人但讀爲遷移。據『說文』則自此之彼字當作迻。》从禾。多聲。《弋支切。古音在16部。》一曰禾名。《別一義。》/323

형성 (1자+1) 이(𦳊 𦼩)488 이(𥟗 𦼩)

◀ 제 7 획 ▶

稀 稀(희)【xī ㄒㄧ¯】 드물, 묽을

설문 4194 疏也。《〔厶部〕曰。疏、通也。稀與穊爲反對之辭。所謂立苗欲疏也。引伸爲凡疏之偁(稱)。》从禾。希(希)聲。《【許書】無希字。而希聲字多有。與由聲字正同。不得云無希字、由字也。許時奪之。今不得其說解耳。香衣切。15部。》/321

稍 (견)【juān ㄐㄩㄢ¯】 보릿짚

설문 4244 麥莖也。《麥莖光澤娟好。故曰稍。一作藒。『潘岳-射雉賦』曰闚閻藒葉是。》从禾。肙聲。《古玄切。14部。》/326

稃 (부)【fū ㄈㄨ¯】 왕겨, 등겨

설문 4223 稽也。《【小徐本】此篆與秠篆相屬。【古本】也。『玉篇』次第正同。自淺人不知秠解而改竄之。乃又移易篆之次第矣。『甫田:箋』曰。方、房也。謂孚甲始生而未合時也。古借孚爲稃。》从禾。孚聲。《芳無切。古音在3部。》䅶稃或从米。付聲。/324

稅 (세)【shuì ㄕㄨㄟˋ】 구실(세금), 거둘 ■태:날이 지나 죽음을 듣고 복입을 ■단:검은 옷 ■탈:풀어놓을 ■열:받구실 ■수:시체에 옷입힐

설문 4254 租也。从禾。兌聲。《輸芮切。15部。》/326

稈 (간)【gǎn ㄍㄢˇ】 짚

설문 4241 禾莖也。《謂自根之上至貫於穗者是也。》从禾。旱聲。《古旱切。14部。》『春秋傳』曰。或投一秉稈。《『昭公:廿七年:左傳』曰。或取一編菅焉。或取一秉秆焉。國人投之。此以二句合爲一句耳。》秆稈或从干作。《干聲。》/326

程 (정)【chéng ㄔㄥˊ】 本[품수] 한도, 법, (저울, 되 같은)계량기, 길(거리)

설문 4263 程品也。《大徐無程字。按此三字爲句。與𥺝米也一例。淺人槩謂複字而刪(刪)之。品者、衆庶也。因衆庶而立之法則。斯謂之程品。上文言諸程品可證矣。『荀卿』曰。程者、物之準也。『月令』。陳祭器。按度程。『注』。程謂器所容也。『漢書』。張蒼定章程。如淳云。章、曆數之章術也。程者、權衡丈尺斗斛之平法也。》十髮爲程。十程爲分。《『一』【俗本】作『十』。誤。『大小徐-舊本』、『漢制攷』、『小學紺珠』皆不誤。百髮爲分。斷(斷)無是理。》十分爲寸。《十髮爲程。度起於此。十髮當禾秒十二。故字从禾。》从禾。呈聲。《直貞切。11部。》/327

稌 (도)【tú ㄊㄨˊ】 ㉧ dù 찰벼(차진 벼)

설문 4204 稻也。《『釋艸』曰。稌、稻。『周頌:毛傳』同。許曰。沛國謂稬。而郭樸曰。今沛國呼稌。然則稌稬本一語。而稍分輕重耳。》从禾。余聲。《徒古切。5部。》『周禮』曰。牛宜稌。《『食醫』文。》/322

稍 초【shāo ㄕㄠ¯】 점점(차츰차츰) ■소:속음

설문 4258 出物有漸也。《「漸」依許當作「𧼯」。漸行而𧼯廢矣。稍之言小也、少也。凡古言稍稍者皆漸進之謂。『周禮』。稍食、祿稟也。云稍者、謂祿之小者也。》从

禾。肖聲。《所敎切。2部。》/327

형성 (1자) 수(䅎 䅎)2791

稓 稓 秳(활)【huá ㄏㄨㄚˊ】 ㊙㊥⑨㊚ huó 조 대껴지지 않을

설문 4237 舂粟不潰也。《〔水部〕曰。潰、漏也。舂粟不潰者、謂無散於臼外者也。葢(蓋)舂之用力重則或潰。用力輕則不。是曰稓。今俗謂輕舂曰梡。古曠切。卽稓之轉語也。》从禾。𠯑聲。《戶括切。按當古活切。15部。》/325

椈 椈 椈(구)【jǔ ㄐㄩˇ】 굽은 가지, 뻗지 않을, 과실 이름

설문 3726 積椈也。《上篆下釋積椈之義。此衹云積椈也。【全書】之例如此。》从木。从又。句聲。《俱羽切。古音在 4部。讀如苟、亦如勾。》又者从丑省。《說从又之意。丑、紐也。紐者不伸之意。》一曰木名。《一說椈是木名也。木名但謂單字。》/275

◀ 제 8 획 ▶

稑 稑 (륙)【lù ㄌㄨˋ】 올벼

설문 4189 疾孰也。《謂凡穀有如此者。『邠風:傳』曰。先孰曰穋。『周禮:內宰:注』。鄭司農云。後種先孰謂之稑。按土宜物性卽同一種而有不同。故『大司徒』必辨十有二壤之物而知其種。『司稼』掌巡邦野之稼而辨穜(種)稑之種也。》从禾。坴聲。《力竹切。3部。》『詩』曰。黍稷穜稑。《『邠風:七月』文。按七月及閟宮(宮)皆作重。許穜下不偁(稱)而偁於稑下。葢(蓋)本作重。轉寫易之也。》穋 稑或从翏。《翏聲也。『今-周禮』作「稑」。『毛詩』作「穋」。》/321

稔 稔 (임)【rěn ㄖㄣˇ】 (곡식이)여물, 쌓일

설문 4252 穀孰也。《稔之言飪也。》从禾。念聲。《而甚切。7部。》『春秋傳』曰。不五稔是。《『昭:元年:左傳』文。》/326

稴 稴 (래)【lái ㄌㄞˊ】 보리, 밀

설문 4214 齊謂麥稴也。《來之本義訓麥。然則加禾旁作。來俗字而已。葢(蓋)齊字也。據『廣韵(韻)』則『埤蒼』來麰字作「稴」。》从禾。來聲。《洛哀切。1部。按上下文皆言禾。中閒以麥。疑皆非舊次。》/323

稗 稗 (패)【bài ㄅㄞˋ】 피, 자잘할

설문 4211 禾別也。《謂禾類而別於禾也。『孟子』曰。苟爲不孰。不如荑稗。『左傳』云。用秕稗也。杜云。稗、草之似穀者。稗有米似禾。可食。故亦種之。如淳曰。細米爲稗。故小說謂之稗官。小販謂之稗販。》从禾。卑聲。《旁卦切。16部。》琅邪有稗縣。《『地理志』琅邪郡稗縣。『郡國志』無。『後漢』省也。稗當是本作稗。莽曰識命。葢(蓋)惡其名而易之。今山東沂州府莒州州南有稗縣故城。或曰本春秋時向國。『隱公:二年』莒人入向是也。》/323

稘 稘 (기)【qí ㄑㄧˊ】 ㊙㊥⑨㊚ jī 돌(일주년)

설문 4268 復其時也。《言帀也。十二月帀爲期年。『中庸』一月帀爲期月。『左傳』旦至旦亦爲期。今皆假期爲之。期行而稘廢矣。》从禾。《从禾者、取舊穀沒(沒)新穀升也。》㞢(其)聲。《居之切。1部。》『唐書』曰。稘三百有六旬。《『堯典』文。『今-堯典』作「期」。葢(蓋)壁中古文作「稘」。孔安國以今字讀之。『易』爲期也。『唐書』、大徐作『虞書』。攴〔心部〕偁(稱)『唐書』五品不愻。【大小徐-本】同。此則小徐作『唐書』。大徐作『虞書』。他偁『堯典』者凡二十五。皆云『虞書』。不云『唐書』。參差不畫一。未得其解。竊謂『尙書-鄭:贊』云。三科之條。五家之敎。三科者、古文家說『虞夏書』、『商書』、『周書』是也。五家者、今文家說『唐書』、『虞書』、『夏書』、『商書』、『周書』是也。『虞夏』同科則自『堯典』至『甘誓』爲『虞夏書』。『愓誓』以下爲『商書』。『大誓』、『牧誓』以下爲『周書』。五家。『堯典』爲『唐書』。『皐陶謨』爲『虞書』。『禹貢』、『甘誓』爲『夏書』。『湯誓』以下爲『商書』。『大誓』、『牧誓』以下爲『周書』。『論衡』曰。唐虞夏殷周者、土地之名。重本不忘始。故以爲號。若人之有姓矣。說『尙書』謂五者、功德之名。盛隆之意。唐之爲言蕩蕩也。虞者、樂也。夏者、大也。殷者、中也。周者、至也。其褒五家大矣。然而失其初意。王充業今文。此五家之說之證也。伏生有五家之敎。故『尙書:大傳』有『唐傳』、『虞傳』、『夏傳』、『殷傳』、『周傳』之目。見『唐人-正義』所偁引。『大傳』旣亡。近惠氏定宇蒐集之爲『書』。乃標『堯典』之首曰。『虞夏傳』、『唐傳』。標『禹貢』之首曰。『虞夏傳』、『夏傳』。以古文家之目羼入今文家。殊爲不可通。許君云『唐書』者、從今文家說也。曷爲從今文家說也。『堯典』紀唐事。紀舜皆紀堯也。則謂之『唐書』。『皐陶謨』紀虞事。則謂之『虞書』。『禹貢』紀禹之功。則謂之『夏書』。勝於古文家之槩偁『虞夏書』未得其實也。曷爲自言偁『書:孔氏-古文』而從今文說也。古文、今文家標目皆非孔子所題。皆學之者爲之說耳。說則可擇善而從。無足異也。若『左傳』以『昚徽五典』六句系之『虞書』。以敷內以言三句系之『夏書』。『洪範』一篇系之『商書』。亦與古文家說不同。許於『洪範』則依『左傳』謂之『商書』。於『堯典』、『皐陶謨』、『禹貢』則依今文五家之敎謂之『唐書』、『虞書』、『夏書』。葢(蓋)合諸說而折其衷矣。凡『今本-說文』以『堯典』系『虞書』者二十五。皆淺人所妄改。許不應自相舛戾如是。》/328

稙 稙 (직)【zhí ㄓˊ】 올벼, 일찍 심은 벼 ■척:속음 ■식:같은 뜻

설문 4187 早穜也。《此謂凡穀皆有早種者。『魯頌:傳』曰。先種曰稙。謂先種先孰也。『釋名』曰。青徐人謂長婦曰稙長。禾苗先生者曰稙。取名於此也。》从禾。《凡氾言諸穀而字从禾者。依嘉穀爲言也。》直聲。《常職切。1部。》『詩』曰。稙稚尗麥。《『魯(魯)頌:閟宮』文。按「稚」當作「穉」。『郭景純-注:方言』曰。穉古稚字。是則晉人皆作稚。故穉稚爲古今字。寫『說文』者用今字因襲之耳。》/321

稛 稛 (균)【kǔn ㄎㄨㄣˇ】 (단으로)묶을, (가득)찰

설문 4235 絭束也。《絭束謂以繩束之。『國語』。垂櫜而入。稛載而歸。『韋-注』。稛、絭也。古亦叚(假)麇爲之。如『左傳』羅無勇麇之、及潞麇之是也。『方言』。稛、就

也。『注』。稛稛、成就皃(貌)。『廣韵(韻)』作成熟。葢(蓋)禾熟而刈之。而豢束之。其義相因也。》从禾。困聲。《苦本切。13部。按本从困聲。丘吻反。轉入鬼(魂)韵。爲苦本切。非从困聲也。》/325

稞 (과)【kē ㄎㄜ-】[상] huà 쌀보리
[설문] [4236] 穀之善者。《謂凡穀顆粒俱佳者。『廣韵(韻)』云。淨穀。》从禾。果聲。《胡瓦切 古音讀如顆。17部。》一曰無皮穀。《謂穀中有去稃者也。此義當讀如裸。》/325

稟 [稟][름]【bǐng ㄅㄧㄥˇ】 녹미, 받을, 사뢸, 바탕(타고난 성질)
[설문] [3197] 賜穀也。《賜穀日稟。『中庸』。旣稟稱事。『鄭-注:周禮:宮正、內宰、廩人、掌固』皆云。稍食、祿稟也。又『司稼:注』云。賙、稟其艱阨。晉惠帝云。官鼃可給稟。凡若此類。【今本】多譌爲廩。卽有未譌者、亦皆讀爲力甚切矣。今之「廩膳」生員、於古當作「稟膳」。》从㐭禾。《禾猶穀也。穀在於廩『周禮』所謂以待賙賜、稍食也。凡賜穀日稟。受賜亦日稟。引伸之凡上所賦、下所受皆日稟。『左傳』言稟命則不威是也。筆錦切。7部。》/230
[성부] [廩]름

稠 (주)【chóu ㄔㄡˊ】[本][많을] 빽빽할, 진할
[■조]:고를, 흔들리는 모양
[설문] [4192] 多也。《本謂禾也。引伸爲凡多之偁(稱)。『小雅』。綢直如髮。叚(假)綢爲稠也。》从禾。周聲。《直由切。3部。》/321

◀ 제 9 획 ▶

稈 (황)【huáng ㄏㄨㄤˊ】 메기장
[설문] [4249] 㮒稈也。《二字曡韵(疊韻)。》从禾。皇(皇)聲。《戶光切。10部。》/326

稬 (나)【nuò ㄋㄨㄛˋ】[작] nuàn 찰벼
[설문] [4205] 沛國謂稻日稬。《『襄:五年:穀梁傳』。仲孫蔑、衛孫林父會吳於善稻。吳謂善、伊。謂稻、緩。按謂善爲伊者、古合韵(韻)也。謂稻爲緩者、卽沛國謂稻日稬之理也。緩古亦讀如暖。『昭:五年』。狄人謂賁泉矢胎。謂賁爲矢者、卽今俗語謂糞爲矢也。今矢胎作失台者、誤。》从禾。耎聲。《奴亂切。14部。今語奴臥切。》/322

稭 (갈)【jiē ㄐㄧㄝ-】[상][中][9][작] jiá 짚 [■개]:같은 뜻
[설문] [4240] 禾稾去其皮。祭天吕(以)爲席也。《『禮器』日。莞簟之安而稾鞂之設。『鄭-注』穗去實日鞂。引『禹貢』三百里納鞂服。『禹貢』釋文。「秸」本或作「稭」。然則稭秸鞂三形同。又或作「藍」。亦同。謂禾莖旣刈之。上去其穗。外去其皮。存其淨莖。『詩』日稭、鄭云穗去實。猶云穎去穗也。穎謂莖之近穗者。『鄭-注:禹貢』云。銍爲刈穗斷(斷)去稾也。稭又去其穎也。是謂下截爲稾。近穗爲穎。故三百里納。秸者、不惟去稾。又去穎而納穗。『其-注:禮器』云。穗去實者。正謂去穗用近穗之穎。與許云稾去皮者少異。許云稾者、兼穎而言。言稾得兼穎。言穎不兼稾也。》从禾。皆聲。《古黠(黠)切。15部。》/325

稀 (타)【duān ㄉㄨㄢ-】[작] duǒ 벼 고개 숙일
[■단]:같은 뜻
[설문] [4218] 禾垂皃(垂貌)。《禾采必垂(垂)。采重則秆垂。》从禾。耑聲。讀若端。《14部。今音丁果切。取朶字之意。》/324

[갈] 稿【jié ㄐㄧㄝˊ】 벼 싹 날, 벼 빼어날, 벼 팰
[■걸]:같은 뜻, 겨
[설문] [4219] 禾擧(擧)出苗也。《何休日。生日苗。秀日禾。禾采初挺出於苗是日稿。旣成則屈而下垂(垂)矣。『周頌』日。驛驛其達。有厭其傑。毛云。達、射也。有厭其傑。言傑苗厭然特美也。『毛、鄭-釋:詩』皆謂苗。許云。禾擧出苗則謂采。〔手部:揭〕者、高擧也。音義略同。》从禾。曷聲。《居謁切。15部。『廣韵』入曷薛二韵。》/324
[형성] (1자) 걸(藒 𧄍)278

種 (종)【zhǒng ㄓㄨㄥˇ】[상][中][9][작] chóng (식물의)씨, 종류, 작물, 식물, 삼가고 공경하는 모양, 머리 짧은 모양
[설문] [4188] 先穜(種)後孰也。《此謂凡穀有如此者。『邠風:傳』日。後孰日重。『周禮:內宰:注』。鄭司農云。先種後孰謂之穜。按『毛詩』作重。叚(假)借字也。『周禮』作穜。轉寫以今字易之也。》从禾。重聲。《直容切。9部。》/321

稯 (종)【zōng ㄗㄨㄥ-】 새(베 80올) [■총]:벼 모아 묶을
[설문] [4264] 布之八十縷爲稯。《按此當有奪文。『聘禮記』日。禾四秉日筥。十筥日稯。十稯日秅。許下文五稯爲秭。二秭爲秅。正本『記』文。若先之日布八十縷爲稯。則下文不爲四百縷爲秭、八百縷爲秅乎。知其斷(斷)不然矣。葢(蓋)必云。禾四十秉爲稯。从禾。嵕聲。一日布之八十縷爲稯。轉寫奪漏而亂之耳。秉見〔又部〕。云禾把也。从又持禾。云四十秉爲稯。則上下相屬成文。『鄭-注:周禮』云。禾、稾實幷刈者也。秉、手把也。稯猶束也。『國語』。其歲。收田一井。出稯禾、秉芻、缶米。不是過也。稯禾謂禾四十秉。秉芻謂芻一把。『韋-注』殊誤。布八十縷爲稯者。『史記:孝景本紀』。令徒隸衣七稯布。『索隱』、『正義』皆云。葢七升(升)布用五百六十縷。『漢書:王莽傳』。一月之祿。十緵布二匹。孟康云。緵、八十縷也。攷『鄭-注:喪服』日。八十縷爲升。升當爲登。登、成也。今之『禮』皆登爲升。俗誤已行久矣。賈公彥云。今亦云布八十縷謂之宗。宗卽古之升也。是則宗緵登升一語之轉。『聘禮-今文』作「稯」。古文作「緵」。許从今文。故〔糸部〕無緵。布縷與禾把皆數也。故同名。〔糸部:總〕下云。十五升布。謂十五稯布也。》从禾。嵕聲。《子紅切。9部。》
䅵 籒文稯省。《嵕亦兇聲也。》/327

稱 (칭)【chēng ㄔㄥ-】 저울질할, 저울, 일컬을, 칭찬할
[설문] [4261] 銓也。《銓者、衡也。『聲類』日。銓所以稱物也。稱俗作秤。按爯、幷擧(擧)也。偁、揚也。今皆用稱。稱行而

5
⑪

爾偁廢矣。》 从禾。 爯聲。《處陵切。6部。『廣韵(韻)』又昌孕切。是也、等也。銓義之引伸。》 春分而禾生。《上文云。以二月生。》 日夏至晷景可度。禾有秒。《謂其時禾乃有芒也。》 秋分而秒定。《上文云。以八月孰。孰時芒乃定。》 律數十二。《句。十二謂六律六呂也。》 十二秒而當一分、《十二兩字舊奪。今補。下文云十髮爲程。一程爲分。十分爲寸。然則十二禾秒而當十髮。『淮南:天文訓』作十二蔈而當一粟。》 十分而寸。《『天文訓』作十二粟而當一寸。》 其㠯(以)爲重。《以衡輕重也。》 十二粟爲一分。《此粟謂禾粟。》 十二分爲一銖。《百四十四粟也。『天文訓』日。十二粟而當一分。十二分而當一銖。十二銖而當半兩。衡有左右。因倍之。故二十四銖爲一兩。按〔金部:銖〕下日。權十分黍之重也。十分黍有譌。依此則當云十二分粟之重也。『許-用:淮南』說。與『說苑』、『律歷志』說異。》 故諸程品皆从禾。《度起於十二秒。權起於十二粟。諸程品之字、謂稱以下七篆也。此釋稱从禾之意。併釋科以下六字从禾之意也。》 /327

稘 (지)【zhǐ ㄓˇ】 머무를
■기:굽은 가지에 달린 열매

설문 3725 稘椒,《逗。二字【各本】無。今補。》 多小意而止也。《小意者、意有未暢也。謂有所妨礙。含意未伸。『廣韵(韻)』稘椒皆訓曲枝果。按「稘椒」字或作「枳椇」。或作「枳枸」。或作「枳句」。或作「枝拘」。皆上字在 16部、下字在 4部。皆詰詘不得伸之意。『明堂位』俎殷以椇『注』。椇之言枳椇也。謂曲橈之也。『莊子:山木篇』。騰蝯得柘棘枳枸之閒。處勢不便。未足以逞其能。『宋玉-風賦』。枳句來巢。空穴來風。枳句、空穴皆連綿字。空穴卽孔穴。枳句來巢、『陸機-詩疏』作句曲來巢。謂樹枝屈曲之處鳥用爲巢。『逸莊子』作桐乳致巢、乃譌字耳。『淮南書』。龍夭矯。燕枝拘。亦屈曲盤旋之意。其入聲則爲迟曲。稘與枳枝迟、椒與椇句枸拘曲皆疊韵(疊韻)也。稘椒與迟曲皆雙聲字也。『急就篇』。沽酒釀醪稽極程。王伯厚云。「稽極」當作「稘椒」。葢(蓋)詘曲爲酒經程。寓止酒之義。又按『釋地』。枳首蛇。「枳」本或作「稘」。此則借稘枳爲岐字。亦同部假借也。故郭釋以岐頭蛇。》 从禾(朮)。 从支。《支者、枝格之意。》 只聲。《職雉切。按古音在 16部。亦音支。》 一曰木也。《一說稘是木名也。》 /275

◀ 제 10 획 ▶

稖 (방)【páng ㄆㄤˊ】 메기장

설문 4248 稖稈。穀名。《『廣雅』日。稖稈、穄也。按許但云穀名。不與穄篆爲伍。則與張說異。》 从禾。旁聲。《薄庚切。古音在 10部。》 /326

稴 (렴)【lián ㄌㄧㄢˊ】 ㉡㊥⑨ xián 메벼

설문 4206 稻不黏者。《凡穀皆有黏者有不黏者。秫則稷之黏者也。穄則黍之不黏者也。稻有不黏者、則稴是也。今俗通謂不黏者爲秈米。『集韵(韻)』、『類篇』皆云。『方言』江南呼稉爲秈。亦作「籼」、作「粞」。按『說文』、『玉篇』皆有稴無秈。葢(蓋)秈卽稴字音變而字異耳。『廣雅』日。秈、稉也。渾言不別也。》 从禾。兼聲。讀若風廉之廉。《風廉之廉、疑當同〔食部〕作風潇。潇力兼切。亦胡兼切。7部。》 /323

稷 (직)【jì ㄐㄧˋ】 기장, 곡신

설문 4199 齋(齋)也。《『程氏瑤田-九穀攷』日。稷、齋、大名也。粘者爲秫。北方謂之高粱。通謂之秫秫。又謂之蜀黍。高大似蘆。『月令』。首種不入。鄭云。首種謂稷。今以北方諸穀播種先後攷之。高粱冣(最)先。『管子書』。日至七十日。陰凍釋而蓻稷。百日不蓻稷。日至七十日。今之正月也。今南北皆以正月蓻高粱是也。凡【經】言疏食者、稷食也。稷形大。故得疏偁(稱)。按『程氏-九穀攷』至爲精析。學者必讀此而後能正名其言。漢人皆冒粱爲稷。而稷爲秫秫。鄙人能通其語者。士大夫不能擧(舉)其字。眞可謂撥雲霧而覩青天矣。》 五穀之長。《謂首種也。『月令:注』。稷、五穀之長。按稷長五穀。故田正之官日稷。『五經異義』。『今-孝經』說。稷者、五穀之長。穀衆多不可徧敬。故立稷而祭之。『古-左氏』說。列山氏之子日柱。死祀以爲稷。稷是田正。周棄亦爲稷。自商以來祀之。許君日。謹按禮緣生及死。故社稷人事之。旣祭稷穀。不得但以稷米祭。稷反自食。同『左氏』義。鄭君駁之日。宗伯以血祭祭社稷、五祀五嶽。社稷之神若是句龍柱棄。不得先五嶽而食。『大司徒:五地』。一日山林。二日川澤。三日丘陵。四日墳衍。五日原隰(濕)。『大司樂』五變而致介物及土示。土示者、五土之總神。卽謂社也。六樂於五地無原隰而有土祇。則土祇與原隰同用樂也。是以變原隰言土示。『詩:信南山』云。畇畇原隰。下云。黍稷彧彧。原隰生百穀。稷爲之長。然則稷者原隰之神。若達此義。不得以稷米祭稷爲難。社者、五土總神。稷者、原隰之神。皆能生萬物者。以古之有大功者配之。句龍以有平水土之功。配社祀之。稷有播種之功。配稷祀之。按『許-造:說文』但引『今-孝經』說。則其說社稷當與鄭意同。玉裁謂。『異義』早成。『說文』晚出。爲定說。此亦一耑(端)也。》 从禾。畟聲。《子力切。1部。古叚(假)稷爲卽。『小雅』旣齊旣卽。毛云稷、疾是也。亦叚爲昃字。如『穀梁』日昃作日稷是也。》 古文稷。《按兒、葢(蓋)卽古文畟字。》 /321

穅 穅(황)【huāng ㄏㄨㄤˉ】 흉년들

설문 4256 虛無食也。《『爾雅』。果不孰爲荒。『周禮:疏』日。疏穀皆不孰爲大荒。按荒年字當作「穅」。荒行而穅廢矣。》 从禾。巟(荒)聲。《呼光切。10部。》 /327

稹 (진)【zhěn ㄓㄣˇ】 고울(치밀할), 모일

설문 4191 穜穊也。《此與鬒爲稠髮同也。引伸爲凡密緻之偁(稱)。》 从禾。眞聲。《之忍切。12部。》 『周禮』日。稹理而堅。《『攷工記:輪人』文。鄭云。稹、致也。致今之緻字。》 /321

稺 (치)【zhì ㄓˋ】 어린 벼, 늦벼, 어릴

설문 4190 幼禾也。《『魯(魯)頌:毛傳』日。後種日稺。許不言後種者、後種固小於先種。卽先種者當其未

長亦稺也。先種而中有稺長者亦稺也。故惟『魯頌』稙稺對言、毛釋之。『小雅』。無害我田稺、彼有不穫稺。毛不釋者、亦謂槩言幼禾。引伸爲凡幼之偁(稱)。今字作「稚」』从禾。屖聲。《屖者、遲(遲)也。直利切。15部。》/321

稵 (작)【zhuó ㄓㄨㄛˊ】 本[벼껍질] 왕겨
설문 4239 禾皮也。《禾皮者、禾稿之皮也。『呂氏-春秋』曰。得時之麥。薄稵而赤色。本謂稿皮。因以評稍皮。羔聲勺聲古音同在 2部。故稵音灼。下文曰禾若秧穰、曰把取禾若。若卽稵。今音相近。又改其字耳。》从禾。美(羔)聲。《之若切。古音在 2部。平聲。按『春秋經』有稵字。齊地名。今釋文、『五經文字』皆作「稵」。从示。惟『玉篇:禾部:稵』下曰。又齊地名。而〔示部:禚〕字在部末。孫强登所沾。然則『希(希)馮-所據:春秋』字从禾。》/325

稻 (도)【dào ㄉㄠˋ】 벼
설문 4203 稌也。《今俗槩謂黏者不黏者。未去穅曰稻。稬稻、秈稻、秔稻皆未去穅之偁(稱)也。旣去穅則曰稬米、曰秈米、曰秔米。古謂黏者爲稻。謂黏米爲稻。『九穀攷』曰。『七月詩』。十月穫稻。爲此春酒。『月令』。乃命大酋。秫稻必齊。『內則』、『襍(雜)記』並(竝)有稻醴。『左傳』。進稻醴粱糗。是以稻爲黏者之名。黏者以釀也。『內則』。糝酏用稻米。『籩人職』之餌餈。『注』亦以爲用稻米。皆取其黏耳。而『食醫之職』。牛宜稌。鄭司農說稌、稉也。是又以稉釋稻。稉其不黏者也。孔子曰。食夫稻。亦不必專指黏者言。『職方氏』揚荊(荊)諸州亦但云其穀宜稻。吾是以知稌稻之爲大名也。玉裁謂。稻其渾言之偁。秔與稻對爲析言之偁。稻宜水。故『周禮:稻人』掌稼下地。》从禾。舀聲。《徒晧切。古音在 3部。》/322

稼 (가)【jià ㄐㄧㄚˋ】 (곡류를)심을、농사
설문 4184 禾之秀實爲稼。《旣言秀又言實者、『論語』說也。謂禾采之成曰稼也。『甫田』。曾孫之稼。『箋』云。稼、禾也。謂有稿者也。》莖節爲禾。《全體爲禾。渾言之也。『聘禮』禾三十車是也。『禹貢』所謂總也。莖節爲禾。別於采而言。析言之也。下文之稭稈也。》从禾。家聲。《古訝切。古音在 5部。》一曰稼、家事也。《此取从家爲義。『史記』曰。五穀蕃孰。穰穰滿家。『邠風』。八月其穫。謂禾可穫也。九月築場圃。十月納禾稼。謂治於場而納之囷倉也。此說與穡義略同。》一曰在野曰稼。《稼之言嫁也。『毛傳』曰。種之曰稼。『周禮-司稼:注』曰。種穀曰稼。如嫁女以有所生。此說如穡義別。『呂覽:君子篇』曰。后稷作稼。》/320

稽 계【jī ㄐㄧ】 [설문부수 221] (한곳에)머무를, 이를(다다를), 상고할
설문 3727 畱(留)止也。《『玄應書』引畱止曰稽。『高-注:戰國策』曰。畱其日、稽畱其日也。凡稽畱則有審愼求詳之意。故爲稽攷。禹會諸矦(侯)於會稽。稽、計也。稽攷則求其同異。故說『尙書』稽古爲同天。稽、同也。如流求也之例。》从禾。从尤。《取乙欲出而見閡之意。》旨聲。《古兮切。15部。》凡稽之屬皆从稽。/275
형부 고(稽) 착(稽)
형성 (+1) 해(䅲䅲)

稾 (고)【gǎo ㄍㄠˇ】 볏짚, 초고
설문 4242 稈也。《『廣雅』、『左傳:注』皆云。秆、稾也。叚(假)借爲矢榦之稾、屈平屬艸稾之稾。》从禾。高聲。《古老切。2部。》/326

穀 穀(곡)【gǔ ㄍㄨˇ】 本[이을] 착할, 곡식, 녹미(봉급으로 받던 쌀) ■구:녹(祿也) ■누:젖 ■혹:땅이름
설문 4251 《此篆體依『五經文字:木部』正。》續也。《穀與粟同義。引伸爲善也。『釋詁』、『毛傳』皆曰。穀、善也。又『大雅:傳』曰。穀、祿也。》百穀之總名也。《『周禮:太宰』言九穀。鄭云。黍、稷、秫、稻、麻、大小豆、小麥、苽也。膳夫。食用六穀。先鄭云。稌、黍、稷、粱、麥、苽也。疾醫言五穀。鄭曰。麻、黍、稷、麥、豆也。『詩』、『書』言百穀。種類繁多。約擧(擧)兼晐之詞也。惟禾黍爲嘉穀。李善引『辥君-韓詩:章句』曰。穀類非一。故言百也。》从禾。㱿聲。《㱿者、今之殼字。穀必有稃甲。此以形聲包會意也。古祿切。3部。》/326

◀ 제 11 획 ▶

穄 (제)【jì ㄐㄧˋ】 검은 기장
설문 4202 穈也。《此謂黍之不粘者也。〔黍部〕曰。穈者、穄也。『吕(呂)氏-春秋』。飯之美者。陽山之穄。『高-注』云。關西謂之穈。冀州謂之緊。『廣雅』。𪍿、穈、穄也。『九穀攷』曰。據『說文』。禾屬而黏者黍。則禾屬而不黏者穈。對文異。散文則通偁(稱)黍。『內則』。飯黍稷稻粱。白黍黃粱。『鄭-注』。黍、黃黍也。黃黍者、穈也。穄也。飯用之。黏者、釀酒及爲餌餈酏粥之屬。不黏者、評穈評穄。而黏者乃專得黍名矣。今北方皆評黍子、穈子、穄子。穄與稷雙聲。故俗誤認爲稷。其誤自唐之蘇恭始。》从禾。祭聲。《子例切。15部。『九穀攷』曰。簠簋實穈爲之。以供祭祀。故又異其名曰穄。》/322

穅 康 강【kāng ㄎㄤ】 本[곡식껍질] 편안할, 풍년 들, 오달도(五達道)
설문 4225 穀之皮也。《云穀者、晐黍稷稻粱麥而言。穀猶粟也。今人謂已脫於米者爲穅。古人不爾。穅之言空也。空其中以含米也。凡康寧、康樂皆本義空中之引伸。今字分別。乃以本義从禾。引伸義不从禾。》从禾米。庚聲。《「庚」毛刻作「康」。誤。今正。苦岡切。10部。》穅或省作。《稃稭穅康四篆大徐在䅌穧二篆之下。今以類移此。》/324
형성 (3자) 강(康)4370 강(歁)5333 강(濂)7013

穆 (목)【mù ㄇㄨˋ】 本[벼] 온화할, 아름다울
설문 4196 禾也。《葢(蓋)禾有名穆者也。凡【經傳】所用穆字。皆叚(假)穆爲㣎。㣎者、細文也。从彡、㣎省。彡言文。㣎言細。凡言穆穆、於穆、昭穆皆取幽微之義。『釋

5 ⑪

訓』曰。穆穆、敬也。『大雅:文王:傳』曰。穆穆、美也。》从禾。㐱聲。《莫卜切。3部。》/321

穊 (기)【jì ㄐㄧˋ】촘촘할

설문 4193 稠也。《『漢書』。劉(劉)章言耕田曰。深耕穊種。立苗欲疏。非其種者。鉏而去之。引伸爲凡稠之偁(稱)。》从禾。既聲。《己利切。15部。》/321

穌 甦 소【sū ㄙㄨ˙】本[벼의 속 잎 딸] 소생할, 풀 깎을(取草)

설문 4257 杷取禾若也。《杷【各本】作把。今正。禾若散亂。杷而取之。不當言把也。『離騷』。蘇糞壤以充幃兮。謂申椒其不芳。王逸曰。蘇、取也。『韓信傳』曰。樵(樵)蘇後爨。師不宿飽。『漢書:音義』曰。樵、取薪也。蘇、取草也。此皆假蘇爲穌也。蘇、桂荏也。蘇行而穌廢矣。『樂記』。蟄蟲昭蘇。『注』云。更息日蘇。據『玉篇』云。穌、息也。死而更生也。然則『希(希)馮-所據:樂記』作穌。》从禾。魚聲。《素孤切。5部。》/327

형성 (1자) 소(蘇 蘓)236

積 (적)【jī ㄐㄧ˙】쌓을, 쌓일, 포갤주름 ■자:모을, 모아 저축할

설문 4233 聚也。《禾與粟皆得偁(稱)積。引伸爲凡聚之偁。『淇奧:詩』段(假)簀爲積。》从禾。責聲。《則歷切。16部。》/325

穎 (영)【yǐng ㄧㄥˇ】이삭, 빼어날

설문 4213 禾末也。《穎之言莖也。頸也。近於采及貫於采者皆是也。『大雅』。實穎實栗。毛曰。穎、垂穎也。『禹貢:鄭-注』曰。百里賦入總。謂入刈禾也。二百里銍。銍、斷(斷)去稿也。三百里秸。秸、又去穎也。四百里入粟、五百里入米者、遠彌輕也。『禮器』。稾鞂之設。『鄭-注』。穗去實曰鞂。鞂與秸同物。『鄭-注:尙書』曰。去穎、謂用其采也。『注:禮器』曰。去實、謂用其穎也。『史記』曰。錐處囊中。穎脫而出。非特其末見而已。『少儀』。刀卻(却)刃授穎。是則穎在錐則卻於末。在刀則卻於刃。在禾則卻於采也。渾言之則穎爲禾末。析言之則禾芒乃爲秒。》从禾。頃聲。《余頃切。11部。》『詩』曰。禾穎穟穟。《『大雅:生民』文。『今-詩』作禾役。毛曰。役、列也。玉裁按。役者、穎之段(假)借字。古支耕合韵(韻)之理也。列者、梨之段(假)借。禾穰也。此穎通穰言之。下章之穎則專謂垂者。》/323

◀ 제 12 획 ▶

穖 (기)【jǐ ㄐㄧˇ】벼꽃술, (벼가)무성할

설문 4221 禾穖也。《『九穀攷』曰。禾采成實離離若聚珠相聯貫者、謂之穖。與珠璣之璣同意。『呂(呂)氏-春秋』。得時之禾。疏穖而穗大。得時之稻。長稠疏穖。『高-注』云。穖、禾穗果贏。是也。玉裁謂。穖貴疏者。禾采緊密。每顆皆綻而後能疏也。穖疏而穗乃大。》从禾。幾聲。《居豨(豨)切。15部。》/324

稾 (고)【gǎo ㄍㄠˇ】나무 옹두라져 뻗어나지 못할, 머무를 ■호:같은 뜻

설문 3729 稽䅴而止也。《䅴䅴謂之雙聲。稽䅴謂之疊韵(疊韻)。》从稽省。咎聲。讀若皓。《古老切。古音咎聲、告聲皆在 3部。》賈侍中說。稽稕稾三字皆木名。《有木名稽、有木名稕、有木名稾也。皆別一義。》/275

稕 (착)【zhuó ㄓㄨㄛˊ】나무 우뚝 섰을 ■초:무릅쓸

설문 3728 特止也。《鍇曰。特止、卓立也。按如有所立卓爾、當用此字。》从稽省。卓聲。《此說形聲包會意。卓者、高也。竹角切。2部。》/275

穜 (동)【tóng ㄊㄨㄥˊ】상中⑨작 zhòng 本[늦벼]

설문 4186 埶也。《〔丮部〕曰。埶、穜也。小篆埶爲穜。之用切。種爲先穜後孰。直容切。而隸(隸)書互易之。詳『張氏-五經文字』。種者以穀播於土。因之名穀可種者曰種。凡物可種者皆曰種。別其音之隴切。『生民』曰。種之黃茂。又曰。實種實褎。『箋』云。種生不雜也。》从禾。童聲。《之用切。9部。》/321

◀ 제 13 획 ▶

穟 (수)【suì ㄙㄨㄟˋ】이삭, 야드르르할(벼의 모가 잘 자람)

설문 4217 禾采之皃(貌)。《『大雅:生民』曰。禾役穟穟。『釋訓』曰。穟穟、苗也。『毛傳』曰。穟穟、苗好美也。按『公羊傳:注』。生曰苗。秀曰禾。苗禾一也。『釋訓』、『毛傳』與許說一也。許以【經】言禾穎。則穟穟指采。言成就之皃(貌)。》从禾。㒸聲。《徐醉切。15部。》『詩』曰。禾穎穟穟。《按古音支淸 2部互轉。役在支部。卽穎之入聲。蓋(蓋)卽穎之叚(假)借字。許此句葢用『三家詩』。如如鳥斯翺爲正字。『毛詩』作革爲叚借字也。》䅎穟或从艸。/324

穭 (괴)【kuài ㄎㄨㄞˋ】(벼에서 나오는)왕겨 ■쾌·과:같은 뜻

설문 4224 糠也。从禾。會聲。讀若裹。《苦會切。15部。『玉篇』公臥公外二切。公臥卽讀若裹之云。會聲而讀若裹者、合音也。》/324

穡 (색)【sè ㄙㄜˋ】거둘, 농사, 아낄

설문 4185 穀可收曰穡也。《『毛傳』曰。斂之曰穡。許不云斂之云可收者、許主謂在野成孰。不言禾言穀者、晐百穀言之。不獨謂禾也。古多叚(假)嗇爲穡。》从禾。嗇聲。《此舉(擧)形聲包會意。所力切。1部。》/321

䆃 (도)【dǎo ㄉㄠˇ】상中⑨작 dào 本[(한 줄기에 여러 이삭이 달린)상서벼] (쌀을)가릴

설문 4255 䆃米也。《三字句。【各本】刪(刪)䆃字。改米爲禾。自『呂(呂)氏-字林』、『顏(顏)氏家訓』時已然。今正。䆃、擇也。擇米曰䆃米。漢人語如此。雅俗共知者。『漢書:百官表』、『後書:殤帝, 和帝紀』皆有䆃官。『注』皆云。䆃官主擇米。鄧后詔曰。減大官䆃官。自非共陵廟稻粱米。不得䆃擇。光武詔曰。郡國異味。有豫養䆃擇之勞。凡作導者譌字也。䆃米是常語。故以䆃米釋䆃篆。如河下云河水、嶲下云嶲周之比。

㉮ 作家出版社[董蓮池-說文解字考正] ⑨ 九州出版社[柴劍虹-說文解字] ㉠ 陝西人民出版社[蘇寶榮-說文解字今注今譯] ㊤ 上海古籍出版社[說文解字注] ㊥ 中華書局[臧克和-說文解字新訂]

淺人槩謂複字而刪之。又改米爲禾。吕忱、徐廣、顏(顏)之推、司馬貞皆執『誤本-說文』。謂䆃是禾名。豈知䆃果禾名則【許書】之例當與穖穆私三篆爲伍。而不廁於此。》从禾。道聲。《徒到切。古音在 3部。》司馬相如曰。䆃一莖六穗也。《『史，漢:司馬相如傳:封禪文』曰。囿騶虞之珍羣(群)。徼麋鹿之怪獸。䆃一莖六穗於庖。犧雙觡共柢之獸。獲周餘珍放龜於岐。招翠黃乘龍於沼。鄭德云。䆃、擇也。一莖六穗謂嘉禾之米。『鄭語』冣(最)明憭。言於庖者、擇米作飯必於庖也。吕忱乃云禾一莖六穗謂之䆃。葢(蓋)不讀『封禪文』。而誤斷(斷)【許書】之句度矣。》/326

穦 (자)【zī ㄗ‾】(볏가리를)쌓을

설문 4232 積禾也。《穦積雙聲。『廣雅』曰。穦、積也。》从禾。資聲。《即夷切。15部。》『詩』曰。穦之秩秩。《『周頌』文。今作積之栗栗。毛云。栗栗、衆多也。無穦積也之文。葢(蓋)許偁(稱)『三家詩』也。》/325

◀ 제 14 획 ▶

穧 (제)【jì ㄐㄧˋ】(베어 묶은)볏단, 웅큼 ■자:볏가리

설문 4230 穫刈也。《「穫刈」謂穫而芟之也。刈同乂。芟艸也。刈之必齊。故从亝。『小雅』曰。此有不斂穧。謂已刈而遺於田未斂者也。上文不穫穉。謂幼禾留於田未刈者也。『釋詁』曰。馘、穧、穫也。『鄭-注:周禮』云。四秉曰筥。謂一穧也。》一曰撮也。《撮者、四圭也。一曰兩(兩)指撮也。然則穧之別義謂少也。》从禾。亝(齊)。《上文既有𥝩字。以禾在上、禾在旁別其義。在詣切。15部。》/325

穨 (퇴)【tuí ㄊㄨㄟˊ】쇠할, 모지라진 모양, 쇠퇴하여 결딴날 ※ 퇴(頹)와 같은 글자

설문 5222 秃皃(貌)。《『周南』曰。我馬虺穨。『釋詁』及『毛傳』曰。虺穨、病也。秃者、病之狀也。此與〔自(阜)部〕之隤迥別。『今-毛詩』作「隤」。誤字也。又『小雅』。維風及穨。『毛傳』曰。穨、風之焚輪者也。與釋天同。》从秃。貴(貴)聲。《此从貴聲。今俗字作頹。失其聲矣。杜回切。15部。》/407

穫 (확)【huò ㄏㄨㄛˋ】곡식 거둘, 곤박한 모양

설문 4231 刈穀也。《穫之言獲也。刈穀者、以銍以鎌。》从禾。蒦聲。《胡郭切。5部》/325

◀ 제 15 획 ▶

穬 (광)【gǒng ㄍㄨㄥˇ】㊤ kuàng 까끄라기조, (찧지 않은)벼

설문 4209 芒粟也。《『周禮:稻人』。澤草所生。種之芒種。鄭司農云。芒種、稻麥也。按凡穀之芒。稻麥爲大。芒粟次於此。麥下曰芒穀。然則許意同先鄭也。稻麥得評粟者、從嘉穀之名也。》从禾。廣聲。《古猛切。古音在 10部。》/323

穫 (멸)【miè ㄇㄧㄝˋ】벼

설문 4195 禾也。《葢(蓋)禾有名穫者也。『廣韵(韻)』曰。『莊子』謂之禾也。》从禾。蔑聲。《莫結切。12部。》/321

穮 (표)【biāo ㄅㄧㄠ‾】김 맬

설문 4227 槈鉏田也。《【各本】作耕禾間也。今正。『周頌』釋文引『說文』。穮、槈鉏田也。表嬌反。『字林』。穮、耕禾間也。方遙反。然則『今本-說文』淺人用『字林』改之。穮者、耘也。非耕也。『周頌』。緜緜其麃。『毛傳』曰。麃、耘也。『釋訓』曰。緜緜、麃也。孫炎云。緜緜言詳密也。郭樸云。芸不息也。『左傳』。是穮是蔉。杜云。穮、耘也。許云槈鉏田者。槈、薅器也。鉏、立薅斫也。薅者、拔田艸也。或槈其田。或鉏其田。皆曰穮。今吳下俗語說用鉏曰暴。卽此字也。》从禾。㶾(麃)聲。《甫嬌切。2部。『周頌』叚(假)麃爲之。》『春秋傳』曰。是穮是衮。《『左傳:昭:元年』文。衮之言畎也。謂壅禾本也。》/325

◀ 제 17 획 ▶

穰 (양)【ráng ㄖㄤˊ】(벼, 보리, 밀 등의)짚, 풍년

설문 4246 黍梨已治者。《已治、謂已治去其箬皮也。謂之穰者、莖在皮中如瓜瓤在瓜皮中也。『周頌:傳』曰。穰穰、衆也。此叚(假)借也。》从禾。襄聲。《汝羊切。10部。》/326

◀ 제 18 획 ▶

䆉 (비)【fèi ㄈㄟˋ】줄기가 붉고 쌀이 차지지 않은 벼

설문 4198 稻紫莖不粘者也。《「者」字今補。》从禾。䆉(糞)聲。讀若靡。《王氏念孫曰。「靡」當作「䕻(麋)」。字之誤也。扶沸切。古音在 13部 15部之閒。又按此爲稻屬。則當廁於下文稻稌穬秔秏之類。葢(蓋)轉寫者亂之。》/321

116	穴
5-21	훈 구멍 혈

穴 혈【xuè ㄒㄩㄝˋ】[설문부수 272] ㊤㊥⑨㉿ xué 움(토실), 구덩이, 굴, 구멍, 결 ■결:속음 ■휼:해무리

설문 4429 土室也。《引伸之凡空竅皆爲穴。》从宀。《覆其上也。》八聲。《胡決切。12部。》凡穴之屬皆从穴。/343

유사 큰 대(大)

성부 부록 색인 참조

형부 穴을 부수로 하는 대부분의 글자들
정(窺) 조(竈) 절(竊竊)

형성 (4자) 율(䆷 䆷)2350 활(䆪 䆪)3215
혈(泬 泬)6836 결(䋭 䋭)8282

◀ 제 1 획 ▶

穵 (알)【wā ㄨㄚ‾】㊤㊥⑨㉿ yà 구멍 클, 구멍 우빌

5 ⑪

[설문] [4445] 空也。《鉉本》作「空大也」。非是。『廣韵(韻)』引同。亦【誤本】耳。今依小徐及『玉篇』。今俗謂盜賊穴牆曰空是也。》从穴。乙聲。《烏黠(黠)切。15部。按此篆當是从乙鳥之乙。非甲乙也。》/345

◀ 제 2 획 ▶

究 (구)【jiù ㄐㄧㄡˋ】궁구할, 헤아릴
[설문] [4468] 窮(窮)也。《『釋言』同。『小雅:常棣:傳』曰。「究」、深也。『釋詁』及『大雅:皇矣:傳』曰。究、謀也。皆窮義之引伸也。》从穴。九聲。《居又切。3部。》/346

◀ 제 3 획 ▶

穸 (석)【xì ㄒㄧˋ】[상][中]⑨[작] xī 광중(무덤 구덩이), 밤(야간)
[설문] [4478] 窀穸也。从穴。夕聲。《『孔宙碑』作「窀夕」。乃蒙上穴而省耳。詞亦切。古音在 5部。》/347

穹 (궁)【qiōng ㄑㄩㄥ】[상][中]⑨ qióng 하늘, 활꼴, 막을
[설문] [4467] 窮(窮)也。《窮者、極也。『豳風』。穹窒熏鼠。『毛傳』曰。穹窮、窒塞也。穹窮雙聲。『大雅』。以念穹蒼。『釋天』、『毛傳』皆曰。穹蒼、蒼天也。按穹蒼者、謂蒼天難窮極也。『韗人』爲皐陶。穹者三之一。『注』謂鼓(鼓)木腹穹隆。居鼓三之一。今人皆謂高爲穹隆。》从穴。弓聲。《去弓切。古音在 6部。》/346

空 [공]【kōng ㄎㄨㄥ】(텅)빌, 클, 다할
[설문] [4443] 竅也。《今俗語所謂孔也。天地之閒(間)亦一孔耳。古者司空主土。『尚書:大傳』曰。城郭不繕。溝池不修。水泉不修。水爲民害。責於地公。司馬彪曰。司空一人。掌水土事。凡營城、起(起)邑、浚溝洫、修墳防之事。則議其利、建其功。是則司空以治水土爲職。禹作司空。治水而後晉百揆也。治水者必通其瀆。故曰司空猶司孔也。》从穴。工聲。《形聲包會意也。苦紅切。9部。》/344
[형성] (3자+1) 강(椌)3614 공(涳)6862 공(控)7516 강(腔)

◀ 제 4 획 ▶

⿱穴夬 (열)【jué ㄐㄩㄝˊ】[상][中]⑨[작] yuè 뚫을, (텅)빌 ■결·혈:같은 뜻
[설문] [4439] 穿也。从穴。叏聲。《大徐作「決省聲」。此不知古音者爲之也。於決切。15部。》/344

穿 [천]【chuān ㄔㄨㄢ】(구멍을)뚫을, (산을 뚫거나 도랑을 파서)개통할
[설문] [4437] 通也。从牙在穴中。《『召南』曰。誰謂鼠無牙。何以穿我墉。昌緣切。14部。》/344

窀 (둔)【zhūn ㄓㄨㄣ】광중(무덤 구멍)
[설문] [4477] 窀穸。《逗。【各本】刪(删)此二字。今依【全書】例補。厚釋窀。夕釋穸。》葬之厚夕也。《『襄:十三年:左傳』曰。惟是『春秋』窀穸之事。所以從先君於禰廟者。杜曰。窀、厚也。穸、夜也。厚夜猶長夜。『春秋』謂祭祀。長夜謂葬薶。按窀淳同音。窀訓厚。》从穴。屯聲。《陟輪切。13部。》『春秋傳』曰。窀穸從先君於地下。《與『今-左傳』異。》/347

突 [돌]【tú ㄊㄨˊ】㉠[상][中]⑨[작] tū 부딪칠, 뚫을, (불쑥)내밀, 굴뚝, 사나운 말, 갑작스러울 ■절:[本][개 구멍으로부터 나올] 매끄러울 ■돌:같은 뜻 ■독:샘이름
[설문] [4462] 犬從穴中暫出也。《引伸爲凡猝乍之稱。》从犬在穴中。《徒骨切。15部。》一曰滑也。《義小別。》/346
[참고] 돌(堗)부엌창

⿳穴火求 [罙][突][심]【shēn ㄕㄣ】깊을, 검을, 굴뚝, 묻을, 장사지낼([명문]954) ■임·삼·담:같은 뜻
[설문] [4436] 深也。《此以今字釋古字也。⿳穴火求㴱古今字。篆作⿳穴火求㴱。隸(隷)變作罙深。〔水部:㴱(深)〕下但云水名。不言淺之反。是知古深淺字作罙。深行而罙廢矣。有穴而後有淺深。故字从穴。『毛詩』。罙入其阻。『傳』曰。罙、深也。此罙字見【六經】者。毛公以今字釋古字。而許襲之。此罙之音義原流也。鄭箋易罙爲冞。訓爲冒也。葢(蓋)以字形相似易之。罙在侵韵。冞在脂韵。『鄭-注:經』有易字之例。【他經】云某讀爲某。『箋:詩』不尒。讀【經】者誤爲毛、鄭同字。作音義者當各字各音分別載之云。毛作罙。式針反。深也。鄭作冞。面規反。冒也。『說文』罙作⿳穴火求。冞作冞。乃爲明析。而陸釋文則曰。罙、面規反。毛深也。鄭冒也。『說文』作冞。从网米。云冒也。此條之弊有七。以罙切面規。絕非毛音。一也。以『鄭-箋』作罙。非鄭所易字。二也。以『說文』之罙作冞。而不知『說文』罙作⿳穴火求。冞別一字。或體作宷。與⿳穴火求無交涉。三也。⿳穴火求字不見【他經】。惟見『商頌』。而陸亡其音。遂亡其義。四也。許用『商頌:毛傳』造『說文』。而失許之原本。致【許書】⿳穴火求下義晦。冞下遂有妄人添『詩』曰冞入其阻六者。『鄭-箋』所改之字。許時代在前。安能用其說。五也。⿳穴火求隷作罙。猶㴱隷作深。而各【字書】、【韵書】因陸罙切面規。⿳穴火求下不敢載罙。『張參-『五經文字』曰。冞、罙音彌。上『說文』、下釋文。相承隷省。見『詩』、『集韵』、『類篇』皆曰。罙、冞、宷三形同字。此皆陸爲作甬。六也。『唐-石經』作罙。尙不誤。自宋及今日。『毛詩-刻本』竟作罙。不罙不冞。爲從古所無之字。陸實召之。七也。〔許-水部〕不載深淺一義。故【全書】深淺字用⿳穴火求。今發其例於此。》一曰竈突。《『廣雅』。竈窻謂之堗。『呂氏春秋』云。竈突決則火上焚棟。葢(蓋)竈上突起(起)以出烟火。今人謂之煙囪。卽『廣雅』之竈窻。今人高之出屋上畏其焚棟也。以其顚言謂之突。以其中深曲通火言謂之⿳穴火求。『廣雅』突下謂之⿳穴火求。【今本】正奪⿳穴火求字耳。『漢書』云。曲突徙薪則有曲之令火不直上者矣。趙宧光欲盡改【故書】之竈突爲竈⿳穴火求。眞瞽說也。》从穴火、求省。《穴中求火、⿳穴火求之意也。此會意字。式針切。7部。》讀若『禮』三年導服之導。《導服卽禫服也。說詳〔木部:棪〕下。按⿳穴火求卽㴱淺字。不當有異音。葢竈⿳穴火求可讀如禫。與突爲雙聲。》/344

성부 深심

형성 (1자+1) 탐(探 𢸌)7631 침(琛 𤩻)

◀ 제 5 획 ▶

● 窄 좁을 착

窅 요【yǎo 丨ㄠˇ】 움펑 눈, 아득할, 깊을, 굽을 ■면:아플

설문 2017 目湥皃(深貌)。《「皃」字依『玉篇』正。『靈樞經』按其腹。窅而不起(起)。『漢:禮樂志』。窅窊桂華。蘇林日。窅音窅肤之窅。按「窅肤」卽今「坳突」字。『玄應』云。『倉頡篇』作「窔窔」。上烏交切。墊下也。徒結切。突也。『葛洪-字苑』。上作凹。陷也。下作凸、起也。「窔窔」、「凹凸」許皆不收。然則許用「窅肤」也。孟康云。窅出窊入。葢(蓋)對窊言之則訓窅爲出。與徂之爲存、苦之爲快。》从穴中目。《烏皎切。2部。》/130

형성 (1자) 열(瞎 𥇒)2065

窆 (폄)【biǎn ㄅ丨ㄢˇ】 하관할

설문 4476 葬下棺也。《〔土部〕日。堋、葬下土也。『春秋傳』朝而堋。『禮』謂之封。『周官』謂之窆。按『禮』謂『十七篇』也。『士喪禮:下篇』日。及窆。主人哭踊無筭(算)。『注』。窆、下棺也。今文窆爲封。然則『許-十七篇』從今文。鄭從古文而疊(疊)今文也。凡『戴-記』皆作封。『戴-記』從今文也。『周官』謂之窆者、『周禮:鄕(鄉)師』云及窆執斧以涖『匠師』。先鄭云。窆謂葬下棺。『春秋傳』所謂傰。『禮記』所謂封也。按堋窆封三字分蒸侵東三韵(韻)。而一聲之轉。》从穴。乏(乏)聲。《方驗切。古音在 7部。》『周禮』日。及窆執斧。/347

窋 (압)【yā 丨ㄚˉ】 맥 찌를 ■찰:서로 맞닥드릴

설문 4479 入脈(䘑脈)刺穴謂之窋。《葢(蓋)『古-醫經』之言。『齊民要術』說相牛有窋字。》从穴。甲聲。《烏狎切。8部。》/347

窈 (요)【yǎo 丨ㄠˇ】 그윽할, 얌전할

설문 4473 深(深)遠也。《『周南:毛傳』日。窈窕、幽閒也。以幽釋窈。以閒釋窕。『方言』日。美心爲窈。美狀爲窕。『陳風:傳』又日。窈糾、舒之姿也。舒、遲也。》从穴。幼聲。《烏皎切。古音在 3部。》/346

窌 (명)【mǐng ㄇ丨ㄥˇ】 굴(窟)

설문 4430 北方謂地空因目(以)爲土穴爲窌戶。《因地之孔爲土屋也。『廣雅』窌、窟也。》从穴。皿聲。讀若猛。《武永切。古音若芒。在 10部。》/434

窊 (와)【wā ㄨㄚˉ】 우묵할

설문 4449 汚(汙)衺、《逗。》下也。《『史記』。甌窶滿篝。汚邪滿車。司馬彪日。汚邪、下地田也。按凡下皆得謂之窊。〔水部:洿〕者、窊下也。『吳都賦』。窊隆異等。》从穴。瓜聲。《烏瓜切。5部。》/345

窋 (줄)【zhū ㄓㄨˉ】 ㊤㊥⑨㉶ zhuó 뾰죽히 내밀 ■촬:물건이 구멍 속에 있는 모양 ■굴:굴 굴(窟)과 같은 글자

설문 4459 物在穴中皃(貌)。《『靈光殿賦』日。綠房紫菂。窋咤垂珠。謂蓮房之實窋咤然見於房外。如垂珠也。上文云。反植荷蕖。故日垂珠。》从穴。出聲。《丁滑切。15部。后稷之子不窋。》/346

● 突 깊을 심

◀ 제 6 획 ▶

窔 (요)【yǎo 丨ㄠˇ】 어둘, 멀, 숨을

설문 4470 冥也。《冥者、窈也。》从穴。𠃊聲。《烏皎切。2部。》/346

窐 규【guī ㄍㄨㄟˉ】 ㊤㊥⑨㉶ wā (시루의)구멍

설문 4435 空也。《『楚辭』日。圭璋褋於甑窐。此甑下空也。『攷工記-鳧氏爲鐘:注』。隧在鼓(鼓)中。窐而生光。『高-注:淮南』日。靨輔者、頰上窐也。然則凡空穴皆謂之窐矣。》从穴。圭聲。《烏瓜切。16部。按『廣韵』圭攜二音。》/344

형성 (1자) 와(漥 洼 𥨍)6923

窒 질【zhì ㄓˋ】 막을, 막힐, 질소(窒素) ■녈:같은 뜻 ■절:종묘 안에 있는 문

설문 4461 窦(寘)也。《『各本』「窴(窦)」譌「塞」。今正。窴、窒也。見〔珏部〕。此二字互訓也。窴之隷體爲寘。〔土部〕日。塞、隔也。〔自(阜)部〕日。隔、塞也。塞於義不爲窒。邊塞其本義也。自用塞爲塡寘字。而寘廢矣。且有讀寘爲嫥者。則寘愈失其本音本義矣。說詳〔珏部〕。『釋言』、『豳傳』皆日。窒、塞也。》从穴。至聲。《陟栗切。12部。『魯(魯)論語』以室爲窒。》/346

참고 질(膣)새 살 날, 보지

窔 (요)【yāo 丨ㄠˉ】 ㊤㊥⑨㉶ yào 으늑할, 구석

설문 4471 窅窔、《逗。》深(深)也。《「也」『爾雅:音義』作「皃」。『上林賦』日。巖窔洞滂。「窔」亦作「突」。郭樸日。於巖穴底爲室。潛通臺上也。按郭以「通」釋「洞」。小顏改「深(深)」爲「突」。於『郭-注』巖穴底爲室之下。輒增如竈突然四字。其亦妄矣。》从穴。交聲。《烏叫切。2部。》/346

窕 (조)【tiǎo ㄊ丨ㄠˇ】 本[으슥할] 안존할, 고요할 ■요:요염하게 아름다울

설문 4466 深(深)肆極也。《窕與窘爲反對之辭。『釋言』日。窕、肆也。『大戴-禮:王言』。七者布諸天下而不窕。內諸尋常之室而不塞。『淮南:俶眞訓』。處小隘而不塞。橫扃天地之閒而不窕。『要略訓』。置之尋常而不塞。布之天下而不窕。『氾論訓』。舒之天下而不窕。內之尋常而不塞。『齊俗訓』。大則塞而不入。小則窕而不周。『兵略訓』。入小而不偪。處大而不窕。『墨子:尙賢』中。此道也。大用之天下則不窕。小用之則不困。尙同下。大用之治天下不窕。小用之治一國一家而不橫。『荀卿子』日。充盈大宇而不窕。入郤穴而不偪。『管子』宙合日。夫成軸之多也。其處大也不窕。其入小也不塞。『司馬法』日。凡戰之道。位欲嚴。政欲栗。力欲窕。氣欲閑。又日。擊其勞倦。避其閑窕。凡此皆可證窕之

訓寬肆。凡言在小不塞、在大不窕者、謂置之小處而小處不見充塞無餘地。置之大處而大處不見空曠多餘地。高誘曰。不窕、在大能大也。『今本-管子、墨子』窕誤作「究」。非是。『毛詩:傳』曰。窈窕、幽閒也。幽訓窈。閒訓窕。『方言』。美狀爲窕。言外之寬綽也。美心爲窈。言中之幽靜也。『左傳』。『泠州鳩-論樂』曰。小者不窕。大者不槬。則和於物。此可以諸子釋之。小者不窕、謂雖小而處大不使多空廫之處也。大者不槬、謂雖大而處小不使偪塞莫能容也。『莊周書』云。瓠落無所容。以注槬字甚合。『郭-注:爾雅』云。輕窕者多放肆。眞憒憒之說也。『左傳』曰。楚師輕窕。此窕義之引伸。寬然無患謂之輕窕。『唐-石經:左傳』譌作宨。从宀。『釋言』。窕、肆也。窕、閒也。其字其義皆同。而『唐-石經』亦於肆也作宨、从宀。與閒也作窕、从穴別異。皆字之偶誤耳。而或據以爲說。分別訓詁。攷之【許書】。本無从宀之字。》 从穴。兆聲。讀若挑。《徒了切。2部。》/346

◀ 제 7 획 ▶

⿱穴抉 (열)【jué ㄐㄩㄝˊ】 ㊥⑨[작] yuè 깊이 긁을, (텅)빌

[설문] [4440] 湥(深)抉也。《抉之深故从穴。》 从穴抉。《此以會意包形聲。小徐作抉聲。亦通。於抉切。15部。》/344

窌 (류)【liù ㄌㄧㄡˋ】 [상]㊥⑨ jiào [작] pào 지함, 움

[설문] [4452] 窖也。《『攷工記:匠人:注』曰。穿地曰窌。『呂覽』。穿竇窌。『月令』、『淮南』皆作「窖」。》 从穴。丣聲。《「丣聲」【各本】作「卯聲」。今正。窌見『左傳』釋文。音力救力到二反。則从丣雙聲可知矣。漢公孫賀南窌侯。『表』作南窌。字皆从丣。音力救切。从卯。乃匹皃(貌)切矣。3部。》/345

窖 (교)【jiào ㄐㄧㄠˋ】 움(땅을 파서 만든 광) ■조:부엌

[설문] [4453] 地臧也。《『月令』。穿竇窖。『注』曰。入地隋曰竇。方曰窖。『通俗文』曰。藏穀麥曰窖。》 从穴。告聲。《古孝切。古音在 3部。》/345

⿱穴巠 (경)【qìng ㄑㄧㄥˋ】 (텅)빌

[설문] [4444] 空也。《空虛(虛)、孔穴本無二義。但有孔穴則是空虛也。》 从穴。巠聲。《去徑切。11部。》『詩』曰。瓶之⿱穴巠矣。《『小雅:蓼莪』文。『今-詩』作「罄」。『傳』曰。罄、空也。與『爾雅:釋詁』合。空與盡義相因。》/345

窘 (군)【jiǒng ㄐㄩㄥˇ】 군색할, 괴로울, 곤궁할, 괴롭힐 ■괴:같은 뜻

[설문] [4465] 迫也。《『小雅』。又窘陰雨。『毛傳』。窘、困也。按『箋』云。窘、仍也。仍者、仍其舊而不能變。亦是困意。》 从穴。君聲。《渠隕切。13部。『字林』巨畏反。文微合音也。》/346

◀ 제 8 획 ▶

窞 (담)【dàn ㄉㄢˋ】 구덩이

[설문] [4451] 坎中叓(更)有坎也。《【各本】作「坎中小坎」。今依『易』釋文訂。『易:坎:初六』曰。入於坎窞。虞翻(飜)曰。坎中小穴稱窞。釋文引『說文』。坎中更有坎也。『字林』。坎中小坎也。然則今文爲後人以呂改許明矣。》 从穴臽。臽亦聲。《徒感切。8部。》『易』曰。入于坎窞。一曰旁入也。《『干寶-釋:易』正用旁入之義。》/345

窠 (과)【kē ㄎㄜ¯】 구멍, 보금자리

[설문] [4447] 空也。《雙聲爲訓。其字亦作「窾」。高誘曰。窾空也是。或借科爲之。『孟子』盈科以後進是。或借薖爲之。如『衞(衛)風:碩人』之薖。毛云。寬大(貌)。鄭云飢意皆是。》 从穴。果聲。《苦禾切 17部。》 一曰鳥巢(巢)也。《一曰者、義近而別者也。『蜀都賦』曰窠宿異禽。》 在樹曰巢。在穴曰窠。《此析言之也。與〔巢部〕合。》/345

窡 [촬]【zhā ㄓㄚ¯】 [상]㊥⑨[작] zhuó 구멍 속에서 나타날, 구멍 속에서 나오는 모양

[설문] [4458] 穴中見也。从穴。叕聲。《丁滑切。15部。》/345

[형성] (2자) 촬(啜)781 촬(䆯)7885

窣 (솔)【sù ㄙㄨˋ】 [상]㊥⑨[작] sū 구멍 속에서 갑자기 나올, 갑작스러울

[설문] [4464] 從穴中卒出。《卒猝古今字。『子虛(虛)賦』。媻姍教窣。上乎金隄。韋昭曰。媻姍教窣、匍匐上也。按「媻姍」謂徐行。「勃窣」謂急行。》 从穴。卒聲。《穌骨切。15部。》/346

◀ 제 9 획 ▶

窨 (음)【yìn ㄧㄣˋ】 움(집), 술, 누에 치는 방

[설문] [4431] 地室也。《今俗語以酒水等埋藏地下曰窨。讀陰去聲。》 从穴。音聲。《於禁切。7部。》/343

窬 (유)【yú ㄩˊ】 (정문 옆의)작은 쪽문, (담에 구멍)뚫을 ■두:변기, 요강

[설문] [4454] 穿木戶也。《『淮南:氾論訓』。古者爲窬木方版。以爲舟航。高誘曰。窬、空也。方、並(竝)也。舟相連爲航也。按窬木爲舟。卽『易:毄(繫)辭』刳木爲舟也。『儒行』。篳門圭竇。鄭云。門旁窬也。穿牆爲之如圭矣。『左傳』。篳門圭竇。杜曰。竇、小戶也。穿壁爲戶。狀如圭形。『郭樸-三蒼:解詁』云。窬、門旁小竇也。是則於門旁穿壁。以木衺直居之。令如圭形。謂之圭窬。若『論語』本作「穿踰」。釋爲穿壁踰牆。似無煩與此牽混。》 从穴。俞聲。《羊朱切。古音在 4部。》 一曰空中也。《『孟康-漢書:注』曰。東南謂鑿木空中如曹曰廠。「曹」當作「槽」。廠者、窬之或體。『玉篇』云廠木槽也是也。廠與牏古通用。古音投。音豆。》/345

◀ 제 10 획 ▶

竆 [窮][궁]【qióng ㄑㄩㄥˊ】 궁구할, 다할, 궁하게 할, 궁할, 궁한 이

[설문] [4469] 極也。从穴。躳(躬)聲。《渠弓切。9部。或假爲躳(躬)字。如鞠躬古作鞠竆。》/346

[형성] (2자) 궁(藭)265 궁(竆)3844

窯 (요)【yáo ㄧㄠˊ】가마, 오지 그릇
설문 4434 燒瓦窯竈也。《窯似竈。古曰窯竈。『韵會本』作燒瓦窯也。無竈字。【大徐本】作燒瓦竈也。非是。『緜詩:鄭-箋』云。復穴皆如陶然。是謂【經】之陶卽窯字之叚(假)借也。『緜:正義』引『說文』。陶、瓦器竈也。葢(蓋)其所據乃〔缶部:匋〕下於。匋窯葢古今字。》从穴。羔聲。《余招切。2部。》/344

窴 (전)【tián ㄊㄧㄢˊ】메울 ※ 전(塡)의 옛 글자 ▣안:다닥뜨릴
설문 4460 窴(寘)也。《「窴」【各本】譌作塞。今正。『玉篇』曰。窴、今作「塡」。按窴塡同義。塡行而窴廢矣。》从穴。眞聲。《待季(年)切。12部。》/346

窳 (유)【yǔ ㄩˇ】사기 그릇의 됨됨이 거칠고 비뚤어질
설문 4450 污(汙污)窬也。《污窬、葢(蓋)與污衺同。亦謂下也。以衺與窊同韵(韻)。窬與窳同韵。故分別其辭也。『史記』。舜陶河濱。器不苦窳。裴駰曰。窳、病也。按器窳者、低陷之謂。亦汙窬之意也。『釋詁』曰。窳、勞也。郭云。勞苦者多惰窳。『大雅:毛傳』曰。訿訿、窳不供事也。『史記』。呰窳偸生。晉灼曰。呰、病也。窳、惰也。許於〔此部:呰〕下亦云窳也。葢(蓋)卽用『毛傳』。『毛詩』訿、卽呰也。此等窳皆訓惰嬾。亦皆污窬引伸之義。釋玄應屢引『揚承慶-字統』說。懶者不能自起(起)。如瓜瓠在地不能自立。故字从㼌。又嬾人恒在室中。故从穴。夫穴訓土室。不必从宀而後爲室也。而『召旻:正義』曰。艸木皆自豎立。惟瓜瓠之屬臥而不起。似若嬾人常臥室。故字从宀。宀音眠。此亦用『字統』說。而與『玄應』所據有異。且陸氏釋文、『孔氏-正義』皆引『說文』窳、嬾也。而『說文』無此語。聞疑載疑。不敢於〔宀部〕妄補㝒篆。》从穴。㼌聲。《以主切。古音在 4部。按『字統』說。㼌爲會意。許則云形聲。》朔方有窳渾縣。《『地理志』有。『郡國志』無。『讀史-方輿紀要』曰。故窳渾城在故夏州西北。漢縣。故夏州城在楡林衞(衛)西北二百里。》/345

◀ 제 11 획 ▶

窱 (조)【tiǎo ㄊㄧㄠˇ】㉿ diào 깊을, 으늑할
설문 4474 杳窱也。《『廣雅』曰。窈窱、深也。『西京賦』曰。望窊窱以徑廷。薛曰。過度之義也。『集韵(韻)』曰。窊同窈。》从穴。條聲。《徒弔切。2部。》/346

窾 (촬)【duò ㄉㄨㄛˋ】㉪㊥⑨㉿ zhuó 짧은 얼굴, 예쁠 (마땅히 女1ㅜ 13획으로 가ㅑ 한다.)
설문 7885 短面也。《『淮南書』曰。聖人之思脩。愚人之思叕。『高-注』。叕、短也。『方言』。黜、短也。『注』。蹶黜、短小皃(貌)。窡篆葢(蓋)形聲兼會意。》从女。竅聲。《丁滑切。15部。》/622

窵 (조)【diào ㄉㄧㄠˋ】으늑할(매우 깊고 고요함)
설문 4455 窵窅、《逗。》窔(罙)也。《窅見〔目部〕。深目也。『杜詩』。動影窵窕沖融閒。》从穴。鳥聲。《多嘯切。2部。》/345

窺 (규)【kuī ㄎㄨㄟˉ】엿볼、반걸음
설문 4456 小視也。从穴。規聲。《去隓切。16部。》/345

窻 窗窓囱(창)【chuāng ㄔㄨㄤˉ】창문
설문 4448 通孔也。从穴。悤聲。《楚江切。9部。按此篆淺人所增。【古本】所無。當刪(刪)。十篇囱下曰。在牆曰牖。在屋曰囱。囱或从穴作窗。古祗有囱字。窗巳爲或體。何取乎更取悤聲作窻字哉。自東江韵(韻)分。淺人多所僞撰(撰)。據『廣韵(韻):四，江窻』下云。『說文』作窗。通孔也。則篆體之不當有心明矣。依『廣韵』宜〔囱部〕去窗篆。此窻篆改爲窗。然囱窗本一字。宜〔囱部〕仍舊而此從刪(刪)也。許但作空不作孔。此云通孔也。則非許氏原文。》/345

◀ 제 12 획 ▶

覆 (복)【fú ㄈㄨˊ】㉪㊥⑨㉿ fù 움(지하실)
설문 4432 地室也。《『大雅:正義』引作「覆於地也」四字。按『詩:大雅:陶復陶穴:箋』云。復者、復於土上。鑿地曰穴。皆如陶然。庾蔚之云。復謂地上累土爲之。穴則穿地也。鄭、庾之云與許云覆於地合。覆於地者、謂旁穿之。則地覆於上。穴則正穿之。上爲中霤。『毛傳』云。陶其土而復之。陶其壤而穴之。土謂堅者。堅則不患崩壓。故旁穿之。使上有覆。葢(蓋)陶其土、旁穿之也。壤謂柔者。柔則恐崩。故正鑿之。陶其壤、謂正鑿之。直穴之中爲中霤也。『鄭-注:月令』云。中霤猶中室也。古者覆穴。是以名室爲霤云。連覆言之者、文勢使然也。毛之陶其土、陶其壤。葢讀陶爲掏。鄭則云皆如窯然。特此爲異耳。漢時陵墓築封土謂之復土。義與此復土小異。要亦上覆之言耳。》从穴。復聲。《芳福切。3部。》『詩』曰。陶覆陶穴。《按毛作復。『三家詩』有作「覆」者。如『斯干:毛革、韓鞹』之比。『釋名』說中霤云古者寑穴、乃是覆穴之誤。語與『月令:注』同。》/343

窬 (혈)【xuè ㄒㄩㄝˋ】(텅)빌, 뚫을
설문 4446 空皃(貌)。从穴。矞聲。《呼決切。15部。》/345

竀 (탱)【chēng ㄔㄥˉ】붉을 ※ 정(赬)과 같은 글자 ▣쟁:속음 ▣정:구멍 속으로부터 바로 볼
설문 4457 正視也。从穴中正見。正亦聲。《敕貞切。11部。》/345

竁 (취)【cuì ㄘㄨㄟˋ】(망을)팔 ▣천·절:같은 뜻 ▣체:광천(무덤 구덩이)、굴
설문 4475 穿地也。《『周禮:小宗伯、冢人』皆曰甫竁。『注』曰。甫、始也。鄭大夫讀竁皆爲穿。杜子春讀竁如毳。皆謂葬穿壙也。今南陽名穿地爲竁。聲如腐脃之脃。按此注讀竁爲穿者、易其字也。讀竁如毳者、擬其音也。下文鄭仲子春之說。以南陽語證子春說之不誤。》从穴。毳聲。《充芮切。15部。》一曰小鼠聲。《謂鼠聲之小者也。聲字依『玉篇』補。【宋本】小鼠下皆空一字。必是聲字耳。竁入聲如猝。於鼠聲相似。》『周禮』曰。大喪甫竁。/346

5 ⑪

寮 (료)【liáo ㄌㄧㄠˊ】뚫을
설문 4438 穿也。《『倉頡篇』曰。寮、小空也。『西京賦』曰。交綺豁以疏寮。薛曰。疏、刻穿之也。善曰。『倉頡篇』云。寮、小囱(窓)。『魏都賦』。皦日籠光於綺寮。按『大雅』。及『爾』同寮。『左傳』曰。同官爲寮。『毛傳』曰。寮、官也。『箋』云。與汝同官。俱爲卿士。葢(蓋)同官者同居一域。如俗云同學一處爲同窗也。亦假僚字爲之。『左傳』。泉丘人女奔孟僖子。其僚從之。『杜-注』。鄰(隣)女爲僚友》 从穴。尞聲。《洛蕭切。2部。俗省作寮。》『論語』有公伯寮。《『憲問篇』。》/344

◀ 제 13 획 ▶

竄 찬【cuàn ㄘㄨㄢˋ】숨길, 도망할
설문 4463 匿也。《『周易』逋竄『左氏』無所伏竄是也。『堯典』竄三苗于三危。與言流、言放、言極一例。謂放之令自匿。故『孟子』作殺三苗。卽『左傳』粲蔡叔之粲。粲爲正字。竄殺爲同音叚(假)借。》从鼠在穴中。《『漢書』曰。奉頭鼠竄。七亂切。古音在 15部。》/346

竅 (규)【qiào ㄑㄧㄠˋ】구멍, 구멍 뚫을
설문 4442 空也。《空孔古今字。『老子』。常有欲以觀其竅。》从穴。敫聲。《牽弔切。2部。》/344

◀ 제 14 획 ▶

竆 (궁)【qióng ㄑㄩㄥˊ】나라 이름 (穴부 14획)
설문 3844 夏后時諸矦夷羿國也。《〔弓部〕曰。芎、帝嚳䠶(射)官。夏少康滅之。〔羽部〕曰。羿、羽之羿風。亦古諸矦也。按芎羿古通用。云帝嚳射官而夏少康滅之。則夏之夷羿卽帝嚳䠶官之後裔明矣。夷羿見『左傳:虞箴』。『左傳』。魏絳云。『夏訓』有之曰。有竆后羿。昔有夏方衰。后羿自鉏遷於窮石。因夏民以代夏政。寒浞殺羿。靡滅浞。立少康。有窮由是遂亡。『今-左傳』作窮(竆)。許所據作竆。今古字也。『左氏』之竆石。杜不言其地所在。葢(蓋)非『山海經』、『離騷』、『淮南子』所云弱水所出之窮石也。『地理志』、『說文』皆云弱水出張掖山丹。則『山海經』、『離騷』、『淮南子』所云竆石當在山丹。漢山丹今爲甘州府山丹縣。距夏都安邑甚遠。然許鄁善之下卽出竆字。固謂西北邊地。》从邑。竆(窮)省聲。《渠弓切。9部。》/284

竈 조【zào ㄗㄠˋ】아궁이, 지을, 부엌
설문 4433 炊竈也。《炊者、爨也。竈者、炊爨之處也。》『周禮』曰(以)竈祠祝融。《『各本』無此七字。今據『史記:孝武本紀:索隱』補。『賈逵-注:左傳』云。句芒祀於戶。祝融祀於竈。蓐收祀於門。玄冥祀於井。(『呂氏春秋:注』日行或作井『淮南:時則訓:注』日井或作行) 后土祀於中霤。『淮南:時則訓』。孟夏之月。其祀竈。『高-注』云。祝融吳回爲高辛氏火正。死爲火神。託祀於竈。是月火旺。故祀竈。此皆用『古-周禮』說也。『五經異義』。竈神『今-禮-戴』說引『禮器』燔柴盆瓶之事。『古-周禮』說顓頊氏有子曰黎爲祝融。祀以爲竈神。許君謹案同『周禮』說。鄭駁之云。祝融乃古火官之長。猶后稷爲堯司馬。其尊如是。王者祭之。但就竈陘。一何陋也。祝融乃是五帝之神。祀於、四郊。而祭火神於竈陘。於禮乖也。按『許君-說文』有此七字。是與『五經異義』不殊。『風俗通義』亦從『異義』。用『古-周禮』說。》从穴。鼀省聲。《竈在古音 3部。入聲。故竈古音亦在 3部。今音則到切。『周禮-故書』以竈爲「造」。》竈或不省作。《今人皆作「竈」。》/343

◀ 제 15 획 ▶

竇 (두)【dòu ㄉㄡˋ】움(땅을 파서 만든 집), 빌, 들창문, 문구멍 ■독:개천
설문 4441 空也。《空孔古今語。凡孔皆謂之竇。古亦借瀆爲之。如『周禮:注』四竇卽四瀆、『左傳:襄:三十年』墓門之瀆徐音豆是也。》从穴。賣(𧶠)聲。《徒奏切。4部。按古音去入不分。》/344

◀ 제 17 획 ▶

竊 竊(절)【qiè ㄑㄧㄝˋ】훔칠, 도둑질, 도둑, 몰래, 가만히, 근거 둘 곳 없이 근거할
설문 4316 盜自中出曰竊。《小徐曰。所謂亂在內爲宄也。按『春秋』曰。盜竊寶玉大弓。盜自中出也。〔虍部〕曰。竊、淺也。此於雙聲疊韵(疊韻)得之。》从穴米。《米自穴出。此盜自中出之象也。會意。》离廿(卨廿)皆聲也。《一字有以二字形聲者。千結切。15部。》廿、古文疾。《童下亦曰廿、古文以爲疾。云以爲則本訓二十幷。古文叚(假)借以爲疾字也。〔疒(疒)部:疾〕下列古文。仍與小篆不別。葢(蓋)轉寫之誤。》离、偰字也。《大徐作古文偰。按〔内部:离〕、蟲也。讀與偰同。是則音同而義異也。此云偰字者、葢古文叚借以离爲偰。猶見於『漢書』。》/333

117	立
5-23	설 립

立 립【lì ㄌㄧˋ】[설문부수 404] 설(성취), 세울, 곧(즉시)
설문 6362 佢也。《「佢」『各本』作「住」。今正。〔人部〕曰。佢者、立也。與此爲互訓。淺人易爲住字。亦『許書』之所無。》从大(大)在一之上。《「在」『各本』作「立」。今正。鉉曰。大、人也。一、地也。會意。力入切。7部。》凡立之屬皆从立。/500

성부 부록 색인 참조
형부 立을 부수로 하는 대부분의 글자들
형성 (9자) 익(翊)2155 립(䳅)2332 립(笠)2837 랍(柆)3653 립(粒)4291 랍(㕸)5705 읍(泣)7103 랍(拉)7482 삽(颯)8570

◀ 제 1 획 ▶

辛 건【qiān ㄑㄧㄢ】[설문부수 59] 죄, 허물
※ 건(愆)과 같은 글자

설문 1652 辠也。《辠、犯法也。》从干二。《會意。》二古文上字。《干上是犯法也。》凡辛之屬皆从辛。讀若愆。《去虔切。14部。『廣韵』曰。辛古文愆。》張林說。/102

※ 마지막 획이 짧으면 매울 신(辛), 길면 매울 건(辛)

성부 辛신 言언 音알 妾첩 童동

◀ 제 5 획 ▶

竘 우【qǔ ㄑㄩˇ】건장할, 장인 ■구:같은 뜻, 다스릴, 공교할, 꾸밀 ■후:같은 뜻

설문 6371 健也。《『淮南:人閒(間)訓』。室始成。竘然善也。『高-注』。竘、高壯皃(貌)。此與健之訓合。》一曰匠也。《『方言』曰。竘、治也。吳越飾皃爲竘。或謂之巧。『廣雅』。竘、治也。又曰。竘、巧也。此與匠之訓合。》从立。句聲。讀若齲。《丘羽切。按高誘音口。郭璞同。許意讀若糗。『廣韵』襲厚韵兼收。古音在 4部。》『周書』有竘匠。《荅(蓋)謂『周書:七十一篇』也。竘匠之文佚攷。》/500

형성 (1자) 우(蒟)460

竝 並並 병【bìng ㄅㄧㄥˋ】[설문부수 405] 나란히 설, 나란히 할 ■방:가까울, 연할 ■반:현이름

설문 6381 併也。《〔人部:併〕下曰。竝(並並)也。二篆爲轉注。『鄭-注:禮經-古文竝今文』多作併。是二字音義皆同之故也。【古書】亦多用爲傍字者。傍、附也。》从二立。《蒲迥切。11部。》凡竝之屬皆从竝。/501

성부 普普보 替체

형성 (1자) 팽(髼)5504

형성 (8자+1) 피(毞)298 비(膍)2562 비(梍)3493 비(貔)5820 비(揓)7641 비(媲)7749 비(螕)8424 비(鎞)8561 비(篦)

◀ 제 6 획 ▶

竟 경【jìng ㄐㄧㄥˋ】끝날, 마칠, 끝, 다할, 마침내, 지경

설문 1651 樂曲盡爲竟。《曲之所止也。引伸之凡事之所止、土地之所止皆曰竟。『毛傳』曰。疆、竟也。俗別製境字。非。》从音儿。《此猶章從音十會意。儿在人下。猶十爲數終也。故竟不入〔儿部〕。居慶切。古音在 10部。讀如疆。》/102

형성 (3자+1) 강(滰)7039 영(摬)7689 경(鏡)8854 경(境)

章 장【zhāng ㄓㄤ】本[악장] 법, 장(문장의 한 단락), 도장

설문 1650 樂竟爲一章。《歌所止曰章。》从音十。《會意。諸良切。10部。》十、數之終也。《說從十之意。》/102

유사 끝날 경(竟)

성부 贛감 商상

형성 (8자) 장(璋)109 장(蔁)369 장(鄣)3967 창(彰)5458 장(麞)5975 장(漳)6695 장(墇)8687 장(障)9220

◀ 제 7 획 ▶

竢 (사)【sì ㄙˋ】기다릴 ※ 사(俟)의 옛글자

설문 6370 待也。《〔彳部〕曰。待、竢也。是爲轉注。【經傳】多叚(假)俟爲之。俟行而竢廢矣。俟、大也。》从立。矣聲。《牀史切。1部。》 䇃或从巳。《巳聲矣聲同在1部。》/500

竣 (준)【jùn ㄐㄩㄣˋ】⑨ yùn 本[무릎을 세우고 쭈그리고 앉을] (일이)끝날, 마칠 ■전:같은 뜻

설문 6376 居也。《【各本】作「偓竣也」。說者謂卽偓佺。今正。〔尸部〕曰。居、蹲也。〔足部〕曰。居、蹲也。『郭-注:山海經』、『徐廣-史記:音義』皆曰。踆古蹲字。【許書】之竣、荅(蓋)與蹲音義皆同也。居譌倨。倨譌偓。竣乃複擧(擧)字。倒於下、遂爲偓竣矣。【古書】之譌舛可正者類如此。固在好學深思。心知其意也。『廣韵(韻)』曰。倨也。此居譌倨之證。》从立。夋聲。《七倫切。13部。》『國語』曰。有司已事而竣。《『今-齊語』作已於事。『韋-注』。竣、退伏也。按『毛詩』云。不皇啓居。故已於事而後卽安。》/500

童 동【tóng ㄊㄨㄥˊ】아이, 종(노복), (산에 나무가 없어)민둥민둥할

설문 1653 男有辠曰奴。奴曰童。女曰妾。《〔女部〕曰。奴婢皆古之辠人也。偁(稱)『周禮』其奴男子入又辠隸。女子入于舂槀。》从辛。重省聲。《徒紅切。9部。今人童僕字作「僮」。以此爲僮子字。荅(蓋)【經典】皆漢以後所改。》籒文童。中與竊中同从廿(廿)。《句。》廿、《逗。》目(以)爲古文疾字。《當作「古文以爲疾字」。廿本二十幷也。古文假爲疾字。此亦不同音之假借也。竊字下曰。廿、古文疾。則不言以爲。童從疾者、亦取有辠之意。》/102

성부 龍룡

형성 (13자+3) 동(蕫)381 충(衝)1208 동(橦)3523 동(穜)4186 송(瘇)4553 동(罿)4629 동(僮)4733 동(憧)6532 동(潼)6659 당(撞)7644 탄(疃)8767 종(鐘)8951 충(艟)9080 동(犝) 동(曈) 당(幢)

竦 (송)【sǒng ㄙㄨㄥˇ】공경할, 두려워할

설문 6367 敬也。《敬者、肅也。『商頌:傳』曰。竦、懼也。此謂叚(假)竦爲愯也。愯者、懼也。廾下曰。竦手。謂手容之恭上其手也。『周南:毛傳』曰。喬、上竦也。》从立。从束。《會(會)意。息拱切。9部。》束、自申(申)束也。《【古書】多言申束。『韓非』引『周書』曰。申之束之。「申」俗作「伸」。申之使舒。束之使促。常相因互用也。》/500

◀ 제 8 획 ▶

竮 (작)【què ㄑㄩㄝˋ】놀라는 모양

설문 6378 驚皃(貌)。《與猲音義同。猲見『方言』。》从立。䇺(昔)聲。《七雀切。5部。》/500

䇦 복【fú ㄈㄨˊ】귀신 보고 움찔 하는 모양 ■록:귀신 볼 ■밀:같은 뜻

설문 6377 見鬼彪皃(貌)。从立。从彔。《會意。》彔籒文彪。讀若虙羲氏之虙。《彪聲在 15部。必聲在 12部。音相近也。當讀如密。今音房六切。非也。》/500

竨 竨(퇴)【duì ㄉㄨㄟˋ】포갤

설문 6364 磊竨(竨)。《曡韵(疊韻)字。今俗語猶有之。》重聚也。从立。辜聲。《丁罪切。15部。》/500

竫 (정)【jìng ㄐㄧㄥˋ】本[머물러 편안할] 가릴(선택)、조용할

설문 6368 亭安也。《亭者、民所安定也。故安定曰亭安。其字俗作「停」、作「渟」。亭與竫曡韵(疊韻)。凡安靜字宜作竫。靜其叚(假)借字也。靜者、審也。从立。爭聲。《疾郢切。11部。》/500

竦 (리)【lì ㄌㄧˋ】임할, 좇을, 성길(疏也)

설문 6363 臨也。《臨者、監也。【經典】莅字或作「涖」。注家皆曰臨也。『道德經』釋文云。古無莅字。『說文』作「竦」。按莅行而竦廢矣。凡有正字而爲叚(假)借字所敚者類此。》从立。隶聲。《力至切。15部。》/500

竡 (파)【pà ㄆㄚˋ】상中⑨작 bà 키 작을 ■패:속음 ■비:걸음 비실거릴

설문 6379 短人立竡竡皃(貌)。《竡竡、短皃。竡之字或作「罷」。『周禮:典同:注』。陂讀爲人短罷之罷。『司弓矢庳矢:注』。鄭司農讀爲人罷短之罷。或作「矲」。『方言』曰。呰、矲、短也。桂林之中謂短矲。『郭-注』言矲雉也。按矲皮買反。雉苦買反。『今本-方言』雉譌作䅋。典同釋文雉譌作䅋。依『集韵(韻)』、『類篇』、『宋-余仁仲-周禮』所載釋文、【明-葉林宗-所寫:釋文】正之。雉从矢、佳聲。非雉字也。》从立。卑聲。《傍下切。按當薄蟹切。16部。》/500

◀ 제 9 획 ▶

竭 (갈)【jié ㄐㄧㄝˊ】들어올릴, 다할 ■걸:속음

설문 6373 負舉(擧)也。《凡手不能擧者、負而擧之。『禮運』。五行之動。迭相竭也。『注』。竭猶負戴也。〔豕部〕曰。竭其尾。『李尤-翰林論』云。『木氏-海賦』。壯則壯矣。然首尾負竭。狀若文章。亦將由未成而然也。》从立。曷聲。《渠列切。15部。》/500

端 (단)【duān ㄉㄨㄢ】本[곧을] (품행이)바를, 바로 잡을, (일의)실마리

설문 6365 直也。《用爲發耑、耑緒字者叚(假)借也。》从立。耑聲。《多官切。14部。》/500

◀ 제 11 획 ▶

竱 (전)【zhuǎn ㄓㄨㄢˇ】가지런히 할

설문 6366 等也。《等者、齊簡(簡)也。故凡齊皆曰等。『齊語』。竱本肇(肇)末。『韋-注』。竱、等也。肇、正也。謂先等其本、以正其末。按『孟子』曰。不揣其本而齊其末。揣蓋(蓋)竱之叚(假)借字。耑聲、專聲同部。『趙-注』云揣量。似失之。〔木部:椯〕下曰。一曰度也。『孟子』正當从木作「椯」。【韵(韻)書】謂偁(稱)量曰敁敪。丁兼、丁括切。卽竱語之轉也。》从立。專聲。《旨(旨)沇切。14部。按字苑音剸。『李舟-切韵』音端。》『春秋傳』曰。《【宋本】如是。【今本-傳】作『國語』。》竱本肇末。/500

◀ 제 12 획 ▶

竲 (증)【zēng ㄗㄥ】상中⑨작 céng 북쪽의 지붕 없는 높은 다락

설문 6380 北之高樓無屋者。《北地郡也。高樓上不爲覆曰竲。『禮運』曰。夏則居曾巢。鄭曰。暑則聚薪柴居其上也。此竲之始也。『禮運本』又作竲。》从立。曾聲。《士耕切。按當依『廣韵(韻)』作滕疾陵二切。6部。》/501

䇓 嬃(수)【xū ㄒㄩ】(서서)기다릴

설문 6374 立而待也。《依『韵(韻)會』補「立而」二字。今字多作「需」、作「須」、而䇓廢矣。〔雨部〕曰。『需』、䇓也。遇雨不進止䇓也。引『易』雲上於天、『需』。需與䇓音義皆同。樊遲名須。須者、䇓之叚(假)借。䇓字僅見『漢書:翟方進傳』。》从立。須聲。《相俞切。古音在 4部。》䇓或从芻。《須聲、芻聲同在 4部。》/500

◀ 제 13 획 ▶

䇔 (라)【luò ㄌㄨㄛˋ】잘름거릴, 약하게 사는 모양

설문 6375 痿也。《䇔者痹也。》从立。臝聲。《力臥切。17部。》/500

竵 竵(화)【huāi ㄏㄨㄞ】상中작 huā ⑨ wāi 바르지 못할

설문 6372 不正也。从立。𠷎聲。《火鼃切。古音在 16部。俗字作歪。》/500

◀ 제 15 획 ▶

競 경【jìng ㄐㄧㄥˋ】굳셀, 다툴, 나아갈, 아우를, 쫓을, 높을

설문 1644 彊語也。《競彊曡(疊)韵。彊語謂相爭。》从誩二人。《從二人二言也。渠慶切。古音在 10部。讀如彊。》一曰逐也。《別一義。》/102

유사 조심할 긍(兢)

贛 감【kǎn ㄎㄢˇ】북칠, 춤곡조 이름, 기꺼웁게 울릴, 악기 이름

설문 3225 繇也舞也。《「繇」當作「䍃」。䍃、徒歌也。上也字衍。謠舞字、謠且舞也。『詩:序』曰。『維淸』、奏『象舞』也。『武』、奏『大武』也。『禮記:文王世子、明堂位、祭統』皆云。管『象』、舞『大武』。『象』與『大武』皆謂『周頌:武篇』。『鄭-注:祭統』云。吹管而舞『武象』之樂也。『樂記』說武以咏歎淫液、發揚蹈厲竝言。則舞兼歌矣。故其字从章从夊。》从夊。从章。樂有章也。《說从章之意。》夅聲。《巳上十字今更正。夅聲在 9部。與 8部合韵。苦感切。8部。》『詩』曰。贛(竷)贛鼓(鼓)我。《「鼓」【各本】作「舞」。今依『韵會』訂。〔土部〕引墫墫舞我。則此當同『詩』作鼓矣。『今-小雅:

伐木』作「坎坎」。毛無『傳』。而『陳風』曰。坎坎、擊鼓聲也。『魏風:傳』曰。坎坎、伐木聲也。『魯(魯)詩:伐檀』作「欿欿」。疑竷竷鼓我容取『三家』。與『毛』異。》/233

성부 贛공

형성 (1자) 감(贛 贑)9378

제 6 획

118 6-01

竹 대 죽

竹 죽【zhú ㄓㄨˊ】[설문부수 143] 대(나무), (대로 만든)피리

설문 2737 冬生艸也。《云冬生者、謂竹胎生於冬。且枝葉不凋也。云艸者、『爾雅』竹在『釋艸』。『山海經』有云其艸多竹。故謂之冬生艸。戴凱之云。植物之中有艸木竹、猶動品之中有魚鳥獸也。》象形。《象兩(両)兩竝生。陟玉切。3部。按『廣韵』張六切。》下𠂹(垂)者、箁箬也。《恐人未曉下𠂹之恉。故言之。》凡竹之屬皆从竹。/189

성부 부록 색인 참조

형부 竹을 부수로 하는 대부분의 글자들
보(簠) 작(筰) 건(笏) 간(筒) 범(範)

형성 (2자) 독(篤 𥳑)5901 축(竺 竺)8601

◀ 제 2 획 ▶

竺 (독)【zhú ㄓㄨˊ】㊤㊥⑨㊢ dǔ 本[두터울] ■축:대나무

설문 8601 㫗也。《「㫗」【各本】作「厚」。今正。許意厚薄字當作「㫗」。山陵之㫗乃作厚。不容一之。『爾雅』、『毛傳』皆曰。篤、厚也。【今-經典】絕(絶)少作竺者。惟『釋詁』尚存其舊。叚(假)借之字行而眞字廢矣。篤、馬行鈍遲也。聲同而義略相近。故叚借之字專行焉。加厚之意。》从二。《加厚之意。》竹聲。《冬毒切。3部。》/681

◀ 제 3 획 ▶

竽 (우)【yú ㄩˊ】피리

설문 2856 管三十六簧也。《管下當有「樂」字。凡竹爲者皆曰管樂。『周禮:笙師』。掌教龡竽。大鄭曰。竽三十六簧。按據『廣雅』竽三十六管。然則管皆有簧也。『通卦驗』、『風俗通』皆云長四尺二寸。竽與笙之管皆列於匏。『宋書:樂志』曰。竽今亡。》从竹。亏(于)聲。《羽俱切。5部。》/196

竿 (간)【gān ㄍㄢˉ】장대、횃대

설문 2820 竹梃也。《〔木部〕曰。梃、一枚也。按梃之言挺也。謂直也。『衞(衛)風』曰。籊籊竹竿。引伸之木直者亦曰竿。凡干旄、干旟、干旌皆竿之假借。又『莊子』竿牘卽簡(簡)牘也。》从竹。干聲。《古寒切。14部。》/194

◀ 제 4 획 ▶

笹 (돈)【dùn ㄉㄨㄣˋ】둥구미

설문 2813 篅也。《『廣韵(韻)』。笹、籧也。按今俗謂盛穀高大之器曰土籧。》从竹。屯聲。《徒損切。13部。》/194

笍 (체)【zhuì ㄓㄨㄟˋ】채찍, 작은 수레를 잡는 채찍 ■널:같은 뜻 ■예:대이름

설문 2845 羊車騶箠也。箸箴其耑(端)長半分。《〔金部〕曰。錣、羊車箠也。耑有鐵。〔匸部〕曰。匽讀如羊車騶箠之錣。羊車見『考工記』。鄭曰。羊、善也。善車若今定張車。『釋名』曰。羊、祥也。祥、善也。羊車、善飾之車。今犢車是也。〔馬部〕曰。騶、廄(廐)御也。『月令:注』曰。七騶謂趣馬。主爲諸官駕說者也。『左傳』。程鄭爲乘(乘)馬御。六騶屬焉。使訓羣(群)騶知禮。按騶卽御。騶箠者、御車之馬箠也。箸箴其耑長半分。「箴」當作「鍼」。所謂耑有鐵可以郵勿而椓剌之。善飾之車駕之以犢。馳驟不揮鞭策。推用箴剌而促之。『淮南:道應訓』字作「錣」。高曰。策馬捶端有鐵以剌馬謂之錣。錣與笍音義皆同。》从竹。內聲。《陟衞(衛)切。15部。》/196

笐 (강)【gāng ㄍㄤˉ】대 늘어설、대나무 ■항:줄이 있는 악기, 대나무 장대

설문 2765 竹列也。《「列」『玄應書』作「次」。竹列者、謂竹之生。疏數偃仰。不齊而齊。笐之言行也。行、列也。『釋草』。仲無笐。蓋(蓋)謂竹有行列如伯仲然也。無者、發聲也。引伸之取竹爲衣架亦曰笐。『廣韵(韻):四十二, 宕』曰笐、衣架是也。『內則』所謂椸枷。『釋器』所謂竿謂之箷也。其字亦作「桁」。『古樂府』云。還視桁下無懸衣是也。》从竹。亢聲。《古郎(郞)切。10部。按依『爾雅:音義』戸(户)剛反。其衣笐、衣桁【韵(韻)書】下浪切。》/190

笑 소【xiào ㄒㄧㄠˋ】本[기쁠] 웃을, 비웃을, 웃음, 꽃 필

설문 2880 喜也。从竹。从犬。《『徐鼎臣-說:孫愐-唐韵』引『說文』云。笑(咲)、喜也。从竹、从犬。而不述其義。攷『孫愐-唐韵:序』云。仍『篆隸(隸)石經』勒存正體。幸不譏煩。蓋『唐韵』每字皆勒『說文』之篆體。此字之从竹犬。孫親見其然。是以唐人無不从犬作者。『干祿字書』云。咲通、笑正。『五經文字』力尊『說文』者也。亦作笑喜也。从竹下犬。『玉篇:竹部』亦作笑。『廣韵』因『唐韵』之舊亦作笑。此本無

可疑者。自『唐玄度-九經字樣』始先笑後笑。引『楊承慶-字統』異說云从竹从夭。竹爲樂器。君子樂然後笑。『字統』每與『說文』乖異。見『玄應書』。葢(蓋)楊氏求从犬之故不得。是用改夭形聲。唐氏從之。李陽冰(氷)遂云竹得風。其體夭屈如人之笑。自後徐楚金缺此篆。鼎臣竟改『說文』笑作笑。而『集韵』、『類篇』乃有笑無笑。宋以後【經籍】無笑字矣。今以顧野王、孫愐、顏元孫、張參爲攎。復其正始。或問曰。从犬可得其說乎。曰从竹之義且不敢妄(妄)言。況从犬乎。聞疑載疑可也。假云必不宜(宜)从犬。則哭又何以从犬乎。哭之獄省聲乃亦强作解事者爲之也。詳哭下。私妙切。2部。○ 又按『宋初-說文本』無笑。鉉增之。十九文之一也。孫愐但从竹从犬。其本在〔竹部〕、抑在〔犬部〕。鉉不能知。姑綴於竹末。今依之。恐有未協。準(準)哭从犬求之。笑或本在〔犬部〕。而从〔竹部〕之字之省聲。未可知也。》/198

◀ 제 5 획 ▶

筋 (건)【jiàn ㄐㄧㄢˋ】 힘줄 밑둥, 힘살
설문 2619 筋之本也。《『內則:注』曰。餌、筋腱也。『王逸-注:招寬(魂)』曰。腱、筋頭也。「餌」『篇』、『韵(韻)』作「腿」。》 从筋省。夗省聲。《渠建切。14部。》 腱 或从肉建。《建聲也。今字多作此。》/178

笘 (섬)【shān ㄕㄢ】 쪼갠 대채찍, (어린애가 글씨 배울 때 쓰던)나뭇조각 ■첩:대쪽, 대쪽 편지 ■참·첨:같은 뜻
설문 2849 折竹箠也。《折竹爲箠。箠之便易者也。》 从竹。占聲。《失廉切。7部。按『篇』、『韵(韻)』丁頰切爲是。失廉誤也。》 潁川人名小兒所書寫爲笘。《此別一義。籥下曰。書僮竹笘也。用此義。『廣雅』。笘、觚也。》/196

笙 (생)【shēng ㄕㄥ】 생황(19 혹은 13개의 대나무 관으로 만든 악기)
설문 2857 十三簧。《蒙上管樂而言。故不云管樂也。『大鄭-周禮:注』曰。笙十三簧。按『廣雅』云笙十三管。亦每管有簧也。》 象鳳之身也。笙、正月之音。物生。故謂之笙。《『白虎通』曰。八音、匏曰笙。匏之爲言施也。在十二月萬物始施而牙。笙者、大蔟之氣。象萬物之生。故曰笙。『釋名』曰。笙、生也。象物貫地而生也。按『禮經』。東方鐘磬謂之笙鐘、笙磬。笙猶生也。東爲陽中。萬物以生。是以東方鐘磬謂之笙也。初生之物必細。故『方言』云。笙、細也。竽、大笙也。故竽可訓大。》 大者謂之「巢(巢)」。小者謂之「和」。《見『釋樂』。孫云。巢高大。和小笙。『鄉(鄉)射記』曰。三笙一和而成聲。三笙謂大者。一和謂小者也。》 从竹。生聲。《列管故从竹。正月之音故从生。擧(擧)會意包形聲也。『韵會本』無聲字爲長。所庚切。11部。》 古者隨作笙。《『通典』曰。出『世本』。》/197

笛 (적)【dí ㄉㄧˊ】 피리(구멍은 7개, 길이는 한자 4치)
설문 2866 七孔筩也。《『文選(選):李-注』引『說文』。笛七孔。長一尺四寸。今人長笛是也。此葢(蓋)以注家語益之。『風俗通』亦云。長尺四寸。七孔。『周禮:笙師』字作「篴」。大鄭云。杜子春讀篴如蕩滌之滌。今人所吹五空竹笛。按篴笛古今字。『大鄭-注』上作「篴」。下作「笛」。後人妄改一之。大鄭云五孔。『馬融賦』亦云。易京君明識音律。【故本】四孔加以一。君明所加孔後出。是謂商聲五音畢。然則漢時長笛五孔甚明。云七孔者、禮家說古笛也。許與大鄭異。》 从竹。由聲。《由與逐皆 3部聲也。古音如逐。今音徒歷切。》 羌笛三孔。《言此以別。於笛七孔也。馬曰。近世雙笛從羌起。謂長笛與羌笛皆出於羌。漢丘仲因羌人截竹而爲之。知古篴漢初亡矣。李善曰。羌笛長於古笛。有三孔。大小異。》/197

笞 (태)【chī ㄔ】 매질할, 볼기(엉덩이) 칠
설문 2851 擊也。《疑奪「所㠯(以)」二字。笞所以擊人者。因之謂擊人爲笞也。『方言』引『傳』曰。慈母之怒子也。雖折葼笞之。其惠存焉。後世笞杖徒流大辟五荆(刑)。制於隨唐。至於今日。笞有名無實。》 从竹。台聲。《丑之切。1部。》/196

笠 (립)【lì ㄌㄧˋ】 삿갓
설문 2837 簦無柄也。《汪氏龍曰。笠本以御暑。亦可御雨。故『良耜:傳』。笠所以御暑雨。『無羊:傳』。蓑所以御雨。笠所以備暑。『都人士:傳』。臺所以御雨。笠所以御暑。【三傳】相合。『今-都人士』暑雨互譌。以『南山有臺:疏』、『文選(選):注』正。》 从竹。立聲。《力入切。7部。》/195

笢 (민)【mǐn ㄇㄧㄣˇ】 대껍질, (머리)솔
설문 2751 竹膚也。《膚、皮也。竹膚曰笢。亦曰筠。見『禮器』。俗作「筠」。已析可用者曰蔑。『禮:注』作「箈」。『士喪禮』謂之枍。析之謂之筡。亦謂之篙。》 从竹。民聲。《武盡切。12部。》/190

笥 (사)【sì ㄙˋ】 (옷, 밥, 책을 담는)사각 상
설문 2794 飯及衣之器也。《『禮記:曲禮:注』曰。圓曰「簞」。方曰「笥」。『禮經:士冠禮:注』曰。隋方曰篋。許曰。簞、笥也。又〔匚部〕曰。匧、笥也。許渾言之。鄭別言之也。『曲禮:注』曰。簞笥、盛飯食者。此飯器之證。『禮記』引『兌(兌)命』曰。惟衣裳在笥。此衣器之證。》 从竹。《『大射儀』曰。小射正奉決拾以笥。『注』。笥、萑葦器。按此葢(蓋)笥之小者也。大者以竹爲之。》 司聲。《相吏切。1部。》/192

符 (부)【fú ㄈㄨˊ】 부신(부절), 증거, 도장, 병부, 꼭맞을, 예언서
설문 2770 信也。漢制㠯(以)竹。長六寸。分而相合。《『周禮』。門關用符節。『注』曰。符節者、如今宮(宮)中諸官詔符也。『小宰』傅別、【故書】作傅辨。鄭(鄭)大夫讀爲符別。『漢:孝文紀』。始與郡國守相爲銅虎符、竹使符。應劭云。銅虎符一至五。國家當發兵。遣使至郡合符。符合乃聽受之。竹使符皆以竹箭五枚。長五寸。鐫刻篆書。第一至第五。張晏曰。符以代古之圭璋。從簡易也。按許云六寸。『漢書:注』作五寸。未知孰是。》 从竹。付聲。《防無切。古音在 4部。》/191

笨 (분)【bèn ㄅㄣˋ】 댓속、대청、거칠、조잡할、투박한 사람

설문 2752 竹裏也。《謂其內質白也。又有白如紙者。『吳都賦:注』謂之竹孚兪。》从竹。本聲。《布忖切。13部。》/190

笪 (단)【dá ㄉㄚˊ】 칠(두드릴), 대둥구미(둥근상자), 매(회초리) ■달:볼기 칠, 배덮는 삿자리

설문 2850 笞也。《笪者、可以撻人之物。》从竹。旦聲。《當割切。15部。》/196

笫 第(자)【zǐ ㄗˇ】 평상, 살평상 ■진:평상(平牀·平床) ■제:〈네이버 자전〉차례(次例)

설문 2781 簀也。《見『釋器』。『左傳』。牀笫（第）之言不踰閾。『周易』。噬乾胏。鄭曰。胏、簀也。此言假胏爲笫也。『士喪禮-古文』笫爲「茨」。》从竹。笫聲。《阻史切。按「史」當作「死」。15部。》/192

第 (제)【dì ㄉㄧˋ】 차례(등급), 집(주택)

설문 2881 次也。从竹弟。《此見『毛詩:正義:卷一』之一引『說文』。其在〔弟部〕、抑〔竹部〕。今不可知。要孔沖遠所據有此篆無疑。俗省弟作第耳。特計切。15部。》/199

笭 (령)【líng ㄌㄧㄥˊ】 종다래끼

설문 2840 車笭也。从竹。令聲。《郞(郎)丁切。11部。》一曰笭、《逗。》籯也。《竹籠。》/196

笮 窄 책【zé ㄗㄜˊ】 좁을, 전동(대로 만든 화살통), 닥칠 ■작:작도이(都夷:종족 이름) ■자:술 거를 ■착:대새끼, 자자할 ■색:산자

설문 2779 迫也。《疊(疊)韵。『說文』無窄字。笮窄古今字也。屋笮者本義。引伸爲逼窄字。》在瓦之下棼上。《棼、複屋棟也。『釋宮』。屋上薄謂之筄。郭云。屋笮也。『考工記:注』曰。重屋複笮也。按笮在上椽之下、下椽之上。迫居其閒(間)故曰笮。『釋名』曰。笮、迮也。編竹上連迫迮也。以竹爲之故从竹。》从竹。乍聲。《阻厄切。古音在 5部。》/191

【房】下『注』云:《按此「迮」當爲「笮」。今之窄字也。》/744

참고 착(搾)(쥐어)짤

笯 (노)【nú ㄋㄨˊ】 ㉮ nù 새장 ■나:같은 뜻

설문 2819 鳥籠也。《『方言』。籠、南楚江沔之閒(間)謂之篣。或謂之笯。懷沙曰。鳳皇在笯。『洪興祖-補注』引『說文』。笯、籠也。南楚謂之笯。豈【洪氏-所見:本】異與。》从竹。奴聲。《乃故切。5部。》/194

笱 (구)【gǒu ㄍㄡˇ】 통발

설문 1380 曲竹捕魚笱也。《『北風:毛傳』曰。笱所以捕魚也。『周禮:䲣人』掌以時䲣爲梁。大鄭云。梁、水偃。偃水而爲關空。以笱承其空。偃堰、空孔皆古今字。魚梁皆石。絕(絶)水。笱、曲竹爲之。以承孔。使魚入其中不得去者。若以薄爲梁。以笱承之。則謂之寡婦之笱》从竹句。《曲竹故从竹句。》句亦聲。《古厚切。4部。》/88

笵 범【fàn ㄈㄢˋ】 법, 대쪽, 본보기
※ 범(範)과 같은 글자

설문 2768 法也。《『㲉(繫)辭』。範圍天地之化而不過。鄭曰。範、法也。『考工記』。軓前十尺。『注』云。『書』或作軋。軋、法也。按許無軋字。〔車部:範〕爲範軷。則『㲉辭』範圍、假借字也。》从竹。氾聲。《防𤇾切。8部。》竹、簡(簡)書也。古法有竹荆(刑)。《說从竹之意。法具於【簡(簡)書】。故笵从竹也。『左傳』曰。鄭駟歂殺鄧析而用其竹荆。竹荆者、荆罰科條載於竹簡也。『通俗文』曰規模曰笵。『玄應』曰。以土曰「型(型)」。以金曰「鎔」。以木曰「模」。以竹曰「笵」。一物材別也。說與說合。》/191

형성 (1자) 범(範 䡲)9129

◀ 제 6 획 ▶

筈 (락)【luò ㄌㄨㄛˋ】 잔 담아 두는 대그릇

설문 2804 桮筈也。《『方言』。桮𥰭、陳楚宋衞(衛)之閒謂之「桮𥰭」。又謂之豆「筥(筥)」。自關東西謂之「桮𥰭」。郭云。盛桮器籠也。按引伸爲籠絡字。今人作「絡」。古當作「筈」。亦作「落」。》从竹。各聲。《盧各切。5部。》/193

筌 (공)【gòng ㄍㄨㄥˋ】 잔을 담아두는 대그릇, 묶을

설문 2805 桮筈也。《『廣雅』曰。筌、桮落也。》从竹。夅聲。《古送切。9部。》或曰盛箸籠。《箸筩曰𥲅。亦曰筌也。》/193

筐 (기)【jī ㄐㄧ】 참빗, 서캐훑이기

설문 2773 取蟣比也。《比篦古今字。比、密也。引伸爲櫛髮之比。『釋名』曰。梳言其齒疏也。數言比。比於梳其齒差數也。比言細相比也。〔木部〕曰。櫛者、梳比之總(總)名也。『史記』。遺單于比余一。『漢書』作比疎一。余、疎皆叚梳字。比梳一者、統言則比亦梳也。蟣者蝨子。云取蟣比者、比之至密者也。今江浙皆呼篦筐。比當依俗音毗。『漢書』頻寐反。》从竹。匠聲。《居之切。1部。》/191

筞 (추)【zhū ㄓㄨ】 돛, 돛 달 ■창:돛 달

설문 2848 棒雙也。《棒雙見〔木部〕。『廣雅』。筞𥳑謂之筞。『廣韵(韻):四, 江』曰。棒𥳑者、帆未張也。又曰。𥳑者、帆也。按以篷席爲帆曰棒雙。故字或皆从竹。今大船之帆多用篷席是也。》从竹。朱聲。《陟輸切。古音在 4部。》/196

筆 (필)【bǐ ㄅㄧˇ】붓, (붓으로)쓸, 별이름, 백목련 ■별:같은 뜻

설문 1842 秦謂之筆。从聿竹。《鄙密切。古音在 15部。》/117

等 등【děng ㄉㄥˇ】 무리, 등급, 기다릴, 층계, 무엇, 따위

설문 2767 齊簡(簡)也。《齊簡者、疊(疊)簡冊(冊)齊之。如今人整齊書籍也。引伸爲凡齊之偁(稱)。凡物齊之。則高下歷歷可見。故曰等級。〔刀部〕云。則、等畫(畫)物也。》

竹 6 ⑥

从竹寺。《會意。》寺官曹之等平也。《說从寺之意。〔寸部〕日。寺、廷也。有法度者也。故从寸。官之所止九寺。於此等平法度。故等从竹寺。古在 1部。止韵。音變入海韵。音轉入等韵。多肯切。》/191

筊 (효)【jiǎo ㄐㄧㄠˇ】 ㉸ xiáo (대오리로 꼰)노, 대새끼(竹索), 단소(작은 퉁소) ■교:같은 뜻

설문 2823 竹索也。《謂用析竹皮爲繩索也。今之篾纜也。『漢:溝洫志』曰。搴長茭兮。湛美玉。如淳曰。茭、草也。一日竿也。臣瓚曰。竹索稱謂之茭。所以引置土石也。師古曰。瓚說是也。茭字宜从竹。『風俗通』、『後漢:禮儀志』皆言葦茭。謂葦索也》从竹。交聲。《胡茅切。2部。》/194

竹 6 ⑥

筋 근【jīn ㄐㄧㄣ】[설문부수 136] 힘줄, 힘살, 대 이름

설문 2618 肉之力也。《力下日筋也。筋力同物。今人殊之耳。『考工記-故書』「筋」或作「薊」。》从肉力。从竹。竹、物之多筋者。《說從竹之意。居銀切。13部。》凡筋之屬皆从筋。/178

형부 작(笏) 건(筋)

筍 순【sǔn ㄙㄨㄣˇ】댓순, 죽순, 종 달아매는 가로 대나무 ■윤:여린대, 새끼대

설문 2744 竹胎也。《『酷人:注』曰。筍、竹萌也。按許與鄭稍異。胎言其含苞。萌言其已擂也。『吳都賦』曰。苞筍抽節。引伸爲竹青皮之偁(稱)。『尙書』云敷重筍席、『禮器』如竹箭之有筍、『聘義』浮筍旁達皆是。其音爲賨切。今字作「筠」。》从竹。旬聲。《思允切。12部。今字作「笋」。》/189

형성 (1자) 춘(櫄)3320

筑 筑축【zhú ㄓㄨˊ】(다섯줄의)악기, 축, 비파, 땅 이름

설문 2867 㠯(以)竹曲五弦之樂也。《以竹曲不可通。『廣韵』作以竹爲。亦繆。惟『吳都賦:李-注』作似箏、五弦之樂也。近是。箏下云五弦筑(筑)身。然則筑似箏也。但『高-注:淮南』曰。筑曲二十一弦。可見此器衆呼之名筑曲。『釋名』。筑、以竹鼓(鼓)之也。『御覽』引『樂書』云。以竹尺擊之。如擊琴然。今審定其文。當云筑曲以竹鼓弦之樂也。高云二十一弦。『樂書』云十三弦。筑弦數未審。古者箏五弦。『說文』殆筑下鼓弦與箏下五弦互譌耳。箏下云筑身。則筑下不必云似箏。恐李善亦昧於筑曲而改之。》从玔(巩)竹。《持而擊之也。》玔、持之也。《『樂書』曰。項細肩圓。鼓法以左手扼項。右手以竹尺擊之。『史』云。善擊筑者高漸離。》竹亦聲。《張六切。3部。》/198

형성 (1자+1) 축(蓫蓫)277 축(築)

筒 (통)【tǒng ㄊㄨㄥˇ】㊤㊥⑨㉸ dòng 대통, 통

설문 2861 通簫也。《所謂洞簫也。『廣雅』云。大者二十三管無底是也。『漢:章帝紀』。吹洞簫。如淳曰。洞者、通也。簫之無底者也。》从竹。同聲。《徒弄切。9部。》/197

笄 (계)【jī ㄐㄧ】비녀, 비녀꽂을

설문 2772 先也。《「先」【各本】作「簪」。今正。先下曰。首笄也。俗作「簪」。戴氏曰。無冠笄而冕弁有笄。笄所以貫之於其左右。是以冠無之。凡無笄者纓。『冕制』。延前圓垂旒。後方。延有紐。自延左右垂。笄貫之以爲固。紘以組。自頤屈而上。左右屬之笄。垂其餘。凡冕弁笄。有笄者紘。『記』曰。天子冕而朱紘。諸侯冕而青紘。『士冠禮』。皮弁笄。爵弁笄。朱組紘纁邊。》从竹。幵(开)聲。《古兮切。古音在 12部。》/191

箠 (타)【zhuā ㄓㄨㄚ】대 이름 ■과:채찍 ■좌:같은 뜻

설문 2844 箠(箠)也。《箠檛古今字。亦作「簻」。『左傳』。繞朝贈之以策。杜預曰。馬檛也。檛婦翁字本从木。後人又改从手。》从竹。朵聲。《陟瓜切。古音在 17部。戈韵(韻)。》/196

策 책【cè ㄘㄜˋ】本[말채찍] 말에 채찍질할, 대쪽, 꾀, 시초(蓍艸)

설문 2842 馬箠也。《馬箠曰責。以策擊馬曰敕。【經典】多假策爲冊)。又計謀曰籌策者。策猶籌。籌猶筭。筭所以計曆數。謀而得之。猶用筭而得之也。故曰筭、曰籌、曰策、一也。張良借箸爲籌。》从竹。朿聲。《楚革切。16部。》/196

형성 (+1) 색(楝)

◀ 제 7 획 ▶

筟 (부)【fú ㄈㄨˊ】㊥⑨㉸ fū 댓속 껍질 ■포:가는 대로 엮은 그물

설문 2777 筳也。《筳筦筟三名一物也。『方言』曰。「繀車」、趙魏之間謂之「轣轆車」。東齊海岱之間謂之「道軌」。按自其轉旋言之。謂之「厤鹿」。亦謂之「道軌」。亦謂之「鹿車」。自其箸絲之筳言之。謂之「繀車」。亦謂之「筟車」。實卽今之「籆車」也。》从竹。孚聲。讀若『春秋』魯(魯)公子彄。《公子彄見『春秋經:隱公:五年』。臧僖伯也。孚聲在 3部。區聲在 4部。合音冣(最)近。今音芳無切。》/191

筡 (도)【tú ㄊㄨˊ】대 이름

설문 2749 析竹筤也。《「析」【各本】譌「折」。今正。『方言』。筡、析也。析竹謂之筡。郭云。今江東呼蔑竹裹爲筡。亦名筡之也。按此『注』謂巳析之篾爲筡。人析之亦偁(稱)筡之。本無誤字。『戴氏-疏證』改「筡之」二字爲「筤」字。非也。『爾雅』。簢、筡中。葢(蓋)此義之引伸。肉薄好大者謂之筡中。如析去青皮而薄也。『醫方』竹茹音如。卽此字。別錄从竹。俗从艸。》从竹。余聲。讀若絮。《「絮」宋刻作「絮」。小徐同。同都切。5部。》/189

笏 (박)【bó ㄅㄛˊ】本[손발 마디 딱하고 소리 날]

설문 2620 手足指節鳴也。《其聲膊膊然。》从筋省。勺聲。《北角切。2部。》𦚢笏或省竹。《按『廣雅』曰。肑謂之腴。『篇』、『韵(韻)』皆云肑、腹下肉。此別一義。》/178

筤 (랑)【liáng ㄌㄧㄤˊ】 ㊥⑨ láng ㉳ lǎng 어린 대(나무)

설문 2801 籃也。《『廣雅』。筤謂之笑。『廣韵(韻)』曰。筤、車籃。一名笑。笑音替。按許不言車籃。汎言籠下之器耳。》从竹。良聲。《盧當切。10部。》/193

籣 (산)【sān ㄙㄢˉ】 대그릇, 주걱

설문 2809 竹器也。《『玉篇』曰。似箱而麤。》从竹。刪(刪)聲。《穌旰切。14部。》/193

筥 (거)【jǔ ㄐㄩˇ】 동구미(대로 만든 둥근 그릇) ■려:밥 담는 소쿠리

설문 2793 箱也。《「箱」當作「篅」。『方言』。箴、南楚謂之筥。趙魏之郊謂之笑篋。『禮經:鄭-注』云。筓形荅(荅)如今之筥、笑籚。按笑籚卽笑篋也。》从竹。吕(呂)聲。《居許切。5部。》/192

筦 (관)【guǎn ㄍㄨㄢˇ】 관(대롱), 피리

설문 2776 筟也。从竹。完聲。《古滿切。14部。/191

筩 (통)【tóng ㄊㄨㄥˊ】 대통 ■용:전동(화살넣는 통)

설문 2817 斷(斷)竹也。《『漢:律曆志』曰。制十二筩以聽鳳之鳴。此筩之一斷(斷)也。》从竹。甬聲。《徒紅切。9部。》/194

筭 (산)【suàn ㄙㄨㄢˋ】 셈할 ※ 산(算)과 같은 글자

설문 2878 長六寸。所目(以)計曆數者。《所目二字今補。『漢志』云。筭法用竹徑一分、長六寸。二百七十一枚而成六觚。爲一握。此謂筭籌。與算數字各用。計之所謂算也。【古書】多不別。》从竹弄。《穌貫切。14部。》言常弄乃不誤也。《說从弄之意。》/198

筮 簭 서【shì ㄕˋ】(점대로 치는)점, 점대, 시초로 점칠 ■예:산이름

설문 2771 『易』卦用蓍也。《『曲禮』曰。龜爲卜。筴爲筮。筴者、蓍也。『周禮:簭(筮)人:注』云。問蓍曰筮。其占易。〔艸部〕曰。蓍、『易』以爲數。》从竹𢍰(巫)。《从竹者、蓍如筭也。筭以竹爲之。从𢍰者、事近於巫也。九簭之名。巫更、巫咸、巫式、巫目、巫易、巫比、巫祠、巫參、巫環。字皆作巫。時制切。15部。》𢍰古文巫字。/191

형성 (12자) 서(噬 𠿞)773 서(澨 𤃊)6947

筰 (작)【zuó ㄗㄨㄛˊ】(대오리를 꼰)노, 오랑캐 ■책:닥뜨릴(迫也) ■차·착:〈네이버 자전〉

설문 2824 筊也。《『廣韵(韻)』曰。笮筰二同。竹索也。西南夷尋之以渡水。按西南夷有筰縣。在越巂。其名本此。或从艸作「莋」。非也。》从竹。作聲。《在各切。5部。》/195

筱 (소)【xiǎo ㄒㄧㄠˇ】 가는 대

설문 2741 箭屬。小竹也。《『釋草』曰。篠、箭。『周禮:注』曰。箭、篠也。『二京賦』解曰。篠、箭竹也。此云箭屬。小異。》从竹。攸聲。《先杳切。今字作「篠」。古音在 3部。》/189

筳 (정)【tíng ㄊㄧㄥˊ】 가는 대(나무)

설문 2775 繀絲筦也。〔糸部〕曰。繀、箸絲於筟車也。按絡絲者必以絲耑(端)箸於筳。今江浙尙呼筳。》从竹。廷聲。《特丁切。11部。》/191

筵 (연)【yán ㄧㄢˊ】 대자리, 주연(酒筵:술자리)

설문 2782 竹席也。《『周禮:司几筵:注』曰。筵亦席也。鋪陳曰筵。藉之曰席。然其言之筵席通矣。按『司几筵』掌五几五席之名物。筵席不別也。五席不用竹。惟後鄭說次席是桃枝席。又說『顧命』蔑席、厎席、豐席、筍席皆爲竹席。許釋筵爲竹席者、其字从竹也。》从竹。延聲。《以然切。14部。》『周禮』曰。度堂以筵。《『匠人職』曰。室中度以几。堂上度以筵。》筵一丈。《此釋『周禮』也。『周禮』曰。度九尺之筵。此不合。未詳。》/192

◀제 8 획▶

箁 (부)【pǒu ㄆㄡˇ】 ㊤㊥⑨㉳ póu 대껍질, 대 이름

설문 2746 竹箬也。从竹。音聲。《薄侯切。4部。》/189

箄 비【pái ㄆㄞˊ】 ㊤㊥⑨㉳ bǐ 작은 채롱(종다래끼), 통발, 발 ■벽:발(薄也) ■폐·패:〈네이버 자전〉

설문 2797 篚箄也。《絫呼曰篚箄。單呼曰箄。『方言』。箄簍籅箵籮也。籮小者、自關而西秦晉之閒(間)謂之箄。郭云。今江東呼小籠爲箄。按許意篚箄與籮各物。》从竹。卑聲。《并弭切。16部。按『考工記:注』。鄭司農云。綆讀爲關東言餠之餠。謂輪箄也。玄謂輪雖箄爪牙必正也。箄、劉(劉)昌宗薄歷反。李軌方四反。箄謂偏僻。漢人語也。與箅字絕(絶)異。江氏愼修改爲甑箅字。亦千慮之一失也。果是从畀、則不得反以薄歷矣。》/193

형성 (1자) 패(𤄿 𤃛)6716

箅 (폐)【bì ㄅㄧˋ】 시루밑, 시루밑 안에 까는 방석 ■비:곽향(藿香)

설문 2790 蔽也。《此戶(戶)護也、門聞也之例。》所目(以)蔽甑底。《甑者、蒸飯之器。底有七穿。必以竹席蔽之米乃不漏。『雷公-炮炙論』云。常用之甑中箅能淡鹽味。煑(煮)昆布用弊箅。『哀江南賦』曰。敝箅不能救鹽池之鹹。》从竹。畀聲。《必至切。15部。按『廣韵(韻)』博計切。》/192

箇 (개)【gè ㄍㄜˋ】 本[대줄기] 낱, 어조사

설문 2822 竹枚也。《「竹梃」自其徑直言之。「竹枚」自其圜圍言之。「一枚」謂之一箇也。『方言』曰。箇、枚也。》从竹。固聲。《古賀切。按古音在 5部。》个箇或作个。半竹也。《【各本】無。見於『六書故』所引【唐本】。按竝則爲竹。單則爲个。竹字象林立之形。一莖則一个也。『史記:木千章』。竹竿萬个。『正義』引『釋名』。竹曰「个」。木曰「枚」。『今-釋名』佚此語。【經傳】多言「个」。『大射、士虞禮、特牲饋食禮:注』皆云。个猶枚也。今俗或名枚曰個。音相近。又云。

竹 6 ⑧

今俗言物數有云若干個者此讀。然【經傳】个多與介通用。『左氏』或云「一个行李」。或云「一介行李」。是一介猶一个也。介者、分也。分則有閒(間)。閒一而已。故以爲一枚之偁(稱)。『方言』曰。介特也是也。閒之外必兩(兩)分。故曰介居二大國之閒。『月令』左介右介。是其義也。○ 又按支下云。从手持半竹。卽个爲半竹之證。半者、物中分也。半竹者、一竹兩(兩)分之也。各分其半。故引伸之曰左个右个。竹从二个者。謂竹易分也。分曰个。因之櫃者亦曰个。》/194

箋 (전)【jiān ㄐㄧㄢ】 찌, 부전(작은 종이 쪽지)
설문 2769 表識書也。《『鄭-六藝論』云。『注:詩』宗毛爲主。毛義若隱略。則更表明。如有不同。卽下己意。按『注:詩』偁(稱)『箋』。自說甚明。『博物志』云。毛爲北海相。鄭是郡人。故稱『箋』以爲敬。此泥魏晉時上書偁『箋』之例。絕(絶)非鄭意。》从竹。戔聲。《則前切。14部。》/191

竹 6 ⑧

箔 (전)【qián ㄑㄧㄢˊ】 (솜 너는)대나무 발
▣점:같은 뜻
설문 2825 澈絮簀也。《「澈」、【各本】作「蔽」。今正。『廣韵(韻)』曰。箔、漂絮簀也。漂與澈同義。〔水部〕曰。澈、於水中擊絮也。澈絮簀卽今做紙密緻竹簾也。澈絮、『莊子』所謂洴澼絖。卽做紙之事。〔糸部〕曰。紙、絮一箔也。謂絮一箔成一紙也。紙之初起(起)用敝布魚网爲之。用水中擊絮之法成之。紙字、箔字載於『說文』。則紙之由來遠矣。》从竹。沾聲。讀若錢。《昨鹽切。7部。按讀若錢者合韵(韻)也。》/195

箏 (쟁)【zhēng ㄓㄥ】 쟁(13줄의 현악기)
설문 2868 五弦筑身樂也。《【各本】作「鼓(鼓)弦竹身」。不可通。今依『太平御覽』正。『風俗通』曰。箏、謹按『樂記』五弦筑身也。今幷梁二州箏形如瑟。不知誰所改作也。或曰秦蒙恬所造。據此知古箏五弦。恬乃改十二弦。變形如瑟耳。魏晉以後。箏皆如瑟十二弦。唐至今十三弦。筑似箏、細項。古筑與箏相似、不同瑟也。言筑身者、以見形如瑟者之非古也。言五弦筑身者、以見箏之弦少於筑也。『宋書:樂志』改筑身爲瑟身。誤矣。》从竹。《筑本竹聲。故从竹。卽从筑省也。筑箏皆木爲之。》爭聲。《側莖切。11部。》/198

箑 (삽)【shà ㄕㄚˋ】 부채, 포(말린 고기)
설문 2826 扇也。《〔戶(户)部〕曰。扇、扉也。扉可開合。故箑亦名扇。『方言』。扇、自關而東謂之「箑」。自關而西謂之「扇」。郭曰。今江東亦通名扇爲「箑」。按今江東皆曰「扇」。無言箑者。凡江東『方言』見於『郭-注』者今多不同。葢(蓋)由時移世易。士民遷徙不常故也。『士喪禮:下注』曰。翣、扇也。此言【經】文假翣爲箑也。》从竹。疌聲。《山洽切。8部。》 篓箑或从妾。《妾聲。》/195

箕 기【jī ㄐㄧ】 [설문부수 144] 本[키] 그(것), 어조사
설문 2882 所㠯(以)簸者也。《所㠯者三字今補。【全書】中所㠯字爲淺人刪(刪)者多矣。『小雅』曰。維南有箕。不可以簸揚。『廣韵』引『世本』曰。箕帚、小康作。按簸揚與受坌皆用箕。》从竹𠀠。象形。丌其下也。《四字依『韵會』本。今【各本】丌下互譌。居之切。1部。》凡箕之屬皆从箕。 𠀠古文箕。《象形不用足。今之箕多不用足者。》 亦古文箕。《下象竦手。》 亦古文箕。《此象箕之哆口。》 𠈁籒文箕。《依大徐作籒。按【經籍】通用此字爲語詞。渠之切。或居之切。》 匚籒文箕。《从匚。會意。〔匚部〕曰。匚籒文匚。》/199

【他本『說文』解字】曰:《石鼓文。沙木曰。其本箕帚。箕星之箕。从籒文箕省。》

성부 基기 箕기 欺기 綦기 斯사 甚심

형부 파(簸)

형성 (16자) 기(祺)22 기(萁)228
기(碁)1563 기(諆)1586 기(棊)3603
기(旗)4092 기(期)4128 기(稘)4268
기(頖)5433 기(騏)5846 기(麒)5968
기(惎)6637 기(鯕)7316 기(淇)6696
기(娸)7738 기(異)9302

算 산【suàn ㄙㄨㄢˋ】 수(수효), 셀, 산가지 피, 슬기
설문 2879 數也。《『論語』。何足算也。鄭曰。算、數也。古假選爲算。如『邶風』不可選也。『車攻:序』因田獵而選車徒。選皆訓數是也。又假撰爲算。如大司馬羣(群)吏撰車徒。鄭曰。撰讀曰算。謂數擇之也是也。筭爲算之器。算爲筭之用。二者音同而義別。》从竹具。《从竹者、謂必用筭以計也。从具者、具數也。》讀若筭。《穌管切。14部。》/198

성부 纂찬

형성 (6자) 만(𢿋)1968 찬(簒)3078
촬(纂)6245 산(匴)8036
찬(纂)8256 선(篹)9149

箘 (균)【jùn ㄐㄩㄣˋ】 조릿대, 댓순
설문 2739 箘簬、《逗。》竹也。《「竹」字今補。『禹貢:鄭-注』曰。箘簬、聆風也。按箘簬二字一竹名。『吳都賦』之射筒也。劉(劉)逵曰。射筒竹細小通長。長丈餘。無節。可以爲矢笴。名(此三字補)射筒。及由梧竹皆出交趾九眞。『招魂(魂)』。昆蔽象棊。王曰。昆或言箟簬。今之箭囊也。箟卽箘之異體。箭囊卽射筒之異詞。無底曰囊。通簫曰筒。皆自其無節言之。謂之好箭幹耳。古者絫呼曰箘簬。『戰國策』箘簬之勁不能過是也。單呼曰箘。『呂(呂)氏-春秋』越駱之箘是也。『書:正義』及戴凱之說箘、簬爲二竹。繆矣。》从竹。囷聲。《渠隕切。13部。》一曰篳棊也。《『方言』「篳」或謂之「蔽」。或謂之「箘」。秦晉之閒謂之「篳」。吳楚之閒或謂之「蔽」。或謂之「棊」。》/189

箙 (복)【fú ㄈㄨˊ】 전동(화살 넣는 통)
설문 2847 弩矢箙也。《司弓矢曰。中秋獻矢箙。『注』曰。箙、盛矢器也。以獸皮爲之。按本以竹木爲之。故字从竹。『國語』。檿弧萁服。韋昭曰。萁、木名。服、房也。

『小雅』。象弭魚服。皆假服爲箙。》从竹。服聲。《房六切。古音在 1部。》『周禮』。仲秋獻矢箙。《【經】文「仲」作「中」。》/196

篐 箛 (고)【gū ㄍㄨˉ】피리 채찍, 대 이름, 수제 신호용 피리

설문 2869 吹鞭(鞭)也。《『白虎通』曰。『漢書:舊注』。箛字、吹鞭也。『急就篇』曰。箛篍起居課後先。師古曰。箛、吹鞭也。篍、吹筩也。起居謂晨起夜臥及休食時。督作之司以此二者爲之節度。『宋書:樂志:晉先蠶:注』。吹小箛大箛。按云鞭字、如『長笛賦』云裁以當簻便易持也。》从竹。孤聲。《古乎切。5部。》/198

箝 箝 (겸)【qián ㄑㄧㄢˊ】끼울, 항쇄, 재갈 먹일

설문 2834 籋也。《拑、脅持也。以竹脅持之曰箝。以鐵有所劫束曰鉗。【書史】多通用。》从竹。拑聲。《巨淹切。7部。》/195

箠 箠 箠(추)【chuí ㄔㄨㄟˊ】채찍(질할)

설문 2843 所㠯(以)擊馬也。《「所㠯」二字今補。假借爲杖人之稱。『漢書』定箠令是也。『周禮』假垂爲箠。『垂氏』掌共燋契是也。》从竹。𠂹(垂)聲。《之壘切。按「壘」當作「累」。古音在 17部。》/196

管 管 (관)【guǎn ㄍㄨㄢˇ】관(가늘고 긴 대나무 토막), 열쇠, 맡을(주관할)

설문 2864 如箎。六孔。《箎有七孔。見『大鄭-笙師:注』。管之異於箎者、孔六耳。賈逵、大鄭、許君、『應劭-風俗通』、『蔡邕-月令:章句』、『張揖-廣雅』皆云如箎六孔。惟『後鄭-周禮:注』、『詩:箋』云如篴而小。併兩(兩)而吹之。今大子樂官有焉。》十二月之音。物開地牙。故謂之管。《『風俗通』曰。管、漆竹。長一尺。六孔。十二月之音也。物貫地而牙。故謂之管。「物開地牙」四字有脫誤。當作「物貫地而牙」。貫管同音。牙芽古今字。【古書】多云十一月物萌。十二月物牙。正月物見也。》从竹。官聲。《古滿切。14部。》

琯 古者管㠯(以)玉。《此句今正。》舜之時。西王母來獻其白琯。《見『大戴-禮』、『尙書:大傳』。》前零陵文學姓奚。於泠道舜祠下得笙玉琯。《見『風俗通』。『孟康-漢書:注』、『宋書:樂志』皆云。漢章帝時。零陵文學奚景。於泠道舜祠下得笙白玉管。惟『孟-注』無笙字。『盧-注:大戴』作明帝時。亦無笙字。》夫㠯玉作音。故神人㠯和。鳳皇來儀也。《『風俗通』同。》从王(玉)。官聲。《按此疑出後人用『風俗通』沾綴。【許書】祇當云古者管以玉。或从玉。》/197

◀ 제 9 획 ▶

箬 箬 (약)【ruò ㄖㄨㄛˋ】대껍질, 대 이름

설문 2747 楚謂竹皮曰箬。《今俗云筍籜、箬是也。𥘅而陊地。故竹篆下垂者像之。》从竹。若聲。《若、擇菜也。擇菜者絕(絶)其本末。此形聲包會意也。而勺切。5部。》/189

箭 箭 (전)【jiàn ㄐㄧㄢˋ】살(화살), 나갈, 가는 대, 상륙의 셈대, 약이름

설문 2738 矢竹也。《【各本】無「竹」。依『藝文類聚』補。矢竹者可以爲矢之竹也。『周禮』及『釋地:注』皆曰。箭、篠也。『方言』。箭、自關而東謂之「矢」。江淮之閒謂之「鍭」。關西曰「箭」。郭云。箭者、竹名。因以爲號。按今天下語言皆謂矢爲箭。》从竹。前聲。《子賤切。古音在 11部。『周禮-故書』箭爲晉。杜云。晉當爲箭。按『吳越春秋』。晉竹十廋。晉竹卽箭竹。假借字也。》/189

篥 篥 (엽)【yè ㄧㄝˋ】피리 ■첩:대쪽편지

설문 2761 籥也。《小兒所書寫。每一笘謂之一篥。今書一紙謂之一頁。或作葉。其實當作此篥。》从竹。枼聲。《與接切。8部。》/190

簜 簜 (탕)【dàng ㄉㄤˋ】대그릇, 술구기

설문 2816 大竹筩也。《『大射儀』。簜在建鼓(鼓)之閒。按當作篡。簜乃竹名。非其義也。笙簫之屬而謂之簜者、大之也。》从竹。昜聲。《徒朗切。10部。》/194

箯 箯 (변)【biān ㄅㄧㄢˉ】대남여, 들것 ■편:〈네이버 자전〉

설문 2818 竹輿也。《『公羊傳』曰。脅我而歸之。筍將而來也。何曰。筍者、竹箯。一名編輿。齊魯(魯)以北名之曰筍。將、送也。釋文曰。筍音峻。『史、漢:張耳傳』曰。貫高箯輿前。服虔曰。箯音編。編竹木如今峻。可以糞除也。韋昭曰。輿如今輿牀。人舁以行。按『公羊』、『史記』、『說文』輿皆去聲。亦作「轝」、作「轝」。》从竹。㥜(便)聲。《旁連切。12部。》/194

箱 箱 (상)【xiāng ㄒㄧㄤˉ】상자, 곳집

설문 2838 大車牝服也。《『考工記』。大車牝服二柯。又參分柯之二。『注』云。大車平地載任之車。牝服長八尺。謂較也。鄭司農云。牝服謂車箱。服讀爲負。『小雅:傳』曰。服、牝服也。箱、大車之箱也。按許與大鄭同。箱卽謂大車之輿也。毛二之。大鄭一之。要無異義。後鄭云較者。以左右有兩(兩)較。故名之曰箱。其實一也。假借爲匧笥之稱。又假借爲東西室之稱。『禮經』「箱」字俗改爲「廂」字。非也。》从竹。相聲。《息良切。10部。》/195

箴 箴 잠【zhēn ㄓㄣˉ】바늘, 돌침, 경계, 경계문체

설문 2854 綴衣箴也。《綴衣、聯綴之也。謂籤之使不散。若用以縫則从金之鍼也。『尙書』贅衣卽綴衣也。引伸之義爲箴規。古箴鍼通用。『風俗通』曰。『衞(衛)大夫-箴:莊子』。『今-左傳』作『鍼:莊子』。》从竹。咸聲。《職深(深)切。7部。》/196

형성 (2자) 침(鱵 𪓮)2338 감(黬 𪓰)6235

篡 篡 (시)【shì ㄕˋ】㊤㊥㊕ shí ⑨ chí 생황 ■이:횃대■제:대이름 ■계:비녀

설문 2859 簧屬。《今之鎖。簧以張之。篡以斂之。則启(啓)矣。其用與笙中簧同也。》从竹。是聲。《是支切。16部。》/197

竹 6 ⑨

箸 저【zhù ㄓㄨˋ】本[젓가락] 나타날, (문서) 적을 ■착:옷 입을, (바둑)둘

설문 2799 飯攲也。《「攲」【各本】作「敧」。〔支部:敧〕、持去也。〔危部:攲〕、𨾊也。攲者傾側意。箸必傾側用之。故曰飯攲。宗廟宥座之器曰敧器。古亦當作攲器也。箸、『曲禮』謂之梜。假借爲箸落、爲箸明。古無去入之別。字亦不从艸也。》从竹。者聲。《陟慮切。又遲倨切。5部。》/193

형성 (1자) 저(櫡)3542 착(䃴)5767

篎 (요)【yuē ㄩㄝ】㊤㊥⑨㉿ yuè 대마디 ■약:작은 피리

설문 2863 小籟也。从竹。約聲。《於角切。2部。》/197

箾 (삭)【shuò ㄕㄨㄛˋ】㉿ xiāo 대 막대로 사람 때릴 ■소:상소(象箾:춤출 때 드는 악기), 퉁소

설문 2855 目(以)竿擊人也。《『西京賦』曰。飛罕潚箾。薛曰。潚箾、罕形也。按罕者、网之以竿爲柄者也。『左傳』。舞象箾南籥。杜曰。象箾、舞所執。南籥、以籥舞也。箾不知何等器。豈以竿舞與。》从竹。削聲。《所角切。2部。》虞舜樂曰。箾韶。《按〔音部〕引『書』簫韶九成。知『皋(皇)陶謨』字作「簫」。此云箾韶。葢(蓋)據『左傳』。『左』云見舞韶箾者。此作「箾韶」。見『書』。與『左』一也。『孔-疏』云。箾卽簫字。釋文箾音簫。與上文象箾音朔異。今按同爲樂名。不當異義異音。『疏』引賈逵釋象箾云。箾舞曲名。言天下樂削去無道。於箾韶又不引『賈-注』。》/196

節 節節절【jié ㄐㄧㄝˊ】(대나무, 초목의)마디, 절개, 부신, 병부, 때(시기), 경절(국경일), 괘 이름

설문 2748 竹約也。《約、纏束也。竹節如纏束之狀。『吳都賦』曰。苞筍抽節。引伸爲節省、節制、節義字。又假借爲符卪字。》从竹。卽聲。《子結切。12部。》/189

형성 (1자+1) 즐(櫛)3531 절(癤)

箈 (대)【tái ㄊㄞˊ】죽순, 가는 대의 순 ■태·지:같은 뜻

설문 2745 竹萌也。《『釋草』曰。箈、箭萌。『醢人:鄭-注』同。許意筍箈不以大竹小竹分別。筍从旬。旬从勹。取裹妊之意。箈从怠。與始同音。取始生之意。筍謂掘諸地中者、如今之冬筍。箈謂巳抽出者、如今之春筍。與鄭說不同也。按『周禮』「箈菹」本作「菭菹」。故大鄭云菭、水中魚衣也。與〔艸部:菭〕水青衣也合。後鄭讀菭爲箈。用『釋草』箭萌之訓。故『郭-注:爾雅』引『周禮』箈菹鴈醢也。『今本-周禮』作「箈」。非菭非箈。乃是譌字。『注』中亦奪菭當爲箈四字。》从竹。怠聲。《徒哀切。1部。》/189

篁 (황)【huáng ㄏㄨㄤˊ】대 이름、대숲、피리, 대밭, 대떨기

설문 2759 竹田也。《『戰國策』。薊丘之植。植於汶篁。『西京賦』。篠簜敷衍。編町成篁。『漢書』。篁竹之中。『注』。竹田曰篁。今人訓篁爲竹。而失其本義矣。》从竹。皇(皇)聲。《戶(户)光切。10部。》/190

範 (범)【fàn ㄈㄢˋ】법, 본보기, 골, 모범, 떳떳할, 성씨

설문 9129 範軷也。《三字句。其義已見上。故祇云範軷也。》从車。笵省聲。《大徐音犯。『廣韵(韻)』防鋄切。7部。讀與犯同。不曰讀若犯而曰與同者、其音義皆取犯。讀若則但言其音而已。按車軓字本作「軋」。从車、㔾(㔾)聲。鄭說曰。軋、法也。輿下三面材。輢式之所尌。持車正也。然則『周易』範圍字當作「軋」。或作「笵」。而範其叚(假)借字也。釋文曰。鄭曰範、法也。馬、王肅、張作犯違。此亦範犯同音通用之證也。》/727

篅 (천)【chuán ㄔㄨㄢˊ】(대오리를 엮어 만든, 쌀 넣는)곳집、대그릇

설문 2814 目(以)判竹。《句。謂用析竹爲之也。》圜目盛穀者。《用竹篾圜其外。穀其上。高至於屋。葢(蓋)以盛穀。近底之処(處)爲小戸(戶)。常閉之。可出穀。今江蘇謂之土籧是也。古曰篅。今江蘇編稻艸爲之。容數石。謂之篅。『淮南書』曰。與守其篅笆。『注』。篅笆、受穀器也。篅讀顓孫之顓。按別作「圌」。》从竹。耑聲。《市緣切。14部。》/194

篆 (전)【zhuàn ㄓㄨㄢˋ】전자(篆字)〔고대 한자의 한 체, 주(周)나라 태사 주(籒)가 만든 대전(大篆)과 진(秦)나라 이사(李斯)가 만든 소전(小篆)의 두 가지가 있다。대전(大篆)을 주문(籒文)이라고 한다.〕

설문 2755 引書也。《引書者、引筆而箸於竹帛也。因之李斯所作曰篆書。而謂史籒所作曰大篆。既又謂篆書曰小篆。其字之本義爲引書。如彫刻圭璧曰瑑。『周禮:注』。五采畫(畵)轂約謂之夏篆。》从竹。彖聲。《特兖切。15部。》/190

篇 (편)【piān ㄆㄧㄢ】책、편(책의 한 부문), 볼기칠, 대이름

설문 2757 書也。《書、箸也。箸於簡(簡)牘者也。亦謂之篇。古曰篇。漢人亦曰卷。卷者、縑帛可捲也。》一曰關西謂榜篇。《榜所以輔弓弩者。此其引伸之義。今之榜額標榜是也。關西謂之篇、則同扁。》从竹。扁聲。《芳連切。古音在12部。》/190

篤 독【dǔ ㄉㄨˇ】本[두터울] 독할 ■축:※ 축(竺)과 같은 글자

설문 3189 䖃也。《「䖃」【各本】作「厚」。今正。䖃厚古今字。篤篤亦古今字。篤與〔二部:竺〕音義皆同。今字篤行而篤竺廢矣。『公劉-毛傳』曰。篤、厚也。此謂篤卽竺篤字也。》从亯。竹聲。讀若篤。《冬毒切。3部。》/229

【䖃】下曰:厚也。《「厚」當作「篤」。上文曰篤、䖃也。此曰䖃、篤也。是爲轉注。今字厚行而䖃廢矣。凡【經典】䖃薄字皆作厚。》/229

형성 (1자) 독(䈞)22-216:1

篍 (추)【qiāo ㄑㄧㄠ】㊤㊥⑨㉿ qiū 퉁소 ■초:퉁소

설문 2870 吹箫也。《吹鞭葢(蓋)叚爲之。吹箫葢竹爲之。『風俗通』曰。『漢書:注』。簌、箫也。言其聲音簌簌。名自定也。》从竹。炢(秋)聲。《七肖切。按『廣韵(韻)』七遙切。又音秋。古音在 3部。》/198

篎 (묘)【miǎo ㄇㄧㄠˇ】작은 저(管之小者)
설문 2865 小管謂之篎。《『釋樂』。大管謂之「簥」。其中謂之「篞」。小者謂之「篎」。許無簥篞字者。許所據不从竹。》从竹。眇聲。《亡沼切。2部。》/197

◀ 제 10 획 ▶

築 (축)【zhú ㄓㄨˊ】㉠ zhù 다질, 쌓을, 줏을, 쌓고 지을
설문 3467 所㠯(以)擣也。《所㠯二字今補。此蒙上築牆言所用築者。謂器也。其器名築。因之人用之亦曰築。〔手部〕曰。擣築也是也。築者、直舂之器。『鄭-注:周禮』引『司馬法』云。輂一斧、一斤、一鑿、一梩、一鉏。周輂加二版二築。『正義』曰。築者、築杵也。》從木。筑聲。《陟玉切。3部。》䈞古文。《按此從土、筥聲也。【今本】篆體譌舛。故正之。》/253

篚 (비)【fěi ㄈㄟˇ】(대로 만든)둥근 광주리
설문 2839 車笭也。《『釋器』曰。輿、革前謂之「鞎」。後謂之「茀」。竹前謂之「禦」。後謂之「蔽」。按此對文則別之。散文則不別。『詩』言簟茀。毛曰。簟、方文席也。茀、車之蔽也。『周禮:巾車』。蒲蔽棼蔽等。蔽卽茀也。故鄭引翟茀以朝作翟蔽以朝。竹前竹後、許所謂車笭也。『廣雅』曰。箕謂之笑(关)。又曰。陽門、篺篁、雀目、蔽篕也。皆謂車笭。笭之言櫺也。言其昤矓也。茀、『詩:碩人』从艸。『載驅』从竹。从竹者誤也。茀之言蔽也。篚是正字。茀是假借字。如『儀禮-今文』作「匪」。古文作「茀」。匪茀同字。》从竹。匪聲。《敷尾切。15部。按依許匡匪之匪不从竹。在〔匚部〕。从竹者專謂車笭。》/195

篝 (구)【gōu ㄍㄡˉ】배롱, 쇠농
설문 2803 客也。可熏衣。《按也字衍文。當云。「客可熏衣者」。『廣韵(韻)』曰。熏籠。》从竹。冓聲。《古矦(侯)切。4部。》宋楚謂竹篝牆居也。《【各本】牆居之閒(間)誤衍以字。『方言』。篝、陳楚宋魏之閒謂之「牆居」。『廣雅』。篝、籠也。薰篝謂之「牆居」。》/193

篡 篡 찬【cuàn ㄘㄨㄢˋ】㉾ cuān 빼앗을, 임금의 자리를 빼앗을, 취할
설문 5578 屰而奪取曰篡。《「奪」當作「敚」。奪者、手持隹失之也。引伸爲凡遺失之偁(稱)。『今-吳語』云奪落是也。敚者、彊取也。今字奪行敚廢。但『許-造:說文』時。畫(畵)然分別。『書』中不應自相剌謬。凡讀【許書】當先校正、有如此者。屰而敚者、下取上也。》从厶。《姦謀也。》算聲。《初宦切。14部。》/436

형성 (1자) 선(灥䆐)7072

篸 (잠)【tán ㄊㄢˊ】㉾ shān 말털 긁을 ■잠:말굴겅이, 먹이주걱 ■삼·첨:같은 뜻

설문 2841 所㠯(以)搔馬也。《「所㠯」二字今補。『廣韵(韻)』。刮馬篦也。》从竹。剡聲。《丑廉切。8部。『篇』、『韵』特廿切。》/196

箾 (소)【shào ㄕㄠˋ】㊤㊥⑨㉾ shāo 本[숟술] 젓가락통, 밥술, 닷되들이 밥통 ■초:〈네이버 자전〉梢(초)와 동자
설문 2792 陳畱謂飯帚曰箾。《飯帚者、所以埽胹餘之飯。》从竹。捎聲。《所交切。2部。》一曰飯器。容五升。《此說謂箾與箱同字也。》一曰宋魏謂箸筩爲箾。《箸筩者、所以盛飯攱之筩也。『方言』曰。箸筩、陳楚宋魏之閒謂之筲。或謂之籯。自關而西謂之桶檧。按筲卽箾字。郭云音鞭鞘。》/192

籍 竆 국【zhuó ㄓㄨㄛˊ】㊤㊥⑨㉾ jū 치죄할
설문 6335 窮治辠人也。《「治」【各本】作「理」。唐人所改也。今依『篇』、『韵』正。辠【各本】作罪。今依『廣韵』正。『文王世子:注』曰。讀書論法曰鞫。『正義』云。讀書、讀囚人之所犯罪狀之書。用法、謂以法律平斷其罪。『周禮:小司寇』。讀書用法。先鄭云。如今讀鞫已乃論之。『漢書:功臣侯表』。坐鞫獄不實。如淳云。鞫者、以其辭決罪也。『張湯傳』。『訊鞫論報』。張晏云。鞫、一吏爲讀狀論其報行也。『荆(刑)法志』。遣廷史與郡鞫獄。如淳云。以囚辭決獄爲鞫。謂疑獄也。按鞫者、俗𥫱字。譌作鞫。古言鞫。今言供。語之轉也。今法具犯人口供於前。具勘語擬罪於後。卽周之讀書用法。漢之以辭決罪也。鞫與竆(窮)一語之轉。故以竆治罪人釋鞫。引申爲凡竆之偁(稱)。『谷風、南山、小弁:傳』曰。竆也。『公劉(劉):傳』曰。究也。『節南山:傳』曰。盈也。究、盈亦竆之意。『蓼莪:傳』曰。養也。養與竆相反而成。如亂可訓治徂可訓存。苦可訓快。若『采芑:傳』曰。鞫、告也。此則謂鞫卽告之叚(假)借字。文王世子。告於『甸人』。亦是叚告爲鞫也。》从㚔人言。《會意。㚔人言者、犯罪人之言也。》竹聲。《居六切。3部。按此字隸作鞫。【經典】從之。俗多改爲鞠。大誤。》𥷋或省言。/496

篤 (독)【dǔ ㄉㄨˇ】本[말 걸음 느릴] (인정, 성의)도타울, 두터이 할
설문 5901 馬行頓遲也。《頓如頓首。以頭觸地也。馬行箸實而遲緩也。古叚(假)借篤爲竺字。以皆竹聲也。2部曰。竺、厚也。篤行而竺廢矣。『釋詁』曰。篤、固也。又曰。篤、厚也。『毛詩:椒聊、大明、公劉(劉):傳』皆曰。篤、厚也。凡【經傳】篤字、固厚二訓足包之。『釋詁』篤竺竝(竝)列。皆訓厚。『釋名』曰。篤、築也。築、堅實稱也。厚、後也。有終後也。葢(蓋)篤字之代竺久矣。》从馬。竹聲。《冬毒切。3部。》/465

篛 (옹)【wēng ㄨㄥˉ】대 무성할
설문 2753 竹皃(貌)。《『南都賦』。其竹阿那(那)篛茸。風靡雲披。李善引『說文』。篛、竹皃(貌)也。『埤蒼』。茸、竹頭有文也。上烏孔反。下如涌反。按『吳都賦』云。篛茸蕭瑟。『謝靈運-山居賦:自注』。修竦、便娟、蕭森、篛

竹 6 ⑩

蔚皆竹貌也。【今-三賦】篸皆誤从艸矣。》从竹。翁聲。《烏紅切。9部。》/190

篨 (저)【chú ㄔㄨˊ】 대자리, 처낭바라기
설문 2785 籧篨也。从竹。除聲。《直魚切。5部。》/28

◀ 제 11 획 ▶

篰 (부)【bù ㄅㄨˋ】 대서판、대쪽
설문 2766 蔑爰也。《『廣雅』日。薄籆、篰也。曹憲上音滿。下音緩。『廣韵(韻)』日。篾籆、簡也。篰、牘也。『玉篇』日。篰、竹牘也。按蔑爰漢人語。俗字加竹。》从竹。部聲。《薄口切。4部。按【許書】無簿字。篰葢(蓋)卽今之簿字也。》/190

篳 (필)【bì ㄅㄧˋ】 울타리, 댓사리 짝문
설문 2874 藩落也。《「藩落」猶俗云「籬落」也。篳之言蔽也。》从竹。畢聲。《卑吉切。12部。》『春秋傳』日。篳門圭窬。《見『襄:十年:左傳』。杜日。篳門、柴門。『廣韵(韻)』日。織荆(荊)門也。》/198

篸 (삼)【cān ㄘㄢˉ】 ㊥⑨㉢ chēn ㉢ shēn ■참: 대모양 ■잠:비녀 ■침:바늘 ■잡:궤맬
설문 2754 篸差也。《【各本】差上無「篸」。此淺人謂爲複擧(舉)字而刪(刪)之也。『集韵(韻)』。篸差竹皃(貌)。初簪切。又篸竹長皃。疏簪切。按〔木部:槮〕、木長皃。引槮差荇菜。葢(蓋)物有長有短則參差不齊。竹木皆然。今人作「參差」。古則从竹、从木也。》从竹。參聲。《所今切。7部。》/190

篼 (두)【dōu ㄉㄡˉ】 말구유, 대남여
설문 2832 食馬器也。《『方言』。飤馬橐、自關而西謂之「裺囊」。或謂之「裺篼」。或謂之「慺篼」。燕齊之閒(間)謂之「帳」。》从竹。兜聲。《當侯切。4部。》/195

篽 (어)【yǔ ㄩˇ】 ㉢ yù 금지구역, 양어장
설문 2877 禁苑也。《『宣帝紀』。詔池籞未御幸者。假與貧民。蘇林日。折竹以繩綿連禁禦。使人不得往來。律名爲籞。應劭日。籞者、禁苑也。按蘇、應說與許合。『元帝紀』。詔罷嚴籞池田。假與貧民。『西京賦』云。洪池清籞。清籞猶『漢書』云嚴篽也。晉灼釋嚴籞爲射苑。故引許篽字之解。謂嚴與篽同。可以訓射。亦迂曲矣。》从竹。御聲。《魚擧(舉)切。5部。》『春秋傳』日。澤之自篽。《「自」當作「舟」。『昭:二十年:左傳』日。澤之萑蒲。舟鮫守之。「鮫」當是「魰」誤。許所據竟作「舟篽」耳。『魯(魯)語』有「舟虞」、同也。》 𩵘篽或作魰。从又。从魚。《从又者、取扞衞(衛)之意。》/198

篿 (단)【tuán ㄊㄨㄢˊ】 둥근 대그릇 ■전:점대로 점칠, 점치는 댓가지
설문 2798 圜竹器也。《盛物之器而圜者。篿與團音同也。『離騷:王-注』日。楚人名結草折竹卜日篿。別一義也。》从竹。專聲。《度官切。14部。》/193

簀 (책)【zé ㄗㄜˊ】 (대나무)마루, 대자리
설문 2780 牀棧也。《『衞(衛)風』。綠竹如簀。毛日。簀、積也。此言假借也。『韓詩:傳』亦同。》从竹。責聲。《阻厄切。16部。》/192

簁 (사)【xǐ ㄒㄧˇ】 ㊤ shāi 체(가루 치는 기구)
설문 2796 簁箄、《逗。》竹器也。《按簁箄器名。以上下文例之。是盛物之器。而非可以取麤去細之器也。可以取麤去細之器、其字作「簏」。不作「簁」。若『廣韵(韻):支韵』云。簁、下物竹器。【紙韵】日。簁、籭也。【皆韵】日。簁、簁籭。古以玉爲柱。故字从玉。今俗作「簁」。此皆用簁爲籭。古今字變。非許意也。『小顏(顏)-注:急就篇』誤。》从竹。徙聲。《所綺切。16部。》/193

● 篒 젓가락 주(籌)-본자

簋 궤【guǐ ㄍㄨㄟˇ】 대제기, 보궤 ■귀:속음
설문 2810 黍稷方器也。《『周禮:舍人:注』日。方日「簠」。圓日「簋」。盛黍稷稻粱也。『掌客:注』日。簠、稻粱器也。簋、黍稷器也。『秦風:傳』日。四簋、黍稷稻粱也。按毛意言簋可以該簠。『鄭-注』則據『公食大夫禮』分別所盛也。許云簋方簠圜。鄭則云簋圜簠方。不同者、師傳各異也。『周易』。二簋可用享。『鄭-注』云。『離』爲日。日體圓。『巽』爲木。木器圓。簋象。『聘禮:竹簋方:注』云。竹簋方者、器名。以竹爲之。狀如簋而方。『賈-疏』云。凡簋皆用木而圓。此則用竹而方。故云如簋而方。【宋刻-單行:疏】內簋字凡四見。【今本】依【釋文改經:注疏】皆作簠字。非也。已上可證鄭確謂簋爲圓器。『周禮:疏』云。『孝經:陳其簠簋:注』云。內圓外方受斗二升者。直據簠而言。若簋則內方外圓。『孝經:鄭-注』、說者謂鄭小同之『注』也。賈所引文亦不完。則無用湥(深)求矣。而『秦風』釋文有內圓外方曰簠、內方外圓曰簋之文。葢(蓋)本『孝經:注』。『聘禮』釋文則又方圓字皆互易之。自相乖剌。聶崇義日。舊圖云內方外圓日簋、外方內圜日簠。與『秦風:音義』合。『廣韵』日。內圓外方日簋。『歐陽氏-集古錄』日。簋外方內圓。與『聘禮:音義』合。攷圜器之內爲之方。方器之內爲之圜。似以木以瓦以竹皆難爲之。他器少如是者。恐『孝經:注』不可信。許鄭皆所不言也。『鄭-注:禮』日。飾葢象龜(龜)。葢者意擬之詞。『注:禮器』云。大夫刻爲龜形可證也。『聶氏、陳氏-禮圖』皆於葢頂作一小龜。誤解一葢字耳。見『考工記圖』。》从竹皿皀。《合三字會意。按簋古文或从匚、或从木。葢本以木爲之。大夫刻其文爲龜形。諸侯刻龜而飾以象齒。天子刻龜而飾以玉。其後乃有瓦簋。乃有竹簋方。因製从竹之簋字。木簋竹簋禮器。瓦簋常用器也。皀、穀之馨香。謂黍稷也。居洧切。古音在3部。讀如九。》 匭古文簋。从匚食九。《【各本】作从匚飢。飢非聲也。从方。从食。九聲也。》 匦古文簋。从匚軌。《按許說簋爲方器。葢以古文从匚也。軌聲。古音簋軌皆讀如九也。『史記:李斯傳』日。飯土匭。『公食大夫禮:注』日。古文簋皆作軌。『易』損二簋。蜀才作軌。『周禮:小史-故書』簋或爲九。大鄭云。九讀爲軌。『書』亦或爲軌。

㉢ 作家出版社〔董蓮池-說文解字考正〕 ⑨ 九州出版社〔柴劍虹-說文解字〕 ㉠ 陝西人民出版社〔蘇寶榮-說文解字今注今譯〕 ㊤ 上海古籍出版社〔說文解字注〕 ㊥ 中華書局〔臧克和-說文解字新訂〕

簋古文也。『今本-周禮』脫誤。爲正之如此。軌九皆古文假借字也。匭【古文本】字也。匭之字後世用爲匭匣字。『尙書』包匭菁茅。鄭曰。匭、纏結也。鄭意謂匭爲糾之假借字。『吳都賦:注』用之。》 朹亦古文簋。《簋以木爲之。故字从木也。『惠氏-棟:九經古義』曰。『易:渙』奔其机。當作「朹」。宗廟器也。》/193

형성 (1자) 皿(𥃩 櫑)7836

篬 簭 (장)【jiàng ㄐㄧㄤˋ】 ⓢⓗ⑨ⓙ jiǎng 마디두고 통으로 쪼갠 대

설문 2760 剖竹未去節謂之篬。《謂未去中之相隔者。『方言』。所以隱櫂謂之篫。郭云。搖櫓小橛也。按篫荅(荅)卽篬字。其始以剖竹未去節爲之。後乃以木爲之。改其字作「篫」、作「槳」。後人又不以名橛而以名櫂矣。》从竹。將聲。《卽兩(兩)切。10部。按此二篆之次當在篸下篆上。則皆得其所矣。》/190

簍 簍 (루)【lǒu ㄌㄡˇ】 (거칠게 만든)죽롱

설문 2800 竹籠也。《『方言』。簍、篆也。篆小者、南楚謂之簍。》从竹。婁聲。《洛侯切。4部。》/193

簎 簎 (색)【zǎi ㄗㄞˇ】 ⓢⓗ⑨ⓙ cè 작살 ■착:같은 뜻 ■적:같은 뜻 ■책:같은 뜻 ■자:제사에 바치는 희생

설문 7698 刺也。《刺者、直傷也。『周禮:鼈人』。以時簎魚鼈龜蜃。鄭司農云。簎謂以杈刺泥中搏取之。『魯(魯)語』。里革曰。鳥獸孕。水蟲成。獸虞於是乎禁罝羅。矠魚鼈以爲夏槁。韋云。矠、擉也。擉刺魚鼈。按矠本矛屬。此叚(假)借矠爲簎也。『許-所據:國語』作「簎」。與『周禮』同。》从手。籍省聲。《士革反。按『周禮:音義』劉(劉)倉伯反。徐倉格反。沈槍昔反。『李賢-馬融傳:注』七亦反。古音在 5部。》『春秋:國語』曰。簎魚鼈。/609

簏 簏 (록)【lù ㄌㄨˋ】 상자

설문 2815 竹高匧也。《匧之高者。竹爲之。》从竹。鹿聲。《盧谷切。3部。》 簶簏或从彔。/194

◀ 제 12 획 ▶

簙 簙 (박)【luó ㄌㄨㄛˊ】 ⓢⓗ⑨ⓙ bó 장기

설문 2873 局戲(戲)也。六箸十二棊也。《古戲(戲)、今不得其實。箸、『韓非』所謂「博箭」。『招寬(魂)：注』云。箟簬作箸。故其字从竹。》从竹。博聲。《補各切。5部。【經傳】多假博字。》古者烏曹作簙。《曹字依『韵(韻)會』。【各本】作「胄」。非。『廣韵』曰。出『世本』。》/198

簜 簜 (탕)【dàng ㄉㄤˋ】 왕대(큰 대나무)

설문 2742 大竹也。《『大射儀』。簜在建鼓(鼓)之間。『注』。簜、竹也。笙簫之屬。按簜者竹名。以竹成器亦曰簜。笙簫皆用小竹而云簜者、大之也。》从竹。湯聲。《徒朗切。10部。》『夏書』曰。瑤琨筱簜。《『禹貢』文。》簜可爲榦(幹)。《榦、弓榦也。『弓人』日。凡取榦之道七。竹爲下。》筱可爲矢。《筱簜之用不止於此。而此爲冣宜(最宜)。》/189

簝 簝 (료)【liáo ㄌㄧㄠˊ】 제기 이름(제육 담는 대그릇) ■로:같은 뜻

설문 2830 宗廟盛肉竹器也。《『牛人』。共盆簝以待事。『注』。盆所以盛血。簝、受肉籠也。》从竹。尞聲。《洛簫切。2部。》『周禮』供盆簝㠯(以)待事。《「供」當依『周禮』作「共」。》/195

簞 簞 (단)【dān ㄉㄢ】 (대로 만든)밥그릇, 상자, 호리병박

설문 2795 笥也。《『論語:孔-注』同。皇侃曰。以竹爲之。如箱篋之屬。『左傳』。夫差以一簞珠問趙孟。荅(荅)亦簞之小者也。》从竹。單聲。《都寒切。14部。》『漢:律令』。簞、小匡也。《「匡」俗作「筐」。〔匚部〕日。匡、飯器、筥也。按筥者、䈰也。容五升。『漢:律令』之簞、謂匡之小者也。與【經傳】所云簞謂笥者異。荅(荅)匡簞皆可盛飯。而匡筥無荅。簞笥有荅。如今之箱盒。其制不同。故小匡爲別一義。》『傳』曰。簞食壷(壺)漿。《『孟子』及【他儒家書】皆有此言。故約之以『傳』曰也。此證前一義。》/192

簟 簟 (점)【diàn ㄉㄧㄢˋ】 대자리

설문 2783 竹席也。《『毛詩:箋』日。竹葦曰簟。》从竹。覃聲。《徒念切。『廣韵(韻)』上聲。7部。》/192

簠 簠 (보)【fǔ ㄈㄨˇ】 보(서직 담는 대그릇)

설문 2811 黍稷圜器也。《簠盛稻粱。見『公食大夫:禮經』文。云左擁簠粱是也。此云黍稷者。統言則不別也。如『毛傳』云四簋黍稷稻粱。亦是統言。云圜器。與鄭(鄭)云方器互異。》从竹皿。甫聲。《方矩切。5部。》 𠥓古文簠。从匚夫。《夫聲也。》/194

𥳑 𥳑 (간)【jiǎn ㄐㄧㄢˇ】 편지 ※ 간(簡)과 통용하는 글자

설문 6593 𥳑𥳑、在也。《【各本】作「𥳑存也」三字。今正。『釋訓』日。存存、𥳑𥳑、在也。許本之。『今-爾雅』作存存、萌萌、在也。郭云。未見所出。音武庚反。可謂疏於考(考)覈矣。釋文曰。施亡朋反。字或作「䒐」。『廣韵(韻)』引『爾雅』存存、䒐䒐、在也。音武登切。『玉篇:艸部』引『爾雅』存存、䒐䒐、在也。音莫耕切。又日懜同「䒐」。或作「萌」。玉裁按。䒐與𥳑相似。而竹艸不同。又後人音切與讀簡大異。荅(荅)䒐者、𥳑之譌。竹誤而爲艸也。懜者、䒐之譌。門誤而爲明也。又誤而去心作萌。而郭反以武庚。『玉篇』從之。又誤而以萌爲萠。而陳博士施乾反以莫登。『廣韵』本之。此展轉貤繆之故。叚(假)令【景純-解讀:許書】。何難正其形、說其音義也。『論語』。簡在帝心。卽𥳑字之叚借。》从心。簡(簡)省聲。讀若簡。《古限切。14部。》/513

簡 簡 간【jiǎn ㄐㄧㄢˇ】 편지, 문서, 대쪽, 간략할, 쉬울, 가릴, 분별할

설문 2764 牒也。《〔片部〕曰。牒、札也。〔木部〕日。札、牒也。按簡(簡)、竹爲之。牘、木爲之。牒札其通語也。『釋器』日。簡謂之畢。『學記』云呻其佔畢是也。等者、齊簡也。編

竹 6 ⑫

者、次簡也。詳冊下。》从竹。閒聲。《古限切。14部。》/190

형성 (2자) 간(𥳑 𥳑)6593 간(瀾 𤅋)7037

籍 箱 (수)【shū ㄕㄨ】 ㊤㊥⑨㉕ shāo 밥통 ■소:같은 뜻

설문 2791 飯筥也。受五升。《『方言』曰。箱、南楚謂之筲。郭曰。盛飯筥也。按箱卽筥字。筲卽箱字也。『論語』。斗筲之人。鄭曰。筲、竹器。容斗二升。與許說受五升(升)異。》从竹。稍聲。《山樞切。古音在 2部。『廣韵(韻)』:十,虞』無此》秦謂筥爲箱。/192

簦 (등)【dēng ㄉㄥ】 (자루가 달린 긴)우산

설문 2836 笠蓋(蓋)也。《笠而有柄如蓋也。卽今之雨繖。『史記』。躡屩擔簦。按簦亦謂之笠。渾言不別也。『士喪禮:下篇』。燕器杖笠翣。『注』曰。笠、竹䈰蓋也。云蓋則簦也。又按『疏』云。䈰、竹青皮。恐非是。䈰疑同箬。竹箬也。今人謂之「箬帽」。》从竹。登聲。《都滕切。6部。》/195

簧 (황)【huáng ㄏㄨㄤˊ】 (피리의)혀, 피리

설문 2858 笙中簧也。《『小雅』。吹笙皷(鼓)簧。『傳』曰。簧、笙簧也。吹笙則簧皷矣。按〔經〕有單言簧者、謂笙也。『王風:左執簧:傳』曰。簧、笙也是也。》从竹。黃聲。《戸(戶)光切。10部。》古者女媧作簧。《蓋(蓋)出『世本:作篇』。『明堂位』曰。女媧之笙簧。按笙與簧同器。不嫌二人作者。簧之用廣。或先作簧而後施於笙竽。未可知也。》/197

簫 (소)【xiāo ㄒㄧㄠ】 퉁소, 조릿대

설문 2860 參差管樂。《言管樂之列管參差者。竽笙列管雖多而不參差也。『周禮:小師:注』。簫、編小竹管如今賣飴餳所吹者。『周頌:箋』同。『廣雅』云。大者二十三管。小者十六管。『王逸-注:楚辭』云。參差洞簫也。》象鳳之翼。《排其管相對如翼。》从竹。肅聲。《『釋名』。簫、肅也。其聲肅肅而淸也。穌彫切。古音在 3部。》/197

簬 (로)【lù ㄌㄨˋ】 (화살 만드는)대이름

설문 2740 箘簬也。从竹。路聲。《洛故切。5部。》『夏書』曰。惟箘簬枯。《『禹貢』文。「枯」【各本】作「楛」。今依木部正。》𥲋古文簬。从輅。《當作「簬」。或从輅。轉寫之誤也。『篇』、『韵(韻)』皆云簵同簬。『今-尙書』、『史記』皆作「簵」。若『古文四聲韵(韻)』云簵古文。卽取諸『誤本-說文』也。》/189

◀ 제 13 획 ▶

籅 (욱)【yù ㄩˋ】 조리(쌀 이는 기구)

설문 2788 漉米籔也。《『方言』曰。炊籅謂之「縮」。或謂之「篗」。或謂之「匠」。『郭-注』。漉米籅。江東呼淅籤。按『史記:索隱』引『纂要』云。籅、淅箕也。此注籤字正箕之誤。今江蘇人呼淘米具曰溲箕是也。》从竹。奧聲。《於六切。3部。》/192

● 簵 (화살 만드는)대이름 로(簬)-고자

籧 (거)【jǔ ㄐㄩˇ】 쇠 먹이 그릇

설문 2831 食牛匡也。《「食」【各本】作「飲」。誤。『韵會』作「飯」。按萎下曰食牛。餘下曰食馬。今正作食。〔匚部〕曰。匡、飯器、筥也。籧、匡之圜者。飯牛用之。今字通作筥。許籧與筥別。》从竹。豦聲。《居許切。5部。》方曰匡。圜曰籧。《『召南:傳』。方曰筐。圓曰筥。「筥」當作「籧」。『月令』。具曲植籧筐。或譌作「籧」。》/195

簸 (파)【bǒ ㄅㄛˇ】 (키로 곡식을)까부르, 까불

설문 2883 揚米去糠(康)也。《與播布之義相近。》从箕。皮聲。《布火切。17部。》/199

簺 (새)【sài ㄙㄞˋ】 주사위, 통발

설문 2872 行棊相塞謂之簺。《格五、見『吾丘壽王傳』。劉(劉)德曰。『格五棊行塞法』曰。簺自乘(乘)五。至五格不得行。故云格五。『莊子』作「博塞」。》从竹塞。塞亦聲。《先代切。1部。》/198

薆 (애)【ài ㄞˋ】 가리어 보이지 않음

설문 2875 蔽不見也。《『爾雅』。薆、隱也。『方言』。揜、翳、薆也。其字皆當从竹。竹善蔽。『九歌』曰。余處幽篁兮終不見天是也。『大雅』。愛莫助之。毛曰。愛、隱也。假借字也。『邶風』。愛而不見。『郭-注:方言』作「薆而」。》从竹。㤅(愛)聲。《烏代切。15部。》/198

簾 (렴)【lián ㄌㄧㄢˊ】 (갈대로 엮은)발

설문 2778 堂簾也。《小徐曰。【此書】及『釋名』簾帷皆作「㡘」。疑㡘或與簾別。或者此簾字後人所加之乎。所不能決也。按〔巾部〕曰。㡘、帷也。又曰。在旁曰帷。『周禮:幕人』。掌帷幕幄帟綬之事。『注』曰。王出宮則有是事。在旁曰帷。在上曰幕。帷幕皆以布爲之。四合象宮室曰幄。帟者、王在幕若幄中坐上承塵。幄帟皆以繒爲之。然則㡘施於次以蔽旁。簾施於堂之前以隔風日而通明。㡘以布爲之故从巾。簾析竹縷爲之故其字从竹。其用殊。其地殊。其質殊。學者可以無疑矣。》从竹。廉聲。《力鹽切。7部。按『韋昭-注:國語』曰。薄、簾也。「薄」今字作「箔」。》/191

𥳽 (미)【wéi ㄨㄟˊ】 대이름

설문 2743 竹也。《竹名。按𥳽篃古今字也。如『禮經-古文』「眉」作「微」、『爾雅』「湄」作「溦」之比。『西山經』英山其陽多箭多篃。【今本】作「𥳽」。郭云。今漢中郡出。厚裏而長節。根淡(深)。筍冬生。戴凱之云。生非一處。江南山谷所饒也。故是箭竹類。一尺數節。葉大如履。可以作「篷」。莖中作矢。俗謂之籋笴。按郭云長節、戴云槪節。不合。既云中作矢。則「一尺數節」當作「數尺一節」也。》从竹。微聲。《無非切。15部。按『廣韵(韻)』云又武悲切。》𥴊籀文。从微省。《按當云从敚。「省」字衍。》/189

簟 (둔)【diàn ㄉㄧㄢˋ】 ㊤ tún 매, 볼기 칠 ■전:칠

설문 2853 榜也。《〔木部〕曰。榜所以輔弓弩也。檢柙弓弩必攷擊之。故『廣雅』曰。榜、擊也。引伸之義也。『史』、『漢』多言榜笞、榜箠。》从竹。殿(殿)聲。《〔殳部〕曰。殿、擊

竹 6 ⑫

也。此形聲包會意。徒覍(魂)切。13部。》/196

◀ 제 14 획 ▶

籃 (람)【lán ㄌㄢˊ】(물건 담는)바구니
설문 2802 大篝也。《今俗謂熏篝曰烘籃是也。》从竹。監聲。《魯(魯)甘切。8部。》 古文籃如此。《未詳。》/193

篗 (확)【yuè ㄩㄝˋ】얼레
설문 2774 所吕(以)收絲者也。《「所吕」二字今補。『方言』曰。篗、榬也。兗(兖)豫河濟之閒謂之榬。郭云。所以絡絲也。音爰。按今俗謂之篗車。于縛切。字亦作「籰」。》从竹。蒦聲。《王縛切。5部。》 䈴篗或从角閒。/191

籋 (미)【niè ㄋㄧㄝˋ】대껍질 ■녑:족집게 ■섭:〈네이버 자전〉족집게
설문 2835 箝也。《二字雙聲。夾取之器曰籋。今人以銅鐵作之。謂之「鑷子」。》从竹。爾聲。《尼輒切。古音15, 16部。》/195

籌 주【chóu ㄔㄡˊ】本[투호놀이의 살] 셈대, 수가지
설문 2871 壺(壺)矢也。《『禮記:投壺篇』曰。籌、室中五扶。堂上七扶。庭中九扶。『注』曰。籌、矢也。按引伸爲泛偁(稱)。又謂計筭爲籌度。》从竹。𠷎聲。《直由切。3部。》/198
형성 (1자) 주(𥳍)6467

籍 적【jí ㄐㄧˊ】서적, 문서, 기록할, 호적, 임금님이 몸소 갈던 밭 ■자:부드럽고 인자할
설문 2758 簿也。《「簿」當作「薄」。六寸薄、見〔寸部〕。引伸凡箸於竹帛皆謂之籍。》从竹。耤聲。《秦昔切。古音在 5部。》/190
형성 (1자) 색(籍)7698

◀ 제 15 획 ▶

簒 (미)【mí ㄇㄧˊ】대껍질
설문 2750 筡也。《謂筡之也。『釋草』。䉊堅中。䉊同磨礳之礳。謂堅中者必磨之也。箘筡中。箘同篃。謂空中者必析之也。》从竹。𡕪聲。《武移切。古音在 12部。》/190

籀 (류)【liú ㄌㄧㄡˊ】대 이름, 대소리
설문 2763 竹聲也。《小徐曰。猶言瀏然聲淸也。》从竹。劉(劉)聲。《力求切。3部。》/190

籒 (주)【zhòu ㄓㄡˋ】本[글 읽을] 주문〔한자의 옛 글자체. 주나라 선왕(宣王)의 태사 주(籒)가 만들었다 소전(小篆)의 전신(前身). 흔히 대전(大篆)이라고 부른다.〕
설문 2756 讀書也。《〔言部〕曰。讀籒書也。『敘目』曰。尉律。學僮十七巳上始試。諷籒書九千字。乃得爲吏。試字句絕(絶)。諷籒連文。謂諷誦而抽繹之。滿九千字皆得六書之恉(指)。乃得爲吏也。此籒字之本義。【經傳】尟用。周宣王時大史以爲名。因以名所箸大篆曰籒文。迄今學者綌少知其本義者。故於讀下籒書改爲誦書。於『敘目』釋爲籒文九千字。重惟貤繆。可勝嘆哉。『毛傳』曰。讀抽也。『方言』曰抽、讀也。抽皆籒之假借。籒者抽也。讀者、續也。抽引其緒相續而不窮(窮)也。亦假紬字爲之。『大史公-自序』。紬『史記』【石室金匱之書】。如淳云。抽徹舊書故事而次述之也。亦借繇字爲之。『春秋傳』卜筮繇辭。今皆作「繇」。又俗作「䌛」。據許則作「籒」。服虔(虔)曰。繇、抽也。抽出吉凶。》从竹。擂聲。《此形聲包會意。直又切。3部。》『春秋傳』曰。卜籒云。《『左傳』卜筮皆云繇。此言卜以該筮也。》/190

籓 (번)【fān ㄈㄢ】(곡식을 까부는)큰 키
설문 2787 大箕也。《『廣雅』曰。籓籭箕也。》从竹。潘聲。《甫煩切。14部。》一曰蔽也。《〔艸部〕曰。藩、屏也。〔尸部〕曰。屛、蔽也。是則籓與藩音義皆同。》/192

籔 (수)【sǒu ㄙㄡˇ】조리(쌀 이는 기구), 용량 단위(16말)
설문 2789 炊籅也。《本漉米具也。旣浚乾則可炊矣。故名炊籅。『方言』篗同籔。縮卽籔之入聲也。『毛詩:伐木:傳』曰。以筐曰釃。以籔曰湑。籔卽今之溲箕也。今誤从艸作「藪」。筐者、盛飯之器。較細。籔者、滰淅之器。較麤。皆可以漉酒者。》从竹。數聲。《穌后切。3部。》/192

◀ 제 16 획 ▶

籟 국【qú ㄑㄩˊ】상中9작 qū 누룩, 궁구할(竹부 16획)
설문 4298 酒母也。从米。籟(䊤)省聲。《籟或作𥻆。則亦可云𥻆聲也。駈六切。3部。》 鞠籟(䊤)或从麥。鞠省聲。《作麴或以米、或以麥。故其字或从米。或从麥。》/332
유사 치죄할 국(𥻆𥻆𥻆)
형성 (1자) 국(蘜)395

籗 (착)【zhuō ㄓㄨㄛ】상中작 zhuó ⑨ gé 가리(통발 비슷한 물고기 잡는 도구) ■곽:같은 뜻
설문 2821 罩魚者也。《〔网部〕曰。罩、捕魚器也。『小雅:傳』曰。罩、篧也。『釋器』曰。篧謂之罩。李巡云。篧、編細竹以爲罩、捕魚也。孫炎云。今楚篧也。》从竹。靃(霍)聲。《竹角切。按靃聲當在 5部。隺聲當在 2部。『爾雅』作「篧」。故郭音七角反。『唐韵(韻)』竹角切。『說文』作「籗」。故『廣韵』苦郭切。》 籗或从隺。《【鉉本】篆作「篧」。云籗或省。》/194

籚 (로)【lú ㄌㄨˊ】창자루
설문 2833 積竹矛戟(戟)矜也。《積竹見〔殳部〕。矜、柄也。『考工記』。攻木之工。輪輿弓廬匠車梓。『注』。廬、矛戟矜柲也。按廬者、籚之假借字也。釋文曰。「廬」、本或作「籚」。》从竹。盧聲。《洛乎切。5部。》『春秋:國語』曰。朱儒扶籚。《『晉語』文。【今本】「朱籚」作「侏盧」。「朱儒扶籚」、『西京賦』所謂「都盧尋橦」也。》/195

竹 6 ⑯

籟 (뢰)【lài ㄌㄞˋ】퉁소(구멍이 3개 있는, 퉁소 비슷한 악기)

설문 2862 三孔龠也。《〔龠部〕曰。龠、管樂。六孔。以和眾(衆)聲。按『毛詩:傳』曰。龠六孔。許龠下從之。此云三孔龠者、謂龠之三孔者則名籟也。『鄭-注:笙師、少儀、明堂位』皆云。籥如笛、三孔。鄭專謂籟耳。『今本-說文』龠下爲淺人所亂。然於此可以正彼。『莊子』人籟、地籟、天籟、引伸義也。》大者謂之笙。《「笙」、『釋樂』作「產(産)」。》其中謂之籟。《『釋樂』作謂之仲。葢(蓋)誤。》小者謂之箹。《三句見『釋樂』。大者葢六孔者也。中者三孔。》从竹。賴聲。《洛帶切。15部。》/197

籠 (롱)【lóng ㄌㄨㄥˊ】대그릇, 새장, 탈 것

설문 2827 擧土器。《〔木部〕曰。梠、一曰徙土輂。齊人語也。一作「梩」。〔手部〕曰。捄、盛土於梩中也。是則籠卽梩也。》一曰笭也。《笭下云一曰籯也。『周禮:縉人』。凡乘(乘)車充其籠箙。『注』云。充籠箙者以矢。》从竹。龍聲。《盧紅切。9部。》/195

竹 6 ⑯

◀ 제 17 획 ▶

籢 (렴)【lián ㄌㄧㄢˊ】경대, 향합

설문 2806 鏡籢也。《『玉篇』引『列女傳』曰。置鏡籢中。別作「匳」。俗作「奩」。『廣韵(韻)』云。盛香器也。》从竹。斂聲。《力鹽切。7部。》/193

籣 (란)【lán ㄌㄢˊ】전동(활과 화살 넣는 통)

설문 2846 所吕(以)盛弩矢。人所負也。《『信陵君列傳』曰。平原君負韊矢。韊卽籣字。『字林』作「韊」。『玉篇』作「韊」。『索隱』曰。如今之胡鹿而短。「胡鹿」、『廣韵』作「弧簶」。箭室也。按『西京、吳都、魏都:賦』皆云「蘭錡」。劉(劉)逵曰。受他兵曰蘭。受弩曰錡。蘭字皆當从竹。》从竹。闌聲。《洛干切。14部。》/196

籤 (첨)【qiān ㄑㄧㄢ】本[증험할] 제비(뽑기), 꼬챙이, 찌, 날카로울

설문 2852 驗也。《「驗」當作「譣」。占譣然不也。小徐曰。籤出其處爲驗也。》一曰銳(銳)也。貫也。《銳貫二義相成。與占譣意相足。》从竹。韱聲。《七廉切。7部。》/196

籥 약【yuè ㄩㄝˋ】분판(어린아이 글씨쓰는 나무판), 피리, 별 이름

설문 2762 書僮竹笘也。《笘下曰。潁川人名『小雅』所書寫爲笘。按笘謂之籥。亦謂之觚。葢(蓋)以白墡染之可拭去再書者。其拭觚之布曰幡。》从竹。龠聲。《以灼切。2部。按管龠字與此別。》/190

형성 (1자) 유(籲 籲)5434

籑 (양)【rǎng ㄖㄤˇ】㊤ ráng (겨)안을、(대나무)조리

설문 2828 褱也。《〔衣部〕曰。褱、褻也。此謂竹器可以中藏一切者。音義如瓜瓤之瓤。『篇』、『韵(韻)』皆云。籑箕、盪米竹器。》从竹。襄聲。《如网(兩)切。10部。》/195

籧 (거)【qú ㄑㄩˊ】㊥ qū ⑨ chú 거치른 대삿자리

설문 2784 籧篨、粗竹席也。《『方言』曰。簟、宋魏之閒(間)謂之「笙」。或謂之「籧苗」。自關而西或謂之「簟」。或謂之「箉」。其麤者謂之「籧篨」。自關而東或謂之「篕棪」。郭云。江東呼「籧篨」爲「籧」。按此云粗者、與上筵簟別言之。筵簟其精者也。『晉語』、『毛詩』皆云。「籧篨」不可使俯。此謂捲籧篨而豎(竪)之。其物不可俯。故『詩』風而言醜惡。『爾雅』以名口柔也。》从竹。遽聲。《彊魚切。5部。》/192

성부 籟籟국

형성 (4자) 국(鵴 鞠)2269 국(籟 匊)4416
국(籟 匊)5538 국(鞠)7537

簕 國 籟籟국【zhuó ㄓㄨㄛˊ】㊈㊥⑨㊂ jū 치죄할

설문 6335 窮治辠人也。《「治」【各本】作「理」。唐人所改也。今依『篇』、『韵』正。辠【各本】作罪。今依『廣韵』正。『文王世子:注』曰。讀書論法曰鞫。『正義』云。讀書、讀囚人之所犯罪狀之書。用法、謂以法律平斷其罪。『周禮:小司寇』。讀書用法。先鄭云。如今讀鞫已乃論之。『漢書:功臣侯表』。坐鞫獄不實。如淳云。鞫者、以其辭決罪也。『張湯傳』。『訊鞫論報』。張晏云。鞫、一吏爲讀狀論其報行也。『荆(刑)法志』。遣廷史與郡鞫獄。如淳云。以囚辭決獄爲鞫。謂疑獄也。按鞫者、俗簕字。譌作鞫。古言鞫。今言供。語之轉也。今法具犯人口供於前。具勘語擬罪於後。卽周之讀書用法。漢之以辭決罪也。鞫與窾(窮)一語之轉。故以窾治罪人釋鞫。引申爲凡窾之偁(稱)。『谷風、南山、小弁:傳』曰。窾也。『公劉(劉):傳』曰。究也。『節南山:傳』曰。盈也。究、盈亦窾之意。『蓼莪:傳』曰。養也。養與窾相反而成。如亂可訓治徂可訓存。苦可訓快。若『采芑:傳』曰。鞫、告也。此則謂鞫卽告之叚(假)借字。文王世子。告於『甸人』。亦是叚告爲鞫也。》从卒人言。《會意。卒人言者、犯罪人之言也。》竹聲。《居六切。3部。按此字隷作鞫。【經典】從之。俗多改爲鞠。大誤。》簕或省言。/496

성부 籟籟국

형성 (4자) 국(鵴 鞠)2269 국(籟 匊)4416
국(籟 匊)5538 국(鞠)7537

◀ 제 19 획 ▶

籩 (변)【biān ㄅㄧㄢ】변(대오리로 만든 과일 담는 제기)

설문 2812 竹豆也。《豆、古食肉器也。木豆謂之梪。竹豆謂之籩。『周禮:籩人』。掌四籩之實。『注』曰。籩、竹器如豆者。其容實皆四升。》从竹。邊聲。《布玄切。12部。》 匾 籒文籩。《匸者、籒文匚也。》/194

籫 (찬)【zuǎn ㄗㄨㄢˇ】대그릇, 젓가락통

설문 2807 竹器也。《『廣雅、方言:注』皆曰。籫、箸筩。》从竹。贊聲。讀若纂。《作管切。14部。》一曰叢也。《〔木部:欑〕下曰。一曰叢木。籫音同義近。》/193

籭 籭 (사)【sāi ㄙㄞˉ】 ㊤㊥⑨ shāi ㉆ sī 체(가루를 치는 기구)

설문 2786 竹器也。可目(以)取麤去細。《俗云簁籭是也。『廣韵(韻)』云。籭、盪也。能使麤者上存。細者盪下。籭簁古今字也。『漢:賈山傳』作「篩」。》 从竹。麗聲。《所宜切。16部。今音山佳切。》 /192

◀ 제 20 획 ▶

籯 籯 (영)【yíng ㄧㄥˊ】 (3~5되 들이)대나무 바구니

설문 2808 笭也。《笭字下曰。一曰籯也。『漢書』。遺子黃金滿籯。不如教子一【經】。竹籠也。『廣雅』曰。籯、箸筩也。》 从竹。嬴聲。《以成切。11部。》 /193

籢 籢 (엄)【yán ㄧㄢˊ】 ⑨ yàn 푸집개(병장기를 은폐하는 덮개)

설문 2876 弋雔射者所蔽者也。《依晉灼補上者字。此卽射雉之翳也。亦謂之「廮」。『廣雅』「廮」作「篨」。》 从竹。嚴聲。《語杴切。8部。》 /198

◀ 제 24 획 ▶

● 籗 가리 곽(篧)-본자

◀ 제 26 획 ▶

籲 籲 (유)【yù ㄩˋ】 부르짖을

설문 5434 呼也。《「呼」當作「評」。〔言部〕曰。評者、召也。〔口部〕曰。召者、評也。『周書』。乃有室大競。籲俊尊上帝。某氏曰。招呼賢俊與共尊事上天。『商書』。率籲衆戚。出矢言。某氏曰。籲、和也。率和衆憂之人。出正直之言。按和之訓未知何出。葢(蓋)謂籲同龥。龥以和衆聲也。夫下文自我王來、至底綏四方皆民不欲徙之言。姚氏鼐之說是也。籲衆戚、出矢言。正謂不欲徙之民相評急出誓言。爲『盤庚』敎民命衆張本。『注疏』殊繆。》 从頁(頁)。籥聲。讀與籥同。《羊戍切。古音在 2部。讀如姚。》 『商書』曰。率籲衆戚。《見『盤庚:上』。「戚」【今本】作「慼」。俗字也。衞(衛)包所改。》 /422

119	米 米
6-02	▤ 쌀 미

米 米 미【mǐ ㄇㄧˇ】【설문부수 257】(벼껍질을 벗긴)벼, 미터

설문 4281 粟實也。《〔鹵部〕曰。粟、嘉穀實也。嘉穀者、禾黍也。「實」當作「人」。粟擧(擧)連秠者言之。米則秠中之人。如果實之有人也。果人之字【古書】皆作人。『金刻-本艸』尙無作仁者。至【明-刻】乃盡改爲仁。『鄭-注:冢宰職』。九穀不言粟、『注:倉人』掌粟入之藏云。九穀盡藏焉。以粟爲主。粟正爲禾黍也。禾者、民食之大同。黍者、食之所貴。故皆曰嘉穀。其去秠存人曰米。因以爲凡穀人之名。是故禾黍曰米。稻稷麥苽亦曰米。『舍人:注』所謂六米也。六米卽『膳夫』、『食醫』之食用六穀也。賓客之車米、筥米。喪紀之飯米。不外黍粱稻稷四者。凡穀必中有人而後謂之秀。故秀从禾人。》 象禾黍之形。《大徐作禾實。非是。米謂禾黍。故字象二者之形。四點(點)者、聚米也。十其閒(間)者、四米之分也。篆當作四圜點以象形。今作長點。誤矣。莫禮切。15部。》 凡米之屬皆从米。 /330

성부 부록 색인 참조

형부 止를 부수로 하는 대부분의 글자들

형성 (5자+1) 미(敉 粘)1934 미(眯 眯)2089 메(寐)4485 마(冞 冞)4615 미(絲 絲)8215 미(敉 敉)

◀ 제 3 획 ▶

粠 粠 (홍)【hóng ㄏㄨㄥˊ】 묵은 쌀, 뜬 쌀(떠서 붉게 변한 쌀)

설문 4310 陳臭米。《『賈捐之傳』。太倉之粟。紅腐而不可食。師古曰。粟久腐壞。則色紅赤也。按紅卽粠之叚(假)借字。》 从米。工聲。《戶工切。9部。》 /333

◀ 제 4 획 ▶

粈 粈 (뉴)【rǒu ㄖㄡˇ】 ㊤㊥⑨ róu ㉆ niǔ 잡곡밥, 비빔밥

설문 4305 襍飯也。《〔食部〕曰。鈕、襍(雜)飯也。『廣韵(韻)』曰。「鈕」亦作「粈」。然則鈕粈一字。今之糅襍字也。》 从米。丑聲。《女久切。3部。》 /333

粉 粉 분【fěn ㄈㄣˇ】 (곡식)가루, 분(화장품), 분바를

설문 4311 所以傅面者也。《「所目(以)」字舊奪。今補。小徐曰。古傅面亦用米粉。故『齊民要術』有傅面粉英。按據賈氏說。粉英僅堪妝摩身體耳。傅人面者固胡粉也。許所云傅面者、凡外曰面。『周禮』傅於餌餈之上者是也。引伸爲凡細末之偁(稱)。》 从米。分聲。《方吻切。13部。》 /333

성부 頪뢰

粊 粊 (비)【bì ㄅㄧˋ】 궂은 쌀(나쁜 쌀), 쓸

설문 4289 惡米也。《粟之不成者曰秕。米之惡者曰粊。其音同也。『莊子』。塵垢粃康。粃卽粊字。》 从米。比聲。《【各本】篆作 粊。解云北聲。今正。粊在古音 15部。不當用 1部之北諧聲也。『經典:釋文』、『五經文字』皆不誤。若『廣韵(韻)』作「粊」。『注』云。『說文』作「粊」。葢(蓋)由『說文』之誤巳久。『玉篇』作「粊」、作「粺」、作「粊」。皆云惡米。而皆粊之誤。兵媚切。15部。》 『周書』有『粊誓(誓)』。《『尙書:粊誓(誓)』。卽今所用【衞包-妄改:本】之費誓也。『周禮、禮記:曾子問:鄭-注』皆云「粊誓」。裴駰、『司馬貞-注:史記』皆云『尙書』作「粊」。司馬貞當開元時。【衞(衛)包本】猶未行。至包乃改作費。至宋開寶。陳諤乃將『尙書:音義』之粊改費。學者莫知【古本】矣。貞之改粊爲費也。直謂粊卽季氏費邑。不知漢費縣故城在今兖州府費縣西北二十里。去曲阜且三百里。『粊誓』全篇乃初出師時語。未必遠在今費縣。『史記』作『肹誓』。徐廣曰。一作鮮。一作獮。

米 6 ⑤

葐伏生作「肹」、作「鮮」、作「獮」。古文作「柴」。音正相近。不當从 1部北聲可知。》/331

◀ 제 5 획 ▶

粒粒 (립)【lì ㄌㄧˋ】 쌀알, 낟알
설문 4291 糂也。《按此當作「米粒也」。米粒是常語。故訓釋之例如此。與㰃篆下云㰃米也正同。『玉篇』、『廣韵(韻)』粒下皆云米粒。可證。淺人不得其解。乃妄改之。以與糂下一日粒也相合。不知粒乃糂之別義。正謂米粒。如妄改之文。則粒爲以米和羹矣。而一日粒也何解乎。今俗語謂米一顆日一粒。『孟子』。樂歲粒米狼戾。『趙-注』云。粒米、粟米之粒也。『臯陶謨』。烝民乃粒。『周頌』。立我烝民。『鄭-箋』。「立」當作「粒」。【詩書】之粒皆『王制』所謂粒食。始食艱食、鱻食、至此乃粒食也。》从米。立聲。《力入切。7部。按此篆不與糂篆相屬。亦可證其解斷(斷)不作糂也。》
䬺古文从食。/331

粎粎 (명)【míng ㄇㄧㄥˊ】 ㉳㊥⑨㉶ mí 물 적신 쌀
설문 4297 潰米也。《潰、扁也。謂米之棄於地者也。〔禾部〕日。稃、舂粟不潰也。不拋散謂之不潰。》从米。尼聲。《武夷切。15部。》交止有粎泠縣。《「止」俗作「阯」。誤。今正。『地理志』交止郡麊泠。『後:郡國志』同。麊者、粎之誤。應劭日。麊音彌。孟康日。泠音螟蛉之蛉。》/332

粗粗 (조)【cū ㄘㄨˉ】 ㉶ zù 거칠, 클, 대강
설문 4288 疏也。《『大雅』。彼疏斯粺。『箋』云。疏、麤也。謂糲米也。麤卽粗。正與【許書】互相證。疏者、通也。引伸之猶大也。故粗米日疏。糲米與粺米挍。則糲爲粗。稷與黍稻粱挍。則稷爲粗。『九穀攷』云。凡【經】言疏食者、稷食也。『論語』。疏食菜羹。卽『玉藻』之稷食菜羹。『左傳』。粱則無矣。麤則有之。麤對粱而言。稷之謂也。『儀禮:昏禮』。婦饋舅姑。有黍無稷。特著其文。葢(蓋)婦道成以孝養。不進疏食也。按引伸叚(假)借之凡物不精者皆謂之粗。》从米。且聲。《徂古切。5部。今皆讀平聲。》/331

◀ 제 6 획 ▶

桌桌 粟 속【sù ㄙㄨˋ】 ⑨ xù 조(오곡의 일종), 곡식, 녹미, (껍질채로의)벼
설문 4160 嘉穀實也。《禾下曰。嘉穀也。黍下曰。禾屬而黏者也。然則嘉穀謂禾黍也。『大雅』曰。誕降嘉穀。惟秬惟秠。惟虋惟芑。秬秠謂黍。虋芑謂禾。許於秠下曰。秬秠者、天賜后稷之嘉穀也。虋下曰。赤苗嘉穀也。芑下曰。白苗嘉穀也。『毛:魏風:傳』釋苗爲嘉穀。苗者、禾也。『生民:傳』釋黃爲嘉穀。黃者、黃粱。謂禾也。古者民食莫重於禾黍。故謂之嘉穀。穀者、百穀之總名。嘉者、美也。嘉穀字見『詩:生民』。【許書】及【典】引『注』可據。改爲嘉種者、非。嘉穀之實曰粟。粟之皮曰穅。中曰米。》从卤。《自其采言之。》从米。《自其蘊言之。相玉切。3部。》孔子曰。粟之爲言續也。《孔子以疉(疊)韵爲訓也。嘉種不絕(絶)。蒸民乃粒。禹稷之功也。》𥻆籒文㮚(粟)。/317

粵粵 粵 월【yuè ㄩㄝˋ】 말 처음에 뜻없이 쓰일, 종족 이름
설문 2934 亏(于)也。《『釋詁』日。粵(粤)于爰日也。爰粵于也。爰粵又那都繇於也。粵與于雙聲。而又从亏。則亦象气舒于也。【詩書】多假越爲粵。『箋』云。越、於也。又假日爲粵。》宷愼之䛐(詞)也。《「也」【各本】作「者」。今正。此說从宷之意。粵亏皆訓於。而粵尤爲宷度愼重之䛐(詞)。故从宷。》从宷亏。《宷愼而言之也。王伐切。15部。》『周書』曰。粵三日丁亥。《『今-召誥』「越三日丁巳」。「亥」當作「巳」。》/204

粊粊 구【jiù ㄐㄧㄡˋ】 마른 밥 찧을, 볶은 쌀, 마른 밥 부스러기
설문 4302 舂糗也。《米麥已熬。乃舂之而簁之成勃。鄭所謂擣粉也。而後可以施諸餌餈。》从米臼。《臼亦聲。此舉(擧)會意包形聲也。其九切。3部。》/333

粦粦 粦 린【lǐn ㄌㄧㄣˇ】 ㉠㉳㊥⑨㉶ lín 도깨비불, 불 일어날, 개똥불
설문 6227 兵死及牛馬之皿(血)爲粦(粦)。《『列子:天瑞』日。馬皿之爲轉鄰(隣)也。人皿之爲野火也。『張-注』。此皆一形之內自變化也。『淮南:氾論訓』日。老槐生火。久皿爲燐。『許-注』。兵死之士皿爲鬼火。見『詩:正義』。『高-注』。皿精在地暴露百日則爲燐。遙望炯炯若然火也。又『說林訓』日。抽簪招燐。有何爲驚。『高-注』。燐皿似野火。招之。應聲而至。皿灑汚(汙)人。以簪招則不至。『博物志』。戰鬥死亡之處有人馬皿。積年化爲粦。粦著(着)地入草木皆如霜露不可見。有觸者、著人體便有光。拂拭便散無數。又有吒聲與熠豆。》粦、鬼火也。《『詩:東山』。熠燿宵行。『傳』日。熠燿、燐也。燐、熒火也。熒火謂其火熒熒閃睗。猶言鬼火也。『詩:正義』引『陳思王-螢火論』日。熠燿宵行。『章句』以爲鬼火。或謂之燐。『章句』者、謂『薛君-章句』。是則『毛』、『韓』古無異說。『毛詩』字本作熒。或乃以『釋蟲』之熒火卽炤當之。且或改熒爲螢。改粦爲蟒。大非『詩』義。古者鬼火與卽炤皆謂之熒火。絕(絶)無螢字也。粦者、鬼火。故从炎舛。》从炎舛。《鍇日。舛者、人足也。按『詩』言宵行、謂其能相背而行。良刃切。12部。》/487

유사 순임금 순(舜)

형성 (11자+2) 린(遴)1111 린(蹸)1343
린(瞵)2016 린〔隣)3835 린(賻)5400
린{麟)5963 린(獜)6044 련〔憐)6644
린(鄰)7124 린(鱗)7295 린(疄)8764
린(轔) 린(嶙)

◀ 제 7 획 ▶

粱粱 (량)【liáng ㄌㄧㄤˊ】 조(곡식의 일종)
설문 4282 禾米也。《【各本】作「米名也」。今正。古訓詁多不言某名。如『毛傳』但言水也、山也、艸也、木也皆是。上文粟與米皆兼禾黍言。粱則專爲禾米。故別言之。淺人不得其解。乃刪(刪)禾字矣。生日苗。秀日禾。稾實幷

刈曰禾。其實曰粟。粟中人曰米。米可食曰粱。『禮經』。簠陳稻粱。簋陳黍稷。『聘禮』。米百筥。設於中庭。十以爲列。黍粱稻皆二行。稷四行。『內則』。飯黍、稷、稻、粱、白黍、黃粱。『食醫』。六食。犬宜粱。『喪大記』。君用粱。大夫用稷。士用粱。凡黍稷稻之米無別名。禾之米則曰粱。自糲以至於侍御皆粱也。『小雅』黃鳥。無啄我粟。兼禾黍言之。二章言粱。三章言黍。其目也。粟言連秠。粱黍言米。又其別也。》从米。梁省聲。《吕(呂)張切。10部。》/330

粲 찬【càn ㄘㄢˋ】㊍[쓿은 쌀밥] (곱게 찧은) 정미, 고울(선명할)

설문 4284 稻重一秠。爲粟二十斗。《見〔禾部〕。》爲米十斗。曰毇。《此當有奪文。當以爲米十斗句絕(絶)。下云爲米九斗曰毇。稻粟二十斗爲米十斗者、『九章筭術』所謂稻。率六十糲米率三十也。稻粟二十斗爲米十斗。今目驗猶然。其米甚粗。不得曰毇明矣。爲米九斗曰毇者、下文云米一斛舂爲九斗曰毇是也。毇卽「粺」。禾黍言「粺」。稻言「毇」。稻米九斗而舂爲八斗則亦曰「糳」。八斗而舂爲六斗大半斗則曰「粲」。猶之禾黍糳米爲七斗則曰侍御也。禾黍米至於侍御。稻米至於粲。皆精之至矣。不言亦曰糲、不言爲米八斗亦曰糳者、名各有所系。欲讀者參伍而得之。》爲米六斗大半斗曰粲。《謂以八斗舂爲六斗大半斗也。以今目驗言之。稻米十斗舂之爲六斗大半斗。精無過此者矣。『漢荆(刑)法』有鬼薪、白粲。白粲謂舂也。粲米冣(最)白。故爲鮮好之偁(稱)。『穀梁』。粲然皆笑。謂見齒也。『鄭風:傳』曰。粲、餐也。此謂粲爲餐之叚(假)借也。》从米。奴(叔)聲。《春之義亦與奴相近。倉案切。14部。》/331

형성 (+2) 찬(燦) 찬(璨)

◀ 제 8 획 ▶

粹 (수)【cuì ㄘㄨㄟˋ】순수할, 같을, 정밀할

설문 4308 不襍也。《劉(劉)逵引班固云。不變曰醇。不襍(雜)曰粹。按粹本是精米之偁(稱)。引伸爲凡純美之偁。》从米。卒聲。《雖遂切。15部。》/333

粺 (패)【bài ㄅㄞˋ】정미(현미 한 말을 대껴 9되로 한 정백미)

설문 4287 毇也。《粺者、糲米一斛舂爲九斗也。『大雅』。彼疏斯粺。『傳』云。彼宜食疏。今反食精粺。『箋』云。米之率糲十、粺九、鑿八、侍御七。按『漢:九章筭(算)術』云。糲米三十。粺米二十七。糳 米二十四。御米二十一。卽鄦(鄦)說所本。粺謂禾黍米。毇謂稻米。而可互偁(稱)。故以釋粺。》从米。卑聲。《旁卦切。16部。》/331

粼 (린)【lín ㄌㄧㄣˊ】(흐르는 물이 돌에)부딪칠(米부 8획)

설문 7124 水生厓石閒(間)粼粼也。《厓者、山邊也。》从巛。粦(粦)聲。《力珍切。12部。》/568

粩 (권)【juǎn ㄐㄩㄢˇ】㊤㊥⑨㉓ quǎn 가루, 가루 반죽할

설문 4312 粉也。从米。卷聲。《去阮切。14部。『玉篇』曰。粩同。》/333

精 (정)【jīng ㄐㄧㄥ】㊍[가릴] (쌀을)찧을, 희게 쓿은 쌀, 깨끗할, 정성스러울

설문 4286 擇米也。《米字【各本】奪。今補。擇米謂𥣬擇之米也。『莊子:人閒世』曰。鼓(鼓)筴播精。司馬云。簡米曰精。簡卽柬。俗作揀者是也。引伸爲凡冣(最)好之偁(稱)。撥雲霧而見青天亦曰精。『韓詩』於『定之方中』云。星、精也。》从米。青聲。《子盈切。11部。》/331

◀ 제 9 획 ▶

糂 (삼)【shǎn ㄕㄢˇ】㊤㊥⑨㉓ sǎn 차질, 끈끈할

설문 4293 目(以)米和羹也。《古之羹必和以米。『墨子』。藜羹不糂十日。『吕(呂)覽』作藜羹不斟。七日不粒。不斟正不糂之誤。『內則:注』曰。凡羹齊宜五味之和。米屑之糝。》从米。甚聲。《桑感切。7部。》一曰粒也。《今南人俗語曰。米糝飯。糝謂孰者也。『釋名』曰。糝、黏也。相黏數也。按『廣韵(韻)』、『集韵』、『類篇』、『干祿字書』皆有粽字。云蜜漬瓜食也。桑感切。葢(蓋)糝有零星之義。故今之小菜古謂之糝。別製其字作「粽」。『通鑑』。盧循遺劉 (劉)裕益智粽。宋廢帝殺江夏王義恭。以蜜漬目睛。謂之鬼目粽。『廣韵』二仙。枸橼樹皮可作「粽」。南方艸物狀。建安八年。交州刺史張津以益智子粽餉魏武帝。俗多改粽字。故『三省-注:通鑑』曰。角黍也。葢誤認爲送韵之粽字。『齊民要術』引『廣州記』。益智子取外皮蜜煮爲糝。味辛。徑作「糝」字。》䊉籒文糂。从朁。《朁聲甚聲同在 7部。》糝古文糂。从參。《參聲亦在 7部。『周禮:醢人』、『內則』皆如此作。『周頌』。潛有多魚。『傳』曰。潛、糝也。【古本】如此。『爾雅』。糝謂之涔。涔卽『詩』之潛也。『小:爾雅』及郭景純改糝爲木旁。謂積柴水中。令魚依之止息。字當从木也。而『舍人』、李巡皆云。以米投水中養魚曰涔。似其說各異。不知積柴而投米焉。非有二事。以其用米故曰糝。以其用柴故或製字作「罧」。罧見『淮南書』。橬槮皆魏晉閒妄作也。》/332

糈 (서)【xǔ ㄒㄩˇ】젯메쌀(제사에 쓰는 정한 쌀)

설문 4303 糧也。《凡糧皆曰糈。『離騷:王-注』曰。糈、精米。所以享神。其一耑(端)耳。》从米。胥聲。《私吕(呂)切。5部。》/333

◀ 제 10 획 ▶

𥼶 (살)【sà ㄙㄚˋ】헤칠(쫓아버림)

설문 4314 䊣𥼶、散之也。《𥼶者複擧(擧)字。䊣者衍字。『左傳:正義』兩引『說文』𥼶、散之也。可證。『左傳:昭:元年』曰。周公殺管叔而蔡蔡叔。『釋文』曰。上蔡字音素葛反。『說文』作「𥼶」。『正義』曰。『說文』𥼶爲放散之義。故訓爲放。隸書改作。巳失字體。𥼶字不可復識。寫者全類蔡字。至有爲一蔡字重點(點)以讀之者。『定:四年:正義』同。是𥼶本謂散米。引伸之凡放散皆曰𥼶。字譌作蔡耳。亦省作殺。『齊民要術』凡云殺米者皆𥼶米也。『孟子』曰。殺三苗於三危。卽𥼶三苗也。》从米。殺(殺)聲。《桑割切。15部。》

米 6 ⑩

/333

糒 (비)【bèi ㄅㄟˋ】 건량(말린 군용 식량)
▣배: 같은 뜻

설문 4300 乾飯也。《「飯」字【各本】奪。今依『李賢-明帝紀:注』、『隗囂傳:注』、『李善-文選(選):注』、『玄應書』補。乾音干。『釋名』曰。干飯、飯而曓(暴)乾之也。『周禮:廩人:注』曰。行道曰糧。謂糒也。止居曰食。謂米也。按干飯今多爲之者。》从米。葡(葡)聲。《平祕(秘)切。古音在 1部。》/332

糗 (구)【qiǔ ㄑㄧㄡˇ】 건량(볶거나 말린 쌀)

설문 4301 敖(熬)米麥也。《『周禮』。羞籩之實。糗餌粉餈。鄭司農云。糗、敖(熬)大豆與米也。粉、豆屑也。玄謂糗者、擣粉熬大豆爲餌餈之黏著以坋之耳。按先鄭云。熬大豆及米。後鄭但云熬大豆。『注:內則』又云。擣熬穀。不同者、黍粱朩麥皆可爲糗。故或言大豆以包米。或言穀以包米豆。而許云熬米麥。又非不可包大豆也。熬者、乾煎也。乾煎者、鬻也。鬻米豆舂爲粉。以坋餌餈之上。故曰糗餌粉餈。鄭云擣粉之。許但云熬。不云擣粉者、【鄭-釋:經】故釋粉字之義。許解字則糗但爲熬米麥。必待臬之而後成粉也。『柴揺(誓)』。峙乃糗糧。某氏云。糗糒之糧。『孟子』曰。舜之飯糗茹草。趙云。糗、飯乾糒也。『左傳』爲稻醴、粱糗。『廣韵(韻)』曰。糗、乾飯屑也。此皆謂熬穀未粉者也。》从米。臭聲。《去九切。3部。》/332

◀ 제 11 획 ▶

糂 (설)【xī ㄒㄧ】 ㊤㊥⑨㉻ xiè (풀어)헤칠
▣실·솔: 같은 뜻

설문 4313 糂𥽇也。《糂𥽇雙聲字。今俗語尙如此。言之斂曰糂。言之侈曰𥽇。皆單評也。絫評之曰糂𥽇。》从米。悉聲。《私列切。12部。》/333

糜 (미)【mí ㄇㄧˊ】 죽, 싸라기, 문드러질

설문 4295 糝糜也。《【各本】無「糜」字。淺人所刪(刪)。今補。以米和羹謂之「糝」。專用米粒爲之謂之「糝」。糜亦謂之「鬻」。亦謂之「饘」。〔食部〕曰。饘、糜也。『釋名』曰。糜、煑(煮)米使糜爛也。粥淖於糜。粥粥然也。引伸爲糜爛字。》从米。麻聲。《靡爲切。古音在 17部。》黃帝初教作糜。《【各本】無此六字。今依『韵(韻)會-所據:鍇本』補。『初學記』、『藝文類聚』、『北堂書鈔』皆引『周書』黃帝始亨穀爲粥。此『記』化益作井、揮作弓、奚仲造車之例。》/332

糞 분【fèn ㄈㄣˋ】 本[소제할] 똥, 거름 줄, 칠(제거할)

설문 2377 棄除也。《按「棄」亦「糞」之誤。亦複擧(擧)字之未刪(刪)者。糞方是除。非棄也。與〔土部:坌〕音義皆略同。『禮記』作「糞」。亦作「𢷾」。亦作「拚」。『曲禮』曰。凡爲長者糞之禮。『少儀』曰。氾埽曰埽。埽席前曰「拚」。『老子』曰。天下有道。郤(却)走馬以糞。謂用走馬佗棄糞除之物也。『左傳』。小人糞除先人之敝廬。許意叁用帚。故曰埽除。糞用華。故但曰除。古謂除穢曰糞。今人直謂穢曰糞。此古義今義之別也。凡糞田多用所除之穢爲之。故曰糞。》从𠬞(廾)推華糞釆也。《合三字會意。方問切。古音在 14部。》官溥說。佀(似)米而非米者矢字。《此偁(稱)官說釋篆上體。釆佀(似)米非米乃矢字。故廾推華除之也。矢、〔艸部〕作「菡」。云糞也。謂糞除之物爲糞。謂菡爲矢。自許已然矣。【諸書】多假矢。與『廉藺傳』頃之三遺矢是也。【許書】說解中多隨俗用字。》/158

유사 날개 익(翼)

형성 (2자) 비(𥢶)4198 분(瀵)7023

糟 (조)【zāo ㄗㄠ】 재강, 지게미

설문 4299 酒滓也。《『內則』曰。重醴。稻醴清糟。黍醴清糟。粱醴清糟。『注』云。重、陪也。糟、醇也。淸、泲也。致飮有醇者。有泲者。陪飮之也。『周禮』酒正。共后之致飮於賓客之禮。醫酏糟。『注』云。糟、醫酏不泲者。泲曰淸。不泲曰糟。按今之酒但用泲者。直謂巳漉之粕爲糟。古則未泲帶滓之酒謂之糟。泛齊、醴齊、滓浮尤濁。盎齊、緹齊、沈齊、差淸。『莊子:音義』、『玄應書』皆引『許君-淮南:注』曰。粕、巳漉粗糟也。然則糟謂未漉者。》从米。曹(曹)聲。《作曹切。古音在 3部。『大鄭-周禮:注』引『內則』淸糟。字皆作䒃。云糟音聲與䒃相似。記之者各異耳。按䒃葢(蓋)从酒艸聲。亦糟字也。》醩 籒文从酉。《【大徐本】作「醩」。『集韵(韻)』從之。【小徐本】作「醩」。『韵會』從之。汲古閣以小徐改大徐。非也。》/332

성부 𣪊훼

◀ 제 12 획 ▶

穛 착【zhuō ㄓㄨㄛ】 풋바심(早取穀)

설문 4283 早取穀也。《『內則:稰穛:注』云。孰穫曰「稰」。生穫曰「穛」。『正義』曰。穛是斂縮之名。明以生穫。故其物縮斂也。按穛卽穛字。亦作穱。古爵與焦同音通用也。『大招』、『七發』皆云穱麥。王逸云。擇麥中先孰者也。『大招』以爲飯。『七發』以飤馬。『吳都賦』云。穱秀苽穗。『廣韵』云。穱者、稻處種麥。皆與早取之義合。凡早取穀皆得名穱。不獨麥也。》从米。焦聲。《側角切。2部。》一曰小。《謂穀之小者也。取揫斂之意。》/330

형성 (2자) 추(𩀤)3250 초(𡮴)5313

橝 (담)【dàn ㄉㄢˋ】 ㊤㊥⑨㉻ tán 풀린 죽, 국죽 건더기

설문 4296 糜和也。《糜和謂菜屬也。凡羹以米和之曰糝糜。或以菜和之曰糰。》从米。覃聲。讀若譚。《大徐譚作「鄿」。鄿譚古今字也。徒感切。古音在 7部。》/332

糧 (량)【liáng ㄌㄧㄤˊ】 양식, 구실(조세), 급여

설문 4304 穀食也。《『周禮:廩人』。凡邦有會同師役之事。則治其糧與其食。鄭云。行道曰糧。按『詩』云。乃裹餱糧。『莊子』云。適百里者宿舂糧。適千里者三月聚糧。皆謂行道也。許云穀食。則兼居者行者言。糧本是統名。故不爲分析也。》从米。量聲。《呂張切。10部。亦作「粮」。》/333

◀ 제 13 획 ▶

釋 (석)【shì ㄕˋ】(쌀을)일 ■역:같은 뜻
설문 4292 漬米也。《『大雅』曰。釋之叜叜。『傳』曰。釋、淅米也。叜叜、聲也。按漬米、淅米也。漬者初湛諸水。淅則淘汏之。『大雅』作釋。釋之叚(假)借字也。》从米。睪(睪)聲。《施隻切。古音在 5部。》/332

檗 (벽)【bó ㄅㄛˊ】㊗㊥⑨㊎ bò 밥, 죽, 선밥
설문 4294 炊、《句。》米者謂之檗。《炊謂飯與鬻(粥)也。下言炊爨之失。故先之曰炊。『釋器』曰。米者謂之檗。米者謂飯之米性未孰者也。李巡云。飯米半腥半孰曰檗。腥先定反。『廣韵(韻)』引『新字林』云。䉽、豆中小硬者。義相近。》从米。辟聲。《博厄切。16部。》/332

糲 (뢰)【lài ㄌㄞˋ】㊗㊥⑨㊎ lì 애찧은 조 ■랄:같은 뜻
설문 4285 粟重一秳。爲十六斗大半斗。《見〔禾部〕。不言禾黍者。粟本禾黍實之名。稻評粟則借辭也。》舂爲米一斛曰糲。《粟十六斗大半斗爲米十斗。卽『九章筭(算)術』粟米之法。粟率五十糲米三十也。張晏曰。一斛粟七斗米爲糲。與『九章筭術』率異。》从米。萬聲。《今皆作「糲」。从厲。古从萬聲。與牡蠣字正同。『漢書:司馬遷傳』。糲梁之食。與許篆體合。洛帶切。15部。》/331

◀ 제 14 획 ▶

糶 조【tiaò ㄊㄧㄠˋ】㊗ dí 곡식 ■적:같은 뜻
설문 4306 穀也。《糶者、穀也。故糴字从入糶會意。『楊雄-蜀都賦』。糶米肥(肥)賭。言食穀米之肥賭也。轉寫作糴米。誤矣。》从米。翟聲。《他弔切。2部。按當依『玉篇』徒的徒弔二切。》/333
형성 (2자) 적(糴 糴)3140 조(糶 糶)3704

◀ 제 15 획 ▶

䴿 말【mò ㄇㄛˋ】밀기울, 밀가루, 싸라기 섞일 ■멸:죽
설문 4307 末也。《「末」【小徐本】作「麩」。據『玉篇』云。䴿或作「麩」。則䴿麩一字。大徐作麩。麩乃麩之誤。汲古後人又依小徐改作麩矣。今正作末。凡糠而粉之曰末。〔麥部〕曰。麪、麥末也是也。麪專謂麥末。䴿則統謂凡米之末。『廣雅』。䴿謂之麪。此謂麪亦䴿之一耳。䴿者、自其細蔑言之。今之米粉、麪勃皆是。》从米。蔑聲。《莫撥切。古在 12部。》/333
형성 (1자) 말(鬻 鬻)1776

◀ 제 16 획 ▶

糵 (얼)【niè ㄋㄧㄝˋ】㊍[싹은 쌀] 누룩, 빚을
설문 4290 牙米也。《「牙」同「芽」。芽米者、生芽之米也。凡黍稷稻粱米巳出於穅者不牙。麥豆亦得云米。本無穅。故能芽。芽米謂之糵猶伐木餘謂之櫱、庶子謂之孼也。按許云芽米、蓋(蓋)容穀言之。散文則粟得偁(稱)米。『月令』。乃命大酋。秫稻必齊。麴糵必時。『注』云。古者穫稻而漬米麴。至春而爲酒。按漬米、漬麴是二事。漬米卽大酋之糵也。此糵不必有芽。以凡穀漬之則有芽。故名漬米曰糵。》从米。辥聲。《魚列切。15部。》/331

糴 (적)【dí ㄉㄧˊ】쌀 사들일, 바를
설문 3140 帀(市)穀也。从入糴。《〔米部〕曰。糴、穀也。故帀穀从入糴。糴亦聲。今徒歷切。古音在 3部。『左傳』晉大夫有糴茷。》/224

◀ 제 19 획 ▶

䊳 (미)【mí ㄇㄧˊ】㊎ mò (잘게)부술, (곡식의 껍데기를)털
설문 4315 碎也。《[石部]云。碎、䊳也。二字互訓。『王逸-注:離騷』瓊爢云。爢、屑(屑)也。爢卽䊳字。『廣雅』糜字二見。曰糜、饘也。與『說文』同。曰糜、糈也。卽『說文』之䊳碎也。糜與䊳音同義少別。凡言粉碎之義當作「䊳」。》从米。靡聲。《此字『玉篇』、『廣韵(韻)』、『集韵』皆忙皮切。徐鼎臣乃云莫臥切。而『類篇』從之。葢(蓋)誤認爲礳字耳。鼎臣所說不必皆『唐韵(韻)』也。䊳古音在 17部。》/333

糶 (조)【tiào ㄊㄧㄠˋ】⑨ tiáo 곡식 팔, 성씨
설문 3704 出穀也。《〔米部〕曰。糶、穀也。出穀之字从出糶。帀穀之字从入糶。》从出。从糶。糶亦聲。《他弔切。2部。》/273

◀ 제 21 획 ▶

鑿 ㊍ 착【huǐ ㄏㄨㄟˇ】㊗㊥⑨㊎ zuò 정한 쌀, 희게 쓿은 쌀 ■작:속음
설문 4318 糲米一斛。舂爲八斗曰鑿。《此糲米亦兼粟米、稻米言也。『詩:生民, 召旻:音義』。『左傳:桓:二年音義』皆引『字林』鑿子沃反。糲米一斛舂爲八斗也。與『九章筭術』、『毛詩:鄭-箋』皆合。然則許在張蒼之後、鄭呂之前。斷(斷)無乖異。【各本】八斗譌九斗。繆誤顯然。【經傳】多叚(假)鑿爲鑿。》从毇。丵省聲。《錯有「省」字。今依之。篆體減一畫 (畫)。則各切。古音在 2部。》/334
형성 (1자) 착(鑿 鑿)8906

120	糸
6-03	실 사

糸 사【mì ㄇㄧˋ】[설문부수 467] 실 ※ 사(絲)의 속자 ■멱:㊍[가는 실] ※ 누에가 토하는 실을 1홀(忽), 5홀을 사(糸)라고 한다
설문 8121 細絲也。《絲者、蠶所吐也。細者、微(微)也。細絲曰糸。糸之言蔑也。蔑之言無也。》象束絲之形。《此謂古文也。古文見下。小篆作糸、則有增益。》凡糸之屬皆从糸。讀若硯。《莫狄切。16部。》 古文糸。/643
성부 부록 색인 참조
형부 糸를 부수로 하는 대부분의 글자들

◀ 제 1 획 ▶

糸 6 ①

系 계【xì ㄒㄧˋ】[설문부수 466] 잡아 맬, 가는 실, 핏줄, 실마리

설문 8117 縣也。《「縣」【各本】作「繫」。非其義。今正。〔県部〕曰。縣者、系也。引申爲凡總持之偁(稱)。故系與縣一篆爲轉注。系者、垂統於上而承於下也。系與係可通用。然【經傳】係多謂束縛。故係下曰絜束也。其義不同。系之義引申爲世系。『周禮』瞽(瞽)矇。世帝繫。『小史』。奠(奠)繫世。皆謂帝繫世本之屬。其字借繫爲之。當作系。『大傳』。繫之以姓而弗別。亦系之叚(假)借。》从糸。《糸、細絲也。縣物者不必麤也。》厂聲。《厂余除切。抴也。虒字从之。系字亦从之。形聲中有會意也。胡計切。16部。》凡系之屬皆从系。𣫼系或从毄處。《从處而毄(擊)聲也。毄亦在 16部。故古係縛字亦多叚毄爲之。》𦃻籒文系。从爪絲。《此會意也。覆手曰「爪」。絲縣於掌中而下垂。是系之意也。》/642

성부 繇유 𦃃유 緜곤 緜면 孫손 縣현

형부 요(繇 𦃦)4349

형성 (1자) 계(係 𠍀)

◀ 제 2 획 ▶

糾 (규)【jiū ㄐㄧㄡˉ】本[삼합노] 삼겹노, 모아서 합칠, (노를)꼴, 규명할

설문 1384 繩三合也。《〔糸部〕日。紉、單繩也。『劉(劉)表-易:章句』日。兩(兩)股日纆。按李善引『字林』。糾、兩合繩。纆、三合繩。與許不合。〔糸部:綸〕下日。糾青絲繩也。凡交合之謂之糾。引伸爲糾合諸矦(侯)之糾。又爲糾責之糾。》從糸丩。丩亦聲。《「丩亦」二字今補。居黝切。3部。『詩:音義』引『說文』己小反。音之轉也。出『音隱』。按丩之屬二字不入〔茻糸部〕者、說與〔句部〕同。》/88

◀ 제 3 획 ▶

紀 (기)【jì ㄐㄧˋ】本[40사] 실마리, 적을, 해(세월)

설문 8146 別絲也。《「別絲」【各本】作「絲別」。『棫樸:正義』引紀、別絲也。又云。紀者、別理絲縷。今依以正。別絲者、一絲必有其首、別之是爲紀。衆絲皆得其首、是爲統。統與紀義互相足也。故許不析言之。『禮器』日。衆之紀也。紀散而衆亂。『注』日。紀者、絲縷之數有紀也。此紀之本義也。引申之爲凡經理之稱。『詩』。綱紀四方。『箋』云。以罔罟喩爲政。張之爲綱。理之爲紀。『洪(洪)範九疇』。四、五紀。斗牽牛爲星紀。『史記』每帝爲本紀、謂本其事而分別紀之也。『詩』。滔滔江漢。南國之紀。『毛傳』日。其神足以綱紀一方。『箋』云。南國之大川。紀理衆水。使不壅滯。》从糸。己聲。《居擬切。1部。》/645

紂 (주)【zhòu ㄓㄡˋ】말고삐, 상나라 왕

설문 8314 馬緧也。《『方言』日。「車紂」、自關而車、周洛韓鄭汝潁而車謂之「緂」。或謂之「曲綯」。或謂之「曲綸」。自關而西謂之「紂」。》从糸。肘省聲。《除柳(柳)切。3部。》/658

紃 (순)【xún ㄒㄩㄣˊ】(신에 선두르는)끈 ■천:같은 뜻

설문 8273 圜采也。《采彰、扁諸、圜采、葢 (蓋)古有是名。而漢語猶然。圜采以采線辮之。其體圜也。『內則』。織紝組紃。『注』日。紃、條也。『襍(雜)記』。紃以五采。『注』日。紃、施諸縫中。若今時條也。孔穎達日。似繩者爲紃。》从糸。川聲。《詳遵切。13部。》/655

約 약【yuē ㄩㄝˉ】本[묶을] 병부, 맹세할, 생략할, 요약할 ■요:믿을, 약속할 ■격:맬 ■적:과녁

설문 8174 纏束也。《束者、縛也。引申(伸)爲儉約。》从糸。勺聲。《於略切。2部。》/647

형성 (1자) 요(葯 𦯠)2863

紅 (홍)【hóng ㄏㄨㄥˊ】붉은 빛, 연지 ■강:현이름

설문 8230 帛赤白色也。《『春秋:釋例』日。金畏於火。以白入於赤。故南方閒色紅也。『論語』日。紅紫不以爲褻服。按此今人所謂粉紅、桃紅也。》从糸。工聲。《戶公切。9部。》/651

紆 우【yū ㄩˉ】굽을, 얽힐, 울적할

설문 8162 詘也。《詘者、詰詘也。今人用屈曲者。古人用詰詘。亦單用詘字。『易』日。往者詘也。來者信也。詘謂之紆。『考工記』。連行紆行。亦或叚汙(假汚)爲之。『左傳』日。盡而不汙。》从糸。亏(于)聲。《億俱切。5部。》一日縈也。《縈者、環之相積。紆則曲之而已。故別爲一義。綒下云。紆未縈繩、可證。》/646

참고 후(𦁊)

紇 (흘)【hé ㄏㄜˊ】실밑(실끝)

설문 8131 絲下也。《謂絲之下者也。》从糸。气聲。《下沒(沒) 切。15部。》『春秋傳』有臧孫紇。/644

紈 (환)【wán ㄨㄢˊ】흰깁(고운 명주)

설문 8195 綮(素)也。《綮者、白致繒也。紈卽綮也。故从丸、言其滑易也。『商頌:毛傳』日。丸丸、易直也。『釋名』日。紈、渙也。細澤有光渙渙然也。》从糸。丸聲。《胡官切。14部。紈篆舊在終篆前。非也。今依『玉篇』次此。與繒爲伍。『玉篇』必仍許也。》/648

紉 (인)【rèn ㄖㄣˋ】(바느질하는)실, 실 뀔, 노(노끈, 새끼줄) ■근:실노끈

설문 8297 單繩也。《「單」【各本】及『集韵(韻)』作「繟」。非其義。『李文仲-字鑒』作「繹」。今依『廣韵』、『佩觿』作「單」。『太平御覽』引『通俗文』日。合繩日糾。單展日紉。織繩日辮。大繩日絙。釋玄應引『字林』單繩日紉。單對合言之。凡言綸言糾皆合三股二股爲之。紉則單股爲之。『玉篇』日。紉、繩縷也。展而續之。『方言』日。襽、剿、續也。楚謂之紉。葢(蓋)單股必以他股連接而成。『離騷』日。紉秋蘭以爲佩。『注』。紉、索也。『內則』。紉鍼請補綴。亦謂綫接於鍼日

紉。》 从糸。刃聲。《女鄰(隣)切。古音在 13部。》 /657

◀ 제 4 획 ▶

紊 (문)【wèn ㄨㄣˋ】 ㉠㉮ wěn 어지러울, 어지럽힐 설문 8170 亂也。从糸。文聲。《亡運切。13部。》『商書』曰。有條而不紊。《『般庚:上』文。》/646

納 납【nà ㄋㄚˋ】실 축축히 젖을, 들일, 거두어들일
설문 8150 絲溼納納也。《納納、溼義。『劉(劉)向-九歎』。衣納納而掩露。『王逸-注』。納納、濡溼貌。『漢:酷吏傳』。阿邑人主。蘇林曰。邑音人相悒納之悒。按浥納當作浥納。婞阿之狀。於濡溼義近也。古多叚(假)納爲內字。內者、入也。》从糸。內聲。《奴荅切。古音亦在 15部。》/645
형성 (1자) 납(鰨鰨)7221

紐 (뉴)【niǔ ㄋㄧㄡˇ】(물건을 묶는)끈, 맬, 묶을 설문 8257 系也。《『今本』系下曰。係也。係者、結束也。》一曰結而可解。《結者、締也。締者、結不解也。其可解者曰紐。『喪大記』曰。小斂大斂皆左衽結絞不紐。『正義』云。生時帶竝爲屈紐。使易抽解。若死則無復解義。故絞束畢結之。不爲紐也。》从糸。丑聲。《女久切。3部。》/654

紑 (부)【fǒu ㄈㄡˇ】㉡㊥⑨ fóu ㉮ fōu 희고 고울 설문 8239 白鱻衣皃(貌)。《「鱻」【各本】作「鮮」。今正。許例新鮮字如此作也。『毛詩:傳』曰。絲衣、祭服也。紑、絜鮮皃(貌)。》从糸。不聲。《匹丘切。古音在 1部。》『詩』曰。素衣其紑。《『周頌』作「絲衣」。『絲衣』乃篇名。素恐譌字。此謂士爵弁玄衣纁裳、非白衣也。本義謂白鮮。引申之爲凡新衣之偁(稱)。》/652

紓 (서)【shū ㄕㄨ】늘어질, 느슨할, 풀(늦출) 설문 8160 緩也。《『小雅』。彼交匪紓。『傳』曰。紓、緩也。『左傳』多用紓字。其義皆同。亦叚(假)抒爲之。》从糸。予聲。《傷魚切。5部。》/646

純 (순)【chún ㄔㄨㄣˊ】本[실] 순수할, 천진할 ■준:가선, 가장자리 ■균:같은 뜻 ■돈:포백의 길이 ■전:온전할 ■치:검을, 검은 빛
설문 8127 絲也。《『論語』。麻冕、禮也。今也純。孔安國曰。純、絲也。此純之本義也。故其字从糸。按純與醇(醇)音同。醇者、不澆酒也。叚(假)純爲醇字。故班固曰。不變曰醇。不襍(雜)曰粹。崔覲說『易』曰。不襍曰純。不變曰粹。其意一也。美絲美酒、其不襍同也。不襍則壹、壹則大。故『釋詁』、『毛傳』、『鄭-箋』皆曰。純、大也。文王純亦不已。卽『周易』之純粹也。『詩』之純束讀如屯。『國語』之稛、『左傳』之縻皆其字也。禮之純釋爲緣。實卽緣之音近叚借也。》从糸。屯聲。《常倫切。13部》『論語』曰。今也純。儉。《『子罕篇』文。》/643

紕 (비)【pí ㄆㄧˊ】㉡㊥⑨㉮ bǐ 本[오랑캐의 털로 짠 천] 잘못(할), (흰 실로)선 두를
설문 8365 氐人瀱也。《氐人所織毛布也。『周書』伊尹爲四方獻令。正西以紕罽爲獻。『後漢:西南夷:傳』。冉駹夷能作毦氈。毦卽紕也。『華陽國志』同。『禮記』用紕爲紕繆字。》从糸。《毛似糸。故从糸。》比聲。讀若『禹貢』玭珠。《卑履切。15部。亦平聲。玭珠見[玉部]注。》/662

紖 (진)【zhèn ㄓㄣˋ】(소의 코에 매는)고삐 설문 8318 牛系也。《牛系、所以系牛者也。『周禮:封人』作「絼」。鄭司農云。絼、箸牛鼻繩。所以牽牛者。今時謂之雉。與古者名同。後鄭云。絼字當以豸爲聲。按絼讀如豸。池爾切。漢人呼雉卽絼也。「絼」變作「紖」、而讀丈忍切。仍絼雉之雙聲。今人讀紖余忍切、則非也。『少儀』曰。牛則執紖。》从糸。引聲。讀若矤。《直引切。12部。》/658

紘 (굉)【hóng ㄏㄨㄥˊ】쇠뇌를 매다는 끈맬, 벼리, 클
설문 8244 冠卷維也。《「維」字今依『玉篇』補。卷『經典:釋文』起權反。『玉藻』。縞冠玄武。『注』曰。武、冠卷也。古者冠與卷殊。『襍(雜)記:注』曰。秦人曰委。齊東曰武。『喪大記:注』曰。武、吉冠之卷也。冠卷不得偁(稱)紘。故知冠卷下有維字。必爲【古本】矣。『周禮:弁師:注』。朱紘、以朱組爲紘也。紘一條屬兩(兩)端於武。又曰。紐小鼻在武上、笄所貫也。『士冠禮:注』曰。有笄者屈組爲紘、垂爲飾。無笄者纓而結其絛。按有笄者謂冕弁。無笄者謂冠。〔許-冖部:冠〕下曰。弁冕之總名也。則此云冠卷維者、謂冕弁之紘以一組自頤下而上屬兩耑(端)於武者也。葢(蓋)笄貫於武。紘實屬於笄首耳。許以笄統於卷、故曰冠卷維。許、鄭說略同。戴先生說冠無笄有武。冕弁有笄無武。紘屬於笄。說更明了。○ 引申之、凡中寬(寬)者曰紘。如『月令』其器圜以閎。閎讀爲紘。『淮南書』有八紘。》从糸。厷聲。《戶萌切。古音在 6部。》紭紘或从弘。/652

紴 (화)【mò ㄇㄛˋ】㉡㊥⑨ huà 신, 푸른 실의 신, 짚신 ■호·쾌:같은 뜻
설문 8355 履(履)也。《履者、足所依也。『方言』曰。絲作之者謂之「履」。麻作之者謂之「不借」。或謂之「屨」。或謂之「鞔角」。或謂之「𪓰」。或謂之「屦」。或謂之「紴」。履其通語也。》一曰青絲頭履也。《上義謂麻作之。此義謂青絲爲頭。》讀若阡陌之陌。《『許書』無阡陌。葢(蓋)當作仟佰也。一曰以下十三字當在从糸戶聲之下。》从糸。戶聲。《大徐亡百切。郭景純下瓦反。一音畫(畵)。古音在 5部。》/661

紙 (지)【zhǐ ㄓˇ】종이, 편지, 성씨 설문 8333 絮一笘也。《「笘」【各本】譌「苫」。今正。笘下曰。潎絮簀也。潎下曰。於水中擊絮也。『後漢書』曰。蔡倫造意。用樹膚、麻頭及敝布、魚网以爲紙。元興元年奏上之。自是莫不從用焉。天下咸稱蔡侯紙。按造紙昉於漂絮。其初絲絮爲之。以笘荐而成之。今用竹質木皮爲紙。亦有緻密竹簾荐之是也。『通俗文』曰。方絮曰紙。『釋名』曰。紙、砥也。平滑如砥。》从糸。氏聲。《諸氏切。16部。》

糸 6 ④

/659

級 (급)【jí ㄐㄧˊ】 실갈피, 등급, 계급
설문 8171 絲次弟也。《本謂絲之次弟。故其字从糸。引申爲凡次弟之偁(稱)。階之次弟。『曲禮』云拾級聚足連步以上是也。尊卑之次弟。賈生云等級分明而天子加焉、故其尊不可及是也。『後漢書:注』。『秦法』斬首多者進爵一級。因謂斬首爲級。》从糸。及聲。《居立切。7部。》/646

紛 (분)【fēn ㄈㄣ】 本[말꼬리 전대] 어지러울, 번잡할
설문 8313 馬尾韜也。《韜、劒衣也。引申爲凡衣之偁(稱)。『釋名』曰。紛、放也。防其放弛以拘之也。『楊子』言車軨馬騎。馬騎謂結束馬尾。豈韜之而後結之與。『羽獵賦:注』。紛、旗流也。『尙書』。敿乃干。『傳』曰。施汝盾紛。『離騷』用繽(繽)紛字。皆引申叚(假)借也。》从糸。分聲。《撫文切。13部。》/658

紝 (임)【rèn ㄖㄣˋ】 (베를)짤, 명주
설문 8139 機縷也。《蠶曰絲。麻曰縷。縷者、綫也。綫者、縷也。『喪服』言縷若干升。『孟子』以麻縷絲絮竝言。皆謂麻也。然亦有麻絲竝言縷者。機縷是也。機縷、今之機頭。『內則』曰。執麻枲(枲)。治絲繭。織紝組紃。紝合麻枲絲繭言之。『左傳』魯賂楚以執斲、執鍼、織紝皆百人。杜曰。織紝、織繒布者。》从糸。壬聲。《如甚切。7部。按此字【經典】及『玉篇』、『廣韵(韻)』皆平聲。豈『唐韵』有上聲一切耶。抑二徐誤耳。》 䋕紝或从柔(紝)。/644

紞 (담)【dǎn ㄉㄢˇ】 (관에 매다는 귀막이 옥을 매는)끈
설문 8245 冕冠塞(寘)耳者。《『魯語』。王后親織玄紞。韋曰。紞所以縣瑱當耳者。『齊風』。充耳以素乎而。充耳以青乎而。充耳以黃乎而。『箋』云。素、靑、黃、謂所以縣瑱者。或名爲紞。織之。人君五色。臣則三色而已。瓊華、瓊瑩、瓊英、謂縣紞之末。所謂瑱也。玉裁按紞所以縣瑱。瑱所以塞耳。紞非塞耳者也。『大戴-禮』。黈絖塞耳。所以揜聰。黈、黃色也。絖同纊。薛綜『東京賦:注』曰。黈纊、言以黃綿大如丸縣冠㒳(兩)邊當耳。不欲妄聞不急之言。此薛氏緣辭生訓。大戴絖字乃紞之譌。形之誤也。黃色之紞下垂充耳。人君紞五色。故或單擧(擧)玄。或單擧黃。以該他色。自紞譌爲絖。漢初諸儒不能辨證。『禮緯』、『客難』、『東京賦』【諸書】又改作「纊」。因起(起)薛氏繆說。而呂忱、顏(顏)師古從之。用黃綿塞耳、『禮』之所無。『士喪禮』曰。瑱用白纊。豈有生時以纊充耳者。『如淳-漢書:注』曰。以玉爲瑱。以黈纊縣之。如語亦欠明了。古文用字斷(斷)無有呼絛繩爲纊者。【許書】冕冠塞耳者、當作冕冠所以縣塞耳者。乃與『鄭-箋:詩』、『韋-注:國語』合。鄭、韋析言之。許渾言之耳。引申之義爲衾紞。鄭云。被識也。按今人語謂之當頭。卽當耳之意。又紞如打五鼓(鼓)。亦謂當鼓面有聲也。》从糸。冘聲。《都感切。7部。》/652

紟 (금)【jīn ㄐㄧㄣ】 옷고름
설문 8262 衣系也。《聯合衣襟之帶也。今人用銅鈕。非古也。凡結帶皆曰紟。『玉藻』。紳韠結三齊。『注』云。結、約餘也。結或爲紟。〈【宋本】如此〉『韋-注:國語』曰。帶甲者紟鎧也。紟、【今本】譌衿。『荀卿:非十二子』曰。其纓禁緩。叚(假)禁爲紟也。按襟、交衽也。俗作「衿」。今人衿紟不別。又『喪禮』紟、單被也。乃紟之別一義。亦因可以固結之義引申之。》从糸。今聲。《居音切。7部。按又巨禁切。》 䋮籒文从金。《『玉篇』、『古文四聲韵(韻)』皆作「給」。》/654

素 素 소【sù ㄙㄨˋ】[설문부수 468] 本[흰 빛깔 비단] 흴, 생명주, 바탕
설문 8370 白致(緻)繒也。《繒之白而細者也。致者、今之緻字。漢人作『注』不作緻。近人改爲緻。又於〔糸部〕增緻篆。皆非也。『鄭-注:襍記』曰。素、生帛也。然則生帛曰素。對湅繒曰練而言。以其色白也。故爲凡白之偁(稱)。以白受采也。故凡物之質曰素。如殼下一曰素也是也。以質未有文也。故曰素食、曰素王。『伐檀-毛傳』曰。素、空也。》从糸𠂹。取其澤也。《澤者、光潤也。毛潤則易下𠂹。故从糸𠂹會意。桑故切。5部。》凡𦃃(素)之屬皆从𦃃。/662

형부 약(䋤) 작(𦃃𦃃) 완(𦃃𦃃) 률(𦃃)

紡 (방)【fǎng ㄈㄤˇ】 (섬유로 실을)자을
설문 8151 紡絲也。《「紡」【各本】作「網」。不可通。【唐本】作「拗」。尤誤。今定爲「紡絲也」三字句。乃今人常語耳。凡不必以他字爲訓者、其例如此。絲之紡、猶布縷之績緝也。『左傳』。莒婦人紡焉以度而去之。葢(蓋)緝布縷爲繩、亦用紡名也。『晉語』。執而紡於廷之槐。亦謂以紡縷繩縛之也。『聘禮』。賓裼迎大夫。賄用束紡。鄭曰。紡、紡絲爲之。今之縛也。縛見下文。白鮮支也。據此、是紡絲專用作絹也。》从糸。方聲。《妃㒳(兩)切。10部。》/645

索 삭【suǒ ㄙㄨㄛˇ】 노(바, 노끈, 줄), (새끼를)꼴 ■색:찾을
설문 3709 丱(草)有莖葉可作繩索。《當云索繩也。與〔糸部:繩〕索也爲轉注。而後以丱有莖葉可作繩索、發明从𣎳之意。【今本】乃淺人所刪(刪)耳。『爾雅』曰。紼、繂也。謂大索。【經史】多假索爲索字。又〔水部〕曰。澌、水索也。索訓盡。》从𣎳糸。《𣎳糸者、謂以丱莖葉糾繚如絲也。『詩』曰。晝爾于茅。宵爾索綯。以丱者、如蔽秆茅麻是。以竹者、〔竹部〕之筊是。以木者、欆檕之屬是。穌各切。5部。》杜林說。𣎳亦朱木字。《未詳。疑當作索亦朱木字。市者、篆文韍也。杜林說索爲韍字、从糸𣎳聲。與杜林說構爲桷字、㝵爲貶損字、弃爲麒麐字。𪚤爲朝旦字、正同。》/273

유사 혜성 패(孛)

형성 (1자) 색(索)4415

◀ 제 5 획 ▶

紨 (부)【fú ㄈㄨˊ】 ㊤ fū (천)이름, 명주
설문 8341 布也。《謂布名。》 一曰粗紬。《謂大絲繒之粗者。『漢書:武五子傳』嚴延年女羅紨。》 从糸。付聲。《防無切。5部。》 /660

絮 (녀)【nú ㄋㄨˊ】 ㊤㉆ rú 묵은 솜, 해진 옷
설문 8361 絜縕也。《絜縕謂束縕也。束縕見『蒯通傳』。》 一曰敝絮也。《敝絮謂孰緜也。前說謂麻。此謂絲。》 从糸。奴聲。《女余切。5部。》 『易』曰。需有衣絮。《『旣濟:六四, 爻辭』。按此篆舊在縶篆之前。彼上下文皆言絲。絮非其類。今移次於此。》 /661

紙 (저)【dī ㄉㄧˉ】 실찌꺼기, 실부스러기
설문 8132 絲滓也。《滓者、澱也。因以爲凡物渣滓之稱。》 从糸。氐聲。《都兮切。15部。按此篆與紙別。氏聲在 16部。》 /644

絉 (결)【xiè ㄒㄧㄝˋ】 ㊤㊥⑨ xué ㉆ xuè 실 한오라기, 실오리 ■혈·일·술·율
설문 8282 縷一枚也。《一枚猶一箇也。》 从糸。穴聲。《乎決切。12部。》 /656

紅 (정)【zhēng ㄓㄥˉ】 말꾸미개
설문 8309 紅綊、《逗。【各本】少此二字。今依【全書】通例補。》 椉(乘)輿馬飾也。《椉輿、天子車。飾亦妝飾之飾。紅綊字今無所攷。『傅玄-乘輿馬賦:注』今不傳。》 从糸。正聲。《諸盈切。11部。》 /658

紩 (질)【zhì ㄓˋ】 (옷을)꿰맬
설문 8285 縫也。《與上文縫爲轉注。黹下曰。鍼縷所紩衣也。凡鍼功曰紩。》 从糸。失聲。《直質切。年2部。》 /656

紫 (자)【zǐ ㄗˇ】 자주빛(적청 혼색)
설문 8229 帛青赤色也。《「青」當作「黑」。『穎容-春秋:釋例』曰。火畏於水。以赤入於黑。故北方間色紫也。『論語:皇-疏』、『玉藻-正義』略同。此作青者、葢(蓋)如『禮器:注』所云秦二世時語。民言從之。至漢末猶存與。許說必無誤。轉寫亂之耳。》 从糸。此聲。《將此切。15部、亦 16部。》 /651

紬 (주)【chóu ㄔㄡˊ】 (굵은)명주, 모을
설문 8207 大絲繒也。《大絲較常絲爲大也。『左傳』。衞(衛)文公大帛之冠。大帛謂大絲繒。『後漢書』大練亦謂大絲練也。『獨斷(斷)』說飛軨以緹紬廣八尺。長拄地。今繒帛通呼爲紬。不必大絲也。叚(假)借爲抽字。『史記』。紬石室金匱之書。徐廣音抽。『師古-漢書』音冑。皆是也。音冑謂同籒也。籒者、讀書也。『釋名』曰。紬、抽也。抽引絲耑(端)出細緒也。與許說迴異。》 从糸。由聲。《直由切。3部。》 /648

細 細(세)【xì ㄒㄧˋ】 가늘, 작을, 적을 자세할
설문 8165 㣲也。《㣲者、眇也。眇今之妙字。》 从糸。囟聲。《穌計切。15部。》 /646

紲 (설)【xiè ㄒㄧㄝˋ】 고삐, (짐승을 매는)줄, 도지개
설문 8321 犬系也。《「犬」字【各本】無。今補。『少儀』。犬則執緤。牛則執紖。馬則執靮。『注』曰。緤、紖、靮皆所以繫制之者。按許以此篆次於牛系、牛縻之後。其爲用『少儀』顯然也。緤本犬系。引申之、馬亦曰紲。故上文韁下曰馬紲也。若紲本謂馬、則宜次於韁篆後矣。》 从糸。世聲。《私列切。15部。》 『春秋傳』曰。臣負羈紲。《『春秋:僖:廿四年:左傳』文。『服虔:注』曰。一曰犬韁曰紲。古者行則有犬。按如服說、則紲之本義也。如杜說紲馬韁、則紲引申之義也。服云犬韁。許云馬紲。文意正同。》 緤紲或从枼。《枼亦世聲也。》 /658

紳 (신)【shēn ㄕㄣˉ】 本[큰 띠] 벼슬아치
설문 8250 大帶也。《〔巾部:帶〕下曰。紳也。與此爲轉注。〔革部:鞶〕下云。大帶也。男子帶鞶。婦人帶絲。帶下云。紳也。男子鞶帶。婦人帶絲。皆於古大帶革帶不分別。是其疏也。古有革帶以系佩韍。而後加之大帶。紳則大帶之垂者也。『玉藻』曰。紳長制士三尺。子游曰。參分帶下、紳居二焉。『注』云。紳、帶之垂者也。言其屈而重也。許但云大帶。亦是渾言不析言。葢(蓋)許意以革帶統於大帶。以帶之垂者統於帶。立言不分別也。》 从糸。《大帶用素用練。故从糸。》 申聲。《失人切。12部。》 /653

紴 (파)【bō ㄅㄛˉ】 실 띠 ■피:비단무늬
설문 8269 絛屬。《按『急就篇』紱綬紃三字相聯。必三者爲一類也。「綬」葢(蓋)本作「紴」。篆形皮叚相似而譌。綬乃又譌綬。說者因以屨(履)後帖解耳。未知是否。》 从糸。皮聲。讀若被。或讀若水波之波。《或讀若水波之波。博禾切。17部。》 /655

紵 (저)【zhù ㄓㄨˋ】 모시풀, 모시
설문 8347 𦆼屬。《𦆼者、枲(枲)屬也。『陳風』曰。東門之池。可以漚紵。》 細者爲絟。布白而細曰紵。《【各本】作「粗」者爲「紵」。今依『玄應書』正。【卷十二、十五】略同也。『周禮:典枲(枲)』掌布緦縷紵之麻艸之物。白而細疏曰紵。古亦借爲褚衣之褚。》 从糸。宁聲。《直呂切。5部。》 緒紵或从緒省。/660

組 (탄)【zhàn ㄓㄢˋ】 (옷이)터질 ※ 탄(綻)과 같은 글자
설문 8287 補縫也。《補者、完衣也。古者衣縫解曰袒。見〔衣部〕。今俗所謂綻也。以鍼補之曰組。『內則』云衣裳綻裂、紉鍼請補綴是也。引申之、不必故衣亦曰縫組。【古豔歌行】曰。故衣誰當補。新衣誰當綻。賴得賢主人。覽取爲我組。謂故衣誰則補之。新衣誰則縫之。賴有賢主婦見而爲補縫之也。綻字古亦作「組」。淺人改之。》 从糸。旦聲。《丈莧切。14部。》 /656

紹 (소)【shào ㄕㄠˋ】 이을, 도울, 소개할 ■초:더딜, 늘어질
설문 8156 繼(繼)也。《同『釋詁』。》 从糸。召聲。《市沼

切。2部。》 一曰紹、緊糾也。《緊者、纏絲急也。糾者、三合繩也。》 𥿮古文紹。从刀。《【今本】譌。依『玉篇』、『廣韵(韻)』、『汗簡』改正。》 /646

紺 紺 (감)【gàn ㄍㄢˋ】 감색
설문 8232 帛深青而揚赤色也。《而字依『文選:注』補。「揚」當作「陽」。猶言表也。『釋名』曰。紺、含也。青而含赤色也。按此今之天青。亦謂之紅青。許言陽。劉(劉)言含。其意一也。以緅入深青、而赤見於表是爲紺。『賈氏-考工:疏』云。緅入赤汁則爲朱。不入赤汁而入黑汁則爲紺。賈說非也。入深青乃爲紺。入黑乃爲緅矣。》 从糸。甘聲。《古暗切。古音在 7部。》 /651

紻 紻 (앙)【yáng ㄧㄤˊ】 ㊗㊥⑨㉆ yǎng 갓끈, 관끈
설문 8247 纓卷也。《此卷亦起權反。卷本訓厀曲。引申爲凡曲之偁(稱)。纓卷、謂纓之曲繞也。是爲紻。》 从糸。央聲。《於兩(兩)切。10部。》 /653

紼 紼 (불)【fú ㄈㄨˊ】 本[엉긴 실] 상엿줄, (매는)끈, 흩어진 실, 인끈, 슬갑
설문 8363 亂臬(枲)也。《「臬」【各本】作「系」。不可通。今正。亂臬者、亂麻也。可以裝衣。可以然火。可以緝之爲索。故『采尗:毛傳』曰。紼、䋁也。言用紼爲索也。》 从糸。弗聲。《分勿切。15部。》 /662

絨 絨 (월)【yuè ㄩㄝˋ】 (직물에 수놓인)무늬, 모시
설문 8271 采彰也。《彰者、彣彰也。爲五采彣彰可以緣飾之物也。》 一曰車馬帬。《一曰謂一名也。「帬」【各本】作「飾」。今正。『師古-漢書:注』曰。偏諸、若今之織成。以爲要襻及褾領者也。古謂之車馬帬。其上爲乘車及騎從之象。『急就篇:絨:注』曰。絨、織采爲之。一名車馬飾。卽今之織成也。按【二注】皆用許爲訓。顏意偏諸卽絨也。一作飾。不同者、後人改之耳。》 从糸。戉聲。《王伐切。15部。》 /655

紾 紾 (진)【zhěn ㄓㄣˇ】 (빙빙)돌, (힘있게)비틀
설문 8178 紾轉也。《「紾」字【各本】無。今補。此三字句。與上文繙冤也一例。淺人刪(刪)之。如離黃倉庚也之刪離、巂周燕也之刪巂耳。「紾轉」葢(蓋)古語。『鄭司農-考工記:注』之「抮縛」、卽「紾轉」二字也。凡了戾曰「紾轉」。亦單評曰「紾」。亦曰「軫艴」。〈牛力反。〉『考工記』老牛之角紾而昔。鄭司農云。紾讀爲「抮轉」之抮。『孟子』兩(兩)云紾兄之臂。『趙-注』皆云。戾也。『淮南:原道訓』抮抱。『高-注』。了戾也。抮抱、『廣雅』作「軫艴」。云轉戾也。『方言』曰。軫、戾也。『郭-注』。相了戾也。江東音善。》 从糸。㐱聲。《之忍切。12部。按『周禮』釋文云。劉(劉)徒展反。許愼尙展反。又徒展反。此『說文』舊音也。尙展一反卽景純所謂江東音善也。徒展一反於今語言爲近。》 /647

紿 紿 (태)【dài ㄉㄞˋ】 本[실 약할] 의심할, 속일, 이를(닿을)
설문 8149 絲勞卽紿。《「卽」當爲「則」。【古書】卽則多互譌。絲勞敝則爲紿。紿之言怠也。如人之勞怠然。古多叚(假)爲詒字。〔言部〕曰。詒者、相欺詒也。》 从糸。台聲。《徒亥切。1部。》 /645

絀 絀 (줄)【chù ㄔㄨˋ】 깊게 붉을, 흩, 꿰맬
▣출:같은 뜻
설문 8222 絳也。《此絀之本義、而廢不行矣。『韵(韻)會』絳作縫。非也。古多叚(假)絀爲黜。》 从糸。出聲。《丑律切。15部。》 /650

終 終 (종)【zhōng ㄓㄨㄥ】 끝, 끝날, 끝낼, 마칠, 마침내
설문 8193 絿絲也。《按絿字恐誤。疑下文𦃃字之譌。取其相屬也。『廣韵(韻)』云。終、極也。窮(窮)也。竟也。其義皆當作冬。冬者、四時盡也。故其引申之義如此。俗分別冬爲四時盡、終爲極也、窮也、竟也。乃使冬失其引申之義、終失其本義矣。有夂而後有𠔁、冬而後有終。此造字之先後也。其音義則先有終之古文也。》 从糸。冬聲。《職戎切。9部。》 夂古文終。《有夂而有冬、𠔁而後有終。》 /647

組 組 (조)【zǔ ㄗㄨˇ】 (물건을 묶는)끈
설문 8253 綬屬也。《「屬」當作「織」。淺人所改也。組可以爲綬。組非綬類也。綬織猶冠織。織成之幘梁謂之纚。織成之綬材謂之組。『玉藻』綬必連組。曰玄組綬、朱組綬是也。『內則』曰。織紝組紃。『周禮:典絲』掌組。『詩』曰。執轡如組。『傳』曰。組、織組也。執轡如組、御衆有文章。言能制衆。動於近、成於遠也。按詩意非謂如組之柔。謂如織組之經緯成文。御衆縷而不亂。自始至終秩然。能御衆者如之也。織成之後所用韍佩之系、其大者也。》 其小者曰(以)爲冠纓。《【各本】「冠」作「冕」。今依『七啓:李-注』、『急就:顏(顏)-注』正。冕用紘。冠用纓。冕可偁(稱)冠。冠不得偁冕也。『玉藻』曰。玄冠朱組纓。天子之冠也。緇布冠繢緌。諸侯之冠也。玄冠丹組纓。諸侯之齊冠也。玄冠綦組纓。士之齊冠也。緌與纓同材。故諸侯言緌不言纓。纓以組之細者爲之。大爲組綬。小爲組纓。其中之用多矣。『典絲』所供所受之組是也。》 从糸。且聲。《則古切。5部。》 /653

絅 絅 (경)【jiǒng ㄐㄩㄥˇ】 ㊗㊥⑨㉆ jiōng 홑옷
설문 8187 急引也。《此本義也。『中庸』。『詩』曰衣錦尙絅。此叚(假)借爲褧字也。》 从糸。冋聲。《古熒切。11部。》 /647

絇 絇 (구)【jù ㄐㄩˋ】 ㊗㊥⑨㉆ qú 신 코장식
설문 8301 纑繩絇也。《纑者、布縷也。繩者、索也。絇、糾合之謂。以讀若鳩知之。謂若纑若繩之合少爲多皆是也。『廣韵(韻):絇』、九遇切。絲絇也。『唐-會眞記:崔氏書』曰。奉寄采絲一絇。『元稹-詩』曰。棼絲不成絇。正讀九遇切。是唐人多用此語。若屨絇。『禮經』及『禮記』皆作「絇」。鄭云。『周禮』作「句」。鄭云。箸(着)舄屨之頭以爲行戒。「句」當爲「絇」。聲之誤也。玉裁按許不言屨飾。但言纑繩絇。許意屨絇字當從『周禮』作「句」爲正。取拘止之意。》 从糸。句聲。讀若鳩。《古音在 4部。今其俱切。》 /657

糸 6 ⑤

絆 (반)【bàn ㄅㄢˋ】(못 가게 말의 다리를 묶는) 줄, (잡아)맬

[설문] [8316] 馬馽(馽)也。《〔馬部:馽〕下曰。馬絆也。與此爲轉注。『小雅』。縶之維之。『傳』曰。縶、絆。維、繫也。『周頌』曰。言授之縶。以縶其馬。『箋』云。縶、絆也。按縶謂繩。用此繩亦謂之縶。此凡字之大例。有客其冣(最)明者也。引申爲凡止之偁(稱)。》从糸。半聲。《博幔切。14部。》/658

◀ 제 6 획 ▶

結 (결)【jié ㄐㄧㄝˊ】[本][체결할] (매듭, 맺을, 약속, 동아리, 고체 [혜]:이을 [계]:상투 [결]:몫

[설문] [8181] 締也。从糸。吉聲。《古屑切。12部。古無髻字。卽用此。見〔髟部〕。》/647

絑 (주)【zhū ㄓㄨ】붉을, 붉은 비단

[설문] [8220] 純赤也。《純同醇(醇)。厚也。赤、南方色也。按市下云。天子朱市。諸侯赤市。然則朱與赤深淺不同。『豳風』。我朱孔陽。『傳』曰。朱、深纁也。陽、明也。許云。纁者淺絳。絳者大赤。葢純赤、大赤其異者微矣。『鄭-注:禮經』曰。凡染絳一入謂之縓。再入謂之赬。三入謂之纁。朱則四入與。是朱爲深纁之說也。凡【經傳】言朱皆當作絑。朱其叚(假)借字也。朱者、赤心木也。》『虞書』丹朱如此。《丹朱見『谷繇謨』。許所據壁中古文作丹絑。葢六經之絑僅見此処(處)。朱行而絑廢矣。》从糸。朱聲。《章俱切。古音在 4部。》/650

絓 (과)【guà ㄍㄨㄚˋ】[상][中][9][작] huà 풀솜 실, 걸릴 [괴]:같은 뜻 [괘]:머무를

[설문] [8133] 繭滓絓頭也。《謂繅時繭絲成結。有所絓礙。工女蠶功畢後。別理之爲用也。引申爲絓礙之稱。按『集韵(韻)』、『類篇』皆作「繭滓」也、一曰絓頭。此【古本】也。一曰絓頭者、一名絓頭也。》从糸。圭聲。《胡卦切。16部。》一曰吕(以)囊絮湅也。《別一義。謂以囊盛絲緜其中。於水湅之也。湅【各本】作「練」。今正。湅絮、『莊子』所謂「洴澼絖」、『史記』所謂「漂」、『攷工記:注』所謂「湖漂絮」、〔水部:澼〕下云「於水中擊絮」是也。》/644

絘 (차)【cì ㄘˋ】삼 삼을(이어서 길게 함)

[설문] [8338] 績所未緝者。《【各本】作「績所緝也」。今依『廣韵(韻)』正。兩(兩)縷相接而後爲緝。未撚接之前、豫林纖微諸縷以儲偫之、是爲絘。令其次弟可用也。引申之、『周禮』有絘布。鄭司農云。列肆之稅布。》从糸。次聲。《七四切。15部。》/660

[絶] **絕** 절【jué ㄐㄩㄝˊ】끊을, 끊어질, 떨어질, 결코, 절구(絶句)

[설문] [8152] 斷(斷)絲也。《斷之則爲二、是曰絕(絶)。引申之、凡橫越之曰絕。如絕河而渡是也。又絕則窮。故引申爲極。如言絕美。絕妙是也。〔許書-自(阜)部〕云。陘、山絕坎也。是中斷之義也。〔水部〕曰。滎、絕小水也。是極至之義也。『閻氏-百詩』乃以絕河釋滎、以釋『禹貢』。不知『禹貢』滎澤自古作从三火之熒。後人乃譌爲滎。》从刀糸。《斷絲以刀也。會意。》卩聲。《以上五字今定。情雪切。15部。》𢇍古文絕。象不連體絕二絲。《象形也。》/645

[형성] (1자+1)　　체(蕝 𦺗)561　취(脃)2601

絙 (환)【huán ㄏㄨㄢˊ】완완할, 느즈러질

[설문] [8260] 緩也。《「緩」當作「綬」。『玉篇』絙下曰。絙、綬也。此亦綬之類也。》从糸。亘聲。《胡官切。14部。》/654

絖 絖(황)【huāng ㄏㄨㄤ】실 만연할 [망]:같은 뜻

[설문] [8130] 絲曼延也。《曼延疊韵(疊韻)字。曼、引也。延、行也。絖之言网也。〔巾部〕有帪。帪氏湅絲。帪絖古葢(蓋)一字。》从糸。巟(巟)聲。《呼光切。10部。按當讀如芒(芒)。》/644

絜 결【jié ㄐㄧㄝˊ】[本][삼 한오리] (대소를)잴, 깨끗이 할 [혈]:맬, 약속할 [혜]:끌 [갈]:홀로

[설문] [8358] 麻一耑(端)也。《一耑、猶一束也。耑、頭也。束之必齊其首。故曰耑。〔人部:係〕下云。絜束也。是知絜爲束也。束之必圍之。故引伸之圍度曰絜。束之則不椒(檝)曼。故又引伸爲潔淨。俗作潔。【經典】作絜。》从糸。㓞聲。《古屑切。15部。》/661

[형성] (+1)　　결(潔 𣿅)

絝 (고)【kù ㄎㄨˋ】바지

[설문] [8265] 脛衣也。《今所謂套袴也。左右各一。分衣兩(兩)脛。古之所謂「絝」。亦謂之「褰」。亦謂之「襗」。見〔衣部〕。若今之滿當袴、則古謂之「幝」。亦謂之「㡜」。見〔巾部〕。此名之宜別者也。》从糸。夸聲。《苦故切。5部。按此字疑當同跨胯(胯跨)作絳(絝)。今皆作袴(褲)。》/654

絞 (교)【jiǎo ㄐㄧㄠˇ】목 맬, (새끼줄을)꼴 [효]:초록빛깔

[설문] [6312] 縊也。《〔糸部:縊〕下曰。縊、絞也。二篆爲轉注。古曰絞曰縊者、謂兩(兩)繩相交。非獨謂經死。『禮:喪服』絞帶者、繩帶也。兩(兩)繩相交而緊謂之絞。『論語』直而無禮則絞。好直不好學。其蔽也絞。馬融曰。絞、刺也。鄭云。急也。刺盧達切。乖剌也。與鄭義無異。急則無不乖剌者也。皇侃、陸德明乃讀爲譏刺。七賜反。其繆甚矣。》从交糸。《會意。交糸者、兩(兩)絲相切也。此篆不入〔糸部〕者、重交也。古巧切。2部。》/495

絟 (전)【quān ㄑㄩㄢ】[상] quán 가는 베, 칡 [절]:같은 뜻

[설문] [8346] 細布也。《『江都王:傳』。遺帝荃葛。師古曰。字本作「絟」。千全反。又千劣反。江南筩布之屬皆爲絟也。》从糸。全聲。《此緣切。14部。》/660

絠 (개)【gǎi ㄍㄞˇ】[상][中][9][작] [작] ǎi 활시위 퉁길, 노를 풀

[설문] [8326] 彈彄也。《彈者、開弓也。彄者、弓弩耑(端)弦所凥也。弦與弓弩於發矢時相離、是名絠。》从糸。有

糸 6 [6]

聲。《弋宰切。又古亥切。1部。》/659

絡 (락)【luò ㄌㄨㄛˋ】솜, 날 삼, 바래지 않은 삼
[설문] 8331 絮也。《今人聯絡之言。葢(蓋)本於此。包絡字、漢人多叚(假)落爲之。其實絡之引申也。『楊雄傳』曰。繇絡天地。以絮喻也。》一曰麻未漚也。《『陳風』曰。東門之池。可以漚麻。『傳』曰。漚、柔也。『箋』云。於池中柔麻。使可緝績作衣服。按未漚者曰絡。猶生絲之未湅也。》从糸。各聲。《盧各切。5部。》/659

絢 (현)【xuàn ㄒㄩㄢˋ】무늬, 고울 [■]순:신에 실 두를
[설문] 8212 『詩』云。素目(素以)爲絢兮。《『逸詩』。見『論語:八佾篇』。馬融曰。絢、文貌也。『鄭康成-禮:注』曰。采成文曰絢。『注:論語』曰。文成章曰絢。許次此篆於繡繪閒者、亦謂五采成文章。與鄭義略同也。『鄭-注』繪事後素云。畫(畫)繪先布衆采。然後以素分其閒。以成其文。朱子則云。後素、後於素也。謂先以粉地爲質。而後施五采。據許絢在繡繪閒。繡繪皆五采也。葢(蓋)許用白受采之恉(指)與。》从糸。旬聲。《許掾切。古音在 12部。按『唐玄度-九經字樣』緰絢同字。『注』云。上『說文』从筍聲。下【經典】相承隸省。按緰不見於【他書】。疑唐氏所據未確也。惟『儀禮:注』云。絢今文作「約」。然則絢出『禮-古文』。許用『禮-古文』、故不錄『禮-今文』。『玉篇』約同上絢。本『禮:注』也。『集韵(韻)』緰同絢。此本唐氏也。》/649

絥 (비)【bèi ㄅㄟˋ】수레 앞판 [■]복:같은 뜻
[설문] 8308 車絥也。《『郊祀志』。雍五畤路車各一乘。駕被具。西畤、畦畤禺車各一乘。禺馬四匹。駕被具。師古曰。駕車備馬之飾皆具。按駕車之飾此所謂絥也。被馬之飾、〔革部〕所謂鞁也。》从糸。伏聲。《平祕(秘)切。古音在 1部。》䒊絥或从艸。[韋+伏]絥或从革。葡(葡)聲。《葡聲、伏聲同在弟 1部。》/658

給 (급)【jǐ ㄐㄧˇ】넉넉할, 댈(공급할), 급여
[설문] 8190 相足也。《足居人下。人必有足而後體全。故引申爲完足。相足者、彼不足此足之也。故从合。》从糸。合聲。《形聲亦會意也。居立切。7部。》/647

絑 (미)【mǐ ㄇㄧˇ】(실로 수 놓은)쌀 무늬
[설문] 8215 繡文如聚細米也。《繡謂畫(畫)也。米絑疊韵(疊韻)。『今-皋陶謨』作粉米。許所見壁中古文作「黺絑」。〔黹部〕云。黺、畫粉也。此云絑、繡文如聚細米也。皆『古文-尚書』說也。此不言『虞書』者、【經文】巳見於『七篇』矣。畫粉爲衞(衛)宏說。此葢(蓋)亦衞說與。》从糸米。米亦聲。《莫禮切。15部。》/649

紙 (식)【zhī ㄓ】[상][中][9] zhì 베 짤 [■]지:같은 뜻 [■]식:베짤
[설문] 8138 樂郞挈令。織从糸。式聲。《樂浪、漢幽州郡名也。挈令者、『漢:張湯傳』有廷尉挈令。韋昭曰。在板挈也。『後書:應劭傳』作「廷尉板令」。『史記』又作「絜令」。『漢:燕王旦傳』又有光祿挈令。「挈」當作「栔」。栔、刻也。樂浪郡栔於板之令也。其織字如此。錄之者、明字合於六書之法則無不可用也。如錄漢令之鬲作「歷」。》/644

絩 (조)【zhào ㄓㄠˋ】[상][中][9][작] tiào 비단실의 수효, 비단 긴 모양 [■]도:다섯 빛깔의 실마디
[설문] 8198 綺絲之數也。《言綺以見凡繒也。綺者、文繒也。文繒絲尙有數、則餘繒可知。其若干絲爲一絩、未聞。》『漢律』曰。綺絲數謂之絩。布謂之總(緫)。《『禮經』。布八十縷爲升。〔禾部〕曰。布八十縷爲稯。『漢:王莽傳』。一月之祿十稯布二匹。孟康曰。稯、八十縷也。今按緫即稯也。稯即緵也。緵即升也。皆謂八十縷。『召南』。『羔羊』五緫。『傳』曰。緫、數也。》綬組謂之首。《『司馬紹-統輿服志』。乘輿黃赤綬五百首。諸侯王赤綬三百首。相國綠綬二百四十首。公侯、將軍紫綬百八十首。九卿、中二千石、二千石靑綬百二十首。千石、六百石黑綬八十首。四百石、三百石、二百石黃綬六十首。凡先合單紡爲一系。四系爲一扶。五扶爲一首。五首爲一文。文采淳爲一圭。首多者系細。首少者系麤。》从糸。兆聲。《治小切。2部。》/648

絫 루【lěi ㄌㄟˇ】더할, 무게, 기장 10알의 무게, 포갤 ※ 루(累)와 같은 뜻 [■]류:속음
[설문] 9268 增也。《增者、益也。凡增益謂之積絫。絫之隸變作累。累行而絫廢。【古書】時見絫字、乃不識爲今之累字。良僞切。亦如是。》从厽糸。《會意。糸、細絲也。積細絲成繒。積坺土成牆。其理一也。不入〔糸部〕入〔厽部〕、重厽也。『玉篇』乃以入〔糸部〕矣。》厽亦聲。《力軌切。按當云力詭切。在 16部。》一曰《二字今增。『玉篇』作又。》絫、十黍之重也。《十黍爲絫。而五權從此起(起)。十絫爲一銖。二十四銖爲兩。十六兩爲斤。三十斤爲鈞。匹鈞爲石。石許作䄷。》/737

[형성] (3자) 루(樏)3418 뢰(儽)4847 뢰(厽糸)5618

紲 (설)【xiè ㄒㄧㄝˋ】[本][단단할] 사복(私服)
[설문] 8289 衣堅也。《【各本】無此三字。以『論語』曰紲衣長短右袂、冠於从糸之上。今補正。『玉篇:注』曰。堅也。『廣韵(韻):注』曰。堅紲。皆本諸『說文-古本』。非能杜撰也。自淺人不知許有引【經】說叚(假)借之例。則訓『論語』紲衣爲堅衣而不可通。乃刪(刪)其本義。徑引『論語』使紲爲褻之或體。殊不思紲果褻或字、則當於〔衣部:褻〕篆之下出一紲篆。云褻或从舌聲。不得憒憒如是。且上文云補縫也。下文云綴得理也。堅義正與補綴相合。列字之次弟可攷者如是。衣堅者、今蘇州人所謂勩箸也。》从糸。舌聲。《舌以柔而存。天下之至柔。馳騁天下之至剛。从舌非無意也。私列切。15部。》『論語』曰。紲衣長。短右袂。《『鄉(鄕)黨篇』文。『今-論語』「紲衣」作「褻裘」。〔衣部〕曰。褻、私服也。然則『論語』自訓私服。而作「紲」者、同音叚借也。許偁(稱)之者、說六書之叚借也。如玫(妣)、人姓也。而偁無有作「玫」。堋、喪葬下土也。而偁 堋淫于家。『尙書』叚玫爲好、叚堋爲朋也。》/656

糸 6 ⑥

[작] 作家出版社〔董蓮池-說文解字考正〕 [9] 九州出版社〔柴劍虹-說文解字〕 [今] 陝西人民出版社〔蘇寶榮-說文解字今注今譯〕 [상] 上海古籍出版社〔說文解字注〕 [中] 中華書局〔臧克和-說文解字新訂〕

紙 (파)【pài ㄆㄞˋ】 흩어진 실, 모으지 않은 삼 ■패:속음

설문 8188 㭊絲也。《「㭊」【各本】作「散(散)」、今正。㭊、分離也。水之衺流別曰𠂢。別水曰派。血理之分曰衇。散(散)絲曰紙。『廣韵(韻)』曰。未緝麻也。》从糸。𠂢聲。《匹卦切。16部。》/647

絭 (권)【juàn ㄐㄩㄢˋ】 ㊤㊥⑨ quàn (팔의 소매를 매는)팔찌

설문 8303 纕臂繩也。《「纕」【各本】作「攘」。今正。纕者、援臂也。臂褎易流。以繩約之。是繩謂之絭。絭有叚(假)𢍏爲之者。『史記:滑稽列傳』。𢍏韝鞠𦛚。徐廣云。𢍏、收衣袖也。又有叚卷爲之者。『列女傳』。趙津女娟(娟)攘卷操檝。卷卽絭也。〔禾部〕曰。𥟖、絭束也。〔一部〕曰。冠、絭也。是引申爲凡束縛之偁(稱)。》从糸。𠷎(关)聲。《居願切。14部。》/657

絮 (서)【xù ㄒㄩˋ】 솜(헌 솜, 거친 솜), 솜 옷 ■처:간맞출 ■가:실 얼크러질 ■나:성씨 ■녀:같은 뜻 ■여:성씨

설문 8330 敝緜也。《緜(綿)者、聯散也。因以爲絮之偁(稱)。敝者、敗衣也。因以爲孰之偁。敝緜、孰緜也。是之謂絮。凡絮必絲爲之。古無今之木緜也。以絮納袷衣閒爲袍曰「褚」。亦曰「裝」。「褚」亦作「著」。以麻緼爲袍亦曰「褚」。》从糸。如聲。《息據切。5部。》/659

絰 (질)【diè ㄉㄧㄝˋ】 ㊤㊥⑨㊆ dié 상복의 수질과 요질

설문 8353 喪首戴也。《『喪服經』苴絰。『注』曰。麻在首在要皆曰絰。絰之言實也。明孝子有忠實之心。故爲制此服焉。首絰象緇布冠之缺項。要絰象大帶。又有絞帶象革帶。按【經傳】首要皆言絰。而『首章:傳』苴絰大搹去五分一以爲帶。齊衰之絰、斬衰之帶也云云。然則在首爲絰。在要爲帶。【經】特擧(擧)絰以統帶耳。故許以喪首戴釋絰。猶言當心之縗。則負板、辟領皆統其中也。》从糸。至聲。《徒結切。12部。》/661

統 (통)【tǒng ㄊㄨㄥˇ】 거느릴, 합칠, 법, 줄(계통), 실마리, 모두

설문 8145 紀也。《『淮南:泰族訓』曰。繭之性爲絲。然非得女工煮(煮)以熱湯而抽其統紀、則不能成絲。按此其本義也。引申爲凡綱紀之稱。『周易』。乃統天。『鄭-注』云。統、本也。『公羊傳』。大一統也。『何-注』。統、始也。》从糸。充聲。《他綜切。9部。『玉篇』一音桶。》/645

絲 사【sī ㄙ】【설문부수 469】 실(처럼 가는 물건), (실을)자을

설문 8376 蠶所吐也。《吐者、寫也。》从二糸。《息茲(玆)切。1部。》凡絲之屬皆从絲。/663

성부 𢇍계 轡비 兹자 樂악 𢇇관 䜌련 聯련 㬎현 𢇁절

絳 (강)【jiàng ㄐㄧㄤˋ】 진홍(진한 적색)

설문 8223 大赤也。《大赤者、今俗所謂大紅也。上文純赤者、今俗所謂朱紅也。朱紅淡、大紅濃。大紅如日出之色。朱紅如日中之色。日中貴於日出。故天子朱市。諸侯赤市。赤卽絳也。》从糸。夅聲。《古巷切。9部。》/650

◀ 제 7 획 ▶

絛 (조)【tāo ㄊㄠ】 납작하게 만든 끈, 넓게 짠 칼띠, 땋은 실

설문 8270 扁緒也。《『廣雅』作「編緒」。『漢書』及『賈生-新書』作「偏諸」。葢(蓋)上字作編、下字作諸爲是。諸者謂合衆采也。『賈誼傳』曰。今民賣僮者。爲之繡衣絲屨(履)偏諸。緣。服虔曰。偏諸如牙條。以作屨緣。又白縠之表。薄紈之裏。緁以偏諸。晉灼曰。以偏諸緁著衣。然則偏諸之爲絛明矣。『雜記:注』曰。紃、若今時絛也。『毛詩』、『左傳:正義』曰。王后親織玄紞。卽今之絛繩。必用雜采線織之。按紴、絨葢(蓋)其闊者。絛其陿者。紃其圜者。》从糸。攸聲。《土刀切。古音在3部。》/655

絹 絹(견)【juàn ㄐㄩㄢˋ】 명주(견직물)

설문 8216 繒如麥稍色。《「色」字今補。色謁也、而俗刪(刪)之耳。自絹至綟廿三篆皆言繒帛之色。而此色字先之。『聲類』溷縛絹爲一字。由不考其義之殊也。稍者、麥莖也。繒色如麥莖青色也。『射雉賦』曰。麥漸漸以擢芒。又曰。闟闟䕌葉。四月時也。繒色似之曰絹。漢人叚(假)爲羂字。》从糸。肙聲。《吉掾切。14部。》/649

絺 絺(치)【chī ㄔ】 칡베

설문 8343 細葛也。《葛者、絺綌艸也。其緝績之一如麻枲(枲)。其所成之布、細者曰絺。粗者曰綌。葢(蓋)艸有不同。如今之葛布有黃艸葛、其粗者也。》从糸。希(希)聲。《丑脂切。15部。》/660

絿 (구)【qiú ㄑㄧㄡˊ】 급할

설문 8186 急也。《『毛詩:傳』曰。絿、急也。『左傳:杜-注』從之。後儒好異乃以緩釋絿。字義於字音不洽矣。絿之言糾也。》從糸。求聲。《巨鳩切。3部。》『詩』曰。不競不絿。《『商頌:長發』文。》/647

綃 (초)【xiāo ㄒㄧㄠ】 생사(삶지 않은 명주실) ■소:속음

설문 8128 生絲也。《『韵(韻)會』作生絲繒也。今按言繒名則非其次。依鄭君則實繒名。當云生絲也、一曰繒名。生絲、未湅之絲也。已湅之繒曰練。未湅之絲曰綃。以生絲之繒爲衣、則曰綃衣。【古經】多作「宵」、作「繡」。『特牲禮』。主婦纚笄宵衣。『注』曰。宵衣染之以黑、其繒本名曰綃。『詩』有素衣朱綃。『記』有玄綃衣。凡婦人助祭者同服也。『少牢:禮:注』曰大夫妻尊亦衣綃衣。而侈其袂。『玉藻』曰。君子狐青裘豹褎。玄綃衣以裼之。『注』曰。綃、綺屬也。『郊特牲』。繡黼丹朱中衣。『注』曰。繡讀爲綃。綃、繒名也。引『詩』素衣朱綃。合此數條知宵、繡皆叚(假)借字。以此生絲織繒曰綃。仍從絲得名也。故或云繒名。或云綺屬。綺卽文繒也。》从糸。肖聲。《相幺切。2部。》/643

糸 6 ⑦

糹 6 ⑦

縵 綅 綅(침)【jīn ㄐㄧㄣˉ】 ㊤㊥⑨ qīn 붉은 실
설문 8279 綫也。《【各本】綫上有絳字。今依『閟宮』釋文、『正義』正。以綫訓綅。不言色也。綅旣爲絳綫。則【經】不必言朱矣。『閒傳』。禫而綅。『襍(雜)記:注』。禫旣祭、乃服禫服。朝服綅冠。鄭曰。黑經白緯曰綅。別一義。》从糸。侵(侵)省聲。《子林切。7部。又息廉反。》『詩』曰。貝胄朱綅(綅)。《『魯(魯)頌:閟宮』文。『傳』曰。貝胄、貝飾也。朱綅、以朱綅綴之。按毛意謂以朱綫綴貝於胄耳。『正義』謂綴甲。非也。》/655

綆 綆(경)【gěng ㄍㄥˇ】 두레박줄 ■병:시루밑 ■반:같은 뜻
설문 8325 汲井綆(綆)也。《汲者、引水於井也。綆者、汲水索也。何以盛水、則有缶。〔缶部〕曰罋、汲缾也是也。何以引缾而上、則有綆。『春秋傳』具綆缶是也。》从糸。更(更)聲。《古杏切。古音在 10部。讀如岡。》/659

綈 (제)【tí ㄊㄧˊ】(올이 굵고 거친)명주
설문 8203 皁(厚)繒也。《「皁」【各本】作「厚」。今正。『管子:輕重戊篇』。管子對桓公。魯梁之民俗爲綈。公服綈。旣又對桓公。宜服帛去綈。然則帛薄綈厚可知也。『史記:范雎傳:索隱』曰。蓋(蓋)今之絁。按非也。絁卽許之纚字。》从糸。弟聲。《杜兮切。15部。》/648

綊 (협)【xiá ㄒㄧㄚˊ】 ㊤㊥⑨㊋ xié 말꾸미개(말장식), 면류관 덮개
설문 8310 紅綊也。《其義已釋於上。故此但云紅綊也。緜(綿)連字不可分釋者、其例如此。》从糸。夾聲。《胡頰切。8部。》/658

䊷 (별)【biè ㄅㄧㄝˋ】 ㊤㊥⑨㊋ biē 넓게 땋은 실끝
설문 8296 扁緒也。《見絛下。》一曰弩要《俗作䋴。》鉤帶。从糸。𣂺(折)聲。《𣂺者、籒文折字。并列切。15部。》/657

綌 (격)【xì ㄒㄧˋ】 굵은 큰 칡베
설문 8344 粗葛也。从糸。谷聲。《綺戟切。古音在 5部。》 峪綌或从巾。/660

綎 (정)【tǐng ㄊㄧㄥˇ】 ㊤㊥⑨㊋ tīng 인끈, 띠술
설문 8259 系綬也。《「系」當作「絲」。『廣韵(韻)』曰。絲綬、帶綎。『玉篇』曰。絲綎、綬也。按此綬蓋(蓋)綬之類而已。非印綬之綬。》从糸。廷聲。《他丁切。11部。》/654

綏 (수)【suī ㄙㄨㄟˉ】 (수레에 오를 때 잡는)끈, 갓끈
설문 8368 車中靶也。《「靶」【各本】作「把」。『玉篇』作車中靶也。『廣韵(韻)』引『說文』同。按靶是、把非。靶者、轡也。轡在車前。而綏則系於車中。御者執以授登車者。故別之曰車中轡也。『少儀』曰。車則脫綏。執以將命。綏本系於車中、故可脫。『郭璞-注:子虛賦』曰。綏、所執以登車。『論語』曰。升車必正立執綏。周生烈曰。正立執綏、所以爲安。按引申爲凡安之偁(稱)。》从糸。妥聲。《聲字【各本】無。今補。妥字見『禮經』、『小雅』。許偶遺之。今已補於〔女部〕。毛公曰。妥、安坐也。綏以妥會意。卽以妥形聲。古音在 17部。今音息遺切。》/662

經 (경)【jīng ㄐㄧㄥˉ】 本[짤] 날(줄), 길(도로, 도덕), 지날, 다스릴
설문 8136 織從絲也。《「從絲」二字依『太平御覽:卷八百二十六』補。古謂橫直爲衡從。『毛詩』云衡從其畝是也。字本不作縱。後人妄以代之。分別其音有慈容、足容之不同。『韓詩』作橫由其畝。其說曰東西耕曰橫。南北耕曰由。由卽從也。何必讀如蹤乎。織之從絲謂之經。必先有經而後有緯。是故三綱五常六藝謂之天地之常經。『大戴-禮』曰。南北曰經。東西曰緯。抑許云絞、縊也。縊、經也。縊死何言經死也。謂以繩直縣而死。從絲之義之引申也。平者、立者皆得謂之從。按獨言從絲者、蒙上文專言帛。以謂布之有從縷同也。》从糸。巠聲。《九丁切。11部。》/644

緐 ■번 ■반【fán ㄈㄢˊ】 말 갈기 치장
설문 8311 馬髦飾也。《馬髦、謂馬鬣也。飾亦妝飾之飾。蓋(蓋)集絲條下垂爲飾曰緐。引申爲緐多。又俗改其字作繁。俗形行而本形廢。引申之義行而本義廢矣。至若『鄭-注:周禮、禮記』之繁纓。繁讀爲鞶帶之鞶。謂今馬大帶也。此易字之例。其說與許說絕(絶)殊。》从糸毎(每)。《【各本】下有「聲」字。非也。今刪(刪)。每者、艸盛上出。故从糸每會意。猶之蘇(蘇)字亦而毎縣會意也。附袁切14部。》『春秋傳』曰。可㠯(以)稱旌緐乎。《『哀:廿三年:左傳』文。》 緐或从㝸(弁)。《以弁形聲。》㝸、籒文弁。《見〔皃(貌)部〕。》/658

유사 기를 육(毓)
성부 緐육
형성 (2자) 번(蘇 緐)647 반(鑾 繁)7136

約 (약)【yuè ㄩㄝˋ】 흰 비단, 마전할 (糸부 7획)
설문 8372 白約、《逗。》縞也。《縞者、鮮支也。『急就篇』有白約。『顏-注』曰。謂白素之精者。其光約約然也。》从素。勺聲。《以灼切。2部。》/662

◀ 제 8 획 ▶

綠 (록)【lù ㄌㄨˋ】 ㊤㊥⑨㊋ lǜ 초록빛(청황혼색), 검고 아름다운 형용, 옥이름
설문 8217 帛青黃色也。《綠衣『毛傳』曰。綠、閒(間)色。『玉藻:正義』曰。五方閒色。綠、紅、碧、紫、騮黃是也。木青剋土黃。東方閒色爲綠。綠色青黃也。火赤剋金白。南方閒色爲紅。紅色赤白也。金白剋木青。西方閒色碧。碧色白青也。水黑剋火赤。北方閒色紫。紫色黑赤也。土黃剋水黑。中央閒色騮黃。騮黃色黃黑也。》从糸。彔聲。《力玉切。3部。》/649

綜 (종)【zōng ㄗㄨㄥˉ】 ㊤㊥⑨㊋ zòng 바디(피륙 짜는 제구의 일종), 모을

설문 8140 機縷也。《此亦兼布帛言之也。『玄應書』引『說文』機縷也。謂機縷持絲交者也。下八字葢(蓋)『庾儼默-注』。又引『三倉』綜理經也。謂機縷持絲交者也。屈繩制經令得開合也。按今尙謂之綜。引申之義爲兼綜、爲錯綜。『太玄經』曰。乃綜于名。》从糸。宗聲。《子宋切。9部。》/644

綝 (침)【chēn ㄔㄣ】 그칠, 착할 ■삼:털과 깃, 옷깃 늘어진 모양

설문 8191 止也。《葢(蓋)古以綝爲禁字。『釋詁』曰。綝、善也。》从糸。林聲。讀若郴。《丑林切。7部。》/647

綟 (려)【lì ㄌㄧˋ】 (청황혼색)초록빛

설문 8238 帛莀艸染色也。《「莀」本譌「戾」。『韵(韻)會』譌「艾」。今正。〔艸部:莀〕艸可以染留(留)黃。染成是爲綟。綟與莀疊韵(疊韻)。與畱雙聲。「畱黃」或作「駵黃」。或作「流黃」。皇侃作「緇黃」。葢(蓋)卽「鸝黃」之色。其色黎黑而黃也。『漢:百官公卿表』。諸侯王金盭綬。如淳曰。盭音戾。綠盭也。以綠爲質。晉灼曰。盭、艸名也。似艾可染綠。因以爲綬名。按綠近黃。綠爲質而染黑。故曰駵黃。中央之閒色。『何承天-纂:文』云。綟、紫色。非也。漢制。綠綟綬在紫綬之上。紫綬一名緺綬。其色青紫。》从糸。戾聲。《按戾聲當作「莀省」。會意包形聲也。郎計切。15部。》/652

紑 (부)【fǔ ㄈㄨˇ】 헌 솜, 헌 솜 탈

설문 8334 治敝絮也。《敝絮猶故絮也。》从糸。否(音)聲。《芳武切。古音在 4部。》/659

綢 (주)【chóu ㄔㄡˊ】 얽을(얽힐), 명주 ■도:깃대를 싸맬 ※ 도(韜)와 같은 글자

설문 8360 繆也。《謂枲(枲)之十絜、一曰綢繆二義皆與繆同也。今人綢繆字不分用。然『詩-都人士』單用綢字。綢直如髮。『毛傳』以密直釋之。則綢卽稠之叚(假)借也。》从糸。周聲。《直由切。3部。按此二篆疑有譌亂。》/661

綨 綼(기)【qí ㄑㄧˊ】 비단의 쑥 빛갈, 빌리지 않을, 짚북더기

설문 8233 帛蒼艾色也。《蒼者、艸色也。艾者、仌(氷)臺也。蒼艾色、謂蒼然如艾色是爲綨。『毛傳』曰。綦巾、蒼艾色。許所本也。『鄭-箋』則云。綦、綦文也。綦文者、文錯畫(畵)也。象交文。今作紋是也。不純綦而紋路蒼畫爲十字相交。是爲綦文。『曹風』。其弁伊騏。『傳』曰。騏、騏文也。『秦風:傳』曰。騏、綦文也。『魯頌:傳』。蒼騏曰騏。『顧命:騏弁』。『鄭(鄭)-注』曰。青黑曰騏。『玉藻』綦組綬。『注』曰。綦文襍(雜)色也。皆謂蒼文也。》从糸。畀(畀)聲。《「畀」【各本】作「畁」。併篆體作「綥」。今正。此用〔丌部〕之畀爲聲。非用〔丌部〕之畁爲聲也。〔丌部〕之畀从甾缶之甾爲聲。非由、非鬼頭之甶也。甾在古音弟 1部。甶在古音弟 15部。此不可或紊者也。其亦古音弟 1部也。故「綨」字亦作「綦」。【經典】用之。徐鉉以補『說文』或體。【許本書】無之。渠之切。1部。『玉篇』作「綨」。》『詩』曰。縞衣綨巾。未嫁女所服。《『鄭風:出其東門』文。『傳』曰。縞衣、白色男服也。綦巾、蒼艾色女服也。『箋』云。縞衣綦巾所爲作者之妻服也。鄭與毛異。許用毛說。而以未嫁二字申毛意。》一曰不借(借)綨。《「不借」亦作「薄借」。薄音博。『禮:喪服傳』曰。繩屨(履)者、繩菲也。『注』云。繩菲、今時不借也。『急就篇』作「不借」。『釋名』作「搏腊」、同耳。『周禮:弁師:注』曰。瑧讀如薄借綦之綦。不借綦、若今云艸鞵襻也。『士喪禮:組綦:注』云。綦、屨(履)係也。所以拘止屨也。讀如馬絆綦之綦。『內則:屨著綦:注』亦云。綦、屨繫也。按許不云一曰屨系而舉(擧)不借綦者、以俗語易曉也。如今小兒鞵帶。》 綦 綨或从其。《大徐所補。攷〔玉部〕有璂。〔艸部〕有藄。則當依大徐補也。》/651

綪 (쟁)【zhēng ㄓㄥ】 드리지 않은 새끼

설문 8299 紆(紆)未縈繩。《未縈繩、謂未重疊(疊)繞之如環者。紆者、詘也。少少詘曲之而已。將縈繩先詘曲之。引申爲凡紆曲之偁。『士喪禮』。陳襲事于房中。西領南上不綪。『注』云。綪讀爲綪。綪、屈也。江沔之閒謂縈收繩索爲綪。按許紆下一曰縈也。此卽江沔之閒語也。此云紆未縈繩。用詘訓也。凡器物曲陳之皆曰綪。》一曰急弦之聲。《聲綪綪然也。》从糸。爭聲。讀若旌。《側莖切。11部。》/657

綪 (천)【qiàn ㄑㄧㄢˋ】 꼭두서니

설문 8226 赤繒也。《『定:四年:左傳』。分康叔以綪茷。茷卽旆也。杜曰。綪、大赤。取染草名也。『襍(雜)記:注』作蒨旆。蒨卽茜也。》日(以)茜染故謂之綪。《茜者、茅蒐也。〔韋部〕又曰。茅蒐染韋。一入曰韎。然則必數入而後謂之綪。今不得其詳矣。茜與綪合韵(韻)而同音。故茜染謂之綪也。》从糸。靑聲。《倉絢切。古音在 11部。茜在 13部。以雙聲合韵。》/650

綪 (육)【yù ㄩˋ】 연 옥색 비단

설문 8219 帛青經縹緯。《經者從絲。緯者衡絲。》一曰育陽染也。《育陽、漢南郡屬縣。縣在育水北。故曰育陽。育與綪疊韵(疊韻)。育水、〔水部〕作「淯水」。》从糸。育聲。《余六切。3部。》/649

綫 (선)【xiàn ㄒㄧㄢˋ】 실 ※ 선(線)과 같은 글자

설문 8281 縷也。《『鄭司農-周禮:注』曰。線、縷也。此本謂布綫。引申之絲亦偁(稱)綫。》从糸。戔聲。《私箭切。14部。》 線 古文綫。《『周禮:縫人』作「線」。『鮑人』同。『注』曰。【故書】「線」作「綜」。當爲糸旁泉。讀爲絤。按線作綜、字之誤也。絤則鄭時行此字。『漢:功臣表』。不絕(絶)如綫。晉灼曰。綫今線縷字。葢(蓋)晉時通行線字。故云尒。許時古線今綫。晉時則爲古綫今線。葢文字古今轉移無定如此。》/656

綬 (수)【shòu ㄕㄡˋ】 (물건을 묶는)끈

설문 8252 韍維也。《「韍」古文作「市」、韠也。韍維、謂所以維韍者。『釋器』曰。璲、瑞也。此謂玉瑞也。又曰。璲、綬也。郭云。卽佩玉之組。所以連繫瑞者。因通謂之璲。《今本》字誤》古者韍佩皆系於革帶。佩玉之系謂之璲。俗字

糸 6 ⑧

爲繸。又謂之綬。韍之系亦謂之綬。『爾雅』渾言之。許析言之。言韍可以該佩也。謂之綬者、韍佩與革帶之閒有聯而受之者。故曰綬。『玉藻』曰。天子玉而朱組綬。大夫佩水蒼玉而純組綬。世子佩瑜玉而綦組綬。士佩瓀玫而緼組綬。孔子佩象環五寸而綦組綬。是其制也。『司馬氏-輿服志』曰。五伯迭興。戰兵不息。於是解去韍佩。畱(留)其係璲。以爲章表。『故-詩』曰。琄琄佩璲。此之謂也。至秦乃以采組連結於璲。光明章表。轉相結受。故謂之綬。漢承不改。夫大東所言。其時未嘗去玉。綬見『玉藻』、『爾雅』。非至秦漢乃有此名。古之所謂綬者璲也。秦漢之縌也。秦漢之所謂綬者、所以代古之韍佩也。非古之綬也。然則許曰綬、韍維也。又曰組、綬屬也。此古之綬也。又曰縌、綬維也。緺、綬紫青色也。綸、青絲綬也。此秦漢之綬也。秦漢改韍佩爲綬。遂改綬爲縌。此名之遷移當正者也。》从糸。受聲。《殖酉切。3部》/653

維 유【wéi ㄨㄟˊ】[本][수레뚜껑 끈] 바(굵은 줄), (잡아)맬, 오직

[설문] [8307] 車蓋(蓋)維也。《車蓋之制、詳於『考工記』。而其維無考。許以此篆專系之車蓋。蓋必有所受矣。引申之、凡相系者曰維。韍維、綬維是也。『管子』曰。禮義廉恥。國之四維。》从糸。隹聲。《以追切。15部。》/658

[성부] [羅]라

[형성] (1자) 유(濰 𤃫)6755

綮 (계)【qǐ ㄑㄧˇ】[本][톡톡한 비단] 창집 [경]:힘줄 붙은 곳

[설문] [8208] 致繒也。《致、送詣也。凡細膩曰致。今之緻字也。漢人多用致。不作緻。致繒曰綮。未聞其證。》一曰微識信也。有齒。《『各本』「識」作「幟」。俗字也。今正。〔巾部〕曰。微者、微識也。微識信蓋(蓋)謂棨戟(戟)。棨綮通用也。『漢:匈奴傳』曰。棨戟十。師古曰。棨戟、有衣之戟也。以赤黑繒爲之。『古今:注』曰。棨戟、殳之遺象。以木爲之。後世滋僞。無復典荆(刑)。以赤油韜之。亦謂之油戟。亦謂之棨戟。王公以下通用之以前驅。按用赤黑繒、故曰綮。其用同微識、故曰微識信。》从糸。啓省聲。《『各本』作「㪾聲」。㪾不成字。按〔木部:棨〕下曰啟(启)省聲。則此亦當云啟省聲。今依『韵會』正。康禮切。15部。》/649

絣 (붕)【bēng ㄅㄥ】 명주(무늬 없는 견직물), 이을 [팽]:속음

[설문] [8364] 氐人殊縷布也。《漢武都郡、應劭曰。故白馬氐羌。『華陽國志』曰。武都郡有氐傁。殊縷布者、蓋(蓋)殊其縷色而相閒織之。絣之言騈也。》从糸。并聲。《北萌切。11部。自緭篆至此篆皆說麻事也。》/662

䋷 (국)【jù ㄐㄩˋ】[상][中][9][작] jú 감쌀, 얽어 맬, 연이을

[설문] [8173] 約也。《〔革部〕曰。直輨輂縛。「輂」當爲「䋷」。大車之衡、約之而已。不必三束。》从糸。具聲。《居玉切。3部。》/647

綰 (관)【wǎn ㄨㄢˇ】[本][안 좋은 붉은 빛] 통괄할

[설문] [8224] 惡絳也。《惡下『各本』衍「也」。今刪(刪)。此如粊下云惡米也、繫下云惡絮也。謂絳色之惡者也。》从糸。官聲。《烏版切。14部。》一曰䋄也。《「䋄」『各本』作「絹」。今正。〔网部:䋄〕、一曰綰也。二篆爲轉注。老考互訓之例也。䋄字不行、多叚(假)絹爲之。『周禮:翨氏:注』置其所食之物於絹中、鳥來下則掎其腳(脚)是也。但『他書』容可同音相代。淺人將此䋄改作絹、則似綰可訓繒如麥稍色。『全書』之條理不可知矣。讀許者不可不思。》讀若雞(鷄)卵。《卵古讀如關。綰音亦如是。說詳〔卵部〕。》/650

綱 (강)【gāng ㄍㄤ】 벼리(그물의 위쪽 굵은 줄)

[설문] [8277] 网紘也。《『各本』作「維紘繩也」。今依『棫樸:正義』正。紘者、冠維也。引申之爲凡維系之偁(稱)。孔穎達云。紘者、网之大繩。『商書』曰。若罔在綱。有條而不紊。『詩』曰。綱紀四方。『箋』云。以罔罟喻之。張之爲綱。理之爲紀。》从糸。岡聲。《古郎切。10部。》㭃古文綱。《『古文四聲韵』作𥿡㭃二形。㭃从古文糸也。》/655

綴 (철)【zhuì ㄓㄨㄟˋ】 이을(연결), 꿰맬, (글을) 지을

[설문] [9274] 合箸也。《『玄應書』作「合令箸也」。箸直略切。古多叚(假)綴爲贅。》从叕糸。《聯之以絲。會意。》叕亦聲。《陟衛(衛)切。15部。》/738

綸 (륜)【guān ㄍㄨㄢ】[상][中][9] lún [本][푸른 인끈] 낚싯줄, 거문곳줄, 굵은 실 [론]:같은 뜻 [관]:푸른 인끈

[설문] [8258] 糾青絲綬也。《『各本』無「糾」字。今依『西都賦:李-注』、『急就篇:顔(顔)-注』補。糾、三合繩也。糾青絲成綬、是爲綸。『郭璞-賦』云。青綸競糾。正用此語。『緇衣:注』曰。綸、今有秩、嗇夫所佩也。『釋艸』。綸似綸。郭曰。今有秩、嗇夫所帶糾青絲綸。『法言』。五兩(兩)之綸。李軌云。綸、糾青絲綬也。『今本-法言』改糾爲如。不可通矣。攷『輿服志』。乘輿黃赤綬。諸侯王赤綬。諸國貴人相國皆綠綟綬。公侯將軍紫綬。九卿、中二千石、二千石青綬。千石、六百石黑綬。四百石、三百石、二百石黃綬。百石青紺綸。一采宛轉繆織。長丈二尺。按繆卽糾字。自黃綬以上、綬之廣皆尺六寸。皆計其首。首多者系細。首少者系粗。皆必經緯織成。至百石而不計其首。合青絲繩辮織之。有經無緯。謂之宛轉繩。若今人用絲繩如箸粗爲帶者也。『緇衣』曰。王言如絲。其出如綸。王言如綸。其出如綍。『小雅』曰。之子于釣。言綸之繩。『召南』曰。其釣維何。維絲伊緡。『傳』云。緡、綸也。綸之繩猶言糾之繩矣。後人用以代經論字。遂使其義不傳。》从糸。侖聲。《古還切。古音在13部。》/654

綹 (류)【liǔ ㄌㄧㄡˇ】 올, 끈

[설문] [8141] 緯十縷爲綹。《此亦兼布帛言之也。故『篇』、『韵(韻)』曰。緯十絲曰綹。文互相足也。許言縷不言絲者、言縷可以包絲。言絲不可以縷包也。》从糸。咎聲。讀若桺(柳)。《力九切。3部。》/644

綺 (기)【qǐ ㄑㄧˇ】(무늬가 있는)비단
설문 8199 文繒也。《謂繒之有文者也。文者、錯畫(畵)也。錯畫謂逘遣其介畫。繒爲逘遣方文、謂之文綺。引申之曰交延結綺窗。日疆場綺分。皆謂似綺文。》从糸。奇聲。《古音在 17部。》/648

綾 (릉)【líng ㄌㄧㄥˊ】(무늬가 있는)비단
설문 8209 東齊謂布帛之細者曰綾。《同『方言』。》从糸。夌聲。《力膺切。6部。》/649

緀 (처)【qī ㄑㄧˉ】本[비단 무늬 모양] 무늬 서로 섞일
설문 8214 帛文皃(貌)。《「帛」【各本】作「白」。今依『韵(韻)會』正。『韵會』用【小徐本】也。》『詩』曰。緀兮萋兮。成是貝錦。《『小雅:巷伯』文。『今-詩』「緀」作「萋」。『毛傳』曰。萋斐、文章相錯也。貝錦、錦文也。『箋』云。錦文者、如餘泉餘蚳之貝文也。按『爾雅』餘貾黃白文。餘泉白黃文。》从糸。妻聲。《七稽切。15部。》/649

緁 (첩)【qiè ㄑㄧㄝˋ】옷꿰맬, 서로 차별 있을
■집:같은 뜻
설문 8284 緶(緶)衣也。《下文緶下曰。緁衣也。與此爲轉注。〔衣部〕曰。㡇者、緶也。『喪服傳』曰。斬者何。不緝也。齊者何。緝也。齊卽㡇。緝卽緁。叚(假)借字也。緁者、緶其邊也。》从糸。疌聲。《七接切。8部。》䌰緁或从習。《習聲與緁聲相近也。》/656

緂 (담)【tān ㄊㄢˉ】㊥⑨ tián ㉿ chān 옷빛깔 환할, 초록 빛
설문 8240 白鱻衣皃(貌)。从舟。炎聲。《充乡切。8部。『廣韵(韻)』他甘切。》謂衣采色鮮也。《六字葢(蓋)非許語。依『玉篇』則「白鮮衣皃(貌)」四字當作「衣采色鮮也」五字。》/652

縱 (종)【zōng ㄗㄨㄥˉ】물들인 비단, 수레치장
설문 8272 絨屬。《『急就篇』絛纘總爲類。師古曰。「總」一作「縱」。『說文』作「縱」。按『羔羊』。素絲五總。『傳』曰。總、數也。豈卽縱與。》从糸。從省聲。《足容切。9部。》/655

緄 (곤)【gǔn ㄍㄨㄣˇ】(짜서 만든)허리띠
■혼:꿰맬, 서녘 오랑캐
설문 8249 織成帶也。《【各本】無「成」字。依『文選:七啓:注』、『後漢:南匈奴傳:注』補。『玉篇』帶誤章。凡不待翦裁者曰織成。緄帶見『後漢書』。葢(蓋)非三代時物也。『詩:小戎』。竹秘緄縢。『毛傳』曰。緄、繩也。此古義也。而許不取之。過矣。『漢-碑』用爲衮字。》从糸。昆聲。《古本切。13部。》/653

緆 (석)【xí ㄒㄧˊ】㊤㊥⑨㉿ xī 고운 삼베, (치마에 꾸민)회장
설문 8349 細布也。《「布」【一本】作「麻」。古亦呼布爲麻也。『燕禮』。冪用綌若錫。『鄭-注』。今文「錫」爲「緆」。緆、易也。治其布使滑易也。按今文其本字。古文其叚(假)借字也。『子虛(虛)賦』「被阿錫」。卽『列子』之「衣阿緆」。許意從『禮-今文』。故錄緆字。『喪服:錫衰:傳』曰。錫者何也。麻之有錫者也。錫者十五升抽其半。無事其縷。有事其布曰錫。按據是則緆之與緦、但一事其縷、一事其布爲少異耳。其爲十五升之半則同也。何緦下偁(稱)『傳』以釋之、而緆下不偁『傳』也。曰緦在五服之內、故聖人特製其字。錫衰不在五服內、故聖人用錫之名、不別製字。錫衰之錫與細布之緆、其實不同也。葢古者布十五升爲冣(最)細。十五升布成、治之使滑易。是曰緆。錫衰則半十五升而治之。亦名曰緆。實非緆也。是以『傳』之釋『經』也。先之曰錫者何也。麻之有錫者也。有讀爲又。言麻既爲布矣、而又加灰易之。此言緆之本義也。繼之曰。錫者十五升抽其半。無事其縷。有事其布曰錫。此釋錫衰之錫也。网(兩)言錫者、意各有在。許作【字書】釋緆本義。故衹曰細麻、而不必詳十五升去半之緆。葢用傳前說以包後說矣。》从糸。易聲。《先擊切。15部。》𦇧緆或从麻。《先鄭曰。錫、麻之滑易者。劉(劉)熙曰。錫、易也。治其麻使滑易也。古說謂治麻曰錫。》/660

緇 緇(치)【zī ㄗˉ】검을, 중(스님들이 검은 물을 들인 옷을 입는데서)
설문 8235 帛黑色也。《黑者、北方色也。火所熏之色也。『考工記』。三入爲纁。五入爲緅。七入爲緇。『鄭-注』曰。玄色者、在緅緇之閒。其六入者與。》从糸。甾(由)聲。《側持切。1部。按『玉藻』大夫佩水蒼玉而純組綬注。純當爲緇。古文緇字、或作糸旁才。又『周禮:媒氏純帛:注』。純實緇字也。古緇以才爲聲。『祭統:王后蠶於北郊以供純服:注』。純以見繒色。『論語』今也純。鄭讀爲緇。鄭意今之紂字、俗譌爲純耳。然則【許書】當爲紂篆。解云古文緇。从糸才聲。而缺者、豈從【今書】不從【故書】之例與。》/651

緈 (행)【xìng ㄒㄧㄥˋ】곧을
설문 8163 直也。《『廣韵(韻)』云。絓緈。》从糸。㚔(幸)聲。讀若陘。《胡頂切。11部。》/646

緉 (량)【liǎ ㄌㄧㄚˇ】㊤㊥⑨ liǎng ㉿ liàng (한 켤레의)신
설문 8357 履网(履兩)枚也。《『齊風』。葛屨五网。屨(履)必网而後成用也。是之謂緉。》一曰絞也。《一曰猶一名也。『方言』。緉、緥、絞也。關之東西或謂之緥。絞通語也。按緉之言网也。緥之言雙也。絞之言交也。》从糸网。网亦聲。《【各本】「网」作「兩」。篆作「緉」。非。當正。力讓切。10部。》/661

緊 (긴)【jǐn ㄐㄧㄣˇ】팽팽할, 굳을, 급할, 바늘에 실 꿸, 요긴할
설문 1851 纏絲急也。《緊急雙聲。此字別作「絚」。『玉篇』引『成公:四年』鄭伯絚卒。古千古兩二切。孝(考)『左』作「堅」、『公』作「臤」、『穀』作「賢」。則【別本】作「絚」、切古千必矣。臣聲與臤聲一也。而顧書譌作「絙」。『釋名』云。緪、絙也。其絲絙厚而疏也。是其譌久矣。『集韵(韻):養韵』作「絙」、擧(擧)兩切。『先韵』作「絚」、緊也。緪堅同。經天切。

是宋時故有絽字。特丁度等不能用正絽之譌。又不知卽是緊字耳。『春秋』鄭伯絽。釋文不載。『考經』字者所當知。》从臤。絲省。《糾忍切。12部。》/118

緌 (유)【ruì ㄖㄨㄟˋ】 ㊌㊥⑨㉶ ruí 갓끈, (매미의 늘어진)입

설문 8248 系冠纓垂者。《【各本】作系冠纓也。『韵(韻)會』無「也」字。皆非。今正。緌與纓無異材。垂其餘則爲緌。不垂則臿於纓卷閒。『內則:冠緌纓:注』曰。緌者、纓之餘也。『正義』曰。結纓頷下以固冠。結之餘者散而下垂謂之緌。按『玉藻』曰。有事然後緌。『檀弓』曰。喪冠不緌。扱其餘也。引申之爲旌旂之緌。以旄牛尾爲之。古字或作「甤(蕤)」。或叚(假)綏爲之。》从糸。委聲。《儒隹切。古音在 16部。》/653

緍 (민)【mín ㄇㄧㄣˊ】 낚싯줄 ■면:연이을 ※ 민(緡)과 같은 글자

설문 8329 釣魚繁也。《繁本施於鳥者。而鉤魚之繩似之。故曰釣魚繁。『召南』曰。其釣維何。維絲伊緍。『傳』曰。緍、綸也。謂糾絲爲繩也。》从糸。昏聲。《武巾切。13部。》吳人解衣相被謂之緍。《『方言』。緍、緜(綿)、施也。秦曰緍。趙曰緜。吳越之閒脫衣相被謂之緍緜。按『大雅』。荏染柔木。言緍之絲。『傳』曰。緍被也。是其爲古義古訓、不始『方言』也。》/659

◀ 제 9 획 ▶

緒 (서)【xù ㄒㄩˋ】 실마리(사물의 발단) ■사:나머지

설문 8125 絲耑(端)也。《耑者、艸木初生之題也。因爲凡首之稱。抽絲者得緒而可引。引申之、凡事皆有緒可纘。》从糸。者聲。《徐呂切。5部。》/643

緘 함【jiān ㄐㄧㄢˉ】 묶을, 상자 따위를 봉하여 묶을, 봉한 편지, 입담을 ■감:속음

설문 8304 所㠯(以)束篋也。《所㠯二字今補。篋者。笥也。束者、縛也。束之者曰緘。引申之、齊人謂棺束曰緘。『喪大記』作「咸」。》从糸。咸聲。《古咸切。古音在 7部。》/657

형성 (1자) 겸(歉 㰦)5314

緛 (연)【ruǎn ㄖㄨㄢˇ】 옷주름, 쪼그라질

설문 8286 衣戚也。《「戚」今之「蹙」字也。古多用戚、無蹙字。『考工記』曰。不微至無以爲戚速。『詩:鄭-箋』云。縐絺、絺之戚戚者。今俗改作蹙。衣戚、〔衣部〕所謂襞。〔韋部〕所謂韏。『子虛賦』。襞積褰縐。紆徐委曲。鬱橈谿谷。『張揖:注』曰。襞積、簡(簡)齰也。褰、縮也。縐、戚也。其縐中文理。茀鬱迴曲。有似於谿谷也。按簡古字。襇襉皆今字。縐訓戚、與『鄭-箋』合。【俗本】譌裁。而小顏、『小司馬』皆不得其解。甚矣【古書】之難讀也。衣戚亦曰韏衣。是爲緛。引申之爲凡戚之偁(稱)。『素問』曰。大筋緛短。小筋弛長。緛短謂戚而短也。緛以衣喻。弛以弓喻。》从糸。耎聲。《而沇切。14部。》/656

緜 면【mián ㄇㄧㄢˊ】 本[가늘게 연할] 새솜, 햇솜, 고운 솜, 끊어지지 않을 ■멸:약할

설문 8119 聯散(散)也。《聯者、連也。散者、眇也。其相連者甚散眇、是曰緜。引申爲凡聯屬之偁(稱)。『大雅』。緜緜瓜瓞。『傳』曰。緜緜、不絕(絶)皃(貌)。又引申爲絲絮之偁。因其㜸弱而名之。如〔糸部:絮〕下云敝緜也。『鄭-注:禮記』云纊新緜也是也。又引申爲薄弱之偁。如『淮南:王安諫伐閩粵(粤)』曰粵人緜力薄材、不能陸戰是也。》从系帛。《謂帛之所系也。系取細絲。而積細絲可以成帛。是君子積小以高大之義也。武延切。14部。》/643

緝 (집)【qì ㄑㄧˋ】 ㊥⑨ jī (실을 뽑으려)자을, 꿰맬

설문 8337 績也。《自緝篆至絣篆皆說𣏟事。𣏟事與蠶事相似。故亦从糸。凡𣏟枲(枲)先分其莖與皮曰朩。因而漚之。取所漚之𣏟而𣏟之。𣏟之爲言微也。微纖爲功、析其皮如絲。而撚之、而剝之、而續之、而後爲縷。是曰績。亦曰緝。亦絫言緝績。『孟子』曰。妻辟纑。『趙-注』曰。緝績其𣏟曰辟。按辟與擘肌分理之擘同。謂始於析𣏟皮爲絲也。引申之、用縷以縫衣亦爲緝。如『禮經』云斬者不緝也齎者緝也是也。又引申之爲積厚流光之偁(稱)。『大雅:傳』曰緝熙光明也是也。》从糸。咠聲。《七入切。7部。》/659

緟 (중)【chóng ㄔㄨㄥˊ】 거듭할 ※ 중(重)과 같은 글자

설문 8274 增也。《增益之曰緟。【經傳】統叚(假)重爲之。非字之本。如『易』之重卦、『象傳』言重(重)『巽』。又言洊雷『震』、習『坎』、明兩(兩)作『離』、兼山『艮』、麗澤『兌』皆謂緟之也。今則重行而緟廢矣。增益之則加重。故其字从重。【許書】重文若干皆當作緟文。》从糸。重聲。《直容切。9部。》/655

締 (체)【dì ㄉㄧˋ】 (인연, 조약)맺을, 맺힐 설문 8183 結不解也。《解者、判也。下文曰。紐結而可解也。故結而不可解者曰締。》从糸。帝聲。《特計切。16部。》/647

緢 (묘)【miáo ㄇㄧㄠˊ】 本[깃술] (실이 뱅뱅)둘릴 설문 8166 旄絲也。《「氂」【各本】作「旄」。俗所改也。氂者、犛牛尾也。凡「羽旄」古當作「羽氂」。氂絲者、犛牛尾之絲至細者也。故次於纖細二篆後。『賈子-容經』。跘旋之容。旄如濯絲。旄同緢。言細如濯絲也。》从糸。苗聲。《武儦切。2部。》『周書』曰。惟緢有稽。《『甫刑(刑)』文。【今本】「緢」作「貌」。『僞:孔傳』云。惟察其貌。按【許-所據:壁中文】、葢(蓋)謂惟豪氂是審也。》/646

緣 (연)【yuán ㄩㄢˊ】 ㊌㊥⑨ yuàn 本[가선(의복의 가장자리를 돌린 선)] 인연 ■단:단옷, 왕후의 옷

설문 8263 衣純也。《此以古釋今也。古者曰衣純。見【經典】。今曰衣緣。緣其本字。純其叚(假)借字也。緣者、沿其邊而飾之也。『深衣』曰。純袂緣。純邊廣各寸半。袂緣猶袂

口也。廣各寸半者、表裏共三寸也。『旣夕禮:注』曰。飾裳在幅曰綼。在下曰緆。緣之義引申爲因緣、夤緣。而俗遂分別其音矣。》从糸。彖聲。《以絹切。14部。》/654

緥 (보)【bǎo ㄅㄠˇ】 적먹이 업는 포대기
설문 8267 小兒衣也。《〔衣部〕曰。褯(褵)、緥也。斯干。載衣之裼。『傳』曰。裼、褓也。褓、緥之俗字。古多云小兒被也。李奇曰。小兒大藉。師古曰。卽今小兒綳。古多叚(假)借保葆字。》从糸。保(保)聲。《博抱切。古音在 3部。》/654

緦 (시)【sī ㄙ】 베(시마에 쓰는 가늘고 올이 성긴 베)
설문 8348 十五升抽其半布也。《【各本】無「抽其半」三字。當由不通人刪(刪)之。今補。緦者、布名。猶大功、小功皆布名也。【經】云緦麻三月者。『注』云。緦麻、緦布衰裳而麻絰帶也。『今本-注』內刪(刪)下緦字、則不可通矣。『傳』曰。緦者十五升抽其半。有事其縷。無事其布曰緦。凡布幅廣二尺二寸。『禮經』布八十縷爲升。卽許之布八十縷爲稯也。斬衰三升、三升有半。齊衰四升。繐衰小功之縷四升有半。大功八升若九升。小功十升若十一升。緦布朝服之縷七升有半。升數各不同。而皆合二尺二寸之度以成布。十五升去半者、十五升朝服之升數也。去其半則爲七升有半。朝服用十五升、其布密。緦用其半、其布疏。謂之緦者、鄭曰治其縷細如絲也。『傳』所謂有事其縷也。繐衰用小功之縷。而升數不及半。緦用朝服之縷。而升數衹取半。皆聖人因宜適變之精意。》一曰网(兩)麻一絲布也。《此說非也。『鄭-注:喪服』曰。或曰有絲。朝服用布。何衰用絲乎。》从糸。思聲。《息茲切。1部。》 古文緦。从恖(思)省。《思【各本】作「糸」。誤。今正。》/660

緧 (추)【qiū ㄑㄧㄡ】 말고삐
※ 추(鞦)와 같은 글자
설문 8315 馬紂也。《『考工記』。必緧其牛後。『注』云。鰌讀爲緧。關東謂紂爲緧。按亦作「鞦」。商王紂、『古文-尚書』作「受」。》从糸。酋聲。《七由切。3部。》/658

編 (편)【biān ㄅㄧㄢ】 本[책 맨 실] 차례로, (실로 엮어)맬, 책을 맨 자리, 엮을 ■편:생초를 짤
설문 8306 次簡(簡)也。《以絲次弟竹簡(簡)而排列之曰編。『孔子-讀:易』。韋編三絕(絶)。冊(冊)字下曰。象其札一長一短。中有二編之形。然則駢比其簡。上下用絲編二。是以有得靑絲編『考工記』者也。『禮』之編茅爲鼎鼏。『周禮』王后之編列髮爲之。亦猶是法也。》从糸。扁聲。《布玄切。12部。》/658

綎 (영)【tīng ㄊㄧㄥ】 인끈, 띠술 ■영:같은 뜻
설문 8158 綬也。《綎之言挺也。挺有緩意。綎與綎義別。『韵(韻)會』誤合爲一字。》从糸。盈聲。讀與聽同。《他丁切。11部。》 綎綎或从呈。/646

緪 (긍)【gēng ㄍㄥ】 동아줄, 팽팽하게 맬
설문 8323 大索也。《『通俗文』。大索曰緪。》一曰急也。《『淮南子』曰。張瑟者小弦緪。大弦緩。『高氏:注』曰。緪、急也。『王逸-注:九歌』曰。緪、急張弦也。『如月之恆傳』曰。恆、弦也。本亦作「緪」。沈重古恆反。按〔手部:搄〕、引急也。緪與搄音義皆同。》从糸。恆聲。《古恆切。6部。亦作「緪」。非亙之絙也。亦古鄧切。》/659

緒 (개)【kāi ㄎㄞ】 굵은 실
설문 8129 大絲也。从糸。皆聲。《口皆切。15部。》/644

緬 (면)【miǎn ㄇㄧㄢˇ】 가는 실, 멀, 생각할
설문 8126 散絲也。《「散」【各本】作「微」。今正。緬之引申爲凡緜(綿)邈之稱。『穀梁:莊:三年:傳』曰。改葬之禮緦。舉(擧)下、緬也。》从糸。面聲。《弭沇切。14部。》/643

緭 (위)【wèi ㄨㄟˋ】 비단, 드린 끈
설문 8197 繒也。从糸。胃聲。《云貴切。15部。》/648

緯 (위)【wěi ㄨㄟˇ】 씨줄(가로 실)
설문 8142 織衡絲也。《「衡」【各本】作「橫」。今正。凡漢人用字皆作從衡。許曰。橫、闌足也。不對植者言也。云織衡絲者、對上文織從絲爲言。故言絲以見縷。經在軸。緯在杼。〔木部〕曰。杼、機之持緯者也。引申爲凡交會之稱。漢人左右六經之書謂之「祕(秘)緯」。》从糸。韋聲。《云貴切。15部。》/644

緰 (투)【tóu ㄊㄡˊ】 속죄포 ■수:고운 비단 ■유:비단 찢을 ■요:비단
설문 8351 緰貲、《逗。》布也。《謂布名。『急就篇』。服瑣緰幣與繒連。師古曰。緰幣、緆布之尤精者也。幣貲同。》从糸。俞聲。《度侯切。4部。》/661

緱 (구)【gōu ㄍㄡ】 칼 자루 감을
설문 8292 刀劍緱也。《『廣韵(韻)』曰。刀劍頭纏絲爲緱也。按謂人所把處如人之喉然。》从糸。侯。《古侯切。4部。》/656

緋 (봉)【běng ㄅㄥˇ】 미투리, (아이들이 신는)껴두리
설문 8356 枲履(枲履)也。《枲者、麻也。『急就篇』屐屩絜麃。今俗語履(履)之判合爲緋。讀如邦。》从糸。封聲。《博蠓切。9部。》/661

練 (련)【liàn ㄌㄧㄢˋ】 (모시를 잿물에 삶아 물에 빨아 말려)누일
설문 8204 湅繒也。《湅者、瀾也。瀾者、淅也。淅者、汏米也。湅繒汏諸水中。如汏米然。『考工記』所謂湅帛也。已湅之帛曰練。引申爲精簡(簡)之偁(稱)。如『漢書』練時日、練章程是也。》从糸。柬聲。《郎甸切。14部。》/648

緶 緶(변)【biān ㄅㄧㄢ】 상中⑨ biàn 작 pián 삼이 얽힐 ■편:같은 뜻

설문 8354 交臯(枲)也。《謂以臯二股交辮之也。交絲爲辮。交臯爲緶。》一曰緁衣也。《上文緁下云緶衣也。此云緶、緁衣也。是爲轉注。》从糸。便(便)聲。《房連切。11部。》/661

緷 (운)【yùn ㄩㄣˋ】 씨(줄) ■곤:장목 ■혼:단, 큰 묶음 ■권:같은 뜻

설문 8143 緯也。《此亦兼布帛言之也。緯亦稱緷者、語之轉也。微文 2部每互轉。『爾雅』。百羽謂之緷。【古本】反。按此緷字正【許書】橐字之段(假)借。『玉篇』云緷、大束也是也。》从糸。軍聲。《王問切。13部。》/644

緹 (제)【tí ㄊㄧˊ】 ㊤㊥⑨㉮ tǐ 붉을, 붉은 빛

설문 8227 帛丹黃色也。《謂丹而黃也下文云。纁、帛赤黃色。丹與赤不同者、丹者如丹沙。與赤異。其分甚微。故『鄭-注:草人』曰。赤緹、纁色也。酒正五齊。四曰緹齊。『注』曰。緹者、成而紅赤。若今下酒矣。按紅赤者、赤而白。緹齊不純赤。故謂之紅赤。緹齊俗作醍。見『禮運』。》从糸。是聲。《他禮切。16部。》 衹緹或作衹。《从衣、氏聲也。古氏與是同用。故是聲亦从氏聲。此篆與〔衣部:衹裯〕之衹大別。其義則彼訓短衣。其音則氐聲在 15部。氏聲在 16部也。按『唐-石經:周易』衹旣平。『詩』衹攪我心。亦衹以異。『左傳』衹見疏也。『論語』亦衹以異。以及凡訓適之字皆从衣氏。葢(蓋)有所受之矣。『張參-五經文字』、【經典】字畫(畫)之砥柱也。〔衣部〕曰。衹止移切。適也。『廣韵(韻)』本『孫愐-唐韵』曰。衹章移切。適也。『玉篇:衣部』亦曰。衹之移切。適也。舊字相承可據如是。至『集韵』云。祇章移切。適也。始从示。然恐轉寫轉刊之誤耳。至『類篇』則衹祇二文皆訓適。至『韵(韻)會』而从示之祇訓適矣。此其遞譌之原委也。衹之訓適、以其音同在 16部而得其義。凡古語詈(詞)皆取諸字音。不取字本義。皆叚(假)借之法也。攷『毛公-我行其野:傳』曰。衹、適也。『鄭-何人斯:箋』、『論語:注』曰。衹、適也。『服虔-左傳:襄:卄九年』解云。衹、適也。『王弼-注:坎卦』曰。衹、辭也。『顏師古-竇嬰傳:注』曰。衹、適也。此古字古言之存者章章也。自宋以來刊版之【書】多不省照。衣改從示者不少。學者所宜訂正。『錢氏大昕-養新錄』乃云。『說文』無衹字。『五經文字』承『玉篇』之誤。未免千慮一失耳。「衹」譌「祇」。俗又作「秖」。【唐人-詩文】用之、讀如支。今則改用只、讀如質。此古今推移之變也。若『史記:韓安國傳』云。禔取辱耳。此用衹之同音字。如『周易』衹旣平。他家作「禔」而異其義。要是同音。○ 『顏元孫-干祿字書:石本:祇秖:注』云。『上衶衹』、巨移反。下適秖、章移反。是則秖字起於唐初。葢六朝俗字。》/650

緺 (왜)【guā ㄍㄨㄚˉ】 인끈

설문 8254 綬紫青色也。《【各本】無「色」。今依『後漢:南匈奴傳』、『太平御覽』正。『百官公卿表』曰。丞相、金印紫綬。高帝十一年更名相國、綠綬徐。廣曰。似紫。「紫綬」名「緺綬」。其色青紫。何承天云。緺、青紫色也。按紫者、水剋火之間(間)色。又因水生木而色青。是爲紫青色。》从糸。咼聲。《古蛙切。古音在 17部。》/654

◀ 제10획 ▶

縈 (영)【yíng ㄧㄥˊ】 가죽 조각으로 찢어진 곳을 기울, 둘릴

설문 8300 收卷也。《「卷」居轉切。【各本】作「絭」。非也。今依『韵(韻)會』、『玉篇』正。凡舒卷字、古用𠬝曲之卷。今用气勢之捲。非也。收卷長繩、重疊(疊)如環。是爲縈。於營切。今俗語尙不誤。『詩:周南』。葛藟縈之。『傳』曰。縈、旋也。》从糸。熒省聲。《於營切。11部。》/657

縭 (리)【lí ㄌㄧˊ】 헌 솜, 묵은 솜

설문 8336 繫縭也。从糸。虒聲。《郞兮切。16部。》一曰維也。《此別一義。謂縭亦訓維系。》/659

縉 (진)【jìn ㄐㄧㄣˋ】 분홍빛

설문 8225 帛赤色也。《『南都賦』引臣瓚云赤白色。『玉篇』亦云帛赤白。皆誤。赤白則爲下文之紅矣。》从糸。晉(晉)聲。《卽刃切。12部。》『春秋傳』曰縉雲氏。《『春秋:文:十八年:左傳』文。『黃帝』以雲紀。故爲雲師而雲名。服虔曰。夏官爲縉雲氏。》『禮』有縉緣。《凡許云禮者、謂『禮經』也。今之所謂『儀禮』也。『十七篇』無縉緣。俟攷。緣以絇切。『玉藻』曰。童子之節也。緇布衣。錦緣。錦紳幷紐。錦束髮。皆朱錦也。朱錦爲緣。豈卽縉緣與。》/650

縊 (액)【yì ㄧˋ】 목 맬

설문 8367 絞也。《「絞」【各本】作「經」。庸人所改也。今正。〔交部〕曰。絞、縊也。與此爲轉注。絞縊必网(兩)股辮爲之。『喪服:傳』曰。喪之絰不摎垂葢(蓋)不成也。不摎垂、謂不絞也。經本訓從絲爲一股。縊死必网股爲之。以其直縣也。故亦謂之經。許解縊必不云經也。『左傳』曰。若其有罪、絞縊以戮。〔手部〕曰。摎、縛殺也。》从糸。益聲。《於賜切。16部。》『春秋傳』曰。夷姜縊。《『桓:十六年:左傳』文。》/662

縋 (추)【zhuì ㄓㄨㄟˋ】 (줄에)매달릴

설문 8302 㠯(以)繩有所縣也。《縣者、系也。以繩系物垂之是爲縋。縋之言垂也。『玄應』引縣下有鎭。》『春秋傳』曰。夜縋納師。《見『左傳:襄:十九年』。》从糸。追聲。《持僞切。按當持位切。古音在 15部。》/657

縌 (역)【nì ㄋㄧˋ】 인끈

설문 8255 綬維也。《此綬謂漢之綬也。乘輿長丈九尺九寸、至四百石三百石二百石長丈五尺、百石長丈二尺者是也。綬維謂之縌。乘輿至二千石皆長三尺二寸、千石至二百石皆長三尺者是也。司馬彪曰。縌者、古佩璲也。佩綬相迎受故曰縌。按當曰與綬相迎受故曰縌。縌之言逆也。漢之縌、古之綬也。漢之綬、猶古之韍佩也。縌篆其創於李斯輩與。》从糸。逆聲。《宜戟切。古音在 5部。》/654

縎 (골)【gǔ ㄍㄨˇ】 옭매일, (가슴 속에)맺힐

설문 8182 結也。《『玉篇』云。結不解。》从糸。骨聲。《古忽切。15部。》/647

縐 (추)【zhòu ㄓㄡˋ】주름질 ■축:같은 뜻 · ■초:나쁜 비단, 굵은 비단

설문 8345 絺(絺)之細者也。《「者」字依『御覽』補。》『詩』曰。蒙彼縐絺。《『庸風:君子偕老』文。『傳』曰。蒙、覆也。絺之靡者爲縐。按靡謂紋細皃(貌)。如水紋之靡靡也。〔米部〕曰。䊳、碎也。凡言靡麗者皆取䊳義。謂其極細。此毛說與鄭說之不同也。》一曰戚也。《「戚」【各本】作「蹴」。蹴者、躡也。非其義。葢(蓋)本作「戚」。俗作「蹙」。又改爲「蹴」耳。今正。『鄭-箋』云。縐絺、絺之蹙蹙者。此鄭說之異毛也。戚戚者、如今皺紗然。上文云。縟、衣戚也。『子虛賦』。襞積褰縐。『張揖-注』云。縐、戚也。》从 糸。芻聲。《側救切。4部。》/660

縑 (겸)【jiān ㄐㄧㄢ】(합사로 짠)비단

설문 8202 并絲繒也。《謂駢絲爲之。雙絲繒也。『呂氏-春秋』。昔吾所亡者紡緇也。今子之衣禪緇也。以禪緇當紡緇。子豈有不得哉。任氏大椿曰。禪緇卽單緇也。余謂此紡卽方也。竝絲曰方、猶併船曰方。此紡非紡之本義。『後漢-輿服志』及『古今:注』竝云。合單紡爲一系者同。此方絲所謂兼絲也。》从糸。兼聲。《形聲中有會意。古甜切。7部。》/648

縒 (치)【cī ㄘ】가지런하지 않을 ■사:고울 ■차:같은 뜻 ■착:실엉킬

설문 8167 參縒也。《參或曑字。此曰參差。〔木部〕曰槮差。〔竹部〕曰篸差。又曰參差管樂。皆長短不齊皃(貌)也。皆雙聲字。『集韵(韻)』、『類篇』皆引『說文』參縒也。謂絲亂皃。『韵會』於差字下引『說文』參差絲亂皃。葢(蓋)【古本】有此三字。》从糸。𢀩(差)聲。《楚宜切。古音在 17部。》/646

縓 (전)【quán ㄑㄩㄢˊ】㊥⑨㉆ quàn 분홍빛

설문 8228 帛赤黃色也。《赤黃者、赤而黃也。『禮:喪服:注』曰。縓、淺絳也。練冠而麻衣縓緣。三年練之受飾也。『檀弓:注』曰。縓、纁之類。》一染謂之縓。再染謂之赬。三染謂之纁。《三句『爾雅:釋器』文。『考工記』衹言三入、不言一入再入。『爾雅』可補『記』文所未備(備)。『記』云。『鍾氏』染羽。以朱湛丹秫。三月而熾之。淳而漬之。三入爲纁。『鄭-注』。『記』與『爾雅』同色耳。染布帛者、『染人』掌之。依鄭則『染人』染布帛與『鍾氏』染羽、同用朱湛丹秫也。古以茜染者謂之「韎」、謂之「緹」。以朱及丹秫染者謂之縓、赬、纁。赬者、赤色也。纁者、淺絳也。『玉藻』之縕韍卽韎韐也。縕卽縓之叚(假)借字也。韎亦謂之縓。》从糸。原聲。《七絹(絹)切。14部。》/650

縕 縕 온【yùn ㄩㄣˋ】㉆ yūn 本[관을 끄는 줄] 상엿줄, 헌솜, (엉클어진)삼, 삼베

설문 8362 紼也。《『玉藻』。纊爲繭(繭)。縕爲袍。『注』曰。纊、新緜也。縕、今之纊及故絮也。「纊及故絮」者、謂以新綿合故絮裝衣。鄭說與許異。〔衣部〕曰。以絮曰襺。以縕曰袍。許絲絮不分新舊。槩謂之纊。以亂麻謂之縕。『孔安國釋-論語』曰。縕枲(枲)著也。許所本也。『蒯通傳』。束縕乞火。師古曰。縕、亂麻。》从糸。昷聲。《於云切。13部。亦上去聲。》/662

참고 온(蘊)쌓을, 쌓일, 모을

縗 (최)【chuī ㄔㄨㄟ】㊤㊥⑨㉆ cuī 상옷 이름

설문 8352 喪服衣。《「喪」字【各本】無。今補。凡服上曰衣、下曰裳。禮衰裳連言。卽衣裳也。以衰統負板辟領等爲言也。》長六寸。博四寸。直心。《『禮:喪服記』曰。衰長六寸、博四寸。『注』云。廣袤當心也。前有衰、後有負板。左右有辟領。孝子哀戚無所不在。按縗、【經典】多叚(假)借衰爲之。》从糸。衰聲。《倉回切。古音在 17部。》/661

縛 (박)【fú ㄈㄨˊ】㊤㊥⑨㉆ fù 묶을, 포승, 얽을

설문 8184 束也。《束下曰縛也。與此爲轉注。引申之、所以縛之之物亦曰縛。》从糸。專聲。《符钁切。5部》/647

緂 (담)【tān ㄊㄢ】㊤㊥⑨㉆ tǎn 청백색 비단

설문 8237 帛騅色也。《騅者、蒼白色也。詳〔馬部〕。『釋言』曰。菼、騅也。『王風:毛傳』曰。菼、騅也。蘆之初生者也。〔艸部〕曰。𦵹者、萑之初生。一曰騅帛色如𦵹、故謂之騅色。謂之緂也。取其與𦵹同音也。》从糸。剡聲。《土敢切。8部。》『詩』曰。毳義如緂。《『王風:大車』文。按此十字當作从糸、𦵹省、『詩』曰毳衣如𦵹。說會意之恉(指)、復證之以『詩』。如䕥豐引『易』之例。若如【今本】則色固緂矣。何云如緂。且偁(稱)『詩-毛氏』。毛固作「菼」。何云偁毛。》/652

縜 縜(운)【yǔn ㄩㄣˇ】㊤㊥⑨㉆ yún 벼릿줄 매는 끈

설문 8278 綱紐也。《紐者、結而可解也。大曰系。小曰紐。綱之系网也。必以小繩田大繩而結於网。是曰縜。引申爲凡紐之偁(稱)。『梓人』爲侯。上綱與下綱出舌尋。縜寸焉。『注』云。綱、所以繫侯於植者也。縜、籠綱者。按綱繩麤大。故以小繩田大繩爲紐連於侯。其用與网一也。》从糸。員聲。《爲贇切。13部。大鄭曰。讀如竹青皮之筠。》『周禮』曰縜(縜)寸。/655

縞 (호)【gǎo ㄍㄠˇ】고운 빛깔, 이길(練也)

설문 8205 鮮卮(卮)也。《【各本】作「鮮色」。今正。『漢:地理志:師古-注』。縞、鮮支也。『司馬相如傳』正同。顏語多本『說文』。彼時未誤。葢(蓋)支亦作卮。因譌色也。『廣雅』。絭緫(總)、鮮支、縠、絹(絹)也。許謂縞卽鮮支。『鄭風』。縞衣綦巾。毛曰。縞衣、白色男服也。王逸曰。縞、素也。『王氏大椿-釋繒』曰。孰帛曰練。生帛曰縞。》从糸。高聲。《古老切。2部。》/648

⿳日共糸 (박)【bō ㄅㄛ】㊤ bó 목도리 ■복:같은 뜻

설문 8261 頸連也。《「頸」當作「領」。『玉篇』作「領連」。是也。謂聯領於衣也。〔衣部〕曰。襮、黼領也。『毛傳』曰。襮、領也。領謂之襮。連領謂之⿳日共糸。『玉篇』以爲同字也。》从糸。㬥(暴)省聲。《補各切。古音在 2部。》/654

糸 6 ⑩

縟 (욕)【rù ㄖㄨˋ】(번다하게 장식한)채색
설문 8242 緐采飾也。《「飾」【各本】作「色」。今依『文選:西京賦、月賦、景福殿賦』、『劉(劉)越石-荅:盧諶詩:注』正。緐本訓馬髦飾。引申之爲緐多。飾本訓㕞也。引申之爲文飾。『喪服傳』曰。喪成人者其文縟。喪未成人者其文不縟。『注』曰。縟猶數也。按數如數罟之數。》从糸。辱聲。《而蜀切。3部。○ 按自縵繡二篆至此皆言文采與色之不同。》/652

縠 (곡)【hú ㄏㄨˊ】(주름진 고운)명주
설문 8200 細縛也。《縛之細者也。『詩』。玼兮玼兮。其之展也。蒙彼縐絺。是紲袢也。『傳』曰。禮有展衣者。以丹縠爲衣。蒙、覆也。絺之靡者爲縐。靡謂如纖碎然。細之至也。『箋』云。縐絺、絺之蹙蹙者是也。此謂褻衣縐絺。外服丹縠衣。縠與縐絺正一類也。今之縐紗、古之縠也。『周禮』謂之沙。『注』謂之沙縠。『疏』云輕者爲沙。縐者爲縠。按古衹作沙。無紗字。》从糸。㱿聲。《胡谷切。3部。》/648

縢 (등)【téng ㄊㄥˊ】봉할, 행전, 노(끈)
설문 8305 緘也。《亦所以束者也。『周書』有『金縢』。凡艸之藟、木之虆曰縢。俗作「藤」。》从糸。朕(朕)聲。《徒登切。6部。》/657

縣 현【xuán ㄒㄩㄢˊ】㊉ xiàn 매달, 떨어질, 고을, 현
설문 5448 繫也。《「繫」當作「系」。繫者、繫褫也。一名惡絮。【許書】本非此字明矣。『許-自序』云。據形系聯。不作繫也。系篆下云。繫也。當卽縣也之譌。二篆爲轉注。古懸挂字皆如此作。引伸之、則爲所系之偁(稱)。『周禮』。縣系於遂。〔邑部〕曰。周制。天子地方千里。分爲百縣則系於國。秦漢縣系於郡。『釋名』曰。縣、縣也。縣係於郡也。自專以縣爲州縣字。乃別製从心之懸挂。別其音、縣去懸平。古無二形二音也。顏師古云。古縣邑字作寰。亦爲臆說。》从系持県(県)。《會意。胡涓(涓)切。14部。》/423
형성 (1자) 현(𦆽)2000

◀ 제 11 획 ▶

縪 (필)【bì ㄅㄧˋ】슬갑, 혼술(갓의 혼 술기)
설문 8192 止也。《『考工記:玉人』曰。天子圭中必。『注』曰。必讀如鹿車縪之縪。謂以組約其中央、爲執之以備(備)失隊。按鹿車卽縺車。東齊海岱之閒謂之道軌。『廣雅』曰。道軌謂之鹿車。鹿車下鉄、陳宋淮楚之閒謂之畢。所謂鹿車縪也。與用組約圭中央皆所以止者。又詳〔革部:鞸〕下。》从糸。畢聲。《卑吉切。12部。》/647

縫 (봉)【féng ㄈㄥˊ】바느질할
설문 8283 旨(以)鍼紩衣也。《鍼下曰。所旨縫也。『召南』。羔羊之縫。『傳』曰。縫言縫殺之大小得其宜。引申之義也。》从糸。逢聲。《符容切。9部。》/656

縭 (리)【lí ㄌㄧˊ】신 꿰맬 ■치:같은 뜻
설문 8291 旨(以)絲介屨(履)也。《介者、畫(畫)也。謂以絲介畫屨閒(履間)爲飾也。蓋(蓋)卽『周禮』之繶絇。》从糸。离聲。《力知切。古音在 17部。》/656

縮 (축)【suō ㄙㄨㄛ】㉾ sù 本[어지러울] 줄(작아질), 오그라들
설문 8169 亂也。《『釋詁』曰。縮、亂也。『通俗文』云。物不申曰縮。不申則亂。故曰亂也。不申者申之則直。『禮記』。古者冠縮縫。『孟子』。自反而縮。皆謂直也。亂者治之。『詩』曰。縮版以載。『爾雅』、『毛傳』皆曰。繩之謂之縮之。治縮曰縮、猶治亂曰亂也。》从糸。宿聲。《所六切。3部。》一曰蹴也。《蹴者、躡也。躡者、蹈也。蹈者、踐也。踐者、履也。凡足掌迫地不遽起曰踐。是以蹴鞠謂之蹋鞠。蹋而起之也。『論語』。足縮縮如有循。『鄭-注』曰。舉(擧)前曳踵行也。曳踵行不遽起。故曰縮縮。俗作「蹜蹜」。非。踵、足跟也。》/646

縱 (종)【zòng ㄗㄨㄥˋ】늘어질, (활)쏠, 방종할, 세로 ■총:바쁠
설문 8159 緩也。《一曰捨也。【各本】作「舍也」。由俗以舍捨通用也。今正。捨者、釋也。》一曰捨也。从糸。從聲。《足用切。9部。後人以爲從衡字者、非也。》/646

縳 (전)【zhuàn ㄓㄨㄢˋ】㊄㊥⑨ juàn 새하얀 은빛, 열 묶음, 휠 ■견:올, 낳이실 ■천:톡톡한 비단
설문 8201 白鮮卮也。《「卮」【各本】作「色」。今正。下文云。縞、鮮卮也。【今本】譌鮮色。則此色誤亦同。卮與支音同。縞爲鮮支。縳爲鮮支之白者。『聘禮:束紡:注』曰。紡、紡絲爲之。今之縳也。『周禮-素沙:注』曰。素沙者、今之白縳也。釋文皆引『說文』居掾反。『聲類』以爲今正綃(絹)字。按據許則縳與綃各物。音近而義殊。【二禮】之『鄭-注』。自謂縳不謂綃也。縳以其質堅名之。字从專。綃以色如麥稍名之。字从肙。李登作『聲類』時已失其傳矣。若羽人十摶爲縳、『左傳』縳一如瑱、又皆卷縳之義。非字之本義。》从糸。專聲。《持沇切。14部。》/648

縵 (만)【màn ㄇㄢˋ】명주
설문 8210 繒無文也。《『春秋緐露』。庶人衣縵。引申之、凡無文皆曰縵。『左傳:乘縵:注』。車無文者也。『漢:食貨志:縵田:注』。謂不𤰝者也。》从糸。曼聲。《莫半切。14部。》『漢律』曰。賜衣者縵表白裏。/649

縷 (루)【lǚ ㄌㄩˇ】실, 올, 자세할, 잘게 썰
설문 8280 綫也。《此本謂布縷。引申之絲亦名縷。》从糸。婁聲。《力主切。古音在 4部。》/656

縹 (표)【piǎo ㄆㄧㄠˇ】옥색, 휘날릴
설문 8218 帛白青色也。《「白青」【各本】作「青白」。今正。此金剋木之色。所剋當在下也。縹、『禮記:正義』謂之碧。『釋名』曰。縹猶漂。漂、淺青色也。有碧縹、有天縹、有骨縹。各以其色所象言之也。》从糸。㶾(票)聲。《敷沼切。2部。》/649

縻 (미)【mí ㄇㄧˊ】쇠고삐
설문 8320 牛轡(轡)也。《轡本馬轡也。大車駕牛者則曰牛轡。是爲縻。『潘岳-賦』曰。洪縻在手。凡言羈

縻勿絕(絶)、謂如馬牛然也》 从糸。麻聲。《靡爲切。古音在 17部。》 縻或从多。/658

繗 (선)【xuàn ㄒㄩㄢˋ】 (긴 고삐로 우마를)맬 설문 8319 目(以)長繩系牛也。《『玉篇』云。以長繩系牛馬放之也。》 从糸。旋聲。《辭戀切。14部。》/658

總 總(총)【zǒng ㄗㄨㄥˇ】 거느릴, 합칠, 묶을, 모두, 갑자기

설문 8172 聚束也。《謂聚而縛之也。悤有散意。糸以束之。『禮經』之總、束髮也。『禹貢』之總、禾束也。引申之爲凡兼綜之偁(稱)。》 从糸。悤聲。《作孔切。9部。俗作「揔」。又譌作「惣」。》/647

績 (적)【jī ㄐㄧˉ】 길쌈, (실을)자을, (이룬)공로, 업적, 이룰

설문 8339 緝也。《『豳風』。八月載績。『傳』曰。載績、絲事畢而麻事起矣。績之言積也。積短爲長。積少爲多。故『釋詁』曰。績、繼也。事也。業也。功也。成也。『左傳』曰。遠績禹功。『大雅』曰。維禹之績。『傳』曰。績、功也。》 从糸。責聲。《則歷切。16部。》/660

繐 (세)【suì ㄙㄨㄟˋ】 가는 천 설문 8342 蜀細布也。《『左思-蜀都賦』。黃潤比筒。『注』。黃潤、謂筒中細布也。『楊雄-蜀都賦』曰。筒中黃潤。一端數金。》 从糸。彗聲。《祥歲切。15部。》/660

縿 (삼)【shān ㄕㄢˉ】 깃발, 생초 ■섬:깃발 ■소:속음 ■초:합사비단 ■참:연보라색 비단

설문 8294 旌旗之游所屬也。《【各本】失「所屬」二字。今補。〔㫃部〕曰。游、旌旗之流也。『周禮:巾車:注』云。正幅爲縿。游則屬焉。『正義』曰。正幅爲縿、『爾雅』文。又『覲禮:正義』。『爾雅』說旌旗正幅爲縿。『唐後-爾雅』奪「正幅爲縿」四字。『邢:疏』不能攷補。縿是旌旗之體。游則屬焉。故『孫炎:注』曰。爲旒於縿。郭璞曰。縿、衆旒所箸。戴先生曰。游箸縿垂者也。交龍鳥隼之屬皆畫(畵)於縿。『爾雅』曰。纁帛縿。鄭本之。曰九旗之帛皆用絳。上有弧以張縿之幅。見『覲禮』、『明堂位』、『考工記』。下以人維之。『周禮:節服氏』六人維王之太常、『爾雅』維以縷是也。所以太常必維之者、正恐其游長曳地。『毛詩』。素絲紕之。大夫旌旗之游亦維持之也。游屬於縿而統於縿。然〔㫃部:游〕下不云旌旗之縿也。則知縿下斷(斷)不云旌旗之游。理合析言、不得渾言矣。》 从糸。參聲。《所銜切。古音在 7部。》/657

繀 (쇄)【suī ㄙㄨㄟˉ】 ㊤㊥⑨㉠ **suì** 물레 설문 8135 箸絲於筟車也。《〔竹部〕曰。筟、筳也。筳、繀絲筦也。「筟車」亦曰「繀車」。『方言』曰。繀車、趙魏之閒謂之「轣轆」。車齊海岱之閒謂之「道軌」。箸絲於筳謂之繀。》 从糸。崔聲。《穌對切。15部。》/644

繃 (붕)【bēng ㄅㄥˉ】 묶을, 감을, 띠 설문 8185 束也。从糸。崩(堋)聲。《補盲切。古音在 6部。》『墨子』曰。《『漢志』。『墨子:七十一篇』。名翟。爲宋大夫。在孔子後。》 禹葬會稽。桐棺三寸。葛目(以)繃之。《『今-墨子:節葬篇』此句三見。皆作緘。古蒸侵 2部音轉冣(最)近也。『鄭-注:禮記』曰。齊人謂棺束爲緘。》/647

緊 (이)【yī ㄧˉ】 本[창집] 검푸른 빛 ■예:이(것), 아!(탄식하는 소리)

설문 8293 戟(戟)衣也。《所以韜戟(戟)者。猶盛弓弩矢器曰医也。叚(假)借爲語詈(詞)。『左傳』。王室之不壞。緊伯舅是賴。民不易物。惟德緊物。『毛詩』。伊可懷也。『箋』云。「伊」當作「緊」。緊猶是也。》 从糸。殹聲。《烏雞(鷄)切。15部。》 一曰赤黑色繒。《赤當依『玉篇』作靑。『巾車』。王后安車。彫面緊總。『注』曰。緊讀爲鳧緊之緊。緊總者、靑黑色。以繒爲之。鄭(鄭)司農說也。》/656

繅 (소)【sāo ㄙㄠˉ】 (누에 고치로 실을)켤 ■조:옥을 깔아 놓은 오색 방석

설문 8123 繹繭爲絲也。从糸。巢聲。《穌　遭切。2部。俗作「繰」。乃帛如紺色之字。》/643

繆 (무)【móu ㄇㄡˊ】 本[수삼 10묶음] 얽을, 잘못할 ■류:어그러질, 그르칠 ■규:수질, 요질 ■료:얽어 맬 ■목:사당의 두째 자리

설문 8359 枲(枲)之十絜也。《卽麻也。十絜猶十束也。亦叚(假)爲謬誤字。亦叚爲『謚法』之穆。》 一曰綢繆也。《『唐風』。綢繆束薪。『傳』曰。綢繆猶纏緜也。『鴟鴞:鄭-箋』同。皆謂束縛重疊(疊)。》 从糸。翏聲。《武彪切。3部。》/661

䌛 유【yóu ㄧㄡˊ】 ㊤㊥⑨㉠ **yáo** 本[좇을] 말미암을 ※ 유(由)와 같은 글자 〔언(言)부 11획〕

설문 8120 隨從也。《〔辵部〕曰。從、隨行也。隨、從也。䌛與隨、從三篆爲轉注。从系者、謂引之而往也。『爾雅:釋故』曰。䌛、道也。【詩書】䌛作猷。叚(假)借字。『小雅』。匪大猶是經。『大雅』。遠猶辰告。『傳』皆曰。猶、道也。『書:大誥』。猷爾多邦。猷亦道也。道路及導引、古同作道。皆隨從之義也。䌛之譌體作䌛。亦用爲傜役字。傜役字、隨從而爲之者也。》 从系。《有所系而隨從之也。》 䍃聲。《余招切。按此音非也。當以周切。3部。》 由或䌛字。《古䌛由通用一字也。【各本】無此篆。【全書】由聲之字皆無棍(根)柢。今補。按『詩』、『書』、『論語』及【他經傳】皆用此字。其象形會意今不可知。或當从田有路可入也。『韓詩:橫由其畝:傳』曰。東西曰橫。南北曰由。『毛詩』由作從。》/643

繈 (강)【qiǎng ㄑㄧㄤˇ】 (어린애를 업는)포대기, 돈꿰미

설문 8147 觕纇也。《觕見〔角部〕。【各本】作「粗」。非也。今正。觕訓角長。引申爲凡粗長之稱。絲節粗長謂之繈。孟康曰。繈、錢貫也。其引申之義也。又引申爲繈緥。『呂覽:明理篇』。道多繈緥。『高-注』。緥、小兒被也。繈、褸格上繩也。又『直諫篇:繈緥:注』。繈、褸格繩。緥、小兒褶(褯)也。褸卽縷。格卽絡。織縷爲絡、以負之於背。其繩謂之繈。高說

糸 6 ⑫

冣(最)分明。『博物志』云。織縷爲之。廣八寸。長二尺。乃謂其絡。未及其繩也。凡繩靭者謂之繈。》从糸。強聲。《居兩(兩)切。10部。》/645

◀제 12 획▶

繎 (연)【rán ㄖㄢˊ】 실 약해질, 실 엉킬, 새빨강색

설문 8161 絲勞也。《「勞」『玉篇』作「縈」。葢(蓋)『玉篇』爲是。與下文紆義近也。或曰縈篆何以不次此。曰後文縛縈等篆皆統於繩。繎紆則謂絲也。『廣韵(韻)』作絲勞皃(貌)。》从糸。然聲。《如延切。14部。》/646

繻 (수)【xū ㄒㄩˉ】 ㉦㊥⑨㉶ xǔ 두 앞발을 동일 ■송:같은 뜻

설문 8317 絆𦍒兩(前兩)足也。《『莊子:馬蹏篇』。連之以羈繻(繻)。崔云。絆前兩足也。『吳都賦』。繻麋麖。『劉(劉)-注』同。》从糸。須聲。《相主切。古音在 4部。按向秀云馬絆。音竦。『集 韵(韻)』入二腫。》『漢令』蠻夷卒有繻。《疑有奪字。殊下云。蠻夷長有罪當殊之。此應云蠻夷卒有罪當繻之。》/658

繐 (혜)【suì ㄙㄨㄟˋ】 (올이 가늘고 성긴)베 ■세:같은 뜻

설문 8350 細疏布也。《『禮經』曰。繐衰裳牡麻絰。旣葬除之者。『傳』曰。繐衰者何。以小功之縷也。『注』云。治其縷如小功、而成布四升半。細其縷者、以恩輕也。升數少者、以服至尊也。凡布細而疏者謂之繐。今南陽有鄧繐。按小功十升若十一升成布。而此用小功之縷四升半成布。是爲縷細而布疏。其名曰繐者、布本有一種細而疏者曰繐。但不若繐衰之大疏。而繐衰之名繐、實用其意。故鄭擧(擧)凡布以名之。『劉(劉)氏-釋名』說繐衰亦曰細而疏如繐也。許云細疏布、亦謂凡布。不主繐衰。與緆本爲細布名、而錫衰之錫取以爲名正同。故皆不引『禮傳』。》从糸。惠聲。《私銳切。15部。按此篆【各本】在前:絙』纇二篆之閒。非其次也。今移此以正之。》/661

㙮 (접)【jié ㄐㄧㄝˊ】 ㉶ jí 합할, 오랑캐의 재물 이름 ■집:같은 뜻

설문 8194 合也。《合者、亼口也。因爲凡兩 (兩)合之偁(稱)。衆絲之合曰𦄙。如〔衣部〕五采相合曰褋也。》从糸集。《「集」當作「雧」。會意亦形聲也。》 讀若捷。《姉(姊)入切。7部。》/648

纆 (묵)【mò ㄇㄛˋ】 (두겹, 세겹으로 꼰)노

설문 8322 索也。《『易』。係用徽纆。劉(劉)表曰。三股曰徽。兩(兩)股曰纆。『字林』曰。兩合曰糾。三合曰纆。》从糸。黑聲。《莫北切。1部。按从黑者、所謂黑索拘攣罪人也。今字从墨。》/659

繑 (교)【qiāo ㄑㄧㄠˉ】 끈, 허리띠

설문 8266 絝紐也。《紐者、系也。脛衣上有系。系於幝帶曰繑。》从糸。喬聲。《牽遙切。2部。》/654

繒 (증)【zēng ㄗㄥˉ】 명주, 비단(견직물의 총칭), 주살

설문 8196 帛也。《『七篇:帛』下曰繒也。是爲轉注。『春秋傳』叚(假)爲鄫字。》从糸。曾聲。《疾陵切。6部。》 綷籒文繒。从宰省。《宰省聲也。不曰辛聲定爲宰省聲者、辛與曾有眞蒸之別。宰省與曾爲之蒸之相合。通轉冣(最)近者也。》楊雄㠯(以)爲『漢律』祠『宗廟:丹書』告也。《「也」字依『韵(韻)會』補。綷爲祠『宗廟:丹書』告神之帛。見於『漢律』者字如此作。楊雄言之。『雄-甘泉賦』曰。上天之縡。葢(蓋)卽謂『郊祀:丹書』告神者。此則从宰不省者也。》/648

織 (직)【zhī ㄓˉ】 (베를)짤, 직물 ■치:기

설문 8137 作布帛之總名也。《布者麻縷所成。帛者絲所成。作之皆謂之織。許此部別布於絲。自緭篆至絣篆二十六字皆言布也。而有不可分者、如織篆是也。經與緯相成曰織。古叚(假)爲識字。如『詩』之織文、微識也。》从糸。戠聲。《之弋切。1部。》/644

繕 (선)【shàn ㄕㄢˋ】 기울, 다스릴, 엮을, 굳셀

설문 8288 補也。《『周禮:繕人:注』曰。繕之言勁也、善也。『叔于田:序:注』云。繕之言善也。『曲禮』。招搖在上。急繕其怒。『注』曰。急猶堅也。繕讀曰勁。按許言補、其本義也。而中含善勁二義。故鄭云之言。不必如『曲禮:注』之改讀也。》从糸。善聲。《時戰切。14部。》/656

繘 (율)【yù ㄩˋ】 두레박 줄

설문 8324 綆(綆)也。《『易:井卦』。汔(汽)至亦未繘井。羸其甁。鄭云。繘、綆也。『方言』曰。繘、自關而東周洛韓魏之閒謂之「綆」。或謂之「絡」。關西謂之「繘」。》从糸。矞聲。《余聿切。15部。》 𦃇古文从絲。 𦄈籒文繘。《从絲又从臼也。臼者、叉手也。》/659

繙 (번)【fān ㄈㄢˉ】 ㉦㊥⑨㉶ fán (끈을)풀, 펴볼

설문 8168 繙冤(寃)也。《三字句。【各本】無繙字。「冤」作「寃」。今補正。『玉篇』繙下曰冤也。『集韵(韻)』引『說文』同。葢(蓋)謂繙字爲複字而刪(刪)之。不知繙冤爲疊韵(疊韻)。古語。『集韵』、『類篇』皆曰繙絻、亂也。是冤俗作絻也。〔巾部〕有幡帤二篆。亦是疊韵。小兒拭觚布也。此謂亂也。仍當補亂字。下文二篆皆訓亂。》从糸。番聲。《附袁切。14部。》/646

繚 (료)【liáo ㄌㄧㄠˊ】 ㉦㊥⑨㉶ liǎo 얽힐(감길), 다스릴

설문 8175 纏也。从糸。尞聲。《盧鳥切。2部。》/647

繛 繛(작)【chuò ㄔㄨㄛˋ】 너그러울 ※ 작(綽)과 같은 글자 (糸부 12획)

설문 8374 𦄒也。《『淇澳:毛傳』曰。綽、緩也。》从素(素)。卓聲。《昌約切。2部。》 綽繛或省。《今多如此作。》/662

繜 (준)【zūn ㄗㄨㄣ】 치마, 쇠코잠방이

설문 8268 蔽膝中女子無絝。曰(以)帛爲脛空。用絮補核。名曰繜衣。狀如襜褕。《無絝者、無左右各一之絝也。「帛」、依『急就篇』當作「布」。空腔古今字。「核」當作「覈」。果覈之引申也。帛爲脛腔。褚以絮而裹之。若今江東婦之卷肸。肸音如滂去聲。是名繜衣。亦曰毋繜。『急就篇』曰。禪衣蔽膝布毋繜。蒕(蓋)蔽𧝑、繜衣、襜三者相似。故曰狀如襜。〔衣部〕曰。襜、衣蔽前也。又曰。直裾謂之襜褕。此當曰狀如襜。不當有褕字。》从糸。尊聲。《子昆切。13部。》/655

繞 (요)【rào ㄖㄠˋ】 ㉯㊥⑨㉶ rǎo 얽힐, 감길, 두를

설문 8177 纏也。从糸。堯聲。《而沼切。2部。》/647

繟 (천)【chǎn ㄔㄢˇ】 느슨할, 연달아 댈

설문 8251 帶緩也。《繟之言緂也。『韓詩』。檀車緂緂。『毛詩』作「幝幝」。》从糸。單聲。《昌善切。14部。》/653

縈 (예)【ruǐ ㄖㄨㄟˇ】 드리울, 늘어뜨려 찬 모양

설문 6652 乘也。《「乘」【各本】作「垂」。誤。今正。『左傳』曰。佩玉縈兮。余無所繫之。旨酒一盛兮。余與褐之父睨之。『注』云。縈然、服飾備(備)也。按縈然、垂意。『左氏』縈繫睨爲韵(韻)。古音 16部也。》从糸惢。《【各本】下有聲字。今刪(刪)。此會意字。糸者、所以系而垂之也。不入〔糸部〕者、重惢也。惢亦聲。如壘切。古音在 16部。》/515

繡 (수)【xiù ㄒㄧㄡˋ】 자수, 수 놓을, (무늬 있는)비단

설문 8211 五采備(備)也。《『考工記』。畫(畵)繢之事襍(雜)五采。五采備(備)謂之繡。『鄭氏-古文-尙書』曰。子欲觀古人之象。日、月、星辰、山、龍、華蟲作「繢」。宗彝(彝)、藻、火、粉米、黼、黻希繡。此古天子冕服十二章。希讀爲黹。或作「絺」、字之誤也。按今人以鍼縷所紩者謂之繡。與畫爲二事。如『考工記』則繡亦系之畫繪。同爲設色之工也。畫繪與文字又爲一事。故許以觀古人之象說遵修舊文也。》从糸。肅聲。《息救切。3部。》/649

繢 (회)【huì ㄏㄨㄟˋ】 수 놓은 무늬(옷감) ■홀:같은 뜻 ■귀:속음 ■궤:톱끝

설문 8144 織餘也。《此亦兼布帛言之也。上文機縷爲機頭。此織餘爲機尾。繢之言遺也。故訓爲織餘。織餘、今亦呼爲機頭。可用系物及飾物。『急就篇』絛(絛)繢總爲一類。是也。『顏、王-注』未諦。今則此義廢矣。》一曰畫(畵)也。《四字依『韵(韻)會』補。今所傳『小徐-繫傳本』、此卷全闕。黃氏作『韵會』時所見尙完。知【小徐本】有此四字也。畫者、介也。今謂之畛畫。繢畫雙聲。『考工記』曰。設色之工畫、繢、鐘、筐、㡛(㡛)。又曰。畫繢之事襍(雜)五采。『咎繇謨』。日、月、星辰、山、龍、華蟲作繪。『鄭-注』曰。繪讀曰繢。讀曰猶讀爲。易其字也。以爲訓畫之字當作繢也。繪訓五采繡。故必易繪爲繢。『鄭司農-注:周禮』引『論語』繢事後素。》从糸。貴聲。《胡對切。15部。》/645

綽 繛(작)【chuò ㄔㄨㄛˋ】 너그러울 ※ 작(綽)과 같은 글자 (糸부 12획)

설문 8374 緩也。《『淇澳:毛傳』曰。綽、緩也。》从素(素)。卓聲。《昌約切。2部。》綽繛或省。《今多如此作。》/662

◀ 제 13 획 ▶

繩 (승)【shéng ㄕㄥˊ】 노(끈, 실), 곧을, 먹줄 ■민:가 없는 모양, 끊이지 않고 움직일

설문 8298 索也。《索下云。繩也。艸有莖葉、可作繩索也。故从朩糸。繩可以縣、可以束、可以爲閑。故『釋訓』曰。兢兢、繩繩、戒也。『周南:傳』曰。繩繩、戒愼也。》从糸。蠅省聲。《食陵切。蠅字入〔黽部〕者、謂其虫大腹如黽類也。故蠅以『韵(韻)會』意。不以黽形聲。繩爲蠅省聲。故同在古音弟 6部。黽則古音如芒。在弟 10部。》/657

繪 (회)【huì ㄏㄨㄟˋ】 그림, 그릴

설문 8213 會五采繡也。《會繪疊韵(疊韻)。今人分『咎繇謨』繪繡爲二事。古者二事不分。統謂之設色之工而已。古者繢訓畫(畵)、繪訓繡。說見繢下。》『虞書』曰。山、龍、蕐(華)蟲作繪。《『咎繇謨』文。》『論語』曰。繪事後素(素)。《『八佾篇』文。此皆證繪繡無二事也。》从糸。會聲。《黃外切。15部。》/649

繫 계【xì ㄒㄧˋ】 ㉯ jì 이을, 얽어 맬, 약속할, 굳은 솜, 머무를

설문 8335 繫褫也。一曰惡絮。《一曰猶一名也。繫褫讀如谿黎。疊(疊)韵字。音轉爲綈褫。綈苦堅切。『廣韵:十二齊』、一先皆曰。綈褫、惡絮。是也。『釋名』曰。煮繭(繭)曰莫。莫、幕也。貧者著衣可以幕絮也。或謂之牽離。煮熟爛牽引使離散如絮也。按此與煮繭𦀔頭不同物。編『太平御覽』者合而一之。誤矣。》从糸。毄聲。《大徐古詣切。非也。此字之本音見『周易』釋文。云。直作毄下糸者、音口奚反。『集韵』。繫牽兮切。引『說文』繫褫今惡絮。陸德明、丁度非不言之憭然也。而六朝以後舍系不用、而叚繫爲系。遂使繫之本義薶蘊終古。至鼎臣奉敕校定【此書】。亦徑云古詣切。何淺率如是。尙自謂用『唐韵』。不知『唐韵』霽韵內之繫、非【許書】之繫褫也。16部。》/659

형성 (1자) 계(蘻 蘻)382

繭 䌠 견【jiǎn ㄐㄧㄢˇ】 누에 고치, (누에가 만든)실, 솜옷, 부르틀

설문 8122 蠶衣也。《衣者、依也。蠶所依曰蠶衣。蠶不自有其衣。而以其衣衣天下。此聖人之所取法也。》从糸。从虫。从芇。《「芇聲」。【各本】作「黹省」。黹不得爲繭(繭)會意。『韵會』萬省聲。萬上从二十并。亦非也。『五經文字』曰。从虫、从芇。芇音綿。〔許書-𦫵部〕有芇。字相當也。讀若宀。【張參-所據:本】是矣。今據正。虫者蠶也。芇者、僅足蔽其身也。工殄反。14部。》䌠古文繭。从糸見。《見聲

糸 6 ⑬

也。》/643
형성 (1자) 견(繭) 5039

繮 (강)【jiāng ㄐㄧㄤ】(말의) 고삐
설문 8312 馬紲也。《『釋名』曰。韁、疆也。繫之使不得出疆限也。》从糸。畺聲。《居良切。10部。》/658

緩 緩(완)【huán ㄏㄨㄢˊ】상中⑨작 huǎn 더딜, 너그러울 ■환: 너그러울(糸부 13획)
설문 8375 綽(綽)也。《〔糸部〕曰。紓、緩也。然則緩、紓也。》从素(素)。爰聲。《胡管切。14部。大徐「管」作「玩」。非。》緩 緩或省。《今多如此作。》/662

繯 환【huán ㄏㄨㄢˊ】상中⑨작 xuàn 비단 무늬 ■현: 얽을, 둘릴
설문 8179 落也。《落者、今之絡字。古叚(假)落。不作絡。謂包絡也。『莊子』落馬首、『漢書』虎落皆作落。木落乃物成之象。故曰落成、曰包落。皆取成就之意也。『馬融傳』曰。繯槖四野之飛征。『李-注』引『說文』。又引『國語』繯於山有牢。『賈逵-注』云。繯、還也。按還環古今字。古用還不用環。『國語』繯於山有牢【今本】譌作環山於有牢。『韋-注』曰。環、繞也。山於誤倒。環爲俗字。葢(蓋)非韋氏之誤、而淺人轉寫所致也。知【古書】之陁繆不可知者多矣。》从糸。睘(睘瞏)聲。《胡畎切。14部。李賢又胡串切。》/647
형성 (1자) 견(繯) 4612

繰 (조)【sāo ㄙㄠ】상中⑨ zǎo 작 qiāo 本[아청빛 비단] ■소: (고치)켤
설문 8234 帛如紺色。《如紺色者、如紺而別於紺也。『廣雅』系諸青類。葢(蓋)比紺色之青更深矣。『禮記』用爲澡治字。【他書】用爲繅絲字。》或曰深繒。《深繒疑有譌舛。繒不得言深也。》从糸。喿聲。讀若喿。《親小切。2部。按『廣雅』音早。『廣韵(韻)』同。》/651

繱 (총)【cōng ㄘㄨㄥ】비단의 푸른 빛깔, 엷은 푸른 빛깔의 비단
설문 8231 帛青色也。《『爾雅』。青謂之蔥。蔥卽繱也。謂其色蔥。蔥淺青也。深青則爲藍矣。〔市部〕曰。大夫赤市。蔥衡。用『玉藻』文也。『潘岳-藉田賦』。繱犗服於縹軛。『廣雅』。絠一名總。作繱者誤。》从糸。蔥聲。《倉紅切。9部。》/651

繄 (국)【jú ㄐㄩˊ】상 sù 흰 비단 (糸부 13획)
설문 8371 縈(素)屬。从縈。𦥑(廾)聲。《居玉切。3部。》/662

繁 繳(작)【zhuó ㄓㄨㄛˊ】本[생실오라기] 주살(오늬에 줄을 맨 화살), 실, 얽힐 ■교: 동일
설문 8327 生絲縷也。《生絲爲縷也。凡蠶者爲絲。麻者爲縷。絲細縷麤。故糾合之絲得偁(稱)縷。》謂縷系矰矢而㠯(以)隿𨊠(射)也。《『李善-文賦:注』所引有此十字。今按有此乃完。當作「生絲縷系矰矢而㠯(以)隿𨊠(射)也」、共十一字。〔矢部〕曰。矰者、隿𨊠矢也。〔隹部〕曰。隿者、繁𨊠飛鳥也。繳者、繁繳也。》从糸。敫聲。《之若切。古音在 2部。》/659

繴 (벽)【bò ㄅㄛˋ】상中⑨작 bì 작 bò 분합대(실로 짠 띠), (묵은)솜
설문 8328 繴謂之罿。罿謂之罬。罬謂之罦。捕鳥覆車也。《見『釋器』及〔网部〕。》从糸。辟聲。《博厄切。16部。》/659

繟 (천)【zhàn ㄓㄢˋ】상中⑨작 chǎn 치우쳐 늘어질 ■선·전: 같은 뜻 ■연: 동일, 얽어질
설문 8157 偏緩也。《「緩」正作「𦆏」。綽也。『毛詩』。檀車嘽嘽。毛曰。嘽嘽、敝皃(貌)。釋文云。『韓詩』作「繟繟」。葢(蓋)物敝則緩。其義相通。》从糸。羨聲。《昌善切。14部。》/646

繭 𦅾(견)【juān ㄐㄩㄢ】상中⑨작 jiān 뜻 굳게 가질, 입 닫을(口閉) ■혐: 같은 뜻 ■감: 아낄(糸부 13획)
설문 5314 堅持意也。《堅持意。「堅」各本作「監」。今依『篇』、『韵(韻)』正。从緘者、三緘其口之意。》口閉也。从欠。緘聲。《口閉說从欠緘之意。當云从欠緘、緘亦聲。此擧(擧)形聲包會意耳。古咸切。7部。》/412

繹 (역)【yì ㄧˋ】당길, 찾을, 연달, 늘어놓을
설문 8124 抽絲也。《抽者、引也。引申爲凡駱驛、溫尋之稱。『駉:傳』曰。繹繹、善走也。》从糸。睪(睪)聲。《羊益切。古音在 5部。》/643

◀ 제 14 획 ▶

辮 (변)【biàn ㄅㄧㄢˋ】(머리를 엇걸려) 땋을
설문 8180 交也。《『玄應』引作交織之也。『終軍傳』曰。解辮髮、削左衽。『三蒼』叚(假)編爲之。》从糸。辡聲。《分而合也。故从辡。形聲中有會意也。頻犬切。14部。》/647

繻 (수)【xū ㄒㄩ】(올이 가는)명주, 비단의 채색 ■유: 같은 뜻
설문 8241 繒采色也。《此本義也。『左傳』紀裂繻。大夫以裂繻爲名。此繻乃𢄙之叚(假)借。〔巾部〕曰𢄙、繒耑裂也是也。『終軍傳』。關吏與軍繻。蘇林曰。繻、帛邊也。舊關出入皆以傳。傳因裂繻頭。合以爲符信也。卽『左氏』裂繻字。正當作「𢄙」。是以【二傳】作「𦄵」。》从糸。需聲。讀若繻有衣。《相俞切。古音在 4部。》讀若繻有衣。《『周易:旣濟、六四』文。葢有譌奪。證之以絮篆下所偁(稱)。則「繻」當作「需」。衣下奪絮字。》/652

繼 継 繼 (계)【jì ㄐㄧˋ】이을, 이어받을, 맬, 얽을
설문 8153 續也。《『虞翻(飜)-注:易』曰。繼、統也。》从糸㡭。《【各本】篆文作「繼」。解作从糸𢇍。則不可通。今正。此會意字。从糸㡭者、謂以糸聯其㡭(絕)也。自傳寫譌亂。併篆體改之。因又刪(刪)𢇍篆矣。古詣切。15部。》𢇍 繼或作𢇍。反㡭爲𢇍。《大徐無篆文。但有「一曰反㡭爲𢇍」六字。不可了。【小徐本】云。「或作㡭。反㡭爲𢇍」。

今依以補一篆文。乃使文從字順矣。反之而成字者、如反巳爲㠯、反人爲匕、反正爲乏是也。【小徐本】見『韵會』。『莊』、『列』皆云得水爲𢇍。此篆見【古書】者惟此。而『莊』譌作𢇍。》/645

성부 𢇍𢇍계 斷斷단

형부 단(𢇍)

형성 (1자) 계(檵)3375

纀 (복)【pú ㄆㄨˊ】⑨작 bú 치마폭을 갈길, 머리동이, 두건

설문 8264 常削幅謂之纀。《『爾雅:釋器』文也。郭云。削殺其幅、『深衣』之裳也。按【許書】之削當作消。纀之言僕也。僕之言附也。》从糸。僕聲。《博木切。3部。》/654

纁 (훈)【xūn ㄒㄩㄣˉ】분홍빛, 세번 물들일

설문 8221 淺絳也。《『考工記』。鍾氏三入爲纁。『爾雅』。一染謂之縓。再染謂之赬。三染謂之纁。『鄭-注:禮』曰。纁裳、淺絳裳也。》从糸。熏聲。《許云切。13部。『周禮-故書』「纁」作「䌨」。》/650

纂 (찬)【zuǎn ㄗㄨㄢˇ】(문서를)모을, 이을(계승)

설문 8256 侣(似)組而赤。《『漢:景帝紀』曰。錦繡纂組、害女紅者也。臣瓚引此爲注。按組之色不同。似組而赤者、則謂之纂。『釋詁』曰。纂、繼也。此謂纂卽纘之叚(假)借也。近人用爲撰集之偁(稱)。》从糸。筭(算)聲。《作管切。14部。》/654

◀ 제 15 획 ▶

纅 (약)【yuè ㄩㄝˋ】상⊕⑨작 yào 색실 ■삭:같은 뜻 ■력:실 다듬을

설문 8134 絲色也。《謂絲之色光采灼然也。『考工記』曰。絲欲沈。『注』云。如在水中時色。今人謂之「漂亮」。》从糸。樂聲。《以灼切。2部。》/644

纇 (뢰)【lèi ㄌㄟˋ】마디, 꽃봉오리

설문 8148 絲節也。《節者、竹約也。引申爲凡約結之稱。絲之約結不解者曰纇。引申之、凡人之愆尤皆曰纇。『左傳』忿纇無期是也。亦叚(假)類爲之。『昭:十六年:傳』曰。刑(刑)之頗類。服虔讀類爲纇。解云。纇、不平也》从糸。頪聲。《盧對切。15部。》/645

繂 (률)【shuò ㄕㄨㄛˋ】상 lǜ 작 shuài 흰비단, 배끄는 밧줄 (糸부 15획)

설문 8373 素(素)屬。《「素」當作「索」。索見〔宋部〕。繩索也。从素之字、古亦从糸。故繂字或作「繂」。或作「䌊」。『采未:毛傳』曰。紼、䌊也。謂麻繩也。『今-說文』譌作素屬。乃不可通矣。》从素。《猶从糸也。》率聲。《所律切。15部。》/662

纊 (광)【kuàng ㄎㄨㄤˋ】솜

설문 8332 絮也。《『玉藻』。纊爲繭。『注』曰。纊、今之新緜(綿)也。按鄭釋纊爲新緜者、以別於縕之爲新緜及舊絮也。許則謂纊爲絲絮。不分新故。謂縕爲麻紼。與鄭絕(絶)異。》从糸。廣聲。《苦謗切。10部。》『春秋傳』曰。皆如挾纊。《『春秋:宣:十二年:左傳』文。》絖纊或从光。/659

續 (속)【xù ㄒㄩˋ】이을(연속, 계승), 계속

설문 8154 連也。《連者、負車也。聯者、連也。皆其義也。『釋詁』曰。繼也。》从糸。𧶠(賣)聲。《似足切。3部。》賡古文續。从庚貝。《『明詔諫』。乃『賡載歌』。釋文加孟皆行二反。賈氏昌朝云。『唐韵(韻)』以爲『說文』誤。徐鉉曰。今俗作古行切。按『說文』非誤也。許謂會意字。故从庚貝會意。庚貝者、貝更迭相聯屬也。『唐韵』以下皆謂形聲字。从貝、庚聲。故當皆行反也。不知此字果从貝、庚聲。許必入之〔貝部〕或〔庚部〕矣。其誤起於『孔-傳』。以續釋賡。故遂不用許說。抑知以今字釋古文。古人自有此例。卽如許云舄、䧿也。非以今字釋古文乎。『毛詩:西有長庚:傳』曰。庚、續也。此正謂庚與賡同義。庚有續義。故古文續字取以會意也。仍會意爲形聲。其瞀亂有如此者。》/645

纍 (류)【léi ㄌㄟˊ】本[케어 맬] 원통하게 죽은 사람, 번거로울, (겹겹이)쌓일 ■뢰:산이름

설문 8290 綴得理也。《綴者、合箸(着)也。合箸得其理、則有條不紊。是曰纍(累)。『樂記』曰。纍纍乎端如貫珠。此其證也。》一曰大索也。《『論語』作縲。字之誤。『注』云。黑索也。亦誤作累。如『孟子』係累其子弟是。亦作羸。如『易:大壯』羸其角。馬云大索也。鄭、虞作纍。引申之、不以罪死曰纍。見『楊雄-反離騷:注』。》从糸。畾聲。《畾聲卽靁省聲也。力追切。15部。按纍絫二字大不同。纍在15部。大索也。其隸變不得作累。絫在16部。增也。引申之延及也。其俗體作「累」。古所不用。》/656

纏 (전)【chán ㄔㄢˊ】얽을, 얽힐, 감을

설문 8176 繞也。从糸。廛聲。《直連切。14部。》/647

◀ 제 16 획 ▶

纑 (로)【lú ㄌㄨˊ】실, 삼, 삼베

설문 8340 布縷也。《言布縷者、以別乎絲縷也。績之而成縷、可以爲布。是曰纑。『禮經』縷分別若干升以爲麤細。五服之縷不同也。趙岐曰。湅麻曰纑。〔麻部:䌱〕下曰。未湅治纑也。然則湅治之乃曰纑。葢(蓋)縷有不湅者。若斬衰、齊衰、大功、小功之縷皆不湅。緦衰之縷則湅之。若吉服之縷則無不湅者。不湅者曰「䌱」。湅者曰「纑」。統呼曰「縷」。》从糸。盧聲。《洛乎切。5部。》/660

◀ 제 17 획 ▶

罽 (계)【jì ㄐㄧˋ】털 이불

설문 8366 西胡毳布也。《西胡見『玉部:玵:注』。毳者。獸細毛也。用織爲布、是曰罽。亦叚(假)𦋺爲之。》从糸。𦋺聲。《居例切。15部。》/662

纓 (영)【yīng ㄧㄥˉ】갓끈, 노(새끼줄)

설문 8246 冠系也。《冠系、可以系冠者也。系者、係也。以二組系於冠卷結頤下是謂纓。與紘之自下而上

糸 6 ⑰

系於笄者不同。冠用纓。冕弁用紘。纓以固武。卽以固冠。故日冠系。『玉藻』之記日。玄冠朱組纓。天子之冠也。緇布冠繢緌。諸侯之冠也。玄冠丹組纓。諸侯之齊冠也。玄冠綦組纓。士之齊冠也。許此冠字專謂冠、不該冕弁。》从糸。嬰聲。《於盈切。11部。》/653

纔 (재)【cái ㄘㄞˊ】 ⓢⓩ⑨ shān ⓙ qiān 겨우 ■삼:本[참새머리빛 비단]

설문 8236 帛雀頭色也。《【今-經典】緅字許無。纔卽緅字也。『考工記』。三入爲纁。五入爲緅。七入爲緇。『注』。染纁者三入而成。又再染以黑則爲緅。緅、『今-禮』俗文作「爵」。言如爵頭色也。又復再染以黑、乃成緇矣。『士冠禮:爵弁服:注』。爵弁者、冕之次。其色赤而微黑。如爵頭然。或謂之緅。依鄭則爵緅纔三字一也。三字雙聲。『巾車:雀飾:注』日。雀、黑多赤少之色。玉裁按今目驗雀頭色赤而微黑。》一日敚黑色如紺。《句。》纔、《逗。前一說謂黑多。後一說謂微黑。不同。『鄭-注:考工、巾車』謂黑多。『注:士冠禮』謂微黑。亦不同也。其實雀頭微黑而已。纔淺亦於雙聲求之。猶竊之訓淺也。江沅日。今用爲才字。乃淺義引伸。》淺也。讀若讒。从糸。毚聲。《士咸切。8部。》/651

纕 (양)【ráng ㄖㄤˊ】 ⓢⓩ⑨ rǎng (허리)띠, (말의)뱃대끈

설문 8275 援臂也。《援臂者、捋衣出其臂也。『王制』。適四方。贏股肱。『注』云。謂擐衣出其臂脛。蕭該云。「擐」當作「捋」。擐是穿著之名。非出臂之義。陸德明日。擐舊音患。今宜音宣。依字作捋。『字林』云。捋、捋臂也。先全反。玉裁按援捋古今字。捋、俗又作揎。鄭作擐猶許作援。二聲古同耳。【字書】、【韵(韻)書】有从寽聲之字。今以『詛楚文-石刻』攷之。其云亦應寽皇天上帝及大沈久湫之幾靈德賜戸劑楚師。釋爲爰、釋爲援皆可。董逌云古受字。非也。援臂者、援引也。引褎而上之也。是爲纕臂。襄訓解衣。故其字从襄糸。今則攘臂行而纕臂廢矣。攘乃揖讓字。》从 糸。襄聲。《汝羊切。10部。『廣韵(韻)』攘臂平聲。》/655

纖 (섬)【xiān ㄒㄧㄢˉ】 가늘, 작을, 자세할, 고운 비단 ■점:속음

설문 8164 絅(細)也。《細者、敚也。『魏風』。摻摻女手。『韓詩』作纖纖女手。『毛傳』日。摻摻猶纖纖也。『尙書』。厥篚玄纖縞。『鄭-注』。纖、細也。『漢文紀』。遺詔纖七日、『釋服』。『服虔-注』。纖、細布。凡細謂之纖。其字或作「孅」。『漢:食貨志』如此。『荀卿子』纖驪、『列子』作盜驪。『穆天子傳』盜驪。『郭-注』爲馬細頸。驪、黑色也。『廣雅』作駣騄。駣者、駇駣脩長之謂。盜駣同聲。纖駣同義也。》从糸。韱聲。《息廉切。7部。》/646

◀ 제 18 획 ▶

纗 (수)【huí ㄏㄨㄟˊ】 ⓢⓩ⑨ zuī ⓙ xié 그물줄, 이을, 큰 띠 ■유:줄의 중간이 끊어질

설문 8276 維綱中繩也。《綱者、网之紘也。又用繩維之。左右皆有繩、而中繩居要。是日纗。『思玄賦:舊注』云。纗、系也。葢(蓋)引申之爲凡系之偁(稱)。『思玄賦』日。纗幽蘭之秋華。『李善-引:通俗文』日。繫幃日纗。幃者、今之香囊也。『通俗文』【各本】作『說文』。今以意改。》从糸。巂聲。讀若畫(畵)。《戶圭切。『廣韵(韻)』又胡卦切。16部。》或讀若維。《維疑當作「絓」。》/655

◀ 제 19 획 ▶

纘 (찬)【zuǎn ㄗㄨㄢˇ】 이을(계승), 모을

설문 8155 繼(繼)也。《『豳風』。載纘武功。『傳』日。纘、繼也。『中庸』。武王纘大王、王季、文王之緖。『注』日。纘、繼也。或叚(假)纂爲之。》从糸。贊聲。《作管切。14部。》/646

纚 (사)【shǐ ㄕˇ】 ⓢⓩ⑨ⓙ xǐ 머리싸개 ■리:연할, 갓끈 ■새:나부끼는 모양

설문 8243 冠織也。《冠織者、爲冠而設之織成也。凡繒布不墾翦裁而成者謂之織成。『內則:注』日。縰、韜髮者也。『士冠禮』日。纚廣終幅長六尺。『注』日。纚、今之幘。終、充也。纚一幅長六尺。足以韜髮而結之矣。『禮經』贊者奠(奠)纚而後設纚。賓正纚乃加冠。是以纚韜髮而後冠也。此纚葢(蓋)織成。緇帛廣二尺二寸、長袛六尺。不待翦裁。故日冠織。漢制。齊三服冠獻冠幘縰。正是織成者。『注』云。如方目紗。按引申之、网有名纚者。薛綜日。纚網如箕形。狹後廣前。『西京賦』日。纚鰋鮋。『吳都賦』日。纚鰽魦。○『釋名』。纚以韜髮者也。以纚爲之。因以爲之名。按劉(劉)語似誤。本爲韜髮之偁(稱)。繼乃以爲帛偁。如劉語乃倒其先後矣。》从糸。麗聲。《所綺切。16部。亦作「縰」、同。問喪「雞(鷄)斯」、卽「笄纚」之叚(假)借也。》謂日緇(以緇)帛韜髮。《六字【各本】無。依『集韵(韻)』、『類篇』、『韵(韻)會』所引皆有。葢(蓋)【古注】之存者。》/652

纚 (시)【shī ㄕˉ】 굵은 실끈, 명주

설문 8206 粗緖也。《粗者、疏也。粗葢(蓋)亦繒名。『廣韵(韻)』云。繒似布。俗作「絁」。玉裁按葢(蓋)今之綿紬。》从糸。璽聲。《式支切。16部。》/648

纝 (라)【luò ㄌㄨㄛˋ】 고르지 못할, 굵을, 거칠

설문 8189 不均也。《此與纇雙聲。其義亦相近。》从糸。羸聲。《力臥切。17部。》/647

121 缶 6-04 질장군 부

缶 부【fǒu ㄈㄡˇ】[설문부수 185] (배가 불룩하고 가운데에 좁은 아가리가 있는)질장구 ■관:〈네이버 자전〉

설문 3143 瓦器所目(以)盛酒漿(醬)。《『釋器』、『陳風:傳』皆云。盎謂之缶。許云。盎、盆也。罌、缶也。似許與『爾雅』說異。缶有小有大。如汲水之缶、葢(蓋)小者也。如五獻之尊、門外缶大於一石之壺、五斗之瓦甒、其大者也。

皆可以盛酒漿。》秦人敲之旨節謌。《敲之錄切。擊也。『韵會』敲作擊。『李斯傳』、『廉藺傳』、『漢:楊惲傳』皆可證。》象形。《字象器形。方九切。3部。俗作缻。》凡缶之屬皆从缶。/224

성부 부록 색인 참조

형부 缶를 부수로 하는 대부분의 글자들
고(盬)

형성 (3자) 부(鈇)2622 탑(蓋)2954
보(寶)4390

◀ 제 3 획 ▶

缸 (항)【gāng ㄍㄤˉ】 (작) xiáng 항아리
설문 3153 瓨也。《〔瓦部〕曰。瓨似罌。長頸。受十斗。缸與瓨音義皆同也。『史、漢:貨殖傳』皆曰。醯醬千瓨。》从缶。工聲。《下江切。9部。》/225

◀ 제 4 획 ▶

䍃 요【yóu ㄧㄡˊ】 항아리(입이 작고 배가 부른 질그릇), 독, 병
설문 3156 瓦器也。从缶。肉聲。《以周切。3部。》/225

성부 䌛유

형성 (8자+2) 도(蹈)1291 도(韜)3241
도(稻)4203 도(騊)5900 도(慆)6479
도(滔)6809 도(搯)7474 도(䧂)8052
요(遙) 요(鰩)

缺 缼(결)【quē ㄑㄩㄝˉ】 그릇 깨어질, 이지러질 ■규:갓을 단단하게 한 눈(卷幘, 結項中爲四綴, 所以固冠者.)
설문 3159 器破也。《俗誤作「缼」。又通用闕。》从缶。夬聲。《『各本』作「決省聲」。今正。傾雪切。15部。》/225

◀ 제 5 획 ▶

缸 (점)【diàn ㄉㄧㄢˋ】 (상)(中)(9)(작) diǎn 이지러질
설문 3158 缺也。《刀缺謂之刮。瓦器缺謂之䍄。『詩』云。白圭之刮。引伸通用也。》从缶。占聲。《都念切。7部。》/225

缶乏 (답)【tà ㄊㄚˋ】 밑이 납짝한 자배기
설문 3151 下平缶也。《「下」當作「不」。字之誤也。凡器無不下平者。以從乏之意求之。當是不平缶。反正爲乏也。又以讀若㬱求之。㬱與替雙聲。替者一偏下也。『集韵(韻)』、『類篇』皆引『說文』瓨也。【二書】引『說文』皆用【大徐本】。何以乖異若是。『廣雅』。䍇、瓶也。》从缶。亚(乏)聲。讀若薄引㬱。《土盍(盍)切。7部。》/225

◀ 제 6 획 ▶

缿 (항)【dòu ㄉㄡˋ】 (상)(작) xiàng 벙어리(저금통)
설문 3163 受錢器也。《易入難出器也。『史記:酷吏列傳』。惡少年投缿。『漢書』。趙廣漢敎吏爲缿筩。蘇林曰。缿如瓨。可受投書。師古曰。缿、若今盛錢藏瓶。爲小孔。可入而不可出。》从缶。后聲。《大口切。又胡講切。按胡講、音之轉也。古音在 4部。「大」當作「火」。》古旨(以)瓦。今旨竹。《說从缶之意也。『趙-傳』缿筩。缿卽以瓦者。筩卽以竹者。許云今以竹。則許時用竹者多也。今市中錢筩皆用竹。》/226

◀ 제 8 획 ▶

緎 (역)【yù ㄩˋ】 질장구
설문 3154 瓦器也。从缶。或聲。《于逼切。1部。》/225

缾 (병)【píng ㄆㄧㄥˊ】 단지 ※ 병(瓶)과 같은 글자
설문 3149 罋也。《『易:井:卦辭』曰。羸其瓶。『左傳』衞(衛)孫蒯飮馬於重丘。毁其瓶。按瓶亦評缶。『左傳』具綆缶。此缶之小者。》从缶。并聲。《薄經切。11部。》 瓶缾或从瓦。/225

䍌 (부)【póu ㄆㄡˊ】 (상)(中)(9) bù (작) póu 작은 질장군
설문 3148 小缶也。《按『方言』曰。瓿甊、甖也。自關而西、晉之舊都、河汾之間、其大者謂之甀。其中者謂之瓿甊。又曰。缶謂之瓿甌。許意缶罌一物也。故云瓿、小缶也。卽楊之中者謂之瓿甊也。》从缶。杏(咅)聲。《蒲偯(侯)切。『廣韵(韻)』薄侯切。4部。》/225

◀ 제 10 획 ▶

䍋 (수)【chuí ㄔㄨㄟˊ】 입이 작은 독
설문 3147 小口罌也。《上文罌者、兼大口小口渾言之。此云小口罌、則析言之也。小口則宁物必垂下之。故曰䍋。『凌人:注』云。鑑如甀。大口。以盛氷。謂如䍋而大口也。『醢人:注』曰。塗置甀中。百日則成矣。『方言』。罃、周洛韓鄭之間謂之「甀」。或謂之「罃」。按罃者、缾之長頸者。䍋不長頸。方俗或同名。》从缶。𠂹聲。《池僞切。古音在 17部。》/225

㱿 (부)【kù ㄎㄨˋ】 (상)(中)(9)(작) kòu 굽지 않은 그릇
설문 3144 未燒瓦器也。《〔土部〕曰。瓦未燒曰坏。㱿與坏不但義同。而音㝡(最)相近。故『集韵(韻)』謂爲一字、披尤切也。》从缶。㱿聲。讀若筩莩同。《謂讀與筩莩之莩同也。『漢書』非有葭莩之親。張晏曰。葭、蘆也。莩、葉裏白皮也。晉灼曰。莩、葭裏之白皮也。師古曰。莩者、蘆筩中白皮至薄者也。張說非也。按張說本同、惟轉寫蘆誤爲葉耳。司馬彪『律曆志』。以葭莩灰抑其端。當亦謂此。『劉(劉)-注』。葭莩出河內。豈以河內者爲善歟。莩音孚。則㱿亦音孚。孚古音同浮。是以在 1部爲坏字。在 3部爲㱿字。大徐苦偯(侯)切。『玉篇』苦谷切。》/224

罃 (앵)【yīng ㄧㄥˉ】 (작) jīng 목이 긴 병
설문 3152 備(備)火長頸缾也。《『左傳:襄:九年』。宋災。具綆缶。備(備)水器。杜曰。缶、汲器也。水器、盆甕之屬也。是謂汲水貯水之分。『師古-注:五行志』則謂缶卽盎也。水器者、罋瓮之屬。引『許氏-說文解字』。罃、備火、今之長頸瓶也。按【各本】無今之二字。備火長頸缾者、

(작) 作家出版社〔董蓮池-說文解字考正〕 ⑨ 九州出版社〔柴劍虹-說文解字〕 ㊀ 陝西人民出版社〔蘇寶榮-說文解字今注今譯〕 (상) 上海古籍出版社〔說文解字注〕 (中) 中華書局〔臧克和-說文解字新訂〕

缶 6 ⑪

備火之汲罋。則長其頸以多盛水。且免傾覆也。其說『左傳』者、杜爲長。》从缶。熒省聲。《烏莖切。11部。按近人謂罌罃一字。依許則劃然二物二字也。罌大罃小。用各不同。『方言』、『廣雅』說雖不與許同。而罌罃亦畫(畵)爲二。『今本-廣雅』甂瓺之下奪一「也」字。》/225

◀ 제 11 획 ▶

罄 (경)【qìng ㄑㄧㄥˋ】(텅)빌
설문 3161 器中空也。《『釋詁』、『毛傳』皆曰。罄、盡也。引伸爲凡盡之偁(稱)。如『韓詩』磬天之妹、『毛詩』俔磬也、『郭-注:爾雅』云今人呼厭極爲罄皆是。【古書】罄磬多互相假借。》从缶。殸聲。《苦定切。11部。》殸、古文磬字。《依〔石部〕〔耳部〕〔香部〕「古」當作「籒」。》『詩』曰。缾之罄矣。《『小雅』文。不偁罄無不宜、而偁此者。於从缶之意切也。》/225

罅 (하)【xià ㄒㄧㄚˋ】(벌어진)틈, 갈라질
설문 3160 裂也。《『考工記』旊人所謂薜也。引伸爲凡裂之偁(稱)。》从缶。虖聲。《呼迓切。古音在 5部。》缶燒善裂也。《說从缶之意。》/225

◀ 제 13 획 ▶

罊 (계)【qì ㄑㄧˋ】그릇 속 빌
설문 3162 器中盡也。《『釋詁』曰。罊、盡也。〔皿部〕曰。盡、器中空也。》从缶。毄聲。《苦計切。16部。『爾雅:音義』引『說文』口地反。》/226

◀ 제 14 획 ▶

罌 (앵)【yīng ㄧㄥˉ】장군, 물장군, 양병
설문 3146 缶也。《缶、『太平御覽』作㼜。今按作缶爲是。許意缶罌㼜一物也。『方言』。瓬瓭甊㼚㼣甇甀㼜瓿甊甖甖也。自關而西、晉之舊都、河汾之間、其大者謂之甀。自關而東、趙魏之郊謂之㼜。或謂之甖。甖其通語也。甀卽㼜。甖卽罌。〔瓦部〕曰。罌謂之甈。㼜、罌也。康瓠、破罌也。『史、漢:淮陰侯傳』曰。信乃益爲疑兵。乘船欲渡臨晉。而伏兵從夏陽以木罌缻渡軍。襲安邑。木罌缶者、以木爲罌缶狀。實兵於其中。不欲人知。故不爲㼜狀。韋昭云。以木爲器如罌缻以渡軍。無船、且尙密也。韋說是也。罌缶器之大者。》从缶。賏聲。《烏莖切。11部。》/225

◀ 제 17 획 ▶

䍅 (령)【líng ㄌㄧㄥˊ】조자리 달린 질장군
설문 3157 瓦器也。《『篇』、『韵(韻)』皆云似瓶有耳。》从缶。霝聲。《郎(郞)丁切。11部。》/225

𦉥 (촌)【jiàn ㄐㄧㄢˋ】상中⑨ cùn 질그릇 ■손: 같은 뜻 ■천:(베틀의)북
설문 3155 瓦器也。《『詩:斯干』。乃生女子。載弄之瓦。『傳』曰。瓦、紡専也。『箋』云。紡専、習其壹所有事也。案専同塼。紡専、『正義』不言何物。『廣韵(韻):廿二、霰』云。𦉥、紡錘。『集韵:霰韵』云。𦉥、一日紡甎。然則婦人撚綫錘頭。古用塼爲之。婦人所重者紡績。故『箋』云習其壹意於所有事也。許云瓦器。渾言之。未及詳說耳。紡錘下垂。如弋鐏之在底。故其字亦七鈍切。》从缶。薦聲。《作甸切。12部。》/225

◀ 제 18 획 ▶

罋 罋(옹)【wèng ㄨㄥˋ】항아리 ※ 옹(甕)과 같다.
설문 3150 汲缾也。《井下曰。外象構韓(韓)形。、其罋也。『井:爻辭』曰。甕敝漏。按缾罋之本義爲汲器。【經傳】所載不獨汲水者偁(稱)缾罋也。許云汲缾。分別言之。許固謂缾不專用汲矣。「罋」俗作「甕」。》从缶。雝聲。《烏貢切。9部。》/225

122	网
6-05	그물 망

网 网망【wǎng ㄨㄤˇ】[설문부수 279] 그물
설문 4609 庖犧氏所結繩吕(以)田吕漁也。《以田二字依『廣韵』、『太平御覽』補。『周易:毄(繫)辭傳』文。》从冖。《冪其上也。》下象网交文。《从象网目。文紡切。在 10部。『五經文字』曰。『說文』作网。今依『石經』作冂。》凡网之屬皆从网。罔网或加亡。《亡聲也。》𦊁或从糸。《以結繩爲之也。》𦉳古文网。从冖。亡聲。𠕈籒文。从冂。/355

유사 눈 목(目목) 두 량(网)
성부 부록 색인 참조
형부 网을 부수로 하는 대부분의 글자들
형성 (1자) 망(蛧 䋄)8517

◀ 제 3 획 ▶

罕 罕罕(한)【hǎn ㄏㄢˇ】本[긴 자루 달린 그물] 드물, 별 이름
설문 4611 网也。《謂网之一也。『吳都賦:注』曰。罼、罕皆鳥網也。按罕之制蓋(蓋)似畢。小网長柄。故『天官書』畢日罕車。【經傳】叚(假)爲尟字。故『釋詁』云。希、寡、鮮罕也。》从网。干聲。《呼旱切。14部。『五經文字』曰。【經典】相承隸省作「罕」。》/355

◀ 제 4 획 ▶

罝 (호)【hù ㄏㄨˋ】토끼 그물
설문 4633 罟也。《『廣韵(韻)』曰。兔(兎)網。》从网。互聲。《胡誤切。5部。》/356

◀ 제 5 획 ▶

罛 (고)【gū ㄍㄨˉ】그물
설문 4620 魚罟也。《『衞(衛)風:碩人』曰。施罛濊濊。『釋器』、『毛傳』皆曰。罛、魚罟。》从网。瓜聲。《古胡切。5部。》『詩』曰。『詩』罛濊濊。《按此可以正〔今本-水部濊〕濊、〔大部:奯〕奯之譌。》/355

罦 (부)【fóu ㄈㄡˊ】상中⑨작 fú 그물 ※ 부(罦)와 같은 글자 ■포:같은 뜻

설문 4630 覆車也。《『王風』。雉離于罦。『傳』曰。罦、覆車也。》从网。包聲。《縛牟切。3部。》『詩』曰。雉離于罠。《『今-毛傳』作「罦」。》 罠或从孚作。《古包聲孚聲同在 3部。》/356

罜 (주)【zhù ㄓㄨˋ】 ㊤㊥⑨㉈ zhǔ 고기 그물, 작은 그물 ■독:같은 뜻

설문 4623 罜麗、《逗。》小魚罟也。《『魯(魯)語』曰。鳥獸成。水蟲孕。水虞於是禁罝罜麗。設穽鄂。以實廟庖。畜功用也。韋曰。「罝」當作「罛」。罜麗、小網也。『西京賦』曰。設罜麗。》从网。主聲。《之庾切。4部。按古音獨。》/355

罝 (차)【jū ㄐㄩˉ】 ㊤㉈ jiē (짐승 특히 토끼 잡는)그물 ■저:같은 뜻

설문 4634 兔网也。《『周南』。肅肅兔(兎)罝。『釋器』、『毛傳』皆曰。兔罟也。》从网。且聲。《子邪切。古音在 5部。》 罝或从組作。 籒文。从虘聲。《虘聲。自羅至此八篆皆以田者也。》/356

罟 罟罟(고)【gǔ ㄍㄨˇ】 그물

설문 4621 网也。《『小雅:小明:傳』。罟、网(網)也。按不言魚网者。『易』曰。作結繩而爲网罟。以田以漁。是网罟皆非專施於漁也。罟實魚网。而鳥獸亦用之。故下文有鳥罟、兔(兎)罟。》从网。古聲。《公戶切。5部。》/355

罠 (민)【mín ㄇㄧㄣˊ】 (토끼)그물, 고라니그물, 낚시

설문 4626 所㠯(以)釣也。《「所以」二字今補。『召南』曰。其釣維何。維絲伊緡。『傳』曰。緡、綸也。『箋』云。以絲爲之綸。則是善釣也。按〔糸部〕曰。緡、釣魚繁也。此曰罠、所以釣也。然則緡罠古今字。一古文、一小篆也。『吳都賦:注』曰。罠、麋網。『廣韵(韻)』曰。罠、彘網。則又古今義殊。○『釋器』。彘罟謂之羉。本或作「罠」。『張載-七命』。布飛羉。張修罠。則羉與罠非一字也。》从网。民聲。《武巾切。12部。自罩至此十一篆皆謂以漁者也。》/356

◀ 제 6 획 ▶

罙 罙罙(미)【mí ㄇㄧˊ】 물고기 그물, (두루)돌아다닐

설문 4615 网也。《【各本】作「周行也」。『詩』釋文引作冒也。乃涉『鄭(鄭)-箋』而誤。今尋上下文皆网名。『篇』、『韵(韻)』皆云。罙、罟也。更正。葢(蓋)罟亦网名。其用主自上冒下。故『鄭氏-箋:詩:殷武』。改毛之罙入其阻爲罙入。云冒也。就字本義引伸之。此『鄭-箋』之易舊。非【經】本有作「罙」者也。【各本】米聲下有「『詩』曰罙入其阻」六字。似許用【鄭本】。恐後人所增。今刪(刪)》从网。米聲。《武移切。按古音在 15部。》 罙或从占(歺)。《占者、列骨之殘也。从占亦网罟殘害之意也。》/355

◀ 제 7 획 ▶

罞 (매)【méi ㄇㄟˊ】 꿩그물 ■무 · 모:같은 뜻

설문 4613 网也。《网之一也。『篇』、『韵(韻)』皆曰雉网。》从网。毎(每)聲。《莫桮切。古音在 1部。》/355

罘 (부)【fóu ㄈㄡˊ】 ㊤ ú ㊥⑨㉈ fú 토끼 그물 ■비:같은 뜻

설문 4632 兔(兎)罟也。《『郭璞-注:子虛(虛)賦』曰。罘、罝也。》从网。否聲。《縛牟切。古音在 1部。『秦-刻石』可證也。隸(隷)作「罘」。》/356

◀ 제 8 획 ▶

罧 (삼)【shēn ㄕㄣˉ】 ㊤㊥⑨ shèn (물고기 잡는) 고기 깃

설문 4625 積柴水中㠯(以)聚魚也。从网。林聲。《『毛詩』。潛有多魚。『韓詩』「潛」作「涔」。『釋器』曰。槮謂之涔。『毛傳』曰。潛、槮也。『爾雅』、『毛傳』槮本从米。『舍人』、李巡皆云。以米投水中、養魚曰涔。从米是也。自『小:爾雅』改作「槮」。〈改米爲木〉云櫡、〈改水爲木〉槮也。積柴水中而魚舍焉。郭景純因之云。今之作「槮」者。聚積柴木於水。魚得寒入其裹藏隱。因以薄圍捕取之。槮非古字。至若罧字。雖見『淮南:鴻烈』。然與槮皆俗字也。『毛詩』、『爾雅:音義』皆云『字林』作「罧」。不云出『說文』。疑或取『字林』羼入【許書】。【古本】當無此篆。所今切。7部。按舊皆山沁反。》/356

罨 (엄)【yǎn ㄧㄢˇ】 ㉈ yè 그물、그물질할 ■압:그물 , 가릴, 덮을 ■업:같은 뜻

설문 4610 罕也。《『蜀都賦』曰。罨翡翠。》从网。奄(奄)聲。《奄、覆也。此擧(擧)形聲包會意。於業切。8部。》/355

罩 (조)【zhào ㄓㄠˋ】 가리(고기 잡는 도구) ■착:같은 뜻

설문 4616 捕魚器也。《『小雅:南有嘉魚』。烝然罩罩。『釋器』曰。籗謂之罩。『毛傳』曰。罩、籗也。『劉(劉)逵-吳都賦:注』曰。罩、籗也。編竹籠魚者也。按〔竹部〕曰。籗、罩魚者也。》从网。卓聲。《都教(敎)切。2部。》/355

罩 조【diaò ㄉㄧㄠˋ】 ㊤㊥⑨㉈ zhào 어리(병아리 따위를 가두어 기르는 물건), 새덮치기

설문 2203 覆鳥令不得飛走也。《「得」依『廣韵』補。〔网部〕有罩、捕魚器也。此與罩不獨魚鳥異用。亦且罩非网罟(罟)之類。謂家禽及生獲之禽慮其飛走而籠罩之。故其字不入〔网部〕。今則罩行而罩廢矣。》从网隹。讀若到。《都校切。2部。》/144

罪 (죄)【zuì ㄗㄨㄟˋ】 本[고기그물] 허물, 죄 줄, 어그러질, 실수를 꾸짖을

설문 4618 捕魚竹网。《「竹」字葢(蓋)衍。小徐無竹网二字。》从网。非聲。《聲字舊缺。今補。本形聲之字。始皇改爲會意字也。徂賄切。15部。》秦㠯(以)爲辠字。《『文字音義』云。始皇以辠字似皇。乃改爲罪。按【經典】多出秦後。故皆作罪。罪之本義少見於竹帛。『小雅』。畏此罪罟。『大雅』。天降罪罟。亦辠罟也。》/355

叕(철)【chuō ㄔㄨㄛ】㉳㊥⑨㉸ zhuó (새 잡는) 그물

설문 4628 捕鳥覆車也。《『釋器』曰。繴謂之罿。罿、叕也。叕謂之罦。罦、覆車也。郭云。今之翻(飜)車也。有兩轅。中施罥(罥)。以捕鳥。展轉相解。廣異語。按又見〔糸部〕。》从网。叕聲。《陟劣切。15部。》 輟叕或从車作。《按[車部]有輟篆義殊。》/356

置 置(치)【zhì ㄓˋ】本[용서할] (정한 곳에)둘, 놓을

설문 4638 赦也。《〔攴部〕曰。赦、置也。二字互訓。置之本義爲貰遣。轉之爲建立。所謂變則通也。『周禮』。廢置以馭其吏。與廢對文。古借爲植字。如『攷工記』置而搖之卽植而搖之、『論語』植其杖卽置其杖也。》从网直。《徐鍇曰。與罷同意。是也。直亦聲。陟吏切。1部。》/356

◀ 제 9 획 ▶

罯(암)【ǎn ㄢˇ】덮을 ▣압:덮을

설문 4639 覆也。从网。音聲。《烏感切。7部。》/356

罰 罰 벌【fá ㄈㄚˊ】벌(형벌), 벌줄

설문 2675 辠之小者。《辠、犯法也。罰(罰)爲犯法之小者。刑(刑)爲罰辠之重者。五罰輕於五刑。》从刀詈。《會意。房越切。15部。》未㠯(以)刀有所賊。但持刀罵詈則應罰。《說從刀詈之意。罰者、但持刀而詈則法之。然則刑者謂持刀有所賊則法之。別其犯法之輕重也。『初學記』云。『元命包』曰。网言爲詈。刀守詈爲罰。罰之爲言內也。陷於害也。『注』云。詈以刀守之則不動矣。今作罰用寸。寸、丈尺也。言納以繩墨之事。『初學記』又云。『元命包』曰。刑、刀守井也。飮水之人入井爭水。陷於泉。刀守之。割其情也。『注』云。井飮人、則人樂之不已。則自陷於泉。故加刀謂之刑。欲人畏懼以全命也。此二條皆引『春秋:元命包』。『今本-初學記』皆系諸『說文』。殊誤。觀『玄應書:卷卄一卄五』引『春秋:元命包』說刑字與此同。可以諟正矣。云刀守詈、刀守井、則刑罰不分輕重。古五罰不用刀也。故許說罰爲刀詈。犯法之小者。刑爲井刀。執法之大者。一入〔刀部〕。一入〔井部〕。所以正緯說也。○ 唐人諱淵作泉。亦或作川。》/182

署 서【shù ㄕㄨˋ】㉠㉳㊥⑨㉸ shǔ (부서)를 나눌, 맡을

설문 4636 部署也。《部署猶處分。疑本作「罘署」。後改部署也。『項羽本紀』曰。梁部署吳中豪傑爲校尉候司馬。『急就篇』曰。分別部居不雜廁。『魯(魯)語』。孟文子曰。夫位、政之建也。署、位之表也。署所以朝夕虔君命也。按官署字起(起)於此。》各有所网屬也。从网。《网屬猶系屬。若网在綱。故从网。》者聲。《者、別事暑(詞)也。此擧(擧)形聲包會意。常恕切。5部。》/356

형성 (1자) 서(曙 𣊭)

◀ 제 10 획 ▶

罵 罵(매)【mà ㄇㄚˋ】욕할

설문 4641 詈也。从网。馬聲。《莫駕切。古音在 5部。》/356

罶(류)【liǔ ㄌㄧㄡˇ】통발(물고기 잡는 기구)

설문 4622 曲梁寡婦之笱。魚所畱也。《『釋訓』曰。凡曲者爲罶。『釋器』曰。嫠婦之笱謂之罶。『小雅:魚麗、苕華:傳』合之曰。罶、曲梁也。寡婦之笱也。許說本之。按『邶風:傳』云。梁、魚梁。『衛風:傳』曰。石絕(絶)水曰梁。『曹風:傳』云。梁、水中之梁。『邶風:傳』云。笱所以捕魚也。〔句部〕云。笱、曲竹捕魚也。葢(蓋)曲梁別於凡梁。寡婦之笱別於凡笱。曲梁者、僅以薄爲之。寡婦之笱、笱之敝者也。『魚麗』、美物盛多能備(備)禮也。故言此曲梁寡婦之笱。而魚之多如是。苕之華、大夫閔時也。師旅並(竝)起。因之以飢饉。言三星在罶。則無魚可知也。梁與笱相爲用。故『詩』云敝笱在梁。言逝梁必言發笱若『魯語』曰。古者大寒降。土蟄發。水虞於是乎講罛罶。取名魚。則非止曲梁寡婦之笱矣。》从网畱。畱亦聲。《力九切。3部。》 𦋻罶或从婁。《3部 4部合音。》『春秋:國語』曰。溝罛𦋻(𦋻)。《『魯語』文。溝疑誤。【古本】葢作「冓」。冓猶交加也。『今-魯語』作「講」。》/355

罷 罷 파【bà ㄅㄚˋ】㉸ bài 本[죄 놓아줄] 귀양보낼, 그칠 ▣피:큰 곰

설문 4637 遣有辠也。《引伸之爲止也。休也。『周易』。或鼓(鼓)或罷。『論語』。欲罷不能。『周禮』有罷民。鄭曰。民不愍作勞。有似於罷。『齊語』有罷士、罷女。韋曰罷、病也。無作曰病。按罷民、罷士謂偸惰之人。罷之音亦讀如疲。而與疲義殊。『少儀』、師役曰罷。鄭曰。罷之言疲勞也。凡曰之言者、皆轉其義之詞。》从网能。《會意。薄蟹切。古音在17部。讀如婆。『論語』音杷。》网、辠网也。《依『韵會』補四字。》言有賢能而入网。卽貰遣之。『周禮』曰。《『大司寇職』文。》議能之辟是也。《說會意之恉。》/356

형성 (3자) 파(蘢 𧆓)451 피(羆 𦋿)6107 파(䥽 𨫼)8918

● 睘 눈 휘둥그런 모양 경

◀ 제 11 획 ▶

罻(위)【wèi ㄨㄟˋ】작은 그물 ▣울:같은 뜻

설문 4631 捕鳥网也。《『王制:注』曰。罻、小網也。》从网。㷉(尉)聲。《於位切。15部。》/356

罜(록)【lù ㄌㄨˋ】그물(작은 어망)

설문 4624 罜麗也。从网。鹿聲。《盧谷切。3部。》/356

◀ 제 12 획 ▶

罽 계【jì ㄐㄧˋ】물고기 그물, 담요, 털로 짠 천

설문 4619 魚网也。《『廣雅』。罽、罟也。》从网。罽聲。《居例切。15部。》罽、籒文銳。《見〔金部〕。》/355

형성 (2자) 계(瀱 𤃡)6864 계(繝 𦆸)8366

㉸ 作家出版社〔董蓮池-說文解字考正〕 ⑨ 九州出版社〔柴劍虹-說文解字〕 ㉠ 陝西人民出版社〔蘇寶榮-說文解字今注今譯〕 ㉳ 上海古籍出版社〔說文解字注〕 ㊥ 中華書局〔臧克和-說文解字新訂〕

䍐 (선)【xuǎn ㄒㄩㄢˇ】(새나 짐승을 잡는)올무 [동]산:같은 뜻

[설문] [4614] 网也。《网之一也。》从网。巺(巽)聲。《思沇切。14部。》 䍐或从足巺。『逸周書』曰。不卵(卵)不蹼(䍐)。目(以)成鳥獸。《『周書:文傳解』曰。山林非時不升斤斧。以成草木之長。川澤非時不入罔罟。以成魚鼈之長。不麛不卵 。以成鳥獸之長。許所據有不蹼(蹼)二字。》䍐者䍦獸足。古从足。/355

罾 (증)【zēng ㄗㄥˉ】그물, 낙하산 모양의 물고기 그물

[설문] [4617] 魚网也。《『文穎』曰。罾、魚網也。師古曰。形如仰繖。葢(蓋)四維而擧(擧)之。》从网。曾聲。《作騰切。6部。》/355

罿 (충)【chōng ㄔㄨㄥˉ】(수레 위에 설치하여 새를 잡는)그물 [동]동·종:같은 뜻

[설문] [4629] 罬也。《『王風:毛傳』同。》从网。童聲。《尺容切。9部。》/356

◀ 제 14 획 ▶

羅 [羅][라]【luó ㄌㄨㄛˊ】[本][새그물(질할)] 비단, 늘어설(벌려놓을), 체질할

[설문] [4627] 目(以)絲罟鳥也。《『釋器』。鳥罟謂之羅。『王風:傳』曰。鳥網爲羅。》从网。从維。《會意。魯(魯)何切。17部。或作「羅」。俗異用。》古者芒氏初作羅。《葢(蓋)出『世本:作篇』。》/356

[형성] (1자+2) 라(蘿)419 라(邏) 라(囉)

羆 (피)【pí ㄆㄧˊ】큰 곰

[설문] [6107] 如熊。黃白文。《見『釋獸』。》从熊。罷省聲。《以一能當二能也。彼爲切。古音在 17部。》 古文从皮。/480

䍢 (무)【wú ㄨˊ】[상][中][9][작] wǔ 들창 그물、꿩 그물

[설문] [4635] 牖中网也。《中字賸。或曰當作戶牖网。如『招䰟(魂)』之网戶。王逸曰。网戶、綺紋鏤也。此似网。非眞网也。故次於此》从网。舞聲。《文甫切。5部。》/356

◀ 제 19 획 ▶

羂 (견)【juàn ㄐㄩㄢˋ】그물, 얽어맬, 올무

[설문] [4612] 网也。《网之一也。》从网䍦。《會意。〔糸部〕曰。䍦、落也。落者、今之包絡字。䍦网主於圍繞。故从䍦。》䍦亦聲。《古眩切。14部。俗作「罥」。》一曰綰也。《此別一義。〔糸部:綰〕下曰。絹也。絹卽羂字。【俗書】叚(假)借也。『周禮-冥氏:注』曰。弧張罿罦之屬。所以扃絹(絹)禽獸。『翨氏:注』曰。置其所食之物於絹中。鳥來下則掎其腳(脚)。亦皆假絹爲羂。綰之言絆也。下文云罤 (䍐)者䍦獸足。是其義。》/355

羈 [羇][覊][羈][기]【jī ㄐㄧˉ】말굴레, (잡아)맬

[설문] [4642] 馬落頭也。《落絡古今字。【許書-古本】必是作「落」。引伸之爲羈(羇)旅。》从网䭾(䭾)。䭾、絆也。《旣絆其足。又网其頭。居宜切。16部。》 䩭(羈)或从革。《今字作「羈」。俗作「羇」。》/356

[유사] 으뜸 패(覇) 나그네 붙일 잠시 머무를 기(羇)

123	羊 [羊]
6-06	[音] 양 양

羊 [羊][양]【yáng ㄧㄤˊ】[설문부수 114] 양, 상양새(一足鳥, 名商羊), 산양, 벼슬이름, 노닐

[설문] [2221] 祥也。《曡(疊)韵。『考工記:注』曰。羊、善也。按譱(善)義羑美字皆从羊。》从𦍌。象四足尾之形。《謂干也。與章切。10部。》孔子曰。牛羊之字。以形擧(擧)也。《許多引孔子言。如王士儿黍羊大貉烏皆是也。》凡羊之屬皆从羊。/145

[유사] 소 우(牛) 주인 주(主) 방패 간(干) 절반 반(半) 조금 심할 임(羊)

[성부] 부록 색인 참조

[형부] 羊을 부수로 하는 대부분의 글자들

[형성] (9자) 상(祥)18 상(詳)1437 상(蠢)1767 상(翔)2159 양(痒)4514 상(庠)5645 양(恙)6601 양(洋)6752 양(蛘)8488

◀ 제 2 획 ▶

芈 [미]【miē ㄇㄧㄝˉ】[상][中][9][작] mǐ 양 울(羊鳴), 성씨

[설문] [2222] 羊鳴也。《【各本】中筆直。今依『五經文字』、『篆韵譜』正。乞(气)出不徑直也。》从羊。象乞上出。與牟同意。《凡言某與某同意者皆謂其製字之同意也。緜婢切。16部。》/145

羌 [강]【qiāng ㄑㄧㄤˉ】오랑캐, 아아, 탄식하는 말

[설문] [2245] 西戎。《按此當有「也」字。『商頌』自彼氐羌。『箋』云。氐羌、夷狄國在西方者也。『王制』曰。西方曰戎。是則戎與羌一也。》羊穜(種)也。《【各本】作「从羊人也」。『廣韵』、『韵會』、『史記:索隱』作「牧羊人也」。學者多言牧羊人爲是。其實非也。下文言僰焦僥字乃从人。東夷字乃从大。南方蠻閩字从虫。以其蛇穜也。北方狄字从犬。以其犬穜也。東北方貉字从豸。以其豸穜也。故字皆不从人。假令羌字从人牧羊。則旣人之矣。何待僰僥字始从人哉。且何不入〔儿部〕而入〔羊部〕哉。是則許謂爲羊穜。與蛇穜、犬穜、豸穜一例。【各本】作「牧羊人」。似取『風俗通』竄改。『御覽』引『風俗通』曰。羌本西戎卑賤者也。主牧羊。故羌字从羊人。因以爲號。按『應氏-風俗通』其語有襲用『說文』者。有竄改『說文』者。其說貉不从豸穜之說亦見『御覽』。則說羌不从羊穜正同。今正。》从羊儿。《【各本】作「从人从羊」。誤也。今正。羊儿者、羊穜而人䏚也。》羊亦聲。《去羊切。10部。》

羊 6 ②

南方蠻閩从虫。《見[虫部]。南方蠻。東南閩越。此云南方者、槩言之。》北方狄从犬。《見〔犬部〕。》東方貉从豸。《見〔豸部〕。〔豸部〕云北方。此云東者、謂東北方也。》西方羌从羊。此六種也。《上文衹有四種。不得言六。或云此當作「有謂羌有六種」。『明堂位』、『爾雅』所云六戎也。今按亦非文義。當云皆異種也。以引下文从人从大之字。》西南僰人、焦僥从人。《僰人之人賸字。「焦」【各本】作「僬」。誤。僰僥字皆見〔人部〕。》葢(蓋)在坤地。頗有純理之性。《坤、順也。在西南。此說僰僥字得从人之意。》唯東夷从大。《〔大部〕曰。夷、平也。从大弓。東方之人也。》大、人也。《天大地大人亦大。故大象人形。僰、焦、僥略有人性。故進之。字从人。東夷俗仁。故又進之。字从大。》夷俗仁。仁者壽。有君子不死之國。《『山海經』有君子之國。有不死民。『後漢書:東夷傳』曰。仁而好生。天性柔順。易以道御。有君子不死之國焉。》孔子曰。道不行。欲之九夷。乘桴浮於海。《見『論語:公冶長篇、子罕篇』。》有㠯(以)也。《『漢:地理志』曰。東夷天性柔順。異於三方之外。故孔子悼道不行。設桴於海。欲居九夷。有以也夫。自南方蠻閩巳下。揔(摠)論四夷字各不同之意。》𦍌古文羌如此。《不得其說。》/146

[유사] 성씨 강(姜)

[형성] (1자) 강(哶)759

◀ 제 3 획 ▶

羍

[幸][달]【tà ㄊㄚˋ】[상]⑨[작] **dá** 어린 양, 새끼양

[설문] [2226] 小羊也。《「羊」當作「羔」。字之誤也。羜䍩皆曰羔。羍(幸)又小於羔。是初生羔也。薛綜荅韋昭云。羊子初生名達。小名羔。未成羊曰羜。大曰羊。長幼之異名。『初學記』引羍七月生羔也。『藝文類聚』引七月生羊也。與陸德明、孔穎達所據不同。似未可信。按『生民』。誕彌厥月。先生如達。毛曰。達、生也。姜嫄之子先生者也。此不可通。當是【經】文作羍。『傳』云羍、達也。先生、姜嫄之子先生者也。達、他達切。卽滑達字。凡生子始生較難。后稷爲姜嫄始生子。乃如達出之易。故曰先生如羍。先釋羍後釋先生者、欲文義顯箸。文法與『白華:傳』先釋煁、後釋桑薪正同。『鄭-箋』如字訓爲羊子。云如羊子之生。媟矣。尊祖之【詩】似不應若是。且嘼類之生無不易者。何獨取乎羊。『尋-箋』不云達讀爲羍。則知『毛詩』本作羍。毛以達訓羍。謂羍爲達之假借也。凡『故訓傳』之通例如此。用毛說改【經】、改『傳』、改『箋』。使文義皆不可通。則淺人之過而巳。》从羊。大聲。讀若達(達)同。《他末切。15部。》羍或省。《按此不當从入。當是从人。大、人也。故或从人。羊有仁義禮之德。故从人。》/145

[유사] 요행 행(幸)

[성부] 達達달

美

[미]【měi ㄇㄟˇ】[本][맛날] (옮음)아름다울, 맛날, 칭찬할

[설문] [2244] 甘也。《〔甘部〕曰。美也。甘者、五味之一。而五味之美皆曰甘。引伸之凡好皆謂之美。》从羊大。《羊大則肥美。無鄙切。15部。》羊在六畜主給膳也。《『周禮』。膳用六牲。始養之曰六畜。將用之曰六牲。馬牛羊豕犬雞(鷄)也。膳之言善也。羊者、祥也。故美从羊。此說从羊之意。》美與善同意。《美譱(善)義羑皆同意。》/146

[형부] 갱(羹)

[형성] (1자) 미(媄)7802

羑

[유]【yǒu ㄧㄡˇ】 권할, 인도할(권하여 착하게 이끎)

[설문] [2246] 進善也。《「進」當作「道」。道善、導以善也。『顧命』。誕受羑若。馬曰。羑、道也。文王拘「羑里」。『尚書:大傳』、『史記』作「牖里」。》从羊。《羊、善也。故从羊。》久聲。《與久切。3部。按此字又見〔厶部〕。曰羑古文。》文王拘羑(羑)里。在蕩(蕩)陰。《「蕩」【各本】作「湯」。誤。今正。〔水部〕正作蕩陰。【漢:二志】皆云河內郡蕩陰有羑里城。西伯所拘。音湯。》/147

[성부] 羑유 羨선

※ 아랫부분은 쇠(夊)가 아니라 오랠 구(久)자다.

◀ 제 4 획 ▶

羒

(분)【fén ㄈㄣˊ】⑨ **zāng** 숫양(양의 수컷), 암양

[설문] [2229] 牡羊也。《【各本】作「牂羊」。誤。今依『初學記』正。『釋嘼(畜)』。羊牡羒。郭曰。謂吳羊白羝。『廣韵(韻)』。羒、白羝羊也。『國語』。土之怪羵羊。羵者、雌雄未成。》从羊。分聲。《符分切。13部。》/146

羔

[고]【gāo ㄍㄠˉ】 새끼양

[설문] [2223] 羊子也。《『虞氏-注:說卦傳』爲「羊」作爲「羔」。云女使也。妾與羔皆取位賤。【鄭本】作「陽」。云讀爲養。无家女行賃炊爨。今時有之。賤於妾也。二說字異義同。武進臧鏞堂曰。羔者、養之誤也。》从羊。照省聲。《古牢切。2部。》/145

[성부] 𦏷갱

[형성] (3자+1) 작(糕)4239 요(窯)4434 효(顈)5377 고(餻) 요(溔) 효(顈)

羕

[양]【yàng ㄧㄤˋ】 물 근원 길([영문]1091)

[설문] [7140] 水長也。《引申之爲凡長之偁(稱)。》从永。羊聲。《余亮切。10部。》『詩』曰。江之羕矣。《『漢廣』文。『毛詩』作永。『韓詩』作羕。古音同也。『文選:登樓賦』。川旣漾而濟深。『李-注』引『韓詩』江之漾矣。薛君曰。漾、長也。漾乃羕之譌字。》/570

[유사] 기를 양(養)

[형성] (2자) 양(樣)3328 양(漾)6677

羖

(고)【gǔ ㄍㄨˇ】 (빛이 검은)암양

[설문] [2232] 夏羊牡曰羖。《此牡字大小徐皆不誤。【今刻-大徐本】誤牝。假令羖是牝。則下文安得云牿乎。》从羊。殳聲。《公戸(戶)切。5部。》/146

◀ 제 5 획 ▶

[작] 作家出版社〔董蓮池-說文解字考正〕 ⑨ 九州出版社〔柴劍虹-說文解字〕 ㉠ 陝西人民出版社〔蘇寶榮-說文解字今注今譯〕 [상] 上海古籍出版社〔說文解字注〕 [中] 中華書局〔臧克和-說文解字新訂〕

䍧 (자)【zī ㄗ¯】[상] cī 양 이름
[설문] [2243] 羊名。蹏皮可㠯(以)割桼。《未聞。》从羊。此聲。《此思切。按當从『廣韵(韻)』此移切。15、16部。》/146

羜 (저)【zhǔ ㄓㄨˇ】[상][中]⑨[작] zhù (생후 5개월) 양새끼
[설문] [2224] 五月生羔也。《謂羔生五月者也。『釋畜』、『毛傳』皆云。羜、未成羊也。郭云。俗呼五月羔爲羜。》从羊。宁聲。讀若煑(煮)。《直吕(呂)切。5部。》/145

羝 (저)【dī ㄉㄧ¯】수양(양의 수컷)
[설문] [2228] 牡羊也。《見『大雅:毛傳』。》从羊。氐聲。《都兮切。15部。》/146

羞 (수)【xiū ㄒㄧㄡ¯】드릴, 음식, 음식을 드릴, 부끄러울 (羊부 5획)
[설문] [9342] 進獻也。《宗廟犬名羹獻。犬肥(肥)者獻之。犬羊一也。故从羊。引申之、凡進皆曰羞。『今文-尙書』。次二曰羞用五事。羞、進也。》从羊丑。《會意。不入〔羊部〕者、重丑也。》羊所進也。《說从羊之意从丑者、謂手持以進也。》丑亦聲。《息流切。3部。》/745

◀ 제 6 획 ▶

䍜 (조)【zhào ㄓㄠˋ】한 살된 암양、오랑캐의 양
[설문] [2227] 羊未卒歲也。《『廣雅』。吳羊牡一歲曰牯䍜。三歲曰羝。其牝一歲曰牸䍜。三歲曰牂。》从羊。兆聲。《治小切。2部。》或曰。羠羊百斤ナ又(左右)爲䍜。《「羠」【各本】作「夷」。小徐釋以殷紂時夷羊。非也。今依『急就篇-顔(顏):注』正。劇羊易肥。故有重百斤左右者。》讀若『春秋』盟于洮。《見『僖:八年』。釋文洮他刀反。羠䍜音同。》/145

羠 (이)【xiě ㄒㄧㄝˇ】[상][中]⑨[작] yí 불깐 양, (큰 뿔이 있는 야생)들양 ■사:같은 뜻 ■시:〈네이버 자전〉
[설문] [2234] 騬羊也。《夏羊犗曰羯。吳羊犗曰羠也。『爾雅』、『說文』皆無吳羊之名。單言羊則謂白羊也。〔馬部〕曰。騬、犗馬也。『貨殖傳』。其民羯羠不均。謂很如羊也。》从羊。夷聲。《徐姊(姊)切。15部。》/146

◀ 제 7 획 ▶

羣 [군]【qún ㄑㄩㄣˊ】무리, 많을, 떼, 모을, 금수 같이 모일
[설문] [2241] 輩也《若軍發車百兩爲輩。此就字之從車言也。朋也、類也、此輩之通訓也。『小雅』。誰謂爾無羊。三百維羣(群)。〔犬部〕曰。羊爲羣。犬爲獨。引伸爲凡類聚之偁(稱)。》从羊。君聲。《渠云切。13部。『五經文字』曰。俗作「群」。》/146
[형성] (1자) 군(䴵)1938

羥 (간)【kēng ㄎㄥ¯】[상][中]⑨ qiān [작] qìng 양 이름 ■갱:같은 뜻
[설문] [2236] 羊名也。从羊。巠聲。《口莖切。11部。按『初學記』引『說文』楷閒(間)反。葢(蓋)本音隱。『考工記』「顧」字、【故書】或作「牼」。劉(劉)音牼苦顏(顏)反。皆雙聲合韵(韻)也。『左傳』。郳子牼卒。『穀梁』作「瞯」。》/146

羨 [선]【xiàn ㄑㄧㄢˋ】[本][부러워할] 지날(더함), 나머지 ■연:무덤속 길
[설문] [5339] 貪欲也。《『大雅』。無然歆羨。『毛傳』云。無是貪羨。此羨之本義也。假借爲衍字。如『大雅』。及爾游羨。『傳』曰。羨、溢也。『周禮』。以其餘爲羨。鄭司農云。羨、饒也。皆是。亦假借爲延字。『典瑞:璧羨:注』云。長也。『玉人:注』云。徑也。皆由延訓長。假此爲延也。墓中道曰羨道。音延。亦取湥(深)長之義。若江夏郡沙羨縣、音夷。則係方語。》从次。羑省。《按「羑」當作「𦍒」。似面切。14部。》羑呼之羑。文王所拘羑里。《此釋从羑會意之恉。而轉寫奪誤不完。當云𦍒者、𦍒誘之𦍒。文王所拘羑里作羑。廾(共)十四字。別羑𦍒二文也。羑里之羑、進善也。見〔𦍌部〕。𦍒、相訹誘也。見〔厶部〕。有所羨者必好惡無節於內、知誘於外。故从𦍒省。然𦍒之古文作羑。則云从羑爲是。十四字葢(蓋)庾儼輩爲之。》/414
[형성] (2자) 선(㳂)1138 천(䌫)8157

義 [의]【yì ㄧˋ】[상][中]⑨ yí (도덕)옳을, 의로울, 혈연관계가 없는 사람이 친족관계를 맺는 일 → 만들어 붙인 것
[설문] [8012] 己之威義也。《言己者以字之从我也。己、中宮。象人腹。故謂身曰己。義【各本】作儀。今正。古者威儀字作義。今仁義字用之。儀者、度也。今威儀字用之。誼者、人所宜也。今情誼字用之。『鄭司農-注:周禮:肆師』。古者書儀但爲義。今時所謂義爲誼。是爲義爲古文威儀字。誼爲古文仁義字。故許各仍古訓。而訓儀爲度。凡儀象、儀匹、引申(伸)於此。非威儀字也。故經轉寫旣久。肴襍難辨。據鄭、許之言可以知其意。威義古分言之者、如北宮文字云有威而可畏謂之威、有儀而可象謂之義、『詩』言令義令色、無非無義是也。威義連文不分者、則隨處而是。但今無不作儀矣。『毛詩』。威義棣棣。不可選也。『傳』曰。君子望之儼然可畏。禮容俯仰各有宜耳。棣棣、富而閑習也。不可選、物有其容不可數也。義之本訓謂禮容各得其宜。禮容得宜則善矣。故『文王、我將:毛傳』皆曰。義、善也。引申之訓也。》从我。从羊。《威儀出於己、故从我。董子曰。仁者、人也。義者、我也。謂仁必及人。義必由中斷(斷)制也。从羊者、與善美同意。宜寄切。古音在 17部。》羛『墨翟書』義从弗。《『墨翟書』、『藝文志』所謂『墨子:七十一篇』也。今存者五十三篇。義無作羛者。葢(蓋)歲久無存焉爾。从弗者、葢取矯弗合宜之意。》魏郡有羛陽鄉。讀若錡。《此以地名證羛字。又箸(着)其方音也。凡古地名多依㕊俗方語。如蓮勺呼輦酌。卑水呼班水。銅陽呼紂陽。大末呼闥末。剡呼舌剡反。鄜呼蹢躅之蹢。曲逆呼去遇。如是者不可枚數。羛陽讀若錡、同也。然注家皆讀羛陽。虛宜切。與錡音稍不同也。》今屬鄴。本內黃北二十里鄉也。《按此十二字。乃後

羊 6 ⑥

人箋記之語。非許語也。鄴、內黃皆魏郡屬縣。羛陽鄉本在內黃北二十里。『司馬紹統-郡國志』曰。魏郡內黃有羛陽聚。『劉(劉)-注』。世祖破五校處。光武紀大破五校於羛陽降之。『李-注』。羛陽聚屬魏郡。故城在今相州堯城縣東。【諸本】有作茀者、誤也。『左傳』。晉荀盈如齊逆女。還。卒於戲(戲)陽。『杜-注』。內黃縣北有戲陽城。按漢晉皆在內黃北。『魏地:形志』無內黃縣。當是併於鄴。則羛陽亦在鄴矣。故知必後人箋記語也。戲羛音同。許宜反。『左氏傳』有戲陽速。則戲陽又爲氏姓。》/633

성부 羲희

형성 (7자) 의(議)1435 의(蟻)2356 의(檥)3469 의(鄴)3969 의(儀)4866 의(㕒)5694 의(艤)9120

◀ 제 8 획 ▶

羵 羠 (위)【wèi ㄨㄟˋ】양의 돌림병

설문 2239 羊相羠羵也。《【各本】誤。今依『篇』、『韵(韻)』補正。羠羵疊韵(疊韻)字。猶委積也。『夏小正』。三月羵羊。『傳』曰。羊有相還之時。其類羵羵然。其羠羵之謂與。》从羊。委聲。《於僞切。15部。》/146

◀ 제 9 획 ▶

羷 䍿 (예)【yān ㄧㄢ】양의 돌림병

설문 2242 羣(群)羊相積也。《「積」【各本】作「羵」。今依『玉篇』。》一日黑羊也。《『字林』有「䵫」字。黑色也。『左傳』。左輪朱殷。祇作殷。許意黑羊曰䍿。借爲凡黑之偁(稱)。》从羊。垔聲。《烏閑切。14部。》/146

羭 羭 (유)【yú ㄩˊ】(빛이 검은)암양

설문 2231 夏羊牝曰羭。《「牝」【各本】作「牡」。誤。按『釋嘼(畜)』。夏羊牝羭、牡羖。自郭所據牝牡字已互譌。引之者多誤。因之竄改『說文』。今正。下文夏羊牡曰羖。亦有譌作夏羊牝曰羖者。牝牡字易互譌。而羖必是牡。則知羭必是牝。『爾雅』牝羭牡羖。猶上文云牡羒牝牂也。『急就篇』。牂羖羯羠䍷羝羭。師古曰。牂、吳羊之牝也。羝、牂羊之牡也。羭、夏羊之牝也。羖、夏羊之牡也。此所據『說文』尚不誤。『左傳』曰。攘公之羭。杜曰。羭、美也。牝羊美於牡者。故『內則』八珍亦用牂。『歸藏齊母』亦曰。兩壺(兩壺)兩羭。夏羊謂黑羊。『郭-注:爾雅』云。白者吳羊。黑者夏羊。》从羊。俞聲。《羊朱切。4部。》/146

羜 䍄 (무)【wù ㄨˋ】상⑨작 yù 6살된 양새끼

설문 2225 六月生羔也。《『廣雅』。羍䍄羜䍲羔也。》从羊。敄聲。讀若霚。《【各本】作「霧」。『說文』無。今正。亡遇切。古音在 3部。》/145

𦎫 𦎫 𦎫순【chún ㄔㄨㄣˊ】익을, 죽 (羊부 9획 3)

설문 3188 孰也。《今俗云純熟。當作此字。純醇行而𦎫廢矣。『周禮:司裘:注』。假借爲埻(𡎆)的字。》从亯羊(享羊)。《凡从𦎫(𦎫)字、今隸(隸)皆作享。與亯之隸無別。》讀若純。《常倫切。13部。》一日鬻也。《鬻、饘也。》𦎫篆文𦎫。/229

※ 대부분 향(享)자로 모양이 정리되었다.

성부 孰숙 敦 敦돈

형성 (12자+3) 순(犉)710 돈(哼)793 순(諄)1426 순(醇)2047 순(䳜)2195 돈(焞)6187 퇴(錞)6364 돈(惇)6412 순(淳)7084 돈(弴)8084 준(埻)8663 순(醇)9369

준(稕) 순(鶉鶉) 순(錞)

羯 羯 (갈)【jié ㄐㄧㄝˊ】불깐 양, 오랑캐, 땅이름, 군사

설문 2233 羊羖犗也。《「羊羖」當作「羖羊」。『廣雅』曰。羖羊犗曰羯。〔牛部〕曰。犗者、騬牛也。按『小雅』。俾出童羖。鄭云。羖羊之性。牝牡有角。則鄭謂羖羊兼有牡牝。與許說殊。疑鄭說卽郭所云。今人便以牂羖名白黑羊也。黑羊則名羖。牝牡皆角。故童羖爲難。白羊則名牂。牝者多無角。故許別言牂羊生角者。》从羊。曷聲。《居謁切。15部。》/146

◀ 제 10 획 ▶

羲 羲 희【xī ㄒㄧ】本[기운] 사람 이름(복희), 성씨, 버슬이름 (羊부 11획)

설문 2928 气也。《謂气之吹噓也。按气下當有夸字。》从兮。義聲。《許羈切。古音在 17部。》/204

형성 (1자) 희(犧)736

◀ 제 11 획 ▶

𦏲 𦏲 (진)【jìn ㄐㄧㄣˋ】양 이름

설문 2237 羊名。从羊。執(執)聲。汝南平輿有𦏲亭。讀若晉。《『春秋』。蔡滅沈。杜預、司馬昭皆云。平輿有沈亭。疑沈亭卽𦏲(𦏲)亭也。𦏲从执(執)聲。执與沈皆 7部字也。讀若晉之晉疑有誤。大徐卽刃切。『篇』、『韵(韻)』同。》/146

羵 羵 (지)【zì ㄗˋ】양의 돌림병

설문 2240 羊相羠羵也。从羊。責聲。《子賜切。16部。》/146

◀ 제 12 획 ▶

羳 羳 (번)【fán ㄈㄢˊ】배가 누른 양

설문 2235 黃腹羊也。《見『釋嘼(畜)』。》从羊。番聲。《附袁切。14部。》/146

羴 羴 전【shān ㄕㄢ】[설문부수 115] 양냄새, 노린내 ■한:같은 뜻

설문 2247 羊臭也。《臭者、乞(气)之通於鼻(鼻)者也。羊多則乞羴。故从三羊。》从三羊。《式連切。14部。》凡羴之屬皆从羴。羶羴或从亶。《亶聲也。【今-經傳】多从或字。》/147

성부 鮮선

형성 (1자) 찬(羼)2248

◀ 제 13 획 ▶

羸 리【léi ㄌㄟˊ】 파리할, 약할, 얽히어 괴로울, 뒤집을, 고달플 ■련:현 이름

설문 2238 瘦(瘦)也。《引伸爲凡瘦之偁(稱)。又假借爲纍字。『易』。羸其角、羸其瓶。或作「纍」。或作「虆」。其意一也。》从羊。𦝠(羸)聲。《力爲切。16部。》/146

형성 (3자+1) 라(㰁)6324 라(纚)8189 라(蠃)8868 라(羸)

◀ 제 15 획 ▶

羼 (찬)【chán ㄔㄢˊ】 ㊤㊥⑨㊐ chàn 양 서로 섞일, 서로 앞설(羊부 15획)

설문 2248 羊相厠也。《『釋名』曰。厠、襍(雜)也。》从羴在尸下。尸、屋也。《尸者、屋之省。此說从尸之意。初限切。14部。》一曰相出前也。《相厠者襍厠而居。相出前者、突出居前也。『顏(顔)氏家訓』曰。【典籍】錯亂。皆由後人所羼。此相出前引伸之義。》/147

124 6-07 羽 깃 우

羽 우【yǔ ㄩˇ】 【설문부수 108】 깃, 5음의 하나(가장 맑은 음)

설문 2133 鳥長毛也。《長毛、別於毛之細縟者。引伸爲五音之羽。『晉書:樂志』云。羽、舒也。陽氣將復。萬物孳育而舒生。『漢志』曰。羽、宇也。物聚臧(藏)宇覆之。『爾雅』。羽謂之栁(柳)。》象形。《長毛必有耦。故竝彡。〔九部〕曰。㐱(参)新生羽而飛也。羽(羽)、竝㐱也。王矩切。5部。》凡羽之屬皆从羽。/138

성부 부록 색인 참조

형부 羽를 부수로 하는 대부분의 글자들

형성 (5자+1) 후(詡)1479 치(翨)2157 허(栩)3326 우(郱)3919 우(雩)7214 후(珝)

◀ 제 4 획 ▶

䎃 탑【tà ㄊㄚˋ】 성하게 나는 모양

설문 2156 飛盛皃(貌)。《按『廣雅』「狃𦐇」、卽『說文』之「翊䎃」。曡(疊)韵字也。》从羽冃。《鉉曰。犯冒而飛是盛也。按从冃者、『莊子』所云翼若垂天之雲也。土盍切。8部。》/139

성부 圖답

형성 (2자+2) 답(蹋)1287 탑(蝎)7222 탑(榻) 탑(毾)

翁 옹【wēng ㄨㄥ】 本[새 목 아래 털] 훨훨 나는 모양, 아비

설문 2140 頸毛也。《『山海經』。天帝之山有鳥。黑文而赤翁。『漢:郊祀歌』。『赤鴈集』。『六紛員』。『殊翁襍』。『五采文』。『急就篇』皃翁。按俗言老翁者、假翁爲公也。『周禮:酒人:注』假翁爲滃。》从羽。公聲。《烏紅切。9部。》/138

형성 (4자) 옹(蓊)2753 옹(滃)6968 옹(鰯)7271 옹(螉)8386

翌 (황)【wáng ㄨㄤˊ】 ㊤㊥⑨㊐ huáng 다섯가지 채색의 깃(우석)을 들고 춤출, 봉황(鳳凰)의 암컷

설문 2162 樂舞。目(以)羽翿自翳其首。目祀星辰也。《翿同翳。翳猶覆也。『周禮:舞師』云。教皇舞。帥而舞旱暵之事。『注』。鄭司農云。翌舞、蒙羽舞。『書』或爲皇。或爲義。『樂師』云。有皇舞。『注』。【故書】皇作翌。鄭司農云。翌舞者、以羽冒覆頭上。衣飾翡翠之羽。翌讀爲皇。『書』亦或爲皇。按大鄭從【故書】作「翌」。後鄭則從【今書】作「皇」。云襍(雜)五采羽如鳳皇色。持以舞。許同大鄭。惟不云衣飾翡翠羽。又不同【經】文舞旱暵之事。而云祀星辰耳。葢(蓋)本『賈侍中-周官解故』。○『禮:注』文今攷定。》从羽。王聲。讀若皇。《胡光切。10部。按此等字小篆皆未必有之。專釋【古經-古文】也。》/140

翨 (치)【chī ㄔ】 힘차게 나는 모양 ■시 · 지:같은 뜻

설문 2157 羽盛皃(貌)也。《「羽」、大徐作「飛」。『集韵(韻)』。翨翨、羽翼盛。》从㞢(之)。羽聲。《侍之切。1部。》/139

翄 翅(시)【chì ㄔˋ】 날개, 지느러미, 나는 모양, 다만 ~뿐 ■기 · 지:같은 뜻

설문 2141 翼也。《〔飛部〕曰。䢃(翼)、翄也。翼、篆文䢃也。》从羽。支聲。《施智切。16部。》𦐊翄或从羽氏。《支氏同部。『魏都賦』。䍶䍶精衞(衛)。李云。『說文』䍶亦翅字。叔玻反。今音祇。䍶䍶、飛貌也。按『廣韵(韻)』。翄翄、飛皃(貌)。巨支切。『小雅』提提、羣(群)飛貌。是移切。》/138

◀ 제 5 획 ▶

翇 (불)【fú ㄈㄨˊ】 우무 이름(羽舞:사직 제사 때 은 깃을 들고 춤추는 것)

설문 2163 樂舞。執全羽目(以)祀社稷也。《樂師有帗舞。有羽舞。『注』。【故書】「帗」作「翇」。「皇」作「翌」。鄭司農云。翇舞者、全羽。羽舞者、析羽。社稷以翇。玄謂帗析五采繒。今靈星舞子持之是也。按【今本】脫「帗作翇」三字。又將『大鄭-注』「翇」改爲「帗」。非也。『舞師:注』亦有脫。大鄭及許皆從【故書】作「翇」。以字从羽。故知爲全羽。後鄭從【今書】作「帗」。以字从巾。故知析五采繒也。》从羽。犮聲。讀若紱。《『文選:注』引『倉頡篇』曰。紱、綬也。許無紱字而見於此。翇、分勿切。15部。》/140

翊 𦐊(익)【yì ㄧˋ】 本[나는 모양] 도울, 삼갈, 공경할, 군이름 ■입 · 읍:같은 뜻

설문 2155 飛皃(貌)。《『漢:郊祀歌』。神之來。泛翊翊。甘露降。慶雲集。師古曰。翊音弋入切。又音立。按翊字本

義本音僅見於此。【經史】多假爲昱字。以同立聲也。『釋言』曰。翌、明也。『尙書:五言翌』日。皆訓明日。一言翌室。訓明室。天寶閒盡改爲翼。凡『尙書:翼』字訓敬、訓輔。與訓明者溷同無別、自衞(衛)包始。漢、魏、晉、唐初、皆有「翌日」無「翼日」。郭璞、玄應、李善引『尙書』皆作「翌日」。自同其字又同其音。以 7部立聲之字讀 1部異聲之與職切。【字書韵(韻)書】承譌襲繆。小顏(顏)弋入、力入之音無有採者矣。又『吳都賦』云狖㹸。『廣雅』。狖㹸、飛也。力荅徒合二切。狖同翊。此亦翊之本義本音也。》 从羽。立聲。《大徐用『唐韵(韻)』與職切。非也。》/139

翏

료【liào ㄌㄧㄠˋ】 ㉠㊏㊥⑨㉚ liù (높이)날, 바람소리

설문 2152 高飛也。从羽㐱。《㐱、新生羽而飛也。羽毛新生豐(豊)滿。可以高飛也。『莊子』翏翏、謂長風之聲。此引伸之義。力救切。3部。『匡謬正俗』云。翏古文戮字。『湯斷(誓)』云。予則孥翏女。按翏正 戮之譌。假借字。》/139

羽 6 ⑤

성부 膠교 寥료

형성 (23자+4) 료(蓼)242 교(嘐)854 류(謬)1582 류(廖)1797 류(雡)2181 류(膠)2273 료(郮)3997 추(瘳)4591 륙(僇)4954 료(㺐)6020 류(熮)6128 료(憀)6454 료(繆)7147 규(摎)7671 로(嫪)7894 륙(戮)7999 무(繆)8359 류(蟉)8505 규(飂)8571 류(嘐)8744 륙(勠)8799 류(鏐)8973 료(醪)9368 규(樛) 료(廖) 료(寥) 구(璆)

翑

(구)【qú ㄑㄩˊ】 깃 굽을, 뒷발이 흰 말 ■수:같은 뜻 ■우:화살에 깃 붙일

설문 2146 羽曲也。《凡從句者皆訓曲。『釋木』曰。句如羽喬。上句曰喬。然則羽曲者、謂上句反鄉。》 从羽。句聲。《其俱切。古音在 4部。讀如鉤。『釋嘼(畜)』云。馬後足皆白翑。》/139

習

습【xí ㄒㄧˊ】【설문부수 107】 本[날기 익힐] 익숙할, 버릇, 겹칠

설문 2131 數飛也。《數所角切。『月令』。鷹乃學習。引伸之義爲習孰。》 从羽。白(自)聲。《按此合韵也。〔又部:彗〕、古文作習。亦是从習聲合韵。似入切。7部。》 凡習之屬皆从習。/138

형부 완(翫)

형성 (7자) 습(謵)1592 습(槢)3285 읍(騽)5868 습(熠)6193 습(慴)6627 습(鰼)7260 접(摺)7571

◀ 제 6 획 ▶

翔

(상)【xiáng ㄒㄧㄤˊ】 (날개를 펴고 빙빙 돌며)날, 돌아볼

설문 2159 回飛也。《『釋鳥』。鳶烏醜。其飛也翔。郭云。布翅翱翔。『高-注:淮南』曰。翼上下曰翱。直刺不動曰翔。『曲禮』。室中不翔。鄭曰。行而張拱曰翔。此引伸假借也。按翱翔統言不別。析言則殊。『高-注』析言之也。『夏小正』。黑鳥浴。浴也者、飛乍高乍下也。此所謂翼上下曰翱也。》 从羽。羊(羊)聲。《似羊切。10部。按古多讀如羊。》/140

羿

(예)【yì ㄧˋ】 제후의 이름 ※ 예(羿)의 본래 글자

설문 2147 羽之羿風。《「羿」疑當爲「幵」。幵、平也。羽之幵風、謂摶扶搖而上之狀。》 亦古諸侯也。《此謂有窮(窮)后羿。〔邑部〕曰。竆、夏后時諸侯夷羿國也。〔弓部〕曰。芎、帝嚳射官。夏少康滅之。》 一曰射師。《『淮南書』曰。雖有羿之知而無所用之。高云。是堯時羿也。能射十日。繳大風。殺窫窳。斬九嬰。射河伯之知巧也。非有窮后羿。按許云一曰射師。亦謂堯時羿。》 从羽幵(开)。《【鍇本】無聲。鉉有。葢會(蓋會)意兼形聲也。五計切。15部。幵合韵(韻)也。俗作「羿」。》/139

翕

흡【xī ㄒㄧ】 ㊏㊥⑨㉚ xī 한꺼번에 일어날, 불 활활 붙을, 세력이 한창 왕성할

설문 2149 起(起)也。《『釋詁』、『毛傳』皆云。翕、合也。許云起也者、但言合則不見起。言起而合在其中矣。翕从合者、鳥將起必斂翼也。》 从羽。合聲。《許及切。7部。》/139

형성 (3자) 흡(鄒)3990 흡(歙)5327 흡(潝)6839

◀ 제 7 획 ▶

翜

(삽)【shà ㄕㄚˋ】 훨 날 ※ 숩(翣)과 같다, 운불삽:발인할 때에 영구의 앞뒤에 세우고 가는 제구

설문 2154 捷也。飛之疾也。《『釋詁』曰。際接翜捷也。郭云。捷謂相接續也。按翜捷皆謂敏疾。敏疾則際接無痕。其義相成也。許擧(擧)其本義。故下云飛之疾也。以釋从羽。今俗語霎時者當作此。〔止部〕曰。疌、疾也。俗通用捷。疌翜疊韵(疊韻)。》 飛之疾也。从羽。夾聲。讀若濇。《濇、不滑也。與翣同義而雙聲。讀若濇、即(卽)讀若翣。山洽切。7部。》 一曰俠也。《〔人部〕曰。俠、俜也。漢人多用俠爲夾。此「俠」當爲「夾」。或當爲「挾」。》/139

◀ 제 8 획 ▶

翟

적【dí ㄉㄧˊ】 꿩, 무적(舞翟:꿩깃을 묶어 춤출 때 쓰는 것), 깃옷 ■책:고을이름

설문 2136 山雉也。《『釋鳥』。翟、山雉。郭曰。長尾者。按『郭-翰翟二:注』葢(蓋)取諸『說文』。『邶風』。右手秉翟。毛曰。翟、翟羽也。『鄘風』。其之翟也。毛曰。翟、褕翟、闕翟。翟羽飾衣也。『周禮』。王后五路。重翟、厭翟。鄭曰。重翟、重翟雉之羽。厭翟、次其羽使相迫。按翟羽、【經傳】多假狄爲之。狄人字、【傳】多假翟爲之。》 尾長。《故从羽。不入〔隹部〕者。隹爲短尾鳥總(總)名。又此鳥以尾長爲異也。》 从羽。从隹。《徒歷切。古音在 2部。『鄘風』韵於 16部合韵也。》/138

성부 翟조
형부 적(翟)
형성 (9자+1) 조(藋)290 약(趯)940
약(躍)1284 약(鸐)1779 요(燿)6195
탁(濯)7088 탁(擢)7624 조(嬥)7843
탁(耀)8520 도(櫂)

翠 취【cuì ㄘㄨㄟˋ】비취새, 비취색, 새의 공무니살, 산기운, 옥이름
설문 2138 青羽雀也。《『釋鳥』。翠鷸。郭曰。似燕。紺色。按〔鳥部:鷸〕下不云翠鳥也。》出鬱林。从羽。卒聲。《七醉切。15部。》/138
형성 (1자) 취(淬)6900

翡 (비)【fěi ㄈㄟˇ】물총새, 비취옥, 푸를
설문 2137 赤羽雀也。出鬱林。《漢郡。》从羽。非聲。《房未切。15部。》/138

翣 (삽)【shà ㄕㄚˋ】운삽(상여의 양옆에 세우는 제구), 큰 부채 ■섭:같은 뜻
설문 2166 棺羽飾也。《「羽」衍文。棺飾本『周禮』。『周禮』。喪縫棺飾焉。衣翣柳(柳)之材。『檀弓』。周人牆置翣。又飾棺牆置翣。鄭曰。翣以布衣木如攝與。『喪大記:注』。『漢禮』。翣以木爲筐。廣三尺。高二尺四寸。方、兩(兩)角高。衣以白布。畫(畵)者畫雲氣。其餘各如其象。柄長五尺。車行。使人持之而從。旣窆。樹於壙中。按翣柳皆棺飾也。鄭云以布衣木。又引『漢禮』況之。【經】無用羽明文。以其物下垂。故从羽也。》天子八。諸侯六。大夫四。士二。《『禮器』曰。天子八翣。諸侯六翣。大夫四翣。『喪大記』。君黼翣二。黻翣二。畫翣二。此諸侯六翣也。大夫黻翣二。畫翣二。此大夫四翣也。『周禮:注』。天子又有龍翣二。》下來、从羽。《翣者、下垂於棺兩(兩)旁。如羽翼然。故字从羽。非眞羽也。故居末焉。从羽之上當有「如羽」二字。》妾聲。《『周禮-故書』「翣」作「接」。鄭司農云。接讀爲翣。引『檀弓』周人牆置翣。『春秋傳』四翣不蹕。接與翣皆假借字也。山洽切。8部。》/140

◀ 제 9 획 ▶

翥 (저)【zhù ㄓㄨˋ】날(높이 날아 올라 감)
설문 2148 飛擧(擧)也。《『方言』曰。翥、擧也。楚謂之翥。郭云。謂軒翥也。『西京賦』。鳳騫翥於甍標。》从羽。者聲。《章庶切。5部。》/139

翭 (후)【hóu ㄏㄡˊ】부등깃(어린 날개), 날, 화살촉(—鏃)의 일종
설문 2144 羽本也。《謂入於皮肉者也。按『詩』、『周禮』「鍭矢」。『士喪禮』作「翭矢」。葢(蓋)此矢金鏃。候(候)物而中。如羽本之入肉。故假借通用也。》从羽。矦聲。《乎溝切。4部。》一曰羽初生。/139

翮 (객)【gé ㄍㄜˊ】날개, 깃 ■핵:같은 뜻 (羽부 9획)
설문 2142 翅也。《『小雅』。如鳥斯革。毛云。革、翼也。『韓詩』作「翮」。云翅也。『毛』用古文假借字。『韓』用正字。而訓正同。『廣雅』。翮、羾、翼也。『魏都賦』。雲雀踶甍而矯首。壯翼摛鏤於青霄。『注』。踶則擧(擧)羽翮用勢。若將飛而尙住。此如鳥斯翮之謂。許不言『詩』曰者、省文。非有意也。》从羽。革(革)聲。《古翮切。古音在 1部。》/139

翦 (전)【jiǎn ㄐㄧㄢˇ】本[깃 날] 자를, 멸망시킬, 끊을, 가지런할
설문 2139 羽生也。《羽初生如前齊也。前、古之翦字。今之剪字。》一曰矢羽。《「矢」舊作「矢」。『釋器』。金鏃翦羽謂之鍭。骨鏃不翦羽謂之志。翦者、前也。前者、斷(斷)齊也。鍭矢、前其羽短之使前重。志矢、不前羽較長。喪禮則鍭矢骨鏃。異於金鏃。志矢無鏃短衛。異於骨鏃不前羽。按鍭矢前羽、謂羽爲翦。因之志矢之羽、亦謂之翦。故云一日矢羽。》从羽。前聲。《卽淺切。12部。》/138

翨 (시)【shì ㄕˋ】㊤㊥⑨㉨ chì 칼깃, 깃촉, 사나운 새, 거칠, 벼슬 이름 ■기:나는 모양
설문 2134 鳥之彊羽猛者。《按當作「猛鳥也彊羽」。轉寫誤耳。『周禮:翨氏』。掌攻猛鳥。以時獻其羽翮。此釋『周禮』。故云猛鳥也。猛鳥羽必彊。故其字从羽。此與赤羽、尾長皆从羽文法正同。大鄭翨讀爲翅翼之翅。以是聲、支聲皆在16部。翨當卽是翅之奇字。後鄭以【經】云獻羽翮則訓翨爲鳥翮。是聲、鬲聲亦同 16部也。翮、羽莖。擧(擧)翮以該羽。許與二鄭說異。》从羽。是聲。《居豉切。16部。》/138

翩 편【piān ㄆㄧㄢ】빨리 날, 훌쩍 나는 모양, 궁궐이 웅장할
설문 2153 疾飛也。《『魯(魯)頌:傳』曰。翩、飛皃(貌)。『泰:六四』翩翩。虞日。離飛故翩翩。》从羽。扁聲。《芳連切。古音在 12部。》/139
형성 (1자) 번(𦒓)5413

翫 (완)【wàn ㄨㄢˋ】장난할, 탐할
설문 2132 習猒(厭)也。《猒、飽也。此與〔心部:忨〕音同義近。》从習。元聲。《五換切。14部。》『春秋傳』曰。翫歲而愒日。《『左傳:昭:元年』文。按〔心部:忨〕下引『春秋傳』忨歲而歠日。當作『春秋:國語』。『今-晉語』作「忨日而歠歲」。》/138

翬 (휘)【huī ㄏㄨㄟ】훨훨 날, (오색 털 빛이 대단히 아름다운)꿩
설문 2151 大飛也。《『釋鳥』曰。鷹隼醜。其飛也翬。郭云。鼓(鼓)翅翬翬然疾。》从羽。軍聲。《許歸切。古音在 13部。》一日伊雒而南雉五采皆備(備)日翬。《『釋鳥』。伊洛而南素質五彩皆備成章日翬。王后褘衣刻繪爲之形而采畫(畵)之。》『詩』日。有翬斯飛。《『小雅:斯干』文。『今-詩』有作如。『唐玄度、徐鍇-說文』皆作有。按『毛詩』作有、則與如鳥斯革合爲一事。翬訓大飛。或『許-所據:毛詩』如此。與鄭不同。未可知也。鄭云此章四如。又云翬者、鳥之奇異者。則作如顯然翬訓後一義。》/139

◀ 제 10 획 ▶

羽 6 ⑩

翮 (핵)【hé ㄏㄜˊ】깃촉, 우경(羽莖) ▣력:솥
설문 2145 羽莖也。《莖、枝柱也。謂衆枝之柱。翮亦謂一羽之柱。莖翮雙聲。『唐風』。肅肅鴇行。毛曰。行、翮也。亦於雙聲求之。上文云鴇羽、鴇翼。故不得以行列釋之也。》从羽。鬲聲。《下革切。16部。》/139

翯 (혹)【hè ㄏㄜˋ】㉺㊥⑨㉾ xué 함치르르할(깨끗하고 반지르르 윤이 나다), 깃이 깨끗하고 흰 모양 ▣학:같은 뜻
설문 2161 鳥白肥澤皃(貌)。《『大雅』。白鳥翯翯。『毛傳』曰。翯翯、肥澤也。釋文引『字林』亦云。鳥白肥澤曰翯。『毛』則言肥澤、而白在其中也。〔白部〕曰。皠、鳥之白也。『何晏賦』。皠皠白鳥。翯與皠音義皆同。『賈誼-書』作「皜皜」。『孟子』作「鶴鶴」。『趙-注』與『毛傳』合。》从羽。高聲。《胡角切。古音在 2部。》『詩』曰。白鳥翯翯。/140

翰 한【hàn ㄏㄢˋ】(새의)깃, 글(문서), 흰 말, (높이)날
설문 2135 天雞(鷄)也。《「也」字依『御覽』補。『釋鳥』。鶾、天雞。鶾本又作翰。〔鳥部:鶾〕、訓雉肥鶾音者。則此作翰是。「天雞」、樊光云一名「山雞」。》赤羽。《【各本】有「也」。非。今刪(删)。自翟至翠五字皆主謂鳥。其鳥彊羽、赤羽、故其字从羽不从鳥。》赤羽。从羽。倝聲。《矦榦(幹)切。14部。『小宛傳』云。翰、高也。謂羽長飛高。此別一義。『桑扈、文王有聲、崧高、板:傳』皆云。翰、榦也。此謂『詩』以翰爲楨榦字也。同音假借。》『逸周書』曰。《此『漢志:周書:七十一篇』、『周史記』也。以別於『尙書』之周。故謂之『逸周書』。》文翰若翬雉。一名鷐風。周成王時蜀人獻之。《「文」或作「大」。誤。『王會篇』文。【今本】作蜀人以文翰。文翰者若「皐雞」。孔晁云。鳥有文彩者。『太平御覽』「皐」作「皇」。『郭-注:爾雅』「皐」作「彩」。許作「翬雉」。疑有誤。按許引王會者六。〔魚部〕。周成王時揚州獻鰅魚。〔鳥部〕。周成王時氐羌獻鸞鳥。〔艸部〕。芣苢其實如李。令人宜子。『周書』所說。〔内部〕。周成王時州靡國獻費費。〔馬部〕。媽、吉皇之乘(乘)。周成王時犬戎獻之。〔犬部〕。匈奴有狡犬。內四條文義略同。此。此不當有一名鷐風四字橫梗於其中也。四字當在蜀人獻之之下。「一名」當作「一曰」。一曰者、別一義也。『常武』曰。如飛如翰。毛云。疾如飛。摯如翰。鄭云。翰、飛鳥之豪俊也。此鷐風曰翰之證。『釋鳥』、『毛傳』皆云。『晨風』、鸇也。『易林:晨風』、文翰竝擧(舉)。無緣文翰一名鷐風。譌舛顯然矣。》/138
【漢】下注云:从水。難省聲。《按鷬難嘆字從𦰩(茣)聲。則𣹕(漢)下亦云𦰩聲是矣。難省聲葢(蓋)淺人所改。不知文殷元寒合韵之理也。》/522
참고 한(瀚)넓을, 사막 이름

◀ 제 11 획 ▶

翳 (예)【yì ㄧˋ】깃 일산, 그늘, 가릴
설문 2165 華葢(蓋)也。《『司馬相如傳』曰。泰山梁父設壇場。望華葢(蓋)。『劉(劉)歆-遂初賦』。奉華葢於帝側。『西京賦』。華葢承辰。薛綜曰。華葢星覆北斗。王者法而作之。蔡邕曰。凡乘(乘)輿車皆羽葢金華爪。『張衡賦』曰。羽葢葳蕤(蕤)。葩瑵曲莖。又曰。樹翠羽之高葢。薛綜云。羽葢、以翠羽覆車葢也。按以羽故其字从羽。翳之言蔽也。引伸爲凡蔽之偁(稱)。在上在旁皆曰翳。》从羽。殹聲。《於計切。15部。》/140

◀ 제 12 획 ▶

翹 (교)【qiáo ㄑㄧㄠˊ】새의 긴 꼬리
설문 2143 尾長毛也。《『班固-白雉詩』。發晧羽兮奮翹英。『射雉賦』。斑尾揚翹。按尾長毛必高擧(舉)。故凡高擧曰翹。『詩』曰。翹翹錯薪。高則危。『詩』曰。予室翹翹。》从羽。堯聲。《渠遙切。2部。》/139

翱 (고)【áo ㄠˊ】(날개를 펼쳐 흔들며 빙빙 돌아)날
설문 2158 翱。《此複擧字之未刪者。》翔也。《『釋名』。翱、敖也。言敖遊也。翱、佯也。言彷徉也。按彷徉、徘徊也。『左傳』作方羊。方、蒲郎切。》从羽。皋聲。《五牢切。2部。》/140

翼 𦐊𦑘 익【yì ㄧˋ】(새의)날개, (물고기)지느러미, 삼갈
설문 7329 𦐊也。《〔羽部〕曰。𦐊者、翼也。二篆爲轉注。翼必兩相輔。故引申(伸)爲輔翼。『卷阿:傳』曰。道可馮依以爲輔翼也。『行葦:鄭-箋』云。在前曰引。在旁曰翼。又凡敬者、必如兩翼之整齊。故『毛傳』曰。翼、敬也。『鄭-箋』云。小心翼翼、恭愼皃(貌)。》从飛。異聲。《與職切。1部。》
𩙻文翼。《小徐有此三字。》𦑘篆文𦑘(翼)。从羽。《先籒後篆者、亦先二後上之例也。𦑘爲飛之屬。》/582
유사 똥 분(糞)
형성 (2자) 익(𨙸)977 익(瀷)6718

◀ 제 13 획 ▶

翽 (홰)【huì ㄏㄨㄟˋ】(날개)퍼덕 거리는 소리, 새 나는 소리 ▣홰·쾌:같은 뜻
설문 2160 飛聲也。《『詩:釋文』引『說文』。羽聲也。『字林』。飛聲也。此俗以『字林』改『說文』之證。『毛傳』云。翽翽、衆多也。此謂鳳飛羣(群)鳥從以萬數。毛比傳下文多吉士、多吉人爲說。許說其字義。故不同也。》从羽。歲聲。《呼會切。15部。》『詩』曰。鳳皇于飛。翽翽其羽。《『大雅』文。》/140

翾 (현)【xuān ㄒㄩㄢ】(조금)날, 빠를
설문 2150 小飛也。《『九歌』。翾飛兮翠曾。按『荀子』。喜則輕而翾。假翾爲儇也。》从羽。睘聲。《許緣切。14部。》/139

◀ 제 14 획 ▶

翿 (도)【dào ㄉㄠˋ】(춤 출 때 들고 추는)깃 일산
설문 2164 翳也。所吕(以)舞也。《『釋言』曰。翢、纛也。

纛、翳也。『王風:毛傳』曰。翢、纛也。翳也。翳翢翿同字。『毛傳』本『釋言』。「翳也」之上當本有「纛」字。此熠燿燐(粦)也、燐(粦)熒火也之例也。『陳風:傳』則約之云。翢、翳也。許本之。許無纛字者、無〔毒(毒)部〕。亦無〔縣部〕。無所入也。『王風:音義』曰。「纛」俗作「纛」。『爾雅:音義』曰。「纛」字又作「纛」。『五經文字』曰。纛作纛譌。『開成-石經:周禮、爾雅』正作「纛」。『今本-爾雅:音義』譌舛。【葉林宗-鈔:本】不誤。纛从縣毒會意。與緐从每會意同。从毒者、如艸之盛也。淺人改从毒。謂爲諧聲耳。『郭-注:爾雅』云。今之羽葆幢。舞者所以自蔽翳。『王風』。左執翿。『陳風』。値其鷺羽。値其鷺翿。『傳』云。値、持也。鷺鳥之羽可以爲翳。翌字下云。『樂舞』、以羽獿自翳其首。皆謂舞也。射則用翿旌。見『鄉(鄉)射禮』。喪則天子鄉師執纛御匶。諸侯匠人執翿御匶。『周禮:注』作「執翿」。『襍(雜)記』作「執羽葆」。然則翿也、纛也、羽葆也、異名而同實也。漢羽葆幢以犛牛尾爲之。在乘(乘)輿左騑馬頭上。或云在衡。』从羽。𣪊聲。《徒到切。古音在 3部。按釋文多音平聲。》『詩』曰。左執翿。/140

125 6-08 老 늙을 로

老 로【lǎo ㄌㄠˇ】[설문부수 302] 늙을, 늙은이, 익숙할

설문 5136 考也。《『序』曰。五曰轉注。建類一首。同意相受。考老是也。學者多不解。戴先生曰。老下云考也。考下云老也。此許氏之恉。爲異字同義擧(擧)例也。一其義類。所謂建類一首也。互其訓詁。所謂同意相受也。考老適於【許書】同部。凡【許書】異部而彼此二篆互相釋者視此。如寋(塞)窒也。窒寋也、但裼也、裼但也之類。老考以曡(疊)韵爲訓。》七十曰老。《『曲禮』文。》从人毛匕。《音化。按此篆盍(蓋)本从毛匕。長毛之末筆。非中有人字也。『韵會』無「人」字。》言須(鬚)髮變白也。《說會意之恉。盧晧切。古音在 3部。》凡老之屬皆从老。/398

성부 부록 색인 참조

형부 老를 부수로 하는 대부분의 글자들

참고 로(栳)

◀ 제 2 획 ▶

考 考 고【kǎo ㄎㄠˇ】本[오래 살] 죽은 아비, 자세히 살필

설문 5144 老也。《凡(凡)言壽考者、此字之本義也。引伸之爲成也。『考槃、江漢、載芟、絲衣:毛傳』是也。凡『禮記:皇考』、『春秋:考仲子之宮』皆是也。又假借爲攷字。『山有樞弗鼓(鼓)弗考:傳』曰。考、擊也是也。凡言考挍、考問字皆爲攷之假借也。》从老省。丂聲。《古浩切。古音在 3部。》/398

참고 고(拷) 고(栲)

◀ 제 4 획 ▶

耇 수【shù ㄕㄨˋ】늙은이 겨우 따라갈

설문 5142 老人行才相逮。《才、僅也。今字作纔。纔相逮者、兩足僅能相及。言其行遲步小也。》从老省。𠘧象形。《【各本】作易省、行象。誤。今正。此非易省。乃象步小相迫之狀也。》讀若樹。《與駐聲義略同。今俗語尙如此。常句切。4部。》/398

耆 기【qí ㄑㄧˊ】늙은이, 즐길, 복성(伊耆氏) ■지:이를 ■시:속음

설문 5139 老也。《『曲禮』。六十曰耆。許不言者、許以耆爲七十已上之通偁(稱)也。『鄭-注:躲(射)義』云。耆、耋皆老也。古多假借爲嗜字。又按『士喪禮、士虞禮-魚進鬐:注』。鬐、脊也。古文鬐爲耆。【許書-髟部】無鬐字。依『古文-禮』。故不錄『今文-禮』之字也。徐鉉。沾附。未識此意。許於『禮經-古文今文』之字依一則廢一。》从老省。旨聲。《渠脂切。15部。》/398

형성 (3자+1) 시(蓍)416 기(嗜)851 지(楮)3479 기(鬐)

◀ 제 5 획 ▶

者 자【zhě ㄓㄜˇ】本[어조사] 놈(사람), 것, 곳

설문 2120 別事䛐(詞)也。《言主於別事。則言者以別之。『喪服經』。斬衰裳、苴絰杖絞帶、冠繩纓、菅屨者。『注』曰。者者、明爲下出也。此別事之例。凡俗語云者箇者般、者回皆取別事之意。不知何時以迎這之這代之。這、魚戰切。》从白(自)。𣥠聲。𣥠、古文旅。《〔㫃部〕曰𣥠古文旅。者之偏旁乃全不類。轉寫之過也。之也切。古音在 5部。讀如煑(煮)。》/137

성부 屠도 奢사 署서 著저 箸저 豬저 諸제

형부 저(渚)

형성 (17자+3) 자(鬻)1780 서(書)1844 도(睹)2039 저(翥)2148 차(觰)2717 저(楮)3374 도(都)3834 도(睹)4022 서(暑)4072 도(瘏)4507 저(褚)5125 자(赭)6279 저(渚)6762 도(闍)7379 서(緒)8125 도(堵)8631 저(陼)9239 도(賭) 도(覩) 자(煮煑)

耇 (점)【diàn ㄉㄧㄢˋ】⑨ diǎn 검버섯

설문 5141 老人面如點(點)處。《謂老人面有黑黶處也。點(點)者、小黑也。》从老省。占聲。《丁念切。古音在 7部。》讀若耿介之耿。《雙聲也。》/398

耇 (구)【gǒu ㄍㄡˇ】本[노인 얼굴에 기미 낌] 늙을, 늙은이

설문 5140 老人面凍黎若垢。《『釋詁』曰。耇、老壽也。『小雅:毛傳』曰。耇、壽也。孫炎曰。耇、面凍黎如浮垢。老人壽徵也。『儀禮:注』曰。耇、凍梨也。『方言』。東齊曰「眉」。燕代之北郊曰「梨」。秦晉之郊陳兗之會曰。「耇鮐」。

老 6 ⑥

按『方言』又曰「麋黎」、老也。「麋黎」卽卷一之「眉梨」。「凍黎」謂凍而黑色。或假棃爲之。『尙書』「黎老」作「犁老」。亦假借也。『孫炎-注:本』作「面凍梨」。見『南山有臺、大誓:二正義』。本無「如」字。『釋名』及『方言:注』乃云。如凍梨、非也。》从老省。句聲。《古厚切。4部。》/398

◀ 제 6 획 ▶

耋 (질)【dié ㄉㄧㄝˊ】 늙을, 늙은이(80세, 70세)
설문 5137 年八十曰耋。《『釋言』。耋、老也。『毛傳』云。耋、老也。八十曰耋。按『馬融-注:易』、『服虔(虔)-注:左傳』皆云。七十曰耋。葢(蓋)耋訓老。故七十八十皆得耋也。》从老省。《小篆旣从老省矣。今人或不省。非也。下同。》至聲。《古音至讀如銍。徒結切。12部。》/398

◀ 제 11 획 ▶

薹 (모)【mào ㄇㄠˋ】 90 늙은이 ※ 모(耄)와 같은 글자
설문 5138 年九十曰薹。《今作「耄(耄)」。从老省、毛聲。秏今音讀蒿去聲。葢(蓋)蒿聲、毛聲古可通用也。『曲禮』。八十九十曰耄。『注』云。耄惛忩(忘)。引『左傳』。老將知老又及之。按其字亦作「眊」。亦作「旄」。》从老。蒿省聲。《从蒿者。取蒿目之意。莫報切。2部。》/398

126
6-09
而 말 이을 이

而 이【ér ㄦˊ】【설문부수 361】 本[턱밑 수염] 말 이을, 너(자네), 어조사 ■능:편안할
설문 5780 須也。象形。《各本作「頰毛也。象毛之形」。今正。頰毛者、〔須部〕所謂髯須之類耳。『禮運:正義』引『說文』曰。而、須也。須謂頤下之毛。象形字也。知[唐初-本]須篆下頤毛也。而篆下云須也。二篆相爲轉注。其象形、則首畫(畫)象鼻耑。次象人中。次象口上之頾。次象承漿及頤下者。葢(蓋)而爲口上口下之總名。分之則口上爲頾。口下爲須。須本頤下之專偁(稱)。頾與承漿與頰髯皆得偁須。是以之訓曰須也。象形。引伸假借之爲語詈(詞)。或在發端。或在句中。或在句末。或可釋爲然。或可釋爲如。或可釋爲汝。或釋爲能者、古音能與而同。叚(假)而爲能。亦叚耐爲能。如之切。1部。》『周禮』曰。作其鱗之而。《『孝(考)工記:梓人』文。鄭云。之而、頰頌也。戴先生云。鱗屬。頰側上出者曰之。下垂者曰而。此以人體之偁施於物也。按『顧氏-玉篇』以〔而部〕次於毛毳冄之後。角皮之前。則其意訓而爲獸毛。絕(絕)非許義。》凡而之屬皆从而。/454
성부 부록 색인 참조
형부 而를 부수로 하는 대부분의 글자들
형성 (8자) 이(萉)538 이(胹)2582 이(栭)3485 이(嫗)5720 이(耏)5781 뉵(恧)6642 이(洏)7032 이(鮞)7219

◀ 제 1 획 ▶

耎 연【ruàn ㄖㄨㄢˋ】 상中⑨작 ruǎn 本[무딜] 약할, 부드러울, 굼틀거릴
설문 6356 稍耑(前)大也。《稍者、出物有漸也。稍前大者、前較大於後也。》从大。而聲。讀若畏偄。《謂若偄也。而沇切。14部。古凡耎聲字皆在14部。需聲字皆在4部。後人多亂之。》/499
유사 끝 단(耑)
성부 軟輭輀輭연
형성 (16자) 연(萸)458 니(腝)2578 나(稬)4205 난(偄)4897 연(碝)5727 난(麌)5965 난(煗)6208 연(愞)6500 난(渜)7030 연(擩)7597 눈(媆)7949 렵(甄)8079 연(緛)8286 연(蝡)8478 연(畂)8742 잉(陾)9253

耏 (내)【ér ㄦˊ】 상中⑨작 nài 本[(형벌로써)구레나룻 깎을] ■이:구레나룻
설문 5781 罪不至髡也。《「罪」當作「辠」。『高帝紀』。令郎中有罪耐以上請之。應劭曰。輕罪不至於髡。完其耏鬢。故曰耏。古耏字从彡。髮膚之意也。杜林以爲法度之字皆从寸。後改如是。言耐罪以上皆當先請也。耐音若能。按耐之罪輕於髡。髡者、鬄髮也。不鬄其髮。僅去須鬢。是曰耐。亦曰完。謂之完者、言完其髮也。『荆(刑)法志』曰。當髡者完爲城旦舂。『王粲-詩』。許歷(歷)爲完士。一言猶敗秦。江遂曰。漢令謂完而不髡曰耐。然則應仲遠言完其耏鬢、正謂去而鬢而完其髮耳。》从彡而。而亦聲。《彡拭畫(畵)之意。此字从彡而。彡謂拂拭其而去之。會意字也。而亦聲。當如之切。1部。大徐奴代切。非是。》耐或从寸。諸法度字从寸。《此爲罪名法度之類。故或从寸也。『應仲遠-高帝紀:注』意謂耏卽而鬢字、用爲耏罪字。至杜林以後乃改从寸作耐。許說不如是。耐、漢人叚(假)爲能字。本如之切。後變音奴代切。古音能讀如而。今音耐能皆奴代切。》/454

耑 단【duān ㄉㄨㄢ】 本[처음 날] 끝, 오로지 ■천:구멍 뚫을
설문 4338 物初生之題也。《題者、額也。人體額爲冣(最)上。物之初見則其額也。古發端字作此。今則端行而耑廢。乃多用耑爲專矣。『周禮』。磬氏已下則摩其耑。耑之本義也。『左傳』。履端於始。假端爲耑也。》上象生形。《以才屯韭字例之。一、地也。山象初生。》下象根也。《一下則象其根也。多官切。14部。》凡耑之屬皆从耑。/336
유사 부드러울 연(耎)
성부 敳미 段단 遄천
형성 (19자) 서(瑞)116 천(喘)787 전(諯)1608 천(腨)2523 단(剬)2635 단(觹)2716 천(篅)2814 타(椯)3586 타(稿)4218 단(褍)5068 천(歂)5290

전(顓)5401 전(⿸卮耑)5513 단(貒)5831
단(端)6365 췌(惴)6602 단(湍)6854
취(揣)7552 단(⿰黹耑)8773

䎡 (이)【nuó ㄋㄨㄛˊ】 둥글게 뭉쳐 익힐 ■환:같은 뜻

설문 5720 丸之孰(孰)也。《所謂圜熟。言旋轉之易也。》从丸。而聲。《奴禾切。17部。按而聲而奴禾切者、如耎之从而合音也。》/448

◀ 제 10 획 ▶

⿸卮耑 (전)【chuǎi ㄔㄨㄞˇ】 (상)㊥⑨(작) zhuǎn 작은 잔(而부 10획)

설문 5513 小卮也。《『顏(顔)師古-急就篇』椯榼椑榹。椯卽⿸卮耑也。》从卮。耑聲。讀若捶擊之捶。《廣韵(韻)之累切。大徐旨沇切。由 14部轉入 16部也。》/430

127 6-10 耒 쟁기 뢰

耒 뢰【lěi ㄌㄟˇ】[설문부수 141] 쟁기(농기구의 일종)

설문 2692 耕曲木也。《〖各本〗耕上有「手」。今依『廣韵:隊韵』、『周易:音義』正。下文云。耕、犁也。謂犁之曲木也。『禮記:音義』引『字林』亦云耕曲木。『考工記』。『車人』爲耒。庛長尺有一寸。中直者三尺有三寸。上句者二尺有二寸。自其庛緣其外。以至於首。以弦其內。六尺有六寸。『注』云。庛讀爲棘刺之刺。刺耒下前曲接耜。緣外六尺有六寸。內弦六尺。應一步之尺數。按〖經〗多云耒耜。據鄭(鄭)說耒以木。耜以金。沓於耒刺。京房云。耜、耒下耓也。耒、耜上句木也。許〔木部:耜〕作枱。耒耑也。耕犁也。許說與京同。與鄭異。『鄭本:匠人』。謂犁爲耜。統言之也。許分別金謂之犁。木謂之枱。析言之也。》从木推丰。《『考工記』曰。直庛則利推。從木推丰會意。盧對切。15部。》古者埀(垂)作耒枱。《枱見〔木部〕。今之耜字也。〖各本〗作「梠」。誤。梠、臿也。》㠯(以)振民也。《此出『世本』。『世本』有『作篇』。振、擧(擧)救也。》凡耒之屬皆从耒。/183

유사 붉을 주(朱) 벼 화(禾)
성부 부록 색인 참조
형부 耒를 부수로 하는 대부분의 글자들
형성 (4자) 뢰(⿱艹耒)546 뢰(誄)1633 뢰(⿰耒阝)3940 뢰(頛)5418

◀ 제 4 획 ▶

耕 (경)【gēng ㄍㄥ】 (논밭을)갈

설문 2693 犁也。《〔牛部〕曰。犁、耕也。人用以發土。亦謂之耕。》从耒井(井)。《會(會)意包形聲。古莖切。11部。》古者井田。故从井。《此說從井之意也。巳上十字依『韵會(韻會)-所據:鍇本』。》/184

◀ 제 6 획 ▶

𦓤 (규)【guī ㄍㄨㄟ】 (보리를 널어 고루 펴는데 쓰는)굽정이, (밭을)갈 ■와:밭 갈

설문 2696 冊叉可㠯(以)劃麥。河內用之。《「冊」、〖今刻-大徐本〗作「𦓤」。〖鍇本〗及『集韵(韻)』皆作「冊」。『集韵-所據:鉉本』未誤也。冊當是𠕁之譌。今定作「𠕁」。𠕁者、數之積也。見𥫱下。『漢-石經』以爲四十字。叉、鉉作「叉」。鍇作「又」。今定作「叉」。叉者、手甲也。今字作「爪」。𠕁叉可以劃麥。卽今俗用麥杷也。〔木部〕曰。杷、收麥器也。謂之𠕁叉者。言其多爪可掊杷也。『廣韵』曰。𠕁先立切。『字統』云。插(揷)糞杷。『說文』云數名。此𠕁字之證。插糞者、抹撥糞除之言。據『廣韵』則 10部當有𠕁篆。『方言』曰。杷、宋魏之閒謂之「渠挐」。或謂之「渠疏」。『釋名』曰。齊魯閒(間)謂四齒杷爲欋。然則河內謂之𦓤也。》从耒。圭聲。《古攜(携)切。16部。》/184

◀ 제 7 획 ▶

耡 (서)【chú ㄔㄨˊ】 구실, 호미

설문 2698 殷人七十而耡。《『孟子:滕文篇』文。『今-孟子』作「助」。『周禮:注』引作「莇」。》耡、耤稅也。《『孟子』曰。夏后氏五十而「貢」。殷人七十而「助」。周人百畝(晦畝)而「徹」。其實皆什一也。徹者、徹也。助者、藉也。趙曰。徹者猶人徹取物也。藉者、借也。猶人相借力助之也。按耤耡二篆皆偁(稱)古成語。而後釋其字義。耡卽以耤釋之。耤稅者、借民力以食稅也。》从耒。助聲。《牀倨切。5部。》『周禮』曰。㠯(以)興耡利萌。《『遂人職』文。今「萌」作「甿」。俗改也。『注』曰。變民言萌。異外內也。萌猶懵懵無知貌也。〖鄭本〗作「萌」。淺人一改爲「氓」。再改爲「甿」。『注』又云。鄭大夫讀耡爲藉。杜子春讀耡爲助。謂起民人令相佐助。按鄭意耡者、合耦相助。以歲時合耦于耡。謂於里宰治処(處)合耦。因謂里宰治処爲耡也。許意以『周禮』證七十而耡。謂其義同。》/184

◀ 제 8 획 ▶

耤 적【jí ㄐㄧˊ】 本[(제왕이 백성의 힘을 빌어 친히 받을)갈] 빌릴 ■자:깔개

설문 2695 帝耤千畝(畝)也。《帝耤見『月令』。『周禮:甸師』。掌帥其屬而耕耨王藉。以時入之。以共齍盛。『禮記』曰。天子爲藉千畝。冕而朱紘。躬秉耒以事天地山川社稷先古。》古者使民如借。故謂之耤。《『鄭-注:周禮』、『詩:序』云。藉之言借也。借民力治之。故謂之藉田。『韋-注:周語』云。藉、借也。借民力以爲之。按鄭、韋與許同。應劭云帝王典藉之常、臣瓚曰蹈藉也、皆非也。親耕不能終事。故借民力而謂之藉田。言藉者、歉然於當親事而未能親事也。臣瓚、師古之言尤爲剌繆。》从耒。㫺(昔)聲。《秦昔切。古音在 5部。按〖今-經典〗多作「藉」。》/184

성부 耤적
형성 (2자) 자(藉)559 적(⿰耤阝)3930

◀ 제 9 획 ▶

耦 우【ǒu ㄡˇ】 나란히 (밭)갈, 한자 폭〔주대에 쟁기는 폭이 5치인데 두사람이 나란히 서서 쟁기질하면 1자가 된다〕

설문 2694 耕廣五寸爲「伐」。二伐爲「耦」。《「耕」【各本】作「耒」。今依『太平御覽』正。『匠人』。耜廣五寸。二耜爲耦。一耦之伐。廣尺深尺。謂之𤰝(甽)。『注』。古者耜一金兩人併發之。其壟中曰𤰝。𤰝土曰伐。伐之言發也。𤰝、畎也。今之耜岐頭兩金。象古之耦也。許與記文辭『異義』同。耕卽耜。謂犂之金其廣五寸也。不曰枱廣五寸者、許意枱乃耒本之耑。耕鐠於枱。故必析言之。長沮、桀溺耦而耕。此兩人併發之證。引伸爲凡人耦之偁(稱)。俗借「偶」。》从耒。禺聲。《五口切。4部。》/184

참고 우(藕)

◀ 제 10 획 ▶

耘 (운)【yún ㄩㄣˊ】 김맬 ※ 운(耘)의 본래글자

설문 2697 除苗間(間)穢也。《「穢」當作「薉」。〔艸部:薉〕、蕪也。無穢字。『小雅:毛傳』曰。耘、除草也。耔、雝本也。『食貨志』云。播種於甽中。苗生三葉以上。稍耨壠草。因壝其土以附苗根。比成壠盡而根深。能風與旱。故薿薿而盛也。按此古者䅬耔爲一事也。謂苗初生之始也。旣成已後仍有莠及童蓈生乎其間。蓐下所云陳艸復生也。則又以梼薅之。薅者、披田艸也。亦謂之䅬。『吕(呂)覽』云。其耨六寸。所以間稼也。『注』云。耨所以耘苗。刃廣六寸。所以入苗間。○又按『吕覽』云。六尺之耜。所以成畝(晦畝)也。謂六尺爲步。步百爲畝。卽『車人』爲耒。所謂弦其內與步相中也。又云。其博八寸。所以成畎也。八寸者、周之一尺。見〔大部〕、〔尺部〕。卽『匠人』所謂一耦之伐廣尺也。又云。耨柄尺。此其度也。謂耨柄之尺寸以耒六尺爲度也。又云。其耨六寸。所以間稼也。此謂耨頭之金廣六寸。入於苗間。所謂立苗欲疏也。『高-注』。古者以耜耕。六尺爲步。步百爲畝。廣尺爲甽。【今本】舛誤不可讀。》从耒。員聲。《員、物數也。謂艸之多也。此形聲包會意。羽文切。13部。》 耘 䅬或从芸。《按當云「或從耒艸、云聲」。今字省艸作「耘」。》/184

128	耳
6-11	귀 이

耳 이【ěr ㄦˇ】【설문부수 439】 귀, 어조사, 귀달린 옥잔 ■잉:잉손(8대손)

설문 7423 主聽者也。《「者」字今補。凡語云而已者、急言之曰耳。在古音 1部。凡云如此者、急言之曰爾。在古音 15部。如『世說』云聊復爾耳。謂且如此而已是也。二字音義。絕不容相混。而唐人至今譌亂至不可言。於【古-經傳】亦任意塡寫。致多難讀、卽如『論語』一經。言云爾者、謂如此也。言謹爾、率爾、鏗爾者、爾猶然也。言無隱乎爾、一日長乎爾、爾猶汝也。言汝得人焉爾乎、言得人於此否也。『公羊傳』三年問焉爾。皆訓於此也。【全經】惟有前言戲(戲)之耳、乃而已之訓。【今-俗刻】作汝得人焉耳乎。乃極爲可笑。曹操曰。俗語云生女耳。耳是不足之詞。此古說之存者也。音轉讀爲仍。如耳孫亦曰仍孫是也。》象形。《而止切。1部。》凡耳之屬皆从耳。/591

유사 스스로 자(自) 또 차(且) 눈 목(目) 달 감(甘) 그릇 명(皿)

성부 부록 색인 참조

형부 耳를 부수로 하는 대부분의 글자들 섭(取)

형성 (8자+1) 이(珥 珥)120 이(鬻 鬻)1777 이(刵 刵)2676 이(佴 佴)4833 용(髶 髶)5497 치(恥 恥)6638 이(姐 姐)7798 이(酟)9374 이(餌 餌) 이(毦)

◀ 제 1 획 ▶

耴 첩【zhé ㄓㄜˊ】 귀 늘어질, 나라 이름

설문 7424 耳乘(垂)也。《「乘」【各本】作「垂」。今正。》从耳。ㄱ下乘。象形。《ㄱ今補。陟葉切。8部。》『春秋傳』曰。《按日字衍。》秦公子耴者、其耳乘也。故目(以)爲名。《今按『左氏傳』秦無孔子耴。惟鄭七穆子良之子公孫輒字子耳。以許訂之、『古本-左傳』當作公孫耴。『白虎通』所謂旁其名爲之字。聞名卽知其字。聞字卽知其名也。『左傳』云。以類命爲象。生而耳垂。因名之耴。猶生而夢神以黑規其臀。因名之黑臀。『吳都賦』。魚鳥聱耴。耴音牛乙切。非此字。》/591

유사 가질 취(取)

형성 (6자) 섭(取 取)1921 첩(輒 輒)4708 녑(䎕 䎕)5907 접(掫 掫)7510 섭(鉆 鉆)8925 첩(輒 輒)9091

◀ 제 3 획 ▶

● 耶 땅이름 야(邪)-동자

◀ 제 4 획 ▶

聏 (월)【yuè ㄩㄝˋ】 ㊤㊥⑨㊅ wà 귀떨어질

설문 7447 墮耳也。《見『方言』。》从耳。月聲。《魚厥切。15部。》/592

䎟 (섭)【niè ㄋㄧㄝˋ】 ㊤㊥⑨㊅ xiè 부릴 (耳부 4획)

설문 1921 使也。从支(攴)。耴省聲。《而涉切。8部。》/124

聆 (금)【qín ㄑㄧㄣˊ】 땅 이름, 소리(音也) ■겸: 같은 뜻

설문 7452 『國語』曰。回祿信於聆遂。闕。《『國語』今見『周語』。闕者、謂其義其音其形皆闕也。『韋-注』。聆遂、地名。宋庠音禽。『後漢書:楊賜傳』引作黔 (黔)遂。黔亦今聲也。而『說苑』引『國語』作亭遂。『竹書:帝癸:三十年』作

耒 6 ⑩

聆隧災。是其字从令从今不可定。而【許書】此篆或後人所偶『記』註於此者。》/593

聃 (담)【diān ㄉㄧㄢˉ】 [상][中][9][작] dān 귓바퀴 없을
[설문] [7427] 耳曼也。《曼者、引也。耳曼者、耳如引之而大也。如曼膚、曼睩之曼。『史記:老子列傳』曰。姓李氏、名耳、字聃(聃)。『史記:索隱』、『老子:音義』、『後漢書:桓帝紀:注』、『文選:遊天台山賦:注』所引皆如此。『今本-史記』作名耳、字伯陽、謚曰聃。淺人妄改者也。字伯陽、見『唐固-國語:注』。》 从耳。冄聲。《他甘切。7部。》 聃或从甘。《甘聲。》/591

耽 (탐)【dān ㄉㄢˉ】 (귀가 축)처질, 귀 크게 늘어질, 즐길, 빠질 ■담:속음
[설문] [7426] 耳大垂也。《『淮南:墬形訓』。夸父耽耳在其北。『高-注』。耽耳、耳垂在肩上。耽讀衣褶之褶。或作攝。以兩手攝其肩之耳也。按【許書】本無聸字。耽卽聸也。【今本】於耽篆之外沾一聸篆。誤矣。》 从耳。冘聲。《丁含切。8部。》 『詩』曰。士之耽兮。《『衞(衛)風:氓』文。此引『詩』說叚(假)借也。『毛傳』曰。耽、樂也。耽本不訓樂、而可叚爲媅字。〔女部〕曰。媅者、樂也。》/591

耿 [경]【gěng ㄍㄥˇ】 귀 뺨에 붙을, 마음이 굳을, 깨끗할
[설문] [7429] 耳箸(着)頰也。《頰者、面旁也。耳箸於頰曰耿。耿之言黏也。黏於頰也。『邶風』。耿耿不寐。『傳』曰。耿耿猶儆儆也。憂之聯綴於心。取義於此。凡云耿者、爲專壹也。杜林說皮傅耿光。而非字義。》 从耳。烓省聲。《「烓」小徐作「炯」。【大徐本】舊皆作烓。烓讀若冂。見〔火部〕。耿古杏切。11部。》 杜林說。耿、光也。《『古文-尙書』曰。文王之耿光。『離騷:注』曰。耿、光也。又曰。耿、明也。》 从火。《依『韵會』訂。》 聖省聲。凡字皆𠂇(左)形又(右)聲。杜說非也。《徐鍇曰。此說或後人所加。》/591
[형성] (1자) 경(褧)5043

◀ 제 5 획 ▶

聅 [철]【cè ㄘㄜˋ】 [상][中][9][작] chè 군법의 하나〔관이전(貫耳箭)으로 귀를 꿰뚫는 형벌〕
[설문] [7449] 軍法吕(以)矢毌耳也。从耳矢。《會意。恥列切。15部。》 『司馬灋(法)』曰。小辠聅之。中辠刖之。大辠剄之。/592

聆 (령)【líng ㄌㄧㄥˊ】 들을, 깨달을, 좇을, 나이
[설문] [7435] 聽也。《二篆轉注。『匡謬正俗』載俗語云。聆瓦。聆者、聽之知微者也。『文王世子』曰。夢帝與我九聆。此叚(假)聆爲鈴。夢天以九个鈴與己也。》 从耳。令聲。《郞(郎)丁切。古音在 12部。》/592

聇 (점)【dān ㄉㄢˉ】 [상][中][9][작] diān 조금 늘어진 귀 ■접:같은 뜻
[설문] [7425] 小垂耳也。从耳。占聲。《丁兼切。7部。》/591

聉 (왈)【niè ㄋㄧㄝˋ】 [상] wà 무지할, 어리석을 ■을:같은 뜻 ■달:듣지 못할 ■퇴:어리석을
[설문] [7446] 無知意也。《此意內言外之意。無知者其意、聉者其䛐(詞)也。『方言』曰。聾之甚、秦晉之閒謂之䁫。『注』曰。言聉無所聞知也。疑『方言』之正文本作謂之聉。【今本】譌。》 从耳。出聲。讀若孽。《五滑切。15部。》/592

◀ 제 6 획 ▶

聑 [접]【tiē ㄊㄧㄝˉ】 편안할, 무식하다고 서로 업신여길, 귀 늘어진 모양 ■적:귀 쭉 곧은 모양
[설문] [7453] 安也。《『長笛賦』曰。瓠巴聑柱。》 从二耳。《會意。二耳之在人首。帖妥之至者也。凡帖妥當作此字。帖其假借字也。丁帖切。8部。『文選:注』引『說文』丁篋切。》/593

聒 (괄)【guā ㄍㄨㄚˉ】 [상][中][9][작] guō 떠들썩할, 어리석을
[설문] [7437] 讙語也。《讙者、譁也。》 从耳。昏聲。《古活切。15部。》/592

◀ 제 7 획 ▶

聖 [聖] [성]【shèng ㄕㄥˋ】 성스러울, 성인(聖人), 천자(天子), 청주(淸酒)
[설문] [7432] 通也。《『邶風』。母氏聖善。『傳』云。聖、叡也。『小雅』。或聖或不。『傳』云。人有通聖者。有不能者。『周禮』。六德教萬民。智仁聖義忠和。『注』云。聖通而先識。『洪範』曰。睿作聖。凡一事精通、亦得謂之聖。》 从耳。《聖從耳者、謂其耳順。『風俗通』曰。聖者、聲也。言聞聲知情。按聲聖字故相叚(假)借。》 呈聲。《式正切。11部。》/592
[성부] 耿경
[형성] (1자) 정(檉)3362

聘 (빙)【pìn ㄆㄧㄣˋ】 찾을, 장가들, (예의를 갖추어)부를
[설문] [7441] 訪也。《汎謀曰訪。按〔女部〕曰娉、問也。二字義略同。》 从耳。甹聲。《匹正切。11部。》/592

聊 (료)【liáo ㄌㄧㄠˊ】 [本][귀 울] 애오라지, 구차히, 방탕한 모양 ■류:나무이름
[설문] [7431] 耳鳴也。《『楚辭』曰。耳聊啾而懺慌。『王-注』云。聊啾、耳鳴也。此聊之本義。故字从耳。若『詩:泉水:傳』云。聊、願也。『箋』云。聊、且略之辭也。『方言』曰。俚、聊也。『戰國策』。民無所聊。此等義相近。皆叚(假)聊爲憀也。憀者、憀賴也。又『詩:傳』。椒聊、椒也。不言聊爲語詞。葢(蓋)單評曰椒。絫評曰椒聊。『楚詞』亦云。懷椒聊之蔎蔎。『爾雅』曰。朻者聊。朻卽茮。椒樧實成茮彙。》 从耳。丣聲。《「丣」【各本】譌作「卯」。篆體亦譌。今竝正。洛蕭切。古音在 3部。讀如劉。》/591

◀ 제 8 획 ▶

聚 [聚] [취]【jù ㄐㄩˋ】 모일, 모을, 무리, 마을 ■추:속음
[설문] [5001] 會也。《『公羊傳』曰。會猶冣(最)也。『注』云。

冣、聚也。按〔一部〕曰。冣、積也。積以物言。聚以人言。其義通也。古亦叚(假)埾爲聚。》 从㐺。取聲。《才句切。古音在 4部。》 一曰邑落曰聚。《『平帝紀』。立學官。郡國曰學。縣道邑侯曰校。鄕曰庠。聚曰序。張晏曰。聚、邑落名也。韋昭曰。小鄕曰聚。按邑落、謂邑中村落。》 /387

형성 (2자) 취(驟)5909 추(埾)8683 추(㵵)

聝 (괵)【guó ㄍㄨㄛˊ】(전쟁에서 적의)귀 벨

설문 7450 軍戰斷(斷)耳也。《『大雅』。攸馘安安。『傳』曰。馘、獲也。不服者殺而獻其左耳曰聝。『魯(魯)頌』。在泮獻馘。『箋』云。馘所格者之左耳。》 『春秋傳』曰。日(以)爲俘聝。《『左傳:成:三年』文。》 从耳。或聲。《古獲切。古音在 1部。》 馘聝或从𩠐(首)。《【今-經傳】中多从首。》 /592

聞 (문)【wén ㄨㄣˊ】 本[알아 들을] 향기 맡을、소문

설문 7440 知聲也。《往曰聽。來曰聞。『大學』曰。心不在焉。聽而不聞。引申之爲令聞廣譽。》 从耳。門聲。《無分切。13部。》 古文从昏。《昏聲。》 /592

◀ 제 9 획 ▶

聥 (구)【yǔ ㄩˇ】 ⓢⓩ⑨ jǔ 놀랄, 귀 쫑긋 거릴

설문 7438 長耳有所聞也。《『廣雅』。驚也。》 从耳。禹聲。《王矩切。5部。》 /592

◀ 제 10 획 ▶

聹 (재)【zài ㄗㄞˋ】 ⓢⓩ⑨ⓙ zǎi 반 귀머거리, 멍청이, 흐랄

설문 7444 益(益)梁之州謂聾爲聹。秦晉聽而不聰。聞而不達(達)謂之聹。《『方言』曰。聹、聾也。梁益之閒(間)謂聾爲聹。秦晉之閒聽而不聰。聞而不達謂之聹。》 从耳。宰聲。《作亥切。1部。》 /592

◀ 제 11 획 ▶

聯 聨 련【lián ㄌㄧㄢˊ】 이을, 연 이을, 일을 연이어 직분을 통하여 서로 도울

설문 7430 連也。《連者、負車也。負車者、以人輓車。人與車相屬。因以爲凡相連屬之偁(稱)。周人用聯字。漢人用連字。古今字也。『周禮』。官聯以會官治。『鄭-注』。聯讀爲連。【古書】連作聯。此以今字釋古字之例。》 从耳。从絲。《四字今補。會意。力延切。14部。》 从耳。耳連於頰。《故从耳。》 从絲。絲連不絕也。《故又从絲。》 /591

형성 (1자) 련(𨰻)1249

聰 聡(총)【cōng ㄘㄨㄥ】 살필, 귀 밝을, 통할

설문 7433 察也。《察者、覈(覈)也。聰察以雙聲爲訓。》 从耳。悤聲。《倉紅切。9部。》 /592

䏘 (미)【mǐ ㄇㄧˇ】 ⑨ wà 말의 귀 치장 (耳부 11획)

설문 7451 乘輿金耳也。《金耳【俗本】作「金飾馬耳」。【舊本】作「金馬耳」。『玉篇』同。今依『廣韵(韻):五, 支、四, 紙』作「乘輿金耳」訂正。乘輿者、天子之車也。金耳者、金飾車耳也。『西京賦』。戴翠帽。倚金較。『薛-注』。金較、黃金以飾較也。『崔豹-古今:注』曰。車耳重較也。『史記:禮書』彌龍。徐廣曰。乘輿車金薄繆龍爲輿倚較。繆者、交錯之形。車耳刻交錯之龍、飾以金。惟乘輿爲然。與文虎伏軾、龍首衡軛。畫(畵)爲三事。『史記』之「彌」卽許之「䏘」。䏘者本字。彌者同音叚(假)借字。淺人不得其解。乃妄改而不可通矣。䏘非人耳也。故其字殿焉。》 从耳。麻聲。讀若涸水。一曰若『月令』靡艸之靡。《亡彼切。『廣韵(韻)』亦忙皮切。古音在 17部。音轉入 16部。彌字古多在 16部用。故叚彌爲䏘。》 /592

聲 (성)【shēng ㄕㄥ】 소리(말, 음악, 명예), 소문, 소리낼, 울림, 성씨

설문 7439 音也。《音下曰。聲也。二篆爲轉注。此渾言之也。析言之、則曰生於心有節於外謂之音。宮商角徵羽、聲也。絲竹金石匏土革木、音也。『樂記』曰。知聲而不知音者、禽獸是也。》 从耳。殸聲。《書盈切。11部。》 殸、籒文磬。《見〔石部〕。》 /592

聳 𢕟(용)【sǒng ㄙㄨㄥˇ】 날때부터 귀머거리 ■송:속음

설문 7443 生而聾曰𢕟。《『方言』。聳、聾也。生而聾、陳楚江淮之閒謂之聳。荆(荊)揚之閒及山之東西雙聾者謂之聳。又古多叚(假)聳爲慫。『方言』曰。聳、悚也。又曰。聳、欲也。荆吳之閒曰聳。自關而西秦晉之閒相勸曰聳。中心不欲而由旁人之勸語亦謂之聳。》 从耳。從省聲。《息拱切。9部。》 /592

◀ 제 12 획 ▶

聵 (외)【kuì ㄎㄨㄟˋ】 귀머거리, 천생귀먹어리

설문 7445 聾也。《『國語』曰。聾聵不可使聽。韋云。耳不別五聲之和曰聾。生而聾曰聵。》 从耳。貴聲。《五怪切。15部。》 聵或从𣪠。《【許書】𣪠聲之字三。而逸𣪠篆。》 𦖻或从豪作。《豪應改辛省。說見〔豕部〕。》 /592

聶 섭【niè ㄋㄧㄝˋ】 소곤거릴, 줼, 칠(잘게 썰) ■곽:속음

설문 7454 駙耳私小語也。《〔口部:咠〕下曰。聶語也。按二篆皆會意。以口就耳則爲咠。咠者已二耳在旁、彼一耳居閒(間)則爲聶。『史記:魏其武安傳』曰。乃效女兒呫聶耳語。韋曰。呫聶、附耳小語聲。》 从三耳。《尼輒切。8部。》 /593

형성 (6자+1) 섭(躡)1288 섭(讘)1599 섭(桑)3425 섭(㒆)4817 섭(懾)6623 섭(攝)7496

職 (직)【zhí ㄓˊ】 本[주장할] 구실(임무), 벼슬, 일, 오로지 ■익:같은 뜻 ■치:표기

설문 7436 記𢼸也。《「𢼸」舊作「微」。今正。記猶識也。纖微必識是曰職。『周禮:太宰』之職、『大司徒』之職皆謂其所司。凡言司者、謂其善伺也。凡言職者、謂其善聽也。『釋

ⓩ 作家出版社〔董蓮池-說文解字考正〕 ⑨ 九州出版社〔柴劍虹-說文解字〕 ⓙ 陝西人民出版社〔蘇寶榮-說文解字今注今譯〕 ⓢ 上海古籍出版社〔說文解字注〕 ⓩ 中華書局〔臧克和-說文解字新訂〕

詁』曰。職、主也。『毛傳』同。見『詩:悉蟀、十月之交』。『周禮:職方』、亦作「識方」。》从耳。戠聲。《之弋切。1部。》/592

◀ 제 13 획 ▶

聸 (담)【dān ㄉㄢ】 귀 늘어질, 나라이름
설문 7428 乘耳也。从耳。詹聲。《都甘切。8部。》南方有聸耳國。《古衹作耽。一變爲聸耳。再變則爲儋耳矣。》/591

◀ 제 15 획 ▶

聽 청【tīng ㄊㄧㄥ】 ㉭ tìng 들을, 기다릴, 염탐군, 마을
설문 7434 聆也。《凡目所及者云視。如視朝、視事是也。凡目不能徧而耳所及者云聽。如聽天下、聽事是也。》从耳悳(㥁)。《會意。耳悳者、耳有所得也。》壬聲。《他定切。11部。》/592
참고 청(廳)

◀ 제 16 획 ▶

聾 (롱)【lóng ㄌㄨㄥ】 귀머거리, 귀먹을
설문 7442 無聞也。从耳。龍聲。《盧紅切。9部。》/592

◀ 제 17 획 ▶

聵 (얼)【wà ㄨㄚ】 귀머거리 ■외:같은 뜻
설문 7448 吳楚之外凡無耳者謂之聵。《『方言』曰。吳楚之外郊、凡無有耳者謂之聵。其言聵者、若秦晉中土謂墮耳者明也。》言約斷耳爲盟。《斷耳卽墮耳。「盟」當作「明」。字之誤也。》从耳。闋聲。《五刮切。15部。》/592

129 6-12 聿 붓 율

聿 율【yù ㄩ】 [설문부수 81] 붓, 드디어, 마침내, 지을, 가볍고 빠른 모양
설문 1841 所目(以)書也。《以、用也。聿者、所用書之物也。凡言所以者視此。》楚謂之聿。吳謂之不律。燕謂之弗。《一語而聲字各異也。『釋器』曰。不律謂之筆。郭云。蜀人呼筆爲不律也。語之變轉。按郭云蜀語與許異。『郭-注:爾雅、方言』皆不偁(稱)『說文』。弗同拂拭之拂。》从聿一。《『各本』作「一聲」。今正。此從聿而象所書之牘也。余律切。15部。》凡聿之屬皆从聿。/117
유사 밑 이(隶) 손빠를 섭(聿聿)
성부 부록 색인 참조
형부 聿을 부수로 하는 대부분의 글자들 혁(畵)
형성 (1자) 필(筆 筆)1842
● 聿 손 빠를 녑(聿)-약자

◀ 제 3 획 ▶

津 津 진【jīn ㄐㄧㄣ】 붓으로 꾸밀, 글씨 좋아할
설문 1843 聿飾也。《飾、今之拭字。殿下詳之矣。彡下曰。毛飾畫(畵)文也。象形。謂以毛拭畫成文。彡象其文形也。聿者、筆之所拭文成彡形。故從聿從彡。楚金以妝飾解之。繆矣。》從聿。从彡。《會意。》俗語目(以)書好爲聿。《此別一義。今人所謂津津亹亹者葢(蓋)出此。歎羨其好則口流盡液。音義皆與盡通。》讀若津(津)也。《將鄰(隣)切 12部。》/117
성부 津진
형성 (2자) 전(逮 逮)1154 진(盡 盡)3030

◀ 제 4 획 ▶

肁 조【zhaò ㄓㄠ】 비로소, 꾀, 열(開也), 성씨 ■도:칠(擊也)
설문 7362 始開也。《引申爲凡始之偁(稱)。凡『經傳』言肇始者、皆肁之叚(假)借。肇行而肁廢矣。『釋詁』、『毛詩:傳』皆曰。肇、始也。〔戈部〕曰。肈、擊也。》从戶聿。《聿於語詞有始義。故从聿。治小切。2部。》/586
성부 肇조【629-7984】

◀ 제 7 획 ▶

肅 숙【sù ㄙㄨ】 엄숙할, 삼갈, 공경할, 맑을, 오그라들, 절할
설문 1840 持事振敬(敬)也。《『廣韵』。恭也。敬也。戒也。進也。疾也。按訓進者、羞之假借。訓疾者、速之假借。皆見『禮』。》从聿在㴱(淵)上。《會意。》戰戰兢兢也。《引『詩』說從㴱之意也。息逐切。3部。》𦘔古文肅。从心卩。《聖逹(達)節。次守節。下失節。故從卩。》/117
성부 蕭소
형성 (9자) 소(嘯 嘯)829 숙(鷫 鷫)2262 수(膡 膡)2576 소(簫 簫)2860 숙(橚 橚)3448 소(歗 歗)5300 숙(潚 潚)6815 수(繡 繡)8211 소(蟰 蟰)8474

肆 사【sì ㄙ】 本[극진할] 베풀, 진열할, 펼, 방자할, 드디어, 깃들, 가게 〔원래는 율(聿)부 7획〕. 이(隶)부 8획 사(肆)와 같은 글자〕

◀ 제 8 획 ▶

肇 조【zhaò ㄓㄠ】 칠, 비롯할, 비로소, 바로잡을, 민첩할, 꾀할
설문 7984 上諱。《按『許-原書』無篆體。但言上諱。後人乃補此篆。說詳〔示部〕。上諱者、漢和帝諱也。『後漢書』作肇。李賢引『伏無忌-古今:注』曰。肇之字曰始。音兆。『許愼-說文』肇音大小反。上諱也。伏、許竝漢時人。而帝諱不同。葢(蓋)應別有所據。玉裁按古有肈無肇。从戈之肈、『漢-碑』或从殳。俗乃从攵(攴)作肇。而淺人以竄入〔許書-攴部〕中。『玉篇』曰。肇俗肈字。『五經文字:戈部』曰。肈作肇、訛。『廣韵』有肈無肇。『伏侯-作:古今:注』時斷(斷)無从攵之肇。

6 ⓪

『李賢-注:後漢書』亦斷不至認肈肇爲二字。蓋(盖)伏侯作肁、與許作肇不同。和帝命名之義取始。肁者、始開也。引申爲凡始。故伏云諱肁、而易之之字作始。實則漢人肁字不行。祗用肇字訓始。如『詩:生民:傳』、『夏小正:傳』可證。外閒所諱者肇也。故許云諱肇。此則伏、許不同之由。章懷之所疑。而『今日-後漢書』正文作肇譌也。『李舟-切韵』云。肇、擊也。其字从戈、肁聲。形音義皆合直小切。許諱其字故不爲之解。【今-經典】肇字俗譌从攵。不可不正。〔攵部〕妄竄之肇、今已芟去。》/629

형성 (+1) 조(肇)

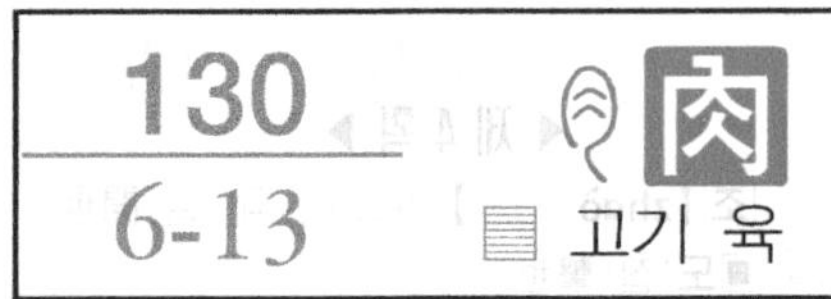

130 肉 6-13 고기 육

肉 夕月육【ròu ㄖㄡˋ】[설문부수 135] 살, 고기, 몸, 살 붙을

설문 2476 胾肉。《下文曰。胾、大臠也。謂鳥獸之肉。『說文』之例。先人後物。何以先言肉也。曰以爲部首。不得不首言之也。生民之初。食鳥獸之肉。故肉字冣(最)古。而製人體之字。用肉爲偏旁。是亦假借也。人曰肌。鳥獸曰肉。此其分別也。引伸爲『爾雅』肉好、『樂記』廉肉字。》象形。《如六切。3部。》凡肉之屬皆从肉。/167

유사 배 주(月) 달 월(月) 저녁 석(夕) 구기 작(勺)

성부 부록 색인 참조

형부 肉을 부수로 하는 대부분의 글자들

현(肱) 취(脃) 작(胷) 건(筋) 장(腸) 장(膝) 찰(膋)

형성 (2자) 뉵(朒)4127 유(腴)5438

◀ 제 1 획 ▶

肊 (억)【yì ㄧˋ】가슴뼈, 가슴, 기운찰

설문 2498 匈骨也。《【宋本】、【李燾-本】皆作「骨」。【俗本】作「肉」。非也。此如脅爲兩膀、榦(幹)爲脅骨。正名百物。不可紊也。》从肉乙。《【各本】作「乙聲」。今按聲字淺人所增也。肊臆字古今音皆在職德韵(韻)。乙字古今音皆在質櫛韵。是則作臆者形聲。作乙者會(會)意也。從乙者、皃(貌)其骨也。魚骨亦有名乙者。於力切。1部。》臆肊或从意。《意聲也。亦作「臆」。》/169

◀ 제 2 획 ▶

肋 (륵)【lè ㄌㄜˋ】㊤㊥⑨ lèi 갈빗대, 늑골

설문 2503 脅骨也。《亦謂之榦(幹)。榦者、翰也。如羽翰然也。》从肉。力聲。《盧則切。1部。》/169

肌 (기)【jī ㄐㄧ】살가죽(피부)

설문 2480 肉也。从肉。几聲。《居夷切。15部。》/167

肍 (구)【jiū ㄐㄧㄡ】㊤㊥⑨작 qiú 장조림

설문 2577 孰肉醬也。《用孰肉爲醬。「孰」『廣韵(韻)』作「乾」。疑乾是。下文云。生肉醬者、鮮肉醬也。》从肉。九聲。讀若舊(舊)。《巨鳩切。3部。》/175

肸 흘【xì ㄒㄧˋ】㊤ qì 눈 깜짝일, 떨릴(振動)

설문 2529 振肸也。《「振肸」依『玉篇』。『今本-玉篇』「肸」譌「昨」。〔十部〕曰。肸蠁、布也。然則振肸者、謂振動布寫也。以曡(疊)韵爲訓也。【鍇本】云振也。【鉉本】云振佾也。皆非是。『禮樂志』曰。鸞路龍鱗。罔不肸飾。師古曰。肸、振也。謂皆振整而飾之也。『上林賦』。肸蠁布寫。師古曰。肸蠁、盛作也。『甘泉賦』。薌呹肸以掍根。師古曰。言風之動樹。聲響振起(起)。此皆與『說文』合。蓋(盖)佾如肸音義皆同。許無八佾字。今按作佾作肸皆可。『左傳』言振萬舞者、必振動也。〔尸部〕曰。屑、動作切切也。此從佾會意也。》从肉。八聲。《許乞切。古音在 12部。》/171

유사 닮을 초(肖)

성부 屑설

형성 (1자+1) 흘(肸)1390 일(佾)

肯 肎긍【kěn ㄎㄣˇ】즐기어 할, 감히, 뼈에 붙은 살

설문 2616 骨閒肉肎(肯)肎箸也。《肎肎、附箸(着)難解之皃(貌)。『莊子』說『庖丁解牛』曰。技經肯綮之未嘗。肯、崔引此解釋之。綮音罄。司馬云。猶結處也。按肎之言可也。故心所願曰肎。得其叙郤曰中肎。引伸之義也。》从肉。从冎省。《冎者、剔肉置其骨也。肎肎相箸。有待於剔。故從冎。陸德明引『說文』、『字林』皆口乃反。『唐韵』苦等切。按肎等二字古音同在 1部。故皆在海韵。音轉入 6部。乃在拼等韵(韻)也。隸(隸)作「肯」。》一曰骨無肉也。《此別一義。》肎古文肎。/177

◀ 제 3 획 ▶

肒 (환)【huàn ㄏㄨㄢˋ】긁어 부스럼 날

설문 2544 搔生創也。《手搔皮肉成瘡。》从肉。丸聲。《胡岸切。14部。》/172

肓 肓(황)【huāng ㄏㄨㄤ】명치(심장 밑. 여기 병이 들면 고칠 수 없다)

설문 2486 心下鬲(鬲鬲)上也。《下上【各本】互譌。『篇』、『韵(韻)』同。今依『左傳:音義』正。『左傳』。疾不可爲也。在肓之上。膏之下。賈逵、杜預皆曰。肓、鬲(鬲)也。心下爲膏。按『鄭-駁:異義』云。肺也、心也、肝也俱在鬲上。賈侍中說肓、鬲也。統言之。許云鬲上爲肓者、析言之。鬲上肓。肓上膏。膏上心。【今本】作心上鬲下則不可通矣。『素問』曰。肓之原在臍下。『釋名』曰。膈、塞也。塞上下、使氣與穀不相亂也。》从肉。亡聲。《呼光切。10部。按當云网平聲。》『春秋傳』曰。病在肓之上。《『左傳:成:十年』文。【各本】上譌下。今正。》/168

肖 肖초【xiào ㄒㄧㄠˋ】닮을, 닮게할, 본받을 ■소:쇠할, 흩어질

설문 2526 骨肉相佀(似)也。《骨肉相似者、謂此人骨肉與彼人骨肉狀皃(貌)略同也。故字從肉。『漢:荆(刑)法志』假宵。『列子』假俏。》从肉。小聲。《私妙切。2部。》不

侶其先。故曰不肖也。《釋[經傳]之言不肖。此肖義之引伸也。》/170

유사 눈깜짝일 휼(肏)

성부 捎소 稍초 削삭

형성 (15자+2) 소(萷)511 초(哨)891 조(趙)982 초(梢)3346 소(郩)3842 소(宵)4399 소(痟)4511 초(悄)6617 소(消)7010 소(霄)7177 소(娋)7902 초(綃)8128 초(蛸)8439 소(銷)8843 초(陗)9190 초(鞘) 소(逍)

肘 주【zhǒu ㄓㄡˇ】 팔꿈치(를 잡고 만류할), 팔뚝, 책 이름, 자반

설문 2511 臂節也。《厷與臂之節曰「肘」。股與脛之節曰「厀」。〔卪部〕曰。厀、脛頭卪也。其文法同也。肘、今江蘇俗語曰手臂挣注是也。『深衣』曰。胳之高下。可以運肘。袂之長短。反詘之及肘。『注』云。肘當臂中爲節。臂骨上下各尺二寸。按上謂厷。下謂臂也。》从肉寸。《陟柳(柳)切。3部。》寸、《逗。》手寸口。《說從寸之意。謂從寸口至此爲一節也。此一節之中曰臂。》/170

형성 (3자) 주(疛)4525 주(紂)8314 주(酎)9371

肙 연【juān ㄐㄩㄢ】 ㉠㉦㊥⑨ yuàn ㉿ yuān 작은 벌레, (텅)빌, 굽힐 ■현:같은 뜻

설문 2614 小蟲也。《〔蟲部:蜎〕下曰。肙也。『考工記:注』云。謂若井中蟲蜎蜎。按井中孑孑、蟲之至小者也。不獨井中有之。字從肉者、狀其耎也。从口(囗)者、象其首尾相接之狀也。》从肉囗。《[各本]有聲字。非也。烏懸切。14部。『廣韵』、『玉篇』皆烏縣切。》一曰空也。《甂下孔謂之窒。窒亦作甂。是其義也。》/177

형성 (18자+2) 현(鞙)1744 견(睊)2064 연(削)2658 연(鋗)3103 선(圓)3747 견(稍)4244 연(痟)4574 현(駽)5848 열(焆)6183 연(悁)6557 연(涓)6810 연(捐)7713 현(弲)8086 견(絹)8216 현(蜎)8502 현(埍)8719 현(鋗)8875 견(酮)9365 견(狷) 연(娟)

肝 (간)【gān ㄍㄢ】 간(간장), 마음, 요긴할

설문 2490 木藏也。《文有脫誤。說見上。》从肉。干聲。《古寒切。14部。按『禮經』正脅謂之幹。『少牢-古文』幹爲肝。此與古文髀爲脾皆但取同音假借而已。》/168

◀ 제 4 획 ▶

肤 (결)【jué ㄐㄩㄝˊ】 구멍 ■계:같은 뜻

설문 2516 孔也。《蒙脽言則謂尻孔也。俗謂之鸜腔。》从肉。决聲。讀若決水之決。《「决聲」[鉉本]作「決省聲」。誤。[鍇本]亦同者、張次立依鉉改之也。決水在廬江。見〔水部〕。古穴切。15部。》/170

股 (고)【gǔ ㄍㄨˇ】 넓적다리

설문 2518 髀也。《〔骨部〕曰。髀、股外也。言股則統髀。故曰髀也。》从肉。殳聲。《公戶(戶)切。5部。按殳字古音在 4部。股羖字古音在 5部。見於『詩』者如此。》。/176

肥 肥 비【féi ㄈㄟˊ】 살찔, 성할

설문 2532 多肉也。从肉卪。《鉉等曰。肉不可過多。故從卪。符非切。15部。按[各本]此篆在部末。葢(蓋)因奪落而補綴之也。今考定文理。必當廁此。與下文少肉反對。》/171

형성 (3자) 비(萉)233 비(膍)5640 비(蜰)8446

肚 (뉴)【niǔ ㄋㄧㄡˇ】 먹는 고기 ■주:팔꿈치 ■유:고기 기름질 ■육:코피날

설문 9341 食肉也。《食肉必用手。故从丑肉。》从丑肉。《會意。不入〔肉部〕者、重丑也。》丑亦聲。《女久切。3部。》/744

肧 (배)【pēi ㄆㄟ】 애 (들어)설 ※ 배(胚)의 본래 글자

설문 2478 婦孕一月也。《文子曰。一月而膏。二月血脈。三月而肧。四月而胎。五月而筋。六月而骨。七月而成形。八月而動。九月而躁。十月而生。『淮南』曰。一月而膏。二月而胅。三月而胎。說各乖異。其大致一也。『李善-注:江賦』。引『淮南』三月而肧胎。與[今本]異。》从肉。不聲。《匹桮切。古音在 1部。》/167

肩 肩 견【jiān ㄐㄧㄢ】 어깨, 견딜, 세살 먹은 짐승 ■간:포(膊也) ■흔:여리고 작은 모양 ■현:같은 뜻

설문 2506 髆也。《〔骨部〕曰。髆、肩甲也。》从肉。象形。《象其半也。古賢切。14部。》肩俗肩从戶。《從門戶於義無取。故爲俗字。》/169

형성 (2자) 간(豣)5269 간(顅)5415

肕 (인)【yìn ㄧㄣˋ】 ㉦㊥⑨ zhèn 부스럼자국, 급할 ■윤:〈네이버 자전〉 흠집

설문 2548 瘢也。《〔疒部:瘢〕、痍也。痍、傷也。》从肉。引聲。《羊晉切。12部。》一曰遽也。《別一義。按『篇』、『韵(韻)』皆云。肕、脊肉。是爲胂膑字也。》/172

肪 (방)【fáng ㄈㄤˊ】 살찔, 비계

설문 2496 肥(肥)也。《「肥(肥)」亦當作「脂(脂)」。『王逸-正部論』說玉符曰。白如豬肪。『通俗文』曰。脂在腰曰肪。此假在人者以名物也。》从肉。方聲。《甫良切。10部。》/169

肫 (순)【zhūn ㄓㄨㄣ】 광대뼈, (통째로 말린)포, 정성스러울 ■준:턱 ■돈:먹이 ■절:광대뼈

설문 2482 面頯也。《〔頁部〕曰。頯、權也。「權」俗作「顴」。「肫」、『史漢』作「準」。高祖隆準。服虔曰。準音拙。應劭曰。隆、高也。準頰權準也。按準者假借字。肫其正字。『儀禮』

6 ⓪

釋文引『說文』肫、之允反。是也。其入聲則音拙。『廣雅』作「頣」。是也。若『戰國策』準頞、權衡竝言則準訓鼻矣。『儀禮』。牲體肫骼。假借肫爲腨字也。腨者、腓腸也。又『中庸』。肫肫其仁。鄭讀爲誨爾忳忳之忳。忳忳、懇誠皃(貌)也。是亦假借也。『士昏禮』。腊一肫。肫者純之假借。純、全也。》从肉。屯聲。《章倫切。13部。》/167

肬 (우)【yóu ㄧㄡˊ】 혹
설문 2543 贅肬也。《【各本】奪肬字。今補。贅同綴。『書傳』多贅綴通用。故此直作贅。綴、屬也。屬於皮上。如地之有丘也。》从肉。尤聲。《羽求切。3部。》籒文肬。从黑。/171

肰 肰 연【rán ㄖㄢˊ】 개고기
설문 2608 犬肉也。从肉犬。讀若然。《如延切。14部。》古文肰(肰)。《小篆从一犬。古文从二犬。》亦古文肰。《按此葢(蓋)㕭之譌耳。》/177
성부 然연 䖄염

6
⑫

育 육【yù ㄩˋ】 기를, 자랄, 어릴, 낳을 ■주:맏아들 ■국:기를, 어릴
설문 9338 養子使作善也。《『孟子』曰。中也養不中。才也養不才。》从𠫓。《不从子而从倒子者、正謂不善者可使作善也。》肉聲。《余六切。3部。》『虞書』曰。《『虞書』當作『唐書』。說在〔禾部〕。》教育子。《『堯典』文。『今-尙書』作胄子。攷『鄭-注:王制』作胄。『注:周官:大司樂』作育。『王肅-注:尙書』作胄。葢(蓋)今文作育。古文作胄也。『釋言』曰。育、稚也。故『史記』作教稚子。『邠風:毛傳』亦曰鬻子、稚子也。稚者當養以正。二義實相因。》毓育或从每。《『周禮』。『周易:蒙卦』皆作此字。每艸盛也。養之則盛矣。》/744
성부 充㐬충 㪉철
형성 (3자) 육(𦳝)450 육(淯)6687 육(䋖)8219

肒 탐【tǎn ㄊㄢˇ】 고기국 찌끼, 키 작고 보기 싫을, 웅크리고 볼
설문 2610 肉汁滓也。《『醢人』。韭菹醓醢。『注』云。醓、肉汁也。『公食大夫禮:注』曰。醓醢、醢有醓。『釋名』曰。醢多汁者曰醓。醓、瀋也。宋、魯(魯)人皆謂汁爲瀋。按合此三條。可見『禮經』醓醢正字當作「肒」。謂多肉汁之醢也。許云汁滓者、謂醢不同湆也。合『醢人:注』及〔血(血)部:䀋〕下覩之。肒醢用牛乾脯莝之。𥣙以粱麴及鹽。漬以美酒。塗置甀中。百日則成。葢(蓋)他醢及臡皆用此法。如蠃醢則用乾蠃肉。麋臡則用乾麋肉也。凡醢臡皆有汁、而牛乾脯獨得肒名者、六畜不言牲名。他醢臡不言肒、立文錯見之法。汁即鹽酒所成。醢皆胜物。非有孰汁也。『毛傳』云。以肉曰醓醢。大鄭云。醓醢、肉醬也。皆言肉以包汁。不言何肉者、葢謂『周禮』六牲之肉。下文醢臡麋鹿麇兎鴈在六獸六禽內。可證也。許但言牛乾脯者、舉(擧)六牲之一以包具餘也。正字作肒醢。假借字作醓醢。『許-所據:禮』作「䀋」。今字作「醓」。》从肉。冘聲。《他感切。8部。》/177
형성 (1자) 담(䀋)3034

肴 肴 효【yáo ㄧㄠˊ】 술안주
설문 2556 啖也。《折俎謂之肴(肴)。見『左傳』、『國語』。豆實謂之肴。見『毛傳』。凡非穀而食曰肴。見『鄭-箋』。皆可啖者也。按許當云啖肉也。謂熟饋可啖之肉。【今本】有奪字。》从肉。爻聲。《胡茅切。2部。按【今-經傳】皆作「殽」。非【古經】之舊(舊)也。》/173
형성 (2자) 효(殽)1872 효(俲)4941

肸 (흘)【xì ㄒㄧˋ】 소리 울릴, 떨칠 ■혈:속음 ■힐:같은 뜻 ■비:고을 이름
설문 1390 肸蠁、《逗。》布也。《『李善-注:上林賦、甘泉賦』皆引肸蠁布也。今據正。『上林賦』曰。肸蠁布寫。『彪-注』曰。肸、過也。芬芳之過若蠁之布寫也。『甘泉賦』。薌呹肸以掍批。薌葢(蓋)同蠁。按〔虫部:蠁〕、知聲蟲也。肸蠁者、葢如知聲之蟲一時雲集。『蜀都賦』翕響義同。『春秋』晉羊舌肸、字叔向。向釋文許兩(兩)切。即(卽)蠁字。知肸蠁之語甚古。》从十。㐆聲。《義乙切。12部。》/89

肺 (폐)【fèi ㄈㄟˋ】 허파, 마음, 친할 ■패:무성한 모양
설문 2488 金藏也。《按【各本】不完。當云「火藏也」、博士說以爲金藏。下文脾下當云木藏也、博士說以爲土藏。肝下當云金藏也、博士說以爲木藏。乃與心字下土藏也、博士說以爲火藏一例。『玄應書』兩引『說文』肺、火藏也。其所據當是【完本】。但未引一曰金藏耳。『五經異義』云。『今-尙書』歐陽說。肝、木也。心、火也。脾、土也。肺、金也。腎、水也。『古-尙書』說。脾、木也。肺、火也。心、土也。肝、金也。腎、水也。許愼謹案。『月令』。春祭脾。夏祭肺。季夏祭心。秋祭肝。冬祭腎。與『古-尙書』同。鄭駁之曰。『月令』祭四時之位。乃其五藏之上下次之耳。冬位在後。而腎在下。夏位在前。而肺在上。春位小前。故祭先脾。秋位小郤(却)。故祭先肝。腎也、脾也俱在鬲(鬲)下。肺也、心也、肝也俱在鬲上。祭者必三。故有先後焉。不得同五行之義。今醫病之法。以肝爲木。心爲火。脾爲土。肺爲金。腎爲水。則有瘳也。若反其術。不死爲劇。『鄭-注:月令』。自用其說。從『今-尙書』說。『楊雄-大玄』木藏脾。金藏肝。火藏肺。水藏腎。土藏心。從『古-尙書』說。『高-注:呂(呂)覽』。於春祭先脾曰。春木勝土。先食所勝也。一說脾屬木。自用其藏也。於夏祭先肺曰。肺、金也。祭禮之先進肺。用其勝也。一曰肺火。自用其藏。於秋祭先肝曰。肝、木也。祭祀之肉。用其勝也。故先進肝。一曰肝、金也。自用其藏也。於冬祭先腎曰。腎屬水。自用其藏也。於中央土祭先心曰。祭祀之肉。先進心。心、火也。用所勝也。一曰心土。自用其藏也。其『注:淮南:時則訓』略同。皆兼從『今古-尙書』說。而先今後古。『許-異義』從『古-尙書』說。『說文』雖兼用『今古-尙書』說。而先古後今。與鄭不同矣。》从肉。㞋(市)聲。《芳吠切。在 15部。》/168

◀ 제 5 획 ▶

胂 (신)【shēn ㄕㄣˉ】 기지개 켤
[설문] [2504] 夾脊肉也。《『易:艮:九三』。艮其限。裂其夤。馬云。夤、夾脊肉也。虞亦云。夤、脊肉。王弼云。當中脊之肉也。按〔夕部〕。夤、敬惕也。『周易』假爲胂。故『三家:注』云爾。若【鄭本】作「膑」。膑恐夤之誤。『廣雅』云。胂謂之脢。『周易:音義』云胂以人反。則胂音同夤。○ 又按『艮:九三』字、當是上肉下寅。【故-鄭本】作「膑」。非叚(假)夤敬字也。》从肉。申(申)聲。《失人切。12部。》/169

胃 [위]【wèi ㄨㄟˋ】 밥통, 별 이름(28수의 하나)
[설문] [2492] 穀府也。《『白虎通』曰。胃者、脾之府也。脾主稟氣。胃者、穀之委也。故脾稟氣於胃也。『素問』。脾胃者、倉廩之官。五味出焉。》从肉。囷象形。《云貴切。15部。》/168
[성부] [囷]시 [彙]휘
[형성] (6자+1) 위(喟)792 위(謂)1403 위(渭)6676 위(媦)7767 위(緭)8197 위(颶)8573 **위**(蝟)

胄 (주)【zhòu ㄓㄡˋ】 맏아들, 자손
[설문] [2528] 胤也。《『左傳』曰。是四嶽之裔胄也。》从肉。由聲。《【許書】無由字。然由聲字甚多。不可謂古無由字欲盡改爲「甹省聲也」。直又切。3部。與甲胄字別。》/171

胅 (질)【dié ㄉㄧㄝˊ】 ⑨ huàn 뼈마디 튕길
[■]**절**:속음
[설문] [2546] 骨差也。《謂骨節差忒不相值。故胅出也。『蘇林-漢書:注』云。窅胅。窅謂入。胅謂出。『爾雅:注』云胅起(起)高二尺許、『山海經:結匈國:注』云臆前胅出如人結喉、『玄應書』頔頭胅頟皆是。「窅胅」『倉頡篇』作「容胅」。『葛洪-字苑』作「凹凸」。今俗通用作「坳突」。》从肉。失聲。讀若跌同。《蹉跌者骨多差。音義皆同。徒結切。12部。》/172

肸 (별)【bié ㄅㄧㄝˊ】 살찔 [■]**필**:큰 모양
[설문] [2559] 肥(肥)肉也。《『廣韵(韻)』曰。肸、旮肥也。旮、肥狀也。》从肉。必聲。《蒲結切。12部。》/173

朐 (구)【qú ㄑㄩˊ】 멍에, (구부정한)포 [■]**후**:오랑캐이름 [■]**욱·훙**:같은 뜻 [■]**박**:손발마디 딱하고 소리날 [■]**준**:현이름
[설문] [2573] 脯挺也。《【許書】無「挺」字。挺卽「脡」也。『何-注:公羊』曰。屈曰朐。申曰脡。朐脡就一脡析言之。非謂脡有曲直二種也。『曲禮』曰。左朐右末。鄭云。屈中曰朐。屈中猶言屈處。末卽申者也。『士虞禮』曰。設俎于薦東。朐在南。鄭云。朐脯及乾肉之屈也。左朐曰。朐在南、則朐在脯端明矣。『鄉飲酒:記』曰。薦脯五挺。橫祭于其上。『注』引『曲禮』左朐右末。『鄉射記』薦脯五膱。膱長尺二寸。『注』膱猶挺也。然則每一脯爲一膱。謂之一挺。每膱必有屈處。故亦可謂之一朐。「挺」作「脡」。「膱」作「職」皆俗字也。朐引伸爲凡屈曲之偁(稱)。漢巴郡有朐忍縣。『十三州志』曰。其地下溼(濕)。多朐忍蟲。因名。「朐忍蟲」卽「丘蚓」。今俗云。曲蟺也。『漢-碑』、【古書】皆作「朐忍」無異。不知何時「朐」譌「眗」、「忍」譌「肕」。闞駰上音春、下音閏。『通典』上音蠢、下音如尹切。『廣韵(韻)』則 上音蠢、下音閏。而大徐乃於〔肉部〕增朐肕二篆。上音如順、下音尺尹。不知爲朐忍之字誤。且謂其地在漢中。又不知漢朐忍在今夔州府雲陽縣名萬戶垻者是。去漢中遠甚也。》从肉。句聲。《凡從句之字皆曲物。故皆入〔句部〕。朐不入〔句部〕何也。朐之直多曲少。故釋爲脯挺。但云。句聲也。云句聲則亦形聲包會意也。其俱切。4部。》/174

背 [배]【bèi ㄅㄟˋ】 등, 뒤, 집의 북쪽, 등질
[설문] [2499] 脊也。《〔𠦬部〕曰。脊、背吕也。然則脊者、背之一端。背不止於脊。如髀者股外、股不止於髀也。云背脊也、股髀也。文法正同。『周易』。艮其背。不獲其身。》从肉。北聲。《補妹切。古音在 1部。》/169
[참고] 배(褙)

胎 (태)【tāi ㄊㄞˉ】 아이밸, 태, 조짐
[설문] [2479] 婦孕三月也。《『玄應』兩引皆作二月。『釋詁』曰。胎、始也。此引伸之義。『方言』曰。胎、養也。此假借胎爲頤養也。又曰。胎逃也。則方俗語言也》从肉。台聲。《土來切。1部。》/167

胑 (지)【zhī ㄓˉ】 팔다리 ※ 지(肢)와 같은 글자
[설문] [2524] 體四胑也。《『荀子:君道篇』。如四胑之從心。『淮南:脩務訓』。四胑不動。『孟子』謂之四體。『孟子:注』「胑」作「枝」。云體者、四枝股肱也。又云折枝、按摩折手節、解罷枝也。自胳肱至臑言手足也。故總(總)之以胑。》从肉。只聲。《章移切。16部。》 肢胑或从支。《支只同部。》/170

胖 (판)【pàng ㄆㄤˋ】 ㉠ pán [상][中]⑨[작] pàn
[本][(반쪽의)희생] [■]**반**:클, 고요하고 편안할
[설문] [0690] 半體也。《【各本】半體肉也。今依『玄應』訂。『周官經:腊人:注』曰。鄭大夫云。胖讀爲判。杜子春讀胖爲版。又云。膴、胖、皆謂夾脊肉。又云。禮家以胖爲半體。元謂胖宜如脯而腥。胖之言片也。析肉意也。按許用禮家說。》一曰廣肉。《此別一義。胖之言般也。般、大也。『大學』。心廣體胖。其引伸之義也。》从肉半。半亦聲。《普半切。14部。》/50

胗 (진)【zhěn ㄓㄣˇ】 순종(입술에 나는 부스럼)
[■]**긴**:같은 뜻
[설문] [2540] 脣瘍也。《『宋玉-風賦』曰。中脣爲胗。》从肉。㐱聲。《之忍切。13部。》 𤵖籒文胗。从疒(疒)。/171

胘 (현)【xián ㄒㄧㄢˊ】 소 처녑, 밥통
[설문] [2561] 牛百葉也。《『廣雅』。胃謂之胘。李時珍云。胘卽胃之厚處。『齊民要術』有牛胘炙。卽牛百葉也。『公羊傳:注』。自左髀達於右胘。謂達於胃也。》从肉。弦(弦)省聲。《胡田切。12部。》/173

6 ⓪

[작] 作家出版社〔董蓮池-說文解字考正〕 ⑨ 九州出版社〔柴劍虹-說文解字〕 ㉠ 陝西人民出版社〔蘇寶榮-說文解字今注今譯〕 [상] 上海古籍出版社〔說文解字注〕 [中] 中華書局〔臧克和-說文解字新訂〕

胙 (조)【zuò ㄗㄨㄛˋ】 제육(제사 지내고 나누는 고기) ■작:같은 뜻

설문 2552 祭福肉也。《福者、皇尸命工祝承致多福無疆于女孝孫是也。『周禮』。以脤膰之禮親兄弟之國。『注』曰。同福祿也。引伸之凡福皆言胙。如『左傳』言天胙明德、無克胙國、『國語』胙以天下、胙四岳國是也。自後人肊造「祚」字以改【經傳】。由是胙祚錯出矣。》 从肉。乍聲。《昨誤切。5部。》 /172

胆 (저)【qū ㄑㄩˉ】 구더기

설문 2613 蠅乳肉中也。《『三蒼』曰。蠅乳肉中曰胆。『通俗文』云。肉中蟲曰胆。『周禮:蜡氏:注』。蜡、骨肉腐臭蠅蟲所蜡也。蜡讀如狙司之狙。按「狙司」俗作「覰伺」。『釋蟲』。蝨醜蟯。「蝨」本作「蝨」。干據反。見『廣韵(韻)』。卽『周禮』所謂蜡。『三蒼』所謂乳肉中也。》 从肉。且聲。《七余切。5部。作「蛆」者譌。》 /177

胜 (성)【xīng ㄒㄧㄥˉ】 (개고기)비릴, 날고기 ■생:고기를 보낼 ■승:〈네이버 자전〉이길

설문 2584 犬膏臭也。《『庖人』、『內則』。秋行犢麛膳膏腥。杜子春云。膏腥、豕膏也。後鄭云。膏腥、雞(鷄)膏也。許云犬膏。葢本賈侍中。》 从肉。生聲。《桑經切。11部。》 一曰不孰也。《上文云生肉醬。字當作胜。『論語』。君賜腥。必孰而薦之。字當作胜。【今-經典】膏胜、胜肉字通用腥爲之而胜廢矣。而腥之本義廢矣。》 /175

胝 (지)【zhī ㄓˉ】 못박힐, 틀(피부가 단단해 지거나 터짐) ■치:새의 밥통 ■제:희생의 몸

설문 2542 腄也。《『漢書』。「軀(躬)奏無胈」。『史記』作「軀胝無胈」。徐廣曰。胝竹移反。胝、腄也。李善引『郭璞-三蒼:解詁』曰。胝、蹦也。竹施反。按據此二音。似胝本從氏聲。在『五, 支韵(韻)』。然『小顏(顏)-注:漢』云。竹尸反。『今-說文』作「胝」、從氐。今韵入『六, 脂(脂)』。姑仍其舊。》 从肉。氐聲。《竹尼切。15部。》 /171

胞 (포)【bāo ㄅㄠˉ】 ㉘ pāo 태의(껍질), 두창(천연두)

설문 5553 兒生裹也。《包謂母腹。胞謂胎衣。『小雅』。不屬于毛。不離于裏。『箋』云。今我獨不得父皮膚之氣乎。獨不處(處)母之胞胎乎。釋文胞音包。今俗語同胞是也。其借爲脬字、則讀匹交切。脬者、旁光也。腹中水府也。》 从肉包。《包子之肉也。不入〔肉部〕者、重包也。包亦聲。匹交切。古音在 3部。》 /434

胠 (거)【qū ㄑㄩˉ】 本[갈비] 한쪽으로부터 열 ■겁:사람 이름

설문 2508 亦(腋)下也。《『玉藻』說袂二尺二寸。袪尺二寸。袪、袂末也。袪如胠同音。然則胳謂迫於厷者。胠謂迫於臂者。『左傳:襄:廿三年』。齊侯伐衞(衛)。有先驅、申驅、戎車、貳廣、啟(啓)胠、大殿。賈逵曰。左翼曰「啟」。右翼曰「胠」。啟胠皆在旁之軍。『莊子』胠篋。司馬曰。從旁開爲胠。皆取義於人體也。『廣雅』。胠、脅也。未若許說之明析。》 从肉。去聲。《按胠去魚切。5部。鉉從去劫一切。此因訓脅而讀同之也。》 /169

胡 호【hú ㄏㄨˊ】 턱 밑의 살, 어찌, 멀, 수할(오래 살), 오랑캐

설문 2560 牛顄垂(垂)也。《『玄應』、司馬貞引皆作「牛領」。按此言顄以包頸也。顄、頤也。牛自頤至頸下垂肥(肥)者也。引伸之凡物皆曰胡。如老狼有胡、鶘胡、龍垂胡頷(髯)是也。胡與侯音轉冣(最)近。故『周禮:立當前侯注』曰。車轅前胡下垂柱地者。【經傳】胡侯遐皆訓何。『士冠禮』。永受胡福。鄭曰。胡猶遐也。『毛傳』。胡、壽也。『謚(諡)法』。彌年壽考曰胡。保(保)民耆艾曰胡。皆謂壽命遐遠。》 从肉。古聲。《戶孤切。5部。》 /173

형성 (4자+1) 호(瑚)195 호(餬)3099 호(蝴)6104 호(湖)6927 호(醐)

胤 윤【yìn ㄧㄣˋ】 (자손이 대를)이을, 자손

설문 2527 子孫相承續也。《『釋詁』。胤嗣繼也。『大雅:毛傳』。胤嗣也。》 从肉。从八。象其長也。《八、分也。骨肉所傳。支分厎別。傳之無竆(窮)。》 么亦象重累也。《「絫」俗作「累」。上非幺麽之幺。直像其重絫之意。羊晉切。12部。》 古文胤。《兩旁葢(蓋)亦從八之意。》 /171

胥 서【xū ㄒㄩˉ】 本[게장(게젓)] 서로, 기다릴, 볼, 도울, 어조사

설문 2581 蟹醢也。《『庖人』。共祭祀之乎羞。『注』。謂四時所爲膳食。若今荆(荊)州之鮓魚。青州之蟹胥。雖非常物。進之孝也。『釋名』曰。蟹胥、取蟹藏之。使骨肉解足胥胥然也。『字林』云。胥、蟹醬也。按鄭云作醢及臡。必先膊乾其肉。乃後莝之。襍以粱麴及鹽。漬以美酒。塗置甀中。百日則成。許云蟹醢。作之當同也。『釋名』所云則似今之醉蟹。似劉(劉)說長。蟹者多足之物。引伸假借爲相與之義。『釋詁』曰。胥、皆也。又曰。胥、相也。今音相分平去二音爲二義。古不分。『公羊傳』曰。胥命者、相命也。『穀梁傳』曰。胥之爲言猶相也。『毛傳』於聿來胥宇、于胥斯原皆曰。胥、相也。此可證相與、相視古同音同義也。『小雅』。君子樂胥。毛曰。胥、皆也。【賈誼書】引此『詩』云胥相。此『爾雅』皆與相同義之證也。『方言』又曰。胥、輔也。文王胥附先後是也。》 从肉。疋聲。《按蟹八跪二敖故字從疋。劉熙云。足胥胥然也。相居切。5部。劉昌宗音素。『集韵』又作蝑蝢蝍蜍。音四夜切。按胥篆舊在膴脼之閒(間)。非其類。今正之。移於此。》 /175

형성 (10자) 서(稰)59 서(壻)207 서(諝)1457 서(楈)3291 서(糈)4303 서(惰 6464 서(湑)7055 서(鱛)7226 서(揟)7665 서(蝑)8459

胾 (자)【zhuò ㄓㄨㄛˋ】 ㊏㊥⑨㉘ zǐ 밥찌끼, 포의 뼈 ※ 자(胏)와 같은 글자(열 1134)

설문 2606 食所遺也。《馬融、陸績皆曰。肉有骨謂之胏。

㉘ 作家出版社〔董蓮池-說文解字考正〕 ⑨ 九州出版社〔柴劍虹-說文解字〕 ㊀ 陝西人民出版社〔蘇寶榮-說文解字今注今譯〕 ㊏ 上海古籍出版社〔說文解字注〕 ㊥ 中華書局〔臧克和-說文解字新訂〕

『說文』、『字林』作「𠈣」。訓爲食所遺。葢(蓋)【孟本】孟說與。』 从肉。仕聲。《阻史切。古音在 1部。》『易』曰。噬乾𠈣。《【今-鍇本】此下衍止字。『噬嗑:九四:爻辭』。》 𦙒楊雄說𠈣从𠂔(𠂔)。《葢(蓋)『訓纂篇』中字如此作。『馬、鄭-易』同楊。鄭云。胏、簀也。葢謂胏爲笫之假借。其說未聞。胏當在 15部。而與𠈣同字者合韵(韻)之理也。》/176

◀ 제 6 획 ▶

胯 (과)【kuà ㄎㄨㄚˋ】㉿ kù 사타구니
설문 2517 股也。《合兩股言曰胯。『廣韵』曰。胯、兩股之閒(間)也。『史記』曰。不能死。出我胯下。》从肉。夸聲。《苦故切。5部。》/170

胲 (해)【gāi ㄍㄞˉ】엄지발가락, 뺨, 갖출
■개:뺨에 붙은 살
설문 2525 足大指毛肉。《「肉」字依『篇』、『韵(韻)』補。『倉公傳:正義』作「皮」。足母指上多生毛謂之毛肉。故字從肉。『國語』。至於手拇毛脈。謂手拇有毛脈也。『莊子』。臘者之有膍胲。『音義』云。胲、足大指也。『漢書』。樹頰胲。假爲𩔖也。》从肉。亥聲。《古哀切。1部。》/170

胳 (각)【gē ㄍㄜˉ】겨드랑이
설문 2507 亦(腋)下也。《亦腋古今字。〔亦部〕曰。人之臂亦也。兩厷迫於身者謂之亦。亦下謂之胳。又謂之胠。身之迫於兩厷者也。『深衣』曰。胳之高下。可以運肘。『注』。肘不能不出入。胳、衣袂當腋之縫也。按衣袂當胳之縫亦謂之胳。俗作「袼」。『禮經』牲體之胳。今文作「胳」。古文作「骼」。鄭出古文於『注』。是『注』從今文也。許訓胳爲亦下。訓骼爲禽獸之骨。是從『古文-禮』。不同鄭也。》从肉。各聲。《古洛切。5部。按『儀禮』肫骼之骼或作「胳」。假借也。》/169

胵 (치)【chī ㄔˉ】멀떠구니(새의 식도 아래에 있는 주머니 모양의 소화기관)
설문 2563 鳥膍胵也。《依【全書】通例正。》从肉。至聲。《處脂切。15部。古音至聲在 12部。》一曰胵、五藏總(總)名也。《此單呼胵。不連膍。五藏亦謂禽獸。》/173

胹 (이)【ér ㄦˊ】(충분히)삶을
설문 2582 爛也。《爛〔火部〕作「爤」。火孰也。『左傳』。宰夫胹熊蹯不孰。謂火孰之而未孰也。『方言』。胹、孰也。自關而西秦晉之郊曰胹。按『內則』作「濡」。》从肉。而聲。《如之切。1部。『廣韵(韻)』作「臑」。云籀文作䐓。》/175

胻 (행)【xìng ㄒㄧㄥˋ】㊤㊥⑨㉿ héng 정강이
설문 2521 脛耑(端)也。《耑猶頭也。脛近膝者曰胻。如股之外曰髀也。言脛則統胻。言胻不統脛。『龜策傳』曰。壯士斬其胻。卽斮朝涉之脛也。》从肉。行聲。《戶(戸)更切。古音在 10部。『篇』、『韵(韻)』皆胡郎切。》/170

能 (능)【néng ㄋㄥˊ】[설문부수 380] 곰, 재능, 능히 ■내:견딜, 세발자라 ■태:별이름
설문 6105 熊屬。《『左傳』、『國語』皆云。晉侯夢。黃能入於寢門。『韋-注』曰。能似熊。凡『左傳』、『國語』能作熊者、皆淺人所改也。》足佀(似)鹿。《故皆从比也。㲋足䏩足亦同。》从肉。《猶龍之从肉也。》㠯聲。《奴登切。古者在 1部。由之而入於咍則爲奴來切。由 1部而入於 6部則爲奴登切。其義則一也。》能獸堅中、故偁(稱)賢能。《「賢」古文作「臤」。臤、堅也。》而彊壯、偁能傑也。《此四句發明叚(假)借之恉。賢能、能傑之義行而本義幾廢矣。子下曰。十一月陽氣動。萬物滋。人以爲偁。亦此例也。韋朋來西烏五篆下說解皆如此例。》凡能之屬皆从能。/479
【㐡】下曰:能也(凡敢於行曰能。今俗所謂能幹也。敢於止曰亦能。今俗所謂能耐也。能耐本一字)。从心。刃聲。/515
성부 罷파 熊웅
형성 (2자) 내(䏧 𦝥)4055 태(態 𢡱)6517

胾 (자)【zì ㄗˋ】고깃점(저민 고기)
설문 2597 大臠也。《切肉之大者也。》从肉。𢦔(𢦏)聲。《側吏切。1部。按『鄉(鄉)射禮-古文』樴爲胾。戠聲𢦏聲同也。脯脡字本作「梃」、從木。從手、從肉皆誤也。梃、一枚也。樴猶梃也。「樴」作「胾」則同聲而不同義。凡『禮-古文』「髀」作「脾」、「榦」作「肝」、「骼」作「胳」等皆同聲而不同義。》/176

脀 (승)【chéng ㄔㄥˊ】어리석을, 미련할
■증:(희생 고기를 솥에)넣을, 담을
설문 2539 騃也。《〔馬部〕曰。騃、馬行仡仡也。〔人部〕曰。仡、勇壯也。按騃取壯意。凡肥(肥)者多癡。故『方言』曰。癡、騃也。『廣韵(韻)』曰。脀、癡皃(貌)。下文胗腄等字皆言人病。騃亦病之一也。》从肉。丞聲。《按『禮經』、『戴-記』以此字爲「薦脀」字。葢(蓋)假脀爲烝也。烝、進也。而『廣韵』乃分別脭爲熟、脀爲癡皃。『集韵』亦分別異體。皆非是。》讀若丞。《署陵切。6部。》/171

朓 (조)【tiào ㄊㄧㄠˋ】㊤㊥⑨㉿ tiǎo 제사 이름, 제사, 좋을
설문 2551 祭也。《祭名也。『廣雅』云。祧祭也。「祧」當作「朓」。》从肉。兆聲。《『玉篇』通堯他召二切。2部。【鉉本】土了切。葢(蓋)誤以〔月部〕之朓當之也。》/172

脂 脂(지)【zhī ㄓˉ】비계(기름기)
설문 2588 戴角者脂。無角者膏。《『大戴-易:本命』曰。戴角者無上齒。謂牛無上齒、齝而不噬也。無角者膏而無前齒。謂豕屬也。無前齒者、齒盛於後不用前。有羽者脂而無後齒。「羽」當爲「角」。謂羊屬也。齒盛於前不任後。『考工記:鄭-注』曰。脂者牛羊屬。膏者豕屬。『內則:注』曰。肥凝者爲脂。釋者爲膏。按上文膏系之人。則脂系之禽。此人物之辨也。有角無角者各異其名。此物中之辨也。釋膏以脂。禽亦曰膏。『周禮』香臊腥羶皆曰膏。此皆統言不別也。》从肉。㫖(旨)聲。《旨夷切。15部。》/175

脃 脃(취)【cuì ㄘㄨㄟˋ】연할(부드러울), 굳지 못할
설문 2601 小耎易斷(斷)也。《『七發』曰。甘脃腥膿。『魏

都賦』。稟質遳脃。作脆者、誤也。》从肉。絕省聲。《形聲包會(會)意也。易斷(斷)故從絕(絶)省。此芮切。15部。》/176

협【xié ㄒㄧㄝˊ】 갈비, 갈빗대, 겨드랑이 밑, 위협할

설문 2500 兩膀也。《『廣雅』曰。膀胠胉脅也。按許無胉字。胠下云亦下者、析言之。不與『廣雅』同也。膀言其前。胠言旁迫於胑者。又按『周禮』「豚脅」謂之「豚拍」。『儀禮』「牲體脅」謂之「兩胉」。『注』曰。今文胉爲迫。許此部前後皆無胉字。是則鄭從古文胉。許從今文迫也。膀亦假旁爲之。『考工記』旁鳴、蜩屬是。》从肉。劦聲。《虛業切。8部。》/169

형성 (1자) 협(歙)5280

脈 맥【mò ㄇㄛˋ】 ㉠㉡㊥⑨㉮ **maì** (혈통, 산맥)맥, (끊이지 않고)연달을

6

⑫

설문 7142 血(血)理分衺行體中者。《「理分」猶「分理」。『序』曰。見鳥獸蹏迒之迹。知分理之可相別異。衺行體中、而大候在寸口。人手卻(却)十分動脈爲寸口也。》从𠂢。从血。《會意。不入〔血部〕者、重𠂢也。𠂢亦聲。莫獲切。16部。》或从肉。籒文。《左血。左𠂢。》/570

유사 곁눈질 하여 볼 멱(覛)

형성 (1자) 맥(霢)7184

脊 척【jǐ ㄐㄧˇ】 등골뼈, 등성마루, 조리(도리)

설문 7725 背吕也。《『釋名』曰。脊、積也。積續骨節脈絡上下也。》从𠦬(脊)。从肉。《兼骨肉而成字也。資昔切。16部。》/611

형성 (2자+1) 척(蹐)1320 척(膌)2538 척(鰿)7250

◀ 제 7 획 ▶

脘 (완)【guǎn ㄍㄨㄢˇ】 ㉮㊥⑨㉮ **wǎn** 밥통(위장)

설문 2572 胃脯也。《胃脯見『史、漢:貨殖傳』。晉灼曰。今大官常以十月作沸湯燖羊胃、以末椒薑坋之㬥使燥是也。『廣雅』曰。脘、脯也。【鉉本】「胃脯」作「胃府」、則與上下文言脯者不貫。脘篆應廁於胃篆下矣。『素問』胃脘、謂胃宛中可容受。脘葢(蓋)宛之俗。大廣益會(會)『玉篇:脘:注』古夘(卵)切。胃脘。非許意。》从肉。完聲。讀若患。《曹憲丸管二音。14部。》/174

脙 (구)【qiú ㄑㄧㄡˊ】 파리할

설문 2536 齊人爲臞脙也。《臞、齊人曰脙。雙聲之轉也。『釋言』曰。臞、脙瘠也。『玉篇』云。齊人謂瘠腹爲脙。》从肉。求聲。讀若休止。《〔木部〕曰。休、息之也。許音休。今音巨鳩切。3部。》/171

脛 (경)【jìng ㄐㄧㄥˋ】 정강이(뼈), 걸음

설문 2520 胻也。《厀下髁上曰脛。脛之言莖也。如莖之載物。》从肉。巠聲。《胡定切。11部。》/170

脜 (유)【róu ㄖㄡˊ】 ⑨ **yóu** 얼굴 부드러울

설문 5438 面和也。《和當作「龢」。龢、調也。咊、相應也。【許書】分別畫(畵)然。今人淆之。『抑:詩』。輯柔爾顏(顔)。『傳』曰。輯、和也。『泮水』。載色載笑。『傳』曰。色、溫潤也。『玉篇』曰。野王案柔色以溫之。是以今爲柔字。按今字柔行而脜廢矣。》从百肉。《骨剛肉柔、故从百肉。會意。肉亦聲。》讀若柔。《耳由切。3部。》/422

脟 (렬)【liè ㄌㄧㄝˋ】 ㉮ **lèi** 안심, 갈빗살, 창자 사이 기름질

설문 2502 脅肉也。《脅者統言之。脟其肉也。肋其骨也。『子虛賦』。脟割輪焠。假脟爲臠也。『九歎』說流水。龍邛脟圈。繚戾宛轉。「脟」一作「綸」。》从肉。寽聲。《力輟切。15部。》一曰脟、腸閒肥(間肥)也。一曰膫也。《「肥」當作「脂」。此別一義。謂禽獸也。下文云。膫、牛腸脂(脂)也。腸脂謂之脟。一名膫。下「一日」當作「一名」。》/169

脡 (전)【chān ㄔㄢ】 ㉮㊥⑨ **shān** 고깃국, 물고기젓

설문 2579 生肉醬也。《『廣韵(韻)』曰。魚醢也。引『說文』云肉醬。『釋名』、『齊民要術』有生脡。》从肉。延聲。《丑連切。14部。按此字從延。非從延也。〔目部:䀡〕、〔木部:梴〕同。『今本-說文』「梴」作「梃」。脡篆大徐不誤。而『注』誤云延聲。》/175

※ 〈명문대자전〉 1143 쪽에는 천(延)이 아닌 연(延)이 결합된 것으로 나온다. 몇몇 글자에서 이 둘의 구별이 애매하다.

脢 (매)【méi ㄇㄟˊ】 등심

설문 2505 背肉也。《『咸:九五』。咸其脢。『子夏-易:傳』云。在脊曰脢。馬云。脢、背也。鄭云。脢、背脊肉也。虞云。夾脊肉也。按諸家之言。不若許分析憭然。胂爲迫吕(呂)之肉。脢爲全背之肉也。釋文云。『說文』同鄭作背脊肉。未知其審。『內則:注』。胑、脊側肉也。胑卽(即)脢字。》从肉。每聲。《莫桮切。古音在 1部。》『易』曰。咸其脢。/169

脣 순【chún ㄔㄨㄣˊ】 입술, 입가
■민:물결 가 없는 모양

설문 2484 口耑(端)也。《口之厓也。假借爲水厓之字。『鄭-注:乾鑿度』引『詩』寘之河之脣。》从肉。辰聲。《食鄰(隣)切。古音 13部。》古文脣。从頁。/167

형성 (1자) 순(漘)6912

朘 (최)【zuī ㄗㄨㄟ】 (갓난 아이의)자지, 움직일
■선:오그라질 ■좌 · 추:같은 뜻

설문 2617 赤子陰也。《『老子』。未知牝牡之合而朘作。『河上-本』如是。》从肉。夋聲。《釋引『說文』子和反。又子壘反。按此字【各本】無之。『老子:音義』引『說文』可據。故補綴於末。》/177

脩 수【xiū ㄒㄧㄡ】 포, 마를(말릴), 닦을, 다스릴, 익힐, 사람이름 ■유:옻술준 ■조:현이름
■소:깃 해질

[설문] [2568] 脯也。《『膳夫大:鄭-注』曰。脩、脯也。按此統言之。析言之則薄、析曰「脯」。捶而施薑桂曰「段脩」。『後鄭-注:內饔』云。脩、鍛脯也是也。『曲禮:疏』云。脯訓始。始作卽成也。脩訓治。治之乃成。修治之謂捶而施薑桂。【經傳】多假脩爲修治字。》从肉。攸聲。《息流切。3部。》/174

[형성] (2자+1) 척(蓨)349 수(滫)7047
척(䐑)

脪 (흔)【xìn ㄒㄧㄣˋ】상처에 살 내밀 ■치:소와 말의 오줌통 ■은:〈네이버 자전〉궂은 살 나올

[설문] [2547] 創肉反出也。《『今-洗冤錄』所謂皮肉捲凸也。》从肉。希(希)聲。《香近切。13部。希聲讀入【殷韵(韻)】。猶斤聲讀入【微韵】。》/172

脫 (탈)【tuō ㄊㄨㄛ】[本][여윌] (옷)벗을, 벗길, 벗어날(탈출) ■열:벌레가 새로 껍질을 벗어 나와 좋은 모양 ■태:천천할, 더딜

[설문] [2535] 消肉臞也。《消肉之臞、臞之甚者也。今俗語謂瘦太甚者曰脫形。言其形象如解蛻也。此義少有用者。今俗用爲分散、遺失之義分散之義當用捝〔手部:捝〕下曰。解捝也。遺失之義當用奪〔奞部〕曰。奪、手持隹失之也。》从肉。兌聲。《徒活切。15部。》/171

脬 (포)【piāo ㄆㄧㄠ】[中][작] pāo [9] fāo 오줌통

[설문] [2493] 旁光(膀胱)也。《【各本】作「膀」。非。兩膀謂脅也。今正。『白虎通』曰。旁光者、肺之府也。肺者、斷(斷)決膽。旁光亦常張有勢。故先決難也。『素問』曰。旁光者、州都之官。津液藏焉。按此所引『白虎通』本小徐。與『御覽』所引『元命苞』合。「脬」俗作「胞」。旁光俗皆從肉》从肉。孚聲。《匹交切。古音在 3部。》/168

脯 (포)【fǔ ㄈㄨˇ】포(얇게 저며서 말린 고기), 술 크게 마실 ■보:〈네이버 자전〉재앙의 신

[설문] [2567] 乾肉也。《『周禮:腊人』。掌乾肉。凡田獸之脯腊膴胖之事。『注』云。大物解肆乾之謂之乾肉。薄析曰「脯」。捶之而施薑桂曰「段脩」。腊、小物全乾也。許於脯、於〔日部〕之昝(昔)統言之曰乾肉。鄭(鄭)則以大物小物析言之。》从肉。甫聲。《方武切。5部。》/174

脰 (두)【dòu ㄉㄡˋ】목, 모가지

[설문] [2485] 項也。《〔頁部〕曰。項、頭後也。按頭後卽頸後也。『左傳』曰。兩矢夾脰。『公羊傳』曰。宋萬搏閔公。絕(絶)其脰。『注』。脰、頸也。齊人語。『士虞禮』。膚祭三。取諸左膉上。『注』。膉、脰肉也。古文曰左股上。此字從肉。非從殳矛之殳聲。鄭意謂股者髀也。『禮經』多言髀不升。則取諸左股爲膚祭。非也。尋古文用字之例。假股爲膉正與假髀爲髀、假肫膞爲膈、假胳爲骼、假頭爲脰皆以異物同音相假借。股與膉當是同音。葢(蓋)從肉役省聲。如投疫毅皆從役省聲之比。役與益同部。此股非股肱字。『注』當云此字從肉從役省聲。非從殳矛之殳聲。【今本】脫誤不完。據『賈-疏』云。鄭以殳與股不是形聲之類。其理未審。賈實錯解。而可證有非字。【今本】又奪「非」字。則更不可通矣。》从肉。豆聲。《徒候(候)切。4部。》/168

◀ 제 8 획 ▶

䏽 (부)【bù ㄅㄨˋ】돼지고기장, 잠방이

[설문] [2580] 豕肉醬也。《〔魚部〕曰。鮨、魚䏽醬也。是魚肉醬亦偁(稱)䏽。》从肉。杏(咅)聲。《【各本】作「否聲」。誤。薄口切。4部。》/175

脼 (량)【liǎng ㄌㄧㄤˇ】포, 고기, 맛있을

[설문] [2570] 膎肉也。《『廣雅』曰。膎、脼肉也。不列於脯類。【鍇本】膎脼二篆在膊篆之下。『集韵(韻)』曰。吳人謂腌魚膎脼。》从肉。兩聲。《良獎切。10部。》/174

脽 (수)【suī ㄙㄨㄟ】[상][中][9][작] shuí 볼기(궁둥이)

[설문] [2515] 屍也。《「屍」鍇作「尻」。非也。『東方朔傳』曰。臣觀其舌齒牙。樹頰胲。吐脣吻。擢顩頤。結股腳(脚)。連脽尻。每句二字皆相爲屬別。師古曰。脽、臀也。本『說文』也。渾言則屍尻爲一。〔尸部〕曰。尻、脾也。『朔傳』曰尻益高是也。析言則屍統之。尻乃近穢處。今北方俗云溝子是也。連脽尻者、斂足而立之狀。『漢:武帝紀』。立后土祠於汾陰脽上。如淳曰。脽者、河之東岸特堆。『魏:土地記』云。河東郡北八十里有汾陰城。北去汾水三里。城西北隅曰脽丘。詳〔邑部:郛下〕。》从肉。隹聲。《示隹切。15部。》/170

脾 (비)【pí ㄆㄧˊ】지라(백혈구를 만드는 장기)

[설문] [2489] 土藏也。《文有脫誤。說見上。》从肉。卑聲。《符支切。在 16部。按古文以脾爲髀字。》/168

腄 (추)【chuí ㄔㄨㄟˊ】[상][中][9][작] zhuī 딱지자리 껍질 ■수:현이름 , 볼기 ■우:같은 뜻 ■최:추할

[설문] [2541] 跟胝也。《「跟」鉉作「瘢」。不可通。跟、足踵也。『戰國策』。墨子聞之。百舍重繭。『高-注』。重繭、粂胝也。是足跟生胝之說也。》从肉。垂(垂)聲。《竹垂切。古音在 17部。》/171

腆 (전)【tiǎn ㄊㄧㄢˇ】먹을 것을 많이 차릴

[설문] [2557] 設膳腆腆多也。《『士昏禮:注』、『邶風:箋』皆曰。腆、善也。『方言』、『公羊傳:注』皆曰。腆、厚也。此皆引伸之義也。『禮-古文』以殄爲腆。》从肉。典聲。《他典切。12部。》 古文腆。《從日葢(蓋)誤。『玉篇』作「𧶘」。》/173

䐄 (함)【xiàn ㄒㄧㄢˋ】고기 물리지 않을

[설문] [2607] 食肉不猒也。《猒、飽也。》从肉。臽聲。讀若陷。《戶(戸)猎切。8部。》/177

腌 (엽)【āng ㄤ】[상][中][9] yān [작] yè (소금에)절인 고기

[설문] [2600] 漬肉也。《今淹漬字當作此。淹行而腌廢矣。『方言』云。淹、敗也。水敗爲淹。皆腌之引伸之義也。腌猶瀸也。肉謂之腌。魚謂之饐。『倉頡篇』云。腌酢、淹肉也。》从肉。奄聲。《於業切。8部。》/176

[작] 作家出版社〔董蓮池-說文解字考正〕 [9] 九州出版社〔柴劍虹-說文解字〕 ㉠ 陝西人民出版社〔蘇寶榮-說文解字今注今譯〕 [상] 上海古籍出版社〔說文解字注〕 [中] 中華書局〔臧克和-說文解字新訂〕

腎 (신)【**shèn** ㄕㄣˋ】 콩팥, 자지, 불알
[설문] [2487] 水臧也。《『今-尙書』、『古-尙書』說同。》 从肉。臤聲。《時忍切。12部。》 /168

腏 (철)【**zhuì** ㄓㄨㄟˋ】 [상][中][9][작] **chuò** (뼈 사이의)살 도릴, 골(골수), 제주(祭酒) 부을
[설문] [2605] 挑取骨間(間)肉也。《〔手部〕曰。抉、挑也。》 从肉。叕聲。讀若『詩』曰啜其泣矣。《『王風』文。陟劣切。15部。》 /176

腐 (부)【**fǔ** ㄈㄨˇ】 썩을, 불알 까는 형벌(궁형)
[설문] [2615] 爛也。《上文云膈、爛也。爛之正義。此云腐、爛也。〔歺部〕云殨、爛也。爛之引伸之義。》 从肉。府聲。《扶雨切。4部。》 /177

腒 (거)【**jú** ㄐㄩˊ】 [상][中][9][작] **jū** (꿩고기를 말린)포
[설문] [2575] 北方謂鳥腊腒。《『周禮』、『內則:注』皆曰。腒、乾雉。士相見之禮。摯、冬用雉。夏用腒。『注』曰備(備)腐臭也。按鄭主謂乾雉、依『士相見禮』而言也。『士相見禮』腒謂雉。『周禮』、『內則』不必專謂雉。許槩言鳥腊爲長。》 从肉。居聲。《九魚切。5部。》 『傳』曰。堯如腊。舜如腒。《亦見『王充-論衡』引【傳】。》 /174

腓 (비)【**féi** ㄈㄟˊ】 장딴지, 앓을, 피할
[설문] [2522] 脛腨也。《『咸:六二』。咸其腓。鄭曰。腓、膞腸也。按【諸書】或言膞腸。或言腓腸。謂脛骨後之肉也。腓之言肥(肥)。似中有腸者然。故曰腓腸。『荀爽-易』作「肥」。云謂五也尊盛。故稱肥。此荀以意改字耳。》 从肉。非聲。《符飛切。15部。》 /170

◀ **제 9 획** ▶

腜 (매)【**méi** ㄇㄟˊ】 [本][첫 아이 밸] 아름다울
[설문] [2477] 婦孕始兆也。《依『廣韵(韻)』訂。『韓詩』曰。周原腜腜。又曰。民雖靡腜。『毛詩』皆作「膴」。腜腜、美也。『廣雅』曰。腜腜、肥也。此引伸之義也。》 从肉。某聲。《莫桮切。古音在 1部。》 /167

腝 (이)【**ní** ㄋㄧˊ】 뼈 섞어 담은 젓, 물크러질 ■눈:연할 ■니:섞어 담은 젓 ■내:같은 뜻 ■연:발병(足病) ■노:팔마디
[설문] [2578] 有骨醢也。《〔酉部〕曰。醢、肉醬也。『釋器』曰。肉謂之醢。有骨者謂之臡。『醢人:注』曰。臡亦醢也。或曰。有骨爲臡。無骨爲醢。『公食大夫禮:注』曰。醢有骨謂之臡。》 从肉。耎聲。《人移切。古音在 14部。》 臡 腝或从難。《耎難二聲同在 14部。按『公食大夫禮:注』曰。今文「臡」皆作「麋」。麋系腝之誤。『儀禮』、『爾雅:音義』曰。「臡」、『字林』作「腝」。『五經文字』曰。臡見『禮經』。『周禮』、『說文』、『字林』皆作「腝」。據此則『說文』本無臡字甚明。後人益之也。許於『禮經』或從今文。或從古文。此從今文腝。鄭則從古文臡也。》 /175

臝 [臝][臝][라]【**lǒng** ㄌㄨㄥˇ】 [상][中][9] **luó** [작] **luǒ** 짐승 이름
[설문] [2612] 或曰嘼(畜)名。《「或曰」否定之𧥻(詞)。云嘼名、葢(蓋)臝爲贏之古字。與驢贏皆可畜於家。則謂之畜宜也。》 象形。闕。《「象形」二字淺人所增。闕謂闕其形也。其義則畜名。其音則以臝聲之字定之。其形則從肉以外不能强爲之說也。郎果切。17部。一說「或曰嘼名」四字、亦後人所增。義形皆闕。》 /177
[성부] 臝리 臝영
[형성] (5자) 라(蠃)2438 라(嬴)5109 라(蠃)5949 라(蠃)6375 라(羸)8449

腥 (성)【**xīng** ㄒㄧㄥ】 [상][中][9][작] **xìng** 날고기
[설문] [2587] 星見食豕。令肉中生小息肉也。《「息」當作「瘜」。〔疒(疒)部〕曰。瘜、寄肉也。星見時飼豕。每致此疾。『內饔』曰。豕盲眡而交睫腥。「盲眡」、『內則』作「望視」。鄭云。「腥」當爲「星」。聲之誤也。肉有如米者似星。『注:內則』同。按鄭意腥爲腥孰字。豕不可食者當作星。與【經傳】及今俗用字皆合。許則謂腥孰字正作胜。腥專謂豕不可食者。與鄭絕異。『爾雅』。米者謂之檗。郭云。飯中有腥。其用字與許同也。》 从肉星。星亦聲。《穌佞切。11部。『字林』先定反。》 /175

牒 (접)【**zhé** ㄓㄜˊ】 (고기를 얇게)저밀
[설문] [2598] 薄切肉也。《云薄者、取從枼之意。『少儀』曰。牛與羊魚之腥。聶而切之爲膾。『注』。聶之言牒也。先藿葉切之、復報切之。則爲膾。『醢人:注』引『少儀』聶皆作「牒」。『腊人:注』云。膴亦牒肉大臠。按如許、鄭說。牒者、大片肉也。鄭云。凡醢醬所和細切爲齏。全物若牒爲菹。》 从肉。枼聲。《直葉切。8部。》 /176

腨 (천)【**chuǎn** ㄔㄨㄢˇ】 [상][中][9][작] **shuàn** 장딴지
[설문] [2523] 腓腸也。《腨者、脛之一耑。擧(擧)腨不該脛也。然析言之如是。統言之則以腨該全脛。如『禮經』之言肫骼是也。『禮經』多作「肫」。或作「膞」。皆假借字。『山海經』謂之「腎」。》 从肉。耑聲。《市沇切。14部。》 /170

腊 (개)【**gāi** ㄍㄞ】 [상][中][9][작] **jiē** 여윌, 파리할
[설문] [2533] 臞也。从肉。皆聲。《古諧切。15部。》 /171

腫 (종)【**zhǒng** ㄓㄨㄥˇ】 부스럼、(피부가)부르틀
[설문] [2545] 癰也。《〔疒(疒)部〕曰。癰、腫也。『瘍醫:注』曰。腫瘍癰而上生創者。按凡膨脹粗大者謂之雍腫。『生民:毛傳』。種、雍腫也。『莊子』說木盤瘻曰雍腫。「雍」俗作「擁」。》 从肉。重聲。《之隴切。9部。》 /172

腬 (유)【**róu** ㄖㄡˊ】 고기 기름질
[설문] [2555] 嘉善肉也。《謂肥(肥)美。小徐云。『晉語』曰。若克有成。無亦晉之柔嘉。是以甘食。偃之肉腥臊。將焉用之。》 从肉。柔聲。《耳由切。3部。》 /172

腯 (돌)【**tú** ㄊㄨˊ】 (돼지가)살찔 ■둔:같은 뜻 ■돈:발뒤꿈치 끌고 갈
[설문] [2558] 牛羊曰肥(肥)。豕曰腯。《按人曰「肥(肥)」。獸曰「腯」。此人物之大辨也。又析言之。則牛羊得偁(稱)肥、

豕獨偁腯。『曲禮』。豕曰剛鬣(鬛)。豚曰腯肥。『注』云。腯亦肥也。『春秋傳』作「腯」。腯、充皃(貌)也。按『曲禮經:注』當如是。【今本-經】文作「腯」則不可通矣。腯亦腯字也。釋文「腯」本亦作「豚」、乃本亦作「腯」之誤。『郭-注:方言』曰。腯腯、肥充也。音突。亦作「腯」。是其證。『左傳』。奉牲以告曰。博碩肥腯。下文以謂民力溥存、釋博。以謂其畜之碩大蕃滋、『釋碩』。以謂其不疾瘯蠡、釋肥。以謂其備(備)腯咸有、釋腯。『曲禮』專謂豚。『左氏』統言之。』从肉。盾聲。《他骨切。15部。》/173

膟 膟(률)【lǜ ㄌㄩˋ】유혈제의 고기, 제사 고기 ■류:같은 뜻 ■수:싸움제사

설문 2565 血祭肉也。《『郊特牲』曰。取膟膋燔燎升首。報陽也。鄭云。膟膋、腸間脂也。朝事時。取牲膟膋燔於爐炭。至薦孰之時。又取膟膋與蕭合燒之。按此【注】謂膟膋、腸間脂。二字一物。『祭義:注』云。膟膋、血(血)與腸間脂也。則以血釋膟、以腸間脂釋膋。略同許說。『小雅』。執其鸞刀。以啟(啓)其毛。取其血膋。正與『祭義』毛牛尙耳、鸞刀以封取膟膋乃退語相合。毛云。毛以告純也。膋、脂膏也。血以告殺。膋以升臭。合之黍稷。實之於蕭。合馨香也。葢(蓋)說禮家以膟當『詩』之血。故許云血祭。『鄭-注:祭義』同。考之『郊特牲』。血祭與燔膟膋各事。膟膋自是一物。『郊特牲:注』爲長也。許云血祭肉者、肉是衍字。血祭不容有肉。『祭義:疏』引『說文』、『字林』。膟、血祭。無肉字。釁字下亦云血祭。》从肉。帥聲。《吕(呂)戌切。15部。》 膟(膟)或从率。《『今-毛傳』、『禮記』皆作「膟」。》/173

腳 脚(각)【jué ㄐㄩㄝˊ】㉠㊤㊥⑨㉦ jiǎo 다리, 밟을

설문 2519 脛也。《『東方朔傳』曰。結股腳。謂跪坐之狀。股與腳以厀爲中。腳之言卻也。凡卻步必先脛。》从肉。卻聲。《居勺切。5部。》/170

腴 (유)【yú ㄩˊ】㊍[아랫배 살짐] 살질, 고기, 기름기

설문 2514 腹下肥(肥)者。《「者」【各本】作「也」。今依『文選(選):注』。此主謂人。『論衡』。『傳語』曰。堯若腊、舜若腒、桀紂之君垂腴尺餘是也。若『少儀』。羞濡魚者進尾。冬右腴。『七發』。犓牛之腴。假人之偁(稱)偁之也。》从肉。臾聲。《羊朱切。4部。》/170

腸 (장)【cháng ㄔㄤˊ】창자(위에서 항문에 이르는 소화기관)

설문 2494 大小腸也。《『白虎通』曰。大腸小腸、心之府也。心者、主禮。禮者、有分理。腸之大小相承受也。腸爲胃紀。胃爲脾府。心爲支體主。故有兩府。『素問』曰。大腸者、傳道之官。變化出焉。小腸者、受盛之官。化物出焉。按所引『白虎通』從『顏(顔)氏-急就篇:注』所引也。藏府古通偁(稱)。如『周禮:注』五藏倂胃、旁光、大腸、小腸爲九藏是也。》从肉。昜聲。《直良切。10部。》/168

腹 腹腹(복)【fù ㄈㄨˋ】㊍[두터울] 배

설문 2513 厚也。《腹厚疊韵(疊韻)。此與髮拔也、尾微也一例。謂腹之取名。以其厚大。『釋名』曰。腹、複也。富也。文法同。『釋詁』、『毛傳』皆云。腹、厚也。則是引伸之義。謂凡厚者皆可偁(稱)腹。如『小雅』出入腹我、『月令』水澤腹堅是也。》从肉。夏(复复)聲。《方六切。3部。》/170

◀ 제 10 획 ▶

膀 膀(방)【bǎng ㄅㄤˇ】㊤㊥⑨㉦ páng ㊍[겨드랑이] 오줌통、배불룩할

설문 2501 脅也。从肉。旁聲。《步光切。10部。》 髈膀或从骨。/169

瞋 (진)【chēn ㄔㄣ】(살이)부을

설문 2609 起(起)也。《當云「肉起也」。『素問』曰。濁氣在上則生䐜脹。『王砅:注』。䐜、脹起(起)也。按許廁此、謂人所食肉。》从肉。眞聲。《齒眞切。12部。》/177

䐝 (솨)【suǒ ㄙㄨㄛˇ】㊤㊥⑨ suò 비계껍질、뿔다듬을

설문 2589 膋也。《「膋」【各本】譌「膋」。說者以『釋器』角謂之膋釋之。誤甚。〔角部〕本無膋字。此上下文皆言脂(脂)膏。治角之義無從闌入也。『玉篇』。䐝、膏膋也。膋、膏䐝也。『廣韵(韻):過韵』。䐝、膋膏也。膋又見屋沃韵。是可據以正誤補缺矣。》从肉。貨聲。《穌果切。17部。『廣韵』先臥切。》/176

膃 (약)【ruò ㄖㄨㄛˋ】살과 가죽이 서로 붙은 부분

설문 2593 肉表革裏也。《『考工記:注』曰。今人謂蒲本在水中者爲弱。按蒻在莖之下、根之上。肉表革裏名膃、亦猶是也。》从肉。弱聲。《而勺切。2部。》/176

䐣 (손)【sǔn ㄙㄨㄣˇ】선짓국, 고깃국

설문 2583 切孰肉內於血中和也。《『釋名』有肺膭。膭同䐣。『五經文字』曰。膭(膭)見『禮經:注』。『廣韵(韻):三十三, 線』曰。膭同饌(饌)。見『儀禮』。士戀切。》从肉。員聲。讀若遜。《穌本切。13部。》/175

膊 (박)【bó ㄅㄛˊ】㊤㊥⑨㉦ pò 어깨、팔、포

설문 2571 薄脯、膊之屋上。《「膊之屋上」當作「薄之屋上」。薄、迫也。『釋名』。膊、迫也。薄椓肉迫箸物使燥也。說與許同。『方言』。膊(膊)、暴也。燕之外郊朝鮮洌水之間。凡曓(暴)肉、發人之私、披牛羊之五藏謂之膊。『左傳』。龍人囚盧蒲就魁。殺而膊諸城上。『周禮』。斬殺賊諜而膊之。皆謂去衣磔其人。如迫脯於屋上也。又『儀禮』兩胉。今文作「迫」。『周禮』豚拍。杜子春以「拍」爲「膊」。謂脅也。按脅之正字當從『禮-今文』作「迫」。》从肉。尃聲。《匹各切。5部。》/174

臛 (학)【huò ㄏㄨㄛˋ】㊤㊥⑨㉦ hè 곰국(고깃국) ■혹:같은 뜻

설문 2594 肉羹也。《〔鬻部〕曰。鬻、五味盉鬻也。『釋器』

6 ⑩

日。肉謂之羹。羹有二。實於鉶者用菜芼之謂之羹。實於庶羞之豆者不用芼。亦謂之羹。『禮經』牛膷羊臐豕膮。鄭云今時脽也。是今謂之脽、古謂之羹。脽字不見於【古經】而見於『招寬(魂)』。王逸曰。有菜曰羹。無菜曰脽。王說與『禮』合。許不云羹也而云肉羹也者、亦無菜之謂。『匡謬正俗』駁叔師說。其言甚誤。》从肉。隺聲。《呼各切。古音在 2部。》/176

膌 (척)【jí ㄐㄧˊ】 파리할
[설문] [2538] 瘠也。《〔疒(疒)部〕曰。瘦、臞也。許欲令其義錯見也。「膌」亦作「瘠」。「瘦」亦作「膄」。凡人少肉則脊吕(呂)歷歷然。故其字從脊。『大雅』。串夷載路。『箋』云。路、瘠也。天意去殷之惡。就周之德。文王則侵伐混夷以瘠之。此讀路爲露也。瘠者露骨。》从肉。脊(脊)聲。《資昔切。16部。》 古文膌。从疒朿。《朿、木芒也。木芒是老瘠之狀。故從朿。『呂覽』曰。凡耕之大方。棘者欲肥。肥者欲棘。高云。棘、羸瘠也。『詩』。棘人之欒欒。言羸瘠也。土亦有瘠土。按棘從竝朿。故高云爾。》朿亦聲。《朿聲與脊聲同 16部也。》/171

膍 (비)【pí ㄆㄧˊ】 처녑(반추위의 3번째 위), 후할
[설문] [2562] 牛百葉也。《『周禮:醢人』、『旣夕禮』皆云「脾析」。『周禮:注』。鄭(鄭)司農云。脾析、牛百葉也。『旣夕:注』云。脾讀爲雞(鷄)脾肶之脾。脾析、百葉也。按肶從此聲。釋文尺之反。『內則:鴇奥:注』。奥、脾肶也。字亦作肶。釋文昌私反。『今-儀禮:注』、『禮記』釋文「肶」皆作「肶」。誤甚。肶與斯、斯與析音近。故釋脾析爲脾肶。雞鴇皆有脾肶。謂胃也。卽許所謂鳥膍胵也。鄭與許字異而音義同。謂之百葉者、胃薄如葉。碎切之。故云「百葉」。未切爲「膍胵」。旣切則謂之「脾析」、謂之百葉也。此胃也、而【經:注】何以謂之脾。葢(蓋)如今人俗語脾胃連言。故以脾之名加於胃也。【經】文脾析、說禮家容有讀爲膍者。故許從之。不欲與土藏同名也。『莊子』。臘者之有膍胲。司馬云。膍、牛百葉也。是也。『大雅』。加脅(肴)脾臄。脾葢亦謂百葉。許以牛百葉系諸獸、系諸已成之豆實。故以鳥膍胵爲別一義。實則皆謂胃也。『廣雅』云。百葉謂之膍胵。渾言之也。》从肉。毘(毘)聲。《房脂(脂)切。15部。》一曰膍胵、《逗。》鳥胃也。《鳥胃也三字本在胵下。今更定。『內則:鴇奥:注』。奥、脾肶也。『玉篇』、『廣韵(韻)』「奥」皆作「膄」。云膄、鳥胃。》 膍或从比。《『釋詁』曰。肶、厚也。『毛詩』曰膍、厚也。實一字也。皆引伸假借之義也。采菽。福祿膍之。『音義』曰。『韓詩』作「肶」。按『韓詩』、『爾雅』皆同『說文』或字。『毛詩:節南山』又作「毗」。毗卽仳字。『釋詁』肶亦作「脾」。》/173

膎 (해)【xiá ㄒㄧㄚˊ】 [상][中]⑨[작] xié 포、건육(乾肉)、음식
[설문] [2569] 脯也。《『太玄』曰。多田不婁(婁)。費我膎功。》从肉。奚聲。《戶(户)皆切。16部。皆、當從『廣韵(韻)』作「佳」。膎、俗作「鮭」。》/174

膏 (고)【gāo ㄍㄠˉ】 기름(지방질), 연지
[설문] [2495] 肥(肥)也。《按「肥」當作「脂」。脂字不廁於此者、許嚴人物之別。自胙篆已下乃謂人所食者。膏謂人脂。在人者可假以名物。如無角者膏是也。脂專謂物。在物者不得假以名人也。》从肉。高聲。《古勞切。2部。》/169

◀ 제 11 획 ▶

膘 (표)【biāo ㄅㄧㄠˉ】 ㉠[상][中]⑨[작] piǎo 소 옆구리
[설문] [2564] 牛脅後髀前合革肉也。《合革肉者、他處革與肉可分剝。獨此處不可分剝也。『七發』所謂犓牛之腴。『毛傳』云。射左膘。『三蒼』云。膘、小腹兩邊肉也。》从肉。㮋(票)聲。讀若繇。《敷紹切。2部。今俗謂牲肥(肥)者曰「膘壯」。音如標。》/173

膜 (막)【mó ㄇㄛˊ】 꺼풀(기관을 싸고 있는 얇은 막) ■모:다리 꿇고 절할
[설문] [2592] 肉閒(間)胲膜也。《『釋名』。膜、幕也。幕絡一體也。『廣雅』。膟膋膜也。膋與膜爲一。許意爲二。膜在肉裏也。許爲長。胲膜者、彔呼之。胲之言該也。按膜膋皆人物所同。許專系之物者、在人者不可得見也。》从肉。莫聲。《慕各切。5部。》/176

膞 (전)【zhuān ㄓㄨㄢˉ】 [상][中]⑨[작] zhuǎn (저민) 고기, 질그릇틀
[설문] [2604] 切肉也。《膞與剸義近。『儀禮』說牲體前有肩臂臑。後有肫髀骼。髀不升於俎。故多言肫骼。「肫」亦作「膞」。【經】肫膞錯出。皆假借字也。【經】本應作「腨」。腨、腓腸也。以腓腸該全脛。假肫膞字爲之。》从肉。專聲。《市沇切。15部。》/176

膠 [교]【jiāo ㄐㄧㄠˉ】 아교, 굳을, 어그러질, 화할 ■뇨:어지러운 모양 ■호:어긋날
[설문] [2611] 昵也。《『弓人』說膠曰。凡昵之類不能方。『注』。【故書】昵或作樴。杜子春云。樴讀爲不義不昵之昵。或爲䵒。䵒、黏也。玄爲樴、脂膏膩敗之膩。膩亦黏也。按此經杜作「昵」、又作「䵒」。後鄭作「膩」。其意則同也。許從杜作昵。〔日部〕曰暱、日近也。或作昵。是則昵亦訓黏也。一說此昵也、及『周禮:注』不義不昵之昵。三昵字皆當作「䵒」。》作之吕(以)皮。《『考工記』。鹿膠青白。馬膠赤白。牛膠火赤。鼠膠黑。魚膠餌。犀膠黃。『注』云。皆謂煑(煮)用其皮。或用角。按皮近肉。故字從肉。》从肉。翏聲。《古脅(肴)切。古音在 3部。》/177
[형성] (1자) 료(膠)5690

膢 (루)【lǘ ㄌㄩˊ】 가을 사냥 제사, 음식신에게 지내는 제사
[설문] [2550] 楚俗吕(以)二月祭歓食也。《『風俗通』曰。『韓子書』。山居谷汲者、膢臘而買水。楚俗常以十二月祭飲食也。按買水、『今本-韓子』作「相遺以水」。皆謂水少耳。『風俗通』作十二月。劉(劉)昭引同。與【許書】二月異。疑十

爲衍字。【仲遠書】多襲用『說文』也。『劉玄傳:注』引『漢書:音義』云。冀州北郡以八月朝作飲食爲膢。其俗語曰膢臘社伏。『玄應』引『三倉』云。膢、八月祭也。『篇』、『韵(韻)』皆云。膢、飲食祭也。冀州八月。楚俗二月。合『說文』與『漢書:音義』言之。》从肉。婁聲。《力俱切。古音在 4部。按俱、近【鉉本】誤居。『廣雅』「膢」作「䄛」。》一曰祈穀食新曰膢。《【鉉本】膢上有離字。『風俗通』曰。又曰嘗新始殺食曰貙膢。劉(劉)昭所引如是。按『後漢:禮儀志』。立秋之日。武官肄兵。習戰陣之儀。斬牲之禮名曰貙劉。『劉玄傳』。立秋貙膢時。『注』引『前書:音義』曰。貙獸以立秋日祭獸。王者亦以此日出獵。用祭宗廟。是則貙劉、貙膢同義。依『風俗通』似「祈穀」二字當作「始殺」。或曰祈穀食新、卽八月祭之說也。》/172

◀ 제 12 획 ▶

膩 (니)【nì ㄋㄧˋ】기름(비계, 화장품), 기름질
설문 2591 上肥(肥)也。《謂在上者。『釋器』曰。冰(氷)脂也。郭云。『莊子』。肌膚若冰雪。冰雪、脂膏也。按此所謂上肥(肥)也。冰凝古今字。『毛詩』。膚如凝脂同也。『楚辭』。靡顏(顔)膩理。膩、滑也。》从肉。貳聲。《女利切。15部。》/176

䐚 (기)【jī ㄐㄧ】빰
설문 2483 頰肉也。《『東方朔傳』曰。樹頰胲。師古曰。胲、頰肉。音改。按『集韵(韻):十五海』曰。頰下曰頣。或作「胲」、「䐚」。『廣韵:十五,海』曰。頦、頰頦也。頦爲頰肉。與䐚異部而同義。或作「頣」。或假借胲字。》从肉。幾聲。讀若畿。《居衣切。15部。》/167

膫 (료)【liáo ㄌㄧㄠˊ】소창자의 발기름(짐승의 뱃가죽 안쪽에 낀 지방 덩어리), 나라 이름
설문 2566 牛腸脂(脂)也。从肉。尞聲。《洛蕭切。2部。》『詩』曰。取其血(血)膫。《『小雅:信南山』文。膟字下云。一曰膟、腸間肥(間肥)也。一名膫。然則膫一名膟矣。今按膟葢(蓋)卽膋字之異者。膟膫同訓腸閒脂。與『郊特牲:注』合。》膋膫或从勞省聲。《『今-毛詩』、『禮記』皆作「膋」。》/173

膬 (취)【cuì ㄘㄨㄟˋ】⑨ què 무를 ※ 취(脆)와 같은 글자
설문 2602 耎易破也。《「耎」『七發:注』作「腝」。腝者、醢有骨者也。『七發』曰。飲食則溫淳甘膬。脭醲肥(肥)厚。》从肉。毳聲。《七絕(絶)切。15部。按脃(脃脃)膬葢(蓋)本一字異體。『篇』、『韵(韻)』皆云膬同脃。『小宗伯:注』曰。今南陽名穿地爲竁。聲如腐脃之脃。『音義』云。【字書】無脃字。但有膬字。音千劣反。『今-注』本或膬字者、則與劉(劉)音淸劣反爲協。據此則『陸氏-所見:說文』等書有膬無脃也。而李善於『魏都』、『七發』分引此二字。則『唐初-說文』非無脃矣。二字皆可入可去。分廁祭、薛。古音理不然也。》/176

膮 (효)【xiāo ㄒㄧㄠ】돼지고깃국
설문 2586 豕肉羹也。《『公食大夫禮:注』曰。膷臐膮、今時䑋也。牛曰膷。羊曰臐。豕曰膮。皆香美之名也。古文膷作香。臐作熏。按許無膷臐二字。從古文不從今文也。『內則』同今文作「膷臐」。又按此庶羞豆實也。其謂之羹何。羹有實於鼎者、牛藿羊苦豕薇是也。有實於豆者、膷臐膮是也。鄭云䑋也。許云䑋肉羹也。說正同。䑋亦謂之羹。而較乾於鉶羹。且鉶羹有柔芼。䑋不云用柔芼也。》从肉。堯聲。《許幺切。2部。》/175

䐹 (수)【sōu ㄙㄡ】건어(말린 물고기)
설문 2576 乾魚尾肅肅也。《「肅肅」【各本】作「䐹䐹」。今正。肅肅、乾皃(貌)。今俗尚有乾肅肅之語。『風俗通』說夏馬掉尾肅肅。古言也。『庖人』、『內則:注』曰。鱐、乾魚。『籩人:注』曰。鱐者、析乾之。出東海。》从肉。肅聲。《所鳩切。3部。》『周禮』有腒䐹。《『今-周禮:庖人』作「腒鱐」。》/174

膳 (선)【shàn ㄕㄢˋ】반찬, (찬을)올릴, 먹을, (희생의)생육
설문 2554 具食也。《此與〔食部:籑〕字同義。具者、供置也。欲善其事也。『鄭-注:周禮:膳夫』曰。膳之言善也。又云。膳羞之膳、牲肉也。》从肉。善聲。《常衍切。14部。》/172

膴 (무)【hū ㄏㄨ】(뼈 없는)건육
설문 2574 無骨腊也。《腊今字也。〔日部〕作「昔(昔)」。『腊人』。掌乾肉。凡田獸之脯腊膴胖之事。脯腊皆謂乾肉。故許釋膴爲無骨腊。葢(蓋)『賈侍中-周禮:解詁』說。與鄭(鄭)司農云。膴、膺肉。杜子春云。膴、胖皆謂夾脊肉。後鄭云。『公食大夫禮』曰。庶羞皆有大。『有司』曰。主人亦一魚加膴祭于其上。『內則』曰。麋鹿田豕麕皆有胖。足相參正也。大者胾之大臠。膴者魚之反覆。膴又詁曰大。二者同矣。則是膴亦牒肉大臠。胖宜爲脯而腥。胖之言片也。析肉意也。按依後鄭說。膴胖皆非腊也。趙商問『腊人』掌凡乾肉而有膴胖何。鄭荅雖鮮亦屬『腊人』。此可證膴胖之非腊。許說葢(蓋)偏執耳。下文云『周禮』有膴判。易「胖」爲「判」。度許亦必釋爲腊屬。而今亡其說矣。無骨之腊、故其字從肉。無骨則肥美、故引伸爲凡美之偁(稱)。『毛詩:傳』曰。膴膴、美也。》楊雄說鳥腊。《此別一義。鳥腊必非無骨也。葢『楊雄-蒼頡訓纂』一篇中有此語。》从肉。無聲。《荒胡切。5部。》『周禮』有膴判。《按『周禮』作「胖」。鄭大夫云。胖讀爲判。許同之。〔半部〕釋胖爲半體。》讀若謨。《後鄭云。膴又詁曰大。『注:有司徹』云。膴讀如殷冔之冔。則讀同幠。火吳反。》/174

◀ 제 13 획 ▶

膹 (분)【fèn ㄈㄣˋ】곰국, 썰어 삶은 고기
▣비:국물 많을
설문 2595 䑋也。《『廣雅』曰。膷膹䐑臛也。「臛」俗「䑋」字。》从肉。賁聲。《房吻切。13部。》/176

膺 膺(응)【yīng ㄧㄥ】가슴, 칠(정벌)
설문 2497 匈也。《〔勹部〕曰。匈、膺也。『魯頌』。戎狄是膺。『釋詁』、『毛傳』曰。膺、當也。此引伸之義。凡當

6 ⓪

事以臏。任事以肩。》 从肉。雍(雝)聲。《於陵切。6部。》 /169

膻 (단)【tǎn ㄊㄢˇ】 ㊕㊥⑨㉷ dàn 어깨 벗어질 ■전:(냄새가)누릴, 양의 비린내

설문 2530 肉膻也。《『釋訓』、『毛傳』皆云。襢裼、肉襢也。李巡云。脫衣見體曰肉襢。孫炎云。襢去裼衣。按多作「襢」、作「袒」、非正字。膻其正字。『素問』膻中、謂氣海。》 从肉。亶聲。《徒旱切。14部。》 『詩』曰。膻裼暴虎。《『鄭風』文。『今-詩』作「襢」、作「袒」。》 /171

膽 (담)【dǎn ㄉㄢˇ】 쓸개, 씻을

설문 2491 連肝之府也。《『白虎通』曰。府者、爲藏官府也。膽者、肝之府也、肝主仁。仁者不忍。故以膽斷(斷)。仁者必有勇也。『素問』曰。膽者、中正之官。決斷出焉。》 从肉。詹聲。《都敢切。8部。》 /168

膾 (회)【kuài ㄎㄨㄞˋ】 회(잘게 저민 날고기)

설문 2599 細切肉也。《所謂先藿葉切之、復報切之也。報者、俗語云急報。凡細切者必疾速下刀。『少儀:注』云。報讀爲赴疾之赴。拔赴皆疾也。》 从肉。會聲。《古外切。15部。》 /176

臂 辟(비)【bèi ㄅㄟˋ】 ㊕㊥⑨㉷ bì 팔, 팔뚝, 희생의 어깨

설문 2509 手上也。《〔又部〕曰。厷、臂上也。此皆析言之。亦下云人之臂亦。渾言之也。渾言則厷臂互偁 (稱)。》 从肉。辟聲。《卑義切。16部。》 /169

臇 (전)【zuǎn ㄗㄨㄢˇ】 ㊕㊥⑨㉷ juǎn (국보다 국물이 적게 요리한)지짐이

설문 2596 腌也。《李善引『蒼頡解詁』曰。臇、少汁臛也。『曹植-七啟(啓)』曰。臇漢南之鳴鶉。『名都篇』曰。膾鯉臇胎鰕。》 从肉。雋聲。讀若纂。《子沇切。14部。》 臇或从火巺(巽)。/176

臊 (조)【sāo ㄙㄠˉ】 (짐승의 고기 냄새가)누릴, 기름(지방질)

설문 2585 豕膏臭也。《『庖人』、『內則』曰。夏行腒鱐膳膏臊。杜子春云。膏臊、犬膏。大鄭云。膏臊、豕膏。後鄭從杜說。許同大鄭。》 从肉。喿聲。《穌遭切。2部。》 /175

𦞦 (옥)【wù ㄨˋ】 기름 껍질, 비계막

설문 2590 膏肥皃(肥貌)。从肉。學省聲。《烏酷切。3部。此篆舊無。今補。按膹𦞦二篆葢(蓋)【古本】皆無。或增膹而失其解。則不若併增𦞦也。》 /176

◀ 제 14 획 ▶

齎 齎膌臍(제)【qí ㄑㄧˊ】 배꼽

설문 2512 朏(肶)齎也。《【各本】「朏」作「肶」。誤。〔囟部〕曰。朏臍、人臍也。凡居中曰臍。『釋言』、『馬-注:吕荆(呂刑)』皆云。齊、中也。『釋地』。中州曰齊州。『列子』中國曰齊國。『莊』、『列』與齊俱入。與汨偕出。司馬云。齊、回水如磨齊也。皆臍字引伸假借之義。『左傳』噬齊字祇作齊。》 从肉。亝(齊)聲。《徂兮切。15部。》 /170

臘 (랍)【là ㄌㄚˋ】 납향(납일에 행하는 제사)

설문 2549 冬至後三戌臘祭百神。《三戌下『玉篇』有「爲」字。非也。臘本祭名。因呼臘月、臘日耳。『月令』。臘先祖五祀。『左傳』。虞不臘矣。皆在夏正十月。臘卽蜡也。『風俗通』云。『禮傳』夏曰「嘉平」。殷曰「淸祀」。周曰「大蜡」。皇侃曰。夏殷蜡在己之歲終。皇說是也。『秦本紀』。惠王十二年初臘。記秦始行周正亥月大蜡之禮也。始皇三十一年十二月更名臘曰嘉平。十二月者、丑月也。始皇始建亥。而不敢謂亥月爲春正月。但謂之十月朔而已。『項羽紀』書漢之二年冬。繼之以春。繼之以四月。可證也。更名臘爲嘉平者、改臘在丑月用夏制。因用夏名也。臘在丑月、因謂丑月爲臘月。『陳勝傳』書臘月是也。漢仍秦制。亦在丑月。而用戌日、則漢所獨也。『風俗通』曰。臘者、接也。新故交接。大祭以報功也。漢家火行。火衰於戌。故曰臘也。高堂隆曰。帝王各以其行之盛而祖。以其終而臘。火生於寅。盛於午。終於戌。故火家以午祖。以戌臘。按必在冬至後三戌者。恐不在丑月也。『鄭-注:月令』曰。臘謂以田獵所得禽祭也。『風俗通』亦曰。臘者、獵也。按獵以祭。故其祀從肉。》 从肉。巤聲。《盧盍切。8部。》 /172

臑 (노)【nào ㄋㄠˋ】 本[양의 발마디] 팔꿈치、정강다리 ■이:삶아 뭉크러질 ■완:몸 더워질 ■혼:젓(醢也) ■유:연할, 팔꿈치뼈

설문 2510 臂。《句。》 羊豕曰臑。《【各本】皆作「臂」、羊矢也。『鄕(鄉)射禮:音義』引『字林』臂、羊豕也。『禮記:音義』引『說文』臂、羊犬也。皆不可通。今正。【許書】嚴人物之辨。人曰臂。羊豕曰臑。此其辨也。禽有假臂名者。如『周禮』、『內則』馬般臂是也。人臂無偁(稱)臑者。如『儀禮』、『禮記』肩臂臑皆謂牲體也。【許書】之體本多言曰某。轉寫者多改曰某二字爲一也。字旣改曰臑爲也。又誤羊豕爲矢。襲繆者久矣。不曰羊豕臂曰臑、而先言臂者何也。尊人也。謂人之臂、在羊豕則曰臑也。不以臑字廁於胡肱腨脛膘脾膫之所、而廁於此何也。廁於此以擧(擧)正人物之名之例也。『禮經』臂臑爲二。然則手上人禽皆曰臂。臂上則人曰厷(肱)、禽曰臑。何以言人臂、禽臑也。曰臂可偁(稱)厷。厷亦可偁臂。許蒙上文臂篆言、故爲統辭。未及分析也。『鄭-注:禮』曰。肩臂臑、肱骨。肫骼。股骨。則又以肱統三者、以股統二者也。臑之言濡也。濡者、柔也。》 从肉。需聲。讀若儒。《【各本】作「襦」。今從『鄕射禮:音義』。人于反。古音在 4部。鉉用刵到一切。乃音轉。非【古本】音也。作「腝」者誤。》 /169

◀ 제 16 획 ▶

臚 (려)【lú ㄌㄨˊ】 살갗、껍질, 배불룩할, 베풀

설문 2481 皮也。《今字皮膚從籒文作「膚」。膚行而臚廢矣。『晉語』。聽臚言於市。『史、漢:臚句傳』。蘇林曰。【上傳】語告下爲臚。此皆讀爲敷奏以言之敷也。『史記』。臚於郊祀。『漢書』。大夫臚岱。『韋昭-辨:釋名』。鴻、大也。臚、陳序也。謂大以禮陳序賔(賓)客。此皆讀爲廷實旅百之旅也。『劉(劉)熙-釋名』。鴻臚。腹前肥者曰臚。以京師爲心

體。王庆外國爲腹腴。以養之也。此讀爲夏右腴之腴。皆假借也。其本義則皮膚也。》从肉。盧聲。《甫無切。5部。》籒文臚。《【經籍】通用此字。『禮運』日。膚革充盈。引伸爲狼跋文王之膚美、爲六月之膚大、爲『論語』之膚受。》/167

◀ 제 17 획 ▶

臁 (양)【rǎng ㄖㄤˇ】 살찔, 성할
[설문] [2531] 益州鄙言人盛諱其肥(肥)謂之臁。《『方言』日。梁益之間、凡(凡)人言盛及其所愛諱其肥(肥)賊謂之壤。『鄒陽-上:書』。壤子王梁代。『晉灼:注』引『方言』。梁益之閒、所愛諱其肥盛日壤也。李善日。諱、『方言』作「瑋」。按『李-所據:方言』作「瑋」。【許書】諱亦當作「瑋」。瑋同偉。奇也。驚羨之意也。臁假借作「壤」。》从肉。襄聲。《如兩切。10部。》/171

◀ 제 18 획 ▶

臞 (구)【qú ㄑㄩˊ】 [작] qiú 파리할
[설문] [2534] 少肉也。《『釋言』。臞、瘠也。『周禮:注』。瘠、臞也。》从肉。瞿聲。《其俱切。5部。》/171

◀ 제 19 획 ▶

臠 (련)【luán ㄌㄨㄢˊ】 저민 고기、파리할
[설문] [2537] 臞也。《『毛詩:傳』日。欒欒、瘦瘠皃(貌)。葢(蓋)或『三家詩』有作「臠」、從正字。毛作「欒」、從假借字。抑【許-所據:毛】作「臠」。皆不能肊定也。》从肉。䜌聲。《力沇切。14部。古皆讀平聲。》一日切肉也。《依『廣韵(韻)』訂。切肉日臠。臠之大者日胾。此許義也。》『詩』日。棘人臠臠。《此證前一義也。》/171

131 臣
6-14 신하 신

臣 [신]【chén ㄔㄣˊ】 [설문부수 85] [本][굳을] 신하, 신하 삼을, 두려울
[설문] [1854] 牽也。《以疊(疊)韵釋之。『春秋』說、『廣雅』皆日。臣、堅也。『白虎通』日。臣者、繵也。『屬志』自堅固也。》事君者。《「者」【各本】作「也」。今正。》象屈服之形。《植鄰(隣)切。12部。按『論語:音義』。恧植鄰(隣)切。古臣字。陸時武后字未出也。武后埊恧二字見『戰國策』。六朝俗字也。》凡臣之屬皆从臣。/118
[유사] 클 거(巨) 턱 이(𦣝)
[성부] 부록 색인 참조
[형부] 臣을 부수로 하는 대부분의 글자들
[형성] (6자) 신(茞)260 은(嚚)1360 지(⿰臣言)1601 신(⿰臣阝)3947 신(⿰臣頁)5406 진(⿰扌臣)7543

◀ 제 0 획 ▶

𦣝 [𦣝][이]【yí ㄧˊ】 [설문부수 440] 턱 [同]애:같은 뜻
[설문] [7455] 顄也。《〔頁部〕日。顄、頤也。二篆爲轉注。𦣝者、古文頤也。『鄭-易:注』日。頤中。〈句.〉 口車輔之名也。『震』動於下。『艮』止於上。口車動而上。因輔嚼物以養人。故謂之頤。頤、養也。按鄭意謂口下爲車。口上爲輔。合口車輔三者爲頤。『左氏』云。輔車相依。〔車部〕云。輔、人頰車也。『序卦:傳』日。頤者、養也。古名頤字眞。晉枚頤字仲眞。李頤字景眞。枚頤或作梅賾。誤也。》象形。《此文當横視之。横視之、則口上口下口中之形俱見義。與之切。1部。》凡𦣝之屬皆从𦣝。頤篆文𦣝。《此爲篆文。則知𦣝爲古文也。先古文後篆文者、此亦先二後上之例。不如是則巸篆無所附也。》籒文从䭫(首)。《𦣝本象形。如籒文篆文則从䭫(首)从頁而後象其形也。》/593
[유사] 클 거(巨) 신하 신(臣)
[성부] [巸]이
[형부] 색(賾)
[형성] (7자+1) 이(⿰王𦣝)157 채(茝)272 기(⿱竹𦣝)2773 이(宧)4360 사(⿰犭𦣝)6083 사(洍)6798 희(姬)7729 이(頤)

◀ 제 2 획 ▶

臤 [간]【qiān ㄑㄧㄢ】 [설문부수 84] [ㄱ] xián 굳을 [同]현:어질 ※ 현(賢)의 옛 글자
[설문] [1850] 堅也。从又。臣聲。《謂握之固也。故從又。》凡臤之屬皆从臤。讀若鏗鏘。《謂讀同鏗也。鏗從堅聲。堅从臤聲。古音在 12部。今音鏗在耕韵。非也。臤今音苦閑切。》古文㠯(以)爲賢字。《凡言古文以爲者、皆言古文之假借也。例見〔屮部〕。『漢:校官碑』。親臤寶智。又師臤作朋。『國三老袁良(良)碑』。優臤之寵。按漢魏人用優賢字皆本『今文-般庚』優賢揚歷句。葢(蓋)『今文-般庚』固以臤爲賢也。》/118
[유사] 누울 와(臥)
[성부] [堅]견
[형성] (12자) 긴(菣)417 견(⿱臤牛)730 긴(⿺走臤)950 긴(緊)1851 수(豎)1853 한(⿱臤目)2004 신(腎)2487 현(賢)3781 갱(硻)5745 견(掔)7583 간(婜)7849 견(鋻)8839

臥 [와]【wò ㄨㄛˋ】 [설문부수 297] 누울, 누일, 쉴, 침실
[설문] [5009] 伏也。《伏大徐作休。誤。臥與寢異。寢於牀。『論語』寢不尸是也。臥於几。『孟子』隱几而臥是也。臥於几。故日伏。尸篆下日象臥之形是也。此析言之耳。統言之則不別。故〔宀部〕日寢者臥也。『曲禮』云。寢毋伏。則謂寢於牀者毋得俯伏也。引伸爲凡休息之偁(稱)。》从人臣。取其伏也。《臣下日。象屈服之形。故以人臣會意。吾貨切。17部。》凡臥之屬皆从臥。/388
[유사] 굳을 간(臤)

성부 監감 臨림
형성 (1자) 녁(鬣)5012

◀ 제 6 획 ▶

광【guàng ㄍㄨㄤˋ】 어그러질, 배반할, 사람 이름
설문 1855 乖也。从二臣相違。讀若誑。《居況切。10部。按〔夰部:臩〕以爲聲。》/118
형성 (1자) 광(臩)6350

◀ 제 8 획 ▶

장【zāng ㄗㄤ】 착할, 종(노복), 회뢰(賄賂:뇌물 받을), 감출
설문 1856 善也。《『釋詁』、『毛傳』同。按子郎才郎二反。本無二字。凡物善者必隱於內也。以從艸之藏爲臧匿字始於漢末。改易【經典】。不可從也。又贓私字。古亦用臧。》从臣。戕聲。《則郎切。10部。》 臧籒文。《按【宋本】及『集韵』、『類篇』皆從二。【今本】下從土非。》/118
성부 藏장

◀ 제 11 획 ▶

림【lín ㄌㄧㄣˊ】 볼, 임할, 높은 사람이 낮은 사람 있는 곳에 갈
설문 5011 監也。《【各本】作監臨也。乃複字未刪(删)而又倒之。今正。》从臥。品聲。《力尋切。7部。》/388
형성 (1자) 림(瀶)6933

(광)【guǎng ㄍㄨㄤˇ】 놀라 달아날, 왔다갔다 할
설문 6350 驚走也。一曰往來皃(貌)。《「皃」大徐作「也」。非。》从夰。𦣞聲。《【各本】無聲字。今補。俱往切。10部。》『周書』曰。伯臩。《孔壁多得『十六篇:古文-尙書』有『冏命』。『書:序』曰。穆王命伯冏爲太僕正。作『冏命』。『周本紀』曰。穆王閔文武之道缺。乃命伯臩申誡大僕之政。作「臩命」。蓋(盖)臩冏古通用也。許此引『周書』或系『書:序』、或系『逸書:十六篇』、文皆未可知。》古文𦣞古文冏字。《七字當作「古文以爲冏字」六字。轉寫譌舛也。》/498

132	自
6-15	훈 스스로 자

自 자【zì ㄗˋ】 [설문부수 103] 本[코] 몸(자기 자신), 스스로
설문 2115 鼻(鼻)也。象鼻形。《此以鼻訓自。而又曰象鼻形。〔王部〕曰。自讀若鼻。今俗以作始生子爲鼻子是。然則許謂自與鼻義同音同。而用自爲鼻者絕(絶)少也。凡从自之字、如〔尸部:眉〕、臥息也。〔言部:詯〕、膽乞(气)滿聲在人上也。亦皆於鼻息會意。今義從也、已也、自然也皆引伸之義。疾二切。15部。》凡自之屬皆从自。 古文自。/136

유사 눈 목(目) 귀 이(耳) 또 차(且) 달 감(甘)
성부 부록 색인 참조
형부 自를 부수로 하는 대부분의 글자들
형성 (4자) 회(詯)1545 혜(郋)3908 계(洎)7028 계(垍)8679

◀ 제 1 획 ▶

수【shǒu ㄕㄡˇ】 [설문부수 325] 머리 ※ 수(首)의 원래 글자
설문 5437 頭也。《頭下曰。百也。與此爲轉注。自古文𦣻行而百廢矣。『白虎通』、『何-注:公羊』、『王-注:楚辭』皆曰。首、頭也。引伸之義爲始也、本也。『儀禮-古文』假借手爲首。》象形。《象人頭之側面也。左象前。右象後。書九切。3部。》凡百之屬皆从百。/422
유사 갖출 구(具) 자개소리 솨(貨) 머리 수(首) 틈 극(𡭴) 머리 혈(頁)
성부 首𩠐수 夏하 面𠦝𩈈면 𡕥알 頁혈
형부 오(奡)

◀ 제 4 획 ▶

얼【niè ㄋㄧㄝˋ】 과녁, 문지방, 법 ■계:과녁
설문 3608 射𡍹的也。《「𡍹的」【各本】作「準的」。今正。〔土部〕曰。𡍹、射臬也。二字互訓。〔日部〕曰。的、明也。𡍹準、的的皆古今字。『李善-東京賦:注』引作𡍹。可證【古本】不作俗字矣。臬古假藝爲之。『上林賦』。弦矢分。藝殪仆。文穎曰。所射準的爲藝。『左傳』。陳之藝極。皆是也。臬之引伸爲凡標準法度之偁(稱)。『釋宮』曰。樴謂之杙。在牆者謂之臬。『康誥』曰。陳時臬事。『考工記』。『匠人』作槷。〔自(𨸏)部〕曰。𨺅、法度也。賈侍中說𨺅法度也。皆臬之假借字也。》從木。自聲。《五結切。15部。李陽冰(氷)曰。自非聲。以去入爲隔礙也。》/264
유사 광택 고(臭) 높을 고(杲) 부르는 소리 고(臯) 개노리고 볼 격(狊)
형성 (5자) 의(劓)2677 얼(𪓰)3705 예(寱)4488 얼(闑)7384 예(甈)8077

취【chòu ㄔㄡˋ】 ㉠㉡㉢⑨㉣ **xiù** 냄새, 구린내, 향내, 더러울 ■추:속음 ■후:냄새 맡을
설문 6059 禽走臭而知其迹者犬也。《走臭猶言逐氣。犬能行路蹤迹前犬之所至。於其气知之也。故其字从犬自。自者、鼻(鼻)也。引伸假借爲凡气息芳臭之偁(稱)。》从犬自。《尺救切。3部。》/476
유사 높을 고(杲) 부르는 소리 고(臯皋) 개 노리고 볼 격(狊) 과녁 얼(臬)
형성 (4자) 흉(𧾷臭)971 후(齅)2125 추(殠)2428 구(糗)4301

◀ 제 6 획 ▶

기【jì ㄐㄧˋ】 다못, 및, 다다를, 굳셀 ※ 기(暨)의 옛 글자
설문 5002 眔(衆)與詞(詞)也。《與詞【各本】誤倒。今依

『廣韵』正。衆與者、多與也。所與非一人也。詞者、意內言外之謂。或假洎爲之。如『鄭-詩譜』偁(稱)無逸爰洎小人是也。亦假曁爲之。如『公羊傳』及者何。與也。會及曁、皆與也。曁猶曁曁也。『釋詁』曰。曁、與也。『釋訓』曰。曁、不及也。按不及、及也。卽『公羊』所謂猶曁曁也。》从㐺。自聲。《其冀切。按「冀」當作「洎」。15部。》『虞書』曰。《「虞」當作「唐」。說見〔禾部〕。》臮『咎(咎)繇』。《『堯典』文。【今書】作曁。》 古文臮。《此篆轉寫旣久。今不可得其會意形聲。姑從【宋本】作。》/387

형성 (1자) 기(㵫)6788

◀ 제 9 획 ▶

臱 臱臱 면【mián ㄇㄧㄢˊ】보이지 않을(臱1172)

설문 2116 宀宀不見也《臱(臱)宀疊(疊)韵。宀、交覆深(深)屋也。宀宀、密緻皃(貌)。『毛詩』曰「緜緜」。『韓詩』曰「民民」。其實一也。》闕。《上从自。下不知其何意。故云闕。謂闕其形也。武延切。古音如民。12部。》/136

성부 邊 변

형성 (6자) 변(邊)959 면(矏)2002 미(篃)2750 변(櫋)3494 면(寡)4389 면(鬗)5477

𩇯 (용)【yōng ㄩㄥ】쓸(用也), 코로 냄새 맡아 먹을 것 알아낼

설문 3190 用也。《此與〔用部:庸〕音義皆同。『玉篇』曰。𩇯、今作庸。『廣韵(韻)』曰。𩇯者、庸之古文。》从亯。从自。自知臭。《句。自、鼻也。知臭味之芳殠。》香所食也。《「香」當作「亯」。轉寫之誤也。上說从自之意。此說从亯之意。鼻聞所食之香而食之、是曰𩇯。今俗謂喫爲用是也。》讀若庸同。《余封切。9部。》/229

𡰪 (얼)【yè ㄧㄝˋ】㊤㊥㊈ niè ⑨ wà 위태한 모양 (自부 9획)

설문 3705 㚔𡰪。《逗。》不安也。《此釋『易』也。》从出。臬聲。《五結切。15部。》『易』曰。㚔𡰪。《㚔、一本作「埶」。非也。『困:上六』。于臲卼。釋文云。臲、『說文』作「劓」。卼、『說文』作「𡰪」。云𡰪、不安也。陸云『說文』作「劓」。與【今本】不同。【小徐本】作『易』曰劓𡰪困于赤芾。劓字與陸氏合。而多困于赤芾四字。則爲『九五:爻辭』。又不與陸合。『鍇-注』仍引『上六:爻辭』。恐四字淺人所增也。九五劓刖、荀、王作「臲卼」。鄭云。劓刖當爲倪伉。則兩(兩)爻辭義同矣。許作「㚔𡰪」。葢(蓋)『孟-易』也。『尙書』邦之杌隉。㚔與隉臲劓倪同。𡰪與杌臲卼伉同。杌𡰪卼伉皆兀聲。以『說文』檮杌作「檮柮」例之、則出聲兀聲同。𡰪當是从臬、出聲。五忽切。因不立〔臬部〕。誤謂从出、臬聲耳。臬聲則與㚔同。音五結切。非也。【許書】有扤無杌。》/273

自 자【bó ㄅㄛˊ】[설문부수 104] ㉠㊤㊥⑨㊈ zì 자(自)의 생략형

설문 2117 此亦自字也。省自者。䛐(詞)言之气从鼻(鼻)出。與口相助。《䛐(詞)者、意內而言外也。言从口出、而其气从鼻出。與口相助。故其字上从自省、下从口。而讀同自。疾二切 15部。》凡白(自)之屬皆从白。/136

【百】下曰:百、白也。《白、告白也。此說从白之意。數長於百。可以䛐(詞)言白人也。【各本】脫此八字。依『韵會』補。》/137

성부 皆개 魯로 者자 䓜지 替체 百백 習습

133	至
6-16	이를 지

至 지【zhì ㄓˋ】[설문부수 433] 이를(닿을), 지극할, 지극히 ▣질:가볍게 피어 오르는 모양

설문 7342 鳥飛從高下至地也。《凡云來至者。皆於此義引申叚(假)借。引申之爲懇(懇)至、爲極至。許云到、至也。臻、至也。假、至也。此本義之引申也。又云。親、至也。竊、至也。此餘義之引申也。》从一。一猶地也。《一在下故云。》象形。《謂𡳿也。不、象上升之鳥、首鄉上。至、象下集之鳥、首鄉下。脂利切。古音讀如質。在 12部。》不上去而至下。《句。》來也。《瑞麥之來爲行來之來。》凡至之屬皆从至。 古文至。/584

성부 부록 색인 참조

형부 至를 부수로 하는 대부분의 글자들

형성 (15자) 치(荎)436 희(咥)809 질(䞇)1255 치(胵)2563 질(桎)3669 질(郅)3900 실(室)4357 질(耊)5137 질(庢)5672 질(挃)7667 질(姪)7769 질(絰)8353 질(蛭)8405 질(垤)8717 질(銍)8922

◀ 제 3 획 ▶

致 치【zhì ㄓˋ】本[보낼] (지극한 곳까지)이를, 부를(오게 할), 다할

설문 3221 送詣也。《〔言部〕曰。詣(詣)、候至也。送詣者、送而必至其処(處)也。引伸爲召致之致。又爲精致之致。『月令』必工致爲上是也。精致、漢人祗作致。〔糸部:緻〕字、徐鉉所增。凡『鄭-注:俗本』乃有緻。》从夊。从至。《夊猶送也。陟利切。15部。》/232

형성 (1자+2) 치(撴)7668 치(䎽) 치(緻)

◀ 제 6 획 ▶

臸 臺 진【rì ㄖˋ】이를, 나아갈 ▣일:이를(닿을) ▣지:같은 뜻 ▣척:같은 뜻, 한결같을

설문 7347 到也。《不言至言到者、到者至之得地者也。〔辵(辶)部〕曰運、近也。从臸(臺)聲。然則二至當重不當竝。》

从二至。《會意。至亦聲。人質切。12部。》/585

성부 晉晉晉진

형성 (1자) 이(遷)1134

◀ 제 8 획 ▶

臺 대【tái ㄊㄞˊ】대(사방을 조망하는 정자, 물건을 올려 놓는 대), 능

설문 7346 觀四方而高者也。《『釋名』曰。觀、觀也。於相觀望也。觀不必四方。其四方獨出而高者、則謂之臺。『大雅』。經始靈臺。『釋宮』、『毛傳』曰。四方而高曰臺。『傳』意高而不四方者則謂之觀、謂之闕也。『釋名』。臺、持也。築土堅固能自勝持也。古臺讀同持。心曰靈臺。謂能持物。『淮南子』。其所居神者、臺簡(簡)以游大淸。『注』。臺、持也。又臺無所鑒(鑑)、謂之狂生。『注』。臺、持也。此皆作臺自可通。或作古文握。古文握與臺形相似。》从至。从高省。與室屋同意。《按臺不必有屋、『李巡-注:爾雅』曰。臺上有屋謂之謝。然則無屋者謂之臺。築高而已。云與室屋同意者、室屋篆下皆云从至者所止也。是其意也。》㞢(之)聲。《徒哀切。1部。》/585

형성 (1자) 대(嬯)7933

◀ 제 10 획 ▶

臻 (진)【zhēn ㄓㄣ】이를(닿을), 모일

설문 7344 至也。《見『釋詁』。古亦叚(假)溱爲之。》从至。秦聲。《側詵切。12部。》/585

臸 (치)【zhì ㄓˋ】㊤㊥⑨㊍ chì 분하여 어길

■지:같은 뜻

설문 7345 忿戾也。从至。至而復孫。《會意也。》孫、遁也。《二孫字大徐作「遜」。非。古無遜字。凡『春秋』、『詩』、『書』遜遁字皆作孫。『傳』曰。孫之爲言孫也。不作爲言遜。『爾雅』作「遜」、遁也。爲後人所改之俗字。〔許-辵(辶)部〕有遜篆。亦是後人臆增。孫、遁也。此子孫字引申之義。孫之於王父。自覺其微小。故逡巡遁避之詈(詞)取諸此。至而復逡巡者、忿戾之意也。》『周書』曰。有夏氏之民叨臸。《『尙書:多方』文。【今本】無「氏」字。「臸」作「懫」。按「臸」作「懫」者、天寶間衞(衛)包改也。釋文「臸」作「懫」。宋開寶間改也。釋文曰。懫勑二反。『說文』之二反。不云『說文』作「臸」。知其大字本不作「懫」矣。『禮記:大學』。心有所忿懥。『注』云。懥、怒皃(貌)。或作「懫」。按懥懫不見【許書】。衞包以意改【經】。非必懫卽臸也。》臸讀若摯。《釋文云。『說文』之二反。此『音隱』舊音也。大徐丑利切。15部。或曰。古音當在 12部。》/585

134
6-17
臼 절구 구

臼 구【jiù ㄐㄧㄡˋ】[설문부수 259] 절구, 확

설문 4319 舂臼也。《【各本】無「臼」字。今補。杵下云。舂杵也。則此當云「舂臼也」明矣。引伸凡凹者曰臼。》古者掘地爲臼。《見『易:繫(繫)辭:傳』。蓋黃帝時雍父初作如此。》其後穿木石。《或穿(穿)木。或穿石。》象形。《口象木石臼也。》中象米也。《所舂也。其九切。3部。》凡臼之屬皆从臼。/334

유사 양손으로 잡을 국(𦥑)

성부 부록 색인 참조

형부 臼를 부수로 하는 대부분의 글자들

형성 (2자) 구(齨)1252 구(舅)8778

◀ 제 1 획 ▶

𦥑 국【jú ㄐㄩˊ】[설문부수 67] ㉠㊤㊥⑨㊍ jū 깍지 낄, 움킬 ※ 국(匊)의 옛 글자

설문 1690 叉手也。《〔叉部〕曰。叉手、指相錯也。此云叉手者、謂手指(指)正相向也。》从𠂇彐。《此亦從𠂇又(左右)而變之也。居玉切。3部。》凡𦥑之屬皆从𦥑。/105

유사 절구 구(臼) 가로 왈(曰) 날 일(日)

성부 臾궤 𦦙비 𦦗소 叟수 與여 𦥷예 要요 夏하 學학 𩏂혁 盥관 申신 晨신 𦦑윤 寅인 爨찬 鬱울 奄엄 𦥛폄

형부 공(𦥑) 비(𦦙) 문(𦦑) 농(農)

형성 (1자) 구(鵖)2286

◀ 제 2 획 ▶

臽 함【xiàn ㄒㄧㄢˋ】함정, 구덩이

설문 4324 小阱也。《阱者、陷也。臽謂阱之小者。》从人在臼上。《古者掘地爲臼。故从人臼會意。臼猶坑也。戶猪切。8部。》/334

유사 절구확 긁어낼 요(舀)

성부 𡸼감 閻염

형성 (10자+1) 담(啗)774 함(脂)2607 담(窞)4451 감(欿)5320 염(錟)6221 감(惂)6610 함(淊)6989 함(餡)7272 함(蜭)8411 함(陷)9196 겹(掐)

臾 유【yú ㄩˊ】잠깐 ■용:권할

설문 9354 束縛捽抴爲臾曳(申)。《束、縛也。縛、束也。捽、持頭髮也。抴、捈也。捈、臥引也。「曳」字【各本】無。今補。束縛而牽引之謂之臾曳。凡『史』偁(稱)瘐死獄中皆當作此字。臾曳者、臾之本義。『周禮』臾弓。往體多。來體寡。往多、殆卽牽引之意臾。凡云須臾者、殆方語如是。不關本義。》从申(申)。从乙。《乙象艸木冤(寃)曲。从申从乙者、引之又冤曲之也。羊朱切。古音在 4部。》/747

【蕢】下曰:臾古文蕢象形。/44

유사 삼태기 궤(臾)

형성 (6자) 유(萸)464 유(諛)1512 유(腴)2514 유(楰)3402 유(庾)5661 유(斞)9050

◀ 제 3 획 ▶

臿 삽【chā ㄔㄚ¯】 꽂을, 삽(땅 파는 기구), 가래(농기구) 圖■잡:보리 대낄(찧을)

설문 4322 舂去麥皮也。《〔禾部:穛〕下曰。讀若舂麥爲穛之穛。臿穛古今字也。許於說解中用今字耳。『周禮:廩人』。大祭祀則共其接盛。接卽臿之假借。凡穀皆得云臿也。引伸爲凡刺入之偁(稱)。如農器剌地者曰鍫臿。》从臼。干聲。一曰干所㠯(以)臿之。《此依『韵會-所據:鍇本』。干聲在 14部。與 15部冣(最)近。臿穛字本在 15部。臿又轉入於 8部。音楚洽切也。一曰干所以臿之。則爲會意。干猶杵也。》/334

㝵 㝵 편【biǎn ㄅㄧㄢˇ】 덜 ※ 폄(貶)과 같은 글자

설문 3731 傾覆也。《『周禮:硩蔟氏』。掌覆夭鳥之巢(巢)。》从寸臼覆之。《寸巢猶硩蔟也。》寸，人手也。《古寸與又通用。》臼《今補。》从巢省。《臼者、巢之省。以手施於巢。傾覆之意也。方斂切。7部。按解云從寸從臼。而【各本】篆體作叟。誤。今依『玉篇』、『廣韵』、『集韵』、『類篇』更正。》杜林說。㠯(以)爲貶損之貶。《此亦如以冓爲构、以索爲市、而鼂爲朝、以畁爲麒也。巢在上覆之而下。則與貶損義相通。『上林賦』。適足以㝵君自損。晉灼曰。㝵古貶字。》/275

◀ 제 4 획 ▶

舀 요【yǎo ㄧㄠˇ】 푸을, (절구에서 쌀을)퍼낼, 떠낼

설문 4323 抒臼也。《『生民詩』曰。或舂或揄。或簸或蹂。毛云。揄抒臼也。然則揄者、舀之叚(假)借字也。抒、挹也。旣舂之。乃於臼中挹出之。今人凡酌彼注此皆曰舀。其引伸之語也。》从爪臼。《會意。以沼切。今語也。古音讀如由。釋文引『說文』弋紹切。『音隱』已如此。》『詩』曰。或簸或舀。《此偁(稱)或舂或揄也。簸字系一時筆誤耳。舀揄不同。則或『許-所據:毛詩』作舀。或許取諸『三家詩』。如毛作革、韓作鞹之比。皆不可定。》抭 舀或从手宂(冗)。《从手宂聲也。宂今音在 9部。古音當在 3部。『周禮:舂人』。奄二人。女舂抌二人。奚五人。鄭曰。抌、抒臼也。引『詩』或舂或抌。『禮:有司徹篇』。執挑匕柄以挹湆注於疏匕。鄭云。挑讀如或舂或抌之抌。按『鄭君-注:禮』。多用『韓詩』。然則『韓詩』作抌。卽舀也。》䑥 舀或从臼宂。/334

형성 (8자) 도(蹈)1291 도(韜)3241 도(稻)4203 도(駋)5900 도(慆)6479 도(滔)6809 도(搯)7474 도(縚)8052

舁 舁 여【yú ㄩˊ】 [설문부수 66] (두 사람이 한 물건을)마주 들

설문 1686 共舉也。从臼廾。《謂有叉手者、有竦手者。皆共舉(擧)之人也。共擧則或休息更畨(番)。故有叉手者。》凡舁之屬皆从舁。讀若余。《以諸切。5部。》/105

상부 輿여 輿여 輿𢍏선 興흥

◀ 제 5 획 ▶

舂 용【chōng ㄔㄨㄥ¯】 (곡식을 절구로)찧을, (서산으로)해질

설문 4320 擣粟也。《言粟以晐他穀。亦言粟以晐米。【小徐本】粟作米。『周禮』有『舂人』。『廣雅』曰。臿嗟晞暘㯻捶舂斆穛䃌舂也。》从廾(廾)持杵㠯(以)臨臼。《會意。書容切。9部。》杵省。《此與〔日部〕㫐合也。〔會部〕曾益也、〔㫃部〕允進也同。皆六書之叚(假)借也。》古者雝(雍)父初作舂。《『太平御覽』、『世本』。雍父作舂杵臼。宋衷曰。雍父、黃帝臣也。『周本紀』。楚圍雍氏。『正義』云。『括地志』。故雍城在洛州陽翟縣東北二十五里。故老云。黃帝時雍作杵臼所封也。》/334

유사 아뢸 주(奏) 편안할 태(泰) 진나라 진(秦) 봄 춘(春) 받들 봉(奉)

형성 (2자+1) 창(䚒)5256 창(惷)6513 장(樁)

◀ 제 6 획 ▶

䑬 (박)【pò ㄆㄛˋ】 방아 찧을

설문 4321 齊謂舂曰䑬。《按『廣雅』獨不載此字。疑其臿卽䑬之誤。而其穛卽許之臿也。》从臼。屰聲。讀若膊。《匹各切。5部。》/334

舄 舄 석【xì ㄒㄧˋ】 ㉠㊤㊥⑨㉕ què (바닥이 겹으로 된)신, 클 ■작:까치 ■탁:클

설문 2373 雒(鵲)也。《謂舄卽雒(鵲)字。此以今字釋古字之例。古文作「舄」。小篆作「雒」。㫗(孚)下曰㕒(厚)也。『周禮:注』曰。竘(厚)讀爲勳。皆以今字釋古字。〔烏部〕曰。䧿鷽、雒也。言其物、此云。舄、雒也。言其字。舄本雒字。自【經典】借爲履舄字而本義廢矣。『周禮:注』曰。複下曰舄。襌下曰屨。『小雅:毛傳』曰。舄、達屨也。達之言重沓也。卽複下之謂也。『釋名』曰。舄、腊也。複其下使乾腊也。》象形。《烏舄焉皆象形。惟首各異、故合爲 1部。七削切。古音在 5部。》䧿 篆文舄。从隹㫺(昔)。《昔聲也。此亦上部先古文之例。雒隷(隸)變从鳥。》/157

유사 까마귀 오(烏) 새 조(鳥) 해태 채(廌廌)

상부 寫寫사

형성 (1자) 삭(獡)6029

◀ 제 7 획 ▶

[illegible] 견【qiǎn ㄑㄧㄢˇ】 작은 덩어리 (口부 7획 명문 1848)

舅 (구)【jiù ㄐㄧㄡˋ】 本[외삼촌] 시아버지

설문 8778 母之兄弟爲舅。《『釋親』曰。母之晜弟爲舅。『毛傳』同。按周人謂兄爲晜也。舅之言舊也。猶姑之言故也。父之昆弟偁(稱)父。母之昆弟不得偁父。故偁舅。凡同姓可偁父。凡異姓不可偁父。故舅之也。今俗人言舅父者、非也。母之父母曷爲曰外王父、外王母與。父之父母偁王父王母。故母之父母得偁王父王母而外以別之也。父之昆弟偁從父。故母之姊(姉)妹偁從母也。舍是則異姓無有

6 ⓪

㉕ 作家出版社〔董蓮池-說文解字考正〕 ⑨ 九州出版社〔柴劍虹-說文解字〕 ㉠ 陝西人民出版社〔蘇寶榮-說文解字今注今譯〕 ㊤ 上海古籍出版社〔說文解字注〕 ㊥ 中華書局〔臧克和-說文解字新訂〕

偁父母者也。異姓可偁舅。故婦偁夫之父曰舅。男子偁妻之父曰外舅。母之從父昆弟曰從舅。又偁父之舅曰大舅。見『後漢書』。「大」者、今「太」字。》妻之父爲外舅。《男子於妻父亦言舅。對妻之舅吾父爲偁也。母之昆弟不曰外舅者、妻黨之別於母黨也。》从男。臼聲。《其九切。3部。》/698

與 여【yǔ ㄩˇ】더불(더불어 할, ~갈), 줄(허락, 편들), 참여할

설문 1688 黨與也。《「黨」當作「攩」。攩、朋群也。「與」當作「与」。与、賜予也。》从舁与。《會意。共舉而与之也。舁与皆亦聲。余呂切。5部。》古文與。/105

성부 擧거 旟여

형성 (10자+2) 여(趣)968 예(譽)1490 여(鸒)2274 여(歟)5279 여(礜)5729 여(鷽)5903 여(轝)5984 여(悬)6478 서(鱮)7244 여(嬩)7789 서(嶼) 여(璵)

◀ 제 9 획 ▶

興 흥【xīng ㄒㄧㄥ】일(성할), 일으킬, 일어날, 느낄

설문 1689 起(起)也。《『廣韵』曰。盛也。舉(擧)也。善也。『周禮:六詩』。曰比。曰興。興者託事於物。按古無平去之別也。》从舁同。《會意。》同、《逗、此字補。》同力也。《說從同之意。虛陵切。6部。》/105

유사 불 땔 찬(爨) 피 칠할 흔(釁)

형성 (2자) 흥(鄿)4005 흥(嬹)7807

◀ 제 11 획 ▶

擧 擧거【jǔ ㄐㄩˇ】맞들 ■여:마주 들

설문 7587 對擧(擧)也。《對擧謂以兩手擧之。故其字从手與。ナ手與又手也。》从手。與聲。《居許切。5部。》一曰輿也。《小徐有此四字。按輿卽舁。轉寫改之。『左傳』。使五人輿猳從己。舁之叚(假)借也。舁者、共擧也。共者、非一人之辭也。擧之義亦或訓爲舁。俗別作擧羼入『說文』。音以諸切。非古也。》/603

형성 (1자+1) 건(攑)7585 거(欅)

◀ 제 12 획 ▶

𦦙 (공)【qióng ㄑㄩㄥˊ】가슴 치미는 것, 절구

설문 1695 所㠯(以)枝鬲者也。从爨省鬲聲。《渠容切。9部。》/106

舊 구【jiù ㄐㄧㄡˋ】本[올빼미, 부엉이] 옛날, 친구, 늙은이, 오랠

설문 2213 雖舊(舊)、《逗。》舊畱(留)也。《『釋鳥』。怪鴟。『舍人』曰。謂鵂鶹也。南陽名鉤鵅。一名忌欺按今字爲新舊字。》从萑。臼聲。《巨救切。古音在 1部。》鵂或从鳥。休聲。《按『毛詩』舊在 1部。音轉入 3部。乃別製鵂字。音許流切矣。〔角部〕但云雖舊。》/144

형성 (1자) 구(匶)

135 舌 6-18 혀 설

舌 설【shé ㄕㄜˊ】[설문부수 46] 혀, 혀모양을 한 것, 말씀, 변론, 성씨, 벼슬이름

설문 1365 在口所㠯(以)言別味者也。《言下【各本】有「也」。剩字。「者」依『韵會』補。口下曰。人所以言食也。口云食。舌云別味。各依文爲義。舌后字有互譌者。如『左傳』舌庸譌后庸、『周書』美女破后譌破舌是也。》从干口。《干、犯也。言犯口而出之。食犯口而入之。》干亦聲。《干在 14部。與 15部合韵。食列切。15部。》凡舌之屬皆从舌。/86

※ 괄(昏𠯑氏)자가 예서(隷書)에서 대부분 설(舌)자로 바뀌었다.

유사 고할 고(告) 말 막을 괄(氏昏𠯑𠯑昏) 길할 길(吉) 점칠 점(占)

성부 부록 색인 참조

형부 舌을 부수로 하는 대부분의 글자들 괄(适) 화〈話〉 괄(刮) 괄{括栝㤛}

형성 (4자) 괄(栝)360 시(狧)6035 설(緂)8289 섬(銛)8907

◀ 제 2 획 ▶

舍 사【shè ㄕㄜˋ】本[여관] 집, 버릴, 놓을, 삼십리(군대의 하루 행군거리:師行一宿爲舍)

■석:놓을(舌부 2획)

설문 3131 市(市)居曰舍。《〔㑹(食)部〕曰。館、客舍也。客舍者何也。謂市居也。市居者何也。『周禮:遺人』曰。凡國野之道。十里、有廬。廬有飲食。三十里有宿。宿有路室。路室有委。五十里有市。市有候館。候館有積。鄭云。一市之閒(間)。有三廬一宿。候館及廬、宿皆所謂市居曰舍也。此市字非買賣所之。謂賓(賓)客所之也。舍可止。引伸之爲凡止之偁(稱)。『釋詁』曰。廢稅赦舍也。凡止於是曰舍。止而不爲亦曰舍。其義異而同也。猶置之而不用曰廢。置而用之亦曰廢也。『論語』。不舍晝夜。謂不放過晝夜也。不放過晝夜、卽是不停止於某一晝一夜。以今俗音讀之。上去無二理也。古音不分上去。舍捨二字義相同。》从亼屮口。《屮口二字今補。【全書】之例。成字則必曰從某而下釋之也。从亼者、謂賓客所集也。》屮象屋也。《象屋上見之狀。說从屮之意。》口象築也。《口音圍。說从口之意。始夜切。古音在 5部。》/223

성부 余여

형부 관(舘)

형성 (4자) 서(舒)2393 서(郐)4000 사(涻)6783 사(捨)7513

◀ 제 6 획 ▶

舒 (서)【shū ㄕㄨ】 (둘둘 말린 것을)펼, 느지러질, 한가할, 실마리, 단서, 별자리 이름, 집오리 ■여:꾸밀, 편안할

설문 2393 伸也。《『經傳』或假荼。或假豫。》 从予。《物予人得伸其意。》 舍聲。《此依【鍇本】。【今-鍇本】作從舍予聲者、淺人不知舍之古音而改之也。傷魚切。5部。》 一曰舒緩也。《此與〔糸部:紓〕音義皆同。》/160

◀ 제 8 획 ▶

舚 (담)【tà ㄊㄚˋ】 들이 마실 ■탑:같은 뜻 (舌부 8획)

설문 1366 歠也。《歠、歙也。『曲禮』曰。毋嚃羹。『廣韵(韻)』。嚃、歠也。然則嚃卽舚也。羹之無菜者不用梜。直歠之而已。禮禁舚羹者何也。舚者流歠。許渾言之耳。》 从舌。沓聲。《他合切。8部。》/87

舓 (지)【sì ㄙˋ】 상中⑨작 shì 핥을 ■시:속음

설문 1367 㠯(以)舌取食也。从舌。易聲。《神旨切。按「旨」當作「紙」。16部。》 䑛舓或从也。《也聲古在 17部。與 16部合韵冣(韻最)近。或作「舐」。或作「狧」。『漢書』。狧康及米。》/87

> **136** 6-19 **舛** 어길 천

舛 천【chuǎn ㄔㄨㄢˇ】【설문부수 199】本[마주 누울] 어그러질(舛午, 相背) ■준: 섞일

설문 3232 對臥也。《謂人與人相對而休也。引伸之足與足相抵而臥亦舛。其字亦作「僢」。『王制-注』釋交趾云浴則同川臥則僢足是也。又引伸之凡足相抵皆曰僢。『典瑞』兩圭有邸『注』云僢而同本是也。『淮南書』及『周禮:注』多用僢字》 从夂ヰ(夊㐄)相背。《相背猶相對也。昌兖(兗)切。古音在 13部。》 凡舛(舛)之屬皆从舛。 䠣楊雄作舛从足萅(春)。《春聲也。『李善-注:魏都賦』引『司馬彪-莊子:注』曰。踳讀曰舛。舛、乖也。按司馬意舛踳各字而合之。楊許則云踳爲舛之或也。葢(蓋)『訓纂篇』如此作。諸家多用踳駮、謂譌舛也。》/234

유사 내릴 강(夅)

성부 부록 색인 참조

형부 舛을 부수로 하는 대부분의 글자들

◀ 제 6 획 ▶

舜 순【shùn ㄕㄨㄣˋ】【설문부수 200】 무궁화, 순임금, 성씨, 무궁하처럼 아름다울

설문 3235 䑞(舜)艸也。楚謂之葍。秦謂之藑。《〔艸部〕日。藑、茅葍也。一名䑞。是一物三名也。》 蔓地生而連華(華)。象形。《「生而」、二字。依『爾雅:音義』補。匧象葉蔓華(華)連之形也。》 从舛。《亦狀蔓連相鄉(向)背之皃(貌)。》 舛亦聲。《舒閏切。13部。隸(隸)作舜。按此與〔草部:蕣(蕣)〕音同義別。有虞氏以爲謚(諡)者。堯、高也。舜、大也。舜者、俊之同音假借字。『山解經』作「帝俊」。》 凡䑞之屬皆从䑞。 𡗕古文䑞。/234

유사 도깨비 불 린(粦㷠)

형부 황(䑟)

형성 (1자) 순(蕣)462

◀ 제 7 획 ▶

舝 할【xiá ㄒㄧㄚˊ】 수레 축대 쐐기

설문 3234 車軸耑(端)鍵也。《〔金部:鍵〕、一日轄也。〔車部〕。轄、一日鍵也。然則許意謂舝轄同也。以鐵豎(竪)貫軸頭而制轂如鍵閉然。『邶風:傳』日。脂(脂)舝其車。『小雅:傳』日。間關、設舝皃(貌)。皆謂舝必行而後設也。車軸耑謂之𨊻。𨊻、今者作轊。大馭。右祭兩軹。軹、【故書】作軒。杜子春云。軒謂兩(兩)轊也。或讀軒爲簪笄之笄。按鐵貫軸如笄貫弁然。軸耑名軒者、以鐵名之也。子春易爲軹。非也。》 兩(兩)穿相背。从舛。《據許說則每耑爲兩穿。每穿鍵以一鐵。兩穿相對。故器字从舛。》 𥎦省聲。《胡戛切。15部。》 𥎦、古文禼(卨)字。《「禼」【各本】作「偰」。今依〔厹(内)部〕正。禼讀如偰。故『漢書』以禼爲稷偰字。》/234

유사 사람 이름 설(禼𥎦)

형성 (3자) 할(瑎)165 회(䢈)1045 할(䡪)8545

◀ 제 8 획 ▶

舞 무【wǔ ㄨˇ】 좋아서 펄펄 뛸, 춤(출), 자유로이 변통할, 격려할

설문 3233 樂也。用足相背。《說从舛之意。》 从舛(舛)。𣞤聲。《文撫切。5部。按【諸書】多作「儛」。》 𦏶古文舞。从羽亾(亡)。《亾聲也。〔攴(攵)部〕曰。𢼸、讀與撫同。然則以亾爲無也古矣。》/234

형성 (1자+1) 무(䍢)4635 무(儛)

◀ 제 18 획 ▶

䑟 (황)【huáng ㄏㄨㄤˊ】 무성할, 꽃술

설문 3236 華(華)榮也。《『釋言』日。皇、華也。『釋草』日。蘨芛葟華榮。〔許-𠌶部〕日。榮也、〔𠌶部〕日。艸木𠌶也。此云𠌶榮者、絫言之。》 从䑞(舜)。𡈼聲。《𡈼見〔㞢(出之)部〕。形聲包會意。【各本】譌生。則非聲。【大徐本】篆文右𡈼譌生。非也。戸(戶)光切。10部。》 讀若皇。『爾雅』曰。䑟、華也。《『今-釋言』作皇。非。》 葟䑟或从艸皇。《皇聲。『釋艸』如此作。》/234

> **136** 6-19 **舟** 배 주

6 ⓪

舟 [月][주]【zhōu ㄓㄡˉ】[설문부수 309] 배, 실을, (몸에)띨, 반(제기인 준(罇)을 받쳐 놓는 그릇)

[설문] 5189 船也。《『邶風』。方之舟之。『傳』曰。舟、船也。古人言舟。漢人言船。毛以今語釋古。故云舟卽今之船也。不傳於柏舟而傳於此者、以見方之爲泭而非船也。》古者共鼓(共鼓)、貨狄刳木爲舟。剡木爲楫。以濟不通。《『郭-注:山海經』曰。『世本』云。共鼓、貨狄作舟。『易:繫(繫)辭』曰。刳木爲舟。剡木爲楫。舟楫之利。以濟不通。致遠以利天下。葢(蓋)取諸渙(渙)。共鼓貨狄、黃帝堯舜閒(間)人。貨狄疑卽化益。化益卽伯益也。『考工記-故書』「舟」作「周」。》象形。《職流切。3部。》凡舟之屬皆从舟。/403

[유사] 붉을 단(丹) 달 월(月) 수염 염(冄) 엔(円) 마칠 종(舟舟宊)

[성부] 부록 색인 참조

[형부] 舟를 부수로 하는 대부분의 글자들

[형성] (5자) 주(鵃)2268 주(侜)4906 주(𠣓)5547 학(貈)5827 주(輈)9114

◀ 제 2 획 ▶

𦨶 (올)【wù ㄨˋ】배 까불

[설문] 5195 船行不安也。《『方言』說舟曰。儰謂之杌。杌、不安也。郭云。儰音訛。船動搖之皃(貌)也。杌吾教反。按𦨶者、正字。杌者、假借字也。『書』阢隉、『易』阢隉皆不安也。》从舟。刖省聲。《聲字舊奪。今補。》讀若兀。《五忽切。15部。『廣韵(韻)』曰。俗作「舠」。》/403

※ 거룻배 도()와 다른 글자.

◀ 제 3 획 ▶

肜 [침]【chēn ㄔㄣˉ】배 갈, 배 서로 잇대어 갈

[설문] 5192 船行也。《夏曰復「胙」。商曰「肜」。周曰「繹」。卽此者。取舟行延長之意也。其音以戎切。其者『毛詩:箋』作融。》从舟。彡聲。《丑林切。7部。》/403

[형성] (1자) 침(覙)5252

◀ 제 4 획 ▶

舫 (방)【fǎng ㄈㄤˇ】(두척을 매어서 나란히 가는)방주, 배

[설문] 5198 船也。《〖各本〗作「船師也」。今依『韵(韻)會-所據:本』。舫祇訓船。舫人乃訓習水者。觀張揖之訓榜人、可得其理矣。『篇』、『韵』皆曰。並(竝)兩船。是認船爲方也。舫行而方之本義廢矣。舫之本義亦廢矣。『爾雅:釋言』曰。舫、舟也。其字作舫不誤。又曰。舫、泭也。其字當作方。〖俗本〗作舫。『釋水』。大夫方舟。亦或作舫。則與『毛詩』方泭也不相應。愚嘗謂『爾雅:一書』多俗字。與〖古經〗不相應。由習之者多率肊改之也。》『明堂:月令』曰舫人。《『月令』。六月命漁師伐蛟。『鄭-注』。『今-月令』漁師爲榜人。按榜人卽舫人。舫正字。榜假借字。許所據卽鄭所謂『今-月令』也。『子虛賦:榜人歌:張揖-注』曰。榜、船也。『月令』命榜人。榜人、船長也。張所據亦作榜人。》舫人、《二字舊奪。今補。》習水者。《張揖所謂船長。『杜-詩』所謂長年。『吳都賦』曰。檣工楫師。選(選)自閩禺。》从舟。方聲。《甫妄(妄)切。10部。》/403

般 [반]【bān ㄅㄢˉ】[ㄱ][상][中][9][작] pán [本][돌이킬] (빙빙)돌, 옮길, 즐길, 돌아올 ■발:지혜 ■변:얼굴(面也)

[설문] 5199 辟也。《〔人部:僻〕下曰。辟也。此辟字義同。『投壺』曰。賓再拜受。主人般旋曰。辟。主人阼階上拜送。賓盤旋曰。辟。般步干反。還音旋。辟、徐扶亦反。『論語-包氏:注』。足躩如、盤辟皃(貌)也。「盤」當作「般」。般辟、漢人語。謂退縮旋轉之皃也。『大射儀:賓辟:注』曰。辟、逡遁不敢當盛。『釋言』曰。般、還也。還者今之環字。旋也。『荀爽-注:易』曰。盤桓者、動而退也。般之本義如是。引伸爲、般遊、般樂。》象舟之旋。《說从舟之意。》从舟。从殳。《會意。》殳、令舟旋者也。《『令-韵會』作命。說从殳之意。殳謂所以刺船者也。北潘切。按當云薄官切。14部。》𠬏古文般。从攴。《〖各本〗作「从支」。誤。今正。「从攴」猶「从殳」也。》/404

[형성] (10자) 반(鞶)1706 반(𥉁)2043 반(槃)3554 반(瘢)4561 반(幋)4653 반(𩬊)5489 반(𪐆)6255 반(搬)7599 반(媻)7870 반(螌)8454

◀ 제 5 획 ▶

舳 (축)【zhú ㄓㄨˊ】고물(배의 뒤쪽) ■유:이물(舟首) ■주:같은 뜻

[설문] 5193 舳艫也。《〖各本〗艫上刪(刪)舳字。今補。此三字爲句。非以艫釋舳也。『韵(韻)會-所據:本』不誤。》从舟。由聲。《直六切。3部。》『漢律』名船方長爲舳艫。《「長」當作「丈」。『史、漢:貨殖傳』皆曰。船長千丈。『注』者謂總積其丈數。葢(蓋)漢時計船以丈。每方丈爲一舳也。此釋舳艫之謂。二字不分析者也。下文分釋謂船尾舳、謂船頭艫。此分析者也。》一曰船尾。《「船」舊作「舟」。今正。此單謂舳字也。『方言』曰。舟後曰舳。舳所以制水也。郭云。今江東呼柁爲舳。按『釋名』。船、其尾曰柁。仲長統、郭璞皆用柁字。而『淮南子』作「杕」。船之有舳。如車之有軸。主乎運轉。》/403

船 (선)【chuán ㄔㄨㄢˊ】배(선박), 좇을, 옷깃, 성씨, 별이름 ■연:같은 뜻

[설문] 5191 舟也。《二篆爲轉注。古言舟、今言船。如古言屨、今言鞋。舟之言周旋也。船之言泝(泝)沿也。》从舟。㕣聲。《〖各本〗作「鉛省聲」。非是。〔口部〕有㕣字。〔水部〕有沿字、㕣聲。今正。食川切。14部。》/403

◀ 제 8 획 ▶

䑴 (조)【zhōu ㄓㄡˉ】[상] dāo 작은 배 ■도:같은 뜻

[설문] 5201 小船也。从舟。周聲。《〖各本〗無此字。

[작] 作家出版社〔董蓮池-說文解字考正〕 [9] 九州出版社〔柴劍虹-說文解字〕 [ㄱ] 陝西人民出版社〔蘇寶榮-說文解字今注今譯〕 [상] 上海古籍出版社〔說文解字注〕 [中] 中華書局〔臧克和-說文解字新訂〕

『衞(衛)風』。曾不容刀。釋文曰。『說文』作「𦨴」。小船也。『正義』曰。『說文』作「𦨴」。小船也。合據補於末。其形从『正義』。》/404

◀ 제 9 획 ▶

艐 (종)【zōng ㄗㄨㄥˉ】 (배가 모래 위에)좌초할 ■가: 뱃밑 모래에 박혀 가지 못할

설문 5196 船箸沙不行也。《「沙」字〖各本〗奪。今依『廣韵(韻):一, 東、三十三, 箇』所引補。『大人賦:張揖-注』曰。艐、箸也。〔尸部:屆〕、行不㑊(便)也。『郭-注:方言』云。艐古屆字。按『釋詁』、『方言』皆曰。艐、至也。不行之義之引伸也。》从舟。㚇聲。《子紅切。9部。》讀若𦫼。《此音與子紅爲雙聲。與屆亦雙聲。漢時語如是。》/403

◀ 제 16 획 ▶

艫 (로)【lú ㄌㄨˊ】 이물(뱃머리), 배 잇닿을, 고물 ■려: 고물

설문 5194 舳艫也。《此二字不分析之說也。》从舟。盧聲。《洛乎切。5部。》一曰船頭。《此單謂艫字也。『方言』曰。舟首謂之閤閭。郭云。今江東呼船頭屋謂之飛閭是也。『釋名』曰。舟、其上屋曰廬。象廬舍也。其上重室曰飛廬。在上故曰飛也。按此皆許所謂船頭曰艫。艫閭古音同耳。『李斐-注:武帝紀』亦云。舳、船後持柂處。艫、船頭刺櫂處。說與許同。而『小:爾雅』。艫、船後也。舳、船前也。『吳都賦:劉-注』本之。與許異。葢(蓋)『小:爾雅』呼設柂處爲船頭也。》/403

138	艮
6-21	그칠 간

艮 간【gèn ㄍㄣˋ】 本[어길] 머무를, 한정할, 괘 이름 ■흔: 끌(引也)

설문 4988 很也。《很者、不聽從也。一曰行難也。一曰盭也。『易:傳』曰。艮、止也。止可兼很三義。許不依孔子訓止者。止、下基也。足也。孔子取其引伸之義。〖許-說:字之書〗。嫌云止則義不明審。故易之。此〖字書〗如說〖經〗有不同。實二義也。『方言』曰。艮、堅也。『釋名』曰。艮、限也。》从匕目。《會意。古恨切。13部。》匕目、《逗。》猶目相匕。《目相匕卽目相比。謂若怒目相視也。》不相下也。《很之意也。》『易』曰。艮其限。《『艮:九三:爻辭』。獨引艮其限者、以限與艮音義皆同也。》匕目爲𥃩(艮)。匕《音化。》目爲眞。《亦言二字同意。》/385

유사 아득히 합할 요(皀) 백성 민(民) 오로지 전(叀)
고소할 흡(皀) 어질 량(良)

성부 부록 색인 참조

형부 艮을 부수로 하는 대부분의 글자들

형성 (17자) 은(垠)158 흔(很)1190 은(齦)1239 근(跟)1264 한(詪)1569 흔(鞎)1720 안(眼)1995 근(根)3413 흔(痕)4562 간(顅)5360 한(硍)5741 한(狠)6025 한(恨)6569 은(垠)8689 간(艱)8736 은(銀)8825 한(限)9184

◀ 제 1 획 ▶

良 량【liáng ㄌㄧㄤˊ】 어질, 곧을, 좋을, 아름다울

설문 3195 善也。从畗(畐)省。亾(亡)聲。《呂張切。10部。》𠨎古文良(良)。《『玉篇』不錄。》𡆰亦古文良。𥝨亦古文良。《『玉篇』作𥝨。》/230

유사 그칠 간(艮) 백성 민(民)

성부 食食食食식 郎랑

형성 (14자+1) 랑(琅)192 랑(莨)453 랑(眼)2086 랑(筤)2801 랑(根)3434 랑(朗)4125 랑(㝗)4371 랑(狼)6075 랑(浪)6679 랑(閬)7386 랑(蜋)8438 랑(銀)8993 라(斲)9043 랑(稂)9064 랑(硠)

◀ 제 11 획 ▶

艱 艱(간)【jiān ㄐㄧㄢˉ】 [설문부수 482] 本[땅 다스리기 어려울] 어렵게 여길, 당고(當故:부모의 초상)

설문 8736 土難治也。《引申之、凡難理皆曰艱。按〖許書〗無墾字。疑古艱卽今墾字。豤亦艮聲也。》从堇。𥃩(艮)聲。《古閑切。古音在 13部。》囏籒文艱。从喜。《必有喜悅之心。而後不畏其艱。而後無不治也。故从喜。此字見『周禮』。》/694

139	色
6-22	빛 색

色 색【sè ㄙㄜˋ】 [설문부수 340] 빛(색깔, 모양, 경치), 낯, 색, 갈래, 색칠할

설문 5529 顏(顔)气也。《顏者、兩眉之閒(間)也。心達於气。气達於眉閒是之謂色。顏气與心若合符卪(節)。故其字从人卪。『記』曰。孝子之有深愛者必有和气。有和气者、必有愉色。有愉色者、必有婉容。又曰。戎容。盛氣闐實陽休。玉色。『孟子』曰仁義理智根於心。其生色也。睟然見於面。此皆从人卪之理也。主色而後見於面。所謂陽氣浸淫。幾滿大宅。許曰。面顏前也是也。『魯(魯)頌』。載色載笑。『傳』曰。色、色溫潤也。『大雅』。令儀令色。『箋』云。善威儀、善顏色也。『內則』曰柔色以溫之。『玉藻』曰。色容莊。色容顚顚。色容厲肅。『論語』曰。色難。色思溫。色勃如也。正顏色。引伸之爲凡有形可見之偁(稱)。》从人卪。《此部不與从人爲伍而與从卪爲伍者、重卪也。所力切。1部。》凡色之屬皆从色。𢒎古文。/431

6 0

유사 고을 읍(邑)
성부 부록 색인 참조
형부 色을 부수로 하는 대부분의 글자들
혁(赩)

◀ 제 5 획 ▶

艴 (발)【fú ㄈㄨˊ】 ⓢⓩ⑨ⓙ bó 발끈할 ▣불:같은 뜻

설문 5530 色艴如也。《按此當作「艴怒色也」。『孟子』。曾西艴然不悅。趙曰。艴、慍怒色也。》从色。弗聲。《蒲沒切。15部。》『論語』曰。色艴如也。《見『鄕(鄉)黨篇』。『今-論語』作「勃」。〔木部〕引『論語』作「孛」。葢(蓋)必有古、魯(魯)、齊之別在其閒矣。或曰。依『論語』則非怒色也。不知怒者盛氣之偁(稱)。不嫌同詈(詞)。『孟子』。王勃然變乎色。不與『今-鄕黨』同詈乎。》/432

◀ 제 8 획 ▶

艵 (평)【pīng ㄆㄧㄥ】 담남색 ▣병:같은 뜻

설문 5531 縹色也。《縹者、帛靑白色也。『李善-注:神女賦』。頩薄怒以自持。引『方言』。頩怒色靑皃(貌)。『今-方言』無此語。『玉篇』引『楚辭』。玉色艵以脕顔(顏)。『今-遠遊』作頩。頩與艵同也。按許不云怒色縹、但云縹色者、人或色靑不必怒也。『遠遊』。玉色艵以脕顔。謂光澤鮮好。不謂怒色。大招說美人亦云。靑色直眉。》从色。幷聲。《普丁切。11部。》/432

◀ 제 18 획 ▶

豔 豔豔 염【yàn ㄧㄢˋ】 本[탐스러울] 고울(살결이 곱고 탐스러우며 예쁠) (豆부 21획)

설문 2967 好而長也。《『小雅:毛傳』曰。美色曰豔(艷)。『方言』。豔、美也。宋衞(衛)晉鄭之閒(間)曰豔。美色爲豔。按今人但訓美好而已。許必云好而長者、爲其从豐也。豐、大也。大與長義通。『詩』言莊姜之美、必先言碩人頎頎。言魯(魯)莊之美、必先言猗嗟昌兮、頎若長兮。所謂好而長也。『左傳』兩(兩)言美而豔。此豔進於美之義。人固有美而不豐滿者也。『毛傳』及『方言』皆渾言之也。》从豐。豐、大也。《說从豐之意。豐之本義無當於豔。故擧(擧)其引伸之義。》盇(盍)聲。《以贍切。8部。》『春秋傳』曰。美而豔(豔)。《『左傳:桓:元年、文:十六年』文。》/208

형성 염(灩)

140 / 6-23	艸 **艸** 뜻 풀 초

艸 艸艸艸 초【cǎo ㄘㄠˇ】[설문부수 12] 풀 ▣철:풀 파릇파릇 나는 모양

설문 0220 百卉(卉)也。《卉下曰。艸之總(總)名也。是爲轉注。二屮三屮一也。引伸爲艸稿、艸具之艸。》从二屮。《倉老切。古音在 3部。俗以草爲艸。乃別以皁爲草。》凡艸之屬皆从艸。/22

※ 양뿔 개(丫→艹)가 원래는 초두(艸→艹、艹)와 다르지만 지금은 대부분 초두(艹)로 쓴다.

유사 양뿔 개(丫) 상 기(丌) 쌍상투 관(丱卝) 스물 입(廿廾) 받들 공(廾)

형부 艸를 부수로 하는 대부분의 글자들
조(藻) 독(蓫) 우(藕) 온(薀)
평(苹) 행(荇) 조(藻) 치(菑甾)

◀ 제 1 획 ▶

丫 丫 개【guǎi ㄍㄨㄞˇ】[설문부수 112] ⓢ guǎ 양의 뿔이 갈라진 모양 ▣과:같은 뜻

설문 2214 羊角也。《『玉篇』曰。丫丫、兩(兩)角皃(貌)。『廣韵(韻)』曰。丫丫、羊角開皃》象形。《知爲羊角者、於羋字知之也。》凡丫之屬皆从丫。讀若乖。《工瓦切。『篇』、『韵(韻)』又乖買切。古音在16、17部。》/144

유사 상 기(丌) 풀 초(艹艹) 쌍상투 관(丱卝) 스물 입(廿廾) 받들 공(廾)

성부 虔거 乖괴 夔기 羋미 柰화 苟극 芇면 萑환 苜말 羊양

◀ 제 2 획 ▶

艼 (정)【tīng ㄊㄧㄥ】 풀이름, 술취할, 명정(酩酊)

설문 0447 艼熒朐也。《『釋艸』曰。蔚艼熒。未知許於熒字逗。抑以艼逗熒朐也句、與『今-爾雅』異也。》从艸。丁聲。《天經切。11部。》/36

艽 (구)【qiú ㄑㄧㄡˊ】 두메(의 황무지) ▣교:진교 ▣규:진규

설문 0608 遠荒(荒)也。《「艽」之言「究」也。竆(窮)也。》从艸。九聲。至于艽野。《巨鳩切。3部。》/45

艾 애【ài ㄞˋ】 쑥, 늙을, 쑥색, 노인을 존중할 ▣예:벨, 거둘, 다스릴

설문 0368 仌(冰)臺也。《見『釋艸』。『張華-博物志』曰。削冰(氷)令圓。擧(擧)以向日。以艾於後承其影、則得火。》从艸。乂聲。《五葢(蓋)切。15部。古多借爲乂字。治也。又訓養也。》/31

형성 (1자) 해(餀)3106

艿 (잉)【réng ㄖㄥˊ】 (묵은 뿌리에서 다시 나는) 풀

설문 0635 艸也。《按許謂艿爲艸名也。『廣韵(韻)』云。陳根艸不芟。新艸又生。相因仍。所謂燒火艿。此別一義。其字亦作「芿」。『列子』。趙襄子狩於中山、藉芿燔林是也。『今-玉篇』以舊艸不芟、新艸又生曰艿、係之『說文』。此孫強(强)、陳彭年輩之誤也。》从艸。乃聲。《如乘(乘)切。6部。乃在 1部。仍艿在 6部者、合韵冣(韻最)近也。籒文作「艿」。》/46

艻 (조)【tiáo ㄊㄧㄠˊ】 갈대꽃

설문 0406 葦華也。《『釋艸』曰。葦、醜艻。『顔

(顏)-注:漢書』云蒹錐者是也。取其脫穎秀出故曰芀。『方言』。錐謂之鍣。〈音苕〉因此凡言芀秀者、多借苕字爲之。『韓詩』葦蔄字作蔄。『釋艸』。蕢苓荼猋藨芀。皆謂艸之秀。『豳風:傳』曰。荼、萑苕也。『夏小正:傳』曰。荼、萑葦之秀。是與茅秀同名荼矣。葦華大於萑華。故葭一名華。》从艸。刀聲。《徒聊切。2部。》/34

◀ 제 3 획 ▶

芃 (봉)【péng ㄆㄥˊ】(초목이)무성할 ■풍·범:같은 뜻

설문 0497 艸盛皃(貌)。《皃字依『韵(韻)會』。『鄘風』。芃芃其麥。毛曰。芃芃然方盛長。》从艸。凡聲。《房戎切。古音在 7部。『衞(衛)彈碑』。梵梵黍稷。隸變從林。而『葛洪-字苑』始有梵字。潔也。凡泛切。》『詩』曰。芃芃黍苗。《『曹風:傳』曰。美皃。『小雅:傳』曰。長大皃。》/38

芄 (환)【wán ㄨㄢˊ】박주가리, 우거질

설문 0269 芄蘭、《逗。》莞也。《『釋艸』。雚、芄蘭。此莞當爲雚。『說文』莞與藺蒲爲類。芄蘭與香艸爲類。劃分異處。𣃔(斷)非一物。或曰。莞衍字。鄭、陸、郭說芄蘭皆同。許君以芄蘭列於香艸。未審其意同否也。》从艸。丸聲。《胡官切。14部。》『詩』曰。芄蘭之枝。《『說苑』亦作枝。『今-詩』作支。》/25

芇 면【mián ㄇㄧㄢˊ】내기에 반씩 자기 몫을 걸어태울, 서로 걸

설문 2216 相當也。《『廣韵』曰。今人賭物相折謂之芇。按『廣雅』。芇、當也。亡殄亡安二切。【俗本】譌作「萬」。》闕。《此謂闕其形也。从𦍌則知之矣。𦍌取网(兩)角相當。从冂則不可知也。以𣎆(𣎆)从芇聲求之。則三直均長。》讀若宀。《母官切。古音葢在 12部。》/144

성부 𣎆𣎆견

芋 (우)【yù ㄩˋ】토란, 클 ■후:클

설문 0250 大葉實根駭人。故謂之芌(芋)也。《〔口部〕曰。吁、驚也。『毛傳』曰。訏、大也。凡于聲字多訓大。芋之爲物。葉大根實。二者皆堪駭人。故謂之芋。其字从艸于聲也。『小雅』。君子攸芋。『毛傳』。芋、大也。謂居中以自光大。『箋』云。「芋」當作「幠」。》从艸。亐(于)聲。《王遇切。5部。》/24

芍 (작)【shuò ㄕㄨㄛˋ】㊤㊥⑨㉲ xiào 작약, 함박꽃 ■적:연밥 ■약·효:같은 뜻

설문 0424 鳧茈也。《見『釋艸』。今人謂之葧臍。卽鳧茈之轉語。郭樸云。苗似龍須。根可食。黑色。是也。『廣雅』云。葃姑、水芋、烏芋也。『名醫別錄』云。烏芋一名藉姑。一名水萍。藉與葃同音。萍必芋之誤。此專謂茨菰。不必因烏字牽合鳧茈也。茈徂咨切。》从艸。勺聲。《胡了切。2部。古勺聲與弱聲同。芍之可食者、其蒻也。》/35

● 芞 향풀 걸(●)-본자

芐 (호)【hù ㄏㄨˋ】지황(다년생 약초) ■하:같은 뜻

설문 0384 地黃也。《見『釋艸』。『本艸經』謂之乾地黃。》从艸。下聲。《矦古切。5部。》『禮記』《依【宋本】及『韵(韻)會』補「記」字。按下文『公食大夫禮:記』文。》鉶毛牛藿(藿)羊芐豕薇是。《『今-儀禮』「毛」作「芼」。與許所據不同。『今-儀禮』曰。羊苦。『注』。苦、苦荼也。今文苦爲芐。然則許從今文。鄭從古文也。『士虞禮』、『特牲:饋食禮』二記。鉶芼用苦若薇。『注』皆云今文苦爲芐。『特牲』又正之曰。芐乃地黃。非也。》/32

芑 (기)【qǐ ㄑㄧˇ】차조

설문 0638 白苗。《句。》嘉穀也。《虋字下詳之矣。芑不類厠於虋者。以字有篆籒別之。『管子』。其種蓼杞。字從禾。》从艸。己聲。《驅里切。1部。籒文作「𦮙」。》『詩』曰。維虋維芑。《【今本】無此六字。依『韵會(韻會)』所據補。『詩:小雅:采芑』。毛云。菜也。『大雅』。豐水有芑。毛云。艸也。》/46

芒 汒 망【máng ㄇㄤˊ】까끄라기, 가시, 빛, 억새, 봉망 ■황:황홀할

설문 0491 艸耑(端)也。《『說文』無鋩(鋩)字。此卽鋒鋩字也。》从艸。亾(亡)聲。《武方切。10部。》/38

참고 망(茫茫) 망(鋩)

芓 (자)【zì ㄗˋ】삼(일설에는 모시)

설문 0234 麻母也。《見『釋艸』。『今-爾雅』作「茡」。按『釋艸』云。蕡(蕡)、枲實。枲實猶言麻實耳。『儀禮:傳』云。牡麻者、枲麻也。然則枲無實。芓乃有實。統言則皆偁(稱)枲。析言則有實者偁芓、無實者偁枲。麻母言麻子之母。『喪服』所謂苴。斬衰皃(貌)若苴。齊衰皃若枲。苴麤於枲矣。『詩:九月叔苴』。則又評麻子爲苴。》从艸。子聲。《疾吏切。1部。》一曰芓卽枲(枲)也。《此字義之別說也。芓枲不分。故云枲實。》/23

◀ 제 4 획 ▶

芘 (비)【pí ㄆㄧˊ】풀, 가리울, 덮을, 고기 그물

설문 0461 艸也。一曰芘尗木。《「尗」鉉作「茮」。芘尗木未聞。王氏念孫曰。芘茮木三字當是芘芣二字之譌。玉裁謂。『說文』荍字下作蚍虾。不當此作芘芣。葢(蓋)木名也。》从艸。比聲。《旁脂切。15部。》/37

芛 (유)【wěi ㄨㄟˇ】꽃번화할, 초목의 꽃 처음 날 ■수·술·율:같은 뜻

설문 0478 艸之皇榮也。《「皇」當作「葟」。或雙字。『釋艸』曰。蔈芛葟華榮。郭曰。今俗呼艸木華初生者爲芛。音豬豬之豬。》从艸。尹聲。《羊捶切。古音在 13部。》/37

芝 (지)【zhī ㄓ】영지(버섯), 일산(양산)

설문 0223 神芝也。《『釋艸』曰。茵芝。『論衡』曰。土氣和、故芝艸生。》从艸。之聲。《止而切。1部。》/22

芞 (걸)【xì ㄒㄧˋ】㊤㊥⑨㉲ qì 향풀 ■흘·글:같은 뜻

설문 0279 芞輿也。《三字句》从艸。气聲。《去訖切。

15部。》/26

芟 삼【shān ㄕㄢ】 풀벨, 베어 없앨, 풀 베는 큰 낫 ■유:꽃 번화할

설문 0557 刈艸也。《見『周頌』、『周禮』。毛云。除艸曰芟。》从艸殳。《【鍇】有聲字。非。此會意。殳取殺意也。所銜切。8部。》/42

芡 (검)【qiàn ㄑㄧㄢˋ】 가시연(일년생 수초)

설문 0394 雞(鷄)頭也。《『周禮』加籩之實有芡注同此。『方言』莜、芡、雞頭也。北燕謂之莜。青徐淮泗之閒謂之芡。南楚江湘之閒謂之雞頭。或謂之鴈頭。或謂之烏頭。》从艸。欠聲。《巨儉切。古音在 8部。》/33

芫 (침)【chén ㄔㄣˊ】 지모 ■임:더울 ■담:같은 뜻

설문 0427 艸也。《此與芫蕃各物。》从艸。冘聲。《直深切。古在 8部。》/35

6

⑫

芣 (부)【fú ㄈㄨˊ】 本[꽃 성할] 질경이, 산이름

설문 0476 華盛。《『詩』言江漢浮浮、雨雪浮浮皆盛皃(貌)。芣與浮聲相近。》从艸。不聲。《縛牟切。古音在 1部。》一曰芣苢。《疑前苢字下衹作不苢。此於芣字下又明之曰不苢之不亦作芣也。》/37

苗 (중)【zhōng ㄓㄨㄥ】 풀 ■충:같은 뜻

설문 0330 艸也。从艸。中聲。《陟宮切。9部。》/29

芥 (개)【jiè ㄐㄧㄝˋ】 겨자 → 아주 작은 것, 티끌 ■갈:잔풀

설문 0610 菜也。《借爲艸芥、纖芥字。》從艸。介聲。《古拜切。15部。籒文作「茶」。》/45

芧 (저)【zhù ㄓㄨˋ】 매자기(다년생 풀), 모시풀 ■서:상수리나무 ■여:같은 뜻

설문 0283 艸也。《『上林賦』蔣芧青薠。張揖曰。芧三稜也。郭樸音杼。按三稜者『蘇頌-圖經』所謂葉似莎艸極長、莖三陵如削、高五六尺、莖端開花是也。江蘇蘆灘中極多。呼爲馬芧。音同宁。莖可繫物。亦可辮之爲索。『南都賦』。薫芧薠莞。『李-注』引『說文』苧可以爲索。葢(蓋)【賦】文本作「芧」。『文選(選):上林賦』亦作「苧」。苧者、芧之别字。》从艸。予聲。《直呂切。5部。》可目(以)爲繩。/26

芨 (급)【jí ㄐㄧˊ】 ⓢⓗ⑨ⓙ jī 대왕풀, 나무 이름, 제비꽃

설문 0291 菫艸也。《見上。》从艸。及聲。讀若急。《居立切。7部。》/26

芩 (금)【qín ㄑㄧㄣˊ】 풀 이름 ■검:같은 뜻 ■음:나물이름

설문 0387 艸也。《『小雅』。呦呦鹿鳴。食野之芩。『傳』曰。芩艸也。陸璣云。芩艸莖如釵股。葉如竹。蔓生澤中下地鹹處。爲艸眞實。牛馬皆喜食之。按如陸說。則非黃芩藥也。許君黃芩字從金聲。『詩:野芩』字從今聲。截然分別。【他書】亂之。非也。『毛詩:音義』引『說文』云。蒿也。以別於毛公之艸也。甚爲可據。但訓蒿則與弟二章不別。且『說文』當以芩與蒿篆類廁。恐是【一本】作蒿屬。釋文「也」字或「屬」字之誤。又按『集韵(韻)』、『類篇』皆曰菳蘣芩三字同、魚音切。菜名。似蒜。生水中。攷『字林』、『齊民要術』皆云菳似蒜。生水中。此則別是一物。》从艸。今聲。《巨今切。7部。》『詩』曰。食野之芩。/32

芪 (기)【qí ㄑㄧˊ】 지모(다년생 풀), 단너삼 ■지:오미자

설문 0430 芪母也。《三字一句。按前已有蕁(蕁)、不與芪字爲伍。則說『爾雅』者謂蕁卽芪母。非許意也。》从艸。氏聲。《常支切。16部。一名蝭母。一名知母。一名蚔母。皆同部同音。》/35

芫 (원)【yuán ㄩㄢˊ】 팥꽃나무(낙엽관목의 일종) 설문 0443 魚毒也。《『爾雅:釋木』。杬、魚毒。郭云。大木。皮厚。汁赤。堪藏卵果。『顏(顔)師古-注:急就篇』芫華曰。景純所說。乃『左思-吳都賦』所謂緜(綿)杬杶櫨者耳。非魚毒也。芫草一名魚毒。煑之以投水中。魚則死而浮出。故以爲名。其華可以爲藥。「芫」字或作「杬」。玉裁按。『爾雅』杬字本或作「芫」。入於『釋木』。『本艸』及許君皆入〔艸部〕。》从艸。元聲。《愚袁切。14部。》/36

芮 예【ruì ㄖㄨㄟˋ】 풀 뾰족뾰족 난 모양, 개구리 자리 ■열:나라 이름

설문 0512 芮芮。《曡(疊)字。》艸生皃(貌)。《芮芮與莪莪雙聲。柔細之狀。》从艸。內聲。讀若汭。《而銳切。15部。》/39

형성 (1자) 예(蜹 𧉗)8473

芰 (기)【jì ㄐㄧˋ】 마름풀 설문 0391 蔆也。《是謂轉注。》从艸。支聲。《奇寄切。16部。》𦺇杜林說芰从多。《此葢(蓋)『倉頡:訓纂』、『倉頡:故』二篇中語。支聲在 16部。多聲在 17部。2部合音冣(最)近。古弟 17部中字多轉入弟 16部。》/33

芳 (방)【fāng ㄈㄤ】 향내날, 꽃다울, 꽃, 향내

설문 0552 香艸也。《「香艸」當作「艸香」。》从艸。方聲。《敷方切。10部。》/42

芴 (물)【wù ㄨˋ】 부추, 고울(치밀할) ■홀:어리석을, 어둘

설문 0620 菲也。《音義皆同。》从艸。勿聲。《文弗切。15部。籒文作「𦯬」。》/45

芸 (운)【yún ㄩㄣˊ】 훈향초, 많을, 김맬
※ 예(藝)의 약자로 쓴다.

설문 0373 艸也。佀(似)目宿。《『夏小正』。正月采芸。爲廟采也。二月榮芸。『月令』。仲冬芸始生。『注』。芸、香艸。『高-注:淮南、呂覽』皆曰。芸、芸蒿。菜名也。『呂覽』曰。菜之美者、陽華之芸。『注』。芸、芳菜也。賈思勰引『倉頡解詁』曰。芸蒿似斜蒿。可食。沈括曰。今謂之七里香者是也。葉類豌豆。其葉極芬香。古人用以藏書辟蠹。採置席下。能去蚤蝨。》从艸。云聲。《王分切。13部。》淮南王說。

ⓙ 作家出版社[董蓮池-說文解字考正] ⑨ 九州出版社[柴劍虹-說文解字] ⓣ 陝西人民出版社[蘇寶榮-說文解字今注今譯] ⓢ 上海古籍出版社[說文解字注] ⓗ 中華書局[臧克和-說文解字新訂]

芸艸可目(以)死復生。《淮南王劉(劉)安也。可以死復生。謂可以使死者復生。葢(蓋)出『萬畢術』、『鴻寶』等書。今失其傳矣。》/31

芹 (근)【qín ㄑㄧㄣˊ】미나리 ■기:물풀
설문 0370 楚葵也。从艸。斤聲。《詳莣字下。巨巾切。古音在 13部。》/31

芺 요【yāo ㄧㄠˉ】㊤㊥⑨㉠ aǒ 삼주 ■오:같은 뜻
설문 0332 艸也。味苦。江南食之目(以)下气。《『名醫別錄』云。苦芺主袪瘡。不云可下氣。漢人謂豫章長沙爲江南。》从艸。夭聲。《烏浩切。2部。》/29
성부 芺옥
형성 (4자) 요(袄)8-69 오(䴠)2285 어(飫)3101 요(妖)7891

芻 추【chú ㄔㄨˊ】(마소가 먹는)꼴, 풀 먹는 짐승
설문 0589 刈艸也。《謂可飤牛馬者。》象包束艸之形。《叉愚切。古音在 4部。》/44
형성 (9자) 추(犓)722 추(趨)932 착(齺)1224 초(鬻)1778 추(雛)2180 추(鄒)3958 추(騶)5939 추(媰)7752 추(縐)8345

芼 (모)【mào ㄇㄠˋ】本[풀 미만할] (야채를)솎을
설문 0516 艸覆蔓。《覆地曼莚(曼延)。》从艸。毛聲。《莫抱切。2部。》『詩』曰。左右芼之。《『周南』文。『毛鄭-詩:考正』曰。芼、菜之烹於肉湇者也。禮羹芼菹醢凡四物。肉謂之羹。菜謂之芼。肉謂之醢。菜謂之菹。菹醢生爲之。是爲『醢人』豆實。芼則湇烹之。與羹相從。實諸鉶。『儀禮』。鉶芼。牛藿、羊苦、豕薇。牲用魚。芼之以蘋藻。『內則』雉兔(兎)皆有芼是也。孔沖遠疑四豆之實無荇。不知『詩』明言芼、非菹也。玉裁按。芼字本義是艸覆蔓。故從艸毛會意。因之『爾雅』曰搴也。毛公曰擇也。皆於從毛得解。搴之而擇之。而以爲菜釀。義實相成。『詩』、『禮』本無不合。》/39

茚 (앙)【áng ㄤˊ】창포
설문 0404 茚茀。《逗。二字【各本】脫。今依【全書】通例補之。》昌蒲也。《『周禮:朝事之豆實有昌本:注』。昌本、昌蒲根。切之四寸爲菹。『左氏』謂之昌歜。『本艸經』。菖蒲一名昌陽。按或單呼曰昌。或曰堯韭。或曰荃。或曰蓀。茚茀之名今未見所出。》从艸。卬聲。《五剛切。10部。》益州云。《『本艸經』曰。生上洛池澤及蜀郡嚴道。云、毛扆改生。》/34

芽 (아)【yá ㄧㄚˊ】싹(어린 싹), 싹 틀 ■오:같은 뜻
설문 0469 芽。《逗。》萌也。《按此本作芽萌也。後人倒之。》从艸。牙聲。《五加切。古音在 5部。古多以牙爲芽。》/37

◀ 제 5 획 ▶

苑 (원)【yuàn ㄩㄢˋ】동산, 문채날 ■울:답답할 ■운:같은 뜻
설문 0541 所目(以)養禽獸。《『周禮:地官:囿人:注』。囿、今之苑。是古謂之囿、漢謂之苑也。『西都賦』「上囿禁苑」。『西京賦』作「上林禁苑」。》从艸。夗聲。《於阮切。14部。》/41

芝 (범)【fàn ㄈㄢˋ】⑨㉠fàn 풀이 물가운데 떠 있는 모양
설문 0539 艸浮水中皃(貌)。《芝與氾音義同。》从艸。乏聲。《孚凡切。古音在 7部。》/40

苓 (령)【líng ㄌㄧㄥˊ】도꼬마리, 감초, 버섯 ■련:련(蓮)과 같은 뜻
설문 0344 苓耳。《逗。二字【各本】脫。今補。說見苦字下。》卷耳艸。《「艸」字【各本】作「也」。今依『韵(韻)會』所引。『釋艸』、『毛傳』皆曰。卷耳、苓耳也。》从艸。令聲。《郎(郎)丁切。古音在 12部。》/29

苕 (초)【tiáo ㄊㄧㄠˊ】완두, 이삭 ■지:능소화
설문 0642 艸也。《『詩:苕之華』。》从艸。召聲。《徒聊切。2部。籀文作「䒒」。》/46

苗 (적)【dí ㄉㄧˊ】⑨㉠ chù 소루쟁이(다년생 풀) ■축·척:같은 뜻
설문 0350 蓨也。《按【小徐本】苗字在後蔕下荼上。》从艸。由聲。《徒歷切。又池六切。3部。》/29

苗 묘【miáo ㄇㄧㄠˊ】(곡식의)싹, 백성, 핏줄, 오랑캐 이름 ■무:사람이름
설문 0521 艸生於田者。从艸田。《武鑣切。2部。按苗之故訓禾也。禾者、今之小米。『詩』誕降嘉穀。維秬維秠。維虋維芑。『爾雅』、『毛傳』、『說文』皆曰虋、赤苗。芑、白苗。『魏風』。無食我苗。毛曰。苗、嘉穀也。此本『生民詩』。『首章』言黍。『二章』言麥。『三章』則言禾。『春秋經:莊:七年』。秋大水。無麥苗。『廿(卄)八年』。冬、大無麥禾。麥苗卽麥禾。秋言苗。冬言禾。何休曰。苗者、禾也。生曰苗。秀曰禾。『創頡篇』曰。苗者、禾之未秀者也。孔子曰。惡莠恐其亂苗。魏文侯曰。幽莠似禾。明禾與苗同物。苗本禾未秀之名。因以爲凡艸木初生之名。『詩』言稷之苗、稷之穗、稷之實、是也。『說文』立文當以苗字次虋字之前。云禾也。嘉穀也。則虋爲赤苗。籀文芑爲白苗。言之有序。艸生於田。皮傅字形爲說而已。○ 古或假苗爲茅。如『士相見禮-古文』艸茅作艸苗。『洛陽伽藍記』所云『魏時-苗茨之碑』、實卽茅茨。取堯舜茅茨不翦也。》/40
성부 䖄䖅䖆채 萬만
형성 (2자+1) 묘(媌)7813 묘(緢)8166 묘(貓)

苛 가【kē ㄎㄜˉ】本[잔풀] 가혹하고 무거울, 혹독할 ■하:속음
설문 0522 小艸也。《引伸爲凡瑣碎之稱。》从艸。可聲。《乎哥切。17部。》/40

형성 (1자) 가(渮 䕨)6744

苞 (포)【bāo ㄅㄠˉ】 풀 이름 ■포:녹두잎

설문 0367 艸也。《『曲禮:苞屨不入公門:注』。苞、藨也。齊衰藨蒯之菲也。『子虛賦』。葴析苞荔。張揖日。苞、藨也。玉裁按。當是藨是正字。苞是叚(假)借。故『喪服』作「藨蒯」之菲。『曲禮』作苞屨。『南都賦』說艸有藨。卽『子虛』之苞也。『斯干、生民:傳』日。苞、本也。此苞字之本義。凡『詩』云苞櫟苞棣、『書』云艸木蔪苞者皆此字。叚(假)借爲包裹。凡『詩』言白茅苞之、『書』言厥苞橘柚、『禮』言苞苴、『易』言苞蒙苞荒苞承苞羞苞桑苞瓜、『春秋傳』言苞茅不入皆用此字。近時【經典】凡訓包裹者皆徑改爲包字。郭忠恕之說誤之也。許君立文當云苞本也、從艸、包聲。若不謂爲叚借。則當云苞、藨也。下文卽云藨、蒯屬。使讀者知『曲禮』之苞卽『喪服』之藨。葢(蓋)艸木既難多識。文字古今屢變。雖日至精。豈能無誤。善學古者不泥於古可也。》南陽日(以)爲麤履(履)。《「麤」【各本】不從艸。誤。麤、艸屨(履)也。見後。》从艸。包聲。《布交切。古音在 3部。按『曲禮:音義』日。苞白表反。爲欲讀同藨耳。》/31

6

⑫

苟 (구)【gǒu ㄍㄡˇ】 本[풀 이름] 구차할, 진실로, 겨우, 적어도

설문 0614 艸也。《『孔-注:論語』云。苟、誠也。『鄭-注:燕禮』云。苟、且也。假也。皆假借也。》从艸。句聲。《古厚切。4部。籒文作「蓟」。》/45

苢 苡(이)【yǐ ㄧˇ】 질경이

설문 0319 芣苢。《逗。》一名馬舃。其實如李。令人宜子。《『釋艸』。芣苢、馬舃。馬舃、車前。『說文』凡云一名者皆後人所改竄。『爾雅:音義』引作「芣苢」、馬舃也。可證其實如李。徐鍇謂其子亦似李。但微而小耳。按『韵(韻)會』所引「李」作「麥」。似近之。但未知其何本。陸德明、徐鍇所據已作「李」矣。令人宜子。陸機所謂治婦人產(產)難也。》从艸。㠯聲。《羊止切。1部。》『周書』所說。《〔示部〕日『逸周書』。此不言逸。或詳或略。錯見也。『王會篇』日。康民以桴苡。桴苡者、其實如李。食之宜子。『詩:音義』云。『山海經』及『周書』皆云芣苡、木也。『今-山海經』無芣苡之文。若『周書』正文未嘗言芣苡爲木。陶隱居又云。『韓詩』言芣苡是木。食其實宜子孫。此葢(蓋)誤以說『周書』者語系之『韓詩』。德明引『韓詩』直日車前。瞿日芣苡。李善引薛君日。芣苡、澤瀉也。『韓詩』何嘗說是木哉。竊謂古者殊方之貢獻。自出其珍異以將其誠。不必知中國所無而後獻之。然則芣苡無二。不必致疑於許偁(稱)『周書』也。》/28

苣 (거)【jù ㄐㄩˋ】 횃불(결 때 쓰는 물건), 횃불 모양의 무늬

설문 0598 束葦燒也。《『後漢書:皇甫嵩傳』。束苣乘城。俗作「炬」。以此爲苣蕂、萵苣字。》从艸。巨聲。《其呂切。5部。》/44

若 약【ruò ㄖㄨㄛˋ】 本[나물을 가릴] 너, 같을, 만일, ~및, 어조사, 길게 늘어진 모양 ■야:반야, 난야, 마른풀, 건초

설문 0577 擇菜也。《『晉語:秦穆公』日。夫晉國之亂。吾誰使先若夫二公子而立之。以爲朝夕之急。此謂使誰先擇二公子而立之。若正訓擇。擇菜引伸之義也。》从艸右。右、手也。《此會意。『毛傳』日。若、順也。於雙聲叚(假)借也。又假借爲如也、然也、乃也、汝也。又釆及之詞。5部。》一日杜若、香艸。《此別一義。此六字依『韵會』。恐是鉉用鍇語增。今人又用【鉉本】改【鍇本】耳。》/43

성부 匿닉

형성 (4자+1) 낙(諾 䛁)1409 약(箬 䈹)2747 착(婼 䗱)7907 학(蓄 䕭)8485 야(惹 䓉)

苦 고【kǔ ㄎㄨˇ】 本[씀바귀] 쓸, 부지런할, 근심할

설문 0302 大苦。《逗。》苓也。《見『邶風』、『唐風:毛傳』。『釋艸』苓作蘦。『孫炎:注』云。今甘艸也。按『說文』苷字解云甘艸矣。倘甘艸又名大苦、又名苓。則何以不類列而割分異處乎。且此云大苦、苓也。中隔百數十字又出蘦篆云大苦也。此苓必改爲蘦而後畫(畫)一。卽畫一之。又何以不類列也。攷周時音韵。凡令聲皆在 12部。凡霝聲皆在 11部。今之眞臻先也。凡霝聲皆在 11部。今之庚耕淸青也。簡(簡)兮、苓與榛人韵。采苓、苓與顚韵。倘改作蘦則爲合音而非本韵。然則『釋艸』作蘦、不若『毛詩』爲善。許君斷(斷)非於苦下襲『毛詩』。於蘦下襲『爾雅』。劃分兩處。前後不相顧也。後文蘦篆必淺人據『爾雅』妄增。而此大苦苓也固不誤。然則大苦卽卷耳與。日非也。『毛傳』、『爾雅』皆云卷耳、苓耳。『說文:苓』篆下必當云苓耳、〈逗〉卷耳也。【今本】必淺人刪(删)其苓耳字。卷耳自名苓耳。非名苓。凡合二字爲名者、不可刪其一字以同於他物。如單云蘭非芄蘭、單云葵非鳬葵是也。此大苦斷非苓耳。而苦篆苓篆不類廁、又其證也。然則大苦何物。日『沈括-筆談』云。『爾雅:蘦大苦:注』云。蔓延生。葉似荷青。莖赤。此乃黃藥也。其味極苦。謂之大苦。郭云甘草。非也。甘草枝葉全不同。苦爲五味之一。引伸爲勞苦。》从艸。古聲。《康杜切。5部。》/27

형성 (1자) 호(楛 䊀)3338

苫 (점)【shān ㄕㄢˉ】 거적, 덮을 ■섬:속자

설문 0565 葢(蓋)也。从艸。占聲。《失廉切。今俗語舒贍切。古音在 7部。》/43

英 영【yīng ㄧㄥˉ】 꽃부리, 꽃다울, 빼어날, 영웅, 창의 깃 치장 ■언:비칠 ■앙:꽃

설문 0481 艸榮而不實者。《見『釋艸』。》一日黃英。《此別一義也。疑卽權黃華。》从艸。央聲。《於京切。古音在 10部。》/38

【秀】下『注』云:《不榮而實日秀者『釋艸』、『毛詩』文。按『釋艸』云。木謂之榮。艸謂之華。榮、華散文則一耳。榮而實謂之實。桃李是也。不榮而實謂之秀。禾、黍是也。榮而不實謂之英。牡丹、勺藥是也。》/320

형성 (1자) 영(瑛)95

⿱艹朮 (출)【zhú ㄓㄨˊ】 삽주뿌리
설문 0433 山薊也。《見『釋艸』、『本艸經』。》从艸。朮聲。《直律切。15部。》/35

苳 (동)【dōng ㄉㄨㄥ】 겨우살이
설문 0640 艸也。从艸。冬聲。《都宗切。9部。籒文作「䒵」。》/46

苴 (저)【jū ㄐㄩ】 本[신 속에 까는 풀] 깔, (짚으로 싼)꾸러미 ■처:삼씨 ■차:수초 ■조:거친 자리 ■사:성이름 ■자:두엄풀 ■파:땅이름 ■포:땅이름
설문 0584 履中艸。《『賈誼傳』。冠雖敝。不以苴履。引伸爲苞苴。》从艸。且聲。《且、薦也。此形聲包會(會)意。子余切。5部。》/43

⿱艹矢 (시)【dié ㄉㄧㄝˊ】 상中⑨작 shǐ 다북쑥、나물 ■사:속음
설문 0238 菜也。从艸。矢聲。《失匕切。15部。》/23

苵 (질)【dié ㄉㄧㄝˊ】 돌피(일년초의 일종)
설문 0446 蕛苵也。《郭於蕛字逗。以苵釋蕛。許合蕛苵二字爲艸名。凡『爾雅』固有擧(擧)其名而無訓釋者。不當強(强)爲句絕也。》从艸。失聲。《徒結切。12部。》/36

苷 (감)【gān ㄍㄢ】 감초(콩과의 다년생 약초)
설문 0282 苷艸也。《所謂藥中國老。安和七十二種石一千二百種艸者也。》从艸。甘聲。《此以形聲。包會意。古三切。8部。》/26

苹 평【píng ㄆㄧㄥˊ】 쑥, 사과, (빙빙)돌 ■변:적에게 보이지 않게 자기를 엄폐한 수레 ■병:돌(迴也)
설문 0259 蓱也。無根浮水而生者。《『小雅』呦呦鹿鳴。食野之苹。『傳』曰。苹、蓱也。『釋草』苹字兩(兩)出。一曰蓱。一曰藾蕭。『鄭-箋』以水中之艸非鹿所食。『易』之曰苹、藾蕭也。於『月令』曰蓱、萍也。於『周禮:萍氏』引『爾雅』萍蓱。似分別萍爲水艸、苹爲藾蕭。鄭所據『爾雅』自作萍蓱。而『毛詩』、『夏小正』以苹爲萍。皆屬叚(假)借。許君則苹蓱萍三字同物。不謂苹謂叚借。○『李善-注:高唐賦』引『說文』。苹苹、艸兒(貌)。音平。》从艸。平聲。《符兵切。11部。》/25
형성 (1자) 평(萍 蓱)7115

苺 (매)【méi ㄇㄟˊ】 상中 měi ⑨작 mèi 딸기, 이끼 ■모:같은 뜻
설문 0280 馬苺也。《苺篆不廁於此。則非山苺(莓)也。》从艸。母聲。《母辠切。古音在 1部。》/26

苽 (고)【gū ㄍㄨ】 줄풀 ※ 고(菰)와 같은 글자
설문 0449 雕胡。一名蔣。《【各本】「胡」字作「苽」。今依『御覽』正。『食醫』、『內則』皆有苽食。鄭云。苽、彫胡也。『廣雅』曰。菰、蔣也。其米謂之彫胡。然則猶扶渠實名蓮。亦因以爲華葉名也。彫胡、『枚乘-七發』謂之安胡。其葉曰苽、曰蔣。俗曰茭。其中臺如小兒臂。可食。曰苽手。其根曰葑。〈封去聲。〉》从艸。瓜聲。《古胡切。5部。》/36

苾 (필)【bì ㄅㄧˋ】 향내 ■별:오랑캐부락, 나물이름
설문 0550 馨香也。《見『小雅』。『韓詩』作馥。〔許君-香部〕無馥字。從【毛】不從【韓】也。》从艸。必聲。《毗必切。12部。》/42

茀 (불)【fú ㄈㄨˊ】 풀 우거져 길 막힐, 풀숲, 덤불 ■발:숨 쉬는 모양 ■필:성씨 ■비:작은 모양 ■패:별이름
설문 0549 道多艸不可行也。《『周語』。火朝覿矣。道茀不可行也。『注』。草穢塞路爲茀。》从艸。弗聲。《分勿切。15部。『毛詩』借作蔽芾字。》/42

茁 (절)【zhuó ㄓㄨㄛˊ】 (초목의)싹, 싹틀, 싹나올 ■찰:정음 ■촬:(동물이)자랄 ■굴:풀싹 ■줄:같은 뜻
설문 0471 艸初生地兒(貌)。从艸出。《依『韵會(韻會)』所引。鄒滑切。15部。言會意以包形聲也。》『詩』曰。彼茁者。《『召南』文。毛曰。茁、出也。按也當爲兒(貌)之譌。》/37

茂 (무)【mào ㄇㄠˋ】 우거질, 성할 ■모·매·묘:같은 뜻
설문 0501 艸木盛兒(貌)。《依『韵會(韻會)』訂。茂之引伸借爲懋勉字。》从艸。戊聲。《莫候(候)切。古音在 3部》/39

范 (범)【fàn ㄈㄢˋ】 풀 이름, 벌(곤충) 법
설문 0634 艸也。从艸。氾聲。《房㲋切。8部。籒文作「⿱艹氾」。》/46

茄 (가)【jiā ㄐㄧㄚ】 연줄기, 가지(채소) ■하:같은 뜻
설문 0411 扶渠莖。《謂華與葉之莖皆名茄也。茄之言柯也。古與荷通用。『陳風』有蒲與荷。『鄭-箋』。夫渠之莖曰荷。『樊光-注:爾雅』引『詩』有蒲與茄。屈原曰。製芰荷以爲衣。雧(集)芙蓉以爲裳。楊雄則曰。衿芰茄之綠衣。被芙蓉之朱裳。【漢-樂府】鷺何食。食茄下。亦謂葉下。》从艸。加聲。《古牙切。17部。》/34

茅 (모)【máo ㄇㄠˊ】 띠(다년초), 띠 벨 ■묘:속음 ■매:꼭두서니
설문 0305 菅也。《按統言則茅菅是一。析言則菅與茅殊。許菅茅互訓。此從統言也。陸璣曰。菅似茅而滑澤、無毛。根下〈當作上〉五寸中有白粉者、柔韌宜爲索。漚乃尤善矣。此析言也。》从艸。矛聲。《莫交切。古音在 3部。》可縮酒爲藉。《【各本】無此五字。依『韵(韻)會』所引補。縮酒見『左傳』。爲藉見『周易』。此與葰可以香口、蒻可以爲苹席一例。》/27

茇 (발)【bá ㄅㄚˊ】 풀뿌리, 노숙할, 넘을 ■패:흰 꽃피는 능토풀 ■불:동아줄 ■폐:속음
설문 0496 艸根也。从艸。犮聲。《北末切。15部。》春

艸根枯。引之而發土爲撥。故謂之茇。《此申明艸根爲茇之義也。【氾勝之書】曰。春土長冒橛。陳根可拔。耕者急發。『攷工記:注』曰。〈 土曰伐。伐之言發也。『詩:駿發爾私:箋』云。發、伐也。『周語:王耕一墢:注』。一墢、一耦之發也。引之而發土者、謂枱耤陳根。土易解散。其耕澤澤也。爲撥之撥卽『攷工記』之伐。『國語』之墢、『說文:土部』之坺、【今-韵(韻)書】之垡、實一字也。其連根之土曰坺。故艸根曰茇. 引伸爲『詩』、『禮』艸舍之茇。》一曰艸之白華爲茇。《見『釋艸』。郭連上文謂茖之白華。許泛言艸。》/38

茈 (자)【zǐ ㄗˇ】 자주풀, 능소화 나무(艸부 5획) ■차:가지런치 않을
설문 0359 茈艸也。《三字句。茈字僅得免刪(刪)。可以證蔽下必云蔽艸也、藟下必云藟艸也。皆淺人刪(刪)之。『周禮:注』云。染艸。茅蒐、橐盧、豕首、紫茢之屬。按紫茢卽紫莀也。紫莀卽茈艸也。『廣雅』云。茈莀、茈草也。古列戾同音。茈紫同音。『本艸經』云。紫草一名紫丹。一名紫芺。陶隱居云。卽是今染紫者。『說文』云。莀艸可以染畱(留)黃。謂之紫莀者。以染紫之莀別於染騮黃之莀也。『西山經』曰。勞山多茈艸。『司馬彪-注:上林賦』曰。茈薑、紫色之薑。『郭-注:南山經』曰。茈羸(羸)、紫色羸。故知古紫茈通用。》从艸。此聲。《將此切。古音在 15部。轉入 16部。》/30

6 ⑫

苟 극【jí ㄐㄧˊ】【설문부수 345】 ㉠㊤㊥⑨ jì 빠를
설문 5555 自急敕也。《急與苟雙聲。敕如苟疊(疊)韵。急者、褊也。敕者、誡也。此字不見【經典】。惟『釋詁』。寁駿肅亟遄速也。釋文云。亟字又作苟、同。居力反。【經典】亦作棘、同。是其證。可謂一字千金矣。而【通志堂-刻】乃改爲急字。葢(蓋)誤仞爲从艸之苟也。急不得反居力。與亟棘音大殊。幸【抱經堂-刻】正之。或欲易『禮經』之苟敬爲苟、則又繆。〇『小雅:六月』、古作我是用戒。亦作我是用棘。【俗本】改作急。與飭服國不韵。正同此。》从芊(羊)省。从勹口。《从勹口三字【各本】作从包省从口五字。誤也。己力切。1部。》勹口、《逗。【各本】無「勹」字。今補。》猶愼言也。《說从勹口之意。》从羊、與義善美同意。《【各本】疊羊字。誤。今刪(刪)。說从羊之意。羊者、祥也。》凡苟之屬皆从苟。𦍌古文不省。/434

유사 구차할 구(苟)

성부 蒱葡비 敬敬경

◀제 6 획▶

茖 (격)【gé ㄍㄜˊ】 산마늘 ■각:풀 ■객:속음
설문 0281 艸也。《『釋艸』。茖、山葱(蔥)。按『爾雅』雖有此字。然許君果用『爾雅』。何以不云山葱而云艸也。凡所不知。寧從葢(蓋)闕。》从艸。各聲。《古額切。古音在 5部。》/26

茘 (려)【lì ㄌㄧˋ】 염교(다년초) ■리:속음
설문 0626 艸也。佀(似)蒲而小。根可作刷。《『月令』。十一月、茘挺出。鄭云。茘挺、馬薤也。鄭以茘挺爲艸名。『蔡邕-章句』云。茘佀(似)挺。『高-注:吕(呂)覽』云。茘艸挺出。則以挺下屬。歙程氏瑤田曰。茘、今北方束其根以刮鍋。李時珍以馬帚之荓當之。誤也。按「刷」【各本】作「㕞」。今依『顔(顏)氏家訓』正。上文曰葍、刷也。》从艸。劦聲。《郎計切。15部。籒文作「茘」。》/46

茜 (천)【qiàn ㄑㄧㄢˋ】 꼭두서니 풀
설문 0363 茅蒐也。从艸。西聲。《倉見切。古音在13部。蒨卽茜字也。古音當在 11部。其音變適同耳。》/31

⿱艹㐁 (체)【zhì ㄓˋ】 기울, 맬, 묶을 ■예·륙:같은 뜻
설문 0579 㠯(以)艸補缺。《『廣雅:釋詁』四。⿱艹㐁、補也。丈例反。》从艸。㐁聲。讀若俠。《或作陸。誤字也。》或㠯爲綴。《讀如俠。在 8部。讀如綴。在 15部。古文㐁字亦沾誓兩讀。銨直例切。》一曰約空也。《此別一義。約空未聞。》/43

茝 (채)【cǎi ㄘㄞˇ】 ㊤㊥⑨(작) chǎi 어수리(다년생풀) ■치:같은 뜻
설문 0272 虈也。从艸。𦣞聲。《昌改切。1部。》/25

茞 (신)【chén ㄔㄣˊ】 풀 이름 ■진:같은 뜻
설문 0260 艸也。《謂艸名。》从艸。臣聲。《稹鄰(隣)切。12部。》/25

茢 (렬)【liè ㄌㄧㄝˋ】 갈대 이삭 날
설문 0407 芀也。《『檀弓』。君臨臣喪。以巫祝桃茢執戈。『注』。茢、萑苕。可埽不祥。『玉藻』。膳於君有葷桃茢。『注』。茢、菼帚也。按許云葦。鄭云萑菼者。此統言不別也。芀帚、花退用穎爲之。芀一名茢。故帚一名茢。》从艸。列聲。《良薛切。15部。》/34

茥 (규)【kuī ㄎㄨㄟ】 ㊤ guī 딸기
설문 0315 缺盆也。《見『釋艸』。郭云覆盆也。實可食。》从艸。圭聲。《苦圭切。古音在 16部。》/28

茦 (책)【cè ㄘㄜˋ】 ㊤㊥⑨(작) cì 풀가시 ■자:풀까락
설문 0376 莿也。《茦刺見『釋艸』。刺不從艸。『方言』曰。凡艸木刺人。北燕朝鮮之間謂之策。或謂之壯。按木芒(芒)曰朿。艸芒曰茦。因木芒之字爲義與聲也。但許君上下文皆係艸名。不當泛釋凡艸之刺。或因上文萑艸有刺聯及之。或自有艸名茦。一名莿。與『方言』異義。未可定也。》从艸。朿聲。《楚革切。古音在 16部。》/31

茨 (자)【cí ㄘˊ】 (풀로 지붕을)일, 띠
설문 0562 茅葢(蓋)屋。《【俗本】作以茅葦葢(蓋)屋。見『甫田:鄭-箋』。『釋名』曰。屋以艸葢曰茨。茨、次也。次艸爲之也。》从艸。次聲。《此形聲包會(會)意。疾資切。15部。》/42

茩 (구)【hòu ㄏㄡˋ】 ㊤㊥⑨(작) gòu 초결명(약초)
설문 0393 薢茩也。从艸。后聲。《蔆以角得名。蔆之言棱也。茩之言角也。茩角雙聲。同在第 3部。『唐韵(韻)』胡口切。薢茩雙聲。》/33

茬 (치)【chí ㄔˊ】㉠ chá 풀 모양, 땅 이름 ■차:나무 조갤

설문 0513 艸皃(貌)。从艸。在聲。《仕甾切。1部。》齊北有茬平縣。《「茬」俗作「茌」。『地理志』。泰山郡茬縣。應劭曰。茬山在東北。音淄。東郡茬平縣。應劭曰。在茬山之平地者也。『司馬彪-郡國志』。茬平屬濟北國。『注』曰。本屬東郡。》/39

茭 (교)【jiāo ㄐㄧㄠˉ】마소의 꼴(벨) ■효:연뿌리

설문 0590 乾芻。《『柴誓』曰。峙乃芻茭。『鄭-注』同。》从艸。交聲。《古肴切。2部。》一曰牛蘄艸。《此別一義。見『釋艸。蘄音祈。》/44

茮 (초)【jiāo ㄐㄧㄠˉ】후추, 풀 자라는 모양 ■뇨:풀 자라는 모양

설문 0465 茮菉也。《此三字句。茮菉莍(蓋)古語。猶『詩』之椒聊也。單呼曰茮。絫呼曰茮菉、茮聊。『唐風』。椒聊之實。毛曰。椒聊、椒也。『釋木』曰。椒、樧、醜菉、欓、大椒。『神農-本艸經』有「蜀椒」。又有「秦椒」。》从艸。《『爾雅』、『本艸』、『陸-疏』皆入木類。今驗實木也而『說文』正從艸。此沿自古籀者。凡析言有艸木之分。統言則艸亦木也。故造字有不拘爾。》尗聲。《子寮切古音在 3部。》/37

茱 (수)【zhū ㄓㄨˉ】수유나무

설문 0463 茱萸。《逗。》茮屬。《『內則:三牲用藙:注』。藙、煎茱萸也。『漢律』會(會)稽獻焉。『爾雅』謂之樧。『本艸經』。吳茱萸。味辛溫。一名藙。》从艸。《『本艸經』、『廣雅』入木類。鄭君曰茱萸卽樧也。而『爾雅』椒樧在『釋木』。許君則茱萸與樧爲二物。〔木部〕曰。揚州有茱萸樹。正以見茱萸之本爲艸類也。》朱聲。《市朱切。古音在 4部。》/37

茲 茲 자【zī ㄗˉ】本[잔 초목 우거질] 불을(많아질), 더욱

설문 0505 艸木多益。《『詩:小雅』。兄也永歎。毛曰。兄茲也。『戴先生-毛鄭詩考正』曰。茲今通用滋。『說文』茲字說云。艸木多益。滋字說云。益也。『韋-注:國語』云。兄、益也。詩之辭意言不能如兄弟相救、空滋之長歎而已。按『大雅:職兄斯』引『傳』亦云兄、茲也。》从艸。絲省聲。《「絲」【宋-本】作「玆」。非也。玆從二玄。音玄。字或作滋。𦭝(茲)從絲省聲。『韵會』作玆聲。玆者、古文絲字。滋孳鷀皆茲聲。子之切。1部。【經典】茲、此也。『唐-石經』皆誤作玆。》/39

유사 검을 자(玆)

茵 (인)【yīn ㄧㄣˉ】(수레 안에 까는)깔개

설문 0588 車重席也。《『秦風』文茵。文、虎皮也。以虎皮爲茵也。》从艸。因聲。《於眞切。12部。》鞇 司馬相如說茵从革。《莶(蓋)亦『凡將篇』字。『廣雅:釋器』曰。鞇鞴謂之鞇。『釋名』曰。鞇鞴、車中重薦也。》/44

荼 (다)【tú ㄊㄨˊ】차 나무, 차 ■차:속음

설문 0646 苦荼也。《『釋艸』、『邶:毛傳』皆云。荼、苦菜。『唐風:采苦采苦:傳』云。苦、苦菜。然則苦與荼正一物也。『儀禮』。鉶芼。牛藿、羊苦、豕薇。記『內則』。濡豚包苦。亦謂之苦。『月令』、『本艸』、『易:通卦驗』皆謂之苦菜。》从艸。余聲。《同都切。5部。『詩』荼蓼、有女如荼及後世荼毒皆用此字。籀文作「蒤」。》/46

茷 (폐)【fá ㄈㄚˊ】(풀이)우거질, 깃발 ■패:같은 뜻, 벌도 있음 ■발:풀뿌리

설문 0536 艸葉多。《『詩』。白旆央央。本又作茷。『泮水』之其旂茷茷卽出車之旗旐旆旆、『采菽』之其旂淠淠也。然則『小弁』萑葦淠淠亦當云萑葦茷茷。本言艸葉之多、而引伸之狀旌旗也。》从艸。伐聲。《符發切。15部。》『春秋傳』曰。晉糴茷。《見『成十年:左氏-傳』。》/40

茸 용【róng ㄖㄨㄥˊ】풀싹 뾰족뾰족 날(우거질), 녹용, 버섯

설문 0654 艸茸茸皃(貌)。《茸之言茙也。『召南:毛傳』曰襛猶戎戎也。『韓詩』。何彼茙矣、『左氏傳』。狐裘尨茸。卽『詩』之狐裘蒙戎。》从艸。耳聲。《【今本】作「聰省聲」。此淺人所肊改。此形聲之取雙聲不取疊(疊)韵者。而容切。9部。籀文作「茸」。》/47

형성 (2자+2) 용(鞲 鞲)1740 용(搑 搑)7643 용(髶) 용(醋 醋)

茹 (여)【rú ㄖㄨˊ】㉻ rù 本[여물] (야채를)먹을、(초목 뿌리 서로)연이을

설문 0592 飤馬也。从艸。如聲。《人庶切。5部。》/44

茴 (혈)【xù ㄒㄩˋ】㊤㊥⑨㉻ xuè 꼭두서니 ■혁:풀이름

설문 0636 艸也。《蒨或謂之地茴。許不云茜也。則許意非一物也。》从艸。血聲。《呼決切。12部。籀文作「䒸」。》/46

茻 망【mǎng ㄇㄤˇ】[설문부수 14] 고사리 붙이의 풀 우거져 더부룩히 날 ■모·무:같은 뜻

설문 0664 眾(衆)艸也。《按【經傳】艸莽字當用此。》从四屮。凡茻之屬皆从茻。讀若與冈同。《謂其讀若與冈之讀若同也。模朗切。10部。》/47

성부 莫 막 葬 한 葬 장

형부 규(茻)

형성 (1자) 망(莽 莽)666

茿 茿(축)【zhú ㄓㄨˊ】쇠풀

설문 0277 萹茿也。从艸。巩(筑)省聲。《陟玉切。3部。按此不云巩聲而云筑省聲者。以巩字。工聲。筑字、竹亦聲也。茿篆【鍇本】在後萹下范上。》/26

茉 (뢰)【lěi ㄌㄟˇ】㊤㊥⑨㉻ lèi 本[김 많이 짓을] 풀 많을 ■류:과실이 주렁주렁 달린 모양

설문 0546 耕多艸。从艸耒。《耒所以耕也。從耒艸會(會)意。》耒亦聲。《兼形聲。盧對切。15部。》/41

荃 (전)【quán ㄑㄩㄢˊ】향초, 통발, 가는 베 ■손:같은 뜻

설문 0570 芥脃(脆)也。《〔黑部〕曰。以芥爲齏名曰芥荃。

云芥脃者、謂芥齏鬆脃可口也。此字據上下文則非楚詞荃字也。》从艸。全聲。《晁說之云。『唐本-說文』初劣切。按『集韵(韻)』猶存其音。全聲當在 14部。此14、15 2部合音也。》/43

荄 (해)【gāi ㄍㄞ】 ㉿ jiē 풀뿌리 ■개:속음

설문 0494 艸根也。《見『釋艸』及『方言』。郭曰。今俗謂韭根爲荄。》从艸。亥聲。《古哀切。1部。》/38

荅 답【dá ㄉㄚˊ】 좀콩, 마름쇠, 아무 생각없이 우두먼한 모양

설문 0227 小尗也。《『禮:注』有麻荅。『廣雅』云。小豆荅也。假借爲酬荅。》从艸。合聲。《徒合切。7部。》/22

형성 (2자+1) 탑(路)1311 탑(榙)3405 탑(塔)

荊 荆莿(형)【jīng ㄐㄧㄥ】 가시나무 ■경:속음 ■강:같은 뜻

설문 0467 楚木也。《〔林部〕曰。楚、叢木。一名荆(荊)。是爲轉注。》从艸。刑(刑)聲。《擧卿(擧鄕)切。11部。》 古文荆。/37

苗 (곡)【qū ㄑㄩ】 잠박(누에 치는 기구)

설문 0596 蠶薄也。《『豳風:毛傳』曰。豫畜萑葦。可以爲曲也。『月令』。季春、具曲植筥筐。『注』曰。曲、薄也。『方言』。薄、宋魏陳楚江淮之閒謂之苗。或謂之麴。自關而西謂之薄。南楚謂之蓬薄。案曲與苗同。〔曲部〕云。或說曲、蠶薄也。是許兼用此二形。》从艸。𠚕聲。《邱玉切。3部。》/44

草 (조)【cǎo ㄘㄠˇ】 ㉦㊥⑨㉿ zào 本[도토리, 상수리] ■초:풀, 풀 벨, 야비할 ■주:같은 뜻

설문 0658 草斗、《逗。》櫟實也。一曰象斗。《〔木部〕。栩柔也。其皁一曰樣。又曰。柔、栩也。又曰。樣、栩實也。按此言櫟者、卽栩也。陸璣云。栩今柞櫟也。徐州人謂櫟爲杼。或謂之栩。其子爲皁。或言皁斗。其殼爲汁。可以染皁。今京洛及河內多言杼汁。或云橡斗。按草斗之字俗作皁、作皂。於六書不可通。象斗字當從〔木部〕作樣。俗作橡。》从艸。早聲。《自保(保)切。古音在 3部。『周禮:大司徒』。其植物宜早物。假借早晚字爲之。籒文作「𦯚」。》/47

圖【草】下曰:徐鉉曰。今俗以此爲艸木之艸。別作皁字爲黑色之皁。案櫟實可染白爲黑。故曰草通用。【今-俗書】或從白從十(阜)。或從白從七(皂)。皆無意義。

荋 (이)【ér ㄦˊ】 풀 무성한 모양 ■내:같은 뜻

설문 0538 艸多葉皃(貌)。《荋之言之而也。如鱗屬之之而。》从艸。而聲。《如之切。1部。》沛城父。《見『地理志』。》有揚荋亭。/40

荌 (안)【àn ㄢˋ】 풀

설문 0339 艸也。从艸。安聲。《烏旰切。14部。》/29

茭 (교)【qiáo ㄑㄧㄠˊ】 당아욱 ■수:같은 뜻

설문 0297 蚍衃也。《『釋艸』曰。茭、蚍衃。『毛傳』曰。茭、蚍衃也。與『說文』皆字異音同。陸璣曰。一名荊(荊)葵。似蕪菁。華紫綠色。可食。微苦。蚍衃音毗浮。》从艸。收聲。《渠遙切。古音在 3部。》/27

荎 (치)【chí ㄔˊ】 오미자, 느릅나무 ■질:속음 ■질:같은 뜻

설문 0436 荎藸艸也。《四字句。『釋艸』有味荎藸。『釋木』有味荎著。實一物也。春初生苗。引赤蔓於高木。長六七尺。故又入『釋木』。》从艸。至聲。《直尼切。古音在 12部。》/35

荏 (임)【rěn ㄖㄣˇ】 들깨, 부드러울, 잠두(콩과의 다년생 풀)

설문 0237 桂荏、《逗。》蘇也。《是之謂轉注。凡轉注有各部互見者。有同部類見者。荏之別義爲荏染》从艸。任聲。《如甚切。7部。》/23

荐 (천)【jiàn ㄐㄧㄢˋ】 本[자리 깔] 거듭, 천거할, 풀

설문 0558 薦席也。《薦見〔廌(廌)部〕。艸也。不云艸席、云薦席者。取音近也。席【各本】誤薦。薦席爲承藉。與所藉者爲二。故『釋言』云。荐、原、再也。如且爲俎几。故亦爲加增之詈(詞)。『易』作「洊」。》从艸。存聲。《在甸切。古音在12、13部。荐與薦同音。是以承藉字多假借爲之。如『節南山:傳』。薦、重也。『說文』云。且、薦也。皆作「荐」乃合。『左傳』云。戎狄荐居。『外傳』荐處。服云。荐、艸也。此謂荐同薦。韋云。荐、聚也。此與『爾雅』再訓近。》/42

荒 荒황【huāng ㄏㄨㄤ】 거칠, 흉년들, 변방, 버릴, 빠질(탐닉)

설문 0525 蕪也。《巟(荒)之言尨也。故爲蕪薉。》从艸。㠩(巟)聲。一曰艸掩地也。《『周南、魯(魯)頌-毛鄭』皆曰。荒、奄也。此艸掩地引伸之義也。一本掩作淹。》/40

형성 (1자) 황(穢穢)4256

◀ 제 7 획 ▶

莑 (축)【lí ㄌㄧˊ】 들깨나 차조기 종류의 풀 ■리:풀이름

설문 0289 艸也。《下文之苗也。『本艸經』曰。羊蹏、『小雅』謂之蓫。蓫卽苗字。亦作「蓄」。『廣韵(韻)』:一, 屋』。蓫、許竹丑六二切。羊蹄菜也。》从艸。里聲。讀若釐。《里之切。1部。按『廣韵』蓫讀許竹丑六切者、因蓫蓄同物而誤讀蓫同蓄也。》/26

荵 (인)【rěn ㄖㄣˇ】 인동덩굴

설문 0286 荵冬艸也。《三字句。『名醫別錄』作忍冬。今之金銀藤也。其花曰金銀花。》从艸。忍聲。《而軫切。12部。》/26

莃 (은)【yín ㄧㄣˊ】 풀 더부룩한 모양 ■의:같은 뜻

설문 0500 艸多皃(貌)。从艸。斦聲。《語斤切。13部。》江夏平春《見『郡國志』。》有莃亭。《凡云有某亭有某縣

者、皆證其字形。不必名縣名亭取字義也。『今-說文:艸部』末有菰篆。訓釋十四字全同。此因菰誤爲菰。或妄(妄)附之部末也。》/39

荷 (하)【hé ㄏㄜˊ】本[연(다년생 수초)] (물건을) 멜 ■가:물이름

설문 0412 扶渠葉。《『今-爾雅』曰。其葉蕸。『音義』云。衆家無此句。惟郭有。就【郭-本】中或復無此句。亦竝闕讀。玉裁按。無者是也。『高-注:淮南』云。荷夫渠也。其莖曰茄。其本曰蔤。其根曰藕。其華曰夫容。其秀曰菡萏。其實蓮。蓮之藏者菂。菂之中心曰薏。大致與『爾雅』同。亦無「其葉蕸」三字、葢(蓋)大葉駭人。故謂之荷。大葉扶搖而起。渠央寬大。故曰夫渠。『爾雅』假葉名其通體。故分別莖華實根各名而冠以荷夫渠三字。則不必更言其葉也。荷夫渠之華爲菡萏。菡萏之葉爲荷夫渠。省文互見之法也。或疑闕葉而補之。亦必當曰其葉荷。不嫌重複。無庸肊造蕸字。又案屈原、宋玉、楊雄皆以芙蓉與芰荷對文。然則芰者蔆之葉。蔆者芰之實。蔆之言棱角也。芰之言支起也。》从艸。何聲。《胡哥切。17部。》/34

萩 (사)【sì ㄙˋ】 ⓢⓗ⑨ⓩ sī 띠꽃

설문 0398 茅秀也。《『廣雅』曰。蒣、萩、苧(茅)穗也。蒣卽荼字之變。『周禮、儀禮:注』、『鄭風:箋』、『吳語:注』皆云。荼、茅秀。當是荼爲茅之秀。萩爲藗之秀。統言之則曰茅秀而已。其色正白。》从艸。私(私)聲。《息夷切。15部。》/33

荹 (보)【bù ㄅㄨˋ】 흐트러진 풀(을 거둘)

설문 0591 亂艸。《『玉篇』曰。牛馬艸。亂稾也。》从艸。步聲。《薄故切。5部。》/44

荺 (운)【yǔn ㄩㄣˇ】 ⓢⓗ⑨ⓩ yǔn (연뿌리、죽순 등)먹을 수 있는 뿌리 ■윤:연뿌리 ■균:같은 뜻

설문 0495 茇也。茅根也。《荺見『釋艸』。荺者、茇也。茇者、艸根也文相承。顧廣圻曰。依許君所說。是『爾雅』本云荺、茇、荄根。郭誤茇爲茭。遂以荺茭爲一義。荄根爲一義。茅根也之上當有一曰二字。此別一義。以荺專屬茅根也。》从艸。均聲。《于敏切。12部。》/38

莃 (희)【xī ㄒㄧ】 토규

설문 0341 兔葵也。《見『釋艸』。》从艸。希(希)聲。《香衣切。15部。》/29

莆 보【fǔ ㄈㄨˇ】 ⓢ pú 부들, 삼보풀 ■부:속음 ■포:땅이름

설문 0225 萐莆也。从艸。甫聲。《方矩切。5部。【鍇本】萐莆二字在莃下荼上。》/22

茆 (묘)【mǎo ㄇㄠˇ】 ⑨ⓩ liǔ 순채

설문 0645 鳧葵也。《『魯(魯)頌:毛傳』同。『周禮:醢人:茆菹』。鄭大夫讀爲茅。或曰。茆、水艸。杜子春讀爲茆。後鄭曰。茆、鳧葵也。『今-周禮』轉寫多譌誤。爲正之如此。漢時有茆、茆二字。【經】文作「茆」。兩鄭皆易字爲茆也。鳧葵名茆。亦名蓴。今之蓴菜也。茆不與蓴類廁者、以篆籀別之。》从艸。丣聲。《力久切。3部。俗作「茚」、音卯。非也。籒文作「莭」。》『詩』曰。言采其茆。《『今-詩』言作「薄」。》/46

茒 (야)【yé ㄧㄝˊ】 명협풀, 첵력풀 ■사:풀 이름, 물 이름

설문 0405 茒茒也。从艸。邪聲。《以遮切。古音在 5部。》/34

莊 장【zhuāng ㄓㄨㄤ】 풀 무성한 모양, 풀싹 장대할

설문 0221 上諱。《見〔示部〕。其說解當曰。艸大也。从艸。壯聲。其次當在菿蘄二字之閒(間)。此形聲兼會意字。壯訓大。故莊訓艸大。【古書】莊壯多通用。引伸爲凡壯盛精嚴之義。『論語』。臨之以莊。苞咸曰。莊、嚴也。是也。側羊切。10部。》𦾢古文莊。《莊字篆文本不書。今書之者。後人補也。然則錄古文注之曰古文莊。亦恐後人所加。且其形本比莊字。當時奘字之譌。古文士或作𠀆。譌爲𠀆也。凡【古文經】後人轉寫茫(茫)昧難知者、舉(擧)以箇奘二字爲例求之。》/22

참고 장(粧)단장할 ※ 장(粧)과 같은 글자

莍 (구)【qiú ㄑㄧㄡˊ】 수유씨 돋는 모양

설문 0466 椒茱實裹如裘也。《按『爾雅:音義』正誤。裘莍同音也。郭云。莍、萸子聚生成房皃(貌)。『詩:傳』作「捄」。『釋木』。櫟其實梂。皆卽莍字也。》从艸。求聲。《巨鳩切。3部。求卽裘之古文。亦會意也。》/37

莎 (사)【suō ㄙㄨㄛ】 사초(다년생 풀) ■수:비빌(以手切摩)

설문 0616 鎬侯也。《『夏小正』。正月緹縞。縞也者、莎隨也。緹也者、其實也。先言緹而後言縞者、何也。緹先見者也。『釋艸』。薃侯、莎。其實媞。按縞薃鎬同字。許讀『爾雅』鎬侯爲句。鎬侯雙聲。莎隨曡(疊)。皆衆呼也。單呼則曰縞、曰莎。其根卽今香附子。》从艸。沙聲。《穌禾切。17部。籒文作「䓑」。『漢書:地理志』芯題。省水從尐。尐與少同也。俗誤作「芯」。》/45

莁 (오)【wú ㄨˊ】 풀 이름, 들깨

설문 0633 艸也。《『廣韵(韻)』云。似艾。『郭-注:方言』云。今江東人呼「荏」爲「莁」。音魚。》从艸。吾聲。《五乎切。5部。籒文作「蘁」。》『楚詞』有莁蕭。《按『今-楚詞』無莁蕭。惟『宋玉-九辨』云。白露旣下百艸兮。奄離披此梧楸。「梧楸」葢(蓋)許所見作「莁蕭」。正百艸之二也。》/46

莒 (거)【jǔ ㄐㄩˇ】 토란, 나라 이름

설문 0251 齊謂芋爲莒。《所謂『別國方言』也。借爲國名。》从艸。呂聲。《居許切。5部。『顏(顔)氏家訓』云。北人之音多以舉(擧)莒爲矩、唯李季節云。齊桓公與管仲於臺上謀伐莒。東郭牙望桓公口開而不閉。故知所言者莒也。然則莒、矩必不同呼。此爲知音矣。按『廣韵(韻)』莒、矩雖分語、麌。然雙聲同呼。顏氏云。北人讀舉莒同矩者。

6 ⓪

『唐韵(韻)』矩其呂切。北人讀擧莒同之也。『李季節-音譜』讀擧莒居許切。則與矩之其呂不同呼。合於『管子』所云口開而不閉。『廣韵』矩俱雨切。非『唐韵』之舊矣又按『孟子』以遏徂莒。『毛詩』作「徂旅」。知莒從呂聲。本讀如呂。是所以口開不閉。不第如李季節所云也。》/24

莔 (맹)【méng ㄇㄥˊ】 패모 ■망:같은 뜻 ■흘:사람이름

설문 0432 貝母也。《『詩』。言采其蝱。『毛傳』曰。蝱、貝母。『釋艸』、『說文』作莔。莔正字。蝱假借字也。根下子如聚小貝。『韵會(韻會)』引作貝母艸、療蛇毒六字。》从艸。朙(明)省聲。《武庚切。古音在 10部。不曰囧聲、而曰省聲者。取皆讀如芒也。》/35

蕈 (침)【qǐn ㄑㄧㄣˇ】 덮을

설문 0587 覆也。从艸。侵省聲。《七朕切。7部。》/44

莕 (행)【xìng ㄒㄧㄥˋ】 순채 ■함:같은 뜻

설문 0440 菨餘也。《『周南』。參差荇菜。『毛傳』。荇、接余也。『釋艸』荇作莕。》从艸。杏聲。《何梗切。古音在 10部。》 䓷莕或从洐。同。《【各本】作荇。『注』云或從行。今依『爾雅:音義』、『五經文字』正。》/36

莖 (경)【jīng ㄐㄧㄥ】 ㉮ xíng 줄기、버팀목 ■형:속음 ■앵:풀이름

설문 0472 艸木榦(幹)也。《依『玉篇』所引。此言艸而兼言木。【今本】作「枝柱」。考『字林』作「枝主」。謂爲衆枝之主也。葢(蓋)或用『字林』改『說文』。而主又譌柱。》从艸。巠聲。《尸(戶)耕切。11部。》/37

莙 (군)【jùn ㄐㄩㄣˋ】 버들말즘(다년생 수초) ■균:같은 뜻

설문 0316 牛藻也。《見『釋艸』。按藻之大者曰牛藻。凡艸類之大者多曰牛曰馬。郭云。江東呼馬藻矣。陸機云。藻二種。一種葉如雞(鷄)蘇。莖大如箸。長四五尺。一種莖大如釵股。葉如蓬。謂之聚藻。扶風人謂之藻。聚爲發聲也。牛藻當是葉如雞蘇者。但析言則有別。統言則皆謂之藻。亦皆謂之莙。『顏(顏)氏家訓』云。莙艸細。細葉蓬茸水中。一節長數寸。細茸如絲。圓繞可愛。『東宮舊事』所云六色罽緄者。凡寸斷(斷)五色絲。橫著線股閒。繞之以象莙艸。用以飾物。卽名爲莙。於時當縛六色罽。作此莙以飾緄帶。張敞因造糸旁(旁)畏耳。據此、則莖如釵股者亦謂之莙也。》从艸。君聲。讀若威。《渠殞切。13部。按君聲而讀若威。此由13部轉入 15部。張敞之變爲緄。緄音隈。『說文音隱』之音塢瑰反。『字林』窘亦音巨畏反。皆是也。『唐韵(韻)』渠殞切。則不違本部。地有南北。時有古今。語言不同之故。竊疑『左傳』薀藻卽莙字。薀與藻爲二。猶筐與筥、錡與釜皆爲二也。》/28

莛 (정)【tíng ㄊㄧㄥˊ】 풀줄기, 들보

설문 0473 莖也。《『說苑』。建天下之鳴鐘。撞之以莛。》从艸。廷聲。《特丁切。11部。》/37

莜 (조)【diào ㄉㄧㄠˋ】 김 매는 연장 ■도・초:같은 뜻

설문 0581 薅田器。《舊作「艸田器」。今依『韵(韻)會』。『論語:疏』作「芸田罷(器)」。『毛傳』曰。芸、除艸也。孔安國曰。除艸曰芸。故其字從艸。〔匚部〕有匬字。〔金部〕有銚字。皆云田器。疑皆此字之古文也。》从艸。攸聲。《舊作條省聲。乃淺人所改。條亦攸聲也。徒弔切。古音在 3部。》『論語』曰。以杖荷莜。《見『微子篇』。謂子路見丈人。手用杖。莜加於肩。行來至田。則置杖於地。用莜芸田。植杖者、置杖也。云以杖荷莜、置杖而芸。則莜爲芸田器明矣。『集解-包』曰。莜竹器。此有脫誤。》/43

莝 (좌)【cuò ㄘㄨㄛˋ】 (마소의)여물、저밀

설문 0593 斬芻。《謂以鈇斬斷(斷)之芻。》从艸。坐聲。《麤臥切。17部。『小雅』。秣之摧之。以摧爲莝。莝之者、以飤馬也。》/44

莞 (환)【guān ㄍㄨㄢ】 ㉮ huān 왕골, 왕골로 만든 자리,부들(자리) ■관:창포, 땅이름 ■완:빙그레 웃을 ■권:창포

설문 0308 艸也。可目(以)作席。《『小雅』。下莞上簟。『箋』云。莞、小蒲之席也。司几筵。蒲筵加莞席。『正義』。以莞加蒲。麤者在下。美者在上也。『列子』。老韭之爲莞。殷敬順曰。莞音官。似蒲而圓。今之爲席者是也。『楊承慶-字統』音關。玉裁謂。莞之言管也。凡莖中空者曰管。莞葢(蓋)卽今席子艸。細莖。圓而中空。鄭謂之小蒲。實非蒲也。『廣雅』謂之葱(蔥)蒲。》从艸。完聲。《胡官切。在 14部。》/27

莠 유【yǒu ㄧㄡˇ】 가라지, 추할, 당 이름 ■수:씀바귀

설문 0232 禾粟下揚生莠也。《禾粟下猶言禾粟閒也。禾粟者、今之小米。莠、今之狗尾艸。莖葉采皆似禾。故曰惡莠恐其亂苗。苗者、禾也。凡禾采下垂。故『淮南書』謂之向根。『張衡賦』美其顧本。莠則采同而揚起(起)不下垂。故『詩』刺其驕驕桀桀。此君子小人之別也。『七月:傳』曰。揚、條揚也。》从艸。秀聲。讀若酉。《與久切。3部。【古書】多借爲秀字。》/23

형성 (1자) 수(琇𧅃)155

莢 (협)【jiá ㄐㄧㄚˊ】 꼬투리, 명협(蓂莢), 조협 ■겹:속음

설문 0490 艸實。《『周禮』曰。塡衍植物宜莢物。按莢物兼艸木言。》从艸。夾聲。《古叶切 8部。》/38

莣 (망)【wáng ㄨㄤˊ】 참억새 ■무:잠자리(유충)

설문 0366 杜榮也。《見『釋艸』。郭云。今芒艸也。似茅。皮可以爲繩索履屬也。按『太平御覽』引『襍(雜)字解詁』。芒、杜榮。而芒譌作芸。》从艸。忘聲。《武方切。10部。》/31

莤 숙【sù ㄙㄨˋ】 모사, (다발진 띠로 술을)거를, 술통 마개 ■유:물풀

설문 9405 禮。《句。》祭束茅加於裸圭。而灌鬯酒。是爲莤。像神歆之也。《「飮」字【各本】作「歆」。非。今依『韵會』正。『周禮:甸師』。祭祀共蕭茅。鄭大夫云。蕭或爲莤。莤讀爲縮。束茅立之祭前。沃酒其上。酒滲下去。若神飮之。故謂之縮。縮浚也。故齊桓公責楚不貢。苞茅不入。王祭不共。無以縮酒。許說本鄭大夫也。惟鄭不言是祼儀耳。許云加於祼圭者、謂加於祼圭之勺也。》从酉艸。《以酒灌艸會意也。所六切。3部。按『周禮』、『禮記:內則』二鄭所引『左傳』皆作縮。然則縮者、古文叚(假)借字。莤者、小篆新造字。故『毛公-伐木:傳』曰。湑、莤之也。以藪曰湑。說者謂藪艸也。而『周禮』蕭茅或作莤。皆漢人所用字。或疑古文酉作丣。則莤卽〔艸部〕之茆。故『古文-尙書』以莤爲縮。不知『汗簡(簡)』所載『古文-尙書』皆妄人所爲。好言六書而不知其所以然者也。》『春秋傳』曰。爾貢苞茅不入。王祭不供。無㠯(以)莤酒。《『春秋:僖:四年:左氏傳』文。偁(稱)之以證縮酌用茅也。『鄭大夫-注:周禮』、『鄭-注:郊特牲』引『傳』皆作縮酒。『傳』固【二本】不同。》一曰莤、榼上塞(寒)也。《「寒」【各本】作「塞」。乃邊塞字耳。榼、酒器也。以艸窒其上孔曰莤。此別一義。》/750

茳 (뉴)【niǔ ㄋㄧㄡˇ】 ⓐ chǒu 녹곽, 쥐눈이 콩 ■추 · 뉵:같은 뜻

설문 0230 鹿藿之實名也。《見『釋艸』。》从艸。狃聲。《敕久切。3部。》/23

莦 (소)【jùn ㄐㄩㄣˋ】 ⓢⓗ⑨ⓐ shāo 모진 풀 모양, 풀뿌리

설문 0511 惡艸皃(貌)。从艸。肖聲。《所交切。2部。》/39

莧 (현)【xiàn ㄒㄧㄢˋ】 비름, 자리공 ■한:패모 ■현:속음 ■완:빙그레 웃을

설문 0249 莧菜也。《菜上莧字乃複寫隸字刪(删)之僅存者也。尋『說文』之例。云芺菜、葵菜、蓶菜、蘪菜、薇菜、蓶菜、莣菜、蘸菜、莧菜以釋篆文。𦯋者、字形。葵菜也者、字義。如〔水部:𣴎者、字形。河水也者、字義。若云此篆文是葵菜也、此篆文是河水也。檕以爲複字而刪(删)之。此不學之過。『周易:音義』引宋衷云。莧、莧菜也。此可以證矣。『爾雅』。蕢、赤莧。『郭-注』。今人莧、赤莖者。按人莧、莧名。》从艸。見聲。《侯澗(澗)切。14部。》/24

茛 (랑)【láng ㄌㄤˊ】 풀 이름(잎과 씨에 독이 있어 마취제로 씀)

설문 0453 艸也。《『子虛賦』。卑溼(濕)則生藏茛。『漢書:音義』曰。茛、茛尾艸也。按『釋艸』曰。孟狼尾。狼與茛同音。狼尾似狗尾而麤壯者也。孟作盂者譌。》从艸。良聲。《魯當切。10部。》/36

莩 (부)【fú ㄈㄨˊ】 ⓗ⑨ⓐ fū 갈대청(갈대 속의 얇은 막) ■표:굶어 죽을

설문 0335 艸也。从艸。孚聲。《芳無切。古音在 3部。》/29

莪 (아)【é ㄜˊ】 쑥

설문 0418 莪、《逗。》蘿也。《此三字舊作「蘿莪」二字。今正。莪系複擧(擧)。不當倒於蘿下。『小雅』菁菁者莪、蓼蓼者莪。『釋艸』曰。莪、蘿。以蘿釋莪。『毛傳』曰。莪、蘿蒿也。以蘿蒿釋莪。陸璣亦云。莪蒿一名蘿蒿。》蒿屬。《凡言屬則別在其中。故『鄭-注:周禮』每云屬別。》从艸。我聲。《五何切。17部。》/35

莫 莫 ⓜ 막【mù ㄇㄨˋ】 ⓐ mò 없을, 말(금지), 빌(허무) ■모:本[저물] ■맥:고요할

설문 0665 日且冥也。《且冥者、將冥也。〔木部〕曰。杳者、冥也。〔夕部〕曰。夕、莫也。引伸之義爲有無之無。》从日在茻中。《會意。》茻亦聲。《此於雙聲求之。莫故切。又慕各切。5部。》/48

성부 莫막

형성 (20자) 막(嗼)903 모(謨)1431
막(募)2424 막(膜)2592 모(模)3471
막(鄚)3899 맥(驀)4144 막(瘼)4500
매(鬕)5491 맥(貘)5823 맥(驀)5889
모(慔)6475 모(慕)6471 막(漠)6801
모(摹)7654 모(摹)7945 막(蟆)8510
묘(墓)8724 모(募)8819 막(鏌)8961

苐 (제)【tí ㄊㄧˊ】 풀 이름, 초목 싹날

설문 0300 艸也。《【鍇本】作「荑」。夷聲。【鉉本】作「苐」。【今-鉉本】篆體尙未全誤。攷『廣韵(韻)』、『玉篇』、『類篇』皆本『說文』云苐、艸也。知『集韵(韻)』合苐荑爲一字之誤矣。荑見『詩』。茅之始生也。》从艸。弟聲。《杜兮切。15部。》/27

萿 (괄)【guā ㄍㄨㄚ】 ⓗ⑨ⓐ kuò 하늘타리(다년생 만초)

설문 0377 苦(萿)蔞、《逗。》果蓏(羸)也。《「果蓏」【宋-鉉本】作「果蓏」。依【鍇本】。與『詩』合。『豳風』。果蓏之實。亦施于宇。『釋艸』曰。果蓏之實、栝樓也。『毛傳』同。李巡曰。栝樓、子名也。『本艸經』。栝樓一名地樓。玉裁按。苦果、蔞蓏皆雙聲。藤生蔓於木。故『今-爾雅、本艸』字從木。艸屬也。故『說文』字從艸。》从艸。昏聲。《古活(活)切。15部。》/31

◀ 제 8 획 ▶

莽 (망)【mǎng ㄇㄤˇ】 사냥개, 겨울에도 죽지 않는 풀, 풀 우거진 모양 ■무 · 모:같은 뜻(廾부 8획)

설문 0666 南昌謂犬善逐兔(兎)艸中爲莽。从犬茻。《此字犬在茻中。故偁(稱)南昌方言、說其會(會)意之恉(指)也。引伸爲鹵莽。》茻亦聲。《謀朗切。10部。古音讀如模上聲。在 5部。取諸雙聲也。》/48

莿 (자)【cì ㄘˋ】 풀가시, 비방할

설문 0380 茦也。《按方言祇作刺。卽從艸亦當與茦篆相屬。恐後人增之。》从艸。刺聲。《七賜切。16部。》/32

6 ⓪

苑 (원)【wǎn ㄨㄢˇ】(초목)우거질, 동산 ■원:속음 ■완:반혼초 ■울:같은 뜻

설문 0431 茈菀。《句。『本艸經』作紫菀。古紫通用茈。見上。『唐-本艸:注』云。白菀謂之女菀。『急就篇』。牡蒙甘艸菀藜蘆。師古曰。菀謂紫菀、女菀之屬也。》出漢中房陵。《『本艸』亦曰。生房陵山谷。》从艸。宛聲。《於阮切。14部。『詩』菀彼北林、有菀者柳(柳)。假借爲鬱字也。》/35

菁 (정)【jīng ㄐㄧㄥ】부추꽃, 화려할 ■청:꽃이 성한 모양

설문 0256 韭華也。《『周禮』。菁菹。先鄭曰。菁菹、韭華菹也。【今-各本】脫華字。則何以別於上文之韭菹乎。『廣雅』曰。韭其華謂之菁。若『南都賦』曰秋韭冬菁、則是二物。史游所云老菁冬日藏也。》从艸。青聲。《子盈切。11部。》/24

菅 (간)【jiān ㄐㄧㄢ】띠, 솔새(삿갓, 도롱이를 만들거나 지붕을 잃), 성씨, 거적자리 ■견:띠속 ■관:땅이름

설문 0306 茅也。《『詩』。白華菅兮。『釋艸』曰。白華野菅。『毛傳』足之曰。已漚爲菅。按『詩』謂白華旣漚爲菅又以白茅收束之。菅別於茅。野菅又別於菅也。》从艸。官聲。《古顏(顔)切。14部。》/27

菆 (추)【zhōu ㄓㄡ】㊤㉿ zōu ⑨ zǒu (풀이)더부룩이 날 ■찬:초빈할 ■총:떨기

설문 0659 麻蒸也。《此不與上文蒸字類廁者、以篆籒別之。『西征賦』曰。感市閭之菆井。『東方朔:七諫』曰。菎蕗襍(雜)於廢蒸。『王逸:注』梟(梟)翮曰。「廢」一作「菆」。按梟翮、梟莖也。〔麻部〕出廢字云麻蒸也。【鍇本】無之。俗添之耳。》从艸。取聲。《側鳩切。3部。籒文作「蕞」。》一曰蓐也。《此別一義。蓐見下部。》/47

菉 (록)【lù ㄌㄨˋ】조개풀(다년생 풀)

설문 0629 王芻也。《見『釋艸』、『毛傳』。》从艸。彔聲。《力玉切。3部。籒文作「菉」。》『詩』曰。菉竹猗猗。《『今-毛詩』作「綠」。『大學』引作「菉」。『小雅』。終朝采綠。王逸引作「菉」。》/46

菊 (국)【jú ㄐㄩˊ】국화

설문 0253 大菊、《逗。》蘧麥。从艸。匊聲。《居六切。3部。》/2

菋 (미)【wèi ㄨㄟˋ】오미자 ■매:같은 뜻

설문 0435 荎藸也。《見『釋艸』。郭云。五味也。》从艸。味聲。《無沸切。15部。》/35

菌 (균)【jùn ㄐㄩㄣˋ】버섯, 세균 ■군:속음

설문 0456 地蕈也。《〔屮部〕所謂菌兂也。》从艸。困聲。《渠殞切。13部。》/36

業 業복【pú ㄆㄨˊ】[설문부수 61] 번거로울 (廾부 8획)

설문 1659 瀆業也。《瀆業㬪(疊)韵字。瀆、煩瀆也。業、如『孟子』書之僕僕。趙云。煩猥皃(貌)。》从丵。从廾(廾)。《竦手也。音巩。》廾亦聲。《蒲沃切。3部。》凡業(菐)之屬皆从業。/103

성부 僕복

형성 (5자+1) 반(㸋)1661 박(樸)3455 박(撲)7679 복(墣)8621 복(幞)9098 복(幞)

菔 (복)【fú ㄈㄨˊ】⑨㉿ bó 무우

설문 0258 蘆菔。佀(似)蕪菁。實如小尗者。《今之蘿蔔也。『釋艸』。葖蘆葩(葩)。郭云。「葩」當爲「菔」。蘆菔、蕪菁屬。紫花大根。一名葖。俗呼雹葖。按實根駭人。故呼突。或加艸耳。蕪菁卽蔓菁。》从艸。服聲。《蒲北切。1部。》/25

菜 (채)【cài ㄘㄞˋ】나물, 채마밭, 반찬 ■채:캘

설문 0537 艸之可食者。《菜字當冠於芑葵等字之上。》从艸。采聲。《此舉(擧)形聲包會意。古多以采爲菜。蒼代切。1部。》/40

䒹 (병)【píng ㄆㄧㄥˊ】本[풀이름] 하여금, 끌(예인)

설문 0337 馬帚也。《見『釋艸』。『夏小正』。七月䒹秀。䒹也者、馬帚也。『廣雅』曰。馬帚、屈馬䒹也。》从艸。并聲。《薄經切。11部。『詩:大雅』䒹使也。》/29

菣 (긴)【qiàn ㄑㄧㄢˋ】㊤㊥⑨㉿ qìn 제비쑥 ■견:같은 뜻

설문 0417 香蒿也。《『詩』。食野之蒿。『爾雅』、『毛傳』皆云。蒿、菣也。郭樸云。今人呼爲青蒿。香中炙啖者爲菣。》从艸。臤聲。《去刃切。12部。》䔶 菣或从堅。《按陸德明曰。菣、『字林』作「䔶」。》/35

䖢 (굴)【qū ㄑㄩ】긁을 ■굴:풀 이름

설문 0567 㕞也。《「㕞」當作「刷」。字之誤也。㕞、拭也。刷、掊杷也。䖢之言掘也。與掊杷義近。今人謂以鈍帚去薉物曰䖢。正是此字。『廣雅:釋器』。䖢謂之刷。》从艸。屈聲。《區勿切。15部。》/43

菦 (근)【qín ㄑㄧㄣˊ】천변쑥, 흰쑥 ■해:같은 뜻

설문 0247 菜、類蒿。《『詩』、『禮』皆作芹。『小雅:箋』曰。芹、菜也。可以爲菹。『魯(魯)頌:箋』曰。芹、水菜也。『釋艸』及『周禮:注』曰。芹、楚葵也。按卽今人所食芹菜。『今-說文』【各本】於艾葦二字之下又出芹字。訓楚葵也。从艸斤聲。此恐不知菦卽芹者妄用『爾雅』增之。攷『周禮:音義』曰。芹、『說文』作「菦」。則『說文』之有菦無芹明矣。且『詩:箋』引『周禮』芹菹。『說文』引『周禮』菦菹。豈得云二物也。》从艸。近聲。《『周禮:音義』引『說文』音謹。『唐韵(韻)』巨巾切。古在 13部。「部」『本艸』作「新」。》『周禮』有菦菹。《見『醢人』。菦葢(蓋)『周禮-故書』字。》/24

菭 (지)【zhī ㄓ】김치 ㉿ chí

설문 0573 菹也。从艸。泜聲。《纏伊切。15部。》䔖 菭或从皿。皿、器也。/43

萎 (접)【jiē ㄐㄧㄝˉ】 노랑어리연꽃 ■삽:관의 깃 꾸미개

설문 0441 萎餘也。《三字句。『毛-傳』、『陸-疏』作「接余」。按莕菜。今江浙池沼閒多有。葉不正圜。花黃六出。北方以人莧當之。南方以蓴絲當之。皆非也。》从艸。妾聲。《子葉切。8部。》/36

菩 (배)【pú ㄆㄨˊ】 ㊤㊥⑨㉲ bèi 부처풀 ■복:같은 뜻 ■부:향풀 ■보:보리, 보리수보살(bodhi, bodhi-ssattva의 음역)

설문 0303 艸也。《『周禮:注』。犯軷以菩芻棘柏爲神主。『郭樸-注:穆天子傳』云。「蓖」今「菩」字。按【許書】則「菩」、「蓖」各物各字也。》从艸。音聲。《步乃切。1部。『易』豐其蔀。鄭(鄭)、薛作「菩」。云小席。》/27

菬 (초)【qiáo ㄑㄧㄠˊ】 풀 ■소:약 이름

설문 0632 艸也。从艸。沼聲。《昨焦切。2部。籒文作「蕱」。》/46

菭 (지)【tái ㄊㄞˊ】 本[물이끼] ■태:이끼 ■지:국화

설문 0468 水青衣也。《依『爾雅:音義』補「青」字。藍人菭菹。鄭司農曰。箈。水中魚衣。玄謂箈、箭萌。玉裁按。先、後鄭異字。先鄭作「菭」、從艸。許說正同。後鄭作「箈」、從竹。『郭-注:爾雅』引箈菹鴈醢。從後鄭也。『後鄭-注』當有菭當爲箈四字、而佚。『今本-周禮』作「箈」。混誤不成字。所當正者也。『吳都賦:注』曰。海苔生海水中。正青。狀如亂髮。乾之赤。鹽藏有汁。名曰濡苔。》从艸。治聲。《徒哀切。沈重云。北人丈之反。1部。今作苔。》/37

菁 (육)【yù ㄩˋ】 풀

설문 0450 艸也。从艸。育聲。《余六切。3部。》/36

菮 (현)【xián ㄒㄧㄢˊ】 풀

설문 0333 艸也。从艸。弦聲。《胡田切。12部。》/29

䔢 華 화【huá ㄏㄨㄚˊ】[설문부수 219] ㉠㊤㊥⑨ huā 꽃(필), 빛, 번성할, 고울 ■과:비뚫어질

설문 3722 榮也。《見『釋艸』。〔艸部〕曰。葩、華也。〔舜(舜)部〕曰。䔢、華榮也。按『釋艸』曰。蘤芛葟華榮。渾言之也。又曰。木謂之「華」。艸謂之「榮」。榮而實者謂之「秀」。榮而不實者謂之「英」。析言之也。引伸爲『曲禮』削瓜爲國君華之之字。又爲光華、華夏字。》从艸䔢。《䔢亦聲. 此以會意包形聲也。戶瓜切。又呼瓜切。古音在 5部。俗作「花」。其字起(起)於北朝(朝)。》凡䔢(華)之之屬皆从䔢。/275

유사 드리울 수(垂) 그물 필(𦍒)

형성 (2자+1) 화(譁 譁)1579 엽(曄 曄)3723 화(韡 韡)

菲 (비)【fěi ㄈㄟˇ】 채소 이름, 향초

설문 0619 芴也。《『釋艸』、『毛傳』皆同。『釋艸』又云。菲、蒠菜也。》从艸。非聲。《芳尾切。15部。籒文作「䕁」。》/45

莀 (려)【lì ㄌㄧˋ】 쑥, 초록빛

설문 0296 艸也。可𠂤(以)染畱(留)黃。《〔糸部:綟〕下曰。帛、莀艸染色也。「畱(留)黃」、辭賦家多作「流黃」。『皇侃-禮記:義疏』作「駵黃」。土剋水。故中央駵黃。色黃黑也。漢諸侯王盭綬。晉灼曰。盭、艸名。出琅邪平昌縣。似艾。可染黃。因以爲綬名。玉裁按。盭、同音叚(假)借字也。漢制盭綬在紫綬之上。其色黃而近綠。故徐廣云似綠。或云似紫綬、名緺綬者、非也。緺、紫青色。與綟不同。》从艸。戾聲。《郎計切。15部。》/27

菳 (금)【qīn ㄑㄧㄣˉ】 ㊤㊥⑨㉲ qín 향풀, 까치무릇

설문 0386 黃菳也。《『本艸經』、『廣雅』皆作黃芩。今藥中黃芩也。》从艸。金聲。《巨今切。7部。》/32

䋫 (쟁)【zhēng ㄓㄥˉ】 풀 어지러운 모양

설문 0526 䋫薴、《逗。》艸亂也。从艸。爭聲。《側莖切。11部。》杜林說䋫蘯(薴)艸皃(貌)。《䋫蘯 疊韵(疊韻)。此葢(蓋)出『蒼頡訓纂』、『蒼頡故』。》/40

菶 (봉)【běng ㄅㄥˇ】 우거질, (열매)많이 달릴

설문 0484 艸盛。《毛曰。菶菶萋萋。梧桐盛也。》从艸。奉聲。《補蠓切。9部。『說文』兩引『詩』瓜瓞菶菶。『今-生民』作唪唪。假借。》/38

菸 (어)【yān ㄧㄢˉ】 ㊤ yū 말라 죽을, 썩을 ■연:같은 뜻

설문 0533 鬱也。《「鬱」【各本】作「鬱」。誤。蔫菸鬱三字雙聲。鬱者如釀鬱也。『王風』。中谷有蓷。暵(暵)其乾矣。毛曰。暵、菸皃(貌)。陸艸生於谷中。傷於水。玉裁按。暵卽蔫字之假借。故旣云暵其乾。又云暵其溼(濕)。乾溼文互相足。》从艸。於聲。《央居切。5部。》一曰殘也。《殘、病也。菸殘雙聲。『九辯』曰。葉菸邑而無色。按鬱殘二義互相足。》/40

菹 저【jū ㄐㄩˉ】 ㊤㊥⑨㉲ zū 김치 ■차:푸서리, 땅 이름

설문 0569 酢菜也。《酢今之醋字。菹須醯成味。『周禮』七菹。韭菁茆葵芹箈筍也。鄭曰。凡醯醬所和。細切爲齏。全物若䐑爲菹。『少儀』麋鹿爲菹。則菹之稱菜肉通。玉裁謂。齏菹皆本菜稱。用爲肉稱也。》从艸。沮聲。《側魚切。5部。》䕡或从皿(血)。䕡或从缶。《按二篆【今本】從皿。『李燾本:注』或從血。『五篇:血部』有䖾䕡二字。『玉篇:血部:䖾』字下引『周禮:醢人』七䖾。菹或從血者。鄭君菜肉通稱之說是也。從缶者、謂鬱諸器中乃成也。菹醢通稱。故〔血部〕云䖾、醢也。此〔艸部:䖾䕡〕二字葢(蓋)後人增之。》/43

형성 (1자) 저(䖾 䖾)3035

菻 (름)【lín ㄌㄧㄣˊ】 ㊌㊥⑨㉆ lǐn 뺑때쑥, 지칭개, 나라 이름

설문 0420 蒿屬。《郭樸曰。莪蒿亦曰䕡蒿。按䕡同菻。許不言莪菻一物也。》从艸。林聲。《力稔切。7部。》/35

菿 (착)【dào ㄉㄠˋ】 ㊌㊥⑨㉆ zhì 풀 큰 모양 ■도:초목 거꾸러질

설문 0547 艸大也。《『毛詩』。倬彼甫田。『韓詩』作「菿彼圃田」。『釋故』曰。菿、大也。卓聲到聲古同在弟 2部。》从艸。到聲。《都盜切。O 案【各本】篆作「菿」。訓同。『玉篇』、『廣韵(韻)』皆無菿字。菿之誤也。後人檢菿字不得。則於〔艸部〕末綴菿篆。訓曰艸木倒。語不可通。今更正。『爾雅』釋文、『廣韵:四,覺』皆引『說文』菿、艸大也。》/41

萁 (기)【qí ㄑㄧˊ】 콩대, 풀 이름 ■개:나무이름

설문 0228 豆莖也。《當云尗而曰豆。從漢時語也。或後人改之。『楊惲傳』。種一頃豆。落而爲萁。『孫子兵法』曰。惎秆一石。當吾二十石。『曹操:注』。惎音忌。豆稭也。按惎卽萁字。『潘岳-馬汧督誄』曰。萁稈空虛。用惎秆字。》从艸。其聲。《渠之切 1部。》/23

萃 췌【cùi ㄘㄨㄟˋ】 풀 모양, 머위, 괘 이름 ■취:속음 ■줄:같은 뜻 ■채:옷이 맞스치는 소리(衣聲)

설문 0519 艸皃(貌)。《『易:彖傳』曰。萃、聚也。此引伸之義。》从艸。卒聲。讀若瘁。《秦醉切。15部。按【鍇本】無萃。》/40

형성 췌(膵) 췌장

萄 (도)【táo ㄊㄠˊ】 포도、궁 이름

설문 0637 艸也。《今人爲蒲萄字。》从艸。匋聲。《徒刀切。古音在 2部。籒文作「䕞」。》/46

● 萅 봄 춘(春)-본자

萆 (벽)【bì ㄅㄧˋ】 ㊌㊥⑨㉆ pì 本[비옷] 도롱이 ■비:며래뿌리 ■폐:풀이름 ■비:덮 도꼬로마(다년생 풀) ■패:고삐, 청미래 덩굴

설문 0582 雨衣。一曰衰衣。《謂萆一名衰也。『韋昭-注:齊語』曰。襏襫、蓑薜衣也。「薜」或作「襞」。皆卽萆字。『廣雅:釋器』曰。萆謂之衰。》从艸。卑聲。《蒲歷切。16部。》一曰萆歷佀(似)烏韭。《此別一義。艸名也。烏韭在『本艸:艸部』下品之下。石衣也。靑翠茸茸。長者可四五寸。》/43

萇 (장)【cháng ㄔㄤˊ】 양도(羊桃:다년생 만초)

설문 0287 萇楚、《逗。》銚弋。《見『檜風』、『釋艸』、『毛傳』。》一曰羊桃。《陸璣、張揖皆曰羊桃也。》从艸。長聲。《直良切。10部。》/26

萈 萈 환【huán ㄏㄨㄢˊ】 [설문부수 376] 산양의 가는 뿔

설문 5998 山羊細角者。从兔(兎)足。从苜聲。《〔苜部〕下曰。从𦍌、从目。萈从苜。胡官切。14部。苜在15部。合音冣(最)近。俗作羱。》凡萈之屬皆从萈。讀若丸。寬(寬)字从此。《寬用爲聲。》/473

성부 寬寬관

형성 (1자) 환(䕎䕎)1363

萉 萉(비)【fèi ㄈㄟˋ】 모시 ■분:삼씨 ■복:무우

설문 0233 枲(枲)實也。《枲、麻也。枲實、麻子也。『釋艸』作「黂(黂)」。『周禮:籩人、艸人』作「蕡」。『喪服傳』云。苴絰、苴麻之有蕡者也。按麻實名萉(萉)。因之麻亦名萉。『艸人』用蕡。『說文:𣏟』下云。萉之總(總)名。皆是。》从艸。肥聲。《房未切。15部。》䕎萉或從麻賁。《按賁聲本在 15部。音轉入 13部。故黂亦符刃、符分切。》/23

萊 (래)【lái ㄌㄞˊ】 명아주, 거칠 ■려:신선의 섬

설문 0625 蔓華也。《蔓華也。『今-釋艸』作「釐」、蔓華。許所見作「萊」。『小雅』北山有萊之萊。未知卽此與不也。【經典】多用爲艸萊字。》从艸。來聲。《洛哀切。1部。籒文作「𦽝」。》/46

萋 (처)【qī ㄑㄧˉ】 (초목)우거질, 아름다울 ■자:같은 뜻

설문 0483 艸盛。从艸。妻聲。《七稽切。15部。》『詩』曰。菶菶萋萋。《『大雅』文。謂梧桐也。艸木同類。》/38

萌 (맹)【méng ㄇㄥˊ】 (초목이)싹틀, 싹 ■망:까끄러기 ■몽:같은 뜻 ■명:풀이름

설문 0470 艸木芽也。《「木」字依『玉篇』補。『說文』以艸木芽、艸木榦(幹)、艸木葉聮(聯)綴成文。萠(萌)芽析言則有別。『尙書:大傳』。周以至動、殷以萌、夏以牙是也。統言則不別。故曰萠、艸木芽也。『月令』。句者畢出。萠者盡達。『注』。句、屈生者。𦫳(芒)而直曰萠。『樂記』作區萠。》从艸。朙(明)聲。《武庚切。古音在 10部。》/37

萍 (평)【píng ㄆㄧㄥˊ】 개구리밥

설문 7115 苹也。《苹蓱二篆見〔艸部〕。『篇』、『韵(韻)』皆云。萍蓱同字。疑【許書】本有萍無蓱。『小正』、『毛詩』、『爾雅』皆作苹。『爾雅』、『毛傳』皆曰蓱也。蓱卽萍之別字。『周禮:萍氏』、疑本作「苹氏」。然則『說文:艸部:苹』下曰萍也、與〔水部:萍〕下曰苹也爲轉注。不當有蓱篆。》水艸也。从水苹。《「水艸也」三字、『釋詁』水之意。》苹亦聲。《薄經切。11部。》/567

菌 (고)【gù ㄍㄨˋ】 풀

설문 0323 艸也。从艸。固聲。《古慕切。5部。》/29

萎 (위)【wēi ㄨㄟˉ】 ㊌㊥⑨㉆ wèi 本[소 먹일] (말라)시들、앓을

설문 0594 食牛也。《下文云。以穀萎馬。則牛馬通偁(稱)萎。》从艸。委聲。《於僞切。16部。今字作「餧」。見『月令』。》/44

萐 (삽)【shà ㄕㄚˋ】 삽보풀

설문 0224 萐莆、《逗。》瑞艸也。堯時生於庖廚。扇暑而涼。《『白虎通』曰。孝道至則萐莆生庖

㉆ 作家出版社〔董蓮池-說文解字考正〕 ⑨ 九州出版社〔柴劍虹-說文解字〕 ㉠ 陝西人民出版社〔蘇寶榮-說文解字今注今譯〕 ㊌ 上海古籍出版社〔說文解字注〕 ㊥ 中華書局〔臧克和-說文解字新訂〕

廚。蓮莆者、樹名也。其葉大於門扇。不搖自扇。於飲食淸涼助供養也。『論衡』作「箑脯」。言廚中自生肉脯。薄如箑。搖鼓(鼓)生風。寒涼食物。》从艸。疌聲。《山洽切。8部。》/22

萑 (추)【zhuī ㄓㄨㄟ】 풀 우거진 모양, 익모초 ■환:물억새, 눈물 흘리는 모양

설문 0655 艸多皃(貌)。《此從【鍇本】廁此。【鉉本】以萑廁蓷篆後。非也。詳蓷下。》从艸。隹聲。《職追切。15部。籒文作「藿」。》/47

萑 환【huán ㄏㄨㄢˊ】[설문부수 111] 부엉이

설문 2210 鴟屬。《鴟、雖也。『釋鳥』。萑老兎(兔)。郭云。木兔也。似鴟鵂而小、兔頭。》从隹。从丫。有毛角。《說从丫之意。毛角者、首有蔟毛如角也。》所鳴其民有旤。凡萑之屬皆从萑。讀若和。《當「若桓」。云若和者、合韵也。舊藿字以爲聲。胡官切。14部。》/144

성부 蒦蒦약 藿藿관

형부 구〈舊舊 舊〉

형성 (1자) 추(藿 藿)622

茻 (규)【jiū ㄐㄧㄡ】 서로 얽힐 ■교:같은 뜻(艹부 8획)

설문 1383 艸之相丩者。《艸相糾繚。故从茻 丩。不專謂秦艽也。》从茻丩。丩亦聲。《居虯切。3部。》/88

◀ 제 9 획 ▶

萩 (추)【qiū ㄑㄧㄡ】 쑥

설문 0423 蕭也。从艸。秌(秋)聲。《七由切。3部。古多以萩爲楸。如『左氏傳』伐雍門之萩、『史』、『漢』河濟之間千樹萩是也。》/35

萩 (무)【mòu ㄇㄡˋ】 ㊤㊥⑨㉿ mào 가는 풀 더부룩할 ■모:같은 뜻

설문 0515 細艸叢生也。《萩與茂音義同。『廣雅』曰。萩萩、茂也。萩卽萩之譌。》从艸。敄聲。《莫候(候)切。古音 3部。曹憲亾(亡)老反。音之轉也。》/39

萬 만【wàn ㄨㄢˋ】 本[벌] 일만, 간척을 기지고 추는 춤이름 (艸부 9획)

설문 9285 蟲也。《謂蟲名也。假借爲十千數名。而十千無正字。遂久叚(假)不歸。學者昧其本義矣。唐人十千作「万」。故『廣韵』万與萬別。》从厹(内)。《盇(蓋)其蟲四足像獸。》象形。《與〔虫部:蠆(蠆)〕同。象形盇萬亦蠆之類也。無販切。14部。》/739

유사 일만 만(萬) 사나울 려(厲) 전갈 채(蠆蠆蠆)

성부 厲려 蠆채

형성 (6자) 매(邁 邁)1047 매(講 講)1567
만(蹣 蹣)3779 뢰(糲 糲)4285
려(蠇 蠇)8499 매(勱 勱)8789

萬 (우)【yǔ ㄩˇ】 풀 이름, 성씨 ■구:수레바퀴를 바로잡는 키

설문 0299 艸也。从艸。禹聲。《王矩切。5部。『攷工記-故書』。禹之以眡其匡。先鄭讀爲萬。鄭云萬蔞。未詳何物。》/27

萯 (부)【fù ㄈㄨˋ】 쥐참외, 왕과(王瓜) ■패:속음 ■배:부처풀

설문 0331 王萯也。《『夏小正』。四月王萯秀。『月令』。四月王瓜生。『注』云。『今-月令』云王萯秀。『豳風:四月秀葽:箋』。疑葽卽王萯。『管子:地員』有萯。有大萯細萯。》从艸。負聲。《房九切。古音在 1部。》/29

萴 (측)【zé ㄗㄜˊ】 ㊤㊥⑨㉿ cè 부자(附子), 부자 옆에 붙은 작고 괴상한 뿌리 ■즉:풀

설문 0361 烏喙也。《『廣雅』。椟、奚毒、附子也。一歲爲萴子。二歲爲烏喙。三歲爲附子。四歲爲烏頭。五歲爲天雄。按『本艸經』有附子、烏頭、天雄三條。云烏頭一名奚毒。一名卽子。一名烏喙。卽子卽萴子、猶鯽鰂一字也。『名醫別錄』又沾側子一條。誤矣。》从艸。則聲。《阻力切。1部。按茈藐蒐茜等字皆染艸也。乃中隔以萴字。恐後人妄移。》/30

萸 (유)【yú ㄩˊ】 수유 나무

설문 0464 茱萸也。从艸。臾聲。《羊朱切。古音在 4部。》/37

萹 (변)【biǎn ㄅㄧㄢˇ】 ㊤㊥⑨ biān 마디풀

설문 0276 萹茿(筑茿)也。《三字句。『釋艸』云。竹萹蓄。按竹者釋『毛詩:衞(衛)風』之竹也。『韓、魯(魯):詩』皆作「藩」。『毛詩』獨叚(假)借作「竹」。『爾雅』與『毛詩』合。筑蓄疊韵(疊韻)、通用。『本艸經』亦作「萹蓄。」》从艸。扁聲。《方沔切。12部。》/26

萺 (모)【mào ㄇㄠˋ】 거여목 ■목:같은 뜻

설문 0644 艸也。从艸。冒聲。《莫報切。古音在 3部。籒文作「蕒」。》/46

落 (락)【luò ㄌㄨㄛˋ】 떨어질, 낙엽, 이룰(준공할)

설문 0528 凡艸曰零。木曰落。《「零」『爾雅:音義』作「苓」。落亦爲籬落、纙絡字。〔木部:杝〕落也、〔糸部:纚〕落也、是也。》从艸。洛聲。《盧各切。5部。》/40

芘 (피)【bī ㄅㄧ】 ㊤㊥⑨㉿ pí 피마자, 아주까리 ■비:속음

설문 0298 蒿也。从艸。毗(毗)聲。《房脂切。15部。》/27

菌 시【shǐ ㄕˇ】 똥【漢韓明文大字典】曰:省通作矢、俗乃屎屄。

설문 0603 糞也。从艸。胃省。《會意也。式視切。15部。『左氏-傳』、『史記』假借矢字爲之。官溥說𥼺字之上佀(似)米而非米者、矢字。是漢人多用矢也。》/44

유사 소금밭 로(鹵) 위장 위(胃)

蒯 (괴)【guài ㄍㄨㄞˋ】 ㊤㊥⑨㉿ kuǎi 풀 이름, 기름새

설문 0355 艸也。《『左傳』引『詩』曰。雖有絲麻。無棄菅蒯。

6 ⓪

李善引『聲類』曰。蒯艸中爲索。苦怪切。『史記』馮驩有一劍。蒯緱。裴駰曰。蒯、茅之類。可爲繩。其劍把無物可裝。以小繩纏之也。》从艸。𠭥聲。《按『說文』無𠭥字。而『爾雅』有之。『釋詁』曰。𠭥、息也。『音義』曰。𠭥古怪反。又墟季反。『字林』以爲喟、工懷反。【孫本】作快。【郭文】作「喟」。按𠭥字今不可得其左旁(旁)所從何等。字之本訓何屬。但其古音在15部甚明。『說文』𦗦蔽皆以爲聲。而𦗦字亦作「聵蔽」字。『逸詩』與萃匱爲韵(韻)。皆在 15部也。不知何時「蔽」改作「蒯」。從朋、從刀。殊不可曉。菳(蓋)扶風郿鄉之字誤。郿讀若陪。在第1部, 第6部。與15部相隔絕(絶)遠。而誤其形作蒯。且用爲蔽字。不可從也。『玉篇』引無棄菅「蔽」不作「蒯」。苦怪切。》/30

葆 (보)【bǎo ㄅㄠˇ】 더부룩히 날

설문 0652 艸盛皃(貌)。《『漢書:武五子傳』曰。當此之時。頭如蓬葆(葆)。師古曰。草叢生曰葆。引伸爲羽葆幢之葆。『史記』以爲寶字。》从艸。保(保)聲。《博褒切。古音在 3部。籒文作「𦶜」。》/47

葉 엽【yè ㄧㄝˋ】 잎사귀, 성씨 ■섭:현 이름 ■첩:책의 편 이름

설문 0474 艸木之葉也。《凡物之薄者。皆得以葉名。》从艸。枼聲。《與涉切。古音在 8部。》/37

형성 (2자+1) 엽(偞)4760 첩(堞)8667 첩(褋)

菅 (간)【jiān ㄐㄧㄢˉ】 풀 이름, 산 이름

설문 0267 香艸也。《依『衆經音義』補二字。》出吳林山。《『中山經』曰。吳林之山。其中多䔋草。又云。䔋山有䔋水出焉。又云。有艸、其狀如䔋。郭云。䔋卽菅。誤。》从艸。姦聲。《古顔(顏)切。14部。》/25

葍 (복)【fú ㄈㄨˊ】 겨자과에 속하는 갓과 무의 얼치기 같은 채소 ■부:같은 뜻

설문 0348 䔰也。《見『釋艸』。郭云。大葉白華。根如指。正白。可啖。按『邶風:箋』云。葑菲。二菜、蔓菁與葍之類也。皆上下可食。此根可啖之證也。郭又云。葍華有赤者爲藑。藑、葍一種耳。亦猶蔆苕華黃白異名。陸機云。葍有兩種。一種莖葉細而香。一種莖赤有臭氣。按毛公云葍惡菜。殆因有臭氣與。》从艸。畐聲。《方六切。古音在 1部。》/29

葎 (률)【lǜ ㄌㄩˋ】 갈퀴덩굴, 한삼덩굴

설문 0375 艸也。《『唐-本艸』曰。葛葎蔓。『宋-本艸』曰。葛勒蔓。似葛有刺。》从艸。律聲。《呂戌切。15部。》/31

𦺋 (진)【jīn ㄐㄧㄣˉ】 ㊤㊥⑨㉆ jiān 풀 무성할 ■정:같은 뜻

설문 0656 艸皃(貌)。《『集韵(韻)』一先曰。『詩:𦺋𦺋者莪』。李舟說。》从艸。津聲。《子僊切。古音 12部。籒文作「𦼫」。》/47

葑 (봉)【fēng ㄈㄥˉ】 순무

설문 0378 須從也。《『邶風』。采葑采菲。『毛傳』曰。葑、須也。『釋艸』曰。須、〈逗〉葑蓯。『說文』曰。葑、須從也。三家互異而皆不誤。葑須爲雙聲。葑從爲疊韵(疊韻)。單評之爲葑。絫評之爲葑從。單評之爲須。絫評之爲須從。語言之不同也。或許所據『爾雅』與【今-本】異矣。『坊記:注』云。葑、蔓菁也。陳宋之間謂之葑。『方言』云。蘴蕘、蕪菁也。陳、楚之郊謂之蘴。『郭-注』。蘴舊音蜂。今江東音嵩。字作菘也。玉裁按。蘴菘皆卽葑字。音讀稍異耳。須從正切菘字。陸佃、嚴粲、羅願皆言在南爲菘。在北爲蕪菁、蔓菁。若菰葑讀去聲。別是一物。》从艸。封聲。《府容切。9部。》/32

葜 (연)【ruǎn ㄖㄨㄢˇ】 목이버섯

설문 0458 木耳也。《『內則』記燕食所加庶羞有芝栭。『正義』曰。盧植云。芝、木芝也。王肅云。無華而實者名栭。按「芝栭」猶『攷工記』之「之而」。鄭君謂芝栭爲一物。栭卽葜字也。今人謂光滑者木耳。皺者蕈。許意謂蕈爲木耳。》从艸。耎聲。《而兖切。14部。按耎從大而聲。『內則』作「栭」。又作「楩」。賀氏云。栭、楩棗。【其-所據:本】作「楩」也。釋文云。又作「檽」。檽字誤。》一曰萮茈。《未聞。『說文』亦無萮字。『集韵(韻):九, 麌』。萮勇主切。萮茈、木耳。是謂葜之一名也。》/36

菑 甾(치)【zāi ㄗㄞˉ】 ㊤㊥⑨㉆ zī 묵 밭, 한 해 된 밭, 따비밭 ※ 치(甾)의 본래 글자

설문 0543 不耕田也。《海寧陳氏鱣曰。不、當爲才。才耕田、謂始耕田也。才財材皆訓始。玉裁按。不當爲反。字之誤也。『爾雅』田一歲曰菑。『毛詩:傳』、『馬融、虞翻(飜)-易:注』皆用之。『韓詩』、『董遇-易:章句』皆曰。菑、反艸也。與田一歲義相成。『詩:大田:箋』曰。俶載讀爲熾菑。時至。民以其利耜熾菑。發所受之地。趨農急也。攷諸【經傳】。凡入之深而植立者皆曰菑。如『攷工記:輪人』菑訓建輻。『弓人』菑訓以鋸副析。『公羊傳』以人爲菑。『漢書』楗石菑。鄭仲師云。泰山平原所樹立物爲菑。聲如胾。博、立梟棊亦爲菑。其他若『毛傳』木立死曰菑。『漢書』事刃公之腹中。『急就篇』。分別部居不襍(雜)廁。『漢-太學石經』以人爲側。皆此字之引伸假借。又假爲烖害字。》从艸田。巛聲。《【鍇本】原有「聲」字。惟田巛二字倒易。又誤合爲一字。鍇欲作從艸、巛田。無聲字。非也。初耕反艸。故從艸田會意。以巛爲聲也。側詞切。1部。》『易』曰。不菑畬。《『周易:无妄(妄), 六二』爻辭。『周禮:注』作不菑而畬。語較明。言爲之無漸也。畬、二歲田也。》𤰝 菑或省艸。《此取巛諧聲。鄭所云利耜熾發地之意也》/41

【淄】下『注』云:《〔許-水部〕無淄字。此淄菑(蓋)俗加水旁耳。『周禮』作「菑」。『漢志』作「菑」。古字也。淄甾其道。『禹公:青州』文。》/539

萛 (시)【shī ㄕˉ】 ㊤㊥⑨㉆ chí 지모

설문 0583 艸也。《芪母前已見。則此非芪母也。》从艸。是聲。《是支切。16部。案艸名之字。不當廁此。》/43

葚 심【shèn ㄕㄣˋ】 오디(桑實) ※ 심(黮)과 같은 글자

설문 0459 桑實也。《見『詩』。》从艸。甚聲。《常衽切。7部。》/36

참고 육(䕧)

葛 갈【gě ㄍㄜˇ】 ㉠㊤㊥⑨㉢ gé 칡, 갈포, 나라 이름 ■결:칡

설문 0437 絺綌艸也。《『周南』。葛之覃兮。爲絺爲綌。》从艸。曷聲。《古達切。15部。》/35

성부 藹애

형성 (1자) 갈(鄗)3917 갈(擖)7566

葛 양【cháng ㄔㄤˊ】 ㊤㊥ tāng ⑨㉢ chāng 풀 이름, 자리공 ■창·탕:같은 뜻

설문 0351 艸也。《「也」字【各本】無。今補。按『說文』凡艸名篆文之下。皆複擧(擧)篆文某字日某艸也。如葵篆下必云葵菜也。蘦篆下必云蘦艸也。篆文者其形。說解者其義。以義釋形。故『說文』爲小學家言形之書也。淺人不知。則盡以爲贅而刪(刪)之。不知葵菜也。蘦艸也、河水也、江水也皆三字句。首字不逗。今雖未復其舊。爲擧其例於此。此募篆之下。本云募艸也。【各本】旣刪募字。又去也字。則募篆不爲艸名。似爲凡枝枝相値、葉葉相當之偁(稱)矣。『玉篇:募』下引『說文』謂卽蓫募。(句)馬尾、蔏陸也。蕩同募。攷『本艸經』日。商陸一名募。根一名夜呼。陶隱居日。其花名募。是則衆呼日蓫募。單呼日募。或謂其花募。或謂其莖葉募也。》枝枝相値。葉葉相當。从艸。昜聲。《褚羊切。10部。》/29

형성 (1자) 탕(蕩湯)6697

蓡 (삼)【shēn ㄕㄣ】 ㊤㊥⑨㉢ shān 인삼

설문 0605 喪藉也。从艸。侵聲。《按此字可疑。上文日。蔓、覆也。從艸、侵省聲。不得以一省一不省畫(畫)爲二字二義、明矣。且鉉日失廉切。則與苫音義同。苫固凶服覆席也。且以次第求之。不當廁此。》/44

葥 (전)【jiàn ㄐㄧㄢˋ】 산딸기, 질경이 씨

설문 0292 山苺也。《見『釋艸』。》从艸。歬聲。《子賤切。古音在 12部。》/26

葦 (위)【wěi ㄨㄟˇ】 갈대, 거룻배

설문 0623 大葭也。《『夏小正』日。未秀則不爲萑葦。秀然後爲萑葦。『毛傳』日。八月薍爲萑、葭爲葦。許云大葭、猶言葭之已秀者。》从艸。韋聲。《于鬼切。15部。籒文作「𦵔」。》/45

葩 (파)【pā ㄆㄚ】 꽃

설문 0477 華也。《古光華字與花實字同義同音。葩之訓華者、艸木花也。亦華麗也。艸木花冣(最)麗。故凡物盛麗皆日華。韓愈日。『詩』正而葩。謂正而文也。葩亦散也。通作「吧」。『靈樞經』日。紛紛吧吧。終而復始。》从艸。吧聲。《晉(普)巴切。古音在 5部。》/37

葬 장【zàng ㄗㄤˋ】 묻을, 장사 지낼, 장사, 감출

설문 0667 臧也。《見『檀弓』。》从死在茻中。一、其中所吕(以)荐之。《「荐」【各本】作「薦」。今正。荐、艸席也。有藉義。故凡藉於下者用此字。》『易』日。古者葬、厚衣之以薪。《此引『易:毄(繫)辭』。說從死在茻中之意也。上古厚衣以薪。故其字上下皆艸。》茻亦聲。《此於曡(疊)韵得之。則浪切。10部。》/48

葭 (가)【jiā ㄐㄧㄚ】 어린 갈대(로 만든 자리), 갈대청

설문 0624 葦之未秀者。从艸。叚聲。《古牙切。古音在 5部。籒文作「蕼」。》/46

葰 (유)【suī ㄙㄨㄟ】 생강, 새앙 ■수:속음 ■솨:같은 뜻 ■사:현이름 ■준:클

설문 0268 薑屬。可吕(以)香口。《『旣夕禮-實綏澤焉:注』。綏、廉薑。澤、澤蘭也。皆取其香且禦溼(濕)。按綏者、葰之叚(假)借字。一名山辣。今藥中三柰也。『吳都賦』謂之薑彙。》从艸。俊聲。《息遺切。15部。》/25

葴 (침)【zhēn ㄓㄣ】 마람(馬藍), 쪽의 한가지 ■함·감:같은 뜻

설문 0353 馬藍也。《見『釋艸』。郭云。今大葉冬藍也。『釋艸』又云。葴、寒漿。郭云。今酸漿艸。江東呼日苦葴。『子虛賦』。葴析苞荔。張揖釋以馬藍。郭樸云。葴、酸漿、江東名烏葴。》从艸。咸聲。《職深(深)切。7部。》/30

葵 (규)【kuí ㄎㄨㄟˊ】 아욱, 해바라기

설문 0240 菜也。《崔寔日。六月六日可種葵。中伏後可種冬葵。九月可作葵。葅、乾葵。『齊民要術』有種葵法、種冬葵法。》从艸。癸(癸)聲。《彊惟切。15部。今作葵。》/23

葷 (훈)【xūn ㄒㄩㄣ】 ㊤㊥⑨㉢ hūn 훈채(생강과 의 매운 채소), 매울, 냄새날

설문 0254 臭菜也。《謂有气之菜也。『士相見禮』。夜侍坐。問夜膳。葷。請退可也。『注』。葷、辛物。葱(蔥)薤之屬。食之以止臥。古文「葷」作「薰」。『玉藻』。膳於君有葷桃茢。『注』。葷、薑及辛菜也。葷或作「焄」。按『儀禮:注』謂葱薤之屬爲辛物。卽『禮記:注』所謂辛菜也。『禮記:注』先以薑者。薑辛而不葷。金辛之臭腥。葱薤之屬皆辛而葷。實與薑同類也。葷古作薰。或作焄者。殞得名薰。猶治日亂。『祭義:注』。焄謂香臭也。》从艸。軍聲。《許云切。13部。》/24

葺 (집)【qì ㄑㄧˋ】 (지붕을)일, 기울, 겹칠

설문 0563 茨也。从艸。咠聲。《七入切。7部。》/42

葻 (람)【lán ㄌㄢˊ】 풀이 바람에 흔들리는 모양 ■풍:풀이름

설문 0518 艸得風皃(貌)。从艸風。風亦聲。讀若婪。《盧含切。古音在 7部。》/40

6 0

葼 (종)【zōng ㄗㄨㄥ】가는 나뭇가지

설문 0487 青齊兗冀謂木細枝曰葼。《見『方言』。引『傳』曰。慈(慈)母之怒子也。雖折葼笞之。其惠存焉。》从艸。嵏聲。《子紅切。9部。》/38

葽 (요)【yāo ㄧㄠ】애기풀, 우거질

설문 0454 艸也。从艸。要聲。《於消切。2部。》『詩』曰。四月秀葽。劉(劉)向說此味苦。苦葽也。《四月秀葽。『豳風』文。毛曰。葽者、葽艸也。『箋』云。『夏小正』四月王萯秀。葽其是乎。物成自秀葽始。玉裁按。『小正』四月秀幽。幽葽一語之轉。必是一物。似鄭不當援王萯也。劉(劉)向說此味苦、苦葽也。苦葽當是漢人有此語。漢時目驗。今則不識。其味苦則應夏令也。小徐按【字書】云狗尾艸。夫狗尾即莠。莠、四月未秀。非莠明矣。》/36

蒁 (술)【shù ㄕㄨˋ】봉아술, 광술 ■일:같은 뜻

설문 0285 艸也。《『陳藏器-本艸』。蓬莪茂。〈旬律切〉一名蓬莪。二名蒁。三名波殺。徐鍇引之。未知是否。》从艸。述聲。《食聿切。15部。》/26

◀ 제 10 획 ▶

营 (궁)【qiōng ㄑㄩㄥ】궁궁이

설문 0264 营藭(窮)、《逗。》香艸也。《『左傳』作鞠窮。賈逵云。所以禦溼(濕)。按『今本-左傳』。有山鞠窮乎。山字、『注疏』皆不釋。疑衍。或本作蘜。而譌爲二字。》从艸。宮聲。《去弓切。9部。》 营 司馬相如說营从弓。《葢(蓋)『凡將篇』如此作。弓聲在 6部。古音讀如肱。音轉入 9部。如躳(躬)字亦或弓聲。》/25

蒐 수【sōu ㄙㄡ】⑨ wōu 本[꼭두서니 풀] 모을, 숨길

설문 0362 茅蒐、《逗。》茹蘆。《蘆音閭。【鉉本】作藘。『鄭風』茹藘在阪。『釋艸』、『毛傳』皆云。茹藘、茅蒐也。陸璣云。茹藘、茅蒐、蒨艸也。一名地血(血)。齊人謂之茜。徐州人謂之牛蔓。今圃人或作畦種蒔。故『貨殖傳』云。卮茜千石、亦比千乘之家。按『本艸經』有茜根。『蜀本-圖經』、『蘇頌-圖經』言其狀甚悉。『徐廣-注:史記』云。茜一名紅藍。其花染繒赤黃。此即今之紅花。張騫得諸西域者。非茜也。陳藏器云。茜與蘘荷皆『周禮』攻蠱嘉艸之冣(最)。》人血所生。可目(以)染絳。《云人血所生者。釋此字所以從鬼也。》从艸鬼。《會意。所鳩切。3部。茅古音矛。茅蒐、茹蘆皆疊(疊)韵也。【經傳】多以爲春獵字。》/31

蒔 (시)【shì ㄕˋ】모종할, 설, 모종낼

설문 0520 更別種。《『方言』曰蒔、立也。蒔、更也。『堯典』。播時百穀。鄭讀時爲蒔。今江蘇人移秧插(揷)田中曰蒔秧。》从艸。時聲。《時吏切。1部。》/40

蔋 (적)【dí ㄉㄧˊ】(초목이)말라 죽을, 풀과 나무가 가물에 타죽을

설문 0506 艸旱盡也。《此與艸木多益反對成文。》从艸。俶聲。《徒歷切。古音在 3部。》『詩』曰。蔋蔋山川。《『大雅』文。『今-詩』作「滌滌」、毛云。滌滌旱氣也。山無木。川無水。按『玉篇』、『廣韵(韻)』皆作「蔋」。今疑當作「蓫」。艸木如盪滌無有也。叔聲淑聲字多不轉爲徒歷切。『詩』踧踧周道、踧字亦疑誤。》/39

蒙 몽【méng ㄇㄥˊ】소나무겨우살이, (은혜, 옷)입을, 어두울

설문 0627 王女也。《「王」或作「玉」。誤。『釋艸』云。蒙、王女。又云。唐蒙、女蘿。女蘿、兔(兎)絲。孫炎曰。別三名。按『衛(衛)風:爰采唐矣:傳』云。唐蒙、菜名。『小雅:蔦與女蘿:傳』云。女蘿、兔絲松蘿也。疑『爾雅』、『毛傳』此二條皆不謂一物。》从艸。冡聲。《莫紅切。9部。籒文作「䝉」。今人冡冒皆用蒙字爲之。》/46

형성 (5자+1) 몽(矇)2095 몽(幪)2316 몽(艨)3094 몽(濛)6986 몽(蠓)8471 몽(朦)

菡 (함)【hàn ㄏㄢˋ】연꽃, 연꽃 봉오리

설문 0408 菡蔄也。从艸。函聲。《胡感切。8部。》/34

蒚 (력)【lì ㄌㄧˋ】산마늘 ■핵:부들꽃

설문 0318 夫離上也。《見『釋艸』。》从艸。鬲聲。《力的切。16部。按前旣有莞艸可以作席之文。復出蔙字。則『爾雅』蔙苻離、非可以作席之莞也。》/28

蓛 (책)【cè ㄘㄜˋ】곡식을 여물과 섞어 말에 먹일 ■색:잔소리하는 모양

설문 0595 目(以)穀萎馬置莝中。《以穀曰餗。穀襍(雜)莝中曰蓛。》从艸。敕聲。《楚革切。古音 16部。》/44

蒜 (산)【suàn ㄙㄨㄢˋ】마늘

설문 0609 葷菜也。菜之美者雲夢之葷菜。《『爾雅:音義』、『齊民要術』、『太平御覽』引皆作此九字。『音義』云。一本如是。今兩存之。『大戴-禮:夏小正』。十二月納卵蒜。卵蒜者何。本如卵者也。納者何。納之君也。案經之卵蒜、今之小蒜也。凡物之小者偁(稱)卵。『禮』之卵醬、即鯤醬。『詩』之總(總)角丱兮、謂幼稚也。丱者、『說文』卵字也。陶貞白云。小蒜名薍子。薍音亂。即『小正』卵字。其大蒜乃張騫始得自西域者。『本艸』。大蒜名葫。小蒜名蒜。葢(蓋)始以大蒜別於蒜。後復以小蒜別於大蒜。古衹有蒜而已。》从艸。祘聲。《蘇貫切。14部。案蒜字當聯葷字之下。今在此者、寫者脫而補於此。或曰當下屬芥葱字。亦大篆從茻之一也。》/45

蒝 (천)【yuán ㄩㄢˊ】초목의 모양 ■원:줄기와 잎을 펴서 깔

설문 0489 艸木形。从艸。原聲。《愚袁切。14部。》/38

蒟 (구)【jǔ ㄐㄩˇ】구약 나물

설문 0460 果也。《『史記』、『漢書』有枸醬。『左思-蜀都賦』、『常璩-華陽國志』作「蒟」。『史記』亦或作「蒟」。據劉(劉)逵、顧微、宋祁諸家說。即扶留(留)藤也。葉可用食檳(檳)榔。實如桑葚而長。名蒟。可爲醬。『巴志』曰。樹

有茘支。蔓有辛蒟。然則此物滕生緣木。故作「蒟」、從艸。亦作「枸」、從木。要必一物也。〔許君-木部〕有枸字。云可爲醬。於〔艸部〕又有蒟字。葢不能定而兩存之。次於葚者、以其實似葚也。其實名蒟。故云果也。果、木實也。當云蒟果也、爲三字句。》从立。昫聲。《俱羽切。5部。》/36

蒢 (제)【chú ㄔㄨˊ】 마타리, 외나물 뿌리
[설문] 0310 黃蒢、職也。《『釋艸』。職、黃蒢。》从艸。除聲。《直魚切。5部。按【鍇本】無蒢。莞藺皆蒲屬。故次之以蒲也。【鉉本】有之。依『郭-注』蘵似酸漿。未審亦蒲屬否。》/28

蒦 [蒦] 약【huò ㄏㄨㄛˋ】 자, (자로)잴 ■확: 풀 이름 ■왁: 속음
[설문] 2211 規蒦、《逗。》商也。从又持萑。《「規蒦」二字葢(蓋)古語。釋之曰商也。葢手持萑則恐其奪去。圖所以處之。是曰規蒦。乙虢切。5部。》一曰視遽皃(貌)。《矍下云。一曰視遽皃。蒦與矍形聲皆相似。故此義同。》一曰蒦、度也。《度、徒故切。『漢志』曰。寸者、忖也。尺者、蒦也。故蒦爲五度之度。鳥飛起止多有中度者。故雉、蒦皆訓度。度高廣皆曰雉。》彟 蒦或从尋。尋亦度也。《〔寸部〕曰。度人之两(兩)臂爲尋。八尺也。》『楚辭』曰。求矩彠之所同。《見『離騷』。王曰。榘、法也。彠、度也。『高-注:淮南』曰。榘、方也。彠、度法也。》/144
[성부] 獲획
[형성] (11자+1) 호(護)1484 획(韄)1753 확(矆)2053 확(篗)2774 확(臒)3046 확(穫)4231 호(濩)6979 호(鱯)7253 화(擭)7600 확(蠖)8425 확(鑊)8863 확(彠)

蓾 (유)【yōu ㄧㄡ】 [상][中]⑨[작] yóu 풀 이름
[설문] 0631 艸也。从艸。鹵聲。《以周切。3部。籒文作「蘨」。》/46

䔂 (자)【zǎi ㄗㄞˇ】 [상][中]⑨[작] zǐ 국거리 나물(소채)
[설문] 0576 羹菜也。《謂取菜羹之也。『集韵(韻)』有寀字、亨也。卽此字。》从艸。宰聲。《阻史子亥二切。1部。》/43

蒩 (조)【zǔ ㄗㄨˇ】 푸성귀
[설문] 0243 菜也。《『廣雅』。蒩、蕺也。『崔豹-古今:注』曰。荆(荊)楊人謂蒩爲蕺。『蜀都賦:劉-注』曰。蒩亦名土茄。葉覆地生。根可食。人饑則以繼糧。『風土記』曰。蘫、香菜。根似茅根。蜀人所謂蒩香。『段公路-北戸(戶)錄』曰。蘫、秦人謂之葅子。按蘫與蕺同。側立切。作蓝者誤。蒩作蒩葅皆誤。『說文』無蕺字。卽今魚腥艸也。凶年人掘食之。》从艸。祖聲。《則古切。5部。》/23

蒩 (조)【zū ㄗㄨ】 거적 ■저: 같은 뜻 ■추: 거적 집 ■자: 깔
[설문] 0560 茅藉也。《司巫。祭祀共鉏館。杜子春云。鉏讀爲蒩。蒩、藉也。玄謂蒩之言藉也。祭食有當藉者。館所以承蒩。『士虞禮』。苴刌茅長五寸。實于筐。按鄭謂『儀禮』之苴。卽『周禮』之蒩也。》从艸。租聲。《子余切。又子都切。5部。》『禮』曰。《此當云『禮記』曰。脫『記』字。『記』者、百三十一篇文也。》封諸侯目(以)土。蒩目白茅。《『白虎通』、『獨斷(斷)』皆云。天子大社。以五色土爲壇。封諸侯。受天子社土以所封之方色。東方受青。南方受赤。他如其方色。皆苴以白茅授之。歸國立社。按班、「蔡」作「苴」。假借字。許作「蒩」。正字也。》/42

蒬 (원)【yuān ㄩㄢ】 원지, 애기풀, 세초, 영신초
[설문] 0358 棘蒬也。《見『釋艸』。『本艸經』云。遠志一名棘菀。一名葽繞。一名細艸。》从艸。冤聲。《於元切。14部。》/30

𦵹 (담)【tǎn ㄊㄢˇ】 물억새
[설문] 0401 萑之初生。一曰薍。一曰騅。《「騅」【各本】作「雖」。今依『爾雅』。兩一曰、謂𦵹之一名也。『釋言』云。菼、騅也。菼、薍也。『王風:傳』云。菼、騅也。蘆之初生者也。『箋』云。菼、薍也。按毛釋爲騅。恐其與萑無別也。故又申之曰。蘆之初生者也。菼別於蘆。析言之也。統言之則菼亦偁(稱)蘆。鄭恐萑葦無別也。故又申之曰薍也。𦵹與騅皆言其青色。薍言其形。細莖稹密。許云萑之初生。亦以正毛也。》从艸。剡聲。《土敢切。8部。》菼 𦵹或从炎。《『經典』皆作此字。》/33

藿 (육)【yù ㄩˋ】 산부추 ■육: 까마귀 머루 ※ 욱(薁)과 같다
[설문] 0612 艸也。《『爾雅』、藿、山韭。『郭-注』謂山中多有此菜。如人家所種者。故許不謂之菜與。》从艸。隺聲。《余六切。古音在 2部。籒文作「藿」。》『詩』曰。食鬱及藿。《宋掌禹錫、蘇頌皆云。『韓詩』六月食鬱及藿。許於『詩』主毛。而不廢三家也。》/45

蒲 (포)【pú ㄆㄨˊ】 부들, 부들자리, 냇버들, 초가, (엉금엉금)길 ■박: 땅이름
[설문] 0311 水艸也。或目(以)作席。《『周禮』。祭祀席有蒲筵。》从艸。浦聲。《當云從艸水、甫聲。薄胡切。5部。》/28

蒸 [蒸] 증【zhēng ㄓㄥ】 삼대, 겨릅대, 백성, (수증기)김이 올라갈
[설문] 0601 析麻中榦(幹)也。《「析」【各本】作「折」。誤。謂朮〈音匹刃切〉其皮爲麻。其中莖謂之蒸。亦謂之菆。今俗所謂麻骨棓也。『潘岳:西征賦:李-注』云。菆井卽渭城賣麻蒸市也。『毛詩:傳』曰。粗曰薪。細曰蒸。『周禮:甸師:注』云。大曰薪。小曰蒸。是凡言薪蒸者、皆不必專謂麻骨。古凡燭用蒸。『弟子職』云。蒸閒容蒸。『毛詩:傳』云。蒸盡縮屋而繼之是也。》从艸。烝聲。《煑(煮)仍切。6部。》𦳓 蒸或省火。《丞聲烝聲一也。『大射儀:注』、『旣夕禮:注』皆作此烝。張淳、葉林宗所見釋文皆爾。》/44
[형성] (1자) 근(巹)2960

[작] 作家出版社〔董蓮池-說文解字考正〕 ⑨ 九州出版社〔柴劍虹-說文解字〕 [今] 陝西人民出版社〔蘇寶榮-說文解字今注今譯〕 [상] 上海古籍出版社〔說文解字注〕 [中] 中華書局〔臧克和-說文解字新訂〕

蒹 (겸)【jiān ㄐㄧㄢˉ】 어린 물억새
0399 雚之未秀者。《蒙上茅秀而及雚之秀與未秀也。凡【經】言雚葦、言蒹葭、言葭菼、皆竝擧(擧)二物。蒹、菼、雚一也。今人所謂荻也。葭、葦一也。今人所謂蘆也。雚一名薍、一名雎、一名蒹。葦一名華。『釋艸』日。葭華、蒹薕。每二字爲一物。又日。葭蘆、菼薍。亦每二字爲一物。葭蘆卽葭華也。菼薍卽蒹薕也。『夏小正:傳』、毛公、許君說皆同此。『舍人』、李巡、樊光則云蘆薍爲一艸。陸璣、郭樸則又蒹葭菼爲三矣。『夏小正:七月秀雚葦:傳』日。未秀則不爲雚葦。秀然後爲雚葦。又日。雚未秀爲菼。葦未秀爲蘆。按已秀日雚。未秀則日蒹、日薍、日菼也。於此不列雚篆者。以小篆大篆隔之也。》从艸。兼聲。《古恬切。7部。》/33

蒻 (약)【ruò ㄖㄨㄛˋ】 구약나물 ■낙:콩
설문 0312 蒲子。《句。》可目(以)爲平席。《蒲子者、蒲之少者也。凡物之少小者謂之子。或謂之女。『周書』蔑席。〔苜(𦬁)部〕日。織蒻席也。馬融同。王肅日。纖蒻、苹席也。『某氏-尙書:傳』日。底席、蒻苹也。『鄭-注:閒傳』日。芐、今之蒲苹也。『釋名』日。蒲苹、以蒲作之。其體平也。苹者、席安隱之偁(稱)。此用蒲之少者爲之。較蒲席爲細。『攷工記:注』日。今人謂蒲本在水中者爲弱。弱卽蒻。蒻必媆。故蒲子謂之蒻。非謂取水中之本爲席也。》世謂蒲蒻。《『太平御覽』有此四字。》从艸。弱聲。《而灼切。2部。》/28

蒼 (창)【cāng ㄘㄤˉ】 푸른빛, 우거질
설문 0517 艸色也。《引伸爲凡青黑色之偁(稱)。》从艸。倉聲。《七岡切。10部。》/40

萱 (기)【qǐ ㄑㄧˇ】 물고사리 ■회:같은 뜻 ■애:마른 나물
설문 0239 菜之美者、云夢之萱。《『呂氏:春秋』。伊尹對湯日。菜之美者、雲夢之芹。『高-注』。雲夢、楚澤。芹生水涯。許作「萱」。萲(蓋)脫微二韵(韻)轉移冣(最)近。許君采自『伊尹書』。與『呂覽』字異。音義則同。『廣韵(韻)』日。萱菜似蕨。生水中。說者謂豐水有芑卽此。》从艸。豈聲。《『廣韵』袪豨(豨)切。是。『唐韵』作「驅喜」。萲謂萱卽芑字也。15部。》/23

蒿 호【hāo ㄏㄠˉ】 쑥, 김 오를, 고달플 ■후: 쑥 ■고:짚
설문 0648 菣也。《『釋艸』、『小雅:毛傳』同。陸璣日。青蒿也。》从艸。高聲。《呼毛切。2部。籒文作「䔰」。》/47
형성 (2자) 고(薧 𦾶)2446 모(蓩 𦿱)5138

蓁 (진)【zhēn ㄓㄣˉ】 숲, 우거질
설문 0210 艸盛皃(貌)。《『毛詩:傳』日。蓁蓁至盛皃(貌)。》从艸。秦聲。《側詵切。12部。》/39

蓂 (명)【míng ㄇㄧㄥˊ】 ㉳㊥⑨㉶ mì 명협(시간을 알려준다는 풀) ■멱:두루미 냉이
설문 0434 析蓂、《二字逗。》大薺也。《此「薺」當作「齊」。許君薺爲蒺藜字。則薺菜必當作齊。如洛爲歸德水名。則知豫州水名必作雒也。『說文』字多與『爾雅』異。後人依『爾雅』改之。『釋艸』日。菥蓂、大薺。郭云。似薺葉細。按此齊菜中之一種也。》从艸。冥聲。《莫歷切。古音在 11部。》/35

蓄 (축)【xù ㄒㄩˋ】 쌓을, 모을, 감출, 기를, 저축
설문 0660 積也。从艸。畜聲。《丑六切。3部。籒文作「蓄」。》/47

蓆 (석)【xí ㄒㄧˊ】 클, 쌓을, 풀이름, 자리
설문 0556 廣多也。《『鄭風』。緇衣之蓆兮。『釋故』、『毛傳』皆云。蓆、大也。『韓詩』云。儲也。廣義與大近。多義與儲近。》从艸。席聲。《祥易切。古音在 5部。》/42

蓈 (랑)【láng ㄌㄤˊ】 쭉정이
설문 0231 禾粟之莠生而不成者。謂之童蓈。《「莠」【各本】作「采」。錯音穗。「童」【各本】作「董」。今依『詩』、『爾雅:音義』。生而不成、謂不成莠也。不成謂之童蓈。已成謂之莠。此蓈莠二字連屬之義。云禾粟之莠者、惡其類禾而別之也。『小雅』日。不稂不莠。『爾雅』、『毛傳』皆日。稂、童粱也。童粱卽童蓈。『陸璣-疏』云。禾莠爲穗而不成。崱嶷然謂之童粱。【今本】莠作秀。誤。》从艸。郎聲。《魯當切。10部。》稂蓈或从禾。《『今-詩』、『爾雅』皆作此字。非禾而從禾。非孔子惡莠意。》/23

蓋 蓋 개【gài ㄍㄞˋ】 이엉, 일산, 수레 뚜껑, 가릴 ■합:이엉 덮을 ■갑:땅이름
설문 0564 苫也。《引伸之爲發端語詞。又不知者不言、『論語』謂之萢(蓋)闕。『漢書』謂之丘萢。》从艸。盇(盍)聲。《古太切。15部。盇在 8部。此合音也。》/42
형성 (+1) 개(壒 𡒈)

蓍 (시)【shì ㄕˋ】 ㉳㊥⑨㉶ shī 톱풀 ■지:같은 뜻
설문 0416 蒿屬。《謂似蒿而非蒿也。陸璣日。似藾蕭。青色。》生千世三百莖。《『艸木疏』、『博物志』說皆同。『尙書:大傳』日。蓍之爲言耆也。百年一本生百莖。》『易』目(以)爲數。《數、筭(算)也。謂占易者必以是計筭也。詳『易:毄(繫)辭』。》天子蓍九尺。諸侯七尺。大夫五尺。士三尺。《此『禮:三正記』文也。亦見『白虎通』。『儀禮:特牲:饋食』。筮者坐筮。『少牢:饋食』。筮者立筮。『鄭-注』。卿大夫蓍五尺。立筮。士之蓍短。坐筮。皆由便也。賈公彥日。然則天子諸侯立筮可知。》从艸。耆聲。《式脂切。15部。》/34

蓏 (라)【luǒ ㄌㄨㄛˇ】 풀 열매
설문 0222 在木日果。在艸日蓏。《【各本】作「在地日蓏」。今正。考『齊民要術』引『說文』。在木日果。在艸日蓏。以別於『許愼-注:淮南』云。在樹日果。在地日蓏。然則【賈氏所據】未誤。後人用『許-淮南:注』、『臣瓚-漢書:注』改之。惟在艸日蓏。故蓏字从艸。凡爲傳注者主說大義。造【字書】者主說字形。此所以『注:淮南』、作『說文』出一手而互異也。應劭、宋衷云。木實日果。艸實日蓏。與『說文』合。若張晏云。有核日果。無核日蓏。臣瓚云。木上日果。地上

曰蓏。馬融、鄭康成云。果、桃李屬。蓏、瓜瓠屬。『高-注:呂氏春秋』云。有實曰果。無實曰蓏。『沈約-注:春秋:元命苞』云。木實曰果。蓏、瓜瓠之屬。『韓康伯-注:易傳』云。果蓏者物之實。說各不同。皆無不合。高云有實無實、卽有核無核也。》从艸瓜。《此合二體會意。瓜者、本不勝末。微弱也。謂凡艸結實如瓜瓞下垂者、統謂之蓏。郎果切。17部。【鍇本】作「瓜聲」。誤。瓜、窊聲。葢(蓋)在 5部。此會意形聲之必當辨者也。》/22

蓐 욕【rù ㄖㄨˋ】[설문부수 13] (本)[새싹] 누에발, 외양간에 까는 짚이나 풀

설문 0662 陳艸復生也。从艸。辱聲。《而蜀切。3部。》一曰蔟也。《此別一義。〔艸部〕曰。蔟、行蠶蓐也。蓐訓陳艸復生。引伸爲薦席之蓐。故蠶蔟亦呼蓐。》凡蓐之屬皆从蓐。䕰籒文蓐。从茻。《此不與〔艸部〕五十三文爲類而別立〔蓐部〕者、以有薅字從蓐故也。》/47

형성 호(薅 䕰 䕰)

◀ 제 11 획 ▶

蓨 (척)【tiāo ㄊㄧㄠˉ】(상)(中)⑨(작) tiáo 모, 싹, 소루쟁이 ■수:기쁠 ■조:싹

설문 0349 苗也。《『釋艸』曰。苗、蓨也。『管子』。黑埴、其草宜苹蓨。按苹蓨二艸名。》从艸。脩聲。《徒聊切。又湯彫切。古 3部。按【小徐本】無蓨。》/29

蓩 (모)【mào ㄇㄠˋ】(상) mòu (中)(작) mǎo (本)[여뀌풀(독초)] ■목:우거질, 무성한 모양, 땅이름 ■무:같은 뜻

설문 0293 毒艸也。《【鉉、鍇-本】篆皆作「蓩」。從艸、務聲。【鉉本:蓩】下又出蓩篆。云卷耳也、從艸、務聲。【鍇本】無蓩。張次立依鉉補之。攷『後漢書:劉(劉)聖公傳』。戰於蓩鄕(鄕)。『注』曰。蓩音莫老反。『字林』云。毒艸也。因以爲地名。『廣韵(韻)』。蓩、毒艸。武道切。又地名。據此則毒艸之字從力不從女明矣。『玉篇』云。蓩、莫屋莫老二切。毒艸也。此【顧野王-原本】。而蓩下引『說文』卷耳也。又出蓩字。莫候(候)切。引『說文』毒艸也。此孫强、陳彭年輩據『俗本-說文』增之。今改正篆文作「蓩」、毒艸也。而刪(刪)蓩卷耳也之云。卷耳果名蓩、則當與苓卷耳也同處矣。又按『韵會』引『後漢書:注』作「莜鄕」。『說文』有莜字。云細艸叢生也。》从艸。務聲。《古音在 3部。》/26

莲 (추)【chòu ㄔㄡˋ】뿌리 얽힐, 풀 모양

설문 0504 艸皃(貌)。从艸。造聲。《初救切。3部。玉裁按。『左氏傳』。僖子使助薳氏之簉。『杜-注』。簉、副倅也。釋文曰。『說文』簉從艸。『五經文字:艸部』曰。莲、倅也。『春秋傳』從竹。攷『李善-注:長笛賦』簉弄曰。『說文』簉倅字如此。『注:江淹詩』步櫚簉瓊弁曰。『說文』簉褋字如此。然則『左傳』、『文選』從竹之簉。皆從艸之莲之譌。而『說文』艸皃(貌)之下。本有「一曰莲褋也」五字。今人言集。漢人多言褋。「倅」『周禮』作「萃」、作「倅」。亦湊集意也。『小徐-注:莲』字云。艸相次也。葢(蓋)識此意。》/39

蓬 (봉)【péng ㄆㄥˊ】쑥, 흐트러질

설문 0649 蒿也。从艸。逢聲。《薄紅切。9部。籒文作「䔈」。》䔈籒文蓬省。《按此「籒文」當作「古文」。〔虫部:蠭〕、古文作螽。可比例也。》/47

蓮 (련)【lián ㄌㄧㄢˊ】연(다년생 수초) ■섭:부꽃

설문 0410 扶渠之實也。《『陳風』。有蒲與蕑。『箋』云。「蕑」當作「蓮」。蓮、夫渠實也。鄭意欲合三章爲一物耳。『本艸經』謂之藕實。一名水芝丹。》从艸。連聲。《洛賢切。古音在 14部。》/34

蓱 (평)【píng ㄆㄧㄥˊ】부평초, 비의 신(神)

설문 0617 苹也。《此與前苹字互訓。而不類廁者、以字體篆籒別之也。『小正』於七月言苹生。『月令』於三月言生蓱。郭璞云。江東謂之薸。》从艸水。并聲。《舊作從艸洴聲。『說文』無洴字。今改同。薵藻字之例。薄經切。11部。籒文作「䓑」。》/45

蔘 (심)【shēn ㄕㄣˉ】부들싹

설문 0313 蔘蒲、《逗。【各本】脫蔘(蔘)字。今補。》蒻之類也。《此釋『周禮』也。加豆之實。深蒲醓醢。先鄭曰。深蒲、蒲蒻入水深(深)故曰深蒲。鄭曰。深蒲、蒲始生水中子。是則深蒲卽蒲蒻在水中者。許君以蒲子別於蒲、以蒻之類別於蒻。謂蒲有三種。似二鄭說爲長。》从艸。深聲。《此當云从艸水、罙聲。式箴切。7部。此字葢(蓋)出【故書】。》/28

蓲 구【qiū ㄑㄧㄡˉ】물억새, 갈대, 새 알 품을 ■후:햇빛 따뜻할 ■우:자유(刺榆), 꽃 피어 깔린 모양

설문 0322 烏蓲、《逗。二字依『爾雅:音義』補。》艸也。《『廣韵』曰。烏蓲、艸名。本『說文』。『郭-注:爾雅』菼薍云。江東呼爲烏蓲。音丘。許不與蒹薍蒹藡四字類廁。則許意不同郭也。》从艸。區聲。《去鳩切。古音在4部。》/28

참고 우(櫙)

堇 (근)【jǐn ㄐㄧㄣˇ】제비꽃

설문 0618 艸也。根如薺。葉如細桺(柳)。蒸食之甘。《『大雅:堇荼如飴:傳』曰。堇、菜也。『夏小正』。二月榮堇。『采蘩:傳』曰。皆豆實也。堇、菜也。『內則:堇荁:注』曰。荁、堇類也。冬用堇。夏用荁。按『釋艸』堇有二。齧、苦堇。『詩』、『禮』之堇也。芨、堇艸。『晉語』之置堇於肉。卽今附子也。》从艸。堇聲。《居隱切。13部。籒文作「䓐」。【今-經典】通用堇字。》/45

蓴 (순)【chún ㄔㄨㄣˊ】(상)(中) tuán 순채(다년생 수초) ■단:풀덜기로 나는 모양

설문 0578 蒲叢也。《『本艸圖經』引『西京襍(雜)記』曰。太液池邊皆是彫胡、紫蘀、綠節、蒲叢之類。『廣雅:釋艸』曰。蒲穗謂之蓴。大丸切。『謝靈運-詩』。新蒲含紫茸。亦謂蒲穗。》从艸。專聲。《當從『集韵(韻)』徒官切。14部。【鉉本】常倫切。此蒓絲字。》/43

6 0

蓶 (유)【wěi ㄨㄟˇ】 ㊗㊥⑨ **wéi** 푸성귀, 초목 쌀날

설문 0246 菜也。《『齊民要術』曰。蓶菜音唯。似烏韭而黃。》从艸。唯聲。《以水切。15部。》/24

蓷 (퇴)【tuī ㄊㄨㄟ】 익모초 ■추:같은 뜻

설문 0314 隹也。《「隹」【各本】作「萑」。誤。今正。『王風』。中谷有蓷。『釋艸』。萑、蓷。『毛傳』曰。蓷、䧿。萿(蓋)『爾雅』本作「隹」。與『毛傳』䧿字同。後人輒加艹頭耳。茺亦一名䧿。皆謂其色似夫不也。陸機云。舊說及魏周元明皆云菴閭。『韓詩』及『三蒼』、『說苑』云益母。『本艸』云。益母、茺蔚也。劉(劉)歆云。蓷、臭穢。(艸名)臭穢卽茺蔚也。按臭茺雙聲。穢蔚疊韵(疊韻)。『李、郭-注:爾雅』亦云茺蔚。未知許意何屬。》从艸。推聲。《他回切。15部。》『詩』曰。中谷有蓷。《按【鉉本】此下有萑篆。萑訓艸多皃(貌)。則【鍇本】在茸葏二篆閒、是也。鉉乃移而類居之。必萑訓蓷也則可矣。》/707

蓸 (조)【cáo ㄘㄠˊ】 풀(草也)

설문 0630 艸也。从艸。曹聲。《昨牢切。古音在 3部。籒文作「䕪」。》/46

蓻 (집)【jí ㄐㄧˊ】 ㊗㊞ **zí** 풀 많이 난 모양, 떠싹 ■녑:풀나지 않은 모양 ■국:국화

설문 0499 艸木不生也。《蓻之言蟄也。與蒔反對成文。『玉篇』云艸木生皃。未知孰(孰)是。》一曰茅根。《此別一義也。》从艸。埶(執)聲。《姊(姉)入切。7部。》/38

蓼 (료)【liǎo ㄌㄧㄠˇ】 여뀌 ■륙:클 ■로:찾을 ■류:서로 끌

설문 0242 辛菜。《句。》薔虞也。《蓼爲辛菜。故『內則』用以和。用其莖葉。非用實也。薔虞見下文薔字下。此云蓼、薔虞也。下文云薔虞、蓼也。是爲轉注。正與蘇桂荏也、桂荏蘇也同。特以篆籒異其處耳。『顔(顏)-注:急就篇』乃云。虞蓼一名薔。叔重云蓼一名薔虞。非也。夫『釋艸』一篇。許君偁(稱)用異其讀者往往而是。其萌虇蘮爲蓼灌蕍也。鎬侯莎爲莎鎬侯也。蓁月爾爲蓁土夫也。蘋葕莅爲葕須從也。何所疑於蓼評薔虞哉。某氏、孫炎、郭樸皆薔爲句。虞蓼爲句。蓼借爲蓼蕭之蓼。長大皃(貌)。》从艸。翏聲。《盧鳥切。古音在 3部。》/23

蔁 (장)【zhāng ㄓㄤ】 자리공

설문 0369 艸也。《『玉篇』曰。蔁、栁(柳)根。卽蔏陸也。此非許意。》从艸。章聲。《諸良切。10部。》/31

蔆 (릉)【líng ㄌㄧㄥˊ】 마름

설문 0390 芰也。《『周禮:加籩之實有蔆:注』。蔆、芰也。『子虛賦:應劭-注』同。》从艸。淩聲。《力膺切。6部。》楚謂之芰。《『楚語』。屈到嗜芰。韋曰。芰、蔆也。》秦謂之薢茩。《『釋艸』曰。薢茩、英光。郭云。芙明也。或曰蔆也。關西謂之薢茩。按景純兩解。後解與『說文』、『字林』合。『釋艸』又曰。蔆、蕨攈。(孫炎居郡反)郭云。今水中芰。按蕨攈、英光皆雙聲。『爾雅』。薢茩、英光。或可以决明子釋之。不嫌異物同名也。而『說文』之芰、薢茩。卽今蔆角。本無疑義。不知徐鍇何以淆惑。》遴司馬相如說蔆从遴。《此當是『凡將篇』中字。『藝文志』曰。『史游-作:急就篇』。『李長-作:元尙篇』。皆『倉頡』中正字也。『司馬相如-凡將篇』則頗有出矣。據是則『倉頡篇』正字作蔆。『凡將』別作遴。营、芎同此。淩聲古音在 6部。遴聲古音在 12部。而合之者、以雙聲合之也。『今-史、漢、文選:子虛賦』衹作蔆華。》/32

蔇 (기)【jì ㄐㄧˋ】 풀 더부룩할, 이를(올) ■희:땅이름

설문 0508 艸多皃(貌)。《〔木部〕。穊、稠也。音義同。》从艸。旣聲。《居味切。15部。》/39

蔈 (표)【piǎo ㄆㄧㄠˇ】 ㊗㊥⑨㊞ **biāo** (벼, 보리 등의) 까끄라기

설문 0480 苕之黃華也。《『釋艸』。苕、陵苕。黃華蔈。白華茇。郭云。苕華色異。名亦不同。玉裁按許君茇字下云。一曰艸之白華爲茇。不云苕之白華。則蔈字下亦當云艸之黃華。不當如郭說也。【今本】苕字恐是後人用郭說改之。許於苕下云艸也。亦不云陵苕。》从艸。㶾(票)聲。《方小切。2部。》一曰末也。《〔金部〕之鏢、〔木部〕之標皆訓末。蔈當訓艸末。〔禾部〕曰。秒、禾苾(芒)也。秋分而秒定。按『淮南:天文訓』作秋分蔈定。此蔈爲末之證也。》/38

蔎 (설)【shè ㄕㄜˋ】 향기로울 ■살:같은 뜻

설문 0551 香艸也。《「香艸」當作「艸香」。前文营芎已下十二字皆。說香艸。蔎芳蕢不與同列。而廁苾下。是非艸名可知也。『劉(劉)向-九歎』。懷椒聊之蔎蔎。『王-注』。椒聊、香草也。蔎蔎、香貌。》从艸。設聲。《識列切。又桑葛切。15部。》/42

蔑 蔑멸【miè ㄇㄧㄝˋ】 ⑨ **miě** 本[(눈이)어두울] 자잘할, 없을, 업신여길

설문 2220 勞目無精也。《目勞則精光茫然。通作眛。如『左傳』公及邾儀父盟于蔑。晉先蔑、『公穀』皆作眛是也。引伸之義爲細。如木細枝謂之蔑是也。又引伸之義爲無。如亡之命矣夫、亦作蔑之命矣夫是也。『左傳』䤈蔑、字然明。此以相反爲名字也。》从苜。从戍。人勞則蔑然也。《說从戍之意。戍人冣(最)勞者。此十字依『廣韵』、『韵會』訂。莫結切。15部。》/145

성부 𧄼말

형성 (7자+1) 멸(薎)2084 멸(幭)3041 말(韈)3247 멸(衊)4195 멱(幭)4690 멸(懱)6509 말(瀎)7026 **멸**(蠛)

蔓 만【màn ㄇㄢˋ】 덩굴, 퍼질, 장구할, 오이덩굴, 성씨, 순무

설문 0438 葛屬也。《此專謂葛屬、則知滋蔓字古衹作曼。正如漫延字多作「莚」。》从艸。曼聲。《無販切。14部。》/35

형성 (1자) 만(鄤)3931

㊞ 作家出版社〔董蓮池-說文解字考正〕 ⑨ 九州出版社〔柴劍虹-說文解字〕 ㉰ 陝西人民出版社〔蘇寶榮-說文解字今注今譯〕 ㊗ 上海古籍出版社〔說文解字注〕 ㊥ 中華書局〔臧克和-說文解字新訂〕

蔕 (체)【dì ㄉㄧˋ】꼭지, 꽃받침 ■대:작은 가시, 뿌리, 근본

설문 0493 瓜當也。《『曲禮』。削瓜、士疐(疐)之。『釋木:棗李』曰疐之疐者、蔕之假借字。『聲類』曰。蔕、果鼻也。瓜當、果鼻正同類。『老子』。深根固柢。「柢」亦作「蔕」。『西京賦』。蔕倒茄於藻井。皆假借爲柢字。》从艸。帶聲。《都計切。15部。》/38

蔗 (자)【zhè ㄓㄜˋ】사탕수수 ■저:마

설문 0326 藷蔗也。从艸。庶聲。《之夜切。古音在 3部。》/29

蔚 (울)【wèi ㄨㄟˋ】제비쑥, (초목이)성할 ■위:제비쑥, 익모초, 초목 무성한 모양, 무늬가 아름다울

설문 0421 牡蒿也。《『小雅』。匪莪伊蔚。『釋艸』、『山傳』皆云。牡菣。按牡菣猶牡蒿也。郭云。無子者。陸璣云。牡蒿、七月華。八月角。一名馬薪蒿。與郭異。『名醫別錄』有牡蒿一條。『唐人:注』曰。齊頭蒿也。》从艸。尉聲。《於胃切。15部。古多借爲茂鬱字。》/35

蔞 (루)【lóu ㄌㄡˊ】㉰ lú 산쑥, 물쑥 ■류:상여에 단 새깃 치장

설문 0356 艸也。可𠂂(以)亨魚。《『召南』言刈其蔞。陸璣云。蔞、蔞蒿也。『爾雅』。購蔏蔞。郭云。蔞、蒿也。江東用羹魚。『楚辭』曰。吳酸蒿蔞。按蔞蒿俗語耳。古祗呼蔞。『釋艸』古讀或於購蔏句絕(絶)。》从艸。婁聲。《力朱切。古音在 4部。》/30

蔟 (족)【cù ㄘㄨˋ】(누에를 올리는 짚 같은)섶 ■촉:속음 ■주:정월율명 ■착:작살

설문 0597 行蠶蓐。从艸。族聲。《千木切。3部。引伸爲六律大蔟字。七豆切。》/44

蔡 (채)【cài ㄘㄞˋ】풀, 티끌 ■찰:사람 이름 ■살:추방할

설문 0535 艸丰也。《丰讀若介。丰字本無。今補。『四篇』曰。丰、艸蔡也。此曰。蔡、艸丰也。是爲轉注。艸生之散亂也。丰蔡疊韵(疊韻)。猶箏蘀。此無丰字。則蔡當爲艸名。不廁此處矣。》从艸。祭聲。《蒼大切。15部。》/40

蔣 (장)【jiǎng ㄐㄧㄤˇ】㉯⑨㉰ jiāng 줄(포아풀과의 다년생 수초)、나라 이름

설문 0448 苽也。《【各本】作苽蔣也。此蔣苽也之誤倒耳。今依『御覽』正。『蜀都賦』曰。攢蔣叢蒲。》从艸。將聲。《子良切。10部。》/36

蔤 (밀)【mì ㄇㄧˋ】연뿌리

설문 0413 扶渠本。《『釋艸』。其本蔤。郭云。莖下白蒻在泥中者。按蔤之言入水深密也。蒲本亦偁(稱)蔤。『周書』莫席。今作蔑席。纖蒻席也。『檀弓』。子蒲卒。哭者呼滅。『注』曰。滅葢(蓋)子蒲名。哭呼名。故子臯非之。莫滅皆蔤之叚(假)借也。名蔤。故字蒲。》从艸。密聲。《美必切。12部。》/34

蔥 총【cōng ㄘㄨㄥ】파, 파 뿌리, 푸를, 초목 푸릇푸릇한 모양

설문 0611 菜也。《『爾雅』。茖、山蔥。『管子』冬蔥。皆蔥之屬。》从艸。悤聲。《倉紅切。9部。籀文作「蘔」。》/45

형성 (1자) 총(繱 𦃇)8231

蓩 (이)【yí ㄧˊ】시들

설문 0488 艸萎蓩。《萎蓩疊韵(疊韻)。萎平聲。》从艸。移聲。《弋支切。古音在 17部。》/38

蔦 (조)【niǎo ㄋㄧㄠˇ】㉰ diǎo 누홍초(縷紅草) ■뇨:같은 뜻

설문 0372 寄生艸也。《「艸」字【各本】脫。依『毛詩:音義』及『韵(韻)會』補。『小雅:傳』曰。蔦、寄生也。陸璣曰。蔦一名寄生。葉似當盧。子如覆盆子。『本艸經』。桑上寄生。一名寓木。一名宛童。按寓木、宛童見『釋木』。》从艸。《毛、陸皆曰寄生耳。許獨云寄生艸者。爲其字之從艸也。》鳥聲。《『詩:音義』云。『說文』音弔。『唐韵(韻)』都了切。2部。》『詩』曰。蔦與女蘿。《『小雅:頍弁』文。》樢蔦或從木。《艸屬故從艸。寓木故從木。『廣雅:釋木』作樢字。》/31

蔩 (인)【yín ㄧㄣˊ】쥐참외 ■연·이:같은 뜻

설문 0336 兔瓜也。《見『釋艸』。》从艸。寅聲。《翼眞切。12部。》/29

蔪 (점)【jiàn ㄐㄧㄢˋ】우거질, 벨 ■첨:보리 팰 ■삼:풀 벨 ■참:보리 팰

설문 0548 艸相蔪苞也。《「蔪苞」卽『今-禹貢』之「漸包」。釋文曰。「漸」本又作「蔪」。『字林』才冄反。艸之相包裹也。包或作苞。叢生也。馬云。相苞裹也。按叢生之義字作苞者是。》从艸。斬聲。《慈冄切。8部。【今本】有「書曰艸木蔪苞」六字。此誤以鍇語入正文。今依『韵(韻)會』訂。》虄蔪或从槧。《此葢(蓋)兼從艸木也。》/42

蔫 (언)【yān ㄧㄢ】시들, 낡을 ■연:썩은 물

설문 0532 菸也。《不鮮也。》从艸。焉聲。《於乾切。14部。》/40

蔭 (음)【yìn ㄧㄣˋ】그늘, 해그림자, 가릴

설문 0503 艸陰地。《『左氏傳』曰。若去枝葉。則本根無所庇蔭矣。『楚語』。王足以庇蔭嘉穀。引伸爲凡覆庇之義也。『釋言』曰。庇庥蔭也。『說文』曰。庇、蔭也。休、止息也。》从艸陰。《依『韵(韻)會』無聲字。此以會(會)意包形聲。於禁切。7部。『詩:桑柔』以陰爲蔭。》/39

◀ 제 12 획 ▶

蓩 (고)【gāo ㄍㄠ】풀 이름, 칡, 나무이름

설문 0439 葛屬也。白華。《『南山經』。其名曰白䓘。『廣雅』曰。蓩蘇、白䓘也。按未知卽此物與否。》从艸。皋(皐)聲。《古勞切。古音在 3部。䓘音同。》/36

蓫 (독)【dú ㄉㄨˊ】땅버들, 갯버들

설문 0275 水萹茿(茿茿)也。《謂萹茿之生於水者、謂之蓫也。統言則曰萹茿。析言則有水陸之異。異其名因異其字。『詩:衞(衛)風』綠竹猗猗『音義』曰。竹、『韓

6 ⓪

詩』作「藫」。藫苹也。【石經】亦作「藫」。按【石經】者、葢(蓋)『漢一一字石經』。『魯(魯)詩』也。『西京賦:李-注』。引『韓詩』綠藫如簀。『玉篇』曰。藫同藫。》从水艸。毒聲。讀若督。《徒沃切。3部。》/25

蔽 (폐)【bì ㄅㄧˋ】가릴, 덮을, 떨 ■불:수레의 티 끌막이 ■별:초목 우거질 ■필:작은 모양
설문 0529 蔽蔽、《疊(疊)字。》小艸也。《「也」當作「皃(貌)」。『召南』。蔽芾甘棠。毛云。蔽芾、小皃。此小艸皃之引伸也。按『爾雅:釋言』。芾、小也。『卷阿:毛傳』云。茀、小也。芾茀同字。『說文』有茀無芾。甘棠本作「茀」、【或本】作市、不可知。蔽芾曡韵(疊韻)。猶滭冹、滭沸。》从艸。敝聲。《必袂切。15部。沈重音必。》/40

蘪 (이)【yì ㄧˋ】개나리, 삼 익:연밥
설문 0235 芓也。从艸。異聲。《羊吏切。1部。》/23

蒪 (부)【fù ㄈㄨˋ】㊤㊥⑨ fū 꽃잎을 깔
설문 0498 華葉布也。《與尃敷字義通。從艸、故訓華葉布。》从艸。傅聲。讀若傅。《方遇切。5部。》/38

蔿 (위)【wěi ㄨㄟˇ】풀, 고을 이름 ■화:시끄러울 ■규:완고할 ■와:풀이름
설문 0426 艸也。《晉有士蔿。楚有蔿姓。》从艸。爲聲。《于委切。古音在 17部。大徐引『唐韵(韻)』于鬼切。鬼字恐誤。『左傳』蔿薳錯出。薳卽蔿字。》/35

莞 (환)【huán ㄏㄨㄢˊ】㊥⑨ guán왕골 ※ 환(莞)과 같은 글자
설문 0317 夫離也。《見『釋艸』。「莞」『釋艸』亦作「莞」、「夫」作「苻」。》从艸。睆聲。《胡官切。14部。》/28

葫 (고)【kù ㄎㄨˋ】부추 무침, 초김치
설문 0571 韭鬱也。《鬱同鬱。『廣雅』。寝醍鬱 腤幽也。皆謂飲食也。此許君蓔訓韭鬱、豉訓幽尗之證。》从艸。酤聲。《苦步切。5部。》/43

蕁 (담)【tán ㄊㄢˊ】지모풀, 풀가사리, 쐐기풀 ■심:심과
설문 0320 芜藩也。《【今本】篆文無彡。誤。「芜」當是本作「冘」。俗加艸。『本艸』作沈(直林切)燔。說『爾雅』者謂卽今之知母。》从艸。㷋(尋)聲。《「㷋」【各本】作「尋」。誤。徒南切。古音在 7部。》藫(蕁)或从爻。/28

蔆 (수)【sǎo ㄙㄠˇ】닭의장풀, 예거초 ■소:같은 뜻
설문 0383 艸也。《『釋艸』曰。蔜(蔜)、蘐 蔆。未知許斷(斷)句如此否。》从艸。嫂聲。《蘇老切。古音在 3部。『說文』無蔜字者。葢(蓋)所據祗作「敖(敖)」。》/32

蕾 (부)【fù ㄈㄨˋ】무, 소채 이름 ■복:소채이름
설문 0347 葍也。从艸。富聲。《方布切。古音在 1部。布字依【宋刻】。》/29

蕑 (전)【qián ㄑㄧㄢˊ】㊤ jián ㊥⑨ jiǎn ㊆ jiān 산딸기, 대싸리, 질경이
설문 0425 王彗也。《『釋艸』字作「蕑」。郭云。似藜可爲彗。按凡物呼王者皆謂大。》从艸。湔聲。《昨先切。12部。》/35

蕃 (번)【fán ㄈㄢˊ】本[풀 무성할] 불을(늘), 우거질, 오랑캐, 울타리 ■분:무성할 ■피:땅이름
설문 0653 艸茂也。《『左氏-傳』曰。其必蕃昌。》从艸。番聲。《甫煩切。14部。籒文作「蕃」。》/47

蔜 (최)【chuì ㄔㄨㄟˋ】㊤㊥⑨ cè 풀 ■체:풀 나는 모양 ■측:같은 뜻
설문 0374 艸也。从艸。敤聲。《麤最切。15部。》/31

藕 (우)【ǒu ㄡˇ】연근
설문 0414 扶渠根。《『釋艸』。其根藕。按『釋艸』以其本蔤系於荷扶渠其莖茄之下者、謂此乃全荷之本。今俗所謂藕者是也。蔤之言滅沒(沒)於泥中也。以其根藕系於其華菡蕳其實蓮之下者、謂此乃花實之根。凡花實之莖必偕葉一莖同出。似有耦然。故下近蔤、上近花莖之根曰藕。本言其全。根言其偏。本在下。根上於本。下文的薏仍冢花實言之。此作『爾雅』之精意也。叔重列字次弟。未得其解矣。》从艸水。《會意。》禺聲。《五厚切。4部。今訂之乃從艸從耦。會意兼形聲。》/34

蕇 전【dàn ㄉㄢˋ】㊤㊥⑨㊆ diǎn 두루미 냉이
설문 0613 亭歷也。《『釋艸』文。『月令』靡艸之一也。》从艸。單聲。《多殄切。14部。籒文作「蕇」。》/45
형성 (1자) 기(蘄蘄蘄)307

蕈 (심)【xùn ㄒㄩㄣˋ】버섯
설문 0457 桑萸也。《萸之生於桑者曰蕈。蕈之生於田中者曰菌先。『鄭司農-注:周禮』云深蒲。或曰桑耳。》从艸。覃聲。《慈衽切。7部。》/36

薴 薴(녕)【níng ㄋㄧㄥˊ】풀 얽힌 모양, 석제녕
설문 0527 莩薴(薴)也。从艸。寧聲。《女庚切。11部。此二篆及解舊譌舛。今依【全書】通例正。》/40

蕉 (초)【jiāo ㄐㄧㄠ】本[파초] 누를, 티끌, 쓰레기, 땔나무, 섶
설문 0602 生枲也。《枲(枲)麻也。生枲謂未湢治者。今俗以此爲芭蕉字。楚金引『吳都賦』。蕉葛竹越。按『本艸:圖經』云。閩人灰理芭蕉皮令錫滑。緝以爲布。如古之錫衰焉。『左賦』之蕉、正謂芭蕉。非生枲也。》从艸。焦聲。《卽消切。2部。》/44

蓨 (의)【wěi ㄨㄟˇ】㊤㊥ wéi 쪽이삭, 향부자 ■추·규:같은 뜻
설문 0492 藍蓼秀。从艸。隋聲。《羊捶切。古音在 17部。按蓨與荓字皆切羊捶。葢(蓋)卽荓字之異者。且當與茮葩芛蘳蕍英薾七字類列。此非其次、疑後人所沾也。》/38

蕕 (유)【yóu ㄧㄡˊ】 물풀 이름(水邊艸), 누린내 풀

설문 0338 木邊艸也。《『漢書:子虛賦:音義』曰。軒于、蕕艸也。生水中。楊州有之。『釋艸』。莤、蔓于。莤卽蕕。蔓于卽軒于。》从艸。猶聲。《以周切。3部。》/29

蕘 (요)【ráo ㄖㄠˊ】 땔나무, 나무꾼 ■뇨:순무의 싹

설문 0599 艸薪也。《「艸」字依『詩』釋文補。『大雅』。詢于芻蕘。毛曰。芻蕘、薪采者。按『說文』謂物。『詩』義謂人。》从艸。堯聲。《如昭切。2部。》/44

蕛 (제)【tí ㄊㄧˊ】 돌피

설문 0445 蕛苵也。《見『釋艸』。郭云。蕛似稗。布地生。邵氏晉涵云。『孟子』之荑稗、『莊子』之蕛稗皆是也。》从艸。梯聲。《按【今本】篆作蕛。稊聲。從禾。考〔禾部〕無稊字。則稊聲乃梯聲之誤。蕛乃蕛之誤。大兮切。15部。》/36

蕝 (절)【jué ㄐㄩㄝˊ】 (띠를 묶어서 석차를 표시하여 세운)표 ■최:같은 뜻 ■찬:모을 ■취:진흙 썰매

설문 0561 朝會束茅表位曰蕝。《『晉語』。昔成王盟諸侯於岐陽。置茅蕝。設望表。與鮮卑守燎。故不與盟。司馬貞引賈逵云。束茅以表位爲蕝。許用賈侍中說也。『史記』、『漢書:叔孫通傳』字作「蕞」。如淳曰。蕞謂以茅翦樹地。爲纂位尊卑之次也。》从艸。絕(絶)聲。《子悅切。又茲會(會)切。又音纂。此 14部 15部合音。『何氏-纂文』云。蕝今之纂字。是也。『鄭-注:樂記』作「鄭」。作管切。今人編纂之語本此。》『春秋:國語』曰。致茅蕝表坐。/42

藹 (애)【ǎi ㄞˇ】 ㉧㊥⑨㉫ ài 덮을, 맑을, 작을

설문 0566 葢(蓋)也。《今人藹字當用此。》从艸。渴聲。《於葢(蓋)切。15部。》/43

蕡 (분)【fén ㄈㄣˊ】 本[항풀] 열매 많을, 삼씨 ■번:같은 뜻

설문 0553 襍(雜)香草。《當作「襍艸香」。葢(蓋)此字之本義。若有蕡其實。特假借爲墳大字耳。》从艸。賁聲。《浮分切。13部。》/42

蔏 (의)【yì ㄧˋ】 율무 ※ 의(薏)의 옛글자

설문 0304 蔏苢。《『本艸經:艸部』上品有薏苡人。陶隱居云。生交阯者子冣(最)大。彼土人呼爲蘇(音幹)珠。馬援大取將還。人讒以爲珍珠也。按蘇與蘇雙聲。》从艸。啻聲。《於力切。1部。》一曰蔏英。《未詳。》/27

蕢 (궤)【kuì ㄎㄨㄟ¯】 ㉧㊥⑨㉫ kuì 삼태기 ■괴:흙덩이

설문 0586 艸器也。《『孟子』曰。不知足而爲屨。我知其不爲蕢也。知蕢是盛物之器。》从艸。貴聲。《求位切。15部。》臾古文蕢象形。『論語』曰。有荷臾而過孔氏之門。《此『古文-論語』也。『憲問』篇。》/44

蕣 (순)【shùn ㄕㄨㄣˋ】 무궁화 나무

설문 0462 木菫。《句。》朝華莫落者。《『鄭風』。顏如舜華。毛曰。舜、木槿也。『月令』。季夏木菫榮。『釋艸』云。椴、木菫。櫬、木菫。鄭君曰。木菫、王蒸也。『莊子』。朝菌不知晦朔。潘尼云。朝菌、木槿也。》从艸。《『陸機-疏』入木類。而『爾雅』、『說文』皆入艸類者。樊光曰。其樹如李。其華朝生莫落、與艸同氣。故入艸中。》舜(舜)聲。《舒閏切。13部。》『詩』曰。顏如蕣華。《『今-詩』作舜爲假借。》/37

蘮 (계)【jì ㄐㄧˋ】 좀스러운 풀 ■예:같은 뜻

설문 0475 艸之小者。从艸。罽聲。罽、古文銳字。《按〔金部〕、〔网部〕皆云。罽、籒文銳。則此古字誤也。當改籒。》讀若芮。《今居例切。15部。》/37

蕤 (유)【ruí ㄖㄨㄟˊ】 꽃 축 늘어진 모양

설문 0486 艸木華垂皃(貌)。《引伸凡物之垂者皆曰甤(蕤)。冠緌系於纓而垂者也。禮家定爲甤字。夏采建緌。『王制』大緌小緌。『明堂位』夏后氏之緌。『襍(雜)記』以其緌復。鄭君皆改爲緌字。謂旄牛尾之垂於杠者也。讀如冠甤、甤賓(賓)之甤。『白虎通』說甤賓曰。甤者、下也。賓者、敬也。》从艸。甤聲。《『唐韵(韻)』儒佳切。非也。當儒隨切。入五支。古音在 16部也。甤從生豕聲。豕聲在16部。緌綏字亦皆同部。》/38

蕧 (복)【fù ㄈㄨˋ】 ㊥⑨㉫ fú 本[하국] 선복화(旋覆花), 금전화(金錢花)

설문 0343 盜庚也。《見『釋艸』。》从艸。復聲。《房六切。3部。》/29

蕨 (궐)【jué ㄐㄩㄝˊ】 고사리

설문 0615 虌也。《『釋艸』、『毛傳』同。陸機云。周秦曰蕨。齊魯曰虌。虌俗從艸。》从艸。厥聲。《居月切。15部。籒文作「蘩」。》/45

蕩 湯(탕)【dàng ㄉㄤˋ】 ⑨ tāng 本[물이름] 클, (빗자루로)쓸, 쓸어 없앨, 움직일, 흔들릴

설문 6697 蕩水。出河內蕩陰。東入黃澤。《河內郡蕩陰、【二志】同。蕩音湯。古音也。後人省艸。古有羑里城、西伯所拘也。今河南彰德府湯陰縣西南有故蕩陰城。『前志:蕩陰』下曰。蕩水、東至內黃入黃澤。【今本】奪「入黃」二字。『水經』曰。蕩水、出河內蕩陰縣西山東。東北至內黃縣。入於黃澤。『注』云。蕩水合羑水、長沙溝。逕內黃城南。東注白溝。按內黃黃澤在今直隸(隸)內黃縣。『水道提綱』曰。衛(衛)河經湯陰縣東畍(界)。湯河出湯陰縣西山中。東流經縣城北。東入衛河。則與古水道大異。》从水。募聲。《徒朗切。10部。按古音吐郎切。假借爲浩蕩字。古音亦同。》/527

蕪 (무)【wú ㄨˊ】 거칠, 어지러울, 달아날, 순무

설문 0523 薉也。从艸。無聲。《武扶切。5部。》/40

㉫ 作家出版社〔董蓮池-說文解字考正〕 ⑨ 九州出版社〔柴劍虹-說文解字〕 ㉠ 陝西人民出版社〔蘇寶榮-說文解字今注今譯〕 ㉧ 上海古籍出版社〔說文解字注〕 ㊥ 中華書局〔臧克和-說文解字新訂〕

蕁 (준)【zùn ㄗㄨㄣˋ】 ㊤㊥⑨㉢ zǔn (초목)더부룩이 날 ■존:같은 뜻

설문 0580 叢艸也。《蕁蕁見『魏都賦』。茂盛皃(貌)。》从艸。尊聲。《慈損切。13部。》/43

董 (동)【dǒng ㄉㄨㄥˇ】 기름사초, 연뿌리

설문 0381 鼎(鼏)董也。《『釋艸』曰。蘋、鼎董。郭云。似蒲而細。按『說文』無蘋字者、葢(蓋)許所據祗作蘋。》从艸。童聲。《多動切。9部。亦作董。古童重通用。或用爲童鄗字。誤。》杜林曰。藕根。《『漢志』有『杜林-倉頡訓纂』一篇、『杜林-倉頡故』一篇。此葢二篇中語。藕當從後文作蕅。蕅根猶荷根也。郭樸曰。北方人以藕爲荷。用根爲母號也。然則杜林謂蕅爲董。》/32

蕭 소【xiāo ㄒㄧㄠ】 쑥, 시끄러울, 쓸쓸할

설문 0422 艾蒿也。《『大雅』。取蕭祭脂。『郊特牲』。焫蕭合馨香。故毛公曰。蕭所以共祭祀。鄭君曰。蕭、薌蒿也。陸璣曰。今人所謂荻蒿也。或云牛尾蒿。許愼以爲艾蒿。非也。按陸語非是。此物蒿類而似艾。一名艾蒿。許非謂艾爲蕭也。齊高帝云。蕭卽艾也。乃爲誤耳。○ 又按『曹風:傳』曰。蕭、蒿也。此統言之。諸家云薌蒿艾蒿者、析言之。》从艸。肅聲。《蘇彫切。古音在 3部。音修。亦與肅同音通用。『甸師』。共肅茅。杜子春讀肅爲蕭。蕭牆、蕭斧皆訓肅。》/35

형성 (+1) 소(瀟)

萑 (추)【huán ㄏㄨㄢˊ】 익모초 ※ 추(萑)와 같은 글자

설문 0622 蓷也。《蓷之已秀者也。蓷已見前。此以篆籀分別異處。》从艸。萑聲。《胡官切。14部。籀文作「萑」。今人多作萑者。葢(蓋)其始假雖屬之萑爲之。後又誤爲艸多皃(貌)之萑。》/45

◀ 제 13 획 ▶

蕪 (무)【mào ㄇㄠˋ】 풀

설문 0643 艸也。从艸。楙聲。《莫厚切。3部。籀文作「蘇」。》/46

蘧 (거)【qú ㄑㄩˊ】 (들깨 같은)채소 이름, 사라부루, 고매

설문 0244 菜也。佀(似)蘇者。《此『齊民要術』蘘荷芹蘧之蘧。『本艸新補』之苦苣也。野生者名褊苣。人家常食爲白苣。江外嶺南吳人無白苣。嘗植野苣以供廚饌。字或作蘆。俗譌作苣。『廣雅』云。蕒、蘆也。曹憲云。白蘆與苦蕒大異。恐非。『廣韵』曰。苦蘧、江東呼爲苦蕒。賈思勰引『詩:義疏』云。蘧、苦葵也。靑州謂之芑。》从艸。豦聲。《其呂切。又彊魚切。5部。》/24

䔢 (사)【sì ㄙˋ】 제비꽃, 붉은 돌미나리

설문 0364 赤䔢也。从艸。肆聲。《息利切。15部。》/31

薀 (온)【yùn ㄩㄣˋ】 ⑨ yǔn 붕어마름(수초의 일종) ■운:쌓을

설문 0531 積也。《『左傳』。芟夷薀崇。『杜-注』。薀、積也。又『蘋蘩薀藻之菜:注』。薀藻、聚藻也。『小雅:都人士』、『禮記:禮運』、借菀苑字爲之。》从艸。溫聲。《於粉切。13部。俗作蘊。》『春秋傳』曰薀利生孽。《『左傳:昭十年』文。》/40

薁 (욱)【yù ㄩˋ】 앵두나무 ■오:같은 뜻

설문 0352 嬰薁也。《「嬰」【鍇本】作「蘡」。俗加艸頭耳。『豳風』。六月食鬱及薁。『傳』曰。鬱、棣屬。薁、蘡薁也。『正義』曰。『劉(劉)稹-毛詩:義問』云。鬱樹高五六尺。其實大如李。『本艸』。鬱一名棣。則與棣相類。蘡薁亦是鬱類。『晉宮閣銘』。車下李三百一十四株。車下李卽鬱也。薁李一株。薁李卽薁也。二者相類而同時熟。玉裁按。『說文』李棣皆在〔木部〕。薁在〔艸部〕。毛公但云鬱棣屬。未嘗云薁鬱屬。『廣雅:釋艸』。燕薁、蘡舌也。『釋木』云。山李、雀李、〈二字今正未知是否〉鬱也。然則薁之非木實明矣。『晉宮閣銘』所謂車下李、薁李皆非毛許之嬰薁也。『齊民要術』引『詩:義疏』曰。櫻薁、實大如龍眼。黑色。今車鞅藤實是。按賈氏凡引『詩:艸木蟲魚:疏』皆謂之『詩:義疏』。【陸璣本】有釋薁云云。【今本】脫之耳。『魏王花木志』引『詩:疏』亦同。》从艸。奧聲。《於六切。3部。》/30

蘮 (격)【jī ㄐㄧ】 풀 이름

설문 0321 艸也。从艸。毄聲。《古歷切。16部。》/28

薄 박【bó ㄅㄛˊ】 本[술] 풀 떨기로 날, 잠박, 누에발, 얇을 ■박:중깃

설문 0540 林薄也。《『吳都賦』。傾藪薄。『劉(劉)-注』曰。薄、不入之叢也。按林木相迫不可入曰薄。引伸凡相迫皆曰薄。如外薄四海、日月薄蝕皆是。傍各補各二切同也。相迫則無閒(間)可入。凡物之單薄不厚者亦無閒可入。故引伸爲厚薄之薄。曹憲云。必當作礡。非也。》一曰蠶薄。《『月令』。季春、具曲植籧筐。『注』。時所以養蠶器也。曲、薄也。植、槌也。『方言』云。宋魏陳楚江淮之閒謂之苗。或謂之麴。自關而西謂之薄。『周勃傳』。勃以織薄曲爲生。》从艸。溥聲。《𣃔(旁)各切。5部。》/41

형성 (2자) 박(欂)3481 박(鑮)8949

薅 (호)【hāo ㄏㄠ】 김 맬

설문 0663 披田艸也。《大徐作「拔去田艸」。『衆經音義』作「除田艸」。『經典:釋文』、『玉篇』、『五經文字』作「拔田艸」。惟『繫傳-舊本』作「披」、不誤。披者、迫地削去之也。〔木部〕曰。槈、薅器也。》从蓐。好省聲。《呼毛切。古音在 3部。》籀文薅省。 薅或从休。《古好聲休聲同在 3部。》『詩』曰。旣茠荼蓼。《『周頌』文。『今-詩』作以薅。》/47

薇 (미)【wéi ㄨㄟˊ】 ㊤㊥⑨㉢ wēi 장미, 물풀 이름

설문 0245 菜也。《見『毛傳』。》佀(似)藿。《謂似豆葉也。『陸璣-詩:疏』曰。薇、山菜也。莖葉皆似小豆。蔓生。其味

㉢ 作家出版社〔董蓮池-說文解字考正〕 ⑨ 九州出版社〔柴劍虹-說文解字〕 ㉠ 陝西人民出版社〔蘇寶榮-說文解字今注今譯〕 ㊤ 上海古籍出版社〔說文解字注〕 ㊥ 中華書局〔臧克和-說文解字新訂〕

亦如小豆。藿可作羹。亦可生食。今官園種之。以供宗廟祭祀。項安世日。薇、今之野豌豆也。蜀人謂之大巢菜。按今四川人掐豌豆嫩梢食之。謂之豌豆顚顚。古之采於山者、野生者也。『釋艸』云垂水。薇之俗名耳。不當以生於水邊釋之。》从艸。微聲。《無非切。15部。》 籒文薇省。/24

薈 (회)【huì ㄏㄨㄟˋ】 ㉿ wèi (초목)우거질 ■외:속음 ■의:가리울

설문 0514 艸多皃(貌)。《引伸爲凡物會萃之義。》从艸。會聲。《烏外切。15部。》『詩』曰。薈兮蔚兮。《『曹風』文。毛曰。薈蔚、雲興皃。謂南山朝隮。如艸木蒙茸也。》/39

薉 예【huì ㄏㄨㄟˋ】 거칠, 더러울, 김 묵을, 나라 이름

설문 0524 蕪也。从艸。歲聲。《於廢切。15部。今作穢。》/40

참고 예(濊)막힐

薊 (계)【jì ㄐㄧˋ】 엉겅퀴, 삽주, 땅 이름, 성씨

설문 0288 芙也。《『釋艸』日。芙、薊、其實荂。郭云。芙似薊。許以芙釋薊。則爲一物。而芙字又不類列於此。未聞。》从艸。魝聲。《古詣切。15部。》/26

薋 (자)【cí ㄘˊ】 本[풀 더부룩할] 납가새(해변의 모래땅에 나는 일년생 풀)

설문 0509 艸多皃(貌)。《『離騷』日。薋菉葹以盈室。『王-注』。薋、蒺藜也。菉、王芻也。葹、枲耳也。『詩:楚楚者薋』。三者皆惡艸也。據許君說、正謂多積菉葹盈室。薋非艸名。〔禾部〕曰。穦、積禾也。音義同。蒺藜之字『說文』作「薺」。『今-詩』作「茨」、【叔師-所據:詩】作薋皆假借字耳。》从艸。資聲。《疾兹切。古音在 15部。『廣韵(韻)』疾資切。》/39

薍 (완)【luàn ㄌㄨㄢˋ】 ㊤㊥⑨㉿ wàn 물억새(여러해살이 풀) ■란:작은 마늘

설문 0400 菿也。从艸。亂聲。《五患切。14部。》八月薍爲萑。葭爲葦。《『各本』脫萑葭爲三字。今補正。按此正申明未秀爲菿、旣秀爲萑之恉(指)。八月、秀之時也。言葭爲葦者、類言之也。『豳詩:八月萑葦:傳』云。薍爲萑、葭爲葦。謂至是月而薍秀爲萑、葭秀爲葦矣。許正用毛語。》/33

蓡 蓡(삼)【sēn ㄙㄣˉ】 ㊤㊥⑨㉿ shēn 인삼 ※삼(蔘)의 본래 글자 ■섬:속음 ■점:거적자리

설문 0294 人蓡(蓡)、《逗。》藥艸。《句。》出上黨。《『本艸經』作人參。》从艸。濅聲。《山林切。7部。》/26

薔 (장)【qiáng ㄑㄧㄤˊ】 ㊤⑨㉿ sè 물여뀌, 장미 ■색:흰비름

설문 0641 薔虞。《句。》蓼。《當有「也」字。蓼下云。薔虞也。故此云薔虞、蓼也。句絕。與郭樸異。薔不與蓼類廁者。以字有篆籒別之。》从艸。嗇聲。《所力切。1部。籒文作「蘠」。》/46

薕 (렴)【lián ㄌㄧㄢˊ】 갈대, 화살에 꽂는 깃같은 풀 이름, 새앙(생강)

설문 0402 蒹也。《二字疊韵(疊韻)。》从艸。廉聲。《力鹽切。7部。》/33

薖 (과)【kē ㄎㄜˉ】 풀이름, 너그러울, 관대한 모양

설문 0455 艸也。《『衞(衛)風:碩人』之薖。假借此字。毛云。寬大皃(貌)。鄭云饑意。按毛、鄭意謂薖爲款之假借。『爾雅』款足者謂之鬲(鬲)。『漢志』作空足曰鬲。『楊王孫傳』。窾木爲匵。服虔曰。窾、空也。『淮南書:窾者主浮:注』。窾、空也。讀如科條之科。然則薖款古同音。許君亦曰。窠、空也。毛、鄭說皆取空中之意。》从艸。過聲。《苦禾切。17部。》/36

薙 (체)【tì ㄊㄧˋ】 (머리, 풀을)깎을 ■사·제:같은 뜻 ■치:백목련

설문 0545 除艸也。『明堂:月令』曰。季夏燒薙。从艸。雉聲。《他計切。案『周禮:雉氏』掌殺草。「雉」或作「夷」。古雉音同夷。故鄭云字從類。類謂聲類也。大鄭從夷。後鄭從雉。而讀爲鬀。作「薙」者乃俗字。猶『稻人』芟夷字俗作芟荑也。『月令』燒薙。葢(蓋)亦本作燒雉。『許君-說文』本無薙字。淺人所羼入也。》/41

薜 (폐)【bì ㄅㄧˋ】 왕모람 ■벽:당귀 ■박:찢어질

설문 0365 牡贊也。《見『釋艸』。》从艸。辟聲。《蒲計切。古音在 16部。》/31

蘞 (렴)【liàn ㄌㄧㄢˋ】 ㊤㊥⑨㉿ liǎn 가위톱, 거지덩굴 ■험:희렴, 산부추, 진득할 ■감:너무 달

설문 0385 白蘞也。《『本艸經』作「白斂」。》从艸。僉聲。《良冄切。7部。》 蘞或从斂。《『唐風』。蘞蔓于野。陸璣云。似栝樓。葉盛而細。其子正黑。如燕薁。不可食。『陸-疏:廣要』曰。『本艸:蘞』有赤白黑三種。疑此是黑蘞也。》/32

薠 (번)【fán ㄈㄢˊ】 사초(莎草) ■분:삼베

설문 0403 青薠。《句。》佀(似)莎而大者。《而大二字依『韵(韻)會』所引補。『子虛賦』。薛莎青薠。張揖日。青薠似莎而大。生江湖。鴈所食。按『高-注:淮南』日。薠狀如葴。與張說不同。『楚辭』有白薠。殆與青薠一種。色少異耳。》从艸。煩聲。《附袁切。14部。》/33

薢 (개)【xiě ㄒㄧㄝˇ】 ㊤㊥⑨㉿ xiè 도꼬로마 ■해:같은 뜻

설문 0392 薢茩也。《不云蓤也者、已見上矣。『王-注:離騷』曰。芰、蔆也。秦人曰薢茩。按薢與芰同在 16部。徐言之則云薢茩。》从艸。解聲。《胡買切。16部。》/33

薦 천【jiàn ㄐㄧㄢˋ】 드릴, 천거할, (자리를) 깔, 자리, 풀, 꼴 ■진:홀 꽂을 ■부:큰 뗏목 위의 집 ■작:드릴

설문 5959 獸之所食艸。《〔艸部〕曰。荐、艸席也。與此義別。而古相叚(假)借。『左氏傳』。戎狄荐居。服虔云。荐、艸

6 ⓪

也。言狄人逐水艸而居徙無常處。是則子愼謂荐卽薦(薦)之叚(假)借字也。莊子。麋鹿食薦。釋文引『三蒼:注』曰。六畜所食曰薦。凡注家云薦進也者、皆荐之叚借字。荐者、藉也。故引伸之義爲進也、陳也。》从廌(廌)艸。《會意。作甸切。13部。》古者神人、目(以)廌遺黃帝。《衆評曰解廌。單評曰廌。》帝曰。何食何處。曰、食薦。《當作「艸」。》夏處水澤。冬處松柏。《此說从廌艸之意。初造字時。因廌食艸成字。後乃用爲凡獸所食艸之偁(稱)。不入〔艸部〕者、重廌也。》/469

형성 (1자) 존(𪅴)3155 천(瀳)6885 천(韉)

薧 (고)【hāo ㄏㄠˊ】 상㊥⑨작 hāo 건어, 저승

설문 2446 死人里也。《『樂府:相和曲』有『薤露』、『蒿里』之歌。譙周、崔豹皆云。起(起)於田橫自殺。從者爲作悲歌。崔云。謂人命奄忽。如薤上之露易晞滅。亦謂人死䰟(魂)魄歸於蒿里。『蒿里』辭曰。蒿里誰家地。聚斂䰟魄無賢愚。然則蒿里者、謂虛墓之閒也。且其字作蒿。此獨云薧、死人里。則字作「薧」而義亦殊。葢有一里人盡死者、因目爲薧里。許所聞不同譙、崔也。按『周禮』。乾魚謂之薧。『內則』。堇苴枌榆免薧。『注』。免、新生者。薧、乾也。然則凡死而枯槁謂之薧。不必如許所說。》从歺(死)。蒿省聲。《呼毛切。2部。按『周禮』、『禮記』音「考」。》/164

薨 훙【hōng ㄏㄨㄥ】 ⑨ gōng 죽을, 훙서할(왕공, 귀인의 죽음) ■횡:많을, 빠를

설문 2445 公矦殚也。《『曲禮』曰。公矦曰薨。〔歺(歹歺)部〕曰。大夫死曰殚。此不曰公矦死而言公矦碎者、欲見分別則惟大夫偁(稱)碎。統言則不爾也。『曲禮』又曰壽考曰卒。短折曰不祿。此概言之。非謂大夫士也。》从歺(死)。瞢省聲。《呼肱切。6部。》/164

형성 (1자) 횡(儚儚)4904

薪 (신)【xīn ㄒㄧㄣ】 땔나무, 나무할

설문 0600 蕘也。从艸。新聲。《息鄰(隣)切。12部。》/44

◀ 제 14 획 ▶

薰 (훈)【xūn ㄒㄩㄣ】 훈초, 향기로울 ■훤:같은 뜻

설문 0274 香艸也。《『左傳』曰。一薰一蕕。『蜀都賦:劉(劉)-注』曰。葉曰蕙。根曰薰。『張揖-注:上林賦』曰。蕙、薰艸也。陳藏器曰。薰卽是零陵香也。『郭-注:西山經』曰。蕙、蘭屬也。非薰葉。》从艸。熏聲。《許云切。13部。》/25

薲 (빈)【pín ㄆㄧㄣˊ】 개구리밥 ※ 빈(蘋)과 같은 글자

설문 0261 大蓱也。《『釋艸』曰。苹、蓱、其大者蘋。『毛傳』曰。蘋、大蓱也。薲蘋古今字。》从艸。賓聲。《符眞切。12部。》/25

薶 (매)【mái ㄇㄞˊ】 묻을 ■외:더러울, 더럽힐 ■리:막힐 ■회:풀이름

설문 0604 瘞也。《〔土部〕曰。瘞、幽薶也。》从艸。貍聲。《莫皆切。古音在 1部。『周禮』假借貍字爲之。今俗作「埋」。》/44

蘇 (간)【gàn ㄍㄢˋ】 볏줄기, 짚, 풀

설문 0324 艸也。从艸。榦聲。《古案切。14部。》/29

薺 (제)【jì ㄐㄧˋ】 상⑨작 cí 냉이 ■자:남가새

설문 0379 蒺藜也。《『今-詩:鄘風、小雅』皆作「茨」。『釋艸』、『傳』、『箋』皆曰。茨、蒺藜也。『易』曰。據于蒺藜。陶隱居曰。子有刺。軍家鑄鐵作之。以布敵路。亦呼蒺藜。》从艸。𠫞(齊)聲。《疾咨切。15部。》『詩』曰。牆有薺。/32

藻 (조)【zǎo ㄗㄠˇ】 조류 ※ 조(藻)의 본래 글자

설문 0628 水艸也。《今水中莖大如釵股、葉蒙茸深綠色、莖寸許有節者是。『左氏』謂之蘊藻。》从艸水。巢聲。《子晧切。2部。籒文作「藻」。『禮經』華采之字、古文用繅。今文用藻、璪。》『詩』曰。于以采藻。《『召南』文。》

藻或从澡。/46

甄 (진)【zhěn ㄓㄣˇ】 상㊥⑨작 zhēn 여우오줌풀 ■견:같은 뜻

설문 0371 豕首也。《『釋艸』曰。茢甄、豕首。許無茢字者。攷『太平御覽』引『爾雅』黃土瓜。孫炎曰。一名列也。按叔然以茢上屬。許君讀葢(蓋)與孫同。『鄭-注:周禮』豕首爲染艸之屬。『呂氏:春秋』曰。豨首生而麥無葉。『本艸經』曰。天名精一名豕首。》从艸。甄聲。《側鄰(隣)切。古音在 13部。》/31

蘇 (번)【fán ㄈㄢˊ】 산흰쑥

설문 0647 白蒿也。《『釋艸』、『豳毛:傳』同。『召南:傳』曰。皤蒿也。皤亦白也。『夏小正』曰。緐、由胡。由胡者、緐母也。緐、旁勃也。豆實也。故記之。》从艸。緐聲。《附袁切。14部。『儀禮:采緐』。假緐字爲之。籒文作「蘩」。》/46

薾 (이)【ěr ㄦˇ】 번화할 ■녜:같은 뜻

설문 0482 華盛。《〔㸚部〕曰。麗爾猶靡麗也。薾與爾音義同。》从艸。爾聲。《此於形聲見會(會)意。薾爲華盛。濔爲水盛。兒氏切。16部。》『詩』曰。彼薾惟何。《『小雅』文。今作「爾」。惟、今作「維」。》/38

薿 (의)【nǐ ㄋㄧˇ】 (곡초가)우거질 ■억:같은 뜻

설문 0485 茂也。从艸。疑聲。《魚己切。1部。》『詩』曰。黍稷薿薿。《『小雅』文。『箋』云。薿薿然而茂盛。『廣雅:釋訓』。薿薿、茂也。》/38

藀 (영)【yíng ㄧㄥˊ】 풀 얽힌 모양

설문 0534 艸旋皃(貌)也。《藀與縈音義同。》从艸。榮聲。《於營切。11部。》『詩』曰。葛藟藀之。《『周南』文。毛曰。旋也。『今-詩』作縈。陸德明作帣。》/40

㉿ 作家出版社〔董蓮池-說文解字考正〕 ⑨ 九州出版社〔柴劍虹-說文解字〕 ㉠ 陝西人民出版社〔蘇寶榮-說文解字今注今譯〕 ㉭ 上海古籍出版社〔說文解字注〕 ㊥ 中華書局〔臧克和-說文解字新訂〕

蔽 (효)【hào ㄏㄠˋ】 ㉳㊥⑨㉶ xiāo 풀 모양 ■효: 뒤는 모양 ■학: 나무 마를

설문 0507 艸皃(貌)。从艸。歊聲。《許嬌切。2部。》『周禮』曰。轂獘不蔽。《『攷工記』文。獘字誤。當依【本書】作「敝」。鄭衆云。蔽當爲秏。康成云。蔽、蔽暴。陰柔後必橈減。幬革暴起。按此『荀卿』及漢人所謂槁暴也。橈減爲槁木之槁、與革之暴相因而致。木歉則革盈。『瓬人:注』云。暴者墳起也。先鄭謂蔽當是秏字之誤。後鄭謂蔽爲槁之假借。其義則通。不言蔽讀爲槁者、從先鄭作「秏」亦得也。凡許君引【經傳】。有證本義者。如蔽蔽山川是。有證假借者。如轂敝不蔽、非關艸皃(貌)也。》/39

綦 (기)【qí ㄑㄧˊ】 고비 나물

설문 0340 土夫也。《【各本】作「綦」月爾也。今依『爾雅:音義』。攷『今本-釋艸』。芏、夫王。郭云。芏艸生海邊。綦月爾。郭云。卽紫綦也。似蕨可食。陸德明曰。綦字亦作綦。紫綦菜也。『說文』云綦土夫也。其所據『說文』。必與『爾雅』殊異而偁(稱)之。不則何容偁也。『今本-說文』恐是據『爾雅-郭本-郭-注』改者。但『許君-爾雅』之讀今不可知矣。》从艸。綦聲。《渠之切。1部。》/29

耤 (자)【jiè ㄐㄧㄝˋ】 ㉶ jí 깔개、빌릴、자리 어지러울, 실같은 것을 떠서 옥같은 것의 밑에 까는 받침 ■적: 이바지할, 어수선한 모양, 업신여길

설문 0559 祭藉也。《稭字下禾稾去其皮。祭天以爲藉也。引伸爲凡承藉、蘊藉之義。又爲假藉之義。》一曰艸不編。狼藉。《此別一義。》从艸。耤聲。《慈夜秦昔二切。古音在 5部。》/42

藋 (조)【diào ㄉㄧㄠˋ】 명아주 ■착: 말오줌 나무 ■적: 파랑명아주

설문 0290 堇艸也。《依『集韵(韻)』、『類篇』、【李仁甫-本】作「堇」。『廣雅』。堇、〈謹音〉藋也。『名醫別錄』。蒴藋一名堇草。一名芨。按下籒文內有蓳字。云根如薺。葉如細桺(柳)。未知是一否。○ 凡物有異名同實者。『釋艸』曰。芨、堇艸。陸德明謂卽『本艸』之蒴藋。按郭釋以烏頭。烏頭名堇。見『國語』。而芨名無見。陸說爲長。【鍇本】堇作蘳。》一曰拜商藋。《『釋艸』「商」作「蔏」。『說文』言一日者有二例。一是兼採別說。一是同物二名。此一日未詳何屬。疑堇艸爲蒴藋。拜商藋爲今之灰藋也。灰藋似藜。『左傳』斬之蓬蒿藜藋。【李燾-本】「商」作「啻」。【宋-麻沙-大徐本】亦作「啻」。葢(蓋)許所據『爾雅』不同【今本】。》从艸。翟聲。《徒弔切。2部。》/26

蕩 (창)【chàng ㄔㄤˋ】 풀 무성할

설문 0502 艸茂也。《『孟子』、『史記』艸木暢茂字皆作暘。俗又作暢。》从艸。暘聲。《丑亮切。10部。》/39

藍 람【lán ㄌㄢˊ】 쪽, 꼭두서니

설문 0262 染青艸也。《『小雅:傳』曰。藍、染艸也。》从艸。監聲。《魯(魯)甘切。8部。》/25

藎 (신)【jìn ㄐㄧㄣˋ】 조개풀, 나아갈

설문 0284 艸也。《蘇恭、掌禹錫皆云。俗名菉蓐艸。『爾雅』所謂王芻。『詩』淇澳之菉也。按『說文』有藎。又別有菉。則許意藎非菉矣。》从艸。盡聲。《徐刃切。12部。『大雅』以爲進字。》/26

蔓 (경)【qióng ㄑㄩㄥˊ】 풀 이름, 무우 ■선: 같은 뜻

설문 0346 蔓茅、《逗。【各本】無蔓字。此淺人不知其不可刪(刪)而刪之。如巂周、燕也。【今本】刪巂字。其誤正同。今補。》葍也。《『釋艸』曰。葍、蔓茅。》一名舜。《舜(舜)字下曰。楚謂之葍、秦謂之蔓是也。【今本】作一名蕣。是以木堇爲葍矣。》从艸。夐聲。《渠營切。古音在 14部。》/29

夢 (몽)【mèng ㄇㄥˋ】 ㉳㊥⑨㉶ méng 대싸리, 대일, 움

설문 0342 灌渝。《『今-釋艸』。葭蘆菼薍其萌蘿。郭云。今江東呼蘆筍爲蘿。音繾綣。下文渝芛葟華榮。郭別爲一條。許君所據『爾雅』夢灌渝。句字皆與【今本】大乖。今不可得其讀矣。》从艸。夢聲。讀若萌。《古音在 6部。而讀若萌者、轉入 10部也。今莫中切。》/29

藒 (걸)【qiè ㄑㄧㄝˋ】 제충국, 향풀

설문 0278 藒車、《逗。》芞輿也。《【各本】無「藒車」二字。今依『韵(韻)會』所引補。藒芞、車輿皆疊韵(疊韻)。『爾雅』本或無車字。不得以之改『說文』也。『離騷』、『上林賦』皆作揭車。『廣志』曰。黃葉白華。》从艸。褐聲。《去謁切。15部。『玉篇』作「藒」、從木。》/26

◀ 제 15 획 ▶

蘆 (로)【lǔ ㄌㄨˇ】 기름새

설문 0354 艸也。可目(以)束。从艸。魯(魯)聲。《郎(郎)古切。5部。》蘆或从鹵。《『釋艸』云。蔨蘆。郭云。作履苴艸。按『說文』云。苴、履中艸。謂以艸襯履底曰苴。賈子曰。冠雖敝不以苴履是也。許云可用束。郭云可苴履。大約是一物。》/30

蕮 (사)【sì ㄙˋ】 풀 이름

설문 0329 艸也。从艸。賜聲。《斯義切。16部。》/29

藗 (속)【sù ㄙㄨˋ】 띠〔열매를 맺지 않는 백모(白茅)의 일종〕

설문 0397 牡茅也。《見『釋艸』。此當與菅茅二篆類廁而不爾者、葢(蓋)其種類殊也。》从艸。遬聲。《桑谷切。3部。》遬籒文速。《凡速聲字皆從速。則牡茅字作「蓮」可矣。而小篆偶從遬。與他速聲字不畫(畵)一。故箸之。『序』曰。小篆取史籒大篆或頗省改。藗者、大篆文應省改而不省改者也。》/33

藚 (속)【xù ㄒㄩˋ】 질경이, 택사

설문 0639 水舄也。《『魏風:毛傳』同。『釋艸』。藚、牛脣。》从艸。賣(賣)聲。《似足切。3部。按『詩』釋文引『說文』其或反。【今本】多改爲似足矣。籒文作「藚」。》

㉶ 作家出版社〔董蓮池-說文解字考正〕 ⑨ 九州出版社〔柴劍虹-說文解字〕 ㉠ 陝西人民出版社〔蘇寶榮-說文解字今注今譯〕 ㉳ 上海古籍出版社〔說文解字注〕 ㊥ 中華書局〔臧克和-說文解字新訂〕

『詩』曰。言采其蕢。/46

藜 (려)【lí ㄌㄧˊ】 명아주
[설문] [0650] 艸也。《『左傳』。斬之蓬蒿藜藿。藜初生可食。故曰蒸藜不孰。『小雅』。北山有萊。陸機云。萊、兗州人蒸以爲茹。謂之萊蒸。按萊蒸葢(蓋)卽蒸藜。如『詩』駃牝訓驪牝也。》 从艸。黎聲。《郞奚切。15部。籒文作「蔾」。》/47

藟 [류]【lěi ㄌㄟˇ】 덩굴풀, 멍석 딸기의 열매, 등나무, 산 이름
[설문] [0357] 艸也。《『詩:七言』葛藟。陸璣云。藟一名巨荒。似燕薁。亦延蔓生。葉如艾。白色。其子赤。可食酢而不美。幽州謂之椎藟。『開寶-本艸』及『圖經』皆謂卽千歲虆也。按凡藤者謂之虆。系之艸則有藟字。系之木則有櫐字。其實一也。『戴先生-詩:補注』說葛藟猶言葛藤。『爾雅』山櫐、虎櫐、『山解經』卑〈一作畢〉山多櫐〈【古本】從木〉皆是也。然『鄭君-周南:箋』云葛也、藟也。分爲二物。與許合。葛與藟皆藤生。【故-詩】多類擧(擧)之。『左氏』亦云。葛藟猶能庇其木根。藤故衹作縢。謂可用緘縢也。『山解經:傳』曰。櫐一名縢。》 从艸。畾聲。《力軌切。15部。》 『詩』曰。莫莫葛藟。《『大雅:旱麓』文。》 一曰秬鬯。《此字義別說也。秬鬯之酒。鬱而後鬯。凡字從畾聲者、皆有鬱積之意。是以神名鬱壘。『上林賦』云。隱轔鬱𡾋。秬鬯得名藟者、義在乎是。其字從艸者、釀芳艸爲之也。》/30
[형성] (1자) 류(虆)3307

藣 (파)【pí ㄆㄧˊ】 [中]⑨[작] bēi 풀 ■피:악기 다는 틀 장식
[설문] [0451] 艸也。《『爾雅:釋器』。旄謂之藣、作此字。假借爲麾字也。》 从艸。罷聲。《符羈切。古音在 17部。》/36

藥 (약)【yào ㄧㄠˋ】 (병 고치는)약, 약 쓸 ■삭:타는 모양 ■략:양념할
[설문] [0554] 治病艸。《『玉篇』引作治疾病之艸總(總)名。》 从艸。樂聲。《以勺切。2部。》/42

藨 (표)【biāo ㄅㄧㄠˉ】 ⑨[작] biào 쥐눈이 콩, 기름사초
[설문] [0388] 鹿藿(藿)也。《前𦺇篆訓鹿藿之實。此藨訓鹿藿。則當類處。徐鍇曰。『釋艸』。蔨、鹿藿。藨、麃。二者各物。疑字形之誤。以藨麃爲鹿藿也。玉裁按。葢(蓋)麃誤爲鹿。淺人因妄增藿字耳。》 从艸。麃(麅)聲。讀若剽。《平表切。2部。》 一曰蔽之屬。《此字義別說也。『南都賦』。其艸則藨苧蘋莞。『廣韵(韻)』曰。可爲席。或作蔈苞。》/32

藩 (번)【fán ㄈㄢˊ】 ㉠[상][中]⑨[작] fān 울(울타리)、지경
[설문] [0568] 屛也。《屛蔽也。》 从艸。潘聲。《甫煩切。14部。》/43

藪 (수)【sǒu ㄙㄡˇ】 ⑨ sǒn 수풀, 늪 ■주:향할(趣也)
[설문] [0542] 大澤也。《『地官:澤虞』曰。每大澤大藪。中澤中藪。小澤小藪。『注』。澤水所鍾也。水希曰藪。此析言則澤藪殊也。『職方氏』云。其澤藪曰某。『毛詩:傳』曰。藪澤。此統言則不別也。『職方氏:注』曰。大澤曰藪。與『說文』合。葢(蓋)藪實兼水鍾、水希而言。『爾雅』十藪毄(繫)『釋地』。不毄『釋水』。正謂地多水少。艸木所聚。》 从艸。數聲。《蘇后切。4部。》 九州之藪。《見『職方氏』。》 楊州具區。《鄭曰。具區在吳南。謂漢吳縣南。屬會(會)稽郡。『禹貢』謂之「震澤」。今謂之「太湖」。》 荆(荊)州雲夢。《「夢」『今-周禮』作「瞢」。鄭曰。雲瞢在華容。漢華容縣屬南郡。》 豫州甫田。《「甫」【今-本】作「圃」。【汲古-未改:本】、【宋-本】、『李燾-五音韵(韻)譜:本』皆作「甫」。『毛詩』。東有甫草。毛云。甫、大也。『箋』云。甫草者、甫田之草也。鄭有「甫田」。〈【俗本】作「圃田。」釋文及【吳應龍本】不誤〉 葢『鄭-所據:爾雅』、『許-所據:周禮』皆作「甫田」。甫圃古通用。故『毛詩』「甫艸」。『韓詩』作「圃艸」。『詩:箋』、『說文』作「甫田」。【今-他書】皆作「圃田」。『職方:注』曰。圃田在中牟。漢中牟屬河南郡。》 青州孟諸。《『孟-今-周禮』作「望(望)」。鄭曰。望諸、明都也。在睢陽。漢睢陽縣屬梁國。》 兗州大野。《鄭曰。大野在鉅野。漢鉅野屬山陽郡。》 雝州弦圃。《『今-周禮』作弦蒲。『注』曰。「弦」或爲「汧」。「蒲」或爲「浦」。按【許-所據】葢卽【鄭之或本】。圃浦未知孰是。『今本-說文』作「蒲」。【汲古-未改:本】、【宋本】、【李燾本】皆作「圃」。『職方:注』曰。弦蒲在汧。漢汧縣屬右扶風。》 幽州奚養。《『周禮』作「貕養」。杜子春讀貕爲奚。按『說文:大部:奚』、大腹也。〔豕部:貕〕、豚生三月、腹奚奚皃(貌)也。杜葢說此藪名取大腹意。不取豕意。故易貕爲奚。而班、許從之。鄭曰。貕養在長廣。漢長廣縣屬琅邪郡。》 冀州楊紆。《鄭曰。楊紆所在未聞。『爾雅』曰。秦有楊陓。『呂氏:春秋』作「陽華」。『注』曰。陽華在鳳翔。或曰在華陰西。『淮南』作「陽紆」。『注』曰。在馮翊池陽。一名具圃。》 幷州昭餘祁。是也。《鄭曰。昭餘祁在鄔。漢鄔縣屬太原郡。【徐鍇本】「餘」作「余」。『淮南』作燕之昭余。無祁字。凡『職方氏』之川浸。『說文』散擧之。藪則彙擧之。》/41

藭 (궁)【qióng ㄑㄩㄥˊ】 천궁이, 궁궁이
[설문] [0265] 营藭也。从艸。竆(窮)聲。《渠弓切。9部。营藭疊韵(疊韻)。》/25

◀ 제 16 획 ▶

藷 (저)【zhū ㄓㄨˉ】 고구마, 사탕수수 ■서:마
[설문] [0325] 藷蔗也。《三字句。或作諸蔗、或都蔗。藷蔗二字疊韵(疊韻)也。或作「竿蔗」、或「干蔗」。象其形也。或作「甘蔗」。謂其味也。或作「邯睹」。『服虔(虔)-通俗文』曰。荆(荊)州「竿蔗」。》 从艸。諸聲。《章魚切。5部。》/29

藸 (저)【zhū ㄓㄨˉ】 [상] chú 개당근, 오미자 ■차:뱀도랒
[설문] [0328] 艸也。从艸。豬聲。《直魚切。5部。【鉉本】移此字於荎篆下。以荎藸二字當類列。而不知許意單呼藸者、

別是一物也。》/29

藐 (묘)【miǎo ㄇㄧㄠˇ】㉠㊥⑨㉯ mò 작을
설문 0360 茈艸也。《見『釋艸』。》从艸。貌聲。《莫覺切。古音在 2部。古多借用爲眇字。如說大人則藐之及凡言藐藐者皆是。》/30

藹 (애)【ǎi ㄞˇ】①【譪】마음과 힘을 다하는 모양, 많은 모양 ②【藹】수목 우거진 모양, 온화할, 많은 모양
설문 1455 臣盡力之美。《『釋訓』曰。譪譪、萋萋、臣盡力也。『大雅:毛傳』曰。譪譪猶濟濟也。濟濟、多威儀也。》『詩』曰。譪譪王多吉士。《『卷阿』文。》从言。葛聲。《於害切。15部。》/93
형성 (+1) 애(靄 靄)

菡 (담)【dàn ㄉㄢˋ】연 봉오리
설문 0409 菡蕳、《逗。》扶渠華。《句絕(絶)。扶渠、【各本】作芙蓉。誤。今從釋玄應所引。許意扶渠爲華、葉、莖、實、本、根之總(總)名。『爾雅』說此艸、以夫渠建首。毛公亦曰。荷、扶渠也。其華菡萏。「扶渠」一作「夫渠」。『今-爾雅』作「芙蕖」、俗字也。》未發爲菡蕳。已發爲夫容。《此就華析言之也。『陳風』。有蒲菡萏。『爾雅』、『毛傳』皆曰。其華菡萏。此統言之。不論其未發已發也。屈原、宋玉言芙蓉不言菡萏。亦猶是也。許意菡之言含也。夫之言敷也。故分別之。高誘曰。其華曰夫容。其秀曰菡萏。與許意合。華與秀散文則同。對文則別。夫容【今本】作芙蓉、俗字也。》从艸。閻聲。《徒感切。8部。》/34

藺 린【lìn ㄌㄧㄣˋ】골풀(여러해 살이 풀의 일종)
설문 0309 莞屬。可爲席。《依『韵會』所引補三字。『急就篇』有藺席。》从艸。閵聲。《良刃切。12部。》/27
참고 린(躪)

藼 (훤)【xuān ㄒㄩㄢˉ】원추리 ※ 훤(萱)의 본래 글자
설문 0263 令人忘憂之艸也。《見『毛傳』。藼之言諼也。諼、忘也。》从艸。憲聲。《況袁切。14部。》『詩』曰。安得藼艸。《『衞(衛)風』文。『今-詩』作焉得諼草。》 蕿或从煖。《煖聲。此字小徐無。張次立補。可刪。》 萱或从宣。《宣聲。》/25

藔 (로)【lǎo ㄌㄠˇ】마른 매실, 풀 다릴
설문 0574 乾梅之屬。《『鄭-注:周禮』云。乾藔、乾梅也。有桃諸梅諸、是其乾者。按鄭意『周禮』上文桃是濡者。此著乾以別之。》从艸。橑聲。《梅桃當從木而從艸者。艸亦木也。盧晧切 2部。》『周禮』曰。饋食之籩。其實乾藔。《『籩人』文。》後漢長沙王始煑(煮)艸爲藔。《謂『周禮』之後至漢長沙王始煑艸爲藔。不用梅桃也。》 藔或从潦。/43

藿 藿(곽)【huò ㄏㄨㄛˋ】콩, 콩잎, 풀 이름, 미역 ■확:속음
설문 0229 尗之少也。《少讀養幼少之少。『毛詩:傳』曰。藿猶苗也。是也。李善引『說文』作豆之葉也。與『士喪禮:注』合。》从艸。靃(霍)聲。《虛郭切。5部。》/23

蘀 (탁)【tuò ㄊㄨㄛˋ】초목의 껍질 또는 잎 떨어질, 낙엽
설문 0530 艸木凡皮葉落陊地爲蘀。《陊、落也。【鍇本】作墮。》从艸。擇聲。《他各切。5部。》『詩』曰。十月殞蘀。《『豳風』文。毛曰。蘀、落也。「殞」鉉作「隕」。》/40

薑 (강)【jiāng ㄐㄧㄤˉ】새앙, 삽주, 백출
설문 0241 御溼之菜也。《御、鉉作「禦」。『神農-本艸經』曰。乾薑主逐風溼(濕)痹、〈溼病也〉腸澼、〈匹辟切腸間水〉下痢。生者尤良。久服去臭氣、通神明。按生者尤良、謂乾薑中之不孰而生者耳。今人謂不乾者爲生薑。失之矣。》从艸。彊聲。《居良切。10部。》/23

蘄 蘄(기)【qí ㄑㄧˊ】궁궁이싹, 말재갈, 구할, 풍년들기를 기원할, 땅 이름 ■근:왜당귀
설문 0307 艸也。《『釋艸』蘄字四見。不識許所指何物也。》从艸。斳聲。《『說文』無斳字。蘄當是從單、斤聲。如〔虫部:蠲〕字當是從蜀、益聲。不立〔單部〕,〔蜀部〕。是以傅於〔艸,虫:二部〕。而斳聲不可通。或曰當有從單斤聲之斳字。『說文』無〔單部〕。因無斳字也。陸德明曰。蘄古芹字。然『說文』有菦字。則非一字也。汪氏龍曰。斳字葢(蓋)失收。『集韵』渠希(希)切。古音當在 13部。【古-鐘鼎(鼎)欵識】多借爲蘄字。》江夏有蘄春縣。《見『地理志』。「縣」【各本】作「亭」。今正。凡縣名系於郡。亭名鄉名系於某郡某縣。》/27

蘆 (로)【lú ㄌㄨˊ】갈대, 호리병 박 ■려:절굿대 뿌리
설문 0257 蘆菔也。一曰薺根。《此字義別說。謂薺根謂之蘆也。》从艸。盧聲。《落乎切。5部。》/25
참고 람(濫)

蘇 (소)【sū ㄙㄨˉ】차조기(일년생 풀), 깨날(禾若散亂杷而取。) ■서:나무이름
설문 0236 桂荏也。《桂上【鍇本】有「蘇」字。此複寫隸字刪(刪)之未盡者。蘇、桂荏。『釋艸』文。『內則:注』曰。薌蘇、荏之屬也。『方言』曰。蘇亦荏也。關之東西或謂之蘇。或謂之荏。郭樸曰。蘇、荏類。是則析言之則蘇荏二物。統言則不別也。桂荏今之紫蘇。蘇之叚(假)借爲樵蘇》从艸。穌聲。《素孤切。5部。》/23

蘜 (국)【jú ㄐㄩˊ】푸르고 노란 꽃 피는 풀(菊花、一名節花。又一名日精)
설문 0395 日精也。目(以)秋華。《「以」【各本】作「似」。今依【宋本】及『韵(韻)會』正。『本艸經』。菊花一名節花。又曰。一名日精。按一名節花、卽許所謂以秋華也。一名日精與許合。『夏小正』。九月榮鞠。鞠艸也。鞠榮而樹麥。時之急也。『月令』。鞠有黃華。『離騷』。夕餐秋菊之落英。字或作「菊」、或作「鞠」。以『說文』繩之。皆叚(假)借也。『釋艸』。蘜、治蘠。郭云。今之秋華菊。郭意蘜菊爲古今字。玉裁謂。

6 ⓪

許君剖析菊爲大菊、蘧麥。蘜爲治牆。蘜爲日精。分劃三所。又恐學者以其同音易溷也。著之曰以秋華、言此蘜字乃『小正』、『月令』之布華玄月者也。然則許意治牆別是一物。種類甚殊。如大菊之非蘜。『郭-注:爾雅』與許全乖。攷『郭氏-所注:小學三書』。今存者二。有時涉及『字林』、而絕(絶)未嘗偁(稱)用『說文』也。『本艸經』、『名醫(醫)別錄』秋華有九名而無治牆。則治牆之非秋華亦略可見。》从艸。簐(䈮)省聲。《居六切。3部。》 蘜或省。《按〔米部:䈮〕從米、䈮省聲。省竹則爲蘜。又省米則爲𥻆。卽〔㚔部〕之𥻆之省聲也。》/33

蘡 (녕)【néng ㄋㄥˊ】㊤㊥⑨㉔ níng 새끼 꼴 수 있는 풀 이름
설문 0327 牂蘡、《逗。》可目(以)作縻綆。《縻、牛轡也。綆、汲井綆也。》从艸。嬰聲。《女庚切。古音在 10部。牂蘡疊韵(疊韻)。》/29

蘢 (롱)【lóng ㄌㄨㄥˊ】말여뀌, 우거질
설문 0415 天蘥也。《見『釋艸』。》从艸。龍聲。《盧紅切。9部。》/34

薛 (설)【xuē ㄒㄩㄝ】쑥, 나라 이름
설문 0301 艸也。《『子虛賦』。高燥生薛。張揖曰。薛、賴蒿也。按賴蒿、葢(蓋)卽藾蕭。》从艸。辥聲。《私列切。15部。》/27

◀ 제 17 획 ▶

蘘 (양)【ráng ㄖㄤˊ】양하(생강과에 속하는 숙근초) ■상:청상자 ■낭:새끼 꼴 수 있는 풀이름
설문 0255 蘘荷也。《三字句。蘘荷見『上林賦』、『劉(劉)向-九歎』、『張衡-南都賦』、『潘岳-閒居賦』。》一名蒚蒩。《『史記:子虛賦』作「猼且」。『漢書』作「巴且」。王逸作「蓴菹」。顏(顏)師古作「蓴苴」。『名醫別錄』作「覆葅」。皆字異音近。『景瑳-大招』則倒之曰「苴蓴」。『崔豹-古今:注』曰。似薑。宜陰翳地。師古曰。根旁生笋。可以爲葅。又治蠱毒。『宗懍-荊(荆)楚歲時記』云。仲冬以鹽藏蘘荷。以備(備)冬儲。『急就篇』所云老菁蘘荷冬日藏也。》从艸。襄聲。《汝羊切。10部。》/24

蘜 (국)【jú ㄐㄩˊ】국화
설문 0428 治牆也。《未詳何物。『集韵(韻):七之』曰。菭藩、艸名。》从艸。鞠聲。《居六切。3部。》/35

蘠 (장)【qiáng ㄑㄧㄤˊ】문동, 겨우살이풀
설문 0429 蘠靡、《逗。》冬也。《見『釋艸』。按『本艸經』有天門冬、麥門冬。未知『爾雅』、『說文』謂何品也。》从艸。牆聲。《賤羊切。10部。》/35

蘥 (약)【yuè ㄩㄝˋ】귀리, 연맥(燕麥)
설문 0396 爵麥也。《見『釋艸』。「爵」當依『今-釋艸』作「雀」。許君從所據耳。郭云。卽燕麥也。生故墟野林下。苗實俱似麥。或云爵麥卽穱麥。誤也。『招寬(魂)』、『七發』皆云穱麥。穱卽穛字之異者。古爵焦聲同在弟 2部。許云穛、早取穀也。『招魂:王-注』云。擇麥中先熟者也。義正同。》从艸。龠聲。《以勺切。2部。》/33

蘦 (령)【líng ㄌㄧㄥˊ】감초, 떨어질
설문 0444 大苦也。《此與前大苦苓也相乖剌。說詳苦字下。》从艸。霝聲。《郎(郞)丁切。11部。》/36

蘧 (거)【qú ㄑㄩˊ】석죽화, 패랭이꽃
설문 0252 蘧麥也。《三字一句。『釋艸』曰。大菊蘧麥。『本艸』謂之瞿麥。一名巨句麥。『廣雅』謂之紫萎。一名麥句薑。俗謂之洛陽花。一名石竹。》从艸。遽聲。《彊魚切。5部。》/24

蘪 (미)【mí ㄇㄧˊ】㊤㊥⑨㉔ méi 천궁, 궁궁이
설문 0273 蘪蕪也。《三字句。蘪蕪雙聲。》从艸。麋聲。《靡爲切。古音在 15部。》/25

藍 (람)【lán ㄌㄢˊ】외김치, 물 맑을 ■함:같은 뜻
설문 0572 瓜菹也。从艸。濫聲。《『各本』篆作藍。解誤作監聲。今依『廣韵(韻)』、『集韵』訂。魯甘切。8部。》/43

蘬 (규)【kuī ㄎㄨㄟ】명아자, 여뀌, 아욱 ■훼:사람의 이름
설문 0651 薺實也。《『今-釋艸』。紅、蘢古。其大者蘬。莛、薺實。許所據絕(絶)不同。》从艸。歸聲。《驅歸切。15部。籀文作「蘬」。歸、籀作「𡚒」也。》/47

蘭 란【lán ㄌㄢˊ】난초, 모련 ■련:난초
설문 0266 香草也。《『易』曰。其臭如蘭。『左傳』曰。蘭有國香。說者謂似澤蘭也。》从艸。闌聲。《落干切。14部。》/25

형성 (2자) 란(爤 爤)6162 란(灡 灡)7045

虋 (곤)【kūn ㄎㄨㄣ】향풀
설문 0442 艸也。从艸。罤聲。《古渾切。13部。》/36

◀ 제 18 획 ▶

蘨 (요)【yóu ㄧㄡˊ】㊤㊥⑨㉔ yáo 풀 더부룩한 모양 ■유:같은 뜻
설문 0544 艸盛皃(貌)。从艸。繇聲。《此以形聲包會(會)意。繇、隨從也。【他書】凡繇皆作「繇」。蘨作蘨。余招切。古音在 3部。》『夏書』曰。厥艸惟繇。《依【鍇本】及【宋本】作「繇」。『馬融-注:尙書』曰。繇、抽也。故合艸繇爲蘨。此許君引『禹貢』明從艸繇會(會)意之恉(怡)。引【經】說字形之例始見於此。詳後蘢下。》/41

叢 (총)【cóng ㄘㄨㄥˊ】풀 떨기로 난 모양, 떨기, 줄기
설문 0657 艸叢生皃(貌)。《叢、聚也。槩言之。叢則專謂艸。今人但知用叢字而已。『爾雅:釋魚:音義』引『說文』。叢、艸衆生也。》从艸。叢聲。《此形聲包會(會)意。徂紅切。9部。籀文作「叢」。》/47

蘳 (화)【huī ㄏㄨㄟ】㊤㊥⑨㉔ huà 노란 꽃 ■휴:과실
설문 0479 黃華。《『後漢書:馬融傳』曰。蓷扈蘳熒。蘳或作

「蘳」。》从艸。䧳聲。《此擧(擧)形聲見會(會)意。》讀若墮壞。《此謂讀如墮壞之墮也。墮、隋聲在 17部。音轉許規切。入 16部。凡圭聲字在 16部。【鉉本】脫去墮字。『廣韵(韻)』蘳有壞音。誤矣。『唐韵(韻)』胡瓦切。17部之音變也。》/37

◀ 제 19 획 ▶

藭 (궁)【qióng ㄑㄩㄥˊ】천궁이, 궁궁이
설문 0265 营藭也。从艸。窮(竆)聲。《渠弓切。9部。营藭疊韵(疊韻)。》/25

蘼 (리)【lì ㄌㄧˋ】상中⑨작 lí (땅에)붙을, 궁궁이 싹 ■려:붙을
설문 0555 艸木生箸土。《箸丈略切。此依『韵會(韻會)』引。》从艸。麗聲。《此當云從艸麗、麗亦聲。呂支郎計二切。16部。》『易』曰。百穀艸木麗於地。《此引『易:彖傳』說從艸麗之意也。凡引【經傳】。有證字義者。有證字形者。有證字音者。如艸木麗於地。說從艸麗。豐其屋。說從宀豐。皆論字形耳。『陸氏-易』釋文乃云『說文』作「蘼」作「寷」。不亦謬哉。他如蘇字之引『夏書』。刑(刑)字、相字、晉(晋晋)字、和字、葬字、庸字、𠫓(𠫓𠫓)字之引『易』。䢅字之引『詩』。有字之引『春秋傳』。𢎡字之引『孝經』說。𦣞字之引『孟子』。易字之引【祕(秘)書】。畜字之引『淮南王』。公字之引『韓非』。皆說字形會(會)意之恉。而學者多誤會。》/42

蘺 (리)【lí ㄌㄧˊ】돌피, 천궁이, 궁궁이 싹, 울타리
설문 0271 江蘺、《逗。》蘪蕪也。《『相如賦』云。芷若射干。穹窮(窮)昌蒲。江離蘪蕪。又云。被以江離。糅以蘪蕪。是各物明矣。而說者云。江蘺、蘪蕪皆芎藭苗也。有二種。似槀本者爲江蘺。似虵牀而香者爲蘪蕪。則芎藭、江蘺、蘪蕪爲一。徐之『才藥對』亦云。蘪蕪一名江蘺。芎藭苗也。而『說文』以蘪蕪釋江蘺。且以江蘺卽楚人謂茝者。但楚謂茝爲蘺。不云謂茝爲江蘺也。葢(蓋)因『釋艸』有蘄茝蘪蕪之文而合之。茝與蘄茝又未必一物也。》从艸。離聲。《呂支切。古音在 16部。》/25

蘻 (계)【jì ㄐㄧˋ】쓴 너삼, 마전자(馬錢子)
설문 0382 狗毒也。《見『釋艸』。樊光云。俗語苦如蘻。》从艸。繫聲。《古詣切。16部。》/32

蘿 연【rán ㄖㄢˊ】풀, 불사를
※ 연(䕼)과 같은 글자
설문 0452 艸也。从艸。難聲。《如延切。14部。〔火部:䕼〕以爲聲。》/36
【然 𤎅】下曰:燒也。从火。肰聲。蘿或从艸難。/480
참고 연(䕼)

藟 (류)【lěi ㄌㄟˇ】덩굴풀, 까마귀머루
설문 3307 藟木也。《『釋木』。諸慮、山櫐。欇、虎櫐。郭曰。今江東呼櫐爲藤。虎櫐、今虎豆。纏蔓林樹而生。『中山經』。畢山、其上多櫐。〈依『齊民要術:藝文類聚』〉郭曰。今虎豆、貍豆之屬。櫐一名縢。音耒。按櫐者藟之省。其物在(在)艸木之閒(間)。近於艸者則爲〔艸部〕之藟。『詩』之藟也。近於木者則爲〔木部〕之藟。『釋木』之山櫐、虎櫐也。縢藤古今字。謂之縢者、可以爲緘縢也。藟之屬不一。統名之曰藟木。》從木。畾聲。《形聲包會意。力軌切。15部。》
𦼮 籒文。/241

蘿 (라)【luó ㄌㄨㄛˊ】쑥, 풀가사리, 무
설문 0419 莪也。《是謂轉注。》从艸。羅聲。《魯何切。17部。》/35

◀ 제 20 획 ▶

虉 (역)【yì ㄧˋ】청모(靑茅)
설문 0389 綬艸也。《「艸」字依『韵(韻)會』補。『陳風:邛有旨鷊:傳』曰。鷊、綬艸也。『釋艸』曰。虉綬。按『毛詩』作「鷊」。叚(假)借字也。『今-爾雅』作「虉」、與『說文』作「虉」不同者。鷊鷊同在 16部也。陸璣曰。鷊五色。作綬文。故曰綬艸。》从艸。鷊聲。《五狄切。16部。》『詩』曰。邛有旨虉是。/32

藙 (의)【yì ㄧˋ】머귀나무 씨 기름
설문 0575 煎茱萸。《『內則』。三牲用藙。鄭云。藙、煎茱萸也。『漢律』會(會)稽獻焉。『爾雅』謂之椒。玉裁謂。許君云椴似茱萸、出『淮南』。則與鄭說異。『皇侃-義疏』曰。煎茱萸、今蜀郡作之。九月九日取茱萸。折其枝。連其實。廣長四五寸。一升實可和十升膏。名之藙也。『本艸圖經』曰。食茱萸。蜀人呼其子爲艾子。按艾卽藙字。》从艸。顡(顡)聲。《魚旣切。15部。》『漢律』會稽獻藙一斗。/43

◀ 제 21 획 ▶

虈 (효)【xiāo ㄒㄧㄠˉ】어수리(미나리과의 다년생 풀)
설문 0270 楚謂之蘺。晉謂之虈。齊謂之茝。《此一物而方俗異名也。茝、『本艸經』謂之白芷。茝芷同字。𦣞聲止聲同在 1部也。『內則』曰。佩帨茝蘭。掌禹錫曰。范子計然云。白芷出齊郡。『王逸-九思』曰。芳虈兮挫枯。『埤蒼』曰。齊茝一曰虈。按『屈原賦』有茝有芷又有葯。『王-注』曰。葯、白芷也。『廣雅』曰。白芷、其葉謂之葯。『說文』無葯字。囂聲約聲同在 2部。疑虈葯同字耳。但又曰楚謂之蘺。下卽系以蘺篆。云江蘺蘪蕪。以茝、江蘺、蘪蕪爲一物。殊不可曉。『離騷』曰。扈江蘺於辟芷兮。非一物明矣。》从艸。囂聲。《許驕切。2部。》/25

䕺 (유)【yòu ㄧㄡˋ】本[풀이름] 동산 ■욱:같은 뜻
설문 0334 艸也。从艸。䌛聲。《于救切。古音在 1部。》
䌛 籒文囿。/29

◀ 제 22 획 ▶

虉 (한)【hàn ㄏㄢˋ】풀 이름, 불사를
설문 0621 艸也。从艸。鷬聲。《呼旰切。14部。籒文作「𦽬」。按〔鳥部:鷬𪆫〕一字也。而〔艸部:蘿鷬〕各字。恐有誤。》/45

6 ⓪

◀ 제 23 획 ▶

虋 (란)【luán ㄌㄨㄢˊ】순채의 한가지 ■련:같은 뜻

설문 0295 鳧葵也。《後又云茆、鳧葵也。二字不同處者、以小篆、籀文別之也。虋茆雙聲。『廣雅』曰。虋、茆、鳧葵也。按虋蓴古今字。古作「虋」。今作蓴作「蒓」。》从艸。攣聲。《洛官切。曹憲力船力眷二切。14部。》/26

◀ 제 24 획 ▶

釀 (양)【niàng ㄋㄧㄤˋ】들깨 ■낭:푸성귀、김치

설문 0248 菜也。《『方言』曰。蘇、沅湘之南或謂之薷〈晋軍轄〉其小者謂之釀菜。許所說未必此也。『齊民要術』以爲藏菹之釀。人丈切。『內則:注』菜釀。不从艸。》从艸。釀聲。《『玉篇』引『說文』而丈切。『唐韵(韻)』女亮切。10部。》/24

6

⑫

贛 (감)【gǎn ㄍㄢˇ】㊤㊥⑨ gòng ㉾ gàn 풀 ■공:율무

설문 0345 艸也。从艸。贛聲。《古送切。又古禫切。古音在7、8部。轉入 9部。》一曰薏苢。《『本艸』曰。一名贛。音感。卽此字。陶隱居云。交阯實大者名𦾔珠。𦾔與贛雙聲字也。》/29

虉 藿(곽)【huò ㄏㄨㄛˋ】콩, 콩잎, 풀 이름, 미역 ■확:속음(艸부 16획)

◀ 제 26 획 ▶

虋 (문)【mén ㄇㄣˊ】맥문동, 붉은 차조 ■민:혹음

설문 0226 赤苗。《句。》嘉穀也。《『大雅』曰。誕降嘉穀。維虋維芑。『爾雅』、『毛傳』皆曰。虋、赤苗。芑、白苗。按『倉頡篇』曰。苗者、禾之未秀者也。禾者今之小米。赤苗白苗謂禾莖有赤白之分。非謂粟。云嘉穀者、據『生民詩』言之。『今-詩』作嘉種。許君引誕降嘉穀。維秬維秠。虋芑下皆曰嘉穀。》从艸。釁聲。《莫奔切。13部。『今-詩』作「糜」非。》/22

◀ 제 33 획 ▶

蘼 (추)【cū ㄘㄨ】짚신

설문 0585 艸履也。《『方言』曰。以絲作之者謂之履。以麻作之者謂之不借。麤者謂之屨。東北朝鮮洌水之閒謂之鞠角。南楚江沔之閒總(總)謂之麤。『急就篇』。屐屩絜麤。『儀禮:喪服傳疏:屨注』云。疏猶麤也。按『禮:注』、『方言』、『急就』之麤字皆蘼字之省。疏屨者、藨蒯之非。則是艸爲之。》从艸。麤聲。《倉胡切。5部。》/43

141
6-24

虍 ▤ 범의 문채 호

虍 호【hū ㄏㄨ】[설문부수 167] 범의 문채(범 가죽 무늬)

설문 2971 虎文也。象形。《小徐曰。象其文章屈曲也。荒烏切。5部。》凡虍之屬皆从虍。讀若『春秋傳』曰虍有餘。《有譌字不可通。疑是「賈余餘勇之賈」。》/209

성부 부록 색인 참조

형부 虍를 부수로 하는 대부분의 글자들

◀ 제 2 획 ▶

虎 호【hǔ ㄏㄨˇ】범(호랑이)

설문 2980 山獸之君。从虍。从儿。《會意。》虎足象人足也。《已相八字【鉉本】妄改。張次立復以【鉉本】改【鍇本】。惟『韵會』如是。此【古本】之眞也。从儿『韵會』作从几。此其誤已久耳。〔儿部〕曰。孔子曰在人下。故詰屈。謂人之股腳(脚)也。虎之股腳似人。故其字上虍下儿。虍謂其文。儿謂其足也。『說文』龜頭、龜頭似它頭。燕尻(尾)似魚尾。兔(兎)頭似㲋頭。莧足似兔足。𪊺足似鹿足。㲋頭似兔、足似鹿。文義相同。儿有其字。故先言从儿而後言虎足象人足。篆體改作虎。則象人足之云不可通。顧氏藹吉乃疑虎下當从爪矣。今正之。凡篆虎字依𨽻(隸)體从儿爲是。呼古切。5部與 17部通。故『左氏』「陽虎」、『論語』作「陽貨」。非一名一字也。邢昺、孫奭(奭)乃有虎名貨字之說。》凡虎之屬皆从虎。𧆞古文虎。𧇁亦古文虎。/210

성부 畏외 虒치 彪표 豹표 號호 虢괵 虤안

형부 잔(虥) 효(虓) 은(虒) 예(虩) 멱(虪)
감(虦) 객(虢) 등(䲢) 혁(虩) 도(虠)
포(虣) 표(虨)

형성 (4자) 호(琥)106 효(唬)916
호(諕)1577 호(魏)5566

◀ 제 3 획 ▶

虐 학【nüè ㄋㄩㄝˋ】해롭게 할, 몹시 굴, 사나울, 재앙

설문 2977 殘也。《〔歺部〕曰。殘、賊也。》从虍爪人。《爪人補。三字會意。》虎足反爪人也。《覆手曰爪。虎反爪鄕外攫人是曰虐。魚約切。2部。》𧆛古文虐如此。/209

형성 (2자) 학(謔)1568 학(瘧)4543

◀ 제 4 획 ▶

虒 사【sī ㄙ】뿔있는 범, 땅 이름, 대궐 이름 ■치:가지런하지 않을 ■제:현이름

설문 2993 委虒。《疊韵(疊韻)。》虎之有角者也。《虎無角。故言者以別之。『廣韵(韻)』曰。虒、似虎。有角。能行水中。按『韵會』引『說文』。羼以『廣韵』語。非偁(稱)古之法。》从虎。厂(𠂆)聲。《息移切。16部。》/211

【厂】下曰:凡厂之屬皆从厂。虒字从此。《按虒字从虎、而以爲聲。又若系从糸、厂聲。寫者短之。乃右戾之丿相溷。曳字从申(申)、厂聲。寫者亦不察。皆當攷正者也。》/627

형성 (16자+1) 사(禠)16 제(嗁)899
치(趧)1003 체(遞)1084 제(蹏)1263
지(謕)1353 체(褫)2319 치(篪)2706
사(榹)3555 치(褫)5108 이(歋)5295

사(䶅)6090 이(㦾)6432 사(滮)6761
리(縭)8336 제(鍗)8889 치(篪)8899

(예)【yì ㄧˋ】 범의 모양
설문 2987 虎皃(貌)。从虎。乂聲。《魚廢切。15部。》/211

(효)【xiāo ㄒㄧㄠˉ】 범이 성내어 울
설문 2989 虎鳴也。《『大雅』闞如虓虎。毛曰。虓虎、虎之自怒虓然。按「自怒」猶「盛怒」也。〔口部〕曰。唬、虎聲也。虓與唬雙聲同義。》从虎。九聲。《四字依『韵(韻)會本』在此。許交切。古音在 3部。》一曰師(獅)子。《別義。謂師子名虓也。師獅正俗字。『釋獸』曰。狻麑如虦貓。食虎豹。郭曰。卽獅子也。出西域。按〔鹿部〕云。狻麑、獸也。不云師子。然則許意不同郭也。『東觀記』曰。順帝時疎勒王遣使文時詣(詣)闕。獻獅子。似虎正黃。有頿耏。尻(尾)端茸毛其大如斗。》/211

虔 건【qián ㄑㄧㄢˊ】 本[범이 가는 모양], 굳을, 공경할
설문 2974 虎行皃(貌)。《『釋詁』、『大雅:商頌:傳』皆曰。虔、固也。『商頌:傳』、『魯(魯)語:注』皆曰。虔、敬也。『左傳:虔劉(劉)我邊陲:注』。虔劉皆殺也。『方言』。虔、慧也。虔、殺也。虔、謾也。按『方言』不可盡知其說。糾虔、虔劉皆卽『釋詁』虔固之義。堅固者必敬。堅固者乃能殺也。堅固者虎行之皃(貌)也。『商頌:箋』。虔、榩也。亦取堅固之意。》从虍。文聲。《按「聲」當是衍字。虎行而箸其文。此會意。》讀若矜。《渠焉切。按矜从令聲。亦非穜。則虔古音當在 12、13部也。》/209
형성 (3자) 건(䞿)997 건(陙)3885
건(㨜)7621

◀ 제 5 획 ▶

虜 로【lú ㄌㄨˊ】 양병 (虍부 9획)
설문 8057 䍡也。《䍡者、小口罌也。》从甶。虍聲。讀若盧同。《洛乎切。5部。》籒文虜(虜)如此。《缶甶一也。》篆文。《按𤮯與虜二體必當互易。淺人所改也。虜必古文。故盧以爲聲。且二字皆从甶。無庸用先古後篆之例。故二體當互易。而虜下應曰古文。》/638
성부 盧거 慮려 盧로 膚로

(을)【yì ㄧˋ】 범의 모양
설문 2988 虎皃(貌)。《『篇』、『韵(韻)』作「虼」。》从虎。乞(气)聲。《魚迄切。15部。》/211

虖 호【hū ㄏㄨˉ】 탄식하는 말 ■후:범이 울 ■형:시내이름
설문 2976 哮虖也。《〔口部〕曰。哮、豕驚聲也。唬、虎聲。『通俗文』曰。虎聲謂之哮唬。疑此「哮虖」當作「哮唬」。『漢書』多假虖爲乎字。》从虍。乎聲。《荒烏切。5部。》/209
형성 (7자) 호(嘑)827 호(謼)1497
하(罅)3160 화(槴)3356 호(鄠)3995
호(歑)5277 하(壉)8704

虛 허【xū ㄒㄩˉ】 ㊥㉿ qū 本[큰언덕] 터, 빌(물건, 능력, 욕심), 비울
설문 4997 大北(丘)也。昆侖北謂之昆侖虛(虛)。《昆侖丘、丘之至大者也。『釋水』曰。河出昆侖虛。『海內:西經』曰。海內昆侖之虛在西北。帝之下都。卽『西山經』昆侖之丘。實惟帝之下都也。〔水部〕曰。泑津在昆侖虛下。按虛者、今之墟(墟)字。猶昆侖今之崐崘(崑崙)字也。虛本謂大丘。大則空曠。故引伸之爲空虛。如魯(魯)、少皞之虛。衛、顓頊之虛。陳、大皞之虛。鄭、祝融之虛。皆本帝都。故謂之虛。又引伸之爲凡不實之稱。『邶風』。其虛其邪。毛曰。虛、虛也。謂此虛字乃謂空虛。非丘虛也。一字有數義音。則訓詁有此例。如〔許書〕巳、巳也。謂此辰巳之字。其義爲巳甚也。虛訓空。故丘亦訓空。如『漢書』丘亭是。自學者罕(罕)能會通。乃分用墟虛字。別休居邱於二切。而虛之本義廢矣。》古者九夫爲井。四井爲邑。四邑爲北。北謂之虛(虛)。《此又引『小司徒職』文。言丘亦名虛。皆說虛篆从丘之意也。丘虛語之轉。『易:升:九三』。升虛邑。馬云。虛、丘也。虛猶聚也、居也。引伸爲虛落。今作墟。『庸風』。升彼虛矣。『傳』曰。虛、漕虛也。》从北。虍聲。《邱如切。又朽居切。5部。》/386
【他本說文解字】曰:《臣鉉等曰。今俗別作墟。非是。》
형성 (3자) 허(嘘)790 허(歔)5306
허(魖)5562

虘 차【cuó ㄘㄨㄛˊ】 모질, 사나울 ■조:산범
설문 2975 虎不柔不信也。《剛暴矯詐。》从虍。且聲。讀若酇縣。《昨何切。按〔邑部〕曰。酇、沛國縣也。酇觀皆虘聲。然則古音本在 5部。沛人言酇若昨何切。此『方言』之異。而虘讀同字。》/209
형성 (9자) 차(䶥)1227 조(謯)1506
사(叡)1816 사(樝)3268 차(䣜)3945
초(䶦)4727 저(覷)5240 사(濾)6773
처(嫭)7897

(복)【fú ㄈㄨˊ】 범의 모양, 복희씨
설문 2973 虎皃(貌)。《古伏羲字作「虙」。『五經文字』引『論語』釋文云。宓子賤姓虙。文字譌舛。轉而爲宓。故濟南伏生稱「子賤」之後也。》从虍。必聲。《房六切。按古音在 12部。讀如密。『顏(顔)氏家訓』云。張揖、孟康皆云虙伏古今字。而『皇甫謐-帝王世紀』云。「伏羲」或謂之「宓羲」。案[諸經、史、緯]、候(候)。遂無「宓羲」之號。虙宓二字下俱爲必。是以誤耳。孔子弟子「虙子賤」。卽虙羲之後。俗字亦爲宓。『今-兗州永昌郡城東門子賤碑』。漢世所立。云濟南伏生卽「子賤」之後。是虙之與伏古來通字。誤以爲宓。較可知矣。顏語謂虙音房六切。與伏音同。而宓音綿一切。與虙音殊。故謂宓羲宓子賤皆誤字。不知虙宓古音正同。故「虙羲」或作「宓羲」。其爲「伏羲」者。如『毛詩』苾字、『韓詩』作「馥」。語之轉也。「宓子賤」之當爲「虙子賤」。則出黃門肊測。而『陸氏-釋文』、『張氏-五經文字』從之。蓋(蓋)古

6
⓪

未有作「虙子賤」者。若論其同从必聲。則作「虙子賤」亦無不可。》/209

◀ 제 6 획 ▶

虜 로【lǔ ㄌㄨˇ】本[사로잡을] 포로, 종, 오랑캐, 땅이름, 사로잡을

설문 4151 獲也。《『公羊傳』。爾虜焉。故凡虜囚亦曰纍(累)臣。謂拘之以索也。於毌義相近。故从毌。》从毌。从力。《『左傳』日。武夫力而拘諸原。》虍聲。《郞(郎)古切。5部。》/316

형성 (3자) 로(虜)5652 로(艣)7278 로(鑪)8890

虒 (은)【yín ㄧㄣˊ】범의 소리(虍:6획)

설문 2990 虎聲也。《猶犷爲犬吠聲。》从虎。斤聲。《語斤切。古音在 13部。》/211

䖘 (멱)【mì ㄇㄧˋ】흰 범

설문 2982 白虎也。从虎。昔(昔)省聲。讀若鼏。《「昔」當作「冥」。字之誤也。〔水部〕曰。汨、从水、冥省聲。『玉篇』日。䖘俗䖘字、可證也。又按『漢書』金日磾、說者謂密低二音。然則日聲可同密。〔䖵部:䖵蜜〕同字。『禮-古文』「鼏」皆爲「密」。則鼏密音同也。今音䖘莫狄切。》/210

◀ 제 7 획 ▶

虛 희【xī ㄒㄧ】[설문부수 166] 옛날 질그릇

설문 2968 古陶器也。《「陶」當作「匋」。『書』多通用。匋作瓦器也。》从豆。虍聲。《許羈切。按虍聲當在 5部。而虛戱(戲)轉入 16部、17部。合音之理也。》凡虛之屬皆从虛。/208

형부 저(䖭) 호(號)

형성 (1자) 희(戱)7993

虤 (감)【hàn ㄏㄢˋ】상中⑨ kǎn 흰 범 ■함:범의 소리, 범이 성날

설문 2983 䖘屬。《『釋獸』。虪、白虎。許無虪。虤卽虪也。一說釋文云。虪、『字林』下甘反。又亡狄反。甘聲之字不能切亡狄。虪與䖘當是一譌二。未知孰是耳。》从虎。厺(去)聲。《呼濫切。鉉等日去非聲。未詳。按業韵之𤞞、怯、亦音去劫切。而〔皿部〕之盇(盍)、𨽸(隸)字多作盍。葢(蓋)厺盇二字古通。去聲卽盇聲也。重讀爲呼濫切。》/210

虞 우【yú ㄩˊ】추우(짐승 이름), 우제(부모의 장례)

설문 2972 騶虞也。《「騶虞」『山解經』、『墨子』作「騶吾」。『漢:東方朔傳』作「騶牙」。皆同音假借字也。》白虎黑文。《見『毛傳』。『鄭志』。張逸問。『傳』日。白虎黑文。荅日。『周史:王會』云。按『今-王會篇』文不具。》尾長於身。《見『山解經』。》仁獸也。食自死之肉。《『毛傳』日。騶虞義獸也。白虎黑文。不食生物。有至信之德則應之。許云仁獸。不同者、毛用『古-左氏』修母致子之說。許不從也。『哀:十四年:左傳-服虔:注』云。視明禮修而麟至。思睿信立白虎擾。言從義成則神龜(龜)在沼。聽聰知止而名山出龍。貌恭禮仁則鳳凰來儀。此以『昭:九年:傳』云水官不修則龍不至故也。毛云麟、信而應禮。又云騶虞、義而應信。又云鳳凰、靈鳥仁端也。正用古說。許不从古說。故麟、騶虞皆謂之仁獸。鳳謂之神鳥。騶虞之仁何也。以其不食生物。食自死之肉也。》从虍。吳聲。《五俱切。按此字假借多而本義隱矣。凡云樂也安也者、娛之假借也。凡云規度也者、以爲度之假借也。》『詩』日。于嗟乎騶虞。《『召南』文。『五經異義』。『今-詩』韓魯(魯)說。騶虞、天子掌鳥獸官。『古-詩:毛說』。騶虞、義獸。白虎異文。食自死之肉。不食生物。人君有至信之德則應之。『周南』終麟止。『召南』終騶虞。俱稱嗟歎之。皆獸名。謹按『古-山海經』、『鄒書』云騶虞獸。說與『毛詩』同。按許說『詩』从毛。作『說文』則於从毛之中、不从其義獸應信之說也。『鄒書』葢(蓋)謂【鄒子書】。》/209

형성 (1자) 우(噳)918

號 호【háo ㄏㄠˊ】本[부르짖을] 통곡할, 크게 소리내어 울, 통칭 외의 칭호

설문 2931 嘑也。《「嘑」【各本】作「呼」。今正。呼、外息也。與嘑義別。〔口部〕曰。嘑、號也。此二字互訓之證也。『釋言』日。號、謼也。『魏風:傳』日。號、呼也。以『說文』律之。謼呼皆假借字。號嘑者、如今云高叫也。引仲爲名號、爲號令。》从号。从虎。《唬号聲高。故从号。虎哮聲厲。故从虎。号亦聲。乎刀切。亦去聲。2部。》/204

형성 (3자) 호(琥)164 도(饕)3110 호(號)3300

◀ 제 9 획 ▶

虢 괵【guó ㄍㄨㄛˊ】本[범이 할퀸 자국] 나라 이름, 성씨

설문 2992 虎所攫畫明文也。《攫者叉所抓也。畫(畵)者叉所劃。故有明文也。虢字本義久廢。罕有用者。》从虎寽。《【各本】衍「聲」字。今正。寽在 15部。虢在 5部。非聲也。〔受部〕日。寽、五指(指)寽也。虎所攫畫。故从虎寽會意。今音古伯切。》/211

형성 (1자) 표(瀌)7006

◀ 제 10 획 ▶

虤 안【yán ㄧㄢˊ】[설문부수 169] 범이 성낼 ■현:같은 뜻

설문 2995 虎怒也。从二虎。《此與㹜、㒳(兩)犬相齧也同意。五閑切。14部。》凡虤之屬皆从虤。/211

형성 (2자) 은(𧇾)2996 현(贙)2997

虥 (잔)【cán ㄘㄢˊ】상中⑨작 zhàn (털이 짧은) 범

설문 2985 虎竊毛謂之虥苗。《「苗」今之「貓」字。【許書】以苗爲貓也。『釋獸』日。虎竊毛謂之虥貓。按毛苗古同音。苗亦日毛。如不毛之地是。竊虥淺亦同音也。具言之日虥苗。急言之則但日苗。『詩』言有貓有虎。『記』言迎貓迎虎是也。》从虎。戔聲。《昨閑切。14部。》竊、淺也。《此於雙聲

작 作家出版社〔董蓮池-說文解字考正〕 ⑨ 九州出版社〔柴劍虹-說文解字〕 ㉧ 陝西人民出版社〔蘇寶榮-說文解字今注今譯〕 상 上海古籍出版社〔說文解字注〕 中 中華書局〔臧克和-說文解字新訂〕

疊韵(疊韻)求之。必言此者、嫌竊之本義謂盜自中出也。『大雅』曰。鞹鞃淺幭。『傳』曰。淺、虎皮淺毛也。言竊言淺一也。『釋鳥』。竊藍、竊黃、竊丹皆訓淺。於六書爲假借。不得云竊卽淺字。》/210

◀ 제 11 획 ▶

虧 虧(휴)【kuī ㄎㄨㄟ】 상㊥⑨작 kuī 덜릴, 이지러질(한 귀퉁이가 떨어져 나감) ■규:속음 ■희:복희 (虍부 11획)

설문 2933 气損也。《引伸凡損皆曰「虧」。『小雅』兩(兩)言「不騫不崩」。『魯(魯)頌』作「不虧不崩」。毛曰。騫、虧也。》从亏(于)。虘聲。《去爲切。據『道德經』古音在 17部。虘在 5部。魚歌合韵(韻)也。》 虧或从兮。《亏兮皆謂气。》/204

虨 (반)【bān ㄅㄢ】 상㊥⑨ bīn 범의 무늬、사람 이름

설문 2978 虎文彪也。《彪下曰。虎文也。二字雙聲。假借作班。『漢書:敘傳』曰。楚人謂虎班。其子㠯(以)爲號。上文旣曰楚人謂虎於檡矣。此正當作「楚人謂虎文班」。『上林賦』。被「班文」。『史記』作「豳文」。李善曰。班文、虎豹之皮。『索隱』引『輿服志』。虎賁騎被虎文單衣。按豳與虨、同部之假借也。班與虨、同類之假借也。錢氏大昕曰。『易:象傳』。大人虎變。其文炳也。與下文蔚君爲韵(韻)。蔚讀如氳。轉移冣(最)近。炳當爲虨。則音義皆近。》从虍。彬聲。《布還切。古音在 13部。與〔文部:辬〕音義皆相近。》/209

◀ 제 12 획 ▶

⿰号虍 (호)【hào ㄏㄠ】 흙남비 (虍부 12획)

설문 2969 土鍪也。《〔金部〕曰。鍪、鍑屬也。鍑、釜大口者。『廣雅』。鍑鍪⿰号虍鬴也。⿰号虍卽⿰号虍字。鍪金爲之。⿰号虍則土爲之。『鄭-注:周禮』所謂黃堥也。堥卽鍪字。〔鬲部〕曰。秦名土釜曰鬴。》从虍。号聲。讀若鎬。《胡到切。2部。》/209

虡 虡 거【jù ㄐㄩ】 쇠북 거는 틀

설문 2979 鐘鼓(鼓)之柎也。《〔木部〕曰。柎、䦅足也。『靈臺、有瞽(瞽):傳』皆曰。植者曰「虡」。橫者曰「栒」。『考工記』曰。『梓人』爲筍虡。》飾爲猛獸。《『梓人』曰。臝屬恆(恒)有力而不能走。其聲大而宏。若是者以爲鐘虡。按鼓虡當亦象臝屬也。『戴氏-考工記圖』曰。虡所以負筍。非以臝者羽者爲虡下之柎也。引『西京賦』。洪鐘萬鈞。猛虡趪趪。負筍業而餘怒。乃奮翅而騰驤。『薛-注』云。當筍下爲兩(兩)飛獸以背負。『張揖-注:上林賦』曰。虡獸重百二十萬斤。以俠鐘旁。俠同夾。此可見虡制。師古改其『注』云以縣鐘。則昧於古制矣。『廣韵』引『埤倉』。鐻、樂器。以夾鐘。削木爲之。與『張-注』同。『今本-廣韵』作形似夾鐘則非矣。又考『上林賦』摐飛虡。『廣韵』引正作虡。張揖曰。飛虡、天上神獸。鹿頭龍身。是長卿謂虡爲神獸。許謂栒虡字飾以猛獸。說不同也。》从虍[illegible]。象形。《「[illegible]」【各本】作「異」。非。今正。謂篆之中體象猛獸之狀。非 [illegible] 二字也。形字【鉉本】無。非是。》其下足。《謂丌也。丌者、下基也。虡之迫地者也。其呂切。5部。》 虡或从金豦。《「或」當作「篆」。此亦〔丄部〕之例也。『周禮:典庸器:注』。橫字爲筍。從字爲鐻。釋文曰。鐻舊本作此字。今或作虡。按【經典】鐻字祇此一處。此字葢(蓋)秦小篆。李斯所作也。『秦始皇本紀』。收天下兵。聚之咸陽。銷以爲鐘鐻。【本篇】引『賈生論』云。銷鋒鑄鐻。『三輔黃圖』曰。始皇收天下兵。銷以爲鐘鐻。高三丈。字皆正作鐻。葢梓人爲虡本以木。始皇乃易而金。李斯小篆乃改爲从金豦聲之字。『司馬賦』云。千石之鐘。萬石之鉅。正謂秦物。『史記』作「鉅」。卽鐻字之異者也。鐘鐻與金人爲二事。『本紀、賈論』、『西都 · 西京:二賦』、『三輔黃圖』皆竝擧。『漢:賈山傳』、『陳項傳』各擧其一。學者或認爲一事。非也。典庸器【經】文作「虡」。『注』文作「鐻」。此『鄭氏-注:經』之通例。與『禮經』經文作「庿」。『注』文作「廟」。『周禮』經文作「眡」。『注』文作「視」。皆是也。》 篆文虡。《『五經文字』曰。虡、『說文』也。虡、隸(隸)省也。然則虡爲隸字。不用小篆而改省古文。後人所增也。》/210

⿰且豦 (조)【zù ㄗㄨ】 ㊥ zuò 本[당황할] 거칠 〔虍부:12획〕

설문 9030 且往也。《且往、言姑且往也。匆(悤)遽之意。》从且。《此不用且之本義。如𤼽卷不用豆之本義。》豦聲。《昨誤切。5部。『篇』、『韵』字體皆不同。》/716

虩 (혁)【xì ㄒㄧˋ】 상㊥⑨작 xì 두려워 할, 승호(蠅虎) 거미 ■색:범이 놀랠, 놀라 두려워 할

설문 2991 『易』履(履)虎尾(尾)虩虩。《『履:九四:爻辭』。『今-易』「虩虩」作「愬愬」。釋文曰。愬愬、『子夏:傳』云恐懼貌。【馬本】作「虩虩」。云恐懼也。『說文』同。按『震:卦辭』。震來虩虩。馬云。恐懼貌。鄭同馬。『鄭-用:費-易』。許用『孟-易』。而字同義同也。》虩虩、《二字今補。》恐懼也。《巳上引『易』而釋之。》一曰蠅虎也。《崔豹曰。蠅虎蠅狐也。形似蜘蛛而色灰白。善捕蠅。一名「蠅蝗」。一名「蠅豹」。》从虎。《按此篆下先引【經】者。以「履虎尾」說字之从虎也。》㲋聲。《許逆切。古音在 5部。故『易』一作「愬」也。》/211

◀ 제 14 획 ▶

䖒 (은)【yín ㄧㄣˊ】 두마리 범이 싸우는 소리

설문 2996 兩(兩)虎爭聲。从虤。从曰。《會意。》讀若憖。《語巾切。12部。》/211

◀ 제 15 획 ▶

⿰毄虎 (객)【gé ㄍㄜˊ】 [설문부수 168] 범이 물건을 치고 성내는 소리

설문 2981 虎聲也。《『篇』、『韵(韻)』作⿰毄虤。》从虎。毄聲。讀若隔。《古覈切。16部。》/210

◀ 제 20 획 ▶

虪 (숙)【shù ㄕㄨˋ】 검은 범 ■육:같은 뜻

설문 2984 黑虎也。《『釋獸』曰。虪、黑虎。釋文曰。虪、今作「虪」。『吳都賦』曰。虦(獻)䖑虪。》从虎。儵(儵)聲。《式竹切。3部。此擧(擧)形聲包會意也。但形

6 ⓪

聲則言攸聲已足。如鋻黛是也。》/210

◀ 제 22 획 ▶

䲢 (등)【téng ㄊㄥˊ】검은 범 ■동:같은 뜻
설문 2994 黑虎也。从虎。騰聲。《徒登切。6部。按此篆當與䲢爲伍。今非其次。或轉寫失而補之。或後人羼綴。未可定也。》/211

142 虫
6-25 벌레 충

虫 훼【huǐ ㄏㄨㄟˇ】[설문부수 471] 벌레 ■충:벌레 ※ 충(蟲)의 약자
설문 8380 一名蝮。《『爾雅:釋魚』蝮、虫。【今本】虫作虺。》博三寸。首大如擘指。《『釋魚』文。擘指、大指也。郭云。此自一種蛇。人自名爲蝮虺。今蝮蛇細頸、大頭、焦尾。色如艾綬文。文閒(間)有毛似豬鬣。鼻(鼻)上有鍼。大者長七八尺。一名反鼻。非虺之類。此足以明此自一種蛇。按此『注』見『斯干:正義』及『小顏-田儋傳:注』。郭意『『爾雅』之蝮今無此物。今之蝮蛇非『爾雅』之蝮蛇也。》象其臥形。《虫篆象臥而曲尾形。它篆下云虫也。象冤(寃)曲垂尾形。許偉切。15部。》物之敚(微)細。或行或飛。《「或飛」二字依『爾雅:釋文』補。》或毛或蠃。《蠃見[衣部]。但也。俗作贏。非。》或介或鱗。㠯虫爲象。《按以爲象、言以爲象形也。从虫之字多左形右聲。左皆用虫爲象形也。『月令』。春、其蟲鱗。夏、其蟲羽。中央、其蟲倮。虎豹之屬。恆(恒)淺毛也。秋、其蟲毛。冬、其蟲介。許云或飛者、羽也。古虫蟲不分。故以蟲諧聲之字多省作虫。如融赨是也。鱗介以虫爲形。如螭虯盒蚌是也。飛者以虫爲形。如蝙蝠是也。毛蠃以虫爲形。如蝯蜼是也。》凡虫之屬皆从虫。/663

성부 **부록 색인 참조**

형부 虫를 부수로 하는 대부분의 글자들
비(蜚蠹) 비(𧔥) 동(痋) 동(赨) 동(𨥋)

참고 훼(虺)

◀ 제 2 획 ▶

虯 (규)【qiú ㄑㄧㄡˊ】규룡(뿔 돋힌 새끼 용) ■교:용과 같이 굽은 모양
설문 8492 龍無角者。《【各本】作「龍子有角者」。今依『韵(韻)會』所據正。然『韵會』尙誤多「子」字。『李善-注:甘泉賦』引『說文』叫、龍無角者。他家所引作「有角」、皆誤也。『王逸-注:離騷:天問』。兩(兩)言有角曰龍。無角曰虯。『高誘-注:淮南』同。『張揖-上林賦:注』、『後漢書:馮衍傳:注』、『玉篇』、『廣韵』皆曰。無角曰虯。絕(絶)無龍子有角之說。惟『廣雅』云。有角曰龍。卽虯字。無角曰虓。卽螭字。其說乖異。恐轉寫之譌。不爲典要。》从虫。丩聲。《渠幽切。3部。》/670

◀ 제 3 획 ▶

蚩 천【chǎn ㄔㄢˇ】벌레가 기어갈
설문 8481 蟲申行也。《【各本】作「曳行」。以讀若騁定之、則伸行爲是。今正。許本無伸字。衹作申。故譌爲曳也。》从虫。屮聲。讀若騁。《屮讀若徹。屮聲而讀騁者、以雙聲爲用也。依『說文』在 11部。今讀丑善切。》/669

유사 어리석을 치(蚩)

형성 (1자) 정(䡖)1731

虹 (홍)【hóng ㄏㄨㄥˊ】무지개, (무지개 모양의) 다리 ■항:어지러울 ■강:무지개 ■공:같은 뜻
설문 8529 螮蝀也。狀佀(似)虫。《『釋天』曰。螮蝀謂之雩。螮蝀、虹也。『毛傳』同。》狀佀(似)虫。《「虫」【各本】作「蟲」。今正。虫者、它也。虹似它。故字从虫。》从虫。工聲。《戶工切。9部。》『朙(明)堂:月令』曰。虹始見。《『季春』文。》籒文虹。从申(申)。《會意。[申部]曰。𦥔、籒文申。》申、電也。《電者、陰陽激燿也。虹似之。取以會意。。》/673

虺 (훼)【huì ㄏㄨㄟˋ】㊤㊥⑨㉺ huǐ 살무사, 작은 뱀 ■휘:속음 ■회:고달퍼 앓을
설문 8396 㠯(以)注鳴者。《「者」字今補。注者、咮字之叚(假)借。許用『考工記』文也。『梓人職』云。以注鳴者。鄭云。精列屬。與許不同也。上文雖下云似蜥易。下文蜥下云蜥易。則虺爲蜥易屬可知矣。『今-爾雅』以爲虫蝮字。》『詩』曰。胡爲虺蜥。《『小雅:節南山』文。『今-詩』「蜥」作「蜴」。蜴卽蜥字也。》从虫。兀聲。《許偉切。15部。》/664

◀ 제 4 획 ▶

蚌 (방)【bàng ㄅㄤˋ】씹조개, 방합
설문 8498 蜃屬。《「蜃」當作「蠯」。『釋魚』曰。蚌、含漿。『鄭-注:鼈人』云。貍物、亦謂鑱刀、含漿之屬。按珠出於蚌。[玉部]曰。玭、蚌之有聲者。》从虫。丰聲。《步項切。9部。》/671

蚑 (기)【qí ㄑㄧˊ】(벌레가)길
설문 8479 徐行也。凡生之類。行皆曰蚑。《依『李善:洞簫、琴:二賦:注』補徐字及凡生以下八字。凡蟲行曰蚑。『周書』曰。蚑行喘息。『小弁』曰。鹿斯之奔。維足伎伎。伎本亦作跂。『毛傳』曰。舒皃(貌)。『箋』云。伎伎然舒者。畱(留)其羣(群)也。按其字當作蚑蚑。『毛傳』、『鄭-箋』正與徐行說合也。『漢書』。跂跂脈脈善緣壁。其字亦當作蚑蚑。凡生之類者、或行或飛、或毛或蠃、或介或鱗皆是也。》从虫。支聲。《巨支切。16部。》/669

蚔 (기)【qí ㄑㄧˊ】개구리, 흙등에 ■지:개미알
설문 8415 畫也。《此篆與螘子之蚳迥別。『孟子書』當是蚔鼁。鼁卽畫。大夫以蚔畫爲名也。》从虫。氏聲。《巨支切。16部。》/665

蚖 (원)【yuán ㄩㄢˊ】영원(蠑螈)
설문 8400 榮蚖。《逗。》它醫。《榮蚖之異名也。

㉺ 作家出版社[董蓮池-說文解字考正] ⑨ 九州出版社[柴劍虹-說文解字] ㊀ 陝西人民出版社[蘇寶榮-說文解字今注今譯] ㊤ 上海古籍出版社[說文解字注] ㊥ 中華書局[臧克和-說文解字新訂]

『釋魚』曰。蠑蚖、蜥易也。『小雅:節南山:傳』曰。蜴、螈也。「蜴」當作「易」。「螈」當作「蚖」。榮蚖或單評蚖。『史記』龍漦化爲玄蚖以入王後宮是也。『方言』曰。其在澤中者謂之「易蜴」。〈音析〉 南楚謂之「蛇醫」。或謂之「蠑螈」。東齊海岱謂之「蠀蛛」。》 吕(以)注鳴者。《謂與虺皆以味鳴也。》 从虫。元聲。《愚袁切。14部。》 /664

蝒 (면)【miǎn ㄇㄧㄢˇ】 ㊤㊥⑨㉶ mián 말매미
설문 8467 蝒蚗。《逗。【各本】皆作「蛜蚗」。則與篆文不屬。今依『廣韵(韻):二, 仙』所引正。》 蟬屬。《按『爾雅』蝒者馬蜩。『方言』蟬大者謂之「蝒馬」。『玉篇』、『廣韵』皆曰。蝒卽蝒字。然則許之蝒蚗卽『爾雅』之馬蜩也。前文蝒篆及解顯系淺人羼入。故失其次字之恉(指)。》 讀若周天子赧。《謂赧王。》 从虫。丏聲。《武延切。14部。》 /668

蚗 (결)【jué ㄐㄩㄝˊ】 ㉶ juē 애매미, 교룡
설문 8466 蛜蚗、《逗。『方言』作「蛥蚗」。蛥音折。蚗音于列反。蛥多聲。不當音折。疑『方言』有誤。當從許作「蛜」。音伊。》 蛁蟟也。《按蛁蟟與蝭蟧、蜓蚞、蟧蟟皆關雙聲疊韵(疊韻)。》 从虫。夬聲。《於悅切。『廣韵(韻)』古穴切。15部。》 /668

蛜 (이)【yī ㄧˉ】 쥐며느리(곤충)
설문 8457 蛜威、《「蛜」【各本】作「蛜」。今正。蛜威疊韵(疊韻)字。逗。》 委黍。《句。》 委黍、《逗。》 鼠婦也。《『豳風』。伊威在室。『毛傳』曰。伊威、委黍也。『釋蟲』同。按『釋蟲』以蟠鼠婦與伊威委黍晝(畫)爲二條。不言一物。「蛜威」卽今之「地鼈蟲」。與鼠婦異物。『本艸經』曰。「鼠婦」、一名「蛜蝛」。以其略相似耳。『本艸經』以鼠婦與「䗪蟲」爲二條。分下品中品。實則䗪卽鼠婦。葢(蓋)一物而略有異同。今難細別耳。【許書】之蟅謂螽絕(絶)非鼠婦。『大平御覽』乃引『說文』曰蟠蟅、鼠婦也。依【他書】增一字。不可據。》 从虫。伊省聲。《於脂切。15部。》 /667

蚚 (기)【qí ㄑㄧˊ】 쌀바구미, 버마재비
■회·해·근:같은 뜻
설문 8421 强也。从虫。斤聲。《巨衣切。古音在 13部。》 /665

蚤 蚤 조【zǎo ㄗㄠˇ】 벼룩, 손톱
설문 8536 齧人跳蟲也。《齧、噬也。跳、躍也。蝨但齧人。蚤則加之善躍。故著之。惡之甚也。》 从䖵。叉聲。《子皓切。古音在 3部。》 叉、古爪字。《按此四字妄人所沾。不言古文而言古某字、許無此例。且叉、手足甲也。爪、丮(丮)也。未嘗謂叉爲爪之古文。直由俗謂爪爲手足甲、乃謂叉爲其古字。徑注之於此。不可不刪(删)去。》 蚤或从虫。《【經傳】多叚(假)爲早字。》 /674

형성 (6자) 조(瑵)125 척(騷)2942 소(慅)4917 소(騷)5934 소(慅)6594 소(搔)7557

蚦 (염)【rǎn ㄖㄢˇ】 ㊤㊥⑨㉶ rán 이무기(용이 못된 큰 구렁이)
설문 8383 大它可食。从虫。冄聲。《人占切。7部。》 /663

蚨 (부)【fú ㄈㄨˊ】 청부(매미 비슷한 벌레)
설문 8507 青蚨、《逗。》 水蟲。可還錢。《其事見『鬼谷子』、『淮南:萬畢術』、『搜神記』、『棟藏器-木艸拾遺』。未知今尙有此物否。『鬼谷子』曰。若蚨母之從其子也。出無閒。入無朕。獨往獨來。莫之能止。此謂青蚨之還錢。與『萬畢』、『搜神』所說正合也。而陶隱居以螳蟷在穴中釋之。此由誤認蚨爲蛈。遂以『爾雅:王蛈蜴爲:注』。『酉陽雜俎』亦云「青蚨」、『鬼谷子』謂之「蚨母」。郢書燕說、博學者尤難免矣。》 从虫。夫聲。《房無切。5部。》 /671

蚩 치【chī ㄔˉ】 本[벌레 이름] 얕볼, 어리석을, 못생길
설문 8453 蚩蟲也。《「蚩」字今補。此三字句。謂有蟲名蚩也。叚(假)借爲氓之蚩蚩。『毛傳』曰蚩蚩、敦厚之皃(貌)。『玉篇』曰。癡也。此謂『毛詩』。又曰笑(笑)也。此謂叚蚩爲歁也。》 从虫。㞢(之)聲。《赤之切。1部。》 /667

유사 벌레가 기어갈 천(蚃)

형성 (2자) 치(㞴)1942 치(滍)6723

◀ 제 5 획 ▶

蚳 (지)【chí ㄔˊ】 개미알
설문 8432 螘子也。《『釋蟲』曰。螘子、蚳。郭云。蟻卵(卵)也。『周禮:饋食』之豆有蚳醢。鄭曰。蚳、蛾子。『國語』。蟲舍蚳蝝。『韋-注』同。》 从虫。氐聲。《直尼切。15部。》 『周禮』有蚳醢。《『天官:醢人』文。》 讀若祁。 籀文蚳。从䖵。 古文蚳。从辰土。《从土者、出之土中也。从辰者、辰聲也。古氐聲辰聲相似。祗、振字通用是其例。》 /666

蚼 (구)【gǒu ㄍㄡˇ】 사람 잡아 먹는 개
설문 8522 北方有蚼犬食人。《『海內:北經』蜪犬如犬。青。食人。從首始。『郭-注』蜪音陶。或作「蚼」。音鉤。按作「蚼」爲是。正許所本也, 『周書』。渠搜以鼩犬。能飛食虎豹。鼩同蚼。借翺鼩字爲之耳。『大戴-禮』作「渠搜貢虛犬」。虛亦音之轉也。『今-本:周書』作「鼩犬」。依『文選:王融-曲水詩:序』正。》 从虫。句聲。《古厚切。4部。》 /673

蚍 (절)【qū ㄑㄩˉ】 벌레 ■굴:나무좀벌레
설문 8408 蛣蚍也。从虫。出聲。《區勿切。15部。『今-爾雅』作「蝠」。》 /665

蛁 (조)【diāo ㄉㄧㄠˉ】 애매미
설문 8389 蟲也。《謂蟲名也。按『玉篇』以蛁蟧釋之。非也。蛁自蟲名。下文蚗下蛁蟟、別一蟲名。凡單字爲名者、不得與雙字爲名者相牽混。蛁蟧卽蛁蟟、不得以釋蛁也。》 从虫。召聲。《都僚切。2部。》 /664

蛄 (고)【gū ㄍㄨ˗】 땅강아지, 씽씽매미
설문 8428 螻蛄也。《『孟子』。蠅蚋姑嘬之。蚋一作蠕。或云「蠕姑」卽「螻蛄」也。》从虫。古聲。《古乎切。5部。》/666

蛅 (염)【zhān ㄓㄢ˗】 쐐기(벌레) ■점: 같은 뜻
설문 8444 蛅斯、《逗。》墨也。《『釋蟲』云。蠌、蛅蟴。郭云。蛓屬。按許蛓下云。毛蟲也。此乃食木葉之蟲。非木中之蠹。其夘(卵)育自藏之殼曰「雀甕」。宜與蛓篆類列。》从虫。占聲。《職廉切。古音在 7部。》/667

蛉 (령)【líng ㄌㄧㄥˊ】 잠자리
설문 8470 蜻蛉也。《『戰國策』曰。六足四翼。飛翔乎天地之閒。『方言』曰。「蜻蛉」謂之「蝍蛉」。郭云。江東謂之「狐黎」。淮南人呼「蠊蚜」。音康伊。按『淮南書』水蠆爲蟌(蟌)。卽蜻蛉也。今人作「蜻蜓」、「蜻蜓」。》从虫。令聲。《郎(郎)丁切。11部。》一曰桑根。《一曰猶一名也。【今本】作一名。》/668

◀ 제 6 획 ▶

蛓 (자)【cì ㄘˋ】 쐐기(나방의 유충)
설문 8413 毛蟲也。《不曰毛蠹者、不居木中。但食葉也。『釋蟲』云。蠌、蛅蟴。郭云。蛓屬也。今青州人呼蛓爲「蛅蟴」。孫叔然云。八角螫蟲。失之。按今俗云刺毛者是也。食木葉。體有棱角、有毛、有采色。毛能螫人。叔然說不誤也。其老而成蛹。則外有㲉如雀夘(卵)然。『本艸經』謂之「雀甕」。或出成蛾放子如蠶子。或卽夘(卵)育於㲉中。故『本艸』云。「雀甕」、「蛅蟴房」也。蛅蟴音髯斯。》从虫。𢦔(𢦔)聲。讀若笥。《三字依『爾雅』釋文補。千志切。1部。『本艸』作蚝。音同。》/665

蛕 (회)【huī ㄏㄨㄟ˗】 (상)㊥⑨(작) huí 거위(회충)
설문 8393 腹(腹)中長蟲也。从虫。有聲。《戶恢切。古音在 1部。》/664

蛘 (양)【yǎng ㄧㄤˇ】 벌레 굼틀거릴, 옴벌레, 가려울, 개미
설문 8488 騷蛘也。《「騷」【各本】作「搔」。今正。疥字下曰。騷也。今亦作「搔」。搔、刮(刮)也。非其意。唐人所引作「瘙」。瘙見号韵(韻)。乃俗字。許所無。依義當作「騷」。騷、擾也。毛云動也。騷痒者、擾動於肌膚閒也。『玄應』引『禮記』蛘不敢搔。俗多用痒癢養字。蓋(蓋)非也。蛘从虫者、往往有蟲潛於膜。故疥字亦或作「螺」、作「蚧」。》从虫。羊(羊)聲。《余兩(兩)切。10部。》/669

⿱圭虫 (와)【wā ㄨㄚ˗】 (상)㊥⑨ kuí 개구리 ※ 와(蛙)와 같은 글자 ■왜: 같은 뜻 ■규: 별이름
설문 8414 蠆(蠆)也。《『史記:律書』。北至於⿱圭虫。⿱圭虫者、主毒螫殺萬物也。⿱圭虫而藏之。九月也。》从虫。圭聲。《烏蝸切。16部。『篇』、『韵(韻)』皆口圭切。》/665

蛚 (렬)【liè ㄌㄧㄝˋ】 귀뚜라미
설문 8468 蜻蛚也。《按楊雄、李巡、陸璣、郭樸、『玉篇』、『廣韵(韻)』皆云。蟋蟀一名蜻蛚。但【許書】不與上文蟹篆爲伍。蓋(蓋)不以爲一物與。『鄭-注:考工記』曰。以注鳴者、精列屬。》从虫。列聲。《良薛切。15部。》/668

蛟 (교)【jiāo ㄐㄧㄠ˗】 교룡
설문 8490 龍屬。無角曰蛟。《【各本】作「龍之屬也」四字。今依『韵(韻)會』正。龍者鱗蟲之長。蛟其屬。無角則屬而別也。『郭氏-山海經:傳』曰。似蛇、四腳(脚)、細頸。頸有白嬰。大者數圍。卵生。子如一二斛甕。能吞人。岸蛟或作鮫。然鮫者魚名。其字不相代也。》从虫。交聲。《依『韵(韻)會』本四字在此。古肴切。2部。》池於滿三千六百。蛟來爲之長。能逹魚而飛。《『韵(韻)會』有「而」字。》置笱水中卽蛟去。《「逹」者、先導也。曲竹捕魚曰「笱」。》」/670

蛣 (길)【jié ㄐㄧㄝˊ】 (작) qì 장구벌레, 쇠똥구리
설문 8407 蛣蚍、《逗。》蝎也。《『釋蟲』曰。蝎、蛣蝠也。郭云。水中蠹蟲。按下文蝎、蝤蠐也。不識何以不類記。》从虫。吉聲。《去吉切。12部。》/665

⿱合虫 蛤(합)【gé ㄍㄜˊ】 대합조개, 살조개 ■갑: 속음
설문 8496 蜃屬。《屬而有大小之別也。》有三。《目下。》皆生於海。《三者生於海。別於生淮者也。》厲(厝厘厲)、千歲雀所匕。《「千」當作「十」。雀十歲則爲老矣。『月令』所云爵入大水爲蛤也。『高誘-注:時則訓』連上賓字讀。云賓雀者、老雀也。棲人堂宇之閒如賓客者。》秦人謂之牡厲。《『本艸經:蟲魚』上品有牡蠣。》海蛤者、百世燕所匕也。《『本艸經:蟲魚部』上品有海蛤。陶隱居云。以細如巨勝潤澤光淨者好。『圖經』云。久爛者爲海蛤。未爛有文理者爲文蛤也。此又其一也。》魁蛤一名復(復)絫、老服翼所匕也。《服翼、蝙蝠也。詳『爾雅』、『方言』。『釋魚』。魁。『陸-注』曰。『本艸』云魁狀如海蛤。圓而厚。外有理縱横。卽今之蚶也。按宋人謂之「瓦屋子」。今浙人食之、亦名「瓦巃子」。以其紋理名之。此其一也。以上三十二字【今本】有譌奪。依『爾雅:音義』正。》从虫。合聲。《古沓切。8部。》/670

⿰虫屰 (악)【è ㄜˋ】 악어
설문 8516 佀(似)蜥易長一丈。《當同鼉下云長丈許。》水潛吞人卽浮。出日南也。《『劉(劉)-注:吳都賦』曰。『異物志』云。鰐魚長二丈餘。有四足。似鼉。喙長三尺。甚利齒。虎及大鹿渡水。鰐擊之皆中斷(斷)。生子則出在沙上乳夘(卵)。夘如鴨子。亦有黃白。可食。其頭琢去齒。旬日閒更生。廣州有之。按據『劉(劉)-注』、則不必日南郡乃有其物也。》从虫。屰聲。《吾各切。5部。俗作「⿰虫咢、鰐、鱷」。》/672

蠚 (학)【hè ㄏㄜˋ】 (상)㊥⑨(작) hē (벌레가 독침을) 쏠
설문 8485 螫也。《蠚螫蓋(蓋)本一字。若聲赦聲同部也。或讀呼各切。山東行此音。或讀式亦切。關西行此音。見『釋玄應-書』。今人乃以此篆切呼各。下篆切式亦。分而二之。》

从虫。若省聲。《呼各切。5部。》/669

蝄 (망)【**wǎng** ㄨㄤˇ】 도깨비
설문 8517 蝄蜽、《逗。疊韵(疊韻)。》山川之精物也。《精物者、『易』所謂精氣爲物也。主謂精氣結成之物。〔鬼部〕曰。鬽、老精物也。或作物精。非是。精氣爲物、謂精靈之聚者。游䰟(魂)爲變、謂飄㵒者。皆鬼神之情狀也。『國語』。木石之怪曰夔、蝄蜽。水之怪曰龍、罔象。『韋-注』。蝄蜽、山精。好斆人聲而迷惑人也。『杜-注:左氏』罔兩曰水神。葢(蓋)因上文螭訓山神。故訓罔兩爲水神。猶韋因『國語』水怪爲龍、罔象。故謂蝄蜽爲山精也。許兼言山川爲長矣。又『賈-注:國語』曰。罔兩、罔象、言有夔龍之形而無實體。許云精物。殆亦與賈說異。》淮南王說。《謂劉(劉)安。》蝄蜽狀如三歲小兒。赤黑色。赤目、長耳、美髮。《『玄應書』引赤目下有赤爪二字。》从虫。网聲。《文㒳(兩)切。10部。按「蝄蜽」、『周禮』作「方良」。『左傳』作「罔兩」。『孔子:世家』作「罔閬」。俗作「魍魎」。》『國語』曰。木石之怪。夔、蝄蜽。《『魯語』文。許意夔別爲一物。如龍一足。》/672

䖵 곤【**kūn** ㄎㄨㄣˉ】[설문부수 472] 벌레, 많을, 곤충, 육각충
설문 8533 蟲之緫(總)名也。《蟲下曰。有足謂之蟲。無足謂之豸。析言之耳。渾言之則無足亦蟲也。虫下曰。或行或飛。或毛或蠃。或介或鱗。皆以虫爲象。故蟲皆从虫。而虫可讀爲蟲。蟲之緫名偁(稱)䖵。凡【經傳】言昆蟲、卽䖵蟲也。〔日部〕曰。昆、同也。『夏小正:昆小蟲:傳』曰。昆者、衆也。猶䰟(魂)䰟也。䰟䰟者、動也。小蟲動也。『月令』。昆蟲未蟄。鄭曰。昆、明也。許意與『小正:傳』同。》从二虫。《二虫爲䖵。三虫爲蟲。䖵之言昆也。蟲之言衆也。古䰟切。13部。》凡䖵之屬皆从䖵。讀若昆。/674
성부 蠡려 蚤蚤조 蠆蠆채 蟲충
형부 아(蛾) 슬(蝨) 전(蠠) 잠(蠶) 종(螽) 절(蠽) 거(蠱) 구(蠹) 모(蝥蟊) 비(蠹) 조(蠹) 밀(蠠) 두(蠹) 찰(蠿) 할(蠚) 맹(蝱) 문(蟁) 위(蠵) 전(蠢) 준(蠢)

蛩 蛩(공)【**qióng** ㄑㄩㄥˊ】 짐승 이름
설문 8523 蛩(蛩)蛩獸也。《四字句。『子虛』、『上林賦』皆有蛩蛩。張揖曰。蛩蛩、青獸。狀如馬。按『史記』作「邛邛」。》一曰秦謂蟬蛻曰蛩。《方俗殊語也。蛩之言空也。》从虫。巩(巩)聲。《渠容切。9部。》/673

蛫 (궤)【**guǐ** ㄍㄨㄟˇ】 육발이게, 쥐며느리
설문 8514 蟹也。《『廣雅』。蛸蟹、蛫也。其雄曰「蜋螘」。其雌曰「博帶」。》从虫。危聲。《過委切。16部。按以上四篆皆互物也。》/672

蛭 (질)【**zhì** ㄓˋ】 거머리
설문 8405 蟣也。《此蒙上蟣字第二義釋之。似後人所移。【原書】當不在是。水蛭者、今之馬黃。既是水物。當與下蛟螭虯蝓爲類。蛭蟣、『釋魚』文。》从虫。至聲。《之日切。12部。》/665

◀ **제7획** ▶

蛵 (형)【**xíng** ㄒㄧㄥˊ】 ㊴㊥⑨㉶ **xīng** 잠자리
설문 8410 丁蛵、《逗。疊韵(疊韻)》負勞也。《『釋蟲』文。郭曰。卽蜻蛉也。江東呼「狐梨」。所未聞。按許意非蜻蛉也。許下文蛉下云。蜻蛉也。一名「桑根」。不與此爲伍。則許意不謂蜻蛉可知。》从虫。巠聲。《戶經切。11部。》/665

蛶 (렬)【**liè** ㄌㄧㄝˋ】 벌레 이름 ■랄:같은 뜻
설문 8476 商何也。《『釋蟲』曰。蛶、蟰何。郭云未詳。陸云商失羊反。『字林』之亦反。按『字林』近古。之亦反則字本作「蟰」。而【許書】當作「啻(商)」何矣。》从虫。寽聲。《力輟切。15部。》/669

蛸 (초)【**shāo** ㄕㄠˉ】 ㊴㊥⑨㉶ **xiāo** 갈거미, 오징어 ■소:속음
설문 8439 蠨蛸、《逗。》堂蜋子。《『月令』。仲夏之月、螳蜋生。『注』云。螳蜋、螵蛸母也。『鄭志』。王瓚問曰。『爾雅』莫貈、螳蜋同類物也。今沛魯以南謂之「螳蠰」。三河之域謂之「螳蜋」。燕趙之際謂之「食厖」。齊濟以東謂之「馬敫」。然名其子則同云「螵蛸」。是以『注』云「螵蛸母」也。按堂蜋夘(卵)附於木。堅韌不可動。至小暑而子羣(群)生焉。》从虫。肖聲。《相邀切。2部。按蠨字从䖵。故入〔䖵部〕。凡一物二字而異部者例此。》/666

蛹 (용)【**yǒng** ㄩㄥˇ】 번데기
설문 8391 繭蟲也。《按許於繭曰蠶衣也。於絲曰蠶所吐也。於蠶曰任絲蟲也。於蛾曰蠶化飛蛾也。蛹之爲物、在成繭之後、化蛾之前。非與蠶有二物也。立文不當曰繭蟲。當曰繭中蠶也。乃使先後如貫珠然。疑轉寫必有譌亂。》从虫。甬聲。《余隴切。9部。》/664

蛺 (겹)【**jiá** ㄐㄧㄚˊ】 호랑나비 ■협:같은 뜻
설문 8451 蛺蜨也。《疊韵(疊韻)爲名。今俗云胡蝶。見『莊子』。》从虫。夾聲。《兼叶切。8部。》/667

蛻 (세)【**tuì** ㄊㄨㄟˋ】 ㉶ **shuì** 허물 벗을, 허물 ■태:같은 뜻 ■타:같은 뜻 ■설:껍질 벗지 않은 매미 ■열:나나니벌
설문 8484 它蟬所解皮也。从虫。兌聲。《「兌」聲【各本】作「稅省聲」。淺人改耳。今正。輸芮切。15部。》/669

蛾 (아)【**é** ㄜˊ】 ㊴ **yǐ** 나방, (나방의 촉수나 초승달처럼 길게 뻗은)눈썹, 갑자기 ■의:개미
설문 8430 羅也。《蛾羅見『釋蟲』。許次於此。當是螘一名蛾。【古書】說蛾爲蠶(蠶)蠹者多矣。蛾是正字。蟻是或體。許意此蛾是螘。〔䖵部〕之蝨是蠶蝨。二字有別。『郭-注:爾雅』「蛾羅」爲「蠶蝨」。非許意也。『爾雅』「螘」字本或作「蛾」。葢(蓋)古因二字雙聲通用。要之本是一物。非叚(假)借也。》从虫。我聲。《五何切。17部。今音則魚綺反。在 16部。》/666

蜀 촉【shǔ ㄕㄨˇ】 나비 애벌레, 고을 이름, 나라 이름

설문 8422 葵中蠶也。《葵『爾雅』釋文引作桑。『詩』曰。蛸(蜎)蛸者蠋。蒸在桑野。似作桑爲長。『毛傳』曰。蛸蛸、蠋皃(貌)。蠋、桑蟲也。『傳』言蟲。許言蠶者、蜀似蠶也。『淮南子』曰。蠶與蜀相類、而愛憎異也。桑中蠹卽蠋蛸。》从虫。上目象蜀頭形。中《謂勹。》象其身蛸蛸。《市玉切。3部。》『詩』曰。蛸蛸者蜀。《『豳風』文。今左旁又加虫。非也。》/665

성부 屬속

형부 견(蠲)

형성 (14자) 주(噣)744 촉(趨)952 촉(躅)1303 탁(斀)1955 촉(钃)2452 촉(觸)2712 독(韣)3244 촉(襡)5081 촉(歜)5308 독(獨)6053 촉(燭)6169 탁(濁)6753 탁(鐲)8944 축(斣)9060

蜃 (신)【shèn ㄕㄣˋ】 대합조개, 이무기, 상여

설문 8495 大蛤。《依『韵(韻)會』有此二字。羅氏願曰。『月令』九月雀入大水爲蛤。十月雉入大水爲蜃。比雀所化爲大。故稱大蛤也。按『鄭-注:禮記』曰。大蛤曰蜃。『韋-注:國語』曰。小曰蛤。大曰蜃。『高-注:呂覽』曰。蜃、蛤也。高渾言之。鄭、韋析言之。蜃與蚌雖屬而別。『郭-注:爾雅』云。蚌卽蜃。蜃之用詳於『周禮』、『左傳』。〔玉部〕曰。珧、蜃甲也。所以飾物。珕、蜃屬。天子佩刀玉琫珧珌。士珕琫珧珌。》雉入水所匕。《五字依『廣韵』所據。【各本】作雉入海化爲蜃。按自『夏小正』九月雀入于海爲蛤。十月玄雉入于淮爲蜃。故『國語』趙簡(簡)子所說正同。而『呂氏』、『月令』皆言入大水。鄭於季秋則曰大水、海也。於孟冬則曰大水、淮也。皆本『小正』爲說。知許㫁(斷)不作雉入海矣。》从虫。辰聲。《時忍切。13部。『玉篇』作「蜄」。入〔䖵部〕。》/670

蜆 (현)【xiǎn ㄒㄧㄢˇ】 ㊤㊥⑨㉑ xiàn 바지라기(조개의 일종)

설문 8445 縊女也。《與『釋蟲』同。郭云。小黑蟲。赤頭。憙自經死。故曰縊女。》从虫。見聲。《胡典切。14部。》/667

蜋 (랑)【láng ㄌㄤˊ】 사마귀 ■랑:쇠똥구리

설문 8438 堂蜋也。《堂蜋與蟷孃一語小異耳。》从虫。良聲。《魯當切。10部。》一名斫父。《「斫」【各本】作「蚚」。今依『爾雅:音義』正。堂蜋臂有斧能斫。故曰斫父。郭云。江東呼爲「石蜋」。石卽斫。今江東呼「斫郎」。》/666

蜎 蜎(현)【yuān ㄩㄢ】 ㉑ yuàn 장구벌레, 휠(굽을)

설문 8502 肙也。《「肙」【各本】作「蜎」。仍複篆文不可通。攷〔肉部:肙〕下云。小蟲也。今據正。『韵(韻)會』引『說文』井中蟲也。恐是據『爾雅:注』改。肙蜎葢(蓋)古今字。『釋蟲』。蜎、蠉。蠉本訓蟲行。叚(假)作「肙」字耳。郭云。井中小蛣蟩赤蟲。一名孑孒。『廣雅』曰。孑孒、蜎也。『周禮』。刺兵欲無蜎。『注』云。蜎、掉也。謂若井中蟲蜎蜎。『詩:毛傳』曰。蜎蜎、蜀皃(貌)。蜀、桑蟲也。其引申之義也。今水缸中多生此物。俗謂之水蛆。其變爲「蟁」。》从虫。肙聲。《形聲中有會意。狂兖切。14部。》/671

蜓 (전)【diàn ㄉㄧㄢˋ】 수궁(도마뱀 비슷한 동물) ■정:잠자리

설문 8399 蝘蜓也。从糸。廷聲。《徒典切。古音在11部。》一曰螾蜓。《一曰謂一名也。》/664

◀ 제 8 획 ▶

蚣 (송)【gōng ㄍㄨㄥ】 ㊥⑨㉑ sōng 베짱이

설문 8458 蜙蝑。《逗。雙聲。》舂黍也。《『詩』釋文曰。楊雄、許愼皆云舂黍。陸氏所據有此三字。今補。『周南:傳』曰。斯螽、蜙蝑也。『豳風:傳』曰。螽斯、蜙蝑也。『釋蟲』曰。蜤螽、蜙蝑。『舍人』曰。今所謂舂黍也。『方言』曰。舂黍謂之蜙蝑。『詩』斯螽卽螽斯。『爾雅』蜤卽斯。蜙蝑、舂黍皆雙聲。蜙舂、蝑黍又疊韵(疊韻)。『陸璣-疏』曰。幽州人謂之舂箕。蝗類也。》目(以)股鳴者。《『考工記:梓人』文。鄭曰。股鳴、蜙蝑動股屬。七月曰。五月斯螽動股。》从虫。松聲。《息恭切。9部。陸氏引許愼思弓反。》 蚣 或省。《『毛詩』如此作。》/668

蜡 (저)【zhà ㄓㄚˋ】 ㊤㊥⑨ qù 구더기 ■초·자:정음(正音) ■사:연종제(年終祭), 납제사(연말에 여러 신을 한꺼번에 모시는 제사) ■축:벌레이름

설문 8477 蠅胆也。《〔肉部〕曰。胆、蠅乳肉中也。蜡胆音義皆通。》『周禮:蜡氏』掌除骴。《『蜡氏』、秋官職也。鄭曰。蜡、骨肉臭腐。蠅蟲所蜡也。蜡讀如狙司之狙。按狙司、卽覻伺也。蠅蟲所蜡、卽蠅乳肉中之說。乳者、生子也。蠅生子爲蛆。蛆者俗字。胆者正字。蜡者古字。已成爲蛆。乳生之曰胆、曰蜡。『齊民要術』。作挹魚法。勿令蠅胆。其意同也。『釋蟲』。蠹醜螪。蠹千據反。卽蜡字之異者也。『廣韵(韻)』音誤而字不誤。『今-爾雅』【各本】誤。郭云。螪者、剖母背而生。今大蠅有如是者。蠶蛹變而爲蛾。亦是裂殼而出。蜡字、『禮記』。『郊特牲』借爲八蜡字。尋八蜡本當作「昔」。昔、老也。息老物也。故『字林』作「䄍」。『李仁甫-說文』作「蜡」、年終祭名。斯爲巨謬。『本艸』以蜡爲水母之名。》从虫。昔聲。《此當依『廣韵』七慮切。5部。自大徐鉏駕切、遂有改其義曰年終祭名者矣。葢(蓋)『唐韵』衹有蜡祭音義、不可以釋此。猶槃古詣切、不可以釋槃繠也。》/669

蜥 (석)【xī ㄒㄧ】 도마뱀

설문 8397 蜥易也。《易下曰。蜥易、蝘蜓。蝘蜓、守宮也。渾言之。此分別蜥易、蝘蜓、榮螈爲三。析言之也。『方言』曰。守宮、秦晉西夏或謂之「蠦蝘」。或謂之「蜥易」。》从虫。析聲。《先擊切。16部。「蜥」亦作「蜴」。『詩』胡爲「虺蜥」、今作「虺蜴」。其音同也。》/664

蜦 (륜)【lún ㄌㄨㄣˊ】本[개구리의 일종] 꿈틀꿈틀 기어갈

설문 8493 它屬也。《它者、虫也。象寃曲垂尾形。蜦卽其屬也。》黑色。潛於神淵之中。能興雲致雨。《依『甘泉、江賦:二注』訂。『淮南書』曰。犧牛粹毛。宜於廟牲。其於以致雨不若黑蜧。高云。黑蜧、神蛇。潛於神淵。能興雲雨。》从虫。侖聲。讀若戾艸。《「戾」【各本】譌「戻」。今正。戾見〔艸部〕。侖聲而讀戾者、雙聲也。13部與 15部音轉冣(最)近也。力計切。大徐力屯切。》 蜧 蜦或从戾。《『淮南書』如此作。》/670

蜨 (접)【dié ㄉㄧㄝˊ】나비

설문 8452 蛺蜨也。从虫。疌聲。《徒叶切。8部。俗作「蝶」。》/667

蜩 (조)【tiáo ㄊㄧㄠˊ】쓰르라미

설문 8462 蟬也。《『豳風:傳』曰。蜩、螗也。『大雅』。如蜩如螗。『傳』曰。蜩、蟬也。螗、蝘也。『小雅』。鳴蜩嘒嘒。『傳』曰。蜩、蟬也。不同者、或渾言。或析言。蟬之類不同也。『夏小正:傳』曰。唐蜩者匽。『爾雅』曰。蜩、蜋蜩、螗蜩。【許書】無螗字。螗葢(蓋)蟬之大者也。當依『小正』作「唐」。》从虫。周聲。《徒聊切。古音在 3部。》『詩』曰。五月鳴蜩。《『七月』文。》 䑶 蜩或从舟。《古周舟通用。》/668

蜭 (함)【hàn ㄏㄢˋ】쐐기(벌레)

설문 8411 毛蠹也。《『釋蟲』文。蠹者、木中蟲也。蜭居木中。其形外有毛。能食木。故曰毛蠹。是爲蜭。蜭之言陷也。》从虫。臽聲。《乎感切。8部。》/665

蜮 (역)【yù ㄩˋ】물여우

설문 8515 短弧也。《「弧」【各本】作「狐」。今正。毛公、班固、張揖、陸璣、杜預、范甯皆曰短弧。今惟『五行志』、『左傳』釋文作弧。不誤矣。『小雅』。爲鬼爲蜮。『傳』曰。蜮、短弧也。『左傳』釋文曰。短弧又作狐。按此因其以氣射害人、故謂之短弧。作狐、非也。其氣爲矢、則其體爲弧。》侣(似)鼈三足。《『洪(洪)範傳』、『陸璣-疏』皆云爾。》㠯(以)气䠶(射)害人。《『陸-疏』云。人在岸上。影見水中。投人影則殺之。師古曰。短弧卽射工也。亦呼水弩。陸氏佃、羅氏願皆曰。口中有橫物如角弩。聞人聲以气爲矢。用水勢以射人。隨所箸發創。中影亦病也。》从虫。或聲。《于逼切。1部。》 蟈 蜮又从國。《國聲亦或聲也。『周禮:蟈氏』。鄭司農云。蟈讀爲蜮。蜮、蝦蟆也。『月令』曰。螻蟈鳴。故曰掌去鼃黽。鼃黽、蝦蟆屬。『周禮經:注』本如此。【今本-經】作「蟈氏」。『注』曰。「蟈」當爲「蜮」。此譌謬倒易不可通之本。後鄭依司農易字。故『注』曰。蟈、今御所食蛙也。字从虫、國聲。蜮乃短弧與。所以申明先鄭易字之恉(指)也。許不從先鄭說者也。故謂蟈卽蜮字之異者。蜮氏去蟈、卽去短狐也。葢(蓋)『周禮-故書』作「蜮」。亦或作「蟈」。先鄭從【或本】。許則謂蟈與蜮無二義也。》/672

蜰 (비)【féi ㄈㄟˊ】바퀴(벌레), 빈대

설문 8446 盧蜰也。《按『爾雅』蜚、蠦蜰爲一物。【許書】蜚在〔蟲部〕。蜰在〔虫部〕。不言一物。許實有所見也。『唐-本艸』說「蜚蠊」味辛辣而臭。漢中人食之。一名「蠦蜰」。》从虫。肥(肥)聲。《符非切。15部。》/667

蜠 (국)【jú ㄐㄩˊ】개구리, 지렁이

설문 8508 蜠鼀、《逗。》詹諸。《句。〔黽部〕曰。鼀鼄、詹諸也。其鳴詹諸。其皮鼀鼀。其行鼄鼄。此則又名蜠鼀。『釋魚』作鼀䶂、蟾諸。鼀䶂卽蜠鼀一語之轉。》㠯(以)脰鳴者。《『攷工記:梓人』文。脰、項也。鄭曰。脰鳴、鼃黽屬。按鼃黽與蜠鼀別而屬也。故下文受之以蝦蟆。》从虫。匊聲。《居六切。3部。『篇』、『韵(韻)』渠竹切。》/671

蛢 (병)【píng ㄆㄧㄥˊ】투구풍뎅이

설문 8440 蟠蟥、《逗。》㠯(以)翼鳴者。《「蟥」【各本】作「蝗」。今正。『釋蟲』曰。蛂蟥、蛢。郭云甲蟲也。大如虎豆。綠色。今江東呼「黃瓶」。按蛂蟥卽蟠蟥也。以翼鳴者、見『考工記:梓人:鄭-注』。翼鳴、發皇屬。「發皇」卽「蛂蟥」也。》从虫。幷聲。《薄經切。11部。》/666

蜹 (예)【ruì ㄖㄨㄟˋ】모기

설문 8473 秦晉謂之蜹。楚謂之蟁。《「蟁」作「蚊」。俗。今正。蟁在〔䖵部〕。故不類列於此也。此爲方俗殊語以擧(擧)列也。》从虫。芮聲。《而銳切。15部。》/669

蜺 (예)【ní ㄋㄧˊ】애매미, 무지개

설문 8464 寒蜩也。《『方言』。小而黑者謂之蜺。又曰。蟪謂之寒蜩。寒蜩、瘖蜩也。不言蜺與寒蜩爲一。『許-本:爾雅』爲說。『釋蟲』曰。蜺、寒蜩。『月令』。『七月』、寒蟬鳴。鄭曰。寒蟬、寒蜩。謂蜺也。郭樸云。寒螿也。》从虫。兒聲。《五雞(鷄)切。16部。或叚(假)爲虹霓字。》/668

蜻 (청)【qīng ㄑㄧㄥ】상⊕⑨작 jīng 잠자리, 귀뚜라미

설문 8469 蜻蛚也。从虫。青聲。《子盈切。11部。按蜻蛚二篆當先蜻後蛚。後人倒之。下先蜻蛉則同此蜻。如蚌蛈同蚌威之蚌、螟蠕同食穀之螟也。》/668

蜼 (유)【wèi ㄨㄟˋ】원숭이

설문 8521 如母猴。《猶言禺屬也。禺者、母猴屬。【許書】多言母猴。母猴、獼猴、沐猴一聲之轉。『周禮』蜼彝(彜)。鄭曰。蜼、禺屬。》卬鼻(鼻)長尾。《『釋獸』文也。卬者、望欲有所庶及也。『張揖-注:上林』曰。蜼似母猴。卬鼻而長尾。『郭-注:爾雅、山海經』皆曰。似獼猴。尾長數尺、有岐。鼻露向上。雨卽自縣樹。以尾塞鼻。》从虫。隹聲。《余季切。15部。按『山海經:注』曰音遺。又音誄。『注:爾雅』曰。零陵南康人呼餘。建平人呼相贈遺之遺。又音余救切。皆土俗輕重不同耳。『左思-吳都賦:劉(劉)-注』引『異物志』說狖、與郭說蜼同。狖余幼切。正因蜼有余救一切而

6 0

㊇ 作家出版社〔董蓮池-說文解字考正〕 ⑨ 九州出版社〔柴劍虹-說文解字〕 ㉷ 陝西人民出版社〔蘇寶榮-說文解字今注今譯〕 ㊤ 上海古籍出版社〔說文解字注〕 ㊥ 中華書局〔臧克和-說文解字新訂〕

別製字耳。『異物志』、譙允南所作。》/673

蜽 (량)【liǎng ㄌㄧㄤˇ】 도깨비 ※ 량(魎)과 같은 글자
설문 8518 蛧蜽也。从虫。兩聲。《按兩聲之字疑古衹从㒳。後人改之。良奬切。10部。》/672

蝀 (동)【dōng ㄉㄨㄥ】 ㉿㊥⑨㉾ dòng 무지개
설문 8531 螮蝀也。从虫。東聲。《多貢切。『廣韵(韻)』平上二聲。9部。》/673

蝁 (악)【è ㄜˋ】 악뱀, 살무사
설문 8487 蝮也。《《俗本》作「虺屬」。今依【宋本】及『集韵(韻)』正。〔長部〕曰。镻、蝁也。與此爲轉注。詳〔長部〕下。》从虫。亞聲。《烏各切。5部。》/669

◀ 제 9 획 ▶

6 **蟀** (솔)【shuò ㄕㄨㄛˋ】 ㉿㊥⑨㉾ shuài 귀뚜라미
설문 8434 悉蟀也。《『唐風』。蟋蟀在堂。『傳』曰。蟋蟀、蛬也。按【許書】無蛬字。今人叚(假)蟀爲之。》
⑫ 从虫。帥聲。《所律切。15部。按蟋蟀皆俗字。》/666

蝎 (갈)【hé ㄏㄜˊ】 전갈 ■할:나무 굼벵이
설문 8419 蝤蠐也。《『釋蟲』曰。蝎、桑蠹。桑中蟲也。按上文許云蛣蚍、蝎也。不類廁於此者、許意蛣蚍別爲一物也。蓋(蓋)一類而種別者多矣。》从虫。曷聲。《胡葛切。15部。》/665

蝑 (서)【xū ㄒㄩ】 베짱이
설문 8459 蜙蝑也。从虫。胥聲。《相居切。5部。陸氏引許愼先呂反。》/668

蝒 (면)【miǎn ㄇㄧㄢˇ】 ㉿㊥⑨㉾ mián 말매미
설문 8435 馬蜩也。《與『釋蟲』同。凡言馬者謂大。馬蜩者、蜩之大者也。『方言』曰。蟬、其大者謂之「蟧」。或謂之「蝒馬」。蝒馬二字誤倒。此篆不與下文蜩蟬蜈蚗諸篆爲伍。不得其故。恐是淺人亂之耳。》从虫。面聲。《武延切。14部。》/666

蝍 (각)【jué ㄐㄩㄝˊ】 뱅이
설문 8447 渠蝍、《逗。》一曰天社。《「社」一作「杜」。『廣韵(韻)』譌作「神」。按「渠蝍」卽「蛣蜣」雙聲之轉。『玉篇』謂「蜣蝍」同字。是也。『釋蟲』曰。「蛣蜣」、「蜣蜋」。『莊子』云。蛣蜣之智在於轉丸。陶隱居云。憙入人糞中。取屎丸而卻推之。俗名爲「推丸」。羅願云。一前行以後㒳(兩)足曳之。一自後而推致焉。乃坎地納丸。不數日有蜣蜋自其中出。玉裁謂此物前卻推丸、故曰渠蝍。一曰猶一名也。『廣雅』曰。天柱、蜣蜋也。》从虫。卻聲。《以形聲包會意。其虐切。5部。》/667

蝓 (유)【yú ㄩˊ】 괄태충, 달팽이
설문 8501 虒蝓也。《虒蝓讀移臾二音。今生牆壁閒溼(濕)處。無殼。有㒳(兩)角。無足。延行地上。俗謼「延游」。卽虒蝓古語也。『本艸經』作「蛞蝓」。云一名「陵蠡」。後人又出蝸牛一條。據『本經』則蛞蝓卽蝸牛。合之『釋蟲』及『鄭-注:周禮』、『許-造:說文』皆不云贏與螔蝓爲二。蓋(蓋)螺之無殼者古亦謼螺。有殼者正謼螔蝓。不似今人語言分別謼也。陸佃、寇宗奭分別之說。似非古言古義。》从虫。俞聲。《羊朱切。古音在 4部。》/671

蝔 (성)【xìng ㄒㄧㄥˋ】 ㉿㊥⑨ shěng 벌레
설문 8475 蟲也。《有蟲名蝔也。》从虫。省聲。《息正切。11部。》/669

蝗 (황)【huáng ㄏㄨㄤˊ】 누리(메뚜기과에 속하는 곤충)
설문 8461 螽也。《〔蚰部〕曰。螽、蝗也。是爲轉注。『漢書:五行傳』曰。介蟲之孼者。謂小蟲有甲飛揚之類。陽氣所生也。於『春秋』爲螽。今謂之蝗。按螽蝗古今語也。是以『春秋書』螽。『月令』再言蝗蟲。『月令』、呂不韋所作。》从虫。皇(皇)聲。《乎光切。10部。陸氏引『說文』榮庚反。又『爾雅』釋文華孟反。皆音之轉也。》/668

蝘 (언)【yǎn ㄧㄢˇ】 수궁(도마뱀과에 속하는 파충류)
설문 8398 在壁曰蝘蜓。在艸曰蜥易。《析言之。》从虫。匽聲。《於殄切。14部。》蝘或从䖵。/664

蝙 (편)【biān ㄅㄧㄢ】 박쥐
설문 8525 蝙蝠、《逗。》服翼也。《服翼也。服翼二字舊在蝠篆下。今依【全書】通例移此。蝙蝠、服翼。『釋蟲』文。『方言』曰。「蝙蝠」、自關而東謂之「服翼」。或謂之「飛鼠」。或謂之「老鼠」。或謂之「僊鼠」。自關而西秦隴之閒謂之「蝙蝠」。北燕謂之「蟙蠌」。音職墨。》从虫。扁聲。《布懸切。古音在 12部。》/673

蟉 (유)【yǒu ㄧㄡˇ】 ㉿ yōu (뱀)굼틀거릴
설문 8504 蟉蟉也。《三字句。疊韵(疊韻)也。『司馬相如-大人賦』。驂赤螭青虯之蟉蟉蜿蜒。謂宛轉之皃(貌)也。按『篇』、『韵(韻)』皆曰龍皃。依【賦文】爲訓耳。非許有龍皃二字也。》从虫。幽聲。《於虯切。亦上聲。3部。『漢書』作「蚴」。》/671

蝚 (유)【róu ㄖㄡˊ】 땅강아지(하늘밥 도둑)
설문 8406 蛭蝚、《逗。》至掌也。《『釋蟲』文。郭云。未詳。『本艸經』。水蛭味鹹。一名至掌。是名醫謂卽水蛭也。》从虫。柔聲。《耳由切。3部。》/665

蝝 (연)【yuán ㄩㄢˊ】 (날개가 나지 않은)누리 새끼, 왕개미 새끼
설문 8426 復陶也。《『釋蟲』曰。蝝、蝮蜪。俗字从虫也。『國語』曰。蟲舍蚳蝝。『韋-注』。蝝、蝮蜪也。可以食。按此說蓋(蓋)與下文二說畫(畫)然爲三。『郭-注:爾雅』則牽合董說耳。復陶未知於今何物。》劉(劉)歆說。蝝、蚍蜉子也。《此與下【董說】皆說『春秋』也。『宣:十五年』。冬、蝝生。『五行志』曰。劉(劉)歆以爲蝝、蚍蜉之有翼者。食穀爲災。按【志】云「有翼」。此云「子」、亦異。》董仲舒說。蝝、蝗子也。《『何-注:公羊』曰。蝝卽螺也。始生曰蝝。大曰螺。『五行志』曰。董仲舒、劉向以爲蝗始生也。螺卽螽字。董、何說同也。》从虫。彖聲。《與專切。14部。》/666

蝠 (복)【fú ㄈㄨˊ】 박쥐, 살무사
설문 8526 蝙蝠也。从虫。畐聲。《方六切。古音在 1部。》/673

䗐 (시)【shī ㄕ˙】 쌀바구미
설문 8443 姑䗐、《逗。》强羊也。《「羊」釋文所引及【宋本】如此。當音陽。葢(蓋)今江東人謂麥中小黑蟲爲「羊子」者是也。【鉉本】作「蛘」。【李仁甫本】作「芈」。皆非是。『釋蟲』日。蛄䗐、強蛘。郭云。今米穀中蠹小黑蟲是也。建平人呼爲蛘子。蛘亡婢反。郭音恐未諦。『方言』。姑䗐謂之強羊。字亦正作羊。『郭-注』廣之。以江東名蛪、音加。建平人呼蛘子、音芈姓。不得改『方言』正文作「蛘」也。『爾雅』正文恐亦本作羊。》从虫。施聲。《式支切。古音在 17部。》/667

蝡 (연)【ruǎn ㄖㄨㄢˇ】 굼틀거릴, 붉은 뱀
■윤:같은 뜻
설문 8478 動也。《動者、作也。蟲之動曰蝡。》从虫。耎聲。《而沇切。14部。》/669

蝤 (추)【qiú ㄑㄧㄡˊ】 나무굼벵이, 꽃게 ■유:하루살이
설문 8417 蝤齏也。《『詩:衞(衛)風』。領如蝤蠐。『傳』日。蝤蠐、蝎蟲也。『爾雅』同。按下文云。蝎、蝤蠀(蠐)也。然則二者爲轉注。》从虫。酋聲。《字秋切。3部。》/665

蝥 (무)【mǎo ㄇㄠˇ】 ㊤㊥⑨㉔ máo 뿌리를 잘라 먹는 벌레, 거미 ■모:제후의 기이름
설문 8455 盤蝥也。从虫。敄聲。《莫交切。按古音當如木。在 3部。俗依『本艸』讀耳。〔蟲部〕日。蟊亦或从敄。》/667

【蟊】下日:蟲食艸榣(根)者。从蟲。𢆉象形。吏抵冒取民財則生。𧓍蟊或从敄。𧉥古文蟊。从虫。从牟。/676

蝦 (하)【xiá ㄒㄧㄚˊ】 ㊥⑨㉔ há 두꺼비, 새우
설문 8509 蝦蟆也。《蝦蟆見於『本艸經』。背有黑點。身小。能跳接百蟲。解作呷呷聲。擧動極急。蟾蜍身大。背黑無點。多痱磊。不能跳。不解作聲。行動遲緩。絕(絶)然二物。陳藏器、蘇頌皆能詳言之。許於此但云蝦蟆。不云蜘鼀也。亦謂其似同而異。》從虫。叚聲。《乎加切。古音在 5部。古或借爲霞字。與魚鰕字从魚別。》/671

蝨 (슬)【shī ㄕ˙】 이(작은 곤충), 다스릴
설문 8537 齧人蟲。《古或叚(假)「幾瑟」作「蟣蝨」。蟣者、蝨子也。》从䖵。卂聲。《所櫛切。12部。》/674

蝮 蝮(복)【fù ㄈㄨˋ】 살무사(살모사)
설문 8381 虫也。《是曰轉注。考老之例也。『招䰟(魂)』曰。蝮蛇蓁蓁。》从虫。夏(夏复)聲。《芳目切。3部。玉裁按虫蝮二篆說解、葢(蓋)有疑焉。許它下解云虫也。从虫而長。象冤曲𠂹尾形。虫篆下說云象其臥形。然則虫乃不𠂹尾之它。它乃𠂹尾之虫。二篆實一字也。乃解虫爲蝮。援『爾雅』博三寸、頭大如擘以實之。依『爾雅』之形、則頭廣一寸身廣三寸必四足之它乃有此形。而許所云象其臥、象其冤曲𠂹尾者、必無足之它。而非四足之它也。無足爲它之常形。故其臥曰虫。舒之曰它。而龜黽篆从它篆之上體。亦未嘗非虫篆之上體也。然則以蝮訓虫似非許意矣。況『爾雅』蝮虫在『釋魚』。陸云今作「虺」。尋其形皃(貌)非無足之它。【諸書】皆云至毒。則卽『字林』所謂蝀聽之類。故景純亦云今俗細頸大頭之蝮它。非『爾雅』之蝮它。【許書】以雖虺蜥蝘蜓蚖六篆同四足者類記。葢許意虫爲無足它。虺爲四足它。各不相涉。『爾雅-古本』作「蝮虫」。乃是借虫以爲虺。博三寸首大如擘者、乃虺之形。非虫之形。【許書】虫篆下作「它也、象其臥形。而無蝮虫也、从虫复聲」之云。則文從字順矣。蝮字恐『古-爾雅』祗作「復」。故知許不當有。》/663

● **蚰** 전갈 채

蝯 (원)【yuán ㄩㄢˊ】 긴팔원숭이
설문 8519 善援。《以疊韵(疊韻)爲訓。援者、引也。『釋獸』日。猱蝯善援。許意以蝯善攀援、故偁(稱)蝯。夒則蝯之屬而已。故不言夒。》禺屬。《〔由部〕日。禺、母猴屬。蝯卽其屬。屬而別也。『郭氏-山海經:傳』日。蝯似獼猴而大。臂腳(脚)長。便捷。色有黑有黃。其鳴聲哀。栁(柳)子厚言猴性躁而蝯性緩。二者迥異。》从虫。爰聲。《雨元切。14部。『干祿字書』日。猿俗、猨通、蝯正。》/673

蝱 (맹)【méng ㄇㄥˊ】 등애(마소의 피를 빨아 먹는 곤충)
설문 8551 齧人飛蟲。《「人」當作「牛」。『楚語』。譬如牛馬。處暑之旣至。䖟䗈之旣多。而不能掉其尾。韋云。大曰䖟。小曰䗈。『說苑』日。蠹蝝仆柱梁。蚊蝱走牛羊。『史記』。搏牛之蝱、不可以破蟣蝨。『淮南書』日。䖟䖟不食駒犢。今人尙謂齧牛者爲牛蝱。『本艸經』有木䖟、蜚䖟。》从䖵。亡聲。《武庚切。古音在 10部。讀如芒。》/675

蝸 (와)【guā ㄍㄨㄚ˙】 ㊤㊥⑨㉔ wō ㉔ wá 달팽이
설문 8500 蝸、《此複擧篆文之未刪(刪)者也。當依『韵(韻)會』。刪。》蠃也。《蠃者、今人所用螺字。『釋魚』日。蚹蠃螔蝓。『鄭-注:周禮:醢人』。蠃、螔蝓、許上文蠃下亦云、一日蠃、螔蝓。此物亦名蝸。故『周禮』、『儀禮』「蠃醢」『內則』作「蝸醢」。二字曡韵(疊韻)相轉注。『薛綜-東京賦:注』日。蝸字、螺也。崔豹日。蝸、陵螺。蝸本咼聲。故蝸牛或作瓜牛。徐先民以力戈切蝸。似未得也。力戈乃蠃字反語耳。今人謂水中可食者爲螺。陸生不可食者曰蝸牛。想周、漢無此分別。蠃古多叚(假)蠡爲之。》從虫。咼聲。《古華切。17部。舊音當如過。此篆舊在䗪蚌二篆閒(間)。今按蠃卽螔蝓。前文蠃篆下言之。故移使相聯。》/671

螽 (종)【zhōng ㄓㄨㄥ˙】 누리 ※ 종(螽)과 같은 글자
설문 8538 蝗也。《蝗下日。螽也。是爲轉注。按『爾雅』有蛗螽、草螽、蜇螽、蟿螽、土螽。皆所謂「螽醜」也。「蜇螽」、『詩』作「斯螽」。亦云「螽斯」。毛、許皆訓以「蜙蝑」。皆螽類而非螽也。惟『春秋』所書者爲螽。》从䖵。宂(夂)聲。

《職戎切。9部。》宍、古文終字。《見〔糸部〕。》蟲或从虫。眾(衆)聲。《『公羊經』如此作。》/674

◀ 제 10 획 ▶

蟘 (특)【duó ㄉㄨㄛˊ】㊅ tè 누리, 황충
설문 8403 蟲食苗葉者。《見『爾雅』、『毛傳』。》吏气貣則生蟘。《「貣」【各本】作「貸」。今正。气、貣皆求也。〔貝部〕曰。貣從人求物也。冥螟、貣蟘皆疊韵(疊韻)。『左傳』曰。妖由人興也。人無釁焉。妖不自作。故螟、蟘、蟊之害皆由吏。『鄭-箋:大田』云。明君以正己而去之。正己可去、則不正可招。李巡、孫炎皆謂由政所致也。》从虫貣。貣亦聲。《【各本】篆作蟘。解作「从虫貸」、貸亦聲。今正。徒得切。1部。叚(假)螣字爲之。1部與 6部合聲也。》『詩』曰。去其螟蟘。《『小雅:大田』文。『今-詩』作「螣」。叚借字也。》/664

6

⑫

螇 (혜)【xī ㄒㄧˉ】씽씽매미, 방아깨비
설문 8465 螇鹿、《逗。》蛁蟟也。《「蟟」舊作「蟟」。【許書】無此字。淺人增虫耳。今作「寮」。音聊。『釋蟲』曰。「蜓蚞」、「螇螰」。『方言』曰。「蛥蚗」、齊謂之「螇螰」。楚謂之「蟪蛄」。或謂之「蛉蛄」。秦謂之「蛥蚗」。自關而東謂之「虭蟧」。或謂之「蝭蟧」。或謂之「蜓蚞」。西楚與秦通名也。按「蛥蚗」卽許之「蚻蚗」。蛥當音伊。虭蟧音如貂料。卽許之「蛁寮」也。蜓蚞音如廷木。許無蚞字。蝭蟧、『夏小正』作「蝭蠑」。字宜支遼二音。今江東俗語尙如此。辭章家作遮了二字是也。『小正』。『七月』、寒蟬鳴。『傳』曰。蝭蠑也。與上文五月良蜩、唐蜩爲各物。『方言』亦以蛥蚗與蟬爲各物。然則許之蜺、螇螰與蜩、蟬葢(蓋)亦有別矣。》从虫。奚聲。《胡雞(鷄)切。16部。》/668

螉 (옹)【wēng ㄨㄥˉ】나나니벌, 땅이름
설문 8386 螉蠑。《【各本】無此二字。今補。》蟲在友馬彼者。《『爾雅』釋文引『字林』。螉蠑似蟒、蟲在牛皮者。『字林』本『說文』也。『郭氏-爾雅:注』。蚣蠑一作螉蠑。此謂蜇螽舂黍。》从虫。翁聲。《烏紅切。9部。》/664

蝙 (선)【shàn ㄕㄢˋ】파리가 날개를 움직일
설문 8483 蠅醜蝙。《『釋蟲』文。字衹作扇。》搖翼也。《「也」字依【宋本】補。》从虫。扇聲。《式戰切。14部。》/669

蠊 (렴)【lián ㄌㄧㄢˊ】방게
설문 8494 海蟲也。長寸而白。可食。《按自蠊至蛤八篆爲一類。皆介蟲也。其外有殼。蠊其小者也。長寸而白、謂其殼。可食、謂其中肉也。『本艸』所謂蜮蜷似蛤而長扁。蜮與蠊音同。『玉篇』曰。蠊、小蚌。可食。》从虫。兼聲。讀若嗛。《按蠊戶監切。則當依『玉篇』胡緘切。古音當在 7部。大徐、『廣韵(韻)』力鹽切。》/670

螌 (반)【bān ㄅㄢˉ】가뢰, 바퀴(벌레)
설문 8454 螌蝥、《逗。雙聲。》毒蟲也。《『本艸經:蟲部:下品』曰。斑猫。味辛寒。有毒。一名「龍尾」。諸家云。大豆葉上取之。長五六分。甲上黃黑斑文。烏腹尖喙。按「斑猫」俗字也。》从虫。般聲。《布還切。14部。》/667

融 용【róng ㄖㄨㄥˊ】本[녹을] 녹일, 통할, 화합할, 밝을, 길(長也)
설문 1765 炊气上出也。《『釋詁』、『毛傳』、『方言』皆曰。融、長也。此其引伸之義也。通作肜。『思玄賦』。展泄泄而肜肜。廣成松。豐(豊)肜薱蔚。》从鬲。蟲省聲。《以戎切。9部。》䖝籒文融。不省。/111

蜫 (비)【bī ㄅㄧˉ】진드기, 왕개미
설문 8424 齧牛蟲也。《今人謂齧狗蟲。語亦同。『通俗文』曰。狗蝨曰蜫。》从虫。㒟(毘)聲。《邊兮切。15部。》/666

螘 (의)【yǐ ㄧˇ】개미
설문 8431 蚍蜉也。《俗作「蚍蜉」。非是。今正。〔蟲部〕曰。蠶蠶蠹、大螘也。析言之也。渾言之則凡螘皆曰蚍蜉。『爾雅』。蚍蜉、大螘。小者螘。亦是析言。》从虫。豈(豈)聲。《魚綺切。按當魚豈切。古音在 15部。『廣韵(韻)』入尾韵者、古音也。入紙韵者、緣蟻字而合之也。》/666

螝 (회)【huì ㄏㄨㄟˋ】㊅㊥⑨ guī 번데기 ▣훼:살무사
설문 8392 蛹也。《見『釋蟲』。『顏氏-家訓』曰。『莊子』螝二首。螝卽古虺字。見『古今字詁』。按『字詁』原文必曰古螝今虺 以【許書】律之。古字叚(假)借也。》从虫。鬼聲。讀若潰。《胡罪切。15部。》/664

螟 (명)【míng ㄇㄧㄥˊ】마디충(벼, 조 등의 줄기 속을 파먹어 말라 죽게하는 벌레)
설문 8402 蟲食穀心者。吏冥冥犯法卽生螟。《「心」【各本】譌「葉」。今依『開元-占經』正。『釋蟲』、『毛傳』皆曰。食心曰「螟」。食葉曰「蟘」。食根曰「蟊」。食節曰「賊」。云吏冥冥犯法卽生螟、正爲食心言之。惟食心、故从虫冥會意。》从虫冥。冥亦聲。《此从【宋本】及【小徐本】。莫經切。11部。按【鉉本】於此下妄增又螟蛉三字。【宋本】所無。且螟蠕、桑蟲也。見下文。字不作蛉。》/664

螣 (등)【téng ㄊㄥˊ】등사(용비슷한 신령스러운 뱀) ▣짐:같은 뜻 ▣특:누리 ▣대:같은 뜻
설문 8382 神它也。《『荀卿』曰。螣蛇無足而飛。『毛詩』叚(假)借爲蟘字。》从虫。朕聲。《徒登切。6部。》/663

◀ 제 11 획 ▶

蝕 蝕(식)【shí ㄕˊ】(벌레가 조금씩)먹을 (虫부 11획)
설문 8489 敗創也。《敗者、毁也。創者、傷也。毁壞之傷有蟲食之。故字从虫。『春秋經』曰。鼷鼠食郊牛角。又曰。日有食之。字或作「蝕」。》从虫人亯(食)。亯亦聲。《乘力切。1部。按可云飾省聲。》/670

螸 (유)【yú ㄩˊ】누리 나는 모양, 배가 늘어진 벌
설문 8482 螽醜螸。《「螽」【俗本】作「蠭」。今依【宋本】、【李燾本】、『集韵(韻)』正。『釋蟲』曰。蠭醜螸。『音

義』曰。䗨、施乾作「螽」。施所據與許合。》乘腴也。《腴者、腹下肥(肥)也。螽之類皆垂其腴矣。》从虫。欲聲。《余足切。3部。『篇』、『韵(韻)』皆羊朱切。》/669

螫 (석)【shì ㄕˋ】(벌레)쏠, 노할, 해독(害毒)
설문 8486 蟲行毒也。《『周頌』曰。自求辛螫。古亦叚(假)奭爲之。『史記』有如㒳(兩)宮螫將軍、『漢書』作奭將軍是也。或云蛆音知列切。亦作「蜇」。》从虫。赦聲。《施隻切。古音在 5部。

螭 (리)【chī ㄔ】(빛이 노란)용
설문 8491 若龍而黃。《『南都賦』曰。憚夔龍怖蛟螭。『李-注』引『說文』蛟螭若龍而黃。按『李-注』蛟字誤衍。『左思-蜀都賦』。或藏蛟螭。『劉(劉)-注』云。蛟螭、水神也。一曰雌龍。一曰龍子。似亦謂蛟螭爲一物。然『上林賦』蛟龍赤螭。文穎曰。龍子爲螭。張揖曰。赤螭、雌龍也。皆劉說所本。『張、左之賦』皆不謂蛟螭一物也。許謂离爲山神。螭爲若龍而黃。與諸家說異。司馬相如日赤螭。『楊雄-解嘲』曰。翠虯絳螭之將登乎天。不謂其色黃矣。》北方謂之地螻。《『呂氏-春秋』曰。黃帝之時。天先見大螻大螾。『史記:封禪書』。黃帝得土德。黃龍地螾見。地螻之說、其本此與。非螻蛄也。》从虫。离聲。《丑知切。古音在 17部。》或云。無角曰螭。《六字疑後人所增。非【許書】本有。葢(蓋)旣改虯下爲有角、則注此爲無角。》/670

螮 (체)【dì ㄉㄧˋ】무지개
설문 8530 螮蝀、《逗。雙聲。》虹也。《與虹篆轉注。》从虫。帶聲。《都計切。15部。『今-詩』作「蝃」。『爾雅』作「螮」。》/673

⿱巨䖵 (거)【qú ㄑㄩˊ】하루살이, 짐승 이름
설문 8549 ⿱巨䖵⿰虫京也。《三字句。⿰虫京字見〔虫部〕。》从䖵。巨聲。《强魚切。5部。》/675

螷 (비)【bì ㄅㄧˋ】㊤㊥⑨ pí ㊢ bèng 긴 맛(조개)
설문 8497 陛也。《「陛」【各本】作「蜌」。『今-爾雅』同。『韵(韻)會』作陛。卽蚌語之轉也。當依〔玉部〕作玭。玭、蚌之有聲者也。『釋魚』曰。蜌、螷。許無蜌字。故先螷而以陛釋之。郭云。今江東呼蚌長而陜者爲螷。『陶隱居-注:本艸』之蝏蛢也。蝏音亭。蛢蒲幸切。卽螷字。『周禮:鼈人、醢人』皆有螷。鄭司農云。螷、蛤也。杜子春云。螷、蜯也。蜯卽蚌字。蚌蛤有異。故二家說不同。許用杜說也。故下文受之以蚌。》脩爲螷。圓(圓)爲蠇(蠣)。《『毛詩:傳』曰。脩、長也。長者謂之螷。圓者謂之蠇。》从虫。庳聲。《蒲猛切。11部。按庳聲而讀入 11部者、支清之合音也。》/671

螹 (점)【jiàn ㄐㄧㄢˋ】뿔 없는 용, 교룡
설문 8512 螹離也。《三字句。「螹」『史記』、『文選(選)』同。『漢書』作「漸」。『上林賦』說水族曰。鮫龍赤螭。魱鰽螹離。司馬彪曰。螹離、魚名也。張揖曰。其形狀未聞。按許以此次於蠵蠏二篆閒。必介蟲之類。周人或以漸離爲名。取於物爲假也。斬䖫字或作螹胡。非也。》从虫。斬聲。

《慈(慈)染切。8部。『玉篇』才廉切。》/672

蠑 (종)【zōng ㄗㄨㄥ】나나니벌, 반딧불붙이 ㊐총: 같은 뜻
설문 8387 蝑蠑也。从虫。從聲。《子紅切。9部。》/664

螻 (루)【lóu ㄌㄡˊ】땅강아지, 개구리
설문 8427 螻蛄也。《今之土狗也。》从虫。婁聲。《洛侯切。4部。》一曰螜、天螻。《『釋蟲』文。『郭-注』云。螻蛄也。按依郭則此一曰猶一名耳。但恐『郭-注』未安。『方言』。「蟦螬」、或謂之「蝖螜」。或謂之「天螻」。則非螻蛄也。【許書】無「螜」字。》/666

螼 (근)【jǐn ㄐㄧㄣˇ】㊤㊥⑨㊢ qǐn 지렁이
설문 8384 螾也。《『釋蟲』曰。螼、蚓、豎蠶。許謂螼也。蚓也。豎蠶也。一物三名也。蚓許作「螾」。》从虫。堇聲。《弃忍切。13部。》/663

螾 (인)【yǐn ㄧㄣˇ】지렁이
설문 8385 側行者。《『考工記』。郤(却)行、仄行。鄭曰。郤行、螾衍屬。仄行、蟹屬。與許異。今觀丘蚓實郤行。非側行。鄭說長也。丘蚓俗曰曲蟮。漢巴郡有朐忍縣。以此蟲得名。丘朐曲一語之轉也。或譌朐忍爲朐䏰。讀如蠢潤二音。遠失之矣。》从虫。寅聲。《余忍切。12部。》蚓 螾或从引。/663

蟁 (문)【wén ㄨㄣˊ】모기 ※문(蚊)과 같은 글자
설문 8550 齧人飛蟲。《齧人而又善飛者。》从䖵。民聲。《無分切。13部。此字民聲、則當 12部。疑【古本】衹有蟁。而𧒂乃後人所製也。》𧒂 𧒂或从昏。《昏从氐省。氐者、下也。俗沾一曰民聲。而蟁篆上亦沾𧒂篆矣。》㠯(以)昏時出也。《說會意之言(旨)。而形聲在其中。》蚊 俗𧒂。从虫。从文。《〔虫部〕曰。秦晉謂之蜹。楚謂之蚊。》/675

⿰虫京 (략)【lüè ㄌㄩㄝˋ】하루살이
설문 8472 ⿱巨䖵⿰虫京。《⿱巨䖵字在〔䖵部〕。故於此釋其義。而〔䖵部〕曰⿱巨䖵⿰虫京也。皆文勢之自然也。》一曰浮遊。朝生莫死者。《「一曰」猶「一名」也。「浮游」【各本】作「蜉蝣」。俗人所改耳。「蝣」字【許書】無。「蜉」字雖有亦非。今正。『釋蟲』曰。蜉蝣、渠略。『曹風:毛傳』曰。蜉蝣、渠略也。朝生夕死。其狀詳『陸璣-詩:疏』、『爾雅:注』。渠略叚(假)借字。》从虫。京聲。《离灼切。5部。》/669

蟄 (칩)【zhí ㄓˊ】㊤ zhé (벌레가 땅속에)숨을
설문 8506 藏也。《臧者、善也。善必自隱。故別無藏字。凡蟲之伏爲蟄。『周南』曰。螽斯羽。蟄蟄兮。『傳』曰。和集也。其引申之義也。》从虫。執聲。《直立切。7部。》/671

蟅 (자)【zhè ㄓㄜˋ】쥐며느리
설문 8460 螽也。《「螽」【各本】譌作「蟲」。今正。『方言』曰。「蟒」、宋魏之閒謂之「蚮」。南楚之外謂之「蟅蟒」。或謂之「蟙(螣)」。『郭-注』。卽蝗也。蟅音近詐。蟒音莫梗反。亦呼「虴」蜢。按卽今北人所謂「蚂蚱」。江南人謂之「蝗蟲」。

蟅蟒、虴蜢一語之轉。【許書】上文云蟅蟒。下文曰蝗。蟅亦蝗也。故列字之次如此。若『廣雅』、『本艸』所云蟅者皆非許意。》从虫。庶聲。《之夜切。古音在 5部。》/668

蟆 蟇(마)【mò ㄇㄛˋ】 ㊤㊥⑨㉲ má 두꺼비 ■모:같은 뜻 ■막:모기붙이

설문 8510 蝦蟆也。从虫。莫(莫)聲。《莫遐切。古音在 5部。》/672

蟉 (류)【liú ㄌㄧㄡˊ】 용이나 뱀이 굼틀거리며 가는 모양 ■료:용이 머리를 움지이는 모양

설문 8505 蛐蟉也。从虫。翏聲。《力幽切。亦上聲。3部。》/671

蝥 (무)【máo ㄇㄠˊ】 뿌리 잘라 먹는 벌레 ■몽:점의 괘상이 좋지 못할

설문 8542 蠿蝥也。从䖵。矛聲。《此字與〔蟲部〕食艸根者絕(絶)異。莫交切。古音諜在 3部。》/675

◀ 제 12 획 ▶

蟜 (교)【jiǎo ㄐㄧㄠˇ】 벌레 이름

설문 8412 蟲也。《謂蟲名。按上蛁下蛓同類也。則蟜當亦蛁蛓之類耳。》从虫。喬聲。《居夭切。2部。》/665

蟠 (번)【pán ㄆㄢˊ】 ㊤㊥⑨㉲ fán 쥐며느리(甕器底蟲) ■반:서릴, 쌓일 ■파:서릴(몸을 휘감고 엎드릴)

설문 8456 鼠婦也。《『釋蟲』曰。蟠、鼠負。負又作婦。『本艸經』曰。「鼠婦」、一名「負蟠」。郭樸曰。甕器底蟲。按此溼(濕)生蟲。今蘇州人所謂「甏底蟲」也。蟠音附袁切。借爲蟠曲字。如『樂記』云。禮樂之極乎天而蟠乎地。『方言』曰。未陞天龍謂之蟠龍。此讀如盤。〔舟部:般〕旋字之叚(假)借也。》从虫。番聲。《附袁切。14部。》/667

蟣 (기)【jǐ ㄐㄧˇ】 서캐(이의 알)

설문 8404 蝨子也。《蝨、齧人蟲也。子其卵(卵)也。『戰國策』作「幾瑟」。叚(假)借字。》一曰齊謂蛭曰蟣。《『釋魚:蛭蟣:注』曰。今江東呼水中蛭蟲入人肉者爲蟣。》从虫。幾聲。《居豨(豨)切。15部。》/665

蟥 (황)【huáng ㄏㄨㄤˊ】 말거머리

설문 8442 蟠蟥也。从虫。黃聲。《乎光切。10部。》/667

蟨 (궐)【jué ㄐㄩㄝˊ】 짐승 이름, 장구벌레 ■귀:쥐

설문 8524 鼠也。《當作「蟨鼠也」三字句。鼠名。此葢(蓋)用『呂氏-春秋』蟨、鼠前兔(兎)後之說。》一曰西方有獸。前足短。與蛩(蛩)蛩巨虛比。其名曰蟨。《『釋地』曰。西方有比肩獸焉。與邛邛岠虛比。爲邛邛岠虛齧甘艸。卽有難。邛邛岠虛負而走。其名謂之蟨。按『司馬相如賦』曰。蹷蛩蛩。轔距虛。張揖曰。蛩蛩狀如馬。距虛似贏而小。『說苑』亦云二獸。而郭樸云距虛卽邛邛。變文互言之。引『穆天子傳』邛邛距虛、日前五百里。邛距雙聲。似郭說長。》从虫。厥聲。《居月切。15部。》/673

蠶 (최)【zuì ㄗㄨㄟˋ】 ㊤㊥⑨ cuì 벌레 ■취:같은 뜻

설문 8390 蟲也。《謂蟲名。》从虫。㲋聲。《祖外切。15部。》/664

蟠 (율)【yù ㄩˋ】 투구풍뎅이

설문 8441 蟠蟥、蛢也。《「蛢」字今補。此轉注之例也。》从虫。矞聲。《余律切。15部。》/667

蟫 (음)【tán ㄊㄢˊ】 ㊤㊥⑨㉲ yín 반대좀 ■임:속음 ■담:같은 뜻 ■심:벌레가 움직일

설문 8409 白魚也。《今衣、【書】中白蟲有粉如銀者是也。一名蛃魚。『本艸經』謂之衣魚。》从虫。覃(覃)聲。《余箴切。7部。》/665

蟬 (선)【chán ㄔㄢˊ】 매미, 연속할 ■전:우는 매미 ■제:땅이름

설문 8463 㠯(以)旁鳴者。《『考工記:梓人』文。鄭云。旁鳴、蜩蜺屬。『正義』云。蟬鳴在脅。》从虫。單聲。《市連切。14部。》/668

蟯 (요)【ráo ㄖㄠˊ】 ㊤㊥⑨㉲ náo 요충

설문 8394 腹(腹)中短蟲也。《『倉公列傳』。診其病曰蟯瘕。》从虫。堯聲。《如招切。2部。》/664

蠨 (소)【xiāo ㄒㄧㄠ】 갈거미

설문 8474 蠨蛸。《逗。雙聲。》長股者。《『釋蟲』曰。蠨蛸、長踦。『豳風:毛傳』同。「跂」當作「踦」。其足長、故謂之長踦。許則顯之曰長股者也。此鼅(鼄)鼄之一穜(種)。俗謂「喜母」。》从虫。肅聲。《古音肅在 3部。今音穌彫切。俗寫作「蠨蛸」。古音消。今音所交切。此古今之轉變也。蛸篆已見上文。爲蟲蛸字。故此不再出。》/669

蟲 (충)【chóng ㄔㄨㄥˊ】【설문부수 473】 벌레 ■중:벌레 먹을 ■동:불길 오를

설문 8559 有足謂之蟲。無足謂之豸。《有擧(擧)渾言包析言者。有擧析言以包渾言者。此蟲豸析言以包渾言也。蟲者、蝡動之總(總)名。前文旣詳之矣。故衹引『爾雅:釋蟲』之文。豸者、獸長脊行豸豸然欲有所伺殺形也。本謂有足之蟲。因凡蟲無足者其行但見長脊豸豸然、故得假借豸名。今人俗語云蟲豸。『詩』。淈隆蟲蟲。『毛傳』曰。蟲蟲而熱也。按蟲蟲葢(蓋)融融之假借。『韓詩』作烔。許所不取。》从三虫。《人三爲衆(衆)。虫三爲蟲。蟲猶衆也。直弓切。9部。》凡蟲之屬皆从蟲。/676

성부 蠱고 融융

형부 비(蜚蠹) 비(蠶) 린(蠲)

형성 (4자+1) 동(痋) 4564 동(秱) 6274 무(蝨) 8560 동(蚀) 8917 충(爞)

◀ 제 13 획 ▶

蟷 (당)【dāng ㄉㄤ】 버마재비, 사마귀

설문 8436 蟷蠰、《逗。》不過也。《皆蟷蠰別名。》

从虫。當聲。《都郎(郎)切。10部。》/666

蠏 蟹(해)【xiè ㄒㄧㄝˋ】게
설문 8513 有二敖八足。《「敖」俗作「螯」、作「鼇」。『廣韵(韻)』日。鼇、蟹大腳(脚)也。螯、蟹屬。然則俗作「螯」尤誤也。敖、出游也。故其大腳日敖。『今本-大戴-禮』作「螯」。非。》旁行。《『攷工記:梓人』仄行。卽旁行也。鄭亦云蟹屬。》非它鮮之穴無所庇。《庇者、蔭也。鮮者、今之鱓字。鱓者、魚名。見〔魚部〕。魚之似蛇者也。常演切。又作「鮔」。『今-大戴-禮』作「鮔」。或誤「鉏」。『荀子』作「蟺」。【許書-古本】多作「鮮」。葢(蓋)漢人多叚(假)貉國鮮魚之字爲之。本無正字也。『玄應』日。鱓又作「鱔鮮」二形、同。『勸學篇』日。蟹二螯八足。非虵鮔之穴而無所寄者。用心躁也。》从虫。解聲。《胡買切。16部。『廣韵(韻)』日。蟹、『說文』作「蠏」。知古如此作。》蠏或从魚。/672

蛾 (아)【é ㄜˊ】나방 ※ 아(蛾)와 같은 글자
설문 8535 蠶匕飛蟲。《「匕」【各本】作「化」。今正。匕者、變也。蠶吐絲則成蛹於繭中。蛹復化而爲蛾。按此蛾與〔虫部〕之「蛾羅」主謂螘者、截然不同。而郭氏釋『爾雅』「蛾羅」爲「蠶蛾」。非許意也。》从䖵。我聲。《五何切。17部。》或从虫。/674

蟺 (선)【shàn ㄕㄢˋ】(용이나 뱀이)서릴, 옮길
설문 8503 夗蟺也。《夗、轉臥也。引申爲凡宛曲之稱。夗蟺疊韵(疊韻)。葢(蓋)謂凡蟲之宛曲之狀。『篇』、『韵(韻)』皆云。蛩蟺、蚯蚓也。雖蚓有此名、而非許意。上文蜎善曲之物也。故承之以蟺。》从虫。亶聲。《常演切。14部。》/671

蠁 (향)【xiǎng ㄒㄧㄤˇ】소리를 안다는 벌레
설문 8388 知聲蟲也。《10部日。肸蠁、布也。『釋蟲』日。國貉、蟲蠁。『廣雅』日。土蛹、蠁蟲。》从虫。鄉聲。《許兩(兩)切。10部。》蚼司馬相如說从向。《鄉向聲同也。按『春秋』羊舌肸字叔向。說者向讀上聲。葢(蓋)向者、蚼之省也。以肸蠁爲名字。》/664

蠃 (라)【luǒ ㄌㄨㄛˇ】고둥 ※ 라(螺)와 같은 글자 ■과:상제가 타는 수레
설문 8449 蝸蠃也。从虫。羸聲。《郎(郎)果切。17部。》一日虒蝓《此謂單言蠃則謂虒蝓也。虒蝓見下文蝓篆下。按下文蝸篆下蠃也。此當云一日蝸也。而云一日螔蝓者、一物三名。擧(擧)其易知者也。》/667

蠅 (승)【yíng ㄧㄥˊ】파리, 파리잡이 거미, 사람 이름
설문 8591 營營青蠅。《『小雅:青蠅』文。『傳』日。營營、往來皃(貌)。》蟲之大腹者。从黽虫。《虫猶蟲也。此蟲大腹。故其字从黽虫會意。謂腹大如黽之蟲也。其音則在 6部。余陵切。故繩爲蠅省聲。非許之精詣(詣)。則必仞爲形聲字。遂使古音不可攷矣。》/679
형성 (1자) 승(繩)8298

蠤 (구)【qiú ㄑㄧㄡˊ】집게 벌레
설문 8554 多足蟲也。《『周禮:赤犮氏』凡隙屋除其貍蟲。鄭日。貍蟲 䗪、肌求之屬。按䗪見『本艸經』一名「地鼈」。今俗所謂「地鼈蟲」也。似鼠婦。肌求本或作「蛷」。多足之蟲。今俗所謂「蓑衣蟲」也。『通俗文』日。「務求」謂之「蚑蛷」。『廣雅』日。「蛷螋」、「蛜蛷」也。『玄應』日。關西呼「蚉溲」爲「蚑蛷」。「蚑蛷」卽鄭所謂「肌蛷」也。陶隱居、陳藏器作「蠷螋」。音劬蘇。》从䖵。求聲。《巨鳩切。3部。》蠤或从虫。/675

鼜 (척)【qì ㄑㄧˋ】순경북
설문 2942 夜戒守鼓(鼓)也。《『周禮:鼓人:軍旅夜鼓鼜:注』同此。鎛師。凡軍之夜三鼜皆鼓之。守鼜亦如之。『注』日。守鼜、備(備)守鼓也。鼓之以鼖鼓。》从壴。蚤聲。《『今-周禮』作「鼜」。》『禮』。《此當云『禮記』。『軍禮:司馬法:百五十五篇』。『藝文志』以入禮家。》昏鼓四通爲大鼓。《四者陰數。唐李靖云。鼓三百三十三槌爲一通。未知古法然不。大鼓當依『周禮:注』作大鼜。大鼜謂大行夜也》夜半三通爲戒晨。《『周禮:注』作「晨戒」。》旦五通爲發朙(明)。《「旦」【鉉本】作「旦明」。『周禮:注』亦作「旦明」。「發朙」『周禮:注』作「發昫」。〔日部〕日。昫、日出溫也。已上據『鼓人:注』。乃『司馬法』之文也。》讀若戚。《戚古音如促。朩聲與蚤聲同在 3部。『眡瞭:注』云。杜子春讀鼜爲憂戚之戚。擊鼓聲疾數故日戚。許意同也。杜以【他經傳】無鼜字。故或讀爲造次之造。或易爲戚。許則謂但讀如戚而已。今音倉歷切。》/205

蠆 채【chài ㄔㄞˋ】전갈
설문 8416 毒蟲也。《『左傳』日。蠭蠆有毒。『詩』日。卷髮如蠆。『通俗文』日。蠆長尾謂之蠍。蠍毒傷人日「蛆」。蛆張列反。或作「蜇」。旦聲。非且聲也。》象形。《按不日从虫象形而但日象形者、虫篆有尾。象其尾也。蠍之讀在尾。『詩:箋』云。蠆、螫蟲也。尾末揵然。似婦人髮末上曲卷然。其字上本不从萬。以苗象其身首之形。俗作「蠆」。非。且與杜蠣字混。丑芥切。按『字林』他割反。『玄應書』他達切。皆舊音也。15部。》蠆(蠆)或从䖵。《蠍尾有單鉤者。有雙鉤者。故或从䖵。》/665
유사 일만 만(萬) 사나울 려(厲)
성부 厲려
형성 (3자) 화(噧)865 려(癘)4542
려(蠣)5615

蠇 (려)【lì ㄌㄧˋ】굴(조개) ■채:전갈 ■달:같은 뜻
설문 8499 蚌屬。佀(似)蠊散大。《蠊卽上文長寸而白者。據『本艸經:牡蠣條:注』。則此物有絕(絶)大者。不得云似蠊散大也。且蛤下作「厲」。云秦謂之牡厲。似蛤屬有厲。蚌屬有蠇。其字不必同。不煩以『本艸』牽合也。許所聞或與後人不盡合。讀書不貴盡信。》出海中。今民食之。从虫。萬聲。讀若賴。《力制切。15部。》/671

蠉 (현)【xuǎn ㄒㄩㄢˇ】 ㊤㊥⑨ xuān 장구벌레, (벌레가)길

설문 8480 蟲行也。《凡蟲行曰蠉。上蚑爲徐行。則蠉爲疾行也。〔羽部〕曰。翾、小飛也。》从虫。睘聲。《香沇切。14部。》/669

蠣 蜾(과)【gě ㄍㄜˇ】 ㊤㊥⑨㉠ guǒ 나나니벌

설문 8448 蠣蠃、《句。疊韵(疊韻)。『釋蟲』、『毛傳』同。》蒲盧。細要土蠭也。天地之性細要純雄無子。『詩』曰。螟蠕有子。蠣蠃負之。《『小雅:小宛』曰。螟蛉有子。蜾蠃負之。『毛傳』曰。螟蛉、桑蟲也。蜾蠃、蒲盧也。負、持也。『箋』云。蒲盧取桑蟲之子。負持而去。煦嫗養之。以成其子。喻有萬民不能治。則能治者將得之。『中庸:注』曰。蒲盧、果蠃、土蜂也。蒲盧取桑蟲之子。去而變化。以成爲己子。『列子』曰。「純雌」其名「大䁵」。「純雄」其名「穉蜂」。『淮南』曰。貞蟲之動以毒螫。『高-注』。貞蟲、細要蜂。蜾蠃之屬。無牝牡之合曰貞。『楊子』曰。取螟蠕祝曰。類我類我。戴先生曰。古語謂隨變而成者曰蒲盧。蒲盧又見『大戴-禮』、『山海經』。『小正』曰。雉入于淮爲蜃。蜃者、蒲盧也。》从虫。𩰫(𩰲)聲。《古火切。17部。》 蜾蠣或从果。《果聲也。》/667

◀ 제 14 획 ▶

蠐 蠀(제)【qí ㄑㄧˊ】 굼벵이 ■자:같은 뜻

설문 8418 蠐䗥也。《『釋蟲』。蟦蠐、蝎。郭云。在木中者。蝤、蠐螬。郭云。在糞土中者也。是二者似同而異。宋掌禹錫、蘇頌亦辯蠐螬與蝤蠐、蝎不同。許意謂蝤蠐、蝎爲一物。而蠐螬下不云蝎也。葢(蓋)亦不謂一物矣。》从虫。亝(齊)聲。《徂兮切。15部。》/665

蠯 (비)【piāo ㄆㄧㄠˉ】 ㊤㊥⑨ pí 사마귀(알) ■표:같은 뜻

설문 8546 蠯蛸也。《三字句。蛸字見〔虫部〕。》从䖵。卑聲。《匹標切。按『爾雅』釋文音俾。又婢貽反。在 16部。與蛸雙聲。非疊韵(疊韻)也。》 蠯或从虫。/675

蠓 (몽)【méng ㄇㄥˊ】 ㊤㊥⑨㉠ měng (여름에 사람의 눈앞에서 뱅뱅도는)눈에놀이

설문 8471 蔑蠓也。《【各本】「蔑」作「蠛」。無此字。今正。蔑之言末也。散也。『爾雅』作蠛。非古也。『釋蟲』曰。蠓、蠛蠓。孫炎曰。此蟲小於蚊。【郭-圖讚】曰。小蟲似蜹。風春雨磑。謂其飛上下如礧則天雨。回旋如舂則天風。陸佃引郭語互易之。非也。『史記』。蜚鴻滿壄。『索隱』引高誘曰。飛鴻、蠛蠓也。按古鴻蒙爲疊韵(疊韻)。故高君知鴻爲蠓也。『楊雄賦』。浮蠛蠓而撇天。蠛蠓猶鴻蒙也。細至於蠓、則其外皆鴻蒙矣。故其字从蒙。》从虫。蒙聲。《莫孔切。9部。》/668

蠖 (확)【wò ㄨㄛˋ】 ㊤㊥⑨㉠ huò 자벌레

설문 8425 尺蠖、《逗。疊韵(疊韻)字。》詘申蟲也。《「詘」【各本】作「屈」。非。今正。詘者、詰詘也。曲也。『易:毄(繫)辭』曰。尺蠖之詘。以求信也。信、古伸字。『釋蟲』曰。蠖、尺蠖。『注』。今蝍蝛。『方言』曰。蠀蠾謂之蚇蠖。『注』。又呼步屈。》从虫。蒦聲。《烏郭切。5部。》/666

蠗 (탁)【dí ㄉㄧˊ】 ㊤㊥⑨㉠ zhuó 本[긴 꼬리원숭이] 작은 조개

설문 8520 禺屬。《亦與母猴屬而別也。按『爾雅:釋獸』自麋鹿至闕泄目爲寓屬。此對下篇『釋畜(畜)』言之。嘼者、人所養也。寓屬者、皆寄在於野不爲人養者。而淺者謂卽『說文』所謂禺屬。何其謬哉。猍蝯玃父可謂禺屬。豈其他亦可謂禺屬乎。『上林賦』。蛭蜩蠗蝚棲息乎其閒。郭樸云。蠗蝚似獼猴而黃。蠗蝚二物。郭倂言之。非也。惟『史記』作「蠗」。『漢書』譌作「獾」。司馬貞曰。『西山經』皋(皐)涂之山有獸名蠗、是此字。攷其所說之狀非蝯猴類。其字今譌作「玃」。依『郭-注』則當作「玃」。未可取爲證也。》从虫。翟聲。《直角切。2部。司馬貞曰。『字林』音狄。》/673

◀ 제 15 획 ▶

蠜 (번)【fán ㄈㄢˊ】 메뚜기, 방귀벌레

설문 8433 自(阜)蠜也。《『召南』。趯趯阜螽。『傳』曰。阜螽、蠜也。趯趯、躍也。》从虫。樊聲。《附袁切。14部。》/666

蠡 려【lǐ ㄌㄧˇ】 나무좀, 나무 굼벵이, 나무좀 먹을 ■례:정음(正音) ■리:흉노번왕의 봉호, 벼슬이름 ■라:연속한 모양

설문 8553 蟲齧木中也。《此非蟲名。乃謂蠹之食木曰蠡也。『朱子-注:孟子』曰蠡者齧木蟲、則誤矣。蠡之言剺也。如刀之剺物。蠡叚(假)借之用極多。或借爲蠃蚌字。或借爲瓢蠡字。『楚辭』。寬芷圃之蠡蠡。又借爲禾黍離離字。『孟子』曰。以追蠡。『趙-注』曰。追、鐘鈕也。鈕擘齧處深矣。蠡蠡、欲絕(絶)之皃(貌)。此又以蠡同離、同劙。『方言』曰劙、解也。又曰。蠡、分也。皆其義也。不知叚借之恉、乃云鐘鈕如蟲齧而欲絕。是株守【許書】之辭。而未能通【許書】之意矣。》从䖵。彖聲。《彖見〔彑部〕。讀若弛。非通貫切之彖也。此久誤。今正篆文倂說解。盧敃(啓)切。16部。》 古文。《按此古文與篆不別。疑古文从豕。》/675

형성 (1자) 례(欚欚 欐)3638

蠢 (준)【chǔn ㄔㄨㄣˇ】 꿈틀거릴, 어리석을

설문 8557 蟲動也。《此與蝡義同。以轉注之法言之。可云蝡也。引申爲凡動之偁(稱)。『詩』。蠢爾荆(荊)蠻。『毛傳』曰。蠢、動也。『鄕(鄉)飮酒義』曰。東方者春。春之爲言蠢也。產萬物者也。『注』云。蠢、動生之皃(貌)。亦叚(假)春爲之。『考工記』。張皮侯而棲鵠、則春以功。『注』云。春讀爲蠢。作也。出也。蠢與〔心部:惷〕訓亂義異。》从䖵。萅(春)聲。《形聲中有會意。尺尹切。13部。》 古文蠢。从𢦏(𢦏)。《𢦏之言才也始也。》『周書』曰。我有截于西。《『大誥』曰。有大艱于西土。西土人亦不靜。越茲蠢。截爲【壁中古文:眞本】。其辭不同者、葢(蓋)許檃栝(栝)其辭如此也。》/676

◀ 제 16 획 ▶

蠥 (얼)【niè ㄋㄧㄝˋ】요괴, 근심
설문 8532 衣服歌謠艸木之怪謂之祆。禽獸蟲蝗之怪謂之蠥。《怪者、異也。地反物爲祆。『漢:五行志』曰。凡艸物之類謂之妖。妖猶夭胎。言尙微。蟲豸之類謂之孽。孽則牙(牙)孽矣。及六畜、謂之旤。言其著也。及人、謂之痾。痾、病皃(貌)。言寖深也。甚則異物生、謂之眚。自外來、謂之祥。祥猶禎也。氣相傷、謂之沴。沴猶臨莅。不和意也。許所說較異。葢(蓋)所傳有不同矣。禽獸蟲蝗之字皆得从虫。故蠥从虫。【諸書】多用孽。俗作「孼」。》从虫。辥聲。《魚列切。15部。》/673

蟨 (전)【jiǎn ㄐㄧㄢˇ】(상)(中)⑨(작) zhǎn 벌레
설문 8539 蟨蟲也。《蟲上補蟨字。三字一句。蟲名也。》从䖵。㞡(展)省聲。《知衍切。14部。》/674

蠹 (두)【dù ㄉㄨˋ】나무 굼벵이, 계수나무 좀, 좀먹을
설문 8552 木中蟲。《在木中食木者也。今俗謂之蛀。音注。『左傳』曰。公聚朽蠹。》从䖵。槖聲。《當故切。5部。》 蠹或从木。象蟲在木中形。譚長說。《上形聲。此會意。》/675

古文省。/675

蠪 (롱)【lóng ㄌㄨㄥˊ】신(神) 이름
설문 8429 蠪丁、螘也。《按此當於蠪丁爲逗。【各本】删(刪)蠪字者、非也。讀『爾雅』者以丁螘爲句。亦非。蠪丁、螘之一名耳。『爾雅』丁作朾。》从虫。龍聲。《盧紅切。9部。》/666

蟊 (무)【móu ㄇㄡˊ】(상) máo 뿌리 잘라 먹는 벌레
설문 8560 蟲食艸根(根)者。《「艸」當作「苗」。『小雅』。去其螟螣。及其蟊賊。『釋蟲』。食苗根(根)、蟊。『毛傳』。食根曰蟊。螟螣已見〔虫部〕。螣是介屬。螟蟊是蠃屬。》从蟲。串象形。《謂上體象此蟲繚繞於苗榦(幹)之形。與〔䖵部:蟊〕字从䖵矛聲不同也。今人則盡叚(假)蟊爲之矣。莫浮切。3部。》吏抵冒取民財則生。《「抵」當作「牴」。觸也。冒者、冡而前也。吏不恤其民。彊禦而取民財、則生此。抵冒亦見『董仲舒傳』。冒古音茂。以疊韵(疊韻)爲訓。》 蟊或从敄。《敄聲也。此則與〔虫部:蝥〕同字。》 古文蟊。从虫。从牟。《牟聲。『竹邑相張君碑』。蛑賊不起(起)。凡漢人言侵牟皆蛑之叚(假)借。》/676

◀ 제 17 획 ▶

蠭 (봉)【fēng ㄈㄥ】벌(꿀벌), 기 이름
설문 8547 飛蟲螫人者。《『左傳』。蠭蠆有毒。按『釋蟲』言土蠭、木蠭。無單言蠭者。【許書】則蠣蠃下云。細腰土蠭也。卽『爾雅』之土蠭。然則此單言蠭。卽『爾雅』之木蠭也。『本艸經』露蜂房、亦謂木上大黃蠭窠也。其房大者如罋。小者如桶。云露蠭、正對土蠭在地中言之。許謂土蠭爲細要純雄。其飛蟲螫人者、則謂大黃蠭。竝非細要純雄無子者。『內則』、『檀弓』謂之「范」。俗作「蠭」。其子可食。故『內則』庶羞雀、鷃、蜩、范。》从䖵。逢聲。《敷容切。9部。》

䘆 (령)【líng ㄌㄧㄥˊ】뽕나무 벌레
설문 8450 螟䘆、《逗。疊韵(疊韻)。》桑蟲也。《『小雅:毛傳』文。『釋蟲』同。按上文云。蜀、桑中蠶。謂蠹其中者也。此桑蟲似步屈。其色青細。或在艸葉上。土蜂取之寘木空中。或書卷閒、筆筒中。七日而成其子。里語曰。呪云象我象我。『詩:義疏』云爾。》从虫。霝聲。《郞(郎)丁切。11部。》/667

蠰 (상)【ráng ㄖㄤˊ】(상)(中)⑨ náng 하늘소 ■양:송장메뚜기
설문 8437 蟷蠰也。从虫。襄聲。《汝羊切。10部。》/666

蠱 고【gǔ ㄍㄨˇ】뱃속 벌레, 굿에 쓰는 벌레, 곡식 벌레 ■야:아첨할(虫부 17획)
설문 8564 腹中蟲也。《中蟲皆讀去聲。『廣韵』、『集韵』皆曰。蟲直衆切。蟲食物也。亦作蚛腹。中蟲者、謂腹內中蟲食之毒也。自外而入故曰中。自內而飾(蝕)故曰蟲。此與〔虫部〕腹中長蟲、腹中短蟲、讀異。『周禮:庶氏』掌除毒蠱。『注』云。毒蠱、蟲物而病害人者。『賊律』曰。敢蠱人及教令者棄市。『左氏:正義』曰。以毒藥藥人。令人不自知。今律謂之蠱。『玄應』屢引『說文』蠱、腹中蟲也。謂行蟲毒也。下五字葢(蓋)『黙(默)-注』語。『顧野王-輿地志』曰。主人行食飲中殺人。人不覺也。字從箸蟲於飲食器中會意。》『春秋傳』曰。皿蟲爲蠱。晦淫之所生也。《「晦淫」【俗本】作「淫溺」。誤。今依【宋本】正。『春秋傳』者、『昭:元年:左氏傳』文。醫和視晉侯疾曰。是爲近女室疾。〈句。〉如蠱。非鬼非食。惑以喪志。天有六氣。淫生六疾。陰淫寒疾。陽淫熱疾。風淫末疾。雨淫腹疾。晦淫惑疾。明淫心疾。女、陽物而晦時。淫則生內熱惑蠱之疾。於文、皿蟲爲蠱。穀之飛亦爲蠱。在『周易』、女惑男、風落山謂之蠱。皆同物也。和言如蠱者、蠱以鬼物飮食害人。女色非有鬼物飮食也。而能惑害人、故曰如蠱。人受女毒、一如中蠱毒然。故『毄(繫)辭』謂之蠱容。『張平子賦』謂之「妖蠱」。謂之「蠱媚」。皆如蠱之說也。言於文皿蟲爲蠱者、造字者謂蟲在皿中而飤人、卽以人爲皿而飾其中。康謂之蠱、米亦皿也。女惑男風落山、男亦皿也。山亦皿也。故云皆同物也。此皆蠱之引申之義。》梟磔死之鬼亦爲蠱。《「梟磔」【各本】作「梟桀」。『史記:封禪書:索隱』引『樂彥』云。『左傳』皿蟲爲蠱。梟磔死之鬼亦爲蠱。梟當作県。㫁(斷)首倒縣。磔、辜也。殺人而申(申)張之也。强死之鬼、其䰟(魂)魄能馮依於人以爲淫厲。是亦以人爲皿而害之也。此亦引申之義。『序卦:傳』曰。蠱者、事也。『伏曼容-注』曰。蠱、惑亂也。萬事從惑而起(起)。故以蠱爲事。引『大傳』乃命五史以書五帝之蠱事。》从蟲。从皿。《會意。公戶切。亦去聲。5部。『聲類』弋者切。音冶。》皿、物之用也。《物上當有「蠱」字。皿所以盛飮食行蠱者也。此說从皿之意。》/676

蝛 (위)【wèi ㄨㄟˋ】 나는 개미
설문 8558 飛蝗。从䖵。㷉(尉)聲。《『爾雅』。蝛、飛螘。釋文曰。『說文』、『字林』从䖵。今據補。於貴切。15部。》/676

蠲 (견)【juàn ㄐㄩㄢˋ】 ㊤㊥⑨㉶ juān 조촐할, 밝을, 덜(제거할)
설문 8423 馬蠲也。《馬蠲亦名「馬蚿」。亦名「馬蚈」。亦名「馬蠸」。見『呂覽:仲夏紀』、『淮南:時則訓:高-注』。而『爾雅:釋蟲』蚬、「馬蝬」。『郭-注』。馬蠲、蚼。俗呼「馬蠀」。『方言』曰。「馬蚿」大者謂之「馬蚰」。蚰蠀同字也。『莊子』謂之蚿。多足蟲也。今巫山夔州人謂之「艸鞵絆」。亦曰「百足蟲」。茅茨陳朽則多生之。故『淮南』、『呂覽』皆曰腐艸化爲蚈。『高-注』曰。蚈讀如蹊徑之蹊是也。『其-注:淮南』云。一曰熒火。乃備(備)異說。『鄭-注:戴記』腐艸爲熒曰。熒、飛蟲、熒火也。葢(蓋)非古文古說。》从虫。罒象形。《不云从蜀者。物非蜀類。又【書】無〔蜀部〕也。》益聲。《益聲在 16部。故蠲之古音如圭。『韓詩』。吉圭爲饎。『毛詩』作「吉蠲」。蠲乃圭之叚(假)借字也。『唐-詩』。水搖文蠲動。亦尙讀如桂。音轉乃讀古懸切。》『明(明)堂:月令』曰。腐艸爲蠲。《許所據者古文古說。》/665

6 ⑫

蠤 (조)【cáo ㄘㄠˊ】 굼벵이
설문 8544 齏(蠐)蠤也。《齏字見〔虫部〕。》从䖵。𣍘(曹)聲。《財牢切。古音在 3部。》/675

◀ 제 18 획 ▶

蠵 (휴)【huí ㄏㄨㄟˊ】 ㊤㉶ xié ㊥⑨ xī 바다 거북, 가뢰, 별 이름
설문 8511 觜蠵。《二字【各本】無。今補。此以曡韵(疊韻)爲名。〔角部:觜〕下曰。一曰觜蠵也。未言何物。此蒙其文釋之曰大龜。》大龜(龜)也。《龜之冣(最)大者。『爾雅』十龜。二曰靈龜。『注』曰。涪陵郡出大龜。甲可以卜。緣中叉。〈叉今之叙字謂其邊可爲叙也〉似瑇瑁。俗評爲靈叉。今大觜蠵龜也。一名靈蠵。能鳴。『吳都賦』曰。摸瑇瑁。捫觜蠵。按觜蠵與瑇瑁二物也。》目(以)胃鳴者。《『攷工記:梓人』文。『鄭-本』作「胷鳴」。云榮原屬。賈、馬作胃。賈云。靈蠵也。按許得古學於賈侍中。故亦作胃。用賈說矣。》从虫。巂聲。《戶圭切。16部。觜卽移切。》蠵司馬相如說蠵从夐。《从夐聲也。夐在 14部。合韵。葢(蓋)『凡將篇』中所載異體。》/672

蠶 (잠)【cán ㄘㄢˊ】 누에。누에 칠
설문 8534 任絲蟲也。《「任」俗譌作「吐」。今正。任與蠶以曡韵(疊韻)爲訓也。言惟此物能任此事。美之也。絲下曰。蠶所吐也。》从䖵。朁聲。《昨含切。古音在 7部。讀如鬵。》/674

蠹 (녕)【níng ㄋㄧㄥˊ】 땅강아지、하늘밥도둑
설문 8543 䗿蟲也。《蟲上補䗿字。三字句。蟲名也。『廣韵(韻)』云螻蛄。》从䖵。寍聲。《奴丁切。12部。》/675

蠸 (권)【quán ㄑㄩㄢˊ】 노린재
설문 8401 蟲也。《謂蟲名。未詳何物。『釋蟲』有蠸、輿父、守瓜。》一曰大螫也。《螫者、蟲行毒也。大螫者、大行毒也。》讀若蜀都布名。《〔糸部〕曰。綣、蜀細布也。此謂大螫之讀若綣。》从虫。雚聲。《巨負(員)切。14部。》/664

蠽 (전)【juǎn ㄐㄩㄢˇ】 벌레 먹을, 벌레 먹는 부스럼
설문 8556 蟲𩚁(食)也。《蠽之言吮也。吮、欶也。鳥曰「喙」。寓鼠曰「嗛」。昆蟲曰「蠽」。》从䖵。雋聲。《子兖切。13部。》/676

◀ 제 19 획 ▶

蠹 (부)【dù ㄉㄨˋ】 ㊤㊥⑨㉶ fú 왕개미, 하루살이
설문 8555 蚍蠹也。《〔蟲部:蚍蠹〕、大螘也。此不言大螘者、義見於上一字。【全書】之例如是也。蚍蜉、大螘。『釋蟲』文。郭云。俗呼爲馬蚍蜉。按馬之言大也。》从蟲。櫜聲。《縛牟切。幢3部。》蜉蠹或从虫、从孚。《孚聲。古音孚讀如浮。》/675 ※ 착간(錯簡)이 있다.

蠚 (할)【hě ㄏㄜˇ】 ㊤㊥⑨ xiá ㉶ hé 땅강아지
설문 8545 螻蛄也。《螻蛄見〔虫部〕。一名蠚。》从䖵。㝬聲。《胡葛切。15部。》/675

蠻 (만)【mán ㄇㄢˊ】 (남쪽)오랑캐
설문 8527 南蠻。《『職方氏』。八蠻。『爾雅』。九夷、八狄、七戎、六蠻、謂之四海。『王制』云。南方曰蠻。『詩:角弓』。如蠻如髦。『傳』曰。蠻、南蠻也。『采芑』蠢。蠢爾荆(荊)蠻。『傳』曰。荆蠻、荆州之蠻也。》它種。从虫。《說从虫之所由。以其蛇種也。蛇者、虫也。蠻與閩皆人也。而字从虫。故〔居部〕末。如貉之居豸末、狄之居犬末、羌之居羊末焉。》䜌聲。《莫還切。14部。『詩:傳』曰。緜(綿)蠻、小鳥皃(貌)。『韓詩』曰。文皃。》/673

◀ 제 20 획 ▶

蠽 (절)【jié ㄐㄧㄝˊ】 쓰르라미, 애매미
설문 8540 小蟬蜩也。《謂蟬之小者也。『釋蟲』曰。蠽。茅蜩。郭云。江東呼爲「茅蠽」。似蟬而小。青色。『方言』曰。蟬、其小者謂之「麥蚻」。郭云。如蟬而小。青色。今關西呼「麥蠽」。按茅麥雙聲。「蠽蚻」同字。郭云。蠽音癰癥之癥。》从䖵。截聲。《子列切。亦音札。15部。按其字从䖵。故與〔虫部:蟬蜩〕等異處。》/674

蠹 蜚(비)【fèi ㄈㄟˋ】 ㊤㊥⑨㉶ fěi 바퀴(벌레), 쌕새기(볏잎 갈아 먹는 벼메뚜기)
설문 8563 臭蟲。負蠜也。《按臭蟲下有奪字。當云臭蟲也、一曰負蠜也。畫(畵)然二說。如〔虫部:蟓〕下之竝載三說也。『春秋:莊:二十九年』。秋、有蜚。『左氏傳』曰。爲災(災)也。『公羊傳』曰。紀異也。『穀梁傳』曰。一有一亡曰有。『漢:五行志』。劉(劉)歆以爲負蠜也。性不食穀。食穀爲災。按子駿葢(蓋)演『左氏』說也。劉(劉)向以爲蜚色青。近

青眚。非中國所有。南越盛暑。男女同川澤。淫風所生。爲蟲臭惡。是時嚴公取齊淫女爲夫人。旣入。淫於兩叔。故蜚至。按子政葢演『穀梁』之說。而何休、范甯皆從之也。許列臭蟲於先。而負蠜次之。許意子政說長也。負蠜與蠜蟲(畫)然二物。『釋蟲』曰。𧒂螽、蠜也。『毛傳』同。許同。此一物也。『釋蟲』曰。草螽、(『今-爾雅』作蟲. 誤) 負蠜也。『毛傳』則云草蟲、常羊也。常羊卽負蠜。『鄭-箋』云。艸蟲鳴則阜螽躍而從之。是以謂之負蠜也。劉(劉)子駿及許之負蠜卽艸蟲也。卽常羊也。『左氏』之所以釋蜚也。至於臭蟲生南越而有於中國。子政之說則然。亦如有蜮、有鸜鵒來巢皆本非所有。『公穀』之所以釋蜚也。『釋蟲』曰。蜚、𧒂蠜(蠜)。郭云。臭蟲、負盤也。攷『本艸經』「蜚蠊」。注家云。辛辣而臭。漢中人食之。一名「盧蠜」。一名「負盤」。『郭-注』亦謂此。而許〔虫部:蠜〕下但言「盧蠜」。不言蜚也。似許不以盧蠜與臭蟲爲一物。『本艸』之蜚蠊非必淫气所生。劉(劉)向所以說【經】者、又未必蜚蠊也。故所云盧蠜者、葢『本艸』之蜚蠊。此云臭蟲者、未必爲『本艸』之蜚蠊也。蠜蠜二字尢不當牽混。』从蟲。非聲。《房未切。15部。》 𧕎 蟗或从虫。《『今-春秋:三經』皆如此作。【古書】多叚(假)爲「飛」字。》/676

蠿 (찰)【zhá ㄓㄚˊ】 ㊙㊥⑨ zhuō 거미
설문 8541 蠿蟊。《逗。》 作网鼄蟊也。《〔黽部〕曰。鼅鼄、鼄蟊也。一物三名。『釋蟲』曰。次蠹、鼅鼄。鼅鼄、鼄蝥。按次蠹卽許之蠿蟊。鼄蝥卽許之鼄蟊也。次古音同漆。故與蠿音近。蠹縛牟切。故與蟊音近。『爾雅』字譌蠹。而釋文云或作「蝥」。郭音秋。葢(蓋)誤甚矣。或曰。蠹从出聲。卽『郭-注』之蝃字。『集韵(韻)』之蚻字。『爾雅』之次蠹、卽許之蠿字。是說近之。然『陸氏-音義』未能言之也。作「网鼄蟊」、謂卽今能作罔之蛛蝥也。》从䖵。𢇍聲。《側八切。15部。》 𢇍、古文絕(絶)字。《「文」【各本】奪。今補。見〔糸部〕。》/675

◀ **제 21 획** ▶

蠽 (절)【jié ㄐㄧㄝˊ】 쓰르라미, 애매미
설문 8540 小蟬蜩也。《謂蟬之小者也。『釋蟲』曰。蠽。茅蜩。郭云。江東呼爲「茅蠽」。似蟬而小。青色。『方言』曰。蟬、其小者謂之「麥蚻」。郭云。如蟬而小。青色。今關西呼「麥蠽」。按茅麥雙聲。「蠽蚻」同字。郭云。蠽音癰癥之癥。》从䖵。截聲。《子列切。亦音札。15部。按其字从䖵。故與〔虫部:蟬蜩〕等異處。》/674

蠠 (밀)【mì ㄇㄧˋ】 꿀
설문 8548 䗫甘飴也。《飴者、米櫱煎也。䗫作食甘如之。凡䗫皆有蠠。『方言』。䗫大而蜜者謂之「壺(壺)䗫」。郭云。今黑䗫穿竹木作孔。亦有有蜜者。是則䗫飴名蠠。不主謂今之蜜䗫也。叚(假)借爲「蠠沒(沒)」字。『釋詁』曰。蠠沒、勉也。亦作「𧑅沒」。『韓詩』作「蜜勿」。『毛詩』作「僶勉」。》一曰螟子。《螟見〔虫部〕。食穀心者。其子曰蠠。》从䖵。鼏聲。《鼏、鼎葢(蓋)也。冥入聲。非横關鼎耳之鼏(鼏)、音扃也。彌必切。按其音平、則在11部。如冥。入、則在 12部。如密。》 𧖅 蠠或从宓。《宓聲。今通用此體。》/675

蠶 (비)【bí ㄅㄧˊ】 ㊙㊥⑨㊔ pí 왕개미
설문 8561 蠶蠹。《逗。雙聲。蠹見〔䖵部〕。》大螘也。《『爾雅』文。》从䖵。妣(毗)聲。《房脂切。15部。》 𧒀 蠶或从虫、比聲。《『方言』作「蚍蜉」。》/676

◀ **제 22 획** ▶

蠠 (린)【lìn ㄌㄧㄣˋ】 ㊔ mín 모기 ■민:같은 뜻
설문 8562 𧑅也。《𧑅之一名。》从䖵。冂聲。《當依『篇』、『韵(韻)』从二。武巾切。13部。按此蚊之一名耳。不當仍讀蚊。當依『篇』、『韵』良刃切。》/676

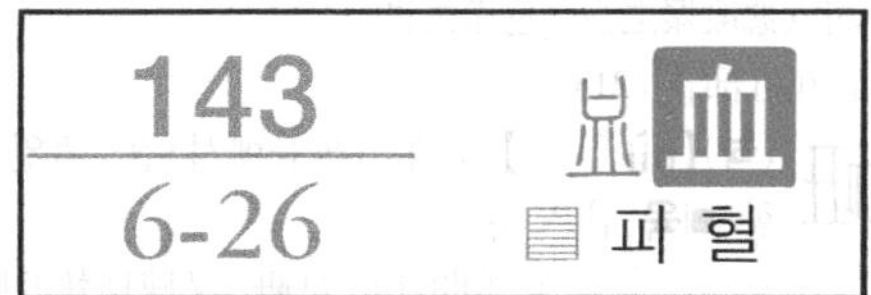

血 血혈【xuè ㄒㄩㄝˋ】[설문부수 173] 피, 물들일, 피칠할
설문 3027 祭所薦牲血(血)也。《〔肉部〕曰。膟、血(血)祭肉也。〔爨部〕曰。釁、血祭也。『郊特牲』曰。毛血告幽全之物也。注幽謂血也。『毛詩』血以告殺。膋以升臭。此皆血祭之事。按不言人血者、爲其字从皿。人血不可入於皿。故言祭所薦牲血。然則人何以亦名血也。以物之名加之人。古者茹毛飮血。用血報神。因製血字。而用加之人。》从皿、《皿者、『周禮』珠槃、玉敦之類。》一象血形。《在皿中也。呼決切。12部。》凡血之屬皆从血。/213

성부 부록 색인 참조
형부 血을 부수로 하는 대부분의 글자들
정(甹) 농(盥) 혁(衋)
형성 (4자) 혈(𥁑)636 혁(侐)4839
휼(恤)6483 혁(洫)6929

◀ **제 2 획** ▶

甹 (정)【tíng ㄊㄧㄥˊ】 숨 안정될, 숨 고르게 쉴
설문 3031 定息也。《〔心部〕曰。息、喘也。喘定曰甹。》从血。甹省聲。讀若亭。《特丁切。11部。》/214

卹 (휼)【xù ㄒㄩˋ】 근심할, 걱정할, 불상할 ■술:속음 ■솔:먼지채〔원래는 절(卩)부 6획〕
설문 3037 憂也。《「憂」當作「㥑」。㥑、愁也。『釋詁』曰。恤、憂也。卹與〔心部:恤〕音義皆同。【古書】多用卹字。後人多改爲恤。如〔比部〕引『周書』無毖于卹、『潘岳-藉田賦』惟穀之卹、『李-注』引『書』惟刑之卹、『今-尙書』卹皆作恤是也。》从血。卩聲。《辛聿切。古音在 12部。》一曰鮮少也。《此別一義。卹與惜雙聲。鮮少、可惜也。「鮮」當作「尟」。》/214

◀ **제 3 획** ▶

衁(황)【huāng ㄏㄨㄤˉ】 피
설문 3028 血也。《『易:歸妹:上六』。女承筐無實。士刲羊無衁(血)。『左傳』。『晉筮繇』曰。士刲羊亦無衁(衁)也。女承筐亦無況也。『正義』曰。『易』言衁而此言衁。故杜知衁是衁也。》 从血。亾(亡)聲。《呼光切。10部。》 『春秋傳』曰。士刲羊。亦無衁也。《『左:僖:十五年』文。》 /213

◀ 제 4 획 ▶

(배)【pēi ㄆㄟˉ】 어혈(썩은 피) ■부:같은 뜻 ■푸:일의 시초
설문 3029 凝血也。《『素問』赤如衃血(血)者死『注』。衃血、謂敗惡凝聚之血。色赤黑也。》 从血。不聲。《芳杯切。古音在 1部。》 /213

(뉵)【nǜ ㄋㄩˋ】 코피, (싸움에서)질, 꺾일, 패할 ■육:같은 뜻
설문 3032 鼻出血也。《『素問』曰。鼻衄。又脾移熱於肝則爲驚衄。按【諸書】用挫衄者、縮朒字之假借也。縮朒者、退卻(却)之意也。》 从血。丑聲。《女六切。3部。》 /214

◀ 제 6 획 ▶

脈 맥【mò ㄇㄛˋ】 ㉠㉧㊥⑨㉨ maì (혈통, 산맥)맥, (끊이지 않고)연달을
설문 7142 血(血)理分衺行體中者。《「理分」猶「分理」。『序』曰。見鳥獸蹏迒之迹。知分理之可相別異。衺行體中、而大候在寸口。人手卻(却)十分動脈爲寸口也。》 从𠂢。从血。《會意。不入〔血部〕者、重𠂢也。𠂢亦聲。莫獲切。16部。》 或从肉。 籒文。《左血。左𠂢。》 /570

◀ 제 7 획 ▶

(맹)【méng ㄇㄥˊ】 믿을 ※ 맹(盟)의 본래글자 ■명:속음 按『說文』本從朙(明)從血(血)。『集韻』。從皿、誤。今改存〔血部〕.(848)
설문 4135 《【各本】下从血。今正。》 『周禮』曰。國有疑則盟。《『周禮:司盟職』。掌盟載之法。凡邦國有疑會同。則掌其盟約之載及其禮儀。鄭云。有疑、不協也。》 諸侯再相與會。十二歲一盟。《「再相與會」四字當作「再朝而會、再會」六字。轉寫之誤也。『昭:十三年:左傳』曰。明王之制。使諸侯歲聘以志業。閒朝以講禮。再朝而會以示威。再會而盟以顯昭明。杜云。三年而一朝。六年而一會。十二年而一盟。》 北面詔天之司愼司命。《『司盟職』曰。北面詔明神。『僖:二十八年:左傳』曰。有渝此盟。以相及也。明神先君。是糾是殛。『襄:十一年:載書』曰。或閒玆盟。司愼司命。名山名川。羣(群)神羣祀。先王先公。七姓十二國之祖。明神殛之。按今『左傳:襄:十一年』盟與命二字互譌。陸、孔皆不能正。許合『周禮』、『左傳』爲言。謂司愼、司命爲明神之首。司愼、司命葢(蓋)『大宗伯職』之『司中』、『司命』。文昌宮弟五、弟四星也。『尙書:大傳:注』司中作『司人』。○ 又按天之司盟見『覲禮:注』。然則『左傳:正文』不容輕改。》 盟-殺牲歃血。朱盤玉敦。目(以)立牛耳。《「朱」小徐及『周禮』作「珠」。今依【大徐本】。「立」當爲「莅」。莅、臨也。『曲禮』曰。莅牲曰盟是也。『玉府職』曰。若合諸侯。則共(共)珠槃玉敦。鄭云。合諸侯者必割牛耳。取其血。歃之以盟。朱盤以盛牛耳。尸盟者執之。玉敦、歃血玉器。『戎右職』曰。贊牛耳桃茢。『左傳』曰。諸侯盟。誰執牛耳。》 从囧。《囧、明也。『左傳』所謂昭明於神。冡上詔『司愼』、『司命』言。》 皿聲。《鍇皿作血。云聲字衍。鉉因作从血。刪(刪)聲字。今與篆體皆正。按盟與孟皆皿聲。故孟津、盟津通用。今音武兵切。古音在 10部。讀如芒。亦擧(擧)形聲包會意。朱盤玉敦、器也。故从皿。》 《【各本】下从血。今正。》 篆文。从朙(明)。《朙小篆文也。故朙爲小篆。【鍇本】皆云从朙非也。》 《【各本】下从血。今正。》 古文从明。《明者、朙之古文也。故古文盟作盟。【鍇本】云籒文。非也。盟者、盟之籒文。先籒後篆者、以其囧之屬也。今人皆作盟。不從小篆作盟者、猶皆作明不作朙也。》 /314

◀ 제 8 획 ▶

(담)【tǎn ㄊㄢˇ】 육젓
설문 3034 血醢也。《以血爲醢。故字从血。》 从血(血)。肬聲。《「肬聲」當作「从肬」。此以會意兼形聲也。〔肉部〕曰。肬、肉汁滓也。按醢多汁則曰肬醢。以血爲醢則曰監醢。其多汁汪郞(郎)相似也。故从肬。而肬亦聲。他感切。8部。》 『禮』有監醢。《【各本】『禮』下有『記』。誤今依『韵(韻)會』本。『禮經』、『周禮』皆云監醢。非出於『記』也。【許書】言『禮』有柶、『禮』有刷巾、『禮』有奠祭、『禮』有綒緣。皆謂『禮經』。》 目(以)牛乾脯粱𪍿鹽酒也。《『醢人:注』曰。作醢及臡者。必先膊乾其肉。乃後莝之。襍(雜)以粱麴及鹽。漬以美酒。塗置甀中。百日則成矣。其作法許、鄭正同。鄭槩云膊乾其肉。許云牛乾脯者。鄭緫(總)釋諸醢臡。許單釋醓醢。擧(擧)一以見例也。【經】牛醢不言牛。他醢臡不言醓。立文錯見也。以牛乾脯粱𪍿鹽酒。則非血醢矣。其謂之醓醢何也。『禮經』醓卽監之變。醓醢用牛乾脯粱𪍿鹽酒。閉之甀中。令其汁汪郎然。是曰肉汁滓。是曰肬醢宜矣。而許時『禮經』作監醢。則假借血醢之字也。故許引『禮經』而釋監醢。非監之本訓。猶圛下引『商書』曰圛、而又釋之。垔下引『唐書』垔讒、而又釋之。非圛、垔之本義。》 /214

감【kàn ㄎㄢˋ】 양의 엉긴 피, 선지국
설문 3039 羊凝血(血)也。《『釋名』曰。血脂、以血作之。脂卽衉字也。『陶氏-注:本艸』。宋帝時太官作血衉。『庖人』削藕皮。誤落血中。遂皆散不凝。陶所云血衉、卽劉(劉)之血脂也。按必系諸羊者、惟羊血供飮食。前云衁(衁)血也、衃凝血也皆謂人。至監盬衉三字乃言牲血。此【許書】嚴人物之辨也。》 从血。臽聲。《苦紺切。8部。》 衉或从贛。《依小徐及『玉篇』。》 /214
성부 監감

◀ 제 9 획 ▶

㉨ 作家出版社〔董蓮池-說文解字考正〕 ⑨ 九州出版社〔柴劍虹-說文解字〕 ㉠ 陝西人民出版社〔蘇寶榮-說文解字今注今譯〕 ㉧ 上海古籍出版社〔說文解字注〕 ㊥ 中華書局〔臧克和-說文解字新訂〕

盡 𧗓(진)【jīn ㄐㄧㄣ】진(액), 침
설문 3030 气液也。《此字[各書]皆假津爲之。津行而𧗓廢矣。〔水部〕曰。液、𧗓也。》从血(血)。聿聲。《將鄰(隣)切。11部。》/214

◀ 제 12 획 ▶

蕰 𧗠(저)【jū ㄐㄩ】㊙⊕⑨ zú ㉹ zū 젓갈
설문 3035 醢也。从血(血)。菹聲。《『醢人:注』曰。凡醓醬所和。細切爲齏。全物若䐑爲菹。『少儀』曰。麋鹿爲菹。野豕爲軒。皆䐑而不切。麇爲辟雞(鷄)。兔(兎)爲宛脾。皆䐑而切之。切葱(蔥)若薤。實之醯以柔之。由此言之。則齏菹之稱菜肉通。按菹亦爲肉稱。故其字又作蕰。从血菹會意也。从血猶从肉也。側余切。5部。》蕰或从缶。《从缶者、菹醢必罌諸器中而成也。蕰蕰二篆又見〔艸部〕。後人增之耳。『玉篇:艸部』無之。當刪(删)彼存此。》/214

盞 幾(기)【qí ㄑㄧˊ】㊙⊕⑨㉹ jī ㉹ qí 찌르를
설문 3036 㠯血(以血)血有所刏涂祭也。《詳〔刀部:刏〕下。幾盇(蓋)亦刏字之異者。》从血。幾聲。《渠稀切。15部。》/214

◀ 제 14 획 ▶

盥 𧖵(농)【nóng ㄋㄨㄥˊ】고름 ※ 농(膿)과 같은 글자
설문 3033 腫血也。《腫、癰也。停滯之血則爲𧖵。『周禮:注』曰。潰瘍癰而含膿血者。》从血。農(農)省聲。《奴冬切。9部。》膿俗𧖵。从肉。農聲。《『周禮:注』如此作。》/214

◀ 제 15 획 ▶

𧗆(멸)【miè ㄇㄧㄝˋ】(피나 더러운 것으로)더럽힐, 코피
설문 3041 污(汚)血也。《『漢:文三王傳』。污(汙汚)𧗆宗室。孟康曰。𧗆音漫。》从血。蔑聲。《莫結切。15部。》/214

◀ 제 18 획 ▶

𧗾(혁)【xì ㄒㄧˋ】애통할(몹시 서러워 할)
설문 3038 傷痛也。《『某氏-注:尙書』亦云𧗾然痛傷其心。》从血聿。《聿者、所以書也。血聿者、取披瀝之意。》皕聲。《皕讀若逼。在第 1部。》『周書』曰。民冈(罔)不𧗾傷心。《『酒誥』文。》讀若憘。《〔心部〕無憘。〔喜部〕有憙。而義不相近。按當作「譆」。〔言部〕曰。譆、痛也。音義皆近。許其切。1部。今許力切。》/214

144 6-27 行 다닐 행

行 행【xíng ㄒㄧㄥˊ】[설문부수 37] 다닐, 걸을, (한바퀴)돌 ■항:항렬
설문 1204 人之步趨也。《步、行也。趨、走也。二者一徐一疾。皆謂之行。統言之也。『爾雅』。室中謂之時。堂上謂之行。堂下謂之步。門外謂之趨。中庭謂之走。大路謂之奔。釋言之也。引伸爲巡行、行列、行事、德行。》从彳亍。《彳、小步也。亍、步止也。戶庚切。古音在10部。》凡行之屬皆从行。/78
성부 부록 색인 참조
형부 行을 부수로 하는 대부분의 글자들
형성 (3자) 형(珩)118 행(胻)2521 형(衡)2715

◀ 제 3 획 ▶

衍 연【yǎn ㄧㄢˇ】(물이)넘칠, 퍼질
설문 6806 水朝宗于海皃(貌)也《鉉無「皃」字。非。海淖(潮)之來。旁推曲暢。兩涯渚涘之間。不辨牛馬。故曰衍。引伸爲凡有餘之義。假羨字爲之。》从水行。《洐字水枉旁。衍字水枉中。枉中者、盛也。會意。以淺切。14部。》/546
형성 (1자) 건(愆)6545 견(衙)9124

衎 (간)【kàn ㄎㄢˋ】즐길, 곧을
설문 1212 行喜皃(貌)。《『小雅:毛傳』曰。衎、樂也。》从行。干聲。《空旱切。14部。》/78

◀ 제 5 획 ▶

術 (술)【shù ㄕㄨˋ】本[마을 안 길] 방법, 꾀, 업
설문 1205 邑中道也。《邑、國也。引伸爲技術。》从行。朮聲。《食聿切。15部。》/78

◀ 제 6 획 ▶

衕 (동)【tòng ㄊㄨㄥˋ】㊙ tóng ㉹ dòng 거리
설문 1209 通街也。《衕通疊韵(疊韻)。今京師衚衕字如此作。》从行。同聲。《徒弄切。9部。》/78

街 (가)【jiē ㄐㄧㄝ】사거리, 큰길
설문 1206 四通道也。《『風俗通』曰。街、攜(携)也。離也。四出之路、攜離而別也。按此以疊韵(疊韻)爲訓。》从行。圭聲。《古膎切。16部。》/78

◀ 제 7 획 ▶

衒 (현)【xuàn ㄒㄩㄢˋ】스스로 팔
설문 1213 行且賣也。《『周禮』。飾行儥慝。大鄭云。儥、賣也。慝、惡也。謂行且賣姦僞惡物者。後鄭云。謂使人行賣惡物於市。巧飾之令欺誑買者。》从行言。《黃絢切。14部。言亦聲也。》衒衒或从玄。《依或字諧聲。則在 12部。》/78

衙 (아)【yá ㄧㄚˊ】㊙⊕⑨㉹ yú ㉹ yá 마을(관청), 대궐 ■어:갈, 걸어가는 모양
설문 1211 衙衙。《依『廣韵(韻):九、魚』補二字。》行皃(貌)。《『九辯』。導飛廉之衙衙。『王-注』。風伯次且而埽塵也。按衙衙是行列之意。後人因以所治爲衙。》从行。吾聲。《魚舉(擧)切。又音牙。5部。》/78

◀ 제 8 획 ▶

6 0

衡 (전)【jiàn ㄐㄧㄢˋ】 밟을, 자취 ■천:같은 뜻 설문 1210 迹也。《此與[彳部:後]音義同。》从行。戔聲。《才綫切。14部。》/78

衔 (함)【xián ㄒㄧㄢˊ】 (말의 입에 물리는)재갈 설문 8987 馬勒口中也。《「也」當作「者」。〔革部〕曰。勒、馬頭落銜也。落謂絡其頭。銜謂關其口。統謂之勒也。其在口中者謂之銜。落以骼爲之。骼、生革也。銜以鐵爲之。故其字从金。引申爲凡口含之用。》从金行。《會意。戶監切。荔(蓋)金亦聲。在 7部。》銜者、所目(以)行馬者也。《所以字今補。凡馬提控其銜以制其行止。此釋从行之意。》/713

◀ 제 9 획 ▶

衝 (충)【chōng ㄔㄨㄥ】 ⑨ tóng 거리 ※ 충(衝)의 본래 글자
설문 1208 通道也。《衝通疊韵(疊韻)。引伸之義爲當也。向也。突也。》从行。童聲。《昌容切。9部。今作「衝」。》『春秋傳』曰。及衝以擊之。《『左傳:昭:元年』文。【各本】以下有戈字。【李燾-本】無。按上云子南執戈逐之。則云以擊之。不再出戈是也。【今傳】作擊之以戈。亦是淺人所改。》/78

衛 衛 위【wèi ㄨㄟˋ】 막을(방어), 지킬, 호위할 설문 1215 宿衞(衛)也。《『宮正』。夕擊拆(柝)而比之。『注』。暮行夜以比直宿者。『宮伯』。掌王宮之士庶子凡在版者。大鄭云。庶子宿衞之官。後鄭云。衞王宮者必居四角四中。於徼候(候)便也。漢有衞尉掌宮門衞屯兵。》从韋帀行。《韋者、圍之省。圍、守也。帀、匊也。韋亦聲。于歲切。15部。》行、《逗。》列也。《依『韵會』訂。此釋从行之意。行者、列也。今音讀如杭。別於步趨之行。衞从三字會意。》/78
형성 (4자) 위(䡺)729 위(躗)1299 위(衞)5815 위(讆)6553

◀ 제 10 획 ▶

衡 (형)【héng ㄏㄥˊ】 균형, 저울대, 쇠뿔에 가로 댄 막대
설문 2715 牛觸、橫大木。《【各本】大木下有「其角」二字。今依『韵會(韻會)-所據:鍇本』。按許於告字下曰。牛觸、角箸橫木所以告也。是設於角者謂之告。此云牛觸橫大木。是闌閑之謂之衡。衡與告異義。大木斷(斷)不可施於角。此易明者。『魯頌:傳』曰。楅衡、設牛角以楅之也。『箋』云。楅衡其牛角。爲其觸觝人也。許說與毛、鄭不同。毛、鄭謂設於角。許不云設於角也。〔木部〕云。楅以木有所畐束也。亦不言角。云大木者、字從大也。古多假衡爲橫。『玉人:注』曰。衡古文橫。假借字也。O『鄭-注:周禮』云。楅設於角。衡設於鼻。如椵狀。楅衡爲二。許於衡不言楅。於楅不言衡。荔(蓋)亦二之。》从角大。行聲。《戶(戶)庚切。古音在10部。》『詩』曰。設其楅衡。《「『詩』曰」當作「『周禮』曰」。》 㮯古文衡如此。/186

◀ 제 11 획 ▶

衛 (솔)【shuài ㄕㄨㄞˋ】 거느릴, 이끌 ■술:속음 설문 1214 將衛也。《衛也【今本】作「衞(衛)也」。誤。將、如鳥將雛之將。古不分平去也。衛、導也。循也。今之率字。率行而衛廢矣。率者、捕鳥畢也。將帥字古祇作將衛。帥行而衛又廢矣。帥者、佩巾也。衛與[辵(辶)部達]音義同。》从行。率聲。《所律切。15部。》/78

◀ 제 18 획 ▶

衢 (구)【qú ㄑㄩˊ】 거리, 갈림길 설문 1207 四達謂之衢。《『釋宮』文。『釋名』曰。四達曰衢。齊魯閒謂四齒杷爲欋。欋杷地則有四處。此道似之也。按『中山經』。宣山桑枝四衢。少室山木曰帝休。枝五衢。『天問』。靡蓱九衢。『淮南書』。木大則根欋。皆謂交錯岐出。》从行。瞿聲。《其俱切。5部。》/78

衝 (충)【chōng ㄔㄨㄥ】 ⑨ tóng 거리 ※ 충(衝)의 본래 글자
설문 1208 通道也。《衝通疊韵(疊韻)。引伸之義爲當也。向也。突也。》从行。童聲。《昌容切。9部。今作「衝」。》『春秋傳』曰。及衝以擊之。《『左傳:昭:元年』文。【各本】以下有戈字。【李燾-本】無。按上云子南執戈逐之。則云以擊之。不再出戈是也。【今傳】作擊之以戈。亦是淺人所改。》/78

145 6-28 衣 옷 의

衣 衤 의【yī ㄧ】 [설문부수 300] 옷(웃도리), 제복
설문 5017 依也。《疊(疊)韵爲訓。依者、倚也。衣者、人所倚以蔽體者也。》上曰衣。下曰常(裳)。《常、下帬也。》象覆二人之形。《孫氏星衍曰當作二𠃊。𠃊、古文肱也。玉裁謂。自〔人部〕至此部及下文〔老部〕、〔尸部〕字皆从人。衣篆非從人。則無由次此。故『楚金-疑義篇』作㐨。云『說文』字體與小篆有異。今人小篆作㐨。乃是變體求工耳。下文表襲衺裔四古文皆从㐨。則知古文从二人也。今人作卒字亦从二人。何以云覆二人也。云覆二人則貴賤皆覆。上下有服而覆同也。於稀切。15部。》凡衣之屬皆从衣。/388
성부 부록 색인 참조
형부 衣를 부수로 하는 대부분의 글자들
예(裔) 잡〔雜〕 포{褒褒褎}
형성 (5자) 애(哀)898 오(衺)6156 의(扆)7363 의(依)7792 의(陈)9227

◀ 제 3 획 ▶

衦 (간)【gàn ㄍㄢˋ】 ㊤㊥⑨ gǎn 옷 만져 펼 설문 5102 摩展衣也。《摩展者、摩其襵𧝓而展之也。〔石部:碾〕下曰。以石衦繒也。衦之用與熨略同而異。》从衣。干聲。《古案切。『篇』、『韵(韻)』公但切。14部。》/395

衧 (우)【yú ㄩˊ】 부인옷, 겨드랑이가 큰 옷, 도포

설문 5060 諸衺(衺)也。《按當云諸衺衣褒也。『篇』、『韵(韻)』可證。『後漢書:光武帝紀』。皆冠幘而服婦人衣。諸于繡镼。『注』引『前書:音義』曰。諸于、大掖衣。如婦人之袿衣。按大掖謂大其褎也。『方言』。袿謂之裾。于者、衺之假借字。》从衣。亏(于)聲。《羽俱切。5部。》/393

表 表 표【biǎo ㄅㄧㄠˇ】 웃옷(겉옷), 나타낼, 표(군주에게 올리는 서장) ■차:웃깃, 웃섶, 웃자락

설문 5024 上衣也。《上衣者、衣之在外者也。『論語』。當暑袗絺綌。必表而出之。孔曰。加上衣也。皇云。若在家則裘葛之上亦無別加衣。若出行接賓客皆加上衣。當暑絺綌可單。若出不可單。則必加上衣也。嫌暑熱不加。故特明之。『玉藻』。表裘不入公門。鄭曰。表裘、外裘也。〈「外裘」【今本】作「外衣」誤〉禪絺綌、外裘二者形且褻。皆當表之乃出。引伸爲凡外箸(着)之稱。》从衣毛。《會意。毛亦聲也。陂矯切。2部。》古者衣裘。故目(以)毛爲表。《說衣毛之意也。古者衣裘謂未有麻絲。衣羽皮也。衣皮時毛在外。故裘之制毛在外。以衣毛製爲表字。示不忩(忘)古。》𧙇古文表。从襃(麃)《麃聲。》/389

성부 褱衮양

참고 표(俵)

◀ 제 4 획 ▶

袂 (부)【fū ㄈㄨ】 껴입을, 바지, 칼전대

설문 5036 襲袂也。《襲袂葢(蓋)古語。或曰。當作「袂」逗、襲也句。『廣韵(韻)』曰。袂、衣前襟。鍇曰。今俗猶言之。『少儀』。劒則啟(啓)櫝葢襲之。加夫襓與劒焉。鄭(鄭)曰。夫襓、劒衣也。夫或爲煩。皆發聲。按鄭旣謂夫襓是劒衣。又云夫是發聲。葢不能定其說也。而『廣雅』曰。袂襓、絉、劒衣也。夫加衣旁。卽許此字。亦是韜藏意。〔韋部〕曰。韜、劒衣也。》从衣。夫聲。《甫無切。5部。》/391

衮 衮 곤【gǔn ㄍㄨㄣˇ】 ⑨ zhǎn (용무늬가 있는)곤룡포

설문 5019 天子亯(享)先王。《句。》卷龍繡於下常。《句。『周禮:司服』曰。王之吉服。享先王則衮　(衮)冕。鄭仲師云。衮、卷龍衣也。『豳風』。衮衣繡裳。『傳』曰。衮衣、卷龍衣也。卷龍謂龍拳曲。『禮記』衮衣字皆作卷。鄭於『王制』釋之曰。卷、俗讀也。其通則曰衮。葢(蓋)衮與卷古音同。故『記』假卷爲衮也。鄭云。周制以日月星辰畫(畵)於旌旗。而冕服九章。初一曰龍。次二曰山。次三曰華蟲。次四曰火。次五曰宗彝(彜)。皆畫於衣。次六曰藻。次七曰粉米。次八曰黼。次九曰黻。皆繡於裳。則衮之衣五章。裳四章。凡九也。許於〔糸部〕引『書』山龍華蟲作繪云。會五采繡也。此又云繡龍於裳。其釋粉則曰畫粉也。皆與鄭正相反。葢鄭說未出以前。許所據之說多不可攷矣。》幅一龍。蟠阿上鄉。《鄉今向字。小徐作卿。誤。幅一龍、謂每幅一龍也。凡裳前三幅。後四幅。然則繡龍者七與。蟠阿、曲皃也。上鄉、所謂升龍也。『鄭-注:覲禮』云。上公衮無陞龍。然則惟天子衮有升龍也。龍曲體而卬首。故曰蟠阿上鄉。『白虎通』引『傳』云。天子升龍。諸侯降龍。賈公彥云。此據衣服言。若旌旗則諸侯畫交龍。一象其升。一象其下復。》从衣。㕣聲。《㕣見〔口部〕及〔水部〕。古文沇州字也。衮以爲聲。故『禮記』作卷。『荀卿』作裷。『王純碑』以衮爲兖州字。【各本】作「公聲」。篆體作衮。公與衮雖雙聲。非同部。今正。按『爾雅:音義』曰。衮、『說文』云从衣从㕣。㕣羊耎反。或云从公衣。「从㕣」當作「㕣聲」。或云从公衣五字非許語也。許明云天子衣矣。14部。》/388

유사 바꿀 태(兌兊) 연주 연(兖兗)

袑 (초)【diāo ㄉㄧㄠ】 관 속에 넣는 합사비단, 수의

설문 5129 棺中縑裏也。《『喪大記』曰。君裏棺用朱綠。用雜金鐕。大夫裏棺用玄綠。用牛骨鐕。士不綠。『正義』云。君用朱繒貼四面。綠繒貼四角。大夫四面玄。四角綠。士不綠。悉用玄。按如其說則當云士玄。不當云不綠也。且『顏師古-定本』綠皆作琢。謂鐕琢繒則著於棺。則士不琢。尤爲不辭。葢(蓋)綠與琢皆字之誤。【古本】三綠皆正作「袑」。以縑裏棺曰袑。縑并絲繒也。君朱袑。以三色金鐕椓著之。大夫玄袑。以牛骨鐕椓著之。士賤。不袑。則不用鐕。『士喪禮』纖悉畢載。而不言裏棺。可證也。鄭曰。鐕所以椓著裏。〔金部〕曰。鐕所以綴著物者。與鄭合。鐕與袑皆據『喪大記』而言。》从衣。弔聲。讀若雕。《都僚切。2部。》/397

衯 (분)【fēn ㄈㄣ】 옷이 큰 모양, 옷이 길어서 치렁거리는 모양, 옷이 길고 좋은 모양

설문 5076 長衣皃(貌)。《『子虛(虛)賦』。衯衯裶裶。郭璞曰。皆衣長貌也。『集韵(韻)』曰。【或書】作衮。疑作衮者是。》从衣。分聲。《撫文切。13部。》/394

衰 쇠【shuāi ㄕㄨㄞ】 ㉠㉧㊥⑨㉢ suō 쇠할 ■최:상복 ■사:㊄[도롱이(비옷)]

설문 5123 艸雨衣。《雨衣有不艸者。『左傳』。成子衣製杖戈。杜曰。製、雨衣。按言製則非艸爲。若今油布衣。》秦謂之萆。《〔艸部〕曰。萆、雨衣。一曰衰衣。此則著萆爲秦語也。『小雅』。何蓑何笠。『傳』曰。蓑所以備(備)雨。笠所以禦暑。『公羊傳』。不蓑城也。何云。若今以艸衣城。『齊語:注』云。襏襫、蓑襞衣也。襞或萆字。亦作薜。六韜蓑薜簦笠。衰俗从艸作蓑。而衰遂專爲等衰、衰絰字。衰絰本作縗。衰其假借字也。以艸爲雨衣。必層次編之。故引伸爲等衰。後世異其形、異其音。古義茫(茫)昧矣。》从衣。象形。《謂𠙽也。穌禾切。17部。》𠳹古文衰。/397

형성 (3자) 최(榱𣚊)3490 쇠(㿺𤸎)4589 최(縗𦅧)8352

衵 (일)【rì ㄖˋ】 ㉧ yì (여자가 제일 속에 입는)속곳

설문 5091 日日所常衣。《衵服見『宣:九年:左傳』。》从

衣从日。日亦聲。《人質切。12部。》/395

衷 (충)【zhōng ㄓㄨㄥˉ】속옷, 마음
설문 5093 裏褻衣。《褻衣有在外者。衷則在內者也。引伸爲折衷。假借爲中字。》从衣。中聲。《陟弓切。9部。》『春秋傳』曰。皆衷其衵服。《『宣:九年:左傳』文。》/395

衸 (해)【xiè ㄒㄧㄝˋ】잠방이 ■개: 옷의 너비, 옷이 길어 치렁치렁 할
설문 5057 袥也。《『廣韵:十六, 怪』云。補膝裙也。乃「褳膝裙衸也」五字之誤。》从衣。介聲。《胡介切。15部。》/392

衺 (사)【xié ㄒㄧㄝˊ】(둘러)쌀, 비뚤어질, 간사할
설문 5112 㝈也。《〔交部〕曰。㝈者。衺也。二篆爲互訓。【小徐本】作「衺」也。非是。「㝈」今字作「回」。「衺」今字作「邪」。『毛詩:傳』曰。回、邪也。》从衣。牙聲。《似嗟切。古音在 5部。》/396

6
⑫

衽 (임)【rèn ㄖㄣˋ】옷섶, (치마의)솔기, (치맛)자락, 요
설문 5031 衣裣也。《凡朝祭喪(喪)服。衣與裳殊。深衣不殊。『喪服記』曰。衽二尺有五寸。鄭曰。衽所以掩裳際也。上正一尺。燕尾一尺五寸。凡用布三尺五寸。玉裁按。朝祭服同。『玉藻:注』所謂或殺而下屬衣。則垂而放之者也。『玉藻』。衽當旁。鄭曰。謂裳幅所交裂也。江氏永曰。以布四幅正裁爲八幅。上下皆廣一尺一寸。各邊削幅一寸。得七尺二寸。旣足要中之數矣。下齊倍於要。又以布二幅斜裁爲四幅。狹頭二寸在上。寬頭二尺在下。各邊削幅一寸。亦得七尺二寸。共得一丈四尺四寸。此四幅連屬於裳之兩(兩)旁。所謂衽當旁也。玉裁按。此『注』所謂或殺而上屬裳。則縫之以合前後者也。此二者皆謂之衽。凡言衽者、皆謂裳之兩旁。鄭曰。凡衽者或殺而下。或殺而上。是以小要取名焉。小要者、『喪大記』云君葢(蓋)用漆三衽三束是也。假借爲衽席。衽席者、今人所謂褥也。語之轉。》从衣。壬聲。《如甚切。7部。》/390

衾 (금)【qīn ㄑㄧㄣˊ】㊅ qīn 이불
설문 5089 大被。《『釋名』曰。衾、广也。其下廣大如广受人也。寑衣爲小被。則衾是大被。》从衣。今聲。《去音切。7部。》/395

袀 (균)【jūn ㄐㄩㄣˉ】균복(군인의 제복)
설문 5022 玄服也。《【各本】無此篆。而袗篆下云玄服也。葢(蓋)誤合二爲一。正與〔鼎部:鼏鼏〕同。今依『文選(選):閒居賦』服以齊玄『李善-注』所引『說文』正。『左傳』卜偃曰。『童謠』云。袀服振振。服虔(虔)曰。袀服黑服也。『吳都賦』。六軍袀服。『劉(劉)-注』曰。袀、皁服也。『士昏禮』。女從者畢袗玄。袗玄言衣色。『月令』。孟冬乘玄路。鄭云。『今-月令』作「袗」。似當爲袀。聲之誤也。按『今-士昏禮、月令』袀皆譌作袗。知其字形相近易誤矣。又『鄭-釋:士昏』、『杜-釋:左傳』皆釋袀爲同。此謂袀卽均之假借字耳。》从衣。勻聲。讀若均。《李善引『說文』音均。葢(蓋)有讀「若均三」字也。12部。『廣韵(韻)』居勻切。》/389

袁 원【yuán ㄩㄢˊ】本[옷이 길어 치렁치렁한 모양] 성씨, 주이름
설문 5078 長衣皃(貌)。《此字之本義。今祇謂爲姓。而本義廢矣。古與爰通用。如袁盎、『漢書』作爰盎是也。『王風』。有兔(兎)爰爰。『傳』曰。爰爰、緩意。遠轅等字以袁爲聲。亦取其意也。》从衣。叀省聲。《葢(蓋)从古文叀而省。羽元切。14部。》/394

성부 遠원 睘경

형성 (2자) 원(園 圜)3758 원(轅 轒)9113

袂 (메)【mèi ㄇㄟˋ】소매
설문 5051 褎也。从衣。夬聲。《彌弊切。15部。郭景純云。襟卽袂字。》/392

◀ 제 5 획 ▶

袉 (타)【tuó ㄊㄨㄛˊ】㊍ duò 옷자락
설문 5058 裾也。《『士昏禮』。主人爵弁纁裳緇袘。『注』曰。纁裳者衣緇衣。不言衣與帶而言袘者、空其文。明其與衣皆用緇。袘謂緣。緣之言施。以緇緣裳。象陽氣下施。按袘卽袉之隸(隸)變。鄭云裳緣。許云裾者、許謂衣裦曰袉。【經】言緇袉。則緇衣可知也。緇衣未有無裦者也。》从衣。它聲。《唐左切。17部。『玉篇』曰。俗作「袘」。》『論語』曰。朝服袉紳。《『鄕(鄉)黨篇』文。『今-論語』作「拕」、作「拖」。卽〔手部:拕〕字。『襍(雜)記』云。申加大帶於上是也。許所據作「袉」。假借袉爲拕也。此在引【經】說假借之例。》/392

袈 (나)【ná ㄋㄚˊ】해진 옷
설문 5104 敝衣。《「敝」【各本】作「弊」。誤。今正。袽者敝衣。帤者敝巾。絮者敝絮。各依所从而解之。『易:旣濟:六四』。繻有衣袽。虞翻(飜)曰。袽、敗衣也。然則袽卽袈字。〔糸部〕引『易:需』有衣絮。又見袈與絮可通用也。晁說之曰。袽又作「袈」。玉裁謂。袽袈皆袈之誤字耳。》从衣。奴聲。《女加切。古音在 5部。女居切。》/395

袌 (포)【bào ㄅㄠˋ】안을, 옷의 앞깃, 두루마기
설문 5053 褱也。《『論語』。子生三年。然後免於父母之懷。馬融釋以懷抱。卽褱袌也。今字「抱」行而「袌」廢矣。抱者、引堅也。》从衣。包聲。《此葢(蓋)形聲包會意。薄保切。古音在 3部。》/392

袍 (포)【páo ㄆㄠˊ】솜옷, 웃옷, 앞깃
설문 5038 襺也。《『秦風』。與子同袍。『釋言』、『毛傳』皆曰。袍、襺也。『玉藻』曰。纊爲襺。縕爲袍。『注』曰。衣有著(同褚)之異名也。『記』文袍襺有別。析言之。渾言不別也。古者袍必有表。後代爲外衣之偁(稱)。『釋名』曰。袍、丈夫箸。下至跗者也。袍、苞也。苞、內衣也。婦人以絳作。義亦然也。》从衣。包聲。《薄袌(褒)切。古音在 3部。》『論語』曰。衣敝緼袍。《「敝」【各本】作「弊」。誤。『論語:

子罕篇』文。》/391

袑 (소)【shào ㄕㄠˋ】 바지
[설문] [5064] 絝上也。《『漢:朱博傳』。功曹官屬多褒衣大袑。不中節度。絝上對上絝踦言。股所居也。大之則寬緩。》从衣。召聲。《市沼切。2部。》/393

袒 (단)【zhàn ㄓㄢˋ】 웃통 벗을(웃통의 왼쪽 한 쪽만 소매를 벗음) ■탄:[本][혼솔 터질]
[설문] [5105] 衣縫解也。《【許書】無綻字。此卽綻字也。【許書】但裼字作但。不作袒。今人以袒爲袒裼字。而但袒二篆本義俱廢矣。『內則』日。衣裳綻裂。「綻」或作「綻」。鄭日。綻猶解也。綻尙未解而近於解。故日猶。俗語引伸爲飽滿幨裂之偁(稱)。按袒爲衣縫解。故从衣。組爲補縫。故从糸。音同而義相因也。》从衣。旦聲。《丈莧切。14部。》/395

祖 (저)【zǔ ㄗㄨˇ】 [상] jù 잘 섬길, 현 이름
[설문] [5095] 事好也。《事好猶言學好也。〔黹部〕引『詩:衣裳黼黼』。『方言』日。珇、好也。珇、美也。然則袓與黼珇音義略同。》从衣。且聲。《才與切。5部。》/395

袗 (진)【zhěn ㄓㄣˇ】 홑옷
[설문] [5023] 禪衣也。《【各本】作「玄服也」。今按『論語』。當暑袗絺綌。陸云。本又作袗。『下:曲禮:注』引『論語』作袗。孔安國日。暑則單服。『玉藻』。振絺綌。不入公門。鄭云。振讀爲袗。袗、禪也。依此二『注』定其解。》一日盛服。《㐱本訓稠髮。凡㐱聲字多爲濃重。『上林賦』。磐石裖崖。孟康日。裖、砛致也。以石致川之廉也。是裖與㐱稹字義同。『孟子』。被袗衣。袗衣亦當謂盛服。趙云畫(畵)衣者不得其說。姑依『皋(皐)陶謨』作繪言之耳。然則袗亦可訓盛服。若大徐作「玄服」。小徐作「袨服」。引【鄒陽-上書】袨服釋之。當是脫誤之後改玄爲袨。傳會成說。武力鼎士袨服叢臺之下。服虔(虔)以大盛玄黃服釋之。不知袨本玄之異字。武士玄服、卽所謂六軍袀服也。》从衣。㐱聲。《之忍切。13部。》 袗或从辰。/389

袚 (발)【bō ㄅㄛ¯】 오랑캐옷 ■불:어린 아이 옷 ■비:폐슬, 앞치마, 무릎 가리는 헝겊
[설문] [5127] 蠻夷衣。《左衽衣。》从衣。犮聲。《北末切。15部。》一日蔽厀。《『方言』日。蔽厀江淮之閒謂之褘。或謂之袚。郭音沸。》/397

袛 (저)【dī ㄉㄧ¯】 속적삼
[설문] [5044] 袛裯、《逗。》短衣也。《『方言』日。「汗襦」、江淮南楚之閒謂之「褶」。自關而西或謂之「袛裯」。自關而東謂之「甲襦」。陳魏宋楚之閒謂之「襜襦」。或謂之「襌襦」。『後漢:羊續傳』。其資藏。惟有布衾。敝袛裯。鹽麥數斛。》从衣。氐聲。《都衣切。15部。》/391

袢 (번)【bàn ㄅㄢˋ】 [상] fán [中][9][작] pàn [本][무색옷] 여름 옷 ■반:고운 옷 입은 모양
[설문] [5097] 衣無色也。《「衣」字依『玉篇』補。〔日部〕日。普(普)、日無色也。袢讀若普則音義皆同。〔女部〕日。姅、婦人汚也。義亦相近。》从衣。半聲。《博幔切。14部。》一日《此二字衍文。》『詩』日。是紲袢也。《『鄘風:君子偕老』文。「紲」當同褻篆下作「褻」。『毛傳』日。言是當暑袢延之服也。袢延疊韵(疊韻)。如『方言』之襎裷。漢時有此語。揩摩之意。外展衣。中用縐絺爲衣。可以揩摩汗澤。故日褻袢。褻袢專謂縐絺也。暑天近、汗之衣必無色。故知一日爲衍文矣。》讀若普。《『毛詩』以展袢顏(顔)媛爲韵(韻)。則知袢當依釋文符袁反。延讀如字。普音於雙聲得之。許讀如此。》/395

袤 (무)【mào ㄇㄠˋ】 띠부터, (세로)길이 ※ 가로 길이는 광(廣)
[설문] [5041] 衣帶㠯(以)上。《此古義也。少得其證。今則後義行而古義廢矣。帶者、上衣下常之介也。》从衣。矛聲。《莫候(候)切。4部。》一日南北日袤。東西日廣。《『周髀筭經』日。天地之廣袤。『史記』日。蒙恬築長城。廣袤萬餘里。『廣雅』。袤、長也。》 籀文袤。从楙。/391

袥 (탁)【tuò ㄊㄨㄛˋ】 [상][中][9][작] tuō 잠방이、옷깃 헤칠
[설문] [5056] 衣衸。《『廣雅』。衩、衸、袥、褳膝也。『玉篇』。褳膝、褻衸也。按褳膝者、褻衩在正中者也。故謂之袥。言其開拓也。亦謂之衸。言其中分也。袥之引伸爲推廣之義。玄瑩日。天地開闢。宇宙袥坦。『廣雅:釋詁』日。袥、大也。今字作「開拓」。拓行而袥廢矣。庐(斥)與袥音義同。》从衣。石聲。《他各切。5部。》/392

袪 (거)【qū ㄑㄩ¯】 옷소매, 소매통
[설문] [5049] 衣袂也。《『鄭風:遵大路』、『唐風:羔裘:傳』皆日。袪、袂也。按袪有與袂析言之者。『深衣:注』日。袪、袂口也。『喪服記:注』日。袪、袖口也。『檀弓:注』日。袪、袖緣口也。『深衣』喪服且袂與袪並(竝)言。葢(蓋)袂上下徑二尺二寸。至袪則上下徑尺二寸。其義當分別也。若『詩』之兩言袪。則無庸分別。『定本-唐風:傳』日。袪、袂末也。此非是。傳下文言本末。本謂羔裘。末謂豹袖。非謂袂本袪末也。》从衣。去聲。《去魚切。5部。》一日袪、褎也。褎字、褢也。《此義未見其證。『方言』日。袿謂之裾。郭云。裾或作袪。按下文云裾、衣褢也。此云袪、褢也。則知古有假袪爲裾者矣。袪得訓褢。故或日藏去。或日弆。或日袪。皆其義也。藏物必去此而藏彼。故其義亦爲攘却。『兒寬傳:李奇-注』日。袪、開也。散也。凡褰開日袪。若『毛傳』云袪袪、彊健兒(貌)。亦於从去得義。古無从示之祛。至『集韵』而後有之。『唐-石經』。以車袪袪。从衣不誤。》袪尺二寸。《『喪服記』、『玉藻』皆有此句。上葢奪『禮記』日三字。》『春秋傳』日。披斬其袪。《『僖:五年:左傳』文。『杜-注』亦日。袪、袂也。》/392

被 (피)【bèi ㄅㄟˋ】 [작] bì [本][이불] 머리꾸미개
[설문] [5088] 寑(寢)衣。長一身有半。《『論語:鄕(鄉)黨篇』日。必有寢衣。長一身有半。孔安國日。今被也。『鄭-注』日。今小臥被是也。引伸爲橫被四表之被。》从衣。皮聲。《皮義切。古音在 17部。》/394

[작] 作家出版社〔董蓮池-說文解字考正〕 [9] 九州出版社〔柴劍虹-說文解字〕 [ㄱ] 陝西人民出版社〔蘇寶榮-說文解字今注今譯〕 [상] 上海古籍出版社〔說文解字注〕 [中] 中華書局〔臧克和-說文解字新訂〕

◀ 제 6 획 ▶

移 衺 치 **【chǐ ㄔˇ】** 本[옷이 치렁치렁한 모양]
■계:옷 풀어 헤칠 **■다**:옷 약할

설문 5074 衣張也。《「張」『篇』、『韵』皆作「長」。非。按袲之言侈也。【經典】罕用袲字者。多作移、作侈。『表記』曰。衣服以移之。『注』云。讀與禾汜移之移。猶廣大也。『周禮:注』曰。大夫巳上移袂。『少牢饋食禮』曰。主婦被錫衣移袂。『注』云。移者、葢(蓋)半士妻之袂以益之。》从衣。多聲。《尺氏切。古音在 17部。》『春秋傳』曰。公會齊侯于袲(衺)。《『桓:十五年』文。『左氏經』作公會宋公、衞(衛)侯、陳侯于袤。『公羊經』作公會齊侯、宋公、衞侯、陳侯于袤。『穀梁經』與『左』同。許偁(稱)『左』也。『左』無齊侯、許言齊侯者、容『今-左傳』有奪。袤與袲同。》/394

참고 나(橠)나무 무성할

6
⑫

袷 (겹)**【jiá ㄐㄧㄚˊ】** ㊤㊥⑨㉆ **jiā** 겹옷, 옷깃
■겁:천자가 타는 수레 **■협**:겹옷

설문 5085 衣無絮。《此對以絮曰襺、以縕曰袍言也。》从衣。合聲。《古洽切。7部。『小戴-記』以爲交領之字。》/394

袺 (결)**【jié ㄐㄧㄝˊ】** ㉆ **jiā** 옷섶 잡을

설문 5114 執衽謂之袺。《『周南』。采采芣苢。薄言袺之。『爾雅』曰。執衽謂之袺。『毛傳』同。》从衣。吉聲。《格八切。12部。》/396

袾 (주)**【shū ㄕㄨˉ】** ㊤ **zhū** 붉은 옷

설문 5094 好佳也。《好下奪「也」字。好者、美也。佳者、善也。『廣韵(韻)』曰。朱衣也。按『廣韵』葢(蓋)用『說文-古本』。故其字从朱衣。所引『詩』則假袾爲姝也。》从衣。朱聲。《昌朱切。古音在 4部。》『詩』曰。靜女其袾。《『邶風:靜女』文。『今-詩』「袾」作「姝」。〔女部〕引『詩』作「妙」。》/395

裁 (재)**【zāi ㄗㄞˉ】** ㊤㊥⑨㉆ **cái** (옷감을)마름, 자를, 헤아릴

설문 5018 制衣也。《〔刀部〕曰。制者、裁也。二字爲轉注。『韓非子』曰。管仲善制割。賓胥無善削縫。隰(濕)朋善純緣。制割者、前裁之謂也。裁者、衣之始也。引伸爲裁度、風裁。》从衣。𢦏聲。《昨哉切。1部。》/388

裂 裂(렬)**【liè ㄌㄧㄝˋ】** 本[비단 자투리] 찢을, 찢어질, 자투리

설문 5103 繒餘也。《〔巾部〕曰。帎、幓裂也。幓、殘帛也。幨、繒端裂也。『內則』曰。衣裳綻裂。『方言』曰。南楚凡人貧衣被醜敝。或謂之褸裂。皆繒餘之意。引伸爲凡分散殘餘之偁(稱)。或假烈爲之。『方言』曰。烈、餘也。晉衞之間曰烈。『齊語』。戎車待游車之裂。『韋-注』云。裂、殘也。古作「𧙊」。通作「列」》从衣。列聲。《良辥切。15部。》/395

◀ 제 7 획 ▶

裋 (수)**【shù ㄕㄨˋ】** 아이 종이 입는 거칠고 긴 저고리, 해진 옷

설문 5120 豎(竪)使布長襦。《豎與裋疊(疊)。豎使謂僮豎也。『淮南:高-注』曰。豎、小使也。『顏(顔)-注:貢禹:傳』曰。裋褐謂僮豎所著布長襦也。『方言』曰。襜褕、其短者謂之裋褕。『韋昭-注:王命論』云。裋謂短襦也。本『方言』。》从衣。豆聲。《常句切。古音在 4部。》/396

裎 (정)**【chéng ㄔㄥˊ】** ㉆ **chěng** 벌거숭이, 나체

설문 5110 但也。《「但」【各本】作「袒」。今正。裎之言呈也、逞也。『孟子』。袒裼裸裎。亦作程。『土喪禮:注』。「倮程」。》从衣。呈聲。《丑郢切。11部。》/396

裏 (리)**【lǐ ㄌㄧˇ】** (옷、사물의)속, 안

설문 5025 衣內也。《引伸爲凡在內之稱。》从衣。里聲。《良止切。1部。》/390

裔 (예)**【yì ㄧˋ】** 本[치마] 후예, 옷자락, 가장자리

설문 5075 衣裾也。《「裾」【各本】及『篇』、『韵(韻)』皆作「裾」。今正。『玄應書:卷十四』曰。『說文』云。裔、衣裾也。以子孫爲苗裔者。取下垂義也。按帔曰裠。裳曰下裠。此衣裠謂下裠。故『方言』、『離騷:注』皆曰。裔、末也。『方言』又曰。裔、裾也。亦謂其遠也。『方言』又曰。裔夷狄之總名。郭云。邊地爲裔。按『左傳』。衞(衛)侯卜繇曰。裔焉大國。言邊於大國也。裔之義如此。言衣裾得以通之。若言衣裾則何以解焉。小徐云。裾、衣邊。葢(蓋)『小徐-作:注時本』作「裾」。》从衣。《此字衣在上。正謂其末下垂。》㕯聲。《余制切。15部。》𧘇古文裔。《几聲。》/394

裕 (유)**【yù ㄩˋ】** 本[넉넉할] 너그러울

설문 5100 衣物饒也。《引伸爲凡寬足之偁(稱)。『方言』。裕、道也。東齊曰裕。》从衣。谷聲。《羊孺切。古音在 3部。亦作衮。》『易』曰。有孚裕無咎。《『晉:初六:爻辭』。【今-經】有作「罔」。虞翻(飜)、王弼同。則未知『許-所據:孟-易』獨異與。抑字譌與。》/395

裘 구 **【qiú ㄑㄧㄡˊ】** [설문부수 301] 갖옷, 갖옷 입을

설문 5134 皮衣也。从衣。象形。《【各本】作「从衣求聲。一曰象形」。淺人妄(妄)增之也。裘之制毛在外。故象毛文。》與衰同意。《皆从衣而象其形也。巨鳩切。古音在 1部。》凡裘之屬皆从裘。𧘝古文裘。《此本古文裘字。後加衣爲裘。而求專爲干請之用。亦猶加艸(草)爲蓑。而衰爲等差之用也。求之加衣。葢不待小篆矣。》/398

형부 객(𧛡)

裛 (읍)**【yì ㄧˋ】** ㊤㊥⑨㉆ **yè** 얽어 맬, 향내밸, 두를, (옷에서 좋은)향내 날 **■업**:책주머니

설문 5118 纏也。《【各本】作書囊也。今依『西都賦:琴賦:注』、『後漢書:班固傳:注』所引正。〔巾部〕曰。帙、書衣也。「帙」亦作「袠」。『廣雅』。裛謂之袠。【今本】殆據『廣雅』改耳。若依【今本】則當云帙也。》从衣。邑聲。《於業切。7部。》/396

補 (보)**【bǔ ㄅㄨˇ】** (옷을)기울, 도울

설문 5106 完衣也。《既袒則宜補之。故次之以

㉆ 作家出版社〔董蓮池-說文解字考正〕 ⑨ 九州出版社〔柴劍虹-說文解字〕 ㉦ 陝西人民出版社〔蘇寶榮-說文解字今注今譯〕 ㊤ 上海古籍出版社〔說文解字注〕 ㊥ 中華書局〔臧克和-說文解字新訂〕

補。引伸爲凡凡相益之偁(稱)。》从衣。甫聲。《博古切。5部。》/396

裝 裝(장)【zhuāng ㄓㄨㄤ】 차릴, 꾸밀, 차림, 옷, 행장, 화장할, 감출

설문 5116 裹也。《東其外曰裝。故著絮於衣亦曰裝。》从衣。壯聲。《側羊切。10部。》/396

⿰衤延 (선)【shān ㄕㄢ】 本[수레포장] 수건, 소의 목을 덮는 옷 ■연:같은 뜻

설문 5132 車溫也。《「車溫」『玉篇』作「車鞰⿰衤延」。『廣韵(韻)』曰帑⿰衤延、牛領上衣。葢(蓋)當作車溫⿰衤延。如帑幡、幡裷、『詩:傳』袢延之比。皆重疊(疊)字也。【今本】奪一字。》从衣。延聲。《式連切。14部。》/397

裞 (세)【shuì ㄕㄨㄟ】 수의, 추복(상 당한 것을 늦게 알고 그때부터 거상옷을 입는 일)

설문 5130 贈終者衣被曰裞。从衣。兌聲。《輸芮切。15部。按此字僅見『漢書:朱建傳』。葢(蓋)襚之或字。淺人所增。非【許-本書】所有也。》/397

◀ 제 8 획 ▶

⿰衤金 (금)【jīn ㄐㄧㄣ】 옷깃

설문 5034 交衽也。《『釋器』曰。衣皆謂之襟。孫、郭皆曰。襟、交領也。『鄭風』。青青子衿。毛曰。青衿、青領也。『方言』。衿謂之交。按⿰衤金之字一變爲衿。再變爲襟。字一耳。而『爾雅』之襟。『毛傳』、『方言』之衿。皆非許所謂⿰衤金也。『爾雅』、『詩:傳』、『方言』皆自領言之。『深衣』。曲袷如矩以應方。『注』。袷、交領也。古者方領。如今小兒衣領。『玉藻』。袷二寸。『注』。曲領也。『曲禮』。天子視不上於袷。『玉藻』。侍於君。視帶以及袷。『注』皆云交領也。袷者、交領之正字。其字从合。『左傳』作「襘」。从會與从合一也。交領宜作「袷」。而『毛詩』、『爾雅』、『方言』作「衿」。殆以衿袷爲古今字與。若許云⿰衤金、交衽也。此則謂掩裳際之衽。當前幅後幅相交之處。故曰交衽。⿰衤金本衽之偁(稱)。因以爲正幅之偁。正幅統於領。因以爲領之偁。此其推移之漸。許必原其本義爲言。凡金聲、今聲之字皆有禁制之義。禁制於領與禁制前後之不相屬。不妨同用一字。》从衣。金聲。《居音切。7部。『漢-石經』。青青子⿰衤金。》/390

裨 (비)【bì ㄅㄧˋ】 더할, 도와서 채울, 관복

설문 5096 接也。《此「也」字依『玉篇』補。〔手部〕曰。接、交也。》益也。《〔會部〕曰。朇、益也。〔土部〕曰。埤、增也。皆字異而音義同。『覲禮』。侯氏裨冕。『注』曰。裨冕者、衣裨衣而冠冕也。裨之爲言埤也。天子六服。大裘爲上。其餘爲裨。按本謂衣也。引伸爲凡埤益之偁(稱)。》从衣。卑聲。《府移切。16部。》/395

裯 (도)【chóu ㄔㄡˊ】 ㊤⑨(작) dāo 本[옷소매] 속적삼 ■주:흩이불, 평상휘장

설문 5045 衣袂祗裯。《依【全書】之例。此當云「祗裯也」。衣袂二字葢(蓋)誤衍。『召南』。抱衾與裯。毛曰。裯、襌被也。》从衣。周聲。《都牢切。古音在 3部。讀如周。祗裯雙聲字也。》/391

⿰衤疌 (집)【qì ㄑㄧˋ】 옷깃의 가장자리 ■접:옷걷을 ■삽:옷해질

설문 5033 ⿰衤金緣也。《緣、衣純也。純之允切。『深衣』曰。具父母、大父母。衣純以繢。具父母。衣純以青。如孤子。衣純以素。純、袂。緣。純邊。廣各寸半。『詩』。青青子衿。毛曰。青衿、青領也。正謂緣以青也。葢(蓋)古者深衣。右自領及衽。左自袼亦及衽。皆緣之。故曰⿰衤金緣。》从衣。疌聲。《七入切。8部。》/390

裴 (배)【péi ㄆㄟˊ】 本[옷 치렁치렁 할] 서성일, 배회할, 성씨 ■비:현이름

설문 5077 長衣皃(貌)。《此卽『子虛(虛)賦』裶字也。若『史記:子虛賦』。弭節裴回。『漢:郊祀志』。神裴回若畱(留)放。乃長衣引伸之義。『後漢書:蘇竟傳:注』云。裴回謂縈繞淹畱是也。俗乃作徘徊、徘徊矣。》从衣。非聲。《薄回切。按當芳非切。15部。舊在褺篆之後。今移此。》/394

【郌】下注云:《鄉名。在聞喜。伯益之後封於郌鄉。因以爲氏。後徙封解邑。乃去邑從衣。按今字裴行而郌廢矣。》

裹 (과)【guǒ ㄍㄨㄛˇ】 (물건을)쌀, 꾸러미, 꽃받침, 풀열매, 꾸러미

설문 5117 纏也。《纏者、繞也。》从衣。果聲。《古火切 17部。》/396

裺 (엄)【yān ㄧㄢ】 ㊤(작) yǎn 옷깃、덮을、옷 풍신할 ■암:말의 물전대 ※ ㊥⑨권 표제자 누락

설문 5030 褔謂之裺。《葢(蓋)奄覆之義。『方言』曰。裺謂之襦。又曰。懸裺謂之緣。又曰。繞循謂之襟裺。皆不與許同。》从衣。奄(奄)聲。《依檢切。8部。》/390

裻 (속)【dǔ ㄉㄨˇ】 ㊤㊥⑨(작) dú 本[새 옷 와삭거리는 소리] ■독:덮 등솔기(옷등을 꿰맨 줄)

설문 5073 新衣聲。《此當依『玉篇』先鵠切。『子虛(虛)賦』。翕呷萃蔡。張揖曰。萃蔡、衣聲也。萃蔡讀如碎粲二音。裻亦雙聲字。》一曰背縫。《此則冬毒切。與上禱義同。『深衣』。負繩及踝。『注』云。謂裻與後幅相當之縫也。按後幅當是裳幅之誤。衣與裳正中之縫相接也。『晉語』。衣之偏裻。韋曰。裻在中。左右異故曰偏。引伸爲凡中之偁(稱)。『匠人』。堂涂(塗)十有二分。『注』曰。分其裻旁之修。以一分爲峻也。【今本】作「督」。『五經文字』引作「裻」。古多假督爲「裻」。》从衣。叔聲。《3部。》/393

裼 (석)【xí ㄒㄧˊ】 ㊤㊥⑨(작) xī 웃통 벗을, 옷옷 ■체:포대기

설문 5111 但也。《「但」【各本】作「袒」。今正。〔人部〕曰。但者、裼也。故此云裼者、但也。是爲轉注。『序』云。五曰轉注。建類一首。同意相受。孝(考)老是也。〔老部〕曰。老者、考也。考者、老也。是之謂建類一首。同意相受。凡【全書】中異部而互訓者視此。裼訓但。但訓裼。其一耑(端)也。在許當時確知訓裼之字作但不作袒。自許至今。【經傳:子史】皆爲袒裼。不爲但裼。賴【許書】僅存。可識字之本形本義。又以今字

(작) 作家出版社[董蓮池-說文解字考正] ⑨ 九州出版社[柴劍虹-說文解字] (금) 陝西人民出版社[蘇寶榮-說文解字今注今譯] ㊤ 上海古籍出版社[說文解字注] ㊥ 中華書局[臧克和-說文解字新訂]

改之。則古形古義不傳。且上文云袒、衣縫解也。裸裎裼下皆云袒也。不皆爲衣縫解乎。是許之不通甚矣。考【諸經傳】。凡中衣之外上衣。裘則有裼衣。裼衣之外上衣。『玉藻』。裘之裼也。見美也。服之襲也。充美也。鄭曰。裼者、免上衣。見裼衣。凡當盛禮者以充美爲敬。非盛禮者以見美爲敬。禮尙相變也。按覆裘之衣曰裼。行禮袒其上衣。見裼衣謂之裼。不露裼衣謂之襲。『鄭-注:玉藻』曰。袒而有衣曰裼。以別於無衣曰袒也。【經傳】凡單言裼者、謂免上衣也。凡單言袒者、謂免衣肉袒也。肉袒或謂之袒裼。『釋言』、『毛傳』皆曰。袒裼、肉袒也是也。許君肉袒字作「膻」。在〔肉部〕。而袒作但。與裼互訓。裼爲無上衣之但。嬴裎爲無衣之但。嬴裎亦肉膻也。字與鄭異而義同。裼襲之制詳見『聘禮:注疏』。》从衣。易聲。《先擊切。16部。『禮:注』曰。『古文-禮』裼皆爲賜。『詩:斯干』假借爲褅(裼)字。》/396

6

⑫

製 (제)【zhì ㄓˋ】(옷, 시문 등을)지을
설문 5126 裁衣也。从衣。制聲。《征例切。15部。按此篆處非其次。當本在裁篆之下。》/397

裾 (거)【jū ㄐㄩ】옷자락
설문 5059 衣袌也。《「袌」【各本】作「袍」。今依『韵會』正。上文云袌、褱也。褱物謂之袌。因之衣前衿謂之袌。『方言』。襌衣有袌者。趙魏之間謂之袪衣。郭云。前施袌囊也。房報切。按前施袌囊卽謂右外衿。『方言』。無袌者謂之裎衣。則今之對衿衣。無右外衿者也。褻衣無袌。禮服必有袌。上文之袥、衸謂無袌者。唐、宋人所謂衩衣也。『公羊傳』曰。反袂拭面。涕沾袍。此袍當作袌。『何-注』曰。衣前襟也。『釋器』。衣皆謂之襟。衱謂之裾。衱同袷。謂交領。袌連於交領。故曰衱謂之裾。郭景純曰。衣後襟。非也。『釋名』裾在後之說。非是。》从衣。居聲。讀與居同。《从居者、中可居物也。非謂在後常見踞。九魚切。5部。》/392

裻 (독)【dū ㄉㄨ】(상)㊥⑨(작) dú 등솔기 ■도:같은 뜻
설문 5048 衣躳(躬)縫。《躳从吕(呂)。自後言身也。躳與裻雙聲。下文曰𧝓、背縫。亦卽此字也。『方言』作「襩」。繞循謂之襩裺。郭云。衣督脊也。『莊子』作督。緣督以爲經。李云。緣、順也。督、中也。衣躳縫者、『深衣』云負繩及踝以應直是也。》从衣。毒聲。讀若督。《冬毒切。3部。》/392

◀제 9 획▶

𧝎 (타)【duò ㄉㄨㄛˋ】소매 없는 옷
설문 5047 無袂衣謂之𧝎。《『方言』文。》从衣。惰省聲。《徒臥切。17部。》/392

褆 (제)【tí ㄊㄧˊ】두툼한 옷、옷 좋을 ■시:화려한 의복 모양 ■치:같은 뜻
설문 5071 衣厚褆褆。《褆褆與媞媞義略同。『爾雅』曰。媞媞、安也。『篇』、『韵(韻)』又曰。衣服端正皃(貌)》从衣。是聲。《杜兮切。16部。》/393

複 (복)【fù ㄈㄨˋ】⑨(작) fú 本[(안을 댄)겹옷] 두개 이상이 포개질, 핫옷, 겹칠 ■부:거듭
설문 5070 重衣也。《「也」作「皃(貌)」者誤。凡 (凡)【古書】也皃二字互譌者多矣。引伸爲凡重之偁(稱)。複與復義近。【故書】多用復爲複。『吕(呂)覽』。水澤復。『注』曰。復或作複。涑重累也。『詩』。陶復陶(陶)穴。『鄭-注:月令』曰。古者複穴。》从衣。复(夏复)聲。《方六切。3部。》一曰褚衣。《褚見下文。裝衣也。》/393

褊 (편)【biǎn ㄅㄧㄢˇ】옷 작을, (폭, 도량이)좁을, 옷이 너풀거리는 모양 ■변:속음
설문 5084 衣小也。《引伸爲凡小之偁(稱)。》从衣。扁聲。《方沔切。14部。》/394

褍 (단)【duān ㄉㄨㄢ】(옷이 넓고)길
설문 5068 衣正幅。《凡(凡)衣及裳不衺殺之幅曰褍。『左傳』端委。『杜-注』。禮衣端正無殺故曰端。『周禮』。士有玄端、素端。鄭云。端者、取其正也。按褍者、正幅之名。非衣名。〔巾部:幨〕下曰。正褍裂。》从衣。耑聲。《多官切。14部。》/393

褎 (수)【xiù ㄒㄧㄡˋ】소매 ■유:옷치장한 모양, 벼잎 빼어난 모양
설문 5050 袂也。《『唐風:羔裘:傳』曰。褎猶袪也。蒙上章言之。褎引伸爲盛飾皃(貌)。『邶風:傳』曰。褎如、盛服皃。『董仲舒傳』曰。褎然爲擧(擧)首。『序:傳』曰。樂安褎褎。『生民:傳』曰。褎、長也。『箋』云。枝葉長也。皆其義也。》从衣。𥝢聲。《聲葢(蓋)衍字。𥝢非聲。衣之有褎猶禾之有𥝢。故曰从衣𥝢。似又切。3部。》袖 俗褎。从由。《由聲。》/392

褐 (갈)【hé ㄏㄜˊ】㉠(상)㊥⑨(작) hè 털옷(거친 털로 짠 옷)
설문 5122 編枲(枲)韈。《取未績之麻編之爲足衣。如今艸鞵之類。》一曰粗衣。《『文選:藉田賦:注』作「麁衣」。『廣韵(韻)』及『孟子:正義』作短衣。誤也。『趙-注:孟子』曰。褐以毳織之。若今馬衣者也。或曰枲衣也。一曰粗布衣。按趙云以毳。與『邠風:鄭-箋』云毛布合。馬衣卽『左傳:定:八年』之馬褐也。枲衣、亦謂編枲爲衣。褐、賤者之服也。》从衣。曷聲。《胡葛切。15部。》/397

襃 褒襃(포)【bāo ㄅㄠ】本[(넓고 큰)옷자락] 기릴(칭찬할) 俗作褒。
설문 5066 衣博裾。《博裾謂大其袌囊也。『漢書』。褒衣大招。謂大其衣袴之上也。引伸之爲凡大之偁(稱)。爲褒美。》从衣。保(保)省聲。《博毛切。古音在 3部。隸(隸)作「褒」、作「裒」。》保、古文保。/393

褕 (유)【yú ㄩˊ】고울(옷이 화려함) ■두:속음 ■요:(꿩 깃으로 장식한)황후옷
설문 5021 褕翟。《逗。二字舊刪(刪)褕字。今依『毛詩』補。》羽飾衣。《『庸風』。玼兮玼兮。其之翟也。『毛傳』曰。翟、揄狄、闕狄。羽飾衣也。釋文「揄」字又作「褕」。「狄」字又作

「翟」。依『說文』則『毛傳本』作「褕」、作翟也。〔羽部〕曰。翟、山雉。其衣曰褕翟、闕翟。故知爲羽飾衣也。毛、許云羽飾衣。未詳其制。內司服。褘衣、揄狄、闕狄。『玉藻』之記同。鄭仲師云。揄狄、闕狄畫(畵)羽飾。則釋爲畫。後鄭謂褘、揄卽『爾雅』之翬雉、搖雉字。狄卽翟字。翬衣搖翟皆刻繒爲之形。而采畫之。箸於衣以爲飾。因以爲名。闕翟刻而不畫。後鄭與毛異。亦與大鄭異。葢(蓋)毛、許謂褘褕闕爲衣服之名。褕闕系以翟故釋爲羽飾。褕者正字。揄者叚(假)借字也。後鄭則謂揄者叚借字。搖者正字也。許無搖雉之說。鄭不取褕字。然搖與翟、十四雉中二雉之名。【經】何不言搖衣。而偁(稱)搖又言翟也。其說似尙當審定矣。》 从衣。俞聲。《羊朱切。古音在 4部。》 一曰直裾謂之襜褕。《『方言』。「襜褕」、江淮南楚謂之「襢裕」。自關而西謂之「襜褕」。『釋名』。荆(荊)州謂「禪衣」曰「布襹」。亦曰「襜褕」。言其襜襜弘裕也。『師古-注:急就篇』及『雋不疑:傳』曰。直裾禪衣也。『史記:索隱』曰。謂非正朝衣。如婦人服也。》/389

褗 (언)【yǎn ㄧㄢˇ】 옷깃, 이불

설문 5029 褗領也。《三字句。褗領【各本】譌福領。字之誤也。今正。『方言』曰。衱謂之褗。郭曰。卽衣領也。戴先生云。衱卽『玉藻』、『深衣』、『曲禮』之袷字。交領也。『爾雅』。黼領謂之襮。孫炎曰。繡刺黼文以褗領也。『士昏禮:注』。卿大夫之妻刺黼以爲領。如今偃領矣。偃卽褗字。褗領古有此語。『廣韵(韻)』曰。褗、衣領也。》 从衣。匽聲。《於幰切。14部。》/390

褘 (위)【huī ㄏㄨㄟˉ】 폐슬(무릎 가리개), 향주머니, 앞치마 ■휘:황후의 제복

설문 5035 蔽厀也。《按蔽厀非韠也。許釋韠、市皆云所以蔽前。『鄭-注:禮』同。韠以蔽前、而非專蔽厀也。『方言』曰。蔽厀、江淮之閒謂之「褘」。或謂之「袚」。魏宋南楚之閒謂之「大巾」。自關東西謂之「蔽厀」。齊魯(魯)之郊謂之「袡(衻)」。許不云褘者、韠也。則知許不謂一物也。『釋名』曰。褘所以蔽厀前也。婦人蔽厀亦如之。亦不以爲一物。而已與許異。》 从衣。韋聲。《許歸切。15部。》『周禮』曰。王后之服褘衣。謂畫(畵)袍。《『周禮:內司服』。王后之六服。褘衣、揄狄、闕狄、鞠衣、展衣、綠衣。許「揄」作「褕」、「展」作「襢」。見上文。以褘衣系之褘下弟二義者、許必有所受矣。「袍」當作「衣」。大鄭曰。褘衣、畫(畵)衣。引『祭統:君卷冕』。夫人副褘。此古說也。至『後鄭-注』乃後褘讀爲翬。》/390

褚 (저)【chǔ ㄔㄨˇ】 ⑨ zhǔ 솜옷, 솜둗, (일정한 곳에)둘

설문 5125 卒也。《『方言』云。卒或謂之褚是也。郭云。言衣赤褚。音赭。》 从衣。者聲。《丑吕(呂)切。5部。》 一曰裝也。《「裝」【各本】作「製」。誤。今依『玉篇』、『廣韵(韻)』正。『左傳』。鄭賈人將寘荀罃褚中以出。此謂衣裝也。凡裝綿曰著。丑吕切。其字當作褚。『小正』。七月灌荼。灌、聚也。荼、萑葦之秀。爲將褚之也。褚之者、裝衣也。「將」【各本】作「蔣」。字之誤也。》/397

◀ 제 10 획 ▶

褱 회【huài ㄏㄨㄞˋ】 ㉻㊥⑨㉶ huái 품을 ※ 회(懷)와 같은 글자

설문 5052 裦也。《裦之爲言回也。袼之高下。可以運肘。袂之長短。反詘之及肘。》 一曰臧也。《此義與褢近。》 从衣。鬼聲。《戸(戶)乖切。15部。》/392

참고 회(褱)

褧 (경)【jiǒng ㄐㄩㄥˇ】 ㉶ qǐng 홑옷

설문 5043 檾衣也。《「衣」字舊無。今補。檾者、枲(枲)屬。績檾爲衣。是爲褧也。許意如是。若『鄭-箋:衞(衛)風』云。褧、禪也。不言禪用何物。『鄭風:箋』云。褧、禪也。葢(蓋)以禪縠爲之。與許說異。縠者、細絹也。以絲而非以枲矣。鄭說本『玉藻』。『玉藻』、『中庸』作絅。『禮經』作穎。皆假借字也。》『詩』曰。衣錦褧衣。《『衞:碩人』、『鄭:丰』同。》 示反古。《此許釋『詩』也。『毛傳』曰。衣錦、錦文衣也。夫人德盛而尊嫁。則錦衣加褧襜。『中庸』曰。衣錦尙絅。惡其文之箸也。鄭以『中庸』『箋-詩』。許云示反古。意亦略同。古者麻絲之作。葢先麻而後絲。故衣錦尙褧。歸眞反樸之意。》 从衣。耿聲。《去穎切。『廣韵(韻)』口迥切。11部。》/391

褫 (치)【chǐ ㄔˇ】 옷 빼앗을, (옷을)벗을, 옷에 헌 솜으로 엮을■치:풀, 끄를

설문 5108 奪衣也。《「奪」當作「敓」。許訓奪爲遺失。訓敓爲彊取也。此等恐非許原文。後人以今字改古字耳。『周易:訟:上九』。或錫之鞶帶。終朝三褫之。侯果曰。褫、解也。鄭玄、荀爽、翟元皆作三拕之。荀、翟訓拕爲奪。『淮南書』曰。秦牛缺遇盜拕其衣。『高-注』。拕、奪也。拕者、褫之假借字。17、16 2部音冣(最)近也。引伸爲凡敓之偁(稱)。》 从衣。虒聲。讀若池。《直离切。16部。》/396

褭 뇨【niǎo ㄋㄧㄠˇ】 말 배때 끈, 좋은 말 이름, 금 이름, 간드러질

설문 5133 吕(以)組帶馬也。《『百官志:注』曰。秦爵二十等。三曰簪褭。御駟馬者。按於本義引伸之。因以爲馬名。要褭、古之駿馬也。》 从衣。从馬。《衣馬、以組帶馬之意也。奴鳥(鳥)切。2部。》/397

褮 (영)【yīng ㄧㄥˉ】 ㉻㊥ yíng 수의, 죽은 이에 입히는 옷 ■앵:같은 뜻

설문 5131 鬼衣也。《鬼衣猶䰟(魂)衣。明器之屬也。〔鬼部〕曰。魃、鬼服也。引『韓詩:傳』鄭交甫逢二女魃服。『釋器』曰。衱謂之褮。郭云。衣開孔。非許義也。》 从衣。熒省聲。讀若『詩』曰。葛藟縈之。一曰若靜女其袾之袾。《「之袾」當作「之靜」。於營切。11部。》/397

褰 건【qiān ㄑㄧㄢˉ】 바지, 걷을, 주름 잡힐

설문 5062 絝也。《『昭:卄五年:左傳』曰。公在乾侯。徵褰與襦。杜曰。褰、絝也。『方言』曰。絝、齊魯(魯)之間謂之䙭。按『今-方言』作䙭。俗字也。褰之本義謂絝。俗乃假爲騫衣字。騫、虧也。古騫衣字作攓。今假褰而褰之本

義廢矣。》从衣。寒省聲。《去虔切。14部。『字林』己偃反。》『春秋傳』曰。徵褰與襦。/393

형성 (1자) 건(攐 [seal])7466

褱 회【huái ㄏㄨㄞˊ】옷 속에 감추어 낌, 품을 ※ 회(懷)의 옛 글자

설문 5054 俠也。《「俠」當作「夾」。轉寫之誤。〔亦部〕曰。夾、盜竊褱物也。从亦有所持。俗謂蔽人俾夾是也。腋有所持。褱藏之義也。在衣曰褱。在手曰握。今人用「懷挾」字。古作「褱夾」。》从衣。眔聲。《眔从隶省聲。15部。戶乖切。》一曰橐。/392

유사 오를 양(襄)

형성 (3자) 회(懷 [seal])6447 회(瀤 [seal])6771 괴(壞 [seal])8702

6 ⑫

◀ 제 11 획 ▶

⿰衤區 (구)【yú ㄩˊ】㊤㊥⑨㊢ yǔ ㊢ ōu 턱받기, 머리쓰개

설문 5121 編枲(臬)衣。《謂取未績之麻編之爲衣。與艸雨衣相類。衣之至賤者也。》一曰頭⿰衤區。《月下曰。小兒蠻夷頭衣也。頭⿰衤區蓋(蓋)卽頭衣。僅冒其頭耳。》一曰次裹衣。《『方言』曰。緊袼謂之⿰衤區。郭曰。卽小兒次衣也。騶洛嘔三音。次裹、今俗語尙如此。小兒服之衣外。以受次者。》从衣。區聲。《於武切。又於侯切。4部。》/397

褸 (루)【lǚ ㄌㄩˇ】헌 누더기(해진 옷), (해진 곳을)기울

설문 5032 衽也。《『方言』曰。褸謂之衽。『注』。衣襟也。或曰。裳際也。又曰。褸謂之袩。『注』。卽衣衽也。按郭云衣襟者、謂正幅。云裳際者、謂旁幅。謂衽爲正幅者、今義非古義也。衽者、殺而下者也。故引伸之衣被醜弊。或謂之「褸裂」。或謂之「襤褸」。或謂之「緻」。》从衣。婁聲。《力主切。古音在 4部。》/390

褺 (첩)【dié ㄉㄧㄝˊ】⑨ diē 겹옷, 현이름

설문 5080 重衣也。《凡(凡)古云衣一襲者、皆一褺之假借。褺讀如重疊(疊)之疊。『文選(選):王命論』。思有短褐之襲。『李-注』引『說文』。襲、重衣也。『王命論』本作「褺」。『李-注』時不誤。淺人妄改『文選』耳。『漢書:敘傳』作短褐之褻。師古釋以親身之衣。不知爲褺字之誤也。【古書】之難讀如此。》从衣。執聲。《徒叶切。8部。》巴郡有褺江縣。《『今-地理志、郡國志』巴郡下皆作「墊江縣」。蓋(蓋)淺人所改也。據孟康曰。音重疊之疊。知『漢書』本不作「墊江」也。墊江縣在今四川重慶府合州。嘉陵江、涪江、渠江會於此入大江。水如衣之重複然。故以褺江名縣。》/394

※ 설(褻)과는 다른 글자다.

褻 (설)【xiè ㄒㄧㄝˋ】속옷, 평복

설문 5092 私服。《私褻疊韵(疊韻)。『論語』曰。紅紫不以爲褻服。引伸爲凡昵狎之偁(稱)。假借爲媟字。》从衣。執聲。《私列切。15部。》『詩』曰。是褻袢也。《『鄘風:君子偕老』文。『今-詩』「褻」作「紲」。按『毛傳』云。是當暑袢延之服。當暑二字釋褻也。》/395

褽 (위)【wèi ㄨㄟˋ】옷깃, (자리를)깔 ■외:혹음

설문 5099 衽也。《此衽當訓衽席。『左傳』。歸國子之元。寘(寘)之新篋。褽之以玄纁。加組帶焉。杜曰。褽、薦也。與許云衽也義同。》从衣。尉(尉)聲。《「聲」字今補。於胃切。15部。》/395

⿰衤啻 褅(체)【tì ㄊㄧˋ】포대기

설문 5067 緥也。《『小雅:斯干』曰。載衣之裼。『傳』曰。裼、緥也。此謂裼卽⿰衤啻之假借字也。易聲啻聲古音同在 16部。故借但裼字爲⿰衤啻字。釋文曰。『韓詩』作「褅」。褅、『集韵(韻)』云或⿰衤啻字。『韓詩』用正字。『毛詩』用假借字也。緥者、小兒衣也。》从衣。啻聲。《他計切。16部。》『詩』曰。載衣之⿰衤啻(褅)。/393

褿 (조)【cáo ㄘㄠˊ】㊢ cāo 치마, 어린 아이 옷

설문 5115 帴也。《〔巾部〕曰。帴、帬也。一曰被也。一曰婦人脅衣。》从衣。曹聲。《昨牢切。又七刀切。3部。》/396

襁 (강)【qiǎng ㄑㄧㄤˇ】포대기, (어린애를 업는)띠

설문 5026 負兒衣。从衣。強聲。《居兩(兩)切。按古繦緥字从糸不从衣。淺人不得其解。而增襁篆於此。叚(假)令許有此字。當與⿰衤啻(褅)篆爲類矣。當刪(刪)。說詳〔糸部〕。》/390

⿰衤鳥 (조)【diǎo ㄉㄧㄠˇ】㊤㊥⑨㊢ diāo 짧은 옷

설문 5079 短衣也。《『釋名』曰。三百斛曰䑠。䑠、貂也。貂、短也。今俗語尙呼短尾曰貂尾。【許書】無貂。當作⿰衤鳥。以短衣之義引伸也。》从衣。鳥(鳥)聲。《都僚切。2部。》『春秋傳』曰。有空⿰衤鳥。《曰疑衍。「空」疑當作「公」。卽『昭:廿五年:左傳』之季公鳥也。》/394

襄 襄 양【xiāng ㄒㄧㄤ】(높은 곳에)오를, 치울, 이룰, 도울, 탈것

설문 5087 漢令。解衣而耕謂之襄(襄)。《而字依『韵會』補。此襄字所以从衣之本義。惟見於漢令也。引伸之爲除去。『爾雅:釋言』、『詩:牆有茨出車:傳』皆曰。襄、除也。『周書:謚(諡)法』云。辟地有德曰襄。凡云攘地、攘夷狄皆襄之假借字也。又引伸之爲反復。『大東:傳』云。襄、反也。謂除此而復乎彼也。『釋言』又曰。襄、駕也。此驤之假借字。凡云襄上也、襄擧(擧)也皆同。又『馬-注:皋(皐)陶謨』曰。襄、因也。『謚法』因事有功曰襄。此又攘之假借字。有因而盜曰攘。故凡因皆曰攘也。今人用襄爲補佐之義。古義未嘗有此。》从衣。㐮聲。《息良切。10部。》 𡲑古文襄。《不能得其會意形聲所在。》/394

【金】下曰:五色金也。黃爲之長。久薶不生衣。百鍊不輕。/702

유사 품을 회(褱)

성부 㐮양

형성 (18자+1) 양(禳)53 양(蘘)255 양(讓)1609 양([月襄])2531 양([竹襄])2828 향(饟)3090 낭(囊)3741 양([襄阝])3915 낭(曩)4061 양(穰)4246 양(驤)5888 양(攘)7469 양(孃)7947 양(纕)8275 상(蠰)8437 양(壤)8613 양(鑲)8848 양(瀼)

◀ 제 12 획 ▶

襋 (극)【jí ㄐㄧˊ】옷깃
설문 5027 衣領也。《領者、頸項也。因以爲衣在頸之名。『魏風』。要之襋之。『毛傳』曰。要、要也。襋、領也。按裳之上曰要。衣之上曰領。皆以人體名之也。『士喪禮』云。襚者左執領。右執要。》从衣。棘聲。《棘之言亟也。領爲衣之亟者。故曰襋。己力切。1部。亦作「極」。》『詩』曰。要之襋之。/390

[衤圍] (위)【wéi ㄨㄟˊ】겹옷 모양
설문 5069 重衣兒(貌)。从衣。圍聲。《羽非切。15部。》『爾雅』曰。[衤圍][衤圍]襀襀。《『今-爾雅』無此文。『釋訓』。洄洄、惛也。釋文云。洄、本或作幗。引『字林』幗、重衣兒(貌)。按『玉篇』作佪佪、惛也。而『潛夫論』云。佪佪潰潰。荅(蓋)用『爾雅』文。『字林』幗卽[衤圍]字。據『潛夫論』則『爾雅』故有潰潰字。許所見潰作襀。襀字見『周禮:夏采職-故書』。杜子春易爲綏。許不從【故書】。無襀篆。》/393

襌 (단)【dān ㄉㄢ】홑옷, 속옷
설문 5086 衣不重。《此與重衣曰複爲對。》从衣。單聲。《都寒切。14部。》/394

雜 (잡)【zá ㄗㄚˊ】섞일, 어수선할
설문 5098 五采相合也。《與辭字義略同。所謂五采彰施於五色作服也。引伸爲凡參錯之偁(稱)。亦借爲聚集字。『詩』言襍(雜)佩。謂集玉與石爲佩也。『漢書』凡言襍治之。猶今云會審也。》从衣。集聲。《此篆荅(蓋)本从衣雧。故篆者以木移左衣下作「䨪」。久之改雥爲隹。而仍作雜也。組合切。7部。》/395

襐 (상)【xiàng ㄒㄧㄤˋ】머리꾸미개, 꾸밀
설문 5090 襐飾也。《【各本】作「飾也」。奪襐。今補。此三字爲句。如偓佺、離黃之類。淺人泛謂爲複字可刪(刪)而刪之耳。〔巾部:飾〕字下云。襐飾也。亦三字爲句。『廣韵』曰。襐、未笄冠者之首飾也。》从衣。象聲。《徐兩切。10部。》/395

襑 (심)【xún ㄒㄩㄣˊ】㊿상㊥⑨㉿작 tǎn 옷 클 ■탐: 옷 클
설문 5065 衣博大也。从衣。尋(尋)聲。《他感切。古音在 7部。『篇』、『韵(韻)』皆亦似林切。》/393

[衤啻] 褅(체)【tì ㄊㄧˋ】포대기
설문 5067 緥也。《『小雅:斯干』曰。載衣之裼。『傳』曰。裼、緥也。此謂裼卽[衤啻]之假借字也。易聲啻聲古音同在 16部。故借但裼字爲[衤啻]字。釋文曰。『韓詩』作「褅」。褅、『集韵(韻)』云或[衤啻]字。『韓詩』用正字。『毛詩』用假借字也。緥者、小兒衣也。》从衣。啻聲。《他計切。16部。》『詩』曰。載衣之[衤啻](褅)。/393

[衣㠭] 전【zhàn ㄓㄢˋ】왕후가 입는 붉은 비단옷, 붉은 저사(紵紗)옷. 주름잡힌 고운 명주
설문 5020 丹縠衣也。《縠、細絹也。『庸風』。瑳兮瑳兮。其之展也。『毛詩:傳』禮有展衣者。以丹縠爲衣。馬融從之。許說同。『先後鄭-注:周禮』及『劉(劉)氏-釋名』皆云。展衣白。後鄭云。展衣以禮見王及賔(賓)客之服。字當爲襢。襢之言亶。亶、誠也。按『詩』、『周禮』作展。叚(假)借字也。『玉藻』、『襍記』作襢。後鄭從之。許作[衣㠭]。漢禮家文字不同如此。》从衣。㠭聲。《知扇切。14部。》/389
성부 展전

◀ 제 13 획 ▶

[衤黹] (치)【zhǐ ㄓˇ】옷 꿰맬
설문 5107 紩衣也。《〔糸部〕曰。紩者、縫也。縫者、以鍼紩衣也。『方言』曰。襜褕、其敝者謂之緻。『注』云。緻、縫納敝故之名也。丁履反。按緻卽[衤黹]字。黹爲鍼刺。[衤黹]爲縫敝衣。與補組二字義略同。》从衣黹。《會意。》黹亦聲。《諸几切。15部。》/396

襗 (탁)【duó ㄉㄨㄛˊ】속고의(아랫도리에 입는 속옷)
설문 5061 絝也。《絝者、脛衣也。按『周禮-玉府:注』云。燕衣服者、巾絮寢衣袍襗之屬。『論語』。紅紫不以爲褻服。『鄭-注』云。褻衣、袍襗。『秦風』。與子同澤。『傳』曰。澤、潤澤也。『箋』云。襗、褻衣。近汗垢。『釋名』曰。汗衣、近身受汗垢之衣也。『詩』謂之澤。受汗澤。『廣韵(韻)』此字三見。一曰褻衣。一曰袗襗。一曰衣襦。亦皆不云絝。○ 又按毛云。潤澤也。『箋』云。襗、褻衣。此荅(蓋)毛作潤襗。故『箋』冡襗而釋之。潤襗、衣名也。》从衣。睪(睪)聲。《徒各切。5部。『玉篇』云。『說文』大各切。則大徐用舊音也。襗篆舊在衸下袉上。今移此。與下三篆相屬。》/393

襘 (괴)【guì ㄍㄨㄟˋ】띠매듭
설문 5042 帶所結也。《『昭:十一年:左傳』。叔向曰。衣有襘。帶有結。視不過結襘之中。所以道容貌也。『杜-注』。襘、領會。結、帶結也。『玉藻』、『曲禮』、『深衣』皆謂交領曰袷。襘卽袷。會合同義。且叔向視不過結襘之中。卽『曲禮』視天子不上於袷。不下於帶。『玉藻』侍君視帶以及袷也。然則『杜-注』得之。許合繪結二者爲一。似誤矣。『杜-注』當仍賈、服之舊。》从衣。會聲。《古外切。15部。》『春秋傳』曰。衣有襘。/391

襚 (수)【suī ㄙㄨㄟ】㊿상㊥⑨㉿작 suì 수의(죽은 사람에게 입히는 옷), 옷
설문 5128 衣死人也。《『士喪禮』。君使人襚。『注』。襚之言遺也。『公羊傳』曰。車馬曰賵。貨財曰賻。衣被曰襚。『注』。襚猶遺也。遺是助死之禮。知生者賵賻。知死者贈襚。》从衣。遂聲。《徐醉切。15部。》『春秋傳』曰。

楚使公親襚。《『襄:二十九年:左傳』文。楚欲使襄公䄙衣死人。故下文魯(魯)行君臨臣喪之禮。以報之也。》/397

褋 (접)【lié ㄌㄧㄝˊ】 ㊸㊥⑨㉄ dié 홑옷

설문 5040 南楚謂禪衣曰褋。《『九歌』曰。遺余褋兮醴浦。『方言』曰。禪衣、江淮南楚之間謂之褋。關之東西謂之禪衣。按『屈原賦』當用南楚語。王逸云襜襦。殆非也。》从衣。葉聲。《【各本】作「𧛾」。而篆體乃作「褋」。是改篆而未改說解也。枼者、薄也。禪衣故从枼。『方言』、『廣雅』、『玉篇』、『廣韵(韻)』皆作「褋」。至『集韵』乃云褋省作「𧛾」。正誤於已改之『說文』耳。今正。徒叶切。8部。》/391

襛 (농)【nóng ㄋㄨㄥˊ】 (옷이)두툼할, 얼굴이 예쁜 모양 ■융:같은 뜻

설문 5072 衣厚皃(貌)。《凡(凡)農聲之字皆訓厚。醲、酒厚也。濃、露多也。襛、衣厚皃(貌)也。引伸爲凡多厚之偁(稱)。『召南』曰。何彼襛矣。『唐棣之華:傳』曰。襛猶戎戎也。按『韓詩』作茙茙。卽戎戎之俗字耳。戎取同聲得其義。》从衣。農聲。《汝容切。9部。》『詩』曰。何彼襛矣。《『詩:俗本』作「穠」。誤。》/393

襜 (첨)【chān ㄔㄢˉ】 행주치마, 홑옷, 수레에 치는 휘장 ■담:땅이름

설문 5055 衣蔽前。《『釋器』曰。衣蔽前謂之襜。此謂衣。非謂蔽厀也。引伸之凡(凡)衣或曰襜褕。或曰襜 襦。皆取蔽義。又引伸之凡所用蔽謂之襜。巾車皆有容葢(蓋)。大鄭曰。容謂「幨車」。山東謂之「裳幃」。或曰「潼容」。幨卽襜字也。『詩:毛傳』曰。帷裳、婦人之車。帷裳卽裳幃也。『士昏禮』。婦車有裧。『襍(雜)記』。其輤有裧。裧亦卽襜字。》从衣。詹聲。《處占切。8部。》/392

襞 (벽)【bì ㄅㄧˋ】 (옷의)주름, 접을

설문 5101 韏衣也。《〔韋部〕曰。革中辨謂之韏。革中辨者、取革中分其廣摺疉(疊)之。『廣雅』曰。韏、曲也。又曰。韏、詘也。衣之襵如革之襵。故曰韏衣。『士冠禮』。皮弁服素積。『注』曰。積猶辟也。以素爲裳。辟蹙其要中。『子虛(虛)賦』。襞積褰縐。張揖曰。襞積、簡䊲也。「襞」、【經傳】作「辟」。「積」、俗作「襀」。「簡」、俗作「襉」。襞亦謂之襵。襵之涉反。》从衣。辟聲。《必益切。16部。》/395

𧝹 (라)【luǒ ㄌㄨㄛˇ】 벌거숭이 ※ 라(裸)와 같은 글자

설문 5109 但也。《「但」【各本】作「袒」。今正。『左傳』。欲觀其裸。『正義』曰。裸謂赤體無衣也。『大戴-禮』曰。倮蟲三百六十。聖人爲之長。『王制』。𧝹股肱。『注』曰。捋衣出其臂脛也。按〔人部〕曰。但、裼也。謂免上衣。露裼衣。此裸裎皆訓但者。裸裎者、但之尤甚者也。》从衣。𣎆聲。《郎果切。17部。》 裸𧝹或从果。《果聲也。俗作「臝」。致爲不通。》/396

襡 (두)【shǔ ㄕㄨˇ】 짧은 옷 ■속:속음 ■착:같은 뜻 ■촉:긴 속옷, 통치마 ■독:쌀

설문 5081 短衣也。《『篇』、『韵(韻)』皆襡與襩爲二字。義別。『韵會』合而一之。非是。『晉書:夏統傳』。使妓女服袿襡。》从衣。蜀聲。讀若蜀。《市玉切。3部。》/394

◀ 제 14 획 ▶

齋 (자)【zī ㄗˉ】 꿰맬, 상옷 아랫단 혼 것, 치마

설문 5119 緶也。裳下緝。《【各本】無「裳下緝」三字。今依『韵(韻)會』補。依『釋名』當作「緝下」。緝下、橫縫緝其下也。緶者、㨗衣也。緝同㨗。漢時通用。『論語:鄕(鄉)黨:孔-注』曰。衣下曰齊。『玉藻』。縫齋倍要。『正義』曰。齋謂裳之下畔。『深衣』。下齋如權衡以應平。『注』曰。齋、緝也。『禮:喪服:疏衰裳齊疏』云。衰裳旣就。乃始緝之。故言齊在衰裳下。不比言斬在衰上也。按【經傳】多假齊爲之。亦省作齋。》从衣。𠫝(齊)聲。《卽夷切。15部。》/396

𧟀 (착)【zhuó ㄓㄨㄛˊ】 옷질질 끌릴、긴 옷 ■독:같은 뜻

설문 5082 衣至地也。从衣。斲聲。《竹角切。3部。》/394

襤 (람)【làn ㄌㄢˋ】 ㊸㊥⑨㉄ lán 헌 누더기, 해진 옷

설문 5046 裯謂之襤褸。《裯謂袛裯。『九辨』。被荷裯之晏晏。王曰。裯、袛裯也。『方言』曰。裯謂之襤。『郭-注』。袛裯、敝衣。亦謂襤褸。按『說文:褸』字疑衍。袛 裯亦名襤耳。不如郭說也。》襤、《逗。》無緣衣也。《「衣」字依『韵(韻)會』補。『方言』又曰。無緣之衣謂之襤。楚謂無緣之衣曰襤。故袛裯無緣則謂襤也。〔巾部:幋〕下曰。楚謂無緣衣也。襤與幋同。》从衣。監聲。《魯甘切。8部。》/392

襦 (유)【rú ㄖㄨˊ】 本[저고리] 속옷, 동옷(종이를 넣어 만든 옷)

설문 5083 短衣也。《『方言』。襦、西南蜀漢之間謂之「曲領」。或謂之「襦」。『釋名』有反閉襦、有單襦、有要襦。『顏(顏)-注:急就篇』曰。短衣曰襦。自膝以上。按襦若今襖之短者。袍若今襖之長者。》从衣。需聲。《人朱切。古音在 4部。襦之言濡也。猶襗之言澤也。》一曰㬺衣。《一曰與一名同。非別一義也。〔日部〕曰。安㬺、溫也。然則㬺衣猶溫衣也。『內則』。衣不帛襦袴。『注』曰。不用帛爲襦袴。爲大溫傷陰氣也。『釋名』曰。襦、耎也。言溫耎也。》/394

◀ 제 15 획 ▶

襭 (힐)【jié ㄐㄧㄝˊ】 ㊸㊥⑨㉄ xié 옷깃

설문 5113 㠯(以)衣衽扱物謂之襭。《扱、收也。『周南』。采采芣苢。薄言襭之。『爾雅』曰。扱衽謂之襭。『毛傳』同。》从衣。頡聲。《胡結切。12部。》 擷襭或从手。/396

襮 (박)【bó ㄅㄛˊ】 (수를 놓은)옷깃

설문 5028 黼領也。《白與黑相次文謂之黼。黼領、刺黼文於領也。『唐風』。素衣朱襮。『釋器』曰。黼領謂之襮。『毛傳』曰。襮、領也。諸矦繡黼丹朱中衣。『箋』云。繡當爲綃。綃黼丹朱中衣。中衣以綃黼爲領、丹朱爲純也。按或借爲「表暴」字云「表襮」。》从衣。㬥(暴)聲。《蒲沃切。

㉄ 作家出版社〔董蓮池-說文解字考正〕 ⑨ 九州出版社〔柴劍虹-說文解字〕 ㉦ 陝西人民出版社〔蘇寶榮-說文解字今注今譯〕 ㊸ 上海古籍出版社〔說文解字注〕 ㊥ 中華書局〔臧克和-說文解字新訂〕

3部。》『詩』日。素衣朱襮。/390

◀ 제 16 획 ▶

襱 (롱)【lóng ㄌㄨㄥˊ】㉮ zhōng바짓가랑이

설문 5063 絝踦也。《『方言』日。袴、齊魯(魯)之間謂之襱。或謂之襱。『郭-注』。今俗呼袴踦爲襱。音鮦魚。按袴踦對下文袴上言。袴之近足狹處也。》从衣。龍聲。《丈冢切。9部。》襩襱或从賣。《賣聲也。3部與 9部合音爲近。如『急就篇』「華洞樂」。『皇象碑』及『廣韵(韻)』作「華隫樂」。》/393

襲 습【xí ㄒㄧˊ】옷 껴입을, 옷 한벌, 물려받을, 엄습할

설문 5037 ナ(左)衽袍。《小斂大斂之前衣死者謂之襲。『士衺(喪)禮』。乃襲三稱。『注』日。遷尸於襲上而衣之。凡衣死者。左衽不紐。按『喪大記』。小斂大斂。祭服不倒。皆左衽結絞不紐。襲亦左衽不紐也。袍、褻衣也。『記』日。纊爲繭。縕爲袍也。許日。袍、襺也。『士喪禮』。襲衣有爵弁服、皮弁服、褖衣。『注』。褖衣所以表袍者。子羔之襲繭衣裳與稅衣爲一是也。斂始於襲。襲始於袍。故單言袍也。習字引申爲凡掩襲之用。若『記』日帛爲褶。『士喪禮-古文』作襲。假借字也。『喪大記』、『玉藻』用『禮-今文』作褶。『注』日。褶、袷也。有表裏而無著。許依『古文-禮』。故不收褶字。凡【經典】重襲之義。如筮襲于夢。武王所用。祥襲則行。不襲則增。修德而改卜。「皆」當作「褶」。褶義之引申。》从衣。龖省聲。《似入切。7部。》襲籒文襲不省。/391

◀ 제 19 획 ▶

襺 (견)【jiǎn ㄐㄧㄢˇ】솜옷

설문 5039 袍衣也。从衣。繭聲。《古典切。12部。『玉藻』作繭者、字之叚(假)借也。絮中往往有小繭。故絮得名繭。》㠯(以)絮曰襺。㠯縕曰袍。《旣渾言而又析言之也。『玉藻』言纊。許言絮者、〔糸部〕日纊、絮也。『鄭-注:玉藻』縕謂新綿及舊絮。故纊專爲新綿。許縕謂紼。故纊爲絮。不分新舊。〔糸部〕日。縕、紼也。紼、亂枲(枲)也。亂枲卽亂麻。『蒯通傳:注』及『廣韵(韻)』云亂麻是也。『孔安國-論語:縕袍:注』亦日枲著。孔、許與鄭異。似孔、許爲長。》『春秋傳』日。盛夏重襺。《『襄:二十一年:左傳』日。薳子馮方暑。掘地下冰(氷)而牀焉。重襺衣裘。許檃栝其語。》/391

146	襾	襾
6-29		덮을 아

襾 아【yà ㄧㄚˋ】〔〕설문부수 280 ㉮ xià 덮을

설문 4643 覆也。从冂上下覆之。《下字賸。冂者自上而下也。凵者自下而上也。故日上覆之。覆者、覂也。从一者、天也。上覆而不外乎天也。》凡襾之屬皆从襾。讀若晋。《呼訝切。古音在 5部。》/357

유사 서녘 서(西)

성부 부록 색인 참조

형부 襾를 부수로 하는 대부분의 글자들

◀ 제 0 획 ▶

西 서【xī ㄒㄧˉ】[설문부수 434] 서녘(으로 향할)(襾부 0획)

설문 7348 鳥在巢(巢)上也。象形。《下象巢。上象鳥。會意。上下皆非字也。故不日會意而日象形。鳥在巢上者、此篆之本義。今音先稽切。古音讀如詵、讀如僊。如西施亦作先施。『漢書』日。西、遷也。古音在12、13部。》日在𠧧(西)方而鳥𠧧。《上西、卽下文東西之西也。下西、西之本義也。》故因㠯(以)爲東𠧧之𠧧。《此說六書叚(假)借之例。叚借者、本無其字。依聲託事。【古本】無東西之西。寄託於鳥在巢上之西字爲之。凡許言以爲者類此。韋本訓相背、而以爲皮韋。烏本訓孝烏、而以爲烏呼。來本訓瑞麥、而以爲行來。朋本古文鳳、而以爲朋攩。子本訓十一月昜气(陽氣)動萬物滋(滋)、而以謂人偁(稱)。後人習焉不察。用其借義而廢其本義。乃不知西之本訓鳥在巢。韋之本訓相背。朋之本訓爲鳳。逐末忘本。大都類是。微許君言之。烏能知之。》凡𠧧之屬皆从𠧧。棲𠧧或从木妻。《荄(蓋)从木、妻聲也。从妻爲聲。荄製此篆之時已分別𠧧爲東𠧧、棲爲鳥在巢。而其音則皆近妻矣。『詩』可以棲遲、『漢-嚴發碑』作衡門西遲。然則雞棲于塒、雞(鷄)棲于桀、【古本】必作雞西。『論語』爲是棲棲、【古本】亦必作西西。》卥古文𠧧。卤籒文𠧧。《按卤下日从西省。若籒文西如此、則卤正从籒文卤矣。》/585

6 ⓪

유사 녁 사(四) 짝지을 필(匹)

성부 酉유 垔인

형부 휴(垔)

형성 (1자) 천(茜)363 쇄(洒)7067

◀ 제 3 획 ▶

要 요【yāo ㄧㄠˉ】㉮ yào 本[허리] 목(중요한 곳), 구할, 반드시

설문 1691 身中也。象人𦥔(要)自臼之形。从臼。《按【各本】篆作𦥔。從臼下有交省聲三字。淺人所妄改也。今依『玉篇』、『九經字樣』訂。『顧氏、唐氏-所據:說文』未誤也。『漢:地理志』。北之大𦥔(要)縣。『注』。一遙反。上黨沾縣大𦥔谷。淸漳水所出。『說文』、『水經:注』作大要谷。【今志】誤爲黽字矣。上象人首。下象人足。中象人𦥔。而自臼持之。故從臼。必從臼者、象形猶未顯。人多護惜其𦥔故也。於消切。2部。》𦥔古文𦥔。《按今人變爲要。以爲要約、簡(簡)要字。於消、於笑(笑)切。》/105

형성 (2자) 요(葽)454 요(旚)4102

◀ 제 5 획 ▶

䙴 선 천【qiān ㄑㄧㄢˉ】높이 오를(282)

설문 1687 升高也。《升之言登也。此與〔辵(辶)部:遷〕揭音義同。》从舁。囟(囟)聲。《囟音信。卷音遷。合音也。七然切。14部。》 𢍁或从卩。《卩謂所登之階級也。『郊祀志』。湯伐桀。欲卷夏社。不可。『地理志』。『春秋經』日。衞卷(衛卷)于帝丘。》 𢍁古文舁(卷)。/105

성부 票要興표 卷䙴선

要 (봉)【fěng ㄈㄥˇ】 ㉠ fēng 엎을, 엎어질, 다할

설문 4644 覆也。《『武帝紀』。泛駕之馬。師古日。泛、覆也。音方勇反。字本作「要」。後通用耳。『廣韵(韻)』正作「要駕之馬」。『食貨志』。大命將泛。孟康日。泛音方勇反。『玉篇』正作大命將要。》 从襾。乏(亚)聲。《方勇切。古音在 7部。》 /357

◀ 제 6 획 ▶

6
⑫

垔 (휴)【xī ㄒㄧ】 성씨, 더러울, 낮을

설문 7349 姓也。从𠚑(西)。圭聲。《戶垔圭切。按【許書】自〔女部:姬姜〕等十二字而外。未有云姓者。古之神聖、母感天而生。故字从女。是以姬姜等十二字皆从女。其他繼別爲氏。或以字、或以官、或以邑。雖亦可謂之姓。而其字不容列於『說文』。黃帝姬姓。而黃帝之子十二姓者。除姬姞字外。酉祁已滕箴任荀僖儇依十字、許皆不云姓是也。惟〔夨部:吳〕下云姓也、郡也。爲妄人所增。而此垔(垔)篆解云姓也。雖篆文亦屬僞羼。葢(蓋)必有妄人以【許書】無其姓爲恥而竄入之。傳寫遂莫之察。許果有此篆、必釋其本義。不徒云姓也。小徐云。『張-說:梁四公子記』有垔闔。依『廣韵(韻)』梁四公子字作「垔」。與垔各字。》 /585

覃 覃 담【tán ㄊㄢˊ】 뻗을, 퍼질, 미칠(닿을), 깊을 ■염:날 설(利也) ■심:같은 뜻

설문 3192 長味也。《此與〔酉部:醰〕音同義近。醰以覃會意也。引伸之凡長皆曰覃。『葛覃:傳』日。覃、延也。凡言覃及、覃思義皆同。【經典】葛覃字亦假蕈爲之。》 从㫗(厚)鹹省聲。《當作「鹹省、鹹亦聲」。以从鹹故知字本義爲味長也。徒含切。古音在 7部。》 『詩』日。實覃實吁。《『大雅』文。『傳』日。覃、長也。訏、大也。許作吁、疑轉寫誤。》 𠧷古文覃。 𠧷篆文覃省。《今隸(隸)本此。以古𠧷、篆𠧷推之。則𠧷乃籒也。先籒後篆者、〔丄部〕之例也。》 /229

형성 (17자) 담(禫)72 심(蕈)457
담(嘾)842 심(瞫)2073 점(簟)2783
담(橝)3496 담(鄿)3981 담(橝)4296
담(驔)5866 섬(燂)6186 담(潭)6710
심(鱏)7258 탐(撢)7632 념(嬋)7934
음(蟫)8409 심(鐔)8960 담(醰)9381

◀ 제 12 획 ▶

覆 (복)【fù ㄈㄨˋ】 엎어질, 넘어질, 넘어뜨릴 ■부:덮을, 덮개

설문 4645 要也。《反也。覆要反三字雙聲。〔又部:反〕下日。覆也。反覆者、倒易其上下。如襾从冂而反之爲凵也。覆與復義相通。復者、往來也。》 从襾。復聲。《此舉(擧)形聲包會意。芳福切。3部。》 一日。葢(蓋)也。《此別一義。〔艸部〕日。葢者、苫也。苫者、葢也。上文云。一者、覆也。皆此義。【古本】與上義同一音。南音乃別此義爲敷救切。》 /357

◀ 제 13 획 ▶

覈 覈(핵)【hé ㄏㄜˊ】 핵실할(사실을 조사할), 엄할, 씨 ■혈:맞을(邀也) ■흘:보리싸라기

■교:뼈

설문 4646 實也。《凡有骨之偁(稱)也。骨下日。肉之覈也。『蔡邕-注:典』引日。有骨日覈。『周禮』。其植物日覈物。謂梅李之屬。按『詩:小雅』。肴覈維旅。『典』引及『注』不誤。『蜀都賦』作「槅」。叚(假)借字也。【今本】作「核」。『傳』譌也。『周禮:經』作「覈」。『注』作「核」。葢(蓋)漢人已用核爲覈矣。》 攷事襾笮邀遮其辭得實日覈。《襾者、反覆之。笮者、迫之。徼者、巡也。遮者、遏也。言攷事者定於一是。必使其上下四方之辭皆不得逞。而後得其實。是謂覈。此所謂咨於故實也。所謂實事求是也。》 从襾。敫聲。《下革切。古音當在 2部。》 𧟠覈或从雨。《亦襾意。》 /357

제 7 획

147 7-01

見 볼 견

見 견【jiàn ㄐㄧㄢˋ】[설문부수 318] (눈으로)볼, 당할 ■현:뵐, 보일, 나타날, 현재

설문 5223 視也。《析言之有視而不見者、聽而不聞者。渾言之則視與見、聞與聽一也。〔耳部〕曰。聽、聆也。聞、知聲也。此析言之。》从目儿。《用目之人也。會意。古甸切。14部。》凡見之屬皆从見。/407

성부 부록 색인 참조

형부 見을 부수로 하는 대부분의 글자들
정(覴) 멱(覓)

형성 (10자) 현(莧)249 현(哯)845 혈(靦)1755 현(睍)2014 현(晛)4037 현(俔)4872 전(䩄)5440 연(硯)5768 현(蜆)8445 현(垷)8642

◀ 제 2 획 ▶

覓 몽【méng ㄇㄥˊ】㊅㊥⑨ mào ㊆ mò 돌진할 ■묵:같은 뜻 ■목:같은 뜻 ■모:받을, 범할

설문 5253 突前也。《「前」當作「歬」。與冢音義略同。冢重冃、故入〔冃部〕。此重突前、故入〔見部〕。》从見冃。《莫紅莫沃二切。古音當在 2部 3部閒(間)。按『鍇本:冃部』又有冡字。【鉉本】及『廣韵』有覓無冡。『集韵』二字兼有。》/409

◀ 제 3 획 ▶

㝵 㝵 애【dé ㄉㄜˊ】本[가질] 그칠, 거리낄, 해롭게 할, 막을, 한정할 ■득:얻을

설문 5234 取也。从見寸。《會意。多則切。1部。》寸、度之。亦手也。《說从寸兼此二解。按〔彳部:㝵〕爲古文得。此爲小篆。義不同者、古今字之說也。在古文則同得。在小篆則訓取也。說詳〔女部〕之嫚。》/408

【得】下曰:古文省彳。《按此字已見於〔見部〕。與得並(竝)爲小篆。義亦少異。》/77

형성 (1자+1) 득(得)1192 애(碍)

◀ 제 4 획 ▶

規 규【guī ㄍㄨㄟˉ】(원형을 그리는)그림쇠, 법, 동그라미, 바로잡을, 문체이름, 짐승이름, 수레바퀴 한번 돌

설문 6360 規巨、有灋(法)度也。《【各本】無「規巨」二字。今補於此。說規矩二字之義。故〔工部:巨〕下但云規巨也。此【許-全書】之通例也。〔囟(囟)部:𣬉(毗)〕下曰。𣬉臍、人臍也。故〔肉部:臍〕下曰。𣬉臍也。正同此。圜出於方。方出於矩。古規矩二字不分用。猶威儀二字不分用也。凡規巨、威儀有分用者皆互文見意。非圜不必矩、方不必規也。灋者、荆(刑)也。度者、灋制也。規矩者、有灋度之謂也、〔萑部〕曰。規蒦、商也。一日蒦、度也。凡有所圖度匡正皆日規。『左傳』。規求無度、『陶淵明』文。欣然規往。『左傳』日。大夫規誨。『詩:序』日。沔水、規宣王也。》从夫見。《會意。丈夫所見也。公父文伯之母曰。女智莫如婦。男智莫如夫。『字通』曰。丈夫識用。必合規矩。故規从夫。居隨切。16部。》/499

형성 (4자) 규(䰎)1758 규{窺}4456 규(闚)7413 수(嫢)7844

毷 毷(모)【mào ㄇㄠˋ】㊅㊥⑨㊆ máo 가릴(골라낼), 볼

설문 5264 擇也。《『玉篇』引『詩』。左右毷之。按『毛詩』作「芼」。擇也。葢(蓋)【三家詩】有作「毷」者。『廣韵(韻)』。邪視也。》从見。毛聲。讀若苗。《莫袍切。2部。『廣韵』莫報切。》/409

覗 覗(자)【cì ㄘˋ】㊅㊥⑨ cī 엿볼 ■차:훔쳐볼, 청치 않았는데 스스로 올

설문 5239 覗(覗)覰、《逗。雙聲字也。》闚觀也。《闚者、閃也。閃者、闚頭於門中也。『易:觀:六二』曰。闚觀利女貞。虞翻(飜)曰。竊觀爲闚。》从見。朿(朿)聲。《七四切。15部。『玉篇』此咨切。【小徐本】及『廣韵(韻)』、『集韵(韻)』、『類篇』皆譌作「朿」。非是。》/408

◀ 제 5 획 ▶

覕 (멸)【miè ㄇㄧㄝˋ】가리어 보이지 않을 ■빈:같은 뜻 ■별:언듯 볼

설문 5265 蔽不相見也。《覕之言閟也。祕(秘)也。蔽覕雙聲。》从見。必聲。《莫結切。12部。》/410

覗 (미)【mí ㄇㄧˊ】병든 사람이 볼

설문 5250 病人視也。从見。民聲。讀若迷。《按【各本】篆作䚷。解作「氐聲」。氐聲則應讀若低。與讀若迷不協。攷『廣韵(韻):十二, 齊』日。覗、病人視皃(貌)。『集韵』日。覗䚷二同。『類篇』日。䚷覗二同。『集韵』、『類篇』覗又民堅切。訓病視。葢(蓋)【古本】作覗、民聲。讀若

見 7 ⓪

眠者、其音變。讀若迷者、雙聲合音也。唐人諱民。偏㫄(旁)省一畫(畫)。多似氏字。始作「覛」。繼又譌作「覭」。乃至正譌並(竝)存矣。今改从正體。莫兮切。古音在 11部。》/409

視 視 (시)【shì ㄕˋ】볼, 견줄, 본받을

설문 5224 瞻也。《〔目部〕曰。瞻、臨視也。視不必皆臨。則瞻與視小別矣。渾言不別也。引伸之義、凡我所爲使人見之亦曰視。『士昏禮』。視諸衿鞶。『注』曰。視乃正字。今文作示。俗誤行之。『曲禮』。童子常視毋誑。『注』曰。視今之示字。『小雅』。視民不恌。『箋』云。視古示字也。按此三『注』一也。古作「視」。漢人作「示」。是爲古今字。示下曰。天垂(垂)象見吉凶、所以示人也。【許書】當本作視人。以曡(疊)爲訓。經淺人改之耳。》从見。示聲。《大徐無聲字。神至切。15部。》𥆧古文視。眡亦古文視。《此氏聲。與〔目部:眡〕、氐聲迥別。氐聲古音在 15部。氏聲在 16部。自唐宋至今多亂之。眡見『周禮』。》/407

覗 覗 (시)【shī ㄕ】(문안 드리려)찾아 볼
■추 · 유:같은 뜻

설문 5266 司人也。《司者、今之伺字。『釋訓』曰。戚施、面柔也。郭云。戚施之疾不能仰。面柔之人常俯。似之。亦以名云。釋文云。戚施【字書】作䚀覗、同。按面柔之人。不敢專輒。必伺人顏(顏)色。故云爾。但許無䚀字。許義不必同『爾雅』。》从見。它聲。讀若馳。《式支切。古音在 17部。》/410

覘 覘 (점)【chàn ㄔㄢˋ】㊤㊥⑨㉠ chān 엿볼, 정탐할 ■첨:속음 ■탐:늘어진 볼, 머리 들(擧首)
■계:볼

설문 5245 闚視也。《「闚」【各本】作「窺」。今依『廣韵(韻)』訂。『左傳』。公使覘之。杜曰。覘、視也。『檀弓』。晉人之覘宋者。鄭曰。覘、闚視也。『國語』。公使覘之。韋曰。覘、微視也。『檀弓』。我喪也斯沾。假沾爲覘。》从見。占聲。《敕豔切。釋文勑廉反。7部。》『春秋傳』曰。公使覘之、信。《『左傳:成:十七年』。》/408

◀ 제 6 획 ▶

覛 覛 覓 覔 멱【mì ㄇㄧˋ】㉦ mò (곁눈질 하여)볼, 살펴볼 ■맥:볼

설문 7143 衺視也。《『釋詁』曰。覛、胥、相也。郭云。覛謂相視也。按覛與〔目部:脈〕通用。【古詩】脈脈不得語。李善引『爾雅』及『注』作脈。『今-文選』譌作「脈」。非也。覛不入〔見部〕者、重𠂢也。》从𠂢。从見。《會意。𠂢亦聲。莫狄切。『廣韻』莫獲切。16部。俗有尋覓字、此篆之譌體。》𧢂籒文。/570

【㫐】下『注』云:《自讀【許書】者不解、而妄改其字。或改作㫐。廣韵改作㫐。意欲與覓之俗字作覔者比附爲一。》/308

성부 맥 맥(䘑脈)

覜 覜 (조)【tiào ㄊㄧㄠˋ】뵐(알현)、조회(주나라 때 3년마다 제후가 모여 천자를 알현했다)

설문 5263 諸侯三年大相聘曰覜。《『王制』曰。諸侯之於天子也。比年一小聘。三年一大聘。五年一朝。鄭曰。此大聘與朝。晉文霸時所制也。『異義』云。『公羊』說。諸侯比年一小聘。三年一大聘。五年一朝天子。『左氏』說。十二年之間。八聘四朝。再會一盟。許愼謹案。『公羊』說夏制。『左氏』說『周禮』。『傳』曰。三代不同物。明古今異說。鄭駁之云。三年聘。五年朝。文襄之霸制。『周禮:大行人』。各以服數來朝。其諸侯歲聘閒朝之屬。說無所出。晉文公彊(强)威諸侯耳。非所謂三代異物也。按『大宗伯』。時聘曰問。殷覜曰視。『鄭-注』。殷覜、謂一服朝之歲。以朝者少。諸侯乃使卿以大禮衆聘焉。一服朝在元年、七年、十一年。鄭說殷覜。不用三年大聘之說。許則以『周禮』之覜卽三年大聘。故『大行人』曰。王之所以撫邦國諸侯者。歲徧存。三歲徧覜。五歲徧省。省與覜同。閒歲而擧(擧)。所謂三年大聘。下於上、上於下皆得曰覜。故曰相。許說與『周禮』不相違也。》覜、視也。《『釋詁』文。覜訓視。故从見。『小行人』曰。存、覜、省、聘、問、臣之禮也。按五者皆得訓視。》从見。兆聲。《他弔切。2部。》/409

◀ 제 7 획 ▶

覝 覝 (렴)【lián ㄌㄧㄢˊ】살펴볼(圖1426, 2303)

설문 5231 察視也。《密察之視也。『高帝紀』廉問。『師古:注』曰。廉、察也。字本作「覝」。其音同耳。按『史』所謂廉察皆當作覝。廉行而覝廢矣。》从見。美聲。《美見〔火部〕。从入二爲羊之羊爲聲。非从入一爲干也。篆體沿誤。今皆正之。》讀若鎌。《力鹽切。7部。》/407

覞 覞 요【yào ㄧㄠˋ】【설문부수 319】아울러 볼

설문 5268 竝視也。《『廣韵』曰。普視。此今義也。》从㒳見。《弋笑切。按『祭義』。見以蕭光。見閒以俠甒。『注』云。見及見閒皆當爲覸。字之誤也。覸不見於【許書】。葢(蓋)卽覞字。謂蕭光如燔燎並(竝)見。俠甒如肝肺首心並見也。見者、視也、覞應古莧切。14部。》凡覞之屬皆从覞。/410

유사 갖출 찬(䞓)

성부 𧢲희

覡 覡 격【xī ㄒㄧ】㊤㊥⑨㉠ xí 박수(남자 무당)

설문 2900 能齊肅事神明者。《『楚語』。民之精爽(爽)不攜貳者、而又能齊肅衷正。其知能上下比義。其聖能光遠宣朗。其明能光照之。其總(總)能聽徹之。如是則明神降之。在男曰覡。在女曰巫。是使制神之處位次主。而爲之牲器時服。『韋-注』。齊、一也。肅敬也。巫覡見鬼者。『今-說文』齊作齋。非。『國語』「神明」作「明神」。非。》在男曰覡。在女曰巫。《此析言之耳。統言則『周禮』男亦曰巫。女非不可曰覡也。『詩:譜(譜)』曰。陳大姬無子。好巫覡禱祈鬼神歌舞之樂。民俗化而爲之。》从巫見。《見鬼者也。故从見。胡狄切。16部。》/201

◀ 제 8 획 ▶

見 7 ⑤

親 (록)【lù ㄌㄨˋ】웃고 볼, 눈 꼬부장히 볼
설문 5229 笑(笑)視也。《嬉笑(笑)之視也。〔目部〕曰。睩、目睞謹也。『廣韵(韻)』曰。親、眼曲親也。》从見。彔聲。《力玉切。3部。》/407

覢 (섬)【shǎn ㄕㄢˇ】(상) xū 언듯 볼
설문 5247 暫見也。《猝乍之見也。『倉頡篇』云。覢覢、視皃(貌)。按與〔目部〕之睒、音義皆同。》从見。炎聲。《失冉切。8部。》『春秋:公羊傳』曰。覢然公子陽生。《言『公羊』者、以別於『左氏』謂之『春秋傳』也。此『哀公:六年:公羊傳』文。【何本】覢作闖。『注』云。闖、出頭皃。許所據不同也。》/408

䙶 (예)【yì ㄧˋ】(상)(중)(9)(작) nì 흘겨볼
설문 5227 旁視也。《〔目部〕曰。睨、衺視也。二字音義皆同。》从見。兒聲。《五計切。16部。》/407

覣 (위)【wēi ㄨㄟˉ】좋게 볼, 성낼, 사람 이름
설문 5226 好視也。《和好之視也。》从見。委聲。《取委順之意。於爲切。16部。》/407

覫 (래)【lài ㄌㄞˋ】속속들이 볼, 들여다 볼
설문 5236 內視也。《『史記』。趙良曰。內視之謂明。於从來取意。》从見。來聲。《洛代切。1部。》/408

◀ 제 9 획 ▶

覦 (유)【yú ㄩˊ】(분수에 맞지 않는 일을)넘겨다 볼
설문 5255 欲也。《覦欲疊韵(疊韻)。『廣韵(韻)』曰。覬覦、欲得也。》从見。兪聲。《羊朱切。古音在 4部。》/409

覟 (제)【tí ㄊㄧˊ】나타날, 드러날, 볼
설문 5237 顯也。《「顯」當作「㬎」。㬎顯古今字。㬎者、衆明也。从日中見絲(絲)。然則覟之爲言亦察及微杪也。『小雅』。題彼脊令。『傳』曰。題、視也。題者、覟之假借字。毛云視、許云㬎者、此蓋(蓋)轉寫奪字。當云㬎視。如覷下求視、亦奪視字。察及飛鳥是爲明㬎之視。『鄭-箋』云。題之爲言睇也。則謂題同睇。非許意。睇者、小邪視也。與題音義皆不同。》从見。是聲。《杜兮切。『玉篇』亦達麗切。十六篇》/408

䚈 (훤)【xuǎn ㄒㄩㄢˇ】(섬) huǎn 눈 크게 뜨고 볼
■환 · 권:같은 뜻
설문 5230 大視也。《〔目部〕曰。睕、大目也。故䚈爲大視。》从見。爰聲。《況晚切。14部。》/407

親 친【qīn ㄑㄧㄣˉ】本[지극할] 친할, 어버이, 겨레(일가친척)
설문 5261 至也。《〔至部〕曰。到者、至也。到其地曰至。情意懇(懇)到曰至。父母者、情之冣(最)至者也。故謂之親。》从見。亲(亲)聲。《七人切。12部。『李斯-刻石』文作 䂏。左省一畫(畵)。》/409
유사 새로울 신(新)
형성 (3자) 츤(櫬 櫬)3677 친(寴 寴)4382 친(瀙 瀙)6721

䚁 (탐)【dān ㄉㄢˉ】들여다 볼, 속속들이 볼
■담:힐끔힐끔 볼
설문 5242 內視也。《隸(隸)釋。『張壽碑』。䚁䚁虎視。不折其節。䚁與眈音義皆同。眈下曰視近。此曰內視。》从見。甚聲。《丁含切。古音在 7部。》/408

覙 (침)【chēn ㄔㄣˉ】가만히 머리 내밀고 볼
설문 5252 私出頭視也。《闖下曰。闖頭門中也。闖下曰。馬出門皃(貌)也。音義皆略同。》从見。㐱聲。讀若郴。《丑林切。7部。》/409

◀ 제 10 획 ▶

䚋 (운)【yùn ㄩㄣˋ】여럿이 볼, 성씨
설문 5232 外博衆(衆)視也。《舊視上有多字。今依『廣韵(韻)』刪。衆多之視、所視者衆也。貟(員)、物數也。䡝、物數紛䡝亂也。䚋同音而義近。博、大通也。外大通而多所視也。》从見。員聲。讀若運。《王問切。13部。》/407

䚀 (두)【dōu ㄉㄡˉ】눈곱 낄
설문 5267 目蔽垢也。《〔目部〕所謂䁤兜也。兜即䚀字》从見。𠁁聲。讀若兜。《當侯切。4部。》/410

覬 (기)【jì ㄐㄧˋ】(분수에 넘치는 일을)넘겨다 볼
설문 5254 钦夈(幸)也。《〔欠部:钦〕下曰。钦、夈也。覬钦疊韵(疊韻)。古多作「幾」。漢人或作「冀」。亦作「冀」。於从豈取意。豈下曰。欲也。》从見。豈聲。《几利切。15部。》/409

覭 (명)【míng ㄇㄧㄥˊ】슬쩍 볼, 잠깐 볼 ■멱:작은 모양 ■맥:초목 떨기로 난 모양
설문 5241 小見也。《如溟之爲小雨、皆於冥取意。『釋言』曰。冥、幼也。》从見。冥聲。《莫經切。11部。》『爾雅』曰。覭髳弗離。《『釋詁』文。【今本】「弗」作「茀」。非古也。郭云。孫叔然字別爲義。按許單出覭字而釋之。則孫與合。》/408

䚃 (유)【yóu ㄧㄡˊ】뚫어져라 하고 내려다 볼
설문 5251 下視深(深)也。《『曲禮』曰。凡視下於帶則憂。『左傳』曰。單子視下言徐。按云下視湥(深)者、謂下視湥窈之處。》从見。卤聲。讀若攸。《以周切。3部。》/409

覯 (구)【gòu ㄍㄡˋ】(우연히)만날, 이룰
설문 5243 遇見也。《覯與遇疊韵(疊韻)。〔辵部〕曰。遘、遇也。覯从見則爲逢遇之見。『召南:草蟲』曰。亦既見止。亦既覯止。『傳』曰。覯、遇也。此謂覯同遘。『鄭-箋』云。既覯謂已昏也。引『易』男女覯精。萬物化生。鄭意以覯卽見。無俟重言。毛云遇也。實含會合之義。故引而伸之。必俟脫纓燭出。昏禮旣成。乃自信可以寧父母心。此申毛、非異毛也。『鄭-所據:易』作「覯精」。今皆作「構」。蓋(蓋)失之矣。》从見。冓聲。《古后切。4部。》/408

◀ 제 11 획 ▶

覻 (저)【qù ㄑㄩˋ】(기회를)엿볼, 겨누어 칠 ■처:딱딱하지못할 ■조:같은 뜻

설문 5240 覰覻也。《三字依【全書】通例補。淺人刪(刪)之耳。覻古多假狙爲之。『周禮-蜡氏:注』曰。蜡讀如狙司之狙。狙司卽覻伺也。『史』、『漢』狙擊秦皇帝。應劭云。狙、伏伺也。『方言』。自關而西曰素。或曰狙。『三倉』。狙、伺也。『通俗文』。伏伺曰狙。是則覻狙古今字。如【今本】少此三字。則覻之本義隱也。》 一曰《二字今補。》 拘覻。《逗。此亦漢時語。》 未致密也。《致今之緻字。【許書】無緻。謂粗疏。》 从見。虘聲。《七句切。按當依『廣韵(韻)』七慮切。5部。》/408

覭 (표)【biǎo ㄅㄧㄠˇ】㊓㊥⑨㉾ piǎo 밝게 살펴볼

설문 5238 目有察省見也。《目偶有所見也。伺者有意。覭者無心。今俗語尙云覭。與〔目部〕之瞟、音義皆同。》 从見。票(㶾票)聲。《方小切。2部。方係類隔。》/408

𧢄 (창)【chōng ㄔㄨㄥˉ】㊓㊥⑨㉾ chuāng 어둘, 바로 볼

설문 5256 視不朙(明)也。《此與〔心部:惷〕愚也、音義同。》 从見。舂聲。《丑尨切。9部。》 一曰直視。《別一義。於从舂取義。》/409

覲 (근)【jìn ㄐㄧㄣˋ】뵐(알현할), 만날

설문 5262 諸侯秋朝曰覲。勤勞王事也。《「勤也」二字舊奪。今補。『大宗伯』。以賓禮親邦國。春見曰朝。秋見曰覲。鄭曰。覲之言勤也。欲其勤王之事。按鄭與許合。疊韵(疊韻)爲訓。『異義』。朝名。『公羊』說。諸侯四時見天子及相聘皆曰朝。以朝時行禮卒而相逢於路曰遇。『古-周禮』說。春曰朝。夏曰宗。秋曰覲。冬曰遇。謹案。『禮』有覲經。『詩』曰。韓侯入覲。『書』曰。江漢朝宗于海。知其朝覲宗遇之禮。從『周禮』說。鄭駁曰。此皆有似不爲古昔『覲禮』。諸侯前朝皆受舍於朝。朝通名也。秋之言覲。據時所用。按此條【許鄭-本】無異。不得云駁也。『鄭-目錄』云。朝宗禮僃(備)。覲遇禮省。是以享獻不見焉。是鄭謂『周禮』四者、名殊禮異也。》 从見。堇聲。《渠吝切。13部。》/409

◀ 제 12 획 ▶

䚓 (적)【jí ㄐㄧˊ】㉾ jì 눈 붉을, 바라보는 모양

설문 5259 目赤也。从見。𥏙省聲。《「𥏙」【毛刻】作「智」。誤。今依【宋本】。才的切。16部。》/409

覶 (라)【luó ㄌㄨㄛˊ】本[좋게 볼] 자세할

설문 5228 好視也。《〔女部〕曰。嫋、順也。覶與嫋義近。『玉篇』曰。覶縷、委曲也。【古書】亦作「覶縷」。詳言之意。》 从見。𠃬聲。《洛戈切。古音當在 14部。》/407

◀ 제 13 획 ▶

覹 覹(미)【wéi ㄨㄟˊ】㉠ wēi 엿볼, 기다려 볼

설문 5246 司也。《「司」者今之「伺」字。【許書】無伺。司下當有視字。『廣韵(韻)』曰。覹、伺視也。於从微取意。覹同覹。》 从見。微聲。《無非切。15部。》/408

覺 각【jué ㄐㄩㄝˊ】깨달을, 밝힐, 드러날 ■교:잠 깰, 꿈깰

설문 5258 悟也。《「悟」【各本】作「寤」。今正。〔心部〕曰。悟者、覺也。二字爲轉注。〔㝱部〕曰。寐覺而有言曰寤。非其義也。『何-注:公羊』、『趙-注:孟子』皆曰。覺、悟也。『左傳』。以覺報宴。杜曰。覺、明也。引伸之、『抑:傳』曰覺、直也。此因覺與斠梗疊韵(梗疊韻)雙聲而言。又引伸之、『斯干:傳』曰。有覺、言高大也。》 从見。學省聲。《古岳切。3部。》 一曰發也。《此義亦見『廣雅』。卽警覺人之意。》/409

형성 (1자) 교(攪 𢷾)7642

유사 현명할 현(賢)

참고 람(欖)감람나무

◀ 제 14 획 ▶

覽 람【lǎn ㄌㄢˇ】(두루)볼, 살펴볼(생각할), 주이름, 성씨

설문 5235 觀也。《以我觀物曰覽。引伸之使物觀我亦曰覽。『史記:孟荀列傳』。爲開第康莊之衢。高門大屋尊寵之。覽天下諸侯賓客。言齊能致天下賢士也。此覽字無讀去聲者。則觀字何必鋠析其音乎。》 从見監。《會意。》 監亦聲。《盧敢切。8部。》/408

覾 (빈)【bìn ㄅㄧㄣˋ】잠깐 볼, 얼른 볼

설문 5248 覾𧢠、《【各本】佚此二字。今依【全書】通例補。『集韵(韻):十七, 眞』曰。覾𧢠、暫見。》 暫見也。从見。賓聲。《必刃切。12部。按覾𧢠異部而疊韵(疊韻)。覾當依『集韵』紕民切。》/408

◀ 제 15 획 ▶

𧢠 (번)【fán ㄈㄢˊ】잠깐 볼 ■반:같은 뜻

설문 5249 覾𧢠也。从見。樊聲。讀若幡。《附袁切。14部。【小徐本】篆作「𧢠」。》/409

覼 (간)【qiān ㄑㄧㄢˉ】패려궂게 볼 ■견:같은 뜻

설문 5269 很視也。《很者、不聽從也。》 从覞。肩聲。《苦閑切。14部。》 齊景公之勇臣有成覼者。《『孟子:滕文公』篇作成覵。『趙-注』曰。成覵、勇果者也。『廣韵(韻)』曰。覼、人名。出『孟子』。按成覼『淮南:齊俗訓』作成荆(荊)。覼爲荆、猶『攷工記-故書』「䩟」或作「牼」也。》/410

◀ 제 17 획 ▶

覞 (요)【yào ㄧㄠˋ】잘못 볼 ■약:어지러워 눈이 빙빙 돌

설문 5257 視誤也。从見。龠聲。《弋笑切。2部。》/409

䙿 (규)【kuí ㄎㄨㄟˊ】㊓㊥⑨ kuī 눈여겨 볼 ■괴·귀:같은 뜻

설문 5244 注目視也。《專注之視也。於从歸取義。》 从見。歸聲。《渠追切。15部。》/408

◀ 제 18 획 ▶

觀 (관)【guān ㄍㄨㄢˉ】볼, 점칠, 나타낼, 도사가 있는 곳, 한나라 궁중의 서고, 전공을 보이기

㉾ 作家出版社〔董蓮池-說文解字考正〕 ⑨ 九州出版社〔柴劍虹-說文解字〕 ㉠ 陝西人民出版社〔蘇寶榮-說文解字今注今譯〕 ㊓ 上海古籍出版社〔說文解字注〕 ㊥ 中華書局〔臧克和-說文解字新訂〕

위하여 적의 시체를 높이 쌓고 크게 봉분한 것, 큰 구경거리, 점치르 나타날 ■권:권할

설문 5233 諦視也。《宷諦之視也。『穀梁傳』曰。常事曰視。非常曰觀。凡以我諦視物曰觀。使人得以諦視我亦曰觀。猶之以我見人、使人見我皆曰視。一義之轉移。本無二音也。而學者強(强)爲分別。乃使『周易』一卦而平去錯出。支離殆不可讀。不亦固哉。『小雅:采綠:傳』曰。觀、多也。此亦引伸之義。物多而後可觀。故曰觀、多也。猶灌木之爲藂木也。》从見。雚聲。《古玩切。按「玩」當作「完」。14部。》 古文觀。从囧。/408

◀ 제 19 획 ▶

覼 (리)【lí ㄌㄧˊ】 볼, 구하여 볼

설문 5225 求視也。《「視」字【各本】奪。今補。求視者、求索之視也。『李善-注:吳都賦』引『倉頡篇』曰。覼、索視之皃(貌)也。亦作「矖」。》从見。麗聲。讀若池。《郎計切。16部。》/407

148	角
7-02	뿔 각

角 각【jué ㄐㄩㄝˊ】[설문부수 142] ㉠㊤㊥⑨㉢ jiǎo 뿔, 오음의 하나

설문 2699 獸角也。《人體有偁(稱)角者。如日月角、角犀豐盈之類。要是假借之辭耳。》象形。《古岳切。3部。按舊(舊)音如穀。亦如鹿。》角與刀魚相佀(似)。《其字形與刀魚相似也。此龜(龜)頭似蛇頭、虎足似人足之例。》凡角之屬皆从角。/184

유사 담 쌓은 길 용(甬)

성부 부록 색인 참조

형부 角을 부수로 하는 대부분의 글자들
형{衡 䚗}

형성 (3자) 각(桷 𣏠)3488 학(确 𥕍)5750
곡(斛 斛)9047

◀ 제 2 획 ▶

觓 (구)【qiú ㄑㄧㄡˊ】 (뿔끝이)굽을

설문 2708 角皃(貌)。《『周頌』有捄其角。『傳』云。社稷之牛角尺。『箋』云。捄、角皃(貌)。捄者、觓之假借字也。『小雅:桑扈』。兕觥其觓。俗作「觩」。》从角。丩聲。《渠幽切。3部。》『詩』曰。有觓其角。/185

◀ 제 4 획 ▶

觕 (착)【zhuó ㄓㄨㄛˊ】 뿔 긴 모양 (角부 4획)

설문 2710 角長皃(貌)。《按此字見於【經史】者皆譌爲「觕」。從牛角。『公羊傳』曰。觕者曰侵。精者曰伐。何曰觕、麤也。『公羊:隱元年:注』曰。用心尙麤觕。『漢:藝文志』曰。庶得麤觕。以麤觕連文。則觕非麤字也。麤觕若今人曰粗糙。雙聲字也。𧢣從爿聲。古葢(蓋)讀如倉。轉寫譌其形作「觕」。其音讀才古反。又或讀七奴反矣。其義則本訓角長。引伸之爲鹵莽之意。因之觕與精爲對文。『月令』。其器高以粗。『呂(吕)覽』粗作「觕」。》从角。《『廣韵(韻)』。觕徂古切。牛角直下也。於本義近。》爿聲。《『集韵』曰。獸角長曰䚗。或作「觕」。鋤庚切。於本音近。》讀若粗𧢣。《𧢣衍字。讀若粗則徂古切。『經典:釋文』所由才古反也。今字別觕𧢣爲二。𧢣音士角切。》/185

觩 (강)【zhōng ㄓㄨㄥ】 ㊤㊥⑨㉢ gāng 뿔을 들

설문 2714 擧(舉)角也。《假借爲扛字。『魏-大饗碑』上索蹹高舩鼎緣橦、『西京賦』烏獲扛鼎是也。舡亦觩字。》从角。公聲。《古雙切。9部。》/186

◀ 제 5 획 ▶

觚 (고)【gū ㄍㄨ】 술잔, 네모

설문 2728 鄉飮酒之爵也。《「鄉」亦當作「禮」。『鄉飮酒禮』有爵觶無觚也。『燕禮』、『大射』、『特牲』皆用觚。》一曰觴受三升者觚。《觚受三升。『古-周禮』說也。言一曰者、『許-作:五經異義』時從『古-周禮』說。至作『說文』則疑焉。故言一曰。以見古說未必盡是。則『韓詩』說觚二升未必非也。不先言受二升者、亦疑之也。上文觶實四升。文次於從角單聲、引『禮』之下。其意葢(蓋)與此同。或云亦當有一曰二字。》从角。瓜聲。《古乎切。5部。》/187

觛 (단)【dàn ㄉㄢˋ】 작은 잔

설문 2724 巵(卮)也。《【各本】作「小觶也」。『廣韵(韻)』同。『玉篇』作「小巵也」。『御覽』引『說文』亦作「小巵也」。今按巵下云圜器也。一名觛。則此當作「巵」也無疑。【小徐本】廁此。【大徐本】改廁於觶篆後。云小觶也。殊誤。巵非觶也。『漢:高紀』。奉玉巵爲大上皇壽。應劭曰。飮酒禮器也。古以角作。受四升。古巵字作「觗」。許云觶、『禮經』作「觗」。則觗字非巵古字。應仲遠誤合爲一。『三都賦:序:舊注』因之。遂有改『說文』者矣。今更正。古者簠簋爵觶、禮器也。敦牟巵匜、常用器也。》从角。旦聲。《徒旱切。14部。》/186

觮 (악)【nuò ㄋㄨㄛˋ】 ㉢ yuè 활 고를 ■낙:활 만질 ■약:혹음, 활 약할

설문 2732 調弓也。《〔手部〕云。搦、按也。『鄭-注:矢人』云。撓搦其幹。亦是調意。『弓人』曰。和弓轂(擊)摩。注和猶調也。將用弓。必先調之、拂之、摩之。引『大射禮』。大射正以袂順左右隈。上再下一。『小雅』。騂騂角弓。『毛傳』曰。騂騂、調利也。『世說新語』曰。輕在角觮中。爲人作議論。角觮、方俗語言也。》从角。弱省聲。《於角切。古音在2部。按『廣韵(韻)』女角切。》/188

觜 취【zī ㄗ】 ㊤㉢ zuǐ (새의)부리, 끝, 별이름 ■자·수:같은 뜻

설문 2721 雖舊(舊)頭上角觜也。《角觜、雈下云毛角是也。毛角、頭上毛有似角者也。觜猶策、銳詞也。毛角銳。凡羽族之咮銳。故鳥咮曰觜。俗語因之凡口皆曰觜。其實本鳥毛角之偁(稱)也。鳥口之觜。『廣雅』作策。『郭-爾雅:注』

角 7 ⑤

云。山鵲觜脚赤。『葉抄-釋文』不誤。》一曰觜、觿也。《別一義。》从角。此聲。《按當子髓遵爲二切。15、16部。》/186

참고 취(嘴)(새의)부리, 물건의 뾰족한 끝부분

◀ 제 6 획 ▶

觟 (화)【huà ㄏㄨㄚˋ】本[뿔난 암양] 지름길 ■해:신통한 양, 해태

설문 2719 牝羊角者也。《『各本』作「牝牂羊生角者也」。今依『韵會(韻會)』正。〔羊部〕曰。牂、牝羊也。然則此云牝羊者、牂也。羖、夏羊牡之偁(稱)。羖羊無無角者。故『小雅』云。俾出童羖。牂羊多無角。故其角者別之曰觟也。『大雅』云。彼童而角。『傳』云。童羊之無角者也。而角自用也。『箋』云。童羊謂皇后也。按童羊正謂牂羊。》从角。圭聲。《下瓦切。16部。》/186

觠 (권)【quán ㄑㄩㄢˊ】굽은 뿔

설문 2703 曲角也。《『釋畕(畜)』曰。角三觠羷。吕(呂)、郭音權。謝居轉反。》从角。𠔉(𢍏)聲。《巨員切。14部。》/185

觡 (격)【gé ㄍㄜˊ】(사슴뿔처럼 가지가 있는)뿔

설문 2720 骨角之名也。《骨角、角之如骨者。猶石言玉石也。『樂記』。角觡生。『注』云。無䚡曰觡。無䚡者、其中無肉。其外無理。『郭氏-山海經:傳』云麋鹿角曰觡是也。牛羊角有肉有理。『玉篇』云。無枝曰角。有枝曰觡。此取枝格之意。惟麋鹿角有枝。則其說非異也。『封禪文』。犧雙觡共柢之獸。謂二角同本也。言觡者白麟。鹿之大者也。》从角。各聲。《古百切。古音在 5部。按觡不廁於䚡下者、觟觡觜皆角之異者也。》/186

䚟 (훤)【xuān ㄒㄩㄢ】뿔숟가락

설문 2729 角匕也。《匕下曰。匕所以比取飯。一名柶。柶下曰。匕也。按『士冠禮』有角柶。卽䚟也。》从角。亘聲。讀若讙。《況袁切。14部。》/187

觢 (체)【shì ㄕˋ】(작) chì (뿔이)꼿꼿할 ■세:쇠뿔 둘이 곤두설 ■제:뿔이 위로 곧게 뻗칠

설문 2705 一角仰也。《「一」當作「二」。『釋畕(畜)』曰。角一俯一仰、觭。皆踊、觢。皆踊謂二角皆豎也。蒙上文一俯一仰故曰皆。許一俯一仰之云在下文。故云二角。俗譌爲一。則與觭無異。『易:音義』引『說文』。以角一俯一仰系之觢。當時筆誤耳。『睽:六三』。其牛掣。鄭作「犁」。云牛角皆踊曰犁。與『爾雅』、『說文』同。子夏作「契」。荀作「觭」。虞作「掣」。皆以一俯一仰爲訓。與許、鄭不同也。觢者、如有掣曳然。角本當邪展而乃聳直也。【虞-本】當同荀作「觭」。李氏鼎祚正文作「掣」。遂比而同之耳。》从角。㓞聲。《尺制切。15部。》『易』其牛觢。《釋文曰。『說文』之世反。》/185

解 해【jiě ㄐㄧㄝˇ】(섬)(작) xiè 本[가를(쪼갤)] (묶인 것, 얽힌 것)풀, (닫힌 것)열

설문 2722 判也。从刀判牛角。《會意。佳買切。又戶賣切。16部。》一曰解廌。《逗。疊(疊)韵字。》獸也。《見〔廌部〕。按『大玄』、『論衡』觟䚦。解廌字之假借也。四者皆在16部。》/186

유사 뿔이 아래 위로 뻗칠 성(觲)

형성 (5자+1) 해(薢)392 해(懈)6522 해(澥)6799 해(蟹)8513 해(隦)9225 해(邂)

觤 (궤)【guǐ ㄍㄨㄟˇ】짝뿔

설문 2718 羊角不齊也。《『釋畕(畜)』曰。角不齊、觤。郭云。一短一長。按此依『爾雅』系之羊。上文觢觭不系之牛者、意以觢觭可凡獸通偁(稱)也。觤觟則專謂羊。》从角。危聲。《過委切。16部。》/186

◀ 제 8 획 ▶

觬 (예)【nǐ ㄋㄧˇ】㊥⑨(작) ní 뿔 구부러진 모양

설문 2704 角觬曲也。《『篇』、『韵(韻)』皆云角不正。》从角。兒聲。《研啟(啓)切。16部。『廣韵(韻)』又五稽切。》西河有觬氏縣。《『前志』有。『後志』無。葢(蓋)省併也。『前志』「氏」作「是」。按是氏古多通用。『覲禮』。大史是右。古文是爲氏。『曲禮』。是『職方』。是或爲氏。『古文-尙書』曰。「時五者來備」。今文作「五是來備」。見於『宋微子:世家』。『後漢-李雲上書』作「五氏來備」。『漢書』云。造父後有非子。至玄孫氏爲莊公。師古曰。氏與是同。》/185

觭 (기)【jī ㄐㄧ】(상)㊥⑨(작) qī 천지각

설문 2707 角一俛一仰也。《『荀-易』。其牛觭。按『子夏傳』作「契」。云一角仰也。虞作「掣」。云牛角一低一仰。是子夏、虞皆作「觭」也。觭者、奇也。奇者、異也。一曰不耦也。故其字從奇。『公羊傳』。匹馬隻輪無反者。『穀梁』作「倚輪」。『漢:五行志』作「觭輪」。此不耦之義之引伸也。『周禮』觭夢。杜子春讀爲奇偉。此異義之引伸也。》从角。奇聲。《去奇切。又音羈。又古音在 17部。》/185

◀ 제 9 획 ▶

䚡 (새)【sāi ㄙㄞ】뿔 속(의 육질)

설문 2702 角中骨也。《「骨」當作「肉」。字之誤也。『鄭-注:樂記』角觡生曰。無䚡曰觡。謂角中堅實無肉者。麋鹿是也。許亦解觡爲骨角。亦謂中無肉者也。『本艸經』。牛角䚡下閉血、瘀血、瘀痛、女人帶下血。此則謂角之中、角之本當中有肉之處。外有文理可觀。故陳藏器曰。久在糞土爛白者佳。〔玉部〕曰。䚡理自外可以知中。引伸謂凡物之文理也。》从角。思聲。《〔亼部〕曰。侖、思也。〔侖部〕曰。侖、理也。是思卽理也。此云思聲。包會意。穌來切。1部。》/185

䚙 (차)【zhā ㄓㄚ】짐승 이름, 뿔밑 클(길) ■다:쇠뿔 가로질

설문 2717 䚙拏、《逗。疊韵(疊韻)字。》獸也。《未聞。》从角。者聲。《陟加切。古音在 5部。》一曰下大者。《謂角之下大者曰䚙也。『廣雅:釋詁』曰䚙大也、本此。》/186

䚘 (추)【qiú ㄑㄧㄡˊ】주살

설문 2734 弋射收繁具。《按兩字同義。葢

(蓋)其物名䩬觴。上字當云䩬觴、弋射收繁具也。下字當云䩬觴也。【今本】恐非舊。但無證據。未敢專輒。》从角。酋聲。讀若鰌。《字秋切。3部。》/188

觼 (외)【wěi ㄨㄟˇ】 ㊜㊥⑨㉑ wēi 뿔 안으로 굽을
설문 2709 角曲中也。《『考工記』曰。夫角之中。恆當弓之畏。畏也者必橈。杜子春讀畏爲威。威謂弓淵。鄭(鄭)讀畏如秦師入隈之隈。按『大射儀』弓淵字作「隈」。鄭讀從之也。弓之中曰畏。角之中曰觼。皆其曲處。而弓人必以觼傅於畏。故【記】曰恆當。》从角。畏聲。《烏賄切。15部。》/185

觽 (단)【duān ㄉㄨㄢˉ】 각단(돼지를 닮은 짐승)
설문 2716 角觽、《逗。》獸也。狀佀(似)豕。角善爲弓。《『上林賦』。獸則麒麟角觽。張揖曰。角觽佀牛。角可以爲弓。郭樸曰。角觽音端。佀豬。角在鼻上。堪作弓。李陵嘗以此弓十張遺蘇武也。》出胡尸國。一曰出休尸國。《十字依『御覽』訂。『吳淑-事類賦』衹引「出胡尸國」四字。【今-各本】作「出胡休多國」五字。乃脫誤本也。》从角。耑聲。《多官切。14部。『漢書』、『文選(選)』作「端」。》/186

◀ 제 10 획 ▶

觲 성【xīng ㄒㄧㄥˉ】 뿔이 아래 위로 뻗칠
설문 2713 用角低仰便也。《『小雅』。騂騂角弓。毛曰。騂騂、調利也。按毛意謂角弓張弛便易。許意謂獸之擧(舉)角高下馴擾。毛說正許說之引伸也。》从羊(羊)牛角。《羊、祥也。祥、善也。牛角馴善之意。息營切。11部。》讀若『詩』曰觲觲角弓。《『今-詩』作「騂騂」。按許所引『詩』作「觲」。則不得言讀若。【鉉本】所以刪(删)讀若也。『詩:音義』云。騂騂、『說文』作「弲」。火全反。此陸氏之誤。當云『說文』作觲也。弲自訓角弓。不訓弓調利。》/185
유사 가를 해(解)
형성 (1자) 성(垶 垶)8617

觽 (치)【chǐ ㄔˇ】 ㊜㊥⑨㉑ zhì 뿔이 기울어질, 해태
설문 2706 角傾也。从角。虒聲。《敕豕切。15部。》/185

觳 (곡)【hú ㄏㄨˊ】 뿔잔, 얇을, 말(10되), 곱송그릴(죽는 것을 겁낼)
설문 2735 盛觵卮(卮巵)也。《「盛」字當是衍文。觵卮謂大卮。觵者、酒器之大者也。『韋-注:越語』曰。觥、大也。『瓬人』曰。豆實三而成觳。〔鬲(鬲鬲)部〕曰。斗二升曰觳。『鄭-注:考工記』同。按簋庾鬲甗盆甑量皆以觳計。小者曰卮。可以飲。大卮曰觳。可宁酒漿以待酌也。觵之大極於觳。故引伸之曰觳、盡也。見『釋詁』。『禮經』牲體之跗曰觳。謂牲體之盡也。》一曰䠶(射)具。从角。㱿聲。讀若斛。《胡谷切。3部。按此篆當廁觛篆之下、而廁此者此器屬陶瓬之事。非角爲之。亦非角飾。》/188

◀ 제 11 획 ▶

觴 (상)【shāng ㄕㄤˉ】 잔 찰, 술잔, 잔 낼, 시작, 처음, 못 이름
설문 2727 實曰觴。虛曰觶。《『投壷(壺)』。命酌曰。請行觴。觴者、實酒於爵也。『韓詩』說爵觚觶角散五者總(總)名曰爵。其實曰觴。觴者、餉也。觥者罰爵。非所以餉。不得名觴。然『投壷』之請行觴固罰爵也。凡『禮經』曰實者皆得曰觴。獨於觶言者、觶之用多擧(舉)觶以該他也。下文云觴受三升者曰觚。》从角。煬省聲。《煬從矢。矢從入。故曰煬省聲也。式陽切。10部。》 籀文觴。或从爵省。/187

◀ 제 12 획 ▶

觵 (굉)【gūng ㄍㄨㄥˉ】 ㊜㊥⑨㉑ gōng 클
설문 2725 兕牛角可㠯(以)歙者也。《『詩:四言』兕觵而『傳』不同。『卷耳』曰兕觵、角爵也。『七月』曰觵所以誓衆也。『桑扈』曰兕觵、罰爵也。『絲衣:箋』曰。繹之旅士用兕觵。變於祭也。『周禮-閭胥:注』曰。觵撻者、失禮之罰也。『小胥』曰。觵、罰爵也。『卷耳』無罰義。故衹云角爵。『七月』因鄕(鄉)飲酒而正齒位。故云誓。誓者示以失禮則受罰也。葢(蓋)觵之用於罰多。而非專用以罰。故『卷耳』、『絲衣』竝用兕觵。此許不言罰爵、而言可以飲之意也。『異義』。『韓詩』說觥亦五升。所以罰不敬。觥、廓也。箸明之貌。君子有過廓然箸明。『毛詩』說觥大七升。許愼謹案。觥罰有過。一飲而盡。七升爲過多。許意當同『韓詩』說大五升也。五升亦恐非一飲能盡。故於『說文』不言升數。》从角。《據許是以兕角爲之。『詩:正義』引『禮圖』。先師云刻木爲之。非許意。又按凡觵觶觴觚字皆從角。許不言其義。『考工記』飲器爲於『梓人』。梓人者攻木之工也。飲器惟觵多連兕言。許云兕牛角可以飲。其他不以角爲而字從角者、葢上古食鳥獸之肉。取其角以飲。飲之始也。故四升曰角。猶仍角名。而觚觶字從角與。》黃聲。《古橫切。古音如光。在 10部。》其狀觵觵。故謂之觵。《觵觵、壯皃(貌)。猶僙僙也。『後漢書』曰。關東觥觥郭子橫。》 俗觵从光。《『今-毛詩』從俗。》/186

䥽 (폐)【fèi ㄈㄟˋ】 주살자새 ■발:같은 뜻
설문 2733 弋䠶射收繁具也。《葢(蓋)以角爲之。》从角。發聲。《方肺切。15部。》/188

觼 觼(궐)【jué ㄐㄩㄝˊ】 뿔로 받을
설문 2711 角有所觸發也。《〔厂部〕曰。厥、發石也。此字從角厥。謂獸以角有所觸發。『西都賦』曰。窮(窮)虎奔突。狂兕觸蹷。蹷者、觼之假借。『孟子』曰。厥角稽首。趙曰。叩頭以額角犀擨地也。按厥角二字皆假借之言。》从角。厥聲。《形聲包會(會)意也。居月切。15部。》/185

觶 (치)【zhì ㄓˋ】 (향음주의 예에 쓰는)뿔잔
설문 2726 鄕(鄉)飲酒觶。《「鄕」當作「禮」。『禮經:十七篇』用觶者多矣。非獨『鄕飲酒』也。因下文一人洗擧(舉)觶之文見『鄕飮酒篇』。淺人乃改鄕字。「觶」【鉉本】作「角」。非。當同觚下作「爵」。》从角。單聲。《支義切。

16部。按『鄭-駁:異義』云。『今-禮』角旁單。然則是『今文-禮』作觶也。單聲而支義切。由古文本作「觗」。從氏聲。後遞變其形從辰、從單爲聲。而古音終不改也。》『禮』曰。一人洗擧(擧)觶。《『鄉飮酒』日。一人洗升擧觶于賔(賓)。『禮經』言觶多矣。略擧其一耳。》觶受四升。《『異義』云。『今-韓詩』一升日「爵」。盡也。足也。二升日「觚」。觚、寡也。飮當寡少。三升日「觶」。觶、適也。飮當自適也。四升日「角」。角、觸也。不能自適。觸罪過也。五升日「散」。散、訕也。飮不能自節。人所謗訕也。總(總)名日「爵」。其實日觴。觴者、餉也。觥、廓也。箸明之皃(貌)。君子有過。廓然箸明。非所以餉。不得名觴。『古-周禮』說。爵一升。觚三升。獻以爵而酬以觚。一獻而三酬。則一豆矣。食一豆肉。飮一豆酒。中人之食。許愼謹案。『周禮』云一獻而三酬當一豆。若觚二升。不滿一豆矣。鄭駁之日。『周禮』獻以爵而酬以觚。觚、寡也。觶字角旁箸友。〈誤字〉汝潁之間。師讀所作。『今-禮』角旁單。【古書】或作角旁氏。則與觚字相近。學者多聞觚。寡聞觶。寫【此書】亂之而作「觚」耳。又南郡太守馬季長說。一獻而三酬則一豆。豆當爲斗。與一爵三觶相應。按『駁-異義』從『韓詩』說。觶受三升。謂『考工記』觚三升。觚爲觗誤。其『注:考工記』同。其『注:禮:特牲篇』云。舊說爵一升。觚二升。觶三升。角四升。散五升。謂『韓詩』說也。『士冠禮:注』亦云。爵三升日觶。而許云觶受四升。葢(蓋)從『周禮』不改字。觚受三升。則觶當受四升也。○按馬季長說與一爵三觶相應。此觶字乃觚之誤。改觚爲觶始於鄭。馬不介也。『馬-注:論語』云。爵一升。觚三升。》觶或从辰。《辰聲而讀支義切。此如古祗振多通用也。『考工記:疏』引『鄭-駁:異義』云。觶字角旁友。汝潁之間。師讀所作。【今本】皆如是。友字無理。葢辰之誤。『韵(韻)會』徑改「友」作「支」。云古作「觗」。於形聲合矣。而『玉篇』、『廣韵』、『集韵』、『類篇』、『釋行均書』皆有觗觗無觗。則不可信也。》『禮經』觶。《此謂『古文-禮』也。『鄭-駁:異義』云。『今-禮』角旁單。【古書】或作角旁氏。然則『古文-禮』作「觗」。或之云者、改竄之後不畫(畵)一也。『燕禮』。媵觚于公。鄭云。酬之禮皆用觶。言觚者、字之誤也。古者觶字或作角旁氏。由此誤耳。按上文主人北面盥坐取觚洗。『注』。古文觚皆爲觶。此亦謂古文作「觗」而誤。》/187

◀ 제 13 획 ▶

觸 (촉)【chù ㄔㄨˋ】닿을, 부딪칠, (뿔로)받을
설문 2712 牴也。《〔牛部〕日。牴、觸也。》从角。蜀聲。《尺玉切。3部。》/185

觷 (혁)【xí ㄒㄧˊ】지팡이 끝에 댄 뿔, 뿔로 지팡이 마구리할
설문 2730 杖耑(端)角也。《杖耑(端)謂杖首也。『司馬彪-禮儀志』。仲秋之月。民始七十者。授之以玉杖。餔之糜粥(鬻粥)。八十九十有加賜。玉杖長尺。端以鳩鳥爲飾。謂玉長尺飾杖首。王之顚復爲鳩形也。『廣韵(韻)』日。觷、以角飾杖策頭。小徐謂飾拄地處。誤甚。》从角。敫聲。《胡狄切。古音在 2部。》/187

◀ 제 15 획 ▶

觻 (록)【lù ㄌㄨˋ】뿔, 현이름 ▣력:뿔 날카로울
설문 2701 角也。《按尋立文之例。角下當奪一字。『廣韵(韻)、集韵:錫韵』皆日。觻、角鋒也。》从角。樂聲。《盧谷切。古音在 2部。》張掖有觻得縣。《【二志】同。『廣韵:德韵』日。觻悳、縣名。『漢書』作「得」。》/185

觼 (결)【jué ㄐㄩㄝˊ】本[(물건과 물건을 연결하는)쇠고리]
설문 2731 環之有舌者。《『秦風』日。沃以觼軜。『爾雅』。環謂之捐。捐者、觼之假借字。『詩』容有作捐者。『通俗文』日。缺環日鐍。許與服不同。服謂如玦。許謂環中有横者以固系。》从角。夐聲。《古穴切。15部。夐在 14部。合韵(韻)也。》鐍觼或从金。《矞聲也。『莊子』。固扃鐍。崔云。鐍、環舌也。按『通俗文』直謂鐍爲玦字。》/188

◀ 제 16 획 ▶

觱 (필)【bì ㄅㄧˋ】악기 이름
설문 2736 羌人所歊角屠觱。《句。》㠯驚馬也。《羌人、西戎也。屠觱、羌人所吹器名。以角爲之。以驚中國馬。後乃以竹爲管。以蘆爲首。謂之觱篥。亦日篳篥。唐以編入〔樂部〕。『徐廣-車服儀制』日角者前世【書記】不載。或云本出羌胡。以驚中國之馬也。按〔仌部〕滭冹。『今-詩』作「觱發」。〔水部〕「畢沸」。『今-詩』作「觱沸」。皆假借字也。》从角。𤍽聲。《卑吉切。按𤍽聲古音在 15部。》𤍽、古文誖字。《「古」當爲「籒」。〔言部〕云籒文。》/188

◀ 제 18 획 ▶

觿 (휴)【xī ㄒㄧ¯】㉻ xié 뿔송곳
설문 2723 佩角鋭耑(端)。可㠯(以)解結。《『衞(衛)風:傳』日。觿所以解結。成人之佩也。『內則:注』日。小觿、解小結也。觿皃(貌)如錐。以象骨爲之。『周禮』眡祲十煇。三日鑴。鄭云。鑴讀如童子佩鑴之鑴。謂日旁氣刺日者。按此『注』當云讀爲童子佩觿之觿。轉寫誤也。『周禮』假鑴爲觿。》从角。巂聲。《戸(戶)圭切。16部。》『詩』日。童子佩觿。/186

觽 (훤)【xuān ㄒㄩㄢ¯】뿔 휘두르는 모양
설문 2700 揮角皃(貌)。《揮觽雙(雙)聲。》从角。雚聲。《況袁切。14部。》梁隝縣有觽亭。《梁國隝、『地理志』作「傿」。應劭日。鄭伯克段於傿是也。『郡國志』作「隝」。今按〔自(阜)部〕無隝。則從傿是矣。》又讀若繟。《又者、蒙雚聲而言。又讀若布名之繟者、與 15部合韵(韻)也。》/185

149
7-03
言 말씀 언

言 ⓐⓑ언【yán ㄧㄢˊ】[설문부수 56] 말씀, 나(자기)

설문 1398 直言曰言。論難曰語。《『大雅:毛傳』曰。直言曰言。論難曰語。論、『正義』作荅。『鄭-注:大司樂』曰。發端曰言。荅難曰語。『注:襍記』曰。言、言已事。爲人說爲語。按『三:注』大略相同。下文語、論也。論、議也。議、語也。則『詩:傳』當從【定本】、【集注】矣。『爾雅』、『毛傳。言、我也。此於雙聲得之。本方俗語言也。》从口。 辛聲。《語軒切。14部。》凡言之屬皆从言。/89

성부 부록 색인 참조

형부 言을 부수로 하는 대부분의 글자들
화(話) 애(譪) 찰(詧) 섭(讋) 잡(讋)

형성 (3자) 언(琂)169 언(唁)897 현(衍)1213

◀ 제 2 획 ▶

訂 (정)【dìng ㄉㄧㄥˋ】本[끊을] 바로잡을, (약속을)맺을

설문 1436 平議也。《『考工記:注』。參訂之而平。》从言。丁聲。《他頂切。11部。》/92

訒 (잉)【réng ㄖㄥˊ】후할, 나아갈, 사람 이름 ■이:같은 뜻

설문 1444 厚(厚)也。《因仍則加厚。訒與仍音義略同。》从言。乃聲。《如乘切。6部。》/92

訄 (구)【qiú ㄑㄧㄡˊ】급할, 편안할

설문 1640 迫也。《『廣雅』同。》从言。九聲。讀又若丘。《謂「九聲」則讀與鳩矣。而又讀如丘也。今俗謂逼迫人有所爲曰訄。音正同丘。『廣韵(韻)』巨鳩、去鳩二切。3部。》/102

訆 (규)【jiào ㄐㄧㄠˋ】부르짖을

설문 1576 大嘑也。《與〔㗊部:嘂(噐)〕、〔口部:叫〕音義皆同。》从言。丩聲。《古弔切。3部。》『春秋傳』曰。或訆于宋大廟。《『襄:三十年』文。【今-傳】作叫。》/99

訇 굉【hōng ㄏㄨㄥ】어리석은 말소리, 퉁명스런 큰 소리 ■균:속일

설문 1555 駭言聲。《「駭」【各本】作「駭」。依『韵會』訂。此本義也。引伸爲匉訇大聲。》从言。勻省聲。《虎橫切。古音在 12部。變爲䚵字。則西河郡䚵陰、䚵陽皆音銀是也。『西京賦』。沸卉軿訇與鞫溘鬥論韵。則入 13部。今入耕韵。非也。》漢中西城有訇鄉。《「城」【俗本】作「域」。誤。》又讀若玄。《謂讀若勻矣。其訇鄉則又讀若玄也。》又讀若玄。 籒文不省。/98

성부 鞫국 𩏐𩏐𩏐𩏐국

計 계【jì ㄐㄧˋ】피할, 구실받는 사람과 매기는 사람이 같이 와 거둘

설문 1468 會也。筭也。《會、合也。「筭」當作「算」。數也。【舊書】多假筭爲算。》从言十。《會意。古詣(詣)切。15部。》/93

◀ 제 3 획 ▶

訊 (신)xùn ㄒㄩㄣˋ】물을

설문 1441 問也。《『釋言』曰。訊、言也。『小雅』。訊之占夢。毛曰。訊、問也。『鄭-箋』執訊皆兼言問爲訊。》从言。卂聲。《思晉切。12部。》 古文訊。从卤(卥西)。《卤古文西。西古音詵。與 12部冣(最)近。》/92

訌 (홍)【hóng ㄏㄨㄥˊ】ⓢⓗ hòng 어지러울, 내홍

설문 1570 讃也。《『大雅:召旻:傳』曰。訌、潰也。『抑:傳』曰。虹、潰也。虹者訌之假借字。『釋言』。虹、潰也。亦作訌。郭云。謂潰敗。按許作讃者、許以讃與潰同也。『詩』。彼童而角。實虹小子。天降罪罟。蟊賊。內訌。皆謂禍由中出。與中止之義合。》从言。工聲。《戶(戸)工切。9部。》『詩』曰。蟊賊內訌。/98

訆 (구)【kòu ㄎㄡˋ】두드릴 ■하:같은 뜻

설문 1558 扣也。《扣叩古今字。『說文』有㲄無叩。此扣當作㲄。》如求婦先訆叕之。《此葢(蓋)古語。『論語』我叩其兩耑(兩端)而竭焉。孔曰。我則發事之始終以語之。『公羊傳』。吾爲子口隱矣。何曰。口猶口。語發動也。按「猶口」當作「猶叩」。句絕(絶)。》从言口。《會意。口者、叩也。》口亦聲。《苦后切。4部。》/98

討 토【tǎo ㄊㄠˇ】本[다스릴] 칠, 치죄할, 벨, 꾸짖을, 제거할

설문 1629 治也。《發其紛糾而治之曰討。『秦風:傳』曰。蒙討羽也。『箋』云。蒙、尨也。討、襍也。畫(畵)襍羽之文於伐。故曰尨伐。據鄭所言。則討者、亂也。治討曰討。猶治亂曰亂也。『論語』。世叔討論之。馬曰。討、治也。『學記』。古之學者。比物醜類。醜或作討。凡言討論、探討。皆謂理其不齊者而齊之也。》从言寸。《寸、法也。或曰。從肘省聲。他晧切。古音在 3部。》/101

訏 (우)【xū ㄒㄩ】클(큰 모양) ■호:시끄러울(떠들썩할)

설문 1589 詭譌也。从言。亏(于)聲。《況于切。5部。》一曰訏蓍。《今字作「吁嗟」。此別一義。》齊楚謂信曰訏。《按「信」當作「大」。『釋詁』。訏、大也。『方言』。訏、大也。中齊西楚之閒曰訏。許語本楊。》/99

訐 (알)【jié ㄐㄧㄝˊ】들추어낼

설문 1602 面相厈(斥)罪告訐也。《依『韵(韻)會』訂。『論語』。惡訐以爲直者。》从言。干聲。《居謁切。15部。》/100

訒 (인)【rèn ㄖㄣˋ】本[쓰러질] 말 적을, 과묵할

설문 1504 頓也。《訒頓疊韵(疊韻)。頓之言鈍也。》从言。刃聲。《而振切。13部。》『論語』曰。其言也訒。《『顏(顔)淵篇』文。》/95

訓 (훈)【xùn ㄒㄩㄣˋ】가르칠, (자구의 뜻을)새길, 새김, 훈

설문 1418 說教也。《說教(教)者、說釋而教之。必順其理。引伸之凡順皆曰訓。如五品不訓、聞六律五聲八音七始訓以出內五言是也。》从言。川聲。《許運切。13部。》/91

訕 (산)【shàn ㄕㄢˋ】 헐뜯을

설문 1529 謗也。《『論語』。惡居下而訕上者。訕與〔女部:姍〕、誹也音義同。》从言。山聲。《所晏切。14部。》/96

訖 (글)【qì ㄑㄧˋ】 ㉧ jì 마칠, 끝낼, 그만둘 ■흘:이를, 도달할

설문 1498 止也。《見『釋詁』。『穀梁傳』毋訖糴。范曰。訖、止也。按『孟子』謂之遏糴。》从言。气聲。《居迄切。15部。》/95

託 탁【tuō ㄊㄨㄛ】 부탁할, (몸을)의탁할, 우의할(사물에 뜻을 붙임)

설문 1488 寄也。《與〔人部:侂〕音義皆同。》从言。乇聲。《他各切。5部。》/95

형성 (1자) 투(詫)4596

記 (기)【jì ㄐㄧˋ】 本[주낼] 적을(쓸), 기억할

설문 1489 疋(疏)也。《疋【各本】作「疏」。今正。〔疋部〕曰。一曰疋、記也。此疋記二字轉注也。「疋」今字作「疏」。謂分疏而識之也。『廣雅』曰。註紀疏記學栞志識也。按晉唐人作註記字。註從言不從水。不與傳注字同。》从言。己聲。《居吏切。1部。》/95

◀ 제 4 획 ▶

訝 (아)【yà ㄧㄚˋ】 맞을(영접)

설문 1500 相迎也。『周禮』曰。諸侯有卿訝也。《『秋官:掌訝職』文。惟『周禮』作訝。【他經】皆作御。如『詩』百兩(兩)御之。毛曰。御、迎也。以御田祖。『箋』云。御、迎也。書予御續乃命于天、弗御克奔、以役西土、御衡不迷、某氏皆訓迎。故衛(衛)包遂皆改爲迓。『士昏禮』媵御、『曲禮』大夫士必自御之、『穀梁傳』跛者御跛者、眇者御眇者、『列子』遇駭鹿御而擊之皆訓迎。則皆訝之同音假借。》从言。《迎必有言。故從言。》牙聲。《吾駕切。古音在 5部。此下鉉增迓字。云訝或從辵(辶)。爲十九文之一。按迓俗字。出於許後。衛包無識。用以改【經】。不必增也。》/95

訟 (송)【sòng ㄙㄨㄥˋ】 송사할, 다툴 ■용:용서할, 받아들일

설문 1597 爭也。《公言之也。『漢書:呂(呂)后紀』。未敢訟言誅之。鄧展曰。訟言、公言也。》从言。公聲。《此形聲包會意。似用切。9部。》一曰歌訟。《訟頌古今字。古作訟。後人假頌皃(貌)字爲之。》䛋古文訟。《从谷聲。》/100

訢 (흔)【xīn ㄒㄧㄣ】 기뻐할

설문 1466 喜也。从言。斤聲。《許斤切。13部。按此與〔欠部:欣〕音義皆同。『萬石君傳』。僮僕訢訢如也。晉灼引許愼曰。訢古欣字。葢(蓋)『灼-所據:說文』訢在〔欠部:欣〕下。云古文欣、從言。》/93

訥 (눌)【nà ㄋㄚˋ】 ㉠㉡㊥⑨㉧ nè 말 더듬을, 말 적을

설문 1505 言難也。《與訒義同。與商音義皆同。『論語』。君子欲訥於言而敏於行。苞曰。訥、遲(遲)鈍也。》从言內。《內亦聲也。內骨切。15部。》/95

訦 (심)【chén ㄔㄣˊ】 믿을

설문 1447 燕代東齊謂信訦也。《『方言』。允訦恂展諒穆信也。燕代東齊曰訦。》从言。冘聲。《是吟切。古音在 8部。》/92

訧 (우)【yóu ㄧㄡˊ】 허물

설문 1627 罪也。《『邶風:毛傳』。訧、過也。亦作「郵」。『釋言』。郵、過也。亦作「尤」。『孟子』引『詩:畜君何尤』。》从言。尤聲。《羽求切。古音在 1部。》『周書』曰。報以庶訧。《『呂刑(刑)』文。》/101

䚻 俗 통 유【yáo ㄧㄠˊ】 本[악기의 반주 없이 하는 노래] 사람 이름 ■요:같은 뜻

설문 1464 徒歌。《『釋樂』曰。徒歌曰謡(謠)。『魏風:毛傳』曰。曲合樂曰歌。徒歌曰謠。又『大雅:傳』曰。歌者比於琴瑟也。徒歌曰謠。徒擊鼓(鼓)曰咢。【今本】或妄刪(刪)之。》从言。肉聲。《【各本】無「聲」字。〔缶部:䍃〕从缶、肉聲。然則此亦當曰肉聲無疑。肉聲則在弟 3部。故繇卽由字。音轉入弟 2部。故䚻瑤繇傜皆讀如遙。䚻謠古今字也。謠行而䚻廢矣。凡【經傳】多經改竄。僅有存者。如『漢:五行志』。女童䚻曰。檿弧萁服。余招切。2部。『篇』、『韵』皆曰。䚻與周切。從也。此古音古義。》/93

성부 繇유

형성 (1자) 요(傜)4928

訪 (방)【fǎng ㄈㄤˇ】 물을(질문), 찾을

설문 1432 汎謀曰訪。《汎與訪雙聲。方與旁古通用。溥也。『洪範』。王訪于箕子。『晉語』。文王諏於蔡原而訪於辛尹。韋曰。諏訪皆謀也。本『釋詁』。許於方聲別之曰汎謀。》从言。方聲。《敷亮切。10部。》/91

訬 (초)【chāo ㄔㄠ】 어지러울, 재빠를 ■묘:높을

설문 1585 訬《此複舉(擧)字刪(刪)之未盡者。》擾也。《〔手部〕曰。擾、煩也。今俗語云炒吏者、當作此字。》一曰訬獪。《〔犬部:獪〕、狡獪也。『漢書』曰。江都輕訬。『吳都賦』曰。輕訬之客。『高-注:淮南』曰。訬、輕利急疾也。李善音眇。》从言。少聲。《楚交切。2部。按此當爲前一義之音。》讀若毚。《此未詳。葢(蓋)「纔」亦作「纔」之比。顧氏炎武曰。「毚」當作「𦍒」。》/99

設 설【shè ㄕㄜˋ】 베풀(늘어 놓을, 둠, 세울, 만들), 설령

설문 1483 施陳也。《設施雙聲。〔㫃部〕曰。施、旗旖施也。有布列之義。〔自(阜)部〕曰。敶、列也。然則凡言陳設者、敶之假借字。陳行而敶廢矣。》从言殳。《會意。言殳者、以言使人也。凡設施必使人爲之。識列切。15部。》殳、使人

也。《殳者、可運旋之物。故使人取意於殳。般字下曰。殳所以旋也。》/94

형성 (1자) 설(詨 䜭)551

許 (허)【xǔ ㄒㄩˇ】 ㉠ hǔ 本[들어줄] 허락할, 편들, 바랄

설문 1408 聽言也。《聽從之言也。耳與聲相入曰聽。引伸之凡順從曰聽。許、或假爲所。或假爲御。『下武傳』。許、進也。卽御進也。『東平王蒼正』作昭茲來御。又爲鄦之叚(假)借字。》从言。午聲。《虛呂切。5部。》/90

참고 호(許)물가

訷 (염)【rán ㄖㄢˊ】 ㊤㊥⑨ nán 수다할, 말 많을 ■남:재잘거릴

설문 1550 訷訷、《逗。》多語也。从言。冄聲。《汝閻切。7部。》樂浪有訷邯縣。《『地理志』、『郡國志』同。孟康音男。》/98

◀ 제 5 획 ▶

謕 訴訴(소)【sù ㄙㄨˋ】(윗사람에게)아뢸, 하소연할 ■척:헐뜯을

설문 1603 告也。从言。㡿(斥)聲。《桑故切。5部。凡從㡿之字隸變爲厈。俗又譌斥。》『論語』曰。訴(訴)子路於季孫。《『憲問篇』文。》 謕(訴)或从言朔。 謕或从朔心。《『今-論語』作此。》/100

訶 (가)【hē ㄏㄜ】 꾸짖을, 꾸지람

설문 1600 大言而怒也。從言。可聲。《虎何切。17部。》/100

諕 (원)【yuàn ㄩㄢˋ】 ㊤㊥⑨ yuǎn 위안할, 좇을, 원망할

설문 1618 尉也。《「尉」【各本】作「慰」。而『集韵(韻)』、『類篇』及『葉石君-抄本:說文』皆作「尉」。則知【大徐本】作尉也。〔火部〕曰尉者、從上案下也。諕訓尉。未得其證。攷『毛詩:凱風:傳』。慰、安也。『車舝:傳』曰。慰、怨也。【二傳】不同。『車舝:傳』一本作尉、安也。陸氏德明從怨。謂作安乃馬融義。今按此『毛詩』及『傳』正當作「尉」、諕也。爲許所本。後人以易識之字易之耳。諕者、以善言案其心。如火申繒然。諕尉雙聲。》从言。夗聲。《於願切。14部。》/100

詋 (주)【zhòu ㄓㄡˋ】 수작할, 축복할

설문 1537 詶也。《祝褶字亦作「袖」。盉(盍)與詋一字也。》从言。由聲。《直又切。3部。》/97

訹 (술)【xù ㄒㄩˋ】 꾈(유혹할), 사람의 이름 ■수:같은 뜻

설문 1516 誘也。《按『晉語』。里克、丕鄭告公子重耳曰。子盍(盍)入乎。吾請爲子鉥。此假鉥爲訹也。『服鳥賦』。怵迫之徒兮或趨西東。孟康曰。怵、爲利所誘怵然。此假怵爲訹也。》从言。朮聲。《思律切。15部。》/96

診 (진)【zhěn ㄓㄣˇ】 ⑨㉠ zhèn (눈으로)볼, 점칠

설문 1625 視也。《『倉公傳』診脈、視脈也。從言者、醫家先問而後切也。》从言。㐱聲。《直刃切。又之刃切。12部。》/101

証 (정)【zhèng ㄓㄥˋ】(웃사람에게)간할 ■증:증거

설문 1458 諫也。《『呂覽』士尉以証靜郭君。高曰。証、諫也。今俗以証爲證驗字。遂改『呂覽』之証爲證。》从言。正聲。讀若正月。《之盛切。11部。按古音凡正皆讀如征。獨言正月者、隨擧(擧)之耳。》/93

評 (호)【hū ㄏㄨ】 큰 소리로 부를, 울, 속일

설문 1496 召也。《〔口部〕曰。召、評也。後人以呼代之。呼行而評廢矣。》从言。乎聲。《荒烏切。5部。》/95

呰 (자)【zǐ ㄗˇ】 헐뜯을, 싫어할

설문 1548 呰呰、《逗。二字今補。》不思稱意也。《『釋訓』云。翕翕訿訿、莫供職也。『毛傳』云。潝潝然患其上。訿訿然不思稱其上。不思稱其上者、謂不思報稱其上之恩也。『大雅:傳』云。訿訿、窳不供事也。【二傳】辭異義同。意者、意內言外之意。按『禮記:少儀:注』。呰、思也。凡二見。此別一義。》从言。此聲。《將此切。15、16部。按呰毁字古作「呰」。與呰別。後人混用。》『詩』曰。翕翕呰呰。《『小雅』文。》/98

詁 (고)【gǔ ㄍㄨˇ】 훈고

설문 1454 訓故言也。《故言者、舊言也。十口所識前言也。訓者、說教(教)也。訓故言者、說釋故言以教人是之謂詁。分之則如『爾雅』析故訓言爲三。三而實一也。漢人傳注多偁(稱)故者、故卽詁也。『毛詩』云故訓傳者、故訓猶故言也。謂取故言爲傳也。取故言爲傳、是亦詁也。賈誼、爲『左氏傳』訓故。訓故者、順釋其故言也。》从言。古聲。《公戶切。5部。》『詩』曰詁訓。《此句或謂卽『大雅』古訓是式。或謂卽『毛公-詁訓:傳』。皆非是。按釋文於『抑』、告之和言下云。戶快反。『說文』作詁。則此四字當爲「詩曰告之詁言」六字無疑。『毛傳』曰。詁言古之善言也。以古釋詁正同許以故釋詁。『陸氏-所見:說文』未誤也。自有淺人見『詩』無告之詁言。因改爲『詩』曰詁訓。不成語耳。》/92

詄 (질)【dié ㄉㄧㄝˊ】 잊을, 단단할

설문 1562 忘也。《『廣雅』。誤也。》从言。失聲。《徒結切。12部。》/98

詆 (저)【dǐ ㄉㄧˇ】 꾸짖을, 흉볼, 들추어낼

설문 1621 訶也。《【鉉本】苛也。一日訶也。從言氐聲。【鍇本】荷也。從言氐聲。一日訶。今按【二本】皆誤。漢人訶多假荷爲之。如『周禮:宮正比長:注』。荷皆呼何反。『宋槧-周禮』及釋文可證。淺人改爲「苛」。此亦其比也。不得其說。乃訶荷竝存矣。今依『韵(韻)會』刪(刪)正。》从言。氐聲。《都禮切。15部。》/100

詇 (앙)【yàng ㄧㄤˋ】 슬기로울, 물을, 고할

설문 1423 早知也。从言。央聲。《於亮切。10部。》/91

言 7 ⑤

詈 리【lì ㄌㄧˋ】(욕하며)꾸짖을
설문 4640 罵(駡)也。从网言。《力智切。16部。》/356
성부 詈벌

詍 (예)【xiè ㄒㄧㄝˋ】㉳㊥⑨㉶ yì 수다스러울
설문 1547 多言也。《與〔口部:呭〕音義皆同。》从言。世聲。《余制切。15部。》『詩』曰。無然詍詍。《〔口部〕偁(稱)『詩』作「呭呭」。此作「詍詍」。葢四家之別也。》/97

詐 (사)【zhà ㄓㄚˋ】(교묘한 꾀로)속일
설문 1588 欺也。从言。乍(乍)聲。《測駕切。古 5部。》/99

詑 (이)【tuō ㄊㄨㄛ】㉳㊥⑨㉶ tuó 으쓱거리는 모양, 마음이 얕을 ■타:속일,

설문 1517 沇州謂欺曰詑。《此不見於『方言』。『方言』。秦謂之謾。郭云。言謾詑。詑音大和切。按『戰國策』曰。寡人正不喜詑者言也。》从言。它聲。《託何切。17部。》/96

詒 (태)【yí ㄧˊ】속일, 줄(보낼) ■이:속일, 물려줄, 증여할
설문 1524 相欺詒也。《『金縢』。公乃爲【詩】以詒王。名之曰『鴟鴞』。鄭曰。詒、說也。周公恐其屬黨將死。恐其刑(刑)濫。又破其家。而不敢正言。故作『鴟鴞』之詩以詒王。按『尙書』字本作「詒」。『鄭-注』說當讀輸芮切。『正義』改爲怡悅字。誤矣。周公善辭以誘王。故史臣目之曰詒。此鄭意也。『穀梁傳』曰。夫請者、非可詒託而往也。必親之者也。『注』。詒託、猶假寄。『列子』。狎侮欺詒。『郭-注:方言』云。汝南人呼欺亦曰詒。音殆。『史』、『漢』多假紿爲之。》一曰遺也。《『釋言』、『毛傳』皆曰。詒、遺也。俗多假貽爲之。》从言。台聲。《與之切。按今音前義徒亥切。1部。》/96

詖 (피)【bì ㄅㄧˋ】㊎[말 잘할] 치우칠
설문 1425 辨論也。《此詖字正義。皮、剝取獸革也。柀、析也。凡从皮之字皆有分析之意。故詖爲辨論也。》古文目(以)爲頗字。《此古文同音假借也。頗、偏也。》从言。皮聲。《彼義切。古音在 15部。》/91

詗 (형)【xiòng ㄒㄩㄥˋ】염탐할, 염탐군
설문 1619 知处告言之。《『史、漢:淮南傳』。王愛陵。多予金錢。爲中詗長安。孟康曰。詗音偵。西方人以反閒(間)爲偵。王使其女爲偵於中也。服虔(虔)亦云。偵伺之也。如淳曰。詗音朽政反。按『說文』無偵字。則從服孟說詗卽偵。是也。》从言。冋聲。《朽正切。11部。》/100

詘 (굴)【qū ㄑㄩ】굽을, 굽힐, 굽어 펴지지 않을 ■출:떨어뜨릴, 물리칠 ■눌:말 떠듬거릴
설문 1617 詰詘也。《二字雙聲。屈曲之意。》一曰屈襞。《此謂衣襞積。見〔衣部〕。》从言。出聲。《區勿切。15部。》
𧩯詘或从屈。/100

詛 (저)【zǔ ㄗㄨˇ】저주할, 저주, 헐뜯을
■조:속음
설문 1536 詶也。从言。且聲。《莊助切。5部。》/97

詞 詈(사)【cí ㄘˊ】고할, 말, 문체 이름, 문태 있는 언어 문장
설문 5510 意內而言外也。《有是意於內、因有是言於外謂之詈(詞)。此語爲【全書】之凡例。【全書】有言意者。如歒言意、㰻無腸意、歠悲意、倃驚意之類是也。有言詈者。如𣢜詮詈也、者別事詈也、皆俱詈也、𦣻詈也、魯(魯)鈍詈也、𥏼識詈也、曾詈之舒也、乃詈之難也、尒詈之必然也、矣語已詈也、㕽兄詈也、粤驚詈也、𥂝𠦝惡驚詈也、䰠𠦝鬼警詈也、臮衆與詈也之類是也。意卽意內。詈卽言外。言意而詈見。言詈而意見。意者、文字之義也。言者、文字之聲也。詈者、文字形聲之合也。凡許之說字義皆意內也。凡許之說形、說聲皆言外也。有義而後有聲。有聲而後有形。造字之本也。形在而聲在焉。形聲在而義在焉。六藝之學也。詈與〔辛部〕之辭、其義迥別。辭者、說也。从𤔔辛。𤔔辛猶理辜。謂文辭足以排難解紛也。然則辭謂篇章也。詈者、意內而言外。此謂摹繪物狀及發聲助語之文字也。積文字而爲篇章。積詈而爲辭。『孟子』曰。不以文害辭。不以詈害辭也。孔子曰。言以足志。詈之謂也。文以足言。辭之謂也。『大行人-故書』汁詈命。鄭司農云。詈當爲辭。此二篆之不可掍一也。》从司言。《司者、主也。意主於內而言發於外。故从司言。『陸機-賦』曰。辭呈材以效伎。意司契而爲匠。此字上司下言者、內外之意也。『郭忠恕-佩觿』曰。詞朗之字、是謂𨽻(隸)行。本作「詈朖」。『李文仲-字鑒』曰。「詞朗崩秋」字、『說文』作「詈朖𠜎烋」。是可證【古本】不作「詞」。今【各本】篆作「詞」。誤也。似茲切。1部。》/429

詠 (영)【yǒng ㄩㄥˇ】(시가를)읊을, 시가(詩歌)
설문 1494 歌也。《『堯典』曰。歌永言。『樂記』曰。歌之爲言也。長言之也。說之、故言之。言之不足、故長言之。》从言。永聲。《爲命切。古音在 10部。》咏詠或从口。/95

◀ 제 6 획 ▶

詡 (후)【xǔ ㄒㄩˇ】자랑할, 날랠, 장담할
설문 1479 大言也。《『禮器』。德發揚詡萬物。『注』。詡猶普也。按詡之本義爲大言。故訓爲普則曰猶。凡『古-注』言猶者視此。詡之引伸之義爲大。故周弁殷吁夏收、『白虎通』「吁」作「詡」。『鄭-注:禮』云。吁名出於幠。幠、覆也。義可相發明。》从言。羽聲。《況羽切。5部。》/94

詣 (예)【yì ㄧˋ】(장소, 방문)이를
설문 1501 候至也。《候(候)至者、節候所至也。致下云。送詣(詣)也。凡(凡)謹畏精微深造以道而至曰詣。『關中記』。建章宮有駁娑、駘盪、枍詣、承光四殿。『西京、西都:賦』皆作「枍詣」。俗作「栺」誤。》从言。旨(旨)聲。《五計切。15部。》/95

詤 謊(황)【huǎng ㄏㄨㄤˇ】잠꼬대, 속일
설문 1583 夢言也。《〔夕部〕曰。夢、不明也。『吕(呂)覽』。無由接而言見詤。高曰。詤讀爲誣妄之誣。按

讀謊爲誣者、正如亡無通用。荒𧃷通用也。》从言。㠩聲。《呼光切。10部。》/99

詥 (합)【hé ㄏㄜˊ】 화할, 마음과 말을 주고 받을 설문 1470 諧也。《詥之言合也。》从言。合聲。《候(候)閤切。7部。》/93

試 (시)【shì ㄕˋ】 시험할, 쓸(사용할), 더듬을, 비교할 ■식:같은 뜻
설문 1462 用也。从言。式聲。《式吏切。1部。》『虞書』曰。明試以功。《『堯典』、『臯(皐)陶謨』兩(兩)見。偁(稱)『堯典』則『虞書』當爲『唐書』。》/93

䛈 (지)【zhǐ ㄓˇ】 들추어낼, 적발할 ■기:〈네이버 자전〉
설문 1601 訐也。《「訐」或作「許」。誤。》从言。臣聲。讀若指。《臣聲而讀若指。12、15部合音也。職雉切。》/100

詧 (찰)【chá ㄔㄚˊ】 살필 ※ 찰(察)과 같은 글자 ■철:같은 뜻 ■절:옳은 말(正言)
설문 1442 言微親察也。从言。祭省聲。《鉉「祭」作「察」。誤。楚八切。15部。》/92

詩 (시)【shī ㄕ】 本[뜻] 시(운문), 시경 설문 1412 志也。《『毛詩:序』曰。詩者、志之所之也。在心爲志。發言爲詩。按許不云志之所之。徑云志也者。序析言之。許渾言之也。所以多渾言之者、欲使人因屬以求別也。又『特牲禮』詩懷之注。詩猶承也。謂奉納之懷中。『內則』詩負之注。詩之言承也。按『正義』引含神霧云。詩、持也。假詩爲持。假持爲承。1部與 6部合音冣(最)近也。『上林賦』葴持。持音懲。》从言。寺聲。《書之切。1部。》𧥺古文詩省。《左从古文言。右从之、省寸。》/90

詪 (한)【hěn ㄏㄣˇ】 어길, 말 듣지 않을 ■간:같은 뜻 ■현:말다툼할
설문 1569 詪戾也。《『廣韵(韻)』難語皃(貌)。》从言。㫐(艮)聲。《乎懇切。13部。》/98

詬 (후)【gòu ㄍㄡˋ】 ⑨ hòu 꾸짖을, 부끄럼, 망신줄 ■구:같은 뜻
설문 1636 謑詬也。《依【全書】例訂。》从言。后聲。《呼寇(寇)切。4部。》𧧝詬或从句。《后句同部。》/101

詭 (궤)【guǐ ㄍㄨㄟˇ】 책할, 괴이할, 헐뜯을 설문 1615 責也。《『漢書』。況自詭滅賊。孔融表云。昔賈誼求試屬國。詭係單于。》从言。危聲。《過委切。16部。今人爲詭詐字。》/100

詮 (전)【quán ㄑㄩㄢˊ】 설명할, 법, 길(도리) 설문 1465 具也。《『淮南書』有『詮言訓』。『高-注』曰。詮、就也。就萬物之指以言其徵。事之所謂。道之所依也。故曰詮言。〔欠部:欥〕下曰。詮䛐(詞)也。然則許意。謂詮解。》从言。全聲。《此緣切。14部。》/93

詯 (회)【huì ㄏㄨㄟˋ】 말소리 우렁찰 설문 1545 膽气滿聲在人上。从言。自聲。《葢(蓋)即元曲所用咱字。》讀若反目相睞。《荒內切。15部。》/97

詰 (힐)【jié ㄐㄧㄝˊ】 本[물을(질문)] 꾸짖을, 다스릴, 책망할
설문 1613 問也。从言。吉聲。《去吉切。12部。》/100

話 話(화)【huà ㄏㄨㄚˋ】 이야기, 착한 말 설문 1472 會合善言也。《語(話)會疊韵(疊韻)。『大雅』。愼爾出話。毛曰。話、善言也。》从言。𠯑聲。《胡快切 15部。》『傳』曰。告之話言。《此當作『春秋傳』曰箸之話言。見『文:六年:左氏-傳』。淺人但知『抑詩』。故改之。刪(刪)『春秋』字。妄擬詩可稱傳也。『抑詩』作告之話言。於話下稱之。又妄改爲『詩』曰詁訓。》譮籒文話。从言會。《𠯑會同在 15部。故檜亦作「栝」。》/93

該 (해)【gāi ㄍㄞ】 本[군호] 갖출, 겸할, 맞을(일치)
설문 1638 軍中約也。《凢(凡)俗云當該者皆本此。》从言。亥聲。《古哀切。1部。》讀若心中滿該。《該同餩。飽息也。詳〔口部:噫〕下。》/101

詳 (상)【xiáng ㄒㄧㄤˊ】 자세할, 자세히 알, 다(모두), 상서로울 ■양:거짓(詐也).
설문 1437 審議也。《審、悉也。【經傳】多假爲祥字。又音羊。爲詳狂字。》从言。羊聲。《似羊切。10部。》/92

詵 (선)【shēn ㄕㄣ】 말 전할, 많을, 모일 ■신:속음
설문 1405 致言也。从言先。《所謂先容也。》先亦聲。《所臻切。13部。》『詩』曰。螽斯羽。詵詵兮。《此引『周南』說假借也。毛曰。詵詵、衆多也。按以衆多釋詵詵。謂卽㚴㚴之假借。『陸氏-詩:音義』云。詵詵、『說文』作「㚴」。[陸-所據:多部]有㚴字。引『詩:螽斯羽』㚴㚴兮。葢(蓋)『三家詩』。此引『毛詩』。或作「駪駪」、莘莘、侁侁。皆同。》/90

諫 (자)【cì ㄘˋ】 本[자주 나무랄] 책하여 나무랄, 풍자하여 간할
설문 1611 數諫也。《謂數其失而諫之。凡譏刺字當用此。》从言。朿聲。《七賜切。16部。》/100

詶 (수)【chóu ㄔㄡˊ】 대답할 ※ 수(酬)와 같은 글자
설문 1535 詛也。《『玉篇』云。『說文』職又切。詛也。『玄應:六, 引』曰。「祝」今作「呪」。『說文』作詶。詛也。之授切。【今-各本】作譸也。乃因俗用詶爲酬應字、市流切。不欲釋以詛。遂改之耳。詶訓以言荅之。而詶詛作呪。此古今之變也。若【經典】則通用祝不用詶。『左傳』。雖其善祝。豈能勝億兆人之詛。此祝詛分言也。『大雅』。侯作侯祝。『傳』云。作祝詛也。此祝讀呪。祝詛不分也。》从言。州聲。《3部。》/97

詷 (동)【tóng ㄊㄨㄥˊ】 本[같이] 바쁠 설문 1482 共也。从言。同聲。《徒紅切。9部。》『周書』曰。在后之詷。《『顧命』文。『某氏-尙書』作在後之侗釋文曰。馬本作「詷、共也」。許葢(蓋)用馬說。

『祭統』。鋪筵設詷几。『注』。詷之言同也。祭者以其妃配之、亦不特几也。按【此經:注】本如見。假令【經】本作同几。又何煩以詷釋之哉。鄭必云之言者鄭意詷本不訓同。於其疊韵(疊韻)訓爲同。非若馬許徑云共也。引『書』後作后者、『儀禮:注』引『孝經』說云后者、後也。此依『韵(韻)會』用【鍇本】。》一曰譀也。《『通俗文』。言過謂之謥詷。矗痛徒痛二切。按言過者、言之太過也。與譀訓合。『廣韵』作言急。恐誤。》/94

詹 (첨)【zhān ㄓㄢ】 수다스러울, 이를(닿을), 볼, 두꺼비 ■담:넉넉할 ■섬:두꺼비 ■점:속음, 점칠(言부 6획)

설문 0677 多言也。《『莊子』曰。小言詹詹。》从言。从八。《多故可分。》从厃。《此當作。「厃聲」。淺人所改也。〔厂部〕曰。屋梠、秦謂之楣。齊謂之厃。〔木部〕曰、屋櫓聯、秦謂之楣。齊謂之檐。楚謂之梠。厃與檐同字同音。詹、厃聲。職廉切。8部。》/49

형성 (10자+1) 첨(瞻)2055 담(膽)2491 첨(檐)3495 담(儋)4808 첨(襜)5055 담(黵)6252 담(憺)6481 담(澹)6881 염(閻)7369 담(聸)7428 섬(蟾)

詻 (액)【è ㄜˋ】 (말로)다툴, 엄할 ■각:〈네이버 자전〉토할

설문 1428 論訟也。《「訟」當作「頌」。論頌卽言容也。『玉藻』曰。戎容暨暨。言容詻詻。『注』。詻詻、教(敎)令嚴也。『周禮:保(保)氏』六儀。五曰軍旅之容。『注』。軍旅之容。暨暨詻詻。》『傳』曰。詻詻孔子容。《未聞。『論語』曰。子温(溫)而厲。》从言。各聲。《五陌切。5部。》/91

詽 (현)【yán ㄧㄢˊ】 ㉿ xiān 다투는 말, 나무랄 ■천:나무라는 모양 ■안:말다툼할

설문 1553 諍語詽詽也。《劉(劉)祥言事。蒙遜曰。汝聞劉裕入關。敢研研然也。斬之。『魏書』作「妍妍」。皆詽詽之同音也。『匡謬正俗』所謂殿研卽此。》从言。幵(开)聲。《呼堅切。12部。》/98

訩 (흉)【xiōng ㄒㄩㄥ】 다툴, 떠들썩할

설문 1596 訟也。《「訟」【各本】譌「說」。今依『篇』、『韵(韻)』及『六書故』所據【唐本】正。『爾雅』釋言、『小雅:魯(魯)頌傳:箋』皆云。訩、訟也。按下文系之云訟爭也。『說文』之通例如是。》从言。匈聲。《許容切。9部。》 或省。《『今-詩』如是作。》 訩或从兇。/100

詿 (괘)【guà ㄍㄨㄚˋ】 그르칠, 속일

설문 1542 誤也。《詿謂有所挂牽而然也。『史記:吳王濞傳』。詿亂天下。『漢書』。景帝詔曰。吳王濞爲逆。詿誤吏民。》从言。圭聲。《古賣切。16部。》/97

誂 (조)【zhào ㄓㄠˋ】 ㊤ tiǎo 꾈(유혹), 희롱할

설문 1560 相呼誘也。《『戰國策』。楚人有网(兩)妻。人誂其長者。長者詈之。誂其少者。少者許之。『史記:吳王濞傳』。使中大夫應高誂膠西王。按後人多用挑字。》从言。兆聲。《徒了切。2部。》/98

誃 (치)【chǐ ㄔˇ】㊍[떨어질] 가를, 결채 ■타:속일 ■이:누대이름 ■지:〈네이버 자전〉이별할

설문 1538 離別也。《『釋言』曰。斯誃離也。郭云。誃見『詩』。『今-毛詩』未見誃字。疑析薪扡矣、容有作「誃」者。別兵列切。》从言。多聲。《尺氏切。古音在 17部。》讀若『論語』跢予之足。《『泰伯篇』云。啓予足。啓予手。鄭云。啓、開也。跢當是啓誤。或曰當作哆予之足。哆猶開也。》周景王作洛陽誃臺。《『東京賦』曰。於南則誃門曲榭。薛曰。誃門、冰(氷)室門也。『水經:注:穀水篇』曰。洛陽諸宮(宮)名曰南宮。有誃臺。臨照臺。『東京賦』誃門卽宣陽門也。門內有宣陽冰室。按誃臺葢(蓋)謂誃門之臺也。誃者誃之或體。李善直移反。周景王作大錢大鐘。則其作誃臺也亦侈大之意。『釋宮』。連謂之簃。郭云。堂樓閣邊小屋。今呼之簃廚連觀也。『詩』鉉-竹部:新附』有簃字。按『陸雲-與兄:書』曰。曹公所爲屋。圻(坼)其誃堂。不可壞。直以斧斫之。其字亦作「誃」。『爾雅』之簃、葢亦誃之異體。》/97

誄 (뢰)【lěi ㄌㄟˇ】 뇌사(죽은 이의 공덕을 기리는 글), 제문

설문 1633 謚(諡)也。《當云所以爲謚也。『曾子問:注』曰。誄、絫也。絫列生時行迹。讀之以作謚。》从言。耒聲。《力軌切。15部。》/101

誅 (주)【zhū ㄓㄨ】 (죄인, 풀을)벨, 칠(토벌)

설문 1628 討也。《凡殺戮、糾責皆是。》从言。朱聲。《陟輸切。4部。》/101

誇 (과)【kuā ㄎㄨㄚ】 자랑할, 거칠(성김)

설문 1565 譀也。從言。夸聲。《苦瓜切。古音在 5部。》/98

◀ 제 7 획 ▶

誋 (기)【jì ㄐㄧˋ】 경계할

설문 1450 誡也。《『淮南:繆稱:注』曰。誋、誡也。》从言。忌聲。《渠記切。1部。》/92

誎 (속)【sù ㄙㄨˋ】 ㊥⑨ cù ㊍[독촉할] 꾸밀, 자랑할

설문 1456 餔旋促也。《未聞。疑有誤字。『廣雅』。誎、促也。『集韵(韻)』、『手鑑』云。飾也。》从言。朿聲。《桑谷切。3部。》/93

誐 (아)【é ㄜˊ】 착할, 아름다울

설문 1481 嘉善也。《誐嘉疊韵(疊韻)。〔壴部:嘉〕、美也。》从言。我聲。《五何切。17部。》『詩』曰。誐以謐我。《『周頌』文。謐【鉉本】作溢。此用『毛詩』改竄也。『廣韵(韻)』引『說文』作「謐」。按『毛詩』假以溢我。『傳』曰。假嘉、溢愼。與誐謐字異義同。許所偁葢(稱蓋)『三家詩』。誐謐皆本義。假溢皆假借也。然謐溢並(竝)見『釋詁』。可知周時已有此二本之殊矣。若『左氏』作「何以恤我」。何者、誐之聲誤。恤與謐同部。『堯典』惟刑(刑)之謐哉。古文亦作「恤」。》/94

誑 (광)【kuáng ㄎㄨㄤˊ】 속일
설문 1526 欺也。从言。狌(狂)聲。《居況切。10部。》/96

誒 (희)【xī ㄒㄧˉ】 (마음에 없는 일을)억지로 할, 아(탄식 소리)
설문 1543 可惡之詈(詞)。《「詈」[各本]作「辭」。誤。今正詈者、意內而言外也。『韋孟-詩』。勤唉厥生、『漢書』「唉」作「誒」。師古曰。誒歎聲。『項羽本紀:索隱』曰。唉、歎恨發聲之詈。皆與許此義合。》从言。矣聲。《許其切。1部。》一曰誒、《逗。》然。《下當有也。『方言』。欸譽然也。南楚凡言然者曰欸。或曰譽。〔口部〕曰。唉、譍也。『廣雅』。欸譽然譍也。是則誒與欸唉音義皆同。通用也。》『春秋傳』曰。誒誒出出。《『襄:三十年』文。此證前一義也。【今-傳】作「譆譆」。》/97

誓 揺(서)【shì ㄕˋ】 맹세, 맹세할
설문 1452 約束也。《『周禮:五戒』。一日誓。用之於軍旅。按凡自表不食言之辭皆曰誓。亦約束之意也。》从言。斮(折)聲。《時制切。15部。》/92

誕 (탄)【dàn ㄉㄢˋ】 本[거짓] 거짓말, 속일, 남을 속이는 큰 소리, 낳아 기를
설문 1566 詈(詞)誕也。《此三字荟(蓋)有誤。『釋詁』、『毛傳』皆云。誕、大也。》从言。延聲。《徒旱切。14部。》籒文誕。省乇。/98

誖 (패)【bèi ㄅㄟˋ】 작 bó 어지러울
설문 1539 亂也。从言。孛聲。《蒲沒(沒)切。15部。》誖或从心。籒文誖。从二或。《网(兩)國相違。擧(擧)戈相向。亂之意也。〔角部:觲〕以爲聲。》/97

謑 (혜)【xǐ ㄒㄧˇ】 상中⑨작 xì 기다릴, 사람 이름
설문 1507 待也。《小徐曰。此與徯字義相通。》从言。伿聲。讀若毉。《胡禮切。古音在 16部。》/95

詐 (자)【zhà ㄓㄚˋ】 ⑨ zhàn 부끄러워 말 할
■작:같은 뜻
설문 1520 慙語也。《與〔心部:怍〕音同義近。『論語』。其言之不怍。則爲之也難。當作此詐。》从言。作聲。《鉏駕切。古音在 5部。按『玉篇』云。慙語也。疑『左傳:定:八年』桓子咋謂林楚。杜云咋暫也。當作「詐」字。》/96

語 (어)【yǔ ㄩˇ】 말할(담화, 의론)
설문 1401 論也。《此即毛鄭(鄭)說也。語者、禦也。如毛說。一人辯論是非謂之語。如鄭說。與人相荅問辯難謂之語。》从言。吾聲。《魚擧(擧)切。5部。》/89

誠 (성)【chéng ㄔㄥˊ】 정성, 참, 참되게 할, 참으로
설문 1448 信也。从言。成聲。《氏征切。11部。》/92

誡 (계)【jiè ㄐㄧㄝˋ】 경계할(조심하고 삼가함)
설문 1449 敕也。《〔攴部〕曰。敕、誡也。》从言。戒聲。《古拜切。古音在 1部。》/92

誣 (무)【wū ㄨˉ】 (없는 것을 있는 것 처럼)꾸밀
설문 1531 加也。《『玄應:五』引皆作加言。加言者架言也。古無架字。以加爲之。『淮南:時則訓』。鵲加巢。加巢者、架巢也。『毛詩:箋』曰。鵲之作巢。冬至加之。劉(劉)昌宗加音架。李善引『呂氏春秋:注』曰。結、交也。構、架也。云加言者、謂憑空構架聽者所當審愼也。按〔力部〕曰。加、語相增加也。從力口。然則加與誣同義互訓。可不增言字。加與誣皆兼毀譽言之。毀譽不以實皆曰誣也。『方言』。誣譺與也。吳越曰誣。荆(荊)楚曰譺與。猶齊晉言阿與。『表記』。受祿不誣。『注』曰。於事不信曰誣。》从言。巫聲。《武扶切。5部。》/97

誤 (오)【wù ㄨˋ】 그릇할(잘못할)
설문 1541 謬也。《按「謬」當作「繆」。古繆誤字從糸。如綢繆相戾也。『大傳』五者一物紕繆是。謬訓狂者妄言、與誤義隔。》从言。吳聲。《五故切 5部。》/97

誥 (고)【gào ㄍㄠˋ】 (위에서 아래로)고시할
설문 1451 告也。《見『釋詁』。按以言告人。古用此字。今則用告字。以此誥爲上告下之字。又秦造詔字。惟天子獨稱之。『文選:注』卅五引『獨斷(斷)』曰。詔猶告也。三代無其文。秦漢有也。據此可證秦已前無詔字。至『倉頡篇』乃有幼子承詔之語。故[許書]不錄詔字。鉉補之。非也。》从言。告聲。《古到切。古音在 3部。》古文誥。《按此从言肘聲。是古音在 3部之證。》/92

誦 (송)【sòng ㄙㄨㄥˋ】 읽을, 읊을, 말할
설문 1415 諷也。从言。甬聲。《似用切。9部。》/90

誧 (포)【pǔ ㄆㄨˇ】 상中⑨작 bū (소리)클, 꾀할, 서로 도울, 간할
설문 1486 大也。《『廣雅』同。》从言。甫聲。《博孤切。5部。》一曰人相助也。《『廣韵(韻)』曰。誧、諫也。》讀若逋。/94

誨 (회)【huǐ ㄏㄨㄟˇ】 ㉠상中⑨작 huì 가르칠, 가르침
설문 1419 曉教(教)也。《曉教者。明曉而教之也。訓以柔克。誨以剛克。『周書:無逸』胥訓告、胥教悔是也。曉之以破其晦是曰誨。》从言。每聲。《荒內切。15部。》/91

誩 경【jìng ㄐㄧㄥˋ】 [설문부수 57] 다투어 말할, 사람 이름
설문 1642 競(競)言也。从二言。《渠慶切。古音在 10部。讀如彊。》凡誩之屬皆从誩。讀若競。/102
성부 善譱선 競경
형부 독(讟)

說 説(설)【yuè ㄩㄝˋ】 상中⑨작 shuō 말씀, 문체 이름
설문 1467 說釋也。《說釋卽悅懌。說悅、釋懌皆古今字。[許書]無悅懌二字也。說釋者、開解之意。故爲喜悅。〔釆部〕曰。釋、解也。》从言。兌聲。《〔儿部〕曰。兌、說也。本

言 7 ⑦

『周易』。此從言兌會意。兌亦聲。弋雪切。15部。》一曰談說。《此本無二義二音。疑後增此四字。別音爲失爇(爇)切。》/93

◀ 제 8 획 ▶

誣 (오)【wǔ ㄨˇ】 ㊤㊥⑨ wù 서로 헐뜯을, 훼방할 ■액:웃을, 웃음소리 ■가:말 바르지 못할

설문 1593 相毁也。从言。亞聲。《宛古切。5部。》一曰畏誣。《此與惡惡之惡略同。》/99

誰 (수)【shéi ㄕㄟˊ】 ㊤㊥⑨㉆ shuí 누구, 옛, 발어사

설문 1622 誰何也。《三字爲句。【各本】少「誰」字。誤刪(刪)之也。敎字下云「一曰誰何也」。可證。李善引有謂責問之也五字。葢(蓋)注家語。『六韜』。令我壘上。誰何不絕。『賈誼書』。陳厲兵而誰何。『史記:衞(衛)綰傳』。歲餘不誰何綰。『漢書』作不孰何。『韋-注:國語』。『彉弩:注』矢以誰何。有單云誰者。如『五行志』。大誰卒。『易林』。無敢誰者。『楊雄箴』。閽欒殽搜。戟者不誰。『耤田賦』。靡誰督而常勤。有單云何者。如『廣雅』。何、問也。『賈誼傳』。大譴大何。》从言。隹聲。《示隹切。15部。》/101

課 (과)【kè ㄎㄜˋ】 시험할, 몫(세금, 공부), 조사할

설문 1461 試也。《『廣韵(韻)』。第也。稅也。皆課試引伸之義。》从言。果聲。《苦臥切 17部。》/93

詢 (도)【táo ㄊㄠˊ】 오고 가는 말, 어린아이 아직 바로 말 못할

설문 1549 往來言也。一曰小兒未能正言也。一曰祝也。从言。匋聲。《大牢切。古音在 3部。》 詢或从包。《匋聲包聲同在3部。》/98

誶 (수)【suì ㄙㄨㄟˋ】 ⑨ shì ㊍[꾸짖을] 간할 ■췌:고할, 말할 ■취:속음 ■쇄:꾸짖을 ■신:같은 뜻 ■줄:꾸짖을

설문 1612 讓也。《『釋詁』、『毛傳』皆云。誶、告也。許云。讓也。『釋詁』、『毛傳』泛言之。許專言之也。》从言。卒聲。《雖遂切。15部。》『國語』曰。誶申胥。《『吳語』文。韋曰。誶、告讓也。『今-國語、毛詩、爾雅』及【他書】誶皆譌訊(訊)。皆由轉寫形近而誤。》/100

誹 (비)【fěi ㄈㄟˇ】 ⑨ fēi 헐뜯을

설문 1532 謗也。《誹之言非也言非其實。》从言。非聲。《敷尾切。15部。》/97

誻 (답)【tà ㄊㄚˋ】 수다스러울

설문 1552 譅誻也。《與〔曰部:沓〕字音義皆同。『荀卿書』。愚者之言。誻誻然而沸。『注』。誻誻、多言也。》从言。沓聲。《徒合切。8部。》/98

誼 誼(의)【yí ㄧˊ】 ㉠㊤㊥⑨㉆ yì 옳을

설문 1478 人所宜也。《『周禮:肆師:注』。【故書】儀爲義。鄭司農云。義讀爲儀。古者書儀但爲義。今時所謂義爲誼。按此則誼義古今字。周時作「誼」。漢時作「義」。皆今之仁義字也。其威儀字。則周時作「義」。漢時作「儀」。凡讀【經傳】者。不可不知古今字。古今無定時。周爲古則漢爲今。漢爲古則晉宋爲今。隨時異用者謂之古今字。非如今人所言古今籒文爲古字。小篆隸書爲今字也。云誼者人所宜。則許謂誼爲仁義字。今俗分別爲恩誼字。乃野說也。『中庸』云。仁者人也。義者宜也。是古訓也。》从言宜。宜亦聲也。《儀寄切。古音在 16部。》/94

誽 (나)【ní ㄋㄧˊ】 ㊤㊥⑨ nì ㉆ ná 떠볼, 말 바르지 못할

설문 1559 言相誽司也。《「誽司」猶「刺探」。誽之言惹也。司之言伺也。》从言。兒聲。《女家切。古音在 16部。》/98

誾 (은)【yín ㄧㄣˊ】 조용히 시비를 토론할, 화기애애한 모양

설문 1429 和說而諍也。《『論語:鄕(鄉)黨:孔-注』。侃侃、和樂皃(貌)。誾誾、中正皃。『先進』皇侃亦云爾。按侃侃爲和樂者、謂侃侃卽衎衎之假借也。誾誾爲中正者、謂和悅而諍、柔剛得中也。言居門中。亦有中正之意。》从言。門聲。《語巾切。按此字自來反語。皆恐誤。凡齗齗爲辨爭。狺狺爲犬吠。皆於斤聲言聲得語巾之音。若門聲字當讀莫奔切。或讀如瞞如蠻。齗(斷)不當反從言之雙聲切語巾也。『楊子』。何後世之訔訔也。司馬曰。爭辨皃。是訔訔同『漢書』之齗齗。自來【字書】【韵(韻)書】與門聲之誾同。又恐誤也。誾誾與穆穆慔慔勉勉亹亹等爲雙聲。古音在 13部。》/91

調 (조)【tiáo ㄊㄧㄠˊ】 고를(잘 어울림), 맞을

설문 1471 龢也。《「龢」【各本】作「和」今正。〔龠部〕曰。龢、調也。與此互訓。和本係唱和字。故許云相應也。今則槩用和而龢廢矣。》从言。周聲。《徒遼切。古音葢(蓋)在 3部。》/93

諄 (순)【zhūn ㄓㄨㄣ】 잘 타이를, 거듭 아뢸, 도울, 지성스러울

설문 1426 告曉之孰也。《『大雅』。誨爾諄諄。『左傳』年未盈五十。而諄諄如八九十者。『孟子』。諄諄然命之乎。『大雅』諄諄、『鄭-注:中庸』引作「忳忳」。云忳忳、懇誠皃(貌)也。按其中懇誠。其外乃告曉之孰。義相足也。『方言』曰。諄、辠也。又曰。宋魯凡相惡謂之諄憎。此則敦字之假借。〔攴部〕曰。敦、怒也。詆也。『詩』。王事敦我。》从言。𦎧聲。讀若庉。《章倫切。13部。》/91

諅 (기)【jī ㄐㄧ】 ㊤㊥⑨㉆ jì 꺼릴

설문 1563 忌也。《『廣韵(韻):七, 之』曰。謀也。『七, 志』曰。志也。》从言。其聲。《其聲。渠記切。1部。》『周書』曰。上不諅于凶德。《『多方』文。上【今-書】作爾尙二字。「諅」【今-書】作「忌」。按『宋本-說文、篇、韵(韻)』皆作上不諅于凶德。》/98

諆 (기)【jī ㄐㄧ】 ㊤㊥⑨㉆ qī 상의할、속일

설문 1586 欺也。《諆欺疊韵(疊韻)。小徐引『漢書』「詆諆」。然『漢書』自作「詆欺」也。》从言。其聲。《去其切。1部。》/99

談 (담)【tán ㄊㄢˊ】이야기, 이야기할, 농할
설문 1402 語也。《談者、淡也。平淡之語。》从言。炎聲。《徒甘切。8部。》/89

諈 諈(추)【zhuì ㄓㄨㄟˋ】(작) zhì 번거로울
설문 1473 諈諉、絫也。《絫累正俗字。今人槩作累而絫廢矣。見『釋言』。孫炎曰。楚人曰諈。齊人曰諉。郭璞曰。以事相屬累爲諈諉。》从言。埀(垂)聲。《竹寘切。音在 16, 17部閒。》/93

諉 (위)【wěi ㄨㄟˇ】(작) nùi 번거롭게(귀찮게) 할
설문 1474 諈(諈)諉也。《舊作「絫」也。今依【全書】通例正。》从言。委聲。《女恚切。音在 16, 17部閒。》/94

請 (청)【qǐng ㄑㄧㄥˇ】(물건, 소원, 초대)청할, 뵐
설문 1406 謁也。《『周禮』。「春朝秋覲」。漢改爲「春朝秋請」。》从言。青聲。《七井切。又才性切。11部。》/90

諍 (쟁)【zhēng ㄓㄥ】㉠(상)(中)⑨(작) zhèng 간할, 남의 과실을 도와 바로 잡을
설문 1495 止也。《【經傳】通作爭。》从言。爭聲。《側迸切。11部。》/95

諎 (책)【zē ㄗㄜ】(상)(中)⑨(작) zé 큰 소리 칠 ■색:같은 뜻 ■작:대답할 ■차:말 빠를, 탄식하는 소리
설문 1511 大聲也。《『爾雅』。行扈唶唶。釋文曰。唶、『說文』云借字也。一云大聲也。按『說文:人部』無借字。據陸則此大聲也之上今奪五字。但借字也三字語不完。且陸不分『疏』云唶、『說文』作「諎」。今未敢輒補。要陸所據爲【善本】。【許書】段下曰。借也。耤下曰。古者使民如借。『序目』曰。六曰假借。〔人部〕未必無借字。而諎唶可以爲借字。固非無徵矣。借、資昔資夜二切。孔沖遠曰。假借字、在取者則假讀上聲借讀入聲。在與者、則皆讀去聲。『聲類』曰。嚄大笑。唶大呼。『考工記-侈則柞:注』。柞讀爲咋咋然之咋。聲大外也。按咋咋、諎諎同。皆大聲。》从言。㫺(昔)聲。讀若笮。《莊革切。古音在 5部。》唶諎或从口。/96

諏 (추)【zōu ㄗㄡ】(상)(中)(작) jū (여러 사람에게)물을
설문 1433 聚謀也。《『左傳』。咨事爲諏。『魯(魯)語』作咨才。韋曰。「才」當爲「事」。按『釋詁』。諏、謀也。許於取聲別之曰聚謀。『儀禮-今文』假詛爲諏。『大玄』作「誒」》从言。取聲。《子于切。古音在 4部。》/91

諒 (량)【liàng ㄌㄧㄤˋ】참(신실할), 믿을, 살펴 알
설문 1404 信也。《『方言』。衆信曰、諒。『周南』、『召南』、衛(衛)之語也。【經傳】或假亮爲諒。》从言。京聲。《力讓切。10部。》/89

諓 (전)【jiàn ㄐㄧㄢˋ】말 잘 할
설문 1480 善言也。《善上當有「諓諓」二字。『古文-秦誓』截截善諞言。諞字下引之。『今文-秦誓』戔戔。〔戈部:戔〕字下引之。釋云。巧言也。「戔戔」『公羊傳』作「諓諓」。云惟諓諓善竫言。『劉(劉)向:九歎』、『漢書:李尋傳』亦皆作「諓諓」。『王逸-注:楚辭』。引『尙書』諓諓竫言。正皆『今文-尙書』也。諸家作諓許作戔者、同一今文而有異本。如同一古文而馬作偏許作諞不同也。戔下旣引戔戔矣。而諓下又云善言者。此又用王逸所據諓諓竫言之本也。善言釋竫言。何休曰。竫猶撰(撰)也。撰同譔。譔(譔)言、善言也。『廣雅:釋訓』曰。諓諓、善也。『賈逵-外傳:注』曰。諓諓、巧言也。『韋昭-注』曰。諓諓、巧辨之言。然則此善言、謂善爲言辭者。不同語(話)下之善言也。》从言。戔聲。《慈衍切。14部。》一曰謔也。《別一義。》/94

諕 (호)【xià ㄒㄧㄚˋ】(상)(中)⑨(작) háo 외칠, 부르짖을 ■획:빠를 ■하:속일
설문 1577 號也。从言虎。《此與〔号部:號〕音義皆同。〔口部:唬〕從口虎。亦讀若暠。凡嗥號之聲。虎爲冣(最)猛。故皆從虎會意。乎刀切。2部。》/99

論 (론)【lùn ㄌㄨㄣˋ】㉠(상)(中)⑨(작) lún 本[의론할] 말할, 견해, 문체 이름, 조리
설문 1434 議也。《論以侖會意。〔亼部〕曰。侖。思也。〔龠部〕曰。侖、理也。此非网(兩)義。思如〔玉部〕䚡理、自外可以知中之䚡。『靈臺』。於論鼓(鼓)鍾。毛曰。論、思也。此正許所本。『詩』於論正侖之假借。凡言語循其理、得其宜謂之論。故孔門師弟子之言謂之『論語』。皇侃依俗分去聲平聲異其解。不知古無異義。亦無平去之別也。『王制』。凡制五荆(刑)。必卽天論。『周易』。君子以經論。『中庸』。經論天下之大經。皆謂言之有倫有脊者。許云。論者、議也。議者、語也。似未盡。》从言。侖聲。《當云从言侖、侖亦聲。盧昆切。13部。》/91

諗 (심)【shěn ㄕㄣˇ】(웃어른께)간할
설문 1460 深諫也。《諗深疊韵(疊韻)。深諫者、言人之所不能言也。『小雅』。是用作歌。將母來諗。『箋』云。諗、告也。以養父母之志來告於君。『左傳』。昔辛伯諗周桓公。此皆於深諫義近。毛曰。諗、念也。此則謂諗爲念之同音假借。》从言。念聲。《式荏切。7部。》『春秋傳』曰。辛伯諗周桓公。《『左傳:閔:二年』文。『桓:十八年』諗作諫。》/93

諛 (유)【yú ㄩˊ】아첨할
설문 1512 讇也。《諛者所以爲讇。故渾言之。》从言。臾聲。《羊朱切。4部。》/96

◀제 9 획▶

諜 (첩)【dié ㄉㄧㄝˊ】이간할, 반간할, 염탐할, 염탐군
설문 1637 軍中反閒(間)也。《『釋言』。閒、俔也。郭云。『左傳』謂之諜。今之細作也。按『左傳』諜輅之、諜告曰楚幕有烏皆是。『大史公書』借爲牒札字。》从言。枼聲。《徒叶切。7部。》/101

諝 (서)【xǔ ㄒㄩˇ】 ㊤ xū 슬기, 지혜, 거짓
설문 1457 知也。《『周禮』、『詩』皆假胥爲之。『天官:胥十有二人:注』。胥讀爲諝。謂其有才知爲什長。『秋官:象胥:注』。胥其有才知者也。『小雅:君子樂胥:箋』云。胥有才知之名也。『周易』假須爲之。鄭云。須、有才知之稱。『天文』有須女。屈原之妹名女須。按荀爽一名諝。》从言。胥聲。《私呂切。5部。》/93

諞 (편)【pián ㄆㄧㄢˊ】 ㊤㊥⑨ piǎn (교묘하게)말 잘할
설문 1556 便巧言也。《諞便疊韵(疊韻)。》从言。扁聲。《部田切。12部。》『周書』曰。截截善諞言。《『古文-尚書:秦誓』文。》『論語』曰。友諞佞。《『季氏篇』文。今作「便」。》/98

諟 (시)【shì ㄕˋ】 이(것), 바로잡을, 살필
■체:살필, 자세히 할
설문 1438 理也。《『左傳』。君與大夫不善是也。『國語』作王弗是。韋曰。是、理也。是者諟之假借字。『韋-注』與許合。理猶今人言是正也。臣之行譖者王不能是正也。『大學』引『大甲』。顧諟天之明命。『注』。諟猶正也。『某氏-僞大甲:傳』。諟、是也。皆與許合。『大學』諟或爲「題」。》从言。是聲。《承旨切。按「旨」當作「紙」。16部》/92

諣 (화)【huà ㄏㄨㄚˋ】 말 급할 ■해:같은 뜻
■괘:게으를
설문 1573 疾言也。从示。咼聲。《呼卦切。古音在17部。》/99

諦 (체)【dì ㄉㄧˋ】 살필, 자세히 알, 깨달음
■제:부르짖을
설문 1439 審也。《『毛傳』曰審諦如帝。》从言。帝聲。《都計切。16部。》/92

諧 (해)【xié ㄒㄧㄝˊ】 本[화할] 잘 어울릴, 농지거리
설문 1469 詥也。《此與〔龠部:龤〕異用。龤專謂樂和。》从言。皆聲。《戶(户)皆切。15部。》/93

諫 (간)【jiàn ㄐㄧㄢˋ】 (임금이나 웃어른에게)간할
설문 1459 証也。从言。柬聲。《古晏切。14部。》/93

諭 (유)【yù ㄩˋ】 깨우칠, 깨달을, 비유할
설문 1424 告也。《凡曉諭人者、皆擧(舉)其所易明也。『周禮:掌交:注』曰。諭、告曉也。曉之曰諭。其人因言而曉亦曰諭。諭或作「喻」。》从言。俞聲。《羊戍切。4部。》/91

諯 (전)【chuán ㄔㄨㄢˊ】 ㊤㊥⑨ zhuān ㊥ chuàn 셀(계산), 사양할
설문 1608 數也。《謂數責也。今音讀上聲。》一曰相讓也。《相責讓。二義亦略同耳。》从言。耑聲。讀若專。《尺絹切。14部。》/100

諰 (시)【xǐ ㄒㄧˇ】 두려워 할
설문 1487 思之意。《『廣韵(韻)』曰。言且思之。疑【古本】作言且思之意也。『方言』而又思之。故其字從言思。意者、詈(詞)下意內言外之意。『荀卿』曰。諰諰然常恐天下之一合而軋己也。『漢書』「諰」作「鰓」。蘇林曰。讀如愼而無禮則葸之葸。鰓、懼皃(貌)也。按又作「怨」。又作「偲」。皆訓懼。與思訓義近。》从言思。《會意。》思亦聲。《思亦二字今補。胥里切。1部。》/94

諱 (휘)【huì ㄏㄨㄟˋ】 숨길, 휘할(높은 이의 이름을 함부로 부르지 않음)
설문 1634 忌也。《【鉉本】諱、誋也。在誡誋二字之下。淺人妄移也。【鍇本】廁此是矣。而「忌」作「誋」、仍誤。誋、誡也。忌、憎惡也。故諱與謚誄爲類。》从言。韋聲。《許貴切。15部。》/101

諳 (암)【ān ㄢˉ】 (익숙히)알, (보지 않고)욀
설문 1630 悉也。《此與宷義同音近。》从言。音聲。《烏含切。7部。『玄應書:卷廿一』云。『說文』諳於禁切。大聲也。豈【所據:本】異與。》/101

諴 (함)【xián ㄒㄧㄢˊ】 화동할, 정성(精誠)
설문 1463 和也。《「和」當作「龢」。『某氏-注:尙書』同。》从言。咸聲。《胡毚切。7部。》『周書』曰。不能諴于小民。《『洛誥』文。「不」今【各本】作「丕」。『宋本-說文』、『宋本-集韵(韻)』皆作「不」。【詩書】丕多通不也。能、鉉有鍇無。》/93

諶 (심)【chén ㄔㄣˊ】 참(진실), 믿을, 참으로
설문 1445 誠諦也。《『釋詁』。諶、信也。許曰誠諦。未詳。疑諦乃締之誤。》从言。甚聲。《是吟切。7部。》『詩』曰。天難諶斯。《『大雅』文。『今-詩』作「忱」。毛曰。忱、信也。按諶忱義同音近。古通用。『今-詩』其命匪諶。〔心部〕作天命匪忱。》/92

諷 (풍)【fèng ㄈㄥˋ】 ㉠㊤㊥⑨ fěng (안 보고)욀, 변죽 울릴
설문 1414 誦也。《『大司樂』。以樂語教國子。興道諷誦言語。『注』。倍文曰諷。以聲節之曰誦。倍同背。謂不開讀也。誦則非直背文。又爲吟詠以聲節之。『周禮經:注』析言之。諷誦是二。許統言之。諷誦是一也。》从言。風聲。《芳奉切。古音在7部。》/90

諸 제【zhū ㄓㄨˉ】 本[판단할] 모든, 무릇
■저:어조사〔之於의 축약형〕 ■자:성씨
설문 1411 辯也。《「辯」當作「辨」。判也。按辨下奪詈(詞)字。諸不訓辨。辨之詈也。詈者、意內而言外也。〔白部〕曰。者、別事詈也。諸與者音義皆同。『釋魚』。前弇諸果。後弇諸獵。諸卽者。『郊特牲』。或諸遠人乎。亦作或者遠人乎。凡擧(舉)其一。則其餘謂之諸以別之。因之訓諸爲衆。或訓爲之。或訓爲之於。則於雙聲疉(疊)韵求之。》从言。者聲。《此以聲苞意。章魚切。5部。》/90
형성 (2자) 저(藷)325 저(儲)4811

㉠ 作家出版社〔董蓮池-說文解字考正〕 ⑨ 九州出版社〔柴劍虹-說文解字〕 ㉠ 陝西人民出版社〔蘇寶榮-說文解字今注今譯〕 ㊤ 上海古籍出版社〔說文解字注〕 ㊥ 中華書局〔臧克和-說文解字新訂〕

諺 (언)【yàn ㄧㄢˋ】 상말 ■안:자랑할, 용맹스러울

설문 1499 傳言也。《諺傳疊韵(疊韻)。傳言者、古語也。古字從十口、識前言。凡【經傳】所偁(稱)之諺。無非前代故訓。而宋人作【注】乃以俗語俗論當之。誤矣。『玄應』引此下有謂傳世常言也。葢(蓋)『庾儼默(黙)-注』。》从言。彥聲。《魚變切。14部。按此與『尙書』乃逸乃喭、『論語』由也喭皆訓㕷喭者各字。衞(衛)包改『尙書』之喭爲諺。大誤。》/95

諼 (훤)【xuān ㄒㄩㄢ】 속일, 기만할, 잊을

설문 1514 詐也。《『公羊傳』。此伐楚也。其言救江何爲諼也。何曰。諼、詐也。『息夫躬(躬)傳』。虛造詐諼之策。按『師古-注』云。諼、詐辭也。「辭」當是「詈(詞)」。此葢(蓋)『小顏(顏)-所據:說文』作詐詈也。淺人刪(刪)詈耳。『衞(衛)風』。終不可諼兮、『傳』曰。諼、忘也。此諼葢藼之假借。藼本令人忘憂之艸。引伸之凡忘皆曰藼。『伯兮詩』作「諼艸」。『淇奧詩』作不可諼。皆假借也。許偁(稱)安得藼艸。葢『三家詩』也。》从言。爰聲。《況袁切。14部。》/96

諽 (격)【gé ㄍㄜˊ】 경계할, 삼갈, 고칠

설문 1623 飭也。《作飾誤。諽與悈音義同。》从言。革(革)聲。讀若戒。《古覈切。1部。》一曰更也。《諽與革音義同。》/101

諾 (낙)【nuò ㄋㄨㄛˋ】 ⑨ muò 대답할, 스스로 마치는 말 ■락:허락할, 승낙할

설문 1409 譍(應)也。《譍者、應之俗字。說解中有此字。或偶爾从俗。或後人妄改。疑不能明也。大徐於此部增譍字。誤矣。〔口部〕曰。唯、諾也。唯諾有急緩之別。統言之則皆應也。》从言。若聲。《奴各切。5部。》/90

謀 (모)【móu ㄇㄡˊ】 꾀할, 물을, 꾀

설문 1430 慮難曰謀。《『左傳』叔孫豹說『皇皇者華』曰。訪問於善爲咨。咨難爲謀。『魯語』作咨事爲謀。韋曰。事當爲難。『吳語』大夫種曰。夫謀必素見成事焉而後履之。〔口部〕曰。圖、畫(畵)計難也。圖與謀同義。》从言。某聲。《莫浮切。古音在 1部》 古文謀。《【鍇本】作𧥮。不誤。从母非毋也。母聲某聲同在 1部。『士冠禮-古文』某爲謀。葢(蓋)『古文-禮』「某」作「[母+日]」也。》 亦古文。《上从母。下古文言。》/91

謁 알【yè ㄧㄝˋ】 사뢸, 고할, 아뢸, 뵐

설문 1407 白也。《『廣韵』曰。白、告也。按謁者、若後人書刺自言爵里姓名並(竝)列所白事。》从言。曷聲。《於歇切。15部。》/90

성부 藹애

형성 (1자) 애(藹)

謂 (위)【wèi ㄨㄟˋ】 이를(말할), 이름(이르는 바)

설문 1403 報也。《〔㚔部〕曰。報、當罪人也。葢刑(蓋刑)與罪相當謂之報。引伸凡論人論事得其實謂之報。謂者、論人論事得其實也。如『論語』謂韶、謂武子、謂子賤子、謂仲弓、其斯之謂與、『大學』此謂身不脩不可以齊其家是也。亦有借爲曰字者。如『左傳』王謂叔父、卽『魯頌』之王曰、叔父也。亦有訓爲勤者。亦以合音冣(最)近也。》从言。胃聲。《于貴切。15部。》/89

謔 (학)【nuē ㄋㄩㄝ】 ㉠㊤㊥⑨㉮ xuè 농할, 농(희학)

설문 1568 戲(戲)也。从言。虐聲。《虐約切。古音在 2部。》『詩』曰。善戲謔兮。《『衞(衛)風』文。》/98

謄 (등)【téng ㄊㄥˊ】 베낄

설문 1503 迻書也。《今人猶謂謄寫。》从言。朕(朕)聲。《徒登切。6部。》/95

◀ 제 10 획 ▶

謯 (차)【jiē ㄐㄧㄝ】 탄식할 ■채:잃을

설문 1590 嗞也。《〔口部〕曰。嗞、着也。此云着、嗞也。是爲異部互訓。【各本】改作咨者、淺人爲之耳。謀事曰咨。義不相涉。》从言。𢀩(差)聲。《子邪切。古音在 17部。》一曰痛惜。《此與嗞着義別。》/99

謈 (박)【bào ㄅㄠˋ】 ㊤㊥ bó ⑨㉮ pó 큰 소리를 내며 스스로 힘쓸 ■포:죄없음을 말하고 원통하여 내는 소리

설문 1584 大嘑自冤(寃)也。《「冤」【各本】作「勉」。今依『廣韵(韻)』正。『東方朔傳』。『舍人』不勝痛。呼謈。鄧展曰。謈音瓜瓝之瓝。按自冤者、自稱己冤枉也。田蚡疾。一身盡痛。若有擊者。謼服謝罪。晉灼曰。服音瓝。關西俗謂得杖呼及小兒啼呼爲呼瓝。然則「謈」亦作「服」、作「瓝」也。『朔傳』「呼」字亦音「髐」。『蚡傳』謼字亦音火交反。皆與下一字疊韵(疊韻)。『廣韵』曰嗃謈、大呼也是也。謈古音讀如匏。》从言。𣋡(暴)省聲。《蒲角切。古音在 2部。》/99

謍 (영)【yíng ㄧㄥˊ】 작은 소리, 큰 소리

설문 1510 小聲也。《小上當奪謍謍二字。謍謍、小聲也。》从言。熒省聲。《余傾切。11部。》『詩』曰。謍謍青蠅。《『小雅』文。『毛詩』作營營。『傳』曰。營營往來皃(貌)。許所偁葢(稱蓋)『三家詩』也。》/95

謐 (밀)【mì ㄇㄧˋ】 조용할

설문 1476 靜語也。《『今文-尙書』維刑(刑)之謐哉。『周頌』。誐以謐我。『釋詁』曰。謐、靜也。按『周頌』「謐」亦作「溢」、亦作「恤」。『堯典』「謐」亦作「恤」。『釋詁』。溢、愼也。溢、愼、謐、靜也。恤與謐同部。溢葢(蓋)恤之譌體。愼靜二義相成。許云靜語者、爲其從言也。》从言。𥁑聲。《彌必切。12部。》一曰無聲也。《今多用此義。》/94

謑 (혜)【xī ㄒㄧ】 ㊤ xǐ 꾸짖을, 욕보일

설문 1635 謑詬、《二字今補。逗。》恥也。《『漢書:賈誼傳』。頑鈍亡恥。奊詬亡節。師古曰。奊詬謂無志分也。》从言。奚聲。《胡禮切。16部。奚聲圭聲同部。是以或作「奊」、或作「[言+奊]」也。》 謑或从奊。/101

謓 (진)【chēn ㄔㄣ】 성낼

설문 1598 恚也。《今人用「嗔」。古用「謓」。》从言。眞聲。《昌眞切。12部。》賈侍中說謓笑(笑)。《別

言 7 ⑨

㉮ 作家出版社〔董蓮池-說文解字考正〕 ⑨ 九州出版社〔柴劍虹-說文解字〕 ㉠ 陝西人民出版社〔蘇寶榮-說文解字今注今譯〕 ㊤ 上海古籍出版社〔說文解字注〕 ㊥ 中華書局〔臧克和-說文解字新訂〕

一義。』一日讀若振。/100

謗 (방)【bàng ㄅㄤˋ】 헐뜯을
설문 1533 毁也。《謗之言旁也。旁、溥也。大言之過其實。『論語』。子貢方人。假方爲謗。》从言。旁聲。《補浪切。10部。》/97

謘 (지)【chí ㄔˊ】 本[말 느릴] 사람 이름
설문 1427 語、諄謘也。《諄謘菍(蓋)猶鈍謘也。此諄字與上文不同。【鍇本】謘本在詑篆下。》从言。屖聲。讀若行道遲遲。《直离切。古音在 15部。『廣韵(韻)』直利切。》/91

謙 (겸)【qiān ㄑㄧㄢ】 本[공경할] 겸손할, 사양할, 괘 이름
설문 1477 敬也。《敬、肅也。謙與敬義相成。》从言。兼聲。《苦兼切。7部。謙或假嗛爲之。》/94

謚 謚諡(시)【shì ㄕˋ】 시호 ■익:빙그레 웃는 모양 ■혁:웃는 소리
설문 1632 行之迹也。《『周書:謚法解』、『檀弓:樂記表記:注』皆云。謚者、行之迹也。謚迹疊韵(疊韻)。》从言。益聲。《按【各本】作「從言兮皿闕」。此後人妄改也。攷『玄應書』引『說文』。謚、行之迹也。從言益聲。『五經文字』日。謚、『說文』也。謚、『字林』也。『字林』以謚爲笑(笑)聲。音呼益反。『廣韵(韻)』日。「謚」『說文』作「謚」、『六書故』日。『唐本-說文』無謚。但有謚。行之迹也。據此四者。『說文』從言益無疑矣。自呂忱改爲「謚」。唐宋之間又或改爲「謚」。遂有改『說文』而依『字林』羼入謚笑皃(貌)於部末者。然『唐-開成石經』、宋一代書版皆作謚不作謚。知徐鉉之書不能易天下是非之公也。近宗『說文』者。不能攷知『說文』之舊。如【汲古閣-刊:經典】依宋作「謚」矣。而覆改爲「謚」。可歎也。今正謚爲謚。而刪(刪)部末之謚笑皃。學者可以撥雲霧而覩青天矣。神至切。古音在 16部。》/101

講 (강)【jiǎng ㄐㄧㄤˇ】 本[화해할] 강의할
설문 1502 和解也。《「和」當作「龢」。不合者調龢之。紛糾者解釋之是日講。『易』日。君子以朋友講習。『史記:虞卿甘茂』二【傳】、『漢書:項羽傳』皆假「媾」爲「講」。古音同也。》从言。冓聲。《古項切。古音在 4部。》/95

謜 (원)【yuàn ㄩㄢˋ】 ㊤㊥⑨ yuán 느릿느릿 말할
설문 1422 徐語也。从言。原聲。《魚怨切。14部。》『孟子』日。故謜謜而來。《『萬章篇』文。趙日。如流水之與源通。據此。「謜」本作「源」。「源」古作「原」。菍(蓋)許引『孟』原原而來證從原會意之恉(指)。淺人加之言旁。如百穀艸木麗于地加艸頭之比。》/91

謝 (사)【xiè ㄒㄧㄝˋ】 本[끊을(거절)] 사양할、사례할
설문 1492 辭去也。《辤、不受也。『曲禮』。大夫七十而致事。若不得謝。則必賜之几杖。此謝之本義也。引伸爲凡去之偁(稱)。又爲衰退之偁。俗謂拜賜日謝。》从言。䠶(射)聲。《辭夜切。古音在 5部。按【經典】無榭字。衹作謝。『釋宫(宮)』。無室日榭。轉寫俗字也。〔木部〕不錄。》/95

◀ 제 11 획 ▶

䌛 요【yóu ㄧㄡˊ】 ㊤㊥⑨㊕ yáo 本[좇을] 따를, 무성할 ■유:속음, 말미암을, 까닭 ※ 유(由)와 같은 글자
설문 8120 隨從也。《〔辵部〕日。從、隨行也。隨、從也。䌛與隨、從三篆爲轉注。从系者、謂引之而往也。『爾雅:釋故』日。䌛、道也。【詩書】䌛作猷。叚(假)借字。『小雅』。匪大猶是經。『大雅』。遠猶辰告。『傳』皆日。猶、道也。『書:大誥』。猷爾多邦。猷亦道也。道路及導引、古同作道。皆隨從之義也。䌛之譌體作繇。亦用爲傜役字。傜役字、隨從而爲之者也。》从系。《有所系而隨從之也。》䍃聲。《余招切。按此音非也。當以周切。3部。》由或䌛字。《古䌛由通用一字也。【各本】無此篆。【全書】由聲之字皆無桕(根)柢。今補。按『詩』、『書』、『論語』及【他經傳】皆用此字。其象形會意今不可知。或當从田有路可入也。『韓詩:横由其畝:傳』日。東西日横。南北日由。『毛詩』由作從。》/643

유사 말미암을 유(䌛)
형성 (5자) 요(蘨)544 유(䌛)1051
요(䍃)4349 전(䌛)7399 요(䌛)8091

謣 (우)【yú ㄩˊ】 망령될(말이 주착없음)
설문 1580 妄言也。从言。雩聲。《羽俱切。5部。》䛆謣或从夸。《『玉篇』云同謣。》/99

謦 (경)【qǐng ㄑㄧㄥˇ】 ㊤㊥⑨㊕ qǐng (인기척을 내기 위한)헛기침
설문 1400 欬也。《欬、屰气也。『通俗文』日。利喉謂之謦欬。按謦欬見『莊子:徐無鬼』。》从言。殸聲。《去挺切。11部。》殸、籒文磬字。《見〔石部〕。》/89

謧 (리)【lí ㄌㄧˊ】 수다스러울、속이는 말
설문 1546 謧詍、《逗。》多言也。《『玉篇』云。欺謾之言。『廣韵(韻)』云。弄言。》从言。离聲。《呂之切。按『廣韵(韻)』之作支爲是。古音在 17部。》/97

謨 (모)【mó ㄇㄛˊ】 (큰 일을 위한)꾀
설문 1431 議謀也。《『釋詁』日。謨、謀也。許於雙聲釋爲議謀。『詩』巧言假莫爲謨。》从言。莫聲。《莫胡切。5部。》『虞書』日。《「日」當作「有」。》『咎繇謨』。《謂自日若稽古咎繇、至帝拜日往欽哉一篇也。》𠰍古文謨。从口。《此菍(蓋)『壁中-尙書』古文如此作也。上文言『咎繇謨』者、孔安國以隸寫之作謨也。》/91

謫 (적)【zhé ㄓㄜˊ】 꾸짖을, 귀양갈
설문 1607 罰也。从言。啻(商)聲。《陟革切。16部。》/100

謬 (류)【miù ㄇㄧㄡˋ】 미친 사람의 어지러운 말
설문 1582 狂者之妄言也。《古差繆多用從糸之字。與此謬義別。》从言。翏聲。《靡幼切。3部。》/99

謯 (조)【ziē ㄐㄧㄝ】 ㊤㊥⑨ jiē ㊕ zhā 저주할 ■차:붙좇을 ■저:읊을 ■자:꾸짖는 모양

言 7 ⑨

[설문][1506] 謯娽也。《『廣雅』曰。謯、誺也。『篇』、『韵(韻)』皆曰。謯、誺也。誺、謯也。按【許書】有娽無誺。故仍之。其義則未聞。謯娽當是古語。許當是三字句。》从言。虘聲。《側加切。『廣韵(韻)』子邪切。古音在 5部。》/95

謰 (련)【lián ㄌㄧㄢˊ】 말(言) 엉킬
[설문][1522] 謰謱也。《『方言』。嘱哰謰謱拏也。東齊周晉之鄙曰「嘱哰」。嘱哰亦通語也。南楚曰「謰謱」。或謂之「支註」。或謂之「詀謕」。按謰拏、謰謱皆雙聲。》从言。連聲。《力延切。14部。》/96

謱 (루)【lóu ㄌㄡˊ】 ⑨ zhōu 서로 끌, 어린아이의 말
[설문][1523] 謰謱也。从言。婁聲。《洛庆切。4部。》/96

謲 (참)【cān ㄘㄢˉ】 [상][中]⑨ càn 서로 성내어 부릴
[설문][1525] 相怒使也。从言。參聲。《倉南切。7部。『玉篇』干紺切。》/96

謳 (구)【ōu ㄡˉ】 노래할、노래
[설문][1493] 齊歌也。《『師古-注:高帝紀』曰。謳、齊歌也。謂齊聲而歌。或曰齊地之歌。按假令許意齊聲而歌。則當曰衆歌。不曰齊歌也。『李善-注:吳都賦』引『曹植-妾薄相行』曰。齊謳楚舞紛紛。『太平御覽』引『古樂志』曰。齊歌曰謳。吳歌曰歈。楚歌曰豔(艷)。淫歌曰哇。若楚辭吳歈蔡謳、『孟子』河西善謳、則不限於齊也。》从言。區聲。《烏矦切。4部。》/95

謵 (습)【xí ㄒㄧˊ】 [작] jí 기운 없이 하는 말 ■첩: 말 바르지 못할
[설문][1592] 言謵讋也。《疑上文失气言之上當有謵讋二字。疊韵(疊韻)字也。》从言。習聲。《秦入切。7部。》/99

謷 (오)【áo ㄠˊ】 헐뜯을, 클
[설문][1515] 不省人言也。《「省」【各本】作「肖」。今正。「言」字依『韵(韻)會』補。『詩:板』。我卽爾謀。聽我囂囂。『傳』曰。囂囂猶謷謷也。『箋』云。女聽我言謷謷然不肎受。『玉篇』謸字下引『廣雅』。不入人語也。謸卽謷之俗。『廣韵(韻):六,豪』曰。謷、不省人也。奪「言」字。『五,肴』曰。謷、不肖也。則依『誤本-說文』而又少二字。『東方朔傳』。聲謷謷。亦正謂其不省人言耳。此條得諸鈕非石。又按『釋訓』曰。囂囂、傲也。囂囂卽謷謷之叚(假)借。》从言。敖聲。《五牢切。2部。》一曰哭不止、悲聲謷謷。《此亦用『朔傳』爲說。一說聲謷謷者、詆其不勝痛呼謈也。當『許時-朔傳』已有二解矣。》/96

謹 (근)【jǐn ㄐㄧㄣˇ】 삼갈, 금할
[설문][1443] 愼也。《〔心部〕曰。愼、謹也。》从言。堇聲。《居隱切。13部。》/92

讋 (첩)【zhé ㄓㄜˊ】 속살거릴, 남의 말을 주을 ■집:수다스러울
[설문][1521] 讋譶也。《讋譶當是疊韵(疊韻)雙字。但不類列。而譶在後譶字下。葢(蓋)後人亂之。》从言。執聲。《之涉切。7部。》/96

謼 (호)【hū ㄏㄨˉ】 [작] hù 부를 ※ 호(呼)와 같은 글자
[설문][1497] 評也。《依『韵(韻)會』訂。此與〔口部:嘑〕異義而通用。『大雅-崔本』。式號式謼。》从言。虖聲。《荒故切。5部。》/95

謾 (만)【mán ㄇㄢˊ】 속일, 업신여길 ■면:교활할, 속일, 약을
[설문][1518] 欺也。《宣帝詔欺謾。『季布傳』面謾。『韋-注:漢書』云。謾、相抵讕也。》从言。曼聲。《母官切。14部。》/96

◀ 제 12 획 ▶

譀 (함)【hàn ㄏㄢˋ】 속여 크게 말할, 자랑할
[설문][1564] 誕也。《『東觀漢記』曰。雖誇譀猶令人熱。按「誕也」當作「誇也」。譀與誇互訓。》从言。敢聲。《下闞切。8部。》䛘俗譀。从忘。/98

譁 (화)【huá ㄏㄨㄚˊ】 [상][中]⑨[작] huā 들렐, 떠들썩할
[설문][1579] 讙也。从言。蕚(華)。《呼瓜切。古音在 5部。》/99

譄 (증)【zēng ㄗㄥˉ】 더할, 사람 이름, 말을 더할
[설문][1561] 加也。《加下曰。語相譄加也。按譄加誣三字互訓。》从言。曾聲。《作滕切。6部。》/98

譆 (희)【xī ㄒㄧˉ】 어이구(원통에서 내는 소리), 아파서 부르짖는 소리, 더울
[설문][1544] 痛也。《當作痛聲。『左傳』。或叫于宋大廟曰。譆譆出出。鳥鳴于亳社。如曰譆譆。甲午宋大災。按譆與熹同音。故云痛聲。》从言。喜聲。《火衣切。按火衣『廣韵(韻)』作許其爲是。1部。》/97

讃 (회)【huì ㄏㄨㄟˋ】 그칠, 묵을, 머물
[설문][1571] 中止也。《中止者自中而止。猶云內亂。『魏都賦:李-注』引『說文』。讃列、中止也。此依【賦】文衍列字。【賦】云。齊被練而銛戈。襲偏裻以讃列。非中止之訓也。》从言。貴聲。《胡對切。15部。》『司馬法』曰。師多則民讃。《「民」【各本】作「人」。今依『廣韵(韻)』所引。》讃、止也。《此以止與中止義別也。凡偁(稱)【經傳】而又釋其義者皆必其義與字本義不同。如聖讒說、曰圛、莫席皆是。》/98

謯 (차)【zhā ㄓㄚˉ】 부끄럽고 궁할, 이야기 그치지 않을
[설문][1519] 謯拏、《逗。疊韵(疊韻)字。》羞窮也。《『方言』。嘱哰謰謱拏也。拏、楊州會稽之語也。或謂之惹。或謂之󠄀諻。郭曰。拏謂謯拏也。奴加反。按謯拏出此。羞窮者、謂羞澀(澁)辭窮而支離牽引。是曰謯拏。》从言。奢聲。《陟加切。古音在 5部。》/96

[䜌] [련]【luán ㄌㄨㄢˊ】 어지러울, 다스릴, 끊이지 않을

[설문] [1540] 亂也。一曰治也。《與〔爪部:𤔔〕、〔乙部:亂〕音義皆同。》一曰不絕(絶)也。《別一義。》从言絲。《治絲易棼。絲亦不絕。故从絲會意。呂員切。14部。宋景公之名、『左傳』作「欒」。『古今人表』作「兜欒」。『宋:世家』作「頭曼」。趙宋祕(秘)閣有宋公䜌餗鼎。與【竹書】宋景公䜌𠂤合。》 古文䜌。/97

[성부] [■]란 [■]련 [■]만

[형부] 란(䜌)

[형성] (14자) 련(孌)1681 변(變)1918 만(𧮨)2009 련(孌)2537 란(欒)3365 란(𧮨)4051 란(欒)5273 만(蠻)5607 란(欒)6942 란(闌)7415 련(孌)7882 만(蠻)8527 판(𤄃)9059 산(孿)9321

證 (증)【zhèng ㄓㄥˋ】 증명할, 증거, 깨달음

[설문] [1616] 告也。从言。登聲。《諸應切。6部。今人爲證驗字。》/100

譊 (뇨)【náo ㄋㄠˊ】 (성내어)부를

[설문] [1509] 恚呼也。从言。堯聲。《女交切。2部。》/95

譌 (와)【é ㄜˊ】 사투리, 잘못될, 요괴스럴(말) ※ 와(訛)와 같은 글자

[설문] [1581] 譌言也。《疑當作「僞言也」。『唐風』。人之爲言。【定本】作「僞言」。『箋』云。爲、人爲善言以稱薦之。欲使見進用也。『小雅』。民之訛言。『箋』云。訛、僞也。人以僞言相陷入。按爲僞譌古同。通用。『尙書』「南譌」。『周禮:注』、『漢書』皆作「南僞」。》从言。爲聲。《五禾切。17部。》『詩』曰。民之譌言。《『今-小雅』作「訛」。『說文』無訛有吪。吪、動也。訛者俗字。》/99

𧫷 𧫷 誓 澌(서)【sī ㄙ¯】 [상] xī [ㄱ] xì [9] yóu 슬퍼하는 소리 [■]사:믿을

[설문] [1626] 悲聲也。《斯、析也。澌、水索也。凡同聲多同義。鍇曰。今謂馬悲鳴爲嘶。》从言。斯省聲。《先稽切16部。按『釋詁』鮮善也。『釋文』曰。本或作「誓」。》/101

譎 (휼)【jué ㄐㄩㄝˊ】 남을 속이는 꾀

[설문] [1587] 權詐也。益梁曰謬。欺天下曰譎。《『方言』。膠譎詐也。涼州西南之閒曰膠。自關而東西或曰譎。或曰膠。詐、通語也。按『廣雅』及『爾雅』釋文引『方言』皆有謬字。此欺天下曰譎不可通。當爲關東西曰譎。》从言。矞聲。《古穴切。15部。》/99

譏 (기)【jī ㄐㄧ¯】 나무랄, 간할

[설문] [1530] 誹也。《譏誹疊韵(疊韻)。譏之言微也。以微言相摩切也。引伸爲關市譏而不征之譏。》从言。幾聲。《居衣切。15部。》/97

譒 (파)【bò ㄅㄛˋ】 (널리)퍼뜨릴, 노래할

[설문] [1491] 敷也。《〔手部:播〕、一曰布也。此與音義同。》从言。番聲。《補過切。17部。番聲本在 14部。》『商書』曰。王譒告之。《『般庚:上篇』文。『今-尙書』作「播」。》/95

讉 (수)【suì ㄙㄨㄟˋ】 [상][中][9] huī 서로 험담할, 사람 이름

[설문] [1594] 相毀也。从言。隋聲。《雖遂切。古音在 17部。『篇』、『韵(韻)』皆虛規切。》/99

譔 (선)【zhuàn ㄓㄨㄢˋ】 오로지 가르칠, 이야기할 [■]찬:지을

[설문] [1420] 專教(教)也。《專教者、專壹而教之也。『鄭-注:論語』異乎三子者之撰(撰)。撰讀曰譔。譔之言善也。『廣韵(韻)』曰。誤(譔)、善言也。本鄭。》从言。𢀩(巽)聲。《此緣切。14部。》/91

譖 (참)【zèn ㄗㄣˋ】 하리 놀(남을 헐뜯어 웃사람에 이름), 거짓

[설문] [1604] 愬也。《『論語』譖愬析言之。此統言之。》从言。朁聲。《莊蔭切。7部。》/100

識 (식)【shì ㄕˋ】 [ㄱ][상][中][9] shí [ㄱ] zhì [本][떳떳할] 알 [■]지:적을(기록) [■]치:깃발

[설문] [1440] 常也。《常當爲意。字之誤也。草書常意相似。六朝以草寫書。迨草變眞。譌誤往往如此。意者、志也。志者、心所之也。意與志、志與識古皆通用。心之所存謂之意。所謂知識者此也。『大學』。誠其意。卽實其識也。》一曰知也。《〔矢部〕曰。知、識䛐(詞)也。按凡知識、記識、標識、今人分入去二聲。古無入去分別。三者實一義也。》从言。戠聲。《賞職切。1部。》/92

譙 (초)【qiào ㄑㄧㄠˋ】 [中] qiáo 꾸짖을, 문루, (새의 깃이)쩨질

[설문] [1610] 嬈譊也。《嬈、擾戲(戲)弄也。譊、恚呼也。『方言』。譙、讓也。齊楚宋衞荆(衛荊)陳之閒曰譙。自關而西秦晉之閒凡言相責讓曰譙讓。》从言。焦聲。讀若嚼。《才肖切。2部。》 古文譙。从肖。『周書』曰。亦未敢誚公。《漢人作「譙」。壁中作「誚」。實一字也。『金縢』文。》/100

◀ 제 13 획 ▶

譞 (현)【huán ㄏㄨㄢˊ】 [상][中][9][작] xuān 지혜로울, 지혜

[설문] [1485] 譞。《此複擧(擧)字之未刪(刪)者。》慧也。《與〔人部:儇〕音義皆同。》从言。睘(睘買)聲。《許緣切。14部。》/94

譟 (조)【zào ㄗㄠˋ】 떠들, 떠들썩할

[설문] [1575] 擾也。《〔手部〕曰。擾、煩也。》从言。喿聲。《穌到切。2部。》/99

譪 (매)【mài ㄇㄞˋ】 속일, 과장할, 허풍칠

[설문] [1567] 譀也。从言。萬聲。《莫話切。15部。》/98

譿 (홰)【huì ㄏㄨㄟˋ】 들렐(많은 사람이 떠드는 소리)

[설문] [1572] 聲也。《『廣韵(韻)』。衆聲。》从言。歲聲。《呼

會切。15部。》『詩』曰。有譣其聲。《『毛詩:雲漢』。有嘒其星。毛曰。嘒、衆星皃(貌)。此有譣其聲、葢(蓋)『三家詩』也。如『史』所云赤氣亙天、砰隱有聲是也。或曰。「聲」當是「星」之誤。有譣其星如『天官書』天鼓(鼓)有音、天狗有聲之類也。》/99

譣 (섬)【qīn ㄑㄧㄣˉ】 ㊤㊥⑨ **xiǎn** ㉿ **xiān** ㊍[물음] 간사한 말, 간사할, 아첨할 ■**엄**:속음 ■**험**:증거

설문 1453 問也。《按〔言部:讖〕、驗也。〔竹部:籤〕、驗也。驗在〔馬部〕爲馬名。然則云徵驗者、於六書爲假借。莫詳其正字。今按譣其正字也。譣訓問、謂按問。與試驗、應驗義近。自驗切魚窆。譣切息廉二音迥異。尟識其關竅矣。》从言。僉聲。《息廉切。7部。》『周書』曰。勿以譣人。《『立政』文。按此偁(稱)『周書』說假借也。『立政』。勿用譣人。其惟吉士。此譣正憸之假借。〔心部〕曰。憸、詖也。憸利於上佞人也。依今音訓問則魚窆切。譣人則息廉切。》/92

譥 (교)【jiào ㄐㄧㄠˋ】 소리지를

설문 1508 痛嘑也。《「嘑」作「呼」。誤。譥與噭義略同。痛嘑、若『顔(顏)氏家訓』所云北人呼羽罪反之音、南人呼于來反之音也。》从言。敫聲。《古弔切。2部。》/95

警 (경)【jǐng ㄐㄧㄥˇ】 경계할, 경계

설문 1475 言之戒也。《〔𠬞部〕曰。戒警也。『小雅』。徒御不警。毛曰。不警、警也。『大雅』以敬爲之。『常武』。既敬既戒。『箋』云。敬之言警也。亦作儆。》从言敬。敬亦聲。《己皿切。11部。》/94

譬 (비)【pì ㄆㄧˋ】 비유할, 비유, 깨달을

설문 1421 諭也。《諭、告也。譬與諭非一事。此亦統言之也。》从言。辟聲。《匹至切。16部。》/91

譯 (역)【yì ㄧˋ】 통변할, 번역할, 풀이할(釋也), 벼슬이름

설문 1639 傳四夷之語者。《依李善、徐堅訂。『方言』。譯、傳也。『王制』曰。東方曰「寄」。南方曰「象」。西方曰「狄鞮」。北方曰「譯」。》从言。睪(睪)聲。《羊昔切。古音在5部。》/101

譔 (과)【guà ㄍㄨㄚˋ】 서로 그릇할, 속일 ■**차**:같은 뜻

설문 1528 相誤也。《『廣韵(韻)』。相譔誤也。譔誤葢(蓋)同詿誤。》从言。臾(臾)聲。《古罵切。按〔䀠部〕作臾。臾舉(擧)朱切。不得臾聲讀古罵切》/96

議 (의)【yì ㄧˋ】 의논할, 논의할(논지를 따져 비평함)

설문 1435 語也。《上文云論難曰語。又云語、論也。是論議語三字爲與人言之稱。按許說未盡。議者、誼也。誼者、人所宜也。言得其宜之謂議。至於『詩』言出入風議、『孟子』言處士橫議、而天下亂矣》一曰謀也。《『韵(韻)會』引有此四字。》从言。義聲。《當云从言義、義亦聲。宜寄切。古音在17部。》/92

◀ **제 14 획** ▶

譴 (견)【qiǎn ㄑㄧㄢˇ】 꾸짖을, 허물, 책망, 과실을 책망하여 관계를 떨어뜨릴

설문 1606 謫問也。从言。遣聲。《去戰切。14部。》/100

譶 (답)【tà ㄊㄚˋ】 말 급할, 재재거릴, 소리 많을, 말 그치지 않을

설문 1641 疾言也。从三言。讀若沓。《『文選(選):琴賦』。紛𧬈譶以流漫。『注』。𧬈譶、聲多也。徒合切。『吳都賦』。𧬈譶㳌䜾。交貿相競。『注』引『倉頡篇』。譶、言不止也。佇立切。大徐引『唐韵』徒合切。》/102

형성 (1자) 잡(䨻䨻)7173

護 (호)【hù ㄏㄨˋ】 ㊍[구조해 줄] 도울, 지킬, 통솔할

설문 1484 救視也。《『尚書:中候(候)握河紀』。堯受河圖。伯禹進迎。舜契陪位。稷辨護。『注』云。辨護者、供時用相禮儀。『周禮:注』亦云辨護。『蕭何:世家』。數以吏事護高祖。》从言。蒦聲。《胡故切。5部。》/94

䛃 (망)【wàng ㄨㄤˋ】 책망할, 속일

설문 1614 責望(望)也。《『太玄』。寇(寇)䛃其戶(戶)。范曰。䛃、責也。按壁之古文作「𡐀」。故䛃之古文亦作謹。》从言。望聲。《巫放切。10部。》/100

譸 (주)【zhōu ㄓㄡˉ】 속일, 사람 이름, 수작할

설문 1534 詶也。《按詶、詛也。則譸亦詛也。》从言。壽聲。讀若醻。《張流切。3部。》『周書』曰。無或譸張爲幻。《『無逸』文。『釋訓』曰。侜張、誑也。『毛詩』作「侜張」。【他書】或作「侏張」。或作「輈張」。皆本無正字。以雙聲爲形容語。此偁(稱)譸張。訓誑不訓詶。是亦假借之理也。》/97

譯 (답)【tà ㄊㄚˋ】 말 잇달, 망령된 말

설문 1551 譯譜、《逗。》語相及也。《此依『玉篇』訂。隶、及也。眔、目相及也。然則此從遝、訓語相及無疑。》从言。遝聲。《此形聲包會意。他合切。8部。》/98

譺 (의)【ài ㄞˋ】 속일, 의론할 ■**억**:(근신)삼가하는 모양 ■**애**:어리석을, 속고 말 못할

설문 1527 騃也。《騃、馬行仡仡也。此騃之本義也。『方言』。癡、騃也。騃吾駭反。此騃之別義也。『廣雅』。譺、調也。謂相嘲調。『通俗文』。大調曰譺。按大相嘲調者如癡騃然也。》从言。疑聲。《五介切。古音在1部。》/96

譻 (앵)【yīng ㄧㄥˉ】 소리, (새가)울, 방울소리

설문 1399 聲也。《『思玄賦』。鳴玉鸞之譻譻。『原:注』。譻譻、聲也。按篆下當有譻譻二字。淺人刪(刪)之。》从言。賏聲。《烏莖切。11部。》/89

譽 (예)【yù ㄩˋ】 명예, 기릴, 즐길

설문 1490 稱也。《「稱」當作「偁(稱)」。轉寫失之也。偁、擧(擧)也。譽、偁美也。》从言。與聲。《羊茹切。5部。》/95

言 7 ⑭

◀ 第 15 획 ▶

讀 (독)【dú ㄉㄨˊ】읽을, 읽기 ■두:이두

설문 1416 籒書也。《「籒」【各本】作「誦」。此淺人改也。今正。〔竹部〕曰。籒、讀書也。讀與籒疊韵(疊韻)而互訓。『庸風:傳』曰。讀、抽也。『方言』曰。抽、讀也。葢(蓋)籒抽古通用。『史記』。『紬史記』石室金匱之書。字亦作紬。抽繹其義藴至於無窮。是之謂讀。故卜筮之辭曰籒。謂抽繹易義而爲之也。『尉律』。學僮十七已上始試。諷籒書九千字。乃得爲吏。諷謂背其文。籒謂能繹其義。『大史公-作:史記』。曰余讀高祖侯功臣、曰大史公讀列封至便侯、曰大史公讀秦楚之際、曰余讀『諜記』、曰大史公讀『春秋:曆譜(譜)諜』、曰『大史公-讀:秦記』皆謂紬繹其事以作表也。【漢-孺-注:經】。斷(斷)其章句爲讀。如『周禮:注』鄭司農讀火絕之、『儀禮:注』舊讀昆弟在下、舊讀合大夫之妾爲君之庶子女子子嫁者未嫁者是也。擬其音曰讀。凡言讀如、讀若皆是也。易其字以釋其義曰讀。凡言讀爲、讀曰、當爲皆是也。人所誦習曰讀。如『禮記:注』云周田觀文王之德博士讀爲厥亂勸寧王之德是也。諷誦亦爲讀。如『禮』言讀賵、讀書、『左傳』公讀其書皆是也。諷誦亦可云讀。而讀之義不止於諷誦。諷誦止得其文辭。讀乃得其義藴。自以誦書改籒書而讀書者尟矣。『孟子』云。誦其『詩』。讀其『書』。則互文見義也。》从言。賣(賣)聲。《徒谷切。3部。》/90

譞 (현)【xuān ㄒㄩㄢ】㊥⑨ juàn 뜬 소문, 수다스러울

설문 1620 流言也。从言。瞏聲。《火縣切。14部。》/100

讄 (뢰)【lěi ㄌㄟˇ】(기도)빌, 죽은 사람의 공덕을 칭송하는 말

설문 1631 禱也。絫功德曰(以)求福也。《讄絫雙聲。按讄施於生者以求福。誄施於死者以作謚。『論語』之讄曰。字當從畾。『毛傳』曰。桑紀能畾。字當從耒。『周禮:六辭』。『鄭司農:注』二字已不分矣。》『論語』云。讄曰。禱尒于上下神祇。《『述而篇』文。》从言。畾聲。《按本書無畾字。靁從雨象形作此。凡(凡)曰從畾聲者、皆從靁省聲也。力軌切。15部。》讄或从纍。/101

◀ 第 16 획 ▶

讇 (첨)【chǎn ㄔㄢˇ】아첨할, 아양떨 ■염:지나치게 공경할 ■섬:잠꼬대

설문 1513 諛也。《讇者未有不諛。》从言。閻聲。《丑剡切。8部。》讇或从臽。/96

變 (변)【biàn ㄅㄧㄢˋ】변할, 움직일, 고칠, 변화

설문 1918 更也。从攴(攵)。䜌聲。《祕(秘)戀切。14部。》/124

讚 (빈)【pín ㄆㄧㄣˊ】짝, 수다스러울

설문 1557 匹也。《於疊韵(疊韻)釋之。》从言。顭(頻)聲。《符眞切。12部。》/98

讋 (섭)【zhé ㄓㄜˊ】기운 없이 하는 말 ■답:말 그치지 않을, 자꾸 지껄일

설문 1591 失气言。《此與慴音義同。此从言、故釋之曰失气言。『東都賦』。陸讋水慄。》一曰言不止也。《「言」字【各本】無。依『玉篇』補。謂詍詍沓沓也。》从言。龖省聲。傅毅讀若慴。《之涉切。7部。》籒文讋。不省。/99

讎 수【chóu ㄔㄡˊ】本[대답할] 짝, 동류, 갚을, 원수, 갚을, 맞을(합당할), 바로 잡을

설문 1410 猶譍也。《〔心部〕曰。應、當也。讎(讐)者、以言對之。『詩』云無言不讎是也。引伸之爲物價之讎。『詩』賈用不讎、高祖飲酒讎數倍是也。又引伸之爲讎怨。『詩』不我能慉、反以我爲讎、『周禮』父之讎、兄弟之讎是也〔人部〕曰。仇、讎也。仇讎本皆兼善惡言之。後乃專謂怨爲讎矣。凡漢人作『注』云猶者皆義隔而通之。如『公』、『穀』皆云孫猶孫也。謂此子孫字同孫遁之孫。『鄭風:傳』漂猶吹也。謂漂本訓浮。因吹而浮。故同首章之吹。凡鄭君、高誘等每言猶者皆同此。『許-造:說文』不比【注:經傳】。故【徑】說字義不言猶。惟寁(寁)字下云。㚕猶齊也。此因㚕之本義極巧視之。於寁从㚕義隔。故通之曰猶齊。此以應釋讎甚明。不當曰猶應。葢(蓋)淺人但知讎爲怨詈(詞)。以爲不切。故加之耳。然則爾字下云麗爾猶靡麗也。此猶亦可刪(刪)與。曰此則通古今之語示人。麗爾古語。靡麗今語。『魏風:傳』糾糾猶繚繚、摻摻猶纖纖之例也。◎ 物價之讎、後人妄易其字作「售」。讀承臭切。竟以改易『毛詩』賈用不讎。此惡俗不可從也。》从言。雔聲。《此以聲苞意。市流切。3部。》/90

성부 讎수 靃霍靃곽 雙雙쌍

형부 수(雔雔)

형성 (1자+1) 수(雔雔)714 수(售)

◀ 第 17 획 ▶

讒 (참)【chán ㄔㄢˊ】헐뜯을, 하리 놀, 헐뜯는 말, 참소

설문 1605 譖也。从言。毚聲。《士咸切。8部。》/100

讓 (양)【ràng ㄖㄤˋ】本[서로 책할] 겸손할, 사양할, 넘겨줄, 겸손

설문 1609 相責讓也。《【經傳】多以爲「謙攘」字。》从言。襄聲。《人漾切。10部。》/100

讕 (란)【lán ㄌㄢˊ】헐뜯을, 실언할

설문 1624 抵讕也。《「抵」【各本】作「詆」。誤。『文三王傳』。王陽病。抵讕置辭。師古曰。抵、距也。讕、誣諱也。『文帝紀:韋-注』曰。謾、抵讕也。按「抵讕」猶今俗語云「抵賴」也。》从言。闌聲。《洛于切。14部。》讕或从閒。/101

讖 (참)【chèn ㄔㄣˋ】조짐, 참서

설문 1413 驗也。《驗本馬名。葢(蓋)即譣之假借。讖驗疊韵(疊韻)。》有徵驗之書。河雒所出書曰讖。《十二字依『李善-鵩鳥、魏都:二賦:注』補。『釋名』。讖、纖也。其義纖微也。》从言。韱聲。《楚蔭切。7部。》/90

◀ 제 18 획 ▶

讗 (획)【huà ㄏㄨㄚˋ】 ㊤㊥⑨ xié ㊍ huò 장담할, 성 발끈 낼

설문 1554 言壯皃(貌)。一曰數相怒也。从言。巂聲。讀若畫(畫)。《呼麥切。16部。》/98

讇 (답)【hé ㄏㄜˊ】 ㊤㊥⑨㊍ tà 잔말할, 말 잊을 ■탑:수다스러울

설문 1595 嗑也。《〔口部〕曰。嗑、多言也。『玉篇』曰。讇譅、多言也。讇譅卽讇嗑。》从言。㬎聲。《徒盍切。8部。》/100

讘 (섭)【zhé ㄓㄜˊ】 ㊤㊥⑨ niè ㊍ zhé 속살거릴 설문 1599 多言也。从言。聶聲。《之涉切。7部。》河東有狐讘縣。《見『地理志』。按『史、漢:表』皆有讘讘矦。徐廣、小顏(顏)瓡皆音狐。考『漢志』北海有瓡縣。小顏云瓡卽執字。疑瓡讘二字疊韵(疊韻)。瓡當從爪作「瓡」。執之或體。不音狐。『漢志』、『說文』作「狐讘」。皆譌字也。》/100

讙 (환)【huān ㄏㄨㄢ】 시끄러울, 짐승이름, 기뻐할 ■훤:놀래어 부를, 꾸짖을

설문 1578 譁也。从言。雚聲。《呼官切。14部。》/99

讉 (퇴)【tuí ㄊㄨㄟˊ】 시끄러울 ■회:시끄러울

설문 1574 譟也。从言。魋聲。《杜回切。15部。按【許書】無魋字。大徐據此補入〔鬼部〕。》/99

◀ 제 22 획 ▶

讟 (독)【dú ㄉㄨˊ】 원망할, 헐뜯을

설문 1645 痛怨也。《『方言』。讟、謗也。讟、痛也。二義相足。》从誩。賣(𧶠)聲。《徒谷切。3部。》『春秋傳』曰。民無怨讟。《『左傳:昭:元年』曰民無謗讟。『八年』曰。怨讟動於民。疑相涉而誤。》/102

150 7-04 **谷** ■골 곡

谷 곡【gǔ ㄍㄨˇ】【설문부수 420】 골(산과 산 사이) 막힐, 벼슬 이름 ■욕:나라이름 ■록:흉노의 벼슬이름

설문 7144 泉出通川爲谷。《『釋水』曰。水注川曰谿。注谿曰谷。許不言谿者、許以谿專係之山瀆無所通也。川者、毌穿通流之水也。兩山之閒(間)必有川焉。『詩』。進退(退)維谷。叚(假)谷爲鞠。『毛傳』曰。谷、窮(窮)也。卽『邶風:傳』之鞠、窮也。》从水半見出於口。《此會意。古祿切。3部。亦音浴。》凡谷之屬皆从谷。/570

유사 각각 각(各) 입둘레 굽이 각(谷)

성부 부록 색인 참조

형부 谷을 부수로 하는 대부분의 글자들

형성 (6자) 욕(鵒)2353 속(俗)4879 유(裕)5100 욕(欲)6054 욕(浴)7080 욕(鋊)8879

◀ 제 0 획 ▶

谷 각【jué ㄐㄩㄝˊ】【설문부수 48】 입 둘레 굽이, 웃는 모양 (谷부 0획)

설문 1371 口上阿也。《『大雅』。有卷者阿。『箋』云。有大陵卷然而曲。口上阿、謂口吻已上之肉隨口卷曲。『毛傳』臄、函也。〔马部:函〕、谷也。與毛合。『晉(晋)灼-注:羽獵賦』曰。口之上下名爲臄。按『通俗文』云。口上曰臄。口下曰函。服析言之。毛、許、晉皆渾言之。許擧(擧)上以包下耳。『今-說文:各本:函』下譌作「舌也」。古者舌無函名。『特牲:少牢禮』。肵俎用心舌。與加殽(殽)脾臄異用。【陸-釋文】云。『說文』曰函、舌也。又云口次肉也。似『陸時-說文』已誤矣。【單行-釋文】「口次」譌「口裏」。則義全非。讀書之難如是。》从口。上象其理。《文理。其虐切。5部。卻綌从谷聲。》凡谷之屬皆从谷。𧮫谷或如此。臄谷或从豦肉。《二皆形聲。臄見『大雅』。》/87

유사 각각 각(各) 골짜기 곡(谷)

성부 却卻각 郤극 函첨

형성 (3자) 각(䜫)1791 극(郤)3883 격(綌)8344

◀ 제 3 획 ▶

谸 (천)【qiān ㄑㄧㄢ】 (산골짝이)푸를, 길(道也)

설문 7150 望山谷千千青也。《『各本』「千千」作「谸谸」。今正。『高唐賦』。仰視山顚。肅何芊芊。『李-注』云。『說文』曰。谸、望山谷千千青也。千與芊、古字通。按千芊爲古今字。俗用芊改千。『楚詞』及『陸機-文賦』皆用千眠字。『南都賦』作「阡瞑」。『謝朓-詩』。遠樹曖阡阡。『廣雅』乃有芊芊字耳。》从谷。千聲。《倉絢切。12部。古讀平聲。》/570

◀ 제 4 획 ▶

谹 (횡)【hóng ㄏㄨㄥˊ】 골짜기 울릴 설문 7149 谷中響也。《此與宏、屋響也義近。『攷工記』。其聲大而宏。『司農:注』。謂聲音大也。引申爲凡大之偁(稱)。『史記:司馬相如傳』。必將崇論谹議。》从谷。厷聲。《戶萌切。古音在 6部。》/570

䜫 (각)【què ㄑㄩㄝˋ】 ㊤㊥⑨㊍ jué 발 피곤하여 절

설문 1791 相踦䜫也。《「踦」當作「掎」。「㪣(䜫)」『玉篇』作「卻」。》从丮(丮)。谷聲。《其虐切。5部。》/114

● 㕡 산속의 늪 연(㕣)-고자

◀ 제 5 획 ▶

容 준【jùn ㄐㄩㄣˋ】 내 바닥을 깊이 파올릴, 개천 칠 ■순:속음 ■권:같은 뜻 ■예:밝을 ※예(叡)자의 옛글자

설문 7151 深通川也。《深之使通也。容與叡睿音義皆相近。故『今文-洪範』曰。思心曰容。容作聖。古文曰。思曰睿。睿作聖。》从𣦵(歺)谷。《會意。私閏切。13部。》𣦵、殘

谷 7 ⑤

也。《殘猶穿也。》谷、阬坎意也。《𣦼謂穿之。谷取阬坎之意。阬坎、深意也。已上十一字依『韵會本』。》『虞書』曰。容畎澮歫川。《〔川部〕旣偁『咎繇謨』濬〈巜歫川矣。此又偁而字異、何也。蓋(盖)前爲『古文-尙書』。此爲今文也。以濬、〈 皆倉頡古文知之。》濬容或从水。㲷古文容。《从水、从睿。睿古文叡也。叡、深明也。通也。》/570

성부 산속의 늪 연(㕣容)

형성 (1자)

◀ 제 7 획 ▶

● 叡 구렁 학(壑)-고자

◀ 제 10 획 ▶

谿 (계)【xī ㄒㄧ】㉠ qī 시내 ▣혜:같은 뜻

설문 7145 山瀆無所通者。《「瀆」【各本】作「瀆」。今正。〔自(阜)部〕曰。瀆、通溝也。讀若洞。古文作「續」。『釋山』曰。山續無所通、谿。然則許作「瀆」明矣。》从谷。奚聲。《苦兮切。16部。》/570

豁 䜯(활)【huò ㄏㄨㄛˋ】(넓게 탁 트인)골짜기, (텅)빌

설문 7146 通谷也。《通洞之谷也。『文選:注』曰。『華延-洛陽記』云。城南五十里有大谷。舊名通谷。引申爲凡疏達之偁(稱)。》从谷。害聲。《呼括切。15部。》/570

◀ 제 11 획 ▶

豂 (료)【liáo ㄌㄧㄠˊ】빈 골짜기, 깊을

설문 7147 空谷也。《虛廖之谷也。『大雅』曰。大風有隧。有空大谷。》从谷。翏聲。《洛蕭切。古音在 3部。》/570

◀ 제 16 획 ▶

豅 (롱)【lóng ㄌㄨㄥˊ】크고 긴 골짜기, 산 깊은 모양

설문 7148 大長谷也。《『司馬相如傳』曰。巖巖深山之谾谾兮。晋灼曰。谾音籠。古豅字。蕭該曰。谾或作豅。長大皃(貌)也。徐廣谾音力工反。與晋說同。『白駒:傳』曰。空谷、大谷也。》从谷。龍聲。讀若聾。《盧紅切。9部。》/570

151 豆
7-05 ▤ 콩 두

豆 ▤두【dòu ㄉㄡˋ】[설문부수 163] 本[예식에서 음식담는 그릇] 제기 이름, 콩, 말(용량을 재는 기구)

설문 2958 古食肉器也。《『考工記』曰。食一豆肉。中人之食也。『左傳』曰。四升(升)爲豆。『周禮:醢人』。掌四豆之食。》从口。《晋圍。象器之容也。》象形。《上一象幎也。『特牲』。籩巾以綌纁裏。『士昏(婚)』醯醬二豆。菹醢四豆。兼巾之。『士喪』。籩豆用布巾。是也。下一象丌也。『祭統:注』曰。鐙豆下跗。是也。|| 象骹也。『祭統』曰。夫人薦豆執校。校者、骹之假借字。『注』云。豆中央直者。是也。豆柄一而已。网(兩)之者、望之則网也。畫(畵)繪之法也。『考工記』曰。豆中縣。『注』。縣繩正豆之柄。是也。豆柄直立。故豎侸豈(壴)字皆从豆。徒候切。4部。》凡豆之屬皆从豆。𣅳古文豆。《【鍇本】如此作。『玉篇』亦曰𣅳古文。當近是。》/207

성부 부록 색인 참조

형부 豆를 부수로 하는 대부분의 글자들

형성 (11자) 두(逗)1104 두(豍)1734 두(豉)1863 두(脰)2485 두(梪)2959 단(短)3170 두(郖)3867 수(侸)4846 수(裋)5120 두(頭)5346 두(鋀)7241

◀ 제 3 획 ▶

豈 豈기【qǐ ㄑㄧˇ】[설문부수 162] 어찌, 그(것) ▣개:本[개선 음악]

설문 2955 還師振旅樂也。《『公羊傳』曰。出曰「祠兵」。入曰「振旅」。『周禮:大司樂』曰。王師大獻。則令奏愷樂。『注』曰。大獻、獻捷於祖。愷樂、獻功之樂。鄭(鄭)司農說以『春秋』晋文公敗楚於城濮。『傳』曰。振旅愷以入於晉。按【經傳】豈皆作愷。》一曰欲登也。《【各本】作「欲也、登也」。多「也」字。今刪(刪)正。欲登者、欲引而上也。凡言豈者皆庶幾之書(詞)。言幾至於此也。故曰欲登。『曾子問』。周公曰。豈不可。『注』。言是豈於禮不可。按此謂於禮近於不可也。『漢書:丙吉傳』。豈宜褒顯。猶言葢庶幾宜褒顯也。周漢文字用豈同此者甚多。擧(擧)二事足以明矣。〔欠部〕有㰻字、幸也。『文王世子:注』、『孔廟禮器碑』有䫿字。意皆與豈相近。䫿卽豈之變也。豈本重難之書。故引伸以爲疑書。如其『召南:傳』曰豈不言有是也。後人文字言豈者、其意若今俚語之難道。是與『曾子問』、『丙吉:傳』二豈字似若相反。然其徘徊審顧之意一也。》从豆。《「豆」當作「壴省」二字。豈爲獻功之樂。壴者陳樂也。》散(散)省聲。《「散」【各本】作「微」。誤。今依『鉉本:散下:注』語正。墟豨(豨)切。15部。按鉉「豨」作「喜」。誤。》凡豈之屬皆从豈。/206

유사 진나라 풍류 주(壴豈豈)

성부 敳미

형부 기(𧯷)

형성 (16자) 기(䓫)239 애(𩞑)1246 애(敳)1914 애(殪)2439 개(剴)2626 개(愷)2956 온(饐)3098 애(皚)4719 기(覬)5254 의(顗)5414 애(磑)5763 개(愷)6402 개(闓)7391 의(螘)8431 개(塏)8699 개(鎧)8976

◀ 제 5 획 ▶

豌 (완)【yuè ㄩㄝˋ】㉯㊥⑨㉠ wān 완두 ▣울·월:같은 뜻, 콩엿

설문 2962 豆飴也。《飴、米櫱煎也。櫱、芽米也。然則豆飴者、芽豆煎爲飴也。〔黑部:黦〕下曰。讀若飴豌之豌。『方言』

飴謂之餧。餉謂之餚。『郭-注』以豆屑襍(屑雜)餳也。餉卽豋字。》从豆。夗聲。《一丸切。按『篇』、『韵(韻)』皆於月切。一丸非也。14部。》/207

◀ 제 6 획 ▶

卷 (권)【juàn ㄐㄩㄢˋ】 누른 빛이 나는 콩의 일종

설문 2961 豆屬。《此『本艸經』之大豆黃卷也。味甘平。主濕痹筋攣膝痛。『唐本:注』云。以大豆爲芽糵。生便乾之。名爲黃卷。『靈樞』日。腎病者宜食。『廣韵(韻):阮韵』云。豢、黃豆也。》从豆。《許言尗、豆也。象豆生之形也。荅、小豆也。萁、豆莖也。藿、尗之少也。枝、配鹽幽尗也。然則尗與古食肉器同名。故豢豋二字入〔豆部〕。按豆卽尗、一語之轉。周人之文皆言尗。少言豆者。惟『戰國策』張儀云。韓地五穀所生。非麥而豆。『史記』作「菽」。吳氏師道云。古語祇稱菽。漢以後方呼豆。若然、則豢豋字葢(蓋)出漢製乎。》弄聲。《居願切。『廣韵』求晚切。14部。》/207

● 豊 예도 례(豊)-속자

◀ 제 8 획 ▶

弄 登 등【dēng ㄉㄥ】 제기 이름

설문 2963 禮器也。《『生民』日。于豆于登。『釋器』、『毛傳』皆日。瓦豆謂之登。毛云。登薦大羹。『公食大夫禮』。大羹湆不和實于鐙。登鐙皆假借字。劉(劉)氏台拱日。『詩』、『爾雅』皆作登。釋文、『唐-石經』、『篇』、『韵』皆無登字。『玉篇』有弄者。俗製登字改【經】。非也。》从𠬞(廾)持肉在豆上。《會意。》讀若鐙同。《都滕切。6部。》/208

유사 오를 등(登)

豎 (수)【shù ㄕㄨˋ】 (똑바로)설, 세울, 세로, 더벅머리, 혼례를 치르지 않은 아이, 아이종

설문 1853 堅立也。《堅立謂堅固立之也。豎與尌音義同。而豎從臤。故知爲堅立。『周禮:內豎』。鄭云。豎、未冠者之官名。葢(蓋)未冠者才能自立。故名之豎。因以爲官名。豎之言孺也。》从臤。豆聲。《臣庾切。古音在 4部。》 籒文豎。从殳。/118

◀ 제 9 획 ▶

巹 (근)【jǐn ㄐㄧㄣˇ】 혼례에 쓰는 표주박 술잔 (豆부 9획)

설문 2960 蠡也。《〔瓠部〕日。瓢、蠡也。然則巹、瓢也。蠡、『說文』三見。〔斗部〕日。斡、蠡柄也。併此及〔瓠部〕凡三見也。蠡之言離。『方言』日。劙、解也。一瓠離爲二、故日蠡。『鄭-注:匏人』云。瓢謂瓢蠡也。『漢書』。以蠡測海。張晏日。蠡、瓠瓢也。字皆借蠡。『九歎』。匏鱻蠡於筐簏。『急就篇』。鱻升(升)參升半卮觛。『方言』。「鱻」或謂之「瓢」。或謂之「簞」。或謂之「檝」。則字皆从瓜。『王伯厚-注:急就』云。『皇象碑本』作「蠡」。【李本】作「蠡」。『廣韵(韻)』齊、薺韵(韻)皆有蠡。『士昏禮』。四爵合巹。『注』云。合巹、破匏也。『昏義』亦作「巹」。『正義』云。以一瓠分爲兩(兩)瓢。巹者、巹之假借字。巹从丞聲。巹从烝聲。故同音假借。》从豆。《此非豆而从豆者、謂瓠可盛飮食。略同豆。》蒸省聲。《〔艸部:蒸〕或省火作「蒸」。不云蒸聲者、葢(蓋) 蒸字後出也。古音在 6部。今音居隱切。劉(劉)昌宗、吕(呂)忱反語已誤。》/207

◀ 제 10 획 ▶

豊 례【lǐ ㄌㄧˇ】 [설문부수 164] 제기, 예도

■풍:〈네이버 자전〉

설문 2964 行禮之器也。《豊禮曡(疊)韵。》从豆。象形。《上象其形也。『林罕-字源』云。上从 𠁩。郭氏忠恕非之。按『說文』之例。成字者則日从某。假令上作 𠁩。則不日象形。盧啟(啓)切。15部。》凡豊(豊)之屬皆从豊。讀如禮同。/208

유사 풍년들 풍(豐)

성부 𨠜질 𪒟𧯜염

형부 질(𧯝𧯞)

형성 (5자) 례(禮 禮)12 체(體 體)2469 례(澧 澧)6724 례(鱧 鱧)7255 례(醴 醴)9367

◀ 제 11 획 ▶

豐 풍【fēng ㄈㄥ】 [설문부수 165] 잔대(술잔 받는 그릇), 풍년들, 우거질

설문 2966 豆之豐(豊)滿也。《謂豆之大者也。引伸之凡大皆日豐。『方言』日。豐大也。凡物之大皃(貌)日豐。又日朦厖豐也。豐其通語也。趙魏之郊燕之北鄙凡大人謂之豐。『燕記』豐人杼首。燕趙之閒(間)言圍大謂之豐。許云豆之豐滿者、以其引伸之義明其本義也。『周頌:豐年:傳』日。豐、大也。然則豐年亦此字引伸之義。而『賈氏-儀禮:疏』不得其解。》从豆。象形。《𠁩象豆大也。此與豊上象形同耳。戴侗云。【唐本】日从豆、从山、丯聲。【蜀本】日丯聲。山取其高大。按〔生部〕云。丯、艸盛丯丯也。與豐音義皆同。『大射儀:注』日。豐其爲字从豆𠁩聲。近似豆、大而卑矣。似鄭時有𠁩字。但『鄭-注』轉寫至今亦多譌誤。𠁩聲之聲或是豑字。儀徵阮氏元說𠁩字瓦云。豐字當是丰(丰)聲而山(山)象形。豐字當是丯聲而凵(凵)象形。一从艸盛之丰。一从艸蔡之丯也。玉裁按。竝丰(丰)、竝丯(丯)、『說文』無字。如朁𩗞字从兓聲、蒜字从祘聲、𩘻𧖴字从猋聲蟲聲、𣡕𣡡字从林皆非無字者也。則【唐本】、【蜀本】未可遽信。敷戎切。9部。》一日鄉飮酒有豐侯者。《此別一義。「鄉」當作「禮」。與觚下、觶下之誤同。『禮』飮酒有豐侯。謂『鄉射、燕、大射、公食大夫』之豐也。鄭言其形云似豆卑而大。說者以爲若井鹿盧。言其用於『鄉射』、云所以承爵也。於『大射』、云以承尊也。『公食大夫』之豐亦當是承爵。『燕禮』之豐亦當是承尊。皆各就其篇之文釋之。『禮』但云豐。許云豐侯者。葢(蓋)漢時說禮家之語。『漢:律曆志』王命作策豐刑(刑)。『竹書紀年』。『成王:十九年』黜豐侯。阮諶日。豐、國名也。坐酒、亡國。『崔駰-酒箴』日。豐侯沈湎。荷罌負缶。自戮於世。圖形戒後。李尤豐侯銘日。豐侯荒謬。醉亂迷逸。乃象其形。爲禮戒式。後世傳之。固無正說。三君皆後漢人。『諶-撰:三禮圖』者。漢人傅會『禮經』有豐侯之說。李尤以爲無正說。鄭不之用。許則襲禮家說也。》凡豐之屬皆从豐。 古文豐。/208

豆 7 ⑪

유사 예기 례(豊)
성부 豒豔염
형성 (3자) 풍(豒)3212 풍(酆)3856 풍(豐)4365

◀ 제 13 획 ▶

豒 질【zhì ㄓˋ】잔의 차례
설문 2965 爵之次弟也。《爵者、行禮之器。故从豊。有次弟、故从弟。爵之次弟。若『士虞禮』主人廢爵、主婦足爵、賓(賓)長繶爵、『祭統』玉爵獻卿、瑤爵獻大夫、散爵獻士及羣(群)有司是也。凡酒器皆曰爵。則如『禮運』云宗廟之爵、貴者獻以爵、賤者獻以散、尊者擧(擧)觶、卑者擧角、『梓人』云獻以爵而酬以觶是也。》从豊弟。《直質切。按因『堯典』作平秩。故爲此音耳。當是弟亦聲也。15部。》『虞書』曰。《「虞」當作「唐」。》平豒、東作。《『堯典』文。『今-尙書』作「平秩」。『史記』作「便程」。『周禮:鄭-注』引『書』作「辨秩」。許作「平豒」。豒葢(蓋)壁中古文之字如此。孔氏安國乃讀爲秩。而古文家從之。許存壁中之字。如『鄭-注:禮經』存古文之字、『注:周禮』存『故書』之字也。》/208

◀ 제 15 획 ▶

豑 (기)【qī ㄑㄧˉ】상中⑨작 qí 本[거의] 일 마치는 풍류 ■애:만질, 문득
설문 2957 汔也。《「汔」『各本』作「豑」。無此字。今正。『釋詁』曰。豑、汔也。孫炎曰。汔、近也。『民勞:箋』云。汔、幾也。幾與豑同。汔與訖同。汔、水涸也。水涸則近於盡矣。故引爲凡近之䛐(詞)。〔木部:杚〕、平也。亦摩。近之義也。〔𢆶部〕曰。幾、微也。殆也。然則見幾、硏幾、字當作「幾」。庶幾、幾近、字當作「豑」。幾行而豑廢矣。》訖事之樂也。从豈。《說从豈之意也。終事之樂。五角切。如賓(賓)出奏陔、公入奏驁是也。終事之樂。盧各切。如言可與樂成是也。其意一也。故从豈。訖與汔通。》幾聲。《按當云从豈幾、幾亦聲。渠稀切。15部。》/207

◀ 제 15 획 ▶

豔 豓艶염【yàn ㄧㄢˋ】本[탐스러울] 고울(살결이 곱고 탐스러우며 예쁠) (豆부 21획)
설문 2967 好而長也。《『小雅:毛傳』曰。美色曰豔(豔)。『方言』。豔、美也。宋衞(衛)晉鄭之閒(間)曰豔。美色爲豔。按今人但訓美好而已。許必云好而長者、爲其从豐也。豐、大也。大與長義通。『詩』言莊姜之美、必先言碩人頎頎。言魯(魯)莊之美、必先言猗嗟昌兮、頎若長兮。所謂好而長也。『左傳』兩(兩)言美而豔。此豔進於美之義。人固有美而不豐滿者也。『毛傳』及『方言』皆渾言之也。》从豐。豐、大也。《說从豐之意。豐之本義無當於豔。故擧(擧)其引伸之義。》盇(盍)聲。《以贍切。8部。》『春秋傳』曰。美而豔(豔)。《『左傳:桓:元年、文:十六年』文。》/208
형성 염(灩)

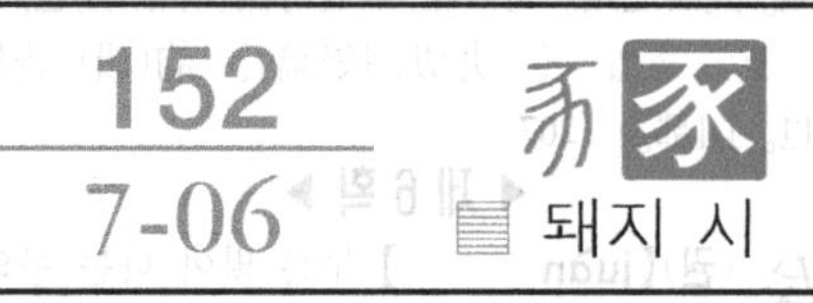

豕 시【shǐ ㄕˇ】[설문부수 362] 돼지의 총칭
설문 5782 彘也。《〔彑部〕。彘、豕也。是二篆爲轉注。『小雅:傳』曰。豕、豬也。毛渾言之。許分別言名豕、名彘、名豬之故。》竭其尾。故謂之豕。《此如後蹶廢故謂之彘、相對成文。於其音求其義也。〔立部〕曰。竭者、負擧(擧)也。豕怒而豎(竪)其尾則謂之豕。》象毛足而後有尾。《毛當作頭四二字。轉寫之誤。馬篆下曰。象馬頭髦尾四足之形。象篆下曰。象耳牙(牙)四足之形。羊(羊)篆下曰。从丫、象四足尾之形。豕首畫(畵)象其頭。次象其四足。末象其尾。》讀與豨同。《『左傳』。封豕長蛇。『淮南書』作封豨脩蛇。式視切。15部。『廣韵』施是切。》按今世字誤目(以)豕爲豕、以彖爲彖。何目明(明)之。爲啄琢从豕、蠡从彖。皆取其聲。目是明之。《此三十三字未必爲許語。而各本譌舛特甚。今正之。啄、琢用豕絆足行之豕爲聲。俗乃作啄、琢。是豕誤爲豕也。蠡从〔彑部〕訓豕之彖爲聲。俗乃作蠡。是彖誤爲彖也。故皆爲今世字誤。〔彑部〕曰。彖讀若弛。〔許書:䖵部〕之蠡、〔心部〕之𢡱皆从彖爲聲。在古音 16部。『各本』譌云今世字誤以豕爲彘、以彘爲豕。何以明之。爲啄琢从豕、蠡从彘皆取其聲。不可讀。或正之。又不知蠡之本彖聲、而非从彖也。》凡豕之屬皆从豕。𣥫古文。《古文與亥同字。說詳〔亥部〕。按此下當有象髦足三字。猶希下云象髦足也。丿象髦。㣺象足。㣺象爪字也。》/454
유사 물 수(氺) 돼지 해(亥) 말 물(勿)
성부 부록 색인 참조
형부 止를 부수로 하는 대부분의 글자들 역(豛)

◀ 제 1 획 ▶

豖 축【chù ㄔㄨˋ】발 얽힌 돼지 걸음
설문 5800 豕絆足行豖豖也。《豖豖、艱行之皃(貌)。『孟子』曰。如追放豚。旣入其苙。又從而招之。趙曰。招、罥(罥)也。按罥之謂絆其足。『經』文招字與豖古音相近。招之卽豖之也。此猶州吁卽祝吁。》从豕繫二足。《繫當作係。此从豕而象形也。丑六切。3部。『廣韵』丑玉切。》/455
유사 물 수(氺) 돼지 시(豕) 말 물(勿) 늘어설 임(豕) 바쁠 총(冢)
성부 逐축 冢𧰼총
형성 (7자) 탁(琢)139 탁(啄)915 독(豛)1865 탁(斀)1952 탁(椓)3647 촉(瘃)4551 탁(涿)6980

◀ 제 4 획 ▶

豚 [豚][豚] [돈]【tún ㄊㄨㄣˊ】[설문부수 365] 작은 돼지, 지척거릴

[설문] [5814] 小豕也。《『方言』。豬、其子或謂之豚。或謂之貕。》从古文豕。《各本作「从𢑚省象形」五字。非也。今正。》从又持肉。㠯(以)給祠祀也。《凡祭宗廟之禮。豕曰剛鬣。豚曰腯肥(肥)。又、手也。都䰢(魂)切。13部。》凡㒸(豚豚)之屬皆从㒸。豚篆文从肉豕。《上古文。此小篆也。亦以上附二之例。不入豚於〔豕部〕附以古文㒸(豚)者、以有从㒸之𧷎則不得不立此部首也。『爾雅:音義』曰。籀文作豚。『玉篇』亦曰豚者、籀文。皆誤。恐學者惑(惑)焉。故箸於此。》/457

[형부] 위(𧷎𧷎)

[형성] (1자) 둔(遯遯)1123

豛 (역)【yì ㄧˋ】위골짜기, 무는 돼지

[설문] [5791] 上谷名豬豛。《謂上谷呼豬曰豛也上谷、漢郡名。領沮陽等縣十五。沮陽在今直隸保安州。》从豕。役省聲。《營隻切。16部。》/455

豝 (파)【bā ㄅㄚˉ】암퇘지, 일설에는 두살 난 돼지

[설문] [5787] 牝豕也。《『釋獸、召南:傳』皆曰。豕、牝曰豝。》从豕。巴聲。《伯加切。古音在 5部。》一曰二歲豕。《「豕」字今補。『大司馬:先鄭-注』云。二歲爲豝。》能相杷拏者也。《「者」字今依『韵(韻)會』補。「杷」舊作「把」。譌。今正。杷者、掊也。拏、牽引也。以疊韵(疊韻)爲訓。》『詩』曰。一發五豝。《『召南:騶虞』文。『今-詩』「一」作「壹」。》/455

彖 [시]【shǐ ㄕˇ】[㉿] chǐ 돼지(B1529) ■치:같은 뜻

[설문] [5811] 豕也。从彑。从豕。讀若弛。《式視切。按古音在 16、17部閒(間)。『廣韵』尺氏切。是也。蠡从䖵、彖聲。𢖍从心、彖聲。古音皆在 16部。今韵蠡入薺、𢖍入佳皆不誤。而字形从彖則誤。》/456

[유사] 도깨비 매(彖彖彖) 털이 긴 돝 이(𢑚) 새길 록(彔) 단사 단(彖)

[성부] 蠡蠡려

[형성] (+1) 지(隓隓)

◀ **제 5 획** ▶

豠 (저)【cú ㄘㄨˊ】[상][中][⑨] chú 돼지 붙이 ■서:같은 뜻

[설문] [5797] 豕屬。《凡言屬者、類而別也。別而類也。『廣雅』曰。豠、豕也。》从豕。且聲。《疾余切。5部。》/455

象 [상]【xiàng ㄒㄧㄤˋ】[설문부수 369] 코끼리, 상아, 모양, 법, 길 (豕부 9획)

[설문] [5838] 南越(越)大獸。《獸之㝡(最)大者。而出南越。》長鼻牙(鼻牙)。《有長鼻長牙。以上七字依『韵會』所據【小徐本】。》三年一乳。《『左傳:定:四年:正義』作「三年一乳」字。按【古書】多假象爲像。〔人部〕曰。像者、似也。似者、像也。像从人象聲。【許書】一曰指事。二曰象形。當作像形。【全書】凡言象某形者、其字皆當作像。而【今本】皆从省作象。則學者不能通矣。『周易:毄(繫)辭』曰。象也者、像也。此謂『古-周易』象字卽像字之假借。『韓非』曰。人希見生象。而按其圖以想其生。故諸人之所以意想者皆謂之象。似古有象無像。然像字未製以前。想像之義已起(起)。故『周易』用象爲想像之義。如用易爲簡易變易之義。皆於聲得義。非於字形得義也。『韓非』說同俚語。而非本無其字依聲托事之指。》象耳牙四足尾之形。《象當作像。耳牙疑當作鼻耳。尾字【各本】無。今補。徐兩(兩)切。10部。》凡象之屬皆从象。/459

[형부] 예〔豫豫〕

[형성] (6자) 상(餯餯)3084 상〔像像〕4869 상(襐襐)5090 탕(𢠵𢠵)6519 탕(潒潒)6812 양(勨勨)8800

兕 兕兕 [사]【sì ㄙˋ】[설문부수 367] 외뿔소, 짐승 이름 ■시:속음

[설문] [5836] 如野牛。青皀(色)。其皮堅厚可制鎧。《「青皀」【各本】作「而青」。「其皮堅厚可制鎧」【各本】無此七字。今補。『論語:季氏-疏』、『爾雅:釋獸:疏』、『詩:下草不黃:正義』、『春秋:左傳:宣:二年:正義』皆有此七字。皆作青色。或作青毛。『釋獸』曰。兕、似牛。許云如野牛者、其義一也。野牛卽今水牛。與黃牛別。古謂之野牛。『爾雅』云似牛者、似此也。『郭-注:山解經』曰。犀似水牛。豬頭庳腳。兕亦似水牛。青色一角。重三千斤。『孝(考)工記』。『函人』爲甲。犀甲七屬。兕甲六屬。犀甲壽百年。兕甲壽二百年。》象形。《謂上象其頭、下象其足尾也。徐姊(姉)切。15部。》𠘧頭《二字今補。》與禽离頭同。《〔内部:禽〕下亦曰。禽离𠘧頭相似。今人作楷。𠘧作凹。禽离作凶。其頭不同矣。篆法古當同。》凡𠘧之屬皆从𠘧。𠑲古文从儿。《葢(蓋)亦謂其似人胻也。虎足亦與人足同。今字兕行而𠘧不行。漢𨽸(隸)作先。『經典:釋文』云。本又作先。》/458

[유사] 까치 석(舄舄)

◀ **제 6 획** ▶

豢 (환)【huàn ㄏㄨㄢˋ】(가축을)칠, 가축, 꾈, 곡식으로 기르는 짐승

[설문] [5796] 㠯(以)穀圈養豕也。《圈者、養嘼(畜)之閑。圈養者、圈而養之。圈豢疊韵(疊韻)。『樂記:注』曰。以穀食犬豕曰豢。『月令:注』曰。養牛羊曰芻。犬豕曰豢。『少儀』假圂爲豢。》从豕。𢍏聲。《胡慣切。14部。》/455

豜 (견)【jiān ㄐㄧㄢˉ】세살된 돼지, 큰 돼지, 힘센 노루 ■연:같은 뜻

[설문] [5788] 三歲豕。《『齊風:還』曰。並(竝)驅從兩肩兮。『傳』云。獸三歲曰肩。『邠(豳):七月』。獻豜于公。『傳』曰。三歲曰豜。豜肩一物。豜本字、肩假借也。『大司馬:先鄭-注』云。四歲爲肩。》肩相及者也。《「也」字今補。此以疊韵(疊韻)爲訓。肩相及者、謂與二歲之豕肩相差次。》从豕。

豕 7 ⑥

幵(开)聲。《古賢切。古音在 11部。》『詩』曰。竝驅從兩豜兮。《『今-詩』「豜」作「肩」。『周禮:注』引『邠風』亦作「肩」。》/455

豤 간【kěn ㄎㄣˇ】本[돼지가 물] 간절할 ■곤:돼지 물건 씹을

설문 5793 豕齧也。《「豕」字今補。人之齧曰齦。字見[齒部]。豕之齧曰豤。音同而字異也。『孝(考)工記』。髻豤薜暴不入市。『注』云。豤、頓傷也。此引伸假借字。[今本]作墾。非。》从豕。艮聲。《康狠切。13部。》/455 【明文大字典】豤下云:《前漢、『劉(劉)向傳』。豤豤數奸死亡之誅。或作豤。》

【明文大字典】豤下云:《按『說文』懇作懇。從心豤聲。豤齧也。從豕艮聲。音康很切。『漢書』。『劉(劉)向傳』。故豤豤數奸死亡之誅。師古曰。豤豤、款誠之意。音懇。則豤亦通懇。後人懇從豸。故豤亦從豸。》

【明文大字典】懇下云:《本作懇、狠 · 頎同。》

형성 (+2) 간(懇) 간(墾)

豦 거【qú ㄑㄩˊ】⊕⑨작 jù 서로 잡고 어울려 싸울, 큰 돼지

설문 5801 鬭(鬪)相丮不解也。《「鬭」當作「鬥」、兩丮相對也。丮、持也。不言持言丮者、以曡(疊)韵爲訓也。》从豕虍。《此會意。虍者、虎文也。故卽以爲虎字。》豕虎之鬭。《當作「鬥」。》不相捨。《說會意之指。》讀若蘮蒘艸之蘮。《「蘮蒘」當作「罽挐」。「之蘮」當作「之挐」。葢(蓋)本無末二字。後人增之而誤耳。蘮蒘、竊衣。見「釋艸」。強(强)魚切。5部。》司馬相如說。豦、封豕之屬。《此別一說也。『毛詩:傳』曰。封、大也。封豕、大豕也。『上林賦』。檃蜚遽遽。或作虡、『廣韵』引作虡。其卽豦歟。》一曰虎兩(兩)足擧(擧)。《此又別一義》/456

성부 遽거

형성 (7자+3) 거(蘧)244 갹(噱)811 거(籧)2831 거(據)7495 거(勮)8805 조(𪊝)9030 갹(醵)9396 거(璩) 극(劇) 갹(臄)

◀제7획▶

豧 (부)【fū ㄈㄨ】 돼지의 숨결, 돼지 소리 ■포: 같은 뜻 ■보:돼지 ■부:돼지소리

설문 5795 豕息也。从豕。甫聲。《芳無切。5部。》/455

豙 의【yì ㄧˋ】 돼지가 성내어 털 일어날, 쑥 남길

설문 5802 豕怒毛豎(竪)也。《毅、妄怒也、从此。會意兼形聲。》一曰殘艾也。《「艾」當作「乂」。「乂」或作「刈」。芟艸也。殘乂者、刪(刪)夷之也。》从豕。辛省。《各本無省字。篆體从辛豕。今按『五經文字』毅下云从辛省、正从辛省之譌。以毛豎如食辛辣也。會意。魚旣切。15部。》/456

성부 䫉모 顡의

형성 (1자) 의(毅)1873

豨 豨(희)【xī ㄒㄧ】큰 돼지

설문 5799 豕走豨豨也。《豨豨、走皃(貌)。以其走皃名之曰豨。『方言』。豬、北燕朝鮮之間謂之豭。關東西謂之彘。或謂之豕。南楚謂之豨。許說其本義。故次於此。『方言』說其引伸之義也。下文言封豨、則亦引伸之義。》从豕。希(希)聲。《虛豈切。15部。》古有封豨脩虵之害。《上古有此害也。『左傳』。申包胥曰。吳爲封豕長蛇。以荐食上國。『淮南書』說封豨脩蛇。卽封豕長蛇也。》/455

豩 빈【bīn ㄅㄧㄣ】상⊕⑨작 huān 두 마리의 돼지, 돼지의 떼 ■환:완악할

설문 5803 二豕也。豳从此。《[許書]豳、燹二篆皆用豩爲聲也。然則其讀若尙略可識矣。古音當在 13部。》闕。《謂其義其音皆闕也。二豕乃兼頑鈍之物。故古有讀若頑者。大徐伯貧切。又呼關切。》/456

성부 燹선

형성 (1자) 빈(豳)

豪 호【háo ㄏㄠˊ】호저(짐승이름), 뛰어날, 호협할(기개 있을), 굳셀

설문 5806 𧰯(豪)豕。《逗。》鬣如筆管者。《𧰯字各本無。今補 𧰯豕、豕名。『西山經』之豪彘、『長楊賦』之豪豬也。『西山經』曰。竹山有獸焉。其狀如豚而白毛。大如笄而黑端。郭云。貆豬也。能以脊上豪射物。按本是豕名。因其鬣如筆管。遂以名其鬣。凡言豪俊、豪毛、又皆引伸之義也。俗乃別豪俊字从豕、豪毛字从毛。》出南郡。《漢郡名。領江陵等縣十有八。今荆(荊)州府北至襄陽府境是其地。》从希。高聲。《乎刀切。2部。》豪篆文从豕。《篆各本作籀。非是。今正。》𧰯爲籀文。則希爲古文。𧰯、古文也。豪則小篆。改希从豕。以豪附𧰯。此正以上附二之例。下文以豚附㣇(豚)、亦其類。孫強(强)輩增竄『玉篇』。所據『說文』已是[誤本]矣。》/456

유사 잔털 호(毫)

참고 호(壕)해자(성 주위에 판 도랑)

◀제9획▶

豫 (예)【yù ㄩˋ】本[큰 코끼리] 기뻐할, 즐길(놀), 미리(할), 괘 이름

설문 5839 象之大者。《此豫之本義、故其字从象也。引伸之、凡大皆偁(稱)豫。故『淮南子』、『史記:循吏傳』、『魏都賦』皆云。市不豫價。『周禮:司市:注』云。防誑豫。皆謂賣物者大其價以愚人也。大必寬裕。故先事而備(備)謂之豫。寬裕之意也。寬大則樂。故『釋詁』曰。豫、樂也。『易:鄭-注』曰。豫喜豫說樂之皃(貌)也。亦借爲舒字。如『洪範』。豫、恒燠若。卽舒、恒燠若也。亦借爲與字。如『儀禮-古文』與作豫是也。》賈侍中說。不害於物。《賈侍中名逵。許所從受古學者也。侍中說豫象雖大而不害於物。故寬大舒緩之義取此字。》从象。《非[許書]則从象不可解。》予聲。《羊茹切。5部。》古文。/459

豬 저【zhū ㄓㄨ ˉ】 세가락의 털이 난 돼지, 돼지새끼 ■자:암퇘지

설문 5783 豕而三毛叢尻者。《尻、舊作居。今正。三毛叢尻。謂一孔生三毛也。說見『蘇頌-本艸圖經』犀下。今之豕皆然。》从豕。者聲。《陟魚切。5部。》/454

형성 (1자+1) 저(藸)328 저(潴)

豭 가【jiā ㄐㄧㄚˉ】 수퇘지

설문 5790 牡豕也。《『左傳:野人歌』曰。旣定爾婁豬。盍歸吾艾豭。此豭爲「牡豕」之證也。『方言』曰。豭、北燕朝鮮之間謂之豭。郭云。猶云豭斗也。》从豕。叚聲。《古牙切。古音在 5部》/455

성부 家가

◀ 제 10 획 ▶

豯 (혜)【xī ㄒㄧˉ】 석 달된 돼지

설문 5785 生三月豚。《此當句。下當有「一日」二字。爲別一義。》腹奚奚皃(貌)也。《「奚奚」各本作「豯豯」。今正。〔亣(大)部〕曰。奚、大腹也。以疊韵(疊韻)爲訓。『方言』曰。豬、其子或謂之豯。》从豕。奚聲。《胡雞(鷄)切。16部。》/455

㲉 (혹)【hù ㄏㄨˋ】 ㊤㊥⑨㉑ bó 짐승 이름, 집이(執夷), 황요(黃腰)

설문 5784 小豚也。《豚者、小豕也。『左傳』晉有先縠字彘子。葢(蓋)縠卽㲉字。『釋獸』曰。貈、白狐。其子㲉。異物而同名也。》从豕。㱿聲。《步角切。3部。》/455

豲 (원)【huán ㄏㄨㄢˊ】 돼지, 호저 ■환:돼지 빠름, 짐승이름

설문 5798 豕屬也。《三字依『戴氏侗-六書故』所偁(稱)【唐本】。葢(蓋)晁氏說之所據也。『篇』、『韵(韻)』皆云。豲、豕屬。則爲【唐本】信矣。【二徐本】皆云逸也。乃以下文『逸周書』割一字爲之。『韵會』又增之云豕之逸也。更可笑矣。『廣雅』說豕屬有豲。豲非豪(𧰲豪)豬也。或以豪豬說之。殊誤。》从豕。原聲。讀若桓。《三字舊在㩁下。今移此。胡官切。14部。》『逸周書』曰。豲有爪而不敢吕(以)㩁。《見『周書』周祝解。『今-周書』爪作蚤。蚤、齧人跳蟲也。爪、覆手也。皆假借字。許則叉爲本字。㩁者、有所杷也。》/455

◀ 제 11 획 ▶

豵 (종)【zōng ㄗㄨㄥˉ】 (생후 6개월되는)돼지 새끼

설문 5786 生六月豚。从豕。從聲。《子紅切。9部。》一曰一歲曰豵。《「曰」字今補。『召南:傳』、『邠:傳』、『大司馬職:先鄭-注』皆云。一歲曰豵。『釋獸』曰。豕生三豵。》尙叢聚也。《以疊韵(疊韻)爲訓。》/455

◀ 제 12 획 ▶

豨 (수)【wěi ㄨㄟˇ】 ㊤㊥⑨ wéi 불을 친 돼지(새끼) ■유:속음 ■타:돼지이름

설문 5792 豶也。《豨豶、『釋獸』文。郭云。俗呼小豶豬爲豨子。按葢(蓋)羠豕之小者也。》从豕。隋聲。《以水切。按當依『廣韵(韻)』羊捶切。古音在 17部。豨與豯音同。疑豨卽豯之或字。》/455

豶 (분)【fén ㄈㄣˊ】 불깐 돼지

설문 5789 羠豕也。《羠、騬羊也。騬、犗馬也。犗、騬牛也。皆去勢之謂也。或謂之「劇」。亦謂之「犍」。【許書】無此二字。『周易:大畜』。『六五』。豶豕之牙。虞翻(飜)曰。劇豕稱豶。【今-俗本】「劇」譌作「劇」。》从豕。賁聲。《符分切。13部。》/455

豷 (희)【yì ㄧˋ】 돼지 숨(호흡)

설문 5794 豕息也。《息者、喘也。豷與眉呬𡪦音義皆同。而有人豕之別。》从豕。壹聲。《許利切。12部。》『春秋傳』曰。生敖及豷。《『襄:四年:左傳』文。『今-左傳』敖作「澆」。『論語』及〔夰部〕作「奡」。》/455

◀ 제 16 획 ▶

䝐 䝐(위)【wèi ㄨㄟˋ】 돼지 붙이

설문 5815 豚屬。从㣇(豚)。衞(衛)聲。讀若罽。《于歲切。15部。》/457

153	豸
7-07	발없는벌레 치

豸 치【zhì ㄓˋ】[설문부수 366] 발없는 벌레, 풀림 ■채:해태

설문 5816 獸長脊(脊)行豸豸然。欲有所司殺形。《總(總)言其義其形。故不更言象形也。或曰此下當有象形二字。司今之伺字。【許書】無伺。凡獸欲有所伺殺、則行步詳宷(審)。其脊若加長。豸豸然、長皃(貌)。文象其形也。『周禮:射人』。以貍步張三侯。『注』云。貍、善搏者也。行則止而儗度焉。其發必獲。是以量矦道法之也。許言獸者、謂凡殺物之獸也。『釋蟲』曰。有足謂之蟲。無足謂之豸。按凡無足之蟲體多長。如蛇蚓之類。正長脊義之引伸也。『上林賦』曰。陂池貏豸。卽『子虛賦』之罷池陂陀。『西京賦』曰。增嬋娟(娟)以此豸。按貏豸爲池邐之長。此豸謂婀娜之長。亦皆長義之引伸。古多叚(假)豸爲解廌之廌。以二字古同音也。廌與解古音同部。是以廌訓解。『方言』曰。廌、解也。『左傳』。庶有豸乎。釋文作廌。引『方言』廌、解也。『正義』作豸。引『方言』豸、解也。【今本】釋文廌譌爲鳩。『今本-方言』廌譌爲㾜。音胡計切。葢(蓋)【古書】之難讀如此。池爾切。16部。》凡豸之屬皆从豸。/457

유사 돼지 시(豕) 돼지 시(豙) 돼지 이(希)
12번째 지지 해(亥) 나란히 설 임(㐺)

성부 부록 색인 참조

형부 豸를 부수로 하는 대부분의 글자들

◀ 제 3 획 ▶

豹 표【bào ㄅㄠˋ】 표범, 표범을 그린 과녁

설문 5817 佀(似)虎。圜文。《豹文圜。『易』

豸 7 ⓪

曰。君子豹變。其文蔚也。豹一名程。》从虎。勺聲。《北敎切。2部。》/457

성부 貘모

豺 (시)【chái ㄔㄞˊ】승냥이

설문 5821 狼屬。狗聲。《『釋獸』曰。豺、狗足。許云狗聲。似許長。其聲如犬。俗訏豺狗。》从豸。才聲。《士皆切。古音在一部。當入咍韵(韻)。》/457

豻 (안)【àn ㄢˋ】들개 ▣간·한:같은 뜻

설문 5829 胡地野狗。《『禮記:玉藻、周禮:巾車:注』皆云。豻、胡犬也。『正義』皆云。「胡」當作「狐」。與犬合所生。按犬有名狼、名狐者。見『廣雅』。但【此注】胡犬。證以『說文』、『高誘-淮南:注』、『熊安生-禮記:正義』云胡地野狗。則其字不當作狐宷矣。》从豸。干聲。《五旰切。14部。》犴豻或从犬。『詩』曰。宜豻宜獄。《『小雅:小宛』文。『毛詩』作「岸」。釋文曰。『韓詩』作「犴」。云鄉(鄉)亭之繫曰犴。朝廷曰獄。『李善-文淏(選):注』亦引『韓詩』。按『毛詩:傳』曰。岸、訟也。此謂岸爲犴之假借也。獄从二犬。故犴與獄同意。『皇矣:箋』亦曰。岸、訟也。本『小宛:傳』。》/458

◀ 제5획 ▶

貀 (놜)【nù ㄋㄨˋ】㊥ nà 앞 발 없는 짐승

설문 5826 貀獸。無前足。《「貀」字各本無。今補。》無前足。《「前」當作「歬」。貀無前足。『釋獸』文。》从豸。出聲。《女滑切。15部。》『漢律』。能捕豺貀購錢百。《「錢百」各本作「百錢」。今正。『爾雅:郭-注』。律捕虎一、購錢三千。其豿半之。葢(蓋)亦沿『漢律』也。購者、以財有所求也。》/458

貁 (유)【yòu ㄧㄡˋ】다람쥐, 꼬리긴원숭이

설문 5833 鼠屬。善旋。《按當作「禺屬、善倒縣」。『周禮』、『爾雅』、『山海經』有蜼字。許無蜼。貁卽蜼。『廣雅』曰。狖、蜼也。是也。『釋獸』曰。蜼、卬鼻而長尾。『周禮:注』曰。蜼、禺屬。卬鼻而長尾。郭景純曰。蜼似獼猴而大。黃黑色。尾長數尺。末有兩(兩)岐。雨則自縣於樹。以尾塞鼻。零陵南康人呼之音餘。建平人呼之音相贈遺之遺。又音余救反。皆土俗輕重不同耳。『淮南:覽冥:注』曰。狖、猨屬。長尾而卬鼻。『吳都賦:劉(劉)-注』引『異物志』曰。狖、猿類。露鼻。尾長四五尺。居樹上。雨則以尾塞鼻。是以狖者、貁之俗省。蜼貁爲古今字。許不取蜼。用今字也。與〔鼠部〕之鼨鼬分別爲三物。》从豸。穴聲。《此宂散之宂。俗譌作穴聲。篆體亦誤。今正。宂之古音在 3部。余救切。3部。》/458

貂 (초)【diāo ㄉㄧㄠ】담비

설문 5834 鼠屬。大而黃黑。出胡丁零國。《『郭氏-山海經:注』曰。今扶餘國、卽濊貊(貊)故地。在長城北。去玄兔(兎)千里。出名馬、赤玉、大珠如酸棗也。》从豸。召聲。《都遼切。2部。》/458

◀ 제6획 ▶

貆 (훤)【huán ㄏㄨㄢˊ】오소리, 담비 ▣환:같은 뜻

설문 5828 貈之類。从豸。亘聲。《按此篆舊系貉篆下。云貉之類。然則亦必人而豸種者。而【經傳】不言有貆人。則知轉寫譌舛耳。『釋獸』曰。貈子貆。可援以證【許書】矣。今更正而移其次於此。胡官切。14部。》/458

貈 (학)【hé ㄏㄜˊ】오소리 ※ 학(貉)과 같은 글자

설문 5827 似狐。善睡(睡)獸也。《凡(凡)狐貉連文者、皆當作此貈字。今字乃皆假貉爲貈。造貊爲貉矣。》从豸。舟聲。《下各切。按此切乃貉之古音。非此字本音也。其字舟聲。則古音在 3部。『邠詩』貈貍裘爲韵(韻)。1部、3部合音也。》『論語』曰。狐貈之厚吕(以)居。《『鄉(鄉)黨篇』文。「居」當作「凥」。》/458

貉 (맥)【mò ㄇㄛˋ】㉠ hé 오랑캐 ▣학:오소리 ▣막:조용히 할 ▣마:군사의 제사

설문 5835 北方貉。《各本奪「貉」字。今補。此與西方羌从羊、北方狄从犬、南方蠻从虫、東南閩越从虫、東方夷从大、參合觀之。鄭司農云。北方曰貉、曰狄。『周禮:大甸』。獵祭表貉。『注』云。貉讀爲十百之百。》豸種(種)也。从豸。《長脊獸之種也。故从豸。》各聲。《莫白切。古音在 5部。下各切。俗作「貊」。》孔子曰。貉之言貉貉惡也。《七字一句。各本作「貉之爲言惡也」。今依『尙書:音義』、『五經文字』正。『尙書:音義』作「貊貊」。淺人所改耳。貉與惡疊韵(疊韻)。貉貉、惡皃(貌)。○貂貉二篆各本在豻篆之後。貆貍篆之前。今以〔虫部〕之蠻閩、次於以虫爲象之末。〔犬部〕之狄、次於犬末。〔羊部〕之羌、次於羊末。〔人部〕之僥、次於人末。〔大部:夷〕字、次於大末。依類求之。移易次此。必有合乎【古本】矣。》/458

◀ 제7획 ▶

貍 리【lí ㄌㄧˊ】너구리의 총칭, 살쾡이, 활쏘기의 한가지 법 ▣매:웅크리고 걸을 ▣울:썩을, 냄새날

설문 5830 伏獸。似貙。《伏獸謂善伏之獸。『鄭-注:大射』云。貍首、『逸:詩』。貍之言不來也。【其詩】有射諸侯首不朝者之言。因以名篇。皇侃(侃)以爲舊解云。貍之取物、則伏下其頭。然後必得。言射亦必中。如貍之取物矣。上文云貙似貍。此云貍似貙。言二物相似。卽俗所謂野貓。》从豸。里聲。《里之切。1部。》/458

형성 (2자) 매(薶 䕂)604 매(霾 霾)7208

◀ 제9획 ▶

貐 (유)【yǔ ㄩˇ】짐승 이름

설문 5822 貏貐。《「貏」大徐作「猰」。『廣韵(韻)』引許作「貏」。無貏篆者、疑、【許本】作「契」。無豸旁(旁)。後人加之。》从貙好爪。《依許當作「叉」。》食人迅丢(走)。《以上『釋獸』說如此。》从豸。兪聲。《以主切。古音在 4部。『爾雅:音義』曰。韋昭餘彼反。按彼字必俟(俟)字或候(候)字之誤。『集韵(韻)』、『類篇』不知其誤。乃云

貐尹捶切。入四紙。葢(蓋)【古書】之襲繆有如此者。》/457

貒 (단)【tuān ㄊㄨㄢ¯】오소리
설문 5831 貒獸也。《各本無貒字。今補。三字爲一句。『釋獸』曰。狐貍貒貈醜。其足蹯(蹯)。其跡内。貒子貗。》似豕而肥。《各本無此四字。今依『韵(韻)會』所據及『爾雅:音義』所引補。》从豸。耑聲。讀若湍。《他耑切。14部。》/458

◀ 제 10 획 ▶

貔 (비)【pí ㄆㄧˊ】(전쟁 때 사용했다는)맹수 이름
설문 5820 豹屬。《『大雅:韓奕:傳』曰。貔、猛獸也。『尚書:某氏傳』曰。貔、執夷、虎屬也。『釋獸』曰。貔、白狐。『舍人』曰。名白狐也。按『方言』曰。貔、陳楚江淮之間謂之「貅」。北燕朝鮮之閒謂之「貊」。關西謂之「貍」。郭云。貔未聞語所出。玉裁謂。『方言』所說貍也。非貔也。『爾雅』所說白狐、葢(蓋)亦貍類。非貔也。而皆得貔名者、俗評之相混也。『說文』、『毛傳』、『尚書:傳』則皆貔之本義也。》出貉國。《北方國也。》从豸。毘(毘)聲。《房脂切。15部。》『詩』曰。獻其貔皮。《『大雅:韓奕』。》『周書』曰。如虎如貔。《『牧誓』。》貔猛獸。《按上文「豹屬」當作「貍屬」。許以貍屬爲貔本義。以猛獸爲【詩書】之貔也。於【全書】之例知之。》豼或从比。《比聲。》/457

◀ 제 11 획 ▶

貘 (맥)【mò ㄇㄛˋ】맹수 이름(곰과 비슷하고, 코끼리 코와 비슷하며, 구리와 쇠, 사람의 꿈을 먹으며 나쁜 기운을 없앰)
설문 5823 佀(似)熊而黃黑色。出蜀中。《出蜀中。卽【諸書】所謂食鐵之獸也。見『爾雅』、『上林賦、蜀都賦:注』、『後漢書』。『爾雅』謂之「白豹」。『山海經』謂之「猛豹」。今四川川東有此獸。薪釆攜鐵飯甑入山。每爲所齧。其齒則奸民用爲僞佛齒。》从豸。莫聲。《莫白切。古音在 5部。字亦作「貊」。亦作「狛」。》/457

貗 (용)【yóng ㄩㄥˊ】㊤ yōng 맹수 이름
설문 5824 猛獸也。《「猛」當作「貗」。三字爲句。貗見『上林賦』。郭璞曰。貗似牛。領有肉堆。卽犎牛也。按卽『爾雅』之犦牛也。字亦作「貗」。亦作「牗」。『漢書』作「庸」。》从豸。庸聲。《余封切。9部。》/457

貙 (추)【chū ㄔㄨ¯】맹수 이름、오랑캐 ■처:큰 범
설문 5818 貙獌、似貍。《各本下有「者」字。今刪(刪)正。貍篆下曰。似貙。其狀互見也。『釋獸』。貙似貍。又曰。貙獌、似貍。〔犬部:獌〕下曰。狼屬。引『爾雅』貙獌似貍。然則此襲『爾雅』。貙似貍。獌衍文耳。貙常以立秋日祭獸。『吳都賦:注』曰。虎屬。》从豸。區聲。《勅俱切。古音在 4部。》/457

◀ 제 12 획 ▶

貚 (단)【tán ㄊㄢˊ】스라소니 ■탄·전:같은 뜻
설문 5819 貙屬也。从豸。單聲。《徒干切。

14部。》/457

◀ 제 18 획 ▶

貛 (환)【huān ㄏㄨㄢ¯】이리
설문 5832 野豕也。从豸。雚聲。《呼官切。14部。按〔内部〕引『爾雅』。狐貍貒貈醜。「貒」作「貛」。葢(蓋)貒貛本一字。貛乃貒之或體。淺人刪去上文似豕而肥四字。乃注「野豕也」三字於此以分別之耳。其物非有二。『集韵(韻)』、『類篇』亦合爲一字。宜正之曰。貒或从雚聲。》/458

◀ 제 20 획 ▶

貜 (확)【jué ㄐㄩㄝˊ】원숭이 이름
설문 5825 㺉(㲄)貜也。《「㺉」『廣韵(韻)』引作「玃(㲄)」。未知孰是。葢(蓋)合二字爲獸名。與〔犬部:玃〕字義別。》从豸。矍聲。《王縛切。5部。》/458

154 貝 조개 패 (7-08)

貝 패【bèi ㄅㄟˋ】[설문부수 228] 조개, 조가비(패각), 돈(옛날에는 이것을 돈으로 사용했다), 비단
설문 3772 海介蟲也。《介蟲之生於海者。》居陸名猋。在水名蜬。《見『釋魚』。猋作贆。俗字也。蜬亦當作圅(函)。淺人加之偏傍耳。〔虫部〕曰。蜬、毛蠹也。則非貝名。》象形。《象其背穹隆而腹下岐。博葢(蓋)切。15部。》古者貨貝而寶龜。《謂以其介爲貨也。『小雅』。旣見君子。錫我百朋。『箋』云。古者貨貝。五貝爲朋。『周易』亦言十朋之龜。故許以貝與龜類言之。『食貨志』。王莽貝貨五品。大貝、壯貝、幺貝、小貝皆二枚爲一朋。不成貝不得爲朋。龜貨四品。元龜當大貝十朋。公龜當壯貝十朋。侯龜當幺貝十朋。子龜當小貝十朋。此自莽法。『鄭-箋:詩』云古者五貝爲朋。『注:易』以『爾雅』之十龜。未嘗用歆、莽說也。》周而有泉。《『周禮:外府』。掌邦布之入出。以共百物而待邦之用。『泉府』。掌以帀(市)之征布。斂帀之不售、貨之滯於民用者。『注』云。布、泉也。讀爲宣布之布。其藏曰泉。其行曰布。取名於水泉。其流行無不徧。泉始葢(蓋)一品。周景王鑄大泉而有二品。按許謂周始有泉、而不廢貝也。》至秦廢貝行錢。《秦始廢貝專用錢。變泉言錢者。周曰泉。秦曰錢。在周秦爲古今字也。〔金部:錢〕下【鍇本】云。一曰貨也。『檀弓:注』曰。古者謂錢爲泉布。則知秦漢曰錢、周曰泉也。『周禮:泉府:注』云。鄭司農云。【故書】泉或作錢。葢(蓋)周人或用假借字。秦乃以爲正字。》凡貝之屬皆从貝。/279

유사 갖출 구(具) 자개소리 쇄(貨) 머리 수(百) 머리 수(首) 틈 극(貨) 머리 혈(頁)

성부 부록 색인 참조
보〔寶〕 적〔賊〕 상(賫) 천(蕆)

형부 貝를 부수로 하는 대부분의 글자들
형성 (4자) 패(退 䝱)1121 패(蛽)1314 패(敗)1939 패(浿)6770

◀ 제 2 획 ▶

貞 정【zhēn ㄓㄣ】곧을, 점칠, 4덕의 하나(만물의 성숙, 겨울)

설문 1975 卜問也。《大卜。凡國大貞。大鄭云。貞、問也。國有大疑。問於蓍龜。後鄭云。貞之爲問。問於正者。必先正之。乃從問焉。引『易:師』貞丈人吉。》从卜貝。《會意。》貝、《逗。此字今補。》曰(以)爲贄。《說從貝之意。》一曰鼎(鼎)省聲。京房所說。《一說是鼎省聲。非貝字也。許說從貝。故鼎下曰貞省聲。京說古文以貝爲鼎。故云從卜鼎聲也。陟盈切。11部。》/127

【鼎】下曰:貞省聲。《【大徐本】無。無此三字則上體未說。此謂上體目者貞省聲也。或曰離爲木。巽爲木。鼎卦上離下巽。何不以此說字乎。曰言易卦之取象則可。若六書之會意。必使二字相合成文。如人言、止戈是。目與木不相合也。故釋下體爲象形。上體爲諧聲。古叚(假)鼎爲丁。如『賈誼傳-春秋』鼎盛、『匡衡傳』匡鼎來皆是。鼎之言當也。正也。都挺切。11部。》/319

성부 鼎정
형성 (4자+1) 정(禎)17 정(楨)3456 정(湞)6704 정(隕)9236 **정**(偵)

負 부【fù ㄈㄨˋ】本[믿을] (등에)질, 힘 입을, 업을, 짐, 빚, 근심

설문 3801 恃也。《『左傳』曰。昔秦人負恃其衆。貪於土地。逐我諸戎。『孟子』曰。虎負隅。莫之敢攖。》从人守貝有所恃也。《會意。房九切。古音在 1部。『樂記』。禮樂偩天地之情。『史記』。栗姬偩貴。皆作偩。俗字也。》一曰。受貸不償。《凡以背任物曰負。因之凡背德忘恩曰負。》/281

형성 (1자) 부(萯)331

◀ 제 3 획 ▶

貨 쇄【suǒ ㄙㄨㄛˇ】자개 소리 ■솨:속음

설문 3773 貝聲也。从小貝。《聚小貝則多聲。故其字從小貝。引伸爲細碎之偁(稱)。今俗瑣屑字當作此。瑣行而貨廢矣。『周易:旅:初六』。旅瑣瑣。陸績曰。瑣瑣、小也。『艮』爲小石。故曰旅瑣瑣也。按瑣者、貨之假借字。〔玉部:瑣〕謂玉聲。穌果切。17部。》/279

유사 갖출 구(具) 머리 수(百) 머리 수(首) 조개 패(貝) 틈 극(貨) 머리 혈(頁)

형성 (4자+1) 쇄(瑣)148 솨(膹)2589 솨(趙)3207 쇄(瀕)6792 쇄(鎖)

財 (재)【cái ㄘㄞˊ】재물, 재능

설문 3775 人所寶也。《寶、珍也。『周禮:注』曰。財、泉穀也。霽下云。小雨財零也。以爲今之纔字。》从貝。才聲。《昨哉切。1部。》/279

貢 공【gòng ㄍㄨㄥˋ】공물, 바칠, 천거할, 구실(하나라 때의 세금)

설문 3784 獻功也。《貢功疊(疊)韵。『魯(魯)語』曰。社而賦事。烝而獻功。『韋-注』。社、春分祭社也。事、農桑之屬也。冬祭曰烝。烝而獻五穀布帛之屬也。『周禮』八則治都鄙。六曰賦以馭其用。『注』云。貢、功也。九職之功所稅也。按『大宰』以九貢致邦國之用。凡其所貢皆民所有事也。故『職方氏』曰。制其貢。各以其所有。》从貝。工聲。《古送切。9部。》/280

참고 공(槓)

貣 특【tè ㄊㄜˋ】빌, 빌어올, 물건을 남에게서 빌

설문 3789 從人求物也。《從人猶向人也。謂向人求物曰貣也。按代弋同聲。古無去入之別。求人施人。古無貣貸之分。由貣字或作貸。因分其義。又分其聲。如求人曰乞。給人之求亦曰乞。今分去訖、去旣二音。又如假借二字。皆爲求者予者之通名。唐人亦有求讀上入、予讀兩去之說。古皆未必有是。貣別爲貸。又以改竄【許書】。尤爲異耳。【經史】內貣貸錯出。恐皆俗增人旁。蟘字『經典:釋文』、『五經文字』皆作「蟘」。俗作「螣」。亦其證也。『周禮:泉府』。凡民之貸者。『注』云。貸者謂從官借本賈也。『廣韵:廿五, 德』云。貣謂從官借本賈也。其所據『周禮』正作貣。而『周禮:注』中借者予者同用一字。釋文別其音。亦可知本無二字矣。》从貝。弋聲。《他得切。亦徒得切。1部。按古多假貣爲差忒字。》/280

유사 빌릴 대(貸)
형성 (1자) 특(蟘)8403

貤 (이)【yì ㄧˋ】(차곡차곡)겹칠

설문 3798 重次弟物也。《『漢書:注』引作物之重次弟也。重次弟者、旣次弟之又因而重之也。『漢:武帝-詔』曰。受爵賞而欲移賣者、無所流貤。應劭訓貤爲移。『上林賦』說果樹曰。貤丘陵。下平原。郭樸曰。貤、猶延也。按賣爵者展轉與人。蔓莚丘陵者層疊(疊)茲長。皆重次弟之意也。『毛詩』施于中谷、施于孫子、皆當作「貤」。》从貝。也聲。《以豉切。古音在 17部。》/281

◀ 제 4 획 ▶

貧 (빈)【pín ㄆㄧㄣˊ】가난할, 모자랄

설문 3822 財分少也。《謂財分而少也。合則見多。分則見少。富、備也、厚也。則貧者、不備、不厚之謂。》从貝分。分亦聲。《符巾切。13部。》𡦁古文从宀分。/282

貨 貨(화)【huò ㄏㄨㄛˋ】재화, 재물로 여길

설문 3776 財也。《『廣韵(韻)』引『蔡氏-化淸經』曰。貨者、化也。變化反易之物、故字从化。》从貝。化聲。《形聲包會意。『韵(韻)會』無聲字。呼臥切。17部。》/279

販 (판)【fàn ㄈㄢˋ】(물건을)팔, 장사할

설문 3815 買賤賣貴者。《『司市』曰。夕市、夕

時而市。販夫販婦爲主。『注』云。販夫販婦朝資夕賣。按資猶取也。》从貝。反聲。《形聲包會意。方願切。14部。》/282

貪 탐【tān ㄊㄢ】탐할, 탐욕, 재물을 탐할
설문 3820 欲物也。《〔心部:惏〕、〔女部:婪〕皆訓貪。》从貝。今聲。《他含切。7部。》/282
형성 (1자) 탐(嗿)833

貫 관【guàn ㄍㄨㄢˋ】本[돈꿰미], 조리(일의 경로), 꿸, 익숙할 ■만:당길
설문 4150 錢貝之毌也。《「毌」【各本】作「貫」。今正。錢貝之毌。故其字从毌貝會意也。『漢書』。都內之錢。貫朽而不可挍。其本義也。『齊風』。射則貫兮。『傳』云。貫、中也。『詩』及『爾』如貫。『易』。貫魚以宮人寵。『左傳』。使疾其民以盈其貫。皆其引伸之義也。其字皆可作毌。叚(假)借爲摜字。習也。如『孟子』我不貫與小人乘是也。亦借爲宦字。事也。如『毛詩』三歲貫女、『魯(魯)詩』作宦是也。『毛詩:串夷:傳』云。串、習也。串卽毌之隸(隸)變。傳謂卽慣字。『箋』謂卽昆字。皆於音求之。》从毌貝。《古玩切。14部。》/316
성부 實 실
형성 (2자) 관(遦)1062 관(摜)7554

責 책【zé ㄗㄜˊ】本[요구할] 꾸짖을, 헐뜯을, 책임 ■채:빚
설문 3812 求也《引伸爲誅責、責任。『周禮:小宰』。聽稱責以傅別。稱責、卽今之擧(擧)債。古無債字。俗作債。則聲形皆異矣。》从貝。朿聲《側革切。16部。》/281
형성 (10자+1) 책(嘖)877 색(齰)1219 지(積)2240 책(簀)2780 적(積)4233 책(幘)4659 적(磧)5735 지(漬)6994 책(嫧)7861 적(績)8389 채(債)

◀ 제 5 획 ▶

貯 (저)【zhǔ ㄓㄨˇ】㉠㉳㊥⑨㉲ zhù 쌓을, (집에) 둘
설문 3802 積也《此與宁音義皆同。今字專用貯矣。『周禮:注』作「褚」。俗字也。》从貝。宁聲《直吕(呂)切。5部。》/281

貰 세【shì ㄕˋ】빌릴, 외상(으로 살), 세낼, (죄를)용서할
설문 3806 貸也。《『泉府』以凡賒者與凡民之貸者竝言。然則賒與貸有別。賒、貰也。若今人云賒是也。貸、借也。若今人云借是也。其事相類。故許渾言之曰貰、貸也。『高祖本紀』。常從武負王媼貰酒。韋昭曰。貰、賒也。按賒貰皆紓緩之詞。》从貝。世聲《神夜切。按古音在 5部。『聲類』、『字林-鄒誕生』皆音勢。『劉(劉)昌宗-周禮』音乃讀時夜反。》/281
형성 (1자) 예(勩)8807

貾 (소)【zhǔ ㄓㄨˇ】㉳㊥⑨㉲ shǔ 부채 놓고 점칠 ■부:같은 뜻
설문 3826 齎財卜問爲貾《卜問、『廣韵(韻)』作問卜。『史記:貨殖傳』。醫(醫)方諸食技術之人。焦神竭能。爲重糈也。日者傳。卜而有不審。不見奪糈。按糈皆當作「貾」。同音假借。貾所以𠍴卜者也。祭神米曰糈。卜者必禮神。故其字亦作「糈」。》从貝。疋聲。讀若所《讀若所。疏擧(擧)切。5部。》/282

貱 (피)【bì ㄅㄧˋ】(남에게)줄, 더할, 차차
설문 3793 迻予也《迻、遷徙也。展轉寫之日迻書。展轉予人曰迻予。貱迻疊韵(疊韻)。》从貝。皮聲。《彼義切。古音在 17部。》/280

貲 (자)【zī ㄗ】本[속바칠] 재물, 셀(계산할)
설문 3827 小罰目(以)財自贖也《貲字本義如是。引伸爲凡財貨之偁(稱)。》从貝。此聲《卽夷切。15部。》『漢律』。民不繇貲錢二十三《繇傜古今字。「二十三」【各本】作「二十二」。今正。『漢儀:注』曰。人年十五至五十六。出賦錢人百二十爲一筭(算)。又七歲至十四。出口錢人二十。以供天子。至武帝時又口加三錢以補車騎馬。見『昭帝紀、光武紀:二注』及『今-四庫全書內:漢舊儀』。按『論衡:謝短篇』曰。七歲頭錢二十三。亦謂此也。然則民不傜者、謂七歲至十四歲。貲錢二十三者、口錢二十倂武帝所加三錢也。》/282

貳 이【èr ㄦˋ】둘(주로 금전상의 숫자로 씀), 거듭할
설문 3803 副益也《當云。副也。益也。『周禮:注』。副、貳也。說詳〔刀部〕。》从貝。弍聲《形聲包會意。而至切。15部。》弍，古文二。/281
형성 (3자) 이(膩)2591 이(樲)3342 치(撕)7581

貴 귀【guì ㄍㄨㄟˋ】本[(물건,지위, 값, 사람)귀할] 귀히 여길
설문 3817 物不賤也。从貝。臾聲。《居胃切。15部。》臾，古文蕢。《見〔艸(草)部〕。○ 按貴篆【各本】廁部末貶上。非舊次也。今更正。》/282
【妻】下曰: 𡜊古文妻。从肖女。肖、古文𦦝(貴)字。/614
성부 匱 궤 遺 유
형성 (16자) 궤(蕢)586 회(讃)1571 궤(鞼)1705 궤(殨)2429 괴(髕)2463 궤(饋)3092 궤(樻)3325 퇴(債)4773 퇴(穨)5222 귀(鬢)5492 궤(憒)6554 궤(潰)6894 궤(闠)7377 외(聵)7445 회(繢)8144 퇴(隤)9199

貶 (폄)【biǎn ㄅㄧㄢˇ】(관직을)떨어뜨릴
설문 3821 損也。从貝。乏(乏)聲。《形聲包會意也。【鉉本】作從貝從乏。方斂切。杜林作「导」。》/282

買 매【mǎi ㄇㄞˇ】(돈을 주고 물건, 쾌락을)살
설문 3816 市(市)也《市者、買物之所。因之買物亦言市。『論語』。沽酒市脯。》从网貝《會意. 莫蟹切。

貝 7 ⑤

㉲ 作家出版社〔董蓮池-說文解字考正〕 ⑨ 九州出版社〔柴劍虹-說文解字〕 ㉠ 陝西人民出版社〔蘇寶榮-說文解字今注今譯〕 ㉳ 上海古籍出版社〔說文解字注〕 ㊥ 中華書局〔臧克和-說文解字新訂〕

16部。『春秋:襄:三十一年』。莒人弑其君密州。密州、『左傳』作買朱鉏。杜云。買朱鉏、密州之字。按弑君未有書字者。『傳』明云。『書』曰莒人弑其君買朱鉏。然則左公所據之【經】實作買朱鉏、不作密州也。買爲密、朱爲州、皆音之轉。朱鉏者、猶邾之言邾婁也。『今本-經』與『傳』不合。葢(蓋)或以『公、穀-經』文改『左氏-經』文。》『孟子』曰。登壟斷(斷)而网市利。《見『公孫丑』篇。此引以證從网貝之意也。壟『孟子』作龍。丁公箸讀爲隆。陸善經乃讀爲壟。謂罔壟斷(斷)而高者。按『趙-注』釋爲堁斷而高者也。堁、塺塺也。高誘云。楚人謂塺爲堁。【趙本】葢作尨斷。尨、塺褋之皃(貌)。罵塺不到、地勢略高之處也。【古書】尨龍二字多相亂。【許書】亦當作「尨斷」。淺人以陸善經說改爲壟耳。》/282

형성 (3자) 매(⿰目買)2057 매(賣)3703 매(⿰氵買)6707

貸 대【dài ㄉㄞˋ】本[베풂] 빌릴, 빌려줄, 용서할

설문 3788 施也。《謂我施人曰貸也。》从貝。代聲。《他代切。1部。》/280

유사 남에게서 빌 특(貣)

형성 (+1) 특(蟘)

費 비【fèi ㄈㄟˋ】本[함부로 써버릴] 쓸, 드는 돈 ■불:어그러질

설문 3811 散財用也。《『論語』曰。君子惠而不費。》从貝。弗聲。《房未切。15部。》/281

형성 (1자) 비(⿰木費)3304

貿 貿 무【mào ㄇㄠˋ】장사할, 교역할, 무역할

설문 3809 易財也。《『衞(衛)風』。抱布貿絲。『呰(呰)緜謨』。貿遷有無化居。》从貝。卯聲。《莫候切。3部。》/281

형성 (1자) 무(鄮)3941

賀 (하)【hè ㄏㄜˋ】하례할

설문 3783 吕(以)禮物相奉慶也。《「物」字依『韵會』、『玉篇』補。相奉慶、『玉篇』作「相慶加」、爲長。〔心部〕曰。慶行賀人也。是慶與賀二字互訓。賀之言加也。猶贈之言增也。古假賀爲嘉。『覲禮』。余一人嘉之。今文嘉作賀是也。『廣韵』曰。賀、擔也。勞也。此謂或假賀爲儋何字也。「儋何」、俗作「擔荷」。》从貝。加聲。《胡箇切。17部。》/280

賁 賁 분【bì ㄅㄧˋ】클 ■비:本[꾸밀] 괘 이름 ■륙·번:땅이름

설문 3782 飾也。《『易:象傳』曰。山下有火賁。『序卦:傳』曰。賁、飾也。按古假賁爲奔。》从貝。卉(卉)聲。《彼義切。15部。按亦音墳。亦音肥。文與微合韵冣 (最)近。》/279

형성 (12자+1) 분(蕡)553 분(噴)870 분(膹)2595 분(幩)4700 분(僨)4936 분(歕)5281 분(豶)5789 분(憤)6575 분(濆)6908 분(墳)8725 훈(鐼)8837 분(轒)9157 분(⿸广賁)

◀ 제 6 획 ▶

賂 (뢰)【lù ㄌㄨˋ】(물건, 뇌물을)줄, 뇌물

설문 3790 遺也。《見『魯(魯)頌:大賂:傳』。『箋』云。大猶廣也。廣賂者、賂君及卿大夫也。按以此遺彼曰賂。如道路之可往來也。貨賂皆謂物。其用之則有公私衺正之不同。》从貝。各聲。《洛故切。5部。按各古有洛音。鉉云。賂當從路省聲。非也。》/280

賃 (임)【rèn ㄖㄣˋ】상中⑨작 lìn 품삯, 품삯, 품팔잇군

설문 3823 庸也。《庸者今之傭字。『廣韵(韻)』曰。傭、餘封切。傭、賃也。凡僱僦皆曰庸、曰賃。》从貝。任聲。《尼禁切。7部。》/282

賄 (회)【huì ㄏㄨㄟˋ】재물, 뇌물, 예물, 선사할

설문 3774 財也。《『周禮:注』曰。金玉曰貨。布帛曰賄。析言之也。許渾言之。貨賄皆釋曰財。》从貝。有聲。《呼罪切。按古音在 1部。古假悔字爲之。『聘禮:注』曰。古文「賄」皆作「悔」。》/279

資 자【zī ㄗ】재물, 취할, 쓸, 비용

설문 3778 貨也。《貨者、化也。資者、積也。旱則資舟。水則資車。夏則資皮。冬則資絺(絺)綌。皆居積之謂。資者、人之所藉也。『周禮:注』曰。資、取也。『老子』曰。善人、不善人之師。不善人、善人之資。》从貝。次聲。《卽夷切。古音在 12部。》/279

형성 (3자) 자(薋)509 자(⿰禾資)4232 자(澬)6977

賈 賈 고【gǔ ㄍㄨˇ】㋖ jiǎ (물건을)살, 팔, 장수, 상품 ■가:값, 성씨

설문 3813 賈,《此複舉字之未刪(刪)者。》市(市)也。《市、買賣所之也。因之凡買凡賣皆曰市。賈者、凡買賣之偁(稱)也。『酒誥』曰。遠服賈。『漢-石經:論語』曰。求善賈而賈諸。『今-論語』作沽者、假借字也。引伸之凡賣者之所得、買者之所出、皆曰賈。俗又別其字作價。別其音入禡韵。古無是也。》从貝。襾聲。《公戶切。5部。》一曰坐賣售也。《六字葢(蓋)淺人妄增。『司市:注』。通物曰商。居賣物曰賈。居賣物、謂居積物亦兼賣之也。居非謂坐。此以坐與下行相對。又贅以『說文』所無之售字。殊無文理。》/281

형성 (1자+1) 가(檟)3312 가(價)

賊 (적)【zé ㄗㄜˊ】㋖상中⑨작 zéi 本[패할] 도둑, 손 거친 놈, 위협할, 손 거친놈, 식물의 뿌리 갉아먹는 벌레

설문 7990 敗也。《敗者、毁也。毁者、缺也。『左傳』。周公作『誓命』曰。毁則爲賊。又叔向曰。殺人不忌爲賊。》从戈。則聲。《此云則聲。〔貝部〕又云敗賊皆从貝會意。據从貝會意之云、是賊字爲用戈若刀毁貝。會意而非形聲也。說稍不同。以『周公-誓命』言。則用戈毁則、正合會意。昨則切。1

㋘ 作家出版社〔董蓮池-說文解字考正〕 ⑨ 九州出版社〔柴劍虹-說文解字〕 ㋖ 陝西人民出版社〔蘇寶榮-說文解字今注今譯〕 ㋚ 上海古籍出版社〔說文解字注〕 ㊥ 中華書局〔臧克和-說文解字新訂〕

部。今字从戎作「賊」。》/630

◀ 제 7 획 ▶

敱 개【gài ㄍㄞˋ】깊고 굳을 ■해:같은 뜻
설문 2409 𡨄(罙)堅意也。《【各本】深上有「䝭奴」字。【宋本】無䝭有奴。今按䝭係複擧。奴則衍文也。凡言意者、詈(詞)下意內言外之意。其意爲深堅。其言云䝭也。》从奴(𣦼)。从貝。《深意故從奴。堅意故從貝。》貝、堅實也。《說從貝之意。「實」大徐作「寶」。》讀若概。《古代切。15部。䶣以爲聲。》/161
유사 예지 예(叡) 염교 해(䶣) 도랑 학(叡)
※ 잔(㱚)물건을 헤쳐 재물을 탐할
▣ 按『說文』䝭從奴從貝。凡從奴者皆作奴。則與䝭固屬一字。今韻書兩字分列。音義各別。不知何據。(▣1555)
성부 䶣해
참고 할(𩞈 𩞈)

賏 영【yīng ㄧㄥ】목걸이 ■앵:같은 뜻
설문 3830 頸飾也。从二貝。《駢貝爲飾也。烏經切。11部。》/283
성부 嬰영
형성 (1자) 앵(罌 罌)1399 앵(䁝 䁝)3146

賑 (진)【zhèn ㄓㄣˋ】(재화가)넉넉할, 구휼할
설문 3780 富也。《見『釋言』。郭曰。謂隱賑富有。『西京賦』。鄕(鄉)邑殷賑。薛曰。謂富饒也。『匡謬正俗』曰。振給、振貸字皆作振。振、擧(擧)救也。俗作賑。非。》从貝。辰聲。《之忍切。13部。》/279

賒 (사)【shē ㄕㄜ】외상 거래할, 멀
설문 3805 貰買也。《貰買者、在彼爲貰。在我則爲賒也。『周禮:泉府』。凡賒者祭祀無過旬日。喪紀無過三月。鄭(鄭)司農云賒、貰也。》从貝。余聲。《式車切。古音在 5部。》/281

賓 賔賓 빈【bīn ㄅㄧㄣ】本[공경할] 손(귀빈), 대접할, 찡그릴
설문 3804 所敬也。《『大宰』。『八統』。八日禮賔(賓)。『大宗伯』。而賔禮親邦國賔客。渾言之也。析言之則賔客異義。又賔謂所敬之人。因之敬其人亦曰賔。又君爲主、臣爲賔。故『老子』曰。樸雖小、天下莫能臣也。矦王若能守之。萬物將自賔。司馬相如引『詩』。率土之賔。莫非王臣。》从貝。《貝者、敬之之物也。》宀聲。《必鄰(隣)切。12部。》𡧍古文。《【鉉本】無首畫(畫)。『玉篇』、『集韵』、『類篇』皆有。》/281
형성 (10자+1) 빈(薲 薲)261 빈(䨢 䨢)1800
빈(矉 矉)2049 빈(殯 殯)2425 빈(髕 髕)2461
빈(儐 儐)4814 빈(覕 覕)5248 빈(鬢 鬢)5471
빈(䰉 䰉)5571 빈(嬪 嬪)7864 빈(擯 擯)4814:1

賕 (구)【qiú ㄑㄧㄡˊ】뇌물
설문 3824 㠯(以)財物枉法相謝也。《枉法者、違法也。法當有罪 而以財求免、是曰賕。受之者亦曰賕。『呂荆(刑)』。五過之疵「惟來」。【馬本】作「惟求」。云有請賕也。按上文惟貨者、今之不枉法贓也。惟求者、今之枉法贓也。》从貝。求聲。《形聲包會意。巨畱(留)切。3部。》一日載質也。《「載」【各本】作「戴」。今依『韵(韻)會』正。謂載質而往求人偁(稱)貣也。質謂以物相贅。》/282

賱 (운)【yún ㄩㄣˊ】엉크러질 (貝부 7획)
설문 3771 物數紛賱亂也。《「賱」今字作「紜」。紜行而賱廢矣。紛賱謂多。多則亂也。古假芸爲賱。『老子』。夫物芸芸。各歸其根。》从員。云聲。讀若『春秋傳』曰宋皇鄖。《宋皇鄖見『左傳』。羽文切。13部。》/279

◀ 제 8 획 ▶

賚 (뢰)【lài ㄌㄞˋ】하사한 물건 ■래:같은 뜻
설문 3795 賜也。《『釋詁』。賚貢錫畀予況賜也。又曰。賚予也。『小雅:毛傳』云。賚、予也。『大雅:傳』云。釐、賜也。釐者、賚之假借也。》从貝。來聲。《洛帶切。1部。按徐仙民音來。》『周書』曰。賚尒秬鬯。《『文矦之命』文。今尒作爾。》/280

賫 (상)【shāng ㄕㄤ】장사할
설문 3814 行賈也。《『白虎通』曰。商賈何謂也。商之爲言章也。章其遠近。度其有亡。通四方之物。故謂之商也。賈之爲言固也。固其有用之物。以待民來。以求其利者也。通物曰商、居賣曰賈。按『白虎通-古本』如是。『漢:律曆志』。商、章也。物成孰(孰)可章度也。『尙書』。我商賚女。徐邈商音章。〔商部:商〕從章聲。皆可證。「賫」俗作「賨」。【經傳】皆作「商」。商行而賫廢矣。渾言之則賫賈可互偁(稱)。析言之則行賈曰賫。行賈者、通四方之珍異以資之。》从貝。商省聲。《式陽切。10部。》/282

賜 사【sì ㄙˋ】㊤㊥⑨㉿ cì 줄(予也), 하사할, 은혜, 베풀, 고마울, 성씨
설문 3797 予也。《『釋詁』。賚貢錫畀予況賜也。七字轉注。凡【經傳】云錫者、賜之假借也。『公羊傳』曰。錫者何。賜也。賜者與之通稱。『禹貢』納錫大龜。乃下與上之詞。又『玉藻』言賜君子、與小人者、別言之。統言則不別也。『方言』曰。賜、盡也。此借賜爲澌。澌、盡也。盡之字俗作儩。》从貝。易聲。《斯義切。16部。》/280
형성 (1자+1) 사(𧃒 𧃒)329 사(儩)

賞 상【shǎng ㄕㄤˇ】本[상줄] 칭찬할, 숭상할, 완상할
설문 3796 賜有功也。《錯曰。賞之言尙也。尙其功也。》从貝。尙聲。《書兩切。10部。》/280
형성 (1자) 상(償 償)4863

賢 (현)【xián ㄒㄧㄢˊ】本[재산 많을] 어질, (비교해서)나을
설문 3781 多財也。《「財」【各本】作「才」。今正。賢本多財之偁(稱)。引伸之凡多皆曰賢。人偁賢能、因習其引伸之義而廢其本義矣。『小雅』。大夫不均。我從事獨賢。『傳』曰。賢、

貝 7 ⑧

勞也。謂事多而勞也。故『孟子』說之曰。我獨賢勞。戴先生曰。『投壷(壺)』。某賢於某若干純。賢、多也。》从貝。臤聲。《胡田切。12部。》/279

賣 육【yù ㄩˋ】(물건을)팔 ※ 흔히 팔 매(賣)자로 오인되고 있다.

설문 3829 衙也。《衙、行且賣也。賣字不見[經傳]。『周禮』多言儥。儥訓買。亦訓賣。『胥師』飾行儥慝。『賈師』貴儥者。葢(蓋)卽『說文』之賣(賣賣)字。而『說文:人部:儥』、見也。則今之覿字也。『玉篇』云。賣或作粥鬻。是賣鬻爲古今字矣。按賣䝪(隸)變作賣。『易』與賣相混。》从貝。𦘔聲。𦘔、古文睦。《見[目部]。》讀若育。《余六切。3部。》/282

형성 (18자+1) 속(藚)639 독(犢)697 독(遭)1063 독(讀)1416 독(讟)1645 독(韇)1748 독(殰)2415 독(櫝)3530 속(贖)3810 독(牘)4169 두(竇)4441 육(儥)4861 독(黷)6251 독(瀆)6931 독(嬻)7884 독(匵)8045 속(續)8154 독(隫)9209 적(覿)

賣 賣(매)【mài ㄇㄞˋ】(값을 받고 물건을 내다)팔

설문 3703 出物貨也。《『周禮』多言賣儥、謂賣買也。》从出。从買(買)。《出買者、出而與人買之也。『韵(韻)會』作「買聲」。則以形聲包會意也。莫邂切。16部。》/273

賤 (천)【jiàn ㄐㄧㄢˋ】(지위, 신분, 계급, 값)천할, 천히 여길

설문 3818 賈少也。《賈、今之價字。》从貝。戔聲。《才線切。14部。》/282

賦 (부)【fù ㄈㄨˋ】구실(조세), (남에게)줄, 받을

설문 3819 斂也。《『周禮:大宰』。以九賦斂財賄。斂之曰賦。班之亦曰賦。[經傳]中凡言以物班布與人曰賦。》从貝。武聲。《方遇切。5部。》/282

賨 (종)【cóng ㄘㄨㄥˊ】 작 chóng 공물(貢物)

설문 3828 南蠻賦也。《『後漢書:南蠻西南夷傳』曰。槃瓠之傳蠻夷。秦置黔中郡。漢改爲武陵。歲令大人輸布一匹。小口二丈。是謂賨布。『魏都賦』曰。賨幏積墆。幏見[巾部]。》从貝。宗聲。《徂紅切。9部。》/282

質 질【zhì ㄓˋ】물건의 본체, 과녁의 중심, 바탕, 대답할, 모탕, 볼모잡힐 ■지:저당할 ■치:本[폐백] 예물

설문 3808 㠯(以)物相贅。《質贅雙聲。以物相贅、如『春秋』交質子是也。引伸其義爲樸也、地也。如有質有文是。『小雅:毛傳』云昀質也、『周禮』射則充椹質、『左傳』策名委質、皆是。又『緜詩、抑詩:傳』曰。質、成也。『禮』謂平明爲質明。》从貝。从所。闕。《闕者、闕從所之說也。『韵會』從所作「所聲」。無闕字。之日切。12部。》/281

형성 (2자+2) 질(懫)795 지(躓)1315 질(櫍) 질(礩)

◀ 제 9 획 ▶

賮 (신)【jìn ㄐㄧㄣˋ】화합의 예, 공물로 바치는 보물 별금

설문 3786 會禮也。《以財貨爲會合之禮也。『蒼頡篇』曰。賮、財貨也。『張載-注:魏都賦』曰。賮禮贄也。又『孟子』曰。行者必以賮。辭曰餽賮。或假進爲之。如『漢:高紀』曰蕭何爲主吏、主進是也。》从貝。𦘒聲。《徐刃切。12部。》/280

賴 뢰【lài ㄌㄞˋ】의뢰할(힘 입을), 얻을, 이득, 때마침

설문 3800 贏也。《『高帝紀』。始大人常㠯(以)臣亡賴。應曰。賴者、恃也。晉曰。許愼云賴、利也。無利入於家也。或曰。江淮之間(間)謂小兒多詐狡獪爲亡賴。按今人云無賴者、謂其無衣食致然耳。『方言』云。賴、讎(讐)也。南楚之外曰賴。賴、取也。》从貝。剌聲。《洛帶切。15部。》/281

형성 (5자+2) 뢰(籟)2862 달(獺)6079 뢰(瀨)6907 뢰(鯠)7269 란(嬾)7937 뢰(瀨) 나(懶)

● 賣 팔 매(賣)-본자

◀ 제 10 획 ▶

● 𧶠 갇힘에서 튀어나올 할

賸 (잉)【shèng ㄕㄥˋ】남을(貝부 10획), 보낼 ■승:길, 더할, 나머지 ■싱:〈네이버 자전〉남을

설문 3791 物相增加也。《賸增疊韵(疊韻)。以物相益曰賸。字之本義也。今義訓爲贅疣。與古義小異、而實古義之引伸也。改其字作剩而形異矣。》从貝。朕(朕)聲。《以證切。6部。》一曰送也。副也。《[人部]曰。俊(倂俟)、送也。賸訓送、則與倂音義皆同。副、貳也。貳、副益也。訓送、訓副皆與增加義近。》/280

購 (구)【gòu ㄍㄡˋ】(물건을)살

설문 3825 以財有所求也。《縣重價以求得其物也。『漢律』。能捕豺貀、購錢百。》從貝。冓聲。《古候切。4部。》/282

◀ 제 11 획 ▶

贅 (췌)【zhuì ㄓㄨㄟˋ】전당(典當)할

설문 3807 㠯(以)物質錢。《若今人之抵押也。『漢:嚴助傳』。賣爵贅子。以接衣食。如淳曰。『淮南』俗賣子與人作奴婢名爲贅子。三年不能贖遂爲奴婢。按『大雅:傳』曰。贅、屬也。謂贅爲綴之假借也。『孟子』。屬其耆老。『大傳』作贅其耆老。『公羊傳』云。君若贅旒。『史』、『漢』云。贅壻。此爲聮(聯)屬之偁(稱)。又『莊子』云。附贅縣肬。『老子』云。餘食贅行。此爲餘賸之偁。皆綴字之假借。》从貝敖。《會意. 之芮切。15部。》敖者猶放。《敖、出游也。放、逐也。敖與放義不同而可通。故曰猶。》謂貝當復取之。《「謂」字依『韵(韻)會』補。放者當復還。贅者當復贖。其義一也。此十字釋敖貝之意》/281

◀ 제 12 획 ▶

䝿 (귀)【guì ㄍㄨㄟˋ】재물, 내기할 ■화:재물 ※ 화(貨)의 옛글자
[설문] 3777 資也。《按『篇』、『韵(韻)』皆云賭也。許無賭字。》从貝。爲聲。《詭僞切。古音在 17部。》或曰。此古貨字。《【鍇本】無此。但云臣鍇。按【字書】云古貨字。按爲化二聲同在 17部。「貨」古作「䝿」。猶訛譌通用耳。【鉉本】此下更有讀若貴三字。》/279

贈 (증)【zèng ㄗㄥˋ】(남에게)줄, 선물
[설문] 3792 玩好相送也。《贈送疊韵(疊韻)。『秦風:渭陽』、『大雅:韓奕』皆云何以贈之。『毛傳』、『鄭-箋』皆云。贈、送也。『崧高』云。以贈申伯。『傳』云。贈、增也。增與送義異而同。猶賸之訓增亦訓送也。『旣夕禮』云。知死者贈。知生者賻。何休云。知死者賵賻。知生者贈襚。按以玩好送死者亦贈之一端也。今人以物贈人曰送。送亦古語也。》从貝。曾聲。《昨鄧切。6部。》/280

贊 [贊][찬]【zàn ㄗㄢˋ】[本][나타날] 도울, 고할, 기릴(칭찬)
[설문] 3785 見也。《此以曡(疊)韵爲訓。疑當作所以見也。謂彼此相見必資贊者。『士冠禮』贊冠者、『士昏禮』贊者、『注』皆曰。贊、佐也。『周禮:大宰:注』曰。贊、助也。是則凡行禮必有贊。非獨相見也。》从貝。从兟。《鉉曰。兟、音詵。進也。鍇曰。進見以貝爲禮也。則旰切。14部。》/280
[형성] (11자+1) 찬(瓚)94 찬(籫)2807 찬(饡)3083 찬(欑)3597 찬(酇)3836 찬(儹)4824 찬(灒)7098 찬([女+贊])7817 찬(纘)8155 찬(鑽)8934 찬(讚)109-1724:1

● [賣] 팔 육(賣)-본자

◀ 제 13 획 ▶

贎 (만)【wàn ㄨㄢˋ】재물, 재물 많을
[설문] 3779 貨也。《『廣韵(韻)』云。贈貨。》从貝。萬聲。《無販切。14部。》/279

贏 [영]【yíng ㄧㄥˊ】남을, 나머지, 넘을, 퍼질
[설문] 3799 賈有餘利也。《依『韵(韻)會本』訂。『左傳』曰。賈而欲贏。而惡囂乎。俗語謂贏者輸之對。》从貝。𣎆(𣎆)聲。《按惟贏嬴字可云𣎆聲。贏字當云從貝𣎆。𣎆者、多肉之獸也。故以會意。〔女部:嬴〕當云嬴省聲。【今本】多誤。以成切。11部。》/281
[성부] 贏영
[형성] (+1) 영(瀛)

◀ 제 16 획 ▶

贙 (현)【huǐ ㄏㄨㄟˇ】[상][中][9][작] xuàn 분별할, 짐승 이름
[설문] 2997 分別也。《『魏都賦』。藆葮贙。謂藆葮茂密若爭地而生也。『釋獸』之贙、獸名也。》从虤對爭貝。《爭則分別矣。》讀若回。《古音在 15部。今音胡畎切。》/211

◀ 제 17 획 ▶

贛 [공]【gàn ㄍㄢˋ】[상][中][9][작] gòng (남에게)줄, 미련할, 강 이름 ■감:물이름, 현이름 ■홍:어리석을 ■장:속음 ■당:같은 뜻 ■항:줄(賜也)
[설문] 3794 賜也。《『釋詁』曰。贛、賜也。據釋文本作贛。後人改作貢耳。端木賜字子贛。凡作子貢者、亦皆後人所改。『淮南:道應、要略:二訓:注』皆云。贛、賜也。》从貝。竷(竷)省聲。《古送切。按竷聲當在 8部。而讀同貢。則音之轉也。贛之古義古音皆與貢不同。》籒文贛。《『集韵、『類篇』作贛。》/280
[형성] (3자) 감([艹+贛])345 당(戇)6511 감([木+贛][匚+贛])8037

◀ 제 19 획 ▶

贖 (속)【shú ㄕㄨˊ】바꿀(물물교환), 속바칠
[설문] 3810 貿也。《『堯典』。金作贖荆(刑)。》从貝。賣聲。《殊六切。3部。》/281

155	赤
7-09	붉을 적

赤 [적]【chì ㄔˋ】[설문부수 388] 붉은 빛, 경기
[설문] 6273 南方色也。《『爾雅』。一染謂之縓。再染謂之竀。三染謂之纁。『鄭-注:士冠禮』云。朱則四入與。按是四者皆赤類也。『鄭-注:易』曰。朱深於赤。按赤色至明。引申之、凡洞然昭著皆曰赤。如赤體謂不衣也。赤地謂不毛也》从大火。《火者、南方之行。故赤爲南方之色。从大者、言大明也。昌石切。古音在 5部。俗借爲尺。》凡赤之屬皆从赤。烾古文从炎土。《火生土。》/491
[유사] 또한 역(亦)
[성부] 부록 색인 참조
[형부] 赤을 부수로 하는 대부분의 글자들
동(赨) 난(赧)
[형성] (3자+1) 학(郝)3855 정(浾)6278 적(捇)7651 혁(赩)

◀ 제 4 획 ▶

赦 [사]【shè ㄕㄜˋ】[本][놓을] 풀, 용서할, 사할, 성씨 ■책:채찍질 할
[설문] 1931 置(置)也。《〔网部〕曰。置、赦也。二字互訓。赦與捨音義同。非專謂赦罪也。後捨行而赦廢。赦專爲赦罪矣。》从攴(攴)。赤聲。《始夜切。古音在 5部。》赦或从亦。《亦聲。古在 5部。》/124
[형성] (1자) 석(螫)8486

◀ 제 5 획 ▶

赧 [난]【nǎn ㄋㄢˇ】무안할, 붉힐, 부끄러워 얼굴이 붉어질
[설문] 6276 面慙而赤也。《而字依『韵會』。『趙-注:孟子』曰。赧赧、面赤心不正皃(貌)也。司馬貞引『小:爾雅』曰。面

赤
7
④

赧曰赧。》 从赤。𠬝聲。《「𠬝」或作「𠬝」。非也。女版切。14部。隨王劭曰。古音人扇反。今音奴板反。》 周失天下於赧王。《『尙書』中候赧爲然。『鄭-注』云。然讀曰赧。》/491

형성 (1자) 난(㬮 㬮)4070

◀ 제 6 획 ▶

赨 (동)【**tóng** ㄊㄨㄥˊ】 붉을 ■융: 붉은 벌레 ■홍: 속음 ■웅: 수컷

설문 6274 赤色也。《『管子:地員篇』。其種大苗細苗。赨莖黑秀箭長。『尹-注』。赨卽赤也。》 从赤。蟲省聲。《〔金部:鉵〕、〔疒(疒)部:痋〕、〔鬲部:融〕、與此皆蟲省聲。知以虫爲蟲、自古有之也。徒冬切。9部。》/491

◀ 제 7 획 ▶

赬 (정)【**chēng** ㄔㄥ】 붉을, 붉은 빛

설문 6277 赤色也。《『周南:傳』曰。赬、赤也。『爾雅:釋器』。一染謂之縓。再染謂之赬。三染謂之纁。郭曰。縓、今之紅也。赬、染赤也。纁、絳也。按〔糸部〕云。縓、帛赤黃色也。絳、大赤也。〔糸部〕引『爾雅』正作「赬」。『周禮:注』引『爾雅』、又『哀:十七年:左傳』作「䞓」。叚(假)借字也。『士喪禮:經』作「赬」。》 从赤。巠聲。《勅貞切。11部。》 『詩』曰。魴魚赬尾。《『周南:汝墳』文。『今-詩』作「赬」。》 䞓赬或从貞。《貞聲。》 赪或从丁。《丁聲。》/491

赫 혁【**hè** ㄏㄜˋ】 붉을, 빛날, 성할, 대로할, 나타날, 나타낼

설문 6281 大赤皃(貌)。《「大」【各本】作「火」。今正。此謂赤。非謂火也。赤之盛、故从二赤。『邶風』。赫如渥赭。『傳』曰。赫、赤皃。此赫之本義也。若『生民:傳』曰赫、顯也。『出車:傳』赫赫、盛皃。『常武:傳』兩(兩)云赫赫然、盛也。『節南山:傳』赫赫、顯盛也。『淇奧:傳』赫、有明德赫赫然。以及『雲漢:傳』赫赫、旱氣也。『桑柔:傳』赫、炙也。皆引申之義也。又按〔皕部〕曰奭、盛也。是『詩』中凡訓盛者、皆叚(假)奭爲赫。而『采芑、瞻彼洛矣:二傳』曰奭、赤皃。『卽簡(簡)兮:傳』之赫、赤皃。正謂奭卽赫之叚借也。『爾雅:釋訓』奭奭、本作赫赫。二字古音同矣。或作赩。如『白虎通』引韎韐有赩、『李-注:文選(選)』亦引『毛傳』赩、赤皃。》 从二赤。《呼格切。古音在 5部。音郝。奭古音亦如郝。》/492

◀ 제 9 획 ▶

赭 (자)【**zhě** ㄓㄜˇ】 붉은 흙, 붉은 빛

설문 6279 赤土也。《『邶風』赫如渥赭、卽『秦風』之顏(顏)如渥丹。故『箋』訓赭爲丹。『古-秦風』、毛亦作渥赭。是以『韓詩』作沰。沰與赭音義皆同也。『管子:地數篇』云。上有赭者下有鐵。是赭之本義爲赤土也。引申爲凡赤。》 从赤。者聲。《之也切。古音在 5部。》/492

◀ 제 10 획 ▶

䞈 (혹)【**hú** ㄏㄨˊ】 ㊤㊥⑨㉆ **hù** 햇발 붉을

설문 6275 日出之赤也。从赤。㱿聲。《按【古本】篆文當是上體从㱿。下體从赤。火沃切。3部。『篇』、『韵(韻)』皆呼木切。》/491

䞘 환【**huǎn** ㄏㄨㄢˇ】 ㊤㊥⑨ **gàn** ㉆ **huàn** 붉은 빛, 흐릴 ■간: 새빨갈

설문 6280 赤色也。从赤。倝聲。讀若浣。《胡玩切。14部。》/492

형성 (1자) 한(瀚 瀚)7087

156	走
7-09	▤ 달아날 주

走 주【**zǒu** ㄗㄡˇ】【설문부수 26】 빨리 걸을, 달릴, 달아날

설문 0931 趨也。《『釋名』曰。徐行曰步。疾行曰趨。疾趨曰走。此析言之。許渾言不別也。今俗謂走徐、趨疾者、非。》 从夭止。夭者、屈也。《依『韵會』訂。〔夭部〕曰。夭、屈也。〔止部〕曰。止爲足。从夭止者、安步則足胻較直。趨則屈多。子苟切。4部。『大雅』假本奏爲奔走。》 凡走之屬皆从走。/63

유사 걸을 보(步) 발 족(足) 필 필(疋)

상부 徒 延 사

◀ 제 2 획 ▶

赳 (규)【**jiǔ** ㄐㄧㄡˇ】 ㊤㊥⑨㉆ **jiū** 헌걸찰, 굳셀, 용이 목을 빼고 가는 모양

설문 0937 輕勁有才力也。《『周南:傳』曰。赳赳、武皃(貌)。『釋訓』曰。洸洸赳赳、武也。『詩:音義』引『爾雅』「武」作「勇」。》 从走。丩聲。《居黝切。3部。》 讀若鐈。《喬聲在 2部。合韵冣(韻最)近。》/64

赴 (부)【**fù** ㄈㄨˋ】 다다를, 알릴

설문 0933 趨也。《『聘禮』。赴者未至。『士喪禮』。赴曰君之臣某死。『注』皆云。今文「赴」作「訃」。按古文「訃告」字祇作「赴」者、取急疾之意。今文从言。急疾意轉隱矣。故〔言部〕不收訃字者、从古文不从今文也。凡許於『禮經』从今文則不收古文字。如〔口部〕有名、〔金部〕無銘是也。从古文則不收今文字。如赴是也。『襍(雜)記』作「訃」不作「赴」者、『禮記』多用今文禮也。『左傳』作「赴」者、左丠(丘)明述『春秋傳』以古文。故與『古文-禮』同也。》 从走。卜聲。《芳遇切。古音在 3部。》/63

◀ 제 3 획 ▶

赶 (건)【**qián** ㄑㄧㄢˊ】 꼬리를 뻗치고 달아날 ■간: 달아나는 모양

설문 1015 擧(擧)尾走也。从走。干聲。《巨言切。14部。按此後人所增。非【許書】本有也。『衆經音義』曰。『通俗文』曰擧尾走曰揵。『律文』作「赶馬走也」。然則『唐初-說文』無赶。卽有赶亦不訓擧尾走。『都人士:鄭-箋』。蠆(蠆)、螫蟲也。尾末揵然。似婦人髮末上曲卷然。釋文引『漢書:音義』。揵、擧也。此擧尾用揵不用赶之證。》/67

起 (글)【yì ㄧˋ】㊤㊥⑨ jí 곧장 갈, 가는 모양
설문 0976 直行也。从走。乞聲。《魚訖切。15部。》/65

赵 (채)【cái ㄘㄞˊ】㊤㊥⑨㉿ cāi 갈(去也) ■차:일어나 갈
설문 0965 疑之等赵而去也。《等讀若蠶。等赵疊韵(疊韻)字。濡滯之皃(貌)。疑之故等赵而去。等在之止韵。音變入咍海韵。音轉入拯等韵。》从走。才聲。《倉才切。1部。》/64

起 起起(기)【qǐ ㄑㄧˇ】일어설, 일어날
설문 0969 能立也。《起本發步之偁(稱)。引伸之訓爲立。又引伸之爲凡始事、凡興作之偁。》从走。巳聲。《『五經文字』云从辰巳之巳。是。『字鑑』从戊己之己。非也。墟里切。15部。》 古文起。从辵(辶)。/65

◀ 제 4 획 ▶

赹 (경)【qióng ㄑㄩㄥˊ】혼자 갈
설문 0967 獨行也。《『唐風』。獨行煢煢。毛曰。煢煢、無所依也。煢聲勻聲合音冣(最)近。故煢赹同義。》从走。勻聲。讀若煢。《渠營切。11部。勻聲古在 12部。》/65

赽 (기)【qí ㄑㄧˊ】큰 나무에 기어 오를
설문 0938 緣大木也。《與蚑音義略同。》一曰行皃(貌)。《此別一義。『小雅』。鹿斯之奔。維足伎伎。『玉篇』作赽赽。》从走。支聲。《巨之切。「之」當作「支」。16部。》/64

赽 (결)【jué ㄐㄩㄝˊ】밟을, 빠를, 말 달려 갈 ■계:달리는 모양
설문 0978 踶也。《〔足部〕曰。踶、躛也。按踶、蹢也。》从走。夬聲。《【各本】作「決省聲」。非。古穴切。15部。》/65

赾 (근)【qǐn ㄑㄧㄣˇ】걷기 어려울, 조심하여 걷는 모양
설문 0983 行難也。《『廣雅』。赾、難也。按今人靳固字當作此赾字。》从走。斤聲。讀若堇。《丘堇切。13部。》/65

◀ 제 5 획 ▶

趀 (자)【zī ㄗ】㊤㊥⑨㉿ cī 本[갑작스러울] 가는 모양
설문 0948 倉卒也。《倉俗从廾。誤。『夬:九四』。其行次且。「次」鄭作「趀」。『論語』。造次必於是。造次、馬云急遽也。鄭云倉卒也。然則次者、趀之假借字。錢氏大昕說。》从走。朿(朿)聲。讀若資。《取私切。15部。》/64

趁 (진)【chèn ㄔㄣˋ】⑨ zhēn 좇을(좇아갈) ■년:속음 ■전:밟을
설문 0943 檀也。从走。㐱聲。讀若塵。《丑忍切。13部。按趁當平聲。同〔馬部:駗〕。張人切。今人趁逐字作此。反語爲丑刃。非古義古音也。》/64

趄 (저)【jū ㄐㄩ】⑨㉿ qū 머뭇거릴, 망서릴
설문 0996 赼趄也。从走。且聲。《七余切。5部。》/66

超 (초)【chāo ㄔㄠ】뛰어 넘을, 뛰어날
설문 0935 跳也。《跳一曰躍也。躍、迅也。迅、疾也。然則超與趣同義。》从走。召聲。《敕宵切。2部。》/63

越 (차)【cǐ ㄘˇ】얕은 여울 건널 ■추:같은 뜻
설문 0966 淺渡也。从走。此聲。《雌氏切。15、16部。》/65

趆 (저)【dí ㄉㄧˊ】㊤㊥⑨ dī ㉿ dǐ 달아날, 달리는 모양 ■제:같은 뜻
설문 0980 趨也。《『玉篇』。走皃(貌)。『廣韵(韻)』。趨走皃。》从走。氐聲。《都禮切。15部。『篇』、『韵(韻)』皆去聲。》/65

趀 趀(차)【chě ㄔㄜˇ】넘을, 이를, 다리를 가지런히 하고 설, 성낼 ■책:같은 뜻
설문 1005 距也。《距當作「歫」。歫、止也。一曰槍也。按𧾷弩主於𣥂歫。故曰趀張。》从走。㡿(斥)聲。《【鍇本】不曰省聲。『五經文字』㡿、𨽸(隸)省作「斥」。「㴖」、『字林』作「泝」。『九經字㨾』「坼」、𨽸省作「坼」。又【鍇本】「諦」、「鉉作「訢」。是知【今本】篆作「趀」、云「㡿省聲」非也。今正。車者切。古音在 5部。》『漢令』曰。趀(趀)張百人。《『史、漢:申屠嘉傳』。材官蹶張。如淳曰。材官之多力能腳(脚)蹋強(强)弩張之。故曰蹶張。【律】有蹶張士。孟康曰。主張強弩。蹶音其月反。『漢令』蹶張士百人。考【許書】趣趀二字竝出。趣云蹠也。趀云歫也。引『漢令』趀張百人。與如、孟引作蹶張不合。今尋繹字義。趣者、跳起也。趀者、拓也。如、孟二家作蹶張皆由認蹶趣趀爲一字耳。讀『說文』者因㡿厥相似。合趣趀爲一字。『篇』、『韵(韻)』皆云趀同趣。正誤合二爲一之證也。厥之省不得作㡿。》/66

趉 (굴)【qū ㄑㄩ】㊤㊥⑨㉿ jué 달아날, 찌를 ■굴:달리는 모양 ■출・궐:같은 뜻
설문 0993 走也。《『玉篇』曰。卒起走也。按今俗語有之。》从走。出聲。讀若無尾之屈。《〔尾部〕曰。屈、無尾也。『高-注:淮南』云。屈讀如秋雞(鷄)無尾屈之屈。『方言』隆屈。郭音屈尾。瞿勿切。15部。》/65

越 (월)【yuè ㄩㄝˋ】넘을, 지날 ■활:부들풀
설문 0942 度也。《與〔辵(辶)部:㞷〕字音義同。『周頌』。對越在天。『箋』云。越、於也。此假借越爲粵也。『尚書』有越無粵。『大誥』、文矦之命越字『魏-三體石經』作「粵」。『說文』引粵三日丁亥。『今-召誥』作越三日丁巳。》从走。戉聲。《王伐切。15部。》/64

◀ 제 6 획 ▶

趙 (유)【yòu ㄧㄡˋ】달아날
설문 0961 走也。《『篇』、『韵(韻)』皆作走皃(貌)。》从走。有聲。讀若又。《于救切。古音在 1部。》/64

走 7 ⑤

㉿ 作家出版社〔董蓮池-說文解字考正〕 ⑨ 九州出版社〔柴劍虹-說文解字〕 ㉠ 陝西人民出版社〔蘇寶榮-說文解字今注今譯〕 ㊤ 上海古籍出版社〔說文解字注〕 ㊥ 中華書局〔臧克和-說文解字新訂〕

趌 (길)【jié ㄐㄧㄝˊ】㊤ jí 성내어 달릴 ■결:뛸
설문 0973 趌趨、《逗。》 怒走也。从走。吉聲。《去吉切。12部。》/65

跬 (규)【kuǐ ㄎㄨㄟˇ】반 걸음
설문 1002 半步也。《今字作「跬」。『司馬法』曰。一擧(擧)足日跬。跬三尺。兩(兩)擧足日步。步六尺。》从走。圭聲。讀若跬同。《丘弭切。16部。讀若跬同。當作「讀若圭」三字。淺人所改也。『伍被傳』作「窺」。同部假借。『祭義』作「頃」。異部假借。支與淸轉移次近也。『荀卿子』作「頣」。》/66

趍 (추)【qū ㄑㄩ˗】㊤㊥⑨㊧ chí 추창할 ※ 추(趨)의 속자 ■치:같은 뜻
설문 0981 趍趙、《二字句》 夊也。《夊、行遲(遲)曳夊夊也。楚危切。【各本】皆譌久。『玉篇』、『廣韵(韻)』不誤。趍趙雙聲字。與峙躇、篴箸、蹢躅字皆爲雙聲轉語。》从走。多聲。《直离切。古音在 17部。》/65

趚 (적)【jī ㄐㄧ˗】㊤㊥⑨ qì (발끝으로 땅을 디디어)살살 걸을 ■척:걷는 모양
설문 1001 側行也。《側行者、謹畏也。》从走。朿聲。《資昔切。16部。》『詩』曰。謂地葢(蓋)厚。不敢不趚。《『小雅』「趚」作「蹐」。毛曰。蹐、累足也。〔足部〕引不敢不蹐。此不同者、葢『三家文』異也。朿聲脊聲同部。》/66

趑 (자)【zī ㄗ˗】㊤㊥⑨㊧ cī 머뭇거릴, 망설일, 가지 않음(不行)
설문 0995 趑趄、《逗。》 行不進也。《『易』。其行次且。釋文。次、本亦作「趑」。或作「跌」。馬云。卻行不前也。且、本亦作「趄」。或作「跙」。馬云。語助也。王肅云。趑趄、行止之礙也。按馬云卻行不前者、於次本字得其義也。云語助者、『王風-毛傳』所云且辭也。馬、鄭同用『費氏-易』。而馬次、鄭趑不同。跌者、後出俗字。趄又因趑而加走旁者也。許斷(斷)不錄。鉉之前已有趑字。『注』曰趑趄。鉉因又補趄篆爲十九文之一。今姑皆存之。俟好學者湥(深)思焉。》从走。次聲。《取私切。15部。》/65

趒 (조)【tiáo ㄊㄧㄠˊ】(깡충깡충)뛸 ■초:넘을
설문 1014 雀行也。《今人槩用跳字。》从走。兆聲。《徒遼切。2部。》/67

超 (원)【yuán ㄩㄢˊ】처소를 바꿀
설문 1008 超田、《逗。》 易居也。《『周禮:大司徒』。不易之地家百晦(畝畝)。一易之地家二百晦。再易之地家三百晦。大鄭云。不易之地歲種之。地美。故家百晦。一易之地休一歲乃復種。地薄。故家二百晦。再易之地休二歲乃復種。故家三百晦。『遂人』。辨其野之土。上地中地下地以頒田里。上地夫一廛、田百晦、萊五十晦。中地夫一廛、田百晦、萊百晦。下地夫一廛、田百晦、萊二百晦。『注』。萊謂休不耕者。『公羊:何-注』曰。司空謹別田之高下美惡。分爲三品。上田一歲一墾。中田二歲一墾。下田三歲一墾。肥饒不得獨樂。墝埆不得獨苦。故三年一換主易居。財均力平。『漢書:食貨志』曰。民受田。上田夫百晦。中田夫二百晦。下田夫三百晦。歲耕種者爲不易上田。休一歲者爲一易中田。休二歲者爲再易下田。三歲更耕。自爰其處。『地理志』曰。秦孝公用商君。制轅田。張晏云。周制三年一易。以同美惡。商鞅始割列田地。開立仟伯。令民各有常制。孟康云。三年爰土易居。古制也。末世浸廢。商鞅相秦。復立爰田。上田不易。中田一易。下田再易。爰自在其田。不復易居也。按何云「換主易居」。班云「更耕自爰其處」。孟云「爰土易居」。許云「超田易居」。爰轅超換四字音義同也。古者每歲易其所耕。則田廬皆易。云三年者。三年而上中下田徧焉。三年後一年仍耕上田。故曰自爰其處。孟康說古制易居爲爰田。商鞅自在其田不復易居、爲轅田。名同實異。孟說是也。依孟則商鞅田分上中下而少多之。得上田者百畝。得中田者二百畝。得下田者三百畝。不令得田者彼此相易。其得中田二百畝者、每年耕百畝。二年而徧。得下田三百畝者、亦每年耕百畝。三年而徧。故曰上田不易。中田一易。下田再易。爰自在其田。不復易居。『周禮』之制。得三等田者彼此相易。今年耕上田百畝。明年耕中田二百畝之百畝。又明年耕下田三百畝之百畝。又明年而仍耕上田百畝。如是乃得有休一歲休二歲之法。故曰三歲更耕。自爰其處。與『商鞅法』雖異而同也。鞅之害民。在開仟伯。》从走。亘(亘)聲。《羽元切。14部。》/66

趞 (장)【jiǎng ㄐㄧㄤˇ】㊤㊥⑨㊧ jiàng 걷는 모양
설문 0953 行皃(貌)。从走。匠聲。讀若匠。《讀若匠。疾亮切。10部。》/64

◀ 제 7 획 ▶

趖 (좌)【suō ㄙㄨㄛ˗】달아나려 할 ■사:같은 뜻
설문 0957 走意。《【花間詞】曰。荳蔻花間趖晚日。今京師人謂日昳爲晌午趖。》从走。坐聲。《穌和切。17部。》/64

趕 (해)【hái ㄏㄞˊ】달아나려다 망설일 ■애·괴:비뚤어진 발
설문 0970 雷意也。从走。里聲。讀若小兒咳。《「咳」【今本】作「孩」。誤。許用小篆也。戶(户)來切。1部。》/65

趁 (준)【qūn ㄑㄩㄣ˗】㊧ cūn 빨리 걸을 ■추:나아갈
설문 1000 行速趁趁也。《【鍇本】行速趁趁。趁趁者、行速皃(貌)。【鉉本】改下趁爲也字。非。〔夊部〕曰。夋、行夋夋也。『廣雅:釋室』曰。趁、犇也。子綏反。【今本】綏譌繡。》从走。夋聲。《七倫切。13部。》/66

踊 (용)【yǒng ㄩㄥˇ】뛸
설문 1010 喪擗踊。《『今-禮經、禮記』皆作踊。〔足部〕曰。踊、跳也。是二字義殊也。『左傳』曲踊三百、三踊于幕庭之類當从足。若卽位哭、三踊而出之踊當从走。擗、鉉作辟。『詩:邶風』、『爾雅:諸家本』多作擗。撫心爲擗。跳

走 7 ⑥

躍爲趰。》从走。甬聲。《余隴切。9部。》/67

趙 (조)【zhào ㄓㄠˋ】 本[추창할] 아침 제사, 찌를, 조나라, 섬길, 오래, 적을(少也), 길어서 흔들릴 ■교:찌를

설문 0982 趍趙也。从走。肖聲。《治小切。》/65

◀ 제 8 획 ▶

趛 (음)【yǐn ㄧㄣˇ】 머리 숙이고 빨리 갈

설문 0972 低頭疾行也。从走。金聲。《牛錦切。7部。》/65

趜 (국)【jú ㄐㄩˊ】 궁구할 ■구:발 꼬부라질

설문 0994 窮(窮)也。《『毛傳』。鞫、窮(窮)也。『說文』。簕、窮也。簕、窮治辠人也。皆於雙聲疊韵(疊韻)求之。『廣韵(韻)』曰。趜、困人也。》从走。匊聲。《居六切。『廣韵』又巨竹切。3部。》/65

趠 (복)【pú ㄆㄨˊ】 ㉦㊥⑨㉿ bó 업드러질 ■부:갑자기

설문 1004 僵也。《僵、僨也。此與〔足部〕之踣音義竝同。未審孰爲本字。孰爲後增。》从走。咅聲。讀若匐。《朋北切。1部。》/66

趚 (현)【xián ㄒㄧㄢˊ】 급히 달아날

설문 0947 急走也。从走。弦聲。《形聲包會意。从弦有急意也。胡田切。12部。》/64

趞 (작)【cuò ㄘㄨㄛˋ】 ㉦㊥⑨㉿ què 사뿐사뿐 걸을 ■적:밟을 ■척:살살 걸을

설문 0945 趬趞也。从走。昔聲。《七雀切。古音在 5部。》一曰行皃(貌)。/64

趣 (군)【qùn ㄑㄩㄣˋ】 ㉦㊥⑨ yǔn ㉿ qūn 급히 달아날 ■운:같은 뜻 ■굴:같은 뜻

설문 0956 走意。《『廣韵(韻)』走皃(貌)。》从走。困聲。《丘忿切。13部。》/64

趠 (탁)【chào ㄔㄠˋ】 ㉦㊥⑨㉿ chuò 멀 ■착:속음 ■조:뛸 ■초:가는 모양

설문 0985 遠也。《〔辵(辶)部〕曰。逴、遠也。音義同。『上林賦』。捷垂條。逴希閒。『玄應』引如是。『史記』作「踔」。郭璞曰。踔、懸擲也。『吳都賦』。狖鼯猓然。騰趠飛超。按許云遠者、騰擲所到遠也。》从走。卓聲。《敕角切。李善吐敎切。今俗語如綽。2部。》/65

趣 (긴)【qǐn ㄑㄧㄣˇ】 느릿느릿 가는 모양

설문 0950 行皃(貌)。从走。臤聲。讀若菣。《棄忍切。12部。》/64

趡 (유)【cuǐ ㄘㄨㄟˇ】 달릴(뛰어 감) ■추:달아나는 모양

설문 1007 動也。《『楊雄-河東賦』曰。神騰鬼趡。師古子笑(矣)才笑二反。按『說文』有趡無趭。『廣雅:釋室』。騰趭犇也。曹音子肖。今疑趭恐誤字。子肖恐誤音耳。然『大人賦』曰。騰而狂趭。師古音醮(醮)。『吳都賦』。狂趭獷猤。李子召反。則古非無趭字矣。》从走。隹聲。《千水切。15部。》『春秋傳』曰。盟于趡。《見『桓:十七年』。陸翠軌反。》趡地名。《此三字後人增。》/66

䞳 (불)【fú ㄈㄨˊ】 달아날

설문 0990 走也。《『篇』、『韵(韻)』皆作趚。云走皃(貌)。》从走。㔗聲。《敷勿切。15部。》/65

趢 (록)【lǔ ㄌㄨˇ】 ㉦㊥⑨㉿ lù 등을 구부리고 가는 모양

설문 0999 趢趗也。《『東京賦』曰。狹三王之趢趗。薛云。趢趗局小皃(貌)也。》从走。彔聲。《力玉切。3部。》/66

趣 (취)【qù ㄑㄩˋ】 추창할(빨리 갈), 뜻, 풍치 ■추:속음 ■촉:재촉할

설문 0934 疾也。《『大雅』。來朝趣馬。『箋』云。言其辟惡早且疾也。『玉篇』所引如是。獨爲不誤。早釋來朝、疾釋趣馬也。又濟濟辟王。左右趣之。『箋』云。左右之諸臣皆促疾於事。『周禮』趣馬。大鄭曰。趣馬、趣養馬者也。按趣養馬、謂督促養馬。古音七口反。音轉乃有淸須七句二反。後人言歸趣言(旨)趣者、乃引伸之義。輒讀爲七句、以別於七苟。非古義古音也。》从走。取聲。《七句切。古音在 4部。》/63

◀ 제 9 획 ▶

趨 (갈)【jié ㄐㄧㄝˊ】 성내어 달릴

설문 0974 趌趨也。《凡異部疊韵(疊韻)。必部分相近。》从走。曷聲。《居謁切。15部。》/65

趩 (체)【chì ㄔˋ】 뛰어날, 뛸

설문 0988 超特也。《『廣韵』曰趩同趩。按〔足部〕有跇字。逃也。逃、踰也。『禮樂志』。體容與。迣萬里。迣、迾也。於義隔。『史記:樂書』作跇。『吳都賦』。跇踰竹柏。李善引如淳曰。跇、超踰也。恥曳切。趩與跇音義同。》从走。契聲。《丑例切。15部》/65

趥 (추)【qiú ㄑㄧㄡˊ】 ㉦㊥⑨㉿ qiū 갈、걸을、(발로)찰 ■융:같은 뜻

설문 0951 行皃(貌)。从走。酋聲。《千牛切。3部。》/64

趧 (제)【dī ㄉㄧˉ】 ㉦㊥⑨ tí 오랑캐 춤

설문 1013 趧婁、《逗。》四夷之舞各自有曲。《趧婁、『今-周禮』作『鞮鞻氏』。『注』云。鞻讀爲屨。鞮屨、四夷舞者屝也。今時倡蹋鼓(鼓)沓行者自有屝。按『今-說文:革部』。鞮、革履也。無鞻字。釋文引『說文』。鞮、屨也。『字林』。鞮、革屨也。鞻者、鞥屨。是則『字林』乃有鞻字。『許、鄭-周禮』所無。『鄭-注』當本作婁讀爲屨。〔革部〕之鞮是常用之屨。〔走部〕之趧婁乃四夷舞者之屨。曲當作「屨。聲之誤也。四夷之舞各自有屨。正與『鄭-注』說同。許意當亦婁讀爲屨。》从走。《屨也。故从走。》是聲。《都兮切。16部。》/67

◀ 제 10 획 ▶

趍 (치)【chī ㄔˉ】 ㉦㊥⑨㉿ chí 경박할 ■제:같은 뜻

설문 1003 趍䟐、《逗。》輕薄也。《趍䟐、周漢人語。》从

走 7 ⑨

走。虒聲。《直离切。16部。》讀若池。《【鍇本】作地。》/66

趨 (오)【wǔ ㄨˇ】가볍게 달아날
설문 0962 走輕也。从走。烏聲。讀若鄔。《安古切。5部。》/64

趨 (전)【diān ㄉㄧㄢ】갑자기 달아날
설문 1009 走頓也。《〔足部〕曰。蹎、跋也。此與音義同。》从走。眞聲。讀若顚。《都年切。12部。》/67

䞿 (건)【jiǎn ㄐㄧㄢˇ】㊤㊥⑨ qiān 달아나는 모양 ■헌:같은 뜻
설문 0964 走皃(貌)。从走。寒省聲。《【今本】「寒」作「寋」。誤。『篇』、『韵(韻)』皆丘言虛言二切。鉉云九輦切。》/64

䞴 (건)【qián ㄑㄧㄢˊ】㊤ qiān 절며 걸을, 발뒤축 ■간:같은 뜻
설문 0997 蹇行䞴䞴也。从走。虔聲。讀若愆。《去虔(虔)切。14部。》/66

趨 (추)【qū ㄑㄩ】추창할(종종 걸음으로 빨리 걸을) ■촉:빠를 ■추:나아갈
설문 0932 走也。《『曲禮:注』曰。行而張足曰趨。按張足過於布武。『大雅』。左右趣之。毛曰。趣、趨也。此謂假借趣爲趨也。》从走。芻聲。《七逾切。古音在 4部。》/63

趬 (흉)【sòng ㄙㄨㄥˋ】㊤㊥⑨㉢ xiòng (기운 없이)갈
설문 0971 行也。《『廣韵(韻):一, 送』曰。趬趬、疲行皃(貌)。『大人賦』說蟉虬。沛艾赳螑。仡以佁儗兮。張揖曰。赳螑、申頸低卬也。按赳螑猶趬趬。》从走。臭聲。《香仲切。古音在 3部。》/65

◀ 제 11 획 ▶

趮 (표)【piāo ㄆㄧㄠ】사뿐사뿐 걸을
설문 0949 輕行也。从走。票聲。《撫招切。2部。》/64

趨 (문)【mán ㄇㄢˊ】걸음이 더딜 ■만:같은 뜻
설문 0992 行遲也。《今人通用慢字。》从走。曼聲。《莫還切。14部。》/65

趣 (잠)【jiàn ㄐㄧㄢˋ】㉢ zàn 나아갈, 문뜩 빨리 오를 ■점:같은 뜻
설문 1012 進也。《按〔水部:漸〕云。漸水也。則訓進者當專作趣。『許-所見:周易』卦名當如是矣。》从走。斬聲。《藏濫切。8部。『廣韵(韻)』作「蹔」。慈染切。》/67

趩 (필)【bì ㄅㄧˋ】벽제 ※ 필(蹕)과 같은 글자
설문 1011 止行也。《『今-禮經』皆作「蹕」。惟『大司寇』釋文作「趩」。云本亦作「蹕」。是可見【古經】多後人改竄。亦有僅存古字也。『五經文字』曰。趩、止行也。『梁孝王傳』。出稱警。入言趩。》一曰竈上祭名也。《『篇』、『韵(韻)』皆有禪字。云竈上祭。》从走。畢聲。《卑吉切。12部。》/67

◀ 제 12 획 ▶

趩 (칙)【chì ㄔˋ】걷는 소리, 가지 않는 모양
설문 0979 行聲也。《『石鼓(鼓)詩』。其來趩趩。》从走。異聲。讀若勑。《丑亦切。1部。》一曰不行兒(貌)。《按趩字【鍇本】在部末。疑趩趩本一字而二之。如〔水部〕之潩瀷也。》/65

蹶 (궐)【jué ㄐㄩㄝˊ】뛸, 헤치고 일어날 ■궤:자빠질
설문 0941 蹠也。《蹶、跳起也。〔足部〕曰。楚人謂跳躍曰蹠。》从走。厥聲。《居月切。15部。》/64

趭 (기)【jī ㄐㄧ】달아날 ■희:같은 뜻
설문 0989 走也。从走。幾聲。《居衣切。15部。》/65

趫 (귤)【yù ㄩˋ】㊤ jú 미쳐 달아날 ■율:같은 뜻
설문 0991 狂走也。《『東京賦』。捎魑魅。斮獝狂。薛曰。獝狂、惡戾之鬼。按「獝」當作「趫」。》从走。矞聲。《余律切。15部。『廣韵(韻)』趫同趨。》/65

趫 (교)【qiáo ㄑㄧㄠˊ】㊤㊥⑨ qiāo 나무에 잘 올라갈 ■초:사뿐사뿐 달릴
설문 0936 善緣木之士也。《依『二京賦:注』、『衆經:音義』訂。『吳都賦』曰。趫材悍壯。此焉比廬。『成公綏-洛褉賦』曰。趫才逸態。習水善浮。按『張-注:列子:說符篇』異伎云。僑人。『郭-注:山海經:長股國』言有喬國。今伎家僑人象此。「僑人」、今俗謂之「踹僑」。「僑」卽「趫」字也。去蹻切。》从走。喬聲。《去蹻切。2部。》讀若王子蹻。《王子蹻。葢(蓋)卽王子喬。周靈王太子晉也。又有王喬者。蜀武陽人也。『淮南:齊俗訓』王喬、赤誦子。「誦」同「松」。『師古-注:王褒傳』僑松云王僑、赤松子。凡【辭賦】言「喬松者」、皆謂王喬。非王子喬。》/63

趬 (교)【qiāo ㄑㄧㄠ】사뿐사뿐 걸을
설문 0946 行輕皃(貌)。《今俗語輕趬。當用此字。》从走。堯聲。《牽遙切。2部。》一曰趬、擧(擧)足也。《今俗語謂擧(擧)足正如此。按趬趞雙聲字。疑篆當先趬後趞。趬下曰。趬趞行輕皃(貌)。一曰趬擧足也。从走堯聲。趞下云。趬趞也。从走昔聲。【今本】葢(蓋)淺人所亂。》/64

◀ 제 13 획 ▶

䟋 (전)【zhān ㄓㄢ】향해 갈, 옮길, 구를
설문 0944 趁也。《按趁䟋卽「屯:六二」屯如亶如。馬融云。難行不進之皃(貌)。「亶」【俗本】作「邅」。『葉林宗-抄:宋版』釋文、『吕(呂)祖謙-音訓』皆作亶。〔馬部〕作「驙驙」。驙驙、馬載重難也。皆雙聲疊韵(疊韻)。疑兩(兩)篆下本皆作「趁䟋也」。》从走。亶聲。《張連切。14部。》/64

𧾷 (질)【zhì ㄓˋ】㊤㊥⑨㉢ zhí 달아날
설문 0960 走也。从走。𢧜聲。讀若『詩』威儀秩秩。《此偁(稱)假樂威儀抑抑。德音秩秩。誤合二句爲一。如東方昌矣、昆夷呬矣亦然也。「秩秩」【李仁甫本】作「䄯䄯」。『少牢:饋食禮:注』曰。古文替爲「秩」。秩或爲䄯與

趨。讀如秩相似。直質切。11、12部合韵冣(韻最)近。》/64

趮 (훤)【xuān ㄒㄩㄢˉ】 빠를, 빨리 갈 ■현:같은 뜻

설문 0975 疾也。《『齊風』。子之還兮。毛曰。還、便捷之皃(貌)。按毛以還爲趮之假借也。或『毛、許-所據:詩』本作「趮」。》从走。睘聲。讀若讙。《況袁切。14部。》/65

趯 (촉)【zhú ㄓㄨˊ】 가는 모양 ■속:뛸

설문 0952 行皃(貌)。《『篇』、『韵(韻)』皆曰。小皃行。》从走。蜀聲。讀若燭。《之欲切。3部。》/64

趮 (조)【zào ㄗㄠˋ】 조급할 ■소:흔들

설문 0939 疾也。《『考工記』。羽豐則遲。羽殺則趮。鄭云。趮、旁(旁)掉也。按今字作躁。》从走。喿聲。《則到切。2部。》/64

◀ 제 14 획 ▶

趣 (여)【yǔ ㄩˇ】 ㊤㊥⑨ yú 편안히(천천히)

설문 0968 安行也。《『廣韵(韻):九，魚』。趣趣、安行皃(貌)。按〔欠部:歟〕、安气也。〔心部:懙〕、趣步懙懙也。〔馬部:驝〕、馬行徐而疾也。『論語』曰。與與如也。『漢書』。長倩懙懙。》从走。與聲。《余吕(呂)切。5部。》/65

趯 (약)【tì ㄊㄧˋ】 ㊤㊥⑨㉆ yuè 뛸 ■척:뛸

설문 0940 躍也。《『召南:傳』曰。趯趯、躍也。〔足部〕曰。躍、迅也。》从走。翟聲。《以灼切。古音在 2部。平聲。》/64

◀ 제 15 획 ▶

趯 (력)【lè ㄌㄜˋ】 ㊤㊥⑨㉆ lì 움직일, 달아날 ■삭·약:같은 뜻

설문 1006 動也。《『篇』、『韵(韻)』皆云躒同。『大戴-禮』曰。騏驥一躒。不能千步。》从走。樂聲。《郎(郎)擊切。古音在2部。》讀若『春秋傳』曰輔趯。《當作『春秋傳』有輔趯六字。見『襄:廿四年』。【今-傳】作「躒」。又有荀躒。》/66

趪 (굴)【jù ㄐㄩˋ】 ㊤㊥⑨㉆ jú 달아나려고 할 ■현·회:같은 뜻

설문 0984 走意也。从走。敻聲。讀若繘。《居聿切。15部。敻古音在 14部。合音冣(最)近。故旾鷸亦同字。》/65

趨 (변)【biān ㄅㄧㄢˉ】 달아나려 할, 갑자기 달릴

설문 0959 走意。从走。臱(臱)聲。《布賢切。12部。按【鍇本】作「臱省聲」。而其篆文不省。》/64

◀ 제 16 획 ▶

趪 (헌)【xiàn ㄒㄧㄢˋ】 달아나려 할 ■원:같은 뜻

설문 0958 走意。《『石鼓(鼓)詩』。趪趪𨇂𨇂。》从走。憲聲。《許建切。14部。》/64

趨 (선)【xún ㄒㄩㄣˊ】 달아날, 클

설문 0954 走皃(貌)。《走疾於行。》从走。叡聲。讀若紃。《詳遵切。13部。按此字今篆作「趨」。說云叡聲。溝叡字讀若郝。部分絶遠。依『廣韵(韻):十八，諄』作「趨」。則與〔玉部:璿叡〕字同一諧聲取韵。詳遵與似沿分13，14部、而冣(最)近也。『玉篇』亦作「趨」。祀傳切。今改正。》/64

◀ 제 17 획 ▶

趬 (약)【yuè ㄩㄝˋ】 빨리 달아날, 가는 모양, 뛸

설문 0986 趠趬也。《三字一句。趠趬疊韵(疊韻)字。『廣韵(韻)』。趠趬、行皃(貌)。『方言』。踚、行也。踚卽趬字。》从走。龠聲。《以灼切。2部。》/65

趨 (결)【jiē ㄐㄧㄝˉ】 ㊤㊥⑨㉆ jié 달릴

설문 0955 走意。《『廣韵(韻)』走皃(貌)。》从走。薊聲。讀若髽結之結。《結者、今之髻字。『鄭-注:經:少牢饋食、追師、弁師、襍(雜)記』用紒字。从『禮-今文』也。『許-造:說文』。〔髟部〕四用結字。此一用結字。从『禮-古文』也。『士冠禮:采衣紒:注』云。古文紒爲結。許不从今文。故〔糸部〕無紒。趨古肎(屑)切。15部。》/64

◀ 제 18 획 ▶

趯 (권)【quán ㄑㄩㄢˊ】 구부리고 달아나는 모양 ■관:가며 등을 구부릴

설문 0998 行趯趢也。《『廣韵(韻)』。趯、曲走皃(貌)。》从走。雚聲。《巨員切。14部。》一曰行曲脊皃。《『玉篇』無行字。》/66

趩 (익)【yì ㄧˋ】 달려 나아가는 모양

설문 0977 趨進趩如也。《有但引【經】文不釋字義者。如此及詞之針矣、紝衣長短右袂是也。又色艴如也。又足躩如也。》从走。翼聲。《與職切。1部。》/65

趯 (구)【qú ㄑㄩˊ】 달아나며 돌아보는 모양 ■곽:같은 뜻

설문 0963 走顧皃(貌)。从走。瞿聲。《此形聲包會意。瞿、鷹隼之視也。『記』曰。見似目瞿。》讀若劬。《其俱切。5部》/64

◀ 제 20 획 ▶

趯 (각)【qú ㄑㄩˊ】 ㊤㊥⑨㉆ jué 뚜벅뚜벅 걸을 ■괵:속음

설문 0987 大步也。从走。矍聲。《丘縛切。5部。》/65

157 / 7-10	足 발 족

足 족【zú ㄗㄨˊ】[설문부수 40] 발, 족할(충분할), 산기슭, 족하게 할 ■주:지날(정도를 넘어설), 북돋울

설문 1262 人之足也。在體下。从口止。《依『玉篇』訂。口猶人也。擧(擧)口以包足巳上者也。齒、上止下口。次之以足、上口下止。次之以疋、似足者也。次之以品、从三口。今【各本】从口。非也。卽玉切。3部。》凡足之屬皆从

㉆ 作家出版社〔董蓮池-說文解字考正〕 ⑨ 九州出版社〔柴劍虹-說文解字〕 ㉠ 陝西人民出版社〔蘇寶榮-說文解字今注今譯〕 ㊤ 上海古籍出版社〔說文解字注〕 ㊥ 中華書局〔臧克和-說文解字新訂〕

足。/81

유사 달릴 주(走) 필 필(疋)

성부 **부록 색인 참조**

형부 足을 부수로 하는 대부분의 글자들

형성 (3자) 촉(促 𧿹)4946 착(浞 𨁎)6996 착(捉 𧾷)7528

◀ 제 2 획 ▶

趴 **(부)【fù ㄈㄨˋ】** 달아날 ■복:자빠질

설문 1276 趣越皃(貌)。《趣、疾也。小徐作「趨」。趴與赴音義略同。》从足。卜聲。《芳遇切。古音在3部。》/81

◀ 제 4 획 ▶

趹 **(결)【jué ㄐㄩㄝˊ】** 빠를, 달릴

설문 1340 馬行皃(貌)。《『戰國策』、『史記』云。秦馬之良。探前趹後。蹄間三尋。『西都賦』。要趹追蹤。『廣雅』。趹、奔也。》从足。夬聲。《『各本』作「決省聲」。淺人改也。古穴切。15部。》/84

跃 **(시)【chī ㄔ】** ㊤㊥⑨㉧ **shì** 세울, 쌓을

설문 1301 封也。《與峙偫雙聲。義略同。》从足。氏聲。《承旨切。按「旨」當作「紙」。16部。》/82

趽 **(방)【péng ㄆㄥˊ】** ㊤㊥⑨ **fàng** ㉧ **béng** 다리 굽은 말

설문 1339 曲脛馬也。《『廣雅』曰。趽蹄蹖也。蹄見上。蹖俱逹切。》从足。方聲。讀與彭同。《薄庚切。古音在 10部。》/84

趿 **(삽)【sà ㄙㄚˋ】** 발로 긁어 당길

설문 1313 進足有所擷取也。《『爾雅』、『毛傳』皆云。執衽曰袺。扱衽曰襭。[衣部]云。以衣衽扱物謂之襭。「襭」或作「擷」。》从足。及聲。《穌合切。7部。》『爾雅』曰。趿謂之擷。《按所據『爾雅』「扱」作「趿」。無衽字。與【今本】異。亦與[衣部]說異。葢(蓋)[衣部]用『毛傳』。此據『爾雅』也。》/83

跀 **(월)【yuè ㄩㄝˋ】** 발 벨

설문 1338 斷(斷)足也。《此與[刀部:刖]異義。刖、絕(絕)也。【經傳】多以刖爲跀。『周禮-司刑(刑):注』云。周改「臏」作「刖」。按唐虞夏刑用臏。去其厀頭骨也。周用跀。斷(斷)足也。凡於周言臏者。擧(擧)本名也。『莊子』。魯(魯)有兀者叔山無趾。踵見仲尼。崔譔(譔)云。無趾故踵行。然則跀刑卽漢之斬趾。無足指(指)、故以足跟行也。無足指不能行。故別爲刖足者之屨以助其行。『左氏』云踊貴屨賤是也。臏則足廢不能行。跀則用踊尙可行。故跀輕於臏也。「跀」一名「跸」。「跸」一作「剕」。『鄭-駁:異義』云。皋(皐)陶改臏爲剕。呂刑有剕。周改剕爲刖。此恐誤。與『司刑:注』不合。》从足。月聲。《魚厥切。15部。》 𨀊 跀或从兀。《亦形聲。『莊子:養生主:注』曰。介、偏刖之名。【崔-本】作「兀」。又作「趴」。云斷足也。『德充符』。申徒嘉、兀者也。李云。刖足曰兀。》/84

跂 **(기)【qí ㄑㄧˊ】** 육발, 발돋움 할

설문 1344 足多指也。从足。支聲。《巨支切。16部。按足部當終於路。蹸字跂字不當厠此。『莊子』。駢拇枝指。字只作「枝」。跂葢(蓋)俗體。》/84

◀ 제 5 획 ▶

跋 **(월)【yuè ㄩㄝˋ】** 가벼울, 달아나는 모양 ■휠:같은 뜻

설문 1278 輕也。《『廣韵(韻)』。娍、輕也。字从女。》从足。戉聲。《王伐切。15部。》/81

跇 **(예)【chì ㄔˋ】** ㊤ **yì** ㉧ **chì** 本[지을] 뛰어 넘을 ■체:같은 뜻

설문 1317 迣也。《「迣」當作「逑」。字之誤也。『樂書』。騁容與兮跇萬里。裴引如淳曰。跇謂超踰也。『吳都賦』說田獵曰。跇踰竹柏。獮狳杞柟。》从足。世聲。《丑例切。15部。鄒誕生云。「跇」一作「世」。》/83

跸 **(불)【fú ㄈㄨˊ】** 급히 달릴, (높이)뛸 ■비:같은 뜻

설문 1309 跳也。《『方言』。路踣跸跳也。》从足。弗聲。《敷勿切。15部。》/83

跋 **(발)【bá ㄅㄚˊ】** ㉧ **bò** 本[넘어질] 갈[산야를 지나는 것, 물을 건너는 것은 섭(涉)], 걷고 건널, 발뒤꿈치

설문 1319 蹎也。《依『豳風:正義』訂。跋、【經傳】多叚(假)借沛字爲之。『大雅』、『論語』顚沛皆卽蹎跋也。『毛傳』。顚、仆也。沛、拔也。拔同跋。『豳風』狼跋亦或作拔。『馬融-論語:注』曰。顚沛、僵仆也。按『豳風』狼跋其胡謂躐也。躐則仆矣。引伸爲近人題跋字。題者標其前。跋者系其後也。『邶風:傳』。艸行曰跋。別一義。》从足。犮聲。《北末切。『廣韵(韻)』蒲撥切。15部。》/83

跌 **(질)【dié ㄉㄧㄝˊ】** ㊤㊥⑨㉧ **diē** 넘어질, 지나칠

설문 1321 踼也。从足。失聲。《徒結切。12部。》一曰越也。《別一義。》/83

跔 **(구)【qú ㄑㄩˊ】** ㊤㊥⑨ **jū** 곱을(발이 너무 차서 둔함)

설문 1332 天寒足跔也。《『周書:大子晉解』師曠東。躅其足。曰善哉善哉。大子曰。大師何擧(擧)足驟。師曠曰。天寒足跔是以數也。此許所本。『莊子:音義』亦引『周書』天寒足跔。『今本-周書』作「足躅」。誤也。跔者、句曲不伸之意。》从足。句聲。《其俱切。4部。》/84

跖 **(척)【zhí ㄓˊ】** 발바닥, 사람 이름

설문 1266 足下也。《今所謂脚(脚)掌也。『史記』曰。跖勁弩按弩以足蹋張之。故曰跖。跖或借蹠爲之。又作「蹠」。『賈誼傳』曰。病非徒瘇也。又苦蹠盩。蹠、跖字之異者也。足跖、反戾不可行。》从石。石聲。《之石切。古音在5部。》/81

距 **(거)【jù ㄐㄩˋ】** 本[(닭)며느리발톱] (시간·공간)떨어질

[설문] [1334] 雞(鷄)距也。《『左傳』。季氏介其雞。郈氏爲之金距。服曰。以金沓距也。按鳥距如人與獸之叉。此距與[止部]之歫異義。他家多以距爲歫。》从足。巨聲。《求許切。5部。亦作鉅作艍。》/84

◀ 제 6 획 ▶

跟 (근)【gēn ㄍㄣ】 발뒤꿈치, 뒤따를
[설문] [1264] 足踵也。《「踵」【各本】作「踵」。誤。〔止部〕曰。踵、跟也。『釋名』曰。足後曰跟。一體任之。象本根也。》从足。皀(艮)聲。《古痕切。13部。》 跟或从止。/81

跣 (선)【xiǎn ㄒㄧㄢˇ】 맨발, 맨발로 다닐
[설문] [1331] 足親地也。《親跣疊韵(疊韻)。古者坐必脫屨。燕坐必襪韈。皆謂之跣。如趙盾侍君燕。跣以下。此襪韈之跣也。如晉悼公跣而出。此不暇屨之跣也。『喪大記』。主人徒跣。亦謂襪韈。》从足。先聲。《穌典切。12部。》/84

跧 (전)【quán ㄑㄩㄢˊ】 [상] zhuān (발로)찰
[설문] [1285] 蹴也。《蹴、躡也。》从足。全聲。《莊緣切。14部。》一曰卑也。絭也。《絭當爲拳曲之拳。『魯(魯)靈光殿賦』。狡兔(兎)跧伏於柎側。『注』當引卑也、絭也。李善引蹴也。非。》/82

跨 (과)【kuà ㄎㄨㄚˋ】 (사타구니를 벌려 뛰어)넘을
[설문] [1289] 渡也。《謂大其兩股閒(間)以有所越也。因之兩股閒謂之跨下。『史記:淮陰侯傳』作胯下。〔夂部〕曰。牛、跨步也。苦瓦切。》從足。夸(夸)聲。《苦化切。按古音在5部。音轉入於17部耳。『五經文字』云『說文』作跨。【經典】相承。隷省作跨。此實不然。夸(夸)聲在5部。牛聲在17部。絕(絶)無牟字。至[肉部]云。『說文』胯。隸省作胯。則更誤。『說文』有牛字無跨、胯字。胯卽牛之俗。『廣韵』曰。兩股閒也。玉裁又按。蹴踢躡跨蹈躔踐七字一氣銜接。不當中絕以跨字。疑【許書】本無跨字。[夂部]之牛釋曰。跨步也。「跨步」當爲「夸步」。夸步者、大步也。大張其兩股曰牛。必云夸步不云大步者、夸雙聲也。後人改牛作跨。『玉篇』云。牛與跨同。其明證也。又專言兩股閒則作跨。牛字之訓則改之曰跨步。皆出後人增竄。此所以【張參本】與【今-本】參差乖異而皆不必是歟。》/82

跪 (궤)【guì ㄍㄨㄟˋ】 [本][(무릎 꿇고)절할] 꿇어앉을
[설문] [1268] 拜也。《〔手部〕曰。㨫(擽拜)、首至手也。按跪與拜二事。不當一之。疑當云所以拜也。後人不達此書所以字。往往刪(刪)之。『釋名』。跪、危也。兩膝隱地。體危陧也。》从足。危聲。《去委切。16部。》/81

路 로【lù ㄌㄨˋ】 (다니는 길, 도덕, 이치, 중요한 자리)길, 클
[설문] [1342] 道也。《『釋宮』。一達謂之道路。此統言也。『周禮』。澮上有道。川上有路。此析言也。『爾雅』、『毛傳』。路、大也。此引伸之義也。》从足。各聲。《洛故切。5部。》/84
[형성] (5자) 로(璐)93 로(鷺)2301 로(簬)2740 로(潞)6694 로(露)7205

趼 (견)【yiǎn ㄧㄢˇ】 [상][中][9][작] yàn [本][짐승 발돋움하고 바라볼] 못(발에 생기는 못) [■]연:같은 뜻
[설문] [1341] 獸足企也。《『釋嘼(畜)』。騉蹏趼、善陞甗。又騉駼、枝蹏趼、善陞甗。趼者謂其足企。企、擧(擧)踵也。故善登高。趼本或作研。趼、滑石也。『舍人』、李巡、孫炎、郭樸、顏(顔)師古皆以蹄下平正如研釋之。》从足。幵(开)聲。《五甸切。14部。》/84

跲 (겁)【jiá ㄐㄧㄚˊ】 [작] jiè (물건에 걸려)넘어질
[설문] [1316] 躓也。《『中庸』。言前定、則不跲。》从足。合聲。《居怯切。7部。》/83

跳 (도)【tiào ㄊㄧㄠˋ】 뛸 [■]조:속음
[설문] [1306] 蹷也。《『方言』。自關而西秦晉之閒曰跳。》从足。兆聲。《徒遼切。2部。》一曰躍也。《躍、迅也。》/83

◀ 제 7 획 ▶

跽 (기)【jì ㄐㄧˋ】 (무릎은 꿇고, 엉덩이는 닿지 않게)꿇어 앉을
[설문] [1269] 長跽也。《「長跽」【各本】作「長跪」。今正。按係於拜曰跪。不係於拜曰跽。『范睢傳』四言秦王跽、而後乃云秦王再拜是也。長跽乃古語。「長」俗作「踬」。人安坐則形弛。敬則小跪聳體若加長焉。故曰長跽。『方言』。東齊海岱北燕之郊跪謂之踑跫。郭曰。今東郡人亦呼長跽爲踑跫。『釋名』。跽、忌也。見所敬忌不敢自安也。『徐廣-注:滑稽傳』鞠䏶曰。䏶其紀反。與跽同。謂小跪也。『廣雅』。踑跫、跪拜也。此統言之。許跪跽析言之。》从足。忌聲。《渠几切。古音在1部。徐廣音是也。》/81

踀 (숙)【shú ㄕㄨˊ】 [상][中][9][작] shū 빠를, 길(長也)
[설문] [1280] 疾也。長也。《二義相反而相成。『易』。其欲逐逐。薛云。速也。『子夏傳』作「攸攸」。『荀』作「悠悠」。劉(劉)作「踀」、云遠也。按『方言』透、驚也。式竹切。『吳都賦』。驚透沸亂。透卽踀字。音義正同。今人以爲透漏字。他候(候)切。》从足。攸聲。《式竹切。3部。》/82

踬 (진)【zhēn ㄓㄣ】 [상][中][9][작] zhèn [작] zhēn 움직일
[설문] [1307] 動也。《與[口部:唇]、[雨部:震]、[手部:振]音義略同。》从足。辰聲。《側鄰(隣)切。12部。》/83

踄 (박)【bù ㄅㄨˋ】 [상][中][9][작] bó [작] bù 밟을 [■]보:같은 뜻
[설문] [1290] 蹈也。从足。步聲。《旁各切。又音步。5部。》/82

踦 (규)【kuí ㄎㄨㄟˊ】 [작] kuǐ 장딴지, 종아리살, 굽은 정강이
[설문] [1329] 脛肉也。从足。夅聲。一曰曲脛也。《『廣

韵(韻)』作「左脛曲」。》讀若逵。《渠追切。古音在 3部。按一日曲脛也。橫梗不貫。凡似此者疑皆後人所妄增。》/84

踑 (패)【bèi ㄅㄟˋ】 허둥지둥할 ※ 패(狽)의 본래 글자

설문 1314 步行獵跋也。《「獵」今之「躐」字。踐也。『毛傳』曰。跋、躐也。老狼進則躐其胡。獵跋猶踐踏也。》从足。貝聲。《博蓋(盖)切。15部。》/83

踊 (용)【yǒng ㄩㄥˇ】 뛸, 춤출, (위로)오를

설문 1282 跳也。《與[走部:踊]別。》从足。甬聲。《余隴切。9部。》/82

◀ 제 8 획 ▶

踐 (천)【jiàn ㄐㄧㄢˋ】 (발로, 이행)밟을

설문 1293 履也。《履之箸地日履。履足所依也。》从足。戔聲。《慈衍切。14部。》/82

踒 (와)【wò ㄨㄛˋ】 ㉭㊥⑨㉶ wō 실족할, 미끄러질 ■위:발을 꺾을 ■유:두 발로 밟을

설문 1330 足跌也。《「跌」當爲「肤」。字之誤也。〔肉部〕曰。肤、骨差也。踒者、骨委屈失其常。故曰肤。亦曰差跌。》从足。委聲。《烏過切。17部。》/84

踔 (초)【zhuó ㄓㄨㄛˊ】 ㉭ zhào ㊥⑨ chuò ㉶ chuō 달릴, (뛰어)넘을, 절름거릴 ■조:머뭇거릴 ■탁:뛰어날, 밟을

설문 1295 踶也。《許意踔與踏義同。》从足。卓聲。《知教切。2部。『廣韵(韻)』丑教切。蝬跳也。『漢書:上林賦』趠希(希)間。『史記』作「踔希間」。是也。又『莊子』一足趻踔而行。謂腳(脚)長短也。敕甚敕角切。》/82

踖 (적)【jí ㄐㄧˊ】 本[걸을] 밟을, 삼갈, 재빠를, 부끄러워 할

설문 1272 長脛行也。《『小雅』。執爨踖踖。毛曰。踖踖、言爨竈有容也。》从足。昔聲。《資昔切。古音在 5部。》一曰踧踖。《見『論語:鄕(鄉)黨』。馬融曰。恭敬皃(貌)也。『廣韵(韻):一、屋』曰。踧踖、行而謹敬。按『左傳』「石碏」。『漢-石經:公羊』作「石踖」。从石、誤字也。》/81

踂 (곤)【kǔn ㄎㄨㄣˇ】 얼어 터진 발

설문 1333 瘃足也。《〔疒部〕曰。瘃、中寒腫覈也。據『趙充國傳』。手足皆有皸瘃之患。此字從足。故訓爲瘃足。》从足。囷聲。《囷聲【鍇本】作困聲。非。古音由斂而侈。囷聲字多轉入𩲡(魂)韵(韻)。苦本切。13部。》/84

踝 (과)【huà ㄏㄨㄚˋ】 ㉭㊥⑨㉶ huái 복사뼈, 발뒤꿈치

설문 1265 足踝也。《『釋名』曰。踝、确也。居足兩旁磽确然也。按踝者、人足左右骨隆然圜者也。在外者謂之外踝。在內者謂之內踝。》从足。果聲。《胡瓦切 17部。》/81

踦 (비)【fèi ㄈㄟˋ】 종지뼈, 잘라낼

설문 1337 跀也。《字亦作「剕」。》从足。非聲。《扶味切。15部。》/84

踣 (복)【bó ㄅㄛˊ】 넘어질, 넘어뜨릴 ■북:속음 ■부:넘어뜨릴

설문 1326 僵也。《僵、卻(却)偃也。》从足。咅聲。《蒲北切。按古音在 4部。『爾雅』釋文音赴。或孚豆蒲庆二反。是也。然則踣與仆音義皆同。孫炎曰。前覆曰仆。『左傳:正義』曰。前覆謂之踣。對文則偃與仆別。散文則通也。[走部:趏]同。》『春秋傳』曰。晉人踣之。《『左傳:襄:十四年』文。》/83

踤 (졸)【cù ㄘㄨˋ】 ㉭㊥⑨㉶ zú (공격하여)찌를, 모일

설문 1304 觸也。《『長楊賦』。帥軍踤阹。『漢書:音義』曰。踤、聚也。師古曰。踤、足蹴也。》从足。卒聲。《昨沒(没)切。15部。》一曰駭也。一曰倉踤。《今人多用蒼猝。【古書】多用「倉卒」。》/82

踦 (기)【qí ㄑㄧˊ】 ㉭㊥㉶ qī 절름발이, 닿을

설문 1267 一足也。《『管子』。告堯之時。一踦腓。一踦屨。而當死。謂一足剕、一足屨當死罪也。引伸之凡物單曰踦。『方言』。倚踦奇也。自關而西凡全物而體不具謂之倚。梁楚之閒(間)謂之踦。雍梁之西郊凡嘼(畜)支體不具者謂之踦。『公羊傳』。匹馬隻輪無反者。何曰。匹馬、一馬也。隻、踦也。又相與踦閭而語。何云。閉一扇、開一扇。一人在內、一人在外。『戰國策』。必有踦重者矣。踦重、偏重也。若〔衣部〕曰。襱、絝踦也。『毛傳』曰蠨蛸、長踦也。則皆謂足。不必一足。》从足。奇聲。《去奇切。古音在 17部。》/81

踧 (척)【cù ㄘㄨˋ】 ㉭㊥⑨ dí 길이 평탄한 모양 ■축:삼갈, 공경할, 쭈그러질

설문 1270 行平易也。《『小雅:毛傳』曰。踧踧、平易也。》从足。叔聲。《子六切。3部。》『詩』曰。踧踧周道。《小弁。》/81

◀ 제 9 획 ▶

踰 (유)【yú ㄩˊ】 (한도, 장소, 경과)넘을, 초월할, 뛸 ■요:멀

설문 1277 越也。《越、度也。踰與逾音義略同。》从足。俞聲。《羊朱切。4部。》/81

蹍 (하)【xiá ㄒㄧㄚˊ】 ㉭㊥⑨㉶ xiā 발자국

설문 1336 足所履也。从足。叚聲。《乎加切。凡叚聲古在 5部。按蹍疑蹑之誤。『篇』、『韵』有蹦字。丁貫切。今俗謂用力踏地日蹦。蹑音同也。【許書】碫字譌碬。鍛鍜錯出、是其比矣。》/84

踵 (종)【zhǒng ㄓㄨㄥˇ】 ⑨ chǒng 本[뒤밟을] 발꿈치, 이를

설문 1294 追也。《與[止部:歱]別。》从足。重聲。《之隴切。9部。》一曰往來皃(貌)。/82

踶 (제)【dì ㄉㄧˋ】 (가볍게)밟을 ■지:힘쓸

설문 1298 躗也。《李軌曰。踶、蹋也。『通俗文』曰。小蹋謂之踶。》从足。是聲。《特計切。16部。》/82

踼(탕)【táng ㄊㄤˊ】걸려 넘어질, 넘어져 엎드린 모양 ■당:발뻗고 엎드려 누울 ■상:놀라 움직이는 모양

설문 1322 跌也。《[今本]作跌踼也。恐是誤倒。『吳都賦』。寬(魂)褫氣懾而自踼跊者。劉(劉)曰。踼跊、頓伏也。李引『聲類』。踼、跌也。『漢書:音義』。跊、崩也。》从足。易聲。《徒郎切。10部。》一曰槍也。《別一義。[木部]曰槍、歫也。[止部]曰。歫、槍也。按踼與党音義同。党、歫也。》/83

踽(우)【jǔ ㄐㄩˇ】㉻ qǔ 외로울

설문 1273 疏行皃(貌)。《『唐風』。獨行踽踽。毛曰。踽踽、無所親也。按許合[經傳]云爾。疏、通也。引伸爲親疏。『孟子』。行何爲踽踽。涼涼義同。》从足。禹聲。《區主切。5部。》『詩』曰。獨行踽踽。/81

蹁(편)【pián ㄆㄧㄢˊ】비틀거릴, 빙 돌아서 가는 모양, 무릎머리 ■변:같은 뜻

설문 1328 足不正也。《『南都賦』說舞曰。蹴蹸 蹁躚。卽『上林賦』之便䠮𨃩屑(屑)也。》从足。扁聲。《部田切。12部。》一曰拖後足馬。《「拖」俗字。當作「拕」。》讀若苹。《此11部 12部合韵(韻)。》或曰徧。《讀如徧也。》/83

◀ 제 10 획 ▶

跨(과)【kuà ㄎㄨㄚˋ】걸터 앉을

설문 1324 居也。从足。夸聲。《苦化切。按此恐又跨(跨)字之異體。》/83

蹇 건【jiǎn ㄐㄧㄢˇ】발 절(跛也), 절뚝발이, 교만할

설문 1327 尳也。《[尣(尢)部]曰。尳、蹇也。是爲轉注。尳、曲脛也。『易』曰。蹇、難也。行難謂之蹇。言難亦謂之蹇。俗作謇。非。》从足。寒省聲。《九輦切。14部。按[各本]尳作跛。又於蹇篆之上出跛篆。云行不正也、從足皮聲、一曰足排之、讀若彼。此後人不知跛卽尳之隸變而增之耳。今刪(刪)。『曲禮』。立毋跛。鄭云。跛、偏任也。此謂形體偏任一變如尳者然。凡[經傳]多作跛。》/83

踏(탑)【tà ㄊㄚˋ】발로 긁어 당길, 뛸 ■답:같은 뜻

설문 1311 趿也。《按「趿」當作「跳」。『方言』。踏、跳也。自關而西秦晉之閒曰跳。或曰踏。》从足。荅聲。《他合切。7部。》/83

蹈(도)【dào ㄉㄠˋ】㉠㉯㊥⑨㉻ dǎo (땅을)밟을, 걸음, 실천

설문 1291 踐也。《『釋名』。蹈、道也。以足踐之如道。》从足。舀聲。《徒到切。古音在 3部。》/82

䌛(요)【yáo ㄧㄠˊ】뛸, 걷는 모양

설문 1312 跳也。《『方言』。䌛、跳也。陳鄭之閒(間)曰䌛。》从足。䍃聲。《余招切。2部。》/83

蹋(답)【tà ㄊㄚˋ】밟을, (공을)찰

설문 1287 踐也。从足。𦐇聲。《徒盍切。8部。俗作踏。》/82

蹌(창)【qiāng ㄑㄧㄤ】추창할(달리는 모양)

설문 1281 動也。从足。倉聲。《七羊切。10部。》/82

蹎(전)【diān ㄉㄧㄢ】넘어질

설문 1318 跋也。《[經傳]多叚(假)借顚字爲之。如『左傳』子都自下射之顚是也。『貢禹:傳』。誠恐一旦蹎仆氣竭。》从足。眞聲。《都年切。12部。『豳風:正義』引丁千反。》/83

蹏(제)【tí ㄊㄧˊ】굽, 발 ※ 제(蹄)와 같은 글자, 올무, 얇고 작은 종이

설문 1263 足也。《俗作「蹄」。》从足。虒聲。《杜兮切。16部。》/81

蹐(척)【jí ㄐㄧˊ】살살 걸을

설문 1320 小步也。《『毛傳』。蹐、累足也。按累蹐疊韵(疊韻)。累足者、小步之至也。》从足。脊(脊)聲。《資昔切。16部。》『詩』曰。不敢不蹐。《『小雅』。走部]引作「趚」。》/83

◀ 제 11 획 ▶

蹀(첩)【dié ㄉㄧㄝˊ】밟을, 잔 걸음할

설문 1300 蹀足也。《案此三字一句。蹀卽蹀字也。叚(假)借作「啑」作「喋」。『文帝紀』。新喋血京師。服虔(虔)曰。喋音蹀屣履之蹀。如淳曰。殺人流血滂沱爲喋血。司馬貞引『廣雅』。喋、履也。然則喋血者、蹀血也。謂流血滿地汚足下也。》从足。執聲。《徒叶切。7部。》/82

蹛(대)【dì ㄉㄧˋ】㉯㊥⑨㉻ dài 밟을, 제사 지낼

설문 1296 踶也。《『玄應』曰。蹛『三蒼』音帝。郭訓古文奇字。以爲古文逝字。『漢書』韋昭音徒計切。按蹛卽躛字。『漢書』躛惲作「躛」、蹛林作「蹛」。》从足。帶聲。《當葢(蓋)切。15部。》/82

蹠(척)【zhì ㄓˋ】㉯㊥⑨㉻ zhí 本[뗼] 밟을, 다다를

설문 1310 楚人謂跳躍曰蹠。《見『方言』。》从足。庶聲。《之石切。古音在 5部。》/83

蹡(장)【qiāng ㄑㄧㄤ】가는 모양, 모일 ■창:속음

설문 1274 行皃(貌)。《『聘禮』。衆介北面蹡焉。鄭云。容皃(貌)舒揚。『曲禮』。天子穆穆。諸侯皇皇。大夫濟濟。士蹡蹡。鄭曰。皆行容止之皃也。按許蹡爲行皃。蹌訓動也。然則『禮』言行容者皆蹡爲正字、蹌爲叚(假)借字。『廣雅』。蹡蹡、走也。》从足。將聲。《七羊切。10部。》『詩』曰。管磬蹡蹡。《『周頌』文。『今-詩』作磬筦將將。毛曰。將將、集也。》/81

蹢(적)【zhí ㄓˊ】(마소의)굽, 던질 ■척:머뭇거릴, 깡창뛸

설문 1302 蹢躅、《[各本]奪此二字。『文選(選):注』四引皆有。》逗足也。《「逗」[各本]作「住」。今正。逗者止足也。『說

足 7 ⑪

㉻ 作家出版社[董蓮池-說文解字考正] ⑨ 九州出版社[柴劍虹-說文解字] ㉠ 陝西人民出版社[蘇寶榮-說文解字今注今譯] ㉯ 上海古籍出版社[說文解字注] ㊥ 中華書局[臧克和-說文解字新訂]

文』無住字、[人部]有侸。侸者立也。立者侸也。是爲轉注。侸非蹢(躪)躅之義。『易』曰。羸豕孚蹢躅。三年問。鳴號焉。蹢躅焉。蹢躅之雙聲疊韵(疊韻)曰「踟躕」、曰「跢跦」、曰「峙踞」、曰「篴箸」。俗用「躊躇」。》从足。啻聲。《[俗本]作「適省聲」。非是。直隻切。16部。》或曰蹢 躅。《按四字衍文。》賈侍中說足垢也。《賈謂足垢爲蹢躅。》/82

◀ 제 12 획 ▶

蹩(별)【piě ㄆㄧㄝˇ】 ㊤㊥⑨㊔ bié 절름발이
설문 1297 蹎也。《『集韵(韻)』作「蹩」。云反足蹎也。匹蔑切。『莊子』。蹩薛爲仁。亦作「弊薛」。》从足。敝聲。《蒲結切。15部。》一曰㧊也。/82

躍(저)【chí ㄔˊ】 ㊤㊥⑨㊔ chú 머뭇거릴
설문 1308 峙躇。《逗。》不前也。《峙見[止部]。云踞也。今按當云峙踞也。淺人刪(刪)一字耳。》从足。屠聲。《直魚切。5部。》/83

蹲(준)【cún ㄘㄨㄣˊ】 ㊤㊥⑨㊔ dūn (무릎을 세우고)쭈구리고 앉을, 단정할
설문 1323 居也。《[尸部]曰。居、蹲也。是爲轉注。[各本]作「踞也」。以俗改正。又增一踞篆於蹲後。今正而刪(刪)之。『左傳』。蹲甲而射之。蹲、居也。引伸爲居積之義。》从足。尊聲。《徂尊切。13部。『山海經』作「踆」。》/83

蹴(축)【cù ㄘㄨˋ】 (발로)찰, 삼갈
설문 1286 躡也。《『玄應』云。『說文』。蹴、躡也。以足逆蹋之曰蹴。》从足。就聲。《七宿切。3部。》/82

蹶(궐)【jué ㄐㄩㄝˊ】 넘어질, 엎어질, 밟을 ■궤:움직일, 민첩할, 급히 걸을
설문 1305 僵也。《僵、僨也。『方言』。跌、蹶也。『左傳』。是謂蹶其本。》从足。厥聲。《居月切。15部。》一曰跳也。《『孟子』。今夫蹶者趨者。是氣也。而反動其心。》讀亦若㯮。《亦者、謂讀若厥矣又讀若蟨也。㯮瞿月切。》 蹶或从闕。/83

蹸(린)【lìn ㄌㄧㄣˋ】 짓밟을
설문 1343 轢也。《[車部]曰。轢、車所踐也。》从足。粦(粦)聲。《良忍切。12部。》/84

蹻(교)【qiāo ㄑㄧㄠˉ】 ㉠ jiǎo ㊔ jué (발을 높이)들
설문 1279 擧(擧)足小高也。《蹻高疊韵(疊韻)。[各本]作「行高」。》『晉灼-注:漢書:高帝記』作「小高」。『玄應』引『文穎』曰。蹻猶翹也。又引『三蒼:解詁』云。蹻、擧(擧)足也。丘消切。按今俗語猶然。》从足。喬聲。《丘消切。大徐。居勺切。非也。2部。》『詩』曰。小子蹻蹻。《『大雅』文。毛曰。蹻蹻、驕皃(貌)。此引伸之義。》/81

◀ 제 13 획 ▶

躅(촉)【zhú ㄓㄨˊ】 머뭇거릴 ■탁:자취
설문 1303 蹢躅也。从足。蜀聲。《直錄切。3部。》/82

◀ 제 14 획 ▶

蹬(단)【duàn ㄉㄨㄢˋ】 짐승의 발자국, 걸음 빠를
설문 1275 踐處也。《此與畽同義。[田部]曰。畽、禽獸所踐處也。『王逸-九思』。鹿蹊兮蹬蹬。亦作「斷」。按祗云踐處。別於畽字。專屬禽獸。》从足。㡭(斷)省聲。《不云㡭聲者、㡭古文絕(絶)也。徒管切。14部。》/81

躋(제)【jī ㄐㄧˉ】 (높은 곳에)올라 갈
설문 1283 登也。从足。齊聲。《祖雞(鷄)切。15部。》『商書』曰。《按[口部]引咈其耇長、[辵(辶)部]引我興受其退皆系之『周書』。此作『商書』。恐此爲是。》予顚躋。《『微子篇』文。『今-尙書』作「隮」。注家云。顚隕、隮墜。按升降同謂之躋。猶治亂同謂之亂。俗作隮。『顧命』由賓階隮、『毛詩』朝隮于西、南山朝隮、『周禮』九日隮皆訓升。『左傳』知隮於溝壑矣、則訓降。》/82

躍(약)【yuè ㄩㄝˋ】 뛸, 뛰게할 ■적:빨리 달릴
설문 1284 迅也。《迅、疾也。》从足。翟聲。《以灼切。2部。》/82

◀ 제 15 획 ▶

躓(지)【zhì ㄓˋ】 넘어질, 차질(실패) ■치:엎드러질, 쓰러질 ■질:같은 뜻
설문 1315 跲也。《『釋言』、『毛傳』皆曰。疐、跲也。疐者躓之叚(假)借字。》从足。質聲。《陟利切。古音在 12部。『詩:正義』引竹二反。》『詩』曰。載躓其尾。《『豳風』。載疐其尾。許所據作「躓」。》/83

躔(전)【chán ㄔㄢˊ】 本[(궤도를)밟을] 軌道、자취、
설문 1292 踐也。《『方言』。躔、歷行也。日運爲躔。》从足。廛聲。《直連切。14部。》/82

◀ 제 16 획 ▶

衛(위)【wèi ㄨㄟˋ】 지킬, 허물, 밟을, 잘못, 거짓
설문 1299 衞(衛)也。《按此必有脫誤。當云躛蹎也。[牛部:犖]下云。牛蹎犖也。然則躛犖義略同。》从足。衞聲。《于歲切。15部。》/82

◀ 제 18 획 ▶

躡(섭)【niè ㄋㄧㄝˋ】 밟을, 오를, (신을)신을
설문 1288 蹈也。《『史記』。張良、陳平躡漢王足是也。『耤田賦:注』引『說文』。躡、追也。不同》从足。聶聲。《尼輒切。8部。》/82

躣(구)【qú ㄑㄩˊ】 (걸어)갈
설문 1271 行皃(貌)。《『九辯』。右蒼龍之躣躣。》从足。瞿聲。《其俱切。5部。》/81

◀ 제 19 획 ▶

躧(사)【shài ㄕㄞˋ】 ㊤㊥⑨㊔ xǐ (춤출 때 신는)춤신, 걸을
설문 1335 舞履也。《『鄭-注:周禮』曰。鞮屨、四夷舞者屝也。『史記:貨殖傳』。躡利屣。徐廣曰。舞屣也。躡一作「跕」。跕吐協反。『地理志』。跕躧。臣瓚曰。躡跟爲跕。按舞不納履。故凡不著跟、曳之而行曰躧履。如『雋不疑傳』、『長門

賦』皆是也。『西京賦』說舞曰。振朱屣於盤樽。薛曰。朱屣、赤絲履也。》从足。麗聲。《所綺切。16部。》 韆或从革。/84

躩 (각)【jué ㄐㄩㄝˊ】㊥ qué 뛸, 빠를, 피할 ■곽:속음

설문 1325 足躩如也。《『論語-苞氏』曰。躩、盤辟皃(貌)也。》从足。矍聲。《丘縛切。5部。》/83

158 7-11 身 몸 신

身 신【shēn ㄕㄣ】[설문부수 298] 몸, 해(나이), 줄기, 애 밸 ■건:나라 이름

설문 5013 躳(躬)也。《〔呂部〕曰。躳、身也。二字爲互訓。躳必入〔呂部〕者。躳謂身之傴。主於脊骨也。》从人。申(申)省聲。《大徐作象人之身。从人、厂聲。按此於先後失倫。厂古音在 16部。非聲也。今依『韵會-所據:小徐本』正。『韵會』从人之上有「象人身」三字。亦非也。申、籒作㚇。故从其省爲聲。失人切。12部。》凡身之屬皆从身。/388

성부 부록 색인 참조

형부 身을 부수로 하는 대부분의 글자들

형성 (1자) 신(㑗 㑗)4969

◀ 제 3 획 ▶

躳 躬궁【gōng ㄍㄨㄥ】몸, 몸소, 몸소할

설문 4428 身也。《『廣雅』同。》从呂。从身。《从呂者、身以呂爲柱也。矦執信圭。伸圭人形直。伯執躳(躬)圭。躳圭人形曲。鞠躳者、斂曲之皃(貌)也。居戎切。9部。》 躬俗从弓身。《弓身者、曲之會意也。》/343

성부 宮궁 竆竆궁

◀ 제 5 획 ▶

● 䠶 쏠 사(射)-본자

◀ 제 7 획 ▶

● 躳 몸 궁(躬)-본자

◀ 제 14 획 ▶

軀 (구)【qū ㄑㄩ】몸, 신체

설문 5014 體也。《體者、十二屬之總名也。可區而別之。故曰軀。》从身。區聲。《豈俱切。古音在 4部。》/388

159 7-12 車 수레 거/차

車 차【jū ㄐㄩ】[설문부수 498] ㊤㊥⑨㊐ chē 수레, 잇몸 ■거:수레

설문 9069 輿輪之緫(總)名也。《車之事多矣。獨言輿輪者、以轂輻牙皆統於輪。軾較軫軹轛皆統於輿。輈與軸則所以行此輿輪者也。故倉頡之制字、但象其一輿网(兩)輪一軸。許君之說字、謂之輿輪之總名。言輪而軸見矣。渾言之則輿輪之總名。析言之則惟輿偁(稱)車。以人所居也。故『攷工記』曰輿人爲車。》夏后時奚仲所造。《『左傳』曰。薛之皇祖奚仲居薛。以爲夏車正。杜云。奚仲爲夏禹掌車服大夫。然則非奚仲始造車也。『明堂位』曰。鉤車、夏后氏之路也。『毛詩:元戎:傳』曰。元、大也。夏后氏曰「鉤車」。先正也。殷曰「寅車」。先疾也。周曰「元戎」。先良(良)也。『箋』云。鉤者、鉤股曲直有正也。【俗本】譌甚。今依『釋名』及『音義』改正。葢(蓋)奚仲時車制始僃(備)。合乎句股曲直之法。『古史攷』云。少昊時加牛。禹時奚仲加馬。強(强)爲之說耳。》象形。《謂象网輪一軸一輿之形。此篆橫視之乃得。古音居。在5部。今尺遮切。『釋名』曰。古者曰車。聲如居。言行所以居人也。今曰車。車、舍也。行者所處(處)若屋舍也。『韋昭-辯:釋名』曰。古惟尺遮切。自漢以來始有居音。按三國時尚有歌無麻。遮字衹在魚歌韵內。非如今音也。古音讀如祛。以言車之連行。不讀如居。但言人所居止。『老子』。當其無有車之用。音義去於反。此車古音也。然『考工記』輿人爲車。是自古有居音。韋說未㮣也。》凡車之屬皆从車。 𨏥 籒文車。《从戈者、車所建之兵。莫先於戈也。从重車者、象兵車聯緜也。重車則重戈矣。》/720

성부 부록 색인 참조

형부 車를 부수로 하는 대부분의 글자들
진(陣) 범(範) 종(㩽)

◀ 제 1 획 ▶

軋 (알)【yà ㄧㄚˋ】수레 삐걱거릴, 수레바퀴가 닿아 쓸려서 소리날, 아득하고 먼 모양

설문 9136 報也。《「報」大徐作「輾」。非也。『匈奴傳』曰。有罪小者軋。大者死。顏(顔)曰。謂輾轢其骨節。按本謂車之報於路。引申之爲勢相傾。》从車。乙聲。《此从甲乙爲聲。非从燕乙也。惟今韵(韻)則入十四黠(黠)耳。烏轄切。古音當在 12部。》/728

◀ 제 2 획 ▶

軌 궤【guǐ ㄍㄨㄟˇ】本[수레바퀴 자국] 바퀴 사이, 바퀴 굴대, 법궤

설문 9139 車徹(轍)也。《〔攴(攵)部〕曰。徹者、通也。車徹者、謂輿之下网(兩)輪之閒(間)空中可通。故曰車徹。是謂之車軌。軌之名謂輿之下隋方空處(處)。『老子』所謂當其無有車之用也。『高誘-注:呂氏-春秋』曰。网輪之閒曰軌。『毛公-匏有苦葉:傳』曰。由輈以下曰軌。合此二語、知軌所在矣。上岠輿、下岠地。网旁岠輪。此之謂軌。毛云由輈以下、則輿下之輈、軌也。輈下之軸、軌也。虛(虛)空之處未至於地皆軌也。濡軌者、水濡輪閒空虛之處。而至於軸。而至於輈。則必入輿矣。故濟盈斷無有濟濡軌之水者。禮義之大防也。毛何以不言网輪之閒、而言由輈以下乎。曰网輪之閒。

自廣陿言之。凡言度涂以軌者、必以之。由輈以下、自高庳言之。『詩』言濡軌、晏子言其深滅軌、以之。『中庸』車同軌、兼廣陿高庳言之。徹廣六尺。軹崇三尺三寸。天下同之。同於天子所制之度也。『穀梁傳』車軌塵、卽『曲禮』之驅塵不出軌。謂其塵之高廣、一如軌之高廣而不過也。『車人』徹廣六尺、自其裏言之。『匠人:注』徹廣八尺、自其表言之。曰由輈以下曰軌、曰兩(兩)輪之閒曰軌、自其裏言之。『少儀』祭左右軌、『史記』車不得方軌、自其表言之。自軌徹之說不明。訓之以地上之迹。迹非不名軌徹也。而迹豈軌徹也。『邶詩』不能通、乃以軓字易軌字。而『毛傳』由輈以下復改作由輈以上。郢書燕說、沈錮千年矣。許云車徹。固已了然。如後人之憒憒。則許當云軌車蹤也。蹤車迹也已矣。故大史公言好學深思、不若卜子言近思。》从車。九聲。《軌从九者、九之言鳩也、聚也。空中可容也。形聲中有會意。古音居酉反。在 3部。今音居洧反。》/728

참고 궤(軏)

軍 軍 군【jūn ㄐㄩㄣˉ】本[둘러 쌀] 군사, 진 칠, (송나라 때의)행정구획 이름

설문 9127 圜圍也。《於字形得圜義。於字音得圜義。凡渾輝煇等軍聲之字皆兼取其義。》四千人爲軍。《王氏鳴盛說此句必譌。按唐『釋玄應』引『字林』四千人爲軍。是呂忱之誤也。【許書】當作萬有二千五百人爲軍。見『周禮:大司馬職』。旅篆下云。軍之五百人爲旅。師篆下云。二千五百人爲師。旣皆偁(稱)之、則此必偁無可疑者。百人爲卒。廿有五人爲兩(兩)。不偁者、以其制於字義相遠耳。若万(萬)二千五百人以爲圜圍。乃此篆之所由製。》从包省。从車。《包當作勹。勹、裹也。勹車、會意也。擧(擧)云切。13部。》車、《逗。》兵車也。《上車【各本】誤軍。今正。此釋从車之意。惟車是兵車。故勹車爲軍也。》/727

형성 (22자+2) 훈(葷)254 운(喗)753
운(運)1089 운(齳)1231 운(韗)1702
곤(暉)2008 휘(翬)2151 곤(鶤)2284
운(饐)3108 휘(楎)3539 운(鄆)3874
훈(暈)4044 곤(幝)4665 혼(僤)4746
혼(䡣)6103 휘(煇)6196 운(惲)6411
혼(渾)6865 휘(揮)7638 운(緷)8143
혼(睴)8620 혼(輝)9118
군(皸) 휘(獋)

◀ 제 3 획 ▶

軎 軎 위【wèi ㄨㄟˋ】굴대 끝(車軸頭) ■세:같은 뜻

설문 9109 車軸耑也。《耑者、物初生之題也。因以爲凡頟之偁(稱)。車軸之末見於轂外者曰軎。軎之言遂也、出也。如鄭說、轂末小穿曰軹。而軎出於此穿外。然古說軹軎多不分。如大馭右祭兩(兩)軹。【故書】軹爲軒。杜子春云。「軒」當作「軹」。軹謂兩轊也。是非合轂末軸末爲一乎。今按『少儀』曰。祭左右軌。大馭曰。祭兩軹。於事實同。『少儀』曰祭范。大馭曰祭軌。范軓於聲同。本無不合。祭兩轊、所以祭輪也。祭軓、所以祭輿也。言輪輿而全車在是矣。轂末曰軹。乃大鄭𠛬說。子春未嘗謂轂末曰軹。此『注』當是本作【故書】軒爲軹。杜子春云。軹當作軒。謂兩轊也。或讀軒爲簪笄之笄。葢(蓋)兩軎左右出轂外。如笄之出髮。然有鐵橐以鍵之。又似笄之毌髮也。故其字从幵。取上平岐頭之意。若轂末之穿不可冒此名。況當杜時軹訓兩輢、而不訓轂末小穿。兩輢非所當祭。故易爲軒。漢時故有軒字也。漢時亦有訓軹爲軎者。如劉(劉)熙曰。軹、指也。如指而見於轂頭也。非訓軹爲軎乎。杜以軒改軹。聖人正名之義也。然則作『說文』者當云軒、軎也。从車、幵聲。讀若笄。軎、車軸耑也。从車象形。乃合。而乃舍軒存軎。軹不爲輢之直者衡者、而訓爲車轂小穿。軓不作軋、祇作軓。皆使古形古訓散佚無徵。豈所謂涉獵廣博、或有抵牾者與。抑從【今書】則不錄【故書】。如『儀禮』之從今文則不錄古文與。》从車。象形。《爲以▯象轂耑之孔。而以車之中直象軸之出於外。于濊切。15部。○『五經文字』作𨏥。繫擊之類從之。又曰。𨏥轊同。上『說文』。下隸變。是則張所見『說文』作𨏥也。》杜林說。《葢『倉頡訓纂:一篇』、『倉頡故:一篇』說如此。》轊 軎或从彗。《从車、彗聲。》/725

성부 毄비 毄毄격

軑 軑 (대)【dì ㄉㄧˋ】바퀴통 끝 휘갑쇠

설문 9111 車輨也。《『離騷』曰。齊玉軑而竝馳。王逸釋爲車轄。非也。『玉篇』、『廣韵(韻)』皆云車轄。轄皆輨之誤也。》从車。大聲。《特計切。15部。》/725

軒 軒 (헌)【xuān ㄒㄩㄢˉ】초헌(수레 이름), 집, 난간

설문 9070 曲輈藩車也。《謂曲輈而有藩蔽之車也。曲輈者、戴先生曰。小車謂之輈。大車謂之轅。人所乘(乘)欲其安。故小車暢轂梁輈。大車任載而已。故短轂直轅。〔艸部〕曰。藩者、屛也。『服虔(虔)-注:左傳』、『薛綜-解:東京賦』、『劉(劉)昭-注:輿服志』皆云車有藩曰軒。皆同許說。許於藩車上必云曲輈者、以輈穹曲而上。而後得言軒。凡軒擧(擧)之義引申於此。曲輈、所謂軒轅也。『杜-注:左傳』於軒皆曰大夫車。『定:九年』曰。犀軒、卿車。》从車。干聲。《虛言切。14部。「藩」俗作「轓」。》/720

軘 𨊻 (순)【chuān ㄔㄨㄢˉ】㊤㊥⑨㉿ chūn 수레 치장, 하관하는 수레 ■춘:속음

설문 9093 車約𨊻也。《『巾車職』云。孤乘(乘)夏篆。卿乘夏縵。大鄭曰。夏、赤也。篆讀爲圭瑑之瑑。夏瑑、轂有約也。玄謂夏瑑、五采畫(畵)轂約也。夏縵亦五采畫、無瑑耳。玉裁謂鄭說夏瑑卽『詩』之約軧。毛公所謂長轂之軧、朱而約之也。但許君篆作「𨊻」。以約𨊻系之輿。下文以約軧系之轂。與二鄭迥異。依許意葢(蓋)謂轛輢軨等皆有物纏束之。謂之約𨊻。以赤畫之。謂之夏𨊻。卿雖赤畫而無約。謂之夏縵。𨊻之言巡也。巡繞之䛐(詞)。此許之『周禮』說也。》从車。川聲。《敕倫切。古音在 13部。》『周禮』曰。孤椉(乘)夏𨊻。《【故書】作「綠」。或爲「篆」。此字形之異也。許所據篆作

「輒」。此聲相近而異也。》 一日下棺車日輒。《『禮經』有輴車。『玉篇』、『廣韵(韻)』皆謂輒輴同字也。『士喪禮』。遷於祖用軸。『注』日。軸、輁(軼)軸也。狀如轉轔。刻兩(兩)頭爲軹輁。狀如長牀。穿桯。前後著金。而關軸焉。天子諸侯以上有四周。謂之輴。天子畫之以龍。按惟天子諸侯殯葬朝廟皆用輴。許云下棺車。謂天子諸侯窆用輒也。》/722

軓軓 (범)【fàn ㄈㄢˋ】 수레 앞턱 나무

설문 9085 車軾前也。《『杜子春-注:大馭職』、『鄭司農-注:輈人』、『後鄭-注:少儀』皆日。軓謂車軾前也。『秦風』。陰靷鋈續。『傳』日。陰、揜軓也。戴先生云。車旁日輢。式前日軓。皆揜輿版也。軓以揜式前。故漢人亦呼日揜軓。『詩』謂之陰。『攷工記:輈人』軓前十尺。『書』或作「範」。大馭祭軷。杜子春云。軷當爲軓。『禮記:少儀』祭范。鄭日。大馭作祭軓。軓與范聲同。按其字葢(蓋)古文作「軋」。今字作「軓」。叚(假)借作「范」。范又譌范。此岐出之由也。鄭於『少儀:注』謂軾前。於『輈人:注』云。軋是軋法也。謂輿下三面材。輢軾之所尌。持車正也。其說亦互異。『攷工:注』取範圍之意。謂軾前及兩(兩)輢所尌皆爲軋。析言之則日軾前。》 从車。凡聲。《大徐但云音範。『廣韵(韻)』防鋄切。古音在 7部。》『周禮』日。立當前軓。《『周禮:大行人』。上公立當車軹。侯伯立當前疾。諸子立當前侯。自『唐-石經』已下皆譌作前疾。而『詩:小雅:疏』、『論語:疏』皆作前侯。不誤。此偁(稱)前軓。從來謂前侯之異文。今按非也。葢『周禮』車軹本作前軓。前軓者、前乎軓也。自車軓以至車衡八尺幾半。而前侯介其中。前侯者、前乎下垂拄地者也。其相去尺寸之差也。若作車軹謂害頭。則自軹至前侯凡七尺五寸有餘。而自前胡距衡四尺有餘而已。恐非也。軹軓軌三字互譌甚多。『戴先生集』中曾作文辨之。今又知許引『周禮』軓字爲是。軹乃字形之誤。若侯誤爲軓。聲形皆無當也。○ 又按『周禮:注』車軹、軹也。冣(最)不可通。依『輈人』、『大馭:注』正之。則必【經文】作「軋」。『注』云。車軋、軓也。以今字注古字也。『舊逑:漢讀攷』說未了。今於此正之。》/721

軔軔 (인)【rèn ㄖㄣˋ】 本[바퀴굄목] 정지시킴, 길(8척)

설문 9145 所㠯(以)礙車也。《「所㠯」二字今補。『玄應』時已失之。『離騷』朝發軔於蒼梧。王逸日。軔、支輪木也。》从車。刃聲。《而振切。13部。『字林』如戰反。按此篆大徐在輮篆之前者、輮下輞譌作「軔」。遂先之以軔也。》/728

◀ 제 4 획 ▶

軖軖 軠(광)【kuáng ㄎㄨㄤˊ】 네모진 수레, 외바퀴 수레

설문 9163 紡車也。《紡者、紡絲也。凡絲必紡之而後可織。紡車日軖。『通俗文』日。繅車日軠。尼心切。別是一物。繅與紡二事也。〔木部〕日。檷者、絡絲柎。〔竹部〕日。篗、所以收絲者。〔糸部〕日。縺、箸絲於筟車也。又在繅之後紡之前。侯再攷。此非車也。其偁(稱)車者何。其用同乎車也。其物有車名。故其字亦从車。》从車。㞷聲。讀若狂。《巨王切。10部。》一日一輪車。《別一義。》/730

軘軘 (돈)【tún ㄊㄨㄣˊ】 (수비용)병거

설문 9079 兵車也。《軘車見『左傳:宣:十二年』、『襄:十一年』。服虔(虔)日。屯守之車。杜預日。兵車名。》从車。屯聲。《徒魂切。13部。》/721

軏軏 (월)【yuè ㄩㄝˋ】 끌채 끝의 멍에틀 매는 곳

설문 9116 車轅耑(端)持衡者。《衡者、横木。長六尺六寸。以施軶駕馬頸者也。持衡者日軏。則衡與轅耑相接之關鍵也。戴先生日。大車鬲以駕牛。小車衡以駕馬。轅耑持鬲。其關鍵名輗。輈耑持衡。其關鍵名軏。輈轅所以引車。必施輗軏然後行。信之在人、亦交接相持之關鍵。故孔子以輗軏喩信。》从車。元聲。《魚厥切。元之入聲也。古音在 14、15部。》/726

較較 (각)【jiào ㄐㄧㄠˋ】 상中⑨작 jué 本[수레귀] 수레 양쪽 가로나무 ■교:비교할(較)

설문 9088 車輢上曲鉤也。《【各本】作車騎上曲銅也。今依『李善-西京賦、七啓:二注』正。『攷工記:車人』。以其廣之半、爲之式崇。以其隧之半、爲之較崇。較高五尺五寸。高於軾者二尺二寸也。戴先生日。左右兩(兩)較。故『衞(衛)風』日。猗重較兮。『毛傳』。重較、卿士之車。因詩辭傅會耳。非禮制也。玉裁按較之制、葢(蓋)漢與周異。周時較高於軾。高處正方有隅。故謂之較。較之言角也。至漢乃圜之如半月然。故許云車上曲鉤。曲鉤、言句中鉤也。圜之則亦謂之車耳。其飾則崔豹云文官青耳。武官赤耳。『西京賦』云。戴翠帽。倚金較。『荀卿』及『史記:禮書』云。彌龍以養威。「彌」【許書】作「䪿」。解云乘(乘)輿金耳也。皆謂較爲龍形、而飾以金。『司馬氏-輿服志』。乘輿金薄繆龍。爲輿倚較。是其義也。下文公列侯安車倚鹿。然則較辨尊卑。自周已然。故劉(劉)熙日。較在箱上爲辜較也。重較其較重。卿所乘(乘)也。毛公謂重較卿士之車。必有所受之矣。惟較可辜搉尊卑。故其引申爲計較之較。亦作「校」。俗作「挍」。凡言校讎可用較字。【史籀】計較字亦用覺。》 从車。爻聲。《古岳切。古音讀如交。在 2部。今字作「較」。『周禮-故書』「校」作「搉」。》/722

䡊軬 (반)【fǎn ㄈㄢˇ】 수레휘장

설문 9089 車耳反出也。《車耳卽較也。其反出者謂之䡊。反出、謂圜角有邪倚向外者也。『漢:景帝詔』。吏六百石以上。皆長吏也。或不更服。出入閭里。與民無異。令長吏二千石車朱兩(兩)轓。千石至六百石朱左轓。應劭日。車耳反出。所以爲之藩屛、翳塵泥也。二千石雙朱。其次乃偏朱其左。䡊以簟爲之。或用革。按此說師古非之。是也。轓與䡊兩物、兩字。轓、蔽也。許軒下云。曲輈藩車。字作「藩」。『詩』之茀。『周禮』之蔽。『左傳』以藩載欒盈。『輿服志』畫(畵)轓、黑轓、朱轓是也。較之反出者日䡊。『景帝紀』自謂車蔽。不得以車耳釋之也。》从車反。反亦聲。《府遠切。14部。》/722

軜軜 (납)【nà ㄋㄚˋ】 (3마리 말이 끄는 수레의 바깥 말의 안쪽)고삐

車 7 ④

설문 9121 驂馬內轡(轡轡)系軾前者。《「系」【各本】作「繫」。繫見〔糸部〕。非其義也。今正。驂馬兩(兩)內轡爲環系諸軾前。故御者衹六轡在手。『秦風:毛傳』曰。軜、驂內轡也。是則軜之言內、謂內轡也。其所入軾前之環曰觼。〔角部〕曰觼、環之有舌者是也。『詩』言觼軜者、言施觼於軜也。『大戴-禮』。六官以爲轡。司會均入以爲軜。此引申叚(假)借之義也。》从車。內聲。《奴荅切。8部。按內聲當在 15部。而 15部字之入 8部者、自古然矣。》『詩』曰。沃㠯(以)觼軜。《『今-小戎』「沃」作「鋈」。【小徐本】先輔後軜。今易之。》/726

軝 (기)【qí ㄑㄧˊ】 바퀴통끝(의 가죽으로 싼 부분)

설문 9107 長轂之軝也。㠯(以)朱約之。《『小雅:斯干:傳』曰。軝、長轂之軝也。朱而約之。長轂者、『小戎』所謂暢轂也。『傳』曰。暢轂、長轂也。大車轂長尺五寸。兵車、田車、乘(乘)車轂長三尺二寸。五分三尺二寸之長。一爲賢、得六寸四分。三爲軹、得尺九寸二分。虛其一者、畱(留)以置輻也。參分三尺二寸之長。二在外、一在內、以置其輻。二在外而三爲軹者在是。一在內而一爲賢者在是。『考工記』此軹字、卽『毛詩』之軝字。軹者同音叚(假)借字也。取此尺九寸二分者、以革約之而朱其革。『詩』所謂約軝也。『考工記』詳之曰。容轂必直。陳篆必正。施膠必厚。施筋必數。幬必負榦(幹)。旣摩。革色青白。謂之轂之善。說者曰。容者、治轂爲之形容也。篆、轂約也。幬負榦者、革轂相應。無贏不足也。旣摩革色青白者、謂丸桼之乾而以石摩平之。革色青白、善之徵也。玉裁按容如製甲必先爲容之容。先爲容轂之笵。盛轂於中。以治之飾之。陳篆者、刻畫(畫)其文。而以革縷若絲嵌約之。而後施膠施筋。而後幬之以渾革。而丸桼之。而摩之。革色青白、而後朱畫之。容轂以下、渾轂所同也。幬而朱之軝所獨也。本是幬而朱之。毛云朱而約之、許云以朱約之者、旣朱則似先朱其革。其意一也。『詩』曰。約軝錯衡。皆謂文也。錯衡、文衡也。文衡者、〔巾部〕曰幏、車衡上衣也。葢(蓋)爲衣而畫之。O 軹卽軝。說本『歙程氏瑤田-通藝錄』。其說冣(最)確。於古音冣合。而古無有言之者。孰謂今人不勝古人也。》从車。氏聲。《渠支切。16部。》『詩』曰。約軝鍇(錯)衡。《『小雅:采芑』、『商頌:烈祖』文。『箋』云。約軝、轂飾也。》䡨軝或从革。《以革輓。故从革。》/725

◀ 제 5 획 ▶

軥 (구)【gòu ㄍㄡˋ】 ㊤㊥⑨ qú (아래로 굽은)멍에

설문 9119 軶下曲者。《軶木上平而下爲兩 (兩)坳。加於兩服馬之頸。是曰軥。『韓奕-毛傳』曰。厄、烏噣也。『小:爾雅』曰。衡、扼也。扼下者謂之烏啄。『釋名』曰。槅、扼也。所以扼牛頭也。馬曰烏啄。下向叉馬頸。似烏開口向下啄物時也。噣啄同字。軶與軥同體。『左傳』射兩軥而還。『服-注』車軶兩邊叉馬頸者。》从車。句聲。《古候切。4部。亦平聲。》/726

軧 (저)【dǐ ㄉㄧˇ】 큰 수레 뒤채

설문 9155 大車後也。《大車以載任器。牝負長八尺。謂較也。其後必崇。其闌與三面等。非若小車之後也。故曰軧。軧之言底也。》从車。氐聲。《丁禮切。15部。》/729

軨 (령)【líng ㄌㄧㄥˊ】 사냥 수레, 굴대빗장가죽

설문 9095 車轖閒(間)横木。《車轖閒、蒙上文言之。猶言車輿閒也。〔木部〕曰。横、闌木也。車轖閒横木、謂車輢之直者衡者也。軾與車輢皆以木一横一直爲方格成之。如今之大方格然。『楚辭』。倚結軨兮長大息。涕潺湲兮下霑軾。戴先生曰。軨者、軾較下縱横木總(總)名。卽『攷工記』之軹轛也。結軨謂軨之横從交結。倚軨而涕霑軾、則是倚於輢內之軨。故其涕得下霑軾也。玉裁按惟此軨乃許所謂。若『曲禮』僕展軨效駕。軨卽輪。亦作轔。『士喪禮:注』所云轉轔。展軨、謂使馬稍動車輪也。『東京賦』。疏轂飛軨。『薛-解』曰。飛軨、以緹紬〈一作油〉廣八尺〈當作寸〉長拄地。左青龍。右白虎。繫軸頭取兩(兩)邊飾。二千石亦然。但無畫(畫)耳。此葢(蓋)漢制。師古取以『注:急就篇』之軨。殊誤。『急就』軹軾軫並言。正謂横直結軨耳。》从車。令聲。《郎(郎)丁切。古音在 12部。》轜軨、司馬相如說軨 从霝。《葢亦『凡將篇』字也。按古「令」或作「霝」、作「靈」。「零」或作「霝」。「苓」或作「蘦」。皆令霝通用之證。『左傳』。陽虎載蔥靈。寢於其中而逃。蔥葢 本作「囪」。初江切。靈卽櫺也。『文選(選):四十八:注』引『尙書:大傳』曰。未命爲士。不得有飛軨。『鄭-注』。如今窗車也。李尤小車銘曰。軨之嗛虛。疎達開通。葢古者飾車輓革。更有不輓革者。露其窗櫺與。〔木部:櫺〕、楯閒子。》/723

軫 (진)【zhěn ㄓㄣˇ】 수레뒤턱나무, 수레, 돌(회전), 굽을

설문 9097 車後横木也。《〔木部:横〕、闌木也。『輿人:注』曰。軫、輿後横者也。『方言』曰。軫謂之枕。『秦風』。小戎俴收。『傳』曰。收、軫也。近戴先生曰。輿下之材、合而成方。通名軫。故曰軫之方也。以象地也。『鄭-注』專以輿後横木爲軫。以輢式之所尌三面材爲軓。又以軓爲任正者。如其說宜記於『輿人』。『今-輈人』爲之。殆非也。『輿人』爲式、較、軹、轛、軫、輢、軓。『輈人』爲輈、衡、軸、伏兔(兎)。『記』不言輢、軓、衡、伏兔之度。輢軓、輿揜版耳。衡圍準乎軸。伏兔、取節於輈。當兔、省文互見。桐城姚氏鼐曰。『記』曰軫之方以象地。葢(蓋)軫方六尺六寸。『記』曰參分車廣。以其一爲隧。葢以二尺二寸爲輿後。其前廣如軫。而深四尺四寸。以設立木焉。是爲收。毛公曰。收、軫也。謂輿深四尺四寸收於軫矣。非謂軫名收也。玉裁按似姚氏之說爲完。合輿下三面之材、與後横木而正方。故謂之軫。亦謂之收。軫从㐱。密緻之言也。『中庸』。振河海而不泄。『注』曰。振猶收也。以振與軫同音而得其義。故曰猶。鄭未嘗不謂合四面爲軫矣。六分車廣、以一爲軫圍。輢軾所尌之圍亦在其中矣。渾言之、四面曰軫。析言之、輢軾所尌曰軓。輢後曰軫。又析言之、軾前

曰軓。許言車後橫木。可知車後非無植者衡者以按於輢。或其制庳於軾耳。不獨有合於三面材者也。》从車。㐱聲。《之忍切。13部。》/723

軵軵 (용)【rǒng ㄖㄨㄥˇ】本[수레를 밀어붙일](빨리 달리는)가벼운 수레 ■부:밀(推也)

설문 9152 反推車令有所付也。《反推車者、謂不順也。付、與也。本可不與、而故欲與之。至於逆推車以與之而不顧。此說其字之會意也。故其字从車付。》从車付。《會意。》讀若茸。《「茸」【宋本-小徐本】作「胥」。非也。『淮南:氾論訓』曰。相戲(戱)以刃者。大祖軵其肘。高云。軵、擠也。讀近茸。急察言之。可知此茸之不誤矣。『廣韵(韻)』曰。軵、推車也。而隴切。或作「搑」。按〔手部:搑〕、推擣也。『漢:司馬遷傳』。而僕又茸之蠶室。師古曰、茸人勇反。推也。謂推致蠶室之中也。是搑茸軵三字通用。『集韵(韻)』云。「軵」或作「輯」。或作「軵」。皆必有據。若『淮南:說林訓』倚者、易軵也。『注』云。軵讀軵濟之軵。『覽冥訓』厮徒馬圉軵車奉饟。『注』云。軵、推也。讀楫拊之拊。有譌字不可讀。然大約以付爲形聲。是高時固有兩(兩)讀也。大徐而隴切。9部。》/729

軶軶 (액)【è ㄜˋ】멍에

설문 9117 轅靑也。《曰轅前者、謂衡也。自其橫言之謂之衡。自其扼制馬言之謂之軶。隸省作「軛」。『毛詩:韓奕』作「厄」。『士喪禮-今文』作「厄」。叚(假)借字也。『車人』爲大車作「鬲」。亦叚借字。『西京賦』作「槅」。〔木部〕曰。槅、大車枙也。「枙」當作「軶」。》从車。戹聲。《於革切。16部。》/726

軷軷 (발)【bá ㄅㄚˊ】길제사

설문 9128 出將有事於道。必先告其神。立壇四通。尌(樹)茅㠯(以)依神爲軷。《此言軷之義》旣祭犯軷。《句。》轢牲而行爲範軷。《此言範軷之義。『周禮:大馭犯軷:注』曰。行山曰軷。犯之者封土爲山象。以菩芻棘柏爲神主。旣祭之。以車轢之而去。喩無險難也。『春秋傳』曰。跋涉山川。【故書】軷作罰。杜子春云。罰當爲軷。軷讀爲別異之別。謂祖道轢軷磔犬也。『詩』云。載謀載惟。取蕭祭脂。取羝以軷。詩家說曰。將出祖道犯軷之祭也。『聘禮』曰。乃舍軷飮酒於其側。禮家說亦謂道祭。玉裁按尌、立也。【各本】作「樹」。今正。犯軷轢牲而行大徐作軷轢於牲而行。非也。山行之神主曰軷。因之山行曰軷。『庸風:毛傳』曰。草行曰跋。水行曰涉。卽此山行曰軷也。凡言跋涉者、皆字之同音叚(假)借。鄭所引『春秋傳』本作軷涉山川。今人輒改之。》从車。犮聲。《薄撥切。15部。》『詩』曰。取羝㠯軷。《『大雅:生民』文。『毛傳』曰。軷、道祭也。》/727

軸軸 (축)【zhú ㄓㄨˊ】상中⑨작 zhóu 굴대, 바디(베틀에 딸린 기구)

설문 9100 所㠯(以)持輪者也。《「所以者」三字今補。軸所以持輪、引伸爲凡機樞之偁(稱)。若織機之持經者亦謂之軸是也。『小雅』。杼軸其空。【今本】作「柚」。乃俗誤耳。若『方言』土作謂之抒、木作謂之軸。亦是引申之義。「抒」作「杼」。「軸」作「柚」。皆非也。『方言』抒軸與『大東』無涉。》从車。由聲。《直六切。3部。》/724

輾軗 (년)【niǎn ㄋㄧㄢˇ】삐걱거릴, 수레에 깔릴

설문 9137 轢也。《碾其俗字也。》从車。反聲。《乹从乙者、言其難乙乙也。軗从反者、言其易也。反者、柔皮也。尼展切。14部。》/728

軹軹 (지)【zhǐ ㄓˇ】굴대 끝, 두 갈래

설문 9108 車輪小穿也。《「輪」當作「轂」。『輪人職』曰。五分其轂之長。去一以爲賢。去三以爲軹。鄭司農云。賢、大穿也。軹、小穿也。後鄭又改【記文】作去二爲賢。程氏辨其非是。詳見『通藝錄』。許同先鄭。》从車。只聲。《諸氏切。16部。『輪人』爲輿。參分較圍。去一以爲軹圍。『注』曰。軹、輢之植者衡者也。與轂末同名。轂末卽謂車輪小穿也。按輢軨謂之軹。軹之言積也、枝也。積椒、多小意而止也。以狀軹圍之小。可說其意。而轂末小穿取此名、其意不可說。》/725

軺軺 (초)【yáo ㄧㄠˊ】(경쾌한 소형 수레) ■요:속음 ■소:같은 뜻 ■조:같은 뜻

설문 9075 小車也。《『漢:平帝紀』。立軺併馬。服虔(虔)曰。立軺、立乘(乘)小車也。》从車。召聲。《以招切。2部。》/721

軻軻 (가)【kē ㄎㄜ】상中⑨작 kě 本[수레의 굴대 닿을] 가기 힘들, 놓을

설문 9150 椄軸車也。《「椄」【各本】作「接」。今正。椄者、續木也。軸所以持輪。而兩(兩)木相椄則危矣。故引申之多迍曰轗軻。趙邠卿曰。孟子名軻。字則未聞也。而『廣韵』曰。孟子居貧轗軻。故名軻。字子居。〉從車。可聲。《康我切。17部。》/729

軼軼 (일)【yì ㄧˋ】앞 지를, (수레, 배를 타고)지날 ■절:속음 ■질:번갈아, 갈마들어서 ■철:수레바퀴

설문 9141 車相出也。《車之後者、突出於前也。『楚辭』。軼迅風於淸源。『禹貢』。沇水入于河。泆爲滎。『漢志』作「軼」。『鄭-注:司荆(刑)』曰。過失若擧(擧)刃欲斫伐而軼中人者。皆本義之引申叚(假)借也。》从車。失聲。《形聲中有會意。夷質切。12部。》/728

◀ 제 6 획 ▶

軭軭 (광)【kuáng ㄎㄨㄤˊ】수레 어그러질

설문 9144 車戾也。《戾者、曲也。『考工記』曰。萬之以眡其匡也。『注』云。等爲萬蔞以運輪上。輪中萬蔞則不匡刺也。軭不專謂輪。凡偏戾皆是。》从車。匡(匡)聲。《巨王切。10部。》/728

軾軾 (식)【shì ㄕˋ】수레앞턱 가로나무

설문 9086 車靑也。《此當作「車輿前也」。不言輿者、輿人爲車。車卽輿也。輿之在前者曰軾。在旁者曰輢。皆輿之體。非與輿二物也。戴先生曰。軾與較皆車闌上之木。周於輿外。非橫在輿中。較有兩(兩)。在兩旁。軾有三面。故

車 7 ⑤

『說文』槩言之曰車前。軾卑於較者。以便車前射御執兵。亦因之伏以式敬。玉裁謂輿四圍。旁謂之輢。前謂之軾。軾卑於較二尺二寸。說詳『先生-考工記圖』。》从車。式聲。《賞職切。1部。【經傳】多作式者、古文叚(假)借也。》/722

輂 (국)【jí ㄐㄧˊ】 ㊖㊥⑨㊕ jú (말이 끄는 큰)수레, 삼태기

설문 9159 大車駕馬者也。《「者」字今補。『小司徒』。正治輂輦。『注』曰。輂、駕馬。所以載任器。與許說同。云大車駕馬者、言者以別於駕牛也。古大車多駕牛。其駕馬者則謂之輂。按『左氏傳』。陳畚梮。梮者、土轝。『漢:五行志』作輂。是梮乃輂之或字也。『史:河渠書』。山行卽橋。一作檋。『夏本紀』正作檋。『漢:溝洫志』作山行則梮。韋昭曰。梮、木器。如今轝牀。人擧(舉)以行也。然則『周禮』輂之制。四方如車之輿。故曰轝。或作轝。或駕馬、或人擧皆宜(宜)。用之徙土、則謂之土轝。卽『公羊』之筍。『史記』之篚輿也。用之舁人、則謂之橋。橋卽『漢書』輿轎而越嶺之轎字也。『左氏:正義』謂梮字从手。其說非是。『禮經』輁軸。輁卽輂字之異者。『注』云。輁狀如長牀是也。夏禹四載乗(乘)輂。葢(蓋)亦馬引之。不然。何以云桀始乘人車。攷古者所當辯也。》从車。共(共)聲。《居玉切。按共聲古音在 9部。『士喪禮』輁九勇反是也。淺人不知爲同字。》/729

衠 (견)【juàn ㄐㄩㄢˋ】 수레 흔들릴

설문 9124 車搖也。《未聞。以篆之次第詳之。此篆當亦謂車上一物。而今失傳。車搖當是譌字。》从車行。一曰衍省聲。《小徐無「行一曰」三字。古絢切。14部。》/727

輂 (증)【chéng ㄔㄥˊ】 뒤로 타는 수레

설문 9125 軺車後登也。《『廣韵(韻):十六,蒸、四十二,拯』皆曰。輂、軺車後登。出『字林』。今按不言出『說文』。恐是吕(呂)氏後增之字。非許舊也。古車無不後登者。》从車。丞聲。讀若『易』拯馬之拯。《拯馬見『周易:明夷, 六二:爻辭』。署陵切。6部。》/727

軫 (계)【qī ㄑㄧ¯】 ㊖㊥⑨㊕ qǐ 거리낄, 이를

설문 9147 礙也。《礙者、止也。》从車。多聲。《康禮切。古音在 17部。》/729

輅 (로)【lù ㄌㄨˋ】 ㊕ hé (천자가 타는)수레, 클(주로 천자가 쓰는 물품에 붙임) ■핵:작은 수레 ■락:작은 수레 ■아:맞을

설문 9087 車軩歬橫木也。《『婁敬傳』。脫輓輅。蘇林曰。輅音凍洛之洛。一木橫遮車前。二人挽之。三人推之。『劉(劉)昭-注:輿服志』曰。『韵(韻)集』云軛前橫木曰輅。按「軛前」當依許作「軩前」。輓輅之車用人。不用牛馬。疑有輈無軛也。『禮經:旣夕篇』。賓奉幣由馬西當前輅。『注』曰。輅、轅縛所以屬引。『疏』曰。謂以木縛車轅上。以屬引於上而挽之。是喪車亦有轅無軛。輅之見於【經】者此而已矣。若『左傳』梁由靡虢射輅秦伯、狂狡輅鄭人。皆謂車前相接可以禽之。此輅引申之義也。故杜曰輅、迎也。『應邵-注:漢』云。輅謂以木當胷以挽車。『廣韵(韻)』用之。改其字作「輅」。形與義皆非。以木當胷、乃今之縴板。與輅各物。『解嘲』云。婁敬委輅脫輓。謂委車前橫木、脫縴板。輅非胷前木也。》从車。各聲。《洛故切。5部。按當依蘇林、孟康、『廣韵(韻)』音胡格反乃合。若近代用輅爲路車字、其淺俗不足道也。》/722

輇 (전)【quán ㄑㄩㄢˊ】 (살이 없는 바퀴를 단)수레

설문 9153 蕃車下庳輪也。《「蕃」當作「藩」。藩車見軒字下。庳者、屋卑也。因以爲凡卑之偁(稱)。藩車而下爲卑輪。葢(蓋)所謂安車。輪卑則車安矣。未知是否。》从車。全聲。讀若饌(饌)。《市緣切。14部。》一曰無輻也。《見輪下。》/729

輈 (주)【zhōu ㄓㄡ¯】 끌채(하나로 된 굽은 수레채), 굳셀

설문 9114 轅也。从車。舟聲。《張流切。3部。》籒文輈。《从籒文車也。》/725

載 (재)【zaì ㄗㄞˋ】 (수레에, 기록)실을 ■대:일(戴也

설문 9126 椉(乘)也。《乘者、覆也。上覆之則下載之。故其義相成。引申之謂所載之物曰載。如『詩』載輸爾載。下載音才再反是也。引申爲凡載物之偁(稱)。如『詩』汎汎楊舟、載沈載浮、『中庸』天地之無不持載是也。又叚(假)借之爲始。才之叚借也。才者、艸木之初也、夏曰載、亦謂四時終始也。又叚借爲事。『詩』上天之載。『毛傳』曰載、事也是也。又叚爲語詈(詞)。『詩』載馳載驅。『毛傳』載、辭也。春日載陽。『箋』云載之言則也。》从車。𢦔(𢦏)聲。《作代切。1部。『韵(韻)會』此下有『易』曰大車以載六字。》/727

◀ 제 7 획 ▶

䡨 (채)【chái ㄔㄞˊ】 차를 섬돌에 댈

설문 9160 連車也。《謂車牽聯而行、有等差也。『左傳:差車』、官名。》一曰郤車抵堂爲䡨。《『東京賦』。皇輿宿駕。䡨於東階。『薛-解』曰。䡨之言郤也。謂郤於東階下。天子未乗(乘)之時也。》从車。差(差)省聲。讀若遲。《士皆切。按李善音柴。是也。古音在 17部。》/730

輑 (균)【yǔn ㄩㄣˇ】 ㊖㊥⑨㊕ yǐn 차축, 연할(잇닿을) ■운:수레 앞턱 가로나무

설문 9096 軺車歬橫木也。《軺車、小車也。〔木部〕曰。橫、闌木也。軺車前橫木、謂小車軾輢之直者衡者也。『方言』曰。輑謂之軸。按軸字恐有誤。》从車。君聲。讀若羣(群)。《「羣」大徐作「帬」。牛尹切。13部。『方言』牛忿反。》一曰讀若褌。/723

輒 (첩)【zhé ㄓㄜˊ】 수레에 병장기 꽂는 틀, 오로지

설문 9091 車㒳(兩)輢也。《「㒳」【各本】作「兩」。今正。車㒳輢謂之輒。按車必有㒳輢。如人必有㒳耳。故从耴。耴、耳垂也。此篆在輢篆之先。故輢篆下但云車旁、而不言㒳。凡【許-全書】之例。皆以難曉之篆先於易知之篆。如輯下云車輿

㊕ 作家出版社〔董蓮池-說文解字考正〕 ⑨ 九州出版社〔柴劍虹-說文解字〕 ㉠ 陝西人民出版社〔蘇寶榮-說文解字今注今譯〕 ㊖ 上海古籍出版社〔說文解字注〕 ㊥ 中華書局〔臧克和-說文解字新訂〕

也。而後出輿篆。輒下云車兩輢也。而後出輢篆。是也。『廣韵(韻)』作「車相倚也」。乃字之誤。不可從。凡專輒用此字者、此引申之義。凡人有所倚恃而妄爲之。如人在輿之倚於輢也。》从車。耴聲。《陟葉切。8部。》/722

輓 (만)【wǎn ㄨㄢˇ】(수레를)끌, 만사(죽은 이를 애도하는 글)

설문 9162 引車也。《引車曰輓。引申之、凡引皆曰輓。『左傳』曰。或輓之。或推之。欲無入、得乎。『史記』借爲晩字。》从車。免聲。《無遠切。14部。俗作「挽」。》/730

輔 (보)【fǔ ㄈㄨˇ】本[바퀴덧방 나무] 상호부조할, 광대뼈와 잇몸

설문 9122 『春秋傳』曰。輔車相依。《凡【許書】有不言其義徑擧(擧)【經傳】者。如咠下云詞之咠矣、鶴下云鶴鳴九皋(皐)聲聞于天、艴下云色艴如也、絢下云『詩』云素以爲絢兮之類是也。此引『春秋傳:僖公:五年』文。不言輔義者、義已具於『傳』文矣。『小雅:正月』曰。其車旣載。乃棄爾輔。『傳』曰。大車旣載。又棄其輔也。無棄爾輔。員于爾輻。『傳』曰。員、益也。『正義』云。大車、牛車也。爲車不言作輔。此云棄輔、則輔是可解脫之物。葢(蓋)如今人縛杖於輻以防輔車也。今按『呂覽:權勲(勳)篇』曰。宮(宮)之奇諫虞公曰。虞之與虢也。若車之有輔也。車依輔。輔亦依車。虞虢之勢是也。此卽『詩』無棄爾輔之說也。合『詩』與『左傳』則車之有輔信矣。引申之義爲凡相助之偁(稱)。今則借義行而本義廢。尠有知輔爲車之一物者矣。〔人部〕曰。俌、輔也。以引申之義釋本義也。今則本字廢而借字行矣。〔面部〕曰。酺頰車也。面酺自有本字。『周易』作「輔」、亦字之叚(假)借也。今亦本字廢而借字行矣。『春秋傳』輔車相依、許廁之於此者、所以說輔之本義也。所以說『左氏』也。謂輔與車必相依倚也。他家說『左』者以頰與牙車釋之。乃因下文之脣齒而傅會耳。固不若許說之善也。》从車。甫聲。《扶雨切。5部。》人頰車也。《【小徐本】箸此四字於甫聲下。與上文意不相應。又無「一曰」二字以別爲一義。知淺人妄(妄)謂引『傳』未詮而增之也。〔面部〕旣有酺頰也之文。則必不用借義爲本義矣。若【大徐本】移輔篆於部末。解曰。人頰車也。从車。甫聲。而無『春秋傳』曰輔車相依八字。輔非眞車上物。廁末似合許例。然無解於〔面部〕業有酺篆也。校許宜刪(刪)去四字。》/726

輕 경【qīng ㄑㄧㄥˉ】수레 가벼울, 낮을, 업신여길, 경솔할

설문 9076 輕車也。《三字句。『周禮』。輕車之萃。鄭曰。輕車、所用馳敵致師之車也。漢之發材官輕車。亦謂兵車。輕本車名。故字从車。引申爲凡輕重之輕。作音者乃以經之輕車讀遣政反。古無是分別矣。》从車。巠聲。《去盈切。11部。》/721

형성 (1자) 경(鏨 鏨)8959

◀ 제 8 획 ▶

輖 (주)【zhōu ㄓㄡˉ】수레의 앞이 무거워 숙어서 낮을

설문 9134 重也。《謂車重也。『小雅』。戎車旣安。如輊如軒。毛曰。輊、蟄也。『考工記』大車之轅蟄。鄭曰。蟄、輖也。『士喪禮』軒輖中。鄭曰。輖、蟄也。摯蟄輊同字。輖雙聲。【許書】有輖摯而已。摯者、依聲託事字也。軒言車輕。輖言車重。引申爲凡物之輕重。故『禮經』以之言矢。『周南』叚 (假)輖爲韜(朝)字。故『毛傳』曰。輖、韜也。而說『詩』者或以本義釋之。》从車。周聲。《職流切。3部。》/727

輗 (예)【ní ㄋㄧˊ】(짐 싣는 수레의 멍에를 매는) 끌채 끝

설문 9154 大車轅耑(端)持衡者也。《轅與衡相接之關鍵也。『墨子』曰。吾不知爲車輗者巧也。用咫尺之木。不費一朝之事。而引三十石之任。此與小車之軏同用而異名。許不與軏篆爲伍者、大車別於小車也。自輗至輂五篆皆言大車。前文暈篆當亦廁此處。》从車。兒聲。《五雞(鷄)切。16部。》輨輗或从宜(宜)。《宜(宜)聲在 17部。與 16部合韵冣(韻最)近。》棿輗又从木。/729

輐 (운)【yuān ㄩㄢˉ】작 yūn 수레 뒤가 무거워 뒤로 숙일, 병거(兵車) ■원:같은 뜻

설문 9158 車後壓也。《「壓」當依『玉篇』作「厭」。厭、笮也。所以鎭大車後者。》从車。宛聲。《於云切。古音當在 13部。『篇』、『韵(韻)』云。轒輐、兵車。『漢書』、『文選(選)』作「轒輼」。》/729

琫 복【fú ㄈㄨˊ】수레의 난간 사이에 있는 쇠뇌 꽂이 가죽 상자 ■봉:같은 뜻(車부 8획)

설문 0203 車笭閒(間)皮匧也。《「也」字依『玉篇』補。『東京賦』、『司馬彪-輿服志』皆曰。琫弩。李善曰。琫、車闌閒皮筐。置弩於琫曰琫弩。師古亦曰。琫弩、皮篋盛弩也。『今本-輿服志』琫弩二字譌爲轓輒弩三字。》古者使奉玉所以盛之。从車玨。《依『玉篇』補正。》从車玨。《謂此皮篋、漢時輕車以藏弩。輕車、古之戰車也。其制沿於古者人臣出使。奉圭璧璋琮諸玉。車笭閒皮篋。所用盛之。此其字之所由从車玨會意也。『聘禮』。圭藏於櫝。然則櫝藏於皮篋。》讀與服同。《房六切。古音當在 1部。以服古在 1部也。》/20

輂 (국)【jù ㄐㄩˋ】상中⑨작 jú 곧은 끌채 끈, 들것

설문 9115 直轅車轒也。《按依〔車部:轒〕當系曲轅車。且此処(處)列字次弟。應論車轅。不應論衡縛。『韵(韻)會』作「直轅車也」。無「轒」字爲是。當從之。直轅車、大車也。》从車。具聲。《具古音如舊。居玉切。3部。》/726

輟 (철)【chuò ㄔㄨㄛˋ】本[수레 이지러져 머무를] (하던 일을 잠시)그칠

설문 9146 車小缺復合者也。《此與〔辵(辶)部之連、成反對之義。連者、負車也。聯者、連也。連本訓輦、而爲聯合之偁(稱)。其相屬也。小缺而復合、則謂之輟。引申爲凡作輟之偁。凡言輟者、取小缺之意也。『論語』。櫌不輟。》从車。叕聲。《形聲中有會意。陟劣切。15部。按〔网部〕

작 作家出版社〔董蓮池-說文解字考正〕 ⑨ 九州出版社〔柴劍虹-說文解字〕 ㉠ 陝西人民出版社〔蘇寶榮-說文解字今注今譯〕 상 上海古籍出版社〔說文解字注〕 中 中華書局〔臧克和-說文解字新訂〕

叚(假)爲叕之重文。》/728

輢 (의)【yǐ ㄧˇ】수레 양 옆 판자
설문 9092 車旁也。《謂車网(兩)旁。式之後、較之下也。注家謂之輢。按輢者、言人所倚也。前者對之、故曰轛。旁者倚之、故曰輢。兵車、戈殳戟(戟)矛皆插於車輢。輢之上曰較。》从車。奇聲。《於綺切。古音在 17部。》/722

輚 (종)【zōng ㄗㄨㄥ】수레자취
설문 9140 車迹也。《网(兩)輪之迹也。迹者、步處也。因引申爲凡迹之偁(稱)。网輪之迹亦謂之軌徹。而非軌徹之體也。『莊子』曰。夫迹、履(履)之所出。而迹豈履也。輚之言從也。有所從來也。又可從是以求其實也。輚古字衹作從。『羔羊:傳』曰。委蛇委蛇、行可從迹也。『君子偕老:傳』曰。委委、行可委曲從迹也。俗變爲蹤。再變爲踪。固不若用【許書】輚字矣。》从車。從省。《大徐有「聲」字。非也。此以會意包形聲。卽容切。9部。》/728

輣 (팽)【péng ㄆㄥˊ】싸움수레, 전차, 망루가 있는 수레
설문 9078 樓車也。《「樓」【各本】作「兵」。今正。『光武紀』。衝輣撞城。李賢引許愼云。輣、樓車也。『李-注:文选(選)』亦曰樓車。『前書:敍傳:注』。鄧展作兵車。乃或用以改【許書】耳。》从車。朋聲。《薄庚切。古音在 6部。》/721

輥 (곤)【gǔn ㄍㄨㄣˇ】수레바퀴살 가지런한 모양, (수레바퀴의 회전이)빠를
설문 9106 轂齊(齎)等皃(貌)也。《等者、齎簡(簡)也。因爲凡齊之偁(稱)。齊者、等也。輥者、轂匀整之皃(貌)也。戴先生曰。齊等者、不橈減也。榦木圜甚。》从車。昆聲。《昆者、同也。此舉(擧)形聲包會意也。古本切。13部。》『周禮』曰。望(望)其轂欲其輥。《『考工記:輪人』文。【鄭本】作「眼」。『注』曰。眼出大皃也。今按【鄭本】當是作睍。睍者、目出皃也。轂之圜似之。與許說略同。》/724

輦 련【niǎn ㄋㄧㄢˇ】손수레(를 끌)
설문 9161 輓車也。《謂人輓以行之車也。『小司徒-輂輦:注』曰。輦、人輓行。所以載任器也。『司馬法』云。夏后氏謂輦曰「余車」。殷曰0124胡奴車」。周曰「輜輦」。夏后氏二十人而輦。殷十八人而輦。周十五人而輦。【故書】輦作連。鄭司農云。連讀爲輦。按〔夫部:扶〕、竝行也。輦字从此。輦設輅於車前。用索輓之。故从車扶會意。扶在前。車在後。故連字下曰負車。連輦古今字。『周禮』、『管子』皆作連。此車名輦。輓此車之人名輦者。『爾雅』曰。徒御不警。徒、輦者也。『毛傳』同。又『詩』。我任我輦。『毛傳』曰。任者、輦者。『釋名』曰。輦、人所輦也。》从車扶。扶、在車歬(前)引之也。《會意。力展切。14部。》/730
형성 (1자) 련(𨏥 䡾)3869

輧 (병)【píng ㄆㄧㄥˊ】(덮개 있는 부인용)수레 ■팽:거마소리 ■변:같은 뜻
설문 9072 輜輧也。《【各本】上解作輧車前衣車後也。此解作輜車也。皆誤。今依【全書】通例正之。輜輧俗多聯擧(擧)。故備(備)析言渾言之解。『周禮』。苹車之苹。鄭曰。苹猶屛也。所用對敵自隱蔽之車也。杜子春云。苹車當爲輧車。據此則兵車亦有輧車矣。》从車。幷聲。《薄丁切。『廣韵(韻)』又部田切。按古音當在 14部。》/720

輨 (관)【guǎn ㄍㄨㄢˇ】바퀴통끝 휘갑쇠
설문 9112 轂耑(端)錔也。《錔者、以金有所冒也。轂孔之裏以金裹之曰釭。轂孔之外以金表之曰輨。輨之言管也。『方言』曰。關之東西曰輨。南楚曰軑。趙魏之間曰鍊鏅。軑音大。鍊音柬。》从車。官聲。《古滿切。14部。》/725

輩 (배)【bèi ㄅㄟˋ】本[군 발차 백대] 많은 수레가 행렬할, 무리
설문 9135 若軍發車百网(兩)爲輩。《「网」【各本】作「兩」。今正。車之偁(稱)网者、謂一車网輪。無取二十四銖之兩。此許之字例也。若軍發車百网爲輩、葢(蓋)用『司馬灋(法)』故言。故以若發聲。『今-司馬灋』存者尠矣。引申之爲什伍同等之偁(稱)。如『鄭-注:宮(宮)正』云。使之輩作輩學。相勸帥也。》从車。非聲。《非者网猍。形聲中有會意。俗从北。非聲也。補妹切。15部。》/728

輪 (륜)【lún ㄌㄨㄣˊ】바퀴, 수레, 둘레
설문 9104 有輻曰輪。《云有輻者、對無輻而言也。輪之言倫也。从侖。侖、理也。三十輻网网(兩)相當而不池。故曰輪。》無輻曰輇。《『鄭-注:周禮』蜃車云。『禮記』或作「槫」。或作「輇」。『注:士喪禮』曰。載柩車。『周禮』謂之蜃車。『襍(雜)記』謂之團。或作「輇」。或作「槫」。聲讀皆相同耳。未聞其正。『注:襍記』大夫載以輲車云。輲讀爲輇。或作「槫」。『注:喪大記』士葬用國車云。輇字或作團。是以又誤爲國。輇車、柩車也。又『士喪禮:注』云。其車之轝狀如牀。中央有轅前後出。設前後輅。轝上有四周。下則前後有軸。以輇爲輪。按鄭於『禮經』、『襍記』网引『許叔重-說文解字』曰有輻曰輪。無輻曰輇。而以輲蜃團槫皆卽輇字。但許不言喪車無輻也。戴先生曰。輇者、輪之名。輲者、車之名。不宜溷而一之。『注:喪大記』改輲爲輇。亦誤。詳見『釋車』。》从車。侖聲。《力屯切。13部。》/724

輬 (량)【liáng ㄌㄧㄤˊ】수레
설문 9074 臥車也。《『史記』作「涼」。》从車。京聲。《吕(呂)張切。10部。》/721

◀ 제 9 획 ▶

輮 (유)【róu ㄖㄡˊ】㊍ rǒu 수레 덧바퀴, 짓밟을
설문 9102 車网也。《【今本】作「車軔」。『篇』、『韵(韻)』皆作「車輞」。輞(輞)譌爲軔。見『爾雅』釋文。輞从車旁、葢(蓋)俗。古衹作「网」耳。或曰【許本】有輞篆。解曰車輞也。在輮篆之上。今軔篆卽輞之誤。然許有軔篆、諸家引之。疑未能明也。車网者、輪邊圍繞如网然。『攷工記』謂之牙。牙也者、以爲固抱也。又謂之輮。行澤者反輮。行山者仄輮。大鄭曰。牙、世閒或謂之罔(罔)。『釋名』曰。輞、罔也。

囧羅周輪之外也。關西曰輮。言曲揉也。按「牙」亦作「枒」。〔木部:枒〕下曰。一曰車网會也。所以名牙者、合衆曲而爲之。如褋(雜)佩之牙、亦曲體也。亦謂之渠。俗作輾。『尙書:大傳』大貝如車渠是也。車网木必擇材。『攷工記:注』曰。今世牙以橿。『爾雅:注』曰。杻、檍。材中車輞。又赤楝中爲車輞。》从車。柔聲。《人九切。3部。按輮之言肉也。凡物邊爲肉。中爲好。》/724

輯 輯 (집)【jí ㄐㄧˊ】 本[수레] 모을, 화목할, 말이 부드럽고 애교가 있을

설문 9082 車輿也。《【各本】作「車和輯也」。大誤。今正。自轈篆以上皆車名。自輿篆至軜篆皆車上事件。其閒不得有車和之訓。【許書】列字次弟有倫。可攷而知也。叚(假)令訓爲車和。則此篆當與軼轒輦軭軔輟軫轚諸篆爲類。『列子:湯問篇:唐殷敬順-釋文』引『說文』輯、車輿也。殷氏所見未誤。『大玄』。礥上九。崇崇高山。下有川波。其人有輯航、可與過。測曰。高山大川不輯航不克也。此輯謂輿。山必輿、川必航。而後可過。是古義見於【子雲之書】。非無可徵也。輿之中無所不居。無所不載。因引申爲斂義。『喪大記:檀弓』之輯杖、輯屨是也。又爲和義。『爾雅』。輯、和也。『版詩:毛傳』同。『公劉(劉):傳』曰。和睦也。引申義行。本義遂廢。淺人少可多怪。改易【許書】。此字从車之恉(指)遂不可得而聞矣。》从車。咠聲。《秦入切。7部。》/721

輥 輝 (혼)【hún ㄏㄨㄣˊ】 작 hūn 멍에, 돌아올 ■헌:초헌(수레의 일종)

설문 9118 軶軥也。《枙軥之異名曰輝也。輝之言圍也。下圍馬頸也。『廣韵(韻)』曰。還也。車相避也。與古義異。》从車。軍聲。《乎昆切。13部。》/726

輶 輶 (유)【qiú ㄑㄧㄡˊ】 상中9작 yóu 가벼울, (가뿐한)수레

설문 9077 輕車也。《輶車卽輕車也。本是車名。引申爲凡輕之偁(稱)。『大雅』。德輶如毛。『箋』云。輶、輕也。此引申之義也。》从車。酋聲。《以周切。3部。》『詩』曰。輶車鑾鑣。《『秦風:四驖』文。『傳』曰。輶、輕也。此本義也。》/721

輸 輸 (수)【shū ㄕㄨ-】 (화물을)보낼

설문 9133 委輸也。《委者、委隨也。委輸者、委隨輸寫也。以車遷賄曰委輸。亦單言曰輸。引申之、凡傾寫皆曰輸。輸於彼、則彼贏而此不足。故勝負曰贏輸。不足則如墮壞然。故『春秋』鄭人來輸平。『公羊』、『穀梁』皆曰。輸者、墮也。『左傳』作「渝」。渝、變也。》从車。俞聲。《式朱切。古音在 4部。『廣韵(韻)』又傷遇切。》/727

輹 輹 輹(복)【fú ㄈㄨˊ】 상中9작 fù 당토(當兎:굴대의 중앙에서 차체와 굴대를 연결하는 물건)

설문 9101 車軸縛也。《謂以革若絲之類纏束於軸、以固軸也。縛者、束也。古者束輈曰楘。曰歷錄。束軸曰輹。亦曰鑋。約轂曰約軝。衣衡曰幦。皆所以爲固。皆見於【許書】。輈束箸於外。故『詩』箸其數。軸束隱於輿下。故不知其數。『釋名』曰。轐、複也。重複非一之言也。轐當爲輹。轉寫誤耳。或曰轐當爲輻之誤。若屐下云又曰輹。輹當爲轐。》从車。复(夏复)聲。《芳六切。3部。》『易』曰。輿說輹(輹)。《「說」【各本】作「脫」。【許書】必當用說。今依『周易』正。『周易:小畜,九三』、『大畜,九二』文也。馬云。車下縛也。與許合。其非轐明矣。或作腹者叚(假)借字。或作輻者譌字。》/724

輜 輜 輜(치)【zī ㄗ-】 짐수레, 바퀴살 끝

설문 9071 輜軿、《逗。》衣車也。《五字依『九年:左傳:正義』所引。衣車、謂有衣蔽之車。非『釋名』所云所以載衣服之車也。『倉頡篇』曰。軿、衣車也。『霍光傳』曰。昌邑王略女子載衣車。『李善-二京賦:注』引張揖云。輜重有衣車也。『左傳』。陽虎載蔥靈。杜曰。蔥靈、輜車名。賈逵曰。蔥靈、衣車也。有蔥有靈。》軿、車前衣也。車後爲輜(輜)。《九字依『文選(選):任彥(彦)昇-策秀才文』、『劉(劉)孝標-廣絕(絶)交論二:注』所引。前有衣爲軿車。後有衣爲輜車。上文渾言之。此析言之也。軿之言屏也。輜之言載也。二篆互文見義。輜亦有蔽。軿亦可載。故每渾言不別。『列女傳』。齊孟姬曰。立車無軿。非敢受命。此軿爲蔽前之證也。『釋名』曰。軿車、四面屏蔽。婦人所乘(乘)。云四面未諦。又曰。有邸曰輜。無邸曰軿。邸如四圭有邸之邸。讀如底。『宋書-禮志』引『字林』軿車有衣蔽、無後轅。其有後轅者謂之輜。『劉(劉)昭-注:輿服志』引同。而奪四字。有後轅無後轅卽有邸無邸之說。此於前衣後衣之外、別爲一說。》从車。甾(由)聲。《側持切。1部。》/720

輻 輻 (복)【fú ㄈㄨˊ】 바퀴살, (한 곳으로)몰려 들 ■부:속음 ■폭:다투어 모일

설문 9110 輪轑也。《以上六篆言轂而及軸末之出於轂者。故遂以湊於轂者終之也。輻凡三十。》从車。畐聲。《方六切。3部。》/725

◀ 제 10 획 ▶

輿 輿 여【yú ㄩˊ】 수레 바탕, 수레를 만드는 사람, 사물의 기초

설문 9083 車輿也。《車輿謂車之輿也。『攷工記』輿人爲車。『注』曰。車、輿也。按不言爲輿而言爲車者、輿爲人所居。可獨得車名也。軾較軫軹轛皆輿事也。》从車。舁(舁)聲。《以諸切。5部。》/721

轀 轀 (온)【wēn ㄨㄣ-】 (누워 쉴 수 있는)수레 → 상여

설문 9073 臥車也。《『史記』始皇崩於沙丘。不發喪。棺載轀涼車中。百官奏事。宦者輒從轀涼車中可其奏。『漢:霍光傳』。載光屍柩以轀輬車。孟康曰。如衣車有窗(窓)牖。閉之則溫。開之則涼。故名之轀輬車也。師古曰。轀輬本安車。可以臥息。後因載喪。飾以柳(柳)翣。故遂爲喪車耳。轀者密閉。輬者旁開窗牖。各別一乘(乘)。隨事爲名。後人旣專以載喪。又去其一。總爲藩飾。而合二名呼之耳。按顏(顏)說是也。本是二車可偃息者。故許分解曰臥車。『始皇本紀』上

7 0

渾言曰轀輬車。下言上轀車臭。以屍實在轀車。不在輬車也。古二車隨行。惟意所適。》从車。𥁕聲。《烏魂切。13部。》/720

輂 (경)【qióng ㄑㄩㄥˊ】덧바퀴 그림쇠
설문 9103 車輮規也。《規者、圜之匡郭也。『考工記』曰。規之以眡其圜。萬之以眡其匡。『注』曰。輪中規則圜矣。等爲萬蔞以運輪上。輪中萬蔞則不匡剌也。按此謂作輮之笵。》一曰一輪車。《今江東多用一輪車。『篇』、『韵(韻)』皆奪一。》从車。熒省聲。讀若煢。《渠營切。11部。》/724

轂 轂(곡)【gǔ ㄍㄨˇ】바퀴통, 묶을
설문 9105 輻所湊也。《湊者、水上人所會也。引申爲凡會之偁(稱)。『老子』曰。三十輻共一轂。轂中空曰櫐。見〔木部〕。》从車。㱿聲。《古祿切。3部。》/724

轃 (진)【zhēn ㄓㄣˉ】큰 수레 대자리, 이를(닿을)
설문 9156 大車簀也。《此以雙聲爲訓。簀者、牀棧也。大車之藉似之。小車謂之茵。車重席也。以虎皮者謂之文茵。大車謂之轃。竹木爲之。》从車。秦聲。讀若臻。《讀若臻。側詵切。12部。》/729

轄 (할)【xiá ㄒㄧㄚˊ】비녀장(굴대에 끼운 바퀴가 빠지지 않게 하는 큰 못)
설문 9131 車聲也。《轂與軸相切聲也。『史記:大人賦』輵轄。『漢書』「轄」作「螛」。張揖曰。輵螛、搖目吐舌皃(貌)。則『史記』爲譌字矣。》从車。害聲。《胡八切。15部。『廣韵(韻)』又苦葢(蓋)切。》一曰轄、《逗。》鍵也。《鍵下曰鉉也。一曰車轄。此鍵轄二篆爲轉注也。舝下曰車軸耑(端)鍵也。然則舝轄二篆異字而同義同音。》/727

轅 (원)【yuán ㄩㄢˊ】(수레 앞 양쪽에 대는)끌채
설문 9113 輈也。《『攷工記』。『輈人』爲輈。『車人』爲大車之轅。是輈與轅別也。許渾言之者、通偁(稱)則一也。轅之言如攀援而上也。》从車。袁聲。《雨元切。14部。》/725

轋 (갱)【kēng ㄎㄥˉ】㉚ qiān 수레꾸미개 백철 ■간:같은 뜻 ■진:수레 뒤턱나무
설문 9142 車轋弘聲也。《「弘」大徐作「銞」。非。小徐作「鋐」。『集韵(韻)』作「軣」。亦誤。今正。谹、谷中響也。宖、屋響也。弘、弓聲也。車聲轋弘、借弓聲之字耳。轋弘、大聲。》从車。眞聲。《『廣韵』口莖切。按『廣雅』作「轋」。『玉篇』作「輤」。皆卽此字也。古音眞聲之字在 12部。》讀若『論語』鏗尒舍琴而作。《「琴」【各本】作「瑟」。今正。『陸元朗-所據:論語』作「琴」。〔小徐-手部〕亦作舍琴。》一曰讀若掔。《按臤聲、堅聲與眞聲同在 12部。》/728

◀ 제 11 획 ▶

輓 (만)【màn ㄇㄢˋ】천으로 수레 뚜껑할
설문 9084 衣車葢(蓋)也。《衣車、上文之轀輧是也。四圍爲衣。上爲葢(蓋)。皆以蔽輿也。故廁於輿下。『集韵(韻)』云。一曰戰車。以遮矢也。》从車。曼聲。《輓之言幔也。莫半切。14部。》/721

轚 (갱)【kēng ㄎㄥˉ】수레 튼튼할
설문 9151 車堅也。《堅者、剛也。》从車。殸聲。《殸籒文磬。此形聲中有會意也。口莖切。10部。》/729

轈 (소)【cháo ㄔㄠˊ】(망루가 달린)수레
설문 9081 兵車高如巢㠯(以)望敵也。《『左傳:正義』引兵高車加巢以望敵。與釋文及【今本】不同。【今本】爲長。『篇』、『韵(韻)』皆云若巢。亦【今本】也。『今-左傳』作巢車。杜曰。巢車、車上爲櫓。此正言櫓似巢。不得言加巢。『宣:十五年:傳』。晉使解揚如宋。楚子登諸樓車。服虔(虔)曰。樓車所以窺望敵軍。兵法所謂雲梯者。杜曰。樓車、車上望櫓。》从車。巢聲。《此形聲包會意。鉏交切。2部。》『春秋傳』曰。楚子𠅤(乘)轈車。《『成:十六年:左傳』文。乗(乘)【今本】作「登」。依『九經字樣』所引、爲【古本】。》/721

형성 (+1) 여(轝 𨏥)

輊 (지)【zhì ㄓˋ】수레 앞 무거워 숙어서 낮을
설문 9143 抵也。《抵者、擠也。擠者、排也。車抵於是而不過、是曰輊。如馬之不前曰䭾(樊)騺。詳〔𠂔部〕。輊與車重之摯蟄輊轞本各義。與輖又殊音。而『集韵(韻)』緫(總)合爲一字。誤矣。小徐引『潘岳賦』如輊如軒。今按潘(潘)作「轞」、不作輊也。》从車。執聲。《陟利切。15部。》/728

轉 (전)【zhuǎn ㄓㄨㄢˇ】㉚ zhuàn 구를, 넘어질, 나부낄
설문 9132 還也。《「還」大徐作「運」。非。還者、復也。復者、往來也。運訓迻徙。非其義也。還卽今環字。》从車。專聲。《知戀切。14部。亦陟兖切。淺人分別上去異義。無事自擾。》/727

◀ 제 12 획 ▶

轜 (이)【ér ㄦˊ】상여 ※ 이(輀)와 같은 글자
설문 9166 喪車也。从車、重而。而亦聲。《【各本】篆作輀。解作从車而聲。今更正。『文選(選):注』、『玉篇』、『廣韵』、『龍龕手鑑』皆作轜。从重而者、葢(蓋)喪車多飾。如『喪大記』所載致爲緐縟。而者、須也。多飾如須之下垂。故从重而。亦以而爲聲也。如之切。1部。》/730

轈 (충)【chōng ㄔㄨㄥˉ】진 뚫는 수레 ■장:같은 뜻
설문 9080 陷敶車也。《敶者、列也。見〔攴部〕。於此可見古戰陣字用此矣。用陳者、叚(假)借字也。作陣者、俗字也。『大雅』。與爾臨衝。『傳』曰。臨、臨車也。衝、衝車也。釋文曰。『說文』作轈。陷陣車也。『定:八年:左傳』。主人焚衝。釋文亦云爾。『前、後-漢書』衝棚。衝皆卽轈字。李善曰。衝、『字略』作「轈」。》从車。童聲。《尺容切。9部。》/721

轐 (복)【bǔ ㄅㄨˇ】㉛㊥⑨㉚ bú 복토(伏兎:굴대와 차체를 연결하는 물건)

㉚ 作家出版社〔董蓮池-說文解字考正〕 ⑨ 九州出版社〔柴劍虹-說文解字〕 ㉠ 陝西人民出版社〔蘇寶榮-說文解字今注今譯〕 ㉛ 上海古籍出版社〔說文解字注〕 ㊥ 中華書局〔臧克和-說文解字新訂〕

설문 9098 車伏兔(兎)也。《戴先生曰。伏兔(兎)謂之轐。『易:小畜，九三』。輿脫輻。『大畜，九二』。輿脫輹。『大壯，九四』。壯於大輿之輹。『說文』。轐、車伏兔也。輹、車軸縛也。『釋名』。屐、似人屐也。又曰伏兔。在軸上似之也。又曰輹。輹、伏也。伏於軸上也。按轐輹實一字。其下有革以縛於軸。今『易:小畜』作「輻」。系傳寫者誤。輻在轂與牙之閒。非可脫者。玉裁謂劉(劉)成國合輹於伏兔。非也。依許則伏兎名轐。車軸之縛名輹。迥然二物。轐之言僕也。『毛傳』曰。僕、附也。爲伏兔之形附於軸上。以輅固之。輢葘於㒳(兩)伏兔閒者、名曰當兔。》从車。菐聲。《博木切。3部。》『周禮』曰。加軫與無轐焉。《『考工記』文。鄭司農云。轐讀如旃僕之僕。謂伏兔也。》/724

轑 (료)【lǎo ㄌㄧㄠˇ】 수레바퀴살(굴대) ▣로: 수레바퀴살

설문 9123 車蓋(蓋)弓也。《『輪人』爲蓋。蓋 弓二十有八。以象恆(㮓恒)星也。『鄭-注』曰。弓者、蓋橑也。蓋弓曰轑。亦曰橑。橑者、椽也。形略相似也。重棼亦偁 (稱)重轑。『張敞傳』殿屋重轑是也。『釋名』曰。轑、蓋叉 (爪)也。叉者、今爪字。非叉字。〔王部:瑵〕下曰。車蓋玉瑵。以玉爲爪也。詳彼『注』。》从車。尞聲。《盧晧切。2部。》一曰輻也。《輻三十湊轂。亦如椽然。故亦得轑名。其物皆系於車者也。故皆从車。》/726

轒 (분)【fén ㄈㄣˊ】 병거

설문 9157 淮陽名車穹隆轒。《淮陽、漢國。有縣九。今開封府陳州以南是其地。車穹隆、卽車蓋(蓋)弓也。『方言』曰。車枸簍、宋魏陳楚之閒謂之「筱」。或謂之「簝籠」。秦晉之閒自關而西謂之「枸簍」。西隴謂之「㭑」。南楚之外謂之「篷」。或謂之「隆屈」。郭云。卽車弓也。按許之穹隆卽簝籠也。許之轒蓋(蓋)卽㭑字與。抑淮陽謂之轒、爲『方言』所不載也。『釋名』曰隆强。或曰車弓。『長楊賦』碎轒轀。別一義也。》从車。賁聲。《符分切。13部。按此篆當與上轑蓋弓也爲伍。轑言其分。轒言其合也。廁此者、後人亂之。》/729

◀ 제 13 획 ▶

轖 (색)【sè ㄙㄜˋ】 기운 맺힐

설문 9094 車箱交革也。《【各本】「革」作「錯」。『李善-七發:注』、『顏(顔)師古-急就篇:注』作「交革」。今從之。「車箱」【各本】作「車籍」。『七發:注』同。『急就:注』、『廣韵(韻)』作「車藉」。皆不可通。今以意正之日車箱。箱與籍字形之誤也。『毛-大東:傳』曰。服、牝服也。箱、大車之箱也。鄭曰。大車、平地任載之車。〔竹部〕曰。箱、大車牝服也。按箱本謂大車之輿。引申之而凡車之輿皆得名箱。此箱不謂大車也。交革者、交猶遮也。謂以去毛獸皮鞔其外。『攷工記』。棧車欲弇。『注』曰。爲其無革鞔不堅。易坼壞也。飾車欲侈。『注』曰。飾車、革鞔輿也。大夫以上革輓輿。『巾車職』。士乘(乘)棧車。『注』曰。棧車、不革、輓而漆之。王之玉路、金路、象路皆以革輓。而有玉金象之飾。因有玉金象之名。革路鞔之以革而漆之。無他飾。故偁(稱)革路。木路不鞔。以革漆之而已。故偁木路。凡革鞔謂之轖。故『急就篇』曰。革轖髹漆油黑蒼。髹漆油黑蒼又在革轖之外。『巾車』言孤卿夏、大夫墨是也。許所云約軝者、蓋(蓋)在未鞔革之前。約以固之。鞔之則格空遮蔽。故曰轖。轖之言嗇也。引申之爲結塞之偁。故『枚乘-七發』曰。邪氣襲逆。中若結轖也。》从車。嗇聲。《所力切。1部。》/723

轘 (환)【huàn ㄏㄨㄢˋ】 거열할(車裂:두대의 수레로 양쪽에서 당겨 인체를 찢어 죽임)

설문 9164 車裂人也。《『周禮:條狼氏』。誓僕右日殺。誓馭日車轘。『注』日。車轘、謂車裂也。》从車。睘(瞏)聲。《胡慣切。14部。按大徐云。瞏渠營切。非聲。當从環省。此惑於『毛詩』青青睘睘(瞏)爲韵(韻)。而不知『詩』之睘睘 乃煢煢之雙聲叚(假)借也。》『春秋傳』曰。轘諸栗門。《『宣公:十一年:左傳』文。》/730

轙 (의)【yǐ ㄧˇ】 (종복이 거마가 떠날)채비 차릴

설문 9120 車衡載䜌(轡)者。《『釋器』曰。載轡謂之轙。郭云。車軛上環。轡所貫也。四馬八轡。除驂馬內轡納於軾前之觼。在手者惟六轡。驂馬外轡復有游環。以與服馬四轡同入軛上大環。以便總持。大環謂之轙。『東京賦』。龍輈華轙。此本義也。『郊祀歌』。靈禗禗。象輿轙。如淳曰。轙者、僕人嚴駕待發之意。此引申之義也。整船亦日艤。同轙意。》从車。義聲。《魚綺切。古音在 17部。『漢書』、『廣韵(韻)』又音儀。》钀轙或从金獻。《从金者、環以金爲之。獻聲與義聲古合音冣(最)近。卽義尊獻尊同音之理。『今-爾雅』鑣謂之钀。與轙異事。》/726

轚 (격)【jī ㄐㄧˉ】 (상)㊥⑨(작) jí (비녀장끼리 서로)부딪칠

설문 9148 車轄相擊也。《轄、鍵也。鍵在軎頭。謂車軎相擊也。【諸書】亦言車轂相擊。》从車毄。《會意。〔殳部〕曰。毄者、相擊中也。》毄亦聲。《古歷切。16部。》『周禮』曰。舟輿轚互者。《『秋官:野廬氏』。凡道路之舟車轚互者、敘而行之。『注』曰。謂於迫隘䖏也。『穀梁傳』曰。御轚者不得入。》/729

◀ 제 14 획 ▶

轛 (대)【duì ㄉㄨㄟˋ】 (상)㊥⑨(작) zhuì 수레 난간의 앞 가로막이 나무 밑에 세운 나무

설문 9090 車橫軨也。《謂車闌也。〔木部:橫〕下曰。闌木也。『攷工記』曰。參分軹圍、去一以爲轛圍。『注』。兵車之轛圍、二寸八十一分寸之十四。轛、式之植者橫者也。鄭司農云。謂車輿軨立者也。按許云橫軨也。橫訓闌。則直者衡者皆在內矣。漢人從衡字衹作「衡」。不作「橫」。橫者、桄也。後鄭又云。轛者、以其鄉(鄉)人爲名。按字所以从對與。》从車。對(對)聲。《追萃切。15部、『廣韵(韻)』作「轛」。都隊切。》『周禮』曰。參分軹圍。去一日(以)爲轛圍。《『輿人職』文。按鄭云輢之植者衡者也。與轂末同名。許君軹下云。車輪小穿。不言別義。而此引『參分軹圍』之文。

7 ⓪

令學者疑。葢(蓋)其疏也。》/722

簨 (선)【xuàn ㄒㄩㄢˋ】 [상][中][9][작] shuàn 수레의 굴대를 고칠

[설문] 9149 治車軸也。《「治」『篇』、『韵(韻)』皆作「簨」。四字句。鏇轉規圜之意。》从車。算聲。《所眷切。14部。》/729

轟 [굉]【hōng ㄏㄨㄥˉ】 여러 수레가 요란하게 가는 소리, 굉장히 크게 울리는 소리

[설문] 9167 轟轟。《二字依『文選(選):注』補。》羣(群)車聲也。从三車。《呼宏切。古音在 12部。李善曰。『倉頡篇』云。軥軥、衆車聲也。呼萌切。今爲輷字、音田。『玄應』曰。轟今作「輷」。【字書】作「軥」、同。呼萌切。按古字作軥。今字作輷。『玉篇』作「輷」。皆當在眞臻部也。》/730

◀ 제 15 획 ▶

轡 [轡][비]【pèi ㄆㄟˋ】 고삐, 말의 재갈에 잡아 매어 끄는 줄 (車부 15획)

[설문] 8377 馬轡也。从絲車。《【各本】篆文作轡。解作从絲从惠。『五經文字』同。中从軸末之惠也。惟『廣韵:六, 至轡』下云。『說文』作轡。此葢(蓋)陸法言、孫愐所見『說文』如此。而僅存焉。以絲運車、猶以扶輓車。故曰轡與連同意。祇應从車、不煩从惠也。今據以正誤。》與連同意。《見連輦二字下。兵媚切。15部。》『詩』曰。六轡如絲。《『小雅:皇皇者華』文。此非以證轡字、乃以釋从絲之意也。六轡如絲『毛傳』曰。言調忍也。如絲、則是以絲運車。故其字从絲車。凡引經說會意之例如此。》/663

轢 (력)【lì ㄌㄧˋ】 삐걱거릴(서로 반목할), 수레바퀴가 쓸려 소리날

[설문] 9138 車所踐也。《踐者、履(履)也。軷下曰轢牲而行是也。》从車。樂聲。《歷各切。【宋-本】如此。郎(郎)擊切。【今-本】如此。古音在 2部。》/728

◀ 제 20 획 ▶

轙 (얼)【niè ㄋㄧㄝˋ】 [작] è 수레에 높이 실을

[설문] 9130 載高貌。《轙轙、車載高皃(貌)。『衞(衛)風』。庶姜孽孽。毛云。孽孽、盛飾。『韓詩』作「轙轙」、長皃。『吕(呂)覽』。宋王作爲櫱臺。高誘曰。「櫱」當作「轙」。『詩』曰。庶姜轙轙。高長皃。然則韓爲本字。毛爲叚(假)借字。『爾雅』。蓁蓁、孽孽、戴也。亦載高之意也。『西京賦』。飛檐轙轙。》从車。獻聲。《俗改作「轙省聲」。不知古音者所爲也。五葛切。15部。》/727

◀ 제 23 획 ▶

轗 (민)【mǐn ㄇㄧㄣˇ】 수레바탕과 굴대가 닿는 데 댄 가죽

[설문] 9099 車伏兔下革也。《謂以鞈固之於軸上也。鞈者、生革可以爲縷束也。》从車。䰱聲。䰱、古文婚字。《【各本】作古昏字。今正。〔女部:婚〕篆下曰。䰱、籒文婚。若依〔女部〕、則此當作「籒文婚字」。【全書】惟此篆及〔巾部:幔〕篆用爲聲。而【今本】轗篆又譌从㥗矣。》讀若閔。《眉(眉)殞切。13部。按此音謂縛之緜(綿)密也。與『毛詩』之緜緜、『韓詩』之民民同義。『廣韵(韻)』既有轗、云車軓兔(兎)下革。又有轗、云車軓兔下軶。明是一而二之。軶字必誤。》/724

160

7-13

辛 [辛] [훈] 매울 신

辛 [辛] [신]【xīn ㄒㄧㄣˉ】 [설문부수 521] 매울, 독할, 슬플

[설문] 9306 秋時萬物成而孰(孰)。《『律書』曰。辛者、言萬物之新生。故曰辛。『律曆志』曰。悉新於辛。『釋名』曰。辛、新也。物初新者、皆收成也。》金剛味辛。《謂成孰之味也。》辛痛即泣出。《故以爲艱辛字。》从一辛。《一者、陽也。陽入於辛。謂之愆陽。息鄰(隣)切。13部。》辛、辠也。《辛痛泣出。辠人之象。凡辠宰辜辭辥皆从辛者、由此。》辛承庚。象人股。《冡『大一經』。》凡辛之屬皆从辛。/741

[유사] 문신 새길 건(䇂) 마지막 가로 획이 더 길면 건(䇂) 짧으면 신(辛)

[성부] 부록 색인 참조

[형부] 辛을 부수로 하는 대부분의 글자들 재(梓)

[형성] (1자) 심(痒)4509

◀ 제 5 획 ▶

辜 [고]【gū ㄍㄨˉ】 죄, 허물, 반드시, 사지를 찢을

[설문] 9308 辠也。《『周禮』。殺王之親者辜之。『鄭-注』。辜之言枯也。謂磔之。按辜本非常重罪。引申之、凡有罪皆曰辜。》从辛。古聲。《古乎切。5部。》𣦵古文辜。从死。《从古文死也。》/741

[형성] (1자) 고(嫴)7869

◀ 제 6 획 ▶

辟 [벽]【bì ㄅㄧˋ】 [설문부수 342] [本][법] 임금, 죽은 남편, 물리칠, 길쌈 할 [■]피:피할 [■]비:흘겨볼, 띠의 가를 꾸밀 [■]백:잘게 썰 [■]미:어루만질 [■]병:없앨

[설문] 5534 法也。《「法」當作「灋」。『小雅』。辟言不信。『大雅』。無自立辟。『傳』皆曰。辟、法也。又『文王有聲:箋』、『抑:箋』、『周禮:鄉師:注』、『戎右:注』、『小司寇:注』、『曲禮:下注』皆同。引伸之爲罪也。見『釋詁』。謂犯法者、則執法以罪之也。又引伸之爲「辟除」。如『周禮:閽人』爲之辟、『孟子』行辟人、以及辟寒、辟惡之類是也。又引伸之爲「盤辟」。如『禮經』之辟、『鄭-注』逡遁是也。又引伸爲「一邊」之義。如『左傳』曰闕西辟是也。或借爲「僻」。或借爲「避」。或借爲「譬」。或借爲「闢」。或借爲「壁」。或借爲「襞」。》从卩辛。節制其辠也。《「節」當作「卩」。俗所改也。以卩制說

卩。以辠說辛。辛从辛。辛、辠也。故辛亦訓辠。》从口。《句。》用法者也。《用法上當再出口字。以用法說从口。辟合三字會意。必益切。16部。》凡辟之屬皆从辟。/432

유사 허물 설(辥)

성부 檗벽 薛설

형성 (22자) 벽(璧)101 폐(薜)365 벽(壁)1024 피(避)1109 비(譬)1421 벽(鸊)2318 비(臂)2509 벽(劈)2653 벽(檗)4294 멱(幦)4707 벽(僻)4912 벽(襞)5101 벽(髀)5535 예(嬖)5536 벽(癖)5658 벽(廦)5714 벽(闢)7387 벽(擘)7649 폐(嬖)7886 벽(甓)8075 벽(繴)8328 벽(璧)8632

辠 죄【zuì ㄗㄨㄟˋ】허물, 罪古字

설문 9307 犯灋(法)也。从辛自。《辛自卽酸鼻(鼻)也。徂賄切。15部。》言辠人戚鼻苦辛之憂。《戚今之蹙字。此釋从辛自之恉。》秦已(以)辠佀(似)皇字。改爲罪。《此志改字之始也。古有段(假)借而無改字。罪本訓捕魚竹网。从网、非聲。始皇易形聲爲會意。而【漢後-經典】多從之。非古也。》/741

형성 (2자) 죄(辠)5619 최(溨)7024

◀ 제 7 획 ▶

辡 변【biǎn ㄅㄧㄢˇ】[설문부수 522] 죄인이 서로 송사할, 맞고소할

설문 9312 辠人相與訟也。从二辛。《會意。方免切。12部。》凡辡之屬皆从辡。/742

형성 (7자+1) 판(瓣)2044 변(辨)2645 판(辦)4350 반(辬)5467 변(辯)6494 변(辮)8180 변(辯)9313 판(辦)

◀ 제 8 획 ▶

嬖 (예)【yì ㄧˋ】다스릴, 편안할

설문 5536 治也。《[丿部]曰。乂、芟艸也。今則乂訓治而嬖廢矣。『詩』作「艾」。『小雅:小旻:傳』曰。艾、治也。》从辟。乂聲。《魚廢切。15部。》『虞書』曰。《當作『唐書』。說詳[禾部]。》有能俾嬖。《見『堯典』。今「嬖」作「乂」。葢(蓋)亦自孔安國以今字讀之已然矣。計辥嬖字秦漢不行、小篆不用、【倉頡等篇】不取。而許獨存之者、尊【古文經】也。尊古文也。凡尊【經】、尊古文之例視此。》/432

辤 (사)【cí ㄘˊ】사양할, 문장 ※ 사(辭)와 같은 글자

설문 9310 不受也。《『聘禮』。辭、日非禮也敢。『注』曰。辭、不受也。按【經傳】凡辤讓皆作辭說字。固屬叚(假)借。而學者乃罕知有辤讓本字。或又用辤爲辭說而愈惑矣。『禮經』一書。多言辭曰。謂其文辭如是也。『聘禮』之辭曰非禮也敢。則於辭爲逗。謂辤則其辭如是也。故鄭特注之。以別於他處之言辭曰者。『哀:六年:左傳』。五辭而後許。釋文曰。辭本又作「辤」。》从受辛。《會意。》受辛宜辤之也。《釋會意之恉(指)。『世說新語』。『蔡邕-題:曹娥碑』。黃絹幼婦。外孫齏臼。解之曰。齏臼所以受辛。辤字也。按此正當作辭。可證漢人辤辭不別耳。似玆切。1部。》辞籒文辤。《和悅以卻之。故从台。》/742

◀ 제 9 획 ▶

辥 설【xuē ㄒㄩㄝ】허물, 성씨, 나라 이름

설문 9309 辠也。《此字【古書】內罕見。》从辛。𠮛聲。《𠮛見[𠂤部]。私列切。15部。》/742

유사 임금 벽(辟)

성부 櫱蘖얼

형성 (7자) 얼(蘖)301 얼(齧)2315 설(㔎)2639 얼(櫱)4290 알(嶭)5593 얼(孽)8532 얼(孼)9325

辨 (변)【biàn ㄅㄧㄢˋ】㊥⑨㉠ bàn나눌(구별), 나누일, 분별할, 구별

설문 2645 判也。《『小宰』「傅別」。【故書】作「傅辨」。朝士判書。【故書】判爲辨。大鄭辨讀爲別。古辨判別三字義同也。辧從刀。俗作辨。爲辨別字。符蹇切。別作從力之辦。爲幹辦字。蒲莧切。古辧別、幹辧無二義。亦無二形二音也。》从刀。辡聲。《12部。》/180

◀ 제 10 획 ▶

壁 (벽)【bì ㄅㄧˋ】다스릴 (辛부 10획)

설문 5535 法也。《【各本】作「治也」。今依『尙書』釋文正。『金縢』云。我之弗辟。某氏云。治也。馬鄭音避。謂避居東都。『說文』作「壁」。云必亦反。法也。》从辟井。《荆(刑)字下引『易』曰。井者、法也。辟亦聲。必益切。16部。》『周書』曰。我之不壁。《許所據壁中古文也。葢(蓋)孔安國以今字讀之、乃易爲辟字。馬鄭所注者、從孔讀。「不」『今-尙書』作「弗」。》/432

◀ 제 11 획 ▶

辬 (반)【bān ㄅㄢ】아롱질 ※ 반(斑)의 본래 글자 (文부 14획)

설문 5467 駁文也。《謂駁褋(雜)之文曰辬也。馬色不純曰駁。引伸爲凡不純之偁(稱)。辬之字多或體。『易』卦之賁字、『上林賦』之媥字、『史記』瑸媥、『漢書:文選(選):玢豳』、俗用之斑字皆是。斑者、辬之俗。今乃斑行而辬廢矣。又或假班爲之。如孟堅之得氏以楚人謂虎文曰斑。卽[虍部:虨]字也。作辬斑近是。而『漢書』作班。頭黑白半曰頒。亦辬之假借字。許知爲不純之文、以从辡知之。辧辯字皆从辡。》从文。辡聲。《此擧(擧)形聲包會意。布還切。14部。》/425

◀ 제 12 획 ▶

辭 사【cí ㄘˊ】말씀, 송사할, 사양할

설문 9311 說也。《【今本】說訟。『廣韵:七之』所引不誤。【今本】此說譌爲訟。詷字下訟譌爲說。其誤正同。[言部]曰。說者、釋也。》从𤔔辛。《會意。似玆(玆)切。1部。》𤔔辛猶理辜也。《釋會意之指。依【小徐本】訂正。》𤔲籒文辭。从司。《『易:毄(繫)辭本』亦作「嗣」。》/742

7 ⓪

◀ 제 14 획 ▶

辯 (변)【biàn ㄅㄧㄢˋ】 말 잘할, (말로)다툴 ■편:두루 미칠

설문 9313 治也。《治者、理也。俗多與辨不別。辨者、判也。》从言在辡之閒(間)。《謂治獄也。會意。符蹇切。12部。》/742

辦 (판)【bàn ㄅㄢˋ】 오이씨, 꽃잎

설문 4350 瓜中實也。《『衞(衛)風』。齒如瓠棲。『釋草』及『毛傳』日。瓠棲、瓠瓣也。瓜中之實日瓣。實中之可食者當日人。如桃杏之人。》从瓜。辡聲。《蒲莧切。古音蓋(蓋)在 12部。》/337

161 辰 7-14 별 진

7 ⑫

辰 진【chén ㄔㄣˊ】 [설문부수 532] 다섯째 지지(용띠를 상징) 북극성, 삼월 ■신:날(하루) 일월성신

설문 9345 震也。三月昜(陽)气動。靁電(雷電)振。民農時也。物皆生。《震振古通用。振、奮也。『律書』日。辰者、言萬物之蜄(蜃)也。『律曆志』日。振美於辰。『釋名』日。辰、伸也。物皆伸舒而出也。季春之月。生氣方盛。陽氣發泄。句者畢出。萌者盡達。二月靁(雷)發聲。始電至。三月而大振動。『豳風』日。四之日擧(擧)止。故日民農時。》从乙匕。《匕呼跨切。變也。此合二字會意。乙象春艸木寃曲而出。陰氣尙強(强)。其出乙乙。至是月陽氣大盛。乙乙難出者始變化意。》匕象芒達。《匕字依『韵會』補。芒達、芒者盡達也。》厂聲。《鉉等疑厂呼旱切、非聲。按厂之古音不可攷。文䰟(魂)與元寒、音轉亦冣(最)近也。植鄰(隣)切。古音在 13部。》辰、房星。天時也。《此將言从二。先說其故也。〔晶部:曟(晨)〕字下日。房星、爲民田時者。从晶、辰聲。或省作晨。此房星之字也。而此云辰、房星。辱下云。房星爲辰。田候也。則字亦作辰。『爾雅』房心尾爲大辰是也。『韋-注:周語』日。農祥、房星也。房星晨正、爲農事所瞻仰。故日天時。引申之、凡時皆日辰。『釋詁』云。不辰、不時也。房星高高在上。故从上。》从二。二、古文上字。凡辰之屬皆从辰。古文辰。/745

유사 펼 전(展)

성부 부록 색인 참조

형부 辰을 부수로 하는 대부분의 글자들

형성 (13자+2) 신(裖)0060 진(唇)874 진(踬)1307 진(賑)3780 신(宸)4363 진(屒)5168 신(㰮)5315 신(麎)5971 진(震)7175 진(振)7591 신(娠)7751 신(蜃)8495 순(陙)9261 진(侲) 회(曟)

◀ 제 3 획 ▶

辱 욕【rù ㄖㄨˋ】 ㊤㊥⑨㉑ rǔ 욕보일, 욕볼, 욕(수치), 자기의사를 굽히어 남에게 복종하는 치욕

설문 9346 恥也。《〔心部〕日。恥、辱也。此之謂轉注。『儀禮:注』日。以白造緇日辱。》从寸在辰下。《會意。寸者、法度也。而蜀切。3部。》失耕時。《故从辰。》於封畺上戮之也。《故从寸。》辰者、農之時也。故房星爲辰。《說从辰之意。》田候也。/745

성부 蓐욕

형부 호(薅)

형성 (4자) 누(槈)3534 욕(鄏)3868 욕(溽)6901 욕(縟)8242

◀ 제 6 획 ▶

農 農농【nóng ㄋㄨㄥˊ】 농사, 농부, 힘쓸

설문 1693 耕人也。《【各本】無「人」字。今依『玄應書:卷十一』補。『食貨(貨)志』。四民有業。闢土植穀日農(農)。『洪範』。次三日。農用八政。鄭云。農讀爲醲。易其字也。某氏因訓農爲厚矣。》从晨。《庶人明而動。晦而休。故從晨。》囟(囟)聲。《鍇日。當從囟、乃得聲。玉裁按。此囪聲之誤。囪者、明也。》籒文農。从林。古文農。亦古文農。《小徐從艸。大徐從林。夏竦日。農見『古-尙書』。》/106

형성 (7자) 농(盥)3033 농(癑)4559 농(禯)5072 노(獶)6004 농(濃)7000 농(醲)9373 농(膿)3033:1

◀ 제 7 획 ▶

晨 신【chén ㄔㄣˊ】 [설문부수 68] 새벽, 일찍 (명문1647)

설문 1692 早昧爽也。《〔日部〕日。早、晨也。昧爽(爽)、旦明也。『文王世子:注』日。早昧爽。擊鼔(鼓)以召衆。亦三字衆言之。『左傳:僖:五年:正義』解『說文』謂夜將旦雞(鷄)鳴時也。》从臼辰。《會意。》辰、《逗。》時也。辰亦聲。《息鄰(隣)切。12部。》丮(丮)夕爲夙(夙)。臼辰爲晨。皆同意。《聖人以文字教(敎)天下之勤。》凡晨之屬皆从晨。/105

유사 별이름 신(晨)

성부 農農농

◀ 제 113 획 ▶

曟 (회)【huì ㄏㄨㄟˋ】 ㊤㊥⑨㉑ chén 해와 달이 교회하는 곳

설문 3134 日月合宿爲曟。《【各本】作「爲辰」。今依『廣韵(韻)』、『集韵』、『類篇』訂。『左傳』。晉侯問伯瑕日。何謂六物。對日。歲時日月星辰是謂也。公日。多語寡人辰而莫同。何謂辰。對日。日月之會是謂辰。故以配日。按辰以配日者、謂以從子至亥配從甲至癸也。十日、十二辰見『周禮:馮相氏、𥐻蔟氏』。『注』云。日謂從甲至癸。辰謂從子至亥。從

子至亥者、日月一歲十二會。所會之處謂之十二次。星紀之次爲丑、玄枵之次一名天黿爲子、豕韋之次一名娵訾爲亥、降婁之次爲戌、大梁之次爲酉、實沈之次爲申、鶉首之次爲未、鶉火之次爲午、鶉尾之次爲巳、壽星之次爲辰、大火之次爲卯、析木之次爲寅是也。據『說文』則日月之合宿謂之𦤎。據『周禮』、『左傳』則日月𦤎處謂之辰也。𦤎者、卽『左傳』之會字。非『左傳』之辰字也》 从會辰。《辰、時也。日月以時而會。故从辰會會意。》 會亦聲。《『各本』作辰亦聲。攷『廣韵:十四, 泰』有𦤎、音黃外切。十七眞無𦤎字。是可證『說文』本作會亦聲也。『玉篇』曰。𦤎、時眞切。日月會也。今作「辰」。葢(蓋)當希馮時『說文』已有作辰亦聲者。而顧從之。『集韵』、『類篇』亦沿誤耳。皆誤讀『左氏』者爲之也。大徐用『孫愐-唐韵』爲音。而不必盡用『唐韵』。如此字『廣韵』入泰不入眞可證。15部。》 /223

162 辵 7-15
쉬엄쉬엄 갈 착

辵 착【chuò ㄔㄨㄛˋ】[설문부수 33] ⑨ chò 쉬엄쉬엄 갈, 달릴

설문 1043 乍行乍止也。《『公食大夫禮:注』曰。不拾級而下曰辵。鄭意不拾級而上曰栗階。亦曰歷階。不拾級下曰辵階也。『廣雅』。辵、奔也。》 从彳止。《彳者乍行。止者乍止。丑略切。古音葢(蓋)在 2部。讀如超。》 凡辵(辶)之屬皆从辵。讀若『春秋傳』曰辵階而走。《「讀若」二字衍。『春秋傳』者、『公羊:宣:二年』文。『今-公羊』作躇(踷)。何休曰。躇猶超遽不暇以次。》 /70

성부 부록 색인 참조

형부 辵(辶)을 부수로 하는 대부분의 글자들

◀ 제 3 획 ▶

● 辻 무리 도(徒)-본자

迈 (기)【jì ㄐㄧˋ】 바칠, 어조사

설문 2885 古之遒人吕(以)木鐸記【詩】言。《『左傳:襄:十四年』師曠引『夏書』曰。遒人以木鐸徇于路。官師相規。工執藝事以諫。正月孟春。於是乎有之。杜云。木鐸徇于路。采歌謠之言也。『何注:公羊』曰。五穀畢入。民皆居宅。男女同巷。相從夜績。從十月盡、正月止。男女有所怨恨。相從而歌。飢者歌其食。勞者歌其事。男年六十、女年五十無子者。官衣食之。使之民閒(間)求【詩】。鄉移於邑。邑移於國。國以聞於天子。故王者不出牖戶(戶)。盡知天下。『食貨志』曰。孟春之月。行人振木鐸徇於路。吕(以)采【詩】獻之大師。比其音律。以聞於天子。故曰王者不窺牖　戶而知天下。遒人卽班之行人。以木鐸巡於路。使民閒出男女歌詠。記之簡(簡)牘。遞薦於天子。故其字從辵(辶)丌。辵者、行也。丌者、薦也。記與丌疊韵(疊韻)也。『僞:尙書』襲『左傳』。而不言振木鐸者何所事。○ 按【劉歆與楊雄書】云。三代周秦。軒車使者、遒人使者以歲八月巡路。求代語僮謠歌戲(戲)。『楊-荅:劉書』云。嘗聞【先代輶軒之使奏籍之書】皆藏於周秦之室。又云。翁孺猶見輶軒之使所奏言。【二書】皆卽遒人之事也。遒輶遒三字同音。遒人卽遒人。楊、劉皆謂使者采集『絕(絶)代語釋別國方言』。故許櫽栝之曰【詩】言。班、何則但云采【詩】也。劉云求代語僮謠歌戲、則【詩】在其中矣。『周禮:大行人』。屬象胥諭言語、協辭命。屬瞽(䁂)史諭書名、聽聲音。豈非楊劉所謂使者、班所謂行人與。說者雖殊。可略見古者考文之事。爲政之不外正名矣。○〔乃部〕云。卤、氣行皃(貌)。逌訓行。故逌人卽行人也。遒葢(蓋)逌之假借字。》 从辵(辶)丌。丌亦聲。讀與記同。《居吏切。1部。『大雅』。往近王舅。假借爲語詞也。『王風』。彼其之子。『箋』云。「其」、或作「記」、或作「己」。讀聲相似。『鄭風:箋』云。忌讀爲彼己之子之己。『崧高:傳』曰。近、己也。『箋』申之曰。己、辭也。讀如彼己之子之己。是則己忌記其近五字通用。1部也。『大雅』作「近」者。誤。近、13部也。》 /199

迀 (간)【gān ㄍㄢˉ】 권할, 구할

설문 1141 進也。《干求字當作「迀」。干犯字當作「奸」。》 从辵(辶)。干聲。讀若干。《古寒切。14部。》 /74

迂 (우)【yū ㄩˉ】 굽을, 멀(돌아가는 길)

설문 1153 避也。《迂曲回避。其義一也。》 从辵(辶)。亏(于)聲。《憶俱切。5部。》 /75

迅 (신)【xùn ㄒㄩㄣˋ】 빠를

설문 1073 疾也。《見『釋詁』。迅疾疊韵(疊韻)。》 从辵(辶)。卂聲。《息進切。12部。》 /71

迆 (이)【yí ㄧˊ】 ㊥⑨㉘ yǐ 갈(비스듬히 가다), (비스듬히)연이을

설문 1107 衺行也。从辵(辶)。也聲。《移尒切。16、17部。》『夏書』曰。東迆北會于匯。《『禹貢』。》 /73

◀ 제 4 획 ▶

● 㢟 따를 종(從)-본자

迊 (발)【pèi ㄆㄟˋ】 ㊤㊥⑨㉘ bó 급히 달아날, 엎어질

설문 1054 行皃(貌)。从辵(辶)。朮聲。《按【各本】篆文作𨒂。非也。从卽禮切之朿(朿)。則不得云 朮(朮)聲、云蒲撥切矣。朮普活切。隸變作市。『廣韵(韻)』。迊北末切。急走也。跡蒲撥切。行皃(貌)。𧺚上同。此三字實一字。二音實一音也。【許書】言刺癶。癶與迊音義同。自下文迷譌爲迊。因改此迊爲迧。而以蒲撥、北末分隸之。其誤久矣。15部。》 /70

迋 (왕)【wàng ㄨㄤˋ】 갈(往也), 속일(欺也) ▣광: 같은 뜻

설문 1055 往也。《迋往疊韵(疊韻)。》 从辵(辶)。王聲。《于放切。10部。》『春秋傳』曰。子無我迋。《『左傳:昭:卄一年』文。『鄭風』。無信人之言。人實迋女。毛曰。迋、誑也。『傳』意謂迋爲誑之叚(假)借。『左氏』此迋正同。迋本

7 ⓪

訓往。而【經傳】叚借爲誑。故偁(稱)之以明依聲託事。如㪽本人姓。而無有作㪽借爲好字。狟本訓犬行。而尙狟狟借爲桓桓。莫本訓火不明。而布重莫席借爲蔑字。皆其理也。》/70

𨑩 (적)【dì ㄉㄧˋ】이를(다다를) ■조:같은 뜻
설문 1159 至也。从辵(辶)。弔聲。《都歷切。古音在 2部。『小雅』、『盤庚』皆作弔。『釋詁』、『毛傳』皆云。弔、至也。至者、弔中引伸之義。加辵乃後人爲之。許葢(蓋)本無此字。如本有之。則不當與遷道遽迒爲伍。》/75

迎 (영)【yíng ㄧㄥˊ】本[만날] 맞이할, 마중할
설문 1076 逢也。《夆、啎也。逢、遇也。其理一也。》从辵(辶)。卬聲。《疑卿切。古音在 10部。》/71

近 근【jìn ㄐㄧㄣˋ】가까울, 닥뜨릴, 핍박할, 비근할, 비슷할 ■기:어조사
설문 1131 附也。《許附爲附婁字。坿爲坿益字。疑附近當作坿也。『經傳:釋文』。遠近上聲。近之去聲。古無此分別。》从辵(辶)。斤聲。《渠遴切。古音 13部。『廣韵』其謹巨靳切。》古文近。/74
형성 (1자) 근(莚)247

迒 (항)【háng ㄏㄤˊ】자귀(짐승, 특히 토끼의 발자국)
설문 1158 獸迹也。《『釋獸』。兔(兎)迹迒。按『序』曰。黃帝之史倉頡見鳥獸蹏迒之迹。知分理之可相別異也。是凡獸迹皆偁(稱)迒。不專謂兔也。》从辵(辶)。亢聲。《胡郎切。10部。》迒或从足更。《亦形聲。更亢同在 10部。》/75

● 𨑨 옮길 사(徙)-본자

返 (반)【fǎn ㄈㄢˇ】㉮ bǎn 돌아올, (빚)갚을
설문 1092 還也。《返還疊韵(疊韻)。》从辵(辶)反。《反覆也。覆復同。》反亦聲。《扶版切。14部。》『商書』曰。祖伊返。《『西伯戡黎』文。【各本】作祖甲。今依『集韵』訂。》『春秋傳』返从彳。《謂『左氏傳』也。『漢書』曰。『左氏』多古字古言。許亦云。『左丘(北丘)明-述:春秋傳』以古文。『今-左氏』無彶字者。轉寫改易盡矣。》/72

◀ 제5획 ▶

𨑥 (조)【cú ㄘㄨˊ】(다른 곳으로)갈 ※ 조(徂)와 같은 글자
설문 1057 往也。《『釋詁』、『方言』皆曰。徂、往也。按『鄭風:匪我思且:箋』云。猶非我思存也。此謂且卽徂之叚(假)借。『釋詁』又云。徂、存也是也。》从辵(辶)。且聲。《全徒切。5部。》𨑥齊語。《『方言』文。》𨑥或从彳。籒文从虘。/70

迟 (격)【xì ㄒㄧˋ】상中⑨ qì 굽게(구불구불)갈
설문 1105 曲行也。《迟曲雙聲。〔乚部〕曰。迟曲隱蔽。『孟康-注:子虛賦』曰。文理茀鬱迟曲。軍法有逗畱(留)。有迟橈。『光武紀』。不拘以逗畱法。如淳曰。軍法行而逗畱畏愞者、要斬。此謂止而不進者。『史、漢:韓安國傳』。廷尉當恢迟橈。當斬。服虔(虔)曰。迟、音企。應劭曰。迟、曲行避敵也。橈、顧望也。軍法語也。此謂有意回遠遲誤者。『淮南書』云兩軍相當、屈橈者要斬是也。『漢書』一本作逗橈。蘇林逗、音豆。小顏(顔)、小司馬從之。而改服、應之注作逗。不可通矣。「迟」通作「枳」。『明堂位:注』。枳椇謂曲橈之。『莊子』。吾行郤曲。郤曲卽迟曲。異部叚(假)借也。》从辵(辶)。只聲。《綺戟切。『字林』丘亦反。服子愼音企。16部。》/72

迣 (렬)【zhì ㄓˋ】막을, 벽제할 ■체:(뛰어)넘을
설문 1139 迾也。晉趙曰迣。《『鮑宣傳』。部落鼓(鼓)鳴。男女遮迣。此其義也。『禮、樂志』。體容與。迣萬里。孟康迣音逝。此叚(假)借也。》从辵(辶)。世聲。讀若寘。《按許有寘無寘。寘者寘之誤。凡寘彼周行、寘諸河之干皆當作「寘」。眞聲而入 15部者、合音也。迣征例切。15部。》/74

迥 (형)【jiǒng ㄐㄩㄥˇ】멀
설문 1151 遠也。《見『釋詁』。『大雅』。泂酌彼行潦。毛曰。泂、遠也。謂泂爲迥之叚(假)借也。》从辵(辶)。冋聲。《戶穎切。11部。》/75

𨒅 (월)【yuè ㄩㄝˋ】넘을, 달아나 흩어질
설문 1146 踰也。《〔足部〕曰。踰、𨒅也。踰與逾義小別。》从辵(辶)。戉聲。《王伐切。15部。》『易』曰。襍而不𨒅。《『㲉(繫)辭傳』文。》/75

迡 (저)【dǐ ㄉㄧˇ】성내어 머뭇거릴, 놀랄 ■제:같은 뜻
설문 1113 怒不進也。一曰鷙也。《惟【鍇本】有此四字。而鷙从鳥則誤。〔馬部〕曰。騺、馬重皃(貌)。〔[illegible]部〕曰。[illegible]、騺不行也。》从辵(辶)。氐聲。《都禮切。15部。》/73

迪 (적)【dí ㄉㄧˊ】(앞으로)나아갈, 이끌, 밟을, 인도할, 이를(至也)
설문 1083 道(導)也。《見『釋詁』。按道兼道路、引導二訓。『方言』。由迪正也。迪道疊韵(疊韻)。》从辵(辶)。由聲。《徒歷切。古音在 3部。》/71

𨑶 (정)【zhēng ㄓㄥ】(먼 곳으로)갈 ※ 정(征)의 옛글자
설문 1052 正行也。《『釋言』、『毛傳』皆曰。征、行也。許分別之。征爲正行。邁爲遠行。》从辵(辶)。正聲。《形聲包會意。諸盈切。11部。廴部又有延字。行也。》𨑶或从彳。《引伸爲征伐。『孟子』曰。征之爲言正也。》/70

迫 (박)【pò ㄆㄛˋ】本[가까이 할] 닥칠, 핍박할, 여유가 없을, 가까이 다다를 ■백:속음
설문 1133 近也。《『釋言』曰。逼、迫也。「逼」本又作「偪」。許無逼偪字。葢(蓋)衹用畐。》从辵(辶)。白聲。《博陌切。古音在 5部。》/74

迭 (질)【dié ㄉㄧㄝˊ】갈마들, 번갈아 ■일:달아날, 도망할
설문 1117 更迭也。《或假佚字、泆字、载字爲之。》从辵(辶)。失聲。《徒結切。12部。》一曰达。《下脫字字。一曰此达字之異體也。葢(蓋)达迭二字互相爲用。》/73

迮 (책)【zé ㄗㄜˊ】 발끈 일어날, 닥칠 ※ 착(窄)과 같은 글자

설문 1069 迮迮。起(起)也。《此與[人部:作]音義同。『公羊傳』。今若是迮而與季子國。何云。迮、起(起)也。倉卒意。按『孟子』。乍見孺子將入於井。乍者倉卒意。卽迮之叚(假)借也。引伸訓爲迫迮。卽今之窄字也。》从辵(辶)。乍聲。《阻革切。古音在 5部。子各切。》/71

述 述 술【shù ㄕㄨˋ】 좇을, 이을, 이어받을

설문 1058 循也。《述循曡(疊)韵。述或叚(假)借術爲之。如『詩:報我不述』、本作術是也。古文多叚借遹爲之。如書祗遹乃文攷。『詩:遹駿有聲』。遹追來孝。『釋言』、『毛傳』皆曰。遹、述也是也。孫炎曰。遹古述字。葢(蓋)古文多以遹爲述。故孫云爾。謂今人用述。古人用遹也。凡言古今字者視此。》从辵(辶)。朮聲。《食聿切。15部。》 籒文从 秫。《朮者秫之省。》/70

형성 (1자) 술(蒁 蒁)285

◀ 제 6 획 ▶

逡 (교)【jiāo ㄐㄧㄠ】 사귈 ※ 교(交)의 속자

설문 1077 會也。《東西正相値爲逡。今人假交脛之交爲逡會字。》从辵(辶)。交聲。《古肴切。2部。》/71

迵 (동)【dòng ㄉㄨㄥˋ】 지날, 통할

설문 1116 迵、《此複擧(擧)字之未刪(刪)者。》迭也。《「迭」當作「达」。『玉篇』云。迵、通達也。是也。水部。洞、疾流也。〔馬部〕。駧、馳馬洞去也。義皆相同。『倉公傳』曰。臣意診其脈曰「迵風」。裴曰。迵音洞。言洞徹入四肢。》从辵(辶)。同聲。《徒弄切。9部。》/73

迷 미【mí ㄇㄧˊ】 (길, 정도, 정신)헤맬, 헤매게 할

설문 1118 惑也。《見『釋言』。惑、【宋本】作或。〔心部〕曰。惑、亂也。》从辵(辶)。米聲。《莫兮切。15部。》/73

형성 (+1) 미(謎 謎)

迹 (적)【jī ㄐㄧ】 ㉠ jì 자취(발자국, 행위, 선례)

설문 1044 步處也。《『莊子』云。夫迹、履之所出。而迹豈履也。》从辵(辶)。亦聲。《「迹」本作「速」。朿聲。故音在 16部。小篆改爲亦聲。則當入 5部。而非本部之形聲矣。李陽冰(氷)云。李丞相持朿作亦。謂此字也。資昔切。古音在 16部。》 蹟或从足責。《責亦朿聲也。『小雅』。念彼不蹟。『毛傳』。不蹟、不循道也。》 籒文迹。从朿。《『釋獸』。鹿其跡速。釋文。本又作「𪊨」。素卜反。引『字林』鹿跡也。按速正速字之誤。【周時-古本】云其速速。速之名不嫌專繫鹿也。『廣雅』。躔踈解亢跡也。卽『爾雅』麋跡躔、鹿跡速、麕跡解、兔(兎)跡迒也。曹憲踈音匹迹反。『集韵(韻)』云。迹或作踈。然則『字林』從鹿速聲、素卜反之字。紕繆實甚。或以竄入『爾雅』。又或以羼入鹿部麌䴠二字之閒。其誤可不辯自明矣。》/70

迻 (이)【yí ㄧˊ】 옮길 이(移)와 같은 글자

설문 1087 遷徙也。《今人假禾相倚移之移爲遷迻字。》从辵(辶)。多聲。《弋支切。古音在 17部。》/72

迨 (합)【hé ㄏㄜˊ】 뒤따라 미칠, 뒤섞일

설문 1068 遝也。《迨遝、曡韵(疊韻)》从辵(辶)。合聲。《侯閤切。7部。》/71

追 추【zhuī ㄓㄨㄟ】 쫓을, 좇을, 뒤따라, (옥을)갈, 종 거는 끈 ■퇴:갈(治玉), 종거는 끈

설문 1128 逐也。《『詩』、『禮』假爲治金玉之鎚。》从辵(辶)。𠂤聲。《陟隹切。15部。》/74

형성 (2자) 퇴(槌 槌)3565 추(縋 縋)8302

迾 (렬)【lì ㄌㄧˋ】 ㉦㊥⑨㉧ liè 막을, 벽제할(높은 이 행차 때 길을 치움)

설문 1140 遮也。《『周禮』假厲爲之。『山虞』、『澤虞』、『卝人』、『迹人』厲禁。大鄭云。遮列守之是也。『禮記』假列爲之。『玉藻』。山澤列而不賦。鄭云。列之言遮列也是也。『漢書』假迣爲之。『禮樂志』、『鮑宣傳』晉灼云。迣古迾字是也。『西京賦』。迾卒淸候(候)。李引『禮記:注』。迾、遮也。此可證『玉藻:注』本作列之言迾遮也。【今-本】誤。》从辵(辶)。列聲。《良薛切。15部。》/74

● 退 물러날 퇴(復退)-고문

送 送 송【sòng ㄙㄨㄥˋ】 (물건, 사람)보낼, 전송, 이별할

설문 1095 遣也。从辵(辶)。倂(併侯)省。《倂、送也。是會意。蘇弄切。9部。》 籒文。不省。/72

适 (괄)【guā ㄍㄨㄚ】 ㉦㊥⑨㉧ kuò 빠를

설문 1074 疾也。从辵(辶)。𠯑聲。讀與括同。《古活切。15部。》/71

逃 도【táo ㄊㄠˊ】 도망할, 달아날, 피할

설문 1127 亡也。《亡逃互訓。》从辵(辶)。兆聲。《徒刀切。2部。》/74

형성 (1자) 부(頫 頫)5405

逆 역【nì ㄋㄧˋ】 本[맞을] 불러와 맞이 할, 맞이하여 받을, 거스를, 배반할

설문 1075 迎也。《逆(逆)迎雙聲。二字通用。如『禹貢』逆河、『今文-尙書』作迎河是也。今人假以爲順屰之屰。逆行而屰廢矣。》从辵(辶)。屰聲。《宜戟切。古音在 5部。》關東曰逆。關西曰迎。《『方言』。逢逆迎也。自關而西或曰迎。或曰逢。自關而東曰逆。》/71

형성 (1자) 역(縌 縌)8255

◀ 제 7 획 ▶

退 (패)【bài ㄅㄞˋ】 무너질

설문 1121 數也。《〔攴部〕曰。數、毁也。退與敗音義同。》从辵(辶)。貝聲。《薄邁切。15部。》『周書』曰。我興受其退。《『微子』文。云『周書』者、葢(蓋)許所據不系於『商書』也。亦見[口部:咈]下。》/74

逋 (포)【bū ㄅㄨˉ】 달아날, (세금)포탈할
설문 1124 亡也。《〔亡部〕曰。亡、逃也。『訟:九二』曰。歸而逋。》从辵(⻌)。甫聲。《博孤切。5部。》 籒文逋。从捕。《亦形聲。》/74

遒 (주)【qiú ㄑㄧㄡˊ】 本[닥칠] 바싹 가까이 갈 ※ 주(遒)의 옛 글자
설문 1130 迫也。《『大雅』。似先公酋矣。『正義』。「酋」作「遒」。按酋者遒之叚(假)借字。『釋詁』、『毛傳』皆曰。酋、終也。終與迫義相成。遒與揫義略同也。》从辵(⻌)。酉聲。《字秋切。3部。》 遒或从酋。/74

逐 축【zhú ㄓㄨˊ】 쫓을(뒤쫓을, 추방할, 물리칠, 몰, 구할), 쫓길 ■돈:돼지 ■적:꼭 얻으려 하는 모양
설문 1129 追也。从辵(⻌)。豕省聲。《按【鉉本】作「从豚省」。【鍇本】、『韵會』作「豕省」。二字正「豕省聲」三字之誤也。直六切。3部。》/74
참고 축(䟉) 축(蓫)

逑 (구)【qiú ㄑㄧㄡˊ】 本[모을] 짝, 배우자
설문 1120 斂聚也。《〔勹部〕曰。勼、聚也。音義略同。》从辵(⻌)。求聲。《巨鳩切。3部。》『虞書』曰。《『虞書』當本是『唐書』。轉寫妄(妄)改之耳。凡許偁(稱)『堯典』曰。『唐書』說詳[禾部]。》旁逑孱功。《『今-堯典』之方鳩僝功也。[人部:僝]下作「旁救僝功」。凡『儀禮-古文』作「旁」。今文作「方」。凡『尙書-古文』作「方」。今文作「旁」。然則此所偁者、『今文-尙書』也。『今-堯典』「逑」作「鳩」。說者亦云鳩聚。》又曰怨匹曰逑。《「又曰」與「一曰」同。別一義也。『桓:二年:左傳』曰。嘉耦曰妃。怨耦曰仇。古之命也。謂古者命名之法如是。逑仇古多通用。『關雎』君子好逑。亦作「仇」。『兔(兎)罝』云。好仇。『毛傳』逑、匹也。『釋詁』仇、匹也。孫炎曰。相求之匹。則『孫本:釋詁』亦作逑可知。逑爲怨匹而『詩』多以爲美䛐(詞)者、取匹不取怨也。渾言則不別。『爾雅』仇妃匹也是也。析言則別。『左氏』嘉耦怨耦異名是也。『許-所據:左氏、爾雅』作「逑」。『大玄』、『方言』之𠛪卽救字。》/73

逖 (적)【tì ㄊㄧˋ】 멀, 멀리 할
설문 1150 遠也。《『釋詁』。逷、遠也。按『集韵(韻)』云。『說文』引『詩』舍爾介逖。『王伯厚-詩攷』因之。攷『大雅』作「介狄」。毛訓遠也。葢(蓋)謂狄同逖。言叚(假)借也。用逷蠻方。云逷、遠也。則言轉注也。『集韵』所據不足信。》从辵(⻌)。狄聲。《他歷切。16部。》 古文逖。《『大雅』。用逷蠻方。『牧誓(誓)』。逷矣西土之人。『郭樸-注:爾雅』、『顏(顔)之推-觀我生賦』、『李善-文選:注』引『書』皆作「逷」。衛(衛)包始改爲逖也。『左傳』古字後人多妄改。如『襄:十四年』豈敢離逷用古文。『僖:卄八年』糾逖王慝則用小篆。豈非改之不盡(盡)一乎。易狄同部。》/75

逗 (두)【dòu ㄉㄡˋ】 머무를, 회피할, 임시로 체류할 ■주:성씨 ■기·투:같은 뜻
설문 1104 止也。《逗。遛》从辵(⻌)。豆聲。《田候(候)切。4部。》/72

通 (통)【tōng ㄊㄨㄥˉ】 本[사무칠] (관통, 두루 미칠, 교제, 명예)통할
설문 1085 達也。《通達雙聲。達古音同闥。『禹貢』。達于河。『今文-尙書』作通于河。按達之訓行不相遇也。通正相反。【經傳】中通達同訓者、正亂亦訓治、徂亦訓存之理。》从辵(⻌)。甬聲。《他紅切。9部。》/71

逝 (서)【shì ㄕˋ】 (세월, 전진, 죽음)갈 ■세:속음 ■제:같은 뜻
설문 1056 往也。《『釋詁』、『方言』同。『方言』曰。逝、秦晉語也。》从辵(⻌)。折聲。讀若誓(誓)。《時制切。15部。【各本】篆文不从斷(斷)艸。非也。》/70

逞 (령)【chěng ㄔㄥˇ】 왕성할, 쾌할
설문 1147 通也。《『方言』曰。逞、快也。自山而東或曰逞。江淮陳楚之閒曰逞。又曰。逞、疾也。楚曰逞。又曰。逞、解也。》从辵(⻌)。呈聲。《丑郢切。11部。》楚謂疾行爲逞。《本『方言』。》『春秋傳』曰。何所不逞欲。《『左傳:昭:十四年』文。》/75

速 속【sù ㄙㄨˋ】 빨리, 급속히, 부를, 초청할
설문 1072 疾也。《見『釋詁』。》从辵(⻌)。束聲。《桑谷切。3部。》 籒文从敕。《【二傳】作「速」。『公羊』作「遬」。如衞(衛)侯遬、仲孫遬是也。『呂覽:辨志:注』。遬、疾也。『玉藻』。見所尊者齊遬。假遬爲肅也。》 古文从敕。从言。《籒古皆敕聲。》/71
형성 (1자) 속(䛤)1774

造 조【zào ㄗㄠˋ】 本[이룰, 성취할] 세울, 지을, 처음(으로 만들)
설문 1065 就也。《造就曡(疊)韵。『廣雅』。造、詣也。》从辵(⻌)。告聲。《七到切。古音在 3部。》譚長說造、上士也。《『王制』。升於司徒者不征於鄕。升於學者不征於司徒。曰造士。『注』。造、成也。能習禮則爲成士。按依鄭則與就同意。》 古文造。从舟。《『釋水』天子造舟。『毛傳』同。陸氏云。『廣雅』作艁。按艁者、謂並(竝)舟成梁。後引伸爲凡成就之言。》/71
형성 (1자) 추(蓪)504

逡 (준)【qūn ㄑㄩㄣˉ】 ㉮ cūn 本[돌아갈] 뒷걸음질 칠, 머뭇거릴
설문 1112 復也。《〔彳部〕曰。復、往來也。『方言』。蠢逡循也。日運爲蠢。月運爲逡。》从辵(⻌)。夋聲。《七倫切。13部。》/73

逢 봉【féng ㄈㄥˊ】 만날, 맞을(영합할)
설문 1081 遇也。《見『釋詁』。》从辵(⻌)。夆聲。《符容切。9部。按夆、啎也。啎、逆也。此形聲包會意。【各本】改爲「峯省聲」。誤。『說文』本無峯。》/71
형성 (5자) 봉(蓬)649 봉(韸)6216 봉(縫)8283 봉(蠭)8547 봉(鏠)8970

連 련【lián ㄌㄧㄢˊ】이을(연속), 살붙이(친척)
설문 1119 負車也。《「負車」【各本】作「負(員)連」。今正。連卽古文輦也。『周禮:鄕師輂輦』。【故書】輦作連。大鄭讀爲輦。巾車連車。本亦作輦車。『管子:海王』。服連軺輂。『立政』。荆(刑)餘戮民。不敢服綄。不敢畜連。負車者、人輓車而行。車在後如負也。字从辵車會意。猶輦从扶車會意也。人與車相屬不絕(絶)。故引伸爲連屬字。〔耳部〕曰。聯連也。『大宰:注』曰。【古書】連作聯。然則聯連爲古今字。連輦爲古今字。假連爲聯。乃專用輦爲連。大鄭當云連今之輦字。而云讀爲輦者、以今字易古字。令學者易曉也。許不於〔車部〕曰連古文輦而入之[辵部]者、小篆連與輦殊用。故云聯連也者、今義也。云連負車也者、古義也。》从辵車。會意。《依『韵會』訂。力延切。古力展切。14部。》/73
【輦】下『注』云:《故連字下曰負車。連輦古今字。『周禮』、『管子』皆作連。此車名輦。輓此車之人名輦者。》/730
【聯】下『注』云:《周人用聯字。漢人用連字。古今字也。『周禮』。官聯以會官治。『鄭-注』。聯讀爲連。【古書】「連」作「聯」。此以今字釋古字之例。》/730
형성 (6자+1) 련(蓮)410 련(謰)1522 련(槤)3568 련(漣)6645 련(鰱)7245 련(鏈)8832 련(溓)

◀ 제 8 획 ▶

逯 (록)【lù ㄌㄨˋ】하는 일 없을
설문 1115 行謹逯逯也。《『張衡賦』趢趗謂局小皃(貌)。義與此同。『廣雅』。逯逯、衆也。[女部]。娽、隨從也。『蕭相國:世家』、『平原君列傳』作「錄錄」。義皆相近。》从辵(辶)。彔聲。《盧谷切。3部。》/73

逪 (착)【cuò ㄘㄨㄛˋ】섞일, 어지러울
설문 1070 这逪也。《「这」【各本】作「迹」。依『廣韵(韻)』、『玉篇』正。『小雅』。獻醻交錯。毛曰。東西爲交。邪行爲錯。『儀禮』。交錯以辯。旅酬行禮。一这一逪也。》从辵(辶)。昔聲。《倉各切。5部。》/71

逭 (환)【huàn ㄏㄨㄢˋ】달아날
설문 1122 逃也。《『緇衣』引『大甲』曰。天作孽可違也。自作孽不可以逭。逭本又作「逭」。『鄭-注』。逭、逃也。亦見『釋言』。》从辵(辶)。官聲。《胡玩切。14部。》 䜲 逭或从雚。从兆。《从兆者、从逃省也。从雚者、雚聲也。》/74

逮 (체)【dài ㄉㄞˋ】㉧ dǎi 좇을, 좇아가 잡을 ■태: 닥쳐올, 도달할, 좇아가 잡을
설문 1098 唐逮、《逗。》及也。《唐逮雙聲。葢(蓋)古語也。『釋言』曰。遏遾逮也。『方言』曰。東齊曰蝎。北燕曰噬。逮通語也。》从辵(辶)。隶聲。《〔隶部〕曰隶、及也。此形聲包會意。徒耐切。古音在 15部。》/72

遄 (연)【yuān ㄩㄢ】(다른 곳으로)가는 모양
설문 1102 行皃(貌)。从辵(辶)。𡵂聲。《烏懸切。12部。》/72

遚 (건)【qiān ㄑㄧㄢ】허물 ※ 건(愆)과 같은 글자
설문 1142 過也。《本義此爲經過之過。[心部:愆、寒]、𠷎爲有過之過。然其義相引伸也。故『漢書:劉(劉)輔傳』云。元首無失道之遚。》从辵(辶)。侃聲。《去虔(虔)切。14部。》/74

進 진【jìn ㄐㄧㄣˋ】나아갈, 오를, 추천할, 본받을, 가까이 할
설문 1064 登也。从辵(辶)。閵省聲。《卽刃切。13部。》/71
형성 (1자) 진(璡)161

逴 (탁)【chuò ㄔㄨㄛˋ】⑨ chō 멀, 넘을
설문 1152 遠也。《『哀時命』曰。處逴逴而日遠。『九章』曰。道逴遠而日忘。》从辵(辶)。卓聲。《敕角切。古音在 2部。》一曰蹇也。《此別一義。蹇、𢾐也。『莊子』。夔謂蚿曰。吾以一足趻踔而行。謂脚(脚)長短也。踔卽逴字。『今-莊子』作「趻」卓。》讀若掉苕之掉。《掉苕未聞。或曰。苕者末也。禽獸之趠於木杪曰掉苕。葢(蓋)漢時語。》/75

逶 (위)【wēi ㄨㄟ】㊤ yǐ 구불구불 갈
설문 1106 逶迆、《逗服子愼音企。疊韵(疊韻)服子愼音企。》衺去皃(貌)。从辵(辶)。委聲。《於爲切。16、17部。》/73

逸 일【yì ㄧˋ】本[과실(실수)] 허물, 달아날, 망실하여 전하지 아니할, 뛰어날
설문 5993 失也。《此以疊(疊)韵爲訓。亡逸者、本義也。引伸之爲逸游、爲暇逸。》从辵兔(兎)。《會意。夷質切。12部。》兔謾訑善逃也。《說从辵兔之意。謾、訑皆欺也。謾音蠻。訑〔言部〕作訑。音大和切。兔善逃、故从兔辵。猶隹善飛。故奪从手持隹而失之。皆亡逸之意。》/472

◀ 제 9 획 ▶

逾 (유)【yú ㄩˊ】넘을, 지날(한도)
설문 1066 逃進也。《逃進、有所超越而進也。》从辵(辶)。兪聲。《羊朱切。4部。》『周書』曰。無敢昏逾。《『顧命』文。昏从民者誤。》/71

遝 (읍)【xiè ㄒㄧㄝˋ】㊤ zhì 엎드러질 ■섭: 달아나는 모양 ■엽:〈네이버 자전〉엎드릴
설문 1144 前頓也。从辵(辶)。枼聲。《【各本】篆作 䜴。【汲古-改本】作「䜴」。解說作市聲。皆非也。今依『玉篇』正。『廣韵(韻):八三十、怗』。先頰切。云遝迭走也。》賈侍中說一讀若拾。《一疑衍。【鍇本】作一曰。》又約郅。《[手部:揲]字。易音有時設、息列、思頰三反不同。此讀若拾。則在 7部。讀若郅。則在 12部。猶西茜音皆岐也。『玉篇』口黠(黠)竹季二切。則 15部。》/74

遁 (둔)【dùn ㄉㄨㄣˋ】本[옮길] 달아날, 숨을
설문 1090 遷也。《此字古音同循。遷延之意。凡逡遁字如此。今之逡巡也。『儀禮:鄭-注』用逡遁十有一。》一曰逃也。《此別一義。以遁同遯。葢(蓋)淺人所增。》

从辵(辶)。盾聲。《徒困切。13部。》/72

遂 수【suì ㄙㄨㄟˋ】本[도망할] 이룰(성취할), 드디어, (밭사이의 작은)수로, 도랑

설문 1126 亡也。《『廣韵』。達也。進也。成也。安也。止也。往也。從志也。按皆引伸之義也。》从辵(辶)。㒸聲。《徐醉切。15部。》 古文遂。《按不得其所從。疑是从艸木𠧪字之𠧪。》/74

형성 (5자) 수(旞)4098 수(穟)4217 수(𨗋)4472 수(襚)5128 수(隧)9266

迦 (가)【jiā ㄐㄧㄚ】걷지 못하게 발을 속박한 설문 1145 迦牙、《逗。》令不得行也。《「牙」【各本】作「互」。今依『玉篇』正。迦牙今音疊韵(疊韻)。古音雙聲。行、『篇韵(韻)』。皆作進。》从辵(辶)。枷聲。《古牙切。古音在 17部。》/74

遄 천【chuán ㄔㄨㄢˊ】왕래가 잦을, 빠를, 누대 이름 ■선:속음

설문 1071 往來數也。《數、所角桑谷二切。『釋詁』曰遄、疾也。速也。『崧高、蒸民:傳』同。》从辵(辶)。耑聲。《市(市)緣切。14部。》『易』曰。巳事遄往。《巳依『韵會』。虞翻(飜)曰。祀舊(舊)作巳是也。【今本】鉉作目(以)。鍇作以。》/71

형성 (1자) 천(䢤)3302

遇 (우)【yù ㄩˋ】(우연히)만날, 뜻밖에 설문 1078 逢也。从辵(辶)。禺聲。《牛具切。古音在 4部。》/71

逮 (전)【jiān ㄐㄧㄢ】나아가 다할 ■진:나루 설문 1154 自進極也。《逮進疊韵(疊韻)。『埤倉』云。逮、至也。》从辵(辶)。𦘒聲。《子僊切。古音在12部。『廣韵(韻)』則前切。》/75

運 (운)【yùn ㄩㄣˋ】本[옮길] 돌(회전), 운수 설문 1089 迻徙也。《『釋詁』。遷運徙也。》从辵(辶)。軍聲。《王問切。13部。》/72

過 과【guò ㄍㄨㄛˋ】(시간, 장소, 한도, 법)지날, 잘못, 통과할

설문 1061 度也。《引伸爲有過之過。『釋言』。郵、過也。謂郵亭是人所過。愆郵是人之過。皆是。分別平去聲者、俗說也。》从辵(辶)、咼聲。《古禾切。17部。》/71

형성 (2자) 과(薖)455 과(濄)6733

遏 (알)【è ㄜˋ】머무를, 정지할, 못하게 할 설문 1136 微止也。《『釋詁』。遏、止也。按微者細密之意。》从辵(辶)。曷聲。讀若桑蟲之蝎。《之字衍。烏割切。15部。桑蟲蝎見[虫部]。蜀也。亦名蝤蠐。》/74

道 도【dào ㄉㄠˋ】(통행하는, 도덕, 방법)길, 순할, (행정)구역, 말할

설문 1156 所行道也。《『毛傳』每云行道也。道者人所行。故亦謂之行。道之引伸爲道理。亦爲引道。》从辵(辶)首。《首者、行所達也。首亦聲。徒晧切。古音在 3部。》一達謂之道。《『釋宮』文。[行部]㣚(稱)四達謂之衢。[九部]㣚九達謂之馗。按許三㣚當是一例。當作一達謂之道。从辵首。道人所行也。故从辵。此猶上文遵(遵)人所登故从辵也。自遵以下字皆不系於人。故發其例如此。【許書】多經淺人改竄。遂不可讀矣。》 古文道。从首寸。《从寸者、如九軌七軌五軌。》/75

【徑】下『注』云:夫間(間)有遂。遂上有徑。鄭曰。徑容牛馬。畛容大車。涂容乘車一軌。道容二軌。路容三軌。此云步道、謂人及牛馬可行而不容車也)。

형성 (2자) 도(導)1888 도(檕)4255

達 달【dá ㄉㄚˊ】本[가서 만나지 못할] 다다를, 깨달을, 오가다 서로 만나는 모양

설문 1114 行不相遇也。《此與[水部:滑、泰]字音義皆同。讀如撻。今俗說不相遇尙有此言。乃古言也。讀徒葛切。訓通達者、今言也。》从辵(辶)。羍(幸)聲。《15部。》『詩』曰。挑兮達(達)兮。《『鄭風』文。挑當同[叉部]作㧑。㧑、滑也。》 達或从大。《亦形聲也。》或曰迭。《下脫字字。或曰。此迭字之異體也。[鳥部:隼]、一曰䳢字。[虫部:蠥]、一曰螟字。[彳部:𢕌(徭)]、一日此與𢕌同。是其例也。》/73

형성 (1자+1) 달(撻)7672 달(闥)

違 (위)【wéi ㄨㄟˊ】本[떨어질] (법령, 약속)어길 설문 1110 離也。《『邶風』。中心有違。毛曰。違、離也。》从辵(辶)。韋聲。《羽非切。15部。》/73

◀ 제 10 획 ▶

遘 (구)【hòu ㄏㄡˋ】㉠㉡㊥⑨㉢ gòu 만날 설문 1080 遇也。《見『釋詁』。『易:姤卦』釋文曰。薛云。古文作「遘」。鄭同。按『褋(雜)卦:傳』。遘、遇也。柔遇剛也。可以證【全經】皆當作「遘」矣。遘遇疊韵(疊韻)。》从辵(辶)。冓聲。《古候(候)切。4部。》/71

遜 (손)【xùn ㄒㄩㄣˋ】本[달아날] 겸손할, 딴 것 보다 떨어질

설문 1091 遁也。从辵(辶)。孫聲。《穌困切。13部。按【六經】有孫無遜。『大雅』孫謀、『聘禮』孫而說、『學記』不陵節而施之謂孫、『論語』孫以出之皆愻之叚(假)借也。『春秋』夫人孫于齊、公孫于齊、『詩』公孫碩膚、『尙書:序』將孫于位皆逡遁遷延之意。故『穀梁』云。孫之爲言猶孫也『公羊』云。孫猶孫也。何休云。孫猶遁也。『鄭-箋』云。孫之言孫遁也。『釋言』云。孫、遁也。『釋名』曰。孫、遜也。遜遁在後生也。古就孫義引伸。卑下如兒孫。非別有遜字也。[至部:臸]字下云。從至。至而復孫。孫、遁也。此亦有孫無遜之證。『今-尙書』、『左氏-經:傳』、『爾雅』釋言淺人改爲遜、【許書】遜遁也、葢(蓋)後人據『今本-爾雅』增之。非本有也。》/72

遝 답【tà ㄊㄚˋ】뒤섞일, 한데 모여 혼잡할, 뒤미처 따를, 성하고 많은 모양

설문 1067 迨也。《『廣韵』。迨遝、行相及也。『文賦』。紛葳蕤以馺遝。『方言』迨遝、及也。東齊曰迨。關之東西曰遝。

或日及。『公羊傳』。祖之所逮聞也。『漢-石經』作遝聞。》从辵(辶)。眔聲。《[目部]云。眔、目相及也。是遝亦會意。徒合切。8部。按褱罤字皆眔聲。是合韵之理也。》/71
형성 (1자) 답(譅)1551 답(橽)3406

遞 (체)【dì ㄉㄧˋ】갈마들, 역말
설문 1084 更易也。《『招寬(魂)』。二八侍宿。射遞代些。王云。遞、更也。遞易疊韵(疊韻)。》从辵(辶)。虒聲。《特計切。16部。》/71

遠 원【yuǎn ㄩㄢˇ】시간 또는 거리가 멀거나 길, 심오할(알기 어려울), 친하지 아니할, 큰 차이가 있을
설문 1149 遼也。从辵(辶)。袁聲。《雲阮切。14部。》 古文遠。/75
형성 (+1) 원(薳)

遣 遣견【qiǎn ㄑㄧㄢˇ】本[보낼] 시집보낼, (아내를)버릴
설문 1096 縱也。《[糸部]日。縱、緩也。一日舍也。》从辵(辶)。䇂聲。《去衍切。14部。》/72
형성 (1자+1) 견(譴)1606 견(繾)

◀ 제 11 획 ▶

遦 (관)【guàn ㄍㄨㄢˋ】익을, 익힐
설문 1062 習也。《此與[手部:摜]音義同。》从辵(辶)。貫聲。《工患切。14部。亦假貫。或假串。『左傳』日。貫瀆鬼神。『釋詁』。貫、習也。『毛詩』日。串夷載路。》/71

達 (솔)【shuài ㄕㄨㄞˋ】군사 거느릴
▣수:장수 수(帥) ※ 수(帥)의 옛글자
설문 1046 先道也。《「道」今之「導」字。「達」[經典]假「率」字爲之。『周禮:燕射』。帥射夫以弓矢舞。[故書]帥爲率。鄭司農云。率當爲帥。大鄭以漢人帥領字通用帥。與周時用率不同故也。此所謂古今字。『毛詩』率時農夫。『韓詩』作帥時。許引『周禮』率都建旗。『鄭-周禮』作帥都。『聘禮:注』日古文帥皆爲率。皆是也。又『釋詁』、『毛傳』皆云。率、循也。此引伸之義。有先導之者、乃有循而行者。亦謂之達也。》从辵(辶)。率聲。《疏密切。13部。》/70

適 적【shì ㄕˋ】本[갈] 찾아갈, 마음에 들, 편안할
설문 1060 之也。《『釋詁』。適之往也。『方言』。逝徂適往也。適、宋魯(魯)語也。按此不日往而日之。許意葢(蓋)以之與往稍別。逝、徂、往自發動言之。適自所到言之。故「變卦」日「之卦」。女子嫁日適人。》从辵(辶)。啻(商)聲。《施隻切。16部。》適、宋魯(魯)語。/71
형성 (1자) 척(擿)7556

遭 (조)【zāo ㄗㄠ】(우연히)만날
설문 1079 遇也。《見『釋詁』。》从辵(辶)。曹聲。《作曹切。古音 3部。》一日邐行。《俗云週遭是也。》/71

遮 (차)【zhē ㄓㄜ】(가로)막을, (덮어)가릴, 못하게 할 ▣자:속음
설문 1137 遏也。从辵(辶)。庶聲。《止車切。古音在 5部。『易』用錫馬蕃庶。鄭讀爲藩遮。》/74

遯 (둔)【dùn ㄉㄨㄣˋ】달아날, 속일, 괘 이름
설문 1123 逃也。《『鄭-注:周易』日。遯者、逃去之名。》从辵(辶)。豚聲。《徒困切。13部。》/74

遰 (체)【dì ㄉㄧˋ】떠날, (떠나)갈, 멀
설문 1101 去也。《『夏小正』。九月遰鴻鴈。遰、往也。》从辵(辶)。帶聲。《特計切。15部。》/72

遱 (루)【lóu ㄌㄡˊ】연한(잇닿을) 모양
설문 1143 連遱也。《連遱雙聲。『集韵(韻)』。連遱謂不絕皃(絶貌)。》从辵(辶)。婁聲。《洛侯切。4部。》/74

遲 (지)【chí ㄔˊ】더딜, 천천히 갈
설문 1099 徐行也。《今人謂稽延爲遲。平聲。謂待之爲遲。去聲。》从辵(辶)。犀聲。《直尼切。15部。》『詩』日。行道遲遲。《『邶風』文。毛日。遲遲、舒行皃(貌)》 遲或从𡰥。《按此字疑後人因『楊雄傳』而增也。『甘泉賦』日。靈迟兮。說者皆云上音棲、下音遲。迟卽遲字也。然『文選』作「迟迟」、與『漢書』異。『玉篇』、『汗簡(簡)』亦皆作迡。『集韵(韻)』引『尙書』迡任。又未必眞壁中古文也。》 籒文遲。从屖。《兼會意形聲也。『五經文字』日。今从籒文。謂[唐人-經典]用遲不用遟也。》/72

◀ 제 12 획 ▶

遴 (린)【lín ㄌㄧㄣˊ】㉠㉡㊥⑨㉣ lìn 어려워 할, 탐할
설문 1111 行難也。《『漢書』。遴柬布章。遴簡(簡)謂難行封也。引伸爲遴選(選)。選人必重難也。》从辵(辶)。㷠聲。《良刃切。12部。》『易』日。以往遴。《見[口部:吝]下。》/73

遵 (준)【zūn ㄗㄨㄣ】따라갈, 좇을
설문 1059 循也。《遵循疊韵(疊韻)。見『釋詁』。》从辵(辶)。尊聲。《將倫切。13部。》/71

遷 천【qiān ㄑㄧㄢ】本[올라 앉을] 옮길, 천도(나라의 서울을 옮김)
설문 1088 登也。从辵(辶)。䙴(䙴)聲。《七然切。14部。》 古文遷。从手西。《形聲。》/72
형성 (+1) 천(韆)

遷 (이)【rì ㄖˋ】가까울 ※ 이(邇)의 옛 글자
설문 1134 近也。《『釋言』。馹、傳也。郭云。本或作遷。按此假遷爲馹也。『聲類』云。遷亦馹字。則附會『爾雅』或本而合爲一字。》从辵(辶)。臸(臺)聲。《按[至部]。臸、到也。重至與竝(竝)至一也。人質切。12部。》/74

選 選(선)【xuǎn ㄒㄩㄢˇ】本[보낼] (많은 것 중에서)가릴, 선택
설문 1094 遣也。《選遣疊韵(疊韻)。『左傳』。秦后子有寵於

7 ⓪

桓。如二君於景。其母曰。弗去。懼選。鍼適晉。其車千乘。按此選字正訓遣。后子懼遣故適晉。實非出奔也。》 从辵(辶)巺(巽)。《旬。》 巺、《逗。》 遣之。《巺爲風。故云遣之。》 巺亦聲。《思沇切。14部。》 一曰擇也。《此別一義。『邶風』。不可選也。毛曰。物有其容。不可數也。『小雅』。選徒䍐䍐。毛云。維數車徒者爲有聲也。數與擇義通。選與算音同。『周禮:注』曰。算車徒謂數擇之也。》 /72

遹(휼)【yù ㄩˋ】 좇을(따를), 이에
설문 1108 回辟也。《依『韵(韻)會』作「辟」。『小雅』。謀猶回遹。毛曰。回邪、遹辟也。按辟僻古今字。『大雅』兩言回遹。『箋』皆云。回邪。『韓詩』「遹」作「穴」。或作「泬」。或作「欥」。皆叚(假)借字也。遹古多假爲述字。『釋言』云。遹、述也。言叚借也。『釋詁』云。遹遵率循。『釋訓』云。不遹、不蹟也。皆謂遹卽述字也。言轉注也。不遹者、『今-邶風』之報我不述也。》 从辵(辶)。矞聲。《余律切。15部。》 /73

7

遺(유)【yí ㄧˊ】 本[없앨] 내다 버릴, 잊을, 잃을, 잃어버릴, 뒤에 남겨줄 ■수:따를, 곱실거릴

⑫ 설문 1125 亡也。《『廣韵』失也、贈也、加也。按皆遺亡引伸之義也。》 从辵(辶)。貴聲。《以追切。15部。》 /74

遻 遌(악)【è ㄜˋ】 만날(상봉할)
설문 1082 相遇驚也。《『釋詁』。遇、遻也。遻、見也。》 从辵㖾(辶㖾)。㖾亦聲。《五各切。5部。》 /71
※ 원문에는 从辵屰。屰亦聲으로 되어 있다.

遼(료)【liáo ㄌㄧㄠˊ】 (시간, 거리)멀, 요나라
설문 1148 遠也。《『小雅』。山川悠遠。維其勞矣。『箋』云。其道里長遠。邦域又勞勞廣闊。勞者、遼之叚(假)借也。》 从辵(辶)。尞聲。《洛蕭切。2部。》 /75

⿺辶𣪘(구)【jiǔ ㄐㄧㄡˇ】 (상)㊥⑨(작) jiù 공손히 갈
설문 1049 恭謹行也。从辵(辶)。𣪘聲。讀若九。《居又切。3部。》 /70

◀ 제 13 획 ▶

遽 거【jù ㄐㄩˋ】 역마, 역말수레, 역참의 말, 급히, 급작스럽게, 뜻밖에
설문 1157 傳也。《『釋言』。馹遽傳也。孫炎曰。傳車、驛馬也。『左傳:僖:卅三年』。使遽告於鄭。遽興姜戎。『昭:二年』。乘遽而至。傳中戀反。》 一曰窘也。《窘迫也。》 从辵(辶)。豦聲。《其倨切。5部。》 /75
형성 (2자) 거(蘧)252 거(籧)2784

避(피)【bì ㄅㄧˋ】 (자리를, 벗어날)피할
설문 1109 回也。《上文回辟之回訓衺。衺之叚(假)借字也。此回依本義訓轉。俗作「迴」是也。然其義實相近。》 从辵(辶)。辟聲。《毗義切。16部。【經傳】多假辟爲避。》 /73

⿺辶羨(선)【yàn ㄧㄢˋ】 가로 막을, (다른 곳으로)가는 모양
설문 1138 遮⿺辶羨也。《此當是⿺辶羨遮也之倒。刪(刪)複字之僅存者。》 从辵(辶)。羨聲。《于線切。14部。》 /74

邁(매)【mài ㄇㄞˋ】 (멀리)갈
설문 1047 遠行也。《『釋言』、『毛傳』曰。邁、行也。》 从辵(辶)。萬聲。《莫話切。15部。萬聲在14部。合音也。》 邁或从蠆(蠆)。《按[虫部蠆(蠆)]字。上不从萬。而[疒(疒)部]、[厂部]蠆皆从萬从虫。未聞其詳。》 /70

還 환【huán ㄏㄨㄢˊ】 本[다시] 도리어, 정반대로 ■선:돌, 구를
설문 1093 復也。《『釋言』。還復返也。今人還繞者用環。古【經傳】祇用還字。》 从辵(辶)。瞏聲。《戶關切。14部。》 /72
【般】下『注』云:《投壺曰。賓再拜受。主人般旋曰。辟。主人阼階上拜送。賓盤旋曰。辟。般步干反。還音旋。》 /404
형성 (1자) 선(檈)3385

◀ 제 14 획 ▶

邃 ⿱穴遂(수)【suì ㄙㄨㄟˋ】 으슥하고 깊을
설문 4472 ⿱穴遂(深)遠也。从穴。遂聲。《雖遂切。15部。》 /346

邇(이)【ěr ㄦˇ】 가까울(거리, 관계)
설문 1135 近也。《見『釋詁』、『小雅:毛傳』。》 从辵(辶)。爾聲。《兒氏切。三百篇在15部。漢人在16部。》 古文邇。《以尒形聲。》 /74

⿺辶𡴎(회)【huì ㄏㄨㄟˋ】 (작) hài 틀림없을 ■현·해: 같은 뜻
설문 1045 無違也。《[舛部]曰。𡴎、車軸耑(端)鍵也。网(兩)相背从舛。⿺辶𡴎从𡴎而曰無違。猶祀從巳而曰祭無巳也。》 从辵。𡴎聲。讀若害。《胡葢(蓋)切。15部。『廣韵(韻)』音會。》 /70

◀ 제 15 획 ▶

⿺辶賣(독)【dú ㄉㄨˊ】 익힐, 자주, 거만할
설문 1063 媟⿺辶賣也。《[女部]作「媟嬻」。[黑部]作「黷」。【今-經典】作瀆。》 从辵(辶)。賣聲。《徒谷切。3部。》 /71

邊 변【biān ㄅㄧㄢ】 本[변방, 두메] 변방, 두메, 가, 끝, 이웃할
설문 1160 行垂崖也。《『釋詁』曰。邊垂也。[土部]曰。垂、遠邊也。[厂部]曰。厓、山邊也。[屵部]曰。崖、高邊也。行於垂崖曰邊。因而垂崖謂之邊。然則邊不當廁於此。》 从辵(辶)。𢍜(臱)聲。《布賢切。12部。》 /75
형성 (1자) 변(籩)2812

邋(렵)【liè ㄌㄧㄝˋ】 本[꺾을] 기가 나부낄 ■랍:가는 모양, 걷는 모양
설문 1132 搚也。《[手部]曰。搚、摺也。『公羊傳』曰。搚榦(幹)而殺之。邋搚疊韵(疊韻)。》 从辵(辶)。巤聲。《良涉切。8部。》 /74

邌(려)【lí ㄌㄧˊ】 천천히 걸을 ▣지:더딜
설문 1100 徐也。《或假黎爲之。『史記:衞(衛)霍傳』。遲明。遲、待也。一作黎。『傅毅賦』。黎收而拜。『李-注』。言舞將罷。徐收斂容態而拜。引『倉頡篇』。邌、徐也。又或假犂爲之。『史記:尉佗列傳』。犂旦。城中皆降伏。犂旦卽黎明。『漢書』犂旦爲遲旦。『晉世家』。重耳妻笑曰。犂二十五年。吾冢上柏大矣。益可見犂之爲遲也。》从辵(辶)。黎聲。《郞奚切。15部。》/72

◀ 제 16 획 ▶

邍(원)【yuán ㄩㄢˊ】 넓은 언덕
설문 1155 高平曰邍。《此依『韵(韻)會』。【各本】作高平之野。非也。『大司徒』。山林川澤丘陵墳衍邍隰(濕)。鄭云。下平曰衍。高平曰原。下溼(濕)曰隰。『釋地』。廣平曰原。高平曰陸。此及『鄭-注』皆以高平釋原者、謂大野廣平偁(稱)原。高而廣平亦偁原。下文所謂可食者曰原也。凡陸自(阜)陵阿皆高地。其可種穀給食之處皆曰原。是之謂高平曰原也。『序官邍師:注』云邍、地之廣平者。與『大司徒:注』不同者、單言原則爲廣平。墳衍原隰竝(竝)言則衍爲廣平、原爲高平也。邍字後人以水泉本之原代之。惟見『周禮』。》人所登。从辵备(辶略)彔。闕。《此八字疑有脫誤。當作「从辵、从略省、从彔、人所登也、故从辵」十四字。【今本】淺人所亂耳。人所登、蒙高解从辵之意也。略者、土地可經略也。彔者、土地如刻木彔彔然。『西都賦』溝塍刻鏤是也。葢(蓋)从三字會意。愚袁切。14部。》/75

◀ 제 18 획 ▶

邎(유)【yóu ㄧㄡˊ】 빨리 갈
설문 1051 行邎徑也。《『玉篇』。邎、疾行也。按此當作「行徑也」。或作「行由徑也」。》从辵(辶)。繇聲。《以周切。3部。》/70

邐(주)【zhù ㄓㄨˋ】 머무를, 말 가지 아니 할 ▣추:같은 뜻
설문 1103 不行也。《不上有「馬」者誤。》从辵(辶)。䮛(騅)聲。《按䮛馬小皃(貌)。从馬、垂聲。讀若箠。則邐不得讀若住。倘云會意。則又無取馬小也。疑此字當在16、17部。下文讀若住三字當在从辵豆聲之下。豆主同部。》讀若住。《按「住」當作「侸」。〔人部〕曰。侸、立也。〔立部〕曰。立、住也。住卽侸之俗也。中句切。4部。》/72

◀ 제 19 획 ▶

邐(리)【lǐ ㄌㄧˇ】 연할(연속될), 비스듬히 연하여 가는 모양
설문 1097 行邐邐也。《邐邐、縈紆皃(貌)。》从辵(辶)。麗聲。《力紙切。16部。》/72

163	邑
7-17	훈 고을 읍

邑(읍)【yì ㄧˋ】【설문부수 229】 고을, 영지, 영유할 ▣압:아첨할
설문 3831 國也。《鄭莊公曰。吾先君新邑於此。『左傳』凡偁(稱)人曰大國。凡自偁曰敝邑。古國邑通偁。『白虎通』曰。夏曰夏邑。商曰商邑。周曰京師。『尙書』曰西邑夏、曰天邑商、曰作新大邑於東國雒皆是。『周禮』。四井爲邑。『左傳』。凡邑有宗廟先君之主曰都、無曰邑。此又在一國中分析言之。》从囗。《音韋。封域也。》从囗。先王之制。尊卑有大小。从卩。《尊卑謂公矦(侯)伯子男也。大小謂方五百里、方四百里、方三百里、方二百里、方百里也。〔土部〕曰。公矦百里、伯七十里、子男五十里。從『孟子』說也。尊卑大小出於王命。故從卩。於汲切。7部。》凡邑之屬皆从邑。/283

유사 빛깔 색(色)

성부 부록 색인 참조

형부 邑을 부수로 하는 대부분의 글자들

형성 (4자) 업(裛)5118 읍(悒)
읍(浥)6905 읍(挹)7609

◀ 제 2 획 ▶

𨙨(원)【yì ㄧˋ】 동산 (邑부 0획)
설문 4012 从反邑。𨛜字从此。闕。《闕謂其音闕也。》/300

성부 𨛜항

邔(기)【jǐ ㄐㄧˇ】 땅 이름
설문 3989 地名。从邑。几聲。《居履切。15部。按『西伯戡黎』。『周本紀』作「耆」。徐廣曰。一作「阢」。阢葢(蓋)卽邔字。》/299

◀ 제 3 획 ▶

叩(구)【kǒu ㄎㄡˇ】 마을 이름
설문 3859 京兆藍田鄕。《『二志』皆云。京兆尹藍田。今陝西西安府藍田縣縣治西十一里有藍田故城。叩者、鄕名。今人叩繫字从卩。不當作「叩」。》从邑。口聲。《苦后切。4部。》/286

邔(기)【jì ㄐㄧˋ】 ㊤㊥⑨㉧ qǐ 고을 이름
설문 3923 南郡縣也。《「郡」【各本】誤「陽」。今正。南郡邔、【二志】同。『後志:俗本』譌作「印」。『水經』曰。『禹貢』三澨沱。在南郡邔縣北。今湖北襄陽府宜城縣縣北五十里有故邔城。》从邑。己聲。《居擬切。1部。○ 按邔篆舊廁鄂郲之閒(間)。今正。》/293

邕(옹)【yōng ㄩㄥ】 막을 ※ 옹(壅)과 같은 글자, 화락할 ※ 옹(雍)과 같은 글자
설문 7131 邑四方有水自邕成池者是也。《「邑」【各本】無。依『韵會』補。「成」【各本】作「城」。誤。依『廣韵』、『韵會』正。「自邕」當作「自擁(擁)」。轉寫之誤。擁者、抱也。池沼多由人工所爲。惟邑之四旁有水來自擁抱旋繞成池者、是爲邕。以擁釋邕、以壘(疊)韵爲訓也。故其字从川邑。引申之、凡四面有水皆曰邕。『周頌』曰。于彼西雝。『傳』曰。雝、澤也。

7 ⓪

『大雅』日。於樂辟廱。鎬京辟廱。『傳』日。水旋丘如璧日辟廱。『水經:注』釋漁陽郡雍奴日。四方有水爲雍。不流爲奴。皆邕字之叚(假)借也。》从巛(川)邑。《川圍邑。會意。》讀若雝。《於容切。9部。》 籒文邕如此。/569

성부 雍雝옹【143-2188】

邖 (산)【shān ㄕㄢˉ】 땅 이름. 성씨

설문 4004 地名。从邑。山聲。《所間切。14部。》/300

邗 (한)【hán ㄏㄢˊ】 땅 이름

설문 3968 國也。今屬臨淮。《『左傳:哀:九年』。吳城邗。溝通江淮。杜云。於邗江築城穿溝。東北通射陽湖。西北至末口入淮。通糧道也。今廣陵邗江是。按『左傳』吳城邗爲句。溝通江淮爲句。日城邗、則知邗地名。許云國者、許必有所據矣。本是邗國。其地漢屬臨淮郡。不言何縣者、有未審也。此與鄎在潁川、鄧屬南陽一例。『地理志』日。廣陵國江都。有渠水首受江。北至射陽入湖。『水經:注』日。邗城下掘深溝、謂之韓江。亦日邗溟溝。自江東北通射陽湖。『地理志』所謂渠水也。西北至末口入淮。江都縣、『前志』屬廣陵郡。許云今屬臨淮者、許意邗國地當在前漢臨淮郡。不在廣陵也。》从邑。干聲。《故安切。14部。》一日邗本屬吳。《錢氏大昕日。許前後㒳(兩)說。後說似卽用『左氏』吳城邗、溝通江淮之文。》/297

邘 (우)【yū ㄩˉ】 ㊄㊥⑨ yú ㉶ xū 나라 이름. 땅 이름

설문 3876 周武王子所封。《『左傳』日。邘、晉、應、韓。武之穆也。》在河內野王是也。《「是也」二字衍文。河內野王、【二志】同。『前志-孟康:注』日。故邘國、今邘亭是也。『後志』日。野王有邘城。『尙書:大傳』日。文王受命一年。斷(斷)虞芮之訟。二年伐邘。此商時之邘也。武王子所封。徐廣日。在野王縣西北。按今河南懷慶府府西北十三里有故邘城。》从邑。亐(于)聲。《況于切。5部。》讀又若區。《讀又若區。于聲則讀如于矣。又讀同區。與 4部合韵(韻)也。》/288

邙 (망)【máng ㄇㄤˊ】 (귀인. 명사의 무덤이 많은)산 이름

설문 3871 河南雒陽北。《「雒」【各本】作「洛」。誤。今正。河南雒陽、【二志】同。》芒山上邑。《「芒」、【宋本】或作「亡」。或作「土」。『玉篇』、『集韵(韻)』、『類篇』作「土」。今定作「芒」。『左傳:昭:卄二年:杜-注』日。北山、洛北芒也。『文逿(選):應休璉與從弟君苗君胄書』日。登芒濟河。『李-注』引『說文』。芒、洛北大阜也。『今-說文』雖無此語。然所據爲【唐以前書】。『郡國志』雒陽下亦引『皇覽』。縣北芒山。道西吕(呂)不韋冢。『水經:注:穀水篇』日。廣莫門北對芒阜。是則山本名芒。山上之邑則作邙。後人但云北邙。尟知芒山矣。亡者、譌字也。土者、淺人肊改之也。北芒山在今河南河南府府北十里。山連偃師、鞏、孟津三縣。綿亙四百餘里。『左傳:昭:二十二年』王田北山、卽此。按『周書』所謂郟山者、北邙山也。王城謂之郟者、以山名之。『桓:七年』王遷盟向之民于郟、『襄:二十四年』齊人城郟、『周語』晉文公旣定襄王于郟、皆謂王城也。然則云郟鄏者、謂郟山下肥(肥)溽之地。郟古字容當作夾。》从邑。亡聲。《亦從芒省。會意。莫郎(郎)切。10部。》/288

邛 공【qióng ㄑㄩㄥˊ】 땅 이름. 현 이름. 물 이름. 언덕 이름

설문 3952 邛成。《逗。「成」【各本】作「地」。今正。》濟陰縣。《【各本】衍在字。今刪(刪)。『今本-地理志』日。山陽郡郜成矦國。宋氏祁云。「郜」當作「邛」。『外戚矦表』。邛成屬濟陰。與山陽相距不遠。玉裁按。宋說是也。『玉篇』邛字下日。山陽邛成縣。此邛成之確證。希馮葢(蓋)以『前志』正『說文』。而不知『說文』與『表』合。前漢時容有改屬。故『志表』不符耳。『志』云矦國、卽『表』之邛成共矦王奉先也。邛成之誤郜成者、以莽日告成之故也。『郡國志』成武有郜城。與此無涉。○ 又按『水經:注:泗水篇』日。黃溝又東逕邛城縣故城南。『地理志』山陽縣也。王莽更明之日郜城矣。故世有南郜北郜之論也。此可證『漢志』本作邛。『水經:注』版本譌作卬。『戴先生-校注』文乃依『漢志』誤本。改卬城爲郜成。改郜城爲告成。非是。郜城本在成武縣東南。自莽改邛城日郜城。於是謂在成武者北郜。此日南郜。『今本-漢志』作莽日告成。亦誤也。『地理』中成城二字多淆。猝難審定。》从邑。工聲。《渠容切。9部。》/295

유사 안을 공(巩巩巩)

형성 (1자) 공(邛䢼)3289

𨛜 항【xiàng ㄒㄧㄤˋ】[설문부수 230] 거리
※ 항(𨛜巷)의 본래 글자

설문 4013 鄰(隣)道也。《「道」當爲「邑」。字之誤也。其字從二邑會意。》从邑。从邑。《𨽍(隸)變作𨛜。》凡𨛜之屬皆从𨛜。闕。《闕者謂其音未聞也。大徐云胡絳切。依鄉(巷)字之音。非有所本。如䣛字或義䢽字之音。或依𨸏(阜)字之音。皆非是。》/300

유사 알 란(卵) 누워 뒹굴 원(夗) 절주할 경(卯 卯)

◀ 제 4 획 ▶

邞 (부)【fū ㄈㄨˉ】 현 이름

설문 3976 琅邪縣也。《『前志』。琅邪郡、邞。『後志』無。幷省也。『漢孝文:元年』。封吕(呂)平爲矦國。》一名純德。《『前志』日。莽日純德。》从邑。夫聲。《甫無切。5部。》/298

邟 (강)【kàng ㄎㄤˋ】 현 이름. 성 이름 ■항:현 이름

설문 3903 潁川縣。《見『前志』。『今-地理志』云。潁川郡、周承休矦國。元帝置。元始二年更名鄭公。攷『後漢書:黃瓊傳』封邟鄉(鄉)矦。『注』引『前書』周承休矦國、元始二年更名日邟。與【顏(顏)本】絕異。今按【李本】、【顏本】皆非事實。志文當是邟字大書。「周承休矦國」五字小書注於下。此矦國不與他矦國同。故不以縣名爲國名也。元始二年更名日鄭公。

二年當依『平帝紀』、『外戚恩澤侯表』作四年。字之誤也。『郡國志』無邟縣者、幷省也。幷省之、故有邟鄕矣。漢封殷周之後可攷者。『武帝紀』。元鼎四年巡省豫州。封周孼子嘉爲周子南君。此『史記:封禪書』所謂以三十里封周後。『外戚恩澤侯表』所謂初得周後、復加爵邑也。『元帝紀』。初元五年以周子南君爲周承休侯。此『地理志』所謂周承休侯國、元帝時置也。『成帝紀』。綏和元年二月封孔吉爲殷紹嘉侯。三月進爵爲公、及周承休侯皆爲公。此『後漢書:光武紀:注』所謂成帝封姬延爲周承休公、是也。『平帝紀』。元始四年改殷紹嘉公曰宋公。周承休公曰鄭公。是則成帝先進周承休侯爲公。平帝乃改周承休公爲鄭公。『地理志』特約言之耳。『後漢書:光武帝紀』。建武二年封周後姬常爲周承休公。四年封殷後孔安爲殷紹嘉公。葢(蓋)亂後失其封故也。建武十三年以殷紹嘉公孔安爲宋公。周承休公姬常爲衞(衛)公。則又易其地而因易其國名也。『地理志』。東郡觀。應劭云。世祖更名衞國以封周後。又汝南新郪。應劭曰。章帝封殷後、更爲宋。『郡國志』曰。東郡、衞公國。本觀。光武更名。汝南郡、宋公國。周名郪丠(北丘)。漢改爲新郪。章帝建初四年徙宋公於此。云徙宋公、則光武時宋公不在新郪。未審在何地。而成帝之殷紹嘉、平帝之宋公、『地理志』不載其封地。據『恩澤侯表』及『水經:注』、則綏和元年始封於沛也。前漢之周子南君、據『恩澤侯表』在長社。周承休在邟。『後漢:光武紀:注』曰。承休所封故城在今汝州東北。『通典』曰。汝州梁縣、光武封姬常爲周承休公。故城在今縣東。『方輿紀要』曰。承休廢縣在今汝州州治子城東。光武封姬常於東郡觀縣曰衞公。以邟縣廢入陽城。然則始在邟縣。後徙於觀爲衞公。則非邟縣地矣。○ 按東郡縣二十三。畔、觀二縣也。『今本-漢書』譌舛。擧(舉)正於此。》从邑。亢聲。《苦浪切。10部。》/291

郝 (패)【pèi ㄆㄟˋ】 ㊀ bèi 군 이름, 읍 이름
설문 3943 沛國也。《【鉉本】作沛郡。【鍇本】作「沛國郡」。按當作「沛國沛郡也」。謂後漢之沛國、前漢之沛郡、皆此郝也。不言沛縣者、言郡而縣可知矣。【二志】字皆作沛。郝沛古今字。如郋息、酇穰、郲耒之比。今江蘇徐州府漢沛郡地。》从邑。巿(宋市)聲。《博葢(蓋)切。15部。》/294

邠 (빈)【bīn ㄅㄧㄣ】 땅 이름, 빛날
설문 3848 周大王國。在右扶風美陽。从邑。分聲。《補巾切。13部。》 豳美陽亭卽豳也。民俗吕(以)夜市。有豳山。从山。从豩。闕。《按此二篆說解可疑。豳者、公劉(劉)之國。『史記』云慶節所國。非大王國。疑一。『漢:地理志』、『毛詩:箋』、『郡國志』皆云。豳在右扶風栒邑。不在美陽。疑二。『地理、郡國:二志』皆云。栒邑有豳鄕(鄉)。徐廣曰。新平漆縣之東北有豳亭。漢右扶風之漆與栒邑皆是豳域。不得美陽有豳亭。疑三。從山、豩聲。非有闕也。而云從豩、闕。疑四。假令許果以豳合邠。當云或邠字。而不言及。疑五。葢(蓋)古地名作「邠」。山名作「豳」。而地名因於山名。同音通用。如郊岐之比。是以『周禮:籥師』經文作「豳」、『注』作「邠」。漢人於地名用邠不用豳。【許氏-原書】當是豳岐本在〔山部〕。而後人移之。併古今字爲一字。抑或【許書】之變例有然。未能定也。【經典】多作「豳」。惟『孟子』作「邠」。唐開元十三年始改豳州爲邠州。見『通典』、『元和郡縣志』。郭忠恕云。因似幽而易誤也。》/285

邢 (형)【jǐng ㄐㄧㄥˇ】 ㊀ xíng 나라 이름
설문 3892 鄭地有邢亭。从邑。井(井)聲。《云鄭地恐誤。葢(蓋)京兆之鄭、則篆文宜次於鄭之後。若河南之新鄭、則宜次於下文鄶邧郔之伍。此上下文皆河內地。不宜忽羼以河南地名也。疑卽【二志】常山郡之井陘縣、趙地也。邢井葢古今字。井陘山、『穆天子傳』作鈃山。『地理志』上黨郡下謂之石研關。師古曰。研、音形。『玉篇』邢子省切。『廣韵(韻)』子郢切。大徐戸(戶)經切。11部。》/290
【형(邢邢)】下曰:周公子所封。地近河內懷。从邑。幵(开)聲。/289

郊 (기)【qí ㄑㄧˊ】 산 이름 ▣지:本[읍이름]
설문 3847 周文王所封。在右扶風美陽中水鄕。《【經典】有岐無郊。惟『漢:地理志』曰。大王徙郊。文王作酆。『匈奴傳』曰。秦襄公伐戎至郊。師古曰。郊古岐字。岐專行而郊廢矣。許所見豳岐作郊。猶所見薊作鄭也。『地理志』曰。右扶風美陽、『禹貢』岐山在西北。中水鄕(鄉)、周大王所邑。『魯(魯)頌:箋』曰。大王自豳徙居岐山之陽。按此云文王所封。要其終而言。『皇矣:詩』曰。度其鮮原。居岐之陽。『箋』云。乃始謀居善原廣平之地。亦在岐山之南也。文王自郊遷酆。非文王始國郊也。下云酆、周文王所都。則此當云大王矣。戴先生曰。美陽今爲陜西鳳翔府岐山、扶風二縣。『漢志』。美陽。岐山在西北。今岐山縣東七十里岐山是。》从邑。支聲。《巨支切。15部。》 峜郊或从山。支聲。因岐山吕(以)名之也。《郊或者、岐之或字。謂岐卽郊邑之或體也。又云因岐山吕名之。則又郊邑岐山畫(畵)爲二字矣。考岐山見於『夏書』、『雅』、『頌』、『漢志』。郊邑因岐山以名。郊邑可作岐。岐山不可作「郊」。『薛綜-注:西京賦』引『說文』。岐山在長安西美陽縣屷(界)。山有兩岐。因以名焉。此『說文:山部』原文也。「山有兩岐」、當作「山有兩枝」。山有兩枝、故名曰岐山。疑後人移入於此而刪改之。學者讀此可以刪〔邑部〕之岐專入〔山部〕矣。○ 按『漢書:地理志』曰大王徙郊、曰襄公將兵救周有功。賜受郊酆之地。『郊祀志』曰大王建國於郊梁。『匈奴傳』曰秦襄公伐戎至郊。皆作「郊」。郊周字也。而岐山字『地理志』皆作「岐」。是可證郊岐之別。》 𡸖古文郊。从枝。从山。《「古文郊」當作「古文岐」。此亦淺人改〔山部〕之文入此部耳。亦當刪此入彼》/285

邡 (방)【fāng ㄈㄤ】 땅 이름
설문 3932 汁邡、《逗。》廣漢縣也。《「汁」【各本】作「什」。非。今正。『應劭-注:地理志』曰。汁音十。『如淳-注:功臣表』曰。汁音什。『漢-王君平鄕(鄉)道碑』曰。汁邡王卿。是則漢時此縣名作汁字。凡作什者、以其音改之也。廣漢郡汁邡、【二志】同。今四川成都府什邡縣是也。》从

7 ⓪

邑。方聲。《府良切。10部。》/294

邵 (소)【shǎo ㄕㄠˇ】 땅 이름 ■초:같은 뜻
설문 3946 地名。从邑。少聲。《書沼切。2部。》/295

郉 (뉴)【niǔ ㄋㄧㄡˇ】 땅 이름
설문 3988 地名。从邑。丑聲。《女九切。3部。》/299

那 那 나【nuó ㄋㄨㄛˊ】 本[현이름] 어찌, 어느, 어찌 하리오
설문 3936 西夷國。《其地當在今四川之西。『史記』。自筰以東北。君長以什數。冄駹冣(最)大。在蜀之西。又謂牂柯爲南夷。邛筰爲西夷。那盇(那蓋)卽冄駹之冄字。古今字也。按文王之子聃季。賈逵、韋昭皆云。聃、國名。但其地闕。『史記』作冄。『索隱』云。冄或作那。終莫詳其地也。『左傳:莊:十八年』有那處。杜云。那處、楚地。凡若此等異地同名者。今皆不引以玆緐蕪。》从邑。冄(冉)聲。《諾何切。按冄聲本在 7、8部。雙聲合韵也。『小雅』、『商頌:毛傳』曰。那、多也。『釋詁』曰。那、於也。『左傳』棄甲則那。杜云。那、猶何也。今人用那字皆爲「柰何」之合聲。『越語』。吳人之那不穀。亦又甚焉。『韋-注』。那、於也。此釋詁之證。郭失其解。又『魚藻:箋』云。那、安皃(貌)。》安定有朝那(朝那)縣。《安定郡朝那、【二志】同。今陝西平涼府東南有朝那故城。許意葢謂那與朝那異處。如上文郿與郿鬭之例。如淳朝音株。》/294
참고 나(娜)

邦 邦(방)【bāng ㄅㄤ】 나라, (제후를)봉할
설문 3832 國也。《『周禮:注』曰。大曰邦、小曰國。析言之也。許云。邦、國也。國、邦也。統言之也。『周禮:注』又云。邦之所居亦曰國。此謂統言則封竟之內曰國曰邑。析言則國野對偁(稱)。『周禮』體國經野是也。古者城䧟所在曰國、曰邑。而不曰邦。邦之言封也。古邦封通用。『書:序』云。邦康叔。邦諸侯。『論語』云。在邦域之中。皆封字也。『周禮-故書』。乃分地邦而辨其守地。邦謂土畍(界)。杜子春改邦爲域。非也。》从邑。丰聲。《博江切。9部。》㫓古文。《從㞢(㞢之)田。之適也。所謂往卽乃封。古文封字亦從之土。》/283

邧 (원)【yuán ㄩㄢˊ】 작 yuǎn 고을 이름
설문 3954 鄭邑也。《『左傳:文:四年』。晉侯伐秦。圍邧新城。以報王官之役。『廣韵(韻)』云。秦邑名。是也。『今-左傳』鄭地無名邧者。》从邑。元聲。《虞遠切。14部。》/295

邨 (촌)【cūn ㄘㄨㄣ】 本[땅 이름] 시골
※ 촌(村)과 같은 글자
설문 3999 地名。从邑。屯聲。《此尊切。12部。按本音豚。屯聚之意也。俗讀此尊切。又變字爲「村」。》/300

邩 (화)【huǒ ㄏㄨㄛˇ】 땅 이름
설문 3996 地名。从邑。火聲。《呼果切。17部。》/299

邪 耶 사【xié ㄒㄧㄝˊ】 ㉠㊤㊥⑨㉢ yé 간사할, 기우듬할, 열병(악열이 나는 병) ■야:本[낭야군] 어조사 ■여:나머지 ■자:나라이름
설문 3975 琅邪郡也。《謂琅邪郡之字如此作也。『前志』曰。琅邪郡、秦置。屬徐州。『後志』曰。琅邪國、屬徐州刺史部。許從前漢之制、故曰郡。『前志』。郡領東武等五十一縣。今山東兖(兗)州府東境、沂州府及青州府南境、莒州、萊州府南境、膠州一帶皆是其地。今兖州府諸城縣縣東南百四十里有故琅邪城。古齊琅邪邑也。其地有琅邪山。『管子』。齊桓公將東遊。南至琅邪。『孟子』。齊景公欲遵海而南。放於琅邪。蘇秦說齊宣王曰。齊南有泰山。東有琅邪。『史記』。秦始皇屢竝海至琅邪。『子虛賦』曰。齊東陼鉅海。南有琅邪。皆謂今諸城縣。『山海經』云。琅邪臺在渤海郡閒(間)。非也。趙岐曰。琅邪、齊東南境上邑。『越絕(絶)書』。句踐旣滅吳。欲霸(覇)中國。徙都琅邪。立觀臺於山上。周七里。以望東海。始皇立琅邪郡、爲三十六郡之一。而漢因之。尋周時琅邪之名未知何解。許君以其字從邑。傅合郡名爲釋耳。『九經字㨾』曰。郞(郎)邪、郡名。郞、良(良)也。邪、道也。以地居鄒魯(魯)。人有善道。故爲郡名。【今-經典】玉旁作良者譌。未知其說所出。【古書】絕無作郞者。且琅邪齊地。非鄒魯地。邪、【古書】用爲衺正字。又用爲辭助。如乾坤其易之門邪、乾坤其易之縕邪、是也。今人文字。邪爲疑辭。也爲決辭。【古書】則多不分別。如子張問十世可知也、當作邪是也。又邪也二字故多兩句竝用者。如『龔遂傳』。今欲使臣勝之邪、將安之也。『韓愈文』。其眞無馬邪、其眞不知馬也。皆也與邪同。》从邑。牙聲。《以遮切。古音在 5部。按『漢-碑』琅邪字或加玉旁。俗字也。近人隸書從耳作「耶」。由牙耳相似。「臧三牙」或作「臧三耳」。》/298
형성 (1자) 야(琊 䔑)405
야(椰) 야(爺) 야(揶) 야(倻)

◀ 제 5 획 ▶

邭 (구)【jù ㄐㄩˋ】 ㊤㊥⑨㉢ qú 땅 이름
설문 3982 地名。《『左傳:注』多不言名。如『毛傳』云。水也、山也、地也、皆是。許君亦不言名。如郭地也、邭地也、以及邑也、國也、皆是。凡言名者、後人所改。》从邑。句聲。《其俱切。4部。》/299

郇 (포)【bāo ㄅㄠ】 땅 이름, 성씨
설문 3935 地名。《按字廁於此。當是西南夷之地。》从邑。包聲。《布交切。古音在 3部。》/294

邮 (유)【dí ㄉㄧˊ】 ㊤㊥⑨ yóu 정자 이름 ■적:같은 뜻
설문 3863 左馮翊高陵亭。《【各本】無「亭」字。今依『廣韵(韻):尤韵』及『玉篇』補。錫韵又曰。邮、鄕(鄉)名。在高陵。按左馮翊高陵、【二志】同。今陝西西安府高陵縣卽其地。》从邑。由聲。《徒歷切。古音在 3部。》/287

邯 (한)【hán ㄏㄢˊ】 조나라 서울 ■함:성할
설문 3893 趙邯鄲縣。《趙國邯鄲、【二志】同。『左傳』有邯鄲午。秦始皇置邯鄲郡。漢趙國、故邯鄲郡也。張晏曰。邯山在東城下。單、盡也。城郭從邑、故加邑。按今直隸(隸)廣平府邯鄲縣縣西南二十里有故邯鄲城。》从邑。甘聲。《胡安切。按甘聲當音含。古在 7部。》/290

邰 (태)【tái ㄊㄞˊ】 ⑨작 tāi 나라 이름
설문 3846 炎帝之後姜姓所封。周棄外家國。《『大雅』。有邰家室。『毛傳』曰。邰、姜嫄之國也。堯見天因邰而生后稷。故國后稷於邰。使事天以顯神、順天命。是則邰本后稷外家之國名。炎帝之後姜姓所封也。國后稷於邰時、葢(蓋)國姜姓於他處矣。至武王克殷。興滅國。繼絕世。乃封神農之後於焦。》从邑。台聲。《土來切。1部。》右扶風斄縣是也。《見『地理志』。周人作「邰」。漢人作「斄」。古今語小異。故古今字不同。『郡國志』無斄縣。郿下曰。有邰亭。葢斄縣併入郿也。邰亭、杜預謂之釐鄉(鄉)。徐廣謂之斄鄉。今陝西乾州武功縣縣西南二十二里故斄城是。》『詩』曰。有邰家室。《『今-生民:詩』有卽字。考『高誘-注:呂(呂)覽:辨土』引。實穎實栗。有邰家室。亦無卽。○『宋本-說文』無卽。與『九經字㨾』所引合。一本有者非也。》/285

邱 (구)【qiū ㄑㄧㄡ】 本[땅이름] 언덕
설문 3986 地名。从邑。北(丘)聲。《去鳩切。古音在 1部。今制、諱孔子名之字曰邱。》/299

郥 (저)【jū ㄐㄩ】 고을 이름 ■저:같은 뜻
설문 3854 右扶風鄠鄉。从邑。且聲。《子余切。5部。》/286

郯 (필)【bì ㄅㄧˋ】 땅 이름
설문 3882 晉邑也。《杜曰。郯、鄭地。按『水經:注:濟水篇』曰。次東得宿胥水口。濟水與河渾濤東注濟水於此。又兼郯目。『春秋:宣公:十三年』。晉楚之戰。楚軍於郯。卽是水也。顧氏祖禹曰。其地葢(蓋)卽(卽)滎口受河之處。今在河陰縣西。》从邑。必聲。《毗必切。12部。》『春秋傳』曰。晉楚戰于郯。《『宣:十二年:左傳』文。》/289

邳 (비)【péi ㄆㄟˊ】 ㊤㊥⑨작 pī 〔장량(張良)이 황석공(黃石公)을 만난〕땅 이름
설문 3966 奚仲之後湯左相仲虺所封國。《『左傳:定:元年』。薛宰曰。薛之皇祖奚仲居薛。以爲夏車正。奚仲遷於邳。仲虺居薛。以爲湯左相。『謙(譜)』云。薛、任姓。黃帝之苗裔奚仲封爲薛侯。今魯(魯)國薛縣是也。奚仲遷於邳。仲虺居薛。以爲湯左相。武王復以其胄爲薛侯。齊桓黜爲伯。小國無記。世不可知。亦不知爲誰所滅。按杜亦云仲虺、奚仲之後。與許合。邳者、所封國名。如竆郱邰扈邘鄀邢鄦郥鄧郜鄶鄬等字之例。『左傳:昭:元年』云。虞有三苗。夏有觀扈。商有姺邳。周有徐奄。皆國名也。杜云。姺邳二國、商諸侯。按葢(蓋)謂仲虺之後爲亂者也。》在魯(魯)。《句。》薛縣是也。《謂商之邳國、在今漢之魯國。魯國薛縣是其地也。魯國薛、【二志】同。『前志』云。夏車正奚仲所國。後遷於邳。湯相仲虺居之。合班、許所云。葢奚仲所遷之邳、距薛密邇。如郱遷於繹之比。遷於邳則國名邳。仲虺所居薛。而邳名不改。姺邳與觀扈徐奄同。則國嘗滅矣。周復封其後於邳爲薛侯也。『應劭-注:東海』下邳曰。邳在薛。其後徙此。故曰下。臣瓚曰。有上邳。故曰下邳。按呂(呂)后三年封楚元王子郢客爲上邳侯。上邳卽薛也。然則『昭:元年、定:元年:杜-注』皆云邳、下邳縣。非是。下邳在今江蘇徐州府之邳州。薛縣在今山東兗州府滕縣、縣南四十里有故薛城。》从邑。丕聲。《敷悲切。15部。》/297

邴 (병)【bǐng ㄅㄧㄥˇ】 땅 이름, 기뻐할
설문 3944 宋下邑。《下邑猶言小邑。『左傳』邴歜、邴意茲、邴泄、邴夏皆非宋人。『公羊:隱:八年』歸邴、入邴、『九年』會齊侯于邴皆非宋地。『十年』取防。防者、宋地。疑當作邴。》从邑。丙聲。《兵永切。古音在 10部。》/294

邵 (소)【shào ㄕㄠˋ】 고을 이름, 성씨
설문 3878 晉邑也。《『左傳:襄:二十三年』。齊侯伐衞(衛)。遂伐晉。入孟門。登大行。張武軍於熒庭。戍郫邵。杜曰。取晉邑而守之。杜不言郫邵二邑名。據許則當是二邑也。文六年。賈季召公子樂於陳。趙孟使殺諸郫。此單言郫也。『後志』。河東垣縣有邵亭。『注』引『博物記』。縣東九十里有郫邵之阨。趙孟殺公子樂於郫邵。豈張華所見『左傳』有異歟。按今山西絳州垣曲縣東有邵城。後魏之邵郡、後周之邵州皆此也。依許則【經典】獨此字從邑召。凡周召字作邵者俗也。後儒或謂垣曲邵城爲周召分陝之所。其說不經。》从邑。召聲。《寔照切。2部。》/288

邶 (패)【bēi ㄅㄟ】 ㊤㊥⑨작 bèi 땅 이름
설문 3875 故商邑。《商、畿內之地也。邑、國也。『商頌』曰。商邑翼翼。》自河內朝歌目(以)北是也。《河內朝歌、【二志】同。『前志』曰。朝歌、紂所都。『詩謙(譜)』曰。邶鄘衞(衛)者、商紂畿內方千里之地。武王伐紂以其京師封紂子武庚爲殷後。三分其地置三監。使管叔、蔡叔、霍叔尹而教之。自紂城而北謂之邶。南謂之鄘。東謂之衞。後三監導武庚叛。成王殺武庚。伐三監。更於此三國建諸侯。封康叔於衞。使爲之長。後世子孫稍并彼二國。混而名之。從其國本而異之。爲邶鄘衞之『詩』焉。故邶城在今河南衞輝府府東北。『通典』曰。故鄘城在新鄉(鄉)縣縣西南三十二里。》从邑。北聲。《補妹切。古音在 1部。》/288

郘 (호)【háo ㄏㄠˊ】 마을 이름 ■요:같은 뜻
설문 3913 南陽淯陽鄉。《「淯」【二志】作「育」。南陽郡育陽、【二志】同。今河南南陽府東育陽故城是也。郘者、漢時鄉(鄉)名。》从邑。𡗜𡡓聲。《乎刀切。2部。》/292

邸 (저)【dǐ ㄉㄧˇ】 사처(제후가 서울에서 머무는 숙소)

설문 3839 屬國舍也。《『文帝紀』曰。入代邸。『顏(顔)-注』曰。郡國朝宿之舍在京師者率名邸。邸、至也。言所歸至也。按今俗謂旅舍爲邸。【經典】假借邸爲柢。如『典瑞』四圭有邸是也。『釋器』。邸謂之柢。當作柢謂之邸。『釋言』曰。柢、本也。鄭司農引作邸本也可證。『爾雅』皆釋經之辭。》从邑。氐聲《都禮切。15部。》/284

◀ 제 6 획 ▶

郋 (신)【chén ㄔㄣˊ】 땅 이름 ▣진: 같은 뜻
설문 3947 地名。从邑。臣聲。《植鄰(隣)切。12部。》/295

郌 (광)【kuāng ㄎㄨㄤ】 마을 이름
설문 3886 河東聞喜鄉。从邑。匡(匡)聲。《去王切。10部。》/289

邽 (규)【guī ㄍㄨㄟ】 고을 이름
설문 3865 隴西上邽也。《見『地理志』。『郡國志』曰。漢陽郡上邽故屬隴西。『胡氏-三省』云。『秦本紀』。武公伐邽冀戎。初縣之。上邽縣、故邽戎地也。此爲上邽。京兆有下邽。今甘肅秦州州西六十里有故上邽城。》从邑。圭聲。《古畦切。16部。》/287

7

⑫

邾 (주)【zhū ㄓㄨ】 나라 이름
설문 3925 江夏縣。《【二志】同。『前志』曰。衡山王吳芮都。按芮都邾、見『項羽本紀』。今湖北黃州府城去故邾城二里許是也。今大江東流徑黃州府城南。隔江相望者曰武昌縣。『水經』曰。又東過邾縣南鄂縣北是也。酈善長曰。楚宣王滅邾。徙居於此。『王隱-地道記』、『劉(劉)昭-郡國志:注』皆有此說。但此事不見『楚:世家』。時楚之强。未必滅此彈丸而尙以地居之。葢(蓋)此地古名邾。魯(魯)附庸國古名邾婁。依許所說。本不相謀。無庸牽合。》从邑。朱聲。《陟輸切。古音在 4部。》/293

邿 (시)【shī ㄕ】 나라 이름, 산 이름
설문 3960 附庸國。《『王制』曰。不能五十里者。不合於天子。附於諸侯曰附庸。鄭云。不合、謂不朝會也。小城曰附庸。附庸者、以國事附於大國。不能以名通也。『春秋:襄:十三年夏』。取邿。邿者、魯(魯)附庸也。》在東平亢父邿亭。《『前志』曰。東平國亢父詩亭、故詩國。『後志』曰。『章帝元和元年』。分東平國爲任城國。亢父屬任城國。按『前志』當作詩亭故邿國。【許書】當作東平亢父詩亭。『杜預-左:注』亦當本作詩亭。皆寫者亂之耳。邿詩古今字也。今山東濟寧州東南有故邿城。》从邑。寺聲。《書之切。1部。》『春秋傳』曰。取邿。/296

郁 (욱)【yù ㄩˋ】 땅 이름, 성할 ▣울: <네이버 자전>
설문 3850 右扶風郁夷也。《見『地理志』。班引『詩』。周道郁夷。師古曰。『毛詩』周道倭遲。『韓詩』作郁夷字。言使臣乗(乘)馬行於此道。按古假借爲彧字。如『論語』郁郁乎文哉是也。彧、有文章也。其始借彧爲彧。其後又借郁爲彧。今陝西鳳翔府隴州州西五十里有故郁夷城。後漢建武二年。鄧禹遣兵擊赤眉於郁夷。在此處也。》从邑。有

聲。《於六切。古音在 1部。》/286

郂 (개)【gāi ㄍㄞ】 마을 이름
설문 3983 陳畱鄉(留鄉)。《陳畱郡、【二志】同。今河南開封府東至歸德府西皆是其境。陳畱郡屬有陳畱縣。此不云陳畱縣鄉、但云陳畱鄉。則是擧(擧)郡名不箸某縣也。曷爲不箸。有未審也。郖下曰弘農縣。鄏下曰河南縣。是擧郡縣同名之例。》从邑。亥聲。《古哀切。1部。》/299

郃 (합)【hé ㄏㄜˊ】 고을 이름
설문 3858 左馮翊郃陽縣。《【二志】同。應邵曰。在郃水之陽也。按今陝西同州府郃陽縣卽其地。》从邑。合聲。《侯閤切。7部。》『詩』曰。在郃之陽。《『大雅』文。『今-詩』郃作洽。『水經:注』引亦作『郃』。按『魏:世家』。文侯時西攻秦。築雒陰合陽。字作合。葢(蓋)合者水名。『毛詩本』作在合之陽。故許引以說會意。秦漢閒乃製郃字耳。『今-詩』作洽者、後人意加水旁。許引『詩』作「郃」者、後人所改。》/286

郅 (질)【zhì ㄓˋ】 고을 이름 ▣길: 깃대
설문 3900 北地郁郅縣。《見『前志』。漢北地郡。今甘肅慶陽府北至寧夏衞(衛)是其境。慶陽府附郭安化縣府城東有故郁郅城。『水經:注』謂之尉李城。聲之誤也。》从邑。至聲。《之日切。12部。》/290

郍 (여)【rú ㄖㄨˊ】 땅 이름
설문 3987 地名。从邑。如聲。《人諸切。5部。》/299

𢦔 (재)【zaì ㄗㄞˋ】 나라 이름
설문 3984 故國在陳畱(留)。《『春秋經:隱:十年』。宋人蔡人衞(衛)人伐載。【三經】皆作「載」。惟『穀梁:音義』曰。「載」本或作「戴」。而『前志』作「戴」。古載戴同音通用耳。許作「𢦔」。『左氏:音義』引『字林』亦作「𢦔」。吕(呂)本許。許所據從邑也。『前志』云。梁國甾、故戴國。『後志』云。陳畱(留)郡考城、故菑。『注』引『陳畱志』云。古戴國。今河南衞輝府考城縣縣東南五里有考城故城。漢之甾縣。古之𢦔國也。甾與𢦔古音同。𢦔古字。甾漢字。許云在陳畱者、章帝改名考城屬陳畱也。『水經:注:汳水篇』曰。『陳畱-風俗傳』曰。秦之穀縣。後遭漢兵起。邑多災(災)年。故改曰菑縣。王莽更名嘉穀。章帝東巡。詔曰。菑縣名不善。其改曰考城。按莽、章帝不達同音譌字之源委。故不能正爲𢦔字。而『風俗傳』云秦之穀縣、則更無稽之言耳。》从邑。𢦏(𢦏)聲。《作代切。1部。》/299

郇 (순)【xún ㄒㄩㄣˊ】 땅 이름 ▣환: 성씨
설문 3895 周文王子所封國。《「文」【各本】作「武」。誤。今依『篇韵(韻)』正。『左傳』。富辰曰。郇、文之昭也。『毛傳』曰。郇伯、郇侯也。『左傳』曰軍於郇、曰盟於郇、曰必居郇瑕氏之地、皆是也。郇國爲晉所幷。》在晉地。《在【二志】之河東解縣。今山西蒲州府臨晉縣東北十五里有故郇城。》从邑。旬聲。《相倫切。12部。》讀若泓。《此合韵也。疑當作淵。》/290

鄅 (우)【yǔ ㄩˇ】 정자 이름
설문 3919 南陽舞陰亭 《南陽郡舞陰、【二志】同。『水經』曰。潕水出潕陰縣西北扶予山。東過其縣南。凡水之南爲陰。當因水在縣西北、縣卽在水東南而名舞陰矣。水作潕縣作舞者、漢時縣字作舞也。『水經:注』作潕陰者、依水改字也。鄅者、漢時亭名。『庾信賦』曰栩陽亭有離別之『賦』。『漢:藝文志』之『別栩陽賦』也。栩陽亭豈卽鄅亭與。》 从邑。羽聲 《王榘切。5部。》 /292

耒阝 (뢰)【lèi ㄌㄟˋ】 현 이름
설문 3940 今桂陽耒陽縣 《「耒」【各本】作「耒阝」。今正。許謂耒阝卽今之耒陽縣。如言郋卽今之新息、鄺卽今之穰縣也。其字旣異。其地則一。故言今以說之。桂陽郡耒陽、【二志】同。今湖南衡州府耒陽縣縣東四十五里有耒陽廢城。耒陽以耒水得名。》 从邑。耒聲 《盧對切。15部。》 /294

郈 (후)【hòu ㄏㄡˋ】 고을 이름
설문 3970 東平無鹽鄉 《東平國無鹽、【二志】同。杜預曰。故宿國。今山東東平州州東二十里有故無鹽城。『前志』曰。無鹽有郈鄉(鄉)。『左傳:昭:二十五年』。臧會逸奔郈。杜曰。東平無鹽縣東南有郈鄉亭。『左:正義』曰。此時尙爲公邑。後爲叔孫私邑。》 从邑。后聲 《胡口切。4部。》 /297

邢 (형)【xíng ㄒㄧㄥˊ】 나라 이름
설문 3888 周公子所封 《『左傳』。富辰曰。凡蔣邢茅胙祭、周公之胤也。杜曰。邢國在廣平襄國縣。》 地近河內懷 《『前志』。趙國襄國、故邢國。『後志』同。按襄國故城在今直隸(隸)順德府城西南。許不云在趙國襄國而云地近河內懷者、有所審定之辭也。河內郡懷、【二志】同。今河南懷慶府武陟縣縣西南十一里有故懷城。》 从邑。幵(开)聲 《戶(户)經切。按『玉篇』又輕千切。11、12部。》 /289
【郱 郱】3892 下曰: 鄭地有郱亭。从邑。井(井)聲。 /290

郊 (교)【jiāo ㄐㄧㄠˉ】 성밖, 들, 교외
설문 3838 距國百里爲郊 《『杜子春-注:周禮』曰。五十里爲近郊。百里爲遠郊。『玉藻』說。郊祭曰。於郊、故謂之郊。》 从邑。交聲 《古肴(肴)切。2部。按『周禮-故書』作「蒿」 假借字。》 /284

郋 (혜)【xī ㄒㄧˉ】 ㊤㊥⑨㉶ xí 마을 이름 ■해: 〈네이버 자전〉
설문 3908 汝南召陵里 《「召」【各本】作「邵」。誤。今正。汝南郡召陵、【二志】同。闞駰曰。召者、高也。『左傳:僖:四年』。楚屈完來盟于師。盟于召陵。又見『昭:十四年、定:四年:傳』。杜曰。召陵、潁川縣也。晉改屬潁川也。按今河南許州郾城縣縣東四十五里有故召陵城。郋者、召陵里名。召陵又有萬歲里。許君、召陵萬歲里人也。》 从邑。自聲。讀若奚 《自聲在 15部。奚聲在 16部。合韵(韻)也。許葢(蓋)用其方言如是。胡雞(鷄)切。》 /291

◀ 제 7 획 ▶

郹 (리)【lǐ ㄌㄧˇ】 정자 이름
설문 3918 南陽西鄂亭 《南陽郡西鄂、【二志】同。今河南南陽府北五十里故西鄂城是也。郹者、漢時亭名。》 从邑。里聲 《良止切。1部。》 /292

郔 (연)【yán ㄧㄢˊ】 땅 이름
설문 3955 鄭地 《『左傳:宣:三年』。晉侯伐鄭及郔。杜曰。郔、鄭地。釋文。郔、音延。【宋-淳化本】及【明人-補刻:石經】作延皆誤字也。又『宣:十二年』。楚子北。師次于郔。實一地也。若『隱:元年』。大叔收貳以爲己邑。至於廩延。當別是一地。字不從邑。》 从邑。延聲 《以然切。14部。》 /295

郕 (성)【chéng ㄔㄥˊ】 나라 이름
설문 3962 魯(魯)孟氏邑 《『今-春秋:三經三傳』皆作成。郕成古今字也。『左傳:昭:七年』。晉人來治杞田。季孫將以成與之。杜云。成、孟氏邑。本杞田。『定:十二年』。將墮成。公斂處父曰。墮成。齊人必至于北門。杜云。成在魯北竟。按孟氏邑非姬姓郕國之地也。『今-左傳:隱:五年』衞(衛)人入郕。『文:十二年』郕伯來奔。『僖:卄四年』管蔡郕霍。文之昭也。字皆正作郕。而許不云姬姓之國者。葢(蓋)『許-所據:左氏』郕成字互易。不可以今所據繩許也。『公羊』郕國之字則作盛。古郕國在今兗州府汶上縣北二十里故郕城。不在魯(魯)北竟。》 从邑。成聲 《氏征切。11部。》 /296

郐 (도)【tú ㄊㄨˊ】 읍 이름
설문 3959 郲下邑地 《「郲」當作「鄒」。如鄒篆與鄧篆相聯(聯)之例。「地」當作「也」。『周禮:雍氏-注』。伯禽以王師征徐戎。【劉(劉)本】「徐」作「郐」、音徐。按『魯(魯):世家』。『頃公:十九年』。楚伐我。取徐州。徐廣曰。徐州在魯東。今薛縣。引『後志』曰。魯國薛縣。本國。六國時曰徐州。玉裁謂。楚所取之徐州卽郐地。疑非薛。齊湣王三年已封田嬰於薛。不能至『魯頃公:十九年』魯尙有薛也。『齊:世家』。田常執簡(簡)公於徐州。亦非此徐州。》 从邑。余聲。魯(魯)東有郐城 《「城」當作「戎」。【許書】之例未有言城者。郐戎、卽『周禮:注』所云伯禽以王師征郐戎。『今-尙書』作「徐夷徐戎」。許鄭所據作「郐」。鄒在魯東則郐在魯東可知矣。『書:序』曰。徐夷並興。東郊不闢。『昭:元年:傳』周有徐奄。徐葢(蓋)郐戎也。鄒習於夷。故『左傳』曰郲又夷也。》 讀若塗 《「塗」當作「涂」。同都切。5部。》 /296

郖 (두)【dōu ㄉㄡˉ】 ㊤㊥⑨㉶ dòu 땅 이름, 나루 이름
설문 3867 弘農縣庾地 《【二志】弘農郡首弘農縣。郡縣同名。故但言弘農縣也。「庾」當作「渡」。字之誤也。『水經:注:河水篇』曰。門水又北徑弘農縣故城東。城卽故函(函)谷關。門水側城北流而注於河。河水於此有郖津。以河北有郖水南入於河。故有郖津之名也。『穆天子傳』。天子自竇軨乃次於郖水之陽。丁亥入於南鄭。考其沿歷所踵。路直斯津。是

7 ⓪

知袁豹之徒竇津之說非矣。按洹郖同字。『魏志:杜畿傳』。畿遂詭道從郖津渡。陳壽用字合【許書】也。宋元嘉二十九年。北魏將封禮自郖津南渡赴弘農。拒柳(柳)元景。在今河南陝州靈寶縣縣西十里。》从邑。豆聲。《當疾切。4部。按疾當作「倏(候)」。》/287

郗 (치)【xī ㄒㄧ】[상][中][작] chī 고을 이름 [회]:뼈마디 사이

[설문] [3873] 周邑也。在河內。《『左傳:隱:十一年』。王與鄭人蘇忿生之田。溫、原、絺、樊、隰(濕)郕、欑茅、向、盟、州、陘、隤、懷。杜曰。絺在野王縣西南。按郗者本字。絺者古文假借字也。『前志』河內郡波縣。孟康云有絺城。『後志』亦云河內波有絺城。按許但云河內、不云某縣者。有所未審也。》从邑。希(希)聲。《丑脂切。15部。》/288

䣊 (소)【shào ㄕㄠˋ】식읍

[설문] [3842] 國甸。大夫稍稍所食邑。《『載師:注』曰。【故書】「稍」或作「削」。按「削」當是「䣊」之誤。許所據正【故書-或本】也。『太宰』家削之賦當作「家䣊」。釋文曰。家削本又作䣊是也。按國甸之下疑有奪文。『大宰』曰。三曰邦甸之賦。四曰家䣊之賦。『載師』曰。以公邑之田任甸地。以家邑之田任䣊地。此云國甸、卽【經】之邦甸也。邦甸去國二百里。家䣊三百里。此當云國甸之外曰家䣊。大夫稍稍所食邑。鄭曰。家邑、大夫之采地也。稍與䣊疊韵(疊韻)。》从邑。肖聲。《所教切。2部。》『周禮』曰。任䣊地在天子三百里之內。《鄭說同。》/284

郙 (부)【fǔ ㄈㄨˇ】정자 이름

[설문] [4009] 汝南上蔡亭。《汝南郡上蔡、【二志】同。今河南汝寧府上蔡縣縣西南十里故蔡城是也。有亭名郙。》从邑。甫聲。《方矩切。5部。○ 按𨞛郙二篆當與郪郞郎郲郹等篆爲伍。寫者奪之。補綴於此。》/300

郚 (오)【wú ㄨˊ】고을 이름

[설문] [3972] 東海縣。《『前志』云。東海郡郚鄉(鄉)。疑此當云郚鄉東海縣。》故紀侯之邑也。《『春秋經:莊:元年』。齊師遷紀郱、鄑、郚。杜云。郚在東莞朱虛(虛)縣東南。按前漢郚鄉縣、後漢幷入琅邪之朱虛。『永初:元年』。朱虛又屬北海國。晉屬東莞郡。故杜預、劉(劉)昭皆云。朱虛有郚城。朱虛、今山東青州府臨朐縣縣東六十里故朱虛城是也。故郚城、在今青州府安丘(丘)縣縣西南六十里。》从邑。吾聲。《五乎切。5部。》/298

郛 (부)【fú ㄈㄨˊ】재(외성), 밭

[설문] [3840] 𩫏(郭)也。《「𩫏」【各本】作「郭」。今正。『公羊傳』入其郛『注』。郛、恢郭也。城外大郭也。》从邑。孚聲。《甫無切。古音在 3部。》/284

郜 (고)【gào ㄍㄠˋ】나라 이름 [곡]:같은 뜻

[설문] [3950] 周文王子所封國。《『左傳』富辰曰。郜雍曹滕、文之昭也。杜云。濟陰成武縣東南有郜城。『隱:十年』。敗宋師。取郜。蓋(蓋)郜附庸於宋。魯(魯)隱取其地。桓又取郜鼎於宋。『僖:二十年』。郜子來朝。則魯未滅之也。許不云在成武者。許意以爲未宋也。今山東兗州府城武縣縣東南二十里有故郜城。》从邑。告聲。《古到切。古音在 3部。》/295

郝 (학)【hè ㄏㄜˋ】[상]⑨ hǎo 땅 이름

[설문] [3855] 右扶風鄠盩厔鄉。《【鉉本】如此。謂右扶風之鄠縣、盩厔縣皆有郝鄉(鄉)也。『玉篇』作右扶風盩厔鄉。無鄠字。而【鍇本】作右扶風鄠鄉盩厔縣。脫落不完。汲古毛扆乃取以改【舊本】。可笑(笑)也。『前志』曰。右扶風盩厔。按在今陝西西安府盩厔縣。》从邑。赤聲。《呼各切。5部。》/286

郎 (랑)【láng ㄌㄤˊ】정자 이름, 한나라 때의 야랑국 땅 이름

[설문] [3965] 魯(魯)亭也。《『春秋:隱:元年』。費伯率師城郎。『桓:四年』。公狩于郎。『十年』。齊侯衞(衛)侯鄭伯來戰于郎。『莊:八年』。師次于郎。以俟陳人蔡人。『三十一年』。築臺于郎。『哀:十一年』。戰于郊。『檀弓』作戰於郎。鄭曰。郎、魯(魯)近邑也。杜云。郎、魯邑。高平方與縣東南有郁郎亭。按以郎爲男子之偁(稱)及官名者、皆良之假借字也。》从邑。良聲。《魯當切。10部。》/297

[유사] 밝을 랑(朗)

[형성] (1자+1) 랑(蓈)231 랑(廊)

𨞛 (괴)【kuài ㄎㄨㄞˋ】마을 이름

[설문] [4008] 汝南安陽鄉。《汝南郡安陽、【二志】同。今河南汝寧府眞陽縣縣東故安陽城是也。有鄉名𨞛。》从邑。𠭧省聲。《「𠭧」、宋版及小徐皆不從艸。〔艸部:蒯〕、〔耳部:聵〕、皆𠭧聲。則古有𠭧字矣。苦怪切 15部。『漢書』𨞛成侯周緤。服虔音菅蒯之蒯、則服作𨞛成侯。》/300

郟 (겹)【jiá ㄐㄧㄚˊ】땅 이름, (문 양쪽에 열려 있는)방

[설문] [3905] 潁川縣。《見『前志』。故楚郟邑也。『左傳:昭:元年』。楚公子圍使公子黑肱城郟。『十九年』。令尹子瑕城郟。『秦二世元年』。陳勝將鄧寵將兵居郟。在今河南汝州郟縣。》从邑。夾聲。《工洽切。8部。按郟鄏之郟、山名。非此郟。》/291

郠 (경)【gěng ㄍㄥˇ】읍 이름

[설문] [3956] 琅邪莒邑。《按當云莒邑也、在琅邪。如郗周邑也、在河內之例。》从邑。㪅(更)聲。《古杏切。古音在 10部。》『春秋傳』曰。取郠。《『左傳:昭:十七年』。季平子伐莒取郠。杜云。郠、莒邑。》/295

𨛬 (구)【qiú ㄑㄧㄡˊ】땅 이름, 마을 이름

[설문] [3991] 地名。《『玉篇』曰。𨛬鄉在陳畱(留)。》从邑。求聲。《巨鳩切。3部。》/299

郡 (군)【jùn ㄐㄩㄣˋ】고을(행정구획의 하나)

[설문] [3833] 『周制』。天子地方千里。分爲百縣。縣有四郡。《『逸周書:作雒篇』曰。千里百縣。縣有四郡。『高-注:六月紀』云。『周制』。天子畿內方千里。分爲百縣。縣有四郡。郡有監。故『春秋傳』曰。上大夫受縣。下大

夫受郡。周時縣大郡小。至秦始皇兼天下。初置三十六郡以監縣耳。按『作雒篇』與『周禮』不合。『鄭-注:月令』但云。四監、主山林川澤之官。百縣、鄉(鄕)遂之屬。是不從作雒說也。》故『春秋傳』曰。上大夫受縣。下大夫受郡是也。《【各本】少「受縣下大夫」五字。今從『水經:注:河水篇』所引補正。趙簡子曰。克敵者上大夫受縣。下大夫受郡。見『左傳:哀公:二年』。》至秦初。天下置三十六郡曰(以)監縣。《『戰國策』。甘茂曰。宜陽、大縣也。名爲縣、其實郡也。秦武王時巳郡大縣小矣。前此惠文王十年。魏納上郡十五縣。後十三年。攻楚漢中。取地六百里。置漢中郡。吳氏師道云。或者山東諸侯先變古縣大郡小之制。而秦效之。是也。至始皇卄六年。始置三十六郡。三十六郡者、錢氏大昕曰。『地理志』。河東、太原、上黨、東郡、潁川、南陽、南郡、九江、鉅鹿、齊郡、琅邪、會稽、漢中、蜀郡、巴郡、隴西、北地、上郡、雲中、鴈門、代郡、上谷、漁陽、右北平、遼西、遼東、南海皆曰秦置。長沙國曰秦郡。河南曰故秦三川郡。沛郡曰故秦泗水郡。五原曰秦九原郡。鬱林曰故秦桂林郡。日南曰故秦象郡。趙國曰故秦邯鄲郡。梁國曰故秦碭郡。魯(魯)國曰故秦薛郡。數之適得三十六。下文揔(摠)之曰。本秦京師爲內史。分天下作三十六郡。此確然不易者也。『史記:始皇本紀』。『二十六年』。分天下爲三十六郡。而略取陸梁地爲桂林、象郡南海、乃在三十三年。裴駰以爲不當在三十六之內。因舍三郡。以內史、鄣郡、黔中、足之。內史別於三十六郡不待言。故鄣郡雖見於『志:注』、而不系之秦。黔中郡見『昭襄王:三十年』、而志不之數。不可爲典要也。『史記』之三十六與『漢志』同。乃揔攝後事而言之。故『漢志』、『說文』、『高誘-呂(呂)覽:注』、『應劭-風俗通』、『皇甫謐-帝王世紀』、『司馬彪-郡國志』皆言。秦分三十六郡。裴氏不從『漢志』之目。而唐人作『晉書』乃造秦四十郡之說。前此無言之者。》从邑。君聲.《渠運切。13部。按『釋詁』曰。郡、乃也。此未得其說。疑邪(那)之誤也。》/283

郢 (영)【yǐng ㄧㄥˇ】 초나라 서울

설문 3920 故楚都。《楚芈姓。楚熊繹始居丹陽。『顧氏-輿地志』。秭(秭)歸縣東有丹陽城。周迴八里。熊繹始封也。按今湖北宜昌府歸州州東七里丹陽城是。至文王熊貲始都郢。》在南郡江陵北十里。《南郡江陵、【二志】同。今湖北荊(荊)州府治江陵縣。府治卽故江陵城。府東北三里有故郢城。『前志』曰。江陵縣、故楚郢都。楚文王自丹陽徙此。後九世平王城之。後十世秦拔我郢徙東。按楚有二郢。所都曰郢。別邑曰郊郢。『左傳』。鬭(鬪)廉曰。君次於郊郢。以禦四邑。杜曰。郊郢、楚地。此必非郢都也。故『前志』曰。江陵縣、故楚郢都。又曰。郢縣、楚別邑故郢。劃然二縣。故郢二字正故郊郢之奪誤也。許君於他邑不言距今縣方向里數。獨此云在南郡江陵北十里。詳之者、以見非漢郢縣之郢也。『水經:注』。江水又東逕江陵縣故城南。謂楚都也。又東逕郢城南。子囊遺言所城可知也。謂楚別邑也。》从邑。呈聲。《以整切。11部。按『孟子』。文王生於岐周。卒於異郢。郢者、程字之假借也。》郢或省。/292

郣 (발)【bó ㄅㄛˊ】 땅 이름, 땅 봉긋할 ▣볼:속음

설문 3980 郣地。《此從【鍇本】。鉉作郣海地。非是。郣是復擧(擧)字之未刪(刪)者。地謂有地名郣也。今其地未聞。葢(蓋)春秋時齊地也。若【漢:二志】之勃海郡。今直隸河間、天津二府地。其謂之勃海者。師古曰。在勃海之濵(濱)。因以爲名也。〔水部:澥〕下曰。勃澥、海之別也。『漢書:子虛(虛)賦:音義』曰。勃澥。海別枝也。勃澥、『史記:河渠書』謂之勃海。今靜海縣之海與山東遼東接境者、卽勃澥。『司馬相如賦』所以自琅邪觀成山。射之罘而浮勃澥。始皇所以竝勃海以東。過黃腄。窮成山。登之罘。而南登琅邪也。『齊都賦:注』曰。海旁曰勃。斷(斷)水曰澥。勃與郣似可通。然勃海郡、勃澥、字皆不作「郣」。假令勃海郡字可作「郣」。則許當云郣海郡也。而不曰地。》从邑。孛聲。《蒲沒(沒)切。15部。》一曰地之起(起)者曰郣。《『周禮:草人』。勃壤用狐。鄭云。勃壤、粉解者。『廣雅』。埻、塵也。今俗謂粉之細者曰勃。皆卽郣字。地之起者謂虛肥。》/299

郤 극【xì ㄒㄧˋ】 읍 이름, 성씨, 우러를

설문 3883 晉大夫叔虎邑也。《叔虎之子曰郤芮。以邑爲氏。》从邑。谷聲。《綺戟切。古音在 5部。》/289

형성 (1자) 혁(㭸 𣛖)3465

𨛜 郒 항【xiàng ㄒㄧㄤˋ】[설문부수 230] 거리
※ 항(郒巷)의 본래 글자

설문 4013 鄰(隣)道也。《「道」當爲「邑」。字之誤也。其字從二邑會意。》从邑。从邑。《隸(隸)變作郒。》凡𨛜之屬皆从𨛜。闕。《闕者謂其音未聞也。大徐云胡絳切。依鄉(巷)字之音。非有所本。如䚯字或義鸍字之音。或依𠂤(阜)字之音。皆非是。》/300

유사 알 란(卵) 누워 뒹굴 원(夗) 절주할 경(卯 卯)

성부 巷 𨛜항 鄉 鄕 𨛜향

◀ 제 8 획 ▶

𨛫 (려)【lí ㄌㄧˊ】 나라 이름, 땅 이름

설문 3877 殷諸侯國。《『今-商書:西伯戡黎』。『今文-尙書』作「耆」。『尙書:大傳』文王受命五年伐耆、『周本紀』明年敗耆國、是也。或作「阢」。或作「飢」。皆假借字也。『許-所據:古文-尙書』作「𨛫」。〔戈部〕作黎。葢(蓋)俗改也。『左傳』曰。赤狄奪黎氏地。『詩:序』曰。狄人迫逐黎侯。未知卽商諸侯之後與否。》在上黨東北。《上黨、郡名。不言何縣者、有未審也。『前志』上黨壺(壺)關。應劭曰。黎侯國也。今黎亭是。『後志』同應說。今山西潞安府府治卽漢壺關縣。府西南三十五里有黎亭。》从邑。㓞聲。《郞(郎)奚切。15部。》㓞古文利。《見〔刀部〕。》『商書』。『西伯戡𨛫』。《『商書』篇名。》/288

(당)【dǎng ㄉㄤˇ】 땅 이름, 머무를, 오백리, 어른

설문 3993 地名。《『廣韻(韻)』曰。𨞺、地名。『說文』作

「尚阝」。》 从邑。 尚聲。《多朗切。10部。今俗以爲鄉(鄉)黨字。》/299

䣙 (배)【péi ㄆㄟˊ】 시골 이름, 성씨
설문 3884 河東聞喜鄉。《「鄉(鄉)」【各本】作「縣」。今依『廣韵(韻)』正。河東郡聞喜、【二志】同。今山西絳州聞喜縣、漢縣地也。『廣韵(韻)』曰。䣙、鄉名。在聞喜。伯益之後封於䣙鄉。因以爲氏。後徙封解邑。乃去邑從衣。按今字裴行而䣙廢矣。》 从邑。 非聲。《薄回切。15部。》/289

舍阝 (서)【shū ㄕㄨ】 ⑭ shē 마을 이름 ■사:읍 이름
설문 4000 地名。 从邑。 舍聲。《式車切。5部。按『玉篇』引『春秋』。徐人取舍阝。杜預云。今廬江舒縣。按『僖:三年:三經』皆作「舒」。『魯(魯)頌』亦作「舒」。【二志】廬江舒縣、亦皆作「舒」。未審希馮所據。》/300

部 부【bù ㄅㄨˋ】 本[마을] 거느릴, 지배할, 관청, 떼
설문 3866 天水狄部。《『地理志:天水』無〔狄部〕。未詳。顧氏祖禹曰。漢天水郡、今陜西鞏昌府以東秦州之境是其地。》 从邑。 杏(咅)聲。《蒲口切。4部。按『廣韵』曰。部、署也。【許-冣(最)目】曰。分別部居。不相雜廁。》/287
형성 (1자) 부(篰 𥲩)2766

郪 (처)【qī ㄑㄧ】 땅 이름 ■서:같은 뜻 ■차:현 이름 ■자:같은 뜻
설문 3906 新郪。《逗。》 汝南縣。《見『前志』。『後志』曰。汝南郡宋公國、周名郪丘。漢改爲新郪。章帝建初四年。徙宋公於此。按『魏:世家』。安釐王十一年。秦拔我郪丘是其地。今安徽潁州府城東八里有城、故新郪城也。》 从邑。 妻聲。《七稽切。15部。》/291

奄阝 (엄)【yǎn ㄧㄢˇ】 나라 이름
설문 3963 周公所誅奄阝國。 在魯(魯)。《『玉篇』作周公所誅叛國商奄。是也。奄奄阝二字周時竝行。今則奄行而奄阝廢矣。單呼曰奄。絫呼曰商奄。『書:序』、『孟子』、『左傳』皆云奄。如踐奄、歸自奄、伐奄、昭元年周有徐奄、是也。『左傳』又云商奄。如『昭:九年』蒲姑商奄吾東土也、『定:四年』因商奄之民命以伯禽而封於少皞之虛(虛)、是也。〔大部〕曰。奄、覆也。『爾雅』。弇、葢(蓋)也。故商奄亦呼商葢。『墨子』曰。周公旦非關叔辭三公。東處於商葢。『韓非子』曰。周公旦將攻商葢。辛公甲曰。不如服衆小以劫大。乃攻九夷。而商葢服矣。商葢卽商奄也。奄在淮北。近魯(魯)。故許云在魯。『鄭-注:書:序』云。奄在淮夷之北、『注:多方』云奄在淮夷旁、是也。祝鮀說因商奄之民封魯者、杜云或迸散在魯是也。今山東兗州府曲阜縣縣城東二里有奄城、云故奄國。卽『括地志』之奄里。此可證迸散在魯之說。『豳風』。四國是皇。『毛傳』云。四國、管蔡商奄也。商謂武庚。則【此傳】商奄爲二。》 从邑。 奄(奄)聲。《依檢切。8部。》/296

年阝 (년)【nián ㄋㄧㄢˊ】 마을 이름
설문 3864 左馮翊谷口鄉。《左馮翊谷口、見『地理志』。今陜西西安府醴泉縣東北七十里有故谷口城。》 从邑。 年聲。 讀若寧。《奴顛切。12部。按『廣韵(韻)』奴丁切。年聲而讀如寧。合韵也。》/287

郫 (비)【pí ㄆㄧˊ】 고을 이름
설문 3928 蜀縣也。《【二志】同。今四川成都府郫縣縣北故郫城是。》 从邑。 卑聲。《符支切。16部。》/293

𩫏 郭 곽【guō ㄍㄨㄛ】 本[나라이름] 발재(도읍을 둘러싼 성), 둘레
설문 3978 齊之郭氏虛(墟)。《謂此篆乃齊郭氏虛之字也。【郭本】國名。虛墟古今字。郭國旣亡。謂之郭氏虛。如『左傳』言少昊之虛、昆吾之虛、大皞(曍)之虛、祝融之虛也。郭氏虛在齊境內。》 善善不能進。 惡惡不能退。 是曰(以)亡國也。《郭何以爲虛。職是故也。事見『韓詩:外傳』。『新序』、『風俗通』皆同。亦有取此說春秋者。按『莊:二十四年:經』云。赤歸于曹。郭公。『公羊傳』曰。赤者何。曹無赤者。葢(蓋)郭公也。郭公者何。失地之君也。『穀梁傳』曰。赤葢(蓋)郭公也。何爲名也。『禮』、諸疾(侯)無外歸之義。外歸、非正也。『左』無『傳』。郭今以爲城䧚字。又以爲𩫏郭字。又『左傳』虢國字、『公羊』作郭。》 从邑。 䧚聲。《古博切。5部。》/298
형성 (3자) 곽(鞹 䩶)1698 곽(漷 𤅮)6740 확(霩 𩅌)7204

郯 (담)【tán ㄊㄢˊ】 나라 이름
설문 3971 東海縣。《東海郡郯、【二志】同。今山東沂州府郯城縣縣西南百里有故郯城。》 帝少昊之後所封。《『前志』曰。郯、故國。少昊後。盈姓。按盈卽嬴字。『宣:四年經』曰。公及齊侯平莒及郯。》 从邑。 炎聲。《徒甘切。8部。》/298

郰 (추)【zōu ㄗㄡ】 읍 이름
설문 3961 魯(魯)下邑。 孔子之鄉。《『論語:孔-注』曰。鄹、孔子父叔梁紇所治邑也。『左傳:杜-注』曰。紇、郰邑大夫仲尼父叔梁紇也。『檀弓』郰曼父之母。鄭云。曼父之母與徵在爲鄰(隣)。相善。『孔子:世家』曰。孔子生魯昌平鄉(鄉)郰邑。杜曰。郰邑、魯縣東南莝城是也。張守節曰。夫子生在鄒之闕里。長徙曲阜。仍號闕里。按杜云莝城者、今不得其詳。說者以爲今鄒縣西北之東鄒村西鄒集是也。『孔子:世家』言郰人輓父。『檀弓』言郰曼父。『鄭-注』言郰叔梁紇。葢(蓋)孔子之父、魯人以郰人紇呼之。如『周禮』之鄉以州名、野以邑名。非郰爲所治邑也。『論語』云郰人之子者、孔子弟子爲師諱紇字也。郰大夫之文始見於『王肅-私定:家語』。而『孔氏-論語:注』乃肅輩僞托者。》 从邑。 取聲。《側鳩切。4部。『論語』作「鄹」。》/296

郱 (병)【píng ㄆㄧㄥˊ】 땅 이름
설문 3994 地名也。 从邑。 并聲。《薄經切。

㉕ 作家出版社〔董蓮池-說文解字考正〕 ⑨ 九州出版社〔柴劍虹-說文解字〕 ㉠ 陝西人民出版社〔蘇寶榮-說文解字今注今譯〕 ㊵ 上海古籍出版社〔說文解字注〕 ㊥ 中華書局〔臧克和-說文解字新訂〕

11部。『前志』。齊郡臨朐。應劭云。有伯氏駢邑。『後志』。齊國臨朐。有古郱邑。按『春秋:莊:元年』。齊師遷紀郱、鄑、郚。杜云。郱在東莞臨朐縣東南。齊取其地。然則伯氏駢邑卽此地。駢卽郱字。今山東青州府臨朐縣東南有郱城是也。未知許意然不。》/299

郳 (예)【ní ㄋㄧˊ】 나라 이름

설문 3979 齊地。从邑。兒聲。《五雞(鷄)切。16部。》『春秋傳』曰。齊高厚定郳田。《『左傳:襄:六年』。齊侯滅萊。遷萊于郳。高厚、崔杼定其田。杜云。遷萊子於郳國。『正義』云。郳卽小邾。小邾附屬於齊。故滅萊國而遷其君於小邾。按『世本』云。邾顏(顔)居邾。肥徙郳。『宋仲子-注』。邾顏別封小子肥於郳、爲小邾子。『左傳』曰。魯(魯)擊柝聞於邾。小邾者、邾所別封。則其地亦在邾魯。不當爲齊地。今鄒縣有故邾城。滕縣東南有郳城。皆魯地。且郳之偁(稱)小邾久矣。不應又忽評爲郳也。許意郳是齊地。非小邾國。凡地名同實異者不可枚數。如【許書】邾非鄒國、是其例也。據『傳』云遷萊於郳。高厚、崔杼定其田。葢(蓋)定其與萊君之田。以郳田與之也。》/298

郴 (침)【chēn ㄔㄣˉ】 고을 이름

설문 3939 桂陽縣。《【二志】同。今湖南直隸(隸)郴州卽古郴縣。漢桂陽郡治也。》从邑。林聲。《丑林切。7部。》/294

郵 郵(우)【yóu ㄧㄡˊ】 (문서, 명령을 전달하는)역참, 우편

설문 3841 竟上行書舍。《『孟子』。德之流行。速於置郵而傳命。『釋言』。郵、過也。按經過與過失、古不分平去。故經過曰郵。過失亦曰郵。爲尤訧之假借字。》从邑垂(垂)。《會意。羽求切。古音在 1部。》垂，邊也。《說從垂之意。在境上、故從垂。》/284

◀ 제 9 획 ▶

郹 (격)【jú ㄐㄩˊ】 땅 이름

설문 3910 蔡邑也。《『地理志』。汝南郡有新蔡上蔡二縣。沛郡有下蔡縣。上蔡縣故蔡國、周武王弟叔度所封。度放。成王封其子胡。十八世徙新蔡。新蔡縣、蔡平侯自蔡徙此。後二世徙下蔡。下蔡縣、故州來國。爲楚所滅。吳取之。至夫差遷昭侯於此。後四世侯齊。竟爲楚所滅。按杜預說同。上蔡、新蔡、下蔡、漢時用以名縣。非周時有此名也。上蔡、新蔡、漢時同在汝南郡。今二縣皆屬汝寧府。相距不遠。若下蔡則距上蔡新蔡遠矣。『昭:十九年:左傳』云。楚子之在蔡也。郹陽封人之女奔之。生大子建。平王爲蔡公時。蔡方滅。尙未遷新蔡。則郹陽當在上蔡矣。『左傳』又云。齊侯衞(衛)侯次于垂葭。實郹氏。則衞地非蔡地也。》从邑。狊聲。《古闃切。16部。》『春秋傳』曰。郹陽人女奔之。《按許當云郹陽、蔡邑也。以別於衞之郹氏。》/292

郹 (계)【jì ㄐㄧˋ】 나라 이름, 현 이름

설문 3845 周封黃帝之後於郹也。《『樂記』曰。武王克殷及商未及下車而封黃帝之後於薊。按郹薊古今字也。薊行而郹廢矣。『漢:地理志』、『郡國志』皆作薊。則其字假借久矣。陸德明曰。薊、今涿縣薊縣是也。卽燕國之都也。孔安國、司馬遷及鄭皆云。燕召公與周同姓。案黃帝姓姬。君奭葢(蓋)其後也。或黃帝之後封薊者滅絕(絶)。而更封燕召公乎。疑不能明也。而皇甫謐以召公爲文王之庶子。『記傳』更無所出。又『左傳』富辰言文王之昭亦無燕。玉裁按『地理志』曰。廣陽國薊、燕召公所封。然則班意謂封黃帝之後卽召公也。而『周本紀』以封堯後於薊、封召公奭於燕竝言。張守節疑薊爲燕所幷。未知其審。》从邑。契聲。讀若薊。《古詣切。15部。》上谷有郹縣。《地理志:廣陽國』下曰。高帝燕國。昭帝元鳳元年爲廣陽郡。宣帝本始元年更爲國。『郡國志:廣陽郡:注』曰。世祖省廣陽郡。幷上谷。永平八年復。按許云上谷有薊縣。依光武省幷而言也。今京師順天府附郭大興縣治卽古燕都。許說漢制作郹。則知漢時故作郹矣。但不解今之『漢志』何以作薊也。○ 又按此五字。當如下文郚下鄦下之例。作「今上谷薊縣是也」七字。漢時字已作薊。如郚已作鰲、鄦已作穰。古今字不同。故著之以言其合。假令漢時字本作郹。則其立文當云上谷縣也周時黃帝之後所封。如鄒下云。魯縣古邾國、帝顓頊之後所封之例矣。然則郹者、許所見古字也。薊者漢時字也。》/284

都 (도)【dū ㄉㄨˉ】 도읍(서울)할, 있을, 거할, 모두 ■저:방죽

설문 3834 有先君之舊宗廟曰都。《『左傳』曰。凡邑有宗廟先君之主曰都、無曰邑。『周禮:大司徒:注』曰。都鄙者、王子弟公卿大夫采地。其畍(界)曰都。鄙、所居也。『載師:注』曰。家邑、大夫之采地。小都、卿之采地。大都、公之采地。王子弟所食邑也。『大宰:八則:注』曰。都鄙、公卿大夫之采邑。王子弟所食邑。周召毛耼畢原之屬在畿內者。祭祀者其先君社稷五祀。按據『杜氏-釋例』。大曰都。小曰邑。雖小而有宗廟先君之主曰都。尊其所居而大之也。又按左氏言有宗廟先君之主曰都。許改云有先君之舊宗廟。則必如晉之曲沃故絳而後可偁(稱)都。恐非『左氏』意也。『左氏』與『周官』合。》从邑。者聲。《當孤切。5部。》『周禮』。距國五百里爲都。《此『周禮』說也。『周禮:載師:注』引『司馬法』曰。王國百里爲郊。二百里爲州。三百里爲野。四百里爲縣。五百里爲都。『大宰:注』曰。邦中、在城郭者。四郊、去國百里。邦甸、二百里。家削、三百里。邦縣、四百里。邦都、五百里。》/283

郾 (언)【yàn ㄧㄢˋ】 ㊤㊥⑨ yǎn 땅 이름

설문 3904 潁川縣。《【二志】同。『前志』曰。南陽郡雉衡山。澧水所出。東至郾入汝。郾【今本】譌作「郾」。全氏祖望勘以『水經』正之。今河南許州郾城縣是其地。》从邑。匽聲。《於建切。14部。》/291

郿 (미)【méi ㄇㄟˊ】 고을 이름

설문 3849 右扶風縣。《【前後:二志】同。『大雅』。申伯信邁。王餞于郿。毛云。郿地。『箋』云。時王葢(蓋)省岐周。故于郿云。『正義』云。申在鎬京之東南。自鎬適申。塗不

經郿。時宣王蓋省視岐周。申伯從王至岐。自岐餞之。按今鳳翔府蓋縣縣東北十五里渭水之北有故蓋城。》 从邑。眉(眉)聲。《武悲切。師古音媚。15部。》/286

鄂 (악)【è ㄜˋ】 나라 이름, 나타날
설문 3924 江夏縣。《【二志】同。今湖北武昌府武昌縣縣西南二里故鄂城是也。江夏有鄂縣。故南陽之縣曰西鄂。顧氏祖禹曰。『史記』熊渠當周夷王時興兵伐庸楊粵至於鄂。又封中子紅爲鄂王。孔氏以爲南陽之鄂誤矣。時楚兵未能逾漢而北也。》 从邑。咢(咢)聲。《五各切。5部。》/293

鄃 (유)【shū ㄕㄨˉ】 고을 이름
설문 3896 清河縣。《『前志』清河郡鄃。『後志』清河國鄃。『史記:河渠書』曰。田蚡奉邑食鄃。又吕(呂)嬰、欒布皆封俞侯。俞卽鄃。今山東臨清州夏津縣東北三十里有故鄃縣城。》从邑。俞聲。《式朱切。4部。》/290

鄄 (견)【juàn ㄐㄩㄢˋ】 땅 이름
설문 3951 衞(衛)地。《『春秋:莊:十四年』。單伯會齊侯、宋公、衞(衛)侯、鄭伯于鄄。『十五年』。復會于鄄。『十九年』。公子吉及齊侯、宋公盟于鄄。『襄:十四年』。衞獻公如鄄出奔齊。『哀:十七年』。晉伐衞。衞人出莊公而與晉平。既而衞侯自鄄入。杜曰。鄄、衞地。今東郡甄城是也。》今濟陰鄄城。《【二志】同。謂在周曰鄄。在漢爲鄄城縣也。今山東曹州府濮州州東二十里有鄄城廢縣。》 从邑。垔(垔)聲.《吉掾切。古音在12部。『左傳:杜-注』作甄城音眞可證也。》/295

鄅 (우)【yǔ ㄩˇ】 나라 이름
설문 3957 妘姓之國。《『春秋:昭:十八年』。邾人入鄅。『左傳』云。鄅人藉稻。杜云。鄅、妘姓國也。『正義』云。鄅爲妘姓。『世本』文。按韋昭曰。陸終弟四子求言爲妘姓。杜曰。鄅今琅邪開陽縣。『前志』曰。東海郡開陽、故鄅國。『後志』開陽屬琅邪。開陽卽『春秋經:哀:三年』之啟(啓)陽也。魯(魯)有鄅地、爲啟陽。『荀卿』則云襄賁開陽。今山東沂州府府北十五里有故開陽城。》 从邑。禹聲。『春秋傳』曰。鄅人籍稻。《服虔曰。藉、耕種於藉田也。》 讀若規榘。《今王榘切。5部。》/295

鄋 (수)【sōu ㄙㄡˉ】 오랑캐 나라 이름
설문 3901 北方長狄國也。《『春秋:文公:十一年:左傳』。鄋瞞侵齊。遂伐我。叔孫得臣獲長狄僑如。『穀梁傳』曰。身橫九畝(晦畝)。》 在夏爲防風氏。在殷爲汪芒氏。《「芒」或作「茫」、作「汒」。皆誤。『魯(魯)語』。仲尼曰。昔禹致羣(群)神於會稽山。防風氏後至。禹殺而戮之。其骨節專車。防風、汪芒氏之君也。守封嵎之山者也。爲漆姓。在虞夏商爲汪芒氏。在周爲長翟。今爲大人。按『國語』本作在虞夏爲防風氏。在商爲汪芒氏。爲『說苑』、『說文』、『王肅-家語』所本。『今-國語』及『史記:孔子:世家』皆誤奪數字耳。『韋-注』云。防風、汪芒氏之國名。汪芒、長翟之國名。謂汪芒之國在夏爲防風氏之國。長翟之國在商爲汪芒氏之國。此依孔子防風汪芒之君也而言之。『今-韋-注』譌爲汪芒氏之君名、則不可解矣。『韋-注』云。封嵎二山在今吳郡永安縣。周世其國北遷爲長翟也。吳之永安縣在今浙江湖州府武康縣。顧氏祖禹曰。鄋瞞、在山東濟南府北境。或云今青州府高苑縣有廢臨濟城、古狄邑。卽長狄所居。按許以此篆廁涿郡北地之下。則許意謂其地在西北方。非在今山東也。》 从邑。叜聲。《所鳩切。3部。》『春秋傳』曰。鄋瞞侵齊。/290

鄆 (운)【yùn ㄩㄣˋ】 고을 이름
설문 3874 河內沁水鄉。《河內郡沁水、【二志】同。今河南懷慶府濟源縣縣東北有故沁水城是也。沁水縣有鄆鄉(鄉)。》 从邑。軍聲。《王問切。13部。》 魯(魯)有鄆地。《見『左氏-春秋:經、傳』。『公羊』作「運」。『文公:十二年』、『成公:九年』、『襄公:十二年』、『昭公:元年』之鄆。杜云。莒別邑。在城陽姑幕縣。此在魯東者也。『成公:十六年』之鄆。杜云。魯西邑。在東郡廩丘(丘)。此在魯西境者也。東鄆當在今山東青州府諸城縣。西鄆在今山東曹州府鄆城縣、有鄆城故城。按此與沛城父有郰鄉、魯東有郰戎爲一例。別於前義。》/288

郈 (후)【hóu ㄏㄡˊ】 ㊤㊥ hòu 땅 이름
설문 3881 晉之溫地。《『左傳:成:十一年』。晉郤至與周爭郈田。郤至曰。溫、吾故也。杜曰。郈、溫別邑。今河內懷縣西南有條(候)人亭。按郈田今在河南懷慶府武陟縣。『劉(劉)歆-遂初賦』。越侯田而長驅兮。釋叔向之飛患。已下皆述叔向事。則侯田正謂邢侯。雍子所爭者也。章樵以郈田說之。疑非。》 从邑。侯聲。《胡遘切。4部。》『春秋傳』曰。爭侯田。/289

鄈 (규)【kuí ㄎㄨㄟˊ】 땅 이름
설문 3887 河東臨汾地。《河東郡臨汾、【二志】同。今山西平陽府太平縣縣南二十里臨汾故城是也。『漢:武帝紀』。元鼎四年。立后土祠於汾陰脽上。如淳曰。脽者、河之東岸特堆崛。長四五里。廣二里餘。高十餘丈。汾陰縣治脽之上。后土祠在縣西。汾在脽之北。西流與河合也。師古曰。以其形高起(起)如人尻脽。故以名云。一說地臨汾水之上。地本名鄈。音如葵同。彼鄉人呼鄈音如誰。因轉而爲脽字耳。故『漢:舊儀』云葵上。玉裁按。『水經』。汾水又西過皮氏縣。『注』曰。汾水徑鄈丘(丘)北。故漢氏之方澤也。賈逵云。『漢法』。三年齊地汾陰方澤。澤中有方丘。故謂之方澤。丘卽鄈丘也。『經』又曰。又西至汾陰縣北。西注於河。『注』曰。水南有長阜。背汾帶河。阜長四五里。廣二里餘。高十丈。汾水歷其陰。西入河。『漢書』謂之汾陰脽。據『酈氏-此注』。鄈、脽異處極明。然『封禪書』、『郊祀志』皆云。始立后土祠汾陰脽上。與『武紀』合。『水經:注:河水篇』亦云。河水同際汾陰脽。縣故城在脽側。城西北隅有脽丘。上有后土祠。是則鄈脽本無二。『漢志』云汾陰。許云臨汾者。葢(蓋)二縣地邊境相接故。似不當分別鄈、脽爲兩地也。》 从邑。癸聲。《『水經:注』引此。揆唯切。15部。》 卽漢之所祭后

土處。/289

◀ 제 10 획 ▶

䣈 (갑)【hé ㄏㄜˊ】 땅 이름 ■개:같은 뜻
설문 4001 地名。从邑。盇聲。《胡蠟切。8部。【二志】泰山郡皆有蓋(蓋)縣。『孟子』有蓋大夫。『廣韵(韻)』蓋姓。【字書】作「䣈」。古盍切。》/300

𨞪 (방)【páng ㄆㄤˊ】 정자 이름
설문 3909 汝南鮦陽亭。《汝南郡鮦陽、【二志】同。鮦、孟康音紂。此『方言』如是。或云當作紂紅反者非也。今河南汝寧府新蔡縣縣北有鮦陽故城。又有鮦陽渠。鮦者、水名。『水經:注』、葛陂東出爲鮦水。俗謂之三丈陂是也。𨞪者、鮦陽亭名。疑卽『左傳:襄:四年、定:四年』之繁陽也。》从邑。㫄(旁)聲。《步光切。10部。》/292

鄍 (명)【míng ㄇㄧㄥˊ】 고을 이름
설문 3879 晉邑也。《『左傳:僖:二年』。荀息假道於虞曰。冀爲不道。入自顚軨。伐鄍三門。服虔曰。謂冀伐晉也。下文冀之旣病。亦唯君故。謂虞助晉也。將欲假道稱前恩以誘之。按服說是也。杜云鄍、虞邑。非也。許同服說。》从邑。冥聲。《莫經切。11部。》『春秋傳』曰。伐鄍三門是也。/289

鄎 (식)【xì ㄒㄧˋ】 ㉿㊥⑨㉾ xī 나라 이름
설문 3907 姬姓之國。在淮北。《『左傳:隱:十一年』。鄭(鄭)息有違言。杜曰。鄎國、汝南新息縣。按此『經』作「息」、『注』作「鄎國也」。釋文云。鄎音息。一本作息。此爲『注』作音也。自『墨書』朱字不分、而學者惑(惑)矣。『左傳』用古文假借字。杜解用『說文』本字。不與『經』同。此『鄭氏-注:經』之例也。『左:正義』引『世本』曰。息國、姬姓。許云姬姓之國。本『世本』也。息矦伐鄭。君子謂其不親親。以其同姓也。『左傳』云息嬀者、謂息所娶之陳嬀也。今河南光州息縣。淮水在縣南五里。故息城在縣北三十里。》从邑。息聲。《相卽切。1部。》今汝南新息是也。《「新息」大徐作「新鄎」。誤。汝南郡新息、【二志】同。孟康、司馬彪皆曰。故息國。按漢字作息、與『左氏』合。地在今息縣。》/291

鄏 (욕)【rù ㄖㄨˋ】 ㉿㊥⑨㉾ rǔ 땅 이름
설문 3868 郟鄏,《逗。二字依『韵(韻)會』補。》河南縣直城門官陌地也。《官、【趙-抄:宋本-李仁甫本】作「宮」。『今-集韵』作「宮」。『類篇』作「官」。似官是。官陌卽今云官路也。河南縣者、【二志】皆云河南郡河南。郡縣同名。故但云河南縣、以別於凡縣不云縣也。若『漢魏時碑』則云河南河南矣。漢雒陽縣、周之成周也。漢河南縣、周之王城也。今河南河南府府東北二十里有雒陽故城。府城西北有河南故城。河南故城西有郟鄏陌。或謂之郟山。北二里曰邙山。》从邑。辱聲。《而蜀切。3部。》『春秋傳』曰。成王定鼎(鼎)于郟鄏。《『宣:三年:左傳』文。按『逸周書』云。周公作大邑成周於中土。南繫於雒水。北因於郟山。以爲天下之大湊。『地理志』曰。河南郡河南、故郟鄏地。周武王遷九鼎。周公致太平。營以爲都。是爲王城。是則漢之河南縣、『左傳』之郟鄏也。周時郟鄏爲大名。漢時專評城外官陌爲郟鄏陌。舊名之僅存者。故皇甫謐、杜預皆云。縣西有郟鄏陌也。許君先擧(擧)漢陌。後擧周地。使文義相足。別詳邙下。》/287

鄐 (축)【chù ㄔㄨˋ】 고을 이름
설문 3880 晉邢矦邑。《按當云晉雍子邑。許筆誤也。『左傳:襄:廿六年』。聲子曰。雍子奔晉。晉人與之鄐。子靈卽申公巫臣。奔晉。晉人與之邢。『昭:十四年』。晉邢矦與雍子爭鄐田。杜曰。邢矦。巫臣之子也。》从邑。畜聲。《丑六切。3部。》/289

鄑 (자)【zī ㄗ¯】 ㉾ zìn 고을 이름 ■진:같은 뜻
설문 3949 宋魯閒(魯間)地。《『左傳:莊:元年』。齊師遷紀郱、鄑、郚。杜曰三邑也。北海都昌縣有訾城。杜意訾卽鄑也。許於下文郚曰東海縣。故紀矦之邑。此不云紀邑而云宋魯閒地者、據『莊:十一年』公敗宋師于鄑而言。不謂紀邑也。》从邑。晉(晉)聲。《卽移切。按晉聲在古音12部。今鄑在五支者。蓋(蓋)由杜以訾城當之、而同其讀耳。『集韵(韻)』、『類篇』皆有卽刃切。》/295

鄒 (추)【zōu ㄗㄡ¯】 나라 이름
설문 3958 魯(魯)縣。古邾婁國。帝顓頊之後所封。《魯國騶、【二志】同。【二志】作「騶」、許作「鄒」者。蓋(蓋)許本作魯騶縣。如今汝南新息、今南陽穰縣之比。淺者乃刪(刪)去騶字耳。周時或云「鄒」、或云「邾婁」者。語言緩急之殊也。周時作「鄒」、漢時作「騶」者。古今字之異也。「邾婁」【各本】無「婁」。今依『韵(韻)會』所據正。『左』、『穀』作「邾」。『公羊』、『檀弓』作「邾婁」。婁如字。邾又夷也。邾婁之合聲爲鄒。夷語也。『國語』、『孟子』作「鄒」。三者鄒爲正。邾則省文。故邾篆下不言春秋邾國。此必依『公羊』作「邾婁國」也。漢時縣名作「騶」。如『韓勑碑』陰騶韋仲卿足證。『鄭語』曰。曹姓鄒莒。韋云。陸終第五子曰安。爲曹姓。封於鄒。『杜譙(譜)』云。邾、曹姓。顓頊之後。有六終。產(產)六子。其弟五子曰安。邾卽安之後也。周武王封其苗裔俠爲附庸。居邾。『前志』曰。騶故邾國。曹姓。二十九世爲楚所滅。按『左傳』顓頊氏有子曰黎爲祝融。祝融之後八姓。妘、曹其二也。然則上文鄶祝融之後妘姓所封。此云帝顓頊之後。互文錯見也。今山東兗州府鄒縣縣東南二十六里有古邾城。○ 趙氏岐曰。鄒本春秋邾子之國。至『孟子』時改曰鄒。此未知其始本名鄒也》从邑。芻聲。《側鳩切。3部。》/296

䣐 (건)【qián ㄑㄧㄢˊ】 땅이름
설문 3885 河東聞喜聚。《〔乑部〕曰。邑落曰聚。舜所居、一年成聚。二年成邑。三年成都。聚、小於邑也。》从自(阜)。虔聲。《渠焉切。蓋(蓋) 14部。》/289

鄔 (오)【wǔ ㄨˇ】 ㉿㊥⑨㉾ wū 땅 이름 ■어:같은 뜻
설문 3889 大原縣。《【二志】同。『前志』曰。晉大夫司馬彌牟邑。按彌牟爲鄔大夫。見『昭:二十八年:左傳』。前此有鄔臧。以邑爲氏。戴先生曰。今山西汾州府介休縣縣東三十五里有

故鄔城、漢縣也。其北魏之鄔城、在今介休縣東四十五里。俗譌武城。》从邑。烏聲。《安古切。5部。按據許字從烏。以烏爲聲甚明。此所以『字林』乙袪反。『郭樸-三蒼:解詁』音瘀、於庶反。闞駰音厭飫之飫、重言之也。『陸氏-左傳:音義』乃云太原縣字、從焉作「鄢」。誤甚。且云舊音烏戸(戶)反非。當從於庶反。夫於庶與烏戸、亦南朝魚虞斂侈之辨耳。安有是非也。》/289

[鄕][鄉][향]【xiàng ㄒㄧㄤˋ】[상][中][9][작] xiāng 周代 왕성 주위 50~!00리 사이의 땅, 마을, 시골, 고향, 곳(장소) (己부 6획))

鄖 (운)【yún ㄩㄣˊ】 나라 이름, 땅 이름
[설문][3926] 漢南之國。《『左傳:桓十一年』。鄖人軍於蒲騷。『宣:四年』。若敖娶於鄖。字或作「邧」。杜曰。鄖國在江夏雲杜縣東南有鄖城。按【二志】江夏皆有雲杜。今湖北德安府府城卽故鄖都也。漢水自西北而東南。德安在漢水北而云漢南者。漢之下游地勢處南也。春秋時楚滅鄖。故有鄖公辛。》从邑。員聲。《羽文切。13部。》漢中有鄖關。《『地理志』曰。漢中郡長利有鄖關。『史記:貨殖傳』曰。南陽西通武關、鄖關。按武關在今河南內鄕(鄉)縣西百七十里。鄖關在今湖北鄖陽府西。『張守節-注:貨殖傳』曰。鄖關當爲洵關。在金州洵陽縣。玉裁按。葢(蓋)卽今鄖陽府舊上津縣。唐室亂時用通貢道者。東南通今鄖陽府。西通今陝西興安府洵陽縣。謂『酈-商傳』之旬關卽鄖關可也。其關隘延長。不當謂兩地。鄖關去鄖國甚遠。其字同耳。故別言之。》/293

鄗 (호)【hào ㄏㄠˋ】[작] hè 고을 이름
[설문][3897] 常山縣也。从邑。高聲。《呼各切。古音在 2部。》世祖所卽位。今爲高邑。《『前志』曰。常山郡鄗。世祖卽位更名高邑。『後志』曰。常山國高邑。故鄗。光武更名。按今直隸(隸)趙州柏鄕縣之縣北二十里有故鄗城是也。春秋時晉邑。『左傳:哀:四年』。齊國夏伐晉取鄗。杜曰。鄗卽高邑縣。》/290

鄢 (마)【mà ㄇㄚˋ】 현 이름
[설문][3933] 存鄢,《逗。》犍爲縣。《【宋本】皆作存。或作「𨛬」者。俗又或譌爲郁矣。『前志』犍爲郡存鄢。【今本】存作「𨛬」。而師古不爲音。知故作存。『華陽國志』、『晉書』尙作存。今四川敘州府府西南有𨛬鄢廢縣。府西北百六十里有𨛬鄢灘。》从邑。馬聲。《莫駕切。古音在 5部。》/294

◀ 제 11 획 ▶

鄒 (채)【zhaì ㄓㄞˋ】 읍 이름 ■제:같은 뜻
[설문][3870] 周邑也。《『左傳』曰。凡蔣邢茅胙祭。周公之胤也。按『春秋經』、『左傳』、『國語』、『史記』、『逸周書』、『竹書紀年』。凡云祭伯、祭公謀父、字皆作祭。惟『穆天子傳』云鄒父。『注』云。鄒父、鄒公謀父。鄒者本字。祭者假借字。『韋-注:國語』云。祭、畿內之國。周公之後也。爲王卿士。謀父字也。是則鄒本西都畿內邑名。至東周時。隱元年祭伯來。莊廿三年祭叔來聘。尙仍其西都舊偁(稱)。許云周邑、系諸河南河內之閒。其諸東都亦有鄒與。抑如鄭之仍舊偁與。》从邑。祭聲。《側介切。15部。『禮記』葉公之『顧命』。以『周書』祭公解正之。葉乃祭之誤。》/287

鄘 (배)【péi ㄆㄟˊ】 나라 이름
[설문][3853] 右扶風鄠鄉(鄕)。《謂右扶風鄠縣有鄘鄉也。下仿此。漢鄘成矦周緤。服虔音菅蒯之蒯。蘇林音簿催反。小顏(顏)、小司馬皆云。字從崩從邑。『功臣表』。鄘成在長沙。張守節引『輿地志』云。鄘成縣、故陳倉縣之故鄉聚名也。周緤所封。與『漢表』、『說文』皆乖異。而『穆天子傳』天子西征至于鄘。又未詳其地。》从邑。崩(崩)聲。沛城父有鄘鄉。《沛郡城父見『地理志』。城父者、『左傳:襄:元年、昭:九年』之夷地。今安徽穎州府亳州州東南七十里有故城父城是也。『史記:索隱』引『三蒼』云。鄘鄉在城父縣。音裴。》讀若陪。《許云崩聲、則在第 6部也。讀若陪、則音轉在 1部也。鄘城、『楚漢:春秋』作憑城。師古云鄘又音普肯反。皆本音也。今音薄回切。依讀若陪之云而入灰韵(韻)也。》/286

鄘 (용)【yóng ㄩㄥˊ】[상][中][9][작] yōng 땅 이름
[설문][3927] 南夷國。《『牧誓』有庸蜀。『左傳:文:十六年』。庸人率羣(群)蠻以叛楚。楚滅之。杜曰。庸今上庸縣。屬楚之小國。按【二志】漢中郡皆有上庸縣。今湖北鄖陽府竹山縣東四十里有故上庸城。『尙書』庸地在漢水之南。南至江尙遠。僞傳云在江南、非也。今字庸行而鄘廢。於『詩:風』之『邶庸』作鄘。皆非也。又按南夷國當作漢南國。》从邑。庸聲。《余封切。9部。》/293

鄙 鄙(비)【bì ㄅㄧˋ】[ㄱ][상][中][9][작] bǐ 마을, 두메, 촌스러울
[설문][3837] 五酇爲鄙。《見『遂人』。五百家也。又『周禮』都鄙、王子弟公卿大夫采地。其畍(界)曰都。鄙、所居也。按『大司徒』以邦國、都鄙對言。『鄭(鄭)-注』以邦之所居曰國、都之所居曰鄙對言。『春秋經:傳』鄙字多訓爲邊者。葢(蓋)『周禮』都鄙距國五百里。在王畿之邊。故鄙可釋爲邊。又引伸爲輕薄之偁(稱)。而鄙夫字古作啚。『冣(最)目』云俗儒啚夫翫其所習、可證也。今則鄙行而啚廢矣。》从邑。啚聲。《兵美切。古音在 1部。故鄙否通叚(假)用也。》/284

鄚 (막)【mò ㄇㄛˋ】[9] mào 땅 이름
[설문][3899] 涿郡縣。《見『前志』。『後志』曰。河閒郡鄚、故屬涿。『史記』曰。扁鵲者、勃海郡鄭人。徐廣云。「鄭」當爲「鄚」。按司馬以鄚系勃海者、境相際也。扁鵲、漢以前人。不當覈以漢制耳。今直隸(隸)河閒府任丘縣縣北十三里有莫州城。往來孔道也。唐開元十三年改鄚爲莫。見『通典』、『舊-唐書』。》从邑。莫聲。《慕各切。5部。今俗語如冒。》/290

鄜 (루)【lú ㄌㄩˊ】[상][中][9][작] lú 마을 이름
[설문][3916] 南陽穰鄉。《穰縣鄉(鄕)名也。》从邑。婁聲。《力朱切。古音在 4部。》/292

鄛 (소)【cháo ㄔㄠˊ】땅 이름 ▣조:같은 뜻
설문 3914 南陽棘陽鄉。《「棘」【各本】作「棗」。誤。今依『後漢書:宦者傳:注』及『玉篇』正。南陽郡棘陽、【二志】同。今河南南陽府新野縣東北七十里有棘陽城是也。鄛其鄕(鄉)名也。》从邑。巢聲。《鉏交切。2部。》/292

鄝 (료)【liǎo ㄌㄧㄠˇ】나라이름
설문 3997 地名。从邑。翏聲。《盧鳥切。3部。『左傳:文公:五年』。楚滅蓼。釋文云。字或作鄝。『穀梁:宣:八年經』。楚人滅舒鄝。釋文云。本又作蓼。『小雅』漸漸之石。『詩:序:注』云。舒、舒鳩舒鄝舒庸之屬。釋文云。鄝又作蓼。按『坊記』陽矦繆矦卽『淮南:氾論訓』之陽矦蓼矦。繆者、字誤耳。『前志』六安國。『後志』廬江郡。皆作蓼。許不謂此也。》/299

鄞 (은)【yín ㄧㄣˊ】고을 이름
설문 3942 會稽縣。《【二志】同。今浙江寧波府奉化縣有故鄞城是也。說者謂以赤堇山得名。『越絕書』所謂赤堇之山破而出錫是也。葢(蓋)其字初作「堇」。後乃加邑。『越語』曰。句踐之地東至於鄞。韋曰今鄞縣是也。》从邑。堇聲。《語斤切。13部。》/294

[桼+阝] (칠)【qī ㄑㄧ】땅 이름
설문 3977 齊地也。从邑。桼聲。《親吉切。12部。》/298

鄠 (호)【hù ㄏㄨˋ】고을 이름
설문 3851 右扶風縣也。《【前後:二志】同。今陝西西安府鄠縣縣北二里有故鄠城。卽古扈國也。》从邑。雩聲。《胡古切。5部。》/286

鄡 (교)【yāo ㄧㄠ】㊌㊥⑨㉆ qāio 고을 이름
설문 3898 鉅鹿縣也。《【二志】同。『前志』作鄡。県與梟一字。但『前志』鉅鹿鄡縣、豫章鄡陽縣。『玉篇』、『廣韵(韻)』皆鄡與鄡陽二縣字別。然則【許書】此字作「鄡」及『後志』二縣字皆作「鄡」非是。【許書】當是淺人改之。如県首之改爲梟首也。盧氏-文弨云。『仲尼弟子列傳』鄡單、鄡當作鄡。「鄡單」葢(蓋)卽「檀弓」「縣亶」。縣乃字之誤。按漢鉅鹿縣城卽今直隸(隸)順德府平鄕(鄉)縣城。『唐-通典』曰。漢鄡城在深州鹿城縣東。》从邑。梟聲。《「梟」當作「県」。篆文當作「鄡」。牽遙切。2部。》/290

鄢 (언)【yān ㄧㄢ】땅 이름
설문 3921 南郡縣。孝惠三年改名宜城。《南郡宜城、【二志】同。『前志』曰。宜城、故鄢。惠帝三年更名。按今湖北襄陽府宜城縣縣西南九里故鄢城、亦謂之宜城廢縣是也。『左傳:昭:十三年』。王沿夏。將欲入鄢。杜曰。夏、漢別名。順流爲沿。順漢水南至鄢也。秦昭襄王卄八年。白起攻楚取鄢鄧。二十九年。白起攻楚取郢爲南郡。高誘曰。秦兵出武關則臨鄢。下黔中則臨郢也。》从邑。焉聲。《於乾切。14部。按釋文於建反。又於晚反。又按『春秋經:傳』鄭伯克段于鄢、晉及楚鄭戰于鄢陵、說者謂潁川郡地也。『前志』作「傿陵」。》/293

[虖+阝] (호)【hū ㄏㄨ】㊌㊥⑨㉆ hǔ 땅 이름
설문 3995 地名。《『玉篇』云。魯地名。》从邑。虖聲。《呼古切。5部。》/299

鄣 (장)【zhāng ㄓㄤ】고을 이름, 막을
설문 3967 紀邑也。《『春秋經:莊:三十年』。齊人降鄣。『公羊』、『穀梁』皆曰。鄣、紀之遺邑也。劉(劉)歆、賈逵依之。許說同。杜云。紀附庸國。東平無鹽縣東北有鄣城。距紀太遠。非許意也。古紀國在今山東青州府壽光縣西南三十里紀城。鄣邑當附近。卽『昭:十九年:左傳』之紀鄣也。紀鄣者、本紀國之鄣邑。猶『齊語』紀酅謂本紀國之酅邑也。『公』、『穀』云鄣、紀之遺邑。與『左傳』云紀鄣合。杜云。紀鄣在東海贛楡。是也。『莊:三十年』之鄣卽此。杜分爲兩地。非。今江蘇海州贛楡縣縣北七十五里有故紀鄣城。亦日紀城。》从邑。章聲。《諸良切。10部。》/297

䣜 (차)【cuó ㄘㄨㄛˊ】땅 이름
설문 3945 沛國縣。《『前志』沛郡酇。『後志』沛國酇。陳勝攻銍酇苦柘譙。謂此酇也。今河南歸德府永城縣縣西南有故酇縣城。》从邑。虘聲。《昨何切。『通典』引『說文』在何反是也。古音在 5部。》今酇縣。《謂本爲䣜縣、今爲酇縣。古今字異也。『班固-泗水亭長碑』曰。文昌四友。漢有蕭何。序功第一。受封于䣜。正作「䣜」。『水經:注』曰。渙水又東徑酇縣城南。『春秋:襄公:十年』。公會諸矦及齊世子光於䣜。今其地䣜聚是也。按今【三經】皆作「柤」。酇所據作「䣜」。此皆古字作「䣜」之證。許云今酇縣者、謂當時皆作「酇」。故著之。如邟縣旣爲周承休矣。而必存邟字以著其始也。》/294

[乾+阝] (간)【gān ㄍㄢ】땅 이름
설문 4002 地名。从邑。乾聲。《古寒切。14部。》/300

[罨+阝] (천)【qiān ㄑㄧㄢ】땅 이름
설문 4011 地名。从邑。巻(罨)聲。《七然切。14部。》/300

◀ 제 12 획 ▶

[翕+阝] (흡)【xī ㄒㄧ】㊌㊥⑨㉆ xì 땅 이름 ▣습:같은 뜻
설문 3990 地名。从邑。翕聲。《希(希)立切。7部。》/299

鄦 (허)【xǔ ㄒㄩˇ】허나라
설문 3902 炎帝大嶽之胤甫矦所封《炎帝神農氏之裔子爲大嶽。詳〔吕(呂)部〕下。大嶽封於吕。其裔子甫矦又封於鄦。鄦許古今字。『前志』曰。潁川郡、許故國。姜姓。四岳後。大叔所封。大叔、『左傳:隱:十一年:正義』作文叔。『說文:敘日』云。吕叔作藩。俾矦於許。然則封鄦者文叔、非甫矦也。『鄭(鄭)-注:吕荆(刑)』曰。吕矦受王命入爲三公。引『尙書:荆德放』云。周穆王以吕矦爲相。『古文-尙書:吕荆』、『今文-尙書』作「甫荆(刑)」。且據『國語』、『毛傳』、『史記』、『潛夫論』諸書。吕甫許皆姜姓封國。『詩』王風

申甫許三國竝言。武王旣封文叔於許矣。豈待穆王封甫侯於許。叔重言甫侯所封者、甫侯卽謂吕叔。吕叔卽謂文叔。無二人也。》 在穎川 《謂鄦在穎川許縣也。穎川郡許、【二志】同。漢字作「許」。周時字作「䜵」。『史記:鄭:世家』。鄦公惡鄭於楚。葢(蓋)周字之存者。『今-春秋:經、傳』不作「鄦」者。或後人改之。或周時已假借。未可定也。不曰在穎川許縣者。其字異形同音。其地古今一也。今河南許州州東三十里有故許昌城。》 从邑。 棄(䖒)聲。 讀若許 《虛 (虛)吕切。5部。》/290

鄧 (등)【dèng ㄉㄥˋ】 나라 이름, 성씨, 노나라·채나라 땅이름

설문 3911 曼姓之國 《『左傳』。楚武王夫人曰鄧曼。則知鄧國曼姓也。『前志』曰。鄧縣故國。》 今屬南陽 《南陽郡鄧、【二志】同。今河南南陽府鄧州是其地。》 从邑。 登聲。《徒亙切。6部。》/292

𨞼 (풍)【féng ㄈㄥˉ】 나라 이름

설문 4007 姬姓之國 《『廣韵(韻)』曰。馮、姓也。畢公高之後。食采於馮城。因而命氏。『左傳』云。畢者文之昭。『王肅-注:尙書』云。畢毛、文王庶子。然則𨞼爲姬姓國。其後以國氏。省作馮也。師古云馮歸姓。恐非。字廁於此者、許不審𨞼地所在。》 从邑。 馮聲。《房戎切。古音在 6部。○ 按許旣知爲姬姓國。則當知其地所在。葢(蓋)【古本】據其次第可推。【今本】葢寫者奪之。補綴於此。》/300

鄨 (별)【biē ㄅㄧㄝˉ】 ㊦㊥⑨㉶ bì 현 이름, 물 이름 ▣폐:같은 뜻

설문 3934 牂柯縣 《【二志】同。『前志』曰。不狼山、鄨水所出。東入沅。過郡二。行七百三十里。按犍爲郡、武帝建元六年開。牂柯郡、武帝元鼎六年開。則鄨字、鄨字必其時所製。今貴州遵義府府城西有鄨縣故城是也。『方輿紀要』曰。雲南陸涼州州北有廢鄨縣。非是。》 从邑。 敝聲。 讀若鷩雉之鷩 《必袂切。15部。師古曰不列切。》/294

鄩 (심)【xín ㄒㄧㄣˊ】 ㊦㊥⑨㉶ xún 고을 이름

설문 3872 周邑也 《『左傳:昭:廿二年』。郊鄩潰。杜曰。河南鞏縣西南有地名鄩中。『水經:注:洛水篇』曰。鄩水於訾城西北東入洛水。京相璠云。有鄩城。葢(蓋)周大夫鄩肸之邑也。按鄩肸、鄩羅皆子朝之黨。見『左傳』。今河南河南府鞏縣縣西南五十八里有故鄩城。》 从邑。 尋聲。《徐林切。7部。》/288

鄐 (도)【tú ㄊㄨˊ】 정자 이름 ▣차:같은 뜻

설문 3862 左馮翊郃陽亭 《謂左馮翊郃陽有鄐亭也。【各本】作「鄐」陽亭。誤。今依『集韵(韻)』、『類篇』、『王伯厚-詩地理考』、正。『伯厚-困學紀聞』亦作「鄐陽亭」。則宋時本固是。非錯出也。『大雅:韓奕』。出宿于屠。毛曰。屠、地名。宋溓水李氏謂地在同州鄐谷。是也。按屠鄐古今字。『顧氏祖禹-讀史方輿紀要』作「荼谷渡」。云在今陝西同州府郃陽縣東河西故城南。》 从邑。 屠聲 《屠聲。同都切。5部。》/287

鄫 (증)【céng ㄘㄥˊ】 ㊥⑨㉶ cēng 나라 이름

설문 3974 姒姓國 《按【許書】無姒字。『漢-碑』「姒」作「似」。『左傳』。衛(衛)成公命祀夏后相。甯武子不可。曰杞鄫何事。『國語:韋-注』曰。杞繒二國姒姓。夏禹之後。》 在東海 《『前志』曰。東海郡、繒故國。禹後。『後志』曰。琅邪國繒、故屬東海。今山東兖州府嶧縣東八十里有故鄫城。按國名之字、『左傳』作「鄫」。『國語』作「繒」。『公羊』作「鄫」。『穀梁』作「繒」。『左』釋文於鄫首見處云亦作「繒」。據許則國名從邑也。漢縣名從糸。》 从邑。 曾聲。《疾陵切。6部。》/298

鄬 (위)【wéi ㄨㄟˊ】 ㊦㊥⑨㉶ guī 땅 이름

설문 3998 地名。 从邑。 爲聲 《居爲切。17部。『春秋經:襄:七年』。公會晉侯、宋公、陳侯、衛(衛)侯、曹伯、莒子、邾子于鄬。杜云。鄬、鄭(鄭)地。》/300

鄭 ▣정【zhèng ㄓㄥˋ】 정나라, 정나라 풍류, 성씨

설문 3857 京兆縣 《【二志】同。今陝西同州府華州州城北有故鄭城。》 周厲王子友所封 《『前志』曰。周宣王弟鄭桓公邑。》 从邑。 奠(奠)聲 《直正切。11部。》 宗周之滅。 鄭(鄭)徙潧洧之上。 今新鄭是也 《桓公友之子武公與平王東遷。取虢鄶鄢蔽補丹依疇歷華十邑之地。右雒左濟。前華後河。食溱洧焉。從其故名曰鄭。至漢爲河南郡新鄭。【二志】同。今河南開封府新鄭縣西有故鄭城。》/286

鄮 (무)【mòu ㄇㄡˋ】 ㊦㊥⑨㉶ mào 고을 이름

설문 3941 會稽縣 《【二志】同。今浙江寧波府治鄞縣府治東三十里故鄮城是也。陸士龍曰。秦始皇身在鄮縣三十餘日。》 从邑。 貿(貿)聲 《莫候(候)切。3部。》/294

鄿 (담)【tán ㄊㄢˊ】 나라 이름

설문 3981 國也。 齊桓公之所滅 《『衛(衛)風』曰。譚公維私。『小雅』曰。東國困於役而傷於讒。譚大夫作大東以告病。『左傳:莊:十年』曰。齊師滅譚。譚無禮也。譚子奔莒。同盟故也。今濟南府府東南七十里有故譚城。在【二志】濟南郡之東平陵縣。東平陵故城在今濟南府府東七十五里。》 从邑。 𠷎(覃)聲 《徒含切。古音在 7部。按『詩』、『春秋』、『公』、『穀』皆作「譚」。【許書】又無譚字。葢(蓋)許所據從邑。『齊:世家』譌作「郯」。可證司馬所據正作「鄿」。鄿譚古今字也。【許書】有譚長。不以古字廢今字也。》/299

鄯 (선)【shàn ㄕㄢˋ】 나라 이름

설문 3843 鄯善。《逗。》 西胡國也 《【許書】三言西胡。皆謂西域也。言西胡以別於匈奴爲北胡也。『漢:西域傳』云。鄯善國本名樓蘭。王治扜泥城。去陽關千六百里。去長安六千一百里。元鳳四年。傅介子誅其王。更名其國爲鄯善。爲刻印章。是則此時初製鄯字也。漢鄯善國城在今哈密衛(衛)東南。中國山川、維首在隴蜀。紀地者必始於西。

故起西域而雍州。》 从邑善。 善亦聲。《時戰切。14部。》 /284

鄰 隣(린)【lín ㄌㄧㄣˊ】 이웃, 이웃할, 보필
[설문] [3835] 五家爲鄰(隣)。《見『遂人職』。按引伸爲凡親密之偁(稱)。》 从邑。 粦(粦)聲。《力珍切。12部。》 /284

鄱 (파)【pó ㄆㄛˊ】 고을 이름, 호수 이름 [비]:현 이름 [반]:땅이름
[설문] [3937] 鄱陽,《逗。》 豫章縣。《『二志』同。『前志』云。有鄱水西入湖漢。則縣在鄱水之北也。今江西饒州府治鄱陽縣府東六十里有故鄱陽城、府南有鄱江是也。『楚:世家』。『昭王:十二年』。吳伐楚。取番。按字本作「番」。故『史』、『漢』皆曰番君吳芮。『地理志』作「鄱陽」者、漢字也。》 从邑。 番聲.《薄波切。17部。按番聲在 14部。合韵(韻)也。》 /294

鄲 (단)【dān ㄉㄢ】 조나라 서울
[설문] [3894] 邯鄲也。《依張晏古字本作單。後人加邑耳。》 从邑。 單聲.《都寒切。14部。》 /290

◀ 제 13 획 ▶

䣈 [巷][巷]항【xiàng ㄒㄧㄤˋ】 ㉠ xiāng (마을 또는 시가지 안의)거리, 마을
[설문] [4015] 里中道也。《不言邑中道、言里中道者。言邑不該里。言里可該邑也。析言之國大邑小、邑大里少。渾言之則國邑通偁(稱)、邑里通偁。『載師:注』曰。今人云邑居里。此邑里通偁也。『高祖紀』云。沛豐(豊)邑中陽里人。此邑里析言也。應劭曰。沛縣也、豐其鄉也。然則鄉可偁邑矣。『周禮』。五家爲鄰(隣)。五鄰爲里。此周制也。『齊語』。五家爲軌。十軌爲里。此齊制也。『百官志』曰。里魁掌一里百家。什主十家。伍主五家。以相檢察。此漢制也。里中之道曰「巷」。古文作「䣈」。『爾雅』作「衖」。引伸之凡夾而長者皆曰巷。宮中衖謂之壼是也。『十七史』言弄者、皆卽巷字。語言之異也。今江蘇俗尙云弄。》 从䢼共《會意.》 言在邑中所共。《說會意之恉(指)。道在邑之中。人所共由。胡絳切。共亦聲也。9部。》 𨞰篆文从邑省。《巷爲小篆。則知䣈爲古文籒文也。先古籒後篆者。亦〔丄(上)部〕之例。巷今作「巷」。》 /301
[유사] 벼슬 경(卿) 고향 향(鄕)
[형성] (1자) 항(港𣿅)

鄳 (맹)【měng ㄇㄥˇ】 [상][中][9][작] méng 고을 이름
[설문] [3922] 江夏縣。《『二志』同。地當在南陽、江夏二郡之閒。今河南信陽州、湖北德安府應山縣之閒。縣葢(蓋)以黽阨得名也。『左傳:定:四年』。楚司馬戌云。塞大隧、直轅、冥阨。三者漢東之隘道。總(總)名曰城口。魏晉以後。義陽有三關之塞。三關者、一曰平靖關。亦名西關。卽『左傳』之冥(冥)阨也。今在信陽州東南九十里、應山縣北六十五里。一曰武陽關。亦名東關。卽『左傳』之大隧也。在信陽州東南一百五十里、西南至應山縣一百三十里。一曰黃峴關。卽『左傳』之直轅也。在信陽州南九十里、南至應山縣亦九十里。『呂(呂)氏-春秋』、『淮南:鴻烈』皆云。天下九塞。冥阨其一。『戰國策』、『史記』二書或云黽阨、或云黽塞、或云黽阨之塞、或云鄳隘、或云冥阨之塞。其實黽冥鄳一字、阨隘一字。而魏策無忌謂魏王作危隘之塞。危卽黽之字誤也。黽古音讀如忙。與冥字爲陽庚之轉冣(最)近。『隋書:地理志』。義陽郡鍾山縣舊曰鄳。『魏:世家:正義』引『水經:注』作「鄳」。鄳者鄳之變。『宋書:州郡志』曰。『晉-太康-地志』屬義陽、作「鄳」。『永初-郡國志』何竝作「鄳」。〈此字今正〉『廣韵(韻)』、『集韵』皆云。鄳在義陽。陽今譌昌。又『通典』申州羅山、鐘山二縣下皆曰。漢鄍縣地。此處不當有鄍地。二鄍字皆鄳字之誤。》 从邑。 黽聲。《莫杏切。古音在 10部。按庚韵音盲。》 /293

䣡 (의)【yí ㄧˊ】 땅 이름
[설문] [3969] 臨淮徐地。《『前志』曰。臨淮郡、徐故國。盈姓。春秋時徐子章禹爲楚所滅。『後志』曰。下邳國、徐本國。『後志』之下邳國、卽『前志』之臨淮郡也。今安徽泗州州北五十里有故徐城廢縣。䣡者、徐縣地名也。》 从邑。 義聲。《魚羈切。古音在 17部。》 『春秋傳』曰。 徐䣡楚。《『左傳:昭:六年』。徐儀楚聘于楚。楚子執之。杜云。儀楚、徐大夫。按『許-所據:左』作「䣡」。以邑爲氏。【古本】古說也。》 /297

鄗 (갈)【gē ㄍㄜ】 [상][中][9][작] gé 마을 이름
[설문] [3917] 南陽陰鄉。《南陽郡陰、『二志』同。師古曰。『左傳』所云遷陰於下陰者也。鄗者、其鄕(鄉)名。》 从邑。 葛聲.《古達切。15部。○ 按此篆舊在鄳篆後。今依『玉篇』廁此。》 /292

鄴 (업)【yè ㄧㄝˋ】 위나라 서울
[설문] [3891] 魏郡縣。《『二志』同。漢魏郡治鄴縣。今河南彰德府臨漳縣縣西二十里有故鄴城。》 从邑。 業聲.《魚怯切。8部。》 /290

鄶 (회)【kuài ㄎㄨㄞˋ】 [작] guì 나라 이름
[설문] [3953] 祝融之後妘姓所封潧洧之閒(間)。 鄭滅之。《『鄭-詩譜(譜)』曰。檜者、古高辛氏火正祝融之墟(墟)。檜國在『禹貢』豫州外方之北。熒播之南。居溱洧之閒。祝融氏名黎。其後八姓。惟妘姓檜者處其地焉。後爲鄭桓公之子武公所滅。按鄶在外方之東。非外方之北也。熒播、依『小顏(顏)-地理志:注』引作播。『鄭語』云祝融其後八姓。妘姓鄔、鄶、路、偪陽也。鄶以祝融之後仍封祝融之墟。『左傳』黎爲祝融。『大戴-禮』、『世本』皆云祝融之弟吳回。吳回生陸終。陸終弟四子萊言是爲妘鄶人。卽鄶之祖也。萊亦作求。妘亦作云。鄶亦作會。今河南許州密縣、古鄶地。》 从邑。 會聲《古會切。15部。按檜者、假借字也。『左傳』、『國語』作「鄶」。『詩』釋文曰。「檜」本又作「鄶」。》 /295

◀ 제 14 획 ▶

鄯 (수)【chóu ㄔㄡˊ】 땅 이름, 물 이름 [주]:같은 뜻

7 ⓪

설문 3929 蜀江原地《蜀郡江原、【二志】同。故城當在今灌縣竟。『華陽國志』曰。縣在郡西。渡大江。瀆(濱)文井江。去郡一百二十里是也。『鄭-注』梁州之沱曰。江原有鄠江。首出江南。至犍爲武陽又入江。豈沱之類與。『前志』曰。鄠水首受江。南至武陽入江。『水經:注』亦云。江原縣、鄠江水出焉。荅(蓋)有鄠地而以名江也。今則無鄠地、鄠江之偁(稱)矣。》从邑。壽聲《市流切。3部。》/293

䣢 (적)【jí ㄐㄧˊ】땅 이름 ▣작: 같은 뜻
설문 3930 蜀地也《鍇曰。按【字書】鄉(鄉)名。在臨邛。》从邑。耤(耤)聲《秦昔切。古音在 5部。》/294

鄉鄕 향【xiàng ㄒㄧㄤˋ】㊗㊥⑨㉝ xiāng 周代 왕성 주위 50~100리 사이의 땅, 마을, 시골, 고향, 곳(장소)
설문 4014 國離邑《離邑、如言離宮別館。國與邑名可互偁(稱)。析言之則國大邑小。一國中離析爲若干邑。》民所封鄉也《封猶域也。鄉者今之向字。漢字多作鄉。今作向。所封謂民域其中。所鄉謂歸往也。『釋名』曰。鄉、向也。民所向也。以同音爲訓也。》嗇夫別治《別彼列切。別治謂分治也。『百官公卿表』曰。縣大率十里一亭。亭有長。十亭一鄉。鄉有三老、有秩嗇夫。游徼。三老掌教化。嗇夫職聽訟、收賦稅。游徼徼循禁盜賊。『司馬彪-百官志』曰。鄉置有秩三老游徼。鄉小者置嗇夫一人。『風俗通』云。嗇者、省也。夫、賦也。言消息百姓。均其役賦。按許不言三老游徼者。擧(舉)一以該其二。亦謂鄉小者但置嗇夫。不置三老游徼也。》从䢼(郶)。皀聲《許良切。10部。》封圻之內六鄉，六卿治之《按封圻上當有『周禮』二字。上云嗇夫別治、言漢制。此云六鄉六卿治之、謂『周禮』也。封圻卽邦畿。『周禮』。方千里曰國畿。六鄉地在遠郊以內。五家爲比。五比爲閭。四閭爲族。五族爲黨。五黨爲州。五州爲鄉。鄉老二鄉則公一人。鄉大夫每鄉卿一人。許先擧漢制。後言『周禮』者。【許書】凡言郡縣鄉亭皆漢制。『漢表』云。凡縣道國邑千五百八十七。鄉六千六百二十二。亭二萬九千六百三十五。許【全書】所擧某縣某鄉某亭皆在此都數之中。》/300
유사 벼슬 경(卿) 거리 항(巷)
성부 鄉향
형성 (4자+1) 향(響)1647 향(饗)3093 향(闀)7401 향(蠁)8388 향(薌)

◀ 제 15 획 ▶

鄜 (부)【fū ㄈㄨ】땅 이름 ※ 부(鄜)의 본래 글자
설문 3861 左馮翊縣《見『地理志』。按『封禪書』秦文公作「鄜畤」。今陝西鄜州洛川縣縣東南七十里有鄜城廢縣。》从邑。麃聲《甫無切。按票聲麃(麃)聲當在 2部。而孟康鄜音敷者、凡『漢志』地名皆隨其地語言爲音故也。隸(隸)省作「鄜」。》/287

鄤 (만)【màn ㄇㄢˋ】㊗㊥⑨㉝ wàn 땅 이름
설문 3931 蜀廣漢鄉《按蜀字衍。漢有蜀郡、有廣漢郡。此云廣漢鄉(鄉)。上文云蜀地。皆不擧(舉)縣名者、未審也。》从邑。曼聲《無販切。14部。『今-集韵(韻)、類篇』又武粉切。卽此字而譌其體。》/294

鄻 (련)【liǎn ㄌㄧㄢˇ】㉝ niǎn 고을 이름
설문 3869 周邑也《『左傳:昭:卄九年』。王子趙車入于鄻以叛。杜云。鄻、周邑。》从邑。輦聲《力展切。14部。》/287

鄾 (우)【yōu ㄧㄡ】땅 이름
설문 3912 鄧國地也《『左傳:桓:九年』。楚子使道朔將巴客以聘於鄧。鄧南鄙鄾人攻而奪之幣。杜曰。鄾在今鄧縣南、沔水之北。『後志』曰。鄧有鄾聚。『水經:注』曰。淯水又南徑鄧塞東。又徑鄾城東。古鄾子國也。荅(蓋)鄧之南鄙也。》从邑。憂聲《於求切。3部。》『春秋傳』曰 鄧南鄙鄾人攻之 /292

鄻 (번)【fán ㄈㄢˊ】마을 이름
설문 3860 京兆杜陵鄉《『水經:注:渭水篇』。沉水上承皇子陂於樊川。其地卽杜之樊鄉(鄉)也。漢祖至櫟陽。以將軍樊噲灌廢丘(丠北丘)最。賜邑於此鄉。按樊鄉見『史、漢:樊噲傳』。『索隱』引『三秦記』曰。長安正南。山名秦嶺。谷名子午。一名樊川。一名御宿。樊鄉卽樊川也。『宋敏求-長安志』曰。樊川在萬年縣南三十五里。引『十道志』云。其地卽杜陵之樊鄉。凡言樊鄉、卽許之鄻鄉也。在今西安府府南三十里之樊川。『周語』。樊仲山父諫。韋曰。仲山父、王卿士。食采於樊。『毛傳』曰。仲山甫、樊鄻也。按周襄王賜晉文公陽樊之田。陽樊、一名樊。一名陽。『國語』。陽人不服。而曰陽有樊仲之官守焉。然則仲山甫之樊非此鄻也。陽樊、『方輿紀要』云。或曰在今河南懷慶府濟源縣。》从邑。䋣(樊)聲《附袁切。14部。》/286

◀ 제 16 획 ▶

鄭 (흥)【xīng ㄒㄧㄥ】땅 이름
설문 4005 地名也。从邑。興聲《鉉無。鍇有。今按『廣韵(韻):蒸韵』、『集韵:證韵』皆引『說文』。則有者是也。虛(虛)陵切。6部。》/300

鄿 (임)【yín ㄧㄣˊ】땅 이름 ㉝ lǐn ▣름: 같은 뜻
설문 4003 地名。从邑。㐭聲。讀若淫。《力荏切。7部。》/300

鄌 (당)【táng ㄊㄤˊ】땅 이름
설문 4006 地名。从邑。臺聲《徒郞切。10部。『玉篇』鄌鄌二同。引『續漢書』云。廣陵鄌邑也。按『續漢書』謂『司馬彪-郡國志』也。【今志】作堂邑。云故屬臨淮。春秋時曰堂。考『左傳:襄:十四年』楚子囊師于棠以伐吳。『昭:二十年』棠君五尙。字皆從木。而『廣韵(韻)』引『風俗通』。堂、楚邑。大夫五尙爲之。其後氏焉。字從土。荅(蓋)『今-左傳』從木、或誤。堂邑今江蘇江寧府六合縣是也。許但云地名。未知謂此地與否。》臺古文堂字《『文』字【各本】奪。今補。

7 ⑫

見〔土部〕。》/300

鄢 (연)【yàn ㄧㄢˋ】 ㊤㊥⑨㉲ yān 읍 이름, 사람 이름

설문 3985 地名。从邑。燕聲。《烏前切。14部。齊有高鄢、卽高偃。高傒之玄孫。『左傳』曰敬仲之曾孫者。古人立文、後裔統云曾孫。》/299

◀ 제 17 획 ▶

酁 (참)【chán ㄔㄢˊ】 땅 이름

설문 3948 宋地也。《『左傳:哀:十七年』。宋皇瑗之子麇。有友曰田丙。而奪其兄酁般邑以與之。酁般猶祁午、盂丙。酁者、般之邑也。不詳其地在漢之何郡縣。故但曰宋地。》从邑。毚聲。讀若讒。《士咸切。8部。》/295

郹 (영)【yīng ㄧㄥˉ】 현 이름

설문 3992 地名。从邑。嬰聲。《於郢切。11部。》/299

鄕 (양)【ráng ㄖㄤˊ】 현 이름

설문 3915 今南陽穰縣。《南陽穰、【二志】同。今河南南陽府鄧州東南二里穰縣故城是也。本楚地。後爲韓邑。『史記』。『韓襄王:十一年』。秦取我穰。又秦武王封魏冄於此爲穰侯。鄕者古字。穰者漢字。如郏鄦鄦許、郎息、邰斄之例。莶(蓋)【許-所見:古籍】作鄕。漢時縣名字從禾也。》从邑。襄聲。《汝羊切。10部。》/292

酃 (령)【líng ㄌㄧㄥˊ】 고을 이름

설문 3938 長沙縣。《『前志』長沙國酃。『後志』長沙郡酃。今湖南衡州府治衡陽縣府東卄五里有故酃縣城是也。有酃湖。卽『荆(荊)州記』、『水經:注』所云。湖水釀酒甚美、謂之酃酒者也。》从邑。霝聲。《郎(郎)丁切。11部。》/294

◀ 제 18 획 ▶

酄 (환)【huān ㄏㄨㄢˉ】 읍 이름

설문 3964 魯(魯)下邑。《『春秋經:定:十年』。齊人來歸鄆、讙、龜陰之田。鄆、『公羊』作運。讙、【三經三傳】皆同。許作「酄」。容許所據異也。『應劭-注:前志』引『春秋:哀:八年』取酄及闡。字亦作「酄」。賈、服云。鄆讙二邑名。『左傳:桓:三年:杜-注』曰。讙、魯地。濟北蛇丘縣西有下讙亭。》从邑。雚聲。《呼官切。14部。》『春秋傳』曰。齊人來歸酄。《按許引『左氏』則言『春秋傳』曰。引『公羊』則言『春秋:公羊傳』曰。以別於『左氏』。》/297

酅 (휴)【xī ㄒㄧˉ】 고을 이름, 땅 이름

설문 3973 東海之邑。《『春秋經:莊:三年』。紀季以酅入于齊。『前志』甾川國、東安平。『孟康:注』曰。『春秋』之酅、今酅亭是也。『後志』東安平屬北海國。有酅亭。按『前志』云甾川國。後幷北海。疑許當云北海之邑。酅亭在今山東青州府臨淄縣縣東。『齊語』曰。正封疆地東至于紀酅。紀酅猶言紀郚。謂故紀國之酅也。》从邑。巂聲。《戸(戶)圭切。16部。》/298

酆 (풍)【fēng ㄈㄥˉ】 주나라 서울, 물이름, 성씨, 나라이름

설문 3856 周文王所都。《『詩書』皆作「豐」。『左傳』。酆、文之昭也。字從邑。『前後:二志』亦作「酆」。『大雅』曰。既伐于崇。作邑于酆。杜預曰。酆在鄠縣。『後志』曰。酆在京兆杜陵西南。》在京兆杜陵西南。《京兆尹杜陵、【二志】同。今陝西西安府府東南十五里有故杜陵城。》从邑。豐聲。《敷戎切。9部。》/286

참고 척(鄰) 척(躑)

◀ 제 19 획 ▶

酇 (찬)【zuǎn ㄗㄨㄢˇ】 ㉲ zàn 마을(주나라 때 100집이 사는 행정구역), 모일 ■차:현이름

설문 3836 百家爲酇。《『遂人』。五家爲鄰(隣)。五鄰爲里。四里爲酇。五酇爲鄙。五鄙爲縣。五縣爲遂。》酇、聚也。《謂酇與欑儹音義皆同。欑、一曰叢木也。儹、冣(最)也。》从邑。贊聲。《作管切。又作旦切。》南陽有酇縣。《『漢:地理志』南陽郡酇矦國。孟康曰。音讚。按南陽縣作「酇」。沛郡縣作「鄼」。許二字畫(畫)然不相亂也。在沛者後亦作「酇」。直由莽曰贊治而亂。南陽酇音讚。沛鄼及改作「酇」字皆音嵯。音亦本不相亂。蕭何始封之酇。『茂陵書』、文穎、臣瓚、顔(顏)師古、杜佑皆云在南陽。江統、戴規、姚察、李吉甫、今錢氏大昕皆云在沛。在沛說是也。始封於酇。高后乃封之南陽之酇、與筑陽。文帝至莽之酇矦皆在南陽。故『地理志』於南陽云酇矦國。而沛郡鄼下不云矦國。爲在沛者不久也。諸家所傳『班固-作:泗水亭高祖碑』云。文昌四友。漢有蕭何。序功第一。受封於酇。以韵(韻)求之。可以不惑。》/284

酈 (리)【lì ㄌㄧˋ】 땅 이름 ■력:같은 뜻

설문 4010 南陽縣。《南陽郡酈、【二志】同。『秦二世:二年』。沛公攻析酈皆下之。則是秦所置縣。今河南南陽府內郷(鄉)縣縣東北有故酈縣城。》从邑。麗聲。《郎(郎)擊切。16部。按蘇林、如淳皆音擲。『小顔(顏)-漢書:注』。酈、姓。音歷。縣名音同蘇、如。○ 按酈篆當與邪郫鄯鄚郢六篆爲伍。寫者奪之。而補綴於此。》/300

164	酉
7-18	닭 유

酉 유【yǒu ㄧㄡˇ】【설문부수 537】 열째 지지(8월, 서쪽, 오후 5~7시, 닭띠를 상징한다.)

설문 9356 就也。《就、高也。『律書』曰。酉者、萬物之老也。『律曆志』曰。畱(留)孰於酉。『天文訓』曰。酉者、飽也。『釋名』曰。酉、秀也。秀者、物皆成也。》八月黍成。可爲酎酒。《此擧(擧)一物以言就。黍以大暑而穜(種)。至八月而成。猶禾之八月而孰也。不言禾者、爲酒多用黍也。酎者、三重酒也。必言酒者、古酒可用酉爲之。故其義同曰就也。凡从酒之字當別〔酒部〕。解曰从酒省。許合之。疏矣。》象古文

7 ⓪

㉲ 作家出版社〔董蓮池-說文解字考正〕 ⑨ 九州出版社〔柴劍虹-說文解字〕 ㉠ 陝西人民出版社〔蘇寶榮-說文解字今注今譯〕 ㊤ 上海古籍出版社〔說文解字注〕 ㊥ 中華書局〔臧克和-說文解字新訂〕

酉之形也。《古文酉謂丣也。仿佛丣字之形而製酉篆。此與弟从古文弟之形、民从古文民之形、革从古文革之形爲一例。周伯琦乃謂不可解矣。與久切。3部。》凡酉之屬皆从酉。丣古文酉。从丣。《从丣。一以閉之。》丣爲春門。萬物已出。丣爲秋門。萬物已入。一閉門象也。《『管子:幼官篇』。春三卯同事。秋三卯同事。兮氏士奇云。春當作「三丣」。秋當作「三丣」。取【許書】爲說也。『虞飜(翻)-別傳』曰。『翻奏, 鄭玄-解:尙書』違失云。古大篆丣字、讀當爲桺(柳)。故桺丣同字。而以爲昧。甚違不知葢(蓋)闕之義。玉裁按『壁中:古文-尙書』作「昧谷」。『鄭-注:尙書』依之。『今文-尙書』作「桺穀」。『鄭-注:周禮:縫人』取之。今文古文本有斸(斷)難合一者也。【鄭本】不誤。而仲翔謂其改丣爲昧。其他三事亦皆仲翔誤會。說詳『古文-尙書:撰(撰)異』。凡畱桺劉(留柳劉〔劉〕)字从丣。》/747

[성부] 부록 색인 참조

[형부] 酉를 부수로 하는 대부분의 글자들
담(醓)

[형성] (4자) 주(逎)1130 유(槱)3664 추(醜)5572 유(庮)5683

◀ 제 2 획 ▶

酋 [추]【qiú ㄑㄧㄡˊ】[설문부수 538] [本][오래된 술] 오래 될, (야만인의)우두머리

[설문] [9423] 繹酒也。《繹之言昔也。昔、久也。多下曰。从重夕。夕者、相繹也。故重夕爲多。然則繹酒謂日久之酒。對畚爲疾孰酒、醴酟爲一宿酒言之。繹俗作醳。『周禮:酒人三酒:注』曰。事酒、酌有事者之酒。其酒則今之醳酒也。昔酒、今之酋久白酒。所謂舊(舊)醳者也。淸酒、今中山冬釀接夏而成。『郊特牲:舊澤之酒:注』曰。澤讀爲醳。舊醳之酒、謂昔酒也。玉裁按許云繹酒、葢(蓋)兼事酒昔酒言之。事酒謂繹酒。昔酒謂舊繹之酒也。酋之義引申之、凡久皆曰酋。久則有終。『大雅』。似先公酋矣。『傳』曰。酋、終也。》从酉。水半見於上。《謂八也。酋上與谷上正同。皆曰水半見。繹酒糟滓下湛。水半見於上。故像之。字秋切。3部。》『禮』有大酋。掌酒官也。《『禮』謂『明堂:月令』。仲冬、乃命大酋。『注』曰。酒孰曰酋。大酋者、酒官之長也。》凡酋之屬皆从酋。/752

[성부] [猶]유 [奠]전 [尊][尊]존

[형성] (9자+1) 추(趥)951 추(䲡)2734 유(楢)3288 추(鰌)7261 추(揂)7582 추(䤛)7944 추(緧)8315 추(蝤)8417 유(輶)9077 주(遒)74

◀ 제 3 획 ▶

酌 (작)【zhuó ㄓㄨㄛˊ】(술을)따를, 퍼낼

[설문] [9385] 盛酒行觴也。《盛酒於觶中以飮人曰行觴。『投壷(壺)』云。命酌曰請行觴。觶實曰觴。『詩』曰。我姑酌彼金罍。取行觴之意曰。泂酌彼行潦。取盛酒之意。》从酉。勺聲。《形聲包會意。之若切。2部。》/748

酟 (익)【yì ㄧˋ】술빛 [■]대:달(甘也)

[설문] [9384] 酒色也。从酉。弋聲。《與職切。1部。》/748

配 [배]【pèi ㄆㄟˋ】[本][술빛] 짝, 무리, 대할, 짝할, 짝 지울, 도울, 귀양 보낼

[설문] [9383] 酒色也。《本義如是。後人借爲妃(妃)字、而本義廢矣。妃者、匹也。》从酉。已聲。《己非聲也。當本是妃省聲。故叚(假)爲妃字。又別其音妃平、配去。滂佩切。15部。》/748

[형성] (1자) 배(嶏)5641

酎 (주)【zhòu ㄓㄡˋ】세번 빚은 전국술

[설문] [9371] 三重醇酒也。《『廣韵(韻)』作「三重釀酒」。當从之。謂用酒爲水釀之。是再重之酒也。次又用再重之酒爲水釀之。是三重之酒也。『杜預-注:左傳』曰。酒之新孰重者曰酎。『鄭-注:月令』曰。酎之言醇也。謂重釀之酒也。醇者其義。釀者其事實。金壇于氏明季時以此法爲酒。》从酉。肘省聲。《【各本】作从時省。誤。紂疛篆皆曰肘省聲。今據正。除桺(柳)切。3部。『廣韵(韻)』音冑。【李仁甫本】同。除帘切。》『朙(明)堂:月令』曰。孟秋天子㱃酎。《「秋」當作「夏」。天子飮酎、『月令:孟夏』文也。諸侯嘗酎、見『左傳』。》/748

酏 (이)【yǐ ㄧˇ】[中][9] yí 맑은 술, 죽

[설문] [9412] 黍酒也。《『周禮』四飮、四曰酏。『注』曰。今之粥也。酏飮粥稀者之淸也。『禮記:內則:黍酏:注』曰。酏、粥也。或以酏爲醴。『注』曰。釀粥爲醴也。按飮非酒也。故五齊三酒掌於『酒人』。六飮掌於『漿人』。而許酏下曰黍酒。醫下曰醫酒。葢(蓋)許意與鄭(鄭)說不同。故賈侍中酏爲粥淸、爲別一說。賈與鄭合也。》从酉。也聲。《移爾切。古音葢(蓋)在17部。釋文以支反。》一曰甛也。《謂恬酒。》賈侍中說。酏爲鬻淸。《鬻(粥)、健也。俗作「粥」耳。鄭云酏飮粥稀者之淸也。本此。凡鬻稀者謂之酏。用爲六飮之一。厚者謂之𩜁。取稻米擧(擧)糔溲之。小切狼臅膏以與稻米爲𩜁。用爲『醢人』羞豆之實。『周禮』謂𩜁爲酏。鄭旣援『內則』以正之矣。》/751

酒 [주]【jiǔ ㄐㄧㄡˇ】술, 냉수, 단 이슬, 벼슬 이름

[설문] [9357] 就也。所㠯(以)就人性之善惡。《賓主百拜者、酒也。淫酗者、亦酒也。》从水酉。《以水泉於酉月爲之。》酉亦聲。《子酉切。3部。》一曰造也。《造古讀如就。》吉凶所造起(起)也。古者儀狄作酒醪。禹嘗之而美。遂疏儀狄。《見『戰國策』。》杜康作就秫酒。《又見〔巾部〕。曰少康作箕帚秫酒。少康者、杜康也。按【許書】事物原始皆用『世本』。此皆出『世本』。》/747

[성부] [醯]혜

◀ 제 4 획 ▶

酳 (인)【yǐn ㄧㄣˇ】[상][中][9][작] yìn 조금씩 마실

[설문] [9388] 少少㱃也。《『士昏禮:注』。酳、漱

也。醑之言演也、安也。漱所以潔口。且演安其所食。『特牲、少牢:注』意略同。『曲禮:注』。以酒曰醑。按『禮』、『禮記』皆作「醑」。【許書】作酳。『玉篇』云酳醑同字。是也。攷『士虞禮:注』、『少牢禮:注』皆云。古文醑作酌。『特牲:注』云。今文醑皆爲酌。三酌字必皆酳之字誤。其一云今文者、則古文之誤。許於此字用『古文-禮』。故从酳。『禮記』多用『今文-禮』。故『記』作「醑」。醑从胤省聲。》从酉。勻聲。《余刃切。12部。》/749

酓 [염]【yǎn ㄧㄢˇ】[本][술 맛 쓸] 산뽕나무, 술 양에 찰 ■담·함:같은 뜻 ■음:마실

[설문] [9380] 酒味苦也。《『廣韵』、『玉篇』、『集韵』、【小徐本】皆同。【汲古閣-所據:宋本】奪此篆此解。而毛扆補之於部末。『夏本紀』用爲檿字。叚(假)借也。》从酉。今聲。《於剡切。古音在 7部。》/748

[성부] [歙]음

[형성] (4자) 암(韽)1648 암(䨠)2196 암(䤃)3019 암(媕)7912

酖 (탐)【dān ㄉㄢˉ】술을 즐길, 술에 빠질 ■담:속음 ■짐:짐새의 깃을 담근 술

[설문] [9394] 樂酒也。《酒樂者、因酒而樂。樂酒者、所樂在酒。其義別也。『毛詩』叚(假)耽及湛以爲酖。『氓:傳』曰。耽、樂也。『鹿鳴:傳』曰。湛、樂之久也。引申爲凡樂之偁(稱)。『左傳』曰。宴安酖毒。不可懷也。從來謂卽鴆字。竊謂非也。所樂非其正、卽毒也。謂之酖毒。》从酉。冘聲。《丁含切。古音在 7部。》/749

醱 (발)【pò ㄆㄛˋ】술빛, 술기운

[설문] [9382] 酒色也。《謂酒之顏色也。『廣韵(韻)』曰。酒氣。》从酉。朩聲。《普活切。15部。》/748

◀ 제 5 획 ▶

酗 (후)【xù ㄒㄩˋ】(술)주정할

[설문] [9402] 酒醬也。《依『尚書』釋文正。『書』作「酗」。『某氏-傳』曰。以酒爲凶曰酗。『周禮:司救:注』亦于云酗醬。》从酉。句聲。《香遇切。古音在 4部。》/750

酢 (초)【zuò ㄗㄨㄛˋ】[상][中]⑨[작] cù 초, 신맛, 실 ■작:잔 돌릴

[설문] [9411] 醶也。《酢本截漿之名。引申之、凡味酸者皆謂之酢。上文醶、酢也。酸、酢也。皆用酢引申之義也。》从酉。乍聲。《倉故切。5部。今俗皆用醋。以此爲酬酢字。》/751

酣 (감)【hān ㄏㄢˉ】(술을 마시며)즐길 ■함:속음

[설문] [9393] 酒樂也。《張晏曰。中酒曰酣。引申爲凡飽足之偁(稱)。》从酉。甘聲。《胡甘切。古音在 7部。》/749

畚 (반)【fàn ㄈㄢˋ】술 빨리 익을 ■문:정음(正音) ■번:같은 뜻

[설문] [9362] 酒疾孰也。《『廣韵(韻)』云。一宿酒。謂一宿而孰也。》从酉。弁聲。《芳萬切。14部。》/747

酤 [고]【gū ㄍㄨˉ】하루 밤 사이에 빚은 술, 단술, 계명주

[설문] [9375] 一宿酒也。《『商頌』。既載清酤。『傳』曰。酤、酒也。『小雅』。無酒酤我。『傳』曰。酤、一宿酒也。》一曰買酒也。《『論語:鄉黨』作沽。》从酉。古聲。《古乎切。5部。亦上聲。》/748

[형성] (1자) 고(䕩)571

◀ 제 6 획 ▶

酣 (이)【róng ㄖㄨㄥˊ】거듭 빚을, 두번째 빚을

[설문] [9374] 重釀酒也。从酉。耳聲。《此篆【各本】作「䤉」。解云酒也。从酉、茸聲。而容切。『廣韵(韻)』、『玉篇』皆有酣無䤉。解云重釀也。『玉篇』列字正與『說文』次弟相合。然則『古本-說文』作「酣」可知矣。『廣雅』亦云酣汝吏切。今據以更正。仍吏切。1部。○ 又按〔艸部〕之茸亦耳聲也。則酣可而容切。》/748

截 (대)【daì ㄉㄞˋ】[상][中]⑨ zài (쌀)뜨물 ■재·취:속음

[설문] [9409] 酢漿(滌)也。《〔水部:漿〕下曰。酢漿也。酢漿謂截也。截漿二篆爲轉注。『鄭-注:內則』曰。漿、酢截也。【許書】漿下當是酢截也。後人改之耳。『鄭-注:周禮』四飲曰。漿、今之截漿也。糸言之曰截漿。》从酉。𢦏(戋)聲。《徒奈切。1部。》/751

䣸 (염)【rǎn ㄖㄢˇ】맛 없을 ■남:물릴, 간장

[설문] [9421] 闕。《而剡切。7部。按依『玉篇』、『廣韵(韻)』上字下當云醶䣸、味薄也。从酉、漸聲。下字下當云醶䣸也。从酉、任聲。二篆疊韵(疊韻)。而【今本】但注闕字。疑【許書】本無此二篆。》/751

◀ 제 7 획 ▶

酮 酳(견)【juàn ㄐㄩㄢˋ】[상] juān 술거를

[설문] [9365] 䤅酒也。《『玉篇』曰。以孔下酒也。按謂涓涓而下也。》从酉。肙聲。《古玄切。古音在 14部。『廣韵(韻)』去聲。》/747

酲 (정)【chéng ㄔㄥˊ】숙취

[설문] [9403] 病酒也。《『小雅』。憂心如酲。『傳』曰。病酒曰酲。》一曰醉而覺也。《『節南山:正義』引『說文』無「一曰」二字。葢(蓋)有者爲是。許無醒字。醉中有所覺悟卽是醒也。故酲足以兼之。『字林』始有醒字。云酒解也。見『衆經:音義』。葢義之歧出。字之日增。多類此。》从酉。呈聲。《直貞切。11部。》/750

酴 (도)【tú ㄊㄨˊ】술밑(주모)

[설문] [9363] 酒母也。《〔米部:䊤〕、酒母也。此酴亦訓酒母。則今之酵也。『玉篇』曰。麥酒。不去滓飲也。》从酉。余聲。讀若廬。《同都切。5部。》/747

酷 (혹)【kù ㄎㄨˋ】[本][(술맛)극심할] 혹독할, 괴로울, 곡식 익을

[설문] [9379] 酒味厚也。《依『廣韵』訂。引申爲已甚之義。『白虎通』曰。酷、極也。教令窮極也。》从酉。告聲。《苦沃

[작] 作家出版社〔董蓮池-說文解字考正〕 ⑨ 九州出版社〔柴劍虹-說文解字〕 ㉠ 陝西人民出版社〔蘇寶榮-說文解字今注今譯〕 [상] 上海古籍出版社〔說文解字注〕 [中] 中華書局〔臧克和-說文解字新訂〕

切。3部。》/748

酸 산【suān ㄙㄨㄢˉ】초, 신맛, 괴로울, 슬플
설문 9408 酢也。《『月令』。春三月其味酸。『鴻範』。曲直作酸。》从酉。夋聲。《素官切。14部。》關東謂酢曰酸。 籒文酸。从畯。《畯聲也。》/751
형성 (1자) 산(霰)7186

酹 (뢰)【lèi ㄌㄟˋ】강신할, 술을 땅에 붓고 신에게 제사지낼
설문 9422 餟祭也。《〔食部:餟〕下曰。酹祭也。與此爲轉注。『廣韵(韻)』曰。以酒沃地。『史記』。其下四方地爲餟食。葢(蓋)餟酹皆於地。餟謂肉。故『漢書』作腏。酹謂酒。故从酉。》从酉。寽聲。《郞(郎)外切。15部。此篆舊在醶醳之閒。非其次也。故移於此。》/751

酺 (포)【pǔ ㄆㄨˇ】㊤㊥⑨㊢ pú 회음할(국가의 경사를 맞아 신민이 함께 마심)
설문 9397 王悳(悳)布大歙酒也。《『禮器:注』引『王居-明堂禮』曰。仲秋乃命國醵。葢(蓋)醵酺略同也。『漢:文帝紀』。酺五日。文穎曰。音步。『漢律』。三人以上無故飮酒。罰金四兩。今詔橫賜得令會聚飮食五日也。伏虔(虔)音蒲。按『周禮:族師祭酺:注』。酺者、爲人物灾害之神。別一義。》从酉。甫聲。《薄乎切。5部。》/750

◀ 제 8 획 ▶

醇 (량)【liáng ㄌㄧㄤˊ】㊢ liàng 맑은 술, 마실 것
설문 9419 襍味也。《『周禮:漿人』六飮。鄭司農云。涼、以水和酒也。玄謂涼、今寒粥。若糗飯襍(雜)水也。『內則』有濫無涼。鄭曰。以諸和水也。以『周禮』六飮校之。則濫、涼也。紀莒之閒名諸爲濫。按許作醇、卽『周官』、『內則』之涼字也。襍味者、卽以諸和水說也。乾者爲桃諸、梅諸。水漬爲桃濫。於『釋名』可得其義也。『內則:正義』曰。諸者、衆襍之辭。又按『廣雅』云。醇、䤖(醬)也。疑襍味下本有䤖字。故廁於此。若六飮之涼、則已見〔水部〕。》从酉。京聲。《吕(呂)醲切。10部。按當吕張切。》/751

醅 (배)【pēi ㄆㄟˉ】술에 취하여 물릴
설문 9398 醉飽也。《後人用潑醅字。謂酒未泲也。與古義絕(絕)殊。》从酉。咅聲。讀若僰。《匹回切。古音在 1部 4部閒。》/750

醇 (순)【chún ㄔㄨㄣˊ】(술이)진할, 전국술
설문 9369 不澆酒也。《澆、渓也。凡酒沃之以水則薄。不襍(雜)以水則曰醇。故厚薄曰醇澆。醇襍亦卽此字。一色成體謂之醇。純其叚(假)借字。》从酉。𦎧聲。《常倫切。13部。》/748

䤖 醬 장【jiàng ㄐㄧㄤˋ】장(간장, 된장)(醬1720) ※ 장(醬)의 본래 글(醬2269)
설문 9413 醢也。从肉酉。《从肉者醢無不用肉也。》酒目(以)龢醬也。《此說从酉之故。》爿聲。《卽兩切。10部。今俗作「醬」。》 古文醬。如此。 籒文。《作之陳之皆必以器。故从皿。》/751
성부 將장

醉 (취)【zuì ㄗㄨㄟˋ】本[궤란할] (술에)취할, 사물에 마음이 쏠려 취할
설문 9399 卒也。卒其度量不至於亂。《以曡韵(疊韻)爲訓。》从酉卒。《此以會意包形聲。卒亦聲也。將遂切。15部。》一曰酒潰也。《此別一義。潰當爲濆之誤。若今醉蟹、醉鰕之類。》/750

醋 (작)【cù ㄘㄨˋ】㊤㊥⑨㊢ zuó 잔 돌릴 ※ 작(酢)과 같은 글자 ■조:속음 ■초:식초
설문 9390 客酌主人也。《『瓠葉:傳』曰。酢、報也。『彤弓:箋』曰。主人獻賓。賓酢主人。主人又飮而酌賓。謂之醻。》从酉。昝(昔)聲。《在各切。5部。按〔諸經〕多以酢爲醋。惟『禮經』尙仍其舊。後人醋酢互易。如種穜(種)互易。》/749

◀ 제 9 획 ▶

醰 (임)【yìn ㄧㄣˋ】㊤㊥⑨㊢ yín 누룩 ■심:그윽할
설문 9359 孰籒也。从酉。甚聲。《余箴切。7部。》/747

醔 (무)【mòu ㄇㄡˋ】㊤㊥⑨ mú 느릅나무 ■모:같은 뜻
설문 9415 醔醶、《逗。》榆䤖也。《醔醶用榆人爲之。榆人者、榆子中人也。『齊民要術』曰。作榆子䤖(醬)法。治榆子人一升。擣末篩之。淸酒一升。䤖五升。合和一月可食之。『景差-大招』。吳酸蒿蔞。『王逸:注』曰。或云醔醶。醔醶卽榆䤖也。》从酉。敄聲。《莫候(候)切。3部。》/751

醶 (두)【tòu ㄊㄡˋ】㊤㊥⑨ tú ㊢ dòu 누룹나무장, 술 이름 ■도:같은 뜻
설문 9416 醔醶也。从酉。俞聲。《田候(候)切。4部。按或音「茂逗」。或音「牟頭」。或音「模途」。皆曡韵(疊韻)也。》/751

◀ 제 10 획 ▶

醠 (밀)【mì ㄇㄧˋ】술그릇 마를(술을 다 마심), 간장
설문 9391 歙酒俱盡也。从酉。监聲。《迷必切。12部。》/749

醿 (몽)【méng ㄇㄥˊ】누룩 뜰
설문 9358 籒生衣也。《『方言』曰。麰、麴也。『郭-注』云。音蒙。有衣麴。》从酉。《麴、所以爲酒也。故字从酉。》冡聲。《包會意。莫紅切。9部。》/747

醨 (력)【lì ㄌㄧˋ】술 거를, 술 내릴
설문 9366 酾(釃)也。《『廣韵(韻)』曰。下酒也。按謂滴瀝而下也。在〔水部〕作「瀝」。在〔酒部〕作「醨」。『周禮:量人』作歷。古文叚(假)借。》从酉。鬲聲。《郞(郎)擊切。16部。》/747

醜 (추)【chǒu ㄔㄡˇ】추할(용모가 보기 흉할), 더러울
설문 5572 可惡也。《『鄭風』。無我醜兮。鄭云。醜亦惡也。

是䰟卽醜字也。凡云醜類也者、皆謂醜卽疇之假借字。疇者、今俗之儔類字也。『內則』曰。鼈去醜。鄭云。醜謂鼈竅也。謂卽『爾雅』白州驠之州字也。》 从鬼。《非眞鬼也。以可惡故从鬼。》 酉聲。《昌九切。3部。○ 按此下大徐補一魋篆。以〔言部〕有譢篆。从魋聲也。但【許書】故有一字从二聲之例。且『釋獸』云。魋如小熊。竊毛而黃。是當命爲从隹、鬼聲。入〔隹部〕。不當入〔鬼部〕。肊解之曰神獸也。》 /436

醞 (온)【wèn ㄨㄣˋ】 [상][中][9][작] yùn 술 빚을, (빚은)술, 온자할

[설문] 9361 釀也。《引申爲醞藉。『詩:小宛:箋』、『禮記:禮器(器):注』、『漢書:匡張孔馬傳』贊皆曰「醞藉」。師古云。謂如醞釀及薦藉。道其寬博重厚也。今人多作「蘊藉」。失之遠矣。『毛詩』叚(假)借溫字。》 从酉。昷聲。《於問切。13部。》 /747

醟 (영)【yòng ㄩㄥˋ】 (술 취하여)주정할

[설문] 9401 酗酒也。《『無逸』曰。酗于酒德。》 从酉。熒省聲。《爲命切。11部。》 /750

醠 (앙)【àng ㄤˋ】 막걸리

[설문] 9372 濁酒也。《「醠」『周禮』作「盎」。古文叚(假)借也。鄭曰。盎猶翁也。成而翁翁葱(蔥)白色。如今酇白矣。釋文云。酇白、今之白醝酒也。宜作醝。按鄭曰五齊泛醴尤濁。縮酌者。盎以下差淸。此非與許不合也。但云差淸、則固濁也。盎淸於醴而濁於緹、沈。卽緹、沈亦非全淸也。『淮南:說林訓』。淸醠之美。『高-注』。醠、淸酒。亦與鄭意同。》 从酉。盎聲。《烏浪切。10部。》 /748

醢 醯(해)【hǎi ㄏㄞˇ】 육장, 포를 썰어 누룩 및 소금을 섞어서 술에 담근 음식, 장조림

[설문] 9414 肉牆(醬)也。《『周禮:醢人』。掌醓醢。麋臡、鹿臡、麇臡、蠃醢、蠯醢、蚳醢、魚醢、兔醢、鴈醢。凡醢皆肉也。鄭曰。作醢及臡者、必先膊乾其肉。乃復莝之。襍(雜)以粱麴及鹽。漬以美酒。塗置甀中。百日則成矣。此醬从肉从酉之恉(恉)也。許訓醓云血醢。訓凡醢曰肉牆(醬)。就字形別之耳。》 从酉。㼈(㼈)聲。《大徐作从酉㼈。㼈者、㼈之或字。呼改切。1部。》 [籒文字] 籒文。《从艸、謂芥牆榆牆之屬也。从鹵、謂鹽也。从㼈、猶从㼈聲也。》 /751

◀ 제 11 획 ▶

醳 (폐)【bì ㄅㄧˋ】 느릅나무장

[설문] 9417 搗(擣)榆牆也。《擣、築也。擣而爲之謂之醳。》 从酉。畢聲。《蒲計切。古音在 12部。》 /751

醧 (어)【yù ㄩˋ】 사사(개인) 잔치에서 술 마실

[설문] 9395 宴厶歙(私飲)也。《「厶」【各本】作「私」。今正。「宴私」【各本】作「私宴」。今正。『小雅:楚茨』。諸父兄弟。備(備)言燕私。『傳』曰。宴而盡其私恩也。『尙書:大傳』曰。旣侍其宗。然後得燕私。燕私者何也。祭已而與族人飲。飲而不醉、是不親。醉而不出、是不敬。『湛露:傳』曰。夜飲、燕私也。宗子有事。則族人皆侍。不醉而出、是不親也。醉而不出、是渫宗也。『特牲:饋食禮:注』曰。『尙書:傳』曰。宗室有事。族人皆侍終日。大宗已侍於賓。暮然後燕私。燕私者何也。祭已而與族人飲也。皆燕私之證。『今-湛露:傳』亦譌爲私燕矣。宴私之飲謂之醧。見『韓詩』。『魏都賦』。愔愔醧燕。『張載-注』云。『韓詩』曰。賓爾籩豆。飲酒之醧。能者飲、不能者已謂之醧。『東都賦』。登降飫宴之禮旣畢。李善引『薛君-韓詩:章句』曰。曰飲酒之禮。跣而上坐者謂之宴。〈【今本】跣上衍不字。〉『徐堅-初學記』引『韓詩』說冣(最)詳。曰。夫飲之禮。不脫屨而卽序者謂之禮。〈此句「禮」當作「飫」〉 跣而上坐者謂之宴。能飲者飲、不能飲者已謂之醧。齊顏(顏)色、均眾(衆)寡謂之沈。閉門不出客謂之湎。〈「客」字依『詩』釋文訂〉 君子可以宴。可以醧。不可以沈。不可以湎。許云醧、宴私之飲也。正謂跣而升堂。能飲則飲。不能則已。本『韓詩』爲說也。而『毛詩:常棣』「醧」作「飫」。『釋言』曰。飫、私也。『毛傳』曰。飫、私也。不脫屨升堂謂之飫。毛之飫字、於韓爲醧。毛以不脫屨升堂釋飫。韓分別飫醧之名。【數典】獨詳。以『國語』攷之。『周語』。彪傒曰。夫禮之立成者爲飫。昭明大節而已。少曲與焉。是以爲之日惕。其欲敎(教)民戒也。原公曰。禘郊之事。則有全烝。王公立飫。則有房烝。親戚燕饗。則有殽烝。夫王公諸侯之有飫也。將以講事成章。建大德昭大物也。故立成禮烝而已。飫以顯物。燕以合好。歲飫不倦時宴不淫。是則飫之禮大於宴醧。故飫主於敬。宴醧主於和。飫必立成。宴醧必坐。飫在晝。宴在夜。飫必屨而升堂。宴醧必跣。飫以建大德、昭大物。公之至者。不得云私。宴醧主飲酒以親親。故曰宴私。且『周語』分別其禮曰。王公立飫、則有房烝。親戚饗宴、則有殽烝。是則王公立飫、同異姓皆在焉。不專親戚。宴醧則惟同姓而已。故『常棣』、『湛露』、『楚茨』之燕私。皆同姓也。然則『常棣』當作「醧」、不當作「飫」。了然可見矣。故許於醧曰宴私飲也。用『韓詩』說也。而非與毛說異也。何以言之。葢(蓋)『常棣』醧爲正字。飫爲音近叚(假)借字。以韵(韻)言之。區聲與豆具孺同部。而芙聲不同部。毛、韓各有所受。往往毛多古字。韓爲今字。此一條韓爲正字、毛爲叚借字。如『斯干』如鳥斯革。革訓翼。韓作「翱」、訓翅。亦韓正字、毛叚借也。毛云飫私也者、用『爾雅:釋言』文。葢作『爾雅』時常『常棣:詩』已作「飫」矣。故『爾雅』云飫私也。而毛仍之。毛公知『詩』飫非『國語』飫也。故足之曰脫屨升堂謂之飫。卽韓之脫屨升坐謂之宴也。宴醧是一事。言宴而醧在其中。言脫屨升堂而能者飲。不能者已在其中矣。以『詩』、『爾雅』之飫、別『國語』之飫。以脫屨升堂說『爾雅』之私。毛義也。下文又曰。九族會曰和孺屬也。王與親戚燕則尙毛。是爲燕醧、而非『國語』之飫可知矣。『今-毛傳』作「不脫屨升堂謂之飫」者、由不善讀毛者摭取『國語』及『韓詩』說妄增「不」字。自漢已然。鄭君不能辯。乃强爲之說曰。聽朝爲公。於堂爲私。非古燕私之義也。又云圖非常、議大疑爲私。非『國語』說也。且『兄弟旣具:箋』云。九族從上至高祖下至元孫之親也。屬者以昭穆相次序。『妻子好合:箋』云。王與族人燕。則宗婦內宗之屬亦從后於房中。是鄭明知『詩』言燕私。不得參之以立成之飫。揔由此『詩』字作飫而義實醧。讀者不

據『韓詩』、不攷燕飫之別。莫得其解。〔許君-食部:飫〕下云。燕食也。亦依附毛義而失之。『角弓:傳』曰。醧、飽也。醧卽飫。此飫之本義也。》从酉。區聲。《依據切。古音在 4部。讀如謳。『玉篇』、『廣韵(韻)』作「醞」。於娛切。》/749

醨 (리)【lí ㄌㄧˊ】(진국을 거른)묽은 술
설문 9406 薄酒也。《薄對厚言。上文醪醇醹酎皆謂厚酒。故謂厚薄爲醇醨。今人作「漓」、乃俗字也。『屈原賦』曰。何不餔其糟而歠其醨。》从酉。离聲。讀若離。《吕(呂)支切。古音在 17部。》/751

醪 (료)【láo ㄌㄠˊ】막걸리
설문 9368 汁滓酒也。《〔米部〕曰。糟、酒滓也。許意此爲汁滓相將之酒。醴爲一宿孰之酒。與鄭異。》从酉。翏聲。《魯刀切。古音在 3部。》/748

醻 醻(수)【chóu ㄔㄡˊ】잔 돌릴, 갚을※ 수(酬)와 같은 글자 ■도:좋은 술이름
설문 9389 獻醻、主人進客也。《『楚茨:箋』曰。始主人酌賓爲獻。賓旣酌主人。主人又自飮酌賓曰醻。至旅而爵交錯以徧。『彤弓:傳』曰。醻、報也。謂報客之酢也。『瓠葉:傳』曰。醻、道飮也。謂主人必自飮。如今俗之勸酒也。》从酉。𠷎聲。《市流切。3部。》 酬醻或从州。《州聲。》/749

7

⑫

醫 (의)【yī ㄧ】의원, (병을)고칠
설문 9404 治病工也。《『周禮』有醫師、食醫、疾醫、瘍醫、獸醫。》从酉。从殹。《四字【各本】無。今補。【許書】之例。必先擧(擧)篆之从某从某、或从某某聲。而下又釋其从某之故。往往云故从某者是也。葢(蓋)人所不憭者、則釋之。此从殹从酉於六書爲會意。於其切。古音在 1部。與翳鷖字在 15部不同。此以殹會意。彼以殹形聲也。》殹、惡姿也。《此說从殹之故。〔殳部〕曰。殹、擊中聲也。初不訓惡姿。而〔疒部:瘛〕、劇聲也。劇聲謂疲極之聲。此从殹者、瘛之省也。如會下云曾益也。曾卽增。朢下云壬、朝廷也。利下禾卽龢。利(制)下未卽味。又辛卽辠、尸卽屋。皆叚(假)借之法。》醫之性然。得酒而使。《謂醫工之性多如是。》故从酉。《「故」字今補。此說从酉之故。以醫者多愛酒也。》王育說。《以上王說也。》一曰殹、病聲。《亦謂瘛之省。》酒所吕(以)治病也。《故从酉殹。前說殹酉各義。後說合酉殹一義。》『周禮』有醫酒。《『酒人』。辨四飮之物。二曰醫。醫非酒也、而謂之酒者、醫亦酒類也。言此者、此亦醫字从酉之一說。醫本酒名也。『內則』作臆。》古字巫彭初作醫。《此出『世本』。巫彭始作治病工。》/750

𨡕 (지)【zhī ㄓ】술
설문 9376 酒也。《『玉篇』曰。酒厚。》从酉。𩰫省聲。《陟離切。16部。》/748

醯 혜【xī ㄒㄧ】신조미료, 초, 육장, 국물이 많은 육장, 위태할
설문 3013 酸也。《〔酉部〕曰。酸、酢也。關東謂酢曰酸。『周禮:醯人』。掌共醯物。》作醯。吕(以)鬻。吕酒。《鬻者鬻(鬻)或字。》从鬻酒、竝省。从皿。皿、器也。《器者、『周禮』所謂齏(齏)也。呼雞(鷄)切。16部。》/212

◀ 제 12 획 ▶

醻 醽 (귤)【jú ㄐㄩˊ】장(간장, 된장) ■결:방합 젓
설문 9418 醬也。《『廣雅』同。『玉篇』曰。醓醬也。醓醬亦見『廣雅』。》从酉。矞聲。《居律切。15部。》/751

醫 (침)【jǐn ㄐㄧㄣˇ】술 들이마실, 맛있을
설문 9387 㰱酒也。《㰱、歠也。歠、歙也。㰱謂小歙之。》从酉。朁聲。《子朕切。7部。》/748

醮 초【jiào ㄐㄧㄠˋ】본[조례제] 제사 지낼, (제단 만들어 놓고)빌, 술 따를
설문 9386 冠娶禮祭也。《『士冠禮』。若不醴則醮用酒。三如、凡三醮。鄭曰。酌而無酬酢曰醮。『士昏禮』。父醮子。命之迎婦。嫡婦則酌之以醴。庶婦使人醮之。酌之以酒。鄭曰。酒不酬酢曰醮。依鄭說、非謂祭也。而許云冠娶禮祭。事屬可疑。詳【經文】不言祭也。葢(蓋)【古本】作「冠娶妻禮也」。一曰祭也。轉寫有奪與。祭者別一義。不蒙冠婚。『宋玉-高唐賦』。醮諸臣。禮太一。此後世醮祀之始見也。》从酉。焦聲。《子肖切。2部。》 𥜸醮(𥜸)或从示。《按依此則有祭義審矣。》/748

형성 (+1) 초(礁 𥜸)

醰 (담)【tán ㄊㄢˊ】상中⑨작 dàn (술 맛이)쓸, (맛이)진할
설문 9381 酒味長也。《『廣韵(韻)』、『玉篇』皆云。酒味不長也。不是勝字。『集韵』云。酒味苦也。由『宋時-說文』以盦義系醰篆而奪盦之故耳。【汲古-初刻】時正如此。或曰古盦覃同部。疑無二字。然【小徐本】分列畫(畵)然。小徐作甛長味也。按『洞簫賦』良醰醰而有味。『李-注』引『字林』醰甛同長味也。同是勝字。》从酉。覃聲。《徒紺切。古音在 7部。按『文選(選):注』大含切。》/748

◀ 제 13 획 ▶

醲 (농)【nóng ㄋㄨㄥˊ】진한 술, 두터울
설문 9373 厚酒也。《『鴻範』。次三曰。農用八政。鄭曰。農讀爲醲。然則凡厚皆得爲醲也。》从酉。農聲。《女容切。9部。》/748

醴 (례)【lǐ ㄌㄧˇ】하룻밤 사이에 익는 술, 단술
설문 9367 酒一宿孰也。《『周禮:酒正:注』曰。醴猶體也。成而汁滓相將。如今恬酒矣。按汁滓相將、葢(蓋)如今江東人家之白酒。滓卽糟也。滓多、故酌醴者用柶。醴甘、故曰如今恬酒。恬卽甛也。許云一宿孰、則此酒易成與。『禮經』以醴敬賓曰醴賓。『注』多改爲禮賓。》从酉。豊聲。《盧啟(啓)切。15部。》/747

醵 (갹)【jù ㄐㄩˋ】추렴내어 술 마실, 추렴한 돈 ■거:같은 뜻
설문 9396 會歙酒也。《『禮器:注』曰。合錢飮酒曰醵。》从酉。豦聲。《其虐切。古音在 5部。其庶反。》 𨠩醵或縱巨。《巨聲也。》/750

醶 (엄)【yàn ㄧㄢˋ】 초(식초) ■람:같은 뜻 ■함:잔 맛

설문 9410 酢漿(滌)也。《漿截醶三者同物。》 从酉。僉聲。《魚窆切。7部。今俗作「釅」。》/751

醬 (점)【jiàn ㄐㄧㄢˋ】 맛없을, 싱거울, 된장 ■잠:같은 뜻

설문 9420 闕。《慈冄切。8部。》/751

醹 (유)【rǔ ㄖㄨˇ】 작 rú (술이)진할

설문 9370 厚酒也。《『大雅』。酒醴維醹。『傳』曰。醹厚也。此以疊韵(疊韻)爲訓》 从酉。需聲。《而主切。古音在 4部。》『詩』曰。酒醴維醹。/748

醺 (훈)【xūn ㄒㄩㄣˉ】 (술에)취할, 취하게 할, 술기운

설문 9400 醉也。《謂酒氣熏蒸。》 从酉。熏聲。《「聲」字當刪(刪)。許擧(擧)會意包形聲耳。許云切。13部。》『詩』曰。公尸來燕醺醺。《『大雅:鳧鷖』文。『今-詩』作「來止熏熏」。上四章皆云來燕。則作燕宜也。醺醺恐淺人所改。『毛傳』。熏熏、和悅也。許以來燕熏熏釋此篆之从酉熏。正與『釋蠹』、『釋麓』、『釋荆(刑)』、『釋庸』之引『易』同例。此亦引『經』釋會意之例也。學者不悟久矣。》/750

醢 (람)【làn ㄌㄢˋ】 잔 띄울, 막걸리, 단술

설문 9377 泛齊。行酒也。《泛齊見『周禮:酒正』。鄭曰。泛者、成而滓泛泛然。如今宜成醪矣。行酒未聞。疑是貨物行散之行。謂行用之酒也。行酒上疑當有「一曰」二字。》 从酉。監聲。《盧瞰切。8部。》/748

◀ 제 17 획 ▶

醶 (감)【gān ㄍㄢˊ】 상中⑨작 gǎn 신 술 ■담:같은 뜻

설문 9378 酒味淫也。《淫者、浸淫隨理也。謂酒味淫液深長。》 从酉。竷省聲。《古禫切。8部。》 讀若『春秋傳』曰美而豔(艷)。《見『左傳:桓:元年、文:十六年』。謂讀周豔。》/748

釀 양【niàng ㄋㄧㄤˋ】 술 빚을, 자아낼

설문 9360 醞也。作酒曰釀。《『周禮』。『酒人』掌爲五齊三酒。爲猶作也。》 从酉。襄聲。《女亮切。10部。》/747

형성 (1자) 양(蘸)248

醶 (참)【chán ㄔㄢˊ】 상中⑨작 chǎn 초, 실 ■첨:같은 뜻

설문 9407 酢也。《二字雙聲。》 从酉。韱聲。《初減切。7部。》/751

◀ 제 18 획 ▶

釁 흔【xìn ㄒㄧㄣˋ】 피 칠할

설문 1696 血祭也。《『周禮:大祝:注』云。隋釁謂薦血也。凡血祭曰釁。『孟子:梁惠王:趙-注』曰。新鑄鐘。殺牲以血塗其釁郤。因以祭之曰釁。『漢書:高帝紀釁鼓(鼓)』。應劭曰。釁、祭也。殺牲以血塗鼓釁呼爲釁。呼同罅。按凡言釁廟、釁鐘、釁鼓、釁寶鎭寶器、釁龜(龜)策、釁宗廟名器皆同。以血塗之因薦而祭之也。凡坼(坼)罅謂之釁。『方言』作璺。音問。以血血其坼罅亦曰釁。『樂記』作「衅」。》 象祭竈也。从爨省。《祭竈亦血塗之。故從爨省。爨者竈也。》 从酉。酉所已(以)祭也。《酉者酒之省。》 从分。《取血布散之意。》 分亦聲。《分聲故釁或爲薰。如『齊語』三釁三浴。或爲三薰。『呂覽』湯得伊尹。釁以犧猳。『風俗通』作熏以萑葦。『漢書』豫讓釁面呑炭。顏云釁、熏也。皆是也。釁又讀爲徽。如『周禮:女巫𠂤人:注』先鄭說是也。分聲讀徽。此卽煇旂入微韵之比。古音 13部。在問韵。今韵虛振切。非也。》/106

유사 불땔 찬(爨)

형성 (1자) 문(亹)226

釂 (조)【jiào ㄐㄧㄠˋ】 (잔의 술을 다)마실

설문 9392 歓酒盡也。《「酒」當作「爵」。此形聲包會意字也。『曲禮:注』曰。盡爵曰釂。按〔欠部:歠〕、酒盡也。與此音義同。而本部醮釂則各義。〔水部〕曰。潐、盡也。謂水也。》 从酉。爵聲。《大徐嚼省聲。非也。子肖切。2部。》/749

◀ 제 19 획 ▶

釃 (시)【sī ㄙˉ】 상中⑨작 shī 작 xǐ (술을)거를, 나눌 ■사:같은 뜻■소:같은 뜻 ■리:묽은 술

설문 9364 下酒也。《『小雅』曰。釃酒有藇。又曰。有酒湑我。『傳』曰。以筐曰釃。以藪曰湑。湑莤之也。引申爲分疏之義。『溝洫志』云釃二渠以引河是也。『司馬相如傳』借灑。》 从酉。麗聲。《所綺切。16部。》 一曰醇也。《不澆酒也。按「醇」葢(蓋)誤字。當作「淳」。〔水部〕曰。淳者、渌也。渌者、浚也。其義與下酒同耳。而分爲二者、言淳言渌則不專謂酒也。淳見『儀禮』、『攷工記』、『內則』。之純反。》/747

165	釆
7-19	▤ 분별할 변

釆 釆 번【biàn ㄅㄧㄢˋ】 [설문부수 17] 분별할, 나눌

설문 0684 辨別也。象獸指爪分別也。《倉頡見鳥獸蹏迒之迹。知文理之可相別異也。遂造書契。釆字取獸指爪分別之形。》 凡釆之屬皆从釆。讀若辨。《蒲莧切。14部。》 𠂇古文釆。《惠氏棟云。『尙書』平章平秩、「平」字皆當作「𠂇」。與古文平相似而誤。按此肊測不可从。》/50

유사 이삭 수(釆) 캘 채(采)

성부 부록 색인 참조

형부 釆을 부수로 하는 대부분의 글자들 절(竊竊)

◀ 제 0 획 ▶

7 ⓪

采 **채**【cǎi ㄘㄞˇ】 캘, 가릴(선별), 채색, 무늬, 일(직무), 풍채

설문 3641 捋取也。《『大雅』。捋采其劉(劉)。『周南:芣苢:傳』曰。采、取也。又曰。捋、取也。是采捋同訓也。『詩』又多言采采。『卷耳:傳』曰。采采、事采之也。此爲上采訓事、下采訓取。而『芣苢:傳』曰 采采、非一辭也。『曹風:采采衣服:傳』曰。采采、衆多也。『秦風:蒹葭采采:傳』曰。采采猶萋萋也。此[三傳]義略同。皆謂可采者衆也。凡文采之義本此。俗字手采作「採」。五采作「彩」。皆非古也。『釋詁』曰。采、事也。此言假借。采事同在 1部也。》從木。從爪。《此與采同意。采之訓曰。禾成秀人所收也。則采亦可云木成文人所取也。此采爲五采字而『毛詩』屢言采采與。倉宰切。》/268

유사 이삭 수(采) 분별할 변(釆)

형성 (2자+2) 채(菜)537 채(保)6512 채(寀) 채(彩)

◀ 제 13 획 ▶

釋 (석)【shì ㄕˋ】 풀(설명, 변명, 희석), 풀릴 ■역:기쁠

설문 0688 解也。《『廣韵(韻)』曰。捨也。解也。散也。消也。廢也。服也。按其實一解字足以包之。》從釆。釆取其分別。从睪聲。《『考工記』以澤爲釋。『史記』以醳爲釋。皆同聲假借也。古音在 5部。音轉則『廣韵』在二十二昔、施隻切是也。徐鉉所引『唐韵』賞職切。》/50

166	里
7-20	마을 리

里 **리**【lǐ ㄌㄧˇ】 [설문부수 483] 本[거할] 마을(행정구역, 시골), 거리의 단위(4km/10리)

설문 8737 尻(居)也。《『鄭風』。無踰我里。『傳』曰。里、居也。二十五家爲里。『周禮:載師』廛里。鄭云。廛里者、若今云邑居矣。里、居也。『縣師』郊里。鄭云。郊里、郊所居也。『遺人』鄕里。鄭云。鄕里、鄕所居也。『遂人』曰。五家爲鄰(隣)。五鄰爲里。『穀梁傳』曰。古者三百步爲里。『毛詩』亦借里爲悝。悝、病也。》从田。从土。《有田有土而可居矣。良止切。1部。》一曰士聲也。《一說以推十合一之士爲形聲。》凡里之屬皆从里。/694

성부 부록 색인 참조

형부 里를 부수로 하는 대부분의 글자들

형성 ((9자+1) 리(理)141 촉(堇)289 해(趩)970 리(野)3918 리(俚)4788 리(裏)5025 리(悝)6533 리(鯉)7233 리(梩)

◀ 제 2 획 ▶

重 **중**【zhòng ㄓㄨㄥˋ】 [설문부수 296] 무거울, 중할, 무겁게 여길

설문 5007 厚也。《厚(厚)者、㫗也。厚斯重矣。引伸之爲鄭重、重疊(疊)。古祇平聲。無去聲。》从壬。東聲。《杜用切。9部。》凡重之屬皆从重。/388

성부 童동 動동 量량

형성 (9자) 종(踵)1017 종(種)1191 종(踵)1294 종(腫)2545 종(種)4188 종(慟)6410 동(湩)7100 중(緟) 종(鍾)8857

◀ 제 4 획 ▶

野 **야**【yiě ㄧㄝˇ】 ㉠㉭㊥⑨㉳ yě 들(벌판, 민간), 성밖, 질박할(미개할, 길들지 아니할)

설문 8739 郊外也。《〔邑部〕曰。距國百里曰郊。〔冂部〕曰。邑外謂之「郊」。郊外謂之「野」。野外謂之「林」。林外謂之「冂」。『詩:召南、邶風:傳』皆曰。郊外曰野。『鄭風:傳』曰。野、四郊之外也。『論語』。質勝文則野。包咸曰。野如野人。言鄙略也。》从里。予聲。《羊者切。古音在 5部。》 古文野。从里省。从林。《亦作「埜」。》/694

참고 서(墅) 농막(농장 옆에 지은 임시 건물)

◀ 제 5 획 ▶

量 **량**【liáng ㄌㄧㄤˊ】 本[달] 양(분량), 기량, (가득)찰, 잴, 헤아릴

설문 5008 稱輕重也。《稱者、銓也。『漢志』曰。量者、所以量多少也。衡權者、所以均物平輕重也。此訓量爲稱輕重者。有多少斯有輕重。視其多少可臬摧其重輕也。其字之所以从重也。引伸之凡料理曰量。凡所容受曰量。》从重省。曏省聲。《呂張切。10部。按亦去聲。》 古文。/388

형성 (1자) 량(糧)4304

◀ 제 11 획 ▶

釐 (희)【lí ㄌㄧˊ】 ⑨㉳ xī 本[복] 과부 ■리:(길이, 무게,돈)작은 수, 다스릴, 보리 ■태:땅이름

설문 8738 家福也。《家福者、家居獲祐也。『易』曰。積善之家。必有餘慶。『漢:孝文帝紀』。『詔』曰。今吾聞祠官祝釐。皆歸福於朕躬。如淳曰。釐、福也。『賈誼傳』受釐宣室是也。如說冣(最)合。『應劭:注』釐爲祭餘肉。失之。師古直謂釐爲禧之叚(假)借字。禧與釐雖同在古音弟 1部。然義各有當。釐字从里。里者、家居也。故許釋爲家福。與禧訓禮吉不同。『春秋:三經』「僖公」、『史記』作「釐公」。叚借字耳。有叚釐爲氂者。『經解』云差若毫氂、或作釐是也。有叚釐爲賚者。『大雅:釐爾女士:傳』曰。釐、予也。『釐爾圭瓚:傳』曰。釐、賜也。有叚釐爲理者。『堯典』允釐百工是也。》从里。𠩺聲。《里之切。1部。》/694

부수(部首)와 성부(聲符)

『荀子』<正名篇>에 이런 말이 있다.1)

"物有同[狀]而異[所], 異[狀]而同[所]者, 可別也."

狀은 '크다, 작다' 등의 사물의 어떤 상태를 말하고, 所는 '어떤 사물인가'를 나타낸다. 다시 말하면 큰 나무, 큰 집, 큰 돌 같은 것이 [동상이소], 사과이면서 큰 것, 작은 것, 푸른 것, 빨간 것 등이[이상동소]다.

중국 최초의 자전이라 할 수 있는『爾雅』는 뜻을 기준으로 한자들을 분류하여 배열하였다. 예를 들면 "크다[狀:성부]"는 뜻을 설정하고, 그것이 적용되는 사물들[所:부수]을 나열한다.

[크다] 산이 크다[A],
강이 크다[B],
돌이 크다[C],
사람이 크다[D],
나무가 크다[E].

<이아> [弘、廓、宏、溥、介、純、夏、幠、厖、墳、嘏、丕、弈、洪、誕、戎、駿、假、京、碩、濯、訏、宇、穹、壬、路、淫、甫、景、廢、壯、塚、簡、箌、昄、晊、將、業、席, 大也.]

이렇게 사물마다 글자를 만들면 A~E처럼 글자의 수도 많아지고 정리・암기하기도 어려워진다. 이때 이런 문제를 깔끔하게 해결한 것이 성부[狀]라는 개념이다. 성부의 짝으로 구체적인 사물을 가리키는 부수글자는 비교적 少數이고 다른 성부에도 공통으로 재활용되므로 쉽게 암기할 수 있는 이점도 있다.

이것을 정리하면 狀은 聲符, 所는 部首에 해당된다. 다시 한번 예를 들면 다음과 같다. 비록 '<u>때렸다, 쳤다, 찼다, 찔렀다, 욕했다</u>' 등이 말은 다르지만 그 안에 내재된 기본적인 象, 즉 狀은 동일하다.

[성부 1] 我▨你 내가 너를 <u>아프게 했다.(狀)</u> [부수의 역할(所)]

我 扌▨ 你 내가 너를 <u>때렸다</u>. [손으로]
我 木▨ 你 내가 너를 <u>쳤다</u>. [몽둥로]
我 足▨ 你 내가 너를 <u>찼다</u>. [발로]
我 ▨刂 你 내가 너를 <u>찔렀다</u>. [칼로]
我 言▨ 你 내가 너를 <u>욕했다</u>. [말로]

[성부 2] 잔(戔)은 창(戈)과 창이 우열을 가리는 '전투' 상황을 나타낸다. 전투가 끝나면 이긴 편이나 진 편이나 모두 황폐해진다. 다만 이긴 편은 진편의 것을 약취해서 보충할 수 있으므

---

1) 자세한 것은 육종달 著, 金槿 譯. 『설문해자통론』, 계명대학출판부, 2002, 참조.

로 조금 덜할 뿐이다. 잔(戔)이 포함된 글자는 '거의 없다'는 뜻을 공통으로 가진다.

淺 물[氵]이 거의 없다. → 얕다. 深淺
賤 돈[貝]이 거의 없다. → 천하다(원래는 엽전처럼 볼륨이 없다는 뜻이다.)
盞 담는 공간[皿]이 거의 없다, 燈盞(등잔)
殘 거의 다 죽고[歹] 조금 남았다. → 殘黨을 掃蕩한다.
棧 거의 길이 없는 곳에 만든 다리. → 棧道, 橋梁과 비교하면 없는 쪽이다.

다만 수학공식처럼 완전하게 적용되지는 못한다. 이를 너무 맹신하면 77페이지에 언급한 우문설에 빠진다. 이것이 성부를 활용하지 않게 된 결과인지, 원인인지는 좀 더 연구해볼 문제이지만 대체로 '성부는 곧 우문설'로 배척되었다.

<표> 04. 六書배분표[2]

	상형	지사	회의	형성	전주	가차	미상	총계	
갑골문	277	20	396	334	0	129	70	1,226	字數
	22.59	*1.63*	*32.30*	*27.24*	*0*	*10.52*	*5.71*		%
육서략[3]	608	107	740	21,810	372	598	0	24,235	
	2.50	*0.44*	*3.05*	*90*	*1.53*	*2.47*	*0*		鄭樵
설문해자	364	125	1,167	7,697				9,353	
	3.89	*1.33*	*12.47*	*82.29*					許愼

앞의 표에서 보듯이 90% 이상을 차지하는 형성자를 하나로 취급해서 10%에 불과한 상형, 지사 등과 대등하게 취급하려는 것부터가 문제이다. 또 聲符의 聲은 聲母, 초성과 혼동될 염려가 많은 글자이므로 따지고 보면 '聲符'라는 용어부터 적절하지 못하다.
성부중심에서는 모든 한자를 [성부와 형성자]로 양분한다. 이것과 기존의 六書를 겹쳐보면 아래처럼 된다.

<표> 05. 六書와 성부

성부	형성자	성부중심
10%	90%	
상형/지사/회의/전주/가차	형성	六書

전체 한자를 두고 볼 때 六書에서 '형성'을 뺀 나머지는 '그 형성자를 만드는 성부의 종류'에 불과하다. 즉 모든 한자는 성부 역할을 하는 글자이거나, 성부에서 만들어지는 형성자이거나 둘 중의 하나다. 이 둘을 합쳐서 '형성관계'라고 칭한다면 성부중심으로 보는 한자는 형성관계로 이루어진 것이다. 형성관계의 기본구조 자체는 대단히 합리적이고 효과적이다. 그래서 외국의 학자들은 "**한자는 가장 합리적인 소리 글자이다.**"라고 주장하기도 한다.

2) 앞의 책, p.92.
3) 六書略 : 宋나라 鄭樵(1104年－1162年)가 찬술한 歷史書 <通志>에 기록된 六書略.

제 8 획

167 金
8-01 쇠 금

金 금【jīn ㄐㄧㄣ˥】[설문부수 490] 本[금속] 쇠, 금(황금), 금빛, 금나라 ■김:성씨〈韓〉

설문 8824 五色金也。《凡有五色。皆謂之金也。下文白金、青金、赤金、黑金、合黃金爲五色。》黃爲之長。《故獨得金名。》久薶不生衣。百鍊不輕。《此二句言黃金之德。》從革不韋。《舊作「違」。今正。韋、背也。從革、見『鴻範』。謂順人之意以變更成器。雖屢改易而無傷也。五金皆然。》西方之行。《以五行言之爲西方之行。》生於土。从土。ナ又(左右)注、象金在土中形。《謂土旁二筆也。》今聲。《下形上聲。居音切。7部。》凡金之屬皆从金。金古文金。《象形而不諧聲。》/702

성부 부록 색인 참조

형부 金을 부수로 하는 대부분의 글자들
동(蚀) 란(鑾)

형성 (14자) 금(荃)386 금(唫)796
음(趛)972 금(欽)1959 금(錦)4712
금(裣)5034 암(顉)5403 음(崟)5605
금(厱)5707 금(黚)6243 감(淦)6958
금(捦)7493 함(銜)8987 인(釿)9038

◀ 제 2 획 ▶

釗 쇠【zhāo ㄓㄠ˥】本[깎을] 종(머슴) 이름, 철 ■소:만나 볼

설문 2672 刓也。《未聞。》从刀金。《金有芒角。摩弄泯之。『釋詁』日。釗、勉也。其引伸之義也。又日釗。見也。此假借釗爲昭也。『孟子』引『書』。昭我周王。郭引『逸書』。釗我周王。止遙切。2部。》周康王名。/181

釘 (정)【dīng ㄉㄧㄥ˥】못, (못을)박을

설문 8846 鍊鉼黃金也。《『周禮:職金』。旅於上帝。則共其金版。饗諸侯亦如之。『注』日。鉼金謂之版。此版所施未聞。按『今-爾雅』鉼金謂之鈑。鈑系版之譌。則鉼當是餅之譌也。凡物匾之曰餅。鍊餅、鍊而成之。》从金。丁聲。《當經切。11部。今人用此字、則古鐕字之義也。》/703

◀ 제 3 획 ▶

釣 (조)【diào ㄉㄧㄠˋ】낚시, 낚시질, 낚을

설문 8991 釣魚也。《鉤者、曲金也。以曲金取魚謂之釣。》从金。勺聲。《多嘯切。2部。》/713

釦 (구)【kòu ㄎㄡˋ】그릇에 금테 두를, 아로새길, 떠들, 기뻐 부르짖을

설문 8891 金飾器口。《謂以金涂(塗)器口。許所謂「錯金」。今俗所謂「鍍金」也。『漢:舊儀』大官尙食。用黃金釦器。中官私官尙食。用白銀釦器。『後漢:和熹鄧皇后紀』蜀漢釦器。『班固-西都賦』玄墀釦切。謂金涂門限也。切者、門限。『吳語』。三軍皆譁。釦以振旅。韋日。譁釦、喧呼。此釦乃叚(假)借字。》从金口。《會意。》口亦聲。《苦厚切。4部。》/705

釬 (한)【hàn ㄏㄢˋ】활고자 ■간:급할

설문 8977 臂鎧也。《『管子』戒日。弛弓脫釬。『房:注』。釬所以扞弦。按房非也。禮射時箸左臂者謂之遂。亦謂之拾。若戰陣所用臂鎧謂之釬。兩(兩)臂皆箸之。又非無事時所箸臂衣謂之韝也。》从金。干聲。《矦旰切。14部。》/711

釭 (강)【gāng ㄍㄤ˥】바퀴통쇠 ■공:벽면에 드러난 가로대나무의 꾸밈새

설문 8981 車轂中鐵也。《〔木部〕日。椺、車轂中空也。『今-攷工記』作「藪」。大鄭云。藪讀爲蜂藪之藪。謂轂空壺中也。按壺中謂三十輻菑所趨。非以鐵鍱裹之。懼其易傷也。其裹之之鐵鍱曰釭。因之壺中亦曰釭。『釋名』日。釭、空也。其中空也。『方言』日。自關而西謂之釭。引申之、凡空中可受者皆日釭。『漢書』日昭陽宮壁帶爲黃金釭、函藍田璧是也。俗謂膏燈爲釭。亦取凹處盛膏之意。如『方言』釭亦日鍋也。釭有鐵、則軸又易傷。故又有鐗。》从金。工聲。《古雙切。9部。本音工。》/711

釱 (체)【dì ㄉㄧˋ】(죄인의 발목에 채우는)차꼬

설문 8927 鐵鉗也。《「鐵」『御覽』作「脛」。『平準書』釱左趾。釱、踏腳鉗也。狀如跟衣。箸足下。重六斤以代刖。》从金。大聲。《特計切。15部。》/707

鈘 釳(흘)【xī ㄒㄧ˥】㊤㊥⑨㊔ xì 말머리 장식, 쇠 구멍 ■을:같은 뜻

설문 8983 椉(乘)輿馬頭上防釳。《乘輿、天子之車。「防」古多作「方」。方釳者其名。下言其制。》揷㠯(以)翟尾鐵翮。《句。》象角。《句。》所㠯方网羅釳去之。《『司馬彪-輿服志』日。乘輿、金根、安車、立車皆方鈘(釳)、

㊔ 作家出版社〔董蓮池-說文解字考正〕 ⑨ 九州出版社〔柴劍虹-說文解字〕 ㉠ 陝西人民出版社〔蘇寶榮-說文解字今注今譯〕 ㊤ 上海古籍出版社〔說文解字注〕 ㊥ 中華書局〔臧克和-說文解字新訂〕

插(挿)翟尾。『劉-注』引顔(顔)延之『幼誥』曰。鈘、乘輿馬頭上防鈘。角所以防網羅。鈘以翟尾鐵翮象之也。玉裁按得顔語而後象角之義明。翮者、羽莖也。『蔡邕-獨斷(斷)』曰。方鈘、鐵也。廣數寸。在馬騣後。有三孔。插翟尾其中。『薛解:西京賦』曰。方鈘謂轅旁以五寸鐵鏤錫。〈此字有誤。〉中央低。兩(兩)頭高。如山形。而貫中以翟尾。結箸之轅兩邊。恐馬相突也。蔡云在馬鬐後。薛云在轅兩邊。馬鬐之後、正負轅處也。與許云在馬頭上者不同。依『西京賦』旣言金鍐。又言方鈘。蔡邕曰。金鍐者、馬冠也。高廣各五寸。上如玉華形。在馬鬐前。則馬頭上有金鍐。方鈘不在馬頭也。鍐取㚇字之義。㚇者、𡿺葢(蓋)也。然許云以防网羅罣礙。則應在馬頭上。許意馬頭無金㚇。有方鈘。》从金。气聲。《許訖切。15部。》/712

◀ 제 4 획 ▶

釾 (야)【yé ㄧㄝˊ】 칼 이름
[설문] [8962] 鏌釾也。从金。牙聲。《以遮切。古音在 5部。曡(疊)字也。『漢:郭究碑』作「鋣」。『杜篤傳:注』引同。》/710

釿 (인)【yín ㄧㄣˊ】 [상][中][9][작] yǐn 가지런히 자를 ■근:자귀 ■은:대패, 기물의 들쭉날쭉한 가장자리
[설문] [9038] 劑斷(斷)也。《劑者、齊也小徐無斷字。『釋名』曰。釿者、謹也。板廣不可得制、削又有節。則用此釿之。所以詳謹、令平滅斧迹也。『六書故』曰。釿魚斤切。似鍚而小。按此篆葢(蓋)从斤、金聲。讀若呻吟之吟。其義謂以斤斧之屬制斷金鐵物也。今俗閒謂戾斷堅爲釿斷。當卽此字。劉(劉)成國以謹也釋之。葢已失其義誤其音。非許入〔斤部〕之恉(指)矣。》从斤。金聲。《聲字今補。古音在 7部。大徐宜引切。》/717

鈀 (파)【bā ㄅㄚ】 병거(전쟁에 쓰는 수레), 쇠스랑
[설문] [8943] 兵車也。从金。巴聲。《伯加切。古音在 5部。》『司馬灋(法)』曰。晨夜乃鈀車。《『今-司馬法』無此文。『方言』。箭廣長而薄鎌謂之「錍」。或謂之「鈀」。》一曰鐵也。《別一義。此依『韵(韻)會本』。》/708

鈁 (방)【fāng ㄈㄤ】 되그릇
[설문] [8952] 方鐘也。《『廣韵(韻)』曰。鑊屬。今義也。》从金。方聲。《形聲包會意。府良切。10部。》/709

鈂 (침)【chén ㄔㄣˊ】 가래, 쇠공이
[설문] [8908] 臿屬也。从金。冘聲。讀若沈。《直深切。7部。》/706

鈇 (부)【fū ㄈㄨ】 [本][작도] (형구로 쓰는)큰 도끼
[설문] [8990] 斫莝刀也。《【各本】作「莝斫刀」。今按『尹翁歸傳:注』作「斫莝刀」。『後漢:馮魴傳:注』但云莝刀。近是。而尙奪字。莝者、斬芻也。斬芻之刀今之「鍘刀」。『禮記』屢言「鈇鉞」。『秋官:掌戮:注』曰。斬以鈇鉞。若今要斬。殺以刀刃。若今棄市。古多訓鈇爲椹質。『文選(選):冊(冊)魏公九錫』文。引『倉頡篇』鈇、椹質也。鉞、斧也。『公羊傳』曰。不忍加之鈇鑕。鑕卽質。何休云。斬要之刑(刑)。范睢曰。匈當椹質。要待斧鉞。『漢:王訢傳』。暴勝之將斬訢。訢已伏質而仰言。因壯而貫之。然則斬人皆胸伏椹質。說『倉頡』者謂椹質爲鈇。以『古-詩』斬芻之質謂之槀砧。隱語夫字言之。說『倉頡』者、是也。然則許此解當云莝刀質也。俗人不得其解。因刪(刪)去「質」字耳。若『五經文字』云。鈇音斧。又與斧同。則甚繆誤。『後漢:獻帝紀』。加鈇鉞虎賁。『注』引『倉頡篇』鈇、斧也。此奪去「椹質也鉞」四字。爲俗誤所本。》从金。《莝刀之質。古葢(蓋)鐵爲之。》夫聲。《甫無切。5部。讀上聲者、非。》/713

鈋 (와)【é ㄜˊ】 깎을, 둥글릴
[설문] [9014] 吪圜也。《吪動也。謂本不圜、變化而圜也。『廣韵(韻)』曰。鈋、刓也。去角也。》从金。化聲。《五禾切。17部。》/714

鈌 (열)【yuè ㄩㄝˋ】 [상][中][9][작] jué 찌를 ■계:같은 뜻 ■결:가질, 번개
[설문] [9007] 刺也。从金。夬聲。《於決切。15部。》/714

鈍 (둔)【dùn ㄉㄨㄣˋ】 (끝이나 날이)무딜, 날카롭지 못할무정할 ■돈:속음
[설문] [9018] 錭也。《古亦叚(假)頓爲之。》从金。屯聲。《徒困切。13部。》/714

鈏 (인)【yǐn ㄧㄣˇ】 주석, 쇠
[설문] [8830] 錫也。《見『釋器』。》从金。引聲。《羊晉切。12部。》/702

鈐 (검)【qián ㄑㄧㄢˊ】 비녀장(굴대 머리에 지르는 물건)
[설문] [8914] 鈐鏅。《逗。》大犂也。《犂者、耕也。鈐鏅雙聲。》一曰類枱。《【各本】作「梠」。誤。今正。枱、耒耑(端)也。耒者、手耕曲木也。耒枱與犂之別。一以人。一以牛也。『說文』作「枱」。【他書】作「耜」。若梠者、臿也。則當云類臿而已。》从金。今聲。《巨淹切。7部。》/707

鈒 (삽)【sè ㄙㄜˋ】 [상][中][9][작] sà 창(무기), 새길
[설문] [8964] 鋋也。《『廣韵(韻)』云。戟(戟)也。又云。鈒鏤。皆非古義。》从金。及聲。《穌合切。7部。》/710

鈔 (초)【chāo ㄔㄠ】 노략질할, (그대로)베낄
[설문] [9001] 叉取也。《叉者、手指(指)相錯也。手指突入其閒而取之、是之謂鈔。字从金者、容以金鐵諸器刺取之矣。『曲禮』曰。毋勦說。勦卽鈔字之叚(假)借也。今謂竊取人文字曰「鈔」。俗作「抄」》从金。少聲。《楚交切。2部。》/714

鈕 (뉴)【niǔ ㄋㄧㄡˇ】 [本][인꼭지] 거울 손잡이 ■추:수갑, 조막손이
[설문] [8900] 印鼻也。从金。丑聲。《女久切。3部。》玞 古文鈕从王(玉)。《璽之籒文从玉。古文印鈕字从玉。葢(蓋)初作印時、惟以玉爲之也。》/706

金 8 ④

鈗 (윤)【duì ㄉㄨㄟˋ】 ㊤㊥⑨㉴ yǔn 근신이 가지는 창(무기), ■예·태:같은 뜻

설문 8966 侍臣所執兵也。从金。允聲。『周書』曰。一人冕執鈗。讀若允。《按『顧命』作執銳。『僞:孔傳』云。銳、矛屬也。『陸氏:音義』云。銳以稅反。不言『說文』作「鈗」、讀若允。與其『說文』作「鋭」、作「鈛」、作「銉」、作「兊」、作「鋭」、詳引【許書】之例不合。此可疑一也。『顧氏-玉篇』無鈗字、有銳字。云徒會切、矛也。在鈒鋋之下、鉈鏦錟之上。正與『說文』列字次弟同。惟易鈗爲銳耳。此可疑二也。『漢書:長揚賦』。兗鋋瘢耆。張佖引『說文』同【今本】以釋兗。謂兗當作鈗。是『說文-今本』至南唐張佖乃見之。與【小徐本】同。此可疑三也。『廣韵(韻):十七, 準』無鈗字。惟『十四, 泰銳』杜外切、矛也。是可知『陸法言-切韵(韻)』、『孫愐-唐韵』皆無鈗矣。此可疑四也。『集韵:十四, 太銳』徒外切、矛屬。『毛氏-禮部韵略』、『黃氏-韵會』皆同。以至『毛居正-六經正誤』云。銳、矛屬。『許氏-說文』音兌。『廣韵』徒外切。今音以稅切、非也。當從『說文』、『廣韵』音。『岳珂-九經三傳沿革例』云。『顧命』執銳。『說文』以爲兵器。『注』中釋爲矛屬。是則【南宋時-所據:許書-古本】尙有釋銳爲兵器讀若兌者。非純用【大小徐本】也。此可疑五也。竊謂『顧命本』作銳。『說文』亦本有銳、無鈗。銳篆厠於鋋下鉈上。訓曰矛屬。从金、兌聲。『周書』曰。一人冕執銳。一曰芒也。次出劂篆。訓云籒文銳也。『今-校:說文』當如是改移。而徑刪鈗篆。○ 又徒外切者、執銳舊音。必許云讀若兌、故相沿如此音也。以稅切者、訓芒之音。『尙書:音義』以稅反。恐是李昉、陳鄂所擅改。而非【陸氏-本書】也。》/710

欽 (금)【qīn ㄑㄧㄣ】 가질

설문 1959 持也。《雙聲。此與捦義略同。》从攴(攵)。金聲。讀若琴。《巨今切。7部。》/126

鈞 균【jūn ㄐㄩㄣ】 서른 근, 오지 그릇을 만드는데 쓰이는 바퀴 모양의 연장

설문 8942 三十斤也。《斤者、十六兩也。三十斤、爲銖萬一千五百二十。爲桼二十七萬六千四百八十。『漢志』曰。鈞者、均也。陽施其氣。陰化其物。皆得其成就平均也。按古多叚(假)鈞爲均。》从金。勻聲。《居勻切。12部。》 古文鈞。从旬。《古旬勻多通用。》/708

형성 (1자) 순(鋆 䤣)6603

◀ 제 5 획 ▶

鈭 (자)【zī ㄗ】 도끼

설문 8902 鈭錍。斧也。《斧之一種也。》从金。此聲。《即移切。16部。》/706

鉨 鉨(제)【qí ㄑㄧˊ】 날카로울

설문 9019 利也。《『周易』。喪其資斧。『子夏傳』及衆家竝(竝)作齊。應劭云。齊、利也。然則鉨爲正字。齊爲叚(假)借字。》从金。朿(朿)聲。讀若齊。《徂奚切。15部。》/715

鈴 (령)【líng ㄌㄧㄥˊ】 방울, 방울소리 처럼 작은 소리, 대도에 부합되지 않는 소리, 소설

설문 8945 令丁也。《令平聲。令丁疊韵(疊韻)字。『晉語:十一, 注』。丁寧、令丁。謂鉦也。『吳語:十九』。丁寧、令丁。謂鉦也。『今-國語』皆奪「令丁」字。而存於舊音補音。『廣韵(韻)』曰。鈴似鐘而小。然則鐲鈴一物也。古謂之丁寧。漢謂之令丁。在旂上者亦曰鈴。》从金。令聲。《郞(郎)丁切。古音在 12部。》/708

鈹 (피)【pí ㄆㄧˊ】 ㊤㊥⑨㉴ pī 큰 바늘, 무기로 쓰는 칼을 보통 칼처럼 의장한 것

설문 8898 大鍼也。《『玄應』曰。醫家用以破癰。》从金。皮聲。《敷羈切。古音在 17部。》一曰劒而刀裝者。《劒㒳(兩)刃。刀一刃。而裝不同。實劒而用刀削裹之是曰鈹。『左傳』曰。夾之以鈹。》/706

鉅 (거)【jù ㄐㄩˋ】 클, 강할, 어찌

설문 9011 大剛也。《『孫卿-議兵篇』曰。宛鉅鐵鉇。慘如蠭蠆。『史記』、『禮書』本之曰。宛之鉅鐵施。鑽如蠭蠆。徐廣云。大剛曰鉅。按引申爲鉅大字。》从金。巨聲。《其呂切。5部。》/714

鉆 (첨)【zhēn ㄓㄣ】 ㊤㊥⑨㉴ chān 족집게, 경첩, 거멀못 ■겸:집게 ■첨:책의 편이름, 물어 집을 ■금:같은 뜻 ■섬:날카로울

설문 8924 鐵銸也。《『周禮:典同:注』。飛鉆涅闇。『疏』引『鬼谷子』飛鉗。》从金。占聲。《敕淹切。古音在 7部。讀如砧。劉(劉)氏渠金反。》一曰膏車鐵鉆。《謂脂其車轂者。以器納輨濡膏而染轂中也。其器曰鉆。鐵爲之。》/707

鉈 (사)【tuō ㄊㄨㄛ】 ㊤㊥⑨ shī ㉴ shé 짧은 창 ■시:같은 뜻

설문 8967 短矛也。《『方言』曰。矛、吳揚江淮南楚五湖之閒謂之「鍦」。或謂之「鋋」。或謂之「鏦」。按鍦卽鉈字。『廣雅』作「䥍」。『晉書』。丈八鉈矛左右盤。》从金。它聲。《食遮切。古音在 17部。》/711

鉉 (현)【xuàn ㄒㄩㄢˋ】 솥귀, 재상

설문 8878 所㠯舉(以擧)鼎也。《「所以」二字今補。汲古閣於擧(擧)鼎下增具字。今刪正。〔手部〕曰。扛、橫關對擧也。謂橫關於㒳(兩)耳。露其耑(端)以㒳手對擧之。非是則難扛也。》从金。玄聲。《胡犬切。12部。按『易:音義』有古冥古螢二反。則讀同扃。》『易』謂之鉉。『禮』謂之鼏。《鼏音扃。與鼏音蜜、畫(畵)然二物二事。『易』謂之鉉者、『周易:鼎, 六五』鼎黃耳金鉉、『上九, 鼎』玉鉉是也。古說皆云鉉貫於耳。顏師古獨云鉉者鼎耳、非鼎扃也。其說甚誤。『易』言黃耳金鉉、則耳與鉉非一物明矣。云『禮』謂之鼏者、『士冠禮』設扃鼏。『鄭-注』。今文扃爲鉉。古文鼏爲密。一部皆然。『攷工記:匠人』亦作「鼏」。『許-所見:禮經』扃作鼏。卽〔鼎部〕所云橫關鼎耳而擧之者也。鼏與扃皆以冋冂之冂爲聲。扃訓外閉之關。音義皆同。若鼏則訓鼎葢(蓋)。古音如密。今音如𧖴(脉覛䚈脈)。說詳〔鼎部〕。許

金 8 ⑤

引『易』、『禮』以博異名。猶〔土部:堋〕下云『禮』謂之封、『周官』謂之窆也。凡單言『禮』者、皆謂『禮經』。今之『儀禮』也。據鄭則『禮-今文』爲鋎矣。許何以鋎專系『易』也。許於『禮經』之字、古文是者則從古文。今文是者則從今文。此從古文作𨥝。故日『禮』謂之𨥝也。如『士喪禮-今文:銘』皆爲名。從今文。故不錄銘字。『聘禮、士喪禮-今文』赴作訃。從古文。故〔言部〕不錄訃字。『士虞、少牢、特牲-古文』醑皆作酳。許从古文。故〔酉部〕不錄醑字。『旣夕禮-今文』窆爲封。從今文。則以窆專系『周官』也。》/704

鉊 (초)【zhāo ㄓㄠ】(풀 베는 큰)낫

설문 8921 大鎌也。《見『方言』。》从金。召聲。《止搖切。2部。『方言』。錐謂之鍣。其字从茗。取其象茗秀也。亦音茗。『廣雅』作此「鉊」。誤矣。》鎌或謂之鉊。張徹說。/707

鉏 (서)【chú ㄔㄨˊ】호미, 김맬, 땅이름, 서로 어긋나 맞지 않을 ■조:띠를 깔고 제사지낼 ■차:같물건 겉으로 나올

설문 8913 立薅斫也。《「斫也」【各本】作「所用也」。今依『廣韻(韻)』正。薅者、披去田艸也。斫者、斤也。斤以斫木。此則斫田艸者也。云立薅者、古薅艸坐爲之。其器日槈。其柄短。若立爲之、則其器日鉏。其柄長。槈之用淺。鉏之用可深。故日斫。『釋名』日。齊人謂其柄日橿。橿然正直也。頭日鶴。似鶴頭也。橿見〔木部〕。》从金。且聲。《士魚切。5部。俗作「鋤」。按此篆原在下文鉵鑼之閒。非其次也。故今移此。》/706

鉗 (겸)【qián ㄑㄧㄢˊ】(죄인의 목에 거는)칼

설문 8926 日(以)鐵有所劫束也。《劫者、以力脅止也。束者、縛也。》从金。甘聲。《巨淹切。7部。》/707

鉛 (연)【qiān ㄑㄧㄢ】납, 분(산화한 납으로 만든 화장품)

설문 8828 青金也。从金。㕣聲。《與專切。14部。》/702 —

鉞 (월)【yuè ㄩㄝˋ】상㊥⑨㉯ huì 도끼(출정하는 장군에게 천자가 하사는 큰 도끼)

설문 8985 車鑾聲也。从金。戉聲。『詩』日。鑾聲鉞鉞。《徐鉉等日。今俗作「鐬」。以鉞作斧戉之戉。非是。呼會切。15部。玉裁按『詩:釆菽』。鸞聲嘒嘒。『傳』日。中節也。『泮水』。鸞聲噦噦。『傳』日。言其聲也。釋文不言有作「鐬」者。鼎臣何以云今作鐬與。攷『玉篇』、『廣韵(韻)』皆有鐬字。『注』呼會切。鈴聲也。而『泮水』噦噦呼會反。鑾聲卽鈴聲。然則『古本-毛詩』非無作鐬鐬者。故『篇』、『韵』猶存其說。鐬爲正字。『釆菽』嘒嘒呼惠反。殆叚(假)借字。許訓噦爲气啎。見於『內則』。『詩』不得以狀鑾聲。或叚借可也。以戉聲之字狀鸞聲。尤殊不類。鐬从歲聲。歲从戌聲。戌聲歲聲則與鑾聲相似。『詩』言和鑾雝雝。宮聲也。車緩行。舒徐聲也。八鑾鎗鎗。鑾聲鉞鉞。鳴玉鑾之秋秋。商聲也。車將止。舌與鈴相摩聲也。疑『古-毛詩:泮水』本作「鉞鉞」。後乃變爲鐬字。許所據作「鉞」、戌聲。辛律切。變爲鐬、呼會切。當鼎臣兄弟時。『說文』鉞篆譌鉞。而鼎臣兄弟乃仍以呼會切之。葢(蓋)昧其遷移原委矣。鉞字之存於今者爲鋸聲、爲錋鉞。》/712

鉣 (겁)【jié ㄐㄧㄝˊ】띠 매는 쇠끈

설문 8989 組帶鐵也。《按組上疑當有「馬」字。》从金。劫省聲。讀若劫。《讀若劫。居怯切。8部。》/713

鉤 (구)【gōu ㄍㄡ】띠쇠, 갈고리

설문 1381 曲鉤也。《「鉤」字依『韵(韻)會』補。曲物日鉤。因之以鉤取物亦日鉤。》从金句。句亦聲。《鉤鑲、吳鉤、釣鉤皆金爲之。故从金。按「句之屬」三字皆會意。兼形聲。不入〔手竹金部〕者、會意合爲二字爲一字。必以所重爲主。三字皆重句。故入〔句部〕。古矦(侯)切。4部。》/88

鉥 (술)【shù ㄕㄨˋ】긴 바늘, 인도할

설문 8896 綦鍼也。《「綦」疑當作「長」。『管子』。一女必有一刀一錐。一箴一鉥。房注。鉥時橘切。長鍼也。「玉篇』亦日長鍼。》从金。朮聲。《食聿切。15部。》/706

鉦 (정)【zhēng ㄓㄥ】징

설문 8946 鐃也。佀(似)鈴柄中。《句。》上下通。《鐲、鈴、鉦、鐃四者相似而有不同。鉦似鈴而異於鈴者。鐲鈴似鐘有柄。爲之舌以有聲。鉦則無舌。柄中者、柄半在上半在下。稍稍寬其孔爲之抵拒。執柄搖之。使與體相擊爲聲。『鼓(鼓)人』。以金鐃止鼓。『注』日。鐃如鈴。無舌有柄。執而鳴之。以止擊鼓。按鐃卽鉦。鄭說鐃形與許說鉦形合。『詩:新田:傳』日。鉦以靜之。與『周禮』止鼓相合。》从金。正聲。《諸盈切。11部。》/708

◀ 제 6 획 ▶

銅 (동)【tóng ㄊㄨㄥˊ】삽, 호미 큰 모양, 가래

설문 8917 枱屬也。《「枱」大徐作「梠」。今正。葢(蓋)大徐耒下云耒梠。而〔木部:枱〕音弋之切。此部之誤亦同。》从金。蟲省聲。讀若同。《徒冬切。9部。》/707

鉶 (형)【xíng ㄒㄧㄥˊ】(귀가 둘, 발이 셋 달린 국 담는)제기

설문 8869 器也。《此禮器也。『魯(魯)頌』。毛炰胾羹。『傳』日。羹、大羹。鉶羹也。按大羹、煮肉汁不和。貴其質也。鉶羹、肉汁之有菜和者也。大羹盛之於登。鉶羹盛之於鉶。鉶羹菜和謂之芼。其詳在『禮經』。鉶【經典】亦作「鈃」。此猶荆(刑)罰字本从井。作「刑」非正字也。『內饔職』「鉶」作「荆」、亦叚(假)借字。》从金。荆聲。《戶經切。11部。》/704

銘 (치)【chǐ ㄔˇ】대패, 용가마솥, 시루 ■이:같은 뜻 ■시:같은 뜻

설문 8855 曲銘也。从金。多聲。《尺氏切。古音在17部。》一日鬵鼎。《〔鬲部〕日。鬵、銘也。與此爲轉注。》讀若摘(摘)。一日『詩』云侈兮哆兮。《【宋本】皆如此。【今本】作「哆兮侈兮」。一日下當奪「若」字。謂讀若哆也。小徐作「一日若『詩』日侈兮之侈同」。》/703

鉻 (락)【gè ㄍㄜˋ】 (상)(中)⑨(작) luò (머리)깎을
설문 9004 鬄也。《鬄者、鬀髮也。亦謂之鉻。俗作「剳」、作「鵅」。》从金。各聲。《盧各切。5部。》/714

銀 (은)【yín ㄧㄣˊ】 은, 은기, 은빛
설문 8825 白金也。《黃金旣專金名。其外四者皆各有名。『爾雅』曰。黃金謂之璗。其美者謂之鏐。然則黃金自有名。而許以璗系諸〔玉部〕。云金之美者、與玉同色。與『釋器』不合、何也。璗爲金、而字从玉。【許書】主釋字形。故其說如此也。『爾雅』又曰。白金謂之銀。其美者謂之鐐。此則許所本也。》从金。㫘(艮)聲。《語巾切。12部。》/702

銅 (동)【tóng ㄊㄨㄥˊ】 구리, 동기(銅器)
설문 8831 赤金也。《銅色本赤。今之白銅、點(點)化爲之耳。『食貨志』曰。金有三等。黃金爲上。白金爲中。赤金爲下。孟康曰。赤金、丹陽銅也。按丹陽銅卽『吳王濞傳』章郡銅山、『貨殖傳』章山之銅也。》从金。同聲。《徒紅切。9部。》/702

⿰金危 (귀)【guǐ ㄍㄨㄟˇ】 가래(의 쇠부분) ■궤:가래, 뻐꾸기 ■의:톱니어길
설문 8909 臿金也。从金。危聲。《過委切。16部。》一曰鈲、瑩鐵也。《「瑩」當作「鎣」。猶明也。》讀若毀行。《「毀」大徐作「跛」。》/706

銍 (질)【zhì ㄓˋ】 베짤 때 쓰는 짧은 낫, 벨
설문 8922 穫禾短鎌也。《『周頌』。奄觀銍艾。『傳』曰。銍、穫也。按艾同乂。穫也。銍所以穫也。淺人刪(刪)「所以」二字。『禹貢』。二百里納銍。某氏曰。銍艾謂禾穗。亦謂所穫之穗爲銍。》从金。至聲。《陟栗切。12部。》/707

銎 (공)【qiōng ㄑㄩㄥ】 도끼 구멍
설문 8901 斤斧穿也。《穿者、通也。『詩』釋文作「斧空也」三字。謂斤斧之孔、所以受柄者。『豳風:毛傳』曰。方銎曰斨。隋銎曰斧。隋謂狹長。》从金。玐(巩)聲。《曲恭切。9部。》/706

銑 (선)【xiǎn ㄒㄧㄢˇ】 금(金) 중에서 가장 광택이 있는 금, 끌(구멍 파는 도구), 꾸밀, 무쇠
설문 8838 金之澤者。《澤者、光潤也。『釋器』曰。絕澤謂之銑、『晉語』。玦之以金銑者。寒之甚矣。『韋-注』。銑猶洒也。洒洒、寒皃(貌)。言於太子無溫潤也。許言其光潤。韋言寒皃。皆謂金之精者耳。似異而非異也。》从金。先聲。《穌典切。古音在 13部。》一曰小鑿。《鑿所以穿木也。》一曰鐘下兩(兩)角謂之銑。《『考工記:鳧氏』曰。兩欒謂之銑。『鄭-注』。銑、鐘口兩角。按古鐘羨而不圜。故有兩角。》/702

銒 (형)【xìng ㄒㄧㄥˋ】 (상)(中)⑨(작) xíng 술그릇 ■견:사람 이름
설문 8856 佀(似)鍾而長頸。《「鍾」【俗本】作「鐘」。今從【宋本】。鍾者、酒器。見下。此以相聯爲文矣。用此知古酒鍾有腹有頸。葢(蓋)大其下小其上也。》从金。幵(开)聲。《戶(戸)經切。古音當在 12部。》/703

銓 (전)【quán ㄑㄩㄢˊ】 저울(질할), (인재를)가릴
설문 8936 稱也。《「稱」【各本】作「衡」。今正。〔禾部:稱〕、銓也。與此爲轉注。乃【全書】之通例。稱卽今秤字。衡者、牛觸横大木其角。權衡字【經典】用之。許不尒。葢(蓋)古權衡二字皆叚(假)借字。權爲垂之叚借。古 14部與 17部合音。是以若干爲若柯。桓表爲和表。斟灌爲斟戈。『毛詩』觀爲多之借。單聲之鼉鄲入戈韵(韻)。垂古音陀。叚權爲之。俗乃作錘。若衡則叚借之横字。權衡者、一直一横之謂。》从金。《稱錘以金爲之。故从金。》全聲。《此緣切。14部。》/707

銖 (수)【zhū ㄓㄨ】 중량 이름〔량(兩)의 24분의 1〕
설문 8937 權十絫黍之重也。《【各本】作「權十分黍之重也。」今正。權、五權也。五權、銖兩斤鈞柘也。〔厽部〕曰。絫、十黍之重也。此云銖、權十絫黍之重也。〔㒳(兩)部〕曰。兩、二十四銖爲一兩。斤本無其字。以斫木之斤爲之。十六兩也。鈞、三十斤也。〔禾部〕曰。柘、百二十斤也。按許說與『漢:律曆志』合。『志』曰。一龠容千二百黍。重十二銖。兩之、二十四銖爲兩。十六兩爲斤。三十斤爲鈞。四鈞爲石。此許所本。言十絫黍者、謂百黍也。必言黍者、蒙十黍之重爲絫而言。又使兩、斤、鈞、柘、黍數可計也。若〔禾部:稱〕下云。十二粟爲一分。十二分爲一銖。則用『淮南:天文訓』。與『律曆志』別爲一說、粟者、禾實也。以今禾黍驗之。粟輕於黍遠甚。程氏瑤田說。》从金。朱聲。《市朱切。4部。》/707

銚 (요)【diào ㄉㄧㄠˋ】 (상)(中)⑨(작) yáo (자루와 귀때가 달린)남비
설문 8872 温器也。《今煮物瓦器謂之銚子。讀徒弔切是也。》从金。兆聲。《以招切。2部。》一曰田器。《『周頌』。庤乃錢鎛。『傳』曰。錢、銚也。許下文錢下亦曰銚也、古田器。銚、『釋器』、『方言』皆作「斛」。『釋器』曰。斛謂之疀。郭云。卽古鍫臿字。『方言』曰。臿、燕之東北朝鮮洌水之間謂之「斛」。趙魏之間謂之「喿」。銚斛喿三字同。卽今鍫字也。七遙反。亦湯料反。今人俗語正切七遙。》/704

銛 (섬)【xiān ㄒㄧㄢ】 쟁기(농기구)
설문 8907 臿屬。《「臿」大徐作「鍤」。則是郭衣鍼矣。臿者、舂去麥皮也。叚(假)借爲鍫臿。卽上文田器之銚也。其屬亦曰「銛」。俗作「杴」。『廣韵(韻)』曰。古作「㭘」。或作「肷」。皆卽銛字。引申爲銛利字。賈誼曰。莫邪爲鈍。鉛刀爲銛。『漢書:音義』曰。銛、利也。又按『方言』曰。銛、取也。此引申叚借之義也。『孟子』。以言銛之。以不言銛之。【今本】誤作「餂」。》从金。舌聲。《舌者、口舌字。非聲。當作「㐁」。舌皃(貌)也。他念切。在〔三篇:谷部〕。〔木部〕炊竈木之栖、此臿屬之鍤皆用爲聲。篆體亦當改正。此息廉切。7部、8部。》讀若棪。桑欽讀若鎌。/706

◀ 제 7 획 ▶

鋭 銳(**예**)【**ruì** ㄖㄨㄟˋ】 까끄라기, 민첩할 ■**태**:창 ■**열**:사발(盂也)

설문 8932 芒也。《芒者、艸耑(端)也。艸耑必鐵。故引申爲芒角字。今俗用「鋒鋩」字、古衹用「夆」芒。》从金。兌聲。《以芮切。15部。》 𠠎籀文銳。从厂剡。《从剡、厂聲。蘮、劂字从此。》/707

鐆 (**세**)【**shì** ㄕˋ】 수레버팀나무 맬 끈

설문 8982 車樘結也。《〔木部〕曰。樘、衺柱也。古音堂。今音丑庚切。『考工記:注』曰。牚讀如牚距之牚、車牚之牚。然則車樘、漢人語也。『急就篇』、『釋名』作「棠」。劉(劉)熙曰。棠、蹚也。在車网(兩)旁。蹚幰使不得進卻(却)也。今按其結曰鐆。其制未詳。葢(蓋)可以系車幰者。》从金。斦(折)聲。讀若誓。《時制切。15部。》一曰銅生五色也。《如古銅器朱翠之色。》/711

銷 (**소**)【**xiāo** ㄒㄧㄠ】 녹을, 녹일, 사라질

설문 8843 鑠金也。从金。肖聲。《相邀切。2部。》/703

鉗 (**섭**)【**zhé** ㄓㄜˊ】 ㊥⑨ **niè** 족집게

설문 8925 鈷也。《此與〔竹部:籋〕義同音近。》从金。耴聲。《陟葉切。8部。》/707

銻 (**제**)【**tì** ㄊㄧˋ】 ㊤㊥⑨㉚ **tí** 구슬 이름, 유리

설문 9013 鎕銻也。从金。弟聲。《杜兮切。15部。》/714

銼 (**좌**)【**cuò** ㄘㄨㄛˋ】 가마솥, 아가리가 큰 솥 ■**자·좌**:같은 뜻

설문 8867 銼鑹。《二字依【全書】通例補。疊韵 (疊韻)字。》鍑也。从金。坙(坐)聲。《昨禾切。17部。》/704

銛 괄【**guā** ㄍㄨㄚ】 쟁기(농기구), 날카로울

설문 9003 斷(斷)也。《未聞。》从金。昏聲。《古活(活)切。15部。》/714

형성 (1자) 괄(䤸 𨮂)6541

鋂 (**매**)【**méi** ㄇㄟˊ】 사슬고리(큰 고리에 두개의 작은 고리를 끼운 사슬)

설문 8995 大環也。一環田二者。《「環」【各本】作「琑」。「田」原作「貫」。今正。『盧令:三章』曰。盧重鋂。『傳』曰。鋂、一環貫二也。上文重環『傳』云。子母環、謂以一環田一環。此云一環田二。以一田二、則一環差大。故許知爲大環也。『玉篇』、『廣韵(韻)』皆云大環。用許之舊。『詩:正義』引『說文』鋂、環也。一環貫二。由其以大環貫小環釋子母環。遂刪(刪)此「大」字而云環。固未誤也。非綿連者不得云琑。犬飾以纓環不以琑。且犬旣有紲矣。何爲施以大鋃鐺乎。○『韵(韻)會』一環貫二者五字在每聲之下。葢(蓋)此五字後人所增。》从金。每聲。《莫桮切。古音在 1部。》『詩』曰。盧重鋂。《『齊風』文》/713

鋃 (**랑**)【**láng** ㄌㄤˊ】 쇠사슬

설문 8993 鋃鐺。《逗。疊韵(疊韻)字。》琑也。《「琑」俗作「鎖」。非。琑爲玉聲之小者。引申之、彫玉爲連環不絕(絶)謂之琑。漢以後罪人不用纍紲。以鐵爲連環不絕係之、謂之鋃鐺。遂製鎖字。『漢:西域傳』。陰末赴琅當德。謂以長鎖鎖趙德也。正文本無鎖字。【今本】乃作「鎖琅當德」。殊爲不辭。琅當、叚(假)借字也。若宮室青琑、以青晝(畵)戶邊爲琑文。故『楚辭:注』曰。文如連琑。》从金。良聲。《魯當切。10部。》/713

鋈 (**옥**)【**wù** ㄨˋ】 은(銀), 도금할

설문 8827 白金也。从金。沃省聲。《大徐「沃省聲」。小徐「沃聲」。考『說文』芺聲之字未有省艸者。鋈字今三見於『毛詩』。『小戎-毛傳』曰。沃、白金也。而〔車部:軜〕下『詩』曰沃以觼軜。引『詩』正作沃不作「鋈」。知『古本-毛詩』衹作「沃」。沃卽鐐之叚(假)借字。古芺聲寏聲同部也。〔金部〕本有鐐無鋈。淺人乃依『今-毛詩』補之。烏酷切。2部。》/702

鋊 (**욕**)【**yù** ㄩˋ】 구리 가루

설문 8879 可目(以)句鼎耳及鑪炭。《句讀如鉤。鉤鼎耳擧(擧)之、鉤鑪炭出之之器也。》从金。谷聲。讀若浴。《余足切。3部。》一曰銅屑(屑)。《『食貨志』。民盜摩錢以取鋊。》/705

鋋 (**연**)【**chán** ㄔㄢˊ】 (쇠자루가 달린 짧은)창

설문 8965 小矛也。《矛者、酋矛。長二丈。建於兵車者也。其小者可用戰曰鋋。『坶誓』立爾矛是也。『鄭風』、『魯(魯)頌』有二矛。『秦風』有厹矛。『方言』曰。矛或謂之鋋。『師古-注:漢書』曰。鋋、鐵把短矛也。》从金。延聲。《市連切。14部。》/710

鋌 (**정**)【**tǐng** ㄊㄧㄥˇ】 ㊤㊥⑨㉚ **dìng** 광석, 동철

설문 8852 銅鐵樸也。《樸、木素也。因以爲凡素之偁(稱)。小徐作朴。非也。〔石部〕曰。磺、銅鐵樸。鋌與磺義同音別。亦謂之鋇。『淮南書』曰。苗山之鋌。》从金。廷聲。《徒鼎切。11部。》/703

鋏 (**협**)【**jiá** ㄐㄧㄚˊ】 부젓가락, 칼, 칼코등이

설문 8850 可目(以)持冶器鑄鎔者也。《冶器者鑄於鎔中。則以此物夾而出之。此物金爲之。故从金。》从金。夾聲。《古叶切。8部。》讀若漁人夾魚之夾。《「夾」二徐作「莢」。非。今正。『周禮』并夾取矢。》一曰若挾持。《一謂讀若挾持之挾。》/703

鋗 (**현**)【**xuān** ㄒㄩㄢ】 노구솥, 옥소리 ■**선**:수레의 고리 ■**견**:속음 ■**연**:궁중의 청소를 맡은 사람

설문 8875 小盆也。《『廣韵(韻)』曰。銅銚。》从金。肙聲。《火玄切。14部。》/704

鋚 (**조**)【**yóu** ㄧㄡˊ】 ㊤㊥⑨ **tiáo** 무쇠, 고삐쇠

설문 8835 鐵也。一曰轡(轡)首銅也。《別一義。『小雅』。鋚革沖沖『毛傳』曰。鋚、轡也。革、轡首也。按「鋚轡也」當作「鋚轡首飾也」。轉寫奪去二字耳。下文云。沖沖、垂飾皃(貌)。正承轡首飾而言。許釋鋚爲轡首銅。鋚卽鋚字。『詩』本作「攸」。轉寫誤作「鋚」。攸革皆古文叚

㉚ 作家出版社〔董連池-說文解字考正〕 ⑨ 九州出版社〔柴劍虹-說文解字〕 ㉦ 陝西人民出版社〔蘇寶榮-說文解字今注今譯〕 ㊤ 上海古籍出版社〔說文解字注〕 ㊥ 中華書局〔臧克和-說文解字新訂〕

(假)借字也。【古-金石文】字作「攸(攸)勒」。或作「鋚勒」。轡首銅者、以銅飾轡首也。〔革部:勒〕下云。馬頭絡銜也。卽『毛傳』所謂轡首也。『周頌:載見:箋』云。鶬謂金飾。正與轡首銅之訓合。『大雅:韓奕』鞹以爲鞃。淺以爲幦。鋚以飾勒。金以飾軛。四事文意一例。鋚勒謂以銅飾轡之近馬頭處(處)。垂之沖沖然也。》从金。攸聲。《以周切。3部。》/702

鋝 (렬)【liè ㄌㄧㄝˋ】 ㊤㊥㉲ lüè ⑨ lü 엿냥쭝, 중량의 단위

설문 8938 十一銖二十五分銖之十三也。《【各本】「十一銖」作「十銖」。二十五分銖奪「銖」字。今依『尙書:音義』、『漢:蕭望之傳:注』、『廣韵(韻):十七, 薛』正。十一銖、計黍千一百。云二十五分銖之十三者、此用命分之法。百黍以四除之。凡二十五而除盡。命爲二十五分。二十五分之十三。得五十二黍。命爲二十五分銖之十三。合十一銖。共爲黍千一百五十二。》从金。寽聲。《力輟切。15部。》『周禮』曰。重三鋝。《『考工記:弓人』文。》北方㠯(以)二十兩爲三鋝。《「三」【各本】無。戴仲達作一。今依東原師補正。『師說』曰。無三字者、誤也。攷『尙書:僞:孔傳』及馬融、王肅皆云。鍰重六兩。鄭康成云。鍰重六兩大半兩。鋝卽鍰。賈逵云。俗儒以鋝重六兩。此俗儒相傳譌失。不能覈實。脫去大半兩言之。『說文』多宗賈侍中。故曰北方二十兩爲三鋝。正謂六兩大半兩爲一鋝也。按三鋝爲黍四萬八千。》/708

鋞 (형)【xíng ㄒㄧㄥˊ】 냄비, 큰 종, 빗장 ■행:같은 뜻

설문 8861 㿻器也。《「㿻」【各本】作「溫」。今正。【許書】溫系水名。㿻訓仁也。㿻訓仁、故引申爲㿻煗字。煗下曰。㿻也。𪏾下曰。安𪏾、㿻也。凡【經史】可借用溫。而【許書】不宜自相矛盾。凡讀【許書】者知此。則九千三百餘文之說解絕(絕)無不可通之處(處)矣。葢(蓋)非用其字之本義。卽(卽)用其字之引申之義。斷(斷)無有風馬牛不相及者也。溫訓水名。此云溫器也。是爲風馬牛不相及矣。㿻器者、謂可用煗物之器也。》圜而直上。《而字依『廣韵(韻)』補。》从金。巠聲。《戸(戶)經切、11部。》/704

鋪 (포)【pū ㄆㄨ】 本[문고리] 펼, 가게

설문 8999 箸門抪首也。《「抪」【各本】作「鋪」。依『舞賦-李:注』正。〔手部〕曰。抪、捫持也。捫持者、古者箸門爲嬴形。謂之椒圖。是曰鋪首。以金爲之、則曰金鋪。以青畫(畵)瑣文鏤中、則曰青瑣。見『西京、蜀都賦:注』。按『大雅』鋪敦淮濆『箋』云。陳屯其兵於淮水之上。此謂叚(假)鋪爲敷也。今人用鋪字本此。『江漢』。淮夷來鋪。『傳』曰。鋪、病也。則謂叚鋪爲痡也。》从金。甫聲。《普胡切。5部。》/713

◀ 제 8 획 ▶

鋸 (거)【jù ㄐㄩˋ】 톱, (톱으로)켤

설문 8928 槍唐也。《槍唐葢(蓋)漢人語。『廣韵』引『古史考』曰。『孟莊子』作「鋸」。》从金。居聲。《居御切。5部。》/707

鋻 (견)【jiàn ㄐㄧㄢˋ】 강할, 강철, 날 담글

설문 8839 剛(𠛬)也。《「剛」【各本】譌「剛」。今正。〔刀部〕曰。剛、刀劍刃也。刃下曰。刀堅也。故剛與鋻爲轉注。『王褒-聖主-得賢臣頌』曰。淸水淬其鋒。李善引『三倉解詁』云。淬作刀鋻也。『文選(選):俗本』譌爲「鑒」。》从金。臤聲。《此形聲中有會意也。堅者、土之臤緊者、絲之臤。鋻者、金之臤。彼二字入〔臤部〕。會意中有形聲也。古甸切。12部。》/702

錄 (록)【lù ㄌㄨˋ】 本[금빛] 자개무늬, 기록할 ■려:사실할, 조사할

설문 8841 金色也。《錄與綠同音。金色在靑黃之閒也。叚(假)借爲省錄字。慮之叚借也。故錄囚卽慮囚。云庸錄者、猶無慮也。言其𢿫猥。》从金。彔聲。《力玉切。3部。》/703

錉 (민)【mín ㄇㄧㄣˊ】 생업, 장사밑천, 부세를 헤아릴

설문 9010 業也。賈人占錉。从金。昏聲。《武巾切。12部。按此字必後人所增。必當刪(刪)者。『史』、『漢』賈人緡錢字从糸。李匪曰。緡、絲也。以貫錢也。引『詩』維絲伊緡。如淳引胡公云。緡錢爲緡者、『詩』云氓(氓)之蚩蚩。抱布貿絲。故謂之緡也。不知何人因二千一算改爲錉字。正如矢族改爲鏃耳。以業訓之。尤不可通。》/714

錍 (비)【bēi ㄅㄟ】 (짧은)도끼, 쟁기

설문 8903 鈭錍也。从金。卑聲。《府移切。16部。》/706

錏 (아)【yā ㄧㄚ】 경개(투구 뒤에 늘어져 목을 가리는 부분)

설문 8978 錏鍜、《逗。曡(疊)字也。》頸鎧也。《『漢:刑(刑)法志』。三屬之甲。蘇林曰。三屬者、兜鍪也。盆領也。髀褌也。按盆疑當作盇。盇領卽錏鍜。〔許-兜部〕曰。兜鍪、首鎧也。〔冃部〕曰。冑、兜鍪也。此云錏鍜、頸鎧也。則與蘇說三屬同矣。》从金。亞聲。《烏牙切。古音在5部。》/711

錐 (추)【zhuī ㄓㄨㄟ】 ㉲ cuí 송곳

설문 8930 銳也。《此門聞也、戸(戶)護也之例。》从金。隹聲。《職追切。15部。》/707

錔 (탑)【tà ㄊㄚˋ】 (금으로 물건의 표면을)쌀

설문 9002 㠯(以)金有所冒也。《「冃」【各本】作「冒」。凡覆乎上者、頭衣之義之引申耳。輨下曰。耑(端)錔也。錔取重沓之意。故多借沓爲之。『漢:外戚傳』。切皆銅沓黃金涂(塗)。謂以銅冒門限。以黃金涂銅也。『高-注:㠯(呂)覽』邸氏金距云。以利鐵作假距。沓其距上。卽『服-注:左傳』以金錔距也。〔手部:搭〕下曰。亦曰韜也。》从金。沓聲。《形聲包會意。他荅切。8部。》/714

錗 (네)【nèi ㄋㄟˋ】 기울일 ■추:저울추 ■유:걸(懸也) ■위:〈네이버 자전〉

설문 9020 側意。《〔司部〕曰。詈(詞)者、意內而言外也。側意猶側詈。「錗」卽今之「歪」字。唐人曰夭邪。》从金。委聲。《女恚切。16部。》/715

金 8 ⑧

鍾 錘 (추)【chuí ㄔㄨㄟˊ】중량 이름(8수), 저울
설문 8941 八銖也。《爲黍八百。諸家說異見上。後人謂稱之權爲錘。『漢志』所謂以輕重爲宜。圜而環之。今之肉倍好者也。古字衹當作垂。謂有物垂之而使平。》从金。垂(垂)聲。《直垂切。古音在 17部。》/708

錚 (쟁)【zhēng ㄓㄥ】쇳소리, 징
설문 8957 金聲也。《『後漢書』日。鐵中錚錚。鐵堅則聲異也。『玉篇』云。錚同鎗。非是。》从金。爭聲。《側莖切。11部。》/710

錟 (담)【tán ㄊㄢˊ】긴 창 ■점:같은 뜻 ■섬:날카로울 ■염:서슬
설문 8969 長矛也。《本義也。『史記』。錟戈在後。又非錟於句戟(戟)長鎩。叚(假)爲銛利字也。劉(劉)伯莊云。四廉反。而毛晃讀同剡。》从金。炎聲。讀若老聃(聃)。《徒甘切。8部。》/711

錠 (정)【dìng ㄉㄧㄥˋ】제기 이름, 정제(납작한 알약)
설문 8882 鐙也。《『廣韵(韻)』日。豆有足日錠。無足日鐙。『玄應』引『聲類』無豆字。誤矣。》从金。定聲。《丁定切。11部。》/705

錡 (기)【yǐ ㄧˇ】가마솥, 쇠뇌틀, 끌 ■의:악기이름
설문 8894 鉏鋤也。《『豳風』。旣破我斧。又缺我錡。『傳』日。鑿屬日錡。此葢(蓋)所謂鉏鋤者與。字或作「奇」。》从金。奇聲。《魚綺切。古音在 17部。按『豳風:音義』巨宜反。》江淮之閒(間)謂釜錡。《大徐錡上有「日」字。『召南』。維錡及釜(釜)。『傳』日。錡、釜屬。有足日錡。『方言』日。鍑、江淮陳楚之間謂之錡。郭云。或日三脚釜也。音技。按『詩』、『左傳』皆錡釜並(竝)言。然則本以有足別於釜(釜)。而江淮語同之耳。》/705

錢 (전)【qián ㄑㄧㄢˊ】㊤㊥⑨㉓ jiǎn 돈, 가래(농기구), 전(화폐의 단위)
설문 8911 銚也。古者田器。《『詩:毛傳』云尒。見上文銚字下。云古田器者、古謂之錢。今則但謂之銚、謂之臿。不謂之錢。而錢以爲貨泉之名。》从金。戔聲。『詩』日。庤乃錢鎛。《『周頌:臣工』文。卽淺切。14部。》一日貨也。《大徐無此四字。按〔貝部〕下日。古者貨貝而寶龜。周而有泉。至秦廢貝行錢。『檀弓:注』日。古者謂錢日泉布。『周禮:泉府:注』、鄭司農云。【故書】泉或作錢。『外府:注』云。其藏日泉。其行日布。取名於水泉。其流行無不遍。『周語』。『景王:二十一年』。將鑄大錢。韋日。古日泉。後轉日錢。玉裁謂秦漢乃叚(假)借錢爲泉。『周禮』、『國語』早有錢字。是其來已久。錢行而泉廢矣。昨先切。或日此不當有「一日貨也」四字。貝下當云至秦廢貝行泉。王莽時錢文尙日大泉五十、日貨泉。》/706

錦 (금)【jǐn ㄐㄧㄣˇ】비단, 비단 옷
설문 4712 襄邑織文也。《『漢:地理志』、『郡國志』陳雷(留)郡屬縣有襄邑。今河南歸德府睢州治卽故縣地。『地理志』云。縣有服官。李善引『陳雷記』云。襄邑渙水出其南。睢水經其北。『傳』云。睢渙之閒出文章。故其黼黻絺繡。日月華蟲。以奉宗廟御服焉。『司馬彪-輿服志』云。襄邑歲獻織成虎文。按許以漢法釋古。謂若今之襄邑織文卽【經典】之錦文也。『毛傳』。貝、〈逗〉錦文也。『禹貢』。厥匪織貝。『鄭-注』云。貝、錦名也。凡爲織者。先染其絲。乃織之。則成文矣。『禮記』云。士不衣織。》从帛。金聲。《居飲切。7部。》/363

錪 (전)【tiǎn ㄊㄧㄢˇ】쇠, 가마솥 ■톤:무게, 저울추
설문 8866 朝鲜謂釜日錪。《『方言』。鍑、北燕朝鮮洌水之閒或謂之「錪」。或謂之「鉼」。》从金。典聲。《他典切。12部。》/704

錫 (석)【xí ㄒㄧˊ】㊤㊥⑨㉓ xī 주석, 줄(與也), 석장 ■사:줄(予也) ■척:머리쓰개 ■제:같은 뜻
설문 8829 銀鉛之閒(間)也。《『周禮:廾人:注』日。鈏也。『職方氏』日。鑞也。鑞字『說文』無。【經典】多叚(假)錫爲賜字。凡言錫予者、卽賜之叚借也。》从金。易聲。《先擊切。16部。》/702

錭 (도)【táo ㄊㄠˊ】무딜 ■조:옥 다듬을
설문 9017 鈍也。《今俗謂挫抑人爲錭鈍。讀如刀。》从金。周聲。《徒刀切。古音在 3部。》/714

錮 (고)【gù ㄍㄨˋ】막을, (잡아)맬
설문 8847 鑄塞也。《「塞」作「塞」。誤。今正。凡銷鐵以窒穿穴謂之錮。『左傳』日。子反請以重幣錮之。『漢書』日。下錮三泉。》从金。固聲。《此亦形聲包會意。古慕切。在 5部。》/703

錯 錯(착)【cuò ㄘㄨㄛˋ】(금속을 입혀)꾸밀, (쇠 깎는)줄 ■조:도금할, 성씨 ■초:식초 ■작:틀, 거칠
설문 8892 金涂也。《「涂」俗作「塗」。又或作「搽」。謂以金措其上也。或借爲措字。措者、置也。或借爲摩厝字。厝者、厲石也。或借爲逪遣字。東西日逪。邪行日遣也。》从金。昝(昔)聲。《倉各切。5部。》/705

◀ 제 9 획 ▶

鍇 (개)【kǎi ㄎㄞˇ】(질 좋은)쇠
설문 8834 九江謂鐵日鍇。从金。皆聲。《苦駭切。15部。》/702

鍊 (련)【liàn ㄌㄧㄢˋ】(쇠붙이를 달구어)불릴
설문 8845 冶金也。《「冶」【大徐本】譌作「冶」。今正。湅、治絲也。練、治繒也。鍊、治金也。皆謂瀧湅欲其精。非第冶之而已。冶者、銷也。引申之、凡治之使精日鍊。》从金。柬聲。《此亦形聲包會意。郎(郎)甸切。14部。》/703

鍑 鍑(복)【fǔ ㄈㄨˇ】㊤㊥⑨㉓ fù (아가리가 큰) 솥, 가마솥

설문 8864 如釜(釜釜)而大口者。《「如而」二字依『玄應』補。釜者、鬴之或字。〔鬲部〕曰。鬴、鍑屬。是二篆爲轉注也。『方言』曰。釜、自關而西或謂之「鍑」。》从金。夏(复)聲。《方副切。3部。》/704

鍒 (유)【róu ㄖㄡˊ】 무른쇠
설문 9016 鐵之耎也。《耎猶偄也。偄者、弱也。鍒正爲鉅之反。》从金柔。柔亦聲。《耳由切。3部。》/714

鍛 (단)【duàn ㄉㄨㄢˋ】 (쇠를 불에 달구어)두드릴, 대장일, 익힐
설문 8851 小冶也。《小冶謂小作鑪鞴以冶金。如嵇康之鍛竈是也。冶之則必椎之。故日鍛鐵。〔殳部〕曰。段、椎物也。鍛从段金、會意兼形聲。『考工記』。段氏爲鎛器。段卽鍛也。『詩』之碫石、則鍛質也。》从金。段聲。《丁貫切。14部。》/703

鍜 (하)【xiá ㄒㄧㄚˊ】 경개(투구에서 목을 가리는 부분)
설문 8979 錏鍜也。从金。叚聲。《乎加切。古音在 5部。》/711

鍠 (굉)【huáng ㄏㄨㄤˊ】 쇠북소리, 종고소리, 도끼
설문 8954 鐘聲也。从金。皇(皇)聲。《乎光切。10部。》『詩』曰。鐘鼓(鼓)鍠鍠。《『周頌』文。『今-詩』作喤喤。『毛傳』曰。和也。按皇、大也。故聲之大、字多从皇。『詩』曰。其泣喤喤。喤喤厥聲。〔玉部〕曰。瑝、玉聲也。執競以鼓(鼓)統於鐘。總言鍠鍠。》/709

鍡 (외)【wěi ㄨㄟˇ】 평평하지 못할
설문 8996 鍡鑸。《逗。疊韵(疊韻)字。》不平也。《『莊子』有畏壘之山。『史記』作畏累虛。『玉篇』云。鍡鑸、亦作「碨礧」。》从金。畏聲。《烏賄切。15部。》/713

鍤 (삽)【chā ㄔㄚ】 가래(농기구)
설문 8895 臺(𩫏)衣鍼也。《「臺」【各本】作「郭」。今正。郭者、齊之郭氏虛也。臺者、城臺。民所度居也。古無廓字。衹用郭字。其實當用臺。如鼓(鼓)下云郭皮甲而出。此云郭衣。皆謂恢廓。張衣於版、以鍼密鐵其週使伸直。今之治裘者正如此。是日臺衣。其鍼日鍤。鍤之言深入也。以爲鍫臿字者、失之遠矣。》从金。臿聲。《楚洽切。8部。》/706

鍥 (계)【qiè ㄑㄧㄝˋ】 새길, 자를 ■결:같은 뜻
설문 8920 鎌也。《『方言』曰。刈鉤、江淮陳楚之閒(間)謂之「鉊」。或謂之「鐹」。自關而西或謂之「鉤」。或謂之「鎌」。或謂之「鍥」。鍥、郭音結。〔刀部〕曰。钊、鎌也。卽『方言』之刈鉤也。》从金。契聲。《苦結切。15部。》/707

鍪 (무)【mǒu ㄇㄡˇ】 ㉯㊥⑨㉰ móu 투구, 군인이 머리에 쓰는 쇠모자
설문 8865 鍑屬。从金。敄聲。《莫浮切。3部。》/704

鍭 (후)【hóu ㄏㄡˊ】 화살, 살촉
설문 8974 矢金族翦羽謂之鍭。《「族」【各本】作「鏃」。今正。〔㫃部〕曰。族、矢鏠也。束之族族也。是可以證矣。『大雅:傳』日。鍭矢參亭。參亭者、『考工記』所謂一在前、二在後也。『釋器』日。金鏃翦羽謂之鍭。》从金。矦聲。《乎鉤切。4部。按此篆鍇無、鉉有。攷『儀禮:記』作猴矢。〔羽部:猴〕、羽本也。一日羽初生皃(貌)。翦、羽生也。一日矢羽。然則猴矢以翦羽得名。不以金族爲義。【小徐本】是。大徐非也。當從小徐刪(刪)正。○ 按『爾雅』翦羽、不翦羽。依許說一有羽、一無羽也。孫炎訓翦爲斷(斷)。非。》/711

鍰 (환)【huán ㄏㄨㄢˊ】 열낭쭝(주나라 때 화폐의 무게)
설문 8939 鋝也。《『尙書』釋文引六鋝也。「六」誤衍。『鄭-注:攷工記』日。『許叔重-說文解字』云。鋝、鍰也。今東萊謂大半兩爲鈞。十鈞爲環。環重六兩大半兩。鍰鋝似同矣。『周禮:職金:正義』日。夏侯、歐陽說。墨罰疑赦。其罰百率。古以六兩爲率。『古-尙書』說百鍰。鍰者、率也。一率、十一銖二十五分銖之十三也。百鍰爲三斤。鄭玄以爲古之率多作「鍰」。玉裁按『古文-尙書:呂荆(呂刑)』作「鍰」。『今文-尙書』作「率」。亦作「選(選)」。或作「饌」。『史記:周本紀』作「率」。『尙書:大傳』一饌(饌)六兩、作「饌」。『漢書:蕭望(望)之傳』金選之法、作「選」。皆『今文-尙書』也。今文謂率六兩。說古文者謂鍰六兩大半兩。許用古文說者也。百鍰爲三斤。正與十一銖二十五分銖之十三數相合。》从金。爰聲。《戶關切。14部。》『書』日。《【古本】作「書日」。【趙本】作『虞書』日。今按當作『周書』日。》罰百鍰。《『呂荆』文。東原師日。鍰、鋝篆體易譌。說者合爲一。恐未然也。鍰當爲十一銖二十五分銖之十三。『攷工記』作「垸」、其段(假)借字。鋝當爲六兩大半兩。『史記』作「率」、『漢書』作「選」、其假借字。二十五鍰而成十二兩。三鋝而成二十兩。『呂郉』之鍰當爲鋝。『弓人』膠三鋝當爲鍰。一弓之膠、三十四銖二十五分銖之十四。不得多至二十兩也。》/708

鍱 (섭)【yè ㄧㄝˋ】 쇠붙이 조각(얇게 두드려 편 박편) ■엽:같은 뜻 ■첩:같은 뜻
설문 8885 鏶也。《此謂金銅鐵椎薄成葉者。》齊謂之鍱。从金。枼聲。《與涉切。7部。》/705

鍵 (건)【jiàn ㄐㄧㄢˋ】 本[솓귀] 열쇠
설문 8877 鉉也。《謂鼎扃也。以木橫關鼎耳而擧(擧)之。非是則旣炊之鼎不可擧也。故謂之關鍵。引申之爲門戶之鍵閉。〔門部〕日。關、以木橫持門戶也。門之關猶鼎之鉉也。》从金。《此以木爲而字从金者、系於鼎而言之也。抑易言金鉉、則鍵有金飾之者矣。》建聲。《渠偃切。14部。》一日車轄。《【各本】作「轄」。今正。轄雖亦訓鍵、而非正字也。〔舛部〕日。舝、車軸耑(端)鍵也。謂鐵貫於軸耑、如鼎鉉之貫於鼎耳。》/704

鍼 (침)【zhēn ㄓㄣ】 바늘, 침, 찌를
설문 8897 所目(以)縫也。《縫者、以鍼紩衣也。〔竹部:箴〕下日。綴衣箴也。以竹爲之、僅可聯綴衣。以金爲之、乃可縫衣。》从金。咸聲。《職深切。7部。今俗作

「針」。》/706

鍾 (종)【zhōng ㄓㄨㄥˉ】 本[술병] 되이름〔6곡(斛 4두(斗)〕, 모을

설문 8857 酒器也。《古者此器蓋(盖)用以宁酒。故大其下、小其頸。自鍾傾之而入於尊。自尊勺之而入於觶。故量之大者亦曰鍾。引申之義爲鍾聚。》从金。重聲。《職容切。9部。》/703

錙 (치)【zī ㄗˉ】 ⑨ chuí 중량 이름(여섯 수(銖)의 무게)

설문 8940 六銖也。《爲黍六百。『鄭-注:禮記:儒行』曰。八兩爲錙。『高-注:詮言訓』曰。六兩曰錙。倍錙曰錘。『風俗通義』曰。銖六則錘。錘、睡也。二錘則錙。錙、熾也。二錙則兩也。『廣韵(韻)』曰。八銖爲錙。其說皆乖(乖)異。不與許合。惟『高-注:說山訓』曰。六銖曰錙。八銖曰錘。與許說合。與詮言『注』乖異。疑『說山』之『注』乃『許-注』之僅存者也。》从金。甾(甶)聲。《甾者、或甾字也。側持切。1部。》/708

◀ **제 10 획** ▶

鎌 (겸)【lián ㄌㄧㄢˊ】 낫(풀 베는 농기구)

설문 8919 鍥也。从金。兼聲。《力鹽切。7部。俗作「鐮」。》/707

鎎 (희)【xì ㄒㄧˋ】 작 kài 노하여 싸울 ■개:같은 뜻

설문 8998 怒戰也。《怒則有氣。戰則用兵。故其字从金氣。氣者、气之叚(假)借字也。》从金。愾省。《此會意。而愾省、亦聲也。【今本】作氣聲。乃上下不毌。許旣切。15部。『哀公問:音義』曰。愾許乞反。又許氣反。》『春秋傳』曰。諸侯敵王所愾。《「愾」【各本】作「鎎」。今正。『春秋傳』者、『文公:四年:左傳』文。杜曰。敵猶當也。愾、恨怒也。〔心部〕曰。愾、大息。从心氣。是則王所愾、王所怒也。敵王所怒、故用金革。此引以證會意之恉(指)。與引艸木麗乎地說麓、引豐其屋說寷、引莫可觀於木說相、引在回之野說駉同意。許於愾下云。从心氣。氣亦聲。是謂氣卽气字。此作从金氣。『春秋傳』敵王所愾。亦無不合。凡此校正、私謂必符許意。知我罪我。所不計也。》/713

鎔 (용)【róng ㄖㄨㄥˊ】 거푸집, (금속을)녹일, 거푸집에 부어 뺄

설문 8849 冶器灋(法)也。《冶者、銷也。鑄也。『董仲舒傳』曰。猶泥之在鈞。唯甄者之所爲。猶金之在鎔。唯冶者之所鑄。師古曰。鎔謂鑄器之模範也。今人多失其義。》从金。容聲。《余封切。9部。》/703

鎕 (당)【táng ㄊㄤˊ】 붉은 구슬, 안티모니(Antimony)

설문 9012 鎕銻、《逗。雙聲字。》火齊也。《〔玉部〕曰。玫瑰、火齊也。然則鎕銻卽玫瑰也。『廣韵(韻)』。火齊似雲母。重沓而開。色黃赤似金。出日南。齊讀去聲。》从金。唐聲。《徒郞(郎)切。10部。》/714

鎗 (쟁)【qiāng ㄑㄧㄤˉ】 상中⑨작 chēng 금석소리, 그릇 ■창:창(무기)

설문 8955 鎗鏓。《二字【各本】無。今依【全書】例補之。雙聲字也。》鐘聲也。《引申爲他聲。『詩:采芑』。八鸞鎗鎗。毛曰。聲也。『韓奕』作「將將」。『烈祖』作「鶬鶬」。皆叚(假)借字。或作「鏘鏘」。乃俗字。『漢書:禮樂志』「鏗鎗」。『藝文志』作「鏗鏘」。『廣雅』作「鎙鎗」。》从金。倉聲。《楚庚切。按古音七羊反。在10部。》/709

鎕 (제)【tí ㄊㄧˊ】 그릇 이름, 가마솥

설문 8889 器也。从金。虒聲。《杜兮切。16部。》/705

鎛 (박)【bó ㄅㄛˊ】 (작은)종, 호미

설문 8953 鎛鱗也。《「也」衍。》鐘上橫木上金華也。《縣鐘者直曰虡、橫曰筍。『攷工記』云。鱗屬以爲筍。『明堂位』云。夏后氏之龍簨(簴)虡。『注』云飾簨以鱗屬。又於龍上刻畫(畫)之爲重牙。然則橫木刻爲龍。而以黃金涂(塗)之。光華(華)爛然。是之謂鎛鱗。鎛之言薄也、迫也。以金傅箸之也。徐廣之言車亦曰金薄繆龍。徐楚金以金博山釋之。『隨書:音樂志』云。近代加金博山於簨上。此非許所謂。『淮南』說金尊云。華藻鎛鮮。鎛之意略同耳。鎛訓迫。故田器曰鎛。『周頌』之鎛、毛曰鎒也。『鄭(鄭)-注:攷工記』曰田器。正謂鎒迫地拔艸而有此偁(稱)。『釋名』以爲鎛亦鉏類。鎛、迫也。『今本-釋名』作「鏞」。非。》从金。尃聲。《補各切。5部。》一曰田器。『詩』曰。庤乃錢鎛。《『周頌』文。》/709

鎣 형【yìng ㄧㄥˋ】 (쇠붙이를 가는)줄, 사람이름 ■영:줄, 꾸밀

설문 8880 器也。《謂摩鋥之器也。以金爲之。『爾雅:注』曰。鷿鷉膏中鎣刀。》从金。熒省聲。讀若銑。《烏定切。11部。》/705

참고 형(瀅)

鎧 (개)【kǎi ㄎㄞˇ】 갑옷(입을)

설문 8976 甲也。《甲本十干之首。从木戴孚甲之象。因引申爲甲胄字。古曰甲。漢人曰鎧。故漢人以鎧釋甲。》从金。豈聲。《苦亥切。古音在1部。》/711

鎩 (쇄)【shā ㄕㄚˉ】 긴 창, 자를 ■살:같은 뜻 ■설:같은 뜻■세:창의 일종(戟屬)■삽:작은 창

설문 8899 鈹有鐔(鐔)也。《鐔、劍鼻也。云鈹有鐔者、則知鈹有不爲鼻者矣。如刀裝之鈹不爲鼻者也。賈誼曰。鉏櫌棘矜、非銛於句戟長鎩。張衡曰。植鎩懸瞂。用戒不虞。曰長曰植、則鎩有柄。有柄故不爲鼻。薛綜解一曰鋋。似兩(兩)刃刀。鋋謂其上出之鋒也。『淮南書』。飛鳥鎩羽。『許-注』曰。鎩、殘也。『左思賦』亦曰鳥鎩翮。此等鎩字乃引申之義。鎩可殘羽、故凡見殘者曰鎩。『公羊』作「摋」。宋萬臂摋仇牧。碎其首。何云。側手擊曰摋。》从金。殺(殺)聲。《所拜反。15部。『廣韵(韻)』又所八切。》/706

鎬 (호)【hào ㄏㄠˋ】 ㉿ hǎo 本[남비] 호경, 빛날
설문 8870 溫器也。从金。高聲。《乎老切。2部。》武王所都。在長安西上林苑中。字亦如此。《此於例不當載而特詳之者、說叚(假)借之例也。〔土部:堋〕下引『春秋傳』矣。而又曰『虞書』堋淫於家亦如是。謂『書』朋淫之字亦如此作也。武王都鎬本無正字。偶用鎬字爲之耳。【一本】有其字之叚借。【一本】無其字之叚借也。鎬京【或書】鄗乃淺人所爲。不知漢常山有鄗縣。》/704

鎮 (진)【zhèn ㄓㄣˋ】(무거운 것으로)누를 ■전:메울, 멜
설문 8923 博壓也。《「博」當作「簙」。局戲(戲)也。「壓」當作「厭」。笮也。謂局戲以此鎭壓。如今賭錢者之有椿也。未知許意然否。引申之爲重也。安也。壓也。》从金。眞聲。《陟刃切。12部。》/707

◀ 제 11 획 ▶

鏃 (족)【zú ㄗㄨˊ】 살촉(화살촉) ■족:같은 뜻 ■착:같은 뜻 ■주:같은 뜻
설문 9006 利也。《今用爲矢鏠之族。與許不同。疑後所增字。》从金。族聲。《作木切。3部。》/714

鏇 (선)【xuàn ㄒㄩㄢˋ】 갈이 틀(굴대를 돌려서 물건을 자르는 기계)
설문 8888 圜鑪也。《『玄應』曰。周成難字作「檈」。謂以繩轉軸裁木爲器曰檈。按圜鑪之義之引申也。『古-文苑:美人賦』。金帀熏香。說者以爲圜鑪。》从金。旋聲。《辭戀切。14部。》/705

鏈 (련)【lián ㄌㄧㄢˊ】 쇠사슬
설문 8832 銅屬。《應劭曰。鏈似銅。與許說合。》从金。連聲。《力延切。14部。》/702

鏉 (수)【shòu ㄕㄡˋ】 날카로울, 아로새길
설문 9008 利也。《『玉篇』、『廣韵(韻)』云。鐵生鏉也。亦曰鉎。此今義。非古義也。古云鐵繡作采。》从金。敕聲。《所右切。3部》/714

鏌 (막)【mò ㄇㄛˋ】 오나라의 명검 막야(鏌耶, 鏌邪)
설문 8961 鏌釾、《逗。》大戟也。《大徐無「大戟」字。小徐及『臣瓚-賈誼傳:注』、『李善-羽獵賦:注』、『李賢-杜篤傳:注』引許皆同。淺人但知莫邪爲劒。故刪之也。應劭、司馬貞、顏(顏)師古皆主劒說。非許意。『史記』趙良、司馬相如皆云干將之雄戟。張揖曰。吳王劒師干將所造者也。然則干將、莫邪古說皆謂戟矣。》从金。莫聲。《慕各切。5部。》/710

鏏 (예)【wèi ㄨㄟˋ】 솥, 세발에 두 귀가 달린 솥
설문 8876 鼎(鼎)也。《『淮南:說林訓』。水火相憎。鏏在其閒。五味以和。『注』曰。鏏、小鼎。又曰。鼎無耳爲鏏。》从金。彗聲。讀若彗。《于歲切。15部。》/704

鏐 (류)【liú ㄌㄧㄡˊ】 本[쇠뇌] (질이 좋은)금
설문 8973 弩眉(眉)也。从金。翏聲。《力幽切。3部。》一曰黃金之美者。《見『爾雅:釋器』。『鄭本:尙書-厥貢鏐鐵:注』同。『漢:地理志』亦作「鏐」。韋昭云。紫磨金。》/711

鏑 (적)【dí ㄉㄧˊ】 살촉, 우는 살(화살)
설문 8975 矢鏠也。《謂矢族之入物者。古亦作「鍉」。是聲啻聲同部也。》从金。啇(啻)聲。《都歷切。16部。》/711

鏓 (총)【cōng ㄘㄨㄥ】 ㊥⑨ zhǒng 금석소리, 큰 끌
설문 8956 鎗鏓也。《『學記』曰。善待問者如撞鐘。叩之以小者則小鳴。叩之以大者則大鳴。待其松容。然後盡其聲。『注』曰。松容謂重撞擊也。鎗鏓善狀鐘聲。今斆用此者。》从金。悤聲。《倉紅切。9部。》一曰大鑿中木也。《中木也【各本】作平木者。『玉篇』、『廣韵(韻)』竟作平木器。今正。鑿非平木之器。『馬融-長笛賦』。鏓硐隤墜。『李-注』云。『說文』曰。鏓、大鑿中木也。然則以木通其中皆曰鏓也。今按中讀去聲。許正謂大鑿入木曰鏓。與種植舂杵聲義皆略同。『詩』曰。鑿冰(氷)沖沖。『傳』曰。沖沖、鑿冰之意。今四川富順縣卭州鑿鹽井。深數十丈。口徑不及尺。以鐵爲杵。架高絙而鑿之。俗偁(稱)中井。中讀平聲。其實當作此鏓字。囱者多孔。蔥者空中。聰者耳順。義皆相類。凡字之義必得諸字之聲者如此。『釋名』曰。鏓言輻鏓入轂中也。鏓入正鏓入之譌。》/709

鏜 (당)【táng ㄊㄤˊ】 ㊤㊥⑨㉿ tāng 종고소리
설문 8958 鐘鼓之聲也。《〔鼓(鼓)部〕曰。鼞、鼓聲也。引『詩』擊鼓其鼞。爲其字之从鼓也。此引『詩』擊鼓其鏜。葢(蓋)有韓、毛之異與。『邶風:傳』曰。鏜、擊鼓聲也。許以其从金、故先之以鐘曰鐘鼓之聲。『相如賦』作閶鞈。『司馬法』曰。鼓聲不過閶。皆叚(假)借字。》从金。堂聲。《土郎切。10部。》『詩』曰。擊鼓其鏜。/710

鏝 (만)【màn ㄇㄢˋ】 ㉿ mán 흙손
설문 8933 鐵杇也。《杇(朽)所以涂(塗)也。秦謂之「杇」。關東謂之「槾」。从木。是則木爲者曰「杇」。金爲者曰「鏝」。許以从木从金別之也。『戰國策』。豫讓刃其杇。杇而有刃。知古者通偁(稱)。》从金。曼聲。《母官切。14部。》槾鏝或从木。《已見〔木部〕。》/707

鏞 (용)【yōng ㄩㄥ】 종, 쇠북(큰 종)
설문 8950 大鐘謂之鏞。《『爾雅』文。『大雅』、『商頌:毛傳』皆同。惟『商頌』字作庸。古文叚(假)借。『考工記』曰。大鐘十分其鼓(鼓)閒以其一爲之厚。》从金。庸聲。《余封切。9部。》/709

鏟 (산)【chǎn ㄔㄢˇ】 쇳조각, 대패 ■찬:속음 ■전:제비, 심지
설문 8886 鏶也。从金。産聲。《初限切。14部。》一曰平鐵。《謂以剛鐵削平柔鐵也。『廣韵(韻)』曰。鏟、平木器也。凡鏟削多用此字。俗多用剗字。》/705

金 8 ⑪

鏠 (봉)【fēng ㄈㄥˉ】 봉망 ※ 봉(鋒)과 같은 글자
설문 8970 兵耑(端)也。《兵械也。耑(端)、物初生之題。引申爲凡物之顚與末。凡金器之尖曰「鏠」。俗作「鋒」。古亦作「夆」。山之顚曰「夆」。古無峯字。》从金。逢聲。《敷容切。9部。》/711

鏡 (경)【jìng ㄐㄧㄥˋ】 거울, 비출, 비추어 볼, 모범이 될만한 것
설문 8854 景也。《景者、光也。金有光可照物謂之鏡。此以疊韵(疊韻)爲訓也。鏡亦曰鑒。雙聲字也。》从金。竟聲。《居慶切。古音在 10部。》/703

鏢 (표)【biāo ㄅㄧㄠˉ】 칼집 끝 장식
설문 8963 刀削末銅也。《削者、刀鞞也。私妙切。俗作「鞘」。刀室之末。以銅飾之曰鏢。鞞用革。故其末飾銅耳。而『高誘-注:天文訓』云。標讀如刀末爲鏢。『通俗文』曰。刀鋒爲劖。皆自刀言、不自刀室言。與許說異矣。》从金。㶾(票)聲。《撫招切。2部。》/710

鏨 (집)【zhì ㄓˋ】 本[끝에 쇠가 붙은 채찍] ■지:가래 ■설:쇠뭉치 ■폐·접·첩·집:같은 뜻
설문 8992 羊箠(箠)也。耑(端)有鐵。《「也」字依『廣韵(韻)』補。箠者、所以擊馬也。因之擊羊者謂之羊箠。其耑有鐵。故字从金。『淮南:道應訓』曰。白公罷朝而立。倒杖策。錣上貫頤。『高-注』云。策、馬捶。端有針以刺馬謂之錣。倒杖策、故錣貫頤也。又『氾論訓:注』曰。錣檔頭箴。按錣卽許之鏨字。捶同箠。檔者、箠也。馬箠亦耑有鐵。其用同也。『曲禮』所謂策彗卹勿。》从金。執聲。讀若至。《脂利切。15部。『廣韵(韻)』入至薛二韵是入緝韵誤也。》/713

鋙 (어)【yǔ ㄩˇ】 악기 이름, 주석(백철), 틀
설문 8893 鉏鋙也。《鉏音牀吕(呂)切。鋙音魚巨切。疊韵(疊韻)字。〔齒部:齟齬〕、齒不相値也。鉏鋙、盇(蓋)亦器之能相抵拒錯摩者。故『廣韵(韻)』以不相當釋鉏鋙。『周禮:玉人:注』云駔牙(牙)。『左傳』人有名鉏吾者。皆此二者之同音叚(假)借。》从金。御聲。《魚擧(擧)切。5部。》 鋙或从吾。《吾古讀如魚。》/705

鏤 (루)【lòu ㄌㄡˋ】本[강철] 아로새길, 뚫을, 칼이름
설문 8836 剛鐵也。可㠯(以)刻鏤。《鏤本剛鐵之名。剛鐵可受鐫刻。故鐫刻亦曰鏤。『釋器』曰。金謂之鏤。鏤、鋑也。『詩』。鉤膺鏤鍚。『箋』皆訓刻金。許以可以刻鏤釋鏤。此卽已已也、申申(申)也之例也。今則引申之義行而本義廢矣。『禹貢』梁州貢鏤。『某氏傳』亦云剛鐵。》从金。婁聲。《盧候切。4部。》『夏書』曰。[梁州貢鏤。]一曰鏤、釜也。《『方言』。鍑、江淮陳楚之閒謂之「錡」、或謂之「鏤」。》/702

鏦 (총)【cōng ㄘㄨㄥˉ】 작은 창, 찌를 ■창:쇠붙이가 울리는 소리, 종이나 북을 칠
설문 8968 矛也。从金。從聲。《七恭切。9部。今楚江切。》 錄鏦或从彖。《非聲也。未詳。『玄應』曰。『字詁』云。古文錄穳二形今作穳、同。麤亂切。『字林』云。穳、小矛也。按錄與鏦當是各字而同義。从金，彖聲。『今-說文』轉寫有誤。》/711

鏨 (참)【zàn ㄗㄢˋ】 (돌에 글자를)새길 ■참:같은 뜻 ■점:같은 뜻
설문 8904 小鑿也。从金斬。斬亦聲。《藏濫切。8部。》/706

◀ 제 12 획 ▶

鐫 (타)【duò ㄉㄨㄛˋ】 보습, 바퀴통 끝 휘감쇠 ■퇴:같은 뜻
설문 8915 鈴鐫也。从金。隋聲。《徒果切。17部。》/707

鏶 (집)【jí ㄐㄧˊ】 쇳조각
설문 8884 鏶也。从金。雧(集)聲。《秦入切。7部。》 鍓鏶或从咠。《咠聲。》/705

鏺 (발)【pō ㄆㄛˉ】 (쌍날로 된)낫, 칼
설문 8916 网(兩)刃有木柄。可㠯(以)乂艸。《网刃如劒然。网邊有刃。乂、芟艸也。字或作刈。》从金。發聲。讀若撥。《普活切。15部。按發字與此音同義近。》/707

鐃 (뇨)【náo ㄋㄠˊ】 징, 동발(자바라의 일종)
설문 8947 小鉦也。《鉦鐃一物。而鐃較小。渾言不別。析言則有辨也。『周禮』言鐃不言鉦。『詩』言鉦不言鐃。不得以大小別之。大司馬。仲冬大閱。乃鼓(鼓)退。鳴鐃且卻(却)。『左傳』。陳子曰。吾聞鼓不聞金。亦謂聞鼓進、聞鐃退也。》从金。堯聲。《女交切。2部。》軍灋(法)。卒長執鐃。《見『大司馬職』。五人爲伍。五伍爲兩。五兩爲卒。》/709

鐅 (별)【piē ㄆㄧㄝˉ】 ㊖㊥⑨㉲ piě 보습
설문 8910 河內謂臿頭金也。《『郭-注:方言』曰。江東謂鍫刃爲鐅。》从金。敝聲。《芳滅切。15部。按當依郭氏普蔑反。》/706

鐩 (수)【suì ㄙㄨㄟˋ】 화경(火鏡)
설문 8860 陽鐩也。从金。㒸聲。《按此字非其次。疑後人因上說方諸而增之。『周禮:秋官』本作「遂」。》/704

鐈 (교)【qiáo ㄑㄧㄠˊ】 발이 긴 가마솥
설문 8859 佀(似)鼎而長足。从金。喬聲。《巨嬌切。2部。》/704

鐉 (전)【quān ㄑㄩㄢˉ】 문돌쩌귀
설문 9000 所㠯(以)鉤門戶樞也。《門戶樞有不利轉者。以此鉤轉之也。》一曰治門戶器也。《別一義。》从金。㠭(巽)聲。《此緣切。14部。按『玉篇』釋爲六兩、所劣切者。此『尙書:大傳』饌訓六兩誤字。》/714

鐊 (양)【yáng ㄧㄤˊ】 말 머리 치장
설문 8986 馬頭飾也。《『韓奕:傳』曰。鏤鍚、有金鏤(鏤)其鍚也。『箋』云。眉(眉)上曰鍚。刻金飾之。今當

盧也。按人𠕋日間廣揚曰揚。故馬𠕋上飾曰鍚。盧卽顱字。》从金。陽聲。『詩』曰。《與章切。10部。【今-經典】作鍚。》鉤膺鏤鍚。一曰鍱車輪鐵也。《鍱車輪、謂以鐵鍱附車輪箸地匊帀處(處)也。其鍱謂之鍚。》/712

鐎 (초)【jiāo ㄐㄧㄠˉ】(3발과 자루가 달린, 군용) 조두

설문 8874 鐎斗也。《卽刀斗也。孟康曰。以銅作「鐎器」。受一斗。晝炊飯食。夜擊持行。名曰刀斗。荀悅曰。刀斗小鈴。如宮中傳夜鈴也。蘇林曰。形如銗。以銅作之。無緣。受一斗。故云刀斗。鐎卽鈴也。『廣韵(韻)』。温(溫)器。三足而有柄。》从金。焦聲。《卽消切。2部。》/704

鐏 (준)【zùn ㄗㄨㄣˋ】창물미(창자루 끝의 원추형 쇠붙이)

설문 8972 柲下銅也。《『曲禮』曰。進戈者前其鐏。後其刃。進矛戟(戟)者前其鐓。『注』云。後刃、敬也。三兵鐏鐓雖在下。猶爲首也。銳底曰鐏。取其鐏地。平底曰鐓。取其鐓地。按鐏地、可入地。鐓地、箸地而已。知古鐓讀如敦也。鄭析言之。許渾言不析者、葢(蓋)銳鈍皆可爲。非必戈銳而矛戟鈍也。『曲禮』或互文耳。》从金。尊聲。《徂寸切。13部。》/711

鐐 (료)【liáo ㄌㄧㄠˊ】(질이 좋은)은

설문 8826 白金也。《『爾雅』別之曰其美者。許不別也。『毛詩:傳』曰。大夫鐐琫而鐐珌。》从金。尞聲。《洛蕭切 2部。》/702

鐓 (대)【duì ㄉㄨㄟˋ】창고달(창자루 끝의 쇠붙이)

설문 8971 矛戟(戟)柲下銅鐏也。《柲、欑也。欑、積竹杖也。矛戟(戟)之矜以積竹杖爲之。其首非銅裹而固之恐易散。故有銅鐏。故字从金。『秦風:毛傳』曰。錞、鐏也。》从金。敦(敦)聲。《徒對切。古音在 13部。『方言』。鐏謂之釬。『注』曰。或名爲鐓。音頓。『玄應書:卷廿一』引『說文』作「鐓」。而謂【梵經】作錞乃樂器錞于字。然則『東晉唐初-說文』作鐓可知。『玉篇』、『廣韵(韻)』皆鐓爲正字。『錞-注』同上。『曲禮』。進矛戟者前其鐓。釋文云又作錞而已。【舊本】皆作䤭聲。篆作䤭。今更正。》『詩』曰。厹(内)矛沃鐓。《『秦風』文。「厹」【各本】作「厹」。今正。「沃」『今-詩』作「鋈」。〔車部〕引『詩』沃以觼軜。字亦作「沃」。【許書】無鋈字之證也。以白金固鐏。謂涂(塗)銀於銅也。》/711

鐜 (퇴)【duī ㄉㄨㄟˉ】아래로 늘어질

설문 9015 下𠂹(垂)也。《鐜之言隤也。故爲下垂。》一曰千斤椎。《椎所以擊也。『周禮:注』。槍雷椎椁。千斤椎、若今衆舉(擧)以築地者是也。秦始皇造鐵鐓。重不可勝。刻作力士像以祭之。鐓乃可移動。若朱亥袖四十七鐵椎。張良爲鐵椎重百廿斤。皆其細也。》从金。敦(敦)聲。《都回切。古音敦。13部。按下𠂹、千斤椎二義皆鐓之餘義。矛戟(戟)柲下銅鐏下𠂹而重、引伸之爲此二義。葢(蓋)後人分別增一篆。改鐓篆爲鐜耳。似刪(刪)之無不可者。》/714

鐔 (심)【tán ㄊㄢˊ】상中⑨작 xín 칼코등이 ■임:같은 뜻 ■담:칼마구리, 칼날과 자루 사이에 끼운 데 ■탁:칼코등이

설문 8960 劒鼻也。《『攷工記』、『曲禮』、『少儀』所謂劒首也。『通藝錄』曰。劒鼻謂之鐔。鐔謂之珥。又謂之環。一謂之劒口。有孔曰口。視其旁如耳然曰珥。面之曰鼻。對末言之曰首。玉裁按『莊子』說劒凡五事。曰鋒鍔脊鐔夾。鋒者其耑(端)。【許書】之鏠字。『左傳』所謂劒末也。鍔者其刃。許之㓵字。脊者其身中隆處。『記』因之有㒳(兩)從臘廣之偁(稱)也。鐔者其鼻。〔玉部〕所謂設璏處也。夾者其柄。鐔在其耑。『記』所謂莖。〔許-刀部〕所謂𠜲也。印鼻、劒鼻、瓜鼻皆謂鼻者。鼻猶初也。始生子爲鼻子。》从金。𠧪(覃)聲。《徐林切。7部。『廣韵(韻)』徒含切。》/710

鐕 (잠)【zān ㄗㄢˉ】(대가리가 없는)못, (옷을)꿰맬

설문 8929 可目(以)綴箸物者。《『喪大記』。君裏棺用朱綠。用襍(雜)金鐕。大夫裏棺用玄綠。用牛骨鐕。『注』。鐕所以琢箸裏。按今謂釘者皆是。非獨棺釘也。》从金。朁聲。《則參切。7部。》/707

鐧 (간)【jiàn ㄐㄧㄢˋ】수레 굴대

설문 8980 車軸鐵也。《此與𨏖異義。𨏖者、車軸耑(端)鍵也。謂以鐵鐕冊軸頭而制之也。若車軸之在釭中者、以鐵鍱裹之謂之鐧。『釋名』曰。輨、間也。間釭軸之間。使不相摩也。按釭中亦以鐵鍱裹之。則鐵與鐵相摩。而轂軸之木皆不傷。乃名鐵之在軸者曰鐧。在轂者曰釭。》从金。閒聲。《古閒切。14部。》/711

鐘 (종)【zhōng ㄓㄨㄥˉ】종, 쇠북

설문 8951 樂鐘也。《當作「金樂也」。》秋分之音。萬物穜成。故謂之鐘。《「萬故謂之鐘」五字今補。猶鼖(鼓)者春分之音、萬物郭皮甲而出故謂之鼓。笙者正月之音、物生故謂之笙。管者十二月之音、物開地牙故謂之管也。鐘與穜疊韵(疊韻)。》从金。童聲。《職茸切。9部。【經傳】多作鍾。段(假)借酒器字。》銿古者𡍮(垂)作鐘。《葢(蓋)出『世本:作篇』。》鐘或从甬。《鐘柄曰甬。故取以成字。甬亦聲。》/709

鐙 (등)【dèng ㄉㄥˋ】작 dēng 등자(말 탈 때 딛는 기구)

설문 8883 錠也。《『祭統』曰。夫人薦豆執校。執醴授之執鐙。『注』曰。校、豆中央直者也。鐙、豆下跗也。執醴者以豆授夫人。執其下跗。夫人受之。執其中央直者。按跗、『說文』作「柎」。闌足也。鐙有柎。則無足曰鐙之說未可信。豆之遺制爲今俗用燈盞。徐氏兄弟遂以膏鐙解『說文』。誤矣。『生民傳』曰。木曰豆。瓦曰登。豆薦菹醢。登薦大羹。『箋』云。祀天用瓦豆。陶器質也。然則瓦登用於祭天。廟中之鐙。笵金爲之。故其字从金。》从金。登聲。《都滕切。6部。》/705

◀ 제 13 획 ▶

金 8 ⑫

鏖 (오)【āo ㄠˉ】 남비, 쟁개비
설문 8871 昷器也。《「昷」【各本】作「溫」。今正。下同。『廣韵(韻)』曰。鏖、銅瓮也。今江東尚有鏖執之語。與〔火部〕以微火溫肉之衮義同。或作「爊」。或作「鏖」。『集韵(韻)』曰。盡死殺人曰鏖糟。漢霍去病合短兵、鏖皋(皐)蘭下是也。》 一曰金器。《則非炊物器。》 从金。麀聲。《於刀切。古音在 3部。》 讀若奧。《小徐有此三字。》 /704

鏀 (로)【lǔ ㄌㄨˇ】 부레(아교) 끓이는 그릇
설문 8887 煎(煎)膠器也。《煎、熬也。膠、作之以皮。故熬之而後成。》 从金。虜聲。《郎(郎)古切。5部。》 /705

鐫 (전)【juān ㄐㄩㄢˉ】 새길(조각할) ■첨:송곳
설문 8905 破木鐫也。《謂破木之器曰鐫也。因而破木謂之鐫矣。》 从金。雋聲。《子全切。13部。》 一曰琢石也。《此破木引申之義耳。凡似此者皆淺人所增也。》 讀若瀸。《瀸在閉口音、非其類。》 /706

鐔 (전)【zhǎn ㄓㄢˇ】 칠(정벌), 서로 채찍질할 ■선:같은 뜻
설문 9005 伐擊也。从金。亶聲。《言(旨)善切。14部。》 /714

鐲 (탁)【zhuó ㄓㄨㄛˊ】 (군중에서 북소리를 조절하기 위해 치는)징
설문 8944 鉦也。《『周禮:鼓(鼓)人』。以金鐲節鼓。『鄭-注』。鐲、鉦也。形如小鐘。軍行鳴之以爲鼓節。大鄭云。讀如濁其源之濁。》 从金。蜀聲。《直角切。3部。》 軍灋(法)。司馬執鐲。《『周禮』作公司馬執鐲。杜子春云。公司馬謂五人爲伍、伍之司馬也。》 /708

鐸 (탁)【duó ㄉㄨㄛˊ】 방울
설문 8948 大鈴也。《『鼓(鼓)』人。以金鐸通鼓。『注』。鐸、大鈴也。謂鈴之大者。說者謂軍法所用金鈴金舌、謂之金鐸。施令時所用金鈴木舌、則謂之木鐸。按『大司馬職』曰「振鐸」。又曰「搋鐸」。鄭謂搋、掩上振之。鐸之制同鈴。》 从金。睪聲。《徒洛切。5部。》 軍灋(法)。五人爲伍。五伍爲兩。兩司馬執鐸。《見『大司馬職』。》 /709

鐺 (당)【dāng ㄉㄤˉ】 ㉦ tāng 종고소리, (세발 달린)솥 ■탕:속음 ■쟁:세발 달린 솥
설문 8994 銀鐺也。从金。當聲。《都郞(郎)切。10部。今俗用爲酒鎗字。楚庚切。》 /713

鐼 (훈)【xùn ㄒㄩㄣˋ】 ㉦㊥⑨ fén 무쇠 ■본:속음 ■분:대패
설문 8837 鐵屬。从金。賁聲。讀若熏。《【小徐本】讀若訓。火運切。13部。》 /702

◀ 제 14 획 ▶

鑄 (주)【zhù ㄓㄨˋ】 금속을 녹여서 거푸집에 넣어서 기물을 만들
설문 8842 銷金也。从金。壽聲。《之戍切。古音在 3部。亦讀如祝。》 /703

鑊 (확)【huò ㄏㄨㄛˋ】 (발이 없는 큰)가마솥, 죄인을 삶아죽이는데 쓰이던 발없는 가마솥
설문 8863 鑴也。《『少牢:饋食禮』有羊鑊、有豕鑊。鑊所以羹(煮)也。》 从金。蒦聲。《胡郭切。5部。》 /704

鑋 (경)【qìng ㄑㄧㄥˋ】 쇳소리, 앙감질
설문 8959 金聲也。从金。輕聲。《苦定切。11部。『篇』、『韵(韻)』皆有去盈切。》 讀若『春秋傳』躄而乘它車。《『昭公:廿六年:左氏傳』文。『今-左傳』作「鑋而乗(乘)他車」、則不可通矣。躄、葢(蓋)卽脛字。亦或作踁。林雍旣斷(斷)足。乃以脛築地而行。故謂之脛。》 /710

鑑 鑒(감)【jiàn ㄐㄧㄢˋ】 本[큰 동이] 거울에 비추어 볼
설문 8858 大盆也。《盆者、盎也。『淩人』。春始治鑑。『注』云。鑑如甀(甄)、大口。以盛冰(氷)。置食物於中。以禦溫氣。春而始治之。按鄭云如甀。『甀人』作甀云塗置甀中。則鑑如今之甕。許云大盆。則與鄭說不符。疑許說爲是。且字从金。必以金爲之也。》 从金。監聲。《革懺切。8部。》 一曰鑑諸、《逗。》 可目(以)取朙(明)水於月。《「鑑諸」當作「鑑方諸」也。轉寫奪字耳。『周禮:司烜氏』。以夫遂取明火於日。以鑒取明水於月。『注』。夫遂、陽遂也。鑒、鏡屬。取水者、世謂之「方諸」。『淮南書』。方諸見月則津而爲水。『高-注』。方諸謂陰燧大蛤也。孰摩令熱。月盛時以向月下則水生。以銅盤受之。下水數滴。高說與許、鄭異。『考工記』以鑒燧之齊併言。則鑑之爲鏡可知也。鄭云鏡屬。又『注:考工記』云。鑒亦鏡也。『詩』云。我心匪鑒。『毛傳』曰。鑒所以察形。葢(蓋)鏡主於照形。鑑主於取明水。本系二物。而鏡亦可名鑒。是以【經典】多用鑑字、少用鏡者。鑑亦叚(假)監爲之。是以『毛詩』宜鑒於殷、『大學』作「儀監」。『鄭-箋:詩』云。以殷王賢愚爲鏡。『注:大學』云。監視殷時之事。各依文爲說而已。『尚書』監字多有同鑒者。》 /703

鐵 (철)【tiě ㄊㄧㄝˇ】 검은 쇠, 철물
설문 8833 黑金也。从金。戴聲。《天結切。12部。》 銕鐵或省。銕古文鐵。从夷。《按夷葢(蓋)弟之譌也。》 /702

◀ 제 15 획 ▶

鑼 (파)【bèi ㄅㄟˋ】 ㉦㊥⑨㉶ bēi 쓰레(농기구)
설문 8918 枱屬也。《「枱」大徐作「梠」。非。》 从金。罷聲。讀若嬀。《彼爲切。古音在 17部。『廣韵(韻)』作「鑼」。》 /707

鑗 (려)【lí ㄌㄧˊ】 쇠붙이, 벗길(剝也) ■리:같은 뜻
설문 8840 金屬也。一曰剝也。《剝者、裂也。剝訓裂。知鑗與務義同音別。『方言』。蠡、分也。『注』謂分割也。此卽鑗之叚(假)借。『方言』又曰。劙、解也。亦卽此字。》 从金。黎聲。《里西切。15部。》 /703

鑠 (삭)【shuò ㄕㄨㄛˋ】 (쇠를)녹일 ■약:사를, 쇠녹일

㉶ 作家出版社〔董蓮池-說文解字考正〕 ⑨ 九州出版社〔柴劍虹-說文解字〕 ㉠ 陝西人民出版社〔蘇寶榮-說文解字今注今譯〕 ㉦ 上海古籍出版社〔說文解字注〕 ㊥ 中華書局〔臧克和-說文解字新訂〕

설문 8844 銷金也。从金。樂聲。《書藥切。2部。》/703

鑢 (려)【lǜ ㄌㄩˋ】(쇠를 가는)줄

설문 8935 厝(厝)銅鐵也。《厝作錯。誤。厝者、厲石也。故以爲凡砥厲之字。厲銅鐵謂之鑢。故其字从金。『周禮:注』作「鑢」。》从金。慮聲。《良攄切。5部。》/707

鑣 (표)【biāo ㄅㄧㄠˉ】재갈, 성할, 푼끌

설문 8988 馬銜也。《馬銜橫毌口中。其兩耑(兩端)外出者系以鑾鈴。又〔巾部〕曰。幩、馬纏鑣扇汗也。葢(蓋)扇汗亦繞於兩耑。》从金。麃(麃)聲。《補嬌切。2部。》 觼鑣或从角(角)。《葢古或以角之至堅者爲之。》/713

◀ 제 16 획 ▶

鐃 (효)【xiǎo ㄒㄧㄠˇ】시우쇠의 문채

설문 8853 鐵文也。《謂鐵之文理也。》从金。曉聲。《呼鳥切。2部。》/703

鑪 (로)【lú ㄌㄨˊ】향로, 화초, 목로주점

설문 8887 方鑪也。《方對下圜言之。凡爇(燃)炭之器曰鑪。『定公:三年:左傳』。邾莊公自投於牀。廢於鑪炭。爛。遂卒。》从金。盧聲。《洛乎切。5部。》/705

◀ 제 17 획 ▶

鑮 (박)【bó ㄅㄛˊ】큰 종, 쇠북, 북을 조절하는 종

설문 8949 大鐘、淳(淳)于之屬。所㠯(以)應鐘磬也。《大鐘下當有「也」字。『鄭-注:周禮、禮經』皆云。鎛似鐘而大。『國語:韋-注』云。鎛、小鐘也。葢(蓋)誤。鄭云似鐘、則非鐘也。故許旣云大鐘、而又云淳于之屬。「淳于」『國語』、『周禮:注』作「錞于」。『周禮』作「錞」、乃矛(矛)戟之鐓也。『鼓(鼓)人』。以金錞和鼓。『注』曰。錞、錞于也。圜如碓頭。大上小下。樂作鳴之。與鼓相和。『疏』謂出於漢之大予樂官。『韋-注:吳語』曰。『唐-尙書』云錞于、鐲。非也。錞于與鐲各異物。今按古鐘制隋圜。錞于如碓頭正圜。許云淳于之屬。葢(蓋)鑮正圜大於編鐘。爲後代鐘式正圜之始。云所以應鐘磬者、『大射儀』。笙磬西面。其南笙鐘。其南鑮。頌磬東面。其南頌鐘。其南鑮。鐘磬編縣。鑮特縣。於此知鑮所以應鐘磬。淳于以和鼓。事正相類。》堵㠯二金樂則鼓(鼓)鑮應之。《當作堵無鑮全樂則鼓鑮應之。『周禮』曰。凡縣鐘磬。半爲堵。全爲肆。『注』曰。鐘磬編縣之二八十六枚而在一虡、謂之堵。鐘一堵、磬一堵、謂之肆。天子宮(宮)縣。諸侯軒縣。卿大夫判縣。士特縣。諸侯之卿大夫半天子之卿大夫。西縣鐘。東縣磬。士亦半天子之士。縣磬而已。今按大射儀。樂人所陳諸侯之軒縣。全樂有鑮者也。若諸侯之卿大夫則二堵而分東西。諸侯之士且僅有一堵。皆不成肆。皆無鑮。『左傳』晉侯賜魏絳以二肆之半。鐘一堵、磬一堵及一鑮也。此君之特賜故有鑮。》从金。薄聲。《匹各切。5部。『周禮』、『國語』字作「鎛」。乃是叚(假)鎛鱗字。》/709

鑯 (첨)【jiān ㄐㄧㄢˉ】(양끝에 자루가 달린)칼

설문 8881 鐵器也。《葢(蓋)銳利之器。『郭-注:爾雅』用爲今之尖字。融丘、鑯頂者。》从金。韱聲。《子廉切。7部。》一曰鐫也。《「鐫」大徐誤作「鑴」。鐫者、穿木琢石也。》/705

鑱 (참)【chán ㄔㄢˊ】本[날카로울] 침(치료용 돌바늘), 보습

설문 8931 鋭也。从金。毚聲。《士銜切。8部。》/707

鑲 (양)【xiāng ㄒㄧㄤˉ】상⑨작 ráng 거푸집 속

설문 8848 作型(型)中腸也。《型者、鑄器之法也。其中腸謂之鑲。猶瓜中腸謂之瓤也。鑲亦用爲句鑲。兵器也。別一義。見『釋名』。》从金。襄聲。《汝羊切。10部。》/703

◀ 제 18 획 ▶

鑴 (휴)【xī ㄒㄧˉ】작 xié 솥, 햇무리 ■수:햇무리 ■규:송곳 ■전:〈네이버 자전〉

설문 8862 瓽也。《〔瓦部〕曰。瓽、大盆也。然則鑴與鑑同物。『周禮』:眡祲』。十煇、三曰鑴。『鄭-注』。鑴讀爲童子佩觿之觿。謂日旁(旁)氣刺日也。按『今本-周禮:注』觿譌金旁。非是。觿者、佩角。銳耑(端)可以解結。故鄭讀鑴爲觿。【今本】作讀如。亦非也。》从金。巂聲。《戶圭切。16部。》/704

鑸 (뢰)【lěi ㄌㄟˇ】울퉁불퉁할

설문 8997 鍡鑸也。从金。壘聲。《洛猥切。15部。》/713

◀ 제 19 획 ▶

鑽 (찬)【zuān ㄗㄨㄢˉ】상㊥⑨작 zuàn 끌(나무에 구멍파는 도구)

설문 8934 所㠯(以)穿也。《本是器名。因之謂穿亦曰鑽。》从金。贊聲。《借官切。14部。》/707

鑾 (란)【luán ㄌㄨㄢˊ】방울, 천자의 마차에 달린 방울, 학사원 ■거:보습〈韓〉

설문 8984 人君桒(乘)車四馬鑣八鑾。《鑣上當有四字。每鑣二鑾。四馬故四鑣。四鑣故八鑾也。鑣者、馬銜也。銜者、馬勒口中也。許云人君乘(乘)車四馬者、人君兼天子諸侯言。此破天子駕六之説也。『五經異義』。『易-孟、京』、『春秋:公羊』說。天子駕六。『毛詩』說。天子至大夫同駕四。士駕二。『詩』云。駟騵彭彭。武王所乘。龍旂承祀。六轡耳耳。魯(魯)僖所乘。四牡騑騑。周道倭遲。大夫所乘。謹按『禮:王度記』曰。天子駕六。諸侯與卿大夫駕四。大夫駕三。士駕二。庶人駕一。與『易』、『春秋』同。鄭駁曰。『周禮:校人』掌王馬之政。凡頒良馬而養乘之。乘馬一師四圉。四馬爲乘。此一圉養一馬、而一師監之也。『尙書:顧命』。諸侯入應門。皆布乘黃朱。言獻四黃馬朱鬣也。旣實周天子駕六。『校人』則何不以馬與圉以六爲數。『顧命』諸侯何以不獻六馬。『易經』時乘六龍者、謂陰陽六爻上下耳。豈故爲禮制。『王度記』云今天子駕六者、自是『漢法』與古異。大夫駕三者、於【經】無以言之。玉裁謂『許-造:說文』云人君駕四馬。與『異

義』異。與鄭駁同。此『說文』爲許晚年定論之一證也。云四鑣八鑾者、此破鑾在衡之說也。『秦風:正義』曰。鸞和所在。【經】無正文。『經解:注』引『韓詩:內傳』曰。鸞在衡。和在軾。又『大戴-禮:保傅篇』文與『韓詩』說同。故鄭依用之。『蓼蕭:傳』曰。在軾曰和。在鑣曰鸞。『箋』不易之。『異義』。載『禮-戴氏』、『詩-毛氏』二說。謹案云【經】無明文。且殷周或異。故鄭亦不駁。『商頌:烈祖:箋』云。鸞在鑣。以無明文。且殷周或異。故鄭爲网(兩)解。玉裁謂『鄭-箋』駟鐵云。置鸞於鑣。異於乘車也。『烈祖:箋』、『大馭:注』則云鸞在衡。【許本】無定說。而造『說文』云四鑣八鑾。宗毛氏。此又『說文』爲許晚年定論之二證也。八鑾、三見『詩』。字作「鸞」。》鈴象鸞鳥之聲。《此『釋名』鑾之義。鸞者、赤神之精。赤色五采。雞(鷄)形。鳴中五音。頌聲作則至。爲鈴系於馬銜之兩邊。聲中五音似鸞鳥。故曰鑾。『小雅:鑾刀:傳』曰。鑾刀、刀有鑾者。言割中節也。『禮記』曰。聲和而後斷(斷)也。『今-詩』亦作鸞刀矣。若『崔豹-古今:注』云。五輅衡上金雀鸞也。鸞口銜鈴。故謂之鑾。『司馬氏-輿服志』云。乘輿鸞雀立衡。卽『韓詩』、『戴-禮』在衡曰鑾之說。而爲之鳥形。恐非古矣。》聲龢則敬也。《「聲」字今補。龢字今正。『玉藻』曰。君子在車。則聞鸞和之聲。行則鳴佩玉。是以非僻之心無自入也。》从金。䜌聲。《此擧(擧)會意包形聲。洛官切。14部。》/712

金 8 ⑲

鑹 鏍 (라)【luǒ ㄌㄨㄛˇ】 ㊤㊥⑨㊙ luó 용솥, 남비, 쟁개비

설문 8868 銼鑹也。从金。羸聲。《魯戈切。17部。》/704

◀ 제 20 획 ▶

鑿 (착)【zuò ㄗㄨㄛˋ】 ㊤㊥⑨㊙ záo (나무에 구멍 뚫는)끌, (우물을)팔, 뚫을 ■작:속음 ■속:속음 ■촉:꽃잎을 새길 ■조:뚫은 구멍

설문 8906 所㠯(以)穿木也。《「所以」二字今補。穿木之器曰鑿。因之旣穿之孔亦曰鑿矣。『考工記』曰。量其鑿深以爲輻廣。『九辨』。圜鑿而方枘。音家讀曹報反。》从金。糳省聲。《在各切。古音在 2部。》/706

钁 钁 (곽)【jué ㄐㄩㄝˊ】 큰 괭이(농기구)

설문 8912 大鉏也。《鉏之大者曰钁。》从金。矍聲。《居縛切。5部。》/706

168 長
8-02 길 장

長 𠑿 镸 장【cháng ㄔㄤˊ】【설문부수 358】(거리, 시간)길, 클, 늘(항상), 처음, 앞, 우두머리

설문 5773 久遠也。《久者、不暫也。遠者、不近也。引伸之爲滋長。長幼之長。今音知丈切。又爲多餘之長、度長之長皆今音直亮切。兄下曰。長也。是滋長、長幼之長也。》从兀。从匕。《會意。匕呼霸切。》亾(亡)聲。《二字【各本】在變匕之下。今依『韵會』正。直良切。10部。》兀者、高遠意也。《說从兀之意。〔儿部〕曰。兀者、高而上平也。》久則變匕。《「匕」【各本】作「化」。今正。說从匕之意。匕下曰變也。》𠙵者、到亡也。《「到」【各本】作「倒」。今正。說𠙵卽亾字。亾而倒、變匕之意。》凡長之屬皆从長。𠑿古文長。𠑷亦古文長。/453

성부 부록 색인 참조

형부 長을 부수로 하는 대부분의 글자들

형성 (6자+1) 장(萇)287 창(韔)3245 정(棖)3584 장(帳)4673 창(倀)4903 창(悵)6578 창(粻)

◀ 제 5 획 ▶

𨱇 (질)【dié ㄉㄧㄝˊ】 독사(살무사의 일종)

설문 5776 蛪也。《【各本】誤。今正。此用『釋魚』文也。〔虫部〕曰。蛪、𨱇也。二篆爲轉注。【今-各本】蛪篆下作「虺」屬者。非是。》蛇毒長。从長。《說从長之意。郭璞云。蛪者、蝮屬。以上七字、【今本】作「蛇惡毒長也从長」七字。甚譌舛。釋文引蛇毒長也。無惡字。亦可證【今本】之誤。》失聲。《徒結切。12部。》/453

◀ 제 13 획 ▶

镾 미【mí ㄇㄧˊ】 길고 오랠, 장구할

설문 5775 久長也。《镾今作彌。葢(蓋)用〔弓部〕之璽代镾而又省王(玉)也。彌行而镾廢矣。『漢-碑』多作「璽」、可證。镾之本義爲久長。其引伸之義曰大也、遠也、益也、深也、滿也、徧也、合也、縫也、竟也。其見於『詩』者。『大雅:生民、卷阿:傳』皆曰。彌、終也。『周禮:小祝』假爲敉。『史記:禮書』假爲「彌」。》从長。爾聲。《武移切。15、16部。》/453

형성 (+1) 미(瀰)

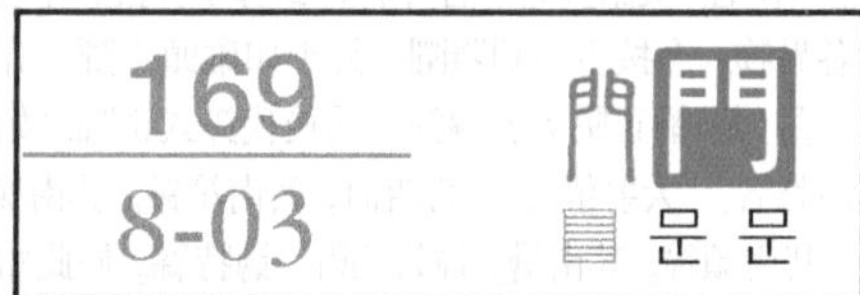

門 문【mén ㄇㄣˊ】【설문부수 438】문, 문 칠(문을 공격함)

설문 7366 聞也。《以疊(疊)韵爲訓。聞者、謂外可聞於內。內可聞於外也。》从二戶。象形。《此如門从二戼。不必有反戼字也。莫奔切。13部。》凡門之屬皆从門。/587

유사 싸울 투(鬥)

성부 부록 색인 참조

형부 門을 부수로 하는 대부분의 글자들
린(閔)

형성 (6자+1) 문(問)805 은(誾)1429 문(閺)1992 문(聞)7440 문(捫)7500 민(閩)8528 문(們)

◀ 제 2 획 ▶

閃 섬【shǎn ㄕㄢˇ】(틈사이로)엿볼, 언뜻 보일, 번득일, 나부낄

설문 7414 闚頭門中也。《『禮運』。魚鮪不淰。『注』云。淰之言閃也。》从人在門中。《會意。王在門中則重王。故入〔王部〕。人在門中則重門。入〔門部〕。失冄切。古音葢(蓋)在 7部。○ 舊此篆在閅篆後。今移正。》/590

참고 살(𨳿)(가늘게 하려고)깎을

閅 진【zhèn ㄓㄣˋ】(높은 곳으로)오를

설문 7416 登也。《登、上車也。凡有所上皆曰登。》从門二。《會意。臣鉉等曰。下、言自下而登上也。按从門二當作从門二。篆當作閅。『篇』、『韵』𨶒字可證。直刃切。12部。从此爲聲者有閔𨶒藺。》二、古文下字。《見 2部。》讀若軍敶(陣)之敶。《此可以知陳字之俗矣。》/590

성부 閵𨶒린

형성 (2자) 린(閔閔)6129 린(藺藺)8562

◀ 제 3 획 ▶

閈 (한)【hàn ㄏㄢˋ】이문(동네 어귀에 있는 문)

설문 7374 閭也。《『左傳』、『爾雅』釋文、『左傳:正義』、『蕪城:注』、『玉篇』、『廣韵(韻)』引皆作「閭」。至『爾雅:疏』乃譌爲門。今正。下文曰閭、里門也。『漢書』。綰自同閈。『應-注』。楚名里門曰閈。『招魂』。去君之恒幹。『王-注』。或作恒閈。閈、里也。楚人名里曰閈。按惟『左傳』高其閈閎用爲凡門之偁(稱)。》从門。干聲。《矦旰切。14部。》汝南平輿里門曰閈。《當許時古語猶存於汝南平輿也。》/587

閉 폐【bì ㄅㄧˋ】(열린 것을)닫을, 막을, 가릴, 입추(입동), 엄폐할

설문 7404 闔(闔)門也。《闔下曰。閉也。與此爲轉注。又闔下曰。閉門也。按『左傳』高其閈閎。疑閈乃閉字之誤。》从門。《句。》才所吕(以)歫門也。《从門而又象撑歫門之形。非才字也。博計切。15部。玉裁按才不成字。云所以歫門。依許[全書]之例。當云才象所以歫門之形乃合。而無象形之云、則當是合二字會意。攷『王逸-少書:黃庭經』用閇者。卽今閉也。而中从午。葢(蓋)[許書本]作从門午。午所以歫門。舂字下曰。午、杵省也。然則此午亦是杵省。歫門用直木如杵然。轉寫失眞。乃昧其本始矣。》/590

◀ 제 4 획 ▶

閉 (해)【xiè ㄒㄧㄝˋ】문짝 ■혜:문짝

설문 7382 門扉也。从門。介聲。《胡介切。15部。》/588

閎 (굉)【hóng ㄏㄨㄥˊ】문, 넓을, (텅)빌

설문 7370 巷(巷)門也。《巷者、里中道也。然則閎猶閭也。『釋宮』。衖門謂之閎。郭引『左傳』盟諸僖閎。云閎、衖頭門。》从門。厷聲。《戶萌切。古音在 6部。》/587

閏 윤【rùn ㄖㄨㄣˋ】윤(달, 년), 윤달 들

설문 0075 餘分之月。五歲再閏也。《『戴先生-原象』曰。日循黃道右旋。邪絡乎赤道而南北。凡三百六十五日。小餘不滿四分日之一。日發斂一終。月道邪交乎黃道。凡二十七日。小餘過日之半。月逡其道一終。日月之會。凡二十九日。小餘過日之半以起(起)朔。十二朔凡三百五十四日有奇分而近。歲終積其差數置閏月。然後時序之從乎日行發斂者以正。故『堯典』曰。朞(期)三百有六旬有六日。以閏月正四時成歲。言六日者擧(擧)成數。玉裁按。五歲再閏而無餘日。》告朔之禮。天子居宗廟。閏月居門中。从王在門中。『周禮』。閏月王居門中終月也。《此說字形也。『周禮:大史』。閏月詔王居門終月。『注』謂路寢門也。鄭司農云。『月令:十二月』分在靑陽、明堂總(總)章、玄堂左右之位。惟閏月無所居。居於門。故於文、王在門謂之閏。『玉藻』。天子玄端而朝日於東門之外。聽朔於南門之外。閏月則闔(闔)門左扉。立於其中。玉裁按。古路寢、明堂、大廟、異名而實一也。當云告朔之禮。天子居明堂。如順切。13部。》/9

형성 (2자) 순(瞤瞤)2048 윤(潤潤)7019

閑 한【xián ㄒㄧㄢˊ】本[마굿간의 문을 가로질러 막는 가로대 나무] 막을, 닫을, 법도, 클, 익을, 틈, 한가할, 무심히 버려둘

설문 7403 闌也。《引申爲防閑。古多借爲淸閒字。又借爲嫺習字。》从門中有木。《會意。戶閒切。14部。》/589

間 閒간【jiān ㄐㄧㄢ】㉠㉯㊥⑨ jiàn 틈, 사이, 가운데 ■한:안존할

설문 7396 隙也。《隙者、壁際也。引申之、凡有兩邊有中者皆謂之隙。隙謂之閒(間)。閒者、門開則中爲際。凡罅縫皆曰閒。其爲有兩有中一也。『攷工記』說鐘銑與銑之閒曰銑閒。篆與篆、鼓(鼓)與鼓、鉦與鉦之閒曰篆閒鼓閒鉦閒。病與瘳之閒曰病閒。語之小止曰言之閒。閒者稍暇也。故曰閒暇。今人分別其音爲戶閑切。或以閑代之。閒者、隙之可尋者也。故曰閒廁、曰閒迭、曰閒隔、曰閒諜。今人分別其音爲古莧切。『釋詁』、『毛傳』曰。閒、代也。『釋言』曰。閒、俔也。〔人部〕曰。俔、閒見也。〔厂部〕曰。厤、石閒見也。今音皆去聲。凡自其單出言之曰閒。》从門月。《會意也。門開而月入。門有縫而月光可入。皆其意也。古閑切。14部。》𨳡古文閒。《此篆[各本]體誤。『汗簡(簡)』等書皆誤。今攷正。與古文恒同。中从古文月也。》/589

성부 閒간

형성 (11자) 한(瞯　)2088 한(鷴鷴)2342 한(橌橌)3435 간(癇癇)4503 한(僩僩)4791 간(鬝鬝)5500 한(騆騆)5845 한(憪憪)6507 간(澗澗)6936 한(嫺嫺)7847 간(鐗鐗)8980

閔 민【mǐn ㄇㄧㄣˇ】本[조상하는 사람이 문에 있을] 우환, 질병, 근심할

설문 7421 弔者在門也。《引申爲凡痛惜之辭。俗作憫。

門 8 ④

『邶風』。覯閔既多。『豳風』。鬻子之閔斯。『傳』曰閔、病也。』从門。文聲。《眉殞切。13部。》 𨵽古文閔。《按此篆『篇』、『韵』不載。恐不足據。小徐篆作「𢝊」。然則大徐上體从古文民。今寫譌甚。『汗簡(簡)』正从古文民。》/591

형성 (1자) 민(潣)

◀제5획▶

閘 (압)【zhá ㄓㄚˊ】상中⑨작 yā 本[여닫는 문] 물문(수문) ■갑:닫는 문, 수문

설문 7393 開閉門也。《謂樞轉軋軋有聲。》从門。甲聲。《烏甲切。8部。》/588

閜 (하)【xiǎ ㄒㄧㄚˇ】작 xià 휑뎅그렁할

설문 7392 大開也。《引申爲凡大之偁(稱)。『上林賦』曰。谽呀、豁閜。司馬彪云。谽呀、大皃(貌)。豁閜、空虛也。『方言』。閜、栝也。其大者謂之閜。》从門。可聲。《火下切。17部。》大栝亦爲閜。《五字葢(蓋)後人所增。》/588

閞 (변)【biàn ㄅㄧㄢˋ】대접받침

설문 7381 門欂櫨也。《欂櫨、柱上枅也。枅、屋欂櫨也。閞則門柱上枅之名。》从門。弁聲。《皮變切。14部。》/588

閟 (비)【bì ㄅㄧˋ】(숨으려고)닫을

설문 7394 閉門也。《引申爲凡閉之偁(稱)。載馳、『閟宮:傳』曰。閟、閉也。又叚(假)爲祕(秘)字。『閟宮:箋』曰。閟、神也。此謂閟卽祕之叚借也。〔示部〕曰。祕、神也。》从門。必聲。《兵媚切。古音在12部。》『春秋傳』曰。閟門而與之言。《六字當是閟而以夫人言之誤。見『左傳:莊公:卄二年』。閟爲句謂孟任不從也。而以夫人言、謂莊公以立爲夫人爲辭也。》/588

◀제6획▶

閡 (애)【hé ㄏㄜˊ】상中⑨작 aì (밖에서)닫을 ■해:안에 넣고 막을 ■개:같은 뜻 ■핵:거리낄

설문 7405 外閉也。《有外閉則爲礙。》从門。亥聲。《五漑切。1部。》/590

開 개【kāi ㄎㄞ】本[벌릴, 풀] 섬돌, 층계, 사다리, 벼슬의 차례

설문 7390 張也。《張者、施弓弦也。門之開如弓之張。門之閉如弓之弛。》从門。幵(开)聲。《按【大徐本】改爲从門从幵。以幵聲之字古不入之咍部也。玉裁謂此篆幵聲。古音當在12部。讀如擡帷之擡。由後人讀同闓、而定爲苦哀切。》 閞古文。《一者、象門閉。从𠬞者、象手開門。》/588

閣 각【gé ㄍㄜˊ】本[문지방]다락집(층집), 마을, 대궐, 복도, 잔교, 찬장

설문 7395 所㠯(以)止扉者。《『釋宮』曰。所以止扉謂之閣。『郭-注』。門辟旁長橜也。引『左傳』高其閈閎。而又云閣長杙、卽門橜也。按郭云門辟旁長橜者、謂門開則邊旁有兩長橜。使其止而不過也。云卽門橜者、謂『左傳』之閎卽【他經】之闑。兩扉中之橜也。是二者皆所以止扉。皆謂之閣。但『左傳』主謂中門者耳。許閎訓門橜。閣訓所以止扉。則畫(畵)然二義。許本諸『釋宮』。『今本-釋宮』譌爲閎。『陸氏-音義』不辯是非。云本亦作閣。音各。『郭-注』本無此字。不知郭氏於衖門謂之閎下引左盟諸僖閎。於所以止扉謂之閣下引左高其閈閣。郭作『注』時閣絶未誤爲閎。『注』亦絶無誤也。『顏師古-匡謬正俗』分別閎閣二字不同。所引『左傳』作閈閣、所引『爾雅』及『注』皆作閣。『今-雅雨堂-刻本』譌亂不可讀。『左傳』高其閈閣。閈猶門也。高其門則所以止扉亦必高。葢(蓋)晉館門不容車。失於狹小。致子產壞垣。故士文伯飾說門雖小而甚高。此處無取閈閎連文。『陸氏-音義』亦誤從閎。轉云讀者因『爾雅』或作閣。因改『左傳』作各音。與『爾雅:音義』皆爲顚倒。見其誤不可不正也。閣本訓直橜所以扞格者。引申之、橫者可以庋物亦曰閣。如『內則』所云天子諸侯大夫士之閣、漢時天祿石渠閣皆所以閣【書籍】皆是也。閣字之義如此。故凡止而不行皆得謂之閣。倘『爾雅』作謂之閎。於所以止扉何涉乎。○ 子產何以毀垣。因門不容車也。亦因門閣高也。觀孫叔敖患民卑車。因教閭里高其梱。居半歲民悉自高其車。此非閣高而車不得入之證乎。故郭云『左傳』之閣卽門橜也。○『左傳』閈閎、『杜-注』閎、門也。此必有誤。【杜本】乃【誤本】。【郭景純、顏師古-所據:本】不誤。陸之『音義』、『孔之-正義』皆據【誤本】爲之。○ 又『左傳』閈字、沈重云閉也。此必古說。葢閈閣猶『禮記』之扞格也。閈本不从門。後人因閣亦加門耳。○『蔡邕-月令:章句』於脩鍵閉云。鍵、門杜。所以止扉。亦謂之剡移。『鄭-注』亦云。鍵、杜、閉、牝。按蔡謂鍵爲門杜。許則云闑爲門杜。葢闑居闕之下、門之中。『漢書』所謂門牡者。而閣居兩旁。每扉以一長杙。上貫於過門板。下拄於地。故云所以止扉。古謂之剡移。有闕有闑又有閣者、愼於待暴也。故曰高其閈閣。厚其牆垣。以無憂客使。閣亦得稱牡、而與闑異物。○ 闑與閣皆閉門乃用之。不比閎爲死物。爲梱卽闑。誤矣。》从門。各聲。《古洛切。5部。》/589

참고 각(擱)

閤 (합)【gé ㄍㄜˊ】대문 옆에 있는 작은 문

설문 7372 門旁戶也。《『釋宮』曰。小閨謂之閤。按漢人所謂閤者、皆門旁戶也。皆於正門之外爲之。『前書:注』曰。閨閤、內中小門也。『公孫弘傳』。起客館。開東閤以延賢人。師古云。閤者、小門也。東向開之。避當庭門而引賓客。以別於掾史官屬也。亦有云南閤者。如許沖云臣父故大尉南閤祭酒是也。有云西閤者。如『晉書』衞(衛)玠爲太傅西閤祭酒是也。唐時不臨前殿。御便殿。謂之入閤。謂立仗於前殿。喚仗、則自東西閤入也。凡上書於達官曰閤下、猶言執事也。今人乃譌爲閣下。》从門。合聲。《古沓切。8部。》/587

閨 (규)【guī ㄍㄨㄟ】협문(궁중의 작은 문), (부녀자가 사는)도장방

설문 7371 特立之戶。《『釋宮』曰。宮中門謂之闈。其小者謂之閨。》上圜下方有佀(似)圭。从門圭。《會意。》

圭亦聲。《古攜(携)切。16部。》/587

閩 (민)【mǐn ㄇㄧㄣˇ】오랑캐 이름
설문 7528 東南越。《『釋名』曰。越、夷蠻之國也。度越禮義。無所拘也。『職方氏』。七閩。鄭司農曰。南方曰蠻。後鄭曰。閩、蠻之別也。引『國語』閩芈蠻矣。》它穜(種)。从虫。門聲。《武巾切。古音在 13部。『月令:注』叚(假)爲蠡字。》/673

◀ 제 7 획 ▶

閬 (랑)【lǎng ㄌㄤˇ】㊤㊥⑨㉆ làng 휑뎅그렁할, 높을, 불알
설문 7386 門高也。《『文選:甘泉賦:注』引作門高大之皃(貌)也。〔自(阜)部〕曰。阬、閬也。此曰閬、門高皃。相合爲一義。凡【許書】異部合讀之例如此。『大雅』。迺立皋(皐)門。皋門有伉。『傳』曰。王之郭門曰皋門。伉、高皃。按『詩』伉當是阬之譌。『甘泉賦』。閌閬閬其寥郭兮。閬亦卽阬字。【許書】無閌。》从門。良聲。《來宕切。10部。》巴郡有閬中縣。《見『漢:地理志』。》/588

閭 려【lǘ ㄌㄩˊ】마을 문(주나라 때 25집을 리(里)라 했으며 마을마다 문이 있었다)
설문 7375 里門也。《周制、二十五家爲里。其後則人所聚居爲里。不限二十五家也。〔里部〕曰。里、凥(居)也。里門曰閭。》从門。呂聲。《力居切。5部。》『周禮』。五家爲比。五比爲閭。《見『大司徒職』。》閭、侶也。二十五家相羣(群)侶也。《「侶」當作「旅」、衆也。此引『周禮』言閭之古義。》/587
참고 려(櫚)종려 나무

閱 (열)【yuè ㄩㄝˋ】점고할(하나씩 점검함)
설문 7417 具數於門中也。《具者、供(供)置也。數者、計也。計者、會也。筭(算)也。云於門中者、以其字从門也。『周禮:大閱』。『注』曰。簡(簡)軍實也。『左氏-春秋』大閱。『傳』曰。簡車馬也。引申爲閱歷(歷)。又引申爲明其等曰閥、積其功曰閱。〔手部:揲〕下曰。閱持也。『易』。揲之以四。謂以四更迭數之也。古叚(假)閱爲穴。『詩』。蜉蝣堀閱。『傳』曰。堀閱、容閱也。閱卽穴。『宋玉賦』。空穴來風。『莊子』作空閱來風。司馬彪云。門戶孔空。風善從之。『道德經』。塞其兌。閉其門。兌卽閱之省。『詩』。我躳(躬)不閱。『傳』云。閱、容也。言我躳不能見容。如無空穴以自處也。》从門。兌聲。《弋雪切。15部。》/590

◀ 제 8 획 ▶

閵 린【lìn ㄌㄧㄣˋ】새 이름, 밟을
설문 2171 今閵、《逗。》佀(似)鴝鵒而黃。《今閵、鳥名。『玉篇』作含閵。》从隹。𨵿省聲。《良刃切。12部。》[籀文]籒文不省。/141
성부 藺린 進진

閶 (창)【chāng ㄔㄤ】(천상의)문
설문 7367 閶闔、《「二」字今補。『離騷』、『大人賦』、『淮南子』、『西京賦』、『靈光殿賦』、『大象賦』皆云閶闔。『王逸、高誘、薛綜、韋昭、李善-注』皆曰。閶闔、天門也。八風、西方曰閶闔風。》天門也。从門。昌聲。《尺量切。10部。》楚人名門皆曰閶闔。《「皆」字依『韵(韻)會』補。》/587

閹 (엄)【yān ㄧㄢ】고자, 환관
설문 7411 門豎(竪)也。《「門」字今依『御覽』補。豎猶孺也。『周禮:注』曰。豎、未冠者之官名。凡『文王世子』之內豎、『左傳』之使牛爲豎皆是。司門則曰門豎。故从門。》宮中奄(奄)昏閉門者。《「昏」【各本】作「閽」。今正。『周禮:注』曰。奄、精氣閉藏者。今謂之宦人。他豎不必奄人。此豎則奄人也。故从奄。一說當依小徐作閹閽閉門者。一說當作宮中掩門者。》从門。奄聲。《此當言从門奄。奄亦聲。英廉切。8部。》/590

閜 (아)【ē ㄜ】㊤㊥⑨㉆ ě 문 기울어질
설문 7397 門傾也。《此與上閜篆各字各義。或合爲一。非也。『上林賦』說大木之狀。阬衡閜砢。『索隱』引郭樸云。阬衡閜砢者揭孼傾㩻皃(貌)也。按此「閜」字當作「閜」。與谽呀豁閜義不同。閜砢讀惡可來可二反。『玉篇』引『賦』正作「閜」。》从門。阿聲。《烏可切。17部。》/589

閻 염【yán ㄧㄢˊ】마을의 안 문, 마을, 촌락
설문 7376 里中門也。《別於閭閈爲里外門也。》从門。臽聲。《余廉切。8部。》[壛]閻或从土。/587
형성 (4자) 담([艹+閻])409 첨(讇)1513 염(爓)6199 염([氵+閻])7096

閼 (알)【è ㄜˋ】(틀어)막을 ■어:한가한 모양, 유장한 모양 ■연:흉노의 왕비
설문 7398 遮攤也。《遮者、遏也。攤者、褎也。【古書】壅遏字多作「攤閼」。如許所說則同義異字也。》从門。於聲。《此於雙聲取音。烏割切。15部。『爾雅』。歲在卯曰單閼。讀如蟬蔫。》/589

閽 (혼)【hūn ㄏㄨㄣ】문지기, (대궐의)문
설문 7412 常目(以)昏閉門隸(隸)也。《『周禮:注』曰。隸(隸)、給勞辱之役者。『周禮:閽人』。王宮每門四人。囿游亦如之。『注』云。閽人、司昏晨以啓閉者。荆(刑)人墨者使守門。按古閽與勳(勳)音同。『易』。厲閽心。馬作熏。荀以熏爲勳、而『易』爲動。漢光祿勳卿一人。胡廣曰。勳猶閽也。主殿宮門戶之職。》从門昏。《會意。》昏亦聲。《呼昆切。13部。》/590

閾 (역)【yù ㄩˋ】문지방, 내외의 한계
설문 7385 門榍也。《〔木部〕曰。榍者、門限也。相合爲一義。『釋宮』曰。柣謂之閾。柣、郭千結反。卽榍字也。『禮-古文』閾作蹙。此皆叚(假)借字也。》从門。或聲。《于逼切。1部。》『論語』曰。行不履閾。《『鄕(鄉)黨篇』文。》[古文]古文閾。从洫。《从洫聲。此猶『大雅:毛詩』築城伊淢。淢卽洫之古文。『韓詩』正作「洫」。》/588

◀ 제 9 획 ▶

門 8 ⑧

閼 (알)【yā ㄧㄚˉ】㉳㊥⑨㉶ yà 문 여닫는 소리, 문짝 열

설문 7400 門聲也。从門。曷聲。《乙鍇切。15部。按駱駝鳴聲圖字當作「閼」。》/589

閿 (문)【wén ㄨㄣˊ】눈 내리깔고 볼

설문 1992 氐目視也。《「氐」【各本】「低」。按〔人部〕無低。〔日部〕曰。氐者、下也。》从旻。門聲。《無分切。13部。俗作「閺」。》弘農湖縣有閿鄉。《『後漢書』。鄭興客授閿鄉(鄕)。『注』曰。閿、建安中改作「聞」。》汝南西平有閿亭。/129

闇 암【àn ㄢˋ】문 닫을, 어둘, 빛이 흐릴, 어리석을, 그윽히 ■합:홍수 날

설문 7406 閉門也。《借以爲幽暗字。》从門。音聲。《烏紺切。7部。》/590

형성 (1자) 암(灟)6803

闈 (위)【wéi ㄨㄟˊ】문, 대궐, 안방

설문 7368 宮中之門也。《『釋宮』曰。宮中之門謂之闈。『周禮:保氏』。使其屬守王闈。『注』。闈、宮中之巷門。》从門。韋聲。《羽非切。15部。》/587

闉 (인)【yīn ㄧㄣˉ】성문

설문 7378 闉闍、《二字今依『詩:正義』補。》城曲重門也。《「城曲」【各本】作「城內」。今依『詩:正義』正。『鄭風』曰。出其闉闍。『傳』曰。闉、曲城也。闍、城臺也。『正義』曰。『釋宮』云。闍謂之臺。闍是城上之臺。謂當門臺也。闍既是城之門臺。則知闉是門外之城。卽今之門外曲城是也。故云闉、曲城。闍、城臺。按毛分言之、許併言之者、許意說字从門之恉(指)也。有重門、故必有曲城。其上爲門臺。卽所謂城隅也。故闉闍字皆从門。而『詩』曰出其闉闍、謂出此重門也。城曲、曲城意同。》从門。垔(垔)聲。《於眞切。13部。》『詩』曰。出其闉闍。/588

闊 濶(활)【kuò ㄎㄨㄛˋ】넓을, 성길, 거칠, 간략할

설문 7420 疏也。《〔𠫓部〕曰。疏、通也。闊之本義如是。不若今義訓爲廣也。》从門。《猶𩑶之从𡿺。》活(活)聲。《苦括切。15部。》/591

闋 결【què ㄑㄩㄝˋ】문 닫을, 그칠, 마칠, 끝날, 쉴, 다할, 빌, 문 열

설문 7418 事已閉門也。《引申爲凡事已之偁(稱)。『詩』。俾民心闋。『傳』曰。闋、息也。『禮記』。有司告以樂闋。》从門。癸聲。《傾雪切。15部。》/590

형성 (1자) 얼(䦮)7448

闌 란【lán ㄌㄢˊ】㊥ xiàng 막을, 난간, (칼, 창을 걸어두는)병가

설문 7402 門遮也。《謂門之遮蔽也。俗謂櫳檻爲闌。引申爲酒闌字。於遮止之義演之也。》从門。柬聲。《洛干切。14部。》/589

성부 蘭란

형성 (4자) 란(讕)1624 란(籣)2846 란(欄)3381 란(瀾)6845

闍 (도)【dū ㄉㄨˉ】망대, 성문(城門) ■사:성위의 겹문 ■자:성문의 망대

설문 7379 闉闍也。从門。者聲。《當孤切。5部。》/588

◀ 제 10 획 ▶

闐 (전)【tián ㄊㄧㄢˊ】(가득)찰

설문 7409 盛皃(貌)也。《謂盛滿於門中之皃(貌)也。『詩』曰。振旅闐闐。『孟子』作「塡」。『玉藻』。盛氣顚實。叚(假)顚爲闐也。》从門。眞聲。《待年切。12部。》/590

闑 (얼)【niè ㄋㄧㄝˋ】문지방, 내외의 한계

설문 7384 門梱也。《〔木部〕曰。梱、門橜也。相合爲一義。『釋宮』。橜謂之闑。古者門有二闑。二闑之間謂之中門。惟君行中門。臣由闑外。『賈公彦-聘禮:疏』所言是也。『禮-古文』「闑」作「槷」。》从門。臬聲。《魚列切。15部。》/588

闒 답【tà ㄊㄚˋ】다락문, 문루의 지붕 ■탑:천할, 용렬할, 종과 북소리 ■랍:같은 뜻

설문 7373 樓上戶也。《『齊風:傳』曰闥、門內也。【許書】無闥。闒卽今闥字。『西京賦』說神明臺曰。上飛闒而仰眺。『西都賦』說井榦(幹)樓曰。排飛闒而上出。此二闒皆樓上戶。在高處故名之曰飛。》从門。㬱聲。《徒盇(盍)切。8部。》/587

형성 (1자) 답(䦧)1095

闓 (개)【kǎi ㄎㄞˇ】(닫힌 것을)열

설문 7391 開也。《本義爲開門。引申爲凡启(啓)導之偁(稱)。〔心部〕曰。忻者、闓也。》从門。豈聲。《苦亥切。古音在 15部。》/588

闔 (합)【hé ㄏㄜˊ】문짝, (문을)닫을, 뜸, 온(전부)

설문 7383 門扉也。《『月令』。乃脩闔扇。『公羊傳』。齒著乎門闔。『釋宮』。闔謂之扉。》从門。盇聲。《胡臘切。8部。》一曰閉也。《下文曰閉、闔門也。『易』曰。闔戶謂之坤。》/588

闕 (궐)【què ㄑㄩㄝˋ】本[망루] 대궐문, 대궐, 궐할(줄일, 잃을)

설문 7380 門觀也。《『釋宮』曰。觀謂之闕。此觀上必加門者、觀有不在門上者也。凡觀與臺在於平地、則四方而高者曰臺。不必四方者曰觀。其在門上者、則中央闕然、左右爲觀曰兩觀。『周禮』之象魏、『春秋經』之兩觀、『左傳:僖:五年』之觀臺也。若中央不闕、則跨門爲臺。『禮器』謂之臺門、『左傳』謂之門臺是也。此云闕門觀也者、謂門有兩觀者偁(稱)闕。》从門。欮聲。《去月切。15部。》/588

옥【觀】下曰:宮門雙闕。疏、雉門之旁名觀。又名闕。三輔黃圖。周置兩觀。以表宮門。登之可以遠觀。故謂之闕。)

闖 름【chuàng ㄔㄨㄤˋ】 ㉠ chēn, chuǎng ㉡㉢ ⑨㉣ chèn 엿볼, 불쑥내밀(느닷없이 머리를 내미는 모양)

설문 7422 馬出門皃(貌)。《引申爲突兀驚人之辭。『公羊傳』曰。開之則闖然公子陽生也。何云。闖、出頭皃。『韓退之-詩』曰。喁喁魚闖萍。》从馬在門中。讀若郴。《許讀平聲。今去聲。丑禁切。7部。俗語轉若㸋。》/591

◀ 제 11 획 ▶

闚 (규)【kuī ㄎㄨㄟ】 엿볼

설문 7413 閃也。《此與窺義別。窺、小視也。》从門。規聲。《去隓切。16部。》/590

闛 (당)【táng ㄊㄤˊ】 本[성한 모양] ■탕:북소리 ■창:하늘의 문, 대궐문

설문 7410 闛闛、盛皃(貌)。《謂盛滿於門中之皃也。『楊雄賦』。西馳閶闔。此叚(假)闛爲閶也。『大司馬:注』。鼖(鼓)聲不過閶。此叚閶爲闛。闛卽〔鼓部〕之鼞也。鼞聲不過闛。闛卽〔鼓部〕之鼟也。》从門。堂聲。《徒郞(郎)切。10部。》/590

關 관【guān ㄍㄨㄢ】 문빗장, 잠글, 관문, 참여할, 관계할, 들어갈 ■완:활 당길

설문 7407 以木橫持門戶也。《『通俗文』作「櫼」。引申之、『周禮:注』曰關、畍上之門。又引申之、凡曰關閉、曰機關、曰關白、曰關藏皆是。凡立乎此而交彼曰關。『毛詩:傳』曰。關關、和成也。又曰。閒關、設舝皃(貌)。皆於音得義者也。》从門。𢇅聲。《古還切。14部。》/590

참고 관(闗)관계할

◀ 제 12 획 ▶

闈 (위)【wěi ㄨㄟˇ】 (문을 반쯤)열

설문 7388 闢門也。《『魯(魯)語』。闈門與之言。皆不踰閾。『韋-注』。闈、闢也。》从門。爲聲。《韋委切。古音在 17部。》『國語』曰。闈門而與之言。《謂公父文伯之母與季康子。》/588

闞 (감)【kàn ㄎㄢˋ】 바라볼, 내려다 볼 ■함:범이 성내어 으르렁 거릴

설문 7419 望(望)也。《望者、出亡在外、望其還也。望有倚門、倚閭者。故从門。『大雅』。闞如虓虎。謂其怒視。》从門。敢(敢)聲。《苦濫切。8部。》/590

闠 (궤)【huì ㄏㄨㄟˋ】 저자문, 저자

설문 7377 市外門也。《『薛綜-西京賦:注』曰。闤、市營也。闠、中隔門也。『劉逵-蜀都賦:注』曰。闤、市巷也。闠、市外內門也。『崔豹-古今:注』曰。市牆曰闤。市門曰闠。李善引『倉頡篇』曰。闤、市門也。按諸家皆有闤字、而許不錄。盇(蓋)以還環包之。市之營域曰環。其外門曰闠。》从門。貴聲。《胡對切。15部。》/588

闡 (천)【chǎn ㄔㄢˇ】 ㉠ chàn (닫힌 것을)열, 밝힐

설문 7389 開也。从門。單聲。『易』曰。闡幽。《昌善切。14部。『易』曰。闡幽。『毄(繫)辭傳』文。》/588

◀ 제 13 획 ▶

闢 (벽)【pì ㄆㄧˋ】 (문을)열, 열릴, 피할

설문 7387 開也。《引申爲凡開拓之偁(稱)。古多叚(假)借辟字。》从門。辟聲。《房益切。16部。》 闢『虞書』曰。闢四門。《按此六字當在从門辟聲之下。『虞書』當作『唐書』。說詳〔禾部〕。》从門。从𠬞(𠬝)。《按此上當依『匡謬正俗』、『玉篇』補「古文闢」三字。「𠬞」者、今之「攀」字。引也。今俗語以手開門曰攀開。讀如班。古文於此會意。『書:序』。東郊不闢。【馬本】作「闢」。『張揖-古今字詁』云。闢闢古今字。舊讀闢爲開。非也。詳『匡謬正俗』。自衞(衛)包徑改闢爲開、而古文之見於『尙書』者滅矣。》/588

闔 (염)【yān ㄧㄢ】 ㉡㉢⑨㉣ yán 사당집문 ■검:문을 세우기 위하여 따로 세운 문집 ■첨:엿볼

설문 7369 闔謂之樀。《『今-釋宮』櫩謂之樀。『許-所據:爾雅』有異。本作「闔」。》樀、廟門也。《〔木部:樀〕、戶樀也。此樀義不同。謂廟門也。故闔从門。『吳語』。王背櫩而立。大夫向櫩。韋云。櫩謂之樀。樀、門戶。『韋-注』「戶」當作「也」。『國語:爾雅』字皆當作「闔」。郭以屋梠釋樀。非是。》从門。詹聲。《余廉切。8部。》/587

闣 (향)【xiàng ㄒㄧㄤˋ】 문 울림, 양 계단 사이

설문 7401 門響也。《「響」疑當作「鄉(鄉)」。鄉者、今之向字。門鄉者、謂門所向。『釋宮』。兩階間謂之鄉。『集韵(韻):四十一,漾』引作謂之闣。》从門。鄉聲。《許亮切。10部。》/589

◀ 제 17 획 ▶

闟 (전)【yóu ㄧㄡˊ】 ㉡㉢⑨㉣ zhuǎn 문 여닫기 순할 ■현:같은 뜻

설문 7399 開閉門利也。《今俗語云自由自便當作此字。》从門。繇聲。《【各本】作「繇聲」。許有「繇𦈢」無「繇」。今正。按此篆當音由。『唐韵(韻)』乃旨沇切。未詳。》一曰縷十紘也。《按紘字有譌。紘者、冠卷。非其義。疑當作總。『漢律』曰。綺絲數謂之絩。布謂之總。總者、謂布縷之數。八十縷爲一總。卽〔禾部〕之稯。『禮經』之升也。縷者、麻縷也。》/589

闟 (약)【yuè ㄩㄝˋ】 빗장, 문을 열리지 않도록 꼭 잠글

설문 7408 關下牡也。《關者、横物。卽今之門櫼。關下牡者、謂以直木上貫關。下插地。是與關有牝牡之別。『漢書』所謂牡飛牡亡者、謂此也。『月令』曰。脩鍵閉。愼管籥。『注』曰。鍵、牡。閉、牝也。管籥、搏鍵器也。然則關下牡謂之鍵。亦謂之籥。籥、卽闟之叚(假)借字。析言之、則鍵與闟有二。渾言之、則一物也。金縢啓籥見【書】、亦謂關閉兆【書】者。古無鎖鑰字。盇(蓋)古祗用木爲。不用金鐵。故『說文:鍵』下祗云鉉、不云門牡。》从門。龠聲。《以灼切。2部。》/590

門 8 ⑰

◀ 제 19 획 ▶

闌 (란)【lán ㄌㄢˊ】 대궐에 함부로 들어갈
설문 7415 妄入宮亦也。《「亦」舊作「掖」。『師古-注:漢』曰。掖門在兩旁。如人臂掖。依許字例、當作亦也。『漢書』以闌爲闌字之叚(假)借。『成帝紀』。闌入尙方掖門。應劭曰。無符籍妄入宮曰闌。又或作蘭。『列子』。宋有蘭子。『張湛:注』曰。凡物不知生之主曰蘭。殷敬順曰。『史記:無符傳』出入謂之闌。此蘭子、謂以技妄遊。》从門。䜌聲。讀若闌。《洛干切。14部。》/590

170 8-04 阜 阝 언덕 부

阜 阝自阜【fù ㄈㄨˋ】[설문부수 500] 언덕, 클, 많을
설문 9171 大陸也。《「也」字今補。『釋地』、『毛傳』皆曰。大陸曰阜。李巡曰。高平曰陸。謂土地豐(豊)正名爲陸。陸土地獨高大名曰阜。阜㝡(最)大名爲陵。引申之爲凡厚、凡大、凡多之稱。『秦風:傳』曰。阜、大也。『鄭風:傳』曰。阜、盛也。『國語:注』曰。阜、厚也。皆由土山高厚演之。》山無石者。象形。《山下曰。有石而高。象形。此言無石。以別於有石者也。『詩』曰。如山如阜。山與自同而異也。『釋名』曰。土山曰阜。象形者、象土山高大而上平。可層𢑱而上。首象其高。下象其三成也。房九切。3部。》凡自(阜)之屬皆从自。𨸏古文。《上象𢑱高。下象可拾級而上。》/731
유사 등뼈 려(呂) 하여금 이(㠯) 쌓일 퇴(𠂤)
성부 부록 색인 참조
형부 阜를 부수로 하는 대부분의 글자들
얼(隉) 조(阻) 지(隓隳)
참고 부(埠)

◀ 제 2 획 ▶

阝丁 (정)【dīng ㄉㄧㄥ】 언덕 이름
설문 9237 丘名。从自(阜)。丁聲。讀若丁。《當經切。11部。》/735

阞 륵【lè ㄌㄜˋ】 지맥, 셈 나머지
설문 9174 地理也。《『攷工記』曰。凡溝逆地阞。謂之不行。『注』云。溝謂造溝。阞謂脈理。按力者、筋也。筋有脈絡可尋。故凡有理之字皆从力。阞者、地理也。朸者、木理也。泐者、水理也。〔手部〕有扐、亦同意。》从自(阜)。力聲。《盧則切。1部。》/731
형성 (1자) 륵(泐)7003

◀ 제 3 획 ▶

阢 (올)【wù ㄨˋ】 흙 덮인 돌산 ■울:같은 뜻 ■위:같은 뜻 ■외:산 높을
설문 9216 石山戴土也。《「戴」小徐作「載」。『釋山』曰。石戴土謂之崔嵬。然則崔嵬一名阢也。》从自(阜)。兀聲。《五忽切。15部。『玉篇』午回切。》/734

阤 (치)【yǐ ㄧˇ】 ㊤㊥⑨㉑ zhì 무너질, 비탈 ■시:기강이 퇴폐할 ■타:허물어질 ■이:한쪽으로 기울어질
설문 9204 小𧵊(崩)也。《大曰𧵊。小曰阤。『吳都賦』曰。崩巒阤岑。此其義也。『子虛賦』曰。登降阤靡。『上林賦』曰。巖阤甗錡。皆謂欹傾也。後人多用陊爲之。【古書】或用褫爲之。》从自(阜)。也聲。《丈爾切。又弋爾切。古音在 17部。》/733

◀ 제 4 획 ▶

阪 (판)【bǎn ㄅㄢˇ】 비탈길, 둑, 제방, 언덕
설문 9180 坡者曰阪。《『釋地』、『毛傳』皆曰。陂者曰阪。許云坡者曰阪。然則坡陂異部同字也。『說卦傳』。其於稼也爲反生。叚(假)借反爲阪也。》从自(阜)。反聲。《府遠切。14部。》一曰澤障也。《陂爲澤障。故阪亦同。》一曰山脅也。《山脅、山胛也。『呂覽』。阪險原隰(濕)、『高-注』。阪險、傾危也。『小雅:阪田:箋』曰。崎嶇墝埆之處也。》/731

阬 (갱)【kēng ㄎㄥ】 구덩이, 묻을
설문 9208 閬也。《閬者、門高大之皃(貌)也。引申之、凡孔穴深大皆曰閬阬。『釋詁』云。虛也。地之孔穴虛處與門同。故曰閬也。以曡韵(疊韻)爲訓。『詩』。臯(皐)門有伉。然則門亦得偁(稱)阬也。○ 今按閬訓迂遠。【疑本】作㫰(限)。俗作閬(閬)。又譌閬耳。阬塹、亦㫰阻也。〔土部〕曰。塹者、阬也。然則阬者塹也爲轉注。》从自(阜)。亢聲。《客庚切。古音在 10部。讀如康。俗字作「坑」。》/733

阭 (윤)【yǔn ㄩㄣˇ】 높을, 돌(石也) ■전:높을 ■외:같은 뜻 ■연:높을
설문 9188 高也。从自(阜)。允聲。《余準切。『玉篇』余翦切。13、14部。》一曰石也。/732

阮 (완)【ruǎn ㄖㄨㄢˇ】 ㊤㊥⑨ yuán ㉑ yuǎn 나라 이름, 성씨, 산이름 ■원:속음
설문 9233 代郡吾阮關也。《『地理志』。代郡有五原關。阮者正字。原者叚(假)借字也。『成帝紀』作五阮關。如淳曰。近捲反。》从自(阜)。元聲。《虞遠切。14部。》/735

阯 (지)【zhǐ ㄓˇ】 터, 주춧돌
설문 9212 基也。《止下曰。下基也。阯與止音義皆同。止者、艸木之基也。阯者、城阜之基也。》从自(阜)。止聲。《諸市切。1部。》址阯或从土。《『左傳』曰。略基址。》/734

阱 (정)【jǐng ㄐㄧㄥˇ】 함정, 허방다리
※ 정(穽)과 같은 글자
설문 3052 陷也。《穿地陷獸。》从自井(阜井)。《於大陸作之如井。》井亦聲。《疾正切。11部。》穽阱或从穴。《『中庸:音義』曰。阱本作穽、同。引『說文』穽或阱字也。【今

㉑ 作家出版社〔董蓮池-說文解字考正〕 ⑨ 九州出版社〔柴劍虹-說文解字〕 ㉠ 陝西人民出版社〔蘇寶榮-說文解字今注今譯〕 ㊤ 上海古籍出版社〔說文解字注〕 ㊥ 中華書局〔臧克和-說文解字新訂〕

本』釋文於或下妄沾爲「字」。按『古本-說文』多云某或某字。見於『經典:釋文』者往往如是。『周禮:注』所謂古字多或也。『今本-說文』盡改之云某或作某。非古也。若讀釋文竄改者、則益可歎矣。》 古文阱。从水。《【鍇本】作「阱」或从水。『玉篇』云。古文作「汬」。》/216

防 방【fáng ㄈㄤˊ】둑, 막을, 당할, 방(房)
설문 9210 隄也。《『周禮:稻人』日。以防止水。『注』云。偃豬者、畜流水之陂也。防者、豬旁隄也。引申爲凡備(備)禦之偁(稱)。『禮記:鄭-目錄』云。名日『坊記』者、以其記六藝之義。所以坊人之失者也。防之俗作坊。》从自(阜)。方聲。《符方切。10部。》 防或从土。《俗字所由作坊也。俗又以坊爲邑里之名。》/733
참고 방(埅)막을, 둔덕 ※ 방(防)과 같은 글자

◀제5획▶

阸 (액)【è ㄜˋ】막힐 ※ 액(阨)과 같은 글자
설문 9218 塞也。《塞先代切。與窒寏字別。塞者、隔也。阸之言扼也。》从自(阜)。戹聲。《於革切。古音在 16部。》/734

阹 (거)【qū ㄑㄩ】(산 속에 설치한)짐승 우리
설문 9256 依山谷爲牛馬圈也。《『司馬相如:上林賦』、『楊雄傳』、『左思-吳都賦』皆有此字。郭樸、李奇、劉(劉)淵林-注』皆略同許。》从自(阜)。去聲。《去魚切。5部。》/736

阺 (저)【dǐ ㄉㄧˇ】비탈, 언덕
설문 9215 秦謂陵阪曰阺。《大自(阜)日陵。坡日阪。秦人方言皆日阺也。『漢書:楊雄-解嘲』日。響若阺隤。應劭云。天水有大坂。名曰隴坻。其山堆旁箸崩落作聲。聞數百里。故日坻隤。按仲遠誤也。依『說文』則巴蜀名山岸脅之旁箸欲落墒者日氏。氏崩聞數百里。秦謂陵阪日阺。其字則氏與阺不同。其語言則秦與巴蜀不同。且氏主謂石。故崩聲聞遠。阺主謂土。陵阪皆土阜也。氏或譌作坻。韋昭音若是理之是。不誤。「阺」字或作「坻」。音丁兮丁禮二反。『高唐賦』。臨大阺之稸水。是其正字也。自仲遠合而一之。古音16, 15部之別亦淆矣。凡氏聲在 16部。凡氐聲在 15部。》从自(阜)。氐聲。《丁禮切。15部。》/734

阻 (조)【zǔ ㄗㄨˇ】험준할, 떨어질
설문 9185 險也。从自(阜)。且聲。《『大射儀』。且左還毋周。『注』日。古文且爲阻。『堯典-古文』。黎民俎飢。『鄭-注』云。俎讀日阻。是皆古文叚(假)借字也。側呂切。5部。》/732

阼 (조)【zuò ㄗㄨㄛˋ】섬돌(당의 동쪽 층계)
설문 9246 主階也。《階之在東者。古者天子踐阼臨祭祀。故國運日阼。》从自(阜)。乍聲。《昨誤切。5部。》/736

阽 (염)【yán ㄧㄢˊ】위태할, 떨어뜨릴 ■점:같은 뜻
설문 9243 壁危也。《引申爲凡物之危。『漢:文帝詔』日。或阽於死亡。如淳日。阽、近邊欲墮之意。》从自(阜)。《壁高故从自。》占聲。《余廉切。古音在 7部。服虔音反坫之坫。孟康音屋檐之檐。》/736

阿 아【à ㄚˋ】㊥⑨㉑ ē 本[언덕] 한쪽이 높은 언덕, 아첨할 ■옥:남을 부를 때 친근한 뜻을 나타내기 위해 붙이는 말 ■알:석가의 제자
설문 9178 大陵日阿。《『釋地』、『毛傳』皆日。大陵日阿。》从自(阜)。可聲。《烏何切。17部。》一日阿、曲自也。《『毛詩』、菁菁者莪。在彼中阿。『傳』云。大陵日阿。考槃在阿。『傳』日。曲陵日阿。各隨其宜解之也。『大雅』。有卷者阿。『傳』日。卷、曲也。然則此阿謂曲自也。引申之、凡曲處皆得偁(稱)阿。是而『緜蠻:傳』日。丘阿、丘之曲阿。室之當棟處日阿。『考工記』四阿。若今四注屋。『左傳』。槨有四阿。『毛傳』。偏高日阿丘。【許書】言令、口上阿也。皆是也。曲則易爲美。故『隰桑:傳』日。阿然、美皃(貌)。凡以阿言私曲、言昵近者、皆引申叚(假)借也。》/731

陂 (피)【pí ㄆㄧˊ】㊤㊥⑨㉑ bēi 비탈, 못(저수지), 제방, 둑이름 ■파:같은 뜻
설문 9179 阪也。《陂與坡音義皆同。凡陂必邪立。故引申之義爲傾邪。『子虛賦』。罷池陂陀。言旁穨也。『易』。無平不陂。『洪範』。無偏無陂。》从自(阜)。皮聲。《彼爲切。古音在 17部。》一日池也。《「池」【各本】作「沱」。誤。今依『韵(韻)會』正。說詳〔水部〕。池與沱形義皆別。此云陂者、池也。故〔水部〕有池篆、云陂也。正考老轉注之例。『詩』惟『召南』言沱。餘多言池。不可淆溷。【許書】沼、池也。洼、深池也。潢、積水池也。湖、大陂也。汥、水都也。漥、一日窊也。洿、一日窊下也。義皆同物。豈可改爲沱乎。陂得訓池者、陂言其外之障。池言其中所蓄之水。故日劉(劉)媼嘗息大澤之陂。謂大澤之旁也。日叔度汪汪若千頃陂。卽謂千頃池也。湖訓大陂。卽大池也。『陳風』。彼澤之陂。『傳』日。陂、澤障也。『月令:注』日。畜水日陂。凡【經傳】云陂池者、兼言其內外。或分析言之。或舉(擧)一以互見。許池與陂互訓。渾言之也。陂有叚(假)波爲之者。如『漢:諸侯王表』日波漢之陽、『西域傳』日傍南山北波河。》/731

附 (부)【fù ㄈㄨˋ】㊤㊥⑨㉑ bù ㉑ fòu 本[작은 토산](달라)붙을, 붙일
설문 9214 附婁、《逗。疊韵(疊韻)字。》小土山也。《『左傳:襄:二十四年』。子大叔日。部婁無松柏。『杜-注』。部婁、小阜。服虔日。喩小國。『風俗通義』引『左傳』釋之日。言其卑小。部者、阜之類。今齊魯之閒、田中少高卬名之爲部矣。按或作「培塿」。依許則『傳』文本作「附婁」。字从自、其本義也。上蒲口反。下路口反。『玉篇』日。『說文』以坿爲坿益字、从土。此附作步口切。小土山也。玉裁謂〔土部:坿〕、益也。增益之義宜用之。相近之義亦宜用之。今則盡用附。而附之本義廢矣。》从自(阜)。付聲。《符又切。按此音非也。當云蒲口切。4部。》『春秋傳』日。附婁無松柏。《『左氏傳』多古文。許所見未誤。》/734

阜 8 ⑤

◀ 제 6 획 ▶

陊 (타)【duò ㄉㄨㄛˋ】 무너질, 물가의 언덕 ■치:산사태날

설문 9207 落也。《〔艸部〕曰。艸曰苓。木曰落。引申之、凡自上而下皆曰落。〔石部:硌〕下曰。上擿山巖空靑珊瑚陊之。『吳都賦』曰。硌陊山谷。按今字叚(假)墮爲陊。而叚陊爲阤。義雖略相近。而實本不同。『召南:毛傳』。盛極則隋落者梅也。又叚隋爲陊。》从自(阜)。多聲。《徒果切。17部。》/733

陋 (루)【lòu ㄌㄡˋ】 (장소가)비좁을 ■로:추할

설문 9193 阸陝也。《阸者、塞也。陝者、隘也。〔𨸏部〕曰。隘者、陋也。然則陋與隘爲轉注。阸陝者、如邊塞狹隘也。故从自。引申爲凡鄙小之偁(稱)。賈子曰。反雅爲陋。『淮南:注』曰。陋、鄙小也。》从自(阜)。㔷(丙)聲。《盧候(候)切。4部。》/732

降 강【jiàng ㄐㄧㄤˋ】 내릴(높은 곳에서, 공중에서, 시간이 지나 후세에) ■항:항복할

설문 7 下也。《此下爲自上而下。故廁於隊隕(隕)之閒(間)。『釋詁』曰。降、落也。古多叚(假)降爲夅。〔夂部〕曰。夅、服也。此今人讀下江切之正字。『詩:召南』。我心則降。『毛傳』曰。降、下也。『春秋經』。郕降于齊師。『何-注』曰。降者、自伏之文。又齊人降鄣。『穀梁傳』曰。降猶下也。皆夅之叚借字也。分爲平去韵、而昧其原委矣。以地言曰降、故从自(阜)。以人言曰夅、故从夊𠀀相承。》从自。夅聲。《此亦形聲包會意。古巷切。9部。》/732

성부 隆릉

限 限(한)【xiàn ㄒㄧㄢˋ】 막힐, 경계(지경) ■안:몹시 급할

설문 9184 阻也。《『廣韵(韻)』。度也。齊也。畍(界)也。皆其引申之義。》从自(阜)。艮(艮)聲。《乎簡(簡)切。古音在 13部。》一曰文㮰也。《此別一義。而前義可包之。〔木部〕曰。㮰、門限也。是爲轉注。其字俗作「㮚」、作「㡉」。》/732

陈 (의)【yī ㄧˉ】 비탈, 언덕(이름)

설문 9227 酒泉天陈阪也。《『地理志』。酒泉郡天陈縣。師古曰。此地有天陈阪。故以名。》从自(阜)。衣聲。《於希切。15部。》/735

陔 (해)【gāi ㄍㄞˉ】 층계(계단), 층

설문 9248 階次也。《近階之處也。『小雅:有南陔序』曰。南陔、孝子相戒以養也。『束晳詩』曰。循彼南陔。言采其蘭。是用階次之說矣。而『禮經:賓出奏陔-夏:注』曰。以爲行節。『序』以戒釋陔。皆取引申叚(假)借之義。》从自(阜)。亥聲。《古哀切。1部。》/736

◀ 제 7 획 ▶

陖 준【jùn ㄐㄩㄣˋ】 가파를, 높을, 높고 험할, 정자 이름 ■순:속음

설문 9191 陗高也。《謂斗直而高也。卑字雖直、不得云陖矣。〔山部:陵〕或作峻。高也。此陖、陗高也。是峻陖之別也。專言高者、或未必陗矣。陖古叚(假)借洒字爲之。『邶風』曰。新臺有洒。『傳』曰。洒、高峻也。峻卽陖之同音通用。『傳』意謂『經』之洒、卽陖之叚借也。西聲夋聲古音同在 13部。『釋丘』曰。望(望)厓洒而高岸。夷上洒下漘。洒而高、謂體斗直而頂高出也。夷上洒下、謂頂平不高出而體亦斗直也。『李巡-注』甚明了。而郭樸說誤。》从自(阜)。夋聲。《私閏切。13部。》/732

형성 (1자) 준(陵 𡸏)5610

陗 (초)【qiào ㄑㄧㄠˋ】 가파를, 급할

설문 9190 陖也。《凡斗直者曰陗。『李斯列傳』曰。樓季也而難五丈之限。跛牂也而易百仞之高。陗塹之勢異也。塹當爲漸。陂陀者曰漸。斗直者曰陗。凡閒出者曰庯陗。「斗」俗作「陡」。【古書】皆作斗。》从自。肖聲。《七笑(笑)切。2部。》/732

陘 (형)【xíng ㄒㄧㄥˊ】 지레목(산줄기가 끊어진 곳)

설문 9213 山絕(絶)坎也。《『釋山』曰。山絕、陘。按『今-爾雅』奪「坎」字。『郭-注』云。連山中斷(斷)絕。非是。陘者、領也。『孟子』作徑。云山徑之蹊。『趙-注』。山徑、山領也。『楊子-法言』作山㮌之蹊。皆卽陘字。凡巠聲之字皆訓直而長者。河北八陘。一曰軹關陘。二曰太行陘。三曰白陘。四曰滏口陘。五曰井陘。六曰飛狐陘。七曰蒲陰陘。八曰軍都陘。『戴先生-水地記』曰。此皆㒳(兩)山中隔以成隘道也。軹關之山與太行中隔沁水。其山脈來自太岳。白陘之山與大行中隔丹水。其山脈自發鳩別而東。井陘滏口之山與白陘中隔漳水。其山脈自淸漳之源沾領別而東。飛狐蒲陰之山與井陘中隔滹沱。其山脈來自北岳。軍都之山與蒲陰中隔桑乾水。其山脈自大同府之外陰山別而東。大行之名尤顯著。故偁(稱)大行八陘。『元和郡縣圖志』引『述征記』曰。大行山首始於河內。北至幽州。凡有八陘。後代【史志:地記】多本其說。於軹關已北、軍都已南諸山槩目以大行。其亦不達於理矣。先生所論八陘冣(最)爲明析。而山絕坎之訓亦明。凡天下之地勢。㒳山之閒(間)必有川焉。則㒳川之閒(間)必有山焉。是爲坎象。坎者、陷也。陷者、高下也。高在下閒爲陷。陘者、一山在㒳川之閒。故曰山絕坎。絕猶如絕流而渡之絕。其莖理亙於陷中也。》从自(阜)。巠聲。《戶經切。11部。》/734

陙 (순)【chún ㄔㄨㄣˊ】 물가 언덕

설문 9261 水自(阜)也。《「水」『集韵(韻)』作「小」。》从自。辰聲。《食倫切。13部。》/736

陚 (부)【fù ㄈㄨˋ】 언덕 이름, 작은 언덕

설문 9235 丘名。从自(阜)。武聲。《方遇切。5部。》/735

陛 폐【bì ㄅㄧˋ】 높은 곳으로 올라가는 계단, 대궐 섬돌, 궁전에 이르는 돌층계

설문 9247 升高陛也。《升登古今字、古叚(假)升爲登也。自卑而可以登高者謂之陛。賈誼(誼)曰。陛九級上廉遠地。

則堂高。陛無級廉近地。則堂卑。『獨斷(斷)』曰。羣(群)臣與至尊言。不敢指斥。故呼在陛下者而告之。》从自(阜)。坒聲。《旁禮切。15部。》/736

형성 (1자) 폐(梐)3622 폐(陛)7334

⿰阝告 (곡)【kū ㄎㄨ】 큰 언덕(이름) ■고:같은 뜻

설문 9234 大自(阜)也。《前云大自曰陵矣。此云大自曰⿰阝告。未聞。》一曰右扶風郿有⿰阝告自。《⿰阝告又爲自名。》从自。告聲。《苦沃切。3部。》/735

陜 (협)【xiá ㄒㄧㄚˊ】 좁을 ■합:합(陜)의 속자

설문 9194 隘也。从自(阜)。夾聲。《侯夾切。8部。俗作「陿、峽、狹」。》/732

陝 섬【shǎn ㄕㄢˇ】 나라 이름, 현 이름, 주 이름

설문 9228 弘農陝也。《『地理志』。弘農郡陝縣。『後志』同。今河南直隸(隸)陝州有廢陝縣。》古虢國。王季之子所封也。《『左傳』曰。虢仲虢叔。王季之穆也。『國語』稱文王敬友二虢。杜預以爲皆文王母弟。馬融云。虢叔、同母弟。虢仲、異母弟。今按同母異母不可知。據許祇云王季之子可也。『地理志』曰。陝故虢國。東虢在滎陽。賈逵曰。虢仲封東虢。制是也。虢叔封西虢。虢公是也。『鄭語』。西有虞虢。韋曰。虢、虢叔之後。西虢也。又濟雒河潁之閒(間)。虢鄶 爲大。韋曰。虢、東虢也。虢仲之後。按『地理志』及『說文』皆但云陝、故虢國。不目爲西虢者。葢(蓋)東周時東虢已滅於鄭。不煩分別也。『春秋』晉滅虢。謂在陝之西虢。王季之子虢叔之後。》从自(阜)。夾聲。《十篇〔亦部〕下曰。弘農陝(陝)字从此。失冄切。8部。》/735

유사 좁을 협(陜)

형성 (1자) 섬(⿱陜心)7916

陟 척【zhì ㄓˋ】 오를, 올릴, 관작을 올릴, 나아갈

설문 9195 登也。《『釋詁』曰。陟、陞也。『毛傳』曰。陟、升也。陞者、升之俗字。升者、登之叚(假)借。『禮:喪服:注』曰。『今文-禮』皆登爲升。俗誤已行久矣。據鄭說則『古文-禮』皆作登也。許此作登不作升者、【許書】說解不用叚借字也。漢人用同音字代本字。旣乃不知有本字。所謂本有其字、依聲託事者然也。》从自(阜)步。《謂緣自而步也。自有層次可尋。是謂會意。竹力切。1部。》古文陟。/732

형성 (1자) 즐(騭)5841

院 (원)【yuàn ㄩㄢˋ】 本[굳을] 주위에 담을 두른 저택, 집, 절, 마을(관청)

설문 9259 堅也。从自(阜)。完聲。《王眷切。14部。按〔宀部〕爲寏之或體。》/736

除 제【chú ㄔㄨˊ】 本[궁전의 계단] 제거할, 베거나 죽여 없앨 ■저:갈 ■여:4월 ■서:열

설문 9244 殿陛也。《殿謂宮殿。殿陛謂之除。因之凡去舊更新皆曰除。取拾級更易之義也。『天保』。何福不除。『傳』曰。除、開也。》从自(阜)。余聲。《取以漸而高之意。》《直魚切。5部。》/736

형성 (2자+1) 저(篨)310 제(蒢)2785 저(滁)

◀ 제 8 획 ▶

⿰阝卷 (권)【juǎn ㄐㄩㄢˇ】 촌락 이름, 마을 이름

설문 9230 河東安邑阪也。从自(阜)。卷聲。《居遠切。14部。》/735

陪 배【péi ㄆㄟˊ】 本[흙 쌓아 올림] 모실, 도울, 더할, 배신

설문 9251 重土也。《『左傳』曰。分之土田陪敦。『注』曰。陪、增也。敦、厚也。諸侯之臣於天子曰陪臣。取重土之義之引申也。》一曰滿也。从自(阜)。咅聲。《薄回切。古音在 1部、4部之閒(間)。》一曰陪臣。陪、備(備)也。《『小徐本』有此七字。》/736

유사 거느릴 부(部)

참고 배(蓓)황배풀, 꽃봉오리

⿰阝⿱召土 (조)【zhào ㄓㄠˋ】 묵밭 갈, 제방, 지경

설문 9242 耕目(以)臿浚出下壚土也。《耕謂耕者也。臿當依十二篇〔甾部〕作疀(疀)。古田器。〔斗部〕引『爾雅』斛謂之疀是也。郭樸曰。斛疀古鍫鍤字。浚者、抒也。抒者挹也。壚者、黑剛土也。耕者用鍫抒取地下黑剛土謂之⿰阝⿱召土。『釋名』曰。鍤、插地起(起)土也、或曰「銷」。或曰「鏵」。其板曰「葉」。鏵卽〔木部〕之「芣」。芣者、兩(兩)刃臿也。》一曰耕休田也。《謂爰田易耕者。》从自(阜)。从土。召聲。《之少切。2部。》/735

陬 (추)【zōu ㄗㄡ】 구석, 정월, 땅이름

설문 9181 阪隅也。《謂阪之角也。正月爲陬。亦謂寅方在東北隅也。引申爲凡隅之偁(稱)。陬與隅疊韵(疊韻)爲訓。》从自(阜)。取聲。《子侯切。4部。》/731

陭 (기)【yī ㄧ】 (상)(中)⑨ yì 本[기씨현 언덕이름] 험할

설문 9231 上黨陭氏阪也。《『地理志』。上黨郡陭氏縣。葢(蓋)因有陭氏阪以名也。『今本-郡國志』作「猗」氏。因河東猗氏而誤。》从自(阜)。奇聲。《於离切。按當依『漢書』於義切。古音在 17部。》/735

陮 (퇴)【duǐ ㄉㄨㄟˇ】 (상)(中)⑨(작) duì 높을, 험할

설문 9186 陮隗、《逗。》高也。《陮猶崔巍。亦猶朵㠑。疊韵(疊韻)字也。》从自(阜)。隹聲。《都辠切。15部。》/732

陯 (론)【lún ㄌㄨㄣˊ】 산언덕 꺼질, 산 언덕 내려앉을

설문 9260 山自(阜)陷也。《今則淪行而陯廢矣。》从自(阜)。侖聲。《盧昆切。13部。『廣韵(韻)』力迍切。》/736

陰 음【yīn ㄧㄣ】 음기, 어둠, 그늘, 북쪽, 흐릴, (남녀의)생식기 ■암:여막, 덮을 ■안:엷은 검은 빛깔, 검붉은 빛깔

설문 9175 闇也。《闇者、閉門也。閉門則爲幽暗。故以爲高

明之反。》水之南、山之北也。从𨸏(阜)。《『穀梁傳』曰。水北爲陽。山南爲陽。『注』云。日之所照曰陽。然則水之南、山之北爲陰可知矣。『水經:注』引伏虔曰。水南曰陰。『公羊:桓:十六年傳:注』曰。山北曰陰。按山北爲陰、故陰字从𨸏。自漢以後通用此爲霒字。霒古文作侌、夫造化侌昜其气本不可象。故霒與陰、昜與陽皆叚(假)雲日山𨸏以見其意而已。》侌聲。《於今切。7部。》/731

형성 (1자) 음(蔭)503

陳 敶陳敕 진【chén ㄔㄣˊ】 本[나라이름] 늘어놓을, 군대의 대를 지어 늘어선 줄, (오래)묵을, 말할

설문 9240 宛丘也。舜後嬀滿之所封。《『韵會』有也。》舜後嬀滿之所封。《『毛傳:譜』曰。陳者、大皞虙戲(戲)氏之墟。帝舜之冑。有虞閼父者、爲周武王陶正。武王賴其利器用。與其神明之後。封其子嬀滿於陳(陳)。都於宛丘之側。是曰陳胡公。按今河南陳州府治是其地。許必言宛丘者、爲其字从𨸏(阜)也。『毛傳』曰。四方高中央下曰宛丘。卽『釋丘』之宛中曰宛丘也。陳本大皞之虛正字。俗叚(假)爲敶列之敶。陳行而敶廢矣。》从𨸏。从木。《大皞以木德王。故字从木。》申(申)聲。《直珍切。12部。》𨻞古文陳。《按古文从申不从木。》/735

【敶】下曰:列也。《『韓詩』。信彼南山。惟禹敶之。『爾雅』。郊外謂之田。李巡云。田、敶也。謂敶列種穀之處。敶者敶之省。『素問:注』云。敶古陳字。是也。此本敶列字。後人假借陳爲之。陳行而敶廢矣。亦本軍敶字。冂下云。讀若軍敶之敶是也。後人別製無理之陣字。陳行而敶又廢矣。》从攴。陳(陳)聲。《直刃切。『廣韵𨚫十七眞』曰。敶者、陳之古文。古文當作古字。12部。》/124

형성 (1자+1) 진(敶)1926
진(陣)

陖 (전)【jiàn ㄐㄧㄢˋ】 물가 언덕

설문 9262 水𨸏(阜)也。从𨸏。戔聲。《慈衍切。14部。》/736

陴 (비)【pí ㄆㄧˊ】 성가퀴

설문 9254 城上女牆。俾倪皃(貌)也。《〔土部〕曰。堞、城上女垣也。凡小者謂之女。女牆卽女垣也。俾倪曡韵(疊韻)字。或作「睥睨」。或作「埤堄」。皆俗字。城上爲小牆。作孔穴可以窺外。謂之俾倪。『左傳:宣:十二年』。守陴者皆哭。『杜-注』。陴、城上俾倪。『釋名』云。城上垣曰俾倪。言於其孔中俾倪非常。亦曰陴。陴、裨也。言裨助城之高也。亦曰女牆。》从𨸏(阜)。卑聲。《符支切。16部。》𩫖籒文陴。从𩫏。/736

陵 릉【líng ㄌㄧㄥˊ】 큰 언덕, 산 같은 것이 높을, 임금의 무덤

설문 9172 大𨸏(阜)也。《『釋地』、『毛傳』皆曰。大阜曰陵。『釋名』曰。陵、隆也。體隆高也。按引申之爲乘也、上也、躐也、侵陵也、陵夷也。皆夌字之假借也。〔夊部〕曰。夌、越也。一曰。夌、徲也。夌徲、卽陵夷也。》从𨸏。夌聲。《力膺切。6部。》/731

참고 릉(𨹟)

陶 (도)【táo ㄊㄠˊ】 本[겹친 언덕] 산이름, 질그릇(을 구울), 기뻐할, 흐뭇하게 즐기는 모양 ■요:순임금의 신하이름, 화락한 모양

설문 9241 再成丘也。在濟陰。《『釋丘』曰。一成爲「敦丘」。再成爲「陶丘」。『禹貢』曰。道沇水東流爲濟。入于河。泆爲熒。東出于陶丘北。『地理志』曰。濟陰郡定陶縣。『禹貢』陶丘在西南。按定陶故城在今山東曹州府定陶縣西南。古陶丘在焉。》从𨸏(阜)。匋聲。《徒刀切。古音在3部。》『夏書』曰。東至又陶丘。《『禹貢』文。》陶丘有堯城。堯嘗所凥。故堯號陶唐氏。《謂堯始居於陶丘。後爲唐侯。故曰陶唐氏也。》/735

陷 (함)【xiàn ㄒㄧㄢˋ】 本[높은 데에서 떨어질(함정에)빠질

설문 9196 高下也。《高下者、高與下有懸絕(絕)之勢也。高下之形曰陷。故自高入於下亦曰陷。義之引申也。『易』曰。坎、陷也。謂陽陷陰中也。凡深沒(沒)其中曰陷。》从𨸏(阜)。臽聲。《大徐作「从𨸏、从臽、臽亦聲」。戶猎切。8部。》一曰陊也。/732

陸 (륙)【lù ㄌㄨˋ】 本[언덕] 뭍, 뭍, 여섯

설문 9177 高平地。《『釋地』、『毛傳』皆曰。高平曰陸。》从𨸏(阜)。坴聲。《〔土部:坴〕下曰。土塊坴坴也。然則陸从坴者、謂其有土無石也。大徐作「从𨸏从坴、坴亦聲」。力竹切。3部。》𨻶籒文陸。《从古文𨸏省。从籒文光(𠃊)不从土者、从𨸏而土見矣。》/731

형성 (2자) 아(闙)7397 아(隁)7913

𨸛 부【suì ㄙㄨㄟˋ】 [설문부수 501] ㊤㊥⑨㉿ fù 두 언덕 사이 (阝부 8획)

설문 9263 两𨸏(兩阜)之閒(間)也。从二𨸏。《似醉切。按此字不得其音。大徐依㒸(燧)讀也。『廣韵』、『玉篇』扶救切。又依𨸏音讀也。》凡𨸛之屬皆从𨸛。/737

형부 수(䡻) 애(𨺅) 벽(𨸛)

◀ 제 9 획 ▶

隕 (정)【zhēn ㄓㄣ】 ㊤㊥⑨㉿ zhēng 언덕 이름

설문 9236 丘名。从𨸏(阜)。貞聲。《陟盈切。11部。》/735

陼 (저)【dú ㄉㄨˊ】 ㊤㊥⑨ zhǔ ㉿ dǔ 물가 ※ 저(渚)와 같은 글자 ■도:모래섬

설문 9239 如渚者陼丘。水中高者也。《『釋水』曰。水中可居者曰州。小州曰渚。『釋丘』曰。如渚者陼丘。謂在水中高而平。如水中小州然也。許本之爲說。『今-爾雅』作小洲曰陼。如陼者陼丘。㴑渚通用。》从𨸏(阜)。者聲。《當古切。5部。》/735

陽 양【yáng ㄧㄤˊ】 양기, 높고 탁 트일, 해, 볕

설문 9176 高朙(明)也。《闇之反也。》从𨸏

(阜)。《不言山南曰昜者、陰之解可錯見也。山南曰陽、故从自。『毛傳』曰。山東曰朝陽。山西曰夕陽。》昜聲。《與章切。10部。》/731

형성 (1자) 양(鐊)8986

陾 (잉)【réng ㄖㄥˊ】담 쌓는 소리

설문 9253 築牆聲也。从自(阜)。耎聲。《如乘切。6部。》『詩』曰。捄之陾陾。《『大雅:緜(綿)』文。『毛傳』曰。捄、虆也。陾陾、衆(衆)也。度、居也。言百姓之勸勉也。登登、用力也。『箋』云。捄、捊也。度猶投也。築牆者捊聚壤土。盛之以虆。而投諸版中。按『箋』與『傳』不異。『箋』之投卽『傳』之居。『詩』之捄謂捊土。度謂投版中。然後乃築之登登然。則『毛傳』謂陾陾衆也爲長。許謂築牆聲、似非是。又其篆从耎聲、則與如乘切相去甚遠。依『玉篇:手部』作「捄」之陑陑、則之韵(韻)而聲可轉入蒸韵。如耳孫之卽仍孫也。葢(蓋)其字从自(阜)、故許必云築牆以傅合之。而聲則或譌爲耎聲。》/736

隃 (유)【shù ㄕㄨˋ】현이름, 넘을

설문 9232 北陵西隃鴈門是也。《此八字用『爾雅:釋地』。『郭-注』曰。鴈門山是也。『史記:趙:世家』作「先俞」。古西先同音也。『地理志』。鴈門郡。秦置。句注山在陰館。按句注山一名西陘山。一名鴈門山。今在山西代州西北二十五里。有鴈門關。》从自(阜)。俞聲。《傷遇切。古音在 4部。》/735

隄 (제)【tí ㄊㄧˊ】상中9작 dī 둑, 방죽

설문 9211 唐也。《唐塘正俗字。唐者、大言也。叚(假)借爲陂唐。乃又益之土旁作塘矣。隄與唐得互爲訓者、猶陂與池得互爲訓也。其實窊者爲池、爲唐。障其外者爲陂、爲隄。》从自(阜)。是聲。《都兮切。16部。按或作「隄」。此猶麟之定、卽麟之題也。》/733

(전)【duàn ㄉㄨㄢˋ】상中9 zhuàn 작 tuán 길가의 낮은 담

설문 9252 道邊庳垣也。《未聞。》从自(阜)。彖聲。《徒玩切。14部。按『篇』、『韵(韻)』皆丈轉切。》/736

隅 (우)【yú ㄩˊ】구석, 모퉁이

설문 9182 陬也。《隅與陬爲轉注。『廣雅』曰。陬、角也。『小雅:箋』曰。丘隅、丘角也。上言陬此不言陬者、不主謂陬之隅也。『考工記』宮隅、城隅、謂角浮思也。『大雅』。惟德之隅。『傳』曰。隅、廉也。今人謂邊爲廉。角爲隅。古不別其字。亦作「堣」、作「湡」。》从自(阜)。禺聲。《噳俱切。古音在 4部。偶平聲。》/731

隆 륭【lóng ㄌㄨㄥˊ】성할, 높을, 높일, 두터울

설문 3715 豐(豊)大也。《隆字、漢殤帝之名。不云上諱而直書其字者。『五經異義』云。漢幼小諸帝皆不廟祭、而祭於陵。既不廟祭、似可不諱。然『漢志』河內郡隆慮。應劭曰。隆慮山在北。避殤帝名。改曰林慮也。又『郡國志』。林慮故隆慮。殤帝改。漢制生而諱。故孝宣更名。此葢(蓋)殤帝在位時所改。而書成於和帝永元十二年。以前未及諱。至安帝建光元年許沖上書時不追改。故不云上諱。祐曰上諱者、今天子之名。又在開卷也。林與隆合韵。故『毛詩』臨衝、『韓詩』作隆衝。》从生。降聲。《力中切。9部。》/274

형성 (1자) 동([illegible])2949 륭(癃)4579

隈 (외)【wēi ㄨㄟˉ】(물가의)물굽이, 산굽이, 후미진 곳

설문 9223 水曲也。《【各本】作水曲隩也。今依『西都、海賦:二注』訂。》从自(阜)。畏聲。《烏恢切。15部。》/734

隉 (얼)【niè ㄋㄧㄝˋ】위태할, 불안할, 법

설문 9203 危也。《危者、在高而懼也。『秦誓』曰。邦之杌隉。『易』作「臲卼」。〔許-出部〕之槷䰜、不安也。皆字異而音義同。》从自(阜)。从毀省。《會意。》徐巡曰(以)爲隉、凶也。《『後漢書:杜林傳』曰。沛南徐巡。始師事衞(衛)宏。後更受林學。林於西州得『桼書:古文-尙書:一卷』。以傳衞宏、徐巡。於是古文遂行。隉、凶也。此巡之說『秦誓』也。》賈侍中說。隉、灋(法)度也。《此葢(蓋)亦『賈侍中-說:古文-秦誓』也。『侍中-受:古文-尙書』於塗惲。撰『歐陽, 大小夏侯-尙書』、『古文-尙書』、『同異集』爲三卷。隉與臬雙聲。臬者、射埻的也。有法度之意。『尙書:立政篇』臬訓法。『左傳』。陳之藝極。藝亦臬之叚(假)借。賈謂隉爲臬之叚借、故云法度也。此條可以證六書叚借。依賈說則杌隉連文。杌當同扤。訓搖動。》班固說。不安也。《班固字孟堅。右扶風安陵人。楚令尹鬭班之後。按『漢書』子文生於瞢中。而虎乳之。楚人謂乳穀、謂虎於檡。故名穀於檡、字子文。楚人謂虎文班。其子以爲號。秦之滅楚。遷晉代之間。因氏焉。云謂虎文班。班卽【許書】辬字之叚(假)借。今之斑字也。『今本-漢書』奪去「文」字、則文義不貫矣。班爲『白虎通義』。又爲『離騷:章句』。見於劉(劉)逵、張載所引。此說隉不安也、恐亦說『尙書』語。【許本】之曰危也。》『周書』曰。邦之阢隉。《『秦誓』文。上偁(稱)三家說而後偁【經】者、明【此書】爲【說字之書】。特偁【經】爲證也。阢當是轉寫之誤。當是本作「扤」、或作「兀」、未可定也。『今-尙書』作「杌隉」。『周易』作「劓刖」、作「臲卼」」。『鄭-注』字作「倪仉」。〔許-出部〕作「槷䰜」。其文不同如此。阢者、石戴土也。非此之用。》讀若虹蜺之蜺。《蜺〔雨部〕作霓。〔虫部:蜺〕、寒蜩也。於此知漢人已叚借蜺爲霓矣。霓平韵(韻)讀五兮翻(繙)。入韵讀五的翻。又五結翻。隉當切五結。15部。》/733

隊 대【zhuì ㄓㄨㄟˋ】작 duì 本[떨어뜨릴] 잃을, 떨어질, (여럿이 열 지은)대오 ■추:떨어질 ■수:무덤길, 골짜기 험한 길 ■퇴:떼

설문 9200 從高隊也。《隊墜正俗字。【古書】多作隊。今則墜行而隊廢矣。大徐以墜附〔土部〕。非許意。『釋詁』。隊、落也。釋文从墜而以隊附見。傎矣。『左傳』曰。以成一隊。『杜-注』。百人爲隊。葢(蓋)古語一隊、猶言一堆。物墮於地則聚。因之名隊爲行列之偁(稱)。後人以墜入至韵。以隊入隊

阜 8 ⑨

韵。而莫測其原委矣。》从自(𨸏)。㒸聲。《徒對切。15部。按當云直類切。》/732

형성 (2자+2) 대(隊)4340 수(鐆)8860
추(隧) 수(隧)

隋 타【suí ㄙㄨㄟˊ】㊀㊂㊥⑨㊉ duò 고기 찢을, 떨어질, 둥글 길쭉할 ■수:수나라 ■휴:주검에 제사지낼

설문 2553 裂肉也。《〔衣部〕曰。裂、繒餘也。『齊語』。戎車待游車之裂。韋曰。裂、殘也。裂訓繒餘。引伸之凡餘皆曰裂。裂肉謂尸所祭之餘也。守祧。旣祭則藏其隋。『注』。隋、尸所祭肺脊黍稷之屬。其儀節詳於『禮:十七篇』。其字『古文-士虞禮』作隋。與『周禮』同。『特牲』、『小牢篇-今文』作「綏」。古文作「挼」。或作「妥」。『鄭-注』云。『周禮』作「隋」。隋與挼讀同。又云。挼讀爲隋。『注:曾子問』亦云。綏、『周禮』作「隋」。是鄭以隋爲正字。與許同也。尸祭刌肺黍稷之屬。已祭則爲殘餘無用之物。故云裂肉。單言肉者。爲其字從肉也。》从肉。隓省聲。《徒果切。17部。按『今-儀禮』作【注】「隋」皆作「墮」。誤。》/172

성부 隨타 墮타

형부 타(隋隋) 타(嫷) 타(褚)

형성 (8자) 의(蓨)492 수(隨)1053
수(髓)1594 타(橢)3564 타(鬌)5498
수(豧)5792 타(鰖)7218 타(鑐)8915

隍 (황)【huáng ㄏㄨㄤˊ】해자

설문 9255 城池也。《池之在城外者也。》有水曰池。無水曰隍矣。《「矣」字依『水經:注』補。『周易:泰,上六』。城復于隍。『虞-注』曰。隍、城下溝。無水稱隍。有水稱池。》从自(𨸏)。皇(皇)聲。《乎光切。10部。》『易』曰。城復于隍。/736

階 (계)【jiē ㄐㄧㄝ】섬돌, 계급(벼슬의 차례)

설문 9245 陛也。《因之凡以漸而升皆曰階。〔木部〕曰。梯、木階也。》从自(𨸏)。皆聲。《古諧切。15部。》/736

◀ 제 10 획 ▶

隒 (겸)【yǎn ㄧㄢˇ】시루메, 층진 언덕(地形累如兩甑) ■엄·렴:같은 뜻

설문 9217 崖也。《崖者、高邊也。按今俗語謂邊曰隒。當作此字。『王風:傳』曰。涘者、厓也。漘者、水隒也。盍(蓋)平者曰厓。高起者曰隒。『釋山』云。重甗、隒。》从自(𨸏)。兼聲。讀若儼。《魚檢切。7部 8部。》/734

隓 휴【huī ㄏㄨㄟ】성이나 언덕이 무너질, 폐할, 덜 ■타:사태 날

설문 9205 敗城自(𨸏)曰隓。从自。差聲。《『許書』無差字。盍(蓋)或古有此文。或糸左爲聲。皆未可知。𡐦爲篆文、則隓爲古籒可知也。〔山部:隓〕曰隓聲。〔肉部:隋〕曰隓省聲。皆用此爲聲也。小篆隓作「𡐦」。隸變作「墮」。俗作「隳」。用墮爲崩(崩)落之義。用隳爲傾壞之義。習非成是。積習難反也。『虞書』曰。萬事墮哉。墮本敗城𨸏之偁(稱)。故其字从自。引伸爲凡阤壞之偁。許規切。古音在 17部。》

𡐦 篆文。《小篆則从土、隋聲也。先古籒後小篆者、是亦先二後上之例也。曷爲不入𡐦於〔土部〕而隓爲重文也。其字本从自。以壞自爲義。而壞城次之。故入〔自部〕而𡐦爲重文也。》/733

성부 隓수

형성 (3자) 수(𨻸)2205 수(髓)2467
타(隓)5621

隔 (격)【gé ㄍㄜˊ】통하지 못하게 할, 가로 막을, 동안

설문 9219 塞也。《塞先代切。【各本】作「障」。今依『西京賦:注』所引作塞也。與〔土部:塞〕隔也爲轉注。『廣韵(韻)』亦曰。塞也。『西京賦』曰。隴坻之隘。隔閡華戎。》从自(𨸏)。鬲聲。《古覈切。16部。》/734

隕 (운)【yǔn ㄩㄣˇ】떨어질, 잃을 ■인:속음 ■은:떨어뜨릴 ■윤:떨어질 ■원:둘레, 주위

설문 9202 從高下也。《『釋詁』曰。隕、下、落也。『毛傳』曰。隕、隋也。隋卽陊字。》从自(𨸏)。員聲。《于敏切。13部。》『易』曰。有隕自天。《『姤:九五, 爻辭』。》/733

隖 (오)【wù ㄨˋ】㊂㊥⑨㊉ wǔ 토성(마을 안에 흙을 쌓은 작은 성), 둑

설문 9258 小障也。《障、隔也。『埤蒼』云。小障曰隖(隝)。『通俗文』。營居爲隖。》一曰庳城也。《庳猶卑也。》从自(𨸏)。烏(烏)聲。《安古切。5部。》/736

隗 (외)【wěi ㄨㄟˇ】(산이)높을

설문 9187 隗隗也。从自(𨸏)。鬼聲。《五辠切。15部。》/732

隙 (극)【xì ㄒㄧˋ】(벌어진)틈(겨를, 불화, 다툼)

설문 9250 壁際也。《【今本】際下有「孔」字。依『文選:沈約-詠月詩:注』正。『左傳』曰。牆之隙壞。誰之咎也。際自分而合言之。隙自合而分言之。引申之、凡坼(坼)裂皆曰隙。又引申之、凡閒空皆曰隙。叚(假)借以郤爲之》从自(𨸏)㡿。《會意也。㡿者、際見之白。》㡿亦聲。《綺戟切。古音在 5部。》/736

隰 (뢰)【lěi ㄌㄟˇ】돌무더기, 과실

설문 9189 磊隰也。《【各本】奪「隰」字。今補。磊隰猶磊㙐(𡒄)也。壘(壘)字》从自(𨸏)。厽聲。《洛猥切。古音在 16、17部之閒。垂上聲。》/732

◀ 제 11 획 ▶

際 (제)【jì ㄐㄧˋ】本[(두 사물의)사이] 때(~할 때, 시기)

설문 9249 壁會也。《㒳(兩)牆相合之縫也。引申之、凡㒳合皆曰際。際取壁之㒳合、猶閒取門之㒳合也。『詩:菀柳(柳)鄭-箋』。瘵、接也。此謂叚(假)瘵爲際。》从自(𨸏)。祭聲。《子例切。15部。》/736

障 (장)【zhàng ㄓㄤˋ】 막을, 밭두둑길, 장애
설문 9220 隔也。从自(阜)。章聲。《之亮切。10部。》/734

陾 (경)【qīng ㄑㄧㄥ】 기울, 위태할, 엎드릴
설문 9206 仄也。《仄下曰。側傾也。頃者、頭不正也。故从頁。傾者、人之仄也。故从人。陾者、山阜之仄也。故从自(阜)。『禹貢』西頃、葢(蓋)可作此字。》从自。頃聲。《大徐作从自、从頃、頃亦聲。形聲兼會意也。去營切。11部。》/733

傴 (구)【qū ㄑㄩ】 本[험준한 모양] 편치 못할 ■우:우뚝한 모양
설문 9198 㩻傴也。《【各本】奪「傴」字。今補。〔危部:㩻〕篆下曰。㩻傴也。此亦曰㩻傴也。㩻傴以雙聲成文。謂傾側不安、不能久立也。不容刪一字矣。「㩻傴」、【他書】作「崎嶇」。『漢-碑』亦作「嶇」。》从自(阜)。區聲。《豈俱切。古音在4部。》/732

陛 (폐)【bì ㄅㄧˋ】 ㉥㊥⑨㉧ bī 감옥
설문 7334 陛牢謂之獄。《五字句。【各本】作「牢也」二字。今依『韵(韻)會本』訂。〔牛部〕曰。牢者、閑養牛馬圈也。引申之、凡閑罪人者曰陛牢。卽夏「均臺」、殷「羑里」、周「圜土」、秦「囹圄」、漢「若盧」也。『法言』曰。狴犴使人多禮。字作「狴」。猶鄕(鄉)亭之繫曰犴、朝廷曰獄。字皆从犬。》所目(以)拘非也。《說从非之意。》从非。陛省聲。《邊兮切。15部。》/583

◀ 제 12 획 ▶

隖 (무)【wú ㄨˊ】 마을 이름
설문 9229 弘農陝東陬也。从自(阜)。橆聲。《武扶切。5部。》/735

隓 (휘)【huī ㄏㄨㄟ】 언덕
설문 9238 鄭地阪。从自(阜)。爲聲。《許爲切。釋文于詭切。古音在17部。》『春秋傳』曰。將會鄭伯於隓。《「於」當作「于」。「隓」【今-經傳】皆作「鄬」。『襄:七年十有二月』。公會晉侯、宋公、陳侯、衞(衛)侯、曹伯、莒子、邾子于鄬。【三經】同。『左氏傳』曰。及將會于鄬。子駟相。又不禮焉。句本無鄭伯字。許以此敘鄭事、故增此二字。凡引【古書】不無異同者例此。》/735

隤 (퇴)【tuí ㄊㄨㄟˊ】 무너져 내릴
설문 9199 下隊也。《『毄(繫)辭』曰。夫『乾』確然示人『易』矣。夫『坤』隤然示人簡(簡)矣。〔許-冂部〕曰。隺、高至也。引『易』夫『乾』隺然。然則正與下隊作反對語。按隤與頹音同而義異。如『李陵傳』隤其家聲、斷(斷)不可作頹矣。》从自(阜)。貴聲。《杜回切。15部。》/732

隥 (등)【dèng ㄉㄥˋ】 비탈, 층계
설문 9192 仰也。《仰者、舉(擧)也。登陟之道曰隥。亦作墱。『西都賦』。陵墱道而超西墉。『西京賦』。墱道邐倚以正東。薛曰。墱、閣道也。按閣道謂淩空如棧道者。》从自(阜)。登聲。《都鄧切。6部。此以形聲包會意。》/732

陲 陲(추)【chuí ㄔㄨㄟˊ】 本[위태할] 변방(국경지방)
설문 9257 危也。《許義坙訓遠邊。陲訓危。以陲从土、陲从自(阜)之故。今義訓垂爲懸則訓陲爲邊。邊陲行而邊垂廢矣。》从自(阜)。坙(垂)聲。《是爲切。古音在17部。》/736

䦘 (벽)【yuè ㄩㄝˋ】 ㉥㊥⑨ jué ㉧ yuě 땅 갈라질 (阝부 12획)
설문 9264 自(阜)突也。《突者、穿也。謂兩自(兩阜)閒空闕處也。》从𨸏。夬聲。《於決切。15部。》/737

◀ 제 13 획 ▶

解 (해)【xiè ㄒㄧㄝˋ】 한나라 시대에 세금으로 거둔 공금을 쌓아 두던 곳
설문 9225 水衡官谷也。《未詳。水衡官、見『漢書:百官公卿表』。又『天文志』解谷。晉灼曰。谷名。葢(蓋)非此。》从自(阜)。解聲。《胡買切。16部。》一曰小谿。《此別一義。兩(兩)閒小谿曰解。如小山別大山曰嶰也。谿者、山隤之無所通者也。》/734

隨 (수)【suí ㄙㄨㄟˊ】 따를(함께 갈), 괘 이름
설문 1053 從也。《行可委曲從迹、謂之委隨。》从辵(辶)。隋聲。《旬爲切。古音在17部。》/70

隩 (오)【ào ㄠˋ】 本[물굽이] 숨길, 숨을 ■:욱:거처
설문 9222 水隈厓也。《厓、山邊也。引申之爲水邊。隈厓、謂曲邊也。『釋丘』曰。厓內爲隩。外爲鞫。『毛詩』。瞻彼淇奧。『傳』曰。奧、隈也。奧者、隩之叚(假)借字也。又芮鞫之卽。毛曰。芮、水厓也。鞫、究也。鄭(鄭)曰。芮之言內也。水之內曰隩。水之外曰鞫。『漢書』作「阸」。『字林』作「垙」。》从自(阜)。奧聲。《烏到切。按當於六切。3部。》/734

險 (험)【xiǎn ㄒㄧㄢˇ】 어려울, 음흉할 ■삼:고생 ■검:검소할, 산형상 시루를 겹쳐놓은 것 같을 ■암:험할, 가파를
설문 9183 阻難也。从自(阜)。僉聲。《虛檢切。7部。》/732

◀ 제 14 획 ▶

隰 (습)【xí ㄒㄧˇ】 ㉥㊥⑨㉧ xí 진펄, 지세가 낮고 습한 땅
설문 9197 阪下溼也。《『釋丘』曰。下溼(濕)曰隰。又曰。陂者曰阪。下者曰隰。葢(蓋)上隰指平地言之。下隰指阪言之。阪形固高、而其四旁窊溼處亦謂之隰也。許用後說者、以其字从自也。》从自(阜)。㬎聲。《似入切。7部。》/732

隱 은【yǐn ㄧㄣˇ】 가릴, 숨길, 몸을 숨기고 조용히 물러갈
설문 9221 蔽也。《〔艸部〕曰。蔽茀、小皃(貌)也。小則不可見。故隱之訓曰蔽。若『孟子』隱几字則當爲㥯。〔受部〕曰。㥯、有所據也。》从自(阜)。㥯聲。《於謹切。13部。》

阜 8 ⑯

/734
형성 (1자) 은(隱 䧄)3601 온(穩)

◀ 제 15 획 ▶

隮 隫 (독)【dú ㄉㄨˊ】도랑, 개천 ■동:통할
설문 9209 通溝。《句。『西都賦』曰。通溝大漕。潰渭洞河。》 目(以)防水者也。《小徐及『廣韵(韻)本』如此。隫與瀆不同。瀆从水。主謂水。故解曰溝也。隫从𨸏(阜)。主謂地。故曰通溝以防水。防水猶禦水也。通洞之溝、水去迅速。無滯不爲災。通之言洞也。洞者、疾流也。故其字讀若洞。四瀆字當作此。亦作「四竇」。》 从𨸏。賣(𧶠)聲。《徒谷切。3部。》 讀若洞。《大徐「洞」作「瀆」。非也。此許所聞舊音。『急就篇』。乘風縣鐘華洞樂。『皇象碑』本洞作「隫」。〔衣部:䙱〕或从賣聲作「䙱」。》 䜺古文隫。从谷。《『釋山』曰。山䜺無所通、谿。》/733

◀ 제 16 획 ▶

隴 隴 (롱)【lǒng ㄌㄨㄥˇ】밭두둑, 언덕
설문 9226 天水大阪也。《『地理志』。天水郡有隴縣。『郡國志』。漢陽郡、『永平十七年』天水郡更名也。隴縣有大阪名隴坻。按坻卽上文阺字也。》 从𨸏(阜)。龍聲。《力踵切。9部。》/735

◀ 제 18 획 ▶

䧢 䧢 (혼)【hùn ㄏㄨㄣˋ】큰 언덕
설문 9173 大𨸏(阜)也。《以其昆干綿遠爲言。》从𨸏。䜌聲。《胡本切。13部。》/731

◀ 제 25 획 ▶

𨺅 𨺅 (애)【ài ㄞˋ】좁을 ※ 애(隘)의 원래 글자 (阝부 25획)
설문 9265 陋也。《〔𨸏部〕曰。陋者、阸陝也。阸者、塞也。陝者、隘也。然則四字相爲轉注。》 从𨸏𨸏。恭(茾)聲。《烏(烏)懈切。16部。按此舉(擧)形聲包會意。如人之咽喉也。》 𡑞籀文嗌字。《此見〔口部:嗌〕下。【各本】譌作「隘」。今正。》 隘篆文𨺅。从𨸏(阜)益。《「篆」【各本】作「籀」。今正。𨺅、籀文也。隘、小篆也。先籀而後篆者、爲其字之从㒳(兩)自也。》/737

𨽌 𨽌 (수)【suì ㄙㄨㄟˋ】本[봉화] ※ 수(燧)의 본래 글자(阝부 17획 圖2268)
설문 9266 塞上亭。守湊(𤏉)火者也。《注見〔火部:湊〕下。彼云湊㷮、候(候)表也。總(總)釋此二篆。此云塞上亭守湊火者、謂邊塞之上守望湊火之亭。故其字从𨸏𨸏。在阸隘之閒也。》从𨸏𨸏。从火。遂聲。《徐醉切。15部。》 隧篆文𨽌省。《此爲小篆、則知上爲籀文矣。》/737

171	隶
8-05	훈 미칠 이

隶 (이)【dài ㄉㄞˋ】[설문부수 83] ㉠ lì 미칠(뒤 따라 잡을) ■대:추급할 ■시:나머지 ■례:〈네이버 자전〉노예
설문 1847 及也。《此與〔辵部:逮〕音義皆同。逮專行而隶廢矣。》 从又、尾(尾)省。又持尾者從後及之也。《徒耐切。古音在 15部。》 凡隶之屬皆从隶。/117
※ 이(隶)와 율(聿)이 혼용될 때가 있다。사(隸)와 사(肆)는 같은 글자다.
유사 붓 율(聿) 손빠를 섭(聿肀)
성부 부록 색인 참조
형부 隶를 부수로 하는 대부분의 글자들
형성 (6자) 체(逮 䢖)1098 희(隸 𨽿)2128
이(殔 𣧫)2426 체(棣 𣔟)3367
리(逮 𨔿)6363 퇴(𢙎 𢙎)6477

◀ 제 7 획 ▶

肄 肆 肆 사【sì ㄙˋ】本[극진할] 베풀, 진렬할, 펼, 방자할, 깃들, 가게 ■실:방자할 ■이:익힐 ■개:악장이름 ■척:희생의 살을 베어가질 (聿부 7획)
설문 5774 極陳也。《「陳」當作「敶」。敶、列也。極陳者、窮極而列之也。『傳注』有但言陳者。如『楚茨:或肆或將:傳』、『行葦或肆之筵:傳』、『鄉飲酒禮、鄉射禮、燕禮:注』是也。【經傳】有專取極意者。凡言縱恣者皆是也。『釋言』曰。肆、力也。『毛傳:大明』、『皇矣:傳』曰。肆、疾也。皆極陳之義之引伸也。又『釋詁』曰。肆、故也。肆、今也。『毛詩:緜:傳、思齊:傳』曰。肆、故今也。此以爲語詈(詞)也。其他或以肆爲遂。或以肆爲鬄。或以肆爲肄。葢(蓋)皆假借。》 从長。《『崧高』。其風肆好。『傳』曰。肆、長也。按極陳之則其勢必長。此字之所以从長也。》 隶聲。《息利切。15部。》 髹或从髟。《亦取長髮之意。》/453
형성 (1자) 사(𦽒 𦽒)364

◀ 제 8 획 ▶

隸 隸 隷 隸 隷 례【lì ㄌㄧˋ】本[붙을] 서체 이름, 천한 일을 맡아 하는 사람, 죄인
설문 1849 附箸也。《「附」當是本作「坿」。淺人改也。『周禮:注』。隸、給勞辱之役者。漢始置司隸。亦使將徒治道溝渠之役。後稍尊之。使主官府及近郊。『左傳』人有十等。輿臣隸。按隸與僕義同。皆訓坿箸。故從隶。》 从隶。柰聲。《郎計切。15部。》 隸篆文隸(隸)。从古文之體(𩑋)。《按此云篆文則上古文也。先古後篆亦〔丄部〕之例。但先古後篆必古從隶、篆不從隶乃合。【各本】隸𨽿俱從隶則何取爾。有以知篆文必非從隶義。『九經字樣』云。𨽿字故從又持米、從柰聲。又象人手。【經典】相承作隸已久。不可改正。『玄應書』曰。字從米㲿聲。㲿从又從祟(柰)。音之絹(絹)切。考『楊君石門頌』、『王純碑』作「𨽿」。與『字樣』合。『魯(魯)峻碑』作「隷」。與『玄應』合。二人所謂。葢(蓋)皆謂『說文』。而右旁皆作「隶」。『玄應』說似近是。葢卽『說文』之篆文也。『說文』因小篆作「𩑋」。故不得先舉(擧)篆而系以古文。以其形

𨸏 8 ⑱

與古文略似也。故依革弟民酉之例云從古文之體。至『玄應』乃說之曰。從米㲋聲。㲋之芮切。從米則唐玄度說。以『周禮』曰奴、男子入于罪隸。女子入又舂槀。》/118

형성 (1자) 례(隸)3347

◀ 제 9 획 ▶

隶 (태)【dài ㄉㄞˋ】 미칠 ※ 원래는 태(迨)
■대:같은 뜻

설문 1848 及也。《『釋言』、『毛傳』、『方言』皆曰。迨、及也。此與〔歺部:殆〕音義皆同。殆、危也。危猶及也。》从隶。枲聲。《徒耐切。1部。》『詩』曰。隸天之未陰雨。《『豳風』文。『今-詩』作「迨」。俗字也。》/117

172 8-06 隹 새 추

隹 추【zhuī ㄓㄨㄟ】 [설문부수 109] (꽁지가 짧은)새 ■최:최(崔)와 같은 뜻

설문 2167 鳥之短尾總(總)名也。《短尾名隹。別於長尾名鳥。云総名者、取數多也。亦鳥名。𪄳𪄳者𨾴。夫不也。本又作隹。》象形。《職追切。15部。》凡隹之屬皆从隹。/141

성부 부록 색인 참조

형부 隹를 부수로 하는 대부분의 글자들
수(售) 잡[雜]

형성 (16자) 유(琟)171 환(萑)655
유(䢊)1007 수(誰)1622 휴(睢)2051
수(脽)2515 유(帷)4672 추(顀)5367
퇴(嵟)5639 퇴(䧺)5681 대(碓)5764
추(騅)5852 휴(婎)7926 유(蜼)8521
추(錐)8930 퇴(隹)9186

◀ 제 2 획 ▶

隺 혹【hú ㄏㄨˊ】 올라 갈 ■학:새 높이 날 ■각:마음이 높을

설문 3182 高至也。从隹上欲出冂(冂)。《上翔欲遠行也。胡沃切。古音在 2部。》『易』曰。夫乾隺然。《見『毄(繫)辭』。『今-易』作確。按釋文云。確苦角反。馬、韓云。剛皃(貌)。『說文』云。高至。按陸不云『說文』作隺。葢(蓋)釋文固作隺。然淺人改爲從石耳。【許書】有确無確。》/228

유사 높을 최(崔)

형성 (10자) 육(䨺)4612 악(榷)711
학(鶴)2300 확(臛)2594 교(榷)3632
학(睢)4718 학(騅)5943 혹(熇)6161
각(㴗)6998 각(搉)7688

隻 척【zhī ㄓ】 하나, 척(배나 수레를 헤아리는 단위)

설문 2169 鳥一枚也。《雙下曰。隹二枚也。隹鳥統言不別耳。》从又持隹。持一隹曰隻。持二隹曰雙。《依『韵會』訂。造字之意。隻與雙皆謂在手者。旣乃泛謂耳。之石切。古音在 5部。按此字次第當在雔以下。》/141

성부 矍확 雙쌍

형부 쌍(㑢) 탈(奪)

● 隼 새매 준

◀ 제 3 획 ▶

弋隹 (익)【yì ㄧˋ】 주살

설문 2200 繳射飛鳥也。《『經傳』多假弋爲之。》从隹。弋聲。《从弋者、如以弋爲的也。與職切。1部。》/143

琟 (홍)【hóng ㄏㄨㄥˊ】 새 살찔

설문 2198 鳥肥大琟琟然也。《「然」依『韵(韻)會』補。『詩:傳』云。大曰鴻。小曰鴈。當作此琟字。謂鴈之肥大者也。》从隹。工聲。《戶工切。9部。》𪀙琟或从鳥。《『玄應』曰。「𪀙」古文「琟」。『聲類』以爲鴻鵠之或字。》/143

雀 작【què ㄑㄩㄝˋ】 참새, 다갈색, 뗄, 다갈색의 갓, 참새 빛깔 모양의 장식

설문 2174 依人小鳥也。《今俗云麻雀者是也。其色褐。其鳴節節足足。『禮器』象之曰爵。爵與雀同音。後人因書小鳥之字爲爵矣。『月令』。鴻鴈(雁)來賓(賓)。爵入大水爲蛤。『高-注:呂覽』曰。賓爵、老爵也。棲宿於人堂宇。有似賓客。故謂之賓爵。又有似雀而色純黃者曰黃雀。『戰國策』云。俛啄白粒。仰棲茂樹。『詩』所謂黃鳥也。》从小隹。讀與爵同。《小亦聲也。卽略切。古音在 2部。》/141

성부 截절

◀ 제 4 획 ▶

雁 안【yàn ㄧㄢˋ】 기러기 (隹부 4획)

설문 2190 雁鳥也。《此與〔鳥部:鴈〕別。鴈从鳥爲鵝(鵝)。雁从隹爲鴻雁。『禮』「舒鴈」當作「舒雁」。謂雁之舒者。以別於眞雁也。舒雁謂之鴈。猶舒鳧謂之鶩也。【經典】鴻雁字多作鴈。『毛傳』曰。大曰鴻。小曰鴈。按鴻、大也。非鳥名。》从隹。从人。《雁有人道。人以爲摯。故从人。》厂聲。《厂呼旱切。雁五晏切。14部。》/143

유사 매 응(䧹雁)

형성 (1자) 안(贋)6130

雱 (방)【fāng ㄈㄤ】 새 이름

설문 2173 雱鳥也。《此與〔鳥部:鴋〕各物。》从隹。方聲。讀若方。《府良切。10部。》/141

雉 (시)【zhī ㄓ】 새이름, 지작관(雉鵲觀:한(漢)나라의 궁전)

설문 2197 雉鳥也。《漢武帝造雉鵲觀。在雲陽甘泉宮(宮)外。》从隹。支聲。《章移切。16部。》一曰雉度。《未聞。或曰。葢(蓋)如長三丈高一丈爲雉。度廣以廣。度高以高。》/143

隹 8 ④

雂 (검)【qín ㄑㄧㄣˊ】㉳ qián 부리가 흰 새 ■금:같은 뜻 ■암:사람 이름

설문 2189 雂鳥也。《『廣韵(韻)』云。句喙鳥。本『字林』。》从隹。今聲。《巨淹切。古音在 7部。》『春秋傳』有公子若雂。《見『左傳:昭:廿一年』。若【鉉本】及『唐-石經』皆作「苦」。》/143

雄 (웅)【xióng ㄒㄩㄥˊ】수컷, 굳셀, 뛰어날

설문 2201 鳥父也。从隹。厷聲。《羽弓切。古音在 6部。》/143

雅 (아)【yǎ ㄧㄚˇ】㉠㉷ yā 本[큰 부리 까마귀] 고상하고 바를, 악기 이름, 표준말

설문 2168 楚烏也。一名鸒。一名卑居。秦謂之雅。《楚烏、烏屬。其名楚烏。非荆(荊)楚之楚也。〔鳥部〕曰。鷽、卑居也。卽此物也。酈善長曰。按『小:爾雅』。純黑返哺謂之慈烏。小而腹下白、不返哺者謂之雅烏。『爾雅』曰。鸒斯、卑居也。孫炎曰。卑居、楚烏。犍爲『舍人』以爲「壁居」。『說文』謂之雅。『莊子』曰「雅賈」。馬融亦曰「賈烏」。按「卑居」之爲「壁居」。如『史記』「卑耳之山」卽『齊語』「壁耳之山」。卑壁同 16部。「卑」俗作「鵯」、音匹。非也。雅之訓亦云素也。正也。皆屬假借。》从隹。牙聲。《五下烏加二切。古音在 5部。》/141

集 集 집【jí ㄐㄧˊ】모일, 모을, 이룰, 이루어질

설문 2256 雧(群)鳥在木上也。《引伸爲凡聚之偁(稱)。漢人多假襍爲集。》从雥木。《秦入切。7部。》

集 雧(集)或省。《今字作此。》/148

형성 (4자) 집(噍)767 잡(雜)5098 접(緁)8194 집(鏶)8884

雇 고【gù ㄍㄨˋ】㉳ hù 품 팔 ■호:本[새이름]

설문 2194 九雇。《逗。》農桑候鳥。扈民不婬者也。《『左傳:昭:十七年』。郯子曰。五鳩、鳩民者也。五雉爲五工正。利器用。正度量。夷民者也。九扈爲九農正。扈民無淫者也。皆以同音訓詁。鳩民者、勼民也。夷民者、古雉與夷音同也。扈民者、戶民也。杜曰。扈、止也。『左傳』屈蕩戶之。『漢書』。王嘉戶殿門。失闌。『注』皆曰。戶、止也。此扈同戶。戶下曰護也。》从隹。戶聲。《侯古切。5部。今用爲雇僦字。》春雇鳻盾。夏雇竊玄。秋雇竊藍。冬雇竊黃。棘雇竊丹。行雇唶唶。宵雇嘖嘖。桑雇竊脂。老雇鴳也。《「鳻」當从『集韵』、『類篇』作「頒」。「鴳也」【各本】作「鷃也」。今依『廣韵』。與『釋鳥』合。『賈、服-注:左』皆作「鴳鴳」。按疊字則當作「晏晏」。鳥聲也。一字則當作「鴳」。〔鳥部〕曰。鴳雇也是也。賈侍中云。春扈分循。相五土之宜。趣民耕種者也。夏扈竊玄。趣民耘苗者也。秋扈竊藍。趣民收斂者也。冬扈竊黃。趣民蓋藏者也。棘扈竊丹。爲果驅鳥者也。行扈唶唶。晝爲民驅鳥者也。宵扈嘖嘖。夜爲農驅獸者也。桑扈竊脂。爲蠶驅雀者也。老扈鴳鴳。趣民收麥。令不得晏起者也。『舍人』、樊光、蔡邕說皆同。故皆爲農桑候鳥、戶民不淫者。少昊之官督民農桑者取其名。亦戶民不使淫逸者也。》

鶚 雇或从雩。《从鳥雩聲。》

鳸 籒文雇。从鳥。《『今-爾雅』同籒。》/143

형성 (1자) 고(顧)5397

◀ 제 5 획 ▶

雉 치【zhì ㄓˋ】꿩, 북방의 사막에 있는 새매의 한가지 ■이:현이름 ■개:난장이

설문 2177 有十四種(種)。《目下文。》盧諸雉。《『張揖-上林賦:注』曰。盧、白雉也。按『上林』自謂水鳥。然張語必『爾雅-古說』。》鷮雉。《【各本】作「喬」。誤。〔鳥部〕曰。鷮、走鳴長尾雉也。》卜雉。《【各本】作「鳪」。誤。〔鳥部〕無鳪。『釋鳥』作「鳪」。郭云。黃色。鳴自呼。》鷩雉。《〔鳥部〕曰。鷩、赤雉也。又曰。鵔鸃、鷩也。》秩秩海雉。《郭云。如雉而黑。在海中山上。陸曰。「秩秩」本又作「失失」。》翟山雉。《見〔羽部〕。》雗雉。《郭與鵫雉爲一。許爲二。陸云。「雗」字又作「翰」。》卓雉。《「卓」『今-爾雅』作「鵫」。郭云。今白鵫也。江東呼「白」雗。亦名「白雉」。》伊雒而南曰翬。《「雒」【各本】作「洛」。誤。『釋鳥』曰。伊洛而南素質五彩皆備成章曰翬。見〔羽部〕。》江淮而南曰搖。《『釋鳥』。江淮而南青質五彩皆備成章曰鷂。夫人揄狄。鄭云。謂衣畫(畫)搖者。「揄」〔衣部〕作「褕」。云翟羽飾衣也。義同『毛傳』。》南方曰𠮛。《『賈逵、杜預-注:左傳』。「𠮛」作「翟」。按𠮛與翟韵部相近。但上文已有翟。則作𠮛爲得也。『今-爾雅』作「𠷎」。》東方曰甾。《『今-爾雅』作「鶅」。》北方曰稀。《『今-爾雅』作「鵗」。》西方曰蹲。《『今-爾雅』作「鷷」。已上十四雉皆見『釋鳥』。》从隹。矢聲。《直几切。15部。按雉古音同夷。『周禮:雉氏』。掌殺艸。【故書】作「夷氏」。大鄭从夷。後鄭从雉、而讀如鬀。『今本-周禮』作薙者俗製也。『左傳』。五雉爲五工正。夷民者也。『楊雄賦』「辛雉」卽「辛夷」。『漢:地理志』。南陽雉縣。舊音弋爾反。江夏下雉縣。如淳音羊氏反。皆古音也。》

䧴 古文雉。从弟。/141

형성 (1자) 채(薙)545

雔 (치)【chī ㄔ】올빼미

설문 2185 雔也。《今江蘇俗呼鷂鷹。盤旋空中。攫雞(鷄)子食之。『大雅』云。懿厥哲(哲)婦。爲梟爲鴟。『莊周』云。鴟得腐鼠是也。『爾雅』有鴟鴞、怪鴟、茅鴟。皆與單言鴟者各物。》从隹。氐聲。《處脂切。15部。》

鴟 籒文雔。从鳥。《今多从籒。》/142

雊 (구)【gòu ㄍㄡˋ】(장끼가)울, 구관조

설문 2178 雄雌鳴也。《言雄雌鳴者、別於鷕之爲雌雉鳴也。『小雅』雉之朝雊。尙求其雌。『邶風』有鷕(鷕)雉鳴。下云。雉鳴求其牡。按『鄭-注:月令』云。雊、雉鳴也。是不必系雄。鷕則毛公系諸雌。亦望文立訓耳。若『潘安-仁賦』雉鷕鷕而朝雊。此則混言不別也。顏延年、顏之推皆云。潘誤用。未熟於訓詁之理。》雷始動。雉乃鳴而句其頸。《「乃」字依『尙書:正義』補。「句」【各本】誤「雊」。依『小弁:正義』正。『夏小正』正月雷震雉雊。雊也者、鳴鼓(鼓)其翼也。正月必雷。雷不必聞。唯雉必聞之。何以謂之雷震。則雉

雊相識以雷。『小正-古本』。依『太平御覽』、『藝文類聚』訂當如是。『初學記』所引乃徐堅妄改也。言雷於雁雉魚之閒(間)。故知雷雉一事也。釋雊爲鳴鼓其翼者。讀雊爲敂。敂、擊也。動也。鷄鳴必鼓其翼。知雉鳴必鼓其翼也。許云。句其頸。與大戴異。鼓其翼、句其頸、皆狀其鳴也。『洪範:五行傳』曰。正月雷微動而雉雊。雷通氣也。『易:通卦驗』。雉雊、雞(鷄)乳在立春節。立春在十二月。『月令』季冬雉雊。皆謂雷鳴地中時也。句音鉤。曲也。句其頸故字从句。》从隹句。句亦聲。《古候切。4部。【今-鉉本】「候」作「矦(侯)」誤。》/142

雋 준【juàn ㄐㄩㄢˋ】 영특할, 준걸 ■전:살찐 고기, (새가)살찔 ■취:찡을

설문 2204 鳥肥也。《【各本】作「肥肉也」。今依『廣韵』。『廣韵』不云『說文』。然必『說文』善本也。不言鳥則字何以从隹。蒯通著書。號曰雋永。言其所說味美而長也。惟野鳥味可言雋。故从弓。》从弓隹。《補二字。》弓所㠯(以)射隹。《說从弓之意。徂沇切。12部。》長沙有下雋縣。《『前後志』同。》/144

형성 (4자) 전(臇)2596 취(檇)3646 전(蠂)8556 전(鐫)8905

䧹 응【yīng ㄧㄥ】 ① 없음 ② 매(鷹822)

설문 2184 䧹(鷹)鳥也。《『左傳』。如鷹鸇之逐鳥雀。『釋鳥』。鷹來鳩。郭云。「來」當爲「爽」。按『左傳』。爽鳩氏司寇也。杜曰。爽鳩、鷹也。》从隹。从人。《鍇曰。鷹隨人所指蹤。故從人。按雁鴈亦从人。》瘖省聲。《此七字依『韵會』訂。瘖在7部而䧹在六部者、合韵冣(最)近也。於陵切。》籀文䧹。从鳥。《按䧹葢(蓋)古文也。小篆從之。从隹、从瘖省聲。籀文則从鳥而應省聲。非兼用隹鳥也。》/142

유사 기러기 안(雁鴈)

형성 (2자+2) 응(膺)2497 응(應)6396 응(鷹) 응(譍)

雌 (자)【cī ㄘ】 ㉠ cí (동물의)암컷, 약한 것

설문 2202 鳥母也。从隹。此聲。《此移切。15、16部。》/143

雝 옹【yōng ㄩㄥ】 ① 화락할, 화목할, 학교, 모을, 땅 이름 ② 화락할, 할미새

설문 2188 雝渠也。《「渠」〔鳥部〕作「䴈」。【鉉本】同。》从隹。邕聲。《於容切。9部。【經典】多用爲雝和、辟雝。隸(隸)作雍。》/143

성부 雍雝옹

형성 (6자) 옹(饔)3068 옹(罋)3150 옹(癰)4536 옹(廱)5644 옹(灉)6747 옹(擁)7596

雓 (여)【rú ㄖㄨˊ】 세가락 메추라기

설문 2193 牟毋也。《毋音無。鉉作母。誤。『釋鳥』。鴽、牟毋。『鄭-注:公食大夫禮、月令』皆作「鴽」、母無也。母與牟、無與毋皆音同也。『今-二:注』舛譌。『蔡邕:月令:章句』。鴽爲鶉鷂之屬。『時則訓:注』云。鴽、鶉也。李巡云。鴽鷂一名鴾母。郭云。鴽、鷂也。按『內則』、『爾雅』皆鶉鴽竝舉(擧)。則不可云鴽卽(即)鶉也。》从隹。奴聲。《人諸切。5部。按【經典】皆从如聲。》鴽雓或从鳥。/143

◀ 제 6 획 ▶

雃 (견)【qiān ㄑㄧㄢ】 ㊥⑨㉘ qián 할미새, 사람 이름 ■역:교청새

설문 2187 石鳥。一名雝渠。一曰「精列」。《『毛傳』曰。脊令、雝渠也。飛則鳴。行則搖。不能自舍爾。『釋鳥』作「鶺鴒」。俗字也。精列者、脊令之轉語。》从隹。幵(开)聲。《苦堅切。12部。》『春秋傳』秦有士雃。《見『左傳:襄:九年』。按雃當是士會之後。『傳』云。秦人歸其帑。其處者爲劉(劉)氏。葢(蓋)處者不皆爲劉氏。或雃之後乃改氏劉。》/142

雐 호【hū ㄏㄨ】 ㉘ hù 새 이름

설문 2192 雐鳥也。从隹。虍聲。《荒烏切。5部。虧(虧)字從此。》/143

형성 (1자) 휴(虧)2933

雒 (락)【luò ㄌㄨㄛˋ】 本[올빼미, 수리부엉이] 가리온(黑身白鬣:몸은 검고 갈기는 흰 말)

설문 2170 忌欺也。《【各本】作「鵋鶀」。今考『爾雅:音義』。當作「忌欺」。『釋鳥』曰。雒、鵋鶀。『玄應』引作「忌欺」。『釋鳥』又曰。「怪鴟」。『舍人』曰。謂鵂鶹也。南陽名「鉤雒」。一名「忌欺」。然則「忌欺」與「怪鴟」一物。『玄應』以爲關西名訓矦。關東名訓狐。皆此也。按〔萑部:䧿〕舊、舊畱(留)。不云卽雒。未知許意爲一不。鵅卽雒字。各家音格。但今江蘇此鳥尙呼鉤雒鴟。雒音同洛。則音格者南北語異耳。又按自魏黃初以前伊雒字皆作此。與雍州渭洛字迥判。曹丕云。漢忌水。改洛爲雒。欺世之言也。詳〔水部〕。》从隹。各聲。《盧各切。5部。》/141

◀ 제 8 획 ▶

(수)【chuí ㄔㄨㄟˊ】 ㊤㊥⑨㉘ shuì 올빼미, 큰 부리까마귀

설문 2186 鴟也。从隹。𠂹(垂)聲。《是僞切。古音在17部。》/142

(순)【chún ㄔㄨㄣˊ】 메추라기

설문 2195 雜屬也。《按『說文』或言「屬」。或言「別」。言屬而別在焉。言別而屬在焉。言雜屬則𩁹非雜也。焦氏循曰。『說文:隼』下云。一曰鶉字。鶉卽鷻省。『輈人』。鳥旟七斿以象鶉火。鳥隼爲旟。則鶉火之鶉卽鷻。『左傳』童謠鶉之賁賁。下舉(擧)鶉火證之。則『詩』之言奔奔者、當亦是鷻。惟有縣鶉兮。『毛-特訓』爲小鳥。乃爲鷂鶉也。按『內則』有鶉羹、『詩』豝特鶉皆謂食物。》从隹。𦎫聲。《常倫切。13部。》/143

雔 수【chóu ㄔㄡˊ】 [설문부수 117] ㉠㊤㊥⑨㉘ chóu 새 한쌍, 가죽 나무고치

설문 2251 雙鳥也。《按『釋詁』仇讎(讐)敵妃知儀匹也。此

隹 8 ⑨

「雔」字作「雠」。則義尤切近。若應也、當也、讎物價也、怨也、寇也、此等義則當作讎。度【古書】必有用雠者。今則讎行而雠廢矣。》从二隹。凡雔之屬皆从雔。讀若醻。《市流切。3部。》/147

성부 讎수 靃靃곽 雙쌍

참고 수(售)

雕 (조)【diāo ㄉㄧㄠˉ】 本[큰 수리] 새길, 시들, 옥다듬을, 주나라 때 뼈나 뿔 등의 조각을 맡은 벼슬아치, 사람의 이름, 겹성

설문 2183 鷻也。《〔鳥部〕曰。鷻、雕也。假借爲琱琢、凋零字。》从隹。周聲。《都僚切。2部。古音在 3部。『考工記-故書』「雕」或爲「舟」。》 籒文雕。从鳥。/142

◀ 제 9 획 ▶

雖 雖(수)【suī ㄙㄨㄟˉ】 本[도마뱀붙이, 영원] 비록 ■유:짐승이름

설문 8395 佀(似)蜥易而大。《易而大。「易」【各本】作「蜴」。誤。今正。此字之本義也。自借以爲語詈(詞)。尟有知其本義者矣。『常棣』云。每有良朋。又云。雖有兄弟。『傳』云。每、雖也。凡人竆(窮)極其欲曰恣睢。雖卽睢也。按『方言』守宮在澤中者、東齊海岱謂之螔蝾。『注』云。似蜥易大而有鱗。蝾字疑雖之誤。》从虫。唯聲。《息遺切。15部。》/664

◀ 제 10 획 ▶

雗 (한)【hàn ㄏㄢˋ】 큰부리까마귀, 흰 꿩

설문 2176 雗鶽也。《三字一句。此與〔鳥部:鶾〕各物。〔鳥部〕曰。雗鶽、山鵲。知來事鳥也。》从隹。倝聲。《矦幹切。14部。》/141

雘 (확)【huò ㄏㄨㄛˋ】 ㊶㊥⑨㊍ wò 진사(수은과 유황의 화합물) ■호:붉은 빛 ■왁:속음(隹 8획)

설문 3046 善丹也。《按『南山經』曰。雞(鷄)山、其下多丹雘。侖者之山、其下多青雘。然則凡采色之善者皆偁(稱)雘。葢(蓋)本善丹之名移而他施耳。亦猶白丹、青丹、黑丹皆曰丹也。》从丹。蒦聲。讀與靃同。《【各本】作「讀若隺」。今依『尙書:音義』正。烏郭切。5部。》『周書』曰。惟其敷丹雘。《『杍材』文。敷、『孔穎達-正義本』作「斁」。衞(衛)包改作「塗」。俗字也。》/215

雙 쌍【shuāng ㄕㄨㄤˉ】 쌍(두개 한 짝), 견줄, 새이름, 500평 ■상:속음

설문 2253 隹二枚也。《見〔隹部:隻〕下。『方言』。飛鳥曰雙。鴈曰乘(乘)。》从雔。又持之。《所江切。9部。》/148

유사 하나 척(隻)

형성 (1자) 쌍(㩳)6456

雚 雚 관【guàn ㄍㄨㄢˋ】 작은 참새, 황새, 물억새 ■환:박주가리

설문 2212 雚(雚)爵也。《三字句。「爵」當作「雀」。雚今字作「鸛」。鸛雀乃大鳥。【各本】作小爵。誤。今依『太平御覽』正。『陸機-疏』云。鸛、鸛雀也。亦可證。陸云。似鴻而大。『莊子』作觀雀。〔土部:垤〕下、〔鳥部:鳳〕下皆作「鸛」。係俗改。》从萑。吅聲。《工奐切。14部。》『詩』曰。雚鳴于垤。《『豳風』文。『今-詩』作「鸛」。釋文曰。本又作「雚」。》/144

형성 (18자+1) 관(瓘)79 권(趯)998
훤(讙)1578 관(矔)2015 관(鸛)2346
훤(臛)2700 권(權)3370 환(酄)3964
관(觀)5233 환(歡)5283 환(貛)5832
환(驩)5878 관(爟)6215 환(懽)6485
관(灌)6713 권(獾)8089 권(蠸)8401
권(勸)8793 관(罐)

雛 (추)【chú ㄔㄨˊ】 병아리, 새새끼, 봉의 한가지, 사람의 이름 ■수:속음

설문 2180 雞(鷄)子也。《雞子、雞之小者也。『淮南』。天子以雛嘗黍。高曰。雛、新雞也。『吕(呂)覽:注』云。雛、春鷚也。郭景純言今呼少雞爲鷚。則『二:注』正同。『王制』。春薦韭。韭以夘(卵)。夘謂少雞。古者少雞亦曰夘。『方言』。雞雛、徐魯(魯)之閒謂之鍪子。按雛引伸爲凡鳥子細小之偁(稱)。『釋鳥』曰。生哺鷇、生噣雛。》从隹。芻聲。《士于切。古音在 4部。》 籒文雛。从鳥。/142

雜 (잡)【zá ㄗㄚˊ】 섞일, 어수선할

설문 5098 五采相合也。《與辭字義略同。所謂五采彰施於五色作服也。引伸爲凡參錯之偁(稱)。亦借爲聚集字。『詩』言襍(雜)佩。謂集玉與石爲佩也。『漢書』凡言襍治之。猶今云會審也。》从衣。集聲。《此篆葢(蓋)本从衣雧。故篆者以木移左衣下作「䨶」。久之改雥爲隹。而仍作雜也。組合切。7部。》/395

雝 雍 옹【yōng ㄩㄥˉ】 ① 화락할, 화목할, 학교, 모을, 땅 이름 ② 화락할, 할미새

설문 2188 雝渠也。《「渠」〔鳥部〕作「鶏」。【鉉本】同。》从隹。邕聲。《於容切。9部。【經典】多用爲雝和、辟雝。隸(隸)作雍。》/143

성부 雍雝옹

형성 (6자) 옹(饔)3068 옹(罋)3150
옹(癰)4536 옹(廱)5644
옹(灉)6747 옹(擁)7596

雞 (계)【jī ㄐㄧˉ】 닭

설문 2179 知時畜也。从隹。奚聲。《古兮切。16部。》 籒文雞。从鳥。/142

巂 휴【xié ㄒㄧㄝˊ】 ㊶㊥⑨㊍ guī 소쩍새, 수레바퀴의 일회전 ■수:고을 이름 ■전:땅이름

설문 2172 巂周、《逗。》燕也。《【各本】周上無巂。此淺人不得其句讀。刪(刪)複擧(擧)之字也。『釋鳥』。巂周、燕燕、鳦。孫炎、『舍人』皆云。一物三名。郭景純、陸德明誤讀『說文』。減去一日二字。乃以子巂釋巂周矣。巂周、子巂異物而同字。『文選:七命』。鸑髀猩脣。李云。『呂氏-春秋』曰。肉之美者巂燕之髀。此燕明巂周之證。【今-本味篇】不同。》从

隹、山象其冠也。《冠猶首也。》 㕯聲。《戶圭切。16部。按㕯聲在 15部。合韵也。『曲禮』。立視五巂。借爲規字。漢之越巂郎此字。音髓。或以作巂別之。誤》 一曰《以下別一義。》 蜀王望帝婬其相妻。慙亡去。爲子巂鳥。故蜀人聞子巂鳴。皆起(起)曰是望帝也。《依『爾雅:音義』訂。子巂亦曰子規。郎杜鵑也。人化爲鳥固或然之事。而常璩曰。有王曰杜宇。號曰望帝。其相開明。決玉壘山以除水害。遂禪位於開明。升西山隱焉。時適二月。子鵑鳥鳴。故蜀人悲子鵑鳥鳴也。說略同『楊雄-蜀王本紀』。》 /141

형성 (12자+1) 획(讗)1554 수(韉)1749 휴(觽)2723 휴(酅)3973 유(攜)4557 휴(檇)6322 휴(觿)6538 휴(攜)7508 이(孈)7918 수(纗)8276 휴(蠵)8511 휴(鑴)8862 경(瓗)

◀ 제 11 획 ▶

雡(류)【liào ㄌㄧㄠˋ】㊥⑨㉿ liù 큰 병아리, 꿩(닭)의 늦새끼

설문 2181 鳥大雛也。《此與繆別。而俗通用鷚。『高-注:吕(呂)覽』曰。雛、春鷚也。『吳都賦』。羿蓄無鸞鷚。按『爾雅:音義』、『文選:李-注』引『說文』同。【鍇本】作「天鸙」。誤。》 从隹。翏聲。《力救切。3部。》 一曰雉之莫(莫)子爲雡。《『釋鳥』字作「鷚」。郭云。晚生者。》 /142

離 리【lí ㄌㄧˊ】本[꾀꼬리] (다른 곳으로)떠날, 갈라질(흩어질, 떨어질), 늘려 놓을, 큰 거문고 ■려:나란히, 아우를

설문 2182 離黃、《逗。【各本】無「離」。淺人誤刪(刪)。如巂周刪巂之比。依『爾雅:音義』、『廣韵』補。》 倉庚也。《『豳風:毛傳』曰。倉庚、離黃也。『月令:注』云。倉庚、驪黃也。『釋鳥』曰。倉庚、鵹黃也。又曰。鵹黃、楚雀。又曰倉庚、商庚。然則離黃一物四名。按『說文』離鵹不類廁。則不謂一物。又按『毛傳』黃鳥、搏黍也。不云郎倉庚。倉庚下亦不云郎黃鳥。然則黃鳥非倉庚。焦氏循云。『鄭-箋』稱黃鳥宜食粟。又云緜蠻、小鳥皃(貌)。顯非倉庚。玉裁謂。盇(蓋)今之黃雀也。『方言』云驪黃或謂之黃鳥。此方俗語言之偶同耳。陸機乃誤以倉庚釋黃鳥。》 鳴則蠶生。《『月令』。仲春倉庚鳴。『內宰職』曰仲春。詔后帥外內命婦始蠶又北郊。》 从隹。离聲。《呂支切。古音在 16部。今用鸝爲鸝黃。借離爲離別也。》 /142

형성 (1자) 리(蘺)271

雒(암)【ān ㄢ】메추라기

설문 2196 雒屬也。从隹。酓聲。《恩含切。7部。『太平御覽』引有「一曰牟毋」四字。》 籀文雒。从鳥。/143

◀ 제 13 획 ▶

雟(수)【suī ㄙㄨㄟ】㊤㊥⑨ weí (하늘을)날 ■유·휴:같은 뜻 (隹부 13획)

설문 2205 飛也。从隹。隓聲。《山垂切。古音在 17部。》 /144

◀ 제 15 획 ▶

䨼(려)【lí ㄌㄧˊ】꾀꼬리 ■리:같은 뜻 ※ 리(鵹)와 같은 글자

설문 2191 䨼黃也。《三字句。䨼『字林』省作「䍦」。又作「鵹」。䍦黃郎離黃。見離下。䨼離異部而雙聲。故䨼黃與離黃異名。但二字不類廁。其說未聞。》 从隹。黎聲。《郎兮切。15部。》 一曰楚雀也。《一曰謂一名也。見『釋鳥』。》 其色黎黑而黃。《黎、黑皃(貌)。『月令:注』作「驪」。亦謂黑色。》 /143

◀ 제 16 획 ▶

雥 잡【zá ㄗㄚˊ】【설문부수 118】떼새(1875)

설문 2254 羣(群)鳥也。《許善心神雀頌。嘉貺雥集。》 从三隹。《徂合切。7部。》 凡雥之屬皆从雥。/148

성부 焦초 集집

형부 연(雥)

◀ 제 20 획 ▶

雧 集 집【jí ㄐㄧˊ】모일, 모을, 이룰, 이루어질

설문 2256 羣(群)鳥在木上也。《引伸爲凡聚之偁(稱)。漢人多假襍爲集。》 从雥木。《秦入切。7部。》 雧(集)或省。《今字作此。》 /148

형성 (4자) 집(嗺)767 잡(雜)5098 접(潗)8194 집(鏶)8884

◀ 제 24 획 ▶

雥(연)【yuān ㄩㄢ】새떼

설문 2255 鳥羣(群)也。《如淵爲水聚。》 从雥。淵聲。《烏玄切。12部。》 /148

173	雨
8-07	비 우

雨 우【yǔ ㄩˇ】【설문부수 422】(눈, 비)올

설문 7169 水從雲下也。《引申之、凡自上而下者偁(稱)雨。》 一象天。冂象雲。水霝其閒(間)也。《丯者、水字也。王矩切。5部。》 凡雨之屬皆从雨。古文。《象形。》 /571

유사 어조사 이(而)

성부 부록 색인 참조

형부 雨를 부수로 하는 대부분의 글자들

◀ 제 3 획 ▶

雩 우【yú ㄩˊ】기우제(지낼)

설문 7212 夏祭樂於赤帝以祈甘雨也。《『公羊傳』曰。大雩者何。旱祭也。『月令』。仲夏之月。大雩帝。用盛樂。乃命百縣。雩祀百辟卿士有益(益)於民者。以祈穀實。『注』曰雩、吁嗟求雨之祭也。雩帝、謂爲壇南郊之

旁。雩五精之帝。配以先帝也。自韶韗至柷敔皆作曰盛樂。凡他雩用歌舞而已。『春秋傳』曰。龍見而雩。雩之正當以四月。按鄭言五精之帝。『高誘-注:時則訓』曰。帝、上帝也。許獨云赤帝者、以其爲夏祭而言也。以祈甘雨、故字从雨。以于耆而求、故从亏。服虔曰。雩、遠也。亦於从于得義也。》从雨。亏(于)聲。《羽俱切。5部。》 𩃗雩或从羽。《或字如此作。》雩舞羽也。《說从羽之意。『周禮:樂師』。有羽舞。有皇舞。鄭司農云。羽舞者、析羽。皇舞者、以羽覆冒頭上衣飾翡翠之羽。鼓師云。教皇舞。帥而舞旱暵之事。按皇舞亦羽舞也。故字或作「翌」。而雩或作「䨁」。》/574

형성 (3자+1) 우(雩 䨁)1580 저(𢊁 𢊁)3305 호(鄠 鄠)3851 저(㨗 㨗)

雪 설【xuě ㄒㄩㄝˇ】 눈, 눈 올, 흴, (누명, 치욕, 원한)깨끗이 씻을

설문 7176 冰(仌)雨說(悅)物者也。《「冰」【各本】作「凝」。今正。凝者、冰之俗也。『釋名』曰。雪、綏也。水下遇寒氣而凝、綏綏然下也。故許謂之冰雨。說今之悅字。物無不喜雪者。說如雪疊(疊)韵。》从雨。彗聲。《相絕切。15部。》/572

◀ 제 4 획 ▶

雲 운【yún ㄩㄣˊ】 구름, 하늘

설문 7215 山川气也。《天降時雨。山川出雲。》从雨。云象回轉之形。《回上【各本】有雲字。今刪(删)。古文秖作云。小篆加雨於上。遂爲半體會意、半體、象形之字矣。云象回轉形、此釋下古文雲爲象形也。王分切。13部。》凡雲之屬皆从雲。 云古文省雨。《古文上無雨。非省也。二葢(蓋)上字。象自下回轉而上也。『正月』。昏(婚)姻孔云。『傳』曰。云、旋也。此其引伸之義也。古多叚(假)云爲曰。如『詩』云卽『詩』曰是也。亦叚(假)員爲云。如『景員維河:箋』云員古文作云、「昏姻孔云」本又作員、「聊(聊)樂我員」本亦作云、『尙書』云來衞(衛)包以前作員來、小篆妘字籒文作䰰是。云員古通用。皆叚借風雲字耳。自小篆別爲雲而二形逈判矣。》 𠄞亦古文雲。《此冣(最)初古文。象回轉之形者。其字引而上行。『書』之所謂觸石而出、膚寸而合也。變之則爲云。》/575

성부 會霒음

형성 (1자+1) 운(澐 澐)6844 담(曇 曇)

◀ 제 5 획 ▶

零 (령)【líng ㄌㄧㄥˊ】 비올, 떨어질, 영(zero) ■련:오랑캐

설문 7182 徐雨也。《「徐」【各本】作「餘」。今依『玉篇』、『廣韵(韻)』及『太平御覽』所引『纂要』訂。謂徐徐而下之雨。『小雅』。興雲祁祁。『傳』曰。祁祁、徐也。『箋』云。古者陰陽和。風雨時。其來祁祁然而不暴疾。引申之義爲零星、爲凋零。》从雨。令聲。《郎(郎)丁切。古音在 12部。讀如鄰(隣)。》/572

靁 뢰【léi ㄌㄟˊ】 천둥, (북을)칠

설문 7170 霒昜(陰陽)薄動生物者也。《【各本】作「陰陽」。今正。動下【各本】有「靁(雷)雨」二者。不辭。今依『韵會本』正。薄音博。迫也。陰陽迫動、卽謂靁也。迫動下文所謂回轉也。所以回生萬物者也。》从雨。畾象回轉形。《【許書】有畾無畾。凡積三則爲眾(衆)。眾則盛。盛則必回轉。二月陽盛。靁發聲。故以畾象其回轉之形。非三田也。【韵書】有畾字、訓田閒(間)。誤矣。凡【許書】字有畾聲者、皆當云靁省聲也。魯(魯)回切。15部。○ 凡古器多以回爲靁。》 䨻籒文靁。閒(間)有回。《當作「畾閒有回」。奪畾。》回、靁聲也。《說畾閒有回之意。》 𩆂古文靁。 𩇓古文靁。/571

참고 뢰(蕾)꽃잎 방긋하는 모양

雹 (박)【bó ㄅㄛˊ】 ㉠㉡㉥⑨㉢ báo 우박, 누리

설문 7179 雨仌也。《「仌」舊作「冰」。今正。雨仌、謂自上而下之仌也。曾子曰。陰之專氣爲雹。劉(劉)向曰。盛陽雨水。溫暖而湯埶(熱)。陰氣脅之不相入。則轉而爲雹。故沸湯之在閉器而湛於甘泉則爲冰。此其驗也。『左氏傳』曰。聖人在上。無雹。雖有、不爲災。》从雨。包聲。《蒲角切。古音在 3部。》 𩂣古文雹如此。《象其磊磊之形。》/572

電 (전)【diàn ㄉㄧㄢˋ】 번개

설문 7174 霒昜(陰陽)激燿也。《『孔沖遠-引:河圖』云。陰陽相薄爲靁(雷)。陰激陽爲電。電是靁光。按『易:震』爲靁。『離』爲電。『月令』靁乃發聲。始電。『詩:十月之交』、『春秋:隱:九年』言震電。『詩:采芑、常武、雲漢』言靁霆。震靁一也。電霆一也。『穀梁傳』曰。電、霆也。古義霆電不別。許意則統言之謂之靁。自其振物言之謂之震。自其餘聲言之謂之霆。自其光燿言之謂之電。分析較古爲愿心。靁電者、一而二者也。》从雨。从申聲。《靁自其回屈言。電自其引申言。申亦聲也。【小徐本】作雨申聲。堂練切。古音在 12部。讀如陳。》 𩆍古文電如此。《〔申部〕曰。𦥔、籒文申。〔又部〕曰。𠬧、古文申。乖牾不合。依此則當作古。》/572

◀ 제 6 획 ▶

霠 (잠)【yín ㄧㄣˊ】 장마 ■음:같은 뜻 ■애:빗소리

설문 7193 霖雨也。南陽謂霖霠。《【俗本】作謂霖雨曰霠。【全書】多類此者。今不可盡正矣。其字从㐺。㐺者、眾立也。故雨多取之。是可以證霠雨之爲霖、而非小雨矣。淫雨卽霠雨之叚(假)借。》从雨。㐺聲。《銀箴切。7部。按舉形聲關會意。》/573

雒 (락)【luò ㄌㄨㄛˋ】 비 떨어질

설문 7181 雨零也。《此下雨本字。今則落行而零廢矣。》从雨。各聲。《盧各切。5部。》/572

雩 (우)【yǔ ㄩˇ】 ㉠㉡㉥⑨ yù 물소리

설문 7214 水音也。《江氏聲曰。五聲羽屬水。

「許」字作「雺」、與【各書】不同。今按此當謂流水之音耳。》从雨。羽聲。《王矩切。5部。》/574

需 수【xū ㄒㄩ】㉠ rú (오래)기다릴, 머무거릴, 괘 이름, 요구(수요) ■유:다룬 가죽 훌부들한 모양 ■연:부드러울 ■난:약할, 차지 아니할
설문 7213 䇓也。《䇓者、待也。以疊(疊)韵爲訓。『易:彖傳』曰。需、須也。須卽䇓之叚(假)借也。『左傳』曰。需、事之賊也。又曰。需、事之下也。皆待之義也。凡相待而成曰需。》遇雨不進止䇓也。从雨而。《遇雨不進、說从雨之意。『公羊傳』曰。而字、䇓(頷)之意。此字爲會意。【各本】作而聲者、非也。『公羊傳』曰。而者䇓之意。此字爲會義.。【各本】作而聲者、非也。而者何。難也。『穀梁傳』曰。而、緩辭也。而爲遲緩之辭、故从而。而訓須。須通䇓。从而猶从䇓也。『春秋經』。己丑。葬我小君頃熊。雨、不克葬。庚寅。日中而克葬。是从雨而之證也。相俞切。古音在 4部。》『易』曰。雲上于天『需』。《『易:需卦:象傳』文。此偁(稱)『易』以證从雨之意。雲上于天者、雨之兆也。宋衷曰。雲上于天、需時而降雨。》/574
형성 (10자+1) 노(臑)2510 유(儒)4743 유(襦)5083 유(𩌾)5568 누(獳)6034 유(濡)6766 유(嬬)7931 수(繻)8241 유(孺)9322 유(醹)9370 나(懦)

◀ 제 7 획 ▶

霂 (목)【mù ㄇㄨˋ】가랑비, 이슬비
설문 7185 霢霂也。《此雙聲字。》从雨。沐聲。《莫卜切。3部。》/573

霃 (침)【chén ㄔㄣˊ】음산할, 오래 흐릴
설문 7189 久雲(陰)也。《『月令』。季春行秋令。則天多沈陰。沈卽霃之叚(假)借也。沈行而霃廢矣。》从雨。沈聲。《直深切。7部。》/573

霄 (소)【xiāo ㄒㄧㄠ】本[진눈깨비] 하늘、구름, 태양곁에 나타나는 운기
설문 7177 雨霰爲霄。《雨霰霄也。『釋天』曰。雨霓爲霄雪。此霄字本義。若『淮南書』上游於霄霓之野。高讀如紺綃之綃。此則別爲一義。乃今義行而古義罕用矣。霄亦叚(假)消。》从雨。肖聲。《相邀切。2部。》『齊語』也。《亦方俗語言如此。》/572

霅 (잡)【zhá ㄓㄚˊ】천둥 번개가 번쩍이는 모양 ■삽:비 올, 빗소리 ■합:떠들, 빛날 ■읍:빗소리 ■접:천둥번개 칠, 천둥을 하면서 번개가 번쩍일
설문 7173 霅霅靁電皃(雷電貌)。《「靁」【各本】作「震」。今依『韵(韻)會本』。霅霅、聲光襍(雜)沓之皃(貌)。按『馬融-廣成頌』霅爾雹落。霅音素洽反。今俗語云霎時間。霎卽霅之俗字。》从雨。譶省聲。《省譶爲言、如省蟲爲虫也。丈甲切。8部。》一曰霅、衆言也。《依『韵會本』六字在此。譶、疾言也。霅以爲聲。或訓霅爲衆言。則是从言从雨會意矣。『吳都賦』曰。𩊠霅驚捷。》/572

霆 (정)【tíng ㄊㄧㄥˊ】천둥소리, 번개
설문 7172 靁(雷)餘聲霽霽。《句。》所㠯(以)挺出萬物。《聲下有「也」字者、誤衍。鈴與挺皆以疊韵(疊韻)爲訓。靁所以生物。而其用在餘聲鈴鈴然者。『禮記』曰。地載神氣。神氣風霆。風霆流形。庶物露生。》从雨。廷聲。《特丁切。11部。古多讀上聲。》/572

震 (진)【zhèn ㄓㄣˋ】천둥소리 ■신:아이 밸
설문 7175 劈歷振物者。《劈歷、疾雷之名。『釋天』曰。疾靁爲霆。『倉頡篇』曰。霆、霹靂也。然則古謂之霆。許謂之震。『詩:十月之交』、『春秋:隱:九年』、『僖:十五年』皆言震。振與震疊韵(疊韻)。『春秋:正義』引作震物爲長。以能震物而謂之震也。引申之、凡動謂之震。辰下曰。震也。》从雨。辰聲。《章刃切。13部。古多讀平聲。》『春秋傳』曰。震夷伯之廟。《『左氏:僖:十五年:經、傳』皆有之。必引此者、以爲劈歷震物之證也。『史記』殷武乙暴靁震死。神道設教之至𥘹者也。》籀文震。/572

◀ 제 8 획 ▶

霰 (삼)【jiān ㄐㄧㄢ】가랑비, 비 오는 모양
설문 7187 微雨也。《「微」【各本】作「微」。今正。〔水部〕曰。微、小雨也。今人謂小雨曰廉纖。卽霰也。》从雨。㦰(𢦏)聲。《子廉切。7部。》又讀若芟。《又字衍。一說謂讀若㦰(𢦏)矣、又讀若芟也。》/573

霋 (처)【qī ㄑㄧ】(날씨)갤
설문 7203 霽謂之霋。从雨。妻聲。《七稽切。15部。》/573

霍 곽【huò ㄏㄨㄛˋ】本[새가 빠르게 나는 소리] 흩어질, 나라 이름 ■확(靃):(빗속을 새가)나는 소리
설문 2252 飛聲也。《此字之本義也。引伸爲揮霍、爲靃靡。靃靡音選委切。》从雨雔。《【各本】少此三字。今補。呼郭切。5部。俗作霍。》雨而雔飛者 其聲靃(霍)然。《說从雨之意。》/148
※ 명문、민중옥편에서는 곽(霍)과 확(靃)으로 구별했다。
형성 (2자) 곽(藿)229 착(籗)2821

霑 (점)【zhān ㄓㄢ】젖을, 적실, 은혜 입을
설문 7197 雨霂也。《『小雅』。旣霑旣足。》从雨。沾聲。《張廉切。7部。》/573

霒 음【yīn ㄧㄣ】그늘 ※ 음(陰)의 옛 글자
설문 7198 雲覆(覆)日也。《今人陰陽字小篆作霒昜(陰陽)。霒字。雲覆日。昜者、旗開見日。引申爲兩(兩)儀字之用。今人作陰陽、乃其中之一耑(端)而已。霒字今僅見『大戴-禮記:文王官人篇』、『素問:五帝政大論』。》从雲。今聲。《於今切 7部。》古文霒省。《古文雲本無雨耳。非省也。陰字从此。》亦古文霒。《此冣(最)初古文也。会則以小篆法整夻(齊)之。云亦同。》/575

雨 8 ⑧

霓 (예)【ní ㄋㄧˊ】 무지개 ■얼:물, 높은 모양 ■역:암무지개

설문 7210 屈虹青赤或白色。《或字陸德明作「也一曰」三字。非也。『韵(韻)會』白下無色字。是也。「屈」當作「詘」。【許書】云詰詘者、謂詘曲。屈非其義。許意詘曲之虹多青赤。或有白色者。皆謂之霓。『釋天』曰。螮蝀、虹也。霓爲挈貳。郭云。雙出色鮮盛者爲雄、曰虹。闇者爲雌、曰霓。據此、似青赤爲虹。白色爲霓。然析言有分。渾言不別。故『趙-注:孟子』曰。霓、虹也。虹見則雨。『楚辭』有白霓。》 霒(陰)气也。从雨。《霓爲陰氣。將雨之兆。故从雨。一从虫作「蜺」。猶虹从虫也。》 兒聲。《五雞(鷄)切。16部。如淳五結切。郭樸五擊切。『沈約-郊居賦』。雌蜺連蜷、深恐人讀爲平聲。》 /574

霖 (림)【lín ㄌㄧㄣˊ】 장마

설문 7192 凡雨三日已往爲霖。《『左傳:隱九年』。春王三月癸酉。大雨霖以震。書始也。庚辰。大雨雪。亦如之。書時失也。凡雨自三日以往爲霖。平地尺爲大雪。按許直用傳文爲說也。「已」當作「以」。自三日以往、謂雨三日又不止。不定其日數也。雨三日止、不得謂霖矣。『韋-注:國語』亦曰。雨三日以上爲霖。若『宋人-注:尚書』云三日雨爲霖。失古義矣。『釋天』。久雨謂之淫。淫謂之霖。》 从雨。林聲。《力尋切。7部。》 /573

◀ 제 9 획 ▶

䨞 (우)【yū ㄩˉ】 ㊤㊥⑨㉶ yǔ 비오는 모양

설문 7195 雨皃(貌)。方語也。《方上葢(蓋)奪「北」字。『集韵(韻)』曰。䨞火五切。北方謂雨曰䨞。呂靜說。按『呂氏-韵集』所據『說文』爲完善。》 从雨。禹聲。讀若禹。《王矩切。5部。按如今音雨䨞皆切王矩、何以見爲殊語。依『集韵』當作讀若虎。『玉篇』尤句切。》 /573

𩃬 (염)【rǎn ㄖㄢˇ】 젖을

설문 7198 濡也。《濡此義〔水部〕失載。於此見之。今人多用霑染、濡染。染行而𩃬廢矣。染者、以繒染爲色。非霑義。》 从雨。染聲。《而剡切。8部。》 /573

霚 (무)【wù ㄨˋ】 안개

설문 7207 地气發、天不應曰霚。《「曰霚」二字今補。「霚」今之霧字。『釋天』曰。地氣發、天不應曰霧。霧者俗字。「霧」一本作「霿」。非也。『釋名』曰。霧、冒也。氣蒙冒覆地之物也。『開元-占經』引『元命包』陰陽亂爲霧。》 从雨。《亦雨之類也。故从雨。地气發而天應之則雨矣。》 敄聲。《亡遇切。古音在 3部。敄从矛聲。故霚讀如矛。》 霧籒文霚省。《『洪範』曰蒙、『古文-尚書』作曰雺。徐邈音亡鉤反。『宋:世家』作曰霧。霧卽霚。霚者、雺之小篆。》 /574

霸 박【pò ㄆㄛˋ】 ㊤㊥⑨ gé 비에 젖신 가죽

설문 7201 雨濡革也。《雨濡革則虛(虛)起。今俗語若朴。》 从雨革。《會意。》 讀若膊。《匹各切。5部。霸字以爲聲。》 /573

성부 霸패

霜 상【shuāng ㄕㄨㄤˉ】 本[서리맞아 잎 말라 죽을] 서리, 백발, (수염, 머리)휠, 엄할

설문 7206 喪也。《以疊(疊)韵爲訓。》 成物者。《『豳風』。九月肅霜。『傳』曰。肅、縮也。霜降而收縮萬物。『秦風』。白露爲霜。『傳』曰。白露凝戾爲霜。然後歲事成。按雷、雨、露皆所以生物。雪亦所以生物而非殺物者。故其用在霜殺物之後。『詩』言雨雪雰雰。益(益)之以霢霂。生我百穀。其證也。惟霜爲揫斂萬物之用。許列字首靁(雷)。爲動萬物者莫疾乎此也。次之以雪。乃次之而靁零。謂冬雪而後春雨也。次之以露。露春夏秋皆有之。秋深乃凝霜也。次之以霜。而歲功成矣。歲功以雪始、以霜終。》 从雨。相聲。《所莊切。10部。》 /573

참고 상(孀) 과부

霝 령【líng ㄌㄧㄥˊ】 비올, 떨어질, 착할

설문 7180 雨零也。《「零」【各本】作「零」。今依『廣韵』正。霝與零義殊。許引東山霝雨。今作零雨、譌字也。『定之方中』。靈雨旣零。『傳』曰。零、落也。「零」亦當作「霝」。霝亦叚(假)靈爲之。『鄭風』零露漙兮。『正義本』作「靈」。『箋』云。靈、落也。靈落卽霝落。雨曰霝零。艸木曰零落。》 从雨皿。象零形。《郎丁切。11部。》 『詩』曰。霝雨其濛。《『豳風:東山』文。》 /572

형성 (10자) 령(靈)200 령(蘦)444 령(鈴)3157 령(櫺)3504 령(酃)3938 령(顬)5385 령(麢)5981 령(龗)7324 령(孁)7790 령(蠕)8450

◀ 제 10 획 ▶

𩃀 (자)【zī ㄗˉ】 빗소리, 비 심할

설문 7194 雨聲。从雨。眞聲。讀若資。《眞聲而讀若資者、合音也。故『廣韵(韻)』作「䨳」。卽夷切。15部。》 /573

霢 (맥)【mò ㄇㄛˋ】 ㊤㊥⑨㉶ mài 가랑비

설문 7184 霢霂。《句。》 小雨也。《『信南山』曰。益之以霢霂。『釋天』、『毛傳』皆曰。霢霂、小雨也。『釋名』曰。言裁霢歷霑漬。如人沐頭、惟及其上枝而根不濡也。按霢霂者、溟濛之轉語。〔水部:溟〕下曰。小雨溟溟也。濛下曰。濛濛、微雨也。》 从雨。脈聲。《莫獲切。16部。》 /573

霣 (운)【yǔn ㄩㄣˇ】 떨어질, 죽을, 천둥 ■인:속음 ■곤:우뢰

설문 7171 齊人謂靁(雷)爲霣。《【各本】齊上有「雨也」二字。按自靁篆至震篆皆言雷電。自霝篆至䨙篆皆言雨。叚(假)令霣之正義爲雨。則當次於彼閒。今刪。『韵(韻)會本』亦無此二字。齊人謂靁曰霣。方俗語言如此。靁、古讀如回。回與員語之轉。『公羊傳』。星霣如雨。叚(假)爲隕字。》 从雨。員聲。《于敏切。13部。》 一曰雲轉起(起)也。《別一義。雲回轉而起名之霣者、略與雲同音也。古文云作「員」。》 讀若昆。《大徐無此三字。》 古文霣如此。《「古」當作「籒」。員下云籒文作「鼎」、鼎下云籒文以鼎爲貝

㉶ 作家出版社〔董蓮池-說文解字考正〕 ⑨ 九州出版社〔柴劍虹-說文解字〕 ㉠ 陝西人民出版社〔蘇寶榮-說文解字今注今譯〕 ㊤ 上海古籍出版社〔說文解字注〕 ㊥ 中華書局〔臧克和-說文解字新訂〕

是也。㜆者、籒文妘。劚者、籒文則。皆是以鼎爲貝。》/572

雷 (류)【liù ㄌㄧㄡˋ】 낙수물, 물방울
설문 7199 屋水流也。《〔水部〕曰。溇、霤下皃(貌)也。『釋名』曰。中央曰中霤。古者復穴後室之霤。當今之棟下直室之中。古者霤下之處也。》从雨。畱聲。《力救切。3部。》/573

霝 (렴)【lián ㄌㄧㄢˊ】 장마 ■람:장마
설문 7190 久雨也。《霝之言連也。》从雨。兼聲《力鹽切。7部。》/573

霤 (함)【hán ㄏㄢˊ】 장마
설문 7191 久雨也。从雨。函聲。《胡男切。8部。》/573

◀ 제 11 획 ▶

霩 (확)【kuò ㄎㄨㄛˋ】 비 그치고 구름 흩어지는 모양
설문 7204 雨止雲罷皃(貌)。《『淮南:天文訓』。道生於虛霩。虛霩生宇宙。今俗字作「廓」。廓行而霩廢矣。》从雨。郭(郭)聲。《苦郭切。5部。》/573

霸 (점)【diàn ㄉㄧㄢˋ】 찰(차가운) ■접·칩:같은 뜻
설문 7211 寒也。从雨。執(執)聲。《都念切。7部。》或曰早霜也。讀若『春秋傳』墊阨。《『成:六年』、『襄:九年、廿五年』皆云墊隘(隘)。阨者、阸之隸變。阸隘古通用。此謂霸音同墊耳。非謂『春秋傳』有霸隘也。而『九經字㨾』云霸、音店。寒也。『傳』曰霸隘。引『說文』而失其眞。遂致爲經作音而非其實。以【經典】絕無霸字也。》/574

● 䨮 눈 설(雪)-본자

霥 (중)【zhōng ㄓㄨㄥˉ】 가랑비, 장마비
설문 7188 小雨也。从雨。眾聲。《職戎切。9部。》『明堂:月令』曰。霥雨。《『月令』無此文。惟季春行秋令、淫雨蚤降『注』云。『今-月令』曰衆雨。漢人衆讀平聲。即許所據之霥雨也。但【記】文淫雨。『鄭-注』云霖雨。許不當以小雨釋霥。似小必是誤字。》/573

◀ 제 12 획 ▶

霰 (산)【xiàn ㄒㄧㄢˋ】 싸라기눈
설문 7178 稷雪(雪)也。《謂雪之如稷者。『毛詩:傳』曰。霰、暴雪也。暴當是黍之字誤。俗謂「米雪」、或謂「粒雪」皆是也。曾子曰。陽之專氣爲霰。『詩:箋』云。將大雨雪。始必微溫。雪自上下。遇溫氣而團。謂之霰。久之寒勝則大雪矣。》从雨。㪔(散)聲。《穌甸切。14部。》䨘霰或从見。《見聲。》/572

露 (로)【lù ㄌㄨˋ】 本[적실] 이슬, 이슬로 적실, 드러날
설문 7205 潤澤也。《澤與露曡(疊)。『五經通義』曰。和氣津凝爲露。『蔡邕:月令』曰。露者、陰之液也。按露之言臚也。故凡陳列表見於外曰露。亦叚(假)路爲之。如『孟子:神農章』羸露字作路是也》从雨。路聲。《洛故切。5部。》/573

◀ 제 13 획 ▶

霰 (첨)【jiān ㄐㄧㄢˉ】 가랑비
설문 7196 小雨也。从雨。僉聲。《子廉切。7部。》/573

霸 패【bà ㄅㄚˋ】 상㊥⑨작 pò 本[초생달] 달력, 두목, 으뜸
설문 4124 月始生魄然也。《霸魄曡(疊)。》承大月二日。承小月三日。《『鄉飮酒義』曰。月者三日則成魄。『正義』云。前月大則月二日生魄。前月小則三日始生魄。『馬-注:康誥』云。魄、朏也。謂月三日始生兆朏。名曰魄。『白虎通』曰。月三日成魄。八日成光。按已上皆謂月初生明爲霸。而『律曆志』曰。死霸、朔也。生霸、望也。孟康曰。月二日以往明生魄死。故言死魄。魄、月質也。三統說是。則前說非矣。》从月。䨣聲。《普伯切。『書:音義』引『說文』匹革反。古音在 5部。『漢志』所引『武成』、『顧命』皆作霸。後代魄行而霸廢矣。俗用爲王霸字。實伯之叚(假)借字也。》『周書』曰。哉生霸(覇)。《『康誥:顧命』文。》𩇨古文或作此。/313

유사 굴레 기(羈覊羇覉)

◀ 제 14 획 ▶

霽 (제)【jì ㄐㄧˋ】(비, 눈, 안개)갤
설문 7202 雨止也。《『釋天』。雨濟謂之霽。濟、古多訓止者。如厲風濟則衆竅爲虛是也。許云雨止者、以詁訓字易其本字也。凡止曰濟。雨止則有霽字。『洪範』曰。雨曰濟。今古文皆如是。是『尙書』用濟爲霽也。》从雨。齊(齊)聲。《子計切。15部。》/573

霰 (산)【suān ㄙㄨㄢˉ】 가랑비, 이슬비
설문 7186 小雨也。从雨。酸聲。《素官切。14部。》/573

䨟 희【xì ㄒㄧˋ】 비 피할, 비 그을 ■간:같은 뜻 ■희:비 그칠
설문 5270 見雨而比息。《比下曰密也。密息者、謂鼻息數速也。道途遇雨急行、則息必頻喘矣。此字讀如欷。正與𣢑爲卧息、屓爲卧息、呬爲息、𡀗爲呻皆讀虛器切同。各本「比」作「止」。『篇』、『韵』同。或又作上。似不若【宋刊、葉抄:二本】作比爲長。》从覞雨。《从覞雨者、莫衆多於雨也。》讀若欷。《虛器切。15部。》/410

형부 간(覞)

霾 (매)【mái ㄇㄞˊ】(바람이 거세어)흙비 올
설문 7208 風而雨土爲霾。《依『釋天』補三字。『北風』。終風且霾。『釋天』曰。風而雨土爲霾。『傳』曰。霾、雨土也。『釋名』曰。霾、晦也。》从雨。貍聲。《莫皆切。古音在 1部。》『詩』曰。終風且霾。/574

霿 (무)【mèng ㄇㄥˋ】 상㊥⑨작 méng 本[안개] 아낄(인색할) ■몽:같은 뜻
설문 7209 天氣下、地不應曰霿。《『釋天』曰。天氣下、地不應曰霿。【今本】作「曰雺」。或作「曰霧」。皆非也。「霿」、

雨 8 ⑮

『釋名』作「蒙」。『開元-占經』作「濛」。『釋名』曰。蒙、日光不明蒙蒙然也。『開元-占經』引郗萌曰。在天爲濛。在人爲霧。日月不見爲濛。前後人不相見爲霧。按霿與霧之別、以郗所言爲確。許以霿系天气。以霚系地气。亦分別井然。大氐霚下霿上。霚溼(濕)霿乾。霚讀如務。霿讀如蒙。霚之或體作霧。霿之或體作蒙。不可亂也。而『爾雅』自陸氏不能諟正。譌舛不可讀。如『玉篇』云霚、天氣下地不應也。霿、地氣發天不應也。葢(蓋)本『爾雅』而與『說文』互易。則又在陸氏前矣。其【他經史】雺霿霧三字往往淆譌。要當以【許書】爲正。○『開元-占經』引『月令』仲冬行夏令。氛濛冥冥。『今-月令』作「氛霧」。霧乃霿之誤也。○『衞(衛)包-尙書』曰。蒙、恒風若。『漢:五行志』作「霿」。『尙書:大傳』作「瞀」。劉(劉)向曰。瞀、眊。眊、亂也。按此霿字引申叚(假)借之義也。本音茂。轉音蒙。『易:傳』。蒙者、蒙也。亦霿之叚借。》霿、晦(晦)也。《晦本訓月盡。引申爲日月不見之偁(稱)。『釋天』曰。霿謂之晦。許言此者、欲人知霿與霚異也。》从雨。稓(瞀)聲。《莫弄切。亦平聲。稓亦敄聲而入 9部者、合音也。》/574

◀ 제 15 획 ▶

● 靁 우뢰 뢰(雷)-본자

◀ 제 17 획 ▶

⿱雨鮮 (사)【sī ㄙˉ】비 뚝뚝 들을 ■선:속어 ■산:싸라기눈

[설문] [7183] 小雨財零也。《「財」當作「才」。取初始之義。今字作「纔」。》从雨。鮮聲。讀若斯。《息移切。16部。鮮聲在 14部而讀如斯者、以雙聲合音也。『列子』。鮮而食之。卽析而食之也。斯析音義同。》/572

174 | 8-06 | 青 | 푸를 청

青 [青][청]【qīng ㄑㄧㄥˉ】[설문부수 176] 푸른 빛, 푸를

[설문] [3048] 東方色也。《『考工記』曰。東方謂之青。》木生火。从生丹。《丹、赤石也。赤、南方之色也。倉經切。11部。》丹青之信言必然。《俗言信若丹青。謂其相生之理有必然也。援此以說从生丹之意。》凡青之屬皆从青。古文青。/215

[성부] 부록 색인 참조

[형부] 止를 부수로 하는 대부분의 글자들

[형성] (14자) 정(菁)256 청(請)1406 청(⿰馬青)2336 정(精)4286 정(⿰青彡)5460 쟁(崝)5624 시(猜)6040 정(竫)6369 정(情)6390 청(淸)6870 정(凊)7164 청(婧)7837 천(綪)8226 청(蜻)8469

◀ 제 3 획 ▶

⿰青彡 (정)【jìng ㄐㄧㄥˋ】조촐하게 꾸밀, 모직물, 털로 짠 천

[설문] [5460] 清飾也。《清飾者、謂清素之飾也。『上林賦』。靚莊刻飾。郭璞曰。靚莊、粉白黛黑也。刻飾、刻畫(畫)鬌鬢也。按靚莊卽靚妝之假借字。⿰青彡與〔水部〕之瀞義略同。》从彡。青聲。《疾郢切。11部。按〔丹部〕曰。彤者、丹飾也。从丹彡。彡其畫也。疑此當云⿰青彡、青飾也。从彡青。青亦聲。葢(蓋)謂以青色飾畫之文也。彤不入〔彡部〕、⿰青彡不入〔青部〕者、錯見也。》/424

◀ 제 5 획 ▶

竫 (정)【jìng ㄐㄧㄥˋ】꾀할, 다스릴, 편안히 할

[설문] [6369] 立竫也。《謂立容安竫也。安而後能慮。故『釋詁』、『毛傳』皆曰竫、謀也。》从立。青聲。《疾郢切。11部。》一曰細皃(貌)。《『古文-尙書』戔戔善諞言。『伏生-今文』作諓諓善竫言。見『公羊傳』。『王逸-注:楚辭』引作諓諓竫言。葢(蓋)竫竫、戔諓古通用。竫言、謂小人巧言。〔戈部〕引『周書』戔戔巧言、亦謂『秦誓』也。『山海經:大荒東經』曰。東海之外。大荒之中。有小人國名竫。》/500

◀ 제 7 획 ▶

靚 [정]【jìn ㄐㄧㄣˋ】[상][中]⑨[작] jìng 부를, 단장할, 가을에 천자를 알현할

[설문] [5260] 召也。《『廣雅:釋言』曰。令、召、靚也。曹憲云。恥敬反。亦爲靚妝之靚。似政反。恥敬、則召靚之靚也。今多云靚師僧則其字矣。『廣韵』曰。古奉朝請亦作此字。按『史記』、『漢書』皆作朝請。徐廣云。律、諸矦春朝曰朝、秋曰請。『郭-注:上林賦』云。靚粧、粉白黛黑也。》从見。青聲。《疾正切。按當依曹憲恥敬切。11部。》/409

[형성] (1자) 청(瀙)7076

◀ 제 8 획 ▶

靜 [정]【jìng ㄐㄧㄥˋ】자세할, 편안할, 움직이지 아니할, 맑고 고요할

[설문] [3049] 宷(審)也。《『上林賦』。靚粧。『張揖:注』曰。謂粉白黛黑也。按靚者、靜字之假借。彩色詳宷(審)得其宜(宜)謂之靜。『考工記』言畫(畫)繢之事是也。分布五色。疏密有章。則雖絢爛之極。而無淟涊不鮮。是曰靜。人心宷度得宜。一言一事必求理義之必然。則雖緐(繁)勞之極而無紛亂。亦曰靜。引伸假借之義也。安靜本字當从〔立部〕之竫。》从青。爭聲。《質郢切。11部。》/215

[형성] (1자) 정(瀞)7025

175 | 8-07 | 非 | 아닐 비

非 [비]【fēi ㄈㄟˉ】[설문부수 429] [本][어긋날] 옳지 아니할, 헐뜯을, 비방할, 나무랄

[설문] [7330] 韋也。《「韋」【各本】作「違」。今正。違者、離也。

韋者、相背也。自違行韋廢。盡改韋爲違。此其一也。非以相背爲義。不以離爲義。》从飛下翄。《謂从飛省而下其翄。》取其相背也。《翄垂則有相背之象。故日非、韋也。甫微切。15部。》凡非之屬皆从非。/583

성부 부록 색인 참조

형부 非를 부수로 하는 대부분의 글자들

형성 (25자+5) 비(菲)619 비(辈)726 비(蜚)1337 비(誹)1532 비(眥)2003 비(翡)2137 비(腓)2522 비(餥)3076 비(棐)3682 배(䨽)3884 비(痱)4531 죄(罪)4618 배(俳)4923 배(裴)5077 비(𣯷)5153 비(屝)5170 비(婓)5466 비(厞)5715 비(騑)5892 비(悲)6587 비(𩇗)7331 비(扉)7357 배(排)7478 비(婓)7946 비(蜚)8563 배(輩)9135 배(琲) 비(悱) 비(緋) 비(霏) 배(裵)

◀ 제 3 획 ▶

𩇗 (비)【fěi ㄈㄟˇ】 나눌(別也), 올빼미
설문 7331 別也。《別者、分解也。》从非己。《舊己下有聲字。今刪。己猶身。非己猶言不爲我用。會意。非亦聲。非尾切。15部。》/583

◀ 제 7 획 ▶

靠 (고)【kào ㄎㄠˋ】 本[어길] 기댈
설문 7333 相韋也。《「韋」【各本】作「違」。今正。相韋者、相背也。故从非。今俗謂相依曰靠。古人謂相背曰靠。其義一也。猶分之合之皆曰離。》从非。告聲。《苦到切。古音在 3部。》/583

◀ 제 11 획 ▶

靡 미【mǐ ㄇㄧˇ】 물크러질, (바람에)초목이나 기가 쓰러질, 호사할, 화려할 ■미:흩어질
설문 7332 柀靡也。《「柀」【各本】作「披」。今正。柀靡、疊(疊)韵字。旇下日。旌旗柀靡也。『項羽傳』。漢軍皆柀靡。顔師古、張守節皆普彼反。葢(蓋)其字本作柀。从木。析也。寫者譌从手。柀靡、分散下垂之皃(貌)。『易:中孚, 九二』日。吾與爾靡之。孟、王皆日。散也。凡物分散則微細。引申之謂精細可喜日靡麗。爾下日麗爾猶靡麗也是也。又與亡字、無字皆雙聲。故謂無日靡。》从非。麻聲。《文彼切。古音在17部。》/583

형성 (4자) 미(糜)4315 마(䃺)5762 마(爢)6163 휘(摩)7716

◀ 제 12 획 ▶

𣯷 (비)【fēi ㄈㄟˉ】 털이 엉크러질, 솜털, 가는 털, 어지러울
설문 5153 毛紛紛也。《紛紛者、多也。非分雙聲。𣯷𣯷猶紛紛也。『廣韵(韻)』日細毛。》从毳。非聲。《甫微切。15部。》/399

非 8 ⑫

제 9 획

176 面
9-01 얼굴 면

面【miàn ㄇㄧㄢˋ】[설문부수 326] 얼굴, 면전(눈앞)

설문 5439 顏(顔)前也。《顏者、兩眉之中閒(間)也。顏前者、謂自此而前則爲目、爲鼻、爲目下、爲頰之閒、乃正鄉人者。故與背爲反對之偁(稱)。引伸之爲相鄉之稱。又引伸之爲相背之偁。『易』窮則變。變則通也。凡言面縛者、謂反背而縛之。偭从面。》从百。象人面形。《謂囗也。左象面。彌箭切。14部。》凡面之屬皆从面。/422

성부 부록 색인 참조

형부 面을 부수로 하는 대부분의 글자들

형성 (6자) 면(緬)1745 면(偭)4878 면(愐)6472 면(湎)7056 면(緬)8126 면(蝒)8435

◀ 제 7 획 ▶

酺 (보)【fǔ ㄈㄨˇ】 상㊥⑨작 fǔ 광대뼈, 보조개, 어금니 아래뼈 ■부:속음

설문 5441 頰也。《頰者、面旁也。面旁者、顏(顔)前之兩旁。『大招』。靨輔奇牙。宜笑嫣只。『王-注』。言美頰有靨酺。口有奇牙。嗎然而笑。尤媚好也。『淮南書』。奇牙出。靨輔搖。『高-注』。靨輔、頰邊文。婦人之媚也。又曰。靨輔在頰則好。在顙則醜。『注』。靨酺者、頰上窐也。由此言之。靨酺在頰。故酺與頰可互偁(稱)。古多借輔爲酺。如『毛詩:傳』曰。倩、好口輔也。此正謂靨酺。『咸:上六』。咸其輔頰舌。『艮:六五』。艮其輔。其字皆當作「酺」。葢(蓋)自外言曰酺、曰頰、曰靨酺。自裏言則上下持牙之骨謂之酺車、亦謂牙車、亦謂頷車、亦謂頰車、亦謂鼸車、亦謂之酺、亦謂之頰。許言酺頰也者、言其外也。『易』言酺頰、言酺、言其裏也。酺車非外之酺。頰車非外之頰。此名之當辨者也。諸家說『左傳』輔車相依、用牙車爲訓。而許君不同。說詳〔車部〕。○ 按『艮卦:虞-注』云。輔、面頰骨上頰車也。面頰骨、今俗語尙如是。上頰車、卽頰骨在上持牙者。『服虔(虔)-注:左傳』謂之上頷車。然則在下持牙者亦得曰下頰車、下頷車矣。必云上頰車。上頷車者言酺則言上是也。頰車與舌、言則必動。故『咸、艮:爻辭』取此。》从面。甫聲。《符遇切。5部。》

/422

靦 (전)【tiǎn ㄊㄧㄢˇ】 면목이 있어 사람을 보는 모양, 부끄러워할, (사람을)볼

설문 5440 面見人也。《『各本』無「人」。今依『毛詩:正義』補。面見人、謂但有面相對自覺可憎也。『小雅:何人斯』。有靦面目。『傳』曰。靦、姡也。〔女部〕曰。姡、面靦也。按〔心部〕曰。靑徐謂慙曰惧。音義皆同。而一从心者、慙在中。一从面者、媿在外。『韋-注:國語』曰。靦、面目之皃(貌)也。》从面見。《此以形爲義之例。》見亦聲。《他典切。14部。》『詩』曰。有靦面目。䩄或从旦。《旦聲也。『玉篇』曰。『埤蒼』䩄同靦。【字書】作䩄。》/422

◀ 제 12 획 ▶

醮 (초)【jiāo ㄐㄧㄠ】 파리할

설문 5442 面焦枯小也。《『玉篇』引『楚辭』云。顏(顔)色醮顇。『希馮-所據:古本』也。『漢:外戚傳』。嫶妍大息。歎稚子兮。晉灼曰。三輔謂幽愁面省瘦曰嫶冥。嫶妍猶嫶冥也。按嫶卽醮字。省同瘠。》从面焦。《此擧會(擧會)意包形聲。卽消切。2部。》/423

177 革
9-02 가죽 혁

革 혁【gé ㄍㄜˊ】[설문부수 70] 가죽, 갑옷 투구, 팔음의 하나(북같은 악기), 괘 이름

설문 1697 獸皮治去其毛曰革。《『各本』「獸皮治去其毛革更之。象古文革之形」。文義、句讀皆不可通。今依『召南』、『齊風』、『大雅』、『周禮:掌皮:四疏』訂正。革與鞹二字轉注。皮與革二字對文則分別。如秋斂皮、冬斂革是也。散文則通用。如司裘之車卽革路、『詩:羔羊:傳』革猶皮也是也。》革、更也。《二字雙聲。治去其毛。是更改之義。故引伸爲凡更新之用。『襍卦傳』曰。革、去故也。『鄭-注:易』曰。革、改也。『公羊傳』。革取淸者。何曰。革、更也。『管子:輕重革築室房:注』。革、更也。》象古文革之形。《凡字有依倣古文製爲小篆。非許言之。猝不得其於六書居何等者。如革曰象古文革之形、弟曰從古文之象、民曰從古文之象、酉曰象古文酉之形是也。易臼爲凵(口)、葢(蓋)省𩁹爲𥳑(簡)耳。而或云從廾。從〇、音韋。〇爲國邑。卅年而法更。此葢『楊承慶-字統』之肊說。古覈切。1部。》凡革之屬皆從革。䩯古

9 ⓪

文革。从卅(卅)。《上卄下十。是三十也。》卅年爲一世而道更也。《據此則革(革)之本訓更。後以爲皮去毛之字。》臼聲。《臼居玉切。在 3部。革在 1部。合音冣(最)近。》/107

성부 부록 색인 참조

형부 革을 부수로 하는 대부분의 글자들

형성 (2자) 격(諽)1623 객(鞹)2142

◀ 제 2 획 ▶

靪 (정)【dīng ㄉㄧㄥ】 ⑨ xié (신창을)기울, 신창 받을

설문 1715 補履(履)下也。《原思納履則踵決。故履下可補也。今俗謂補綴曰打補靪。當作此字。》从革。丁聲。《當經切。11部。》/108

◀ 제 3 획 ▶

靬 (간)【kàn ㄎㄢˋ】 상中⑨작 jiān 마른 가죽

설문 1699 靬、《此複擧(擧)字刪(刪)之未盡者。》乾革也。《乾古寒切。》武威有麗靬縣。《『地理志』。張掖郡驪靬。李奇曰。音遲虔。如淳曰。靬音弓鞬。『郡國志』驪靬亦屬張掖。許系之武威。未詳。》从革。干聲。《苦旰切。14部。》/107

䩒 (우)【yú ㄩˊ】 바퀴통끝 휘갑쇠 빔가죽

설문 1735 鞧內環靼也。《「鞧」【各本】譌「鞧」。今依『玉篇』。環靼者、環之以靼。》从革。亏(于)聲。《羽俱切。5部。》/109

◀ 제 4 획 ▶

靲 (금)【qín ㄑㄧㄣˊ】 가죽신, 오랑캐의 풍류

설문 1746 鞮也。《鞮、革履也。『玉篇』靲下云。靲、鞻也。『周禮:鞮鞻氏:音義』。吕(呂)忱云。鞮者、革履也。鞻者、靲鞻。按鞮鞻、〔走部〕作「趧婁」。故〔革部〕無鞻。『字林』有鞻。釋之曰靲鞻。則靲字亦『字林』始有之。『說文』靲字殆後人所增。不與鞠鞮鞅等爲伍。》从革。今聲。《巨今切。7部。『士喪禮:繫用靲:注』。靲、竹篾也。陸云其闇反。按鄭以爲紟字。紟者係也。鬲(鬲)與重但當以竹篾係之。因謂篾爲紟。》/110

靳 (근)【jìn ㄐㄧㄣˋ】 (말의)가슴걸이

설문 1730 當膺(膺)也。《『左傳』曰。吾從子如驂之有靳。杜曰。靳、車中馬也。言已從『書』。如驂馬之隨靳也。『正義』曰。驂馬之首當服馬之胸。胸上有靳。故云我從子如驂當服之靳。按『左傳』。晉車七百乘(乘)。韅靷鞅靽。杜曰。在胸曰靷。此正在匈曰靳之誤。以『秦風:傳』靳環或作靷環證之。其誤正同矣。游環在服馬背上。驂馬外轡貫之。以止驂之出。故謂之靳環。靳者、驂馬止而不過之處。故引伸之義爲靳固。『左傳』。宋公靳之。吝其寵也。》从革。斤聲。《居近切。13部。》/109

靶 (파)【bǎ ㄅㄚˇ】 상中⑨작 bà (말)고삐, 과녁

설문 1728 轡革也。《『王褒傳』。王良執靶。『音義』或曰。靶音霸。謂轡也。『吳都賦』。迴靶乎行邪睨。劉(劉)曰。靶、轡革也。按云轡革者、『毛傳』云革轡首也。》从革。巴聲。《必駕切。古音在 5部。》/109

靷 (인)【yǐn ㄧㄣˇ】 (마소의)가슴걸이

설문 1732 所目(以)引軸者也。《所以者字、依『楊倞-注:荀卿』補。凡【許書】所以字淺人往往刪之。『秦風:毛傳』曰。靷所以引也。毛不言軸。許云軸以箸明之。輈載於軸。兩靷亦係於軸。『左傳』。兩靷將絕。吾能止之。駕而乘(乘)材。兩靷皆絕。此可見靷之任力幾與輈等。靷在輿下而見於軓前。乃設環以續靷而係諸衡。故『詩』云。陰靷沃續。孔沖遠云。靷繫於陰版之上。令驂馬引之。此非是。驂在服外而後於服。與靷不正相當。且軓非能任力。不當係於軓也。許云所以引軸。說不可易。》从革。引聲。《余忍切。12部。》 𩊤籒文靷。/109

靸 (삽)【tā ㄊㄚ】 상中⑨작 sǎ (어린아이)신

설문 1709 小兒履(履)也。《『急就篇』有靸。『釋名』曰。靸、韋履深頭者之名也。》从革。及聲。《穌合切。7部。》/108

䩕 (앙)【yǎng ㄧㄤˇ】 상中⑨작 áng 실로 삼은 신, 미투리의 한 가지

설문 1710 䩕角。《逗。》鞮屬。《『方言』。禪者謂之「鞮」。絲作之者謂之「履」。麻作之者謂之「不借」。麤者謂之「履」。東北朝鮮洌水之間謂之「䩕角」。南楚江沔之間總(總)謂之「麤」。西南梁益之閒或謂之「屦」、或謂之「𪏐」。履其通語也。徐土邳圻之閒大麤謂之䩕角。按末句『郭-注』今漆履有齒者。『顏(顏)-注:急就篇』曰。卬角、形若今之木履而下有齒。『釋名』則曰。仰角、屐上施履之名也。當仰履角。擧(擧)足乃行也。》从革。卬聲。《五剛切。10部。》/108

◀ 제 5 획 ▶

䩡 (타)【tuó ㄊㄨㄛˊ】 밀치끈(마소의 꼬리에 걸어 안장이나 옆 말에 매는 끈)

설문 1754 馬尾䩡也。《『方言』。車紂、自關而東、周雒汝潁而東謂之鍬。或謂之曲綯。或謂之曲綸。自關而西謂之紂。〔糸部〕曰。緧、馬紂也。紂、馬緧也。『考工記』。必緧其牛。後鄭云。關東謂紂爲緧。按䩡鞠語相似。䩡盇(盍)鞠之轉語。》从革。它聲。《徒何切。17部。》今之般緧。《四字疑後人沾注。》/111

靼 (단)【dá ㄉㄚˊ】 작 zhé 本[다른 가죽] 오랑캐 이름

설문 1704 柔革也。《「柔」當作「鞣」。上文云柔皮之工、謂治之使柔。此云柔革、謂革之柔耎者也。》从革。旦聲。《旨熱切。15部。旦聲在 14部。合音也。》 𩎨古文靼。从亶。/107

䩛 (필)【bì ㄅㄧˋ】 차 묶는 가죽 ■비:차 얽어 묶는 가죽

설문 1723 車東也。《『考工記:天子圭中必:注』。必、讀如鹿車縪之縪。謂以組約其中央。爲執之以備失隊。『方言』曰。車下鉄。陳宋淮楚之閒謂之畢。大者謂之綦。『郭-注』云。鹿

車也。按鄭、郭云鹿車者、非小車財容一鹿之謂。『方言』曰。維車、趙魏之閒謂之轣轆車。東齊海岱之閒謂之道軌。『廣雅』。維車謂之「厤鹿」。道軌謂之「鹿車」。本『方言』。葢(蓋)「厤鹿」卽『毛詩:傳』之「歷錄」。「鹿車」卽『周禮:注』之「鹿車」。「鹿車」與「歷鹿」義同。皆於其圍繞命名也。〔糸部:縪〕、止也。古畢必通用。故必鞑縪同。「約圭」與「約車」相類也。》從革。必聲。《毗必切。12部。》/108

鞀 (도)【táo ㄊㄠˊ】 ㉘ tiáo 땡땡이

설문 1717 鞀、《此複字删(刪)之未盡者。》遼也。《此門聞也、戶(戶)護也、鼓(鼓)郭也、琴禁也之例。以疊韵(疊韻)說其義也。遼者、謂遼遠必聞其音也。『周禮:注』曰。鼗如鼓而小。持其柄搖之。旁耳還自擊。从革。召聲。《徒刀切。2部。》 鞉鞀或从兆聲。 鼗鞀或从鼓(鼓)兆。 磬籒文鞀。从殸召。《『周禮』以爲鞀字》/108

鞊 (첩)【tiè ㄊㄧㄝˋ】 ㊙㊥⑨㉘ tié 안장치장 ■접:언치

설문 1741 鞌飾。《『篇』、『韵(韻)』皆曰鞌鞊。》从革。占聲。《他叶切。7部。》/110

鞁 (피)【bì ㄅㄧˋ】 ㊙㊥⑨㉘ bèi (마소의)가슴걸이, 수레를 끌리기 위해 가슴 밑에 얽어맨 가죽끈

설문 1726 車駕具也。《『晉語』。吾兩鞁將絕。吾能止之。韋曰。鞁、靷也。按韋以『左傳』作「靷」。故以靷釋之。其實鞁所包者多。靷其大者。『封禪書』言雍五畤。路車各一乘(乘)。駕被具。西畤、畦畤。禺車各一乘。禺馬四匹。駕被具。被卽鞁字也。鞁與〔糸部:絥犕〕各物。》从革。皮聲。《平祕(秘)切。按當依『廣韵(韻)』平義切。古音在 17部。》/109

鞃 (굉)【hóng ㄏㄨㄥˊ】 수레 앞 가로나무 ■횡:수레 앞 가로막이에 맨 고삐 ■궁:같은 뜻

설문 1721 車軾中把也。《【各本】無「中把」二字。『韵(韻)會』作「中靶」。靶字誤。今補正。『大雅:傳』曰。鞹、革也。鞃、軾中也。此謂以去毛之皮輓軾中人所凭處。『篇』、『韵(韻)』皆云。軾中靶。靶、轡革。不當以名軾。葢(蓋)許本作把。而俗譌從革。軾中把者、人把持之處也。較毛多一字。》从革。弘聲。《丘弘切。6部。》『詩』曰。鞹鞃淺幭。讀若穹。《穹從穴弓聲。弓古音讀如肱。故鞃亦作䡗。又作鞑。》/108

鞄 (포)【páo ㄆㄠˊ】 ㉘ báo 혁공(날 가죽을 무두질하는 장인)

설문 1701 柔革工也。从革。包聲。《蒲角切。古音在 2部。》讀若朴。《朴在 3部。合音冣近。劉(劉)昌宗音僕。》『周禮』曰。柔皮之工鮑氏。鮑卽鞄也。《鮑鞄字舊互譌。今正。『考工記』。攻皮之工五。函鮑韗韋裘。先鄭云。鮑讀如鮑魚之鮑。『書』或爲鞄。『蒼頡篇』有鞄甍。又鮑人之事。後鄭云。「鮑」、【故書】或作「鞄」。許云鮑卽鞄者、謂『周禮』之「鮑」卽『蒼頡篇』之「鞄」。鞄正字。鮑假借。〔𠫓部〕云。『易』曰突如其來如。不孝子突出。不容於內也。𠫓卽『易』突字也。謂𠫓正字。突假借。文意正相似。》/107

鞅 (앙)【yāng ㄧㄤ】 ㊙ yáng ㊥⑨㉘ yǎng 가슴걸이, (물건을 등에)질

설문 1752 頸靼也。《『釋名』。鞅、嬰也。喉下稱嬰。言嬰絡之也。按劉(劉)與許合。杜云在腹曰鞅。恐未然也。『小雅』鞅掌。毛曰。失容也。》从革。央聲。《於兩切。10部。》/110

◀ 제 6 획 ▶

鞈 (협)【gé ㄍㄜˊ】 ㉘ jiǎ 굳을, 흉갑 ■탑:북소리 ■겹:속음 ■갑:같은 뜻, 쇠북소리 ■삽:껍두기, 신는 신

설문 1742 防汗也。《此當作所以防捍也。轉寫奪誤。〔巾部〕曰。幩、馬纏鑣扇汗也。與此無涉。『篇』、『韵(韻)』皆曰防捍。是『相傳-古本』「捍」亦作「扞」。故譌汗。『荀卿』曰。犀兕鮫革。鞈如金石。『管子』。輕罪人蘭盾鞈革二戟。『注』曰。鞈革、重革。當心箸之。可以禦矢。鼂錯曰。匈奴之革笥木薦弗能支。孟康曰。革笥、以皮作如鎧者被之。木薦、以木版作如楯。一曰革笥若楯。木薦之以當人心也。此皆防捍之說。錯曰。今胡人扞蔽也。知【鍇本】故作「扞」。》从革。合聲。《當云从革合、合亦聲。古洽切。7部。按〔鼓(鼓)部〕鞈、古文磬。而此作小篆。訓防扞。與上文鞌鞼鞊、下文勒皆爲馬具者不相貫。【鍇本】篆體作鞈。獨從古文革。則恐好事者增之。仍从〔鼓部〕偏旁耳。》/110

鞀 (락)【luò ㄌㄨㄛˋ】 가죽띠(혁대)

설문 1700 生革可㠯(以)爲縷束也。《『小雅』。約之閣閣。毛曰。約、束也。閣閣猶歷歷也。按閣讀如絡。『秦風:五楘:傳』曰。五束歷錄。生革縷束曰鞀者、謂束之歷錄也。》从革。各聲。《盧各切。5部。》/107

鞌 鞍(안)【ān ㄢ】 (말)안장, 안장 지울

설문 1739 馬鞁具也。《此爲跨馬設也。『左傳』。趙旃以良馬二。濟其兄與叔父。左師展將以公乘馬而歸。三代時非無跨馬者矣。『春秋經』有鞌字。》从革。安聲。《烏寒切。14部。》/109

鞂 (지)【zhǐ ㄓˇ】 일산끈

설문 1725 葢(蓋)杠系也。《葢杠『考工記』謂之桯。桯讀如楹。「系」【各本】作「絲」。今正。系、係也。係、絜束也。絜束者、圍而束之。鞂用革。故字從革。》从革。旨(旨)聲。《脂利切。15部。》/109

鞎 (흔)【hén ㄏㄣˊ】 (수레 앞)장식 가죽 ■흔·한·간·은·건:같은 뜻

설문 1720 車革前曰鞎。《『釋器』曰。輿革前謂之鞎。郭曰。以韋靶車軾。按李巡云。輿革前、謂輿前以革爲車飾曰鞎。不言軾。依『毛傳』韋靶軾、自名鞃。不名鞎。疑『李-注』是。》从革。㫃(艮)聲。《戶(戶)恩切。13部。》/108

鞏 (공)【gǒng ㄍㄨㄥˇ】 묶을

설문 1707 㠯(以)韋束也。《『大雅』。藐藐昊天。無不克鞏。毛曰。鞏、固也。此引伸之義也。》『易』曰。鞏用黃牛之革。《『革:初九』辭。王弼曰。鞏、固也。按此

圖 9 ⑥

與卦名之革相反而相成。》从革。巩(巩)聲。《居竦切。古音在 3部。見『詩:瞻卬』。》/107

◀ 제 7 획 ▶

鞅 鞅 (갑)【jiá ㄐㄧㄚˊ】 가죽신, 땀받이, 전대 ■겹:〈네이버 자전〉

설문 1712 鞮鞅沙也。《謂鞮之名鞅沙者也。鞘角、鞅沙皆漢人語。『廣雅』之鞢鞢也。鞢古匣切。鞢音沙。鞢鞢、鞢鞢、靸履也。『集韵(韻)』。屨與鞢同。『廣韵』。鞢鞢、索鞢、胡履也。『釋名』。鞢鞢、鞢之缺前壅者。胡中所名也。》从革。夾聲。《古洽切。8部。》/108

鞁 鞁 (두)【dòu ㄉㄡˋ】 언치, 차에 까는 자리 설문 1734 車鞁具也。从革。豆聲。《四候(候)切 4部。》/109

鞔 鞔 (만)【wán ㄨㄢˊ】 ㊀㊥⑨㊂ mán 신울(履殼), 신발, 맬

설문 1708 履(履)空也。《小徐曰。履空猶履殼也。按空腔古今字。履腔如今人言鞔幫也。逋旁切。『呂氏-春秋』曰。南家工人也。爲鞔者也。高曰。鞔、履也。作履之工也。高不云履空者、渾言之也。『三蒼』。鞔、覆也。『考工記:注』。飾車、謂革鞔輿也。此鞔引伸之義。凡鞔皆如綴幫於底。》从革。免聲。《母官切。14部。》/108

鞋 鞋 (혈)【xié ㄒㄧㄝˊ】 쇠 정강이를 얽어맬 설문 1755 繫牛脛也。《「繫」當作「系」。》从革。見聲。《按『篇』、『韵(韻)』皆呼結切。於見聲爲近。古音在 14部。【鉉本】作己彳切。》/111

鞙 鞙 (현)【juān ㄐㄩㄢ】 ㊀㊥⑨㊂ xuàn 멍에끈, 아름다울

설문 1744 大車縛軛靼。《大車、牛車也。縛軛者。『苞-注:論語』云。輗者、轅端橫木以縛軛者也。皇曰。古作牛車。先取一橫木縛著兩轅頭。又別取曲木爲軛縛著橫木。以駕牛脰也。然則軛縛於橫木。橫木縛於轅。縛於轅者輗也。軛縛於輗用靼。鞙亦作蜎。『釋名』。蜎、縣也。所以縣縛軛也。》从革。肙聲。《狂沇切。14部。》/110

◀ 제 8 획 ▶

鞼 鞼 (철)【zhuì ㄓㄨㄟˋ】 ㊀㊥⑨㊂ zhuó 수레 위의 신

설문 1738 車具也。从革。叕(叕)聲。《陟劣切。15部。》/109

鞝 鞝 (관)【guǎn ㄍㄨㄢˇ】 차에 까는 자리 설문 1733 車鞁具也。从革。官聲。《古滿切。14部。》/109

鞥 鞥 (압)【ān ㄢ】 ㊀㊥⑨㊂ è 수레의 가죽, 아이의 신 ■업:수레의 가죽

설문 1737 車具也。从革。奄聲。《烏合切。8部。》/109

鞞 鞞 (병)【bǐng ㄅㄧㄥˇ】 칼집 ■비:현이름, 읍이름, 마상북

설문 1719 刀室也。《〔刀部〕曰。削、鞞也。削鞘古今字。音肖。『小雅、大雅:毛傳』不同。說詳〔玉部〕。》从革。卑聲。《并頂切。古音當在 16部。支淸多合韵(韻)。故今音入迥韵。》/108

鞠 鞠 籀 국【jú ㄐㄩˊ】 ㊀ jū (던지거나 차는)공, 기를, 고할

설문 1716 蹋鞠也。《『劉(劉)向-別錄』曰。蹵(蹴)鞠者、『傳』言黃帝所作。或曰。起(起)戰國之時。蹋鞠、兵勢也。所以練武士、知有材也。皆因嬉戲(戲)而講練之。『漢:藝文志:兵技攷十三家有蹵鞠二十五篇』。『郭樸-注:三蒼』云。毛丸可蹋戲者曰鞠。按鞠居六求六二切。『廣韵』曰。今通謂之毬子。巨鳩切。古今字也。》从革。匊聲。《3部。》 𩍣鞠或从𥳑。《𩍣或字。》/108

【𩍣】下『注』云:《按鞠者、俗𩍣字。譌作鞫。古言鞫。今言供。語之轉也。今法具凡人口供於前。具勘語擬罪於後。卽周之讀書用法。漢之以辭決罪也。鞫與窮一語之轉。故以窮治罪人釋鞫。》/496

형성 (2자) 국(蘜 蘜)428 국(鞠 鞠)5931

◀ 제 9 획 ▶

鞧 鞧 (면)【miǎn ㄇㄧㄢˇ】 굴레, 말굴레 설문 1745 勒靼也。《謂馬勒之靼也。勒在馬面。故從面。》從革。面聲。《此以形聲包會意。彌沇切。14部。》/110

鞕 鞕 (극)【jí ㄐㄧˊ】 급할, 가죽 채찍 모양 설문 1750 急也。《雙聲。此亦鼓(鼓)郭、琴禁之例。『廣韵(韻)』。鞕、皮鞭皃(貌)。按鞕鞭二字相屬。疑本作鞭急也。轉寫奪鞭。》从革。亟聲。《紀力切。1部。》/110

鞣 鞣 (유)【róu ㄖㄡˊ】 무두질한 가죽 설문 1703 耎(輭=軟)也。《耎同便。弱也。》从革柔。柔亦聲。《耳由切。》/107

鞥 鞥 (압)【ēng ㄥ】 ㊂ è 가죽 고삐, 말재갈 설문 1727 轡鞥。《轡鞥、盇(盍)古語。轡亦名鞥也。》从革。弇聲。《烏合切。7部。》讀若譍。《此蒸登與侵覃合韵(韻)之理。》一曰龓、頭繞者。《「龓」【各本】作「龍」。『玉篇』作「籠」。而『玉篇:有部:龓』下曰。馬龓頭。『吳都賦』云馬(羈馽)龓。則龓頭爲長。籠近之。龍非也。龓頭卽羈也。繞、纏也。「者」當作「也」。鞥之言罨也。》/109

鞪 鞪 (무)【mù ㄇㄨˋ】 투구 설문 1722 車軸束也。《此與〔木部:楘〕音同義近。楘謂輈束。鞪謂軸束。分析易明。而『小戎:音義』曰。「楘」本又作「鞪」。『玉篇』亦曰。「鞪」亦作「楘」。曲轅束也。疑本一字。【許書】有「楘」無「鞪」。後人補之。又改輈爲軸。》从革。敄聲。《莫卜切。3部。》/108

鞬 鞬 (건)【jiān ㄐㄧㄢ】 동개(활과 화살을 넣는 통) 설문 1747 所目(以)戢弓矢。《『左傳』。左執鞭弭。右屬櫜鞬。杜曰。櫜以受箭。鞬以受弓。『方言』。弓謂之鞬。『釋名』。受矢之器。馬上曰鞬。鞬、建也。言弓矢竝建立其中也。『廣韵(韻)』曰。馬上藏弓矢器。》从革。建聲。

《居言切。14部。》/110

鞭 鞕(편)【biān ㄅㄧㄢ】(마소를 모는)채찍
설문 1751 毆也。《「毆」【各本】作「驅」。淺人改也。今正。毆上仍當有所以二字。『尙書』。鞭作官刑(刑)。『周禮:條狼氏』。掌執鞭而趨辟。凡誓、執鞭以趨於前。且命之。司市。凡市入則胥執鞭度守門。『左傳』。誅屨於徒人費。弗得。鞭之見血。又公怒。鞭師曹三百。皆謂鞭所以毆人之物。以之毆人亦曰鞭。【經典】之鞭皆施於人。不謂施於馬。『曲禮』。乘(乘)路馬。載鞭策。『左傳』。左執鞭弭。馬不出者。助之鞭之。皆是假借施人之用爲施馬之偁(稱)。非若今人竟謂以杖馬之物杖人也。菍(蓋)馬箠(箠)曰「策」。所以擊馬曰「箠」。以箠擊馬曰「敇」。本皆有正名。不曰鞭也。擊馬之箠用竹。毆人之鞭用革。故其字亦從竹、從革不同。自唐以下「毆」變爲「歐」。與驅同音。謂鞭爲捶馬之物。因改此毆爲驅。不知絕非字義。毆、捶擊物也。驅、馬馳也。》从革。㑹(便)聲。《卑連切。14部。》 𠊳古文鞭。《從亼攴。》/110

䩵 鞾(운)【yùn ㄩㄣˋ】북장이(북 만드는 장인)
설문 1702 攻皮治鼓(鼓)工也。《『考工記:注』。先鄭云。「鞾」、『書』或爲「鞫」。皋(皋)陶鼓(鼓)木也。後鄭云。鞫者以皋陶名官也。鞫則陶字從革。按先後鄭鞾鞫兩存。許從鞾不從鞫也。》从革。軍聲。讀若運。《先鄭云。讀如曆運之運。王問切。13部。》 韗鞾或從韋。《『今-周禮』如此作。釋文曰。「鞾」或作「韗」。》/107

鞮 鞮(제)【shì ㄕˋ】㊤㊥⑨㊂ dī 가죽신
설문 1711 革履(履)也。《『周禮』釋文云。許愼曰。鞮、屨也。吕(呂)忱曰。鞮、革屨也。與【今本】異。徐堅、『玄應』引與【今本】同。『曲禮:鞮屨注』。無絇之菲也。『周禮:鞮鞻氏:注』。鞮鞻、四夷舞者所屝也。『王制-西方曰狄鞮:注』。鞮之爲言知也。》胡人履連脛、謂之絡鞮。《【各本】無此九字。『韵(韻)會』引有。『釋名』曰。鞾本胡服。趙武靈王所服也。》从革。是聲。《都兮切。16部。》/108

䩕 鞓(정)【chěng ㄔㄥˇ】말의 치장 〈자형異〉(㊀1913)

설문 1731 驂具也。《上二文當是服馬靳具。此云驂具。互文見義也。》从革。蚩聲。《丑郢切。11部。》讀若騁蜃。《按〔虫部:蚩〕讀若騁。則此蚩聲讀騁宜矣。不知何以多蜃字。騁蜃連文不可通。疑當爲又讀若蜃也。『廣韵(韻)：卄八，獮』有蚩鑑鑑三字。》/109

◀ 제 10 획 ▶

鞲 鞲(용)【rǒng ㄖㄨㄥˇ】㊤㊥⑨ róng 안장치장
설문 1740 𥫗毳飾也。《毳、獸細毛也。》从革。茸聲。《而隴切。9部。『玄應』曰。『三蒼』而用切。》/110

鞵 鞵(혜)【xié ㄒㄧㄝˊ】가죽신 ※ 혜(鞋)와 같다.
설문 1714 生革鞮也。《「生革」【各本】作「革生」。今正。》从革。奚聲。《戸(戶)佳切。16部。》/108

䪒 䪒(박)【bó ㄅㄛˊ】차상 동여 매는 아랫 끈
▣부:같은 뜻
설문 1736 車下索也。《『釋名』。縛在車下。與輿相連縛也。當作縛在車下。》从革。尃聲。《補各切。5部。》/109

鞶 鞶(반)【pán ㄆㄢˊ】(가죽)띠, 주머니
설문 1706 大帶也。『易』曰。或錫之鞶帶。《『訟:上九』。》男子帶鞶。婦人帶絲。《鞶、革帶也。故字從革。『內則』曰。男鞶革。女鞶絲。『注』云。鞶、小囊盛帨巾者。男用韋。女用繒。有飾緣之。則是鞶裂。與『詩』云垂帶如厲、紀子帛名裂繻字雖今異。意實同。按『小雅:垂帶而厲:箋』云。而亦如也。而厲、如鞶厲也。鞶必垂厲以爲飾。「厲」字當作「裂」。說與『禮記:注』同。而『毛傳』云厲、帶之垂者。『左傳』鞶厲。服云。鞶、大帶也。賈逵、杜預說同。『虞翻(飜)-注:易』亦云。鞶帶、大帶。皆與鄭異。菍(蓋)鄭以大帶用素。天子諸侯大夫同。士用練。皆不用革也。大帶所以申束衣。革帶以佩玉佩及事佩之等。故喪服以要絰象大帶。又有絞帶象革帶也。『內則』云。男鞶革。女鞶絲。則鞶非大帶明矣。『周禮:巾車:疏』引『易:注』云。鞶帶、佩鞶之帶。此菍『鄭-注』與『詩、禮:注』同。而『內則:施縏袠:注』云。縏、小囊也。縏袠言施。爲箴管線纊有之。則縏亦與鞶同類。》从革。《此鄭知非大帶也。》般聲。《薄官切。14部。》/107

鞔 鞔(원)【yuān ㄩㄢ】양물기의 끈, 물건을 헤아리는데 쓰는 끈
설문 1718 量物之鞔。一曰抒井鞔。《小徐曰。「抒井」今言「淘井」。鞔、取泥之器。王裁按。依『說文』浚、抒也。則小徐說是。依〔手部:抒〕、挹也。則汲井亦可云抒井。〔缶部〕曰。罋、汲絣也。『春秋傳』言具綆缶。『周易』言羸其絣。是其物用缶久矣。而其始用革也。》古吕(以)革。《謂此二者古皆用革。故從革。》从革。宛聲。《於袁切。14部。》 鞔鞔或从宛。《宛者、下也。宛亦聲。》/108

◀ 제 11 획 ▶

䩖 䩖(사)【xǐ ㄒㄧˇ】가죽신 ▣새:같은 뜻
설문 1713 鞮屬。从革。徙聲。《所綺切。16部。》/108

鞹 鞹(곽)【kuò ㄎㄨㄛˋ】(털만 벗긴)날 가죽, 제후의 수레 뚜껑을 붉은 칠을한 가죽에 깃으로 장식한 것
설문 1698 革也。《【各本】作去毛皮也。今依『載驅、韓奕-正義』正。『大雅:傳』云。鞹、革也。『論語:孔-注』云。皮去毛曰鞹。此恐人不省詳言之。若『說文:革字下已注』明。何庸辭費。》『論語』曰。虎豹之鞹。《『顏(顏)淵篇』文。》从革。䳥(郭)聲。《苦郭切。5部。》/107

◀ 제 12 획 ▶

韇 韇(궤)【guì ㄍㄨㄟˋ】本[방패에 매다는 수놓은 가죽끈] 방패깃, 꺾음, 꺾일
설문 1705 革繡也。《『齊語』。『管子』曰。輕罪贖以韇盾一戟(戟)。韋曰。韇盾、綴革有文如韇也。『後漢:烏桓傳』曰。

圓 9 ⑫

婦人能刺韋作文繡。》从革。貴聲。《求位切。15部。》/107

◀ 제 14 획 ▶

韄 (획)【huò ㄏㄨㄛˋ】 ㊀㊥⑨㉠ hù 칼끈, 묶을
설문 1753 佩刀系也。《「系」【各本】作「絲」。今正。此葢(蓋)〔糸部〕所謂緱也。『廣韵(韻)』云。佩刀飾。『莊子:音義』引『三蒼』云。韄、佩刀靶韋也。『莊子』外韄內韄。引伸之義也。李云。縛也。》从革。蒦聲。《乙白切。古音在5部。》/110

◀ 제 15 획 ▶

韇 (독)【dú ㄉㄨˊ】 동개, 전동, (점칠 때 쓰는)시초통
설문 1748 弓矢韇也。《『方言』。弓謂之「鞬」。或謂之「韇丸」。『左傳:服-注』云。冰(氷)、櫝丸葢(蓋)也。『後書:南匈奴傳』引『方言』。藏弓爲鞬。藏箭爲韇丸。『廣雅』。鞬、弓藏也。皾韥、矢藏也。皆與『今-方言』異。按衆呼之日韇丸。單呼之日韇。『士冠禮』。筮人執策抽上韇。『注』。韇、藏策之器。今時藏弓矢者謂之韇丸也。亦疑『說文』本有丸。淺人刪(刪)之。》从革。賣聲。《徒谷切。3部。》/110

◀ 제 18 획 ▶

韉 (수)【suī ㄙㄨㄟˉ】 안장 드림끈, 선후걸이 ■쇠:안장가 꾸밈
설문 1749 緌也。《疊韵(疊韻)。〔糸部〕曰。緌、系冠纓也。引伸凡垂者謂之緌。『廣雅』。韉謂之鞘。鞘音梢。『玉篇』云。鞌邊帶。是也。》从革。巂聲。《山垂切。16部。》/110

◀ 제 23 획 ▶

韅 (현)【xiǎn ㄒㄧㄢˇ】 뱃대끈, 말언치 ■견:같은 뜻
설문 1729 箸亦鞥也。《「亦」【鉉本】作「掖」。非其物也。腋作腋。俗字也。今正。亦、人之臂亦也。箸亦鞥、謂箸於馬兩亦之革也。箸亦、謂直者。當膺、謂横者。「鞥」當作「靼」。『左傳』釋文、『正義』引皆作「皮」。作「鞥」非也。『史記:禮書』鮫韅。徐日。韅者、當馬腋之革。若『釋名』云横經腹下、『杜-注:左』云在背日韅皆異說也。》从革。㬎聲。《呼典切。14部。按古假顯爲之。『檀弓』子顯、公子縶也。盧氏植云。古者名字相配。「顯」當作「韅」。》/109

◀ 제 29 획 ▶

韊 (찬)【zuān ㄗㄨㄢˉ】 수레 멍에 동이는 끈
설문 1724 車衡三束也。《當作「車句衡五束也」。『秦風』。五楘梁輈。毛日。小戎、兵車也。五、五束也。楘、歷錄也。梁輈、輈上句衡也。一輈五束。束日歷錄。句衡謂輈也。故下文言輈不言衡。》曲輈韊縛。直輈𩌍縛。《曲輈謂兵車、乘(乘)車、田車。皆小車也。直輈謂牛車。所謂大車也。小車人所乘。欲其安。故暢轂梁輈。大車任載而已。故短轂直輈。曲輈車盡飾。韊之言欑也。以革縛之凡五。歷歷錄錄然。大鄭云。駉車之轅率尺所一縛是也。直輈車無飾。以革縛。不必五也。𩌍之言纍也。纍、約也。》从革。爨聲。《借官反。14部。》讀若『論語』鑽燧之鑽。《見『陽貨篇』。按[火部]無燧。》韊韊或从革贊。/109

178 韋 9-03 가죽 위

韋 위【wéi ㄨㄟˊ】【설문부수 201】 本[어길] 가죽(무두질하여 부드러워진 가죽), 부드러울
설문 3237 相背也。《故从舛。今字違行而韋之本義廢矣。『酒誥』。薄韋農父。馬云。韋、違行也。據『羣(群)經音辨』、則『古文-尙書』當如是。》从舛。囗聲。《宇非切。15部。》獸皮之韋。《此「韋」當作「圍」。謂繞也。》可巳(以)束物。枉戾相韋背。《物字依『韵會』補。生革爲縷圍束物、可以矯枉戾而背其故也。》故借巳爲皮韋。《其始用爲革縷束物之字。其後凡革皆偁(稱)韋。此與西朋來子烏五字下文法略同。皆言假借之恉(指)也。假借專行而本義廢矣。》凡韋之屬皆从韋。𡗢古文韋。/234

성부 부록 색인 참조

형부 韋를 부수로 하는 대부분의 글자들

형성 (17자) 위(葦)623 위(韙)1041 위(違)1110 휘(諱)1634 위(韍)1936 위(㙔)3287 위(韡)3721 위(韑)4157 위(幃)4692 위(偉)4764 위(禕)5035 위(煒)6191 위(㚈)6311 위(湋)6852 위(闈)7368 위(媁)7925 위(緯)8142

◀ 제 5 획 ▶

韎 (매)【mèi ㄇㄟˋ】 꼭두서니 ■말:같은 뜻, 버선, 동이의 풍류이름
설문 3239 茅蒐染韋也。《『左傳』云「韎韋」。》一入曰韎。《入字【宋本】、【汲古-初印本】同。與『五經文字』、『毛詩-定本』合。毛扆修版改「入」爲「乂」。則倒易其是非矣。『小雅:毛傳』曰。韎者、茅蒐染革也。一入日韎〈句〉韐。〈逗〉所以代韠也。『士冠禮:注』云。韎韐、緼韍也。此鄭以緼釋韎、以韍釋韐、『玉藻』。一命緼韍。『注』云。緼、赤黄之閒色。所謂韎也。按赤黄之閒色日縓。〔糸部:縓〕、帛赤黄色是也。『爾雅』。一染謂之縓。緼者。縓之假借字。一入日韎。卽一入日縓也。『三君-注:國語』云。一染日韎。『詩:箋』云。韎、茅蒐染也。茅蒐、韎聲也。韐、祭服之韠。合韋爲之。又『駁:異義』云。齊魯(魯)之閒言韎聲如茅蒐。字當作「韎」。陳畱(留)人謂之蒨。『韋-注:國語』云。茅蒐、今絳草也。急疾呼茅蒐成韎。此皆『詩:箋』所謂茅蒐韎聲也。『士冠禮:韎韐:注』云。士染以茅蒐。因以名焉。今齊人名蒨爲韎。〈句〉韐之制似韠。巳上諸文。【今本】譌舛特甚。悉爲正之。》从韋。末聲。《莫佩切。15部。按許云末聲。『鄭-駁:異義』云。韎、齊魯之閒言韎聲如茅蒐字當作「韎」。『今-詩:箋』版本二體不別。葢(蓋)鄭所據亦作末聲。鄭謂當从未聲也。鄭必知當从未聲者。未聲與文䰟(魂)爲類。末聲與元寒爲類。文䰟與尤矦相似也。元寒

與魚模相似也。茅蒐爲韎聲則當从未矣。『唐韵(韻)』莫佩切。『劉(劉)李-周禮』音妹者、鄭未聲之說也。『廣韵』音末、【諸經】音莫介反者、許末聲之說也。》/234

◀ 제 6 획 ▶

韙 (위)【wěi ㄨㄟˇ】 ㊤㊥⑨㉲ wéi 비뚤

설문 6311 衺也。《〔衣部:衺〕下曰。㚆也。二篆爲轉注。【經典】叚(假)回字爲之。『小旻』。謀猶回遹。『傳』曰。回、邪也。『大明』。厥德不回。『傳』曰。回、違也。回皆㚆之叚借字。『小旻』言其轉注。『大明』言其叚借。故『傳』語不同。『大明:傳』「違」卽「㚆」字。㚆久不行。俗乃作「違」。【經典】多作「回」。〔口部〕曰。回、轉也。乃回之本義。必有【許書】而後知回衺之本字作㚆。桓大之本字作查。優𠯑之本字作弍。倘不能覩其會通。則【許書】徒存而已矣。》从交。韋聲。《羽非切。15部。》/494

韏 (권)【juàn ㄐㄩㄢˋ】 ㊤㊥⑨ quàn 가죽 분파할, 굽을

설문 3249 革中辨謂之韏。《『釋器』。革中絕(絶)謂之辨。『郭-注』。中斷(斷)皮也。革中辨謂之韏。『注』。復平分也。如郭說、則正文當云辨中絕謂之韏。立文不當如是。今按當云。革辨謂之韏。中乃衍文。〔衣部:襞〕下云。韏衣也。衣襵、古曰韏。亦曰襞積。亦曰㡇。然則皮之縐文襞襵者曰韏何疑。〔文部〕曰。辨、駁文也。『許-所據:爾雅』不同【郭本】。而淺人以【郭本】易之。》从韋。𢍏(𢍏)聲。《九萬切。14部。》/236

◀ 제 7 획 ▶

䩡 (위)【wēi ㄨㄟ】 ㊤㊥⑨㉲ wéi 묶을(徐鍇曰。言束之。象木華實之相累也)

설문 4157 束也。《束之訓於从韋得之。》从束。《小徐曰。言束之象木華實之相累也。》韋聲。《於非切。15部。》/317

◀ 제 8 획 ▶

韓 한(韓)【hán ㄏㄢˊ】 本[우물 난간] 우물담, 나라 이름, 성씨

설문 3251 井橋也。《「橋」【各本】作「垣」。今依『史記:孝武本紀:索隱』正。井橋見『曲禮』、『莊子』、『說苑』、『淮南子』。『曲禮』。奉席如橋衡。『注』曰。橋、井上挈皋 (皋)。衡上低昂(昂)者。『莊子』曰。鑿木爲機。後重前輕。挈水若抽。數如泆湯。其名爲槔。「槔」本又作「橋」。『淮南書』。今夫橋直植立而不動。俛仰取制焉。高曰。橋、桔皋上衡也。『說苑』曰。爲機重其後。輕其前。命曰橋。終日漑韭。百區不倦。橋、『陸-音義』音居廟反。按其義當同撟。舉(擧)也。井韓見『史、漢:孝武紀』、『封禪書』、『郊祀志』、『枚乘(乘)傳』、『莊子:秋水篇』。其字多作「井幹」。司馬彪云。井幹、井闌也。崔譔云。井以四邊爲幹。猶築之有楨幹。晉灼曰。井上四交之幹。常爲汲者所契傷。是諸家皆說井幹爲井闌。按井韓爲木架四圍。中其圍橫闌木爲橋。〈如字〉毋兩旁木。有軸可轉。中設鹿盧。縣綆上下。故言橋而韓見也。》从韋。取其帀也。《說韋同口。》倝聲。《胡安切。14部。【諸書】幹亦音寒。》/236

韔 (창)【chàng ㄔㄤˋ】 활집

설문 3245 弓衣也。《『秦風:虎韔』。毛曰。虎、虎皮也。韔、弓室也。又交韔二弓。毛曰。交韔、交二弓於韔中。『鄭風』作鬯。毛曰。鬯弓、弢弓。》从韋。長聲。《丑亮切。10部。》『詩』曰。交韔二弓。/235

◀ 제 9 획 ▶

韗 (단)【duàn ㄉㄨㄢˋ】 신 뒤축 끈

설문 3246 履後帖也。《帖、帛書署也。引伸爲今俗語幇貼之字。凡履跟必幇貼之。令堅厚。不則易敝。臣瓚曰。蹋跟曰跕。按履緊曰跕屣也。跕與帖音同。『急就篇』。履舃鞜裒絨緞紃。師古引『說文』爲『注』。》从韋。段聲。《此形聲包會意也。段取堅意。【古本】葢(蓋)衹有緞緞二篆。自从段譌爲从叚。而『篇』、『韵(韻)』皆有鍜緞。音乎加切。此緞篆之上亦妄增鍜篆。云履也。从韋叚聲。正如〔石部:碫〕譌爲碬。【各本】『說文』乃作「碬」耳。今刪(删)鍜篆。徒玩切。『篇』、『韵』皆上聲。徒管切。14部。》 緞或从糸。《今俗以爲錦繡段之段。》/235

※ 많은 판본에서 신 하(鍜)자로도 나온다.

韘 (섭)【shè ㄕㄜˋ】 깍지(활 쏠 때 엄지손가락에 끼는 기구)

설문 3243 射決也。所吕(以)拘弦。《『衛(衛)風』。童子佩韘。毛曰。韘、決也。能射御則帶韘。『小雅:車攻:傳』曰。決、所以鉤弦也。『鄭-注:周禮』曰。抉、挾矢時所以持弦飾也。『注-鄕(鄉)射禮:大射儀』云。決猶闓也。以象骨爲之。箸右大巨指(指)以鉤弦闓體。按卽今人之扳指(指)也。【經典】多言決。少言韘。韘惟見『詩』。毛公釋爲決。而『箋』云。韘之言沓。所以彄沓手指。此以『禮經』之極釋韘也。『大射』云。朱極三。『注』云。極猶放也。所以韜指利放弦也。以朱韋爲之。食指將指無名指各一。小指短不用。鄭意以韘極沓三字雙聲。且極用韋爲之。故字从韋。決則用象骨爲之。故不从毛而易其義。許說从毛也。以字从韋論之。鄭爲長矣。『內則』言佩決。『詩』言佩韘。葢(蓋)言一可以包二。》吕象骨。《句。》韋系。《句。》箸右巨脂(脂)。从韋。《『繕人:注』云。『士喪禮』。抉用正王棘若檡棘。則天子用象骨與。按用棘葢施諸死者。疑生者用象若骨。故『鄕射、大射禮:注』皆云。用象骨。許意正如是。用韋爲系。箸右巨指。故字从韋。但今世扳指不用系。『士喪禮:注』云。決以韋爲之藉。又云。以紐環大擘本。恐生者皆不必然也。》枼聲。《失涉切。8部。釋文大涉切。》『詩』曰。童子佩韘。 弽韘或从弓。/235

韙 (위)【wěi ㄨㄟˇ】 옳을, 바를, 좋을

설문 1041 是也。《『古文-尙書』曰。「時五者來備(備)」。『今文-尙書』作「五是來備」。李賢於『李雲-荀爽傳』皆引『史記』「五是來備」可證。凡『史記』多用『今文-尙書』也。『荀爽-對策』曰。「五韙咸備」。韙與是義同。六書之轉注也。『李雲-上書』曰。「五氏來備」。氏與是音同在 16部。六書之叚(假)借也。》从是。韋聲。《于鬼切。15部。》『春

韋 9 ⑨

秋傳』曰。犯五不韙。《『左傳:隱:十一年』文。》 籒文韙。从心。《『玉篇』云。愇、怨恨也。『廣韵(韻)』引【字書】。愇、恨也。皆不云同韙。》 /69

◀ 제 10 획 ▶

韠 (박)【pò ㄆㄛˋ】 멍에싸게 ■벽:가죽으로 싼 멍에 ■부:잠방이, 갓옷(갓과 옷을 아울러 이르는 말)

설문 3248 軛裹也。《軛、轅前也。以皮裹之。》 从韋。尃聲。《匹各切。5部。按『玉篇』云。韠扶豆扶武二切。尻衣也。次於韍下韏上。與『說文』同。攷【許書】韈、足衣也。袴、脛衣也。則當別有尻衣。卽『史、漢:萬石君傳』所謂中裙也。而『廣韵(韻):九,麌』曰。韛、尻衣。『集韵:九,麌』曰。韛、松也。松卽許之幒字。疑『說文』本有韛、尻衣也、从韋、甫聲之文。因與韠相似而佚之。如鬬鬴、袀袗皆佚其一之比。》 /236

韜 (도)【tāo ㄊㄠ】 本[칼전대] 활집、쌀、감출, 감추어 보이지 아니할

설문 3241 劒衣也。《『少儀』曰。劒則啟(啓) 櫝蓋(蓋)襲之。加夫襓與劒焉。『注』曰。夫襓、劒衣也。夫或爲煩、皆發聲。按【許書】無襓字。襓與韜音相近。襓卽韜也。『曹憲-廣雅』。袟襓袱、劒衣也。袱音陳律反。按『熊氏安生-義疏』引『廣雅』。夫襓木劒衣也。木蓋本作「朮」。熊認爲艸木字。夫【朮、曹-本】乃作「袟袱」。知『今本-廣雅』多增益偏旁而不古矣。引伸爲凡包藏之偁(稱)。》 从韋。《以韋爲之也。熊云木劒衣。非是。櫝旣木爲之矣。》 舀聲。《土刀切。古音在 3部。》 /235

韝 (구)【gōu ㄍㄡ】 왼팔 소매를 걷어매는 띠, - 오른손에 끼는 활깍지

설문 3242 臂衣也。《【各本】作「射臂決也」。誤甚。決着(箸)於右手大指(指)。不箸於臂。今依『文選:荅蘇武書:注』正。射韝者、『詩』之拾、『禮經』之遂、『內則』之捍也。『毛傳』曰。拾、遂也。『大射:注』曰。遂、射韝也。以朱韋爲之。箸左臂所以遂弦也。凡因射箸左臂謂之射韝。非射而兩(兩)臂皆箸之以便於事謂之韝。許不言射韝者。言臂衣則射韝在其中矣。『東方朔傳』曰。綠幘傅青韝。韋昭曰。韝形如射韝。以縛左右手。於事便也。『崔豹:古今:注』曰。攘衣、厮役之服。取其便於用耳。乘輿進食者服攘衣。按攘衣卽韝也。以繩纕臂謂之「纂」。以衣斂袖謂之「韝」。其字或作「褠」。見『後漢書』。或作「韝」。見『南都賦』。》 从韋。《『繕人:注』曰。韝扞箸左臂裹。以韋爲之。》 冓聲。《古矦(侯)切。4部。》 /235

◀ 제 11 획 ▶

韠 (필)【bì ㄅㄧˋ】 슬갑(바지에 껴입는, 무릎까지 닿는 가죽옷)

설문 3238 韍也。《〔市部〕曰。韠也。市、小篆作「韍」。》 所巳(以)蔽前者。《『鄭-注:禮』曰。古者佃漁而食之。衣其皮。先知蔽前。後知蔽後。後王易之以布帛。而獨存其蔽前者。不忘本也。按韠之言蔽也。韍之言亦蔽也。》 巳韋。《故从韋。》 下廣二尺。上廣一尺。其頸五寸。《記『玉藻』文也。『玉藻』曰。韠、下廣二尺。上廣一尺。長三尺。其頸五寸。『襍(雜)記』云。會去上五寸。會謂頸下縫也。會巳上長五寸。卽所謂其頸長五寸也。又云。紕以爵韋六寸。不至下五寸。謂頸五寸之下。下五寸之上。中長二尺。兩(兩)邊皆紕以爵韋。左右各廣三寸也。又云。下五寸純以素。謂下五寸緣以生帛也。鄭云。其頸五寸。其緣當亦用爵韋。》 一命縕韠。再命亦韠。《『玉藻』曰。一命縕韍幽衡。再命赤韍幽衡。三命赤韍葱(蔥)衡。鄭云。尊祭服。故變韠言韍。又云。元端服稱韠。玄冕爵弁服之韠稱韍。然則韠韍同物。殊其名耳。許於此言一命縕韠。再命赤韠。於市下言天子朱市。諸侯赤市。大夫赤市葱衡。許意卑者偁(稱)韠。尊者偁韍。說與鄭少異。縕者、赤黃之間色。所謂韎也。緼之假借字也。》 从韋。畢聲。《卑吉切。12部。》 /234

◀ 제 12 획 ▶

韡 韡韡(위)【wěi ㄨㄟˇ】 꽃이 활짝 필

설문 3721 盛也。《『小雅:傳』曰。韡韡、光明也。》 从雩。韋聲。《于鬼切。15部。》 『詩』曰。咢(咢)不韡韡。《「咢」【各本】作「萼」。俗字也。今正。『今-詩』作「鄂」、亦非也。毛云。咢猶咢咢然、言外發也。鄭云。承華者曰咢。皆取咢布之意。》 /274

韢 (혜)【xì ㄒㄧˋ】 ㊦㊥⑨ suì ㉶ xì 本[주머니끈] 수급담는 전대, 전대끈

설문 3240 橐紐也。《橐、車上大橐也。紐、系也。一曰結而可解也。》 从韋。惠聲。《胡計切。15部。》 一曰盛虜頭橐也。《『吕(呂)覽』。北郭騷告其友曰。盛吾頭於笥中。奉以託。以白晏子也。退而自刎。其友因奉以託。按託者、橐之假借字。云虜頭者、如函梁君臣之首之類。》 /235

◀ 제 13 획 ▶

韣 (독)【zhǔ ㄓㄨˇ】 ㊦㊥⑨㉶ zhú 활집 ■촉:활집 ■속:같은 뜻

설문 3244 弓衣也。《『月令』。帶以弓韣。高誘曰。韣、弓韜也。按〔革部:韇〕下曰。弓矢韇也。韇蓋(蓋)又在韣之外。容以木爲之。飾以皮耳。故『服-注:左』云。冰(氷)、櫝丸蓋也。如劒衣在劒櫝之內。》 从韋。蜀聲。《之欲切。3部。》 /235

◀ 제 15 획 ▶

韤 (말)【wà ㄨㄚˋ】 버선

설문 3247 足衣也。《『左傳』曰。褚師聲子韤而登席。謂『燕禮』宜跣也。》 从韋。蔑聲。《望發切。15部。》 /236

◀ 제 18 획 ▶

韝 (추)【jiū ㄐㄧㄡ】 거두어 묶을 ■초:물건을 거두어 묶을

설문 3250 收束也。《『漢:律曆志』日。秋、𥤚也。物𥤚斂乃成孰。『鄉(鄕)飮酒義』日。西方者秋。秋之爲言揫也。》从韋。《取圍束之義。》樵聲。讀若酋。《樵从焦聲。焦从𩁹省聲。卽由切。3部。》𥤚或从要。《亦取圍束之意。》 𥤚或从秋手。/236

179 韭 9-04 부추 구

韭 구【jiǔ ㄐㄧㄡˇ】[설문부수 266] 부추
설문 4339 韭菜也。《三字一句。》一穜(種)而久生者也。故謂之韭。《此與說禾同例。韭久曡(疊)韵。》象形。《謂非。》在一之上。一、地也。此與耑同意。《耑亦象形。在一之上也。耑下不言一地也。錯見互相足。擧(擧)友切。3部。》凡韭之屬皆从韭。/336
유사 아닐 비(非)
성부 부록 색인 참조
형부 韭를 부수로 하는 대부분의 글자들
제(韲)

◀ 제 8 획 ▶

韱 섬【xiān ㄒㄧㄢˉ】산부추, 가늘(섬세할)
설문 4343 山韭也。《山韭謂山中自生者。按『夏小正』。正月囿有韭、與四月囿有見杏皆謂自生者也。『釋草』作藿、山韭。藿見〔艸部〕。不云山韭。然則『許-所據:爾雅』作韱、山韭與。》从韭。𢦔(𢦏)聲。《食廉切。7部。》/337
형성 (11자) 참(讖)1413 섬(殲)2435
첨(籤)2852 첨(櫼)3516 첨(幨)4686
첨(瀸)6892 섬(攕)7463 섬(孅)7825
섬(纖)8164 첨(鐵)8881 참(醶)9407

◀ 제 11 획 ▶

韲 (제)【jī ㄐㄧˉ】(잘게 썰어 양념한)나물
(韭부 10획)
설문 4341 墜也。《『周禮:醢人』。王擧(擧)則共醢六十罋。以五齊七醢七菹三臡實之。『注』。齊當爲韲。凡醢醬所和。細切爲韲。全物若牒爲菹。王氏念孫日。韲者、細碎之名。『莊子』言韲粉是也。按〔艸部〕日。菹、酢菜也。酢菜之細切者日韲。『通俗文』日。淹韭日韲。淹薤日墜。葢(蓋)其名起於淹韭 淹韰。故从韭。》从韭。次𠂇(朿)皆聲。《二字皆聲。〔米部:糳〕字同也。祖雞(鷄)切。15部。》韲或从𠫔(齊)。《齊聲。》/336

◀ 제 12 획 ▶

墜 (대)【duì ㄉㄨㄟˋ】나물
설문 4340 韲也。《『廣雅』。墜、菹也。》从韭。隊聲。《徒對切。15部。》/336

䪤 (번)【fán ㄈㄢˊ】달래、백합뿌리
설문 4344 小蒜。《〔艸部〕日。蒜、葷菜也。『南都賦』日。其園圃則有藷蔗薑䪤。李善引【字書】。䪤、小蒜也。『玉篇』、『廣韵(韻)』皆云。百合蒜也。按卽『齊民要術』所云「百子蒜」。》从韭。番聲。《附袁切。14部。》/337

◀ 제 14 획 ▶

韰 해【hā ㄏㄚˉ】㊤㊥⑨㉆ xiè 염교(다년초), 좁을
설문 4342 韰菜也。《『內則』多言韰。『釋草』日。韰鴻薈。》似韭。从韭。㕡聲。《胡戒切。15部。俗作薤。》/337
유사 깊고 굳을 개(㕡) 예지 예(叡) 도랑 학(叡)
형성 (+1) 해(瀣)

180 音 9-05 소리 음

音 음【yīn ㄧㄣˉ】[설문부수 58] 소리(말씀), 소식, 이름뿐이고 실질이 없을
설문 1646 聲生於心有節於外謂之音。《十一字一句。【各本】聲下衍「也」字。『樂記』日。聲成文謂之音。》宮商角徵羽、聲也。《【宋本】無也。》絲竹金石匏土革木、音也。从言含一。《有節之意也。於今切。7部。》凡音之屬皆从音。/102
성부 부록 색인 참조
형부 音을 부수로 하는 대부분의 글자들
형성 (9자) 음(喑)761 암(諳)1630
암(暗)4053 음(窨)4431 암(罯)4639
흠(歆)5335 암(猪)6012 암(黯)6231
읍(湆)7015

◀ 제 5 획 ▶

韶 (소)【sháo ㄕㄠˊ】풍류 이름
설문 1649 虞舜樂也。《『樂記』日。韶、繼也。『公羊:疏』引『宋鈞-注:樂說』云。簫之言肅。舜時民樂其肅敬而紹堯道。故謂之簫韶。按韶字葢(蓋)舜時始製。》『書』日。《書上當有「虞」字。誤衍於上句。》簫韶九成。鳳皇來儀。《『咎繇謨』文。》从音。召聲。《市招切。2部。或作「招」。『周禮』作「磬」。皆假借。》/102

◀ 제 11 획 ▶

韽 (암)【ān ㄢˉ】(소리가)작을, 낮을
설문 1648 下徹聲。《『周禮』典同日。微聲韽。此葢(蓋)『賈侍中-周官解故』說。杜子春、鄭康成說各異。》从音。酓聲。《恩甘切。古音在 7部。》/102

◀ 제 13 획 ▶

響 (향)【xiǎng ㄒㄧㄤˇ】울림, (소리가)울릴, 진동하는 소리, 악기이름
설문 1647 聲也。《渾言之也。『天文志』日。鄕之應聲。析言

之也。鄕者假借字。按『玉篇』曰。響、應聲也。》从音。鄕聲。《許兩(兩)切。10部。》/102

181 9-06 頁 머리 혈

頁혈【yè ㄧㄝˋ】[설문부수 324] ㉠(상)㊥⑨(작) xié 머리

설문 5345 頭也。从百。从儿。古文䭫首如此。《按此十二字蓋後人所改竄。非許氏原文。原文當云。𦣻、古文䭫𦣻(首)字如此。从百。从儿。共十一字。䭫字見下文〔𦣻部〕。䭫者、小篆。依常例當於䭫下出頁。解云。古文䭫。而以如是立文、則从頁之九十三文無所附。故別出頁爲部首。正如儿卽古文奇字人。亣卽籒文大。而皆必別出之爲部首。云儿古文奇字人也。云亣籒文大改古文也。皆不必再釋儿字亣字頁字之義。後人乃於儿下贅之云仁人也。頁下贅之云頭也。而倒亂其文。皆由不知許氏立言之變例故爾。〔頁部〕不廁〔𦣻部〕後而列於前者、蒙八篇从儿之字爲次也。小篆百、古文作𦣻。小篆䭫、古文作頁。今隸(隸)則百用古文、䭫用稽字。而百頁䭫皆不行矣。从百儿爲頁首字。如从气儿爲欠、从目儿爲見。會意。字本與䭫同音、康禮切。15部。今音轉爲胡結切。》凡頁(頁)之屬皆从頁。《【大徐本】此下有百者䭫𦣻字也。【小徐本】百作頁。此『古-注』謂頁卽䭫字也。要非許語。今刪(刪)。》/415

유사 갖출 구(具) 자개소리 솨(⿱小貝) 머리 수(百) 머리 수(首) 조개 패(貝) 틈 극(𡭴)

성부 부록 색인 참조

형부 頁을 부수로 하는 대부분의 글자들 부(頫)

◀ 제 2 획 ▶

頂 (정)【dǐng ㄉㄧㄥˇ】 쥐독(머리의 최상부)

설문 5353 顚也。《頂顚異部疊韵(疊韻)字。故「顚倒」『樂府』或作「丁倒」。引伸爲凡在冣(最)上之偁(稱)。故『廣雅』云。頂、上也。按頂之假借字作定。『詩:周南』。麟之定。『釋言』、『毛傳』皆曰。定、題也。『毛傳:一本』作顚也。亦與『爾雅』無不合。葢(蓋)禽獸橫生。以額爲頂。故『秦風:白顚:傳』曰的顙。亦以顙釋顚。》从頁(頁)。丁聲。《都挺切。11部。》 𩕄或从𦣻作。《鈕曰。从古文百也。舊作「䪴」。誤。》 𪔐籒文从鼎(鼎)。《鼎聲也。》/416

頃경【qǐng ㄑㄧㄥˇ】㉠(상)㊥⑨(작) qīng 本[머리 비뚤일] 백이랑 ■규:반걸음

설문 4984 頭不正也。《匕頭角而不正方。故頭不正从匕曰頃。引伸爲凡傾仄不正之偁(稱)。今則傾行而頃廢。專爲俄頃、頃畝之用矣。『謚(諡)法』。敏而敬愼曰頃。甄心動懼曰頃。祗勤追懼曰頃。》从匕頁。《頁者、頭也。匕其頭、是不正也。義主於不正。故入〔匕部〕。不入〔頁部〕。去營切。11部。》/385

형성 (5자) 영(穎)4213 경(傾)4836 경(熲)6131 영(潁)6730 경(⿰阝頃)9206

◀ 제 3 획 ▶

項 항【xiàng ㄒㄧㄤˋ】 목의 뒤쪽, 목덜미, 목의 뒷쪽, 서녘 오랑캐 ■홍:목덜미

설문 5365 頭後也。《頭後者、在頭之後。後項雙聲。故項橐亦曰后橐也。〔肉部〕曰。脰、項也。『公羊傳』博閔之脰。何云。脰、頸也。齊人語。此當曰項而曰頸者、渾言則不別。『小雅』。四牡項領。『傳』曰。項、大也。此謂項與琟同。》从頁(頁)。工聲。《胡講切。9部。》/417

형성 (1자) 홍(澒)7114

⿰乇頁 (독)【duó ㄉㄨㄛˊ】(작) dú 머리뼈 ■탁:두개골 ■척·책:같은 뜻

설문 5349 ⿰乇頁顱、首骨也。《此五字【各本】作「顱也」二字。今依【全書】通例正。〔骨部〕曰。髑髏、頂也。⿰乇頁顱卽髑髏。語之轉也。⿰乇頁顱亦疊韵(疊韻)。『玉篇』引『博雅』、『聲類』作「項顱」。恐有誤。『戰國策』云。頭顱僵仆。相望於竟。》从頁(頁)。乇聲。《徒谷切。按此音誤也。『廣韵(韻)』:一,屋』無此字。『十九,鐸』音徒落切、是不誤矣。5部。》/416

⿰气頁 (굴)【kǔn ㄎㄨㄣˇ】(상)㊥⑨(작) kū 대머리 ■괴:광대뼈 내민 모양 ■곤·혼·걸:같은 뜻 ■간:빰뒤

설문 5417 禿也。《禿本訓無髮。此則用其引伸之義也。『考工記』。作其鱗之而。『注』曰。之而、頰頌也。按頰謂鱗屬之面旁。頌謂鱗屬之頤頷。圓潤光滑故謂之禿。古語如是。魚游泳必動其頰與頷。所謂作其之而也。『玉篇』。頹者、頰下也。是其字可作頹。而淺者謂爲積字。》从頁(頁)。气聲。《苦骨切。15部。按『周禮』釋文云。許愼口忽反。禿也。劉(劉)古本反。『正義』曰。舊讀頌字沽罪反。劉炫以爲當音壺。玉裁謂板本壺字葢(蓋)誤。當作「壼」。》/421

順 (순)【shùn ㄕㄨㄣˋ】 本[순할] 좇을, 즐길, 기뻐할

설문 5398 理也。《理者、治玉也。玉得其治之方謂之理。凡物得其治之方皆謂之理。理之而後天理見焉。條理形焉。非謂空中有理。非謂性卽理也。順者、理也。順之所以理之。未有不順民情而能理者。凡訓詁家曰從、順也。曰愻、順也。曰馴、順也。此六書之轉注。曰訓、順也。此六書之假借。凡順愼互用者、字之譌。》从頁(頁)川。《人自頂以至於踵、順之至也。川之流、順之至也。故字从頁川會意。而取川聲。小徐作川聲。則學(學)形聲包會意。訓馴字皆曰川聲也。食閏切。13部。》/418

須 수【xū ㄒㄩ】[설문부수 330] 수염, 기다릴(바랄), 쓸, 모름지기

설문 5449 頤下毛也。《【各本】譌作「面毛也」三字。今正。『禮記:禮運:正義』曰。案『說文』云耐者、鬚也。鬚謂頤下之毛。象形字也。【今本】而篆下云頰毛也。須篆下云面毛也。語

音 9 ⑪

皆不通。毛篆下云眉髮之屬。故眉解目上毛。須解頤下毛。須在頰者謂之頷、不謂之而。釋須爲面毛則尤無理。須在頤下。𩑍在口上。頷在頰。其名分別有定。『釋名』亦曰。口上曰𩑍。口下曰承漿。頤下曰鬚。在頰耳旁曰髯。與許說合。『易:賁:六二』。賁其須。侯果曰。自三至上、有頤之象。二在頤下、須之象也。引伸爲凡下垂之偁(稱)。凡『上林賦』之𪇟蘇、『吳都賦』之流蘇。今俗云蘇頭皆卽須字也。俗假須爲需。別製鬢鬚字。》从頁彡。《彡者、毛飾畫(畵)之文。須與𩑍每成三綹。形似之也。相俞切。古音在 4部。讀如撥。『釋名』曰。鬚、秀也。》凡須之屬皆从須。/424

형부 비(頿) 비(額𩑍) 자(頿髭𩑍) 염(頷)

형성 (4자) 수(𩑍)3010 수(頷)6374 수(頷)7787 수(頷)8317

◀ 제 4 획 ▶

頊 (욱)【xù ㄒㄩˋ】 ㊤㊥⑨㊍ xū 멍할 ■욱:속음 ■옥:쥐독

설문 5402 頭頊頊謹皃(貌)。《此本義也。故从頁(頁)。引伸爲正也。『白虎通』又曰。冬、其帝顓頊。顓頊者、寒縮也。》从頁(頁)。玉聲。《許玉切。3部。》/419

頌 (용)【sòng ㄙㄨㄥˋ】 ㉠㊤㊥⑨㊍ róng 얼굴, 조용할, 공(公也) ■송:기릴, 송(칭찬하는 글)

설문 5348 皃(貌)也。《皃下曰。頌儀也。與此爲轉注。不曰頌也而曰頌儀也者、其義小別也。於此同之。於彼別之也。古作頌皃。今作容皃。古今字之異也。容者、盛也。與頌義別。【六詩】、一曰頌。『周禮:注』云。頌之言誦也、容也。誦今之德廣以美之。『詩譜(譜)』曰。頌之言容。天子之德。光被四表。格于上下。無不覆燾。無不持載。此之謂容。於是和樂興焉。頌聲乃作。此皆以容受釋頌。似頌爲容之假借字矣。而『毛詩:序』曰。頌者、美盛德之形容。以其成功告於神明者也。此與鄭義無異而相成。鄭謂德能包容故作頌。『序』謂頌以形容其德。但以形容釋頌而不作形頌。則知假容爲頌其來已久。以頌字專系之【六詩】。而頌之本義廢矣。『漢書』曰徐生善爲頌、曰頌禮甚嚴、其本義也。曰有罪當盜械者皆頌繫、此假頌爲寬容字也。》从頁(頁)。公聲。《余封切。又似用切。9部。按古祗余封一切。》䛦籒文。《疑从䜌。》/416

頙 (배)【péi ㄆㄟˊ】 주걱턱, 굽은 턱

설문 5368 曲頤也。《曲頤者、頤曲而微向前也。『揚雄傳』頷頤。師古曰。曲頤也。按廣頤曰𦣞。曲頤曰頙。頤狀之不同也。》从頁(頁)。不聲。《薄面切。古音在 1部。》/417

頍 (규)【kuǐ ㄎㄨㄟˇ】 (머리를)들, 고깔비녀 ■견:머리통이 작고 뾰족할

설문 5395 擧(擧)頭也。《此頍之本義也。故其字从頁。『士冠禮』。緇布冠缺項。『注』。缺讀爲頍。頍圍髮際。結項中。隅爲四綴以固冠。今未冠笄者箸冠卷。頍象之所生也。滕薛名簂爲頍。如鄭說則頍所以支冠。擧(擧)頭之義之引伸也。『小雅』。有頍者弁。『傳』曰。頍、弁皃(貌)。弁、皮弁也。惟擧頭曰頍。故『載弁』亦曰頍。義之相因而引伸者也。》从頁(頁)。支聲。《丘弭切。16部。》『詩』曰。有頍者弁。《『頍弁篇』。》/418

頎 (기)【qí ㄑㄧˊ】 本[머리 예쁜 모양] 헌걸찰, 가엾을 ■간:간절할, 측은할 ■경:적을(少也)

설문 5381 頭佳皃(貌)。《此本義也。引伸爲長皃。『衞(衛)風』。碩人其頎。『齊風』。頎若長兮。『傳』皆曰。頎、長皃。又曰。敖敖猶頎頎也。古假頎爲懇。如『檀弓』頎乎其至是也。》从頁(頁)。斤聲。《渠希切。按古音在 13部。如旂本讀同芹。然則『碩人』何以韵(韻)衣也。曰『碩人』頎讀入微韵、衣讀如殷皆可。》讀又若鬢。《讀又若者、謂讀若芹矣又有此讀也。按頎篆併解【各本】奪。今依【小徐本】及『集韵』、『類篇』、『韵會』所引訂補。》/418

頵 (윤)【yǔn ㄩㄣˇ】 얼굴 비뚤어진 모양

설문 5370 面不正皃(貌)。《『玉篇』曰。面不平。『廣韵(韻)』曰。面斜。》从頁(頁)。尹聲。《余準切。13部。》/417

頑 (완)【wán ㄨㄢˊ】 本[둥근 머리통] 통머리통, 완고할, 탐할

설문 5387 梱頭也。《〔木部〕曰。梱、梡木未析也。梡、梱木薪也。凡物渾淪未破者皆得曰梱。凡物之頭渾全者皆曰梱頭。梱頑雙聲。析者銳。梱者鈍。故以爲愚魯(魯)之偁(稱)。『左傳』曰。心不則德義之經爲頑。》从頁(頁)。元聲。《五還切。14部。》/418

𩑶 (우)【yòu ㄧㄡˋ】 머리 흔들

설문 5423 顫也。从頁(頁)。尤聲。《按『玄應書』兩(兩)引『說文』皆作「頄」。是其字从頁、又聲。『今本-說文』作「𩑶」、尤聲。非古也。『篇』、『韵(韻)』皆沿【俗本】之誤耳。『玄應』引『說文』云。謂掉動不定也。葢(蓋)演『說文』語。『通俗文』曰。四支寒動謂之顫頄。于救切。古音在 1部。》疣或从疒(疒)。《按此篆亦當作疚。从疒、又聲。據『玄應書』及『廣韵(韻)』可證。『玄應』曰。今作「疣」。知淺人以今體改古體耳。》/421

頕 (침)【zhěn ㄓㄣˇ】 목덜미 옥 베개 ■담:추할, 어리석은 모양

설문 5366 玉枕也。《「玉枕」【各本】作「項頕」。小徐作「項枕」。『廣韵(韻)』作「項頕」。云項魚欲切。『醫經』本作「玉枕」。許說同。一譌爲「項頕」。再譌爲「項頕」。皆非也。沈氏彤詳攷『內經:甲乙經』、作『釋骨』曰。顚之後橫起者、曰頭橫骨。曰枕骨。其兩(兩)旁尤起者、曰玉枕骨。玉枕骨卽偃臥箸枕之處。單評曰頕。『玉篇』引『蒼頡』云。垂頭之皃(貌)。此別一義。》从頁(頁)。冘聲。《章衽切。8部。》/417

頒 반【bān ㄅㄢ】 ㉠ fén 널리 퍼뜨릴, 나눌, (머리털이나 수염이)반쯤 셀 ■분:本[분:물고기 머리 클]

설문 5375 大頭也。《『小雅:魚藻』曰。魚在在藻。有頒其首。

『傳』曰。頒大首皃(貌)。『苕之華』。牂羊墳首。『傳』曰。墳、大也。此假墳爲頒也。『孟子』。頒白者不負戴於道路。此假頒爲𩓞(顐)也。『周禮』。匪頒之式。鄭司農云。匪、分也。頒讀爲班布之班。謂班賜也。此假頒爲班也。》 从頁(頁)。分聲。《布還切。按古音在 13部。符分切。》 一曰鬢也。《鬢者、頰髮也。引伸之、頰亦曰頒。『玉藻』。笏、大夫以魚須文竹。鄭云。文猶飾也。大夫、士飾竹以爲笏。按須乃頒之誤。故釋文音班。崔靈恩作魚班。知唐初故作頒。須無音班之理。魚頒者、謂魚頰骨。『考工記:注』曰之而、頰頜也是也。》『詩』曰。有頒其首。《證前一義。》/417

성부 寡과

頞

(올)【mò ㄇㄛˋ】 머리를 물 속에 넣을 ■몰:같은 뜻

설문 5396 內頭水中也。《內者、入也。入頭水中。故字从頁㲾(頁𠬛)。與〔水部〕之㲼(沒)義同而別。今則㲾頞廢而沒專行矣。》 从頁㲾。㲾亦聲。《烏没(烏沒)切。15部。》/418

頓

(돈)【dùn ㄉㄨㄣˋ】 (머리를)조아릴 ■돌:흉노왕 이름 ■독:같은 뜻 ■둔:〈네이버 자전〉

설문 5404 下首也。《按當作「頓首也」。三字爲句。『周禮:太祝』九拲(操拜)。一曰䭫(䭫)首。二曰頓首。三曰空首。三者分別劃然。不當頓䭫二字皆訓之曰下首、明矣。鄭曰。稽首、拜頭至地也。頓首、拜頭叩地也。空手、拜頭至手。所謂拜手也。吉拜、拜而後稽顙。謂齊衰不杖以下者。凶拜、稽顙而後拜。謂三年服者。玉裁按。九拜、以前三者爲體。後六者爲用。如六書以指事、象形、形聲、會意四者爲體。轉注、假借二者爲用也。【凡經】言拜手、言拜皆『周禮』之空首。〔手部:拲〕字下曰首至手、『何-注:公羊傳』曰頭至手曰拜手皆與『周禮:空首:注』合。【凡經】言稽首、小篆作「䭫」。古文作「頁(頁)」。【經傳】無異偁(稱)。『何-注:公羊』云頭至地曰稽首、與『周禮:注』合。凡【經傳】言頓首、言稽顙或單言顙皆九拜之頓首。『何-注:公羊』曰顙猶今叩頭、『檀弓-稽顙:注』曰觸地無容皆與『周禮:頓首:注』合。頭至手者拱手而頭至於手。頭與手俱齊心不至地。故曰空首。若稽首、頓首則拱手皆下至地。頭亦皆至地。而稽首尙稽遲。頓首尙急遽。頓首主於以顙叩觸。故謂之稽顙。或謂之顙。『周禮』之九拜不盡知。而稽首者、吉禮也。頓首者、凶禮也。空首者、吉凶所同之禮也。【經傳】立文。凡單言拜及下屬稽首稽顙。言拜、言拜手者、皆空首也。言拜手稽首者、空首而稽首也。言拜而後稽顙者、空首而頓首也。言稽顙而後拜者、頓首而空首也。言稽顙而不拜者頓首而不空首也。經於吉、賓嘉曰稽首。未有言頓首者也。於喪曰稽顙。亦未有言頓首者也。然則稽顙之卽頓首無疑矣。有非喪而言頓首者、非常事也。類乎凶事也。如申包胥之九頓首而坐。以國破君亡。穆嬴頓首於宣子。以太子不立。與季平子稽顙於叔孫昭子以君亡、昭公子家駒再拜顙於齊侯以失國、正同也。若陳無宇稽顙於欒施以排患釋難。禮之過也。無宇之詐也。沿至秦漢以頓首爲請罪之辭。『中山策』司馬喜之頓首、別於陰姬公之稽首。漢人文字存者。『蔡邕-戍邊上章』云。朔方髡鉗徒臣邕稽首再拜上書皇帝陛下。末云。臣頓首死罪稽首再拜以聞。『蔡質-所記立宋皇后儀』首云。『尙書』令臣䠖等稽首言。末云。臣䍐等誠惶誠恐頓首死罪稽首再拜以聞。『許沖-進:說文解字』首云。召陵萬歲里公乘臣沖䭫首再拜上書皇帝陛下。末云。臣沖誠惶誠恐頓首頓首死辠死辠䭫首再拜以聞皇帝陛下。皆頓首與稽首分別。稽首爲對敭之辭。》 从頁。《首叩地、故从頁。》 屯聲。《都困切。13部。凡言供頓、頓宿皆取屯聚意。而假頓爲之。又多假頓爲鈍。》/419

◀ 제5획 ▶

頗

(파)【pǒ ㄆㄛˇ】 ㉠㊤㊥⑨㉲ pō 本[치우칠] 자못, 매우 ■피:사람의 이름

설문 5422 頭偏也。《引伸爲凡偏之偁(稱)。『洪範』曰。無偏無頗。遵王之義。〔人部〕曰。偏者、頗也。以頗引伸之義釋偏也。俗語曰頗多頗久頗有、猶言偏多偏久偏有也。古借陂爲頗。如『洪範-古本』作無偏無陂。『顏(顏)師古-匡謬正俗』、『李善-文選:注』所引皆作「陂」。可證。迄乎天寶。乃據其時所用本作「頗」、而詔改爲「陂」。一若古無作陂者。不學而作聰之過也。陂義古皆在〔歌戈部〕。則又不知古音之過耳。》 从頁(頁)。皮聲。《滂禾切。17部。又匹我切。〔言部〕曰。詖古文以爲頗字。言古文之假借也。》/421

頔

(절)【zhú ㄓㄨˊ】 ㊤㊥⑨㉲ zhuō 광대뼈 ■출:머리통 곧을 ■골:광대뼈

설문 5409 頭頡頔也。《頡頔疊(疊)。古語頭菌蠢皃(貌)。若高祖隆準。服虔(虔)準音拙。應劭曰。頰權準也。師古曰。頔權頔字豈當借準爲之。按服但云準音拙耳。權頔之名又出漢後也。》 从頁(頁)。出聲。《之出切。15部。》 讀又若骨。《云又者、謂出聲則讀若拙矣、又讀若骨也。》/420

頿

(진)【zhěn ㄓㄣˇ】 일을 삼갈, 부끄러울

설문 5399 顏色頿鱗愼事也。《愼事『玉篇』、『廣韵(韻)』作「順事」。疑南宋改耳。》 从頁(頁)。㐱聲。《之忍切。13部。『廣韵』亦章刃切。》/419

領

령【lǐng ㄌㄧㄥˇ】 本[목] 옷깃, (옷 한)벌, 다스릴, 받을, 깨달을

설문 5364 項也。《按「項」當作「頸」。『碩人』、『桑扈:傳』曰。領、頸也。此許所本也。『釋名』、『國語:注』同。領字以全頸言之。不當釋以頭後。若『廣雅』領、頸、項也。合宜分別者渾言之。其【全書】之例類皆然矣。衣之曲袷謂之領、亦不謂衣後也。『仲尼燕居:注』。領猶治也。『淮南書:高-注』。領、理也。皆引伸之義。謂得其首領也。『龜(龜)策:傳』用領爲蓮。異部假借。》 从頁(頁)。令聲。《良郢切。古音在 12部。》/417

형성 (+1) 령(嶺 嶺)

◀ 제6획 ▶

頪

(뢰)【leì ㄌㄟˋ】 머리통이 비뚤어질

설문 5418 頭不正也。《『釋魚』。左倪不類。『周

頁 9 ④

禮』類作「靁」。葢(蓋)皆頪之假借字也。》从頁(頁) 耒。《會意。》耒頭傾、《說从耒之意。》亦聲。《耒亦聲。盧對切。15部。『廣韵(韻)』無。》讀又若『春秋』陳夏齧之齧。《又有此音。卽與左倪右倪之倪同也。曰陳夏齧之齧當許時讀『春秋』此齧必與他齧不同也。陳夏齧、見『春秋經:昭:廿三年:正義』。考『世本』。齧者、徵舒曾孫。杜云玄孫。》/421

頣 (간)【gèn ㄍㄣˋ】 ㊤㊥⑨ gěn 빰뒤 ■전·견: 같은 뜻 ■곤:빰 높을

설문 5360 頰後也。《頰後謂近耳及耳下也。》从頁(頁)。㿠(艮)聲。《古恨切。13部。『廣韵(韻)』古很切。》/417

頜 (함)【hàn ㄏㄢˋ】 턱 ■압:같은 뜻 ■갑:입, 아랫볼, 턱뼈 ■함:얼굴이 누럴

설문 5361 顄也。《『公羊傳』。呼獒而屬之。獒亦躇階而從之。祁彌明逆而跛之。絕(絶)其 頷。何云。以足逆蹋曰跛。頷、口也。按『玉篇』引作絕其頜。此謂以足迎蹋之。遂使獒之頤不能噬也。『方言』。頷頤頜也。南楚謂之「頷」。秦晉謂之「頜」。「頤」其通語也。》从頁(頁)。合聲。《胡感切。按依『方言』則緩言曰「頷」。急言曰「頜」。頜當讀如合也。『玉篇』公荅切。7部。》/417

頞 (알)【è ㄜˋ】 콧대

설문 5357 鼻莖也。《鼻謂之準。鼻直莖謂之頞。『史記:唐擧(擧)相蔡澤』曰。先生曷鼻、巨肩、魋顏(顏)、蹙齃。旣言鼻又言頞者。曷同遏。遏鼻、言其內不通而齆。蹙齃、則言在外鼻莖也。鼻有中斷者。蔡澤、諸葛恪之相是也。有憂愁而蹴縮者。『孟子』言蹙頞是也。有病而辛頞者。此言其內酸辛、『素問』所言是也。》从頁(頁)。安聲。《烏(烏)割切。15部。『釋名』曰。頞、鞍也。偃折如鞍也。知固可讀如安。》齃或从鼻曷。《曷聲也。》/416

頟 (액)【é ㄜˊ】 이마 ※ 액(額)과 같은 글자

설문 5356 顙也。《『釋名』曰。額、鄂也。有垠鄂也。引伸爲凡有垠鄂之偁(稱)。如『喪服:疏』引『大戴-禮』云。大功已上唯唯。小功已下額額然。『皋(皐)陶暮』。晝夜頟頟。『釋名』云。頟頟然憚之。『韓碑』云。頟頟蔡城。》从頁(頁)。各聲。《五陌切。古音在 5部。今隸(隷)作「額」。》/416

頠 (외)【wéi ㄨㄟˊ】 ㊤㊥⑨㊢ wěi 本[머리 마음대로 가질] 외양 잘 가질 ■위:같은 뜻

설문 5392 頭閑習也。《「閑」當作「嫺」。字之誤也。引伸爲凡嫺習之偁(稱)。『釋詁』曰。頠、靜也。頠與〔女部〕之姽義略同。》从頁(頁)。危聲。《語委切。16部。》/418

頡 힐【xié ㄒㄧㄝˊ】 곧은 목, 날아 올라갈, 사람이름 ■혈:속음 ■갈:밟을, 긁을, 산이름

설문 5408 直項也。《『淮南:修務訓』。王公大人有嚴志頡頏之行者。無不憚悇癢心而悅其色矣。此頡頏正謂強(强)項也。〔亢部:頏〕下曰。直項莽頏。『淮南』之頏。卽『說文』之頏也。直項者、頡之本義。若『邶風』。燕燕于飛。頡之頏之。『傳』曰。飛而下曰頡。飛而上曰頏。此其引伸之義。直項爲頡頏。故引伸之直下直上曰頡頏。》从頁(頁)。吉聲。《胡結切。12部。》/420

형성 (1자) 힐(襭 𧞓)5113

頣 (신)【shěn ㄕㄣˇ】 눈을 들고 사람을 볼

설문 5406 擧(擧)目視人皃(貌)。《目當依『廣韵(韻)』作眉。擧(擧)眉、揚眉也。》从頁(頁)。臣聲。《式忍切。12部。》/420

頦 (개)【hái ㄏㄞˊ】 本[추할] ■해:아래 턱

설문 5432 醜也。《『廣雅』同。『篇』、『韵(韻)』云。頤下。非許義。》从頁(頁)。亥聲。《戶來切。1部。按『廣雅』柯開切。》/422

頨 (번)【piān ㄆㄧㄢˉ】 ㊤㊥⑨㊢ yǔ 머리 고울 ■우:공자의 머리 ■현·우:같은 뜻 ■변:속음 ■편:빠를, 성급할

설문 5413 頨妍也。《三字爲句。頨妍疊韵(疊韻)。大徐改爲頭妍。此卽改頓首爲下首之比。妍、安也。頨義如『周易』之翩翩。『東都賦』。翩翩巍巍。顯顯翼翼。》从頁(頁)。翩省聲。讀若翩。《按此當紕延切。古音在 12部。『篇』、『韵(韻)』王矩一切。葢(蓋)有認爲羽聲者耳。『廣韵:注』云。孔子頭也。又附會以爲孔子圩頂之圩。》/420

頪 뢰【lèi ㄌㄟˋ】 깨닫기 어려울, 빠를, 어둘, 말쑥할

설문 5429 難曉也。《謂相佀(似)難分別也。頪類古今字。類本專謂犬。後乃類行而頪廢矣。『廣雅』云。頪、疾也。》从頁(頁)米。《頁猶種也。言種緐(繁)多如米也。米多而不可別。會意。一說黔(黔)首之多如米也。故日元元。盧對切。15部。按『六書故』引【唐本】。从迷省。》一曰鮮白皃(貌)。从粉省。《鮮猶新也。粉者、白之甚者也。》/421

성부 類류

형성 (1자) 뢰(纇)8148

頫 (부)【fǔ ㄈㄨˇ】 ⑨ jǔ 머리 구부릴(숙일) ■면:같은 뜻 ■조:제후의 대부가 여럿이 와서 천자를 알현할 ■도:낯씻을 ■류:머리 구부릴

설문 5405 低頭也。《低當作「氐」。『西京賦』。伏櫺檻而頫聽。聞雷霆之相激。薛綜曰。頫、低頭也。『上林賦』頫杳眇而無見。李善引『聲類』。頫古文俯字。》从頁 (頁)。逃省。《逃者多媿而俯。故取以會意。从逃猶从兔也。『匡謬正俗』引『張揖-古今字詁』云。頫今之俯俛也。葢 (蓋)俛字本从免。俯則由音誤而製。用府爲聲。字之俗而謬者。故【許書】不錄。俛、舊音無辨切。頫、『玉篇』音靡卷切。正是一字一音。而孫強(强)輩增『說文』音俯四字。不知許正讀如免耳。古音在13、14部之間。大徐云方矩切者、俗音也。》『大史-卜書』頫仰字如此。《卜或作公。誤。『匡謬正俗』引正作卜。『漢:藝文志:蓍龜十五家:四百一卷』。『大史-卜書』當在其內。言此者、以正當時多作俛俯非古也。》楊雄曰。人面頫。《此葢摘取『楊-所自作:訓纂篇』中三字。以證从頁(頁)之意。頫本謂低頭。引伸爲凡低之偁(稱)。》𩔉頫或从人

免。《『匡謬正俗』引及小徐皆作俗頫字。篆體或改作「俛」。解作从人免。以从兔聲而讀同俯爲龤。不知舊讀同免。『過秦論』。俛起(起)阡陌之中。李善引『漢書:音義』。音免。『史記:倉公傳』。不可俛仰。音免。『龜策列傳』首俛。『索隱:正義』皆音免。『玄應書』网(兩)云俛仰無辨切。『廣韵(韻)』俛亡辨切。俯俛也。『玉篇:人部:俛』無辨切。俯俛也。此皆俛之正音。而『表記』俛焉日有孳孳。釋文音勉。『毛詩』黽勉。李善引皆作僶俛。俛與勉同音。故古假爲勉字。古無讀俛如府者也。頫音同俛。》/419

◀ 제 7 획 ▶

顐 (곤)【kùn ㄎㄨㄣˋ】 ㊫㊥⑨㉾ kūn 대머리, 귓문(耳門)

설문 5416 無髮也。《『廣韵(韻)』曰。顐者、顐　顐也。顐者、禿也。五困切。》一日耳門也。《別一義。》从頁(頁)。困聲。《按【毛刻】作「困聲」。篆左从囷。不誤。凡囷聲之字亦入鼋(魂)韵矣。苦昆切。13部。》/420

頢 (활)【huó ㄏㄨㄛˊ】 ㊫㊥⑨㉾ kuò 짧은 얼굴 ■왈·알:같은 뜻

설문 5390 短面也。《『廣韵(韻)』曰。小頭皃(貌)。》从頁(頁)。昏聲。《五活切。又下活切。15部。『廣韵』古活切。》/418

⿰⿱日巛頁 (매)【mèi ㄇㄟˋ】 어둘 ■회:같은 뜻

설문 5384 昧前也。《「前」當作「歬」。「昧」當作「眛」。眛於當歬、『論語』所謂正牆面而立也。》从頁(頁)。⿱日巛聲。讀若昧。《莫佩切。15部。》/418

頭 (두)【tóu ㄊㄡˊ】 머리, 우두머리

설문 5346 百也。《「百」【各本】作「𩠐」。今正。小篆作「百」。『說文』據小篆爲書。故『敘』曰。『今-敘』篆文合以古籒也。漢人多用𩠐不用百者、自係一時相習而然。【許-造:字書】則有定體。百下曰。頭也。頭下曰。百也。是曰轉注。『禮記』曰。頭容直。頭頸必中。》从頁(頁)。《𩠐以𩠐爲冣(最)重。故字多从頁。》豆聲。《度侯切。4部。》/415

頯 (괴)【kuǐ ㄎㄨㄟˇ】 ㊫㊥⑨㉾ kuí 이마가 보기좋게 쑥 내민 모양 ■규:보기좋게 나타나 있는 모양 ■귀:작은 머리 ■궤:광대뼈 ■구:광대뼈

설문 5358 權(顴)也。《「權」者今之「顴」字。『戰國策』。眉目準頞權衡。犀角偃月。其字正作權。『易:夬:九三』。壯于頄。王云。面權也。翟云。面顴、頰間骨也。鄭作頯。頯、夾面也。王與許說同。『國策』謂之權衡者、象其平也。按『大玄』視次四頯須姝爲韵(韻)。【今本】「頯」作「頄」。誤。〔肉部〕曰。脜者、面頯也。『儀禮』釋文引『說文』脜章允反。漢高祖隆準。準與脜音同。故應劭曰。隆、高也。準、頰權準也。入聲、音拙。則字又作「䪼」。》从頁(頁)。𡕥聲。《渠追切。按古音仇、在 3部。是以蜀才作「仇」也。『三篇:𠬪部:𡕥』从肉聲。讀如逵。逵同馗。讀如仇。》/416

頰 (협)【jiá ㄐㄧㄚˊ】 뺨

설문 5359 面旁也。《面者、顏(顏)前也。顏前者、网(兩)眉間网目間已下至頰間也。其旁曰頰。〔面部〕曰。䩉、頰也。『易:咸:上六』。咸其輔頰舌。輔卽䩉之假借字也。凡言頰車者、今俗謂牙牀骨。牙所載也。與單言頰不同。》从頁(頁)。夾聲。《古叶切。8部。》𩒨籒文頰。《【各本】「右」作「覍」。誤。今依『集韵(韻)』正。又左體之夾、今改从籒文大。》/416

䫇 (염)【rán ㄖㄢˊ】 구레나룻(뺨에 난 수염)

설문 5451 頰須也。《頰、面旁也。『釋名』曰。隨口動搖。冄冄然也。『封禪書』有龍垂胡髯。下迎黃帝。詳文意乃泛謂須。》从須冄。《會意。》冄亦聲。《汝鹽切。7部。俗作「䫇、髯」。》/424

頲 (정)【tǐng ㄊㄧㄥˇ】 곧을, 바를

설문 5391 狹頭頲也。《疑當作頲頲也。假借爲挺直之挺。『釋詁』曰。頲、直也。》从頁(頁)。廷聲。《他挺切。11部。》/418

頵 (윤)【yūn ㄩㄣˉ】 머리통 클 ■균:사람의 이름 ■군:머리통 모양

설문 5371 頭頵頵大也。《按【鍇本】作頭頵也。與『文選:注』合。然恐有奪字耳。『文選:長笛賦』。重巘增石。簡(簡)積頵砡。『春秋』楚君有名頵者。》从頁(頁)。君聲。《於倫切。13部。李善引『說文』丘隕切。》/417

頷 (함)【hàn ㄏㄢˋ】 주려서 얼굴빛이 누렇게 뜬 모양, 턱

설문 5393 面黃也。《『離騷』。苟余情其信姱以練要兮。長顑頷亦何傷。『王-注』。顑頷、不飽皃(貌)。本部顑字下云。飯不飽面黃起行也。義得相足。今則頷訓爲頤。古今字之不同也。》从頁(頁)。含聲。《胡感切。7部。『李善-注:離騷』音呼感反。》/418

頸 (경)【jǐng ㄐㄧㄥˇ】 (사람, 물건)목

설문 5363 頭莖也。从頁(頁)。巠聲。《居郢切。11部。》/417

● 䫉 모양 모(貌)-동자

◀ 제 8 획 ▶

頿 髭頿(자)【zī ㄗˉ】 윗수염(코 밑 수염)

설문 5450 口上須也。《在口上、在頰亦得名須。而正名百物則曰頿、曰髯。『左傳』曰。至於靈王。生而有頿。是爲頿王。『釋名』曰。頿、姿也。爲姿容之美也。》从須。此聲。《卽移切。15、16部。或作「髭」。》/424

顀 (추)【chuí ㄔㄨㄟˊ】 내민 이마, 목덜미

설문 5367 出額也。《謂頟胅出向前也。『玄應』曰。今江南言顀頭胅頟。乃以顀爲後枕之名。按後枕卽上文之頄也。》从頁(頁)。隹聲。《直追切。15部。》/417

顊 (비)【pì ㄆㄧˋ】 ㊫㊥⑨㉾ pǐ 비뚤어진 머리

설문 5419 傾首也。《首『玄應』引作頭。『玄應』引『蒼頡篇』云。頭不正也。又引『淮南子』。左顊右倪。按『釋魚』。左倪右倪。『郭-注』。行頭左俾右俾。俾亦作「庳」。皆非是。其字正當作「顊」。故釋文普(普)計反也。》从頁

(頁)。卑聲。《匹米切。16部。》/421

頩 (정)【jìng ㄐㄧㄥˋ】아름다운 모양, 예쁠
설문 5412 好皃(貌)。《頭好也。》从頁(頁)。爭聲。《疾正切。11部。》『詩』所謂頩首。《「頩首」當作「螓首」。見『衞(衛)風:碩人』。『傳』曰。螓首、顙廣而方。『箋』云。螓謂蜻蜻也。按『方言』。蟬小者謂之麥蚻。有文者謂之蜻蜻。『孫炎-注:爾雅』引『方言』。有文者謂之螓。然則螓蜻一字也。引古罕言所謂者。假令『詩』作頩首。則徑偁(稱)『詩』句、不言所謂。》/420

䫏 (기)【qī ㄑㄧ】못날
설문 5433 醜也。《此䫏之本義。》从頁(頁)。其聲。《去其切。1部。》今逐疫有䫏頭。《此擧(舉)漢事以爲證也。『周禮:方相氏:注』云。冒熊皮者、以驚敺疫癘之鬼。如今魌頭也。『淮南書』。視毛嬙、西施猶䫏醜也。『高-注』云。䫏、䫏頭也。方相氏黃金四目。衣赭。稀世之䫏貌。䫏醜、言極醜也。『風俗通』曰。俗說亾(亡)人䰟(魂)氣游揚。故作魌頭以存之。言頭魌魌然盛大也。或謂魌頭爲觸壙。殊方語。按魌䫏字同。頭大、故从頁也。亦作「倛」。『靈光殿賦』。仡䫏猥以雕眖。『李-注』。䫏猥、大首也。【今本】作「欺猥」。葢(蓋)誤。》/422

䫜 (규)【guī ㄍㄨㄟ】㉦ guì 작은 미끼, 한정할
설문 5388 小頭䫜䫜也。《䫜之言嫢也。嫢者、細也。》从頁(頁)。枝聲。讀若規。《又己恚切。徐云又者、謂居隨切矣、又有此切也。16部。亦作「頍」。亦作「槻」。》/418

顅 (간)【qiān ㄑㄧㄢ】本[머리털 적을] (목이)길
설문 5415 頭鬢少髮也。《〔髟部〕曰。鬜者、鬢禿也。此音義皆同。葢(蓋)實一字矣。而以顅从頁、故云頭鬢。謂頭上及鬢夾也。鬜从髟、故單言鬢。『考工記』。數目顅脰。【故書】顅或作「牼」。鄭司農曰。牼讀爲鬜頭無髮之鬜。司農意謂鳥(鳥)頭毛短也。『鄭-注:明堂位』曰。齊人謂無髮爲禿楬。『釋名』曰。禿、無髮沐禿也。髦頭生瘡曰瘕。髦亦然也。楬與髦皆卽鬜字。許說『周禮』與先鄭同。後鄭易之曰顅、長脰也。非許義。證以『莊子』其脰肩肩、則後鄭是也。肩卽顅。》从頁(頁)。肩聲。《苦閑切。14部。》『周禮』曰。數目顅脰。/420

顆 (과)【kē ㄎㄜ】㉠㊤㊥ kě ㉦ kè 낟알, 흙덩어리
설문 5389 小頭也。《引伸爲凡小物一枚之偁(稱)。珠子曰。顆、米粒曰顆是也。『賈山傳』。蓬顆蔽冢(冢)。晉灼曰。東北人名土塊爲蓬顆。按此卽『淮南書』、『宋玉-風賦』之堁字。『許-注:淮南』曰。堁、塵塺也。》从頁(頁)。果聲。《苦惰切 17部。》/418

顎 (악)【yuè ㄩㄝˋ】눈앞
설문 5383 前面岳岳也。《「前」當作「歬」。歬面猶俗云「當面」。『李白-詩』。山從人面起。『靈光殿賦』。神仙岳岳於棟間。『李-注』。岳岳、立皃(貌)。》从頁(頁)。岳聲。《岳古文嶽。五角切。古音在 2部。》/418

顇 (췌)【cuì ㄘㄨㄟˋ】㊤㊥⑨㉦ qiáo 야윌 ※ 췌(焠), 췌(瘁)와 같은 글자 ■취:속음 ■줄:얼굴 짧을
설문 5430 顦顇也。《【許書】無顦篆。大徐增之。非也。錢氏大昕曰。〔面部〕之𩈣、當是正字。『小雅』。或盡瘁事國。『傳』云。盡力勞病以從國事。『左傳』引『詩』曰。雖有姬姜。無棄蕉萃。杜曰。蕉萃、陋賤之人。『楚辭:漁父』。顏(顏)色憔悴。王曰。皯黴黑也。『班固-荅賓戲(戲)』。朝而榮華。夕而焦瘁。其字各不同。今人多用憔悴字。【許書】無憔篆。悴則訓憂也。》从頁(頁)。卒聲。《秦醉切。15部。》/421

顐 (문)【mén ㄇㄣˊ】머리 앓아 동일, 어리석을, 어둘
설문 5431 繫頭殟也。《〔歺部〕曰。殟者、暴無知也。【今本】譌作胎敗。則此以殟釋顐、遂不可通。『集韵(韻)』、『類篇』引此條有謂頭被繫無知也七字。當是【古注】語。『玉篇』引『莊子』云。問焉則顐然。顐、不曉也。按與〔心部〕之惛音義略同。》从頁(頁)。昏聲。《莫奔切。13部。》/421

顉 (암)【ǎn ㄢˇ】㉦ àn 끄덕일 ■금:추할, 주걱턱
설문 5403 低頭也。《「低」當作「氐」。氐者、『說文』之低字也。『左傳:襄:廿六年』。衞(衛)獻公反國。大夫逆於竟者。執其手而與之言。道逆者。自車揖之。逆於門者。頷之而已。釋文。「頷」本又作「頜」。按依許則頷頜皆非也。『杜-注』搖頭亦非。既不執手而言。又不自車揖之。則在車首肎(肯)而已。不至搖頭也。釋文本又作「頜」、正是本又作「顉」之譌。『列子:湯問』曰。顉其頤則歌合律。『郭璞-游仙詩』。洪厓頷其頤。『注』引『列子』亦作「頷」。引『廣雅』頜、動也。頷皆顉之譌。故云五感反。若本頷字、則當云胡感反也。顉其頤者、開口則低其頤。『靈光殿賦』。顉若動而躨跜。【今本】亦譌頷。》从頁(頁)。金聲。《五感切。古音在 7部。》『春秋傳』曰。迎于門。顉之而已。/419

◀제9획▶

顡 (외)【wài ㄨㄞˋ】머리 가릴
설문 5386 頭蔽顡也。《蔽顡疊韵(疊韻)字。葢(蓋)古語也。『集韵』曰。謂頭癡。錢氏大昕曰。春秋戰國人名有蒯聵者。疑卽此蔽顡字。》从頁(頁)。豙聲。《五怪切。15部。》/418

䫔 (혜)【xì ㄒㄧˋ】㊤㊥⑨㉦ qì 찾을, 두려울 ■계:같은 뜻 ■결:짧을
설문 5420 司(伺)人也。《司者、今之伺字。》一曰恐也。从頁(頁)。契聲。讀若禊。《禊或作褉。誤。今依【古本】正。今禊讀先結切。䫔胡計切。【韵書】之分別也。15部。》/421

䫇 (원)【yuǎn ㄩㄢˇ】얼굴 비뚤어질
설문 5394 面不正也。从頁(頁)。爰聲。

《于反切。14部。》/418

題 (제)【tí ㄊㄧˊ】이마, 표제, 기록할
설문 5355 頟也。《『釋言』、『毛傳』曰。定、題也。引伸爲凡居前之偁(稱)。》从頁(頁)。是聲。《杜兮切。16部。》/416

顔 顏(안)【yán ㄧㄢˊ】얼굴, 이마
설문 5347 眉(眉)之閒(間)也。《【各本】作「眉目之間」。淺人妄增字耳。今正。眉與目之間不名顏(顔)。『釋言』曰。猗嗟名兮。目上爲名。『郭-注』云。眉眼之間。『西京賦』「名」作「眳」。『薛-注』曰。眉睫之間。是不謂之顏也。若云兩(兩)眉間、兩目間。則兩目間已是鼻莖、謂之頞。又非顏也。面下曰。顏前也。色下曰。顏气也。是可證顏爲眉間。『醫經』之所謂闕。【道書】所謂上丹田。【相書】所謂中正印堂也。按『庸風』。揚且之晳也。子之淸揚。揚且之顏也。『傳』曰。揚、眉上廣也。淸、視淸明也。揚且之顏者、廣揚而顏角豐滿也。毛云顏角。葢(蓋)指全額而言。中謂之顏。旁謂之角。由兩眉閒以直上皆得謂之顏。『醫經』額曰顏曰庭是也。『國語』。角犀豐盈。亦角謂旁、犀謂中。犀牛一角在鼻、一角在頂。故相法有骨自印堂至頂者曰伏犀貫頂。若『方言』云。顯頟顏顙也。湘江之閒謂之顯。中夏謂之頟。東齊謂之顙。汝潁淮泗之閒謂之顏。此則依方語通謂頟爲顏。非毛、許意也。『小雅』。顏之厚矣。凡羞媿喜憂必形於顏。謂之顏色。故色下曰顏气也。》从頁(頁)。彥聲。《五姦切。14部。》 籒文。《鈕樹玉曰。【各本】篆體右作「覓」。誤也。此从古文百。》/415

顛 찬【zhuàn ㄓㄨㄢˋ】갖출 ■천:같은 뜻 ■손:같은 뜻 ■선:같은 뜻
설문 5436 選(選)具也。《選(選)擇而共置之也。頭選疊(疊)韵。〔丌部〕曰。巽(巽)、具也。顨、具也。〔人部〕曰。僎(僎)、具也。是巽頭顨僎四字義同。『玉篇』曰。顛古文作選。》从二頁(頁)。《二頁、具之意也。士戀切。14部。》/422
유사 아울러 볼 요(覞)
형성 (1자) 손(顨 顨)2889

顑 (감)【hàn ㄏㄢˋ】㊤㊥⑨ kǎn (주려서 얼굴이 누렇게)부황들 ■암:긴 얼굴 ■함:같은 뜻
설문 5425 顑顲、《逗。二字【各本】無。今依【全書】通例補。疊韵(疊韻)字。》食不飽、面黃起(起)行也。《『離騷』。長顑頷亦何傷。『王-注』。顑頷、不飽皃(貌)。按許之顑顲卽顑頷也。『離騷』假借頷爲顲。【許書】單出頷篆。云面黃也。此恐淺人所增。『廣韵(韻)』。顑顲、瘦也。》从 頁(頁)。咸聲。《下感下坎二切。7部。『廣韵』苦感(感)切。又作「顲」。呼唵切。》讀若戇。/421

顒 (옹)【yóng ㄩㄥˊ】큰 머리통, 엄숙할
설문 5376 大頭也。《引伸之、凡大皆有是偁(稱)。『小雅:六月』。其大有顒。『傳』曰。顒、大皃(貌)。『大雅:卷阿:傳』曰。顒顒、溫皃。卬卬、盛皃。『釋訓』曰。顒顒卬卬、君之德也。又其引伸之義也》从頁(頁)。禺聲。《魚容切。按禺聲本在 4部。此 4部 9部合音也。》『詩』曰。其大有顒。/417

顓 (전)【zhuān ㄓㄨㄢˉ】오로지, 어리석을
설문 5401 頭顓顓謹皃(貌)。《此本義也。故从頁(頁)。『白虎通』曰。謂之顓頊何。顓者、專也。頊者、正也。言能專正天之道也。按叀者、小謹也。今字作專。亦假顓作專。如『淮南』云顓民、『法言』云顓蒙、『漢書』言顓顓獨居一海之中皆是。》从頁(頁)。耑聲。《職緣切。14部。》/419

◀ 제 10 획 ▶

顤 (효)【qiāo ㄑㄧㄠˉ】큰 머리통 ■분:많을
설문 5377 大頭也。《『玉篇』引『蒼頡』云。頭大也。『廣雅』曰。顤(顤)、大也。》从頁(頁)。美(羌)聲。《口幺切。2部。》/417

顚 頵(혼)【yǔn ㄩㄣˇ】㊤ hùn얼굴 굳을 ■운:같은 뜻
설문 5372 面色顚顚皃(貌)。《「皃」當依『玉篇』「作」也。》从頁(頁)。員聲。讀若隕。《于閔切。13部。》/417

顗 (의)【yǐ ㄧˇ】조용할
설문 5414 謹莊皃(貌)也。《莊者、壯盛字之假借也。『釋詁』曰。顗、靜也。義相足。》从頁(頁)。豈聲。《魚豈切。15部。》/420

顐 (비)【pēi ㄆㄟˉ】㊤㊥⑨㉆ pī 짧은 수염 모양
설문 5453 短須髮皃(貌)。《『西京賦』說猛獸髬髵。薛曰。髬髵、作毛鬣也。髬卽𩈿(顐)字。須髮短則植。猛獸毛鬣植。》从須。否聲。《敷悲切。古音在 1部。》/424

顅 (암)【yuán ㄩㄢˊ】㊤㊥⑨㉆ yán 머리 빰 길 ■염:추한 모양 ■감:얼굴 넓적할
설문 5373 頭頰長也。《四字當作「頭陜面長皃(貌)」五字。『玉篇』云。頭頰面長皃。頰亦譌字。『廣韵(韻)』。面長皃。則少頭陜二字。『文選:解嘲』。顩頤折頞。韋昭曰。面長曰顩。欺甚切。『玉篇』引『蒼頡』云。顩、面長銳頤之皃。葢(蓋)『解嘲』及『蒼頡』皆以顩爲顅也。》从頁(頁)。兼聲。《五咸切。7部。》/417

顄 (함)【hàn ㄏㄢˋ】㊤ hǎn ㊥⑨㉆ hán 턱 ※ 함(頷)과 같은 글자
설문 5362 頤也。《𦣝下曰。顄也。𦣝者古文頤。與此爲轉注。『王莽傳』作「頷(顄)」。正字也。『方言』作「頷」。於『說文』爲假借字。》从頁(頁)。函聲。《胡男切。7部。頷同。》/417

願 (원)【yuān ㄩㄢˉ】㉠㊤㊥⑨㉆ yuàn 本[머리통 큰] 항상、바랄、(신불에)빌、부러워할
설문 5379 大頭也。《本義如此。故从頁。今則本義廢矣。『邶風』。願言思子。中心養養。『傳』曰。願、每也。此每如『春秋:外傳』懷私爲每懷『賈誼賦』品庶每生之每。按『毛詩』願字首見於『終風』願言則疐、而無『傳』。則毛意謂與今人語同耳。『釋詁』曰。願、思也。『方言』曰。願、欲思也。『邶風:

鄭-箋』日。願、念也。皆與今語合。〔丂部〕日。寧(寧)、願詈(詞)也。〔用部〕日。甯、所願也。〔心部〕日。憖、肎(肯)也。凡言願者、荅(蓋)寧甯憖三字語聲之轉。自『詩』所用已如是。而二子乘舟語意尤深。故『傳』別言之。實非異也。》从頁(頁)。原(原)聲。《魚怨切。14部。》/418

顙 (상)【sǎng ㄙㄤˇ】(얼굴의)이마
설문 5354 頟也。《『方言』。中夏謂之頟。東齊謂之顙。九拜中之頓首必重用其顙。故凡言稽顙者、皆謂頓首。非稽首也。『公羊傳』日再拜顙者、卽拜而後稽顙也。何日。顙者猶今叩頭。按叩頭者、經之頓首也。》从頁(頁)。桑聲。《穌朗切。10部。》/416

顚 전【diān ㄉㄧㄢˉ】머리, 이마, 꼭대기, 근본, 넘어뜨릴, 뒤집힐
설문 5352 頂也。《見『釋言』。『國語:班序顚:毛-注』同。引伸爲凡物之頂。如『秦風』有馬白顚。『傳』日。白顚、旳顙也。馬以顙爲頂也。『唐風:首陽之顚』。山頂亦日顚也。顚爲冣(最)上。倒之則爲冣下。故『大雅』顚沛之揭。『傳』日。顚、仆也。『論語』顚沛。『馬-注』日。僵仆也。『離騷:注』日。自上下日顚。『廣雅』日。顚、末也。》从頁(頁)。眞聲。《都季(年)切。12部。》/416
참고 전(癲)미칠(狂也), 광증

顡 (외)【kuí ㄎㄨㄟˊ】㊤㊥⑨㉶ kuǐ 머리통 비뚤어질 ■괴・기:같은 뜻
설문 5421 頭不正也。从頁(頁)。鬼聲。《口猥切。15部。》/421

顝 (골)【kū ㄎㄨˉ】㊤㊥⑨ kuī 큰 머리, 클
설문 5378 大頭也。《『廣雅』日。顝、大也。『思玄賦』。顝羈旅而無友。『舊-注』。顝、獨也。此與『九辨』塊獨守此無澤之塊同。皆於音求之。『玉篇』引『蒼頡』云。相抵觸。『廣雅』云。醜也。皆引伸之義。》从頁(頁)。骨聲。讀若魁。《苦骨切。15部。『玉篇』口骨口回二切。『廣韵(韻)』同。》/417

類 류【lèi ㄌㄟˋ】本[동아리] 비슷한 종류에 따라 나눌, 무리, 상제를 위한 제사, 군대 제사 ■뢰:편벽될, 공평치 못할 ■률:같을
설문 6067 種(種)類相侣(似)。唯犬爲甚。《說从犬之意也。類本謂犬相侣。引伸叚(假)借爲凡相侣之偁(稱)。『釋詁』、『毛傳』皆日。類、善也。釋類爲善、猶釋不肖爲不善也。『左傳』。刑之頗類。叚類爲纇。》从犬。頪聲。《『廣韵』引無聲字。按此當云頪亦聲。頪、難曉也。力遂切。15部。》/476
형성 (1자) 류(禷 禷)33

◀ 제 11 획 ▶

顤 (오)【áo ㄠˊ】㊤㊥⑨㉶ ào 높을, 높고 클
설문 5382 顤顟高也。《當云頭高也。『廣韵(韻)』云。頭長。》从頁(頁)。敖聲。《五到切。2部。亦作「顠」。》/418

顡 의【kuì ㄎㄨㄟˋ】㊤㊥⑨㉶ wài 멍청이 ■외:같은 뜻 ■퇴:보기 싫을 ■체:머리치는 소리
설문 5428 癡顡、《【各本】奪顡字。今依『玉篇』、『廣韵』補。》不聰𣈶(明)也。《『廣韵』日。顡、顔惡也。此今義也。》从頁(頁)。豙聲。《五怪切。15部。據『廣韵』、此『說文』舊音也。》/421
유사 모양 모(貌) 모양 모(貇) 굳셀 의(毅)
형성 (1자) 의(藾 藾)575

顐 鬢(비)【bēi ㄅㄟˉ】털이 반백될
설문 5452 須髮半白也。《兼言髮者、類也。此『孟子』頒白之正字也。『趙-注』日。頒者、斑也。頭半白斑斑者也。卑與斑雙聲。是以『漢:地理志』卑水縣、孟康音斑。荅(蓋)古鬢讀如斑。故亦假大頭之頒。『藉田賦』。士女頒斌。『李-注』。頒斌、相褋(雜)之皃(貌)也。其引伸之義也。『王制』。諸侯日頖宫(宮)。頖、荅鬢字之異體。故假爲泮水之泮。『廣韵(韻)』又借臥髻之鬟爲鬢。》从須。卑聲。《府移切。16部。讀如班則 14部。》/424

◀ 제 12 획 ▶

顫 (선)【zhān ㄓㄢˉ】㊤㊥⑨㉶ zhǎn 거만하게 사람 볼 ■전:속음
설문 5407 倨視人也。《倨者、不悉也。》从頁 (頁)。善聲。《旨善切。14部。》/420

顤 (요)【yào ㄧㄠˋ】㊤㊥⑨ yáo 높고 긴 머리통 모양 ■효:사람의 얼굴 ■교:고개를 들
설문 5380 高長頭。《『玉篇』下有皃(貌)字。『靈光殿賦:李-注』。顤顤顟、大首深目之皃。》从頁 (頁)。堯聲。《五弔切。2部。》/418

顥 호【hào ㄏㄠˋ】클, 넓을
설문 5410 白皃(貌)。《『漢:郊祀歌』日。西顥沆碭。『西都賦』日。鮮顥氣之清英。顥與昊音義略同。》从景頁(頁)。《景者、日光也。日光白。从景頁、言白首也。按上文當云白首皃。『李善-注:文選』引『聲類』。顥、白首皃。『聲類』荅(蓋)本【許書】。【今-許書】乃爲淺人刪(刪)首字耳。『郊祀歌』、『西都賦』及『楚辭』則皆引伸假借也。胡老切。2部。》『楚詞』日。《「詞」當作「辭」。【許書】皆作『楚詞』。》天白顥顥。《見『大招』。王逸日。顥顥、光貌。按此當廁白首人也之下。寫者亂之耳。〔土部:堋〕下引『左傳』朝(朝)而堋、在前引『虞書』堋淫于家、在後。可證許偁(稱)古之例。》南山四顥。《南四八目、『廣韵』作商。『皇甫士-安高士傳』日。四晧皆河內軹人。或在汲。一日東園公。二日角里先生。三日綺里季。四日夏黃公。秦始皇時退入藍田山。作歌。乃共入商雒。隱地肺山。漢高徵之不至。深自匿終南山。不能屈己。按日藍田山、日商雒地肺山、日終南山。東西相接八百里。實一山也。『詩:傳』日。終南、周之名山中南也。『左傳』作中南。『史』、『漢』謂之南山。『楊雄-解嘲』日。四晧采榮於南山。『說文』作南山不誤。『張良(良)傳:注』商山四晧。【宋時-浙本】作南山。》顥、《此者今補。》白首人也。《以是爲白首之

㉶ 作家出版社〔董蓮池-說文解字考正〕 ⑨ 九州出版社〔柴劍虹-說文解字〕 ㉠ 陝西人民出版社〔蘇寶榮-說文解字今注今譯〕 ㊤ 上海古籍出版社〔說文解字注〕 ㊥ 中華書局〔臧克和-說文解字新訂〕

頁 9 ⑫

證。【他書】作四晧者、通假字也。》/420
【他本說文解字】日:〔臣鉉等日。景日月之光明白也。〕
형성 (1자) 호(灝) 7065

顯 (린)【lǐn ㄌㄧㄣˋ】 상中⑨ lǐn 일을 삼갈, 머릿털 적을
설문 5400 頾顯也。从頁(頁)。粦聲。《良刃切。『玉篇』來軫切。二篆今作「須顯」。12部。》一日頭小髮。《『廣韵(韻):卄一, 震』日。須 顯、頭少髮。竊疑頭少髮、單承顯字言。『十六, 軫』說是也。》/419

顧 (고)【gù ㄍㄨˋ】 돌아볼, 생각건대, 지난 일을 돌이켜 생각하여볼
설문 5397 還視也。《還視者、返而視也。『檜風:箋』云。迴首日顧。析言之爲凡視之偁(稱)。『鄕黨』。賓不顧矣。謂還視也。車中內顧。苞氏謂前視不過衡軛。旁視不過輢較。則顧猶視之。又引伸爲臨終之命日顧命。又引伸爲語將轉之詞。》从頁(頁)。雇聲。《古慕切。5部。》/418

顨 (손)【xùn ㄒㄩㄣˋ】 상中⑨작 xùn 갖출 ※ 손(巽)과 같은 글자
설문 2889 巺(巽)也。《具也。》从丌。从頭。《〔頁部〕日。頭、選具也。按選具者、選而供置之也。》此『易:顨(巽)卦』爲長女、爲風者。《『今-周易:巺卦』作「巺」。許於巺下云具也。不云卦名。謂顨爲『易』卦名之字。荅(荅)二字皆訓具也。其義同。其音同。伏羲、文王作「顨」。孔子則作「巺巺」。而小篆乃作「巺」矣。顨爲卦名。巺爲卦德。『孔子-彖傳』但言健順、動止、巺陷、麗說。皆卦德也。其言重巺以申命。巺以行權。『震』、動也。『巺』、入也。『巺』爲雞(鷄)。『巺』爲股。『巺』爲木、爲風、爲長女。皆當擧(擧)卦名而不作「顨」、但云『巺』以德爲名者。於伏羲、文王爲古今字也。是可以知字有古今之理矣。許於此特言之者。存『周易』最(最)初之古文也。此說本之江氏聲。愚又謂許所見『易』惟此爲木爲風爲長女之字作「顨」。猶『今-易』惟『襍(雜)卦傳』之姤作「遘」也。【各本】此篆在畀篆之上。今正之次此。》/200

◀ 제 13 획 ▶

顩 (엄)【yǎn ㄧㄢˇ】 이 어긋날 ■검:얼굴 곱지 못할 ■함:어리석은 모양 ■금:추할, 주걱턱
설문 5369 齸皃(貌)也。《齸者、齒差也。『篇』、『韵(韻)』皆云。預顩、不平也。預邱檢切。字當作頎。芉聲。按許說顩之本義。『文選:解嘲』顩頤、乃假顩爲齸也。》从頁(頁)。《齒差必形於外。故从頁。》僉聲。《魚檢切。7部。》/417

顫 (전)【zhàn ㄓㄢˋ】 ㄱ상中⑨ chàn 本[머리 비뚤어질] (추위에 수족이)떨릴, 냄새 잘 맡을
설문 5424 頭不定也。《不定【各本】作不正。今正。顫頊皆不寧之皃(貌)。上文頪頓顱頗四篆、言頭不正。此則義別。頭不定、故从頁(頁)。引伸爲凡不定之偁(稱)。》从頁。亶聲。《之繕切。14部。》/421

◀ 제 14 획 ▶

顯 (현)【xiǎn ㄒㄧㄢˇ】 本[머리 밝히는 장식] 밝을, 나타날, 드러낼
설문 5435 頭明(明)飾也。《故字从頁。飾者、妝也。〔女部〕日妝、飾也是也。頭明飾者、冕弁充耳之類。引伸爲凡明之偁(稱)。按㬎謂衆明。顯本主謂頭明飾。乃顯專行而㬎廢矣。〔日部:㬎〕下日。古文以爲顯字。由今字假顯爲㬎。乃謂古文假㬎爲顯也。此古今字之變遷。所必當深究也。》从頁(頁)。㬎聲。《此擧(擧)形聲包會意。呼典切。14部。》/422

◀ 제 15 획 ▶

顠 (원)【yuàn ㄩㄢˋ】 꼭대기, 원할
설문 5351 顚頂也。《『篇』、『韵(韻)』皆云。顠願二同。按『說文』義異。》从頁(頁)。㬎聲。《〔亣(大)部〕日。㬎讀若僞。魚怨切。14部。》/416

顂 (번)【fán ㄈㄢˊ】 몹시 추할
설문 5411 大醜皃(貌)。《醜、可惡也。》从頁。樊聲。《附袁切。14部。》/420

顰 (빈)【pín ㄆㄧㄣˊ】 눈쌀 찌푸릴, 무턱대고 남의 흉내를 낼 (頁부 15획)
설문 7121 涉水顰戚也。《戚古音同蹴。迫也。【各本】作蹙。誤。顰戚、謂顰眉蹙頞也。許必言涉水者、爲其字之从瀕也。》从顮(頻)。卑聲。《符眞切。按从卑聲、則古音在16部。『易』。頻復。本又作「嚬」。王弼、虞翻(飜)、侯果皆以頻蹙釋之。鄭作卑。陸云音同。按諸家作頻。省下卑。鄭作卑。省上頻。古字同音叚(假)借。則鄭作卑爲是。諸家作頻、非。顰本在支韵(韻)、不在眞韵也。自【各書】省爲頻。又或作嚬。又『莊子』及『通俗文』段矉爲顰。而古音不可復知。乃又改『易:音義』云鄭作「顰」。幸晁氏以道『古-周易』、『呂氏伯恭-古-易』音訓所據『音義』皆作卑。晁云。卑、古文也。今文作「顰」。攷古音者得此、眞一字千金矣。》/567

◀ 제 16 획 ▶

顱 (로)【lú ㄌㄨˊ】 해골(두개골), 노정골
설문 5350 顬顱也。《【各本】作顬顱首骨也五字。今依【全書】通例正。『漢書:武五子傳』作「盧」。》从頁(頁)。盧聲。《洛乎切。5部。》/416

顲 (람)【lǎn ㄌㄢˇ】 초췌할
설문 5426 顑顲也。《【各本】作「面顑顲皃(貌)」。今依【全書】通例正。》从頁(頁)。㐭聲。《盧感切。7部。》/421

◀ 제 17 획 ▶

䨩 (령)【líng ㄌㄧㄥˊ】 땅 이름
설문 5385 面瘦(瘦)淺䨩䨩也。从頁(頁)。霝聲。《郎丁切。11部。》/418

182 風
9-07
훈 바람 풍

風 풍【fēng ㄈㄥˉ】[설문부수 474] 바람, 바람 불
설문 8565 八風也。東方曰𣈶(明)庶風。東南曰淸𣈶風。南方曰景風。西南曰涼風。西方曰閶闔(闔)風。西北曰不周風。北方曰廣莫風。東北曰融風。《『樂記』。八風從律而不姦。鄭曰。八風從律、應節至也。『左氏傳』。夫舞所以節八音而行八風。『服-注』。八卦之風也。音石、其風不周。『坎』音革、其風廣莫。『艮』音匏、其風融。『震』音竹、其風明庶。『巽』音木、其風淸明。『離』音絲、其風景。『坤』音土、其風涼。『兌』音金、其風閶闔。『易:通卦:乾驗』曰。立春、調風至。春分、明庶風至。立夏、淸明風至。夏至、景風至。立秋、涼風至。秋分、閶闔風至。立冬、不周風至。冬至、廣莫風至。『白虎通』謂風作條風。條者、生也。明庶者、迎眾(衆)也。淸明者、芒也。景者、大也。言陽氣長養也。涼、寒也。陰氣行也。閶闔者、含收藏也。不周者、不交也。言陰陽未合化矣。廣莫者、大莫也。開陽氣也。按調風、條風、融風、一也。八卦、八節、八方、一也。『通卦驗』始於調風、許終於融風者、許依『易:八卦』之次終於『艮』也。『艮』者、萬物之所以成終而成始也。風之用大矣。故凡無形而致者皆曰風。『詩:序』曰。風、風也。教也。風以動之。教以化之。劉(劉)熙曰。風、氾也。放也。》从虫。凡聲。《凡古音扶音切。風古音孚音切。在 7部。今音方戎切。》風動蟲生。故蟲八日而匕(化)。《依『韵會』此十字在从虫凡聲之下。此說从虫之意也。『大戴-禮』、『淮南書』皆曰。二九十八。八主風。風主蟲。故蟲八日化也。謂風之大數盡於八。故蟲八日而化。故風之字从虫。》凡風之屬皆从風。𠘶古文風。/677

성부 부록 색인 참조
형부 風을 부수로 하는 대부분의 글자들
삽(颯)
형성 (4자) 람(葻)518 풍(諷)1414
풍(楓)3369 범(颿)5911

◀ 제 4 획 ▶

颶 (율)【yì 丨ˋ】 ㉦㊥⑨㉧ yù 큰 바람, 벼슬 이름
설문 8574 大風也。从風。曰聲。《曰【各本】作日月之日。非聲也。今併篆體正。于筆切。15部。》/678

◀ 제 5 획 ▶

颰 (혈)【xué ㄒㄩㄝˊ】 ㉦㊥⑨ xuè ㉧ xù 산들바람
■술:같은 뜻
설문 8567 小風也。《「也」『玉篇』作「皃(貌)」。『廣韵(韻)』之颰、卽此字也。》从風。朮聲。《翾聿切。15部。》/677

颯 (삽)【sà ㄙㄚˋ】 바람소리, 성할, 쇠할 ■속:같은 뜻 ■립:큰 바람

설문 8570 風聲也。《【各本】作翔風也。今依『文選:風賦:注』正。『廣韵(韻)』同。『九歌』曰。風颯颯兮木蕭蕭。『風賦』曰。有風颯然而至。翔風非字意也。》从風。立聲。《穌合切。7部。》/678

◀ 제 6 획 ▶

颲 (렬)【liè ㄌ丨ㄝˋ】 질풍
설문 8577 颲颲也。《【各本】作「烈風也」。今正。『詩』。二之日栗烈。『說文:仌(冰)部』作「凓冽。」【今本】冽譌瀨。『陸氏:音義』不偁(稱)〔仌部〕。而曰『說文』作「颲颲」。葢(蓋)由疊韵(疊韻)音同而誤也。然可以證【古本】之颲颲緜(綿)聯矣。『廣韵(韻)』:五, 質颲』下曰。颲颲暴風。『十七, 薛颲』下曰。風雨暴至。亦可爲證。》从風。𠜡(列)聲。讀若烈。《良薛切。15部。按凡烈風當作此字。其譌也爲別風。》/678

◀ 제 7 획 ▶

颲 (률)【lì ㄌ丨ˋ】 왜바람(사나운 비바람)
■리:같은 뜻
설문 8576 颲颲。《二字【各本】無。今補。疊韵(疊韻)字也。逗。》風雨暴疾也。从風。利聲。讀若栗(栗)。《力質切。13部。》/678

◀ 제 8 획 ▶

䬍 (홀)【liù ㄌ丨ㄡˋ】 ㉦㊥⑨㉧ hū 휘휘 부는 센 바람
설문 8572 疾風也。《『廣雅』作颮。『廣韵(韻)』曰。颮爲䬍之俗。然則作颮者又颮之省也。按古有飀字。亦訓疾風。楚飢切。見『楚辭』及『吳都賦』。》从風忽。忽亦聲。《呼骨切。15部。》/678

䬂 (량)【liáng ㄌ丨ㄤˊ】 북새(북풍), 삭풍(朔風)
설문 8566 北風謂之䬂。《『爾雅』。南風謂之「凱風」。東風謂之「谷風」。北風謂之「涼風」。西風謂之「泰風」。『毛傳』於『詩:凱風、谷風』皆用爲訓。桑柔之大風、則不言何風。而『箋』以西風釋之。若『邶詩』北風其涼、本無涼風字。故毛但曰寒涼之風而已。不用『爾雅』也。『陸氏-爾雅:音義』曰。「涼」本或作「䬂」。『許-所據:爾雅』同或作本。》从風。京聲。《【各本】作「涼省聲」。俗人所改。涼輬諒皆京聲。今正。呂張切。10部。》/677

◀ 제 9 획 ▶

颹 (위)【yù ㄩˋ】 ㉦㊥⑨ wèi (세차게 부는)큰 바람
설문 8573 大風也。从風。胃聲。《王忽切。15部。『玉篇』于貴切。》/678

颺 (양)【yáng 丨ㄤˊ】 (새가)날, (바람에)날릴
설문 8575 風所飛揚也。《揚者。飛擧(擧)也。》从風。昜聲。《與章切。10部。》/678

◀ 제 10 획 ▶

颿 (범)【fēng ㄈㄥˉ】 ㉠㉦㊥⑨㉧ fān 돛, (말이 빨리)달릴

風 9 ⑧

설문 5911 馬疾步也。《馬之行疾於風。故曰追奔電、逐遺風。》从馬。風聲。《此當云从馬風、風亦聲。或許擧(擧)聲包意。或轉寫奪屚。不可知也。符嚴切。『廣韵(韻)』符咸扶汎切。7部。按今有帆字、船上幔以使風者也。自『杜-注:左傳』已用此字。不必借颿。》/466

◀ 제 11 획 ▶

飂 (류)【liáo ㄌㄧㄠˊ】 ㉳㉯㉰ liú ⑨ liù (높은)바람 부는 모양 ■료:바람소리 ■륙:같은 뜻

설문 8571 高風也。《『吕(呂)氏-春秋』有『始覽』曰。西方曰飂風。》从風。翏聲。《力求切。3部。》/678

飄 (표)【piāo ㄆㄧㄠˉ】 회오리 바람, 질풍

설문 8569 回風也。《回者、般旋而起之風。『莊子』所謂羊角。司馬云。風曲上行若羊角也。『釋天』云。迴風爲飄。『匪風:毛傳』同。按『何人斯:傳』曰。飄風、暴起之風。依文爲義。故不云回風。》从風。㶾(票)聲。《撫招切。2部。》/677

◀ 제 12 획 ▶

飆 颮(표)【biāo ㄅㄧㄠˉ】 폭풍, 바람

설문 8568 扶搖風也。《『司馬-注:莊子』云。上行風謂之扶搖。『釋天』曰。扶搖謂之猋。郭云。暴風從下上。按『爾雅』、『月令』用古字。陸云。『字林』作「颮」。不言『說文』。此等擧(擧)一以包二耳。》从風。猋聲。《甫遙切。古音在 3部。》 古文飆。《『各本』作颮或从包。今正。『班固-西都賦』。颮颮紛紛。『李善、李賢:注』皆引颮古飆字。》/677

風 9 ⑨

183	飛
9-08	날 비

飛 비【fēi ㄈㄟˉ】[설문부수 428] 날, 높을(빨리 감, 됨)

설문 7328 鳥翥也。《[羽部]曰。翥者、飛擧(擧)也。古或叚(假)蜚爲飛。》象形。《像舒頸展翄之狀。甫微切。15部。》凡飛之屬皆从飛。/582

상부 부록 색인 참조

형부 飛를 부수로 하는 대부분의 글자들

형성 (1자) 비(騑)5870

◀ 제 12 획 ▶

翼 익【yì ㄧˋ】(새의)날개, (물고기)지느러미, 삼갈 (羽부 12획)

184	𩙿
9-09	밥 식

𩙿 飠食食 식【shí ㄕˊ】[설문부수 180] 먹을, 밥, 벌이 ■사:먹일

설문 3064 亼米也。《『各本』作一米也。『玉篇』同。葢(蓋)孫強(强)時已誤矣。『韵會本』作米也。亦未是。今定爲亼米也。由亼字俗罕用而誤也。以合下云亼口例之。則此當爲亼米信矣。亼、集也。集衆米而成食也。引伸之人用併(供)口腹亦謂之食。此其相生之名義也。下文云。飯、食也。此食字引伸之義也。人食之曰飯。因之所食曰飯。猶之亼米曰食。因之用供口腹曰食也。食下不曰飯也者何也。食者自物言。飯者自人言。嫌其義不顯。故不以飯釋食也。飯下何以云食也。自饔篆以下皆自人言。故不嫌也。『周禮:膳夫職:注』曰。食、飯也。『曲禮:食居人之左:注』。食、飯屬也。凡今人食分去入二聲。飯分上去二聲。古皆不如此分別。》从皀。亼聲。或說亼皀也。《此九字當作「从亼皀」三字。經淺人竄改不可通。皀者、穀之馨香也。其字从亼皀。故其義曰亼米。此於形得義之例。乘力切。1部。》凡𩙿(食)之屬皆从𩙿。《『鍇本』此下有「讀若粒」三字。衍文。》/218

상부 부록 색인 참조

형부 食을 부수로 하는 대부분의 글자들

재(飢)

형성 (3자) 식(飾)4687 식(蝕)8489 칙(飭)8817

◀ 제 2 획 ▶

飢 (기)【jī ㄐㄧˉ】 주릴, 굶길, 흉년들

설문 3119 餓也。《與饑分別。葢(蓋)本古訓。『諸書』通用者多有。轉寫錯亂者亦有之。》从𩙿(食)。几聲。《居夷切。15部。》/222

飤 사【sì ㄙˋ】 먹이, 양식, 먹일, 먹게 할, 기를

설문 3082 糧也。从人𩙿(食)。《祥吏切。1部。按以食食人物。其字本作「食」。俗作「飤」。或作「飼」。『經典』無飤。許云。餗、食馬穀也。不作飤馬。此篆淺人所增。故非其次。釋爲糧也。又非。宐(宜)刪(刪)。》/220

◀ 제 3 획 ▶

飧 飱 손【sūn ㄙㄨㄣˉ】 저녁밥, 물 만 밥, 먹을, 음식을 불에 익힐

설문 3085 餔也。《『小雅:傳』曰。孰食曰饔。『魏風:傳』曰。孰食曰飧。然則饔飧皆謂孰食。分別之則謂朝食夕食。許於饔不言朝。於飧不言孰。互文錯見也。『趙-注:孟子』曰。朝食曰饔。夕曰飧。此析言之。『公羊傳』趙盾食魚飧。『左傳』僖負羈饋盤飧、趙衰以壺飧從。皆不必夕時。渾言之也。『司儀:注』曰。『小禮』曰飧。『大禮』曰饔餼。『掌客』。上公飧五牢。饔餼九牢。矦伯飧四牢。饔餼七牢。子男飧三牢。饔餼五牢。此飧饔與常食不同。且多生腥。不皆孰物。》从夕𩙿(食)。《會意。俗作「飱」、非也。思蒐(魂)切。13部。按『伐檀:正義』引『說文』。飧、水澆飯也。从夕食。正以釋文、則『字林』語與『說文』異。》/220

【餐】下注云:飧與餐、其義異。其音異。其形則「飧」或作「飱」、「餐」或作「湌」。『鄭風』、『釋言』音義誤認餐爲飧字耳。而『集韵(韻)』、『類篇』竟謂飧餐一字。》从𩙿(食)。𣦼聲。《七

安切。14部。與 13部之飧別。魏伐檀一章三章分用。》 餐或从水。/220

◀ 제 4 획 ▶

飪 (뉴)【niǔ ㄋㄧㄡˇ】 상中⑨ niù 비빔밥

설문 3081 粸飯也。从食。丑聲。《女久切。3部。按〔米部〕曰。粈、粸(雜)飯也。此飪篆葢(蓋)俗增。故非其次。宜刪(宜刪)。》/220

飪 (임)【rèn ㄖㄣˋ】 (불로)익힐

설문 3067 大孰也。《『特牲』禮請期曰羹飪『注』。飪、孰也。飪亦假稔爲之。『釋言』。饙餾稔也。字又作「腍」。腍同飪。》 从亼(食)。壬聲。《如甚切。7部。》 古文飪。《从肉。》 亦古文飪。《〔心部:恁〕下云。齎也。此古文系後人增羼。小徐說。『李舟-切韵(韻)』不云亦古文飪。》/218

飭 (칙)【chì ㄔˋ】 신칙할(타일러 훈계할) (食부 4획)

설문 8817 致臤也。《臤者、堅也。致者、送詣 (詣)也。致之於堅。是之謂飭。『攷工記』曰。審曲面勢以飭五材。謂五材皆必堅緻也。又曰。飭力以長地材。謂整頓其人力也。凡人物皆得云飭。飭人而筋骸束矣。飭物而器用精良矣。其字形與飾相似。故【古書】多有互譌者。飾在外。飭在內。其義不同。竊謂【許書】工下云巧飾也。當作巧也、飭也。飭卽『記』所謂飭五材。辨民器。謂之百工。不徒修飾其外而已。凡【經傳】子史之譌皆可以意正之。飭與敕義略相近。敕、誡也。》 从人力。亼(食)聲。讀若敕。《恥力切。1部。》/701

飯 (반)【fàn ㄈㄢˋ】 밥, 먹을, 먹일

설문 3080 食也。《自饎篆巳上皆自物言之。自餐篆巳下皆自人言之。然則云食也者、謂食之也。此飯之本義也。引伸之所食爲飯。今人於本義讀上聲。於引伸之義讀去聲。古無是分別也。『禮記:音義』云。依【字書】食旁作卞、扶万反。謂所食也。食旁作反、符晚反。謂食之也。二字不同。今則混之。故隨俗而音此字。陸語殊誤。古祗有飯字。後乃分別作「飰」。俗又作「飰」。此正如「汳」水俗作「汴」也。【唐以前書】多作飰字。後來多譌爲餅字。》 从亼(食)。反聲。《符萬切。14部。按大徐不達許意。故切符萬。而不云扶晚也。》/220

◀ 제 5 획 ▶

飴 (이)【yí ㄧˊ】 엿, 단맛, 서방 오랑캐 땅에 나는 맛이 단 소금 ■사:먹일

설문 3069 未糱煎者也。《「者」字今補。〔米部〕曰。糱、芽米也。〔火部〕曰。煎、獒(熬)也。以芽米獒之爲飴。今俗用大麥。『釋名』曰。餳、洋也。煑(煮)米消爛洋洋然也。飴、小弱於餳。形怡怡也。『內則』曰。飴蜜以甘之。》 从亼(食)。台聲。《与之切。1部。》 籒文飴。从異省。《異省聲。》/218

餛 (액)【è ㄜˋ】 주릴(굶주릴)

설문 3117 飢也。《『廣韵(韻)』作「飢皃(貌)」。》 从亼(食)。戹聲。讀若楚人言恚人。《於革切。16部。恚與戹皆 16部聲也。》/222

飵 (작)【zuó ㄗㄨㄛˊ】 상中⑨작 zuò 보리밥(미음), 먹을

설문 3095 楚人相謁食麥曰飵。《『方言』。餥飵食也。陳楚之內相謁而食麥饘謂之餥。楚曰飵。凡陳楚之郊南楚之外相謁而餐或曰飵、或曰飴。秦晉之際、河陰之閒曰饐饚。此秦語也》 从食。乍聲。《在各切。5部。》/221

飴 (념)【nián ㄋㄧㄢˊ】 보리밥 먹을

설문 3096 相謁食麥也。《奴兼切。7部。》 从亼(食)。占聲。/221

飶 (필)【bì ㄅㄧˋ】 (음식 냄새)구수할

설문 3100 食之香也。《『周頌:傳』曰。飶、芬香皃(貌)。許云食之香、爲其字从食也。》 从亼(食)。必聲。《毗必切。12部。與〔艸部:苾〕音同義近。》『詩』云。有飶其香。/221

餮 (철)【tiè ㄊㄧㄝˋ】 탐할, 탐식할 ■전: 같은 뜻

설문 3111 貪也。从亼(食)。㐱聲。《【鉉本】作「殄省聲」。不明於平入一理。妄改之也。他結切。12部。》『春秋傳』曰。謂之饕飻。《『左傳:文:十八年』文。【今傳】作「餮」。賈、服及杜皆曰。貪財爲饕。貪食爲飻。此蒙上文貪于飲食、冒于貨賄、分言之。非許意也。》/222

餗 (말)【mò ㄇㄛˋ】 말먹이

설문 3125 食馬穀也。《以穀飤馬也。『周南:傳』曰。秣、養也。『小雅』。乘馬在廄。摧之秣之。『傳』曰。摧、挫也。秣、粟也。按挫謂以莝飤之、粟謂以粟飤之也。秣同餗。》 从亼(食)。末聲。《莫撥切。15部。》/222

飽 (포)【bǎo ㄅㄠˇ】 배부를, 만족할

설문 3102 猒(設猒)也。《〔甘部〕曰。猒、飽也。是爲轉注。》 从亼(食)。包聲。《博巧切。古音在 3部。》 古文飽。从采聲。《采古文孚也。孚聲在 3部。》 亦古文飽。从卯(卯)聲。《卯聲亦在 3部。》/221

飾 (식)【shì ㄕˋ】 꾸밀, 구밈

설문 4687 㕞也。《〔又部〕曰。㕞、飾也。二篆爲轉注。飾拭古今字。許有飾無拭。凡說解中拭字皆淺人改飾爲之。而彡下云。毛飾畫(畫)文也。聿下云。聿飾也。皆卽拭字。淺人不解而不之改。若㕞下云。飾也。則『五經文字』所據尙不誤。『周禮-司尊彝(彝):注』云。涚酌者、捝飾勺而酌也。釋文作「飾」。【今本】作「拭」。實無二義。凡物去其塵垢卽所以增其光采。故㕞者飾之本義。而凡踵事增華皆謂之飾。則其引伸之義也。若席下云純飾。𡏇下云弁飾、縟下云緐采飾是也。凡【許書】之義例。依此求之。無不可得者。『聘禮』拭圭字今作拭。葢(蓋)【古經】必作飾。鄭云。拭、淸也。此必經文作飾而以淸訓之。倘【經】本作拭又何用此注乎。『釋詁』云。拭、淸也。『爾雅』少古字。故往往與【經典】不合。【古本】當不作拭耳。『管子:輕重』日。桓公使八使者式璧而聘之。式者飾之叚(假)借。》 从巾。从人。《拭物者巾也。用巾者人也。》

从𠓜(食)聲。讀若式。《賞隻切。按『廣韵(韻)』賞職切。與『唐韵』異。1部。飾篆【各本】皆在幨後幝前。此不知許因上文四篆言飾故緊承以飾篆。而誤移其次也。》一曰椽飾。《此別一義。〔衣部:椽〕下曰。椽、飾也。『急就篇』曰。椽飾刻畫(畵)無等雙。『漢:平帝后傳』曰。令孫建世子椽飾。將醫往問疾。『顏-注』。椽飾、盛飾也。一曰首飾。在兩耳後。刻鏤而爲之。『廣韵』曰。椽、未笄冠者之首飾也。『玉篇』曰。首飾也。》/360

◀ 제 6 획 ▶

餀 (해)【hài ㄏㄞˋ】 음식 신 냄새

설문 3106 食臭也。《食臭、謂殠而食之也。『儀禮:音義』引『孟子』飯殠。》从𠓜(食)。艾聲。《呼艾切。15部。》『爾雅』曰。餀謂之喙。《『釋器』文。『今-爾雅』「喙」作「餯」。按許作「喙」。二徐、李燾及『集韵(韻)』、『類篇』皆同。【汲古-初印本】亦不誤。而毛扆改作「餯」。》/221

餈 (자)【cí ㄘˊ】 인절미

설문 3073 稻餅也。《『方言』曰。餌謂之「餻」。或謂之「粢」。或謂之「餄」。或謂之「餣」。或謂之「餫」。謂米餅也。『周禮:糗餌粉餈:注』曰。餌餈皆粉稻米、黍米所爲也。合蒸曰餌。餅之曰餈。糗者、擣粉熬大豆爲餌。餈之黏著以粉之耳。餌言糗、餈言粉、互相足。按許說與鄭不同。謂以稉米蒸孰餅之如麪餅曰餈。今江蘇之餈飯也。粉稉米而餅之而蒸之則曰餌。〔䰜(鬻)部〕云鬻(鬻)、粉餅也是也。今江蘇之米粉餅、米粉團也。粉餅則傅之以熬米麥之乾者。故曰糗餌。〔米部〕云糗熬米麥也可證。餈則傅之以大豆之粉。〔米部〕曰粉傅面者也可證也。許不言何粉。大鄭云豆屑(屑)。是也。》从食。次聲。《疾資切。15部。『周禮:故書』作「茨」。假借字也。》 𩜿餈或从齊。《齊聲。》 粢餈或从米。《猶从食也。『內則:音義』曰。「餈」本或作「粢」。按粢與〔禾部:粢〕各義。》/219

餉 (향)【xiǎng ㄒㄧㄤˇ】 건량, 군량, 군비

설문 3091 饟也。《「饋」【各本】作「饟」。今依『韵(韻)會本』。『孟子』說葛伯仇餉云。老弱饋食。又云。有童子以黍肉餉。》从𠓜(食)。向聲。《式亮切。10部。》/220

養 고 양【yǎng ㄧㄤˇ】 기를, 다스릴, 가려울

설문 3079 供養也。《今人分別上去。古無是也。》从𠓜(食)。羊聲。《余兩(兩)切。10部。》 𦏫古文養。/220

유사 물의 근원 길 양(羕)

참고 양(瀁)

◀ 제 7 획 ▶

餇 (연)【yuān ㄩㄢ】 ㊤㊥⑨ yuàn ㉶ yuán (싫컷 먹어서)물릴

설문 3103 猒(厭)也。《『賈思勰-齊民要術』曰。食飽不餇。按猒、飽也。餇則有猒棄之意。皆猒中之義也。『呂(呂)覽』曰。甘而不噮。『玉篇』、『集韵(韻)』引同。噮卽餇字。『廣韵』曰。噮、甘而猒也。是也。『集韵:鋛韵』又引『伊尹』曰。甘而不餇。肥而不䬸。》从𠓜(食)。肙聲。《烏玄切。14部。按『篇』、『韵』、『集韵』皆於縣切。在霰韵。『類篇』亦無平聲。》/221

餐 (찬)【cān ㄘㄢ】 本[삼킬] 먹을 ■손:물 말이 할

설문 3087 吞也。《〔口部〕曰。呑、咽也。『鄭風』曰。使我不能餐兮。『魏風』曰。彼君子兮。不素餐兮。是則餐猶食也。『鄭風』。還、子授子之粲兮。『釋言』、『毛傳』皆曰。粲、餐也。謂粲爲餐之假借字也。餐訓呑。引伸之爲人食之。又引伸之爲人所食。故曰授餐。飧與餐、其義異。其音異。其形則「飧」或作「飱」、「餐」或作「湌」。『鄭風』、『釋言:音義』誤認餐爲飧字耳。而『集韵(韻)』、『類篇』竟謂飧餐一字。》从𠓜(食)。𣦼聲。《七安切。14部。與 13部之飧迥別。『魏-伐檀:一章三章』分用。》 湌餐或从水。/220

餟 (세)【shuì ㄕㄨㄟˋ】 빨아 마실, 제사

■유·휴:같은 뜻 ■뢰:문제사 ■태:떡국

설문 3123 小餟也。《『方言』。餟、餽也。『玉篇』云。餟同餟。『廣雅』。祱、祭也。祱亦同餟。》从𠓜(食)。兌聲。《輸芮切。15部。》/222

餒 (뇌)【něi ㄋㄟˇ】 굶주릴

설문 3118 飢也。从食。妥聲。《【各本】篆作「餧」。解作「委聲」。非也。今正攷『論語:音義』曰。餒、奴罪反。『說文』魚敗曰餒。本又作「餧」。【字書】同。『爾雅:音義』亦云。餒、奴罪反。『說文』魚敗曰餒。【字書】作「餧」。別【字書】於『說文』、則『陸-所據:說文』从妥明矣。按妥聲乃與奴罪切音相近。猶挼必妥聲、乃與女禾切相近。綏必妥聲、乃得妥綏爲古今字也。若『五經文字』曰。餧、飢也。【經典】相承。別作「餒」爲飢餒。以餧爲餧餉。葢(蓋)『張時-說文』已改从委聲。與『陸-所據:說文』不同。故其字各異。餒古音 17部。餧爲餧餉俗字。〔許-艸部〕作萎。》一曰魚敗曰餒。《『論語』。魚餒而肉敗。『釋器』曰。肉謂之敗。魚謂之餒。按魚爛自中。亦飢義之引伸也。》/222

餓 (아)【è ㄜˋ】 주릴(대단히 굶주릴)

설문 3120 飢也。从𠓜(食)。我聲。《五箇切。17部。》/222

餔 (포)【bū ㄅㄨ】 저녁밥(신시, 오후 4시경에 먹는 밥), 먹일

설문 3086 申(申)時食也。《【各本】申時上有日加二字。今依『廣韵(韻)』、『類篇』、『韵(韻)會』正。『淮南書』云。日至於悲谷是謂餔時。「餔」一作「晡」。引伸之義凡食皆曰餔。又以食食人謂之餔。》从𠓜(食)。甫聲。《博狐切。5部。》 𥁒籒文餔。从皿。浦聲。《皿、飲食器也。》/220

䴭 (재)【zài ㄗㄞˋ】 음식 차릴

설문 1789 設飪也。《「飪」【宋本】作「食」。『玉篇』同。『廣雅』釋言曰。䴭、設也。又『釋詁』四曰。飢詞也。錢氏大昕定飢爲䴭字之誤。古用爲發語之載也。如『石鼓(鼓)詩』「載」作「䴭」。》从丮(丮)食。才聲。讀

食 9 ⑤

若載。《作代切。1部。》/113

餘 (여)【yú ㄩˊ】 나머지, 그 이상, 남을, 남길
설문 3105 饒也。从食。余聲。《以諸切。5部。》/221

◀ 제 8 획 ▶

餕 (릉)【lìn ㄌㄧㄣˋ】 상⊕⑨ líng 작 lèng 땀 흘릴 ■증: 같은 뜻
설문 3124 馬食穀多。气流四下也。《謂汗液前後左右四面流下也。餕與淋雙聲義近。由於食穀多也。故从食。》从㑹(食)。夌聲。《里甑切。6部。》/222

餞 (전)【jiàn ㄐㄧㄢˋ】 (음식이나 선물을 주어)전송할
설문 3107 送去食也。《[各本]少「食」字。今依『左傳:音義』補。『毛傳』曰。祖而舍軷。飲酒於其側曰餞。》从㑹(食)。戔聲。《才線切。14部。》『詩』曰。顯父餞之。《『大雅』文。》/221

餟 (체)【zhuì ㄓㄨㄟˋ】 제사 이름
설문 3122 祭酹也。《酉部〕曰。酹、餟祭也。『史記:孝武帝紀』。其下四方地爲餟食。『封禪書』作「醊食」。『漢:郊祀志』作「腏」。『方言』。餟、餽也。》从㑹(食)。叕聲。《陟衛(衛)切。15部。》/222

餅 (병)【bǐng ㄅㄧㄥˇ】 떡, 떡모양의 물건
설문 3072 麪餈也。《〔麥部〕曰。麪、麥末也。麪餈者、餅之本義也。『方言』曰。餅謂之「飥」、或謂之「餦」、或謂之「餛」是也。》从㑹(食)。幷(并)聲。《必郢切。11部。》/219

飫 (어)【yù ㄩˋ】 本[포식할] 먹기 싫어할
설문 3101 燕食也。《燕同宴。安也。安食者、無事之食也。無事食則充腹而已。故語曰猒飫。『釋言』曰。飫、私也。私卽安食之謂。此非『周語』房烝立成之飫。亦非『毛傳』脫屨升堂之飫。其字下與飽餶饒餘相屬。則其義略同也。》从㑹(食)。芺聲。《依據切。古音在 2部。今字作「飫」。》『詩』曰。飲酒之飫。《此引『常棣:六章』說叚 (假)借也。「飫」、『韓詩』作「醧」。說曰。跣而上坐謂之宴。能者飲、不能者已謂之醧。『毛詩』叚飫爲醧。故『傳』曰。飫、燕私也。《今本》奪燕字〉脫屨升堂謂之飫。《今本》句首衍不字〉『毛』、『韓』義一也。故曰許引此『詩』說醧之叚借也。此猶引作「玻(妞)」爲作好、引莫席爲蔑席也。說詳〔酉部〕。》/221

餧 (녀)【nè ㄋㄜˋ】 작 niàn 어린아이 게으를, 구운 떡
설문 5012 楚謂小兒嬾餧。《『玉篇』作楚人謂小嬾曰餧。此有兒。衍字也。》从臥食。《會意。尼戹切。16部。》/388

餥 (비)【fěi ㄈㄟˇ】 말린 밥
설문 3076 餱也。《『釋言』曰。餥餱食也。》从㑹(食)。非聲。《非尾(尾)切。15部。》陳楚之閒(間)相謁而食麥飯曰餥。《『方言』曰。餥、食也。陳楚之內相謁而食麥饘謂之餥。郭曰音非。》/219

館 (관)【guǎn ㄍㄨㄢˇ】 객사, 묵을, 묵힐, 임시로 머무는 집, 묵힐
설문 3109 客舍也。《『鄭風』、『大雅:傳』曰。館、舍也。按館古假觀爲之。如『白虎通』引『于邠斯觀』。又引『春秋』築王姬觀于外。『沈約-宋書』曰。陰館前漢作觀。後漢、晉作館。『東觀餘論』曰。『漢書:郊祀志』作益壽延壽館。『封禪書』云。作益延壽觀。『漢書』衍一壽字耳。自唐以前六朝時。凡今道觀皆謂之某館。至唐始定謂之觀。》从㑹(食)。官聲。《古玩切。14部。》『周禮』。五十里有市。市有館。館有積。㠯(以)待朝聘之客。《『遺人職』。凡賓客會同師役。掌其道路之委積。五十里有市。市有俟(候)館。俟館有積。鄭云。俟館、樓可以觀望者也。以觀望釋館。『釋名』曰。觀者、於上觀望也。》/221

◀ 제 9 획 ▶

餫 (운)【yùn ㄩㄣˋ】 (식량을)보낼
설문 3108 野饋曰餫。《『左傳』。晉荀首如齊逆女。宣伯餫諸穀。杜云。野饋曰餫。運糧饋之。敬大國也。按餫之言運也。遠䛐(詞)也。穀、齊地。魯(魯)之禮不當至此。是野饋也。犧象不出門。嘉樂不野合。【傳書】餫者譏之也。『小雅:黍苗:箋』云。營謝轉餫之役。有負任者。有輓輦者。有將車者。有牽傍牛者。可證餫爲運糧。》从食。軍聲。《王問切。13部。》/221

餬 (호)【hú ㄏㄨˊ】 붙이어 살, 죽
설문 3099 寄食也。《『左傳』。餬其口於四方。『方言』曰。餬、寄也。寄食曰餬。引伸之義、『釋言』曰餬饘也是。》从㑹(食)。胡聲。《戶(户)吳切。5部。》/221

餱 (후)【hóu ㄏㄡˊ】 건량(말린 밥)
설문 3075 乾食也。《『小雅』。乾餱以愆。『釋言』、『毛傳』皆曰。餱、食也。『大雅:毛傳』又云。餱、饘食也。凡乾者曰餱。故許曰乾食。『無羊』。或負其餱。亦必乾者乃可負也。小徐曰。今人謂飯乾爲餱。》从㑹(食)。矦聲。《乎溝切。4部。》『周書』曰。峙乃餱粻。《『柴誓』文。【今書】作「糗糧」。據『正義』引『鄭-注』。糗、擣熬穀也。與『周禮:注』糗同。然則『古文-尚書』作「糗」矣。許或兼偁(稱)『歐陽、夏庆-書』與。粻字不見〔米部〕。而『大雅』云。以峙其粻。『釋言』、『詩:箋』皆曰。粻、糧也。『大雅』又云。乃裹餱糧。則「餱粻」卽「餱糧」。》/219

餲 (예)【è ㄜˋ】 상 yè 밥 쉴 ■알·애: 같은 뜻 ■할: 떡이름
설문 3114 飯餲也。《飯餲者、謂飯久而味變。餲之言䬣也。今江蘇俗云餲生。當作此字。『鄉(鄉)黨篇』食饐而餲。孔曰。饐餲、臭味變也。皇侃云。饐謂飲食經久而腐臭也。餲謂經久而味惡也。是則『孔-注:本』作「饐臭」、餲味變也。【今本】誤倒耳。據『論語』及許說。饐餲是二事。析言之也。『釋器』云。食饐謂之餲。則統言之。李充云。皆飲食壞敗之名。是也。》从㑹(食)。曷聲。《乙例、烏介二切。15部。》『論語』曰。饐饐而餲。/222

食 9 ⑨

餳 (당)【xíng ㄒㄧㄥˊ】엿 설문 3070 飴和饊(饊)者也。《不和饊謂之飴。和饊謂之餳。故成國云飴弱於餳也。『方言』曰。凡飴謂之餳。自關而東、陳楚宋衞(衛)之閒通語也。楊子渾言之。許析言之。『周禮-小師:注』。管、如今賣飴餳所吹者。『周頌:箋』亦云。》从倉(食)。昜聲。《【各本】篆作「餳」、云昜聲。今正。按餳从昜聲、故音陽。亦音唐。在 10部。『釋名』曰。餳、洋也。『李軌-周禮』音唐是也。其『陸氏-音義:周禮』辭盈反、『毛詩』夕清反。因之『唐韵(韻)』徐盈切。此 10部音轉入於 11部。如行庚觥等字之入庚韵(韻)。『郭璞-三倉解詁』曰。楊音盈協韵。『晉灼-漢書:音義』反楊惲爲由嬰。其理正同耳。淺人乃易其諧聲之偏旁。『玉篇』、『廣韵』皆誤从易。然『玉篇』曰。餳、徒當切。『廣韵:十一,唐』曰。糖、飴也。『十四,淸』曰。餳、飴也。皆可使學者知餳糖一字。不當从易。至於『集韵』始以餳入唐韵。餳入淸韵。晝(畫)分二字。使人眞雁不分。其誤更甚。猶賴『類篇』正之。餳、古音如洋。語之轉如唐。故『方言』曰。餳謂之餹。郭云。江東皆言餹、音唐。》/218

◀ 제 10 획 ▶

鐮 (렴)【lián ㄌㄧㄢˊ】간식 ■함:만두 속 ■감:배부르지 않을

설문 3088 嗛也。《〔口部〕曰。嗛、小食也。》从倉(食)。兼聲。讀若風潒潒。《風潒潒、未聞。〔禾部〕曰。穮讀若風廉之廉。葢(蓋)同此。未識孰(孰)是。力鹽切。7部。》一曰廉絜也。《一謂讀若廉潔之廉也。轉寫奪若字。》/220

餽 (궤)【kuì ㄎㄨㄟˋ】상中⑨작 guì 本[제사] 보낼

설문 3121 吳人謂祭曰餽。《『方言』。饠 餟餽也。三字皆謂祭。『戰國策:三十三』。飮食餔餽。『高-注』。吳謂祭鬼爲餽。古文通用。讀與饋同。按祭鬼者、餽之本義。不同饋也。以餽爲饋者、古文假借也。高說與楊、許同。『今本:高-注』淺人增竄。不可從。》从倉(食)鬼。《會意。》鬼亦聲。《俱位切。15部。》/222

饐 (온)【yùn ㄩㄣˋ】상中⑨작 wèn 보리를 서로 먹을 ■안:배부를, 밥 쉴

설문 3098 饐饐也。从倉(食)。豈聲。《五困切。13部。豈聲在 15部。合音也。》/221

饁 (엽)【yè ㄧㄝˋ】들에서 먹는 밥 설문 3089 餉田也。《『釋詁』、『豳傳』皆曰。饁、饋也。孫炎云。饁、野之餉。》从倉(食)。盍(盇)聲。《筠輒切。古音盍(盇)在 15部。》『詩』曰。饁彼南畝(畝)。《『豳風』、『小雅』文。》/220

◀ 제 11 획 ▶

饉 (근)【jǐn ㄐㄧㄣˇ】흉년들, 흉년 설문 3116 蔬不孰爲饉。《『釋天』文。按【許書】無蔬字。此蔬當是本作「疏」。疏之言疋也。凡艸菜可食者、皆有根足而生也。》从食。堇聲。《渠吝切。13部。》/222

饙 (분)【fēn ㄈㄣ】쉰 밥뜨물 설문 3065 脩飯也。《「脩」【各本】作「滫」。誤今依『爾雅:音義』引正。「脩」『倉頡篇』作「餐」。脩之言溲也。〔水部〕曰。溲、浂汏也。飯者、人所飯也。「饙」『爾雅』作「饋」。『釋言』曰。饋餾稔也。孫云。蒸之曰饋。均之曰餾。郭申之云。今呼餐音脩。餐飯爲饋。饋均孰爲餾。『詩』釋文引【字書】云。饋、一蒸米也。劉(劉)熙云。饋、分也。衆粒各自分也。按『大雅』。泂酌行潦。挹彼注玆。可以餴饎。『箋』云。酌取行潦。投大器之中。又挹之注之於此小器。而可以沃酒食之餴者。以有忠信之德、齊絜之誠以薦之故也。此謂以水浚熱飯。古語云餐飯。》从倉(食)。奔(奱)聲。《奔从卉聲。賁奔亦从卉聲。15部與 13部合音也。府文切。》饙或从賁。《賁聲也。》餴或从奔。《奔聲也。『今-詩』字如此。》/218

◀ 제 12 획 ▶

餾 (류)【liú ㄌㄧㄡˊ】상中⑨작 liù 뜸들 설문 3066 飯气流也。《「流」【各本】作「蒸」。今依『泂酌:正義』引改。餧下云。馬食穀多气流四下也。然則飯气流者、謂气液盛流也。據『孫、郭-爾雅:注』及『詩』釋文所引【字書】。似一蒸爲饙。再蒸爲餾。然許不如此說。》从倉(食)。畱聲。《力救切。3部。》/218

饋 (궤)【kuì ㄎㄨㄟˋ】(군대에 음식을)보낼, 권할, 식사를 권할 ■귀:속음 ■퇴:약과

설문 3092 餉也。《饋之言歸也。故饋多假歸爲之。『論語』詠而饋、饋孔子豚、齊人饋女樂。古文皆作「饋」。魯皆作「歸」。鄭皆从古文。『聘禮』。歸饔餼五牢。鄭云。今文「歸」或爲「饋」。『今本-集解:陽貨、微子篇』作「歸」。依『集解』引『孔安-國語』、則當作「饋」也。》从倉(食)。貴(貴)聲。《求位切。15部。按今字以餽爲饋。此乃假借。其義本不相通也。『孟子』。餽孔子豚。『漢:禮樂志』。齊人餽魯而孔子行。巳作此字。》/220

饟 (상)【shǎng ㄕㄤˇ】점심, 저녁밥 설문 3084 晝食也。《此猶朝曰饔、夕曰飧也。晝食曰饟。俗譌爲日西食曰饟。見『廣韵(韻)』。今俗謂日西爲晌午。頃刻爲半晌。猶饟之遺語也。》从倉(食)。象聲。《書兩(兩)切。10部。》饟或从昜。/220

饎 (치)【chì ㄔˋ】주식(술과 밥), 기장, 기장 찔 ■희:같은 뜻

설문 3077 酒食也。《『大雅:泂酌:傳』曰。饎、酒食也。『七月、大田:箋』同。按酒食者、可喜之物也。故其字从食喜。『商頌』。大糦是承。『傳』曰。糦、黍稷也。『周禮:饎人』。『大鄭-注』云。饎人、主炊官也。『特牲:饋食禮:注』曰。炊黍稷曰饎。皆依文爲訓。由黍稷而炊之。爲酒爲食。其事相貫。饎本酒食之偁(稱)。因之名炊曰饎。因之名黍稷曰饎。引伸之義也。『方言』。糦、孰食也。氣孰曰糦。據『毛詩:箋』則古文以喜爲饎。》从倉(食)。喜聲。《昌志切。1部。》『詩』曰。可巳(以)餴饎。《『大雅』文。謂行潦之水可用於酒食之饋。》饎或从配。《配聲也。『周禮:注』曰。【故書】「饎」

作「饎」。蓋(蓋)轉寫多⋯。》 糦饎或从米。《『商頌』字如此作。『特牲:注』日。古文饎作糦。》/219

饐 (의)【yì ㄧˋ】㊥(작) aì (음식이 상하여)쉴 ■애:같은 뜻 ■일:같은 뜻

설문 3113 飯傷溼也。《〔魚部〕日。鮑、饐魚也。是引伸之凡淹漬皆日饐也。『字林』云。饐、飯傷熱溼(濕)也。混饐於餲。葛洪云。饐、飯餿臭也。本『論語:孔-注』。而非許說。》从倉(食)。壹聲。《乙冀切。古音在 12部。》/222

饑 (기)【jī ㄐㄧˉ】흉년들, 주릴

설문 3115 穀不孰爲饑。《『釋天』文。又日。仍饑爲荐。按『論語』年饑、因之以饑饉。【鄭本】皆作「飢」。》从倉(食)。幾聲。《居衣切。15部。》/222

饒 (요)【ráo ㄖㄠˊ】넉넉할, 기름질

설문 3104 飽也。《饒者、甚飽之詈(詞)也。引以爲凡甚之偁(稱)。『漢謠』日。今年尙可後年饒。謂後年更甚也。近人索饒、討饒之語。皆謂已甚而求已也。》从倉(食)。堯聲。《如昭切。2部。》/221

◀ 제 13 획 ▶

饕 (도)【tāo ㄊㄠˉ】本[(음식을)탐할] 탐욕스러운 짐승

설문 3110 貪也。从倉(食)。號聲。《土刀切。2部。》叨俗饕。从口。刀聲。《今俗與饕分別異用。》 籀文饕。从號省。/221

餲 (예)【huì ㄏㄨㄟˋ】(상)㊥⑨(작) wèi 쉴(음식이 부패함)

설문 3112 飯傷熱也。《『周禮』、『禮記』皆言食齊視春時。鄭皆日。飯宜(宜)溫。按溫者、不寒不熱之謂也。『曲禮』日。毋揚飯。『注』云。嫌欲疾也。按飯傷熱則或揚之矣。『爾雅:音義』引『倉頡篇』。餲、食臭敗也。『廣韵(韻)』本之。與許異。『玉篇』無餲。》从食。歲聲。《於廢切。15部。》/222

饗 (향)【xiǎng ㄒㄧㄤˇ】대접할, 제사 지낼

설문 3093 鄕人歙酒也。《『豳風』。朋酒斯饗。日殺羔羊。『傳』日。饗、鄕(鄉)人飮酒也。其牲、鄕人以狗。大夫加以羔羊。【此傳】【各本】譌奪。依『正義攷』定如是。許君所本也。饗字之本義也。孔沖遠日。鄕人飮酒而謂之饗者。『鄕飮酒禮』尊事重故以饗言之。此不知亯(享)燕之亯正作亯。亯、獻也。『左傳』作「亯」爲正字。『周禮』、『禮記』作「饗」爲同音假借字。猶之『左傳』作「宴」爲正字。宴、安也。『禮經』、『周禮』作「燕」爲同音假借字也。沖遠證之以用樂或上取。其說迂曲矣。至若『毛詩』云我將我亯。下文云旣右饗之。云以亯以祀。下文云神保是饗。云亯以騂犧。下文云是饗是宜。『毛詩』之例。凡獻於上日亯。凡食其獻日饗。『左傳』用字正同。凡『左氏』亯燕字皆作亯。惟用人其誰饗之、字作饗。》从鄕。从倉(食)《鄕食會意。》鄕亦聲。《許兩(兩)切。10部。》/220

饘 (전)【zhān ㄓㄢˉ】(된)죽

설문 3074 糜也。《〔米部〕日。糜、糝也。糝、以米和羹也。按以米和羹者、鼎實也。故『正考父鼎銘』日。饘於是。粥於是。以餬余口。詳〔鬻部〕。》从食。亶聲。《諸延切。14部。》周謂之饘。宋衞(衛)謂之餰。《此五字【各本】作「宋謂之餬」四字。今依『檀弓:音義』、『初學記』正。餰者、鬻之或字。見〔䰞部〕。去虔切。一人妄謂鬻饘同字。故於此改餰爲餬耳。》/219

◀ 제 14 획 ▶

饐 (은)【wèn ㄨㄣˋ】서로 보리 먹을

설문 3097 秦人謂相謁而倉(食)麥日饐饅。从倉。㥯聲。《烏困切。13部。》/221

饛 (몽)【méng ㄇㄥˊ】(음식을)수북이 담을

설문 3094 盛器滿皃(貌)。《『小雅:傳』日。饛、滿簋貌。許謂字之本義不專謂簋也。故易爲器。》从倉(食)。蒙聲。《莫紅切。9部。》『詩』日。有饛簋飧。/221

籑 (찬)【zuàn ㄗㄨㄢˋ】㉠(상)㊥⑨(작) zhuàn 반찬, 음식 보낼 ※ 찬(饌)의 본래 글자

설문 3078 具食也。《〔廾部〕日。具、共置也。『禮經』凡言『饌:注』日。陳也。陳與置義同。『論語』日。有酒食。先生饌。》从倉。算聲。《士戀切。14部。》 籑或从弜(巽)。《弜聲。『論語』。先生饌。馬云。飮倉也。鄭作「餕」。食餘日餕。按『馬-注』者、古論。『鄭-注』者、校周之本以齊古。讀正凡五十事。其讀正者皆云魯讀爲某、今从古。此不云今从古。則是从『魯(魯)論』作「餕」者。何晏作「饌」。从孔安國、馬融之古論也。據『禮經:特牲、少牢:注』皆云。古文「籑」作「餕」。【許書】則無餕有籑、饌字。是則許於『禮經』从今文不从古文也。但『禮經』之籑訓食餘。而許籑饌同字、訓爲具食。則食餘之義無箸。且『禮經』言饌者多矣。『注』皆訓陳。不言古文作「餕」。食餘之字皆作「籑」。未有作「饌」者。然則『禮』饌籑當是各字。饌當獨出。訓具食也。籑餕當同出。訓食餘也。乃與『禮經』合。若『論語』魯餕、古饌。此則古文假饌爲餕。此謂養親必有酒肉。旣食恆餕。而未有原。常情以是爲孝也。○ 又按『禮記』之字、於『禮經』皆从今文。而皆作「餕」。疑『儀禮:注』當云今文「籑」作「餕」。》/219

◀ 제 16 획 ▶

饊 (산)【sǎn ㄙㄢˇ】산자

설문 3071 熬稻粻餭也。《餭依『韵(韻)會』从食。【各本】作「程」。蓋(蓋)因【許書】無餭改之耳。『楚辭』、『方言』皆作「餦餭」。古字蓋當作「張皇」。『招䰟(魂)』。有餦餭些。王日。餦餭、餳也。『方言』日。餳謂之餦餭。郭云。卽乾飴也。諸家渾言之。許析言之。熬、乾煎也。稻、稌也。稌者、今之稉米。米之黏者。鬻稉米爲張皇。張皇者、肥美之意也。旣又乾煎之。若今煎粢飯然。是日饊。飴者、熬米成液爲之。米謂禾黍之米也。饊者、謂乾熬稻米之張皇爲之。兩(兩)者一濡一小乾、相盉合則日餳。此許意也。楊、王、郭以餳飴釋餦餭。渾言之也。豆飴謂之䜴。見〔豆部〕。》从倉(食)。散省聲。《穌旱切。14部。》/219

◀ 제 17 획 ▶

饟 (향)【xiǎng ㄒㄧㄤˇ】 ㉾ ràng 건량 ※ 향(餉)과 같은 글자 ■양:같은 뜻 ■상:속음

설문 3090 周人謂餉曰饟。《『周頌』曰。其饟伊黍。正周人語也。『釋詁』曰。饁饟饋也。》从倉(食)。襄聲。《人漾切。10部。》/220

◀ 제 18 획 ▶

饔 饔(옹)【yōng ㄩㄥ】 익은 음식, 아침밥

설문 3068 孰食也。《已孰可食者也。『小雅:毛傳』曰。孰食曰饔。『周禮:注』曰。饔、割亨煎和之稱。》从倉(食)。雝聲。《於容切。9部。》/218

◀ 제 19 획 ▶

饡 (찬)【zuàn ㄗㄨㄢˋ】 ㉦㊥⑨㉾ zàn 국말이(국에 만 밥)

설문 3083 目(以)羹澆飯也。《此飯用引伸之義。謂以羹澆飯而食之也。『考工記:注』曰。瓚讀餐屨之屨。屨卽饡字也。『玉篇』曰。屦者、饡之古文。然則本作「屦」。轉寫作「屨」耳。『內則:注』曰。狼臅膏、臆中膏也。以煎稻米則似今膏屨矣。『釋名』曰。肺膜、膜饡也。以米糝之。如膏饡也。以羹澆飯者、饡之本義。膏饡者、漢人所爲。》从倉(食)。贊聲。《則幹切。14部。》/220

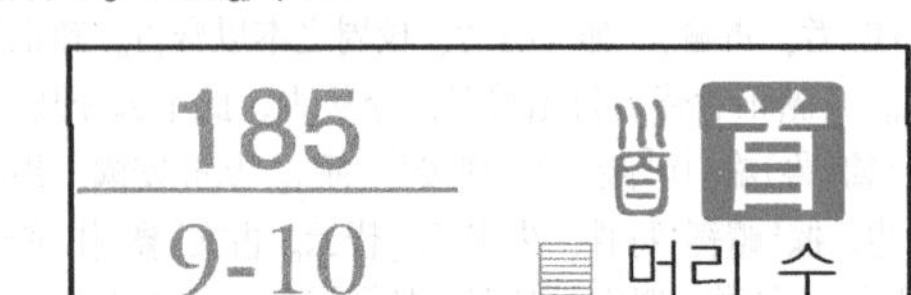

𦣻 首 수【shǒu ㄕㄡˇ】 [설문부수 328] 머리, 우두머리, 첫머리, 겉으로 보이게 할

설문 5444 古文百也。《【各本】古文上有「百同」二字。妄人所增也。【許書】絕(絕)無此例。惟㡿下云與林同。亦妄人所增也。今刪(刪)。『正義』已見上矣。故衹言古文百。如儿下曰古文奇字人。亣下曰籒文大。頁(頁)下曰古文䭫。皆此例也。不見𦣻於百篆之次者、以有从𦣻之篆。不得不出之爲部首也。今字則古文行而小篆廢矣。》巛象髮。《說百上有巛之意。象髮形也。小篆則但取頭形。》髮謂之鬊。《「髮」字舊奪。今補。》鬊卽巛也。《當作巛卽鬊也。與厺卽『易』突字也。例同。鬊之訓發隋也。渾言之則爲髮。倂此八字、葢(蓋)別一說。上文謂象形。此謂巛卽山川字。古音同春。故可假爲鬊字。會意。》凡𦣻之屬皆从𦣻。/423

유사 갖출 구(具) 자개소리 솨(貨) 머리 수(百)
틈 극(㡿㡿) 머리 혈(頁)

성부 부록 색인 참조

형부 首를 부수로 하는 대부분의 글자들

◀ 제 2 획 ▶

馗 (규)【kuí ㄎㄨㄟˊ】 아홉 곳으로 통하는 거리, 광대뼈, 사람 이름 ■구:같은 뜻

설문 9281 九達(達)道也。《『釋宮』曰。九達謂之馗。『韓詩』。施于中馗。》佀龜(似龜)背。故謂之馗。《龜背中高而四下。馗之四面無不可通。似之。龜古音如姬、如鳩。馗古音如求。以疊韵(疊韻)爲訓也。【大徐本】此下有「馗高也」三字。非是。》从九首。《會意、首猶向也。故道字亦从首。九亦聲。古音在 3部。今渠追切。》逵 馗或从辵(辶)坴。《『今-毛詩』作此字。》馗高也。故从坴。《「故」字今增。徐楚金云。坴、高土也。會意。玉裁按坴亦聲。》/738

◀ 제 6 획 ▶

䭫 䭫䭫䭫(계)【qěng ㄑㄥˇ】 ㉦㊥⑨㉾ qǐ (머리) 조아릴

설문 5445 䭫(䭫)首也。《三字句。【各本】作「下首也」。亦由妄人不知三字句之例而改之。今正。頓首䭫首爲『周禮:九拜』之二大耑。在漢末時。上【書】言事者必分別其辭。則二者形狀之不同。所用行禮之分別。許時人人知之。故『小雅、大雅:稽首』。毛皆無『傳』。許亦但曰此篆謂䭫首、此篆謂頓首而已。『周禮:䭫首』、本又作稽。許沖上【書】。前作「稽首」。後作「䭫首」。恐今之【經典】轉寫譌亂者多矣。鄭曰。䭫首、〈句〉拜頭至地也。頓首、拜頭叩地也。葢(蓋)䭫首者、拱手至地。頭亦至於地。而顙不必觸地。與頓首之必以顙叩地異矣。䭫首者、稽遲其首也。頓首亦曰䭫顙。䭫顙者、稽遲其顙也。此吉凶之大辨也。今人作名刺必曰頓首拜。是以凶禮施於賓禮、嘉禮。且頓首而拜、非卽衰(喪)禮之稽顙而後拜乎。亦議禮者所當知矣。詳見[頁(頁)部]、[手部]。古者吉、賓、嘉皆䭫首。無言頓首者。衺則䭫顙。無言䭫首者。以是知䭫顙卽頓首也。諸侯於天子䭫首。大夫、士於諸侯䭫首。大夫、士於鄰國之君䭫首。家臣於大夫不䭫首。以避君也。君之於臣拜手。君於臣䭫首者、重其臣也。『洛誥』云成王拜手稽首是也。》从𦣻(首)。旨(旨)聲。《康禮切。15部。按此下不云頁古文䭫者、已別出之爲部首矣。》/423

◀ 제 18 획 ▶

𩠐 䱛(전)【tuán ㄊㄨㄢˊ】 끊을 ■단:같은 뜻

설문 5446 截𦣻(首)也。《「首」字【各本】奪。今補。〔斤部〕曰。斷(斷)者、截也。〔戈部〕曰。截者、斷也。从截首則字从斷首會意。『集韵(韻)』、『類篇』皆云斷首是也。『廣雅』。𩠐、斷也。此引伸爲凡截之偁(稱)也。》从斷首。《舊誤、今正。斷亦聲。此擧(擧)會意包形聲也。大丸旨沇二切。14部。》𠜅或从刀。專聲。《『王褒傳』。水斷蛟龍。陸剸犀革。卽『蘇秦傳』之水斷牛馬陸截鵠鴈也。剸與〔刀部:𠜾〕義相近。古亦借爲專擅字。【小徐本】無此篆。》/423

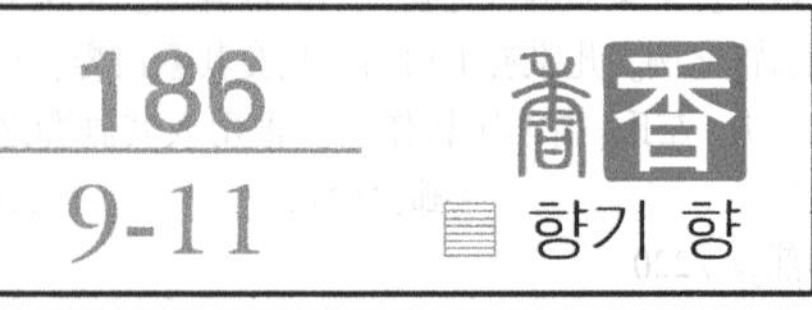

香 香 향【xiāng ㄒㄧㄤ】 [설문부수 256] 향기, 향기로울

설문 4279 芳也。《〔艸部〕曰。芳、艸香也。芳謂艸。香則汎言之。『大雅』曰。其香始升。》从黍。从甘。《會意。許良切。10部。》『春秋傳』曰。黍稷馨香。《約擧(擧)『左傳:僖:五年』文。此非爲香證。說香必从黍之意也。》凡香(香)之屬皆从香。/330

성부 부록 색인 참조

형부 香을 부수로 하는 대부분의 글자들

형성 형(馨 馨)

◀ 제 11 획 ▶

馨 (형)【xīn ㄒㄧㄣˉ】 향내 날, 향기로울

설문 4280 香(香)之遠聞也。《同『大雅:鳧(鳧)鷖:傳』。按『唐風:椒聊:一章』曰。椒聊且。遠脩且。『傳』曰。脩、長也。『二章』。椒聊且。遠條且。『傳』曰。條言馨之遠聞也。【今本:前後章】皆作條。則毛不應別爲『傳』矣。而足利【古本】尚可證。『經』言脩者、枝條之長。條者、芬香條暢之謂。傳馨字今譌聲。》从香。殸聲。《呼形切。11部。》殸、籒文磬。/330

제 10 획

187 馬 10-01 훈 말 마

馬馬[마] 853 骨骨[골] 863 高高[고] 866 彡彡[표] 867 鬥鬥[투] 871 鬯鬯[창] 872
鬲鬲鬲[격] 873 鬼鬼[귀] 875

187
10-01

馬馬
말 마

馬馬 마【mǎ ㄇㄚˇ】[설문부수 370] 本[노할] 말, 산가지

설문 5840 怒也。武也。《以疊(叠)韵爲訓。亦門聞也。戶護也之例也。『釋名』曰。『大司馬』。馬、武也。大揔(摠)武事也。》象馬頭髦尾四足之形。《古、籒文皆以彡象髦。石建奏事。事下。建讀之曰。誤書馬字。與尾當五。今乃四。不足一。上譴死矣。莫下切。古音在 5部。》凡馬之屬皆从馬。古文。籒文馬。與影同有髦。《『說文』【各本】籒文古文皆作「𩡧」。無別。據『玉篇』古文作「𩡧」。籒文作「影」。是古文从糸加髦。籒从加髦。故云二者同有髦也。毛髦覆於頸。故象覆形。》/460

성부 부록 색인 참조

형부 馬를 부수로 하는 대부분의 글자들

형성 (4자) 마(禡 禡)62 마(駡 駡)3933 마(瘍 瘍)4515 매(罵 罵)4641

◀ 제 1 획 ▶

馬 환【huán ㄏㄨㄢˊ】한 살 된 말 ■현:같은 뜻

설문 5842 馬一歲也。从馬一。絆其足。《「絆其足」三者、葢(蓋)衍文。衹當云从馬一而已。一說馵下云从馬二其足。此當作一其足。絆者膦。【韵書】、【字書】皆作馵。疑非是。不當从十也。》讀若弦。《小徐作「紘」。》一曰若環。《戶關切。14部。按『今-玉篇』有爲萌一切。『集韵』、『類篇』收入耕韵。皆讀若紘之本也。『集韵』、『類篇』又收入咍韵。未詳。又按紘葢(蓋)譌字。弦是也。『釋嘼』玄駒。『音義』曰。玄『字林』作駭。音同。『廣韵』駭胡涓切。馬一歲。語必本諸『字林』。葢『字林』始變馬爲駭也。》/460

유사 왼쪽백이 주(馵馵) 말발 얽어 맬 칩(馽馽馽)

◀ 제 2 획 ▶

馬八 (팔)【bā ㄅㄚ】여덟 살된 말

설문 5844 馬八歲也。《『初學記』引『何承天-纂文』同。》从馬八。八亦聲。《合【二徐-本】訂。博拔切。古音在 12部。》/461

馮 빙【féng ㄈㄥˊ】㉠㊤㊥⑨ píng 本[말 빨리 걸을] (도보로)도섭할, 업신여길, 기댈, 힘입을 ■풍:성씨

설문 5906 馬行疾也。从馬。仌聲。《皮冰(氷)切。6部。按馬行疾馮馮然、此馮之本義也。展轉他用而馮之本義廢矣。馮者、馬蹠箸(着)地堅實之皃(貌)。因之引伸其義爲盛也、大也、滿也、懣也。如『左傳』之馮怒、『離騷』之馮心、以及『天問』之馮翼惟象、『淮南書』之馮馮翼翼、『地理志』左馮翊皆謂充盛。皆畐字之合音叚(假)借。畐者、滿也。或叚爲凭字。凡【經傳】云馮依、其字皆當作凭。或叚爲淜字。如『易』、『詩』、『論語』之馮河皆當作淜也。俗作「憑」。非是。》/466

【淜】下『注』云:淜正字。馮假借字。暴虎馮河。

형성 (1자) 풍(鄷 鄷)4007

◀ 제 3 획 ▶

馰 (적)【dí ㄉㄧˋ】㊤㊥⑨ dí 별박이(이마에 흰 점이 있는 말), 대성마(戴星馬)

설문 5863 馬白頟也。《『秦風:有馬白顚:傳』曰。白顚、旳顙也。『釋嘼(畜)』曰。旳顙白顚。郭云。戴星馬也。『說卦傳』曰。爲旳顙。虞翻(飜)曰。旳、白。顙、頟也。按旳顙之馬謂之馰。『易』釋文云。旳、『說文』作「馰」。》从馬。勺聲。《舊作「旳省聲」。旳聲亦勺聲也。今正。都歷(歷)切。古音在 2部。》一曰駿也。《駿、馬之良材者。》『易』曰。爲馰顙。/462

馳 (치)【chí ㄔˊ】(말)달릴, (빨리)전할

설문 5913 大驅也。《『詩』每以馳驅並(竝)言。許穆夫人首言載馳載驅。下言驅馬悠悠。馳亦驅也。較大而疾耳。》从馬。也聲。《直离切。古音在 17部。》/467

馴 (순)【xún ㄒㄩㄣˊ】길들일, 익숙할, 순할 ■윤:같은 뜻 ■훈:가르칠

설문 5927 馬順也。《古馴訓順三字互相叚(假)借。皆川聲也。『古文-尙書』。五品不遜。『史記:殷本紀』及『兩:漢書』及『周禮:地官:注』遜皆作訓。而『五帝本紀』作五品不馴。馴之本義爲馬順。引伸爲凡順之偁(稱)。》从馬。川聲。《此舉(擧)形聲包會意。詳遵切。13部。》/467

馵 주【zhù ㄓㄨˋ】왼쪽백이, 왼쪽 뒷발 흰 말

설문 5865 馬後左足白也。《「左」當作「ナ」。『釋嘼』、『毛傳』皆曰。後左足白曰馵。『說卦:傳』曰。『震』爲馵足。》从馬二其足。《謂於足以二爲記識。如馽於足以一爲記識也。非一二字。變篆爲隸(隸)。馽既作馵。則馵作馵。與篆大乖矣。『石經』作馵。》讀若注。《之戍切。古音在 3部。讀與祝。》/462

[유사] 한살 된 말 환(馬) 왼쪽백이 주(馵馵)
말발 얽어 맬 칩(馽䮙馽)

◀ 제 4 획 ▶

馶 (기)【zhī ㄓ-】(말이)굳셀, 말 병 ■지: 같은 뜻 ■시: 말병
[설문] [5883] 馬彊也。从馬。支聲。《章移切。16部。》/464

馹 (일)【rì ㄖˋ】역말
[설문] [5941] 傳也。《【各本】傳上有「驛」字。淺人所增。今刪正。〔辵(辶)部〕曰。遽者、傳也。〔人部〕曰。傳者、遽也。『釋言』曰。馹、傳遽也。許用『釋言』文。『左傳:文:十六年、襄:卄一年、昭:五年』、『國語:晉語:韋、杜-注』皆曰。馹、傳也。『爾雅:舍人:注』曰。馹、尊者之傳也。『呂覽:注』曰。馹、傳車也。按馹爲尊者之傳用車、則遽爲卑者之傳用騎可知。『舍人』說與許合。俗字用馹爲驛。故『左傳:文:十六年:傳』、注馹字皆譌驛。『成:五年』以傳召伯宗。『注』曰。『傳』、驛也。驛亦馹之譌。》从馬。日聲。《人質切。12部。从日者、謂如日之健行。》/468

馺 (삽)【sà ㄙㄚˋ】달릴
[설문] [5905] 馬行相及也。《以疊韵(疊韻)爲訓。『西京賦:薛-解』曰。馺娑、駘盪、枍詣、承光皆臺名。按馺娑、駘盪皆以馬行皃(貌)皃臺之高也。》从馬及。及亦聲。《合【二徐本】訂。穌合切。7部。》讀若『爾雅』曰小山馺。《【大徐本】此下有大山峘三字。葢(蓋)淺人所增耳。「小山馺」『今-爾雅』作「小山岌」。【許-所據:古本】也。讀若二字葢賸。》/466

馻 (개)【jiè ㄐㄧㄝˋ】말 꼬리를 잡아 맬
[설문] [5933] 系馬尾也。《此當依『玉篇』作結馬尾。『廣韵』作馬尾結也。結卽今之髻字。『大玄』曰。車軨馬馻可以周天下。『范-注』。軨、轄繫。馻、尾結也。釋文馻音介。馬尾髻也。按遠行必髻其馬尾。馻如紒音義同。『詩』曰駟介。『左傳』曰。不介馬而馳。疑介卽古文馻。》从馬。介聲。《古拜切。16部。》/467

馼 媽(문)【wén ㄨㄣˊ】얼룩박이 말
[설문] [5882] 媽(馼)馬、《媽字今補。》赤鬣縞身。目若黃金。名曰吉皇之乘。《【各本】名曰之下有媽字。今刪正。『海內:北經』曰。犬封國曰犬戎。國有文馬。縞身朱鬣。目若黃金。名曰吉量之乘。量一作良。『郭-注』引『周書』、『六韜』、『大傳』說其狀略同。『周書』作名曰吉黃之乘。『六韜』作名曰雞(鷄)斯之乘。》周成王時犬戎獻之。《成【各本】作文。誤。今正。許引成王時周靡獻鬫鬫、成王時蜀人獻大翰、成王時揚州獻鯛皆『逸周書:王會』篇也。『王會』篇又言犬戎文馬、是其事矣。或因『尚書:大傳』散宜生之犬戎取美馬駮身朱鬣雞目者獻紂。乃改此成王爲文王。而不顧其文義。》从馬文。文亦聲。《無分切。13部。大徐左馬右文作「馼」。》『春秋傳』曰。媽馬百駟。《見『宣:二年』。『左傳』作「文馬」。按【許書】當作「文馬」。此言『春秋傳』之「文馬」、非『周書』之「媽馬」也。恐人惑故辯之。》文馬。《二字今補。》畫(畵)馬也。《『杜-注』亦云。畫(畵)馬爲文四百匹。『孔子:世家』。文馬三十駟。亦謂畫馬。》西伯獻紂以全其身。《此八字葢(蓋)或取『尚書:大傳:事箋』記於此。遂致誤入正文。文理不貫。當刪。要自『春秋傳』以下恐皆非許語。》/464

馽 칩【zhí ㄓˊ】말 발 얽어맬
[설문] [5936] 絆馬足也。《「足」字依『韵會』補。〔糸部〕曰。絆者、馬縶也。是爲轉注。『小雅:白駒:傳』曰。縶、絆也。『周頌:有客:箋』同。『莊子』連之以羈馽、卽此字。》从馬○其足。《○象絆之形。隸(隸)書作馽。失其意矣。陟立切。7部。》『春秋傳』曰。韓厥執馽(馽)前。《「前」當作「歬」。語見『成公:二年:左傳』。『今-左』作執縶馬前。葢(蓋)【古本】正作執馽前。改易誤衍耳。許意絆是物、馽是人用物。據傳文則謂絆爲馽。》讀若輒。馽或从糸。執(執)聲。/467

駁 (박)【bó ㄅㄛˊ】얼룩얼룩할
[설문] [5864] 馬色不純。《純同驒。崔覲曰。不襍(雜)曰純。『釋嘼(畜)』曰。駵白駁。『邠風:毛傳』同。謂駵馬發白色也。許說不同者、許意馬異色成片段者皆得曰駁。引伸之爲凡色不純之偁(稱)。》从馬。爻聲。《北角切。古音在2部。與駮各字。》/462

⿰馬卬 (앙)【áng ㄤˊ】[상]㊥⑨[작] àng 말 성낸 모양, 말배 휠
[설문] [5887] ⿰馬卬⿰馬卬、馬怒皃(貌)。从馬。卬聲。《吾郎切。10部。『廣韵(韻)』平聲。》/464

駃 (결)【jué ㄐㄩㄝˊ】준마
[설문] [5947] 駃騠、《逗。》馬父驘子也。《謂馬父之騾也。言馬父者、以別於驢父之騾也。今人謂馬父驢母者爲馬騾。謂驢父馬母者爲驢騾。不言驢母者、疑奪。葢(蓋)當作馬父驢母驘也六字。孟康曰。駃騠生七日而超其母。》从馬。夬聲。《古穴切。15部。》/469

◀ 제 5 획 ▶

駉 (경)【jiōng ㄐㄩㄥ】살찔, 굳셀, 말 살찌고 굳셀, 살찌고 건장한 모양
[설문] [5944] 牧馬苑也。《苑所以養禽獸也。『景帝紀』。匈奴入上郡。取苑馬。『武帝紀』。罷苑馬。『百官公卿表』曰。大僕。邊郡六牧師菀令。各三丞屬焉。如淳曰。『漢儀:注』。大僕、牧師諸苑三十六所。分布北邊西邊。以郎爲苑監官。養馬三十萬匹。『地理志』。北地郡靈州有河奇苑、號非苑。歸德有堵苑白馬苑。郁郅有牧師苑。師古曰。苑謂馬牧也。駉之義葢(蓋)同閑。牧馬之處謂之閑。亦謂之駉。》从馬冋。《【各本】有聲字。今刪(删)。此重會意。冋亦聲。古熒切。『五經文字』工營反。11部。》『詩』曰。在冋之野。《「冋」【各本】作「駉」。淺人不知【許書】之例者所改也。今正。『魯(魯)頌』曰。駫駫牧馬。在坰之野。坰或冋字。冂古文冋字。邑外謂之郊。郊外謂之野。野外謂之林。林外謂之冋。『詩』言牧馬在冋。故偁(稱)爲从馬會意之解。與驪下豐下相下云下引

『易』、買下引『孟子』說字形正同。馬在冂爲駉、猶艸木麗於地爲蘼也。》/468

駊 (파)【pǒ ㄆㄛˇ】(말이)머리 내두를
[설문] [5898] 駊騀、《逗。二字疊韵(疊韻)。》馬搖頭也。《「也」『廣韵(韻)』作「皃(貌)」。駊騀於頗俄皆近。》从馬。皮聲。《普火切。17部。》/465

馹 (일)【yì ㄧˋ】[작] dié 말 발 빠를, 조짐
[설문] [5918] 馬有疾足也。《奔軼絕塵字當作「馹」。今人用俊逸字當作「馹」。於此知驟篆下馬逸足之斷爲譌字矣。》从馬。失聲。《大結切。12部。按當依『廣韵(韻)』夷質切。》/467

䮪 (차)【cǐ ㄘˇ】말 이름
[설문] [5880] 馬名。从馬。此聲。《雌氏切。16部。》/464

駐 (주)【zhǔ ㄓㄨˇ】[상][中]⑨[작] zhù (말, 수레)머무를
[설문] [5926] 馬立也。《人立曰侸、俗作「住」。馬立曰「駐」。》从馬。主聲。《中句切。古音在 4部。》/467

駒 (구)【jū ㄐㄩ】망아지
[설문] [5843] 馬二歲曰駒。三歲曰駣。《『周禮:庾人』教(敎)駣攻駒。鄭司農云。馬三歲曰駣。二歲曰駒。『月令』曰。犧牲駒犢。擧(擧)書其數。犢爲牛子。則駒、馬子也。『小雅』老馬反爲駒。言已老矣而孩童慢之也。按『詩』駒四見而『漢廣』、『株林』、『皇皇者華』於義皆當作「驕」。乃與『毛傳』、『說文』合。不當作「駒」。依韵(韻)讀之則又當作「駒」。乃入韵。不當作「驕」。深思其故。葢(蓋)『角弓』用字之本義。『南有喬木』、『株林』、『皇皇者華』則皆讀者求其韵不得。改「驕」爲「駒」也。駒未可駕車。故【三詩】斷非用駒本義。駣字既見『周禮』。何以連類言之、不錄此篆也。曰疑『周禮-故書』本作「兆」。或借〔羊部:挑〕爲之。許解中駣字葢非許君原文、後人依『周禮』改之耳。不當如『玉篇』擅增也。》从馬。句聲。《擧(擧)朱切。古音在 4部。》/461

駓 (비)【pī ㄆㄧ】황부루(누른빛과 흰빛이 섞인 말)
[설문] [5860] 黃白褋毛也。《【各本】作黃馬白毛。今正。『六書通』引【唐本】作黃馬白褋(雜)毛。此【唐本】衍馬字。淺人不刪(刪)馬字而刪褋字耳。『釋詁』、『毛傳』皆曰。黃白褋毛曰駓。『字林』作「駓」。》从馬。丕聲。《古作丕字。中直貫下。或作「丕」。是以論曹魏者曰丕之字不十也。『詩』釋文此字本作「駓」。『字林』乃作「駓」。敷悲切。古音 1部。》/462

駔 (장)【zù ㄗㄨˋ】[상][中]⑨[작] zǎng 준마, 중도위(교활한 거간꾼) [조]:꿰는 끈, 꿸
[설문] [5938] 壯馬也。《「壯」【各本】作「牡」。今正。『李善-文選:注』引皆作「壯」。戴仲達引『唐本-說文』作奘馬也。皆可證。此猶牙下壯齒譌牡齒耳。〔士部〕曰。壯者、大也。〔介部〕。奘者、駔大也。『釋言』曰。奘、駔也。郭云。今江東呼爲大駔而猶麤也。按駔本大馬之偁(稱)。引伸爲凡大之偁。故駔篆下云奘馬、而奘篆下但云駔大。【許書】義例之精密如此。》从馬。且聲。《『魏都賦:注』引『說文』千助反。葢(蓋)本音隱。『篇』、『韵(韻)』皆徂古切。5部。大徐子朗切。相傳下文別一義之音也。》一曰駔會也。《舊作馬蹲駔。今依『後漢:郭太傳:注』所引正。『注』引『說文』駔會也。謂合兩家之買賣如今之度市也。下十三子葢系『舊注』。駔會如今之牙行。「會」俗作「儈」。『史記』節駔會。『漢書』作節駔儈。『漢書:音義』云。駔亦是儈也。『後漢書』。王君公儈牛自隱。徐廣曰。駔音祖朗切。馬儈也。『廣韵(韻)』引『晉令』。儈賣者皆當箸巾。白帖額。言所儈賣及姓名。一足白履。一足黑履。葢駔者、本平會買賣馬之偁。因以爲平會凡物之偁。『呂氏-春秋』。段干木、晉國之駔。》/468

駒 (갈)【gě ㄍㄜˇ】말 발 빠를
[설문] [5910] 馬疾走也。《『廣韵(韻)』作「走疾」。》从馬。匃(匄)聲。《古達(達)切。15部。》/466

駕 (가)【jià ㄐㄧㄚˋ】부릴, 탈 것
[설문] [5891] 馬在軛中也。《『毛傳』曰。軛、烏蠋也。烏蠋卽『釋名』之烏啄。轅有衡。衡、橫也。橫馬頸上。其扼馬頸者曰烏啄。下向叉馬頸。似烏開口向下啄物時也。駕之言以車加於馬也。》从馬。加聲。《古訝切。17部。》
籒文駕。《从牛。『釋名』曰。軛所以扼牛頸也。各聲者、古音 5部與 17部相合。如『春秋傳』以輅爲訝。是其理也。》/464

駗 (진)【zhěn ㄓㄣˇ】[상] zhēn 말 짐이 무거워 걷기 어려워 할
[설문] [5928] 駗驙、《二字雙聲。【各本】皆刪。今依『玉篇』補。》馬載重難也。《【俗本】重難下有行字。非。謂馬所負何者重難也。》从馬。㐱聲。《張人切。12部。》/467

駘 (태)【tái ㄊㄞˊ】[本][둔마 재갈 벗을] 둔마, 느린 사람
[설문] [5937] 馬銜脫也。《銜者、馬勒口中者也。「脫」當作「挩」、解也。馬銜不在馬口中、則無以控制其馬。『崔實-政論』曰馬駘其銜是也。銜脫則行遲鈍。『廣雅』曰駑駘也是也。又引伸爲寬大之意。漢有臺名駘盪及春色駘蕩是也。》从馬。台聲。《徒哀切。1部。亦徒亥切。》/468

駙 (부)【fù ㄈㄨˋ】곁말(예비말)
[설문] [5896] 副馬也。《副者、貳也。『漢:百官公卿表』。奉車都尉掌御乘輿車。駙馬都尉掌駙馬。皆武帝初置。晉尙公主者、竝(竝)加之。師古曰。駙、副馬也。非正駕車皆爲副馬。》从馬。付聲。《符遇切。古音在 4部。》一曰近也。《附近字今人作「附」。或作「傅」》。依此當作「駙」。》一曰疾也。《與赴音義皆相近。》/465

駜 (필)【bì ㄅㄧˋ】(말이)살찔, 굳셀
[설문] [5884] 馬飽也。《『魯(魯)頌』有駜曰。有駜有駜。『傳』曰。駜、馬肥彊皃(貌)。馬肥彊則能升高進遠。臣彊力則能安國。按許義小別。『鄭-箋』亦云。此言僖公用臣、必先致其祿食。祿食足而臣莫不盡其忠也。》从馬。必聲。

[작] 作家出版社〔董蓮池-說文解字考正〕⑨ 九州出版社〔柴劍虹-說文解字〕㉠ 陝西人民出版社〔蘇寶榮-說文解字今注今譯〕[상] 上海古籍出版社〔說文解字注〕[中] 中華書局〔臧克和-說文解字新訂〕

《毗必切。12部。》『詩』曰。有駜有駜。/464

駟 (사)【sì ㄙˋ】 사마 수레(4필의 말이 끄는, 빠른 수레)

설문 5895 一乘也。《『周禮:校人』。『鄭司農-注』云。四匹爲乘。按乘者、覆也。車軛駕乎馬上曰乘。馬必四。故四馬爲一乘。不必已駕者也。引伸之、凡物四曰乘。如乘矢、乘皮、乘韋、乘壺皆是。駟者、馬一乘之名。『鄭-淸人:箋』云。駟、四馬也。按『詩』言四牡、言四騏、言四驖、言四騵、言四駱、言四黃皆作四。下一字皆馬名也。言駟介、言俴駟皆作駟。謂有所以加乎駟者也。『今-詩』作駟驖、駟騵。而『干旄:疏』引『異義』、『公羊:隱:元年:疏』、『說文:驖』字下皆不誤。》从馬。四聲。《息利切。15部。》/465

◀제6획▶

駭 (휴)【xiū ㄒㄧㄡ】 말 이름

설문 5881 馬名。从馬。休聲。《許尤切。3部。》/464

駪 (황)【huāng ㄏㄨㄤ】 말 달릴

설문 5923 馬犇(奔)也。《奔者、走也。》从馬。㠩聲。《呼光切。10部。按『篇』、『韵(韻)』皆左㠩右馬作「䮝」。》/467

駧 (동)【dòng ㄉㄨㄥˋ】 말 빨리 달릴, 말을 달려 동네를 지나갈

설문 5920 馳馬洞去也。《洞者、疾流也。以疊韵(疊韻)爲訓。》从馬。同聲。《徒弄切。9部。》/467

駪 (신)【shēn ㄕㄣ】 (말들이)많은 모양, 왔다갔다 하는 소리

설문 5945 馬衆多皃(貌)。《『皇皇者華』云。駪駪征夫。『傳』曰。駪駪、衆多之皃(貌)。按毛不曰馬者、以『詩』言人也。其引伸之義也。許言馬者、字之本義也。以其字从馬。〔焱部〕引『詩:莘莘征夫』。》从馬。先聲。《所臻切。13部。》/469

駫 (경)【jiōng ㄐㄩㄥ】 말이 살찌고 큰 모양

설문 5885 馬肥盛也。《【各本】作「盛肥」。今依『廣韵(韻)』訂。》从馬。光聲。《古熒切。古音在 10部。》『詩』曰。駫駫牡馬。《【各本】作「四牡駫駫」。陸氏德明所見作「駫駫牡馬」。按卽『魯(魯)頌』之駉駉牡馬也。駉駉牡馬【古本】作「牧馬」。『傳』言牧之坰野。自當是牧字。『周禮』。凡馬特居四之一。又不當云良馬有騭無騲也。『詩』釋文曰。駉古熒反。『說文』作驍、又作駫、同。作驍又三字當刪(刪)。云『說文』作駫、同。『玉篇』亦曰。駫古熒切。駉同。則知『說文』作駫駫牧馬、而讀古熒反。10部 11部之音轉也。以今攷之。實則『毛詩』作駫駫。許偁(稱)駫駫。而後人譌亂作駉駉。『陸-所見:說文』不誤。『今本-說文』則誤甚耳。『毛傳』曰。駫駫、良馬腹幹(幹)肥張也。許言肥盛、卽腹幹肥張。从馬光會意。而光亦聲。》/464

駭 (해)【haì ㄏㄞˋ】 놀랄, 놀랠(놀라게 할)

설문 5922 驚也。从馬。亥聲。《侯楷切。古音在 1部。【經典】亦作「駴」。戒聲亥聲同在 1部也。》/467

駮 (박)【biǎo ㄅㄧㄠˇ】 ㉯㊥⑨㉨ bó 짐승 이름

설문 5946 駮獸、《「駮」字今補。》如馬。倨牙。食虎豹。《云如馬則非眞馬也。自駮以下皆非眞馬。故次於部末。如馬。倨牙食虎豹。『釋嘼(畜)』、『毛傳』同。『秦風』言六駮者、據所見而言也。》从馬。交聲。《北角切。古音在 2部。》/469

駰 (인)【yīn ㄧㄣ】 이총마(흰 털이 섞인 거무스름한 말)

설문 5854 馬陰白襍毛黑。《「黑」字【宋本】、【舊本】皆同。汲古毛氏改黑作也。以合『爾雅』、『毛傳』。然而非是。『釋詁』、『魯(魯)頌:傳』皆云。陰白襍(雜)毛曰駰。郭云。陰、淺黑也。今之泥驄(驄)。或云目下白。或云白陰。皆非也。陰淺黑、本叔然說。然則許蓋(蓋)襍毛之下、釋云陰淺黑也。如虦下虎竊毛謂之虦苗、竊淺也正是一例。旣說者惑於白陰之說。謂馬私處白而襍黑毛。因致漏奪不可讀。苟求其故。由不解陰之爲淺黑耳謂馬私處白而襍黑毛。因致漏奪不可讀。苟求其故。由不解陰之爲淺黑耳。『廣韵(韻)』曰。駰馬陰淺黑色。有脫。》从馬。因聲。《於眞切。12部。》『詩』曰。有駰有騢。《『魯頌:駉』文。》/461

駱 (락)【luò ㄌㄨㄛˋ】 가리온(몸은 검고 갈기는 흰 말)

설문 5853 馬白色黑鬣尾也。《『釋嘼(畜)』曰。白馬黑鬣駱。『詩:音義』曰。『樊、孫-爾雅』並(竝)作白馬黑髦鬣尾也。然則許正同【樊、孫-本】矣。『魯(魯)頌:毛傳』亦曰。白馬黑鬣曰駱。按『今-毛詩』有驒有駱。有駵有雒。毛曰。黑身白鬣曰雒。正與白身黑鬣曰駱互異。『正義』曰。【定本】、『集注』及【徐-音】皆作「駱」。釋文亦云。「雒」本或作「駱」。然則本二物相似而同名。淺人惑之。乃妄改字。》从馬。各聲。《盧各切。5部。》/461

駕 (렬)【lì ㄌㄧˋ】 ㉯㊥⑨ liè 차례로 달릴 ■례:같은 뜻

설문 5915 次弟馳也。《次弟成行列之馳也。故从㓞。》从馬。㓞(列)聲。《力制切。15部。『玉篇』作「駵」。》/467

◀제7획▶

騂 (류)【liú ㄌㄧㄡˊ】 월다말, 꽃 처럼 붉은 (馬부 12획)

䮗 (녑)【niè ㄋㄧㄝˋ】 말 걸음 빠를 ■엽·영:같은 뜻

설문 5907 馬步疾也。《按今人專輒字作輒。似當作䮗爲近之。》从馬。耴聲。《尼輒切。8部。》/466

駸 (침)【qīn ㄑㄧㄣ】 달릴, 빠를 ■참:같은 뜻

설문 5904 馬行疾皃(貌)。《馬行上當本有駸駸字。「皃」【各本】作「也」。今依『篇』、『韵(韻)』正。『小雅:四牡:傳』曰。駸駸、驟皃。驟者、馬捷步也。》从馬。侵省聲。《子林切。7部。》『詩』曰。載驟駸駸。/466

馬 10 ⑤

駹 (방)【máng ㄇㄤˊ】 얼룩말, 찬간자
설문 5857 馬面顙皆白也。《面者、顔(顏)前也。『釋嘼(畜)』曰。面顙皆白惟駹。按言惟者、以別於上文的顙、白顚、白達、素縣也。面顙白、其他非白也。故从尨。『周禮』駹車。借爲尨襍(雜)字也。》从馬。尨聲。《莫江切。9部。》/462

馯 (한)【hàn ㄏㄢˋ】 한마(사나운 말), 키가 6척 되는 말
설문 5919 馬突也。《馯之言悍也。『淮南書』作「馯」。高曰。馯馬、突馬也。》从馬。旱聲。《侯旰切。14部。》/467

駼 (도)【tú ㄊㄨˊ】 말 이름
설문 5955 騊駼也。从馬。余聲。《同都切。5部。》/469

駽 (현)【xuàn ㄒㄩㄢˋ】 ㊤㊥⑨㉕ xuān 돗총이(검푸른 말)
설문 5848 青驪馬。《謂深黑色而戴青色也。『魯(魯)頌』有駜曰。駜彼乘駽。『釋嘼(畜)』、『毛傳』皆曰。青驪曰駽。》从馬。肙聲。《火玄切。14部。按當火縣切。》『詩』曰。駜彼乘駽。/461

駾 (태)【tuì ㄊㄨㄟˋ】 부딪칠, 달릴
설문 5917 馬行疾來皃(貌)也。《『大雅:緜』曰。混夷駾矣。『傳』曰。駾、突也。『箋』云。混夷惶怖、驚走奔突入柞棫之中。》从馬。兌聲。《他外切。15部。》『詩』曰。昆夷駾矣。《『今-詩』「昆」作「混」。按「昆」恐是譌字。『孟子』亦作「混」。》/467

駿 (준)【jùn ㄐㄩㄣˋ】 준마, 빠를, 준걸
설문 5873 馬之良材者。《引伸爲凡大之偁(稱)。『釋詁』、『毛傳』皆曰。駿、大也。『毛傳』見『文王』、『崧高』、『噫嘻』。》从馬。夋聲。《子峻切。13部。》/463

騀 (아)【é ㄜˊ】 ㊤㊥⑨ ě ㉕ è 머리 내두를, 높을
설문 5899 駊騀也。从馬。我聲。《五可切。17部。此二篆併解。【各本】譌舛。今依【全書】通例及『玉篇』所載訂正。》/465

騁 (빙)【chěng ㄔㄥˇ】 달릴, 펼
설문 5916 直馳也。《『節南山:傳』曰。騁、極也。》从馬。甹聲。《丑郢切。11部。》/467

騃 (애)【ái ㄞˊ】 ㊤㊥⑨ sì ㉕ aì (말이 씩씩하게) 나갈 ■사:짐승 걷는 모양 ■치:같은 뜻
설문 5908 馬行仡仡也。《〔人部〕曰。仡、勇壯也。吉日。儦儦俟俟。〔人部〕作「伾伾俟俟」。『韓詩』作「駓駓騃騃」。『李賢-注:馬融傳』引『韓詩』。駓駓騃騃。或羣(群)或友。『李善-注:西京賦』引『韓詩:章句』曰。趨曰駓。行曰騃。按『毛傳』亦曰。趨則伾伾。行則俟俟。毛用叚(假)借字。【韓】乃正字也。騃騃與俟俟音義同。俟、大也。皆鉏里切。『方言』曰。癡、騃也。乃讀五駭切。俗語借用之字耳。》从馬。矣聲。《1部。》/466

◀ 제 8 획 ▶

騅 (추)【zhuī ㄓㄨㄟ】 오추마(검푸른 털에 흰 털이 섞인 말)
설문 5852 馬蒼黑襍毛。《「黑」當作「白」。『釋嘼(畜)』、『毛傳』皆云。蒼白襍(雜)毛曰騅。蒼者、青之近黑者也。白毛與蒼毛相閒而生、是爲青馬。騅深於青白襍毛之驄(驄)、未黑也。若黑毛與蒼毛相閒而生、則幾深黑矣。『釋言』曰。菼、騅也。『王風:傳』曰。菼、薍也。萑之初生者。〔艸部〕曰。菿者、萑之初生。一曰騅。此以同色名之。觀萑葦之初生之色。則知蒼白之不可易矣。O『六書故』云。【徐-本】作白。正謂【唐本】不作白也。》从馬。隹聲。《職追切。15部。》/461

騈 (병)【pián ㄆㄧㄢˊ】 땅 이름 ■변:나란히 할
설문 5893 駕二馬也。《『平帝本紀』曰。詔光祿大夫劉(劉)歆等襍(雜)定婚禮。四輔、公卿、大夫、士、郎、吏家屬皆以禮娶。立軺併馬。服虔曰。立軺、小車也。併馬、驪駕也。按驪讀同伉儷、非馬深黑色。〔木部:棔〕下曰。讀若驪駕是也。併馬謂之儷駕。亦謂之騈。併騈皆从幷、謂並(竝)二馬也。『左傳』。渾良夫乘中佃兩牡。葢(蓋)是駕二。『毛詩』說士駕二。『禮:王度記』亦言士駕二。王肅云。夏后氏駕兩謂之麗。騈之引伸、凡二物幷曰騈。》从馬。幷聲。《部田切。古音在 11部。》/465

騺 추【chuí ㄔㄨㄟˊ】 ㊤㊥⑨㉕ zuī ㉕ zhuǐ 말 작은 모양, 말 느릴 ■주:같은 뜻
설문 5875 馬小皃(貌)。从馬。垂(垂)聲。讀若箠。《之壘切。按當依『廣韵』之累切。16、17部。〔辵(辶)部〕邌以爲聲。》籀文从𠂹(垂)。/463
형성 (1자) 주(邌 𩣡)1103

騊 (도)【táo ㄊㄠˊ】 말이름(북쪽 준마), 도도말같은 짐승이름
설문 5954 騊駼、《逗。》北野之良馬也。《『釋嘼(畜)』曰。騊駼馬、野馬。『如淳-漢書:注』曰。騊駼、野馬也。師古曰。騊駼、出北海中。其狀如馬。非野馬也。『楊雄傳』。前番禺。後陶塗。師古曰。國名。出騊駼。按如淳用『爾雅』爲訓。顏(顏)氏駁之。誤矣。騊駼爲北野之良馬、故謂之野馬。》从馬。匋聲。《徒刀切。古音在 3部。》/469

騋 (래)【lái ㄌㄞˊ】 (키가 7척 이상의)큰 말
설문 5877 馬七尺爲騋。八尺爲龍。《『周禮:廋人』曰。馬八尺以上爲龍。七尺以上爲騋。六尺以上爲馬。『庸風』。騋牝三千。『毛傳』。馬七尺以上曰騋。鄭司農以『月令』駕蒼龍說『周禮』。龍俗作「駥」。》从馬。來聲。『詩』曰。騋牝驪牝。《洛哀切。1部。》『詩』曰騋牝驪牝。《下「」牝字【各本】作「牡」。今正。『詩』曰。騋牝三千。『毛傳』曰。騋牝、騋馬與牝馬也。『釋嘼(畜)』曰。騋牝驪牝。『今-爾雅』譌作驪牡。而音義不誤。可攷。『音義』曰。騋牝頻忍反。下同。下同者、卽謂驪牝也。此以驪牝釋『詩』之騋牝。驪與騋以雙聲爲訓。謂騋馬驪色、亦兼牝馬也。此與『詩』曰不騋、不來也、合偁(稱)『詩』、『爾雅』正同。若『鄭-注:周禮』則引騋句絕。牡驪牝玄句絕。駒句絕。褭驂句絕。孫叔然讀

馬 10 ⑧

亦如是》/463

駻 (안)【àn ㄢˋ】 말 걷는 모양, 이마에서 입술까지 흰 말

설문 5862 馬頭有白發色。《大徐作馬頭有發赤色者。非是。『篇』、『韵(韻)』皆云。馬白額至脣。『集韵』曰。馬流星貫脣。則爲馬頭發白色矣。『廣韵』曰。騂騝、馬行。此今義也。按『東京賦』作「犴漢」。》从馬。岸聲。《五旰切。14部。》/462

騎 (기)【qí ㄑㄧˊ】 말 탈, 기마, 기병

설문 5890 跨馬也。《兩髀跨馬謂之騎。因之人在馬上謂之騎。今分平去二音。『曲禮』曰。前有車騎。『正義』曰。古人不騎馬。故【經典】無言騎者。今言騎、當是周末時禮。按『左傳』。左師展將以昭公乘馬而歸。此必謂騎也。然則古人非無騎矣。趙旃以其良馬二。濟其兄與叔父。非單騎乎。》从馬。奇聲。《渠羈切。古音在 17部。》/464

騏 (기)【qí ㄑㄧˊ】 검푸른 말

설문 5846 馬青驪文如綦也。《「如綦」【各本】作「如博綦」。不通。今依『李善-七發:注』、『玄應書:卷二,卷四,卷八』正。凡馬言色者、如下文深黑色、淺黑色。全體之色也。其言某處黑、某處白、發白色、發赤色。一耑(端)之色也。言襍(雜)毛者、謂其毛異色相錯。非比異色成片段者也。其曰文者、獨此而已。謂異色成枝條相交、如文之錯畫(畫)然。下文青驪馬爲駽、謂其全體青黑色。此云青驪文如綦、謂白馬而有青黑紋路相交如綦也。〔綦:糸部〕作綥、白蒼文也。綦者、青而近黑。『秦風:傳』曰。騏、綦文也。『魯頌:傳』曰。蒼騏曰騏。蒼騏卽蒼綦。謂蒼文如綦也。『曹風:其弁伊騏:傳』曰。騏、騏文也。『正義』作「綦文」。『顧命』騏弁。『鄭-注』曰。青黑曰騏。本作「綦弁」。古多叚(假)騏爲綦。》从馬。其聲。《渠之切。1部。》/461

騑 (비)【fēi ㄈㄟˉ】 곁말(사마(駟馬)의 바깥 2마리)

설문 5892 驂也。旁馬也。《【各本】無上「也」字。不可通。今補。攷『禮記:正義』、『文選:注』引『說文』。或作「旁馬也」三字。或作「驂旁馬也」四字。正由有二也字而奪一耳。騑馬、【經典】皆謂之驂。故曰驂也。下文云駕三馬曰驂。許意古爲駕三馬之名。後乃駕四駕六、其旁馬皆得驂名矣。故又申之曰旁馬。旁者、冡上在軛中言之。不當衡下者謂之驂。亦謂之騑。駕三駕四所同也。若『小雅:傳』曰。騑騑、行不止之皃(貌)。別爲一義。》从馬。非聲。《甫微切。15部。》/464

◀ 제 9 획 ▶

騖 (무)【wù ㄨˋ】 달릴, 빠를, 힘쓸

설문 5914 亂馳也。从馬。敄聲。《亡遇切。古音在 3部。》/467

騝 (해)【xié ㄒㄧㄝˊ】 말 길들

설문 5897 馬和也。《「和」當作「龢」。『孫卿』曰。六馬不和則造父不能以致遠。》从馬。皆聲。《戶皆切。15部。》/465

騛 (비)【fēi ㄈㄟˉ】 빠른 말, 말 빠를

설문 5870 馬逸足者也。《者字今補。逸當作「兔」。『廣韵(韻)』曰。騛兔、馬而兔走。『玉篇』曰。騛兔、古之駿馬也。『呂氏-春秋:高-注』曰。飛兔、要褭皆馬名也。日行萬里。馳若兔之飛。因以爲名也。》从馬飛。《會意。飛亦聲。甫微切。15部。》『司馬法』曰。飛衛(衛)斯輿。《『司馬法』今佚。此偁(稱)『司馬法』說从飛之意也。》/463

騠 (제)【tí ㄊㄧˊ】 좋은 말, 준마

설문 5948 駃騠也。从馬。是聲。《杜兮切。16部。》/469

騢 (하)【xiá ㄒㄧㄚˊ】 위라말

설문 5851 馬赤白襍毛。《襍毛者、謂異色之毛襍亂相厠也。或作襍色。非是。『魯(魯)頌』有騢。『釋嘼』、『毛傳』皆曰。彤白襍毛曰騢。》从馬。叚聲。《乎加切。古音在 5部。》謂色似鰕魚也。《此當作「色似鰕魚」四字、系襍毛之下。如驒下文如鼉魚一例。鰕魚謂今之蝦。亦魚屬也。蝦畧(略)有紅色。凡叚聲多有紅義。是以瑕爲玉小赤色。此六者葢(蓋)【舊-注】之僅存者。》/461

騤 (규)【kuí ㄎㄨㄟˊ】 本[말 걸음 위의 있을] 달릴, 건장할 ■결:가마가 등에 있을, 소용돌이처럼 난 털이 등에 있을

설문 5902 馬行威儀也。《「馬行」上當有「騤騤」二字。『詩』三言四牡騤騤。『采薇:傳』曰。彊也。『桑柔:傳』曰。不息也。『烝民:傳』曰。猶彭彭也。各隨文解之。許檃栝之云馬行威儀皃(貌)。於曡韵(疊韻)取義也。》从馬。癸聲。《渠追切。15部。》『詩』曰。四牡騤騤。/466

騧 (과)【guā ㄍㄨㄚˉ】(입 가장자리가 검은)공골마 ■괘:속음 ■왜:같은 뜻

설문 5858 黃馬黑喙。《『釋嘼(畜)』曰。白馬黑脣駩。黑喙騧。如『爾雅』之文、則是白馬黑喙也。『秦風:傳』曰。黃馬黑喙曰騧。許本之。豈『今-爾雅』奪黃馬二字與。郭云。今之淺黃色者爲騧馬。》从馬。咼聲。《古華切。17部。宋明帝以騧字似禍。改从瓜。遂於古音不合。》籒文騧。《咼聲、咼聲同在17部。》/462

◀ 제 10 획 ▶

騩 (괴)【kuì ㄎㄨㄟˋ】 ㉳㊥⑨㉺ guī 가라말 ■귀:같은 뜻 ■퇴:흰 말

설문 5849 馬淺黑色。《『漢舊儀』。有天地大變。丞相上病。使者奉【策書】。駕騩駱馬。卽時布衣步出府。免爲庶人。丞相有他過。使者奉【策書】。駕騅騩馬。卽時步出府。乘棧車牝馬歸。按乘騩者、取無色之意。》从馬。鬼聲。《俱位切。15部。》/461

騫 (건)【qiān ㄑㄧㄢˉ】 말이 배 앓을, 이지러질, 훽 뛰어 나갈

설문 5924 馬腹墊也。《「墊」【各本】作「縶」。自『篇』、『韵(韻)』已然。小徐作「縶」、則更誤。今正。〔土部〕曰。墊者、下也。引『春秋傳』。墊隘馬腹。墊、正俗所云肚腹低陷

馬 10 ⑧

也。『仲尼弟子列傳』閔損字子騫。是其義矣。『考工記』。小體騫腹謂之羽屬。『詩:無羊、天保:傳』皆曰。騫、虧也。〔亍部〕曰。虧者、气損也。按『詩』騫裳字本用此。見『詩』、『左傳』釋文。謂摳衣不使盈滿也。俗借褰絝字爲之。習者不知其非矣。》从馬。寒省聲。《去虔切。14部。》/467

騬 (승)【chéng ㄔㄥˊ】(말의)불깔, 불친 말 ■증:같은 뜻

설문 5932 犗馬也。《〔牛部〕曰。犗者、犍牛也。其事一、故其訓互通。》从馬。乘(乘)聲。《食陵切。6部。》/467

騅 (학)【hè ㄏㄜˋ】㉲㊥⑨ hé 동산 이름, 이마가 흰 말 ■악:같은 뜻, 말이름

설문 5943 苑名也。《苑見下文。『騅苑』、葢(蓋)漢苑三十六所之一也。》一曰馬白頟。《與駒音義皆同。鳥之白曰㕺。白牛曰騅。》从馬。隺聲。《下各切。古音在 2部。》/468

䮴 (몽)【méng ㄇㄥˊ】버새

설문 5951 驢子也。《『何承天-纂:文』同。》从馬。冡聲。《莫紅切。9部。》/469

隲 (즐)【zhì ㄓˋ】수말(말의 수컷), 오를

설문 5841 牡馬也。《『釋嘼(畜)』曰。牡曰騭(隲)。牝曰騇。郭云。今江東呼駁馬爲騭。按騭古叚(假)陟爲之。『小正』。四月執陟攻駒。陟騭古今字。謂之騭者、陟升也。牡能乘牝。『月令』所謂累牛騰馬。皆乘匹之名。『月令』三月遊牝。『小正』四月執騭。事實相因也。若『釋詁』曰。騭、陞也。『郭-注』引『方言』。魯衞(魯衛)之閒曰騭。『洪範』。惟天陰騭下民。馬融曰。騭、升也。升猶擧(擧)也。擧猶生也。『漢:五行志』引【經】。服虔曰。騭音陟。應劭曰。騭、升也。此等騭字皆登陟字之假借。『爾雅』以釋【詩書】者也。故陟騭並(竝)列。而統曰陞也。『方言』。躡郅跂狢躋踚登也。魯衞曰郅。『郭-注:爾雅』引之。「郅」作「騭」。葢(蓋)郭當日所見不誤。後人或用其音、改其本字耳。『方言』與『爾雅』同義。》从馬。陟聲。《【鉉本】此下有讀若郅三字。此必後人羼入。非許原文也。陟聲古音在今職韵(韻)。郅聲古音在今質韵。相隔甚遠。諸家訓登。子愼音陟。騭之爲之翼切無可疑矣。葢自僞『孔安國-解:尙書』云騭、定也。意謂爲質之假借。而陸德明乃曰之逸反。師古乃音質。尤而效之者且改『方言』之騭爲郅。增竄讀若郅三字於【許書】。世有善讀【書】者。必能心知其意矣。1部。》/460

騊 (도)【tāo ㄊㄠ】말 걷는 모양

설문 5900 馬行皃(貌)。《此當曰騊騊、馬行皃。淺人刪(删)之也。牛徐行曰牪牪。馬徐行曰騊騊。今人俗語如是矣。》从馬。舀聲。《土刀切。古音在 3部。按『篇』、『韵(韻)』皆左舀右馬作「䭲」。『初學記』引『何承天-纂文』作「䭲」。》/465

驏 (전)【zhàn ㄓㄢˋ】(흙 목욕하려고)말이 땅에 구를

설문 5935 馬轉臥土中也。《『韓詩:外傳』曰。其馬佚而驏吾園。而食吾葵。》从馬。展聲。《張扇反。14部。按【各本】無此篆。『藝文類聚』引『說文』有之。今依『玉篇』列字次弟補於此。》/467

유사 왼쪽백이 주(馵馵馵馵) 한 살된 말 환(馯)

성부 羈騫罵기【356-4642】

駵 (류)【liú ㄌㄧㄡˊ】월다말, 꽃 처럼 붉은 말

설문 5850 赤馬黑髦尾也。《「髦」【各本】作「毛」。今依『廣韵(韻)』正。髦者、髦髮也。髮之長者偁(稱)髦。因之馬鬣曰髦。『魯(魯)頌:傳』曰。赤身黑鬣曰駵。》从馬。丣聲。《「丣」【各本】作「畱(留)」。篆體作「騮」。大誤。今依『五經文字』、『玉篇』、『廣韵(韻)』正。力求切。3部。》/461

騯 (팽)【péng ㄆㄥˊ】(말이)갈

설문 5886 馬盛也。《「也」當作「皃(貌)」。》从馬。旁聲。《旁、溥也。此擧(擧)形聲包會意。薄庚切。古音在 10部。》『詩』曰。四牡騯騯。《『小雅:北山』四牡彭彭。『傳』曰。彭彭然不得息。『大雅:烝民』。四牡彭彭。『箋』云。彭彭、行皃。『大明』。四騵彭彭。『箋』云。馬强。疑皆非許所偁(稱)。『鄭風:淸人』。駟介旁旁。葢(蓋)許偁此、而駟介轉寫譌四牡耳。許所據旁作騯。『毛傳-本』有騯騯、盛皃之語。後逸之。【二章】曰。麃麃、武皃。【三章】曰。陶陶、驅馳皃。則知【首章】當有騯騯、盛皃矣。》/464

騰 등【téng ㄊㄥˊ】뛸, 오를, 달릴, 날칠, 전할, 보낼, 성씨

설문 5942 傳也。《傳與上文傳同。皆張戀切。引伸爲馳也。爲躍也。》从馬。朕聲。《徒登切。6部。》一曰犗馬也。《上文犗馬謂之騬、則是騰爲騬之叚(假)借字也。亦有叚騰爲乘者。如『月令』㮣牛騰馬。讀乘匹之乘。》/468

騱 (해)【xī ㄒㄧ】⑨ xí 들말, 야생마 ■계:앞발 모두 흴

설문 5953 驒騱也。《依『韵(韻)會』訂。》从馬。奚聲。《胡雞(鷄)切。16部。》/469

䮧 (한)【hàn ㄏㄢˋ】털이 긴 말

설문 5869 馬毛長者也。《者字依『文選:長楊賦:注』補。此謂馬毛長者名䮧也。多借翰字爲之。翰行而䮧廢矣。『尙書:大傳』。之西海之濱。取白狐靑翰。『注』曰。長毛也。『文選:長楊賦-翰林主人:注』引『說文』。毛長者曰翰。『曲禮』。雞曰翰音。『注』曰。翰猶長也。『常武:詩』。如飛如翰。『箋』云。鳥中豪俊。葢(蓋)其字皆當作「䮧」。引伸假借之字也。》从馬。倝聲。《侯旰切。14部。》/463

騶 (추)【zōu ㄗㄡ】마부, 거덜, 기수

설문 5939 廄御也。《按騶之叚(假)借作「趣」。『周禮』、『詩』、『周書』之趣馬。『月令』、『左傳』謂之騶。一用叚借、一用本字也。『周禮』。乘馬一師四圉。三乘爲阜。阜一趣馬。三阜爲毄。毄一馭夫。六毄爲廄。廄一僕夫。趣馬掌贊正良馬。而齊其飮食。掌駕說之頒。鄭曰。趣馬、趣養馬者也。按趣者、疾也。掌疾養馬故曰騶。其字从芻馬、正謂養馬也。『左傳』。程鄭爲乘馬御。六騶屬焉。使訓羣(群)騶知禮。

㉲ 作家出版社〔董蓮池-說文解字考正〕 ⑨ 九州出版社〔柴劍虹-說文解字〕 ㉠ 陝西人民出版社〔蘇寶榮-說文解字今注今譯〕 ㉳ 上海古籍出版社〔說文解字注〕 ㊥ 中華書局〔臧克和-說文解字新訂〕

『杜-注』云。六騶、六閑之騶。『月令』。季秋。命僕及七騶咸駕。鄭云。七騶謂趣馬主爲諸官駕說者也。『周禮』趣馬統於馭夫。馭夫統於廄之僕夫。故約言之曰廄馭。『漢書』。材官騶發。蘇林讀爲驟。如淳讀爲菆。》从馬。芻聲。《此擧(擧)形聲包會意。側鳩切。4部。》/468

騷 (소)【sāo ㄙㄠˉ】[本][말 어루만질] 떠들, 소동, 근심할, 근심 ■수:바람에 움직이는 모양

[설문] 5934 摩馬也。《【各本】摩馬上有「擾也一曰」四字。淺人所增也。今刪(删)正。人曰搔。馬曰騷。其意一也。摩馬如今人之刷馬。引伸之義爲騷動。『大雅:常武:傳』曰騷、動也是也。『檀弓:注』曰。騷騷爾、大疾。若『屈原列傳』曰『離騷』者猶離憂也。此於騷古音與憂同部得之。騷本不訓憂。而擾動則生憂也。故曰猶。》从馬。蚤聲。《穌遭切。古音在 3部。》/467

◀ 제 11 획 ▶

驇 (치)【zhì ㄓˋ】짐이 무거워 말이 괴로워 하는 모양

[설문] 5930 馬重皃(貌)也。《『晉:世家』。惠公馬驇不行。卽『左傳』晉戎馬還濘而止。『今本-史記』作「鷙」。譌字也。『秦本紀』作「馬鷙」。不誤。〔癶部〕曰。𤼵、驇不行也。【今本】亦譌鷙。『莊子:馬蹄篇』。闉扼鷙曼。崔云。拒扼頓遲也。『今刻-釋文』亦譌从鳥。而『集 韵(韻)』、『類篇』不誤。車之前重曰輊。馬重曰驇。其音義一也。『廣雅』。驐騺、止也。騺卽驇。》从馬。埶聲。《【各本】執譌執。篆體上从執、則失其聲矣。今皆正。陟利切。15部。亦勑利切。》/467

驀 (맥)【mò ㄇㄛˋ】[本][말 탈] (뛰어)넘을, 곧장

[설문] 5889 上馬也。《『吳都賦』曰。驀六駮。上馬必捷。故引伸爲猝乍之偁(稱)。》从馬。莫聲。《莫白切。古音在 5部。》/464

騽 (읍)【xí ㄒㄧˊ】등이 누른 가라말, 정강이 뼈가 굳셀 ■습:같은 뜻

[설문] 5868 馬豪骭也。《骭者、骹也。骹者、脛也。『高誘-注:淮南』曰。骭、自膝以下脛以上也。豪骭謂骭上有脩豪也。『魯(魯)頌:傳』曰。豪骭曰驔。『正義』本作豪骭白。白衍。》从馬。習聲。《似八切。7部。按此篆宜刪(删)正。『玉篇』驔騽二篆相接。葢(蓋)『說文』之舊。》/463

驁 (오)【áo ㄠˊ】[상][中]⑨[작] ào 준마

[설문] 5871 駿馬。《句絕。謂駿馬名也。『大射禮』。公入驁。『注』曰。驁夏、亦樂章也。以鍾鼓(鼓)奏之。按驁夏、葢(蓋)取翶翔之意。凡奇士偁(稱)豪俊者可作「驁俊」。如『尚書』嫯可爲奋豪字也。》目(以)壬申日死。乘馬忌之。《忌此日也。》从馬。敖聲。《五到切。2部。》/463

驂 (참)【cān ㄘㄢˉ】곁말, 곁말로 세울

[설문] 5894 駕三馬也。《驂三疊韵(疊韻)爲訓。『詩:干旄』。良馬四之。良馬五之。良馬六之。『傳』曰。四之、御四馬也。五之、驂馬五轡也。六之、四馬六轡也。然則毛公有駕三之說矣。王肅云。古者一轅之車駕三馬。則五轡。其大夫皆一轅車。夏后氏駕兩謂之麗。殷益以一騑謂之驂。周人又益以一騑謂之駟。本從一驂而來。亦謂之驂。【經】言驂則三馬之名。『五經異義』。天子駕數。『易-孟, 京』、『春秋:公羊』說天子駕六。『詩』毛說天子至大夫同四。士駕二。『詩』云四驃彭彭。武王所乘。龍旂承祀。六轡耳耳。魯(魯)僖所乘。四牡騑騑。周道倭遲。大夫所乘。謹按『禮:王度記』曰。天子駕六。諸侯與卿同駕四。大夫駕三。士駕二。庶人駕一。說與『易』、『春秋』同。駁曰。玄之聞也。『周禮:校人』。掌王馬之政。凡頒良馬而養乘之。乘馬一師四圉。四馬爲乘。此一圉者、養一馬而一師監之也。『尚書:顧命』。諸侯入應門。皆布乘黃朱。言獻四黃馬朱鬣也。旣實周天子駕六。『校人』則何不以馬與圉以六爲數。『顧命』諸侯何以不獻六馬。『易經』時乘六龍者、謂陰陽六爻上下耳。豈故爲禮制。『王度記』云天子駕六者、自是『漢法』、與古異。大夫駕三者、於【經】無以言之。依鄭駁則古無駕三之制。孔晁云。馬以引重。左右當均。一轅車以兩馬爲服。旁以一馬驂之。則偏而不調。非人情也。株林曰。乘我乘驕。『傳』曰。大夫乘驕。則毛以大夫亦駕四也。且殷之制亦駕四。故王基云。『商頌』約軝錯衡。八鸞爭鏘鏘。是則殷駕四不駕三也。按『詩-箋』曰。驂、兩騑也。『檀弓:注』曰。騑馬曰驂。葢(蓋)古者駕四。兩服馬夾輈在中。左右各一。騑馬左右皆可以三數之。故謂之驂。以其整齊如翼言之則謂之騑。驂本非謂駕三也。『顧-王度記』曰大夫駕三。『故訓:傳』亦言驂馬五轡。則是古有其說。故許釋驂爲駕三。然許不偁(稱)『王度記』天子駕六以下云云。於騑下亦云驂也。是『說文』晚成。不堅執異義之說。其說【經】非不與鄭合矣。》从馬。參聲。《倉含切。古音在 7部。》/465

驃 (표)【piào ㄆㄧㄠˋ】황부루(흰 털이 섞인 황색 말)

[설문] 5859 黃馬發白色。《發白色者、起白點(點)斑駁也。『釋嘼(畜)』曰。黃白曰騜。『毛詩』衹作「皇」。然則皇卽驃與。〔牛部:犥〕下曰。牛黃白色。與驃音正同也。》一曰白髦尾也。《謂黃馬而白鬣尾也。》从馬。㮾(票)聲。《毗召切。2部。》/462

驄 (총)【cōng ㄘㄨㄥˉ】총이말(푸른 빛을 띤 부루말)

[설문] 5855 馬青白襍毛也。《白毛與青毛相閒則爲淺青。俗所謂葱(蔥)白色。『詩』曰。有瑲葱衡。『釋器』曰。青謂之葱。》从馬。悤聲。《千公切。9部。》/462

驅 (구)【qū ㄑㄩˉ】몰아낼, 대열

[설문] 5912 驅馬也。《【各本】作馬馳也。今正。此三字爲一句。驅爲篆文。此三字言其義。許之例如此。驅馬常言耳。盡人所知。故不必易字以注之也。驅馬、自人策馬言之。〔革部〕曰。鞭、驅也。是其義也。》从馬。區聲。《豈俱切。古音在 4部。俗作「駈」。》敺古文驅。从攴。《攴者、小擊也。今之扑字。鞭、箠、策所以施於馬而驅之也。故

古文从攴。引伸爲凡駕馭追逐之偁(稱)。『周禮』。以靈鼓敺(鼓敺)之。以炮土之鼓敺之。『孟子』。爲淵敺魚。爲叢敺爵。爲湯武敺民。皆用古文。其實皆可作驅。與〔殳部〕之毆義別。》/466

◀ 제 12 획 ▶

驈 (율)【yù ㄩˋ】(작) shù 몸은 검고 다리만 흰 말, 사타구니가 흰 가라말 ▣술·휼:같은 뜻

설문 5856 驪馬白跨也。《跨者、兩股之閒也。『釋嘼(畜)』、『毛傳』皆曰。驪馬白跨曰驈。》从馬。矞聲。《食聿切。15部。》『詩』曰。有驈有騜。《『魯(魯)頌:駉』文。按『毛詩』作皇。許無騜字。『字林』乃有之。此騜後人所改耳。『韵(韻)會』作有皇。是也。『爾雅』作黃白騜。亦是【俗本】。》/462

騆 (한)【xián ㄒㄧㄢˊ】한쪽 눈이 흰 말

설문 5845 馬一目白曰騆。《「一」字賸。〔目部〕曰。瞯、戴目也。『爾雅』釋文引『倉頡篇』瞯、目病也。『廣韵(韻)』曰。瞯、人目多白也。是則人目白曰瞯。馬目白曰騆。騆卽从瞯省。『爾雅:釋嘼(畜)』「騆」作「瞯」。》二目白魚。《「二」當作「一」。按『釋嘼』曰。一目白騆。二目白魚。『魯頌:毛傳:正義』本作「二目白曰魚」。釋文本作「一目白曰魚」。以理覈之。葢(蓋)【陸本】是、【孔本】非。『毛傳』是、『爾雅』誤。『傳』言一目者、以別於二目也。假令二目白、則『傳』不言二。許本毛、則必上句言目白。下句言一目白。『毛本-爾雅』、則知『爾雅』轉寫失其眞也。魚『字林』作驗。許無驗字。類言之。》从馬。間聲。《戶間切。14部。『字林』作「騆」。》/461

驍 (효)【xiāo ㄒㄧㄠ】(작) jiāo 本[좋은 말] 굳셀, 날랠

설문 5874 良馬也。《『周禮』良馬與駑馬爲對文。良馬兼上文種馬、戎馬、齊馬、道馬田馬言也。『周易』曰。良馬逐逐。『左傳』云。以其良馬二。亦精駿之偁(稱)。按上文云駿、馬之良材者。此云良馬、卽蒙上文而言也。『魯(魯)頌:傳』曰。駉駉、良馬腹榦(幹)肥張也。引伸爲勇捷之偁。》从馬。堯聲。《古堯切。2部。》『詩』曰。驍驍牡馬。《陸氏德明所見『說文』如此。『詩』釋文曰。「駉」『說文』作「驍」。按堯聲、冋聲之類相去甚遠。無由相涉。『大雅:崧高』。四牡蹻蹻。『傳』云。蹻蹻、壯皃(貌)。『魯頌:泮水:傳』云。蹻蹻、言彊盛也。葢(蓋)『古本-說文』堯聲下有『詩』曰四牡驍驍六字。乃『崧高』之異文。或轉寫譌作驍驍牡馬。而陸氏乃有駉『說文』作驍之語矣。》/463

驒 (탄)【tuó ㄊㄨㄛˊ】연전총(둥글고 어룽어룽한 둥근 점이 박힌 말)

설문 5952 驒騱、《逗。》野馬屬。《「屬」【各本】作「也」。今依『太平御覽』正。依『爾雅』則騊駼爲野馬。故許謂驒騱爲野馬屬。『郭-注:子虛賦』曰。野馬、如馬而小。驒騱、駏驉類也。》从馬。單聲。《古音在 14部。郭璞、張守節皆音顚。大徐代何切。乃下文別一義之音也。》一曰驒馬。《二字【各本】奪。今補。驒騱合二字爲一物。此單言驒爲一物。名之宜正者也。》青驪白鱗。《青黑色之馬。起白片如鱗然。『釋嘼(畜)』曰。青驪驎驒。『魯頌:毛傳』同。郭云。色有淺深。斑駮隱粼。今之連錢驄(驄)也。郭意與許略異。》文如鼉魚。《謂如鼉魚青黑而白斑也。鼉見〔黽部〕。謂之魚者、水蟲皆得名魚也。似鰕魚則曰騢。似鼉魚則曰驒。音各相同也。徒河反。14、17部之合音。》/469

驔 (점)【diàn ㄉㄧㄢˋ】정갱이 흰 말

설문 5866 驪馬黃脅(脊)。《『魯(魯)頌』。有驔有魚。『釋嘼(畜)』曰。驪馬黃脊曰騽。『爾雅:音義』云。「騽」『說文』作「驔」。音簟。是則『爾雅』之騽卽驔之異體。許於此篆用『爾雅』、不用『毛傳』也。『毛傳』曰。豪骭曰驔。此卽驔之異說。『詩:音義』引『字林』云。驔又音覃。豪骭曰驔。是則『字林』豪骭一義不作騽也。『今-說文』乃別有騽篆。訓云豪骭。前與『毛詩』不合。後與『字林』不合。此葢(蓋)必非許原文。許原文或驔下有一曰豪骭之文。或驔篆後有重文作「騽」之篆。皆不可定。後人乃以兩義分配兩形耳。》从馬。覃聲。讀若簟。《徒玷切。7部。按覃之古音如淫。其入聲則如熠。古音又如尋。其入聲則如習。故驔騽必一字。鳥之鷣鷂。蟲之熠燿。其理一也。許此下當有「一曰馬豪骭」五字。又出一騽篆。解云。驔或从習。『廣韵(韻):二十六, 緝騽』字下云。馬豪骭。又驪馬黃脊。『玉篇』騽字下曰。驪馬黃脊。又馬豪骭。亦可證二義分二形之非矣。》/462

驕 (교)【jiāo ㄐㄧㄠ】本[키가 6자 되는 말] 씩씩할, 뻣뻣할, 길들지 않을

설문 5876 馬高六尺爲驕。《『漢廣』言秣其馬。言秣其駒。『傳』曰。六尺以上爲馬。五尺以上爲駒。按此駒字釋文不爲音。『陳風』乘我乘駒。『傳』曰。大夫乘駒。『箋』云。馬六尺以下曰駒。此駒字釋文作「驕」。引沈重云或作「駒」。後人改之。『皇皇者華』篇內同。『小雅』我馬維駒。釋文云。本亦作「驕」。據『陳風』、『小雅』則知『周南-本』亦作「驕」也。葢(蓋)六尺以下五尺以上謂之「驕」。與駒義迥別。【三詩】義皆當作驕而俗人多改作駒者、以駒與蔞株濡諏爲韵(韻)。驕則非韵。抑知驕其本字音在 2部。於 4部合韵。不必易字就韵而乖義乎。陸氏於【三詩】無定說。彼此互異。由不知古義也。毛云。大夫乘驕。以此推之。當是天子乘龍。諸侯乘騋。卿乘馬。》从馬。喬聲。《擧(擧)喬切。2部。》『詩』曰。我馬維驕。《『皇皇者華:二章』也。可以此訂『周南』譌字。》一曰野馬。《凡驕恣之義當是由此引伸。旁義行而本義廢矣。〔女部〕曰。嬌、驕也。〔心部〕曰。怚、驕也。皆旁義也。俗製嬌憍字。》/463

◀ 제 13 획 ▶

䮶 (악)【yuē ㄩㄝ】(상) wò, yú 말 걸음 조용하고 빠를 ▣옥·각:같은 뜻

설문 5925 馬腹下聲也。从馬。學省聲。《於角切。3部。按【許書】不必有此字。姑補於此。聲『廣韵(韻)』作「鳴」。》/467

驖 (철)【tiě ㄊㄧㄝˇ】검붉은 말 ▣절:같은 뜻

설문 5861 馬赤黑色。《此與青驪馬句法同。謂

黑色而帶赤色也。驖不見『爾雅』。『秦風:駟驖孔阜:傳』曰。驖、驪也。驪者、深黑色。許說小異。漢人或叚(假)鐵爲之。『前書:地理志』叚載爲之。》从馬。戴聲。《他結切。12部。》『詩』曰。四驖孔阜。《『秦風:駟驖』文。『今-詩』四作駟。按『詩:四牡、四騏』皆作四。惟『駟介』、『俴駟』乃作駟。駟、一乘也。故言馬四則但謂之四。言施乎四馬者、乃謂之駟。》/462

驗 (험)【yàn ㄧㄢˋ】 말 이름, 증거, 시험할, 조짐
설문 5879 馬名。《今用爲譣字。證也、徵也、效也。不知其何自始。驗行而譣廢矣。》从馬。僉聲。《魚窆切。7部。》/464

驙 (단)【zhān ㄓㄢˉ】 등 검은 흰 말, 머뭇거리는 모양 ▣단:같은 뜻 ▣탄:준마
설문 5929 駗驙也。从馬。亶聲。《張連切。14部。》『易』曰。乘馬驙如。《『周易:屯:六二』。屯如亶如。乘馬班如。「亶」俗作「邅」。『宋時-經典:釋文』不誤。『許-所據:易』葢(蓋)上句作「駗如驙如」。乘馬二字當爲誤文。》/467

驚 (경)【jīng ㄐㄧㄥˉ】 놀랄, 놀랠
설문 5921 馬駭也。《驚與警義別。『小雅』。徒御不警。『傳』曰。不警、警也。俗多譌驚。》从馬。敬聲。《舉(擧)卿切。11部。》/467

驛 (역)【yī ㄧˉ】 ㉠㉡㊥⑨㉢ yì 역말, (싹이)자랄
설문 5940 置騎也。《言騎以別於車也。馹爲傳車。驛爲置騎。二字之別也。『周禮:傳遽:注』曰。傳遽若今時乘傳騎驛而使者也。葢(蓋)乘傳謂車。騎驛謂馬。『玉藻:注』云。傳遽、以車馬給使者也。車謂傳。馬謂遽。渾言則傳遽無二。析言則傳遽分車馬。亦可證單騎從古而有。非【經典】所無。【許-傳】下云遽也。【遽】下云傳也。此渾言也。【驛】下云置騎也。【馹】下云傳也。此析言也。置騎猶『孟子』言置郵。俗用駱驛。》从馬。睪聲。《羊益切。古音在 5部。》/468
형성 (1자) 등(𩧫)2994

◀ 제 14 획 ▶

䮿 (여)【yú ㄩˊ】 ㉡㊥⑨㉢ wò 말 걸음 조용하고 빠를
설문 5903 䮿䮿、《二字今補。》馬行徐而疾也。从馬。與聲。《此篆【各本】作「鸒」。解云學省聲。於角切。今正。『玉篇』。䮿弋魚弋庶二切。馬行徐而疾。次騤下駸上。正與『說文』同。然則【古本】與『玉篇』同可知矣。『廣韵(韻):平聲:九，魚』。䮿以諸切。馬行皃(貌)。『去聲:九，御』。䮿羊洳切。馬疾行皃。『集韵:九，魚䮿』下曰。『說文』馬行徐而疾。引『詩』四牡䮿䮿。『類篇』。䮿羊諸羊茹二切。『說文』馬行徐而疾。引『詩』四牡䮿䮿。是可證『宋初-大徐本』不誤。『玉篇』、『廣韵』皆有鸒字。訓馬腹下鳴。不言出『說文』。『集韵』、『類篇』皆於鸒下云乙角切。引『說文』馬行徐而疾也。一曰馬腹下聲。是當丁度、司馬光編【書】時。『說文』已或譌舛。乃誤以爲一字兩義。『今本-說文』篆用鸒、解用䮿。正與〔鼎部:鼏〕篆鼏解、〔衣部:袗〕篆袀解同誤。葢(蓋)本有鸒篆解馬腹下聲、當與䮿篆爲伍耳。『論語:注』曰。與與、威儀中適之皃。〔心部〕曰。悬、趣步悬悬也。『蘇林-漢書:注』曰。懙懙、行步安舒也。是可以證䮿䮿之解矣。5部。》『詩』曰。四牡䮿䮿。《依『集韵』、『類篇』、『王伯厚-詩攷』所引『說文』補。『今-詩』無此句。『小雅:車攻』、『大雅:韓奕』皆云四牡奕奕。古音奕之平聲讀弋魚切。葢(蓋)卽其異文也。》/466

驟 (취)【zòu ㄗㄡˋ】 ㉠㉡㊥⑨㉢ zhòu 달릴, (말을)몰
설문 5909 馬疾步也。《步下曰。行也。走下曰。趨也。行下曰。人之步趨也。然則行兼步與趨言之。此馬行、馬步、馬走之別也。『小雅』曰。載驟駸駸。按今字驟爲暴疾之詞。古則爲屢然之詞。凡『左傳』、『國語』言驟者皆與屢同義。如宣子驟諫、公子商人驟施於國是也。『左傳』言驟。【詩書】言屢。『論語』言屢、亦言亟。其意一也。亟之本義敏疾也。讀去吏切、爲數數然。數數然卽是敏疾。驟驟之用同此矣。數之本義計也。讀所角切、爲數數然。乃又引伸爲凡迫促之意。好學者必心知其意。於此可見也。馳驟字『曲禮』叚(假)騶爲之。》从馬。聚聲。《鉏又切。古音在 4部。『徐仙民-毛詩』音反爲在遘。古音也。》/466

驘 (라)【luó ㄌㄨㄛˊ】 노새
설문 5949 驢父馬母者也。《「者」字今補。崔豹曰。驢爲牡。馬爲牝。卽生騾。馬爲牡。驢爲牝。生駏驉。『抱朴子』曰。世不信騾乃驢馬所生。云各自有種。況乎仙者難知之事哉。》从馬。嬴聲。《洛戈切。17部。今字作「騾」。》𩧺或从嬴。《嬴亦嬴聲也。》/469

◀ 제 16 획 ▶

驠 (연)【yàn ㄧㄢˋ】 꽁무늬 흰 말
설문 5867 馬白州也。《『山海經』曰。乾山有畕(畜)。其州在尾上。【今本】譌作川。『廣雅』曰。州、豚、臀也。『郭-注:爾雅』、『山海經』皆云。州、竅也。按州豚同字。俗作「启」。『國語』之龍豵、『史，漢:貨殖傳』之馬噭皆此也。『蜀志:周羣(群)傳』。諸毛繞涿居。署曰潞涿君。語相戲(戲)謔。涿亦州豚同音字也。『釋畕』曰。白州驠。》从馬。燕聲。《於甸切。14部。》/463

驢 (려)【lǘ ㄌㄩˊ】 ㉠㉡㊥⑨㉢ lǘ 당나귀, 푸른 다람쥐
설문 5950 驢獸、《二字今補。》侣(似)馬。長耳。从馬。盧聲。《力居切。5部。按驢、騾、駃騠、騊駼、驒騱、大史公皆謂爲匈奴奇畜。本中國所不用。故字皆不見【經傳】。葢(蓋)秦人造之耳。若『鄕(鄉)射禮-閭中:注』云。閭、獸名。如驢一角。或曰如驢岐蹄。引『周書』北堂以閭。閭斷非驢也。而或以爲一物何哉。》/4656

◀ 제 17 획 ▶

驤 (양)【xiāng ㄒㄧㄤˉ】 뒤 오른발이 흰 말, 말 뛸, 달릴
설문 5888 馬之低仰也。《「低」當作「氐」。馬之或俛或仰謂之驤。『吳都賦』。四騏龍驤。古多叚(假)襄爲驤。》从馬。

襄聲。《息良切。10部。》/464

驥 (기)【jì ㄐㄧˋ】천리마, 준마
설문 5872 千里馬也。孫陽所相者。《孫陽字伯樂。秦穆公時人。其所與有九方皐。卽九方歅。『戰國策(策)』汗明說春申君、是伯樂相驥事。按小徐說伯樂卽王良、卽郵無恤。大繆。》从馬。冀聲。《几利切。古音在 1部。》天水有驥縣。《『地理志』天水郡冀縣。『郡國志』漢陽郡冀縣。漢陽卽天水也。故城在今陝西鞏昌府伏羌縣東。『史』皆作「冀」、不作「驥」。『左傳』。冀之北土。馬之所生。許葢(蓋)援此說字形。从冀馬會意。【許本】作冀縣。謂此卽『左傳』生馬之地。淺人改之。》/463

驧 (국)【jú ㄐㄩˊ】새우등 말, 말 뛸, 말등 굽을
설문 5931 馬曲脊(脊)也。《〔勹部〕曰。匑者、曲脊也。音義皆同。》从馬。鞠聲。《巨六切。3部。『玉篇』作「驧」。》/467

◀ 제 18 획 ▶

驩 (환)【huān ㄏㄨㄢˉ】本[말이름] 기뻐할, 기쁨
설문 5878 馬名。《古叚(假)爲歡字。》从馬。雚聲。《呼官切。14部。》/464

◀ 제 19 획 ▶

驪 (리)【lí ㄌㄧˊ】가라말(검은 말), 검을
■려:같은 뜻 ■치:현이름
설문 5847 馬深黑色。《『魯(魯)頌:傳』曰。純黑曰驪。按引伸爲凡黑之偁(稱)。亦叚(假)黎棃爲之。》从馬。麗聲。《呂支切。16部。》/461

◀ 제 20 획 ▶

驫 퓨【biāo ㄅㄧㄠ】말 많을, 많은 말이 달리는 모양 ■표:물 이름
설문 5956 衆馬也。《『廣雅』曰驫驫、走皃(貌)也。『吳都賦』。驫駥矗矞。善曰。衆馬走皃也。》从三馬。《甫虯切。3部。『纂文』音風幽切。》/469
형성 (1자) 퓨(驫)3430

◀ 제 24 획 ▶

驫 (신)【biāo ㄅㄧㄠˉ】㊤㊥⑨㉿ shēn 뭇말이 가는 모양 ■집:나무 성한 모양
설문 3430 衆盛也。《〔焱部〕曰。焱、盛皃(貌)。驫與燊同意。三馬、三火皆盛意也。》從木。驫聲。《驫見〔馬部〕。『唐韵(韻)』甫虯切。『曹憲-廣雅』音曰。香幽必幽二反。『廣韵』甫烋切。又音標。然則驫音當在 3部明矣。而鉉云所臻切。『篇』、『韵』皆同。與許云驫聲者不合。葢(蓋)燊屬會意。驫屬形聲。而皆訓盛。燊讀若莘莘征夫之莘。因强同之耳。》『逸周書』曰。驫疑沮事。《【各本】脫「驫」字。今依『玉篇』補『周書』文酌解。七事。三、聚疑沮事。聚古讀如驟。與驫音近。驫疑沮事、猶云蓄疑敗謀也。【各本】此下有闕字者。淺人不解『周書』語。妄增也。》/250

188 骨 10-02 뼈 골

骨 골【gǔ ㄍㄨˇ】[설문부수 134] ㉠ gū 뼈, 뼈대
설문 2451 肉之覈也。《〔襾部〕曰。覈、實也。肉中骨曰覈。『蔡邕-注:典』引曰。肴(肴)覈、食也。肉曰肴。骨曰覈。『周禮』。丘陵、其植物宜覈物。『注』云。核物、梅李之屬。『小雅』。肴核維旅。『箋』云。豆實菹醢也。籩實有桃梅之屬。按覈核古今者。『故-周禮』經文作「覈」。『注』文作「核」。【古本】皆如是。『詩』肴核、『蔡邕-所據:魯(魯)詩』作「肴覈」。梅李謂之覈者、亦肉中有骨也。》从冎有肉。《去肉爲冎。在肉中爲骨。古忽切。15部。》凡骨之屬皆从骨。/164
성부 부록 색인 참조
형부 骨을 부수로 하는 대부분의 글자들
형성 (8자) 할(齃)1256 골(鶻)2267
알(歆)5323 골(顝)5378 골(榾)6314
활(滑)6888 골(搰)7661 골(縎)8182

◀ 제 3 획 ▶

骫 (위)【wěi ㄨㄟˇ】굽을, 모일
설문 2474 骨耑(端)骫㚟也。《〔夰部:㚟〕下曰。頭衺骫㚟態也。『招隱士』曰。林木茷骫。『王-注』。枝條盤紆也。『枚皋(皐)傳』。其文骫骳。曲隨其事。皆得其意。師古曰。骫骳猶言屈曲也。然則骫㚟者、謂屈曲之狀。骫字廁於此者、統人及禽獸之骨言。》从骨。丸聲。《於詭切。16部。按丸聲在 14部。此合韵(韻)也。》/167

骭 (간)【gàn ㄍㄢˋ】정강이뼈, 뼈, 갈비 ■한:같은 뜻
설문 2465 骹也。《『吕(呂)覽:注』引『孟子』。拔骭一毛而利天下。『甯戚歌』。短布單衣適至骭。按骭之言榦(幹)也。榦者、本也。人體之阯也。脅骨何以亦名榦也。曰脅榦見於『左傳』楄柎藉榦『公羊』搚榦而殺之。古榦翰通用。『毛詩』翰字多爲榦之假借。脅榦乃翰之假借。脅肋如鳥之羽翰分布也。》从骨。干聲。《古案切。14部。》/166

◀ 제 4 획 ▶

歆 (알)【wā ㄨㄚˉ】숨쉬기 거북할 (骨부 4획)
설문 5323 咽中息不利也。《【玄應本】作「气息不利」。多气字。咽者、嗌也。咽中息不利、若骾而非骾(骾)也。『通俗文』。大咽曰歆。咽讀去聲。與許義不合。》从欠。骨聲。《烏八切。15部。》/413

◀ 제 5 획 ▶

骴 (자)【cī ㄘˉ】새나 짐승의 잔골, 죽은 사람의 뼈 ■채:같은 뜻
설문 2473 鳥獸殘骨曰骴。《殘同朔。餘也。鳥獸『廣韵(韻)』作鳥鼠。『曲禮』曰。四足曰漬。『注』。漬謂相

骨 10 ④

瀸汚(汙)而死也。『小雅』。助我擧(擧)柴。〔手部〕引作「㧘」。毛、許皆云㧘、積也。『鄭-箋』。雖不中。必助中者擧積禽。【二經】漬㧘字音義皆同骴。故許知骴不謂人骨也。『周禮』。『蜡氏』掌除骴。【故書】骴作脊。先鄭云。脊讀爲殨。謂死人骨也。『月令』。掩骼埋胔。骨之尙有肉者也。及禽獸之骨皆是。此先鄭兼人與禽獸言之。而『公羊傳』。大災者何。大瘠也。大瘠者何。痢也。『漢:食貨志』。國亡捐瘠。孟康曰。肉腐爲瘠。捐骨不薶者。『公羊』、『漢志』瘠卽骴字。合之『鄭-注:月令』肉腐曰骴。蔡氏、高氏云有肉曰骴。又皆指人言之。說雖不同。皆關王政仁民愛物之意。其字正作「骴」。假借作「漬」、作「㧘」、作「瘠」、作「脊」。皆同音假借也。「漬」又作「殨」。骴、《逗。》可惡也。《釋骴字音義也。以其朔薉可惡。人所不欲見。故從骨從此。此亦聲。》从骨。此聲。《資四切。16部。》『明堂:月令』曰。《『大戴-禮:盛德篇』云。『明堂:月令』。盧辨曰。於『明堂』之中施十二月之令也。按『漢志:說禮』云。『明堂:陰陽:三十三篇』。古明堂之遺事。『月令』葢(蓋)三十三篇之一。許偁(稱)『月令』皆云『明堂:月令』。》掩骼薶骴。《【鉉本】此下有「骴或從肉」四字。鍇無。按假令許有此四字。則當先冠以篆文。胔見『周禮』、『禮記』釋文。或字也。『玉篇』骴作「㱔」。豈『周禮』、『說文-古本』皆如是與。『吕(呂)氏-春秋』作「䐢」。亦或字也。》/166

◀ 제 6 획 ▶

骸 (해)【hái ㄏㄞˊ】뼈, 몸, 정강이뼈, 엄지발가락의 털 ▣**개**:속음

설문 2466 脛骨也。《上文言脛也、骹也。不言骨者。骹骭皆目其表也。『骨空論』曰。膝解爲骸關。俠膝之骨爲連骸。然則正謂脛骨爲骸矣。下文云。連骸下爲輔。輔卽骸也。膝解爲其關。俠膝之骨連之也。字從亥者。亥、荄也。荄、根也。『公羊傳:注』。骸、人骨也。則引伸爲凡人骨之偁(稱)。》从骨。亥聲。《戸(戶)皆切。古音在 1部。》/166

骹 (교)【qiāo ㄑㄧㄠˉ】발 회목 뼈 ▣**효**:우는 살(전쟁 때에 쓰던 화살의 일종)

설문 2464 脛也。《脛、膝下也。凡物之脛皆曰骹。『釋嘼(畜)』馬四骹皆白。驓、『薛-注:西京』曰。靑骹、鷹靑脛者。『方言』曰。「矛骹」、細如鶴脛者。謂之「鶴膝」。『考工記』說輻材曰。參分其股圍。去一以爲骹圍。大鄭云。『方言』股以喩其豐(豊)。故言骹以喩其細。『禮』多假校爲之。『士喪禮:記』。綴足用燕几。校在南。校、脛也。『祭統』夫人薦豆執校。『注』校、豆中央直者也。此皆假校爲骹也。》从骨。交聲。《口交切。2部。》/165

骼 (격)【gé ㄍㄜˊ】백골 ▣**각**:희생의 뒷 정강이뼈 ▣**가**:〈네이버 자전〉

설문 2472 禽獸之骨曰骼。《按「骨」當作「髖」。『許-據:禮:十七篇』。故云禽獸之髖曰骼也。禽者走獸總(總)名。『儀禮』多言肫骼。「肫」亦作「膞」。皆『說文』之腨字也。骼亦作「胳」。於人曰髖也。髖者、髀上也。牲前足體三。曰肩、曰臑、曰臂。臑於人爲厷。肩下臂上也。後足體三。曰骼、曰髀、曰腨。禮髀賤不升。【故經】多言肩臂臑膞骼。臑在臂上。骼在肫上。而先言臂肫者、葢(蓋)四胑以下爲貴也。骼是本字。至『埤蒼』乃作「髂」。『廣雅』、『字林』變作「骻」。又或作「髁」。魚虞歌麻通轉之故也。云曰骼曰骴者、所以別人禽之異名。〔肉部〕曰。臂、羊豕曰臑。是其例也。『許-據:十七篇』爲言。故不敢謂骼爲人骨也。『月令』。孟春掩骼薶　骴。鄭云。骨枯曰骼。肉腐曰骴。蔡云。露骨曰骼。有肉曰骴。『高-注:吕(呂)覽』云。白骨曰骼。有肉曰䐢。『注:淮南』同。皆不言骼骴爲禽獸之骨也。則亦未嘗不可通用矣。》从骨。各聲。《古覈切。『廣韵(韻)』古伯切。古音在 5部。》/166

◀ 제 7 획 ▶

骾 (경)【gěng ㄍㄥˇ】(먹은 가시가)걸릴, 사람의 성질이 모져서 시속을 따르지 않을

설문 2471 食骨畱(留)咽中也。《『晉語』。卜籀曰。狹以銜骨。韋曰。骨所以鯁刺人也。忠言逆耳。如食骨在喉。故云骨骾之臣。『漢書』巳下皆作「骨鯁」。字從魚。謂畱(留)咽者魚骨較多也。依『說文』則鯁訓魚骨。骨畱咽中當作「骾」。按自髑至體皆言人骨。體者、總(總)上文言之也。䯎者、人骨之病也。骼骴二文、則禽獸之骨。骾者、人哽於物。骨主謂人。故其字非人骨而從骨。其次則必先於骼骴也。》从骨。叓(更)聲。《古杏切。古音在 10部。》/166

䯏 (괄)【guā ㄍㄨㄚˉ】뼈끝

설문 2462 骨耑(端)也。《「骨」當是「骸」之誤。『骨空論』云。膝解爲骸關。是也。關䯏(䯏)雙聲。䯏取機括之意。》从骨。昏聲。《古活切。15部。》/165

◀ 제 8 획 ▶

骿 (변)【pián ㄆㄧㄢˊ】통갈비

설문 2456 骿脅、《逗。》并榦(幹)也。《依『左傳:正義』訂。〔肉部〕。脅、膀也。肋、脅骨也。『廣雅』。榦(幹)謂之肋。是脅骨一名榦。故『韋-注:國語』云。骿、并榦也。『杜-注:左傳』云。駢脅、合榦也。其字『左傳』、『史記』作「駢」。『國語』、『吳都賦』作「骿」。『論衡』作「仳」。駢仳假借字。》从骨。并聲。《形聲包會意也。部田切。古音在 11部。》晉文公骿脅。《見『左傳:僖:卄三年』、『晉語』。》/165

髀 (비)【bì ㄅㄧˋ】㊤㊥⑨㉠ bǐ 넓적다리, 오금 윗마디의 다리 ▣**미·폐**:같은 뜻

설문 2457 股外也。《【各本】無「外」。今依『爾雅:音義』、『文選(選)-七命:注』、『玄應書』、『太平御覽』補。股外曰髀。髀上曰髖。〔肉部〕曰股、髀也。渾言之。此曰髀、股外也。析言之。其義相足。〔大部〕曰奎、兩髀之閒(間)也。》从骨。卑聲。《并弭切。16部。》 古文髀。《從足者、足所恃以能行也。『鄭司農-注:周禮:典』同曰。鍾形下當髀。按其文義當是庳之假借。庳、卑也。『列女傳』。古者婦人身子。寑不側。坐不邊。立不蹕。按其文義。當是跛之假借。【今-兩書】皆譌作「蹕」。》/165

髜 (적)【tì ㄊㄧˋ】뼈사이 누른 물 ▣**척**:같은 뜻 ▣**석**:사타구니뼈 사이

骨 10 ⑤

설문 2468 骨閒(間)黃汁也。从骨。易聲。讀若『易』曰惕若厲(厲厲)。《「讀若」二字小徐無。非也。『汗簡(簡)』、『古文四聲韵(韻)』皆云。鶻出『古-周易』。正因『說文』奪「讀若」字。遂徑作夕鶻也。夕惕若厲又見〔夕部〕及【他古籍】。『易』惟費氏以古字號『古文-易』。『鄭君-傳:費氏』。亦云惕、懼也。且易惕字屢見。倘古文皆作「鶻」。諸家必有爲之說者、而未見也。他歷切。16部。》/166

髁 (과)【kē ㄎㄜ-】⑨ kè 종지뼈

설문 2458 髀骨也。《「髁骨」猶言「股骨」也。『醫經』亦謂之股骨。『沈氏彤-釋骨』云。腰髁骨旁臨兩股者曰堅骨、曰大骨、曰髂。一身之伸屈司焉。故通曰機關。關之旁曰髀樞、亦曰樞機者、髀骨之入樞者也。在膝以上者曰髀骨。曰股骨。其直者曰楗。其斜上俠髖者則所謂機也。按髀之上曰髖卽俗所謂髂也。髁者、髀與髖相按之處。人之所以能立、能行、能有力者皆在於是。故『醫經』謂之機。『空骨論』曰俠髖曰機是也。『醫經』曰腰髁骨者、其字當作髁。卽髂字。不當作髁。『文選:注』引『埤蒼』曰髂、腰骨也。》从骨。果聲。《苦瓦切 17部。》/165

◀ 제 9 획 ▶

髃 (우)【ǒu ㄡˇ】앙가슴뼈, 어깨죽지

설문 2455 肩前也。《『士喪禮:記』。卽牀而奠。當腢。『注』曰。腢、肩頭也。腢卽髃字。『毛詩:傳』曰。自左膘而躲(射)之達於右髃。爲上殺。膘、脅後髀前肉也。『何-注:公羊』云。自左膘躲之達於右髃。中心死疾鮮絜也。髃本謂人。亦假爲獸骨之偁(稱)。凡肩後統於背前爲髃。髃之言隅也。如物之有隅也。》从骨。禺聲。《午口切。4部。》/165

◀ 제 10 획 ▶

髆 (박)【bó ㄅㄛˊ】어깨뼈

설문 2454 肩甲也。《〔肉部〕曰。肩、髆也。單呼曰肩。絫呼曰肩甲。甲之言葢(蓋)也。肩葢乎衆體也。今俗云肩甲者、古語也。『釋名』作「肩甲」。『靈樞經』作「肩胛」。『水經:注』云。如人袒胛。故謂之赤胛山。胛者、甲之俗也。『應劭-漢書:注』曰。大宛天馬汗血。汗從前肩髆中出。如血。『周禮:醢(醯)人豚拍:注』云。或曰豚拍、肩也。然則假拍爲髆字。》从骨。尃聲。《補各切。5部。》/164

髓 髓(수)【suǐ ㄙㄨㄟˇ】골(뼈 속에 차 있는 누런 빛깔의 기름 같은 물질)

설문 2467 骨中脂也。从骨。隓(隋)聲。《息委切。古音在 17部。隸(隸)作「髓」。》/166

◀ 제 11 획 ▶

髍 (마)【mó ㄇㄛˊ】자잘할, 중풍들

설문 2470 瘺病也。《〔疒(疒)部〕曰。瘺、半枯也。『漢書:敘傳』曰。又況幺𪎭不及數子。鄭氏曰。𪎭音麽。小也。晉灼曰。此骨偏𪎭之𪎭也。按二說皆是。本骨偏𪎭字借爲幺麽。是以『文選(選)』作「幺麽」。且偏𪎭是不全之病。不全則不大。故引伸爲不長曰幺、細小曰麽之義。【許書】無麽字。葢(蓋)以髍包之。不得以髍爲麽上爲疑也。》从骨。麻聲。《莫鄱切。17部。》/166

髏 (루)【lóu ㄌㄡˊ】해골

설문 2453 髑髏也。《二字疊韵(疊韻)。》从骨。婁聲。《洛矦切。4部。》/164

◀ 제 12 획 ▶

䯛 (궐)【jué ㄐㄩㄝˊ】볼기뼈

설문 2459 屍骨也。《『廣雅』曰。臎、臀也。臎者、翠之俗。『內則』所謂舒鴈翠、舒鳧翠是也。『呂(呂)覽』。雋觾之翠。『高-注』曰。翠、厥也。此假厥爲䯛也。『醫經』曰。尻骨曰脊骶、曰尾骶、曰尾屈、曰橛骨、曰窮(窮)骨。》从骨。厥聲。《居月切。15部。》/165

髖 (괴)【kuì ㄎㄨㄟˋ】무릎과 정강이 사이뼈

■개:머리뼈 ■귀:〈네이버 자전〉무릎뼈

설문 2463 厀脛閒(間)骨也。《『骨空論』云。骸下爲輔。輔上爲膕。膕上爲關。是也。膝解爲骸關。言外也。膕上爲關。言內也。》从骨。貴(貴)聲。《丘媿切。15部。》/165

◀ 제 13 획 ▶

髑 (촉)【dú ㄉㄨˊ】해골 ■독:속음

설문 2452 髑髏、《逗。》頂也。《〔頁部〕曰。頂、顚也。『廣雅』。頊顱謂之髑髏。按〔頁部〕。頊顱、頭骨也。》从骨。蜀聲。《徒谷切。3部。》/164

髺 (괴)【kuài ㄎㄨㄞˋ】동곳

설문 2475 骨擿之可會髮(髮)者。《髺會疊韵(疊韻)。『鄘風』。象之揥也。毛曰。揥所以摘髮。摘本又作「擿」。髺所以會髮、與揥所以擿髮訓釋正同。髺與揥一物而少異。『釋名』曰。揥、摘也。所以摘髮也。導所以導擽鬢髮、使入巾幘之裏也。或曰擽鬢以事名之也。然則揥一名擿。『鄘風』所云也。導一名擽鬢。漢魏巳後多云玉導、簪導。今人之抿簪。『詩』、『禮』之髺也。『周禮:弁師』。會五采玉琪。『注』曰。【故書】「會」作「髺」。先鄭云。讀如馬會之會。謂以五采束髮也。『士喪禮』。檜用組。乃笄。檜讀與髺同。書之異耳。說曰。以組束髮。乃箸笄。謂之檜。沛國人謂反紒爲髺。按先鄭說云爾者、葢(蓋)由會髮之器謂之髺。因之束髮謂之髺。與『儀禮』之檜同。『今-士喪禮』字作「鬠」。『注』云。古文鬠皆爲括。骨擿猶象揥也。必云骨者、爲其字從骨。髺者、獸骨之成器者也。故廁於末。》从骨。會聲。《形聲包會意也。古外切。15部。》『詩』曰。髺弁如星。《『衛風』文。今作「會弁」。『毛傳』曰。弁、皮弁。所以會髮。按此【傳】極可疑。葢淺人改竄也。皮弁者、諸矦所以視朔及與諸矦相朝聘。非爲會髮之用也。云所以會髮。殊不辭矣。『說文』多沿『毛傳』。其云可會髮者、必本『毛傳』此文。葢『毛詩本』作「髺弁」。【傳】本云髺所以會髮。弁、皮弁。正同『周禮-故書』皮弁髺五采。謂先束髮而後戴弁。其光耀如星也。自『鄭-箋:毛詩』乃易髺爲會。釋爲弁之縫中。與『注:周禮』從【今書】不從【故書】正同。後人據『箋』改『傳』。致有此不通耳。『毛、許、先鄭-說:詩禮』皆與後鄭不同。其義則後鄭爲長。》/167

骨 10 ⑬

體 (체)【tǐ ㄊㄧˇ】㉠ tǐ 몸, 이치, 모양
설문 2469 總(總)十二屬也。《十二屬許未詳言。今以人體及[許書]覈之。首之屬有三。曰頂、曰面、曰頤。身之屬三。曰肩、曰脊、曰尻。手之屬三。曰厷、曰臂、曰手。足之屬三。曰股、曰脛、曰足。合『說文』[全書]求之。以十二者統之。皆此十二者所分屬也。》从骨。豊聲。《他禮切。15部。》/166

髓 䯝(수)【suǐ ㄙㄨㄟˇ】골(뼈 속에 차 있는 누런 빛깔의 기름 같은 물질)
설문 2467 骨中脂也。从骨。隓(隓)聲。《息委切。古音在 17部。隸(隸)作「髓」。》/166

◀ 제 14 획 ▶

髕 (빈)【bìn ㄅㄧㄣˋ】종지뼈
설문 2461 厀耑(端)也。《厀、脛頭節也。『釋骨』云。葢(蓋)膝之骨曰膝髕。『大戴-禮』曰。人生朞而髕。髕不備(備)則人不能行。古者五荆(刑)臏、宮(宮)、劓、墨、死。臏者、髕之俗。去厀頭骨也。周改髕作「跀」。其字借作「刖」。斷(斷)足也。漢之斬趾是也。髕者癈不能行。跀者尙可箸踊而行。踊者、跀足者之屨。『莊子』。兀者叔山無趾。踵見仲尼。崔譔云。無趾故以踵行。是則跀輕於髕也。『古文-尙書:吕(呂)荆』說夏荆作「䠋」。『周本紀』、『漢:荆法志』、『周禮:司荆:注』引『尙書:大傳』皆作「髕」。『周禮:注』云。周改臏作「刖」。而『公羊:疏』引『鄭-駁:異義』云。『臯陶』改臏爲䠋。『吕荆』有䠋。周改䠋爲刖。與『周禮:注』不合。〔足部〕云。跳、跀也。跳卽䠋字。許謂跳卽跀矣。鄭析跳跀爲二。不知其制何以分別。竊謂『周禮:注』爲長。『駁:異義』則未定之論。許說亦非是也。䠋惟見於『吕荆』。【他經傳】無言跳、言䠋者。葢跳者髕之一名。故『周禮』說周制作「刖」。『吕荆』說夏制。則『今文-尙書』作「臏」。『古文-尙書』作「䠋」。實一事也。周改髕爲跀、卽改跳爲跀也。許釋跳爲跀。非。鄭云『臯陶』改髕爲跳。亦非也。「髕」作「跳」、如『禹貢』「蠙」作「玭」、『商書』「紂」作「受」。音轉字異。非有他也。》从骨。賓(賓)聲。《毗忍切。12部。》/165

◀ 제 15 획 ▶

髖 (관)【kuān ㄎㄨㄢ】옹두리뼈, 응덩이뼈
설문 2460 髀上也。《髀上爲尻之兩旁。故其字次於骶。髖者、其骨冣(最)寬大也。【諸書】所謂骻骨。骻胳皆同也。『埤蒼』作「胳」。『字林』作「骻」。皆云髀骨。謂上屬於髀也。『釋名』云。樞機也。要髀股動搖如樞機也。正謂此髖與髀相接處。『釋骨』曰。骶之上俠脊十七節至二十節起(起)骨曰腰髁骨。曰兩髁。按「髁」當作「骻」。○『骨空論』云。輔骨上、橫骨下爲楗。『注』。膝輔骨上、腰髖骨下爲楗。按橫骨卽髖。橫之言廣也。楗卽髀骨之直者。機卽髀骨與髖相構處也。》从骨。寬(寬)聲。《胡官切。14部。》/165

骨 10 ⑬

189 10-03 高 훈 높을 고

高 고【gāo ㄍㄠ】[설문부수 187] (위치, 지위, 값)높을
설문 3174 崇也。《〔山部〕曰。崇、嵬高也。》象臺觀高之形。《謂㐭也。》从冂口。《上音莫狄切。下音圍》與倉舍同意。《倉舍皆从口。象築也。㐭與中皆象高。古牢切。2部。》凡高之屬皆从高。/227
성부 부록 색인 참조
형부 高를 부수로 하는 대부분의 글자들
형성 (13자+2) 각(毃)1867 고(敲)1951 폭(翯)2161 고(膏)2495 고(槀)3454 호(鄗)3897 고(稾)4242 혹(熇)6134 호(滈)6983 호(鰝)7304 호(縞)8205 각(塙)8614 호(鎬)8870 학(嗃) 고(藃)

◀ 제 2 획 ▶

高 (경)【jiōng ㄐㄩㄥ】㊤㊥⑨㉮ qǐng 원두막
설문 3175 小堂也。《『集韵(韻)』曰。傾覺切。瓜屋也。》从高省。冋聲。《去穎切。11部。》廎高或从广。《元次山唐廎。宋人多謂廎卽(卽)亭字。非也。今按可讀如今之廳。》頃聲。《[宋本]有聲。》/227

◀ 제 7 획 ▶

𩫏 郭 곽【guō ㄍㄨㄛ】[설문부수 189] 本[헤아릴] 성(城) (高부 7획)
설문 3183 度也。《此以音說義與蒦度也、音義略同。》民所度居也。《『釋名』曰。郭、廓也。廓落在城外也。按聲𩫏字今作郭。郭行而𩫏廢矣。〔邑部〕曰。䣊(郭)、齊之郭氏虛也。鼓(鼓)下云。萬物郭皮甲而出。當作𩫏。卽今之廓字也。》从回。象城𩫏之重。《內城外𩫏。》兩(兩)亭相對也。《謂上㐭下㐭也。內城外𩫏。兩亭相對。『漢典略』曰。雒陽二十街。街一亭。十二城門。門一亭。此城內亭也。『百官公卿表』。縣道十里一亭。此城外亭也。》或但从口(囗)。《音韋。謂篆作𩫖也。按當出𩫖篆、在皆从𩫏之下。》凡𩫏之屬皆从𩫏。/228
【墉】下曰:𩫏古文墉。/688
성부 郭곽
형부 결(䦌)
형성 (2자) 곽(椁)3679 곽(崞)5596

◀ 제 10 획 ▶

䦌 (결)【qué ㄑㄩㄝˊ】㊤㊥⑨㉮ quē 이지러질 ■열:같은 뜻 (高부 10획)
설문 3184 缺也。《以疊韵(疊韻)爲義。》古者城闕其南方謂之䦌。《闕之義同缺。『何氏-公羊傳:注』曰。天子周

城。諸侯軒城。軒城者、缺南面以受過也。按『毛詩:傳』日。闉、曲城也。闍、城臺也。城門上有臺謂之闍。『周官:匠人』、『詩:靜女』、所謂城隅也。無臺謂之夬(𦉪)。『詩:子衿』所謂城闕也。三面有臺、而南方無臺。故謂之㚟。猶軒縣之缺南方、泮水之缺北方。不敢同天子也。『毛詩』城闕當作㚟。闕其假借字。非象闕之闕也。『詩』日。在城闕兮。『傳』日。乘城而見闕。『箋』申之日。登高而見於城闕。明非城墉不完、如『公羊:疏』所疑也。本城㚟之字、故从𩫖。引伸爲凡缺之偁(稱)。故先之日缺也。》从𩫖。叏聲。讀若拔物爲決引也。《以物塞其口。拔其物使內出。㚟傾雪切。15部。》/228

190 10-04 髟 머리털 표

髟 [표]【biāo ㄅㄧㄠˉ】[설문부수 334] [작] shān 머리털 늘어질 ■퓨:같은 뜻 ■삼:처마

[설문] [5469] 長髮猋猋也。《猋與髟曡(疊)韵。「猋猋」當依『玉篇』作「髟髟」。『通俗文』日。髮垂日髟。『潘岳-秋興賦』。斑鬢髟以承弁。按『馬融-長笛賦』。特麚昏髟。『注』。髟、長髦。『廣成頌』日。羽旄紛其髟𩭧。旚繇之假借字也。》从長彡。《彡猶毛也。會意。『五經文字』必由反。在古音 3部。〔桼部:髼〕从此爲聲。可得此字之正音矣。音轉乃爲必凋切。匹妙切。其云所銜切者。大謬。誤認爲彡聲也。》一日白黑髮襍而髟。《依『李善-秋興賦:注』補此八字。而、似當作日。》凡髟之屬皆从髟。/425

[성부] 부록 색인 참조

[형부] 止를 부수로 하는 대부분의 글자들

척(鬄) 사(鬆髼)

[형성] (1자+1) 휴(髼髼)3733 휴(髼)

◀제3획▶

髡 (곤)【kūn ㄎㄨㄣˉ】(형벌로서)머리 깎을, 가지 칠 ■골·올:같은 뜻

[설문] [5502] 鬄髮也。《『楚辭:涉江』。接輿髡首。『王-注』云。髡、剔也。剔者、俗鬄字。『周禮』。髡者使守積。『注』云。此必王之同族不宮者。宮之爲翦其類。髡之而已。〔而部〕日。罪不至髡。完其而鬢日耏。》从髟。兀聲。《苦昆切。13部。》髨或从元。《元亦兀聲也。故亦从元聲。古或假完爲髡。如『漢:荆(刑)法志』。完者使守積。『王制:注』同。》/428

◀제4획▶

髻 (개)【jiè ㄐㄧㄝˋ】[本][쪽질, 머리 땋을] 상투

[설문] [5493] 簪結也。《鬠結者、旣簪之髻也。許以笄與㚟互訓。而笄有固冕弁之笄、有固髮之笄。子事父母。櫛、縰笄總拂髦。此固髮爲髻之笄也。縰者、所以韜髮之而後髻之。髻之而後簪之。旣簪之髻日髺(髻)。按髺葢(蓋)卽『今文-禮』之紒。》从髟。介聲。《簪之如介畫然。故从介。古拜切。15部。按『曹憲-注:廣雅』日。按『說文』髺卽籀文髻字也。》/427

髦 (모)【máo ㄇㄠˊ】(눈썹까지 늘어진)어린아이의 머리, 다팔머리, 긴 머리 ■무:오랑캐

[설문] [5476] 髦髮也。《三字句。【各本】刪髦字、作「髮也」二字。此如巂下之刪(刪)巂作周燕也、離下之刪離、偓下之刪偓、江河等下之刪江河等字皆不可通。今補。『玄應-佛書:音義:卷二』引『說文』。髦髮也。謂髮中之髦也。『卷五』引『說文』。髦髮也。髮中豪者也。下句乃【古-注】語。上句亦奪一髦字、不可讀。髮中之秀出者、謂之髦髮。『漢書』謂之壯髮。馬鬣偁(稱)髦、亦其意也。『詩』三言髦士。『爾雅』、『毛傳』皆日。髦、俊也。釋文云。毛中之長豪日髦。士之俊傑者借譬爲名。此引伸之義也。古亦假髦爲毛字。『旣夕禮:注』日。今文髦爲毛。是『今文-禮』叚(假)毛爲髦也。》从髟毛。《髮之秀者日毛。猶角之好者日角。毛亦聲。莫袍切。2部。》/426

◀제5획▶

髮 髮(발)【fǎ ㄈㄚˇ】[ㄱ][상][中][9][작] fà 머리털

[설문] [5470] 頭上毛也。《【各本】作「根也」。『廣韵(韻)』已然。以『釋名』、『廣雅』正之。乃拔也之誤。要此二字可不必有耳。〔毛部〕日。毛者、眉髮之屬。故眉下日目上毛。須下日頤下毛。則髮下必當有頭上毛也四字。且下文云鬢者、頰髮。不先言頭上、何以別其在頰者乎。今依『玉篇』、『廣韵』語正。》从髟。犮聲。《方伐切。15部。》𩬊髮或从𩠐(首)。𩑶古文。《葢(蓋)象角羈之形。》/425

髺 (부)【fù ㄈㄨˋ】머리 묶을, 상투

[설문] [5490] 結也。《『廣韵(韻)』云。露髻。》从髟。付聲。《方遇切。4部。》/427

髲 (피)【bì ㄅㄧˋ】다리, 월자(月子), 가발, 천한 자나 죄지은 자의 머리털을 뽑아 만든 가발

[설문] [5486] 益髮也。《【各本】作「鬄也」二字。今正。『庸風:正義』引『說文』云。髲、益髮也。言人髮少、聚他人髮益之。下十字【古-注】語。髲字不見於【經傳】。假被字爲之。『召南』。被之僮僮。『傳』日。被、首飾也。『箋』云。『禮』主婦髲鬄。『少牢饋食禮』。主婦被錫。『注』日。被錫讀爲髲鬄。古者或鬄賤者、荆(刑)者之髮。以髲婦人之紒爲飾。因名髲鬄焉。『周禮』所謂次也。按如鄭說、則【詩禮】之被皆卽髲也。以鬄爲髲、卽是以鬄爲鬄。許云益髮。不謂爲禮服。鄭說不同者、髲本髮少裨益之名。因用爲禮服之名。『庸風』不屑(屑)髢也、自謂髮鬗。不假益髮爲髻。要燕居則縰笄總而已。禮服笄總之後、必分別加副編次於上爲飾。副編次皆假他髮爲之也。『周禮:追師』之次。『禮經』日髲鬄。『詩』日被。》从髟。皮聲。《平義切。古音在 17部。》/427

髴 (불)【fú ㄈㄨˊ】비슷할, 보아 잘 알 수 없을 ■비:머리 헝크러진 모양

[설문] [5496] 髴、《此複擧(擧)字之未刪(刪)者。》若佀(似)也。《佀者、像也。若佀者彔言之。髴與〔人部:仿佛〕之佛義同。許無髣字。後人因髴製髣。》从髟。弗聲。《敷勿切。

髟 10 [5]

[작] 作家出版社〔董蓮池-說文解字考正〕 [9] 九州出版社〔柴劍虹-說文解字〕 [ㄱ] 陝西人民出版社〔蘇寶榮-說文解字今注今譯〕 [상] 上海古籍出版社〔說文解字注〕 [中] 中華書局〔臧克和-說文解字新訂〕

15部。》/428

◀ 제 6 획 ▶

髶 (용)【róng ㄖㄨㄥˊ】 헝클어진 머리
설문 5497 亂髮也。《此與〔艸部:茸〕義略同。》从髟。耳聲。《【各本】作「茸省聲」。今正。此於雙聲取聲也。而容切。9部。》/428

⿱髟次 (차)【cì ㄘˋ】 빗질할, 다리꼭지
설문 5487 用梳比也。《比者今之篦字。古衹作比。用梳比謂之⿱髟次者、次第施之也。凡理髮先用梳。梳之言疏也。次用比。比之言䆮(密)也。『周禮:追師』。爲副編次。『注』云。次者、次第髮長短爲之。疑次卽⿱髟次。》从髟。次聲。《此擧(擧)形聲包會意。七四切。15部。》/427

◀ 제 7 획 ▶

髽 (좌)【zhuā ㄓㄨㄚˉ】 복머리, 부인이 상중에 하는 결발
설문 5506 喪結也。《『鄭-注:喪服』曰。髽、露紒也。猶男子之括髮。斬衰括髮以麻。則髽亦用麻也。荅(蓋)以麻自項而前交於額卻繞紒。如箸幓頭焉。『注:奔喪』曰。去纚大紒曰髽。『注:檀弓』曰。去纚而紒曰髽。戴先生曰。婦人當男子括髮。免則髽。齊斬之髽皆布總。》『禮』女子髽衰。《『禮』謂『禮經』也。『衺(喪)服經』曰。女子子在室。爲父布總箭笄髽衰三年。按布總箭笄髽者、以布束髮。篠竹爲笄。其髻則露髻。不用纚韜髮也。許所偁(稱)者、此【經】謂斬衰之服也。齊衰亦髽。》弔則不髽。魯(魯)臧武仲與齊戰於狐鮐。魯人迎衺(喪)者始髽。《弔則不髽。爲下文張本也。『檀弓:注』曰。『禮』婦人弔服。大夫之妻錫衰。士之妻則疑衰與。皆吉笄無首素總。是婦人弔禮不當髽。『檀弓』曰。魯婦人之髽而弔也。自敗於壺鮐始也。記禮變之始也。『襄:四年:左傳』亦曰。邾人莒人伐鄫。臧紇救鄫侵邾。敗於狐鮐。國人逆衺者皆髽。魯於是乎始髽。『檀弓:注』曰。其時家家有衺。髽而相弔。後遂因之爲弔服矣。》从髟。㘸(坐)聲。《莊華切。17部。》/429

髺 (괄)【guō ㄍㄨㄛˉ】 ㊤㊥⑨㉑ kuò (상투)결발할, 머리빗을
설문 5488 絜髮也。《「絜」【各本】譌作「潔」。今依『玉篇』、『韵(韻)會』正。絜、麻一耑(端)也。引伸爲圍束之偁(稱)。絜髮指束髮也。按『士衺(喪)禮』主人「髺髮」。『戴-記』作「括髮」。謂小斂訖、去纚爲露髻也。婦人之髽亦是去纚而髻。與男子之髻髮相等。則髻爲凶禮矣。然許於髽曰衺髻、於髺不云衺髻者、髺髮猶云束髮。『內則』衺服之總、『深衣』之束髮、『士衺禮』之鬠、同爲一事。鬠卽髻字之異者。髺非衺服之專偁也。故『士衺禮』之用組。以組束髮也。『深衣』之用錦。以錦束髮也。『衺服:小記』之始死括髮以麻。以麻束髮也。衺服之布總。以布束髮也。其他縞總、素總。以縞、素束髮也。是皆得謂之髺。非凶禮之專辭也。『士衺禮:注』曰。「髺」古文作「括」。「鬠」古文作「括」。『禮經』髺髮、『戴-禮』皆作括髮。則用古文與。『周禮:注』引鬠用組、作「擿」。》从髟。昏聲。《古活切。15部。》/427

鬀 (체)【tì ㄊㄧˋ】 머리 깎을
설문 5503 鬄髮也。《「鬀」俗作「剃」。》从髟。弟聲。《必次弟除之、故从弟。此亦形聲包會意。他計切。15部。》大人曰髡。《謂有罪者。》小兒曰鬀。《『周禮:雉氏:注』曰。雉讀如鬀小兒頭之鬀。『韓非』曰。嬰兒不剔首則腹痛。剔亦鬀也。荅(蓋)自古小兒鬀髮。》盡及身毛曰鬄。《此又析言三字之不同也。上文則渾言之。》/429

◀ 제 8 획 ▶

鬄 (체)【tì ㄊㄧˋ】 ㊤㊥⑨㉑ xī 다리, 깎을 ■척: 빼 바를
설문 5485 髲也。《『庸風』。不屑髢也。『箋』云。髢、髲也。不絜者不用髲爲善。『左傳』。衞(衛)莊公見己氏之妻髮美。使髡之。以爲呂姜髢。按鬄與鬄義別。音亦有異。》从髟。易聲。《大計切。古音在 16部。从易爲正。大徐又載先彳切。誤。》鬄或从也聲。《古易聲在 16部。也聲在 17部。合韵冣(韻最)近。此字今音大計切。於也聲得之。地亦也聲。》/427

⿱髟周 (조)【chóu ㄔㄡˊ】 ㊤㊥⑨ tiáo 머리 숱 많을, 어린아이 다팔머리
설문 5478 髮多也。《〔彡部〕曰。㐱者、稠髮也。稠髮當作⿱髟周。此則說⿱髟周之義。『小雅』曰。彼君子女。綢直如髮。『傳』曰。密直如髮也。是則綢乃⿱髟周之假借字。》从髟。周聲。《直由切。3部。》/426

⿱髟㣇 (비)【fèi ㄈㄟˋ】 머리털 헝클어질, 갑자기 보일 ■복:같은 뜻
설문 5505 鬓也。忽見也。《按「鬓也」二字衍文。『集韵(韻)』、『類篇』增一曰二字於忽見之上。尤非是。》从髟。㣇聲。《芳未切。15部。此擧(擧)形聲包會意也。下文說从㣇之意。》㣇籀文魅。《〔鬼部〕曰。㣇、籒文魅也。㣇、古文魅也。與此不合。〔立部:⿰立㣇〕下亦曰。㣇、籒文彪字。然則〔鬼部〕之羨誤顯然。》亦忽見意。《故⿱髟㣇(⿱髟㣇)从之。》/429

鬈 (권)【quán ㄑㄩㄢˊ】 (머리털이)고울
설문 5475 髮好也。《「也」『廣韵(韻)』作「皃(貌)」。『齊風:盧令』曰。其人美且鬈。『傳』曰。鬈、好皃。『傳』不言髮者、『傳』用其引伸之義。許用其本義也。本義謂髮好。引伸爲凡好之偁(稱)。凡說字必用其本義。凡說【經】必因文求義。則於字或取本義、或取引伸假借、有不可得而必者矣。故許於『毛傳』有直用其文者。凡毛、許說同是也。有相近而不同者。如毛曰鬈好皃、許曰髮好皃、毛曰飛而下曰頡、許曰直項也是也。此引伸之說也。有全違者。如毛曰匪文章皃、許曰器似竹匧、毛曰干澗也、許曰犯也是也。此假借之說也。【經傳】有假借。【字書】無假借。》从髟。卷聲。《衢員切。14部。》『詩』曰。其人美且鬈。/426

⿱髟咅 (부)【póu ㄆㄡˊ】 머리털 짧은 모양
설문 5480 髮皃(貌)。从髟。咅聲。《步矛切。4部。》/426

㉑ 作家出版社〔董蓮池-說文解字考正〕 ⑨ 九州出版社〔柴劍虹-說文解字〕 ㉠ 陝西人民出版社〔蘇寶榮-說文解字今注今譯〕 ㊤ 上海古籍出版社〔說文解字注〕 ㊥ 中華書局〔臧克和-說文解字新訂〕

◀ 제 9 획 ▶

髳 (모)【máo ㄇㄠˊ】 다팔머리, 앞머리 처질 ▣무:같은 뜻

설문 5481 髮至眉也。《『庸風』。髳彼兩髦。『傳』日。髳、兩髦之皃(貌)。髦者、髮至眉。子事父母之飾。許所本也。『內則:拂髦:注』云。髦用髮爲之。象幼時鬌。其制未聞。『既夕禮』日。既殯。主人脫髦。『注』云。兒生三月。鬋髮爲鬌。男角女羈。否則男左女右。長大猶爲之飾。存之謂之髦。所以順父母幼小之心。至此屍柩不見。喪(喪)無飾。可以去之。髦之形象未聞。『玉藻』。親沒(沒)不髦。『注』云。去爲子之飾。按鄭既言髳之用而云其制未聞者、謂其狀不可詳也。毛云髮至眉。葢(蓋)以髮兩緍下垂至眉。像嬰兒夾囟之角髮下垂。父母在、不失其嬰兒之素也。依『禮經』日脫。依『內則:注』日拂。髦振去塵箸之。是假他髮爲之。許引『毛詩』作「髳」。今則【詩禮】皆作「髦」。或由音近假借。髳與髦義古畫(畵)然不同。》从髟。敄聲。《亡牢切。古音在 3部。『廣韵(韻)』莫浮切。》『詩』日。紞彼兩髳。《『今-詩』「紞」作「髧」。釋文云。本又作「优」。按紞、冕冠塞耳者。髳葢似之也。》髳或省。『漢令』有髳長。《髳卽髳字。而羌髳字祗从矛。『牧誓』。庸蜀羌髳微盧彭濮。『小雅』。如蠻如髦。『傳』日。蠻、南蠻也。髦、夷髦也。『箋』云。髦、西夷別名。按『詩』髦卽『書』髳。髳長見『漢令』。葢(蓋)如趙佗自偁(稱)蠻夷大長。亦謂其酋豪也。》/426

鬊 (순)【shùn ㄕㄨㄣˋ】 황새머리, 조금 남겨둔 어린아이 머리

설문 5499 鬊髮也。《『士喪(喪)禮』日。巾柶鬊爪埋于坎。『喪大記』。君大夫鬊爪實于綠中。『注』日。鬊、亂髮也。『漢書』日。黑雲如猋風亂鬊。按鬊爲墮髮。而𡿺字下日。髮謂之鬊。巛卽鬊也。則髮在頭者、亦非不可云鬊矣。》从髟。䢅(春)聲。《舒閏切。13部。》/428

鬋 (전)【jiān ㄐㄧㄢˉ】 ㊤㊥⑨㉸ jiǎn 여자의 귀밑머리 늘어진 모양

설문 5482 女鬢垂皃(垂貌)也。《『招䰟(魂)』日。盛鬋不同制。王云。鬋、鬢也。制、法也。言九侯之女。裝飾兩結。垂鬢下髮。形貌詭異。又長髮曼鬋。豔陸離些。『注』。曼、澤也。言美人長髮工結。鬢鬋滑澤。其狀豔美。儀皃(貌)陸離而難形也。按『張揖-注:上林賦』亦云。刻畫(畵)鬋鬢。鬋主謂女鬢。不施於男子。『曲禮』不蚤鬋。『士虞禮』蚤翦。翦或爲鬋。鬋皆翦之假借字也。『喪大記』爪手翦須、可證。『曲禮:注』翦鬢。釋文作「翦鬢」。非是。》从髟。歬聲。《作踐切。12部。》/426

鬌 (타)【duǒ ㄉㄨㄛˇ】 ㊤㊥⑨㉸ chuí 머리 빠질, 황새 머리 ▣추·휴:같은 뜻

설문 5498 髮墮也。《【鉉本】「墮」作「隋」。『廣韵(韻)』云。髮落是也。『內則』日。三月之末。擇日翦髮爲鬌。男角女羈。鬌本髮落之名。因以爲存髮不翦者之名。故『鄭-注』云。鬌、所遺髮也。『方言』、『廣雅』有毻字。『江賦:注』所引【字書】有㲧字。皆謂落毛。與鬌義相近。》从髟。隋省聲。《【鍇本】「隋」作「墮」、皆通。此擧(擧)形聲包會意也。『內則:音義』日丁果反。徐大果反。是古音在 17部。『匡謬正俗』引『呂氏-字林』、『玉篇』、『切韵』並(竝)直垂反。則轉入 16部矣。大徐引『唐韵』直追切。在脂(脂)韵。非也。『宋-廣韵』直垂切。則同『陸法言-切韵』。》/428

◀ 제 10 획 ▶

鬔 (팽)【bàng ㄅㄤˋ】 머리털 헝클어진 모양

설문 5504 鬔也。从髟。竝(並並)聲。《蒲浪切。10部。按竝聲本在 10部。今俗謂卒然相遇曰搒。如滂去聲。字當作鬔也。》/429

鬄 (체)【tì ㄊㄧˋ】 다리(만들어 붙인 머리) ▣척·석:같은 뜻

설문 5501 鬀髮也。《此篆【今-經典】不見。而『五經文字』日。鬄聽亦反。見『詩風:注』。所云『詩風:注』、謂『采蘩:箋』也。『今-箋』云。『禮記』主婦髲髢。「髢」釋文作「鬄」。張參所見作「鬄」爲是。葢(蓋)『鄭-既注:禮』、乃『箋:詩』。自用其『禮經:注』之說也。『少牢饋食禮』日。主婦被錫。『注』云。被錫讀爲髲鬄。古者或鬄賤者、刑(刑)者之髮。以髲婦人之紒爲飾。因名髲鬄焉。『周禮』所謂次也。『周禮:追師:注』引『少牢饋食禮』主婦髲鬄與『詩:箋』皆自用其改易之字。而俗人多識鬄、少識鬄。且誤認爲一字。於是【二禮】及『詩:注』皆改鬄爲鬄、爲髢。夫鬄髢同字、訓髲。髲者、益髮也。今俗所謂頭髲也。鬄者、鬀髮也。然則鄭云鬄髮以髲婦人之紒、卽鬄髮以鬄婦人之紒也。倘【經】云髲鬄、直重字而已。於義安乎。推詳『召南:正義』。『孔沖遠-所見:禮:注』、『詩:箋』不誤。而『顏(顔)師古-毛詩:定本』誤也。若『毛詩:音義』云鬄本亦作「髢」、徒帝反。劉(劉)昌宗吐歷反。沈湯帝反。夫徒帝爲鬄之反語。吐歷湯帝二反則爲鬄之反語。『詩:音義』之云劉(劉)昌宗吐歷反、卽『少牢:音義』之云劉(劉)土歷反也。葢陸氏於鬄鬄未辨。亦溷爲一字。致後來之誤。鬄字見【他書】者、『大玄』增次八。兼貝以役。往益來鬄。釋文云。鬄以刀出髮也。『司馬遷傳』。「鬄毛髮」、嬰金鐵受辱。師古鬄音吐計反。『文選(選)』作「剔毛髮」。『韓非』日。嬰兒不剔首則腹痛。『莊子:馬蹏』。燒之剔之。剔皆鬄之省也。至若由鬄之本義而引伸之、則爲解散。『士喪(喪)禮』。特豚四鬄。『注』日。鬄、解也。今文鬄爲剔。『禮經』此鬄、『周禮』、『禮記』作肆。皆託歷反。本非鬄字也。而今之『禮經』作「鬄」。則亦譌字而已矣。○ 或問『大雅:皇矣』攘之剔之、何謂也。日。釋文云字或作「鬄」。『詩』本作「鬄」。譌之則爲「鬄」。俗之則爲剔。非古有剔字也。又『周頌』。狄彼東南。釋文云。「狄」、『韓詩』作「鬄」。除也。鬄亦鬄之譌。『鄭-箋』云。「狄」當作「剔」。用韓說也。『抑』。用逷蠻方。『箋』云。當作剔。葢鄭不廢剔字。》从髟。从刀。《以刀除髮會意也。》易聲。《他歷切。16部。按【小徐本】作「从髟剔聲。」此甚誤。【大徐本】不誤。而毛氏扆改爲从刀剔聲則誤中又誤矣。許於〔刀部〕無剔字。故此篆斷非剔聲也。漢時有剔字許不錄者、『禮-古文』作「鬄」。今文作

「剔」。許於此字從古文。故不取今文也。凡許於『禮經』依古文則遺今文。依今文則遺古文。猶鄭依古文則存今文於『注』。依今文則存古文於『注』也。剔者、鬄之省俗。據『莊子:音義』。呂忱乃錄剔於『字林』、云剃也。然則呂謂卽俗鬄甚明。今人好用剔字。以之當〔手部〕他歷切之擿字。葢非古矣。》/428

髪(差) (차)【cuǒ ㄘㄨㄛˇ】머리 흠치르르할
설문 5474 髮好也。《『廣韵(韻)』有皃(貌)字。》从髟。𢀩(差)聲。《千可切。17部。『廣韵(韻)』昨何切。》/426

鬑 (렴)【lián ㄌㄧㄢˊ】머리 깎을, 긴 모양, 터럭이 듬성듬성 난 모양
설문 5483 鬋也。一曰長皃(貌)。《此別一義。謂須髮之長。古陌上桑曰。爲人絜白晳。鬑鬑頗有鬚。》从髟。兼聲。讀若慊。《力鹽切。7部。》/427

鬆(般) (반)【pán ㄆㄢˊ】북상투(낮게 올려 튼 머리)
설문 5489 臥結也。《「結」今之「髻」字也。『士冠禮:采衣:紒注』云。古文紒爲結。按【許書】皆作結。『鄭-注:經』皆作「紒」。鄭依『今文-禮』。許依『古文-禮』。故〔糸部〕有結無紒也。臥髻者葢(蓋)謂寑時盤髮爲之。令可不褫(褫)。》从髟。般聲。讀若槃。《薄官切。14部。》/427

◀ 제 11 획 ▶

髹 (휴)【xiū ㄒㄧㄡˉ】검붉은 빛
설문 3733 桼也。《韋昭曰。刷桼曰髹。師古曰。以桼桼物謂之髤。今關東俗謂之捎桼。捎卽髤聲之轉耳。髤或作「髹」。按以桼桼物皆謂之髹。不限何色也。『鄉(鄕)射禮記』曰。楅髤。『注』云。赤黑桼也。『巾車:注』云。髤謂赤多黑少之色韋也。『漢書』。中庭彤朱。殿上髤桼。『西都賦』謂之彤庭玄墀。然則或赤、或黑、或赤黑兼、或赤多黑少、皆得云髹。》从桼。髟聲。《許尤切。3部。髟必由切。》/276

鬕 (매)【mà ㄇㄚˋ】띠의 매듭 장식, 이마를 동이는 끈 ■막:같은 뜻
설문 5491 鬕帶、《逗。》結頭飾也。《【各本】奪二字。今依『西京賦:注』補。鬕帶二字爲句。如『方言』之鬢帶。所以繞於髻上爲飾者。『西京賦』朱鬕。『薛-注』。以絳帕額。按『薛-注』帕乃帞之誤。帕卽鬕字。其字之本義乃飾髻上也。故从髟。》从髟。莫聲。《莫駕切。古音在 5部。》/427

鬗 (만)【mán ㄇㄢˊ】길(긴 모양)
설문 5472 髮長皃(貌)。《「皃」字依『玉篇』訂。引伸爲凡長之偁(稱)。如『郊祀歌』曰。掩回轅。鬗長馳。鬗猶今言道里曼曼也。如淳曰。音構。》从髟。㒼聲。讀若蔓。《母官切。14部。》/426

◀ 제 12 획 ▶

鬢(蕢) (귀)【kuì ㄎㄨㄟˋ】상투, 머리 둘러 메는 베
설문 5492 屈髮也。《當依『廣韵(韻)』屈上有「髻」字。屈者、無尾也。引伸爲凡短之偁(稱)。『方言』。絡頭、帞頭也。紗繢、鬢帶髤帶、帑、帴、幧頭也。自關而西秦晉之郊曰「絡頭」。南楚江湘之閒曰「帞頭」。自河以北趙魏之閒(間)曰「幧頭」。或謂之「帑」。或謂之「帴」。其偏者謂之「鬢帶」。或謂之「髤帶」。按鬢者、髻短髮之偁。『方言』之繢帶謂帞頭帶於髻上也。帞頭之制、自項中而前交於額卻(却)繞髻。》从髟。貴聲。《亡媿切。15部。》/427

鬜 (간)【qiān ㄑㄧㄢˉ】머리 밀, 머리 벗어질, 머리에 나는 부스럼 ■갈·잔:같은 뜻
설문 5500 鬢秃也。《『孝(考)工記:顧脰:注』曰。顧【故書】或作「牼」。鄭司農云。牼讀爲鬜頭無髮之鬜。按大鄭改牼爲鬜。而【今書】作「顧」。〔頁部〕云。顧、頭鬢少髮也。是鬜顧音義皆同。顧卽鬜也。『明堂位:注』曰。齊人謂無髮爲秃楬。『釋名』曰。秃、無髮沐秃也。毼頭生瘡曰瘕。毼亦然也。毼與楬皆卽鬜也。》从髟。閒聲。《苦閒切。14部。『經典:釋文』鬜有苦瞎枯曷二反。『明堂位』釋文楬有苦瞎苦八二反。》/428

◀ 제 13 획 ▶

鬠(矊) (면)【mián ㄇㄧㄢˊ】머리털 모양, 눈썹을 그리는데 쓰는 그을음
설문 5477 髮皃(貌)。《『玄應』曰。凣(凡)「鬘」字皆當作「鬠」。》从髟。㬳(臱)聲。讀若宀。《莫賢切。12部。》/426

◀ 제 14 획 ▶

鬛 (람)【lán ㄌㄢˊ】머리털 길, 살쩍과 머리털이 드문드문 난 모양
설문 5473 髮長也。《『集韵(韻)』曰。鬛鬖、髮長皃(貌)。『廣韵』曰。鬛、鬢髮疎皃。》从髟。監聲。《魯(魯)甘切。8部。》讀若『春秋』黑肱以濫來奔。《『左氏-春秋經』。『昭公:三十一年』。冬。黑肱以濫來奔。讀如此濫也。》/426

鬢 (빈)【bìn ㄅㄧㄣˋ】살쩍(귀 앞에 난 머리털)
설문 5471 頰髮也。《謂髮之在面旁者也。『晉語』。美鬢長大則賢。韋昭曰。鬢、髮穎也。【明道本】如是。【他本】穎作類。非。髮穎者、穎禾末。近於采。似人頸。故錐刀皆有穎。髮亦有穎。髮以項爲下。上至於頂。至於匘葢(蓋)。而旁至於頰則謂之鬢。鬢者、髮之濱也。似禾穎之在末。禾之老、先采而後莖。髮之老而白也、先鬢而餘髮繼之。項髮冣(最)後。韋語俗多不解。故詳說之。『釋名』曰。在頰耳旁曰髯。其上連髮曰鬢。鬢曲頭曰距。》从髟。賓聲。《必刃切。12部。》/425

鬗(爾) (녜)【nǐ ㄋㄧˇ】머리털
설문 5479 髮皃(貌)。从髟。爾聲。《此字亦取爾會意。如華盛之字作「薾」。皆取麗爾之意也。》讀若江南謂酢母爲鬗。《此江南之『方言』也。漢之江南謂豫章長沙二郡。鬗無異字者、『方言』固無正字。知此俗語則髮皃之字之音可得矣。奴禮切。15、16部。「酢」今之「醋」字。『廣雅』。嬭、母也。音與鬗同。》/426

◀ 제 15 획 ▶

鬣(截) (제)【jié ㄐㄧㄝˊ】작은 상투
설문 5484 束髮少小也。《「少小」二字【各本】

作「少」。『廣韵(韻):十六, 屑(屑)、十七, 薛』引作少小二字。少乃尐之誤。今正。尐與𩮀疊(疊)。面小亦謂之𩮀尐。『通俗文』曰。露髻曰𩮀。露髻者、『士喪(喪)禮:婦人髽于室:注』云。旣去纚而以髮爲大紒、如今婦人露紒其象也。『注:喪服』亦云。髽、露紒也。然則露髻、漢人語。謂不用縚髮之縰、露髮爲髻也。今乃婦人無不露髻者矣。【二京賦】解訓𩮀亦云露頭髻。按鄭云大髻、許云尐小者。其辭異、其爲粗率之意一也。》从髟。𢦏聲。《子結切。15部。》/427

鬣 (렵)【liè ㄌㄧㄝˋ】(말의) 갈기
설문 5494 髮鬣鬣也。《〔囟部:巤〕下曰。毛巤也。象髮在囟上及髦髮鬣鬣之形。鬣鬣、動而直上皃(貌)。所謂頭髮上指、髮上衝冠也。辭賦家言旌旗獵獵。是其假借字也。許意巤爲今馬鬣字。鬣爲顫動之字。今則鬣行而巤廢矣。〔人部〕曰。儠者、長壯儠儠也。字意略同。『今-左氏傳』「長儠」作「長鬣」。杜以多須釋之。殊誤。須下垂、不偁(稱)鬣。凡上指者偁鬣。》从髟。巤聲。《此舉(擧)形聲包會意。良涉切。8部。》𣰽鬣或从毛。《許說毛者、通乎獸毛而言。故馬豕之鬣亦曰鬣。『周禮:巾車』翣字、【故書】爲毼。亦或爲𣭼。按毼𣭼皆卽𩮀字也。隸(隸)體多假葛爲巤。》𧴵或从豕。《『曲禮』曰。豕曰剛鬣。〔希部〕曰。豕鬣如筆管者曰豪。是或从豕之意也。》/427

◀ 제 16 획 ▶

鬛 (려)【lú ㄌㄨˊ】갈기(털이 일어서는 모양)
설문 5495 鬣也。《亦謂髮鬣鬣也。二篆雙聲。》从髟。盧聲。《洛乎切。5部。》/428

191	鬥
10-05	훈 싸울 투

鬥 투【dòu ㄉㄡˋ】[설문부수 75] 싸울 ▣두:속음
설문 1794 㒳(兩)士相對。兵杖在後。象鬥之形。《按此非許語也。許之分部次弟。自云據形系聯。丮䒞(丮厈)在前部。故受之而𩰊(鬥)。然則當云「爭也。兩丮相對象形。謂兩人手持相對也。」乃云兩士相對。兵杖在後。與前部說自相戾。且文從兩手。非兩士也。此必他家異說。淺人取而竄改【許書】。雖『孝經:音義』引之。未可信也。都豆切。4部。》凡鬥之屬皆從鬥。/114

유사 문 문(門)
성부 鬩혁 鬨현 鬧뇨
형부 투(鬪鬭 𩰲)

◀ 제 4 획 ▶

鬨 현【xuán ㄒㄩㄢˊ】㊤㊥⑨㉿ xuàn 힘을 재는 추
설문 1803 試力士錘也。《「錘」當作「縋」。以繩有所縣鎭也。下文云讀若縣。知正當作「縋」。錘非其義。葢(蓋)轉寫失之。『呂氏-春秋』云。硾之以石。硾、鎭也。然則作錘亦可。『左傳』曰。主人縣布。堇父登之。及堞而絕(絶)之。隊。則又縣之。蘇而復上者三。又曰。子占使師夜縋而登。登者六十人。縋絕。》从鬥。从戈。或从戰省。《當作「或曰從戰省聲」六者。》讀若縣。《胡畎切。14部。》/114

형성 (1자) 환(𢦟)5665

◀ 제 6 획 ▶

鬨 (홍)【hòng ㄏㄨㄥˋ】싸울, 떠들, 싸우는 소리 ▣항:같은 뜻
설문 1796 鬥也。《舊作「鬭(鬪)」。今正。》从鬥。共聲。《下降切。張鎰胡弄切。9部。》『孟子』曰。鄒與魯(魯)鬨。《『梁惠王篇』文。趙曰。鬨、鬭聲也。猶構兵而鬭也。劉(劉)熙曰。鬨構也。構兵以鬭也。按『趙-注』長。『吕(呂)覽』。崔杼之子相與私鬨。高曰。鬨、鬭也。鬨讀近鴻。緩氣言之。》/114

◀ 제 8 획 ▶

鬩 혁【xì ㄒㄧˋ】다툴, 서로 원망할, 서로 시비를 할, 두려울
설문 1802 恆(恒)訟也。《恆、常也。故以小兒善訟會意。》『詩』曰。兄弟鬩于牆。《『小雅』文。釋言、『毛傳』皆曰。鬩、很也。孫炎云。相很戾也。【李巡本】作恨。非。『鄭-注:曲禮』、『韋-注:國語』可證。》从鬥兒。《會意。兒亦聲。許激切。16部。》兒、《逗。》善訟者也。《說從兒之意。》/114

◀ 제 11 획 ▶

鬮 (류)【liú ㄌㄧㄡˊ】목 매 죽일
설문 1797 經繆殺也。《〔手部〕曰。摎、縛殺也。按縛殺、若今以一繩勒死。經繆殺、若今絞罪。以二繩絞死。故從鬥。》从鬥。翏聲。《力求切。『玉篇』吉了力求二切。3部。按此恐卽摎之或體。俗增之。上下文皆言鬥。中梗。非其次也。》/114

鬮 (빈)【bīn ㄅㄧㄣ】㊤㊥⑨㉿ pīn 다툴
설문 1800 鬮鬮、《逗。》鬥連結繽紛相牽也。《舊作「鬭(鬪)」。今正。「繽(繽)」【各本】作「鬮」。今按許云讀若繽。則許時非無繽字也。『離騷』。時繽紛其變易。王曰。繽紛、亂也。》从鬥。賓省聲。讀若繽。《「繽」大徐作「賔(賓)」。淺人以〔糸部〕所無、改之也。匹賔切。12部。》/114

◀ 제 14 획 ▶

鬭 鬪(투)【dòu ㄉㄡˋ】만날, 싸울, 싸움, 다툴
설문 1795 遇也。《疊韵(疊韻)。凡今人云鬭接者、是遇之理也。『周語』。穀雒鬭。將毀王宮。謂二水本異道而忽相接合爲一也。古凡鬭接用鬭字。鬥爭用鬥字。俗皆用鬭爲爭競而鬥廢矣。》从鬥。斲聲。《都豆切。4部。》/114

鬭 (녜)【nǐ ㄋㄧˇ】⑨ fēn 못날, 편협할 ▣미:같은 뜻
설문 1799 智少力劣也。《『莊子』。苶然疲役而不知其所歸。郭云。疲困苶然。釋文乃結反。按苶者、鬭之變也。【諸韵(韻)書】皆於薺韵作「鬭」、屑(屑)怗韵作「苶」。是不知爲一

鬥 10 ⑭

字矣。》从鬥。龠(爾)聲。《奴禮切。15、16部。》/114

◀ 제 17 획 ▶

鬮 (구)【jiū ㄐㄧㄡˉ】㊥⑨㉠ gōu 제비(심지)
▣규:같은 뜻

설문 1798 鬥取也。《舊作「鬭」。今正。『廣韵(韻)』作「鬮取」。按力取是此字本義。今人以爲拈鬮字。殆古藏彄之譌。『荆楚歲時記:注』曰。藏彄之戲(戲)。『辛氏-三秦記』以爲鉤弋夫人所起(起)。周處、成公綏竝作彄字。『藝經』、庾闡則作鉤字。其事同也。》从鬥。龜(龜)聲。讀若三合繩糾。《見〔ㄐ部〕。古矦切。『廣韵(韻)』居求、居黝二切。3部。按龜古音如姬。漢人多讀如鳩。合音冣(最)近也。》/114

◀ 제 18 획 ▶

鬩 (분)【fēn ㄈㄣˉ】뒤얽힐, 싸울(鬥:16획)
설문 1801 鬩鬩也。从鬥。燹聲。《按此下當有「讀若紛」三字。撫文切。13部。繽(繽)紛、鬩鬩皆合 2部疊韵(疊韻)。【各本】譌舛。今依【全書】通例正之。》/114

192 **10-06** **鬯** ▤ 울창주 창

鬯 창【chàng ㄔㄤˋ】[설문부수 179] 술 이름, 활집, 창주를 종묘에 올리는 일을 맡은 벼슬아치
설문 3059 㠯(以)𩰪釀鬱艸。芬芳攸服㠯降神也。《「攸服」當作「條暢」。『周禮:鬯人:注』、『大我:江漢箋』皆云芬香條暢。可證也。『郊特牲』云。周人尚臭。灌用鬯臭。鬱合鬯。臭陰達於淵泉。云鬱合鬯、與下文蕭合黍稷皆謂二物相合也。『周禮:鬱人職』。凡祭祀賓客之祼事。和鬱鬯以實彝而陳之。『注』云。築鬱金煑(煮)之以和鬯酒。按此正所謂鬱合鬯也。『鄭-注:序官鬱人』云。鬱、鬱金香草。宜(宜)以和鬯。『注:鬯人』云。鬯、釀秬爲酒。芬香條暢於上下也。是鬯如鬱之分較然矣。秬釀爲鬯。芳艸築煑爲鬱。二者攪和之爲鬱鬯。許說略同。故於鬯言秬釀。於鬱言芳艸。其鬯下兼言鬱艸者、於分中見其合。謂用秬釀及築煑之鬱艸合和之降神。鬯主於秬釀也。故說字形曰。中象米、匕所以扱之。又按『江漢:傳』云。秬、黑黍也。鬯、香草也。築煑合而鬱之曰鬯。此鬱鬯不爲二物。又謂鬯爲香艸。皆與後來許鄭異。攷『王度記』云。天子以鬯。諸侯以薰。大夫以蘭芝。士以蕭。庶人以艾。『禮緯』云。鬯艸生郊。中候云。鬯艸生庭。『徐氏-中論』云。煑鬯燒薰以揚其芬。皆謂鬯爲艸名。與毛說合者也。竊謂鬱者蘊積。鬯者條暢。凡物必蘊積而後條暢。秬釀非不可言鬱。香艸未嘗不言鬯也。則秬艸二物、固可各兼二名矣。》从凵。《音祛。》凵、器也。《〔凵部〕云凵盧飯器。》中象米。《謂㐅也。㐅卽米字斜書之。》匕所㠯扱之。《『士冠』、『士昏(婚)禮』皆以柶扱醴。柶卽匕也。》『易』曰。不喪匕鬯。《『震:卦辭』。【經】言鬯者多矣。獨偁(稱)此文者。說鬯从匕之意也。與豐麗等字引『易』同。鬯、丑諒切。10部。》凡鬯之屬皆从鬯。/217

성부 부록 색인 참조
형부 鬯을 부수로 하는 대부분의 글자들

◀ 제 6 획 ▶

䰰 (시)【sī ㄙˉ】㊤ shī ㊥⑨㉠ shǐ 벌릴(列也)、매울

설문 3063 列也。《「列」當从『玉篇』作「烈」。字之誤也。烈、火猛也。引伸爲凡猛之偁(稱)。䰰謂酒氣酷烈。『左傳』。嘉栗旨(旨)酒。栗讀爲烈。䰰引伸爲迅疾之義。今俗用駛疾字當作此。》从鬯。《𩰪鬯灌地。臭陰達於淵泉。其氣烈也。》吏(吏)聲。讀若迅。《吏聲卽史聲。史與迅雙聲。『唐韵(韻)』疏吏切。古音亦在 1部。》/218

◀ 제 10 획 ▶

𩰪 (거)【jù ㄐㄩˋ】옻기장(玉篇今作秬)
설문 3062 黑黍也。一稃二米㠯(以)釀。《『生民』曰。誕降嘉穀。維秬維秠。毛曰。秬、黑黍也。秠、一稃二米也。〔禾部:稃〕、穭也。秠、一稃二米。天賜后稷之嘉穀也。是則黑黍名𩰪。自其一稃二米言之則謂之秠。以釀酒是曰𩰪釀。【經典】曰𩰪鬯。故其字从鬯也。黑黍容有不一稃二米者。》从鬯。矩聲。《其吕(呂)切。5部。》秬𩰪或从禾。《【今-經典】字皆作此。》/218

◀ 제 18 획 ▶

鬱 울【yù ㄩˋ】울금향, 튤립, 나무 무성할 (鬯부 18획)
설문 3060 芳艸也。十葉爲貫。《「十」當作「千」。百字下曰。十百爲一貫是也。『周禮:注』作十、亦誤。》百廿(廾)貫。《廿者、古文二十也。『周禮:注』作二十。》築㠯煑(以煮)之爲鬱。《『鬱人:注』。鄭司農云。鬱、草名。十葉爲貫。百二十貫。築以煑之鐎中。停於祭前。按許說同此。【今本-注】百二十貫之下衍爲字。賈公彥誤連築爲句矣。築鬻二字見『肆師職』。『注』云。築鬱草煑之。『鬱人:注』云。築鬱金煑之以和鬯酒。又云。鬱者、鬱金香草。宜(宜)以和鬯。是則鄭意謂築之煑之以和秬黍所釀之鬯酒。乃用於祼也。凡以鬱和鬯謂之「鬱鬯」。如『鬱人』云和鬱鬯以實彝是。不和鬱者、但謂之「秬鬯」。如「鬯人」掌共秬鬯。而飾之是也。許意與鄭略同。》从臼缶一《音覛。》鬯。《臼、叉手也。缶、瓦器。一、覆也。鬯之言暢也。叉手築之令奬。乃盛之於缶而覆之。封固以幽之。則其香气暢達。此會意之恉也。》彡其飾也。《此說从彡之意。其物用於祭祀、『喪紀』、賓客者也。故必飾其器。鬱、迂勿切。15部。》一曰鬱鬯。《此連鬯爲文釋之。》百艸之蕚(華)。遠方鬱人所貢芳艸(草)。合釀之㠯降神。《謂凡言鬱鬯者、用中國百艸之蕚及遠方鬱人所貢芳艸二者合而釀之。芬芳條暢。可用降神。是曰鬱鬯。此別一義也。前說芳艸築煑爲鬱。合秬釀爲鬯。此說謂合釀艸華及遠國芳艸爲鬱鬯。不必合秬酒而後爲鬯也。『肆師職:大鄭-注』亦爲築煑香艸爲鬯。『水經注:溫水篇』引『應仲遠-地理風俗記』語、乃【仲遠-㮚栝:許書】而爲之者。》

鬥 10 ⑯

㉠ 作家出版社〔董蓮池-說文解字考正〕⑨ 九州出版社〔柴劍虹-說文解字〕㉦ 陝西人民出版社〔蘇寶榮-說文解字今注今譯〕㊤ 上海古籍出版社〔說文解字注〕㊥ 中華書局〔臧克和-說文解字新訂〕

鬱、《逗。謂鬱人之鬱字。》 今鬱林郡也。《以上三「鬱」者舊(舊)作「鬱」。今依『漢志』作「鬱」。或說正以鬱釋鬱。許意【古書】云鬱人所貢、卽今鬱林郡地之人也。『水經』。溫水至鬱林廣鬱縣爲鬱水。『地理志』。武帝元鼎六年更名桂林爲鬱林。》 /217

※ 나무 다부룩할 울(鬱)과는 다른 글자.

형성 (1자) 울(鬱)3687

◀ 제 19 획 ▶

鬱 (울)【yù ㄩˋ】 산앵도나무, 심황(생강과의 다년초)

설문 3687 木叢者。《依『韵(韻)會』本。『秦風』。鬱彼北林。毛曰。鬱、積也。『鄭司農-注:考工記』曰。宛讀如宛彼北林之宛。『菀栁(柳):傳』曰。菀、茂林也。『桑柔:傳』曰。菀、茂皃(貌)。按宛菀皆卽鬱字。》 從林。鬱省聲。《迂弗切。15部。》 /271

193 鬲
10-07 오지병 격

鬲 鬲 격【lì ㄌㄧˋ】[설문부수 71] 막을 력:本 [(발이 굽거나, 발 사이가 넓거나, 발 속이 빈)솥]

설문 1756 鼎(鼎)屬也。《『釋器』曰。鼎(鼎)款足者謂之鬲。》 實五觳。《『考工記』。陶人爲鬲。實五觳。厚半寸。脣寸。》 斗(斗)二升日觳。《大鄭云。觳受三豆。後鄭云。觳受斗二升。按『旊人職』云。豆實三而成觳。大鄭本之。【今-俗本】譌爲觳受三斗。誤甚。許必言觳所受者。〔角部:觳〕下無此義也。『魏-三體石經』以鬲爲大誥嗣無疆大歷服之歷。同在 16部也。》 象腹交文三足。《上象其口。×象腹交文。下象三足也。『考工記圖』曰款足。按款足、郭云曲脚(脚)。『漢:郊祀志』則云鼎空足日鬲。釋款爲空。郎激切。16部。》 凡鬲之屬皆从鬲。 甂鬲或从瓦。《『楚:世家』。楚武公曰。居三大之傳器。登三翮六翼以高世主。小司馬曰。翮亦作甂。同音歷。三翮六翼謂九鼎。空足曰翮。翼卽耳。事見『爾雅』。按翮者甂之假借字。翼者鉽之假借。九鼎、款足者三、附耳於外者六也。『爾雅』曰。鼎、款足謂之鬲。附耳外謂之鉽。》 𠨧漢令鬲。从瓦。麻聲。《謂載於令甲令乙之鬲字也。樂浪挈令織作紱。》 /111

성부 부록 색인 참조

형부 鬲을 부수로 하는 대부분의 글자들

형성 (8자) 혁(鬲)318 핵(翮)2145 혁(槅)3626 객(鬲)5135 핵(礐)5770 격(搹)7506 격(隔)9219 력(䥛)9366

◀ 제 3 획 ▶

鬲+十 과【guō ㄍㄨㄛ】 흙 가마솥 라:같은 뜻

설문 1760 秦名土鬴曰鬲+十。《今俗作鍋、土釜者、出於匋也。》 从鬲。中聲。《〔夊部:中〕夸步也。》 讀若過。《古禾切。17部。》 /111

형성 (2자) 화(䯄)6372 과(蝸)8448

◀ 제 4 획 ▶

鬹 (의)【yǐ ㄧˇ】 ⑨ guī 세발 달린 가마솥

설문 1757 三足鍑也。《鍑如釜而大口。『廣雅』。鬹、鬴也。》 一曰滫米器也。《滫米猶淅米。淅之以得其泔也。》 从鬲。支聲。《魚綺切。16部。》 /111

◀ 제 6 획 ▶

鬳 권【yàn ㄧㄢˋ】 솥(가마솥의 일종)

설문 1764 鬲屬 。《 鬲、鼎(鼎)屬 也 。》 从鬲(鬲)。虍聲。《牛建切。14部。按戴氏侗引【唐本】虔省聲。似是。然獻尊卽犧尊。車轙亦作钀。歌元古通。魚歌古又通。虍聲卽魚歌之合也。》 /111

성부 獻헌

형성 (1자) 언(甗)8063

참고 응(灜)

鬺 (상)【shāng ㄕㄤ】 삶을

설문 1767 鬻也。《「鬺」亦作「𩰫」。亦作「鬺」。『韓詩』。于以𩰫之。惟錡及釜。『封禪書』。禹收九牧之金鑄九鼎。皆嘗亨𩰫上帝鬼神。「亨𩰫」、『郊祀志』作「𩰫亨」。亨、許兩切。謂煑(煮)而獻之上帝鬼神也。『毛詩』假湘爲之。毛曰。湘、亨也。》 从鬲。羊(羊)聲。《式羊切。10部。》 /111

䰜 격【lì ㄌㄧˋ】[설문부수 72] 오지병 ※ 격(鬲)의 옛 글자 력:다리 굽은 솥

설문 1769 䰜也。《二字淺人妄(妄)增。此云古文亦鬲字。卽亼籒文大、改古文之例。何取而漢令鬲爲訓釋乎。》 古文亦鬲字。《鬲𩰲(𩰲)皆古文也。》 象孰飪五味气上出也。《爲夃也。鬲𩰲本一字。鬲專象器形。故其屬多謂器。𩰲兼象孰飪之气。故其屬皆爲孰飪。》 凡𩰲之屬皆从𩰲。 /112

성부 鬻육 粥죽 鬻갱

형부 호(鬻) 이(鬻) 자(鬻) 초(鬻) 볼(鬻) 속(鬻) 약(鬻) 건(鬻) 말(鬻)

◀ 제 7 획 ▶

鬴 (부)【fǔ ㄈㄨˇ】 ㊤ fǔ 가마솥, 강이름 력:다리 굽은 솥

설문 1763 鍑屬也。《升(升)四日豆。豆四日區。區四日鬴。》 从鬲。甫聲。《扶雨切。5部。》 釜鬴或从金。父聲。《【今-經典】多作「釜」。惟『周禮』作「鬴」。》 /111

◀ 제 8 획 ▶

鬻 (비)【fèi ㄈㄟˋ】 끓을

설문 1768 涫也。《〔水部〕曰。涫、鬻也。今俗字「涫」作「滾」、「鬻」作「沸」。非也。『上林賦』曰。沿潗鼎(鼎)鬻。『嚴夫子-哀時命』曰。氣涫鬻其若波。》 从鬲。沸聲。《芳未切。15部。按此當云從水鬲、弗聲。非畢沸字也。》

/111

鬵 심【xún ㄒㄩㄣˊ】㉿ qín ㊥⑨㉳ xín 큰 가마솥, 고리, 시루, 빠를 ■잠:같은 뜻

설문 1761 大鬴也。《『檜風』。誰能亨魚。摡之釜鬵。毛曰。鬵、釜屬。按下文別一義。》一曰鼎(鼎)大上小下若甑曰鬵。《『釋器』。鼎絕(絶)大謂之鼐。圜弇上謂之鼒。附耳外謂之釴。款足者謂之鬲。䰝謂之鬵。鬵、鉹也。按此六句皆說鼎。故許以鼎大上小下若甑發明甑謂之鬵。〔金部〕云。鉹、鬵鼎。亦所以發明鬵、鉹也。釋『爾雅』者尟通此矣。》从鬲。兟聲。讀若岑。《才林切。7部。》 䰩 籀文鬵。《從𩰲。》/111

형성 (1자) 첨(灊)6667

◀ 제 9 획 ▶

鬷 (종)【zōng ㄗㄨㄥˉ】가마솥, 많을, 아뢸

설문 1759 鬴屬。《『廣雅』。鏞鬲鬷也。『陳風』。越以鬷邁。『商頌』。鬷假無言。毛曰。鬷、數也。又曰。鬷、總(總)也。數讀如數罟之數。數罟、『豳風』作「緵罟」。『魚麗』作「總罟」。然則二傳皆謂鬷者、總之假借字也。》从鬲。㚇聲。《子紅切。9部。》/111

◀ 제 11 획 ▶

鬻 (호)【hú ㄏㄨˊ】죽

설문 1772 健也。《『釋言』。餬、饘也。當作此者。今江蘇、俗粉米麥爲粥(粥)曰餬。》从𩰲(𩰲鬲)。古聲。《戶吳切。5部。》/112

鬹 (규)【guī ㄍㄨㄟˉ】자루와 주둥이가 달린 3발 가마솥

설문 1758 三足鬴也。《『廣雅』。鬹、鬴(鬴)也。》有柄喙。《有柄可持。有喙可寫物。此其別於融(融)者也。》讀若嫣。《嫣、漢人已讀如規矣。》从鬲(鬲)。規聲。《居隨切。16部。》/111

◀ 제 12 획 ▶

鬻 죽【yù ㄩˋ】㉠㉿㊥⑨ zhōu ㉳ méi ① 粥(멀건)죽 ② 鬻 (멀건)죽 ※ 죽(粥)과 같은 글자 ■육:(물건을)팔 ■국:(나이가)어릴

설문 1771 健也。从𩰲(𩰲鬲)米。《會意。之六切。3部。按一音余六切。是以賣鬻(鬻)字作此。賣之假借也。【鉉本】作「米聲。武悲切」。此因誤衍聲字而爲之切音。非眞『唐韵』有武悲切也。『爾雅』猶如麂之猶。『舍人』本作鬻。異文同部。是可以定其非形聲矣。『廣韵』、『集韵』、『篆韵譜:脂韵』內皆無鬻。『玉篇』云。『說文』又音糜。『廣韵』云『說文』本音糜者、乃陳彭年輩誤用【鉉本】也。『玉篇:糜』字又糜之誤。『類篇』忙(忙)皮切之誤本此。「鬻」作「粥(粥)」者、俗字也。作「鬻」者、『樂記』假鬻爲育而轉寫致譌也。》/112

鬻 鬻(이)【èr ㄦˋ】㉿㊥⑨㉳ ěr 가루떡

설문 1777 粉餅也。《『周禮』。糗餌粉餈。〔食部〕曰。餈、稻餅也。此曰鬻(鬻)、粉餅也。葢(蓋)謂餈者、不粉之稻米爲餅。餌者、稻米粉之爲餅。文互相足。【經】云糗餌者、謂以熬米麥傅於餌。粉餈者、謂以他穀粉傅於餈。此許意與先、後鄭說異。小徐云。許說冣(最)精。又『內則:注』。餌、筋腱也。又『莊子』。以五十犗爲餌。餌、釣啗魚者。》从𩰲(𩰲鬲)。耳聲。《仍吏切。1部。》 餌 鬻或从食耳。《耳聲。》/112

䰝 (증)【zèng ㄗㄥˋ】시루, 고리

설문 1762 鬵屬。从鬲。曾聲。《按此篆淺人妄(妄)增也。〔瓦部:甑〕。甗也。甗、甑也。一穿。䰝者、甑之或體耳。『爾雅:音義』云。䰝本或作甑。『篇』、『韵(韻)』皆云甑䰝同字。可知『古本-說文』不分入鬲瓦 2部。至『集韵』乃據【徐鉉之書】截然爲二字矣。》/111

성부 䰝 혜

◀ 제 13 획 ▶

鬷 (객)【kè ㄎㄜˋ】갓 속옷 ■격:같은 뜻

설문 5135 裘裏也。《表其毛而爲之裏附於革也。『詩』曰。羔羊之皮。素絲五它。皮言其表也。羔羊之革。素絲五緎。革言其裏也。羔羊之縫。素絲五總。合言其表裏也。其裏之所用未詳。》从裘。鬲聲。讀若擊。《楷革切。16部。》/398

鬻 鬻(발)【bó ㄅㄛˊ】솥 끓어 넘을 ■볼:같은 뜻

설문 1781 炊釜鬻溢也。《「炊」【各本】作「吹」。今從『類篇』。「釜鬻溢」【各本】作「釜溢」。【宋本】作「聲沸」。今參合定爲「釜鬻溢」。今江蘇俗謂火盛水鬻溢出爲鋪出。鬻之轉語也。正當作「鬻」字。》从𩰲(𩰲鬲)。孛聲。《蒲沒(沒)切。15部。》/113

◀ 제 14 획 ▶

鬻 鬻(건)【zhān ㄓㄢˉ】죽(음식)

설문 1770 鬻(鬻)也。从𩰲(𩰲鬲)。侃聲。《諸延切。14部。按此當去虔(虔)切。鬻(鬻)或作「飦」。猶愆作𠊎也。淺人謂飦饘字不分。故同切諸延耳。》 䭇 鬻或从食。衍聲。《『荀卿書』。酒醴飦鬻。『內則』曰。取稻米舉(擧)糔溲之。小切狼臅膏。以與稻米爲酏。『注』。此『周禮』酏食也。此酏當從𩞁。『周禮:醢人:酏食:注』曰。酏、𩞁也。引『內則』取稻米云云。正作「𩞁」字。按『襍(雜)問志』曰。『內則』𩞁次糝。『周禮』酏次糝。酏在六飲中。不合在豆。且『內則』有𩞁無酏。『周禮』有酏無𩞁。明酏𩞁是一也。故破酏從𩞁也。據此則『內則』本作「𩞁」字。『注』中此酏當從𩞁。謂『周禮』此酏字當從『內則』作「𩞁」字。言此酏者、以別於六飲之酏也。『今本-內則』作「酏」。淺人所改。》 飦 鬻或从食。干聲。《『孟子』曰。飦粥(粥)之食。趙曰。飦、饔粥也。饔同糜。》 健 鬻或从食。建聲。《『韵(韻)會』引『左傳:注』。健於是。鬻於是。今未詳所據。》/112

◀ 제 15 획 ▶

◀ 제 16 획 ▶

鬻(초)【chǎo ㄔㄠˇ】볶을
설문 1778 敖(熬)也。《『爾雅:音義』引『三蒼』敖(熬)也。『說文』火乾物也。與【今本】異。『玄應』再引與【今本】同。『方言』。敖聚煎僰鞏火乾也。秦晉之間或謂之聚。按聚卽鬻(鬻)字。或作「䰛」。『玄應』日。『崔寔-四民月令』作「炒」。古文「奇」字作「煼(𤆀)」。》从䰜(䰜䰜)。芻聲。《尺沼切。『廣韵(韻)』初爪切。古音在 4部。》/112

갱【gēng ㄍㄥ】곰(국)
설문 1773 五味盉鬻(䰜鬻)也。《〔皿部〕日。盉、調味也。『內則:注』日。凡羹齊宜五味之和。米屑(屑)之糝。晏子日。和如羹焉。水火醯醢鹽梅以亨魚肉。宰夫和之。齊之以味。濟其不及。以泄其過。凡魚肉必用菜。菜謂之芼。『儀禮』鉶芼牛藿羊苦豕薇。芼及醯醢鹽梅、是之謂五味之和也。實於鉶謂之鉶羹。肉汁不和五味謂之大羹。》从鬲(䰜䰜)。从羔。《會意。凡從羔者、羔猶美也。古行切。古音在 10部。》『詩』日。亦有和鬻。《『商頌』文。【鍇本】「鬻」作「羹」。》羹鬻或省。䰜或从美䰜(䰜䰜)省。《羔下從美今【各本】作兩羔。非也。》鬻小篆。从羔。从美。《此是小篆則知上三字古文、籀文也。不先小篆者、此亦〔丄部〕之例。》/112

◀ 제 17 획 ▶

鬻(속)【sù ㄙㄨˋ】솥 안에 든 음식, 곰(국), 죽
설문 1774 鼎(鼎)實惟葦及蒲。《此有奪。當云鼎(鼎)實也。『詩』云。其鬻維何。維筍及蒲。或日。荀作葦者、『三家詩』也。『爾雅』。其萌蘿。今蘆筍可食者也。按『詩』其殽維何。炰鼈鮮魚。此謂鼎中肉也。其蔌維何。維筍及蒲。此謂鼎中菜也。菜謂之芼。『釋器』日。肉謂之羹。菜謂之蔌。毛日。蔌、菜殽也。菜殽對肉殽而言。凡『禮經』之藿苦薇、『昏義』之蘋藻、【二南】之荇、皆是。『周易』覆公餗。鄭日。餗、菜也。凡肉謂之醢。菜謂之菹。皆主謂生物實、於豆者。肉謂之羹。菜謂之芼。皆主謂孰物實於鼎者。說詳『戴先生-毛鄭詩:考正』。》陳雷(留)謂健爲鬻。《『周易:馬-注』。餗、健也。按鼎中有肉有菜有米。以米和羹日糜。糜者健之類。故古訓或擧(擧)菜爲言。或擧米爲言。正考父鼎銘。饘於是。䰜(䰜䰜)於是。以餬余口。亦單擧米言也。許不以陳雷(留)語爲別一義。鬻至鬻共七文皆謂鬻也。分別之則有米和肉菜之鬻。有不和肉菜之鬻。》从䰜(䰜)。速聲。《桑谷切。3部。》餗鬻或从食束。《束聲。》/112

◀ 제 18 획 ▶
◀ 제 19 획 ▶

鬻(자)【zhǔ ㄓㄨˇ】삶을
설문 1780 亯(享)也。《亯普庚切。䰞、鬻也。鬻下當云䰞也。【經傳】用亯、用烹乃䰞之假借字耳。〔亯部〕日。獻也。不訓鬻。》从䰜(䰜䰜)。者聲。《章與切。5部。按惟『周禮』作「鬻」。》𩱬鬻或从火。𣸈鬻或从水。《水在鬲中會意。》/113

육【yù ㄩˋ】(물건을)팔 ※ 육(鬻)의 생략체
설문 1775 鬻也。《曡(疊)韵。》从䰜(䰜䰜)。毓聲。《余六切。3部。按此切余六。鬻切之六。本分別不同。後人以鬻(鬻)之切爲鬻之切。而混誤日甚。》鬻鬻或省从米。/112
성부 𩱳혜

◀ 제 20 획 ▶

鬻(약)【yào ㄧㄠˋ】㊞ yuè 데칠
설문 1779 內肉及菜湯中薄出之。《「內」今之「納」字。薄音博。迫也。納肉及菜於鬻湯中而迫出之。今俗所謂爍也。『玄應』日。江東謂瀹爲爍。爍音助甲切。鬻今字作「瀹」。亦作「汋」。『通俗文』日。以湯煑(煮)物日瀹。『廣雅』日。瀹、湯也。孫炎說夏礿之義日。新菜可汋。》从䰜(䰜䰜)。翟聲。《以勺切。古音在 2部。》/113

◀ 제 21 획 ▶

䰝(효)【xiāo ㄒㄧㄠ】김 오르는 모양
설문 1766 炊气皃(貌)。《〔㗊部〕日。囂、聲也。气出頭上。從㗊頁。炊气亦上出。故從囂。》从鬲。囂聲。《擧(擧)形聲包會意。許嬌切。2部。》/111

◀ 제 27 획 ▶

鬻(말)【miè ㄇㄧㄝˋ】미음, 죽 ▣멸:같은 뜻
설문 1776 涼州爲鬻(鬻)爲鬻。《按此鬻、【鍇本】作「糜」爲長。糜鬻雙聲故也。》从䰜(䰜䰜)。櫗聲。《莫結切。15部。》䉾鬻或省从末。/112

194	鬼
10-08	귀신 귀

귀【guǐ ㄍㄨㄟˇ】[설문부수 346] 귀신, 도깨비, 별 이름, 죽은 사람의 혼
설문 5557 人所歸爲鬼。《以曡(疊)韵爲訓。『釋言』日。鬼之爲言歸也。『郭-注』引尸子。古者謂死人爲歸人。『左傳』。子産日。鬼有所歸。乃不爲厲。『禮運』日。鬼(魂)氣歸於天。形魄歸於地。》从儿。由(由)象鬼頭。《自儿而歸於鬼也。》从厶。《二字今補。厶讀如私。》鬼陰气賊害。故从厶。《「陰」當作「侌」。此說从厶之意也。神陽鬼陰。陽公陰私。居偉切。15部。》凡鬼之屬皆从鬼。䰠古文从示。/434
성부 부록 색인 참조
형부 鬼를 부수로 하는 대부분의 글자들
형성 (12자+1) 괴(瑰 瓌)190 궤(餽 餽)3121 괴(槐 槐)3372 외(瘣 瘣)4494 괴(傀 傀)4763 외(頠 頠)5421 괴(騩 騩)5849 괴(媿 媿)7961

鬼 10 ⓪

회(魄)8392 괴(魁)9052 외(隗)9187
괴(塊)000 괴(愧)

◀ 제 3 획 ▶

魅 [매]【mèi ㄇㄟˋ】 도깨비 ■미:속음
[설문] [5564] 老物精也。《【各本】作「精物」。今依『燕城賦、王莽傳:二注』正。『論衡』日。鬼者、老物之精也。『漢:藝文志』有神鬼精物之語。則作精物亦通。『周禮』、以夏日至致地示物鬽。『注』日。百物之神日鬽。引『春秋傳』。螭鬽魍魎。按『今-左傳』作魅。釋文。本作鬽。『服虔-注』云。魅、怪物。或云魅人面獸身而四足。好惑人。山林異氣所生。》从鬼彡。《密祕(秘)切。15部。》彡、鬼毛。《說从彡之意。彡者、毛飾畫(畵)之文。因以爲毛之偁(稱)。》魅或从未。《从未爲聲。》籒文。从彖首。从尾(尾)省聲。《彖首謂彖也。豕之頭也。或日當是𢑚首。尾聲猶未聲也。按此篆今訛爲二。古文也。籒文也。與解語不相應。亦與〔彑部〕、〔立部〕不相應。今刪(删)正。鬽當是古文。則彔爲籒文審矣。○【七篇】彔下云。刻木彔彔也。盧谷切。與此相似而非一字。从彖首、當是从𢑚省。篆當作𧰼。轉寫失其眞。》/435

◀ 제 4 획 ▶

魃 (기)【jì ㄐㄧˋ】 귀신이 입는 옷、아이귀신
[설문] [5565] 鬼服也。《〔衣部〕日。𧜵、鬼衣也。『周禮』。『大喪:廞裘』。『注』日。廞、興也。若『詩』之興。謂象似而作之。凡爲神之偶衣物必沽而小耳。》一日小兒鬼。《『漢:舊儀』。顓頊氏有三子。生而亾(亡)去爲疫鬼。一居江水爲瘧鬼。一居若水爲魍魎蟚鬼。一居人宮室區隅善驚人爲小兒鬼。按此條『東京賦:注』所引較完。亦尙有奪字。『後漢書:禮儀志:注』所引則不可讀。『東京賦』。八靈爲之震慴。況鬾蟚與畢方。薛解云。鬾、小兒鬼也。畢方、父老神也。》从鬼。支聲。《奇寄切。16部。按二義同音。『李善-東京賦:注』巨宜切。『廣韵(韻)』以鬼服去聲、小兒鬼平聲。非也。》『韓詩傳』日。鄭交甫逢二女鬾服。《葢(蓋)『韓詩:內傳』語也。『文選(選):江賦:注』引『韓詩:內傳』。鄭交甫漢皐(皐)臺下遇二女。請其佩。二女與佩。交甫懷之。循探之卽亡矣。『南都賦:注』引『韓詩:外傳』。鄭交甫遇二女。佩兩珠。大如荆雞(莿鷄)之卵。『七發:注』引『韓詩:序』日。漢廣悅人也。漢有游女。不可求思。薛君日。謂漢神也。許所偁(稱)亦說此『詩』之語。》/435

魄 (화)【huà ㄏㄨㄚˋ】 둔갑할
[설문] [5569] 鬼變也。《鬼之變匕也。》从鬼。化聲。《呼駕切。17部。》/436

魁 (괴)【kuí ㄎㄨㄟˊ】 [本][큰 국자] 우두머리, 으뜸
[설문] [9052] 羹斗也。《「斗」當作「枓」。古斗枓通用。然許例以義爲別。枓、勺也。抒羹之勺也。『史記』趙襄子使廚人操銅枓以食代王及從者。行斟。陰令宰人以枓擊殺代王。斟者、羹汁也。魁頭大而柄長。『毛詩:傳』日大斗長三尺是也。引申之、凡物大皆日魁。如『檀弓』不爲魁、『游俠傳』日閭里之俠原涉爲魁、『翟方進:傳』芋魁、『百官志』里有里魁皆是。北斗七星。魁方杓曲。魁象首、杓象柄也。若『國語:注』小阜日魁。卽『說文』自字之叚(假)借。亦未嘗不取枓首之意。》从斗。鬼聲。《苦回切。15部。》/718

䰟 魂(혼)【hún ㄏㄨㄣˊ】 넋(영혼 중 양기에 속하는 부분)
[설문] [5559] 陽气也。《「陽」當作「昜」。『白虎通』日。䰟者、沄也。猶沄沄行不休也。『淮南子』日。天气爲䰟。『左傳』。子産日。人生始化日魄。旣生魄。陽日䰟。用物精多。則䰟魄強(强)。》从鬼。云聲。《【各本】篆體作「魂」。今正。『李文仲-字鑑』日。『說文』本下形上聲。今作「魂」。右形左聲。如詞朗崩秋、『說文』本作「𧥣(詞)朖𡴖烁(秋)」。今從𨽻(隸)變。又召字形在左則爲叨。含字聲在右則爲吟。字畫(畵)稍改。則爲別字。按李氏在元時猶見『說文-舊本』。故𧥣䰟等字不誤。今則【大徐本】皆作魂。惟【小徐本】作「䰟」。『廣韵(韻)』、『集韵』、『韵會』亦作「䰟」。乃『乾隆閒-汪啟(啓)淑刻-小徐書』。『翦割:俗刻-說文』之篆文付梓人。而【抄本】䰟字不可復見矣。是故【刻-書】不可不愼也。𧥣之必司上言下者、意內言外之象也。䰟之必鬼下云上者、陽氣沄沄而上之象也。日云聲者、擧(擧)形聲包會意。戸(戶)昆切。13部。》/435

◀ 제 5 획 ▶

魁 (신)【hún ㄏㄨㄣˊ】 [상][中]⑨ shén [작] shēn 도둑귀신
[설문] [5558] 神也。《當作「神鬼也」。神鬼者、鬼之神者也。故字从鬼申。『老子』日。其鬼不神。『封禪書』日。秦中冣(最)小鬼之神者。『中山經』。青要之山。魁武羅司之。郭云。魁卽神字。許意非一字也。》从鬼。申聲。《食鄰(隣)切。12部。》/435

魃 (발)【bá ㄅㄚˊ】 가물귀신, 가물
[설문] [5563] 旱鬼也。《『大雅:雲漢』日。旱魃爲虐。『傳』日。魃、旱神也。此言旱鬼、以字从鬼也。神鬼統言之則一耳。『山海經』日。大荒(荒)之中。有山名日不句。有黃帝女妭。本天女也。黃帝下之殺蚩尤。不得復上。所居不雨。妭卽魃也。『詩:正義』不引此而引『神異經』。『神異經』乃不知何人假託東方朔者。『郭-傳:山海經』不云妭卽『詩』之旱魃、而云音如旱魃之魃。疏矣。〔女部〕日。妭、婦人美皃 (貌)。然則『山海經』爲假借字。》从鬼。犮聲。《薄撥切。15部。》『周禮』有赤魃氏。除牆屋之物也。《『周禮:秋官』之屬『赤犮氏』。掌除牆屋。以蜃炭攻之。以灰灑毒之。鄭云。赤犮猶言捇拔也。主除蟲豸自埋者。按許作赤魃、葢(蓋)【其-所據:本】不與鄭同。其云除牆屋之物。物讀精物、鬼物之物。故敺之之官日『赤魃氏』。說義亦與鄭異。葢賈侍中說與。》『詩』日。旱魃爲虐。/435

魄 䰦(백)【pò ㄆㄛˋ】 넋(정신 중에서 음에 해당하는 부분), 몸 ■박:소리에 안정이 잇는 모양 ■탁:부귀한 사람이 영락하게 될
[설문] [5560] 陰神也。《「陰」當作「侌」。陽言气、陰言神者、陰

中有陽也。『白虎通』曰。魄者、迫也。猶迫迫然箸於人也。『淮南子』曰。地氣爲魄。『祭義』曰。氣也者、神之盛也。魄也者、鬼之盛也。鄭云。氣謂噓吸出入者也。耳目之聰明爲魄。『郊特牲』曰。䰟(魂)氣歸於天。形魄歸於地。『祭義』曰。死必歸土。此之謂鬼。其氣發揚於上。神之箸也。是以聖人尊名之曰鬼神。按䰟魄皆生而有之而字皆从鬼者、䰟魄不離形質而非形質也。形質亡而䰟魄存。是人所歸也。故从鬼。》从鬼。白聲。《『孝經』說曰。魄、白也。白、明白也。䰟、芸也。芸芸、動也。普百切。古音在 5部。》/435

魅 (치)【chì 彳ˋ】 역귀, 도깨비
설문 5561 厲(厝厴鬁)鬼也。《厲之言烈也。厲鬼謂虐厲之鬼。「厲」或作「癘」。非。『左傳』曰。其何厲鬼也。『月令:注』曰。昴有大陵積尸之氣。氣佚則厲鬼隨而出行。虛(虗)危有墳墓四司之氣。爲厲鬼、將隨強(强)陰出害人。『西山經』。剛山是多神魑。魑卽此魅字。郭云。离魅之類也。恥二反。或作「㱚(殃)」。『今本-山海經』傳譌舛。依『集韵(韻)』、『類篇』正。》从鬼。失聲。《丑利切。按失聲古音在 12部。『集韵』、『類篇』又丑栗切。》/435

◀ 제 8 획 ▶

魋 퇴【tuí ㄊㄨㄟˊ】 퇴곰, 사람 이름
■추:북상투, 몽치 모양의 상투
설문 2206 如小熊。赤毛而黃。从隹。鬼聲。《『各本』無此篆。據〔言部:讙〕篆下曰。从言魋聲。必當有此篆。但大徐補入〔鬼部〕。未當。今依『爾雅』補入〔隹部〕。獸可言隹也。杜回切。15部。》/144
형성 (1자) 퇴(讙 𧮯)1574

䰧 (호)【hū ㄏㄨˉ】 귀신 모양
설문 5566 鬼皃(貌)。从鬼。虎聲。《虎烏切。5部。》/436

◀ 제 10 획 ▶

鬾 (기)【qí ㄑㄧˊ】 ⓐ jī 남쪽 귀신
설문 5567 鬼俗也。《謂好事鬼成俗也。『淮南:人閒(間)訓』曰。荆(荊)人鬼。越人禨。高云。鬼、好事鬼也。禨、禨祥也。『景:十三王傳』。治宮室禨祥。伏虔(虔)曰。禨祥、求福也。『史記:正義』引顧野王云。禨祥、吉凶之先見也。按伏讀禨同祈。顧讀爲知幾其神之幾。皆好事鬼之意耳。『玉藻』、『少儀』二篇禨字乃旣醆之假借。小食也。》从鬼。幾聲。《渠稀切。15部。各書从示作「禨」、同。》『淮南傳』曰。吳人鬼。越人鬾。《『淮南傳』謂『鴻烈』也。吳『今-鴻烈』作「荆」。『列子』說此事亦作楚。疑荆字是。》/436

◀ 제 11 획 ▶

魌 (나)【nuó ㄋㄨㄛˊ】 귀신을 보고 놀라는 말, 역귀를 좇아낼 ■뇨·난:같은 뜻
설문 5570 見鬼驚詈(詞)。《見鬼而驚駭。其詈(詞)曰魌也。魌爲奈何之合聲。凡驚詈曰那者、卽魌字。如公是韓伯休那是也。『左傳』棄甲則那、亦是奈何之合聲。》从鬼。難省聲。讀若『詩』受福不儺。《『小雅:桑扈』。受福不那。『傳』曰。那、多也。此作不儺。疑字之誤。或是『三家詩』。諾何切。17部。》/436

◀ 제 12 획 ▶

魈 (초)【chāo ㄔㄠˉ】 빠른 모양, 경솔하게 해를 끼치는 귀신 ■소:꾀자기, 간악할
설문 5573 《『各本』無此篆。考『玄應書:五』引『說文』魈字。助交切。訓捷健也。又引『廣雅』魈、捷也、『聲類』魈、疾也。葢(蓋)後人以剿代魈。而『說文』魈字亡矣。『玉篇』曰。魈、剽輕爲害之鬼也。『說文』訓當云鬼捷皃(貌)。疑魅篆卽魈篆之譌。》从鬼。堯聲。《『玉篇』士交切。『廣韵(韻)』楚交切。》/436

魖 (허)【xū ㄒㄩˉ】 (유행병을 퍼뜨리는)역귀
설문 5562 秏鬼也。《「秏」舊作「耗」。今正。秏者、乏無之言。『東京賦』曰。殘夔魖與罔(罔)象。夔、木石之怪也。罔象、水之怪也。與魖爲三物。》从鬼。虛(虗)聲。《形聲包會意。朽居切。5部。》/435

◀ 제 14 획 ▶

䰩 (빈)【pín ㄆㄧㄣˊ】 귀신 모양
설문 5571 鬼皃(貌)。《此葢(蓋)與覶覼之義相近。》从鬼。賓聲。《符眞切。12部。》/436

魗 (유)【rú ㄖㄨˊ】 귀신의 소리
설문 5568 鬼彪聲魗魗不止也。从鬼。需聲。《奴豆切。4部。當依『廣韵(韻)』人朱乃侯二切。》/436

제 11 획

195 [魚] 11-01 고기 어

[魚] [어]【yú ㄩˊ】[설문부수 424] 고기, (두눈이 흰)말, 어대(관리가 차는 고기 모양 패물)

[설문] [7217] 水蟲也。象形。魚尾與燕尾相侶(似)。《其尾皆枝。故象枝形。非从火也。語居切。5部。》凡魚之屬皆从魚。/575

[성부] 부록 색인 참조

[형부] 魚를 부수로 하는 대부분의 글자들

[형성] (+1) 어(漁)

◀ 제 2 획 ▶

[魝] [결]【jié ㄐㄧㄝˊ】생선 다룰, 생선 썰, 생선 각 뜰

[설문] [2681] 楚人謂治魚也。《『楚語』也。》从刀魚。讀若鍥。《古屑(屑)切。15部。薊以爲聲。》/182

[형성] (1자) 계(薊)288 결(趙)955

魤 (화)【huà ㄏㄨㄚˋ】물고기 이름

[설문] [7318] 魚名。从魚。匕聲。《呼跨切。》/581

◀ 제 3 획 ▶

魠 (탁)【tuō ㄊㄨㄛ¯】자가사리

[설문] [7263] 哆口魚也。《哆者、張口也。『上林賦』。鰅鰫鰬魠。『郭-注』。魠、鱤也。一名黃頰。郭語恐非許意。儻是黃頰、則當與鱨爲伍。『廣雅』日。魧、鰽、魠也。以魠爲名。取開祏之意。》从魚。乇聲。《他各切。5部。》/578

◀ 제 4 획 ▶

魦 (사)【shā ㄕㄚ¯】상어, 모래무지

[설문] [7283] 魦魚也。出樂浪潘國。从魚。沙省聲。《『詩:小雅』有鯊。則爲中夏之魚。非遠方外國之魚明甚。葢(蓋)『詩』自作沙字。吹沙小魚也。樂浪潘國之魚必出於海。自作「魦」字。其狀不可得而言也。或云卽鮫魚。然魦鮫二篆不相連屬也。所加切。17部。》/579

魧 (강)【gāng ㄍㄤ¯】[상][中]⑨ háng 큰 자개, 생선 기름 ■항:같은 뜻, 자가사리

[설문] [7306] 大貝也。《貝、海介蟲也。居陸名猋。在水名蜬。『釋魚』日。大者魧。『尙書:大傳』日。散宜生得大貝。如車渠。車渠、車网也。車网者、輮也。『江賦』字作「蚢」。》从魚。《故『爾雅』介蟲皆入『釋魚』。》亢聲。一日魚膏。《別一義。》讀若剛。《古郎(郞)切。10部。『文選』胡剛切。》/581

鮇 (부)【fū ㄈㄨ¯】방어

[설문] [7315] 鯕魚。出東萊。从魚。夫聲。《甫無切。依『玉篇』當作「鮇鯕魚」。》/581

[魯] [로]【lǔ ㄌㄨˇ】미련할(둔하고 어리석음), 노나라

[설문] [2119] 鈍䛐(詞)也。《『孔-注:論語』日。魯(魯)、鈍也。『左傳』。魯人以爲敏。謂鈍人也。『釋名』日。魯、魯鈍也。國多山水。民性樸鈍。按椎魯、鹵莽皆卽此。》从白(自)。魚聲。《【各本】作「鮺省聲」。按鮺从差省聲。在古音 17部。今之歌麻韵。魯字古今音皆在 5部。蓾櫓字用爲諧聲。古文以旅爲魯。則鮺爲淺人妄改也。今正。郎(郞)古切。5部。》『論語』日。參也魯。《『先進篇』文。》/136

[형성] (2자) 로(蓾)354 로(櫓)3610

魿 (잠)【qín ㄑㄧㄣˊ】[작] zàn 절인 고기, 잔 고기 ■심:같은 뜻

[설문] [7300] 鮺也。《渾言不別。析言則別之。》从魚。今聲。《徂慘切。古音在 7部。『廣韵(韻)』昨淫切。『玉篇』才枕才箴二切。》/580

魳 (패)【pèi ㄆㄟˋ】[상][中]⑨[작] bèi 복어, 돌고래

[설문] [7281] 魳魚也。出樂浪潘國。从魚。宋(市)聲。《博蓋切。15部。》/579

魴 (방)【fáng ㄈㄤˊ】방어

[설문] [7243] 赤尾魚也。《『周南』日。魴魚賴尾。『釋魚』日。魴、魾。『傳』日。魚勞則尾赤。按此『傳』當有「魴魚也」三字。以魴勞赤尾興如燬。非謂魴必赬尾也。『左傳』。如魚竀尾。衡流而方羊。亦謂其困頓。許以赤尾魚釋魴。殆失之。魴卽鯿魚也。許列字亦二篆相比近。而不言爲一。》从魚。方聲。《符方切。10部。》 鰟 籒文魴。从旁。《此依小徐及『玉篇』。》/577

魵 (분)【fén ㄈㄣˊ】새우, 작은 물고기

[설문] [7277] 魵魚也。《『釋魚』日。魵、鰕。謂魵魚一名鰕魚也。》出薉邪頭國。《『陳氏-魏志』、『范氏-後漢書:東夷傳』皆日。濊國海出班魚皮。『今一統志:朝鮮』下亦云尒。班魚卽魵魚也。『郭-注:爾雅』云。出穢邪頭國。見『呂氏-字林』。『郭-注』但偁(稱)『字林』。不偁『說文』。豈所

魚 11 ⑤

[작] 作家出版社〔董蓮池-說文解字考正〕 ⑨ 九州出版社〔柴劍虹-說文解字〕 [今] 陝西人民出版社〔蘇寶榮-說文解字今注今譯〕 [상] 上海古籍出版社〔說文解字注〕 [中] 中華書局〔臧克和-說文解字新訂〕

謂逐末忘本者非邪。》从魚。分聲。《符分切。音轉如頒。13部。》/579

◀ 제 5 획 ▶

鮩 (병)【bǐng ㄅㄧㄥˇ】 긴맛(조개) ■병:벌레 이름 설문 7307 蚌也。《蚌者、蜃屬。亦名鮩。》从魚。丙聲。《兵永切。音在 10部。》/581

魼 (거)【qū ㄑㄩ¯】 가자미 ■탑:같은 뜻 ■협:같은 뜻

설문 7220 魼魚也。《舊刪魼字。今補。此如河篆下云河水也之例。『漢書:上林賦』。禺禺魼鰨。『郭樸:注』云。比目魚也。按郭說未知其審。〔犬部:狧〕字下有比目魚鰈。同『爾雅』。而〔魚部〕無鰈字。『玉篇』、『廣韵』合魼鰈爲一字。非也。》从魚。去聲。《去魚切。5部。》/575

魾 (비)【pēi ㄆㄟ¯】 ㊤㊥⑨㉆ pī 희고 큰 메기 비슷한 물고기

설문 7254 大鱯也。其小者名鮡。《見『釋魚』。丕訓大。此會意兼形聲也。『爾雅』魴魾、亦謂魴之大者爲魾。》从魚。丕聲。《敷悲切。古音在 1部。》/577

魿 (령)【líng ㄌㄧㄥˊ】 벌레가 줄을 지어 갈 ■린:비늘

설문 7302 蟲連行紆行者也。《『考工記:梓人:注』曰。連行、魚屬。紆行、蛇屬。按紆者、詘也。縈也。蛇行必縈曲。》从魚。令聲。《郎(郎)丁切。古音在 12部。》/580

鮀 (타)【tuó ㄊㄨㄛˊ】 문절망둑 설문 7265 鮎也。《『釋魚』、『毛傳』皆曰。鯊、鮀也。許以魦系樂浪潘國。釋鮀爲鮎。於古說不同。葢(蓋)有所受之也。『春秋傳』名鮀者字子魚。玉裁又按鯊見於『詩』。『爾雅』、『毛傳』皆曰。鯊、鮀也。許當無異說。不當訓鮀爲鮎、而以鯊爲出樂浪潘國。葢鮎、鰋也。鰋、鮎也。許同『爾雅』、『毛傳』。而鮀下訓沙也。亦與古同。『毛詩』鯊本作沙。故『說文』無鯊字。鮀下云沙也。淺人以爲怪。遂竄改錯亂如此。【諸書】紀載雖有魦字、从沙省聲。此樂浪潘國之魚。非『詩』之沙也。故不相牽混。【許書】之精嚴如此。○『邠風』莎雞(鷄)、古祇作沙。○『釋魚』開卷鯉鱣爲一。鰋鮎爲一。鯊鮀爲一。許說皆同。惟鱧鯇爲一。許說不同。○『舍人』云。鯊、石鮀也。郭云。今吹沙小魚也。體圓而有點文。》从魚。它聲。《徒何切。17部。》/578

鮁 (발)【bō ㄅㄛ¯】 물고기 꼬리 톡톡 칠, 물고기 헤엄칠

설문 7314 鱣鮪鮁鮁。从魚。犮聲。《北末切。按『毛詩:鱣鮪發發:傳』曰。發發、盛皃(貌)。『音義』云。補末反。『韓詩』作鱍。是作鮁者非毛、非韓。不可信。又不言其義『篇』、『韵(韻)』皆無鮁字。其可疑如此。》/581

鮅 (필)【bì ㄅㄧˋ】 송어, 상피리 설문 7309 魚名。从魚。必聲。《毗必切。按自鮅至鮆十篆葢(蓋)皆非【許書】所本有。以〔魚部:鰫鯿〕爲魚子。自魼至鱷皆魚名。自鰒(鯾)至鮑皆泛言魚之體、魚之用。自鯩至鮚皆字从魚而實非魚者。至此而〔魚部〕畢矣。不當又擧(擧)魚名及魚之狀皃(貌)。故知必淺人所增也。『釋魚』云。鮅鱒。系一魚二名。儻許錄鮅字、便當與鱒相聯。由許時『爾雅本』無鮅字、但作「必」。必則例不錄。》/581

鰍 (유)【yǒu ㄧㄡˇ】 노랑횟대 ■요·욱:같은 뜻 설문 7247 鰍魚也。《『廣雅』。鰍、鰻也。謂鰍亦名鰻。鰌之類也。》从魚。幼聲。讀若幽。《於糾切。3部。按『廣雅』、『玉篇』於堯切。》/577

鮆 (제)【jì ㄐㄧˋ】 갈치 같은 양수어 설문 7264 刀魚也。飮而不食。《【各本】作「飮而不食刀魚也」。今依『韵(韻)會本』。『漢書:貨殖傳-顔(顏):注』正如此。下多者字。刀魚、今人語尙如此。以其形像刀也。俗字作「魛」。『尙書:大傳』有魚刀。葢(蓋)卽此。飮而不食、故其形纖削而味淸雋。春出江中。人多食之。『山海經』云。苕水注於具區。其中多鮆魚。郭云。鮆魚狹薄而長頭。大者尺餘。太湖中今饒之。郭不係江係太湖者、以『經』云具區也。今太湖中尙時有之。又按『釋魚』鮤鱴刀。郭云。今之鮆魚。亦呼爲魛魚。郭說葢非。『鄭-注:周禮』薧物爲鱴刀、含漿之屬。鱴刀、含漿必皆蚌蛤之類。故謂之薧物。不得因一刀字附會也。○『周禮:正義』云。『孫-注:爾雅』刀魚與鱴別。然則孫鮤鱴爲逗。刀爲句。郭葢同。》九江有之。《九江謂岷江東至於醴以下也。》从魚。此聲。《徂禮切。15、16部。『漢書:音義』曰。楚人言薺魚。》/578

鮊 (백)【bó ㄅㄛˊ】 ㊤㊥⑨ bà 바닷 물고기 이름 ■파:같은 뜻

설문 7290 海魚也。从魚。白聲。《旁陌切。古音在 5部。『玉篇』讀平亞切。『廣韵(韻)』:禡韵』作「鮁」。》讀若書白不黑。《未知所出。『大玄』昆次三曰。昆白不黑。不相親也。疑用此語。》/580

鮍 (피)【pī ㄆㄧ¯】 오징어, 배를 타 발긴 생선 설문 7246 鮍魚也。从魚。皮聲。《敷羈切。古音在 17部。》/577

鮎 (점)【niǎn ㄋㄧㄢˇ】 ㊤㊥⑨㉆ nián 메기 설문 7266 鰋也。《『釋魚』及『魚麗:傳』曰。鰋、鮎也。孫炎云。鰋一名鮎。郭別鰋鮎爲二。非也。》从魚。占聲。《奴兼切。7部。》/578

鮏 (성)【xīng ㄒㄧㄥ¯】 (물고기의 냄새)비릴, 생선 비린내 ■쟁:물고기이름 설문 7296 魚臭也。《魚气也。與〔肉部:胜〕義別。字俗作「腥」。》从魚。生聲。《桑經切。11部。》/580

鮐 (태)【tái ㄊㄞˊ】 복어 설문 7289 海魚也。《【各本】「也」作「名」。今依『史記:正義』、『漢書:注』、『文選:七命:注』正。鮐亦名侯鮐。卽今之河豚也。『吳都賦』。王鮪侯鮐。以王侯相儷。改作「鯸」者、非。『貨殖傳』。鮐鮆千斤。鮐狀如科斗。背上靑黑。有黃文。『詩』。黃髮台背。毛曰。台背、大老也。『箋』云。台之言鮐也。大老則背有鮐文。是謂台爲鮐之叚(假)借字。

『今-爾雅』作「鮐背」。》从魚。台聲。《徒哀切。1部。》/580

鮑 (포)【bào ㄅㄠˋ】절인 어물, 성씨, 물고기 이름, 혁공

[설문] [7301] 饐魚也。《饐、飯傷溼(濕)也。故鹽魚溼者爲饐魚。『周禮:籩人』有鮑。『注』云。鮑者、於稫室中稫乾之。出於江淮。『師古-注:漢書』曰。鮑、今之鯷魚也。鄭以爲於煏室乾之。非也。秦始皇載鮑亂臭、則是鯷魚耳。而煏室乾者、本不臭也。鯷於業反。按『玉篇』作「裛魚」。皆當作「浥」耳。浥、溼也。『釋名』曰。鮑、腐也。埋藏淹使腐臭也。》从魚。包聲。《薄巧切。古音在 3部。》/580

鮒 (부)【fù ㄈㄨˋ】붕어

[설문] [7248] 鮒魚也。《鮒見『易』、『禮』。『鄭(鄭)-注:易』曰。鮒魚微小。虞翻(飜)曰。鮒、小鮮也。『王逸-注:大招』及『廣雅』皆云。鰿、鮒也。》从魚。付聲。《符遇切。古音在 4部。》/577

◀ 제 6 획 ▶

鮚 (길)【jí ㄐㄧˊ】[상] jié 대합, 큰조개

[설문] [7308] 蚌也。《『地理志』。會稽鄞縣有鮚埼亭。師古曰。鮚、蚌也。長一寸。廣二分。有一小蟹在其腹中。埼、曲岸也。其中多鮚。故以名亭。按此名瑣鮚。瑣者、小也。鮚之小者。『江賦』。瑣蛣腹蟹。『注』引『南越志』曰。瑣蛣長寸餘。大者長二三寸。腹中有蟹子。如榆莢。合體共生。皆爲蛣取食。》从魚。吉聲。《巨乙切。12部。『文選』字作「蛣」。》『漢律』。會稽郡獻鮚醬二斗。《「二斗」二字依『廣韵(韻)』補。『廣韵』斗誤升。【小徐本】作三斗。》/581

鯍 (몽)【mēng ㄇㄥˉ】[상][中][9][작] méng 다랑어

[설문] [7229] 鮪鯍(鯍)也。从魚。巟(巟)聲。《武登切。古音當在 10部。讀如茫。音轉入〔蒸登部〕、而字形亦改爲鱛矣。》/576

鮞 (이)【ér ㄦˊ】곤이(물고기 뱃속의 알)

[설문] [7219] 魚子也。《魚子、謂成細魚者。上文曰魚子已生者、謂初出卵。此云魚子、則成細魚矣。凡細者偁(稱)子。『魯(魯)語』曰。魚禁鯤鮞。『韋-注』曰。鯤、魚子也。鮞、未成魚也。韋意鯤是卵未孚者。鮞是已孚而尚未成魚者。許則就已孚又別爲鰿鮞二形。○ 按『爾雅』曰鯤、魚子也。鱦、小魚也。爲韋所本。許無鯤字者、以卝包之。據『內則』之卵醬也。許有鮞無鱦者、鱦从繩省聲。之與蒸合音冣(最)近。鱦者、鮞之俗字也。『爾雅』、鄭皆云。鯤、魚子。『爾雅』意魚子卽魚卵。今人俗語猶如是。若『西京賦』摷鯤鮞。『薛-注』。鯤、魚子也。鮞、細魚族類也。此與『鄭-內則:注』鯤魚子也皆謂出卵者爲魚子。失『爾雅』本義。若『莊子』評絕大之魚爲鯤。此則齊物之寓言。所謂汪洋自恣以適已者。》一曰魚之美者。東海之鮞。《鮞之別一義。見『呂覽:本味篇』伊尹語。『高-注』曰。鮞、魚名也。〔木部:櫨〕下、〔禾部:秏〕下皆言伊尹曰。此不言者、媘文。》从魚。而聲。《如之切。1部。『五經文字』人六切。》/575

鮡 (조)【zhào ㄓㄠˋ】흰 외어, 희고 큰 메기 비슷한 물고기, 수뻥어

[설문] [7317] 魚名。从魚。兆聲。《治小切。按字見『爾雅』。鱯之小者也。叚(假)令許錄此字。當與鱯篆相屬。》/581

鮥 (락)【luò ㄌㄨㄛˋ】다랑어 ■회:같은 뜻 ■객:방어 ■초:같은 뜻

[설문] [7230] 叔鮪也。《此見『釋魚』。許本之。叔鮪者、鮪之小者也。對王鮪爲辭。『江賦』亦以叔鮪王鱣儷句。「叔」『字林』作「鮛」。俗字也。『郭-注:爾雅』曰。鮪、鱣屬也。今宜都郡自京門以上江中通出鱏鱣之魚。有一魚狀似鱣。建平人呼鮥子。卽『爾雅』之鮥也。按今川江中尙有鮥子魚。昔在南溪縣、巫山縣食之。叔鮪名鮥。則王鮪不名鮥。而以鮥注鮪者何也。渾言析言不同。故互注而又別其大小也。》从魚。各聲。《盧各切。今語正如此。5部。》/576

鮦 (동)【tóng ㄊㄨㄥˊ】가물치 ■종:가물치 ■주:현이름

[설문] [7236] 鮦魚。《舊作魚名。今正。【許書】之例。不言某名也。『釋魚』曰。鰹、大者鮦。小者鮵。許無鰹鮵字。》一曰鱶也。《此一曰猶今言一名也。【許書】一字異義言一曰。一物異名亦言一曰。不嫌同辭也。此六字本相接。誤解者失其義。中隔以从魚同聲四字。今正。『本艸經』。蠡魚、一名鮦魚。陸德明所據作蠡。『釋魚』。鱧。『郭-注』。鮦也。此由不考鱧非鱶之故。若釋文云鱧又作蠡。則淺人所改耳。『毛詩:傳』曰。鱧、鮦也。『正義』云。【諸本】或作鱧、鯇。作鯇則與『舍人』、『爾雅』不異。按作鯇不誤。淺人認鱧爲鱶。因改鯇爲鮦也。蠡卽鱶。鱶與鱧異物異字。『陶通明-說:本艸』曰。蠡今皆作鱧字。此『郭-誤注:爾雅』之由也。許以鱯魾鱧鰥爲一魚。鱶鮦爲一魚。鱶卽今俗所謂烏魚。或曰烏鯉。頭有七星之魚也。『爾雅』鯉鱣爲一。鰋鮎爲一。鱧鯇爲一。古說本不誤。而郭氏妄疑之。鱧鯇又非下文之鰹鮦鮵也。而郭氏妄合之。○ 此當直云鱶也。上四字淺人所加。當刪(刪)。鮦卽今頭有七星之魚。俗云烏鯉。其字正當作鱶。攷『釋魚-郭本』作鱧、鮦也。『舍人本』作鱧、鯇也。『毛詩』魚麗或作鱧、鮦也。與郭合。或作鱧、鯇也。與『舍人』合。詳『詩:正義』。初疑郭自釋鱧爲鮦。非『爾雅:正文』作鱧鮦。但『陸璣-詩:疏』正引『爾雅』曰鱧鮦也。許愼謂之鱶魚。然則『爾雅』正文實有如【此本】。爲許所本。『今-詩:疏』謂之鱶魚、譌作謂之鱧魚。》从魚。同聲。讀若絝襱。《絝襱見〔衣部〕。丈冢切。故鮦亦直隴切。9部。鮦陽縣、則音轉讀若紂。》/576

鮨 (지)【zhǐ ㄓˇ】[상][中][9][작] qí 젓, 농성어 ■시:같은 뜻 ■기:물고기젓 ■예:물고기이름

[설문] [7298] 魚䏔醬也。《醬字衍。䏔者、豕肉醬也。引申爲魚肉醬。則偁(稱)魚䏔可矣。『公食大夫禮:牛鮨:注』曰。『內則』「鮨」爲「膾」。然則膾用鮨。謂【此經】之藍牛鮨、卽『內則』之藍牛膾也。聶而切之爲膾。更細切之、則成醬爲鮨矣。鮨者、膾之冣(最)細者也。牛得名鮨、猶魚得名䏔也。鄭曰。今文「鮨」作「鰭」。按鰭是叚(假)借字。『說文』有耆無鰭。》出

蜀中。《謂魚醬獨蜀中有之。》从魚。旨(旨)聲。《旨夷切。15部。》一曰鮨魚名。《「鮨魚名」當作「鮨魚也」三字一句。謂有魚名鮨也。》/580

鮪 (이)【wěi ㄨㄟˇ】 다랑어, 물이름 ■유:같은 뜻

설문 7227 鮥也。《『毛詩:衞(衛)風:傳』曰。鮪、鮥也。許本之。『陸璣-疏』曰。鮪魚形似鱣而青黑。頭小而尖。似鐵兜鍪。口亦在頷下。其甲可以摩薑。大者不過七八尺。益州人謂之䱜䲝。大者爲王鮪。小者爲鮛鮪。一名鮥。肉色白。味不如鱣也。『郭氏-山海經:傳』曰。鮪卽鱏也。似鱣而長鼻。體無鱗甲。按卽今之鱘魚也。》『周禮』。春獻王鮪。《『天官:𢿤人』文。『注』曰。王鮪、鮪之大者。引『月令』季春薦鮪于寢廟。『西京賦』曰。王鮪岫居。薛綜、陸璣、李奇、酈道元皆言鮪自南方江中來。至河南鞏穴又入河。度龍門。葢(蓋)古事如此。不然。鮪出江中。何以西周能薦鮪也。》从魚。有聲。《榮美切。古音在 1部。讀如以。》/576

鮫 (교)【jiāo ㄐㄧㄠ】 상어

설문 7292 海魚也。皮可飾刀。《今所謂沙魚。所謂沙魚皮也。許有魦字、云从沙省。葢(蓋)卽此魚。陳藏器曰。沙魚狀皃(貌)非一。皆皮上有沙。堪揩木。如木賊。蘇頌曰。其皮可飾刀靶。按其皮可磨錯。故通謂之錯魚。音措各切。有鐇鯌、有橫骨在鼻前如斤斧形者也。有出入鯌、子朝出求食暮還入母腹中者也。『淮南子』鮫革犀兕爲甲。『中山經』有鮫魚。郭云。卽此魚。『中庸』黿鼉鮫龍。本又作「蛟」。》从魚。交聲。《古肴切。2部。》/580

鮮 선【xiān ㄒㄧㄢ】 本[날(생선)] 고울, 새(것), 아름다울, 적을(많지 않을)

설문 7285 鮮魚也。出貉國。《按此乃魚名。【經傳】乃叚(假)爲身鱻字。又叚爲尟少字。而本義廢矣。》从魚。羴省聲。《相然切。14部。》/579

형성 (2자) 선(癬)4538 사([illegible])7183

◀ 제 7 획 ▶

鋀 (두)【tǒu ㄊㄡˇ】 물고기 이름

설문 7241 鋀魚也。从魚。豆聲。《天口切。4部。亦作「鮏」。》/577

鯨 (경)【jīng ㄐㄧㄥ】 상⊕⑨작 qíng 방어

설문 7249 鯨魚也。《『尚書:大傳』曰。大都鯨魚。『鄭-注』。大都、明都。鯨魚、今江南以爲鮑。》从魚。巠聲。《仇成切。11部。》/577

鮷 (제)【tí ㄊㄧˊ】 메기

설문 7268 大鮎也。从魚。弟聲。《此字『詩』、『爾雅』釋文、『廣韵(韻)』作「鮧」。从夷。『文選:蜀都賦』及『玉篇』作「鮷」。未知孰是。以夷弟篆體易譌也。『山海經:傳』曰。今亦呼鮎爲鮷。『字林』曰。青州人呼鮎鯷。『郭-注:爾雅』曰。鮎別名鯷。江東通呼鮎爲鮧。葢(蓋)鮷鯷鮧三形一字。同大兮反。而鮧則別一字、別一音。不當合而一之。杜兮切。15部。》/578

鮸 (면)【miǎn ㄇㄧㄢˇ】 민어(바닷고기)

설문 7276 鮸魚也。《隋煬責貢四方。海錯幾盡。首曰鮸魚。按今江浙人所食海中黃花魚。乾之爲白鯗。卽此魚也。一名石首魚。首中有二石。許云出薉邪頭國者。葢(蓋)許據所見【載籍】言之。『江賦』。鯼鮆順時而往還。『注』云。『字林』曰。鯼魚、出南海。頭中有石。一名石首。然則此魚又名鯼。南海亦有之。》出薉邪頭國。《薉邪頭國、穢貊也。》从魚。免聲。《亡辨切。古音在 13部。》/579

鮺 鮓(자)【zhǎ ㄓㄚˇ】 물고기 젓, 절인 생선

설문 7299 臧魚也。《『釋名』曰。鮓、菹也。以鹽米釀魚爲菹。孰而食之也。按古作鮺之法。令魚不死壞。故陶士行遠遺其母。卽『內則』之魚膾、聶而切之者也。》南方謂之魿。北方謂之鮺。《此一說也。『周禮:注』曰。荆(荊)州之鮺魚。然則南方亦言鮺。》一曰大魚爲鮺。小魚爲魿。《此又一說也。此十字舊在下篆鮺也之下。今依『廣韵(韻)』移倂。》从魚。差(差)省聲。《側下切。17部。俗作「鮓」。》/580

鰋 (언)【yǎn ㄧㄢˇ】 메기

설문 7267 鮀也。《謂之鰋者、以其偃額也。偃者、仰也。玉裁按鮀也乃鮎也之誤。妄(妄)人所改也。》从魚。晏聲。《於幰切。14部。》鰋或从匽。《今【經典】皆如此作。》/578

鯀 곤【gǔn ㄍㄨㄣˇ】 곤어, 일종의 큰 물고기, 사람 이름

설문 7231 鯀魚也。从魚。系聲。《此未詳爲何魚。系聲讀古本切、亦未詳所以。恐古音不同今讀也。禹父之字古多作「鮌」、作「骸」。『禮記』及釋文作「鯀」。『廣韵』曰。禹父「鮌」。『尚書本』作「鯀」。按鯀乃鯀譌。》/576

형성 (1자) 혼([illegible])9173

鯁 鯁(경)【gěng ㄍㄥˇ】 (물고기의)뼈, (먹은 뼈가)가시 걸릴 ■갱:같은 뜻

설문 7294 魚骨也。《故其字从魚。與〔骨部:骾(鯁)〕字別。而骨骾字亦多借鯁(鯁)爲之。『爾雅』曰。魚枕謂之丁。魚腸謂之乙。魚尾謂之丙。今益之曰魚骨謂之鯁、魚甲謂之鱗。魚臭謂之鮏。》从魚。叓(更)聲。《古杏切。古音在 10部。》/580

鯇 (한)【wǎn ㄨㄢˇ】 상⊕⑨작 huàn 완어(연어과의 민물고기) ■환:같은 뜻 ■혼:같은 뜻

설문 7262 鯇魚也。《『釋魚』。鱧、鯇也。『毛傳』同。許於鱧下云鱯也。不云鯇也。故鯇篆割分異處。葢(蓋)其所傳不同。鯇鯶古今字。今人曰鯶子。讀如混。多食之。》从魚。完聲。《戶(戶)版切。舊音也。14部。又胡本切。今音也。音轉而形改爲鯶矣。》/578

鯈 (유)【chóu ㄔㄡˊ】 ⑨작 tiáo 닭 비슷하고 꼬리 3개, 발 6개, 눈을 4개 가진 물고기 이름 ■주:같은 뜻 ■조:피라미

설문 7240 鯈(鯈)魚也。《『周頌:箋』云。鯈、白鯈也。『爾

魚 11 ⑥

㉾ 作家出版社〔董蓮池-說文解字考正〕 ⑨ 九州出版社〔柴劍虹-說文解字〕 ㉠ 陝西人民出版社〔蘇寶榮-說文解字今注今譯〕 ㊤ 上海古籍出版社〔說文解字注〕 ⊕ 中華書局〔臧克和-說文解字新訂〕

雅』。鰴、黑鰦。郭云。卽白鯈(儵)魚。江東呼爲鰴。『莊子』。鯈魚出游從容。按白鯈卽今白鰷條。『山海經:北山篇』。彭水鯈魚。其狀如雞(鷄)而赤毛。三尾、六足、四首。其音如鵲。此異物非常有者也。晉水紫魚。其狀如鯈。鯈者、白鯈魚也。『玉篇』合二物爲一。疏矣。》从魚。攸聲。《其字亦作「鮴」。亦作「鮋」。俗作「鰷」。其音舊直由切。大徐同。在 3部。今音迢。》/577

鯉 (리)【lǐ ㄌㄧˇ】잉어, 편지
설문 7233 鱣也。《此見『釋魚』。『毛傳』於鱣云鯉。於鯉不云鱣者。鯉者俗通行之語不待注也。『舍人』云。鯉一名鱣。毛云。鱣、鯉也。『爾雅』古說如此。自陸璣說鱣身形似龍。銳頭口在頷下。背上腹下皆有甲。縱廣四五尺。今於孟津東石磧上釣取之。大者千餘斤。而『郭-注』乃分鯉鱣爲二。云鱣、大魚。似鱏而短鼻。口在頷下。體有邪行甲。無鱗。肉黃。大者長二三丈。此卽今江中及關東之黃魚也。如其言、則鱣絕(絶)非鯉矣。『周頌』。有鱣有鮪。鰷鱨鰋鯉。鱣鯉並(竝)言。似非一物。而『箋』云鱣、大鯉也。然則凡鯉曰鯉。大鯉曰鱣。猶小鮪曰鮥。大鮪曰鮪。謂鱣與鯉、鮥與鮪不必同形。而要各爲類也。許意當亦如是。○ 按他家說鱣鮪同類。而有短鼻長鼻、肉黃肉白之分。『爾雅』、毛、鄭、許則短鼻長鼻肉黃肉白者統以鮪鮥包之。而惟三十六鱗之魚謂之鯉。亦謂之鱣。古人多云鱣鮪出鞏穴。渡龍門爲龍。今俗語云鯉魚跳龍門。葢(蓋)牽合爲一非一日矣。》从魚。里聲。《良止切。1部》/576

◀ 제 8 획 ▶

鯙 (조)【zhào ㄓㄠˋ】㊤㊥⑨ zhuó ㉶ diào 가리 ■착:물고기 이름
설문 7313 烝然鯙鯙。从魚。卓聲。《都教切。按『詩:南有嘉魚、烝然罩罩:傳』曰。罩、籗也。音義罩張教反。此偁(稱)詩作鯙鯙、不言其義。『篇』、『韵(韻)』皆不載其字。大徐云都教切者、非『唐韵』有此字此音。乃傅合『毛詩:音義』爲此音耳。『集韵、類篇:效韵』亦無此字。惟【覺韵】有此字。訓曰魚名。葢(蓋)其可疑如此。》/581

鯕 (기)【qí ㄑㄧˊ】방어
설문 7316 魚名。从魚。其聲。《渠之切。按其訓當云鮇鯕也。『廣韵(韻):七, 之』又單出鯕字。云鯿魚。》/581

鯛 (조)【diāo ㄉㄧㄠˉ】本[뼈 연할] 도미
설문 7312 骨耑(端)脃也。从魚。周聲。《都僚切。如其義、則當與鯁篆相屬。『篇』、『韵(韻)』皆曰魚名、何也。》/581

鯜 (첩)【qiè ㄑㄧㄝˋ】눈가자미 ■접:같은 뜻
설문 7280 鯜魚也。出洛浪潘國。从魚。妾聲。《七接切。8部。》/579

鯎 (화)【huà ㄏㄨㄚˋ】가물치
설문 7256 鱧也。《『廣韵(韻)』曰。鯎似鮎與『說文』合。》从魚。果聲。《胡瓦切 17部。》/577

鵴 (국)【jú ㄐㄩˊ】돌 고래
설문 7282 鵴魚也。出樂浪潘國。从魚。匊聲。《居六切。3部。》一曰鵴魚出九江。《「九江」【鉉本】作「江東」。『爾雅:音義』引「無東」。皆非也。》有兩乳。一曰溥浮。《上一曰、別其義。鵴卽今之江豬。亦曰江豚。樂浪潘國與九江同產此物。云一曰者、載異說。殊其地也。下一曰、猶今言一名也。「溥浮」俗字作「鱄鯙」。普姑覆浮二反。「鱄」一作「鯌」。「吳東門」謂「鯌鯙門」、卽今蘇州葑門也。『釋魚』。鱀是鯐。亦江豚之類也。謂之海豚。》/579

鯢 (예)【ní ㄋㄧˊ】도롱뇽, 암코래, 잔고기
설문 7259 刺魚也。《刺盧達切。或作刺者、誤。刺魚者、乖刺之魚。謂其如小兒能緣木。『史』、『漢』謂之人魚。『釋魚』曰。鯢大者謂之鰕。郭云。今鯢魚似鮎。四腳(脚)。前似獼猴。後似狗。聲如小兒啼。大者長八九尺。別名鰕。按此魚見『書傳』者不下數十處。而人不之信。少見則多怪也。余在雅州親見之。『廣雅』。鰨、鯢也。亦謂此。『集韵(韻)』有鯯字。刺之俗》从魚。兒聲。《形與聲皆如小兒。故从兒。擧(擧)形聲關會意也。五雞(鷄)切。16部。》/578

鮥 (함)【xiàn ㄒㄧㄢˋ】함어 ■겸:같은 뜻 ■도:같은 뜻
설문 7272 鮥魚也。从魚。臽聲。《戶(戸)賺切。8部。》/578

鮥 (구)【jiù ㄐㄧㄡˋ】준치 ■수:같은 뜻 ■추:같은 뜻 ■애:다랑어
설문 7305 當互也。《見『釋魚』。『今-爾雅』「互」作「魱」。郭云。海魚也。似鯿而大鱗。肥美多鯁。今江東呼其冣(最)大長三尺者爲當魱。魱音胡。按『集韵(韻)、類篇:模韵:魱字:注』云。吳人以爲珍。卽今時魚。『尋繹:郭-注』、誠謂時魚也。時魚、乜之作「鰣」。或作「鰣」。『廣韵(韻)』亦曰。鰣魚似魴。肥美。江東四月有之。但依許氏立文之例求其義。自鰕至鮚六字皆字从魚而實非魚者。故殿於〔魚部〕之末。如蠅鼄鼅黿必居黽尾、贏驢駃騠必廁馬後也。然則許說爲何物不可知。而必與郭說異。亦有鱴刀、鄭云。薶物。郭乃云。鰽魚。「互」俗作「魱」。葢(蓋)非是。當是罝之省。罝者、罟也。見〔网部〕。》从魚。咎聲。《其久切。3部。按『字林』作「鮥」、鯦、鮪也。鮥、當魱也。與『爾雅』、『說文』互易。乃鮥鮥字之互譌耳。而『五經文字』乃云。鮥其救反。又音洛。洛乃鮥音。鮥豈有洛音哉。凡『五經文字』可議處(處)類此。○ 釋文云。『字林』俗作「鮥」。音洛。今洛譌格。》/581

鯫 (추)【zōu ㄗㄡˉ】㉶ zhòu 돌잉어, 소견 좁을
설문 7274 白魚也。《白而小之魚也。『史記』鯫千石。徐廣曰。鯫、鯫魚也。張守節曰。襍(雜)小魚也。按鯫是小魚之名。故小人謂之鯫生。師古於『漢書』作「鯫」字。音輒。葢(蓋)未然。》从魚。取聲。《士垢切。4部。『漢書』。鯫生教我。服虔(虔)曰。鯫音淺鯫。小人皃(貌)也。淺鯫、漢人有此語。通作「鄒」。『釋名』。奏者、鄒也。鄒、狹小之言也。又盾、約脅而鄒者曰陷虜。「淺鯫」卽「淺鄒」。俗人不曉。乃

魚 11 ⑨

讀爲音淺句絕(絶)矣。》/579

◀ 제 9 획 ▶

鯸 (후)【hóu ㄏㄡˊ】복어

설문 7311 魚名。从魚。矦聲。《乎鉤切。按『吳都賦』鯸鮐、當是本作矦鮐。故與王鮪相儷。『廣雅』鯸鮔、卽矦鮐之俗字也。叚(假)令許錄鯸字、則當厠於鮐篆之上。》/581

鰖 (서)【xū ㄒㄩ】물고기 이름

설문 7226 鰖魚也。从魚。胥聲。《相居切。5部。》/576

鮔 (긍)【gēng ㄍㄥ】 상中⑨ gèng 다랑어

설문 7228 鮔鯍(鱅)、《逗。鮔字淺人删(刪)之。今補。》鮪也。《「鮪」字【各本】無。今依【全書】通例補。『上林賦』。鮔鱛鰤離。『郭-注』曰。鮔鱛、鮪也。『李善-注:吳都賦』同。按『劉(劉)逵-注:蜀都賦』曰。鱣、䱊鱛也。古人言鱣鮪多有不別者。如『山海經:傳』亦云鮪卽鱣也。當是以爲一類而渾言之。》周雒謂之鮪。蜀謂之鮔鯍。《十字【各本】譌作『周禮』謂之鮔五字。今補正。『李奇-注:上林』曰。周洛曰鮪。蜀曰鮔鱛。『陸-詩:疏』曰。益(益)州人謂之鮔鱛。按蜀有之者、出於江也。周雒有之者、出鞏穴入河也。鮔鱛雙聲字。》从魚。㮓(亙)聲。《【各書】多作「鮔」。省立心也。古恆切。6部。》/576

鯾 (편)【biān ㄅㄧㄢ】방어

설문 7242 鯾魚也。《『爾雅:郭-注』曰。江東呼魴魚爲鯿。『海內:北經』。大鯾(鯾)居海中。郭曰。鯾卽魴也。》从魚。便(便)聲。《房連切。古音在 11部。》鯿鯾或从扁。/577

鰂 (적)【zé ㄗㄜˊ】 상中⑨작 zéi 오징어, 망성어 ■즉:같은 뜻

설문 7288 烏鰂魚也。《四字句。「烏」【俗本】作「鰞」。今正。陶貞白云。是鷃烏所化。其口腹猶相似。腹中有墨。能吸波潠(潠)墨。令水溷黑自衞(衛)。劉(劉)淵林云。腹中有藥。謂其背骨。今名海鰾鮹是也。》从魚。則聲。《昨則切。1部。『吳都賦』作賊。【他書】作「鯽」。》鯽鰂或从卽。《此乃俗鰂字。以卽聲古音在12部也。今人用爲鰿魚字。》/579

鰅 (옹)【yú ㄩˊ】 상中⑨작 yóng 자가사리

설문 7286 鰅魚也。皮有文。《『上林賦:郭-注』曰。鰅魚有文彩。按長卿謂八川之中有之。侈靡過其實也。據下文樂浪乃有之。然『平子-賦:南都』亦曰鱏鱣鰅鱅。是南陽有之。》出樂浪同𤕬。《見〔日部〕。》神爵四年初捕收輸考工。《「捕」當作「搏」。搏、索取也。今人用捕字。漢人多用搏字。神爵、孝宣帝年號。『百官公卿表』。少府屬官有考工。捕此魚輸考工者、用其皮飾器也。》周成王時楊州獻鰅。《見『周書:王會篇』。葢(蓋)漢時楊州地已無此物矣。『今-王會篇』作「禺禺」。攷『上林賦』鰅與禺禺爲二物。作「禺禺」非是。》从魚。禺聲。《魚容切。按禺聲古音在 4部。『漢書:注』音鰅。徐廣、李善音娛。》/579

鰌 (추)【qiū ㄑㄧㄡ】미꾸라지 ※ 추(鰍)와 같은 글자

설문 7261 鰼也。从魚。酋聲。《七由切。3部。》/578

鰒 (복)【fù ㄈㄨˋ】 작 bó 전복

설문 7291 海魚也。《『郭-注:三倉』曰。鰒似蛤。一偏著石。『廣志』曰。鰒無鱗有殼。一面附石。細孔雜(雜)襍。或七或九。『本艸』曰。石決明、一名鰒魚。李時珍云。與石決明同類殊種。》从魚。复(夏复)聲。《蒲角切。3部。》/580

鰕 (하)【xiā ㄒㄧㄚ】두꺼비, 새우 ※ 하(蝦)와 같은 글자

설문 7303 鰕魚也。《三字句。【各本】作「魵也」。今正。鰕者、今之蝦字。古謂之鰕魚。如鼉曰鼉魚。〔馬部:騢〕下云。色似鰕魚。鼉下云。文如鼉魚。『郭-注:爾雅』云。今靑州呼鰕魚爲鰝。皆其證。鰕篆是此物正字。不訓以鰕魚則騢之似鰕魚、鼉之狀似鰕爲似何物乎。況鰕篆之下緊接鰝篆。釋云大鰕。鰝爲今之大蝦無可疑者。若如【各本】、則鰝不爲大魵乎。由『釋魚』有魵鰕之文。郭曰出穢邪頭國、與『說文』魵解同。淺人遂改鰕篆之解爲魵也。不知許立文之例以類相從。鰕果是魵、則鰕篆必次魵篆後。不次鰝篆前。至於物有同名異實者。如『爾雅』鰕三見。鰝大鰕、則今之蝦也。魵鰕、則穢邪頭之魚也。鯢大者謂之鰕、則今有四腳(脚)之魚也。而皆謂之鰕。豈可合而一之乎。鰕篆者、長須水蟲之正字。古亦借瑕爲之。凡叚聲如瑕鰕騢等皆有赤色。古亦用鰕爲云霞字。》从魚。《故『爾雅』鰕在『釋魚』。》叚聲。《乎加切。古音在 5部。》/580

◀ 제 10 획 ▶

鰜 (겸)【jiān ㄐㄧㄢ】 상中⑨ qiàn 가자미

설문 7239 鰜魚也。《三字今正。按當作「鰱魚也」。『玉篇』曰。鰱、大青魚。『類篇』曰。鰜魚大而青。是爲一物也。『廣韵(韻)』云。比目魚。因鳥有鶼皮傅耳。》从魚。兼聲。《古甜切。7部。》/577

鰝 (호)【hào ㄏㄠˋ】왕새우, 대하 ■고 · 학:같은 뜻

설문 7304 大鰕也。《見『釋魚』。郭云。鰕大者出海中。長二三丈。鬚長數丈。今靑州呼鰕魚大者爲鰝鰕。『吳都賦』曰。罩鰝鰕。》从魚。高聲。《胡倒切。2部。》/581

鰟 (옹)【wēng ㄨㄥ】물고기 이름

설문 7271 鰟魚也。从魚。翁聲。《烏紅切。9部。》/578

鰥 환【guān ㄍㄨㄢ】환어, 홀아비, 근심으로 밤잠을 못 잔다는 민물고기

설문 7232 鰥魚也。《見『齊風』。『毛傳』曰。大魚也。謂鰥與魴皆大魚之名也。『鄭-箋』乃讀鰥爲『爾雅』鯤魚子之鯤。殆非是。鰥多叚(假)借爲鰥寡字。鰥寡字葢(蓋)古衹作矜。矜卽憐之叚借。》从魚。眔聲。《古頑切。古音在 13部。『齊風』與雲韵、可證也。眔古讀同隶。13、15部合音也。》/576

형성 (1자) 곤(鰥)5316

鰨 (탑)【tā ㄊㄚ】 상中⑨ tǎ 작 tà 도롱뇽, 가자미

설문 7222 虛鰨也。《『漢書:上林賦』鮭鰨、『史記』作「鱸魶」。魶一作「鰨」。注家皆以鮭鰨爲二魚。許亦別鮭與虛鰨爲二。虛非鮭鱸之異文也。「郭-注」云。鰨、鯢魚也。似鮎。有四足。聲如嬰兒。按許下文云鯢、刺魚也。不類列一處。則鰨之非鯢明矣。》从魚。㬥聲。《土盍切。8部。》/575

魶 (납)【nà ㄋㄚˋ】 고기 이름 설문 7221 魶魚。佀(似)鼈無甲。有尾無足。口在腹下。从魚。納聲。《按此篆『玉篇』作「魶」。『廣韵(韻)』作「魶」。『史記:上林賦』有魶字。云魶一作「鰨」。奴荅切。8部。》/575

鰫 (용)【róng ㄖㄨㄥˊ】 상中⑨작 yóng 서어, 붕어 비슷한 민물고기

설문 7225 鰫魚也。《『鄭-注:內則』云。今東海鰫魚有骨。名乙。在目旁。狀如篆乙。食之鯁(骾)人不可出。》从魚。容聲。《余封切。9部。》/575

鰿 (적)【jī ㄐㄧˇ】 상中⑨작 jì 붕어 설문 7250 鰿魚也。《今人所常食也。》从魚。脊(脊)聲。《資昔切。16部。按或作「鰿」。責聲亦 16部也。或作「鯽」。非是。》/577

◀ 제 11 획 ▶

鰱 (련)【lián ㄌㄧㄢˊ】 연어 설문 7245 鰱魚也。《按許列字亦二篆相比近。而不言爲一。》从魚。連聲。《力延切。14部。》/577

鱄 (루)【lóu ㄌㄡˊ】 잉어, 고등어 설문 7238 鱄魚也。《三字今正。》一名鯉。一名鰜。《「一名」舊當作「一曰」。此一名鯉耳。非卽三十六鱗之鯉也。》从魚。婁聲。《洛侯切。4部。》/577

鱻 어【yú ㄩˊ】 [설문부수 425] 두마리의 물고기 ■오:큰물고기 설문 7320 二魚也。《此卽形爲義。故不言从二魚。二魚重而不竝。『易』所謂貫魚也。魚行必相隨也。『晉語』。暇豫之吾吾。不如鳥烏。『韋-注』。吾讀如於。『韓文公:詩』用魚魚雅雅。豈卽本『國語』乎。从二魚與从三魚不同。三魚謂不變其新。二魚謂連行可觀。語居切。5部。》凡鱻之屬皆从鱻。《所以不併入〔魚部〕必立此部者、以有瀺字从鱻也。》/582

형성 (1자) 어(瀺)7321

鰸 (구)【qū ㄑㄩ】 새우 비슷하나 발이 없는 고기

설문 7279 鰸魚也。狀似鰕。《狀佀(似)鰕。【各本】作蝦。誤。》無足。《鰕有足。鰸則似鰕而無足。『集韵(韻)』、『類篇』奪無字。非也。》長寸。大如叉股。《叉今釵字。》出遼東。从魚。區聲。《豈俱切。古音在 4部。》/579

鰻 (만)【mán ㄇㄢˊ】 뱀장어 설문 7252 鰻魚也。《亦二篆相比近、而不言爲一。蒸(蒸)許於此等在疑信之閒。》从魚。曼聲。《母官切。14部。》/577

鰼 (습)【xí ㄒㄧˊ】 미꾸라지, 까치 비슷한 물고기

설문 7260 鰌也。《見『釋魚』。郭云。今泥鰌。按『山海經』之鰼魚、別是一物。》从魚。習聲。《似入切。7部。》/578

鱄 (전)【zhuān ㄓㄨㄢ】 상中⑨작 zhuǎn 물고기 이름

설문 7235 鱄魚也。《『士喪禮』。魚鱄鮒九。鱄、鮒皆常用之魚也。故『春秋』有名鱄字子魚者。『呂覽』日。魚之美者、洞庭之鱄。【今本】作「鱄」。非也。『廣韵(韻)』。鱄出洞庭湖。『山海經』日。鱄魚、其狀如鮒而彘尾。『江賦』亦有鱄。鱄與鱄蒸(蒸)非一物。》从魚。專聲。《旨兗切。14部。郭樸音鱄如團扇之團。》/576

鱅 (용)【yóng ㄩㄥˊ】 상中⑨작 yōng 작 chóng 전어(근해에 사는 바닷고기)

설문 7287 鱅魚也。《『史記:上林賦』。鰅鱅鰬魠。『漢書』、『文選』「鱅」皆作「鰫」。非是。據【許書】鰫鱅劃然二物。且『郭-注:上林』云鱅常容反。與慵字音正同。叚(假)令从容聲、則不得反以常容矣。郭云。鱅似鰱而黑。陸璣云。鱮、徐州人謂之「鰱」。或謂之「鱅」。》从魚。庸聲。《蜀容切。9部。》/579

◀ 제 12 획 ▶

鰖 (타)【duò ㄉㄨㄛˋ】 물고기 새끼 설문 7218 魚子已生者也。《謂魚卵生於水艸閒、初孚有魚形者。云已生、對未生言之。魚子未生者曰鯤。鯤卽卵字。卵『說文』作「卝」。古音讀如關。亦可讀如昆。『內則』。濡魚卵醬。卵、鄭讀鯤。或作「䲉」。鯤醬者、魚卵醬也。『內則』讀卵如字。未嘗不協。凡未出者爲卵。已出者爲子。鯤卽魚卵。故『說文』以卝包之。而〔魚部〕無鯤字。鰖則已出於卵者也。》从魚。隋聲。《【各本】作憜省聲。按〔肉部〕有隋字。今正。徒果切。17部。『集韵(韻)』、『類篇』又翾規切。音之轉也。》鱅 籒文鰖。《从𢑚、據『徐氏鉉-筆迹相承小異條』云。史籒筆迹如此也。陸者、从籒文隓字而省一左也。》/575

鱏 (잠)【chén ㄔㄣˊ】 상中⑨작 cén 물고기 이름 ■침・심:같은 뜻

설문 7270 鱏魚也。《此是魚名。『類篇』謂卽小魚爲魿之魿。非也。》从魚。朁聲。《鉏箴切。7部。》/578

鱗 (린)【lín ㄌㄧㄣˊ】 물고기 이름 설문 7224 鱗魚也。《亦三字句。『周禮』。其動物宜鱗物。【劉(劉)本】作鱗。音鱗。按【劉本】叚(假)鱗爲鱗耳。非川澤衹生此魚也。『集韵(韻)』日。鱗通作鱗。本劉。》从魚。粦聲。《力珍切。12部。》/575

鱘 (심)【tán ㄊㄢˊ】 상中⑨작 xún 작 yín 철갑상어

설문 7258 鱏魚也。《郭景純說。鮪卽鱏也。許意不尒。故二篆劃分異處。『劉(劉)-注:蜀都賦』日。鱏魚出江中。頭與身

正牛。口在腹下。亦與陸璣所說鮪狀正同。鱏今字作「鱘」。見『陳藏器-本艸』。》从魚。覃(覃)聲。《余箴切。7部。師古曰。今俗語讀尋。》『傳』曰。伯牙鼓琴。鱏魚出聽。《『傳』曰者、【諸書】多有之。不定爲【何書】也。【諸書】或作「鱏魚」。或作「淫魚」。或作「潛魚」。皆由聲近。『傳』意謂大魚耳。淫者、大也。》/578

鱒 (준)【zūn ㄗㄨㄣˉ】 ㉳㊥⑨ zùn ㉶ zǔn 송어
설문 7223 赤目魚也。《見『豳風』。『釋魚』曰。鮅鱒。『毛傳』曰。鱒、大魚也。陸璣、郭樸皆云。鱒似鯶。赤眼。》从魚。尊(尊)聲。《慈損切。13部。》/575

鱓 (선)【shàn ㄕㄢˋ】 두렁허리(민물고기)
설문 7275 鱓魚也。《今人所食之黃鱔也。黃質黑文。似蛇。『異苑』云。死人髮化。其字亦作「鉭」。俗作「鱔」。或叚(假)鮮字爲之。如蟹篆下云非蛇鮮之穴無所庇是也。或叚鱣爲之。如『楊震傳』鳥銜三鱣是也。【各本】此下有「皮可爲鼓」四字。由古以鼉皮冒鼓。鼉鱓皆从單聲。【古書】如『呂覽』等皆叚鱓爲鼉。淺人猶讀【古書】。率尒妄增。不知字各有本義。【許書】但言本義。則此四字可增於〔黽部〕、而不可贅於此也。今刪正。》从魚。單聲。《常演切。14部。》/579

鱖 (궐)【guì ㄍㄨㄟˋ】 쏘가리 ■궤:같은 뜻
설문 7273 鱖魚也。《『篇』、『韵(韻)』皆曰。大口細鱗有斑文。卽今人所食之鱖魚也。而『釋魚』鱊鯞、鱖鯞。郭云。小魚也。似鮒子而黑。俗呼爲魚婢。江東呼爲妾魚。羅端艮以今之彭皮當之。玉裁謂鯞音同婦。鱊鱖音近。鯞鯞音近。鱖婦卽今俗謂之鬼婆子是也。非別有細魚。鯞音章酉反。非。》从魚。厥聲。《居衞(衛)切。15部。》/578

鱗 (린)【lín ㄌㄧㄣˊ】 (물고기, 뱀)비늘, 비늘을 가진 어류
설문 7295 魚甲也。《甲者、鎧也。魚鱗似鎧。亦有無鱗有甲之魚。鱣是也。》从魚。粦(粦)聲。《力珍切。12部。》/580

◀ 제 13 획 ▶

鱸 (로)【lǔ ㄌㄨˇ】 물고기 이름
설문 7278 鱸魚也。出樂浪潘國。《樂音洛。浪音郎(郎)。樂浪潘國眞番也。番音潘。》从魚。虜聲。《郎古切。5部。》/579

鱢 (소)【sāo ㄙㄠˉ】 비릴(비린내)
설문 7297 鮏臭也。从魚。喿聲。《穌遭切。2部。》『周禮』曰。膳膏鱢。《按此六字當作「讀若『周禮』曰膳膏臊」八字。葢(蓋)臊从肉。見〔肉部〕。云豕膏臭也。與先鄭說同。然則『許-所據:周禮』不作膳膏鱢。鱢與鮏同義。》/580

鱣 (전)【zhān ㄓㄢˉ】 철갑상어 ■선:두렁허리
설문 7234 鯉也。《『衞(衛)風:毛傳』曰。鱣、鯉也。許本之。以鮪鮥例之。此當同鄭曰大鯉也。葢(蓋)鯉與鱣同類而別異。猶鮥與鮪同類而別異。》从魚。亶聲。《張連切。14部。》 籒文鱣。《从兇、𩶑爲聲。》/576

鱷 (경)【jīng ㄐㄧㄥˉ】 고래 ※ 경(鯨)과 같은 글자
설문 7293 海大魚也。《此海中魚冣(最)大者。字亦作「鯨」。『羽獵賦』作「京」。京、大也。》从魚。畺聲。《渠京切。古音在 10部。》『春秋傳』曰。取其鱷鯢。《『宣公:十二年:左氏傳』文。『劉(劉)淵林-注:吳都賦』、『裴淵-廣州記』皆云。雄曰「鯨」。雌曰「鯢」。是此鯢非剌魚也。》 鱷或从京。《古京音如姜。》/580

鱧 (례)【lǐ ㄌㄧˇ】 희고 큰, 메기 비슷한 물고기, 가물치
설문 7255 鱯也。《『釋魚』、『毛傳』鱧鯇爲一。許鱧鱯爲一。各有所受之也。》从魚。豊聲。《盧啓切。15部。》577

◀ 제 14 획 ▶

鱨 (상)【cháng ㄔㄤˊ】 자가사리(민물고기의 일종)
설문 7257 揚也。《揚【各本】从木者、誤。『魚麗:傳』曰。鱨、揚也。『陸-疏』曰。今黃頰魚也。似燕頭魚身。形厚而長大。頰骨正黃。魚之大而有力解飛者。徐州人謂之揚。按『山海經』之鰄(鱤)、郭云黃頰魚也。》从魚。嘗聲。《市羊切。10部。》/577

鱮 (서)【xù ㄒㄩˋ】 연어
설문 7244 鱮魚也。《『齊風』。其魚魴鱮。『傳』曰。魴鱮、大魚。『箋』云。鱮似魴而弱鱗。『陸-疏』曰。鱮似魴厚而頭大。其頭尤大而肥者、徐州人謂之鰱。『廣雅』曰。鱮、鰱也。》从魚。與聲。《徐呂切。5部。》/577

鱯 (호)【huò ㄏㄨㄛˋ】 ㉳㊥⑨㉶ huà 큰 메기 ■화:같은 뜻
설문 7253 鱯魚也。《『郭-注:釋魚』曰。鱯佀(似)鮎而大。白色。按今江中多有之。俗譌爲回魚。聲之誤耳。『水經:注』。沔陽縣度口水有二源。一曰清檢。一曰濁檢。清水出鱯。濁水出鮒。常以二月八月取。『華陽國志』鱯譌爲鰒。》从角。蒦聲。《胡化切。古音在 5部。》/577

◀ 제 15 획 ▶

鱳 (락)【luò ㄌㄨㄛˋ】 ㉳㊥⑨ lì ㉶ lù 자가사리 ■록·력:같은 뜻
설문 7284 鱳魚也。出樂浪潘國。从魚。樂聲。《盧各切。古音在 2部。》/579

◀ 제 16 획 ▶

鱵 (뢰)【lài ㄌㄞˋ】 수달 ■달:같은 뜻
설문 7269 鱵魚也。从魚。賴聲。《洛帶切。15部。》/578

◀ 제 18 획 ▶

鱹 (구)【jù ㄐㄩˋ】 ㉳㊥⑨ qú 물고기 이름
설문 7310 魚名。从魚。瞿聲。《九遇切。》/581

◀ 제 19 획 ▶

鱺 (리)【lí ㄌㄧˇ】[상][中][9][작] lí 뱀장어 [■]려:가물치

[설문] [7251] 鱺魚也。《此卽今人謂鰻爲鰻鱺之字也。與鱧鱶鯉皆不同。『類篇』云。小鮦也。此用『郭-注:爾雅』語。》从魚。麗聲。《郞(郎)兮切。16部。》/577

◀ 제 21 획 ▶

鱶 鱶(례)【lí ㄌㄧˇ】가물치

[설문] [7237] 鮦也。《正與鮦篆轉注。『本艸』作「蠡魚」。省作「蠡」。陶貞白云。今皆作「鱧」字。按此名之所以不正也。》从魚。蠡聲。《「蠡」作「蠡」少一畫(畵)者、誤。今盧啓切。古音在 16部。與豊聲在 15部不同。》/577

◀ 제 22 획 ▶

鱻 [선]【xiān ㄒㄧㄢˉ】물고기의 날 것, 생선, 적을

[설문] [7319] 新魚精也。《云精者、卽今之鯖字。『廣韵』云。煑(煮)魚煎食日五侯鯖。煎食作煎肉者、誤。謂以新魚爲肴也。『周禮:䱷人』。辨魚物爲鱻薨。鄭司農日。鮮、生也。薨、乾也。『詩:思文:正義』引『鄭-注:尙書』日。衆鱻食、謂魚鼈也。引申爲凡物新者之偁(稱)。獸人六畜六獸六禽亦偁鱻薨。『史』言數見不鮮。【許書】玭下云新玉色鮮也、黨下云不鮮也。其字葢(蓋)皆本作鱻。凡鮮明、鮮新字皆當作鱻。自漢人始以鮮代鱻。如『周禮:經』作鱻、『注』作鮮是其證。至『說文』全書不用叚(假)借字。而玭下黨下亦皆爲淺人所改。今則鮮行而鱻廢矣。》从三魚。《相然切。14部。》不變魚也。《「也」字今補。此釋从三魚之意。謂不變其生新也。他部如麤麤猋等皆謂其生者。鱻則謂其死者。死而生新自若、故日不變。》/581

196	鳥
11-02	새 조

鳥 [조]【niǎo ㄋㄧㄠˇ】[설문부수 119] [작] diǎo (꽁지가 긴)새

[설문] [2257] 長尾禽總(總)名也。《『釋鳥:音義』引長尾羽衆禽揔名也。按〔厹(内)部〕云。禽、走獸總名。此不同者。此依『釋鳥』二足而羽謂之禽也。短尾名隹。長尾名鳥。析言則然。渾言則不別也。》象形。鳥之足侣 (似)匕。从匕。《鳥足以一該二。能、鹿足以二該四。都了切。2部。》凡鳥之屬皆从鳥。/148

[유사] 까마귀 오(烏) 까치 석(舄舄)

[성부] 부록 색인 참조

[형부] 鳥를 부수로 하는 대부분의 글자들

[형성] (4자) 조(蔦)372 조(鵰)2062 조(窵)4455 조(樢)5079

◀ 제 2 획 ▶

鳧 (부)【hú ㄏㄨˊ】[상][中][9][작] fú 물오리

[설문] [1881] 舒鳧、《逗。》鶩也。《『釋鳥』日。舒鴈(雁)、鵝。舒鳧、鶩。『內則:注』同『舍人』、李巡云。野日鴈。家日鵝。野日鳧。家日鶩。按野日鴈、鳧。而畜於家者日舒鴈、舒鳧。是爲鵝、鶩。舒者、謂其行舒遲不畏人也。『詩』弋鳧與鴈。以及他言鴻鴈鳧鷖。皆謂野鳥。非舒鳧、舒鴈也。『大雅:傳』日。鳧、水鳥也。鷖、鳧屬也。然則『說文』於鳧下擧(擧)舒鳧。葢(蓋)謂統言可不別。但云舒鳧、則固析言之矣。尋許意不以鳧入〔鳥部〕而入〔九部〕。此句ㅣ二部之例。鳧之羽短不能飛。故其字從九。豈知野鳧亦短羽而能飛乎。》从九鳥。九亦聲。《【各本】作「從鳥九聲」。今補正。房無切。古音葢(蓋)在 4部。》/121

鳩 (구)【jiū ㄐㄧㄡˉ】비둘기, 모일, 벼슬이름, 편안할, 작은 배 아래(小腹下日鳩口)

[설문] [2264] 鶻鵃也。《按『今本-說文』奪譌。鳩與雉扈皆本『左傳』。鳩爲五鳩之總(總)名。猶雉爲十四雉之總名。扈爲九扈之總名也。當先出鳩篆。釋云五鳩、鳩民者也。乃後云「鷗鳩」、「鶻鵃」也。「雎」、「祝鳩」也。「秸鞠」、「尸鳩」也。「鵙」、「王鵙」、「鵙鳩」也。鵙鳩、鷙鳥。故別爲類廁之。而㠎(雁)爲爽鳩。已見於〔隹部〕矣。度『說文-古本』當如是。【今本】以鳩名專系諸鶻鵃則不可通矣。『毛詩:召南:傳』日。鳩、尸鳩秸鞠也。『衞(衛)風:傳』日。鳩、鶻鳩也。『月令:注』日。鳩、搏穀也。【經】文皆單言鳩。【傳注】乃別爲某鳩。此可證鳩爲五鳩之總名。【經傳】多假鳩爲逑、爲勼。〔辵部〕日。逑、斂聚也。〔勹部〕日。勼、聚也。》从鳥。九聲。《居求切。3部。》/149

◀ 제 3 획 ▶

鳳 (봉)【fèng ㄈㄥˋ】봉황의 수컷

[설문] [2258] 神鳥也。《『天老』日。天老、黃帝臣。》鳳之像也。麐前鹿後。蛇頸魚尾。龍文龜背。燕頷雞(鷄)喙。五色備擧(備擧)。《「麐前鹿後」【各本】作「鴻前麐後」。又魚尾下有「鸛顙鴛思」四字。按『爾雅』釋文、『大雅:卷阿:正義』、『初學記』、『論語:疏』所引皆作「麐前鹿後」。皆無「鸛顙鴛思」四字。惟『左傳:正義』同【今本】。葢(蓋)唐人所據原有【二本】。『左:疏』所據非【善本】也。天老對黃帝之言見『韓詩:外傳』。『今-外傳』亦無此四字。『郭氏-山海經:圖讚』日。八象其體。五德其文。云八象則益爲十者非矣。今皆更正。五德其文者、首文日德。翼文日順。背文日義。腹文日信。膺文日仁也。見『山海經』。》出於東方君子之國。《見〔羊部:羌〕下。》翺翔四海之外。過崐崘。《「崐崘」當作「昆侖」。》飮砥柱。濯羽弱水。《「弱」〔水部〕作「溺」。》莫宿風穴。《二語見『淮南書』。『文選:注』引許愼日。風穴、風所從出也。》見則天下大安寧。《黃帝、周成王之世是也。》从鳥。凡聲。《馮貢切。古音在 7部。『荀卿書』引『詩』。有鳳有皇。樂帝之心。當作「有皇有鳳」。與心爲韵(韻)。》𠕗古文鳳。象形。《象其首及羽翼。》鳳飛。羣(群)鳥從吕(以)萬數。故吕爲

鳥 11 ④

朋(朋)黨字。《此說假借也。朋本神鳥。以爲朋黨字。韋本相背也。以爲皮韋。烏本孝鳥也。以爲烏呼。子本十一月陽乞(气)動萬物滋也。人以爲偁(稱)。凡此四以爲皆言六書假借也。朋黨字何以借朋鳥也。鳳飛則羣鳥從以萬數也。未製鳳字之前假借固已久矣。猶習聞鳳至者爲之也。6部 7部音㝡(最)相近。故朋在 6部、蒸登韵。小篆鳳入 7部。侵韵也。》 亦古文鳳。《旣象其形矣。又加鳥旁。蓋(蓋)朋者㝡初古文。鵬者踵爲之者也。『莊子書』。化而爲鳥。其名爲鵬。崔云古鳳字。按莊生寓言。故鯤、魚子也。鵬、羣鳥之一也。而皆云大不知其幾千里。》/148

鳴 명【míng ㄇㄧㄥˊ】새 울, 짐승 울, 울릴, 봉황새, 성씨, 새 서로 부를

설문 2369 鳥聲也。《引伸之凡出聲皆曰鳴。》从鳥口。《武兵切。3部。》/157

◀ 제 4 획 ▶

鴧 (개)【jiè ㄐㄧㄝˋ】산 새 이름, 파랑새, 비익조(比翼鳥:암수의 눈과 날개가 하나씩 뿐이어서 짝을 짓지 않으면 날지 못한다는 전설상의 새)

설문 2359 鴧雀也。《依『顏氏家訓』、『廣韵』訂。》佀(似)鶡而青。出羌中。《『顔(顏)氏家訓』曰。竇如同得一青鳥。呼之爲鶡。吾曰。鶡出上黨。數曾見之。色竝黃黑。故『陳思王-鶡賦』云。揚玄黃之勁羽。試驗『說文』。鴧雀似鶡而青。出羌中。『韵集』音介。此疑頓釋。『漢:循吏傳』。張敞舍鴧雀飛集丞相府。蘇林曰。今虎賁所箸鶡也。師古曰。蘇說非也。鴧音芥。或作鶡。此通用耳。鴧雀大而色青。出羌中。非武賁所箸也。武賁鶡者色黑。出上黨。今時俗人所謂鶡雞。音曷。非此鴧雀。按[二書-今本]舛譌。介誤分。芥誤芬。鴧誤鶡、誤鳻。不可讀。故全載之。據此。知『郭-注:山海經』云。鶡似雉而大。青色。有毛角。鬭(鬪)死乃止。亦誤認鴧爲鶡也。『今-玉篇』、『毛晃-增韵』皆襲『漢書』誤字。》从鳥。介聲。《古拜切。15部。》/156

鳻 (분)【fēn ㄈㄣ】날으는 모양

설문 2371 鳥聚皃(貌)也。《言繽(繽)紛也。》一曰飛皃也。《『莊子』。翂翂翐翐。司馬云。舒遲皃。一曰飛不高皃也。》从鳥。分聲。《府文切。13部。》/157

鴋 (방)【fǎng ㄈㄤˇ】늪을 다스리는 해오라기

설문 2280 澤虞也。《『釋鳥』。鶭、澤虞。釋文。「鶭」本或作「鴋」。『說文』作「鴋」。郭云。今婟澤鳥。常在澤中。有象主守之官。按此釋澤虞之意。謂若『周禮』之『澤虞』也。楊雄云。「鳸鳩」或謂之「鶭鸅」。蓋(蓋)尸鳩之一名耳。孫氏乃援以『注:爾雅』之鴋澤虞。不知其斷(斷)句本異。》从鳥。方聲。《分兩(兩)切。10部。此不得牽合鸅鴋。》/150

鴂 (결)【jué ㄐㄩㄝˊ】올빼미의 일종 ■격:때까치 ■계:자규, 두견이, 접동새

설문 2278 寧鴂也。《『小正』、『孟子』借鴂爲鶪。『離騷』。恐鵜鴂之先鳴。楊雄作「鷤搗」。或釋爲「子規」。或釋爲「伯勞」。未得其審。而『廣韵(韻)』乃合鶗鴂、䳏鴂爲一物。凡物名因一字相同而溷誤之類如此。》从鳥。夬聲。《古穴切。15部。》/150

鴆 (짐)【zhèn ㄓㄣˋ】짐새, 짐새의 깃으로 담근 술 ■담:새 이름

설문 2367 毒鳥也。《『左傳:正義』。鴆鳥食蝮。以羽翮擽酒水中。飲之則殺人。按『左傳』鴆毒字皆作「酖」。假借也。〔酉部〕曰。酖、樂酒也。》从鳥。冘聲。《直禁切。古音在 8部。》一曰運日。《一曰猶一名也。『廣雅』云。雄曰「運日」。雌曰「陰諧」。『淮南書』云。「暉日」知晏。「陰諧」知雨。》/156

鴇 (보)【bǎo ㄅㄠˇ】너새, 능에(느싯과의 새)

설문 2325 鴇鳥也。《鴇見『詩』、『禮記』。『陸-疏』曰。連蹏。性不樹止。》肉出尺胾。《未聞。按『內則』鵠鴞胖。謂脅側薄肉也。鵠或爲鴇。鴇胖在不利人之列。此云出尺胾者、蓋(蓋)謂去此尺胾不食。其餘可食。》从鳥。𠦂聲。《博好切。古音在 3部。》 鴇或从包。《古𠦂聲包聲同在 3部。『管子』、『周禮:注』皆作「鳵」。》/153

鴈 안【yàn ㄧㄢˋ】기러기

설문 2311 鵝(鵝)也。《鴈與雁各字。鵝與鴚鵝各物。許意〔隹部:雁〕爲鴻雁。〔鳥部:鴈〕爲鵝。鴚鵝爲野鵝。單呼鵝、爲人家所畜之鵝。今字雁鴈不分久矣。『禮經』單言鴈者皆鴻雁也。言舒鴈者則鵝也。『爾雅』舒鴈鵝是也。李巡云。野曰鴈。家曰鵝。鵝謂之舒鴈者、家養馴不畏人。飛行舒遲也。是則當作舒雁。謂雁之舒者也。雁在野。鵝爲家雁也。『儀禮』出如舒鴈。不言如鴈。『內則』。舒鴈翠。別於下文鴈腎。鵝之名舒鴈顯然。而『某氏-注:爾雅』云。在野舒翼飛遠者爲鴈。以『爾雅』舒鴈爲一物。鵝爲一物。非是。鵝固有單呼鴈者。如『莊子』。命豎(竪)子殺鴈而烹之。謂鵝也。『王褒-僮約』云鴈鶩百餘者爲鵝鴨。別於上文云繳鴈彈鶩者爲雁凫。蓋(蓋)雁鴈不分久矣。許當云鴈、舒雁也。舒雁、鵝也。文乃備。》从鳥人。《鵝依人。故同雁從人。》厂聲。《厂、呼旱切。鴈、五晏切。14部。》/152

◀ 제 5 획 ▶

䳠 (투)【tóu ㄊㄡˊ】(상)㊥⑨(작) tǒu 검은 오리 ■두:물새 이름

설문 2293 䳠鳥也。《『篇』、『韵(韻)』皆云水鳥。黑色。》从鳥。主聲。《天口切。4部。》/151

鴔 (핍)【fú ㄈㄨˊ】(작) pì 오디새

설문 2323 鴔鵖也。《『釋鳥』。鵖鴔、戴鵀。郭云。鵀即頭上勝。今亦呼爲「戴勝」。按『說文』倒之曰「鴔鵖」。疑當從『爾雅』。鵖戴、一音也。鴔鵀勝、一音也。『呂(呂)覽』作「任」。勝與任 6部 7部合音㝡(最)近。『方言』又謂之「戴南」。『月令』。戴勝降於桑。鄭云。戴勝、織紝之鳥。『郭-注:方言』云。勝所以纒紝。按〔木部〕云。榺、機持經者。〔糸部〕云。紝、機縷也。此鳥之首文有如纒機縷之榺。故曰戴勝。『方言』又謂之「鶝鴔」。鵖鴔之雙聲也。》从鳥。乏(乏)聲。《平立切。7部。》/153

(작) 作家出版社[董蓮池-說文解字考正] ⑨ 九州出版社[柴劍虹-說文解字] (섬) 陝西人民出版社[蘇寶榮-說文解字今注今譯] (상) 上海古籍出版社[說文解字注] ㊥ 中華書局[臧克和-說文解字新訂]

鴗 (립)【lì ㄌㄧˋ】 쇠새, 물총새

설문 2332 天狗也。《見『釋鳥』。郭曰。小鳥也。青似翠。食魚。江東呼爲「水狗」。按今所在園池有之。謂之「魚狗」。亦謂之「魚虎」。》从鳥。立聲。《力入切。7部。》/154

鴩 (일)【zhì ㄓˋ】 (상)(中)⑨(작) dié 뻐꾸기 ■절 철: 같은 뜻

설문 2283 鋪豉也。《二徐上字皆作鋪。【宋刻-鉉-本、李燾-本】不作「餔」也。『爾雅』作「餔」。『釋鳥』。鴩、餔豉。此必鳥聲。如云鋪豉。自郭氏已未詳矣。》从鳥。失聲。《徒結切。12部。》/151

鴔 (발)【bá ㄅㄚˊ】 (상)(中)⑨ bó 물오리 비슷하고 큰 새

설문 2328 鴔鳥也。从鳥。犮聲。讀若撥。《蒲達切。15部。》/153

鴚 鳴(가)【gē ㄍㄜ】 거위, 기러기

설문 2309 鴚鵝也。《三字句。『方言』。鴈自關而東謂之「鴚鵝(鵝)」。南楚外謂之「鵝」。或謂之「鶬鴚」。『廣雅』鳴鵞倉鳴鴈也。本此。按楊、張所云鴈者、鴻雁也。許以鴻雁字系〔隹部〕。此不云鴚鵝雁也。知許意不爲鴻雁。「鴚」字亦作「鴐」。『大玄』作「鴚鵝」。『子虛』、『上林』、『反離騷』。『南都賦』皆作「鴐鵞」古作「鴐」。『山海經』鴐鳥、魯大夫榮鴐鵞皆卽鴐鵞也。古加聲與可聲同音。『張揖-注:上林賦』曰。鴐鵞。野鵞也。然則非家鵞。亦非鴻雁。鴻雁屬也。許意當同。○魯(魯)大夫榮鴐鵞。『左傳』、『漢書』皆作「鴐」。與『山海經』同。毛居正云从馬誤。毛非也。【釋文-宋刊】皆作「鴐」。通之堂乃於定元年改作「鴐」。》从鳥。可聲。《古俄切。17部。『爾雅:音義』曰。『說文』音河。郭音加。》/152

鴛 (원)【yuān ㄩㄢ】 원앙새

설문 2305 鴛鴦也。《『小雅:傳』曰。鴛鴦、匹鳥也。『古今注』曰。雌雄未嘗相離。按瀏鳼者、鴛鴦屬也。》从鳥。夗聲。《於袁切。14部。》/152

鴜 (자)【zī ㄗ】 (상) cí 쇠새 비슷하고 검푸른 새, (새의)암컷 ■차:새 이름

설문 2339 鱵鴜也。从鳥。此聲。《即夷切。16部。○按自鵞舒凫也至此皆謂水鳥。而軀(鴕)鴡鴇鶬非水鳥。辭章家鋪陳水鳥。或擧(擧)鴇鶬而不擧鴡鴕。》/154

鴝 (구)【qú ㄑㄩˊ】 구욕새, 구관조(九官鳥), 수리 부엉이

설문 2352 鴝鵒也。《今之八哥也。『左氏-春秋:昭:二十五年』有鸜鵒來巢。「鸜」本又作「鴝」。『公羊』作「鸛」。音權。『穀梁』作「鸜」。亦作「鸛」。『考工記』作「鸛」。亦作「鸜」。『郭-注:山海經』云。鸛鵒、鴝鵒也。按句瞿音同。作鸛音權者、語轉也。與〔隹部:雊〕各字。》从鳥。句聲。《其俱切。4部。》/155

鴞 (효)【xiāo ㄒㄧㄠ】 올빼미

설문 2277 鴟鴞、《逗。「鴟」當作「䧴」。䧴、𨿽也。「䧴鴞」則爲「寧鴂」。「䧴舊」則爲「舊畱(留)」。不得擧(擧)一䧴字謂爲同物。又不得因「䧴」與「梟」音近謂爲一物。又不得因「䧴鴞」與「鴟鵂」音近謂爲一物也。「䧴舊」不可單言「䧴」。「䧴鴞」不可單言「鴞」。凡物以兩字爲名者、不可因一字與他物同謂爲一物。》寧鴂也。《『釋鳥』。鴟鴞、鸋鴂。『豳風:毛傳』同。『方言』曰。桑飛有工爵、過贏、女匠、鸋鴂、懱爵諸名。陸璣曰。鴟鴞似黃雀而小。取茅秀爲窠。以麻紩之。如刺韈然。或謂之韈爵。按郭氏因一䧴字謂寧鴂必䧴屬。後人湥(深)信之者、謂此鳥呼旣取我子之鳥而告之耳。不知鳥名多自評。開端一句正是鳥聲。》从鳥。号聲。《于嬌切。2部。按今人讀許嬌切。非。》/150

鴠 (단)【dàn ㄉㄢˋ】 산박쥐

설문 2271 渴鴠也。《『月令』作「曷旦」。『坊記』作「盍旦」。鄭云。夜鳴求旦之鳥。『方言』作「鴇鴠、鶡鴠」。『廣志』作「侃旦」。皆一語之轉。此「渴旦」當同『月令』作「曷旦」。淺人改之。誤用渴爲飢潵字耳。『太平御覽』引鴠、可旦也。冣(最)爲【古本】。曷旦、可旦、鳥語如此。故云求旦之鳥。》从鳥。旦聲。《得案切。14部。》/150

鴡 (저)【jū ㄐㄩ】 물수리(징경이)

설문 2345 王鴡也。《按鴡鳩見『詩』、『春秋傳』。『傳』曰。『雎鳩氏』司馬也。五鳩鳩民之一。許不當不箸鴡鳩二字。王鴡也之上當出鴡鳩。乃與前文鶌鳩、祝鳩、尸鳩爲一例。『釋鳥』。雎鳩、王雎。郭云。雕類。今江東呼之爲鶚。『周南:毛傳』曰。雎鳩、王雎也。鳥摯而有別。「摯」本亦作「鷙」。古字同。》从鳥。且聲。《七余切。5部。》/154

䳇 (무)【wǔ ㄨˇ】 앵무새 ※무(鵡)와 같은 글자, 엄나무꽃, 두릅나무꽃

설문 2361 鸚䳇也。从鳥。母聲。《『曲禮』釋文。「嬰」本或作「鸚」。「母」本或作「鵡」。同音武。諸葛恪茂后反。按裴松之引『江表:傳』曰。恪呼殿前鳥爲白頭翁。張昭欲使恪復求白頭母。恪亦以鳥名鸚母未有鸚父相難。此陸氏所謂茂后反也。據此知彼時作「母」、作「䳇」、不作「鵡」。至唐武后時。狄仁傑對云。鵡者、陛下之姓。起(起)二子則网(兩)翼振矣。其字其音皆與三國時不同。此古今語言文字變移之證也。釋文當云「母」本或作「䳇」。古茂后反。今作「鵡」。音武。乃合。『李善-注:文選』云。「鵡」一作「䳇」。莫口反。較明析。大徐用『唐韵(韻)』文甫切。亦鵡音。非䳇音也。古音母在 1部。》/156

鴪 (율)【yù ㄩˋ】 휙 날을

설문 2350 鸇飛皃(貌)。《『秦風』。鴪彼晨風。毛曰。鴪、疾飛皃(貌)。許專系諸鸇。》从鳥。穴聲。《按【各本】篆作「鴥」。陸云。鴪『說文』作「鴪」。今從之。余律切。古音在 12部。》『詩』曰。鴪彼鷐風。/155

鴦 (앙)【yāng ㄧㄤ】 원앙의 암컷

설문 2306 鴛鴦也。《二字雙聲。》从鳥。央聲。《於良切。10部。》/152

◀ 제 6 획 ▶

鶖 (추)【qiū ㄑㄧㄡˉ】 무수리

설문 2304 禿鶖也。《『小雅:毛傳』。鶖、禿鶖也。張尙對孫皓曰。鳥之大者有禿鶖。『古今注』曰。扶老、禿秋也。大者頭高八尺。李時珍說其形甚詳。云頭項皆無毛。此其偁(稱)禿之故乎。》从鳥。赤聲。《七由切。3部。赤聲秋聲同在 3部也。》 鶖或从秋。《秋聲。》/152

鴲 (지)【zhī ㄓˉ】 콩새, (털 나지 않은)새새끼

설문 2297 瞑鴲也。《『廣韵(韻)』曰。小靑雀也。按『廣韵』葢(蓋)謂卽竊脂。》从鳥。旨(旨)聲。《旨夷切。15部。》/151

鴳 (안)【yàn ㄧㄢˋ】 세가락 메추라기 ※ 안(鷃)과 같은 글자

설문 2366 雇也。《『釋鳥』。鳸、鴳。『舍人』、李巡、孫炎皆云。鳸一名鴳。鴳、雀也。『玄應』曰。「鴳」又作「鷃」。一名鳸。一名鶬鴳。『纂文』云關中有鴳濫堆是也。按『杜-注:左傳:靑鳥氏』爲鶬鴳。而九鳸有老鳸鷃鷃。是則別爲二鳥。不如『玄應』所說也。『國語』。晉平公射鴳。『內則』云。雉兔(兎)鶉鷃。又云。爵鷃蜩范。雇下云老雇、鴳也。皆不云鶬鴳。》从鳥。安聲。《鳥諫切。14部。》/156

鳶 (연)【è ㄜˋ】 ㊤㊥⑨㉲ yuān 소리개 ■악:물수리

설문 2341 鷙鳥也。《此今之鶚字也。「咢」、『說文』作「㖾」。「鶚」、『廣雅』作「鸅」。古音屰聲㖾聲皆在 5部。五各切。作「鶚」者、隸(隸)變耳。自鷻至鸕九篆皆鷙鳥、獨於鳶鵅言之者、鳶鵅無他名則直謂鷙鳥而已矣。『詩』。匪鷻匪鳶。『正義』「鳶」作「鶚」。引孟康曰。鶚、大雕也。又引『說文』。鳶、鷙鳥也。是孔沖遠固知鳶卽鶚字。【陸德明-本】乃作「鳶」。云以專反。『今-毛詩本』因之。又以與專反改『說文』鳶字之音。誤之甚矣。「鳶」『夏小正』作「弋」。與職切。俗作「鳶」。與專切。此猶囓切以水、譌爲以沼耳。弋者、鵙也。非鶚也。》从鳥。屰聲。《五各切。5部。》/154

鳽 (역)【gān ㄍㄢˉ】 ㊤㊥⑨㉲ jiàn 푸른 해오라기 ■견 연:같은 뜻 ■전:송골매

설문 2337 鵁鶄也。《鳽者古名。鵁鶄者今名。此與〔隹部〕雃各物。》从鳥。幵(开)聲。《古賢切。12部。》/154

鵜 (제)【tí ㄊㄧˊ】 산계(山鷄), 제호, 사다새

설문 2331 鵜胡、《逗。》「污(汚)澤」也。《『釋鳥』。鵜、鴮鸅。『毛傳』。鵜、洿澤鳥也。按『今-爾雅』多俗字。『毛詩』作「洿澤」。是也。『鄭-注:表記』云。鵜、鵜胡、「污(汚)澤」也。「污澤」善居泥水之中。許、鄭皆云鵜胡。『爾雅』、『毛詩』不言胡者、此鳥本單呼鵜。以其胡能抒水。故又名鵜胡也。『國語』。盛以鴟夷而投之於江。惟【宋-明道二年-本】作「鴟鵜」。『注』云。鴟鵜、革囊。按『陸-疏』云。鵜胡頷下胡大如數升囊。若小澤中有魚。便羣(群)共抒水。滿其胡而棄之。令水竭盡。乃共食之。故曰「淘河」。然則此革囊名鵜。亦取能容受之意。『應劭-注:漢書』曰。取馬革爲鴟夷。鴟夷榼形。而『楊雄-酒箴』曰。鴟夷滑稽。腹如大壺(壺)。盡日盛酒。人復借酤。師古曰。鴟夷、韋囊。以盛酒。卽今鴟夷幐也。然則凡作夷者、皆鵜之省。云鴟夷者。謂其如鴟之貪、如鵜之善受也。古音鵜讀同夷。》从鳥。夷聲。《杜兮切。15部。》 鵜或从弟。《今字多作「鵜」。》/153

鴻 (홍)【hóng ㄏㄨㄥˊ】 큰 기러기, 기 이름

설문 2303 鴻、《逗。此複擧(擧)字之未刪(刪)者。》鵠也。《「黃鵠」一名鴻。『豳風』。鴻飛遵渚。毛曰。鴻不宜循渚。鴻飛遵陸。毛曰。陸非鴻所宜止。按『鄭-箋』祗云鴻、大鳥。不言何鳥。學者多云雁之大者。夫鴻雁遵渚遵陸亦其常耳。何以毛云不宜。以喩周公未得禮。正謂一擧千里之大鳥。常集高山茂林之上。不當循小州之渚、高平之陸也。【經傳】鴻字有謂大雁者。如『曲禮』前有車騎則載飛鴻、易鴻漸于磐是也。有謂黃鵠者。此『詩』是也。單呼「鵠」。絫呼「黃鵠」、「鴻鵠」。黃言其色。鴻之言琟也。言其大也。故又單呼鴻雁之大者曰「鴻」。字當作「琟」而假借也。》从鳥。江聲。《戶(户)工切。9部。》/152

鵅 (락)【luò ㄌㄨㄛˋ】 물새 ■객:수리부엉이 ■각:〈네이버 자전〉

설문 2298 烏鸔也。《見『釋鳥』。郭云。水鳥也。按此與〔隹部:雒〕音同義別。》从鳥。各聲。《盧各切。5部。》/151

鴿 (합)【gē ㄍㄜˉ】 비둘기

설문 2270 鳩屬也。《鳩之可畜於家者。狀全與勃姑同。》从鳥。合聲。《古沓切。7部。》/150

鵁 (교)【jiāo ㄐㄧㄠˉ】 푸른 백로 ■효:바다가마우지

설문 2335 鵁鶄也。《三字句。『釋鳥』鳽、鵁鶄。『職方氏』。楊州其畜宜鳥獸。鄭云。孔雀、鸞、鵁鶄、犀象之屬。『史記:上林賦』「鵁鶄」。『漢書』作「交精」。『爾雅:音義』曰。本亦作「交精」。》从鳥。交聲。《古肴切。2部。》一曰「鵁鱸」也。《此謂「鵁鶄」一名「鵁鱸」。『玄應書』作一名「鵁鱸」。按『上林賦』旣云交精旋目。又云箴疵「鵁盧」。『史記』「盧」作「鸕」。『張揖、郭璞-注』皆鵁鱸爲二物。與此不同。》/154

鵃 (주)【zhōu ㄓㄡˉ】 멧비둘기 ■조:같은 뜻, 배가 긴 모양(船長貌)

설문 2268 鶻鵃也。从鳥。舟聲。《張流切。3部。按鶻音骨。鵃郭音嘲。釋文音陟交反。凡鳥名多取其聲爲之。郭云。今江東亦呼爲鶻鵃。正謂江東皆呼骨嘲而定此音也。》/149

◀ 제 7 획 ▶

鵙 (곡)【jiū ㄐㄧㄡˋ】 ㊤㊥⑨㉲ jú 새이름 ■구:티티새(지빠귀)

설문 2286 鵙鳥也。从鳥。臼聲。《居玉切。3部。》/151

鵒 (욕)【yù ㄩˋ】 구욕새, 구관조(九官鳥)

설문 2353 鴝鵒也。从鳥。谷聲。《余蜀切。3部。》古者鴝鵒不踰沛(泲)。《見『考工記』。『五經異義』。『公羊』以爲鸜鵒夷狄之鳥。穴居。今來至魯(魯)之中國。巢居。此權臣欲自下居上之象。『穀梁』亦以爲夷狄之鳥

來中國。義與『公羊』同。『左氏』以爲鸜鵒來巢。書所無也。彼『注』云。『周禮』日。鸜鵒不踰濟。今踰。宜穴而又巢。書所無也。許君謹案。從『二傳』。後鄭駮之云。按『春秋』言來者甚多。非皆從夷狄來也。從魯疆外而至則言來。鸜鵒本濟西穴處。今乃踰濟而東、又巢。爲昭公將去魯國。玉裁按。先鄭云不踰濟。無妨於中國有之。駮『二傳』也。作『異義』時從『二傳』。作『說文解字』亦引『考工記』爲證。不言夷狄之鳥。則從『古-左氏』說。『許君-異義』先成。『說文解字』晚定。故多有不同『異義』者。不言『周禮』日而言古者、此以釋『左氏書』所無也之恉(指)也。》 雊鵒或从隹臾。《臾聲。此如鬼臾區亦爲鬼容區也。》/155

鵵 (열)【yuè ㄩㄝˋ】 물새

설문 2292 鵵鳥也。《『玉篇』水鳥也。》 从鳥。兑聲。《弋雪切。15部。》/151

鵔 (준)【sùn ㄙㄨㄣˋ】 ㉧ jùn ㉨ xùn 금계(평 비슷한 새)

설문 2355 鵔鸃、《逗。》 鷩也。《『師古-注:上林賦』日。鵔鸃、鷩也。似山雞(鷄)而小。冠背毛黃。腹赤。項綠。尾紅。按許云赤雉者、不必全赤。謂赤多也。『劉(劉)逵-注:蜀都賦』日。蛐蜞、鳥名也。如今之所謂山雞。『注:吳都賦』日。今所謂山雞者、鷩䳋也。合浦有之。此葢(蓋)皆鷩屬。》 从鳥。夋聲。《私閏切。按古音當讀如雖。15部。》/155

鵖 (핍)【jié ㄐㄧㄝˊ】 ㉧㊥⑨㉨ bí 오디새 ■겁 법: 같은 뜻

설문 2324 鵖鴔。从鳥。皀聲。《彼及切。7部。》/153

鴰 (괄)【guā ㄍㄨㄚˉ】 ㉨ guò 재두루미

설문 2334 麋鴰也。从鳥。昏聲。《古活切。15部。》/154

鵝 鵞(아)【é ㄜˊ】 거위

설문 2310 鴚鵝(鵞)也。从鳥。我聲。《五何切。17部。》/152

鵠 (곡)【hú ㄏㄨˊ】 고니, 정곡(과녁의 한 가운데) ■혹: 속음 ■호: 클, 넓을

설문 2302 黃鵠也。《「黃」【各本】作「鴻」。今依『玄應書』、『李善-西都賦:注』正。『戰國策』。黃鵠游於江海。淹於大沼。奮其六翮而陵淸風。『賈生-惜誓』日。黃鵠一擧兮知山川之紆曲。再擧兮知天地之圜方。凡【經史】言鴻鵠者皆謂黃鵠也。或單言「鵠」。或單言「鴻」。》 从鳥。告聲。《胡沃切。3部。》/151

◀ 제 8 획 ▶

鴹 (오)【ào ㄠˋ】 ㉧㊥⑨㉨ ǎo 수리 부엉이, 두알 치새

설문 2285 鴹鳥也。《【各本】鷄鶨鴹等字皆刪(刪)。今補。三字句。疑卽『釋鳥』之「鴢頭」。》 从鳥。芺聲。《烏浩切。2部。》/151

鵱 (륙)【lù ㄌㄨˋ】 들거위

설문 2308 蔞鵝也。《『釋鳥』。鵱、鷜鵝。郭云。今之野鵝。按『篇』、『韵(韻)』皆以鵱鷜爲句。許作蔞而下屬。則古讀不同。蔞鵝、鳥名。今不定爲何鳥也。『論衡』云。蛢彈雀則失鷜。》 从鳥。坴聲。《力竹切。3部。按鵱篆【鍇本】在部末。》/152

鴖 (민)【mín ㄇㄧㄣˊ】 비취새 비슷하고 붉은 발의 새

설문 2294 鴖鳥也。《『廣韵(韻)』。鳥似翠而赤喙。『玉篇』作「鴖」作「鷭」。》 从鳥。昏聲。《武巾切。古音在 13部。》/151

雔 隼 추【zhuī ㄓㄨㄟˉ】 ㉨ sǔn 작은 비둘기

설문 2266 祝鳩也。《『小雅』。翩翩者鵻。『釋鳥』。鵻其鳺鴀。『毛傳』日鵻、夫不也。『南有嘉魚:傳』日。鵻、壹宿之鳥。『左傳』。『祝鳩氏』司徒也。杜日。祝鳩、鵻鳩也。鵻鳩孝故爲司徒。主敎民。『樊光-注:爾雅』亦云。孝故爲司徒。郭云。今鵓鳩也。按鵓鳩今俗呼爲勃姑。鵓勃語之轉。鵓卽『爾雅』之夫不也。》 从鳥。隹聲。《『詩』釋文。鵻音隹。本又作隹。按『釋鳥』直作隹。職追切。15部。大徐思允切。》 隼鵻或从隹一。《从一者、爲壹宿之鳥也。『箋』云。壹宿者、壹意於其所宿之木也。『毛詩』、『爾雅:音義』云。鵻本作隹。葢(蓋)是本作隼。轉寫譌之耳。『廣韵』及大徐鵻思允切。未爲非也。》 一日鶉字。《按此鶉字卽鷻字。轉寫混之。『詩:四月』鶉、『陸德明-釋文』云字或作鷻。可證。『毛詩』兩(兩) 言隼俱無傳。『四月』。匪鷻匪鳶。『傳』日。鷻、雕也。葢(蓋)隼人所習知。故不詳其名物。隼與鷻當是同物。而異字異音。隼當在 15部。鷻當在 13部也。祝鳩與鷻異物而同字同音。豈因鳩鷹互化而謂爲一物歟。依鄭則鷹化布穀。非雕祝鳩也。○ 按陽湖莊氏述祖依『韵會』作一日鷻子。證之以【兩京賦-薛解】云。隼、小鷹也。余始從其說。繼思作一日鷻字爲是。異字同義謂之轉注。異義同字謂之假借。隼與鷻同音同字。是亦假借也。謂隼亦卽鷻字也。此外〔虫部:蠠〕下一日螟字。謂蠠亦卽螟字。〔大部:奰〕下或日拳勇字。謂奰亦卽拳字也。此三條一例。〔今本-鳥部〕或作鷻子、〔虫部〕作螟子者、失之。》/149

성부 准준

형성 (2자) 용(毴 䧳)5147 준(準 𣴑)7020

鵽 (탈)【duò ㄉㄨㄛˋ】 북방 사막에 있는 참새

설문 2307 鵽鳩也。《『釋鳥』鵽鳩。郭連下文寇(寇)雉爲一物。『釋鳥』寇雉泆泆。郭云。卽鵽鳩也。據許不云寇雉也。則許讀不同郭也。郭云。鵽大如鴿。出北方沙漠地。俗名「突厥雀」。按『南都賦』。歸雁鳴鵽。黃稻鱻魚。以爲勺藥。若『莊子:逸篇』云。靑鵽愛子忘(忘)親。此必別是一物也。》 从鳥。叕聲。《丁刮切。15部。》/152

鶂 (역)【yì ㄧˋ】 새 이름 ■예: 거위 소리

설문 2330 鶂鳥也。《字見『春秋經:文:十六年』。水鳥也。『博物志』日。鷁雄雌相視則孕。或日。雄鳴上風。雌鳴下風。薛綜日。鷁首者、船頭象鷁鳥。厭水神。按今字多作「鷁」。》 从鳥。兒聲。《五歷切。16部。》 『春秋傳』日。

鳥 11 ⑧

六鶂退飛。《【三傳】皆同。今皆『左』皃右鳥。》 鷊鶂或从鬲(鬲)。《皃聲鬲聲益聲皆 16部也。》 鶂司馬相如鶂从赤。《按赤聲古音在 5部。而用爲鶂字者合韵(韻)也。葢(蓋)『凡將篇』如此作。『今-上林賦』濯鷁牛首。祇作「鷁」。》/153

鶄 鶄(청)【jīng ㄐㄧㄥ ˉ】 교청새, 푸른해오라기, 푸른 백로 ■정:속음

[설문] [2336] 鵁鶄也。从鳥。青聲。《子盈切。11部。按辭章家有單呼鶄者。『吳都賦』。鶄鶴鶖鶬。謂四鳥也。》/154

鶌 (굴)【qū ㄑㄩ ˉ】 [상][中][9][작] jué 산비둘기、굴거새

[설문] [2265] 鶌鳩、鶻鵃也。《「鶻鵃」二字依『爾雅』補。『釋鳥』曰。鶌鳩、鶻鵃。『小雅』。宛彼鳴鳩。毛曰。鳴鳩、鶻鵰也。『衞(衛)風』。于嗟鳩兮。無食桑葚。毛曰。鳩、鶌鳩也。食桑葚過則醉而傷其性。鶻鳩食桑葚。毛葢(蓋)目驗而知。鵰與鵃音同。郭云。今江東亦呼爲鶻鵃。似山鵲而小。短尾。青黑色。多聲。卽是此也。舊說及『廣雅』皆云班鳩。非也。按此『郭-注』見『左:正義』。【今本】不完。『左傳』。『鶻鳩氏』司事也。鶻鳩春來冬去而多聲。『故詩:小宛』謂之鳴鳩。若『陳風』、『魯(魯)頌』之鴞。毛皆謂惡聲之鳥。則必鉤雒之類。而非司事之鳥矣。》 从鳥。屈(屈)聲。《九勿切。15部。》/149

◀ 제 9 획 ▶

鵊 (결)【jié ㄐㄧㄝ ˊ】 물오리 ■길:같은 뜻

[설문] [2314] 鵊鷑、《逗。》 鳧屬。《『南都賦』。其鳥則有鵊鶂鸊鷉。李引『說文』曰。鵊鶂、鳧屬。按鶂皆鷑之誤。故李音雅札反。與『集韵』牛轄切同。若鶂則五歷切。在今錫云。不相謀也。》 从鳥。契聲。《古節切。15部。李善苦札切。『廣韵』古黠(黠)切。》/152

鶠 (언)【yǎn ㄧㄢ ˇ】 봉새

[설문] [2296] 鶠鳥也。其雌皇。《『釋鳥』。鶠鳳、其雌皇。說者便以鳳皇釋之。據許則有鳥名鶠鳳。非可以鳳釋鶠也。鳥字葢(蓋)鳳之誤。三字一句。》 从鳥。匽聲。《於幰切。14部。》 一曰鳳皇也。《此別一義。與說『爾雅』者同。》/151

鶡 (할)【hé ㄏㄜ ˊ】 산 새 이름 ■분:파랑새, 꿩과에 속하며 잘 싸우는 새 ■개:같은 뜻

[설문] [2358] 佀(似)雉。出上黨。《『後書:輿服志』。虎賁、羽林皆鶡冠。鶡者、勇雉也。其鬬(鬪)對一死乃止。故趙武靈王以表武士。加雙鶡尾。豎左右爲鶡冠。徐廣曰。鶡似黑雉。出於上黨。》从鳥。曷聲。《胡割切。15部。》/155

鶤 (곤)【yùn ㄩㄣ ˋ】 [상][中][9][작] kūn 곤계(닭의 일종)

[설문] [2284] 鶤雞(鷄)也。《『釋鳥』。雞(鷄)三尺爲鶤。郭曰。陽溝巨鶤。古之名雞。釋文。字或作「䳘」。『九辯』。䳘雞啁哳而悲鳴。王云。奮翼鳴呼而低昂(昻)。王正謂雞三尺者也。『高-注:淮南』曰。鶤雞、鳳皇別名。『張揖-注:上林賦』曰。昆雞似鶴。黃白色。則非『釋鳥』所云矣。許意不謂雞畜(畜)。亦不謂鳳皇。故其字廁於此。葢(蓋)與張說同也。》 从鳥。軍聲。讀若運。《古渾切。13部。》/151

鷅 (묘)【miǎo ㄇㄧㄠ ˇ】 뱁새

[설문] [2288] 鷦鷅也。从鳥。眇聲。《眇、小也。亡沼切。2部。》/151

鶨 (천)【chuàn ㄔㄨㄢ ˋ】 도요새 ■단 · 돈:같은 뜻

[설문] [2291] 欺老也。《『釋鳥』。鶨、鶌老。下云扈鴳。按許上文說九雇。旣云老雇、鴳也。則以老下屬。與賈逵、樊光同。此以老上屬。下云鴳雇也。復與『舍人』、李巡、孫炎同。葢(蓋)兩從未定也。「欺老」未詳何鳥。》 从鳥。彖聲。《丑絹切。14部。》/151

鶩 (목)【mù ㄇㄨ ˋ】 [상][中][9][작] wù 집오리, 치달릴

[설문] [2312] 舒鳧也。《〔九部〕曰。舒鳧、鶩也。與『釋鳥』同。『舍人』、李巡云。鳧、野鴨名。鶩、家鴨名。許於鳧下當云鳧、水鳥也。舒鳧、鶩也。文乃備(備)。『左傳:疏』云。謂之舒鳧者、家養馴不畏人。故飛行遲(遲)。別野名耳。『某氏:注』云在野舒飛遠者爲鳧。非是。詞章家鳧亦呼鶩。此如今野人雁亦呼雁鵝也。『春秋緐(繁)露』。張湯問祠宗廟。或以鶩當鳧。可用否。仲舒曰。鶩非鳧。鳧非鶩也。以鶩當鳧名實不相應。以承大廟不可。此舒鳧與鳧之判。『廣雅』云。鳧鶩鴄也。此統言而未析言之也》 从鳥。敄聲。《莫卜切。3部。》/152

鶪 [격]【jué ㄐㄩㄝ ˊ】 [상][中][작] jú [9] yú 개고마리, 때까치

[설문] [2272] 伯勞也。《『夏小正』作「百鷯」。『月令:注』作「博勞」。『詩:箋』作「伯勞」。古音同也。鶪『夏小正』、『孟子』作「鴃」。乃雙聲假借字。『小正』、『月令』皆云五月鳴。惟『豳風』曰。七月鳴鶪。『左傳』曰伯趙氏司至者也。》 从鳥。狊聲。《古闃切。16部。》 䳤鶪或从隹。/150

[형성] (1자) 역(鷊 鷊)389

◀ 제 10 획 ▶

鶬 (창)【cāng ㄘㄤ ˉ】 재두루미, 꾀꼬리

[설문] [2333] 麋鴰(鴰)也。《見『釋鳥』。郭云。今呼鶬鴰。師古曰。今關西呼爲「鴰鹿」。山東通謂之鶬。鄙俗名爲錯落。司馬彪云。鶬似鴈而黑。》 从鳥。倉聲。《七岡切。10部。》 鸧鶬或从 隹。/154

鶯 (앵)【yīng ㄧㄥ ˉ】 (새 깃의)무늬, 꾀꼬리

[설문] [2351] 鳥有文章皃(貌)。《【各本】作「鳥也」。必淺人所改。今正。『毛詩』曰。交交桑扈。有鶯其羽。有鶯其領。『傳』曰。鶯鶯然有文章皃(貌)。「皃」舊作「也」。非。「鶯鶯」猶「熒熒」也。皃其光彩不定。故从熒省。會意兼形聲。自淺人謂鶯卽(卽)鸎字。改『說文』爲「鳥也」。而與下引『詩』不貫。於形聲會意亦不合。不可以不辨也。》 从鳥。熒省聲。《熒【各本】作「榮」。今正。『說文』熒省聲之字共十有九。無榮省聲之字。烏莖切。11部。》『詩』曰。有鶯其

鳥 11 [8]

羽。/155

騫 (헌)【xiān ㄒㄧㄢˉ】(훨훨)나는 모양 ■건:〈네이버 자전〉

설문 2370 飛皃(貌)也。《『楚辭』。鳳騫翥而飛翔。》从鳥。寒省聲。《虛言切。14部。》/157

鶐 (술)【xù ㄒㄩˋ】괴상한 새, 작은 새

설문 2279 鳥也。《『廣韵(韻)』曰。小鳥名。》从鳥。祟聲。《辛聿切。15部。》/150

鶴 (학)【hè ㄏㄜˋ】두루미, 흴

설문 2300 鶴鳴九皐。聲聞于天。《「鶴」字今補。此見『詩:小雅』。毛曰。皐、澤也。言身隱而名著也。『爾雅』無鶴。故偁(稱)『詩』。後人鶴與鵠相亂。》从鳥。隺聲。《下各切。古音在 2部。》/151

鶻 (골)【gú ㄍㄨˊ】㊤㊥⑨㉿ gǔ 산비둘기、송골매、오랑캐

설문 2267 鶻鵃也。《按鶻鵃二篆宜蒙鸝篆類廁。乃中隔以祝鳩。豈轉寫倒易與。『小宛』釋文云。「鶻」、『字林』作「鶻」。云骨鵃、小種鳩也。不云『說文』作「鶻」而係『字林』。且『字林』鶻作骨。豈鶻鵃二篆『說文』本無。而後人益之與。》从鳥。骨聲。《古忽切。15部。》/149

鶾 (한)【hàn ㄏㄢˋ】금계, 흰꿩

설문 2365 雞(鷄)肥翰音者也。《【各本】作「雉肥翰音者也」。今正。『曲禮』。凡祭宗廟之禮。雞(鷄)曰翰音。『注』。翰猶長也。『正義』曰。雞肥則其鳴聲長也。『易』。翰音登于天。虞曰。翰、高也。按『小雅』。翰飛戾天。毛曰。翰、高也。高飛曰翰。因之聲高亦曰翰。故鄭云翰猶長也。翰音之雞謂之鶾。此許以疊韵(疊韻)爲訓也。『玉篇』曰。鶾、雞肥皃(貌)。此所據『說文-古本』不誤也。若作雉則下文丹雞不可通矣。鶾與[隹部:雗]義別。》从鳥。倝聲。《矦旰切。14部。》魯(魯)郊𠳋(以)丹雞祝曰。𠳋斯翰音赤羽去魯侯之咎。《此引『魯-郊禮』文。證翰音之爲肥雞也。【各本】「翰」作「鶾」。誤。〔田部〕曰。『魯-郊禮』「畜」字從田茲作「䍃」。『五經異義』曰。『魯-郊禮』祝延帝尸。『風俗通』亦言魯郊祀常以丹雞祝曰。以斯翰聲赤羽去魯侯之咎。》/156

鷀 (자)【cí ㄘˊ】가마우지

설문 2321 鸕鷀也。从鳥。茲(兹)聲。《疾之切。1部。》/153

鷂 (요)【yào ㄧㄠˋ】㊤ yáo 새매

설문 2343 鷙鳥也。《『釋鳥』。鷣、負雀。郭曰。鷣、鷂也。江東呼之爲鷣。按鷣古音淫。見釋文。今音燿。見『廣韵(韻)』。語之轉也。『說文』鷂卽鷣。以其善捉雀。故亦爲鷙鳥。》从鳥。䍃聲。《弋笑(笑)切。2部。》/154

● 鶏 닭 계(雞)-동자

鷇 (구)【kòu ㄎㄡˋ】새새끼, 먹일 ■고:같은 뜻 ■각:갓까나오는 새새끼

설문 2368 鳥子生哺者。《『釋鳥』。生哺鷇。郭云。鳥子須母食之。生噣雛。郭云。能自食。『方言』。北燕朝鮮洌水之閒爵子及雞(鷄)雛皆謂之鷇。》从鳥。㱿聲。《口豆切。3部。》/157

鷈 鷉(체)【tī ㄊㄧˉ】농병아리

설문 2319 鷿鷈也。从鳥。虒聲。《土雞(鷄)切。16部。按鸊鷉鷿鷈皆疊韵(疊韻)。》/153

◀ 제 11 획 ▶

鷐 (신)【chén ㄔㄣˊ】송골매, 익더귀(새매의 암컷)

설문 2348 鷐風也。《一名鸇。見〔羽部〕。》从鳥。晨聲。《植鄰(隣)切。13部。『毛詩』作「晨」。古文假借。》/155

鷉 (적)【dí ㄉㄧˊ】꿩붙이 ■책:같은 뜻

설문 2357 雉屬。戇鳥也。《戇、愚也。》从鳥。啻聲。《都歷切。16部。》/155

鷕 鷕(요)【wěi ㄨㄟˇ】㊤㊥⑨㉿ yǎo 암꿩 우는 소리

설문 2363 雌雉鳴也。《『邶風』。有鷕雉鳴。又云。雉鳴求其牡。毛曰。鷕(鷕)、雌雉聲也。此望文爲義。》从鳥。唯聲。《以沼切。古音在 15部。釋文引『說文』以水反。『字林』于水反。皆古音也。其云以小反者。字之譌亦聲之譌也。》『詩』曰。有鷕雉鳴。/156

鷖 (예)【yī ㄧˉ】갈매기, 봉황

설문 2313 鳧屬也。《『大雅:鳧鷖:傳』曰。鳧、水鳥也。鷖、鳧屬也。按此謂鳧屬。非謂舒鳧屬也。『周禮』。王后之五路。安車彫面鷖總(總)。【故書】「鷖」或爲「緊」。鄭(鄭)司農云。緊讀爲鳧鷖之鷖。鷖總者、青黑色。以繒爲之。按於此知此鳥青黑色也。陸、孔皆引『倉頡:解詁』曰。鷖、鷗也。一名水鴞。許云鷗、水鴞。而不云鷖、鷗也。則許不謂一物也。鳧屬者、似鳧而別。其『釋鳥』之鸍沈鳧乎。》从鳥。殹聲。《烏雞(鷄)切。15、16部。》『詩』曰。鳧鷖在梁。《「梁」當作「涇」。『大雅』文。》/152

鷗 鷗(구)【ōu ㄡˉ】갈매기

설문 2327 水鴞也。《『山海經:注』曰。鷗、水鴞也。按『列子』作「漚」。》从鳥。區聲。《烏侯切。4部》/153

鷬 鸛 난【nán ㄋㄢˊ】새 이름, 막을 ※ 난(難)과 같은 글자

설문 2290 鷬鳥也。《今爲難易字、而本義隱矣。》从鳥堇聲。《那干切。14部。按堇性在十三部。合韵也。》鷬或从隹。《今難易字皆作此。》古文鷬。古文鷬。古文鷬。/151

성부 歎 탄

형성 (2자) 한(蘺)621 한(灘)6939

鷙 (지)【zhì ㄓˋ】(매, 독수리 등)맹금 ■질:의심할, 행위가 평탄치 못할 ■치:말의 발이 진흙 속에 빠지는 모양

설문 2349 擊殺鳥也。《『夏小正』。六月鷹始摯。『月令』。鷹隼蚤鷙。古字多假摯爲鷙。『儒行』。鷙蟲攫搏。『注』曰。鷙从鳥、摯省聲。此『注:正義本』誤。郭忠恕所據不誤。『六

鳥 11 ⑪

月:毛傳』云。輊、摯也。『士喪禮:注』云。輖、蟄也。『考工記:注』云。摯、輖也。然則蟄卽摯字。摯之或體也。『鄭-注』少言字體。此言之者。葢(蓋)鷙上从執。俗認爲執聲。則當在侵韵(韻)。而非音理。故云摯省聲以正之。摯之在質術韵而不在侵緝易明也。擊殺鳥者、謂能擊殺之鳥。自鷻至鸕風皆擊殺鳥也。故釋鷙。》从鳥。从丮(執)。《『各本』作「从鳥執聲」。非也。許說會意。鄭說形聲。皆可以知此字之非執聲也。不曰从執鳥而曰从鳥从執者、惡其以鳥殺鳥。傷其類。且容所殺不獨鳥也。殺鳥必先攫搏之。故从執。『小正:傳』曰。諱殺、故言摯。然則摯者、執也。脂利切。古音在 12部。一作「𪆂」。从折聲。則在 15部。》/155

鷚 (류)【liù ㄌㄧㄡˋ】 종달새、펑새끼 ■규:종달새 ■료・무:같은 뜻

설문 2273 天鸙也。《「鷚」【今本】作「鷚」。「鸙」【今本】作「鸙」。【宋本】、【李燾本】作「鷚」、作「侖」。『釋鳥』。鷚天鸙。釋文曰。「鷚」字又作「鷚」。「鸙」『說文』作「鸙」。今從之。『玉篇』。鸙、天鸙也。許無鸙字。郭云。大如鷃雀。色似鶉。好高飛作聲。今江東名之天鷚。音綢繆之繆。按此與〔隹部:雡〕異義。》从鳥。翏聲。《力救切。3部。陸云『說文』力幼反。本音隱。》/150

鷛 鷛(용)【yōng ㄩㄥ】 상㊥⑨작 yóng 비오리

설문 2329 鷛鳥也。《『上林賦』說水鳥有「庸渠」。『史記』作「鷛鸈」。郭曰。鷛鸈似鶩。灰色而雞(鷄)足。一名「章渠」。『吳都賦』鷛鸈。『劉(劉)-注』同郭。李善音庸渠。按此鳥本單呼鷛也。》从鳥。庸聲。《余封切。9部。》/153

鷞 (상)【shuāng ㄕㄨㄤ】 (서방을 지키는)신조(神鳥)

설문 2263 鷫鷞也。从鳥。爽聲。《所莊切。10部。》/149

鷟 (작)【zhuò ㄓㄨㄛˋ】 상 zhuó 자색 봉황

설문 2261 鸑鷟也。从鳥。族聲。《士角切。3部。》/149

鶔 (칠)【qī ㄑㄧ】 새 이름

설문 2282 鶔鳥也。从鳥。桼聲。《親吉切。12部。》/150

◀ 제 12 획 ▶

鷢 (궐)【jué ㄐㄩㄝˊ】 물수리, 징경이, 저구(雎鳩)

설문 2344 白鷢、《逗。》王雎也。《『釋鳥』曰。鸉、白鷢。郭云。似鷹、尾上白。按『釋鳥』云雎鳩王雎、與鸉白鷢劃分二鳥。許乃一之。恐係轉寫譌誤。非【許書】本然也。當爲正之曰。鷢者、白鷢楊也。鵙者、鵙鳩王鵙也。乃合。『毛詩:正義』曰。『陸璣-疏』云。雎鳩、大小如鴟。深(深)目。目上骨露。幽州人謂之鷲。而楊雄、許愼皆曰白鷢。白鷢似鷹、尾上白。此是陸璣而非楊雄、許愼也。楊雄、許愼已下孔沖遠語也。所謂楊雄者、今不見於『方言』。未知其所本。》从鳥。厥聲。《居月切。15部。》/154

鷦 (초)【zhuī ㄓㄨㄟ】 상㊥⑨작 jiāo 뱁새

설문 2287 鷦鷯、《逗。》桃蟲也。《桃蟲見『周頌』。『釋鳥』曰。桃蟲、鷦。其雌鴱。『毛傳』亦云。桃蟲、鷦也。鳥之始小終大者。『箋』云。鷦之所爲鳥題肩也。或曰鴞。按單呼曰「鷦」。絫呼曰「鷦鷯」。鷦鷯謂其小也。取義於焦眇也。桃蟲之桃亦取兆聲。謂其小。『列子』盜驪之馬。『廣雅』作「駣騝」。『荀卿』、『戰國策』作「纖離」。『郭-注:穆天子傳』云。爲馬細頸。此桃訓小之證也。『郭-注:爾雅』云。俗呼爲巧婦。『注:方言』云。桑飛卽鷦鷯也。今亦名爲「巧婦」。按許意「巧婦」者、其所謂鴱鴞、寧鴂也。鷦鷯者、其所謂鷦鷯也。許二之。郭一之。『陸機-疏』分別、與許合。》从鳥。焦聲。《卽消切。2部。》/151

鷧 (의)【yì ㄧˋ】 가마우지

설문 2322 鷀也。从鳥。壹聲。《乙冀切。15部。》/153

鶹 (류)【liú ㄌㄧㄡˊ】 올빼미, 수리 부엉이

설문 2289 鳥少美長醜爲鶹離。《『北風』。瑣兮尾兮。畱(留)離之子。毛云。畱離鳥也。少好長醜。『釋鳥』曰。鳥少美長醜爲鶹鷅。鶹與畱、鷅與離皆同也。『詩』字本作「畱」。『爾雅:注』及『音義』可證。『詩:音義』則淺人改易之。按此『詩』以少好長醜比衛(衛)臣始有小善。終無成功。『陸-疏』乃謂流離、梟(梟)也。其子長大還食其母。絕(絶)非『爾雅』、毛鄭許諸君意也。》从鳥。畱聲。《力求切。3部。》/151

鷩 (별)【bì ㄅㄧˋ】 상㊥⑨작 biē 금계(錦鷄)

설문 2354 赤雉也。《〔隹部:雉〕十四種(種)。有鷩雉。『釋鳥』。鷩雉。樊光曰。丹雉也。『左傳』。『丹鳥氏』司閉也。杜曰。丹鳥、鷩雉也。以立秋來。立冬去。入大水爲蜃。『周禮:鷩冕:注』曰。鷩畫(畵)以雉。謂華蟲也。華蟲、五色之蟲。『繢人職』曰鳥獸蛇襍(雜)四時五色以章之、謂是也。『考工記:鳥獸蛇:注』曰。蟲之毛鱗有文采者也。按鄭意鷩爲雉五色。不云赤雉也。許云赤雉。與樊光合。》从鳥。敝聲。《幷列切。15部。》『周禮』曰。孤服鷩冕。《『司服』曰。侯伯之服。自鷩冕而下如公之服。此云孤服鷩冕者、葢(蓋)以天子之孤當侯伯。》/155

鷫 (숙)【sù ㄙㄨˋ】 (서방을 지키는)신조(神鳥)

설문 2262 鷫鷞也。从鳥。肅聲。《息逐切。3部。》五方神鳥也。東方發明。南方焦明。西方鷫鷞。北方幽昌。中央鳳凰。《劉(劉)昭引『叶圖徵』云。似鳳有四。『司馬相如傳』。捎焦明。又焦明已翔乎寥廓。張揖曰。焦明似鳳。西方之鳥。按西字疑誤。『左傳』。唐成公有兩肅爽馬。賈逵曰。色如霜紈。馬融說。肅爽、雁也。其羽如練。高首而脩頸。馬似之。天下稀有。『高-注:淮南』云。鷫鸘長頸、綠色、似鴈。賈、馬、高等所說葢(蓋)別一鳥。非西方神鳥。》司馬相如說从叜(叟)聲。《按肅叜同在 3部。鷫鷞皆可讀如捜也。葢『凡將』字如此。》/149

鷮 (교)【jiāo ㄐㄧㄠˉ】꿩
설문 2362 長尾雉。走且鳴。《依『毛詩:正義』、『韵(韻)會』訂。〔隹部:雉〕14種(種)。有鷮雉。『小雅』有集維鷮。毛曰。鷮、鷮雉也。『釋鳥』。鷮雉。『陸-疏』云。鷮、微小於翟。走而且鳴曰鷮鷮。薛綜曰。雉之健者爲鷮。尾長六尺。按『韓詩:鄭風』。二矛重鷮。謂以鷮羽飾矛。》乘輿尾爲防釳箸馬頭上。《「尾」【各本】作「以」。今從『詩:正義』。防釳詳〔金部〕。按〔金部〕云。臿以翟尾。此云以鷮尾者。鷮、翟屬也。『陸-疏』云。似翟而小是也。》从鳥。喬聲。《巨嬌切。2部。按當依『鄭風』、『小雅』、『陸-釋文』居橋反。『廣韵(韻)』、『玉篇』皆音嬌。雉聲如是。》/156

鷯 (료)【liáo ㄌㄧㄠˊ】굴뚝새, 뱁새
설문 2295 刀鷯、《逗。》剖葦。《句。『釋鳥』。鴻鷯、剖葦。鴻者、刀之俗字。郭云。好剖葦皮。食其中蟲。因名云。按『爾雅』、『說文』之剖葦自是刀鷯之別名。『今本-說文』食其中蟲四字淺人用『郭-注』羼入也。能剖葦故名刀鷯。刀與剖義相應。改刀爲鴻。讀丁堯切。非也。『玉篇』云。「鷦鷯」亦作「鴻鷯」。其說尤誤。「鷦鷯」爲小鳥。「刀鷯」則不甚小。觀郭云似雀青斑長尾、則大於鷦鷚可知也。》食其中蟲。《四字當刪(删)。》从鳥。尞聲。《洛蕭切。2部。》/151

鷲 鷲(취)【jiù ㄐㄧㄡˋ】수리
설문 2276 鷲鳥。《「鷲」字今補。》黑色。多子。《『山海經』。其獸多鹿麔就。郭引『廣雅』。鷲、雕也。『李將軍傳』。是必射雕者。服虔曰。雕一名鷲。黑色。多子。可以其毛作矢羽。按『廣雅』鸖鶚鸇鷲雕也。統言之。許雕鷲爲一。鷲爲一。鶚爲一。析言之。》『師曠』曰。南方有鳥。名曰羌鷲。黃頭赤目。五色皆備。《此別一鳥。名羌鷲。非鷲也。『藝文志』小說家有『師曠:六篇』。豈許所偁(稱)與。今世有『禽經』係之『師曠』其文理淺陋。葢(蓋)因『說文』此條而僞造。『吳都賦』。彈鸞鵕。『劉(劉)-注』引『師曠』曰云云。葢本『說文』。不知字何以作「鵕」。李音京。『廣韵(韻):十二,庚』有鵕字。『注』。羌鵕也。『玄應書』引『說文』。「赤目」作「赤咽」。》从鳥。就聲。《疾僦切。3部。》/150

鷳 (한)【xián ㄒㄧㄢˊ】올빼미, 백한, 흰꿩, 흰 접동새
설문 2342 鴟也。《〔隹部〕曰。雖、鵻也。鵻、雖也。又名鷳。今之鴒鷹也。『廣雅』曰。鷳鴟。『夏小正』謂之弋。十有二月鳴弋。弋卽鴟也。「弋」之字變爲「鳶」。讀與專切。鳶行而弋廢矣。鳶讀與專切者、與鷳疊韵(疊韻)而又雙聲。『毛詩:正義』引『倉頡:解詁』鳶卽鴟也。然則『倉頡』有鳶字。从鳥弋聲。許無者、謂「鷳」爲正字、「鳶」爲俗字也。『毛詩』四月「匪鶉」。『說文』作「匪鷻」。『陸-釋文』作「匪鳶」。不獨改其字。且非其物矣。『大雅』。鳶飛戾天。魚躍于淵。語與四月相類。「鳶」亦當爲「鷻」。『箋』云。鳶、鴟之類。云類則別於鴟。【經】文字本爲鷻明矣。『正義』又引『說文』云。鳶、鷙鳥也。此亦引『說文』鷻、鷙鳥而從俗寫爲鳶耳。葢(蓋)唐初已認鷻爲鳶。二字不分。故『正義』不能質言。》从鳥。閒聲。《戶(户)閒切。14部。》/154

鸈 (거)【qú ㄑㄩˊ】할미새
설문 2326 雝鸈也。《見〔隹部:雝〕下。》从鳥。渠聲。《强魚切。5部。》/153

鷸 (휼)【yù ㄩˋ】물총새, 도요새, 훌쩍 날아가는 모양
설문 2317 知天將雨鳥也。《『釋鳥』。翠鷸。李巡、樊光、郭璞皆云一鳥。許於〔羽部〕曰。翠、青羽雀也。合此條知其讀不同。各爲一鳥。》从鳥。矞聲。《余律切。15部。》『禮記』曰。知天文者冠鷸。《引『禮記』者、『漢志:百三十一篇』中語也。『左傳』。鄭子臧出奔宋。好聚鷸冠。鄭伯聞而惡之。使盜殺之。君子曰。服之不衷。身之災也。『詩』曰。彼己之子。不稱其服。子臧之服不稱也夫。云不稱者、正謂子臧不知天文而冠聚鷸也。『獨斷(斷)』曰。建華冠形制似縷(縷)鹿。『記』曰。知天文者服之。鄭子臧聚鷸冠前圜。此則是也。『司馬彪-輿服志』引『記』曰。知天者冠述。知地者履約。『莊子』「鷸」一作「鷸」。然則述者鷸之省。『毛傳』遹、述也。古音同也。『說苑』。知天道者冠鉥。知地道者履蹻。則又假「鉥蹻」爲「鷸約」字。【小顏(顏)-說:禮之衣服圖】謂爲「術氏冠」。亦以古音同耳。》鷸或从遹。/153

鷻 鷲(단)【tuán ㄊㄨㄢˊ】수리, 솔개
설문 2340 雕也。《〔隹部〕曰。雕、鷻也。『今-小雅』四月匪鶉。「鶉」字或作「鷲」。毛曰。鷲、雕也。〔隹部:隼〕下曰。一曰鶉字。鶉者鷻之省。鷻鶉字與〔隹部:雜〕字別。【經典】鶉首、鶉火、鶉尾字當爲鷻。『魏風』縣鶉、『內則』鶉羹字當爲雜。當隨文釋之。『漢書:音義』、『廣雅』皆雕鷲爲一鳥。許二之。且鷲不列於鷙鳥。》从鳥。敦(敦)聲。《度官切。古音在 13部。》『詩』曰。匪鷻匪鳶。/154

鷺 (로)【lù ㄌㄨˋ】백로, 무적(舞翟:춤을 지휘하던 사람이 들던, 백조 깃으로 만든 물건)
설문 2301 白鷺也。《『釋鳥』曰。鷺、舂鉏。『周頌』、『魯(魯)頌:傳』曰。鷺、白鳥也。按『大雅』。白鳥翯翯。白鳥謂鷺。『傳』不言者、人所共知也。漢人謂鷺爲白鳥也。於『頌』則以人所知說其所不知。此傳注之體也。『陸氏-疏』云。好而潔白故謂之白鳥。此「白鷺」當作「白鳥」。許之例多因『毛傳』也。舂鉏者、謂其狀俯仰如舂如鉏。》从鳥。路聲。《洛故切。5部。》/151

◀ 제 13 획 ▶

鷽 (학)【xué ㄒㄩㄝˊ】비둘기
설문 2275 鵫鷽、《逗。》山鵲。《句。》知來事鳥也。《〔隹部:鵫〕下但云鵫鷽。此乃足之。『淮南書』。乾鵠、知來而不知往。高曰。乾鵠、鵲也。人將有來事憂喜之徵則鳴。此知來也。知歲多風。卑巢於木枝。人皆探其夘(卵)。故曰不知往也。乾讀如乾燥之乾。鵠讀告退之告。『太平御覽』引乾鵲知來而不知往。此修短之分也。『注』。乾鵲、鵲也。見人有吉事之徵則修修然。凶事之徵則鳴嗁。而知來歲多風則

巢於下枝。而童子乃探其夘而不知。各有所能、故曰修短之分也。此正文作乾鵲。與【高-本】作乾鵠異。『注』亦小異。必是『許-注』。玉裁謂。『釋鳥』。鸒、山鵲。未嘗云雗、鸒也。『高、許-注:淮南』皆曰鵲也。未嘗云山鵲也。『廣雅』亦云鳱鵠、鵲也。不云山鵲。然則『釋鳥』鸒、山鵲爲一物。『說文』當云雗鸒、鵲也爲一物。【今本】山字淺人依『爾雅』增之。避太歲。知來歲風。知人憂喜。知行人將至。此正今之喜鵲。其性好晴。故曰乾鵲。雗乾鳱同。鸒鵠同。射有正鵠。正之言正。鵠之言較。較者、直也。非取名於鳱鵠也。鳱鵠非小而難中之鳥也。》从鳥。學省聲。《胡角切。3部。》 雤鸒或从隹。/150

鷿(벽)【pì ㄆㄧˋ】 농병아리
설문 2318 鷿鷈也。《『釋鳥』。鷉須贏。按單呼曰「鷈」。絫呼曰「鷿鷈」。『方言』。野鳧其小而好沒(沒)水中者、南楚之外謂之「鷿鷉」。大者謂之「鶻鷉」。『南都賦』作「鷿鷉」。》从鳥。辟聲。《普擊切。16部。》/153

鸃(의)【yí ㄧˊ】 금계(錦鷄)
설문 2356 鵕鸃也。从鳥。義聲。《魚羈切。古音在 17部。》秦漢之初。侍中冠鵕鸃。《『佞幸傳』曰。孝惠時。郎、侍中皆冠鵕鸃。貝帶。》/155

鸇(전)【zhān ㄓㄢ】 송골매
설문 2347 鷐風也。《『秦風』作「晨風」。『釋鳥』、『毛傳』皆云。晨風、鸇也。郭云。鷂屬。『孟子:趙-注』謂之「土鸇」。》从鳥。亶聲。《諸延切 14部釋文引『說文』上仙反。》 鸕籒文鸇。从廛。《廛聲也。又作「鷏」。『戰國策』。宋康王之時。有雀生鷏於城之陬。『新序』作「鸇」。一字也。『今-戰國策』誤爲鱥。『通鑑』作「鷏」不誤。而『集韵(韻)』不收。》/155

◀ 제 14 획 ▶

鸏(몽)【méng ㄇㄥˊ】 물새가 알까 아직 털이 안 난 병아리
설문 2316 水鳥也。《『史記:上林賦』說水鳥有煩鶩。徐廣曰。「煩鶩」一作「番鸏」。按矛聲敄聲之字、音轉多讀如蒙。【賦】文當依此本。》从鳥。蒙聲。《莫紅切。9部。》/153

鸑(악)【yuè ㄩㄝˋ】 봉황, 물새 이름
설문 2260 鸑鷟。《逗。》鳳屬。神鳥也。从鳥。獄聲。《五角切。3部。》『春秋:國語』曰。周之興也。鸑鷟鳴於岐山。《『周語:內史過』說。韋曰。三君云鸑鷟、鳳之別名也。按三君者、侍中賈逵、侍御史虞翻(飜)、尙書僕射唐固也。許云鳳屬。於賈小異。劉(劉)逵曰。鸑鷟、鳳雛也。說又異。》江中有鸑鷟。佀(似)鳧而大。赤目。《此言江中鸑鷟。別是一物。非神鳥。或許所記。或後人所增。不可定也。『上林賦』屬玉。『吳都賦』作「鸀鳿」。郭璞曰。屬玉、似鴨而大。長頸赤目。紫紺色。劉(劉)逵曰。如鶖而大。長頸赤目。其毛辟水毒。陳藏器曰。鸀鳿主治沙蝨、短弧、蝦鬚等病。能唼病人身。出含沙䠶(射)人之沙箭。如鴨而大。眼赤觜斑。『玄中記』曰。水弧者、其形蟲也。其氣乃鬼(鬼)也。鸑鷟、鸑鷟、蟾蜍好食之。合是四說。知鸑鷟卽鸀鳿。云似鴨眼赤者。亦正與許合。》/148

鸒(여)【yù ㄩˋ】 큰부리까마귀
설문 2274 卑居也。《見〔隹部:雅〕下。卑音壁。》从鳥。與聲。《羊茹切。5部。》/150

◀ 제 15 획 ▶

鸔(복)【bó ㄅㄛˊ】 ㊤㊥⑨ bǔ ㉄ pú 물새 ■박:같은 뜻 ■포:같은 뜻
설문 2299 鳥鸔也。从鳥。㬥(暴)聲。《蒲木切。古音在 2部。》/151

鸐(절)【jié ㄐㄧㄝˊ】 작은 닭, 당닭
설문 2281 鸐鳥也。《鸐之言尐也。小鳥名也。『篇』、『韵(韻)』皆云小雞(鷄)。》从鳥。截聲。《子結切。15部。》/150

鸏(침)【zhēn ㄓㄣ】 물총새 ■짐:속음
설문 2338 鸏鴜也。《『上林賦』「箴疵」。『史記』作「鸏鴜」。張揖曰。「箴疵」似「魚虎」而蒼黑色。按鍼觜二音。鴜之言觜也。觜、口也。鸏鴜、葢(蓋)其味似鍼之銳。》从鳥。箴聲。《職淡(深)切。7部。》/154

鸋(얼)【niè ㄋㄧㄝˋ】 ㊤ jiá 물오리
설문 2315 鸋鸋也。从鳥。辥聲。《魚列切。15部。『集韵(韻)』牛轄切。》/153

鸓(류)【lěi ㄌㄟˇ】 날다람쥐
설문 2364 鼠形、飛走且乳之鳥也。《「走」字疑衍。『釋鳥』。鼯鼠、夷由。「鼯」或作「鼯」。「由」或作「鼬」。郭云。狀如小狐。似蝙蝠。肉翅。飛且乳。其飛善從高集下。劉(劉)淵林、陶隱居說略同。其物見『本艸經』。『上林』、『西京』、『南都』、『吳都』諸賦亦名「飛生」。飛而生子故也。亦名「飛鸓」。亦名「鸓鼠」。其字惟『史記』作「鸓」。『本艸經』作「鸓」。在〔獸部〕。賦家或作「蠝」。或作「猵」。以其似鳥、似獸、似蟲、似鼠也。諸家皆云。以肉翼飛。而張揖云。狀如兔(兎)而鼠首。以其頷飛。此本『北山經』。有獸狀如兔而鼠首。以其背飛。名曰飛鼠。惟張所據「背」作「頷耳」。不若劉、郭說可信也。今雲南有之。》从鳥。畾聲。《『說文』無畾字。當作「靁省聲」。力軌切。15部。》 鸓籒文鸓。《畾省聲也。畾古文靁。》/156

◀ 제 16 획 ▶

鸕(로)【lú ㄌㄨˊ】 바다 가마우지 ■려:같은 뜻
설문 2320 鸕鷀也。《『釋鳥』。鶿(鷀)鷧。郭云。卽(卽)鸕鷀也。按今江蘇人謂之「水老鴉」。畜以捕魚。鸕者謂其色黑也。鷀者謂其不夘(卵)而吐生。多者生八九。少生五六。相連而出。若絲緖也。有單言鸕者。『上林賦』箴疵鵁(鵁)盧、『南都賦』鶂鸕(鸕)是也。有單言鷀者。『釋鳥』是也。》从鳥。盧聲。《洛乎切。5部。》/153

鸐(국)【jué ㄐㄩㄝˊ】 ㊤㊥⑨㉄ jú 뻐꾸기
설문 2269 秸鸐。《逗。》尸鳩也。《「秸」【各本】

作「桔」。今依『廣韵(韻)』、『韵會』。『說文』無此字。即稽字也。『釋鳥』曰。鳲鳩、鴶鵴。『毛傳』。尸鳩、秸鞠也。字異音同。『方言』作「結誥」、「擊穀」。郭云。今之「布穀」也。江東呼爲「穫穀」。按今之「郭公」也。以穀雨後鳴。古名今名皆像似其音爲之。『左傳』曰。『鳲鳩氏』司空也。『召南:序』云。德如尸鳩。『曹風:傳』云。尸鳩之養其子。朝從上下。莫從下上。平均如一。『月令』。仲春鷹化爲鳩。鄭云。鳩、搏穀也。季春鳴鳩拂其羽。鄭云。鳩鳴飛翼相擊。趨農急也。鄭意鳴鳩即搏穀。鳴鳩猶鳩鳴也。與蔡邕、孫炎謂此鳴鳩爲鶻鵃不同。》从鳥。𥷚(𥷚𥍭)聲。《居六切。3部。》/149

◀ 제 17 획 ▶

鸚(앵)【yīng ㄧㄥˉ】 앵무새、앵무조개
설문 2360 鸚䳇、《逗。》 能言鳥也。《『曲禮』曰。鸚母能言。不離飛鳥。》从鳥。嬰聲。《烏莖切。11部。》/156

◀ 제 18 획 ▶

鸛鸛(관)【guàn ㄍㄨㄢˋ】 ㉭㊥⑨㉲ huān 황새
■환:곤줄박이
설문 2346 鸛專、《逗。》 畐蹂。《句。》 如誰(鵲)短尾。射之。銜矢射人。《見『釋鳥』。『釋鳥』作「鸛鷒」、鶝鶔。『廣韵(韻)』作「鸛鷒」。按畐蹂葢(蓋)其一名。郭云。又名「墮羿」。釋文。墮古以爲懈惰字。言此鳥捷勁。雖羿之善射。亦懈惰不敢射也。『鄭-注:周禮』設其鵠云謂之鵠者、取名於鳱鵠。鳱鵠小鳥而難中。按當是此鳥。鸛鳱音近。鵠呼榦鵠。此鳥狀如鵲。故亦謂之鳱鵠。》从鳥。雚聲。《呼官切。專、徒端切。疊韵(疊韻)。14部。》/154

◀ 제 19 획 ▶

鸞 란【luán ㄌㄨㄢˊ】 난새, 봉황의 일종, 자루에 난새 모양의 방울을 단 칼
설문 2259 赤神靈之精也。《「赤」【各本】作「亦」。誤。今依『藝文類聚』、『埤雅』、『集韵』、『類篇』、『韵會』正。『後漢書:注』、『廣韵』皆引『孫氏-瑞應圖』曰。鸞、赤神之精也。『春秋:元命包』曰。离爲鸞。》赤色五采。《謂赤多而五采畢具也。『後漢書:輿服志』、鸞雀立衡。『崔豹-古今:注』。五路衡上金雀。金雀者、朱鳥也。或謂朱鳥者、鸞也。後漢太史令蔡衡曰。多赤色者鳳。多青色者鸞。其說非是。『月令』鸞路。鄭云。取有虞氏之車有鸞和之節爲名。春言鸞。夏言色。互文。然則鄭不謂鸞鳥青色矣。》雞(鷄)形。《『郭-注:西山經』云。舊說鸞似雞。》鳴中五音。《鑾下曰。鈴象鸞鳥聲和。》頌聲作則至。《周成王之世是也。『西山經』曰。見則天下安寧。》从鳥。䜌聲。《洛官切。14部。》周成王時氏羌獻鸞鳥。《見『逸周書:王會篇』。》/148
형성 (1자) 란(鑾)8984

197 | 11-03 | 鹵 소금밭 로

鹵 로【lú ㄌㄨˇ】 [설문부수 435] ㉠㉭㊥⑨㉲ lǔ (소금기가 많은)염밭, 노략질할
설문 7350 西方鹹地也。从鹵省。《「省」字衍。此承上文〔鹵(卤、西)部〕从鹵之籀文也。謂卤(西)也。》囗象鹽形。《【大徐本】無囗。小徐譌作图。凡旣从某而又象其形、謂之合體之象形。多不成字。其成字者、則會意也。轉寫者以其不成字而刪(删)之。致文理不可讀。皆當依此補之。合體象形、有半成字半不成字。如鹵从卤、而又以囗象之是也。有兩(両)不成字者。如鬲而弓象鳥。以网象巢(巣)是也。鹵郎古切。5部。》安定有鹵縣。《『地理志』。安定郡鹵縣。》東方謂之㡿(斥)。西方謂之鹵。《『禹貢』。青州海濵(濱)廣㡿(斥)。謂東方也。安定有鹵縣。謂西方也。大史公曰。山東食海鹽。山西食鹽鹵。然對文則分析。椕文則不拘。鹹地僅產鹽。引申之、『春秋經:大原』亦曰大鹵。『釋名』。地不生物曰鹵。》凡鹵之屬皆从鹵。/586
【西】下曰: 𠧧古文鹵。𠧩籀文鹵。《按鹵下曰从西省。若籀文西如此、則鹵正从籀文卤矣。》/585
유사 서녘 서(卤) 똥 시(菌) 열매 달릴 초(卣)
성부 부록 색인 참조
형부 鹵를 부수로 하는 대부분의 글자들
형성 (1자+1) 로(蓾 𦼫)0354 로(樐 𣐇)3610

◀ 제 9 획 ▶

鹹 함【xián ㄒㄧㄢˊ】 소금기, 짤
설문 7352 銜也。《以疊(疊)韵爲訓。》北方味也。《酸苦辛甘下不著某方之味。此著之者。錯見也。》从鹵。咸聲。《胡毚切。古音在 7部。》/586
성부 覃담

◀ 제 10 획 ▶

鹺 䣜(차)【cuó ㄘㄨㄛˊ】 (소금기가 많아)짤
■사:같은 뜻
설문 7351 鹹䣜(鹺)也。《䣜字【各本】缺。淺人謂複字而刪(删)之也。今補。『曲禮』。凡祭宗廟之禮。鹽曰鹹鹺。『鄭-注』。大鹹曰鹺。今河東云。按鹹鹺古語、不容刪字。》从鹵。𢀩(差)省聲。《昨河切。17部。》河乃謂之䣜。《鄭言河東皆魏地。》沛人言若虘。《五字當作「讀若郝人言䣜」六字。郝郡鄼縣字本作「䣜」。其土音讀在何切。䣜之讀如此也。䣜見〔邑部〕。》/586

◀ 제 13 획 ▶

鹼 (참)【jiǎn ㄐㄧㄢˇ】 이 없는 형상
설문 7355 鹵也。《『廣韵(韻)』千廉切。水和鹽也。》从鹽省。《此篆明明从鹵。不知何以云从鹽省。》僉聲。《魚欠切。7部。》/586

㉲ 作家出版社〔董蓮池-說文解字考正〕 ⑨ 九州出版社〔柴劍虹-說文解字〕 ㉠ 陝西人民出版社〔蘇寶榮-說文解字今注今譯〕 ㉭ 上海古籍出版社〔說文解字注〕 ㊥ 中華書局〔臧克和-說文解字新訂〕

鹽 염【yán ㄧㄢˊ】[설문부수 436] 소금
설문 7353 鹵也。天生曰鹵。人生曰鹽。《十字【各本】作「鹹也」二字今正。鹽之味鹹。鹽不訓爲鹹。『玄應書:三』引『說文』天生曰鹵。人生曰鹽。當在此處。上冠以鹵也二字。則渾言、析言者備矣。『周禮』。『鹽人』掌鹽之政令。有出鹽直用不湅治者。有湅治者。》从鹵。監聲。《余廉切。古音在 8部。》古者夙沙草作鬻海鹽。《「夙」大徐作「宿」。古宿夙通用。『左傳』有夙沙衛(衛)。『呂覽:注』曰。夙沙、大庭氏之末世。『困學紀聞』引魯(魯)連子曰。古善漁者。宿沙瞿子。又曰。宿沙瞿子善煮(煮)鹽。許所說葢(蓋)出『世本:作篇』。所謂人生曰鹽也。》凡鹽之屬皆从鹽。/586
형성 (1자) 고(盬)7354

198 鹿 11-04 사슴 록

鹿 록【lù ㄌㄨˋ】[설문부수 372] 사슴, 산기슭
설문 5961 鹿獸也。《「鹿」字今補。三字句。『韵會』作山獸。》象頭角四足之形。《盧谷切。3部。》鳥鹿足相比。从比。《依『韵會』訂。說從比之意也。上言𠂆象其足矣。此當有一曰二字。鳥鹿皆二足相距密。不同他獸相距寬。故鳥从匕、鹿从比。比、密也。古匕與比通用。故槩之曰从比。》凡鹿之屬皆从鹿。/470
유사 해태 채(廌廌)
성부 부록 색인 참조
형부 鹿을 부수로 하는 대부분의 글자들
형성 (4자) 록(簏)2815 록(麓)3691
록(麗)4624 록(漉)7043

◀ 제 2 획 ▶

麀 우【yōu ㄧㄡ】암사슴
설문 5964 牝鹿也。《『釋獸』曰。鹿牝、麀。『小雅:吉日:傳』曰。鹿牝曰麀。按引伸爲凡牝之偁(稱)。『大雅:靈臺:傳』曰。麀、牝也。『左傳』。思其麀牡。『曲禮』。父子聚麀。皆謂卽牝字也。『詩』一言騋牝。三言麀鹿。皆取生食蕃多之意。》从鹿牝省。《會意、按牝本从匕聲。讀扶死反。麀音葢(蓋)本同。後人以鹿聲呦呦改其音。並(竝)改其字作𪊽耳。於虯切。3部。》𪊽或从幽聲。《按上二篆【鉉本】在部末。【鍇本】無。知【古本】次此。【鍇本】奪而未補。【鉉本】則補而綴於後也。今更正。》/470
형성 (1자) 우(嚘)918

◀ 제 4 획 ▶

麃 표【biāo ㄅㄧㄠ】㉫㊥⑨㉷ páo 굳셀, 풀 깎을 ■포:고라니
설문 5977 麠屬。《【鉉本】作「麞屬」。【鍇本】作「麋屬」。今依『韵會本』。麃者、麞屬也。麞者、麋屬也。韋昭曰。楚人謂麋爲麃。葢(蓋)麃似麋而無角。『陸機-詩:疏』曰。四足之美有麃。兩(兩)足之美有鷸。》从鹿。䙴(㶣票)省聲。《薄交切。2部。『詩:鄭風』。駟介麃麃。『傳』云。武皃(貌)。葢儦儦之假借字也。》/471
유사 해태 채(廌) 경사 경(慶)
형성 (7자) 표(藨)388 표(穮)709
부(郻)3861 표(穮)4227 표(儦)4770
표(瀌)7001 표(鏣)8988

◀ 제 4 획 ▶

麇 균【jūn ㄐㄩㄣ】노루, 나라 이름, 땅 이름
설문 5974 麞也。《『釋獸』曰。麕、牡麌。牝麜。其子麆。【許書】皆無其字。葢(蓋)鹿旁皆後人所箸也。》从鹿。囷省聲。《葢小篆省囷爲禾也。居筠切。古音在 13部。》麕 籒文不省。《『今-詩』如此作。》/471
형성 (1자) 군(攈)7615

麈 (주)【zhǔ ㄓㄨˇ】고라니
설문 5978 麋屬。《『說文』自麋至麈皆說麋屬。乾隆三十一年。純皇帝目驗御園麈角於冬至皆解。而麋角不解。敕改『時憲書』麋角解之麋爲麈。〈臣〉因知今所謂麈、正古所謂麋也。『吳都賦:注』云。旄麈有尾。故䴥之。》从鹿。主聲。《之庾切。古音在 4部。》/471

◀ 제 6 획 ▶

麈 (규)【guī ㄍㄨㄟ】사슴붙이
설문 5982 鹿屬。从鹿。圭聲。《古攜(携)切。16部。》/471

麐 (궤)【jǐ ㄐㄧˇ】㉫㊥⑨㉷ jǐ 큰 순록, 큰 노루, 물 이름
설문 5973 大麋也。《「麋」【各本】誤「麇」。今正。『釋獸』曰。麐、大麕。旄毛狗足。郭云。旄毛者、獵長也。『山海經:注』曰。麂似獐而大。獵毛狗脚(脚)。》狗足。从鹿。旨(旨)聲。《居履切。15部。》麂或从几。《『中山經』如此作。》/471

麉 (견)【jiān ㄐㄧㄢ】힘센 사슴
설문 5967 鹿之絕(絶)有力者。《『釋獸』文。》从鹿。幵(开)聲。《古賢切。12部。『今-爾雅』作麉。》/470

麋 미【mí ㄇㄧˊ】순록, 추한 사람, 물가, 성씨, 눈썹
설문 5970 鹿屬。从鹿。米聲。《武悲切。15部。》麋冬至解角。《『月令』。仲冬。日短至。麋角解。夏小正。十有一月隕(隕)麋角。》/471
형성 (1자) 미(蘪)273

◀ 제 7 획 ▶

麎 (신)【chén ㄔㄣˊ】암순록
설문 5971 牝麋也。《『釋獸』曰。麋、牡麔。牝麎。『吉日:其祁孔有:箋』云。「祁」當作「麎」。麎、麋牝也。

『大司馬:注』。鄭司農曰。五歲爲慎。後鄭云。慎讀爲麎。麋牝曰麎。按麎在漢時必讀與祁音同。故後鄭得定『詩』之祁爲麎。『字林』麎讀上尸反。徐音同。沈市尸反。皆本古說也。『爾雅:音義』引『字林』上尸反。【宋本】不誤。俗改爲上刃反。葢(蓋)【古書】之難讀如此。》从鹿。辰聲。《植鄰(隣)切。13部。》/471

麐 (린)【lín ㄌㄧㄣˊ】 암키린, 큰 암사슴

설문 5969 牝麒也。《『張揖-注:上林賦』曰。雄曰麒。雌曰麟。其狀麇身牛尾狼題。郭璞曰。麒似麟而無角。》从鹿。吝聲。《力珍切。按吝聲古音在 13部。【經典】麒麟無作「麐」者。惟『爾雅』从吝。而亦云本又作麟。【許書】別麟麐爲二。又別麒麟之牡牝。未知【許書-古本】固如此不。『玉篇』、『廣韵(韻)』皆麟麐爲一字。【許書】葢(蓋)本無麐字。淺人所增。今於麒篆下補麒麟二字於仁獸之上。而刪麐篆併解說。則於【古-經傳】及『爾雅』皆無不合。單評麟者、大牡鹿也。評麒麟者、仁獸也。麒麟可單評麟。麐者、麟之或字。》/470

◀ 제 8 획 ▶

麑 (예)【ní ㄋㄧˊ】 사자, 사슴 새끼

설문 5979 狻麑獸也。《『釋獸』曰。狻麑如虦貓。食虎豹。》从鹿。兒聲。《五雞(鷄)切。16部。按此篆與〔犬部:狻〕篆疑皆後人所增。》/471

麒 (기)【qí ㄑㄧˊ】 기린

설문 5968 麒麟、仁獸也。《【各本】無麒麟二字。今依『初學記』補。『公羊傳』曰。麟者、仁獸也。『何-注』。狀如麕。一角而戴肉。設武備而不爲害。所以爲仁也。麟者木精。『毛詩:傳』曰。麟信而應禮。『左傳-服虔:注』。麟、中央土獸。土爲信。信禮之子。修其母致其子。視明禮修而麟至。思睿信立而白虎擾。言從乂成而神龜在沼。聽聦(聰)知正而名川出龍。貌恭性仁則鳳皇來儀。此『左氏』、『毛氏』說與『公羊』說不同也。『五經異義』。許慎謹案。『禮運』云。麟鳳龜龍、謂之四靈。龍、東方也。虎、西方也。鳳、南方也。龜、北方也。麟、中央也。是『異義』謂麟爲信獸。從『左』、『毛』說矣。而此云仁獸何也。『異義』早成。『說文解字』晚定。此云仁獸。用『公羊』說。以其角端戴肉。不履生蟲。不折生艸也。『鄭-駁:異義』曰。五事。言作從。從作乂。言於五事屬金。『孔子-作:春秋』。故應以金獸性仁之瑞。鄭說與【奉德侯:陳欽】說略同。鄭云金獸性仁。許云仁獸。與鄭駁無異。但鄭君棠錮事解。『箋:毛詩』信而應『禮』、乃依毛說。與『駁:異義』相違。是知學固與年而徙矣。》麇身、牛尾、一角。《『爾雅:釋獸』文。》从鹿。其聲。《渠之切。1部。〔𢀖部〕曰。杜林以畁爲麒。》/470

麓 (록)【lù ㄌㄨˋ】 本[산감(산림을 맡은 관리)] 산기슭, 숲

설문 3691 守山林吏也。《『左傳』。山林之木。衡鹿守之。杜曰。衡鹿、官名也。按鹿者、麓之假借字。天子曰「林衡」。諸侯曰「衡鹿」。皆守山林吏也。『晉語』。史黯曰。主將適螻而麓不聞。韋曰。麓、主君苑囿者。》從林。鹿聲。《盧谷切。3部。按此亦形聲包會意。守山林之吏、如鹿之在山也。》一曰林屬於山爲麓。『春秋傳』曰沙麓崩。《『春秋:僖公:十四年』文。【三傳】同。『穀梁傳』曰。林屬於山爲麓。『周禮』、『王制』皆云林麓。鄭云。山木生平地曰林。生山足曰麓。『詩:大雅:旱麓』毛曰。麓、山足也。葢(蓋)凡山足皆得偁(稱)麓也。亦假借作鹿。『易』。卽鹿無虞。虞翻(飜)曰。山足稱鹿。鹿、林也。》古文從彔。《彔聲。》/271

麔 (구)【jiù ㄐㄧㄡˋ】 수사슴

설문 5972 麋牡者。《見『釋獸』。》从鹿。咎聲。《其久切。3部。》/471

麗 려【lì ㄌㄧˋ】 本[떼지어 갈] 고울, 빛날, 짝(지을), 나라 이름

설문 5985 旅行也。《此麗之本義。其字作丽。旅行之象也。後乃加鹿耳。『周禮』。麗馬一圉。八麗一師。『注』曰。麗、耦也。禮之儷皮、『左傳』之伉儷、『說文』之驪駕皆其義也。㒳(兩)相附則爲麗。『易』曰。『離』、麗也。日月麗乎天。百穀艸(草)木麗乎土。是其義也。麗則有耦可觀。〔㸚部〕曰。麗爾(爾)猶靡麗也。是其義也。㒳而介其間亦曰麗。『離卦』之一陰麗二陽是也。》鹿之性、見食急則必旅行。《此說从鹿之意也。見食急而猶必旅行者義也。『小雅』。呦呦鹿鳴。食野之苹。『傳』曰。鹿得萍、呦呦然鳴而相呼。懇(懇)誠發乎中。以興嘉樂賓客。當有懇誠相招呼以成禮也。『北史』。裴(裵)安祖聞講鹿鳴。而兄弟同食。古文祇作丽。後乃加鹿之意如是。》从鹿丽。《【各本】丽下有「聲」字。今正。从鹿『五經文字』作从鹿省。葢(蓋)張氏所據如是。故隸(隷)書多作麗少一畫(畵)。郎計切。15部。》『禮』。麗皮納聘。葢鹿皮也。《『聘禮』曰。上介奉幣儷皮。『士冠禮』。主人酬賓。束帛儷皮。儷卽麗之俗。『鄭-注』。儷皮、㒳鹿皮也。鄭(鄭)意麗爲㒳。許意麗爲鹿。其意實相通。『士冠:注』曰。古文麗爲離。》丽古文。𠀕篆文麗字。《【古本】皆作篆文。【毛刻】作籀文。『集韵』、『類篇』曰。古作丽、𠀕。『玉篇』又乖異(異)不同。『廣韵』則麗、丽各字。疑丽者古文。麗者籀文。𠀕者小篆也。然小篆多用麗爲形聲。》/471

형성 (15자) 리(蘼)555 리(邐)1097 사(躧)1335 려(酈)1908 사(簏)2786 려(酈)4010 쇄(曬)4076 려(癘)4535 려(儷)4886 리(䙰)5225 려(驪)5847 쇄(灑)7092 리(鱺)7251 사(纚)8243 시(釃)9364

◀ 제 9 획 ▶

麙 (암)【yǎn ㄧㄢˇ】 상中⑨작 xián 산양

설문 5980 山羊而大者細角。《此七字文理不順。疑有誤。當作「山羊而大角者」。》从鹿。咸聲。《胡毚切。7部。按『釋獸』說麙。與此絕異。》/471

麚 (가)【jiā ㄐㄧㄚ】 수사슴

설문 5962 牡鹿也。《『釋嘼』曰。鹿、牡麚。》从鹿。叚聲。《古牙切。古音在 5部。俗作「麔」。》目(以)夏

至解角。《『月令』。仲夏之月。日長至。鹿角解。》/470

麌 (난)【nuǎn ㄋㄨㄢˇ】 [상][中][9][작] nuàn 사슴새끼
[설문] 5965 麛也。《【各本】麛上有「鹿」字。今依李善刪。『吳都賦』。翳薈無麢鷚。李善麢音須。引『說文』麛也。按『廣韵(韻)』麢入『十一. 虞』。麌入『二十九. 換』。以許讀若偄訂之。是【許本【从耎。而从需者。乃轉寫譌俗也。古音需聲在 5部。耎聲在 14部。》 从鹿。耎聲。讀若偄弱知偄。《奴亂切。14部。》/470

麛 (미)【mí ㄇㄧˊ】 사슴 새끼
[설문] 5966 鹿子也。《『釋嘼(畜)』曰。鹿子麛。字亦作「麑」。『論語』麑裘、即麛裘。『國語:注』曰。鹿子曰麑。麋子曰麇。按麇、『王制』祇作夭。『注』云。少長曰夭。》 从鹿。弭聲。《莫兮切。16部。兒聲同部也。》/470

◀ 제 10 획 ▶

麝 (사)【shè ㄕㄜˋ】 사향노루 [석]:같은 뜻
[설문] 5983 與小麋。臍有香。《『釋獸』曰。麝父麕足。郭云。腳(脚)似麇。》 从鹿。䠶(射)聲。《神夜切。古音在 5部。》/471

◀ 제 11 획 ▶

麞 (장)【zhāng ㄓㄤ】 노루
[설문] 5975 麋屬也。《『伏侯-古今:注』曰。麞有牙而不能噬。『考工記』。纘人山以章。鄭云。章讀爲獐。獐、山物也。齊人謂麇爲獐。『陸機-詩:疏』云。麕、麞也。青州人謂之麕。按麞異於麇者、無角。》 从鹿。章聲。《諸良切。10部。》/471

◀ 제 12 획 ▶

麟 (린)【lín ㄌㄧㄣˊ】 기린(상상상의 동물)
[설문] 5963 大牡鹿也。《「牡」【各本】及『集韵(韻)』、『類篇』皆譌「牝」。今正。『玉篇』曰。麟、大麚也。是也。『子虛賦』射麋腳(脚)麟、謂此。按許此篆爲大麚。麐篆爲麒麐。【經典】用仁獸字多作麟。葢(蓋)同音叚(假)借。》 从鹿。粦(粦)聲。《力珍切。12部。》/470

◀ 제 13 획 ▶

麠 (경)【jīng ㄐㄧㄥ】 (뿔이 하나인)큰 사슴
[설문] 5976 大麃(麃)也。牛尾、一角。《「麃」【各本】作「鹿」。誤。今正。『釋獸』云。麠、大麃。牛尾、一角。許所本也。『史:武帝紀』、『漢:郊祀志』皆曰。郊雍。獲(獲)一角獸。若麃然。武帝所獲正是麠。葢(蓋)麃似麠無角。大麃有一角則謂之麠。當時有司因一角附會爲麟也。》 从鹿。畺聲。《擧(擧)卿切。古音在 10部。》 麖或从京。《『蜀都、吳都:二賦』如此作。此與鱷或从京正同。》/471

◀ 제 14 획 ▶

麌 (어)【yú ㄩˊ】 [상][中][9] yǔ 사슴붙이, 큰 짐승
[설문] 5984 佀(似)鹿而大。《『楊雄-蜀都賦』。麢麌鹿麝。》 从鹿。與聲。《羊茹切。5部。》/471

◀ 제 17 획 ▶

麢 (령)【líng ㄌㄧㄥˊ】 영양(羚羊)
[설문] 5981 大羊而細角。《『釋獸』曰。麢大羊。『山海經』作「麢」。『本艸』作「羚羊」。》 从鹿。霝聲。《郎(郞)丁切。11部。》/471

◀ 제 22 획 ▶

麤 [추]【cū ㄘㄨ】【설문부수 373】 멀리 갈, 경계하고 막을, 거칠, 성길
[설문] 5986 行超遠也。《鹿善驚躍。故从三鹿。引伸之爲鹵莽之偁(稱)。『篇』、『韵』云。不精也、大也、疏也。皆今義也。俗作「麁」。今人槩用粗。粗行而麤廢義。粗音徂古切。》 从三鹿。《三鹿齊跳、行超遠之義。『字統』云。警防也。鹿之性、相背而食。慮人獸之害也。故从三鹿。楊氏與許乖異如此。倉胡切。5部。》 凡麤之屬皆从麤。/472
[성부] 麤진【472-5987】
[형성] (1자) 추(䴫)585

◀ 제 25 획 ▶

● 麤 티끌 진(塵)-본자

199	麥 麥
11-05	보리 맥

麥 [맥]【mò ㄇㄛˋ】【설문부수 197】 [상][中][9][작] mài 보리, 4월, 성씨 [극]:같은 뜻
[설문] 3204 芒穀。《有芒朿之穀也。稻亦有芒、不偁(稱)芒穀者。麥以周初二麥一鏠箸也。『鄭-注:大誓』引『禮』說曰。武王赤烏、芒穀應。許本『禮』說。》 秋穜(種)厚薶。故謂之麥。《薶麥疉(疊)韵。『夏小正』。九月樹麥。『月令』。仲秋之月。乃勸種麥。毋或失時。麥以秋穜。『尙書:大傳』、『淮南子』、『說苑』皆曰。虛(虛)昏中可以穜麥。『漢書:武帝紀』謂之宿麥。》 麥、金也。金王(旺)而生。火王而死。《『程氏-瑤田』曰。『素問』云。升明之紀。其類火其藏心。其穀麥。『鄭-注:月令』云。麥實有孚甲屬木。許以時。鄭以形。而『素問』以功性。故不同耳。》 从來。有穗者也。《「也」字今補。有穗猶有芒也。有芒故从來。來象芒朿也。》 从夊。《夊、思隹切。行遲曳夊夊也。从夊者、象其行來之狀。莫獲切。古音在 1部。》 凡麥之屬皆从麥。/231
[성부] 부록 색인 참조
[형부] 麥을 부수로 하는 대부분의 글자들

◀ 제 3 획 ▶

麩 (재)【cái ㄘㄞˊ】 누룩
[설문] 3216 餅籟也。 从麥。才聲。《昨哉切。1部。》/232

麧 麧(흘)【hé ㄏㄜˊ】 보리쌀 알맹이
[설문] 3206 堅麥也。《謂麥之堅者也。『史』、『漢』皆云。亦食糠覈耳。孟康曰。覈、麥糠中不破者也。晉灼曰。覈音紇。京師人謂麤屑(屑)爲紇頭。按廣『廣韵(韻)』引『漢

鹿 11 ⑩

書』食𥼶麧(𪌄)爲是。『孟-注』、晉音、皆是麧字。後人妄改『漢書』耳。麧在沒韵(沒韻)。覈在麥韵。音不同也。『孟-注』與許說合。》从麥。气聲。《乎沒切。15部。》/231

◀ 제 4 획 ▶

麩 (부)【fū ㄈㄨˉ】 밀기울(밀가루를 만들고 남은 찌기)

설문 3209 小麥屑(屑)皮也。《麩之言膚也。屑(屑)小麥則其皮可飤嘼(畜)。大麥之皮不可食用。故無名。》从麥。夫聲。《甫無切。5部。》 麱麩或从甫。/232

麪 (면)【miàn ㄇㄧㄢˋ】 밀가루

설문 3210 麥屑(屑)末也。《「屑」字依『類篇』補。末者、屑之尤細者。『齊民要術』謂之勃。今人俗語亦云麪勃。勃、取蓬勃之意。非白字也。『廣雅』。䴭謂之麪。『篇』、『韵(韻)』皆云。麩、麪也。麩卽末也。末與麪爲雙聲。䴭與麪爲疊韵(疊韻)。》从麥。丏聲。《彌箭切。12部。》/232

◀ 제 5 획 ▶

䴲 (활)【huá ㄏㄨㄚˊ】 누룩

설문 3215 餠籟也。从麥。穴聲。《戶八切。15部。》/232

麮 (거)【qù ㄑㄩˋ】 보리죽

설문 3213 麥甘鬻也。《『荀卿書』。冬日則爲之饘粥。夏日則與之瓜麮。『釋名』曰。煑(煮)麥曰麮。麮亦齲也。煑熟亦齲壞也。按麥甘鬻者、以麥爲粥。其味甜(甛)也。『急就篇』云。甘麮殊美奏諸君是也。其法當用大麥爲之。或去皮、或粉之。皆可爲粥。其性淸虛(虛)。於夏日宜。大麥甘。故今煎飴餹亦用大麥。》从麥。去聲。《丘據切。5部。》/232

◀ 제 6 획 ▶

麰 (모)【móu ㄇㄡˊ】 보리(대맥), 낟알이 잚은 보리 ■무:속음

설문 3205 來麰、《逗。》麥也。《見『毛傳』。》从麥。牟聲。《莫浮切。3部。》 䵏或从艸。/231

◀ 제 10 획 ▶

䵂 (차)【cuó ㄘㄨㄛˊ】 간 보리, 찧을

설문 3208 礦麥也。《謂以石礦礦之。是曰䵂也。》从麥。𢀩(差)聲。《昨何切。17部。》一曰擣也。《別一義。》/232

麳 (쇄)【suǒ ㄙㄨㄛˇ】 밀가루、보릿겨

설문 3207 小麥屑(屑)之覈。《此晉灼所云京師人謂粗屑爲麧頭也。上文堅麥、兼大小麥言。此單謂小麥。又堅麥謂㮯者。此謂屑之而仍有核。覈同果中核之核。今所謂粗麪也。麳與麧皆謂堅者。故類言之。》从麥。貨聲。《穌果切。17部。》/231

鑿 (곡)【kū ㄎㄨˉ】 누룩(麴 2141)

설문 3214 餠籟也。《餠籟者、堅築之成餠也。『方言』。鑿麩麮麰䴺麴也。自關而西秦豳之間曰鑿。晉之舊都曰麩。齊右河泲曰麮。或曰麰。北鄙曰䴺。麴其通語也。》

从麥。㱿聲。讀若庫。《許音庫。合音也。今音空谷切。依㱿聲也。》/232

◀ 제 11 획 ▶

麷 (적)【zhǐ ㄓˇ】 ⓢⓗ⑨ⓙ zhí 보릿가루, 밀기울

설문 3211 麥覈屑(屑)也。《上文云麥屑之覈謂其堅。此云帶覈之屑謂其纖碎。纖之尚未成末。麩與麪未分。是爲麷。『廣韵(韻)』云。麩麷。又云。麷麩。皆謂麩未離析。『九章筭(算)術』曰。小麷之率十三半。大麷之率五十四。麥八斗六升七分升之三得小麷二斗五升一十四分升之一十三。麥一斗得大麷一斗二升。『李籍-音義』曰。細曰小麷。粗曰大麷。然則『九章』之小麷、許所謂麪也。『九章』之大麷、許所謂麩及麳也。》十斤爲三斗。《然則一秙爲三斛也。葢(蓋)出『古筭經』。》从麥。啻(啇)聲。《直隻切。又音敵。16部。》/232

◀ 제 18 획 ▶

麷 (풍)【fēng ㄈㄥˉ】 볶은 보리

설문 3212 鬻麥也。《『周禮』。籩實有麷。大鄭云。熬(熬)麥曰麷。後鄭云。今河間以北煑穜(煮種)麥賣之名曰逢。後鄭謂逢卽麷之遺語也。穜、釋文直龍反。是穜稑之穜。『程氏-瑤田』曰。𤎩煑葢(蓋)通偁(稱)。𤎩、乾煎也。『荀卿子』。午其軍。取其將。若撥麷。葢麥乾煎則質輕。撥去之甚易。故以爲易之況。今南方蒸稉米爲飯。曝乾熇之。呼爲米蓬。與鄭云逢者合。籩食皆乾物。餌餈亦必以粉坌之。然則煑麥非麥粥(粥鬻鬻)也。今人通呼乾煎爲熇。『說文』。䰛(鬻)、𤎩也。》从麥。豐聲。讀若馮。《馮从馬仌(冰)聲。漢時馮姓之馮、葢已讀如今音矣。敷戎切。9部。》/232

200 麻 11-06 삼 마

麻 마【má ㄇㄚˊ】[설문부수 263] 삼, 조칙(당대에 조칙을 황백색의 마지에 썼던 데서)

설문 4332 枲(枲)也。《麻與枲互訓。皆兼苴麻、杜麻言之。》从𣏟。从广。《會意。莫遐切。古音在 17部。》𣏟、人所治也。在屋下。《說从广之義。𣏟必於屋下績之。故从广。然則未治謂之「枲」。治之謂之「麻」。以已治之偁(稱)加諸未治。則統謂之麻。此𢿘【今-各本】皆奪誤。惟『韵會-所據:小徐本』不誤。今從之。》凡麻之屬皆从麻。/336

성부 부록 색인 참조

형부 麻를 부수로 하는 대부분의 글자들

형성 (7자+2) 마(䯦)2470 미(縻)4295 미(糜)4272 미(靡)7451 마(摩)7639 미(靡)8320 마(麾)8707 마(魔) 마(麽麼)

◀ 제 8 획 ▶

麷 (추)【zōu ㄗㄡˉ】 삼대
설문 4334 麻藍也。从麻。取聲。《『東方朔-七諫』日。莔蕗襍(雜)於黀蒸。『王-注』云。枲(㯺)翮日黀。熣竹日蒸。按藍卽稭字之俗。黀麻藍卽〔艸部〕之菆麻蒸。此部此篆葢(蓋)淺人所增。側鳩切。4部。》/336

◀ 제 9 획 ▶

䵅 (두)【tóu ㄊㄡˊ】 어저귀
설문 4335 䵚屬。《䵚爲枲(㯺)類。䵅又䵚類也。『廣韵(韻)』引【字書】云。䵅麻一絜也。》从麻。俞聲。《度侯切。4部。》/336

䵃 (곡)【kū ㄎㄨˉ】 ㉺㊥⑨㉠ kù 이기지 않은 삼
설문 4333 未練治纑也。《〔糸部〕日。纑、布縷也。『劉(劉)熙-孟子:注』日。緝績其麻日辟。練絲日纑。練絲謂取所緝之縷湅治之也。練者、湅也。湅者、𤃬也。汏諸水漂瀫之也。已湅日纑。未湅日䵃。『廣雅』日。䵃、綃也。綃是生絲未湅之縷。如生絲然。故日綃也。如成國謂已湅日練絲。》从麻。後聲。《空谷切。3部。按後之入聲如斛。如『大雅』垢與谷韵(韻)是也。》/336
【纑】下『注』云:不湅者日䵃。湅者日纑。統呼日縷。

◀ 제 12 획 ▶

䵆 (미)【méi ㄇㄟˊ】 검은 기장
설문 4272 穄也。《穄見〔禾部〕。䵆、黍之不黏者。如穲爲稻之不黏者、稷爲秫之不黏者也。『高-注:呂(呂)氏春秋』日。穄、關西謂之䵆。冀州謂之緊。『九穀攷』日。『特牲:饋食禮』。尸嘏主人有摶黍之儀。必是炊䵆爲飯。不相黏著。故令佐食者摶之而後授尸。按『周禮:土訓:注』云。荆(荊)揚地宜稻。幽幷地宜麻。依李氏、聶氏皆忙皮反。則麻本作「䵆」。『九穀攷』云。鄭據『職方氏』爲說也。幽州宜三種。幷州宜五種。內皆有黍。》从黍。麻聲。《靡爲切。古音在 17部。》/330

摩 (미)【huī ㄏㄨㄟˉ】 지휘할 ※ 휘(麾) 본자
▣휘:갈(硏也) ▣마:쇠북 방망이 맞는 자리
설문 7716 旌旗。《『巾車』日。木路建大麾。鄭(鄭)云。大麾不在九旗中。以正色言之則黑。夏后氏所建。按凡旌旗皆得日摩。故許以旌旗釋摩。叚(假)借之字作「戲(戲)」。『淮陰侯傳』、『項羽本紀』皆日戲下是也。》所㠯指(以指)摩也。《說从手之意。凡旗之所指日指摩。師之耳目、在乎旗鼓(鼓)也。『坶誓』日。右秉白旄以麾。『小雅』日。麾之以肱。》从手。靡聲。《許爲切。古音在 17部。俗作「麾」。》/610

麻 11 ⑫

제 12 획

201 黃 12-01 누를 황

黃 황【huáng ㄏㄨㄤˊ】[설문부수 486] 누를, 늙은이, 황금

설문 8771 地之色也。《玄者、幽遠也。則爲天之色可知。『易』曰。夫玄黃者、天地之襍也。天玄而地黃。》从田。《土色黃。故从田。》炗(光)聲。《乎光切。10部。》炗、古文光。《見〔火部〕。》凡黃之屬皆从黃。 古文黃。/698

유사 세째지지 인(寅)

성부 부록 색인 참조

형부 黃을 부수로 하는 대부분의 글자들

형성 (7자) 황(璜)104 굉(觵)2725 황(篁)2858 광(磺)5725 황(潢)6924 확(彉)8105 황(蟥)8442

◀ 제 5 획 ▶

黇 (첨)【diān ㄉㄧㄢ】 ㊤㊥⑨㉠ tiān 엷은 누른 빛, 누를

설문 8775 白黃色也。《白色之敵而黃也。》从黃。占聲。《他兼切。7部。》/698

◀ 제 6 획 ▶

黊 (유)【huǐ ㄏㄨㄟˇ】 ㊤㊥⑨ wěi ㉠ huì 누를 ■회:本[청황색] ■괴:같은 뜻

설문 8774 青黃色也。《青色敵而黃也。》从黃。有聲。《呼辠切。古音在 1部。》/698

黊 규【huà ㄏㄨㄚˋ】 ⑨㉠ xié 곱게 누를(鮮明黃)

설문 8776 鱻明(鮮明)黃色也。《依『篇』、『韵』補「色」字。上文皆非正黃色。惟此爲鮮明正黃耳。〔艸部:蘳〕以爲聲。》从黃。圭聲。《戶圭切。『廣韵』胡瓦切。16部。》/698

형성 (1자) 화(蘳)479

◀ 제 7 획 ▶

䵋 (혐)【xiān ㄒㄧㄢ】 적황색

설문 8772 赤黃色也。《赤黃者、赤色敵而黃也。「色」字依『類篇』補。》一曰輕傷人䵋姁也。《「傷」【各本】作「易」。今正。侮者、傷也。傷者、輕也。此謂輕侮人者、其狀䵋姁也。『後漢書』。『曹大家-女誡』。硯聽陜輸。『注』云。陜輸、不定皃(貌)。葢(蓋)卽䵋姁也。語同字異耳。》从黃。夾聲。《許兼切。8部。》/698

◀ 제 9 획 ▶

黗 (단)【tuān ㄊㄨㄢ】 누르고 검은 빛

설문 8773 黑黃色也。《「黑黃」【各本】作「黃黑」。疑當作黑黃、黑色之敵而黃也。『詩』。我馬玄黃。『傳』曰。玄馬病則黃。正此意。若黃黑則士克水之色。謂之騂黃。》从黃。耑聲。《他耑切。14部。》/698

202 黍 12-02 기장 서

黍 서【shǔ ㄕㄨˇ】[설문부수 255] 기장(5곡의 하나), 무게 단위

설문 4271 《許云雨省聲。則篆體當如是。引孔子曰者。其別說也。》禾屬而黏者也。《『九穀攷』曰。以禾況黍。謂黍爲禾屬而黏者。非爲禾爲黍屬而不黏者也。禾屬而黏者黍。禾屬而不黏者糜。對文異。散文則通偁(稱)黍。謂之禾屬。要之皆非禾也。今山西人無論黏與不黏統呼之曰糜黍。太原以東則呼黏者爲黍子。不黏者爲糜子。黍宜爲酒、爲差籩之餌餈、爲酏粥。糜宜爲飯。禾黍稻稷各有黏不黏二種。按黍爲禾屬者。其米之大小相等也。其采異。禾穗下垂如椎而粒聚。黍采略如稻而舒散。》㠯(以)大暑而穜(種)。故謂之黍。《大衍字也。『九穀攷』曰。『伏生-尙書:大傳』、『淮南』、『劉(劉)向-說苑』皆云。大火中種黍菽。而『呂氏-春秋』則云。日至樹麻與菽。麻正糜之誤。又『夏小正』。五月初昏大火中種黍菽糜。糜字因下文誤衍。【諸書】皆言種黍以夏至。『說文』獨言以大暑。葢(蓋)言種暑之極時。其正時實夏至也。玉裁謂。種植有定時。古今所同。非可叚(假)借。【許書】經轉寫妄增一字耳。以暑種故謂之黍。猶二月生、八月孰得中和。故謂之禾。皆以疊(疊)韵訓釋。》从禾。雨省聲。《舒呂切。5部。》孔子曰。黍可爲酒。《如稉與秫皆宜酒。》故从禾入水也。《依『廣韵』補故从二字。此說字形之異說也。凡云孔子曰者、通人所傳。以禾入水不見其必爲酒。故先雨省聲之說。而禾入水會意之說次之。今之隸書則从禾入水。不从雨省。》凡黍之屬皆从黍。/329

黃 12 ⓪

유사 옷나무 칠(桼)
성부 부록 색인 참조
형부 黍를 부수로 하는 대부분의 글자들

◀ 제 3 획 ▶

黎 려【lí ㄌㄧˊ】本[배접할] 검을, 많을(뭇), 녘(무렵)
설문 4277 履黏也。《『釋詁』曰。黎、衆也。衆之義行而履黏之義廢矣。古亦以爲黧黑字。》从黍。秎(利)省聲。《秎省者、不欲重禾也。郎奚切。15部。》秎、古文利。《此以〔刀部〕作。》作履黏曰(以)黍米也。《說从黍之意。》/330
형성 (6자) 려(蔾)650 례(䅻)725 려(邌)1100 려(黧)2191 리(䊍)6558 려(鑗)8840

◀ 제 4 획 ▶

黏 (닐)【nì ㄋㄧˋ】차질
설문 4276 黏也。从黍。日聲。《尼質切。12部。》『春秋傳』曰。不義不䵑。《『隱:元年:左傳』文。『今-左傳』作「暱」。昵或暱字、日近也。『攷工記:弓人』。凡昵之類不能方。【故書】「昵」或作「樴」。杜子春云。樴讀爲不義不昵之昵。或爲䵒。䵒、黏也。按『許-所據:左傳』作「䵑」爲長。䵑與暱音義皆相近。》䵒䵑或从刃。《刃聲也。據杜子春說。『攷工記:弓人』昵或爲䵒。『方言』曰。䵒、黏也。齊魯(魯)青徐自關而東或曰䵒。或曰敎。敎、黏也。》/330

◀ 제 5 획 ▶

黏 (점)【nián ㄋㄧㄢˊ】붙을, 떡, 죽, 차질 ■념:속음
설문 4274 相箸也。《有叚(假)濂爲黏者。如『攷工記』雖有深泥亦弗之濂也是。》从黍。占聲。《女廉切。7部。》/330

䊀 (호)【hú ㄏㄨˊ】차질, 미음
설문 4275 黏也。从黍。古聲。《戶吳切。5部。俗作「糊」。》粘黏或从米作。/330

黏 (호)【hú ㄏㄨˊ】차질, 미음
설문 4275 黏也。从黍。古聲。《戶吳切。5部。俗作「糊」。》粘黏或从米作。/330

◀ 제 8 획 ▶

䵗 (비)【bēi ㄅㄟˉ】상中⑨작 bǐ 피(일년생 풀) ■패:같은 뜻
설문 4273 黍屬也。《禾之別爲稗。黍之屬爲䵗。言別而屬見。言屬而別亦見。䵗之於黍猶稗之於禾也。『九穀攷』曰。余目驗之。采與穀皆如黍。農人謂之野稗。亦曰水稗》从黍。卑聲。《并弭切。16部。『篇』、『韵(韻)』又皆平懈切。》/330

◀ 제 9 획 ▶

䵚 복【fū ㄈㄨˉ】상中⑨작 bó 곁 잎 제칠, 기장과 콩
설문 4278 治黍禾豆下潰葉也。《潰葉菸萎。恐其傷穀。故必治之。治之者當以杷以鉏。此今農人所當知也。》从黍。畐聲。《蒲北切。1部。》/330
형성 (1자) 픽(䅭)6158

203
12-03 黑 검을 흑

黑 흑【hè ㄏㄜˋ】[설문부수 384] ㉠상中⑨작 hēi 검은 빛, 흑색, 검을
설문 6228 北方色也。《四字【各本】無。依青赤白三部下云東方色、南方色、西方色。黃下亦云地之色。則當有此四字明矣。今補。》火所熏之色也。《熏者、火煙上出也。此語爲从炎起(起)本。》从炎、上出囪。《會意。囪、古文囱字。在屋曰囱。【大徐本】此下增囪古窗(窓)字。【許本】無之。呼北切。1部。隸作黑。》凡黑之屬皆从黑。/487
성부 부록 색인 참조
형부 黑을 부수로 하는 대부분의 글자들
형성 (4자) 묵(默)6013 흑(嫼)7920 묵(纆)8322 묵(墨)8660

◀ 제 4 획 ▶

黔 (검)【qián ㄑㄧㄢˊ】검을, 거매질 ■겸:속음 ■금:귀신이름, 성씨
설문 6248 黎也。《黎、履黏也。與驪黧字同音。故借爲黑義。耇下曰。老人面凍黎若垢。謂凍黑也。俗作「黧」。【小徐本】作「黧」。乃用俗字改許也。》从黑。今聲。《巨淹切。7部。》秦謂民爲黔首。謂黑色。《『秦始皇本紀』。『二十六年』。更名民曰黔首。應劭曰。黔亦黎黑也。『祭義』。明命鬼神。以爲黔首則。『正義』云。此孔子言。非當秦世。錄記之人在後變改之耳。按『本紀:泰山刻石』。親巡遠黎。刻碣石門。黎庶無繇。尙沿周語也。『琅邪臺-刻石』三言黔首。『之罘-刻石』、『會稽-刻石』各言黔首者一。皆用秦制也。》周謂之黎民。《『大雅:雲漢』、『禮記:大學黎民』皆訓衆民。『釋詁』曰。黎、眾(衆)也。『詩:桑柔:傳』曰。黎、齊也。宋人或以黑色訓黎民。殊誤。許言此者、證秦以前無黔首之偁(稱)耳。非謂黎黔同義。》『易』曰。爲黔喙。《『說卦:傳』文。謂『艮』也。按「黔」鄭作「黚」。喙晁以道、吕(呂)東萊所據釋文作「彖」。盍(蓋)喙之轉寫異體。或古叚(假)彖爲喙之故與。》/488

黕 (담)【dǎn ㄉㄢˇ】(더러운)때、검을
설문 6249 滓垢也。《滓者、澱也。垢者、濁也。『荀卿』曰。人心譬如槃水。正錯而勿動。則湛濁在下而清明在上。楊倞曰。湛濁謂沈泥滓也。按湛卽黕之叚(假)借字。『文選(選):注』引『魏文帝-愁霖賦』曰。玄雲黕其四塞。借黕爲黑皃(貌)。引申之義也。》从黑。冘聲。《都感切。8部。》/488

黗 (돈)【tún ㄊㄨㄣˊ】상中⑨ tūn 작 tǔn 누르칙칙할、누르고 검을

黃 12 ③

설문 6240 黃濁黑也。《謂黃濁之黑也。『廣雅』云。黗、黑也。䵚、黃也。盇(蓋)二字音義同。偏旁異耳。『檀弓』有黷字。『廣韵(韻)』曰。魯(魯)公子名。亦黃色也。然則涗字亦同。》从黑。屯聲。《他衮切。13部。》/488

黙 黙(묵)【mò ㄇㄛˋ】本[개가 잠시 사람 쫓을] 잠잠할, 입 다물

설문 6013 犬暫逐人也。《段(假)借爲人靜穆之偁(稱)。亦作「嘿」。》从犬。黑聲。讀若墨。《莫北切。1部。》/474

◀ 제 5 획 ▶

黚 黚 감【qián ㄑㄧㄢˊ】얕은 금향빛, 검을, 물 이름, 현 이름 ▣겸·금:같은 뜻

설문 6242 淺黃黑也。《淺黃之黑與黃濁之黑相對成文。『地理志』犍爲郡黚水作此字。〔許-水部〕作黔水。同音故也。》从黑。甘聲。《巨淹切。7部。》讀若染繒中束緅黚。《此舊有譌字。未聞。》/488

黜 黜(출)【chù ㄔㄨˋ】떨어뜨릴, 물리칠

설문 6254 貶下也。《『玉篇』云。貶也、下也。按當作貶也下色也五字。貶也者、黜陟之義也。下色也者、爲从黑張本也。古或段(假)詘、絀爲之。》从黑。出聲。《丑律切。15部。》/489

黙 (달)【dá ㄉㄚˊ】회색빛, 검고 탐스러울

설문 6234 白而有黑也。从黑。旦聲。《當割切。14、15部。》五原有莫黙縣。/488

黝 黝(유)【yǒu ㄧㄡˇ】검푸른 빛

설문 6239 微青黑色也。《謂微青之黑也。微輕於淺矣。黝古多段(假)幽爲之。『小雅』。隰(濕)桑有阿。其葉有幽。『傳』曰。幽、黑色也。『周禮:牧人』。陰祀用幽牲。先鄭云。幽讀爲黝。黑也。守祧。其祧。則守祧幽堊之。先鄭亦云。幽讀爲黝。黝、黑也。【今本】皆轉寫幽黝誤譌矣。『玉藻』。一命緼韍幽衡。再命赤韍幽衡。鄭云。幽讀爲黝。黑謂之黝。》从黑。幼聲。《於糾切。3部。》『爾雅』曰。地謂之黝。《『釋宮(宮)』文。又『釋器』曰。黑謂之黝。『孫炎-注』云。黝、青黑。》/488

點 點(점)【diǎn ㄉㄧㄢˇ】점, 점 찍을, 조사할

설문 6241 小黑也。《今俗所謂點(點)𪑾是也。或作「玷」。》从黑。占聲。《多忝切。7部。》/488

◀ 제 6 획 ▶

黧 (견)【jiǎn ㄐㄧㄢˇ】검은 주름살

설문 6246 黑皴也。《〔皮部〕無皴字。見於此、『戰國策』。『墨子』百舍重繭。往見公輸般。『淮南書』。申包胥累繭重胝。七日七夜至於秦庭。皆借繭爲黧也。》从黑。幵(开)聲。《古典切。12部。》/488

黟 (이)【yī ㄧ】(빛이)검을

설문 6264 黑木也。《『周書:王會篇』夷用闖木。『古今注』。烏文木、出波斯國。南方艸木狀。文木樹高七八丈。色正黑。如水牛角。》从黑。多聲。《烏雞(鷄)切。古音在17部。》丹楊有黟縣。《『地理志』本作「黟」。師古所據作「黝」。乃[誤本]耳。今安徽徽州府黟縣是其地。》/489

黠 할【xià ㄒㄧㄚˋ】상中⑨작 xiá 굳게 검을, 약을, 꾀가 많을

설문 6247 堅黑也。《黑之堅者也。〔石部〕曰。硈石堅也。亦吉聲也。引申爲奸巧之偁(稱)。『貨殖列傳』云。桀黠奴。謂其性堅而善藏也。『方言』曰。慧、自關而東趙魏之閒謂之黠。或謂之鬼。》从黑。吉聲。《胡八切。12部。》/488

◀ 제 8 획 ▶

黤 (암)【yǎn ㄧㄢˇ】검푸를, 어두울

설문 6238 青黑色也。《謂青色之黑也。》从黑。奄(奄)聲。《於檻切。8部。》/488

黥 (경)【qín ㄑㄧㄣˊ】㉠상中⑨작 qíng 자자

설문 6262 墨刑(刑)在面也。《此刑亦謂之墨。『周禮-司刑:注』曰。墨、黥(黥)也。先刻其面。以墨窒之。》从黑。京聲。《渠京切。古音在10部。》剠或从刀作。《刀之而墨之也。會也。》/489

黔 (금)【jiān ㄐㄧㄢ】싯누럴, 노랄 ▣감:싯누럴

설문 6243 黃黑也。《謂黃色之黑。『玉篇』曰。記林切。黃色如金也。『廣韵(韻)』。居吟切。淺黃色也。》从黑。金聲。《古咸切。7部。》/488

黨 당【dǎng ㄉㄤˇ】本[많을] 마을(주나라 때 500가가 사는 지역), 무리

설문 6250 不鮮也。《新鮮字當作鱻。『屈賦:遠遊篇』。時曖曖其曭莽。『王-注』曰。日月晻黮而無光也。然則黨曭古今字。『方言』曰。黨、知也。楚謂之黨。『郭-注』。黨、朗。解寤也。此義之相反而成者也。『釋名』曰。五百家爲黨。黨、長也。一聚所尊長也。此謂黨同尙。》从黑。尙聲。《多朗切。10部。》/488

형성 (2자+2) 당(曭)2019 당(攩)7546 당(讜) 당(儻)

黬 (역)【yù ㄩˋ】갖옷 꿰맨 눈 ▣욱·혁:같은 뜻

설문 6258 羔裘之縫也。《『召南』。羔羊之革。素絲五緎。『傳』曰。革猶皮也。緎、縫也。『許-所據:詩』作黬。》从黑。或聲。《于逼切。1部。》/489

◀ 제 9 획 ▶

黰 黰(전)【diàn ㄉㄧㄢˋ】앙금

설문 6259 黰謂之垽。《〔土部〕曰。垽、澱也。〔水部〕曰。滓、澱也。澱、滓垽也。是澱黰二篆異部而實一字也。故『爾雅:釋器』作澱謂之垽。》垽。《逗。》滓也。《䵉、滓垢也。異字而同義。》从黑。殿(殿)省聲。《當作「屍聲」。堂練切。13部。》/489

黭 (암)【yǎn ㄧㄢˇ】과일 검은 모양, 별안간, 검을

설문 6261 果實黭黯黑也。《『荀卿子』。黭然而雷擊之。『注』。黭然、卒至之皃(貌)。此段(假)借字也。》从黑。弇聲。《烏感切。7部。》/489

黑 12 ⑨

黮 (양)【yàng ㄧㄤˋ】 검붉을
[설문] [6236] 赤黑也。从黑。昜聲。讀若煬。《餘亮切。10部。》/488

黮 (탐)【tǎn ㄊㄢˇ】 [상][中]⑨ dǎn 오디처럼 검을 ■담:검을 ■침:같은 뜻 ■짐:더럽힐 ■섬:새까말 ■심:오디
[설문] [6260] 桑葚之黑也。《桑葚見〔艸部〕。葚黑曰黮。故『泮水』卽以其色名之。『毛傳』曰。黮、桑實也。謂黮卽葚之叚(假)借字也。許與毛小別矣。『廣雅』。黑也。則引申爲凡黑之偁(稱)。『方言』云。私也。亦引申之義也。》从黑。甚聲。《他感切。7部。》/489

黯 黶(암)【àn ㄢˋ】 검을, 어두울, 슬퍼할
[설문] [6231] 深黑也。《『別賦』黶(黯)然銷魂、其引申之義。》从黑。音聲。《乙減切。7部。》/487

◀ 제 10 획 ▶

黦 (울)【yuē ㄩㄝ¯】 [상][中]⑨[작] yuè 검을
[설문] [6244] 黑有文也。从黑。冤聲。讀若飴盌字。《〔豆部〕曰。盌、豆飴也。〔食部〕曰。飴、米櫱煎也。於月切。14、15部。亦作「黦」。按『周禮:染人:夏纁』。『玄-注』云。【故書】「纁」作「𪒠」。𪒠卽黦也。唐宋人詩詞多用黦字。如韋莊淚沾紅袖黦之類。王氏念孫曰。『淮南:時則訓』。天子衣苑黃。『高-注』云。苑讀盌飴之盌。『春秋緐露』。民病心腹宛黃。皆字異而義同。》/488

黱 (대)【dài ㄉㄞˋ】 눈썹먹, 검푸를
[설문] [6256] 畫𥅧(畵眉)墨也。《依小徐有墨字。『玉篇』作黑。黱者、婦人畫𥅧(畵眉)之黑物也。『釋名』曰。黛、代也。滅𥅧毛去之。以此畫代其處也。『通俗文』曰。黚(黚)靑石謂之黚黛。服虔(虔)、劉(劉)熙字皆作黛。不與許同。漢人用字不同之徵也。黛者、黱之俗。『楚辭』、『國策』遂無作黱者。》从黑。朕聲。《徒耐切。按朕聲本在 7部 6部合音。轉入 1部。又變其體爲黛。如「螟蟘」字古亦作「螟𧒒」。》/489

盤 (반)【pán ㄆㄢˊ】 빛이 낡을
[설문] [6255] 盤姍(姗)、《逗。》下色也。《「也」當依『玉篇』作「皃(貌)」。盤姍疊韵(疊韻)字。》从黑。般聲。《薄官切。14部。》/489

◀ 제 11 획 ▶

黲 (참)【cǎn ㄘㄢˇ】 검푸르죽죽할
[설문] [6237] 淺青黑色也。《淺青之黑也。『通俗文』曰。暗色曰黲。『玉篇』曰。今謂物將敗時顏(顔)色黲也。》从黑。參聲。《七感切。7部。》/488

黳 (예)【yī ㄧ¯】 주근깨
[설문] [6233] 小黑子。《『師古-漢書:注』曰。黑子今中國通呼爲黶子。吳楚謂之誌。誌、記也。按黶黳雙聲。》从黑。殹聲。《烏雞(鷄)切。15部。》/488

黴 (미)【méi ㄇㄟˊ】 곰팡이(날) ■매:붓댈
[설문] [6253] 中久雨青黑也。《『楚辭:九歌』。顏(顔)黴黎以沮敗。『淮南:說山訓』曰。晉文公棄荏席。後黴黑。》从黑。微省聲。《武悲切。15部。『集韵(韻)』或作「黴」。荖(蓋)古體。》/489

◀ 제 12 획 ▶

黤 (암)【yǎn ㄧㄢˇ】 잊을
[설문] [6263] 黤者忘而息也。《『方言』、『廣雅』皆曰。黤、忘也。忘而息、宋人所謂黑甜也。故从黑。今人所用憨字卽此字之變也。》从黑。敢(敢)聲。《於檻切。8部。》/489

◀ 제 13 획 ▶

黵 (담)【dǎn ㄉㄢˇ】 크게 더럽힐
[설문] [6252] 大污(汚)也。从黑。詹聲。《當敢切。8部。》/489

黵 (외)【waì ㄨㄞˋ】 [상][中]⑨[작] wèi 윤 나고 검을 ■왜:엷게 검은 빛 ■홰:같은 뜻
[설문] [6230] 渼黑色也。《渼引申之義爲肥(肥)美。沃黑者、光潤之黑也。〔女部〕曰。嬒、女黑色也。按沃黑『玉篇』、『廣韵(韻)』皆作淺黑。疑沃字誤、淺字長。》从黑。會聲。《惡外切。15部。》/487

◀ 제 14 획 ▶

纂 (촬)【chuā ㄔㄨㄚ¯】 검누르고 흴
[설문] [6245] 黃黑而白也。《謂黃黑而發白色也。》从黑。算聲。一曰短黑。《別一義。》讀若巳(以)芥爲齏名曰芥荃也。《〔艸部〕曰。荃、芥脃也。是其物也。脃荃纂三字音同。初刮切。14、15部。》/488
[참고] 할(黠)

黶 (염)【yǎn ㄧㄢˇ】 사마귀, 검은 점 ■암:기미
[설문] [6232] 中黑也。《謂黑在中也。『大學:注』。厭讀爲黶。黶者、閉藏皃(貌)也。其引申之義也。》从黑。厭聲。《於琰(琰)切。8部。》/487

◀ 제 15 획 ▶

黚 (감)【jiān ㄐㄧㄢ¯】 검을 ■침:사람 이름
[설문] [6235] 雖晳而黑也。《晳者、人色白也。則黚專謂人面。》从黑。箴聲。《古咸切。7部。》古人名黚字晳。《『仲尼弟子列傳』。曾蒧字晳。奚容箴字子晳。又狄黑字晳。蒧箴皆黚之省。『論語』曾晳名點(點)。則同音叚(假)借字也。》/488

黷 (독)【dú ㄉㄨˊ】 때를 쥘, 자주, 무릅 쓸
[설문] [6251] 握持垢也。《垢非可握持之物。而入於握持。是辱也。古凡言辱者皆卽黷。故『鄭-注:昏禮』曰。以白造緇曰辱。【字書】辱亦作「黷」。》从黑。賣(賣)聲。《徒谷切。3部。》『易』曰。再三黷。《『蒙:卦辭』。古字多叚(假)借通用。『許-所據:易』作「黷」。『今-易』作「瀆」。崔憬曰。瀆古黷字也。玉裁按。『鄭-注』云瀆、褻也。瀆褻、〔許:女部〕作「嬻媟」。若依鄭義則黷爲叚(假)借字。嬻爲正字也。黷訓握垢、故从黑。『吳都賦』。林木爲之潤黷。『劉(劉)-注』曰。黷、黑茂皃(貌)。其引申之義也。》/489

[작] 作家出版社〔董蓮池-說文解字考正〕 ⑨ 九州出版社〔柴劍虹-說文解字〕 [ㄱ] 陝西人民出版社〔蘇寶榮-說文解字今注今譯〕 [상] 上海古籍出版社〔說文解字注〕 [中] 中華書局〔臧克和-說文解字新訂〕

◀ 제 16 획 ▶

黸 (로)【lú ㄌㄨˊ】 검을, 새까말
설문 6229 齊謂黑爲黸。《【經傳】或借盧爲之。或借旅爲之。皆同音叚(假)借也。旅弓旅矢、見『尙書』、『左傳』。俗字改爲旅。》从黑。盧聲。《洛乎切。5部。》 /487

204	黹
12-04	바느질할 치

黹 치【zhǐ ㄓˇ】[설문부수 286] 바느질할, 자수
설문 4726 箴縷所紩衣也。《「箴」當作「鍼」。箴所以綴衣。鍼所以縫也。紩、縫也。縷、綫也。絲亦可爲綫矣。以鍼貫縷紩衣曰黹。『釋言』曰。黹、紩也。『皐陶謨』曰。絺繡。【鄭本】作希(希)。『注』曰。希讀爲黹。黹、紩也。『周禮:司服』希冕。『鄭-注』引『書』希繡。又云。希讀爲黹。或作絺(絺)。字之誤也。『今本-周禮:注疏:傳』寫倒亂。今俗語云鍼黹是此字。按許多云「希聲」而無希篆。疑希者古文黹也。从巾。上象繡形。》从㡀、丵省。象刺文也。《『韵會』有此四字。丵者、叢生艸也。鍼縷之多象之。陟几切。15部。》凡黹之屬皆从黹。/364

성부 부록 색인 참조

형부 黹를 부수로 하는 대부분의 글자들

형성 (1자) 치(襦 黹)5107

◀ 제 4 획 ▶

黺 (분)【fěn ㄈㄣˇ】 채색
설문 4731 袞衣山龍華蟲黺畫(畵)粉也。《『皋(皐)陶謨』曰。日、月、星辰、山龍、華蟲作繪。宗彝(彝)、藻、火、粉米、黼、黻絺繡。『鄭-注』云。畫者爲繪。刺者爲繡。繡與繪各有六。衣用繪。裳用繡。『許書:繪』下云。會五采繡也。「藻」作「璪」。「粉」作「黺」。「米」作「粊」。鄭粉米爲一事。許黺粊爲二事。鄭說粉米爲繡。許說黺爲畫粉。粊爲繡文如聚米。葢(蓋)許時鄭說未出。許以說黺系諸衞(衛)宏。但今缺有閒矣。且『尙書』山龍華蟲不與粉相屬。【許書】恐轉寫有奪誤。畫粉葢『何晏賦』所謂分閒布白。》从黹。分聲。《【各本】作「从粉省」。今正。方吻切。13部。》衞宏說。《衞宏、治『古文-尙書』者。》/364

◀ 제 5 획 ▶

黻 (불)【fú ㄈㄨˊ】 (옛 예복에 수 놓은)수, 슬갑
설문 4729 黑與靑相次文。《『攷工記』文。》从黹。犮聲。《分勿切。15部。》/364

◀ 제 7 획 ▶

黼 (보)【fǔ ㄈㄨˇ】 수(예복에 놓인 흑백 자수)
설문 4728 白與黑相次文。《『攷工記』文。鄭(鄭)曰。文章黼黻繡五者。言刺繡采所用也。繡以爲裳。》从黹。甫聲。《方榘切。5部。》/364

◀ 제 8 획 ▶

黵 (최)【zuì ㄗㄨㄟˋ】 오색 무늬 있는 비단
설문 4730 會五采繒也。《「也」本作「色」。今依『廣韵(韻)』訂。五采繒者、五采帛也。『大人賦』。綷雲葢(蓋)。如淳云。葢有五色也。『吳都賦』。孔雀綷羽以翺翔。按綷者、或黵字。》从黹。卒聲。《【各本】作「綷省聲」。今正。子對切。15部。》/364

◀ 제 11 획 ▶

黸 (초)【chǔ ㄔㄨˇ】 오색 빛
설문 4727 會五采鮮皃(貌)。《本作「合五采鮮色」。今依『廣韵(韻)』、『韵會』訂。『曹風:蜉蝣』曰。衣裳楚楚。『傳』曰。楚楚、鮮明皃。許所本也。黸其正字。楚其叚(假)借字也。葢『三家詩』有作黸黸者。如『毛-革』、『韓-翱』之比。》从黹。虘聲。《創擧(擧)切。5部。》『詩』曰。衣裳黸黸。/364

제 13 획

205
13-01

맹꽁이 맹

黽 맹【mǐn ㄇㄧㄣˇ】[설문부수 477] ㉠㊤㊥⑨㉶ měng 맹꽁이 ■민:힘쓸 ■면:힘쓸, 고을 이름

설문 8582 鼃黽也。《『周禮:蟈氏』。掌去鼃黽。鄭司農云。蟈、蝦蟇也。『月令』。日。螻蟈鳴。鼃黽、蝦蟇屬。『書』或爲掌去蝦蟇。玄謂蟈、今御所食蛙也。齊魯(魯)之閒(間)爲鼃爲蟈。黽、耿黽也。蟈與耿黽尤怒鳴。爲聒人耳。故去之。按蛙卽鼃字。依大鄭說則鼃黽二字爲一物。依後鄭說則鼃卽蟈、爲一物。黽乃耿黽、爲一物。依許黽下日鼃黽也。似同大鄭說。然有當辯者。許果合二字爲一物。則黽篆下當云鼃黽、蝦蟆也。鼃下云鼃黽也。乃合【全書】之例。而蝦蟆篆居〔虫部〕。此則單擧(擧)鼃篆。釋日蝦蟇。黽篆下則日鼃黽也。是許意鼃黽爲一物。鼃爲一物。凡兩字爲名一字與他物同者、不可與他物牽混。知鼃黽非鼃也。許之鼃黽卽鄭之耿黽。鼃古音圭。與耿雙聲。故得爲一字。桊評日鼃黽、耿黽。單評日黽。『爾雅』。鼀䵶、蟾蠩。在水者黽。是則詹諸之類。而以在水中爲別也。許鄭之單言鼃。卽『本艸』所謂鼃一名長股。陶云俗名「土鴨」。南人名蛤子善鳴者。寇宗奭(奭)日。其色靑。腹細。後腳(脚)長。善躍。大其聲日蛙。小其聲日蛤。此鼃與鼃黽之別。皆在水中而善鳴。故『周禮』設官去之。黽之叚(假)借爲黽勉。》从它。象形。《謂从它象其頭、下象其大腹也。莫杏切。古音在 10部。讀如芒。》黽頭與它頭同。《言頭而餘爲腹可知矣。黽本無尾。故『風俗通』辯蝦蟇掉尾肅肅乃夏馬之字誤。》凡黽之屬皆从黽。 籒文黽。《古文衹象其頭腹。籒文又象其長足善跳。》/679

유사 거북 귀(龜)

성부 부록 색인 참조

형부 黽을 부수로 하는 대부분의 글자들

형성 (2자) 맹(鄳) 3922 맹(䵹) 4115

◀ 제 4 획 ▶

黿 (원)【yuán ㄩㄢˊ】(진미로 여기던)큰 자라, 영원(蠑螈)

설문 8587 大鼈也。《今目驗黿與鼈同形。而但分大小之別。》从黽。元聲。《愚袁切。14部。》/679

◀ 제 5 획 ▶

鼀 축【hù ㄏㄨˋ】㊤㊥⑨㉶ cù 두꺼비 ■추:같은 뜻

설문 8584 圥鼀、《逗。疊韵(疊韻)。》詹諸也。《〔虫部〕日。螭鼀、詹諸也。一物四名。日「螭鼀」、日「圥鼀」、日「詹諸」、日「䵶䶂」。許主名詹諸而詳釋之。》其鳴詹諸。《蝦蟆能作呻呻聲。蟾蜍不能作聲。詹諸象其謇吃之音。此言所以名詹諸也。其字俗作「蟾蠩」。又作「蟾蜍」。》其皮鼀 鼀。《鼀鼀猶鼅鼄也。其身大。背黑。多痱磊。此言所以名「螭鼀」、「圥鼀」也。螭之義葢(蓋)取於拳局。》其行圥圥。《圥圥、擧(擧)足不能前之皃(貌)。蟾蜍不能跳。菌圥、圜上椎鈍。非銳物也。故以狀其行。此言所以名圥鼀也。》从黽圥。《會意。》圥亦聲。《七宿切。3部。》 鼀或从酋。《酋聲圥聲同在 3部。》/679

형성 (1자) 축(歜) 5292

䵹 (구)【qú ㄑㄩˊ】두 뿔 달린 개구리

설문 8590 䵹屬。頭有兩(兩)角。《以頭有二角。別於䵹也。葢(蓋)亦可食。》出遼東。从黽。句聲。《其俱切。古音在 4部。讀如鉤。『篇』、『韵(韻)』皆作「鼩」。『吳都賦』有鼅鼊。『劉(劉)-注』龜屬也。如瑇瑁。此與單名鼩者各物。》/679

鼂 조【cháo ㄔㄠˊ】영원, 성씨, 사람 이름, 아침

설문 8594 匽鼂也。讀若朝。《陟遙切。2部。》楊雄說。匽鼂、蟲名。《葢(蓋)見『楊雄-倉頡訓纂』。『廣韵』亦引『倉頡篇』云蟲名。按爲何蟲、許亦不憭也。『夏小正言』匽之興、不得援以證匽鼂。》杜林以爲朝旦。非是。《此㠯(以)爲乃說叚(假)借之例。杜林用鼂爲朝旦字。葢見『杜林-倉頡故』。攷『屈原賦』。甲之鼂吾以行。王逸日。鼂、旦也。『左傳』衞(衛)大夫史朝。『風俗通』作史鼂之後爲鼂姓。『漢書』鼂姓又作「晁」。是古叚鼂爲朝本無不合。許云非是、未審。他處亦未見此例也。若〔木部:構〕下、杜林以爲椽桷字。〔斗部:斡〕下、杜林以爲軺車輪斡。亦未辯其非是矣。葢叚借之學、明其爲借字、非眞字、而眞字存。不明其爲借字、直指爲眞字、而眞字借字之義皆廢矣。伯山葢謂鼂夕爲眞字。故辯以防之也。》从黽。从旦。《葢亦蟲之大腹者。故从黽。其从旦之意不能詳也。》 古文从㠯。《「古文」。【各本】作「篆文」。今依『玉篇』正。凡先古籒後篆者、皆由文勢

不得不尒。此非其比也。『廣韵-古本』亦必先鼃後黽。『注』曰古文。【今本】二大字轉寫譌舛。『集韵』、『類篇』依大徐而誤。𣈅見〔日部〕。讀若窈。古文从黽、𣈅聲。》/680

◀ 제 6 획 ▶

鼃 (와)【wā ㄨㄚˉ】 개구리, 음란할 ■왜:같은 뜻 ■화:같은 뜻

설문 8583 蝦蟆屬。《「屬」【各本】作「也」。今依『韵(韻)會:九, 佳』所據【小徐本】正。『廣韵(韻)』同。蝦蟆見〔虫部〕。蝦蟆與詹諸小別。鼃則與蝦蟆大別。而其形相似。故言屬而別見。『漢書:武帝紀』。『元鼎:五年』。鼃、蝦蟆鬭(鬥)。是可知其別矣。鼃者、『周禮』所謂蟈。今南人所謂「水雞」。亦曰「田雞」。鼃蛤皆其鳴聲也。故【宋人-詩】多云「吠蛤」。亦云蛙聲閣閣。》从黽。圭聲。《烏媧切。古音 16部。按當音乖。字亦作「𪓰」、作「蛙」。》/679

鼄 (주)【zhū ㄓㄨˉ】 거미

설문 8593 鼅鼄也。从黽。朱聲。《陟輸切。4部。》 蛛 鼄或从虫。/680

◀ 제 10 획 ▶

鼷 (혜)【xī ㄒㄧˉ】 ㊥㊥⑨작 xí 개구리

설문 8589 水蟲也。薉貉之民食之。《薉(蓋)猶中國之食鼃、謂之水雞(鷄)也。》从黽。奚聲。《胡雞切。16部。》/679

鼆 (맹)【máng ㄇㄤˊ】 ㊥㊥⑨작 méng 읍 이름, 어두울

설문 4115 冥也。从冥。黽聲。讀若黽蛙之黽。《黽蛙卽〔黽部〕之鼃黽。武庚切。古音在 10部。讀如芒。此字見於【經】者。『文:十五年:左傳』曰。一人門于句鼆。杜云。魯邑名。》/312

◀ 제 11 획 ▶

鼅 (지)【zhī ㄓˉ】 거미

설문 8592 鼅鼄。《逗。雙聲。》鼄蟊也。《【各本】奪鼄字。今補。鼄蟊曡韵(疊韻)。〔䖵部〕曰。𧓍(蠿)蟊、作网鼄蟊也。此曰鼅鼄、鼄蟊也。以見一物三名。如蝻下鼁下䵷下皆曰詹諸也之例。『方言』。鼅鼄、鼄蝥也。自關而西秦晉之閒謂之「鼄蝥」。自關而東趙魏之郊謂之「鼅鼄」。或謂之「蠾蝓」。蠾蝓者、侏儒語之轉也。北燕朝鮮洌水之閒謂之「蝳蜍」。按𧓍蟊卽『爾雅』之次蟗。蟗音浮。斷非从出也。鼅鼄同。『爾雅』鼄蟊卽『爾雅』之「鼄蝥」。郭曰。今江東呼「蝃蝥」。蝃音掇。晉時江東評「蝃蝥」。蝃卽鼄促言之耳。蝃或作「蚍」。『本艸』亦作「蚍」。章悅反。蝥音謀。又音無。》从黽。《亦蟲之大腹者也。故从黽。》𣞑省聲。《陟离(离)切。16部。》 蜘 或从虫。/679

◀ 제 12 획 ▶

鼈 (별)【biē ㄅㄧㄝˉ】 자라

설문 8586 甲蟲也。《『考工記:注』。外骨、龜屬。內骨、鼈屬。按鼈骨較龜稍內耳。實介屬也。故『周易』鼈蟹蠃蚌龜(龜)爲一屬。》从黽。敝聲。《并列切。15部。》/679

鼉 (타)【tuó ㄊㄨㄛˊ】 악어

설문 8588 水蟲。佀(似)蜥易。長丈所。《所字依『太平御覽』補。丈所猶丈許也。『大雅:靈臺:傳』曰。鼉、魚屬。〔馬部:驒〕下曰。靑驪白鱗文如鼉魚。許依毛謂之鼉魚也。》皮可爲鼓(鼓)。《四字本在〔魚部:鱓〕下。由古多用鱓爲鼉。而淺人注之也。今移此。『詩』。鼉鼓(鼓)逢逢。『史記』。樹靈鼉之鼓。》从黽。單聲。《古在 14部。唐干切。》/679

◀ 제 14 획 ▶

鼊 (시)【shī ㄕˉ】 두꺼비

설문 8585 𪓿鼊。《逗。》詹諸也。『詩』曰。得此𪓿鼊。《『邶風:新臺』文。『今-詩』作「戚施」。『毛傳』曰。戚施、不能仰者。『釋言』曰。戚施、面柔也。》言其行鼊鼊。《此五字當在「詩曰」之上。小徐自糸至〔卵部〕今皆不傳。不可攷矣。鼊鼊猶施施也。『王風:毛傳』曰。施施、難進之意。此言所以名𪓿鼊也。》从黽。爾聲。《式支切。古音在 16部、17部之閒。》/679

206
13-02
鼎 솥 정

鼎 鼎정【dǐng ㄉㄧㄥˇ】[설문부수 250] 솥, 괘 이름

설문 4175 三足兩(兩)耳。和五味之寶器也。《三足兩耳謂器形。非謂字形也。『九家易』曰。鼎三足以象三台也。『易』曰。鼎黃耳。「和」當作「盉」。許亦從俗通用。》象析木目(以)炊。《巳下次第依『韵會-所據:小徐本』訂。片者、判木也。反片爲爿。一木析爲二之形。炊鼎必用薪。故像之。唐張氏參誤會三足兩耳爲字形。乃高析木之兩旁爲耳。唐人皆作鼑。非也。唐氏玄度旣辨之矣。》貞省聲。《【大徐本】無。無此三字則上體未說。此謂上體目者貞省聲也。或曰『離』爲目。『巺』爲木。『鼎卦』上『離』下『巺』。何不以此說字乎。曰言『易卦』之取象則可。若六書之會意。必使二字相合成文。如人言、止戈是。目與木不相合也。故釋下體爲象形。上體爲諧聲。古叚(假)鼎爲丁。如『賈誼傳』春秋鼎盛、『匡衡傳』匡鼎來皆是。鼎之言當也。正也。都挺切。11部。》昔禹收九牧之金。鑄鼎荊山之下。入山林川澤者。《此字依『韵會』補。》离魅蝄蜽莫能逢之。目協承天休。《离俗用螭。依〔内部〕則當作离。此用『宣:三年:左傳』王孫滿說。『傳』不言鑄鼎荊山之下。『尙書-古文:疏證』云。陝西同州朝邑縣西南三十二里有懷德城。漢縣也。『漢志:左馮翊襃德』下曰。『禹貢』北條荊山在南。『皇甫謐-帝王世紀』。禹鑄鼎於荊山。在馮翊懷德之南。山下有荊渠。『酈氏-水經:注』。懷德縣故城在渭水之北。沙苑之南。『禹貢』北條荊山在南。山下有荊渠。卽夏后鑄九鼎處也。》『易』卦巺(巽)木於下者爲鼎。《此引『易』證下體象析木之意。與晉(晉)下

黽 13 ⑥

引『易』證从日一例。》古文㠯貝爲鼎。籒文㠯鼎爲貝。《二貝字小徐皆作貞。『郭忠恕-佩觿』云。古文以貞爲鼎。籒文以鼎爲則。亦誤。今正。京房說貞字鼎聲。此古文以貝爲鼎之證也。許說劓鼎鼏鼢者、籒文之則員實妘字。此籒文以鼎爲貝之證也。》凡鼎之屬皆从鼎。/319

【貞】下曰:一曰鼎(鼎)省聲。京房所說。《一說是鼎省聲。非貝字也。許說從貝。故鼎下曰貞省聲。京說古文以貝爲鼎。故云從卜鼎聲也。陟永切。11部。》/127

성부 부록 색인 참조

형부 鼎을 부수로 하는 대부분의 글자들

◀ 제 2 획 ▶

鼏 멱【mì ㄇㄧˋ】솥 달아 올리는 나무

설문 4179 鼎(鼎)覆也。从鼎冖。冖亦聲。《此九字【各本】無。以鼏篆鼏解牛頭馬脯而合之。今補正。鼏見『禮經』。所以覆鼎(鼎)。用茅爲之。【今本】作鼏。正字也。『禮-古文』作密。叚(假)借字也。从鼎冖者、冖覆也。冖亦聲者據冥字之解知之。古者覆巾謂之幎。鼎蓋(蓋)謂之鼏。而『禮經』時亦通用。〔䖵部:蠠〕从鼏聲。亦作蜜。〔虎部:虙〕讀若鼏。是知鼏古音同冥。亦同密。在11、12部之閒(間)。今音則莫狄切。》/319

형성 (+1) 밀(蠠) 꿀

鼐 (내)【nài ㄋㄞˋ】(큰)가마솥

설문 4177 鼎(鼎)之絕(絕)大者。《『釋器』曰。鼎絕大謂之鼐。『周頌:傳』曰。大鼎謂之鼐。小鼎謂之鼒(鼒)。『傳』與『爾雅』說鼒異。說鼐則略同。絕大謂函(函)牛之鼎也。『九家易』曰。牛鼎受一斛。羊鼎五斗。豕鼎三斗。乃者、詞之難也。故从乃爲大。才者、艸木之初也。故从才爲小。》从鼎。乃聲。《奴代切。1部。》『魯(魯)詩』說鼐、小鼎。《『魯詩』說、謂傳魯申公之學者也。惠氏棟云。『說苑』曰。『詩』自堂徂基。自羊徂牛。言自內及外。以小及大也。『魯詩』者、劉向家學。故說鼐小鼒大。》/319

鼏 鼏(멱)【mì ㄇㄧˋ】⑨ jiǒng 솥달아 올리는 나무 鼎

설문 4178 㠯(以)木橫貫鼎(鼎)耳擧 (擧)之。《「貫」當作「毌」。許亦從俗也。『禮經:十七篇』多言扃、鼏。『注』多言今文扃爲鉉、古文鼏爲密。按扃者、叚 (假)借字。鼏者、正字。鉉者、音近義同字也。以木橫毌鼎耳是曰鼏。兩(兩)手擧(擧)其木之耑(端)是曰扛鼎。鼏橫於鼎蓋(蓋)之上。故『禮經』必先言抽扃。乃後取鼏。猶扃爲戶外閉之關。故或以扃代之也。》从鼎。冂聲。《『五篇』有〔冂部〕。此从之爲聲。古熒切。11部。按大小徐篆皆作「鼏」。解作冖聲。莫狄切。以鼎蓋字之音。加諸橫毌鼎耳之義。誤矣。『廣韵(韻)』、『集韵』、『禮部韵略』、『玉篇』、『類篇』皆佚此字。然『廣韵』、『玉篇』皆云亡狄切。鼎蓋也。則鼏字尙未亡。『集韵』、『類篇』引橫貫鼎耳云云於錫韵冥狄切。而鼏字亡矣。惟『匡謬正俗』及『毛晃-禮部韵略』增字獨不誤。》『周禮』廟門容大鼏七箇。《『攷工記:匠人』文。【今本】作大扃七箇。許所據作鼏。用此知『禮經-古文本』亦作鼏。古文以鼏密連文。今文以鉉密連文。鄭上字從古文。下字從今文。遂鼏鼏連文。轉寫恐其易混。則上字易爲扃耳。『韵會』無大。》卽『易』玉鉉大吉也。《『鼎:上九:爻辭』。〔金部:鉉〕下曰。所以擧鼎也。『易』謂之「鉉」。『禮』謂之「鼏」。據此則『許-所據:禮-古文』作「鼏」。鄭則據『禮-今文』作「鉉」。同『易』也。鼏鉉異字同義。或讀鉉古冥反。則非矣。『韵會』無大吉也。》/319

◀ 제 3 획 ▶

鼒 (자)【zī ㄗ】옹달솥(작은 솥) ■재:같은 뜻

설문 4176 鼎(鼎)之圜掩上者。《『周頌』。鼐鼎及鼒。『釋器』曰。圜弇上謂之鼒。〔手部〕曰。掩、斂也。小上曰掩。〔𠬞部〕曰。弇、蓋(蓋)也。然則此依許作掩爲正字。》从鼎。才聲。《子之切。1部。》『詩』曰。鼐鼎及鼒。鎡俗鼒从金茲(茲)聲。《「茲」【各本】作「玆」。今正。》/319

207	鼓
13-03	북 고

鼓 鼓 고【gǔ ㄍㄨˇ】[설문부수 161] 북(칠), 두드릴, 부추길

설문 2945 郭也。《城𩫏字俗作「郭」。凡外障內曰郭。自內盛滿出外亦曰郭。郭廓正俗字。鼓(鼓)郭疊韵。》春分之音。萬物郭皮甲而出。故曰鼓。《『風俗通』全用此說。》从壴。《鼓必有虡也。》从屮又。屮象𠂹飾。又象其手擊之也。《【各本】篆文作「鼓」。此十四字作「从支、支象其手擊之也」。今正。〔弓部:弢〕下云。从弓、从屮又、屮垂飾。與鼓同意。則鼓之从屮憭然矣。弢鼓皆从屮以象飾。一象弓衣之飾。一象鼓虡之飾也。皆从又。一象手執之。一象手擊之也。『夢英-所書:郭氏-佩觿』皆作「鼓」。是也。凡作「鼓」、作「皷」、作「鼓」者皆誤也。从屮从又。非从叓滑之叓。後人譌刪(刪)。弓衣之飾如紛綬是也。鼓虡之飾如崇牙樹羽是也。工戶切。5部。》『周禮』六鼓。靁(雷)鼓八面。靈鼓六面。路鼓四面。鼖鼓、皐鼓、晉鼓皆兩(兩)面。《六鼓見『周禮:鼓人』。六面、四面、兩面、鄭與此同。》凡鼓之屬皆从鼓。𡔷籒文鼓。从古。/206

성부 부록 색인 참조

형부 鼓를 부수로 하는 대부분의 글자들

형성 (1자) 고(鼛)2100

◀ 제 0 획 ▶

鼓 (고)【gǔ ㄍㄨˇ】북

설문 1947 擊鼓(鼓)也。从攴(攵)壴。《壴者鼓(鼓)之省。攴者擊。》壴亦聲。《壴古音在 4部。疾韵(韻)。尤疾之入聲爲屋沃燭。》讀若屬。《【鉉本】無此三字。非也。屬之欲切。故鼓讀如豖。與擊雙聲。大徐以其形似鼓。讀公戸(戶)切。刪(刪)此三字。其誤蓋(蓋)久矣。『玉

篇』云之錄切。擊也。此顧氏原文。云又公戸切。此孫強(强)所增也。『佩觿』云。鼓之錄工五二切。沿孫之繆。至『廣韵』乃姹韵有鼓而燭韵無鼓。至『集韵』、『類篇』乃以朱欲、殊玉二切歸之從豈聲之鼓字。而不知二切皆本『說文』。鼓讀如屬。斅安得有此二切也。皆由沿襲徐鉉。遂舛誤至此。至乎南宋毛晃。又云鼓舞字從攴。與鐘鼓字不同。『岳珂-刊:九經三傳』。凡鼓瑟鼓琴、鼓鍾于宮、弗鼓弗考、鼓之舞之皆分別作鼓。『經典:釋文』、『五經文字』、『九經字樣』、『開成石經』皆無此例也。『周禮:小師』。掌教(教)鼓鼗柷敔塤簫管弦歌。『注』云。出音曰鼓。按鼓、郭也。故凡出其音皆曰鼓。若鼓訓擊也。鼗柷敔可云鼓。『塤簫管弦歌』可云鼓乎。亦由鼓切公戸。寖成異說。滅裂【經】字。以至於此。》/125

◀ 제 3 획 ▶

◀ 제 4 획 ▶

◀ 제 6 획 ▶

鼛 鼛(탑)【tà ㄊㄚˋ】 북소리

설문 2954 鼓(鼓)鼛聲。从鼓。缶聲。《土盍切。按缶聲不得土盍切明矣。『玉篇』曰。鼛、鼓聲也。七盍切。『廣韵(韻)』曰。鼛、鼓聲也。倉雜切。皆卽其字。缶者、去之譌。去聲古或入〔佉部〕也。然皆鼛之誤字耳。今鼛之解說既更正。則鼛篆可删(刪)。》/206

鼕 (답)【tà ㄊㄚˋ】 북소리

설문 2952 鼙聲也。《「鼙」【各本】誤作「鼓(鼓)」。今正。『司馬法』曰。鼙聲不過闒。『音義』曰。闒吐臘反。劉(劉)湯苔反。〈臘今誤从犬〉闒卽鼕字也。『投壷(壺):音義』曰。O、鄭呼爲鼙也。其聲下。其音榻榻然。榻音吐臘反。榻亦卽鼕也。『史記:上林賦』。鏗鎗鏜鼕。『漢書』、『文選』作「闛鞈」。郭璞曰。闛鞈、鼓(鼓)音也。此渾言之耳。鼙亦鼓也。『淮南:兵略訓』。若聲之與響。若鏜之與鞈。『高-注』。鏜鞈、鼓鼙聲。此謂鏜、鼓聲。鞈、鼙聲也。》从鼓(鼓)。合聲。《徒合切。7部。按當依釋文吐臘反。》 鞈古文鼕。从革。《按〔革部〕有此字。別爲訓。後人誤移此增彼也。》/206

鼖 (분)【fén ㄈㄣˊ】 (8척의 큰)북

설문 2947 大鼓(鼓)謂之鼖。《凡賁聲字多訓大。如『毛傳』云。墳、大防也。頒、大首皃(貌)。汾、大也。皆是。卉聲與賁聲一也。》鼖八尺而兩(兩)面。《『韗人』。鼓(鼓)長八尺。鼓四尺、中圍加三之一謂之鼖鼓。鄭曰。大鼓謂之鼖。》曰(以)鼓軍事。《見『鼓人』。》从鼓。卉聲。《【鉉本】改作「賁省聲」。非也。賁从貝卉聲。微與文合韵㝡(最)近。符分切。13部。》 鞼鼖或从革。賁聲。《【鉉本】改作「賁省聲」、非是。『大司馬職』作「賁鼓」。卽鞼之省也。》/206

◀ 제 8 획 ▶

鼘 (연)【yuān ㄩㄢ】 북소리

설문 2950 鼘鼘、鼓(鼓)聲也。《【各本】無「鼘鼘」二字。今依『韵(韻)會』。『詩:小雅』、『商頌』作「淵淵」。『魯(魯)頌』作「咽咽」。皆假借字也。『魯頌:音義』曰。本又作「鼘」。譌字也。『小雅:傳』曰。淵淵、鼓(鼓)聲也。『魯頌:傳』曰。咽咽、鼓節也。》从鼓(鼓)。𣶒聲。《烏玄切。12部。》『詩』曰。鼗鼓鼘鼘。《『今-商頌』作「鞉鼓淵淵」。》/206

鼙 (비)【pí ㄆㄧˊ】 마상고(기병이 말 위에서 치는 북)

설문 2948 騎鼓(鼓)也。《戴先生曰。『儀禮』有朔鼙、應鼙。鼙者小鼓(鼓)。與大鼓爲節。魯(魯)鼓薛鼓之圖。圜者擊鼙。方者擊鼓。後世不別設鼙。以擊鼓側當之。作堂下之樂。先擊朔鼙。應鼙應之。朔者、始也。所以引樂。故又謂之𩍒。𩍒之言引也。朔鼙在西。置鼓北。應鼙在東。置鼓南。東方諸縣西鄉(鄉)。西方諸縣東鄉故也。按大司馬云。師帥執提。旅帥執鼙。大鄭曰。提謂馬上鼓。有曲木提持鼓立馬髦上者。然則騎鼓謂提、非謂鼙也。許與大鄭異。》从鼓。卑聲。《部迷切。16部。》/206

鼛 鼛(고)【gāo ㄍㄠ】 (길이 12척의)큰 북

설문 2946 大鼓(鼓)也。《『周禮』作「皐」。古音同在 3部也。『鼓(鼓)人』。以皐鼓鼓役事。『韗人』。爲皐鼓。長尋有四尺。倨句磬折。『毛傳』。鼛、大鼓也。長一丈二尺。》从鼓。咎聲。《古勞切。古音在 3部。》『詩』曰。鼛鼓不勝。《不、二徐同。汲古閣作「弗」。非也。『今-類篇、集韵(韻)、宋刻-說文』皆作「不」。『大雅』文。『今-詩』不作「弗」。》/206

◀ 제 9 획 ▶

鼜 (첩)【tiè ㄊㄧㄝˋ】 ㊥⑨ qì ㉓ tiè 북소리 나지 않을

설문 2953 鼓(鼓)無聲也。《上文皆言聲。故以鼓無聲廁於後。》从鼓。咠聲。《他叶切。7部。字又作鼜(鼜)。》/206

◀ 제 11 획 ▶

鼞 (탕)【tāng ㄊㄤ】 북소리 ■당:〈네이버 자전〉

설문 2951 鼓(鼓)聲也。《『周禮:注』曰。『司馬法』云。鼓(鼓)聲不過閶。鼙聲不過闒。鐸聲不過琅。『音義』曰。閶吐剛反。然則閶卽鼞也。『投壷(壺):音義』曰。囗、鄭呼爲鼓。其聲高。其音鏜鏜然。鏜音吐郎(郎)反。是則鏜亦鼞也。『上林賦』。金鼓迭起。鏗鎗闛鞈。顏(顏)曰。鏗鎗、金聲。闛鞈、鼓音。闛亦鼞也。『楊雄賦』闛闔卽閶闔。堂聲昌聲古通用耳。》从鼓。堂聲。《土郎切。10部。》『詩』曰。擊鼓其鼞。《『邶風』文。『今-詩』作「鏜」。〔金部〕曰。鏜、鼓鐘聲也。鼓鐘謂擊鐘也。字从金。故曰鐘聲。於鼓言鏜爲假借。按〔今-金部:鏜〕下作鐘鼓之聲。盇(蓋)誤倒。》/206

◀ 제 12 획 ▶

鼕 隆鼓 (동)【tóng ㄊㄨㄥˊ】 ㊤㊥⑨ lóng 북소리 ■룽:북소리 ■롱·방:같은 뜻

설문 2949 鼓(鼓)聲也。《此當云鼕鼕鼓(鼓)聲也。『篇』、『韵(韻)』良弓切。其作鼕、讀徒東徒冬二切者。卽鼕鼕之變也。》从鼓。隆聲。《徒冬切。9部。》/206

鼓 13 ⑧

208 鼠
13-04
[訓] 쥐 서

鼠 [서]【shǔ ㄕㄨˇ】[설문부수 379] 쥐, 근심할, 우물쭈물할, 말의 곧은 살이 늘어질

[설문] [6085] 穴蟲之緫(總)名也。《其類不同而皆謂之鼠。引伸之爲病也。見『釋詁』。『毛詩:正月』作癙。『雨無正』作鼠實一字也。》象形。《上象首。下象足尾。書呂切。5部。》凡鼠之屬皆从鼠。/478

[성부] 부록 색인 참조

[형부] 鼠를 부수로 하는 대부분의 글자들

◀ 제 3 획 ▶

⿰鼠勺 (작)【zhuó ㄓㄨㄛˊ】날 쥐 [표]:범을 잡아먹는 쥐 석서(鼫鼠) [적]:쥐이름

[설문] [6100] 胡地風鼠。《『郭-注:爾雅』鼫鼠云。形大如鼠。頭似兔(兎)。尾有毛。青黃色。好在田中食粟豆。關西呼爲⿰鼠勺鼠。見『廣雅』。音雀。按『廣雅』云⿰鼠勺鼠、鼫鼠。與景純皆合⿰鼠勺、鼫爲一物。以『說文』正之。鼫與⿰鼠勺迥非一物也。葢(蓋)俗語有移易其名者耳。》从鼠。勺聲。《之若切。古音在 2部。》/479

◀ 제 4 획 ▶

⿰鼠今 (함)【hán ㄏㄢˊ】쥐, 쥐 이름

[설문] [6098] 鼠屬。《『廣韵(韻)』謂之⿰鼠今鼠。》从鼠。今聲。讀若含。《胡男切。7部。》/479

鼢 (분)【fén ㄈㄣˊ】두더지, 전서(田鼠)

[설문] [6088] 地中行鼠。伯勞所化也。《「中」字依『爾雅』釋文補。「化」【各本】作「作」。今依『廣韵(韻)』所引『字林』正。『釋獸』有鼢鼠。郭云。地中行者。陶隱居云。鼴鼠、一名隱鼠。一名鼢鼠。常穿耕地中。討掘卽得。『蘇頌-圖經』曰。卽化爲鴽者也。按依許氏說。百勞化田鼠。而田鼠化鴽。物類遞嬗。有如斯矣。『方言』謂之⿰犂鼠鼠。⿰犂鼠卽犂字。自其場起(起)若耕言之則曰犂鼠。》一曰偃鼠。《此一曰猶一名也。偃之言隱也。俗作「鼴」。『莊子』云。鼴鼠飲河。止於滿腹。》从鼠。分聲。《房吻切。13部。『莊子』釋文引『說文』舊音扶問反。》蚡或从虫分。《『周禮:艸人』。墳壤用麋。【故書】「墳」作「盆」。鄭司農云。多盆鼠也。》/478

◀ 제 5 획 ▶

⿰鼠平 (병)【píng ㄆㄧㄥˊ】얼룩쥐, 쥐새끼

[설문] [6089] ⿰鼠平令鼠也。《四字句。令平聲。⿰鼠平令疊韵(疊韻)字。》从鼠。平聲。《薄經切。11部。》/478

⿱此鼠 (자)【zī ㄗˉ】가물쥐

[설문] [6102] ⿱此鼠鼠。佀雞(似鷄)。鼠尾。从鼠。此聲。《卽移切。15、16部。》/479

鼨 (종)【zhōng ㄓㄨㄥˉ】얼룩쥐

[설문] [6093] 豹文鼠也。《『釋獸』曰。鼨鼠豹文鼮鼠。郭讀以豹文下屬。云鼠文采如豹者。漢武帝時得此鼠。孝廉郎終軍知之。賜絹百匹。按『文選(選):注』、『藝文類聚』皆引『竇氏家傳』載此事。系之光武時竇攸。以豹文爲鼮鼠則同。惟『唐書:盧若虛(虛)傳』云。時有獲(獲)異鼠者。豹首虎臆。大如拳。職方辛怡諫謂之鼮鼠而賦之。若虛曰。非也。此許愼所謂鼨鼠。豹文而形小。一坐盡驚。玉裁謂。他人讀『爾雅』皆豹文鼮鼠爲句。終軍、竇攸、辛怡諫從之。許讀『爾雅』鼨鼠豹文爲句。盧若虛從之。其是非訖難定也。許有鼨無鼮。疑『爾雅』六字爲一物。》从鼠。冬聲。《職戎切。9部。》籒文省。《𠔂古文終。》/479

鼩 (구)【qú ㄑㄩˊ】새앙쥐

[설문] [6096] 精鼩鼠也。《四字一句。『爾雅』謂之「鼩鼠」。『郭-注』鼱鼩也。亦名「䶆鼩」。『漢書:東方朔傳:如淳-注』曰。「鼱鼩」、小鼠也。音精劬。據『爾雅』釋文、『字林』有鼱字。》从鼠。句聲。《其俱切。古音在 4部。》/479

鼫 (석)【shí ㄕˊ】석서(鼫鼠:다람쥐과의 동물), 날다람쥐

[설문] [6092] 五技鼠也。能飛不能過屋。能緣不能窮(窮)木。能游不能渡谷。《三句一韵(韻)。》能穴不能掩身。能走不能先人。《二句一韵。》此之謂五技。《五字依『詩:碩鼠:正義』補。『釋獸』鼠屬有鼫鼠。孫炎云。五技鼠也。『舍人』、樊光同。『易:晉,九四』。晉如鼫鼠。『九家易』以五技鼠釋之。『荀卿』云。梧鼠五技而窮(窮)。『詩:魏風』。碩鼠碩鼠。無食我黍。『鄭-箋』云。碩、大也。不言五技。是『詩:碩鼠』非鼫鼠。『崔豹-古今:注』乃云螻蛄。一名鼫鼠。有五能而不成技術。此語殊謬。螻蛄。不妨名鼫鼠。要不得云有五技也。倘許謂螻蛄。則此篆必次於部末。如〔黽部〕之鼅鼄、〔馬部〕之驘驢騊駼等字矣。》从鼠。石聲。《常隻切。古音在 5部。》/478

⿰鼠宂 (용)【róng ㄖㄨㄥˊ】[상][中][9][작] rǒng 쥐

[설문] [6101] 鼠屬。从鼠。宂聲。《而隴切。9部。按此字或讀余救切。要與鼬非一物。》/479

鼬 (유)【yòu ㄧㄡˋ】족제비

[설문] [6099] 如鼠。《「如鼠」小徐作「如鼦」。鼦乃俗貂字。貂、鼠屬也。》赤黃色。尾大。食鼠者。《見『小正』、『爾雅』。今之黃鼠狼也。》从鼠。由聲。《余救切。3部。》/479

◀ 제 6 획 ▶

⿰鼠各 (학)【hè ㄏㄜˋ】[상][中][9][작] hé 변방에 있는 쥐 [락]:같은 뜻

[설문] [6087] ⿰鼠各鼠。出胡地。皮可作裘。从鼠。各聲。《下各切。5部。》/478

◀ 제 7 획 ▶

⿰鼠丣 (류)【liú ㄌㄧㄡˊ】대나무쥐

[설문] [6091] 竹鼠也。如犬。《後世所謂竹⿰鼠畱也。『莊子』作「畱(留)」。又作「⿰犭畱」。》从鼠。丣聲。《【各本】作「畱省聲」。今正。力求切。3部。》/478

鼠 13 ⑦

◀ 제 9 획 ▶

鼲 (혼)【hūn ㄏㄨㄣˉ】㊤㊥⑨㉖ hún 돌다람쥐 ▣곤:쥐

설문 6103 鼲鼠。出丁零胡。皮可作裘。《『魏志:注』引『魏略』云。丁零國出名鼠皮。青昆子、白昆子皮。王氏引之云。昆子卽鼲子也。『後漢書:鮮卑傳』云。鮮卑有貂、豽、鼲子。皮毛柔輭。天下以爲名裘。按今俗語通曰灰鼠。聲之轉也。如揮翬皆本軍聲。》从鼠。軍聲。《乎昆切。13部。》/479

⿰鼠胡 ⿰鼠胡(호)【hú ㄏㄨˊ】흰 원숭이

설문 6104 斬⿰鼠胡鼠。黑身百䙳(要)若帶。手有長白毛。佀(似)握版之狀。類蝯蜼之屬。《見『上林』、『西京賦』。諸家說其狀乖異不同。其字或作「蟖胡」。或作「獑胡」。或作「獑猢」。或作「⿰鼠斬⿰鼠胡」。》从鼠。胡聲。《戶吳切。5部。》/479

◀ 제 10 획 ▶

⿰鼠益 (액)【è ㄜˋ】㉖ yì 쥐 ▣익:같은 뜻

설문 6094 鼠屬。从鼠。益聲。《於革切。16部。》 ⿰豸益或从豸作。/479

鼶 (사)【sī ㄙˉ】족제비 ▣서:같은 뜻 ▣제:같은 뜻

설문 6090 鼶鼠也。《三字句。見『小正:九月』。》从鼠。虒聲。《息移切。16部。》/478

鼷 (혜)【xī ㄒㄧˉ】새앙쥐

설문 6095 小鼠也。《『何休-公羊傳:注』云。鼷-鼠、鼠中之微者。『玉篇』云。有螫毒。食人及鳥獸皆不痛。今之甘口鼠也。》从鼠。奚聲。《胡雞(鷄)切。16部。》/469

鼸 (겸)【qiǎn ㄑㄧㄢˇ】㊤㊥⑨ xiàn ㉖ qiàn 도마뱀 ▣혐:두더지

설문 6097 䶃也。《『爾雅』鼸鼠。郭云。以頰裹藏食者。》从鼠。兼聲。《丘檢切。7部。》/479

◀ 제 12 획 ▶

⿰鼠番 (번)【fān ㄈㄢˉ】㊤㊥⑨㉖ fán 쥐며느리、흰쥐

설문 6086 ⿰鼠番鼠也。《三字爲句。【各本】皆刪一字。淺人所爲也。以下皆同。『廣雅』謂之白⿰鼠番。王氏念孫曰。⿰鼠番之言皤也。》从鼠。番聲。讀若樊。《附袁切。14部。》或曰鼠婦。《此別一義。『釋蟲』曰。蟠鼠負。蟠卽⿰鼠番字。負卽婦字。今之瓮底蟲也。〔虫部〕又云。蛜威、委黍。委黍、鼠婦也。》/478

제 14 획

209 鼻 14-01 코 비

鼻 [비]【bí ㄅㄧˊ】[설문부수 105] 코, 코 꿸, 시초, 손잡이

설문 2124 所㠯(以)引乞(气)自畀也。《「所以」二者今補。口下曰所以言食也、舌下曰所以言別味也是其例。『老子:注』曰。天食人以五氣从鼻(鼻)入。地食人以五味。从口入。『白虎通』引『元命苞』曰。鼻者肺之使。按鼻一呼一吸相乘除。而引氣於無窮。自讀如今人言自家之自。自本訓鼻。引伸爲自家。》从自畀。《以義爲形也。父二切。15部。》凡鼻之屬皆从鼻。/137

성부 부록 색인 참조

형부 鼻를 부수로 하는 대부분의 글자들

형성 (1자) 비(濞)6837

◀ 제 2 획 ▶

鼽 (구)【qiú ㄑㄧㄡˊ】코 막힐

설문 2127 病寒鼻窒也。《『月令』民多鼽嚏。窒、寔(塞)也。》从鼻。九聲。《巨鳩切。3部。》/137

◀ 제 3 획 ▶

鼾 (한)【hān ㄏㄢˉ】本[잠자는 숨결] 코 고는 소리

설문 2126 臥息也。《息、鼻息也。『廣韵(韻)』曰。臥氣激聲。許干切。》从鼻。干聲。讀若汗。《矦幹切。14部。按古讀平聲。》/137

◀ 제 8 획 ▶

鼸 (희)【xiè ㄒㄧㄝˋ】누워 숨 쉴

설문 2128 臥息也。《此與〔尸部:眉〕音義竝(並)同。『篇』、『韵(韻)』皆祗云鼻息。『釋詁』云。鼸息也。》从鼻。隶聲。《許介切。15部。》讀若虺。/137

◀ 제 10 획 ▶

齅 (후)【xiù ㄒㄧㄡˋ】(냄새)맡을

※ 후(嗅)와 같은 글자.

설문 2125 㠯鼻(以鼻)就臭也。《『玉篇』引『論語』。三齅而作。》从鼻臭。臭亦聲。讀若畜牲之畜。《各本「畜」作「嘼」。非。許救切。3部。》/137

210 齊 14-02 가지런할 제

齊 [제]【qí ㄑㄧˊ】[설문부수 247] 가지런할, 가지런히 ■자:옷자락 ■재:재계할

설문 4161 禾麥吐穗上平也。象形。《从二者、象地有高下也。禾麥隨地之高下爲高下。似不齊而實齊。參差其上者、蓋明其不齊而齊也。引伸爲凡齊等之義。古叚(假)爲臍字。亦叚爲齌(齋)字。徂兮切。15部。》凡齊之屬皆从齊。/317

성부 부록 색인 참조

형부 齊를 부수로 하는 대부분의 글자들

형성 (20자+1) 재(齋)28 제(薺)379 제(嚌)768 제(躋)1283 제(臍)2512 제(劑)2660 자(齍)3002 자(穧)3339 재(齎)3787 자(齏)4200 제(穧)4230 제(儕)4819 자(齌)5119 제(癠)6151 제(濟)6764 제(霽)7202 제(擠)7479 제(嬣)7841 제(蠐)8418 자(齌齋)

◀ 제 3 획 ▶

齋 (재)【zhāi ㄓㄞˉ】재계(제사 때 심신을 깨끗이 하여 부정한 것을 멀리 하는 일) ■자:상옷 아랫단 혼것

설문 0028 戒絜也。《『祭統』曰。齋之爲言齊也。齊不齊以致齊者也。齋戒或析言。如七日戒、三日齋是。此以戒訓齋者、統言則不別也。》从示。𠫼(齊)省聲。《謂減𠫼之二畫(畵)。使其字不緐重也。凡字有不知省聲、則味其形聲者。如融蠅之類是。側皆切。15部。》𩒠 籒文齋。从襲省。《凡籒文多緐重。》/3

齌 (제)【yōng ㄩㄥˉ】㊤㊥⑨ qí ㉆ jì 재주, 예쁠 ■재:공손할

설문 7841 材也。《『廣雅』。嬣(齌)、好也。『玉篇』引『詩』有嬣季女。引『說文』材也。按『毛詩』作「齊」、敬也。顧氏或取諸『三家詩』。取人材整齊之意。》从女。齊聲。《祖雞(鷄)切。15部。『玉篇』引『說文』子奚切。『廣韵(韻)』同。》/619

◀ 제 4 획 ▶

鼻 14 ⓪

齎 (제)【jì ㄐㄧˋ】(밥 짓느라)불 땔, 빠를
설문 6151 炊餔疾也。《餔、日加申時食也。晚飯恐遲。炊之疾速。故字从火。引伸爲凡疾之用。『離騷』曰。反信讒而齌怒。『王-注』云。疾怒。》从火。亝(齊)聲。《在詣(詣)切。15部。》/482

◀ 제 5 획 ▶

齍 (자)【zī ㄗ一】(서직 담는)제기, 기장 ■제:같은 뜻
설문 3002 黍稷器。所㠯(以)祀者。《【各本】作黍稷在器以祀者。則與盛義不別。今从『韵(韻)會本』。按『周禮』一書。或兼言齍盛。或單言齍、單言盛。皆言祭祀之事。他事絕不言齍盛。故許皆云以祀者。兼言齍盛。若『甸師』、『春人』、『肆師』、『小祝』是也。單言齍。若『大宗伯』、『小宗伯』、『大祝』是也。單言盛。若『饎人』、『廩人』是也。『小宗伯-逆齍:注』云。受『饎人』之盛以入。然則齍盛可互偁(稱)也。『甸師:注』云。粢、稷也。穀者稷爲長。是以名云。『肆師:注』云。粢、六穀也。『大祝:注』云。粢號謂黍稷皆有名號也。『春人:注』云。齍盛謂黍稷稻粱之屬。可盛以爲簠簋實。【經】文齍字、『注:三易』爲粢。而『小宗伯:六粢:注』云。齍讀爲粢。六粢謂六穀。黍稷稻粱麥苽。此則『易』齍爲粢之恉(指)。謂齍粢古今字也。考『毛詩:甫田』作齊、亦作齍。用古文。『禮記』作粢盛。用今文。是則齍粢爲古今字憭然。『左傳』作粢盛。則用今字之始。『左傳』曰。絜粢豐盛。毛曰。器實曰齍。在器曰盛。『鄭-注:周禮』。齍或專訓稷。或訓黍稷稻粱。盛則皆訓在器。是則齍之與盛別者、齍謂穀也。盛謂在器也。許則云器曰齍。實之則曰盛。似與毛、鄭異。葢(蓋)許主說字。其字从皿。故謂其器可盛黍稷曰齍。要之齍可盛黍稷、而因謂其所盛黍稷曰齍。凡文字故訓引伸每多如是。說【經】與說字不相妨也。》从皿。亝(齊)聲。《亝、禾麥吐采上平也。形聲包會意。卽夷切。15部。》/211

齋 𪗉(자)【jì ㄐㄧˋ】㉦㊥⑨㉴ zī 메(黍稷在器曰齋。… 又作粢。)
설문 4200 稷也。《『釋艸』曰。粢、稷也。『周禮:甸師:齍盛:注』云。粢者、稷也。穀者稷爲長。按【經】作齍。『注』作粢。此【經】用古字、『注』用今字之例。『周禮』齍盛字鄭易爲粢者三。『甸師』、『肆師』、『大祝』也。『小宗伯:六齍:注』云。齍讀爲粢。六粢謂六穀。黍稷稻粱麥苽。云齍讀爲粢。此易齍爲粢之證也。粢本謂稷。何以六穀統名粢。則以稷爲穀之長。故得槩之。『甸師:注』是其恉(指)也。米本謂禾。凡穀皆得名米。粢盛之粢猶是矣。甫田作齊。亦作齍。毛曰。器實曰齍。而『左傳』、『禮記』皆作粢盛。是可證齍粢之同字。『穀名』曰粢。用以祭祀則曰齍。別之者、貴之也。【今-經典】粢皆譌粢。而𪗉字且不見於【經典】矣。『廣韵(韻)』曰。齋、祭飯也。『玉篇』曰。黍稷在器曰齋。知【舊本-經典】故作齋盛。》从禾。亝(齊)聲。《卽夷切。15部。》 𥻨齋或从次作。《『鄭-注:周禮』曰。齎資字同。其字以亝次爲聲。从貝變易。此亦以亝次爲聲。从禾變易。而今日【經典】粢盛皆从米作。則又紛奩之或字而誤叚(假)之。》/322

◀ 제 6 획 ▶

齌 (자)【zī ㄗ一】꿰맬, 상옷 아랫단 혼 것, 치마
설문 5119 緶也。裳下緝。《【各本】無「裳下緝」三字。今依『韵(韻)會』補。依『釋名』當作「緝下」。緝下、橫縫緝其下也。緶者、緁衣也。緝同緁。漢時通用。『論語:鄉(鄕)黨:孔-注』曰。衣下曰齊。『玉藻』。縫齊倍要。『正義』曰。齊謂裳之下畔。『深衣』。下齊如權衡以應平。『注』曰。齊、緝也。『禮:喪服:疏衰裳齊疏』云。衰裳旣就。乃始緝之。故言齊在衰裳下。不比言斬在衰上也。按【經傳】多假齊爲之。亦省作齊。》从衣。亝(齊)聲。《卽夷切。15部。》/396

◀ 제 7 획 ▶

齎 (재)【jī ㄐㄧ一】가져갈, 가져올 ■자:재물
설문 3787 持遺也。《『周禮:掌皮』。歲終則會其財齎。『注』。予人以物曰齎。今時【詔書】或曰齎計吏。鄭司農云。齎或爲資。『外府』。共其財用之幣齎。『注』。齎、行道之財用也。『聘禮』曰。問幾月之齎。鄭司農云。齎或爲資。今禮家定齎作資。玄謂齎資同耳。其字以齊次爲聲。從貝變易。古字亦多或。玉裁按。此鄭君不用【許書】說。謂齎資一字。聲義皆同也。許則釋資爲貨。釋齎爲持而予之。其義分別。不爲一字。近人則訓齎爲持矣。》从貝。亝(齊)聲。《祖雞(鷄)切。15部。》/280

◀ 제 8 획 ▶

𪗋 𩕲(제)【qì ㄑㄧˋ】㉦㊥⑨㉴ qí 같을 ■처:같은 뜻
설문 4162 等也。《齊等字當作此。齊行而𩕲 (𩕲)廢矣。》从亝(齊)。妻聲。《妻者、齊也。此舉(擧)形聲包會意。徂兮切。15部。》/317

齊
14
⑫

제 15 획

211 15-01 齒 훈 이 치

齒 치【chǐ ㄔˇ】[설문부수 38] 이빨, 나이, 나란히 설

설문 1216 口齗骨也。《『鄭-注:周禮』曰。人生齒而體備(備)。男八月、女七月而生齒。》象口齒之形。《㕁者、象齒。餘⊔(口)字也。》止聲。《昌里切。1部。》凡齒之屬皆从齒。 《从小徐也。【大徐本】誤。》古文齒字。《古文獨體象形。不加聲旁。》/78

성부 부록 색인 참조

형부 齒를 부수로 하는 대부분의 글자들

◀ 제 2 획 ▶

齔 (츤)【chèn ㄔㄣˋ】이 갈(교체) ■지:같은 뜻
설문 1218 毁齒也。男八月生齒。八歲而齔。女七月生齒。七歲而齔。从齒匕。《【各本】篆作齓。云从齒。从七。初忍初覲二音。殆傳會七聲爲之。今按其字从齒匕。匕、變也。今音呼跨切。古音如貨。『本命』曰。陰以陽化。陽以陰變。故男以八月生齒。八歲而毁。女七月生齒。七歲而毁。毁與化義同音近。『玄應書:卷五』。齔舊音差貴切。『卷十一』。舊音羌貴切。然則古讀如未韵(韻)之槩。荅(蓋)本从匕。匕亦聲。轉入寘至韵也。自誤从七旁。『玄應』云初忍切。孫愐云初堇切。『廣韵(韻)』乃初覲切。『集韵』乃初問恥問二切。其形唐宋人又譌亂从乚。絕(絶)不可通矣。今當依舊音差貴切。古音荅在 17部。》/78

◀ 제 3 획 ▶

齕 (흘)【hé ㄏㄜˊ】㉦ hú 깨물 ■혈:같은 뜻
설문 1248 齧也。《『如淳-注:漢書』曰。齕、齩也。『曲禮』。庶人齕之。》从齒。气聲。《戶骨切。15部。》/80

⿰齒干 (안)【wǎn ㄨㄢˇ】㉦中⑨㉮ yǎn 이 드러난 모양 ■언·한:같은 뜻
설문 1240 齒見皃(貌)。《『廣韵(韻)』曰。齴⿰齒干、齒不正。》从齒。干聲。《五版切。14部。》/80

◀ 제 4 획 ▶

齗 (은)【kěn ㄎㄣˇ】㉦中⑨㉮ yín 잇몸, 말다툼할 ■안:말다툼할 ■근:윗입술 ■은:같은 뜻 ■연:웃을 ■곤:이드러난 모양 ■간:웃을 ■언:같은 뜻
설문 1217 齒本肉也。《【各本】無「肉」。『玄應』兩引作齒肉也。『篇』、『韵(韻)』皆作齒根肉也。今補。齗爲肉。故上文齒爲齗骨。此骨出肉外。故肉爲骨本。『魯(魯):世家』。甚矣魯道之衰也。洙泗之間齗齗如也。『地理志』云。魯濱洙泗。其民涉渡。幼者扶老者而代其任。俗旣薄。長老不自安。與幼者相讓。故曰魯道衰。洙泗之間齗齗如也。按彼此爭辯。露其齒本。故曰齗齗。徐廣五艱反。又按『曲禮』。笑(笑)不至矧。鄭云。齒本曰矧。大笑則見。矧正齗之近部段(假)借字也。》从齒。斤聲。《魚斤切。13部。》/78

齘 (계)【xiè ㄒㄧㄝˋ】(분노하여)이를 갈, 물건 이어댄 곳이 꼭 맞지 않을 ■해:속음
설문 1221 齒相切也。《謂上下齒緊相摩切也。相切則有聲。故『三倉』云。齘、鳴齒也。『函人』爲甲。衣之欲其無齘也。大鄭云。齘謂如齒齘。不齘則隨人身便利。『方言』。齘、怒也。郭曰。言噤齘也。「噤」亦作「㖟」。『篇』、『韵(韻)』皆云。㖟齘、切齒怒。》从齒。介聲。《胡介切。15部。》/79

◀ 제 5 획 ▶

⿰齒出 (슬)【cì ㄘˋ】㉦中⑨㉮ zhí 깨물, 씹는 소리 ■즐·술:같은 뜻
설문 1236 齚齒也。《謂齚物而外露之齒也。故從齒出。》从齒。出聲。《仕乙切。15部。》/80

齛 (세)【xiè ㄒㄧㄝˋ】양이 되새김질할
설문 1253 羊粻也。《『釋獸』曰。羊曰齛。郭曰。齛音漏泄。按唐人諱世作「齥」。粻、[米部]無此字。[食部]引峙乃餱粻。》从齒。世聲。《私列切。15部。》/80

齜 (채)【zī ㄗ】㉦中⑨㉮ chái 이 갈, 이 드러낼 ■치:너리 먹을 ■재:이 가지런치 못할 ■자:같은 뜻
설문 1220 齒相齘也。《「齘」【各本】誤「齗」。李本不誤。『廣韵(韻)』。齜(齜)䶩、齒不正。上士佳、下五佳切。『玉篇』曰。䶩亦作齷。》一曰開口見齒之皃(貌)。《『管子』曰。東郭有狗啀啀。旦莫欲齧我猳。啀啀、露齒之皃。》从齒。此聲。《【各本】作「柴省聲」。淺人改也。》讀若柴。《仕街切。16部。》/79

齝 (치)【chī ㄔ】(소가)되새김질 할
설문 1247 吐而噍也。《噍卽嚼字也。見[口部]。『釋獸:郭-注』曰。食之已久。復出嚼之。》从齒。台聲。《丑之切。1部。》『爾雅』曰。牛曰齝。《『釋獸』文。》/80

齟 (거)【jù ㄐㄩˋ】 잇몸 무를
설문 1233 齗腫也。从齒。巨聲。《巨主切。5部。『廣韵』其呂切。》 /79

齞 (연)【yàn ㄧㄢˋ】 ㉠㉡㉢⑨㉣ yǎn 이 드러날 ■언:같은 뜻
설문 1222 張口見齒也。《依『文選:注』訂。『登徒子好色賦』。齞脣歷齒。》 从齒。只聲。《研繭切。古音在 16部。》 /79

◀ 제 6 획 ▶

齤 (권)【quán ㄑㄩㄢˊ】 本[이빠질] 웃어 이 드러낼
설문 1230 缺齒也。一曰曲齒。《缺齒者、齺(齹)也。曲齒者、上云齒差跌。今俗云齒齞也。按『淮南:道應訓』。若士齤然而笑(笑)。謂露其齒病而笑也。》 从齒。类聲。讀又若權。《按云又者、謂类讀若書卷。齤讀同。又讀若權也。大徐刪(删)又。非。巨負(員)切。14部。》 /79

䶡 (질)【zhì ㄓˋ】 이 단단할, 씹는 소리 ■절:같은 뜻
설문 1255 齧堅也。《『玉篇』。齧堅皃(貌)。『廣韵(韻)』。齧聲。【各本】齧作齒。恐誤。》 从齒。至聲。《陟栗切。12部。》 /80

齦 (간)【yín ㄧㄣˊ】 ㉡㉢⑨㉣ kěn 本[깨물] ■은:잇몸
설문 1239 齧也。《此與[豕部:豤]音義同。疑古衹作「豤」。齦者後出分別之字也。今人又用爲齗字矣。》 从齒。㫐(艮)聲。《康很切。13部。》 /80

齛 (할)【xiá ㄒㄧㄚˊ】 깨무는 소리
설문 1245 齧堅聲。《「齧」【各本】作「齒」。今依『玉篇』訂。〔石部〕曰。硈、石堅也。皆於吉聲知之。》 从齒。吉聲。《赫鍇切。15部。按自齮至齩九文并齛十文皆謂齧也。宜移齨齰文之上。》 /80

齧 (설)【niè ㄋㄧㄝˋ】 씹을, 깨물, 땅이름
설문 1250 噬也。《〔口部〕曰。噬、啗也。『釋名』曰。鳥曰啄。獸曰齧。齧、齾也。所臨則禿 齾也。》 从齒。㓞聲。《五結切。15部。》 /80

齨 (구)【è ㄜˋ】 ㉡㉢⑨㉣ jiù 노인의 이
설문 1252 老人齒如臼也。《如臼者齒坳。》 从齒臼。臼亦聲。《其久切。3部。》 一曰馬八歲也。《馬八歲曰馴。齒亦如臼。俗名之「齨」。亦作「駒」。》 /80

齩 (교)【yǎo ㄧㄠˇ】 뼈깨물 ■요:속음 ■효:같은 뜻
설문 1243 齧骨也。《俗以鳥鳴之咬爲齩齧。》 从齒。交聲。《五巧切。2部。》 /80

齥 (랄)【là ㄌㄚˋ】 뼈 물어뜯는 소리, 깨물
설문 1242 齒分骨聲。从齒。㓟(列)聲。《『篇』、『韵(韻)』皆作「䶛」。》 讀若剌。《盧達切。15部。》 /80

◀ 제 7 획 ▶

齹 (차)【cuó ㄘㄨㄛˊ】 이 어긋난 모양
설문 1229 齒差跌皃(貌)。《差者、不値也。跌者踼也。齒差跌、謂參差踼跌不平正也。》 从齒。佐聲。《鉉曰。「佐」當是「㔫」。傳寫之誤。『說文』無佐字。昨何切。17部。》 『春秋傳』。鄭有子齹。《見『左傳:昭:十六年』。『今-傳』作「齹」。實一字也。釋文曰。齹、『字林』才可士知二反。『說文』作「齹」。云齒差跌也。在河干多二反。是『字林』始有齹。『各本:說文』乃以齹篆先齹。而別爲音義。誤甚。今刪(删)之。古人名字相應。或以相反爲相應。齹者不齊。故爲嬰齊之字也。》 /79

齬 (어)【yǔ ㄩˇ】 맞지 않을
설문 1228 齟齬也。从齒。吾聲。《魚擧(擧)切。5部。》 /79

䶜 (괄)【guò ㄍㄨㄛˋ】 ㉡㉢⑨㉣ kuò 씹는 소리
설문 1257 噍聲。《『廣韵(韻)』曰。骨端。》 从齒。昏聲。《古活切。15部。》 /80

◀ 제 8 획 ▶

齭 (초)【chǔ ㄔㄨˇ】 이 실(이가 시릴) ■소:같은 뜻
설문 1251 齒傷酢也。《「酢」者今之「醋」字。酸澀(澁)也。》 从齒。所聲。讀若楚。《創擧(擧)切。5部。亦作「齼」。凡言痛楚、楚澀意皆同。》 /80

䶢 (졸)【cuò ㄘㄨㄛˋ】 ㉡㉢⑨㉣ zú 씹을, 깨물 ■줄·탈:같은 뜻
설문 1241 䶢、《此複擧(擧)字之未刪(删)者。》 齚也。从齒。卒聲。《昨沒(沒)切。15部。》 /80

齮 (의)【yǐ ㄧˇ】 깨물 ■기:씹을, 깨물
설문 1235 齧也。《『史、漢:田儋傳』。齮齕用事者墳墓。如淳曰。齮齕、猶齚齧也。齕、齩也。按凡從奇之字多訓偏。如掎訓偏引、齮訓側齧。『索隱-注:高紀』云。許愼以爲側齧。》 从齒。奇聲。《魚綺切。古音在 17部。》 /79

齯 (예)【ní ㄋㄧˊ】 다시 난 이(장수의 상, 90세 노인)
설문 1234 老人齒。《『魯頌』。黃髮兒齒。『釋詁』曰。黃髮兒齒、壽也。『釋名』曰。九十或曰齯齒。大齒落盡。更生細者。如小兒齒也。按『毛詩』作「兒」。古文。【他書】作「齯」。今文也。》 从齒。兒聲。《此形聲包會意。五雞(鷄)切。16部。》 /79

齰 (색)【cuò ㄘㄨㄛˋ】 ㉡㉢⑨㉣ zé 깨물 ■책:이 서로 마주칠 ■착:〈네이버 자전〉
설문 1237 齧也。《『漢書:灌夫傳』。齰舌自殺。『鄧通傳』。使大子齰癰。》 从齒。昔聲。《側革切。古音在 5部。》 齚 齰或从乍。《乍聲亦 5部也。》 /80

齱 (추)【zōu ㄗㄡ】 너리먹을, 이가 촘촘히 모인 모양 ■착:닥칠, 악착할 ■촉:이 떨기로 날
설문 1225 齱齵、《逗。疊韵(疊韻)》 齒不正也。《『廣韵(韻)』齱下曰。齱齵、齒偏。齵下曰。齱齵。》 从齒。取

聲。《側鳩切。4部。》/79

◀ 제 9 획 ▶

齺(감)【xián ㄒㄧㄢˊ】(상)㊥⑨(작) jiān 씹을, 깨물 ■함:입에 넣고 씹지 않을 ■암:이가 높은 모양 ■겸:씹는 모양, 씹는 소리 ■협:이가 굽게 난 모양

설문 [1238] 齧也。从齒。咸聲。《工咸切。『廣韵(韻)』苦洽切。古音在 7部。》/80

齳(운)【yùn ㄩㄣˋ】(상)㊥⑨(작) yǔn 이 빠질

설문 [1231] 無齒也。《『韓詩:外傳。』以爲姣好邪。則大公年七十二。齳然而齒墮矣。》从齒。軍聲。《魚吻切。13部。》/79

齵(우)【qǔ ㄑㄩˇ】(상)㊥⑨(작) óu (위 아래 이가 서로)맞지 않을

설문 [1226] 齺齵也。从齒。禺聲。《五婁切。4部。按二字【各本】譌亂。今依『廣韵(韻)』正之。》/79

◀ 제 10 획 ▶

齸(익)【yì ㄧˋ】(노루, 사슴이)새김질할

설문 [1254] 鹿麋粻。《『釋獸』日。麋鹿日齸。釋文云。字或作「嗌」。按嗌、咽也。咽、喉也。郭云。齝食之所在因名之。是也。然則齸與齝同。言其自喉出復嚼。故字从齒。嗌嗛嗛則皆自其藏食之處言之。字衹从口。「嗌」或作「齸」者。荅(蓋)亦謂出嚼之也。》从齒。益聲。《伊昔切。16部。》/80

齴(암)【jián ㄐㄧㄢˊ】(상)㊥⑨ yàn (작) yán 이 어긋날 ■염·엄:같은 뜻

설문 [1223] 齒差也。《「差」當作「齹」。》从齒。兼聲。《五鹹切。7部。『廣韵(韻)』語廉切。》/79

齘 齘(절)【qiè ㄑㄧㄝˋ】이 갈릴

설문 [1244] 齒差也。《此與齴訓齒差義異。謂齒相摩切也。齒與齒相切。必參差上下之。差卽今磋磨字也。引伸之義、摩物日齘(齘)。『衛(衛)風』。如切如瑳。如琢如摩。『釋器』日。骨謂之切。象謂之瑳。玉謂之琢。石謂之摩。切亦作齘。瑳亦作磋。摩亦作磨。差者正字。瑳磋皆加偏旁字也。》从齒。屑聲。讀若切。《千結切。12部。》/80

齹(애)【yái ㄧㄞˊ】(상)㊥⑨(작) ái 어금니

설문 [1246] 齘牙也。《齘(齘)牙猶差齒也。亦引伸爲摩器之名。〔刀部〕日。剴、一日摩也。皆於豈聲知之。》从齒。豈聲。《五來切。古音在 15部》/80

齺(착)【zōu ㄗㄡˉ】(위 아래 이가)마주 대할、깨물 ■추:이 부러지는 소리

설문 [1224] 齒搚也。《「搚」【今本】作「擠」。〔手部〕日。搚一日拉也。齒拉者、謂齒折也。》一日馬口中糜也。《『司馬相如傳』。猶時有銜糜之變。張揖日。銜、馬勒銜也。糜、騑馬口長銜也。司馬貞日。『周遷-輿服志』云。鉤逆上者爲糜。糜在銜中。以鐵爲之。大如雞(鷄)子。『鹽鐵論』云。無銜糜而禦悍馬是也。》从齒。芻聲。《側鳩切。4部。『廣雅』、『廣韵(韻)』及『管子:注』士角切。》一日齰也。《『廣雅』齺齧也本此。按『管子』。車轂𪙊(齺)騎。連伍而行。『荀卿子』。齺然上下相信。而天下莫之敢當。【二書】於齰義差近。齧則齒近物。『廣韵(韻)』日。齺、齒相近皃(貌)。》/79

齻(박)【bó ㄅㄛˊ】단단한 것을 씹을

설문 [1258] 噍堅也。《[口部:嚩、噍]、噍皃。『廣韵(韻)』日。齻同嚩。》从齒。専聲。《補莫切。5部。按此荅(蓋)嚩之或字。後人竄入者也。》/80

齶(할)【huá ㄏㄨㄚˊ】뼈 씹는 소리

설문 [1256] 齧骨聲也。《『曲禮』日。毋齧骨。鄭云。爲有聲響不敬。》从齒骨。骨亦聲。《戶八切。15部。》/80

◀ 제 11 획 ▶

齟(차)【zhā ㄓㄚˉ】이 어긋날, 어금니, 이 바르지 못할 ■조:같은 뜻

설문 [1227] 齟齬、《逗。》齒不相値也。《『廣韵(韻)』日。齟齬、不相當也。或作「鉏鋙」。上牀呂切。下魚巨切。按[金部:鋙]下云。鉏鋙也。鋙或作「鋙」。『周禮:注』作「鉏牙」。『左傳』西鉏吾以鉏吾爲名。牙吾古音皆在九魚。古齟字有單用者。『東方朔傳』日。齟者、齒不正也。【許書:各本】齟訓齬齒也。齬訓齒不相値也。二篆自當類廁。【各本】離之甚遠。又齟側加切。齬魚擧(擧)切。全失古語曡韵(疊韻)之理。荅(蓋)由齟之字變爲齟。齬之字變爲齖。因以齟齖並(竝)入麻韵。而與齬晝(晝)分異處耳。今从齺齵之例正之。不爲專輒也。》从齒。虘聲。《大徐側加切。按古音在 5部。當依『廣韵(韻)』牀呂切。『篆韵譜(譜)』鉏阻反。》/79

齰(색)【yí ㄧˊ】(상)㊥⑨(작) zé 이 마주칠, 씹을 ■책:같은 뜻

설문 [1219] 齒相値也。《『今-左傳』作「幘」。譌字也。古無幘。則述傳時無此字也。杜云。齒上下相値也。按謂上下齒整齊相對。『詩』所云如瓠犀。》从齒。責聲。《士革切。16部。》一日齧也。《別一義。》『春秋傳』日。晳齰。《『定:九年』文。按晳謂人色白。與齰二事。》/79

◀ 제 16 획 ▶

齺(련)【lián ㄌㄧㄢˊ】이 드러난 모양

설문 [1249] 齒見皃(貌)。从齒。聯聲。《力延切。14部。》/80

◀ 제 20 획 ▶

齾 齾(알)【yà ㄧㄚˋ】이빠질, 그릇 이빠질

설문 [1232] 缺齒也。《引伸凡缺皆日齾。『左傳』日。兩軍之士皆未慭也。杜日。慭、缺也。釋文。慭魚覲反。又魚轄反。按慭得有魚轄反者、正因本或作齾。陸氏失於不分別言之耳。『正義』日。慭者缺之皃(貌)。今人猶謂缺爲慭。【所據:本】必作齾。故如此云。下文荅(蓋)有一本作「慭之語。」亦爲淺人刪(刪)之矣。》从齒。獻聲。《五轄切。15部。獻聲在 14部。合音也。》/79

제 16 획

龍竜竜龍[롱]921　龜龜龜[귀]922

212 龍
16-01 용 룡

龍 竜 룡 【lóng ㄌㄨㄥˊ】 [설문부수 427] 룡

설문 7323 鱗蟲之長。能幽能明(明)。能細能巨。能短能長。《四句一韵。》春分而登天。秋分而潛淵。《二句一韵。『毛詩:蓼蕭:傳』曰。龍、寵也。謂龍卽寵之叚(假)借也。『勹:傳』曰。龍、和也。『長發』同。謂龍爲邕和之叚借字也。》从肉。《與能从肉同。》𠃨肉飛之形。《𠃨肉二字依『韵會』補。無此則文理不完。『六書故』所見【唐本】作从肉从飛及童省。按从飛、謂𠃨。飛省也。从及、爲𠃨。反古文及也。此篆从飛、故下文受之以〔飛部〕。》童省聲。《爲亠也。力鍾切。9部。》凡龍之屬皆从龍。/582

성부 부록 색인 참조

형부 龍을 부수로 하는 대부분의 글자들

형성 (19자+2) 롱(瓏)107 롱(蘢)415 롱(嚨)747 공(龏)1676 공(龔)1683 롱(籠)2827 롱(櫳)3502 롱(槞)3674 롱(𥨎)4131 총(寵)4395 롱(襱)5063 방(龐)5670 롱(聾)5760 롱(瀧)6981 롱(瀧)7148 롱(聾)7442 롱(𩖨)8429 롱(壟)8726 롱(隴)9226 롱(曨) 롱(朧)

◀ 제 3 획 ▶

龏 (공)【gōng ㄍㄨㄥ】 삼갈, 오를

설문 1676 愨也。《〔心部〕曰。愨、謹也。此與〔心部:恭〕音義同。》从廾。龍聲。《紀庸切。9部。按紀庸似從廾得聲。未詳。》/104

龐 (방)【páng ㄆㄤˊ】 本[높은 집] 어수선한 모양, 높을、클、어수선한 모양 ■룡:충실할 ■롱:같은 뜻 ■봉:가득할

설문 5670 高屋也。《謂屋之高者也。故字从广。引伸之爲凡高大之偁(稱)。『小雅』。四牡龐龐。『傳』曰。龐龐、充實也。》从广。龍聲。《薄江切。9部。『詩:音義』鹿同反。徐扶公反。》/445

◀ 제 4 획 ▶

龕 (감)【kān ㄎㄢ】 本[용모양] 담을 ※ 감(龕)의 속자

설문 7325 龍皃(貌)。《此篆之本義也。叚(假)借爲戕亂字。今人用戡堪字、古人多叚龕。『文選:注』引『尙書:孔傳』曰。龕、勝也。》从龍。今聲。《【各本】作「合聲」。篆體亦誤。今依『九經字樣』正。古音在 7部。侵韵(韻)。今音入 8部。覃。口含切。》/582

◀ 제 6 획 ▶

𥨎 (롱)【lóng ㄌㄨㄥˊ】 ⑨ lōng 겸하여 가질

설문 4131 兼有也。《今牢籠字當作此。籠行而𥨎廢矣。『吳都賦』曰。沈虎潛鹿。馬(罵)𥨎僒束。按馬𥨎者、縶而籠其頭也。『玉篇』曰馬𥨎頭。『說文』鞥下云𥨎頭繞者、亦取兼包之意。》从有。龍聲。讀若聾。《盧紅切。9部。》/314

龓 (견)【jiān ㄐㄧㄢ】 용의 등갈기, 용의 등지느러미

설문 7326 龍耆脊上龓龓也。《『士喪禮』。載魚左首進鬐。『注』曰。鬐、脊也。古文鬐爲耆。按此鄭从今文、而曡(疊)古文於『注』也。許〔髟部〕無鬐。此出耆者、許於此字從『禮-古文』。不從『禮-今文』也。耆者、老也。老則脊隆。故凡脊曰耆。或作「鬐」。因馬鬛爲此字也。龍魚之脊上出者、如馬鬛然。『上林賦』曰。揵鰭掉尾。郭云。鰭、背上鬛也。鰭亦耆之今字。渾言之耆卽脊。析言耆在脊上。龓龓、龍耆皃(貌)。》从龍。幵(开)聲。《古賢切。12部。》/582

龔 (공)【gǒng ㄍㄨㄥˇ】 ㉠㉡㉢⑨㉣ gōng (남에게)줄, 이바지할

설문 1683 給也。《〔糸部〕曰。給、相足也。此與〔人部:供〕音義同。今供行而龔廢矣。『尙書:甘誓、牧誓』龔行天之罰。謂奉行也。漢魏晉唐引此無不作龔。與供給義相近。衛(衞)包作恭。非也。秦和鐘銘。龔貪天命。言奉敬天命也。》从共。龍聲。《俱容切。9部。按俱容於共得聲。未詳。》/105

◀ 제 16 획 ▶

龖 답【tà ㄊㄚˋ】 나는 용, 두려워 할 ■삽:나는 용

설문 7327 飛龍也。《『廣韵』曰。龍飛之狀。》从二龍。《凡襲聾字从此省聲。》讀若沓。《徒合切。8部。》/582

성부 龖合

형성 (1자) 섭(讋)1591

◀ 제 17 획 ▶

靇 (령)【líng ㄌㄧㄥˊ】용, 신령, 좋을
설문 7324 龍也。《雙聲轉注。》从龍。霝聲。《郞(郎)丁切。11部。》/582

213
16-02
龜 거북 귀

龜 귀【guī ㄍㄨㄟˉ】[설문부수 476] 거북(껍데기) ■구:나라 이름 ■균:틀(피부가 추위에 얼어 갈라짐)

설문 8579 舊也。《此以疊韵(疊韻)爲訓。門聞、戶護之例。龜(龜)古音姬。亦音鳩。舊古音臼。亦音忌。【舊本】鴟舊字。叚(假)借爲故舊。卽久字也。劉(劉)向曰。蓍之言耆。龜之言久。龜千歲而靈。蓍百年而神。以其長久、故能辨吉凶。『白虎通』語略同。龜之大者曰鼇。敖與久音相近。》外骨內肉者也。《外骨、『考工記:梓人』文。鄭云龜屬。》从它。龜頭與它頭同。《此如黽頭與它頭同。魚尾與燕尾同。兔(兎)頭與龟頭同。龟足、㲋足、能足與鹿足同。虎足與人足同。兕頭與禽頭、离頭同。皆其物形相似、故製字同之也。此說从它之意也。》天地之性。廣肩無雄。龜鼈之類。目(以)它爲雄。《『列子』曰。純雌其名大䁑。純雄其名稺蜂。『張-注』。大䁑、龜鼈之類也。稺、小也。『許-注』蟡蠃、亦偁(稱)『列子』。按以它爲雄、則其子皆它子也。故字从它。此从它之又一說也。》龜象足甲尾之形。《从它者、象它頭而已。左象足。右象背甲。曳者象尾。居追切。古音在 1部。讀如基。音轉讀如鳩。》凡龜之屬皆从龜。𠁴古文龜。《象形而不从它。》/678

유사 맹꽁이 맹(黽黽)
성부 부록 색인 참조
형부 龜를 부수로 하는 대부분의 글자들
형성 (1자) 구(鬮鬮)1798

◀ 제 4 획 ▶

龝 (염)【rán ㄖㄢˊ】거북껍질 가장자리 ■남:같은 뜻
설문 8581 龜(龜)甲邊也。《『公羊傳』曰。龜青純。『何-注』。純、緣也。謂。緣甲頿也。千歲之龜青頿。明乎吉凶也。『樂記』、『史記:樂書』皆曰。青黑緣者、天子之寶龜也。按頿者頷之省。龝之叚(假)借字。『劉(劉)淵林-注:蜀都賦』引『譙周-異物志』曰。涪陵多大龜。其甲可以卜。其緣中叉。〈今叙字〉似瑇瑁。名曰靈叉。『郭-注:爾雅』亦用其語。而【今本】多譌字。緣者、甲之邊也。甲文象木戴孚甲之象。故介蟲外骨謂之甲。》从龜。冄聲。《汝閻切。7部。》天子巨龝尺有二寸。《此以下出『三正記』、見『白虎通』。天子下當有龜字。「巨」當作「歫」。『漢志』。元龜歫冄長尺二寸。冄、叚借字也。孟康曰。冄、龜甲緣也。歫、至也。度背兩邊緣尺二寸也。按兩邊相歫尺二寸。故知元龜尺二寸。謂其廣不謂其脩也。『魯(魯)頌:毛傳』曰。元龜、龜尺二寸。》諸侯尺。大夫八寸。士六寸。《皆謂兩邊相歫。》/678

龜 초【jiāo ㄐㄧㄠˉ】(불태운 거북 껍질이 눌어서)점 안 나타날
설문 6165 灼龜不兆也。从龜火。《从『韵會』。此會意也。》『春秋傳』曰。卜戰。龜爂。不兆。《『左傳:哀:二年』。卜戰。龜焦。無不兆二字。按許所據葢(蓋)有不兆。與下文以故兆詢相貫。而焦作爂則淺人所改也。焦者火所傷也。龜焦日爂。許引『傳』說龜火會意。如引豐(豊)其屋、艸木麗于地同。》讀若焦。《音義皆同。卽消切。古音在 3部。讀如揫。故穐(秋)以爲聲。》/483

◀ 제 5 획 ▶

龝 (종)【tóng ㄊㄨㄥˊ】거북 이름
설문 8580 龜(龜)名。《當作「龝龜也」三字句。》从龜。宂(冬)聲。《徒冬切。9部。》宂、古文終字。《見〔糸部。》/678

제 17 획

214
17-01
龠 피리 약

龠龠 약【yuè ㄩㄝˋ】【설문부수 43】 피리, 작(1홉의 십분의 일), 기장 1200알의 분량

설문 1351 樂之竹管。《此與[竹部:籥]異義。【今-經傳】多用籥字。非也。》三孔。《孔同空。按『周禮:笙師』、『禮記:少儀、明堂位:鄭-注』、『爾雅:郭-注』、『應氏-風俗通』皆云三孔。惟『毛傳』云六孔。『廣雅』云七孔。》目(以)和衆聲也。《和衆聲、謂奏樂時也。萬舞時祗用龠以節舞。無他聲。》从品侖。《惟以和衆聲。故從品。》侖、理也。《[亼部]曰。侖、思也。按思猶鰓。鰓理一也。『大雅』。於論鼓(鼓)鍾。『毛傳』曰。論、思也。鄭曰。論之言倫也。毛鄭意一也。從侖、謂得其倫理也。以灼切。2部。》凡龠之屬皆从龠。/85

성부 부록 색인 참조

형부 止를 부수로 하는 대부분의 글자들

형성 (6자) 약(籥 籥)396 약(趯 趯)986 요(覞 覞)5257 약(爚 爚)6132 약(瀹 瀹)7052 약(闟 闟)7408

참고 약(鑰)

◀ 제 5 획 ▶

龢龢(화)【hé ㄏㄜˊ】 온화할 ※ 화(和)와 같은 글자 설문 1354 調也。《[言部]曰。調、龢也。此與[口部]和音同義別。【經傳】多假和爲龢。》从龠。禾聲。讀與咊(和)同。《「禾」【各本】作「和」。今正。此言其音同而已。戸(戶)戈切。17部。》/85

◀ 제 8 획 ▶

龡龡(취)【chuī ㄔㄨㄟˉ】 (입으로)불 ※ 취(吹)와 같은 글자

설문 1352 籥音律管壎之樂也。《八字一句。音律者、如王者行師、大師吹律合音是也。竽笙籥簫篪篴(篴)管皆竹屬。獨言管者。擧(擧)一以該六也。土屬則惟壎可吹。『小師』言鼓(鼓)、瞽矇言播、『笙師』言龡者。各因其文也。以人氣作音曰吹。》从龠。炊聲。《昌垂切。古音在 17部。》/85

◀ 제 9 획 ▶

龤龤(해)【xié ㄒㄧㄝˊ】 잘 어울릴 ※ 해(諧)와 같은 글자

설문 1355 樂龢也。《龤訓龢。龢訓調。調訓龢。三字爲轉注。龤龢作諧和者皆古今字變。許說其未變之義。【今本:龤】下調下作和也。則與龢下調也不爲轉注。龤與[言部:諧]音同義異。【各書】多用諧爲龤。》从龠。皆聲。《戶皆切。15部。》『虞書』曰。《『虞書』當作『唐書』。》八音克龤。《『堯典』文。》/85

◀ 제 10 획 ▶

龥龥(지)【chí ㄔˊ】 저(피리) 이름 설문 1353 管樂也。《管猶箎也。故龠龥篪皆曰管樂。『鄭司農-注:周禮』云。篪七空。『廣雅』云八孔。賈公彥(彦)引『禮圖』云九孔。其言多轉寫錯亂。疑不能明也。『世本』云。暴辛公作「塤(塤)」。蘇成公作「篪」。譙(譙)周云。二人善塤善篪。記者因以爲作。謬矣。按許於壎龥下皆不引『世本』。於鐘磬笙簧琴瑟則引之。其匡謬不在允南之前乎。》从龠。虒聲。《直离切。16部。》篪龥或从竹。《『樂記』又作「箎」。》/85

17

540部首 卷別 現況

『說文解字』540부수 권별 현황

『說文解字』第一[1~14]

一部 1　丄部 2　示部 3　三部 4　王部 5　玉部 6
玨部 7　气部 8　士部 9　丨部 10　屮部 11　艸部 12
蓐部 13　茻部 14

『說文解字』第二[15~44]

小部 15　八部 16　釆部 17　半部 18　牛部 19　犛部 20
告部 21　口部 22　凵部 23　吅部 24　哭部 25　走部 26
止部 27　癶部 28　步部 29　此部 30　正部 31　是部 32
辵部 33　彳部 34　廴部 35　㢟部 36　行部 37　齒部 38
牙部 39　足部 40　疋部 41　品部 42　龠部 43　冊部 44

『說文解字』第三[45~97]

㗊部 45　舌部 46　干部 47　𧮫部 48　只部 49　㕯部 50
句部 51　丩部 52　古部 53　十部 54　卅部 55　言部 56
誩部 57　音部 58　䇂部 59　丵部 60　菐部 61　𠬞部 62
𠬜部 63　共部 64　異部 65　舁部 66　𦥑部 67　䢅部 68
爨部 69　革部 70　鬲部 71　䰜部 72　爪部 73　丮部 74
鬥部 75　又部 76　𠂇部 77　史部 78　支部 79　𦘒部 80
聿部 81　畫部 82　隶部 83　臤部 84　臣部 85　殳部 86
殺部 87　𠘧部 88　寸部 89　皮部 90　㼱部 91　攴部 92
教部 93　卜部 94　用部 95　爻部 96　㸚部 97

『說文解字』第 四[98~142]

旻部 98	目部 99	䀠部 100	眉部 101	盾部 102	自部 103
白部 104	鼻部 105	皕部 106	習部 107	羽部 108	隹部 109
奞部 110	雈部 111	𦫳部 112	苜部 113	羊部 114	羴部 115
瞿部 116	雔部 117	雥部 118	鳥部 119	烏部 120	𠦒部 121
冓部 122	幺部 123	𢆶部 124	叀部 125	玄部 126	予部 127
放部 128	𠬪部 129	𣦼部 130	歺部 131	死部 132	冎部 133
骨部 134	肉部 135	筋部 136	刀部 137	刃部 138	㓞部 139
丯部 140	耒部 141	角部 142			

『說文解字』第 五[143~205]

竹部 143	箕部 144	丌部 145	左部 146	工部 147	㠭部 148
巫部 149	甘部 150	旨部 151	曰部 152	乃部 153	丂部 154
可部 155	兮部 156	号部 157	亏部 158	喜部 159	壴部 160
鼓部 161	豈部 162	豆部 163	豊部 164	豐部 165	䖒部 166
虍部 167	虎部 168	虤部 169	皿部 170	凵部 171	去部 172
血部 173	丶部 174	丹部 175	青部 176	井部 177	皀部 178
鬯部 179	食部 180	亼部 181	會部 182	倉部 183	入部 184
缶部 185	矢部 186	高部 187	冂部 188	冂	𩫏部 189
京部 190	亯部 191	㫗部 192	畐部 193	㐭部 194	嗇部 195
來部 196	麥部 197	夊部 198	舛部 199	舜部 200	韋部 201
弟部 202	夂部 203	久部 204	桀部 205		

『說文解字』第 六[206~230]

木部 206 東部 207 林部 208 才部 209 叒部 210 之部 211
帀部 212 出部 213 𣎵部 214 生部 215 乇部 216 𠂹部 217
𠌶部 218 華部 219 𥝌部 220 稽部 221 巢部 222 桼部 223
束部 224 橐部 225 囗部 226 員部 227 貝部 228 邑部 229
𨛜部 230

『說文解字』第 七[231~286]

日部 231 旦部 232 倝部 233 㫃部 234 冥部 235 晶部 236
月部 237 有部 238 朙部 239 囧部 240 夕部 241 多部 242
毌部 243 𢎘部 244 𣐺部 245 卤部 246 齊部 247 朿部 248
片部 249 鼎部 250 克部 251 彔部 252 禾部 253 秝部 254
黍部 255 香部 256 米部 257 毇部 258 臼部 259 凶部 260
朩部 261 𣏟部 262 麻部 263 尗部 264 耑部 265 韭部 266
瓜部 267 瓠部 268 宀部 269 宮部 270 呂部 271 穴部 272
㝱部 273 疒部 274 冖部 275 𠔼部 276 冃部 277 㒳部 278
网部 279 襾部 280 巾部 281 巿部 282
帛部 283 白部 284 㡀部 285 黹部 286

『說文解字』第 八[287~323]

人部 287 匕部 288 匕部 289 从部 290 比部 291 北部 292
丘部 293 㐺部 294 𡈼部 295 重部 296 臥部 297 身部 298
㐆部 299 衣部 300 裘部 301 老部 302 毛部 303 毳部 304
尸部 305 尺部 306 尾部 307 履部 308 舟部 309 方部 310
儿部 311 兄部 312 兂部 313 皃部 314 𠑹部 315 先部 316
禿部 317 見部 318 覞部 319 欠部 320 㱃部 321 㳄部 322
旡部 323

『說文解字』第 九[324~369]

頁部 324 𦣻部 325 面部 326 丏部 327 首部 328 𥄉部 329
須部 330 彡部 331 彣部 332 文部 333 髟部 334 后部 335
司部 336 卮部 337 卩部 338 印部 339 色部 340 卯部 341
辟部 342 勹部 343 包部 344 茍部 345 鬼部 346 甶部 347
厶部 348 嵬部 349 山部 350 屾部 351 屵部 352 广部 353
厂部 354 丸部 355 危部 356 石部 357 長部 358 勿部 359
冄部 360 而部 361 豕部 362 㣇部 363 彑部 364 豚部 365
豸部 366 𤉡部 367 易部 368 象部 369

『說文解字』第 十[370~409]

馬部 370 廌部 371 鹿部 372 麤部 373 㲋部 374 兔部 375
萈部 376 犬部 377 㹜部 378 鼠部 379 能部 380 熊部 381
火部 382 炎部 383 黑部 384 囪部 385 焱部 386 炙部 387
赤部 388 大部 389 亦部 390 夨部 391 夭部 392 交部 393
尣部 394 壺部 394 壹部 396 㚔部 397 奢部 398 亢部 399
夲部 400 夰部 401 亣部 402 夫部 403 立部 404 竝部 405
囟部 406 思部 407 心部 408 惢部 409

『說文解字』第 十一[410~430]

水部 410 沝部 411 瀕部 412 〈部 413 巜部 414 川部 415
泉部 416 灥部 417 永部 418 𠂢部 419 谷部 420 仌部 421
雨部 422 雲部 423 魚部 424 𩺰部 425 燕部 426 龍部 427
飛部 428 非部 429 卂部 430

『說文解字』第 十二[431~466]

乞部 431 不部 432 至部 433 西部 434 鹵部 435 鹽部 436
戶部 437 門部 438 耳部 439 𦣝部 440 手部 441 𠦬部 442
女部 443 毋部 444 民部 445 丿部 446 厂部 447 乁部 448
氏部 449 氐部 450 戈部 451 戉部 452 我部 453 亅部 454
珡部 455 乚部 456 亡部 457 匸部 458 匚部 459 曲部 460
甾部 461 瓦部 462 弓部 463 弜部 464 弦部 465 系部 466

『說文解字』第 十三[467~489]

糸部 467 素部 468 絲部 469 率部 470 虫部 471 䖵部 472
蟲部 473 風部 474 它部 475 龜部 476 黽部 477 卵部 478
二部 479 土部 480 垚部 481 堇部 482 里部 483 田部 484
畕部 485 黃部 486 男部 487 力部 488 劦部 489

『說文解字』第 十四[490~540]

金部 490 幵部 491 勺部 492 几部 493 且部 494 斤部 495
斗部 496 矛部 497 車部 498 𠂤部 499 𨸏部 500 𨺅部 501
厽部 502 四部 503 宁部 504 叕部 505 亞部 506 五部 507
六部 508 七部 509 九部 510 禸部 511 嘼部 512 甲部 513
乙部 514 丙部 515 丁部 516 戊部 517 己部 518 巴部 519
庚部 520 辛部 521 辡部 522 壬部 523 癸部 524 子部 525
了部 526 孨部 527 𠫓部 528 丑部 529 寅部 530 卯部 531
辰部 532 巳部 533 午部 534 未部 535 申部 536 酉部 537
酋部 538 戌部 539 亥部 540

字音 索引

자음색인 일러두기

叚(빌 가)/90

[又:총09획] 원본 1829[<三:下>116 하]

	표제자 : 전서 표제자 중문(重文) 표제자의 고문이나 혹문, 주문(籒文) 붉은 색으로 구별.
叚	표제자 해서
(빌 가)	음 훈
/90	이 책에 실린 페이지
[又:총09획]	부수와 총획수
원본	<經雲樓藏版(경운루장판)>
1829[	원본에 실리 일련번호, 1-9426까지
<三:下>	원본 제 3권의 下(하)권
116	116페이지
하]	하단.

ㄱ

假(거짓 가)/37
[人:총11획] 원본 4858[<八:上>374 상]
佳(아름다울 가)/28
[人:총08획] 원본 4761[<八:上>368 상]
加(더할 가)/66
[力:총05획] 원본 8811[<13:下>700 하]
叚(빌 가)/90
[又:총09획] 원본 1829[<三:下>116 하]
哥(노래 가)/102
[口:총10획] 원본 2925[<五:上>204 상]
可(옳을 가)/94
[口:총05획] 원본 2922[<五:上>204 상]
哿(좋을 가)/103
[口:총10획] 원본 2924[<五:上>204 상]
嘉(아름다울 가)/110
[口:총14획] 원본 2944[<五:上>205 하]
坷(평탄하지 않을 가)/121
[土:총08획] 원본 8703[<13:下>691 하]
嫁(시집갈 가)/157
[女:총13획] 원본 7742[<12:下>613 하]
家(집 가)/170
[宀:총10획] 원본 4355[<七:下>337 하]
幏(세포 가)/201
[巾:총13획] 원본 4704[<七:下>362 상]
徦(이를 가)/224
[彳:총12획] 원본 1186[<二:下>077 상]
斝(술잔 가)/281
[斗:총12획] 원본 9048[<14:上>717 하]
暇(겨를 가)/296
[日:총13획] 원본 4063[<七:上>306 상]
枷(도리깨 가)/312
[木:총09획] 원본 3547[<六:上>260 상]
檟(개오동나무 가)/340
[木:총17획] 원본 3312[<六:上>242 상]
柯(자루 가)/315
[木:총09획] 원본 3594[<六:上>263 하]
椵(나무 이름 가)/327
[木:총13획] 원본 3336[<六:上>244 상]
歌(노래 가)/349
[欠:총14획] 원본 5289[<八:下>411 하]
渮(진창 가)/397
[水:총13획] 원본 7064[<11:上2>563 상]
瘕(뱃병 가)/474
[疒:총14획] 원본 4541[<七:下>350 상]
痂(헌데 딱지 가)/471
[疒:총10획] 원본 4540[<七:下>350 상]
稼(심을 가)/519
[禾:총15획] 원본 4184[<七:上>320 하]
苛(매울 가)/617
[艸:총09획] 원본 0522[<一:下>040 상]
葭(갈대 가)/631
[艸:총13획] 원본 0624[<一:下>046 상]
茄(연 줄기 가)/619
[艸:총09획] 원본 0411[<一:下>034 상]
街(거리 가)/669
[行:총12획] 원본 1206[<二:下>078 상]
訶(꾸짖을 가)/693
[言:총12획] 원본 1600[<三:上>100 상]
豭(수퇘지 가)/713
[豕:총16획] 원본 5790[<九:下>455 상]
賈(값 가)/718
[貝:총13획] 원본 3813[<六:下>281 하]
軻(굴대 가)/737
[車:총12획] 원본 9150[<14:上>729 상]
迦(걷지 못하게 발을 속박할 가)/752
[辵:총13획] 원본 1145[<二:下>074 하]

駕(멍에 가)/855
[馬:총15획] 원본 5891[<十:上>464 하]
鴐(기러기 가)/889
[鳥:총16획] 원본 2309[<四:上>152 상]
麚(수사슴 가)/899
[鹿:총20획] 원본 5962[<十:上>470 상]
刻(새길 각)/62
[刀:총08획] 원본 2642[<四:下>179 하]
卻(물리칠 각)/83
[卩:총09획] 원본 5523[<九:上>431 상]
各(각각 각)/95
[口:총06획] 원본 0895[<二:上>061 상]
塙(단단할 각)/129
[土:총13획] 원본 8614[<13:下>683 하]
愨(삼갈 각)/239
[心:총14획] 원본 6399[<十:下>502 하]
愙(공경할 각)/237
[心:총13획] 원본 6455[<十:下>505 하]
搉(칠 각)/265
[手:총13획] 원본 7688[<12:上>609 상]
斠(될 각)/281
[斗:총14획] 원본 9053[<14:上>718 상]
榷(외나무다리 각)/332
[木:총14획] 원본 3632[<六:上>267 상]
桷(서까래 각)/320
[木:총11획] 원본 3488[<六:上>255 상]
㱿(내려칠 각)/356
[殳:총10획] 원본 1861[<三:下>119 상]
毃(두드릴 각)/358
[殳:총14획] 원본 1867[<三:下>119 하]
㴫(물댈 각)/396
[水:총13획] 원본 6998[<11:上2>558 하]
玨(쌍옥 각)/447
[玉:총08획] 원본 0201[<一:上>019 하]
礐(돌 소리 각)/502
[石:총18획] 원본 5742[<九:下>451 상]
胳(겨드랑이 각)/597
[肉:총10획] 원본 2507[<四:下>169 하]
腳(다리 각)/601
[肉:총13획] 원본 2519[<四:下>170 하]
茖(달래 각)/620
[艸:총10획] 원본 0281[<一:下>026 상]
𧍯(벵이 각)/658
[虫:총15획] 원본 8447[<13:上>667 상]
覺(깨달을 각)/686
[見:총20획] 원본 5258[<八:下>409 상]
角(뿔 각)/687
[角:총07획] 원본 2699[<四:下>184 하]
~(입둘레굽이 각)/707
[谷:총07획] 원본 1371[<三:上>087 상]
𧾻(뚜벅뚜벅 걸을 각)/727
[走:총25획] 원본 0987[<二:上>065 하]
閣(문설주 각)/800
[門:총14획] 원본 7395[<12:上>589 상]
隺(뜻 고상할 각)/813
[隹:총10획] 원본 3182[<五:下>228 하]
鵅(물새 이름 각)/890
[鳥:총17획] 원본 2298[<四:上>151 하]
𪕊(쥐 이름 각)/913
[鼠:총19획] 원본 6087[<十:上>478 하]
倝(해가 뜰 때 햇빛이 빛나는 모양 간)/36
[人:총10획] 원본 4088[<七:上>308 하]
侃(강직할 간)/28
[人:총08획] 원본 7133[<11:下>569 상]
刊(책 펴낼 간)/59
[刀:총05획] 원본 2650[<四:下>180 상]
姦(간사할 간)/149
[女:총09획] 원본 7963[<12:下>626 상]

婜(화려할 간)/154
[女:총11획] 원본 7849[<12:下>620 상]

奸(범할 간)/145
[女:총06획] 원본 7955[<12:下>625 하]

干(방패 간)/203
[干:총03획] 원본 1368[<三:上>087 상]

忓(방해할 간)/226
[心:총06획] 원본 6484[<十:下>507 하]

旰(해 질 간)/290
[日:총07획] 원본 4045[<七:上>304 하]

栞栞(나무잘라 표할 간)/323
[木:총10획] 원본 3424[<六:上>249 상]

榦(산뽕나무 간)/204,
[木:총14획] 원본 3468[<六:上>253 상]

柬(가릴 간)/314
[木:총09획] 원본 3736[<六:下>276 상]

倝(쓸 간)/44
[木:총18획] 원본 4089[<七:上>308 하]

[illegible](물 이름 간)/415
[水:총21획] 원본 7037[<11:上2>561 하]

澗(산골물 간)/404
[水:총15획] 원본 6936[<11:上2>554 하]

玕(옥돌 간)/446
[玉:총07획] 원본 0193[<一:上>018 하]

癇(간기 간)/476
[疒:총17획] 원본 4503[<七:下>348 하]

皯(기미 낄 간)/480
[皮:총08획] 원본 1891[<三:下>122 상]

看(볼 간)/486
[目:총09획] 원본 2071[<四:上>133 하]

盰(눈 부릅뜰 간)/484
[目:총08획] 원본 2012[<四:上>130 하]

硍(돌에 흔적 있을 간)/497
[石:총11획] 원본 5741[<九:下>450 하]

稈(짚 간)/515
[禾:총12획] 원본 4241[<七:上>326 상]

竿(장대 간)/531
[竹:총09획] 원본 2820[<五:上>194 하]

[illegible](있을 간)/541
[竹:총18획] 원본 6593[<十:下>513 상]

簡簡(대쪽 간/541
[竹:총18획] 원본 2764[<五:上>190 하]

羥(양 이름 간)/579
[羊:총13획] 원본 2236[<四:上>146 상]

肝(간 간)/593
[肉:총07획] 원본 2490[<四:下>168 하]

臤(굳을 간)/605
[臣:총08획] 원본 1850[<三:下>118 상]

艮(어긋날 간)/613
[艮:총06획] 원본 4988[<八:上>385 하]

艱(어려울 간)/613
[艮:총17획] 원본 8736[<13:下>694 상]

[illegible](볏줄기 간)/642
[艸:총18획] 원본 0324[<一:下>029 상]

葌(띠 간)/630
[艸:총13획] 원본 0267[<一:下>025 상]

衎(즐길 간)/669
[行:총09획] 원본 1212[<二:下>078 상]

衦(옷의 주름을 펼 간)/670
[衣:총09획] 원본 5102[<八:上>395 하]

覸(패려궂게 볼 간)/686
[見:총22획] 원본 5269[<八:下>410 상]

諫(간할 간)/700
[言:총16획] 원본 1459[<三:上>093 상]

豤(돼지물 간)/712
[豕:총13획] 원본 5793[<九:下>455 하]

赶(달릴 간)/722
[走:총10획] 원본 1015[<二:上>067 상]

迀(구할 간)/747
[辵:총07획] 원본 1141[<二:下>074 하]

[乾+阝](땅 이름 간)/769
[邑:총14획] 원본 4002[<六:下>300 상]

鐗(굴대 쇠 간)/795
[金:총20획] 원본 8980[<14:上>711 하]

靬(가죽 간)/826
[革:총12획] 원본 1699[<三:下>107 상]

顅(털 적을 간)/839
[頁:총17획] 원본 5415[<九:上>420 하]

[艮+頁](빰 뒤 간)/837
[頁:총15획] 원본 5360[<九:上>417 상]

鬜(대머리 간)/870
[髟:총22획] 원본 5500[<九:上>428 상]

齦(깨물 간)/918
[齒:총21획] 원본 1239[<二:下>080 상]

㓞(교묘히 새길 갈)/60
[刀:총06획] 원본 2687[<四:下>183 상]

喝(꾸짖을 갈)/106
[口:총12획] 원본 0890[<二:上>060 하]

擖(깎을 갈)/271
[手:총16획] 원본 7566[<12:上>602 상]

扴(긁을 갈)/253
[手:총07획] 원본 7558[<12:上>601 하]

暍(더위 먹을 갈)/297
[日:총13획] 원본 4071[<七:上>306 하]

曷(어찌 갈)/301
[曰:총09획] 원본 2910[<五:上>202 하]

楬(푯말 갈)/330
[木:총13획] 원본 3680[<六:上>270 하]

[氵+歇](목마를 갈)/408
[水:총16획] 원본 5310[<八:下>412 하]

渴(목마를 갈)/390
[水:총12획] 원본 7012[<11:上2>559 하]

獦(개 갈)/441
[犬:총12획] 원본 6005[<十:上>473 하]

碣(비 갈)/499
[石:총14획] 원본 5730[<九:下>449 하]

[禾+曷](벼이삭이 팰 갈)/517
[禾:총14획] 원본 4219[<七:上>324 상]

竭(다할 갈)/528
[立:총14획] 원본 6373[<十:下>500 하]

羯(불깐 흑양 갈)/580
[羊:총15획] 원본 2233[<四:上>146 상]

葛(칡 갈)/631
[艸:총13획] 원본 0437[<一:下>035 하]

蝎(나무좀 갈)/658
[虫:총15획] 원본 8419[<13:上>665 하]

褐(털옷 갈)/676
[衣:총14획] 원본 5122[<八:上>397 상]

[走+曷](성내어 달릴 갈)/725
[走:총16획] 원본 0974[<二:上>065 상]

[葛+阝](마을 이름 갈)/771
[邑:총17획] 원본 3917[<六:下>292 하]

[馬+匃](말 발 빠를 갈)/855
[馬:총15획] 원본 5910[<十:上>466 하]

鶡(관 이름 갈)/892
[鳥:총20획] 원본 2358[<四:上>155 하]

凵(입 벌릴 감)/58
[凵:총02획] 원본 0922[<二:上>062 하]

[匚+贛](상자 감)/75
[匚:총26획] 원본 8037[<12:下>636 상]

厱(벼랑의 동굴 감)/86
[厂:총15획] 원본 5700[<九:下>447 상]

坎(구덩이 감)/119
[土:총07획] 원본 8668[<13:下>689 상]

堪(견딜 감)/127
[土:총12획] 원본 8636[<13:下>685 하]

尲(절뚝거릴 감)/179
[尢:총13획] 원본 6318[<十:下>495 상]

感(느낄 감)/237
[心:총13획] 원본 6595[<十:下>513 상]

惂(근심할 감)/233
[心:총11획] 원본 6610[<十:下>513 하]

𢦔(죽일 감)/247
[戈:총08획] 원본 7997[<12:下>631 상]

戡(칠 감)/249
[戈:총13획] 원본 8000[<12:下>631 상]

敢𠭖𣪘(감히 감)/277
[攴:총12획] 원본 2406[<四:下>161 상]

椷(함 감)/327
[木:총13획] 원본 3558[<六:上>261 상]

欿(시름겨울 감)/348
[欠:총12획] 원본 5320[<八:下>413 상]

歁(음식 나쁠 감)/348
[欠:총13획] 원본 5319[<八:下>413 상]

泔(뜨물 감)/373
[水:총08획] 원본 7046[<11:上2>562 상]

減(덜 감)/389
[水:총12획] 원본 7109[<11:上2>566 상]

淦(배에 괸 물 감)/387
[水:총11획] 원본 6958[<11:上2>556 하]

玪(옥 이름 감)/447
[玉:총08획] 원본 0152[<一:上>016 하]

甘(달 감)/460
[甘:총05획] 원본 2901[<五:上>202 상]

⿸厤甘(화할 감)/460
[甘:총17획] 원본 2903[<五:上>202 상]

監(볼 감)/482
[皿:총14획] 원본 5010[<八:上>388 상]

⿰目監(잘 볼 감)/493
[目:총19획] 원본 2058[<四:上>132 하]

竷(북 칠 감)/528
[立:총20획] 원본 3225[<五:下>233 상]

紺(감색 감)/554
[糸:총11획] 원본 8232[<13:上>651 상]

苷(감초 감)/619
[艸:총09획] 원본 0282[<一:下>026 상]

⿱艹贛(풀 감)/648
[艸:총25획] 원본 0345[<一:下>029 하]

衉(선짓국 감)/668
[血:총14획] 원본 3039[<五:上>214 하]

邯(땅 이름 감)/759
[邑:총08획] 원본 3893[<六:下>290 상]

⿰章⿱夅酉(술맛이 진할 감)/779
[酉:총24획] 원본 9378[<14:上>748 하]

酣(즐길 감)/775
[酉:총12획] 원본 9393[<14:上>749 상]

鑑(거울 감)/796
[金:총22획] 원본 8858[<14:上>703 하]

闞(바라볼 감)/803
[門:총20획] 원본 7419[<12:上>590 하]

龕(용모양 감)/921
[魚:총10획] 원본 7325[<11:下>582 하]

鹼(소금기 감)/897
[鹵:총24획] 원본 7355[<12:上>586 하]

⿰黑箴(검을 감)/906
[黑:총27획] 원본 6235[<十:上>488 상]

⿰齒咸(씹을 감)/919
[齒:총24획] 원본 1238[<二:下>080 상]

匣(갑 갑)/74
[匚:총07획] 원본 8046[<12:下>637 상]

⿰巾及(돗자리 갑)/197
[巾:총07획] 원본 4699[<七:下>361 상]

帢(가죽바지 갑)/198
[巾:총10획] 원본 4710[<七:下>363 상]

匧(닫을 갑)/251
[戶:총09획] 원본 7364[<12:上>587 상]

敆(모을 갑)/275
[攴:총10획] 원본 1925[<三:下>124 상]

甲(첫째 천간 갑)/462
[田:총05획] 원본 9291[<14:上>740 상]

郟(땅 이름 갑)/767
[邑:총13획] 원본 4001[<六:下>300 상]

閘(물문 갑)/800
[門:총13획] 원본 7393[<12:上>588 하]

僵(쓰러질 강)/42
[人:총15획] 원본 4937[<八:上>380 하]

剛(굳셀 강)/63
[刀:총10획] 원본 2634[<四:下>179 상]

고勥(핍박할 강)/68
[力:총13획] 원본 8788[<13:下>699 하]

咣(어린아이 울 강)/104
[口:총11획] 원본 0759[<二:上>054 하]

青 青(휘장 모양 강)/118
[土:총06획] 원본 4599[<七:下>353 하]

夅(내릴 강)/134
[夂:총06획] 원본 3257[<五:下>237 상]

姜(성 강)/149
[女:총09획] 원본 7728[<12:下>612 하]

康(휑뎅그렁할 강)/172
[宀:총14획] 원본 4370[<七:下>339 상]

岡(산등성이 강)/186
[山:총08획] 원본 5603[<九:下>439 하]

強(굳셀 강)/217
[弓:총11획] 원본 8420[<13:上>665 하]

弜(강할 강)/215
[弓:총06획] 원본 8111[<12:下>642 상]

彊(굳셀 강)/218
[弓:총16획] 원본 8095[<12:下>640 하]

忼(강개할 강)/227
[心:총07획] 원본 6413[<十:下>503 상]

扛(들 강)/252
[手:총06획] 원본 7592[<12:上>603 하]

橿(나무 이름 강)/339
[木:총17획] 원본 3355[<六:上>244 하]

杠(깃대 강)/308
[木:총07획] 원본 3524[<六:上>257 하]

椌(악기 이름 강)/326
[木:총12획] 원본 3614[<六:上>265 상]

歁(굶주릴 강)/349
[欠:총15획] 원본 5333[<八:下>414 상]

江(강 강)/365
[水:총06획] 원본 6660[<11:上1>517 하]

漮(빌 강)/400
[水:총14획] 원본 7013[<11:上2>559 하]

犅(수소 강)/435
[牛:총12획] 원본 0694[<二:上>050 하]

犟(등이 흰 소 강)/436
[牛:총17획] 원본 0712[<二:上>051 하]

犺(고슴도치 강)/437
[犬:총07획] 원본 6042[<十:上>475 상]

玒(옥 이름 강)/446
[玉:총07획] 원본 0087[<一:上>010 하]

瓨(항아리 강)/458
[瓦:총08획] 원본 8068[<12:下>639 상]

畕(나란히 있는 밭 강)/464
[田:총10획] 원본 8769[<13:下>698 상]

畺(지경 강)/467
[田:총13획] 원본 8770[<13:下>698 상]

畖(지경 강)/464
[田:총09획] 원본 8756[<13:下>696 하]

糠(겨 강)/208,519
[禾:총16획] 원본 4225[<七:上>324 하]

綱(벼리 강)/560
[糸:총14획] 원본 8277[<13:上>655 하]

繈(짐승 이름 강)/567
[糸:총18획] 원본 8147[<13:上>645 상]

絳(진홍 강)/557
[糸:총12획] 원본 8223[<13:上>650 상]

繮(고삐 강)/570
[糸:총19획] 원본 8312[<13:上>658 상]

羌(종족 이름 강)/577
[羊:총08획] 원본 2245[<四:上>146 하]

薑(생강 강)/645
[艸:총20획] 원본 0241[<一:下>023 하]

襁(포대기 강)/678
[衣:총16획] 원본 5026[<八:上>390 상]

𧢲(들어올릴 강)/687
[角:총11획] 원본 2714[<四:下>186 상]

講(익힐 강)/702
[言:총17획] 원본 1502[<三:上>095 하]

釭(등잔 강)/783
[金:총11획] 원본 8981[<14:上>711 하]

降(내릴 강)/806
[阜:총09획] 원본 9201[<14:上>732 하]

丰(풀이 자라 산란할 개)/7
[丨:총04획] 원본 2690[<四:下>183 하]

价(착할 개)/24
[人:총06획] 원본 4889[<八:上>377 상]

介(끼일 개)/20
[人:총04획] 원본 0678[<二:上>049 상]

剴(알맞을 개)/64
[刀:총12획] 원본 2626[<四:下>178 하]

匃(빌 개)/70
[勹:총05획] 원본 8023[<12:下>634 하]

嘅(탄식할 개)/109
[口:총14획] 원본 0887[<二:上>060 하]

喈(새소리 개)/106
[口:총12획] 원본 0909[<二:上>061 하]

塏(높고 건조할 개)/129
[土:총13획] 원본 8699[<13:下>691 상]

夰(클 개)/140
[大:총07획] 원본 6294[<十:下>493 상]

尬(절름발이 개)/179
[尢:총07획] 원본 6319[<十:下>495 하]

忦忋(마음놓을 개)/227
[心:총08획] 원본 6526[<十:下>510 상]

忦(근심할 개)/227
[心:총07획] 원본 6600[<十:下>513 상]

愷(즐거울 개)/237
[心:총13획] 원본 2956[<五:上>207 상]

愾(성낼 개)/238
[心:총13획] 원본 6579[<十:下>512 상]

慨(분개할 개)/239
[心:총14획] 원본 6414[<十:下>503 상]

愷(즐거울 개)/238
[心:총13획] 원본 6402[<十:下>502 하]

摡(씻을 개)/267
[手:총14획] 원본 7664[<12:上>607 하]

改(고칠 개)/274
[攴:총07획] 원본 1917[<三:下>124 상]

槩(평미레 개)/334
[木:총13획] 원본 3549[<六:上>260 상]

𣪠(부적 개)/356
[殳:총10획] 원본 1876[<三:下>120 상]

漑(물 댈 개)/399
[水:총14획] 원본 6754[<11:上1>539 상]

湝(물 출렁출렁 흐를 개)/393
[水:총12획] 원본 6820[<11:上2>547 상]

犗(불깐 소 개)/436
[牛:총14획] 원본 0701[<二:上>051 상]

玠(큰 홀 개)/447
[玉:총08획] 원본 111[<一:上>012 하]

疥(옴 개)/470
[疒:총09획] 원본 4539[<七:下>350 상]

皆(다 개)/478
[白:총09획] 원본 2118[<四:上>136 하]

𥎊(창 개)/495
[矛:총10획] 원본 9065[<14:上>719 하]

磕(돌 부딪는 소리 개)/500
[石:총15획] 원본 5743[<九:下>451 상]

祴(풍류 이름 개)/506
[示:총12획] 원본 0061[<一:上>007 하]

稭(짚고갱이 개)/517
[禾:총14획] 원본 4240[<七:上>325 하]

箇(낱 개)/535
[竹:총14획] 원본 2822[<五:上>194 하]

𦁾(굵은 실 개)/563
[糸:총15획] 원본 8129[<13:上>644 상]

絠(활시위 통길 개)/555
[糸:총12획] 원본 8326[<13:上>659 상]

𦙶(야윌 개)/600
[肉:총13획] 원본 2533[<四:下>171 상]

丫(양의 뿔이 갈라진 모양 개)/614
[艸:총05획] 원본 2214[<四:上>144 하]

蓋(덮을 개)/634
[艸:총13획] 원본 0564[<一:下>042 하]

芥(겨자 개)/616
[艸:총08획] 원본 0610[<一:下>045 상]

衸(행정 개)/672
[衣:총09획] 원본 5057[<八:上>392 하]

賅(견실할 개)/719
[貝:총14획] 원본 2409[<四:下>161 상]

郂(땅 이름 개)/760
[邑:총09획] 원본 3983[<六:下>299 상]

鎧(갑옷 개)/792
[金:총18획] 원본 8976[<14:上>711 하]

鎎(성내 싸울 개)/792
[金:총18획] 원본 8998[<14:上>713 하]

鍇(쇠 개)/790
[金:총17획] 원본 8834[<14:上>702 하]

開(열 개)/800
[門:총12획] 원본 7390[<12:上>588 하]

闓(열 개)/802
[門:총18획] 원본 7391[<12:上>588 하]

𩢢(말꼬리를 잡아 맬 개)/854
[馬:총14획] 원본 5933[<十:上>467 하]

𩬊(쪽질 개)/867
[髟:총14획] 원본 5493[<九:上>427 하]

𩿠(새 이름 개)/888
[鳥:총15획] 원본 2359[<四:上>156 상]

客(손 객)/168
[宀:총09획] 원본 4408[<七:下>341 상]

翮(날개 객)/583
[羽:총15획] 원본 2142[<四:上>139 상]

𩰤(갓 속옷 객)/874
[鬲:총23획] 원본 5135[<八:上>398 상]

虩(범이 물건치고 성내는 소리 객)/651
[虍:총21획] 원본 2981[<五:上>210 하]

硻(굳을 갱)/499
[石:총13획] 원본 5745[<九:下>451 상]

秔(메벼 갱)/513
[禾:총09획] 원본 4207[<七:上>323 상]

轚(수레가 튼튼할 갱)/742
[車:총18획] 원본 9151[<14:上>729 상]

阬(문 높은 모양 갱)/804
[阜:총07획] 원본 9208[<14:上>733 하]

𩱧(곰국 갱)/875
[鬲:총20획] 원본 1773[<三:下>112 상]

㑛(칠 갹)/37
[人:총11획] 원본 4929[<八:上>380 하]

噱(크게 웃을 갹)/112
[口:총16획] 원본 0811[<二:上>057 상]

㤩(고달플 갹)/235
[心:총12획] 원본 6488[<十:下>507 하]

谻(절 갹)/707
[谷:총11획] 원본 1791[<三:下>114 상]

倨(거만할 거)/33
[人:총10획] 원본 4785[<八:上>369 하]

凥(살 거)/57
[几:총05획] 원본 9026[<14:上>715 하]

凵(버들 도시락 거)/58
[凵:총02획] 원본 3023[<五:上>213 하]

勮(힘쓸 거)/68
[力:총15획] 원본 8805[<13:下>700 하]

去(갈 거)/87
[厶:총05획] 원본 3024[<五:上>213 하]

居(있을 거)/181
[尸:총08획] 원본 5156[<八:上>399 하]

巨(클 거)/193
[工:총05획] 원본 2896[<五:上>201 상]

据(일할 거)/260
[手:총11획] 원본 7565[<12:上>602 상]

擧(들 거)/271,610
[手:총18획] 원본 7587[<12:上>603 상]

據(의거할 거)/271
[手:총16획] 원본 7495[<12:上>597 상]

椐(나무 이름 거)/326
[木:총12획] 원본 3324[<六:上>243 상]

柭(길마 나무 거)/314
[木:총09획] 원본 3625[<六:上>266 상]

柜(고리버들 거)/313
[木:총09획] 원본 3371[<六:上>246 상]

歫(막을 거)/351
[止:총09획] 원본 1020[<二:上>067 하]

渠(도랑 거)/389
[水:총12획] 원본 6932[<11:上2>554 하]

涺(물 이름 거)/385
[水:총11획] 원본 6787[<11:上1>544 상]

琚(패옥 거)/450
[玉:총12획] 원본 0154[<一:上>016 하]

籧(대자리 거)/544
[竹:총23획] 원본 2784[<五:上>192 상]

筥(광주리 거)/535
[竹:총13획] 원본 2793[<五:上>192 하]

簴(쇠먹이 그릇 거)/542
[竹:총19획] 원본 2831[<五:上>195 상]

胠(겨드랑 거)/596
[肉:총09획] 원본 2508[<四:下>169 하]

腒(새 포 거)/600
[肉:총12획] 원본 2575[<四:下>174 하]

蘧(풀이름 거)/646
[艸:총21획] 원본 0252[<一:下>024 하]

藘(채소이름 거)/640
[艸:총17획] 원본 0244[<一:下>024 상]

苣(상추 거)/618
[艸:총09획] 원본 0598[<一:下>044 하]

莒(감자 거)/623
[艸:총11획] 원본 0251[<一:下>024 하]

虡虡(쇠북거는 틀 거)/651
[虍:총17획] 원본 2979[<五:上>210 상]

蟨(하루살이 거)/661
[虫:총17획] 원본 8549[<13:下>675 하]

裾(옷자락 거)/676
[衣:총13획] 원본 5059[<八:上>392 하]

袪(소매 거)/673
[衣:총10획] 원본 5049[<八:上>392 상]

豦(원숭이 거)/712
[豕:총13획] 원본 5801[<九:下>456 상]

距(떨어질 거)/728
[足:총12획] 원본 1334[<二:下>084 상]

遽(갑자기 거)/754
[辵:총17획] 원본 1157[<二:下>075 하]

醵(추렴할 거)/778
[酉:총20획] 원본 9396[<14:上>750 상]

鉅(클 거)/785
[金:총13획] 원본 9011[<14:上>714 하]

鋸(톱 거)/789
[金:총16획] 원본 8928[<14:上>707 하]

阹(우리 거)/805
[阜:총08획] 원본 9256[<14:上>736 하]

𩰫(옻기장 거)/872
[鬯:총20획] 원본 3062[<五:下>218 상]

鸈(할미새 거)/895
[鳥:총24획] 원본 2326[<四:上>153 하]

麮(보리죽 거)/901
[麥:총16획] 원본 32138[<五:下>232 상]

𪘾(잇몸 무를 거)/918
[齒:총20획] 원본 1233[<二:下>079 하]

乾(하늘 건)/13
[乙:총11획] 원본 9293[<14:上>740 하]

健(튼튼할 건)/36
[人:총11획] 원본 4781[<八:上>369 상]

巾(수건 건)/196
[巾:총03획] 원본 4647[<七:下>357 상]

建(세울 건)/212
[廴:총09획] 원본 1201[<二:下>077 하]

愆(허물 건)/236
[心:총13획] 원본 6545[<十:下>510 하]

攑(들 건)/272
[手:총20획] 원본 7585[<12:上>603 상]

攓(추어올릴 건)/271
[手:총19획] 원본 7466[<12:上>594 상]

搴(뽑을 건)/269
[手:총15획] 원본 7630[<12:上>605 하]

揵(멜 건)/265
[手:총13획] 원본 7621[<12:上>605 하]

楗(문빗장 건)/328
[木:총13획] 원본 3515[<六:上>256 하]

䇂(허물 건)/526
[立:총06획] 원본 1652[<三:上>102 하]

笏(힘줄밑동 건)/532
[竹:총11획] 원본 2619[<四:下>178 상]

虔(정성 건)/949
[虍:총10획] 원본 2974[<五:上>209 하]

褰(출 건)/677
[衣:총16획] 원본 5062[<八:上>393 상]

䞿(절며 걸을 건)/726
[走:총17획] 원본 0997[<二:上>066 상]

𧾒(달아나는 모양 건)/726
[走:총17획] 원본 0964[<二:上>064 하]

蹇(절 건)/731
[足:총17획] 원본 1327[<二:下>083 하]

𨓈(허물 건)/751
[辵:총12획] 원본 1142[<二:下>074 하]

𨛳(땅 이름 건)/767
[邑:총13획] 원본 3885[<六:下>289 상]

鍵(열쇠 건)/791
[金:총17획] 원본 8877[<14:上>704 하]

鞬(동개 건)/828
[革:총18획] 원본 1747[<三:下>110 하]

騫(이지러질 건)/858
[馬:총20획] 원본 5924[<十:上>467 상]

𩱦(죽 건)/874
[鬲:총24획] 원본 1770[<三:下>112 상]

騫(훨훨 날 **건**)/893
[鳥:총21획] 원본 2370[<四:上>157 상]

傑(뛰어날 **걸**)/38
[人:총12획] 원본 4745[<八:上>366 하]

朅(갈 **걸**)/302
[曰:총14획] 원본 3025[<五:上>213 하]

桀(홰 **걸**)/318
[木:총10획] 원본 3261[<五:下>237 하]

藒(향 풀 **걸**)/643
[艸:총18획] 원본 0278[<一:下>026 상]

芞(향초 이름 **걸**)/615
[艸:총07획] 원본 0279[<一:下>026 상]

儉(검소할 **검**)/43
[人:총15획] 원본 4877[<八:上>376 상]

劒(칼 **검**)/65
[刀:총16획] 원본 2686[<四:下>183 상]

撿(단속할 **검**)/270
[手:총16획] 원본 7471[<12:上>595 상]

檢(봉함 **검**)/340
[木:총17획] 원본 3618[<六:上>265 하]

芡(가시연 **검**)/616
[艸:총08획] 원본 0394[<一:下>033 상]

鈐(비녀장 **검**)/784
[金:총12획] 원본 8914[<14:上>707 상]

黚(검을 **검**)/904
[黑:총16획] 원본 6248[<十:上>488 하]

劫(위협할 **겁**)/66
[力:총07획] 원본 8816[<13:下>701 상]

极(길마 **겁**)/309
[木:총08획] 원본 3624[<六:上>266 상]

㹤(겁낼 **겁**)/438
[犬:총08획] 원본 6043[<十:上>475 상]

袷(동구래깃 **겁**)/674
[衣:총11획] 원본 5085[<八:上>394 하]

跲(넘어질 **겁**)/729
[足:총13획] 원본 1316[<二:下>083 상]

鉣(띠 매는 쇠 끈 **겁**)/786
[金:총13획] 원본 8989[<14:上>713 상]

鵖(오디새 **겁**)/891
[鳥:총18획] 원본 2324[<四:上>153 하]

垍(굳은 흙 **게**)/122
[土:총09획] 원본 8679[<13:下>689 하]

愒(쉴 **게**)/236
[心:총12획] 원본 6490[<十:下>507 하]

揭(들 **게**)/264
[手:총12획] 원본 7589[<12:上>603 상]

禾(나무끝 옹두라져 뻗어나지 못할 **게**)/511
[禾:총05획] 원본 3724[<六:下>275 상]

[illegible](옆으로 뻗은 가지 **격**)/103
[口:총10획] 원본 2691[<四:下>183 하]

垎(마를 **격**)/122
[土:총09획] 원본 8672[<13:下>689 상]

墼(날벽돌 **격**)/131
[土:총16획] 원본 8647[<13:下>687 상]

挌(칠 **격**)/257
[手:총09획] 원본 7710[<12:上>610 상]

搹(쥘 **격**)/266
[手:총13획] 원본 7506[<12:上>597 하]

擊(부딪칠 **격**)/270
[手:총17획] 원본 7694[<12:上>609 하]

格(바로잡을 **격**)/317
[木:총10획] 원본 3451[<六:上>251 하]

檄(격문 **격**)/339
[木:총17획] 원본 3619[<六:上>265 하]

毄(부딪칠 **격**)/358
[殳:총14획] 원본 1860[<三:下>119 상]

激(물결 부딪쳐 흐를 **격**)/409
[水:총16획] 원본 6856[<11:上2>549 하]

狊(날개 펼 격)/438
[犬:총09획] 원본 6011[<十:上>474 상]

礊(단단할 격)/502
[石:총18획] 원본 5749[<九:下>451 하]

綌(칡베 격)/558
[糸:총13획] 원본 8344[<13:上>660 상]

蘻(풀이름 격)/640
[艸:총17획] 원본 0321[<一:下>028 하]

覡(박수 격)/684
[見:총14획] 원본 2900[<五:上>201 하]

觡(뿔 격)/688
[角:총13획] 원본 2720[<四:下>186 하]

諽(경계할 격)/701
[言:총16획] 원본 1623[<三:上>101 상]

轚(굴대 서로 부딪칠 격)/743
[車:총20획] 원본 9148[<14:上>729 상]

迟(구불구불 갈 격)/748
[辵:총09획] 원본 1105[<二:下>072 하]

郹(고을 이름 격)/765
[邑:총12획] 원본 3910[<六:下>292 상]

隔(사이 뜰 격)/810
[阜:총13획] 원본 9219[<14:上>734 하]

骼(뼈 격)/864
[骨:총16획] 원본 2472[<四:下>166 하]

鶪(때까치 격)/892
[鳥:총20획] 원본 2272[<四:上>150 상]

鬲(막을 격 · 력)/873
[鬲:총10획] 원본 1756[<三:下>111 상]

𦘩書(작은 덩어리 견)/104
[口:총10획] 원본 9224[<14:上>734 하]

堅(굳을 견)/126
[土:총11획] 원본 1852[<三:下>118 하]

𤰝畎く(도랑 견)/191
[巛:총10획] 원본 7122[<11:下>568 상]

幵(평평할 견)/204
[干:총06획] 원본 9021[<14:上>715 상]

𣝣(작은 단 견)/331
[干:총13획] 원본 3737[<六:下>276 하]

掔(끌 견)/261
[手:총12획] 원본 7583[<12:上>603 상]

汧(강 이름 견)/379
[水:총09획] 원본 6682[<11:上1>523 하]

𤚩(소가 끌리지 않을 견)/435
[牛:총12획] 원본 0730[<二:上>052 하]

牽(끌 견)/435
[牛:총11획] 원본 0719[<二:上>052 상]

獧(성급할 견)/443
[犬:총16획] 원본 6045[<十:上>475 상]

犬(개 견)/437
[犬:총04획] 원본 5999[<十:上>473 상]

甄(질그릇 견)/459
[瓦:총14획] 원본 8060[<12:下>638 상]

睊(흘겨볼 견)/489
[目:총12획] 원본 2064[<四:上>133 상]

䅌(보릿대 견)/515
[禾:총12획] 원본 4244[<七:上>326 상]

繭(고치 견)/569
[糸:총19획] 원본 8122[<13:上>643 하]

絹(명주 견)/557
[糸:총13획] 원본 8216[<13:上>649 하]

羂(그물 견)/577
[网:총24획] 원본 4612[<七:下>355 상]

肩肩(어깨 견)/593
[肉:총08획] 원본 2506[<四:下>169 하]

蠲(밝을 견)/666
[虫:총23획] 원본 8423[<13:上>665 하]

襺(솜옷 견)/681
[衣:총24획] 원본 5039[<八:上>391 상]

見(볼 **견**)/683
[見:총07획] 원본 5223[<八:下>407 하]
譴(꾸짖을 **견**)/705
[言:총21획] 원본 1606[<三:上>100 상]
豜(돼지 **견**)/711
[豕:총13획] 원본 5788[<九:下>455 상]
趼(짐승발돋움하고 바라볼 **견**)/729
[足:총13획] 원본 1341[<二:下>084 하]
[illegible](수레가 흔들거릴 **견**)/738
[車:총13획] 원본 9124[<14:上>727 상]
遣(보낼 **견**)/753
[辵:총14획] 원본 1096[<二:下>072 하]
鄄(땅 이름 **견**)/766
[邑:총12획] 원본 3951[<六:下>295 상]
[illegible](술을 거를 **견**)/775
[酉:총14획] 원본 9365[<14:上>747 하]
鋻(강철 **견**)/789
[金:총16획] 원본 8839[<14:上>702 하]
鈃(술 그릇 **견**)/787
[金:총14획] 원본 8856[<14:上>703 하]
雃(할미새 **견**)/815
[隹:총12획] 원본 2187[<四:上>142 하]
鳽(눈 맞아 새끼 배는 새 **견**)/890
[鳥:총15획] 원본 2337[<四:上>154 상]
麉(힘센 사슴 **견**)/898
[鹿:총17획] 원본 5967[<十:上>470 하]
[illegible](검은 주름살 **견**)/905
[黑:총18획] 원본 6246[<十:上>488 하]
[illegible](용의 등갈기 **견**)/921
[龍:총22획] 원본 7326[<11:下>582 하]
奊(머리 기울일 **결**)/133
[士:총10획] 원본 6303[<十:下>494 상]
妜(예쁜 모양 **결**)/146
[女:총07획] 원본 7917[<12:下>623 하]
抉(도려낼 **결**)/253
[手:총07획] 원본 7561[<12:上>601 하]
[illegible](담비 **결**)/360
[比:총13획] 원본 5991[<十:上>472 하]
決(터질 **결**)/367
[水:총07획] 원본 6941[<11:上2>555 상]
焆(불빛 **결**)/420
[火:총11획] 원본 6183[<十:上>484 하]
玦(패옥 **결**)/447
[玉:총08획] 원본 0119[<一:上>013 하]
眏(눈병 **결**)/484
[目:총09획] 원본 2085[<四:上>134 상]
結(맺을 **결**)/555
[糸:총12획] 원본 8181[<13:上>647 상]
缺(이지러질 **결**)/573
[缶:총10획] 원본 3159[<五:下>225 하]
肤(항문 **결**)/593
[肉:총08획] 원본 2516[<四:下>170 상]
蚗(쓰르라미 **결**)/653
[虫:총10획] 원본 8466[<13:上>668 하]
袺(옷섶 잡을 **결**)/674
[衣:총11획] 원본 5114[<八:上>396 하]
觼(쇠고리 **결**)/690
[角:총22획] 원본 2731[<四:下>188 상]
[illegible](달릴 **결**)/727
[走:총23획] 원본 0955[<二:上>064 하]
赽(말 달려갈 **결**)/723
[走:총11획] 원본 0978[<二:上>065 상]
趹(달릴 **결**)/728
[足:총11획] 원본 1340[<二:下>084 하]
鈌(찌를 **결**)/784
[金:총12획] 원본 9007[<14:上>714 상]
闋(문 닫을 **결**)/802
[門:총17획] 원본 7418[<12:上>590 하]

駃(버새 결)/854
[馬:총14획] 원본 5947[<十:上>469 상]
⿰高夬(이지러질 결)/866
[高:총20획] 원본 3184[<五:下>228 하]
魝(생선을 요리할 결)/879
[魚:총13획] 원본 2681[<四:下>182 하]
⿰丯鳥(뱁새 결)/888
[鳥:총15획] 원본 2278[<四:上>150 하]
⿰鳥契(물오리 결)/892
[鳥:총20획] 원본 2314[<四:上>152 하]
兼(겸할 겸)/51
[八:총10획] 원본 4270[<七:上>329 하]
嗛(겸손할 겸)/108
[口:총13획] 원본 0764[<二:上>055 상]
慊(찐덥지 않을 겸)/239
[心:총13획] 원본 6546[<十:下>511 상]
拑(입 다물 겸)/255
[手:총08획] 원본 7488[<12:上>596 하]
槏(창틀 겸)/333
[木:총14획] 원본 3500[<六:上>255 하]
歉(흉년 들 겸)/349
[欠:총14획] 원본 5322[<八:下>413 상]
箝(재갈 먹일 겸)/537
[竹:총14획] 원본 2834[<五:上>195 하]
縑(합사 비단 겸)/565
[糸:총16획] 원본 8202[<13:上>648 하]
⿰絲欠(뜻 굳게 가질 겸)/570
[糸:총19획] 원본 5314[<八:下>412 하]
蒹(갈대 겸)/634
[艸:총14획] 원본 0399[<一:下>033 하]
謙(겸손할 겸)/702
[言:총17획] 원본 1477[<三:上>094 상]
鎌(낫 겸)/792
[金:총18획] 원본 8919[<14:上>707 상]
鉗(칼 겸)/786
[金:총13획] 원본 8926[<14:上>707 하]
鰜(넙치 겸)/884
[魚:총21획] 원본 7239[<11:下>577 상]
黚(강 이름 겸)/905
[黑:총17획] 원본 6242[<十:上>488 상]
鼸(두더지 겸)/914
[鼠:총23획] 원본 6097[<十:上>479 상]
唊(망령되이 말할 겹)/103
[口:총10획] 원본 0862[<二:上>059 하]
⿸疒夾(앓는 숨결 겹)/472
[疒:총12획] 원본 4569[<七:下>351 하]
⿰目咸(눈동자 꺼질 겹)/490
[目:총14획] 원본 2099[<四:上>135 상]
郟(고을 이름 겹)/762
[邑:총10획] 원본 3905[<六:下>291 하]
⿰革夾(겹사 겹)/828
[革:총16획] 원본 1712[<三:下>108 상]
京(서울 경)/18
[亠:총08획] 원본 3185[<五:下>229 상]
儆(경계할 경)/42
[人:총15획] 원본 4798[<八:上>370 상]
倞(굳셀 경)/34
[人:총10획] 원본 4782[<八:上>369 상]
傾(기울 경)/39
[人:총13획] 원본 4836[<八:上>373 상]
冂(먼데 경)/51
[冂:총02획] 원본 3178[<五:下>228 상]
剄(목 벨 경)/62
[刀:총09획] 원본 2679[<四:下>182 하]
勁(굳셀 경)/67
[力:총09획] 원본 8796[<13:下>700 상]
勍(셀 경)/67
[力:총10획] 원본 8795[<13:下>700 상]

卯(절주할 경)/81
[卩:총07획] 원본 5532[<九:上>432 상]

卿(벼슬 경)/83
[卩:총12획] 원본 5533[<九:上>432 상]

哽(목멜 경)/103
[口:총10획] 원본 0853[<二:上>059 상]

囧(빛날 경)/114
[囗:총07획] 원본 4134[<七:上>314 하]

埂(구덩이 경)/124
[土:총10획] 원본 8697[<13:下>691 상]

巠(지하수 경)/192
[巛:총07획] 원본 7126[<11:下>568 하]

庚(일곱째 천간 경)/207
[广:총08획] 원본 9305[<14:上>741 하]

徑(지름길 경)/223
[彳:총10획] 원본 1163[<二:下>076 상]

憬(깨달을 경)/241
[心:총15획] 원본 6650[<十:下>515 하]

慶(경사 경)/240
[心:총15획] 원본 6440[<十:下>504 하]

憼(공경할 경)/242
[心:총17획] 원본 6427[<十:下>504 상]

扃(빗장 경)/251
[戶:총09획] 원본 7365[<12:上>587 상]

摼(끌 경)/268
[手:총14획] 원본 7691[<12:上>609 상]

敬(공경할 경)/277
[攴:총13획] 원본 5556[<九:上>434 하]

景(볕 경)/296
[日:총12획] 원본 4040[<七:上>304 상]

更(고칠 경)/300
[日:총07획] 원본 1919[<三:下>124 상]

桱(나무 이름 경)/319
[木:총11획] 원본 3526[<六:上>257 하]

檠(도지개 경)/340
[木:총17획] 원본 3600[<六:上>264 상]

梗(대개 경)/321
[木:총11획] 원본 3392[<六:上>247 하]

檾(어저귀 경)/341
[木:총18획] 원본 4330[<七:下>335 하]

滰(거를 경)/397
[水:총14획] 원본 7039[<11:上2>561 하]

涇(통할 경)/382
[水:총10획] 원본 6675[<11:上1>521 상]

漀(그릇에 물 따르를 경)/398
[水:총15획] 원본 7054[<11:上2>562 하]

炅(빛날 경)/417
[火:총08획] 원본 6209[<十:上>486 상]

熲(빛날 경)/425
[火:총15획] 원본 6131[<十:上>481 하]

焭(외로울 경)/423
[火:총11획] 원본 7336[<11:下>583 상]

牼(정강이뼈 경)/435
[牛:총11획] 원본 0731[<二:上>052 하]

瓊(옥 경)/456
[玉:총19획] 원본 0089[<一:上>010 하]

璥(경옥 경)/455
[玉:총17획] 원본 0080[<一:上>010 상]

痙(심줄 땅길 경)/472
[疒:총12획] 원본 4563[<七:下>351 하]

瞏(놀라서 볼 경)/489
[目:총13획] 원본 2033[<四:上>131 하]

磬(경쇠 경)/501
[石:총16획] 원본 5754[<九:下>451 하]

竅(텅 빌 경)/524
[穴:총12획] 원본 4444[<七:下>345 상]

竟(다할 경)/527
[立:총11획] 원본 1651[<三:上>102 하]

競(겨룰 경)/528
[立:총20획] 원본 1644[<三:上>102 상]
綆(두레박줄 경)/558
[糸:총13획] 원본 8325[<13:上>659 상]
絅(끌어 죌 경)/554
[糸:총11획] 원본 8187[<13:上>647 하]
經(날 경)/558
[糸:총13획] 원본 8136[<13:上>644 상]
罄(빌 경)/573
[缶:총17획] 원본 3161[<五:下>225 하]
耕(밭갈 경)/587
[耒:총10획] 원본 2693[<四:下>184 상]
耿(빛날 경)/589
[耳:총10획] 원본 7429[<12:上>591 하]
脛(정강이 경)/598
[肉:총11획] 원본 2520[<四:下>170 하]
莖(줄기 경)/624
[艸:총11획] 원본 0472[<一:下>037 하]
藑(메 경)/643
[艸:총18획] 원본 0346[<一:下>029 하]
褧(홑옷 경)/677
[衣:총16획] 원본 5043[<八:上>391 하]
誩(말다툼할 경)/697
[言:총14획] 원본 1642[<三:上>102 상]
警(경계할 경)/705
[言:총20획] 원본 1475[<三:上>094 상]
謦(기침 경)/702
[言:총18획] 원본 1400[<三:上>089 하]
赹(혼자 갈 경)/723
[走:총11획] 원본 0967[<二:上>065 상]
輕(가벼울 경)/739
[車:총14획] 원본 9076[<14:上>721 상]
⿱𤇾車(덧바퀴 그림쇠 경)/742
[車:총17획] 원본 9103[<14:上>724 하]

郠(고을 이름 경)/762
[邑:총10획] 원본 3956[<六:下>295 하]
鑋(쇳소리 경)/796
[金:총22획] 원본 8959[<14:上>710 상]
鏡(거울 경)/794
[金:총19획] 원본 8854[<14:上>703 하]
⿰阝頃(기울 경)/811
[阜:총14획] 원본 9206[<14:上>733 하]
頃(밭 넓이 단위 경)/834
[頁:총11획] 원본 4984[<八:上>385 상]
頸(목 경)/838
[頁:총16획] 원본 5363[<九:上>417 상]
駉(목장 경)/854
[馬:총15획] 원본 5944[<十:上>468 하]
駫(말이 살찌고 큰 모양 경)/856
[馬:총16획] 원본 5885[<十:上>464 상]
驚(놀랄 경)/864
[馬:총23획] 원본 5921[<十:上>467 상]
骾(걸릴 경)/864
[骨:총17획] 원본 2471[<四:下>166 상]
⿱高冋(원두막 경)/866
[高:총12획] 원본 3175[<五:下>227 하]
⿰魚巠(방어 경)/882
[魚:총18획] 원본 7249[<11:下>577 하]
鯁(생선뼈 경)/882
[魚:총18획] 원본 7294[<11:下>580 상]
⿰魚畺(수고래 경)/886
[魚:총24획] 원본 7293[<11:下>580 상]
麠(큰사슴 경)/900
[鹿:총24획] 원본 5976[<十:上>471 상]
黥(묵형할 경)/905
[黑:총20획] 원본 6262[<十:上>489 하]
烓(화덕 경 · 계)/419
[火:총10획] 원본 6146[<十:上>482 상]

傒(좌우로 볼 **계**)/37
[人:총11획] 원본 4884[<八:上>376 하]

係(걸릴 **계**)/31
[人:총09획] 원본 4948[<八:上>381 하]

마(점칠 **계**)/79
[卜:총05획] 원본 1974[<三:下>127 상]

啓(열 **계**)/105
[口:총11획] 원본 1895[<三:下>122 하]

启(열 **계**)/98
[口:총07획] 원본 0832[<二:上>058 상]

契(맺을 **계**)/142
[大:총09획] 원본 6298[<十:下>493 상]

㜮(어려울 **계**)/160
[女:총16획] 원본 7887[<12:下>622 하]

季(끝 **계**)/164
[子:총08획] 원본 9323[<14:上>743 상]

寱(깊이 잠들 **계**)/174
[宀:총22획] 원본 4486[<七:下>347 하]

届(이를 **계**)/181
[尸:총08획] 원본 5160[<八:上>400 상]

㡭繼(이을 **계**)/205,570
[幺:총14획] 원본 8153[<13:上>645 하]

彑(고슴도치 머리 **계**)/219
[彐:총03획] 원본 5809[<九:下>456 하]

悸(두근거릴 **계**)/233
[心:총11획] 원본 6539[<十:下>510 하]

憼(고달플 **계**)/242
[心:총17획] 원본 6635[<十:下>515 상]

悈(신칙할 **계**)/231
[心:총10획] 원본 6438[<十:下>504 하]

戒(경계할 **계**)/246
[戈:총07획] 원본 1674[<三:上>104 하]

啓(비 갤 **계**)/296
[日:총12획] 원본 4034[<七:上>304 상]

栔(새길 **계**)/315
[木:총10획] 원본 2689[<四:下>183 하]

桂(계수나무 **계**)/318
[木:총10획] 원본 3282[<六:上>240 상]

棨(창 **계**)/324
[木:총12획] 원본 3620[<六:上>266 상]

檕(두레박틀 **계**)/339
[木:총17획] 원본 3571[<六:上>262 상]

檵(구기자나무 **계**)/340
[木:총18획] 원본 3375[<六:上>246 상]

枅(가로보 **계**)/316
[木:총08획] 원본 3483[<六:上>254 하]

械(형틀 **계**)/322
[木:총11획] 원본 3667[<六:上>270 상]

洎(물 부을 **계**)/377
[水:총09획] 원본 7028[<11:上2>560 하]

瀱(우물물 **계**)/413
[水:총20획] 원본 6864[<11:上2>550 상]

甈(항아리 **계**)/459
[瓦:총15획] 원본 8077[<12:下>639 상]

界(지경 **계**)/464
[田:총09획] 원본 8755[<13:下>696 하]

瘈(가슴 두근거릴 **계**)/473
[疒:총13획] 원본 4530[<七:下>349 하]

瘛(경풍 **계**)/474
[疒:총15획] 원본 4581[<七:下>352 하]

癸(열째 천간 **계**)/477
[癶:총09획] 원본 9315[<14:上>742 하]

盻(엿볼 **계**)/488
[目:총09획] 원본 2024[<四:上>131 상]

䁓(살펴볼 **계**)/489
[目:총13획] 원본 2059[<四:上>133 상]

稽(머무를 **계**)/519
[禾:총15획] 원본 3727[<六:下>275 하]

笄(비녀 **계**)/534
[竹:총12획] 원본 2772[<五:上>191 상]
系(이을 **계**)/550
[糸:총07획] 원본 8117[<13:上>642 하]
𦆠(털이불 **계**)/571
[糸:총23획] 원본 8366[<13:上>662 상]
繫(맬 **계**)/569
[糸:총19획] 원본 8335[<13:上>659 하]
綮(발 고운 비단 **계**)/560
[糸:총14획] 원본 8208[<13:上>649 상]
罊(그릇 속 빌 **계**)/574
[缶:총19획] 원본 3162[<五:下>226 상]
罽(물고기 그물 **계**)/576
[网:총17획] 원본 4619[<七:下>355 하]
蘮(좀스러운 풀 **계**)/639
[艸:총16획] 원본 0475[<一:下>037 하]
蘻(풀 연접할 **계**)/647
[艸:총23획] 원본 0382[<一:下>032 상]
薊(삽주 **계**)/641
[艸:총17획] 원본 0288[<一:下>026 하]
誡(경계할 **계**)/697
[言:총14획] 원본 1449[<三:上>092 하]
計(꾀 **계**)/691
[言:총09획] 원본 1468[<三:上>093 하]
谿(시내 **계**)/708
[谷:총17획] 원본 7145[<11:下>570 상]
軫(거리낌 **계**)/738
[車:총13획] 원본 9147[<14:上>729 상]
郪(나라 이름 **계**)/765
[邑:총12획] 원본 3845[<六:下>284 하]
鍥(새길 **계**)/791
[金:총17획] 원본 8920[<14:上>707 상]
階(섬돌 **계**)/810
[阜:총12획] 원본 9245[<14:上>736 상]
雞(닭 **계**)/816
[隹:총18획] 원본 2179[<四:上>142 상]
𩔂(남을 엿볼 **계**)/839
[頁:총18획] 원본 5420[<九:上>421 상]
𩠐(아릴 **계**)/850
[首:총15획] 원본 5445[<九:上>423 상]
齘(이 갈 **계**)/917
[齒:총19획] 원본 1221[<二:下>079 상]
𠒎(가릴 **고**)/47
[儿:총06획] 원본 5217[<八:下>406 하]
刳(가를 **고**)/62
[刀:총08획] 원본 2648[<四:下>180 상]
古(옛 **고**)/93
[口:총05획] 원본 1385[<三:上>088 하]
告(아뢸 **고·곡**)/98
[口:총07획] 원본 0740[<二:上>053 하]
呱(울 **고**)/100
[口:총08획] 원본 0755[<二:上>054 하]
固(굳을 **고**)/115
[囗:총08획] 원본 3765[<六:下>278 하]
夃(이문 얻을 **고**)/134
[夊:총04획] 원본 3258[<五:下>237 상]
臭(광택 **고**)/141
[大:총08획] 원본 6354[<十:下>499 상]
婟(연모할 **고**)/154
[女:총11획] 원본 7895[<12:下>623 상]
嫴(잠시 **고**)/158
[女:총15획] 원본 7869[<12:下>621 상]
姑(시어미 **고**)/148
[女:총08획] 원본 7761[<12:下>615 상]
孤(외로울 **고**)/164
[子:총08획] 원본 9327[<14:上>743 하]
尻(꽁무니 **고**)/180
[尸:총05획] 원본 5161[<八:上>400 상]

峼(산 모양 고)/187
[山:총10획] 원본 5620[<九:下>441 상]
庫(곳집 고)/208
[广:총10획] 원본 5655[<九:下>443 하]
故(옛 고)/275
[攴:총09획] 원본 1903[<三:下>123 상]
攷(상고할 고)/273
[攴:총06획] 원본 1948[<三:下>125 하]
敲(후려칠 고)/278
[攴:총14획] 원본 1951[<三:下>125 하]
柧(수유 고)/312
[木:총09획] 원본 3318[<六:上>242 하]
枯(마를 고)/311
[木:총09획] 원본 3453[<六:上>251 하]
棝(쥐덫 고)/324
[木:총12획] 원본 3630[<六:上>267 상]
槀(마를 고)/332
[木:총14획] 원본 3454[<六:上>252 상]
楛(거칠 고)/329
[木:총13획] 원본 3338[<六:上>244 상]
櫜(활집 고)/342
[木:총19획] 원본 3742[<六:下>276 하]
棔(나무 이름 고)/324
[木:총12획] 원본 3294[<六:上>240 하]
柧(모 고)/314
[木:총09획] 원본 3649[<六:上>268 하]
杲(밝을 고)/308
[木:총08획] 원본 3463[<六:上>252 하]
殆(말라죽을 고)/353
[歹:총09획] 원본 2442[<四:下>164 상]
泒(옛 물 이름 고)/373
[水:총08획] 원본 6774[<11:上1>543 상]
沽(팔 고)/372
[水:총08획] 원본 6768[<11:上1>541 하]
熇(마를 고)/423
[火:총14획] 원본 6134[<十:上>481 하]
痼(고질 고)/473
[疒:총13획] 원본 4584[<七:下>352 하]
皋(못 고)/478
[白:총10획] 원본 6345[<十:下>498 상]
盬(염지 고)/483
[皿:총18획] 원본 7354[<12:上>586 상]
盬(그릇 고)/482
[皿:총16획] 원본 3005[<五:上>212 상]
瞽(소경 고)/493
[目:총18획] 원본 2100[<四:上>135 상]
祰(고유제 고)/506
[示:총12획] 원본 0038[<一:上>004 하]
稾(볏짚 고)/519
[禾:총15획] 원본 4242[<七:上>326 상]
稽(나무 옹두라져 뻗어나지 못할 고)/520
[禾:총17획] 원본 3729[<六:下>275 하]
箛(피리 고)/537
[竹:총14획] 원본 2869[<五:上>198 상]
絝(바지 고)/555
[糸:총12획] 원본 8265[<13:上>654 하]
罛(물고기 그물 고)/574
[网:총10획] 원본 4620[<七:下>355 하]
罟(그물 고)/575
[网:총10획] 원본 4621[<七:下>355 하]
羖(검은 암양 고)/578
[羊:총10획] 원본 2232[<四:上>146 상]
羔(새끼 양 고)/578
[羊:총10획] 원본 2223[<四:上>145 하]
翺(날 고)/584
[羽:총16획] 원본 2158[<四:上>140 상]
考(상고할 고)/585
[老:총06획] 원본 5144[<八:上>398 하]

膏(살찔 고)/602
[肉:총14획] 원본 2495[<四:下>169 상]
股(넓적다리 고)/593
[肉:총08획] 원본 2518[<四:下>170 하]
藁(마를 고)/642
[艸:총17획] 원본 2446[<四:下>164 상]
䓘(풀이름 고)/637
[艸:총14획] 원본 0439[<一:下>036 상]
藸(부추 고)/638
[艸:총16획] 원본 0571[<一:下>043 상]
菌(풀이름 고)/628
[艸:총12획] 원본 0323[<一:下>029 상]
苽(줄 고)/619
[艸:총09획] 원본 0449[<一:下>036 상]
苦(쓸 고)/618
[艸:총09획] 원본 0302[<一:下>027 상]
蠱(독 고)/665
[虫:총23획] 원본 8564[<13:下>676 하]
蛄(땅강아지 고)/654
[虫:총11획] 원본 8428[<13:上>666 상]
觚(술잔 고)/687
[角:총12획] 원본 2728[<四:下>187 하]
誥(고할 고)/697
[言:총14획] 원본 1451[<三:上>092 하]
詁(주낼 고)/693
[言:총12획] 원본 1454[<三:上>092 하]
辜(허물 고)/744
[辛:총12획] 원본 9308[<14:上>741 하]
郜(나라 이름 고)/762
[邑:총10획] 원본 3950[<六:下>295 상]
口阝(마을이름 구)/755
[邑:총06획] 원본 3859[<六:下>286 하]
酤(계명주 고)/775
[酉:총12획] 원본 9375[<14:上>748 상]
錮(땜질할 고)/790
[金:총16획] 원본 8847[<14:上>703 상]
雇(품살 고)/814
[隹:총12획] 원본 2194[<四:上>143 상]
靠(기댈 고)/823
[非:총15획] 원본 7333[<11:下>583 상]
顧(돌아볼 고)/842
[頁:총21획] 원본 5397[<九:上>418 하]
高(높을 고)/866
[高:총10획] 원본 3174[<五:下>227 하]
鼛(큰북 고)/912
[鼓:총21획] 원본 2946[<五:上>206 상]
鼓(북 칠 고)/911
[鼓:총13획] 원본 1947[<三:下>125 하]
鼓(북 고)/911
[鼓:총13획] 원본 2945[<五:上>206 상]
夰(놓을 고 · 호)/138
[大:총05획] 원본 6346[<十:下>498 하]
[illegible](뼈가 구불텅구불텅할 곡)/59
[凵:총13획] 원본 8051[<12:下>637 하]
嚳(고할 곡)/113
[口:총20획] 원본 0741[<二:上>053 하]
哭(울 곡)/103
[口:총10획] 원본 0929[<二:上>063 상]
斛(휘 곡)/281
[斗:총11획] 원본 9047[<14:上>717 하]
曲(굽을 곡)/300
[日:총06획] 원본 8050[<12:下>637 상]
榖(닥나무 곡)/331
[木:총14획] 원본 3373[<六:上>246 상]
梏(쇠고랑 곡)/321
[木:총11획] 원본 3670[<六:上>270 상]
暴(밥상 곡)/326
[木:총12획] 원본 3570[<六:上>262 상]

焅(가무는 기운 곡)/420
[火:총11획] 원본 6213[<十:上>486 상]

牿(우리 곡)/435
[牛:총11획] 원본 0720[<二:上>052 상]

硞(돌 소리 곡)/498
[石:총12획] 원본 5740[<九:下>450 하]

穀(곡식 곡)/517
[禾:총14획] 원본 4251[<七:上>326 하]

縠(주름 비단 곡)/566
[糸:총16획] 원본 8200[<13:上>648 상]

苖(잠박 곡)/622
[艸:총10획] 원본 0596[<一:下>044 상]

觳(뿔잔 곡)/689
[角:총17획] 원본 2735[<四:下>188 상]

谷(골 곡)/707
[谷:총07획] 원본 7144[<11:下>570 상]

轂(바퀴 곡)/742
[車:총17획] 원본 9105[<14:上>724 하]

⿰阝告(언덕 이름 곡)/807
[阜:총10획] 원본 9234[<14:上>735 하]

鷽(새 이름 곡)/890
[鳥:총18획] 원본 2286[<四:上>151 상]

鵠(고니 곡)/891
[鳥:총18획] 원본 2302[<四:上>151 하]

⿱㱿麥(누룩 곡)/901
[麥:총10획] 원본 32148[<五:下>232 하]

⿸麻㱿(누이지 않은 삼실 곡)/902
[麻:총20획] 원본 4333[<七:下>336 상]

丨(뚫을 곤)/7
[丨:총01획]7원본 0210[<一:上>020 하]

[고]困(괴로울 곤)/115
[囗:총07획] 원본 3767[<六:下>278 하]

壼壸𡈼(궁중 길 곤)/117
[囗:총14획] 원본 3754[<六:下>277 하]

坤(땅 곤)/120
[土:총08획] 원본 8605[<13:下>682 상]

幝(속옷 곤)/200
[巾:총12획] 원본 4665[<七:下>358 하]

悃(정성 곤)/231,234
[心:총10획] 원본 6415[<十:下>503 하]

昆(형 곤)/291
[日:총08획] 원본 4083[<七:上>308 상]

梱(문지방 곤)/323
[木:총11획] 원본 3511[<六:上>256 하]

⿰鯀欠(알기 어려울 곤)/350
[欠:총25획] 원본 5316[<八:下>413 상]

琨(옥돌 곤)/450
[玉:총12획] 원본 0180[<一:上>017 하]

睴(큰 눈 툭 불거질 곤)/490
[目:총14획] 원본 2008[<四:上>130 하]

睔(큰 눈 곤)/489
[目:총13획] 원본 2010[<四:上>130 하]

罤(형 곤)/492
[目:총17획] 원본 3253[<五:下>236 하]

緄(띠 곤)/561
[糸:총14획] 원본 8249[<13:上>653 상]

蘔(향풀 곤)/646
[艸:총21획] 원본 0442[<一:下>036 상]

䖵(벌레 곤)/655
[虫:총12획] 원본 8533[<13:下>674 하]

衮(곤룡포 곤)/671
[衣:총11획] 원본 5019[<八:上>388 하]

⿰𧾷囷(살갗이 얼어터질 곤)/730
[足:총15획] 원본 1333[<二:下>084 상]

輥(빨리 구를 곤)/740
[車:총15획] 원본 9106[<14:上>724 하]

頵(대머리 곤)/838
[頁:총17획] 원본 5416[<九:上>420 하]

혹髡(머리 깎을 곤)/867
[髟:총13획] 원본 5502[<九:上>428 하]

鯀(물고기 이름 곤)/882
[魚:총18획] 원본 7231[<11:下>576 상]

鶤(댓닭 곤)/892
[鳥:총20획] 원본 2284[<四:上>151 상]

圣(힘쓸 골)/118
[土:총05획] 원본 8678[<13:下>689 하]

尳(무릎 병 골)/179
[尢:총13획] 원본 6314[<十:下>495 상]

搰(팔 골)/266
[手:총13획] 원본 7661[<12:上>607 하]

杚(편편할 골)/307
[木:총07획] 원본 3550[<六:上>260 상]

汩(빠질 골)/366
[水:총07획] 원본 6706[<11:上1>529 하]

汨(흐를 골)/366
[水:총07획] 원본 7116[<11:上2>567 상]

縎(맺힐 골)/564
[糸:총16획] 원본 8182[<13:上>647 상]

顝(혼자 골)/841
[頁:총19획] 원본 5378[<九:上>417 하]

骨(뼈 골)/863
[骨:총10획] 원본 2451[<四:下>164 하]

鶻(송골매 골)/893
[鳥:총21획] 원본 2267[<四:上>149 하]

供(이바지할 공)/27
[人:총08획] 원본 4809[<八:上>371 상]

共(함께 공)/50
[八:총06획] 원본 1682[<三:上>105 상]

公(공변될 공)/50
[八:총04획] 원본 0680[<二:上>049 하]

功(공 공)/66
[力:총05획] 원본 8782[<13:下>699 상]

孔(구멍 공)/162
[子:총04획] 원본 7338[<12:上>583 상]

玑巩𢀜(안을 공)/193
[工:총07획] 원본 1790[<三:下>113 하]

工(장인 공)/193
[工:총03획] 원본 2893[<五:上>201 상]

𠬞廾(받들 공)/212
[廾:총04획] 원본 1662[<三:上>103 하]

恭(공손할 공)/231
[心:총10획] 원본 6426[<十:下>503 하]

㤨(떨 공)/231
[心:총09획] 원본 6630[<十:下>514 하]

恐(두려울 공)/230
[心:총10획] 원본 6626[<十:下>514 하]

𢪏(안을 공)/257
[手:총10획] 원본 7475[<12:上>596 상]

控(당길 공)/262
[手:총11획] 원본 7516[<12:上>598 하]

拱(두 손 맞잡을 공)/256
[手:총09획] 원본 7470[<12:上>595 상]

拲(수갑 공)/257
[手:총10획] 원본 7711[<12:上>610 하]

攻(칠 공)/274
[攴:총07획] 원본 1950[<三:下>125 하]

桏(나무 이름 공)/319
[木:총10획] 원본 3289[<六:上>240 하]

涳(물 곧게 흐를 공)/384
[水:총11획] 원본 6862[<11:上2>550 상]

𥑮(물가의 돌 공)/497
[石:총11획] 원본 5734[<九:下>450 상]

空(빌 공)/522
[穴:총08획] 원본 4443[<七:下>344 하]

⿱竹夆(젓가락통 공)/533
[竹:총12획] 원본 2805[<五:上>193 하]

𦦗(가슴치미는 것 **공**)/610
[臼:총18획] 원본 1695[<三:上>106 상]
蛩(메뚜기 **공**)/655
[虫:총12획] 원본 8523[<13:上>673 상]
贑(줄 **공**)/721
[貝:총24획] 원본 3794[<六:下>280 하]
貢(바칠 **공**)/716
[貝:총10획] 원본 3784[<六:下>280 상]
邛(언덕 **공**)/756
[邑:총06획] 원본 3952[<六:下>295 상]
銎(도끼 구멍 **공**)/787
[金:총14획] 원본 8901[<14:上>706 상]
鞏(묶을 **공**)/827
[革:총15획] 원본 1707[<三:下>107 하]
龔(공손할 **공**)/921
[龍:총22획] 원본 1683[<三:上>105 상]
龏(공손할 **공**)/921
[龍:총19획] 원본 1676[<三:上>104 하]
侉(자랑할 **과**)/29
[人:총08획] 원본 4942[<八:上>381 상]
冎(뼈 발라낼 **과**)/52
[冂:총06획] 원본 2448[<四:下>164 하]
ヰ㐄(가리장이 벌려걸을 **과**)/134
[夂:총03획] 원본 3259[<五:下>237 상]
夥(많을 **과**)/138
[夕:총14획] 원본 4146[<七:上>316 상]
夸(자랑할 **과**)/140
[大:총06획] 원본 6286[<十:下>492 하]
寡(적을 **과**)/172
[宀:총14획] 원본 4406[<七:下>341 상]
戈(창 **과**)/245
[戈:총04획] 원본 7983[<12:下>628 하]
敤(갈 **과**)/277
[攴:총12획] 원본 1958[<三:下>126 상]
果(실과 **과**)/311
[木:총08획] 원본 3417[<六:上>249 상]
濄(강 이름 **과**)/409
[水:총16획] 원본 6733[<11:上1>534 하]
淉(물 이름 **과**)/385
[水:총11획] 원본 6791[<11:上1>544 상]
瓜(오이 **과**)/457
[瓜:총05획] 원본 4345[<七:下>337 상]
稞(보리 **과**)/517
[禾:총13획] 원본 4236[<七:上>325 하]
科(과정 **과**)/513
[禾:총09획] 원본 4262[<七:上>327 하]
窠(보금자리 **과**)/524
[穴:총13획] 원본 4447[<七:下>345 상]
胯(사타구니 **과**)/596
[肉:총10획] 원본 2517[<四:下>170 하]
薖(풀이름 **과**)/641
[艸:총17획] 원본 0455[<一:下>036 하]
𧓍蝸(나나니벌 **과**)/664
[虫:총19획] 원본 8448[<13:上>667 상]
褁(쌀 **과**)/675
[衣:총14획] 원본 5117[<八:上>396 하]
諣(게으를 **과**)/700
[言:총16획] 원본 1573[<三:上>099 상]
課(매길 **과**)/698
[言:총15획] 원본 1461[<三:上>093 상]
謓(서로 그릇할 **과**)/705
[言:총20획] 원본 1528[<三:上>096 하]
誇(자랑할 **과**)/696
[言:총13획] 원본 1565[<三:上>098 하]
跨(타넘을 **과**)/729
[足:총13획] 원본 1289[<二:下>082 상]
𨆯(걸터 앉을 **과**)/731
[足:총17획] 원본 1324[<二:下>083 하]

踝(복사뼈 과)/730
[足:총15획] 원본 1265[<二:下>081 상]

過(지날 과)/752
[辵:총13획] 원본 1061[<二:下>071 상]

顆(낟알 과)/839
[頁:총17획] 원본 5389[<九:上>418 하]

髁(넓적다리뼈 과)/865
[骨:총18획] 원본 2458[<四:下>165 상]

𩰫(흙가마솥 과)/873
[鬲:총13획] 원본 1760[<三:下>111 하]

崞(산 이름 곽)/187
[山:총11획] 원본 5596[<九:下>439 상]

椁(덧널 곽)/325
[木:총12획] 원본 3679[<六:上>270 하]

漷(물 부딪쳐 흐를 곽)/401
[水:총14획] 원본 6740[<11:上1>536 상]

藿(콩 곽)/645
[艸:총28획] 원본 0229[<一:下>023 상]

躩(바삐 갈 곽)/735
[足:총27획] 원본 1325[<二:下>083 하]

郭(성곽 곽)/764
[邑:총11획] 원본 3978[<六:下>298 하]

钁(괭이 곽)/800
[金:총28획] 원본 8912[<14:上>706 하]

鞹(무두질한 가죽 곽)/829
[革:총20획] 원본 1698[<三:下>107 상]

𩫏[illegible](성곽 곽)/866
[高:총17획] 원본 3183[<五:下>228 하]

倌(수레 모는 사람 관)/34
[人:총10획] 원본 4888[<八:上>377 상]

冠(갓 관)/54
[冖:총09획] 원본 4594[<七:下>353 상]

寬(너그러울 관)/173
[宀:총15획] 원본 4403[<七:下>341 상]

官(벼슬 관)/168
[宀:총08획] 원본 9170[<14:上>730 하]

𢇇(북에 실 꿸 관)/205
[幺:총10획] 원본 8378[<13:上>663 상]

悹(근심할 관)/233
[心:총12획] 원본 6453[<十:下>505 하]

摜(익숙해질 관)/267
[手:총14획] 원본 7554[<12:上>601 상]

棺(널 관)/325
[木:총12획] 원본 3676[<六:上>270 하]

款(정성 관)/348
[欠:총12획] 원본 5286[<八:下>411 상]

毌(꿰뚫을 관)/359
[毌:총04획] 원본 4149[<七:上>316 상]

灌(물 댈 관)/415
[水:총21획] 원본 6713[<11:上1>531 상]

涫(끓을 관)/384
[水:총11획] 원본 7034[<11:上2>561 상]

爟(봉화 관)/427
[火:총22획] 원본 6215[<十:上>486 상]

瓘(옥 이름 관)/456
[玉:총22획] 원본 0079[<一:上>010 상]

盥(대야 관)/482
[皿:총16획] 원본 3021[<五:上>213 상]

矔(부릅뜰 관)/494
[目:총23획] 원본 2015[<四:上>130 하]

祼(강신제 관)/507
[示:총13획] 원본 0045[<一:上>006 상]

筦(피리 관)/535
[竹:총13획] 원본 2776[<五:上>191 하]

管(피리 관)/537
[竹:총14획] 원본 2864[<五:上>197 하]

綰(얽을 관)/560
[糸:총14획] 원본 8224[<13:上>650 상]

菅(골풀 관)/626
[艸:총12획] 원본 0306[<一:下>027 하]

觀(볼 관)/686
[見:총25획] 원본 5233[<八:下>408 상]

貫(꿸 관)/717
[貝:총11획] 원본 4150[<七:上>316 상]

輨(줏대 관)/740
[車:총15획] 원본 9112[<14:上>725 하]

遦(다닐 관)/753
[辵:총15획] 원본 1062[<二:下>071 상]

闗(빗장 관)/803
[門:총19획] 원본 7407[<12:上>590 상]

雚(황새 관)/816
[隹:총18획] 원본 2212[<四:上>144 하]

輨(말에 쓰는 기물의 총칭 관)/828
[革:총17획] 원본 1733[<三:下>109 하]

館(객사 관)/847
[食:총17획] 원본 3109[<五:下>221 하]

髖(허리뼈 관)/866
[骨:총25획] 원본 2460[<四:下>165 하]

鸛(황새 관)/897
[鳥:총29획] 원본 2346[<四:上>154 하]

佸(힘쓸 괄)/29
[人:총08획] 원본 4853[<八:上>374 상]

契(깎여 떨어질 괄)/63
[刀:총10획] 원본 2688[<四:下>183 하]

劀(궂은살을 잘라 낼 괄)/65
[刀:총14획] 원본 2659[<四:下>180 하]

刮(깎을 괄)/61
[刀:총08획] 원본 2662[<四:下>181 상]

[고]𠯑(입막을 괄)/97
[口:총07획] 원본 0904[<二:上>061 상]

懖(임의로 할 괄)/243
[心:총18획] 원본 6541[<十:下>510 하]

括(묶을 괄)/259
[手:총09획] 원본 7647[<12:上>606 하]

栝(노송나무 괄)/316
[木:총10획] 원본 3606[<六:上>264 하]

桰(나무 이름 괄)/319
[木:총11획] 원본 3602[<六:上>264 하]

聒(떠들썩할 괄)/589
[耳:총12획] 원본 7437[<12:上>592 상]

葀(괄루 괄)/625
[艸:총10획] 원본 0377[<一:下>031 하]

适(빠를 괄)/749
[辵:총10획] 원본 1074[<二:下>071 하]

銽(끊을 괄)/788
[金:총15획] 원본 9003[<14:上>714 상]

頢(짤막한 얼굴 괄)/838
[頁:총15획] 원본 5390[<九:上>418 하]

䯏(뼈끝 괄)/864
[骨:총16획] 원본 2462[<四:下>165 하]

髺(머리 묶을 괄)/868
[髟:총16획] 원본 5488[<九:上>427 상]

鴰(재두루미 괄)/891
[鳥:총17획] 원본 2334[<四:上>154 상]

䶢(씹는 소리 괄)/918
[齒:총22획] 원본 1257[<二:下>080 하]

俇(허둥지둥할 광)/32
[人:총09획] 원본 4975[<八:上>384 상]

侊(성한 모양 광)/30
[人:총08획] 원본 4910[<八:上>378 하]

光(빛 광)/46
[儿:총06획] 원본 6203[<十:上>485 하]

匡(바룰 광)/74
[匚:총06획] 원본 8034[<12:下>636 상]

壙(광 광)/132
[土:총18획] 원본 8698[<13:下>691 상]

廣(넓을 **광**)/210
[广:총15획] 원본 5659[<九:下>444 상]

懬(넓을 **광**)/243
[心:총19획] 원본 6437[<十:下>504 하]

恇(겁낼 **광**)/230
[心:총09획] 원본 6621[<十:下>514 하]

㤮(거짓말할 **광**)/231
[心:총11획] 원본 6535[<十:下>510 하]

曠(밝을 **광**)/299
[日:총19획] 원본 4030[<七:上>303 하]

桄(광랑나무 **광**)/318
[木:총10획] 원본 3645[<六:上>268 하]

洸(물 용솟음할 **광**)/380
[水:총09획] 원본 6842[<11:上2>548 하]

洭(땅 이름 **광**)/379
[水:총09획] 원본 6702[<11:上1>528 하]

獷(사나울 **광**)/443
[犬:총18획] 원본 6030[<十:上>474 하]

狂(미칠 **광**)/438
[犬:총07획] 원본 6066[<十:上>476 하]

卝 礦(쇳돌 **광**)/501
[石:총17획] 원본 5725[<九:下>448 하]

穬(까끄라기 있는 곡식 **광**)/521
[禾:총20획] 원본 4209[<七:上>323 상]

纊(솜 **광**)/571
[糸:총21획] 원본 8332[<13:上>659 하]

臩(놀라 달아날 **광**)/606
[臣:총17획] 원본 6350[<十:下>498 하]

臦(어그러질 **광**)/606
[臣:총12획] 원본 1855[<三:下>118 하]

誆(속일 **광**)/697
[言:총14획] 원본 1526[<三:上>096 하]

輄(수레바퀴가 헐 **광**)/737
[車:총13획] 원본 9144[<14:上>728 하]

軭(네모진 수레 **광**)/735
[車:총11획] 원본 9163[<14:上>730 상]

迋(속일 **광**)/747
[辵:총08획] 원본 1055[<二:下>070 하]

邼(땅 이름 **광**)/760
[邑:총09획] 원본 3886[<六:下>289 상]

卦(걸 **괘**)/80
[卜:총08획] 원본 1973[<三:下>127 상]

咼(입 비뚤어질 **괘**)/102
[口:총09획] 원본 0901[<二:上>061 상]

挂(그림족자 **괘**)/257
[手:총09획] 원본 7700[<12:上>609 하]

絓(걸릴 **괘**)/555
[糸:총12획] 원본 8133[<13:上>644 상]

詿(그르칠 **괘**)/696
[言:총13획] 원본 1542[<三:上>097 하]

乖(어그러질 **괴**)/11
[丿:총08획] 원본 2215[<四:上>144 하]

傀(클 **괴**)/38
[人:총12획] 원본 4763[<八:上>368 상]

[속] 凷(흙 **괴**)/58
[凵:총05획]원본 2862[<13:下>684 상]

[주] [고] 壞(무너질 **괴**)/132
[土:총19획] 원본 8702[<13:下>691 하]

㚌(클 **괴**)/125
[土:총11획] 원본 4147[<七:上>316 상]

媿(창피 줄 **괴**)/157
[女:총13획] 원본 7961[<12:下>626 상]

巜(큰 도랑 **괴**)/191
[巛:총02획] 원본 7123[<11:下>568 상]

廥(여물 광 **괴**)/210
[广:총16획] 원본 5660[<九:下>444 상]

怪(기이할 **괴**)/229
[心:총08획] 원본 6518[<十:下>509 하]

旝(기 괴)/287
[方:총19획] 원본 4099[<七:上>310 하]
槐(홰나무 괴)/333
[木:총14획] 원본 3372[<六:上>246 상]
瑰(구슬 이름 괴)/453
[玉:총14획] 원본 0190[<一:上>018 하]
穭(왕겨 괴)/520
[禾:총17획] 원본 4224[<七:上>324 하]
蒯(풀이름 괴)/629
[艸:총13획] 원본 0355[<一:下>030 상]
蕢(상할 괴)/639
[艸:총16획] 원본 0586[<一:下>044 상]
襘(띠 매듭 괴)/679
[衣:총18획] 원본 5042[<八:上>391 하]
郈(마을 이름 괴)/762
[邑:총10획] 원본 4008[<六:下>300 상]
𩪖(동곳 괴)/865
[骨:총23획] 원본 2475[<四:下>167 상]
髕(종지뼈 괴)/865
[骨:총22획] 원본 2463[<四:下>165 하]
魁(으뜸 괴)/876
[鬼:총14획] 원본 9052[<14:上>718 상]
㶁(물이 갈라져 흐를 괵)/412
[水:총18획] 원본 7006[<11:上2>559 하]
聝(귀 벨 괵)/590
[耳:총14획] 원본 7450[<12:上>592 하]
虢(범 발톱 자국 괵)/650
[虍:총15획] 원본 2992[<五:上>211 상]
厷(팔뚝 굉)/87
[厶:총04획] 원본 1806[<三:下>115 상]
宏(클 굉)/167
[宀:총07획] 원본 4367[<七:下>339 상]
紘(갓끈 굉)/551
[糸:총10획] 원본 8244[<13:上>652 하]
觵(뿔잔 굉)/689
[角:총19획] 원본 2725[<四:下>186 하]
訇(큰소리 굉)/691
[言:총09획] 원본 1555[<三:上>098 상]
轟(울릴 굉)/744
[車:총21획] 원본 9167[<14:上>730 하]
鍠(종고 소리 굉)/791
[金:총17획] 원본 8954[<14:上>709 하]
閎(마을 문 굉)/799
[門:총12획] 원본 7370[<12:上>587 하]
鞃(수레앞턱가로나무 감은 가죽 굉)/827
[革:총14획] 원본 1721[<三:下>108 하]
丂(공교할 교)/3
[一:총02획] 원본 2918[<五:上>203 하]
交(사귈 교)/18
[亠:총06획] 원본 6310[<十:下>494 하]
佼(예쁠 교)/29
[人:총08획] 원본 4739[<八:上>366 상]
僑(높을 교)/41
[人:총14획] 원본 4774[<八:上>368 하]
嘐(닭 울 교)/110
[口:총14획] 원본 0854[<二:上>059 하]
嘂(크게 부르짖을 교)/109
[口:총14획] 원본 1362[<三:上>086 하]
噭(부르짖을 교)/112
[口:총16획] 원본 0743[<二:上>054 상]
喬(높을 교)/107
[口:총12획] 원본 6307[<十:下>494 하]
墽(메마른 땅 교)/131
[土:총16획] 원본 8615[<13:下>683 하]
姣(예쁠 교)/149
[女:총09획] 원본 7810[<12:下>618 상]
嬌(무서워 몸을 움추릴 교)/161
[女:총20획] 원본 7836[<12:下>619 하]

斈斈(본받을 교)/164
[子:총07획] 원본 9329[<14:上>743 하]

[illegible](짐승 이름 교)/165
[子:총19획] 원본 5958[<十:上>469 하]

屩(신 교)/183
[尸:총18획] 원본 5187[<八:下>402 하]

巧(공교할 교)/193
[工:총05획] 원본 2895[<五:上>201 상]

恔(쾌할 교)/230
[心:총09획] 원본 6420[<十:下>503 하]

攪(어지러울 교)/272
[手:총23획] 원본 7642[<12:上>606 하]

撟(들 교)/269
[手:총15획] 원본 7594[<12:上>604 상]

[illegible](곁매칠 교)/270
[手:총17획] 원본 7680[<12:上>608 하]

敎(가르침 교)/275
[攴:총11획] 원본 1970[<三:下>127 상]

敽(칠 교)/278
[攴:총16획] 원본 1969[<三:下>126 하]

敫(노래할 교)/277
[攴:총13획] 원본 2397[<四:下>160 상]

敿(끈맬 교)/278
[攴:총16획] 원본 1924[<三:下>124 상]

橋(다리 교)/337
[木:총16획] 원본 3633[<六:上>267 상]

校(학교 교)/316
[木:총10획] 원본 3639[<六:上>267 하]

[illegible](노래 부를 교)/348
[欠:총13획] 원본 5311[<八:下>412 하]

烄(태울 교)/419
[火:총10획] 원본 6135[<十:上>481 하]

[illegible](불 땔 교)/421
[火:총12획] 원본 6140[<十:上>482 상]

[illegible](교활할 교)/442
[犬:총14획] 원본 6020[<十:上>474 상]

獟(미친 개 교)/442
[犬:총15획] 원본 6064[<十:上>476 하]

狡(교활할 교)/439
[犬:총09획] 원본 6003[<十:上>473 하]

璬(패옥 교)/455
[玉:총17획] 원본 0117[<一:上>013 상]

[illegible](복통 교)/470
[疒:총07획] 원본 4501[<七:下>348 하]

皦(옥석 흴 교)/479
[白:총18획] 원본 4721[<七:下>364 상]

皎(달빛 교)/479
[白:총11획] 원본 4714[<七:下>363 하]

[illegible](데우는 그릇 교)/483
[皿:총19획] 원본 3011[<五:上>212 하]

県[illegible](목베어 거꾸로 매달 교)/484
[目:총09획] 원본 5447[<九:上>423 하]

矯(바로잡을 교)/497
[矢:총17획] 원본 3166[<五:下>226 상]

磽(메마른 땅 교)/501
[石:총17획] 원본 5751[<九:下>451 하]

窖(움 교)/524
[穴:총12획] 원본 4453[<七:下>345 하]

絞(목맬 교)/555
[糸:총12획] 원본 6312[<十:下>495 상]

繑(바지 끈 교)/568
[糸:총18획] 원본 8266[<13:上>654 하]

翹(꼬리 긴 깃털 교)/584
[羽:총18획] 원본 2143[<四:上>139 상]

膠(아교 교)/602
[肉:총15획] 원본 2611[<四:下>177 상]

荍(당아욱 교)/621
[艸:총10획] 원본 0297[<一:下>027 상]

茭(꼴 교)/621
[艸:총10획] 원본 0590[<一:下>044 상]

蟜(독충 교)/662
[虫:총18획] 원본 8412[<13:上>665 상]

蛟(교룡 교)/654
[虫:총12획] 원본 8490[<13:上>670 상]

警(소리 지를 교)/705
[言:총20획] 원본 1508[<三:上>095 하]

趫(재빠를 교)/726
[走:총19획] 원본 0936[<二:上>063 하]

趬(사뿐사뿐 걸을 교)/726
[走:총19획] 원본 0946[<二:上>064 상]

蹻(발돋움할 교)/732
[足:총19획] 원본 1279[<二:下>081 하]

較(수레의 좌우 손잡이 가름대 교)/735
[車:총11획] 원본 9088[<14:上>722 상]

這(만날 교)/749
[辵:총10획] 원본 1077[<二:下>071 하]

鄡(고을 이름 교)/769
[邑:총14획] 원본 3898[<六:下>290 상]

郊(성 밖 교)/761
[邑:총09획] 원본 3838[<六:下>284 상]

鐈(발이 긴 가마솥 교)/794
[金:총20획] 원본 8859[<14:上>704 상]

驕(교만할 교)/861
[馬:총22획] 원본 5876[<十:上>463 하]

骹(발회목 교)/864
[骨:총16획] 원본 2464[<四:下>165 하]

鮫(상어 교)/882
[魚:총17획] 원본 7292[<11:下>580 상]

鷮(꿩 교)/895
[鳥:총23획] 원본 2362[<四:上>156 상]

鵁(해오라기 교)/890
[鳥:총17획] 원본 2335[<四:上>154 상]

齩(깨물 교)/918
[齒:총21획] 원본 1243[<二:下>080 상]

丘(언덕 구)/6
[一:총05획] 원본 4996[<八:上>386 하]

丩(얽힐 구)/7
[丨:총02획] 원본 1382[<三:上>088 하]

久(오랠 구)/10
[丿:총03획] 원본 3260[<五:下>237 상]

九(아홉 구)/12
[乙:총02획] 원본 9280[<14:上>738 하]

傴(훼방할 구)/35
[人:총10획] 원본 4959[<八:上>382 하]

俱(함께 구)/33
[人:총10획] 원본 4823[<八:上>372 상]

俅(공손할 구)/32
[人:총09획] 원본 4741[<八:上>366 상]

佝(꼽추 구)/26
[人:총07획] 원본 4920[<八:上>379 하]

仇(원수 구)/20
[人:총04획] 원본 4955[<八:上>382 하]

傴(구부릴 구)/39
[人:총13획] 원본 4952[<八:上>382 상]

具(갖출 구)/51
[八:총08획] 원본 1678[<三:上>104 하]

冓(짤 구)/53
[冂:총10획] 원본 2379[<四:下>158 하]

刨(낫 구)/60
[刀:총07획] 원본 2625[<四:下>178 상]

匔(배 부를 구)/72
[勹:총14획] 원본 5549[<九:上>433 하]

勼(모을 구)/70
[勹:총04획] 원본 5543[<九:上>433 상]

匛(널 구)/73
[匚:총05획] 원본 8048[<12:下>637 상]

區(지경 구)/76
[匚:총11획] 원본 8025[<12:下>635 상]

口(입 구)/93
[口:총03획] 원본 0742[<二:上>054 상]

咎(허물 구)/100
[口:총08획] 원본 4957[<八:上>382 하]

叴(소리 높일 구)/95
[口:총05획] 원본 0866[<二:上>059 하]

句(글귀 구)/93
[口:총05획] 원본 1378[<三:上>088 상]

垢(때 구)/123
[土:총09획] 원본 8714[<13:下>692 상]

[illegible](계집 구)/145
[女:총06획] 원본 7797[<12:下>617 하]

媾(화친할 구)/157
[女:총13획] 원본 7773[<12:下>616 상]

嫗(할미 구)/157
[女:총14획] 원본 7757[<12:下>614 하]

窶(가난할 구)/172
[宀:총14획] 원본 4411[<七:下>341 하]

寇(도둑 구)/171
[宀:총11획] 원본 1941[<三:下>125 상]

[illegible](병들 구)/166
[宀:총06획] 원본 4412[<七:下>341 하]

屨(신 구)/183
[尸:총17획] 원본 5184[<八:下>402 하]

廄(마구간 구)/209
[广:총14획] 원본 5656[<九:下>443 하]

彀(당길 구)/218
[弓:총13획] 원본 8104[<12:下>641 상]

彄(활고자 구)/218
[弓:총14획] 원본 8090[<12:下>640 하]

忂(가는 모양 구)/225
[彳:총21획] 원본 1168[<二:下>076 상]

[illegible](원수 구)/233
[心:총12획] 원본 6597[<十:下>513 상]

懼(두려워할 구)/244
[心:총21획] 원본 6457[<十:下>506 상]

捄(담을 구)/259
[手:총10획] 원본 7659[<12:上>607 하]

摳(줄 구)/268
[手:총14획] 원본 7465[<12:上>594 상]

拘(잡을 구)/255
[手:총08획] 원본 1379[<三:上>088 상]

扣(두드릴 구)/252
[手:총06획] 원본 7718[<12:上>611 상]

敂(두드릴 구)/274
[攴:총09획] 원본 1949[<三:下>125 하]

救(건질 구)/275
[攴:총11획] 원본 1928[<三:下>124 하]

斠(풀 구)/282
[斗:총17획] 원본 9056[<14:上>718 하]

斪(괭이 구)/282
[斤:총09획] 원본 9035[<14:上>717 상]

晷(그림자 구)/296
[日:총12획] 원본 4047[<七:上>305 상]

昫(해 돋아 따뜻할 구)/293
[日:총09획] 원본 4036[<七:上>304 상]

構(얽을 구)/333
[木:총14획] 원본 3470[<六:上>253 하]

[illegible](가래 구)/338
[木:총16획] 원본 3535[<六:上>258 하]

枸(호깨나무 구)/312
[木:총09획] 원본 3352[<六:上>244 하]

梂(도토리받침 구)/320
[木:총11획] 원본 3380[<六:上>246 하]

歐(토할 구)/349
[欠:총15획] 원본 5305[<八:下>412 상]

欨(불 구)/346
[欠:총09획] 원본 5276[<八:下>410 하]

[illegible](토할 구)/348
[欠:총12획] 원본 5328[<八:下>413 하]

[illegible](구부릴 구)/357
[殳:총12획] 원본 1874[<三:下>120 상]

毆(때릴 구)/358
[殳:총15획] 원본 1866[<三:下>119 하]

漚(담글 구)/400
[水:총14획] 원본 6995[<11:上2>558 하]

灈(물 이름 구)/414
[水:총21획] 원본 6729[<11:上1>533 하]

溝(봇도랑 구)/394
[水:총13획] 원본 6930[<11:上2>554 상]

滱(땅 이름 구)/397
[水:총14획] 원본 6775[<11:上1>543 상]

灸(뜸 구)/417
[火:총07획] 원본 6166[<十:上>483 하]

狗(개 구)/439
[犬:총08획] 원본 6000[<十:上>473 상]

球(공 구)/450
[玉:총11획] 원본 0099[<一:上>012 상]

玽(옥돌 구)/448
[玉:총09획] 원본 0168[<一:上>017 상]

玖(옥돌 구)/446
[玉:총07획] 원본 0156[<一:上>016 하]

甌(사발 구)/459
[瓦:총16획] 원본 8066[<12:下>638 하]

痀(곱사등이 구)/471
[疒:총10획] 원본 4528[<七:下>349 하]

[illegible](흘겨 볼 구)/490
[目:총13획] 원본 2109[<四:上>136 상]

瞿(볼 구)/493
[目:총18획] 원본 2249[<四:上>147 하]

[illegible](눈을 들어 놀랄 구)/491
[目:총15획] 원본 6347[<十:下>498 하]

䀠(두리번거릴 구)/486
[目:총10획] 원본 2107[<四:上>135 하]

[illegible](굽을 구)/516
[禾:총12획] 원본 3726[<六:下>275 상]

究(궁구할 구)/522
[穴:총07획] 원본 4468[<七:下>346 하]

竘(다듬을 구)/527
[立:총10획] 원본 6371[<十:下>500 하]

笱(통발 구)/533
[竹:총11획] 원본 1380[<三:上>088 상]

篝(배롱 구)/539
[竹:총16획] 원본 2803[<五:上>193 상]

[illegible](미숫가루 구)/546
[米:총12획] 원본 4302[<七:上>333 상]

糗(볶은 쌀 구)/548
[米:총16획] 원본 4301[<七:上>332 하]

絿(급박할 구)/557
[糸:총13획] 원본 8186[<13:上>647 하]

緱(칼자루 감을 구)/563
[糸:총15획] 원본 8292[<13:上>656 하]

絇(신코 장식 구)/554
[糸:총11획] 원본 8301[<13:上>657 하]

翑(깃 굽을 구)/582
[羽:총11획] 원본 2146[<四:上>139 상]

耇(노인 얼굴에 기미 낄 구)/585
[老:총09획] 원본 5140[<八:上>398 하]

聥(소리듣고 놀랄 구)/590
[耳:총15획] 원본 7438[<12:上>592 상]

朐(포 구)/595
[肉:총09획] 원본 2573[<四:下>174 상]

脙(파리할 구)/598
[肉:총11획] 원본 2536[<四:下>171 하]

肍(장조림 구)/592
[肉:총06획] 원본 2577[<四:下>175 상]

臞(여윌 구)/605
[肉:총22획] 원본 2534[<四:下>171 상]

舊(예 구)/610
[臼:총18획] 원본 2213[<四:上>144 하]

臼(절구 구)/608
[臼:총06획] 원본 4319[<七:上>334 상]

舅(시아비 구)/609
[臼:총13획] 원본 8778[<13:下>698 하]

蓲(물억새 구)/635
[艸:총15획] 원본 0322[<一:下>028 하]

苟(진실로 구)/618
[艸:총09획] 원본 0614[<一:下>045 하]

茩(조결명 구)/620
[艸:총10획] 원본 0393[<一:下>033 상]

蒟(구장 구)/632
[艸:총14획] 원본 0460[<一:下>036 하]

艽(나라 끝 구)/614
[艸:총06획] 원본 608[<一:下>045 상]

蚼(개미 구)/653
[虫:총11획] 원본 8522[<13:上>673 상]

蛷(집게벌레 구)/663
[虫:총19획] 원본 8554[<13:下>675 하]

衢(네거리 구)/670
[行:총24획] 원본 1207[<二:下>078 상]

裘(갖옷 구)/674
[衣:총13획] 원본 5134[<八:上>398 상]

𧜗(털받이 구)/678
[衣:총17획] 원본 5121[<八:上>397 상]

覯(만날 구)/685
[見:총17획] 원본 5243[<八:下>408 하]

觓(굽을 구)/687
[角:총09획] 원본 2708[<四:下>185 하]

訄(급할 구)/691
[言:총09획] 원본 1640[<三:上>102 상]

謳(노래할 구)/703
[言:총18획] 원본 1493[<三:上>095 상]

𧥣(두드릴 구)/691
[言:총10획] 원본 1558[<三:上>098 하]

賕(뇌물 구)/719
[貝:총14획] 원본 3824[<六:下>282 하]

購(살 구)/720
[貝:총17획] 원본 3825[<六:下>282 하]

𧾣(달아나며 돌아 보는 모양 구)/727
[走:총25획] 원본 0963[<二:上>064 하]

跔(곱을 구)/728
[足:총12획] 원본 1332[<二:下>084 상]

躣(가는 모양 구)/732
[足:총25획] 원본 1271[<二:下>081 하]

軀(몸 구)/733
[身:총18획] 원본 5014[<八:上>388 하]

軥(멍에 구)/736
[車:총12획] 원본 9119[<14:上>726 상]

遘(만날 구)/752
[辵:총14획] 원본 1080[<二:下>071 하]

邀(공손히 갈 구)/754
[辵:총16획] 원본 1049[<二:下>070 하]

逑(짝 구)/750
[辵:총11획] 원본 1120[<二:下>073 하]

邭(땅 이름 구)/758
[邑:총08획] 원본 3982[<六:下>299 상]

邱(땅 이름 구)/759
[邑:총08획] 원본 3986[<六:下>299 하]

𨛫(땅 이름 구)/762
[邑:총10획] 원본 3991[<六:下>299 하]

釦(금테 두를 구)/783
[金:총11획] 원본 8891[<14:上>705 하]

鉤(갈고랑이 구)/786
[金:총13획] 원본 1381[<三:上>088 상]

䧢(길이 울퉁불퉁한 모양 구)/811
[阜:총14획] 원본 9198[<14:上>732 하]

雊(장끼 울 구)/814
[隹:총13획] 원본 2178[<四:上>142 상]

韝(깍지 구)/832
[韋:총19획] 원본 3242[<五:下>235 상]

韭(부추 구)/833
[韭:총09획] 원본 4339[<七:下>336 하]

驅(몰 구)/860
[馬:총21획] 원본 5912[<十:上>466 하]

駒(망아지 구)/855
[馬:총15획] 원본 5843[<十:上>461 상]

鬮(제비 구)/872
[鬥:총26획] 원본 1798[<三:下>114 상]

鮥(준치 구)/883
[魚:총19획] 원본 7305[<11:下>581 상]

鱹(물고기 이름 구)/886
[魚:총29획] 원본 7310[<11:下>581 하]

鰸(물고기 이름 구)/885
[魚:총22획] 원본 7279[<11:下>579 상]

鳩(비둘기 구)/887
[鳥:총13획] 원본 2264[<四:上>149 상]

鷇(새새끼 구)/893
[鳥:총21획] 원본 2368[<四:上>157 상]

鷗(갈매기 구)/893
[鳥:총22획] 원본 2327[<四:上>153 하]

鴝(구관조 구)/889
[鳥:총16획] 원본 2352[<四:上>155 상]

麌(수사슴 구)/899
[鹿:총19획] 원본 5972[<十:上>471 상]

鼀(구벽 구)/909
[黽:총18획] 원본 8590[<13:下>679 하]

鼩(생쥐 구)/913
[鼠:총18획] 원본 6096[<十:上>479 상]

鼽(코 막힐 구)/915
[鼻:총16획] 원본 2127[<四:上>137 하]

齨(노인의 이 구)/918
[齒:총21획] 원본 1252[<二:下>080 하]

고龜(나라 이름 구·귀·균)/922
[龜:총16획] 원본 8579[<13:下>678 하]

匔(곱사등이 국)/72
[勹:총16획] 원본 5538[<九:上>432 하]

匊(움켜 뜰 국)/71
[勹:총08획] 원본 5541[<九:上>433 상]

𠩺𠩺厈(잡을 국)/84
[厂:총05획] 원본 1793[<三:下>114 상]

國(나라 국)/117
[囗:총11획] 원본 3753[<六:下>277 하]

𥨪(궁할 국)/173
[宀:총19획] 원본 4416[<七:下>341 하]

局(판 국)/181
[尸:총07획] 원본 0920[<二:上>062 상]

挶(들것 국)/258
[手:총10획] 원본 7564[<12:上>601 하]

掬(움킬 국)/266
[手:총14획] 원본 7537[<12:上>600 상]

㩴(움켜쥘 국)/272
[手:총21획] 원본 7492[<12:上>597 상]

𥷚𥷚𥷚(치죄할 국)/539
[竹:총16획] 원본 6335[<十:下>496 하]

𥳑(누룩 국)/543
[竹:총22획] 원본 4298[<七:上>332 하]

𦆽(흰 비단 국)/570
[糸:총19획] 원본 8371[<13:上>662 하]

𦁊(묶을 국)/560
[糸:총14획] 원본 8173[<13:上>647 상]

臼(깍지 낄 국)/608
[臼:총07획] 원본 1690[<三:上>105 하]

蘜(국화 국)/646
[艸:총21획] 원본 0428[<一:下>035 하]

菊(국화 국)/626
[艸:총12획] 원본 0253[<一:下>024 하]

蘜(국화 국)/645
[艸:총20획] 원본 0395[<一:下>033 상]

𧎚(국축 국)/657
[虫:총14획] 원본 8508[<13:上>671 하]

趜(궁구할 국)/725
[走:총15획] 원본 0994[<二:上>065 하]

𨏥(끌채가 곧은 수레 국)/739
[車:총15획] 원본 9115[<14:上>726 상]

輂(수레 국)/738
[車:총13획] 원본 9159[<14:上>729 하]

鞠(공 국)/828
[革:총17획] 원본 1716[<三:下>108 상]

驧(말 뛸 국)/863
[馬:총27획] 원본 5931[<十:上>467 하]

𩸨(돌고래 국)/883
[魚:총19획] 원본 7282[<11:下>579 하]

鷍(뻐꾸기 국)/896
[鳥:총27획] 원본 2269[<四:上>149 하]

[고]君(임금 군)/97
[口:총07획] 원본 0801[<二:上>057 상]

宭(여럿이 살 군)/169
[宀:총10획] 원본 4391[<七:下>340 상]

帬(치마 군)/199
[巾:총10획] 원본 4662[<七:下>358 상]

攈(주울 군)/271
[手:총19획] 원본 7615[<12:上>605 상]

𢿱(친구를 범할 군)/279
[攴:총15획] 원본 1938[<三:下>125 상]

涒(클 군)/383
[水:총10획] 원본 7060[<11:上2>563 상]

窘(막힐 군)/524
[穴:총12획] 원본 4465[<七:下>346 상]

羣(무리 군)/579
[羊:총13획] 원본 2241[<四:上>146 하]

莙(버들말즘 군)/624
[艸:총11획] 원본 0316[<一:下>028 상]

䞘(급히 달아날 군)/725
[走:총15획] 원본 0956[<二:上>064 하]

軍(군사 군)/734
[車:총09획] 원본 9127[<14:上>727 상]

輑(굴대 군)/738
[車:총14획] 원본 9096[<14:上>723 하]

郡(고을 군)/762
[邑:총10획] 원본 3833[<六:下>283 상]

頵(머리 클 군)/838
[頁:총16획] 원본 5371[<九:上>417 하]

𠜾(새김칼 굴)/64
[刀:총10획] 원본 2628[<四:下>178 하]

堀堀(굴 굴/125
[土:총11획] 원본 8637[<13:下>685 하]

屈(굽을 굴)/181
[尸:총08획] 원본 5181[<八:下>402 상]

崛(우뚝 솟을 굴)/187
[山:총11획] 원본 5613[<九:下>440 상]

掘(팔 굴)/262
[手:총11획] 원본 7662[<12:上>607 하]

淈(흐릴 굴)/385
[水:총11획] 원본 6876[<11:上2>550 하]

𦶇(쓸어버릴 굴)/626
[艸:총12획] 원본 0567[<一:下>043 상]

𧊒(나무좀 벌레 굴)/653
[虫:총11획] 원본 8408[<13:上>665 상]

詘(굽힐 굴)/694
[言:총12획] 원본 1617[<三:上>100 하]
趉(별안간 달아날 굴)/723
[走:총12획] 원본 0993[<二:上>065 하]
頜(대머리 굴)/834
[頁:총13획] 원본 5417[<九:上>421 상]
鶌(멧비둘기 굴)/892
[鳥:총19획] 원본 2265[<四:上>149 상]
宮(집 궁)/169
[宀:총10획] 원본 4425[<七:下>342 하]
弓(활 궁)/214
[弓:총03획] 원본 8083[<12:下>639 하]
穹(하늘 궁)/522
[穴:총08획] 원본 4467[<七:下>346 하]
窮(다할 궁)/524
[穴:총15획] 원본 4469[<七:下>346 하]
竆(다할 궁)/526
[穴:총15획] 원본 3844[<六:下>284 하]
营(궁궁이 궁)/632
[艸:총14획] 원본 0264[<一:下>025 상]
藭(궁궁이 궁)/644,647
[艸:총19획] 원본 0265[<一:下>025 상]
躳(몸 궁)/733
[身:총14획] 원본 4428[七:下>343 하]
倦(게으를 권)/34
[人:총10획] 원본 4964[<八:上>383 상]
券(문서 권)/62
[刀:총08획] 원본 2682[<四:下>182 하]
勸(권할 권)/69
[力:총20획] 원본 8793[<13:下>699 하]
劵(수고로울 권)/67
[力:총08획] 원본 8809[<13:下>700 하]
卷(쇠뇌 권)/83
[卩:총08획] 원본 5522[<九:上>431 상]
圈(우리 권)/116
[囗:총11획] 원본 3756[<六:下>277 하]
帣(자루 권)/198
[巾:총09획] 원본 4693[<七:下>360 하]
弮失(밥 뭉칠 권)/213
[廾:총10획] 원본 1672[<三:上>104 하]
彍(활굽이 권)/218
[弓:총19획] 원본 8089[<12:下>640 하]
拳(주먹 권)/257
[手:총10획] 원본 7461[<12:上>594 상]
捲(말 권)/260
[手:총11획] 원본 7675[<12:上>608 하]
斆(술국자 권)/282
[斗:총23획] 원본 9059[<14:上>718 하]
權(저울추 권)/344
[木:총22획] 원본 3370[<六:上>246 상]
桊(소코뚜레 권)/318
[木:총10획] 원본 3585[<六:上>263 상]
眷(돌아볼 권)/488
[目:총11획] 원본 2069[<四:上>133 하]
睊(눈언저리 권)/489
[目:총13획] 원본 2108[<四:上>136 상]
粩(가루 권)/547
[米:총14획] 원본 4312[<七:上>333 하]
絭(멜빵 권)/557
[糸:총12획] 원본 8303[<13:上>657 하]
蠸(노린재 권)/666
[虫:총24획] 원본 8401[<13:上>664 하]
觠(뿔 권)/688
[角:총13획] 원본 2703[<四:下>185 상]
豢(누른빛 나는콩 권)/709
[豆:총13획] 원본 2961[<五:上>207 하]
趯(허리 굽혀 가는 모양 권)/727
[走:총25획] 원본 0998[<二:上>066 상]

⿰阝卷(촌락 이름 권)/807
[阜:총11획] 원본 9230[<14:上>735 상]

韏(가죽 분파할 권)/831
[韋:총15획] 원본 3249[<五:下>236 상]

鬈(아름다울 권)/868
[髟:총18획] 원본 5475[<九:上>426 상]

鬳(솥 권)/873
[鬲:총16획] 원본 1764[<三:下>111 하]

齤(옥니 권)/918
[齒:총21획] 원본 1230[<二:下>079 하]

乚(새잡는 창애 궐)/13
[亅:총01획] 원본 8014[<12:下>633 하]

亅(갈고리 궐)/13
[亅:총01획] 원본 8013[<12:下>633 하]

⿸厥力(핍박할 궐)/68
[力:총14획] 원본 8794[<13:下>699 하]

厥(그 궐)/86
[厂:총12획] 원본 5699[<九:下>447 상]

孓(장구벌레 궐)/162
[子:총03획] 원본 9333[<14:上>744 상]

橜(말뚝 궐)/338
[木:총16획] 원본 3587[<六:上>263 상]

氒(그 궐)/362
[氏:총06획] 원본 7978[<12:下>628 하]

瘚(상기 궐)/474
[疒:총15획] 원본 4529[<七:下>349 하]

蕨(고사리 궐)/639
[艸:총16획] 원본 0615[<一:下>045 하]

蟨(쥐 궐)/662
[虫:총18획] 원본 8524[<13:上>673 상]

⿱厥角⿰角厥(뿔로 받을 궐)/689
[角:총19획] 원본 2711[<四:下>185 하]

⿺走厥(뛸 궐)/726
[走:총18획] 원본 0941[<二:上>064 상]

蹶(넘어질 궐)/732
[足:총19획] 원본 1305[<二:下>083 상]

闕(대궐 궐)/802
[門:총18획] 원본 7380[<12:上>588 상]

⿰骨厥(볼기뼈 궐)/865
[骨:총22획] 원본 2459[<四:下>165 상]

鱖(쏘가리 궐)/886
[魚:총23획] 원본 7273[<11:下>578 하]

鷢(물수리 궐)/894
[鳥:총23획] 원본 2344[<四:上>154 하]

几(안석 궤)/56
[几:총02획] 원본 9024[<14:上>715 하]

匱(함 궤)/75
[匚:총14획] 원본 8044[<12:下>636 하]

厬(물 마를 궤)/86
[厂:총14획] 원본 5696[<九:下>446 하]

[혹]垝(허물어질 궤)/123
[土:총09획] 원본 8693[<13:下>691 상]

姽(자늑자늑 걷는 모양 궤)/150
[女:총09획] 원본 7829[<12:下>619 상]

屼(산 이름 궤)/185
[山:총05획] 원본 5591[<九:下>438 하]

恑(변할 궤)/230
[心:총09획] 원본 6537[<十:下>510 하]

憒(심란할 궤)/241
[心:총15획] 원본 6554[<十:下>511 상]

撅(옷 걷을 궤)/268
[手:총15획] 원본 7705[<12:上>610 상]

机(책상 궤)/306
[木:총06획] 원본 3399[<六:上>248 상]

樻(나무 이름 궤)/337
[木:총16획] 원본 3325[<六:上>243 상]

殨(문드러질 궤)/355
[歹:총16획] 원본 2429[<四:下>163 상]

潰(무너질 궤)/406
[水:총15획] 원본 6894[<11:上2>551 하]

氿(샘 궤)/364
[水:총05획] 원본 6911[<11:上2>552 하]

祪(제천 사당 궤)/506
[示:총11획] 원본 0034[<一:上>004 상]

簋(제기 이름 궤)/540
[竹:총17획] 원본 2810[<五:上>193 하]

繢(수놓을 궤)/569
[糸:총18획] 원본 8144[<13:上>645 상]

蛫(곤충 이름 궤)/655
[虫:총12획] 원본 8514[<13:上>672 상]

觤(양각 어긋날 궤)/688
[角:총13획] 원본 2718[<四:下>186 상]

詭(속일 궤)/695
[言:총13획] 원본 1615[<三:上>100 하]

跪(꿇어앉을 궤)/729
[足:총13획] 원본 1268[<二:下>081 상]

軌(길 궤)/733
[車:총09획] 원본 9139[<14:上>728 상]

鈍(삽 궤)/787
[金:총14획] 원본 8909[<14:上>706 하]

闠(성시 바깥문 궤)/803
[門:총20획] 원본 7377[<12:上>588 상]

鞼(무늬 있는 가죽 궤)/829
[革:총21획] 원본 1705[<三:下>107 하]

饋(먹일 궤)/848
[食:총21획] 원본 3092[<五:下>220 하]

餽(보낼 궤)/848
[食:총19획] 원본 3121[<五:下>222 하]

麔(큰 순록 궤)/898
[鹿:총17획] 원본 5973[<十:上>471 상]

劌(상처 입힐 귀)/65
[刀:총15획] 원본 2641[<四:下>179 하]

宄(도둑 귀)/166
[宀:총05획] 원본 4417[<七:下>342 상]

弆(쇠뇌잡이를 걸 귀)/213
[廾:총07획] 원본 1673[<三:上>104 하]

槶(밑바닥 귀)/334
[木:총15획] 원본 3582[<六:上>263 상]

歸(돌아갈 귀)/352
[止:총18획] 원본 1025[<二:上>068 상]

蘬(털여뀌 귀)/646
[艸:총21획] 원본 0651[<一:下>047 상]

䝿(재물 귀)/721
[貝:총16획] 원본 3777[<六:下>279 하]

貴(귀할 귀)/717
[貝:총12획] 원본 3817[<六:下>282 상]

騩(산 이름 귀)/858
[馬:총20획] 원본 5849[<十:上>461 하]

䰎(상투 귀)/870
[髟:총22획] 원본 5492[<九:上>427 하]

고 鬼(귀신 귀)/875
[鬼:총10획] 원본 5557[<九:上>434 하]

刲(찌를 규)/62
[刀:총08획] 원본 2664[<四:下>181 하]

嘄(부르짖을 규)/109
[口:총14획] 원본 0815[<二:上>057 하]

叫(부르짖을 규)/93
[口:총05획] 원본 0886[<二:上>060 하]

圭(홀 규)/118
[土:총06획] 원본 8732[<13:下>693 하]

𥇛(방패잡이 규)/130
[土:총15획] 원본 2114[<四:上>136 하]

奎(별 이름 규)/142
[大:총09획] 원본 6283[<十:下>492 하]

嫢(가는 허리 규)/158
[女:총14획] 원본 7844[<12:下>620 상]

媯(성 규)/159
[女:총15획] 원본 7733[<12:下>613 상]

戣(양지창 규)/249
[戈:총13획] 원본 7988[<12:下>630 상]

揆(헤아릴 규)/263
[手:총12획] 원본 7603[<12:上>604 하]

摎(맬 규)/267
[手:총14획] 원본 7671[<12:上>608 상]

朻(굽은 나무 규)/306
[木:총06획] 원본 3439[<六:上>250 하]

楑(망치 규)/328
[木:총13획] 원본 3293[<六:上>240 하]

湀(물이 솟아 흐를 규)/391
[水:총12획] 원본 6919[<11:上2>553 하]

睽(사팔눈 규)/491
[目:총14획] 원본 2041[<四:上>132 상]

窺(엿볼 규)/525
[穴:총16획] 원본 4456[<七:下>345 하]

竅(구멍 규)/526
[穴:총18획] 원본 4442[<七:下>344 하]

窐(구멍 규)/523
[穴:총11획] 원본 4435[<七:下>344 상]

糾(꼴 규)/550
[糸:총08획] 원본 1384[<三:上>088 하]

𦓡(굽정이 규)/587
[耒:총15획] 원본 2696[<四:下>184 상]

葵(해바라기 규)/631
[艸:총13획] 원본 0240[<一:下>023 하]

䒮(서로 얽힐 규)/629
[茻:총14획] 원본 1383[<三:上>088 하]

茥(딸기 규)/620
[艸:총10획] 원본 0315[<一:下>028 상]

䖯(별자리 이름 규)/654
[虫:총12획] 원본 8414[<13:上>665 상]

虯(규룡 규)/652
[虫:총08획] 원본 8492[<13:上>670 상]

䙆(천할 규)/682
[襾:총12획] 원본 7349[<12:上>585 하]

䚉(눈여겨 볼 규)/686
[見:총25획] 원본 5244[<八:下>408 하]

規(법 규)/683
[見:총11획] 원본 6360[<十:下>499 하]

訆(부르짖을 규)/691
[言:총09획] 원본 1576[<三:上>099 상]

赳(헌걸찰 규)/722
[走:총09획] 원본 0937[<二:上>064 상]

𧺶(반걸음 규)/724
[走:총13획] 원본 1002[<二:上>066 상]

𨂀(뛸 규)/729
[足:총14획] 원본 1329[<二:下>084 상]

鄈(땅 이름 규)/766
[邑:총12획] 원본 3887[<六:下>289 상]

邽(고을 이름 규)/760
[邑:총09획] 원본 3865[<六:下>287 상]

閨(도장방 규)/800
[門:총14획] 원본 7371[<12:上>587 하]

闚(엿볼 규)/803
[門:총19획] 원본 7413[<12:上>590 하]

頯(광대뼈 규)/838
[頁:총16획] 원본 5358[<九:上>416 하]

𩕁(작은 미끼 규)/839
[頁:총17획] 원본 5388[<九:上>418 상]

頍(머리 들 규)/835
[頁:총13획] 원본 5395[<九:上>418 하]

馗(광대뼈 규)/850
[首:총11획] 원본 9281[<14:上>738 하]

騤(말 끝밋할 규)/858
[馬:총19획] 원본 5902[<十:上>466 상]

鬹(세발 달린 가마솥 규)/874
[鬲:총21획] 원본 1758[<三:下>111 상]

麈(사슴붙이 규)/898
[鹿:총17획] 원본 5982[<十:上>471 하]

䵷(샛노랄 규)/903
[黃:총18획] 원본 8776[<13:下>698 하]

勻(적을 균)/69
[勹:총04획] 원본 5542[<九:上>433 상]

囷(곳집 균)/115
[囗:총08획] 원본 3755[<六:下>277 하]

均(고를 균)/119
[土:총07획] 원본 8612[<13:下>683 상]

菌(버섯 균)/626
[艸:총12획] 원본 0456[<一:下>036 하]

稛(묶을 균)/516
[禾:총13획] 원본 4235[<七:上>325 하]

箘(이대 균)/536
[竹:총14획] 원본 2739[<五:上>189 상]

袀(군복 균)/672
[衣:총09획] 원본 5022[<八:上>389 하]

鈞(서른 근 균)/785
[金:총12획] 원본 8942[<14:上>708 하]

麇(노루 균)/898
[鹿:총16획] 원본 5974[<十:上>471 상]

橘(귤나무 귤)/337
[木:총16획] 원본 3265[<六:上>238 하]

趫(미쳐 달아날 귤)/726
[走:총19획] 원본 0991[<二:上>065 하]

趪(달아나려고 할 귤)/727
[走:총22획] 원본 0984[<二:上>065 하]

繘(장 귤)/778
[酉:총19획] 원본 9418[<14:上>751 하]

丮(잡을 극)/7
[丨:총04획] 원본 1786[<三:下>113 하]

亟(빠를 극)/16
[二:총09획] 원본 8598[<13:下>681 상]

克(이길 극)/47
[儿:총07획] 원본 4180[<七:上>320 상]

勊(이길 극)/67
[力:총09획] 원본 8806[<13:下>700 하]

㡀(벽틈 극)/178
[小:총10획] 원본 4722[<七:下>364 상]

屐(나막신 극)/182
[尸:총10획] 원본 5188[<八:下>402 하]

恆(급할 극)/235
[心:총12획] 원본 6495[<十:下>508 상]

戟戟(두 갈래진 창 극)/248
[戈:총10획] 원본 7985[<12:下>629 하]

極(다할 극)/330
[木:총13획] 원본 3474[<六:上>253 하]

棘(멧대추나무 극)/324
[木:총12획] 원본 4165[<七:上>318 상]

殛(죽일 극)/354
[歹:총13획] 원본 2422[<四:下>162 하]

苟(빠를 극)/620
[艸:총09획] 원본 5555[<九:上>434 하]

襋(옷깃 극)/679
[衣:총17획] 원본 5027[<八:上>390 상]

郤(고을 이름 극)/763
[邑:총10획] 원본 3883[<六:下>289 상]

隙(틈 극)/810
[阜:총13획] 원본 9250[<14:上>736 상]

鞕(급할 극)/828
[革:총18획] 원본 1750[<三:下>110 하]

僅(겨우 근)/39
[人:총13획] 원본 4864[<八:上>374 하]

勤(부지런할 근)/68
[力:총13획] 원본 8810[<13:下>700 하]

墐(매흙질할 근)/130
[土:총14획] 원본 8643[<13:下>686 하]
고堇(노란 진흙 근)/126
[土:총11획] 원본 8735[<13:下>694 상]
巹(술잔 근)/195
[己:총09획] 원본 9301[<14:上>741 상]
廑(겨우 근)/209
[广:총14획] 원본 5684[<九:下>446 상]
㨷(닦을 근)/267
[手:총14획] 원본 7544[<12:上>600 하]
斤(도끼 근)/282
[斤:총04획] 원본 9031[<14:上>716 하]
根(뿌리 근)/317
[木:총10획] 원본 3413[<六:上>248 하]
殣(굶어 죽을 근)/355
[歹:총15획] 원본 2427[<四:下>163 상]
瑾(아름다운 옥 근)/454
[玉:총15획] 원본 0085[<一:上>010 하]
瘽(앓을 근)/475
[疒:총16획] 원본 4497[<七:下>348 하]
筋(힘줄 근)/534
[竹:총12획] 원본 2618[<四:下>178 상]
菫(오랑캐꽃 근)/635
[艸:총15획] 원본 0618[<一:下>045 하]
菦(천연쑥 근)/626
[艸:총12획] 원본 0247[<一:下>024 상]
芹(미나리 근)/617
[艸:총08획] 원본 0370[<一:下>031 하]
螼(지렁이 근)/661
[虫:총17획] 원본 8384[<13:上>663 하]
覲(뵐 근)/686
[見:총18획] 원본 5262[<八:下>409 하]
謹(삼갈 근)/703
[言:총18획] 원본 1443[<三:上>092 상]
𧯛(혼례용 표주박 술잔 근)/709
[豆:총16획] 원본 2960[<五:上>207 하]
赾(걷기 어려울 근)/723
[走:총11획] 원본 0983[<二:上>065 하]
跟(발꿈치 근)/729
[足:총13획] 원본 1264[<二:下>081 상]
近(가까울 근)/748
[辵:총08획] 원본 1131[<二:下>074 상]
釿(큰 자귀 근)/784
[金:총12획] 원본 9038[<14:上>717 상]
靳(가슴걸이 근)/826
[革:총13획] 원본 1730[<三:下>109 하]
饉(흉년 들 근)/848
[食:총20획] 원본 3116[<五:下>222 상]
𧺆(곧장 갈 글)/723
[走:총10획] 원본 0976[<二:上>065 상]
今(이제 금)/20
[人:총04획] 원본 3130[<五:下>223 상]
𠩂(단단한 땅 금)/85
[厂:총10획] 원본 5707[<九:下>447 하]
唫(입 다물 금)/104
[口:총11획] 원본 0796[<二:上>056 하]
噤(입 다물 금)/111
[口:총16획] 원본 0797[<二:上>056 하]
妗(외숙모 금)/146
[女:총07획] 원본 7835[<12:下>619 하]
捦(붙잡을 금)/260
[手:총11획] 원본 7493[<12:上>597 상]
[illegible](다스릴 금)/356
[殳:총08획] 원본 1862[<三:下>119 상]
𤘴(쇠혓병 금)/434
[牛:총08획] 원본 0732[<二:上>052 하]
琴(거문고 금)/451
[玉:총12획] 원본 8015[<12:下>633 하]

禁(금할 금)/507
[示:총13획] 원본 0071[<一:上>009 상]

禽(날짐승 금)/510
[内:총13획] 원본 9283[<14:上>739 상]

紟(옷고름 금)/552
[糸:총10획] 원본 8262[<13:上>654 하]

聆(소리 금)/588
[耳:총10획] 원본 7452[<12:上>593 상]

芩(풀이름 금)/616
[艸:총08획] 원본 0387[<一:下>032 하]

菳(풀이름 금)/627
[艸:총12획] 원본 0386[<一:下>032 하]

裣(옷깃 금)/675
[衣:총14획] 원본 5034[<八:上>390 하]

衾(이불 금)/672
[衣:총10획] 원본 5089[<八:上>395 상]

錦(비단 금)/790
[金:총16획] 원본 4712[<七:下>363 하]

金(쇠 금)/783
[金:총08획] 원본 8824[<14:上>702 상]

鈙(가질 금)/785
[金:총12획] 원본 1959[<三:下>126 하]

雂(도요새 금)/814
[隹:총12획] 원본 2189[<四:上>143 상]

靲(신 끈 금)/826
[革:총13획] 원본 1746[<三:下>110 상]

黔(싯누럴 금)/905
[黑:총20획] 원본 6243[<十:上>488 상]

伋(속일 급)/24
[人:총06획] 원본 4747[<八:上>366 하]

及(미칠 급)/89
[又:총04획] 원본 1819[<三:下>115 하]

彶(급히 갈 급)/222
[彳:총07획] 원본 1172[<二:下>076 하]

急(급할 급)/229
[心:총09획] 원본 6493[<十:下>508 상]

扱(미칠 급)/253
[手:총07획] 원본 7676[<12:上>608 하]

汲(길을 급)/366
[水:총07획] 원본 7083[<11:上2>564 상]

疲(병으로 지칠 급)/470
[疒:총09획] 원본 4577[<七:下>352 상]

皀(고소할 급)/477
[白:총07획] 원본 3055[<五:下>216 하]

給(넉넉할 급)/556
[糸:총12획] 원본 8190[<13:上>647 하]

級(등급 급)/552
[糸:총10획] 원본 8171[<13:上>646 하]

芨(말오줌나무 급)/616
[艸:총08획] 원본 0291[<一:下>026 하]

兢兢(삼갈 긍)/48
[儿:총14획] 원본 5212[<八:下>405 하]

恆(건널, 뻗칠 긍)/230
[心:총09획] 원본 8599[<13:下>681 상]

搄(바싹 당길 긍)/265
[手:총12획] 원본 7619[<12:上>605 상]

槓(다할 긍)/328
[木:총13획] 원본 3666[<六:上>270 상]

矜(자랑할 긍)/494
[矛:총10획] 원본 9067[<14:上>719 하]

縆(동아줄 긍)/563
[糸:총15획] 원본 8323[<13:上>659 상]

肎(뼈 사이 살 긍)/592
[肉:총06획] 원본 2616[<四:下>177 하]

鮔(다랑어 긍)/884
[魚:총20획] 원본 7228[<11:下>576 상]

丌(대 기)/4
[一:총03획] 원본 2884[<五:上>199 하]

僟(삼갈 기)/41
[人:총14획] 원본 4805[<八:上>371 상]
僛(취하여 춤추는 모양 기)/40
[人:총14획] 원본 4931[<八:上>380 하]
伎(재주 기)/24
[人:총06획] 원본 4914[<八:上>379 상]
企(꾀할 기)/23
[人:총06획] 원본 4736[<八:上>365 하]
冀(바랄 기)/51
[八:총16획] 원본 4995[<八:上>386 하]
刉(벨 기)/60
[刀:총05획] 원본 2640[<四:下>179 상]
剞(새김칼 기)/63
[刀:총10획] 원본 2627[<四:下>178 하]
嘰(쪽잘거릴 기)/110
[口:총15획] 원본 0775[<二:上>055 하]
嗜(즐길 기)/109
[口:총13획] 원본 0851[<二:上>059 상]
器(그릇 기)/111
[口:총16획] 원본 1364[<三:上>086 하]
基(터 기)/125
[土:총11획] 원본 8628[<13:下>684 하]
墍塈(맥질할 기)/130
[土:총14획] 원본 8644[<13:下>686 하]
夔(조심할 기)/136
[夊:총20획] 원본 3231[<五:下>233 하]
奇(기이할 기)/141
[大:총08획] 원본 2923[<五:上>204 상]
妓(기생 기)/146
[女:총07획] 원본 7875[<12:下>621 하]
娸(더럽게 여길 기)/153
[女:총11획] 원본 7738[<12:下>613 하]
妀(여자 이름 기)/145
[女:총06획] 원본 7795[<12:下>617 하]
寄(부칠 기)/170
[宀:총11획] 원본 4409[<七:下>341 하]
眉(볼기 기)/182
[尸:총09획] 원본 5163[<八:上>400 상]
屺(민둥산 기)/185
[山:총06획] 원본 5599[<九:下>439 상]
己(자기 기)/194
[己:총03획] 원본 9300[<14:上>741 상]
㠱(책상다리하고 앉을 기)/195
[己:총11획] 원본 9302[<14:上>741 상]
幾(기미 기)/205
[幺:총12획] 원본 2386[<四:下>159 상]
徛(징검다리 기)/223
[彳:총11획] 원본 1193[<二:下>077 상]
忌(꺼릴 기)/225
[心:총07획] 원본 6555[<十:下>511 상]
惎(해칠 기)/234
[心:총12획] 원본 6637[<十:下>515 상]
忮(해칠 기)/227
[心:총07획] 원본 6515[<十:下>509 하]
掎(끌 기)/261
[手:총11획] 원본 7637[<12:上>606 상]
技(재주 기)/253
[手:총07획] 원본 7653[<12:上>607 상]
敧(기울 기)/273
[支:총12획] 원본 1837[<三:下>117 상]
攱(기울 기)/273
[支:총10획] 원본 5723[<九:下>448 하]
𢻫(기울 기)/273
[支:총06획] 원본 4983[<八:上>385 상]
旂(기 기)/285
[方:총10획] 원본 4097[<七:上>310 상]
旗(기 기)/286
[方:총14획] 원본 4092[<七:上>309 상]

旡(목멜 기)/288
[旡:총04획] 원본 5342[<八:下>414 하]
旣(이미 기)/288
[旡:총11획] 원본 3057[<五:下>216 하]
暨(및 기)/298
[日:총16획] 원본 4087[<七:上>308 하]
期(기약할 기)/304
[月:총12획] 원본 4128[<七:上>314 상]
杞(나무 이름 기)/307
[木:총07획] 원본 3376[<六:上>246 상]
機(틀 기)/338
[木:총16획] 원본 3573[<六:上>262 상]
棊(바둑 기)/323
[木:총12획] 원본 3603[<六:上>264 하]
棄(버릴 기)/323
[木:총12획] 원본 2378[<四:下>158 상]
欺(속일 기)/347
[欠:총12획] 원본 5334[<八:下>414 상]
欯(바랄 기)/346
[欠:총07획] 원본 5287[<八:下>411 상]
⿰歹奇(버릴 기)/354
[歹:총12획] 원본 2443[<四:下>164 상]
气(기운 기)/363
[气:총04획] 원본 0204[<一:上>020 상]
氣(기운 기)/363
[气:총10획] 원본 4309[<七:上>333 상]
沂(물 이름 기)/368
[水:총07획] 원본 6751[<11:上1>538 하]
淇(강 이름 기)/385
[水:총11획] 원본 6696[<11:上1>527 하]
汽(김 기)/367
[水:총07획] 원본 7008[<11:上2>559 하]
濝(물 이름 기)/405
[水:총19획] 원본 6788[<11:上1>544 상]
⿰牙奇(범어금니기)/433
[牙:총12획] 원본 1260[<二:下>080 하]
璣(구슬 기)/455
[玉:총16획] 원본 0191[<一:上>018 하]
畸(뙈기밭 기)/467
[田:총13획] 원본 8747[<13:下>695 하]
畿(경기 기)/468
[田:총15획] 원본 8751[<13:下>696 상]
祈(빌 기)/503
[示:총09획] 원본 0050[<一:上>006 하]
祺(복 기)/506
[示:총13획] 원본 0022[<一:上>003 상]
祁(성할 기)/503
[示:총08획] 원본 3890[<六:下>289 하]
祇(토지의 신 기)/503
[示:총09획] 원본 0026[<一:上>003 상]
⿰禾气(좁쌀 무거리 기)/512
[禾:총09획] 원본 4238[<七:上>325 하]
稘(일주년 기)/516
[禾:총13획] 원본 4268[<七:上>328 하]
穊(밸 기)/520
[禾:총16획] 원본 4193[<七:上>321 하]
穖(밭 갈 기)/520
[禾:총17획] 원본 4221[<七:上>324 상]
箕(키 기)/536
[竹:총14획] 원본 2882[<五:上>199 상]
⿱竹⿷匚己(참빗 기)/533
[竹:총12획] 원본 2773[<五:上>191 하]
綺(비단 기)/561
[糸:총14획] 원본 8199[<13:上>648 상]
綥綨(비단의 쑥 빛깔 기)/559
[糸:총14획] 원본 8233[<13:上>651 상]
紀(벼리 기)/550
[糸:총09획] 원본 8146[<13:上>645 상]

羇羇(말굴레 기)/577
[网:총22획] 원본 4642[<七:下>356 하]

耆(늙은이 기)/585
[老:총10획] 원본 5139[<八:上>398 상]

肌(살 기)/592
[肉:총06획] 원본 2480[<四:下>167 하]

䐨(뺨 기)/604
[肉:총16획] 원본 2483[<四:下>167 하]

臮(및 기)/606
[自:총12획] 원본 5002[<八:上>387 상]

藄(고비 기)/643
[艸:총18획] 원본 0340[<一:下>029 상]

䓋(물고사리 기)/634
[艸:총14획] 원본 0239[<一:下>023 하]

萁(콩깍지 기)/628
[艸:총12획] 원본 0228[<一:下>023 상]

芑(흰 차조 기)/615
[艸:총07획] 원본 0638[<一:下>046 하]

芰(세발 마름 기)/616
[艸:총08획] 원본 0391[<一:下>033 상]

芪(단너삼 기)/616
[艸:총08획] 원본 0430[<一:下>035 하]

蔇(풀 많을 기)/636
[艸:총15획] 원본 0508[<一:下>039 하]

蘄(풀이름 기)/645
[艸:총20획] 원본 0307[<一:下>027 하]

蟣(서캐 기)/662
[虫:총18획] 원본 8404[<13:上>665 상]

蚑(길 기)/652
[虫:총10획] 원본 8479[<13:上>669 하]

蚔(청개구리 기)/652
[虫:총10획] 원본 8415[<13:上>665 하]

蚚(쌀바구미 기)/653
[虫:총10획] 원본 8421[<13:上>665 하]

𧗵(찌를 기)/669
[血:총18획] 원본 3036[<五:上>214 상]

覬(바랄 기)/685
[見:총17획] 원본 5254[<八:下>409 상]

觭(천지각 기)/688
[角:총15획] 원본 2707[<四:下>185 상]

𧦧(들추어낼 기)/695
[言:총13획] 원본 1601[<三:上>100 상]

諆(속일 기)/698
[言:총15획] 원본 1586[<三:上>099 하]

諅(꺼릴 기)/698
[言:총15획] 원본 1563[<三:上>098 하]

記(기록할 기)/692
[言:총10획] 원본 1489[<三:上>095 상]

譏(나무랄 기)/704
[言:총19획] 원본 1530[<三:上>097 상]

誋(경계할 기)/696
[言:총14획] 원본 1450[<三:上>092 하]

豈(어찌 기)/708
[豆:총10획] 원본 2955[<五:上>206 하]

𧯷(일 마치는 풍류 기)/710
[豆:총22획] 원본 2957[<五:上>207 상]

䟇(달릴 기)/726
[走:총19획] 원본 0989[<二:上>065 하]

𧻚(큰 나무에 기어오를 기)/723
[走:총11획] 원본 0938[<二:上>064 상]

起(일어날 기)/723
[走:총10획] 원본 0969[<二:上>065 상]

跽(꿇어앉을 기)/729
[足:총14획] 원본 1269[<二:下>081 상]

跂(육발이 기)/728
[足:총11획] 원본 1344[<二:下>084 하]

踦(절뚝발이 기)/730
[足:총15획] 원본 1267[<二:下>081 상]

軝(바퀴통 머리 기)/736
[車:총11획] 원본 9107[<14:上>725 상]

迉(어조사 기)/747
[辵:총07획] 원본 2885[<五:上>199 하]

邔(고을 이름 기)/755
[邑:총06획] 원본 3923[<六:下>293 상]

[illegible](산이름 기)/757
[邑:총07획] 원본 3847[<六:下>285 상]

[illegible](땅 이름 기)/755
[邑:총05획] 원본 3989[<六:下>299 하]

錡(솥 기)/790
[金:총16획] 원본 8894[<14:上>705 하]

陭(고개 이름 기)/807
[阜:총11획] 원본 9231[<14:上>735 상]

頎(헌걸찰 기)/835
[頁:총13획] 원본 5381[<九:上>418 상]

頬(추할 기)/839
[頁:총17획] 원본 5433[<九:上>422 상]

饑(주릴 기)/849
[食:총21획] 원본 3115[<五:下>222 상]

飢(주릴 기)/844
[食:총11획] 원본 3119[<五:下>222 하]

騏(털총이 기)/858
[馬:총18획] 원본 5846[<十:上>461 상]

驥(천리마 기)/863
[馬:총27획] 원본 5872[<十:上>463 상]

騎(말 탈 기)/858
[馬:총18획] 원본 5890[<十:上>464 하]

魌(아이귀신 기)/876
[鬼:총14획] 원본 5565[<九:上>435 하]

鬾(남쪽 귀신 기)/877
[鬼:총22획] 원본 5567[<九:上>436 상]

鮨(방어 기)/883
[魚:총19획] 원본 7316[<11:下>581 하]

麒(기린 기)/899
[鹿:총19획] 원본 5968[<十:上>470 하]

齮(깨물 기)/918
[齒:총23획] 원본 1235[<二:下>079 하]

緊(굳게 얽을 긴)/561
[糸:총14획] 원본 1851[<三:下>118 상]

菣(개사철쑥 긴)/626
[艸:총12획] 원본 0417[<一:下>035 상]

趣(느릿느릿 가는 모양 긴)/725
[走:총15획] 원본 0950[<二:上>064 하]

佶(건장할 길)/29
[人:총08획] 원본 4777[<八:上>369 상]

吉(길할 길)/96
[口:총06획] 원본 0838[<二:上>058 하]

姞(성 길)/149
[女:총09획] 원본 7730[<12:下>612 하]

拮(일할 길)/256
[手:총09획] 원본 7660[<12:上>607 하]

桔(도라지 길)/319
[木:총10획] 원본 3331[<六:上>243 하]

蛣(장구벌레 길)/654
[虫:총12획] 원본 8407[<13:上>665 상]

趌(성내어 달릴 길)/724
[走:총13획] 원본 0973[<二:上>065 상]

鮚(대합 길)/881
[魚:총17획] 원본 7308[<11:下>581 상]

ㄴ

儺(역귀 쫓을 나)/45
[人:총21획] 원본 4771[<八:上>368 하]

拏(붙잡을 나)/255
[手:총09획] 원본 7707[<12:上>610 상]

挐(붙잡을 나)/258
[手:총10획] 원본 7507[<12:上>598 상]

稬(찰벼 나)/517
[禾:총14획] 원본 4205[<七:上>322 하]

袲(해진 옷 나)/672
[衣:총11획] 원본 5104[<八:上>395 하]

誽(떠볼 나)/698
[言:총15획] 원본 1559[<三:上>098 하]

那(어찌 나)/758
[邑:총07획] 원본 3936[<六:下>294 상]

䰐(귀신보고 놀라는 말 나)/877
[鬼:총21획] 원본 5570[<九:上>436 상]

諾(대답할 낙)/701
[言:총16획] 원본 1409[<三:上>090 상]

偄(언약할 난)/37
[人:총11획] 원본 4897[<八:上>377 하]

奻(시끄럽게 송사할 난)/145
[女:총06획] 원본 7962[<12:下>626 상]

戁(두려워할 난)/244
[心:총23획] 원본 6408[<十:下>503 상]

𣌾(따뜻할 난)/299
[日:총23획] 원본 4073[<七:上>307 상]

㬉(쬘 난)/295
[日:총11획] 원본 4070[<七:上>306 하]

渜(목욕물 난)/389
[水:총12획] 원본 7030[<11:上2>561 상]

煖(따뜻할 난)/422
[火:총13획] 원본 6207[<十:上>486 상]

煗(따뜻할 난)/422
[火:총13획] 원본 6208[<十:上>486 상]

赧(얼굴 붉힐 난)/721
[赤:총12획] 원본 6276[<十:下>491 하]

鷬(새이름 난)/893
[鳥:총22획] 원본 2290[<四:上>151 상]

䴥(사슴새끼 난)/900
[鹿:총20획] 원본 5965[<十:上>470 하]

南(남녘 남)/78
[十:총09획] 원본 3711[<六:下>274 상]

枏(녹나무 남)/310
[木:총08획] 원본 3272[<六:上>239 상]

湳(강 이름 남)/393
[水:총12획] 원본 6778[<11:上1>543 하]

男(사내 남)/463
[田:총07획] 원본 8777[<13:下>698 하]

納(바칠 납)/551
[糸:총10획] 원본 8150[<13:上>645 하]

軜(고삐 납)/738
[車:총11획] 원본 9121[<14:上>726 상]

魶(고기 이름 납)/885
[魚:총21획] 원본 7221[<11:下>575 하]

囊(주머니 낭)/113
[口:총22획] 원본 3741[<六:下>276 하]

曩(접때 낭)/299
[日:총21획] 원본 4061[<七:上>306 상]

乃(이에 내)/9
[丿:총02획] 원본 2915[<五:上>203 상]

內(안 내)/48
[入:총04획] 원본 3138[<五:下>224 상]

撆(문댈 내)/268
[手:총15획] 원본 7634[<12:上>606 상]

㬮(날 흐릴 내)/297
[日:총14획] 원본 4055[<七:上>305 하]

柰(능금나무 내)/315
[木:총09획] 원본 3275[<六:上>239 하]

渿(물 쏟을 내)/391
[水:총12획] 원본 6982[<11:上2>558 상]

耏(구레나룻 깎을 내)/586
[而:총09획] 원본 5781[<九:下>454 상]

鼐(가마솥 내)/911
[鼎:총15획] 원본 4177[<七:上>319 하]

女(여자 녀)/144
[女:총03획] 원본 7726[<12:下>612 상]
帤(걸레 녀)/198
[巾:총09획] 원본 4654[<七:下>357 하]
絮(삼거웃 녀)/553
[糸:총11획] 원본 8361[<13:上>661 하]
惄(허출할 녁)/233
[心:총12획] 원본 6487[<十:下>507 하]
疒(병들어 기댈 녁)/470
[疒:총05획] 원본 4490[<七:下>348 상]
𦣞(어린아이 게으를 녁)/847
[食:총17획] 원본 5012[<八:上>388 상]
撚(비틀 년)/269
[手:총15획] 원본 7699[<12:上>609 하]
秊(해 년)/204
[禾:총08획] 원본 4250[<七:上>326 하]
輾(삐걱거릴 년)/737
[車:총11획] 원본 9137[<14:上>728 상]
⿰秊阝(마을 이름 년)/764
[邑:총12획] 원본 3864[<六:下>287 상]
夨(머리가 기울 녈)/138
[大:총04획] 원본 6302[<十:下>494 상]
念(생각할 념)/227
[心:총08획] 원본 6404[<十:下>502 하]
恓(편안할 념)/231
[心:총09획] 원본 6424[<十:下>503 하]
拈(집을 념)/255
[手:총08획] 원본 7511[<12:上>598 상]
䬯(보리밥을 먹을 념)/845
[食:총13획] 원본 3096[<五:下>221 상]
喦(땅 이름, 말 많을 녑)/107
[口:총12획] 원본 1349[<二:下>085 상]
㚔(놀랠 녑)/141
[大:총08획] 원본 6329[<十:下>496 상]
𦘒(손빠를 녑)/197
[巾:총05획] 원본 1838[<三:下>117 상]
敜(막을 녑)/276
[攴:총12획] 원본 1944[<三:下>125 상]
⿰馬耴(말 걸음 빠를 녑)/856
[馬:총17획] 원본 5907[<十:上>466 하]
佞(아첨할 녕)/26
[人:총07획] 원본 7892[<12:下>622 하]
寧(편안할 녕)/172
[宀:총14획] 원본 2920[<五:上>203 하]
寍(편안할 녕)/171
[宀:총12획] 원본 4373[<七:下>339 상]
濘(진창 녕)/410
[水:총17획] 원본 6921[<11:上2>553 하]
[illegible](어지러울 녕)/431
[爻:총16획] 원본 0924[<二:上>062 하]
甯(차라리 녕)/461
[用:총12획] 원본 1984[<三:下>128 하]
[illegible](새끼 꼬는 풀 녕)/646
[艸:총20획] 원본 0327[<一:下>029 상]
薴(풀 얽힌 모양 녕)/638
[艸:총18획] 원본 0527[<一:下>040 상]
⿱寍䖵(땅강아지 녕)/666
[虫:총24획] 원본 8543[<13:下>675 상]
鬡(머리털 녜)/870
[髟:총25획] 원본 5479[<九:上>426 하]
⿵門爾(못날 녜)/871
[門:총23획] 원본 1799[<三:下>114 하]
呶(지껄일 노)/100
[口:총08획] 원본 0868[<二:上>060 상]
夒(원숭이 노)/136
[夊:총16획] 원본 3230[<五:下>233 하]
奴(종 노)/144
[女:총05획] 원본 7778[<12:下>616 하]

峱(산 이름 노)/186
[山:총10획] 원본 5586[<九:下>438 상]
弩(쇠뇌 노)/216
[弓:총08획] 원본 8103[<12:下>641 상]
怓(어지러울 노)/228
[心:총08획] 원본 6549[<十:下>511 상]
怒(성낼 노)/228
[心:총09획] 원본 6561[<十:下>511 하]
獶(삽살개 노)/443
[犬:총16획] 원본 6004[<十:上>473 하]
砮(돌살촉 노)/497
[石:총10획] 원본 5728[<九:下>449 상]
笯(새장 노)/533
[竹:총11획] 원본 2819[<五:上>194 하]
臑(동물의 앞다리 노)/604
[肉:총18획] 원본 2510[<四:下>169 하]
巎(걸레로 지댓돌 닦을 논)/203
[巾:총21획] 원본 4701[<七:下>361 하]
濃(짙을 농)/409
[水:총16획] 원본 7000[<11:上2>559 상]
癑(아플 농)/476
[疒:총18획] 원본 4559[<七:下>351 하]
𧖮(고름 농)/669
[血:총20획] 원본 3033[<五:上>214 상]
襛(옷 두툼할 농)/680
[衣:총18획] 원본 5072[<八:上>393 하]
農(농사 농)/746
[辰:총20획] 원본 1693[<三:上>106 상]
醲(진한 술 농)/778
[酉:총20획] 원본 9373[<14:上>748 상]
貀(앞발 없는 짐승 놜)/714
[豸:총12획] 원본 5826[<九:下>458 상]
匘(두뇌 뇌)/73
[匕:총11획] 원본 4985[<八:上>385 상]
㛴(괴로워할 뇌)/155
[女:총12획] 원본 7960[<12:下>626 상]
挼(주무를 뇌)/260
[手:총10획] 원본 7633[<12:上>605 하]
餒(주릴 뇌)/846
[食:총16획] 원본 3118[<五:下>222 상]
嫋(예쁠 뇨)/157
[女:총13획] 원본 7824[<12:下>619 상]
尿(오줌 뇨)/181
[尸:총07획] 원본 5182[<八:下>402 하]
淖(진흙 뇨)/386
[水:총11획] 원본 6899[<11:上2>551 하]
獿(개 짖을 뇨)/444
[犬:총21획] 원본 6019[<十:上>474 상]
褭(낭창거릴 뇨)/677
[衣:총16획] 원본 5133[<八:上>397 하]
譊(떠들 뇨)/704
[言:총19획] 원본 1509[<三:上>095 하]
鐃(징 뇨)/794
[金:총20획] 원본 8947[<14:上>709 상]
㝅(젖 누)/165
[子:총13획] 원본 9320[<14:上>743 상]
槈(호미 누)/333
[木:총14획] 원본 3534[<六:上>258 하]
獳(으르렁거릴 누)/443
[犬:총17획] 원본 6034[<十:上>474 하]
媆(어릴 눈)/155
[女:총12획] 원본 7949[<12:下>625 하]
㕯(말을 더듬을 눌)/98
[口:총07획] 원본 1375[<三:上>088 상]
訥(말 더듬을 눌)/692
[言:총11획] 원본 1505[<三:上>095 하]
沑(물결 뉴)/369
[水:총07획] 원본 7022[<11:上2>560 하]

狃(친압할 뉴)/438
[犬:총07획] 원본 6037[<十:上>475 상]

矛丑(찌를 뉴)/494
[矛:총09획] 원본 9068[<14:上>720 상]

粈(잡곡밥 뉴)/545
[米:총10획] 원본 4305[<七:上>333 상]

紐(끈 뉴)/551
[糸:총10획] 원본 8257[<13:上>654 상]

肚(팔꿈치 뉴)/593
[肉:총08획] 원본 9341[<14:上>744 하]

莥(돌콩 뉴)/625
[艸:총11획] 원본 0230[<一:下>023 상]

郉(땅 이름 뉴)/758
[邑:총07획] 원본 3988[<六:下>299 하]

鈕(인꼭지 뉴)/784
[金:총12획] 원본 8900[<14:上>706 상]

鈕(비빔밥 뉴)/845
[食:총14획] 원본 3081[<五:下>220 상]

恧(부끄러울 뉵)/230
[心:총10획] 원본 6642[<十:下>515 상]

朒(초하룻달 뉵)/303
[月:총10획] 원본 4127[<七:上>313 하]

衄(코피 뉵)/668
[血:총10획] 원본 3032[<五:上>214 상]

能(능할 능)/597
[肉:총10획] 원본 6105[<十:上>479 하]

尒(너 니)/177
[小:총05획] 원본 0673[<二:上>048 하]

尼(중 니)/180
[尸:총05획] 원본 5164[<八:上>400 상]

屔(웅덩이 니)/182
[尸:총10획] 원본 4998[<八:上>387 상]

檷(실패 니)/341
[木:총18획] 원본 3572[<六:上>262 상]

柅(무성할 니)/312
[木:총09획] 원본 3345[<六:上>244 하]

泥(진흙 니)/375
[水:총08획] 원본 6777[<11:上1>543 하]

濔(치렁치렁할 니)/409
[水:총17획] 원본 6880[<11:上2>551 상]

秜(돌벼 니)/513
[禾:총10획] 원본 4210[<七:上>323 상]

膩(미끄러울 니)/604
[肉:총16획] 원본 2591[<四:下>176 상]

匿(숨을 닉)/76
[匚:총11획] 원본 8026[<12:下>635 상]

惄(근심할 닉)/238
[心:총13획] 원본 6609[<十:下>513 하]

搦(억누를 닉)/266
[手:총13획] 원본 7636[<12:上>606 상]

休(빠질 닉)/364
[水:총06획] 원본 6965[<11:上2>557 상]

溺(빠질 닉)/395
[水:총13획] 원본 6673[<11:上1>520 하]

暱(친할 닐)/298
[日:총15획] 원본 4080[<七:上>307 하]

䵒(찰질 닐)/904
[黍:총16획] 원본 4276[<七:上>330 상]

囟(사사로이 취하는 모양 닙)/114
[口:총05획] 원본 37617[<六:下>278 상]

ㄷ

고多(많을 다)/137
[夕:총06획] 원본 4145[<七:上>316 상]

觰(뿔 밑동 다)/688
[角:총16획] 원본 2717[<四:下>186 상]

丹(붉을 단)/8
[丶:총04획]8원본 3045[<五:下>215 하]

亶(믿음 단)/19
[亠:총13획] 원본 3198[<五:下>230 하]

但(다만 단)/26
[人:총07획] 원본 4951[<八:上>382 상]

剬(판가름할 단)/64
[刀:총11획] 원본 2635[<四:下>179 상]

匰(주독 단)/75
[匚:총14획] 원본 8049[<12:下>637 상]

唌(참소리할 단)/103
[口:총10획] 원본 0888[<二:上>060 하]

單(홑 단)/107
[口:총12획] 원본 0927[<二:上>063 상]

壇(단 단)/131
[土:총16획] 원본 8728[<13:下>693 상]

彖(단 단)/219
[彐:총09획] 원본 5813[<九:下>456 하]

摶(뭉칠 단)/268
[手:총14획] 원본 7657[<12:上>607 하]

斷(끊을 단/283
[斤:총18획] 원본 9042[<14:上>717 상]

旦(아침 단)/289
[日:총05획] 원본 4086[<七:上>308 하]

檀(박달나무 단)/339
[木:총17획] 원본 3378[<六:上>246 하]

毈(알 곯을 단)/358
[殳:총16획] 원본 8596[<13:下>680 하]

段(구분 단)/356
[殳:총09획] 원본 1870[<三:下>120 상]

湍(여울 단)/391
[水:총12획] 원본 6854[<11:上2>549 하]

癉(앓을 단)/476
[疒:총17획] 원본 4567[<七:下>351 하]

短(짧을 단)/496
[矢:총12획] 원본 3170[<五:下>227 상]

碫(숫돌 단)/499
[石:총14획] 원본 5732[<九:下>449 하]

端(바를 단)/528
[立:총14획] 원본 6365[<十:下>500 상]

笪(칠, 두드릴 단)/533
[竹:총11획] 원본 2850[<五:上>196 하]

簞(대광주리 단)/541
[竹:총18획] 원본 2795[<五:上>192 하]

耑(시초 단)/586
[而:총09획] 원본 4338[<七:下>336 하]

膻(어깨 벗을 단)/604
[肉:총17획] 원본 2530[<四:下>171 상]

襌(홑옷 단)/679
[衣:총17획] 원본 5086[<八:上>394 하]

褍(풍신할 단)/676
[衣:총15획] 원본 5068[<八:上>393 하]

袒(웃통 벗을 단)/673
[衣:총10획] 원본 5105[<八:上>395 하]

[illegible](각단 단)/689
[角:총16획] 원본 2716[<四:下>186 상]

觛(작은 술잔 단)/687
[角:총12획] 원본 2724[<四:下>186 하]

貒(오소리 단)/715
[豸:총16획] 원본 5831[<九:下>458 상]

貚(이리 단)/715
[豸:총19획] 원본 5819[<九:下>457 하]

躖(발자국 단)/732
[足:총21획] 원본 1275[<二:下>081 하]

鄲(조나라 서울 단)/771
[邑:총15획] 원본 3894[<六:下>290 상]

鍛(쇠 불릴 단)/791
[金:총17획] 원본 8851[<14:上>703 상]

靼(다룸가죽 단)/826
[革:총14획] 원본 1704[<三:下>107 하]

𩏂(신뒤축 끈 **단**)/831
[韋:총19획] 원본 3246[<五:下>235 하]

驙(말 힘 부칠 **단**)/862
[馬:총23획] 원본 5929[<十:上>467 하]

鴠(산박쥐 **단**)/889
[鳥:총16획] 원본 2271[<四:上>150 상]

鷻(수리 **단**)/895
[鳥:총23획] 원본 2340[<四:上>154 상]

鶨(새 이름 **단**)/892
[鳥:총20획] 원본 2291[<四:上>151 상]

䵎(흑황색 **단**)/903
[黃:총21획] 원본 8773[<13:下>698 하]

怛(슬플 **달**)/228
[心:총08획] 원본 6582[<十:下>512 하]

撻(매질할 **달**)/270
[手:총16획] 원본 7672[<12:上>608 상]

𣥠(밟을 **달**)/351
[止:총03획] 원본 1028[<二:上>068 상]

炟(불이 일 **달**)/418
[火:총09획] 원본 6109[<十:上>480 상]

獺(수달 **달**)/443
[犬:총19획] 원본 6079[<十:上>478 상]

疸(황달 **달**)/471
[疒:총10획] 원본 4568[<七:下>351 하]

羍(어린 양 **달**)/578
[羊:총09획] 원본 2226[<四:上>145 하]

達(통달할 **달**)/752
[辵:총13획] 원본 1114[<二:下>073 상]

𪐴(회색 **달**)/905
[黑:총17획] 원본 6234[<十:上>488 상]

倓(고요할 **담**)/35
[人:총10획] 원본 4757[<八:上>367 하]

儋(멜 **담**)/42
[人:총15획] 원본 4808[<八:上>371 상]

啗(먹일 **담**)/105
[口:총11획] 원본 0774[<二:上>055 하]

啖(먹을 **담**)/105
[口:총11획] 원본 0852[<二:上>059 상]

嘾(가득 삼킬 **담**)/111
[口:총15획] 원본 0842[<二:上>059 상]

嫸(여자 이름 **담**)/159
[女:총15획] 원본 7934[<12:下>624 하]

媅(즐거울 **담**)/155
[女:총12획] 원본 7852[<12:下>620 하]

惔(탈 **담**)/234
[心:총11획] 원본 6605[<十:下>513 하]

憺(편안할 **담**)/242
[心:총16획] 원본 6481[<十:下>507 상]

橝(처마 **담**)/338
[木:총16획] 원본 3496[<六:上>255 하]

淡(묽을 **담**)/386
[水:총11획] 원본 7059[<11:上2>562 하]

澹(담박할 **담**)/408
[水:총16획] 원본 6881[<11:上2>551 상]

潭(깊을 **담**)/405
[水:총15획] 원본 6710[<11:上1>530 하]

禫(담제 **담**)/509
[示:총17획] 원본 0072[<一:上>009 상]

禫(담제 **담**)/509
[示:총17획] 원본 72[<一:上>009 상]

窞(광 바닥의 작은 구덩이 **담**)/524
[穴:총13획] 원본 4451[<七:下>345 하]

䊤(나물국 **담**)/548
[米:총18획] 원본 4296[<七:上>332 하]

緂(청백색 비단 **담**)/565
[糸:총16획] 원본 8237[<13:上>652 상]

紞(귀막이 끈 **담**)/552
[糸:총10획] 원본 8245[<13:上>652 하]

緂(옷 채색 선명할 담)/561
[糸:총14획] 원본 8240[<13:上>652 상]

聃(귓바퀴 없을 담)/589
[耳:총10획] 원본 7427[<12:上>591 하]

聸(귀 처질 담)/591
[耳:총19획] 원본 7428[<12:上>591 하]

膽(쓸개 담)/604
[肉:총17획] 원본 2491[<四:下>168 하]

[illegible](연봉오리 담)/645
[艸:총20획] 원본 0409[<一:下>034 상]

[illegible](물억새 담)/632
[艸:총14획] 원본 0401[<一:下>033 하]

蕁(지모 담)/638
[艸:총16획] 원본 0320[<一:下>028 하]

蟫(반대좀 담)/662
[虫:총18획] 원본 8409[<13:上>665 상]

[illegible](육젓 담)/668
[血:총13획] 원본 3034[<五:上>214 상]

覃(미칠 담)/682
[襾:총12획] 원본 3192[<五:下>229 하]

談(말씀 담)/699
[言:총15획] 원본 1402[<三:上>089 하]

[illegible](나라 이름 담)/770
[邑:총15획] 원본 3981[<六:下>299 상]

郯(나라 이름 담)/764
[邑:총11획] 원본 3971[<六:下>298 상]

醰(술맛 좋을 담)/778
[酉:총19획] 원본 9381[<14:上>748 하]

錟(창 담)/790
[金:총16획] 원본 8969[<14:上>711 상]

驔(정강이 흰 말 담)/861
[馬:총22획] 원본 5866[<十:上>462 하]

黮(검을 담)/906
[黑:총21획] 원본 6260[<十:上>489 상]

黵(문신할 담)/906
[黑:총25획] 원본 6252[<十:上>489 상]

黕(때 담)/904
[黑:총16획] 원본 6249[<十:上>488 하]

[illegible](골무 답)/260
[手:총11획] 원본 7656[<12:上>607 상]

涾(솟아 넘칠 답)/385
[水:총11획] 원본 7035[<11:上2>561 상]

沓(유창할 답)/369
[水:총08획] 원본 2913[<五:上>203 상]

眔(눈으로 뒤따르를 답)/486
[目:총10획] 원본 2040[<四:上>132 상]

[illegible](둥근 낟알을 다시 찧을 답)/499
[石:총13획] 원본 5765[<九:下>452 하]

[illegible](자배기 답)/573
[缶:총11획] 원본 3151[<五:下>225 상]

[illegible](들이 마실 답)/611
[舌:총14획] 원본 1366[<三:上>087 상]

荅(좀콩 답)/622
[艸:총10획] 원본 0227[<一:下>022 하]

讘(잔말할 답)/707
[言:총25획] 원본 1595[<三:上>100 상]

[illegible](다그쳐 말할 답)/705
[言:총21획] 원본 1551[<三:上>098 상]

譶(말이 유창할 답)/705
[言:총21획] 원본 1641[<三:上>102 상]

誻(망령되게 말할 답)/698
[言:총15획] 원본 1552[<三:上>098 상]

蹋(밟을 답)/731
[足:총17획] 원본 1287[<二:下>082 상]

遝(뒤섞일 답)/752
[辵:총14획] 원본 1067[<二:下>071 상]

[illegible](북소리 답)/912
[鼓:총19획] 원본 2952[<五:上>206 하]

龖(두 마리의 용 답)/921
[龍:총32획] 원본 7327[<11:下>582 하]

고唐(당나라 당)/103
[口:총10획] 원본 0840[<二:上>058 하]

고 주堂(집 당)/126
[土:총11획] 원본 8638[<13:下>685 하]

戇(어리석을 당)/244
[心:총28획] 원본 6511[<十:下>509 하]

攩(무리 당)/272
[手:총23획] 원본 7546[<12:上>600 하]

撞(칠 당)/269
[手:총15획] 원본 7644[<12:上>606 하]

棠(팥배나무 당)/324
[木:총12획] 원본 3283[<六:上>240 상]

瓽(큰 동이 당)/458
[瓦:총13획] 원본 8065[<12:下>638 하]

當(당할 당)/467
[田:총13획] 원본 8761[<13:下>697 상]

矘(멍하니 바라볼 당)/494
[目:총25획] 원본 2019[<四:上>131 상]

蟷(버마제비 당)/662
[虫:총19획] 원본 8436[<13:上>666 하]

[illegible][illegible](땅 이름 당)/772
[邑:총19획] 원본 4006[<六:下>300 상]

[illegible](마을 당)/763
[邑:총11획] 원본 3993[<六:下>299 하]

鎕(붉은 구슬 당)/792
[金:총18획] 원본 9012[<14:上>714 하]

鐺(쇠사슬 당)/796
[金:총21획] 원본 8994[<14:上>713 하]

鏜(종고 소리 당)/793
[金:총19획] 원본 8958[<14:上>710 상]

闛(성한 모양 당)/803
[門:총19획] 원본 7410[<12:上>590 상]

餳(엿 당)/848
[食:총18획] 원본 3070[<五:下>218 하]

黨(무리 당)/905
[黑:총20획] 원본 6250[<十:上>488 하]

鼞(북소리 당)/912
[鼓:총24획] 원본 2951[<五:上>206 하]

亣(큰 대)/17
[亠:총04획] 원본 6351[<十:下>498 하]

[illegible](저자 대)/44
[人:총16획] 원본 4974[<八:上>384 상]

代(대신할 대)/21
[人:총05획] 원본 4865[<八:上>375 상]

大(큰 대)/138
[大:총03획] 원본 6282[<十:下>492 상]

嬯(미련스러울 대)/161
[女:총17획] 원본 7933[<12:下>624 하]

對對(응대할 대)/176
[寸:총14획] 원본 1658[<三:上>103 상]

岱(대산 대)/186
[山:총08획] 원본 5584[<九:下>437 하]

帶(띠 대)/199
[巾:총11획] 원본 4658[<七:下>358 상]

待(기다릴 대)/222
[彳:총09획] 원본 1183[<二:下>076 하]

憝(원망할 대)/241
[心:총16획] 원본 6562[<十:下>511 하]

懟(원망할 대)/243
[心:총18획] 원본 6570[<十:下>512 상]

戴(일 대)/250
[戈:총18획] 원본 1685[<三:上>105 상]

汏(일 대)/364
[水:총06획] 원본 7036[<11:上2>561 상]

碓(방아 대)/499
[石:총13획] 원본 5764[<九:下>452 하]

硋(떨어질 대)/500
[石:총14획] 원본 5737[<九:下>450 상]

祋(창 대)/504
[示:총09획] 원본 1858[<三:下>119 상]

臺(돈대 대)/608
[至:총14획] 원본 7346[<12:上>585 상]

貸(빌릴 대)/718
[貝:총12획] 원본 3788[<六:下>280 상]

蹛(밟을 대)/731
[足:총18획] 원본 1296[<二:下>082 하]

轛(수레 앞 창 대)/743
[車:총21획] 원본 9090[<14:上>722 하]

軑(줏대 대)/734
[車:총10획] 원본 9111[<14:上>725 하]

鐜(창고달 대)/795
[金:총20획] 원본 9015[<14:上>714 하]

鐓(창고달 대)/795
[金:총20획] 원본 8971[<14:上>711 상]

隊(대 대)/809
[阜:총12획] 원본 9200[<14:上>732 하]

䪫(나물 대)/833
[韭:총21획] 원본 4340[<七:下>336 하]

黱(눈썹 그릴 대)/906
[黑:총22획] 원본 6256[<十:上>489 상]

宅(댁 댁)/166
[宀:총06획] 원본 4356[<七:下>338 상]

德(덕 덕)/224
[彳:총15획] 원본 1162[<二:下>076 상]

悳(덕 덕)/232
[心:총12획] 원본 6395[<十:下>502 하]

刀(칼 도)/59
[刀:총02획] 원본 2621[<四:下>178 상]

到(이를 도)/61
[刀:총08획] 원본 7343[<12:上>585 상]

匋(질그릇 도)/71
[勹:총08획] 원본 3145[<五:下>224 하]

叏(미끄러울 도)/89
[又:총05획] 원본 1823[<三:下>116 상]

咷(울 도)/101
[口:총09획] 원본 0760[<二:上>054 하]

圖(그림 도)/117
[囗:총14획] 원본 3751[<六:下>277 상]

壔(성채 도)/132
[土:총17획] 원본 8684[<13:下>690 상]

주堵(담 도)/128
[土:총12획] 원본 8631[<13:下>685 상]

夲(나아갈 도)/138
[大:총05획] 원본 6340[<十:下>497 하]

導(이끌 도)/177
[寸:총16획] 원본 1888[<三:下>121 하]

屠(잡을 도)/183
[尸:총12획] 원본 5172[<八:上>400 하]

嵞(산 이름 도)/188
[山:총13획] 원본 5635[<九:下>441 하]

島(섬 도)/186
[山:총14획] 원본 5585[<九:下>438 상]

度(법도 도)/207
[广:총09획] 원본 1831[<三:下>116 하]

弢(활집 도)/216
[弓:총08획] 원본 8102[<12:下>641 상]

徒辻(무리 도)/223
[彳:총10획] 원본 1050[<二:下>070 하]

慆(기뻐할 도)/238
[心:총13획] 원본 6479[<十:下>507 상]

悼(슬퍼할 도)/233
[心:총11획] 원본 6625[<十:下>514 하]

捈(궁굴릴 도)/259
[手:총10획] 원본 7702[<12:上>610 상]

挑(휠 도)/258
[手:총09획] 원본 7560[<12:上>601 하]

掉(흔들 도)/261
[手:총11획] 원본 7578[<12:上>602 하]

搯(꺼낼 도)/266
[手:총13획] 원본 7474[<12:上>595 하]

擣(찧을 도)/271
[手:총17획] 원본 7627[<12:上>605 하]

睹(먼동 틀 도)/297
[日:총13획] 원본 4022[<七:上>302 하]

檮(등걸 도)/340
[木:총18획] 원본 3655[<六:上>269 상]

桃(복숭아나무 도)/318
[木:총10획] 원본 3277[<六:上>239 하]

槄(나무 이름 도)/333
[木:총14획] 원본 3626[<六:上>266 상]

涂(도랑 도)/382
[水:총10획] 원본 6670[<11:上1>520 상]

渡(건널 도)/389
[水:총12획] 원본 6952[<11:上2>556 상]

滔(물 넘칠 도)/397
[水:총13획] 원본 6809[<11:上2>546 하]

燾(비출 도)/427
[火:총18획] 원본 6214[<十:上>486 상]

舀(옛 그릇 도)/430
[爪:총10획] 원본 8052[<12:下>637 하]

牪(쇠 걸음 느린 모양 도)/434
[牛:총09획] 원본 0713[<二:上>051 하]

犢(소나 양이 새끼가 없을 도)/436
[牛:총18획] 원본 0727[<二:上>052 하]

捈(칡소 도)/435
[牛:총11획] 원본 0705[<二:上>051 상]

瘏(앓을 도)/474
[疒:총14획] 원본 4507[<七:下>348 하]

盜(훔칠 도)/481
[皿:총12획] 원본 5341[<八:下>414 하]

睹(볼 도)/490
[目:총14획] 원본 2039[<四:上>132 상]

禱(빌 도)/509
[示:총19획] 원본 0051[<一:上>006 하]

裯(빌 도)/507
[示:총13획] 원본 0063[<一:上>007 하]

穛(가릴 도)/520
[禾:총18획] 원본 4255[<七:上>326 하]

稌(찰벼 도)/515
[禾:총12획] 원본 4204[<七:上>322 하]

稻(벼 도)/519
[禾:총15획] 원본 4203[<七:上>322 하]

筡(속 빌 도)/534
[竹:총13획] 원본 2749[<五:上>189 하]

翿(깃 일산 도)/584
[羽:총20획] 원본 2164[<四:上>140 하]

荼(씀바귀 도)/621
[艸:총11획] 원본 0646[<一:下>046 하]

萄(포도 도)/628
[艸:총12획] 원본 0637[<一:下>046 하]

菿(초목 거꾸러질 도)/628
[艸:총12획] 원본 0547[<一:下>041 하]

誷(빌 도)/698
[言:총15획] 원본 1549[<三:上>098 상]

蹈(밟을 도)/731
[足:총17획] 원본 1291[<二:下>082 하]

跳(뛸 도)/729
[足:총13획] 원본 1306[<二:下>083 상]

道(길 도)/752
[辵:총13획] 원본 1156[<二:下>075 하]

逃(달아날 도)/749
[辵:총10획] 원본 1127[<二:下>074 상]

䣝(땅 이름 도)/770
[邑:총14획] 원본 3862[<六:下>287 상]

𨛦(땅 이름 도)/761
[邑:총10획] 원본 3959[<六:下>296 상]

都(도읍 도)/765
[邑:총12획] 원본 3834[<六:下>283 하]

酴(술밑 도)/775
[酉:총14획] 원본 9363[<14:上>747 하]

闍(망루 도)/802
[門:총17획] 원본 7379[<12:上>588 상]

陶(질그릇 도)/808
[阜:총11획] 원본 9241[<14:上>735 하]

鞀(노도 도)/827
[革:총14획] 원본 1717[<三:下>108 하]

韜(감출 도)/832
[韋:총19획] 원본 3241[<五:下>235 상]

饕(탐할 도)/849
[食:총22획] 원본 3110[<五:下>221 하]

𩣡(말 걷는 모양 도)/859
[馬:총20획] 원본 5900[<十:上>465 하]

駼(양마 이름 도)/857
[馬:총17획] 원본 5955[<十:上>469 하]

騊(말 이름 도)/857
[馬:총18획] 원본 5954[<十:上>469 하]

匵(궤 독)/75
[匸:총17획] 원본 8045[<12:下>636 하]

嬻(더럽힐 독)/161
[女:총18획] 원본 7884[<12:下>622 하]

櫝(함 독)/342
[木:총19획] 원본 3530[<六:上>258 상]

殰(낙태할 독)/356
[歹:총19획] 원본 2415[<四:下>161 하]

毒(독 독)/359
[毋:총08획] 원본 0216[<一:下>022 상]

瀆(도랑 독)/412
[水:총18획] 원본 6931[<11:上2>554 하]

牘(편지 독)/433
[片:총19획] 원본 4169[<七:上>318 하]

犢(송아지 독)/436
[牛:총19획] 원본 0697[<二:上>051 상]

獨(홀로 독)/443
[犬:총16획] 원본 6053[<十:上>475 하]

督(살펴볼 독)/490
[目:총13획] 원본 2070[<四:上>133 하]

禿(대머리 독)/511
[禾:총07획] 원본 5221[<八:下>407 상]

篤(도타울 독)/539
[竹:총16획] 원본 5901[<十:上>465 하]

䈞(두터울 독)/538
[竹:총15획] 원본 3189[<五:下>229 하]

䓯(땅버들 독)/637
[艸:총15획] 원본 0275[<一:下>025 하]

𧜗(등솔기 독)/676
[衣:총14획] 원본 5048[<八:上>392 상]

裻(등솔기 독)/675
[衣:총14획] 원본 5073[<八:上>393 하]

讀(읽을 독)/706
[言:총22획] 원본 1416[<三:上>090 하]

讟(원망할 독)/707
[言:총29획] 원본 1645[<三:上>102 상]

𨗳(무례하고 방자할 독)/754
[辵:총19획] 원본 1063[<二:下>071 상]

隫(도랑 독)/812
[阜:총18획] 원본 9209[<14:上>733 하]

韇(전동 독)/830
[革:총24획] 원본 1748[<三:下>110 하]

韣(활집 독)/832
[韋:총22획] 원본 3244[<五:下>235 하]

[illegible](머리뼈 독)/834
[頁:총10획] 원본 5349[<九:上>416 상]

黷(더럽힐 독)/906
[黑:총27획] 원본 6251[<十:上>489 상]

庉(곳간 돈)/206
[广:총07획] 원본 5649[<九:下>443 하]

弴(활 돈)/217
[弓:총11획] 원본 8084[<12:下>639 하]

惇(도타울 돈)/233
[心:총11획] 원본 6412[<十:下>503 상]

敦(도타울 돈)/277
[攴:총12획] 원본 1937[<三:下>125 상]

焞(귀갑 지지는 불 돈)/421
[火:총12획] 원본 6187[<十:上>485 상]

[illegible](둥구미 돈)/531
[竹:총10획] 원본 2813[<五:上>194 상]

[illegible]豚(돼지 돈/711
[豕:총11획] 원[illegible] 5814[<九:下>457 상]

軘(돈거 돈)/735
[車:총11획] 원본 9079[<14:上>721 상]

頓(조아릴 돈)/836
[頁:총13획] 원본 5404[<九:上>419 상]

黗(누르고 검을 돈)/904
[黑:총16획] 원본 6240[<十:上>488 상]

𠫓(해산때 아이 돌아나올 돌)/87
[厶:총03획] 원본 9337[<14:上>744 상]

咄(꾸짖을 돌)/100
[口:총08획] 원본 0816[<二:上>057 하]

柮(마들가리 돌)/315
[木:총09획] 원본 3656[<六:上>269 상]

突(갑자기 돌)/522
[穴:총09획] 원본 4462[<七:下>346 상]

腯(살찔 돌)/600
[肉:총13획] 원본 2558[<四:下>173 상]

侗(무지할 동)/27
[人:총08획] 원본 4776[<八:上>369 상]

僮(아이 동)/40
[人:총14획] 원본 4733[<八:上>365 상]

仝(한가지 동)/49
[入:총05획] 원본 3141[<五:下>224 상]

冬(겨울 동)/55
[冫:총05획] 원본 7158[<11:下>571 상]

凍(얼 동)/56
[冫:총10획] 원본 7154[<11:下>571 상]

[고]動(움직일 동)/67
[力:총11획] 원본 8801[<13:下>700 상]

同(한가지 동)/96
[口:총06획] 원본 4598[<七:下>353 하]

姛(목이 바를 동)/149
[女:총09획] 원본 7821[<12:下>619 상]

彤(붉을 동)/221
[彡:총07획] 원본 3047[<五:下>215 하]

憧(그리워할 동)/241
[心:총15획] 원본 6532[<十:下>510 상]

挏(밀었다 당겼다 할 동)/258
[手:총09획] 원본 7548[<12:上>601 상]

桐(오동나무 동)/319
[木:총10획] 원본 3388[<六:上>247 상]

棟(용마루 동)/324
[木:총12획] 원본 3473[<六:上>253 하]

東(동녘 동)/308
[木:총08획] 원본 3683[<六:上>271 상]

橦(나무 이름 동)/338
[木:총16획] 원본 3523[<六:上>257 하]

[illegible](허공치는 소리 동)/358
[殳:총14획] 원본 1871[<三:下>120 상]

洞(골 동)/378
[水:총09획] 원본 6857[<11:上2>549 하]

潼(강 이름 동)/406
[水:총15획] 원본 6659[<11:上1>517 상]
湩(젖 동)/393
[水:총12획] 원본 7100[<11:上2>565 하]
涷(소나기 동)/384
[水:총11획] 원본 6657[<11:上1>516 하]
眮(눈자위 동)/488
[目:총11획] 원본 2021[<四:上>131 상]
穜(만생종 동)/520
[禾:총17획] 원본 4186[<七:上>321 상]
童(아이 동)/527
[立:총12획] 원본 1653[<三:上>102 하]
罿(새그물 동)/577
[网:총17획] 원본 4629[<七:下>356 상]
苳(겨우살이 동)/619
[艸:총09획] 원본 0640[<一:下>046 하]
蕫(황모 동)/640
[艸:총16획] 원본 0381[<一:下>032 상]
蝀(무지개 동)/658
[虫:총14획] 원본 8531[<13:上>673 하]
衕(거리 동)/669
[行:총12획] 원본 1209[<二:下>078 상]
詷(바쁠 동)/695
[言:총12획] 원본 1482[<三:上>094 하]
赨(붉을 동)/722
[赤:총13획] 원본 6274[<十:下>491 하]
迵(지날 동)/749
[辵:총10획] 원본 1116[<二:下>073 하]
銅(구리 동)/787
[金:총14획] 원본 8831[<14:上>702 상]
鉵(가래 동)/786
[金:총14획] 원본 8917[<14:上>707 상]
駧(말 달릴 동)/856
[馬:총16획] 원본 5920[<十:上>467 상]
鮦(가물치 동)/881
[魚:총17획] 원본 7236[<11:下>576 하]
[illegible](북소리 동)/912
[鼓:총24획] 원본 2949[<五:上>206 하]
侸(늘어진 모양 두)/32
[人:총09획] 원본 4846[<八:上>373 하]
兜(투구 두)/48
[儿:총11획] 원본 5218[<八:下>406 하]
吺(말 많을 두)/98
[口:총07획] 원본 0858[<二:上>059 하]
[illegible](닫을두)/277
[攴:총13획] 원본 1943[<三:下>125 상]
斀(섞을 두)/279
[攴:총17획] 원본 1930[<三:下>124 하]
斗(말 두)/280
[斗:총04획] 원본 9046[<14:上>717 하]
杜(팥배나무 두)/307
[木:총07획] 원본 3284[<六:上>240 상]
枓(주두 두)/310
[木:총08획] 원본 3559[<六:上>261 상]
梪(독두나무 두)/322
[木:총11획] 원본 2959[<五:上>207 하]
殬(망가질 두)/355
[歹:총17획] 원본 2437[<四:下>163 하]
[illegible](멀리 칠 두)/357
[殳:총11획] 원본 1863[<三:下>119 상]
竇(구멍 두)/526
[穴:총20획] 원본 4441[<七:下>344 하]
篼(구유 두)/540
[竹:총17획] 원본 2832[<五:上>195 하]
脰(목 두)/599
[肉:총11획] 원본 2485[<四:下>168 상]
蠹蠧(좀 두)/665
[虫:총24획] 원본 8552[<13:下>675 하]

⿰豆見(눈꼽 낄 두)/685
[見:총17획] 원본 5267[<八:下>410 상]

豆(콩 두)/708
[豆:총07획] 원본 2958[<五:上>207 상]

逗(머무를 두)/750
[辵:총11획] 원본 1104[<二:下>072 하]

郖(나루터 이름 두)/761
[邑:총10획] 원본 3867[<六:下>287 하]

鋀(연향 술잔 두)/7
[金:총10획] 원본 8873[<14:上>704 하]

⿰革豆(언치 두)/828
[革:총16획] 원본 1734[<三:下>109 하]

頭(머리 두)/838
[頁:총16획] 원본 5346[<九:上>415 하]

鬥(싸울 두)/871
[鬥:총10획] 원본 1794[<三:下>114 상]

⿰魚豆(물고기 이름 두)/882
[魚:총18획] 원본 7241[<11:下>577 상]

⿸麻豆(어저귀 두)/902
[麻:총20획] 원본 4335[<七:下>336 상]

⿸尸⿱丌几(넓적다리 둔)/181
[尸:총08획] 원본 5162[<八:上>400 상]

屯(진 칠 둔)/184
[屮:총04획] 원본 0214[<一:下>021 하]

窀(광중 둔)/522
[穴:총09획] 원본 4477[<七:下>347 상]

⿱竹殿(매 둔)/542
[竹:총20획] 원본 2853[<五:上>196 하]

遁(달아날 둔)/751
[辵:총13획] 원본 1090[<二:下>072 상]

遯(달아날 둔)/753
[辵:총15획] 원본 1123[<二:下>074 상]

鈍(무딜 둔)/784
[金:총12획] 원본 9018[<14:上>714 하]

㝵(얻을 득)/175,683
[寸:총08획] 원본 5234[<八:下>408 상]

得(얻을 득)/223
[彳:총11획] 원본 1192[<二:下>077 상]

幐(향주머니 등)/201
[巾:총13획] 원본 4696[<七:下>361 상]

橙(등자나무 등)/337
[木:총16획] 원본 3266[<六:上>238 하]

滕(물 솟을 등)/397
[水:총15획] 원본 6840[<11:上2>548 상]

璒(옥돌 등)/454
[玉:총16획] 원본 0174[<一:上>017 상]

登(오를 등)/477
[癶:총12획] 원본 1031[<二:上>068 상]

等(가지런할 등)/533
[竹:총12획] 원본 2767[<五:上>191 상]

簦(우산 등)/542
[竹:총18획] 원본 2836[<五:上>195 하]

縢(봉할 등)/566
[糸:총16획] 원본 8305[<13:上>657 하]

⿸虍⿱朕黑(검은 범 등)/651
[虍:총27획] 원본 2994[<五:上>211 상]

螣(등사 등)/660
[虫:총16획] 원본 8382[<13:上>663 하]

謄(베낄 등)/701
[言:총17획] 원본 1503[<三:上>095 하]

⿱癶⿱豆廾(제기 이름 등)/709
[豆:총14획] 원본 2963[<五:上>208 상]

鄧(나라 이름 등)/770
[邑:총15획] 원본 3911[<六:下>292 상]

鐙(등자 등)/795
[金:총20획] 원본 8883[<14:上>705 상]

隥(우러를 등)/811
[阜:총15획] 원본 9192[<14:上>732 상]

騰(오를 등)/859
[馬:총20획] 원본 5942[<十:上>468 하]

ㄹ

𡲕(무릎 속병 라)/179
[尢:총23획] 원본 6324[<十:下>495 하]

𣃔(서로 칠 라)/283
[斤:총11획] 원본 9043[<14:上>717 하]

𣩵(가축의 염병 라)/356
[歹:총17획] 원본 2438[<四:下>163 하]

砢(돌 쌓일 라)/497
[石:총10획] 원본 5771[<九:下>453 상]

𥪕(약하게 서 있는 모습 라)/528
[立:총18획] 원본 6375[<十:下>500 하]

𦇧(고르지 않을 라)/572
[糸:총25획] 원본 8189[<13:上>647 하]

羅(새그물 라)/577
[网:총19획] 원본 4627[<七:下>356 상]

𦟼𦢊(짐승이름 라)/600
[肉:총15획] 원본 2612[<四:下>177 상]

蓏(열매 라)/634
[艸:총14획] 원본 0222[<一:下>022 하]

蘿(무 라)/647
[艸:총23획] 원본 0419[<一:下>035 상]

蠃(나나니벌 라)/663
[虫:총19획] 원본 8449[<13:上>667 하]

𧝎(벌거숭이 라)/680
[衣:총19획] 원본 5109[<八:上>396 상]

覶(자세할 라)/686
[見:총19획] 원본 5228[<八:下>407 하]

𨰃(옹솥 라)/798
[金:총27획] 원본 8868[<14:上>704 상]

驘(노새 라)/862
[馬:총23획] 원본 5949[<十:上>469 상]

洛(강 이름 락)/378
[水:총09획] 원본 6686[<11:上1>524 하]

濼(강 이름 락)/412
[水:총18획] 원본 6739[<11:上1>535 하]

犖(얼룩소 락)/436
[牛:총14획] 원본 0706[<二:上>051 상]

䀩(곁눈질할 락)/488
[目:총11획] 원본 2077[<四:上>134 상]

笿(잔을 담아두는 대그릇 락)/533
[竹:총12획] 원본 2804[<五:上>193 상]

絡(헌솜 락)/556
[糸:총12획] 원본 8331[<13:上>659 하]

落(떨어질 락)/629
[艸:총13획] 원본 0528[<一:下>040 상]

鉻(깎을 락)/787
[金:총14획] 원본 9004[<14:上>714 상]

雒(수리부엉이 락)/815
[隹:총14획] 원본 2170[<四:上>141 상]

䨣(비 떨어질 락)/818
[雨:총14획] 원본 7181[<11:下>572 하]

䩣(가죽띠 락)/827
[革:총15획] 원본 1700[<三:下>107 상]

駱(낙타 락)/856
[馬:총16획] 원본 5853[<十:上>461 하]

鮥(작은 다랑어 락)/881
[魚:총17획] 원본 7230[<11:下>576 상]

亂(어지러울 란)/13
[乙:총13획] 원본 9294[<14:上>740 하]

卵(알 란)/82
[卩:총07획] 원본 8595[<13:下>680 상]

㜻(순할 란)/160
[女:총14획] 원본 7818[<12:下>618 하]

嬾(게으를 란)/161
[女:총19획] 원본 7937[<12:下>624 하]

𢿢(번거로울 란)/279
[攴:총16획] 원본 1940[<三:下>125 상]

曫(땅거미 질 란)/299
[日:총23획] 원본 4051[<七:上>305 상]

欒(나무 이름 란)/344
[木:총23획] 원본 3365[<六:上>245 하]

欄(난간 란)/344
[木:총21획] 원본 3381[<六:上>246 하]

𣤶(하품하는 모양 란)/350
[欠:총23획] 원본 5273[<八:下>410 하]

灡(뜨물 란)/416
[水:총24획] 원본 7045[<11:上2>562 상]

灓(새어 흐를 란)/415
[水:총23획] 원본 6942[<11:上2>555 상]

瀾(물결 란)/414
[水:총20획] 원본 6845[<11:上2>549 상]

爤(익을 란)/427
[火:총25획] 원본 6162[<十:上>483 상]

𤔔(다스릴 란)/430
[爪:총12획] 원본 2400[<四:下>160 하]

籣(동개 란)/544
[竹:총23획] 원본 2846[<五:上>196 상]

蘭(난초 란)/646
[艸:총21획] 원본 0266[<一:下>025 상]

虊(순채 란)/648
[艸:총27획] 원본 0295[<一:下>026 하]

讕(헐뜯을 란)/706
[言:총24획] 원본 1624[<三:上>101 상]

鑾(방울 란)/797
[金:총27획] 원본 8984[<14:上>712 상]

𨷿(대궐에 함부로 들어갈 란)/804
[門:총27획] 원본 7415[<12:上>590 하]

闌(가로막을 란)/802
[門:총17획] 원본 7402[<12:上>589 하]

鸞(난새 란)/897
[鳥:총30획] 원본 2259[<四:上>148 하]

剌(어그러질 랄)/63
[刀:총09획] 원본 3738[<六:下>276 하]

埒(바자울 랄)/124
[土:총10획] 원본 8635[<13:下>685 하]

𢂓(닦을 랄)/200
[巾:총12획] 원본 4685[<七:下>360 상]

捋(집어 딸 랄)/259
[手:총10획] 원본 7522[<12:上>599 상]

楋(나무 이름 랄)/328
[木:총13획] 원본 3351[<六:上>244 하]

𤤎(옥 이름 랄)/451
[玉:총13획] 원본 0091[<一:上>011 상]

瘌(앓을 랄)/473
[疒:총14획] 원본 4586[<七:下>352 하]

𪘙(뼈 물어뜯는 소리 랄)/918
[齒:총21획] 원본 1242[<二:下>080 상]

㜮(그르칠 람)/161
[女:총17획] 원본 7951[<12:下>625 하]

婪(탐할 람)/154
[女:총11획] 원본 7936[<12:下>624 하]

㡺(단 없는 옷 람)/202
[巾:총17획] 원본 4667[<七:下>358 하]

擥(잡을 람)/271
[手:총18획] 원본 7501[<12:上>597 하]

濫(퍼질 람)/411
[水:총17획] 원본 6849[<11:上2>549 상]

籃(바구니 람)/543
[竹:총20획] 원본 2802[<五:上>193 상]

藍(쪽 람)/643
[艸:총18획] 원본 0262[<一:下>025 상]

蘫(오리 김치 람)/646
[艸:총21획] 원본 0572[<一:下>043 상]

襤(누더기 람)/680
[衣:총19획] 원본 5046[<八:上>392 상]
覽(볼 람)/686
[見:총21획] 원본 5235[<八:下>408 상]
𨢿(잔 띄울 람)/779
[酉:총21획] 원본 9377[<14:上>748 상]
顲(부황 들 람)/842
[頁:총25획] 원본 5426[<九:上>421 하]
𩮯(머리털이 길 람)/870
[髟:총24획] 원본 5473[<九:上>426 상]
葻(풀바람에 흔들리는 모양 람)/631
[艸:총13획] 원본 0518[<一:下>040 상]
𠫢(돌 무너지는 소리 랍)/84
[厂:총07획] 원본 5705[<九:下>447 상]
拉(꺾을 랍)/255
[手:총08획] 원본 7482[<12:上>596 하]
柆(나무 꺾을 랍)/312
[木:총09획] 원본 3653[<六:上>269 상]
臘(납향 랍)/604
[肉:총19획] 원본 2549[<四:下>172 상]
邋(나부낄 랍)/754
[辵:총19획] 원본 1132[<二:下>074 상]
朗(밝을 랑)/303
[月:총11획] 원본 4125[<七:上>313 하]
桹(광랑나무 랑)/320
[木:총11획] 원본 3434[<六:上>250 상]
浪(물결 랑)/381
[水:총10획] 원본 6679[<11:上1>522 하]
狼(이리 랑)/440
[犬:총10획] 원본 6075[<十:上>477 하]
琅(옥 이름 랑)/450
[玉:총11획] 원본 0192[<一:上>018 하]
𥍯(짧은 창 랑)/495
[矛:총12획] 원본 9064[<14:上>719 하]
筤(바구니 랑)/535
[竹:총13획] 원본 2801[<五:上>193 상]
蓈(쭉정이 랑)/634
[艸:총13획] 원본 0231[<一:下>023 상]
莨(수크령 랑)/625
[艸:총11획] 원본 0453[<一:下>036 하]
蜋(사마귀 랑)/656
[虫:총13획] 원본 8438[<13:上>666 하]
郎(사내 랑)/762
[邑:총09획] 원본 3965[<六:下>297 상]
鋃(사슬 랑)/788
[金:총15획] 원본 8993[<14:上>713 하]
閬(솟을대문 랑)/801
[門:총15획] 원본 7386[<12:上>588 하]
來(올 래)/27
[人:총08획] 원본 3202[<五:下>231 상]
勑(위로할 래)/67
[力:총10획] 원본 8785[<13:下>699 상]
淶(강 이름 래)/388
[水:총11획] 원본 6776[<11:上1>543 상]
琜(옥이름 래)/450
[玉:총10획] 원본 0088[<一:上>010 하]
睞(한눈 팔 래)/489
[目:총13획] 원본 2091[<四:上>134 하]
䅘(밀 래)/516
[禾:총13획] 원본 4214[<七:上>323 하]
萊(명아주 래)/628
[艸:총12획] 원본 0625[<一:下>046 상]
𧠩(들여다 볼 래)/685
[見:총15획] 원본 5236[<八:下>408 상]
騋(큰 말 래)/857
[馬:총18획] 원본 5877[<十:上>463 하]
冷(찰 랭)/55
[冫:총07획] 원본 7161[<11:下>571 상]

略(다스릴 략)/466
[田:총11획] 원본 8760[<13:下>697 상]

蛶(하루살이 략)/661
[虫:총16획] 원본 8472[<13:上>669 상]

亮(밝을 량)/19
[亠:총09획] 원본 5210[<八:下>405 상]

兩(두 량)/49
[入:총08획] 원본 4607[<七:下>354 하]

㒳(두 량)/49
[入:총07획] 원본 4606[<七:下>354 하]

从(나란히 들어갈 량)/49
[入:총10획] 원본 3142[<五:下>224 상]

㝗(집이 텅비어 있는 모양 량)/169
[宀:총10획] 원본 4371[<七:下>339 상]

𣄴(좋지 못할 량)/288
[无:총12획] 원본 5344[<八:下>415 상]

椋(푸조나무 량)/326
[木:총12획] 원본 3303[<六:上>241 상]

梁(들보 량)/320
[木:총11획] 원본 3634[<六:上>267 하]

涼(서늘할 량)/385
[水:총11획] 원본 7058[<11:上2>562 하]

𤚩(얼룩소 량)/435
[牛:총12획] 원본 0703[<二:上>051 상]

䀶(눈병 량)/488
[目:총12획] 원본 2086[<四:上>134 하]

粱(기장 량)/546
[米:총13획] 원본 4282[<七:上>330 하]

糧(양식 량)/548
[米:총18획] 원본 4304[<七:上>333 상]

緉(신 한 켤레 량)/561
[糸:총14획] 원본 8357[<13:上>661 하]

脼(포 량)/599
[肉:총12획] 원본 2570[<四:下>174 상]

良(좋을 량)/613
[艮:총07획] 원본 3195[<五:下>230 상]

蜽(도깨비 량)/658
[虫:총14획] 원본 8518[<13:上>672 하]

諒(믿을 량)/699
[言:총15획] 원본 1404[<三:上>089 하]

輬(와거 량)/743
[車:총15획] 원본 9074[<14:上>721 상]

䣼(음료 량)/776
[酉:총15획] 원본 9419[<14:上>751 하]

量(헤아릴 량)/780
[里:총12획] 원본 5008[<八:上>388 상]

𩗬(북풍 량)/843
[風:총17획] 원본 8566[<13:下>677 하]

儷(짝 려)/45
[人:총21획] 원본 4886[<八:上>376 하]

勵(마음으로 도울 려)/69
[力:총25획] 원본 8784[<13:下>699 상]

癘厲𠪚(숫돌에 갈 려)/86
[厂:총14획] 원본 5698[<九:下>446 하]

呂(음률 려)/99
[口:총07획] 원본 4427[<七:下>343 상]

巁(위태롭게 높을 려)/191
[山:총18획] 원본 5615[<九:下>440 하]

廬(오두막집 려)/210
[广:총19획] 원본 5646[<九:下>443 상]

慮(생각할 려)/240
[心:총15획] 원본 6387[<十:下>501 하]

戾(어그러질 려)/250
[戶:총08획] 원본 6052[<十:上>475 하]

𢿣(셀 려)/279
[攴:총23획] 원본 1908[<三:下>123 상]

旅(군사 려)/285
[方:총10획] 원본 4112[<七:上>312 상]

梠(평고대 **려**)/321
[日:총11획] 원본 3492[<六:上>255 하]

沴(해칠 **려**)/371
[水:총08획] 원본 6895[<11:上2>551 하]

犡(등 흰 소 **려**)/436
[牛:총19획] 원본 0704[<二:上>051 상]

珕(굴 **려**)/448
[玉:총10획] 원본 0187[<一:上>018 상]

癘(창질 **려**)/476
[疒:총18획] 원본 4542[<七:下>350 하]

癧(종기 **려**)/476
[疒:총24획] 원본 4535[<七:下>350 상]

盭(어그러질 **려**)/483
[皿:총20획] 원본 8114[<12:下>642 상]

砅(징검다리 **려**)/497
[石:총09획] 원본 6961[<11:上2>556 하]

綟(연둣빛 **려**)/559
[糸:총14획] 원본 8238[<13:上>652 상]

臚(살갗 **려**)/604
[肉:총20획] 원본 2481[<四:下>167 하]

蔾(나라 이름 **려**)/644
[艸:총19획] 원본 0650[<一:下>047 상]

莀(강아지풀 **려**)/627
[艸:총12획] 원본 0296[<一:下>027 상]

蘼(달라붙을 **려**)/647
[艸:총23획] 원본 0555[<一:下>042 상]

荔(타래붓꽃 **려**)/620
[艸:총10획] 원본 0626[<一:下>046 상]

蠣(굴 **려**)/663
[虫:총19획] 원본 8499[<13:上>671 상]

蠡(좀먹을 **려**)/664
[虫:총21획] 원본 8553[<13:下>675 하]

邌(천천히 갈 **려**)/755
[辵:총19획] 원본 1100[<二:下>072 하]

郘(나라 이름 **려**)/763
[邑:총15획] 원본 3877[<六:下>288 하]

鑢(줄 **려**)/797
[金:총23획] 원본 8935[<14:上>707 하]

鏫(쇠붙이 **려**)/796
[金:총23획] 원본 8840[<14:上>703 상]

閭(이문 **려**)/801
[門:총15획] 원본 7375[<12:上>587 하]

雡(꾀꼬리 **려**)/817
[隹:총27획] 원본 2191[<四:上>143 상]

驢(나귀 **려**)/862
[馬:총26획] 원본 5950[<十:上>469 상]

驪(가라말 **려**)/863
[馬:총29획] 원본 5847[<十:上>461 하]

鬛(말갈기 **려**)/871
[髟:총26획] 원본 5495[<九:上>428 상]

鱺(뱀장어 **려**)/887
[魚:총30획] 원본 7251[<11:下>577 하]

고 전 麗(고울 **려**)/899
[鹿:총19획] 원본 5985[<十:上>471 하]

黎(검을 **려**)/904
[黍:총15획] 원본 4277[<七:上>330 상]

力(힘 **력**)/66
[力:총02획] 원본 8780[<13:下>699 상]

厤(다스릴 **력**)/86
[厂:총12획] 원본 5701[<九:下>447 상]

屦(신바닥 **력**)/183
[尸:총22획] 원본 5185[<八:下>402 하]

櫪(말구유 **력**)/342
[木:총20획] 원본 3671[<六:上>270 상]

櫟(상수리나무 **력**)/342
[木:총19획] 원본 3379[<六:上>246 하]

朸(나이테 **력**)/305
[木:총06획] 원본 3459[<六:上>252 하]

歷(지낼 력)/352
[止:총16획] 원본 1022[<二:上>068 상]
瀝(거를 력)/413
[水:총19획] 원본 7042[<11:上2>561 하]
瓅(옥빛 력)/456
[玉:총19획] 원본 0185[<一:上>018 상]
瓑(옥이름 력)/455
[玉:총18획] 원본 0083[<一:上>010 하]
磿(돌의 작은 소리 력)/501
[石:총17획] 원본 5746[<九:下>451 상]
礫(조약돌 력)/502
[石:총20획] 원본 5733[<九:下>450 상]
秝(나무 성글 력)/513
[禾:총10획] 원본 4269[<七:上>329 상]
蒚(산마늘 력)/632
[艸:총14획] 원본 0318[<一:下>028 하]
觻(뿔끝 력)/690
[角:총22획] 원본 2701[<四:下>185 상]
[illegible](뛸 력)/727
[走:총22획] 원본 1006[<二:上>066 하]
轢(삐걱거릴 력)/744
[車:총22획] 원본 9138[<14:上>728 상]
酈(땅 이름 력)/773
[邑:총22획] 원본 4010[<六:下>300 하]
[illegible](술거를 력)/776
[酉:총17획] 원본 9366[<14:上>747 하]
[illegible](다리굽은 솥 력)/873
[鬲:총16획] 원본 1769[<三:下>112 상]
鱳(동자개 력)/886
[魚:총26획] 원본 7284[<11:下>579 하]
孌(아름다울 련)/162
[女:총22획] 원본 7882[<12:下>622 상]
孿(쌍둥이 련)/165
[子:총22획] 원본 9321[<14:上>743 상]
𢍰(이룰 련)/213
[廾:총22획] 원본 1681[<三:上>105 상]
憐(불쌍히 여길 련)/241
[心:총15획] 원본 6644[<十:下>515 상]
㦁(울 련)/239
[心:총15획] 원본 6645[<十:下>515 상]
攣(걸릴 련)/272
[手:총23획] 원본 7628[<12:上>605 하]
槤(제기 련)/333
[木:총15획] 원본 3568[<六:上>262 상]
湅(누일 련)/391
[水:총12획] 원본 7106[<11:上2>566 상]
[illegible](쇠불릴련)/408
[水:총16획] 원본 1910[<三:下>123 하]
煉(불릴 련)/422
[火:총13획] 원본 6168[<十:上>483 하]
練(익힐 련)/563
[糸:총15획] 원본 8204[<13:上>648 하]
聯(잇달 련)/590
[耳:총17획] 원본 7430[<12:上>591 하]
臠(저민 고기 련)/605
[肉:총25획] 원본 2537[<四:下>171 하]
蓮(연밥 련)/635
[艸:총15획] 원본 0410[<一:下>034 상]
䜌(어지러울 련)/703
[言:총19획] 원본 1540[<三:上>097 하]
謰(말 얽힐 련)/703
[言:총18획] 원본 1522[<三:上>096 하]
輦(손수레 련)/740
[車:총15획] 원본 9161[<14:上>730 상]
連(잇닿을 련)/751
[辵:총11획] 원본 1119[<二:下>073 하]
鄻(고을 이름 련)/772
[邑:총18획] 원본 3869[<六:下>287 하]

鍊(불릴 **련**)/790
[金:총17획] 원본 8845[<14:上>703 상]

鏈(쇠사슬 **련**)/793
[金:총19획] 원본 8832[<14:上>702 하]

鰱(연어 **련**)/885
[魚:총22획] 원본 7245[<11:下>577 하]

[illegible](이 드러난 모양 **련**)/919
[齒:총25획] 원본 1249[<二:下>080 상]

冽(찰 **렬**)/55
[冫:총08획] 원본 7168[<11:下>571 하]

列(줄 **렬**)/60
[刀:총06획] 원본 2649[<四:下>180 상]

劣(못할 **렬**)/66
[力:총06획] 원본 8803[<13:下>700 상]

𡿪(물흐르는 모양 **렬**)/192
[巛:총06획] 원본 7130[<11:下>569 상]

栵(산밤나무 **렬**)/317
[木:총10획] 원본 3484[<六:上>254 하]

[illegible](나무 이름 **렬**)/319
[木:총11획] 원본 3348[<六:上>244 하]

洌(맑을 **렬**)/377
[水:총09획] 원본 6866[<11:上2>550 상]

烈(세찰 **렬**)/419
[火:총10획] 원본 6119[<十:上>480 하]

[illegible](움킬 **렬**)/429
[爪:총09획] 원본 2402[<四:下>160 하]

[illegible](등이 흰 소 **렬**)/435
[牛:총11획] 원본 0707[<二:上>051 하]

䅀(기장줄기 **렬**)/515
[禾:총10획] 원본 4245[<七:上>326 상]

脟(갈빗살 **렬**)/598
[肉:총11획] 원본 2502[<四:下>169 상]

茢(갈대꽃 **렬**)/620
[艸:총10획] 원본 0407[<一:下>034 상]

蛚(귀뚜라미 **렬**)/654
[虫:총12획] 원본 8468[<13:上>668 하]

蛶(벌레 이름 **렬**)/655
[虫:총13획] 원본 8476[<13:上>669 상]

裂(찢을 **렬**)/674
[衣:총12획] 원본 5103[<八:上>395 하]

迾(막을 **렬**)/749
[辵:총10획] 원본 1140[<二:下>074 하]

迣(막을 **렬**)/748
[辵:총09획] 원본 1139[<二:下>074 하]

鋝(엿 냥쭝 **렬**)/789
[金:총15획] 원본 8938[<14:上>708 상]

颲(사나운 바람 **렬**)/843
[風:총15획] 원본 8577[<13:下>678 상]

[illegible](차례로 달릴 **렬**)/856
[馬:총16획] 원본 5915[<十:上>467 상]

[illegible](휘장 **렴**)/200
[巾:총13획] 원본 4671[<七:下>359 상]

廉(청렴할 **렴**)/209
[广:총13획] 원본 5668[<九:下>444 하]

斂(거둘 **렴**)/279
[攴:총17획] 원본 1922[<三:下>124 상]

溓(물 질척질척할 **렴**)/394
[水:총13획] 원본 7002[<11:上2>559 상]

熑(불 꺼지지 않을 **렴**)/424
[火:총14획] 원본 6176[<十:上>484 상]

磏(거친 숫돌 **렴**)/500
[石:총15획] 원본 5731[<九:下>449 하]

稴(메벼 **렴**)/518
[禾:총15획] 원본 4206[<七:上>323 상]

籢(경대 **렴**)/544
[竹:총23획] 원본 2806[<五:上>193 하]

簾(발 **렴**)/542
[竹:총19획] 원본 2778[<五:上>191 하]

蘝(가위톱 렴)/641
[艸:총17획] 원본 0385[<一:下>032 하]

薕(물억새 렴)/641
[艸:총17획] 원본 0402[<一:下>033 하]

螊(팽활 렴)/660
[虫:총16획] 원본 8494[<13:上>670 하]

覝(살펴볼 렴)/684
[見:총16획] 원본 5231[<八:下>407 하]

䨬(장마 렴)/821
[雨:총18획] 원본 7190[<11:下>573 상]

䭑(흉년들 렴)/848
[食:총18획] 원본 3088[<五:下>220 하]

鬑(머리가 드리워질 렴)/870
[髟:총20획] 원본 5483[<九:上>427 상]

儠(풍신 좋을 렵)/44
[人:총17획] 원본 4769[<八:上>368 하]

巤(목 갈길 렵)/193
[巛:총15획] 원본 6384[<十:下>501 상]

擸(가질 렵)/271
[手:총18획] 원본 7502[<12:上>597 하]

獵(사냥 렵)/443
[犬:총18획] 원본 6056[<十:上>476 상]

甄(기와 깨지는 소리 렵)/459
[瓦:총14획] 원본 8079[<12:下>639 하]

혹 혹 鬣(갈기 렵)/871
[髟:총25획] 원본 5494[<九:上>427 하]

令(영 령)/22
[人:총05획] 원본 5515[<九:上>430 하]

伶(영리할 령)/26
[人:총07획] 원본 4885[<八:上>376 하]

囹(옥 령)/115
[囗:총08획] 원본 37627[<六:下>278 상]

𡣍(신령스러울 령)/161
[女:총20획] 원본 7790[<12:下>617 하]

櫺(격자창 령)/344
[木:총21획] 원본 3504[<六:上>256 상]

柃(나무 이름 령)/312
[木:총09획] 원본 3545[<六:上>260 상]

泠(깨우칠 령)/374
[水:총08획] 원본 6715[<11:上1>531 하]

𤫊靈(신령 령)/456
[玉:총21획] 원본 0200[<一:上>019 하]

玲(옥 소리 령)/447
[玉:총09획] 원본 0144[<一:上>016 상]

瓴(동이 령)/458
[瓦:총10획] 원본 8070[<12:下>639 상]

笭(도꼬마리 령)/533
[竹:총11획] 원본 2840[<五:上>196 상]

䍅(조자리 달린 질장군 령)/574
[缶:총23획] 원본 3157[<五:下>225 하]

聆(들을 령)/589
[耳:총11획] 원본 7435[<12:上>592 상]

苓(도꼬마리 령)/617
[艸:총09획] 원본 0344[<一:下>029 하]

蘦(감초 령)/646
[艸:총21획] 원본 0444[<一:下>036 상]

蛉(잠자리 령)/654
[虫:총11획] 원본 8470[<13:上>668 하]

𧕋(뽕나무 벌레 령)/665
[虫:총23획] 원본 8450[<13:上>667 하]

軨(사냥 수레 령)/738
[車:총12획] 원본 9095[<14:上>723 상]

逞(굳셀 령)/750
[辵:총11획] 원본 1147[<二:下>075 상]

酃(고을 이름 령)/775
[邑:총20획] 원본 3938[<六:下>294 하]

鈴(방울 령)/785
[金:총13획] 원본 8945[<14:上>708 하]

零(조용히 오는 비 **령**)/818
[雨:총13획] 원본 7182[<11:下>572 하]

霝(비올 **령**)/820
[雨:총17획] 원본 7180[<11:下>572 하]

領(옷깃 **령**)/836
[頁:총14획] 원본 5364[<九:上>417 상]

[霝+頁](땅 이름 **령**)/842
[頁:총26획] 원본 5385[<九:上>418 상]

魿(물고기 이름 **령**)/880
[魚:총16획] 원본 7302[<11:下>580 하]

麢(뿔이 가늘고 둥근 모양 **령**)/900
[鹿:총28획] 원본 5981[<十:上>471 하]

龗(용 **령**)/922
[龍:총33획] 원본 7324[<11:下>582 하]

例(법식 **례**)/28
[人:총08획] 원본 4947[<八:上>381 하]

欚(큰 배 **례**)/345
[木:총25획] 원본 3638[<六:上>267 하]

[木+隸](나무 이름 **례**)/343
[木:총20획] 원본 3347[<六:上>244 하]

澧(강 이름 **례**)/407
[水:총16획] 원본 6724[<11:上1>533 상]

[黎+牛](밭 갈 **례**)/436
[牛:총19획] 원본 0725[<二:上>052 상]

禮(예도 **례**)/509
[示:총18획] 원본 0012[<一:上>002 하]

豊(제기, 예도 **례**)/709
[豆:총13획] 원본 2964[<五:上>208 상]

醴(단술 **례**)/778
[酉:총20획] 원본 9367[<14:上>747 하]

隸(붙을 **례**)/812
[隶:총17획] 원본 1849[<三:下>118 상]

鱧(가물치 **례**)/886
[魚:총24획] 원본 7255[<11:下>577 하]

[魚+蠡][魚+蠡](가물치 **례**)/887
[魚:총32획] 원본 7237[<11:下>577 상]

고勞(일할 **로**)/68
[力:총12획] 원본 8804[<13:下>700 상]

嘮(떠들썩할 **로**)/110
[口:총15획] 원본 0867[<二:上>060 상]

壚(흑토 **로**)/132
[土:총19획] 원본 8616[<13:下>683 하]

嫪(사모할 **로**)/158
[女:총14획] 원본 7894[<12:下>623 상]

[广+虜](곁채 **로**)/210
[广:총16획] 원본 5652[<九:下>443 하]

攎(당길 **로**)/271
[手:총19획] 원본 7706[<12:上>610 상]

櫓(방패 **로**)/342
[木:총19획] 원본 3610[<六:上>265 상]

[木+乎](나무 이름 **로**)/314
[木:총09획] 원본 3333[<六:上>243 하]

櫨(두공 **로**)/342
[木:총20획] 원본 3482[<六:上>254 하]

潞(강 이름 **로**)/404
[水:총15획] 원본 6694[<11:上1>526 하]

澇(큰 물결 **로**)/406
[水:총15획] 원본 6683[<11:上1>523 하]

璐(아름다운 옥 **로**)/454
[玉:총16획] 원본 0093[<一:上>011 상]

癆(중독 **로**)/476
[疒:총17획] 원본 4587[<七:下>352 하]

盧(밥그릇 **로**)/482
[皿:총16획] 원본 3004[<五:上>212 상]

簬(대 이름 **로**)/542
[竹:총18획] 원본 2740[<五:上>189 상]

籚(창 자루 **로**)/543
[竹:총22획] 원본 2833[<五:上>195 하]

纑(실 로)/571
[糸:총22획] 원본 8340[<13:上>660 상]
老(늙은이 로)/585
[老:총06획] 원본 5136[<八:上>398 상]
艫(뱃머리 로)/613
[舟:총22획] 원본 5194[<八:下>403 하]
蘆(갈대 로)/645
[艸:총20획] 원본 0257[<一:下>025 상]
蓾(기름새 로)/643
[艸:총19획] 원본 0354[<一:下>030 상]
𧆞𧆞(양병 로)/649
[虍:총11획] 원본 8057[<12:下>638 상]
虜(포로 로)/650
[虍:총12획] 원본 4151[<七:上>316 하]
路(길 로)/729
[足:총13획] 원본 1342[<二:下>084 하]
輅(수레 로)/738
[車:총13획] 원본 9087[<14:上>722 상]
鐪(부레 그릇 로)/796
[金:총21획] 원본 8890[<14:上>705 하]
鑪(화로 로)/797
[金:총24획] 원본 8887[<14:上>705 하]
露(이슬 로)/821
[雨:총20획] 원본 7205[<11:下>573 하]
顱(머리뼈 로)/842
[頁:총25획] 원본 5350[<九:上>416 상]
鱋(물고기 이름 로)/886
[魚:총24획] 원본 7278[<11:下>579 상]
魯(노둔할 로)/879
[魚:총15획] 원본 2119[<四:上>136 하]
鷺(해오라기 로)/895
[鳥:총23획] 원본 2301[<四:上>151 하]
鸕(바다 가마우지로)/896
[鳥:총27획] 원본 2320[<四:上>153 상]
鹵(소금 로)/897
[鹵:총11획] 원본 7350[<12:上>586 상]
黸(검을 로)/907
[黑:총28획] 원본 6229[<十:上>487 하]
娽(따를 록)/153
[女:총11획] 원본 7880[<12:下>622 상]
圥(버섯 록)/184
[屮:총10획] 원본 0218[<一:下>022 상]
彔(나무 깎을 록)/219
[彐:총08획] 원본 4181[<七:上>320 상]
漉(거를 록)/399
[水:총14획] 원본 7043[<11:上2>561 하]
睩(삼가 볼 록)/490
[目:총13획] 원본 2092[<四:上>134 하]
祿(복 록)/507
[示:총13획] 원본 0015[<一:上>003 상]
簏(대 상자 록)/541
[竹:총17획] 원본 2815[<五:上>194 상]
綠(초록빛 록)/558
[糸:총14획] 원본 8217[<13:上>649 하]
䍡(주록 록)/576
[网:총16획] 원본 4624[<七:下>356 상]
菉(조개풀 록)/626
[艸:총12획] 원본 0629[<一:下>046 상]
𧡢(웃으며 볼 록)/685
[見:총15획] 원본 5229[<八:下>407 하]
趢(국량이 좁을 록)/725
[走:총15획] 원본 0999[<二:上>066 상]
逯(갈 록)/751
[辵:총12획] 원본 1115[<二:下>073 하]
錄(기록할 록)/789
[金:총16획] 원본 8841[<14:上>703 상]
麓(산기슭 록)/899
[鹿:총19획] 원본 3691[<六:上>271 하]

鹿(사슴 록)/898
[鹿:총11획] 원본 5961[<十:上>470 상]

惀(생각할 론)/233
[心:총11획] 원본 6448[<十:下>505 하]

論(말할 론)/699
[言:총15획] 원본 1434[<三:上>091 하]

嚨(목구멍 롱)/113
[口:총19획] 원본 0747[<二:上>054 상]

壟(언덕 롱)/132
[土:총19획] 원본 8726[<13:下>693 상]

㙞(바를 롱)/128
[土:총13획] 원본 7091[<11:上2>564 하]

㙞(바를 롱)/128
[土:총13획] 원본 8641[<13:下>686 하]

弄(희롱할 롱)/213
[廾:총07획] 원본 1670[<三:上>104 상]

梇(땅 이름 롱)/321
[木:총11획] 원본 3401[<六:上>248 상]

櫳(우리 롱)/343
[木:총20획] 원본 3674[<六:上>270 하]

檗(우리 롱)/343
[木:총20획] 원본 35022[<六:上>256 상]

瀧(비 올 롱)/413
[水:총19획] 원본 6981[<11:上2>558 상]

瓏(옥 소리 롱)/456
[玉:총20획] 원본 0107[<一:上>012 하]

礱(갈 롱)/502
[石:총21획] 원본 5760[<九:下>452 하]

籠(대그릇 롱)/544
[竹:총22획] 원본 2827[<五:上>195 상]

聾(귀먹어리 롱)/591
[耳:총22획] 원본 7442[<12:上>592 상]

蘢(개여뀌 롱)/646
[艸:총20획] 원본 0415[<一:下>034 하]

蠪(개미 롱)/665
[虫:총22획] 원본 8429[<13:上>666 상]

襱(바지가랑이 롱)/681
[衣:총21획] 원본 5063[<八:上>393 상]

豅(크고 긴 골 롱)/708
[谷:총23획] 원본 7148[<11:下>570 하]

隴(고개 이름 롱)/812
[阜:총19획] 원본 9226[<14:上>735 상]

龓(함께 가질 롱)/921
[龍:총22획] 원본 4131[<七:上>314 상]

儡(영락할 뢰)/44
[人:총17획] 원본 4956[<八:上>382 하]

勵(밀 뢰)/69
[力:총17획] 원본 8802[<13:下>700 상]

嵬(산 험한 모양 뢰)/189
[山:총15획] 원본 5618[<九:下>440 하]

櫑(바위 뢰)/342
[木:총19획] 원본 3561[<六:上>261 상]

瀨(여울 뢰)/413
[水:총19획] 원본 6907[<11:上2>552 하]

牢(우리 뢰)/434
[牛:총07획] 원본 0721[<二:上>052 상]

瓃(옥그릇 뢰)/456
[玉:총19획] 원본 0132[<一:上>015 상]

磊(돌무더기 뢰)/500
[石:총15획] 원본 5772[<九:下>453 상]

籟(세 구멍 퉁소 뢰)/544
[竹:총22획] 원본 2862[<五:上>197 상]

糲(애찧은 조 뢰)/549
[米:총19획] 원본 4285[<七:上>331 상]

纇(실마디 뢰)/571
[糸:총21획] 원본 8148[<13:上>645 상]

耒(쟁기 뢰)/587
[耒:총06획] 원본 2692[<四:下>183 하]

茉(풀이 많은 모양 뢰)/621
[艸:총10획] 원본 0546[<一:下>041 하]

讄(뇌사 뢰)/706
[言:총22획] 원본 1631[<三:上>101 상]

誄(뇌사 뢰)/696
[言:총13획] 원본 1633[<三:上>101 하]

賴(힘입을 뢰)/720
[貝:총16획] 원본 3800[<六:下>281 상]

賂(뇌물 줄 뢰)/718
[貝:총13획] 원본 3790[<六:下>280 하]

賚(줄 뢰)/719
[貝:총15획] 원본 3795[<六:下>280 하]

郲(땅 이름 뢰)/761
[邑:총09획] 원본 3940[<六:下>294 하]

酹(부을 뢰)/776
[酉:총14획] 원본 9422[<14:上>751 하]

鑸(편편하지 않을 뢰)/797
[金:총26획] 원본 8997[<14:上>713 하]

隇(돌무더기 뢰)/810
[阜:총13획] 원본 9189[<14:上>732 상]

靁(우레 뢰)/818
[雨:총23획] 원본 7170[<11:下>571 하]

頛(빠를 뢰)/837
[頁:총15획] 원본 5429[<九:上>421 하]

頪(머리 기울 뢰)/836
[頁:총15획] 원본 5418[<九:上>421 상]

鱷(민어 뢰)/886
[魚:총27획] 원본 7269[<11:下>578 하]

了(마칠 료)/13
[亅:총02획] 원본 9331[<14:上>743 하]

僚(동료 료)/41
[人:총14획] 원본 4766[<八:上>368 하]

壈(에워싼 담 료)/130
[土:총15획] 원본 8633[<13:下>685 상]

嫽(외조모 료)/159
[女:총15획] 원본 7791[<12:下>617 하]

尞(횃불 료)/178
[小:총12획] 원본 6114[<十:上>480 하]

尥(다리 힘줄 약할 료)/179
[尢:총06획] 원본 6320[<十:下>495 하]

廖(텅빌 료)/210
[广:총18획] 원본 5690[<九:下>446 상]

憭(총명할 료)/242
[心:총15획] 원본 6419[<十:下>503 하]

憀(의뢰할 료)/240
[心:총14획] 원본 6454[<十:下>505 하]

撩(다스릴 료)/270
[手:총15획] 원본 7523[<12:上>599 상]

敹(가릴 료)/278
[攴:총15획] 원본 1923[<三:下>124 상]

料(되질할 료)/280
[斗:총10획] 원본 9049[<14:上>718 상]

橑(서까래 료)/337
[木:총16획] 원본 3487[<六:上>255 상]

潦(큰비 료)/405
[水:총15획] 원본 6978[<11:上2>557 하]

熮(불에 타는 모양 료)/425
[火:총15획] 원본 6128[<十:上>481 상]

燎(화톳불 료)/426
[火:총16획] 원본 6177[<十:上>484 상]

爒(구울 료)/427
[火:총20획] 원본 6272[<十:下>491 하]

獠(밤 사냥 료)/442
[犬:총15획] 원본 6057[<十:上>476 상]

璙(옥 료)/454
[玉:총16획] 원본 0078[<一:上>010 상]

瘵(병 고칠 료)/476
[疒:총20획] 원본 4585[<七:下>352 하]

竂(뚫을 료)/526
[穴:총17획] 원본 4438[<七:下>344 하]
簝(제기 이름 료)/541
[竹:총18획] 원본 2830[<五:上>195 상]
繚(감길 료)/568
[糸:총18획] 원본 8175[<13:上>647 상]
翏(높이 날 료)/582
[羽:총11획] 원본 2152[<四:上>139 하]
聊(귀 울 료)/589
[耳:총13획] 원본 7431[<12:上>591 하]
膫(발기름 료)/604
[肉:총16획] 원본 2566[<四:下>173 하]
蓼(여뀌 료)/636
[艸:총15획] 원본 0242[<一:下>023 하]
蘋(말린 매실 료)/645
[艸:총20획] 원본 0574[<一:下>043 상]
蟉(머리 흔들 료)/662
[虫:총17획] 원본 8505[<13:上>671 하]
豂(골 깊을 료)/708
[谷:총18획] 원본 7147[<11:下>570 하]
轑(불 놓을 료)/743
[車:총19획] 원본 9123[<14:上>726 하]
遼(멀 료)/754
[辵:총16획] 원본 1148[<二:下>075 상]
鄝(나라 이름 료)/769
[邑:총14획] 원본 3997[<六:下>299 하]
醪(막걸리 료)/778
[酉:총18획] 원본 9368[<14:上>748 상]
鐐(은 료)/795
[金:총20획] 원본 8826[<14:上>702 상]
飉(높이 부는 바람 료)/844
[風:총20획] 원본 8571[<13:下>678 상]
鷯(굴뚝새 료)/895
[鳥:총23획] 원본 2295[<四:上>151 하]
龍(용 룡)/921
[龍:총16획] 원본 7323[<11:下>582 하]
僂(구부릴 루)/38
[人:총13획] 원본 4953[<八:上>382 상]
儽(거칠 루)/42
[人:총14획] 원본 4847[<八:上>373 하]
𠤼(천할 루)/76
[匚:총07획] 원본 8027[<12:下>635 상]
厽(담 쌓을 루)/87
[厶:총06획] 원본 9267[<14:上>737 상]
壘(진 루)/132
[土:총18획] 원본 8692[<13:下>691 상]
塿(언덕 루)/129
[土:총14획] 원본 8708[<13:下>691 하]
垒(쌓을 루)/122
[土:총09획] 원본 9269[<14:上>737 하]
婁(별 이름 루)/155
[女:총11획] 원본 7938[<12:下>624 하]
屚(샐 루)/182
[尸:총11획] 원본 7200[<11:下>573 하]
廔(용마루 루)/209
[广:총14획] 원본 5680[<九:下>445 하]
摟(끌어 모을 루)/267
[手:총14획] 원본 7573[<12:上>602 상]
樏(나무 열매 루)/338
[木:총16획] 원본 3418[<六:上>249 상]
樓(다락 루)/335
[木:총15획] 원본 35012[<六:上>255 하]
漏(샐 루)/399
[水:총14획] 원본 7113[<11:上2>566 하]
灅(강 이름 루)/416
[水:총24획] 원본 6772[<11:上1>542 상]
漊(비 지적지적할 루)/399
[水:총14획] 원본 6984[<11:上2>558 상]

瘻(부스럼 루)/475
[疒:총16획] 원본 4521[<七:下>349 하]

簍(대 채롱 루)/541
[竹:총17획] 원본 2800[<五:上>193 상]

縷(실 루)/566
[糸:총17획] 원본 8280[<13:上>656 상]

膢(제사 이름 루)/602
[肉:총15획] 원본 2550[<四:下>172 상]

蔞(쑥 루)/637
[艸:총15획] 원본 0356[<一:下>030 하]

螻(땅강아지 루)/661
[虫:총17획] 원본 8427[<13:上>666 상]

褸(남루할 루)/678
[衣:총16획] 원본 5032[<八:上>390 하]

謱(곡진할 루)/703
[言:총18획] 원본 1523[<三:上>096 하]

遱(발걸음이 끊어지지 않을 루)/753
[辵:총15획] 원본 1143[<二:下>074 하]

䣚(땅 이름 루)/768
[邑:총14획] 원본 3916[<六:下>292 하]

鏤(새길 루)/794
[金:총19획] 원본 8836[<14:上>702 하]

陋(좁을 루)/806
[阜:총09획] 원본 9193[<14:上>732 상]

髏(해골 루)/865
[骨:총21획] 원본 2453[<四:下>164 하]

鱁(청어 루)/885
[魚:총22획] 원본 7238[<11:下>577 상]

주鸓(날다람쥐 루)/896
[鳥:총26획] 원본 2364[<四:上>156 하]

劉劉(죽일 류/65
[刀:총15획] 원본 9009[<14:上>714 상]

勠(협력할 류)/68
[力:총13획] 원본 8799[<13:下>700 상]

廇(가운뎃 방 류)/209
[广:총15획] 원본 5648[<九:下>443 하]

欙(찬합 류)/345
[木:총25획] 원본 3631[<六:上>267 상]

桺(버들 류)/315
[木:총11획] 원본 3363[<六:上>245 상]

灅(강 이름 류)/414
[水:총21획] 원본 6767[<11:上1>541 하]

澑(방울져 떨어질 류)/407
[水:총15획] 원본 6711[<11:上1>530 하]

瀏(맑을 류)/412
[水:총18획] 원본 6824[<11:上2>547 하]

漻(맑을 류)/401
[水:총14획] 원본 6828[<11:上2>547 하]

𣴜流(흐를 류/380
[水:총09획] 원본 7118[<11:下>567 하]

瑬(면류관 옥 장식 류)/452
[玉:총15획] 원본 0130[<一:上>014 하]

瓃(옥이름 류)/455
[玉:총19획] 원본 0198[<一:上>019 상]

珋(금강석 류)/449
[玉:총07획] 원본 0196[<一:上>019 상]

畱(머무를 류)/465
[田:총12획] 원본 8765[<13:下>697 하]

畱(화전 류)/468
[田:총16획] 원본 8744[<13:下>695 하]

瘤(혹 류)/475
[疒:총17획] 원본 4532[<七:下>350 상]

禷(제사 이름 류)/509
[示:총24획] 원본 0033[<一:上>004 상]

𥛚(예방할 류)/508
[示:총12획] 원본 48[<一:上>006 하]

窌(지함류)/524
[穴:총12획] 원본 4452[<七:下>345 하]

䉧(대나무에서 나는 소리 류)/543
[竹:총21획] 원본 2763[<五:上>190 하]

絫(포갤 류)/556
[糸:총12획] 원본 9268[<14:上>737 상]

纍(갇힐 류)/571
[糸:총21획] 원본 8290[<13:上>656 하]

綹(끈목 류)/560
[糸:총14획] 원본 8141[<13:上>644 하]

罶(통발 류)/576
[网:총17획] 원본 4622[<七:下>355 하]

蘽(덩굴풀 류)/647
[艸:총23획] 원본 3307[<六:上>241 하]

藟(등나무 덩굴 류)/644
[艸:총19획] 원본 0357[<一:下>030 하]

謬(그릇될 류)/702
[言:총18획] 원본 1582[<三:上>099 상]

鏐(금 류)/793
[金:총19획] 원본 8973[<14:上>711 상]

雡(병아리 류)/817
[隹:총19획] 원본 2181[<四:上>142 하]

霤(낙수물 류)/821
[雨:총20획] 원본 7199[<11:下>573 하]

類(무리 류)/841
[頁:총19획] 원본 6067[<十:上>476 하]

餾(뜸들류)/848
[食:총22획] 원본 3066[<五:下>218 하]

駵(월따말 류)/857,861
[馬:총17획] 원본 5850[<十:上>461 하]

𨶹(목졸라 죽일 류)/871
[門:총21획] 원본 1797[<三:下>114 상]

鷚(종달새 류)/894
[鳥:총22획] 원본 2273[<四:上>150 상]

鶹(올빼미 류)/894
[鳥:총23획] 원본 2289[<四:上>151 상]

䶉(대나무 쥐 류)/913
[鼠:총20획] 원본 6091[<十:上>478 하]

𥛚(예방할 류)/508
[示:총12획] 원본 0048[<一:上>006 하]

僇(욕보일 륙)/40
[人:총13획] 원본 4954[<八:上>382 하]

六(여섯 륙)/50
[八:총04획] 원본 9278[<14:上>738 하]

坴(언덕 륙)/121
[土:총08획] 원본 8619[<13:下>684 상]

戮(죽일 륙)/249
[戈:총15획] 원본 7999[<12:下>631 상]

稑(올벼 륙)/516
[禾:총13획] 원본 4189[<七:上>321 상]

陸(뭍 륙)/808
[阜:총11획] 원본 9177[<14:上>731 상]

鵱(들거위 륙)/891
[鳥:총19획] 원본 2308[<四:上>152 상]

侖(둥글 륜)/28
[人:총08획] 원본 3129[<五:下>223 상]

倫(인륜 륜)/34
[人:총10획] 원본 4820[<八:上>372 상]

掄(가릴 륜)/261
[手:총11획] 원본 7526[<12:上>599 상]

棆(나무 이름 륜)/323
[木:총12획] 원본 3290[<六:上>240 하]

淪(물놀이 륜)/387
[水:총11획] 원본 6846[<11:上2>549 상]

綸(낚싯줄 륜)/560
[糸:총14획] 원본 8258[<13:上>654 상]

蜦(굼틀굼틀 갈 륜)/657
[虫:총14획] 원본 8493[<13:上>670 상]

輪(바퀴 륜)/740
[車:총15획] 원본 9104[<14:上>724 하]

陯(물놀이 륜)/807
[阜:총11획] 원본 9260[<14:上>736 하]
凓(찰 률)/56
[冫:총12획] 원본 7167[<11:下>571 하]
寽(취할 률)/174
[寸:총07획] 원본 2405[<四:下>160 하]
律(법 률)/222
[彳:총09획] 원본 1195[<二:下>077 하]
㮚栗(밤나무 률)/316
[木:총13획] 원본 4159[<七:上>317 하]
溧(강 이름 률)/394
[水:총13획] 원본 6717[<11:上1>531 하]
瑮(옥 무늬 률)/453
[玉:총14획] 원본 0135[<一:上>015 상]
繂(흰 비단 률)/571
[糸:총20획] 원본 8373[<13:上>662 하]
膟(유혈제의 고기 률)/600
[肉:총13획] 원본 2565[<四:下>173 하]
葎(한삼덩굴 률)/630
[艸:총13획] 원본 0375[<一:下>031 하]
颲(폭풍 률)/843
[風:총16획] 원본 8576[<13:下>678 상]
癃(느른할 륭)/475
[疒:총17획] 원본 4579[<七:下>352 상]
隆(클 륭)/809
[阜:총12획] 원본 3715[<六:下>274 상]
勒(굴레 륵)/67
[力:총11획] 원본 1743[<三:下>110 상]
扐(손가락 사이 륵)/252
[手:총05획] 원본 7652[<12:上>607 상]
泐(돌 갈라질 륵)/373
[水:총08획] 원본 7003[<11:上2>559 상]
⿱勒玉(옥이름 륵)/454
[玉:총15획] 원본 0153[<一:上>016 하]
肋(갈비 륵)/592
[肉:총06획] 원본 2503[<四:下>169 상]
阞(지맥 륵)/804
[阜:총05획] 원본 9174[<14:上>731 상]
𠦃(공이 클 륵)/77
[十:총04획] 원본 1393[<三:上>089 상]
㐭(곳집 름)/19
[亠:총08획] 원본 3196[<五:下>230 상]
凜(차가울 름)/56
[冫:총17획] 원본 7163[<11:下>571 상]
燣(불 침범할 름)/426
[火:총16획] 원본 6223[<十:上>487 상]
菻(쑥 름)/628
[艸:총12획] 원본 0420[<一:下>035 상]
𠗲𠗲(얼음 곳간 릉)/56
[冫:총14획] 원본 7155[<11:下>571 상]
𡕩(다른 곳으로 갈 릉)/136
[夊:총13획] 원본 3026[<五:上>213 하]
夌(언덕 릉)/135
[夊:총08획] 원본 3220[<五:下>232 하]
掕(붙잡을 릉)/262
[手:총11획] 원본 7673[<12:上>608 상]
棱(모 릉)/325
[木:총12획] 원본 3650[<六:上>268 하]
淩(달릴 릉)/387
[水:총11획] 원본 6737[<11:上1>535 하]
綾(비단 릉)/561
[糸:총14획] 원본 8209[<13:上>649 상]
蔆(마름 릉)/636
[艸:총15획] 원본 0390[<一:下>032 하]
陵(큰 언덕 릉)/808
[阜:총11획] 원본 9172[<14:上>731 상]
䬋(땀흘릴 릉)/847
[食:총18획] 원본 3124[<五:下>222 하]

俚(속될 리)/30
[人:총09획] 원본 4788[<八:上>369 하]
剺(벗길 리)/64
[刀:총13획] 원본 2656[<四:下>180 하]
利(날카로울 리)/61
[刀:총07획] 원본 2629[<四:下>178 하]
𠩺(터질 리)/85
[厂:총11획] 원본 1954[<三:下>126 상]
𠭰(이끌 리)/91
[又:총13획] 원본 1817[<三:下>115 하]
吏(벼슬아치 리)/96
[口:총06획] 원본 0005[<一:上>001 하]
履(신 리)/183
[尸:총15획] 원본 5183[<八:下>402 하]
㦒(한할 리)/243
[心:총19획] 원본 6558[<十:下>511 하]
𢡃(근심할 리)/239
[心:총15획] 원본 6614[<十:下>513 하]
摛(퍼질 리)/267
[手:총14획] 원본 7512[<12:上>598 상]
𢼗(엷은 무늬 리)/280
[文:총15획] 원본 5468[<九:上>425 하]
李(자두나무 리)/306
[木:총07획] 원본 3276[<六:上>239 하]
梨(배나무 리)/323
[木:총12획] 원본 3269[<六:上>238 하]
氂(꼬리 리)/361
[毛:총15획] 원본 0738[<二:上>053 하]
㸚(밝은 모양 리)/431
[爻:총08획] 원본 1987[<三:下>128 하]
理(다스릴 리)/450
[玉:총11획] 원본 0141[<一:上>015 하]
离(산신 리)/510
[内:총11획] 원본 9284[<14:上>739 상]
𥪕(임할 리)/528
[立:총13획] 원본 6363[<十:下>500 상]
𦆭(헌 솜 리)/564
[糸:총16획] 원본 8336[<13:上>659 하]
縭(신 꾸미개 리)/566
[糸:총17획] 원본 8291[<13:上>656 하]
纚(갓끈 리)/572
[糸:총25획] 원본 8243[<13:上>652 하]
羸(여윌 리)/581
[羊:총19획] 원본 2238[<四:上>146 하]
蘺(천궁 리)/647
[艸:총23획] 원본 0271[<一:下>025 하]
荲(풀이름 리)/621
[艸:총11획] 원본 0289[<一:下>026 하]
螭(교룡 리)/661
[虫:총17획] 원본 8491[<13:上>670 상]
裏(속 리)/674
[衣:총13획] 원본 5025[<八:上>390 상]
覼(찾아볼 리)/687
[見:총26획] 원본 5225[<八:下>407 하]
謧(말 수다할 리)/702
[言:총18획] 원본 1546[<三:上>097 하]
詈(꾸짖을 리)/694
[言:총12획] 원본 4640[<七:下>356 하]
貍(삵 리)/714
[豸:총14획] 원본 5830[<九:下>458 상]
邐(이어질 리)/755
[辵:총23획] 원본 1097[<二:下>072 하]
𨛫(정자 이름 리)/761
[邑:총10획] 원본 3918[<六:下>292 하]
醨(삼삼한 술 리)/778
[酉:총18획] 원본 9406[<14:上>751 상]
釐(다스릴 리)/780
[里:총18획] 원본 8738[<13:下>694 하]

里(마을 리)/780
[里:총07획] 원본 8737[<13:下>694 하]
離(떼놓을 리)/817
[隹:총19획] 원본 2182[<四:上>142 하]
鯉(잉어 리)/883
[魚:총18획] 원본 7233[<11:下>576 하]
고吝(아낄 린)/97
[口:총07획] 원본 0894[<二:上>061 상]
閃(불꽃 린)/421
[火:총12획] 원본 6129[<十:上>481 상]
獜(튼튼할 린)/442
[犬:총15획] 원본 6044[<十:上>475 상]
疄(밭두둑 린)/468
[田:총17획] 원본 8764[<13:下>697 하]
瞵(눈빛 린)/492
[目:총17획] 원본 2016[<四:上>130 하]
粦(도깨비불 린)/546
[米:총12획] 원본 6227[<十:上>487 하]
粼(물 맑을 린)/547
[米:총14획] 원본 7124[<11:下>568 하]
藺(골풀 린)/645
[艸:총20획] 원본 0309[<一:下>027 하]
蟁(모기 린)/667
[虫:총28획] 원본 8562[<13:下>676 하]
蹸(짓밟을 린)/732
[足:총19획] 원본 1343[<二:下>084 하]
遴(어려워할 린)/753
[辵:총16획] 원본 1111[<二:下>073 상]
鄰(이웃 린)/771
[邑:총15획] 원본 3835[<六:下>284 상]
閵(새 이름 린)/801
[門:총16획] 원본 2171[<四:上>141 상]
顲(머리숱이 적을 린)/842
[頁:총21획] 원본 5400[<九:上>419 상]
鱗(물고기 이름 린)/885
[魚:총23획] 원본 7224[<11:下>575 하]
鱗(비늘 린)/886
[魚:총23획] 원본 7295[<11:下>580 상]
麐(암키린 린)/899
[鹿:총18획] 원본 5969[<十:上>470 하]
麟(기린 린)/900
[鹿:총23획] 원본 5963[<十:上>470 상]
惏(떨릴 림)/234
[心:총11획] 원본 6543[<十:下>510 하]
林(수풀 림)/310
[木:총08획] 원본 3685[<六:上>271 상]
梺(무성할 림)/325
[木:총12획] 원본 3689[<六:上>271 하]
瀶(골짜기 림)/414
[水:총20획] 원본 6933[<11:上2>554 하]
淋(물 뿌릴 림)/386
[水:총11획] 원본 7085[<11:上2>564 상]
琳(아름다운 옥 림)/451
[玉:총12획] 원본 0100[<一:上>012 상]
痳(임질 림)/473
[疒:총13획] 원본 4546[<七:下>350 하]
臨(임할 림)/606
[臣:총17획] 원본 5011[<八:上>388 상]
霖(장마 림)/820
[雨:총16획] 원본 7192[<11:下>573 상]
湆(샘솟을 립)/391
[水:총12획] 원본 6861[<11:上2>549 하]
立(설 립)/526
[立:총05획] 원본 6362[<十:下>500 상]
笠(우리 립)/532
[竹:총11획] 원본 2837[<五:上>195 하]
粒(알 립)/546
[米:총11획] 원본 4291[<七:上>331 하]

鴗(쇠새 립)/889
[鳥:총16획] 원본 2332[<四:上>154 상]

ㅁ

摩(갈 마)/267
[手:총15획] 원본 7639[<12:上>606 상]
爢爢(물크러질 마)/427
[火:총23획] 원본 6163[<十:上>483 상]
瘍(눈병 마)/474
[疒:총15획] 원본 4515[<七:下>349 상]
礳(갈 마)/502
[石:총24획] 원본 5762[<九:下>452 하]
禡(마제 마)/508
[示:총15획] 원본 0062[<一:上>007 하]
蟆(두꺼비 마)/662
[虫:총17획] 원본 8510[<13:上>672 상]
鄢(땅 이름 마)/768
[邑:총13획] 원본 3933[<六:下>294 상]
馬(말 마)/853
[馬:총10획] 원본 5840[<十:上>460 하]
髍(잘 마)/865
[骨:총21획] 원본 2470[<四:下>166 상]
鬕(관자놀이 마)/870
[髟:총21획] 원본 5491[<九:上>427 하]
麻(삼 마)/901
[麻:총11획] 원본 4332[<七:下>336 상]
嗼(고요할 막)/109
[口:총14획] 원본 0903[<二:上>061 상]
幕(막 막)/201
[巾:총14획] 원본 4674[<七:下>359 상]
慔(아름다울 막)/243
[心:총20획] 원본 6400[<十:下>502 하]
殙(죽어 쓸쓸할 막)/355
[歹:총15획] 원본 2424[<四:下>163 상]
漠(사막 막)/400
[水:총14획] 원본 6801[<11:上1>545 상]
瘼(병들 막)/475
[疒:총16획] 원본 4500[<七:下>348 하]
膜(막 막)/602
[肉:총15획] 원본 2592[<四:下>176 상]
莫(없을 막)/625
[艸:총11획] 원본 0665[<一:下>048 상]
鄚(고을 이름 막)/768
[邑:총14획] 원본 3899[<六:下>290 하]
鏌(칼 이름 막)/793
[金:총19획] 원본 8961[<14:上>710 상]
㒼(평평할 만)/53
[冂:총11획] 원본 4608[<七:下>354 하]
嫚(업신여길 만)/158
[女:총14획] 원본 7929[<12:下>624 상]
巒(뫼 만)/190
[山:총22획] 원본 5607[<九:下>439 하]
幔(막 만)/201
[巾:총14획] 원본 4669[<七:下>358 하]
彎(굽을 만)/219
[弓:총22획] 원본 8096[<12:下>640 하]
㒼(잊을 만)/240
[心:총14획] 원본 6529[<十:下>510 상]
懣(번민할 만)/243
[心:총18획] 원본 6574[<十:下>512 상]
慢(게으를 만)/239
[心:총14획] 원본 6520[<十:下>509 하]
𢿨(약간 용정할 만)/279
[攴:총18획] 원본 1968[<三:下>126 하]
晩(저물 만)/295
[日:총11획] 원본 4049[<七:上>305 상]
曼(끌 만)/301
[日:총11획] 원본 1812[<三:下>115 하]

槾(흙손 만)/334
[木:총15획] 원본 3508[<六:上>256 상]
樠(송진 만)/336
[木:총15획] 원본 3395[<六:上>247 하]
滿(찰 만)/398
[水:총14획] 원본 6887[<11:上2>551 상]
獌(이리의 한 가지 만)/442
[犬:총14획] 원본 6077[<十:上>477 하]
瞞(속일 만)/492
[目:총15획] 원본 2007[<四:上>130 상]
矕(볼 만)/494
[目:총24획] 원본 2009[<四:上>130 하]
晚(겁 없이 볼 만)/489
[目:총12획] 원본 2025[<四:上>131 상]
縵(무늬 없는 비단 만)/566
[糸:총17획] 원본 8210[<13:上>649 상]
蔓(덩굴 만)/636
[艸:총15획] 원본 0438[<一:下>035 하]
萬(일만 만)/629
[艸:총13획] 원본 9285[<14:上>739 하]
蠻(오랑캐 만)/666
[虫:총25획] 원본 8527[<13:上>673 하]
謾(속일 만)/703
[言:총18획] 원본 1518[<三:上>096 하]
贎(재물 만)/721
[貝:총20획] 원본 3779[<六:下>279 하]
輓(끌 만)/739
[車:총14획] 원본 9162[<14:上>730 상]
轗(수레의 덮개 만)/742
[車:총18획] 원본 9084[<14:上>721 하]
鄤(땅 이름 만)/772
[邑:총17획] 원본 3931[<六:下>294 상]
鏝(흙손 만)/793
[金:총19획] 원본 8933[<14:上>707 하]
鞔(신울 만)/828
[革:총16획] 원본 1708[<三:下>108 상]
鬗(머리 길 만)/870
[髟:총21획] 원본 5472[<九:上>426 상]
鰻(뱀장어 만)/885
[魚:총22획] 원본 7252[<11:下>577 하]
末(끝 말)/305
[木:총05획] 원본 3415[<六:上>248 하]
濊(닦아 없앨 말)/412
[水:총18획] 원본 7026[<11:上2>560 하]
沫(거품 말)/370
[水:총08획] 원본 6665[<11:上1>519 상]
眜(눈이 흐릴 말)/487
[目:총10획] 원본 2087[<四:上>134 하]
苜苗(눈 바르지 못할 말)/485
[目:총09획] 원본 2217[<四:上>145 상]
䊯(밀기울 말)/549
[米:총21획] 원본 4307[<七:上>333 상]
韈(버선 말)/832
[韋:총24획] 원본 3247[<五:下>236 상]
餗(말 먹이 말)/845
[食:총13획] 원본 3125[<五:下>222 하]
혹鬻(미음 말)/875
[鬲:총37획] 원본 1776[<三:下>112 하]
亾(성 이름 망)/17
[人:총03획] 원본 8019[<12:下>634 상]
妄(허망할 망)/145
[女:총06획] 원본 7899[<12:下>623 상]
忘(잊을 망)/226
[心:총07획] 원본 6528[<十:下>510 상]
望(바랄 망)/303
[月:총11획] 원본 8021[<12:下>634 하]
朢(보름 망)/304
[月:총14획] 원본 5005[<八:上>387 하]

杗(들보 **망**)/307
[木:총07획] 원본 3505[<六:上>256 상]

网(그물 **망**)/574
[网:총05획] 원본 4609[<七:下>355 상]

芒(까끄라기 **망**)/615
[艸:총07획] 원본 0491[<一:下>038 하]

茻(잡풀 우거질 **망**)/621
[茻:총11획] 원본 0664[<一:下>047 하]

莽(우거질 **망**)/625
[茻:총12획] 원본 0666[<一:下>048 상]

莣(참억새 **망**)/624
[艸:총12획] 원본 0366[<一:下>031 상]

蛧(도깨비 **망**)/655
[虫:총12획] 원본 8517[<13:上>672 하]

謹(책망할 **망**)/705
[言:총21획] 원본 1614[<三:上>100 하]

邙(산 이름 **망**)/756
[邑:총06획] 원본 3871[<六:下>288 상]

勱(힘쓸 **매**)/69
[力:총15획] 원본 8789[<13:下>699 하]

壓(티끌 **매**)/129
[土:총14획] 원본 8707[<13:下>691 하]

媒(중매 **매**)/155
[女:총12획] 원본 7740[<12:下>613 하]

妹(누이 **매**)/147
[女:총08획] 원본 7765[<12:下>615 하]

寐(잠잘 **매**)/171
[宀:총12획] 원본 4482[<七:下>347 하]

昧(새벽 **매**)/293
[日:총09획] 원본 4021[<七:上>302 하]

枚(줄기 **매**)/310
[木:총08획] 원본 3423[<六:上>249 상]

梅(매화나무 **매**)/320
[木:총11획] 원본 3273[<六:上>239 상]

每(매양 **매**)/359
[毋:총07획] 원본 0215[<一:下>021 하]

沬(땅 이름 **매**)/370
[水:총08획] 원본 7079[<11:上2>563 하]

湏(물 이름 **매**)/403
[水:총15획] 원본 6707[<11:上1>529 하]

浼(더럽힐 **매**)/381
[水:총10획] 원본 7097[<11:上2>565 하]

眛(눈이 흐릴 **매**)/487
[目:총10획] 원본 2042[<四:上>132 상]

瞶(흘깃 볼 **매**)/492
[目:총17획] 원본 2057[<四:上>132 하]

禖(매제 **매**)/508
[示:총14획] 원본 0058[<一:上>007 상]

罵(욕할 **매**)/576
[网:총15획] 원본 4641[<七:下>356 하]

罞(꿩잡는 그물 **매**)/575
[网:총13획] 원본 4613[<七:下>355 상]

腜(아이 밸 **매**)/600
[肉:총13획] 원본 2477[<四:下>167 하]

脢(등심 **매**)/598
[肉:총11획] 원본 2505[<四:下>169 하]

藾(메울 **매**)/642
[艸:총18획] 원본 0604[<一:下>044 하]

苺(딸기 **매**)/619
[艸:총09획] 원본 0280[<一:下>026 상]

講(허풍칠 **매**)/704
[言:총20획] 원본 1567[<三:上>098 하]

賣(팔 **매**)/720
[貝:총17획] 원본 3703[<六:下>273 상]

買(살 **매**)/717
[貝:총12획] 원본 3816[<六:下>282 상]

邁(갈 **매**)/754
[辵:총17획] 원본 1047[<二:下>070 상]

鋂(사슬고리 **매**)/788
[金:총15획] 원본 8995[<14:上>713 하]

霾(흙비 올 **매**)/821
[雨:총22획] 원본 7208[<11:下>574 상]

韎(가죽 **매**)/830
[韋:총14획] 원본 3239[<五:下>234 하]

䫉(어둘 **매**)/838
[頁:총17획] 원본 5384[<九:上>418 상]

鬽(도깨비 **매**)/876
[鬼:총13획] 원본 5564[<九:上>435 하]

𥄎(눈 가늘게 뜨고 멀리 볼 **매**)/486
[目:총09획] 원본 2035[<四:上>131 하]

𡖋(고요할 **맥**)/137
[夕:총15획] 원본 4144[<七:上>316 상]

眽(훔쳐볼 **맥**)/488
[目:총11획] 원본 2045[<四:上>132 상]

衇䘑(맥 **맥**)/598,668
[血:총12획] 원본 7142[<11:下>570 상]

覛(몰래 볼 **맥**)/684
[見:총13획] 원본 7143[<11:下>570 상]

貉(오랑캐 **맥**)/714
[豸:총13획] 원본 5835[<九:下>458 하]

貘(짐승 이름 **맥**)/715
[豸:총18획] 원본 5823[<九:下>457 하]

霢(가랑비 **맥**)/820
[雨:총18획] 원본 7184[<11:下>573 상]

驀(말 탈 **맥**)/860
[馬:총21획] 원본 5889[<十:上>464 하]

麥(보리 **맥**)/900
[麥:총11획] 원본 3204[<五:下>231 하]

孟(맏 **맹**)/164
[子:총08획] 원본 9324[<14:上>743 상]

氓(백성 **맹**)/362
[氏:총08획] 원본 7968[<12:下>627 상]

猛(사나울 **맹**)/440
[犬:총11획] 원본 6041[<十:上>475 상]

甍(용마루 **맹**)/459
[瓦:총16획] 원본 8061[<12:下>638 상]

甿(백성 **맹**)/464
[田:총08획] 원본 8763[<13:下>697 하]

盟(믿을 **맹**)/482,668
[皿:총12획] 원본 4135[<七:上>314 하]

盲(소경 **맹**)/484
[目:총08획] 원본 2098[<四:上>135 상]

萌(싹 **맹**)/628
[艸:총12획] 원본 0470[<一:下>037 하]

莔(패모 **맹**)/624
[艸:총11획] 원본 0432[<一:下>035 하]

蝱(등에 **맹**)/659
[虫:총15획] 원본 8551[<13:下>675 하]

鄳(땅 이름 **맹**)/771
[邑:총16획] 원본 3922[<六:下>293 상]

鼆(고을 이름 **맹**)/910
[黽:총23획] 원본 4115[<七:上>312 하]

薁(까마귀머루 **먹**)/640
[艸:총17획] 원본 0352[<一:下>030 상]

冖(덮을 **멱**)/53
[冖:총02획] 원본 4593[<七:下>353 상]

幎(덮을 **멱**)/201
[巾:총13획] 원본 4668[<七:下>358 하]

幦(수레의 덮개 **멱**)/202
[巾:총16획] 원본 4707[<七:下>362 상]

䖑(흰 범 **멱**)/650
[虍:총12획] 원본 2982[<五:上>210 하]

鼏(술통 덮는 베 **멱**)/911
[鼎:총15획] 원본 4179[<七:上>319 하]

鼏(솥 달아올리는 나무 **멱**)/911
[鼎:총15획] 원본 4178[<七:上>319 하]

丏(가릴 면)/5
[一:총04획]5원본 5443[<九:上>423 상]

偭(향할 면)/36
[人:총11획] 원본 4878[<八:上>376 상]

免(면할 면)/47
[儿:총07획] 원본 5997[<十:上>473 상]

冕(면류관 면)/53
[冂:총11획] 원본 4602[<七:下>354 상]

勉(힘쓸 면)/67
[力:총09획] 원본 8790[<13:下>699 하]

娩(아이를 낳을 면)/164
[子:총10획] 원본 9318[<14:上>742 하]

寡(보이지 않을 면)/173
[宀:총19획] 원본 4389[<七:下>340 상]

宀(집 면)/165
[宀:총03획] 원본 4354[<七:下>337 하]

宩(알지 못하는 사이에 합할 면)/167
[宀:총07획] 원본 4402[<七:下>340 하]

愐(힘쓸 면)/236
[心:총12획] 원본 6472[<十:下>506 하]

湎(빠질 면)/391
[水:총12획] 원본 7056[<11:上2>562 하]

沔(물 흐를 면)/369
[水:총07획] 원본 6680[<11:上1>522 하]

矈(외눈 어둘 면)/493
[目:총19획] 원본 2002[<四:上>130 상]

眄(애꾸눈 면)/485
[目:총09획] 원본 2097[<四:上>135 상]

緜(햇솜 면)/562
[糸:총15획] 원본 8119[<13:上>643 상]

緬(가는 실 면)/563
[糸:총15획] 원본 8126[<13:上>643 하]

臱(보이지 않을 면)/607
[自:총15획] 원본 2116[<四:上>136 하]

芇(서로 걸 면)/615
[艸:총07획] 원본 2216[<四:上>144 하]

蚼(말매미 면)/653
[虫:총10획] 원본 8467[<13:上>668 하]

蝒(매미 면)/658
[虫:총15획] 원본 8435[<13:上>666 하]

面(낮 면)/825
[面:총09획] 원본 5439[<九:上>422 하]

鞖(굴레 면)/828
[革:총18획] 원본 1745[<三:下>110 상]

鬗(눈썹 먹 면)/870
[髟:총25획] 원본 5477[<九:上>426 하]

鮸(참조기 면)/884
[魚:총18획] 원본 7276[<11:下>579 상]

麪(밀가루 면)/900
[麥:총15획] 원본 32108[<五:下>232 상]

幭(덮개 멸)/203
[巾:총18획] 원본 4690[<七:下>360 하]

懱(업신여길 멸)/243
[心:총18획] 원본 6509[<十:下>509 하]

搣(비빌 멸)/266
[手:총13획] 원본 7532[<12:上>599 하]

滅(멸망할 멸)/396
[水:총13획] 원본 7110[<11:上2>566 상]

烕(불 꺼물거릴 멸)/423
[火:총13획] 원본 2219[<四:上>145 상]

威(없앨 멸)/419
[火:총10획] 원본 6212[<十:上>486 상]

瞢(눈초리 진무를 멸)/493
[目:총18획] 원본 2084[<四:上>134 상]

穖(벼 멸)/521
[禾:총20획] 원본 4195[<七:上>321 하]

蔑(업신여길 멸)/636
[艸:총15획] 원본 2220[<四:上>145 상]

蠛(모독할 멸)/669
[血:총21획] 원본 3041[<五:上>214 하]

冥(어두울 명)/54
[冖:총10획] 원본 4114[<七:上>312 하]

名(이름 명)/96
[口:총06획] 원본 0798[<二:上>056 하]

命(목숨 명)/100
[口:총08획] 원본 0802[<二:上>057 상]

嫇(조심조심할 명)/157
[女:총13획] 원본 7826[<12:下>619 상]

朙明(밝을 명)/291
[日:총11획] 원본 4132[<七:上>314 상]

溟(어두울 명)/394
[水:총13획] 원본 6972[<11:上2>557 하]

皿(그릇 명)/480
[皿:총05획] 원본 2998[<五:上>211 하]

瞑(눈 감을 명)/491
[目:총15획] 원본 2080[<四:上>134 상]

[illegible](굴 명)/523
[穴:총10획] 원본 4430[<七:下>343 하]

[illegible](물 적신 쌀 명)/546
[米:총11획] 원본 4297[<七:上>332 하]

蓂(명협 명)/634
[艸:총14획] 원본 0434[<一:下>035 하]

螟(마디충 명)/660
[虫:총16획] 원본 8402[<13:上>664 하]

覭(볼 명)/685
[見:총17획] 원본 5241[<八:下>408 하]

鄍(고을 이름 명)/767
[邑:총13획] 원본 3879[<六:下>289 상]

鳴(울 명)/888
[鳥:총14획] 원본 2369[<四:上>157 상]

𥨊(잠 흡족하지 못할 메)/174
[宀:총22획] 원본 4485[<七:下>347 하]

袂(소매 메)/672
[衣:총09획] 원본 5051[<八:上>392 하]

侮(업신여길 모)/31
[人:총09획] 원본 4932[<八:上>380 하]

侔(가지런할 모)/29
[人:총08획] 원본 4821[<八:上>372 상]

冒(무릅쓸 모)/53
[冂:총09획] 원본 4604[<七:下>354 하]

冃(쓰개 모)/52
[冂:총04획] 원본 4601[<七:下>353 하]

𠔼(거듭 모)/52
[冂:총03획] 원본 4597[<七:下>353 하]

募(모을 모)/68
[力:총13획] 원본 8819[<13:下>701 상]

媢(강샘할 모)/156
[女:총12획] 원본 7890[<12:下>622 하]

娒(여스승 모)/151
[女:총10획] 원본 7772[<12:下>616 상]

嫫(대단히 추할 모)/158
[女:총14획] 원본 7945[<12:下>625 상]

慔(힘쓸 모)/239
[心:총14획] 원본 6471[<十:下>506 하]

慕(그리워할 모)/239
[心:총15획] 원본 6475[<十:下>507 상]

摹(베낄 모)/268
[手:총15획] 원본 7654[<12:上>607 상]

旄(깃대 장식 모)/285
[方:총10획] 원본 4110[<七:上>311 하]

模(법 모)/336
[木:총15획] 원본 3471[<六:上>253 하]

某(아무 모)/313
[木:총09획] 원본 3407[<六:上>248 상]

[illegible](문설주 모)/328
[木:총13획] 원본 3510[<六:上>256 상]

母(어미 모)/359
[毋:총05획] 원본 7756[<12:下>614 하]
毛(털 모)/360
[毛:총04획] 원본 5146[<八:上>398 하]
牡(수컷 모)/434
[牛:총07획] 원본 0693[<二:上>050 하]
牟(소 우는 소리 모)/434
[牛:총06획] 원본 0715[<二:上>051 하]
瑁(서옥 모)/452
[玉:총13획] 원본 0115[<一:上>013 상]
皃(얼굴 모)/478
[白:총07획] 원본 5215[<八:下>406 상]
瞐(눈 내리깔고 볼 모)/490
[目:총14획] 원본 2028[<四:上>131 하]
眊(눈 흐릴 모)/486
[目:총09획] 원본 2018[<四:上>131 상]
矛(창 모)/494
[矛:총05획] 원본 9063[<14:上>719 하]
秏(벼 모)/513
[禾:총09획] 원본 4208[<七:上>323 상]
𦒱(90늙은이 모)/586
[老:총16획] 원본 5138[<八:上>398 상]
茅(띠 모)/619
[艸:총09획] 원본 0305[<一:下>027 하]
萺(풀이름 모)/629
[艸:총13획] 원본 0644[<一:下>046 하]
芼(풀 우거질 모)/617
[艸:총08획] 원본 0516[<一:下>039 하]
蓩(취어초 모)/635
[艸:총15획] 원본 0293[<一:下>026 하]
蝥(해충 모)/659
[虫:총15획] 원본 8455[<13:上>667 하]
蟊(해충 모)/662
[虫:총17획] 원본 8542[<13:下>675 상]
覒(가릴 모)/683
[見:총11획] 원본 5264[<八:下>409 하]
謨(꾀 모)/702
[言:총18획] 원본 1431[<三:上>091 하]
謀(꾀할 모)/701
[言:총16획] 원본 1430[<三:上>091 하]
髦(다팔머리 모)/867
[髟:총14획] 원본 5476[<九:上>426 상]
혹髳(다팔머리모)/869
[髟:총19획] 원본 5481[<九:上>426 하]
麰(보리 모)/901
[麥:총17획] 원본 3205[<五:下>231 하]
犛(야크 모·리)/436
[牛:총15획] 원본 0737[<二:上>053 상]
坶(기를 목)/121
[土:총08획] 원본 8609[<13:下>683 상]
㣧(잔 무늬 목)/221
[彡:총11획] 원본 5461[<九:上>425 상]
木(나무 목)/304
[木:총04획] 원본 3264[<六:上>238 하]
楘(나룻 장식 목)/329
[木:총13획] 원본 3621[<六:上>266 상]
沐(머리 감을 목)/369
[水:총07획] 원본 7078[<11:上2>563 하]
牧(칠 목)/434
[牛:총08획] 원본 1966[<三:下>126 하]
睦(화목할 목)/490
[目:총13획] 원본 2054[<四:上>132 하]
目(눈 목)/483
[目:총05획] 원본 1994[<四:上>129 하]
穆(화목할 목)/519
[禾:총16획] 원본 4196[<七:上>321 하]
霂(가랑비 목)/819
[雨:총15획] 원본 7185[<11:下>573 상]

鶩(집오리 목)/892
[鳥:총20획] 원본 2312[<四:上>152 하]

殳𠬛夂(물에 들어가서 취할 몰)/89
[又:총04획] 원본 1826[<三:下>116 상]

歾(마칠 몰)/353
[歹:총08획] 원본 2416[<四:下>161 하]

沒(가라앉을 몰)/369
[水:총07획] 원본 6966[<11:上2>557 상]

玫(옥 몰)/447
[玉:총07획] 원본 0177[<一:上>017 하]

𩓐(머리를 물 속에 넣을 몰)/836
[頁:총13획] 원본 5396[<九:上>418 하]

鯍(다랑어 몽)/881
[魚:총17획] 원본 7229[<11:下>576 상]

冢(덮어쓸 몽)/54
[冖:총10획] 원본 4600[<七:下>353 하]

夢(꿈 몽)/137
[夕:총14획] 원본 4138[<七:上>315 상]

㝱(꿈 몽)/173
[宀:총21획] 원본 4480[<七:下>347 상]

幪(옷보자기 몽)/200
[巾:총13획] 원본 4689[<七:下>360 하]

懜(어리석을 몽)/243
[心:총17획] 원본 6544[<十:下>510 하]

濛(가랑비 올 몽)/410
[水:총17획] 원본 6986[<11:上2>558 상]

瞢(어두울 몽)/492
[目:총16획] 원본 2218[<四:上>145 상]

矇(청맹과니 몽)/493
[目:총19획] 원본 2095[<四:上>135 상]

蒙(입을 몽)/632
[艸:총14획] 원본 0627[<一:下>046 상]

夢(대싸리 몽)/643
[艸:총14획] 원본 0342[<一:下>029 하]

蠓(눈에놀이 몽)/664
[虫:총20획] 원본 8471[<13:上>668 하]

覓(돌진할 몽)/683
[見:총10획] 원본 5253[<八:下>409 상]

醿(누룩 뜰 몽)/776
[酉:총17획] 원본 9358[<14:上>747 하]

霿(하늘에 안개 자욱할 몽)/821
[雨:총22획] 원본 7209[<11:下>574 상]

饛(수북이 담을 몽)/849
[食:총23획] 원본 3094[<五:下>221 상]

騴(버새 몽)/859
[馬:총20획] 원본 5951[<十:上>469 상]

鸏(물새 새끼 몽)/896
[鳥:총25획] 원본 2316[<四:上>153 상]

卯(넷째 지지 묘)/81
[卩:총05획] 원본 9344[<14:上>745 상]

墓(무덤 묘)/130
[土:총14획] 원본 8724[<13:下>692 하]

媌(눈매 고울 묘)/155
[女:총12획] 원본 7813[<12:下>618 하]

廟(사당 묘)/210
[广:총15획] 원본 5685[<九:下>446 상]

昴(별자리 이름 묘)/294
[日:총09획] 원본 4059[<七:上>305 하]

杳(어두울 묘)/308
[木:총08획] 원본 3464[<六:上>252 하]

玅(묘할 묘)/205,445
[玄:총09획] 원본 8115[<12:下>642 하]

眇(애꾸눈 묘)/485
[目:총09획] 원본 2096[<四:上>135 상]

篎(작은 저 묘)/539
[竹:총15획] 원본 2865[<五:上>197 하]

緢(깃술 묘)/562
[糸:총15획] 원본 8166[<13:上>646 하]

茆(순채 묘)/623
[艸:총11획] 원본 0645[<一:下>046 하]

苗(모 묘)/617
[艸:총09획] 원본 0521[<一:下>040 상]

藐(작을 묘)/645
[艸:총20획] 원본 0360[<一:下>030 하]

鷍(뱁새 묘)/892
[鳥:총20획] 원본 2288[<四:上>151 상]

務(일 무)/68
[力:총11획] 원본 8787[<13:下>699 하]

婺(별 이름 무)/155
[女:총12획] 원본 7846[<12:下>620 상]

嫵(아리따울 무)/159
[女:총15획] 원본 7801[<12:下>618 상]

嵍(산 이름 무)/188
[山:총12획] 원본 5629[<九:下>441 상]

巫(무당 무)/193
[工:총07획] 원본 2899[<五:上>201 하]

帤(수레덮개 무)/200
[巾:총12획] 원본 4706[<七:下>362 상]

幠(덮을 무)/202
[巾:총15획] 원본 4691[<七:下>360 하]

廡(집 무)/210
[广:총15획] 원본 5651[<九:下>443 하]

㥄(어루만질 무)/235
[心:총12획] 원본 6469[<十:下>506 하]

懋(힘쓸 무)/242
[心:총17획] 원본 6474[<十:下>507 상]

憮(어루만질 무)/242
[心:총15획] 원본 6462[<十:下>506 상]

戊(다섯째 천간 무)/245
[戈:총05획] 원본 9298[<14:上>741 상]

拇(엄지손가락 무)/254
[手:총08획] 원본 74597[<12:上>593 하]

撫(어루만질 무)/270
[手:총15획] 원본 7550[<12:上>601 상]

攺(어루만질 무)/274
[攴:총07획] 원본 1933[<三:下>125 상]

敄(힘쓸 무)/275
[攴:총09획] 원본 1899[<三:下>122 하]

楙(무성할 무)/329
[木:총13획] 원본 3690[<六:上>271 하]

楘(나무가 무성할 무)/329
[木:총13획] 원본 3278[<六:上>239 하]

橆𣡗(넉넉할 무)/343
[木:총19획] 원본 3686[<六:上>271 하]

武(굳셀 무)/351
[止:총08획] 원본 8005[<12:下>632 상]

毋(말 무)/359
[毋:총04획] 원본 7965[<12:下>626 하]

潕(물 마를 무)/403
[水:총15획] 원본 6719[<11:上1>532 상]

無橆𣡗(없을 무)/421
[火:총12획] 원본 8022[<12:下>634 하]

璑(세 가지 광채 나는 옥 무)/454
[玉:총16획] 원본 096[<一:上>011 상]

畮(이랑 무)/466
[田:총12획] 원본 8749[<13:下>695 하]

瞴(잠깐 볼 무)/492
[目:총17획] 원본 2023[<四:上>131 상]

瞀(어두울 무)/491
[目:총14획] 원본 2056[<四:上>132 하]

繆(얽을 무)/567
[糸:총17획] 원본 8359[<13:上>661 하]

䍙(들창 무)/577
[网:총19획] 원본 4635[<七:下>356 하]

𦍩(6살된 양새끼 무)/580
[羊:총15획] 원본 2225[<四:上>145 하]

膴(포 무)/603
[肉:총16획] 원본 2574[<四:下>174 하]
舞(춤출 무)/611
[舛:총14획] 원본 3233[<五:下>234 상]
䒽(잔풀이 더부룩하게 날 무)/629
[艸:총13획] 원본 0515[<一:下>039 하]
𦾐(풀 무)/640
[艸:총17획] 원본 0643[<一:下>046 하]
茂(우거질 무)/619
[艸:총09획] 원본 0501[<一:下>039 상]
蕪(거칠어질 무)/639
[艸:총16획] 원본 0523[<一:下>040 상]
蟊(뿌리 잘라 먹는 벌레 무)/665
[虫:총21획] 원본 8560[<13:下>676 상]
袤(길이 무)/673
[衣:총11획] 원본 5041[<八:上>391 하]
誣(무고할 무)/697
[言:총14획] 원본 1531[<三:上>097 상]
貿(바꿀 무)/718
[貝:총12획] 원본 3809[<六:下>281 하]
鄮(고을 이름 무)/770
[邑:총15획] 원본 3941[<六:下>294 하]
醔(느릅나무 무)/776
[酉:총16획] 원본 9415[<14:上>751 하]
鍪(투구 무)/791
[金:총17획] 원본 8865[<14:上>704 상]
𨼲(마을 이름 무)/811
[阜:총15획] 원본 9229[<14:上>735 상]
霚(안개 무)/820
[雨:총17획] 원본 7207[<11:下>574 상]
鞪(투구 무)/828
[革:총18획] 원본 1722[<三:下>108 하]
騖(달릴 무)/858
[馬:총19획] 원본 5914[<十:上>467 상]
鵡(앵무새 무)/889
[鳥:총16획] 원본 2361[<四:上>156 상]
墨(먹 묵)/130
[土:총15획] 원본 8660[<13:下>688 상]
嫼(성낼 묵)/159
[女:총15획] 원본 7920[<12:下>624 상]
纆(두세겹으로 꼰 노 묵)/568
[糸:총18획] 원본 8322[<13:上>659 상]
默(잠잠할 묵)/905
[黑:총16획] 원본 6013[<十:上>474 상]
𠣜(쌀 문)/70
[勹:총04획] 원본 5545[<九:上>433 하]
吻(입술 문)/98
[口:총07획] 원본 0746[<二:上>054 상]
問(물을 문)/105
[口:총11획] 원본 0805[<二:上>057 상]
彣(벌겋고 퍼런 빛 문)/221
[彡:총07획] 원본 5463[<九:上>425 상]
捫(어루만질 문)/260
[手:총11획] 원본 7500[<12:上>597 하]
文(무늬 문)/280
[文:총04획] 원본 5465[<九:上>425 상]
𣯶(담요 문)/361
[毛:총15획] 원본 5150[<八:上>399 상]
汶(내 이름 문)/367
[水:총07획] 원본 6757[<11:上1>539 하]
璊(붉은 옥 문)/454
[玉:총15획] 원본 0137[<一:上>015 하]
紊(어지러울 문)/551
[糸:총10획] 원본 8170[<13:上>646 하]
聞(들을 문)/590
[耳:총14획] 원본 7440[<12:上>592 상]
虋(차조 문)/648
[艸:총29획] 원본 0226[<一:下>022 하]

蟁(모기 문)/661
[虫:총17획] 원본 8550[<13:下>675 하]
䟂(느리게 걸을 문)/726
[走:총18획] 원본 0992[<二:上>065 하]
闅(내리깔고 볼 문)/802
[門:총17획] 원본 1992[<四:上>129 하]
門(문 문)/798
[門:총08획] 원본 7366[<12:上>587 상]
䰚(어리석을 문)/839
[頁:총17획] 원본 5431[<九:上>421 하]
駇(털 색깔이 화려한 말 문)/854
[馬:총14획] 원본 5882[<十:上>464 상]
勿(말 물)/70
[勹:총04획] 원본 5777[<九:下>453 하]
昒(새벽 물)/291
[日:총08획] 원본 4020[<七:上>302 하]
物(만물 물)/434
[牛:총08획] 원본 0735[<二:上>053 상]
味(맛 미)/100
[口:총08획] 원본 0779[<二:上>055 하]
娓(장황할 미)/151
[女:총10획] 원본 7853[<12:下>620 하]
媚(아첨할 미)/156
[女:총12획] 원본 7800[<12:下>617 하]
媄(빛 고울 미)/155
[女:총12획] 원본 7802[<12:下>618 상]
尾(꼬리 미)/181
[尸:총07획] 원본 5179[<八:下>402 상]
弭(활고자 미)/216
[弓:총09획] 원본 8085[<12:下>640 상]
微(작을 미)/224
[彳:총13획] 원본 1174[<二:下>076 하]
㥍(연마할 미)/235
[心:총12획] 원본 6647[<十:下>515 상]
𢼸𢼸𢼸(묘할 미)/275,280
[攴:총10획] 원본 4855[<八:上>374 상]
敉(어루만질 미)/275
[攴:총10획] 원본 1934[<三:下>125 상]
未(아닐 미)/304
[木:총05획] 원본 9351[<14:上>746 하]
楣(문미 미)/329
[木:총13획] 원본 3491[<六:上>255 상]
渳(물의 형용 미)/390
[水:총12획] 원본 7071[<11:上2>563 하]
湄(물가 미)/391
[水:총12획] 원본 6934[<11:上2>554 하]
溦(이슬비 미)/394
[水:총13획] 원본 6985[<11:上2>558 상]
瑂(옥돌 미)/452
[玉:총13획] 원본 0173[<一:上>017 상]
眉(눈썹 미)/486
[目:총09획] 원본 2110[<四:上>136 상]
眯(눈에 티 들 미)/488
[目:총11획] 원본 2089[<四:上>134 하]
𥳁(대나무 이름 미)/542
[竹:총19획] 원본 2743[<五:上>189 하]
簚(대껍질 미)/543
[竹:총21획] 원본 2750[<五:上>190 상]
米(쌀 미)/545
[米:총06획] 원본 4281[<七:上>330 하]
䊳(부술 미)/549
[米:총25획] 원본 4315[<七:上>333 하]
糜(죽 미)/548
[米:총17획] 원본 4295[<七:上>332 상]
𥾋(쌀알을 수놓은 무늬 미)/556
[糸:총12획] 원본 8215[<13:上>649 하]
縻(고삐 미)/566
[糸:총17획] 원본 8320[<13:上>658 하]

罞(그물 미)/575
[网:총11획] 원본 4615[<七:下>355 상]
芈(양 울 미)/577
[羊:총09획] 원본 2222[<四:上>145 하]
美(아름다울 미)/578
[羊:총09획] 원본 2244[<四:上>146 하]
𦗖(말의 귀치장 미)/590
[耳:총17획] 원본 7451[<12:上>592 하]
葿(오미자 미)/626
[艸:총12획] 원본 0435[<一:下>035 하]
薇(고비 미)/640
[艸:총17획] 원본 0245[<一:下>024 상]
蘪(천궁 미)/646
[艸:총21획] 원본 0273[<一:下>025 하]
覹(엿볼 미)/686
[見:총20획] 원본 5246[<八:下>408 하]
覭(병든 사람이 볼 미)/683
[見:총12획] 원본 5250[<八:下>409 상]
迷(미혹할 미)/749
[辵:총10획] 원본 1118[<二:下>073 하]
郿(땅 이름 미)/765
[邑:총12획] 원본 3849[<六:下>286 상]
镾(두루 미)/798
[長:총21획] 원본 5775[<九:下>453 하]
靡(쓰러질 미)/823
[非:총19획] 원본 7332[<11:下>583 상]
麛(사슴 새끼 미)/900
[鹿:총20획] 원본 5966[<十:上>470 하]
麋(큰사슴 미)/898
[鹿:총17획] 원본 5970[<十:上>471 상]
䵛(검은 기장 미)/902
[麻:총23획] 원본 4272[<七:上>330 상]
黴(곰팡이 미)/906
[黑:총23획] 원본 6253[<十:上>489 상]
敯㟩(산 이름 민)/189
[山:총12획] 원본 5590[<九:下>438 하]
悶(번민할 민)/233
[心:총12획] 원본 6576[<十:下>512 상]
怋(민망할 민)/228
[心:총08획] 원본 6548[<十:下>511 상]
忞(힘쓸 민)/226
[心:총08획] 원본 6470[<十:下>506 하]
愍(근심할 민)/236
[心:총13획] 원본 6590[<十:下>512 하]
捪(씻을 민)/260
[手:총11획] 원본 7551[<12:上>601 상]
敏(재빠를 민)/275
[攴:총11획] 원본 1897[<三:下>122 하]
敯(굳셀 민)/297
[攴:총12획] 원본 1956[<三:下>126 상]
敃(강잉할 민)/274
[攴:총09획] 원본 1898[<三:下>122 하]
旻(하늘 민)/290
[日:총08획] 원본 4017[<七:上>302 상]
民(백성 민)/362
[氏:총05획] 원본 7967[<12:下>627 상]
潣(물 졸졸 흘러내릴 민)/405
[水:총15획] 원본 6872[<11:上2>550 하]
珉(옥돌 민)/448
[玉:총09획] 원본 0181[<一:上>017 하]
玟(옥돌 민)/447
[玉:총08획] 원본 0189[<一:上>018 하]
笢(대 꺼풀 민)/532
[竹:총11획] 원본 2751[<五:上>190 상]
緍(낚싯줄 민)/562
[糸:총14획] 원본 8329[<13:上>659 상]
罠(낚싯줄 민)/575
[网:총10획] 원본 4626[<七:下>356 상]

𨐇(수레 바탕과 굴대가 닿는곳에 댄 가죽 민)/744
[車:총26획] 원본 9099[<14:上>724 상]
鍲(업 민)/789
[金:총16획] 원본 9010[<14:上>714 하]
閔(위문할 민)/799
[門:총12획] 원본 7421[<12:上>591 상]
閩(종족 이름 민)/801
[門:총14획] 원본 8528[<13:上>673 하]
주黽(힘쓸 민)/909
[黽:총13획] 원본 8582[<13:下>679 상]
鴖(비취새 비슷하고 붉은 발의 새 민)/891
[鳥:총19획] 원본 2294[<四:上>151 하]
密(빽빽할 밀)/171
[宀:총11획] 원본 5608[<九:下>439 하]
㫘(숨을 밀)/290,484
[日:총08획] 원본 4082[<七:上>308 상]
監(그릇 밀)/481
[皿:총10획] 원본 3012[<五:上>212 하]
蔤(연근 밀)/637
[艸:총15획] 원본 0413[<一:下>034 하]
𧖅(꿀 밀)/667
[虫:총15획] 원본 8548[<13:下>675 상]
謐(고요할 밀)/701
[言:총17획] 원본 1476[<三:上>094 상]
醠(탁주 밀)/776
[酉:총17획] 원본 9391[<14:上>749 상]
宓(성 밀·복)/167
[宀:총08획] 원본 4377[<七:下>339 하]

ㅂ

亳(땅 이름 박)/19
[亠:총10획] 원본 3177[<五:下>227 하]
剝(벗길 박)/63
[刀:총10획] 원본 2654[<四:下>180 하]
博(넓을 박)/79
[十:총12획] 원본 1392[<三:上>089 상]
⿰口尃(씹는 모양 박)/108
[口:총13획] 원본 0776[<二:上>055 하]
搏(잡을 박)/265
[手:총13획] 원본 7494[<12:上>597 상]
撲(칠 박)/270
[手:총15획] 원본 7679[<12:上>608 하]
⿰扌百拍(칠 박/255
[手:총08획] 원본 7519[<12:上>598 하]
敀(핍박할 박)/274
[攴:총09획] 원본 1900[<三:下>122 하]
㬥(목도리 박)/298
[日:총18획] 원본 8261[<13:上>654 하]
樸(통나무 박)/336
[木:총16획] 원본 3455[<六:上>252 상]
朴(후박나무 박)/305
[木:총06획] 원본 3422[<六:上>249 상]
欂(두공 박)/344
[木:총21획] 원본 3481[<六:上>254 상]
狛(짐승 이름 박)/439
[犬:총08획] 원본 6076[<十:上>477 하]
瓝(작은 오이 박)/457
[瓜:총11획] 원본 4346[<七:下>337 상]
簙(섶 박)/541
[竹:총18획] 원본 2873[<五:上>198 하]
縛(묶을 박)/565
[糸:총16획] 원본 8184[<13:上>647 하]
膊(포 박)/601
[肉:총14획] 원본 2571[<四:下>174 상]
筋(손발 마디 딱하고 소리 날 박)/534
[肉:총13획] 원본 2620[<四:下>178 상]
⿱甾臼(방아 찧을 박)/609
[臼:총12획] 원본 4321[<七:上>334 하]

薄(엷을 박)/640
[艸:총17획] 원본 0540[<一:下>041 상]

襮(수놓은 깃 박)/680
[衣:총20획] 원본 5028[<八:上>390 상]

迫(닥칠 박)/748
[辵:총09획] 원본 1133[<二:下>074 상]

鎛(종 박)/792
[金:총18획] 원본 8953[<14:上>709 하]

鑮(종 박)/797
[金:총25획] 원본 8949[<14:上>709 상]

雹(누리 박)/818
[雨:총13획] 원본 7179[<11:下>572 하]

䨷(비에 젖은 가죽 박)/820
[雨:총17획] 원본 7201[<11:下>573 하]

[illegible](차상동여매는 아랫 끈 박)/829
[革:총19획] 원본 1736[<三:下>109 하]

[illegible](멍에 싸개 박)/832
[韋:총19획] 원본 3248[<五:下>236 상]

駮(짐승 이름 박)/856
[馬:총16획] 원본 5946[<十:上>469 상]

駁(얼룩말 박)/854
[馬:총14획] 원본 5864[<十:上>462 하]

髆(어깻죽지 뼈 박)/865
[骨:총20획] 원본 2454[<四:下>164 하]

[illegible](단단한 것을 씹을 박)/919
[齒:총25획] 원본 1258[<二:下>080 하]

伴(짝 반)/26
[人:총07획] 원본 4789[<八:上>369 하]

[illegible](제일 천하게 여길 반)/51
[八:총14획] 원본 1661[<三:上>103 하]

半(반 반)/77
[十:총05획] 원본 0689[<二:上>050 상]

叛(배반할 반)/90
[又:총09획] 원본 0691[<二:上>050 하]

反(되돌릴 반)/88
[又:총04획] 원본 1821[<三:下>116 상]

㚘(함께 갈 반)/141
[大:총08획] 원본 6361[<十:下>499 하]

娩(빠를 반)/153
[女:총11획] 원본 5995[<十:上>472 하]

嬔(토끼 새끼 반)/160
[女:총15획] 원본 7753[<12:下>614 하]

姅(경도 반)/147
[女:총08획] 원본 7956[<12:下>625 하]

媻(비틀거릴 반)/157
[女:총13획] 원본 7870[<12:下>621 하]

[illegible](더위잡을 반)/184
[屮:총04획] 원본 1679[<三:上>104 하]

幋(횃댓보 반)/200
[巾:총13획] 원본 4653[<七:下>357 하]

搫(덜 반)/266
[手:총14획] 원본 7599[<12:上>604 하]

攽(나눌 반)/274
[攴:총08획] 원본 1912[<三:下>123 하]

㪵(반분할 반)/280
[斗:총09획] 원본 9057[<14:上>718 하]

槃(쟁반 반)/332
[木:총14획] 원본 3554[<六:上>260 하]

潘(뜨물 반)/404
[水:총15획] 원본 7044[<11:上2>561 하]

泮(학교 반)/375
[水:총08획] 원본 7112[<11:上2>566 하]

瀿(샘물 반)/415
[水:총21획] 원본 7136[<11:下>569 하]

班(나눌 반)/449
[玉:총10획] 원본 0202[<一:上>019 하]

畔(두둑 반)/464
[田:총10획] 원본 8754[<13:下>696 하]

瘢(흉터 반)/474
[疒:총15획] 원본 4561[<七:下>351 하]

盤(눈 굴려 볼 반)/491
[目:총15획] 원본 2043[<四:上>132 상]

盼(눈 예쁠 반)/485
[目:총09획] 원본 2011[<四:上>130 하]

磻(강 이름 반)/501
[石:총17획] 원본 5766[<九:下>452 하]

絆(줄 반)/555
[糸:총11획] 원본 8316[<13:上>658 하]

胖(희생 반 쪽 반)/595
[肉:총09획] 원본 0690[<二:上>050 상]

般(돌 반)/612
[舟:총10획] 원본 5199[<八:下>404 상]

虨(범 무늬 반)/651
[虍:총17획] 원본 2978[<五:上>209 하]

蠜(가뢰 반)/660
[虫:총16획] 원본 8454[<13:上>667 하]

蟠(서릴 반)/662
[虫:총18획] 원본 8456[<13:上>667 하]

䡊(수레의 양옆으로 내민 부분 반)/735
[車:총11획] 원본 9089[<14:上>722 하]

辬(얼룩얼룩할 반)/745
[辛:총18획] 원본 5467[<九:上>425 하]

返(돌아올 반)/748
[辵:총08획] 원본 1092[<二:下>072 상]

䤍(술 빨리 익을 반)/775
[酉:총12획] 원본 9362[<14:上>747 하]

鞶(큰 띠 반)/829
[革:총19획] 원본 1706[<三:下>107 하]

頒(나눌 반)/835
[頁:총13획] 원본 5375[<九:上>417 하]

飯(밥 반)/845
[食:총13획] 원본 3080[<五:下>220 상]

䰉(상투 반)/870
[髟:총20획] 원본 5489[<九:上>427 하]

黬(빛이 낡을 반)/906
[黑:총22획] 원본 6255[<十:上>489 상]

勃(우쩍 일어날 발)/67
[力:총09획] 원본 8814[<13:下>701 상]

坺(파 일굴 발)/121
[土:총08획] 원본 8626[<13:下>684 하]

妭(예쁜 여자 발)/147
[女:총08획] 원본 7775[<12:下>616 하]

废(초가집 발)/207
[广:총08획] 원본 5674[<九:下>445 상]

撥(다스릴 발)/270
[手:총15획] 원본 7608[<12:上>604 하]

拔(뺄 발)/255
[手:총08획] 원본 7625[<12:上>605 하]

抪(닦을 발)/252
[手:총07획] 원본 7545[<12:上>600 하]

𣎵(초목 무성할 발)/304
[木:총05획] 원본 3706[<六:下>273 하]

柭(무성할 발)/315
[木:총09획] 원본 3590[<六:上>263 하]

炦(불기운 발)/418
[火:총09획] 원본 6141[<十:上>482 상]

犮(달릴 발)/437
[犬:총05획] 원본 6051[<十:上>475 하]

癹(짓밟을 발)/477
[癶:총09획] 원본 1032[<二:上>068 상]

發(쏠 발)/477
[癶:총12획] 원본 8108[<12:下>641 하]

癶(등질 발)/477
[癶:총05획] 원본 1030[<二:上>068 상]

茇(풀뿌리 발)/619
[艸:총09획] 원본 0496[<一:下>038 하]

袚(오랑캐 옷 발)/673
[衣:총10획] 원본 5127[<八:上>397 하]

觼(주살의 자새 발)/689
[角:총19획] 원본 2733[<四:下>188 상]

跋(밟을 발)/728
[足:총12획] 원본 1319[<二:下>083 하]

軷(발제 발)/737
[車:총12획] 원본 9128[<14:上>727 상]

迹(다니는 모양 발)/747
[辵:총08획] 원본 1054[<二:下>070 하]

郣(땅 봉긋할 발)/765
[邑:총10획] 원본 3980[<六:下>299 상]

醱(술기운 발)/775
[酉:총11획] 원본 9382[<14:上>748 하]

鏺(낫 발)/794
[金:총20획] 원본 8916[<14:上>707 상]

혹 고髮(터럭 발)/867
[髟:총15획] 원본 5470[<九:上>425 하]

魃(가물귀신 발)/876
[鬼:총15획] 원본 5563[<九:上>435 하]

鮁(고기 헤엄칠 발)/880
[魚:총16획] 원본 7314[<11:下>581 하]

鴔(물새 이름 발)/888
[鳥:총16획] 원본 2328[<四:上>153 하]

傍(곁 방)/38
[人:총12획] 원본 4867[<八:上>375 상]

仿(헤맬 방)/24
[人:총06획] 원본 4802[<八:上>370 하]

匚(상자 방)/73
[匚:총02획] 원본 8031[<12:下>635 하]

厖(클 방)/84
[厂:총09획] 원본 5710[<九:下>447 하]

哤(난잡할 방)/102
[口:총10획] 원본 0885[<二:上>060 하]

嗙(웃을 방)/108
[口:총13획] 원본 0864[<二:上>059 하]

妨(방해할 방)/146
[女:총07획] 원본 7898[<12:下>623 상]

尨(삽살개 방)/179
[尢:총07획] 원본 6002[<十:上>473 하]

徬(시중들 방)/224
[彳:총13획] 원본 1181[<二:下>076 하]

房(방 방)/250
[戶:총08획] 원본 7359[<12:上>586 하]

搒(배 저을 방)/265
[手:총13획] 원본 7709[<12:上>610 상]

放(놓을 방)/274
[攴:총08획] 원본 2395[<四:下>160 상]

斛(되 넘칠 방)/282
[斗:총14획] 원본 9058[<14:上>718 하]

方(모 방)/283
[方:총04획] 원본 5202[<八:下>404 상]

旁(두루 방)/284
[方:총10획] 원본 0008[<一:上>002 상]

榜(매 방)/331
[木:총14획] 원본 3599[<六:上>264 상]

枋(다목 방)/309
[木:총08획] 원본 3354[<六:上>244 하]

滂(강 이름 방)/381
[水:총10획] 원본 6793[<11:上1>544 상]

滂(비 퍼부을 방)/396
[水:총13획] 원본 6826[<11:上2>547 하]

牻(얼룩소 방)/435
[牛:총11획] 원본 0702[<二:上>051 상]

玤(옥돌 방)/447
[玉:총08획] 원본 0151[<一:上>016 하]

瓬(오지그릇 방)/458
[瓦:총09획] 원본 8059[<12:下>638 상]

[illegible](방황 **방**)/518
[禾:총15획] 원본 4248[<七:上>326 하]

紡(자을 **방**)/552
[糸:총10획] 원본 8151[<13:上>645 하]

膀(쌍배 **방**)/601
[肉:총14획] 원본 2501[<四:下>169 상]

肪(기름 **방**)/593
[肉:총08획] 원본 2496[<四:下>169 상]

舫(배 **방**)/612
[舟:총10획] 원본 5198[<八:下>403 하]

芳(꽃다울 **방**)/616
[艸:총08획] 원본 0552[<一:下>042 상]

蚌(방합 **방**)/652
[虫:총10획] 원본 8498[<13:上>671 상]

訪(찾을 **방**)/692
[言:총11획] 원본 1432[<三:上>091 하]

謗(헐뜯을 **방**)/702
[言:총17획] 원본 1533[<三:上>097 상]

趽(다리 굽은 말 **방**)/728
[足:총11획] 원본 1339[<二:下>084 하]

邡(고을 이름 **방**)/757
[邑:총07획] 원본 3932[<六:下>294 상]

[illegible](정자 이름 **방**)/767
[邑:총13획] 원본 3909[<六:下>292 상]

邦(나라 **방**)/758
[邑:총07획] 원본 3832[<六:下>283 상]

鈁(준 **방**)/784
[金:총12획] 원본 8952[<14:上>709 하]

防(둑 **방**)/805
[阜:총07획] 원본 9210[<14:上>733 하]

[illegible](새이름 **방**)/813
[隹:총12획] 원본 2173[<四:上>141 하]

騯(찬간자 **방**)/857
[馬:총17획] 원본 5857[<十:上>462 상]

[주]魴(방어 **방**)/879
[魚:총15획] 원본 7243[<11:下>577 상]

鴋(해오라기 **방**)/888
[鳥:총15획] 원본 2280[<四:上>150 하]

龐(클 **방**)/921
[龍:총19획] 원본 5670[<九:下>445 상]

俳(광대 **배**)/34
[人:총10획] 원본 4923[<八:上>380 상]

倍(곱 **배**)/34
[人:총10획] 원본 4898[<八:上>378 상]

坏(언덕 **배**)/120
[土:총07획] 원본 8716[<13:下>692 상]

培(북돋울 **배**)/125
[土:총11획] 원본 8685[<13:下>690 상]

[illegible](산이 무너지는 소리 **배**)/189
[山:총15획] 원본 5641[<九:下>442 하]

拜[illegible](절 **배**)/256
[手:총9획] 원본 7472 [<12:上>595 상]

排(밀칠 **배**)/261
[手:총11획] 원본 7478[<12:上>596 하]

桮(술잔 **배**)/319
[木:총11획] 원본 3553[<六:上>260 하]

背(등 **배**)/595
[肉:총09획] 원본 2499[<四:下>169 상]

肧(아이 밸 **배**)/593
[肉:총08획] 원본 2478[<四:下>167 하]

衃(어혈 **배**)/667
[血:총10획] 원본 3029[<五:上>213 하]

裵(옷 치렁치렁할 **배**)/675
[衣:총14획] 원본 5077[<八:上>394 상]

輩(무리 **배**)/740
[車:총15획] 원본 9135[<14:上>728 상]

[illegible](시골 이름 **배**)/764
[邑:총15획] 원본 3884[<六:下>289 상]

郙(땅 이름 **배**)/768
[邑:총14획] 원본 3853[<六:下>286 상]

配(아내 **배**)/774
[酉:총10획] 원본 9383[<14:上>748 하]

醅(거르지 않은 술 **배**)/776
[酉:총15획] 원본 9398[<14:上>750 상]

陪(쌓아올릴 **배**)/807
[阜:총11획] 원본 9251[<14:上>736 상]

䫿(주걱턱 **배**)/835
[頁:총13획] 원본 5368[<九:上>417 상]

佰(일백 **백**)/29
[人:총08획] 원본 4852[<八:上>374 상]

伯(맏 **백**)/25
[人:총07획] 원본 4749[<八:上>367 상]

帛(비단 **백**)/198
[巾:총08획] 원본 4711[<七:下>363 하]

柏(나무 이름 **백**)/313
[木:총09획] 원본 3398[<六:上>248 상]

洦(얕은 물 **백**)/373
[水:총09획] 원본 6796[<11:上1>544 하]

百(일백 **백**)/477
[白:총06획] 원본 2123[<四:上>137 상]

白(흰 **백**)/477
[白:총05획] 원본 4713[<七:下>363 하]

魄(넋 **백**)/876
[鬼:총15획] 원본 5560[<九:上>435 상]

鲌(뱅어 **백**)/880
[魚:총16획] 원본 7290[<11:下>580 상]

婏(여자 영오할 **번**)/145
[女:총06획] 원본 5721[<九:下>448 하]

幡(기 **번**)/202
[巾:총15획] 원본 4684[<七:下>360 상]

旛(기 **번**)/287
[方:총18획] 원본 4111[<七:上>312 상]

棥(울타리 **번**)/324
[木:총12획] 원본 1986[<三:下>128 하]

樊(울 **번**)/335
[木:총15획] 원본 1680[<三:上>104 하]

橎(단단한 나무 **번**)/337
[木:총16획] 원본 3389[<六:上>247 상]

潘(큰 물결 **번**)/414
[水:총21획] 원본 6858[<11:上2>549 하]

鐇(제사에 쓰는 고기 **번**)/427
[火:총20획] 원본 6271[<十:下>491 상]

煩(괴로워할 **번**)/423
[火:총13획] 원본 5427[<九:上>421 하]

燔(구울 **번**)/426
[火:총16획] 원본 6117[<十:上>480 하]

獙(개 싸우는 소리 **번**)/442
[犬:총15획] 원본 6026[<十:上>474 하]

璠(번여 옥 **번**)/454
[玉:총16획] 원본 0084[<一:上>010 하]

番(갈마들 **번**)/465
[田:총12획] 원본 0685[<二:上>050 상]

籓(가릴 **번**)/543
[竹:총21획] 원본 2787[<五:上>192 상]

繙(되풀이 풀이할 **번**)/568
[糸:총18획] 원본 8168[<13:上>646 하]

緐(많을 **번**)/558
[糸:총13획] 원본 8311[<13:上>658 상]

羳(배 누른 양 **번**)/580
[羊:총18획] 원본 2235[<四:上>146 상]

蘋(풀이름 **번**)/641
[艸:총17획] 원본 0403[<一:下>033 하]

蕃(우거질 **번**)/638
[艸:총16획] 원본 0653[<一:下>047 상]

蘩(산흰쑥 **번**)/642
[艸:총17획] 원본 0647[<一:下>046 하]

藩(덮을 **번**)/644
[艸:총19획] 원본 0568[<一:下>043 상]

蠜(누리 **번**)/664
[虫:총21획] 원본 8433[<13:上>666 하]

袢(속옷 **번**)/673
[衣:총10획] 원본 5097[<八:上>395 상]

⿰樊見(잠깐 볼 **번**)/686
[見:총21획] 원본 5249[<八:下>409 상]

⿱樊邑(마을 이름 **번**)/772
[邑:총22획] 원본 3860[<六:下>286 하]

⿰韭番(달래 **번**)/833
[韭:총21획] 원본 4344[<七:下>337 상]

⿰樊頁(매우 추한 모양 **번**)/842
[頁:총24획] 원본 5411[<九:上>420 하]

⿰鼠番(쥐며느리 **번**)/914
[鼠:총25획] 원본 6086[<十:上>478 하]

伐(칠 **벌**)/23
[人:총06획] 원본 4949[<八:上>381 하]

橃(떼 **벌**)/337
[木:총16획] 원본 3636[<六:上>267 하]

瞂(방패 **벌**)/491
[目:총14획] 원본 2113[<四:上>136 하]

罰(죄 **벌**)/576
[网:총14획] 원본 2675[<四:下>182 상]

凡(무릇 **범**)/57
[几:총03획] 원본 8602[<13:下>681 하]

⿱乏夂(두개골 **범**)/135
[夂:총08획] 원본 3226[<五:下>233 상]

汎(뜰 **범**)/364
[水:총06획] 원본 6832[<11:上2>548 상]

泛(뜰 **범**)/374
[水:총08획] 원본 6959[<11:上2>556 하]

氾(넘칠 **범**)/364
[水:총05획] 원본 6850[<11:上2>549 상]

犯(범할 **범**)/437
[犬:총05획] 원본 6039[<十:上>475 상]

範(법 **범**)/538
[竹:총15획] 원본 9129[<14:上>727 하]

笵(법 **범**)/533
[竹:총11획] 원본 2768[<五:上>191 상]

⿱艹乏(풀이 물 위에 뜬 모양 **범**)/617
[艸:총09획] 원본 0539[<一:下>040 하]

范(풀이름 **범**)/619
[艸:총09획] 원본 0634[<一:下>046 상]

軓(수레 바닥 둘레 나무 **범**)/735
[車:총10획] 원본 9085[<14:上>721 하]

颿(말 달릴 **범**)/843
[風:총19획] 원본 5911[<十:上>466 하]

灋(법 **법**)/374,415
[水:총21획] 원본 5960[<十:上>470 상]

僻(후미질 **벽**)/43
[人:총15획] 원본 4912[<八:上>379 상]

劈(쪼갤 **벽**)/65
[刀:총15획] 원본 2653[<四:下>180 상]

⿸厂辟(궁벽할 **벽**)/86
[厂:총15획] 원본 5714[<九:下>448 상]

堛(흙덩이 **벽**)/127
[土:총12획] 원본 8623[<13:下>684 상]

壁(벽 **벽**)/131
[土:총16획] 원본 8632[<13:下>685 상]

廦(담 **벽**)/210
[广:총16획] 원본 5658[<九:下>444 상]

擘(엄지손가락 **벽**)/271
[手:총17획] 원본 7649[<12:上>606 하]

檗(황벽나무 **벽**)/340
[木:총17획] 원본 3357[<六:上>245 상]

檘(중깃 **벽**)/340
[木:총17획] 원본 3478[<六:上>254 상]

𣦢(절름거릴 **벽**)/352
[止:총17획] 원본 1024[<二:上>068 상]
牑(쪼갤 **벽**)/432
[片:총13획] 원본 4168[<七:上>318 상]
璧(둥근 옥 **벽**)/455
[玉:총18획] 원본 0101[<一:上>012 상]
甓(벽돌 **벽**)/459
[瓦:총18획] 원본 8075[<12:下>639 상]
皕(이백 **벽**)/479
[白:총12획] 원본 2129[<四:上>137 하]
碧(푸를 **벽**)/499
[石:총14획] 원본 0179[<一:上>017 하]
糪(밥 **벽**)/549
[米:총19획] 원본 4294[<七:上>332 상]
繴(덮치기 그물 **벽**)/570
[糸:총19획] 원본 8328[<13:上>659 상]
薜(승검초 **벽**)/641
[艸:총17획] 원본 0365[<一:下>031 상]
襞(주름 **벽**)/680
[衣:총19획] 원본 5101[<八:上>395 하]
辟(임금 **벽**)/744
[辛:총13획] 원본 5534[<九:上>432 하]
𨐨(다스릴 **벽**)/745
[辛:총17획] 원본 5535[<九:上>432 하]
闢(열 **벽**)/803
[門:총21획] 원본 7387[<12:上>588 하]
𨽍(땅 갈라질 **벽**)/811
[阜:총20획] 원본 9264[<14:上>737 상]
鸊(농병아리 **벽**)/896
[鳥:총24획] 원본 2318[<四:上>153 상]
覍(고깔 **변**)/178
[小:총10획] 원본 5216[<八:下>406 상]
㦓(근심할 **변**)/243
[心:총18획] 원본 6494[<十:下>508 상]
抃(칠 **변**)/255
[手:총08획] 원본 7601[<12:上>604 하]
昪(기뻐할 **변**)/293
[日:총09획] 원본 4065[<七:上>306 상]
櫋(평고대 **변**)/341
[木:총21획] 원본 3494[<六:上>255 하]
汳(물 이름 **변**)/366
[水:총07획] 원본 6735[<11:上1>535 상]
甂(자배기 **변**)/459
[瓦:총14획] 원본 8072[<12:下>639 상]
籩(대오리로 만든 과일담는 제기 **변**)/544
[竹:총24획] 원본 2812[<五:上>194 상]
辮(땋을 **변**)/570
[糸:총20획] 원본 8180[<13:上>647 상]
變(변할 **변**)/706
[言:총23획] 원본 1918[<三:下>124 상]
𧾊(달아나려 할 **변**)/727
[走:총21획] 원본 0959[<二:上>064 하]
辡(따질 **변**)/745
[辛:총14획] 원본 9312[<14:上>742 상]
辯(말 잘할 **변**)/746
[辛:총21획] 원본 9313[<14:上>742 상]
邊(가 **변**)/754
[辵:총19획] 원본 1160[<二:下>075 하]
釆(분별할 **변**)/779
[釆:총07획] 원본 0684[<二:上>050 상]
閞(문기둥 소루 **변**)/800
[門:총13획] 원본 7381[<12:上>588 상]
駢(나란히 할 **변**)/857
[馬:총18획] 원본 5893[<十:上>465 상]
骿(통갈비 **변**)/864
[骨:총18획] 원본 2456[<四:下>165 상]
丿(삐침 **별**)/9
[丿:총01획] 원본 7969[<12:下>627 상]

兆(이별 별)/50
[八:총06획] 원본 0679[<二:上>049 상]
別[illegible](나눌 별)/61
[刀:총07획] 원본 2449[<四:下>164 하]
嫳(발끈할 별)/158
[女:총15획] 원본 7909[<12:下>623 하]
彆(활 뒤틀릴 별)/218
[弓:총15획] 원본 8110[<12:下>641 하]
潎(빨리 흐를 별)/403
[水:총15획] 원본 7090[<11:上2>564 하]
瞥(언뜻 볼 별)/492
[目:총17획] 원본 2082[<四:上>134 상]
[illegible](맺을 별)/558
[糸:총13획] 원본 8296[<13:上>657 상]
[illegible](살진 고기 별)/595
[肉:총09획] 원본 2559[<四:下>173 상]
覕(언뜻 볼 별)/683
[見:총12획] 원본 5265[<八:下>410 상]
蹩(절름발이 별)/732
[足:총19획] 원본 1297[<二:下>082 하]
鐅(보습날 별)/794
[金:총20획] 원본 8910[<14:上>706 하]
鷩(붉은 꿩 별)/894
[鳥:총23획] 원본 2354[<四:上>155 하]
鼈(자라 별)/910
[黽:총25획] 원본 8586[<13:下>679 하]
丙(남녘 병)/6
[一:총05획] 원본 9296[<14:上>740 하]
併(아우를 병)/35
[人:총10획] 원본 4825[<八:上>372 하]
偋(물리칠 병)/39
[人:총11획] 원본 4893[<八:上>377 하]
兵(군사 병)/50
[八:총07획] 원본 1675[<三:上>104 하]
寎(놀랄 병)/171
[宀:총12획] 원본 4487[<七:下>348 상]
屏(병풍 병)/182
[尸:총11획] 원본 5175[<八:上>400 상]
幷(어우를 병)/204
[干:총08획] 원본 4991[<八:上>386 상]
[illegible](삼태기병)/204,468
[干:총13획] 원본 8056[<12:下>637 하]
庰(가릴 병)/208
[广:총11획] 원본 5662[<九:下>444 상]
[illegible](부릴 병)/225
[彳:총17획] 원본 1178[<二:下>076 하]
怲(근심할 병)/229
[心:총08획] 원본 6604[<十:下>513 하]
柄(자루 병)/312
[木:총09획] 원본 3595[<六:上>263 하]
栟(종려나무 병)/325
[木:총10획] 원본 3309[<六:上>241 하]
炳(밝을 병)/419
[火:총09획] 원본 6188[<十:上>485 상]
甹(말이 잴 병)/463
[田:총07획] 원본 2919[<五:上>203 하]
病(병 병)/471
[疒:총10획] 원본 4493[<七:下>348 상]
秉(잡을 병)/512
[禾:총08획] 원본 1820[<三:下>115 하]
竝(아우를 병)/527
[立:총10획] 원본 6381[<十:下>501 상]
絣(이을 병)/560
[糸:총12획] 원본 8364[<13:上>662 상]
缾(두레박 병)/573
[缶:총12획] 원본 3149[<五:下>225 상]
艵(옥색 병)/614
[色:총14획] 원본 5531[<九:上>432 상]

荓(하여금 **병**)/626
[艸:총12획] 원본 0337[<一:下>029 상]
蛢(풍뎅이 **병**)/657
[虫:총12획] 원본 8440[<13:上>666 하]
軿(거마 소리 **병**)/740
[車:총15획] 원본 9072[<14:上>720 하]
郱(땅 이름 **병**)/764
[邑:총11획] 원본 3994[<六:下>299 하]
邴(고을 이름 **병**)/759
[邑:총08획] 원본 3944[<六:下>294 하]
餅(떡 **병**)/847
[食:총17획] 원본 3072[<五:下>219 상]
鮩(긴 맛조개 **병**)/880
[魚:총16획] 원본 7307[<11:下>581 상]
𪕃(쥐 이름 **병**)/913
[鼠:총18획] 원본 6089[<十:上>478 하]
俌(도울 **보**)/31
[人:총09획] 원본 4828[<八:上>372 하]
保(지킬 **보**)/31
[人:총09획] 원본 4734[<八:上>365 상]
𠤏(잇닿을 **보**)/73
[匕:총04획] 원본 4982[<八:上>385 상]
報(갚을 **보**)/128
[土:총12획] 원본 6334[<十:下>496 하]
寶(보배 **보**)/173
[宀:총20획] 원본 4390[<七:下>340 상]
普(널리 **보**)/296
[日:총12획] 원본 4085[<七:上>308 상]
步(걸음 **보**)/351
[止:총07획] 원본 1033[<二:上>068 하]
甫(클 **보**)/461
[用:총07획] 원본 1981[<三:下>128 상]
簠(제기 이름 **보**)/541
[竹:총18획] 원본 2811[<五:上>194 상]
緥(포대기 **보**)/563
[糸:총15획] 원본 8267[<13:上>654 하]
葆(풀 더부룩할 **보**)/630
[艸:총13획] 원본 0652[<一:下>047 상]
菩(보리 **보**)/627
[艸:총12획] 원본 0303[<一:下>027 하]
莆(서초 **보**)/623
[艸:총11획] 원본 0225[<一:下>022 하]
補(기울 **보**)/674
[衣:총12획] 원본 5106[<八:上>396 상]
踄(밟을 **보**)/729
[足:총14획] 원본 1290[<二:下>082 하]
輔(덧방나무 **보**)/739
[車:총14획] 원본 9122[<14:上>726 하]
𩈪(빰 **보**)/825
[面:총16획] 원본 5441[<九:上>422 하]
鴇(능에 **보**)/888
[鳥:총15획] 원본 2325[<四:上>153 하]
黼(수 **보**)/907
[黹:총19획] 원본 4728[<七:下>364 하]
僕(종 **복**)/41
[人:총14획] 원본 1660[<三:上>103 하]
伏(엎드릴 **복**)/24
[人:총06획] 원본 4945[<八:上>381 하]
𠣾(엎드릴 **복**)/72
[勹:총14획] 원본 5550[<九:上>433 하]
匐(길 **복**)/72
[勹:총11획] 원본 5540[<九:上>433 상]
卜(점 **복**)/79
[卜:총02획] 원본 1972[<三:下>127 상]
𠬝 艮(다스릴 **복**)/89
[又:총04획] 원본 1822[<三:下>116 상]
墣(흙덩이 **복**)/130
[土:총15획] 원본 8621[<13:下>684 상]

夌 夌(걷는 모양 복)/135
[夊:총10획] 원본 3224[<五:下>233 상]

复 复夏夏(옛길을 갈 복)/135
[夊:총09획] 원본 3219[<五:下>232 하]

攴 攴(칠 복)/273
[攴:총04획] 원본 1894[<三:下>122 상]

服 服(옷 복)/303
[月:총08획] 원본 5200[<八:下>404 상]

樸 樸(대추 복)/340
[木:총18획] 원본 3343[<六:上>244 상]

楅 楅(뿔막이 복)/327
[木:총13획] 원본 3662[<六:上>269 상]

楅 楅(말코 복)/326
[木:총13획] 원본 3576[<六:上>262 하]

濮 濮(강 이름 복)/411
[水:총17획] 원본 6738[<11:上1>535 하]

畐 畐(복 복)/464
[田:총10획] 원본 3194[<五:下>230 상]

福 福(복 복)/507
[示:총14획] 원본 0020[<一:上>003 상]

窤 窤(움 복)/525
[穴:총17획] 원본 4432[<七:下>343 하]

竦 竦(귀신보고 움찔하는 모양 복)/528
[立:총13획] 원본 6377[<十:下>500 하]

箙 箙(전동 복)/536
[竹:총14획] 원본 2847[<五:上>196 상]

紱 紱(수레의 앞판 복)/556
[糸:총12획] 원본 8308[<13:上>658 상]

纀 纀(옷의 폭을 자를 복)/571
[糸:총20획] 원본 8264[<13:上>654 하]

腹 腹(배 복)/601
[肉:총13획] 원본 2513[<四:下>170 상]

葍 葍(메꽃 복)/630
[艸:총13획] 원본 0348[<一:下>029 하]

蕧 蕧(금불초 복)/639
[艸:총16획] 원본 0343[<一:下>029 하]

菐 菐(번거로울 복)/626
[艸:총12획] 원본 1659[<三:上>103 하]

葍 葍(무 복)/626
[艸:총12획] 원본 0258[<一:下>025 상]

虙 虙(위엄스러울 복)/649
[虍:총11획] 원본 2973[<五:上>209 상]

蝠 蝠(박쥐 복)/659
[虫:총15획] 원본 8526[<13:上>673 하]

蝮 蝮(살무사 복)/659
[虫:총15획] 원본 8381[<13:上>663 하]

複 複(겹옷 복)/676
[衣:총14획] 원본 5070[<八:上>393 하]

覆 覆(뒤집힐 복)/682
[襾:총18획] 원본 4645[<七:下>357 상]

趏 趏(넘어질 복)/725
[走:총15획] 원본 1004[<二:上>066 상]

輹 輹(복토 복)/741
[車:총16획] 원본 9101[<14:上>724 상]

轐 轐(복토 복)/742
[車:총19획] 원본 9098[<14:上>724 상]

輻 輻(바퀴살 복)/741
[車:총16획] 원본 9110[<14:上>725 하]

軬 軬(수레난간 사이 가죽상자 복)/739
[車:총15획] 원본 0203[<一:上>020 상]

鍑 鍑(솥 복)/790
[金:총17획] 원본 8864[<14:上>704 상]

鰒 鰒(전복 복)/884
[魚:총20획] 원본 7291[<11:下>580 상]

鸔 鸔(물새 복)/896
[鳥:총26획] 원본 2299[<四:上>151 하]

穛 穛(곡식의 떡잎을 딸 복)/904
[黍:총21획] 원본 4278[<七:上>330 상]

本(밑 **본**)/305
[木:총05획] 원본 3410[<六:上>248 하]

祓(푸닥거리할 **볼**)/504
[示:총10획] 원본 49[<一:上>006 하]

䰛(솥끓어 넘을 **볼**)/874
[鬲:총23획] 원본 1781[<三:下>113 상]

祓(푸닥거리할 **볼**)/504
[示:총10획] 원본 0049[<一:上>006 하]

丰(풀 우거질 **봉**)/7
[丨:총04획] 원본 3713[<六:下>274 상]

唪(껄껄 웃을 **봉**)/104
[口:총11획] 원본 0824[<二:上>058 상]

夆(끌 **봉**)/134
[夂:총07획] 원본 3256[<五:下>237 상]

奉(받들 **봉**)/141
[大:총08획] 원본 1663[<三:上>103 하]

封(봉할 **봉**)/175
[寸:총09획] 원본 8658[<13:下>687 하]

𢓜(부릴 **봉**)/223
[彳:총10획] 원본 1179[<二:下>076 하]

捀(받들 **봉**)/259
[手:총10획] 원본 7584[<12:上>603 상]

熢(봉화 **봉**)/425
[火:총15획] 원본 6216[<十:上>486 하]

琫(칼집 장식 **봉**)/450
[玉:총12획] 원본 0122[<一:上>013 하]

縫(꿰맬 **봉**)/566
[糸:총17획] 원본 8283[<13:上>656 상]

䋽(미투리 **봉**)/563
[糸:총15획] 원본 8356[<13:上>661 하]

葑(순무 **봉**)/630
[艸:총13획] 원본 0378[<一:下>032 상]

蓬(쑥 **봉**)/635
[艸:총15획] 원본 0649[<一:下>047 상]

芃(풀 무성할 **봉**)/615
[艸:총07획] 원본 0497[<一:下>038 하]

菶(풀 무성할 **봉**)/627
[艸:총12획] 원본 0484[<一:下>038 상]

蠭(벌 **봉**)/665
[虫:총23획] 원본 8547[<13:下>675 상]

覂(엎을5**봉**)/682
[襾:총11획] 원본 4644[<七:下>357 상]

逢(만날 **봉**)/750
[辵:총11획] 원본 1081[<二:下>071 하]

鏠(무기의 첨단 **봉**)/794
[金:총19획] 원본 8970[<14:上>711 상]

[고]鳳(봉새 **봉**)/887
[鳥:총14획] 원본 2258[<四:上>148 상]

付(줄 **부**)/21
[人:총05획] 원본 4840[<八:上>373 상]

俘(사로잡을 **부**)/30
[人:총09획] 원본 4950[<八:上>382 상]

仆(엎드릴 **부**)/20
[人:총04획] 원본 4939[<八:上>381 상]

傅(스승 **부**)/37
[人:총12획] 원본 4826[<八:上>372 하]

𠑺(빠를 **부**)/48
[儿:총24획] 원본 5996[<十:上>472 하]

剖(쪼갤 **부**)/63
[刀:총10획] 원본 2644[<四:下>179 하]

㓡(칼자루 **부**)/61
[刀:총08획] 원본 2622[<四:下>178 상]

副(버금 **부**)/64
[刀:총11획] 원본 2643[<四:下>179 하]

庯(돌 사이 보일 **부**)/85
[厂:총09획] 원본 5708[<九:下>447 하]

否(아닐 **부**)/97
[口:총07획] 원본 7341[<12:上>583 하]

音(침 부)/100
[口:총08획] 원본 3044[<五:上>215 상]
否(아닐 부)/100
[口:총07획] 원본 0896[<二:上>061 상]
坿(붙일 부)/121
[土:총08획] 원본 8676[<13:下>689 하]
夫(지아비 부)/138
[大:총04획] 원본 6359[<十:下>499 하]
婦(며느리 부)/154
[女:총11획] 원본 7747[<12:下>614 상]
婄(미련할 부)/151
[女:총10획] 원본 7932[<12:下>624 하]
孚(미쁠 부)/163
[子:총07획] 원본 1783[<三:下>113 상]
富(가멸 부)/171
[宀:총12획] 원본 4384[<七:下>339 하]
尃(펼 부)/175
[寸:총10획] 원본 1887[<三:下>121 하]
府(곳집 부)/207
[广:총08획] 원본 5643[<九:下>442 하]
復(다시 부)/224
[彳:총12획] 원본 1164[<二:下>076 상]
怤(생각할 부)/229
[心:총09획] 원본 6405[<十:下>503 상]
掊(그러모을 부)/261
[手:총11획] 원본 7521[<12:上>598 하]
捊(거둘 부)/259
[手:총10획] 원본 7539[<12:上>600 상]
扶(도울 부)/253
[手:총07획] 원본 7484[<12:上>596 하]
拊(어루만질 부)/255
[手:총08획] 원본 7520[<12:上>598 하]
㨐(가릴 부)/264
[手:총12획] 원본 7685[<12:上>609 상]
敷敷(베풀 부)/277
[攴:총14획] 원본 1906[<三:下>123 상]
斧(도끼 부)/282
[斤:총08획] 원본 9032[<14:上>716 하]
桴(마룻대 부)/319
[木:총11획] 원본 3472[<六:上>253 하]
枎(우거질 부)/309
[木:총08획] 원본 3442[<六:上>250 하]
柎(뗏목 부)/313
[木:총09획] 원본 3612[<六:上>265 상]
棓(때릴 부)/324
[木:총12획] 원본 3591[<六:上>263 하]
榑(부상 부)/331
[木:총14획] 원본 3462[<六:上>252 하]
溥(넓을 부)/394
[水:총13획] 원본 6802[<11上2:上>546 상]
浮(뜰 부)/381
[水:총10획] 원본 6848[<11:上2>549 상]
泭(떼 부)/375
[水:총08획] 원본 6951[<11:上2>555 하]
涪(물거품 부)/384
[水:총11획] 원본 6658[<11:上1>517 상]
烰(찔 부)/420
[火:총11획] 원본 6124[<十:上>481 상]
父(아비 부)/430
[父:총04획] 원본 1809[<三:下>115 상]
瓿(단지 부)/458
[瓦:총13획] 원본 8073[<12:下>639 상]
𤵛(곱사등이 부)/471
[疒:총10획] 원본 4527[<七:下>349 하]
痡(앓을 부)/472
[疒:총12획] 원본 4496[<七:下>348 하]
祔(합사할 부)/504
[示:총10획] 원본 0035[<一:上>004 하]

稃(왕겨 부)/515
[禾:총12획] 원본 4223[<七:上>324 하]
符(부신 부)/532
[竹:총11획] 원본 2770[<五:上>191 상]
篰(대의 서판 부)/540
[竹:총17획] 원본 2766[<五:上>190 하]
筟(대청 부)/534
[竹:총13획] 원본 2777[<五:上>191 하]
箁(죽순 껍질 부)/535
[竹:총14획] 원본 2746[<五:上>189 하]
紑(산뜻할 부)/551
[糸:총10획] 원본 8239[<13:上>652 상]
䋨(헌솜을 탈 부)/559
[糸:총14획] 원본 8334[<13:上>659 하]
紨(베 이름 부)/553
[糸:총11획] 원본 8341[<13:上>660 상]
缶(장군 부)/572
[缶:총06획] 원본 3143[<五:下>224 하]
㲉(굽지 않은 질그릇 부)/573
[缶:총16획] 원본 3144[<五:下>224 하]
𦈡(작은 장군 부)/573
[缶:총14획] 원본 3148[<五:下>225 상]
䍖(토끼 그물 부)/575
[网:총12획] 원본 4632[<七:下>356 상]
䏽(돼지고기의 젓 부)/599
[肉:총12획] 원본 2580[<四:下>175 상]
腐(썩을 부)/600
[肉:총14획] 원본 2615[<四:下>177 하]
膘(썩을 부)/600
[肉:총13획] 원본 2578[<四:下>175 상]
莩(풀이름 부)/625
[艸:총11획] 원본 0335[<一:下>029 상]
葍(메꽃 부)/638
[艸:총16획] 원본 0347[<一:下>029 하]
芣(질경이 부)/616
[艸:총08획] 원본 0476[<一:下>037 하]
萯(하눌타리 부)/629
[艸:총13획] 원본 0331[<一:下>029 상]
蒪(꽃잎을 깔 부)/638
[艸:총16획] 원본 0498[<一:下>038 하]
蠹(왕개미 부)/666
[虫:총25획] 원본 8555[<13:下>676 상]
蚨(파랑강충이 부)/653
[虫:총10획] 원본 8507[<13:上>671 하]
衭(앞섶 부)/671
[衣:총09획] 원본 5036[<八:上>391 상]
豧(돼지가 숨쉴 부)/712
[豕:총14획] 원본 5795[<九:下>455 하]
負(질 부)/716
[貝:총09획] 원본 3801[<六:下>281 상]
賦(구실 부)/720
[貝:총14획] 원본 3819[<六:下>282 상]
赴(나아갈 부)/722
[走:총09획] 원본 0933[<二:上>063 하]
𧿒(빨리 넘는 모양 부)/728
[足:총09획] 원본 1276[<二:下>081 하]
部(거느릴 부)/764
[邑:총11획] 원본 3866[<六:下>287 상]
郙(정자 이름 부)/762
[邑:총10획] 원본 4009[<六:下>300 하]
郛(외성 부)/762
[邑:총10획] 원본 3840[<六:下>284 상]
鄜(땅 이름 부)/772
[邑:총18획] 원본 3861[<六:下>287 상]
邞(고을 이름 부)/756
[邑:총07획] 원본 3976[<六:下>298 하]
鈇(도끼 부)/784
[金:총12획] 원본 8990[<14:上>713 상]

陚(작은 언덕 부)/806
[阜:총11획] 원본 9235[<14:上>735 하]
𠂤 阜(언덕 부)/804
[阜:총08획] 원본 9171[<14:上>731 상]
𨺅(두 언덕 사이 부)/808
[阜:총16획] 원본 9263[<14:上>737 상]
附(붙을 부)/805
[阜:총08획] 원본 9214[<14:上>734 상]
頫(머리 숙일 부)/837
[頁:총15획] 원본 5405[<九:上>419 하]
駙(곁마 부)/855
[馬:총15획] 원본 5896[<十:上>465 하]
䯱(머리 모양 부)/870
[髟:총18획] 원본 5480[<九:上>426 하]
𩬅(머리 묶을 부)/867
[髟:총15획] 원본 5490[<九:上>427 하]
鬴(가마솥 부)/873
[鬲:총17획] 원본 1763[<三:下>111 하]
鮒(붕어 부)/881
[魚:총16획] 원본 7248[<11:下>577 하]
𩵹(방어 부)/879
[魚:총15획] 원본 7315[<11:下>581 하]
鳧(오리 부)/887
[鳥:총13획] 원본 1881[<三:下>121 상]
麩(밀기울 부)/901
[麥:총15획] 원본 32098[<五:下>232 상]
僰(오랑캐 북)/42
[人:총14획] 원본 4972[<八:上>383 하]
北(북녘 북)/73
[匕:총05획] 원본 4994[<八:上>386 하]
踣(넘어질 북)/730
[足:총15획] 원본 1326[<二:下>083 하]
僨(넘어질 분)/41
[人:총14획] 원본 4936[<八:上>380 하]
分(나눌 분)/59
[刀:총04획] 원본 0672[<二:上>048 하]
噴(뿜을 분)/112
[口:총15획] 원본 0870[<二:上>060 상]
坋(뿌릴 분)/119
[土:총07획] 원본 8709[<13:下>691 하]
坌(쓸어버릴 분)/121
[土:총08획] 원본 8648[<13:下>687 상]
墳(무덤 분)/131
[土:총15획] 원본 8725[<13:下>693 상]
奔(달릴 분)/142
[大:총09획] 원본 6309[<十:下>494 하]
奮(떨칠 분)/144
[大:총16획] 원본 2209[<四:上>144 상]
芬(싹트면서 향기로울 분)/185
[屮:총07획] 원본 0217[<一:下>022 상]
幩(재갈 장식 분)/202
[巾:총16획] 원본 4700[<七:下>361 상]
帉(행주 분)/197
[巾:총07획] 원본 4648[<七:下>357 하]
𢅞(곡식자루 너무 가득히 넣어 터질 분)/203
[巾:총19획] 원본 4697[<七:下>361 상]
憤(결낼 분)/241
[心:총15획] 원본 6575[<十:下>512 상]
忿(성낼 분)/228
[心:총08획] 원본 6556[<十:下>511 상]
扮(꾸밀 분)/252
[手:총07획] 원본 7593[<12:上>604 상]
棻(향나무 분)/322
[木:총11획] 원본 3358[<六:上>245 상]
棼(마룻대 분)/325
[木:총12획] 원본 3692[<六:上>272 상]
枌(나무 이름 분)/309
[木:총08획] 원본 3391[<六:上>247 하]

歕(불 분)/349
[欠:총17획] 원본 5281[<八:下>410 하]

氛(기운 분)/363
[气:총08획] 원본 0205[<一:上>020 상]

汾(클 분)/367
[水:총07획] 원본 6690[<11:上1>526 상]

濆(뿜을 분)/409
[水:총15획] 원본 6908[<11:上2>552 하]

瀵(물 스며들 분)/413
[水:총20획] 원본 7023[<11:上2>560 하]

焚(불사를 분)/421
[火:총12획] 원본 6175[<十:上>484 상]

畚畚畚(동구미, 삼태기 분)/465
[田:총10획] 원본 8055[<12:下>637 하]

盆(동이 분)/480
[皿:총09획] 원본 3008[<五:上>212 상]

笨(거칠 분)/533
[竹:총11획] 원본 2752[<五:上>190 상]

粉(가루 분)/545
[米:총10획] 원본 4311[<七:上>333 하]

糞(똥 분)/548
[米:총17획] 원본 2377[<四:下>158 상]

紛(어지러워질 분)/552
[糸:총10획] 원본 8313[<13:上>658 상]

羒(암양 분)/578
[羊:총10획] 원본 2229[<四:上>146 상]

膹(곰국 분)/603
[肉:총17획] 원본 2595[<四:下>176 상]

蕡(들깨 분)/639
[艸:총16획] 원본 0553[<一:下>042 상]

衯(옷 치렁치렁할 분)/671
[衣:총09획] 원본 5076[<八:上>394 상]

豶(불 깐 돼지 분)/713
[豕:총20획] 원본 5789[<九:下>455 상]

賁(클 분)/718
[貝:총12획] 원본 3782[<六:下>279 하]

轒(병거 분)/743
[車:총19획] 원본 9157[<14:上>729 하]

鐼(자귀 분)/796
[金:총21획] 원본 8837[<14:上>702 하]

饙(쉰밥 뜨물 분)/848
[食:총21획] 원본 3065[<五:下>218 상]

鬩(뒤얽힐 분)/872
[門:총28획] 원본 1801[<三:下>114 하]

魵(고기 이름 분)/879
[魚:총15획] 원본 7277[<11:下>579 상]

鳻(날으는 모양 분)/888
[鳥:총15획] 원본 2371[<四:上>157 상]

黺(옷에 오색 수놓을 분)/907
[黹:총16획] 원본 4731[<七:下>364 하]

鼖(큰북 분)/912
[鼓:총18획] 원본 2947[<五:上>206 상]

혹鼢(두더지 분)/913
[鼠:총17획] 원본 6088[<十:上>478 하]

不(아닐 불)/4
[一:총04획] 원본 7340[<12:上>583 하]

乀(파임 불)/9
[丿:총01획] 본 7972[<12:下>627 하]

佛(부처 불)/27
[人:총07획] 원본 4803[<八:上>370 하]

汖(찰 불)/55
[氵:총07획] 원본 7166[<11:下>571 하]

刜(칠 불)/61
[刀:총07획] 원본 2668[<四:下>181 하]

咈(어길 불)/100
[口:총08획] 원본 0848[<二:上>059 상]

奰(클 불)/141
[大:총08획] 원본 6296[<十:下>493 상]

茀 茀(산길 **불**)/186
[山:총08획] 원본 5628[<九:下>441 상]

市 市(슬갑 **불**)/196
[巾:총04획] 원본 4709[<七:下>362 하]

帗 帗(모직 **불**)/197
[巾:총08획] 원본 4651[<七:下>357 하]

弗 弗(아닐 **불**)/215
[弓:총05획] 원본 7971[<12:下>627 하]

怫 怫(발끈할 **불**)/229
[心:총08획] 원본 6525[<十:下>510 상]

拂 拂(떨 **불**)/254
[手:총08획] 원본 7690[<12:上>609 상]

柫 柫(도리깨채 **불**)/314
[木:총09획] 원본 3546[<六:上>260 상]

炥 炥(불타는 모양 **불**)/418
[火:총09획] 원본 6127[<十:上>481 상]

爩 爩(불타는 모양 **불**)/427
[火:총20획] 원본 6122[<十:上>480 하]

甶 甶(귀신 머리 **불**)/463
[田:총06획] 원본 5574[<九:上>436 하]

紼 紼(얽힌 삼 **불**)/554
[糸:총11획] 원본 8363[<13:上>662 상]

翇 翇(깃춤 **불**)/581
[羽:총11획] 원본 2163[<四:上>140 상]

艴 艴(발끈할 **불**)/614
[色:총11획] 원본 5530[<九:上>432 상]

茀 茀(풀 우거질 **불**)/619
[艸:총09획] 원본 0549[<一:下>042 상]

趩 趩(달아날 **불**)/725
[走:총15획] 원본 0990[<二:上>065 하]

踾 踾(급히 달릴 **불**)/728
[足:총12획] 원본 1309[<二:下>083 상]

髴 髴(비슷할 **불**)/867
[髟:총15획] 원본 5496[<九:上>428 상]

黻 黻(예복에 수놓은 수 **불**)/907
[黹:총17획] 원본 4729[<七:下>364 하]

倗 倗(부탁할 **붕**)/35
[人:총10획] 원본 4796[<八:上>370 상]

堋 堋(광중 **붕**)/126
[土:총11획] 원본 8722[<13:下>692 하]

崩 崩(산 무너질 **붕**)/188
[山:총11획] 원본 5627[<九:下>441 상]

弸 弸(화살 소리 **붕**)/217
[弓:총11획] 원본 8094[<12:下>640 하]

掤 掤(전동 뚜껑 **붕**)/262
[手:총11획] 원본 7714[<12:上>610 하]

棚 棚(시렁 **붕**)/324
[木:총12획] 원본 3579[<六:上>262 하]

繃 繃(묶을 **붕**)/567
[糸:총17획] 원본 8185[<13:上>647 상]

丕 丕(클 **비**)/5
[一:총05획] 원본 0004[<一:上>001 하]

俾 俾(더할 **비**)/33
[人:총10획] 원본 4880[<八:上>376 하]

伾 伾(힘셀 **비**)/25
[人:총07획] 원본 4792[<八:上>370 상]

仳 仳(떠날 **비**)/23
[人:총06획] 원본 4958[<八:上>382 하]

備 備(갖출 **비**)/38
[人:총13획] 원본 4812[<八:上>371 상]

匕 匕(비수 **비**)/72
[匕:총02획] 원본 4980[<八:上>384 하]

匪 匪(대상자 **비**)/74
[匚:총10획] 원본 8038[<12:下>636 하]

卑 卑(낮을 **비**)/78
[十:총08획] 원본 1833[<三:下>116 하]

厞 厞(더러울 **비**)/85
[厂:총10획] 원본 5715[<九:下>448 상]

𠂢(물 굽어 흐를 **비**)/11, 84
[厂:총10획] 원본 7141[<11:下>570 상]

嚭(클 **비**)/113
[口:총19획] 원본 2939[<五:上>205 상]

啚(인색할 **비**)/105
[口:총11획] 원본 3199[<五:下>230 하]

⿱非土(티끌 **비**)/124
[土:총11획] 원본 8710[<13:下>691 하]

坒(섬돌 **비**)/119
[土:총07획] 원본 8655[<13:下>687 하]

圮(무너질 **비**)/119
[土:총06획] 원본 8694[<13:下>691 상]

埤(더할 **비**)/124
[土:총11획] 원본 8675[<13:下>689 하]

奰奰奰(장대할 **비**)/144
[大:총18획] 원본 6358[<十:下>499 하]

媲(평고대 **비**)/156
[女:총13획] 원본 7749[<12:下>614 상]

妃(왕비 **비**)/145
[女:총06획] 원본 7748[<12:下>614 상]

婓(계집종 **비**)/154
[女:총11획] 원본 7946[<12:下>625 상]

婢(여자 종 **비**)/154
[女:총11획] 원본 7777[<12:下>616 하]

妣(죽은 어미 **비**)/146
[女:총07획] 원본 7763[<12:下>615 상]

屝(짚신 **비**)/183
[尸:총11획] 원본 5170[<八:上>400 하]

嶏(산 무너질 **비**)/188
[山:총13획] 원본 5640[<九:下>442 상]

⿰巾匕(헝겊 **비**)/196
[巾:총05획] 원본 4675[<七:下>359 상]

庀(덮을 **비**)/206
[广:총07획] 원본 5676[<九:下>445 하]

庳(집 낮을 **비**)/208
[广:총11획] 원본 5675[<九:下>445 상]

畁畀(남에게 줄 **비**)/213
[廾:총09획] 원본 1668[<三:上>104 상]

⿰忄葡(고달플 **비**)/237
[心:총14획] 원본 6636[<十:下>515 상]

悲(슬플 **비**)/233
[心:총12획] 원본 6587[<十:下>512 하]

扉(문짝 **비**)/251
[戶:총12획] 원본 7357[<12:上>586 하]

⿰扌𣬈(손으로 칠 **비**)/266
[手:총13획] 원본 7641[<12:上>606 하]

⿰卑攴(치는 소리 **비**)/276
[攴:총12획] 원본 1964[<三:下>126 하]

斐(오락가락할 **비**)/280
[文:총12획] 원본 5466[<九:上>425 상]

朇(더할 **비**)/302
[日:총21획] 원본 3133[<五:下>223 하]

肶(초승달 **비**)/303
[月:총09획] 원본 4123[<七:上>313 하]

棐(도지개 **비**)/324
[木:총12획] 원본 3682[<六:上>271 상]

枇(비파나무 **비**)/309
[木:총08획] 원본 3330[<六:上>243 하]

柲(자루 **비**)/315
[木:총09획] 원본 3596[<六:上>263 하]

椑(술통 **비**)/326
[木:총12획] 원본 3562[<六:上>261 하]

⿰木𣬈(평고대 **비**)/332
[木:총14획] 원본 3493[<六:上>255 하]

⿰木費(나무 이름 **비**)/337
[木:총16획] 원본 3304[<六:上>241 상]

毗毗毗毗毘毘毘(배꼽 **비**)/360
[比:총09획] 원본 6385[<十:下>501 하]

比(견줄 비)/360
[比:총04획] 원본 4992[<八:上>386 상]
毖(삼갈 비)/360
[比:총09획] 원본 4993[<八:上>386 상]
沸(끓을 비)/371
[水:총08획] 원본 6915[<11:上2>553 상]
濞(물소리 비)/410
[水:총17획] 원본 6837[<11:上2>548 상]
淠(강 이름 비)/386
[水:총11획] 원본 6726[<11:上1>533 상]
犕(말안장 꾸밀 비)/436
[牛:총15획] 원본 0724[<二:上>052 상]
辈(소 두 마리가 밭을 갈 비)/435
[牛:총12획] 원본 0726[<二:上>052 하]
㼰(방화수독 비)/458
[瓦:총13획] 원본 8071[<12:下>639 상]
葡葡葡葡(갖출 비)/461
[用:총10획] 원본 1983[<三:下>128 상]
畀(줄 비)/464
[田:총08획] 원본 2887[<五:上>200 상]
[illegible](기운 가득할 비)/477
[疒:총23획] 원본 4526[<七:下>349 하]
疕(머리 헐 비)/470
[疒:총07획] 원본 4512[<七:下>349 상]
痱(중풍 비)/473
[疒:총13획] 원본 4531[<七:下>349 하]
痺(저릴 비)/473
[疒:총13획] 원본 4549[<七:下>350 하]
痞(뱃속 결릴 비)/472
[疒:총12획] 원본 4570[<七:下>351 하]
䀭(큰 눈비)/490
[目:총13획] 원본 2003[<四:上>130 상]
𥄎(눈 흐릴 비)/486
[目:총10획] 원본 2106[<四:上>135 하]
䀣(똑바로 볼 비)/487
[目:총10획] 원본 2022[<四:上>131 상]
碑(돌기둥 비)/499
[石:총13획] 원본 5736[<九:下>450 상]
𥘸(제사 이름 비)/503
[示:총09획] 원본 0040[<一:上>005 상]
祕(귀신 비)/504
[示:총10획] 원본 0027[<一:上>003 하]
𥝀(짐승 이름 비)/511
[内:총18획] 원본 9287[<14:上>739 하]
秕(쭉정이 비)/513
[禾:총09획] 원본 4243[<七:上>326 상]
秠(검은 기장 비)/513
[禾:총10획] 원본 4222[<七:上>324 하]
𥢌(메벼 비)/521
[禾:총22획] 원본 4198[<七:上>321 하]
竨(비틀거릴 비)/528
[立:총13획] 원본 6379[<十:下>500 하]
箄(종다래끼 비)/535
[竹:총14획] 원본 2797[<五:上>193 상]
潷(물 이름 비)/410
[竹:총17획] 원본 6716[<11:上1>531 하]
篚(대광주리 비)/539
[竹:총16획] 원본 2839[<五:上>195 하]
粊(궂은 쌀 비)/545
[米:총10획] 원본 4289[<七:上>331 하]
糒(건량 비)/548
[米:총17획] 원본 4300[<七:上>332 하]
紕(가선 비)/551
[糸:총10획] 원본 8365[<13:上>662 상]
羆(큰 곰 비)/577
[网:총19획] 원본 6107[<十:上>480 상]
翡(물총새 비)/583
[羽:총14획] 원본 2137[<四:上>138 하]

膍(처녑 비)/602
[肉:총14획] 원본 2562[<四:下>173 상]
臂(팔 비)/604
[肉:총17획] 원본 2509[<四:下>169 하]
腓(장딴지 비)/600
[肉:총12획] 원본 2522[<四:下>170 상]
脾(지라 비)/599
[肉:총12획] 원본 2489[<四:下>168 하]
肥(살찔 비)/593
[肉:총08획] 원본 2532[<四:下>171 상]
萆(비해 비)/628
[艸:총12획] 원본 0582[<一:下>043 하]
萉(피할 비)/628
[艸:총12획] 원본 0233[<一:下>023 상]
菲(엷을 비)/627
[艸:총12획] 원본 0619[<一:下>045 하]
芘(풀이름 비)/615
[艸:총08획] 원본 0461[<一:下>037 상]
[illegible](바퀴벌레 비)/666
[虫:총26획] 원본 8563[<13:下>676 하]
螕(진드기 비)/660
[虫:총16획] 원본 8424[<13:上>666 상]
蜰(바퀴 비)/657
[虫:총14획] 원본 8446[<13:上>667 상]
[illegible](왕개미비)/667
[虫:총27획] 원본 8561[<13:下>676 하]
蠯(조개 비)/661
[虫:총17획] 원본 8497[<13:上>671 상]
[illegible](사마귀 비)/664
[虫:총20획] 원본 8546[<13:下>675 상]
裨(도울 비)/675
[衣:총13획] 원본 5096[<八:上>395 상]
誹(헐뜯을 비)/698
[言:총15획] 원본 1532[<三:上>097 상]
譬(비유할 비)/705
[言:총20획] 원본 1421[<三:上>091 상]
貔(비휴 비)/715
[豸:총17획] 원본 5820[<九:下>457 하]
費(쓸 비)/718
[貝:총12획] 원본 3811[<六:下>281 하]
[illegible](발꿈치 벨 비)/730
[足:총15획] 원본 1337[<二:下>084 상]
[illegible]轡(고삐 비)/744
[車:총22획] 원본 8377[<13:上>663 상]
鄙(다라울 비)/768
[邑:총14획] 원본 3837[<六:下>284 상]
郫(고을 이름 비)/764
[邑:총11획] 원본 3928[<六:下>293 하]
邳(클 비)/759
[邑:총08획] 원본 3966[<六:下>297 상]
錍(도끼 비)/789
[金:총16획] 원본 8903[<14:上>706 상]
閟(문 닫을 비)/800
[門:총13획] 원본 7394[<12:上>588 하]
陴(성가퀴 비)/808
[阜:총11획] 원본 9254[<14:上>736 하]
[illegible](나눌 비)/823
[非:총11획] 원본 7331[<11:下>583 상]
非(아닐 비)/822
[非:총08획] 원본 7330[<11:下>583 상]
[illegible](털 엉킬 비)/823
[非:총20획] 원본 5153[<八:上>399 하]
鞞(마상 북 비)/828
[革:총17획] 원본 1719[<三:下>108 하]
[illegible](머리를 기울일 비)/838
[頁:총17획] 원본 5419[<九:上>421 상]
[illegible](머리나 수염이 짧은 모양 비)/840
[頁:총19획] 원본 5453[<九:上>424 상]

顊(털이 반백 될 **비**)/541
[頁:총19획] 원본 5452[<九:上>424 상]

飛(날 **비**)/844
[飛:총09획] 원본 7328[<11:下>582 하]

餥(보리밥 먹을 **비**)/847
[食:총17획] 원본 3076[<五:下>219 하]

騛(빠른 말 **비**)/858
[馬:총19획] 원본 5870[<十:上>463 상]

騑(곁마 **비**)/858
[馬:총18획] 원본 5892[<十:上>464 하]

駓(누르고 흰 말 **비**)/855
[馬:총16획] 원본 5860[<十:上>462 상]

고髀(넓적다리 **비**)/864
[骨:총18획] 원본 2457[<四:下>165 상]

[illegible](상투 **비**)/868
[髟:총18획] 원본 5505[<九:上>429 상]

[illegible](끓을 **비**)/873
[鬲:총18획] 원본 1768[<三:下>111 하]

魾(방어 **비**)/880
[魚:총16획] 원본 7254[<11:下>577 하]

䵗(피 **비**)/904
[黍:총20획] 원본 4273[<七:上>330 상]

鼙(작은북 **비**)/912
[鼓:총21획] 원본 2948[<五:上>206 상]

鼻(코 **비**)/915
[鼻:총14획] 원본 2124[<四:上>137 하]

泌(샘물 흐르는 모양 **비·필**)/373
[水:총08획] 원본 6818[<11:上2>547 상]

儐(인도할 **빈**)/43
[人:총16획] 원본 4814[<八:上>371 하]

고份(빛날 **빈**)/23
[人:총06획] 원본 4765[<八:上>368 상]

嬪(아내 **빈**)/161
[女:총17획] 원본 7864[<12:下>621 상]

朩(삼줄기 껍질 **빈**)/304
[木:총04획] 원본 4327[<七:下>335 하]

檳(빈랑나무 **빈**)/343
[木:총20획] 원본 3341[<六:上>244 상]

殯(염할 **빈**)/355
[歹:총18획] 원본 2425[<四:下>163 상]

瀕(물가 **빈**)/412
[水:총19획] 원본 7120[<11:下>567 하]

牝(암컷 **빈**)/434
[牛:총06획] 원본 0696[<二:上>050 하]

玭(구슬 이름 **빈**)/447
[玉:총08획] 원본 0186[<一:上>018 상]

矉(찡그릴 **빈**)/493
[目:총19획] 원본 2049[<四:上>132 상]

蘋(네가래 **빈**)/642
[艸:총18획] 원본 0261[<一:下>025 상]

[illegible](잠깐 볼 **빈**)/686
[見:총21획] 원본 5248[<八:下>408 하]

[illegible](짝 **빈**)/706
[言:총23획] 원본 1557[<三:上>098 상]

豩(돼지 **빈**)/712
[豕:총14획] 원본 5803[<九:下>456 상]

賓(손 **빈**)/719
[貝:총14획] 원본 3804[<六:下>281 상]

貧(가난할 **빈**)/716
[貝:총11획] 원본 3822[<六:下>282 하]

邠(나라 이름 **빈**)/757
[邑:총07획] 원본 3848[<六:下>285 하]

顰(찡그릴 **빈**)/842
[頁:총24획] 원본 7121[<11:下>567 하]

髕(종지뼈 **빈**)/866
[骨:총24획] 원본 2461[<四:下>165 하]

鬢(살쩍 **빈**)/870
[髟:총24획] 원본 5471[<九:上>425 하]

⿵門賓(다툴 빈)/871
[門:총13획] 원본 1800[<三:下>114 하]
⿰賓鬼(귀신 모양 빈)/877
[鬼:총24획] 원본 5571[<九:上>436 상]
傰(비틀거릴 빙)/32
[人:총09획] 원본 4841[<八:上>373 상]
仌(얼음 빙)/55
[冫:총04획] 원본 7152[<11:下>570 하]
冰(얼음 빙)/55
[冫:총06획] 원본 7153[<11:下>570 하]
凭(기댈 빙)/57
[几:총08획] 원본 9025[<14:上>715 하]
娉(장가들 빙)/151
[女:총10획] 원본 7879[<12:下>622 상]
淜(걸어서 물 건널 빙)/386
[水:총11획] 원본 6949[<11:上2>555 하]
聘(찾아갈 빙)/589
[耳:총13획] 원본 7441[<12:上>592 상]
騁(달릴 빙)/857
[馬:총17획] 원본 5916[<十:上>467 상]

乍(잠깐 사)/10
[丿:총05획] 원본 8020[<12:下>634 상]
事(일 사)/14
[亅:총08획] 원본 1835[<三:下>116 하]
佀(같을 사)/25
[人:총07획] 원본 4868[<八:上>375 상]
⿰亻囟(작을 사)/30
[人:총08획] 원본 4909[<八:上>378 하]
仕(벼슬할 사)/21
[人:총05획] 원본 4738[<八:上>366 상]
使(하여금 사)/28
[人:총08획] 원본 4883[<八:上>376 하]
俟(기다릴 사)/30
[人:총09획] 원본 4775[<八:上>369 상]
傞(취하여 춤추는 모양 사)/38
[人:총12획] 원본 4930[<八:上>380 하]

ㅅ

卸(풀 사)/83
[卩:총08획] 원본 5524[<九:上>431 상]
厶(사사 사)/87
[厶:총02획] 원본 5577[<九:上>436 하]
⿰虘又(취할 사)/91
[又:총13획] 원본 1816[<三:下>115 하]
史(역사 사)/94
[口:총05획] 원본 1834[<三:下>116 하]
嗣(이을 사)/109
[口:총13획] 원본 1357[<二:下>086 상]
司(맡을 사)/95
[口:총05획] 원본 5509[<九:上>429 하]
四(넉 사)/114
[囗:총05획] 원본 9270[<14:上>737 하]
士(선비 사)/132
[士:총03획] 원본 0206[<一:上>020 상]
奢(사치할 사)/143
[大:총12획] 원본 6336[<十:下>497 상]
娑(춤출 사)/151
[女:총10획] 원본 7871[<12:下>621 하]
寫(베낄 사)/173
[宀:총15획] 원본 4398[<七:下>340 하]
䠶(쏠 사)/175
[寸:총12획] 원본 3165[<五:下>226 상]
寺(절 사)/174
[寸:총06획] 원본 1883[<三:下>121 상]
巳(여섯째 지지 사)/194
[已:총03획] 원본 9347[<14:上>745 하]
師(스승 사)/199
[巾:총10획] 원본 3700[<六:下>273 상]

徙辿(옮길 사)/223
[彳:총11획] 원본 1086[<二:下>072 상]
思(생각할 사)/228
[心:총09획] 원본 6386[<十:下>501 하]
捨(버릴 사)/260
[手:총11획] 원본 7513[<12:上>598 상]
斜(비낄 사)/281
[斗:총11획] 원본 9055[<14:上>718 하]
斯(이 사)/283
[斤:총12획] 원본 9040[<14:上>717 상]
柤(난간 사)/314
[木:총09획] 원본 3513[<六:上>256 하]
梭(북 사)/322
[木:총11획] 원본 3349[<六:上>244 하]
槎(나무 벨 사)/333
[木:총14획] 원본 3654[<六:上>269 상]
枱(쟁기 사)/314
[木:총09획] 원본 3537[<六:上>259 상]
樝(풀명자나무 사)/336
[木:총15획] 원본 3268[<六:上>238 하]
榹(산 복숭아 사)/332
[木:총14획] 원본 3555[<六:上>260 하]
柶(수저 사)/315
[木:총09획] 원본 3552[<六:上>260 하]
死(죽을 사)/353
[歹:총06획] 원본 2444[<四:下>164 상]
㲋(짐승 이름 사)/360
[比:총16획] 원본 5990[<十:上>472 하]
⿰氵虒(물 이름 사)/396
[水:총13획] 원본 6761[<11:上1>540 하]
沙(모래 사)/370
[水:총07획] 원본 6906[<11:上2>552 하]
泀(강 이름 사)/377
[水:총09획] 원본 6798[<11:上1>544 하]
泗(물 이름 사)/374
[水:총08획] 원본 6745[<11:上1>537 상]
𣹢(물 이름 사)/402
[水:총14획] 원본 6773[<11:上1>542 하]
汜(지류 사)/365
[水:총06획] 원본 6918[<11:上2>553 상]
涻(물 이름 사)/385
[水:총11획] 원본 6783[<11:上1>544 상]
涘(물가 사)/383
[水:총10획] 원본 6909[<11:上2>552 하]
灺(불똥 사)/417
[火:총07획] 원본 6171[<十:上>484 상]
牭(네 살난 소 사)/434
[牛:총09획] 원본 0700[<二:上>051 상]
⿰王厶(옥과 비슷한 돌 사)/446
[玉:총06획] 원본 0175[<一:上>017 상]
⿰矣矢(기다릴 사)/496
[矢:총10획] 원본 3203[<五:下>231 하]
禠(복 사)/508
[示:총15획] 원본 0016[<一:上>003 상]
祠(사당 사)/505
[示:총10획] 원본 0041[<一:上>005 하]
祀(제사 사)/503
[示:총08획] 원본 0031[<一:上>003 하]
社(토지의 신 사)/502
[示:총08획] 원본 0064[<一:上>008 상]
私(사사 사)/512
[禾:총07획] 원본 4197[<七:上>321 하]
竢(기다릴 사)/527
[立:총12획] 원본 6370[<十:下>500 하]
簁(체 사)/540
[竹:총17획] 원본 2796[<五:上>193 상]
笥(상자 사)/532
[竹:총11획] 원본 2794[<五:上>192 하]

籭(체 사)/545
[竹:총25획] 원본 2786[<五:上>192 상]

絲(실 사)/557
[糸:총12획] 원본 8376[<13:上>663 상]

糸(가는 실 사)/549
[糸:총06획] 원본 8121[<13:上>643 하]

肆(극진할 사)/800,812
[聿:총15획] 원본 5774[<九:下>453 상]

舍(집 사)/610
[舌:총08획] 원본 3131[<五:下>223 상]

菘(띠꽃 사)/623
[艸:총11획] 원본 0398[<一:下>033 하]

莎(향부자 사)/623
[艸:총11획] 원본 0616[<一:下>045 하]

蕼(제비꽃 사)/640
[艸:총17획] 원본 0364[<一:下>031 상]

蕮(풀이름 사)/643
[艸:총19획] 원본 0329[<一:下>029 상]

虒(뿔 범 사)/648
[虍:총10획] 원본 2993[<五:上>211 상]

蜡(납향 사)/656
[虫:총14획] 원본 8477[<13:上>669 상]

衺(사특할 사)/672
[衣:총10획] 원본 5112[<八:上>396 하]

詐(속일 사)/694
[言:총12획] 원본 1588[<三:上>099 하]

謝(사례할 사)/702
[言:총17획] 원본 1492[<三:上>095 상]

詞(말씀 사)/694
[言:총12획] 원본 5510[<九:上>429 하]

舄𧰼(외뿔소 사)/711
[豸:총10획] 원본 5836[<九:下>458 하]

賖(외상으로 살 사)/719
[貝:총14획] 원본 3805[<六:下>281 상]

賜(줄 사)/719
[貝:총15획] 원본 3797[<六:下>280 하]

赦(용서할 사)/721
[赤:총11획] 원본 1931[<三:下>124 하]

躧(신 사)/732
[足:총26획] 원본 1335[<二:下>084 상]

辤(말씀 사)/745
[辛:총15획] 원본 9310[<14:上>742 상]

辭(말 사)/745
[辛:총19획] 원본 9311[<14:上>742 상]

邪(간사할 사)/758
[邑:총07획] 원본 3975[<六:下>298 상]

鉈(짧은 창 사)/785
[金:총13획] 원본 8967[<14:上>711 상]

𩆷(비 뚝뚝 떨어질 사)/822
[雨:총25획] 원본 7183[<11:下>572 하]

飤(먹일 사)/844
[食:총11획] 원본 3082[<五:下>220 상]

駟(사마 사)/856
[馬:총15획] 원본 5895[<十:上>465 하]

魦(문절망둑 사)/879
[魚:총15획] 원본 7283[<11:下>579 하]

麝(사향노루 사)/900
[鹿:총21획] 원본 5983[<十:上>471 하]

鼶(족제비 사)/914
[鼠:총23획] 원본 6090[<十:上>478 하]

削(깎을 삭)/63
[刀:총09획] 원본 2624[<四:下>178 상]

揱(날쌘할 삭)/265
[手:총13획] 원본 7464[<12:上>594 상]

朔(초하루 삭)/303
[月:총10획] 원본 4122[<七:上>313 하]

獡(개가 사람 따를 삭)/442
[犬:총15획] 원본 6029[<十:上>474 하]

鑠(녹일 삭)/796
[金:총23획] 원본 8844[<14:上>703 상]
删(깎을 산)/61
[刀:총07획] 원본 2652[<四:下>180 상]
匴(관 상자 산)/75
[匚:총16획] 원본 8036[<12:下>636 상]
姍(헐뜯을 산)/148
[女:총08획] 원본 7943[<12:下>625 상]
山(뫼 산)/185
[山:총03획] 원본 5582[<九:下>437 하]
㪔(갈라서 떼어 놓을 산)/277
[攴:총12획] 원본 4331[<七:下>336 상]
散㪚㪚(흩을 산)/277
[攴:총12획] 원본 26038[<四:下>176 하]
𢿫(흩어질산)/279
[攴:총20획] 원본 2199[<四:上>143 하]
汕(오구 산)/365
[水:총06획] 원본 6940[<11:上2>555 상]
滻(강 이름 산)/398
[水:총14획] 원본 6685[<11:上1>524 상]
潸(눈물 흐를 산)/406
[水:총15획] 원본 7105[<11:上2>566 상]
犍(가축 산)/436
[牛:총15획] 원본 0716[<二:上>051 하]
狦(이리 산)/439
[犬:총08획] 원본 6024[<十:上>474 상]
狻(사자 산)/440
[犬:총10획] 원본 6069[<十:上>477 상]
珊(산호 산)/448
[玉:총09획] 원본 0194[<一:上>018 하]
産(낳을 산)/461
[生:총11획] 원본 3714[<六:下>274 상]
疝(산증 산)/470
[疒:총08획] 원본 4524[<七:下>349 하]
祘(셀 산)/504
[示:총10획] 원본 0070[<一:上>008 하]
篸(대그릇 산)/535
[竹:총13획] 원본 2809[<五:上>193 하]
筭(산가지 산)/535
[竹:총13획] 원본 2878[<五:上>198 하]
算(셀 산)/536
[竹:총14획] 원본 2879[<五:上>198 하]
蒜(달래 산)/632
[艸:총14획] 원본 0609[<一:下>045 상]
訕(헐뜯을 산)/692
[言:총10획] 원본 1529[<三:上>096 하]
邖(땅 이름 산)/756
[邑:총06획] 원본 4004[<六:下>300 상]
酸(초 산)/776
[酉:총14획] 원본 9408[<14:上>751 상]
鏟(대패 산)/793
[金:총19획] 원본 8886[<14:上>705 하]
霰(가랑비산)/821
[雨:총22획] 원본 7186[<11:下>573 상]
䨹(싸라기눈 산)/821
[雨:총24획] 원본 7178[<11:下>572 하]
饊(산자 산)/849
[食:총21획] 원본 3071[<五:下>219 상]
檄(나무 이름 살)/333
[木:총14획] 원본 3359[<六:上>245 상]
殺(죽일 살)/357
[殳:총11획] 원본 1877[<三:下>120 하]
䊛(해칠 살)/547
[米:총17획] 원본 4314[<七:上>333 하]
三(석 삼)/4
[一:총03획] 원본 0073[<一:上>009 상]
彡(터럭 삼)/220
[彡:총03획] 원본 5454[<九:上>424 상]

曑(별 이름 삼)/88
[日:총17획] 원본 4118[<七:上>313 상]

森(나무 빽빽할 삼)/325
[木:총12획] 원본 3693[<六:上>272 상]

槮(밋밋할 삼)/334
[木:총15획] 원본 3446[<六:上>251 상]

滲(스밀 삼)/397
[水:총14획] 원본 6873[<11:上2>550 하]

犙(세 살된 소 삼)/436
[牛:총15획] 원본 0699[<二:上>051 상]

㺑(해칠 삼)/442
[犬:총14획] 원본 6021[<十:上>474 상]

糂(나물죽 삼)/547
[米:총15획] 원본 4293[<七:上>332 상]

縿(기폭 삼)/567
[糸:총17획] 원본 8294[<13:上>657 상]

罧(고깃깃 삼)/575
[网:총13획] 원본 4625[<七:下>356 상]

葠(인삼 삼)/631
[艸:총13획] 원본 0605[<一:下>044 하]

芟(벨 삼)/616
[艸:총08획] 원본 0557[<一:下>042 하]

蓡(인삼 삼)/641
[艸:총16획] 원본 0294[<一:下>026 하]

䨛(가랑비삼)/819
[雨:총16획] 원본 7187[<11:下>573 상]

卅卅(서른 삽)/77
[十:총06획] 원본 1396[<三:上>089 하]

㛼(빨리 말해 두서가 없을 삽)/156
[女:총12획] 원본 7930[<12:下>624 상]

𢖍𢓧(여럿이 가는 모양 삽)/225
[彳:총19획] 원본 1173[<二:下>076 하]

插(꽂을 삽)/263
[手:총12획] 원본 7525[<12:上>599 상]

歃(마실 삽)/348
[欠:총13획] 원본 5317[<八:下>413 상]

歰(껄끄러울 삽)/352
[止:총14획] 원본 1029[<二:上>068 상]

箑(부채 삽)/536
[竹:총14획] 원본 2826[<五:上>195 상]

翜(빨리 날 삽)/582
[羽:총13획] 원본 2154[<四:上>139 하]

翣(운삽 삽)/583
[羽:총14획] 원본 2166[<四:上>140 하]

臿(가래 삽)/609
[臼:총09획] 원본 4322[<七:上>334 하]

萐(상서풀이름 삽)/628
[艸:총12획] 원본 0224[<一:下>022 하]

趿(발가락으로 집을 삽)/728
[足:총11획] 원본 1313[<二:下>083 상]

鈒(창 삽)/784
[金:총12획] 원본 8964[<14:上>710 하]

鍤(가래 삽)/791
[金:총17획] 원본 8895[<14:上>706 상]

霅(비올 삽)/819
[雨:총15획] 원본 7173[<11:下>572 상]

靸(신 삽)/826
[革:총13획] 원본 1709[<三:下>108 상]

颯(바람 소리 삽)/843
[風:총14획] 원본 8570[<13:下>678 상]

馺(달릴 삽)/854
[馬:총14획] 원본 5905[<十:上>466 상]

二丄上(위 상)/4
[一:총03획] 원본 0006[<一:上>001 하]

償(갚을 상)/44
[人:총17획] 원본 4863[<八:上>374 하]

像(형상 상)/41
[人:총14획] 원본 4869[<八:上>375 상]

傷(상처 **상**)/39
[人:총13획] 원본 4940[<八:上>381 상]

商(헤아릴 **상**)/104
[口:총11획] 원본 1377[<三:上>088 상]

喪(죽을 **상**)/107
[口:총12획] 원본 0930[<二:上>063 상]

嘗(맛볼 **상**)/110
[口:총14획] 원본 2907[<五:上>202 하]

尙(오히려 **상**)/177
[小:총08획] 원본 0675[<二:上>049 상]

常(항상 **상**)/200
[巾:총11획] 원본 4663[<七:下>358 하]

庠(학교 **상**)/207
[广:총09획] 원본 5645[<九:下>443 상]

想(생각할 **상**)/235
[心:총13획] 원본 6449[<十:下>505 하]

慯(근심할 **상**)/240
[心:총14획] 원본 6607[<十:下>513 하]

愓(빠를 **상**)/237
[心:총12획] 원본 6531[<十:下>510 상]

桑(뽕나무 **상**)/319
[木:총10획] 원본 3696[<六:下>272 하]

殤(일찍 죽을 **상**)/355
[歹:총15획] 원본 2420[<四:下>162 상]

湘(강 이름 **상**)/392
[水:총12획] 원본 6708[<11:上1>530 상]

潒(세찰 **상**)/403
[水:총15획] 원본 6812[<11:上2>546 하]

爽(시원할 **상**)/431
[㸚:총11획] 원본 1989[<三:下>128 하]

牀床(평상 **상**)/206
[爿:총08획] 원본 3527[<六:上>257 하]

相(서로 **상**)/484
[目:총09획] 원본 2060[<四:上>133 상]

祥(상서로울 **상**)/505
[示:총11획] 원본 0018[<一:上>003 상]

箱(상자 **상**)/537
[竹:총15획] 원본 2838[<五:上>195 하]

翔(빙빙 돌아 날 **상**)/582
[羽:총12획] 원본 2159[<四:上>140 상]

蠰(연가시 **상**)/665
[虫:총23획] 원본 8437[<13:上>666 하]

襐(수식 **상**)/679
[衣:총17획] 원본 5090[<八:上>395 상]

觴(잔 **상**)/689
[角:총18획] 원본 2727[<四:下>187 하]

詳(자세할 **상**)/697
[言:총13획] 원본 1437[<三:上>092 상]

象(코끼리 **상**)/711
[豕:총12획] 원본 5838[<九:下>459 상]

𧷸(장사할**상**)/719
[貝:총15획] 원본 3814[<六:下>282 상]

賞(상줄 **상**)/719
[貝:총15획] 원본 3796[<六:下>280 하]

霜(서리 **상**)/820
[雨:총17획] 원본 7206[<11:下>573 하]

顙(이마 **상**)/841
[頁:총19획] 원본 5354[<九:上>416 하]

饟(점심 **상**)/848
[食:총29획] 원본 3084[<五:下>220 상]

鬺(삶을 **상**)/873
[鬲:총16획] 원본 1767[<三:下>111 하]

鱨(동자개 **상**)/886
[魚:총25획] 원본 7257[<11:下>577 하]

鷞(새 이름 **상**)/894
[鳥:총22획] 원본 2263[<四:上>149 상]

狀(형상 **상·장**)/438
[犬:총08획] 원본 6031[<十:上>474 하]

𡒄(옥새 새)/131
[土:총17획] 원본 8659[<13:下>688 상]

塞(변방 새 · 색)/129
[土:총13획] 원본 8677[<13:下>689 하]

彏(활 부릴 새)/218
[弓:총22획] 원본 8100[<12:下>641 상]

簺(박새 새)/542
[竹:총19획] 원본 2872[<五:上>198 상]

觢(뿔의 심 새)/688
[角:총16획] 원본 2702[<四:下>185 상]

嗇(아낄 색)/108
[口:총13획] 원본 3200[<五:下>230 하]

索(찾을 색)/172
[宀:총13획] 원본 4415[<七:下>341 하]

寋(막힐 색)/238
[心:총14획] 원본 6443[<十:下>505 상]

歗(두려워할 색)/350
[欠:총17획] 원본 5312[<八:下>412 하]

涑(가랑비 내리는 모양 색)/377
[水:총09획] 원본 6973[<11:上2>557 하]

濇(껄끄러울 색)/409
[水:총16획] 원본 6889[<11:上2>551 상]

矠(창 색)/495
[矛:총13획] 원본 9066[<14:上>719 하]

硋(부스러진 돌 색)/499
[石:총13획] 원본 5739[<九:下>450 하]

穡(거둘 색)/520
[禾:총18획] 원본 4185[<七:上>321 상]

色(빛 색)/613
[色:총06획] 원본 5529[<九:上>431 하]

轖(기 맺힐 색)/743
[車:총20획] 원본 9094[<14:上>723 상]

齰(이 마주칠 색)/919
[齒:총26획] 원본 1219[<二:下>079 상]

齰(물 색)/918
[齒:총23획] 원본 1237[<二:下>080 상]

索(찾을 색 · 삭)/552
[糸:총10획] 원본 3709[<六:下>273 하]

牲(희생 생)/434
[牛:총09획] 원본 0717[<二:上>051 하]

生(날 생)/460
[生:총05획] 원본 3712[<六:下>274 상]

甥(생질 생)/461
[生:총12획] 원본 8779[<13:下>698 하]

眚(눈에 백태 낄 생)/487
[目:총10획] 원본 2081[<四:上>134 상]

笙(생황 생)/532
[竹:총11획] 원본 2857[<五:上>197 상]

徐(천천히 걸을 서)/33
[人:총09획] 원본 4892[<八:上>377 하]

壻(사위 서)/134
[士:총12획] 원본 0207[<一:上>020 하]

屖(쉴 서)/182
[尸:총10획] 원본 5169[<八:上>400 하]

屓(신 서)/182
[尸:총10획] 원본 5186[<八:下>402 하]

庶(여러 서)/208
[广:총11획] 원본 5677[<九:下>445 하]

序(차례 서)/206
[广:총07획] 원본 5657[<九:下>444 상]

徐(천천할 서)/223
[彳:총10획] 원본 1176[<二:下>076 하]

恕(용서할 서)/230
[心:총10획] 원본 6428[<十:下>504 상]

惰(슬기 서)/236
[心:총12획] 원본 6464[<十:下>506 상]

抒(풀 서)/253
[手:총07획] 원본 7610[<12:上>604 하]

揟(고기 잡을 서)/264
[手:총12획] 원본 7665[<12:上>607 하]
敍(차례 서)/275
[攴:총11획] 원본 1963[<三:下>126 하]
暑(더울 서)/297
[日:총13획] 원본 4072[<七:上>306 하]
書(쓸 서)/301
[日:총10획] 원본 1844[<三:下>117 하]
㯕(작은 나무 서)/337
[木:총16획] 원본 3672[<六:上>270 하]
楈(나무 이름 서)/328
[木:총13획] 원본 3291[<六:上>240 하]
澨(물가 서)/407
[水:총16획] 원본 6947[<11:上2>555 하]
湑(거를 서)/391
[水:총12획] 원본 7055[<11:上2>562 하]
犀(무소 서)/435
[牛:총12획] 원본 0733[<二:上>052 하]
瑞(상서 서)/452
[玉:총13획] 원본 0116[<一:上>013 상]
㾷(목 쉰 소리 서)/475
[疒:총17획] 원본 4516[<七:下>349 상]
𥜌(제기 서)/507
[示:총14획] 원본 0059[<一:上>007 하]
簭(점칠 서)/112
[竹:총18획] 원본 0773[<二:上>055 하]
筮(점대 서)/535
[竹:총13획] 원본 2771[<五:上>191 상]
糈(양식 서)/547
[米:총15획] 원본 4303[<七:上>333 상]
緖(실마리 서)/562
[糸:총14획] 원본 8125[<13:上>643 하]
紓(느슨할 서)/551
[糸:총10획] 원본 8160[<13:上>646 상]
絮(솜 서)/557
[糸:총12획] 원본 8330[<13:上>659 상]
署(관청 서)/576
[网:총14획] 원본 4636[<七:下>356 하]
耡(구실 이름 서)/587
[耒:총13획] 원본 2698[<四:下>184 하]
胥(서로 서)/596
[肉:총09획] 원본 2581[<四:下>175 상]
舒(펼 서)/611
[舌:총12획] 원본 2393[<四:下>160 상]
芧(상수리 서)/616
[艸:총08획] 원본 0283[<一:下>026 상]
蝑(베짱이 서)/658
[虫:총15획] 원본 8459[<13:上>668 상]
西(서녘 서)/681
[襾:총06획] 원본 7348[<12:上>585 하]
觢(쇠뿔 치솟을 서)/688
[角:총13획] 원본 2705[<四:下>185 상]
誓(맹세할 서)/697
[言:총14획] 원본 1452[<三:上>092 하]
諝(슬기 서)/700
[言:총16획] 원본 1457[<三:上>093 상]
𧬊𧮫(슬퍼하는 소리 서)/704
[言:총19획] 원본 1626[<三:上>101 상]
逝(갈 서)/750
[辵:총11획] 원본 1056[<二:下>070 하]
郝(마을 이름 서)/764
[邑:총11획] 원본 4000[<六:下>300 상]
鉏(호미 서)/786
[金:총13획] 원본 8913[<14:上>706 하]
䱬(물고기 이름 서)/884
[魚:총20획] 원본 7226[<11:下>576 상]
鱮(연어 서)/886
[魚:총25획] 원본 7244[<11:下>577 하]

黍(기장 **서**)/903
[黍:총12획] 원본 4271[<七:上>329 하]

鼠(쥐 **서**)/913
[鼠:총13획] 원본 6085[<十:上>478 하]

冟(잘못 지은 밥 **석**)/54
[冂:총09획] 원본 3058[<五:下>217 상]

夕(저녁 **석**)/136
[夕:총03획] 원본 4136[<七:上>315 상]

奭(클 **석**)/143
[大:총15획] 원본 2130[<四:上>137 하]

席(자리 **석**)/199
[巾:총10획] 원본 4695[<七:下>361 상]

惜(아낄 **석**)/234
[心:총11획] 원본 6589[<十:下>512 하]

昔(예 **석**)/292
[日:총08획] 원본 4079[<七:上>307 하]

析(가를 **석**)/310
[木:총08획] 원본 3657[<六:上>269 상]

淅(쌀 일 **석**)/385
[水:총11획] 원본 7038[<11:上2>561 하]

晳(살결 흴 **석**)/479
[白:총13획] 원본 4716[<七:下>363 하]

睗(빨리 볼 **석**)/489
[目:총13획] 원본 2063[<四:上>133 상]

石(돌 **석**)/497
[石:총05획] 원본 5724[<九:下>448 하]

碩(클 **석**)/499
[石:총14획] 원본 5374[<九:上>417 하]

祏(위패 **석**)/504
[示:총10획] 원본 0039[<一:上>004 하]

䄷(석(120근) **석**)/514
[禾:총10획] 원본 4267[<七:上>328 하]

穸(광중 **석**)/522
[穴:총08획] 원본 4478[<七:下>347 상]

⿰米睪(쌀을 일 **석**)/549
[米:총19획] 원본 4292[<七:上>332 상]

緆(고운 베 **석**)/561
[糸:총14획] 원본 8349[<13:上>660 하]

舄(신 **석**)/609
[臼:총12획] 원본 2373[<四:上>157 상]

蓆(자리 **석**)/634
[艸:총14획] 원본 0556[<一:下>042 상]

螫(쏠 **석**)/661
[虫:총17획] 원본 8486[<13:上>669 하]

蜥(도마뱀 **석**)/656
[虫:총14획] 원본 8397[<13:上>664 하]

裼(웃통 벗을 **석**)/675
[衣:총13획] 원본 5111[<八:上>396 상]

釋(풀 **석**)/780
[釆:총20획] 원본 0688[<二:上>050 상]

錫(주석 **석**)/790
[金:총16획] 원본 8829[<14:上>702 상]

鼫(석서 **석**)/913
[鼠:총18획] 원본 6092[<十:上>478 하]

亘(베풀 **선**)/16
[二:총06획] 원본 8600[<13:下>681 상]

僊(춤출 **선**)/38
[人:총13획] 원본 4970[<八:上>383 하]

僐(자태 보일 **선**)/42
[人:총14획] 원본 4924[<八:上>380 상]

僎(갖출 **선**)/40
[人:총14획] 원본 4740[<八:上>366 상]

傓(성할 **선**)/38
[人:총12획] 원본 4797[<八:上>370 상]

先(먼저 **선**)/46
[儿:총06획] 원본 5219[<八:下>406 하]

巴巴卩(절주할 **선**)/81
[卩:총06획] 원본 5525[<九:上>431 상]

善譱(착할 **선**)/106
[口:총12획] 원본 1643[<三:上>102 상]

圓(둥글 **선**)/116
[囗:총10획] 원본 3747[<六:下>277 상]

墠(제터 **선**)/130
[土:총15획] 원본 8690[<13:下>690 하]

嫙(예쁠 **선**)/158
[女:총14획] 원본 7840[<12:下>619 하]

嫸(남의 말 어기기 좋아할 **선**)/159
[女:총15획] 원본 7910[<12:下>623 하]

嬗(물려줄 **선**)/160
[女:총16획] 원본 7868[<12:下>621 상]

姺(나라 이름 **선**)/150
[女:총09획] 원본 7735[<12:下>613 하]

宣(베풀 **선**)/168
[宀:총09획] 원본 4358[<七:下>338 상]

尟(적을 **선**)/178
[小:총13획] 원본 1042[<二:下>069 하]

愃(쾌할 **선**)/236
[心:총12획] 원본 6441[<十:下>504 하]

扇(사립문 **선**)/251
[戶:총10획] 원본 7358[<12:上>586 하]

旋(돌 **선**)/286
[方:총11획] 원본 4109[<七:上>311 하]

樿(백리목 **선**)/337
[木:총16획] 원본 3286[<六:上>240 상]

櫏(맛든 대추나무 **선**)/343
[木:총17획] 원본 3385[<六:上>247 상]

檈(둥근 탁자 **선**)/339
[木:총17획] 원본 3557[<六:上>261 상]

毨(털 갈 **선**)/361
[毛:총10획] 원본 5149[<八:上>399 상]

漩(도래샘 **선**)/382
[水:총10획] 원본 6877[<11:上2>550 하]

燹(야화 **선**)/427
[火:총18획] 원본 6112[<十:上>480 상]

𤢻獮(가을 사냥 **선**)/443
[犬:총18획] 원본 6055[<十:上>475 하]

璿(아름다운 옥 **선**)/455
[玉:총18획] 원본 0098[<一:上>011 하]

癬(옴 **선**)/476
[疒:총22획] 원본 4538[<七:下>350 상]

禪(봉선 **선**)/509
[示:총17획] 원본 0055[<一:上>007 상]

綫(실 **선**)/559
[糸:총14획] 원본 8281[<13:上>656 상]

縼(잡아맬 **선**)/567
[糸:총17획] 원본 8319[<13:上>658 하]

繕(기울 **선**)/568
[糸:총18획] 원본 8288[<13:上>656 하]

𦌾(새나 짐승 잡는 올무 **선**)/577
[网:총17획] 원본 4614[<七:下>355 상]

羨(부러워할 **선**)/579
[羊:총13획] 원본 5339[<八:下>414 상]

膳(반찬 **선**)/603
[肉:총16획] 원본 2554[<四:下>172 하]

船(배 **선**)/612
[舟:총11획] 원본 5191[<八:下>403 상]

𧍬(파리가 날개를 움직일 **선**)/660
[虫:총16획] 원본 8483[<13:上>669 하]

蟺(지렁이 **선**)/663
[虫:총19획] 원본 8503[<13:上>671 하]

蟬(매미 **선**)/662
[虫:총18획] 원본 8463[<13:上>668 상]

䘰(수레덮개 **선**)/675
[衣:총14획] 원본 5132[<八:上>397 하]

䙳䙴(높이 오를 **선**)/213,681
[襾:총16획] 원본 1687[<三:上>105 하]

譱 譔(가르칠 **선**)/704
[言:총19획] 원본 1420[<三:上>091 상]

譱 詵(많을 **선**)/695
[言:총13획] 원본 1405[<三:上>090 상]

趨 趨(달아날 **선**)/727
[走:총23획] 원본 0954[<二:上>064 하]

跣 跣(맨발 **선**)/729
[足:총13획] 원본 1331[<二:下>084 상]

籑 簨(수레의 굴대를 고칠 **선**)/744
[車:총20획] 원본 9149[<14:上>729 상]

選 選(가릴 **선**)/753
[辵:총16획] 원본 1094[<二:下>072 상]

遴 邅(가는 모양 **선**)/754
[辵:총17획] 원본 1138[<二:下>074 하]

鄼 鄼(나라 이름 **선**)/770
[邑:총15획] 원본 3843[<六:下>284 하]

鐉 鐉(갈이틀 **선**)/793
[金:총19획] 원본 8888[<14:上>705 하]

銑 銑(끌 **선**)/787
[金:총14획] 원본 8838[<14:上>702 하]

顯 顯(거만하게 사람 볼 **선**)/841
[頁:총21획] 원본 5407[<九:上>420 상]

鱻 鱻(생선 **선**)/887
[魚:총33획] 원본 7319[<11:下>581 하]

鮮 鮮(고울 **선**)/882
[魚:총17획] 원본 7285[<11:下>579 하]

鱓 鱓(드렁허리 **선**)/886
[魚:총23획] 원본 7275[<11:下>579 상]

偯 偯(소곤거릴 **설**)/40
[人:총13획] 원본 4804[<八:上>370 하]

偰 偰(맑을 **설**)/37
[人:총11획] 원본 4752[<八:上>367 상]

劈 劈(끊을 **설**)/66
[刀:총18획] 원본 2639[<四:下>179 상]

哷 哷(조금 마실 **설**)/109
[口:총14획] 원본 0771[<二:上>055 하]

媟 媟(깔볼 **설**)/156
[女:총12획] 원본 7883[<12:下>622 하]

屑 屑(달갑게 여길 **설**)/182
[尸:총09획] 원본 5158[<八:上>400 상]

幨 幨(비단조각 **설**)/201
[巾:총14획] 원본 4676[<七:下>359 상]

抴 抴(끌 **설**)/254
[手:총08획] 원본 7703[<12:上>610 상]

揲 揲(셀 **설**)/265
[手:총12획] 원본 7489[<12:上>596 하]

挈 挈(손에 들 **설**)/257
[手:총10획] 원본 7487[<12:上>596 하]

暬 暬(설만할 **설**)/298
[日:총15획] 원본 4081[<七:上>308 상]

楔 楔(한할 **설**)/330
[木:총13획] 원본 3512[<六:上>256 하]

楔 楔(문설주 **설**)/328
[木:총13획] 원본 3517[<六:上>257 상]

泄 泄(샐 **설**)/372
[水:총08획] 원본 6734[<11:上1>534 하]

渫 渫(칠 **설**)/389
[水:총12획] 원본 7086[<11:上2>564 상]

爇 爇(불사를 **설**)/427
[火:총19획] 원본 6116[<十:上>480 하]

离 离(사람 이름 **설**)/510
[内:총12획] 원본 9288[<14:上>739 하]

絬 絬(사복 **설**)/556
[糸:총12획] 원본 8289[<13:上>656 하]

絏 絏(고삐 **설**)/553
[糸:총11획] 원본 8321[<13:上>658 하]

舌 舌(혀 **설**)/610
[舌:총06획] 원본 1365[<三:上>086 하]

蔎(향 풀 **설**)/636
[艸:총15획] 원본 0551[<一:下>042 상]

褻(더러울 **설**)/678
[衣:총17획] 원본 5092[<八:上>395 상]

說(말씀 **설**)/697
[言:총14획] 원본 1467[<三:上>093 하]

設(베풀 **설**)/692
[言:총11획] 원본 1483[<三:上>094 하]

辥(허물 **설**)/745
[辛:총16획] 원본 9309[<14:上>742 상]

䨮雪(눈 **설**)/818
[雨:총19획] 원본 7176[<11:下>572 하]

齧(물 **설**)/918
[齒:총21획] 원본 1250[<二:下>080 상]

剡(땅 이름 **섬**)/64
[刀:총10획] 원본 2630[<四:下>178 하]

㚒(도둑질한 물건 가질 **섬**)/140
[大:총07획] 원본 6301[<十:下>493 하]

婜(무뚝뚝할 **섬**)/157
[女:총13획] 원본 7916[<12:下>623 하]

孅(가늘 **섬**)/162
[女:총20획] 원본 7825[<12:下>619 상]

嬐(빠를 **섬**)/160
[女:총16획] 원본 7863[<12:下>621 상]

㤿(아첨할 **섬**)/228
[心:총09획] 원본 6492[<十:下>508 상]

憸(간사할 **섬**)/242
[心:총16획] 원본 6489[<十:下>507 하]

摻(섬섬할 **섬**)/268
[手:총14획] 원본 7723[<12:上>611 상]

攕(손 길고 고울 **섬**)/272
[手:총20획] 원본 7463[<12:上>594 상]

殲(다 죽일 **섬**)/356
[歹:총21획] 원본 2435[<四:下>163 하]

爓(삶을 **섬**)/427
[火:총20획] 원본 6199[<十:上>485 하]

睒(언뜻 볼 **섬**)/489
[目:총13획] 원본 2020[<四:上>131 상]

䀹(눈을 자주 깜빡거리는 모양 **섬**)/489
[目:총12획] 원본 1999[<四:上>130 상]

纖(가늘 **섬**)/572
[糸:총23획] 원본 8164[<13:上>646 상]

覢(언뜻 볼 **섬**)/685
[見:총15획] 원본 5247[<八:下>408 하]

銛(가래 **섬**)/787
[金:총14획] 원본 8907[<14:上>706 하]

閃(번쩍할 **섬**)/799
[門:총10획] 원본 7414[<12:上>590 하]

陝(고을 이름 **섬**)/807
[阜:총10획] 원본 9228[<14:上>735 상]

韱(산부추 **섬**)/833
[韭:총17획] 원본 4343[<七:下>337 상]

㒤(믿을 **섭**)/44
[人:총20획] 원본 4817[<八:上>372 상]

屟(나막신 **섭**)/183
[尸:총12획] 원본 5173[<八:上>400 하]

懾(두려워할 **섭**)/244
[心:총21획] 원본 6623[<十:下>514 하]

攝(당길 **섭**)/272
[手:총21획] 원본 7496[<12:上>597 상]

欇(나무가지 흔들릴 **섭**)/344
[木:총22획] 원본 3425[<六:上>249 하]

𣻈涉(건널 **섭**/382
[水:총10획] 원본 7119[<11:下>567 하]

爕(흠씬 삶을 **섭**)/427
[火:총19획] 원본 6226[<十:上>487 상]

燮(불꽃 **섭**)/427
[火:총17획] 원본 1811[<三:下>115 상]

疌(베틀디딤판 **섭**)/469
[爻:총09획] 원본 1027[<二:上>068 상]

[玉+燮](옥돌 **섭**)/456
[玉:총21획] 원본 0167[<一:上>017 상]

籋(족집게 **섭**)/543
[竹:총20획] 원본 2835[<五:上>195 하]

聶(소곤거릴 **섭**)/590
[耳:총18획] 원본 7454[<12:上>593 상]

[耳+攴](부릴 **섭**)/588
[耳:총10획] 원본 1921[<三:下>124 상]

讋(두려워할 **섭**)/706
[言:총23획] 원본 1591[<三:上>099 하]

讘(속삭일 **섭**)/707
[言:총25획] 원본 1599[<三:上>100 상]

躡(밟을 **섭**)/732
[足:총25획] 원본 1288[<二:下>082 상]

[辵+枼](달아나는 모양 **섭**)/754
[辵:총13획] 원본 1144[<二:下>074 하]

銸(족집게 **섭**)/788
[金:총15획] 원본 8925[<14:上>707 하]

鍱(쇳조각 **섭**)/793
[金:총17획] 원본 8885[<14:上>705 하]

韘(깍지 **섭**)/831
[韋:총18획] 원본 3243[<五:下>235 하]

垶(붉은 흙 **성**)/128
[土:총13획] 원본 8617[<13:下>683 하]

주城(성 **성**)/124
[土:총10획] 원본 8665[<13:下>688 하]

姓(성 **성**)/148
[女:총08획] 원본 7727[<12:下>612 상]

㛈(덜 **성**)/155
[女:총12획] 원본 7906[<12:下>623 상]

宬(서고 **성**)/169
[宀:총10획] 원본 4372[<七:下>339 상]

性(성품 **성**)/229
[心:총08획] 원본 6391[<十:下>502 상]

成(이룰 **성**)/246
[戊:총07획] 원본 9299[<14:上>741 상]

曐(별 **성**)/293
[日:총09획] 원본 4117[<七:上>312 하]

楈(쳇다리 **성**)/327
[木:총13획] 원본 3551[<六:上>260 하]

渻(내 이름 **성**)/391
[水:총12획] 원본 6898[<11:上2>551 하]

猩(성성이 **성**)/441
[犬:총12획] 원본 6015[<十:上>474 상]

盛(담을 **성**)/481
[皿:총12획] 원본 3001[<五:上>211 하]

省(살필 **성 · 생**)/485
[目:총09획] 원본 2111[<四:上>136 상]

聖(성스러울 **성**)/589
[耳:총13획] 원본 7432[<12:上>592 상]

聲(소리 **성**)/590
[耳:총17획] 원본 7439[<12:上>592 상]

腥(비릴 **성**)/600
[肉:총13획] 원본 2587[<四:下>175 하]

胜(비릴 **성**)/596
[肉:총09획] 원본 2584[<四:下>175 하]

[虫+省](벌레 **성**)/658
[虫:총15획] 원본 8475[<13:上>669 상]

觲(뿔이 위아래로 뻗칠 **성**)/689
[角:총18획] 원본 2713[<四:下>185 하]

誠(정성 **성**)/697
[言:총14획] 원본 1448[<三:上>092 하]

郕(땅 이름 **성**)/761
[邑:총10획] 원본 3962[<六:下>296 하]

鮏(비릴 **성**)/880
[魚:총16획] 원본 7296[<11:下>580 상]

世(대 **세**)/6
[一:총05획] 원본 1397[<三:上>089 하]

𢄼(수건 **세**)/201
[巾:총14획] 원본 4650[<七:下>357 하]

捝(씻을 **세**)/258
[手:총10획] 원본 7607[<12:上>604 하]

歲(해 **세**)/352
[止:총13획] 원본 1034[<二:上>068 하]

洗(씻을 **세**)/377
[水:총09획] 원본 7082[<11:上2>564 상]

洒(물 이름 **세**)/377
[水:총09획] 원본 6728[<11:上1>533 하]

涚(잿물 **세**)/383
[水:총10획] 원본 7033[<11:上2>561 상]

稅(구실 **세**)/515
[禾:총12획] 원본 4254[<七:上>326 하]

細(가늘 **세**)/553
[糸:총11획] 원본 8165[<13:上>646 하]

繐(가는 천 **세**)/567
[糸:총17획] 원본 8342[<13:上>660 상]

繐(가늘고 설핀 베 **세**)/568
[糸:총18획] 원본 8350[<13:上>661 상]

裞(수의 **세**)/675
[衣:총12획] 원본 5130[<八:上>397 하]

貰(세낼 **세**)/717
[貝:총12획] 원본 3806[<六:下>281 하]

軎(굴대 끝 **세**)/734
[車:총10획] 원본 9109[<14:上>725 상]

鏊(구리 녹날 **세**)/788
[金:총15획] 원본 8982[<14:上>711 하]

餟(강신제 **세**)/846
[食:총15획] 원본 3123[<五:下>222 하]

齛(양 새김질할 **세**)/917
[齒:총20획] 원본 1253[<二:下>080 하]

傜(거만할 **소**)/38
[人:총12획] 원본 4917[<八:上>379 하]

佋(소목 **소**)/26
[人:총07획] 원본 4968[<八:上>383 하]

劭(힘쓸 **소**)/66
[力:총07획] 원본 8791[<13:下>699 하]

卲(높을 **소**)/82
[卩:총07획] 원본 5519[<九:上>431 상]

喿(울 **소**)/107
[口:총13획] 원본 1350[<二:下>085 상]

주嘯(휘파람 불 **소**)/110
[口:총15획] 원본 0829[<二:上>058 상]

召(부를 **소**)/94
[口:총05획] 원본 0804[<二:上>057 상]

埽(쓸 **소**)/125
[土:총11획] 원본 8649[<13:下>687 상]

娋(업신여길 **소**)/151
[女:총10획] 원본 7902[<12:下>623 상]

宵(밤 **소**)/169
[宀:총10획] 원본 4399[<七:下>340 하]

小(작을 **소**)/177
[小:총03획] 원본 0668[<二:上>048 하]

少(적을 **소**)/177
[小:총04획] 원본 0669[<二:上>048 하]

巢(집 **소**)/192
[巛:총11획] 원본 3730[<六:下>275 하]

慅(흔들릴 **소**)/238
[心:총13획] 원본 6594[<十:下>513 상]

所(바 **소**)/250
[戶:총08획] 원본 9039[<14:上>717 상]

搔(긁을 **소**)/265
[手:총13획] 원본 7557[<12:上>601 하]

捎(없앨 **소**)/259
[手:총10획] 원본 7595[<12:上>604 상]

昭(밝을 소)/294
[日:총09획] 원본 4026[<七:上>303 상]

櫟(풀막 소)/335
[木:총15획] 원본 3640[<六:上>268 상]

梳(빗 소)/323
[木:총11획] 원본 3532[<六:上>258 하]

椶(배 소)/326
[木:총13획] 원본 3635[<六:上>267 하]

柖(나무가 흔들리는 모양 소)/313
[木:총09획] 원본 3437[<六:上>250 하]

歗(휘파람 소)/350
[欠:총16획] 원본 5300[<八:下>412 상]

消(사라질 소)/382
[水:총10획] 원본 7010[<11:上2>559 하]

沼(늪 소)/372
[水:총08획] 원본 6925[<11:上2>553 하]

泝(거슬러 올라갈 소)/374
[水:총08획] 원본 6954[<11:上2>556 상]

燒(사를 소)/426
[火:총16획] 원본 6118[<十:上>480 하]

璅(옥돌 소)/454
[玉:총15획] 원본 0160[<一:上>017 상]

疋延(통할 소)/431
[疋:총08획] 원본 1347[<二:下>085 상]

𤴯(격자창 소)/469
[疋:총11획] 원본 1346[<二:下>085 상]

疏(트일 소)/469
[疋:총11획] 원본 9339[<14:上>744 하]

痟(두통 소)/472
[疒:총12획] 원본 4511[<七:下>349 상]

穌(긁어모을 소)/520
[禾:총16획] 원본 4257[<七:上>327 상]

箾(음악 소)/538
[竹:총15획] 원본 2855[<五:上>196 하]

筱(가는 대 소)/535
[竹:총13획] 원본 2741[<五:上>189 상]

箱(솔 소)/539
[竹:총16획] 원본 2792[<五:上>192 하]

笑(웃을 소)/531
[竹:총10획] 원본 2880[<五:上>198 하]

簫(퉁소 소)/542
[竹:총18획] 원본 2860[<五:上>197 상]

素(흴 소)/552
[糸:총10획] 원본 8370[<13:上>662 하]

繅(고치 켤 소)/567
[糸:총17획] 원본 8123[<13:上>643 하]

紹(이을 소)/553
[糸:총11획] 원본 8156[<13:上>646 상]

蘇(차조기 소)/645
[艸:총20획] 원본 0236[<一:下>023 하]

蕭(맑은대쑥 소)/640
[艸:총16획] 원본 0422[<一:下>035 상]

莦(모진 풀 소)/625
[艸:총11획] 원본 0511[<一:下>039 하]

蠨(갈거미 소)/662
[虫:총18획] 원본 8474[<13:上>669 상]

蛸(갈거미 소)/655
[虫:총13획] 원본 8439[<13:上>666 하]

袑(바지 소)/673
[衣:총10획] 원본 5064[<八:上>393 상]

訴(하소연할 소)/693
[言:총12획] 원본 1603[<三:上>100 상]

貾(점칠 소)/717
[貝:총12획] 원본 3826[<六:下>282 하]

郙(식읍 소)/762
[邑:총10획] 원본 3842[<六:下>284 하]

鄛(고을 이름 소)/769
[邑:총14획] 원본 3914[<六:下>292 상]

𨛜(땅 이름 소)/758
[邑:총07획] 원본 3946[<六:下>295 상]

郘(고을 이름 소)/759
[邑:총08획] 원본 3878[<六:下>288 하]

銷(녹일 소)/788
[金:총15획] 원본 8843[<14:上>703 상]

霄(하늘 소)/819
[雨:총15획] 원본 7177[<11:下>572 하]

韶(풍류 이름 소)/833
[音:총14획] 원본 1649[<三:上>102 하]

騷(떠들 소)/860
[馬:총20획] 원본 5934[<十:上>467 하]

鱢(비릴 소)/886
[魚:총24획] 원본 7297[<11:下>580 하]

齭(이가 시릴 소)/918
[齒:총23획] 원본 1251[<二:下>080 상]

俗(풍속 속)/32
[人:총09획] 원본 4879[<八:上>376 상]

束(묶을 속)/308
[木:총07획] 원본 3735[<六:下>276 상]

樕(떡갈나무 속)/335
[木:총15획] 원본 3296[<六:上>241 상]

梀(짧은 서까래 속)/320
[木:총11획] 원본 3506[<六:上>256 상]

涑(헹굴 속)/383
[水:총10획] 원본 7089[<11:上2>564 하]

粟(조 속)/546
[米:총12획] 원본 4160[<七:上>317 하]

續(이을 속)/571
[糸:총21획] 원본 8154[<13:上>645 하]

蔌(나물 속)/632
[艸:총15획] 원본 0595[<一:下>044 상]

藚(택사 속)/643
[艸:총19획] 원본 0639[<一:下>046 하]

藗(띠 속)/643
[艸:총19획] 원본 0397[<一:下>033 하]

誎(독촉할 속)/696
[言:총14획] 원본 1456[<三:上>093 상]

贖(속바칠 속)/721
[貝:총22획] 원본 3810[<六:下>281 하]

速(빠를 속)/750
[辵:총11획] 원본 1072[<二:下>071 하]

𩱧(솥안에 든 음식 속)/875
[鬲:총27획] 원본 1774[<三:下>112 하]

屬(엮을 속 · 촉)/183
[尸:총21획] 원본 5180[<八:下>402 상]

孫(손자 손)/164
[子:총10획] 원본 8118[<13:上>642 하]

巺(손괘 손)/196
[己:총09획] 원본 2888[<五:上>200 상]

愻(따를 손)/238
[心:총14획] 원본 6442[<十:下>504 하]

損(덜 손)/265
[手:총13획] 원본 7605[<12:上>604 하]

䐣(국 손)/601
[肉:총14획] 원본 2583[<四:下>175 하]

遜(겸손할 손)/752
[辵:총14획] 원본 1091[<二:下>072 상]

顨(괘 이름 손)/842
[頁:총21획] 원본 2889[<五:上>200 상]

飱飧(저녁밥 손)/844
[食:총13획] 원본 3085[<五:下>220 상]

率(거느릴 솔)/445
[玄:총11획] 원본 8379[<13:上>663 상]

窣(구멍에서 갑자기 나올 솔)/524
[穴:총13획] 원본 4464[<七:下>346 상]

𧍐(귀뚜라미 솔)/658
[虫:총15획] 원본 8434[<13:上>666 하]

衛(거느릴 **솔**)/670
[行:총17획] 원본 1214[<二:下>078 하]

達(군사를 거느릴 **솔**)/753
[辵:총15획] 원본 1046[<二:下>070 상]

宋(송나라 **송**)/167
[宀:총07획] 원본 4420[<七:下>342 상]

愯(얼음 얼 **송**)/237
[心:총13획] 원본 6456[<十:下>506 상]

松(소나무 **송**)/309
[木:총08획] 원본 3394[<六:上>247 하]

瘇(수종다리 **송**)/475
[疒:총17획] 원본 4553[<七:下>351 상]

竦(삼갈 **송**)/527
[立:총12획] 원본 6367[<十:下>500 상]

蜙(베짱이 **송**)/656
[虫:총14획] 원본 8458[<13:上>668 상]

訟(송사할 **송**)/692
[言:총11획] 원본 1597[<三:上>100 상]

誦(욀 **송**)/697
[言:총14획] 원본 1415[<三:上>090 하]

送(보낼 **송**)/749
[辵:총10획] 원본 1095[<二:下>072 하]

頌(기릴 **송**)/835
[頁:총13획] 원본 5348[<九:上>416 상]

脞(기름기의 군살 **솨**)/601
[肉:총14획] 원본 2589[<四:下>176 상]

貨(자개 소리 **솨**)/716
[貝:총10획] 원본 3773[<六:下>279 하]

刷(쓸 **쇄**)/62
[刀:총08획] 원본 2661[<四:下>181 상]

㕞(닦을 **쇄**)/90
[又:총08획] 원본 1818[<三:下>115 하]

惢(꽃술 **쇄**)/235
[心:총12획] 원본 6651[<十:下>515 하]

曬(쬘 **쇄**)/299
[日:총23획] 원본 4076[<七:上>307 하]

澒(물 **쇄**)/394
[水:총13획] 원본 6792[<11:上1>544 상]

灑(뿌릴 **쇄**)/415
[水:총22획] 원본 7092[<11:上2>565 상]

洒(물을 뿌릴 **쇄**)/377
[水:총09획] 원본 7067[<11:上2>563 상]

瑣(자질구레할 **쇄**)/453
[玉:총14획] 원본 0148[<一:上>016 상]

瓾(깨뜨려질 **쇄**)/458
[瓦:총14획] 원본 8081[<12:下>639 하]

碎(부술 **쇄**)/499
[石:총13획] 원본 5758[<九:下>452 상]

縒(토리 **쇄**)/567
[糸:총17획] 원본 8135[<13:上>644 상]

鎩(창 **쇄**)/792
[金:총19획] 원본 8899[<14:上>706 상]

麲(밀가루에 섞여있는 싸라기 **쇄**)/901
[麥:총21획] 원본 3207[<五:下>231 하]

夊(천천히 걸을 **쇠**)/134
[夊:총03획] 원본 3217[<五:下>232 하]

瘦(병세가 덜릴 **쇠**)/474
[疒:총16획] 원본 4589[<七:下>352 하]

衰(쇠할 **쇠**)/671
[衣:총10획] 원본 5123[<八:上>397 상]

釗(사람 이름 **쇠**)/783
[金:총10획] 원본 2672[<四:下>181 하]

韉(말 안장 술 **쇠**)/830
[革:총27획] 원본 1749[<三:下>110 하]

乘(늘어질 **수**)/11
[丿:총10획] 원본 3719[<六:下>274 하]

修(닦을 **수**)/35
[人:총10획] 원본 5457[<九:上>424 하]

豙(드디어 수)/51
[八:총09획] 원본 0676[<二:上>049 상]
厜(산꼭대기 수)/85
[厂:총10획] 원본 5693[<九:下>446 하]
叜(늙은이 수)/91
[又:총09획] 원본 1810[<三:下>115 상]
受(받을 수)/90
[又:총08획] 원본 2401[<四:下>160 하]
囚(가둘 수)/114
[口:총05획] 원본 3764[<六:下>278 하]
垂(드리울 수)/121
[土:총08획] 원본 8731[<13:下>693 하]
壽(목숨 수)/134
[士:총14획] 원본 5143[<八:上>398 하]
嬃(누님 수)/159
[女:총15획] 원본 7787[<12:下>617 상]
娷(일 서로 부탁할 수)/153
[女:총11획] 원본 7959[<12:下>626 상]
嫂(형수 수)/155
[女:총12획] 원본 7768[<12:下>615 하]
守(지킬 수)/166
[宀:총06획] 원본 4394[<七:下>340 상]
岫(산굴 수)/186
[山:총08획] 원본 5609[<九:下>440 상]
帥(장수 수)/198
[巾:총09획] 원본 4649[<七:下>357 하]
愁(시름 수)/235
[心:총13획] 원본 6608[<十:下>513 하]
㥰(사려 깊을 수)/235
[心:총12획] 원본 6450[<十:下>505 하]
戍(지킬 수)/246
[戈:총06획] 원본 7991[<12:下>630 하]
手(손 수)/251
[手:총04획] 원본 7457[<12:上>593 하]
搜(여럿의 생각 수)/263
[手:총12획] 원본 7720[<12:上>611 상]
授(줄 수)/261
[手:총11획] 원본 7541[<12:上>600 하]
數(셀 수)/278
[攴:총15획] 원본 1909[<三:下>123 상]
𣀓(내다 버릴 수)/278
[攴:총16획] 원본 1960[<三:下>126 하]
收(거둘 수)/273
[攴:총06획] 원본 1946[<三:下>125 하]
旞(기 수)/287
[方:총19획] 원본 4098[<七:上>310 상]
杽(기구 수)/309
[木:총08획] 원본 3668[<六:上>270 상]
杸(팔모진 창 수)/309
[木:총08획] 원본 1859[<三:下>119 상]
橾(수레바퀴 통 수)/338
[木:총17획] 원본 3627[<六:上>266 하]
樹(나무 수)/337
[木:총16획] 원본 3409[<六:上>248 하]
椽(팥배나무 수)/328
[木:총13획] 원본 3335[<六:上>243 하]
欶(기침할 수)/347
[欠:총11획] 원본 5318[<八:下>413 상]
殊(죽일 수)/354
[歹:총10획] 원본 2418[<四:下>161 하]
殳(창 수)/356
[殳:총04획] 원본 1857[<三:下>118 하]
𣪠(칠 수)/357
[殳:총11획] 원본 1864[<三:下>119 하]
溲(오줌 수)/392
[水:총12획] 원본 7040[<11:上2>561 하]
漱(양치질할 수)/400
[水:총14획] 원본 7073[<11:上2>563 하]

滫(뜨물 수)/397
[水:총14획] 원본 7047[<11:上2>562 상]

滺(근심하는 모양 수)/407
[水:총16획] 원본 7099[<11:上2>565 하]

水(물 수)/363
[水:총04획] 원본 6653[<11:上1>516 상]

汓(헤엄칠 수)/364
[水:총06획] 원본 6960[<11:上2>556 하]

洙(강 이름 수)/377
[水:총09획] 원본 6749[<11:上1>538 상]

獀(사냥 수)/441
[犬:총13획] 원본 6001[<十:上>473 상]

獸(짐승 수)/443
[犬:총19획] 원본 9290[<14:上>739 하]

狩(사냥 수)/439
[犬:총09획] 원본 6058[<十:上>476 상]

几(새깃 수)/56
[几:총02획] 원본 9187[<三:下>120 하]

璓(옥돌 수)/454
[玉:총15획] 원본 0155[<一:上>016 하]

瘦(파리할 수)/474
[疒:총14획] 원본 4565[<七:下>351 하]

盨(그릇 수)/483
[皿:총17획] 원본 3010[<五:上>212 상]

瞍(소경 수)/490
[目:총14획] 원본 2101[<四:上>135 하]

睡(잘 수)/489
[目:총13획] 원본 2079[<四:上>134 상]

祟(빌미 수)/505
[示:총10획] 원본 0068[<一:上>008 하]

秀秃(이삭 팰 수)/511
[禾:총07획] 원본 4183[<七:上>320 하]

穟(이삭 수)/520
[禾:총18획] 원본 4217[<七:上>324 상]

采(이삭 수)/513
[禾:총09획] 원본 4215[<七:上>324 상]

䇓[illegible](서서 기다릴 수)/528
[立:총17획] 원본 6374[<十:下>500 하]

籔(휘 수)/543
[竹:총21획] 원본 2789[<五:上>192 하]

[illegible](밥통 수)/541
[竹:총18획] 원본 2791[<五:上>192 하]

粹(순수할 수)/547
[米:총14획] 원본 4308[<七:上>333 상]

綬(인끈 수)/559
[糸:총14획] 원본 8252[<13:上>653 하]

繡(수 수)/569
[糸:총18획] 원본 8211[<13:上>649 상]

繻(고운 명주 수)/570
[糸:총20획] 원본 8241[<13:上>652 상]

纗(맬 수)/572
[糸:총24획] 원본 8276[<13:上>655 하]

[illegible](두 앞발을 동일 수)/568
[糸:총18획] 원본 8317[<13:上>658 하]

綏(편안할 수)/558
[糸:총13획] 원본 8368[<13:上>662 상]

[illegible](입이 작은 독 수)/573
[缶:총10획] 원본 3147[<五:下>225 상]

羞(바칠 수)/579
[羊:총11획] 원본 9342[<14:上>745 상]

[illegible](늙은이 겨우 따라 갈 수)/585
[老:총08획] 원본 5142[<八:上>398 하]

脩(포 수)/598
[肉:총11획] 원본 2568[<四:下>174 상]

脽(꽁무니 수)/599
[肉:총12획] 원본 2515[<四:下>170 상]

[illegible](말린 고기 수)/603
[肉:총16획] 원본 2576[<四:下>174 하]

腄(발꿈치 못 수)/599
[肉:총12획] 원본 2541[<四:下>171 하]

𦣻(머리 수)/606
[自:총07획] 원본 5437[<九:上>422 상]

蓨(꼭지 수)/638
[艸:총16획] 원본 0492[<一:下>038 하]

蓃(닭의장풀 수)/638
[艸:총16획] 원본 0383[<一:下>032 상]

蒐(꼭두서니 수)/632
[艸:총14획] 원본 0362[<一:下>031 상]

蓚(기쁠 수)/635
[艸:총15획] 원본 0349[<一:下>029 하]

茱(수유 수)/621
[艸:총10획] 원본 0463[<一:下>037 상]

藪(늪 수)/644
[艸:총19획] 원본 0542[<一:下>041 상]

襚(수의 수)/679
[衣:총18획] 원본 5128[<八:上>397 하]

裋(해진 옷 수)/674
[衣:총12획] 원본 5120[<八:上>396 하]

讆(서로 헐뜯을 수)/704
[言:총19획] 원본 1594[<三:上>099 하]

誰(누구 수)/698
[言:총15획] 원본 1622[<三:上>101 상]

誶(욕할 수)/698
[言:총15획] 원본 1612[<三:上>100 하]

詶(대답할 수)/695
[言:총13획] 원본 1535[<三:上>097 상]

訹(꾀일 수)/693
[言:총12획] 원본 1516[<三:上>096 상]

雔(짝 수)/706
[言:총23획] 원본 1410[<三:上>090 상]

豎(더벅머리 수)/709
[豆:총15획] 원본 1853[<三:下>118 하]

䝤(불깐 돼지 수)/713
[豕:총19획] 원본 5792[<九:下>455 상]

輸(나를 수)/741
[車:총16획] 원본 9133[<14:上>727 하]

邃(깊을 수)/754
[辵:총18획] 원본 4472[<七:下>346 하]

遂(이를 수)/752
[辵:총13획] 원본 1126[<二:下>074 상]

𨟖(땅 이름 수)/771
[邑:총17획] 원본 3929[<六:下>293 하]

鄋(오랑캐 나라 이름 수)/766
[邑:총12획] 원본 3901[<六:下>290 하]

醻(잔 돌릴 수)/778
[酉:총21획] 원본 9389[<14:上>749 상]

鐩(화경 수)/794
[金:총20획] 원본 8860[<14:上>704 상]

銖(무게 단위 수)/787
[金:총14획] 원본 8937[<14:上>707 하]

鏉(날카로울 수)/793
[金:총19획] 원본 9008[<14:上>714 상]

𨽌(봉화 수)/812
[阜:총29획] 원본 9266[<14:上>737 상]

陲(위태할 수)/811
[阜:총11획] 원본 9257[<14:上>736 하]

隨(따를 수)/811
[阜:총16획] 원본 1053[<二:下>070 하]

隋(수나라 수)/810
[阜:총12획] 원본 2553[<四:下>172 하]

雖(비록 수)/816
[隹:총17획] 원본 8395[<13:上>664 상]

𨿽(올빼미 수)/815
[隹:총16획] 원본 2186[<四:上>142 하]

雟(하늘을 날 수)/817
[隹:총21획] 원본 2205[<四:上>144 상]

雔(가죽나무 고치 수)/815
[隹:총16획] 원본 2251[<四:上>147 하]
需(구할 수)/819
[雨:총14획] 원본 7213[<11:下>574 하]
須(모름지기 수)/834
[頁:총12획] 원본 5449[<九:上>424 상]
首𩠐(머리 수)/850
[首:총09획] 원본 5444[<九:上>423 상]
𩪜髓(골수)/866
[骨:총22획] 원본 2467[<四:下>166 상]
奞(날개칠 수 · 순)/143
[大:총11획] 원본 2207[<四:上>144 상]
俶(비롯할 숙)/35
[人:총10획] 원본 4799[<八:上>370 하]
倏(갑자기 숙)/35
[人:총10획] 원본 6046[<十:上>475 상]
儵(빠를 숙)/44
[人:총19획] 원본 6257[<十:上>489 상]
叔(아재비 숙)/90
[又:총08획] 원본 1825[<三:下>116 상]
埱(땅에서 김 오를 숙)/124
[土:총11획] 원본 8680[<13:下>690 상]
고 고𡖊夙(일찍 숙/137
[夕:총06획] 원본 4143[<七:上>315 하]
孰𦏧𦏧(누구 숙)/164
[子:총11획] 원본 1788[<三:下>113 하]
宿(묵을 숙)/170
[宀:총11획] 원본 4400[<七:下>340 하]
尗(콩 숙)/177
[小:총06획] 원본 4336[<七:下>336 상]
摍(뽑을 숙)/267
[手:총14획] 원본 7620[<12:上>605 상]
橚(나무 줄지어 설 숙)/338
[木:총16획] 원본 3448[<六:上>251 상]
𣦼(다다를 숙)/352
[止:총12획] 원본 1023[<二:上>068 상]
淑(맑을 숙)/386
[水:총11획] 원본 6867[<11:上2>550 상]
潚(빠를 숙)/404
[水:총15획] 원본 6815[<11:上2>546 하]
璹(옥 그릇 숙)/455
[玉:총18획] 원본 0131[<一:上>015 상]
玊(옥 다듬는 장인 숙)/446
[玉:총05획] 원본 0097[<一:上>011 하]
肅(엄숙할 숙)/591
[聿:총12획] 원본 1840[<三:下>117 상]
莤(술 거를 숙)/624
[艸:총11획] 원본 9405[<14:上>750 하]
虪(검은 범 숙)/651
[虍:총26획] 원본 2984[<五:上>210 하]
跾(빠를 숙)/729
[足:총14획] 원본 1280[<二:下>082 상]
鷫(신조 숙)/894
[鳥:총23획] 원본 2262[<四:上>149 상]
侚(재빠를 순)/28
[人:총08획] 원본 4758[<八:上>367 하]
𠣬(깜짝 놀라게 하는 말 순)/71
[勹:총10획] 원본 2927[<五:上>204 상]
𡘹(클 순)/140
[大:총07획] 원본 6297[<十:下>493 상]
姰(미칠 순)/150
[女:총09획] 원본 7873[<12:下>621 하]
巡(돌 순)/192
[巛:총07획] 원본 1048[<二:下>070 상]
帕(옷깃끝 순)/198
[巾:총09획] 원본 4660[<七:下>358 상]
循(좇을 순)/224
[彳:총12획] 원본 1171[<二:下>076 상]

徇(조리 돌릴 순)/222
[彳:총07획] 원본 1194[<二:下>077 상]

恂(정성 순)/229
[心:총09획] 원본 6444[<十:下>505 상]

[illegible](근심할 순)/240
[心:총16획] 원본 6603[<十:下>513 하]

揗(만질 순)/263
[手:총12획] 원본 7517[<12:上>598 하]

旬(열흘 순)/289
[日:총06획] 원본 5544[<九:上>433 상]

楯(난간 순)/330
[木:총13획] 원본 3503[<六:上>256 상]

[illegible](나무 이름 순)/333
[木:총14획] 원본 3364[<六:上>245 하]

漘(물가 순)/400
[水:총14획] 원본 6912[<11:上2>552 하]

淳(순박할 순)/388
[水:총11획] 원본 7084[<11:上2>564 상]

洵(참으로 순)/379
[水:총09획] 원본 6782[<11:上1>544 상]

犉(누르고 입술 검은 소 순)/436
[牛:총12획] 원본 0710[<二:上>051 하]

珣(옥 이름 순)/448
[玉:총10획] 원본 0092[<一:上>011 상]

盾(방패 순)/485
[目:총09획] 원본 2112[<四:上>136 상]

[illegible](꾸벅꾸벅 졸 순)/490
[目:총13획] 원본 2047[<四:上>132 상]

瞤(쥐 날 순)/492
[目:총17획] 원본 2048[<四:上>132 상]

瞚(눈 깜작일 순)/492
[目:총16획] 원본 2105[<四:上>135 하]

筍(죽순 순)/534
[竹:총12획] 원본 2744[<五:上>189 하]

純(생사 순)/551
[糸:총10획] 원본 8127[<13:上>643 하]

紃(끈 순)/550
[糸:총09획] 원본 8273[<13:上>655 상]

[illegible](익을 순)/580
[羊:총15획] 원본 3188[<五:下>229 하]

肫(광대뼈 순)/593
[肉:총08획] 원본 2482[<四:下>167 하]

脣(입술 순)/598
[肉:총11획] 원본 2484[<四:下>167 하]

舜(순임금 순)/611
[舛:총12획] 원본 3235[<五:下>234 상]

蓴(순채 순)/635
[艸:총15획] 원본 0578[<一:下>043 하]

芛(죽순 순)/615
[艸:총08획] 원본 0478[<一:下>037 하]

蕣(무궁화 순)/639
[艸:총16획] 원본 0462[<一:下>037 상]

諄(타이를 순)/698
[言:총15획] 원본 1426[<三:上>091 상]

郇(나라 이름 순)/760
[邑:총09획] 원본 3895[<六:下>290 상]

醇(진한 술 순)/776
[酉:총15획] 원본 9369[<14:上>748 상]

陙(물가 언덕 순)/806
[阜:총10획] 원본 9261[<14:上>736 하]

[illegible](메추라기 순)/815
[隹:총16획] 원본 2195[<四:上>143 하]

順(순할 순)/834
[頁:총12획] 원본 5398[<九:上>418 하]

馴(길들 순)/853
[馬:총13획] 원본 5927[<十:上>467 상]

鬊(헝클어질 순)/869
[髟:총19획] 원본 5499[<九:上>428 상]

卹(가엾이 여길 술)/83,667
[卩:총08획] 원본 3037[<五:上>214 하]

戌(개 술)/246
[戈:총06획] 원본 9425[<14:上>752 상]

沭(내 이름 술)/370
[水:총08획] 원본 6750[<11:上1>538 상]

疣(미친 듯이 달릴 술)/471
[疒:총10획] 원본 4572[<七:下>352 상]

蒁(봉아술 술)/632
[艸:총13획] 원본 0285[<一:下>026 상]

術(꾀 술)/669
[行:총11획] 원본 1205[<二:下>078 상]

述(지을 술)/749
[辵:총09획] 원본 1058[<二:下>070 하]

鉥(돗바늘 술)/786
[金:총13획] 원본 8896[<14:上>706 상]

鶐(괴상한 새 술)/893
[鳥:총21획] 원본 2279[<四:上>150 하]

崇(높을 숭)/187
[山:총11획] 원본 5614[<九:下>440 상]

脋(어리석을 숭)/597
[肉:총10획] 원본 2539[<四:下>171 하]

淬(담금질할 쉬)/387
[水:총11획] 원본 7077[<11:上2>563 하]

焠(담금질 쉬)/421
[火:총12획] 원본 6173[<十:上>484 상]

厀(무릎 슬)/83
[卩:총13획] 원본 5521[<九:上>431 상]

瑟(큰 거문고 슬)/453
[玉:총13획] 원본 8016[<12:下>634 상]

璱(푸른 구슬 슬)/455
[玉:총17획] 원본 0134[<一:上>015 상]

蝨(이 슬)/659
[虫:총15획] 원본 8537[<13:下>674 하]

齛(깨물 슬)/917
[齒:총20획] 원본 1236[<二:下>080 상]

慴(두려워할 습)/240
[心:총14획] 원본 6627[<十:下>514 하]

拾(주울 습)/257
[手:총09획] 원본 7616[<12:上>605 상]

槢(쐐기 습)/333
[木:총15획] 원본 3285[<六:上>240 상]

溼(축축할 습)/396
[水:총13획] 원본 7014[<11:上2>559 하]

濕(축축할 습)/409
[水:총17획] 원본 6742[<11:上1>536 상]

熠(빛날 습)/424
[火:총15획] 원본 6193[<十:上>485 상]

習(익힐 습)/582
[羽:총11획] 원본 2131[<四:上>138 상]

襲(엄습할 습)/681
[衣:총22획] 원본 5037[<八:上>391 상]

謵(익힐 습)/703
[言:총18획] 원본 1592[<三:上>099 하]

隰(진펄 습)/811
[阜:총17획] 원본 9197[<14:上>732 하]

騽(등이 누런 월따말 습)/860
[馬:총21획] 원본 5868[<十:上>463 상]

鰼(미꾸라지 습)/885
[魚:총22획] 원본 7260[<11:下>578 상]

丞(도울 승)/6
[一:총06획] 원본 1664[<三:上>104 상]

椉(탈 승)/11
[丿:총12획] 원본 3263[<五:下>237 하]

勝(이길 승)/68
[力:총12획] 원본 8797[<13:下>700 상]

升(되 승)/77
[十:총04획] 원본 9062[<14:上>719 상]

塍(밭두둑 승)/128
[土:총13획] 원본 8625[<13:下>684 상]
承(받들 승)/253
[手:총08획] 원본 7542[<12:上>600 하]
榺(잉아 승)/332
[木:총14획] 원본 3574[<六:上>262 하]
繩(줄 승)/569
[糸:총19획] 원본 8298[<13:上>657 상]
蠅(파리 승)/663
[虫:총19획] 원본 8591[<13:下>679 하]
賸(남을 승)/720
[貝:총17획] 원본 3791[<六:下>280 하]
騬(불깔 승)/859
[馬:총20획] 원본 5932[<十:上>467 하]
偲(굳셀 시)/36
[人:총11획] 원본 4793[<八:上>370 상]
侍(모실 시)/28
[人:총08획] 원본 4835[<八:上>373 상]
凘(성엣장 시)/56
[冫:총14획] 원본 7156[<11:下>571 상]
匙(숟가락 시)/73
[匕:총11획] 원본 4981[<八:上>385 상]
廙(돌서슬 시)/86
[厂:총13획] 원본 5702[<九:下>447 상]
啻啇(뿐 시)/104
[口:총12획] 원본 0837[<二:上>058 하]
塒(홰 시)/129
[土:총13획] 원본 8664[<13:下>688 하]
始(처음 시)/148
[女:총08획] 원본 7799[<12:下>617 하]
屍(주검 시)/182
[尸:총09획] 원본 5171[<八:上>400 하]
尸(주검 시)/180
[尸:총03획] 원본 5154[<八:上>399 하]
市(저자 시)/196
[巾:총05획] 원본 3179[<五:下>228 상]
弒(죽일 시)/214
[弋:총12획] 원본 1878[<三:下>120 하]
𧰲(돼지 시)/220
[彐:총16획] 원본 5808[<九:下>456 하]
徥(슬슬 걸을 시)/223
[彳:총12획] 원본 1175[<二:下>076 하]
恃(믿을 시)/230
[心:총09획] 원본 6459[<十:下>506 상]
戠(찰진 흙 시)/248
[戈:총13획] 원본 8007[<12:下>632 상]
𢻫𢻫(베풀 시)/274
[攴:총07획] 원본 1905[<三:下>123 상]
施(베풀 시)/284
[方:총09획] 원본 4104[<七:上>311 상]
時(때 시)/294
[日:총10획] 원본 4018[<七:上>302 상]
是(옳을 시)/294
[日:총09획] 원본 1040[<二:下>069 하]
枲(모시풀 시)/311
[木:총09획] 원본 4328[<七:下>335 하]
柹柿枾(감나무 시)/308
[木:총08획] 원본 3271[<六:上>239 상]
柴(섶 시)/315
[木:총09획] 원본 3461[<六:上>252 하]
漦(흐를 시)/400
[水:총15획] 원본 6813[<11:上2>546 하]
澌(물 잦을 시)/406
[水:총15획] 원본 7007[<11:上2>559 하]
𤡬(옥관 시)/441
[犬:총14획] 원본 6083[<十:上>478 상]
猜(샘할 시)/440
[犬:총11획] 원본 6040[<十:上>475 상]

眂(볼 시)/485
[目:총09획] 원본 2026[<四:上>131 상]

矢(화살 시)/495
[矢:총05획] 원본 3164[<五:下>226 상]

示(보일 시)/502
[示:총05획] 원본 0010[<一:上>002 하]

祡(시료 시)/505
[示:총10획] 원본 0032[<一:上>004 상]

𥲤(악기의 혀 시)/537
[竹:총15획] 원본 2859[<五:上>197 상]

纚(명주 시)/572
[糸:총25획] 원본 8206[<13:上>648 하]

緦(시마복 시)/563
[糸:총15획] 원본 8348[<13:上>660 하]

翄(날개 시)/581
[羽:총10획] 원본 2141[<四:上>138 하]

翨(칼깃 시)/583
[羽:총15획] 원본 2134[<四:上>138 상]

蓍(시초 시)/634
[艸:총14획] 원본 0416[<一:下>034 하]

苵(쑥 시)/619
[艸:총09획] 원본 0238[<一:下>023 하]

𦳊(똥 시)/629
[艸:총13획] 원본 0603[<一:下>044 하]

蒔(모종낼 시)/632
[艸:총14획] 원본 0520[<一:下>040 상]

𦸈(지모 시)/630
[艸:총15획] 원본 0583[<一:下>043 하]

𧍷(바구미 시)/659
[虫:총15획] 원본 8443[<13:上>667 상]

覗(문안드리려 찾아 뵐 시)/684
[見:총12획] 원본 5266[<八:下>410 상]

視(볼 시)/684
[見:총12획] 원본 5224[<八:下>407 하]

試(시험할 시)/695
[言:총13획] 원본 1462[<三:上>093 상]

詩(시 시)/695
[言:총13획] 원본 1412[<三:上>090 하]

諟(이 시)/700
[言:총16획] 원본 1438[<三:上>092 상]

諰(두려워할 시)/700
[言:총16획] 원본 1487[<三:上>094 하]

謚(시호 시)/702
[言:총17획] 원본 1632[<三:上>101 하]

豕(돼지 시)/710
[豕:총07획] 원본 5782[<九:下>454 하]

𧰲(돼지 시)/711
[豕:총10획] 원본 5811[<九:下>456 하]

豺(승냥이 시)/714
[豸:총10획] 원본 5821[<九:下>457 하]

𧿹(설 시)/728
[足:총11획] 원본 1301[<二:下>082 하]

邿(나라 이름 시)/760
[邑:총09획] 원본 3960[<六:下>296 하]

釃(거를 시)/779
[酉:총26획] 원본 9364[<14:上>747 하]

䩉(가죽신 시)/829
[革:총20획] 원본 1713[<三:下>108 상]

𩰪(벌릴 시)/872
[鬯:총16획] 원본 3063[<五:下>218 상]

𪓿(두꺼비 시)/910
[黽:총23획] 원본 8585[<13:下>679 하]

埴(찰흙 식)/125
[土:총11획] 원본 8618[<13:下>683 하]

寔(이 식)/171
[宀:총12획] 원본 4375[<七:下>339 상]

式(법 식)/214
[弋:총06획] 원본 2894[<五:上>201 상]

息(숨 쉴 식)/231
[心:총10획] 원본 6389[<十:下>502 상]

桋(나무 이름 식)/331
[木:총14획] 원본 3323[<六:上>243 상]

植(심을 식)/326
[木:총12획] 원본 3498[<六:上>255 하]

殖(번성할 식)/354
[歹:총12획] 원본 2441[<四:下>164 상]

湜(물 맑을 식)/392
[水:총12획] 원본 6871[<11:上2>550 상]

熄(꺼질 식)/423
[火:총14획] 원본 6145[<十:上>482 상]

瘜(군은살 식)/474
[疒:총15획] 원본 4537[<七:下>350 상]

絉(베 짤 식)/556
[糸:총12획] 원본 8138[<13:上>644 하]

蝕蝕(좀먹을 식/660
[虫:총15획] 원본 8489[<13:上>670 상]

識(알 식 · 지)/704
[言:총19획] 원본 1440[<三:上>092 상]

軾(수레 앞턱 가로나무 식)/737
[車:총13획] 원본 9086[<14:上>722 상]

郎(나라 이름 식)/767
[邑:총13획] 원본 3907[<六:下>291 하]

食飠(밥 식)/844
[食:총09획] 원본 3064[<五:下>218 상]

飾(꾸밀 식)/845
[食:총14획] 원본 4687[<七:下>360 상]

伸(펼 신)/25
[人:총07획] 원본 4894[<八:上>377 하]

㑗(아이밴 몸 신)/32
[人:총09획] 원본 4969[<八:上>383 하]

信(믿을 신)/31
[人:총09획] 원본 1446[<三:上>092 하]

侁(떼지어 갈, 걷는 모양 신)/28
[人:총08획] 원본 4844[<八:上>373 상]

兟(나아갈 신)/48
[儿:총12획] 원본 5220[<八:下>407 상]

卂(빨리 날 신)/76
[十:총03획] 원본 7335[<11:下>583 상]

叟(펼 신)/91
[又:총11획] 원본 1813[<三:下>115 하]

呻(끙끙거릴 신)/100
[口:총08획] 원본 0882[<二:上>060 하]

囟(정수리 신)/114
[囗:총06획] 원본 6383[<十:下>501 상]

娠(애 밸 신)/152
[女:총10획] 원본 7751[<12:下>614 하]

宸(집 신)/170
[宀:총10획] 원본 4363[<七:下>338 하]

屾(같이 선 산 신)/185
[山:총06획] 원본 5634[<九:下>441 하]

慎(삼갈 신)/238
[心:총13획] 원본 6397[<十:下>502 하]

抌(당길 신)/252
[手:총06획] 원본 7613[<12:上>605 상]

敒(다스릴 신)/276
[攴:총11획] 원본 1916[<三:下>123 하]

新(새 신)/283
[斤:총13획] 원본 9044[<14:上>717 하]

晨(새벽 신)/295
[日:총11획] 원본 4119[<七:上>313 상]

欣(가리키며 웃을 신)/347
[欠:총11획] 원본 5315[<八:下>413 상]

汛(물 뿌릴 신)/365
[水:총06획] 원본 7093[<11:上2>565 상]

燊(불꽃 성한 모양 신)/426
[火:총16획] 원본 6269[<十:下>490 하]

𤈦(타고난 나머지 신)/419
[火:총10획] 원본 6172[<十:上>484 상]

璶(옥돌 신)/455
[玉:총18획] 원본 0170[<一:上>017 상]

甡(모이는 모양 신)/460
[生:총10획] 원본 3717[<六:下>274 상]

申(아홉째 지지 신)/462
[田:총05획] 원본 9352[<14:上>746 하]

瘁(한기 신)/472
[疒:총12획] 원본 4509[<七:下>349 상]

矤(하물며 신)/495
[矢:총08획] 원본 3171[<五:下>227 상]

神(귀신 신)/505
[示:총10획] 원본 0025[<一:上>003 상]

祳(사제 고기 신)/506
[示:총12획] 원본 0060[<一:上>007 하]

紳(큰 띠 신)/553
[糸:총11획] 원본 8250[<13:上>653 상]

脣(콩팥 신)/600
[肉:총12획] 원본 2487[<四:下>168 상]

胂(기지개 결 신)/595
[肉:총09획] 원본 2504[<四:下>169 상]

臣(신하 신)/605
[臣:총06획] 원본 1854[<三:下>118 하]

藎(조개풀 신)/643
[艸:총18획] 원본 0284[<一:下>026 상]

薪(섶나무 신)/642
[艸:총17획] 원본 0600[<一:下>044 하]

莘(풀이름 신)/620
[艸:총10획] 원본 0260[<一:下>025 상]

蜃(무명조개 신)/656
[虫:총13획] 원본 8495[<13:上>670 하]

訊(물을 신)/691
[言:총10획] 원본 1441[<三:上>092 상]

賮(보배 신)/720
[貝:총16획] 원본 3786[<六:下>280 상]

身(몸 신)/733
[身:총07획] 원본 5013[<八:上>388 상]

辛(매울 신)/744
[辛:총07획] 원본 9306[<14:上>741 하]

晨(새벽 신)/746
[辰:총13획] 원본 1692[<三:上>105 하]

迅(빠를 신)/747
[辵:총07획] 원본 1073[<二:下>071 하]

邥(땅 이름 신)/760
[邑:총09획] 원본 3947[<六:下>295 상]

頣(눈 크게 뜨고 볼 신)/837
[頁:총15획] 원본 5406[<九:上>420 상]

驫(많을 신)/863
[馬:총34획] 원본 3430[<六:上>250 상]

駪(말 많을 신)/856
[馬:총16획] 원본 5945[<十:上>469 상]

魋(귀신 신)/876
[鬼:총15획] 원본 5558[<九:上>435 상]

鷐(익더귀 신)/893
[鳥:총22획] 원본 2348[<四:上>155 상]

麎(큰사슴 신)/898
[鹿:총18획] 원본 5971[<十:上>471 상]

失(잃을 실)/138
[大:총05획] 원본 7606[<12:上>604 하]

實(열매 실)/172
[宀:총14획] 원본 4385[<七:下>340 상]

室(집 실)/169
[宀:총09획] 원본 4357[<七:下>338 상]

悉(다 실)/232
[心:총11획] 원본 0687[<二:上>050 상]

糣(내쫓을 실)/548
[米:총17획] 원본 4313[<七:上>333 하]

宷(살필 **심**)/170
[宀:총10획] 원본 0686[<二:上>050 상]

尋(찾을 **심**)/176
[寸:총12획] 원본 1885[<三:下>121 하]

心(마음 **심**)/225
[心:총04획] 원본 6388[<十:下>501 하]

淰(흐릴 **심**)/388
[水:총11획] 원본 7051[<11:上2>562 상]

深(깊을 **심**)/388
[水:총11획] 원본 6705[<11:上1>529 하]

潯(물가 **심**)/405
[水:총15획] 원본 6882[<11:上2>551 상]

沁(스며들 **심**)/367
[水:총07획] 원본 6692[<11:上1>526 상]

瀋(즙 **심**)/412
[水:총18획] 원본 7070[<11:上2>563 하]

煁(화덕 **심**)/422
[火:총13획] 원본 6147[<十:上>482 상]

甚(심할 **심**)/460
[甘:총09획] 원본 2905[<五:上>202 상]

瞫(볼 **심**)/492
[目:총17획] 원본 2073[<四:上>133 하]

罙(깊을 **심**)/522
[穴:총08획] 원본 4436[<七:下>344 상]

葚(오디 **심**)/631
[艸:총13획] 원본 0459[<一:下>036 하]

蔘(부들싹 **심**)/635
[艸:총15획] 원본 0313[<一:下>028 상]

蕈(버섯 **심**)/638
[艸:총16획] 원본 0457[<一:下>036 하]

襑(옷 품 넉넉할 **심**)/679
[衣:총17획] 원본 5065[<八:上>393 상]

諶(참 **심**)/700
[言:총16획] 원본 1445[<三:上>092 하]

諗(고할 **심**)/699
[言:총15획] 원본 1460[<三:上>093 상]

鄩(고을 이름 **심**)/770
[邑:총15획] 원본 3872[<六:下>288 상]

醰(탐하고 즐길 **심**)/776
[酉:총16획] 원본 9359[<14:上>747 하]

鐔(날밑 **심**)/795
[金:총20획] 원본 8960[<14:上>710 상]

주鬵(용가마 **심**)/874
[鬲:총18획] 원본 1761[<三:下>111 하]

鱏(심어 **심**)/885
[魚:총23획] 원본 7258[<11:下>578 상]

什(열 사람 **십**)/21
[人:총04획] 원본 4851[<八:上>373 하]

十(열 **십**)/76
[十:총02획] 원본 1387[<三:上>088 하]

雙(쌍 **쌍**)/816
[隹:총18획] 원본 2253[<四:上>148 상]

氏(각시 **씨**)/361
[氏:총04획] 원본 7977[<12:下>628 상]

ㅇ

亞(버금 **아**)/16
[二:총08획] 원본 9275[<14:上>738 상]

俄(갑자기 **아**)/31
[人:총09획] 원본 4927[<八:上>380 상]

兒(아이 **아**)/47
[儿:총08획] 원본 5206[<八:下>405 상]

啞(벙어리 **아**)/105
[口:총11획] 원본 0810[<二:上>057 상]

婀(여자의 자 **아**)/147
[女:총08획] 원본 7786[<12:下>617 상]

婭(아리따울 **아**)/153
[女:총11획] 원본 7913[<12:下>623 하]

娥(예쁠 아)/152
[女:총10획] 원본 7783[<12:下>617 상]

娿(여자 스승 아)/147
[女:총08획] 원본 7771[<12:下>616 상]

峨(높을 아)/186
[山:총10획] 원본 5623[<九:下>441 상]

庌(집 아)/206
[广:총07획] 원본 5650[<九:下>443 하]

我(나 아)/246
[戈:총07획] 원본 8011[<12:下>632 하]

暋(성씨 아)/297
[日:총14획] 원본 9276[<14:上>738 상]

牙(어금니 아)/433
[牙:총04획] 원본 1259[<二:下>080 하]

疴(병 아)/471
[疒:총10획] 원본 4495[<七:下>348 하]

硪(바위 아)/498
[石:총12획] 원본 5752[<九:下>451 하]

莪(지칭개 아)/625
[艸:총11획] 원본 0418[<一:下>035 상]

芽(싹 아)/617
[艸:총08획] 원본 0469[<一:下>037 하]

蝨(나방 아)/663
[虫:총19획] 원본 8535[<13:下>674 하]

蛾(나방 아)/655
[虫:총13획] 원본 8430[<13:上>666 상]

衙(마을 아)/669
[行:총13획] 원본 1211[<二:下>078 상]

襾(덮을 아)/681
[襾:총06획] 원본 4643[<七:下>357 상]

訝(맞을 아)/692
[言:총11획] 원본 1500[<三:上>095 하]

誐(좋을 아)/696
[言:총14획] 원본 1481[<三:上>094 하]

錏(투구 목 가림 아)/789
[金:총16획] 원본 8978[<14:上>711 하]

閜(문 기울어질 아)/801
[門:총16획] 원본 7397[<12:上>589 하]

阿(언덕 아)/805
[阜:총08획] 원본 9178[<14:上>731 하]

雅(조오 아)/814
[隹:총12획] 원본 2168[<四:上>141 상]

餓(주릴 아)/846
[食:총16획] 원본 3120[<五:下>222 하]

騀(말머리 내두를 아)/857
[馬:총17획] 원본 5899[<十:上>465 하]

鵝(거위 아)/891
[鳥:총18획] 원본 2310[<四:上>152 하]

偓(거리낌 악)/37
[人:총11획] 원본 4815[<八:上>372 상]

剻(칼날 악)/64
[刀:총11획] 원본 2623[<四:下>178 상]

咢(놀랄 악)/101
[口:총09획] 원본 0926[<二:上>062 하]

喔(닭소리 악)/106
[口:총12획] 원본 0911[<二:上>061 하]

堊(백토 악)/126
[土:총11획] 원본 8645[<13:下>686 하]

嶽(큰 산 악)/190
[山:총17획] 원본 5583[<九:下>437 하]

惡(악할 악)/234
[心:총12획] 원본 6564[<十:下>511 하]

握(쥘 악)/264
[手:총12획] 원본 7503[<12:上>597 하]

楃(나무로 만든 장막 악)/327
[木:총13획] 원본 3522[<六:上>257 하]

樂(풍류 악)/335
[木:총15획] 원본 3611[<六:上>265 상]

渥(두터울 악)/389
[水:총12획] 원본 6997[<11:上2>558 하]

㸕(흰 소 악)/436
[牛:총14획] 원본 0711[<二:上>051 하]

蚅(악어 악)/654
[虫:총12획] 원본 8516[<13:上>672 하]

蝁(살무사 악)/658
[虫:총14획] 원본 8487[<13:上>669 하]

䚬(활 고를 악)/687
[角:총12획] 원본 2732[<四:下>188 상]

遻(만날 악)/754
[辵:총15획] 원본 1082[<二:下>071 하]

鄂(땅 이름 악)/766
[邑:총12획] 원본 3924[<六:下>293 상]

顎(눈앞 악)/839
[頁:총16획] 원본 5383[<九:上>418 상]

鸑(신조 이름 악)/896
[鳥:총25획] 원본 2260[<四:上>148 하]

侒(편안할 안)/30
[人:총08획] 원본 4838[<八:上>373 상]

妟(편안할 안)/146
[女:총07획] 원본 7867[<12:下>621 상]

安(편안할 안)/167
[宀:총06획] 원본 4376[<七:下>339 하]

岸(언덕 안)/186
[山:총08획] 원본 5637[<九:下>442 상]

按(누를 안)/257
[手:총09획] 원본 7515[<12:上>598 상]

晏(늦을 안)/294
[日:총10획] 원본 4038[<七:上>304 상]

案(책상 안)/318
[木:총10획] 원본 3556[<六:上>260 하]

洝(더운물 안)/378
[水:총09획] 원본 7031[<11:上2>561 상]

㷻(불빛 안)/425
[火:총16획] 원본 6130[<十:上>481 상]

眼(눈 안)/488
[目:총11획] 원본 1995[<四:上>129 하]

案(책상 안)/515
[禾:총10획] 원본 4228[<七:上>325 상]

荌(풀이름 안)/621
[艸:총10획] 원본 0339[<一:下>029 상]

雁(기러기 안)/813
[隹:총12획] 원본 2190[<四:上>143 상]

鞌(안장 안)/827
[革:총15획] 원본 1739[<三:下>109 하]

顏(얼굴 안)/540
[頁:총18획] 원본 5347[<九:上>415 하]

騴(별박이 안)/858
[馬:총18획] 원본 5862[<十:上>462 하]

鴈(기러기 안)/888
[鳥:총15획] 원본 2311[<四:上>152 하]

鴳(세가락메추라기 안)/890
[鳥:총17획] 원본 2366[<四:上>156 하]

齞(이 드러난 모양 안)/917
[齒:총18획] 원본 1240[<二:下>080 상]

堨(보 알)/127
[土:총12획] 원본 8634[<13:下>685 하]

嶭(가파를 알)/190
[山:총19획] 원본 5593[<九:下>438 하]

屵(산 높은 모양 알)/185
[山:총05획] 원본 5636[<九:下>442 상]

戛(창 알)/248
[戈:총11획] 원본 7986[<12:下>630 상]

揠(뽑을 알)/264
[手:총12획] 원본 7626[<12:上>605 하]

捾(꺼낼 알)/261
[手:총11획] 원본 7473[<12:上>595 하]

斡(관리할 알)/281
[斗:총14획] 원본 9051[<14:上>718 상]
歺歹(부서질 뼈 알)/352
[歹:총05획] 원본 2412[<四:下>161 하]
瞖(눈 오목할 알)/490
[目:총14획] 원본 2068[<四:上>133 상]
䁆(눈을 부라릴 알)/486
[目:총08획] 원본 2104[<四:上>135 하]
穵(구멍 알)/521
[穴:총06획] 원본 4445[<七:下>345 상]
訐(들추어낼 알)/691
[言:총10획] 원본 1602[<三:上>100 상]
謁(아뢸 알)/701
[言:총16획] 원본 1407[<三:上>090 상]
軋(삐걱거릴 알)/733
[車:총08획] 원본 9136[<14:上>728 상]
遏(막을 알)/752
[辵:총13획] 원본 1136[<二:下>074 하]
閼(가로막을 알)/801
[門:총16획] 원본 7398[<12:上>589 하]
頞(콧마루 알)/837
[頁:총15획] 원본 5357[<九:上>416 하]
䮩(말의 배가 울리는 소리 알)/861
[馬:총23획] 원본 5925[<十:上>467 상]
𩩲(숨막힐 알)/863
[骨:총14획] 원본 5323[<八:下>413 상]
齾(이 빠질 알)/919
[齒:총35획] 원본 1232[<二:下>079 하]
嘮(떠들썩할 로)/102
[口:총09획] 원본 0857[<二:上>059 하]
嚴(신음할 암)/113
[口:총23획] 원본 0881[<二:上>060 하]
喑(훌쩍거릴 암)/106
[口:총12획] 원본 0761[<二:上>055 상]
媕(머뭇거릴 암)/155
[女:총12획] 원본 7857[<12:下>620 하]
嬒(알기 어려울 암)/158
[女:총14획] 원본 7912[<12:下>623 하]
巖(바위 암)/191
[山:총23획] 원본 5616[<九:下>440 하]
嵒(바위, 낭떠러지 암)/188
[山:총12획] 원본 5617[<九:下>440 하]
暗(어두울 암)/297
[日:총13획] 원본 4053[<七:上>305 하]
𤃫(물 많이 모여들 암)/414
[水:총17획] 원본 6803[<11:上2>546 상]
𤞣(개짖는 소리 암)/441
[犬:총12획] 원본 6012[<十:上>474 상]
盦(뚜껑 암)/483
[皿:총16획] 원본 3019[<五:上>213 상]
礹(돌산 암)/502
[石:총25획] 원본 5748[<九:下>451 하]
碞(험할 암)/499
[石:총14획] 원본 5753[<九:下>451 하]
罯(덮을 암)/576
[网:총14획] 원본 4639[<七:下>356 하]
裺(여물 주머니 암)/675
[衣:총13획] 원본 5030[<八:上>390 상]
諳(욀 암)/700
[言:총16획] 원본 1630[<三:上>101 상]
闇(닫힌 문 암)/802
[門:총17획] 원본 7406[<12:上>590 상]
䧴(메추리 암)/817
[隹:총19획] 원본 2196[<四:上>143 하]
韽(작은 소리 암)/833
[音:총20획] 원본 1648[<三:上>102 하]
顩(머리는 좁고 얼굴이 길 암)/540
[頁:총19획] 원본 5373[<九:上>417 하]

顉(주걱턱 암)/839
[頁:총17획] 원본 5403[<九:上>419 상]

麙(큰 염소 암)/899
[鹿:총20획] 원본 5980[<十:上>471 하]

黯(어두울 암)/906
[黑:총21획] 원본 6231[<十:上>487 하]

黭(검을 암)/905
[黑:총21획] 원본 6261[<十:上>489 하]

黬(잊을 암)/906
[黑:총23획] 원본 6263[<十:上>489 하]

黤(검푸를 암)/905
[黑:총20획] 원본 6238[<十:上>488 상]

䶢(이 어긋날 암)/919
[齒:총25획] 원본 1223[<二:下>079 상]

壓(누를 압)/132
[土:총17획] 원본 8701[<13:下>691 하]

姶(예쁠 압)/150
[女:총09획] 원본 7794[<12:下>617 하]

狎(익숙할 압)/438
[犬:총08획] 원본 6036[<十:上>475 상]

𤸷(절뚝발이 압)/474
[疒:총15획] 원본 4554[<七:下>351 상]

𥥍(조그맣게 솟은 모양 압)/523
[穴:총10획] 원본 4479[<七:下>347 상]

鞥(가죽 고삐 압)/828
[革:총18획] 원본 1727[<三:下>109 상]

䩍(수레의 가죽 압)/828
[革:총17획] 원본 1737[<三:下>109 하]

仰(우러를 앙)/24
[人:총06획] 원본 4845[<八:上>373 하]

卬(나 앙)/81
[卩:총04획] 원본 4986[<八:上>385 하]

坱(먼지 앙)/121
[土:총08획] 원본 8706[<13:下>691 하]

央(가운데 앙)/138
[大:총05획] 원본 3181[<五:下>228 상]

姎(나 앙)/148
[女:총08획] 원본 7924[<12:下>624 상]

怏(원망할 앙)/228
[心:총08획] 원본 6573[<十:下>512 상]

抰(때릴 앙)/254
[手:총08획] 원본 7684[<12:上>609 상]

枊(말뚝 앙)/309
[木:총08획] 원본 3629[<六:上>267 상]

殃(재앙 앙)/353
[歹:총09획] 원본 2432[<四:下>163 하]

泱(끝없을 앙)/376
[水:총08획] 원본 6969[<11:上2>557 상]

盎(동이 앙)/481
[皿:총10획] 원본 3007[<五:上>212 상]

秧(모 앙)/514
[禾:총10획] 원본 4247[<七:上>326 상]

紻(갓끈 앙)/554
[糸:총11획] 원본 8247[<13:上>653 상]

茚(창포 앙)/617
[艸:총08획] 원본 0404[<一:下>034 상]

詇(슬기로울 앙)/693
[言:총12획] 원본 1423[<三:上>091 상]

醠(탁주 앙)/777
[酉:총17획] 원본 9372[<14:上>748 상]

䩕(앙각 앙)/826
[革:총13획] 원본 1710[<三:下>108 상]

鞅(가슴걸이 앙)/827
[革:총14획] 원본 1752[<三:下>110 하]

䭹(말이 놀라 성내는 모양 앙)/854
[馬:총14획] 원본 5887[<十:上>464 하]

鴦(원앙 앙)/889
[鳥:총16획] 원본 2306[<四:上>152 상]

僾(어렴풋할 애)/42
[人:총15획] 원본 4801[<八:上>370 하]

厓(언덕 애)/84
[厂:총08획] 원본 5692[<九:下>446 하]

哀(슬플 애)/102
[口:총09획] 원본 0898[<二:上>061 상]

唉(그래 애)/103
[口:총10획] 원본 0817[<二:上>057 하]

埃(티끌 애)/124
[土:총10획] 원본 8711[<13:下>691 하]

娭(계집종 애)/152
[女:총10획] 원본 7851[<12:下>620 상]

崖(벼랑 애)/187
[山:총11획] 원본 5638[<九:下>442 상]

愛(사랑 애)/237
[心:총13획] 원본 3223[<五:下>233 상]

懝(어리석을 애)/243
[心:총17획] 원본 6514[<十:下>509 하]

㤅(사랑 애)/227
[心:총08획] 원본 6463[<十:下>506 상]

㣻(징계할 애)/225
[心:총06획] 원본 6648[<十:下>515 하]

挨(칠 애)/258
[手:총10획] 원본 7678[<12:上>608 하]

敳(다스릴 애)/277
[攴:총14획] 원본 1914[<三:下>123 하]

欸(한숨 쉴 애)/347
[欠:총11획] 원본 5303[<八:下>412 상]

𣩍(양을 죽여 그 태를 꺼낼 애)/355
[歹:총14획] 원본 2439[<四:下>163 하]

毐(음란할 애)/359
[毋:총07획] 원본 7966[<12:下>626 하]

猚(새 애)/440
[犬:총11획] 원본 2175[<四:上>141 하]

𤸪(앓는 소리 애)/475
[疒:총16획] 원본 4578[<七:下>352 상]

皚(흴 애)/479
[白:총15획] 원본 4719[<七:下>364 상]

礙(거리낄 애)/502
[石:총19획] 원본 5755[<九:下>452 상]

磑(맷돌 애)/500
[石:총15획] 원본 5763[<九:下>452 하]

𥳏(가리어 보이지 않을 애)/542
[竹:총19획] 원본 2875[<五:上>198 하]

薆(덮을 애)/639
[艸:총16획] 원본 0566[<一:下>043 상]

艾(쑥 애)/614
[艸:총06획] 원본 0368[<一:下>031 하]

譪(부지런할 애)/645
[言:총20획] 원본 1455[<三:上>093 상]

閡(문 잠글 애)/800
[門:총14획] 원본 7405[<12:上>590 상]

𨺅(좁을 애)/812
[阜:총24획] 원본 9265[<14:上>737 상]

餲(쉴 애)/847
[食:총18획] 원본 3114[<五:下>222 상]

騃(어리석을 애)/857
[馬:총17획] 원본 5908[<十:上>466 하]

𪘏(어금니 애)/919
[齒:총25획] 원본 1246[<二:下>080 상]

厄(액 액)/84
[厂:총04획] 원본 5520[<九:上>431 상]

呝(울 액)/99
[口:총08획] 원본 0912[<二:上>061 하]

戹(좁을 액)/250
[戶:총05획] 원본 7361[<12:上>586 하]

掖(겨드랑 액)/262
[手:총11획] 원본 7722[<12:上>611 상]

搤(잡을 액)/266
[手:총13획] 원본 7529[<12:上>599 상]
液(진 액)/384
[水:총11획] 원본 7062[<11:上2>563 상]
縊(목맬 액)/564
[糸:총16획] 원본 8367[<13:上>662 상]
詻(다툴 액)/696
[言:총13획] 원본 1428[<三:上>091 하]
軶(멍에 액)/737
[車:총12획] 원본 9117[<14:上>726 상]
阸(막힐 액)/805
[阜:총08획] 원본 9218[<14:上>734 하]
頟(이마 액)/837
[頁:총15획] 원본 5356[<九:上>416 하]
𩚬(주릴액)/845
[食:총15획] 원본 3117[<五:下>222 상]
혹齸(쥐 액)/914
[鼠:총23획] 원본 6094[<十:上>479 상]
嚶(새소리 앵)/113
[口:총20획] 원본 0914[<二:上>061 하]
嫈(예쁠 앵)/157
[女:총13획] 원본 7893[<12:下>623 상]
䁝(눈 맑을 앵)/491
[目:총15획] 원본 2102[<四:上>135 하]
罌(양병 앵)/574
[缶:총20획] 원본 3146[<五:下>225 상]
罃(물독 앵)/574
[缶:총16획] 원본 3152[<五:下>225 하]
譻(소리 앵)/705
[言:총21획] 원본 1399[<三:上>089 하]
鸚(앵무새 앵)/897
[鳥:총28획] 원본 2360[<四:上>156 상]
鶯(꾀꼬리 앵)/892
[鳥:총21획] 원본 2351[<四:上>155 상]
也(어조사 야)/12
[乙:총03획] 원본 7976[<12:下>627 하]
冶(불릴 야)/55
[冫:총07획] 원본 7159[<11:下>571 상]
夜(밤 야)/137
[夕:총08획] 원본 4137[<七:上>315 상]
婼(거스를 야)/155
[女:총12획] 원본 7907[<12:下>623 상]
枒(야자나무 야)/310
[木:총08획] 원본 3377[<六:上>246 상]
𦲳(명협풀 야)/623
[艸:총11획] 원본 0405[<一:下>034 상]
野(들 야)/780
[里:총11획] 원본 8739[<13:下>694 하]
鋣(칼 이름 야)/784
[金:총12획] 원본 8962[<14:上>710 하]
屵(물가 언덕 위에 나타날 약)/84
[厂:총05획] 원본 5711[<九:下>447 하]
叒(땅 이름 약)/89
[又:총06획] 원본 3695[<六:下>272 하]
弱(약할 약)/217
[弓:총10획] 원본 5462[<九:上>425 상]
瀹(데칠 약)/414
[水:총20획] 원본 7052[<11:上2>562 상]
爚(사를 약)/427
[火:총21획] 원본 6132[<十:上>481 하]
礿(봄 제사 약)/503
[示:총08획] 원본 0042[<一:上>005 하]
箹(약약)/538
[竹:총15획] 원본 2863[<五:上>197 하]
籥(피리 약)/544
[竹:총23획] 원본 2762[<五:上>190 하]
箬(대 껍질 약)/537
[竹:총15획] 원본 2747[<五:上>189 하]

葯(흰 비단 약)/558
[糸:총13획] 원본 8372[<13:上>662 하]

約(묶을 약)/550
[糸:총09획] 원본 8174[<13:上>647 상]

纅(색실 약)/571
[糸:총21획] 원본 8134[<13:上>644 상]

膷(막 약)/601
[肉:총14획] 원본 2593[<四:下>176 상]

蒻(부들 약)/634
[艸:총14획] 원본 0312[<一:下>028 상]

若(같을 약)/618
[艸:총09획] 원본 0577[<一:下>043 하]

藥(약 약)/644
[艸:총19획] 원본 0554[<一:下>042 상]

蘥(귀리 약)/646
[艸:총21획] 원본 0396[<一:下>033 상]

趯(가는 모양 약)/727
[走:총24획] 원본 0986[<二:上>065 하]

躍(뛸 약)/732
[足:총21획] 원본 1284[<二:下>082 상]

闟(빗장 약)/803
[門:총25획] 원본 7408[<12:上>590 상]

鬻(데칠 약)/875
[鬲:총30획] 원본 1779[<三:下>113 상]

龠(피리 약)/923
[龠:총17획] 원본 1351[<二:下>085 상]

勷(느슨할 양)/68
[力:총14획] 원본 8800[<13:下>700 상]

壤(흙 양)/132
[土:총20획] 원본 8613[<13:下>683 상]

孃(여자애 양)/161
[女:총20획] 원본 7947[<12:下>625 상]

崵(먼 산 양)/188
[山:총12획] 원본 5597[<九:下>439 상]

恙(근심 양)/230
[心:총10획] 원본 6601[<十:下>513 상]

攘(물리칠 양)/272
[手:총20획] 원본 7469[<12:上>595 상]

揚(오를 양)/263
[手:총12획] 원본 7586[<12:上>603 상]

昜(볕 양)/293
[日:총09획] 원본 5778[<九:下>454 상]

暘(해돋이 양)/297
[日:총13획] 원본 4033[<七:上>303 하]

樣(모양 양)/336
[木:총15획] 원본 3328[<六:上>243 상]

楊(버들 양)/328
[木:총13획] 원본 3361[<六:上>245 상]

漾(출렁거릴 양)/401
[水:총14획] 원본 6677[<11:上1>521 하]

洋(바다 양)/376
[水:총09획] 원본 6752[<11:上1>538 하]

煬(쬘 양)/423
[火:총13획] 원본 6160[<十:上>483 상]

瘍(종기 양)/473
[疒:총14획] 원본 4513[<七:下>349 상]

痒(앓을 양)/472
[疒:총11획] 원본 4514[<七:下>349 상]

禓(길제사 양)/507
[示:총14획] 원본 0065[<一:上>008 하]

禳(제사 이름 양)/509
[示:총22획] 원본 53[<一:上>007 상]

穰(볏짚 양)/521
[禾:총22획] 원본 4246[<七:上>326 상]

籑(조리 양)/544
[竹:총23획] 원본 2828[<五:上>195 상]

纕(팔 걷어붙일 양)/572
[糸:총23획] 원본 8275[<13:上>655 하]

羕(강이 길 양)/578
[羊:총12획] 원본 7140[<11:下>570 상]

羊(양 양)/577
[羊:총06획] 원본 2221[<四:上>145 상]

䑋(살찔 양)/605
[肉:총21획] 원본 2531[<四:下>171 상]

蘘(양하 양)/646
[艸:총21획] 원본 0255[<一:下>024 하]

[illegible](향유 양)/648
[艸:총28획] 원본 0248[<一:下>024 상]

[illegible](풀이름 양)/631
[艸):총13획] 원본 0351[<一:下>029 하]

蛘(근질근질할 양)/654
[虫:총12획] 원본 8488[<13:上>669 하]

襄(도울 양)/678
[衣:총17획] 원본 5087[<八:上>394 하]

讓(사양할 양)/706
[言:총24획] 원본 1609[<三:上>100 상]

[illegible](현 이름 양)/773
[邑:총20획] 원본 3915[<六:下>292 하]

釀(빚을 양)/779
[酉:총24획] 원본 9360[<14:上>747 하]

鐊(말머리 치장 양)/794
[金:총20획] 원본 8986[<14:上>712 하]

鑲(거푸집 속 양)/797
[金:총25획] 원본 8848[<14:上>703 상]

陽(볕 양)/808
[阜:총12획] 원본 9176[<14:上>731 상]

颺(날릴 양)/843
[風:총18획] 원본 8575[<13:下>678 상]

饟(건량 양)/850
[食:총26획] 원본 3090[<五:下>220 하]

養(기를 양)/846
[食:총15획] 원본 3079[<五:下>220 상]

驤(머리 들 양)/864
[馬:총27획] 원본 5888[<十:上>464 하]

[illegible](검붉을 양)/906
[黑:총21획] 원본 6236[<十:上>488 상]

圉(마부 어)/116
[囗:총11획] 원본 6332[<十:下>496 하]

圄(옥 어)/116
[囗:총10획] 원본 37637[<六:下>278 하]

[illegible](거짓 잠잘 어)/173
[宀:총21획] 원본 4484[<七:下>347 하]

御(어거할 어)/223
[彳:총11획] 원본 1196[<二:下>077 하]

敔(막을 어)/276
[攴:총11획] 원본 1957[<三:下>126 상]

[illegible](고기 잡을 어)/398
[水:총24획] 원본 7321[<11:下>582 상]

淤(진흙 어)/387
[水:총11획] 원본 7049[<11:上2>562 상]

瘀(병 어)/473
[疒:총13획] 원본 4523[<七:下>349 하]

禦(막을 어)/508
[示:총16획] 원본 0056[<一:上>007 상]

篽(금원 어)/540
[竹:총17획] 원본 2877[<五:上>198 하]

菸(향초 어)/627
[艸:총12획] 원본 0533[<一:下>040 하]

語(말씀 어)/697
[言:총14획] 원본 1401[<三:上>089 하]

醧(사사로이 잔치할 어)/777
[酉:총18획] 원본 9395[<14:上>749 상]

[illegible](서로 맞지 않을 어)/794
[金:총19획] 원본 8893[<14:上>705 하]

[illegible](먹기 싫어할 어)/847
[食:총18획] 원본 3101[<五:下>221 상]

鱻(두마리의 물고기 어)/885
[魚:총22획] 원본 7320[<11:下>582 상]

魚(고기 어)/879
[魚:총11획] 원본 7217[<11:下>575 상]

齬(어긋날 어)/918
[齒:총22획] 원본 1228[<二:下>079 하]

億(억 억)/43
[人:총15획] 원본 4882[<八:上>376 하]

啻(쾌할 억)/105
[口:총12획] 원본 1417[<三:上>091 상]

嶷(숙성할 억)/190
[山:총17획] 원본 5589[<九:下>438 상]

𢑏(억제할 억)/219
[彐:총06획] 원본 5528[<九:上>431 하]

意(가득 찰 억)/241
[心:총16획] 원본 6452[<十:下>505 하]

檍(참죽나무 억)/337
[木:총16획] 원본 3315[<六:上>242 상]

澺(물 이름 억)/406
[水:총15획] 원본 6727[<11:上1>533 하]

肊(흉골 억)/592
[肉:총05획] 원본 2498[<四:下>169 상]

傿(고을 이름 언)/40
[人:총13획] 원본 4899[<八:上>378 상]

偃(쓰러질 언)/36
[人:총11획] 원본 4938[<八:上>381 상]

匽(엎드릴 언)/76
[匸:총09획] 원본 8028[<12:下>635 상]

唁(위문할 언)/103
[口:총10획] 원본 0897[<二:上>061 상]

奰奰(큰 모양 언)/144
[大:총16획] 원본 6357[<十:下>499 상]

嫣(싱긋 웃을 언)/158
[女:총14획] 원본 7822[<12:下>619 상]

彥(선비 언)/221
[彡:총09획] 원본 5464[<九:上>425 상]

㫃(깃발이 나부끼는 모양 언)/284
[方:총06획] 원본 4091[<七:上>308 하]

漹(강 이름 언)/401
[水:총14획] 원본 6779[<11:上1>543 하]

焉(어찌 언)/420
[火:총11획] 원본 2374[<四:上>157 하]

琂(옥돌 언)/450
[玉:총11획] 원본 0169[<一:上>017 상]

甗(시루 언)/459
[瓦:총21획] 원본 8063[<12:下>638 하]

䁙(눈으로 노닥거릴 언)/491
[目:총15획] 원본 2067[<四:上>133 상]

蔫(시들 언)/637
[艸:총15획] 원본 0532[<一:下>040 하]

蝘(수궁 언)/658
[虫:총15획] 원본 8398[<13:上>664 하]

褗(옷깃 언)/677
[衣:총14획] 원본 5029[<八:上>390 상]

諺(상말 언)/701
[言:총16획] 원본 1499[<三:上>095 상]

言(말씀 언)/690
[言:총07획] 원본 1398[<三:上>089 하]

鄢(고을 이름 언)/769
[邑:총14획] 원본 3921[<六:下>293 상]

郾(고을 이름 언)/765
[邑:총12획] 원본 3904[<六:下>291 하]

鰋(메기 언)/882
[魚:총18획] 원본 7267[<11:下>578 하]

鶠(봉새 언)/892
[鳥:총20획] 원본 2296[<四:上>151 하]

齞(이 드러나 보일 언)/918
[齒:총20획] 원본 1222[<二:下>079 상]

孼(서자 얼)/165
[子:총19획] 원본 9325[<14:上>743 상]
𡴫𡴫(높고 위태할 얼)/185
[屮:총10획] 원본 9169[<14:上>730 하]
㝯(집 좁을 얼)/209
[广:총12획] 원본 5687[<九:下>446 상]
櫱欁巘(그루터기에서 난 싹 얼)/343,345
[木:총17획] 원본 3651[<六:上>268 하]
瀲(논죄할 얼)/415
[水:총23획] 원본 7107[<11:上2>566 상]
糱(누룩 얼)/549
[米:총22획] 원본 4290[<七:上>331 하]
聻(귀먹어리 얼)/591
[耳:총15획] 원본 7448[<12:上>592 하]
𦤶(위태할 얼)/606
[自:총15획] 원본 3705[<六:下>273 상]
臬(말뚝 얼)/606
[自:총10획] 원본 3608[<六:上>264 하]
蘖(쑥 얼)/646
[艸:총20획] 원본 0301[<一:下>027 상]
蠥(근심 얼)/665
[虫:총22획] 원본 8532[<13:上>673 하]
𨏹(높을 얼)/744
[車:총27획] 원본 9130[<14:上>727 하]
闑(문에 세운 말뚝 얼)/802
[門:총18획] 원본 7384[<12:上>588 상]
隉(위태로울 얼)/809
[阜:총12획] 원본 9203[<14:上>733 상]
𪈁(물오리 얼)/896
[鳥:총28획] 원본 2315[<四:上>153 상]
俺(나 엄)/35
[人:총10획] 원본 4790[<八:上>369 하]
儼(의젓할 엄)/45
[人:총22획] 원본 4786[<八:上>369 하]
𠪚(바위 험할 엄)/86
[厂:총13획] 원본 5695[<九:下>446 하]
厂(기슭 엄)/83
[厂:총02획] 원본 5691[<九:下>446 상]
고嚴(엄할 엄)/113
[口:총20획] 원본 0925[<二:上>062 하]
奄(가릴 엄)/140
[大:총08획] 원본 6285[<十:下>492 하]
媕(모함할 엄)/154
[女:총11획] 원본 7950[<12:下>625 하]
广(집 엄)/206
[广:총03획] 원본 5642[<九:下>442 하]
弇(덮을 엄)/213
[廾:총09획] 원본 1666[<三:上>104 상]
揜(가릴 엄)/264
[手:총12획] 원본 7540[<12:上>600 하]
掩(가릴 엄)/262
[手:총11획] 원본 7663[<12:上>607 하]
晻(햇빛 침침할 엄)/296
[日:총12획] 원본 4052[<七:上>305 하]
渰(비구름 일 엄)/390
[水:총12획] 원본 6971[<11:上2>557 상]
淹(담글 엄)/389
[水:총11획] 원본 6672[<11:上1>520 하]
𥶷(가리개 엄)/545
[竹:총26획] 원본 2876[<五:上>198 하]
罨(그물 엄)/575
[网:총13획] 원본 4610[<七:下>355 상]
腌(절인 고기 엄)/599
[肉:총12획] 원본 26008[<四:下>176 하]
𨛫(나라 이름 엄)/764
[邑:총11획] 원본 3963[<六:下>296 하]
閹(내시 엄)/801
[門:총16획] 원본 7411[<12:上>590 상]

隒(낭떠러지 엄)/810
[阜:총13획] 원본 9217[<14:上>734 하]
顩(하관 빨 엄)/842
[頁:총22획] 원본 5369[<九:上>417 상]
業(업 업)/330
[木:총13획] 원본 1656[<三:上>103 상]
鄴(땅 이름 업)/771
[邑:총16획] 원본 3891[<六:下>290 상]
恚(성낼 에)/230
[心:총10획] 원본 6559[<十:下>511 하]
曀(음산할 에)/298
[日:총16획] 원본 4056[<七:上>305 하]
殪(쓰러질 에)/355
[歹:총16획] 원본 2423[<四:下>163 상]
与(어조사 여)/4
[一:총04획]4원본 9023[<14:上>715 상]
予(나 여)/14
[亅:총04획] 원본 2392[<四:下>159 하]
余(나 여)/25
[人:총07획] 원본 0682[<二:上>049 하]
⿱余余(뻔칠 여)/42
[人:총14획] 원본 0683[<二:上>049 하]
伃(아름다울 여)/24
[人:총06획] 원본 4754[<八:上>367 하]
嬩(여자 이름 여)/161
[女:총17획] 원본 7789[<12:下>617 하]
如(같을 여)/145
[女:총06획] 원본 7860[<12:下>620 하]
悆(잊을 여)/231
[心:총11획] 원본 6505[<十:下>509 상]
懙(걸음걸이가 점잖을 여)/243
[心:총18획] 원본 6478[<十:下>507 상]
旟(기 여)/287
[方:총20획] 원본 4096[<七:上>309 하]
歟(어조사 여)/350
[欠:총18획] 원본 5279[<八:下>410 하]
汝(너 여)/365
[水:총06획] 원본 6688[<11:上1>525 하]
⿰氵⿱與言(물 출렁거리는 모양 여)/415
[水:총23획] 원본 6781[<11:上1>544 상]
⿰氵挐⿰氵拏(젖을 여)/394
[水:총12획] 원본 6991[<11:上2>558 하]
畬(새밭 여)/466
[田:총12획] 원본 8745[<13:下>695 하]
礜(독이 있는 돌 여)/502
[石:총19획] 원본 5729[<九:下>449 하]
舁(마주 들 여)/609
[臼:총10획] 원본 1686[<三:上>105 하]
與(줄 여)/610
[臼:총14획] 원본 1688[<三:上>105 하]
茹(먹을 여)/621
[艸:총10획] 원본 0592[<一:下>044 상]
⿺走與(편안히 여)/727
[走:총21획] 원본 0968[<二:上>065 상]
輿(수레 여)/741
[車:총17획] 원본 9083[<14:上>721 하]
郍(땅 이름 여)/760
[邑:총08획] 원본 3987[<六:下>299 하]
雓(세가락 메추라기 여)/815
[隹:총13획] 원본 2193[<四:上>143 상]
餘(남을 여)/847
[食:총16획] 원본 3105[<五:下>221 하]
鸒(말걸음 조심하고 빠를 여)/862
[馬:총23획] 원본 5903[<十:上>466 상]
鷽(큰부리 까마귀 여)/896
[鳥:총25획] 원본 2274[<四:上>150 상]
麌(사슴붙이여)/900
[鹿:총24획] 원본 5984[<十:上>471 하]

亦(또 역)/18
[亠:총06획] 원본 6300[<十:下>493 하]

𠩺(돌땅 역)/85
[厂:총10획] 원본 5706[<九:下>447 상]

圛(맴돌 역)/117
[囗:총16획] 원본 3752[<六:下>277 하]

坄(굴뚝 역)/119
[土:총07획] 원본 8627[<13:下>684 하]

屰(거스를 역)/184
[屮:총06획] 원본 1370[<三:上>087 상]

嶧(산 이름 역)/189
[山:총16획] 원본 5587[<九:下>438 상]

役(부릴 역)/222
[彳:총07획] 원본 1875[<三:下>120 상]

晹(해 반짝 날 역)/296
[日:총12획] 원본 4035[<七:上>304 상]

易(바꿀 역)/292
[日:총08획] 원본 5837[<九:下>459 상]

棫(두릅나무 역)/325
[木:총12획] 원본 3322[<六:上>243 상]

淢(빨리 흐를 역)/387
[水:총11획] 원본 6823[<11:上2>547 상]

疫(염병 역)/471
[疒:총09획] 원본 4580[<七:下>352 상]

瘍(어리석을 역)/473
[疒:총13획] 원본 4571[<七:下>351 하]

睪(엿볼 역)/490
[目:총13획] 원본 6330[<十:下>496 상]

縌(인끈 역)/564
[糸:총16획] 원본 8255[<13:上>654 상]

繹(풀어낼 역)/570
[糸:총19획] 원본 8124[<13:上>643 하]

𦉜(질장구 역)/573
[缶:총14획] 원본 3154[<五:下>225 하]

虉(청모 역)/647
[艸:총24획] 원본 0389[<一:下>032 하]

蜮(물여우 역)/657
[虫:총14획] 원본 8515[<13:上>672 상]

譯(통변할 역)/705
[言:총20획] 원본 1639[<三:上>101 하]

豛(돼지 역)/357
[豕:총11획] 원본 1865[<三:下>119 하]

豛(돼지 역)/711
[豕:총11획] 원본 5791[<九:下>455 상]

逆(거스를 역)/749
[辵:총10획] 원본 1075[<二:下>071 하]

閾(문지방 역)/801
[門:총16획] 원본 7385[<12:上>588 상]

驛(역참 역)/862
[馬:총23획] 원본 5940[<十:上>468 하]

黬(갓옷 꿰맨 눈 역)/905
[黑:총20획] 원본 6258[<十:上>489 상]

鶂(눈 맞추어 새끼 배는 물새 역)/891
[鳥:총19획] 원본 2330[<四:上>153 하]

㒞(쉬울 연)/42
[人:총14획] 원본 4896[<八:上>377 하]

剈(도려낼 연)/63
[刀:총09획] 원본 2658[<四:下>180 하]

㕣(산 속의 늪 연)/94
[口:총05획] 원본 0921[<二:上>062 상]

嘫(대답할 연)/110
[口:총15획] 원본 0823[<二:上>058 상]

吮(빨 연)/98
[口:총07획] 원본 0770[<二:上>055 상]

姸(고울 연)/150
[女:총09획] 원본 7914[<12:下>623 하]

嬿(아름다울 연)/161
[女:총19획] 원본 7785[<12:下>617 상]

嬿(성씨 연)/159
[女:총15획] 원본 7736[<12:下>613 하]

嬽(아리따울 연)/161
[女:총18획] 원본 7811[<12:下>618 하]

宴(잔치 연)/169
[宀:총10획] 원본 4379[<七:下>339 하]

延(끌 연)/211
[廴:총07획] 원본 1203[<二:下>077 하]

悁(성낼 연)/231
[心:총10획] 원본 6557[<十:下>511 상]

愞(여릴 연)/237
[心:총12획] 원본 6500[<十:下>508 하]

揅(연마할 연)/263
[手:총13획] 원본 7640[<12:上>606 상]

挻(늘일 연)/258
[手:총10획] 원본 7530[<12:上>599 상]

捐(버릴 연)/259
[手:총10획] 원본 7713[<12:上>610 하]

⿰扌耎(비빌 연)/263
[手:총12획] 원본 7597[<12:上>604 상]

掾(도울 연)/262
[手:총12획] 원본 7518[<12:上>598 하]

曣(날이 갤 연)/299
[日:총20획] 원본 4039[<七:上>304 상]

椽(서까래 연)/327
[木:총13획] 원본 3489[<六:上>255 상]

橪(멧대추나무 연)/338
[木:총16획] 원본 3344[<六:上>244 하]

沇(강 이름 연)/368
[水:총07획] 원본 6698[<11:上1>527 하]

演(멀리 흐를 연)/399
[水:총14획] 원본 6816[<11:上2>547 상]

淵(못 연)/388
[水:총11획] 원본 6879[<11:上2>550 하]

㳄(침 연)/369
[水:총07획] 원본 5338[<八:下>414 상]

涓(시내 연)/383
[水:총10획] 원본 6810[<11:上2>546 하]

沿(따를 연)/372
[水:총08획] 원본 6953[<11:上2>556 상]

燕(제비 연)/426
[火:총16획] 원본 7322[<11:下>582 상]

煙(연기 연)/423
[火:총13획] 원본 6182[<十:上>484 하]

然(그러할 연)/422
[火:총12획] 원본 6115[<十:上>480 하]

⿰犭开(사나운 개 연)/439
[犬:총09획] 원본 6063[<十:上>476 하]

[illegible](훌부들한 가죽 연)/459
[瓦:총14획] 원본 1892[<三:下>122 상]

⿰田耎(성밑 밭 연)/468
[田:총14획] 원본 8742[<13:下>695 상]

⿸疒肙(뼈마디가 시큰거릴 연)/472
[疒:총 12획] 원본 4574[<七:下>352 상]

⿺辶眞(돌아보며 갈 연)/211
[目:총12획]원본 2031[<四:上>131 하]

硯(벼루 연)/498
[石:총12획] 원본 5768[<九:下>453 상]

研(갈 연)/498
[石:총11획] 원본 5761[<九:下>452 하]

碝(옥돌 연)/499
[石:총14획] 원본 5727[<九:下>449 상]

筵(대자리 연)/535
[竹:총13획] 원본 2782[<五:上>192 상]

繎(실 약해질 연)/568
[糸:총18획] 원본 8161[<13:上>646 상]

緣(가선 연)/562
[糸:총15획] 원본 8263[<13:上>654 하]

緛(쪼그라들 연)/562
[糸:총15획] 원본 8286[<13:上>656 상]

耎(가냘플 연)/586
[而:총09획] 원본 6356[<十:下>499 상]

肙(장구벌레 연)/593
[肉:총07획] 원본 2614[<四:下>177 하]

肰(개고기 연)/594
[肉:총08획] 원본 2608[<四:下>177 상]

䓴(목이 버섯 연)/630
[艸:총13획] 원본 0458[<一:下>036 하]

䕼(풀이름 연)/647
[艸:총23획] 원본 0452[<一:下>036 하]

蝝(누리새끼 연)/658
[虫:총15획] 원본 8426[<13:上>666 상]

蜎(장구벌레 연)/656
[虫:총13획] 원본 8502[<13:上>671 하]

衍(넘칠 연)/669
[行:총09획] 원본 6806[<11:上2>546 상]

𨘋(다른 곳으로 가는 모양 연)/751
[辵:총13획] 원본 1102[<二:下>072 하]

酀(땅 이름 연)/773
[邑:총19획] 원본 3985[<六:下>299 하]

郔(땅 이름 연)/761
[邑:총10획] 원본 3955[<六:下>295 하]

鋋(작은 창 연)/788
[金:총15획] 원본 8965[<14:上>710 하]

鉛(납 연)/786
[金:총13획] 원본 8828[<14:上>702 상]

䨇(모일 연)/817
[隹:총32획] 원본 2255[<四:上>148 상]

餇(물릴 연)/846
[食:총15획] 원본 3103[<五:下>221 하]

驠(꽁무니 흰 말 연)/862
[馬:총26획] 원본 5867[<十:上>463 상]

鳶(소리개 연)/890
[鳥:총17획] 원본 2341[<四:上>154 상]

鼘(북소리 연)/912
[鼓:총21획] 원본 2950[<五:上>206 하]

涅(개흙 열)/382
[水:총10획] 원본 6902[<11:上2>552 상]

熱(더울 열)/425
[火:총15획] 원본 6204[<十:上>485 하]

䁆(눈 움펑할 열)/491
[目:총15획] 원본 2065[<四:上>133 상]

窫(파낼 열)/524
[穴:총12획] 원본 4440[<七:下>344 하]

穾(뚫을 열)/522
[穴:총09획] 원본 4439[<七:下>344 하]

閱(검열할 열)/801
[門:총15획] 원본 7417[<12:上>590 하]

鶂(물새 열)/891
[鳥:총18획] 원본 2292[<四:上>151 하]

冄(다팔머리, 나아갈 염)/52
[冂:총04획] 원본 5779[<九:下>454 상]

厭厭(싫을 염)/86
[厂:총14획] 원본 5716[<九:下>448 상]

嬮(고요할 염)/161
[女:총17획] 원본 7808[<12:下>618 상]

姌(가냘픈 모양 염)/146
[女:총07획] 원본 7823[<12:下>619 상]

㜣(살필 염)/156
[女:총12획] 원본 7858[<12:下>620 하]

懕(편안할 염)/243
[心:총17획] 원본 6480[<十:下>507 상]

檿(산뽕나무 염)/341
[木:총18획] 원본 3382[<六:上>247 상]

染(물들일 염)/313
[木:총09획] 원본 7094[<11:上2>565 상]

棪(재염나무 염)/325
[木:총12획] 원본 3301[<六:上>241 상]
灩(더러울 염)/413
[水:총19획] 원본 7096[<11:上2>565 상]
焱(불꽃 염)/422
[火:총12획] 원본 6267[<十:下>490 하]
燄(불 댕길 염)/425
[火:총16획] 원본 6221[<十:上>487 상]
炎(불탈 염)/417
[火:총08획] 원본 6220[<十:上>487 상]
猒猒(배부를 염)/440
[犬:총14획] 원본 2904[<五:上>202 상]
琰(옥 갈 염)/451
[玉:총12획] 원본 0110[<一:上>012 하]
蚦(비단뱀 염)/653
[虫:총10획] 원본 8383[<13:上>663 하]
詽(수다스러울 염)/693
[言:총11획] 원본 1550[<三:上>098 상]
豔(고울 염)/710
[豆:총28획] 원본 2967[<五:上>208 하]
酓(술맛이 쓰다 염)/775
[酉:총11획] 원본 9380[<14:上>748 하]
[illegible](맛이 싱거울 염)/775
[酉:총13획] 원본 9421[<14:上>751 하]
醶(초 염)/779
[酉:총20획] 원본 9410[<14:上>751 상]
闧(사당문 염)/803
[門:총21획] 원본 7369[<12:上>587 상]
閻(이문 염)/801
[門:총16획] 원본 7376[<12:上>587 하]
[illegible](젖을 염)/820
[雨:총17획] 원본 7198[<11:下>573 하]
顩(구레나룻 염)/838
[頁:총16획] 원본 5451[<九:上>424 상]
鹽(소금 염)/898
[鹵:총24획] 원본 7353[<12:上>586 상]
黶(검정사마귀 염)/906
[黑:총26획] 원본 6232[<十:上>487 하]
䶬(거북껍질 가장자리 염)/922
[龜:총19획] 원본 8581[<13:下>678 하]
偞(날씬할 엽)/43
[人:총15획] 원본 4760[<八:上>367 하]
擪(누를 엽)/271
[手:총18획] 원본 7514[<12:上>598 상]
曄(빛날 엽)/298
[日:총15획] 원본 4043[<七:上>304 하]
枼(나뭇잎 엽)/312
[木:총09획] 원본 3663[<六:上>269 하]
爗(성할 엽)/427
[火:총16획] 원본 6198[<十:上>485 하]
皣(흰꽃 엽)/479
[白:총17획] 원본 3723[<六:下>275 상]
篥(대쪽 엽)/537
[竹:총15획] 원본 2761[<五:上>190 하]
葉(잎 엽)/630
[艸:총13획] 원본 0474[<一:下>037 하]
饁(들밥 엽)/848
[食:총19획] 원본 3089[<五:下>220 하]
塋(무덤 영)/128
[土:총13획] 원본 8723[<13:下>692 하]
嬰(갓난아이 영)/161
[女:총17획] 원본 7876[<12:下>621 하]
嬴(찰 영)/160
[女:총16획] 원본 7731[<12:下>612 하]
嶸(가파를 영)/190
[山:총17획] 원본 5625[<九:下>441 상]
廮(편안히 그칠 영)/211
[广:총20획] 원본 5673[<九:下>445 상]

摬(가운데 맞출 영)/267
[手:총14획] 원본 7689[<12:上>609 상]
梬(고욤나무 영)/322
[木:총11획] 원본 3270[<六:上>238 하]
楹(기둥 영)/331
[木:총13획] 원본 3476[<六:上>253 하]
榮(꽃 영)/331
[木:총14획] 원본 3387[<六:上>247 상]
柍(나무 이름 영)/313
[木:총09획] 원본 3292[<六:上>240 하]
永(길 영)/363
[水:총05획] 원본 7139[<11:下>569 하]
泳(헤엄칠 영)/376
[水:총08획] 원본 6956[<11:上2>556 상]
潁(강 이름 영)/402
[水:총15획] 원본 6730[<11:上1>534 상]
營(경영할 영)/426
[火:총17획] 원본 4426[<七:下>342 하]
⿱𤇾井(깊은 못 영)/423
[火:총14획] 원본 3051[<五:下>216 상]
瑩(밝을 영)/453
[玉:총15획] 원본 0136[<一:上>015 하]
瑛(옥빛 영)/452
[玉:총13획] 원본 0095[<一:上>011 상]
癭(혹 영)/476
[疒:총22획] 원본 4520[<七:下>349 상]
盈(찰 영)/480
[皿:총09획] 원본 3016[<五:上>212 하]
禜(재앙 막는 제사 영)/508
[示:총15획] 원본 52[<一:上>006 하]
穎(이삭 영)/520
[禾:총16획] 원본 4213[<七:上>323 하]
籯(바구니 영)/545
[竹:총26획] 원본 2808[<五:上>193 하]
纓(갓끈 영)/571
[糸:총23획] 원본 8246[<13:上>653 상]
縈(얽힐 영)/564
[糸:총16획] 원본 8300[<13:上>657 하]
⿱艹縈(풀 얽힌 모양 영)/642
[艸:총18획] 원본 0534[<一:下>040 하]
英(꽃부리 영)/618
[艸:총09획] 원본 0481[<一:下>038 상]
詠(읊을 영)/694
[言:총12획] 원본 1494[<三:上>095 상]
謍(작은 소리 영)/701
[言:총17획] 원본 1510[<三:上>095 하]
贏(이가 남을 영)/721
[貝:총20획] 원본 3799[<六:下>281 상]
賏(자개를 이어 꿴 목걸이 영)/719
[貝:총14획] 원본 3830[<六:下>283 상]
迎(맞이할 영)/748
[辵:총08획] 원본 1076[<二:下>071 하]
⿰嬰阝(현 이름 영)/773
[邑:총20획] 원본 3992[<六:下>299 하]
郢(땅 이름 영)/763
[邑:총10획] 원본 3920[<六:下>292 하]
醟(주정할 영)/777
[酉:총17획] 원본 9401[<14:上>750 상]
厂(끌 예)/9
[丿:총01획] 원본 7973[<12:下>627 하]
乂(벨 예)/9
[丿:총02획] 원본 7970[<12:下>627 상]
倪(어린이 예)/34
[人:총10획] 원본 4881[<八:上>376 하]
勩(수고로울 예)/68
[力:총14획] 원본 8807[<13:下>700 하]
叡(밝을 예)/91
[又:총16획] 원본 2411[<四:下>161 상]

呭(수다스러울 **예**)/100
[口:총08획] 원본 0814[<二:上>057 하]

埶(심을 **예**)/125
[土:총11획] 원본 1787[<三:下>113 하]

㙠(티끌 **예**)/129
[土:총14획] 원본 8712[<13:下>692 상]

㙪(흙먼지가 일 **예**)/130
[土:총15획] 원본 8715[<13:下>692 상]

嫛(유순할 **예**)/158
[女:총14획] 원본 7754[<12:下>614 하]

婗(갓난 아이 **예**)/154
[女:총11획] 원본 7755[<12:下>614 하]

寱(잠꼬대 **예**)/173
[宀:총17획] 원본 4488[<七:下>348 상]

窫(고요할 **예**)/171
[宀:총12획] 원본 4378[<七:下>339 하]

𢏚(제후 이름 **예**)/216
[弓:총09획] 원본 8109[<12:下>641 하]

𢿂(헐 **예**)/276
[攴:총12획] 원본 1965[<三:下>126 하]

曳(끌 **예**)/300
[日:총06획] 원본 9355[<14:上>747 상]

槸(나무가 서로 개갤 **예**)/334
[木:총15획] 원본 3452[<六:上>251 하]

殹(앓는 소리 **예**)/357
[殳:총11획] 원본 1869[<三:下>119 하]

濊(깊을 **예**)/409
[水:총16획] 원본 6825[<11:上2>547 하]

汭(물굽이 **예**)/366
[水:총07획] 원본 6814[<11:上2>546 하]

玴(옥돌 **예**)/448
[玉:총10획] 원본 0159[<一:上>017 상]

瘞(묻을 **예**)/474
[广:총15획] 원본 8721[<13:下>692 하]

瘱(고요할 **예**)/475
[疒:총16획] 원본 6421[<十:下>503 하]

睨(흘겨볼 **예**)/490
[目:총13획] 원본 2027[<四:上>131 하]

繄(창 전대 **예**)/567
[糸:총17획] 원본 8293[<13:上>656 하]

繠(드리워질 **예**)/569
[糸:총18획] 원본 6652[<十:下>515 하]

𦏁(양의 돌림병 **예**)/580
[羊:총15획] 원본 2242[<四:上>146 하]

翳(일산 **예**)/584
[羽:총17획] 원본 2165[<四:上>140 하]

羿羿(제후의 이름 **예**)/582
[羽:총12획] 원본 2147[<四:上>139 상]

薉(거친 풀 **예**)/641
[艸:총17획] 원본 0524[<一:下>040 상]

芮(풀 뾰족뾰족 날 **예**)/616
[艸:총08획] 원본 0512[<一:下>039 하]

虒(범의 모양 **예**)/649
[虍:총10획] 원본 2987[<五:上>211 상]

蜹(파리매 **예**)/657
[虫:총14획] 원본 8473[<13:上>669 상]

蜺(무지개 **예**)/657
[虫:총14획] 원본 8464[<13:上>668 상]

裔(후손 **예**)/674
[衣:총13획] 원본 5075[<八:上>394 상]

覞(흘겨볼 **예**)/685
[見:총15획] 원본 5227[<八:下>407 하]

觬(뿔 굽을 **예**)/688
[角:총15획] 원본 2704[<四:下>185 상]

譽(기릴 **예**)/705
[言:총21획] 원본 1490[<三:上>095 상]

詍(수다스러울 **예**)/694
[言:총12획] 원본 1547[<三:上>097 하]

詣(이를 예)/694
[言:총13획] 원본 1501[<三:上>095 하]
容(밝을 예)/707
[谷:총12획] 원본 7151[<11:下>570 하]
豫(미리 예)/712
[豕:총16획] 원본 5839[<九:下>459 하]
跇(넘을 예)/728
[足:총12획] 원본 1317[<二:下>083 상]
輗(끌채 끝 쐐기 예)/739
[車:총15획] 원본 9154[<14:上>729 상]
嬖(다스릴 예)/745
[辛:총15획] 원본 5536[<九:上>432 하]
郳(나라 이름 예)/765
[邑:총11획] 원본 3979[<六:下>298 하]
鋭(날카로울 예)/788
[金:총15획] 원본 8932[<14:上>707 하]
鐫(세발달린 귀 있는 구리그릇 예)/793
[金:총19획] 원본 8876[<14:上>704 하]
霓(무지개 예)/820
[雨:총16획] 원본 7210[<11:下>574 상]
饖(쉴 예)/849
[食:총22획] 원본 3112[<五:下>222 상]
鯢(도롱뇽 예)/883
[魚:총19획] 원본 7259[<11:下>578 상]
鷖(갈매기 예)/893
[鳥:총22획] 원본 2313[<四:上>152 하]
麑(사자 예)/899
[鹿:총19획] 원본 5979[<十:上>471 하]
黳(주근깨 예)/906
[黑:총23획] 원본 6233[<十:上>488 상]
齯(다시 난 이 예)/918
[齒:총23획] 원본 1234[<二:下>079 하]
五(다섯 오)/15
[二:총04획] 원본 9277[<14:上>738 상]
伍(대오 오)/23
[人:총06획] 원본 4850[<八:上>373 하]
傲(거만할 오)/39
[人:총13획] 원본 4783[<八:上>369 하]
午(일곱째 지지 오)/77
[十:총04획] 원본 9349[<14:上>746 상]
吾(나 오)/98
[口:총07획] 원본 0799[<二:上>056 하]
悟(만날 오)/105
[口:총11획] 원본 9350[<14:上>746 상]
嗸(슬픈 소리 오)/109
[口:총14획] 원본 0878[<二:上>060 상]
[고]昗(나라 이름 오)/98
[口:총07획] 원본 6305[<十:下>494 상]
墺(물가 오)/131
[土:총16획] 원본 8607[<13:下>682 하]
奡(오만할 오)/143
[大:총12획] 원본 6348[<十:下>498 하]
奧(속 오)/143
[大:총13획] 원본 4362[<七:下>338 상]
嫯(업신여길 오)/158
[女:총14획] 원본 7952[<12:下>625 하]
娛(즐거워할 오)/151
[女:총10획] 원본 7850[<12:下>620 상]
寤(깰 오)/172
[宀:총14획] 원본 4483[<七:下>347 하]
寤(잠 깰오)/169
[宀:총10획] 원본 4404[<七:下>341 상]
嶅(잔돌 많은 산 오)/189
[山:총14획] 원본 5601[<九:下>439 하]
弙(활 겨눌 오)/215
[弓:총06획] 원본 8098[<12:下>641 상]
悟(깨달을 오)/232
[心:총10획] 원본 6461[<十:下>506 상]

敖(놀 오)/276
[攴:총11획] 원본 3702[<六:下>273 상]

敖(놀 오)/276
[攴:총11획] 원본 2396[<四:下>160 상]

晤(밝을 오)/295
[日:총11획] 원본 4027[<七:上>303 상]

梧(벽오동나무 오)/322
[木:총11획] 원본 3386[<六:上>247 상]

杇(흙손 오)/306
[木:총07획] 원본 3507[<六:上>256 상]

歍(토할 오)/349
[欠:총14획] 원본 5291[<八:下>411 하]

澳(깊을 오)/408
[水:총16획] 원본 6937[<11:上2>554 하]

洿(웅덩이 오)/380
[水:총09획] 원본 7016[<11:上2>560 상]

汙(더러울 오)/365
[水:총06획] 원본 7017[<11:上2>560 상]

浯(강 이름 오)/381
[水:총10획] 원본 6756[<11:上1>539 하]

滶(노닐 오)/398
[水:총14획] 원본 6720[<11:上1>532 상]

汻(물 이름 오)/367
[水:총07획] 원본 6910[<11:上2>552 하]

炇(불에 고기 쬘 오)/419
[火:총10획] 원본 6156[<十:上>482 하]

熬(볶을 오)/425
[火:총15획] 원본 6154[<十:上>482 하]

烏(까마귀 오)/419
[火:총10획] 원본 2372[<四:上>157 상]

獒(개 오)/442
[犬:총15획] 원본 6033[<十:上>474 하]

瑦(옥돌 오)/453
[玉:총14획] 원본 0172[<一:上>017 상]

䓊(풀이름 오)/623
[艸:총11획] 원본 0633[<一:下>046 상]

謷(헐뜯을 오)/703
[言:총18획] 원본 1515[<三:上>096 상]

䛩(서로 헐뜯을 오)/698
[言:총15획] 원본 1593[<三:上>099 하]

誤(그릇할 오)/697
[言:총14획] 원본 1541[<三:上>097 하]

趨(가볍게 달아날 오)/726
[走:총17획] 원본 0962[<二:上>064 하]

鄔(땅 이름 오)/767
[邑:총13획] 원본 3889[<六:下>289 하]

郚(고을 이름 오)/764
[邑:총10획] 원본 3972[<六:下>298 상]

鏖(탕그릇 오)/796
[金:총21획] 원본 8871[<14:上>704 하]

隩(굽이 오)/811
[阜:총16획] 원본 9222[<14:上>734 하]

隖(작은 성채 오)/810
[阜:총13획] 원본 9258[<14:上>736 하]

]𩕢(높을 오)/841
[頁:총19획] 원본 2538[<九:上>418 상]

驁(준마 오)/860
[馬:총21획] 원본 5871[<十:上>463 상]

鷔(수리부엉이 오)/891
[鳥:총19획] 원본 2285[<四:上>151 상]

屋(집 옥)/182
[尸:총09획] 원본 5174[<八:上>400 하]

沃(물 댈 옥)/384
[水:총11획] 원본 6945[<11:上2>555 하]

獄(옥 옥)/442
[犬:총14획] 원본 6084[<十:上>478 상]

瓁(고깔 꾸미개 옥)/455
[玉:총18획] 원본 0128[<一:上>014 하]

玉(옥 옥)/445
[玉:총05획] 원본 0077[<一:上>010 상]
𦢊(비계 많은 모양 옥)/604
[肉:총17획] 원본 2590[<四:下>176 상]
鋈(도금 옥)/788
[金:총15획] 원본 8827[<14:上>702 상]
媼(할미 온)/157
[女:총13획] 원본 7758[<12:下>615 상]
慍(성낼 온)/239
[心:총13획] 원본 6563[<十:下>511 하]
搵(잠길 온)/266
[手:총13획] 원본 7708[<12:上>610 상]
溫(따뜻할 온)/395
[水:총13획] 원본 6666[<11:上1>519 상]
熅(숯불 온)/423
[火:총14획] 원본 6184[<十:上>484 하]
𥁕昷(어질 온)/481
[皿:총10획] 원본 3020[<五:上>213 상]
縕(헌솜 온)/565
[糸:총16획] 원본 8362[<13:上>662 상]
蕰(붕어마름 온)/640
[艸:총17획] 원본 0531[<一:下>040 하]
轀(와거 온)/741
[車:총17획] 원본 9073[<14:上>720 하]
醞(빚을 온)/777
[酉:총17획] 원본 9361[<14:上>747 하]
饂(보리를 서로 먹을 온)/848
[食:총18획] 원본 3098[<五:下>221 상]
兀(우뚝할 올)/45
[儿:총03획] 원본 5205[<八:下>405 상]
嗢(목멜 올)/109
[口:총13획] 원본 0844[<二:上>059 상]
扤(흔들릴 올)/252
[手:총06획] 원본 7669[<12:上>608 상]
殟(심란할 올)/355
[歹:총14획] 원본 2419[<四:下>162 상]
𤵸(병 올)/471
[疒:총10획] 원본 4504[<七:下>348 하]
𦨇𦨉(배 까불 올)/612
[舟:총06획] 원본 5195[<八:下>403 하]
阢(흙 있는 돌산 올)/804
[阜:총06획] 원본 9216[<14:上>734 하]
廱(화락할 옹)/211
[广:총21획] 원본 5644[<九:下>442 하]
𢹬𢸋𢸆擁(안을 옹/272
[手:총16획] 원본 7596 [<12:上>604 상]
灉(강 이름 옹)/415
[水:총21획] 원본 6747[<11:上1>537 하]
滃(구름 일 옹)/396
[水:총13획] 원본 6968[<11:上2>557 상]
瓮(독 옹)/458
[瓦:총09획] 원본 8067[<12:下>638 하]
癰(악창 옹)/476
[疒:총23획] 원본 4536[<七:下>350 상]
𥳽(대나무가 무성한 모양 옹)/539
[竹:총16획] 원본 2753[<五:上>190 상]
罋𦉥(항아리 옹)/574
[缶:총24획] 원본 3150[<五:下>225 상]
翁(늙은이 옹)/581
[羽:총10획] 원본 2140[<四:上>138 하]
螉(나나니벌 옹)/660
[虫:총16획] 원본 8386[<13:上>664 상]
邕(화할 옹)/755
[邑:총10획] 원본 7131[<11:下>569 상]
雝(할미새 옹)/815,816
[隹:총18획] 원본 2188[<四:上>143 상]
顒(공경할 옹)/540
[頁:총18획] 원본 5376[<九:上>417 하]

饔饔(아침밥 옹)/850
[食:총22획] 원본 3068[<五:下>218 하]

鰅(동자개 옹)/884
[魚:총20획] 원본 7286[<11:下>579 하]

鰫(물고기 이름 옹)/884
[魚:총21획] 원본 7271[<11:下>578 하]

吪(움직일 와)/97
[口:총07획] 원본 0892[<二:上>060 하]

囮(후림새 와)/115
[囗:총07획] 원본 3769[<六:下>278 하]

奃(클 와)/140
[大:총08획] 원본 6288[<十:下>492 하]

婐(정숙할 와)/153
[女:총11획] 원본 7831[<12:下>619 하]

姽(예쁠 와)/151
[女:총09획] 원본 7832[<12:下>619 하]

洼(웅덩이 와)/380
[水:총09획] 원본 6922[<11:上2>553 하]

漥(웅덩이 와)/400
[水:총14획] 원본 6923[<11:上2>553 하]

瓦(기와 와)/457
[瓦:총05획] 원본 8058[<12:下>638 상]

窊(우묵할 와)/523
[穴:총10획] 원본 4449[<七:下>345 상]

臥(엎드릴 와)/605
[臣:총08획] 원본 5009[<八:上>388 상]

蝸(달팽이 와)/659
[虫:총15획] 원본 8500[<13:上>671 상]

譌(거짓말 와)/704
[言:총19획] 원본 1581[<三:上>099 상]

鈋(모서리를 깎아 둥글게 할 와)/784
[金:총12획] 원본 9014[<14:上>714 하]

鼃(개구리 와)/910
[黽:총19획] 원본 8583[<13:下>679 상]

刓(깎을 완)/60
[刀:총06획] 원본 2671[<四:下>181 하]

垸(바를 완)/124
[土:총10획] 원본 8661[<13:下>688 상]

婠(품성 좋을 완)/154
[女:총11획] 원본 7815[<12:下>618 하]

婉(순할 완)/153
[女:총11획] 원본 7820[<12:下>618 하]

完(완전할 완)/167
[宀:총07획] 원본 4383[<七:下>339 하]

宛(굽을 완)/168
[宀:총08획] 원본 4407[<七:下>341 상]

忨(탐할 완)/227
[心:총07획] 원본 6542[<十:下>510 하]

擊(한 줌 완)/264
[手:총13획] 원본 7462[<12:上>594 상]

梡(도마 완)/322
[木:총11획] 원본 3659[<六:上>269 하]

琬(홀 완)/451
[玉:총12획] 원본 0108[<一:上>012 하]

堅(옥돌 완)/453
[玉:총14획] 원본 0166[<一:上>017 상]

玩(희롱할 완)/447
[玉:총08획] 원본 0143[<一:上>016 상]

盌(주발 완)/458
[瓦:총10획] 원본 8069[<12:下>639 상]

盌(주발 완)/481
[皿:총10획] 원본 3000[<五:上>211 하]

䀹(소경 완)/487
[目:총10획] 원본 2050[<四:上>132 하]

緩緩(더딜 완)/570
[糸:총20획] 원본 8375[<13:上>662 하]

翫(가지고 놀 완)/583
[羽:총15획] 원본 2132[<四:上>138 상]

脘(밥통 **완**)/598
[肉:총11획] 원본 2572[<四:下>174 상]
薍(물억새 **완**)/641
[艸:총17획] 원본 0400[<一:下>033 하]
莞(왕골 **완**)/624
[艸:총11획] 원본 0308[<一:下>027 하]
菀(자완 **완**)/626
[艸:총12획] 원본 0431[<一:下>035 하]
䜴(콩엿 **완**)/708
[豆:총10획] 원본 2962[<五:上>207 하]
阮(관 이름 **완**)/804
[阜:총07획] 원본 9233[<14:上>735 상]
頑(완고할 **완**)/835
[頁:총13획] 원본 5387[<九:上>418 상]
曰(가로 **왈**)/300
[曰:총04획] 원본 2908[<五:上>202 하]
聉(무지할 **왈**)/589
[耳:총11획] 원본 7446[<12:上>592 하]
尢(절름발이 **왕**)/178
[尢:총03획] 원본 6313[<十:下>495 상]
往(갈 **왕**)/222
[彳:총08획] 원본 1167[<二:下>076 상]
𢻹(굽을 **왕**)/275
[攴:총11획] 원본 1953[<三:下>126 상]
暀(빛 고울 **왕**)/296
[日:총12획] 원본 4067[<七:上>306 하]
枉(굽을 **왕**)/309
[木:총08획] 원본 3440[<六:上>250 하]
汪(넓을 **왕**)/366
[水:총07획] 원본 6827[<11:上2>547 하]
王(임금 **왕**)/446
[玉:총04획] 원본 0074[<一:上>009 하]
倭(왜국 **왜**)/33
[人:총10획] 원본 4772[<八:上>368 하]
哇(음란한 소리 **왜**)/102
[口:총09획] 원본 0856[<二:上>059 하]
娃(예쁠 **왜**)/151
[女:총09획] 원본 7915[<12:下>623 하]
媧(사람 이름 **왜**)/156
[女:총12획] 원본 7781[<12:下>617 상]
緺(자청색 인근 **왜**)/564
[糸:총15획] 원본 8254[<13:上>654 상]
騧(공골말 **왜**)/858
[馬:총19획] 원본 5858[<十:上>462 상]
[고]外(밖 **외**)/136
[夕:총05획] 원본 4142[<七:上>315 하]
嵬(높을 **외**)/189
[山:총13획] 원본 5580[<九:上>437 상]
巍(높을 **외**)/190
[山:총21획] 원본 5581[<九:上>437 상]
椳(지도리 **외**)/327
[木:총13획] 원본 3509[<六:上>256 상]
渨(잠길 **외**)/389
[水:총12획] 원본 6967[<11:上2>557 상]
煨(불씨 **외**)/423
[火:총13획] 원본 6144[<十:上>482 상]
猥(함부로 **외**)/441
[犬:총12획] 원본 6018[<十:上>474 상]
畏(두려워할 **외**)/464
[田:총09획] 원본 5575[<九:上>436 하]
瘣(앓을 **외**)/475
[疒:총15획] 원본 4494[<七:下>348 상]
聵(배냇 귀먹어리 **외**)/590
[耳:총18획] 원본 7445[<12:上>592 하]
褢(깔 **외**)/678
[衣:총17획] 원본 5099[<八:上>395 하]
𧤗(뿔 안으로 굽을 **외**)/689
[角:총16획] 원본 2709[<四:下>185 하]

鍡(평평하지 않을 외)/791
[金:총17획] 원본 8996[<14:上>713 하]

隈(굽이 외)/809
[阜:총12획] 원본 9223[<14:上>734 하]

隗(험할 외)/810
[阜:총13획] 원본 9187[<14:上>732 상]

䫥(큰 머리 외)/841
[頁:총19획] 원본 5421[<九:上>421 상]

顡(머리 가릴 외)/839
[頁:총18획] 원본 5386[<九:上>418 상]

頠(조용할 외)/837
[頁:총15획] 원본 5392[<九:上>418 하]

僥(바랄 요)/41
[人:총14획] 원본 4973[<八:上>384 상]

傜(기쁠 요)/40
[人:총13획] 원본 4928[<八:上>380 하]

嗂(기꺼울 요)/108
[口:총13획] 원본 0831[<二:上>058 상]

垚(사람 이름 요)/123
[土:총09획] 원본 8733[<13:下>694 상]

고堯(요임금 요)/127
[土:총12획] 원본 8734[<13:下>694 상]

夭(어릴 요)/138
[大:총04획] 원본 6306[<十:下>494 상]

𡝊(공교할 요)/153
[女:총11획] 원본 7891[<12:下>622 하]

嬈(아리따울 요)/159
[女:총15획] 원본 7941[<12:下>625 상]

姚(예쁠 요)/149
[女:총09획] 원본 7732[<12:下>612 하]

媱(예쁠 요)/156
[女:총13획] 원본 7827[<12:下>619 상]

窅(깊은 구멍 소리 요)/168
[宀:총09획] 원본 4361[<七:下>338 상]

尦(절뚝거릴 요)/179
[尢:총09획] 원본 6317[<十:下>495 상]

嶢(높을 요)/189
[山:총15획] 원본 5630[<九:下>441 상]

幺(작을 요)/205
[幺:총03획] 원본 2382[<四:下>158 하]

彇(활 날카로울 요)/219
[弓:총21획] 원본 8091[<12:下>640 하]

徼(구할 요)/225
[彳:총16획] 원본 1170[<二:下>076 상]

憿(요행 요)/242
[心:총16획] 원본 6540[<十:下>510 하]

擾(어지러울 요)/272
[手:총19획] 원본 7563[<12:上>601 하]

搖(흔들릴 요)/266
[手:총13획] 원본 7579[<12:上>602 하]

撓(어지러울 요)/269
[手:총15획] 원본 7562[<12:上>601 하]

旚(기 요)/287
[方:총15획] 원본 4102[<七:上>311 상]

𣅀(아득히 합할 요)/289
[日:총06획] 원본 4058[<七:上>305 하]

橈(꺾일 요)/337
[木:총16획] 원본 3441[<六:上>250 하]

枖(나무가 어리면서 무성한 모양 요)/310
[木:총08획] 원본 3427[<六:上>249 하]

榣(큰 나무 요)/331
[木:총14획] 원본 3438[<六:上>250 하]

歊(숨 내쉴 요)/349
[欠:총14획] 원본 5299[<八:下>412 상]

澆(물 댈 요)/406
[水:총15획] 원본 7061[<11:上2>563 상]

燿(빛날 요)/427
[火:총18획] 원본 6195[<十:上>485 하]

犪(길들일 요)/437
[牛:총23획] 원본 0723[<二:上>052 상]
瑤(아름다운 옥 요)/453
[玉:총14획] 원본 0182[<一:上>017 하]
珧(강요주 요)/449
[玉:총10획] 원본 0188[<一:上>018 상]
𤬪(오이요)/457
[瓜:총16획] 원본 4349[<七:下>337 하]
祅(재앙 요)/506
[示:총13획] 원본 0069[<一:上>008 하]
窯(기와 굽는 가마 요)/525
[穴:총15획] 원본 4434[<七:下>344 상]
窅(움평눈 요)/523
[穴:총10획] 원본 2017[<四:上>130 하]
窅(멀 요)/523
[穴:총11획] 원본 4470[<七:下>346 하]
窔(그윽할 요)/523
[穴:총11획] 원본 4471[<七:下>346 하]
窈(그윽할 요)/523
[穴:총10획] 원본 4473[<七:下>346 하]
繞(두를 요)/569
[糸:총18획] 원본 8177[<13:上>647 상]
緰(비단 요)/563
[糸:총15획] 원본 8351[<13:上>661 상]
䍃(질그릇 요)/573
[缶:총10획] 원본 3156[<五:下>225 하]
舀(퍼낼 요)/609
[臼:총10획] 원본 4323[<七:上>334 하]
蕘(풋나무 요)/639
[艸:총16획] 원본 0599[<一:下>044 하]
蘨(풀 더부룩한 모양 요)/646
[艸:총21획] 원본 0544[<一:下>041 하]
芺(엉겅퀴 요)/617
[艸:총08획] 원본 0332[<一:下>029 상]
葽(풀이름 요)/632
[艸:총13획] 원본 0454[<一:下>036 하]
蟯(요충 요)/662
[虫:총18획] 원본 8394[<13:上>664 상]
要(구할 요)/681
[襾:총09획] 원본 1691[<三:上>105 하]
覞(잘못 볼 요)/686
[見:총24획] 원본 5257[<八:下>409 상]
覞(아울러 볼 요)/686
[見:총14획] 원본 5268[<八:下>410 상]
䚻(노래 요)/692
[言:총11획] 원본 1464[<三:上>093 상]
繇由(말미암을 요)/567,702
[言:총18획] 원본 8120[<13:上>643 상]
䠛(뛸 요)/731
[足:총17획] 원본 1312[<二:下>083 상]
銚(쟁개비 요)/787
[金:총14획] 원본 8872[<14:上>704 하]
饒(넉넉할 요)/849
[食:총21획] 원본 3104[<五:下>221 하]
鷕(울 요)/893
[鳥:총22획] 원본 2363[<四:上>156 상]
鷂(익더귀 요)/893
[鳥:총21획] 원본 2343[<四:上>154 하]
欲(하고자 할 욕)/347
[欠:총11획] 원본 5288[<八:下>411 상]
溽(무더울 욕)/396
[水:총13획] 원본 6901[<11:上2>552 상]
浴(목욕할 욕)/381
[水:총10획] 원본 7080[<11:上2>564 상]
𤞞(독욕이라는 짐승 욕)/439
[犬:총10획] 원본 6054[<十:上>475 하]
縟(화문 놓을 욕)/566
[糸:총16획] 원본 8242[<13:上>652 상]

薅 薅 蓐(요 욕)/635
[艸:총14획] 원본 0662[<一:下>047 하]

辱 辱(욕되게 할 욕)/746
[辰:총10획] 원본 9346[<14:上>745 하]

鄏 鄏(땅 이름 욕)/767
[邑:총13획] 원본 3868[<六:下>287 하]

鋊 鋊(구리 가루 욕)/788
[金:총15획] 원본 8879[<14:上>705 상]

鵒 鵒(구관조 욕)/890
[鳥:총18획] 원본 2353[<四:上>155 하]

傛 傛(불안할 용)/38
[人:총12획] 원본 4759[<八:上>367 하]

俑 俑(허수아비 용)/30
[人:총09획] 원본 4944[<八:上>381 상]

傭 傭(품팔이 용)/39
[人:총13획] 원본 4800[<八:上>370 하]

勈 勈 흑勇 ꞁ勇(날쌜 용)/67
[力:총09획] 원본 8813[<13:下>701 상]

墉 墉 ꞁ墉(담 용)/130
[土:총14획] 원본 8666[<13:下>688 하]

宂 宂(쓸데없을 용)/166
[宀:총05획] 원본 4388[<七:下>340 상]

容 容(얼굴 용)/170
[宀:총10획] 원본 4387[<七:下>340 상]

庸 庸(쓸 용)/208
[广:총11획] 원본 1982[<三:下>128 상]

搈 搈(움직일 용)/265
[手:총13획] 원본 7580[<12:上>602 하]

摏 摏(짓찧을 용)/265
[手:총13획] 원본 7643[<12:上>606 하]

氄 氄(털 성할 용)/361
[毛:총14획] 원본 5147[<八:上>399 상]

溶 溶(질펀히 흐를 용)/395
[水:총13획] 원본 6868[<11:上2>550 상]

涌 涌(샘 솟을 용)/382
[水:총10획] 원본 6860[<11:上2>549 하]

甬 甋(질그릇 용)/459
[瓦:총15획] 원본 8074[<12:下>639 상]

甬 甬(길 용)/461
[用:총07획] 원본 4155[<七:上>317 상]

用 用(쓸 용)/461
[用:총05획] 원본 1980[<三:下>128 상]

韐 韐(사냥할 때 입는 가죽바지 용)/460,
[皮:총21획] 원본 1893[<三:下>122 상]

箐 箐(전동 용)/535
[竹:총13획] 원본 2817[<五:上>194 상]

聳 聳(날 때부터 귀먹어리 용)/590
[耳:총13획] 원본 7443[<12:上>592 상]

臿 臿(쓸 용)/607
[自:총15획] 원본 3190[<五:下>229 하]

舂 春 旼春(찧을 용)/609
[臼:총11획] 원본 4320[<七:上>334 상]

茸 茸(무성할 용)/621
[艸:총10획] 원본 0654[<一:下>047 상]

蛹 蛹(번데기 용)/655
[虫:총13획] 원본 8391[<13:上>664 상]

貐 貐(맹수 이름 용)/715
[豸:총18획] 원본 5824[<九:下>457 하]

踊 踊(뛸 용)/724
[走:총14획] 원본 1010[<二:上>067 상]

踊 踊(뛸 용)/730
[足:총14획] 원본 1282[<二:下>082 상]

軵 軵(수레 용)/737
[車:총12획] 원본 9152[<14:上>729 상]

鄘 鄘(나라 이름 용)/768
[邑:총14획] 원본 3927[<六:下>293 하]

鏞 鏞(종 용)/793
[金:총19획] 원본 8950[<14:上>709 하]

鎔(녹일 용)/792
[金:총18획] 원본 8849[<14:上>703 상]

䩸(털 장식 용)/829
[革:총19획] 원본 1740[<三:下>110 상]

髶(엉킨 터럭 용)/868
[髟:총16획] 원본 5497[<九:上>428 상]

鰫(물고기 이름 용)/885
[魚:총21획] 원본 7225[<11:下>575 하]

鱅(전어 용)/885
[魚:총22획] 원본 7287[<11:下>579 하]

鷛(비오리용)/894
[鳥:총22획] 원본 2329[<四:上>153 하]

䶂(쥐용)/913
[鼠:총18획] 원본 6101[<十:上>479 하]

亏(어조사 우)/15
[二:총03획] 원본 2932[<五:上>204 하]

偶(짝 우)/37
[人:총11획] 원본 4966[<八:上>383 상]

俁(얼굴 클 우)/31
[人:총09획] 원본 4778[<八:上>369 상]

優(넉넉할 우)/44
[人:총17획] 원본 4873[<八:上>375 하]

又(또 우)/88
[又:총02획] 원본 1804[<三:下>114 하]

友(벗 우)/89
[又:총04획] 원본 1830[<三:下>116 하]

吁(탄식할 우)/95
[口:총06획] 원본 0875[<二:上>060 상]

又(오른손 우)/94
[口:총05획] 원본 0836[<二:上>058 하]

吁(탄식할 우)/95
[口:총06획] 원본 2935[<五:上>204 하]

嚘(탄식할 우)/113
[口:총18획] 원본 0849[<二:上>059 상]

噳(웃는 모양 우)/112
[口:총16획] 원본 0918[<二:上>062 상]

右(오른쪽 우)/94
[口:총05획] 원본 1804[<三:下>114 하]

喁(화답할 우)/105
[口:총12획] 원본 0919[<二:上>062 상]

堣(땅 이름 우)/127
[土:총12획] 원본 8608[<13:下>682 하]

寓(머무를 우)/171
[宀:총12획] 원본 4410[<七:下>341 하]

宇(집 우)/166
[宀:총06획] 원본 4364[<七:下>338 하]

尪(몸이 굽을 우)/179
[尢:총06획] 원본 6323[<十:下>495 하]

尤(더욱 우)/179
[尢:총04획] 원본 9295[<14:上>740 하]

嵎(산모롱이 우)/188
[山:총12획] 원본 5588[<九:下>438 상]

愚(어리석을 우)/237
[心:총13획] 원본 6510[<十:下>509 하]

𢝊(근심할 우)/236
[心:총15획] 원본 6619[<十:下>514 상]

憂(근심할 우)/240
[心:총15획] 원본 3222[<五:下>233 상]

㥔(기쁠 우)/237
[心:총12획] 원본 6486[<十:下>507 하]

忧(가슴 설렐 우)/227
[心:총07획] 원본 6596[<十:下>513 상]

扜(당길 우)/252
[手:총06획] 원본 7715[<12:上>610 하]

楀(나무 이름 우)/327
[木:총13획] 원본 3306[<六:上>241 하]

櫌(곰방메 우)/341
[木:총19획] 원본 3540[<六:上>259 하]

瀀(어살 우)/412
[水:총18획] 원본 6992[<11:上2>558 하]
沋(물 흐르는 소리 우)/369
[水:총07획] 원본 6789[<11:上1>544 상]
湡(강 이름 우)/393
[水:총12획] 원본 6760[<11:上1>540 상]
𤘘(충치 우)/433
[牙:총13획] 원본 1261[<二:下>081 상]
牛(소 우)/433
[牛:총04획] 원본 0692[<二:上>050 하]
瑀(패옥 우)/451
[玉:총13획] 원본 0150[<一:上>016 상]
玗(옥돌 우)/447
[玉:총07획] 원본 0176[<一:上>017 하]
㽽(몸 떨 우)/470
[疒:총07획] 원본 4522[<七:下>349 하]
盂(바리 우)/480
[皿:총08획] 원본 2999[<五:上>211 하]
盱(쳐다볼 우)/484
[目:총08획] 원본 2032[<四:上>131 하]
祐(도울 우)/504
[示:총10획] 원본 0021[<一:上>003 상]
禺(긴 꼬리 원숭이 우)/510
[内:총09획] 원본 5576[<九:上>436 하]
禹(하우씨 우)/510
[内:총09획] 원본 9286[<14:上>739 하]
竽(피리 우)/531
[竹:총09획] 원본 2856[<五:上>196 하]
紆(굽을 우)/550
[糸:총09획] 원본 8162[<13:上>646 상]
羽(깃 우)/581
[羽:총06획] 원본 2133[<四:上>138 상]
耦(짝 우)/588
[耒:총15획] 원본 2694[<四:下>184 상]
肬(사마귀 우)/594
[肉:총08획] 원본 2543[<四:下>171 하]
萭(풀이름 우)/629
[艸:총13획] 원본 0299[<一:下>027 상]
蕅(연뿌리 우)/638
[艸:총16획] 원본 0414[<一:下>034 하]
芋(토란 우)/615
[艸:총07획] 원본 0250[<一:下>024 하]
虞(헤아릴 우)/650
[虍:총13획] 원본 2972[<五:上>209 상]
衧(소매 큰 옷 우)/671
[衣:총08획] 원본 5060[<八:上>393 상]
訧(허물 우)/692
[言:총11획] 원본 1447[<三:上>092 하]
訏(클 우)/691
[言:총10획] 원본 1589[<三:上>099 하]
訧(허물 우)/692
[言:총11획] 원본 1627[<三:上>101 상]
謣(망령되이 말할 우)/702
[言:총18획] 원본 1580[<三:上>099 상]
踽(홀로 갈 우)/731
[足:총16획] 원본 1273[<二:下>081 하]
遇(만날 우)/752
[辵:총13획] 원본 1078[<二:下>071 하]
迂(멀 우)/747
[辵:총07획] 원본 1153[<二:下>075 상]
𨚲(정자 이름 우)/761
[邑:총09획] 원본 3919[<六:下>292 하]
邮(우편 우)/758
[邑:총08획] 원본 3863[<六:下>287 상]
邘(땅 이름 우)/756
[邑:총06획] 원본 3876[<六:下>288 하]
鄾(땅 이름 우)/772
[邑:총18획] 원본 3912[<六:下>292 상]

郵(역참 우)/765
[邑:총11획] 원본 3841[<六:下>284 상]
鄅(나라 이름 우)/766
[邑:총12획] 원본 3957[<六:下>295 하]
隅(모퉁이 우)/809
[阜:총12획] 원본 9182[<14:上>731 하]
䨞(비오는 모양 우)/820
[雨:총17획] 원본 7195[<11:下>573 하]
雨(비 우)/817
[雨:총08획] 원본 7169[<11:下>571 하]
䨦(물소리 우)/820
[雨:총14획] 원본 7214[<11:下>574 하]
雩(기우제 우)/817
[雨:총11획] 원본 7212[<11:下>574 하]
靬(가죽 우)/826
[革:총12획] 원본 1735[<三:下>109 하]
𩑱(머리 흔들 우)/835
[頁:총13획] 원본 5423[<九:上>421 상]
髃(어깨 앞쪽 우)/865
[骨:총19획] 원본 2455[<四:下>165 상]
麌(암사슴 우)/898
[鹿:총13획] 원본 5964[<十:上>470 상]
齵(이 바르지 못할 우)/919
[齒:총24획] 원본 1226[<二:下>079 상]
勖(힘쓸 욱)/67
[力:총11획] 원본 8792[<13:下>699 하]
戫(빛날 욱)/250
[彡:총16획] 원본 4130[<七:上>314 상]
彧(문채 욱/192, 221
[彡川:총10획] 원본 7128[<11:下>568 하]
昱(빛날 욱)/294
[日:총09획] 원본 4069[<七:上>306 하]
旭(아침 해 욱)/290
[日:총06획] 원본 4031[<七:上>303 하]
㰲(숨을 내쉴 욱)/347
[欠:총12획] 원본 5278[<八:下>410 하]
煜(빛날 욱)/423
[火:총13획] 원본 6194[<十:上>485 상]
燠(따뜻할 욱)/426
[火:총17획] 원본 6206[<十:上>486 상]
籅(조리 욱)/542
[竹:총19획] 원본 2788[<五:上>192 상]
郁(성할 욱)/760
[邑:총09획] 원본 3850[<六:下>286 상]
頊(삼갈 욱)/835
[頁:총13획] 원본 5402[<九:上>419 상]
喗(떠들 운)/106
[口:총12획] 원본 0753[<二:上>054 하]
囩(돌 운)/115
[囗:총07획] 원본 3748[<六:下>277 상]
壼(답답할 운)/133
[士:총12획] 원본 6326[<十:下>495 하]
㚃(높을 운)/140
[大:총07획] 원본 6292[<十:下>493 상]
妘(성 운)/146
[女:총07획] 원본 7734[<12:下>613 상]
愪(근심할 운)/239
[心:총13획] 원본 6598[<十:下>513 상]
惲(도타울 운)/235
[心:총12획] 원본 6411[<十:下>503 상]
抎(잃을 운)/253
[手:총07획] 원본 7574[<12:上>602 상]
澐(큰 물결 일 운)/407
[水:총15획] 원본 6844[<11:上2>549 상]
沄(소용돌이칠 운)/368
[水:총07획] 원본 6833[<11:上2>548 상]
溳(강 이름 운)/395
[水:총13획] 원본 6725[<11:上1>533 상]

⿸疒員(병들 운)/474
[疒:총15획] 원본 4502[<七:下>348 하]

磒(떨어질 운)/500
[石:총15획] 원본 5738[<九:下>450 상]

縜(가는 끈 운)/565
[糸:총16획] 원본 8278[<13:上>655 하]

𦓤(김 멜 운)/588
[耒:총16획] 원본 2697[<四:下>184 상]

芸(향초 이름 운)/616
[艸:총08획] 원본 0373[<一:下>031 하]

⿰員見(어질어질할 운)/685
[見:총17획] 원본 5232[<八:下>407 하]

⿰貝云(엉크러질 운)/7719
[貝:총14획] 원본 3771[<六:下>279 상]

運(돌 운)/752
[辵:총13획] 원본 1089[<二:下>072 상]

鄆(고을 이름 운)/766
[邑:총12획] 원본 3874[<六:下>288 상]

鄖(나라 이름 운)/768
[邑:총13획] 원본 3926[<六:下>293 하]

隕(떨어질 운)/810
[阜:총13획] 원본 9202[<14:上>733 상]

雲(구름 운)/818
[雨:총12획] 원본 7215[<11:下>575 상]

霣(떨어질 운)/820
[雨:총18획] 원본 7171[<11:下>572 상]

⿰革軍(북 메는 장인 운)/829
[革:총18획] 원본 1702[<三:下>107 하]

⿰員頁(둥글 운)/540
[頁:총19획] 원본 5372[<九:上>417 하]

餫(보낼 운)/847
[食:총18획] 원본 3108[<五:下>221 하]

齳(이빠질 운)/919
[齒:총24획] 원본 1231[<二:下>079 하]

蔚(풀이름 울)/637
[艸:총15획] 원본 0421[<一:下>035 상]

鬰鬱(울금향 울)/872
[鬯:총31획] 원본 3060[<五:下>217 상]

鬱(막힐 울)/873
[鬯:총29획] 원본 3687[<六:上>271 하]

黦(검을 울)/906
[黑:총22획] 원본 6244[<十:上>488 상]

熊(곰 웅)/424
[火:총14획] 원본 6106[<十:上>479 하]

雄(수컷 웅)/814
[隹:총12획] 원본 2201[<四:上>143 하]

傆(약을 원)/38
[人:총12획] 원본 4856[<八:上>374 상]

元(으뜸 원)/45
[儿:총04획] 원본 0002[<一:上>001 상]

冤(원통할 원)/54
[冖:총10획] 원본 5994[<十:上>472 하]

厡厵原(근원 원/85
[厂:총10획] 원본 7138[<11:下>569 하]

員(수효 원)/102
[口:총10획] 원본 3770[<六:下>279 상]

園(동산 원)/117
[囗:총13획] 원본 3758[<六:下>278 상]

圓(둥글 원)/117
[囗:총13획] 원본 3749[<六:下>277 상]

[주]垣(담 원)/123
[土:총09획] 원본 8629[<13:下>684 하]

夗(누워 뒹굴 원)/137
[夕:총05획] 원본 4139[<七:上>315 상]

⿰女冤(편안할 원)/157
[女:총13획] 원본 7856[<12:下>620 하]

妴(순직할 원)/147
[女:총08획] 원본 7819[<12:下>618 하]

嫄(사람 이름 원)/157
[女:총13획] 원본 7784[<12:下>617 상]

媛(미인 원)/156
[女:총12획] 원본 7878[<12:下>622 상]

帵(행주 원)/197
[巾:총08획] 원본 4683[<七:下>359 하]

怨(원망할 원)/229
[心:총09획] 원본 6560[<十:下>511 하]

愿(삼갈 원)/238
[心:총14획] 원본 6417[<十:下>503 하]

援(당길 원)/265
[手:총12획] 원본 7622[<12:上>605 하]

楥(느티나무 원)/329
[木:총13획] 원본 3577[<六:上>262 하]

洹(강 이름 원)/380
[水:총09획] 원본 6746[<11:上1>537 하]

沅(강 이름 원)/368
[水:총07획] 원본 6671[<11:上1>520 하]

爰(이에 원)/429
[爪:총09획] 원본 2399[<四:下>160 하]

瑗(도리옥 원)/452
[玉:총13획] 원본 0102[<一:上>012 상]

畹(밭 면적 단위 원)/467
[田:총13획] 원본 8753[<13:下>696 하]

蒬(풀이름 원)/632
[艸:총15획] 원본 0358[<一:下>030 하]

苑(나라 동산 원)/617
[艸:총09획] 원본 0541[<一:下>041 상]

芫(팥꽃나무 원)/616
[艸:총08획] 원본 0443[<一:下>036 상]

蒝(줄기와 잎 퍼질 원)/632
[艸:총14획] 원본 0489[<一:下>038 상]

蝯(긴팔원숭이 원)/659
[虫:총15획] 원본 8519[<13:上>673 상]

蚖(영원 원)/652
[虫:총10획] 원본 8400[<13:上>664 하]

袁(옷 길 원)/672
[衣:총10획] 원본 5078[<八:上>394 상]

䛄(위로할 원)/693
[言:총12획] 원본 1618[<三:上>100 하]

謜(천천히 말할 원)/702
[言:총17획] 원본 1422[<三:上>091 상]

豲(멧돼지 원)/713
[豕:총17획] 원본 5798[<九:下>455 하]

䞨(처소를 바꿀 원)/724
[走:총13획] 원본 1008[<二:上>066 하]

轅(끌채 원)/742
[車:총17획] 원본 9113[<14:上>725 하]

輐(병거 원)/739
[車:총15획] 원본 9158[<14:上>729 하]

遠(멀 원)/753
[辵:총14획] 원본 1149[<二:下>075 상]

邍(넓은 들판 원)/755
[辵:총20획] 원본 1155[<二:下>075 상]

邑(동산 원)/755
[邑:총07획] 원본 4012[<六:下>300 하]

邧(고을 이름 원)/758
[邑:총07획] 원본 3954[<六:下>295 하]

院(담 원)/807
[阜:총10획] 원본 9259[<14:上>736 하]

鞔(양물기의 끈 원)/829
[革:총19획] 원본 1718[<三:下>108 하]

顥(꼭대기 원)/842
[頁:총25획] 원본 5351[<九:上>416 상]

顉(얼굴 비뚤어질 원)/839
[頁:총18획] 원본 5394[<九:上>418 하]

願(원할 원)/840
[頁:총19획] 원본 5379[<九:上>418 상]

鴛(원앙 **원**)/889
[鳥:총16획] 원본 2305[<四:上>152 상]

黿(자라 **원**)/909
[黽:총17획] 원본 8587[<13:下>679 하]

刖(벨 **월**)/60
[刀:총06획] 원본 2667[<四:下>181 하]

娍(가벼울 **월**)/148
[女:총08획] 원본 7921[<12:下>624 상]

戉(도끼 **월**)/245
[戈:총05획] 원본 8009[<12:下>632 하]

抈(꺾을 **월**)/253
[手:총07획] 원본 7670[<12:上>608 상]

月(달 **월**)/302
[月:총04획] 원본 4121[<七:上>313 상]

泧(큰물 **월**)/375
[水:총08획] 원본 7027[<11:上2>560 하]

粵(말 내킬 **월**)/546
[米:총13획] 원본 2934[<五:上>204 하]

絾(채색 비단 **월**)/554
[糸:총11획] 원본 8271[<13:上>655 상]

䏨(귓볼이 떨어질 **월**)/588
[耳:총10획] 원본 7447[<12:上>592 하]

越(넘을 **월**)/723
[走:총12획] 원본 0942[<二:上>064 상]

𨀟(달리는 모양 **월**)/728
[足:총12획] 원본 1278[<二:下>081 하]

跀(발을 자를 **월**)/728
[足:총11획] 원본 1338[<二:下>084 상]

軏(끌채 끝의 멍에틀을 매는 곳 **월**)/735
[車:총11획] 원본 9116[<14:上>726 상]

鉞(도끼 **월**)/786
[金:총13획] 원본 8985[<14:上>712 하]

僞(거짓 **위**)/40
[人:총14획] 원본 4918[<八:上>379 하]

位(자리 **위**)/25
[人:총07획] 원본 4813[<八:上>371 하]

偉(훌륭할 **위**)/36
[人:총11획] 원본 4764[<八:上>368 상]

危(위태할 **위**)/82
[卩:총06획] 원본 5722[<九:下>448 하]

喟(한숨 **위**)/106
[口:총12획] 원본 0792[<二:上>056 상]

𡰡(정조가 토해낸 털 **위**)/107
[口:총12획] 원본 5719[<九:下>448 하]

囗(에울 **위**)/114
[囗:총03획] 원본 3744[<六:下>276 하]

圍(둘레 **위**)/117
[囗:총12획] 원본 3766[<六:下>278 하]

媁(탐스러울 **위**)/155
[女:총12획] 원본 7925[<12:下>624 상]

委(맡길 **위**)/149
[女:총08획] 원본 7830[<12:下>619 상]

媦(여동생 **위**)/156
[女:총12획] 원본 7767[<12:下>615 하]

威(위엄 **위**)/150
[女:총09획] 원본 7762[<12:下>615 상]

寪(성 **위**)/173
[宀:총15획] 원본 4369[<七:下>339 상]

尉(벼슬 **위**)/176
[寸:총11획] 원본 6164[<十:上>483 상]

幃(휘장 **위**)/200
[巾:총12획] 원본 4692[<七:下>360 하]

𢍰(초목 우부룩할 **위**)/213
[廾:총13획] 원본 3707[<六:下>273 하]

𢣿(잠꼬대 **위**)/243
[心:총19획] 원본 6553[<十:下>511 상]

慰(위로할 **위**)/240
[心:총15획] 원본 6465[<十:下>506 상]

𢿞(어그러질 위)/277
[攴:총13획] 원본 1936[<三:下>125 상]
楲(요강 위)/330
[木:총13획] 원본 3529[<六:上>258 상]
𣨙(병들 위)/354
[歹:총12획] 원본 2413[<四:下>161 하]
洈(물 이름 위)/376
[水:총09획] 원본 6700[<11:上1>528 하]
潿(땅 이름 위)/406
[水:총15획] 원본 6874[<11:上2>550 하]
湋(물 돌아 흐를 위)/391
[水:총12획] 원본 6852[<11:上2>549 하]
渭(강 이름 위)/389
[水:총12획] 원본 6676[<11:上1>521 하]
熭(말릴 위)/425
[火:총15획] 원본 6218[<十:上>486 하]
煒(빨갈 위)/422
[火:총13획] 원본 6191[<十:上>485 상]
爲(할 위)/430
[爪:총12획] 원본 1784[<三:下>113 상]
犩(쇠굽 위)/437
[牛:총19획] 원본 0729[<二:上>052 하]
𤸷(입 비뚤어질 위)/475
[疒:총17획] 원본 4517[<七:下>349 상]
痿(저릴 위)/473
[疒:총13획] 원본 4548[<七:下>350 하]
緯(씨 위)/563
[糸:총15획] 원본 8142[<13:上>644 하]
緭(비단 위)/563
[糸:총15획] 원본 8197[<13:上>648 상]
罻(그물 위)/576
[网:총16획] 원본 4631[<七:下>356 상]
𦍧(양 떼지어 모일 위)/580
[羊:총14획] 원본 2239[<四:上>146 하]
胃(밥통 위)/595
[肉:총09획] 원본 2492[<四:下>168 하]
葦(갈대 위)/631
[艸:총13획] 원본 0623[<一:下>045 하]
萎(마를 위)/628
[艸:총12획] 원본 0594[<一:下>044 상]
蔿(애기풀 위)/638
[艸:총16획] 원본 0426[<一:下>035 하]
蟡(나는 개미 위)/666
[虫:총23획] 원본 8558[<13:下>676 상]
衞(지킬 위)/669
[行:총16획] 원본 1215[<二:下>078 하]
𧞤(옷을 포갠 모양 위)/679
[衣:총18획] 원본 5069[<八:上>393 하]
褘(아름다울 위)/677
[衣:총14획] 원본 5035[<八:上>390 하]
覣(좋게 볼 위)/685
[見:총15획] 원본 5226[<八:下>407 하]
諉(번거롭게 할 위)/699
[言:총15획] 원본 1474[<三:上>094 상]
謂(이를 위)/701
[言:총16획] 원본 1403[<三:上>089 하]
𧲜(돼지붙이 위)/713
[豕:총23획] 원본 5815[<九:下>457 상]
踒(헛디딜 위)/730
[足:총15획] 원본 1330[<二:下>084 상]
躗(거짓 위)/732
[足:총23획] 원본 1299[<二:下>082 하]
違(어길 위)/752
[辵:총13획] 원본 1110[<二:下>073 상]
逶(구불구불 갈 위)/751
[辵:총12획] 원본 1106[<二:下>073 상]
鄬(땅 이름 위)/770
[邑:총15획] 원본 3998[<六:下>300 상]

闈(대궐 작은 문 위)/802
[門:총17획] 원본 7368[<12:上>587 상]
闖(문을 열 위)/803
[門:총20획] 원본 7388[<12:上>588 하]
隝(고개 이름 위)/811
[阜:총15획] 원본 9238[<14:上>735 하]
韢(묶을 위)/831
[韋:총15획] 원본 4157[<七:上>317 상]
韋(다룸가죽 위)/830
[韋:총09획] 원본 3237[<五:下>234 하]
𡕒(비뚤 위)/831
[韋:총15획] 원본 6311[<十:下>494 하]
韡韡(꽃이 활짝 필 위)/832
[韋:총18획] 원본 3721[<六:下>274 하]
韙(바를 위)/831
[韋:총18획] 원본 1041[<二:下>069 하]
颹(큰 바람 위)/843
[風:총18획] 원본 8573[<13:下>678 상]
骫(굽을 위)/863
[骨:총13획] 원본 2474[<四:下>167 상]
乳(젖 유)/13
[乙:총08획] 원본 7339[<12:上>583 상]
儒(선비 유)/43
[人:총16획] 원본 4743[<八:上>366 상]
俞(성씨 유)/49
[入:총09획] 원본 5190[<八:下>403 상]
冘(머뭇거릴 유)/54
[冖:총04획] 원본 3180[<五:下>228 상]
匬(노적가리 유)/74
[匚:총11획] 원본 8043[<12:下>636 하]
卣(숨도는 모양 유)/80
[卜:총10획] 원본 2917[<五:上>203 하]
羑(꾈 유)/88
[厶:총11획] 원본 5579[<九:上>436 하]
唯(오직 유)/104
[口:총11획] 원본 0806[<二:上>057 상]
혹呦(울 유)/99
[口:총08획] 원본 0917[<二:上>062 상]
囿(동산 유)/116
[囗:총09획] 원본 3757[<六:下>278 상]
嬬(아내 유)/161
[女:총17획] 원본 7931[<12:下>624 상]
媮(아름다울 유)/155
[女:총12획] 원본 7900[<12:下>623 상]
姷(짝 유)/150
[女:총09획] 원본 7872[<12:下>621 하]
孺(젖먹이 유)/165
[子:총17획] 원본 9322[<14:上>743 상]
宥(용서할 유)/168
[宀:총09획] 원본 4396[<七:下>340 하]
帷(휘장 유)/200
[巾:총11획] 원본 4672[<七:下>359 상]
㡏(자투리 유)/200
[巾:총12획] 원본 4677[<七:下>359 상]
𢆶(작을 유)/205
[幺:총06획] 원본 2384[<四:下>158 하]
幼(어릴 유)/205
[幺:총05획] 원본 2383[<四:下>158 하]
幽(그윽할 유)/205
[幺:총09획] 원본 2385[<四:下>158 하]
庾(곳집 유)/208
[广:총12획] 원본 5661[<九:下>444 상]
庮(썩은 나무 유)/208
[广:총10획] 원본 5683[<九:下>445 하]
𢓊(다시 유)/224
[彳:총12획] 원본 1165[<二:下>076 상]
怮(근심할 유)/229
[心:총08획] 원본 6599[<十:下>513 상]

惟(생각할 유)/234
[心:총11획] 원본 6446[<十:下>505 상]
愉(즐거울 유)/236
[心:총12획] 원본 6508[<十:下>509 상]
悠(멀 유)/232
[心:총11획] 원본 6611[<十:下>513 하]
揄(끌 유)/263
[手:총12획] 원본 7598[<12:上>604 하]
攸(바 유)/274
[攴:총07획] 원본 1932[<三:下>124 하]
斞(용량의 단위 유)/281
[斗:총13획] 원본 9050[<14:上>718 상]
斿(깃발 유)/286
[方:총13획] 원본 4101[<七:上>311 상]
有(있을 유)/302
[月:총06획] 원본 4129[<七:上>314 상]
楰(광나무 유)/330
[木:총13획] 원본 3402[<六:上>248 상]
槱(태울 유)/334
[木:총15획] 원본 3664[<六:上>269 하]
柔(부드러울 유)/313
[木:총09획] 원본 3457[<六:上>252 상]
柚(유자나무 유)/313
[木:총09획] 원본 3267[<六:上>238 하]
桵(무리참나무 유)/319
[木:총11획] 원본 3321[<六:上>242 하]
櫾(유자나무 유)/344
[木:총21획] 원본 3408[<六:上>248 하]
楢(졸참나무 유)/329
[木:총13획] 원본 3288[<六:上>240 하]
楡(느릅나무 유)/329
[木:총13획] 원본 3390[<六:上>247 상]
𣢞(근심스러운 모양유)/346
[欠:총09획] 원본 5329[<八:下>413 하]
歈(말 하려할유)/349
[欠:총14획] 원본 5309[<八:下>412 하]
洧(강 이름 유)/378
[水:총09획] 원본 6731[<11:上1>534 상]
泑(잿물 유)/373
[水:총08획] 원본 6656[<11:上1>516 하]
游(헤엄칠 유)/390
[水:총12획] 원본 4107[<七:上>311 상]
濡(젖을 유)/410
[水:총17획] 원본 6766[<11:上1>541 상]
油(기름 유)/371
[水:총08획] 원본 6709[<11:上1>530 상]
渝(달라질 유)/389
[水:총12획] 원본 7108[<11:上2>566 상]
濰(강 이름 유)/411
[水:총17획] 원본 6755[<11:上1>539 상]
𣷹(진한 술 유)/384
[水:총11획] 원본 6794[<11:上1>544 상]
煣(휘어 바로잡을 유)/423
[火:총13획] 원본 6174[<十:上>484 상]
牖(창 유)/433
[片:총15획] 원본 4172[<七:上>318 하]
猶(오히려 유)/441
[犬:총12획] 원본 6071[<十:上>477 상]
瑜(아름다운 옥 유)/452
[玉:총13획] 원본 0086[<一:上>010 하]
瓇(옥이름 유)/456
[玉:총21획] 원본 0082[<一:上>010 상]
琟(옥돌 유)/450
[玉:총12획] 원본 0171[<一:上>017 상]
㼌(덩굴이 약할 유)/457
[瓜:총10획] 원본 4351[<七:下>337 하]
甤(열매 많이 열릴 유)/461
[生:총12획] 원본 3716[<六:下>274 상]

畬(비옥한 밭 유)/467
[田:총14획] 원본 8746[<13:下>695 하]

甹(움틀 유)/463
[田:총07획] 원본 4154[<七:上>316 하]

痏(멍 유)/472
[疒:총11획] 원본 4556[<七:下>351 상]

癮(부스럼 유)/476
[疒:총20획] 원본 4557[<七:下>351 상]

瘉(병 나을 유)/473
[疒:총14획] 원본 4590[<七:下>352 하]

盇(바가지 유)/481
[皿:총11획] 원본 3003[<五:上>212 상]

禸(발자국 유)/510
[禸:총05획] 원본 9282[<14:上>739 상]

窳(비뚤 유)/525
[穴:총15획] 원본 4450[<七:下>345 상]

窬(협문 유)/524
[穴:총14획] 원본 4454[<七:下>345 하]

籲(부를 유)/545
[竹:총32획] 원본 5434[<九:上>422 상]

維(바 유)/560
[糸:총14획] 원본 8307[<13:上>658 상]

緌(갓끈 유)/562
[糸:총14획] 원본 8248[<13:上>653 상]

羑(착한 말 할 유)/578
[羊:총09획] 원본 2246[<四:上>147 상]

羭(검은 암양 유)/580
[羊:총15획] 원본 2231[<四:上>146 상]

腬(맛 좋은 고기 유)/600
[肉:총13획] 원본 2555[<四:下>172 하]

脜(안색이 부드러울 유)/598
[肉:총11획] 원본 5438[<九:上>422 하]

腴(아랫배 살질 유)/601
[肉:총13획] 원본 2514[<四:下>170 상]

臾(잠깐 유)/608
[臼:총09획] 원본 9354[<14:上>747 상]

蕕(누린내풀 유)/639
[艸:총16획] 원본 0338[<一:下>029 상]

蘛(풀이름 유)/647
[艸:총25획] 원본 0334[<一:下>029 상]

萸(수유 유)/629
[艸:총13획] 원본 0464[<一:下>037 상]

蕤(드리워질 유)/639
[艸:총16획] 원본 0486[<一:下>038 상]

蓶(푸성귀 유)/636
[艸:총15획] 원본 0246[<一:下>024 상]

莠(강아지풀 유)/624
[艸:총11획] 원본 0232[<一:下>023 상]

蕕(풀이름 유)/633
[艸:총14획] 원본 0631[<一:下>046 상]

蝓(달팽이 유)/658
[虫:총15획] 원본 8501[<13:上>671 상]

蝤(뱀이 꿈틀거릴 유)/658
[虫:총15획] 원본 8504[<13:上>671 하]

蝚(거머리 유)/658
[虫:총15획] 원본 8406[<13:上>665 상]

蜼(원숭이 유)/657
[虫:총14획] 원본 8521[<13:上>673 상]

螸(벌 밑구멍 유)/660
[虫:총17획] 원본 8482[<13:上>669 하]

褕(고울 유)/676
[衣:총14획] 원본 5021[<八:上>389 상]

褎(우거질 유)/676
[衣:총15획] 원본 5050[<八:上>392 상]

襦(저고리 유)/680
[衣:총19획] 원본 5083[<八:上>394 하]

裕(넉넉할 유)/674
[衣:총12획] 원본 5100[<八:上>395 하]

䚃(뚫어져라 하고 내려다 볼 유)/685
[見:총16획] 원본 5251[<八:下>409 상]

覦(넘겨다 볼 유)/685
[見:총16획] 원본 5255[<八:下>409 상]

諭(깨우칠 유)/700
[言:총16획] 원본 1424[<三:上>091 상]

諛(아첨할 유)/699
[言:총16획] 원본 1512[<三:上>096 상]

貁(긴꼬리원숭이 유)/714
[豸:총12획] 원본 5833[<九:下>458 하]

貐(짐승 이름 유)/714
[豸:총16획] 원본 5822[<九:下>457 하]

趡(움직일 유)/725
[走:총15획] 원본 1007[<二:上>066 하]

趥(달리는 모양 유)/723
[走:총13획] 원본 0961[<二:上>064 하]

踰(넘을 유)/730
[足:총16획] 원본 1277[<二:下>081 하]

輮(바퀴 테 유)/743
[車:총16획] 원본 9102[<14:上>724 상]

輶(가벼울 유)/741
[車:총16획] 원본 9077[<14:上>721 상]

邎(빨리 갈 유)/755
[辵:총22획] 원본 1051[<二:下>070 하]

逾(넘을 유)/751
[辵:총13획] 원본 1066[<二:下>071 상]

迶(넘을 유)/748
[辵:총09획] 원본 1146[<二:下>075 상]

遺(끼칠 유)/754
[辵:총16획] 원본 1125[<二:下>074 상]

鄃(고을 이름 유)/766
[邑:총12획] 원본 3896[<六:下>290 상]

酉(닭 유)/773
[酉:총07획] 원본 9356[<14:上>747 상]

醹(진한 술 유)/779
[酉:총21획] 원본 9370[<14:上>748 상]

鍒(시우쇠 유)/791
[金:총17획] 원본 9016[<14:上>714 하]

隃(넘을 유)/809
[阜:총12획] 원본 9232[<14:上>735 상]

鞣(다룬 가죽 유)/828
[革:총18획] 원본 1703[<三:下>107 하]

䰰(귀신이 우는 소리 유)/877
[鬼:총24획] 원본 5568[<九:上>436 상]

鮪(다랑어 유)/882
[魚:총17획] 원본 7227[<11:下>576 상]

𩶃(황유어 유)/880
[魚:총16획] 원본 7247[<11:下>577 하]

䵋(청황색 유)/903
[黃:총18획] 원본 8774[<13:下>698 하]

黝(검푸를 유)/905
[黑:총17획] 원본 6239[<十:上>488 상]

鼬(족제비 유)/913
[鼠:총18획] 원본 6099[<十:上>479 상]

儥(팔 육)/44
[人:총17획] 원본 4861[<八:上>374 하]

喅(떠들 육)/106
[口:총12획] 원본 0828[<二:上>058 상]

𢍰(두손으로 받들 육)/213
[廾:총08획] 원본 1671[<三:上>104 하]

淯(강 이름 육)/387
[水:총11획] 원본 6687[<11:上1>525 상]

䋖(옥색 비단 육)/559
[糸:총13획] 원본 8219[<13:上>649 하]

肉(고기 육·유)/592
[肉:총06획] 원본 2476[<四:下>167 상]

育(기를 육)/594
[肉:총08획] 원본 9338[<14:上>744 하]

藿(산부추 육)/633
[艸:총14획] 원본 0612[<一:下>045 상]

䒹(풀 육)/627
[艸:총12획] 원본 0450[<一:下>036 상]

賣賣𧷓(물건을 팔 육)/720
[貝:총17획] 원본 3829[<六:下>282 하]

혹鬻鬻(물건을 팔 육)/875
[鬲:총29획] 원본 1775[<三:下>112 하]

允(진실로 윤)/45
[儿:총04획] 원본 5207[<八:下>405 상]

尹(다스릴 윤)/180
[尸:총04획] 원본 1815[<三:下>115 하]

粇(미쁠 윤)/185
[屮:총12획] 원본 6343[<十:下>498 상]

潤(젖을 윤)/405
[水:총15획] 원본 7019[<11:上2>560 상]

胤(이을 윤)/596
[肉:총09획] 원본 2527[<四:下>171 상]

葋(연뿌리 윤)/623
[艸:총11획] 원본 0495[<一:下>038 하]

螾(굼실거릴 윤)/659
[虫:총15획] 원본 8478[<13:上>669 하]

鈗(병기 윤)/785
[金:총12획] 원본 8966[<14:上>710 하]

閏(윤달 윤)/799
[門:총12획] 원본 0075[<一:上>009 하]

阭(높을 윤)/804
[阜:총07획] 원본 9188[<14:上>732 상]

頵(얼굴 비뚤어진 모양 윤)/835
[頁:총13획] 원본 5370[<九:上>417 하]

噊(위태할 율)/111
[口:총15획] 원본 0872[<二:上>060 상]

𡿧𡿨(물 흐를 율)/192
[巛:총07획] 원본 7129[<11:下>568 하]

矞(송곳질할 율)/495
[矛:총12획] 원본 1376[<三:上>088 상]

繘(두레박줄 율)/568
[糸:총18획] 원본 8324[<13:上>659 상]

聿(붓 율)/591
[聿:총06획] 원본 1841[<三:下>117 상]

䗘(투구풍뎅이 율)/662
[虫:총18획] 원본 8441[<13:上>667 상]

䬈(큰 바람 율)/843
[風:총13획] 원본 8574[<13:下>678 상]

驈(샅 흰 검은 말 율)/861
[馬:총22획] 원본 5856[<十:上>462 상]

鴥(빨리 날 율)/889
[鳥:총16획] 원본 2350[<四:上>155 상]

娀(나라 이름 융)/150
[女:총09획] 원본 7782[<12:下>617 상]

戎(되 융)/246
[戈:총06획] 원본 7987[<12:下>630 상]

融(화할 융)/660
[虫:총16획] 원본 1765[<三:下>111 하]

㐆(돌아갈 은)/11
[丿:총06획] 원본 5015[<八:上>388 하]

乚(숨을 은)/12
[乙:총01획] 원본 8017[<12:下>634 상]

嚚(어리석을 은)/113
[口:총18획] 원본 1360[<三:上>086 하]

听(웃을 은)/97
[口:총07획] 원본 0813[<二:上>057 상]

垽(앙금 은)/124
[土:총10획] 원본 8713[<13:下>692 상]

垠(끝 은)/123
[土:총09획] 원본 8689[<13:下>690 하]

恩(은혜 은)/230
[心:총10획] 원본 6434[<十:下>504 상]

慇(괴로워할 은)/238
[心:총14획] 원본 6591[<十:下>512 하]

憖(억지로 은)/241
[心:총16획] 원본 6436[<十:下>504 상]

㥯(삼갈 은)/237
[心:총14획] 원본 6439[<十:下>504 하]

斦(모탕 은)/282
[斤:총08획] 원본 9045[<14:上>717 하]

檼(대마루 은)/341
[木:총18획] 원본 3486[<六:上>255 상]

檃(도지개 은)/339
[木:총17획] 원본 3601[<六:上>264 상]

殷(성할 은)/357
[㐆:총10획] 원본 5016[<八:上>388 하]

濦(강 이름 은)/411
[水:총17획] 원본 6732[<11:上1>534 하]

𤔌(숨을 은)/430
[爪:총10획] 원본 2404[<四:下>160 하]

猌(개 성낼 은)/440
[犬:총12획] 원본 6050[<十:上>475 하]

犾(개가 싸울 은)/438
[犬:총08획] 원본 6082[<十:上>478 상]

犷(개 짖는 소리 은)/438
[犬:총07획] 원본 6028[<十:上>474 하]

珢(옥돌 은)/448
[玉:총10획] 원본 0158[<一:上>017 상]

䓀(풀이 더부룩한 모양 은)/621
[艸:총11획] 원본 0500[<一:下>039 상]

虒(범의 울음 소리 은)/650
[虍:총12획] 원본 2990[<五:上>211 상]

誾(온화할 은)/698
[言:총15획] 원본 1429[<三:上>091 하]

鄞(땅 이름 은)/769
[邑:총14획] 원본 3942[<六:下>294 하]

銀(은 은)/787
[金:총14획] 원본 8825[<14:上>702 상]

隱(숨길 은)/811
[阜:총17획] 원본 9221[<14:上>734 하]

齗(잇몸 은)/917
[齒:총19획] 원본 1217[<二:下>078 하]

𧇭(두 마리의 범이 싸우는 소리 은)/651
[虍:총20획] 원본 2996[<五:上>211 하]

𩟸(보리밥으로 신을 초대할 은)/849
[食:총22획] 원본 3097[<五:下>221 상]

乚(제비 을)/13
[乙:총10획] 원본 7337[<12:上>583 상]

乙(둘째천간 을)/12
[乙:총01획] 원본 9292[<14:上>740 상]

圪(흙더미 우뚝할 을)/119
[土:총06획] 원본 8630[<13:下>685 상]

𧆞(범의 모양 을)/649
[虍:총11획] 원본 2988[<五:上>211 상]

혹 吟(읊을 음)/97
[口:총07획] 원본 0883[<二:上>060 하]

婬(음탕할 음)/154
[女:총11획] 원본 7953[<12:下>625 하]

𡴈(도울 음)/185
[山:총05획] 원본 3139[<五:下>224 상]

崟(험준할 음)/188
[山:총11획] 원본 5605[<九:下>439 하]

㱃(마실 음)/349
[欠:총15획] 원본 5336[<八:下>414 상]

淫(음란할 음)/387
[水:총11획] 원본 6891[<11:上2>551 상]

㸒(가까이할 음)/429
[爪:총08획] 원본 5006[<八:上>387 하]

瘖(벙어리 음)/474
[疒:총14획] 원본 4519[<七:下>349 상]

窨(움 음)/524
[穴:총14획] 원본 4431[<七:下>343 하]
蔭(그늘 음)/637
[艸:총15획] 원본 0503[<一:下>039 상]
趛(머리 숙이고 빨리 갈 음)/725
[走:총15획] 원본 0972[<二:上>065 상]
陰(응달 음)/807
[阜:총11획] 원본 9175[<14:上>731 상]
霒侌(그늘 음)/819
[雨:총16획] 원본 7216[<11:下>575 상]
音(소리 음)/833
[音:총09획] 원본 1646[<三:上>102 상]
悒(근심할 읍)/232
[心:총10획] 원본 6504[<十:下>508 하]
挹(뜰 읍)/258
[手:총10획] 원본 7609[<12:上>604 하]
揖(읍 읍)/263
[手:총12획] 원본 7468[<12:上>594 하]
浥(젖을 읍)/381
[水:총10획] 원본 6905[<11:上2>552 상]
泣(울 읍)/375
[水:총08획] 원본 7103[<11:上2>565 하]
湆(축축해질 읍)/391
[水:총12획] 원본 7015[<11:上2>560 상]
裛(향내 밸 읍)/674
[衣:총13획] 원본 5118[<八:上>396 하]
邑(고을 읍)/755
[邑:총07획] 원본 3831[<六:下>283 상]
應(응할 응)/242
[心:총17획] 원본 6396[<十:下>502 하]
膺(가슴 응)/603
[肉:총17획] 원본 2497[<四:下>169 상]
䧹雁(매 응)/474,815
[隹,疒:총15획] 원본 2184[<四:上>142 하]
儗(의심할 의)/43
[人:총16획] 원본 4901[<八:上>378 상]
倚(의지할 의)/33
[人:총10획] 원본 4829[<八:上>372 하]
依(의지할 의)/28
[人:총08획] 원본 4830[<八:上>372 하]
儀(거동 의)/42
[人:총15획] 원본 4866[<八:上>375 상]
劓(코 벨 의)/64
[刀:총12획] 원본 2677[<四:下>182 상]
𠤵(정치 못할 의)/73
[匕:총09획] 원본 4977[<八:上>384 상]
医(의원 의)/76
[匚:총07획] 원본 8029[<12:下>635 하]
㕒(산꼭대기 의)/86
[厂:총15획] 원본 5694[<九:下>446 하]
吚(탄식할 의)/97
[口:총07획] 원본 0880[<二:上>060 상]
㘈(고루할 의)/112
[口:총17획] 원본 0762[<二:上>055 상]
𡛜(여자 이름 의)/149
[女:총09획] 원본 7792[<12:下>617 하]
孴(성할 의)/165
[子:총13획] 원본 9336[<14:上>744 상]
宐(마땅할 의)/168
[宀:총08획] 원본 4397[<七:下>340 하]
㥦(탄식하는 소리 의)/234
[心:총12획] 원본 6592[<十:下>512 하]
𢗀(성낼 의)/225
[心:총06획] 원본 6567[<十:下>511 하]
懿(아름다울 의)/244
[心:총22획] 원본 6328[<十:下>496 상]
意(뜻 의)/236
[心:총13획] 원본 6393[<十:下>502 상]

乀(흐를 이)/9
[丿:총01획]9원본 7975[<12:下>627 하]

二(두 이)/15
[二:총02획] 원본 8597[<13:下>681 상]

佁(미련스러울 이)/27
[人:총07획] 원본 4916[<八:上>379 하]

伊(저 이)/23
[人:총06획] 원본 4751[<八:上>367 상]

佴(이를, 계속할 이)/30
[人:총08획] 원본 4833[<八:上>372 하]

伿(게으를 이)/27
[人:총07획] 원본 4919[<八:上>379 하]

傷(업신여길 이)/33
[人:총10획] 원본 4933[<八:上>380 하]

刵(귀 벨 이)/62
[刀:총08획] 원본 2676[<四:下>182 상]

匜(주전자 이)/74
[匚:총05획] 원본 8035[<12:下>636 상]

厥(혹 들이 마실 이)/84
[厂:총09획] 원본 5340[<八:下>414 하]

咦(크게 부를 이)/101
[口:총09획] 원본 0785[<二:上>056 상]

圯(흙다리 이)/119
[土:총06획] 원본 8730[<13:下>693 하]

夷(오랑캐 이)/138
[大:총06획] 원본 6299[<十:下>493 하]

姨(이모 이)/149
[女:총09획] 원본 7770[<12:下>616 상]

姐(여자 이름 이)/150
[女:총09획] 원본 7798[<12:下>617 하]

媐(기쁠 이)/155
[女:총12획] 원본 7848[<12:下>620 상]

𡟤(기뻐하지 않을 이)/156
[女:총13획] 원본 7919[<12:下>624 상]

宧(방구석 이)/169
[宀:총09획] 원본 4360[<七:下>338 상]

㠯(써 이)/21, 195
[己:총05획] 원본 9348[<14:上>746 상]

巸(넓을 이)/195
[己:총10획] 원본 7456[<12:上>593 상]

肄(나머지 이)/201
[巾:총14획] 원본 1839[<三:下>117 상]

廙(공경할 이)/209
[广:총15획] 원본 5679[<九:下>445 하]

异(그만둘 이)/213
[廾:총06획] 원본 1669[<三:上>104 상]

弛(늦출 이)/215
[弓:총06획] 원본 8101[<12:下>641 상]

㣇(털 긴 짐승 이)/219
[彐:총08획] 원본 5804[<九:下>456 상]

彝(떳떳할 이)/220
[彐:총18획] 원본 8369[<13:上>662 하]

徲(평탄히 갈 이)/222
[彳:총09획] 원본 1177[<二:下>076 하]

怡(기쁠 이)/229
[心:총08획] 원본 6429[<十:下>504 상]

𢠨(근심하지 않을 이)/238
[心:총13획] 원본 6432[<十:下>504 상]

敡(업신여길 이)/277
[攴:총12획] 원본 1935[<三:下>125 상]

攺(역귀 쫓을 이)/274
[攴:총07획] 원본 1962[<三:下>126 하]

暆(해 기울 이)/296
[日:총13획] 원본 4046[<七:上>304 하]

杝(나무 이름 이)/307
[木:총07획] 원본 3519[<六:上>257 상]

樲(멧대추나무 이)/336
[木:총16획] 원본 3342[<六:上>244 상]

枱(쟁기 이)/311
[木:총09획] 원본 3538[<六:上>259 상]

㰘(나무 이름 이)/344
[木:총22획] 원본 3297[<六:上>241 상]

栭(두공 이)/317
[木:총10획] 원본 3485[<六:上>254 하]

桋(나무 이름 이)/318
[木:총10획] 원본 3308[<六:上>241 하]

歋(서로 웃을 이)/349
[欠:총14획] 원본 5295[<八:下>411 하]

[illegible](기침 이)/346
[欠:총07획] 원본 5285[<八:下>411 상]

殔(묻을 이)/354
[歹:총12획] 원본 2426[<四:下>163 상]

潩(물 이름 이)/405
[水:총15획] 원본 6689[<11:上1>525 하]

洏(삶을 이)/377
[水:총09획] 원본 7032[<11:上2>561 상]

洟(콧물 이)/378
[水:총09획] 원본 7101[<11:上2>565 하]

爾(너 이)/431
[爻:총14획] 원본 1988[<三:下>128 하]

[illegible](옥 이름 이)/448
[玉:총11획] 원본 0157[<一:上>017 상]

珥(귀고리 이)/449
[玉:총10획] 원본 0120[<一:上>013 하]

瓵(작은 독 이)/458
[瓦:총10획] 원본 8064[<12:下>638 하]

異(다를 이)/467
[田:총12획] 원본 1684[<三:上>105 상]

痍(상처 이)/472
[疒:총11획] 원본 4560[<七:下>351 하]

眙(땅 이름 이)/486
[目:총10획] 원본 2075[<四:上>133 하]

移(옮길 이)/515
[禾:총11획] 원본 4212[<七:上>323 하]

袲(옮길 이)/674
[禾:총11획] 원본 5074[<八:上>394 상]

羠(불깐 양 이)/579
[羊:총12획] 원본 2234[<四:上>146 상]

耏(돌릴 이)/587
[而:총09획] 원본 5720[<九:下>448 하]

而(말 이을 이)/586
[而:총06획] 원본 5780[<九:下>454 상]

耳(귀 이)/588
[耳:총06획] 원본 7423[<12:上>591 상]

胹(삶을 이)/597
[肉:총10획] 원본 2582[<四:下>175 하]

𦣞(턱 이)/605
[臣:총07획] 원본 7455[<12:上>593 상]

䔟(시들 이)/637
[艸:총15획] 원본 0488[<一:下>038 상]

[illegible](연교 이)/638
[艸:총15획] 원본 0235[<一:下>023 하]

薾(번성할 이)/642
[艸:총18획] 원본 0482[<一:下>038 상]

苢(질경이 이)/618
[艸:총09획] 원본 0319[<一:下>028 하]

荋(풀 많을 이)/621
[艸:총10획] 원본 0538[<一:下>040 하]

蛜(쥐며느리 이)/653
[虫:총10획] 원본 8457[<13:上>667 하]

詒(보낼 이)/694
[言:총12획] 원본 1524[<三:上>096 하]

詑(자랑할 이)/694
[言:총12획] 원본 1517[<三:上>096 상]

貳(두 이)/717
[貝:총12획] 원본 3803[<六:下>281 상]

貤(거듭할 이)/716
[貝:총10획] 원본 3798[<六:下>281 상]
輀轜(상여 이)/742
[車:총10획] 원본 9166[<14:上>730 하]
迆(비스듬할 이)/747
[辵:총07획] 원본 1107[<二:下>073 상]
迻(옮길 이)/749
[辵:총10획] 원본 1087[<二:下>072 상]
𨗨(가까울 이)/753
[辵:총16획] 원본 1134[<二:下>074 상]
邇(가까울 이)/754
[辵:총18획] 원본 1135[<二:下>074 하]
䣵(여러 번 빚은 술 이)/775
[酉:총13획] 원본 9374[<14:上>748 상]
酏(술 이)/774
[酉:총10획] 원본 9412[<14:上>751 상]
隶(미칠 이)/812
[隶:총08획] 원본 1847[<三:下>117 하]
飴(엿 이)/845
[食:총14획] 원본 3069[<五:下>218 하]
䰻(가루떡 이)/874
[鬲:총22획] 원본 1777[<三:下>112 하]
鮞(곤이 이)/881
[魚:총17획] 원본 7219[<11:下>575 하]
黟(검을 이)/905
[黑:총18획] 원본 6264[<十:上>489 하]
𠥺(농기구 익)/75
[匸:총13획] 원본 8041[<12:下>636 하]
嗌(목구멍 익)/108
[口:총13획] 원본 0752[<二:上>054 하]
㚤(여자 벼슬 이름 익)/145
[女:총06획] 원본 7779[<12:下>616 하]
羿(길게 늘일 익)/213
[廾:총10획] 원본 1667[<三:上>104 상]
弋(주살 익)/214
[弋:총03획] 원본 7974[<12:下>627 하]
杙(말뚝 익)/307
[木:총07획] 원본 3329[<六:上>243 상]
瀷(강 이름 익)/414
[水:총20획] 원본 6718[<11:上1>532 상]
益(더할 익)/481
[皿:총10획] 원본 3015[<五:上>212 하]
翊(도울 익)/581
[羽:총11획] 원본 2155[<四:上>139 하]
𩙺翼(날개 익/584
[羽:총17획] 원본 7329[<11:下>582 하]
𧾩(달려 나아가는 모양 익)/727
[走:총24획] 원본 0977[<二:上>065 상]
𨠖(술의 빛깔 익)/776
[酉:총10획] 원본 9384[<14:上>748 하]
隿(주살 익)/813
[隹:총11획] 원본 2200[<四:上>143 하]
齸(새김질할 익)/919
[齒:총25획] 원본 1254[<二:下>080 하]
人(사람 인)/20
[人:총02획] 원본 4732[<八:上>365 상]
仞(길 인)/22
[人:총05획] 원본 4737[<八:上>365 하]
仁(어질 인)/20
[人:총04획] 원본 4735[<八:上>365 상]
儿(사람 인)/45
[儿:총02획] 원본 5204[<八:下>404 하]
刃(칼날 인)/59
[刀:총03획] 원본 2684[<四:下>183 상]
印(도장 인)/81
[卩:총06획] 원본 5527[<九:上>431 하]
咽(목구멍 인)/102
[口:총09획] 원본 0751[<二:上>054 하]

因(인할 인)/114
[口:총06획] 원본 37607[<六:下>278 상]
[혹] [고]垔(막을 인)/122
[土:총09획] 원본 8695[<13:下>691 상]
[주]夤(조심할 인)/137
[夕:총14획] 원본 4140[<七:上>315 하]
姻(혼인 인)/150
[女:총09획] 원본 7745[<12:下>614 상]
寅(셋째 지지 인)/170
[宀:총11획] 원본 9343[<14:上>745 상]
帉(베갯잇 인)/197
[巾:총06획] 원본 4652[<七:下>357 하]
廴(길게 걸을 인)/211
[廴:총03획] 원본 1198[<二:下>077 하]
引(끌 인)/215
[弓:총04획] 원본 8097[<12:下>640 하]
忍(참을 인)/226
[心:총07획] 원본 6646[<十:下>515 상]
戭(창 인)/249
[戈:총15획] 원본 8001[<12:下>631 하]
捆(의지할 인)/257
[手:총09획] 원본 7645[<12:上>606 하]
轉(소리치며 풍류끄는 소리 인)/302
[日:총14획] 원본 9353[<14:上>746 하]
杒(나무 이름 인)/306
[木:총07획] 원본 3404[<六:上>248 상]
欭(말 울 인)/347
[欠:총10획] 원본 5324[<八:下>413 상]
㐆(엎드릴 인)/363
[氏:총10획] 원본 7980[<12:下>628 하]
瀇(물줄기 인)/410
[水:총17획] 원본 6808[<11:上2>546 상]
汈(끈적거릴 인)/365
[水:총06획] 원본 6784[<11:上1>544 상]
洇(잠길 인)/376
[水:총09획] 원본 6790[<11:上1>544 상]
湮(잠길 인)/393
[水:총12획] 원본 6964[<11:上2>557 상]
牣(찰 인)/434
[牛:총07획] 원본 0734[<二:上>053 상]
禋(제사 지낼 인)/507
[示:총14획] 원본 0029[<一:上>003 하]
絪(새끼 인)/550
[糸:총09획] 원본 8297[<13:上>657 상]
胂(등심 인)/593
[肉:총08획] 원본 2548[<四:下>172 상]
萬(쥐참외 인)/637
[艸:총15획] 원본 0336[<一:下>029 상]
荵(풀이름 인)/621
[艸:총11획] 원본 0286[<一:下>026 상]
茵(자리 인)/621
[艸:총10획] 원본 0588[<一:下>044 상]
螾(지렁이 인)/661
[虫:총17획] 원본 8385[<13:上>663 하]
訒(말더듬을 인)/691
[言:총10획] 원본 1504[<三:上>095 하]
軔(쐐기 나무 인)/735
[車:총10획] 원본 9145[<14:上>728 하]
酳(조금씩 마실 인)/774
[酉:총11획] 원본 9388[<14:上>749 상]
鈏(주석 인)/784
[金:총12획] 원본 8830[<14:上>702 상]
闉(성곽 문 인)/802
[門:총17획] 원본 7378[<12:上>588 상]
靷(가슴걸이 인)/826
[革:총13획] 원본 1732[<三:下>109 하]
駰(오총이 인)/856
[馬:총16획] 원본 5854[<十:上>461 하]

一(한 일)/3
[一:총01획] 원본 0001[<一:上>001 상]
佚(편안할 일)/27
[人:총07획] 원본 4926[<八:上>380 상]
噎(목멜 일)/111
[口:총15획] 원본 0843[<二:上>059 상]
壹(한 일)/133
[士:총12획] 원본 6327[<十:下>496 상]
日(해 일)/289
[日:총04획] 원본 4016[<七:上>302 상]
欥(기뻐할 일)/346
[欠:총08획] 원본 5331[<八:下>413 하]
溢(넘칠 일)/394
[水:총13획] 원본 7066[<11:上2>563 상]
泆(끓을 일)/373
[水:총08획] 원본 6893[<11:上2>551 하]
衵(속속곳 일)/671
[衣:총09획] 원본 5091[<八:上>395 상]
逸(달아날 일)/751
[辵:총12획] 원본 5993[<十:上>472 하]
䭿(말 빨리 달릴 일)/855
[馬:총15획] 원본 5918[<十:上>467 상]
馹(역말 일)/854
[馬:총14획] 원본 5941[<十:上>468 하]
鴩(새 이름 일)/889
[鳥:총16획] 원본 2283[<四:上>151 상]
任(맡길 임)/24
[人:총06획] 원본 4871[<八:上>375 하]
壬(아홉째 천간 임)/133
[士:총04획] 원본 9314[<14:上>742 상]
妊(아이 밸 임)/145
[女:총07획] 원본 7750[<12:下>614 상]
𢆉(약간 심할 임)/203
[干:총05획] 원본 1369[<三:上>087 상]
恁(생각할 임)/229
[心:총10획] 원본 6501[<十:下>508 하]
栠(나무 연할 임)/316
[木:총10획] 원본 3426[<六:上>249 하]
稔(곡식 익을 임)/516
[禾:총13획] 원본 4252[<七:上>326 하]
紝(짤 임)/552
[糸:총10획] 원본 8139[<13:上>644 하]
荏(들깨 임)/621
[艸:총10획] 원본 0237[<一:下>023 하]
衽(옷깃 임)/672
[衣:총09획] 원본 5031[<八:上>390 상]
賃(품팔이 임)/718
[貝:총13획] 원본 3823[<六:下>282 하]
䣸(땅 이름 임)/772
[邑:총19획] 원본 4003[<六:下>300 상]
飪(익힐 임)/845
[食:총13획] 원본 3067[<五:下>218 하]
入(들 입)/48
[入:총02획] 원본 3137[<五:下>224 상]
廿(스물 입)/77,212
[十:총04획] 원본 1394[<三:上>089 상]
倴侯(시집가는데 딸려 보낼 잉)/33
[人:총09획] 원본 4891[<八:上>377 상]
仍(인할 잉)/20
[人:총04획] 원본 4831[<八:上>372 하]
卣卤(놀래는소리 잉)/79
[卜:총10획] 원본 2916[<五:上>203 상]
孕(아이 밸 잉)/163
[子:총05획] 원본 9317[<14:上>742 하]
扔(당길 잉)/252
[手:총05획] 원본 7646[<12:上>606 하]
芿(나무 이름 잉)/305

[木:총06획] 원본 3340[<六:上>244 상]
艿(풀이름 잉)/614
[艸:총06획] 원본 0635[<一:下>046 상]
訪(후할 잉)/691
[言:총09획] 원본 1444[<三:上>092 상]
陾(담쌓는 소리 잉)/809
[阜:총12획] 원본 9253[<14:上>736 하]

ㅈ

朿 丰 𠂔(그칠 자)/10
[丿:총05획] 원본 0371[<六:下>274 상]
仔(자세할 자)/21
[人:총05획] 원본 4890[<八:上>377 상]
刺(찌를 자)/62
[刀:총08획] 원본 2683[<四:下>182 하]
啙(약할 자)/105
[口:총11획] 원본 1036[<二:上>068 하]
呰(구차할 자)/100
[口:총08획] 원본 0860[<二:上>059 하]
嗞(탄식할 자)/109
[口:총13획] 원본 0884[<二:上>060 하]
咨(물을 자)/101
[口:총09획] 원본 0803[<二:上>057 상]
垐(길에 흙 돋울 자)/122
[土:총09획] 원본 8673[<13:下>689 하]
姿(맵시 자)/150
[女:총09획] 원본 7896[<12:下>623 상]
姕(취하여 춤추는 모양 자)/149
[女:총09획] 원본 7874[<12:下>621 하]
姊(손윗누이 자)/148
[女:총08획] 원본 7764[<12:下>615 하]
孜(힘쓸 자)/163
[子:총07획] 원본 1911[<三:下>123 하]
子(아들 자)/162
[子:총03획] 원본 9316[<14:上>742 하]
孳(부지런할 자)/164
[子:총13획] 원본 9326[<14:上>743 상]
字(글자 자)/163
[子:총06획] 원본 9319[<14:上>743 상]
慈(사랑할 자)/238
[心:총13획] 원본 6430[<十:下>504 상]
恣(방자할 자)/230
[心:총10획] 원본 6530[<十:下>510 상]
𢪷(쌓을 자)/255
[手:총10획] 원본 7577[<12:上>602 하]
㧗(주먹질할 자)/255
[手:총09획] 원본 7533[<12:上>599 하]
朿(가시 자)/306
[木:총06획] 원본 4163[<七:上>318 상]
柘(산뽕나무 자)/313
[木:총09획] 원본 3383[<六:上>247 상]
樜(뽕나무 자)/336
[木:총15획] 원본 3353[<六:上>244 하]
㰣(토할 자)/346
[欠:총10획] 원본 5304[<八:下>412 상]
𣧻(까무라쳤다 깨어날 자)/353
[歹:총12획] 원본 2447[<四:下>164 하]
漬(장마 자)/408
[水:총16획] 원본 6977[<11:上2>557 하]
溠(강 이름 자)/394
[水:총13획] 원본 6701[<11:上1>528 하]
滋(불을 자)/396
[水:총12획] 원본 6903[<11:上2>552 상]
玆(이 자)/445
[玄:총10획] 원본 2391[<四:下>159 하]
玼(흠 자)/448
[玉:총09획] 원본 0133[<一:上>015 상]
疵(흠 자)/471
[疒:총10획] 원본 4505[<七:下>348 하]

鈭(도끼 자)/785
[金:총13획] 원본 8902[<14:上>706 상]
雌(암컷 자)/815
[隹:총13획] 원본 2202[<四:上>143 하]
頿(코밑수염 자)/838
[頁:총17획] 원본 5450[<九:上>424 상]
餈(인절미 자)/846
[食:총15획] 원본 3073[<五:下>219 상]
骴(삭은 뼈 자)/863
[骨:총15획] 원본 2473[<四:下>167 하]
䰞(삶을 자)/875
[鬲:총25획] 원본 1780[<三:下>113 상]
鮺(생선젓 자)/882
[魚:총18획] 원본 7299[<11:下>580 하]
鴜(새 이름 자)/889
[鳥:총17획] 원본 2339[<四:上>154 상]
鷀(가마우지 자)/893
[鳥:총21획] 원본 2321[<四:上>153 상]
鼒(옹달솥 자)/911
[鼎:총16획] 원본 4176[<七:上>319 하]
䶉(가물쥐 자)/913
[鼠:총19획] 원본 6102[<十:上>479 하]
齌(궤맬 자)/680,916
[齊:총20획] 원본 5119[<八:上>396 하]
齍(제기 자)/916
[齊:총19획] 원본 3002[<五:上>211 하]
𪗉穧(메 자)/916
[齊:총18획] 원본 4200[<七:上>322 상]
炙(고기 구울 자 · 적)/417
[火:총08획] 원본 6270[<十:下>491 상]
仢(유성 작)/22
[人:총05획] 원본 4818[<八:上>372 상]
作(지을 작)/25
[人:총07획] 원본 4857[<八:上>374 상]
勺(구기 작)/69
[勹:총03획] 원본 9022[<14:上>715 상]
妁(중매 작)/145
[女:총06획] 원본 7741[<12:下>613 하]
婥(예쁠 작)/154
[女:총11획] 원본 7958[<12:下>626 상]
怍(부끄러워할 작)/228
[心:총08획] 원본 6643[<十:下>515 상]
斫(벨 작)/283
[斤:총09획] 원본 9034[<14:上>717 상]
昨(어제 작)/293
[日:총09획] 원본 4062[<七:上>306 상]
柞(나무 이름 작)/314
[木:총09획] 원본 3332[<六:上>243 하]
汋(삶을 작)/364
[水:총06획] 원본 6863[<11:上2>550 상]
灂(옻칠할 작)/414
[水:총21획] 원본 6838[<11:上2>548 상]
焯(밝을 작)/422
[火:총12획] 원본 6189[<十:上>485 상]
灼(사를 작)/417
[火:총07획] 원본 6167[<十:上>483 하]
爝(횃불 작)/427
[火:총22획] 원본 6217[<十:上>486 하]
爵[illegible][illegible](잔 작)/430
[爪:총18획] 원본 3061[<五:下>217 하]
穛(볏대의 껍질 작)/519
[禾:총15획] 원본 4239[<七:上>325 하]
秨(벼가 흔들리는 모양 작)/514
[禾:총10획] 원본 4226[<七:上>325 상]
䇎(놀라는 모양 작)/527
[立:총13획] 원본 6378[<十:下>500 하]
筰(대 밧줄 작)/535
[竹:총13획] 원본 2824[<五:上>195 상]

繫繳(생실오라기 **작**)/570
[糸:총19획] 원본 8327[<13:上>659 상]

𦆹𦆗(늘어질 **작**)/569
[糸:총18획] 원본 8374[<13:上>662 하]

芍(함박꽃 **작**)/615
[艸:총07획] 원본 0424[<一:下>035 상]

趞(가볍고 힘찰 **작**)/725
[走:총15획] 원본 0945[<二:上>064 상]

酌(따를 **작**)/774
[酉:총10획] 원본 9385[<14:上>748 하]

雀(참새 **작**)/813
[隹:총11획] 원본 2174[<四:上>141 하]

飵(보리죽 **작**)/845
[食:총13획] 원본 3095[<五:下>221 상]

鷟(자색 봉황 **작**)/894
[鳥:총22획] 원본 2261[<四:上>149 상]

僝(갖출 **잔**)/36
[人:총11획] 원본 4768[<八:上>368 하]

奴𣦼(뚫다 남을 **잔**)/353
[女:총07획] 원본 2407[<四:下>161 상]

孱(잔약할 **잔**)/164
[子:총12획] 원본 9335[<14:上>744 상]

巑(우뚝 솟을 **잔**)/189
[山:총15획] 원본 5612[<九:下>440 상]

棧(잔도 **잔**)/324
[木:총12획] 원본 3580[<六:上>262 하]

殘(해칠 **잔**)/354
[歹:총12획] 원본 2433[<四:下>163 하]

殂(짐승이 먹던 찌꺼기 **잔**)/353
[歹:총08획] 원본 2440[<四:下>163 하]

虥(털이 몽근 범 **잔**)/650
[虍:총16획] 원본 2985[<五:上>210 하]

兂(비녀 **잠**)/46
[儿:총04획] 원본 5213[<八:下>405 하]

寁(빠를 **잠**)/170
[宀:총11획] 원본 4405[<七:下>341 상]

岑(봉우리 **잠**)/186
[山:총07획] 원본 5604[<九:下>439 하]

憯(자맥질 할 **잠**)/242
[心:총15획] 원본 6583[<十:下>512 하]

暫(잠시 **잠**)/298
[日:총15획] 원본 4064[<七:上>306 상]

涔(괸 물 **잠**)/383
[水:총10획] 원본 6993[<11:上2>558 하]

潛(자맥질 할 **잠**)/404
[水:총15획] 원본 6957[<11:上2>556 상]

湛(물 가득 찰 **잠**)/392
[水:총12획] 원본 6963[<11:上2>556 하]

璠(옥돌 **잠**)/454
[玉:총16획] 원본 0162[<一:上>017 상]

箾(말털 긁을 **잠**)/539
[竹:총16획] 원본 2841[<五:上>196 상]

簪(비녀 **잠**)/540
[竹:총17획] 원본 2754[<五:上>190 상]

箴(바늘 **잠**)/537
[竹:총15획] 원본 2854[<五:上>196 하]

蠶(누에 **잠**)/666
[虫:총24획] 원본 8534[<13:下>674 하]

趣(나아갈 **잠**)/726
[走:총18획] 원본 1012[<二:上>067 상]

醋(달 **잠**)/778
[酉:총19획] 원본 9387[<14:上>748 하]

鐕(못 **잠**)/795
[金:총20획] 원본 8929[<14:上>707 하]

霂(장마 **잠**)/818
[雨:총14획] 원본 7193[<11:下>573 상]

鰼(물고기 이름 **잠**)/885
[魚:총23획] 원본 7270[<11:下>578 하]

魿(물고기 이름 잠)/879
[魚:총15획] 원본 7300[<11:下>580 하]

帀(두를 잡)/196
[巾:총04획] 원본 3699[<六:下>273 상]

疀(삽 잡)/468
[田:총16획] 원본 8054[<12:下>637 하]

雜(섞일 잡)/816
[隹:총18획] 원본 5098[<八:上>395 하]

雥(새 떼 지어 모일 잡)/817
[隹:총24획] 원본 2254[<四:上>148 상]

丈(어른 장)/4
[一:총03획] 원본 1388[<三:上>089 상]

匠(장인 장)/74
[匚:총06획] 원본 8032[<12:下>636 상]

墇(막을 장)/130
[土:총14획] 원본 8687[<13:下>690 상]

場(마당 장)/128
[土:총12획] 원본 8729[<13:下>693 상]

壯(씩씩할 장)/133
[士:총07획] 원본 0208[<一:上>020 하]

奘(클 장)/142
[大:총10획] 원본 6353[<十:下>499 상]

妝(꾸밀 장)/146
[女:총07획] 원본 7881[<12:下>622 상]

將(장차 장)/175
[寸:총11획] 원본 1884[<三:下>121 상]

嶈(산 높을 장)/187
[山:총11획] 원본 5631[<九:下>441 하]

帳(휘장 장)/199
[巾:총11획] 원본 4673[<七:下>359 상]

張(베풀 장)/217
[弓:총11획] 원본 8092[<12:下>640 하]

戕(죽일 장)/247
[戈:총08획] 원본 7998[<12:下>631 상]

掌(손바닥 장)/261
[手:총12획] 원본 7458[<12:上>593 하]

𢪛(도울 장)/253
[手:총08획] 원본 7485[<12:上>596 하]

斨(도끼 장)/282
[斤:총08획] 원본 9033[<14:上>716 하]

杖(지팡이 장)/307
[木:총07획] 원본 3589[<六:上>263 하]

漳(강 이름 장)/400
[水:총14획] 원본 6695[<11:上1>527 상]

𠬞(가질 장)/429
[爪:총03획] 원본 1785[<三:下>113 하]

爿(나뭇조각 장)/431
[爿:총04획] 원본 4174[<七:上>319 상]

牄(먹는 소리 장)/432
[爿:총14획] 원본 3136[<五:下>223 하]

牆(담 장)/432
[爿:총17획] 원본 3201[<五:下>231 상]

𤖹(초 장)/432
[爿:총12획] 원본 7057[<11:上2>562 하]

牂(암양 장)/432
[爿:총10획] 원본 2230[<四:上>146 상]

獎(개를 격려하여 부릴 장)/440
[犬:총12획] 원본 6022[<十:上>474 상]

𤞤(망령되게 힘 센 개 장)/439
[犬:총11획] 원본 6032[<十:上>474 하]

璋(반쪽 홀 장)/454
[玉:총15획] 원본 0109[<一:上>012 하]

章(글 장)/527
[立:총11획] 원본 1650[<三:上>102 하]

蔣(줄 장)/540
[竹:총15획] 원본 2760[<五:上>190 하]

腸(창자 장)/601
[肉:총13획] 원본 2494[<四:下>168 하]

臧(착할 장)/606
[臣:총14획] 원본 1856[<三:下>118 하]
葬(장사지낼 장)/631
[茻:총13획] 원본 0667[<一:下>048 상]
萇(나무 이름 장)/628
[艸:총12획] 원본 0287[<一:下>026 하]
蘠(장미 장)/646
[艸:총21획] 원본 0429[<一:下>035 하]
莊(풀 성할 장)/623
[艸:총11획] 원본 0221[<一:下>022 상]
薔(장미 장)/641
[艸:총17획] 원본 0641[<一:下>046 하]
蔁(풀이름 장)/636
[艸:총15획] 원본 0369[<一:下>031 하]
蔣(줄 장)/637
[艸:총15획] 원본 0448[<一:下>036 상]
裝(꾸밀 장)/675
[衣:총13획] 원본 5116[<八:上>396 하]
𧻓(가는 모양 장)/724
[走:총13획] 원본 0953[<二:上>064 하]
蹡(가는 모양 장)/731
[足:총18획] 원본 1274[<二:下>081 하]
鄣(나라 이름 장)/769
[邑:총14획] 원본 3967[<六:下>297 하]
醬(젓갈 장)/776
[酉:총18획] 원본 9413[<14:上>751 상]
長(길 장)/798
[長:총08획] 원본 5773[<九:下>453 상]
障(가로막을 장)/811
[阜:총14획] 원본 9220[<14:上>734 하]
駔(준마 장)/855
[馬:총15획] 원본 5938[<十:上>468 상]
麞(노루 장)/900
[鹿:총22획] 원본 5975[<十:上>471 상]
再(두 재)/52
[冂:총06획] 원본 2380[<四:下>158 하]
哉(어조사 재)/102
[口:총09획] 원본 0818[<二:上>057 하]
在(있을 재)/118
[土:총06획] 원본 8650[<13:下>687 상]
宰(재상 재)/169
[宀:총10획] 원본 4393[<七:下>340 상]
𡿧(재앙 재)/191
[巛:총03획] 원본 7132[<11:下>569 상]
𢦏𢦏𢦏(다칠 재)/246
[戈:총07획] 원본 8002[<12:下>631 하]
才(재주 재)/251
[手:총03획] 원본 3694[<六:上>272 상]
材(재목 재)/306
[木:총07획] 원본 3460[<六:上>252 하]
栽(심을 재)/317
[木:총10획] 원본 3466[<六:上>252 하]
梓(가래나무 재)/321
[木:총11획] 원본 3313[<六:上>242 상]
洅(서리내어 퍼질 재)/376
[水:총09획] 원본 6988[<11:上2>558 상]
渽(강 이름 재)/383
[水:총10획] 원본 6663[<11:上1>518 상]
滓(찌끼 재)/397
[水:총13획] 원본 7050[<11:上2>562 상]
烖(재앙 재)/419
[火:총10획] 원본 6181[<十:上>484 하]
穧(볏단 재)/521
[禾:총19획] 원본 4230[<七:上>325 상]
纔(겨우 재)/572
[糸:총23획] 원본 8236[<13:上>651 하]
𦗛(가는 귀 재)/590
[耳:총16획] 원본 7444[<12:上>592 하]

裁(마름 **재**)/674
[衣:총12획] 원본 5018[<八:上>388 하]

財(재물 **재**)/716
[貝:총10획] 원본 3775[<六:下>279 하]

載(실을 **재**)/738
[車:총13획] 원본 9126[<14:上>727 상]

戴(나라 이름 **재**)/760
[邑:총13획] 원본 3984[<六:下>299 하]

䵧(쌀뜨물 **재**)/775
[酉:총13획] 원본 9409[<14:上>751 상]

䣼(음식 차릴 **재**)/846
[食:총17획] 원본 1789[<三:下>113 하]

麳(누룩 **재**)/900
[麥:총14획] 원본 3216[<五:下>232 하]

齋(재계할 **재**)/915
[齊:총17획] 원본 0028[<一:上>003 하]

齎(가져올 **재**)/916
[齊:총21획] 원본 3787[<六:下>280 상]

齜(이 갈림 **재**)/917
[齒:총20획] 원본 1220[<二:下>079 상]

崝(가파를 **쟁**)/187
[山:총11획] 원본 5624[<九:下>441 상]

𣥐(버틸 **쟁**)/352
[止:총12획] 원본 1018[<二:上>067 하]

爭(다툴 **쟁**)/429
[爪:총08획] 원본 2403[<四:下>160 하]

琤(옥 소리 **쟁**)/450
[玉:총12획] 원본 0147[<一:上>016 상]

箏(쟁 **쟁**)/536
[竹:총14획] 원본 2868[<五:上>198 상]

綧(끌 **쟁**)/559
[糸:총14획] 원본 8299[<13:上>657 하]

䔻(풀 어지러운 모양 **쟁**)/627
[艸:총12획] 원본 0526[<一:下>040 상]

諍(간할 **쟁**)/699
[言:총15획] 원본 1495[<三:上>095 상]

鎗(종소리 **쟁**)/792
[金:총18획] 원본 8955[<14:上>709 하]

錚(쇳소리 **쟁**)/790
[金:총16획] 원본 8957[<14:上>710 상]

伹(둔할 **저**)/27
[人:총07획] 원본 4895[<八:上>377 하]

儲(쌓을 **저**)/44
[人:총18획] 원본 4811[<八:上>371 하]

咀(씹을 **저**)/100
[口:총08획] 원본 0765[<二:上>055 상]

呧(꾸짖을 **저**)/99
[口:총08획] 원본 0859[<二:上>059 하]

坥(지렁이가 토해 놓은 흙 **저**)/120
[土:총08획] 원본 8718[<13:下>692 상]

奃(클 **저**)/140
[大:총08획] 원본 6293[<十:下>493 상]

姐(누이 **저**)/148
[女:총08획] 원본 7760[<12:下>615 상]

宁(쌓을 **저**)/165
[宀:총05획] 원본 9271[<14:上>737 하]

岨(돌산 **저**)/186
[山:총08획] 원본 5602[<九:下>439 하]

底(의지할 **저**)/207
[广:총08획] 원본 5686[<九:下>446 상]

底(밑 **저**)/207
[广:총08획] 원본 5671[<九:下>445 상]

怚(교만할 **저**)/228
[心:총08획] 원본 6503[<十:下>508 하]

抯(잡아당길 **저**)/254
[手:총08획] 원본 7611[<12:上>605 상]

抵(거스를 **저**)/254
[手:총08획] 원본 7480[<12:上>596 하]

柢(뿌리 **저**)/314
[木:총09획] 원본 3411[<六:上>248 하]

柔(도토리 **저**)/309
[木:총09획] 원본 3327[<六:上>243 상]

杵(공이 **저**)/308
[木:총08획] 원본 3548[<六:上>260 상]

楮(닥나무 **저**)/330
[木:총13획] 원본 3374[<六:上>246 상]

杼(북 **저**)/309
[木:총08획] 원본 3575[<六:上>262 하]

樗(가죽나무 **저**)/335
[木:총15획] 원본 3356[<六:上>244 하]

樗(가죽나무 **저**)/335
[木:총15획] 원본 3305[<六:上>241 상]

櫡(젓가락 **저**)/342
[木:총19획] 원본 3542[<六:上>259 하]

氐(근본 **저**)/362
[氐:총05획] 원본 7979[<12:下>628 하]

沮(막을 **저**)/370
[水:총08획] 원본 6668[<11:上1>519 하]

渚(물가 **저**)/389
[水:총12획] 원본 6762[<11:上1>540 하]

牴(닿을 **저**)/434
[牛:총09획] 원본 0728[<二:上>052 하]

狙(원숭이 **저**)/439
[犬:총08획] 원본 6072[<十:上>477 상]

䟉(쌀자루 **저**)/467
[田:총13획] 원본 9272[<14:上>738 상]

疽(등창 **저**)/471
[疒:총10획] 원본 4534[<七:下>350 상]

疷(앓을 **저**)/470
[疒:총09획] 원본 4576[<七:下>352 상]

䍜(그릇 **저**)/483
[皿:총22획] 원본 2970[<五:上>209 상]

宔(그릇 **저**)/481
[皿:총10획] 원본 3009[<五:上>212 상]

眝(바라볼 **저**)/487
[目:총10획] 원본 2074[<四:上>133 하]

篨(대자리 **저**)/540
[竹:총16획] 원본 2785[<五:上>192 상]

箸(젓가락 **저**)/538
[竹:총15획] 원본 2799[<五:上>193 상]

紙(실찌꺼기 **저**)/553
[糸:총11획] 원본 8132[<13:上>644 상]

紵(모시 **저**)/553
[糸:총11획] 원본 8347[<13:上>660 하]

罝(짐승 그물 **저**)/575
[网:총10획] 원본 4634[<七:下>356 하]

羜(새끼 양 **저**)/579
[羊:총11획] 원본 2224[<四:上>145 하]

羝(숫양 **저**)/578
[羊:총11획] 원본 2228[<四:上>146 상]

翥(날아오를 **저**)/583
[羽:총15획] 원본 2148[<四:上>139 상]

胆(구더기 **저**)/595
[肉:총09획] 원본 2613[<四:下>177 하]

苴(신바닥 창 **저**)/619
[艸:총09획] 원본 0584[<一:下>044 상]

藸(오미자 **저**)/644
[艸:총20획] 원본 0328[<一:下>029 상]

菹(채소 절임 **저**)/627
[艸:총12획] 원본 0569[<一:下>043 상]

藷(사탕수수 **저**)/644
[艸:총20획] 원본 0325[<一:下>029 상]

薀(젓갈 **저**)/669
[血:총18획] 원본 3035[<五:上>214 상]

褚(솜옷 **저**)/677
[衣:총14획] 원본 5125[<八:上>397 상]

袓(좋아할 **저**)/673
[衣:총10획] 원본 5095[<八:上>395 상]

衹(속적삼 **저**)/673
[衣:총10획] 원본 5044[<八:上>391 하]

詆(꾸짖을 **저**)/693
[言:총12획] 원본 1621[<三:上>100 하]

譇(저주할 **저**)/702
[言:총18획] 원본 1506[<三:上>095 하]

詛(저주할 **저**)/694
[言:총12획] 원본 1536[<三:上>097 상]

豬(돼지 **저**)/713
[豕:총16획] 원본 5783[<九:下>454 하]

豠(돼지 **저**)/711
[豕:총12획] 원본 5797[<九:下>455 하]

貯(쌓을 **저**)/717
[貝:총12획] 원본 3802[<六:下>281 상]

趆(빨리 달릴 **저**)/723
[走:총12획] 원본 0980[<二:上>065 상]

趄(뒤뚝거릴 **저**)/723
[走:총12획] 원본 0996[<二:上>066 상]

躇(머무를 **저**)/732
[足:총18획] 원본 1308[<二:下>083 상]

軧(수레 감속 막대 **저**)/736
[車:총12획] 원본 9155[<14:上>729 하]

邸(마을 이름 **저**)/759
[邑:총08획] 원본 3854[<六:下>286 하]

邸(집 **저**)/759
[邑:총08획] 원본 3839[<六:下>284 상]

陼(삼각주 **저**)/808
[阜:총12획] 원본 9239[<14:上>735 하]

阺(비탈 **저**)/805
[阜:총08획] 원본 9215[<14:上>734 하]

鴡(물수리 **저**)/889
[鳥:총16획] 원본 2345[<四:上>154 하]

啾(고요할 **적**)/104
[口:총11획] 원본 0902[<二:上>061 상]

嫡(정실 **적**)/158
[女:총14획] 원본 7854[<12:下>620 하]

宋(고요할 **적**)/168
[宀:총09획] 원본 4380[<七:下>339 하]

彳由(걷는 모양 **적**)/222
[彳:총08획] 원본 1184[<二:下>077 상]

擿(들출 **적**)/271
[手:총18획] 원본 7556[<12:上>601 하]

摘(딸 **적**)/267
[手:총14획] 원본 7567[<12:上>602 상]

扚(당길 **적**)/252
[手:총06획] 원본 7681[<12:上>608 하]

敵(원수 **적**)/278
[攴:총15획] 원본 1927[<三:下>124 하]

的(밝을 **적**)/290
[日:총07획] 원본 4028[<七:上>303 하]

杓(잠박시렁의 가로대 **적**)/316
[木:총10획] 원본 3566[<六:上>261 하]

樀(처마 **적**)/335
[木:총15획] 원본 3497[<六:上>255 하]

瀟(젖을 **적**)/412
[水:총19획] 원본 6886[<11:上2>551 상]

滴(물방울 **적**)/398
[水:총14획] 원본 6943[<11:上2>555 상]

焻(불을 바라볼 **적**)/420
[火:총10획] 원본 6185[<十:上>484 하]

狄(오랑캐 **적**)/438
[犬:총07획] 원본 6068[<十:上>476 하]

犭易(개 성내어 귀 벌쭉거리는 모양 **적**)/440
[犬:총11획] 원본 6049[<十:上>475 하]

玓(빛날 **적**)/446
[玉:총07획] 원본 0184[<一:上>018 상]

磧(서덜 **적**)/501
[石:총16획] 원본 5735[<九:下>450 상]

積(쌓을 **적**)/520
[禾:총16획] 원본 4233[<七:上>325 하]

籍(서적 **적**)/543
[竹:총20획] 원본 2758[<五:上>190 하]

笛(피리 **적**)/532
[竹:총11획] 원본 2866[<五:上>197 하]

糴(쌀 사들일 **적**)/549
[米:총22획] 원본 3140[<五:下>224 상]

䊮(곡식 이름 **적**)/549
[米:총20획] 원본 4306[<七:上>333 상]

績(실 낳을 **적**)/567
[糸:총17획] 원본 8339[<13:上>660 상]

翟(꿩 **적**)/582
[羽:총14획] 원본 2136[<四:上>138 하]

耤(적전 **적**)/587
[耒:총14획] 원본 2695[<四:下>184 상]

蓛(초목이 말라 죽을 **적**)/632
[艸:총14획] 원본 0506[<一:下>039 상]

苖(참소리쟁이 **적**)/617
[艸:총09획] 원본 0350[<一:下>029 하]

覿(눈을 붉힐 **적**)/686
[見:총19획] 원본 5259[<八:下>409 상]

謫(귀양 갈 **적**)/702
[言:총18획] 원본 1607[<三:上>100 상]

賊(도둑 **적**)/718
[貝:총13획] 원본 7990[<12:下>630 하]

赤(붉을 **적**)/721
[赤:총07획] 원본 6273[<十:下>491 하]

趯(뛸 **적**)/727
[走:총21획] 원본 0940[<二:上>064 상]

趚(살살 걸을 **적**)/724
[走:총13획] 원본 1001[<二:上>066 상]

踖(밟을 **적**)/730
[足:총15획] 원본 1272[<二:下>081 하]

適(갈 **적**)/753
[辵:총15획] 원본 1060[<二:下>071 상]

逖(멀 **적**)/750
[辵:총11획] 원본 1150[<二:下>075 상]

迪(나아갈 **적**)/748
[辵:총09획] 원본 1083[<二:下>071 하]

迅(이를 **적**)/748
[辵:총08획] 원본 1159[<二:下>075 하]

迹(자취 **적**)/749
[辵:총10획] 원본 1044[<二:下>070 상]

⿰耤阝(땅 이름 **적**)/772
[邑:총17획] 원본 3930[<六:下>294 상]

鏑(살촉 **적**)/793
[金:총19획] 원본 8975[<14:上>711 하]

馰(별박이 **적**)/853
[馬:총13획] 원본 5863[<十:上>462 하]

鰿(붕어 **적**)/885
[魚:총21획] 원본 7250[<11:下>577 하]

鸐(꿩붙이 **적**)/893
[鳥:총22획] 원본 2357[<四:上>155 하]

⿰麥啇(보릿가루 **적**)/901
[麥:총22획] 원본 32118[<五:下>232 상]

傳(전할 **전**)/39
[人:총13획] 원본 4887[<八:上>377 상]

佃(밭갈 **전**)/26
[人:총07획] 원본 4908[<八:上>378 하]

佺(신선 이름 **전**)/29
[人:총08획] 원본 4816[<八:上>372 상]

典(법 **전**)/51
[八:총08획] 원본 2886[<五:上>200 상]

𠝣(앞 **전**)/63
[刀:총12획] 원본 2632[<四:下>178 하]

琠(귀막이 전)/450
[玉:총12획] 원본 0081[<一:上>010 상]

瑱(귀막이 옥 전)/453
[玉:총14획] 원본 0121[<一:上>013 하]

田(밭 전)/462
[田:총05획] 원본 8740[<13:下>694 하]

甸(경기 전)/463
[田:총07획] 원본 8750[<13:下>696 상]

畋(밭 갈 전)/464
[田:총09획] 원본 1961[<三:下>126 하]

瘨(앓을 전)/475
[疒:총15획] 원본 4499[<七:下>348 하]

䁴(계속해서 볼 전)/493
[目:총18획] 원본 2034[<四:上>131 하]

窴(메일 전)/525
[穴:총15획] 원본 4460[<七:下>346 상]

竱(같을 전)/528
[立:총16획] 원본 6366[<十:下>500 상]

篆(전자 전)/538
[竹:총15획] 원본 2755[<五:上>190 상]

箋(찌지 전)/536
[竹:총14획] 원본 2769[<五:上>191 상]

篿(점대 전)/540
[竹:총17획] 원본 2798[<五:上>193 상]

[竹/沾](솜너는 대나무발 전)/536
[竹:총14획] 원본 2825[<五:上>195 상]

箭(화살 전)/537
[竹:총15획] 원본 2738[<五:上>189 상]

縓(분홍빛 전)/565
[糸:총16획] 원본 8228[<13:上>650 하]

絟(가는 베 전)/555
[糸:총12획] 원본 8346[<13:上>660 하]

縳(흴 전)/566
[糸:총17획] 원본 8201[<13:上>648 하]

纏(얽힐 전)/571
[糸:총21획] 원본 8176[<13:上>647 상]

羴(양의 노린내 전)/580
[羊:총18획] 원본 2247[<四:上>147 하]

翦(자를 전)/583
[羽:총15획] 원본 2139[<四:上>138 하]

[而耑](작은 잔 전)/587
[而:총14획] 원본 5513[<九:上>430 상]

脧(줄어들 전)/598
[肉:총11획] 원본 2617[<四:下>177 하]

脡(고기젓 전)/598
[肉:총12획] 원본 2579[<四:下>175 상]

膞(저민 고기 전)/602
[肉:총15획] 원본 26048[<四:下>176 하]

臇(지짐이 전)/604
[肉:총17획] 원본 2596[<四:下>176 상]

腆(두터울 전)/599
[肉:총12획] 원본 2557[<四:下>173 상]

荃(겨자 무침 전)/621
[艸:총10획] 원본 0570[<一:下>043 상]

[艹/湔](산딸기 전)/638
[艸:총16획] 원본 0425[<一:下>035 상]

蕇(산겨자 전)/638
[艸:총16획] 원본 0613[<一:下>045 하]

葏(풀이 우거진 모양 전)/630
[艸:총13획] 원본 0656[<一:下>047 상]

葥(질경이 전)/631
[艸:총13획] 원본 0292[<一:下>026 하]

[雋/䖵](벌레 먹을 전)/666
[虫:총24획] 원본 8556[<13:下>676 상]

蜓(수궁 전)/656
[虫:총13획] 원본 8399[<13:上>664 하]

[厂/䖵](벌레 전)/665
[虫:총23획] 원본 8539[<13:下>674 하]

𧗳(밟을 전)/670
[行:총14획] 원본 1210[<二:下>078 상]

襢(붉은 저사 옷 전)/679
[衣:총18획] 원본 5020[<八:上>389 상]

諯(서로 사양할 전)/700
[言:총16획] 원본 1608[<三:上>100 상]

詮(설명할 전)/695
[言:총13획] 원본 1465[<三:上>093 하]

諓(교묘히 말할 전)/699
[言:총15획] 원본 1480[<三:上>094 상]

𧼛(갑자기 달아날 전)/726
[走:총17획] 원본 1009[<二:上>067 상]

𧾅(향해 갈 전)/726
[走:총20획] 원본 0944[<二:上>064 상]

躔(궤도 전)/732
[足:총22획] 원본 1292[<二:下>082 하]

跧(굽을 전)/729
[足:총13획] 원본 1285[<二:下>082 상]

蹎(넘어질 전)/731
[足:총17획] 원본 1318[<二:下>083 상]

轉(구를 전)/742
[車:총18획] 원본 9132[<14:上>727 하]

輇(상여 차 전)/738
[車:총13획] 원본 9153[<14:上>729 상]

𨑹(나아가 다할 전)/754
[辵:총13획] 원본 1154[<二:下>075 상]

錪(쇠 전)/790
[金:총16획] 원본 8866[<14:上>704 상]

鐫(새길 전)/796
[金:총21획] 원본 8905[<14:上>706 상]

鐔(정벌할 전)/796
[金:총21획] 원본 9005[<14:上>714 상]

錢(돈 전)/790
[金:총16획] 원본 8911[<14:上>706 하]

鐉(문돌쩌귀 전)/794
[金:총20획] 원본 9000[<14:上>714 상]

銓(저울질할 전)/787
[金:총14획] 원본 8936[<14:上>707 하]

闐(성할 전)/802
[門:총18획] 원본 7409[<12:上>590 상]

闢(문 여닫기 쉬울 전)/803
[門:총26획] 원본 7399[<12:上>589 하]

隊(담장 전)/809
[阜:총12획] 원본 9252[<14:上>736 하]

𨻝(물가 언덕 전)/808
[阜:총11획] 원본 9262[<14:上>736 하]

電(번개 전)/818
[雨:총13획] 원본 7174[<11:下>572 상]

霣(빗소리 전)/820
[雨:총18획] 원본 7194[<11:下>573 상]

靦(부끄러워할 전)/825
[面:총16획] 원본 5440[<九:上>422 하]

顓(전단할 전)/540
[頁:총18획] 원본 5401[<九:上>419 상]

顚(꼭대기 전)/841
[頁:총19획] 원본 5352[<九:上>416 상]

顫(떨릴 전)/842
[頁:총22획] 원본 5424[<九:上>421 하]

餞(전별할 전)/847
[食:총17획] 원본 3107[<五:下>221 하]

饘(죽 전)/849
[食:총22획] 원본 3074[<五:下>219 상]

𩠐𩠐(끊을 전)/850
[首:총27획] 원본 5446[<九:上>423 하]

驏(말이 땅에 구를 전)/859
[馬:총20획] 원본 5935[<十:上>467 하]

鬋(살짝 늘어질 전)/869
[髟:총19획] 원본 5482[<九:上>426 하]

笘(회초리 **점**)/532
[竹:총11획] 원본 2849[<五:上>196 하]

鮎(흠 **점**)/573
[缶:총11획] 원본 3158[<五:下>225 하]

耆(검버섯 **점**)/585
[老:총09획] 원본 5141[<八:上>398 하]

聑(조금 늘어진 귀 **점**)/589
[耳:총11획] 원본 7425[<12:上>591 하]

苫(이엉 **점**)/618
[艸:총09획] 원본 0565[<一:下>043 상]

蔪(쌀 **점**)/637
[艸:총15획] 원본 0548[<一:下>042 상]

蛎(벌레 이름 **점**)/661
[虫:총17획] 원본 8512[<13:上>672 상]

蛅(쐐기 **점**)/654
[虫:총11획] 원본 8444[<13:上>667 상]

醬(맛이 싱거울 **점**)/779
[酉:총21획] 원본 9420[<14:上>751 하]

阽(위태로운 **점**)/805
[阜:총08획] 원본 9243[<14:上>736 상]

霰(차가울 **점**)/821
[雨:총19획] 원본 7211[<11:下>574 하]

霑(젖을 **점**)/819
[雨:총16획] 원본 7197[<11:下>573 하]

鮎(메기 **점**)/880
[魚:총16획] 원본 7266[<11:下>578 하]

黏(찰질 **점**)/904
[黍:총17획] 원본 4274[<七:上>330 상]

點(점 **점**)/905
[黑:총17획] 원본 6241[<十:上>488 상]

羙(뜻뜻할 **점·임**)/416
[火:총10획] 원본 6136[<十:上>481 하]

拁(비빌 **접**)/259
[手:총10획] 원본 7510[<12:上>598 상]

摺(접을 **접**)/268
[手:총14획] 원본 7571[<12:上>602 상]

接(사귈 **접**)/262
[手:총11획] 원본 7547[<12:上>600 하]

椄(접붙일 **접**)/325
[木:총12획] 원본 3604[<六:上>264 하]

緁(합할 **접**)/568
[糸:총18획] 원본 8194[<13:上>648 상]

聑(편안할 **접**)/589
[耳:총12획] 원본 7453[<12:上>593 상]

腜(저민 고기 **접**)/600
[肉:총13획] 원본 2598[<四:下>176 하]

萎(개연꽃 **접**)/627
[艸:총12획] 원본 0441[<一:下>036 상]

蜨(나비 **접**)/657
[虫:총14획] 원본 8452[<13:上>667 하]

褋(홑옷 **접**)/680
[衣:총14획] 원본 5040[<八:上>391 하]

丁(넷째 천간 **정**)/3
[一:총02획] 원본 9297[<14:上>740 하]

井(우물 **정**)/16
[二:총04획] 원본 3050[<五:下>216 상]

亭(정자 **정**)/19
[亠:총09획] 원본 3176[<五:下>227 하]

侹(긴 모양 **정**)/32
[人:총09획] 원본 4795[<八:上>370 상]

叡(함정 **정**)/91
[又:총11획] 원본 2410[<四:下>161 상]

呈(드릴 **정**)/98
[口:총07획] 원본 0835[<二:上>058 하]

壬(착할 **정**)/118
[土:총04획] 원본 5003[<八:上>387 하]

埩(밭 갈 **정**)/124
[土:총11획] 원본 8686[<13:下>690 상]

婧(날씬할 **정**)/154
[女:총11획] 원본 7837[<12:下>619 하]

姘(엄전할 **정**)/145
[女:총07획] 원본 7838[<12:下>619 하]

娗(모양낼 **정**)/151
[女:총10획] 원본 7957[<12:下>626 상]

定(정할 **정**)/168
[宀:총08획] 원본 4374[<七:下>339 상]

庭(뜰 **정**)/208
[广:총10획] 원본 5647[<九:下>443 상]

延(먼 곳으로 갈 **정**)/212
[廴:총08획] 원본 1200[<二:下>077 하]

廷(조정 **정**)/212
[廴:총07획] 원본 1199[<二:下>077 하]

徎(질러갈 **정**)/223
[彳:총10획] 원본 1166[<二:下>076 상]

情(뜻 **정**)/233
[心:총11획] 원본 6390[<十:下>502 상]

挺(뺄 **정**)/258
[手:총10획] 원본 7629[<12:上>605 하]

整(가지런할 **정**)/279
[攴:총16획] 원본 1901[<三:下>123 상]

政(정사 **정**)/274
[攴:총08획] 원본 1904[<三:下>123 상]

旌(기 **정**)/286
[方:총11획] 원본 4095[<七:上>309 하]

晶(밝을 **정**)/296
[日:총12획] 원본 4116[<七:上>312 하]

桯(탁자 **정**)/319
[木:총11획] 원본 3525[<六:上>257 하]

棖(문설주 **정**)/324
[木:총12획] 원본 3584[<六:上>263 상]

檉(위성류 **정**)/339
[木:총17획] 원본 3362[<六:上>245 상]

楨(광나무 **정**)/329
[木:총13획] 원본 3456[<六:上>252 상]

朾(칠 **정**)/306
[木:총06획] 원본 3648[<六:上>268 하]

梃(몽둥이 **정**)/320
[木:총11획] 원본 3429[<六:上>249 하]

正(바를 **정**)/351
[止:총05획] 원본 1038[<二:下>069 하]

濪(차가울 **정**)/411
[水:총18획] 원본 7076[<11:上2>563 하]

汀(물가 **정**)/364
[水:총05획] 원본 7021[<11:上2>560 하]

湞(물 이름 **정**)/393
[水:총12획] 원본 6704[<11:上1>529 상]

瀞(맑을 **정**)/413
[水:총19획] 원본 7025[<11:上2>560 하]

淨(깨끗할 **정**)/387
[水:총11획] 원본 6741[<11:上1>536 상]

珽(옥홀 **정**)/449
[玉:총11획] 원본 0114[<一:上>013 상]

玎(옥 소리 **정**)/446
[玉:총06획] 원본 0146[<一:上>016 상]

町(밭두둑 **정**)/463
[田:총07획] 원본 8741[<13:下>695 상]

禎(상서 **정**)/507
[示:총14획] 원본 0017[<一:上>003 상]

程(단위 **정**)/515
[禾:총12획] 원본 4263[<七:上>327 하]

竫(편안할 **정**)/528
[立:총13획] 원본 6368[<十:下>500 상]

筳(꾸리 대 **정**)/535
[竹:총13획] 원본 2775[<五:上>191 하]

精(쓿은 쌀 **정**)/547
[米:총14획] 원본 4286[<七:上>331 상]

[illegible](느슨할 **정**)/563
[糸:총15획] 원본 8158[<13:上>646 상]

綎(띠 술 **정**)/558
[糸:총13획] 원본 8259[<13:上>654 하]

[illegible](말의 장식 **정**)/553
[糸:총11획] 원본 8309[<13:上>658 상]

艼(구장 **정**)/614
[艸:총06획] 원본 0447[<一:下>036 상]

莛(줄기 **정**)/624
[艸:총11획] 원본 0473[<一:下>037 하]

[illegible](숨 안정될 **정**)/667
[血:총08획] 원본 3031[<五:上>214 상]

裎(벌거숭이 **정**)/674
[衣:총12획] 원본 5110[<八:上>396 상]

訂(바로 잡을 **정**)/691
[言:총09획] 원본 1436[<三:上>092 상]

貞(곧을 **정**)/716
[貝:총09획] 원본 1975[<三:下>127 하]

䞓(붉을 **정**)/722
[赤:총14획] 원본 6277[<十:下>491 하]

[illegible](먼 곳으로 갈 **정**)/748
[辵:총08획] 원본 1052[<二:下>070 하]

鄭(나라 이름 **정**)/770
[邑:총15획] 원본 3857[<六:下>286 하]

酲(숙취 **정**)/775
[酉:총14획] 원본 9403[<14:上>750 하]

釘(못 **정**)/783
[金:총10획] 원본 8846[<14:上>703 상]

鋌(쇳덩이 **정**)/788
[金:총15획] 원본 8852[<14:上>703 하]

鉦(징 **정**)/786
[金:총13획] 원본 8946[<14:上>708 하]

錠(제기 이름 **정**)/790
[金:총16획] 원본 8882[<14:上>705 상]

阱(함정 **정**)/804
[阜:총07획] 원본 3052[<五:下>216 상]

[illegible](언덕 이름 **정**)/804
[阜:총05획] 원본 9237[<14:上>735 하]

隕(언덕 이름**정**)/808
[阜:총13획] 원본 9236[<14:上>735 하]

霆(천둥소리 **정**)/819
[雨:총15획] 원본 7172[<11:下>572 상]

靖(편안할 **정**)/822
[青:총13획] 원본 6369[<十:下>500 상]

彭(조촐하게 꾸밀 **정**)/822
[青:총11획] 원본 5460[<九:上>424 하]

靚(단장할 **정**)/822
[青:총15획] 원본 5260[<八:下>409 상]

靜(고요할 **정**)/822
[青:총16획] 원본 3049[<五:下>215 하]

靪(신 창받이 할 **정**)/826
[革:총11획] 원본 1715[<三:下>108 상]

[illegible](말의 치장 **정**)/829
[革:총18획] 원본 1731[<三:下>109 하]

[illegible](아름다운 모양 **정**)/839
[頁:총17획] 원본 5412[<九:上>420 하]

頲(곧을 **정**)/838
[頁:총16획] 원본 5391[<九:上>418 하]

頂(정수리 **정**)/834
[頁:총11획] 원본 5353[<九:上>416 상]

鼎(솥 **정**)/910
[鼎:총13획] 원본 4175[<七:上>319 상]

儕(동배 **제**)/43
[人:총16획] 원본 4819[<八:上>372 상]

劑(벨 **제**)/65
[刀:총16획] 원본 2660[<四:下>181 상]

制(마를 **제**)/61
[刀:총08획] 원본 2673[<四:下>182 상]

厗(당제석 **제**)/85
[厂:총09획] 원본 5704[<九:下>447 상]

嚌(맛볼 **제**)/112
[口:총17획] 원본 0768[<二:上>055 상]

嗁(울 **제**)/108
[口:총13획] 원본 0899[<二:上>061 상]

堤(둑 **제**)/127
[土:총12획] 원본 8656[<13:下>687 하]

娣(여동생 **제**)/152
[女:총10획] 원본 7766[<12:下>615 하]

媞(안존할 **제**)/156
[女:총12획] 원본 7845[<12:下>620 상]

姼(예쁠 **제**)/150
[女:총09획] 원본 7774[<12:下>616 상]

[illegible](발비틀어져 걷지 못하여 사람이 부축일 **제**)/179
[尢:총17획] 원본 6321[<十:下>495 하]

帝(임금 **제**)/198
[巾:총09획] 원본 0007[<一:上>002 상]

弟(아우 **제**)/216
[弓:총07획] 원본 3252[<五:下>236 하]

徲(왕래할 **제**)/224
[彳:총14획] 원본 1189[<二:下>077 상]

懠(고달플 **제**)/240
[心:총15획] 원본 6435[<十:下>504 상]

擳(빼앗을 **제**)/267
[手:총14획] 원본 7538[<12:上>600 상]

提(끌 **제**)/263
[手:총12획] 원본 7509[<12:上>598 상]

擠(밀 **제**)/271
[手:총17획] 원본 7479[<12:上>596 하]

梯(사다리 **제**)/322
[木:총11획] 원본 3583[<六:上>263 상]

櫅(나무 이름 **제**)/341
[木:총18획] 원본 3339[<六:上>244 상]

濟(건널 **제**)/410
[水:총17획] 원본 6764[<11:上1>540 하]

泲(강 이름 **제**)/376
[水:총08획] 원본 6699[<11:上1>528 상]

狾(미친 개 **제**)/440
[犬:총10획] 원본 6065[<十:上>476 하]

睼(볼 **제**)/491
[目:총14획] 원본 2066[<四:上>133 상]

睇(흘끗 볼 **제**)/488
[目:총12획] 원본 2076[<四:上>133 하]

禔(편안할 **제**)/507
[示:총14획] 원본 0024[<一:上>003 상]

祭(제사 **제**)/506
[示:총11획] 원본 0030[<一:上>003 하]

穄(검은 기장 **제**)/519
[禾:총16획] 원본 4202[<七:上>322 하]

第(차례 **제**)/533
[竹:총11획] 원본 2881[<五:上>199 상]

緹(붉은 비단 **제**)/564
[糸:총15획] 원본 8227[<13:上>650 하]

綈(깁 **제**)/558
[糸:총13획] 원본 8203[<13:上>648 하]

臍膪(배꼽 **제**)/604
[肉:총17획] 원본 2512[<四:下>170 상]

薺(냉이 **제**)/642
[艸:총18획] 원본 0379[<一:下>032 상]

蒢(까마종이 **제**)/633
[艸:총14획] 원본 0310[<一:下>028 상]

苐(풀이름 **제**)/625
[艸:총11획] 원본 0300[<一:下>027 상]

蕛(돌피 **제**)/639
[艸:총16획] 원본 0445[<一:下>036 상]

蠐蠆蠤(굼벵이 **제**)/664
[虫:총20획] 원본 8418[<13:上>665 하]

褆(옷 두툼할 **제**)/676
[衣:총14획] 원본 5071[<八:上>393 하]
製(지을 **제**)/676
[衣:총14획] 원본 5126[<八:上>397 상]
𧡊(나타날 **제**)/685
[見:총16획] 원본 5237[<八:下>408 상]
諸(모든 **제**)/700
[言:총16획] 원본 1411[<三:上>090 상]
趧(오랑캐 춤 **제**)/725
[走:총16획] 원본 1013[<二:上>067 상]
躋(오를 **제**)/732
[足:총21획] 원본 1283[<二:下>082 상]
蹏(굽 **제**)/731
[足:총17획] 원본 1263[<二:下>081 상]
踶(찰 **제**)/730
[足:총16획] 원본 1298[<二:下>082 하]
𨑐(놀랄 **제**)/748
[辵:총09획] 원본 1113[<二:下>073 상]
銻(안티몬 **제**)/788
[金:총15획] 원본 9013[<14:上>714 하]
鐫(그릇 이름 **제**)/792
[金:총18획] 원본 8889[<14:上>705 하]
鉓鉥(날카로울 **제**)/785
[金:총13획] 원본 9019[<14:上>715 상]
除(섬돌 **제**)/807
[阜:총10획] 원본 9244[<14:上>736 상]
際(사이 **제**)/810
[阜:총14획] 원본 9249[<14:上>736 상]
隄(둑 **제**)/809
[阜:총12획] 원본 9211[<14:上>733 하]
霽(갤 **제**)/821
[雨:총22획] 원본 7202[<11:下>573 하]
鞮(가죽신 **제**)/829
[革:총18획] 원본 1711[<三:下>108 상]
韲(잘게 썰어 양념한 나물 **제**)/833
[韭:총19획] 원본 4341[<七:下>336 하]
題(표제 **제**)/540
[頁:총18획] 원본 5355[<九:上>416 하]
騠(양마 이름 **제**)/858
[馬:총19획] 원본 5948[<十:上>469 상]
𩯁(작은 상투 **제**)/870
[髟:총25획] 원본 5484[<九:上>427 상]
鮷(큰 메기 **제**)/882
[魚:총18획] 원본 7268[<11:下>578 하]
鮆(갈치 **제**)/880
[魚:총16획] 원본 7264[<11:下>578 상]
鴺(제호 **제**)/890
[鳥:총17획] 원본 2331[<四:上>153 하]
齋(재주 **제**)/915
[齊:총17획] 원본 7841[<12:下>619 하]
齌(몹시 노할 **제**)/916
[齊:총18획] 원본 6151[<十:上>482 하]
齊(가지런할 **제**)/915
[齊:총14획] 원본 4161[<七:上>317 하]
齎(같을 **제**)/916
[齊:총21획] 원본 4162[<七:上>317 하]
傮(마칠 **조**)/40
[人:총13획] 원본 4965[<八:上>383 상]
俎(도마 **조**)/33
[人:총09획] 원본 9029[<14:上>716 하]
佻(방정맞을 **조**)/29
[人:총08획] 원본 4911[<八:上>379 상]
凋(시들 **조**)/56
[冫:총10획] 원본 7157[<11:下>571 상]
助(도울 **조**)/66
[力:총07획] 원본 8783[<13:下>699 상]
𠧪(무꾸리할 **조**)/80
[卜:총07획] 원본 1978[<三:下>127 하]

兆𠧞(점 조)/46
[卜:총06획] 원본 1979[<三:下>127 하]
厝(둘 조)/85
[厂:총10획] 원본 5709[<九:下>447 하]
㕚(손톱 조)/89
[又:총04획] 원본 1808[<三:下>115 상]
啁(비웃을 조)/104
[口:총11획] 원본 0855[<二:上>059 하]
垗(묏자리 조)/122
[土:총09획] 원본 8727[<13:下>693 상]
嬥(날씬할 조)/160
[女:총17획] 원본 7843[<12:下>620 상]
弔(조상할 조)/215
[弓:총04획] 원본 4967[<八:上>383 상]
彫(새길 조)/221
[彡:총11획] 원본 5459[<九:上>424 하]
懆(근심할 조)/242
[心:총16획] 원본 6580[<十:下>512 상]
操(잡을 조)/270
[手:총16획] 원본 7491[<12:上>597 상]
措(둘 조)/262
[手:총11획] 원본 7524[<12:上>599 상]
[illegible](휘조)/281
[斗:총13획] 원본 9061[<14:上>719 상]
旐(기 조)/286
[方:총12획] 원본 4093[<七:上>309 상]
早(새벽 조)/289
[日:총06획] 원본 4019[<七:上>302 하]
曹(마을 조)/301
[日:총11획] 원본 2914[<五:上>203 상]
朝(아침 조)/303
[月:총12획] 원본 4090[<七:上>308 하]
朓(그믐달 조)/303
[月:총10획] 원본 4126[<七:上>313 하]
槽(구유 조)/334
[木:총15획] 원본 3607[<六:上>264 하]
[illegible](밤샘 조)/338
[木:총16획] 원본 3684[<六:上>271 상]
棗(대추나무 조)/324
[木:총12획] 원본 4164[<七:上>318 상]
條(가지 조)/321
[木:총11획] 원본 3421[<六:上>249 상]
殂(죽을 조)/353
[歹:총09획] 원본 2421[<四:下>162 상]
澡(씻을 조)/407
[水:총16획] 원본 7081[<11:上2>564 상]
洮(씻을 조)/379
[水:총09획] 원본 6674[<11:上1>521 상]
丨(조수 조)/386
[水:총11획] 원본 6807[<11:上2>546 상]
漕(배로 실어 나를 조)/399
[水:총14획] 원본 7111[<11:上2>566 하]
燥(마를 조)/426
[火:총17획] 원본 6211[<十:上>486 상]
[illegible](타다 남은 나무 조)/425
[火:총15획] 원본 6179[<十:上>484 하]
照(비출 조)/423
[火:총13획] 원본 6190[<十:上>485 상]
爪(손톱 조)/429
[爪:총04획] 원본 1782[<三:下>113 상]
瑵(수레 꼭지 조)/453
[玉:총14획] 원본 0125[<一:上>014 상]
琱(옥 다듬을 조)/451
[玉:총12획] 원본 0140[<一:上>015 하]
璪(면류관 드림 옥 조)/455
[玉:총17획] 원본 0129[<一:上>014 하]
珇(서옥 머리 두두룩할 조)/448
[玉:총09획] 원본 0127[<一:上>014 하]

盄(그릇 조)/480
[皿:총09획] 원본 3006[<五:上>212 상]

矂(익히 볼 조)/491
[目:총16획] 원본 2062[<四:上>133 상]

眺(바라볼 조)/488
[目:총11획] 원본 2090[<四:上>134 하]

祖(조상 조)/504
[示:총10획] 원본 0036[<一:上>004 하]

稠(빽빽할 조)/517
[禾:총13획] 원본 4192[<七:上>321 하]

租(구실 조)/513
[禾:총10획] 원본 4253[<七:上>326 하]

窵(그윽할 조)/525
[穴:총16획] 원본 4455[<七:下>345 하]

竈(부엌 조)/526
[穴:총21획] 원본 4433[<七:下>343 하]

窱(아득할 조)/525
[穴:총15획] 원본 4474[<七:下>346 하]

窕(정숙할 조)/523
[穴:총11획] 원본 4466[<七:下>346 상]

糶(쌀 내어 팔 조)/549
[米:총25획] 원본 3704[<六:下>273 상]

粗(거칠 조)/546
[米:총11획] 원본 4288[<七:上>331 하]

糟(전국 조)/548
[米:총17획] 원본 4299[<七:上>332 하]

條(끈 조)/557
[糸:총13획] 원본 8270[<13:上>655 상]

繰(야청 통견 조)/570
[糸:총19획] 원본 8234[<13:上>651 하]

絩(실 수효 조)/556
[糸:총12획] 원본 8198[<13:上>648 상]

組(끈 조)/554
[糸:총11획] 원본 8253[<13:上>653 하]

罩(보쌈 조)/575
[网:총13획] 원본 4616[<七:下>355 하]

罺(어리 조)/575
[网:총13획] 원본 2203[<四:上>144 상]

羭(새끼양 조)/579
[羊:총12획] 원본 2227[<四:上>145 하]

肇(창 조)/591
[聿:총14획] 원본 7984[<12:下>629 상]

肁(비소로 조)/591
[聿:총10획] 원본 7362[<12:上>586 하]

朓(제사이름 조)/597
[肉:총10획] 원본 2551[<四:下>172 하]

胙(제 지낸 고기 조)/595
[肉:총09획] 원본 2552[<四:下>172 하]

臊(누릴 조)/604
[肉:총17획] 원본 2585[<四:下>175 하]

蒩(띠거적 조)/633
[艸:총14획] 원본 0560[<一:下>042 하]

莜(김매는 연장 조)/624
[艸:총11획] 원본 0581[<一:下>043 하]

蒩(푸성귀 조)/633
[艸:총14획] 원본 0243[<一:下>023 하]

蔦(담쟁이 조)/637
[艸:총15획] 원본 0372[<一:下>031 하]

蓸(풀 조)/636
[艸:총15획] 원본 0630[<一:下>046 상]

藻(조류 조)/642
[艸:총18획] 원본 0628[<一:下>046 상]

藋(파랑명아주 조)/643
[艸:총18획] 원본 0290[<一:下>026 하]

虘且(당황할조)/651
[虍:총18획] 원본 9030[<14:上>716 하]

蜩(매미 조)/657
[虫:총14획] 원본 8462[<13:上>668 상]

蠹(굼벵이조)/666
[虫:총22획] 원본 8544[<13:下>675 상]

蛁(참매미 조)/653
[虫:총11획] 원본 8389[<13:上>664 상]

蚤𧕫蚤𧕫(벼룩 조)/653
[虫:총10획] 원본 8536[<13:下>674 하]

袮(관 속에 까는 비단 조)/671
[衣:총10획] 원본 5129[<八:上>397 하]

褿(포대기 조)/678
[衣:총17획] 원본 5115[<八:上>396 하]

褐(짧은 옷 조)/678
[衣:총16획] 원본 5079[<八:上>394 상]

覜(뵐 조)/684
[見:총13획] 원본 5263[<八:下>409 하]

譟(시끄러울 조)/704
[言:총20획] 원본 1575[<三:上>099 상]

調(고를 조)/698
[言:총15획] 원본 1471[<三:上>093 하]

誂(꾈 조)/696
[言:총13획] 원본 1560[<三:上>098 하]

趒(뛸 조)/724
[走:총13획] 원본 1014[<二:上>067 상]

趮(조급할 조)/727
[走:총20획] 원본 0939[<二:上>064 상]

趙(나라 조)/725
[走:총14획] 원본 0982[<二:上>065 하]

徂(갈 조)/748
[辵:총09획] 원본 1057[<二:下>070 하]

遭(만날 조)/753
[辵:총15획] 원본 1079[<二:下>071 하]

造(지을 조)/750
[辵:총11획] 원본 1065[<二:下>071 상]

醮(다 들이켤 조)/779
[酉:총25획] 원본 9392[<14:上>749 상]

鋚(고삐의 구리 장식 조)/788
[金:총15획] 원본 8835[<14:上>702 하]

釣(낚시 조)/783
[金:총11획] 원본 8991[<14:上>713 상]

錭(새길 조)/790
[金:총16획] 원본 9017[<14:上>714 하]

阼(동편 층계 조)/805
[阜:총08획] 원본 9246[<14:上>736 상]

陧(묵밭 갈 조)/807
[阜:총11획] 원본 9242[<14:上>735 하]

阻(험할 조)/805
[阜:총08획] 원본 9185[<14:上>732 상]

雕(독수리 조)/816
[隹:총16획] 원본 2183[<四:上>142 하]

鯛(도미 조)/883
[魚:총19획] 원본 7312[<11:下>581 하]

鯙(가리 조)/883
[魚:총19획] 원본 7313[<11:下>581 하]

鮡(고기 이름 조)/881
[魚:총17획] 원본 7317[<11:下>581 하]

鯈(피라미 조)/882
[魚:총18획] 원본 7240[<11:下>577 상]

鳥(새 조)/887
[鳥:총11획] 원본 2257[<四:上>148 상]

鼂(아침 조)/909
[黽:총18획] 원본 8594[<13:下>680 상]

鬌(어린 아이의 깎고 남은 머리 조)/868
[髟:총18획] 원본 5478[<九:上>426 하]

族(겨레 족)/286
[方:총11획] 원본 4113[<七:上>312 상]

蔟(누에섶 족)/637
[艸:총15획] 원본 0597[<一:下>044 하]

足(발 족)/727
[足:총07획] 원본 1262[<二:下>081 상]

鏃(살촉 족)/793
[金:총19획] 원본 9006[<14:上>714 상]
存(있을 존)/163
[子:총06획] 원본 9328[<14:上>743 하]
𢍜尊(높을 존/176
[寸:총12획] 원본 9424[<14:上>752 상]
卒(군사 졸)/78
[十:총08획] 원본 5124[<八:上>397 상]
拙(졸할 졸)/255
[手:총08획] 원본 7655[<12:上>607 상]
捽(잡을 졸)/261
[手:총11획] 원본 7535[<12:上>599 하]
殌(죽을 졸)/354
[歺:총12획] 원본 2417[<四:下>161 하]
炪(불빛 졸)/418
[火:총09획] 원본 6120[<十:上>480 하]
猝(갑자기 졸)/441
[犬:총11획] 원본 6014[<十:上>474 상]
踤(찰 졸)/730
[足:총15획] 원본 1304[<二:下>082 하]
䶑(씹을 졸)/918
[齒:총23획] 원본 1241[<二:下>080 상]
伀(두려워할 종)/24
[人:총06획] 원본 4755[<八:上>367 하]
从(좇을 종)/21
[人:총04획] 원본 4989[<八:上>386 상]
堫(심을 종)/127
[土:총12획] 원본 8624[<13:下>684 상]
㚇(다리를 오므릴 종)/135
[夊:총09획] 원본 3229[<五:下>233 하]
宗(마루 종)/167
[宀:총08획] 원본 4422[<七:下>342 상]
嵏(산 이름 종)/188
[山:총12획] 원본 5594[<九:下>438 하]
幒(잠방이 종)/201
[巾:총14획] 원본 4666[<七:下>358 하]
徸(이을 종)/224
[彳:총12획] 원본 1191[<二:下>077 상]
從(좇을 종)/223
[彳:총11획] 원본 4990[<八:上>386 상]
慫(권할 종)/240
[心:총15획] 원본 6524[<十:下>510 상]
慒(생각할 종)/239
[心:총14획] 원본 6460[<十:下>506 상]
𢙮(더딜 종)/236
[心:총10획] 원본 6410[<十:下>503 상]
悰(즐길 종)/234
[心:총11획] 원본 6423[<十:下>503 하]
椶(종려나무 종)/327
[木:총13획] 원본 3310[<六:上>241 하]
樅(전나무 종)/335
[木:총15획] 원본 3397[<六:上>247 하]
歱(발꿈치 종)/352
[止:총13획] 원본 1017[<二:上>067 하]
汷(물 이름 종)/364
[水:총06획] 원본 6795[<11:上1>544 하]
潀(물 모일 종)/402,405
[水:총14획] 원본 6916[<11:上2>553 상]
淙(물소리 종)/386
[水:총11획] 원본 6855<11:上2>549 하]
琮(옥홀 종)/451
[玉:총12획] 원본 0105[<一:上>012 상]
瘲(경풍 종)/475
[疒:총16획] 원본 4508[<七:下>349 상]
稯(새 종)/517
[禾:총14획] 원본 4264[<七:上>327 하]
種(씨 종)/517
[禾:총14획] 원본 4188[<七:上>321 상]

緟(더할 종)/562
[糸:총15획] 원본 8274[<13:上>655 하]

終(끝날 종)/554
[糸:총11획] 원본 8193[<13:上>647 하]

緃(물들인 비단 종)/561
[糸:총14획] 원본 8272[<13:上>655 상]

縱(늘어질 종)/566
[糸:총17획] 원본 8159[<13:上>646 상]

綜(잉아 종)/558
[糸:총14획] 원본 8140[<13:上>644 하]

腫(부스럼 종)/600
[肉:총13획] 원본 2545[<四:下>172 상]

艐(배 모래에 박힐 종)/613
[舟:총15획] 원본 5196[<八:下>403 하]

葼(가늘 종)/632
[艸:총13획] 원본 0487[<一:下>038 상]

螽(누리 종)/659
[虫:총15획] 원본 8538[<13:下>674 하]

蠑(옹종 종)/661
[虫:총17획] 원본 8387[<13:上>664 상]

豵(돼지 새끼 종)/713
[豕:총18획] 원본 5786[<九:下>455 상]

賨(공물 종)/720
[貝:총15획] 원본 3828[<六:下>282 하]

踵(발꿈치 종)/730
[足:총16획] 원본 1294[<二:下>082 하]

䡮(수레자취 종)/740
[車:총15획] 원본 9140[<14:上>728 하]

鍾(종 종)/792
[金:총17획] 원본 8857[<14:上>703 하]

鐘(종 종)/795
[金:총20획] 원본 8951[<14:上>709 하]

鬷(가마솥 종)/874
[鬲:총19획] 원본 1759[<三:下>111 상]

[주]鼨(얼룩쥐 종)/913
[鼠:총18획] 원본 6093[<十:上>479 상]

䶱(거북 이름 종)/922
[龜:총18획] 원본 8580[<13:下>678 하]

𠂇(왼손 좌)/10, 184
[丿:총02획] 원본 1832[<三:下>116 하]

侳(욕보일 좌)/32
[人:총09획] 원본 4848[<八:上>373 하]

剉(꺾을 좌)/63
[刀:총09획] 원본 2665[<四:下>181 하]

[고]㘴坐(앉을 좌/120
[土:총07획] 원본 8651[<13:下>687 상]

𡝐(젊을 좌)/152
[女:총10획] 원본 7923[<12:下>624 상]

𡯁(다리를 절 좌)/179
[尢:총08획] 원본 6316[<十:下>495 상]

左(왼 좌)/193
[工:총05획] 원본 2891[<五:上>200 하]

挫(꺾을 좌)/258
[手:총10획] 원본 7483[<12:上>596 하]

痤(뾰루지 좌)/473
[疒:총12획] 원본 4533[<七:下>350 상]

睉(눈이 작을 좌)/488
[目:총12획] 원본 2103[<四:上>135 하]

莝(여물 좌)/624
[艸:총11획] 원본 0593[<一:下>044 상]

趖(빨리 달릴 좌)/724
[走:총14획] 원본 0957[<二:上>064 하]

銼(가마 좌)/788
[金:총15획] 원본 8867[<14:上>704 상]

髽(북상투 좌)/868
[髟:총17획] 원본 5506[<九:上>429 상]

嶵(산 험준할 죄)/190
[山:총16획] 원본 5619[<九:下>440 하]

罪(허물 죄)/575
[网:총13획] 원본 4618[<七:下>355 하]

辠(허물 죄)/745
[辛:총13획] 원본 9307[<14:上>741 하]

主(주인 주)/8
[丶:총05획]8원본 3043[<五:上>214 하]

丶(점 주)/8
[丶:총01획]8원본 3042[<五:上>214 하]

儔(짝 주)/43
[人:총16획] 원본 4905[<八:上>378 상]

侜(속일 주)/29
[人:총08획] 원본 4906[<八:上>378 하]

冑(투구 주)/53
[冂:총09획] 원본 4603[<七:下>354 상]

𠣘(두루 주)/71
[勹:총08획] 원본 5547[<九:上>433 하]

卪(병부 주)/81
[卩:총03획] 원본 5526[<九:上>431 상]

𠷎(꿩이름 주)/106
[口:총12획] 원본 0841[<二:上>058 하]

고周(두루 주)/99
[口:총08획] 원본 0839[<二:上>058 하]

喌(닭 부르는 소리 주)/106
[口:총12획] 원본 0928[<二:上>063 상]

嗾(부추길 주)/109
[口:총14획] 원본 0905[<二:上>061 하]

咮(부리 주)/101
[口:총09획] 원본 0913[<二:上>061 하]

噣(부리 주)/111
[口:총16획] 원본 0744[<二:上>054 상]

壴(악기 이름 주)/133
[士:총09획] 원본 2940[<五:上>205 상]

奏(아뢸 주)/142
[大:총09획] 원본 6344[<十:下>498 상]

姕(예쁠 주)/146
[女:총07획] 원본 7809[<12:下>618 상]

婤(얼굴 암전할 주)/154
[女:총11획] 원본 7793[<12:下>617 하]

姝(예쁠 주)/149
[女:총09획] 원본 7805[<12:下>618 상]

妵(사람 이름 주)/147
[女:총08획] 원본 7796[<12:下>617 하]

宔(신주 주)/167
[宀:총08획] 원본 4423[<七:下>342 하]

宙(집 주)/168
[宀:총08획] 원본 4424[<七:下>342 하]

尌(세울 주)/176
[寸:총12획] 원본 2941[<五:上>205 상]

州(고을 주)/192
[巛:총06획] 원본 7134[<11:下>569 상]

幬(휘장 주)/202
[巾:총17획] 원본 4670[<七:下>358 하]

廚(부엌 주)/210
[广:총15획] 원본 5654[<九:下>443 하]

懤(젓가락 주)/243
[心:총17획] 원본 6467[<十:下>506 하]

怞(밝을 주)/229
[心:총08획] 원본 6468[<十:下>506 하]

晝(낮 주)/295
[日:총11획] 원본 1846[<三:下>117 하]

株(그루 주)/317
[木:총10획] 원본 3414[<六:上>248 하]

柱(기둥 주)/315
[木:총09획] 원본 3475[<六:上>253 하]

朱(붉을 주)/305
[木:총06획] 원본 3412[<六:上>248 하]

椆(나무 이름 주)/325
[木:총12획] 원본 3295[<六:上>241 상]

湊(모일 주)/391
　[水:총12획] 원본 6962[<11:上2>556 하]

澍(단비 주)/406
　[水:총15획] 원본 6975[<11:上2>557 하]

注(물 댈 주)/375
　[水:총08획] 원본 6944[<11:上2>555 상]

犫(흰 소 주)/437
　[牛:총27획] 원본 0714[<二:上>051 하]

狂(개 주)/438
　[犬:총08획] 원본 6008[<十:上>473 하]

珠(구슬 주)/448
　[玉:총10획] 원본 0183[<一:上>017 하]

疇(밭두둑 주)/216,468
　[田:총19획] 원본 8743[<13:下>695 상]

疛(살살 아픈 뱃병 주)/470
　[疒:총08획] 원본 4525[<七:下>349 하]

皗(누구 주)/479
　[白:총19획] 원본 2121[<四:上>137 상]

盩(칠 주)/483
　[皿:총17획] 원본 6333[<十:下>496 하]

籒(주문 주)/543
　[竹:총21획] 원본 2756[<五:上>190 상]

籌(투호 살 주)/543
　[竹:총20획] 원본 2871[<五:上>198 상]

絑(붉을 주)/555
　[糸:총12획] 원본 8220[<13:上>650 상]

紬(명주 주)/553
　[糸:총11획] 원본 8207[<13:上>648 하]

紂(껑거리끈 주)/550
　[糸:총09획] 원본 8314[<13:上>658 하]

綢(얽힐 주)/559
　[糸:총14획] 원본 8360[<13:上>661 하]

罜(작은 물고기 그물 주)/575
　[网:총10획] 원본 4623[<七:下>355 하]

肘(팔꿈치 주)/593
　[肉:총07획] 원본 2511[<四:下>170 상]

胄(맏아들 주)/595
　[肉:총09획] 원본 2528[<四:下>171 상]

舟(배 주)/611
　[舟:총06획] 원본 5189[<八:下>403 상]

袜(붉은 옷 주)/674
　[衣:총11획] 원본 5094[<八:上>395 상]

裯(홑이불 주)/675
　[衣:총13획] 원본 5045[<八:上>391 하]

詶(수작할 주)/693
　[言:총12획] 원본 1537[<三:上>097 상]

誅(벨 주)/696
　[言:총13획] 원본 1628[<三:上>101 상]

譸(저주할 주)/705
　[言:총21획] 원본 1534[<三:上>097 상]

走(달릴 주)/722
　[走:총07획] 원본 0931[<二:上>063 하]

輈(끌채 주)/738
　[車:총13획] 원본 9114[<14:上>725 하]

輖(낮을 주)/741
　[車:총15획] 원본 9134[<14:上>727 하]

遱(머무를 주)/755
　[辵:총22획] 원본 1103[<二:下>072 하]

遒(닥칠 주)/750
　[辵:총11획] 원본 1130[<二:下>074 상]

邾(나라 이름 주)/760
　[邑:총09획] 원본 3925[<六:下>293 하]

酎(진한 술 주)/774
　[酉:총10획] 원본 9371[<14:上>748 상]

酒(술 주)/774
　[酉:총10획] 원본 9357[<14:上>747 상]

鑄(쇠 부어 만들 주)/796
　[金:총22획] 원본 8842[<14:上>703 상]

馵(발 흰 말 주)/853
[馬:총13획] 원본 5865[<十:上>462 하]

駐(머무를 주)/855
[馬:총15획] 원본 5926[<十:上>467 상]

鵃(멧비둘기 주)/890
[鳥:총17획] 원본 2268[<四:上>149 하]

麈(큰사슴 주)/898
[鹿:총16획] 원본 5978[<十:上>471 상]

鼄(거미 주)/910
[黽:총19획] 원본 8593[<13:下>680 상]

竹(대 죽)/531
[竹:총06획] 원본 2737[<五:上>189 상]

鬻(죽 죽)/874
[鬲:총22획] 원본 1771[<三:下>112 상]

僔(모일 준)/41
[人:총14획] 원본 4963[<八:上>383 상]

俊(준걸 준)/31
[人:총09획] 원본 4744[<八:上>366 하]

偆(가멸 준)/37
[人:총11획] 원본 4875[<八:上>376 상]

⿰尊刂(덜 준)/65
[刀:총14획] 원본 2680[<四:下>182 하]

噂(수군거릴 준)/111
[口:총15획] 원본 0819[<二:上>057 하]

埻(과녁 준)/125
[土:총11획] 원본 8663[<13:下>688 하]

墫(술통 준)/134
[士:총15획] 원본 0209[<一:上>020 하]

夋(천천히 걷는 모양 준)/135
[夊:총07획] 원본 3218[<五:下>232 하]

陖(산 높을 준)/189
[山:총13획] 원본 5610[<九:下>440 상]

⿰巾盾(쌀자루 준)/200
[巾:총12획] 원본 4698[<七:下>361 상]

惷(어수선할 준)/240
[心:총13획] 원본 6513[<十:下>509 하]

捘(밀칠 준)/260
[手:총10획] 원본 7477[<12:上>596 상]

浚(깊을 준)/381
[水:총10획] 원본 7041[<11:上2>561 하]

準(수준기 준)/394
[水:총13획] 원본 7020[<11:上2>560 상]

焌(태울 준)/420
[火:총11획] 원본 6113[<十:上>480 상]

畯(농부 준)/467
[田:총12획] 원본 8762[<13:下>697 하]

竣(마칠 준)/527
[立:총12획] 원본 6376[<十:下>500 하]

繜(누를 준)/569
[糸:총18획] 원본 8268[<13:上>655 상]

⿱艹尊(무성한 모양 준)/640
[艸:총16획] 원본 0580[<一:下>043 하]

葰(큰 준)/631
[艸:총13획] 원본 0268[<一:下>025 하]

蠢(꿈틀거릴 준)/664
[虫:총21획] 원본 8557[<13:下>676 상]

⿺走夋(걸음이 빠른 모양 준)/724
[走:총14획] 원본 1000[<二:上>066 상]

蹲(웅크릴 준)/732
[足:총19획] 원본 1323[<二:下>083 하]

遵(좇을 준)/753
[辵:총16획] 원본 1059[<二:下>071 상]

逡(뒷걸음질 칠 준)/750
[辵:총11획] 원본 1112[<二:下>073 상]

鐏(창고달 준)/795
[金:총20획] 원본 8972[<14:上>711 상]

陖(가파를 준)/806
[阜:총10획] 원본 9191[<14:上>732 상]

隽 雋(영특할 준)/815
　[隹:총13획] 원본 2204[<四:上>144 상]

駿 駿(준마 준)/857
　[馬:총17획] 원본 5873[<十:上>463 상]

鱒 鱒(송어 준)/886
　[魚:총23획] 원본 7223[<11:下>575 하]

䳂 䳂(금계 준)/891
　[鳥:총18획] 원본 2355[<四:上>155 하]

崒 崒(험할 줄)/187
　[山:총11획] 원본 5606[<九:下>439 하]

窋 窋(구멍 안에 있는 모양 줄)/523
　[穴:총10획] 원본 4459[<七:下>346 상]

茁 茁(풀 처음 나는 모양 줄)/619
　[艸:총09획] 원본 0471[<一:下>037 하]

中 中 中(가운데 중)/7
　[丨:총04획] 원본 0211[<一:上>020 하]

㐺 㐺(무리 중)/25
　[人:총06획] 원본 4999[<八:上>387 상]

仲 仲(버금 중)/23
　[人:총06획] 원본 4750[<八:上>367 상]

眾 眾(무리 중)/488
　[目:총11획] 원본 5000[<八:上>387 상]

芔 芔(풀 중)/616
　[艸:총08획] 원본 0330[<一:下>029 상]

重 重(무거울 중)/780
　[里:총09획] 원본 5007[<八:上>388 상]

霖 霺(가랑비 중)/821
　[雨:총19획] 원본 7188[<11:下>573 상]

卽 卽(곧 즉)/83
　[卩:총09획] 원본 3056[<五:下>216 하]

揤 揤(꺼두를 즉)/264
　[手:총12획] 원본 7534[<12:上>599 하]

萴 萴(바곳 즉)/629
　[艸:총13획] 원본 0361[<一:下>030 하]

鯽 鯽(오징어 즉)/884
　[魚:총20획] 원본 7288[<11:下>579 하]

櫛 櫛(빗 즐)/342
　[木:총19획] 원본 3531[<六:上>258 하]

騭 騭(수말 즐)/859
　[馬:총20획] 원본 5841[<十:上>460 하]

楫 楫(노 즙)/329
　[木:총13획] 원본 3637[<六:上>267 하]

湒 湒(비 올 즙)/391
　[水:총12획] 원본 6976[<11:上2>557 하]

汁 汁(즙 즙)/364
　[水:총05획] 원본 7063[<11:上2>563 상]

濈 濈(화목할 즙)/409
　[水:총16획] 원본 7069[<11:上2>563 하]

葺 葺(기울 즙)/631
　[艸:총13획] 원본 0563[<一:下>042 하]

增 增(불을 증)/130
　[土:총15획] 원본 8674[<13:下>689 하]

憎 憎(미워할 증)/240
　[心:총15획] 원본 6565[<十:下>511 하]

拯 拯(건질 증)/256
　[手:총09획] 원본 7590[<12:上>603 상]

曾 曾(일찍 증)/301
　[日:총12획] 원본 0674[<二:上>049 상]

潧 潧(물 이름 증)/405
　[水:총15획] 원본 6736[<11:上1>535 상]

烝 烝(김 오를 증)/420
　[火:총10획] 원본 6123[<十:上>480 하]

㷱 㷱(고기 대속에 넣어 구울 증)/425
　[火:총16획] 원본 6157[<十:上>482 하]

甑 甑(시루 증)/459
　[瓦:총17획] 원본 8062[<12:下>638 하]

矰 矰(주살 증)/497
　[矢:총17획] 원본 3167[<五:下>226 상]

竲(지붕이 없는 높은 누각 **증**)/528
[立:총17획] 원본 6380[<十:下>501 상]

繒(비단 **증**)/568
[糸:총18획] 원본 8196[<13:上>648 상]

罾(어망 **증**)/577
[网:총17획] 원본 4617[<七:下>355 하]

蒸(찔 **증**)/633
[艸:총14획] 원본 0601[<一:下>044 하]

譄(더할 **증**)/703
[言:총19획] 원본 1561[<三:上>098 하]

証(증거 **증**)/693
[言:총12획] 원본 1458[<三:上>093 상]

證(증거 **증**)/704
[言:총19획] 원본 1616[<三:上>100 하]

贈(보낼 **증**)/721
[貝:총19획] 원본 3792[<六:下>280 하]

䡝(뒤로 타는 수레 **증**)/738
[車:총13획] 원본 9125[<14:上>727 상]

鄫(나라 이름 **증**)/770
[邑:총15획] 원본 3974[<六:下>298 상]

䰝(시루 **증**)/874
[鬲:총22획] 원본 1762[<三:下>111 하]

之(갈 **지**)/10
[丿:총04획] 원본 3697[<六:下>272 하]

厎(숫돌 **지**)/84
[厂:총07획] 원본 5697[<九:下>446 하]

咫(길이 **지**)/101
[口:총09획] 원본 5178[<八:下>401 하]

只(다만 **지**)/93
[口:총05획] 원본 1373[<三:上>087 하]

坻(모래섬 **지**)/121
[土:총08획] 원본 8670[<13:下>689 상]

주地(땅 **지**)/119
[土:총06획] 원본 8604[<13:下>682 상]

墀(계단 위의 공지 **지**)/129
[土:총14획] 원본 8646[<13:下>686 하]

坁(머무를 **지**)/119
[土:총07획] 원본 8652[<13:下>687 하]

𡠗(이를 **지**)/157
[女:총14획] 원본 7865[<12:下>621 상]

志(뜻 **지**)/226
[心:총07획] 원본 6392[<十:下>502 상]

忯(믿을 **지**)/227
[心:총07획] 원본 6431[<十:下>504 상]

恉(뜻 **지**)/230
[心:총09획] 원본 6394[<十:下>502 하]

摯(잡을 **지**)/268
[手:총15획] 원본 7490[<12:上>597 상]

指(손가락 **지**)/257
[手:총09획] 원본 7460[<12:上>593 하]

持(가질 **지**)/257
[手:총09획] 원본 7486[<12:上>596 하]

扺(손바닥 **지**)/253
[手:총07획] 원본 7683[<12:上>609 상]

抧(열 **지**)/254
[手:총08획] 원본 7553[<12:上>601 상]

支(가를 **지**)/273
[支:총04획] 원본 1836[<三:下>117 상]

旨(맛있을 **지**)/289
[日:총06획] 원본 2906[<五:上>202 하]

榰(주춧돌 **지**)/332
[木:총14획] 원본 3479[<六:上>254 상]

枝(가지 **지**)/311
[木:총08획] 원본 3420[<六:上>249 상]

枳(탱자나무 **지**)/311
[木:총09획] 원본 3368[<六:上>245 하]

止(발 **지**)/350
[止:총04획] 원본 1016[<二:上>067 하]

汥(물 나뉘어 흐를 **지**)/366
[水:총07획] 원본 6928[<11:上2>554 상]
漬(담글 **지**)/400
[水:총14획] 원본 6994[<11:上2>558 하]
沚(물가 **지**)/370
[水:총07획] 원본 6914[<11:上2>553 상]
泜(강 이름 **지**)/374
[水:총08획] 원본 6765[<11:上1>541 상]
洔(섬 **지**)/377
[水:총09획] 원본 6897[<11:上2>551 하]
池(못 **지**)/366
[水:총06획] 원본 6926[<11:上2>553 하]
汦(붙을 **지**)/366
[水:총07획] 원본 7005[<11:上2>559 상]
疻(멍 **지**)/471
[疒:총10획] 원본 4555[<七:下>351 상]
𥏼⿰智亏(슬기 **지**)/298
[矢:총16획] 원본 2122[<四:上>137 상]
知(알 **지**)/495
[矢:총08획] 원본 3172[<五:下>227 하]
祉(복 **지**)/503
[示:총09획] 원본 0019[<一:上>003 상]
祗(공경할 **지**)/504
[示:총10획] 원본 0023[<一:上>003 상]
積(나뭇가지가 굽을 **지**)/518
[禾:총14획] 원본 3725[<六:下>275 상]
紙(종이 **지**)/551
[糸:총10획] 원본 8333[<13:上>659 하]
羵(양의 돌림병 **지**)/580
[羊:총17획] 원본 2240[<四:上>146 하]
胝(굳은 살 **지**)/596
[肉:총09획] 원본 2542[<四:下>171 하]
胑(사지 **지**)/595
[肉:총09획] 원본 2524[<四:下>170 하]
脂(기름 **지**)/597
[肉:총10획] 원본 2588[<四:下>175 하]
至(이를 **지**)/607
[至:총06획] 원본 7342[<12:上>583 하]
舓(핥을 **지**)/611
[舌:총14획] 원본 1367[<三:上>087 상]
芝(지초 **지**)/615
[艸:총08획] 원본 0223[<一:下>022 하]
⿱艹泜(김치 **지**)/626
[艸:총12획] 원본 0573[<一:下>043 상]
蚳(개미 알 **지**)/653
[虫:총11획] 원본 8432[<13:上>666 하]
謘(말 느릴 **지**)/702
[言:총17획] 원본 1427[<三:上>091 상]
躓(넘어질 **지**)/732
[足:총22획] 원본 1315[<二:下>083 상]
⿱埶車(수레앞 무거워 숙여서 낮을 **지**)/742
[車:총18획] 원본 9143[<14:上>728 하]
軹(굴대 머리 **지**)/737
[車:총12획] 원본 9108[<14:上>725 상]
遲(늦을 **지**)/753
[辵:총16획] 원본 1099[<二:下>072 하]
⿰酉旨(술 **지**)/778
[酉:총18획] 원본 9376[<14:上>748 상]
⿱埶金(가래 **지**)/794
[金:총19획] 원본 8992[<14:上>713 상]
阯(터 **지**)/804
[阜:총07획] 원본 9212[<14:上>734 상]
⿰氏隹(새 이름 **지**)/813
[隹:총12획] 원본 2197[<四:上>143 하]
⿰革旨(일산끈**지**)/827
[革:총15획] 원본 1725[<三:下>109 상]
驇(말 무거울 **지**)/860
[馬:총21획] 원본 5930[<十:上>467 하]

馶(굳셀 지)/854
[馬:총14획] 원본 5883[<十:上>464 상]

鮨(젓갈 지)/881
[魚:총17획] 원본 7298[<11:下>580 하]

鴲(새끼 새 지)/890
[鳥:총17획] 원본 2297[<四:上>151 하]

鷙(맹금 지)/893
[鳥:총22획] 원본 2349[<四:上>155 상]

鼅(거미 지)/910
[黽:총24획] 원본 8592[<13:下>679 하]

혹䶵(피리이름지)/923
[龠:총27획] 원본 1353[<二:下>085 하]

㞙(다스릴 직/부드러운 가죽 년)/180
[尸:총05획] 원본 5167[<八:上>400 하]

樴(말뚝 직)/336
[木:총16획] 원본 3588[<六:上>263 상]

㮨(나무 이름 직)/331
[木:총14획] 원본 3416[<六:上>249 상]

直(곧을 직)/484
[目:총08획] 원본 8018[<12:下>634 상]

稙(일찍 심은 벼 직)/516
[禾:총13획] 원본 4187[<七:上>321 상]

稷(기장 직)/518
[禾:총15획] 원본 4199[<七:上>321 하]

織(짤 직)/568
[糸:총18획] 원본 8137[<13:上>644 하]

職(벼슬 직)/590
[耳:총18획] 원본 7436[<12:上>592 상]

㐱(숱 많을 진)/22
[人:총05획] 원본 5456[<九:上>424 하]

嗔(성낼 진)/108
[口:총13획] 원본 0825[<二:上>058 상]

唇(놀랄 진)/103
[口:총10획] 원본 0874[<二:上>060 상]

𪋻塵(티끌 진/129
[土:총14획] 원본 5987[<十:上>472 상]

屒(엎드린 모양 진)/182
[尸:총10획] 원본 5168[<八:上>400 하]

参凨(새깃 새로나서 팔딱거릴 진)/57
[彡:총05획] 원본 1880[<三:下>120 하]

振(떨칠 진)/258
[手:총10획] 원본 7591[<12:上>603 하]

挋(닦을 진)/257
[手:총09획] 원본 7543[<12:上>600 하]

敶(벌리다 진)/278
[攴:총15획] 원본 1926[<三:下>124 상]

晉(나아갈 진)/294
[日:총10획] 원본 4032[<七:上>303 하]

亲亲(개암나무 진)/319
[木:총10획] 원본 3279[<六:上>239 하]

榗(옥돌 진)/331
[木:총14획] 원본 3334[<六:上>243 하]

榛(개암나무 진)/331
[木:총14획] 원본 3317[<六:上>242 하]

殄(다할 진)/353
[歹:총09획] 원본 2434[<四:下>163 하]

津(나루 진)/378
[水:총09획] 원본 6948[<11:上2>555 하]

溱(많을 진)/395
[水:총13획] 원본 6703[<11:上1>529 상]

璡(옥돌 진)/455
[玉:총16획] 원본 0161[<一:上>017 상]

珍(보배 진)/448
[玉:총09획] 원본 0142[<一:上>016 상]

畛(두렁길 진)/465
[田:총10획] 원본 8758[<13:下>696 하]

疢(열병 진)/470
[疒:총09획] 원본 4566[<七:下>351 하]

盡(다될 진)/482
[皿:총14획] 원본 3017[<五:上>212 하]

眞(참 진)/487
[目:총10획] 원본 4978[<八:上>384 하]

瞋(부릅뜰 진)/491
[目:총15획] 원본 2061[<四:上>133 상]

眕(진중할 진)/486
[目:총10획] 원본 2036[<四:上>131 하]

禛(복 받을 진)/508
[示:총15획] 원본 0014[<一:上>002 하]

稹(떨기로 날 진)/518
[禾:총15획] 원본 4191[<七:上>321 하]

秦(벼 이름 진)/514
[禾:총10획] 원본 4260[<七:上>327 상]

紖(고삐 진)/551
[糸:총10획] 원본 8318[<13:上>658 하]

紾(비틀 진)/554
[糸:총11획] 원본 8178[<13:上>647 상]

縉(꽂을 진)/564
[糸:총16획] 원본 8225[<13:上>650 상]

䍽(양이름 진)/580
[羊:총17획] 원본 2237[<四:上>146 하]

律𦘒(붓으로 꾸밀 진)/591
[聿:총09획] 원본 1843[<三:下>117 하]

胗(입술 틀 진)/595
[肉:총09획] 원본 2540[<四:下>171 하]

䐜(부어오를 진)/601
[肉:총14획] 원본 2609[<四:下>177 상]

臸(이를 진)/607
[至:총12획] 원본 7347[<12:上>585 상]

臻(이를 진)/608
[至:총16획] 원본 7344[<12:上>585 상]

蓁(우거질 진)/634
[艸:총14획] 원본 0510[<一:下>039 하]

薽(여우오줌 풀 진)/642
[艸:총18획] 원본 0371[<一:下>031 하]

𧖧(진액 진)/669
[血:총15획] 원본 3030[<五:上>214 상]

袗(홑옷 진)/673
[衣:총10획] 원본 5023[<八:上>389 하]

謓(성낼 진)/701
[言:총17획] 원본 1598[<三:上>100 상]

診(볼 진)/693
[言:총12획] 원본 1625[<三:上>101 상]

賑(구휼할 진)/719
[貝:총14획] 원본 3780[<六:下>279 하]

趁(좇을 진)/723
[走:총12획] 원본 0943[<二:上>064 상]

䟴(움직일 진)/729
[足:총14획] 원본 1307[<二:下>083 상]

軫(수레 뒤턱 나무 진)/736
[車:총12획] 원본 9097[<14:上>723 하]

轃(이를 진)/742
[車:총17획] 원본 9156[<14:上>729 하]

轃(수레 뒤쪽의 가로장 진)/742
[車:총17획] 원본 9142[<14:上>728 하]

辰(지지 진)/746
[辰:총07획] 원본 9345[<14:上>745 하]

進(나아갈 진)/751
[辵:총12획] 원본 1064[<二:下>071 상]

鎭(진압할 진)/793
[金:총18획] 원본 8923[<14:上>707 상]

𨳲(높은 곳으로 오를 진)/799
[門:총10획] 원본 7416[<12:上>590 하]

陳(늘어놓을 진)/808
[阜:총11획] 원본 9240[<14:上>735 하]

震(벼락 진)/819
[雨:총15획] 원본 7175[<11:下>572 상]

𩔥(삼갈 **진**)/836
[頁:총14획] 원본 5399[<九:上>419 상]

駗(말 짐 무거워 걷지 못할 **진**)/855
[馬:총15획] 원본 5928[<十:上>467 하]

혹 㑪(시기할 **질**)/38
[人:총12획] 원본 4934[<八:上>380 하]

叱(꾸짖을 **질**)/94
[口:총05획] 원본 0869[<二:上>060 상]

咥(깨물 **질**)/101
[口:총09획] 원본 0809[<二:上>057 상]

𡄔(쌍사람 말 **질**)/112
[口:총18획] 원본 0795[<二:上>056 하]

垤(개밋둑 **질**)/123
[土:총09획] 원본 8717[<13:下>692 상]

姪(조카 **질**)/149
[女:총09획] 원본 7769[<12:下>616 상]

帙(책갑 **질**)/197
[巾:총08획] 원본 4679[<七:下>359 상]

庢(분 복받칠 **질**)/207
[广:총09획] 원본 5672[<九:下>445 상]

戜(날카로울 **질**)/248
[戈:총11획] 원본 7994[<12:下>630 하]

抶(매질할 **질**)/254
[手:총08획] 원본 7682[<12:上>609 상]

挃(찌를 **질**)/257
[手:총09획] 원본 7667[<12:上>608 상]

桎(차꼬 **질**)/318
[木:총10획] 원본 3669[<六:上>270 상]

𣱏(찌를 **질**)/363
[氏:총10획] 원본 7981[<12:下>628 하]

瓞(북치 **질**)/457
[瓜:총10획] 원본 4347[<七:下>337 상]

疾(병 **질**)/471
[疒:총10획] 원본 4491[<七:下>348 상]

眣(사팔눈 **질**)/487
[目:총10획] 원본 2094[<四:上>134 하]

秩(차례 **질**)/514
[禾:총10획] 원본 4234[<七:上>325 하]

窒(막을 **질**)/523
[穴:총11획] 원본 4461[<七:下>346 상]

紩(기울 **질**)/553
[糸:총11획] 원본 8285[<13:上>656 상]

絰(질 **질**)/557
[糸:총12획] 원본 8353[<13:上>661 상]

耋(팔십 늙은이 **질**)/586
[老:총10획] 원본 5137[<八:上>398 상]

胅(뼈마디 퉁길 **질**)/595
[肉:총09획] 원본 2546[<四:下>172 상]

苵(돌피 **질**)/619
[艸:총09획] 원본 0446[<一:下>036 상]

蛭(거머리 **질**)/655
[虫:총12획] 원본 8405[<13:上>665 상]

詄(잊을 **질**)/693
[言:총12획] 원본 1562[<三:上>098 하]

豑(잔의 차례 **질**)/710
[豆:총20획] 원본 2965[<五:上>208 상]

質(바탕 **질**)/720
[貝:총15획] 원본 3808[<六:下>281 하]

𧾊(달릴 **질**)/726
[走:총20획] 원본 0960[<二:上>064 하]

跌(넘어질 **질**)/728
[足:총12획] 원본 1321[<二:下>083 하]

軼(번갈아 **질**)/737
[車:총12획] 원본 9141[<14:上>728 하]

迭(갈마들 **질**)/748
[辵:총09획] 원본 1117[<二:下>073 하]

郅(고을 이름 **질**)/760
[邑:총09획] 원본 3900[<六:下>290 하]

銍(낫 **질**)/787
[金:총14획] 원본 8922[<14:上>707 상]

⿰齒至(이 단단할 **질**)/918
[齒:총21획] 원본 1255[<二:下>080 하]

斟(술 따를 **짐**)/281
[斗:총13획] 원본 9054[<14:上>718 하]

朕(나 **짐**)/303
[月:총10획] 원본 5197[<八:下>403 하]

⿰木关(잠박의 가로대 **짐**)/316
[木:총10획] 원본 3567[<六:上>261 하]

酖(짐새 **짐**)/775
[酉:총11획] 원본 9394[<14:上>749 상]

鴆(짐새 **짐**)/888
[鳥:총15획] 원본 2367[<四:上>156 하]

亼(삼합 **집**)/20
[人:총03획] 원본 3126[<五:下>222 하]

卙(많을 **집**)/79
[十:총11획] 원본 1391[<三:上>089 상]

㗊(여러 사람의 입 **집**)/107
[口:총12획] 원본 1359[<三:上>086 하]

咠(참소할 **집**)/101
[口:총09획] 원본 0820[<二:上>057 하]

⿰口集(씹을 **집**)/110
[口:총15획] 원본 0767[<二:上>055 상]

執(잡을 **집**)/125
[土:총11획] 원본 6331[<十:下>496 하]

慹(두려워할 **집**)/240
[心:총15획] 원본 6634[<十:下>514 하]

戢(그칠 **집**)/249
[戈:총13획] 원본 8006[<12:下>632 상]

緝(낳을 **집**)/562
[糸:총15획] 원본 8337[<13:上>659 하]

⿰耳十(말 모을**집**)/78
[耳:총11획] 원본 1395[<三:上>089 상]

蓻(풀 나지 않을 **집**)/636
[艸:총15획] 원본 0499[<一:下>038 하]

⿰衤執(옷깃의 가장자리 **집**)/675
[衣:총14획] 원본 5033[<八:上>390 하]

⿱執言(말 수다할 **집**)/703
[言:총18획] 원본 1521[<三:上>096 하]

輯(모을 **집**)/741
[車:총16획] 원본 9082[<14:上>721 상]

鏶(판금 **집**)/794
[金:총20획] 원본 8884[<14:上>705 하]

雧(모을 **집**)/814,817
[隹:총28획] 원본 2256[<四:上>148 상]

徵(부를 **징**)/224
[彳:총15획] 원본 5004[<八:上>387 하]

懲(혼날 **징**)/243
[心:총19획] 원본 6649[<十:下>515 하]

憕(마음 편할 **징**)/241
[心:총15획] 원본 6407[<十:下>503 상]

澂(맑을 **징**)/406
[水:총15획] 원본 6869[<11:上2>550 상]

ㅊ

且(또 **차**)/5
[一:총05획] 원본 9028[<14:上>716 상]

借(빌 **차**)/34
[人:총10획] 원본 4859[<八:上>374 하]

佽(도울 **차**)/28
[人:총08획] 원본 4832[<八:上>372 하]

叉(깍지 낄 **차**)/88
[又:총03획] 원본 1807[<三:下>115 상]

嗻(말 많을 **차**)/109
[口:총14획] 원본 0861[<二:上>059 하]

奓(두터운 입술 모양 **차**)/110
[口:총14획] 원본 4148[<七:上>316 상]

奲(관대할 **차**)/144
[大:총24획] 원본 6337[<十:下>497 상]

嵯(우뚝 솟을 **차**)/189
[山:총13획] 원본 5622[<九:下>441 상]

差(어긋날 **차**)/194
[工:총10획] 원본 2892[<五:上>200 하]

杈(가지 **차**)/306
[木:총07획] 원본 3419[<六:上>249 상]

次(버금 **차**)/346
[欠:총06획] 원본 5332[<八:下>413 하]

此(이 **차**)/351
[止:총06획] 원본 1035[<二:上>068 하]

泚(맑을 **차**)/374
[水:총08획] 원본 6829[<11:上2>547 하]

羨(묶음 숯 **차**)/420
[火:총11획] 원본 6139[<十:上>482 상]

瑳(자투리 땅 **차**)/468
[田:총15획] 원본 8748[<13:下>695 하]

秅(벼 사백 뭇 **차**)/512
[禾:총08획] 원본 4266[<七:上>328 상]

絘(삼 삼을 **차**)/555
[糸:총12획] 원본 8338[<13:上>660 상]

虘(모질 **차**)/649
[虍:총11획] 원본 2975[<五:上>209 하]

謎(탄식할 **차**)/701
[言:총17획] 원본 1590[<三:上>099 하]

譇(말다툼할 **차**)/703
[言:총19획] 원본 1519[<三:上>096 하]

趀(성낼 **차**)/723
[走:총12획] 원본 1005[<二:上>066 상]

趑(얕은 여울 건널 **차**)/723
[走:총13획] 원본 0966[<二:上>065 상]

車(수레 **차**)/733
[車:총07획] 원본 9069[<14:上>720 상]

遮(막을 **차**)/753
[辵:총15획] 원본 1137[<二:下>074 하]

鄘(땅 이름 **차**)/769
[邑:총14획] 원본 3945[<六:下>294 하]

䮦(말 이름 **차**)/855
[馬:총16획] 원본 5880[<十:上>464 상]

髮(빗질할 **차**)/868
[髟:총16획] 원본 5487[<九:上>427 상]

鬖(머리털이 아름다울 **차**)/870
[髟:총20획] 원본 5474[<九:上>426 상]

鹺鹾(소금기가 많아 짤 **차**)/897–
[鹵:총21획] 원본 7351[<12:上>586 상]

麩(보리를 찧을 **차**)/901
[麥:총21획] 원본 3208[<五:下>232 상]

齹(이 어긋난 모양 **차**)/918
[齒:총22획] 원본 1229[<二:下>079 하]

齇(이 어긋날 **차**)/919
[齒:총26획] 원본 1227[<二:下>079 상]

丵(풀 무성할 **착**)/7
[丨:총10획] 원본 1655[<三:上>103 상]

娕(삼갈 **착**)/151
[女:총10획] 원본 7862[<12:下>620 하]

捉(잡을 **착**)/259
[手:총10획] 원본 7528[<12:上>599 상]

斲(깎을 **착**)/283
[斤:총14획] 원본 9037[<14:上>717 상]

斮(벨 **착**)/283
[斤:총12획] 원본 9041[<14:上>717 상]

毚(짐승 이름 **착**)/360
[比:총09획] 원본 5988[<十:上>472 상]

浞(젖을 **착**)/381
[水:총10획] 원본 6996[<11:上2>558 하]

礳(쪼갤 **착**)/502
[石:총20획] 원본 5767[<九:下>452 하]

穛(나무 우뚝 섰을 착)/520
[禾:총17획] 원본 3728[<六:下>275 하]

籗(가리 착)/543
[竹:총30획] 원본 2821[<五:上>194 하]

笮(좁을 착)/533
[竹:총11획] 원본 2779[<五:上>191 하]

簎(작살 착)/540
[竹:총17획] 원본 7698[<12:上>609 하]

[illegible](풋바심 착)/548
[米:총18획] 원본 4283[<七:上>330 하]

糳[illegible](정한 쌀 착)/549
[米:총26획] 원본 4318[<七:上>334 상]

縒(실 엉킬 착)/565
[糸:총16획] 원본 8167[<13:上>646 하]

[illegible](옷 질질 끌릴 착)/680
[衣:총20획] 원본 5082[<八:上>394 하]

[illegible](뿔 긴 모양 착)/687
[角:총11획] 원본 2710[<四:下>185 하]

逪(섞을 착)/751
[辵:총12획] 원본 1070[<二:下>071 상]

辵(쉬엄쉬엄 갈 착)/747
[辵:총04획] 원본 1043[<二:下>070 상]

錯(섞일 착)/790
[金:총16획] 원본 8892[<14:上>705 하]

鑿(뚫을 착)/798
[金:총28획] 원본 8906[<14:上>706 하]

儹(모을 찬)/45
[人:총21획] 원본 4824[<八:上>372 하]

[illegible](희고 환할 찬)/162
[女:총22획] 원본 7817[<12:下>618 하]

[illegible](어리석을 찬)/240
[心:총16획] 원본 6491[<十:下>507 하]

欑(모일 찬)/344
[木:총23획] 원본 3597[<六:上>264 상]

[illegible](세 계집 둘 찬)/147
[歺:총07획] 원본 7877[<12:下>622 상]

[illegible](마실 찬)/412
[水:총19획] 원본 7072[<11:上2>563 하]

灒(땀 뿌릴 찬)/415
[水:총22획] 원본 7098[<11:上2>565 하]

爨(불 땔 찬)/427
[火:총29획] 원본 1694[<三:上>106 상]

[illegible](개가 물 찬)/440
[犬:총11획] 원본 6023[<十:上>474 상]

瓚(제기 찬)/456
[玉:총23획] 원본 0094[<一:上>011 상]

竄(숨을 찬)/526
[穴:총18획] 원본 4463[<七:下>346 상]

篡(빼앗을 찬)/539
[竹:총17획] 원본 5578[<九:上>436 하]

籫(대그릇 찬)/544
[竹:총25획] 원본 2807[<五:上>193 하]

粲(정미 찬)/547
[米:총13획] 원본 4284[<七:上>331 상]

纘(이을 찬)/572
[糸:총25획] 원본 8155[<13:上>646 상]

纂(모을 찬)/571
[糸:총20획] 원본 8256[<13:上>654 상]

羼(양이 뒤섞일 찬)/581
[羊:총21획] 원본 2248[<四:上>147 하]

贊(도울 찬)/721
[貝:총19획] 원본 3785[<六:下>280 상]

酇(나라 이름 찬)/773
[邑:총22획] 원본 3836[<六:下>284 상]

鑽(끌 찬)/797
[金:총27획] 원본 8934[<14:上>707 하]

[illegible](수레멍에 동이는 끈 찬)/830
[革:총38획] 원본 1724[<三:下>109 상]

顨(갖출 찬)/540
[頁:총18획] 원본 5436[<九:上>422 상]

餐(먹을 찬)/846
[食:총16획] 원본 3087[<五:下>220 하]

饡(국밥 찬)/850
[食:총28획] 원본 3083[<五:下>220 상]

籑(반찬 찬)/849
[食:총23획] 원본 3078[<五:下>219 하]

察(살필 찰)/172
[宀:총14획] 원본 4381[<七:下>339 하]

巀(산 높고 가파를 찰)/190
[山:총18획] 원본 5592[<九:下>438 하]

札(패 찰)/305
[木:총05획] 원본 3617[<六:上>265 하]

蠿(거미 찰)/667
[虫:총28획] 원본 8541[<13:下>675 상]

詧(살필 찰)/695
[言:총13획] 원본 1442[<三:上>092 상]

僭(참람할 참)/41
[人:총14획] 원본 4900[<八:上>378 상]

傪(아리따울 참)/40
[人:총13획] 원본 4787[<八:上>369 하]

儳(어긋날 참)/44
[人:총19획] 원본 4925[<八:上>380 상]

劖(새길 참)/66
[刀:총19획] 원본 2670[<四:下>181 하]

嚵(부리 참)/113
[口:총20획] 원본 0772[<二:上>055 하]

噆(깨물 참)/111
[口:총15획] 원본 0893[<二:上>061 상]

塹(구덩이 참)/129
[土:총14획] 원본 8696[<13:下>691 상]

𡢃(탐할 참)/158
[女:총14획] 원본 7935[<12:下>624 하]

慙(부끄러울 참)/239
[心:총15획] 원본 6641[<十:下>515 상]

慘(참혹할 참)/239
[心:총14획] 원본 6584[<十:下>512 하]

摲(칠 참)/268
[手:총15획] 원본 7569[<12:上>602 상]

斬(벨 참)/283
[斤:총11획] 원본 9165[<14:上>730 상]

朁(일찍이 참)/302
[日:총12획] 원본 2912[<五:上>203 상]

槧(판 참)/334
[木:총15획] 원본 3616[<六:上>265 하]

毚(토끼 참)/360
[比:총17획] 원본 5989[<十:上>472 하]

磛(산 험할 참)/500
[石:총16획] 원본 5747[<九:下>451 상]

譖(참소할 참)/704
[言:총19획] 원본 1604[<三:上>100 상]

讒(참소할 참)/706
[言:총24획] 원본 1605[<三:上>100 상]

讖(참서 참)/706
[言:총24획] 원본 1413[<三:上>090 하]

謲(서로 성낼 참)/703
[言:총18획] 원본 1525[<三:上>096 하]

酁(땅 이름 참)/773
[邑:총20획] 원본 3948[<六:下>295 상]

醦(식초 참)/779
[酉:총24획] 원본 9407[<14:上>751 상]

鑱(보습 참)/797
[金:총25획] 원본 8931[<14:上>707 하]

鏨(끌 참)/794
[金:총19획] 원본 8904[<14:上>706 상]

驂(곁마 참)/860
[馬:총21획] 원본 5894[<十:上>465 상]

黲(검푸르죽죽할 **참**)/906
[黑:총23획] 원본 6237[<十:上>488 상]
倀(미칠 **창**)/34
[人:총10획] 원본 4903[<八:上>378 상]
倉(곳집 **창**)/35
[人:총10획] 원본 3135[<五:下>223 하]
倡(여광대 **창**)/34
[人:총10획] 원본 4922[<八:上>379 하]
凔(찰 **창**)/56
[冫:총12획] 원본 7160[<11:下>571 상]
刅刄(다칠 **창**)/59
[刀:총04획] 원본 2685[<四:下>183 상]
刱(비롯할 **창**)/61
[刀:총08획] 원본 3054[<五:下>216 상]
𠥫(헌 그릇 **창**)/75
[匚:총10획] 원본 8039[<12:下>636 하]
唱(노래 **창**)/104
[口:총11획] 원본 0807[<二:上>057 상]
囪(천장 **창**)/115
[囗:총07획] 원본 6265[<十:下>490 하]
彰(밝을 **창**)/222
[彡:총14획] 원본 5458[<九:上>424 하]
愴(슬퍼할 **창**)/238
[心:총13획] 원본 6581[<十:下>512 하]
悵(슬퍼할 **창**)/233
[心:총11획] 원본 6578[<十:下>512 상]
惷(천치 **창**)/235
[心:총13획] 원본 6550[<十:下>511 상]
敞(높을 **창**)/276
[攴:총12획] 원본 1915[<三:下>123 하]
昌(창성할 **창**)/291
[日:총08획] 원본 4066[<七:上>306 상]
槍(창 **창**)/333
[木:총14획] 원본 3514[<六:上>256 하]
滄(찰 **창**)/396
[水:총13획] 원본 7075[<11:上2>563 하]
瑲(옥 소리 **창**)/453
[玉:총14획] 원본 0145[<一:上>016 상]
瑒(옥잔 **창**)/452
[玉:총13획] 원본 0112[<一:上>012 하]
𤮪(그릇을 닦을 **창**)/459
[瓦:총16획] 원본 8078[<12:下>639 하]
畼(곡식나지 않을 **창**)/467
[田:총14획] 원본 8768[<13:下>698 상]
𥏚(다칠 **창**)/496
[矢:총11획] 원본 3169[<五:下>227 상]
㊃ 窻(창 **창**)/525
[穴:총16획] 원본 4448[<七:下>345 상]
𧀣(풀 무성할 **창**)/643
[艸:총18획] 원본 0502[<一:下>039 상]
蒼(푸를 **창**)/634
[艸:총14획] 원본 0517[<一:下>040 상]
𧡾(어두울 **창**)/686
[見:총18획] 원본 5256[<八:下>409 상]
蹌(추창할 **창**)/731
[足:총17획] 원본 1281[<二:下>082 상]
閶(천문 **창**)/801
[門:총16획] 원본 7367[<12:上>587 상]
韔(활집 **창**)/831
[韋:총17획] 원본 3245[<五:下>235 하]
鬯(울창주 **창**)/872
[鬯:총10획] 원본 3059[<五:下>217 상]
혹鶬(왜가리 **창**)/892
[鳥:총21획] 원본 2333[<四:上>154 상]
廌(해태 **채**)/209
[广:총13획] 원본 5957[<十:上>469 하]
㥒(간사할 **채**)/234
[心:총11획] 원본 6512[<十:下>509 하]

瘵(앓을 채)/475
[疒:총16획] 원본 4498[<七:下>348 하]

瘥(나을 채)/475
[疒:총15획] 원본 4588[<七:下>352 하]

菜(나물 채)/626
[艸:총12획] 원본 0537[<一:下>040 하]

蔡(거북 채)/637
[艸:총15획] 원본 0535[<一:下>040 하]

茝(구리때 채)/620
[艸:총10획] 원본 272[<一:下>025 하]

蠆蠆(전갈 채)/663
[虫:총19획] 원본 8416[<13:上>665 하]

赿(의심하여 머뭇거리다가 떠나갈 채)/723
[走:총10획] 원본 0965[<二:上>064 하]

䡨(차를 섬돌에 댈 채)/738
[車:총14획] 원본 9160[<14:上>730 상]

鄵(읍 이름 채)/768
[邑:총14획] 원본 3870[<六:下>287 하]

采(캘 채)/780
[釆:총08획] 원본 3641[<六:上>268 상]

冊(책 책)/52
[冂:총05획] 원본 1356[<二:下>085 하]

혹嘖(외칠 책)/110
[口:총14획] 원본 0877[<二:上>060 상]

嫧(가지런할 책)/158
[女:총14획] 원본 7861[<12:下>620 하]

幘(건 책)/202
[巾:총14획] 원본 4659[<七:下>358 상]

敇(채찍질할 책)/275
[攴:총10획] 원본 1967[<三:下>126 하]

冊(고할 책)/300
[曰:총09획] 원본 2909[<五:上>202 하]

柵(울짱 책)/315
[木:총09획] 원본 3518[<六:上>257 상]

涓(방죽 책)/386
[水:총11획] 원본 6946[<11:上2>555 하]

磔(책형 책)/500
[石:총15획] 원본 3262[<五:下>237 하]

簀(살평상 책)/540
[竹:총17획] 원본 2780[<五:上>192 상]

策(채찍 책)/534
[竹:총12획] 원본 2842[<五:上>196 상]

茦(풀 가시 책)/620
[艸:총10획] 원본 0376[<一:下>031 하]

諎(큰 소리 책)/699
[言:총15획] 원본 1511[<三:上>096 상]

責(꾸짖을 책)/717
[貝:총11획] 원본 3812[<六:下>281 하]

迮(닥칠 책)/749
[辵:총09획] 원본 1069[<二:下>071 상]

処(처할 처)/57
[几:총05획] 원본 9027[<14:上>716 상]

妻(아내 처)/147
[女:총08획] 원본 7746[<12:下>614 상]

婕(시기할 처)/158
[女:총14획] 원본 7897[<12:下>623 상]

悽(슬퍼할 처)/233
[心:총11획] 원본 6585[<十:下>512 하]

淒(쓸쓸할 처)/386
[水:총11획] 원본 6970[<11:上2>557 상]

緀(무늬 처)/561
[糸:총14획] 원본 8214[<13:上>649 하]

萋(풀 성하게 우거진 모양 처)/628
[艸:총12획] 원본 0483[<一:下>038 상]

覷(엿볼 처)/686
[見:총20획] 원본 5240[<八:下>408 상]

郪(고을 이름 처)/764
[邑:총11획] 원본 3906[<六:下>291 하]

霋(갤 처)/819
[雨:총16획] 원본 7203[<11:下>573 하]

脊(등골뼈 척)/12, 78
[丿:총11획] 원본 7724[<12:上>611 상]

尺(자 척)/180
[尸:총04획] 원본 5177[<八:下>401 하]

彳(조금 걸을 척)/222
[彳:총03획] 원본 1161[<二:下>076 상]

慼(근심할 척)/240
[心:총14획] 원본 6618[<十:下>514 상]

惕(두려워할 척)/234
[心:총11획] 원본 6629[<十:下>514 하]

戚(겨레 척)/248
[戈:총11획] 원본 8010[<12:下>632 하]

拓(주울 척)/255
[手:총08획] 원본 7614[<12:上>605 상]

斥斥(물리칠 척)/207,262
[斤:총09획] 원본 5688[<九:下>446 상]

滌(씻을 척)/397
[水:총14획] 원본 7068[<11:上2>563 상]

硩(던질 척)/498
[石:총12획] 원본 5756[<九:下>452 상]

膌(파리할 척)/602
[肉:총14획] 원본 2538[<四:下>171 하]

脊(등성마루 척)/598
[肉:총10획] 원본 7725[<12:上>611 하]

蠿(순경북 척)/663
[虫:총19획] 원본 2942[<五:上>205 하]

蹢(머뭇거릴 척)/731
[足:총18획] 원본 1302[<二:下>082 하]

蹐(살금살금 걸을 척)/731
[足:총17획] 원본 1320[<二:下>083 하]

蹠(밟을 척)/731
[足:총18획] 원본 1310[<二:下>083 상]

跖(발바닥 척)/728
[足:총12획] 원본 1266[<二:下>081 상]

陟(오를 척)/807
[阜:총10획] 원본 9195[<14:上>732 하]

隻(새 한 마리 척)/813
[隹:총10획] 원본 2169[<四:上>141 상]

髍(골수 척)/864
[骨:총18획] 원본 2468[<四:下>166 상]

倩(예쁠 천)/34
[人:총10획] 원본 4753[<八:上>367 하]

儃(머뭇거릴 천)/42
[人:총15획] 원본 4843[<八:上>373 상]

俴(엷을 천)/34
[人:총10획] 원본 4907[<八:上>378 하]

千(일천 천)/76
[十:총03획] 원본 1389[<三:上>089 상]

喘(헐떡거릴 천)/106
[口:총12획] 원본 0787[<二:上>056 상]

天(하늘 천)/138
[大:총04획] 원본 0003[<一:上>001 상]

川(내 천)/191
[巛:총03획] 원본 7125[<11:下>568 하]

幝(해진 모양 천)/202
[巾:총15획] 원본 4688[<七:下>360 하]

延(걸을 천)/211
[廴:총07획] 원본 1202[<二:下>077 하]

後(자취 천)/223
[彳:총11획] 원본 1180[<二:下>076 하]

擅(멋대로 천)/270
[手:총16획] 원본 7602[<12:上>604 하]

斻(깃대 천)/284
[方:총07획] 원본 0212[<一:上>021 상]

栫(울 천)/317
[木:총10획] 원본 3581[<六:上>263 상]

梴(길 천)/323
[木:총11획] 원본 3447[<六:上>251 상]
[木+遄](나무 이름 천)/339
[木:총17획] 원본 3302[<六:上>241 상]
歂(성 천)/348
[欠:총13획] 원본 5290[<八:下>411 하]
瀳(물 이름 천)/413
[水:총20획] 원본 6885[<11:上2>551 상]
泉(샘 천)/373
[水:총09획] 원본 7135[<11:下>569 하]
汘(물 천)/365
[水:총06획] 원본 6797[<11:上1>544 하]
淺(얕을 천)/389
[水:총11획] 원본 6896[<11:上2>551 하]
灥(많은 물줄기 천)/416
[水:총27획] 원본 7137[<11:下>569 하]
燀(밥 지을 천)/425
[火:총16획] 원본 6148[<十:上>482 상]
硟(다듬잇돌 천)/498
[石:총13획] 원본 5757[<九:下>452 상]
穿(뚫을 천)/522
[穴:총09획] 원본 4437[<七:下>344 하]
篅(대그릇 천)/538
[竹:총15획] 원본 2814[<五:上>194 상]
[糸+羨](치우쳐 늘어질 천)/570
[糸:총19획] 원본 8157[<13:上>646 상]
繟(띠 늘어질 천)/569
[糸:총18획] 원본 8251[<13:上>653 하]
綪(붉은 비단 천)/559
[糸:총14획] 원본 8226[<13:上>650 하]
[缶+薦](방추 천)/574
[缶:총23획] 원본 3155[<五:下>225 하]
腨(장딴지 천)/600
[肉:총13획] 원본 2523[<四:下>170 하]
舛(어그러질 천)/611
[舛:총06획] 원본 3232[<五:下>234 상]
荐(거듭할 천)/621
[艸:총10획] 원본 0558[<一:下>042 하]
薦(천거할 천)/641
[艸:총17획] 원본 5959[<十:上>469 하]
茜(꼭두서니 천)/620
[艸:총10획] 원본 0363[<一:下>031 상]
[山+虫](벌레가 기어갈 천)/652
[虫:총09획] 원본 8481[<13:上>669 하]
谸(푸를 천)/707
[谷:총10획] 원본 7150[<11:下>570 하]
賤(천할 천)/720
[貝:총15획] 원본 3818[<六:下>282 상]
踐(밟을 천)/730
[足:총15획] 원본 1293[<二:下>082 하]
遷(옮길 천)/753
[辵:총16획] 원본 1088[<二:下>072 상]
遄(빠를 천)/752
[辵:총13획] 원본 1071[<二:下>071 하]
鄟(땅 이름 천)/769
[邑:총14획] 원본 4011[<六:下>300 하]
闡(열 천)/803
[門:총20획] 원본 7389[<12:上>588 하]
剟(깎을 철)/64
[刀:총10획] 원본 2651[<四:下>180 상]
勶(쏠 철)/69
[力:총16획] 원본 8798[<13:下>700 상]
叕(연할 철)/90
[又:총08획] 원본 9273[<14:上>738 상]
혹 고 哲(밝을 철)/103
[口:총10획] 원본 0800[<二:上>057 상]
啜(마실 철)/105
[口:총11획] 원본 0766[<二:上>055 상]

瞻(볼 **첨**)/493
[目:총18획] 원본 2055[<四:上>132 하]
籤(제비 **첨**)/544
[竹:총23획] 원본 2852[<五:上>196 하]
襜(행주치마 **첨**)/680
[衣:총18획] 원본 5055[<八:上>392 하]
覘(엿볼 **첨**)/684
[見:총12획] 원본 5245[<八:下>408 하]
讇(아첨할 **첨**)/706
[言:총23획] 원본 1513[<三:上>096 상]
詹(이를 **첨**)/696
[言:총13획] 원본 0677[<二:上>049 상]
鑯(날카로울 **첨**)/797
[金:총25획] 원본 8881[<14:上>705 상]
霑(가랑비**첨**)/821
[雨:총21획] 원본 7196[<11:下>573 하]
鸏(물총새 **첨**)/896
[鳥:총26획] 원본 2338[<四:上>154 상]
黇(백황색 **첨**)/903
[黃:총17획] 원본 8775[<13:下>698 하]
倢(빠를 **첩**)/35
[人:총10획] 원본 4834[<八:上>372 하]
堞(성가퀴 **첩**)/131
[土:총16획] 원본 8667[<13:下>688 하]
婕(궁녀 **첩**)/154
[女:총11획] 원본 7788[<12:下>617 하]
妾(첩 **첩**)/147
[女:총08획] 원본 1654[<三:上>102 하]
帖(표제 **첩**)/197
[巾:총08획] 원본 4678[<七:下>359 상]
幅(옷깃 끝 **첩**)/198
[巾:총10획] 원본 4708[<七:下>362 하]
捷(이길 **첩**)/260
[手:총11획] 원본 7717[<12:上>610 하]
曡(다스릴 **첩**)/299
[日:총19획] 원본 4120[<七:上>313 상]
浹(강 이름 **첩**)/385
[水:총11획] 원본 6786[<11:上1>544 상]
牒(서판 **첩**)/433
[片:총13획] 원본 4170[<七:上>318 하]
疌(빠를 **첩**)/469
[疋:총08획] 원본 1026[<二:上>068 상]
緁(꿰맬 **첩**)/560
[糸:총14획] 원본 8284[<13:上>656 상]
耴(귀뿌리 **첩**)/588
[耳:총07획] 원본 7424[<12:上>591 상]
褺(겹옷 **첩**)/678
[衣:총17획] 원본 5080[<八:上>394 상]
諜(염탐할 **첩**)/699
[言:총16획] 원본 1637[<三:上>101 하]
躞(종종걸음칠 **첩**)/731
[足:총18획] 원본 1300[<二:下>082 하]
輒(문득 **첩**)/738
[車:총14획] 원본 9091[<14:上>722 하]
鉆(족집게 **첩**)/785
[金:총13획] 원본 8924[<14:上>707 상]
鞊(첩선 **첩**)/827
[革:총14획] 원본 1741[<三:下>110 상]
鯜(납자루 **첩**)/883
[魚:총19획] 원본 7280[<11:下>579 상]
鼛(북소리 나지 않을 **첩**)/912
[鼓:총22획] 원본 2953[<五:上>206 하]
凊(서늘할 **청**)/56
[冫:총10획] 원본 7164[<11:下>571 상]
姓(맑을 **청**)/137
[夕:총08획] 원본 4141[<七:上>315 하]
清(맑을 **청**)/388
[水:총11획] 원본 6870[<11:上2>550 상]

浾(산앵두나 대추의 즙 **청**)/382
[水:총10획] 원본 6278[<十:下>492 상]
聽(들을 **청**)/591
[耳:총22획] 원본 7434[<12:上>592 상]
菁(우거질 **청**)/626
[艸:총12획] 원본 0256[<一:下>024 하]
蜻(귀뚜라미 **청**)/657
[虫:총14획] 원본 8469[<13:上>668 하]
請(청할 **청**)/699
[言:총15획] 원본 1406[<三:上>090 상]
靑(푸를 **청**)/822
[靑:총08획] 원본 3048[<五:下>215 하]
鶄鵏(푸른 백로 **청**)/892
[鳥:총19획] 원본 2336[<四:上>154 상]
𣪓(점칠 **체**)/91
[又:총12획] 원본 1824[<三:下>116 상]
嚔(재채기 **체**)/112
[口:총18획] 원본 0794[<二:上>056 하]
彘(돼지 **체**)/220
[彐:총12획] 원본 5810[<九:下>456 하]
𢙆(약간 성낼 **체**)/235
[心:총10획] 원본 6572[<十:下>512 상]
暜替(쇠퇴할 **체**/301
[日:총12획] 원본 6382[<十:下>501 상]
棣(산앵두나무 **체**)/324
[木:총12획] 원본 3367[<六:上>245 하]
栘(산앵두나무 **체**)/316
[木:총10획] 원본 3366[<六:上>245 하]
杕(홀로 서 있을 **체**)/307
[木:총07획] 원본 3449[<六:上>251 상]
涕(눈물 **체**)/383
[水:총10획] 원본 7104[<11:上2>565 하]
滯(막힐 **체**)/397
[水:총14획] 원본 7004[<11:上2>559 상]
璏(칼등을 옥으로 꾸밀 **체**)/454
[玉:총16획] 원본 0124[<一:上>014 상]
瘛(어리석은 병 **체**)/474
[疒:총15획] 원본 7576[<12:上>602 하]
際(자세히 살펴볼 **체**)/491
[目:총16획] 원본 2038[<四:上>132 상]
禘(종묘 제사 이름 **체**)/508
[示:총14획] 원본 0043[<一:上>005 하]
䄳(사례할 **체**)/509
[示:총17획] 원본 0046[<一:上>006 하]
笍(채찍 **체**)/531
[竹:총10획] 원본 2845[<五:上>196 상]
締(맺을 **체**)/562
[糸:총15획] 원본 8183[<13:上>647 하]
茜(기울 **체**)/620
[艸:총10획] 원본 0579[<一:下>043 하]
蔕(가시 **체**)/637
[艸:총15획] 원본 0493[<一:下>038 하]
螮(무지개 **체**)/661
[虫:총17획] 원본 8530[<13:上>673 하]
褅褅(포대기 **체**)/678
[衣:총17획] 원본 5067[<八:上>393 하]
諦(살필 **체**)/700
[言:총16획] 원본 1439[<三:上>092 상]
趧(뛰어날 **체**)/725
[走:총16획] 원본 0988[<二:上>065 하]
遞(갈마들 **체**)/753
[辵:총14획] 원본 1084[<二:下>071 하]
逮(미칠 **체**)/751
[辵:총12획] 원본 1098[<二:下>072 하]
遰(떠날 **체**)/753
[辵:총15획] 원본 1101[<二:下>072 하]
釱(차꼬 **체**)/783
[金:총11획] 원본 8927[<14:上>707 하]

餟(군신제 **체**)/847
[食:총17획] 원본 3122[<五:下>222 하]

體(몸 **체**)/866
[骨:총23획] 원본 2469[<四:下>166 상]

혹鬄(다리 **체**)/868
[髟:총18획] 원본 5485[<九:上>427 상]

鬀(아이의 머리를 깎을 **체**)/870
[髟:총17획] 원본 5503[<九:上>429 상]

鬄鬄(다리 **체**)/869
[髟:총21획] 원본 5501[<九:上>428 상]

鷈(논병아리 **체**)/893
[鳥:총21획] 원본 2319[<四:上>153 상]

初(처음 **초**)/61
[刀:총07획] 원본 2631[<四:下>178 하]

劋(끊을 **초**)/65
[刀:총15획] 원본 2666[<四:下>181 하]

勦(노곤할 **초**)/68
[力:총13획] 원본 8808[<13:下>700 하]

[illegible](삼태기 **초**)/74
[匚:총10획] 원본 8040[<12:下>636 하]

卤(열매 주렁주렁 달릴 **초**)/79
[卜:총09획] 원본 4158[<七:上>317 상]

哨(망볼 **초**)/103
[口:총10획] 원본 0891[<二:上>060 하]

噍(먹을 **초**)/111
[口:총15획] 원본 0769[<二:上>055 상]

弨(시위 느슨할 **초**)/216
[弓:총08획] 원본 8088[<12:下>640 하]

悄(근심할 **초**)/231
[心:총10획] 원본 6617[<十:下>514 상]

招(부를 **초**)/255
[手:총08획] 원본 7549[<12:上>601 상]

摷(두드릴 **초**)/268
[手:총14획] 원본 7677[<12:上>608 하]

樵(땔나무 **초**)/336
[木:총16획] 원본 3393[<六:上>247 하]

杪(끝 **초**)/308
[木:총08획] 원본 3432[<六:上>250 상]

梢(나무 끝 **초**)/322
[木:총11획] 원본 3346[<六:上>244 하]

楚(모형 **초**)/329
[木:총13획] 원본 3688[<六:上>271 하]

[illegible](나무가 높을 **초**)/306
[木:총07획] 원본 3444[<六:上>251 상]

[illegible](술 훌쩍 다 들이 마실 **초**)/350
[欠:총22획] 원본 5313[<八:下>412 하]

潐(잦을 **초**)/403
[水:총15획] 원본 7011[<11:上2>559 하]

[illegible](술거를 **초**)/414
[水:총20획] 원본 7053[<11:上2>562 상]

焦[illegible][illegible](그을릴 **초**)/421
[火:총12획] 원본 6180[<十:上>484 하]

燋(홰 **초**)/426
[火:총16획] 원본 6137[<十:上>481 하]

[illegible](벼이삭이 고개숙인 모양 **초**)/512
[禾:총08획] 원본 4216[<七:上>324 상]

稍(벼 줄기 끝 **초**)/515
[禾:총12획] 원본 4258[<七:上>327 상]

秒(초 **초**)/513
[禾:총09획] 원본 4220[<七:上>324 상]

綃(생사 **초**)/557
[糸:총13획] 원본 8128[<13:上>643 하]

肖(닮을 **초**)/592
[肉:총07획] 원본 2526[<四:下>170 하]

艄(작은 배 **초**)/612
[舟:총14획] 원본 5201[<八:下>404 상]

莦(짚북데기 **초**)/623
[艸:총11획] 원본 0591[<一:下>044 상]

艸(풀 초)/614
[艸:총06획] 원본 0220[<一:下>022 상]

蕉(파초 초)/638
[艸:총16획] 원본 0602[<一:下>044 하]

草(풀 초)/622
[艸:총10획] 원본 0658[<一:下>047 상]

苕(능소화 초)/617
[艸:총09획] 원본 0642[<一:下>046 하]

芀(갈대 이삭 초)/614
[艸:총06획] 원본 0406[<一:下>034 상]

菬(풀이름 초)/627
[艸:총12획] 원본 0632[<一:下>046 상]

茮(후추 초)/621
[艸:총10획] 원본 0465[<一:下>037 상]

訬(재빠를 초)/692
[言:총11획] 원본 1585[<三:上>099 하]

譙(꾸짖을 초)/704
[言:총19획] 원본 1610[<三:上>100 하]

貂(담비 초)/714
[豸:총12획] 원본 5834[<九:下>458 하]

超(넘을 초)/723
[走:총12획] 원본 0935[<二:上>063 하]

轈(망보는 수레 초)/742
[車:총18획] 원본 9081[<14:上>721 상]

軺(수레 초)/739
[車:총12획] 원본 9075[<14:上>721 상]

酢(조 초)/775
[酉:총12획] 원본 9411[<14:上>751 상]

醋(초 초)/776
[酉:총15획] 원본 9390[<14:上>749 상]

醮(초례 초)/778
[酉:총19획] 원본 9386[<14:上>748 하]

鐎(초두 초)/795
[金:총20획] 원본 8874[<14:上>704 하]

鈔(노략질할 초)/784
[金:총12획] 원본 9001[<14:上>714 상]

鉊(낫 초)/786
[金:총13획] 원본 8921[<14:上>707 상]

陗(산비탈 초)/806
[阜:총10획] 원본 9190[<14:上>732 상]

⿰面焦(여윌 초)/825
[面:총21획] 원본 5442[<九:上>423 상]

⿱⿲弓芻弓鬲(볶을 초)/875
[鬲:총26획] 원본 1778[<三:下>112 하]

⿰鬼堯(빠른 모양 초)/877
[鬼:총22획] 원본 5573[<九:上>436 상]

⿰鳥焦(뱁새 초)/894
[鳥:총23획] 원본 2287[<四:上>151 상]

⿰黹虘(오색빛 초)/907
[黹:총23획] 원본 4727[<七:下>364 하]

⿱龜灬 ⿱龜火(불태운 거북점 안나타날 초)/922
[龜:총20획] 원본 6165[<十:上>483 상]

亍(자축거릴 촉)/15
[二:총03획] 원본 1197[<二:下>077 하]

促(재촉할 촉)/32
[人:총09획] 원본 4946[<八:上>381 하]

⿰女屬(여자가 순직할 촉)/162
[女:총24획] 원본 7855[<12:下>620 하]

斸(괭이 촉)/283
[斤:총25획] 원본 9036[<14:上>717 상]

欘(도끼 촉)/345
[木:총25획] 원본 3541[<六:上>259 하]

歜(화낼 촉)/350
[欠:총17획] 원본 5308[<八:下>412 하]

燭(촛불 촉)/427
[火:총17획] 원본 6169[<十:上>483 하]

瘃(동상 촉)/473
[疒:총13획] 원본 4551[<七:下>351 상]

⿰目條(뜻을 잃고 볼 촉)/491
[目:총16획] 원본 2046[<四:上>132 상]

蜀(나라 이름 촉)/656
[虫:총13획] 원본 8422[<13:上>665 하]

襡(긴 속옷 촉)/680
[衣:총18획] 원본 5081[<八:上>394 하]

觸(닿을 촉)/690
[角:총20획] 원본 2712[<四:下>185 하]

⿺走蜀(다니는 모양 촉)/727
[走:총20획] 원본 0952[<二:上>064 하]

躅(머뭇거릴 촉)/732
[足:총20획] 원본 1303[<二:下>082 하]

髑(해골 촉)/865
[骨:총23획] 원본 2452[<四:下>164 하]

刌(저밀 촌)/60
[刀:총05획] 원본 2638[<四:下>179 상]

寸(마디 촌)/174
[寸:총03획] 원본 1882[<三:下>121 상]

邨(마을 촌)/758
[邑:총07획] 원본 3999[<六:下>300 상]

冢(무덤 총)/54
[冖:총10획] 원본 5551[<九:上>433 하]

叢(모일 총)/91
[又:총18획] 원본 1657[<三:上>103 상]

寵(괼 총)/173
[宀:총19획] 원본 4395[<七:下>340 하]

⿸广悤(섬돌에서 조회할 총)/209
[广:총14획] 원본 5666[<九:下>444 하]

悤(바쁠 총)/232
[心:총11획] 원본 6266[<十:下>490 하]

熜(삼 찔 총)/424
[火:총15획] 원본 6170[<十:上>483 하]

璁(옥 같은 돌 총)/454
[玉:총15획] 원본 0163[<一:上>017 상]

總(거느릴 총)/567
[糸:총17획] 원본 8172[<13:上>647 상]

繱(비단의 푸른 빛깔 총)/570
[糸:총21획] 원본 8231[<13:上>651 상]

聰(귀 밝을 총)/590
[耳:총17획] 원본 7433[<12:上>592 상]

藂(떨기 총)/646
[艸:총22획] 원본 0657[<一:下>047 상]

蔥(파 총)/637
[艸:총15획] 원본 0611[<一:下>045 상]

鏦(창 총)/794
[金:총19획] 원본 8968[<14:上>711 상]

鏓(큰 끌 총)/793
[金:총19획] 원본 8956[<14:上>709 하]

驄(총이말 총)/860
[馬:총21획] 원본 5855[<十:上>462 상]

⿰口窡(입 속에 꽉 차게 먹을 촬)/112
[口:총16획] 원본 0781[<二:上>055 하]

⿱窡女(짧은 얼굴 촬)/525
[女:총16획] 원본 7885[<12:下>622 하]

娺(빠르고 용맹스러울 촬)/153
[女:총11획] 원본 7911[<12:下>623 하]

撮(취할 촬)/270
[手:총15획] 원본 7536[<12:上>599 하]

窡(구멍 속에서 볼 촬)/524
[穴:총13획] 원본 4458[<七:下>345 하]

⿱算黑(검누르스름할 촬)/906
[黑:총26획] 원본 6245[<十:上>488 하]

啐(맛볼 쵀)/105
[口:총11획] 원본 0873[<二:上>060 상]

⿰黹卒(오색 무늬있는 비단 쵀)/907
[黹:총17획] 원본 4730[<七:下>364 하]

催(재촉할 최)/39
[人:총13획] 원본 4943[<八:上>381 상]

㝡(변방 **최**)/172
[宀:총15획] 원본 4418[<七:下>342 상]
崔(높을 **최**)/187
[山:총11획] 원본 5633[<九:下>441 하]
摧(꺾을 **최**)/267
[手:총14획] 원본 7481[<12:上>596 하]
最(가장 **최**)/301
[日:총12획] 원본 4605[<七:下>354 하]
榱(서까래 **최**)/332
[木:총14획] 원본 3490[<六:上>255 상]
漼(깊은 모양 **최**)/401
[水:총14획] 원본 6878[<11:上2>550 하]
滜(새로울 **최**)/408
[水:총16획] 원본 7024[<11:上2>560 하]
縗(상복 이름 **최**)/565
[糸:총16획] 원본 8352[<13:上>661 상]
蓛(풀이름 **최**)/638
[艸:총16획] 원본 0374[<一:下>031 하]
[illegible](벌레 **최**)/662
[虫:총18획] 원본 8390[<13:上>664 상]
啾(소리 **추**)/107
[口:총12획] 원본 0756[<二:上>054 하]
埾(흙 쌓을 **추**)/125
[土:총11획] 원본 8683[<13:下>690 상]
媰(애 밸 **추**)/156
[女:총13획] 원본 7752[<12:下>614 하]
媨(추하게 늙은 할미 **추**)/155
[女:총12획] 원본 7944[<12:下>625 상]
帚(비 **추**)/197
[巾:총08획] 원본 4694[<七:下>361 상]
惆(실심할 **추**)/233
[心:총11획] 원본 6577[<十:下>512 상]
捶(종아리 칠 **추**)/260
[手:총11획] 원본 7687[<12:上>609 상]
揫(모을 **추**)/264
[手:총13획] 원본 7572[<12:上>602 상]
擂(끌 **추**)/269
[手:총15획] 원본 7623[<12:上>605 하]
揂(모을 **추**)/262
[手:총12획] 원본 7582[<12:上>603 상]
掫(지킬 **추**)/262
[手:총11획] 원본 7712[<12:上>610 하]
棸(알 **추**)/321
[木:총12획] 원본 1037[<二:上>069 상]
楸(개오동나무 **추**)/331
[木:총13획] 원본 3314[<六:上>242 상]
棷(땔나무 **추**)/325
[木:총12획] 원본 3658[<六:上>269 하]
椎(몽치 **추**)/326
[木:총12획] 원본 3593[<六:上>263 하]
樞(지도리 **추**)/336
[木:총15획] 원본 3499[<六:上>255 하]
殠(썩은 냄새 **추**)/355
[歹:총14획] 원본 2428[<四:下>163 상]
沝(두 갈래 강 **추**)/370
[水:총08획] 원본 7117[<11:下>567 하]
湫(다할 **추**)/393
[水:총12획] 원본 7018[<11:上2>560 상]
犓(소 먹일 **추**)/436
[牛:총14획] 원본 0722[<二:上>052 상]
甃(벽돌담 **추**)/459
[瓦:총14획] 원본 8076[<12:下>639 상]
瘳(나을 **추**)/475
[疒:총16획] 원본 4591[<七:下>352 하]
[illegible](눈 찡그릴 **추**)/489
[目:총12획] 원본 2093[<四:上>134 하]
秋(가을 **추**)/512
[禾:총09획] 원본 4259[<七:上>327 상]

𥬠(대나무로 만든 돛 추)/533
[竹:총12획] 원본 2848[<五:上>196 하]

箠(채찍 추)/537
[竹:총14획] 원본 2843[<五:上>196 상]

篍(퉁소 추)/538
[竹:총15획] 원본 2870[<五:上>198 상]

縋(매어달 추)/564
[糸:총16획] 원본 8302[<13:上>657 하]

緧(껑거리 추)/563
[糸:총15획] 원본 8315[<13:上>658 하]

縐(주름질 추)/565
[糸:총16획] 원본 8345[<13:上>660 상]

萑(익모초 추)/629
[艸:총12획] 원본 0655[<一:下>047 상]

萩(사철쑥 추)/629
[艸:총13획] 원본 0423[<一:下>035 상]

菆(겨릅대 추)/626
[艸:총12획] 원본 0659[<一:下>047 하]

蓷(익모초 추)/640
[艸:총16획] 원본 0622[<一:下>045 하]

芻(꼴 추)/617
[艸:총10획] 원본 0589[<一:下>044 상]

𧆓(짚신 추)/648
[艸:총37획] 원본 0585[<一:下>044 상]

𦾼(버금 추)/635
[艸:총15획] 원본 0504[<一:下>039 상]

蝤(나무굼벵이 추)/659
[虫:총15획] 원본 8417[<13:上>665 하]

䚡(주살 추)/688
[角:총16획] 원본 2734[<四:下>188 상]

諈(번거롭게 할 추)/699
[言:총15획] 원본 1473[<三:上>093 하]

諏(꾀할 추)/699
[言:총15획] 원본 1433[<三:上>091 하]

貙(맹수 이름 추)/715
[豸:총18획] 원본 5818[<九:下>457 하]

趨(달릴 추)/726
[走:총17획] 원본 0932[<二:上>063 하]

趍(추창할 추)/724
[走:총13획] 원본 0981[<二:上>065 상]

趥(타달거릴 추)/725
[走:총16획] 원본 0951[<二:上>064 하]

追(쫓을 추)/749
[辵:총10획] 원본 1128[<二:下>074 상]

鄒(나라 이름 추)/767
[邑:총13획] 원본 3958[<六:下>296 상]

郰(고을 이름 추)/764
[邑:총11획] 원본 3961[<六:下>296 하]

醜(추할 추)/776
[酉:총17획] 원본 5572[<九:上>436 상]

酋(두목 추)/774
[酉:총09획] 원본 9423[<14:上>752 상]

錐(송곳 추)/789
[金:총16획] 원본 8930[<14:上>707 하]

錗(저울추 추)/789
[金:총16획] 원본 9020[<14:上>715 상]

錘(저울 추)/790
[金:총16획] 원본 8941[<14:上>708 하]

陬(모퉁이 추)/807
[阜:총11획] 원본 9181[<14:上>731 하]

隹(새 추)/813
[隹:총08획] 원본 2167[<四:上>141 상]

雛(병아리 추)/816
[隹:총18획] 원본 2180[<四:上>142 상]

𩏯(거두어 묶을 추)/832
[韋:총27획] 원본 3250[<五:下>236 상]

顀(내민 이마 추)/838
[頁:총17획] 원본 5367[<九:上>417 상]

騶(말 먹이는 사람 추)/859
[馬:총20획] 원본 5939[<十:上>468 상]

騅(오추마 추)/857
[馬:총18획] 원본 5852[<十:上>461 하]

騒(말이 작은 모양 추)/859
[馬:총19획] 원본 5875[<十:上>463 하]

鬌(머리털 빠질 추)/869
[髟:총19획] 원본 5498[<九:上>428 상]

鰌(미꾸라지 추)/884
[魚:총20획] 원본 7261[<11:下>578 상]

鯫(뱅어 추)/883
[魚:총19획] 원본 7274[<11:下>579 상]

鵗(무수리 추)/890
[鳥:총17획] 원본 2304[<四:上>152 상]

雛(호도애 추)/891
[鳥:총19획] 원본 2266[<四:上>149 하]

麤(거칠 추)/900
[鹿:총33획] 원본 5986[<十:上>472 상]

黀(겨릅대 추)/902
[麻:총19획] 원본 4334[<七:下>336 상]

齱(이 바르지 못할 추)/918
[齒:총23획] 원본 1225[<二:下>079 상]

齺(이 부러질 추)/919
[齒:총25획] 원본 1224[<二:下>079 상]

丑(소 축)/5
[一:총04획] 원본 9340[<14:上>744 하]

畜(가축 축)/111
[口:총15획] 원본 9289[<14:上>739 하]

妯(동서 축)/147
[女:총08획] 원본 7904[<12:下>623 상]

嫡(아첨할 축)/156
[女:총13획] 원본 7803[<12:下>618 상]

柭(몹시 앓을 축)/273
[支:총10획] 원본 4337[<七:下>336 하]

斀(맞걸릴 축)/282
[斗:총17획] 원본 9060[<14:上>719 상]

柷(악기 이름 축)/315
[木:총09획] 원본 3615[<六:上>265 상]

槭(단풍나무 축)/334
[木:총15획] 원본 3360[<六:上>245 상]

欶(근심할 축)/347
[欠:총10획] 원본 5293[<八:下>411 하]

歡(입 맞출 축)/350
[欠:총22획] 원본 5292[<八:下>411 하]

畜(쌓을 축)/465
[田:총10획] 원본 8766[<13:下>697 하]

祝(빌 축)/505
[示:총10획] 원본 47[<一:上>006 하]

篫(쌓을 축)/539
[竹:총16획] 원본 3467[<六:上>253 상]

筑(악기 이름 축)/534
[竹:총12획] 원본 2867[<五:上>198 상]

竺(대나무 축)/531
[竹:총08획] 원본 8601[<13:下>681 하]

縮(줄일 축)/566
[糸:총17획] 원본 8169[<13:上>646 하]

舳(고물 축)/612
[舟:총11획] 원본 5193[<八:下>403 상]

蓄(쌓을 축)/634
[艸:총14획] 원본 0660[<一:下>047 하]

茿(능수버들 축)/621
[艸:총10획] 원본 0277[<一:下>026 상]

豖(발 얽은 돼지 걸음 축)/710
[豕:총08획] 원본 5800[<九:下>455 하]

蹴(찰 축)/732
[足:총19획] 원본 1286[<二:下>082 상]

踧(삼갈 축)/730
[足:총15획] 원본 1270[<二:下>081 하]

軸(굴대 축)/737
[車:총12획] 원본 9100[<14:上>724 상]
逐(쫓을 축)/750
[辵:총11획] 원본 1129[<二:下>074 상]
鄐(고을 이름 축)/767
[邑:총13획] 원본 3880[<六:下>289 상]
鼀(두꺼비 축)/909
[黽:총18획] 원본 8584[<13:下>679 상]
祝(빌 축)/505
[示:총10획] 원본 0047[<一:上>006 하]
萅(봄 춘)/293
[日:총12획] 원본 0661[<一:下>047 하]
杶(참죽나무 춘)/308
[木:총08획] 원본 3319[<六:上>242 하]
櫄(참죽나무 춘)/337
[木:총16획] 원본 3320[<六:上>242 하]
𨊴(수레 치장 춘)/732
[車:총10획] 원본 9093[<14:上>722 하]
出(날 출)/58
[凵:총05획] 원본 3701[<六:下>273 상]
怵(두려워할 출)/229
[心:총08획] 원본 6628[<十:下>514 하]
欪(웃을 출)/347
[欠:총09획] 원본 5330[<八:下>413 하]
泏(물 흘러나올 출)/373
[水:총08획] 원본 6884[<11:上2>551 상]
秫(차조 출)/514
[禾:총10획] 원본 4201[<七:上>322 하]
絀(물리칠 출)/554
[糸:총11획] 원본 8222[<13:上>650 상]
𦬸(삽주뿌리 출)/619
[艸:총09획] 원본 0433[<一:下>035 하]
𦳝(차조 출)/623
[艸:총11획] 원본 0466[<一:下>037 상]
黜(물리칠 출)/905
[黑:총17획] 원본 6254[<十:上>489 상]
充(찰 충)/46
[儿:총05획] 원본 5209[<八:下>405 상]
忠(충성 충)/226
[心:총08획] 원본 6398[<十:下>502 하]
忡(근심할 충)/226
[心:총07획] 원본 6616[<十:下>514 상]
沖(빌 충)/370
[水:총07획] 원본 6831[<11:上2>547 하]
痋(병 충)/472
[疒:총11획] 원본 4564[<七:下>351 하]
盅(빌 충)/480
[皿:총09획] 원본 3018[<五:上>212 하]
蟲(벌레 충)/662
[虫:총18획] 원본 8559[<13:下>676 상]
虫(벌레 충)/652
[虫:총06획] 원본 8380[<13:上>663 상]
衝(거리충)/670
[行:총18획] 원본 1208[<二:下>078 상]
衷(속마음 충)/672
[衣:총10획] 원본 5093[<八:上>395 상]
𨏥(진을 공격하는 수레 충)/742
[車:총19획] 원본 9080[<14:上>721 상]
悴(파리할 췌)/233
[心:총11획] 원본 6612[<十:下>513 하]
惴(두려워할 췌)/235
[心:총12획] 원본 6602[<十:下>513 상]
揣(잴 췌)/264
[手:총12획] 원본 7552[<12:上>601 상]
萃(모일 췌)/628
[艸:총12획] 원본 0519[<一:下>040 상]
贅(혹 췌)/720
[貝:총18획] 원본 3807[<六:下>281 하]

顇(파리할 췌)/839
[頁:총17획] 원본 5430[<九:上>421 하]

冣(쌓을 취)/55
[冖:총10획] 원본 4595[<七:下>353 상]

取(취할 취)/90
[又:총08획] 원본 1827[<三:下>116 상]

吹(불 취)/98
[口:총07획] 원본 5275[<八:下>410 하]

吹(불 취)/98
[口:총07획] 원본 0791[<二:上>056 상]

娶(장가들 취)/152
[女:총11획] 원본 7743[<12:下>613 하]

就(이룰 취)/179
[尢:총12획] 원본 3186[<五:下>229 상]

[illegible](삼갈 취)/242
[心:총10획] 원본 6466[<十:下>506 하]

檇(과실나무 취)/339
[木:총17획] 원본 3646[<六:上>268 하]

毳(솜털 취)/361
[毛:총12획] 원본 5152[<八:上>399 하]

濢(눅눅할 취)/410
[水:총17획] 원본 6900[<11:上2>552 상]

炊(불 땔 취)/417
[火:총08획] 원본 6149[<十:上>482 하]

竁(팔 취)/525
[穴:총17획] 원본 4475[<七:下>346 하]

翠(물총새 취)/583
[羽:총14획] 원본 2138[<四:上>138 하]

聚(모일 취)/589
[耳:총14획] 원본 5001[<八:上>387 상]

脃(무를 취)/597
[肉:총10획] 원본 26018[<四:下>176 하]

膬(무를 취)/603
[肉:총16획] 원본 26028[<四:下>176 하]

臭(냄새 취)/606
[自:총10획] 원본 6059[<十:上>476 상]

觜(털 뿔 취)/687
[角:총12획] 원본 2721[<四:下>186 하]

趣(달릴 취)/725
[走:총15획] 원본 0934[<二:上>063 하]

醉(취할 취)/776
[酉:총15획] 원본 9399[<14:上>750 상]

驟(달릴 취)/862
[馬:총24획] 원본 5909[<十:上>466 하]

鷲(수리 취)/895
[鳥:총23획] 원본 2276[<四:上>150 하]

龡(입으로 불 취)/923
[龠:총25획] 원본 1352[<二:下>085 하]

仄(기울 측)/21
[人:총04획] 원본 5713[<九:下>447 하]

側(곁 측)/37
[人:총11획] 원본 4837[<八:上>373 상]

[illegible](가로 막혀 떨어질 측)/127
[土:총12획] 원본 8688[<13:下>690 하]

廁(뒷간 측)/209
[广:총12획] 원본 5663[<九:下>444 상]

惻(슬퍼할 측)/235
[心:총12획] 원본 6588[<十:下>512 하]

昃(기울 측)/290
[日:총08획] 원본 4048[<七:上>305 상]

測(잴 측)/389
[水:총12획] 원본 6853[<11:上2>549 하]

畟(보습 날카로울 측)/465
[田:총10획] 원본 3228[<五:下>233 하]

櫬(널 츤)/343
[木:총20획] 원본 3677[<六:上>270 하]

齔(이 갈 츤)/917
[齒:총17획] 원본 1218[<二:下>078 하]

層(층 층)/183
[尸:총15획] 원본 5176[<八:上>401 상]
値(값 치)/33
[人:총10획] 원본 4961[<八:上>382 하]
侈(사치할 치)/28
[人:총08획] 원본 4915[<八:上>379 하]
偫(기다릴 치)/36
[人:총11획] 원본 4810[<八:上>371 상]
卶(큰 도랑이 있을 치)/82
[卩:총08획] 원본 5517[<九:上>430 하]
卮(잔 치)/81
[卩:총05획] 원본 5511[<九:上>430 상]
哆(클 치)/102
[口:총09획] 원본 0754[<二:上>054 하]
垑(땅을 믿을 치)/122
[土:총09획] 원본 8691[<13:下>690 하]
夂(뒤져서 올 치)/134
[夂:총03획] 원본 3254[<五:下>237 상]
庤(쌓을 치)/207
[广:총09획] 원본 5678[<九:下>445 하]
㢁(넓을 치)/208
[广:총11획] 원본 5667[<九:下>444 하]
恥(부끄러워할 치)/230
[心:총10획] 원본 6638[<十:下>515 상]
[illegible](찌를 치)/265
[手:총12획] 원본 7668[<12:上>608 상]
[illegible](당할 치)/269
[手:총15획] 원본 7581[<12:上>602 하]
[illegible](찌를 치)/277
[支:총14획] 원본 1942[<三:下>125 상]
杘(자루 치)/307
[木:총07획] 원본 3598[<六:上>264 상]
栀(치자나무 치)/321
[木:총09획] 원본 3403[<六:上>248 상]
峙(머뭇거릴 치)/352
[止:총10획] 원본 1019[<二:上>067 하]
治(다스릴 치)/372
[水:총08획] 원본 6758[<11:上1>540 상]
淄(강 이름 치)/396
[水:총13획] 원본 6723[<11:上1>532 하]
熾(성할 치)/425
[火:총16획] 원본 6205[<十:上>485 하]
[illegible](불이 성할 치)/419
[火:총10획] 원본 6192[<十:上>485 상]
畤(재터 치)/465
[田:총11획] 원본 8759[<13:下>697 상]
甾(꿩 치)/58
[田:총08획] 원본 8053[<12:下>637 하]
疐(꼭지 치)/469
[疋:총14획] 원본 2389[<四:下>159 상]
痔(치질 치)/472
[疒:총11획] 원본 4547[<七:下>350 하]
癡(어리석을 치)/476
[疒:총19획] 원본 4592[<七:下>353 상]
眵(눈곱 치)/488
[目:총11획] 원본 2083[<四:上>134 상]
穉(어린 벼 치)/518
[禾:총15획] 원본 4190[<七:上>321 상]
緇(검은 비단 치)/561
[糸:총14획] 원본 8235[<13:上>651 하]
絺(칡베 치)/557
[糸:총13획] 원본 8343[<13:上>660 상]
置(둘 치)/576
[网:총13획] 원본 4638[<七:下>356 하]
翅(힘차게 나는 모양 치)/581
[羽:총10획] 원본 2157[<四:上>139 하]
胵(멀떠구니 치)/597
[肉:총10획] 원본 2563[<四:下>173 하]

致(보낼 **치**)/607
[至:총10획] 원본 3221[<五:下>232 하]

𦤺(분하여 어길 **치**)/608
[至:총15획] 원본 7345[<12:上>585 상]

茬(풀 모양 **치**)/621
[艸:총10획] 원본 0513[<一:下>039 하]

薙(깎을 **치**)/641
[艸:총17획] 원본 0545[<一:下>041 하]

菑(묵정밭 일굴 **치**)/630
[艸:총13획] 원본 0543[<一:下>041 하]

荎(오미자 **치**)/621
[艸:총10획] 원본 0436[<一:下>035 하]

蚩(어리석을 **치**)/653
[虫:총10획] 원본 8453[<13:上>667 하]

褫(빼앗을 **치**)/677
[衣:총15획] 원본 5108[<八:上>396 상]

𧝐(옷 꿰맬 **치**)/679
[衣:총17획] 원본 5107[<八:上>396 상]

觶(잔 **치**)/689
[角:총19획] 원본 2726[<四:下>187 상]

𧤗(뿔이 삐딱할 **치**)/689
[角:총17획] 원본 2706[<四:下>185 상]

誃(헤어질 **치**)/696
[言:총13획] 원본 1538[<三:上>097 상]

豸(발 없는 벌레 **치**)/713
[豸:총07획] 원본 5816[<九:下>457 상]

𧽈(경박할 **치**)/725
[走:총17획] 원본 1003[<二:上>066 상]

輜(짐수레 **치**)/741
[車:총15획] 원본 9071[<14:上>720 하]

郗(고을 이름 **치**)/762
[邑:총10획] 원본 3873[<六:下>288 상]

錙(저울눈 **치**)/792
[金:총16획] 원본 8940[<14:上>708 하]

鉹(시루 **치**)/786
[金:총14획] 원본 8855[<14:上>703 하]

陊(사태 날 **치**)/806
[阜:총09획] 원본 9207[<14:上>733 하]

雉(꿩 **치**)/814
[隹:총13획] 원본 2177[<四:上>141 하]

𨾴(올빼미 **치**)/814
[隹:총13획] 원본 2185[<四:上>142 하]

馳(달릴 **치**)/853
[馬:총13획] 원본 5913[<十:上>467 상]

魅(역신 **치**)/877
[鬼:총15획] 원본 5561[<九:上>435 상]

黹(바느질할 **치**)/907
[黹:총12획] 원본 4726[<七:下>364 상]

고齒(이 **치**)/917
[齒:총15획] 원본 1216[<二:下>078 하]

齝(새김질할 **치**)/917
[齒:총20획] 원본 1247[<二:下>080 상]

侙(조심할 **칙**)/30
[人:총08획] 원본 4827[<八:上>372 하]

則(법칙 **칙**)/63
[刀:총09획] 원본 2633[<四:下>179 상]

敕(조서 **칙**)/276
[攴:총11획] 원본 1920[<三:下>124 상]

淔(풀이름 **칙**)/386
[水:총11획] 원본 6785[<11:上1>544 상]

趩(걷는 소리 **칙**)/726
[走:총18획] 원본 0979[<二:上>065 상]

飭(신칙할 **칙**)/845
[食:총13획] 원본 8817[<13:下>701 상]

寴(친할 **친**)/173
[宀:총19획] 원본 4382[<七:下>339 하]

瀙(물 이름 **친**)/413
[水:총19획] 원본 6721[<11:上1>532 상]

親(친할 **친**)/685
[見:총16획] 원본 5261[<八:下>409 하]

七(일곱 **칠**)/3
[一:총02획] 원본 9279[<114:上>738 하]

㓼(쪼갤 **칠**)/64
[刀:총13획] 원본 2669[<四:下>181 하]

[illegible](지팡이 감나무 **칠**)/340
[木:총17획] 원본 3384[<六:上>247 상]

桼(옻 **칠**)/320
[木:총11획] 원본 3732[<六:下>276 상]

漆(옻 **칠**)/398
[水:총14획] 원본 6684[<11:上1>523 하]

[illegible](땅 이름 **칠**)/769
[邑:총14획] 원본 3977[<六:下>298 하]

[illegible](새이름 **칠**)/894
[鳥:총22획] 원본 2282[<四:上>150 하]

侵(침노할 **침**)/32
[人:총09획] 원본 4860[<八:上>374 하]

兓(날카로울 **침**)/48
[儿:총08획] 원본 5214[<八:下>406 상]

埐(땅 이름 **침**)/124
[土:총10획] 원본 8682[<13:下>690 상]

寖(잠길 **침**)/172,381
[宀:총13획] 원본 6759[<11:上1>540 상]

寑(잠잘 **침**)/171
[宀:총12획] 원본 4401[<七:下>340 하]

[illegible](잘 **침**)/174
[宀:총26획] 원본 4481[<七:下>347 하]

忱(정성 **침**)/227
[心:총07획] 원본 6445[<十:下>505 상]

抌(때릴 **침**)/253
[手:총07획] 원본 7692[<12:上>609 상]

枕(베개 **침**)/310
[木:총08획] 원본 3528[<六:上>258 상]

梫(계수나무 **침**)/322
[木:총11획] 원본 3281[<六:上>239 하]

梣(물푸레 **침**)/322
[木:총11획] 원본 3298[<六:上>241 상]

枮(모탕 **침**)/311
[木:총09획] 원본 3400[<六:上>248 상]

沈(가라앉을 **침**)/368
[水:총07획] 원본 6987[<11:上2>558 상]

祲(요기 **침**)/506
[示:총12획] 원본 0066[<一:上>008 하]

綅(실 **침**)/558
[糸:총13획] 원본 8279[<13:上>655 하]

綝(말릴 **침**)/559
[糸:총14획] 원본 8191[<13:上>647 하]

[illegible](배 다닐 **침**)/612
[舟:총09획] 원본 5192[<八:下>403 상]

[illegible](덮을**침**)/624
[艸:총11획] 원본 0587[<一:下>044 상]

芜(풀이름 **침**)/616
[艸:총08획] 원본 0427[<一:下>035 하]

葴(쪽풀 **침**)/631
[艸:총13획] 원본 0353[<一:下>030 상]

[illegible](가만히 머리 내밀고 볼 **침**)/685
[見:총16획] 원본 5252[<八:下>409 상]

郴(고을 이름 **침**)/765
[邑:총11획] 원본 3939[<六:下>294 하]

鈂(쇠공이 **침**)/784
[金:총12획] 원본 8908[<14:上>706 하]

鍼(침 **침**)/791
[金:총17획] 원본 8897[<14:上>706 상]

霃(날씨가 흐릴 **침**)/821
[雨:총15획] 원본 7189[<11:下>573 상]

[illegible](뒤통수뼈 **침**)/835
[頁:총13획] 원본 5366[<九:上>417 상]

駸(말달릴 **침**)/856
[馬:총17획] 원본 5904[<十:上>466 상]
墋(더할 **칩**)/131
[土:총17획] 원본 8671[<13:下>689 상]
戹(말을 이을 **칩**)/181
[尸:총08획] 원본 5166[<八:上>400 하]
屚(뒤따를 **칩**)/183
[尸:총12획] 원본 5165[<八:上>400 하]
蟄(숨을 **칩**)/661
[虫:총17획] 원본 8506[<13:上>671 하]
馽(말발 얽어 맬 **칩**)/854
[馬:총14획] 원본 5936[<十:上>467 하]
偁(들 **칭**)/37
[人:총11획] 원본 4849[<八:上>373 하]
爯(둘을 한꺼번에 들을 **칭**)/429
[爪:총09획] 원본 2381[<四:下>158 하]
稱(일컬을 **칭**)/519
[禾:총14획] 원본 4261[<七:上>327 상]

ㅋ

噲(목구멍 **쾌**)/112
[口:총16획] 원본 0749[<二:上>054 상]
夬(터놓을 **쾌**)/138
[大:총04획] 원본 1814[<三:下>115 하]
快(쾌할 **쾌**)/227
[心:총07획] 원본 6401[<十:下>502 하]

ㅌ

佗(다를 **타**)/26
[人:총07획] 원본 4806[<八:上>371 상]
詫(잔 드릴 **타**)/55
[宀:총12획] 원본 4596[<七:下>353 하]
혹唾(침 **타**)/104
[口:총11획] 원본 0784[<二:上>056 상]
吒(꾸짖을 **타**)/96
[口:총06획] 원본 0871[<二:上>060 상]
垜(살받이터 **타**)/123
[土:총09획] 원본 8639[<13:下>686 상]
埵(언덕 **타**)/125
[土:총11획] 원본 8681[<13:下>690 상]
嫷(고울 **타**)/160
[女:총15획] 원본 7804[<12:下>618 상]
妥(온당할 **타**)/146
[女:총07획] 원본 7964[<12:下>626 상]
姹(자랑할 **타**)/145
[女:총06획] 원본 7739[<12:下>613 하]
媠(헤아릴 **타**)/151
[女:총09획] 원본 7903[<12:下>623 상]
嶞(산 작고 뾰족할 **타**)/190
[山:총16획] 원본 5621[<九:下>441 상]
嶞(산 높을 **타**)/189
[山:총15획] 원본 5611[<九:下>440 상]
庩(해버러진 집 **타**)/208
[广:총11획] 원본 5669[<九:下>444 하]
憜(게으를 **타**)/241
[心:총15획] 원본 6523[<十:下>509 하]
拕(끌 **타**)/255
[手:총08획] 원본 7701[<12:上>610 상]
朶(늘어질 **타**)/305
[木:총06획] 원본 3433[<六:上>250 상]
橢(길쭉할 **타**)/338
[木:총16획] 원본 3564[<六:上>261 하]
椯(종아리채 **타**)/326
[木:총13획] 원본 3586[<六:上>263 상]
沱(물 이름 **타**)/371
[水:총08획] 원본 6661[<11:上1>517 하]
涶(침 **타**)/384
[水:총12획] 원본 6780[<11:上1>544 상]
痑(말 병 **타**)/472
[疒:총11획] 원본 4582[<七:下>352 하]

𥟖(벼 고개 숙일 **타**)/517
[禾:총14획] 원본 4218[<七:上>324 상]

𥬠(대이름 **타**)/534
[竹:총10획] 원본 2844[<五:上>196 상]

𧝏(소매 없는 옷 **타**)/676
[衣:총15획] 원본 5047[<八:上>392 상]

袉(옷자락 **타**)/672
[衣:총10획] 원본 5058[<八:上>392 하]

鐆(보습 **타**)/794
[金:총20획] 원본 8915[<14:上>707 상]

陁(무너질 **타**)/804
[阜:총06획] 원본 9204[<14:上>733 상]

鞑(밀치끈**타**)/826
[革:총14획] 원본 1754[<三:下>111 상]

주鰖(물고기 새끼 **타**)/885
[魚:총23획] 원본 7218[<11:下>575 상]

鮀(모래무지 **타**)/880
[魚:총16획] 원본 7265[<11:下>578 하]

鼉(악어 **타**)/910
[黽:총25획] 원본 8588[<13:下>679 하]

它(다를 **타**)/166
[宀:총05획] 원본 8578[<13:下>678 상]

乇(부탁할 **탁**)/10
[丿:총03획] 원본 3718[<六:下>274 하]

侂(부탁할 **탁**)/29
[人:총08획] 원본 4962[<八:上>382 하]

倬(클 **탁**)/35
[人:총10획] 원본 4794[<八:上>370 상]

剫(쪼갤 **탁**)/64
[刀:총11획] 원본 2647[<四:下>180 상]

卓(높을 **탁**)/78
[十:총08획] 원본 4987[<八:上>385 하]

啄(쫄 **탁**)/104
[口:총11획] 원본 0915[<二:上>062 상]

坼(터질 **탁**)/121
[土:총08획] 원본 8705[<13:下>691 하]

擢(뽑을 **탁**)/271
[手:총17획] 원본 7624[<12:上>605 하]

㪕(칠 **탁**)/276
[攴:총12획] 원본 1952[<三:下>125 하]

斀(궁형 **탁**)/279
[攴:총17획] 원본 1955[<三:下>126 상]

橐(전대 **탁**)/337
[木:총16획] 원본 3740[<六:下>276 하]

椓(칠 **탁**)/326
[木:총12획] 원본 3647[<六:上>268 하]

集(대껍질 **탁**)/327
[木:총13획] 원본 3450[<六:上>251 하]

欜(조두 **탁**)/343
[木:총20획] 원본 3520[<六:上>257 상]

柝(열 **탁**)/314
[木:총09획] 원본 3458[<六:上>252 상]

濯(씻을 **탁**)/411
[水:총17획] 원본 7088[<11:上2>564 하]

涿(들을 **탁**)/385
[水:총11획] 원본 6980[<11:上2>557 하]

濁(흐릴 **탁**)/409
[水:총16획] 원본 6753[<11:上1>539 상]

琢(쫄 **탁**)/450
[玉:총12획] 원본 0139[<一:上>015 하]

蘀(낙엽 **탁**)/645
[艸:총20획] 원본 0530[<一:下>040 하]

蠗(작은 조개 **탁**)/664
[虫:총20획] 원본 8520[<13:上>673 상]

袥(앞 트일 **탁**)/673
[衣:총11획] 원본 5056[<八:上>392 하]

襗(속고의 **탁**)/679
[衣:총18획] 원본 5061[<八:上>393 상]

䏙(육장 **탐**)/594
[肉:총08획] 원본 2610[<四:下>177 상]

𧢈(들여다 볼 **탐**)/685
[見:총16획] 원본 5242[<八:下>408 하]

貪(탐할 **탐**)/717
[貝:총11획] 원본 3820[<六:下>282 상]

婒(엎드릴 **탑**)/152
[女:총11획] 원본 7866[<12:下>621 상]

榙(과실 이름 **탑**)/331
[木:총14획] 원본 3405[<六:上>248 상]

狧(핥을 **탑**)/439
[犬:총09획] 원본 6035[<十:上>474 하]

䎓䎓(성하게 나는 모양 **탑**)/581
[羽:총10획] 원본 2156[<四:上>139 하]

蹋(발로 긁어당길 **탑**)/731
[足:총17획] 원본 1311[<二:下>083 상]

錔(휘감아 쌀 **탑**)/789
[金:총16획] 원본 9002[<14:上>714 상]

闒(다락문 **탑**)/802
[門:총18획] 원본 7373[<12:上>587 하]

鰨(가자미 **탑**)/885
[魚:총21획] 원본 7222[<11:下>575 하]

𪔂𪔂(북소리 **탑**)/912
[鼓:총19획] 원본 2954[<五:上>206 하]

宕(방탕할 **탕**)/167
[宀:총08획] 원본 4419[<七:下>342 상]

帑(금고 **탕**)/197
[巾:총08획] 원본 4702[<七:下>361 하]

𢡅(방탕할 **탕**)/241
[心:총15획] 원본 6519[<十:下>509 하]

湯(넘어질 **탕**)/393
[水:총12획] 원본 7029[<11:上2>561 상]

璗(황금 **탕**)/454
[玉:총17획] 원본 0199[<一:上>019 상]

盪(씻을 **탕**)/483
[皿:총17획] 원본 3022[<五:上>213 상]

碭(무늬 있는 돌 **탕**)/500
[石:총14획] 원본 5726[<九:下>449 상]

𥳓(대그릇 **탕**)/537
[竹:총15획] 원본 2816[<五:上>194 상]

簜(왕대 **탕**)/541
[竹:총18획] 원본 2742[<五:上>189 상]

蕩(쓸어버릴 **탕**)/639
[艸:총16획] 원본 6697[<11:上1>527 하]

踼(넘어질 **탕**)/731
[足:총16획] 원본 1322[<二:下>083 하]

兌(빛날 **태**)/47
[儿:총07획] 원본 5208[<八:下>405 상]

台(별 **태**)/94
[口:총05획] 원본 0830[<二:上>058 상]

娧(더딜 **태**)/152
[女:총10획] 원본 7812[<12:下>618 하]

態(모양 **태**)/239
[心:총14획] 원본 6517[<十:下>509 하]

忕(사치할 **태**)/226
[心:총06획] 원본 6473[<十:下>506 하]

怠(게으름 **태**)/229
[心:총09획] 원본 6521[<十:下>509 하]

戻(수레 옆문 **태**)/250
[戶:총07획] 원본 7360[<12:上>586 하]

斄(땅 이름 **태**)/279
[攴:총19획] 원본 0739[<二:上>053 하]

殆(위태할 **태**)/353
[歹:총09획] 원본 2431[<四:下>163 하]

泰(클 **태**)/375
[水:총10획] 원본 7095[<11:上2>565 상]

炱(그을음 **태**)/418
[火:총09획] 원본 6143[<十:上>482 상]

笞(볼기 칠 **태**)/532
[竹:총11획] 원본 2851[<五:上>196 하]

箈(죽순 **태**)/538
[竹:총15획] 원본 2745[<五:上>189 하]

紿(속일 **태**)/554
[糸:총11획] 원본 8149[<13:上>645 하]

胎(아이 밸 **태**)/595
[肉:총09획] 원본 2479[<四:下>167 하]

菭(이끼 **태**)/627
[艸:총12획] 원본 0468[<一:下>037 상]

蛻(허물 **태**)/655
[虫:총13획] 원본 8484[<13:上>669 하]

邰(나라 이름 **태**)/759
[邑:총08획] 원본 3846[<六:下>285 상]

隸(미칠 **태**)/813
[隶:총17획] 원본 1848[<三:下>117 하]

駘(둔마 **태**)/855
[馬:총15획] 원본 5937[<十:上>468 상]

駾(달릴 **태**)/857
[馬:총17획] 원본 5917[<十:上>467 상]

鮐(복 **태**)/880
[魚:총16획] 원본 7289[<11:下>580 상]

擇(가릴 **택**)/270
[手:총16획] 원본 7527[<12:上>599 상]

澤(못 **택**)/407
[水:총16획] 원본 6890[<11:上2>551 상]

樘(기둥 **탱**)/335
[木:총15획] 원본 3477[<六:上>254 상]

竀(똑바로 볼 **탱**)/525
[穴:총17획] 원본 4457[<七:下>345 하]

兔(토끼 **토**)/48
[儿:총08획] 원본 5992[<十:上>472 하]

吐(토할 **토**)/96
[口:총06획] 원본 0846[<二:上>059 상]

土(흙 **토**)/118
[土:총03획] 원본 8603[<13:下>682 상]

討(칠 **토**)/691
[言:총10획] 원본 1629[<三:上>101 상]

啍(느릿할 **톤**)/105
[口:총11획] 원본 0793[<二:上>056 상]

恫(상심할 **통**)/231
[心:총09획] 원본 6586[<十:下>512 하]

桶(통 **통**)/320
[木:총11획] 원본 3609[<六:上>264 하]

痛(아플 **통**)/472
[疒:총12획] 원본 4492[<七:下>348 상]

筒(대롱 **통**)/534
[竹:총12획] 원본 2861[<五:上>197 상]

統(큰 줄기 **통**)/557
[糸:총12획] 원본 8145[<13:上>645 상]

通(통할 **통**)/750
[辵:총11획] 원본 1085[<二:下>071 하]

𠂤(작은 산 **퇴**)/11
[丿:총06획]원본 9168[<14:上>730 하]

僓(좇을 **퇴**)/40
[人:총14획] 원본 4773[<八:上>368 하]

崔(높을 **퇴**)/189
[山:총13획] 원본 5639[<九:下>442 상]

庢(집이 기울 **퇴**)/208
[广:총11획] 원본 5681[<九:下>445 하]

復退(물러날 **퇴**)/223
[彳:총10획] 원본 1187[<二:下>077 상]

悚(방자할 **퇴**)/233
[心:총11획] 원본 6477[<十:下>507 상]

槌(망치 **퇴**)/333
[木:총14획] 원본 3565[<六:上>261 하]

穨(쇠퇴할 **퇴**)/521
[禾:총19획] 원본 5222[<八:下>407 상]

𥪡(포갤 **퇴**)/528
[立:총13획] 원본 6364[<十:下>500 상]
蓷(익모초 **퇴**)/636
[艸:총15획] 원본 0314[<一:下>028 상]
譢(시끄러울 **퇴**)/707
[言:총18획] 원본 1574[<三:上>099 상]
隤(무너뜨릴 **퇴**)/811
[阜:총15획] 원본 9199[<14:上>732 하]
陮(높을 **퇴**)/807
[阜:총11획] 원본 9186[<14:上>732 상]
魋(사람 이름 **퇴**)/877
[鬼:총18획] 원본 2206[<四:上>144 상]
推(옮을 **퇴 · 추**)/262
[手:총11획] 원본 7476[<12:上>596 상]
妒(강샘할 **투**)/147
[女:총08획] 원본 7889[<12:下>622 하]
投(던질 **투**)/253
[手:총07획] 원본 7555[<12:上>601 상]
牏(담틀 **투**)/432
[片:총13획] 원본 4173[<七:上>318 하]
酘(던질 **투**)/776
[酉:총16획] 원본 9416[<14:上>751 하]
鬭(싸울 **투**)/871
[鬥:총27획] 원본 1795[<三:下>114 상]
鴭(검은 오리 **투**)/888
[鳥:총16획] 원본 2293[<四:上>151 하]
㤹(어길 **특**)/229
[心:총10획] 원본 6502[<十:下>508 하]
忒(변할 **특**)/226
[心:총07획] 원본 6506[<十:下>509 상]
特(수컷 **특**)/435
[牛:총10획] 원본 0695[<二:上>050 하]
蟘蟘(누리 **특**)/660
[虫:총16획] 원본 8403[<13:上>664 하]
貣(빌 **특**)/716
[貝:총10획] 원본 3789[<六:下>280 상]
闖(말이 문을 나오는 모양 **틈**)/803
[門:총18획] 원본 7422[<12:上>591 상]

ㅍ

坡(고개 **파**)/120
[土:총08획] 원본 8610[<13:下>683 상]
𡯁(다리를 절 **파**)/179
[尢:총08획] 원본 6315[<十:下>495 상]
巴(땅 이름 **파**)/195
[己:총04획] 원본 9303[<14:上>741 하]
帊(빰 때릴 **파**)/200
[巾:총12획] 원본 9304[<14:上>741 하]
怕(두려워할 **파**)/228
[心:총08획] 원본 6482[<十:下>507 상]
播(뿌릴 **파**)/270
[手:총15획] 원본 7666[<12:上>608 상]
把(잡을 **파**)/253
[手:총07획] 원본 7505[<12:上>597 하]
𣏟(삼베 **파**)/310
[木:총08획] 원본 4329[<七:下>335 하]
杷(비파나무 **파**)/308
[木:총08획] 원본 3543[<六:上>259 하]
波(물결 **파**)/375
[水:총08획] 원본 6843[<11:上2>548 하]
派(물갈래 **파**)/380
[水:총09획] 원본 6917[<11:上2>553 상]
皤(머리 센 모양 **파**)/479
[白:총17획] 원본 4717[<七:下>363 하]
皅(꽃힐 **파**)/478
[白:총09획] 원본 4720[<七:下>364 상]
破(깨뜨릴 **파**)/497
[石:총10획] 원본 5759[<九:下>452 상]

簸(까부를 파)/542
[竹:총19획] 원본 2883[<五:上>199 상]
罷(방면할 파)/576
[网:총15획] 원본 4637[<七:下>356 하]
葩(꽃 파)/631
[艸:총13획] 원본 0477[<一:下>037 하]
譒(펼 파)/704
[言:총19획] 원본 1491[<三:上>095 상]
豝(암퇘지 파)/711
[豕:총11획] 원본 5787[<九:下>455 상]
鄱(고을 이름 파)/771
[邑:총15획] 원본 3937[<六:下>294 하]
鈀(병거 파)/784
[金:총12획] 원본 8943[<14:上>708 하]
䥯(갈 파)/796
[金:총23획] 원본 8918[<14:上>707 상]
靶(고삐 파)/826
[革:총13획] 원본 1728[<三:下>109 상]
頗(자못 파)/836
[頁:총14획] 원본 5422[<九:上>421 상]
駊(말이 대가리를 흔들 파)/855
[馬:총15획] 원본 5898[<十:上>465 하]
判(판가름할 판)/61
[刀:총07획] 원본 2646[<四:下>180 상]
昄(클 판)/290
[日:총08획] 원본 4068[<七:上>306 하]
版(널 판)/432
[片:총08획] 원본 4167[<七:上>318 상]
瓣(외씨 판)/457,746
[瓜:총19획] 원본 4350[<七:下>337 하]
瓪(패할 판)/458
[瓦:총09획] 원본 8082[<12:下>639 하]
眅(눈 흰자위 많을 판)/485
[目:총09획] 원본 2013[<四:上>130 하]
[illegible](어린아이 눈에 백태 낄 판)/493
[目:총19획] 원본 2044[<四:上>132 상]
販(팔 판)/716
[貝:총11획] 원본 3815[<六:下>282 상]
辦(다스릴 판)/745
[辛:총16획] 원본 2645[<四:下>180 상]
阪(비탈 판)/804
[阜:총07획] 원본 9180[<14:上>731 하]
八(여덟 팔)/49
[八:총02획] 원본 0671[<二:上>048 하]
汃(물결치는 소리 팔)/364
[水:총05획] 원본 6654[<11:上1>516 상]
[illegible](여덟살 된 말팔)/853
[馬:총12획] 원본 5844[<十:上>461 상]
佩(찰 패)/29
[人:총08획] 원본 4742[<八:上>366 상]
[illegible](찢을 패)/108
[口:총13획] 원본 2450[<四:下>164 하]
孛(살별 패)/163
[子:총07획] 원본 3708[<六:下>273 하]
[illegible](노할 패)/227
[心:총07획] 원본 6566[<十:下>511 하]
捭(칠 패)/260
[手:총11획] 원본 7686[<12:上>609 상]
敗(깨뜨릴 패)/276
[攴:총11획] 원본 1939[<三:下>125 상]
旆(기 패)/285
[方:총10획] 원본 4094[<七:上>309 상]
沛(늪 패)/370
[水:총07획] 원본 6769[<11:上1>542 상]
浿(강 이름 패)/382
[水:총10획] 원본 6770[<11:上1>542 상]
犻(두살난 소 패)/434
[牛:총08획] 원본 0698[<二:上>051 상]

猈(발바리 **패**)/440
[犬:총11획] 원본 6009[<十:上>473 하]

㤄(개가 성난 모양 **패**)/438
[犬:총07획] 원본 6048[<十:上>475 하]

稗(피 **패**)/516
[禾:총13획] 원본 4211[<七:上>323 하]

粺(정미 **패**)/547
[米:총14획] 원본 4287[<七:上>331 상]

紑(흩어진 실 **패**)/557
[糸:총12획] 원본 8188[<13:上>647 하]

茷(무성할 **패**)/621
[艸:총10획] 원본 0536[<一:下>040 하]

觱(악기 이름 **패**)/690
[角:총23획] 원본 2736[<四:下>188 상]

誖(어지러울 **패**)/697
[言:총14획] 원본 1539[<三:上>097 하]

貝(조개 **패**)/715
[貝:총07획] 원본 3772[<六:下>279 하]

踑(팔자걸음으로 걸을 **패**)/730
[足:총14획] 원본 1314[<二:下>083 상]

退(무너질 **패**)/749
[辵:총11획] 원본 1121[<二:下>074 상]

邶(나라 이름 **패**)/759
[邑:총08획] 원본 3875[<六:下>288 하]

邟郝(군 이름 **패**)/757
[邑:총07획] 원본 3943[<六:下>294 하]

霸(으뜸 **패**)/821
[雨:총21획] 원본 4124[<七:上>313 하]

鮊(물고기 이름 **패**)/879
[魚:총15획] 원본 7281[<11:下>579 상]

彭(성 **팽**)/221
[彡:총12획] 원본 2943[<五:上>205 하]

鬃(사당문제사 **팽**)/509
[示:총14획] 원본 0037[<一:上>004 하]

輣(병거 **팽**)/740
[車:총15획] 원본 9078[<14:上>721 상]

騯(말 성할 **팽**)/859
[馬:총20획] 원본 5886[<十:上>464 하]

鬔(머리털 헝클어진 모양 **팽**)/869
[髟:총20획] 원본 5504[<九:上>429 상]

偏(치우칠 **편**)/36
[人:총11획] 원본 4902[<八:上>378 상]

便(편할 **편**)/31
[人:총09획] 원본 4870[<八:上>375 하]

媥(가벼울 **편**)/156
[女:총12획] 원본 7928[<12:下>624 상]

徧(두루 **편**)/224
[彳:총12획] 원본 1185[<二:下>077 상]

扁(넓적할 **편**)/251
[戶:총09획] 원본 1358[<二:下>086 상]

揙(칠 **편**)/263
[手:총12획] 원본 7704[<12:上>610 상]

楄(각목 **편**)/327
[木:총13획] 원본 3661[<六:上>269 하]

片(조각 **편**)/432
[片:총04획] 원본 4166[<七:上>318 상]

牑(평상널 **편**)/433
[片:총13획] 원본 4171[<七:上>318 하]

猵(수달 **편**)/441
[犬:총12획] 원본 06080[<十:上>478 상]

㾫(반신불수증 **편**)/473
[疒:총14획] 원본 4552[<七:下>351 상]

篇(책 **편**)/538
[竹:총15획] 원본 2757[<五:上>190 하]

箯(가마 **편**)/537
[竹:총15획] 원본 2818[<五:上>194 상]

編(엮을 **편**)/563
[糸:총15획] 원본 8306[<13:上>658 상]

緶(꿰맬 **편**)/563
[糸:총15획] 원본 8354[<13:上>661 하]

翩(빨리 날 **편**)/583
[羽:총15획] 원본 2153[<四:上>139 하]

萹(마디풀 **편**)/629
[艸:총13획] 원본 0276[<一:下>026 상]

蝙(박쥐 **편**)/658
[虫:총15획] 원본 8525[<13:上>673 하]

褊(좁을 **편**)/676
[衣:총14획] 원본 5084[<八:上>394 하]

諞(말 교묘히 할 **편**)/700
[言:총16획] 원본 1556[<三:上>098 상]

蹁(비틀거릴 **편**)/731
[足:총16획] 원본 1328[<二:下>083 하]

鞭(채찍 **편**)/829
[革:총18획] 원본 1751[<三:下>110 하]

頨(머리 고울 **편**)/837
[頁:총15획] 원본 5413[<九:上>420 하]

鯿(방어 **편**)/884
[魚:총20획] 원본 7242[<11:下>577 상]

㝷(덜 **폄**)/176,609
[寸:총10획] 원본 3731[<六:下>275 하]

砭(돌침 **폄**)/497
[石:총10획] 원본 5769[<九:下>453 상]

窆(하관할 **폄**)/523
[穴:총10획] 원본 4476[<七:下>347 상]

貶(떨어뜨릴 **폄**)/717
[貝:총12획] 원본 3821[<六:下>282 상]

坪(평평할 **평**)/120
[土:총08획] 원본 8611[<13:下>683 상]

姘(제거할 **평**)/152
[女:총11획] 원본 7954[<12:下>625 하]

平(평평할 **평**)/203
[干:총05획] 원본 2936[<五:上>205 상]

抨(탄핵할 **평**)/254
[手:총08획] 원본 7674[<12:上>608 하]

枰(바둑판 **평**)/311
[木:총09획] 원본 3652[<六:上>269 상]

泙(물소리 **평**)/374
[水:총08획] 원본 6883[<11:上2>551 상]

怦(얼룩소 **평**)/434
[牛:총09획] 원본 0708[<二:上>051 하]

苹(부평초 **평**)/628
[艸:총12획] 원본 7115[<11:上2>567 상]

蓱(부평초 **평**)/635
[艸:총13획] 원본 0617[<一:下>045 하]

苹(개구리밥 **평**)/619
[艸:총09획] 원본 0259[<一:下>025 상]

吠(짖을 **폐**)/97
[口:총07획] 원본 0906[<二:上>061 하]

嬖(사랑할 **폐**)/160
[女:총16획] 원본 7886[<12:下>622 하]

幣(비단 **폐**)/202
[巾:총15획] 원본 4655[<七:下>358 상]

㡀(해어진 옷 **폐**)/197
[巾:총07획] 원본 4724[<七:下>364 상]

廢(폐할 **폐**)/210
[广:총15획] 원본 5682[<九:下>445 하]

敝(해질 **폐**)/276
[攴:총12획] 원본 4725[<七:下>364 상]

柹(대패밥 **폐**)/308
[木:총08획] 원본 3642[<六:上>268 상]

梐(울짱 **폐**)/321
[木:총11획] 원본 3622[<六:上>266 상]

獘(넘어질 **폐**)/442
[犬:총16획] 원본 6061[<十:上>476 상]

癈(폐할 **폐**)/476
[疒:총17획] 원본 4506[<七:下>348 하]

箅(가릴 **폐**)/535
[竹:총14획] 원본 2790[<五:上>192 하]
肺(허파 **폐**)/594
[肉:총08획] 원본 2488[<四:下>168 상]
蔽(덮을 **폐**)/638
[艸:총16획] 원본 0529[<一:下>040 상]
鄨(물 이름 **폐**)/770
[邑:총19획] 원본 3934[<六:下>294 상]
⿰酉卑(느릅나무장 **폐**)/777
[酉:총18획] 원본 9417[<14:上>751 하]
閉(닫을 **폐**)/799
[門:총11획] 원본 7404[<12:上>590 상]
陛(섬돌 **폐**)/806
[阜:총10획] 원본 9247[<14:上>736 상]
⿰阝⿱非土(감옥 **폐**)/811
[阜:총14획] 원본 7334[<11:下>583 상]
匏(박 **포**)/72
[勹:총11획] 원본 5554[<九:上>434 상]
勹(쌀 **포**)/69
[勹:총02획] 원본 5537[<九:上>432 하]
匍(길 **포**)/71
[勹:총09획] 원본 5539[<九:上>433 상]
包(쌀 **포**)/70
[勹:총05획] 원본 5552[<九:上>434 상]
哺(먹을 **포**)/103
[口:총10획] 원본 0778[<二:上>055 하]
咆(으르렁거릴 **포**)/100
[口:총08획] 원본 0907[<二:上>061 하]
⿴囗尃(채마밭 **포**)/117
[囗:총13획] 원본 3746[<六:下>277 상]
圃(밭 **포**)/116
[囗:총10획] 원본 37597[<六:下>278 상]
奅(돌쇠뇌 **포**)/141
[大:총08획] 원본 6291[<十:下>493 상]
宲(감출 **포**)/167
[宀:총09획] 원본 4386[<七:下>340 상]
布(베 **포**)/196
[巾:총05획] 원본 4703[<七:下>362 상]
庖(부엌 **포**)/207
[广:총08획] 원본 5653[<九:下>443 하]
悑(두려워할 **포**)/232
[心:총10획] 원본 6633[<十:下>514 하]
捕(사로잡을 **포**)/260
[手:총10획] 원본 7697[<12:上>609 하]
抪(펴질 **포**)/254
[手:총08획] 원본 7498[<12:上>597 하]
㬥(급히 향할 **포**)/299
[日:총17획] 원본 6342[<十:下>497 하]
暴(사나울 **포**)/299
[日:총18획] 원본 4075[<七:上>307 상]
⿰桼包(옻에 회섞어 다시 칠할 **포**)/338
[木:총16획] 원본 3734[<六:下>276 상]
枹(떡갈나무 **포**)/312
[木:총09획] 원본 3613[<六:上>265 상]
浦(개 **포**)/381
[水:총10획] 원본 6913[<11:上2>553 상]
泡(거품 **포**)/374
[水:총08획] 원본 6743[<11:上1>536 하]
炮(통째로 구울 **포**)/418
[火:총09획] 원본 6155[<十:上>482 하]
皰(여드름 **포**)/480
[皮:총10획] 원본 1890[<三:下>122 상]
⿱罒包(새그물 **포**)/574
[网:총10획] 원본 4630[<七:下>356 상]
脯(포 **포**)/599
[肉:총11획] 원본 2567[<四:下>174 상]
胞(태보 **포**)/596
[肉:총09획] 원본 5553[<九:上>434 상]

脬(오줌통 **포**)/599
[肉:총11획] 원본 2493[<四:下>168 하]

蒲(부들 **포**)/633
[艸:총14획] 원본 0311[<一:下>028 상]

苞(그령 **포**)/618
[艸:총09획] 원본 0367[<一:下>031 상]

袍(핫옷 **포**)/672
[衣:총10획] 원본 5038[<八:上>391 상]

褒(기릴 **포**)/676
[衣:총17획] 원본 5066[<八:上>393 상]

袌(주머니 **포**)/672
[衣:총11획] 원본 5053[<八:上>392 하]

誧(도울 **포**)/697
[言:총14획] 원본 1486[<三:上>094 하]

謈(하소연할 **포**)/701
[言:총17획] 원본 1584[<三:上>099 상]

逋(달아날 **포**)/750
[辵:총11획] 원본 1124[<二:下>074 상]

𨛌(땅 이름 **포**)/758
[邑:총08획] 원본 3935[<六:下>294 상]

酺(연회 **포**)/776
[酉:총14획] 원본 9397[<14:上>750 상]

鋪(펼 **포**)/789
[金:총15획] 원본 8999[<14:上>713 하]

鞄(혁공 **포**)/827
[革:총14획] 원본 1701[<三:下>107 상]

餔(새참 **포**)/846
[食:총16획] 원본 3086[<五:下>220 하]

飽(물릴 **포**)/845
[食:총14획] 원본 3102[<五:下>221 상]

鮑(절인 어물 **포**)/881
[魚:총16획] 원본 7301[<11:下>580 하]

麃(큰사슴 **포**)/898
[鹿:총15획] 원본 5977[<十:上>471 상]

幅(폭 **폭**)/200
[巾:총12획] 원본 4656[<七:下>358 상]

瀑(폭포 **폭**)/412
[水:총18획] 원본 6974[<11:上2>557 하]

爆(터질 **폭**)/427
[火:총19획] 원본 6159[<十:上>483 상]

僄(가벼울 **표**)/39
[人:총13획] 원본 4921[<八:上>379 하]

儦(많은 모양 **표**)/44
[人:총17획] 원본 4770[<八:上>368 하]

剽(빠를 **표**)/64
[刀:총13획] 원본 2663[<四:下>181 상]

勡(으를 **표**)/68
[力:총13획] 원본 8815[<13:下>701 상]

𠬪(물건 떨어져 위아래 서로 붙을 **표**)/89
[又:총06획] 원본 2398[<四:下>160 상]

嘌(빠를 **표**)/110
[口:총14획] 원본 0826[<二:上>058 상]

嫖(날랠 **표**)/157
[女:총14획] 원본 7922[<12:下>624 상]

幖(깃발 **표**)/202
[巾:총14획] 원본 4682[<七:下>359 하]

彪(무늬 **표**)/221
[彡:총11획] 원본 2986[<五:上>210 하]

慓(날랠 **표**)/239
[心:총14획] 원본 6499[<十:下>508 하]

摽(칠 **표**)/268
[手:총14획] 원본 7559[<12:上>601 하]

𣄴(기 휘날릴 **표**)/287
[方:총18획] 원본 4106[<七:上>311 상]

旚(깃발 번득일 **표**)/287
[方:총17획] 원본 4105[<七:上>311 상]

杓(자루 **표**)/306
[木:총07획] 원본 3560[<六:上>261 상]

槱(자루가 불룩한 모양 표)/339
[木:총17획] 원본 3743[<六:下>276 하]

標(우듬지 표)/336
[木:총15획] 원본 3431[<六:上>250 상]

滮(물 흐르는 모양 표)/388
[水:총11획] 원본 6822[<11:上2>547 상]

漂(떠돌 표)/398
[水:총14획] 원본 6847[<11:上2>549 상]

瀌(눈 퍼부을 표)/412
[水:총18획] 원본 7001[<11:上2>559 상]

熛(불똥 표)/424
[火:총15획] 원본 6133[<十:上>481 하]

犥(얼룩소 표)/436
[牛:총19획] 원본 0709[<二:上>051 하]

猋(개 달리는 모양 표)/440
[犬:총12획] 원본 6081[<十:上>478 상]

瓢(박 표)/457
[瓜:총16획] 원본 4353[<七:下>337 하]

瞟(볼 표)/492
[目:총16획] 원본 2037[<四:上>132 상]

票㶾(불똥 튈 표)/505
[示:총11획] 원본 6178[<十:上>484 하]

穮(김맬 표)/521
[禾:총20획] 원본 4227[<七:上>325 상]

縹(옥색 표)/566
[糸:총17획] 원본 8218[<13:上>649 하]

膘(소 허구리 살 표)/602
[肉:총15획] 원본 2564[<四:下>173 하]

藨(쥐눈이콩 표)/644
[艸:총19획] 원본 0388[<一:下>032 하]

蔈(능소화 표)/636
[艸:총15획] 원본 0480[<一:下>038 상]

表褾(겉 표)/671
[衣:총08획] 원본 5024[<八:上>389 하]

覞(밝게 살펴볼 표)/686
[見:총18획] 원본 5238[<八:下>408 상]

豹(표범 표)/713
[豸:총10획] 원본 5817[<九:下>457 하]

趮(사뿐 사뿐 걸을 표)/726
[走:총18획] 원본 0949[<二:上>064 하]

鏢(칼끝 표)/794
[金:총19획] 원본 8963[<14:上>710 하]

鑣(재갈 표)/797
[金:총23획] 원본 8988[<14:上>713 상]

飄(회오리바람 표)/844
[風:총20획] 원본 8569[<13:下>677 하]

飆(폭풍 표)/844
[風:총21획] 원본 8568[<13:下>677 하]

驃(표절따 표)/860
[馬:총21획] 원본 5859[<十:上>462 상]

驫(말 몰려 달아날 표)/863
[馬:총30획] 원본 5956[<十:上>469 하]

髟(머리털 드리워질 표)/867
[髟:총10획] 원본 5469[<九:上>425 하]

鼩(동물 이름 표)/913
[鼠:총16획] 원본 6100[<十:上>479 상]

品(물건 품)/102
[口:총09획] 원본 1348[<二:下>085 상]

稟(줄 품)/517
[禾:총13획] 원본 3197[<五:下>230 하]

豐(큰 집 풍)/173
[宀:총21획] 원본 4365[<七:下>338 하]

楓(단풍나무 풍)/328
[木:총13획] 원본 3369[<六:上>245 하]

諷(욀 풍)/700
[言:총16획] 원본 1414[<三:上>090 하]

豐(풍년 풍)/709
[豆:총18획] 원본 2966[<五:上>208 상]

酆(나라 이름 **풍**)/773
[邑:총21획] 원본 3856[<六:下>286 하]

鄷(나라 이름 **풍**)/770
[邑:총15획] 원본 4007[<六:下>300 상]

風(바람 **풍**)/843
[風:총09획] 원본 8565[<13:下>677 상]

麷(볶은 보리 **풍**)/901
[麥:총29획] 원본 32128[<五:下>232 상]

馮(성 **풍 · 빙**)/853
[馬:총12획] 원본 5906[<十:上>466 상]

帔(치마 **피**)/197
[巾:총08획] 원본 4661[<七:下>358 상]

彼(저 **피**)/222
[彳:총08획] 원본 1169[<二:下>076 상]

披(나눌 **피**)/254
[手:총08획] 원본 7575[<12:上>602 하]

旇(깃발이 휘날릴 **피**)/286
[方:총11획] 원본 4108[<七:上>311 하]

柀(나무 이름 **피**)/312
[木:총09획] 원본 3316[<六:上>242 상]

㿙(다리에 쥐 날 **피**)/475
[疒:총16획] 원본 4550[<七:下>350 하]

疲(지칠 **피**)/471
[疒:총10획] 원본 4573[<七:下>352 상]

皮(가죽 **피**)/480
[皮:총05획] 원본 1889[<三:下>122 상]

紴(끈목 **피**)/553
[糸:총11획] 원본 8269[<13:上>655 상]

蘢(쇠꼬리 **피**)/644
[艸:총19획] 원본 0451[<一:下>036 하]

蓖(피마자 **피**)/629
[艸:총14획] 원본 0298[<一:下>027 상]

被(이불 **피**)/673
[衣:총10획] 원본 5088[<八:上>394 하]

詖(치우칠 **피**)/694
[言:총12획] 원본 1425[<三:上>091 상]

貱(전해줄 **피**)/717
[貝:총12획] 원본 3793[<六:下>280 하]

避(피할 **피**)/754
[辵:총17획] 원본 1109[<二:下>073 상]

鈹(파종 침 **피**)/785
[金:총13획] 원본 8898[<14:上>706 상]

陂(비탈 **피**)/805
[阜:총08획] 원본 9179[<14:上>731 하]

鞁(가슴걸이 **피**)/827
[革:총14획] 원본 1726[<三:下>109 상]

髲(다리 **피**)/867
[髟:총15획] 원본 5486[<九:上>427 상]

鮍(오징어 **피**)/880
[魚:총16획] 원본 7246[<11:下>577 하]

煏(불에 고기 말릴 **픽**)/427
[火:총18획] 원본 6158[<十:上>482 하]

佖(점잖을 **필**)/26
[人:총07획] 원본 4767[<八:上>368 하]

滭(바람이 찰 **필**)/56
[冫:총13획] 원본 7165[<11:下>571 하]

匹(필 **필**)/75
[匚:총04획] 원본 8030[<12:下>635 하]

𠦒(키 **필**)/78
[十:총07획] 원본 2375[<四:下>158 상]

邲(땅 이름 **필**)/761
[卩:총08획] 원본 5518[<九:上>431 상]

𠨘(도울 **필**)/82
[卩:총06획] 원본 5516[<九:上>430 하]

彃(쏠 **필**)/218
[弓:총14획] 원본 8106[<12:下>641 하]

弼(도울 **필**)/218
[弓:총12획] 원본 8112[<12:下>642 상]

必(반드시 필)/225
[心:총05획] 원본 0681[<二:上>049 하]
𢿵(다할 필)/278
[攴:총15획] 원본 1945[<三:下>125 하]
𣝗(나무 이름 필)/334
[木:총15획] 원본 3350[<六:上>244 하]
熚(불 활활 탈 필)/424
[火:총15획] 원본 6121[<十:上>480 하]
珌(칼 장식 옥 필)/448
[玉:총09획] 원본 0123[<一:上>014 상]
畢(마칠 필)/465
[田:총11획] 원본 2376[<四:下>158 상]
疋(필 필)/469
[疋:총05획] 원본 1345[<二:下>084 하]
篳(울타리 필)/540
[竹:총17획] 원본 2874[<五:上>198 하]
筆(붓 필)/533
[竹:총12획] 원본 1842[<三:下>117 하]
縪(그칠 필)/566
[糸:총17획] 원본 8192[<13:上>647 하]
苾(향기로울 필)/619
[艸:총09획] 원본 0550[<一:下>042 상]
𧽤(벽제 필)/726
[走:총18획] 원본 1011[<二:上>067 상]
邲(땅 이름 필)/761
[邑:총08획] 원본 3882[<六:下>289 상]
鞑(수레의 밧줄 필)/826
[革:총14획] 원본 1723[<三:下>108 하]
韠(폐슬 필)/832
[韋:총20획] 원본 3238[<五:下>234 하]
飶(음식 냄새 필)/845
[食:총14획] 원본 3100[<五:下>221 상]
駜(말 살찔 필)/855
[馬:총15획] 원본 5884[<十:上>464 상]
鮅(상피리 필)/880
[魚:총16획] 원본 7309[<11:下>581 하]
乏(가난할 핍)/11
[丿:총05획]11원본 1039[<二:下>069 하]
姂(예쁠 핍)/147
[女:총08획] 원본 7839[<12:下>619 하]
愊(답답할 핍)/236
[心:총12획] 원본 6416[<十:下>503 하]
鴔(오디새 핍)/888
[鳥:총15획] 원본 2323[<四:上>153 상]

ㅎ

下(아래 하)/3
[一:총03획]3원본 0009[<一:上>002 상]
丂(기운뻗칠 하)/3
[一:총02획]3원본 2921[<五:上>203 하]
何(어찌 하)/26
[人:총07획] 원본 4807[<八:上>371 상]
嘏(클 하)/110
[口:총14획] 원본 1386[<三:上>088 하]
𡓐(틈 하)/129
[土:총14획] 원본 8704[<13:下>691 하]
夏(여름 하)/135
[夊:총10획] 원본 3227[<五:下>233 상]
𢑚(돼지 하)/219
[彐:총07획] 원본 5812[<九:下>456 하]
抲(지휘할 하)/254
[手:총08획] 원본 7648[<12:上>606 하]
河(강 이름 하)/371
[水:총08획] 원본 6655[<11:上1>516 상]
瑕(티 하)/452
[玉:총13획] 원본 0138[<一:上>015 하]
罅(틈 하)/574
[缶:총17획] 원본 3160[<五:下>225 하]

芐(지황 하)/615
[艸:총07획] 원본 0384[<一:下>032 상]

菏(무 하)/390
[艸:총12획] 원본 6744[<11:上1>536 하]

荷(연 하)/623
[艸:총11획] 원본 0412[<一:下>034 하]

蝦(새우 하)/659
[虫:총15획] 원본 8509[<13:上>671 하]

謑(속일 하)/699
[言:총15획] 원본 1577[<三:上>099 상]

賀(하례 하)/718
[貝:총12획] 원본 3783[<六:下>280 상]

蹊(발밑 하)/730
[足:총16획] 원본 1336[<二:下>084 상]

鍜(목 투구 하)/791
[金:총17획] 원본 8979[<14:上>711 하]

閜(크게 열릴 하)/800
[門:총13획] 원본 7392[<12:上>588 하]

騢(적부루마 하)/858
[馬:총19획] 원본 5851[<十:上>461 하]

鰕(새우 하)/884
[魚:총20획] 원본 7303[<11:下>580 하]

寋寨(막을 하・색)/169
[宀:총10획] 원본 2898[<五:上>201 하]

叡(골 학)/91
[又:총14획] 원본 2408[<四:下>161 상]

嚛(매울 학)/113
[口:총18획] 원본 0780[<二:上>055 하]

嗀(토할 학)/108
[口:총13획] 원본 900[<二:上>061 상]

嶨(돌산 학)/90
[山:총16획] 원본 5600[<九:下>439 하]

學斅(배울 학・효)/279
[攴:총20획] 원본 1971[<三:下>127 상]

涸(물 마를 학)/385
[水:총11획] 원본 7009[<11:上2>559 하]

澩(잦은 샘 학)/408
[水:총17획] 원본 6938[<11:上2>555 상]

瘧(학질 학)/475
[疒:총15획] 원본 4543[<七:下>350 하]

皬(흴 학)/479
[白:총15획] 원본 4718[<七:下>363 하]

确(자갈땅 학)/498
[石:총12획] 원본 5750[<九:下>451 하]

翯(함치르르할 학)/584
[羽:총16획] 원본 2161[<四:上>140 상]

虐(사나울 학)/648
[虍:총09획] 원본 2977[<五:上>209 하]

蠚(벌레가 독침을 쏠 학)/654
[虫:총12획] 원본 8485[<13:上>669 하]

謔(희롱거릴 학)/701
[言:총17획] 원본 1568[<三:上>098 하]

貈(담비 학)/714
[豸:총13획] 원본 5827[<九:下>458 상]

郝(고을 이름 학)/762
[邑:총10획] 원본 3855[<六:下>286 하]

騅(이마에 흰 털이 박힌 말 학)/859
[馬:총20획] 원본 5943[<十:上>468 하]

흑鷽(메까치 학)/895
[鳥:총24획] 원본 2275[<四:上>150 상]

鶴(학 학)/893
[鳥:총21획] 원본 2300[<四:上>151 하]

僩(노할 한)/41
[人:총14획] 원본 4791[<八:上>369 하]

嫺(우아할 한)/159
[女:총15획] 원본 7847[<12:下>620 상]

寒(찰 한)/171
[宀:총12획] 원본 4413[<七:下>341 하]

恨(한할 한)/230
[心:총09획] 원본 6569[<十:下>512 상]

悍(사나울 한)/232
[心:총10획] 원본 6516[<十:下>509 하]

憪(즐길 한)/241
[心:총15획] 원본 6507[<十:下>509 상]

𢧀(방패 한)/248
[戈:총11획] 원본 7989[<12:下>630 하]

扞(막을 한)/252
[手:총06획] 원본 7695[<12:上>609 하]

𢼋(막을 한)/275
[攴:총11획] 원본 1913[<三:下>123 하]

暵(말릴 한)/298
[日:총15획] 원본 4077[<七:上>307 하]

旱(가물 한)/290
[日:총07획] 원본 4057[<七:上>305 하]

橺(큰 나무 한)/337
[木:총16획] 원본 3435[<六:上>250 상]

𣯷(갈기 한)/361
[毛:총14획] 원본 5148[<八:上>399 상]

汗(땀 한)/365
[水:총06획] 원본 7102[<11:上2>565 하]

漢(한수 한)/400
[水:총14획] 원본 6678[<11:上1>522 하]

澣(빨래할 한)/414
[水:총20획] 원본 7087[<11:上2>564 하]

灘(물에 적셨다 말릴 한)/416
[水:총25획] 원본 6939[<11:上2>555 상]

熯(말릴 한)/425
[火:총15획] 원본 6126[<十:上>481 상]

狠(개 싸우는 소리 한)/439
[犬:총09획] 원본 6025[<十:上>474 상]

睅(큰 눈 한)/489
[目:총13획] 원본 2004[<四:上>130 상]

瞯(볼 한)/492
[目:총17획] 원본 2088[<四:上>134 하]

罕(그물 한)/574
[网:총07획] 원본 4611[<七:下>355 상]

翰(날개 한)/584
[羽:총16획] 원본 2135[<四:上>138 상]

蘾(풀이름 한)/647
[艸:총26획] 원본 0621[<一:下>045 하]

豻(들개 한)/714
[豸:총10획] 원본 5829[<九:下>458 상]

邗(땅 이름 한)/756
[邑:총06획] 원본 3968[<六:下>297 하]

釬(팔찌 한)/783
[金:총11획] 원본 8977[<14:上>711 하]

閑(막을 한)/799
[門:총12획] 원본 7403[<12:上>589 하]

閒(틈 한)/799
[門:총12획] 원본 7396[<12:上>589 하]

閈(이문 한)/799
[門:총11획] 원본 7374[<12:上>587 하]

限(한계 한)/806
[阜:총09획] 원본 9184[<14:上>732 상]

雗(흰 꿩 한)/816
[隹:총18획] 원본 2176[<四:上>141 하]

韓韓(나라 이름 한)/831
[韋:총17획] 원본 3251[<五:下>236 상]

𩦡(털이 긴 말 한)/859
[馬:총20획] 원본 5869[<十:上>463 상]

𩦸(한쪽눈이 흰 말 한)/861
[馬:총22획] 원본 5845[<十:上>461 상]

馯(사나운 말 한)/857
[馬:총17획] 원본 5919[<十:上>467 상]

骭(정강이뼈 한)/863
[骨:총13획] 원본 2465[<四:下>166 상]

鷴(흰 접동새 한)/895
[鳥:총23획] 원본 2342[<四:上>154 하]
鶾(붉은 닭 한)/893
[鳥:총21획] 원본 2365[<四:上>156 하]
鼾(코 골 한)/915
[鼻:총17획] 원본 2126[<四:上>137 하]
割(나눌 할)/64
[刀:총12획] 원본 2655[<四:下>180 하]
劼(삼갈 할)/67
[力:총08획] 원본 8786[<13:下>699 하]
⿰貞圣(갇힘에서 튀어나올 할)/131
[土:총17획] 원본 8720[<13:下>692 하]
擖(깎을 할)/266
[手:총13획] 원본 7568[<12:上>602 상]
⿰王舝(옥돌 할)/456
[玉:총17획] 원본 0165[<一:上>017 상]
硈(견고할 할)/497
[石:총11획] 원본 5744[<九:下>451 상]
舝(비녀장 할)/611
[舛:총13획] 원본 3234[<五:下>234 상]
⿱舝䖵(땅강아지 할)/666
[虫:총23획] 원본 8545[<13:下>675 상]
轄(비녀장 할)/742
[車:총17획] 원본 9131[<14:上>727 하]
⿵門害(문 닫는 소리 할)/802
[門:총17획] 원본 7400[<12:上>589 하]
⿰齒骨(뼈 씹는 소리 할)/919
[齒:총25획] 원본 1256[<二:下>080 하]
⿰齒吉(깨무는 소리 할)/918
[齒:총21획] 원본 1245[<二:下>080 상]
⿰冫函(차가울 함)/56
[冫:총12획] 원본 7162[<11:下>571 상]
咸(다 함)/101
[口:총09획] 원본 0834[<二:上>058 하]
含(머금을 함)/97
[口:총07획] 원본 0777[<二:上>055 하]
𢎘(꽃봉오리 함)/214
[弓:총02획] 원본 4152[<七:上>316 하]
揻(흔들 함)/265
[手:총12획] 원본 7635[<12:上>606 상]
檻(우리 함)/341
[木:총18획] 원본 3673[<六:上>270 하]
𣎵(나무에 꽃과 열매가 늘어질 함)/317
[木:총06획] 원본 4156[<七:上>317 상]
欦(빙그레 웃을 함)/346
[欠:총08획] 원본 5294[<八:下>411 하]
淊(흙탕 함)/386
[水:총11획] 원본 6989[<11:上2>558 하]
涵涵(젖을 함/384
[水:총11획] 원본 6990[<11:上2>558 하]
⿰犭敢(강아지 짖는 소리 함)/442
[犬:총15획] 원본 6017[<十:上>474 상]
琀(빈함옥 함)/449
[玉:총11획] 원본 0197[<一:上>019 상]
⿺瓦含(풀무자루 함)/458
[瓦:총09획] 원본 8080[<12:下>639 하]
緘(봉할 함)/562
[糸:총15획] 원본 8304[<13:上>657 하]
⿰月臽(양이 차지 않을 함)/599
[肉:총12획] 원본 26078[<四:下>177 상]
臽(함정 함)/608
[臼:총08획] 원본 4324[<七:上>334 하]
菡(연꽃봉우리 함)/632
[艸:총14획] 원본 0408[<一:下>034 상]
甝(흰 범 함)/650
[虍:총13획] 원본 2983[<五:上>210 하]
蜭(쐐기 함)/657
[虫:총14획] 원본 8411[<13:上>665 상]

衘(재갈 함)/670
[行:총14획] 원본 8987[<14:上>713 상]
譀(허탈할 함)/703
[言:총19획] 원본 1564[<三:上>098 하]
諴(화할 함)/700
[言:총16획] 원본 1463[<三:上>093 상]
陷(빠질 함)/808
[阜:총11획] 원본 9196[<14:上>732 하]
䨔(장마함)/821
[雨:총18획] 원본 7191[<11:下>573 상]
頷(턱 함)/838
[頁:총16획] 원본 5393[<九:上>418 하]
顄(턱함)/540
[頁:총19획] 원본 5362[<九:上>417 상]
顑(주릴 함)/540
[頁:총18획] 원본 5425[<九:上>421 하]
䱤(물고기 이름 함)/883
[魚:총19획] 원본 7272[<11:下>578 하]
鹹(짤 함)/897
[鹵:총20획] 원본 7352[<12:上>586 상]
䶃(쥐의 일종 함)/913
[鼠:총17획] 원본 6098[<十:上>479 상]
函(함 함)/116
[囗:총10획] 원본 3415[<七:上>316 하]
佮(합하여 가질 합)/30
[人:총08획] 원본 4854[<八:上>374 상]
匌(돌 합)/71
[勹:총08획] 원본 5548[<九:上>433 하]
合(합할 합)/95
[口:총06획] 원본 3127[<五:下>222 하]
呷(마실 합)/100
[口:총08획] 원본 0821[<二:上>057 하]
嗑(말 많을 합)/108
[口:총13획] 원본 0863[<二:上>059 하]
栆(칼집 합)/315
[木:총10획] 원본 3533[<六:上>258 하]
榼(통 합)/332
[木:총14획] 원본 3563[<六:上>261 하]
柙(우리 합)/313
[木:총09획] 원본 3675[<六:上>270 하]
欱(들이마실 합)/347
[欠:총10획] 원본 5321[<八:下>413 상]
盇(덮을 합)/481
[皿:총09획] 원본 3040[<五:上>214 하]
蛤(대합조개 합/654
[虫:총12획] 원본 8496[<13:上>670 하]
詥(화할 합)/695
[言:총13획] 원본 1470[<三:上>093 하]
迨(뒤쫓아 따라붙을 합)/749
[辵:총10획] 원본 1068[<二:下>071 상]
榙(열매 이름 합)/340
[木:총14획] 원본 3406[<六:上>248 상]
郃(고을 이름 합)/760
[邑:총09획] 원본 3858[<六:下>286 하]
閤(쪽문 합)/800
[門:총14획] 원본 7372[<12:上>587 하]
闔(문짝 합)/802
[門:총18획] 원본 7383[<12:上>588 상]
陜(땅 이름 합)/807
[阜:총10획] 원본 9194[<14:上>732 상]
頜(아래턱 합)/837
[頁:총15획] 원본 5361[<九:上>417 상]
鴿(집비둘기 합)/890
[鳥:총17획] 원본 2270[<四:上>150 상]
亢(목 항)/17
[亠:총04획] 원본 6338[<十:下>497 상]
伉(짝 항)/24
[人:총06획] 원본 4748[<八:上>367 상]

胲(엄지발가락 **해**)/597
[肉:총10획] 원본 2525[<四:下>170 하]

膎(포 **해**)/602
[肉:총14획] 원본 2569[<四:下>174 상]

薢(마름 **해**)/641
[艸:총17획] 원본 0392[<一:下>033 상]

荄(풀뿌리 **해**)/622
[艸:총10획] 원본 0494[<一:下>038 하]

蠏(게 **해**)/663
[虫:총19획] 원본 8513[<13:上>672 상]

觟(신통한양 **해**)/688
[角:총13획] 원본 2719[<四:下>186 상]

解(풀 **해**)/688
[角:총13획] 원본 2722[<四:下>186 하]

諧(화할 **해**)/700
[言:총16획] 원본 1469[<三:上>093 하]

該(그 **해**)/695
[言:총13획] 원본 1638[<三:上>101 하]

⿺走里(달아나려다 망설일 **해**)/724
[走:총14획] 원본 0970[<二:上>065 상]

郂(마을 이름 **해**)/761
[邑:총09획] 원본 3908[<六:下>291 하]

醢(젓갈 **해**)/777
[酉:총17획] 원본 9414[<14:上>751 하]

閡(문짝 **해**)/799
[門:총12획] 원본 7382[<12:上>588 상]

⿰阝解(세금을 쌓아두던 곳 **해**)/811
[阜:총16획] 원본 9225[<14:上>734 하]

陔(층층대 **해**)/806
[阜:총09획] 원본 9248[<14:上>736 상]

韰(염교 **해**)/833
[韭:총23획] 원본 4342[<七:下>337 상]

頦(턱 **해**)/837
[頁:총15획] 원본 5432[<九:上>422 상]

餀(더러운 냄새 **해**)/846
[食:총15획] 원본 3106[<五:下>221 하]

⿰馬皆(말 길들 **해**)/858
[馬:총19획] 원본 5897[<十:上>465 하]

駭(놀랄 **해**)/856
[馬:총16획] 원본 5922[<十:上>467 상]

骸(뼈 **해**)/864
[骨:총16획] 원본 2466[<四:下>166 상]

龤(풍류 조화될 **해**)/923
[龠:총26획] 원본 1355[<二:下>085 하]

劾(캐물을 **핵**)/67
[力:총08획] 원본 8818[<13:下>701 상]

⿰木卻(발차꼬 **핵**)/331
[木:총13획] 원본 3465[<六:上>252 하]

核(씨 **핵**)/317
[木:총10획] 원본 3578[<六:上>262 하]

⿰石鬲(자갈땅 **핵**)/500
[石:총15획] 원본 5770[<九:下>453 상]

翮(깃촉 **핵**)/584
[羽:총16획] 원본 2145[<四:上>139 상]

覈(핵실할 **핵**)/682
[襾:총19획] 원본 4646[<七:下>357 상]

婞(강직할 **행**)/154
[女:총11획] 원본 7908[<12:下>623 하]

幸㚔㚔(다행 **행**)/204
[干:총8획] 원본 6308[<十:下>494 하]

杏(살구나무 **행**)/306
[木:총07획] 원본 3274[<六:上>239 하]

洐(도랑물 내려갈 **행**)/377
[水:총09획] 원본 6935[<11:上2>554 하]

緈(곧을 **행**)/561
[糸:총14획] 원본 8163[<13:上>646 상]

胻(배 **행**)/597
[肉:총10획] 원본 2521[<四:下>170 하]

莕(마름 풀 행)/624
[艸:총11획] 원본 0440[<一:下>036 상]

行(갈 행)/669
[行:총06획] 원본 1204[<二:下>078 상]

亯(누릴 향)/18
[亠:총09획] 원본 3187[<五:下>229 상]

向(향할 향)/96
[口:총06획] 원본 4359[<七:下>338 상]

曏(앞서 향)/299
[日:총17획] 원본 4060[<七:上>306 상]

珦(옥 이름 향)/449
[玉:총10획] 원본 0090[<一:上>011 상]

蠁(번데기 향)/663
[虫:총19획] 원본 8388[<13:上>664 상]

鄉𨞚𨟚(고향 향)/772
[邑:총13획] 원본 4014[<六:下>300 하]

闀(양쪽 계단 사이 향)/803
[門:총21획] 원본 7401[<12:上>589 하]

響(울림 향)/833
[音:총22획] 원본 1647[<三:上>102 상]

饗(잔치할 향)/849
[食:총22획] 원본 3093[<五:下>220 하]

餉(건량 향)/846
[食:총15획] 원본 3091[<五:下>220 하]

香(향기 향)/850
[香:총09획] 원본 4279[<七:上>330 상]

嘘(입으로 불 허)/110
[口:총14획] 원본 0790[<二:上>056 상]

栩(상수리나무 허)/316
[木:총10획] 원본 3326[<六:上>243 상]

歔(흐느낄 허)/349
[欠:총16획] 원본 5306[<八:下>412 상]

虛(빌 허)/649
[虍:총11획] 원본 4997[<八:上>386 하]

許(허락할 허)/693
[言:총11획] 원본 1408[<三:上>090 상]

鄦(나라 이름 허)/769
[邑:총15획] 원본 3902[<六:下>290 하]

魖(역귀 허)/877
[鬼:총22획] 원본 5562[<九:上>435 상]

魼(가자미 허)/880
[魚:총16획] 원본 7220[<11:下>575 하]

仚(나를 듯한 헌)/22
[人:총05획] 원본 4971[<八:上>383 하]

憲(법 헌)/242
[心:총16획] 원본 6406[<十:下>503 상]

獻(바칠 헌)/443
[犬:총20획] 원본 6062[<十:上>476 상]

趨(달아나려 할 헌)/727
[走:총23획] 원본 0958[<二:上>064 하]

軒(추녀 헌)/732
[車:총10획] 원본 9070[<14:上>720 하]

歇(쉴 헐)/348
[欠:총13획] 원본 5282[<八:下>410 하]

獫(오랑캐 이름 험)/443
[犬:총16획] 원본 6007[<十:上>473 하]

譣(간사한 말 험)/705
[言:총20획] 원본 1453[<三:上>092 하]

險(험할 험)/811
[阜:총16획] 원본 9183[<14:上>732 상]

驗(증험할 험)/862
[馬:총23획] 원본 5879[<十:上>464 상]

侐(고요할 혁)/29
[人:총08획] 원본 4839[<八:上>373 상]

奕(클 혁)/142
[大:총09획] 원본 6352[<十:下>499 상]

弈(바둑 혁)/213
[廾:총09획] 원본 1677[<三:上>104 하]

挬(흙 팔 **혁**)/259
[手:총10획] 원본 7651[<12:上>607 상]

椺(병거의 다락 **혁**)/321
[木:총11획] 원본 3544[<六:上>260 상]

歔(다시 침 뱉는 소리 **혁**)/350
[欠:총17획] 원본 5326[<八:下>413 하]

洫(봇도랑 **혁**)/379
[水:총09획] 원본 6929[<11:上2>554 상]

瘕(머리 아플 **혁**)/473
[疒:총13획] 원본 4510[<七:下>349 상]

虩(두려워하는 모양 **혁**)/651
[虍:총18획] 원본 2991[<五:上>211 상]

畫(애통해할 **혁**)/669
[血:총24획] 원본 3038[<五:上>214 하]

觿(지팡이 손잡이의 뿔장식 **혁**)/690
[角:총20획] 원본 2730[<四:下>187 하]

赫(붉을 **혁**)/722
[赤:총14획] 원본 6281[<十:下>492 상]

革(가죽 **혁**)/825
[革:총09획] 원본 1697[<三:下>107 상]

鬩(다툴 **혁**)/871
[鬥:총18획] 원본 1802[<三:下>114 하]

儇(총명할 **현**)/42
[人:총15획] 원본 4756[<八:上>367 하]

俔(염탐할 **현**)/31
[人:총09획] 원본 4872[<八:上>375 하]

伭(매우 **현**)/24
[人:총07획] 원본 4913[<八:上>379 상]

哯(아이 젖 토할 **현**)/103
[口:총10획] 원본 0845[<二:上>059 상]

垷(진흙 **현**)/124
[土:총10획] 원본 8642[<13:下>686 하]

埍(계집 가두는 옥 **현**)/124
[土:총10획] 원본 8719[<13:下>692 상]

嬛(경편할 **현**)/160
[女:총16획] 원본 7828[<12:下>619 상]

娹(지킬 **현**)/153
[女:총11획] 원본 7927[<12:下>624 상]

帹(베 이름 **현**)/199
[巾:총11획] 원본 4705[<七:下>362 상]

弲(뿔활 **현**)/217
[弓:총10획] 원본 8086[<12:下>640 상]

弦(시위 **현**)/216
[弓:총08획] 원본 8113[<12:下>642 상]

慈(급할 **현**)/233
[心:총12획] 원본 6498[<十:下>508 하]

敻(구할 **현**)/136,278
[攴:총15획] 원본 1991[<四:上>129 하]

晛(햇살 **현**)/295
[日:총11획] 원본 4037[<七:上>304 상]

㬎(드러날 **현**)/297
[日:총14획] 원본 4074[<七:上>307 상]

泫(빛날 **현**)/375
[水:총08획] 원본 6821[<11:上2>547 상]

炫(빛날 **현**)/418
[火:총09획] 원본 6200[<十:上>485 하]

玄(검을 **현**)/445
[玄:총05획] 원본 2390[<四:下>159 하]

旬(눈 깜박일 **현**)/484
[目:총07획] 원본 2052[<四:上>132 하]

睍(불거진 눈 **현**)/489
[目:총12획] 원본 2014[<四:上>130 하]

眩(아찔할 **현**)/487
[目:총10획] 원본 1997[<四:上>130 상]

矊(눈동자**현**)/494
[目:총21획] 원본 2000[<四:上>130 상]

縣(매달 **현**)/566
[糸:총16획] 원본 5448[<九:上>423 하]

絢(무늬 **현**)/556
[糸:총12획] 원본 8212[<13:上>649 상]

翾(파뜩파뜩 날 **현**)/584
[羽:총19획] 원본 2150[<四:上>139 상]

胘(소 천엽 **현**)/595
[肉:총09획] 원본 2561[<四:下>173 상]

莧(비름 **현**)/625
[艸:총11획] 원본 0249[<一:下>024 상]

苰(풀 **현**)/627
[艸:총12획] 원본 0333[<一:下>029 상]

虤(범 성낼 **현**)/650
[虍:총16획] 원본 2995[<五:上>211 하]

蜆(가막조개 **현**)/656
[虫:총13획] 원본 8445[<13:上>667 상]

蠉(장구벌레 **현**)/664
[虫:총19획] 원본 8480[<13:上>669 하]

衙(스스로 팔 **현**)/669
[行:총13획] 원본 1213[<二:下>078 상]

誢(시끄럽게 다툴 **현**)/695
[言:총13획] 원본 1569[<三:上>098 하]

讂(구할 **현**)/706
[言:총22획] 원본 1620[<三:上>100 하]

譞(영리할 **현**)/704
[言:총20획] 원본 1485[<三:上>094 하]

訮(다툴 **현**)/696
[言:총13획] 원본 1553[<三:上>098 상]

賢(어질 **현**)/719
[貝:총15획] 원본 3781[<六:下>279 하]

贙(나눌 **현**)/721
[貝:총23획] 원본 2997[<五:上>211 하]

⿺走玆(급히 달아날 **현**)/725
[走:총15획] 원본 0947[<二:上>064 상]

鋗(노구솥 **현**)/788
[金:총15획] 원본 8875[<14:上>704 하]

鉉(솥귀 **현**)/785
[金:총13획] 원본 8878[<14:上>704 하]

鞙(멍에끈 **현**)/828
[革:총16획] 원본 1744[<三:下>110 상]

韅(뱃대끈 **현**)/830
[革:총28획] 원본 1729[<三:下>109 상]

顯(나타날 **현**)/842
[頁:총23획] 원본 5435[<九:上>422 상]

駽(철총이 **현**)/857
[馬:총17획] 원본 5848[<十:上>461 하]

閔(힘을 재는 추 **현**)/871
[門:총14획] 원본 1803[<三:下>114 하]

奊(머리 비뚫어질 **혈**)/141
[大:총08획] 원본 6304[<十:下>494 상]

娎(기쁠 **혈**)/151
[女:총10획] 원본 7939[<12:下>624 하]

孑(외로울 **혈**)/162
[子:총03획] 원본 9332[<14:上>743 하]

泬(내뿜을 **혈**)/375
[水:총08획] 원본 6836[<11:上2>548 상]

疦(종기 구멍 **혈**)/470
[疒:총09획] 원본 4518[<七:下>349 상]

旻旻(눈짓할 **혈**)/485
[目:총09획] 원본 1990[<四:上>129 하]

⿱穴矞(빌 **혈**)/525
[穴:총17획] 원본 4446[<七:下>345 상]

穴(구멍 **혈**)/521
[穴:총05획] 원본 4429[<七:下>343 하]

絜(헤아릴 **혈**)/555
[糸:총12획] 원본 8358[<13:上>661 상]

⿰糸穴(실한오리 **혈**)/553
[糸:총11획] 원본 8282[<13:上>656 상]

⿱艹血(꼭두서니 **혈**)/621
[艸:총10획] 원본 0636[<一:下>046 하]

型(거푸집 형)/122
[土:총09획] 원본 8662[<13:下>688 하]
娙(여관 이름 형)/151
[女:총10획] 원본 7816[<12:下>618 하]
⿰山巠(산중턱 끊어질 형)/187
[山:총10획] 원본 5626[<九:下>441 상]
形(모양 형)/221
[彡:총07획] 원본 5455[<九:上>424 하]
⿰忄巠(어길 형)/232
[心:총10획] 원본 6497[<十:下>508 상]
滎(실개천 형)/396
[水:총14획] 원본 6920[<11:上2>553 하]
泂(멀 형)/372
[水:총08획] 원본 7074[<11:上2>563 하]
熒(등불 형)/424
[火:총14획] 원본 6268[<十:下>490 하]
炯(빛날 형)/418
[火:총09획] 원본 6197[<十:上>485 하]
珩(노리개 형)/449
[玉:총10획] 원본 0118[<一:上>013 하]
𤬮(작은 오이 형)/457
[瓜:총15획] 원본 4348[<七:下>337 하]
荊(가시나무 형)/622
[艸:총12획] 원본 0467[<一:下>037 상]
蛵(잠자리 형)/655
[虫:총13획] 원본 8410[<13:上>665 상]
衡(저울대 형)/670
[行:총16획] 원본 2715[<四:下>186 상]
褮(옷에 구멍 날 형)/677
[衣:총16획] 원본 5131[<八:上>397 하]
詗(염탐할 형)/694
[言:총12획] 원본 1619[<三:上>100 하]
迥(멀 형)/748
[辵:총09획] 원본 1151[<二:下>075 상]
郉(나라 이름 형)/757
[邑:총07획] 원본 3892[<六:下>290 상]
邢(나라 이름 형)/761
[邑:총09획] 원본 3888[<六:下>289 하]
鉶(귀가 둘, 발이 셋 달린 국담는 제기 형)/786
[金:총10획] 원본 8869[<14:上>704 상]
鎣(줄 형)/792
[金:총18획] 원본 8880[<14:上>705 상]
鋞(냄비 형)/789
[金:총15획] 원본 8861[<14:上>704 상]
陘(지레목 형)/806
[阜:총10획] 원본 9213[<14:上>734 상]
馨(향기 형)/851
[香:총20획] 원본 4280[<七:上>330 하]
兮(어조사 혜)/50
[八:총04획] 원본 2926[<五:上>204 상]
匸(감출 혜)/75
[匸:총02획] 원본 8024[<12:下>635 상]
혹嘒(가냘플 혜)/110
[口:총14획] 원본 0822[<二:上>058 상]
⿰女奚(겁낼 혜)/157
[女:총13획] 원본 7776[<12:下>616 하]
彗(비 혜)/220
[彐:총11획] 원본 1828[<三:下>116 상]
徯(샛길 혜)/224
[彳:총13획] 원본 1182[<二:下>076 하]
慧(슬기로울 혜)/239
[心:총15획] 원본 6418[<十:下>503 하]
惠(은혜 혜)/234
[心:총12획] 원본 2388[<四:下>159 상]
槥(널 혜)/334
[木:총15획] 원본 3678[<六:上>270 하]
橞(나무 이름 혜)/338
[木:총16획] 원본 3337[<六:上>244 상]

瀪 瀪(물결 혜)/403
[水:총15획] 원본 6712[<11:上1>531 상]

眄 眄(흘겨볼 혜)/485
[目:총09획] 원본 2078[<四:上>134 상]

嫝 螇(씽씽매미 혜)/660
[虫:총16획] 원본 8465[<13:上>668 하]

譿 謑(창피 줄 혜)/701
[言:총17획] 원본 1635[<三:上>101 하]

傒 傒傒(기다릴 혜)/697
[言:총14획] 원본 1507[<三:上>095 하]

豯 豯(돼지 새끼 혜)/713
[豕:총17획] 원본 5785[<九:下>455 상]

醯 醯(초 혜)/778
[酉:총19획] 원본 3013[<五:上>212 하]

鞵 鞵(생가죽신 혜)/829
[革:총19획] 원본 1714[<三:下>108 상]

韢 韢(자루 혜)/832
[韋:총21획] 원본 3240[<五:下>235 상]

騱 騱(야생말 혜)/859
[馬:총20획] 원본 5953[<十:上>469 하]

鼃 鼃(개구리 혜)/910
[黽:총23획] 원본 8589[<13:下>679 하]

鼷 鼷(생쥐 혜)/914
[鼠:총23획] 원본 6095[<十:上>479 상]

乎 乎乎乎(어조사 호)/10
[丿:총05획] 원본 2929[<五:上>204 상]

勢 勢(굳셀 호)/68
[力:총12획] 원본 8812[<13:下>701 상]

厗 厗(아름다운 돌 호)/84
[厂:총07획] 원본 5703[<九:下>447 상]

呼 呼(부를 호)/100
[口:총08획] 원본 0788[<二:上>056 상]

嘑 嘑(부르짖을 호)/110
[口:총14획] 원본 0827[<二:上>058 상]

嘷 嘷철嘷(짐승 소리 호)/109
[口:총13획] 원본 0908[<二:上>061 하]

号 号(부를 호)/95
[口:총05획] 원본 2930[<五:上>204 하]

唬 唬(범이 울 호)/104
[口:총11획] 원본 0916[<二:上>062 상]

壺 壺(병 호)/133
[士:총12획] 원본 6325[<十:下>495 하]

嫭 嫭(탐할 호)/149
[女:총09획] 원본 7901[<12:下>623 상]

姄 姄(성씨 호)/146
[女:총07획] 원본 7737[<12:下>613 하]

好 好(좋을 호)/145
[女:총06획] 원본 7806[<12:下>618 상]

岵 岵(산 호)/186
[山:총08획] 원본 5598[<九:下>439 상]

弧 弧(활 호)/216
[弓:총08획] 원본 8087[<12:下>640 상]

怙 怙(믿을 호)/228
[心:총08획] 원본 6458[<十:下>506 상]

扈 扈(뒤따를 호)/251
[戶:총11획] 원본 3852[<六:下>286 상]

戶 戶(지게 호)/250
[戶:총04획] 원본 7356[<12:上>586 하]

暤 暤(밝을 호)/297
[日:총14획] 원본 4042[<七:上>304 하]

晧 晧(밝을 호)/295
[日:총11획] 원본 4041[<七:上>304 하]

杲 杲(밝을 호)/293
[日:총09획] 원본 6349[<十:下>498 하]

槴 槴(나무 이름 호)/336
[木:총15획] 원본 3300[<六:上>241 상]

柧 柧(가로막이 호)/310
[木:총08획] 원본 3623[<六:上>266 상]

- 1198 -

歔(숨 길게 내쉴 호)/349
[欠:총15획] 원본 5277[<八:下>410 하]
浩(클 호)/381
[水:총10획] 원본 6834[<11:上2>548 상]
灝(넓을 호)/416
[水:총24획] 원본 7065[<11:上2>563 상]
湖(호수 호)/392
[水:총12획] 원본 6927[<11:上2>554 상]
滈(장마 호)/396
[水:총13획] 원본 6983[<11:上2>558 상]
濩(퍼질 호)/411
[水:총17획] 원본 6979[<11:上2>557 하]
狐(여우 호)/439
[犬:총08획] 원본 6078[<十:上>478 상]
瑚(산호 호)/452
[玉:총13획] 원본 0195[<一:上>019 상]
琥(호박 호)/450
[玉:총12획] 원본 0106[<一:上>012 상]
瓐(옥돌 호)/455
[玉:총10획] 원본 0164[<一:上>017 상]
瓠(표주박 호)/457
[瓜:총11획] 원본 4352[<七:下>337 하]
祜(복 호)/505
[示:총10획] 원본 0011[<一:上>002 하]
笠(얼레 호)/15
[竹:총10획] 원본 2829[<五:上>195 상]
縻(신 호)/551
[糸:총10획] 원본 8355[<13:上>661 하]
縞(명주 호)/565
[糸:총16획] 원본 8205[<13:上>648 하]
罟(토끼 그물 호)/574
[网:총09획] 원본 4633[<七:下>356 하]
胡(턱밑 살 호)/596
[肉:총09획] 원본 2560[<四:下>173 상]
蒿欠(풀 모양 호)/643
[艸:총18획] 원본 0507[<一:下>039 상]
薅(김맬 호)/640
[艸:총17획] 원본 0663[<一:下>047 하]
蒿(쑥 호)/634
[艸:총14획] 원본 0648[<一:下>047 상]
虝(흙남비 호)/651
[虍:총18획] 원본 2969[<五:上>209 상]
號(부르짖을 호)/650
[虍:총13획] 원본 2931[<五:上>204 하]
虖(울부짖을 호)/649
[虍:총11획] 원본 2976[<五:上>209 하]
虎(범 호)/648
[虍:총08획] 원본 2980[<五:上>210 상]
虍(호피 무늬 호)/648
[虍:총06획] 원본 2971[<五:上>209 상]
護(보호할 호)/705
[言:총21획] 원본 1484[<三:上>094 하]
評(큰 소리로 부를 호)/693
[言:총12획] 원본 1496[<三:上>095 상]
謼(부를 호)/703
[言:총18획] 원본 1497[<三:上>095 상]
豪䝞(호걸 호)/712
[豕:총14획] 원본 5806[<九:下>456 상]
鄠(땅 이름 호)/769
[邑:총14획] 원본 3995[<六:下>299 하]
鄗(땅 이름 호)/768
[邑:총13획] 원본 3897[<六:下>290 상]
鄠(땅 이름 호)/769
[邑:총14획] 원본 3851[<六:下>286 상]
鄂(마을 이름 호)/759
[邑:총12획] 원본 3913[<六:下>292 상]
鎬(호경 호)/793
[金:총18획] 원본 8870[<14:上>704 상]

雐(새 이름 호)/815
[隹:총14획] 원본 2192[<四:上>143 상]

顥(클 호)/841
[頁:총21획] 원본 5410[<九:上>420 상]

餬(기식할 호)/847
[食:총18획] 원본 3099[<五:下>221 상]

鬻(죽 호)/874
[鬲:총21획] 원본 1772[<三:下>112 상]

䰧(귀신 이름 호)/877
[鬼:총18획] 원본 5566[<九:上>436 상]

鰝(왕새우 호)/884
[魚:총21획] 원본 7304[<11:下>581 상]

䵑(차질 호)/904
[黍:총17획] 원본 4275[<七:上>330 상]

䶂(흰 원숭이 호)/914
[鼠:총22획] 원본 6104[<十:上>479 하]

謼(장담할 호)/707
[言:총25획] 원본 4155[<三:上>098 상]

惑(미혹할 혹)/234
[心:총12획] 원본 6547[<十:下>511 상]

或(혹 혹)/247
[戈:총08획] 원본 7995[<12:下>631 상]

熩(구울 혹)/423
[火:총14획] 원본 6161[<十:上>483 상]

𤞞(어미 잡아 먹는 원숭이 혹)/441
[犬:총14획] 원본 6074[<十:上>477 하]

豰(흰 여우 새끼 혹)/713
[豕:총17획] 원본 5784[<九:下>455 상]

𧹞(햇발 붉을 혹)/722
[赤:총17획] 원본 6275[<十:下>491 하]

酷(독할 혹)/775
[酉:총14획] 원본 9379[<14:上>748 하]

倱(성씨 혼)/37
[人:총11획] 원본 4746[<八:上>366 하]

𡋯(흙 혼)/127
[土:총12획] 원본 8620[<13:下>684 상]

婚(혼인할 혼)/154
[女:총11획] 원본 7744[<12:下>614 상]

惛(어리석을 혼)/234
[心:총11획] 원본 6551[<十:下>511 상]

掍(섞을 혼)/261
[手:총11획] 원본 7719[<12:上>611 상]

昏(어두울 혼)/291
[日:총08획] 원본 4050[<七:上>305 상]

𣝋(묶을 혼)/341
[木:총18획] 원본 3739[<六:下>276 하]

梱(통나무 혼)/332
[木:총14획] 원본 3660[<六:上>269 하]

殙(어리석을 혼)/354
[歹:총12획] 원본 2414[<四:下>161 하]

溷(어지러울 혼)/395
[水:총13획] 원본 6875[<11:上2>550 하]

混(섞을 혼)/388
[水:총11획] 원본 6811[<11:上2>546 하]

渾(흐릴 혼)/391
[水:총12획] 원본 6865[<11:上2>550 상]

焜(빛날 혼)/421
[火:총12획] 원본 6202[<十:上>485 하]

緷(깃 다발 혼)/564
[糸:총15획] 원본 8143[<13:上>644 하]

䡣(멍에 혼)/741
[車:총16획] 원본 9118[<14:上>726 상]

閽(문지기 혼)/801
[門:총16획] 원본 7412[<12:上>590 하]

䧰(흙산 혼)/812
[阜:총21획] 원본 9173[<14:上>731 상]

䰟魂(넋 혼)/876
[鬼:총14획] 원본 5559[<九:上>435 상]

鼲(다람쥐 혼)/914
[鼠:총22획] 원본 6103[<十:上>479 하]

匫(헌 그릇 홀)/74
[匚:총10획] 원본 8042[<12:下>636 하]

寣(아이 울 홀)/172
[宀:총14획] 원본 4489[<七:下>348 상]

𢑴(돼지 홀)/220
[彐:총16획] 원본 5805[<九:下>456 상]

忽(소홀히 할 홀)/228
[心:총08획] 원본 6527[<十:下>510 상]

⿰扌囫(밀칠 홀)/265
[手:총13획] 원본 7658[<12:上>607 하]

⿰木曶(높은 모양 홀)/325
[木:총13획] 원본 3445[<六:上>251 상]

⿰氵曶(검푸를 홀)/385
[水:총11획] 원본 6904[<11:上2>552 상]

芴(황홀할 홀)/616
[艸:총08획] 원본 0620[<一:下>045 하]

⿰風忽(빠른 바람 홀)/843
[風:총17획] 원본 8572[<13:下>678 상]

仜(배 클 홍)/22
[人:총05획] 원본 4779[<八:上>369 상]

弘(넓을 홍)/215
[弓:총05획] 원본 8099[<12:下>641 상]

泓(깊을 홍)/373
[水:총08획] 원본 6851[<11:上2>549 하]

洚(큰물 홍)/378
[水:총09획] 원본 6805[<11:上2>546 상]

澒(수은 홍)/407
[水:총15획] 원본 7114[<11:上2>566 하]

洪(큰물 홍)/379
[水:총09획] 원본 6804[<11:上2>546 상]

烘(횃불 홍)/420
[火:총10획] 원본 6150[<十:上>482 하]

⿰米工(묵은 쌀 홍)/545
[米:총09획] 원본 4310[<七:上>333 하]

紅(붉을 홍)/550
[糸:총09획] 원본 8230[<13:上>651 상]

虹(무지개 홍)/652
[虫:총09획] 원본 8529[<13:上>673 하]

訌(무너질 홍)/691
[言:총10획] 원본 1570[<三:上>098 하]

⿰工隹(새 살찔 홍)/813
[隹:총11획] 원본 2198[<四:上>143 하]

鬨(싸울 홍)/871
[鬥:총16획] 원본 1796[<三:下>114 상]

鴻(큰 기러기 홍)/890
[鳥:총17획] 원본 2303[<四:上>152 상]

𠌶(꽃 화)/40
[人:총13획] 원본 3720[<六:下>274 하]

匕(될 화)/72
[匕:총02획] 원본 4976[<八:上>384 상]

化(될 화)/72
[匕:총04획] 원본 4979[<八:上>384 하]

和(화할 화)/100
[口:총08획] 원본 0808[<二:上>057 상]

⿱山𠌶(산이름 화)/189
[山:총13획] 원본 5595[<九:下>439 상]

⿰戈冎(복사뼈 칠 화)/247
[戈:총08획] 원본 1792[<三:下>114 상]

旤(놀랠 화)/289
[无:총13획] 원본 5343[<八:下>414 하]

楇(기름통 화)/328
[木:총13획] 원본 3628[<六:上>266 하]

⿱艹木(칼 이름 화)/309
[木:총08획] 원본 3536[<六:上>258 하]

火(불 화)/416
[火:총04획] 원본 6108[<十:上>480 상]

畫(그림 **화·획**)/466
[田:총12획] 원본 1845[<三:下>117 하]

盉(조미할 **화**)/481
[皿:총10획] 원본 3014[<五:上>212 하]

禍(재화 **화**)/507
[示:총14획] 원본 0067[<一:上>008 하]

禾(벼 **화**)/511
[禾:총05획] 원본 4182[<七:上>320 상]

竵(바르지 않을 **화**)/528
[立:총18획] 원본 6372[<十:下>500 하]

蕚華(꽃 **화**)/627
[艸:총12획] 원본 3722[<六:下>275 상]

話(말할 **화**)/695
[言:총13획] 원본 1472[<三:上>093 하]

譁(시끄러울 **화**)/703
[言:총19획] 원본 1579[<三:上>099 상]

貨(재화 **화**)/716
[貝:총11획] 원본 3776[<六:下>279 하]

邩(땅 이름 **화**)/758
[邑:총07획] 원본 3996[<六:下>299 하]

𩲡(둔갑할 **화**)/876
[鬼:총14획] 원본 5569[<九:上>436 상]

𩸘(가물치 **화**)/883
[魚:총19획] 원본 7256[<11:下>577 하]

魤(물고기 이름 **화**)/879
[魚:총13획] 원본 7318[<11:下>581 하]

擭(잡을 **화**)/271
[手:총17획] 원본 7600[<12:上>604 하]

鱯(메기 **화**)/886
[魚:총25획] 원본 7253[<11:下>577 하]

龢(풍류 조화될 **화**)/923
[龠:총22획] 원본 1354[<二:下>085 하]

彉(당길 **확**)/218
[弓:총15획] 원본 8105[<12:下>641 하]

彏(당길 **확**)/219
[弓:총23획] 원본 8093[<12:下>640 하]

攫(붙잡을 **확**)/272
[手:총23획] 원본 7612[<12:上>605 상]

玃(원숭이 **확**)/444
[犬:총23획] 원본 6070[<十:上>477 상]

矍(두리번거릴 **확**)/494
[目:총20획] 원본 2250[<四:上>147 하]

矆(눈 부릅뜨고 볼 **확**)/493
[目:총19획] 원본 2053[<四:上>132 하]

穫(벼 벨 **확**)/521
[禾:총19획] 원본 4231[<七:上>325 상]

篗(얼레 **확**)/543
[竹:총16획] 원본 2774[<五:上>191 하]

𦝫(곰국 **확**)/601
[肉:총14획] 원본 2594[<四:下>176 상]

蒦(자 **확**)/633
[艸:총14획] 원본 2211[<四:上>144 하]

蠖(진사 **확**)/664
[虫:총20획] 원본 8425[<13:上>666 상]

貜(큰 원숭이 **확**)/715
[豸:총27획] 원본 5825[<九:下>458 상]

鑊(가마 **확**)/796
[金:총22획] 원본 8863[<14:上>704 상]

雘(진사 **확**)/816
[隹:총18획] 원본 3046[<五:下>215 하]

靃(빗속을 새 나는 소리 **확**)/819
[雨:총24획] 원본 2252[<四:上>148 상]

霩(갤 **확**)/821
[雨:총19획] 원본 7204[<11:下>573 하]

丸(알 **환**)/8
[丶:총03획] 원본 5718[<九:下>448 상]

𡅅(큰 소리로 부를 **환**)/113
[口:총21획] 원본 1363[<三:上>086 하]

圂(뒷간 환)/116
[囗:총10획] 원본 3768[<六:下>278 하]

圜(두를 환)/117
[囗:총16획] 원본 3745[<六:下>277 상]

𡘋(사치할환)/142
[大:총09획] 원본 6287[<十:下>492 하]

奐(빛날 환)/142
[大:총09획] 원본 1665[<三:上>104 상]

寏(둘러싼 담 환)/171
[宀:총12획] 원본 4366[<七:下>338 하]

宦(벼슬 환)/169
[宀:총09획] 원본 4392[<七:下>340 상]

幻(변할 환)/205
[幺:총04획] 원본 2394[<四:下>160 상]

庋(암기와 환)/206
[广:총07획] 원본 5665[<九:下>444 하]

患(근심 환)/232
[心:총11획] 원본 6620[<十:下>514 상]

懁(성급할 환)/242
[心:총16획] 원본 6496[<十:下>508 상]

懽(기뻐할 환)/244
[心:총21획] 원본 6485[<十:下>507 하]

換(바꿀 환)/264
[手:총12획] 원본 7721[<12:上>611 상]

擐(입을 환)/270
[手:총16획] 원본 7618[<12:上>605 상]

桓(푯말 환)/319
[木:총10획] 원본 3521[<六:上>257 하]

歡(기뻐할 환)/350
[欠:총22획] 원본 5283[<八:下>411 상]

渙(흩어질 환)/389
[水:총12획] 원본 6817[<11:上2>547 상]

環(고리 환)/455
[玉:총17획] 원본 0103[<一:上>012 상]

瓛(옥홀 환)/457
[玉:총24획] 원본 0113[<一:上>013 상]

睅(퉁방울눈 환)/488
[目:총12획] 원본 2005[<四:上>130 상]

瞏(눈이 큰 모양 환)/493
[目:총18획] 원본 1996[<四:上>130 상]

繯(엷은 비단 환)/570
[糸:총19획] 원본 8179[<13:上>647 상]

紈(흰 비단 환)/550
[糸:총09획] 원본 8195[<13:上>648 상]

絙(끈목 환)/555
[糸:총12획] 원본 8260[<13:上>654 하]

肒(긁어 부스럼 날 환)/592
[肉:총07획] 원본 2544[<四:下>172 상]

芄(왕골 환)/615
[艸:총07획] 원본 0269[<一:下>025 하]

®(부엉이 환)/629
[艸:총12획] 원본 2210[<四:上>144 상]

[illegible](왕골 환)/638
[艸:총16획] 원본 0317[<一:下>028 하]

萈(뿔이 가는 산양 환)/628
[艸:총12획] 원본 5998[<十:上>473 상]

∇∇ 讙(시끄러울 환)/707
[言:총25획] 원본 1578[<三:上>099 상]

豢(기를 환)/711
[豕:총13획] 원본 5796[<九:下>455 하]

貛(오소리 환)/715
[豸:총25획] 원본 5832[<九:下>458 상]

䞶(붉은 빛 환)/722
[赤:총17획] 원본 6280[<十:下>492 상]

轘(환형 환)/743
[車:총20획] 원본 9164[<14:上>730 상]

逭(피할 환)/751
[辵:총12획] 원본 1122[<二:下>074 상]

還(돌아올 환)/754
[辵:총17획] 원본 1093[<二:下>072 상]

酄(고을 이름 환)/773
[邑:총21획] 원본 3964[<六:下>297 상]

鍰(무게 단위 환)/791
[金:총17획] 원본 8939[<14:上>708 상]

驩(기뻐할 환)/863
[馬:총28획] 원본 5878[<十:上>464 상]

[illegible](한살된 말 환)/853
[馬:총10획] 원본 5842[<十:上>460 하]

鯇(잉어 환)/882
[魚:총18획] 원본 7262[<11:下>578 상]

鰥(환어 환)/884
[魚:총21획] 원본 7232[<11:下>576 상]

奯(훤할 활)/144
[大:총16획] 원본 6289[<十:下>493 상]

姡(교활할 활)/152
[女:총09획] 원본 7842[<12:下>619 하]

活(살 활)/380
[水:총09획] 원본 6819[<11:上2>547 상]

滑(미끄러울 활)/397
[水:총13획] 원본 6888[<11:上2>551 상]

眓(볼 활)/486
[目:총10획] 원본 2029[<四:上>131 하]

祮(제사 활)/506
[示:총11획] 원본 0057[<一:上>007 상]

秳(무거리 활)/516
[衣:총11획] 원본 4237[<七:上>325 하]

豁䜬(뚫린 골 활)/708
[谷:총17획] 원본 7146[<11:下>570 하]

闊(트일 활)/802
[門:총17획] 원본 7420[<12:上>591 상]

[illegible](누룩 활)/901
[麥:총16획] 원본 3215[<五:下>232 하]

喤(어린아이 울음 황)/107
[口:총12획] 원본 0757[<二:上>054 하]

巟(망할 황)/192
[巛:총06획] 원본 7127[<11:下>568 하]

幌(물감 들이는 장인 황)/198
[巾:총09획] 원본 4657[<七:下>358 상]

怳(멍할 황)/229
[心:총08획] 원본 6536[<十:下>510 하]

惶(두려워할 황)/235
[心:총12획] 원본 6632[<十:下>514 하]

晃(밝을 황)/294
[日:총10획] 원본 4029[<七:上>303 하]

朚𣍯(내일 황)/304
[月:총11획] 원본 4133[<七:上>314 하]

櫎(장막 황)/342
[木:총19획] 원본 3569[<六:上>262 상]

㞷㞷(초목 무성할 황)/119
[木:총07획] 원본 3698[<六:下>272 하]

況(하물며 황)/372
[水:총08획] 원본 6830[<11:上2>547 하]

潢(웅덩이 황)/404
[水:총15획] 원본 6924[<11:上2>553 하]

湟(해자 황)/393
[水:총12획] 원본 6681[<11:上1>523 상]

煌(빛날 황)/422
[火:총13획] 원본 6201[<十:上>485 하]

瑝(옥 소리 황)/452
[玉:총13획] 원본 0149[<一:上>016 상]

璜(서옥 황)/454
[玉:총16획] 원본 0104[<一:上>012 상]

皇(임금 황)/478
[白:총09획] 원본 0076[<一:上>009 하]

[illegible](흉년들 황)/518
[禾:총15획] 원본 4256<七:上>327 상]

䅣(메기장 **황**)/517
[禾:총14획] 원본 4249[<七:上>326 하]
簧(혀 **황**)/542
[竹:총18획] 원본 2858[<五:上>197 상]
篁(대숲 **황**)/538
[竹:총15획] 원본 2759[<五:上>190 하]
⿰糸巟⿰糸巟(실 만연할 **황**)/555
[糸:총12획] 원본 8130[<13:上>644 상]
⿱羽王(깃춤 **황**)/581
[羽:총10획] 원본 2162[<四:上>140 상]
肓(명치끝 **황**)/592
[肉:총07획] 원본 2486[<四:下>168 상]
䑟(무성할 **황**)/611
[舛:총23획] 원본 3236[<五:下>234 상]
荒(거칠 **황**)/621
[艸:총10획] 원본 0525[<一:下>040 상]
蟥(풍뎅이 **황**)/662
[虫:총18획] 원본 8442[<13:上>667 상]
蝗(누리 **황**)/658
[虫:총15획] 원본 8461[<13:上>668 상]
衁(피 **황**)/668
[血:총09획] 원본 3028[<五:上>213 하]
詤(잠꼬대 **황**)/694
[言:총13획] 원본 1583[<三:上>099 상]
隍(해자 **황**)/810
[阜:총12획] 원본 9255[<14:上>736 하]
駫駫(말 달릴 **황**)/856
[馬:총16획] 원본 5923[<十:上>467 상]
고黃(누를 **황**)/903
[黃:총12획] 원본 8771[<13:下>698 상]
噦(새소리 **홰**)/111
[口:총16획] 원본 0847[<二:上>059 상]
噧(열이 나서 떠들 **홰**)/111
[口:총16획] 원본 0865[<二:上>059 하]
⿱大乇(성나 지르는 소리 **홰**)/141
[大:총09획] 원본 6295[<十:下>493 상]
翽(날개 치는 소리 **홰**)/584
[羽:총19획] 원본 2160[<四:上>140 상]
⿰言歲(들렐 **홰**)/704
[言:총20획] 원본 1572[<三:上>099 상]
劊(끊을 **회**)/65
[刀:총15획] 원본 2636[<四:下>179 상]
匯(물 합할 **회**)/75
[匚:총13획] 원본 8047[<12:下>637 상]
⿰每卜(뉘우칠 **회**)/80
[卜:총09획] 원본 1976[<三:下>127 하]
回(돌 **회**)/114
[囗:총06획] 원본 3750[<六:下>277 상]
嬒(여자의 살결이 검을 **회**)/160
[女:총16획] 원본 7948[<12:下>625 상]
懷(품을 **회**)/244
[心:총19획] 원본 6447[<十:下>505 상]
悔(뉘우칠 **회**)/232
[心:총10획] 원본 6571[<十:下>512 상]
恢(넓을 **회**)/230
[心:총09획] 원본 6425[<十:下>503 하]
悝(지꺼릴 **회**)/232
[心:총10획] 원본 6533[<十:下>510 상]
晦(그믐 **회**)/295
[日:총11획] 원본 4054[<七:上>305 하]
會(모일 **회**)/302
[曰:총13획] 원본 3132[<五:下>223 상]
檜(노송나무 **회**)/340
[木:총17획] 원본 3396[<六:上>247 하]
洄(거슬러 올라갈 **회**)/376
[水:총09획] 원본 6955[<11:上2>556 상]
瀤(내 이름 **회**)/413
[水:총19획] 원본 6771[<11:上1>542 상]

淮(강 이름 **회**)/387
[水:총11획] 원본 6722[<11:上1>532 하]

澮(봇도랑 **회**)/408
[水:총16획] 원본 6691[<11:上1>526 상]

灰(재 **회**)/416
[火:총06획] 원본 6142[<十:上>482 상]

獪(교활할 **회**)/443
[犬:총16획] 원본 6038[<十:上>475 상]

禬(푸닥거리 **회**)/509
[示:총18획] 원본 0054[<一:上>007 상]

繪(그림 **회**)/569
[糸:총19획] 원본 8213[<13:上>649 하]

膾(회 **회**)/604
[肉:총17획] 원본 25998[<四:下>176 하]

薈(무성할 **회**)/641
[艸:총17획] 원본 0514[<一:下>039 하]

螝(번데기 **회**)/660
[虫:총16획] 원본 8392[<13:上>664 상]

蛕(거위 **회**)/654
[虫:총12획] 원본 8393[<13:上>664 상]

褢(품을 **회**)/677
[衣:총16획] 원본 5052[<八:上>392 하]

褱(품을 **회**)/678
[衣:총16획] 원본 5054[<八:上>392 하]

譮(그칠 **회**)/703
[言:총19획] 원본 1571[<三:上>098 하]

詯(말소리 우렁찰 **회**)/695
[言:총13획] 원본 1545[<三:上>097 하]

誨(가르칠 **회**)/697
[言:총14획] 원본 1419[<三:上>091 상]

賄(뇌물 **회**)/718
[貝:총13획] 원본 3774[<六:下>279 하]

䢈(해와 달이 만날 **회**)/746
[辰:총20획] 원본 3134[<五:下>223 하]

[illegible](틀림없을 **회**)/754
[辵:총18획] 원본 1045[<二:下>070 상]

鄶(나라 이름 **회**)/771
[邑:총16획] 원본 3953[<六:下>295 하]

[illegible](거무스름할 **회**)/906
[黑:총25획] 원본 6230[<十:上>487 하]

劃(그을 **획**)/65
[刀:총14획] 원본 2657[<四:下>180 하]

嫿(정숙할 **획**)/159
[女:총15획] 원본 7814[<12:下>618 하]

獲(얻을 **획**)/443
[犬:총17획] 원 6060[<十:上>476 상]

韄(칼 끈 **획**)/830
[革:총23획] 원본 1753[<三:下>110 하]

儣儣(어둘 **횡**)/44
[人:총19획] 원본 4904[<八:上>378 상]

宖(집 울릴 **횡**)/167
[宀:총08획] 원본 4368[<七:下>339 상]

橫(가로 **횡**)/338
[木:총15획] 원본 3643[<六:上>268 상]

潢(나루 **횡**)/413
[水:총19획] 원본 6950[<11:上2>555 하]

谹(골짜기 울릴 **횡**)/707
[谷:총11획] 원본 7149[<11:下>570 하]

侾(찌를 **효**)/35
[人:총10획] 원본 4941[<八:上>381 상]

哮(으르렁거릴 **효**)/103
[口:총10획] 원본 0910[<二:上>061 하]

囂(들렐 **효**)/113
[口:총21획] 원본 1361[<三:上>086 하]

嘵(두려워할 **효**)/110
[口:총15획] 원본 0876[<二:上>060 상]

孝(효도 **효**)/163
[子:총07획] 원본 5145[<八:上>398 하]

效(본받을 효)/275
[攴:총10획] 원본 1902[<三:下>123 상]
曉(새벽 효)/298
[日:총16획] 원본 4024[<七:上>303 상]
枵(빌 효)/311
[木:총09획] 원본 3436[<六:上>250 상]
梟(올빼미 효)/321
[木:총11획] 원본 3681[<六:上>271 상]
歊(김이 오를 효)/349
[欠:총14획] 원본 5296[<八:下>411 하]
殽(섞일 효)/357
[殳:총12획] 원본 1872[<三:下>120 상]
⿱𦥯氏(그르칠 효)/363
[氏:총10획] 원본 7982[<12:下>628 하]
洨(강 이름 효)/379
[水:총09획] 원본 6763[<11:上1>540 하]
爻(사귈 효)/430
[爻:총04획] 원본 1985[<三:下>128 하]
獢(주둥이 짧은 개 효)/442
[犬:총15획] 원본 6006[<十:上>473 하]
皢(새벽 효)/479
[白:총17획] 원본 4715[<七:下>363 하]
皛(나타날 효)/479
[白:총15획] 원본 4723[<七:下>364 상]
筊(단소 효)/534
[竹:총12획] 원본 2823[<五:上>194 하]
肴(안주 효)/594
[肉:총08획] 원본 2556[<四:下>173 상]
膮(돼지 고깃국 효)/603
[肉:총16획] 원본 2586[<四:下>175 하]
虈(백지 효)/647
[艸:총25획] 원본 0270[<一:下>025 하]
虓(울부짖을 효)/649
[虍:총10획] 원본 2989[<五:上>211 상]
⿰金曉(쇠 무늬 효)/797
[金:총24획] 원본 8853[<14:上>703 하]
⿰羔頁(큰 머리 효)/540
[頁:총19획] 원본 5377[<九:上>417 하]
顤(높고 긴 머리 효)/841
[頁:총21획] 원본 5380[<九:上>418 상]
驍(날랠 효)/861
[馬:총22획] 원본 5874[<十:上>463 하]
⿱囂鬲(김 오르는 모양 효)/875
[鬲:총31획] 원본 1766[<三:下>111 하]
鴞(부엉이 효)/889
[鳥:총16획] 원본 2277[<四:上>150 하]
候(물을 후)/35
[人:총10획] 원본 4862[<八:上>374 하]
厚(두터울 후)/85
[厂:총09획] 원본 3193[<五:下>229 하]
喉(목구멍 후)/106
[口:총12획] 원본 0748[<二:上>054 상]
后(임금 후)/96
[口:총06획] 원본 5507[<九:上>429 하]
㖃(성난 소리 후)/101
[口:총09획] 원본 5508[<九:上>429 하]
姁(할미 후)/147
[女:총08획] 원본 7759[<12:下>615 상]
後(뒤 후)/222
[彳:총09획] 원본 1188[<二:下>077 상]
⿰忄亐(근심할 후)/226
[心:총06획] 원본 6615[<十:下>514 상]
㫗 ⿸厂㫗(두터울 후)/301
[日:총10획] 원본 3191[<五:下>229 하]
⿰歹亐(썩을 후)/353
[歹:총06획] 원본 2430[<四:下>163 상]
煦(따뜻하게 할 후)/423
[火:총13획] 원본 6125[<十:上>481 상]

猴(원숭이 후)/441
[犬:총12획] 원본 6073[<十:上>477 하]
矦(임금 후)/495
[矢:총09획] 원본 3168[<五:下>226 하]
翭(깃촉 후)/583
[羽:총15획] 원본 2144[<四:上>139 상]
詡(자랑할 후)/694
[言:총13획] 원본 1479[<三:上>094 상]
詬(꾸짖을 후)/695
[言:총13획] 원본 1636[<三:上>101 하]
鄇(땅 이름 후)/766
[邑:총12획] 원본 3881[<六:下>289 상]
郈(고을 이름 후)/761
[邑:총09획] 원본 3970[<六:下>297 하]
酗(술에 빠질 후)/775
[酉:총12획] 원본 9402[<14:上>750 상]
鍭(화살 후)/791
[金:총17획] 원본 8974[<14:上>711 상]
餱(건량 후)/847
[食:총18획] 원본 3075[<五:下>219 상]
鯸(복 후)/884
[魚:총20획] 원본 7311[<11:下>581 하]
齅(냄새 맡을 후)/915
[鼻:총24획] 원본 2125[<四:上>137 하]
勳(공 훈)/69
[力:총16획] 원본 8781[<13:下>699 상]
壎(질나발 훈)/131
[土:총17획] 원본 8657[<13:下>687 하]
暈(무리 훈)/296
[日:총13획] 원본 4044[<七:上>304 하]
熏(연기 낄 훈)/424
[火:총14획] 원본 0219[<一:下>022 상]
纁(분홍빛 훈)/571
[糸:총20획] 원본 8221[<13:上>650 상]
薰(향 풀 훈)/642
[艸:총18획] 원본 0274[<一:下>025 하]
葷(매운 채소 훈)/631
[艸:총13획] 원본 0254[<一:下>024 하]
訓(가르칠 훈)/691
[言:총10획] 원본 1418[<三:上>091 상]
醺(취할 훈)/779
[酉:총21획] 원본 9400[<14:上>750 상]
𠦪(빠를 훌)/79
[十:총11획] 원본 6341[<十:下>497 하]
欻(문득 훌)/348
[欠:총12획] 원본 5297[<八:下>411 하]
薨(죽을 훙)/642
[艸:총17획] 원본 2445[<四:下>164 상]
咺(섧게 울 훤)/102
[口:총09획] 원본 0758[<二:上>054 하]
吅(부르짖을 훤)/95
[口:총06획] 원본 0923[<二:上>062 하]
狟(오소리 훤)/439
[犬:총09획] 원본 6047[<十:上>475 상]
䁔(큰 눈 훤)/491
[目:총14획] 원본 2006[<四:上>130 상]
𥄎(눈 크게 뜨고 볼 훤)/488
[目:총12획] 원본 1993[<四:上>129 하]
藼(원추리 훤)/645
[艸:총20획] 원본 0263[<一:下>025 상]
䙺(눈 크게 뜨고 볼 훤)/685
[見:총16획] 원본 5230[<八:下>407 하]
䚭(뿔수저 훤)/688
[角:총13획] 원본 2729[<四:下>187 하]
𧥃(뿔을 휘두르는 모양 훤)/690
[角:총25획] 원본 2700[<四:下>185 상]
諼(속일 훤)/701
[言:총16획] 원본 1514[<三:上>096 상]

貆(담비 새끼 **훤**)/714
[豸:총13획] 원본 5828[<九:下>458 상]

𧾩(빠를 **훤**)/727
[走:총20획] 원본 0975[<二:上>065 상]

卉(풀 **훼**)/78
[十:총05획] 원본 0607[<一:下>044 하]

喙(부리 **훼**)/106
[口:총12획] 원본 0745[<二:上>054 상]

嫛(미워할 **훼**)/160
[女:총16획] 원본 7942[<12:下>625 상]

擊(상하게 칠 **훼**)/270
[手:총17획] 원본 7693[<12:上>609 상]

毇(쓿을 **훼**)/358
[殳:총16획] 원본 4317[<七:上>334 상]

毀(헐 **훼**)/358
[殳:총13획] 원본 8700[<13:下>691 하]

𤇢(성한 불 **훼**)/420
[火:총11획] 원본 6110[<十:上>480 상]

燬(불 **훼**)/427
[火:총17획] 원본 6111[<十:上>480 상]

虺(살무사 **훼**)/652
[虫:총09획] 원본 8396[<13:上>664 상]

幑(표지 **휘**)/201
[巾:총14획] 원본 4681[<七:下>359 하]

彙(무리 **휘**)/220
[彐:총13획] 원본 5807[<九:下>456 하]

徽(아름다울 **휘**)/225
[彳:총17획] 원본 8295[<13:上>657 상]

撝(찢을 **휘**)/269
[手:총15획] 원본 7650[<12:上>606 하]

麾(지휘할 **휘**)/902
[手:총23획] 원본 7716[<12:上>610 하]

揮(휘두를 **휘**)/264
[手:총12획] 원본 7638[<12:上>606 상]

椲(나무 이름 **휘**)/326
[木:총13획] 원본 3287[<六:上>240 상]

楎(옷걸이 **휘**)/328
[木:총13획] 원본 3539[<六:上>259 상]

煇(빛날 **휘**)/422
[火:총13획] 원본 6196[<十:上>485 하]

翬(훨훨 날 **휘**)/583
[羽:총15획] 원본 2151[<四:上>139 하]

諱(꺼릴 **휘**)/700
[言:총16획] 원본 1634[<三:上>101 하]

休(쉴 **휴**)/24
[人:총06획] 원본 3665[<六:上>270 상]

倠(추할 **휴**)/36
[人:총10획] 원본 4960[<八:上>382 하]

婎(추할 **휴**)/153
[女:총11획] 원본 7926[<12:下>624 상]

孈(어리석고 몸짓 많을 **휴**)/162
[女:총21획] 원본 7918[<12:下>624 상]

𡰝(발비틀어져 걷지 못하여 사람이 부축일 **휴**)/179
[尢:총26획] 원본 6322[<十:下>495 하]

𢤱(두 마음 가질**휴**)/244
[心:총21획] 원본 6538[<十:下>510 하]

㥏(마음이 편치 않을 **휴**)/235
[心:총12획] 원본 6568[<十:下>511 하]

攜(끌 **휴**)/272
[手:총21획] 원본 7508[<12:上>598 상]

畦(밭두둑 **휴**)/466
[田:총11획] 원본 8752[<13:下>696 상]

睢(부릅떠볼 **휴**)/490
[目:총13획] 원본 2051[<四:上>132 하]

蘳(노란 꽃 **휴**)/646
[艸:총22획] 원본 0479[<一:下>037 하]

虧(이지러질 **휴**)/651
[虍:총17획] 원본 2933[<五:上>204 하]

蠵(바다거북 휴)/666
[虫:총24획] 원본 8511[<13:上>672 상]
觽(뿔송곳 휴)/690
[角:총25획] 원본 2723[<四:下>186 하]
酅(땅 이름 휴)/773
[邑:총21획] 원본 3973[<六:下>298 상]
鑴(솥 휴)/797
[金:총26획] 원본 8862[<14:上>704 상]
隓(폐할 휴)/810
[阜:총13획] 원본 9205[<14:上>733 상]
巂(새 이름 휴)/816
[隹:총18획] 원본 2172[<四:上>141 상]
騱(말 이름 휴)/856
[馬:총16획] 원본 5881[<十:上>464 상]
髹(검붉은 빛 휴)/870
[髟:총21획] 원본 3733[<六:下>276 상]
慉(기를 휵)/239
[心:총13획] 원본 6451[<十:下>505 하]
恤(구휼할 휼)/230
[心:총09획] 원본 6483[<十:下>507 상]
憰(속일 휼)/242
[心:총15획] 원본 6534[<十:下>510 하]
潏(샘솟을 휼)/403
[水:총15획] 원본 6841[<11:上2>548 하]
譎(속일 휼)/704
[言:총19획] 원본 1587[<三:上>099 하]
遹(비뚤 휼)/754
[辵:총16획] 원본 1108[<二:下>073 상]
鷸(도요새 휼)/895
[鳥:총23획] 원본 2317[<四:上>153 상]
兇(흉악할 흉)/46
[儿:총06획] 원본 4326[<七:上>334 하]
凶(흉할 흉)/58
[凵:총04획] 원본 4325[<七:上>334 하]
匈(오랑캐 흉)/71
[勹:총06획] 원본 5546[<九:上>433 하]
洶(물살 세찰 흉)/380
[水:총09획] 원본 6859[<11:上2>549 하]
訩(송사할 흉)/696
[言:총13획] 원본 1596[<三:上>100 상]
趨(기운없이 갈 흉)/726
[走:총17획] 원본 0971[<二:上>065 상]
黑(검을 흑)/904
[黑:총12획] 원본 6228[<十:上>487 하]
俒(완전할 흔)/32
[人:총09획] 원본 4876[<八:上>376 상]
很(패려궂을 흔)/222
[彳:총09획] 원본 1190[<二:下>077 상]
懇(근심할 흔)/238
[心:총14획] 원본 6613[<十:下>513 하]
忻(기뻐할 흔)/227
[心:총07획] 원본 6409[<十:下>503 상]
掀(치켜들 흔)/261
[手:총11획] 원본 7588[<12:上>603 상]
昕(아침 흔)/292
[日:총08획] 원본 4025[<七:上>303 상]
欣(기뻐할 흔)/346
[欠:총08획] 원본 5284[<八:下>411 상]
痕(흉터 흔)/472
[疒:총11획] 원본 4562[<七:下>351 하]
脪(부을 흔)/599
[肉:총11획] 원본 2547[<四:下>172 상]
訢(기뻐할 흔)/692
[言:총11획] 원본 1466[<三:上>093 하]
釁(피 바를 흔)/779
[酉:총25획] 원본 1696[<三:上>106 상]
鞎(수레 장식 가죽 흔)/827
[革:총15획] 원본 1720[<三:下>108 하]

仡(날랠 흘)/22
[人:총05획] 원본 4784[<八:上>369 하]

吃(말 더듬을 흘)/95
[口:총06획] 원본 0850[<二:上>059 상]

曶(새벽 홀)/300
[日:총08획] 원본 2911[<五:上>202 하]

紇(질 낮은 명주실 흘)/550
[糸:총09획] 원본 8131[<13:上>644 상]

肸(떨릴 흘)/592
[肉:총06획] 원본 2529[<四:下>171 상]

訖(이를 흘)/692
[言:총10획] 원본 1498[<三:上>095 상]

釳(방울 흘)/783
[金:총11획] 원본 8983[<14:上>712 상]

麧(보리 싸라기 흘)/900
[麥:총14획] 원본 3206[<五:下>231 하]

齕(깨물 흘)/917
[齒:총18획] 원본 1248[<二:下>080 상]

廞(진열할 흠)/210
[广:총15획] 원본 5689[<九:下>446 상]

歆(받을 흠)/348
[欠:총13획] 원본 5335[<八:下>414 상]

欽(공경할 흠)/348
[欠:총12획] 원본 5272[<八:下>410 하]

欠(하품 흠)/345
[欠:총04획] 원본 5271[<八:下>410 상]

吸(숨 들이쉴 흡)/98
[口:총07획] 원본 0789[<二:上>056 상]

歙(줄일 흡)/350
[欠:총16획] 원본 5327[<八:下>413 하]

洽(윤택하게 할 흡)/380
[水:총09획] 원본 6999[<11:上2>559 상]

潝(빨리 흐르는 소리 흡)/404
[水:총15획] 원본 6839[<11:上2>548 상]

翕(합할 흡)/582
[羽:총12획] 원본 2149[<四:上>139 상]

翕阝(땅 이름 흡)/769
[邑:총15획] 원본 3990[<六:下>299 하]

嬹(기쁠 흥)/161
[女:총19획] 원본 7807[<12:下>618 상]

興(일 흥)/610
[臼:총16획] 원본 1689[<三:上>105 하]

興阝(땅 이름 흥)/772
[邑:총19획] 원본 4005[<六:下>300 상]

僖(기쁠 희)/40
[人:총14획] 원본 4874[<八:上>376 상]

俙(비슷할 희)/30
[人:총09획] 원본 4935[<八:上>380 하]

唏(슬퍼할 희)/103
[口:총10획] 원본 0812[<二:上>057 상]

喜(기쁠 희)/106
[口:총12획] 원본 2937[<五:上>205 상]

噫(탄식할 희)/111
[口:총16획] 원본 0782[<二:上>055 하]

呬(쉴 희)/99
[口:총08획] 원본 0786[<二:上>056 상]

姬(성 희)/150
[女:총09획] 원본 7729[<12:下>612 하]

憙(기뻐할 희)/241
[心:총16획] 원본 2938[<五:上>205 상]

忥(고요할 희)/227
[心:총08획] 원본 6552[<十:下>511 상]

戲(탄식할 희)/250
[戈:총17획] 원본 7993[<12:下>630 하]

晞(마를 희)/295
[日:총11획] 원본 4078[<七:上>307 하]

欷(흐느낄 희)/347
[欠:총11획] 원본 5307[<八:下>412 하]

㰦㰦(희롱하며 웃는 모양 **희**)/346
[欠:총08획] 원본 5298[<八:下>412 상]

歖(갑자기 기뻐할 **희**)/350
[欠:총16획] 원본 5302[<八:下>412 상]

熹(성할 **희**)/425
[火:총16획] 원본 6152[<十:上>482 하]

熙(빛날 **희**)/422
[火:총13획] 원본 6219[<十:上>486 하]

犧(희생 **희**)/437
[牛:총20획] 원본 0736[<二:上>053 상]

睎(바라볼 **희**)/489
[目:총12획] 원본 2072[<四:上>133 하]

瞦(눈동자 **희**)/492
[目:총17획] 원본 2001[<四:上>130 상]

禧(복 **희**)/509
[示:총17획] 원본 0013[<一:上>002 하]

稀(드물 **희**)/515
[禾:총12획] 원본 4194[<七:上>321 하]

羲(숨 **희**)/580
[羊:총16획] 원본 2928[<五:上>204 상]

莃(희나물 **희**)/623
[艸:총11획] 원본 0341[<一:下>029 하]

虛(옛 질그릇 **희**)/650
[虍:총13획] 원본 2968[<五:上>208 하]

誒(탄식할 **희**)/697
[言:총14획] 원본 1543[<三:上>097 하]

譆(감탄할 **희**)/703
[言:총19획] 원본 1544[<三:上>097 하]

豷(돼지 숨 **희**)/713
[豕:총19획] 원본 5794[<九:下>455 하]

豨(멧돼지 **희**)/712
[豕:총14획] 원본 5799[<九:下>455 하]

霼(비를 피할 **희**)/821
[雨:총22획] 원본 5270[<八:下>410 상]

饎(서속 찔 **희**)/848
[食:총21획] 원본 3077[<五:下>219 하]

齂(누워 숨 쉴 **힐**)/915
[鼻:총22획] 원본 2128[<四:上>137 하]

欯(기뻐할 **힐**)/347
[欠:총10획] 원본 5274[<八:下>410 하]

肸(소리 울릴 **힐**)/594
[肉:총08획] 원본 1390[<三:上>089 상]

襭(옷자락 꽂을 **힐**)/680
[衣:총20획] 원본 5113[<八:上>396 하]

詰(물을 **힐**)/695
[言:총13획] 원본 1613[<三:上>100 하]

頡(곧은 목 **힐**)/837
[頁:총15획] 원본 5408[<九:上>420 상]

黠(약을 **힐**)/905
[黑:총18획] 원본 6247[<十:上>488 하]

『단옥재주 설문해자』 각권별 분량

권	Serial Number				본문 page		본문 총 page	글자수	부수수
	from		to		from	to			
1권	상	1	1	212	1	20	20	212	10
	하	2	213	667	21	48	22	455	4
2권	상	3	668	1037	48	69	21	370	16
	하	4	1038	1358	69	86	17	321	14
3권	상	5	1359	1696	86	106	20	338	25
	하	6	1697	1989	107	128	22	293	28
4권	상	7	1990	2374	129	157	29	385	23
	하	8	2375	2736	158	188	31	362	22
5권	상	9	2737	3044	189	215	27	308	32
	하	10	3045	3263	215	237	22	219	31
6권	상	11	3264	3694	238	272	35	431	4
	하	12	3695	4015	272	301	29	321	21
7권	상	13	4016	4326	302	334	33	311	30
	하	14	4327	4731	335	364	30	405	26
8권	상	15	4732	5176	365	401	37	445	19
	하	16	5177	5344	401	415	14	168	18
9권	상	17	5345	5581	415	437	22	237	26
	하	18	5582	5839	437	459	22	258	20
10권	상	19	5840	6264	460	489	30	425	15
	하	20	6265	6652	490	515	26	388	25
11권	상1	21	6653	6801	516	545	30	149	1/2
	상2	22	6802	7116	546	567	22	315	1/2
	하	23	7117	7336	567	583	16	220	20
12권	상	24	7337	7725	584	611	28	389	12
	하	25	7726	8120	612	643	32	395	24
13권	상	26	8121	8533	643	673	30	413	5
	하	27	8534	8823	674	701	28	290	18
14권	상	28	8824	9170	702	730	29	347	10
	하	29	9171	9426	731	752	22	256	41
15권	新附字 402字 포함				753	790	38	9426 (9828)	
기타	說文部目分韻				791	800	10		
	六書音均表(1-5)				801	867	67		
	檢字(部首 48쪽) / 檢字(四角號馬 122쪽) [160/2396 791/5275 896/7341 875/2935]								

금하연 |

1956년 경북 영양에서 태어나, 서울대학교 미술대학 조소학과를 졸업하였다. 교사 생활을 하던 중 컴퓨터와 한자를 만나, 한자를 연구하고 분석하는 일을 시작하였다. 이후 전문적인 연구를 위해 학교를 퇴직하고 한자전문 편집대행사인 '맥한도'를 설립하여 활발히 활동하였으나 건강문제로 사업보다는 개인적인 연구에 치중하였다. 고려대학교 대학원 한문학전공 석사를 졸업하였으며,『단옥재주 설문해자』,『설문해자 성부사전』,『한자기둥』,『설문해자 형성사전』 등 한자 및 설문해자 관련 서적을 다수 출간하였다.

오채금 |

고려대학교 사범대학 국어교육과를 졸업하였다. 재능교육 연구실에서 재능한자 교재를 연구 개발하고 신입사원들을 교육하는 일을 했으며, 교연학원, 종로엠학원, 대성학원 등에서 언어영역과 논술을 강의하였다. (사)밝은청소년지원센터에서 인성교육을 담당했으며, 대학원에서 심리상담을 전공하여 교육에 활용하고 있다. 저서로『오미쌤의 등급별 언어처방』외에 다수의 공저가 있다.

새로 엮은 설문해자
214 부수순 단주설문

초판 1쇄 인쇄 2016년 6월 22일 | **초판 1쇄 발행** 2016년 6월 25일

허신 **著** | 단옥재 **注** | 금하연 · 오채금 엮음 | **펴낸이** 금재연

펴낸곳 일월산방

경북 영양군 영양읍 동부리 514

전화 010-5323-1955

ISBN 978-89-92582-81-0